Sección de Obras de Historia

LA REVOLUCIÓN MEXICANA

Traducción
LUIS CORTÉS BARGALLÓ

Revisión de la traducción
ARGELIA CASTILLO CANO

ALAN KNIGHT

La Revolución mexicana

DEL PORFIRIATO
AL NUEVO RÉGIMEN CONSTITUCIONAL

Fondo de Cultura Económica

Primera edición, 2010

Knight, Alan
  La Revolución mexicana. Del Porfiriato al nuevo régimen constitucional / Alan Knight ; trad. de Luis Cortés Bargalló, rev. de la trad. de Argelia Castillo Cano. — México : FCE, 2010
  1405 p. ; 23 × 17 cm — (Colec. Historia)
  Título original: The Mexican Revolution. Vol. 1, Vol. 2
  ISBN 978-607-16-0400-2

  1. Historia — México — Revolución I. Cortés Bargalló, Luis, tr. II. Castillo Cano, Argelia, rev. III. Ser. IV. t.

LC F1234   Dewey 972.0816 K227r

Esta publicación forma parte de las actividades que el Gobierno Federal organiza en conmemoración del Bicentenario del inicio del movimiento de Independencia Nacional y del Centenario del inicio de la Revolución Mexicana.

Distribución mundial

Diseño de portada: Paola Álvarez Baldit
Fotografía: Otto Bettmann, *Revolucionarios disparando*, ca. 1910.
© Otto Bettmann/Corbis

Título original: *The Mexican Revolution*, vols. 1-2
© 1986 Cambridge University Press
© 1996 Editorial Grijalbo, S. A. de C. V.

D. R. © 2010, Fondo de Cultura Económica
Carretera Picacho-Ajusco, 227; 14738 México, D. F.
Empresa certificada ISO 9001:2008

Comentarios: editorial@fondodeculturaeconomica.com
www.fondodeculturaeconomica.com
Tel. (55) 5227-4672; fax (55) 5227-4649

Se prohíbe la reproducción total o parcial de esta obra, sea cual fuere el medio, sin la anuencia por escrito del titular de los derechos.

ISBN 978-607-16-0400-2

Impreso en México • *Printed in Mexico*

Para Alex, Henry, Katy y Lidia

SUMARIO

Abreviaturas   13
Prefacio   15
Agradecimientos   19

Primera parte
PORFIRISTAS, LIBERALES Y CAMPESINOS   [21]

   I. México porfirista   23
  II. La oposición   70
 III. Protesta popular   124
 IV. La revolución maderista   251
   V. El régimen de Madero. Continúa la Revolución   349
 VI. El régimen de Madero. El experimento liberal   532

Segunda parte
CONTRARREVOLUCIÓN Y RECONSTRUCCIÓN   [665]

  VII. El régimen de Huerta   667
 VIII. La Revolución en el poder. El gran cisma   884
   IX. La Revolución en el poder. La reconstrucción   1076

Glosario   1337
Mapas   1339
Bibliografía   1343
Índice analítico   1361
Índice general   1403

El dios llamado Tezcatlipuca era tenido por verdadero dios, y invisible, el cual andaba en todo lugar: en el Cielo, en la tierra y en el Infierno. Y tenían que cuando andaba en la tierra movía guerras, enemistades y discordias de donde resultaban muchas fatigas y desasosiegos. Decían que el mesmo incitaba a unos contra otros para que tuviesen guerras, y por ello lo llamaban Nécoc Yáutl; quiero decir "sembrador de discordias de ambas partes". Y decían él solo ser el que entendía en el regimiento del mundo, y que él solo daba las prosperidades y riquezas, y que él solo las quitaba cuando se le antojaba. Daba riquezas, prosperidades y fama, y fortaleza y señoríos, y dignidad y honras, y las quitaba cuando se le antojaba, por eso le temían y reverenciaban, porque tenían que en su mano estaba el levantar y abatir.

BERNARDINO DE SAHAGÚN,
Códice Florentino, libro I

ABREVIATURAS

Geográficas

Ags.	Aguascalientes
B. C.	Baja California
Camp.	Campeche
Chih.	Chihuahua
Chis.	Chiapas
Coah.	Coahuila
Col.	Colima
C. P. D.	Ciudad Porfirio Díaz
Dgo.	Durango
Gro.	Guerrero
Gto.	Guanajuato
Hgo.	Hidalgo
Jal.	Jalisco
Méx.	Estado de México
Mich.	Michoacán
Mor.	Morelos
Nay.	Nayarit
N. L.	Nuevo León
Oax.	Oaxaca
Pue.	Puebla
Q. R.	Quintana Roo
Qro.	Querétaro
Sin.	Sinaloa
S. L. P.	San Luis Potosí
Son.	Sonora
Tab.	Tabasco
Tamps.	Tamaulipas
Tlax.	Tlaxcala
Ver.	Veracruz
Yuc.	Yucatán
Zac.	Zacatecas

Políticas

CROM	Confederación Regional Obrera Mexicana
PCN	Partido Católico Nacional

PCP	Partido Constitucional Progresista
PLC	Partido Liberal Constitucionalista
PLM	Partido Liberal Mexicano

Archivos

AAE	Archives du Ministère des Affaires Etrangères
AARD	Archivo Alfredo Robles Domínguez
AFM	Archivo Francisco I. Madero
AG	Archivo de Gobernación
AJD	Archivo Jorge Denegri
ALB	Archivo León de la Barra
ARC	Archivo Ramón Corral
ARE	Archivo de Relaciones Exteriores
AVC	Archivo Venustiano Carranza
AZ	Archivo Zongolica
CRCFM	Convención Revolucionaria y Correspondencia con Francisco I. Madero
DDCC	*Diario de los Debates del Congreso Constituyente* (véase la Bibliografía)
DEAS	Departamento de Etnología y Antropología Social
DHRM	*Documentos Históricos de la Revolución Mexicana* (véase Fabela en la Bibliografía)
FO	Foreign Office
MCETA	Mexican Cotton Estates of Tlahualilo Archive
PHO	Programa de Historia Oral, Museo de Antropología e Historia, México, D. F.
SD	State Department
SGIA	Samuel Guy Inman Archive
SRE	Secretaría de Relaciones Exteriores
SS	Serie Sonora
STA	Archivo Silvestre Terrazas
WWP	Documentos Woodrow Wilson

PREFACIO

Como su tema —la Revolución mexicana—, este libro evolucionó de manera imprevista y sin plan definido. En realidad, jamás lo habría escrito si me hubiera atenido a todos los convencionalismos que dominan la producción académica de la historia. El trabajo es inusitadamente largo, su objetivo es ambicioso y su forma, podría decirse, narrativa. Comenzó con una promesa hecha años atrás, en los días de *naïveté* y restricciones económicas que siguieron al posgrado, cuando me proponía escribir una historia sucinta de la Revolución mexicana a partir de fuentes secundarias. Pero la investigación para mi tesis doctoral (acerca del papel de los intereses extranjeros en la Revolución) fue generando gran cantidad de material suplementario y vastas interrogantes acerca de la naturaleza de la Revolución. De modo que el libro creció y creció; sus fuentes primarias y secundarias aumentaron, y sus objetivos se volvieron más ambiciosos. Procuré, finalmente, escribir una historia de la etapa armada de la Revolución, la cual, aunque no puede decirse definitiva (pocas lo son), es por lo menos amplia, nacional, original, y tal vez lo más aproximado a una historia definitiva y unitaria (es decir, de un solo autor). Otros serán los que juzguen si esos objetivos se cumplieron; creo, sin embargo, que tales propósitos justifican la extensión de este trabajo.

Esta empresa requería combinar análisis y narración, fuentes primarias y secundarias. En lo que toca a la primera combinación —que Hexter llama "retórica de la historia"—, no creo que una forma tenga superioridad intrínseca sobre la otra; todo depende del trabajo que se haga. Por lo tanto, oscilé de la narración al análisis y a la inversa; incursioné brevemente en la "teoría" y aventuré comparaciones generales entre la Revolución mexicana y otras revoluciones y rebeliones. Es probable que al hacer esto no haya dejado a nadie satisfecho y que, de alguna manera, haya ofendido a todos. En especial, los apasionados por los números lamentarán, quizá, la relativa falta de estadísticas. Lo hice a propósito; comparto el escepticismo de Chevalier con respecto a la información estadística de este periodo y creo, como E. P. Thompson, que se exagera su valor, sobre todo en lo que concierne al radicalismo popular. Los que esperan descubrir tendencias e inclinaciones pueden llevarse, por lo tanto, una desilusión, así como los historiógrafos mexicanos y latinoamericanos nacionalistas (escasos, por fortuna), quienes creen que los extranjeros que se sirven de fuentes extranjeras no deberían escribir historia de México y América Latina. El lector advertirá enseguida que abundan fuentes primarias mexicanas (colecciones nacionales: Gobernación, Trabajo, los archivos de Madero, Robles Domínguez, Carranza, etcétera), pero las superan las extranjeras: los archivos de Affaires Étrangères, British Foreign Office y, sobre todo, los del American State Department. Esto se debe, en parte, a que el trabajo no tenía un plan definido; la investigación para mi tesis doctoral me condujo a los informes consulares, los cuales eran sin duda fuentes extraordinarias, no ya para la historia de los intereses extranjeros en México, sino para la historia de la Revolución en todos sus matices. Excelentes historiadores mexicanos, como Falcón y Ankerson, han demostrado que los informes consulares —en particular los estadunidenses— proporcionan gran cantidad de información histórica valiosa. Usé las mismas fuentes (poco aprovechadas aún) para elaborar un panorama nacional aunque, naturalmente como todas, implican parcialidades y deben usarse con cautela. Pero en muchos sentidos, la parcialidad de los observadores extranjeros (sobre todo de los que estaban en provincia, lejos de la gran política de la Ciudad de México) es más clara y, por lo tanto, menos distorsionante que la de los observadores y participantes mexicanos, quienes, como es natural, estaban poco familiarizados con la tarea de proporcionar con regularidad información a las agencias extranjeras. Descubrí también que el *Mexican Herald*, a pesar de sus excesivos prejuicios editoriales, era más útil que la sometida prensa huertista de los años 1913-1914. Así pues, aunque no planeaba basarme en fuentes extranjeras, no lo lamento. Por lo demás, los copiosos archivos mexicanos que consulté confirman —no desdicen— la imagen que descubren esas fuentes; ambos son elementos complementarios, no antitéticos.

Estas fuentes primarias son la base de gran parte de mi estudio, pero además traté de incluir muchos trabajos —si no todos— sobre la Revolución que proliferan a últimas fechas y hacen más estimulante el estudio de la historia mexicana. Las memorias de quienes participaron en la Revolución, el relato sólido de la anterior generación de historiadores (ninguno de los cuales debe desecharse como fuente), dieron lugar a excelentes investigaciones, muchas de ellas sobre historia regional, local o microhistoria. Todos me han sido de enorme utilidad, y sin su contribución (que menciono en los agradecimientos de manera extremadamente breve y parcial) este estudio no hubiera sido posible. Pero, al fin y al cabo, la Revolución fue un fenómeno *nacional*: se extendió desde Tijuana hasta Tapachula, del río Bravo al río Hondo, e influyó en la vida de todos los mexicanos. Merece, por lo tanto, una historia *nacional*, porque sin ella es imposible saber si los estudios locales son típicos o aberrantes.

Mi propósito básico ha sido, pues, escribir una historia nacional que tome en cuenta tanto las variantes regionales como los niveles de la alta política y la diplomacia. Esto último no puede dejarse de lado, sin embargo, no debe entenderse *in vacuo*. No puede haber alta política sin una buena cantidad de política baja. Esto resulta particularmente cierto porque la Revolución fue un movimiento genuinamente popular y, por lo tanto, ejemplo de esos episodios relativamente escasos de la historia en los que las masas influyen de manera profunda en los acontecimientos. En circunstancias como ésas, la política nacional sólo se explica en términos de presiones locales y populares. Por una extraña ironía, esta opinión pierde vigencia cada vez más, sobre todo en las nuevas monografías que he usado profusamente. Es verdad que los historiadores marxistas (de orientación abstracta) afirman todavía el papel esencial de las masas en la Revolución, pero con frecuencia afirman más de lo que ilustran. Muchos nuevos historiadores de la Revolución han dispuesto sus vastos conocimientos e investigaciones para demostrar que aquélla fue no tanto un movimiento autónomo, agrario y popular, cuanto una serie de episodios caóticos, en los cuales las fuerzas revolucionarias fueron, en el mejor de los casos, instrumentos que manipularon caciques, líderes burgueses en ascenso o pequeño-burgueses. Para estos historiadores, la Revolución no es el movimiento grande y heroico representado por Zapata y descrito por Tannenbaum, sino el sórdido recurso individual usado por Calles que esboza Jean Meyer. En todo esto soy, sin pudor, conservador o antirrevisionista. Es decir, creo que Tannenbaum y su generación captaron el carácter esencial de la Revolución de 1910 como movimiento popular y agrario —precursor de la "revolución" *étatiste* posterior al decenio de 1920—. Esas interpretaciones no son, por supuesto, antitéticas; dependen del énfasis y de la graduación, pero de una graduación que no se presta a mediciones precisas o positivistas. No podemos contar a los rebeldes "agrarios", ni está claro cuántos debamos contar antes de aceptar a la Revolución como "agraria". Para defender mi opinión, de que la Revolución de 1910 es en esencia popular y agraria, sólo puedo remitir a las pruebas expuestas en estas páginas (muestra extraída de una gran cantidad de pruebas), con la esperanza de que sean convincentes.

Al presentar esta y otras opiniones disiento a veces de otros especialistas en el tema. Insisto en que no son argumentos *ad hominem*, y que su objetivo no es otro que el de aclarar mi posición ante los demás. Si "interrogo" a ciertas autoridades es porque presentan argumentos convincentes que merecen atención; los argumentos vacuos pueden desecharse con mayor facilidad. Y aunque puedo persuadirme de que mis argumentos y pruebas son mejores, habrá muchos que no estén de acuerdo y muchos que, a su vez, los superen con los suyos. Porque, inevitablemente, he debido deslizarme sobre la superficie de algunos temas (quizá la diplomacia de la Revolución), y a veces aventurar conclusiones que son provisionales o verdaderamente riesgosas. Si se las encuentra y corrige, tanto mejor. Se pueden entregar algunos rehenes mientras no se pierda por eso la guerra. En cuanto a mi batalla queda por ver si la historia me absolverá.

ALAN KNIGHT
Alella, España, julio de 1984

AGRADECIMIENTOS

Empecé este libro hace muchos años; su publicación me da ahora oportunidad de agradecer a instituciones y personas que me ayudaron a concebirlo y terminarlo (aunque, por supuesto, no son responsables de mis errores y defectos).

El profesor Michael Cherniavsky, quien alentó mi interés por la historia —primer paso en el camino—, y el profesor Jack Gallaghert†, mientras me enseñaba historia del Imperio británico con su inimitable estilo, señalaron los atractivos y oportunidades de la disciplina por la que me interesé: historia de América Latina. Escogido el camino, comencé mi tesis de doctorado e hice la mayor parte de la investigación preliminar para este libro en Nuffield College, Oxford, donde fui estudiante graduado e investigador. Debo mucho, pues, al director y a los miembros de Nuffield, especialmente a Philip Williams y a Lawrence Whitehead, quienes tuvieron vivo y real interés en mis primeros estudios sobre México. Mi segunda gran deuda es con el Departamento de Historia de la Universidad de Essex, que me proporcionó tiempo y recursos para continuar la investigación y terminar el trabajo; con Nuffield Fundation, Twenty One Fundation y British-Mexican Society, las cuales, generosamente, me concedieron becas para viajar e investigar en México y los Estados Unidos. La tercera es con Cambridge University Press, a la que agradezco haber aceptado la publicación de esta inusual *magnus opus*. Quiero agradecer en especial a Malcolm Deas, quien, como editor, examinó, leyó y aceptó el manuscrito; a su sucesor, mi colega Simon Collier, quien fue meticuloso y perceptivo editor en la etapa final; a Elizabeth Wetton y su equipo —en especial Sheila McEnry—, que fueron siempre amables y eficientes.

Acumulé también muchas deudas individuales. Por muchos años aproveché tanto la obra del profesor Friedrich Katz cuanto las conversaciones en las que, si era posible, discutíamos temas de mutuo interés. Desde nuestro primer encuentro ante una taza de té en Sanborns, en 1970, esas discusiones, aunque poco frecuentes, fueron muy valiosas y jamás afectaron nuestros puntos de vista o nuestras interpretaciones. Mucho me han servido también las investigaciones, opiniones y el aliento de diversos estudiosos de la historia de México: Leif Adelsen, Tom Benjamin, Romana Falcón, Javier Garciadiego Danton, Linda Hall, Gil Joseph, Eugenia Meyer, Bill Meyers, Segundo Portilla y Asgar Simonsen. Quiero dejar especial constancia del apoyo que me brindó el pequeño pero escogido grupo que, en estos años, se ha dedicado, en Inglaterra, al estudio de la historia mexicana: David Brading, Brian Hamnett, Tony Morgan, Simon Miller, Guy Thompson y sobre todo Barry Carr —cuya ayuda data de los comienzos—, Ian Jacobs y Dudley Ankerson, cuyo seguro dominio de la historia de México me ha sido invaluable. Durante mis viajes recibí también ayuda y hospitalidad de las familias Grant-Suttie y Cherniavsky, en Washington D. C.; Granel y Portilla, de Enrique Márquez, Francisco Suárez y Laura Salinas en la Ciudad de México; por último, aunque en absoluto son los últimos, de Juan y Lidia Lozano Martín de Alella, en España, quienes, generosos, me permitieron usar su casa, bodega y estudio, en donde escribí la mayor parte de la versión final de esta obra. Quiero, en fin, agradecer a quienes dedico este libro; ellos no contribuyeron a que lo terminara rápidamente, pero me hicieron algunas observaciones valiosas sobre lo que un escritor denominó la "personalidad revolucionaria".

PRIMERA PARTE

PORFIRISTAS, LIBERALES Y CAMPESINOS

I. MÉXICO PORFIRISTA

Las historias de la Revolución mexicana se inician tradicionalmente con las celebraciones del Centenario de la Independencia, en 1910. El gran festival organizado para conmemorar la rebelión inicial de México en contra del dominio español fue un suceso que coincidió felizmente con la séptima reelección de Porfirio Díaz a la presidencia. Hasta ahí, pues, ésta es una historia tradicional. Sin embargo, el Centenario fue, sobre todo, un asunto de la Ciudad de México: los desfiles y procesiones, los banquetes, la develación de monumentos y la inauguración de asilos para enfermos mentales fueron planeados para impresionar a la alta sociedad, a la prensa, al cuerpo diplomático y, quizá, al veleidoso populacho de la Ciudad de México —"esta capital", como señaló un general del ejército, "siempre llena de diversión... esta gente [que] nació para divertirse".[1] Y, según se dice, estaban en verdad impresionados.[2]

En todo esto, la provincia no tuvo parte, a pesar de que había hecho su contribución gastronómica (un centenar de tortugas marinas desde las pescaderías de Guaymas, 1 000 truchas del río Lerma que formaban parte de uno de los lujosos banquetes de alta cocina del Sylvain).[3] El manifiesto provincianismo, como quiera que sea, era desaprobado en semejantes ocasiones cosmopolitas; se hicieron pertinaces esfuerzos por mantener alejada de las calles de la capital a la población indígena con sus amplias camisas y calzones de manta blanca. Fuera de la Ciudad de México, es verdad, hubo intentos por hacer algo especial del centésimo aniversario del Grito de Dolores, y con ello alimentar la tierna planta del patriotismo: los niños indígenas de Morelos fueron acarreados con sus blusas blancas para obligarlos a una serie de recitaciones patrióticas; las autoridades de Chihuahua y Durango hicieron su mejor esfuerzo para combinar el entusiasmo patriótico con el orden público, durante tres días de lluvias torrenciales.[4] Sin embargo, probablemente lo que sucedió en San José de Gracia, Michoacán, durante el verano de 1910 haya sido una experiencia típica para la mayoría de los mexicanos: el Centenario

---

[1] De Lauro Villar a León de la Barra, 23 de enero de 1912, ALB carpeta 3.
[2] De Henry Baerlein, *Mexico, The Land of Unrest,* Londres, 1914, p. 219; de Tower a Grey, 31 de diciembre de 1910, FO 371/1149, 1574.
[3] Salvador Novo, *Cocina mexicana o historia gastronómica de la Ciudad de México,* México, 1967, pp. 136-137.
[4] Moisés González Navarro, *Historia moderna de México: El Porfiriato, la vida social,* México, 1970, p. 396; Fernando Horcasitas, *De Porfirio Díaz a Zapata. Memoria Náhuatl de Milpa Alta,* México, 1974, pp. 91-99; *El Correo de Chihuahua* (en lo sucesivo *El Correo*), 18 y 20 de septiembre de 1911.

fue ignorado, y los dos años de sequía y la aparición del cometa Halley atrajeron mayor interés y atención.[5]

Mas el verdadero México, y en particular el México de la Revolución, era el México de la provincia. En algunas historias el relato comienza, y la perspectiva metropolitana se fija con las fiestas del Centenario; desde este ángulo podemos enfocar, por una parte, las idas y venidas de los líderes revolucionarios —incultos fuereños provincianos— en la Ciudad de México y, por otra, la intermitente paranoia del cuerpo diplomático temeroso de una situación similar al sitio de Pekín. Sin embargo, la Revolución no puede entenderse en estos términos; a diferencia de su contraparte rusa, aquélla surgió en las provincias y se estableció en el campo, para conquistar finalmente a una capital ajena y taciturna.[6] A diferencia también de su contraparte china, la Revolución mexicana fracasó en producir un partido de vanguardia y una ideología coherente. En cambio, en sus orígenes provincianos, desplegó variaciones calidoscópicas; con frecuencia parecía más una multitud de revueltas heterogéneas que una revolución, algunas relacionadas con aspiraciones nacionales, la mayoría meramente provincianas, pero todas un reflejo de las condiciones e intereses locales. Las fuerzas desplegadas por estas revueltas concertaron pactos regionales, con la etiqueta de política nacional y formando parte de grandes y efímeras coaliciones; no obstante, debajo de estas extensas ramificaciones, fueron las raíces locales las que dieron sustento a la Revolución. Y aun cuando la revuelta dio paso a la reconstrucción en los años posteriores a 1915, el principal problema de los jefes victoriosos —reciente y precariamente instalados en la Ciudad de México— fue imponer su autoridad a las provincias recalcitrantes, ya fuera por la fuerza o por la diplomacia. Porfirio Díaz había lidiado con el mismo problema a lo largo de su dilatado régimen.

Para entender la Revolución, es necesario mirar más allá de la capital y por debajo de los líderes nacionales más importantes; comprender algo de la diversidad de las provincias (hay un dicho en la Ciudad de México, "Fuera de México, todo es Cuautitlán", que dice más de la mentalidad del capitalino que de la homogeneidad de las provincias desdeñadas).[7] El México de 1910 era, como dice Lesley Simpson, "muchos Méxicos": menos una nación que una expresión geográfica, un mosaico de regiones y comunidades, introvertidas y celosas, étnica y físicamente fragmentadas y carentes de sentimientos nacionales comunes; estos sentimientos vinieron después de la Revolución y fueron (aunque algunas teorías opinen lo contrario), más que su germen, su resultado. Es cierto que el Porfiriato mostró tendencias que trabajaron en favor de un Estado más centralizado y de una economía nacional (y dichas tendencias, aunque interrumpidas en 1910, se reafirmaron después de 1915); no

[5] Luis González y González, *Pueblo en vilo. Microhistoria de San José de Gracia*, México, 1972, p. 114.

[6] *Cf.* la extraña tipología en Samuel P. Huntington, *Political Order in Changing Societies*, New Haven/Londres, 1971, p. 272.

[7] Vitold de Szyszlo, *Dix milles kilomètres a travers le Mexique*, París, 1913, p. 176.

obstante, en víspera de la Revolución, México aún conservaba mucho de su carácter decimonónico, de ser "una entidad política que tenía mucho de ficción", carácter que la Revolución reveló hasta extremos alarmantes.[8] Por lo anterior, el paso inicial será describir, con grandes pinceladas, los "muchos Méxicos" de 1910, el México más allá de Cuautitlán, el escenario físico y humano para el gran levantamiento que comenzó en ese año.

La gente

"Muchos Méxicos" implica muchas lealtades. Los mexicanos, puede sugerirse, mostraron cinco clases de lealtades primarias que, juntas o en variadas combinaciones, y sin que una prevaleciera necesariamente sobre las demás (aun en el "análisis final"), determinaron su conducta política durante los años de Revolución. Estas lealtades fueron: étnicas, regionales, ideológicas, de clase y clientelistas. La lealtad ideológica figurará prominentemente en el capítulo II; la de clase, en el capítulo III; la importancia de las relaciones clientelistas quedará clara en muchos puntos. Este primer capítulo se relaciona con dos lealtades que, si no son precisamente las más importantes, resultan ser las más evidentes: las de la etnicidad y de la región.

Tras la conquista, los españoles impusieron una jerarquía colonial y clerical sobre la población indígena sedentaria que continuó sembrando maíz y frijol para los nuevos amos, y cuyos antiguos dioses pasaron a formar parte de un catolicismo híbrido. La mezcla del indígena y el español creó un espectro de tipos raciales que el régimen procuró clasificar con precisión burocrática, creando una "pigmentocracia" colonial.[9] Aunque después de la Independencia estas distinciones se tornaron jurídicamente irrelevantes, siguieron originando grandes consecuencias sociales a lo largo del siglo XIX y aún después.[10] En 1910, por lo menos un tercio de la población mexicana era considerada indígena y un poco más de la mitad, mestiza. Sin embargo, las estadísticas mexicanas para este periodo no sólo son notablemente desconfiables sino, en este caso, los componentes que tratan de medir son variables e inciertos. Como en el resto de la América indígena, las categorías étnicas de esta especie eran más bien socioculturales que biológicas; se vinculaban a características observables: lenguaje, vestido, ingreso, alimentación, alfabetismo y domicilio. Tales características, y la condición étnica que implicaban, eran subjetivas y mudables. Pedro Martínez pasaba por indio en Yautepec, mientras que en su nativa Azteca (Mor.) era llamado ladino (mestizo): la incertidumbre

---

[8] Francisco López Cámara, *La estructura económica y social de México en la época de la Reforma*, México, 1967, p. 5.

[9] Anselmo Marino Flores, "Indian Population and its Identification", en *Handbook of Middle American Indians*, VI, ed. de Manning Nash, Austin, 1967, p. 13.

[10] Moisés González Navarro, "El mestizaje mexicano en el periodo nacional", *Revista Mexicana de Sociología*, XXX, 1968, pp. 35-40.

emanaba en parte de la perspectiva, y en parte de la condición transitoria del propio individuo.[11]

Las personas —mediante el sombrío proceso de "aculturación"— podían dejar sus atributos indígenas y adquirir la condición mestiza; algunos avanzaron a grandes pasos por los reducidos caminos que ofrecían el ejército, la Iglesia y la ley. Otros permanecieron o regresaron a sus pueblos de origen, y desempeñaron un importante papel como organizadores y propagandistas; se convirtieron en los "abogados del lugar", los "tinterillos", y actuaron como capitanes intelectuales de la revuelta popular.[12] Otros más rompieron con la patria chica y ascendieron en la política estatal y nacional: Próspero Cahuantzi, el gordo y somnoliento gobernador de Tlaxcala, parecía un "plácido caballero azteca"; Manuel Alarcón, cuatro veces gobernador de Morelos, era un indio "de origen humilde"; Policarpo Valenzuela, "un indio que alguna vez fue cortador de leña" en los bosques de Tabasco, mejoró su posición no sólo al grado de gobernar sino, además, de adueñarse de una buena porción del mismo estado.[13]

La ascendencia indígena no constituía una barrera para la presidencia. Juárez, el héroe liberal de la Reforma, era zapoteco (un grupo que se había distinguido por sus maestros y sus comerciantes emprendedores) y, por su parte, Porfirio Díaz, hijo de madre mixteca, recordaba las frías neblinas de su infancia que cobijaban las villas montañosas de la Mixteca Alta, en la cima de la sierra continental en Oaxaca.[14] Sin embargo, la marcha hacia la presidencia provocó cambios necesarios: con la "aculturación", las características indígenas eran removidas en lo posible, y cuando las características eran físicas, se ignoraban cortésmente; el indio era "blanqueado". Como señaló un norteamericano con 24 años de residencia en México, Porfirio Díaz aportó el fuerte "gobierno de hombre blanco" que, como país indígena, México requería; de ahí que —deducía— Díaz "supuestamente sólo era indígena en una octava parte [sic]", en realidad, "quizá todo él era blanco".[15]

Más importante aún que este proceso de aculturación individual resultó su forma colectiva: la transición —por ejemplo, la de Huatusco, Veracruz, en

---

[11] *Cf.* Andrés Molina Enríquez, *Los grandes problemas nacionales,* México, 1909, pp. 227-228; Antonio García Cubas, *Mexico, Its Trade, Industry and Resources,* México, 1893, p. 25; Oscar Lewis, *Pedro Martinez: A Mexican Peasant and his Family,* Londres, 1969, p. 28; véase también Julio de la Fuente, "Ethnic Relationships", en *Handbook of Middle American Indians,* VI, pp. 432-435.

[12] Alan Knight, "Intellectuals in the Mexican Revolution", ponencia en el Sexto Congreso de Historiadores mexicanos y estadunidenses, Chicago, septiembre de 1981.

[13] Baerlein, *Mexico,* p. 123; Frederick Starr, *In Indian Mexico, A Narrative of Travel and Labor,* Chicago, 1908, p. 85; Rosa King, *Tempest over Mexico,* Boston, 1935, p. 25; de Lespinasse, Frontera, al Departamento de Estado, 21 de marzo de 1911, SD 812.00/1175 (las referencias posteriores a este archivo sólo indicarán la fuente, ya que el destino de los reportes en todos los casos es el Departamento de Estado de los Estados Unidos de América).

[14] Miguel Covarrubias, *Mexico South, The Isthmus of Tehuantepec,* México, 1946, pp. 245-305; Starr, *In Indian Mexico,* pp. 131-132 y 396-397.

[15] Anón. Carta, Ciudad de México, a Woodrow Wilson, 25 de marzo de 1914, WWP, series 2, caja 103.

el siglo XIX— de la condición indígena a la mestiza.¹⁶ La aculturación fue gradual, no siguió una sola línea y fue capaz de paradas y retrocesos. Aun así, alguna consideración en torno al grado de aculturación experimentado por las comunidades indígenas, resulta esencial para explicar el carácter —y aun los hechos— del compromiso revolucionario. Al escuchar la palabra "aculturación", algunos comentaristas corren por sus revólveres, los mismos que usaron para acribillar los viejos y dualísticos escenarios en donde la "civilización", radiando desde polos dinámicos y modernos, penetra y "moderniza" al campo tradicional e inerte. Quizá nos encontremos a salvo de dichos escenarios; sin embargo, hay que admitir (como algunos "monistas" fervientes reconocen, *sub rosa*) que existen variadas formas y grados de aculturación indígena que han tenido importantes consecuencias históricas.

A pesar de mantener su lenguaje y costumbres indígenas, algunas comunidades fueron firmemente integradas a la sociedad colonial, posteriormente nacional, y sus miembros pasaron a ser trabajadores, contribuyentes y súbditos; ciertamente, esto no es tan contradictorio ya que, en muchos casos, para la supervivencia y la prosperidad de la hacienda resultaba funcional la conservación de la comunidad indígena; las dos vivían en una "simbiosis desigual", pero estable.¹⁷ Los pueblos de Morelos, por ejemplo, coexistieron con las plantaciones de azúcar desde el siglo XVI; los viajeros, acostumbrados a encontrarse con indígenas taciturnos y sospechosos en otras partes de México, hallaban que la gente de Morelos era más afable, "se distinguían por sus obsequiosas maneras".¹⁸ Pueblos como Tepoztlán —afuera de la inmediata zona azucarera, pero "en el corazón del país zapatista"— eran lugares clave en la red estatal de comercio y administración, y desempeñaban un importante papel en la política local.¹⁹ Los zapotecas del Istmo de Tehuantepec, aunque integrados de manera similar al estado y a la economía mestiza, poseen un testimonio de resistencia que se remonta a los años de la Colonia; se les reconoce por ser "más libres, orgullosos, emprendedores y vivaces" que otros grupos indígenas.²⁰

En otros lugares de Oaxaca el caso fue diferente. Pocas poblaciones escaparon del impacto de la autoridad colonial y de sus relaciones mercantiles. Sin embargo, después del colapso del mercado de la cochinilla a finales del siglo XVIII, Oaxaca retrocedió a la subsistencia agrícola y al mercado de trueque; incluso la apertura del Ferrocarril Mexicano del Sur, en 1892, sólo brindó un acceso lento, tortuoso y caro hacia el norte. Mientras que el régimen de la hacienda se había establecido en algunos valles fértiles —Cuicatlán, Zaachila, Oaxaca misma—, la mayoría de la población indígena gozaba de una inde-

---

¹⁶ Ralph L. Beals, "Acculturation", en *Handbook of Middle American Indians*, VI, p. 463.
¹⁷ John M. Tutino, "Hacienda Social Relations in Mexico: The Chalco Region in the Era of Independence", *Hispanic American Historical Review*, LV (agosto de 1975), p. 525.
¹⁸ François Chevalier, *Land and Society in Colonial Mexico, The Great Hacienda*, Berkeley/Los Ángeles, 1970, p. 77; de Szyszlo, *Dix milles kilomètres*, p. 214.
¹⁹ Oscar Lewis, *Life in a Mexican Village: Tepoztlan Restudied*, Urbana, 1963, pp. XXIII-XXIV.
²⁰ Covarrubias, *Mexico South*, p. 245.

pendencia económica y política proporcional a lo inaccesible de sus pueblos y lo indeseable de sus tierras. De hecho, muchos poseían grandes porciones de tierra, los conflictos agrarios se libraban entre una población y otra, más que entre éstas y la hacienda; grupos como los mixes permanecieron como "rabiosos separatistas" bien entrado ya el siglo xx.[21]

En tales regiones, la autoridad política era esgrimida por los caciques locales cuyo gobierno era tolerado, y algunas veces utilizado, por un gobierno central distante. Los finqueros de Chiapas asumían el papel de protectores paternalistas de las tierras y comunidades indígenas, y perpetuaron de esta manera la simbiosis "colonial" hasta el siglo xx; los caciques mestizos gobernaban en la Sierra Juárez de Oaxaca; el viejo cacique indio, Juan Francisco Lucas, viajaba en litera a través de la sierra de Puebla en los alrededores de Teziutlán, donde rigió durante todo el Porfiriato y donde, señaló un miembro de la Cámara de Diputados, los indios se las habían arreglado para mantener una vigorosa forma de autogobierno.[22] Si bien es cierto que tales feudos yacían entre los intersticios del estado mestizo, gozando de una independencia condicionada y parcial, había grupos indígenas que conservaban una libertad más completa y "cuasi tribal" defendiéndose del brazo del Estado y de la economía comercial. Permanecían en una punta —disminuida— del espectro de la aculturación y, por lo regular, separados al menos de la sección de la "tribu" que había sucumbido a tal abrazo. Los chamulas y lacandones de Chiapas, a pesar de ser atraídos a la economía cafetalera del Soconusco, vivían en sus asentamientos diseminados por las tierras altas; ahí, el control mestizo era tenue y los empadronadores necesitaban de una escolta indígena para evitar un ataque.[23] Los huicholes mantenían una independencia similar, abrigando un "odio profundo hacia los mestizos" en las tierras indómitas de Tepic; cerca de ahí, los coras de las montañas contrastaban con sus primos más "aculturados" de las tierras bajas; los tarahumaras del oeste de Chihuahua se dividían de manera similar.[24]

Sin embargo, el mejor ejemplo para este patrón de desarrollo fue la tribu yaqui de Sonora: su resistencia a las incursiones de blancos y mestizos (llamados colectivamente "yoris" en la lengua yaqui) dio origen a las prolongadas Guerras del Yaqui durante el Porfiriato. Parte de la "nación" yaqui, desposeída de sus fértiles tierras en el valle, devino trabajadores de hacienda y jornaleros urbanos (el cónsul norteamericano en Hermosillo tenía una lavandera yaqui); éstos eran los yaquis mansos (pacificados) que daban, renuentes,

[21] *Ibid.*, pp. 50-51; Oscar Schmieder, *The Settlements of the Tzapotec and Mije Indians*, Berkeley, 1930, pp. 22-27; Salomón Nahmad, *Los mixes*, México, 1965, pp. 39-40.

[22] Alicia Hernández Chávez, "La defensa de los finqueros en Chiapas, 1914-1920", *Historia Mexicana*, XXVIII, núm. 3 (enero-marzo de 1979), pp. 346-347; *Carnahan, Aire Libre*, 11 de septiembre de 1915, SD 812.00/9223; Luis Cabrera en Jesús Silva Herzog (ed.), *La cuestión de la tierra*, II, México, 1961, p. 307.

[23] Frank Tannenbaum, "La Revolución agraria mexicana", *Problemas industriales y agrícolas de México*, IV, 1953, p. 29.

[24] *Ibid.;* Manning Nash, "Indian Economies", en *Handbook of Middle American Indians*, VI, pp. 88-90; Carl Lumholtz, *Unknown Mexico*, I, Londres, 1903, pp. 119-120, 198 y 503.

sus primeros pasos hacia la "aculturación" y el mestizaje.²⁵ Sin embargo, otra parte de la tribu, etiquetada como "broncos" o "bravos", mantenía su fiera resistencia en las montañas. Ambos grupos desempeñaron un papel fundamental en los acontecimientos revolucionarios posteriores a 1910, desplegaron un evidente grado de cohesión étnica y continuaron su vieja lucha con nuevos membretes políticos, ya fuera en inciertas alianzas con las fuerzas mestizas, o bien en abierta oposición al yori en general.

Con el tiempo, tales lealtades étnicas fueron reemplazadas por otras —de clase, ideológicas, regionales y clientelistas—. A medida que las presiones externas e inexorables obligaban a estrechar la integración de la nación y de la economía nacional, la masa indígena se fusionaba con el campesinado étnicamente indefinido; los indios mayas se convirtieron en peones yucatecos; la identidad de casta fue suplida por la identidad de clase.²⁶ Por esta razón (debemos interpolar aquí) no resulta muy afortunado intentar un análisis de la sociedad "mestiza" a partir de su paralelo con la sociedad indígena. Esta última presenta una cierta validez socioétnica, mientras que la primera es una quimera. No existe una sociedad —o una personalidad social— mestiza; sólo contamos con campesinos mestizos, trabajadores mestizos, sacerdotes mestizos, políticos y hombres de negocios mestizos, que comparten su mestizaje únicamente en aquello que los hace colectivamente diferentes del indígena. De ahí que el boceto que traza Eric Wolf —y que otros han seguido— del mestizo —el macho, sin raíces, hambriento de poder, "relegado a las orillas de la sociedad... perteneciente a un mundo social sombrío", dado a la bebida, la fantasía y el juego— sea más bien un crudo estereotipo nacional de dudosa validez.²⁷ Al mismo tiempo, la imagen diametralmente opuesta del mestizo (como la más alta síntesis racial, difundida por Molina Enríquez, la quintaesencia mexicana, portadora del destino del país) resulta de interés como tema del pensamiento porfirista y revolucionario vinculado con otros mitos integradores nacionalistas, pero como concepto de juicio histórico carece de validez.²⁸

La transición de la lealtad étnica hacia otras lealtades alternativas se encuentra muy lejos de llegar a su consumación en 1910; de ahí que la etnicidad figure como un factor importante en la Revolución, algunas veces complementando diferentes lealtades, y en otras compitiendo con ellas; esto ayudó a determinar los compromisos revolucionarios. Las rebeliones zapatista y yaqui, por ejemplo, obedecieron a causas agraristas comunes, aunque asumieron diferentes modos de expresión: la primera se empapó en la tradición

---

²⁵ González Navarro, *Vida social*, pp. 249-259; Hostetter, Hermosillo, 15 de agosto de 1914, SD 812.00/13099.

²⁶ Gilbert M. Joseph, *Revolution from without: the Mexican Revolution in Yucatan, 1915-1924*, tesis de doctorado; Yale, 1978, p. 118; Barbara Luise Margolies, *Princes of the Earth. Subcultural Diversity in a Mexican Municipality*, Washington, D. C., 1975, p. 156.

²⁷ Eric Wolf, *Sons of the Shaking Earth*, Chicago/Londres, 1972, pp. 233-247; Roger D. Hansen, *The Politics of the Mexican Development*, Baltimore, 1971, pp. 141-145.

²⁸ González Navarro, *Vida social*, p. 35.

patriótica y liberal, estaba políticamente articulada y contaba con una clara conciencia nacional (aunque en el terreno nacional no resultaba tan efectiva); la segunda resultó fundamentalmente atávica y antinacionalista. Distinciones similares podrán advertirse entre aquellos movimientos rebeldes que he categorizado como "serranos". Si en este libro se subrayan más adelante las causas comunes de estas rebeliones, vale la pena anotar en un principio los diferentes grados y modos de aculturación que caracterizaron, por ejemplo, a los zapatistas y a los yaquis, y cuáles a su vez determinaron la forma de sus compromisos revolucionarios.

La organización social indígena mostró algunos aspectos recurrentes. Exaltaba la patria chica por encima del Estado nacional, que era para la mayoría de los grupos indígenas, en el mejor de los casos, una lejana ficción o, en el peor, un opresor arbitrario. De ahí que los movimientos indígenas hayan sido radicalmente localistas: muchos —como el del pueblo chontal mixteco de San Bartolo (Oax.)— "parecían tener metida su municipalidad entre ceja y ceja", a la gente de fuera le parecían cerrados (introvertidos) y su organización social resultaba "sumamente clanista".[29] Este exclusivismo era extensivo a otras tribus indígenas (no había ningún panindianismo), e incluso a las comunidades vecinas del mismo origen étnico. Hans Gadow llegó a Huilotepec, un pueblo zapoteco de Oaxaca, en una carreta huave, acompañado por un guía mexicano; "pero a los zapotecos no les gustaban los huaves y ni siquiera les dieron alojamiento en la casa... y el mexicano odió a los zapotecos".[30] De ahí que las tribus pudieran encontrarse en mutua pugna: pimas contra yaquis, zapotecos contra mexicanos.[31] Las disputas entre los pueblos eran endémicas entre la gente de Morelos, los mayas de Yucatán o en las comunidades de las tierras altas de Oaxaca. Algunas veces la tierra estaba de por medio, otras (como en el conflicto entre Chan Kom y Ebtún) se trataba de la autoridad política; algunas disputas se habían sostenido tanto tiempo, que su razón de ser parecía perdida en la nebulosa de los siglos, incluso cuando la disputa aún seguía bien viva.[32] Había también casos de conflictos dentro de un mismo pueblo, en donde se enfrentaban barrios contrarios. Con el advenimiento de la Revolución, las lealtades sectarias tendieron a seguir estos viejos derroteros.[33]

[29] Hans Gadow, *Through Southern Mexico: Being an Account of the Travels of a Naturalist*, Londres/Nueva York, 1908, pp. 214-217; de Dolores Huerta a Robles Domínguez, 27 de mayo de 1911, AARD 24/6; Lumholtz, *Unknown Mexico*, I, p. 225.

[30] Gadow, *Through Southern Mexico*, pp. 173 y 457.

[31] E.g., Charles R. Berry, *The Reform in Oaxaca, 1856-1876: A Microhistory of the Liberal Revolution*, Lincoln, 1981, pp. 22-24.

[32] John Womack, Jr., *Zapata and the Mexican Revolution*, Nueva York, 1970, p. 225 [*Zapata y la Revolución Mexicana*, Siglo XXI, México]; Robert Redfield, *A Village that Choose Progress: Chan Kom Revisited*, Chicago/Londres, 1970, pp. 8-21; Schmieder, *Tzapotec and Mije*, pp. 13 y 23; Nahmad, *Los Mixes*, p. 40; Michael Kearney, *The Winds of Ixtepeji: World View and Society in a Zapotec Town*, Nueva York, 1972, p. 33.

[33] Eric R. Wolf, "Levels of Communal Relations", en *Handbook of Middle American Indians*, VI, p. 304.

Dentro de las comunidades indígenas, la religión —una mezcla sincrética de prácticas y creencias católicas y precolombinas— permeaba todo; no existía una diferencia clara entre lo sagrado y lo secular. La autoridad política —cuando provenía del interior y no como imposición externa— se mezclaba con la religiosa, creaba jerarquías que entretejían lo civil y lo religioso y que servían para integrar a la comunidad y para proveerla, cuando se le permitía, de una forma vigorosa de autogobierno resistente a las presiones del exterior. Además, el hecho de que las comunidades indígenas no pudieran considerarse igualitarias desde ningún punto de vista, no obstaba para que la estratificación interna se mantuviera a raya mediante mecanismos de redistribución, tales como las festividades y otros gastos religiosos.[34] Así, como el átomo, "la comunidad corporativa cerrada" conserva su cohesión desafiando las fuerzas que intentan disolverla desde el interior y el exterior, y cuando la disolución ocurre, libera violentas energías.

Estas características defensivas e integradoras no constituyen un monopolio de las comunidades indígenas. Pueden encontrarse también en algunas comunidades mestizas rurales como Tomóchic, en la sierra de Chihuahua, o Arandas, en los Altos de Jalisco.[35] Tampoco son exclusivas de México: en todo el mundo se observan "poblados de tendencia introvertida", con su complemento de "mecanismos de supervivencia comunitaria", donde los campesinos existen en los límites de la subsistencia, enfrentando la amenaza combinada del gobierno, el terrateniente y la naturaleza.[36] El supuesto conservadurismo del campesino, su hostilidad a las innovaciones, "su estrecho e inadulterado empecinamiento y porfiada estupidez",[37] son rasgos inducidos por la posición precaria y subordinada de las comunidades campesinas; se trata de respuestas a condiciones sociales dadas, y no de productos de la cultura indígena *per se*. El caso es, más bien, que las comunidades indígenas —casi por definición— han desarrollado estos rasgos en mayor grado, por un periodo más largo y los han mantenido casi completamente intactos ante las presiones externas.

Estas supuestas características influyeron sobre la opinión que los de fuera tenían respecto del indio. Aunque durante el Porfiriato se vieron algunas oleadas de interés y preocupación por la condición del indígena —antecedentes del indigenismo que floreció con plenitud durante el siglo XX—, el punto de vista que prevaleció entre los miembros de la nación política, cuando traspasó la indiferencia, fue, en el mejor de los casos, paternalista y, en el peor, dominante y racista.[38] La gente acomodada se vanagloriaba de su as-

---

[34] Nash, "Indian Economies", pp. 98-99; Wolf, *Sons*, pp. 217-218.
[35] Margolies, *Princes*, p. 62.
[36] Joel S. Migdal, *Peasants, Politics and Revolution*, Princeton, 1974, pp. 66-84.
[37] H. B. C. Pollard, *A Busy Time in Mexico*, Londres, 1913, p. 73.
[38] *Cf.* Richard M. Adams, "Nationalization", en *Handbook of Middle American Indians*, VI, p. 476; T. G. Powell, "Mexican Intellectuals and the Indian Question, 1876-1911", *Hispanic American Historical Review*, XLVIII (febrero de 1968), pp. 19-36; William D. Raat, "Los intelectuales, el positivismo y la cuestión indígena", *Historia Mexicana*, XX, núm. 3 (enero-marzo de 1971), pp. 412-427.

cendencia criolla: *Quelle horreur!,* exclamó la esposa de un diplomático mexicano en Tokio, cuando se le sugirió que compartía una herencia racial asiática en común con los japoneses; como implicaba la elección del idioma, su grupo (peculiarmente el de los criollos católicos del centro de México) buscaba en Europa, particularmente en Francia, su inspiración cultural.[39] Pablo Escandón, gobernador de Morelos por un corto periodo, se sentía "más en casa en Europa que en México"; a un teniente coronel zuavo le parecía *"le plus Parisien des Mexicains"*.[40] Landa y Escandón, hablando un inglés perfecto mientras tomaba el té en su casa de Cuernavaca (fue educado en Stonyhurst), "parecía un caballero inglés orgulloso de serlo".[41]

A sus ojos, el indio representaba un lastre para el "progreso" de México (un concepto al que se recurría constantemente); la inmigración blanca, a la manera de Argentina, era —aunque irrealizable— la solución preferida.[42] Entre tanto, los estereotipos del "nativo indolente", familiar en los contextos coloniales, fue invocado para justificar los bajos salarios, los embargos de tierras y el trabajo forzado. "El indio", como reza un proverbio yucateco, "oye por las nalgas"; sin la dura disciplina de trabajo en sus plantaciones, mantenían los hacendados henequeneros, el maya viviría del "sol y de unas cuantas plantas de frijol"; argumentos similares se escuchaban en Morelos.[43] Este tipo de actitudes no eran privativas de los conservadores porfiristas o de los miembros de la élite terrateniente. Los revolucionarios —especialmente aquellos que provenían del norte progresista y mestizo— se suscribían a las ideas racistas y a las del darwinismo social, que entonces pasaban por pensamiento científico; menospreciaban a los inmigrantes chinos y veían a la población indígena del centro y del sur de México como un conjunto de alcohólicos degenerados, listos para una abrupta redención.[44]

Desde luego, la práctica del racismo fue anterior al pensamiento racista seudocientífico (que, para una minoría letrada, sólo era una racionalización de actitudes existentes); resulta particularmente significativa en donde apuntala la jerarquía política local. A menudo las comunidades indígenas se encontraban dominadas por un puñado de caciques ladinos (mestizos), que monopolizaban la tierra, el comercio y el poder político. La de Azteca (Mor.) era controlada por un pequeño grupo de estos caciques que "tenían dinero, montaban caballos finos y siempre tenían una designación oficial"; en Tepoztlán los caciques vivían en el mejor barrio, poseían la mayor parte de la tierra privada, controlaban los terrenos comunales y gozaban de contactos políti-

---

[39] De Greene, Tokyo, a Grey, 31 de diciembre de 1913, FO 371/2025, p. 3300.

[40] Rosa E. King, *Tempest*, p. 34; de Petrie a Quai d'Orsay, 26 de agosto de 1910, AAE, Méx., Pol. Int., N. S., II, n. 97.

[41] De Tower a Grey, 31 de diciembre de 1910, FO 371/1149, 1574.

[42] González Navarro, *Vida social*, pp. 134-166; Raat, "Los intelectuales", p. 241.

[43] Charming Arnold y Frederick J. T. Frost, *The American Egypt: A Record of Travel in Yucatan*, Nueva York, 1909, p. 324; Baerlein, *Mexico*, pp. 161-162; King, *Tempest*, p. 31.

[44] Charles C. Cumberland, "The Sonora Chinese and the Mexican Revolution", *Hispanic American Historical Review*, XL, núm. 2 (mayo de 1960), pp. 191-211.

cos en la capital.⁴⁵ Los caciques mestizos no eran necesariamente déspotas; en todo caso, eran déspotas ilustrados. Vicente Mendoza, de Tepoztlán, era uno de ellos; de la misma manera, el cacique de Huixquilucan (Méx.) era "un viejo mestizo más bien de gesto amenazante, pero de espíritu bondadoso", cuyo régimen, al parecer, hizo prosperar al poblado.⁴⁶ Más típico, quizá, resulta don Guillermo Murcio, herrero y cacique del pueblo triqui de Chicahuastla (Oax.), donde "había ganado una influencia casi ilimitada entre los nativos. Su palabra es ley y el gobierno del poblado tiembla bajo su mirada"; el viajero Lumholtz encontró a otro herrero, distribuidor de licor y cacique en Yoquivo, sierra de Chihuahua.⁴⁷

Los caciques mestizos —así como sus superiores, los terratenientes— justificaban el ejercicio de su poder y su aguda práctica comercial en términos de la indolencia y la irresponsabilidad del indígena (incluso los sacerdotes mestizos, condenados a las remotas regiones indígenas, tendían a aceptarlo).⁴⁸ La degradación del indio invitaba al desprecio y a la explotación. "Lo que esta gente necesita es un segundo Cortés [ya que]... nunca han sido propiamente conquistados", declaró un maestro de escuela mestizo en Huáncito (Mich.), que, se decía, "despreciaba a los indígenas que tenía a su cargo".⁴⁹ Para los cultos, tanto de convicciones "conservadoras" como "revolucionarias", se requería de una segunda conquista para eliminar el vicio, la suciedad, la superstición y el alcoholismo de los indígenas, e inculcar los valores de higiene, trabajo duro y patriotismo.⁵⁰ Algunas comunidades se encontraban polarizadas por esta división socioétnica. En Naranja (Mich.), los indígenas desposeídos del lugar se enfrentaron a los trabajadores mestizos de la hacienda; en Acayucan (Ver.), donde tales conflictos produjeron una pequeña "guerra de castas", "blancos y mestizos viven en el centro de una gran comunidad indígena, sin embargo, la separación entre ellos [...] es tan grande que parece que vivieran a muchas leguas de distancia [...y] un conflicto en torno a la tierra entre los dos ha prevalecido durante siglos".⁵¹ Otras comunidades "biétnicas" de este tipo —como Tantoyuca, en la Huasteca, y Jamiltepec, en la costa de Oaxaca— figuraron significativamente en la Revolución después de 1910.

El control mestizo, sin embargo, podía operar también a distancia. Con frecuencia, un pueblo mestizo hacía las veces de metrópoli para las comunidades indígenas circundantes que, aunque podían retener la tierra, seguían

⁴⁵ Lewis, *Pedro Martínez*, pp. 129-130; Lewis, *Tepoztlan*, pp. 51, 54 y 93-95.
⁴⁶ *Ibid.*, p. 95; Starr, *In Indian Mexico*, pp. 56-61 y 245.
⁴⁷ *Ibid.*, p. 131; Lumholtz, *Unknown Mexico*, I, p. 183.
⁴⁸ Margolies, *Princes*, p. 145; Lumholtz, *Unknown Mexico*, I, p. 203.
⁴⁹ Starr, *In Indian Mexico*, p. 100.
⁵⁰ Véanse pp. 23-24.
⁵¹ Paul Friedrich, *Agrarian Revolt in a Mexican Village*, Englewood Cliffs, 1970, pp. 8-9, 42-44 y 50; Frank Tannenbaum, *Peace by Revolution: Mexico after 1910*, Nueva York/Londres, 1966, p. 29; Leticia Reina, *Las rebeliones campesinas en México (1819-1910)*, México, 1980, pp. 353 y 358.

postradas aún bajo el yugo de los comerciantes y funcionarios mestizos.[52] Tlacuiltepec (Hgo.) era un pueblo mestizo que "tenía a su cargo varios poblados indígenas"; Chilchota, cabecera de los Once Pueblos de Michoacán, era mestiza, mientras que dependencias como Huáncito (casa del maestro con mentalidad de conquistador) eran "primitiva y puramente indígenas"; Izúcar de Matamoros en Puebla tenía 14 comunidades circundantes similares.[53] A una escala mayor, los tentáculos comerciales de la ciudad de Oaxaca abarcaban la sierra circundante, mientras que los comerciantes de Acapulco dominaban el interior de la Costa Chica.[54] En algunos casos, esta dependencia implicaba la transferencia directa de recursos —tierra y derechos de agua— de las comunidades indígenas que rodeaban a la metrópoli mestiza; cuando esto ocurría (como en el caso de Ometepec y Jamiltepec, comunidades que se sitúan frente a frente en la línea divisoria entre Guerrero y Oaxaca), la rebelión agraria podía asumir el carácter de una guerra de castas localizada. Por cierto, algunos de los conflictos intercomunitarios ubicuos durante el periodo revolucionario se derivaron probablemente de semejantes relaciones políticas y económicas de desigualdad aún no investigadas.

Sin duda, los terratenientes y comerciantes, víctimas de la rebelión indígena, la veían como una guerra de castas. Tenemos bastantes precedentes de esto en el siglo XIX, y no sólo en Yucatán.[55] Donde el historiador encuentra una rebelión agraria, con frecuencia los contemporáneos visualizan algo parecido a lo que Carleton Beals describe como "agresiones a mansalva, embargos desorganizados de los antiguos patrimonios".[56] La revuelta agrarista de Zapata pronto fue interpretada como una "guerra de castas", en la que los miembros de una "raza inferior" eran capitaneados por un "moderno Atila"; el hacendado criollo Pablo Escandón temía el advenimiento de una "verdadera cafrería" en México —términos que muy pronto aparecieron también en boca de algunos observadores ingleses y norteamericanos—.[57] La revuelta agraria reveló la otra cara del indígena indolente: la del salvaje ávido de sangre y atávico, "mitad demonio y mitad niño". Los lectores urbanos se regocijaban con relatos, la mayor parte apócrifos, de refinadas brutalidades, mientras que los responsables de combatir la "rebelión indígena" no sólo utilizaban métodos similares como gobernantes coloniales, sino que revelaban actitudes similares. "La cacería de zapatistas", de acuerdo con la versión del aristócrata Alfonso Rincón Gallardo, "parece ser la más grande modalidad de

[52] Gonzalo Aguirre Beltrán, *Regiones de refugio*, México, 1967, pp. 110 y 125.
[53] Starr, *In Indian Mexico*, pp. 99-100, 220-226 y 249; Tannenbaum, *Peace*, p. 29.
[54] De aquí el interés mercantil por reconquistar la sierra en 1912; Lawton, Oaxaca, 8 de agosto de 1912, SD 812.00/6632; Mario Gill, "Los Escudero de Acapulco", *Historia Mexicana*, III, núm. 2 (octubre-diciembre de 1953), pp. 291-308; Ian Jacobs, *Ranchero Revolt: The Mexican Revolution in Guerrero*, Austin, 1982, p. 124.
[55] Reina, *Rebeliones campesinas*, p. 37.
[56] Carleton Beals, *Mexican Maze*, Filadelfia/Londres, 1931, p. 46.
[57] Womack, *Zapata*, pp. 102 y 142; Petición de veintiún americanos, Ciudad de México, 27 de septiembre de 1913, SD 812/10312.

'caza mayor'".⁵⁸ En lo que respecta a los molestos yaquis, el periódico católico más importante, *El País*, estaba preparado para llamar al genocidio de una tribu "indigna de pertenecer a la gran familia humana"; los revolucionarios, por su parte, justificaban la represión (y el tráfico de prisioneros de guerra yaquis) basándose en el "instinto de latrocinio y maldad" de los indígenas. ⁵⁹ Para la gente decente de los pueblos y del campo, este repentino viraje del indígena —de peón respetuoso a salvaje beligerante— requería de severas medidas, ya que olía a traición y amenazaba con una regresión a la barbarie.

Los lugares

La cara étnica de México correspondía a su cara física: la población indígena se encontraba —junto con los pinos, el pulque y la neumonía— en las tierras altas; las múltiples montañas de México que separan al país en distintas regiones y valles aislados, conformaron no sólo los patrones de asentamiento sino también las formas de gobierno, desarrollo económico y, después de 1910, las del conflicto revolucionario. Las montañas se extienden hacia el sur en dos grandes cadenas paralelas: la Sierra Madre Occidental continúa la línea de las Rocallosas, la Sierra Madre Oriental nace entre las colinas de Nuevo León en el noreste y sigue hacia la costa del Golfo en su camino al sur. Estas dos sierras que, con otras de menor importancia, cubren una cuarta parte del área del país, albergaron a un tipo distintivo de población serrana compuesta por indígenas, pioneros temerarios, pobladores independientes, remotos campamentos mineros y madereros, guaridas de ladrones.⁶⁰ Al norte, entre los brazos montañosos, yace una gran extensión de tierra plana, que llega a su parte más ancha en los inhóspitos desiertos, dunas e intrincados ríos de Chihuahua, el estado más grande de México. Chihuahua, que tiene el más fuerte reconocimiento para el disputado título de "cuna de la Revolución", era una tierra de extensas llanuras ganaderas, salpicada por haciendas aisladas, asentamientos, ciudades y campamentos mineros, poblada por unos cuantos hombres y miles de cabezas de ganado; dependía de los ríos que fluyen de las montañas hacia el este para formar lagos cerrados o que, a través del Conchos, van hacia el Río Grande.⁶¹ Estas planicies norteñas fueron el escenario de las más intensas luchas en 1911 y posteriormente en 1913 y 1914; sin embargo, muchos de los protagonistas revolucionarios eran hombres de

⁵⁸ Edith O'Shaughnessy, *A Diplomat's Wife in Mexico*, Nueva York, 1916, p. 176.

⁵⁹ González Navarro, *Vida social*, p. 358; reporte del gobernador Maytorena a la vigésimo tercera Legislatura del estado de Sonora, 23 de septiembre de 1912, ss r. 9. *Cf.* José Fernández Rojas, *De Porfirio Díaz a Victoriano Huerta, 1910-1913*, México, 1913, p. 214, sobre el "mórbido apetito de pillaje" de los zapatistas.

⁶⁰ Véanse pp. 131-132 y ss.

⁶¹ Louis Lejeune, *Terres mexicaines*, México/París, 1912, p. 94; Florence C. y Robert H. Lister, *Chihuahua, Storehouse of Storms*, Albuquerque, 1966, p. 159.

la sierra que habían bajado de las montañas para oponerse a Díaz, primero, y después a Huerta. En Chihuahua, como en otras partes, la Revolución tuvo el carácter de una disputa entre las tierras altas y las bajas, paralelo a los conflictos entre el aldeano y el terrateniente, el indio y el mestizo, "el huarache y el zapato".

El agua, y no la tierra, fue el recurso natural escaso en el norte. Los hombres pugnaban por el acceso a los valles irrigados del noroeste, especialmente por los del río Yaqui. Más al este, en la frontera entre Durango y Coahuila, el río Nazas se abre camino hacia las tierras algodoneras de La Laguna que, gracias a sus aguas de temporal, se aprecia durante el verano "*toute blanche... sous sa neige de coton*".[62] La Laguna era una región de crecimiento dinámico: Torreón, su principal población, "mal concebida y ubicada en un lugar árido, sin ninguna razón de ser, salvo la intersección de las líneas de ferrocarril", se convirtió en una metrópoli norteamericanizada y bulliciosa; las aguas del Nazas pasaron a ser una amarga manzana de la discordia.[63] Después de 1910, La Laguna (como el valle del Yaqui) fue un semillero de revueltas; Torreón, con su entronque estratégico de ferrocarriles, fue la sede del sitio más sangriento de la Revolución.

Esta región norteña se pobló por partes en el periodo colonial, principalmente como respuesta al auge de la explotación de plata; los indígenas de la Gran Chichimeca, salvajes y nómadas, eran menos numerosos que aquellos dominados por los aztecas en el sur; como no era posible obtener de ellos un tributo o una fuerza de trabajo dócil, fueron aniquilados o empujados hasta las montañas (proceso prolongado, sangriento y apenas completado a principios del siglo XX). La sociedad norteña, más bien mestiza que indígena, se conformó en las operaciones de la minería y de las haciendas, mismas que se expandieron y prosperaron con el advenimiento del ferrocarril en la década de 1880. Éste fue un patrón de desarrollo que dependió de la iniciativa local y de la autosuficiencia —virtudes que se desplegaron en la batalla contra apaches y yaquis, librada con sólo limitada ayuda desde la Ciudad de México—.[64] Con su escasa población, con sus cambiantes fronteras internas y su dinámica economía, el norte fue la tierra del hombre que vino desde abajo para triunfar; un lugar donde, en comparación con el centro de México, los logros eran más que un atributo, donde el rico (tanto mexicano como extranjero) podía tener la expectativa de una bonanza y donde aun el pobre gozaba de cierta movilidad y oportunidades.[65] Se notó que, en Monterrey, los hijos de las fami-

---

[62] Lejeune, *Terres mexicaines*, p. 261.

[63] Patrick O'Hea, *Reminiscences of the Mexican Revolution*, México, 1966, pp. 57-58.

[64] Lister, *Chihuahua*, pp. 163-168; Charles H. Harrison, *A Mexican Family Empire. The Latifundio of the Sanchez Navarros 1765-1867*, Austin, 1975; Héctor Aguilar Camín, "The Relevant Tradition: Sonoran Leaders in the Revolution", en D. A. Brading (ed.), *Caudillo and Peasant in the Mexican Revolution*, Cambridge, 1980, pp. 106-107.

[65] Barry Carr, "Las peculiaridades del norte mexicano, 1880-1927: ensayo de interpretación", *Historia Mexicana*, XXII, núm. 3 (enero-marzo de 1973), pp. 320-346; Friedrich Kats, *La servidumbre agraria en México en la época porfiriana*, México, 1980, pp. 42-48.

lias ricas, lejos de despilfarrar sus fortunas, estudiaban la manera de administrar sus negocios (por lo regular en los Estados Unidos) para regresar a trabajar para la firma familiar.[66] Aquí, más que en ninguna otra parte, fue donde el Porfiriato visualizó el nacimiento de una vigorosa "burguesía nacional". Así, prosperaron importantes ciudades comerciales e industriales —como Monterrey, Chihuahua, Torreón— que parecían imitar los modelos de América del Norte; la Iglesia mantenía una discreta presencia (Torreón prácticamente carecía de iglesias), y la autoridad del gobierno central se toleraba de mala gana y, a veces, con amargo resentimiento. Tradicionalmente el norte se ha inclinado por el federalismo, el liberalismo y el anticlericalismo, enfrentándose incluso a la Ciudad de México. Bajo el gobierno de Díaz, estas actitudes se fortalecieron y, con ellas, la oposición potencial entre el norte y el centro.[67]

Al sur, a medida que México se estrecha hacia el Istmo, las dos cordilleras de las Sierras Madres convergen en un nudo de intrincados picos y valles, cruzados y aún más enmarañados por la presencia de una veta volcánica que corre de este a oeste, y de donde han brotado algunas de las montañas más altas y (como en el caso del Paricutín) recientes de México. Aquí, la meseta central había constituido el corazón del Imperio azteca, de la colonia de Nueva España y del México independiente. A pesar del crecimiento del norte, la meseta central contenía la mayor parte de la población en la época de Díaz. En siete estados del centro y el Distrito Federal, una tercera parte de la población vivía en una decimoquinta parte del área del país.[68] Aquí, el patrón social y de asentamiento reflejó la sinuosa naturaleza del paisaje. En valles templados los españoles construyeron ciudades ordenadas y cuadriculadas cuyo centro era la iglesia y la plaza, siguiendo, por lo regular, el precedente precolombino: la Ciudad de México usurpó el lugar de Tenochtitlan; Puebla heredó la religiosidad de su vecina Cholula y devino una ciudad caracterizada por sus iglesias, su catolicismo y su conservadurismo. La mayoría de las capitales de los estados del centro fueron, como aquéllas, viejas ciudades coloniales impregnadas de historia: Guanajuato y Querétaro, al norte de la capital; Toluca y Morelia, al oeste; Oaxaca, al sur, y Jalapa al este. Algunas (que Lejeune etiqueta de "católicas", comparadas con las ciudades "americanas" del norte) no pudieron asumir los retos económicos del Porfiriato y permanecieron como centros administrativos, eclesiásticos y culturales, con economías estancadas, industrias artesanales a menudo decadentes y, en algunas ocasiones, con una población menguada; otras (las ciudades "europeas") acogieron el cambio y lograron nuevos niveles de prosperidad.[69]

[66] Alfonso Dollero, *México al día*, México, 1911, pp. 227-254.
[67] François Chevalier, "Conservateurs et libéraux au Méxique: essai de sociologie et géographie politiques, de l'independance a l'intervention française", *Cahiers d'Histoire Mondiale*, VIII, 3 (1964), pp. 4571-4574.
[68] González Navarro, *Vida social*, p. 18.
[69] Lejeune, *Terres mexicaines*, p. 261; cf. Fernando Rosenzweig, "El desarrollo económico de México de 1877 a 1911", *El Trimestre Económico*, XXXIII (1965), pp. 419-421.

Fuera de las ciudades, tres centurias de dominio español vieron emerger a la hacienda como la forma dominante de posesión rural, aunque bien es cierto que hubo otras. La hacienda acumuló las mejores tierras de los valles, quitándoselas a los pueblos indígenas, convirtió a sus pobladores en peones y desplazó hacia las sierras las áreas de asentamiento más importantes de los indígenas independientes. En los valles, la hacienda levantaba cosechas para surtir a las ciudades, a los campamentos mineros y, posteriormente, a los mercados extranjeros: trigo y cebada en el elevado valle de Toluca; azúcar en Morelos; maguey en los llanos de Apan, en Hidalgo; café en las laderas templadas que rodean Jalapa. Se desarrolló, además, una vigorosa clase de medianos propietarios —rancheros—, especialmente en los llanos del Bajío, regados por el río Lerma. Aunque las minas de plata de Guanajuato decaían y, con ellas, las industrias artesanales subordinadas de Celaya, León y San Miguel, la agricultura ranchera prosperó aquí, creando un patrón distintivo de organización social y tenencia agrícola.[70] Las influencias económicas de los mercados de la Ciudad de México y de Guadalajara se daban cita en el Bajío, y su tendencia antagónica era comparable a cierta rivalidad política, regional y cultural. La gente de Guadalajara (unos 120 000 habitantes para los 471 000 que tenía la Ciudad de México en 1910) era casi ostentosa de su buena posición, notablemente devota y de apariencia distintivamente española. Los viajeros observaron que había pocos indígenas (los asentamientos indígenas fueron muy escasos en el Bajío) y que, en cambio, había una buena cantidad de rubias atractivas; en conjunto, la gente parecía ser "bastante más refinada que sus compatriotas de la Ciudad de México", cuya autoridad —como en el caso de los norteños— no era muy bien recibida.[71]

Al sur y al este de la populosa meseta central, la tierra desciende hacia la escarpada región de la Sierra Madre del Sur, menos imponente pero no menos inhóspita que las cordilleras del norte; casi de costa a costa, recorta una ancha faja de tierra casi deshabitada y abrupta. Hacia el oeste de la capital —y al margen de su relativa proximidad—, el estado de Guerrero goza de una larga tradición de autonomía política facilitada por su geografía y revivida posteriormente por la Revolución. Contiene dentro de sus fronteras (como sucede en todos estos estados montañosos) varios "distritos remotos [que] nunca reciben la visita de ninguno de los 134 jefes o del gobernador... comunidades realmente independientes que, si se les dejase solas, se comportarían de acuerdo con sus propios términos".[72] De manera similar, en Oaxaca, esas sierras áridas y salpicadas de cactos, fueron el hogar de algunas de las poblaciones indígenas más vastas, mientras que los valles se encontraban

---

[70] D. A. Brading, *Haciendas and Ranchos in the Mexican Bajío: Leon 1700-1860*, Cambridge, 1978; George M. McBride, *The Land Systems of Mexico*, Nueva York, 1923, pp. 98-99.

[71] Percy F. Martin, *Mexico of the Twentieth Century*, II, Londres, 1907, pp. 64-65; De Szyszlo, *Dix milles kilomètres*, pp. 245-248; de H. Bourgeois a Quai d'Orsay, 18 de julio de 1912, AAE, Méxique, Affaires Commerciales, I, B/28/I, n. 9.

[72] Gadow, *Through Southern Mexico*, p. 421.

reservados al blanco y al mestizo, al comerciante y al hacendado. El gobierno también emanaba de los valles, sede de los centros administrativos —es el caso de la ciudad de Oaxaca, rodeada por montañas y serranos hostiles, considerados como "los viejos enemigos de la gente de las ciudades".[73]

A pesar de su división interna, el estado de Oaxaca se mantuvo celoso de su independencia y miró con sospecha las intenciones de la Ciudad de México —quizá menos cuando un oaxaqueño como Porfirio Díaz gobernaba en Palacio Nacional, y considerablemente más cuando los intrusos norteños aparecían, como sucedió en 1914; en ese momento, las barreras montañosas y la deficiencia de las comunicaciones facilitaron una resistencia regional en la que colaboraron diferentes grupos sociales y étnicos—. Lo mismo resulta cierto para Chiapas, un estado también indígena y de tierras altas, ligado estrechamente a Guatemala y sólo reciente e imperfectamente vinculado al centro del país por el Ferrocarril Panamericano; en idéntico caso se encuentra Yucatán, aislado por las selvas y pantanos del Istmo, orientado por su comercio hacia el Caribe y los Estados Unidos, y poseedor de una vigorosa tradición regionalista, separatista incluso, que la Revolución reavivó.[74]

Las montañas dominan el centro de México. Sin embargo, desde los puntos más altos que rodean la Ciudad de México, éstas descienden gradualmente hacia el sur, y precipitadamente hacia este y oeste. Los viajeros, en los tiempos de Díaz, que abordaban los trenes jalados por dos locomotoras, bajaban por las vías zigzagueantes desde Esperanza, en los límites entre Puebla y Veracruz, hasta Orizaba, Atoyac y el Puerto de Veracruz. Bajaban desde los fríos picos a las colinas templadas, y de ahí a las tórridas tierras bajas, en cuestión de horas; en el viaje de la capital a Veracruz, unos 400 kilómetros, la altitud bajaba 2 500 metros y la temperatura subía 15 °C.[75] El descenso de las montañas a las tierras bajas del Istmo o de la costa, de la tierra fría a la tierra caliente, implicaba sin embargo algo más que un cambio de clima; significaba también un cambio de etnicidad y población, de flora y fauna, de bebida y enfermedades.

Las calurosas tierras bajas, especialmente el vasto terreno aluvial que corre a lo largo del Golfo, estuvieron escasamente pobladas durante la Colonia, pues no resultaban atractivas a los españoles ni a los indígenas. Sin embargo, a finales del siglo XIX, la creciente demanda de productos tropicales indujo a los hombres a internarse en las tierras bajas, de la misma manera que las minas los llevaran a las inhóspitas tierras del norte unos siglos antes. Al sur de Veracruz, en Tabasco y Campeche, se establecieron plantaciones para producir caucho, algodón y frutas tropicales. Las compañías empezaron a explotar los recursos de la selva; Yucatán, con su excepcional formación de piedra caliza, vino a basar toda su economía efectiva en el cultivo del

[73] Lawton, Oaxaca, 19 de septiembre de 1912, SD 812.00/5121.
[74] Brickwood, Tapachula, agosto de 1911, SD 812.00/2346; Starr, *In Indian Mexico*, pp. 49-51; Nelson Reed, *The Caste War of Yucatan*, Stanford, 1964, pp. 26-27, 85 y 105.
[75] Gadow, *Through Southern Mexico*, pp. 29-30.

henequén (sisal) que surtía de cuerdas a los granjeros del medio oeste norteamericano.[76] Con el desarrollo de estos nuevos cultivos, las enormes plantaciones se adueñaron de una parte de la tierra tropical casi virgen, regada por las aguas turgentes, caudalosas y desbordables de ríos como el Grijalva, el Papaloapan y el Usumacinta. Caso único en México, esta región tiene más agua de la que necesita; sin embargo, ésta aún no había podido ser utilizada y su gran abundancia sólo incrementaba la enfermedad y el crecimiento desmedido de la selva tropical. Los ingenieros que trabajaban en la línea de ferrocarril de Lord Cowdray a lo largo del Istmo de Tehuantepec, empapaban los durmientes del ferrocarril con petróleo para que dejaran de retoñar; una cuarta parte de quienes construyeron la terminal del ferrocarril en Salina Cruz, en la costa del Pacífico, murieron en el término de dos años.[77] Ahí, los extranjeros llegaban como gerentes o hacendados; sin embargo, los deseos porfiristas de un asentamiento blanco se vieron contrariados.[78]

Los mexicanos de la altiplanicie, habituados a las enfermedades respiratorias y gástricas que prevalecían ahí, sucumbían rápidamente por la malaria y la fiebre amarilla (el vómito) de las tierras bajas del trópico. En Guerrero, se observaba que "casi todos los habitantes del altiplano interior tenían un exagerado temor a las costas" —temor que no resultaba ser tan exagerado para aquellos peones subalimentados que, a diferencia de los viajeros europeos, se encontraban a merced de los fraudulentos controladores de la quinina en las tierras bajas que rápidamente habían cambiado el nutritivo pulque de las tierras altas por el aguardiente de los trópicos—.[79] Aun en el mismo estado —como la Revolución reveló una vez más—, "la gente de la costa muy difícilmente pelea fuera de su terreno" (esto es, cuando se aventuraban en las montañas).[80] Dados estos imperativos territoriales —y la ausencia, fuera de Yucatán, de una población indígena asentada en las tierras bajas—, las nuevas plantaciones tenían dificultades para asegurar su fuerza de trabajo. Algunos indígenas podían ser persuadidos a bajar de las montañas, como atestiguaron los cafetaleros alemanes de Chiapas; para algunas comunidades pobres, la oportunidad de un trabajo de temporada en la tierra caliente, aunque duro e insalubre, ofrecía una forma de ganarse la vida. De ahí que la corriente anual de trabajadores de las tierras altas hacia las bajas constituyera un rasgo característico de la economía rural porfirista.[81] Sin embargo, ya que el libre fluir de trabajadores probó no ser tan adecuado, las plantaciones recurrieron también a métodos más coercitivos: formas de trabajo forzado, prisión con tra-

---

[76] *Ibid.*, pp. 34 y ss. C. Reginald Enock, *Mexico*, Londres, 1909, pp. 322-327; Howard F. Cline, "The Henequen Episode in Yucatan", *Inter-American Economic Affairs*, II (1948), pp. 30-51.
[77] Gadow, *Through Southern Mexico*, p. 176.
[78] De Szyszlo, *Dix milles kilomètres*, p. 89.
[79] Gadow, *Through Southern Mexico*, pp. 117 y 383.
[80] Reporte del gobierno de Guerrero a Carranza, octubre de 1915, AJD, r. 1.
[81] Katz, *Servidumbre agraria*, p. 29; Friedrich, *Agrarian Revolt*, p. 46; Moisés T. de la Peña, *El Pueblo y su tierra: mito y realidad de la reforma agraria en México*, México, 1964, p. 124.

bajo forzado y la trampa de la contratación nominalmente "libre" mediante el sistema de peonaje por deudas, mismo que alcanzó su mayor crueldad en plantaciones sureñas, como aquellas del tristemente célebre Valle Nacional.[82]

El México porfirista era étnica y físicamente variado y el análisis de su diversidad puede ser llevado aún más lejos —más allá de la región y el estado—, para abarcar los pueblos, el valle y el barrio, cada uno de éstos capaces de producir poderosas lealtades. Tannenbaum da el ejemplo de 11 pueblos vecinos en Hidalgo, caracterizados por economías, reputaciones y políticas diferentes.[83] Dado que, después de 1910, la Revolución estuvo fundamentalmente vinculada a factores locales, fue posible una gran variedad de respuestas; los problemas que esto implica para el historiador nacional de la Revolución en su trabajo de análisis, son análogos a los que enfrentó Díaz —y, a su vez, sus sucesores revolucionarios— en su trabajo gubernamental. Durante una generación de dictadura, Díaz procuró crear un gobierno centralizado y fuerte cuyo mandato pudiera recorrer el largo y ancho del país. Tuvo éxito, pero pagó un alto precio, puesto que creó una oposición que, ya no más confinada a un pueblo o a un estado, buscó emular el planteamiento nacional del régimen y constituir una oposición nacional que trascendiera las particularidades locales. El régimen porfirista y sus enemigos, cuya encarnizada lucha estamos por contar ahora, fueron, en un sentido paradójico, aliados mutuos contra el recalcitrante localismo de México y del pueblo mexicano.

El régimen

El régimen porfirista dio a México una generación de paz y estabilidad sin precedentes. La *Pax Porfiriana* fue, por supuesto, una paz imperfecta que se basaba tanto en la represión recurrente como en el consenso popular; de cualquier modo, la continuidad del gobierno local y nacional y la ausencia de una guerra civil de importancia, contrastaron con los 50 años posteriores a la Independencia, en los que prevaleció un conflicto político endémico. Díaz conoció los viejos tiempos, luchó contra los conservadores y sus aliados franceses durante la década de 1860, después contra sus compañeros liberales, Juárez y Lerdo, en la década de 1870, y finalmente peleó para abrirse camino hacia la presidencia. Liberal por filiación, Díaz mostró mayor apetito por el poder que adherencia a los principios y, una vez hecho presidente, resolvió poner freno a las facciones, borrar los frentes de batalla entre liberales y conservadores y crear un régimen fuerte y centralizado en torno a su propia persona.[84] Para México, ése fue el final de la ideología. Los viejos liberales murieron o fueron confinados al silencio, o aceptaron sinecuras; hubo re-

---

[82] John Kenneth Turner, *Barbarous Mexico*, Chicago, 1910.
[83] Tannenbaum, "Revolución agraria", p. 36.
[84] Daniel Cosío Villegas, *Historia Moderna de México, El Porfiriato, vida política interior*, segunda parte, México, 1972, p. 693.

conciliación con la Iglesia y, tácitamente, se le permitió recuperar algo de su antigua importancia política, social y económica. El lema del Porfiriato lo resumía todo: "mucha administración y poca política".

En sus primeros tiempos, Díaz se manejó con gran habilidad. Rehabilitó las facciones rivales en provincia, perpetuando las divisiones en donde le convenía, poniendo todo el peso del "centro" tras los partidos favorecidos y asegurándose así a un cliente leal.[85] Los caciques y generales que habían afianzado su control sobre algunos estados en particular —Álvarez en Guerrero, Méndez en la sierra de Puebla, el clan de los Cravioto en Hidalgo—, fueron recompensados pacientemente desde el poder, engatusados con alianzas o bien, cuando se les permitió morir en paz, les sucedieron adeptos porfiristas. Algunos, como los Cravioto, nunca se opusieron al presidente y lograron sobrevivir durante décadas. Otros, alguna vez enemigos de Díaz, vieron el provecho de apaciguarse. En Chihuahua, Luis Terrazas (uno de esos triunfadores norteños de origen humilde, hijo de un carnicero) se opuso a Díaz durante la lucha intestina de los liberales en la década de 1870; en respuesta, el presidente mantuvo administraciones antiterracistas a cargo del estado durante las décadas de 1880 y 1890. Mientras tanto, mediante una inversión y un matrimonio adecuados, Terrazas erigió un imperio de ranchos ganaderos, molinos textiles y de harina, bancos y fábricas, todo ello con valor de unos 27 millones de pesos. Los viejos rencores se desvanecieron: Terrazas fue de nuevo gobernador en 1903 y le sucedió su yerno Enrique Creel en 1907. La hegemonía política se complementaba ahora con el poder económico a medida que la oligarquía Creel-Terrazas iba dominando la política estatal, el gobierno local y las cortes.[86]

En la otra orilla de México, en Yucatán, Olegario Molina —"un hombre que no sólo se había levantado a sí mismo, sino que había hecho lo mismo por toda su familia, incluyendo a sus sobrinos y a los yernos de sus primos"— creó un imperio político y económico basado en el henequén. Molina, aunque era miembro de la "casta divina" de los hacendados más ricos, no podía compararse con Terrazas en lo que respecta a la posesión cabal de sus tierras; sin embargo, él y su yerno, Avelino Montes, servían como agentes mexicanos de la International Harvester Co., comprador monopolista del henequén de Yucatán.[87] Como complemento de su poder económico, Molina se convirtió en gobernador del estado en 1902; uno de sus hermanos fue el jefe político de Mérida; otro, presidente de los Ferrocarriles Unidos de Yucatán; con menor rango en el clan, el hijo de un primo suyo sirvió como inspector de Ruinas Mayas —en cuyo ejercicio, comentó a dos viajeros ingleses que "nunca había estado en Chichén Itzá pero... tenía fotografías satisfactorias"—.[88] Las oli-

---

[85] *Ibid.*, p. 67.

[86] José Fuentes Mares, *Y México se refugió en el desierto*, México, 1954, pp. 181-233; Harold D. Sims, "Espejo de caciques: los Terrazas de Chihuahua", *Historia Mexicana*, XVIII, núm. 3 (enero-marzo de 1969), pp. 379-399.

[87] Baerlein, *Mexico*, pp. 18 y 166-180; Joseph, *Revolution from without*, pp. 68-113.

[88] Baerlein, *Mexico*, p. 170.

garquías Creel-Terrazas y Molina-Montes —dejando de lado su riqueza— resultaron excepcionales sólo por haber agregado al final una representación nacional por encima de la local: Creel fue ministro del Exterior, y Molina ministro de Fomento en el penúltimo gabinete de Díaz.

La mayoría de las élites locales permanecieron herméticamente locales. Con los años, a medida que la movilidad política de las guerras civiles fue dando paso al *immobilisme* del último Porfiriato, las élites envejecieron, se compactaron y se volvieron aún más exclusivas. En San Luis Potosí, los hermanos Díez Gutiérrez se alternaron en la cámara legislativa estatal a lo largo de 20 años; Sonora estuvo dominada por el general Luis Torres, que estuvo cinco periodos en la gubernatura, con un testaferro torresista entre periodo y periodo.[89] Los Rabasa dirigían Chiapas: Ramón gobernaba; un hijo era jefe de San Cristóbal; otro, de Tapachula (donde tenía el monopolio de los rastros además de su concesión para el tranvía del Soconusco); un sobrino era diputado, jefe de Tuxtla Gutiérrez y comandante de los rurales del estado; un cuñado era alcalde de Tuxtla; y una hermana dirigía la Escuela Normal;[90] su hermano Emilio, el intelectual de la familia, fue figura prominente de la élite de los científicos en la Ciudad de México. En Puebla, un viejo compañero de armas de Díaz, Mucio Martínez, detentó la gubernatura por espacio de 18 años (esto no era un récord: Cahuantzi, en Tlaxcala, sirvió durante 26 años y otros, más de 20), se enriqueció mediante la operación ilegal de cantinas, burdeles y el monopolio estatal del pulque. Con la complicidad de sus funcionarios —notablemente la de su jefe de policía, Miguel Cabrera— fue, aun para los parámetros porfiristas, el prototipo de gobernante corrupto y arbitrario; "cuando en un país el Presidente de la República se llama Porfirio Díaz, y el Ministro de Hacienda José Yves Limantour, el Rey del Periodismo, Rafael Reyes Spíndola y un gobernador del Estado, Mucio P. Martínez [declaraba un orador de la oposición], la revolución es un deber..."[91]

Díaz, sin embargo, dejó bien claro que la perpetuación de estas satrapías dependía de su propia voluntad. En sus primeros tiempos erradicó a los gobernadores de dudosa lealtad; después, sólo haría reposiciones o reelecciones tras el escrutinio que Díaz hacía de los reportes y peticiones locales, reservando el veto final a la autoridad del "centro".[92] Donde era necesario, creaba contrapesos a los caciques en turno: el general Bernardo Reyes, un joven ambicioso y leal, fue enviado al noreste como jefe de operaciones para menguar la influencia de los generales Treviño y Naranjo, y para someter a estos estados

---

[89] James D. Cockcroft, *Intellectual Precursors of the Mexican Revolution, 1900-1913*, Austin/Londres, 1976, p. 21 [ed. en español: *Precursores intelectuales de la Revolución mexicana*, Siglo XXI, México]; Francisco Almada, *Diccionario de historia, geografía y biografía sonorenses*, Chihuahua, 1952, p. 683.

[90] Brickwood, Tapachula, 19 de marzo de 1911, SD 812.00/1412.

[91] Atenedoro Gámez, *Monografía histórica sobre la génesis de la revolución en el estado de Puebla*, México, 1960, pp. 9-14; Alfonso Francisco Ramírez, *Historia de la revolución en Oaxaca*, México, 1970, p. 29. El gran orador era Jesús Urueta.

[92] Cosío Villegas, *Vida política*, pp. 444-449.

distantes al gobierno central; Treviño y Naranjo cambiaron la vida pública por los negocios privados, en donde fueron recompensados con muchos clientes. Sin embargo, había en ello una posdata reveladora. Una vez elegido como gobernador de Nuevo León, Reyes gozó de dos décadas de poder ininterrumpido —modelo de gobierno y puntal de la clase porfirista—. Pero cuando los hombres empezaron a decir que Reyes tenía madera de presidente, Díaz actuó con rapidez y, entre las medidas determinantes que tomó en 1909 para erradicar la amenaza política de Reyes, designó al viejo general Gerónimo Treviño como comandante militar de la zona noreste. La rueda había dado un giro completo; al final, como al principio, la regla de "divide y vencerás" permitió a Díaz mantener todos los hilos en las manos que sólo tenían que dar un tirón, a la mínima sospecha, para disipar la amenaza.[93]

Si, en último análisis, el "centro" prevalecía por encima de estas oligarquías locales, Díaz tuvo, sin duda, mucho cuidado de no antagonizar con demasiados caudillos provincianos al mismo tiempo; les apoyaba en su autoridad mientras éstos permanecían fieles, y no se molestaba cuando los gobernadores —que en sus visitas a la capital se esforzaban por dar una impresión de cultos y civilizados— se emborrachaban, actuaban tiránicamente o cometían peculado y fraudes. La lealtad, más que la responsabilidad cívica, era el rasgo más importante. Por esta razón, una buena parte de los gobernadores porfiristas —quizá 70%— eran protegidos del presidente, transferidos a un estado que les era extraño, y cuyo principal compromiso era para con su presidente y creador, más que con los asuntos provinciales. Antonio Mercenario, de Guerrero, por ejemplo, conocía ese estado sólo como supervisor de las minas de Huitzuco, propiedad de la esposa de Díaz; su sucesor, Agustín Mora, era otro extraño que venía de Puebla.[94] La opinión local podía ser enconada, pero los gobernadores tendían a ser leales, y aun serviles.[95] Como resultado, al venir la Revolución, y a diferencia de muchas revoluciones latinoamericanas perpetradas por gobernadores ambiciosos (Urquiza saliendo de Entre Ríos para derribar a Rosas, en Argentina; Vargas tomando el poder en Brasil desde Rio Grande do Sul, en 1930), hubo un levantamiento del sentir popular dirigido no sólo en contra de Díaz sino también —y quizá más todavía— en contra de las criaturas que él había instalado en los palacios estatales de la Federación.

El ejército, la otra gran fuente de revoluciones en América Latina, ofrece un caso comparable. En un principio, el régimen porfirista presentaba una composición militar: tres cuartas partes de los gobernadores en 1885 eran generales, aunque sólo dos o tres fueran soldados de carrera. Sin embargo,

---

[93] E. V. Niemeyer, *El General Bernardo Reyes*, Monterrey, 1966, pp. 32 y ss. Andrés Montemayor Hernández, *Historia de Monterrey*, Monterrey, 1971, pp. 272-273.

[94] Cosío Villegas, *Vida política*, p. 426; Moisés Ochoa Ocampo, *Historia del Estado de Guerrero*, México, 1968, pp. 277-279.

[95] Cosío Villegas, *Vida política*, p. 769; Carleton Beals, *Porfirio Díaz, Dictator of Mexico*, Filadelfia, 1932, p. 289.

para 1903 el componente militar entre los gobernadores había descendido de 18 a ocho, y aquellos que sobrevivían y prosperaban políticamente eran los que, como Reyes, mostraban talentos administrativos al mismo tiempo que destreza militar.[96] Mientras tanto, la clase militar en sí fue reducida: el número de generales, a una cautelosa cuarta parte; el total de los activos, en un tercio, de 30 000 a 20 000. Incluso éstos eran sólo una fuerza nominal ya que, en 1910, cuando el ejército fue llamado a enfrentar su prueba más dura, sólo unos 14 000 hombres acudieron al campo de batalla.[97] Fuerzas auxiliares, como las milicias estatales, también habían sido brutalmente disminuidas (en aras de la centralización) y, como la paz reinaba y el gobierno municipal decaía, las fuerzas de defensa locales, una vez vigorosas, habían caído en desuso.[98] Esa reducción de las abultadas fuerzas armadas de la década de 1870 tenía un sentido político y presupuestal, pues eliminaba a la pandilla de generales ávidos de poder y de pesos, que habían medrado en las arcas de la nación desde la Independencia. También funcionó desde el punto de vista militar: gracias a la nueva red ferroviaria, Díaz podía despachar tropas hacia las áreas de descontento y sofocar revueltas con una velocidad y una eficacia que no tenían precedentes. Pero esta estrategia de bajo costo involucraba riesgos que vimos aparecer de manera dramática en 1910 y 1911, cuando proliferaron las revueltas y el ejército, confinado a las principales poblaciones y a las vulnerables líneas ferroviarias, mostró no ser adecuado para sostener al régimen.

El gobierno de Díaz no fue militar. Es cierto que el ejército jugó un papel muy importante al mantener la *Pax Porfiriana*: desde la salida de los franceses en 1867 no peleó contra ningún adversario extranjero; oficiales como Reyes y Victoriano Huerta ganaron sus laureles y aseguraron el favor presidencial mediante "acciones pacificadoras" y expediciones punitivas, en que las víctimas eran indígenas rebeldes o disidentes políticos.[99] El régimen gozaba de otras bases institucionales —civiles, caciquistas— y el ejército, bajo ningún concepto, era un actor político autónomo: recibía las órdenes de Díaz y las cumplía con lealtad; muy pocas veces los oficiales, como fue el caso de Heriberto Frías, denunciaban en público las acciones represivas que debían realizar en la práctica.[100] De hecho, el ejército pasó por una profesionalización gradual (en la década de 1900, en conformidad con los lineamientos prusianos) y se convirtió, más que en un bastión del privilegio conservador, en una

[96] Cosío Villegas, *Vida política*, pp. 122 y 425-426.

[97] Beals, *Porfirio Díaz*, p. 286; Francisco Bulnes, *El verdadero Díaz y la revolución*, México, 1967, p. 297; Edwin Lieuwen, *Mexican Militarism: the Political rise and fall of the Revolutionary Army*, Albuquerque, 1968, p. 4.

[98] Bulnes, *El verdadero Díaz*, pp. 292-297; Jorge Vera Estañol, *La Revolución mexicana. Orígenes y resultados*, México, 1957, p. 51, n. 2.

[99] Niemeyer, *Reyes*, pp. 23-24; Michael C. Meyer, *Huerta A Political Portrait*, Lincoln, 1972, pp. 9-14.

[100] Heriberto Frías; *Tomóchic: Episodios de la Campaña de Chihuahua*, México, 1968 (primera publicación en 1894).

carrière ouverte aux talents, especialmente a los talentos de la clase media.[101] En la cúspide, los generales de Díaz envejecían (hacia 1910 todos los generales de división eran septuagenarios, veteranos, como el propio Díaz, de las guerras civiles de mediados del siglo anterior); habían adquirido sus cascos de pico a la manera europea, así como los bigotes relamidos que concordaban con sus pertrechos y sus manuales militares europeos; bajo sus órdenes, el ejército era un brazo leal de la dictadura, desprovisto de pretensiones políticas. La Revolución cambió todo eso.

Lo que no pudo cambiar la Revolución —si comparamos la década de 1900 con la de 1920— fue la posición de la tropa, formada en su mayoría por conscriptos renuentes, acorralados por las autoridades para pagar cuotas requeridas o, incluso, reclutados en los calabozos. Ya que en su mayoría eran indígenas o mestizos, la opinión militar extranjera los consideraba desdeñosamente como reclutas semicoloniales (estimación que no se encontraba del todo errada).[102] No es de sorprender, pues, que fueran poco confiables. Cuando un piquete de tropas reclutadas era designado para vigilar el trabajo de una gavilla de prisioneros, un destacamento adicional de policía tenía que echar un ojo a la tropa; cuando los soldados fueron enviados a Salina Cruz para proteger a un grupo de trabajadores antillanos cuya presencia era resentida por los trabajadores locales, "el primer requerimiento del oficial a cargo fue contar con sólidos blocaos que evitaran a sus soldados escapar y andar merodeando en los alrededores".[103] La gente común consideraba el servicio forzado en el ejército como uno de los castigos más temidos; una buena cantidad de líderes rebeldes (como Zapata y Calixto Contreras) lo padecieron.[104] Pocos individuos significativos lograban así obtener alguna familiaridad, no con las artes de la guerra, sino con el funcionamiento interno del ejército, y éste adquiría una masa de conscriptos indolentes, muchos con la mira puesta en la primera oportunidad para desertar.

En otros tiempos, cuando Díaz era joven, el poder de los militares rivalizaba con el de la Iglesia católica. Sin embargo, las victorias liberales en las guerras civiles de las décadas de 1850 y 1860 habían resquebrajado el poder económico de esta institución, despojándola de su enorme riqueza en tierras; ahora las leyes reducían la posibilidad de adoctrinar fuera de las escuelas parroquiales así como la de rezar, predicar o hacer procesiones fuera de los edificios de las iglesias. La derrota de los conservadores dejó a la Iglesia en un limbo político, evitado por los gobernantes liberales de México y constreñido, por su adherencia a Pío IX y al *Syllabus*, a abjurar

---

[101] Jorge Alberto Lozoya, *El ejército mexicano 1911-1965*, México, 1970, pp. 30-31; W. Schiff, "German Military Penetration into Mexico During the Late Díaz Period", *Hispanic American Historical Review*, XXXIX (noviembre de 1959), pp. 568-579.

[102] Lt. Col. Petrie a Quai d'Orsay, 26 de agosto de 1910, AAE, Méx., Pol. Int., N. S., II, n. 97.

[103] Gadow, *Through Southern Mexico*, pp. 177 y 361.

[104] De Szyszlo, *Dix milles kilomètres*, p. 263; Womack, *Zapata*, pp. 62-63; Pastor Rouaix, *Diccionario geográfico, histórico y biográfico del estado de Durango*, México, 1946, pp. 101-102.

de ellos.[105] Pero, como fuerza moral capaz de influir en los corazones y mentes de los hombres (y aún más de las mujeres), la Iglesia se mantuvo fuerte y Díaz, perspicaz para mantener un clima de somnolencia política, no tenía la intención de seguir el camino de los liberales doctrinarios y comecuras. Por el contrario, su régimen atestiguó un gradual, aunque no total, relajamiento de tensiones entre la Iglesia y el Estado. Las leyes y el *statu quo* terrateniente permanecieron (demasiados liberales tenían puestos ahí sus intereses económicos como para que algún cambio pudiera ser contemplado), pero las normas fueron más flexibles, o sencillamente pasadas por alto, especialmente en aquellos estados donde gobernaban devotos porfiristas; así, las vestimentas clericales fueron vistas de nuevo por las calles, las campanas de las iglesias repicaban, las clases de religión se añadieron al final de la jornada en las escuelas seculares. Díaz sancionó la distensión con la Iglesia en México, tal y como el papa León XIII lo hizo de manera global: el arzobispo de México, exiliado a causa de los liberales, regresó para oficiar la boda de Díaz; cuando el viejo prelado falleció, en 1891, Díaz asistió a su funeral.[106] Algunos liberales intransigentes denunciaron este desliz, de la misma manera que algunos católicos aún más radicales empezaron a cuestionar los abusos sociales del Porfiriato; en el curso de la década de 1900, como veremos más adelante, ambos se tornaron más vociferantes. Hasta entonces, el conflicto entre el Estado y la Iglesia permaneció en silencio, para ventaja del régimen y de Díaz que, si bien no ganó un ferviente aliado con la Iglesia, por lo menos sí desarmó a un oponente potencial.

La negligencia del régimen en materia de requerimientos constitucionales, evidente en el caso de la Iglesia, resulta aún más clara en las operaciones de la supuesta democracia representativa de México. El México de Díaz era un miembro prominente de la gran tribu de "democracias artificiales", estados en los que la práctica política disentía radicalmente de la teoría liberal a la que se sujetaba.[107] La política mexicana estaba saturada de fraudes, malversación de fondos y nepotismo; vicios a juicio de los críticos del régimen, pero fuentes de fuerza para los gobernantes porfiristas, complementadas con el uso de la fuerza bruta; estos vicios estaban tan profundamente arraigados que pudieron sobrevivir fácilmente a la caída del sistema porfirista. Era de esperarse que los hombres en el poder, nacional y local, protegieran e impulsaran a sus familiares y compadres, que las decisiones políticas y judiciales se vieran influidas por consideraciones de provecho personal, que las concesiones y contratos se otorgaran por criterios distintos a los meramente económicos. La "mordida" fue una parte integral de los negocios y la políti-

---

[105] Robert E. Quirk, *The Mexican Revolution and the Catholic Church, 1910-1929*, Bloomington, 1973, pp. 11-12.

[106] Cosío Villegas, *Vida política*, pp. 512-513; Karl M. Schmitt, "The Diaz Conciliation Policy on State and Local Levels 1876-1911", *Hispanic American Historical Review*, XL (noviembre de 1960), pp. 182-204.

[107] Adrian Lyttelton, *The Seizure of Power. Fascism in Italy, 1919-1929*, Londres, 1973, pp. 7-8.

ca: el magnate petrolero británico Lord Cowdray, probablemente nunca "sobornó a ninguno de los mexicanos", comentaba un diplomático ingenuo (y equivocado), "[pero] algunas veces obsequió valiosos presentes y designó a prominentes mexicanos para puestos que no implicaban demasiado trabajo en su negocio".[108] Al ser indulgentes con tales métodos —sobornos, favores en torno al comercio y al reclutamiento de clientes—, los extranjeros no hacían sino seguir las reglas locales. Los lazos de sangre, el compadrazgo y el clientelismo (la más ubicua de las lealtades antes mencionadas) abarcaban toda la extensión de la sociedad mexicana: "cada empleado representaba a una jerarquía completa de protectores".[109] En el campo, un arriero requería de una recomendación favorable por parte del jefe político local para que se le permitiera comerciar; los gobernadores de los estados, como vimos, colocaban al por mayor a sus amigos y familiares; los oficiales de la policía rural —al margen de las reglas— comandaban y promovían a sus propios hijos y sobrinos.[110]

De ahí que cuando el hijo bastardo del jefe político de Tulancingo (Hgo.) fue amenazado de arresto por el jefe de la vecina población de Tenango de Doria, la respuesta de su padre haya sido tan típica: "hijo, yo soy el jefe político de Tulancingo y el gobernador del estado es Pedro Rodríguez; yo soy su amigo íntimo, ya veremos la manera de desahuciar a ese jefe de Tenango... que ha ordenado tu arresto".[111] No sabemos el desenlace; el relato —contado por un "individuo parlanchín y simplón"— quizá es apócrifo; sin embargo, corresponde muy bien a los usos del México porfirista. La política, más que un esfuerzo noble en favor del interés público, a la manera de Gladstone, era más bien una fuente de poder, seguridad y patrocinio, en una sociedad donde las oportunidades de avance eran a menudo limitadas. Un creciente número de mexicanos deploraban semejante estado de cosas y buscaban la manera de salvar el abismo que dividía al precepto constitucional de la práctica política, puesto que mientras las constituciones permanezcan, no importa qué tanto se haya abusado o prescindido de ellas, los regímenes autoritarios (ya sean democracias liberales ficticias o estados seudoproletarios) no pueden esperar que sus miembros se mantengan indefinidamente en una "suspensión voluntaria de incredulidad" respecto a los asuntos políticos y constitucionales. Tarde o temprano, como pudo comprobar Díaz, las acciones anticonstitucionales cometidas en el pasado influyen sobre el presente.

Por espacio de una generación, sin embargo, esa política funcionó. Dentro del gobierno central, el ejecutivo, con Díaz a la cabeza, fue todopoderoso.

---

[108] Thomas Beaumont Hohler, *Diplomatic Petrel*, Londres, 1942, p. 173; Alan Knight, *Nationalism, Xenophobia and Revolution: the Place of Foreigners and Foreign Interests in Mexico, 1910-1915*, tesis de doctorado, Oxford, 1974, pp. 99-103.

[109] De Szyszlo, *Dix milles kilomètres*, p. 32.

[110] Lumholtz, *Unknown Mexico*, I, pp. 5-6; Paul J. Vanderwood, *Disorder and Progress. Bandits, Police and Mexican Development*, Lincoln/Londres, 1981, p. 116.

[111] Starr, *In Indian Mexico*, p. 247.

La Suprema Corte, comentó un crítico, era más una "cortesana" que una corte; esto reflejaba el estado global del poder judicial.[112] Los grupos de oposición en el Congreso, aún resonantes en la década de 1880, fueron gradualmente silenciados en la medida en que sus miembros eran víctimas del acoso y las elecciones eran manipuladas para garantizar una legislatura cada vez más leal. La parentela del presidente, así como sus amigos, llenaban la Cámara, y los paisanos oaxaqueños llegaban muy alto en el gobierno y la administración. Las facciones locales que buscaban colocar a un candidato para gobernador estatal, y que por lo tanto necesitaban del apoyo de Díaz, no podían hacerlo mejor que escogiendo a un nativo de Oaxaca —"ese privilegiado lugar [...] tan fecundo en estadistas"— aunque la gubernatura fuera para un estado como San Luis Potosí.[113] Así, tanto a nivel estatal como nacional, la legislatura era efectivamente designada por el ejecutivo y sus miembros no eran más que nulidades; "dudo —señalaba un inglés en Durango— que siquiera 1% de los habitantes puedan decir sus nombres".[114] La irrelevancia del Congreso se volvió proverbial. Cuando un diputado federal no llegaba a la Cámara o —más sorprendente aún— cuando dejaba de pasar por su salario durante dos meses, "enviaban un mensajero urgente para darse cuenta entonces de que el diputado había muerto ocho meses antes de haber sido elegido"; otro relato apócrifo quizá, pero igualmente revelador.[115]

El poder político durante el Porfiriato estaba concentrado en una pequeña camarilla en torno al dictador —una oligarquía nacional paralela a las oligarquías estatales que ya hemos mencionado—. Elegido por primera vez a la presidencia en 1876, tras una revuelta contra Lerdo y los demonios de la reelección, Díaz aseguró para sí la reelección en siete ocasiones; al terminar el periodo de su viejo compadre Manuel González (1880-1884), gobernó durante 27 años consecutivos. Los primeros rivales presidenciales, González, Dublán, Pacheco, Romero Rubio, fueron vencidos y para la década de 1890, la dictadura personal de Díaz no sólo se encontraba establecida sino que había sido concebida claramente para quedar así. Ahora que el presidente entraba en sus sesenta, una nueva generación política, familiarizada con los años de paz y moldeada por ellos, apareció en escena para reemplazar a los viejos generales y a los caciques. Se detenían a pensar lo que sucedería (lo que les sucedería a ellos en particular) cuando la pieza clave del sistema fuera removida; en 1897, sus temores se estimularon debido al fallido atentado contra las vidas de Díaz y de su ministro del Exterior, Limantour, en un viaje al exterior; pudieron darse cuenta de que los banque-

---

[112] El crítico era Luis Cabrera, Isidro Fabela (ed.), *Documentos históricos de la Revolución mexicana: revolución y régimen maderista*, I, México, 1964-1965, p. 1 (en lo sucesivo: DHRM, RRM).

[113] Beals, *Porfirio Díaz*, pp. 273 y 290; Cosío Villegas, *Vida política*, p. 445.

[114] Graham, Durango, 9 de abril de 1911, FO 371/1147, 17946.

[115] Baerlein, *Mexico*, p. 124.

ros extranjeros también se encontraban preocupados por el asunto de la sucesión política.[116]

En la década de 1890 se vieron los primeros intentos para colocar al régimen sobre una base institucional más firme. En 1892 un grupo de partidarios de Díaz formó la Unión Liberal que abogaba por la tercera reelección del presidente, a cambio de ciertas concesiones que, argumentaban, fortalecerían al régimen, asegurarían la continuidad del gobierno y prevendrían la "terrible crisis" de la sucesión, misma que anticipaban para cuando Díaz fuera removido de la escena. Incluso algunos críticos del régimen contemplaban sus propósitos como "nobles y puros".[117] Una tercera reelección, concedía la Unión Liberal, significaba un sacrificio de las esperanzas democráticas, aunque esto quedaba justificado por las circunstancias; la paz, ahora establecida, debía preservarse y México no podía instrumentar la democracia plena de la Constitución de 1857 sin caer en el riesgo de la anarquía. Las reformas a futuro dependían de una paz continuada y de un progreso material. Aunque la Unión Liberal realizó propuestas políticas moderadas, abogó por la inamovilidad del poder judicial y la creación de la vicepresidencia, en realidad su cometido principal fue la continuidad del crecimiento económico: más vías férreas, un sistema fiscal racionalizado, la supresión de aranceles en las fronteras internas, la inmigración europea y más recortes al presupuesto militar. Esta insistencia en la primacía del progreso material y en la necesidad de hacer coincidir las reformas políticas con el nivel de desarrollo económico, revelaba la influencia positivista que operaba entre los porfiristas de la Unión Liberal. De manera que, por sostener una visión comtiana y "científica" de la sociedad, recibieron el sobrenombre de "científicos".[118] Sin embargo, este movimiento hacia una organización de partido (que algunos esperaron ver secundada por los intereses de los conservadores y los católicos, con la creación de un embrionario sistema bipartidista) se disolvió rápidamente y las ligeras reformas que proponía, cayeron en el olvido. Quizá la última y mejor oportunidad de un cambio gradual dirigido desde arriba se perdió con ello y el gobierno personal, carente de soportes institucionales, persistió. Aun cuando Díaz concedió una vicepresidencia en 1904, se aseguró bien de que su titular fuera (como él mismo admitió) un adicto impopular que no significara una amenaza para el presidente: el vicepresidente Corral fue impopular desde su inicio y así permaneció; Díaz se tomó la molestia de mantenerlo sin información y sin influencia.[119] Temeroso de sus rivales y celoso de su poder ilimitado, Díaz perpetuó así una variedad de gobierno personal que, a la ma-

[116] Cosío Villegas, *Vida política*, pp. 683-685; José Yves Limantour, *Apuntes sobre mi vida pública*, México, 1965, pp. 136-137.

[117] Cosío Villegas, *Vida política*, pp. 648-670 y 841, cita a Juan Sánchez Azcona.

[118] Leopoldo Zea, *Apogeo y decadencia del Positivismo en México*, México, 1944, pp. 210-214; cf. William D. Raat, *El Positivismo durante el Porfiriato (1876-1910)*, México, 1975, pp. 114-142.

[119] De Madero a Díaz, 15 de mayo de 1910, en Fabela, DHRM, RRM, I, p. 49; Limantour, *Apuntes*, p. 149; Jesús Luna, *La carrera pública de Don Ramón Corral*, México, 1971, pp. 84-97.

nera de la reina Isabel I de Inglaterra, mantuvo en torno a la sucesión un interrogante abierto y potencialmente explosivo.

Esto no fue el fin de los científicos. Aunque sus propósitos de 1892 zozobraron, fueron sin duda los hombres venideros, la nueva generación (la mayoría habían nacido en la década de 1850), la que ahora pisaba los talones a los moribundos veteranos liberales de la propia generación de Díaz. Se trataba también de un nuevo tipo: urbano, cosmopolita, articulado e ilustrado. Encabezados (no de manera oficial, ya que no constituían un partido político formal), primero, por el suegro de Díaz, Romero Rubio y, después, por el ministro de Finanzas, Limantour, adquirieron un vasto rango de posiciones políticas, administrativas y, en los negocios, amasaron una enorme riqueza y, es de suponer, una buena cantidad de influencias. Con el tiempo, su énfasis positivista en el desarrollo económico se expresó con dificultad en su moderado reformismo político y emergieron como apologistas, defensores y beneficiarios del capitalismo mexicano. Con frecuencia se ha retratado a los científicos como corruptos vendepatrias, representantes del comprador burgués que —a diferencia de la burguesía nacional de la Revolución— conducían la economía mexicana hacia las manos del extranjero.[120] Es verdad, los científicos favorecieron la inversión extranjera que durante el Porfiriato creció unas 30 veces y en la que los Estados Unidos participaron con la mayor parte.[121] Del total de la inversión extranjera directa, los ferrocarriles suponían un tercio; las minas una cuarta parte, y el resto los bancos, empresas de servicios públicos, los negocios de bienes raíces, las fábricas textiles y el petróleo. Los científicos se involucraron directamente en estas operaciones, manejaban concesiones y contratos, y servían como directivos de las compañías: Pablo Macedo, por ejemplo, presidente del Congreso Federal, era director de dos bancos, de la Aguila Oil Co., del Ferrocarril Panamericano, de El Buen Tono, firma cigarrera, de Mexican Light and Power Co., y de Light and Power Co. de Pachuca; Fernando Pimentel y Fagoaga, alcalde de la Ciudad de México en 1910, estaba en la mesa directiva de cuatro bancos, en la Chapala Hydro-Electric Co., en la Compañía Papelera de San Rafael, en la Industrial Co., de Atlixco, en la Sierra Lumber Co., y en la Monterrey Smelting Company.[122]

Los científicos, no obstante, no eran simples acaparadores disfrazados de positivistas. Tenían una visión genuina de un México dinámico y en desarrollo. Veían en la inversión extranjera un factor crucial en este proceso,

---

[120] Adolfo Gilly, *La revolución interrumpida, México 1910-1920: Una guerra campesina por la tierra y el poder,* México, 1971, pp. 43 y 334-339; B. T. Rudenko, "México en vísperas de la revolución democrático-burguesa de 1910-1917", en B. T. Rudenko *et al., La Revolución mexicana. Cuatro estudios soviéticos,* México, 1978, pp. 19 y 83-85; Juan Felipe Leal, "El Estado y el bloqueo en el poder en México, 1867-1914", *Historia Mexicana,* XXIII, núm. 4 (abril-junio de 1974), pp. 716-721.

[121] Luis Nicolau d'Olwer, "Las inversiones extranjeras", en Cosío Villegas (ed.), *Historia Moderna de México. El Porfiriato. La vida económica,* II, México, 1965, p. 161.

[122] José Luis Ceceña Gámez, "La penetración extranjera y los grupos de poder en el México Porfirista", *Problemas de Desarrollo,* (1969, pp. 76-78.

pero miraban más bien hacia Europa para compensar la influencia norteamericana; anticipaban el día en que —como afirmaban Limantour y Pablo Macedo— el capital nacional, ya dominante en algunos sectores, podría asumir un papel más grande y determinante dentro de la economía.[123] Para la década de 1900, de hecho, emergió un nuevo nacionalismo económico de entre los círculos científico-porfiristas: se implantaron tarifas proteccionistas; la mayor parte de los ferrocarriles fueron fusionados y puestos bajo el control del gobierno; los debates en torno al nuevo Código de Minas indicaban que el programa de los científicos para nacionalizar el proceso de desarrollo económico era real y no meramente retórico.[124] Es más, tanto el pensamiento científico como la política gubernamental reconocían que el desarrollo también dependía de factores "no económicos". El crimen, el alcoholismo, el analfabetismo, la insalubridad y la enfermedad eran asuntos de intensos debates y estudios: Justo Sierra defendió la reforma educativa (y el Porfiriato atestiguó un modesto aunque significativo mejoramiento de recursos educativos); la medicina preventiva y la sanidad urbana se examinaron detenidamente.[125] Los logros en estos campos fueron inconstantes y limitados; particularmente la estrategia de desarrollo de los científicos se enfrentó con importantes barreras "estructurales" que no mostraron capacidad o deseo de cambio. Su demolición no habría de venir sino hasta después de la Revolución.[126] Sin embargo, no es posible olvidar que los científicos tenían un programa de desarrollo que —a pesar de ser injusto o mal concebido— iba más allá de la especulación personal y del entreguismo colectivo. Era un programa que, es más, fue posteriormente plagiado a voluntad por los revolucionarios y que ciertamente no era una fórmula de conservadurismo inamovible. Inflexibles y autoritarios en el terreno político, los científicos fueron progresistas en lo económico; defendieron los principios del "progreso" y, al parecer, fueron capaces de inculcar una actitud similar entre sus subordinados.[127] Tanto su ferviente compromiso con el cambio social y económico como su resistencia a la reforma política provocaron, en un momento dado, su caída.

[123] D'Olwer, "Inversiones extranjeras", pp. 1171-1172; González Navarro, *Vida social*, p. 157; Alfonso de María y Campos, "The Científicos and the Gold Standard", reporte de seminario en Cambridge, 1975.

[124] Robert F. Smith, *The United States and Revolutionary Nationalism in Mexico, 1916-1932*, Chicago, 1972, pp. 8-12; Marvin D. Bernstein, *The Mexican Mining Industry, 1890-1950; A Study of the Interaction of Politics Economics and Technology*, Albany, 1965, pp. 79-82; John H. Coatsworth, *El impacto económico de los ferrocarriles en el Porfiriato*, I, México, 1976, pp. 57-61.

[125] González Navarro, *Vida social*, pp. 52-134, 416-428 y 564-594; Carmen Sáez, *Ideology and Politics in Mexico, 1879-1904. Aspects of Cientific Theory and Practice*, Oxford, tesis de doctorado, 1980, pp. 275-276, 295; Josefina Vázquez de Knauth, *Nacionalismo y educación en México*, México, 1970, pp. 81-91.

[126] Véase cap. IX.

[127] Al juzgar por la repetida invocación al "progreso", la desaprobación hacia "los que estorban el progreso", y la promoción de la educación, la sobriedad y el trabajo duro (la "virtud de los grandes pueblos"): véase, *Nueva Era*, Parral, Chih., 8 de marzo, 24 de junio, 18 de octubre y 2, 16 y 23 de diciembre de 1906; del Jefe político de Juárez, a Creel, 29 de junio de 1908, STA, caja 28.

Hacia 1910, la posición de los científicos era precaria. A largo plazo, su estrategia económica parecía reivindicarse: durante el Porfiriato, la población creció 1.4% anual, la producción económica se incrementó a una tasa de 2.7% y las exportaciones a 6.1%.[128] México experimentó una fase de crecimiento basada en la exportación, cosa inusual en América Latina en aquellos años; esto permitió a Limantour, ministro de Finanzas desde 1893, convertir la bancarrota crónica del gobierno en una estabilidad presupuestaria y fiscal sin precedentes. En el curso de la década de 1890, Limantour equilibró el presupuesto, reformó las arcas, abolió las tarifas arancelarias internas y reacondicionó las instituciones bancarias del país. En 1905 puso a México en el patrón oro, eliminando así las fluctuaciones en el valor del peso, que hasta entonces se había basado en la plata. Para 1910 el gobierno mexicano contaba con un exceso de reservas de 60 millones de pesos y podía prestar a 5%; de hecho, cuando la Revolución irrumpió, Limantour estaba en Europa negociando una reconversión de la deuda nacional a 4%.[129] El éxito de Limantour dependía en gran medida de tendencias globales que, como demostró la recesión de 1907, se encontraban más allá de su control. No obstante, Díaz mantuvo su fe en la teoría y práctica de los científicos: un crédito seguro y un presupuesto sano eran ingredientes esenciales de la *Pax Porfiriana;* los regímenes anteriores habían carecido de eso, para su propia desgracia. Por esta razón, en el mundo financiero, donde las habilidades del propio Díaz eran limitadas, el presidente cedía las responsabilidades a su equipo de tecnócratas leales y eficientes.[130]

Sin embargo, los científicos eran débiles en el terreno político y, para 1910, amargamente impopulares; el solo término "científico" se había convertido en una designación peyorativa, que designaba al porfirista reaccionario o casi a cualquier oponente político asociado al viejo régimen. Los funcionarios impopulares de los pueblos eran "científicos", término a menudo mal pronunciado.[131] Además de su codicia y bienes malhabidos, se suponía que éstos habían engañado a Díaz, haciendo de él una marioneta. En Oaxaca, donde los amigos del presidente, en todos los niveles, eran aún numerosos, Limantour era "considerado universalmente como un hombre peligroso, un factor siniestro... que dictaba la política del Presidente"; Limantour se vio forzado a quejarse ante el propio Díaz de los constantes ataques "cuyos instigadores conocemos muy bien usted y yo, pretenden [...] presentarle a usted ante el mundo entero como un maniquí movido por los 'científicos'".[132]

---

[128] Clark W. Reynolds, *The Mexican Economy, Twentieth-Century Structure and Growth*, Yale, 1970, p. 21.

[129] Limantour, *Apuntes*, pp. 49-63 y 174-175; Peralta Zamora, en Cosío Villegas, *Vida Económica*, II, pp. 887-972, especialmente pp. 951-959.

[130] Cosío Villegas, *Vida política*, p. 859.

[131] De Blas Sobrino a Robles Domínguez, 1º de junio de 1911, AARD 15/72; John Rutherford, *Mexican Society During the Revolution: A Literary Approach*, Oxford, 1971, pp. 191-192.

[132] Lawton, Oaxaca, 3 de abril de 1911, SD 812.00/1300; Limantour, *Apuntes*, p. 178.

Algunos historiadores han tomado estas polémicas literalmente, aunque queda bien claro que los científicos, a pesar de su riqueza y contactos, contaban con un poder político limitado y su posición se encontraba siempre condicionada al favor que el propio Díaz les dispensara. Estaban arraigados en la Ciudad de México, en donde cubrían sus posiciones tanto en el gabinete como en el Congreso y en donde manejaban sus asuntos legales y de negocios; con la excepción de Creel y Molina (y quizá Rabasa), no ejercían ningún poder sobre la provincia, aunque su impopularidad no sabía mucho de estas fronteras. Los detestados científicos permanecieron como una élite intelectual y tecnócrata confinada a la metrópoli; su influencia "derivaba de la única fuente real de poder, que se llamaba Porfirio Díaz".[133] Esta dependencia se volvió aún mayor en los últimos años del régimen. Mientras que la política seguía siendo un privilegio de estrechas camarillas nacionales y locales, los científicos prosperaban; sin embargo, a medida que el asunto de la sucesión empezó a agitar el ámbito político de la nación, y nuevos movimientos irrumpieron en la escena política, los científicos sucumbían. Carecieron de popularidad, de ayuda por parte de los porfiristas de provincia, del carisma y de la habilidad de comunicarse con el pueblo que, en la nueva situación de movilización política, contaba más que los asientos en una mesa directiva o que una biblioteca de derecho bien pertrechada. No tenían pues, un lugar en la política abierta —ni aun en la medio abierta—. Limantour dejó pasar la vicepresidencia en 1904 y cayó víctima de una campaña de prensa en su contra; en 1910 carecía ya de toda popularidad.[134] No está en duda si los científicos lograron sobrevivir a la caída de su amo: sólo quedó de ellos, después de 1910, el oprobioso membrete y la ideología desarrollista que muy pronto tomarían otros.

La debilidad fundamental de los científicos fue haber descuidado las raíces provincianas. Díaz lo sabía muy bien: su régimen dependía, en la raíz, del estrecho control que pudiera ejercer sobre las municipalidades del país mediante los jefes políticos, designados por el ejecutivo. Fue a través de estos funcionarios clave, 300 o más —"quienes, a la hora de la ejecución eran agentes políticos indispensables"—, que el régimen porfirista ejercitó su control social, y fue como reacción a estos múltiples "diazpotismos" subalternos que la oposición local y los movimientos revolucionarios tuvieron lugar.[135]

Las municipalidades de México poseían largas tradiciones democráticas que se remontaban a los autogobiernos de los poblados españoles y los pueblos indígenas de la Colonia, mismas que se conservaron después en las constituciones liberales del siglo XIX. Sin embargo, y particularmente desde los días del centralismo borbónico, las administraciones ávidas de poder fueron cortando la autoridad del gobierno municipal, del alcalde y del concejo. Para

---

[133] Cosío Villegas, *Vida política*, p. 854.
[134] Henry Lane Wilson, Ciudad de México, 20 de marzo de 1911, SD 812.00/1027.
[135] Moisés Ochoa Campos, *La Revolución mexicana, sus causas políticas*, II, México, 1968, pp. 215-232; Cosío Villegas, *Vida política*, p. 853.

la década de 1900 los empleados públicos designados por el ejecutivo habían reemplazado, en algunos estados como Chihuahua, a los funcionarios electos.[136] En otras partes éstos sólo aseguraban su elección a través de los buenos oficios del ejecutivo, esto es, del jefe político. Como resultado, las elecciones locales se habían convertido en una farsa efectuada entre la apatía y la indiferencia; las autoridades municipales se convirtieron en servidores que dependían del ejecutivo, eran inamovibles y carecían tanto de fondos como de responsabilidades ante la opinión pública local.[137] Los hilos del poder se encontraban en manos del jefe político y sólo en las regiones en donde la centralización no se había abierto camino —en las sierras y en el lejano sur— las municipalidades conservaban algo de su antigua libertad y autonomía.

El carácter del jefe político variaba de lugar a lugar. Como muchos funcionarios porfiristas, los jefes debían su posición a los contactos familiares: Luis Demetrio Molina, de Mérida, tenía un tío Olegario a quien agradecer; Silvano Martínez, de Uruapan (Mich.), se había casado con la hija del gobernador Mercado.[138] Tales relaciones familiares calaban muy hondo en la trama del gobierno local. Algunas municipalidades —como Guachóchic, en la sierra de Chihuahua— eran verdaderos nidos del nepotismo, en los que un par de familias enlazadas monopolizaban las funciones políticas, fiscales y judiciales: Urique, en la misma región, era "el colmo del compadrazgo", una sola familia controlaba el tráfico de la carne y ocupaba todas las posiciones federales, estatales y municipales.[139] A medida que el poder nacional y el de los gobiernos estatales se iba incrementando, estas jerarquías locales dependían y, con frecuencia, surgían a partir de fuerzas ajenas al propio municipio. En la cúspide de la jerarquía local, el jefe político buscaba la manera de conciliar sus intereses (por lo regular, los de la gente acomodada) con las crecientes demandas del "centro". En aquellos lugares donde tal conciliación no tenía efecto, el régimen enfrentaba la oposición de comunidades enteras, desde las esferas más altas a las más bajas.[140] Por lo regular, el jefe gobernaba para satisfacción de los más acomodados y para disgusto de los "pelados".

La mayor parte de los jefes era impuesta desde fuera, por el "centro". Algunos eran militares, como el coronel Celso Vega, un hombre de mediana edad, miembro regular de la armada que fue designado en Baja California Norte, o el desastroso general de brigada Higinio Aguilar, un veterano de la intervención francesa, que duró dos meses y medio como jefe político de Cuernavaca (Mor.) hostigando a la población hasta que fue removido de su

---

[136] Francisco R. Almada, *La revolución en el Estado de Chihuahua*, I, México, 1964, pp. 24-25; *cf.* Pastor Rouaix, *Diccionario geográfico, histórico y biográfico de Durango*, p. 136; Héctor Aguilar Camín, *La Revolución sonorense*, México, INAH, 1975, pp. 97-98.

[137] Ochoa Campos, *Causas políticas*, II, pp. 229-232; Lewis, *Tepoztlan*, pp. 94 y 230.

[138] Baerlein, *Mexico*, p. 168; Starr, *In Indian Mexico*, p. 78.

[139] *El Correo*, 14 de mayo, 21 de septiembre de 1909.

[140] Véanse pp. 117, 122 y 125. Aun cuando el jefe local era una persona bastante decente, más tarde fue recordado invariablemente como "alguien que siempre estuvo del lado de los ricos"; Simón Márquez Camarena, entrevistado por María Isabel Souza, 1973, FO I/113, p. 12.

puesto por una acusación de fraude.¹⁴¹ Había también jefes más suaves que impresionaban por su cultura a los visitantes extranjeros: el anticuario Andrés Ruiz, de Tlacolula (Oax.), quien, se decía, recibía la "confianza y el afecto" de la gente de la localidad, o el "ilustrado Cicerone", Enrique Dabbadie, de Cuautla (Mor.), que no mostró ninguna delicadeza literaria cuando, enfrentando a la oposición política de su distrito, en 1909, ordenó a la policía montada disolver las manifestaciones y arrestar a una turba de "comerciantes, obreros, oficinistas [y] peones [...] unos sin que se les hiciesen acusaciones [...] la mayoría, simplemente en virtud de sus reputaciones".¹⁴² Contener a la oposición de esta manera era uno de los principales propósitos del jefe político, especialmente en los últimos años del Porfiriato, cuando las pasiones políticas estaban surgiendo. Puebla, sede de la corrupta y arbitraria administración martinista, se convirtió en un centro de disidencia política que el jefe martinista, Joaquín Pita, trató de contener. Cuando el automóvil del gobernador fue apedreado en las calles de la ciudad, Pita (subestimando la significación política del asunto) consignó ante el ejército a 30 supuestos acusados.¹⁴³ En época de elecciones, se dedicaba personalmente a cerrar las casillas que pudieran favorecer una votación antigubernamental y hacía arrestar a sus supervisores.¹⁴⁴ El jefe de la población minera de Batopilas, en Chihuahua, de manera similar, privaba de los derechos civiles a la oposición, negándoles casillas y enviando una lista de mineros —que, se creía, simpatizaban con la oposición—, al administrador norteamericano, con la esperanza de que éste ejerciera la presión adecuada. Aunque había antecedentes de tales acciones, el administrador declinó. Los hombres de negocios extranjeros se cuidaban de no intervenir directamente en el flujo de la política porfirista.¹⁴⁵

No obstante, los hombres de negocios extranjeros trataban siempre de cultivar la amistad del jefe local y valoraban su cooperación en el mantenimiento del orden; el jefe, se podría decir, estaba al frente de la "élite colaboracionista" del Porfiriato, llevaba a cabo una función tan vital como la de los científicos.¹⁴⁶ Algunos jefes —como uno que anteriormente había sido asignado a Batopilas— disolvían la agitación de huelga mediante la diplomacia y la exhortación; Carlos Herrera, en Orizaba —e incluso Joaquín Pita en Puebla—, mostró conocer bien los problemas de los trabajadores textiles así

---

¹⁴¹ Lowell L. Blaidsell, *The Desert Revolution, Baja California 1911*, Madison, 1962, p. 37; Womack, *Zapata*, p. 40.

¹⁴² Gadow, *Through Southern Mexico*, pp. 246 y 278; Womack, *Zapata*, pp. 32-33.

¹⁴³ *El Diario del Hogar*, 9 de octubre de 1910.

¹⁴⁴ Baerlein, *Mexico*, pp. 120-121.

¹⁴⁵ *El Correo*, 7 de julio de 1910; cf. el mismo comunicado del diario del 10 de septiembre de 1909, sobre el veto del administrador al establecimiento de un club político en Dolores.

¹⁴⁶ John Hays Hammond, *Autobiography of John Hays Hammond*, 2 vols., Nueva York, 1935, I, p. 118; Alfred Tischendorf, *Great Britain and Mexico in the Era of Porfirio Díaz*, Durham, 1961, pp. 73-74; sobre la "élite colaboradora", véase Ronald Robinson, "Non-European Foundations of European Imperialism", en Roger Owen y Bob Sutcliffe, *Studies in the Theory of Imperialism*, Londres, 1972, p. 120.

como su deseo de combinar la represión con la simpatía.[147] Por lo que a esto respecta —especialmente en el rango de los trabajadores textiles—, reflejaron el cambio general que empezaba a surgir de entre las actitudes oficiales porfiristas hacia la cuestión laboral. Sin embargo, en otro lugar, y al parecer de manera más notable, los jefes en los indómitos y remotos campamentos mineros del norte, preferían el garrote por encima de la zanahoria y "los administradores de los campamentos alardeaban abiertamente de estos métodos ante los inversionistas tímidos".[148] El jefe político de Mapimí, por ejemplo, acabó con la huelga de la mina de Peñoles irrumpiendo en el pueblo con la policía, sacando a los huelguistas de sus casas y aporreando a los fogoneros que se negaban a trabajar por la tarifa anterior: parecería un caso de *trop de zèle*, ya que la compañía estaba preparada para conceder un aumento, tras una demora conveniente.[149]

Además de la vigilancia política y el mantenimiento del orden, el jefe podía cumplir un buen número de funciones informales: "era la autoridad local del gobierno central, el patrón del pueblo y con frecuencia, su prestamista, agiotista, agente de rentas, mercader y casamentero al mismo tiempo, y todo, para su enorme ganancia".[150] Algunos se resistían a las grandes tentaciones de su cargo y ejercían un despotismo benevolente en sus distritos. Demetrio Santibáñez, a pesar de sus antecedentes como represor político en el sur de Veracruz, "mandaba en el distrito [de Tehuantepec) con firmeza y tacto", arreglando complicadas disputas conyugales con amenazas y adulaciones, repiqueteando su máquina de escribir en la elaboración de cartas oficiales, al tiempo que dotaba a su zoológico privado de pericos, monos y gecónidos. Santibáñez gobernó con el apoyo de una cacique tehuana; esto, al parecer, garantizó su popularidad. Algunos años después, cuando la Revolución le dio la oportunidad, su hijo fue designado jefe político por aclamación popular.[151] Había otros jefes —como Juan Francisco Villar de Uruapan, "practicando la Democracia en la plena época de la Dictadura"— que eran objeto de estima y reconocimiento populares.[152] De la misma manera, hubo casos en que los jefes eran exonerados de los abusos cometidos por otros funcionarios: las corruptas autoridades judiciales de Parral, y el jefe de policía, que era "el verdadero tirano" en Jiménez (Chih.).[153]

Como sugieren estos ejemplos, existía un considerable rango de variantes personales que bien podrían trasladarse al variado patrón de respuestas revolucionarias después de 1910. Dada la oportunidad, muchas comunidades

[147] David M. Pletcher, *Rails, Mines and Progress. Seven American Pioneers in Mexico 1867-1911*, Itaca, 1958, pp. 203-204; Rodney D. Anderson, *Outcasts in their own Land. Mexican Industrial Workers 1906-1911*, Dekalb, 1976, pp. 105-109, 130-133, 155 y 159.
[148] Bernstein, *Mexican Mining Industry*, p. 91.
[149] *El Correo*, 3 de julio de 1910.
[150] Harry Arthur Buick, *The Gringoes of Tepehuanes*, Londres, 1967, pp. 94-95.
[151] Gadow, *Through Southern Mexico*, pp. 155-156; Ramírez, *Oaxaca*, p. 24.
[152] De Cesáreo Ortiz y otros a Gobernación, 16 de julio de 1911, AG 898.
[153] *El Correo*, 7 de agosto y 5 de octubre de 1910.

se distinguieron por deshacerse de algunos funcionarios, contratando y aun destituyendo a otros. Sin embargo, incluso en estos casos parecía que el sistema contenía una dosis de opresión que resultaba muy difícil de evadir: si el jefe político escapaba a la censura, entonces el jefe de policía, el juez de paz o el recaudador de impuestos incurrían en el oprobio; el permiso para oprimir no estaba eliminado, sencillamente era repartido. Esto resultó particularmente manifiesto en ciertos casos, reconocibles y recurrentes, en los que los imperativos de las circunstancias sociales y políticas constituían un desafío al tacto y a la reputación individuales. En regiones de aguda tensión agraria, por ejemplo, el jefe, como protegido del centro y representante de la ley y el orden, se convertía en un aliado de los terratenientes expansionistas.[154] De la misma manera, donde una pequeña élite comercial controlaba a una comunidad y sus alrededores rurales mediante una economía viciosa, el jefe se asociaba a los explotadores mercantiles —en Acapulco, por ejemplo—.[155] El jefe, no obstante, se convertía en una verdadera peste para aquellas regiones donde actuaba como el brazo de una oligarquía estatal bien arraigada; en ese caso, reforzaba un nuevo y rígido centralismo en detrimento de los intereses y la independencia municipales: en Chihuahua, donde el gobernador Creel reemplazó a los jefes municipales electos por una serie de funcionarios designados, se generó una tribu de "verdaderos sultanes"; de la misma manera, en Sonora, la administración de Torres desmanteló al gobierno estatal ya electo, siendo éste un estado donde la información y las expectativas políticas se encontraban en pleno incremento.[156]

En circunstancias como éstas, el jefe político aparecía como un tirano que subvertía las libertades locales. De ahí que las comunidades prefirieran a un hombre de la localidad para que ocupara un puesto tan decisivo, que podría quizá, mostrar un mayor grado de responsabilidad social. Después de 1911 las demandas no se hicieron esperar, acompañadas frecuentemente con declaraciones como: "este pueblo se rehúsa a que lo abandone en manos de un extraño llegado de fuera".[157] No obstante, durante el Porfiriato predominaron los forasteros y el criterio principal para su designación fue la lealtad al ejecutivo, al gobernador del estado y al propio Díaz, que participaba muy de cerca en la selección de los jefes políticos.[158] El régimen porfirista, inclinado a la centralización, no conocía otra forma de operar. En lo que toca a sus oponentes, algunos visualizaban el final de la centralización y la consecuente abolición de las jefaturas, mientras otros pensaban en retener el sis-

[154] Véanse, pp. 123-124, 139-140, 144 y 259.

[155] Gill, "Los Escudero de Acapulco", pp. 291-308; Pangburn, Acapulco, 4 de abril de 1911, SD 812.00/1366.

[156] *El Correo*, 26 de julio 1910; R. Sanders, "Antecedentes de la revolución en Chihuahua", *Historia Mexicana*, XXIV, núm. 3 (enero-marzo de 1975), p. 398; Aguilar Camín, *La Revolución Sonorense*, pp. 98-105.

[157] De Margarito Vázquez, Cuajimalpa, a Gobernación, 10 de julio de 1911, AG 898.

[158] Vanderwood, *Disorder and Progress*, p. 86; Ochoa Campos, *Causas políticas*, II, p. 216.

tema para democratizarlo y así hacerlo congruente con sus propósitos. Entre tanto, el régimen juzgaba al jefe de acuerdo con su efectividad para manipular las elecciones, mantener el orden, silenciar a la oposición política y al clamor laboral. Si fallaba en estos asuntos —como Dabbadie reconoció en Cuautla—, su remunerativo empleo llegaba a su fin; de la misma manera, los funcionarios municipales que se oponían a los deseos del gobernador perdían pronto su trabajo.[159]

La lealtad a Díaz, más que la responsabilidad, fue la marca distintiva del sistema: para los jefes políticos "tenerlo contento el Centro es su único deseo [...], y el Centro se contenta con que no haya revolución ni mucho menos bandidos en los campos. Lo demás le tiene sin cuidado..."[160] Si mantener feliz al centro permitía y hasta exigía un gobierno más diáfano —como, al parecer, ocurrió con Herrera en Orizaba, o Santibáñez en Tehuantepec—, eso, para la gente de la localidad, era casi una bendición. Con más frecuencia, como sucedía en Durango, los jefes eran, "por decir lo menos, hombres que jamás hubieran sido elegidos por el pueblo"; mientras que otros, como Rafael Cervantes (San Juan Guadalupe, Dgo.), Jesús González Garza (Velardeña, Dgo.), Cipriano Espinosa (San Felipe, Gto.), Ignacio Hernández (San Miguel de Allende, Gto.), eran conocidos tiranos, acicates de la rebelión local.[161]

La propia posición de los jefes los conducía a la corrupción. En Oaxaca, un prospecto a ser designado, consciente de que su salario oficial de 150 pesos al mes era inadecuado, tuvo que cabildear entre los negociantes y hacendados locales, viendo la manera de obtener anticipos a cuenta de futuros servicios.[162] Otros completaban su ingreso con multas que muchas veces iban a parar a los bolsillos del jefe. Las quejas en contra de las multas arbitrarias y mezquinas eran muchas: en las poblaciones prósperas de Sonora y en el floreciente puerto petrolero de Tampico; en Guanajuato, donde los indígenas eran multados por ir a la ciudad con sus calzones de manta; en Chihuahua, donde a los borrachos se les multaba con 25 pesos y los arrieros eran gravados por abrevar a sus burros en las fuentes públicas.[163] Se dice que Joaquín Pita hizo tanto dinero con las multas que impuso a la gente de Puebla, que prefería pagarle a su jefe, al gobernador Martínez, y no recibir salario, con tal de conservar esa prerrogativa; por otro lado, el jefe del Soconusco había acumulado una reconocida fortuna personal de 250 000 pesos en el lapso de tres años, para lo que despojó a la gente de sus tierras y expidió muchísimas

[159] Womack, *Zapata*, p. 32; Niemeyer, *Reyes*, p. 77.
[160] Cosío Villegas, *Vida política*, p. 427, cita *El Diario del Hogar*.
[161] Graham, Durango, 19 de abril de 1911, FO 371/1147, 17946; *El Diario del Hogar*, 6 de octubre de 1910; de J. Trinidad Cervantes a Madero, 4 de julio de 1911, AG 898; Vanderwood, *Disorder and Progress*, pp. 154-155; de Rodrigo González a Madero, 9 de noviembre de 1911, AG (CRCFM); de Rutino Zamora y Manuel Herrera a Robles Domínguez, 27 y 30 de mayo de 1911, AARD 11/22, 11/43.
[162] Baerlein, *Mexico*, pp. 93-94.
[163] Aguilar Camín, *La Revolución sonorense*, pp. 99 y 101; Miller, Tampico, 22 de marzo de 1911, SD 812.00/1196; Charles Macomb Flandrau, *Viva México*, Nueva York/Londres, 1921, p. 68; *El Correo*, 25 de marzo de 1909 y 4 y 8 de marzo de 1911.

multas.[164] Hecha su fortuna, y temeroso de ser asesinado, abandonó la región al empezar 1911 para instalarse en la Ciudad de México.

Además de tales peculados seudojudiciales, el jefe gozaba de otras alternativas para hacer dinero. Dabbadie, en Cuautla, malversó los fondos políticos (la Revolución sacó a luz muchas de estas malas prácticas): una constante queja en Chihuahua, y en otros sitios, era el aumento, casi siempre arbitrario, de los impuestos; Aguilar perdió su puesto por "haber defraudado a un débil mental heredero de una fortuna de Cuernavaca".[165] Aun en el caso de que estos alegatos fueran falsos o exagerados, nos dicen algo de la imagen pública del jefe y de su administración. Ciertamente, los jefes seguían el ejemplo gubernamental y la costumbre política prevaleciente, confundiendo sus funciones oficiales y privadas. El jefe político de Acanceh, en Yucatán, manejaba una plantación propiedad de Molina, mientras que otro estaba al frente de una carnicería adonde la gente de la localidad estaba obligada a acudir, en detrimento de sus competidores y sus clientes.[166] También en Chihuahua, los funcionarios locales designados por el gobernador Creel aparecían en las nóminas de sus propias compañías privadas.[167] Los funcionarios sonorenses —jefes, jueces, jefes de policía— manejaban tiendas de licores y casas de juego.[168] El control que ejercían los jefes sobre el trabajo de las cuadrillas de presos también probó ser lucrativo: un jefe usó los trabajos forzados para pavimentar un camino que atravesaba la hacienda de su hermano; otro hizo que los presos le construyeran su casa; los jefes en Guerrero cosecharon buenas ganancias suministrando partidas de trabajadores para la construcción de la carretera Chilpancingo-Acapulco.[169] Más lucrativo quizá, y ciertamente más infame, resultaba el tráfico de enganchados; estos trabajadores eran consignados, por la fuerza o el fraude, a las plantaciones semiesclavistas del sur. Se reconoció que 10% de los trabajadores de Valle Nacional habían sido enviados allí por Rodolfo Pardo, jefe político del cercano Tuxtepec que "con... su venta ilegal de terrenos y de gente ha hecho una cuantiosa fortuna".[170] El jefe de Pochutla, "hundida en el polvo hasta los tobillos, bajo el sol deslumbrante" del Pacífico, llevó a cabo un tráfico similar, al enviar anualmente desde la distante Pachuca —una gran población minera del altiplano central, ya agotada, donde los mineros habituados al licor y al desempleo facilitaban el negocio— 500 trabajadores al sur para laborar en las plantaciones.[171]

---

[164] Baerlein, *Mexico*, p. 93; Brickwood, Tapachula, 19 de marzo de 1911, SD 812.00/1412.

[165] Womack, *Zapata*, pp. 38 y 40; *El Correo*, 9 de noviembre de 1909, 4 y 8 de marzo de 1911.

[166] Baerlein, *Mexico*, p. 37; Flandrau, *Viva México*, p. 71.

[167] *El Correo*, 2 de abril de 1909.

[168] Aguilar Camín, *La Revolución sonorense*, pp. 100-101.

[169] Flandrau, *Viva México*, p. 71; Brickwood, Tapachula, 19 de marzo de 1911, SD 812.00/1412.

[170] Turner, *Barbarous Mexico*, pp. 73 y 76; de Aureliano Tenorio a Robles Domínguez, 5 de junio de 1911, AARD/54; véase también Baerlein, *Mexico*, p. 87.

[171] Katz, *Servidumbre agraria*, p. 31; Turner, *Barbarous Mexico*, p. 85. Pochutla es descrito en forma poco halagadora por Aldous Huxley, *Beyond the Mexican Bay*, Londres, 1955, p. 162.

Existía una prerrogativa final para el jefe que, si bien no proporcionaba muchas ganancias, no era menos gratificante para el funcionario y más humillante para la gente a su cargo: el derecho de pernada. "Poseer por la fuerza o el engaño", se ha dicho, es la esencia del machismo, y el jefe político, junto con otros miembros del cuerpo de funcionarios del Porfiriato, tenían una amplia oportunidad de jugar al macho, borrando de nuevo las fronteras entre su actividad pública y la privada.[172] Los caciques de Azteca (Mor.), por ejemplo, "se aprovechaban de las muchachas pobres. Si les gustaba una muchacha, la tomaban —siempre gozaban de las mejores mujeres precisamente por el poder que tenían—. Uno de los caciques murió a los ochenta en los brazos de una muchacha de quince años".[173] Un jefe de Mariscal (Chis.) celebraba su cumpleaños "invitando" a una joven a su casa, mientras sus hombres llevaban al novio fuera del pueblo; su contraparte en el puerto yucateco de Progreso, el coronel José María Ceballos, levantó un "encarnizado odio" entre la gente de la localidad, en primer lugar, por su "cuestionable actitud hacia las jóvenes de Progreso" y por su costumbre de arrestar a los padres para lograr su propósito.[174] Formas semejantes de explotación sexual motivaron a los rebeldes —como Pancho Villa— en sus primeros tiempos de forajidos. En el caso de Ceballos, más que el reclutamiento forzado, la exorbitante presión fiscal, las pesadas multas y una "conducta dictatorial y arbitraria en general", de todo lo cual era culpable, fueron sus persecuciones libidinosas lo que finalmente trajo su caída. En 1914, la hija de un carnicero de Progreso, Lino Muñoz, rechazó las proposiciones del jefe: el padre, antes que enfrentar las represalias prefirió rebelarse y para ello reclutó 50 hombres, capturó el puerto, hizo desfilar a Ceballos por la plaza y lo fusiló. Así, la Revolución llegó a Progreso a la manera de una *vendetta* corsa.

En lo principal, estos abusos perpetrados por los funcionarios porfiristas pesaron más duramente sobre los "pelados", la gente común, que sufrió multas arbitrarias, arrestos, leva, deportación e incluso —en casos notorios como el de Tepames (Col.)— asesinato.[175] Ellos concibieron un amargo odio hacia el régimen en su manifestación local y la Revolución, por eso, se caracterizó tanto por sus repentinos y violentos levantamientos populares en contra de semejantes funcionarios, así como por una hostilidad más general hacia el sistema porfirista y hacia los pretendidos restauradores de dicho sistema, cuya legitimidad se encontraba irrecuperablemente gastada. Esta reacción popular debe verse dentro del contexto general de la economía porfirista y de su política agraria (tema del capítulo III). Por otra parte, la gente decente, respetable, culta y acaudalada, resentía también al cuerpo de funcionarios porfiristas, aunque de diferente manera. Algunos, es cierto, padecieron arresto

[172] Rutherford, *Mexican Society*, p. 153.
[173] Lewis, *Pedro Martínez*, pp. 129-130.
[174] Gracey, Progreso, 15 de enero de 1914, Germon, Progreso, 20 de agosto de 1914, SD 812.00/10658, 13125. *Cf.* Baerlein, *Mexico*, p. 20, sobre otro "despotismo lujurioso".
[175] Vanderwood, *Disorder and Progress*, p. 153; Baerlein, *Mexico*, p. 91.

y prisión por causa de sus puntos de vista políticos. Antonio Sedano, un "respetado comerciante" de Cuernavaca que se metió en la política opositora, fue arrestado por "no lavar la calle" enfrente de su tienda; Ponciano Medina fue arrestado por el jefe político de Tuxtepec (una vez más, Rodolfo Pardo) por participar en una manifestación opositora; aquél prefirió pagar una multa de 50 pesos antes que ir al calabozo, "como su posición social y monetaria no permitiera ver ultrajada su dignidad de comerciante honrado".[176] De cualquier forma, fue encarcelado. Sin embargo, la gente decente, en términos generales, lograba escapar a los abusos más extremos. Su queja más importante fue, quizá, la injusta y a veces caprichosa incidencia de cargos fiscales que gravaban principalmente a los pequeños comerciantes y a los artesanos.[177] Es posible que por esta razón "el comercio" estuviera vinculado al "pueblo en general", en tanto que víctimas en común del corrupto gobierno de la ciudad de Puebla o del jefe de San Miguel de Allende, de quien se decía que "tenía subyugada a toda la clase media y pobre".[178]

La gente decente se quejaba más bien de los pecados de omisión, es decir, de la falta de responsabilidad oficial. Los hombres de negocios de Ensenada, por ejemplo, estaban hartos de la ineptitud y las extravagancias del jefe Celso Vega, un mediocre militar cuya negligencia provocó un brote de viruela en la región.[179] En Chihuahua, las autoridades de Ciudad Camargo toleraban la embriaguez y el secuestro; el jefe del distrito de Benito Juárez, en el mismo estado, jamás aparecía por su oficina; el jefe municipal de Carichic no cumplió con el deber de sostener las escuelas locales; en Cusihuaráchic, un pueblo minero en pleno crecimiento, el jefe era un despilfarrador que sólo conservó en la nómina a dos policías indolentes que hacían la ronda en huaraches y con las camisas desfajadas. En general, los jefes de Chihuahua, se quejaban los críticos, fracasaron en la supervisión de sus distritos; preferían permanecer inmóviles en la cabecera, salvo "para venir a esta capital a concurrir a algún banquete".[180] La gente culta y respetable de Chihuahua no quería menos gobierno sino, más bien, uno que fuera mejor y más responsable. Lo que esa gente quería era un gobierno que no sólo hiciera honor a sus obligaciones constitucionales (un aspecto obvio pero primordial), sino que también se desempeñara de acuerdo con su "retórica desarrollista" y progresista. La defensa que los científicos hacían del trabajo duro, la sobriedad, la higiene y el "progreso" —valores que también eran esgrimidos por los críti-

[176] Womack, *Zapata*, p. 38; de Aureliano Tenorio a Robles Domínguez, 10 de junio de 1911, AARD7/54.

[177] Aguilar Camín, *La Revolución Sonorense*, p. 104; *El Correo*, 8 y 30 de marzo de 1911; Almada, *La revolución en el estado de Chihuahua*, I, p. 81.

[178] Gustavo Casasola, *Historia gráfica de la Revolución mexicana*, I, México, 1967, p. 221; de Rutino Zamora a Robles Domínguez, 27 de mayo de 1911, AARD 11/22.

[179] Schmucker, Ensenada, 2 abril, Simpich, Ensenada, 19 de julio de 1911, SD 812.00-1312, 2241; *cf.* Baerlein, *Mexico*, pp. 203-204, sobre la ventaja oficial obtenida por la viruela.

[180] *El Correo*, 8, 9, 21 y 26 de julio de 1910.

cos respetables— se veía a diario contradicha por los sucesos de la vida en los pequeños poblados: el caso de Pótam (Son.), donde el jefe de policía, un borracho consuetudinario, se la pasaba en compañía de sus compinches —el juez, el jefe de correos y el maestro de escuela, la "clase influyente y gobernante" de la comunidad— bebiendo, jugando billar, arreglando tratos, mientras que nadie barría las calles, el alumbrado público era insuficiente y el único centro recreativo era la cantina. En lugares así, "la indiferencia y la falta de probidad estaban a la orden del día" y, a pesar de la filosofía del régimen, "...toda evolución era un delito y todo esfuerzo por romper con las costumbres, un crimen".[181] Los científicos, como Sierra, se sentían indignados. Para los críticos como él, la filosofía social de los científicos no había fallado (el autoritarismo político de los científicos era, por supuesto, un asunto diferente); más bien parecía que el sistema era el que no había podido implantar dicha filosofía y que, al parecer, toleraba en la práctica los arraigados vicios que condenaba en teoría.

Para la gente decente, había una humillación adicional en el hecho de quedar al margen de la elección de los funcionarios locales y la posterior falta de control sobre sus actos. La presión sostenida, si provenía de las fuentes adecuadas y era articulada de manera correcta, podía en un momento dado desalojar a un jefe local intolerable. Díaz estaba preparado para lanzar a los lobos ocasionalmente a un jefe o a un gobernador, y así calmar a la opinión pública —o *pour encourager les autres*—. El peculado y la opresión tenían que juzgarse aunque fuera con suavidad, como tuvo que aprender a sus expensas Higinio Aguilar en Cuernavaca.[182] La gente de Villa Aldama (Chih.) mostró cómo había que actuar para remover a un odiado jefe político. Montaron una decorosa e impresionante manifestación, llevando a más de 250 personas a la capital del estado, y entregaron una petición al gobernador; a su regreso a Villa Aldama: "un grupo de señoras y señoritas de nuestra mejor sociedad, con palmas y flores" los recibieron. Se veía claramente que no se trataba de la chusma y, en vista de que, en palabras del gobernador, la gente de Villa Aldama "había dado siempre pruebas de una pacificación modelo y de una gran sumisión y obediencia a las autoridades constituidas", se atendería la petición, removiendo de su puesto al ofensivo funcionario.[183]

Al gobierno no le gustaba hacer esto muy a menudo. Se ignoraron muchas otras peticiones y quejas. Algunos funcionarios detestables (en particular, uno sospecha, aquellos que perjudicaban principalmente a los "pelados") sobrevivieron y prosperaron.[184] Desde el punto de vista de los que protestaban —incluso de los que lo hacían con éxito—, éste era un método torpe, caro e

---

[181] Salvador Alvarado, *La reconstrucción de México. Un mensaje a los pueblos de América*, I, México, 1919, pp. 11-13.
[182] Womack, *Zapata*, p. 40.
[183] *El Correo*, 20 y 22 de julio de 1910.
[184] Como Jesús González Garza, "El Tigre de Velardeña"; Vanderwood, *Disorder and Progress*, pp. 154-155.s

incierto en la ejecución de los cambios en el gobierno local. En diciembre de 1910, cuando se propuso la reelección de funcionarios impopulares en la ciudad de Tampico y una ola de quejas se levantó de boca en boca, la lista de candidatos fue retirada y, en sustitución, se nombraron otros que, "de manera usual", ganaron las elecciones. No era de sorprender que la gente del lugar quedara insatisfecha, ya que en este cambio de lista "no habían tenido voz para la selección de los nuevos candidatos".[185] Lo que los ciudadanos respetables y pensantes querían, no era este vago e incierto derecho de veto (que sólo se podía ejercer discontinuamente y de manera ocasional), sino una consulta regular a través de votaciones, tal y como señalaba la Constitución. De ahí surgió el lema original de la Revolución de 1910, "Sufragio efectivo, no reelección", y la reiterada petición de "Municipio libre", gobierno local libre.

Al margen de la Constitución, el régimen porfirista mantuvo una cerrada política caciquista que incurrió constantemente en la represión; el ejército, la policía y, en particular, la policía montada, los rurales, fueron los encargados de perpetrarla. En ciertas poblaciones, como en Parral, el jefe de policía llevaba la pauta e incurría en hostilidades hacia el pueblo.[186] En algunos pueblos como Pótam, y en Puebla, por ejemplo, actuaba como aliado y compinche del jefe. La muerte del jefe de policía de Puebla, Miguel Cabrera, provocó, en 1910, estos irreverentes versos:

> Llegó al infierno Cabrera
> de bombín y de levita,
> y le dijo una hechicera:
> ¿Por qué no tragiste [sic] a Pita?[187]

Los métodos de la policía porfirista eran crudos: se supo de sospechosos que morían bajo su custodia (Cabrera estuvo involucrado en un caso famoso) y hubo muchas protestas contra la tortura, aunque en este aspecto Díaz y su régimen resultaron moderados en comparación con las dictaduras latinoamericanas de entonces y de ahora.[188]

Si el régimen era aun menos policiaco que militarista, de cualquier modo mantuvo un buen grado de vigilancia política encubierta, en particular durante los últimos años, cuando la oposición creció y el presidente se volvió, quizá, más suspicazmente dictatorial. Policías vestidos de civil vigilaban las manifestaciones de la oposición, como aquella de los estudiantes antirreeleccionistas en 1892; en las provincias, los gobernadores, jefes políticos y comandantes militares inspeccionaban la subversión local para entregar a Díaz un reporte de los miembros de grupos opositores así como las listas de sus-

---

[185] Miller, Tampico, 22 de marzo de 1911, SD 812.00/1196.
[186] *El Correo*, 7 de agosto de 1910.
[187] Casasola, *Historia gráfica*, I, p. 221.
[188] *Ibid.*; Cosío Villegas, *Vida política*, pp. 683-688; Baerlein, *Mexico*, pp. 202-205.

criptores de los periódicos de oposición.[189] El gobernador Martínez, de Puebla, era especialmente cuidadoso en la integración de su cuerpo de espionaje político: empleó a un policía retirado, convertido en agente de noticias, para proporcionar los nombres de aquellas personas que leían los periódicos censurables; entregó a Díaz un informe completo del periódico de oposición, *Regeneración;* e hizo que sus matones a sueldo realizaran visitas nocturnas a los ciudadanos sospechosos. A medida que los nuevos partidos de oposición se iban desarrollando en la década de 1900, el gobierno trataba de infiltrarse en ellos lo más pronto posible; lo mismo sucedía con algunas logias masónicas. Los jefes enviaban delegados a las convenciones de los partidos de oposición (cuando éstas eran permitidas), mientras el comandante militar de Juárez contrataba a una "dama seductora" para que se deslizara hasta las filas del Partido Liberal e informara de sus actividades en los Estados Unidos. Exiliados políticos como éstos eran estrechamente vigilados (así como sus familias en México), e incluso hubo algunos intentos de asesinato en suelo extranjero.[190]

Dentro de México, el crecimiento de la actividad política en la década de 1900 fue equiparable a un crecimiento paralelo de la actividad de la policía secreta, cuya existencia no pasó inadvertida para la población. En Yucatán, el surgimiento de la "universalmente detestada policía secreta" agregó una nueva dimensión al viejo caciquismo: se ha reconocido que el gobernador Molina reclutó a 700 agentes en una ciudad de 50 000 habitantes (Mérida), y que "los utilizaba para sus propósitos políticos y aun peores".[191] También Creel tenía una policía secreta en Chihuahua que, se decía, "para la mayoría es más conocida que la uniformada, al grado de que se advierte a leguas".[192] De cualquier modo, los gobernantes porfiristas fueron relativamente hábiles para olfatear el descontento y para sofocar revueltas, como las organizadas por los liberales en 1906 y 1908. Sucedió lo mismo con el primer flamazo de la Revolución de 1910. Los espías políticos del Porfiriato resultaron ser muy eficaces para señalar a los opositores más conocidos. Sin embargo, fracasaron a la hora de transmitir una imagen adecuada de las condiciones e inquietudes políticas generales; esto se debió al tipo de informes que les gustaba recibir y archivar a los gobernadores, jefes políticos y jefes de policía, en los que la fuerza de la oposición era despreciada y ridiculizada, lo que el régimen daba por un hecho. Una generación de paz había infundido un engreimiento político fatal y el régimen, alejado de la propia realidad de su impopularidad, se empecinó en desatender el descontento político y social que aumentaba día a día. Por esta razón, la Revolución de 1910 llegó como una sorpresa.

[189] Cosío Villegas, *Vida política*, pp. 664 y 698-700.
[190] *Ibid.*, pp. 864-865; Cockcroft, *Intellectual Precursors*, pp. 101, 120-121 y 128; véase también la abundante correspondencia en el Archivo Terrazas.
[191] Baerlein, *Mexico*, p. 44; Thompson, Mérida, 19 de marzo de 1911, SD 812.00/1260; Pierce, Mérida, 1° de mayo de 1911, FO 371/1147, 20161.
[192] *El Correo*, 14 de agosto de 1909.

A su llegada, el régimen fue capaz de hacerle frente en las ciudades, donde se encontraban los opositores más conocidos y resultaba más fácil apresarlos. Pero en el campo, convertido rápidamente en el foco de la rebelión, la situación fue diferente. Ahí, la oposición era más anónima, desarticulada y a menudo imprevista. Su antídoto, se suponía, era la policía rural —los rurales—, esa pieza maestra de la *Pax Porfiriana*. Establecidos por el gobierno de Juárez, en la década de 1860, como respuesta al bandolerismo endémico, se habían convertido para la década de 1900 en un símbolo del machismo y la eficiencia del régimen porfirista. Los extranjeros, particularmente las mujeres, se impresionaban con las finas monturas de los rurales así como con sus garbosos atuendos de charro —pantalones ajustados, chaquetas de cuero, sombreros de ala ancha, paliacates, fajillas y todo tipo de armamentos—. Al desfilar por la Ciudad de México lanzando chispas con las herraduras de sus caballos, delineaban una fina figura y un aura romántica (cultivada por la prensa oficial), que sólo eran superadas por la creencia prevaleciente de que muchos rurales habían sido bandidos que ahora se entregaban a la "ocupación compatible... de dar cacería a otros ladrones y revoltosos".[193]

La verdad era más prosaica. Los primeros rurales incluían algunos ex guerrilleros y unos cuantos bandidos. En la década de 1890, la mayor parte de los reclutas eran campesinos y artesanos (en una proporción desmesurada), muchos de ellos provenientes de las poblaciones decadentes del Bajío.[194] Sus actividades tampoco eran muy glamorosas. En 1908, por ejemplo, los 1°, 2° y 7° Cuerpos de Rurales fueron comisionados para escoltar a los pagadores de las fábricas y del ferrocarril, para mantener el orden durante las fiestas de la Semana Santa o en los días de pago de las haciendas; para vigilar las elecciones, sofocar las revueltas en contra de autoridades impopulares o llevar a los prisioneros a lo largo del país (principalmente a las colonias penales de las islas Marías, frente a las costas de Nayarit); de paso, cazaban cuatreros y criminales fugitivos. El ocasional ladronzuelo de trenes era lo más cercano al bandido de los viejos tiempos.[195] Algunos rurales se mantenían realmente fieles a su imagen. Francisco Cárdenas, cabo y posteriormente mayor, lanza su mirada impasible desde las páginas de Casasola, rudo y bien parecido, con chaqueta y chaleco recamados a la manera charra y el sombrero de ala ancha. En 1910 dio cacería al escurridizo bandido y rebelde "Santañón" y lo mató en las orillas del río Huazantlán; tres años después recogió una presa aún más prestigiosa.[196] Quizá los heroísmos de Cárdenas eran, como su chamarra, exagerados; no cabe la menor duda de que los rurales de los últimos años del

---

[193] Leone Moats, *Thunder in their Veins*, Londres, 1933, pp. 50-51; Mrs. Alec Tweedie, *Porfirio Diaz, Seven Times President of Mexico*, Londres, 1906, p. 278; Gadow, *Through Southern Mexico*, pp. 337-338.
[194] Paul J. Vanderwood, "Los rurales, producto de una necesidad social", *Historia Mexicana*, XXII, núm. 1 (julio-septiembre de 1972), pp. 36-37 y 40; Vanderwood, *Disorder and Progress*, pp. 107-109.
[195] Informes en AG 653.
[196] Casasola, *Historia gráfica*, I, p. 215; Vanderwood, *Disorder and Progress*, p. 102.

Porfiriato eran, en general, más viejos, gordos y menos garbosos que la imagen que de ellos se daba. No se tocaban el corazón para golpear a peones desvalidos (como en el resto de América Latina, algunos usaban el bastinado, un pene de toro) o para liquidar prisioneros mediante la llamada ley fuga, consistente en "dispararle mientras escapa" que evitaba a las autoridades la molestia de un juicio.[197] Paul Vanderwood documentó con habilidad sus muchos errores que, aunque no aparecen en las páginas de las señoras Moats y Tweedie, son evidentes en el Archivo de Gobernación: su analfabetismo predominante; su promedio de deserción, de uno por cada tres; su combinación de adolescencia y senilidad; su ebriedad, delincuencia, mala disciplina e incompetencia.[198]

El comportamiento del 1er Cuerpo de Rurales, en los albores de la Revolución, no varió mucho del promedio.[199] Su comandante se había enrolado en 1869; uno de sus caporales era veterano de la Guerra de Reforma (1857-1860). Un inspector llegaba a la conclusión de que las demandas que se hacían a estos funcionarios no eran extremas: "los puestos en la Policía Rural... tal y como se desempeñaban en ese momento eran verdaderas canonjías, desde el momento en que los comandantes de destacamentos se establecían en los lugares designados para su residencia, además de procurarse para sí mismos una pequeña fortuna en el menor lapso de tiempo y a cualquier costo, delegaban todas sus obligaciones a los subordinados". Los trabajos del cuerpo de rurales —patrullar las vías de ferrocarril, las haciendas y las fábricas textiles de la región de Puebla y el Estado de México— se cumplían con grandes deficiencias. Los trenes marchaban sin escolta (los rurales preferían holgazanear en las estaciones) y los administradores veían la constante amenaza de una agitación laboral en sus fábricas. Los obreros despreciaban a los rurales, mientras que los peones de La Oaxaqueña resentían la presencia de los rurales que recibían una buena paga por desempeñar funciones de capataz. Era en este cargo (totalmente ilegal) que el único destacamento vigoroso de rurales extenuaba sus caballos patrullando el perímetro de la plantación e intentando lograr, por la presión de las armas, un mayor rendimiento de la mano de obra. La disciplina entre los rurales era laxa o, a veces, una variedad de la ley del más fuerte; prevalecía el nepotismo y los funcionarios, por lo general analfabetos, se comportaban como pequeños tiranos. Sin atender al código de reglas, golpeaban a sus hombres, les pasaban revista en mangas de camisa, descuidaban a los caballos, se emborrachaban, jugaban, asistían a las peleas de gallos y acumulaban deudas en las cantinas locales —cuando no eran, como en el caso del caporal Francisco Álvarez, de Atotonilco, propietarios de su propia cantina—. Los hombres llevaban ropa de paisanos (nada de pantalones ajustados o fajillas) y vivían en barracas escuálidas, casi

---

[197] *Ibid.*, p. 230.
[198] Vanderwood, *Disorder and Progress*, pp. 110-118.
[199] De Juan Jiménez a Gobernación, 20 de julio de 1910, AG 908.

siempre con sus familias. Un caporal guardaba cama durante seis meses, enfermo de reumatismo; mientras tanto Álvarez regenteaba su bar y el caporal Gutiérrez patrullaba la plantación; el caporal Pacheco, apostado en Necaxa durante un periodo de unos ocho años, hizo tantas conexiones que el pueblo estaba dividido en facciones pachequistas y antipachequistas. Es cierto que las relaciones entre la policía rural y las autoridades civiles no siempre fueron cordiales y, por lo regular, se manejaban en el ámbito de la corrupción; Álvarez recibía al inspector en la cama y alardeaba de tener al poder judicial de Atotonilco en su bolsillo.[200]

Es evidente que los rurales no estaban preparados para la suprema prueba de 1910. Su trabajo era vigilar el campo; se suponía que eran rápidos y despiadados perseguidores de bandidos y rebeldes; la primera línea con la que el régimen se defendía de la subversión en el campo, donde el espionaje político era débil y en donde el ejército federal, aun con sus columnas de tropas y artillería, no podía penetrar fácilmente. Su fracaso en 1910 se debió, en parte, a su falta de popularidad entre el pueblo (un admirador, con ironía involuntaria, los comparaba con "la Guardia Irlandesa o... con esos espléndidos cuerpos armados, las Guardias Civiles en España").[201] Su fracaso también puede atribuirse a la adquisición de nuevos hábitos en tiempos de paz; a la acumulación de prebendas, contactos, igualas, comisiones ilícitas; a su creciente preferencia por llevar una vida tranquila en "La Simpática Michoacana" (nombre de la cantina de Álvarez), en lugar de pasar las hambres y lastimaduras de la vida del cazador de bandidos.

Los rurales, como señala Vanderwood, fueron una típica institución porfirista, una mezcla de intereses propios y opresión, temperada por la ineficiencia, la haraganería y la complacencia, así como por la lealtad sin condiciones hacia el dictador. Pueden servir como una alegoría general del régimen. Para 1910, los gobernantes de México habían envejecido ahítos de arrogancia e impopularidad; muchas veces ni siquiera estaban conscientes de esta situación debido a su prolongado monopolio del poder y el privilegio. Era un gobierno de ancianos: Cahuantzi, gobernante de Tlaxcala, tenía 80 años de edad; Bandala, de Tabasco, tenía 78; Mercado, de Michoacán, se sabía que era tan viejo y estaba tan senil que ni siquiera podía firmar los papeles oficiales.[202] Hombres viejos y enfermos llenaban el gabinete: cuatro de sus ministros habían estado un promedio de 20 años cada uno en sus puestos.[203] Por lo que respecta al propio Díaz, que para entonces tenía 79, alguna vez gozó de una popularidad indiscutible, como el héroe de la lucha contra la intervención francesa y el creador de la paz y el progreso; en Oaxaca, y quizá en

---

[200] Vanderwood, *Disorder and Progress*, pp. 125-129, para ejemplos adicionales.
[201] Gadow, *Through Southern Mexico*, p. 338.
[202] Bulnes, *El verdadero Díaz*, pp. 356-359; Armando de María y Campos, *Múgica, Crónica Biográfica*, México, 1939, p. 33.
[203] Ochoa Campos, *Causas políticas*, II, p. 137.

alguna otra parte, aún recibía apoyo.[204] Sin embargo, en la década de 1900 esta popularidad —y con ella la legitimidad del régimen— había declinado, principalmente a causa de las tensiones sociales emanadas del rápido cambio económico. Esta situación, que trataremos más a fondo en los dos próximos capítulos, nunca pudo mitigarse ni reprimirse. El régimen de Díaz no era una dictadura militar ni tampoco un Estado policiaco: dependía tanto de una prolongada legitimidad como de la coerción; esta última era limitada y selectiva más que indiscriminada. De ahí que la reducción del ejército hubiese sido un éxito financiero, y el reconocimiento, brindado incluso por sus oponentes, de que "el general Díaz ha usado el poder absoluto con mucha moderación", y de que "no se trataba de un tirano, si bien un poco rígido, pero no un tirano".[205] Es un hecho que un Estado policiaco o militarista en plena forma hubiera podido enfrentar el reto de 1910 con mayor efectividad que el desvencijado régimen civil-caciquista de Díaz.

Sin embargo, éste fue el resultado tanto de deficiencias de reflexión política como de represión militar.[206] Barrington Moore identifica a una especie de "fuerte gobierno conservador" comprometido en la construcción del Estado y el desarrollo económico, pero débil en la "solución de un problema inherente e insoluble, modernizar sin cambiar... las estructuras sociales".[207] El régimen de Díaz acariciaba objetivos similares e incluso iba más allá en lo que respecta a la conservación tanto de las estructuras sociales como de los mecanismos políticos. Mientras los científicos representaban una faceta del régimen —económicamente progresista, desarrollista y previsora—, los rurales y los jefes mostraban otra, políticamente demacrada y con los ojos reumáticos clavados en el pasado. Empero, las consecuencias sociales del desarrollo debieron mediarse a través del sistema político; las protestas cada vez más vigorosas debieron encontrar un lugar o reprimirse. El régimen porfirista se negó a darle cabida a los grupos en ascenso y articulados (sus pecados de omisión) y, por otro lado, fracasó en su último intento de reprimir a los grupos más dañados y decadentes, víctimas principales de los pecados de comisión perpetrados por el régimen. Como un gigantesco saurio, el régimen careció de un cerebro político a la medida de su extendido músculo económico; por esta razón sobrevino su extinción.

---

[204] Cosío Villegas, *Vida política*, pp. 683-684; Gadow, *Through Southern Mexico*, p. 252.

[205] De Madero a Evaristo Madero, 20 de julio de 1909, AFM, r. 9; de Madero a Miguel Silva, citado en Cockcroft, *Intellectual Precursors*, p. 159.

[206] Véase Huntington, *Political Order*, pp. 275 y 316.

[207] Barrington Moore, Jr., *Social Origins of Dictatorship and Democracy. Lord and Peasant in the Making of the Modern World*, Londres, 1969, p. 442.

II. LA OPOSICIÓN

Forasteros e intransigentes

La oposición política articulada contra el régimen de Díaz nunca se desvaneció del todo durante el largo periodo de paz y estabilidad. Sin embargo, la mayoría de los ataques en contra del *statu quo* provinieron del nivel local y no del nacional. El propio Díaz fue elegido presidente en seis ocasiones sucesivas entre 1884 y 1904, sin dar lugar a que una oposición seria se hubiera desarrollado en algún momento. En 1890, cuando el ejecutivo derogó tardíamente la restricción constitucional en lo que respecta a la reelección de presidente y gobernadores, las legislaturas estatales aprobaron automáticamente las propuestas, y la oposición resultó muy tenue.[1] La reelección presidencial de 1892 coincidió con los primeros planes de los científicos para la organización de un partido y una sucesión institucionalizada; se pudo atestiguar una gran actividad política y los esfuerzos gobiernistas por dar un barniz de respetabilidad a la inevitable reelección provocaron una serie de manifestaciones de repudio, en las cuales los estudiantes y artesanos de la Ciudad de México tuvieron un papel relevante. Tras estas leves agitaciones, las reelecciones posteriores de Díaz en 1896, 1900 y 1904, se sucedieron sin tropiezo y en cada ocasión el dictador amasó a las grandes mayorías a través de los métodos usuales.[2] La única actividad importante aconteció dentro de la camarilla porfirista, en donde los posibles sucesores reñían por el poder; no obstante, la política nacional continuó como monopolio de una reducida minoría.

La provincia, por su cuenta, brindó ejemplos de oposición que en ciertas ocasiones tuvieron resultados. Así como los odiados funcionarios locales eran removidos de sus puestos mediante una protesta sostenida y cuidadosamente orquestada, los movimientos de oposición llegaban también a dirigirse en contra de importantes gobernadores y en ocasiones resultaban victoriosos. En 1893, la antipatía popular hacia el gobernador de Coahuila, Garza Galán, y sus jefes políticos generó una corriente de opinión contraria que devino en una serie de revueltas. Dado que algunas familias locales de importancia se encontraban involucradas, Díaz envió a Reyes para investigar y ambos estuvieron de acuerdo en que Garza Galán debía ser sustituido.[3] Sin embargo, como el mismo Díaz dijo a una delegación potosina que se oponía a la reelección del gobernador Díez Gutiérrez en 1896, "no era cosa sencilla procurar

[1] Cosío Villegas, *Vida política*, pp. 640-647.
[2] *Ibid.*, pp. 648-670; Ochoa Campos, *Causas políticas*, II, pp. 130-131.
[3] Alfonso Taracena, *Venustiano Carranza*, México, 1963, pp. 12-13; Niemeyer, *Reyes*, pp. 80-82.

cambios en los gobiernos de los estados".[4] Oligarquías bien protegidas se aferraban tenazmente al poder; el centro sólo podía hacer sentir su peso de manera ocasional y prudente en apoyo a la oposición; con mayor frecuencia, los intentos por impedir la reelección gubernamental conducían a una rápida represión —como pudieron constatar, en 1896, los oponentes de Mercado en Michoacán; los de Dehesa en Veracruz, en 1900, y los de Mucio Martínez varias ocasiones, en Puebla—. Reyes, aunque había ayudado a derribar a Garza Galán, fue implacable a la hora de combatir a la oposición durante su propia reelección como gobernador de Nuevo León.[5] Los movimientos de oposición local a la vieja usanza, como los que contestaron a las imposiciones políticas en Guerrero, tendieron a desaparecer, víctimas del proceso de selección natural porfirista.[6]

Mientras el centro se mantuvo como árbitro de la política nacional en la provincia, examinando los informes, protestas y peticiones, sopesando los méritos de los funcionarios frente a la oposición, pudo tolerar un cierto grado de heterodoxia política en el sistema. De hecho, dada la naturaleza burlesca de las elecciones, éste era el único proceso en que la opinión pública podía evaluarse crudamente. Un exceso de gobernadores impopulares resultaba una carga; a la inversa, mediante el sacrificio ocasional de un gobernador, Díaz reforzaba el poder del centro y demostraba al mismo tiempo que él era el único político inmortal en el sistema. Por esta razón, tales movimientos de oposición local no representaban un reto serio para el régimen. Por lo general eran movimientos personalistas y de objetivos limitados, preocupados por desalojar a algún bribón del palacio estatal. Los postulados ideológicos eran subordinados a tales fines y rara vez constituían un enjuiciamiento del gobierno porfirista.

Si bien es cierto que estos movimientos locales no podían ser un reto para el régimen y, lo más importante, que fueron ignorados, silenciados y, cuando fue necesario, aplastados, no por ello dejaron de mantener viva una tradición contestataria que algunos grupos y familias —aquellos que se encontraban políticamente fuera del sistema— conservaron durante décadas. Algunos de "fuera" —como los Terrazas— hicieron la paz con el dictador; otros —como los Maytorena y Pesqueira, de Sonora— que lucharon por arrebatar el control de las fortunas estatales que estaban en manos de Torres, finalmente fueron arrojados a los brazos de la Revolución, más por conveniencia que por pasión revolucionaria.[7] En Durango, el licenciado Ignacio Borrego, hijo de un prominente general liberal de la década de 1850, realizó toda una carrera de periodismo y oratoria de oposición en apoyo a la Revolución;

---

[4] Cosío Villegas, *Vida política*, p. 444.

[5] *Ibid*., pp. 442, 449 y 451; Jesús Romero Flores, *Historia de la revolución en Michoacán*, México, 1964, p. 53; Niemeyer, *Reyes*, pp. 114-125.

[6] Ian Jacobs, *Aspects of the History of the Mexican Revolution in the State of Guerrero up to 1940*, tesis de doctorado, Cambridge, 1977, p. 116.

[7] Cosío Villegas, *Vida política*, pp. 108-109 y 439-440; Aguilar Camín, *Revolución sonorense*, p. 74.

Eduardo Neri logró tener cierto poder en el estado de Guerrero, lugar en donde su tío Canuto había fracasado en la década de 1890.[8] A otro nivel, en las municipalidades existían divisiones que provenían de rencillas clientelistas similares. En Pisaflores, Hgo., los Alvarado gozaban de un creciente dominio económico y político, para disgusto de los Rubio; después de 30 años de conflicto, la Revolución brindó a los miembros de la "facción de fuera" la oportunidad de cambiar la suerte.[9] En un sistema político cerrado como el de Díaz, en el que —para usar la jerga apropiada— las élites circulaban muy lentamente si no es que estaban totalmente estancadas, es de suponer que tales "facciones de fuera" aparecieran por todos lados. Un buen conocedor de México recuerda el paseo dominical vespertino en una ciudad de provincia; los jóvenes caminaban y coqueteaban mientras sus padres se mantenían observando: "... en un extremo de la plaza se reunían los ciudadanos bien establecidos, como el jefe político y sus comparsas, así como el cura y sus comparsas también, en el otro extremo hacían lo mismo los intelectualoides y disidentes carentes de puestos; entre las dos facciones se encontraba el kiosco".[10]

Tales grupos en perenne oposición dotaron de importantes partícipes a los movimientos revolucionarios; en particular, hombres ricos, influyentes y con experiencia política (se podría decir, "los cuadros de liderazgo"), hombres como Maytorena y los hermanos Pesqueira de Sonora. Sin embargo, tales participantes, motivados más bien por los intereses clientelistas y personales, difícilmente podrían constituirse en los originadores de una revolución. Eran muy pocos en número, demasiado circunspectos y durante demasiado tiempo habían existido —aunque bien es cierto que con molestias— bajo la tolerancia porfirista. Además, durante su larga lucha por el poder estatal y municipal, el régimen les había mostrado con creces su capacidad para mantenerlos a raya. Para Díaz constituían más bien una suerte de viejos y conocidos achaques y no tanto los gérmenes de una enfermedad nueva y terminal. Podían abordar una causa triunfante y en marcha, pero no echarse a los hombros la carga de iniciarla.

Si la oposición clientelista, limitada y local, era común, la oposición ideológica —basada en principios claros, en una crítica extensiva del régimen y en una plataforma de cambios y reformas— no lo fue sino hasta la conclusión del Porfiriato. Durante la década de 1890, sólo se escucharon las voces enmudecidas de los liberales intransigentes —voces que gritaban en medio de un desierto porfirista, positivista— y las de la oposición católica siempre presente aunque pasiva. Mientras que Díaz había logrado eliminar a la opinión liberal e independiente en el Congreso, la crítica impresa hacia el régimen continuaba, esporádica y con poca eficiencia, machacando los temas libe-

[8] Rouaix, *Diccionario*, p. 60; Jacobs, "Aspects", pp. 116 y 190.
[9] Frans J. Scryer, *The Rancheros of Pisaflores. The History of a Peasant Bourgeoisie in Twentieth Century Mexico*, Toronto, 1980, pp. 30-31 y 70-71.
[10] Buick, *Gringoes of Tepehuanes*, p. 112.

rales más usuales: la inercia de la legislatura, el resurgimiento de la influencia clerical, y —punto central— el constreñimiento de toda la vida política independiente; "poca política", en suma.[11] Durante muchos años Filomeno Mata atacó los abusos porfiristas desde las páginas de *El diario del hogar; El Diario,* de Juan Sánchez Azcona, fundado en 1906, se convirtió en el primer periódico que incursionara en asuntos sociales; la prensa satírica, prácticamente aniquilada durante la década de 1880, tuvo un resurgimiento bajo el liderazgo de Daniel Cabrera en *El hijo del Ahuizote.*[12] Se trataba de un asunto arriesgado: Mata sufrió 30 encarcelamientos en la prisión de Belén; sus visitas eran tan frecuentes y previsibles que, se decía, tenía instalada su propia cama en la cárcel.[13] Mata, que alguna vez fuera aliado de Díaz, fue más afortunado que el doctor Ignacio Martínez, quien publicaba un panfleto en contra de Díaz desde Brownsville, Texas, pues este último sufrió cuatro atentados contra su vida hasta que finalmente cayó ante una banda de porfiristas que lo "acribillaron a balazos" en 1890.[14] No obstante, más efectiva y usual que la eliminación era la cooptación: muchos buenos periodistas críticos —Duclos Salinas, Zayas Enríquez, Wistano Luis Orozco— hicieron las paces con el régimen y, posteriormente, incluso salieron en su defensa.[15]

Mientras tanto, la oposición católica se encontraba polarizada entre la vieja postura decimonónica contraria al liberalismo y al "ateísmo", el catolicismo de Pío IX y su *Syllabus,* y el nuevo catolicismo "social" inspirado por León XIII y la *Rerum Novarum.* Los primeros se apaciguaron gracias al caso omiso que Díaz hacía de las Leyes de Reforma; también se beneficiaron con los propósitos centralistas y de orden que perseguía el régimen. De cualquier forma, algunos periodistas católicos, párrocos y seminaristas, continuaron con la denuncia de la república irreligiosa y del materialismo de los científicos. Aunque esto no cristalizó en una fuerza política organizada, logró mantener en el corazón del devoto reservas en torno al régimen y proporcionó una base para la ulterior politización católica que la Revolución habría de estimular.[16] El catolicismo social significó una amenaza más grande para el régimen y su política de anestesia ideológica. Durante la década de 1900 una serie de congresos católicos sesionaron para discutir problemas sociales contemporáneos: el analfabetismo, el alcoholismo, el peonaje, las condiciones y el salario de la clase obrera. Los exponentes del catolicismo social —o "socialismo blanco", como lo llaman algunos de sus críticos— llegaron bastante lejos en la investigación de tales problemas e intentaron solucionarlos mediante

---

[11] Cosío Villegas, *Vida política,* p. 633; Francisco I. Madero, *La sucesión presidencial en 1910,* San Pedro, 1908, pp. 7-8.

[12] Cosío Villegas, *Vida política,* pp. 247-248 y 567-568; Anderson, *Outcasts,* p. 178; Ron Tyler (ed.), *Posada's Mexico,* Washington, 1969, pp. 103-104.

[13] Baerlein, *Mexico,* p. 16.

[14] Ernest Gruening, *Mexico and its Heritage,* Nueva York, 1928, p. 57.

[15] Cosío Villegas, *Vida política,* p. 743.

[16] *Ibid.,* pp. 631-632; González y González, *Pueblo en vilo,* pp. 98-99 y 103.

las escuelas nocturnas, centros de recreación y sociedades mutualistas.[17] La prensa católica, en tanto, dotó con su voz más firme a la oposición moderada contra el régimen: Victoriano Agüeros y su publicación pionera, *El Tiempo*, y el diario católico *El País,* que en la década de 1900 tuvo la circulación más amplia dentro de México y el segundo lugar en toda América Latina.[18] Aunque las subsecuentes generaciones de historiadores puedan sentirse agradecidas por los "denuestos" que estas publicaciones echaban sobre el régimen de Díaz, éste permanecía indolente —al igual que muchos católicos conservadores—. El favor clerical brindaba a *El País* un cierto grado de protección; sin embargo, sus periodistas seguían enfrentando la cárcel si intentaban llegar demasiado lejos.

El surgimiento del catolicismo social en la década de 1900 no fue sólo un producto de las tendencias mundiales de la Iglesia católica, sino también de los desarrollos específicos al interior de la política mexicana. Antes de 1900, la oposición ideológica contra Díaz tenía un carácter individual, esporádico e ineficiente. La década de 1900, particularmente los años de 1908 a 1910, fueron testigos de un cambio radical. Tres movimientos sucesivos de oposición —el Partido Liberal Mexicano (PLM), los reyistas (Partido Democrático) y los maderistas (Partido Antirreeleccionista)— movilizaron una buena porción de apoyo popular, basándose en programas nacionales coherentes que durante el Porfiriato no contaban con un precedente. Por primera vez en una generación, la oposición emprendió la batalla contra el centro y abrió el cuestionamiento del acceso al poder nacional —asunto que hasta entonces se había considerado como un tabú político—. Como resultado de esto, el centro no pudo continuar jugando su papel tradicional de mantener el equilibrio en un sistema centralista y autocrático, en el que los procedimientos institucionales y de representatividad nunca pudieron desarrollarse. Los conflictos políticos locales que alguna vez pudieron apaciguarse por la mano rápida y dictatorial del centro, surgían ahora por todas partes fusionándose en una lucha nacional por la supremacía. La lúgubre profecía que la oposición católica del periódico *El Heraldo* lanzara unos 20 años atrás, era reivindicada: "¿Por qué atacamos la reelección? Porque ella está preparando la más espantosa guerra civil que haya sufrido la patria".[19]

[17] Quirk, *The Mexican Revolution and the Catholic Church,* pp. 17-19; Anderson, *Outcasts,* pp. 126 y 183-190.
[18] Baerlein, *Mexico,* pp. 15-16; González y González *Pueblo en vilo,* p. 99; Womack, *Zapata,* p. 417.
[19] Cosío Villegas, *Vida política,* p. 647.

La nueva oposición
El contexto social

La materia prima de la politización durante la década de 1900 se hallaba en las ciudades florecientes del México porfirista y, en menor proporción, en algunas regiones de agricultura ranchera comercializada. A lo largo del Porfiriato, la población del país creció 61% y la de las capitales de los *estados*, 88%. Entre 1895 y 1910 el número de ciudades importantes (las que excedían 20 000 habitantes) aumentaron de 22 a 29; la población urbana (definida de manera similar), de 1.2 a 1.7 millones.[20] El crecimiento urbano estuvo lejos de ser uniforme. Mientras que las viejas metrópolis —como la Ciudad de México y Guadalajara— se extendían y las nuevas poblaciones en auge —como Torreón, Tampico y Cananea— crecían de manera prodigiosa, otras comunidades olvidadas por la red ferroviaria o que por otras razones estaban imposibilitadas para participar del milagro económico porfirista, se estancaron y encogieron —notablemente en Jalisco, Zacatecas y San Luis Potosí—.[21] Al interior de los estados y las regiones, las fortunas demográficas también variaban: Guaymas se enriquecía mientras Ures se estancaba; Torreón dejó de ser una pequeña ranchería en la década de 1880 para convertirse en una ciudad de 23 000 habitantes en 1900, y en 1910 llegó a 43 000; Gómez Palacio prosperaba a su lado mientras Ciudad Lerdo languidecía.[22] Sin embargo, fue el crecimiento sostenido de las ciudades establecidas, y no tanto la expansión febril de las que estaban en auge, como Cananea, lo que resultó más significativo. Entre 1895 y 1910, cuando la población nacional tuvo un crecimiento de 1.2% anual, la ciudad de Chihuahua creció entre 5 y 6%; Veracruz cerca de 5%; Monterrey y Mérida casi 4%, y las ciudades de México, Guadalajara y Aguascalientes alrededor de 2.5%.[23] Desde una perspectiva amplia, el crecimiento absoluto registrado entre 1870 y 1910 es aún más sorprendente: la ciudad de Chihuahua de 12 000 a 30 000 habitantes (1871-1900); Durango de 12 000 a 31 000 (1869-1900); Monterrey de 14 000 a 79 000 (1869-1910); la Ciudad de México de 200 000 a 471 000 (1874-1910).[24]

El crecimiento urbano acompañó e impulsó una serie de fenómenos: el incremento de las comunicaciones tanto entre una ciudad y otra, como dentro de las propias ciudades; los trenes y los tranvías reemplazaban a los animales de carga y al carro de mulas; la agilización y diversificación de la vida

---

[20] González Navarro, *Vida social*, p. 20; Rosenzweig, "El desarrollo económico", p. 478.

[21] González Navarro, *Vida social*, p. 24; Alejandra Moreno Toscano, "Cambios en los patrones de urbanización en México, 1810-1910", *Historia Mexicana*, XXI, núm. 2 (octubre-diciembre de 1972), pp. 179-187.

[22] Aguilar Camín, *La Revolución sonorense*, pp. 85 y 91-92; O'Hea, *Reminiscenses*, pp. 57-58.

[23] Rosenzweig, "El desarrollo económico", p. 419.

[24] Keith A. Davies, "Tendencias demográficas urbanas durante el siglo XIX en México", *Historia Mexicana*, XXI, núm. 3 (enero-marzo de 1972), pp. 481-537.

comercial e industrial; el mejoramiento, por lo menos en las ciudades más importantes, de servicios municipales —como la pavimentación de caminos, el suministro de agua por tuberías, el drenaje y la luz eléctrica— y una marcada expansión de las tiendas, las escuelas, los colegios, de los bancos y las firmas de abogados. Si bien es cierto que la política languidecía, la marcha de la vida citadina se aceleraba: los hoteles elegantes sustituían a los viejos mesones, los automóviles aparecían en las calles y el cine brindaba una nueva diversión. Los periódicos, revistas y publicaciones culturales proliferaban: 202 en 1884; 543 en 1900; 1571 en 1907; en 23 años se incrementaron de una por cada 54 000 habitantes, a una por cada 9 000.[25] El número de lectores era limitado pero creciente: se reconocía que 14% de los mexicanos sabían leer en 1895; para 1910 era 20%. Algunos estados registraban un porcentaje mucho más alto en lo absoluto como en lo relativo: Coahuila 17 y 31%; Chihuahua 19 y 28%; Sonora 23 y 34%.[26] Como sugieren estas cifras, la política educativa porfirista (sumamente difamada después de la Revolución) tuvo algún progreso, y el interés de los científicos por la educación como medio para alcanzar un desarrollo nacional a futuro, no era del todo retórico.[27]

La capital y las ciudades del norte crecieron y prosperaron particularmente. Siguiendo la abolición liberal de la propiedad corporativa, la Ciudad de México se expandió más allá de su núcleo colonial: el valle fue drenado, se construyeron nuevos mercados y los contratistas crearon una faja de nuevas colonias suburbanas que se irradiaban a partir del Zócalo. Aunque la capital contenía solamente 3% de la población de México, ostentaba una quinta parte de los médicos y abogados del país, una cuarta parte de sus publicaciones periódicas y casi la mitad de sus sociedades científicas y literarias.[28] Aunque en una escala menor, hubo desarrollos equivalentes en otras ciudades, principalmente en las del norte. En 1850, Monterrey tenía una población inferior a 20 000 habitantes, una planta industrial (con un capital de 7 000 pesos) y un almacén de importancia.[29] A mediados de la década de 1890, a medida que la industrialización era seguida por la expansión comercial —proceso en el que tanto los negocios mexicanos como extranjeros participaban para mutuo beneficio—, la población había llegado a 48 000 e incluía a 89 abogados, 153 maestros de escuela y 2 000 comerciantes; para 1909 había más de 300 escuelas y 1 000 casas comerciales que daban servicio a una población de 70 000 habitantes. Una economía pujante, impulsada por el gobernador Reyes, y un

[25] González Navarro, *Vida social*, p. 681.
[26] *Ibid.*, pp. 531-532.
[27] En los 30 años subsiguientes a 1878 el número de escuelas primarias aumentó de 5 194 a 12 068, la población de las escuelas públicas aumentó de 141 000 a 659 000: González Navarro, *Vida social*, pp. 559-600; Vázquez de Knauth, *Nacionalismo*, p. 86.
[28] Alejandra Moreno Toscano, "El paisaje rural y las ciudades: dos perspectivas de la geografía histórica", *Historia Mexicana*, XXI, núm. 2 (octubre-diciembre de 1971), pp. 259-264; González Navarro, *Vida social*, pp. 651-652, 681 y 690.
[29] Mario Cerutti, "Patricio Milmo, empresario regiomontano del siglo XIX", en Ciro F. S. Cardoso (ed.), *Formación y desarrollo de la burguesía en México. Siglo XIX*, México, 1981, p. 235.

vasto proletariado industrial (para distinguirlo de los artesanos y trabajadores sobreexplotados de muchas otras ciudades mexicanas), daban a Monterrey una apariencia distintiva: "Allí no se encuentra ese populacho poco limpio y mal vestido que por desgracia se observa en algunas partes de la República… En Monterrey por lo general todos visten de una manera decente: el obrero y el artesano demuestran bienestar y tienen un aspecto de dignidad y de decoro personal…"[30] En otras palabras, había una gran diferencia respecto a la chusma curada en pulque de las ciudades de la meseta central.

Monterrey (el "Chicago de México") y Torreón (con sus ocupadas industrias, hoteles caros y su escasez de iglesias, que le imprimían un distintivo aspecto "norteamericano") eran los ejemplos más relevantes de la tendencia que seguían otras ciudades norteñas. Al final de la década de 1890, la ciudad de Chihuahua era una "capital en auge" de unos 25 000 habitantes, contaba con una fundición, compañías textiles y cerveceras (algunas de ellas parte del imperio Creel-Terrazas), teléfonos públicos y tranvías, tres bancos, 49 residencias valuadas en más de 10 000 pesos y 19 publicaciones semanales que alimentaban la cultura de la ciudad. Gozaba de los servicios de 35 abogados, en promedio un abogado por cada 700 habitantes (aproximadamente el mismo que en la Ciudad de México; en Monterrey el porcentaje era 1:500, en Guanajuato 1:1000).[31] Ciudades más chicas, favorecidas también por el comercio y las comunicaciones, vivieron cambios similares: los puertos de la costa oeste, como Guaymas y Mazatlán, o la capital del estado de Sinaloa, Culiacán, que surgió tras la devastación de la intervención francesa, los ataques de bandoleros y las luchas intestinas de los liberales de la década de 1870, y que tenía ahora una población de 14 000 habitantes, luz eléctrica y agua potable, calles espaciosas, una plaza, una fábrica textil, dos ingenios, un teatro, algunas escuelas y colegios, y un par de periódicos.[32]

El paso acelerado de la vida económica y el crecimiento de las comunicaciones afectaron incluso a las comunidades rurales más pequeñas y remotas. Entre los rancheros del norte de Guerrero, algunas familias se las arreglaron para expandir sus bienes y establecieron pequeñas factorías (molinos de harina, destilerías, fábricas de hielo), construyeron caminos, sistemas de riego y lograron adquirir una mejor educación para sus hijos. Otro grupo similar, exitoso en el comercio —una "burguesía campesina"— surgió en la Sierra Alta de Hidalgo.[33] En el caso de San José de Gracia, la llegada del tren a Ocotlán dio un impulso al desarrollo económico: se hicieron nuevas fortunas

[30] Montemayor Hernández, *Historia de Monterrey*, pp. 262-264 y 276-281; Roberto C. Hernández Elizondo, "Comercio e industria textil en Nuevo León, 1852-1890", y Cerutti, "Patricio Milmo", ambos en Cardoso, *Formación*, pp. 231-286; Dollero, *México al día*, p. 227.

[31] Dollero, *México al día*, pp. 221-223; Martin, *Mexico of the Twentieth Century*, II, p. 83; Lister, *Chihuahua*, pp. 172-173; J. Figueroa Domenech, *Guía general descriptiva de la República Mexicana*, II, Barcelona, 1899, pp. 96-108.

[32] Aguilar Camín, *La Revolución sonorense*, pp. 62-68; Figueroa Domenech, *Guía general descriptiva*, II, pp. 357-365; De Szylslzo, *Dix milles kilomètres*, pp. 285-286.

[33] Jacobs, "Aspects", pp. 55-62 y 122-123; Scryer, *Rancheros of Pisaflores*, pp. 28-36.

y las viejas riquezas aumentaron; San José tenía ahora su "docena de hombres ricos", granjeros y mercaderes que importaban lujos del extranjero (sombreros de fieltro y cabeceras de bronce, fotografías y fonógrafos), construían casas con balcones de hierro forjado, desdeñaban las barbas de sus padres y se afeitaban al ras, salvo por el bigote retorcido a la manera del káiser Guillermo.[34] *El País* empezaba a circular y poca gente se arriesgaba a viajar a Zamora y Guadalajara. En 1905 un extranjero llegó al pueblo —un catrín que llevaba sombrero de ala ancha—; cuando se le invitó a una de las casas, se quedó sorprendido de que le besaran la mano. La gente del lugar le había tomado por un cura cuando en realidad se trataba de un vendedor de máquinas de coser Singer.

Resulta medular en este proceso de cambio social el crecimiento de la clase media mexicana, particularmente urbana. Afirmar esto es quizá exponerse a las críticas: primero, las de aquellos historiadores escépticos que sospechan de las "clases medias emergentes", y después, las de los teóricos perspicaces que subrayan la vaguedad del término "clase media". La primera objeción debe responderse desplegando la evidencia empírica. Por lo que respecta a la segunda, no nos queda muy claro que la etiqueta "clase media" sea más vaga que cualquiera de las otras categorías analíticas que, por necesidad, sólo toman porciones de un *continuum* de realidad social. Quizá sea menos "científica" porque se aparta del uso marxista (donde la clase media suele ser desmembrada, tanto analítica como históricamente, en burguesía y pequeña burguesía, según discutiremos más adelante).[35] Esto implica ciertamente una división tripartita básica de la sociedad (clase alta, media y baja), más que cualquier dualidad básica (burgués, proletario; terrateniente, campesino), y sigue el modelo preferido por muchos escritores de la época, como Julio Guerrero y Francisco Bulnes, así como el de comentaristas subsecuentes, como Iturriaga y Córdova.[36]

La clase media estaba dotada con una cierta cantidad de propiedades, educación y respetabilidad: los hombres usaban traje y corbata, leían los periódicos y tenían algún conocimiento de lo que pasaba en el mundo fuera de su propia comunidad; eran comerciantes, tenderos, rancheros (sería erróneo considerarlos como clase media "humanística" que menospreciaba el comercio y la utilidad), funcionarios del gobierno, abogados, periodistas y maestros de escuela. Pertenecían a familias que mantenían las apariencias y que gozaban de una cierta posición en la localidad sin reclamar la opulencia o el linaje del gran hacendado, con sus bienes raíces, residencias y viajes a Europa; familias que habían luchado a brazo partido contra la proletarización y

---

[34] González y González, *Pueblo en vilo*, pp. 95-100.

[35] Véase cap. VIII.

[36] González Navarro, *Vida social*, pp. 383 y 386; José E. Iturriaga, *La estructura social y cultural de México*, México, 1951, pp. 34 y ss.; Arnaldo Córdova, *La ideología de la Revolución mexicana. La formación del nuevo régimen*, México, 1973, pp. 17-18. Para análisis "duales", *cf*. Cockcroft, *Intellectual Precursors*, pp. 34-216; Rutherford, *Mexican Society*, pp. 300-302.

que, como sus predecesores del siglo XIX, miraban desde arriba a las clases más bajas —los sórdidos "pelados" de las ciudades, los indios y peones del campo— con una mezcla de temor, disgusto y lástima.[37] Aunque no se trataba de una nueva clase, el crecimiento económico del Porfiriato aumentó tanto su número como su importancia. La evidencia estadística, aunque accesible, es de uso limitado, debido a lo vago y subjetivo que resultan las definiciones de clase y lo poco confiable del material censado, particularmente en lo que concierne a los "profesionistas".[38] Con base en los informes oficiales del censo de 1895, Iturriaga sugiere que la clase media comprendía a 8% de la población (tres cuartas partes urbana); la clase alta 1%, y 91% la clase baja.[39] La clase media del Yucatán porfirista, según una fuente confiable, era particularmente reducida: no más de 5% de la población estatal.[40]

Si bien es cierto que las estadísticas pueden darnos idea de magnitud, en este caso no pueden dar evidencia de los cambios a lo largo del tiempo. Sin embargo, existe una amplia evidencia "impresionista": la gente de la época comentaba repetidamente el "surgimiento de la clase media"; algunos describen el fenómeno con estas mismas palabras y otros lo hacen de manera diferente, aunque todos se refieren con claridad al mismo y palpable proceso de cambio social. El vicecónsul británico en Guadalajara observaba en 1911 que 10 años antes "el sombrero de palma y los calzones de manta predominaban en todas las calles principales mientras que la ropa europea sólo se veía en unas cuantas... en estos diez años hemos visto que en estas calles el peón se ha convertido en una rareza mientras que la vestimenta europea se encuentra por todas partes... De hecho, una clase media, inexistente hasta la fecha, ha nacido".[41] Algunos observadores extranjeros llegaron más allá y vincularon la nueva clase media con el despunte de la Revolución: "el surgimiento de esto es un fenómeno de años recientes, de los años de paz. Si no fuera por esta clase media no hubiera habido revolución"; fueron las "clases medias... [quienes] hicieron la vida imposible al viejo sistema porfirista. Quienes inflamaron a las clases bajas en contra de las altas".[42] El propio Díaz expresaba, al respecto, su opinión —sincera o no— de la siguiente manera: "Méjico tiene hoy [1908] clase media, lo que no tenía antes", aunque no derivó conclusiones

[37] Charles A. Hale, *Mexican Liberalism in the Age of Mora, 1821-1853,* New Haven, 1968, pp. 95-96, 123 y 223-224; Madero, *Sucesión Presidencial,* p. 296; de Amado Escobar a Nemesio Tejeda, 14 de octubre de 1906, STA, caja 2.

[38] Donald B. Keesing, "Structural change Early in Development: Mexico's Changing Industrial and Occupational Structure from 1895-1950", *Journal of Economic History,* XXIX (1969), pp. 716-738.

[39] Iturriaga, *Estructura social,* pp. 34-89; Nathan Whetten, "The Rise of a Middle Class in Mexico", en Theo R. Crevenna (ed.), *La clase media en México y Cuba,* Washington, 1950, pp. 1-29. Es de uso limitado.

[40] Joseph, "Revolution from without", p. 140.

[41] Holms, Guadalajara, 11 de abril de 1911, FO 371/1147/16692.

[42] Baerlein, *Mexico,* pp. 129-130; Hamilton Fyfe, *The Real Mexico,* Londres, 1914, p. 3, cita a un cafetalero.

revolucionarias de este hecho.[43] Más recientemente, los historiadores se han esforzado en subrayar la importancia de la movilización de la clase media antes y durante la Revolución.[44] El carácter y significado de esta movilización, de cualquier forma, no han sido del todo bien interpretados. Después de bocetar el contexto social en que se desarrolló la nueva oposición de la década de 1900, resulta necesario explicar cómo y por qué la clase media en expansión contribuyó al fermento político de ese periodo.

El Partido Liberal Mexicano

La primera ola de oposición organizada en la década de 1900, surgió de un enredo "local y relativamente poco difundido", en el estado de San Luis Potosí.[45] Aquí, durante el verano de 1900, el obispo declaró públicamente, y con muy poco tacto político, que las Leyes de Reforma eran ahora letra muerta. La conciencia liberal y anticlerical, quizá adormecida pero nunca muerta, se sintió espoleada. Camilo Arriaga, vástago de una familia liberal impecable y acomodada, y que había servido en el Congreso Federal durante ocho años hasta que chocó con Díaz por el mismo asunto —las relaciones Estado/Iglesia— y tuvo que renunciar, se dio a la tarea de contestar la afrenta e hizo un llamado a la organización de los clubes liberales de todo el país para desvanecer la marejada del clericalismo renaciente. De manera local, el manifiesto de Arriaga fue firmado por cientos de personas respetables: médicos, abogados, ingenieros, maestros de escuela, jóvenes oficiales del ejército, periodistas y estudiantes; aparecía aquí también una porción considerable de miembros de la clase alta potosina. A nivel nacional, alrededor de 50 clubes localizados en 13 estados respondieron al llamado; la mayoría de ellos, sin embargo, se encontraban en San Luis Potosí y en el vecino estado de Hidalgo en donde, debemos anotarlo, Arriaga administraba las minas de su familia en Pachuca. En febrero de 1901 los delegados para el Primer Congreso Liberal se dieron cita en un teatro de San Luis Potosí en donde, además de las diatribas anticlericales por demás esperadas, se atacó de manera verbal al régimen de Díaz y a los abusos de su cuerpo de funcionarios. El más claro y abierto de estos ataques fue el de Ricardo Flores Magón, estudiante, político y periodista oaxaqueño que, con su hermano, acababa de iniciar la publicación de un periódico de oposición moderada: *Regeneración*.[46]

El Congreso radicalizó la postura de los hermanos Flores Magón y éstos, a su vez, intentaron radicalizar a los liberales —convertir a los "simples

---

[43] Sobre la entrevista Creelman: Jesús Silva Herzog, *Breve historia de la Revolución mexicana*, I, México, 1969, p. 112.

[44] Romana Falcón, "¿Los orígenes populares de la Revolución de 1910? El caso de San Luis Potosí", *Historia Mexicana*, XXIX, núm. 2 (octubre-diciembre de 1979), p. 198.

[45] Cockcroft, *intellectual Precursors*, p. 91.

[46] *Ibid.*, pp. 64-67, 86-87 y 93-94; Ramírez, *Oaxaca*, pp. 15-16.

'comecuras' en militantes antiporfiristas"—, como manifestaran un poco después.[47] Dos resultados siguieron. El Congreso se dividió en el acto; los "comecuras" declinaron el papel de militantes y, a medida que los moderados se retractaban, la organización liberal dio el primero de muchos virajes hacia la izquierda —tendencia que al final les llevó al extremo del espectro político, dejando su vieja etiqueta "liberal" como una reliquia confusa de los tiempos pasados—. Sin embargo, el viraje liberal de 1901 hacia la izquierda, no llegó más allá de los objetivos claramente liberales expresados en el manifiesto del "Directorio", el Club Liberal Ponciano Arriaga. Éste, llamado así en honor al ilustre abuelo liberal de Camilo Arriaga, apremió a los ciudadanos para que desenmascararan la conducta arbitraria y corrupta de los funcionarios gubernamentales y, a la vez, apoyaran como candidato a las elecciones presidenciales de 1904 a un liberal "talentoso y progresista", un candidato que pudiera retomar el camino abierto por Juárez y los grandes liberales del pasado, "hace tanto tiempo abandonado".[48] Se publicó entonces un segundo manifiesto en el que se convocaba a otro Congreso a realizarse en febrero de 1902. Un tenue movimiento nacional se gestaba.

El segundo efecto de la radicalización se tornó ahora más claro. El ataque abierto de los liberales contra el régimen invitaba a la represión. Los clubes liberales de seis estados fueron cerrados por la policía; sus miembros fueron arrestados, multados o encarcelados; la prensa de oposición recibió una tanda de clausuras, arrestos, golpes y (se decía) asesinatos. En San Luis Potosí, el Club Ponciano Arriaga fue resquebrajado por el jefe político y 50 policías, mientras se preparaba para el segundo Congreso. Arriaga y sus colaboradores potosinos pasaron gran parte del año de 1902 en la cárcel, mientras que una "prensa de oposición desfalleciente, a punta de golpes, jalones o viéndose a menudo suspendida, desfalleciente, llevaba a cabo un ataque lateral en contra del gobierno de Díaz".[49] Aunque el movimiento no había muerto, sí perdió el gran ímpetu de 1901. Las divisiones empezaron a surgir en torno a la pertinencia de manifestar oposición a la reelección de Díaz en 1904, y en torno a la estrategia general que habrían de adoptar los liberales. Militantes y moderados debatían y la represión continuaba.

En el transcurso de 1903 y el año siguiente, los principales liberales —Arriaga, los Flores Magón, Juan y Manuel Sarabia, Antonio Díaz Soto y Gama— emigraron a los Estados Unidos. Ahí publicaban y enviaban *Regeneración* esquivando a los agentes porfiristas, a los hombres de Pinkerton y a los espías federales; el grupo viró todavía más hacia la izquierda influido por el contacto con los anarquistas norteamericanos y españoles. Arriaga, molesto por estos cambios, rompió con los Flores Magón.[50] Por esta razón, cuando el Partido Liberal Mexicano (PLM) se constituyó formalmente (sep-

[47] Cockcroft, *Intellectual Precursors*, p. 95 citando a Enrique Flores Magón (1934).
[48] Cosío Villegas, *Vida política*, pp. 691-692.
[49] *Ibid.*, pp. 693-694; Cockcroft, *Intellectual Precursors*, pp. 100-105.
[50] *Ibid.*, pp. 117-120 y 123.

tiembre de 1905) y su programa se publicó en San Luis Misuri (julio de 1906), se trató del trabajo de un pequeño grupo radical y exiliado comprometido con la acción revolucionaria. Sus medidas —al parecer atenuadas para su consumo público— iban mucho más allá de los principios liberales de 1901: demandaban no sólo la libertad de palabra, el cumplimiento de las Leyes de Reforma y el final de la reelección, sino también la supresión de las jefaturas, la abolición del reclutamiento de conscriptos, reformas fiscales progresistas, mejoras en la educación, "protección para el indígena", reforma agraria y toda una gama de leyes laborales que agrupaban la jornada de ocho horas, el salario mínimo, compensación por accidentes y la proscripción de la mano de obra infantil.[51]

A la luz de ulteriores desarrollos —de manera notable, la Constitución de 1917—, el PLM, su programa y sus actividades adquieren retrospectivamente una gran significación histórica. No sólo fueron responsables de la primera oposición organizada y nacional, sino que también trabajaron en los campamentos mineros y en las fábricas textiles reclutando gente y alentando las huelgas, al mismo tiempo que se involucraron en una serie de revueltas locales infructuosas en los años 1906 y 1908. Por encima de todo, resulta relevante su apoyo a las reformas sociales que sirvieron para prefigurar posteriores medidas y planes revolucionarios. "No cabe duda —escribe un historiador— que estos esfuerzos propagandísticos y las huelgas y revueltas inspiradas por el PLM... contribuyeron a minar el régimen de Díaz."[52] Esta conclusión es natural. Cuando un *ancien régime* cae en medio del levantamiento social, los historiadores se encuentran muy ocupados escarbando entre los escombros para encontrar las "raíces de la revolución". La tendencia es buscar y encontrar principios ideológicos que sean fácilmente recuperables y que encajen con el pensamiento revolucionario posterior —como en los casos de Rousseau y los *philosophes*, los pensadores del Siglo de las Luces de la América Latina borbónica, los eslavófilos rusos—. Existe, sin embargo, una falacia obvia: la similitud ideológica no implica una conexión causal; *post hoc* no quiere decir *propter hoc*. Es posible que los activistas revolucionarios posteriores extraigan del fondo común de ideas existentes aquellas que justifiquen lo que hicieron por diferentes razones (a menudo "no ideológicas"), o puede ser posible que tanto los ideólogos como los activistas broten como ramas separadas y diferentes de un mismo tronco sin que alguno goce de una prioridad causal sobre el otro. Las conexiones causales no pueden inferirse a partir de una simple congruencia ideológica —por ejemplo, el Plan del PLM de 1906 con la Constitución de 1917—. Éstas más bien deben aparecer a través de la red de acciones y decisiones de los hombres del momento. En el caso del PLM, la urdimbre es difícil de localizar. El Congreso Liberal inicial, aunque significati-

[51] *Ibid.*, pp. 130-133; Cosío Villegas, *Vida política*, pp. 700-703; Silva Herzog, *Breve historia*, I, pp. 76-107.
[52] Cockcroft, *Intellectual Precursors*, p. 155.

vo en lo que prometía, no logró tener un verdadero impacto en el país.[53] Díaz, el gobernador Escontría de San Luis Potosí y el general Julio Cervantes, comandante militar de la zona, no mostraron ansiedad alguna mientras el Congreso se reunía.[54] Por supuesto que la proliferación de clubes liberales en la provincia, y la represión que éstos soportaron, mostraban que las autoridades, al atestiguar la coalición de una extensa oposición liberal, no deseaban correr riesgos. Sin embargo, el punto más importante es que la represión tuvo éxito. El desmembramiento del Club de San Luis tuvo el efecto deseado: en el término de un mes, la ciudad estaba tranquila, el asunto era recordado con indiferencia y el gobernador Escontría dejó el estado para visitar la Ciudad de México.[55]

A nivel nacional sucedió lo mismo y la vida política siguió inalterada. La reelección de Díaz en 1904 procedió sin tropiezo y, más que la oposición organizada y con raíces populares —tan demandada por los liberales—, resultó relevante la batalla dentro de la élite porfirista: entre los científicos, que estaban a favor de Limantour para la nueva vicepresidencia, y sus enemigos que apoyaban al general Reyes. Díaz, al nombrar a Corral, decepcionó tanto a unos como a otros. De la misma manera, las elecciones municipales de 1907 se desarrollaron en la forma usual y no armaron mayor alboroto.[56] Todavía más, la represión al PLM hizo que esta agrupación dejara de ser una alianza potencial y extensa de liberales para convertirse en una minoría radical, cada vez más izquierdista tanto en pensamiento como en práctica revolucionaria; consideración que le privó de apoyo y simpatías. Los liberales moderados, como Francisco I. Madero que había contribuido a los fondos del PLM, deploraban su viraje hacia la izquierda, su sectarismo y su inclinación por la revuelta armada.[57] Simpatizantes como el oficinista, el comerciante y el mecánico de Parral, que "tenían subscripciones de *Regeneración* y que querían ayudar al Club de San Luis", se retractaron ante la perspectiva de una Revolución que consideraban sin esperanza alguna.[58] Mientras tanto, el gobierno podía apuntar sobre las intrigas de extremistas poco patriotas en suelo extranjero, insinuar una complicidad de los Estados Unidos y denunciar las revueltas de inspiración pelemista como trabajo de tramposos, analfabetos y bandidos —cada revuelta aplastada por la mano de hierro del régimen era una publicidad favorable—.[59] Esencialmente, el PLM fue una oposición liberal *manqué*. En un principio ejerció gran atractivo y aun después seguía conquistando simpatiza-

[53] Cosío Villegas, *Vida política*, p. 630.
[54] *Ibid.*, pp. 689-691.
[55] *Ibid.*, p. 695.
[56] *Ibid.*, pp. 753-761; Limantour, *Apuntes*, p. 156.
[57] De Madero a Crescencio Villarreal Márquez, 17 de agosto de 1906 en Fabela, DHRM, *Actividades políticas y revolucionarias de los hermanos Flores Magón*, pp. 73-75; *cf.* de Jesús a Ricardo Flores Magón, 26 de septiembre de 1905, STA, caja 26.
[58] De Rodolfo Valles, jefe político (De Parral) a Creel, 20 de octubre de 1906, STA, caja 26.
[59] Dollero, *México al día*, pp. 248-249; de Lefaivre, Ciudad de México, a Quai d'Orsay, 7 de julio de 1909, AAE, Méx., Pol. Int., I, n. 52.

dores gracias a su anómala etiqueta "liberal" —incluso cuando Madero, como admitió con franqueza, estaba inseguro de las políticas de los *emigrés*—.[60] Hasta los católicos disidentes se adherían al PLM.[61] La radicalización social del partido y su compromiso con la Revolución, lejos de procurarle un mayor apoyo, disuadió a muchos posibles partidarios; sin embargo, durante la mayor parte de la década de 1900 representó la única oposición nacional y articulada que hiciera un frente contra el régimen. La gente aceptaba o leía *Regeneración, faut de mieux*. Por sí solo, esto constituía un logro para los liberales, aunque sería erróneo inferir que cada lector de *Regeneración* fuera un activista incondicional del PLM y una prueba viviente de la penetrante influencia política liberal. Por el contrario, los sucesos posteriores a 1908, el año de la segunda revuelta infructuosa de los liberales, revelaron qué tan marginales eran ante la política porfirista y qué tan pobremente habían representado la demanda de reforma política planteada por la clase media.

Los reyistas

La respuesta dada por los liberales al llamado de Arriaga en 1901 demostró que existía una reserva de apoyo para un partido nacional moderado, comprometido con un cierto grado de cambios políticos, incluso cuando se tratara de un cambio retrospectivo animado por la restauración de derechos constitucionales violados. Hacia 1908 las condiciones favorecían todavía más a un partido así. La economía se encontraba en recesión, Díaz tenía entonces 67 años; en dos años más vendrían las elecciones presidenciales para un nuevo periodo de seis años para el que, admitían incluso los porfiristas más comprometidos, el presidente quizá no sobreviviría; por otra parte, el vicepresidente Ramón Corral, su heredero forzoso, desde su llegada en 1904 carecía de toda popularidad. Por estas razones, en vista de las elecciones de 1910 se desató una creciente atención en lo concerniente a quién sería el compañero de fórmula de Díaz y su presunto sucesor.

El propio Díaz incitó a una renovación de la actividad política en la famosa entrevista que concedió al periodista norteamericano James Creelman, a principios de 1908. El pueblo mexicano, declaraba, le había demandado su larga permanencia en el puesto y ahora ya era tiempo de un cambio; ahora México tenía una clase media y el país estaba listo para entrar en una era de libertades políticas. Díaz propuso retirarse al final de su periodo (1910), y "si en la República llegase a surgir un partido de oposición, le miraría yo como una bendición y no como un mal..."[62] En teoría, se trataba de un buen pensa-

---

[60] De Madero a Villarreal (n. 57); de Antonio Balboa a Antonio I. Villarreal, 25 de julio de 1906, STA, caja 26.
[61] De Ignacio Gutiérrez Gámez a Manuel Mestre Ghigliazzi, 30 de mayo de 1910, en Manuel González Calzada, *Historia de la Revolución mexicana en Tabasco*, México, 1972, pp. 55-56.
[62] Silva Herzog, *Breve historia*, I, pp. 108-118.

miento positivista: el régimen había logrado estabilidad y crecimiento económico, y era tiempo ya de que los mexicanos gozaran de sus derechos democráticos postergados. Sin embargo, el análisis de Díaz guardaba en realidad "un claro sentido irónico" y gran parte de sus promesas se vieron quebrantadas en cuestión de meses. La entrevista, por lo tanto, no puede ser tomada en su valor nominal.[63] Una variedad de motivos ulteriores se sugieren al respecto: que la entrevista era sólo para consumo externo; que era parte de una maquinación maquiavélica para que la oposición saltara al terreno, o que Díaz quería encontrarse en la posición de escoger entre los movimientos políticos rivales.[64] Una interpretación que tiene el mérito de su simplicidad, es la que señala que Díaz estaba tan viejo y tan aislado que no sabía lo que hacía. Es muy posible que él estuviera anticipando la llegada de una retahíla de incondicionales suplicándole que permaneciera en su puesto, después de lo cual, las dulces promesas podían relegarse al olvido; de cualquier forma, el gobierno actuó como si éste fuera el caso. La entrevista apenas había penetrado en las conciencias escépticas del país cuando la maquinaria reeleccionista emprendió la marcha: los gobernadores de los estados, pasando por alto las propias declaraciones del presidente, divulgaron en la prensa local demandas en favor de la candidatura de Díaz para 1910; el gobernador de Jalisco clamaba por la reelección diciendo que se trataba de una "necesidad nacional" y, para finales de año, los gobernadores de todos los estados de la Federación lo secundaron. Se acordó que todos, de manera simultánea, lanzarían la campaña reeleccionista a través de los periódicos, los discursos públicos y los clubes oficiales iniciados por los jefes políticos. En octubre, Díaz hizo como si se doblegara ante la presión popular y declaró que la entrevista con Creelman sólo contenía deseos personales, y que estaba de acuerdo en "sacrificarse" por la nación una vez más. En noviembre, el Círculo Nacional Porfirista lanzó oficialmente la candidatura presidencial de don Porfirio.[65]

Parecería como si Creelman nunca hubiera puesto su pluma sobre el papel. A lo largo de 1908 todo indicaba que el viejo lo había logrado, ya que su engañoso rechazo por regresar a la cargada política no había provocado una oposición significativa. Por un tiempo pareció que con la reelección de 1910 pasaría como con las de 1904, 1900, 1896 y las anteriores. No obstante, Díaz no podía detener el paso de los años sobre su propia persona, y la entrevista con Creelman había brindado apoyo y seguridades para aquellos que se estremecían ante la posibilidad de Corral y que, por razones de personalidad o principios, se encontraban listos para dar la batalla por la vicepresidencia. Cualesquiera que hubieran sido los motivos que ocultaban sus palabras, las declaraciones de Díaz produjeron "... una transformación fundamental en la

---

[63] Cosío Villegas, *Vida política*, pp. 716-717; Stanley R. Ross, *Francisco I. Madero. Apostle of Mexican Democracy*, Nueva York, 1955, pp. 46-47; Charles C. Cumberland, *Mexican Revolution, Genesis Under Madero*, Austin, 1952, pp. 47-48.

[64] Limantour, *Apuntes*, p. 157, sugiere el tercero.

[65] Cosío Villegas, *Vida política*, pp. 768-775; Niemeyer, *Reyes*, p. 151.

conciencia pública... [y] por su acción sobre las clases intelectuales, fue el origen psicológico de la Revolución de 1910".[66] Viejo, distante, poco consciente de los cambios que se operaban en la sociedad política mexicana, Díaz cometió un "catastrófico error de juicio".[67]

El principal beneficiario de la entrevista con Creelman fue el general Bernardo Reyes. Se encontraba hacia el final de sus 50 años (bastante joven para los parámetros porfiristas); había nacido en el seno de una prominente familia liberal de Jalisco y se había forjado una ilustre carrera tanto en las armas como en la política. Fue el instrumento que Díaz escogió para la destrucción del cacicazgo Treviño-Naranjo en el noreste, donde se quedó como el enérgico y progresista gobernador del estado de Nuevo León; ahí dio un gran impulso a la industria local, mejoró los servicios públicos educativos y de salud y mostró un cierto interés —paternalista y a la manera de Bismarck— por las aflicciones de la clase obrera.[68] Sin embargo, no era muy amante de la heterodoxia política. Cuando preparaba su propia reelección como gobernador en 1903, ordenó a los alcaldes del estado que procedieran con la "mayor severidad" contra los oponentes y una manifestación en contra de Reyes en Monterrey provocó disturbios, represión policiaca, arrestos y un subsecuente juicio del Congreso, el cual absolvió a Reyes por unanimidad.[69] Durante dos años, Reyes fue miembro del gabinete como ministro de Guerra; se congració con el ejército y creó la Segunda Reserva, una especie de ejército territorial que alcanzó en su punto más alto una dotación de 30 000 hombres antes de desaparecer bajo la presión de Díaz.[70] Durante este periodo, Reyes surgió como el principal contrapeso de los científicos y como el rival de Limantour para la vicepresidencia. Se enfrentó con Limantour a propósito del presupuesto concedido al ejército, y con el ministro de Justicia a causa del enjuiciamiento en contra de unos periodistas que habían atacado a la Segunda Reserva la cual, vista desde la perspectiva de los científicos, parecía ser una especie de ejército privado reyista. La prensa proselitista apoyaba los dos bandos: impugnaban la ambición y el militarismo de Reyes y la ascendencia extranjera de Limantour.[71] Debido a esto, Díaz actuó de la siguiente manera: Limantour era indispensable en las arcas, pero le fue negada la vicepresidencia; Reyes fue enviado de nuevo a gobernar Nuevo León, aunque con un salario incrementado para demostrarle que no había resentimiento y la Segunda Reserva fue abolida por decreto presidencial.

La popularidad de Reyes y su reputación como sucesor potencial de Díaz sobrevivió a pesar de haber sido removido del gabinete. A medida que 1908

---

[66] Vera Estañol, *Revolución mexicana*, p. 95.
[67] Cumberland, *Genesis*, p. 48.
[68] Esta descripción se desprende de Niemeyer, *Reyes*.
[69] *Ibid.*, pp. 114-124.
[70] *Ibid.*, pp. 103-105; Taracena, *Carranza*, p. 14, calcula que sólo había 15 000 reservistas en la Ciudad de México.
[71] Niemeyer, *Reyes*, pp. 105-107; Cosío Villegas, *Vida política*, pp. 612-626.

llegaba a su fin, y en vista de que la decisión de Díaz de competir para presidente todavía no había sido secundada por la nominación oficial de su compañero de campaña, la especulación y la actividad políticas cobraban ímpetu y el nombre de Reyes brotaba continuamente.[72] El propio Reyes, bien educado en la política porfirista, aprobaba con entusiasmo la candidatura presidencial de Díaz y, por su cuenta, sólo hacía declaraciones crípticas y reservadas sobre el asunto de la vicepresidencia.[73] Si codiciaba un poder nacional (y los sucesos posteriores parecen indicar que así era), Reyes sabía que el camino para conseguirlo era mediante el favor y el apoyo del centro, y no a través de la agitación en la provincia. De ahí que el reyismo se haya desarrollado a la sombra de un líder aparentemente reacio.

La primera organización del reyismo fue el Partido Democrático, formado en la Ciudad de México en enero de 1909 por un puñado de políticos gobiernistas, reyistas y de oposición. El manifiesto del partido contenía conocidas propuestas liberales cubiertas con una capa de reforma social: la supresión de las jefaturas, la libertad municipal, el impulso a la educación primaria, el cumplimiento de las Leyes de Reforma, la compensación por accidentes de trabajo para los obreros y la creación del Ministerio de Agricultura.[74] El manifiesto no mencionaba candidatos, pero era evidente que apoyaba a Reyes como compañero de Díaz en la vicepresidencia. Para empezar, no creó una gran conmoción. El personal que se encontraba detrás del partido representaba una interesante combinación de personalismo y principios: había hombres que tenían cercanos vínculos con el gobierno y con los científicos, como Manuel Calero y Querido Moheno, quienes, a pesar de mantener una completa deferencia hacia Díaz, cuestionaban el prolongado dominio de los viejos científicos y convocaban a nuevas reformas y organizaciones políticas que aseguraran una futura estabilidad. Hacían eco de lo que los propios científicos habían aconsejado hacía ya 20 años, en los días de la Unión Liberal; eran partidarios de un acomodo gradual y conservador a las condiciones cambiantes: en cierto sentido, eran porfiristas conservadores, con un conservadurismo al estilo de Robert Peel. Sin embargo, también había entre ellos reformadores más osados, como Sánchez Azcona, editor de *El Diario* y (a partir de finales de 1908) *México Nuevo*, y Francisco Sentíes, cuyas polémicas habían demostrado un interés relativamente avanzado por la reforma agraria. Para ellos, el Partido Democrático representaba una fuerza para la reforma democrática. Por último, había simpatizantes como Heriberto Barrón, oportunistas que buscaban el beneficio personal.[75]

Semejante combinación tenía sus ventajas. La presencia dentro del partido de conocidos gobiernistas, como Calero, permitía la elaboración de jue-

---

[72] *Ibid.*, p. 773.
[73] Niemeyer, *Reyes*, p. 149.
[74] Ross, *Madero*, p. 67; Cosío Villegas, *Vida política*, p. 787.
[75] Cosío Villegas, *Vida política*, pp. 784-785; Juan Sánchez Azcona, *Apuntes para la historia de la Revolución mexicana*, México, 1961, pp. 59-61.

gos ingeniosos a la hora de traducir las siglas COPD (Centro Organizador del Partido Democrático) como "Con Orden de Porfirio Díaz"; esta presencia, sin embargo, brindaba al partido un aire de respetabilidad y una cierta garantía en contra de la represión. Los opositores independientes se mantenían escépticos y desdeñaban al partido por considerarlo un grupo de mañosos oportunistas.[76] La verdadera prueba para el partido vino cuando se lanzó al interior del país. Ahí consiguió un éxito inesperado a la hora de buscar un mayor apoyo, a pesar de la timidez de su líder. Cualquiera que haya sido la composición y propósitos de sus fundadores, el Partido Democrático apeló a la misma clase media que el PLM había incitado, pero que al final decepcionó. Por esta razón estaba bien colocado para recoger las piezas de la debacle liberal en la década de 1900.

A principios de 1909, la maquinaria de Díaz empezó a preparar el terreno para la reelección presidencial y patrocinó clubes en provincia que mandarían delegados a la convención nacional programada para el mes de abril.[77] El propio Reyes mantenía aún un silencio cauteloso. Todos estos factores condujeron a una serie de acciones de los reyistas: necesitaban crear una cierta presión sobre Díaz y sobre el propio Reyes, para forzarlos al deseado enlace político. *México Nuevo* buscó contrarrestar la propaganda reeleccionista de la prensa oficial para crear un impacto en la "conciencia de las masas" —aunque también publicara ocasionalmente algunas palabras benevolentes sobre Corral, para garantizar su supervivencia—.[78] Al mismo tiempo, el primer club oficial reyista se creó en la capital y pronto fue secundado por muchos otros. El más importante, el Club Soberanía Popular, tenía como presidente a Francisco Vázquez Gómez, reconocido médico de la Ciudad de México que había tratado a Díaz y que también era terrateniente y concesionario del ferrocarril; su vicepresidente era José López Portillo y Rojas, un joven y ambicioso porfirista, ex presidente del Congreso.[79] A mediados del verano de 1909, había ya una media docena de clubes reyistas en la capital enviando oradores a las provincias y organizando su propia propaganda en la Ciudad de México. Esto llegó a su clímax el 18 de julio, en una ceremonia que supuestamente conmemoraba la muerte de Benito Juárez. Las logias masónicas de la capital —muy reyistas— declinaron su participación en la ceremonia oficial y montaron la suya, que devino en una abierta demostración a favor de Reyes.[80]

No obstante, donde el impacto reyista resultó más notable fue en la provincia. Los reyistas de Guadalajara se empezaron a organizar a principios de 1909 y pronto recibieron a los oradores de la Ciudad de México que venían

[76] Cumberland, *Genesis*, pp. 52-53; Ross, *Madero*, p. 66; Cockcroft, *Intellectual Precursors*, p. 164.
[77] De Miguel Ahumada (gobernador de Jalisco) a Corral, 3 de febrero de 1909, ARC, carpeta 1.
[78] Sánchez Azcona, *Apuntes*, pp. 72-73; Niemeyer, *Reyes*, pp. 164-166.
[79] *Ibid.*, p. 155.
[80] *Ibid.*, pp. 144 y 160.

como refuerzo. El gobernador Ahumada tomó las medidas necesarias para obstruirlos y se aseguró de que la prensa proclamara el fracaso de su misión; el apoyo reyista, según él, no incluía hombres de verdadera sustancia, sino simple "gente sin valer, como son estudiantes, abogados sin clientela, y otros por el mismo estilo", la materia prima, desde la perspectiva gobiernista, de la mayor parte de los movimientos de oposición en el Porfiriato.[81] Esto no constituyó un factor disuasivo para los reyistas, quienes clamaban que el apoyo en Jalisco (el estado natal de Reyes) era grande y creciente, sobre todo entre los trabajadores, artesanos, hombres de letras, profesionistas, hombres de negocios, granjeros, industriales, soldados, policías y empleados federales. El clavel rojo, la insignia reyista, había penetrado por todos lados.[82] Se pudo presenciar una contundente prueba de esto cuando los oradores reeleccionistas llegaron a Guadalajara para predicar su ortodoxia política. Una multitud de unas 3 000 personas, que incluía a todos los estudiantes del liceo de la ciudad, fue a su encuentro en la estación para acusarlos de abuso; el jefe político intentó en vano quitar a los revoltosos y arrestó a 40 manifestantes. Durante cuatro noches seguidas, los reyistas recorrieron las calles de la ciudad con gritos de "¡Viva Reyes!" y "¡Muera Corral! ¡Muera Díaz!" El gobernador debió admitir que "el movimiento reyista iba en aumento" y expulsó a los estudiantes que se negaban a desistir de su actividad política; hubiera querido contar en ese momento con los servicios de un buen reportero gobiernista que contrarrestara la propaganda reyista. En agosto de 1909, Guadalajara era vista desde fuera como el punto focal del movimiento reyista y el gobierno, al ver que su propia propaganda resultaba insuficiente, e incluso contraproducente, recurrió a las tácticas usuales: clausuró violentamente los clubes reyistas y encarceló a los líderes locales.[83]

En el estado de Veracruz (de tradición liberal, hostil a la Ciudad de México y gobernado por el anticientífico Teodoro Dehesa), los oradores reyistas fueron bien recibidos en las ciudades más importantes. También en Torreón, donde el comandante militar de la zona reportó que la "mayoría de los habitantes" eran reyistas, una multitud de 8 000 personas salió a mostrarse en favor de Reyes; al calor del momento, la fórmula acostumbrada (Díaz-Reyes) dio lugar a una serie de ataques en contra del propio presidente así como de Corral.[84] Para finales del verano, los clubes reyistas se habían establecido en una docena de ciudades y pueblos, especialmente en el noreste, donde la influencia personal de Reyes era fuerte y las condiciones previas para la constitución de un partido de oposición reformista eran favorables en centros comerciales de rápido crecimiento como Monterrey, Parras, Múzquiz, Ciudad

---

[81] De Miguel Ahumada, gobernador de Jalisco, a Corral, 3 de febrero, 24 de mayo, 1º de junio de 1909, ARC, carpetas 1 y 2.

[82] Niemeyer, *Reyes*, p. 162, cita *México Nuevo*.

[83] *Ibid.*, p. 163; de Lefaivre a Quai d'Orsay, 12 de agosto de 1909, AAE, Méx., Pol. Int., I, n. 61; Magill, Guadalajara, marzo de 1911, SD 812.00/126.

[84] Niemeyer, *Reyes*, pp. 161-162; Cosío Villegas, *Vida política*, pp. 809 y 824.

Juárez y Torreón. Como sugiere esta geografía política, la clase media urbana era partidaria de Reyes. En Puebla, por ejemplo, fueron los "... pequeños y grandes de la clase media", que se mostraron más entusiasmados bajo el liderazgo del doctor Espinosa de los Monteros y de un periodista local que se enfrentó rudamente con el jefe de policía, Cabrera. En Tepic, en la costa oeste, un comerciante se dio a la tarea de formar un centro reyista y pronto se supo que hasta el poder judicial del territorio era "reyista hasta la médula de los huesos". En Mazatlán, un poco más al norte, los comerciantes del puerto eran solidarios con Reyes.[85]

Para ser más precisos, hubo sectores particulares de la clase media que respondieron al llamado de Reyes. Ex integrantes de la Segunda Reserva (en sí misma una institución principalmente de clase media) recordaban con cariño a su antiguo jefe y apoyaban su campaña.[86] Más grave todavía, el ejército federal estaba plagado de reyismo. Diez oficiales que habían escrito al presidente del Club Central Reyista poniéndose "incondicionalmente" a sus órdenes, fueron despachados a puestos distantes en los trópicos infestados de malaria de Quintana Roo o a las líneas frontales de la campaña contra los yaquis —acción que provocó violentos intercambios entre la prensa oficial y la independiente—. En Guerrero, el comandante federal, un reyista, se negó a participar en la instalación de un club reeleccionista; otro oficial federal prefirió declinar su comisión antes que abandonar su puesto como vicepresidente de un club reyista.[87] Incluso el cuerpo de funcionarios no logró del todo escapar al contagio; los jueces de Tepic, como ya señalamos, eran reyistas; el alcalde de Cananea dirigía un movimiento reyista en ese pueblo minero, mismo que se reconoció como "muy poderoso".[88] El reyismo no sólo ejerció un fuerte atractivo para las clases medias —abogados, mercaderes, francmasones, médicos, ex integrantes de la Segunda Reserva, oficiales del ejército— sino que también influyó en sus hijos y, en general, en la juventud educada. Así, podemos ver que para sus marchas y manifestaciones en las ciudades, el reyismo dependía en gran medida del apoyo estudiantil.[89] Más aún, algunos miembros de la clase alta, aquellos que se encontraban "fuera" del régimen, vieron las ventajas de un movimiento que prometía modificaciones limitadas dentro del sistema. En Sonora, José María Maytorena inició el centro reyista de Guaymas (sus aliados fueron Carlos Randall, un comerciante, y Eugenio Gayou, ingeniero de minas). Los oradores reeleccionistas, bien pertrechados en Hermosillo, recibieron una violenta acogida cuando se aventuraron hacia

[85] Niemeyer, *Reyes*, p. 161; Gámez, *Puebla*, pp. 15-16; del general Mariano Ruiz (jefe político de Tepic) a Díaz, 17 de junio de 1909, ARC, carpeta 2; Héctor R. Olea, *Breve historia de la revolución en Sinaloa*, México, 1964, p. 38.

[86] McCarthy, Alamos, 13 de mayo de 1911, SD 812.00/2044; Martin, *Mexico of the Twentieth Century*, II, pp. 38-39; Cosío Villegas, *Vida política*, p. 613.

[87] *Ibid.*, pp. 811-813 y 817.

[88] Manuel J. Aguirre, *Cananea*, México, 1958, pp. 172-173; de Madero a Miguel Sánchez Adame, 30 de julio de 1909, AFM, r. 9.

[89] Alberto J. Pani, *Apuntes autobiográficos*, México, 1951, p. 65.

el puerto sureño.[90] En Durango, Ignacio Borrego dio la bienvenida a los propagandistas de Reyes y presidió el club local; en Yucatán, el viejo clan de los Cantón, una facción opositora de orígenes conservadores y con una larga tradición, abordó la caravana reyista para oponerse al gobernador Arístegui, a Molina y a los científicos.[91]

El gobierno estaba sacudido. Había un movimiento con amplias bases y que proclamaba la candidatura de uno de los miembros más relevantes de la institución porfirista, movimiento que había logrado acumular un apoyo nacional sin precedente y que había creado, como señala un observador, una forma de "animación [política] de la que uno había perdido ya la memoria a lo largo de tantos años".[92] Los reyistas no eran una turba de revoltosos subversivos que confabulaban la insurrección desde Texas o California; eran ciudadanos sólidos, respetables y miembros de la clase media que, principalmente, afirmaban incluso su lealtad a Díaz. No obstante, el reyismo representaba un claro intento de despojar al centro de su tradicional dominio absoluto sobre las decisiones y nombramientos más importantes. Para 1909, los gobernadores y jefes políticos habían perdido la posibilidad de controlar la política local, aislaban a sus distritos de la influencia del exterior, eliminaban a los oponentes e incubaban clubes políticos reeleccionistas cada vez que llegaba la temporada de votaciones (clubes que sólo duraban lo suficiente como para avalar la candidatura oficial y que, como la mosca, una vez realizada su procreación política, morían súbitamente). En cambio, los clubes reyistas eran vitales e independientes, se sacudían el control oficial y su nueva gira electoral, ayudada por el resurgimiento de una prensa de oposición, había roto con el aislamiento político de los estados y distritos que ahora recibían a los oradores de fuera y llevaban los vínculos de las oposiciones locales establecidas, hasta formar una especie de red nacional. Los descontentos levantaban la cabeza y cobraban ánimos. Las quejas y aflicciones locales empezaron a encontrar expresión en la prensa de la Ciudad de México —incluso aquellas que emanaban desde el lejano estado de Chiapas—.[93] Por primera vez en más de 20 años, la política era un asunto nacional que ya no se circunscribía a la localidad.

Para el gobierno, éste fue un desarrollo nuevo e inquietante: "... paso súbito de una inercia electoral completa a una agitación sin brújula ni freno", señaló Limantour más bien de manera extravagante.[94] Se trató de contrarrestarlo con varias medidas. Primero, hubo un intento de golpear a los reyistas dentro de su propio terreno mediante el envío de oradores gobiernistas a

---

[90] Aguilar Camín, *La Revolución sonorense*, pp. 70-71, 76 y 78.

[91] Rouaix, *Diccionario*, p. 60; de Muñoz Arístegui (gobernador de Yucatán) a Corral, 11 de mayo de 1909, ARC, carpeta 2; Edmundo Bolio, *Yucatán en la dictadura y la revolución*, México, 1967, pp. 22-35.

[92] De Lefaivre a Quai d'Orsay, 6 de julio de 1909, AAE, Méx., Pol. Int., I, n. 45.

[93] Brickwood, Tapachula, 19 de marzo de 1911, SD 812.00/1412.

[94] Limantour, *Apuntes*, p. 198.

Guanajuato, Tehuacán, Puebla y Guadalajara, la mismísima boca del león. Dichos oradores podían contar siempre con algún tipo de audiencia —una claque de estudiantes que gozaran de las becas del gobierno, empleados postales y otros servidores públicos, más los habituales acarreados a sueldo—, aunque los resultados fueron muy pobres.[95] La debacle en Guadalajara ya fue mencionada; en Puebla (julio de 1909) una manifestación en favor de Corral atrajo a un "... reducidísimo grupo de empleados que, ante la perspectiva de una destitución que acarrearía el hambre, se somete, no sin refunfuñar, al mandato inexorable del patrón embravecido" [el gobernador Martínez]. Los peligros de una política como ésta se hicieron evidentes en Guaymas, en donde los propios acarreados terminaron por gritar "¡Viva Reyes!" La impopularidad de Corral influyó incluso en grupos reeleccionistas, como el comité estatal de Oaxaca, que declinó su apoyo a la candidatura vicepresidencial de Corral aun por encima de las presiones oficiales.[96]

Mientras tanto, la prensa oficial sostenía una batalla contra la oposición y nuevos órganos como el agresivo *El Debate*, bajo la dirección de Luis del Toro, contribuyeron a iniciar la tendencia hacia un periodismo político nuevo y feroz. Se denunció que Reyes era un tirano militar en potencia y que los reyistas, como subversivos que eran, se inclinaban por la destrucción del orden público.[97] Ahora que el apoyo político de las masas pasaba a ser un factor de peso, las medidas de apertura que el gobierno tomó hacia la clase obrera —particularmente por parte de Guillermo Landa y Escandón, gobernador del Distrito Federal— asumieron una importancia adicional. La conciliación con las demandas de la clase obrera era necesaria ahora, no sólo para prevenir el conflicto industrial sino para contrarrestar la indudable simpatía que los trabajadores sentían por Reyes.[98] La conversión hacia una política de masas del gobierno, de cualquier manera, fue tardía, inusitada e infructuosa. Por esa razón, tuvo que recurrir a los viejos y probados métodos. Los reyistas —incluyendo a hombres altamente respetados como Benito Juárez Maza, hijo del gran presidente liberal— empezaron a quejarse con Díaz de los atropellos (una de las palabras más comunes dentro del vocabulario político de la época), y Díaz descaradamente les advirtió que tales asuntos debían tratarse en la corte. José López Portillo y Rojas, una figura que destacaba en los círculos jaliscienses y reyistas, se vio de pronto acusado bajo un cargo falso. El ejemplo de Jalisco, donde la agitación reyista sólo pudo ser enfrentada con la represión, hizo que el gobernador de Zacatecas proscribiera todo tipo de manifestaciones políticas en su estado.[99]

[95] Sobre este fenómeno: Cosío Villegas, *Vida política*, p. 665; *El Correo*, 3 de abril de 1910, en donde se describe la participación "casi obligatoria" de los trabajadores ferrocarrileros de Aguascalientes en las manifestaciones políticas reeleccionistas.
[96] Cosío Villegas, *Vida política*, pp. 799, 831-832 y 871.
[97] *Ibid.*, pp. 803, 824-825 y 831.
[98] *Ibid.*, p. 586; Sánchez Azcona, *Apuntes*, p. 100; Anderson, *Outcasts*, pp. 244-254.
[99] Cosío Villegas, *Vida política*, pp. 813-814, 837 y 863.

El eslabón más débil de la maquinaria reyista, y la clave de la campaña gubernamental en su contra, fue la propia persona de Reyes. El general nunca había animado verbalmente al movimiento que llevaba su nombre; pero tampoco lo había desalentado activamente. A mediados del verano de 1909, su silencio se volvía cada vez más desconcertante: los clubes reyistas, así como los periodistas que simpatizaban con la causa, empezaron a pedir declaraciones precisas; la prensa oficial, mientras tanto, siguiendo a *El Debate*, hacían sorna de la "total mudez" de Reyes.[100] De cualquier manera, él era un producto depuradísimo de la maquinaria política porfirista. Estaba preparado para dejar que sus seguidores crearan un "auge reyista" con la esperanza de que esto influyera sobre Díaz, aunque nunca soñó con influir en Díaz siendo la cabeza de un movimiento popular de oposición. Había pasado una buena parte de su carrera aplastando exitosamente movimientos semejantes. Así que hizo protesta de su lealtad al presidente, insistiendo en que Díaz debía escoger a su propio candidato vicepresidencial de entre sus colaboradores cercanos y lamentándose de la demagogia antipatriótica y subversiva.[101] Reyes sólo aceptaría de manos del propio Díaz el galardón de la sucesión —coronado, como los herederos de los reyes Capetos de Francia, en vida de su padre—. Díaz, sin embargo, celoso de su poder y receloso de súbditos demasiado poderosos, mantuvo su compromiso con Corral; en efecto, el progreso del reyismo —una demagogia facciosa e insolente— parece haber fortalecido la actitud de Díaz contraria a transigir en un momento en que era factible para los intereses del régimen a largo plazo. De haber sacrificado a Corral en favor de Reyes, Díaz hubiera perdido algunos amigos; habría desinflado temporalmente a la oposición, y resuelto el asunto de la sucesión. Es de suponer que Reyes hubiera sido un vicepresidente leal —lo fue como gobernador y ministro—, y que un subsecuente régimen reyista no hubiera diferido gran cosa del de su predecesor. Los antecedentes autoritario-progresistas de Reyes en Nuevo León, sugerirían que él era el candidato ideal para continuar con la estrategia de modernización, con "la revolución desde arriba". Sin embargo, Díaz se dejó regir en esta ocasión por su *amour propre:* decidió decapitar al movimiento reyista y poner fin a su molesta actividad.

A finales de julio de 1909, Reyes se encontraba en su hacienda cercana a Galeana, al sur de Monterrey, maquinando un golpe, según murmuraban algunos chismosos con imaginación; sin embargo, lo más seguro es que se encontrara evitando una gran manifestación reyista en Monterrey y que, de estar presente, lo obligaría a declarar sus intenciones.[102] Díaz enviaba ahora al general Gerónimo Treviño a comandar la tercera zona militar en el noreste (un acto de mala voluntad, si recordamos que Reyes había removido de su puesto a Treviño en la década de 1880). Empezaron a rodar cabezas reyistas (el gobernador Miguel Cárdenas de Coahuila; el comandante militar en Gua-

---

[100] *Ibid.*, pp. 817 y 824-825; Niemeyer, *Reyes*, pp. 167-168.
[101] Cosío Villegas, *Vida política*, p. 825.
[102] Niemeyer, *Reyes*, p. 1168; Cumberland, *Genesis*, pp. 83-84.

dalajara) y un connotado crítico del reyismo reemplazó al juez de distrito titular de Monterrey —un preludio que preparaba los procesos legales en contra del propio general Reyes—.[103] Hubo reyistas que urgieron a su líder para que resistiera con las armas a la eliminación política; entre ellos su hijo Rodolfo, muy dotado para la política. Reyes, sin embargo, aceptó con sumisión el trago amargo. Sus biógrafos más caritativos tomaron esto como un asunto de patriotismo y de fidelidad personal a Díaz; otros le imputaron vacilación y cobardía, y lo acusaron de ser el general Boulanger de México. Ambas posturas tenían algo de verdad. Reyes era tanto un producto como un instrumento del sistema porfirista, y a su servicio mostró poseer cierta energía y dotes de estadista. Empero, fuera o en contra del sistema, era como Anteo suspendido en el aire: débil y vacilante, alejado del limbo de la política de oposición, temeroso de comprometerse con el movimiento popular que siempre lo había alarmado. Como buen porfirista, el primer brote de oposición real a su régimen en Nuevo León lo había dejado (a pesar de sus declaraciones argumentando lo contrario) nervioso y visiblemente agitado, propenso a reaccionar con desmedida violencia; en palabras del propio Díaz, "habiendo perdido la cabeza y muerto de rabia".[104] Era mucho esperar que, seis años después, Reyes tuviera el coraje y la inclinación de pasar al otro lado de las barricadas.

El maderismo

Aunque Reyes fue mal escogido como líder de un movimiento popular de oposición, no sucedió lo mismo con el heredero del manto reyista. Francisco I. Madero era otro hombre del noreste, en su caso, nacido y criado ahí, producto de una de las 12 familias más ricas de México, dueños de plantaciones de algodón y guayule, minas y laminadoras, destilerías, molinos de harina y fábricas textiles.[105] Los Madero eran la crema de la emprendedora élite de terratenientes norteños, "cuyo nombre se encuentra vinculado a todas las más grandes empresas del norte de la República", según la impresión de un viajero italiano. De impecable linaje liberal, la familia había dado un gobernador al estado de Coahuila en la década de 1880 —Evaristo, abuelo de Francisco y ahora el viejo patriarca del clan— y, aunque después se había concentrado más en los asuntos comerciales que en los políticos, se encontraba vinculada por lazos sanguíneos y de interés con algunos de los miembros más relevantes de la institución porfirista, incluyendo a Limantour y al general Treviño.[106] Bajo ningún punto de vista eran gente "de fuera".

---

[103] Niemeyer, *Reyes*, pp. 170-171.

[104] *Ibid.*, pp. 119 y 171; *cf.* Womack, *Zapata*, p. 57.

[105] Ross, *Madero*, p. 4; José C. Valadés, *Imaginación y realidad de Francisco I. Madero*, I, México, 1960, p. 25.

[106] Dollero, *México al día*, p. 219; Hanna, Monterrey, 8 de junio de 1910, SD 812.00/322; Ross, pp. 3 y 53.

Francisco, nacido en Parras, en 1873, era el mayor de una familia de 15 hijos. Tuvo la educación cosmopolita y convencional que reciben los hijos de familias así de ricas, progresistas aunque religiosas: una educación católica en Saltillo y Baltimore, cinco años en Europa, principalmente en París y una estancia en Berkeley para estudiar agricultura. A su regreso a México, a la edad de 20 años, empezó a desempeñar un papel importante y exitoso en el imperio económico de los Madero: impulsó las propiedades en el área de San Pedro, introdujo maquinaria norteamericana para el manejo de las cosechas de algodón, organizó a los dueños de plantaciones locales en su litigio por las aguas del Nazas y escribió estudios sobre el cultivo y riego del algodón, en los que combinaba sus conocimientos teóricos y prácticos.[107] Cuando tuvo 28 años, a punto de casarse, había levantado una fortuna personal que superaba el medio millón de pesos. Queda claro, entonces, que no se trataba de un ocioso visionario.

En la superficie, Francisco se había convertido en un exitoso, eficiente y conformista miembro de la familia; sin embargo, en lo individual, se trataba de una persona con un carácter complejo, cuyas excentricidades invitaban a ridiculizarlo. Era bajo de estatura (medía menos de 1.60 metros) y tenía una voz aguda; no obstante su magistral habilidad en la práctica de los negocios, se dedicaba también al esoterismo —espiritualismo, teosofía, medicina homeopática—,[108] que, ante los ojos de algunos, le hacían parecer como un chiflado. En 1901, cuando tenía 28 años, su madre por poco muere de tifoidea: esto le hizo entrar en una crisis personal que lo llevó a renunciar al tabaco y a la bebida (a los cuales, según su propio relato, era demasiado aficionado) y a tomar la drástica medida de vender su cava de vinos. Dos años después, y esto es aún más importante, el trato que Reyes dio a los manifestantes en Monterrey, lo indujo a una conversión política igualmente drástica. Conocido por el trato humanitario y educado que daba a los empleados, Madero se encontró de pronto impactado por lo que llamó su "indiferencia criminal" hacia los asuntos públicos y esto lo empujó hacia la carrera política.[109]

Durante seis años dicha carrera tomó forma en la política local, una lucha afanosa y decepcionante en contra del caciquismo y la democracia artificial en su natal Coahuila. Primero formó un club político en San Pedro ("la pequeña ciudad de los grandes capitalistas", se le llamaba), que llevaba el nombre de Benito Juárez; se instituyeron reuniones semanales en las que Madero exponía sus puntos de vista: el centro había abandonado a las municipalidades privándolas de sus derechos constitucionales de autogestión; sólo la libre elección de alcaldes y concejos municipales podría garantizar a la gente un sano futuro político.[110] El llamado no era otro que el del liberalismo clásico (la propia escritura de Madero se apuntalaba con referencias a

---

[107] Ross, *Madero*, pp. 6-12; Valadés, *Imaginación*, I, p. 96.
[108] Ross, *Madero*, pp. 8-9 y 12-13; véase también Sánchez Azcona, *Apuntes*, pp. 12 y 14.
[109] Madero, *La sucesión presidencial*, pp. 9-10.
[110] Dollero, *México al día*, pp. 253-254; Valadés, *Imaginación*, I, p. 96.

Juárez y a la Constitución de 1857), acompañado de las demandas parroquiales de la gente decente con espíritu cívico: la necesidad de más escuelas, pozos de agua y tuberías, equipo contra incendios y la imposición de multas a los dueños de cantinas que constantemente expelían borrachos hacia las calles de la ciudad.[111] Sin duda, este programa fue redactado de cara a las inminentes elecciones municipales; los horizontes de Madero eran bastante más amplios. Sin embargo, como se anota en el capítulo anterior, la clase media urbana se encontraba particularmente afligida por los pecados de omisión del sistema: la ineficiencia de los servicios públicos, la falta de espíritu municipal, las ofensas en contra del buen gusto que abundaban en una administración mala y corrupta. El ayuntamiento de San Pedro no había podido ponerse a la altura del desarrollo económico de la población; sin embargo, cuando Madero y sus hombres de buena fe intentaron elegir a un alcalde respetable, se vieron obstruidos por el aparato de costumbre: el cambio arbitrario de casillas, intervención policiaca, intentos (una vez que los independientes habían logrado mayoría) de hacer tratos bajo el agua y, finalmente, la imposición del candidato oficial, por encima de todo.[112]

Sin amedrentarse, Madero y sus aliados del Club Benito Juárez se lanzaron a participar en las elecciones gubernamentales de Coahuila en oposición al gobernador Miguel Cárdenas (1905). La esfera de sus actividades se amplió: un periódico semanal, *El Demócrata*, empezó a salir; se llevó a cabo una convención de elementos contrarios a Cárdenas; Madero —conocedor de los caminos de la política porfirista— exploró las posibilidades de pactar con el gobierno, de tal manera que algunos independientes genuinos pudieran acceder a la legislatura del estado a la sombra de un gobernador corralista.[113] Otra decepción. El pacto no prosperó y Cárdenas ganó en unas elecciones estrictamente controladas. Después vinieron los arrestos: el editor de *El Demócrata* prefirió el exilio a la cárcel y Madero, con una orden de arresto en su contra, sólo se pudo salvar gracias a la influencia de amigos en los altos puestos.

A medida que pasó de la política municipal a la estatal, Madero empezó a involucrarse con la tenue y apenas incipiente trama de la oposición nacional. En una fecha tan temprana como el verano de 1905, visualizaba a los clubes políticos independientes que habían participado en las elecciones gubernamentales de Coahuila, como el núcleo de un partido nacional que podría contender en la campaña presidencial de 1910. Construir desde las raíces populares era una estrategia sólida, la experiencia, sin embargo, mostraba que mientras el centro retuviera toda la libertad de acción, podía aplastar o manipular a placer los movimientos independientes aislados y locales. De esta manera, se hacía necesario llevar la batalla hasta el centro.[114] Por un tiempo,

---

[111] Valadés, *Imaginación*, I, p. 98; *cf.* de Madero a Fernando Iglesias Calderón, s. f., en Fabela, DHRM, RRM, pp. 13-15.
[112] Valadés, *Imaginación*, I, pp. 98-103; Ross, *Madero*, p. 36.
[113] Ross, *Madero*, pp. 36-39.
[114] De Madero a Villarreal (n. 57); Cosío Villegas, *Vida política*, p. 883.

Madero contribuyó con los exiliados del PLM en los Estados Unidos, aunque admitía no estar muy seguro de sus propósitos definidos y se oponía fuertemente a la idea de una revolución armada.[115] Hizo contacto con periodistas de la oposición, como Sentíes, Sánchez Azcona y Paulino Martínez, y buscó la ayuda de hombres de prestigio, como Fernando Iglesias Calderón, hijo del efímero presidente de 1876.[116] Finalmente, estimulado por la entrevista de Díaz con Creelman, Madero hizo su contribución al tropel de libros y panfletos políticos de la época: *La sucesión presidencial en 1910*, publicado en enero de 1909 y distribuido rápidamente entre los simpatizantes, potenciales simpatizantes y algunos probables oponentes como el propio Díaz.[117]

El libro revisa la historia de México —con la acostumbrada reverencia a Juárez y a otros héroes liberales—, denuncia al militarismo y al absolutismo como vicios políticos endémicos y, llegando a los asuntos del momento, aboga por un partido antirreeleccionista independiente que pudiera trabajar en la elección democrática de un vicepresidente y presunto sucesor de Díaz. En lo que respecta al propio Díaz, Madero se muestra caritativo, reconoce su contribución para proveer de paz y progreso económico y la relativa moderación con la que ejerció el poder. Los intereses "desarrollistas" usuales de la clase media educada —intereses que los liberales compartían con sus oponentes porfiristas— fueron repetidos: los males de la bebida, la necesidad de una mejor educación y el atraso en la agricultura mexicana.[118] Además, Madero citaba conocidos ejemplos de la represión porfirista: Tomóchic, Cananea, Río Blanco. En este aspecto, no puede decirse que los asuntos "sociales" hubieran sido olvidados por completo. Por otro lado, el tema principal y las propuestas de solución eran esencialmente políticos —y algunas veces espirituales—. A pesar del indudable progreso económico, al que Madero daba pleno reconocimiento, los mexicanos vivían sumergidos en la ignorancia política, mostrando una miopía en perjuicio del bienestar común. La virtud cívica había sido destruida y la corrupción llevaba la pauta. Haciendo eco de Catón el Viejo, Madero hacía un llamado a sus conciudadanos para redescubrir su espíritu de servicio y redimir su prostituida herencia política. Esta herencia era el liberalismo del siglo XIX —todavía adecuado, en la opinión de Madero, para resolver los problemas del siglo XX—; el propósito era "la realización del gran ideal democrático" y los medios, las elecciones libres y limpias, la libertad municipal y el respeto a los derechos de los estados.[119]

Para algunos, esto parecía, y parece, un vago programa ideológico, anacrónico aun para la fecha en que fue propuesto. Sin embargo, para Madero y

---

[115] De Madero a Villarreal (n. 57); Madero, "El Partido Nacional Antirreeleccionista y la próxima lucha electoral", marzo de 1910, en Fabela, DHRM, RRM, p. 37.
[116] Ross, *Madero*, pp. 40, 43 y 45; Valadés, *Imaginación*, I, pp. 117-118.
[117] Cosío Villegas, *Vida política*, pp. 872-873; Córdova, *Ideología*, pp. 97-98.
[118] Madero, *La sucesión presidencial*, pp. 145, 164, 209, 224-225 y 236-238.
[119] *Ibid.*, pp. 185-208; para comentarios véase Ross, *Madero*, pp. 57-64; Cosío Villegas, *Vida política*, pp. 875-881; Córdova, *Ideología*, pp. 99-108.

muchos otros liberales de mentalidad parecida, era una cruzada audaz que requería fe y atrevimiento.[120] En cierto sentido, tenían razón. En primer lugar, el programa atacaba con un vibrante acorde que hacía resonancia en la todavía poderosa tradición liberal mexicana —de ahí su indudable atractivo—. En segundo lugar, al prometer la no reelección en todo lo largo y ancho de la jerarquía política —desde los caciques locales hasta el gran cacique nacional instalado en palacio— el programa, como reconocía Madero, intentaba cambios de importancia. El apego a la ley y a la Constitución no traería por sí solo una vida tranquila, sino que implicaba una inevitable turbulencia, precio y testimonio de la libertad política.[121] Madero se encontraba preparado para hacer una transacción con el viejo régimen (tal y como lo hizo durante las elecciones gubernamentales de Coahuila) y no pensaba llamar a la revolución armada; no obstante, su programa representaba una profunda y verdadera amenaza para las maquinaciones de la dictadura de Díaz.[122]

En cuanto a Reyes, aplaudido y seguido por muchos amigos liberales en 1909, Madero se manifestaba suspicaz y hostil. El trato dado por Reyes a sus oponentes políticos en 1903 había impulsado la conversión política de Madero y éste nunca dejó de acordarse ni de atacar a Reyes, acusándolo de militarista antidemocrático, cuyo régimen, en el caso de que se materializara, probaría ser más absolutista y militar que el del propio Díaz.[123] Así, a medida que el "auge reyista" arrancaba, Madero, crítico de Reyes, cojeaba detrás, resentido del apoyo que el general recibiera de independientes genuinos e interesado en construir su propio Partido Antirreeleccionista, a la sombra del partido más populoso y llamativo de don Bernardo. El Partido Democrático se fundó en enero de 1909; el Centro Antirreeleccionista de Madero (aún resultaba prematuro llamarlo "partido") apareció en la Ciudad de México en mayo. Reyistas y maderistas iniciaron sus viajes por la provincia en verano; los reyistas, sin embargo, obtuvieron más publicidad y un mayor éxito inmediato con la fundación de clubes provinciales. Para el gobierno, Reyes parecía ser el principal enemigo —general y ex ministro, con una gran clientela y un poder establecido con base en Nuevo León— mientras que Madero difícilmente era tomado en serio. En efecto, su decisión de arriesgar una envidiable posición a cambio de lanzarse a la carrera de la política de oposición, combinada con su conocida excentricidad personal, llevó a muchos porfiristas recalcitrantes a concluir que Madero era un loco.[124] Reyes, que había tenido sus roces con Madero durante las elecciones de Coahuila en 1905, lo consideraba "empe-

---

[120] Madero, *La sucesión presidencial*, pp. 1-3 y 17.

[121] *Ibid.*, pp. 14 y 21; Madero, "El Partido Nacional Antirreeleccionista", en Fabela, DHRM, RRM, I, pp. 33 y 35.

[122] Madero, *La sucesión presidencial*, pp. 13 y 330; Cosío Villegas, *Vida política*, p. 881; Sánchez Azcona, *Apuntes*, p. 25.

[123] De Madero a Sánchez Azcona, 23 de julio de 1909, y a E. Salido Muñoz, 31 de julio de 1909, AFM, r. 9.

[124] Cosío Villegas, *Vida política*, pp. 870-872 y 882.

queñecido, feo y rencoroso", el gorgojo de la camada de los Madero; el abuelo Evaristo que, como la mayoría de su familia, no compartía los puntos de vista políticos de Francisco, comparaba el desafío que su nieto hacía al gobierno con "la carga de un microbio contra un elefante".[125]

Amparado en parte por semejante desprecio, Madero emprendió la publicidad de la causa antirreeleccionista con sus propios y nada despreciables fondos. En junio de 1909 apareció el periódico *El Antirreeleccionista*, un semanario editado por José Vasconcelos y, en el mismo mes, Madero inició su primera gira de discursos embarcándose desde Veracruz rumbo a Yucatán (a bordo del barco ayudaba con medicinas homeopáticas a los pasajeros que se habían mareado); de ahí pasó a Campeche y de regreso a Tamaulipas y Nuevo León. La empresa de organizar y hacer la propaganda en Coahuila, en lo más álgido del verano, le dejó enfermo y exhausto, y estuvo convaleciendo durante un mes en Tehuacán, el Vichy mexicano. Sin embargo, para fin de año se encontraba ya repuesto y participando en un largo viaje por los estados del oeste y el noroeste; visita primero la ciudad de Guadalajara y después atraviesa Sinaloa, Sonora y Chihuahua. Finalmente, en la primavera de 1910 Madero sigue su campaña en los estados del centro-norte: San Luis Potosí, Durango, Zacatecas y Guanajuato. Para entonces, Madero había pasado ya por 22 estados de los 27 que componían la federación: en 18 de ellos había permanecido varios días en campaña, éste era un fenómeno sin precedente.[126] De manera local, los maderistas también siguieron el ejemplo vigoroso de su líder: los oradores antirreeleccionistas hicieron jornadas extenuantes por Puebla, hacia la sierra en el norte y hacia los valles de Tehuacán, Atlixco y Tepeaca en el sur; en la montaña, la campaña fue próspera y se reportaba la creación de 37 clubes; en los valles calurosos, sin embargo, enfrentaron la hostilidad de las autoridades vigilantes y tuvieron que arengar y ganar adeptos de manera subrepticia, como los primeros cristianos.[127]

En el curso de estos meses turbulentos, el Partido Antirreeleccionista se estableció como la oposición más importante a la mancuerna Díaz-Corral para las elecciones de 1910. Su campaña política de 1909 a 1910, prefiguró la campaña militar revolucionaria de 1910-1911: fue en ese momento que la clase media politizada hizo su contribución decisiva a la gestación de la Revolución. Para tener una apreciación de cómo sucedió esto, es necesario abandonar el relato y presentar un análisis del personal que integraba al maderismo en el momento en que éste cobraba fuerza y entraba a empellones en la antesala del poder.

El primer punto por considerar es que la mayoría de los maderistas —*pace* Córdova— eran ex reyistas desilusionados por el *gran rifiuto* de su lí-

---

[125] De Reyes a Díaz, 14 de agosto de 1905, en Niemeyer, *Reyes*, p. 131; de Evaristo Madero a Madero, 22 de noviembre de 1909, en Valadés, *Imaginación*, I, pp. 272-273.
[126] De Szyszlo, *Dix milles kilomètres*, p. 52; Cosío Villegas, *Vida política*, pp. 887-888.
[127] Gámez, *Puebla*, pp. 61-62.

der putativo.[128] En su propaganda, Madero cortejó conscientemente a la turba reyista mientras que vituperaba al propio Reyes. En Torreón, en julio de 1909, le escribía a su hermano: "como allí había algunos de los principales reyistas, hice una distinción entre Reyes y Reyistas, hablando bien de estos últimos, poniendo en su lugar a Reyes"; como resultado, continuaba Madero, algunos de los reyistas tiraron sus claveles rojos y los "pisotearon".[129] En agosto de 1909, cuando declinaba la estrella de Reyes, Madero invitó públicamente a que los reyistas "de buena fe" se unieran a los antirreeleccionistas.[130] No es raro que aquellos que apoyaban más los principios que a la persona del general fueran los primeros en acudir al llamado. Para quienes buscaban un movimiento político genuino y democrático, escribe Sánchez Azcona, el cambio de Reyes a Madero fue fácil —"no sería más que cambiar los colores de la bandera: el nombre del Caudillo"—, y su propio *México Nuevo* se convirtió en un órgano del maderismo hacia fines de 1909.[131] Muchas personas siguieron la misma ruta: Francisco Vázquez Gómez en la Ciudad de México; Francisco Múgica, un joven periodista reyista de Michoacán; los estudiantes de Puebla —tipificados por Juan Andreu Almazán—, a quienes el doctor Espinosa, del Club Central Reyista, consideraba arrastrados por la corriente maderista.[132] En Guadalajara, antiguo corazón del reyismo, el gobernador se quejaba de las actividades demagógicas de hombres como Celestino Padilla, "del extinguido partido reyista... que hoy son Antirreeleccionistas".[133] Como sugieren estos intercambios en su membresía, el reyismo y el maderismo fueron fenómenos estrechamente relacionados, producto de un ámbito social determinado.

Geográficamente, el maderismo fue un movimiento norteño, particularmente desarrollado en el noreste. Los viajes propagandísticos de Madero ensancharon considerablemente sus simpatías; no obstante, en Coahuila, La Laguna, Nuevo León y Chihuahua (más o menos en ese orden), mantuvo siempre una fuerza desproporcionada. Ya en julio de 1909, Madero observaba que el basamento del partido en esas áreas era "muy firme"; se establecieron clubes antirreeleccionistas en muchas ciudades del noreste (Múzquiz, Lampazos, Sabinas, Lerdo, Torreón, Viesca, Matamoros, Villa Aldama, Monterrey, Bustamante); "antes de tres semanas", predijo Madero apenas en agosto, "ni uno de los pueblos de Coahuila habrá que no tenga su club Anti-

---

[128] Córdova, *La ideología*, p. 106, argumenta que el apoyo a Reyes provino principalmente de la clase alta porfirista; por lo tanto, Madero se convirtió en "portavoz de grupos sociales que el reyismo evitó". Esto no es sostenible.

[129] De Madero a Gustavo Madero, 26 de julio de 1909, y a Félix Palavicini, 4 de agosto de 1909, AFM, r. 9.

[130] Ross, *Madero*, p. 82.

[131] Niemeyer, *Reyes*, pp. 170 y 174.

[132] Ross, *Madero*, pp. 73, 89 y 91; María y Campos, *Múgica*, pp. 28-30 y 39; Gámez, *Puebla*, pp. 27-28.

[133] Del gobernador Ahumada a Corral, 8 de febrero de 1910, ARC, carpeta 3.

rreeleccionista".¹³⁴ Además del carácter sociopolítico general de la región y el estímulo específico de una pugna gubernamental debida a la caída de Miguel Cárdenas, el nombre y la familia Madero tenían aquí una influencia considerable. Así, el partido de Madero, a pesar de la antipatía que tanto su padre como su abuelo sentían por su política, se diseminó como lo hiciera el patrón de los intereses económicos de Madero, irradiándose desde la región de Parras y San Pedro con dirección al este hasta Monterrey, y al oeste hacia La Laguna, donde Francisco había cultivado sus propiedades algodoneras y había organizado a los dueños de plantaciones en la década de 1890. Su hermano Gustavo demostró ser un enérgico (al final, demasiado) proveedor de fondos del movimiento, logrando obtener contribuciones hasta de las apolíticas hermanas de Madero; un primo, Jesús González, fue presidente del Club Antirreeleccionista de Monterrey; el nombramiento del general Treviño —"pariente y amigo mío", lo llamaba Madero— como jefe de la tropa en el noreste, aumentó las esperanzas maderistas.¹³⁵ Los propagandistas del gobierno, haciendo hincapié en este aspecto del movimiento, comentaban sobre la historia de avidez y expansión comercial de la familia Madero, su deseo de "acaparar la fortuna y el poder para conservar su cacicazgo de aldea"; los millonarios Madero, alegaban, podían solicitar ayuda en cualquier momento dado que "quien se pone en mal con estos señores, no puede trabajar en la región".¹³⁶ Esto era una exageración, una aplicación de los vetustos métodos porfiristas en contraposición a una nueva forma de asociación política voluntaria. Había, sin embargo, algo de verdad. Madero no reparaba en usar su dinero (y el de su familia, cuando podía obtenerlo) para llevar a cabo sus fines políticos; contaba con una enorme cantidad de contactos en el noreste; esto ayudó al movimiento y de paso le dio un aura de respetabilidad. Los antirreeleccionistas no eran los *sans-culottes* del PLM y, Madero, contra lo que muchos señalan, no era un visionario soñador incapaz de funcionar en el desaseado mundo de la política práctica.

En sus viajes integrados por visitas cortas a numerosas ciudades, Madero obtuvo su mejor recepción en el norte y el noreste: en Monterrey y Torreón (una escena de "entusiasmo delirante", escribió Madero), en la ciudad de Chihuahua (2 000 personas metidas en un teatro) y en Parral, donde los comerciantes del lugar declararon día de asueto público para facilitar las celebraciones.¹³⁷ La expedición en el noroeste arrojó experiencias encontradas: el nombre de Madero tenía menos peso tras la Sierra Madre Occidental y las autoridades estaban dispuestas a ser más duras. Sinaloa, en el verano de

---

¹³⁴ De Madero a Palavicini, 23 de julio de 1909; A. J. Hermosillo, 29 de julio de 1909; a Emilio Vázquez Gómez, 2 de agosto de 1909; a Francisco Naranjo, 4 de agosto de 1909, AFM, r. 9.

¹³⁵ Ross, *Madero*, pp. 12 y 84; de Madero a Emilio Vázquez Gómez, 21 de julio de 1909; a José María Pino Suárez, 15 de agosto de 1909, AFM, r. 9.

¹³⁶ Cosío Villegas, *Vida política*, pp. 741 y 816.

¹³⁷ De Madero a Gustavo Madero, 20 y 26 de julio de 1909, AFM, r. 9; Ross, *Madero*, pp. 82 y 90; *El Correo*, 18 de enero de 1910.

1909, se encontraba en el ajetreo de las elecciones gubernamentales y el maderismo no representó una verdadera alternativa de peso sino hasta 1910. En Sonora, la oposición de Guaymas dio una buena acogida a Madero; en Hermosillo, sin embargo, la recepción fue fría, las autoridades hicieron todo lo posible para sabotear los planes maderistas y sólo un grupo de 400 personas se reunió en una "oscura placita" de la ciudad, en donde tuvieron que aguantar los gritos de un grupo de acarreados gubernamentales.[138] Sonora, que después habría de jugar un papel decisivo en la Revolución, no se destacó entonces por su compromiso arrollador con el maderismo.

Si bien es cierto que el norte se trepó en el vagón maderista, los antirreeleccionistas también lograron abrirse camino en las ciudades de la meseta central (incluso antes de la campaña final de Madero por los estados mineros del centro-norte). Pero, al sur del Istmo, salvo por aquellos puntos del Golfo cubiertos durante la primera gira electoral, el maderismo no existía. Este balance geográfico se refleja en la copiosa correspondencia de Madero. Una lista de corresponsales maderistas, enviada a Filomeno Mata en agosto de 1909, incluía (entre un total de 22) a cinco de la región noreste, dos de Chihuahua, ocho de distintas partes de la meseta central, cuatro de Veracruz y Oaxaca, sólo dos en la costa oeste y uno en Yucatán.[139] Un año después, tras haber salido de la cárcel, Madero recibió una avalancha de cartas de felicitación, en su mayoría provenientes de los clubes maderistas y de simpatizantes declarados. De estas 150 cartas, 24 venían de la Ciudad de México, 22 de Coahuila —esta última, con menos de 2.5% de la población del país, contribuyó con 15% de la correspondencia—.[140]

La preponderancia del norte no sólo reflejaba las raíces personales de Madero sino también el carácter más desarrollado, urbano y letrado de la sociedad norteña: era, sobre todo, un producto del ingrediente fundamental del maderismo, la clase media. Los líderes nacionales del Partido Antirreeleccionista eran en general gente acomodada y de buena educación. Incluía miembros de la "clase alta" como Madero y Vázquez Gómez; Alfredo Robles Domínguez, un rico terrateniente con propiedades en la Ciudad de México y Guanajuato, presidente de la Compañía Minera de San Miguel del Monte, y Manuel Urquidi, ingeniero de una "familia distinguida" de la capital que, en 1910, dirigía un proyecto de riego en Michoacán.[141] Otros miembros del directorio del partido habían sido clasificados como "intelectuales pequeñoburgueses pertenecientes a grupos de status inferior": Félix Palavicini, José Vasconcelos, Filomeno Mata, Paulino Martínez y Luis Ca-

[138] Ross, *Madero*, pp. 88-90; de Madero a Heriberto Frías, 27 de julio de 1909, AFM, r. 9; Olea, pp. 14-17; Aguilar Camín, *La Revolución sonorense*, pp. 82-83 y 110-111.
[139] De Madero a Mata, 10 de agosto de 1909, AFM, r. 9.
[140] AFM, r. 9.
[141] Alberto Morales Jiménez, *Hombres de la Revolución mexicana*, México, 1960, pp. 85-89; *El País*, 13, 18 y 24 de noviembre de 1910; de Robles Domínguez a Madero, 20 de noviembre de 1912, AFM, r. 19.

brera.¹⁴² Los maderistas de provincia eran, fundamentalmente, sólidos miembros de la clase media (y en algunos casos, de clase alta); por virtud de su respetabilidad y prosperidad se les podría comparar con los cuadros radicales de principios del siglo XX en Francia. En Pachuca, por ejemplo, el presidente del club era un abogado y el vicepresidente un "capitalista" y Gran Maestro masónico.¹⁴³ En Oaxaca, donde el comité estatal era presidido por otro abogado, había entre los miembros cuatro licenciados (uno de ellos editaba el periódico local de oposición), un profesor, un ingeniero, un graduado del Colegio Militar, cinco estudiantes y dos artesanos: un sastre y un impresor.¹⁴⁴ Médicos y maestros también figuraban entre los corresponsales maderistas de los estados.¹⁴⁵ Había también algunos empresarios. En el puerto yucateco de Progreso, por ejemplo, el jefe de la Compañía de Navegación, Ismael García, era un maderista que "tiene a su disposición un grupo numeroso de jornaleros que viven de los alijos y otros trabajos de esta compañía, jornaleros en los cuales García influye en favor de las gestiones que en Progreso desarrolla el Partido Antirreeleccionista".¹⁴⁶ Todavía más, en la correspondencia de Madero (y la de maderistas como Robles Domínguez), abundaban los licenciados e ingenieros, los comerciantes y pequeños empresarios: J. G. Hermosillo, un veterano maderista de Múzquiz, administrador de la Eagle Pass Lumber Co.; Ángel Arch, un organizador maderista de Jalisco, distribuidor de arroz, maíz y chiles en Guadalajara, y Gonzalo González del Club Liberal de Jalapa, un "comerciante y agente por comisión" que hacía el suministro de las haciendas de la región. A Ponciano Medina, el "honorable hombre de negocios" de Tuxtepec, arrestado por un exceso de fervor maderista, ya lo hemos presentado; próspero tendero de Otumba (Méx.), distribuidor de artículos de ferretería, perdió su posición en el poder judicial por ondear la bandera al grito de "¡Viva Madero!" en 1911.¹⁴⁷ Además de estas personas, que nos remiten a la membresía de algún club o incluso a las sentencias de cárcel, como prueba de su maderismo, hubo muchos más compañeros de gira, simpatizantes y otros allegados que se movieron en las márgenes del partido y que sostenían correspondencia con sus líderes: directores y administradores de compañías, médicos y farmacéuticos, tenderos y, de vez en cuando, hacendados.

Como sugiere el ejemplo de Progreso, el maderismo podía también atraer un apoyo de la clase artesana y trabajadora y, de hecho, lo obtuvo. Rodney

---

¹⁴² Cockcroft, *Intellectual Precursors*, pp. 45-46 y 57.

¹⁴³ *El País*, 18 de noviembre de 1910.

¹⁴⁴ Ramírez, *Oaxaca*, pp. 18-19; Everardo Cruz, "Los precursores de la Revolución", *El Universal*, 19 de junio de 1953.

¹⁴⁵ De Madero a Mata (n. 139). Para ejemplos adicionales del personal maderista, véase Aguilar Camín, *La Revolución sonorense*, pp. 56-57; Jacobs, "Aspects", pp. 117 y 122.

¹⁴⁶ Del gobernador Muñoz Arístegui a Corral, 21 de septiembre de 1909, ARC, carpeta 2.

¹⁴⁷ De Gregorio Alarcón a Robles Domínguez, 5 de junio de 1911, AARD 15/112. Otros ejemplos son tomados de aquí y del archivo Madero.

Anderson ha mostrado cómo el apoyo antirreeleccionista se extendió entre los trabajadores industriales entre 1909 y 1910, en particular entre los trabajadores textiles pero también entre los del ferrocarril, los mineros, impresores y electricistas. En algunas fábricas se reconoció que entre una cuarta parte y la mitad de la fuerza de trabajo se encontraba activamente involucrada. Los trabajadores figuraron de manera prominente en las manifestaciones maderistas, sobre todo en Puebla y Orizaba; en 1910 pagaron las consecuencias sufriendo arrestos y viéndose consignados al ejército.[148] Sin embargo, quizá haya sido más importante la participación de los artesanos para quienes el programa maderista de elecciones libres, derechos individuales y educación, resultaba particularmente atractivo. El hábil y educado artesano —tipificado por Silvestre Dorador o Gabriel Gavira y bien retratado en los grabados de Posada— fue objeto del favor particular de Madero. Destacó "el elemento escogido de la clase trabajadora que aspira a superarse" como una importante fuente de apoyo, con toda claridad el artesanado letrado sentía más aprecio que antipatía por la patriótica clase media urbana que constituía el factor dominante del maderismo.[149] En Puebla, el zapatero Aquiles Serdán era presidente del Club Luz y Progreso; su tesorero era carpintero y los tres miembros del comité incluían a un operario (seguramente textil), un estudiante y otro zapatero.[150] En Orizaba, el Club Ignacio de la Llave había surgido de una sociedad mutualista de trabajadores; el carpintero (o ebanista) Gabriel Gavira era su presidente; el talabartero Rafael Tapia su tesorero; y el comité estaba formado por Camerino Mendoza (un tendero) y por Francisco Lagos Cházaro (descrito por sus colegas como un "bohemio pintoresco").[151]

El maderismo de la clase obrera tenía una obvia dimensión económica. Su propio desarrollo exitoso indicaba que los trabajadores percibían una conexión entre las reformas políticas y el mejoramiento económico y, de manera importante, el reclutamiento se realizó en aquellas fábricas que contaban con una historia de conflictos laborales. En el próximo capítulo veremos esto con mayor detalle.[152] En lo que respecta a los adeptos de la clase media —la gran mayoría, la columna vertebral del movimiento— la dimensión económica no resulta tan clara. A pesar de la marcada ausencia de demandas de este tipo en los manifiestos maderistas, así como de políticas económicas en sus programas tanto dentro como fuera del gobierno, algunos historiadores

---

[148] Anderson, *Outcasts*, pp. 254-267.

[149] Silvestre Dorador, *Mi prisión, la defensa social y la verdad del caso*, México, 1916, p. 2; Gabriel Gavira, *General de brigada Gabriel Gavira. Su actuación político-militar revolucionaria*, México, 1933, p. 6; Tyler, *Posada's Mexico*, p. 72; Madero, *La sucesión presidencial*, p. 241.

[150] Cosío Villegas, *Vida política*, p. 867; Gámez, *Puebla*, pp. 22-23.

[151] Gavira, *Actuación*, pp. 7-8; Rafael Tapia, *Mi participación revolucionaria*, Veracruz, 1967, pp. XVI-XVIII; L. J. Nunn, Veracruz, 29 de abril de 1911, FO 371/1147, 18523, hace de Tapia un talabartero "en bancarrota": como algunos historiadores posteriores, los observadores contemporáneos también estaban quizá demasiado dispuestos a explicar la oposición política en términos de pobreza más que de principios.

[152] Anderson, *Outcasts*, pp. 257-258; y más atrás pp. 137-140.

han insistido en hacer un análisis del maderismo en términos económicos, visualizado como un movimiento de protesta de la clase media en descenso y empobrecida, un movimiento de la *lumpenbourgeoisie*.[153] La evidencia que se presenta aquí, no obstante, apunta hacia el otro lado. El maderismo era más la expresión de una clase media en ascenso, acomodada y que demandaba su lugar bajo la luz política. Es de suponer que dicha demanda tenía implicaciones económicas ya que, particularmente en una sociedad como la del México porfirista, el poder político podía promover el beneficio económico. Resulta difícil discernir si la demanda de la clase media por un sistema político abierto y responsable era un fin en sí o sólo un medio para incrementar el beneficio económico de la misma. Esto requeriría, en efecto, que el historiador abriera las ventanas de las almas de los hombres y ahí conjeturara sus motivaciones internas (que incluso para ellos quizá fuesen desconocidas). Mi propia impresión, de la que en breve daré evidencias, es que la mayoría de los maderistas (Madero es el ejemplo más obvio) veían en la Reforma un fin en sí mismo, por la sencilla razón de que era correcta mientras que el *statu quo* no lo era; si, por el contrario, hubiesen buscado el poder para su propio beneficio y como fuente de privilegios económicos, la carrera política porfirista ortodoxa hubiera sido la elección lógica. De hecho, Madero repudiaba tal elección y denunciaba el materialismo porfirista derrochando su propia riqueza en la persecución de lo que —para el fino olfato financiero de su familia— parecía un sueño político quijotesco.[154] Lo que pasaba con Madero sucedía con una buena cantidad de sus colaboradores acomodados: un deliberado interés por el propio beneficio económico no podía justificar el apoyo que recibió el maderismo entre 1909 y 1910.

Es evidente que los maderistas no estaban ciegos ante las cuestiones sociales y económicas. Reconocían su existencia a pesar de que en sus discursos, manifiestos y artículos, proponían fórmulas *políticas* para su solución. En lo principal, estas cuestiones concernían a los grupos de la clase baja y no tanto a la gente decente del maderismo: los salarios y condiciones del proletariado, el despojo agrario (el de los indios yaquis, por ejemplo), los pecados de comisión perpetrados por el gobierno (represión, reclutamiento, deportación, trabajo forzado) y que recaían principalmente sobre los "pelados". Tales intereses reflejaban la conciencia social de la clase media y no su empobrecimiento. La cuestión de los impuestos, es cierto, figuraba como una demanda de la clase media y del maderismo —en San Luis Potosí, Yucatán, Chihuahua— y, más tarde, la compensación de impuestos se convirtió en una de las características de los gobiernos estatales maderistas entre 1911 y 1913.[155]

[153] Cockcroft, *Intellectual Precursors*, pp. 43-44; Ramón Eduardo Ruiz, *The Great Rebellion: Mexico 1905-1924*, Nueva York, 1980, pp. 48 y 120-121.
[154] Madero, *La sucesión presidencial*, p. 16; de Francisco Madero padre a Madero, s. f., 1908, en Fabela, DHRM, RRM, p. 16.
[155] Cockcroft, *Intellectual Precursors*, p. 43; Joseph, *Revolution from without*, p. 113; Ruiz, *Great rebelion*, pp. 37-38; véanse también pp. 139-140, 266, 347-348 y 522-523.

Esto, sin embargo, es sólo un punto que dista mucho de ser el más amplio de la plataforma maderista. Por sí solo no podría soportar el peso de una interpretación "económica" del maderismo.

De cualquier manera, existen tres hipótesis económicas alternativas que han recibido un apoyo considerable, aunque todas tengan el inconveniente de subrayar funciones latentes; esto es, requieren que el maderismo responda a propósitos en gran parte encubiertos, inconscientes incluso, y para los cuales carecemos de evidencia empírica consistente.[156] La primera, sin duda la más socorrida, se refiere a la recesión de 1907-1908 y el consiguiente desempleo, la bancarrota y la reconsideración general de la política económica porfirista, y su inclinación al desarrollo basado en las exportaciones. La recesión, en efecto, golpeó a la clase trabajadora y a ciertos sectores del campesinado; sin embargo, es difícil sondear sus efectos —económicos y políticos— sobre la clase media. Suponer que una recesión económica genera automáticamente la protesta, resulta demasiado aventurado; también puede engendrar obediencia y docilidad políticas. Hubo recesiones anteriores (la caída en el PNB fue más severa en 1898-1899 y 1901-1902 que en 1907-1908) que no coincidieron con oleadas de movilización política.[157] Además, las polémicas maderistas no se concentraron en la depresión y, de algún modo, hubiera sido irracional que así lo hicieran. No había manera de que el gobierno de Díaz (y, por cierto, cualquier gobierno en estos tiempos prekeynesianos) pudiera dominar el ciclo económico, y sugerir que los maderistas reclamaran su acceso al poder basados en una destreza superior en el manejo económico, sería sustituir el argumento inductivo por la especulación anacrónica. Tales reclamos nunca se hicieron; en efecto, la evidencia indica que los maderistas no sólo se habían beneficiado con la política económica de Díaz sino que, además, la veían como la única área del régimen digna de aprobación.[158] No cabe duda de que la recesión económica al afectar a un sector de la clase media y acomodada, facilitó el incremento de las filas maderistas; no obstante, los ejemplos son notablemente difíciles de encontrar. Cockcroft cita a Pedro Barrenechea, a pesar de que se trataba de un porfirista a ultranza. Ruiz cita las dudosas cifras de Bulnes en torno al desempleo entre profesionistas y la indigencia intelectual que, aunque la información sea aceptada, sólo puede permitir inferencias y no pruebas establecidas.[159] Muchos maderistas se en-

---

[156] Al acentuar las funciones latentes, los proponentes de estas hipótesis económicas no sólo caen en la trampa del reduccionismo económico, para reunirse con los marxistas de una etapa anterior: también son víctimas de las trampas del funcionalismo y tienen que reconocer la cercana —pero desagradable como se puede uno imaginar— compañía de Parsons, Merton y otros.

[157] De acuerdo con las figuras recopiladas por Enrique Pérez López y reproducidas en *La economía mexicana en cifras*, México, Nacional Financiera, 1978, p. 23.

[158] Ian Jacobs, "Rancheros of Guerrero: The Figueroa brothers and the revolution", en D. A. Brading (ed.), *Caudillo and Peasant*, p. 83; Madero, "El Partido Antirreeleccionista", en Fabela, DHRM, RRM, I, p. 28; tómese en cuenta también el discurso de Federico González Garza en el mismo volumen, pp. 54-57.

[159] Cockcroft, *Intellectual Precursors*, pp. 40-41; Ruiz, *Great Rebellion*, pp. 50-52. La aseveración

contraban comprometidos con la oposición antes de la recesión de 1907-1908. El itinerario de la protesta de la clase media estuvo determinado no por las curvas del ciclo económico, como se podría pensar a la manera mecanicista, sino por la cronología política de la década de 1900 —la entrevista Díaz-Creelman y las inminentes elecciones de 1910—.

Las otras dos hipótesis económicas pueden tomarse juntas. Se refieren a la supuesta "degradación del estatus" sufrida por la clase media opositora al régimen, particularmente en aquellas situaciones en donde la movilidad hacia un escaño superior era taponada por la presencia de "extranjeros ricos y monopolizadores".[160] La "degradación del estatus", tal y como la usa Cockcroft, es sin embargo un concepto notoriamente vago; a veces asume las características proteicas de la "privación relativa", esa otra llave maestra de la etiología revolucionaria.[161] La "degradación del estatus" (cuando no se usa sólo como un término alternativo de "pobreza") implica cierta incongruencia entre las expectativas sociales y las retribuciones, lo que trae una "frustración social y una pérdida del estatus".[162] Puede aplicarse a individuos que, aparte de su mala situación, son forzados a aceptar "alejados puestos clericales", trabajos como "adjuntos sin nombre" en las compañías extranjeras o empleos insignificantes parecidos; ésta es, por supuesto, una de las explicaciones más comunes para el malestar de la clase media en los países en vías de desarrollo, popularizada sobre todo por Edward Shils.[163] El concepto también puede aplicarse a individuos que "habiendo logrado un cierto grado de progreso económico son rechazados en la obtención de un estatus superior que sienten merecer".[164] En la medida en que este estatus deseado es político —esto es, en la medida en que los maderistas eran una clase en ascenso que buscaba el poder político a través de las urnas—, el análisis es correcto en términos generales; sin embargo, no resulta muy congruente confundir el asunto hablando de una "degradación del estatus". Marx, después de todo, en su análisis de la burguesía ascendente europea, no se fue de bruces con semejantes conceptos superfluos y teóricamente anómalos. Por otro lado, nos quedamos con la proposición de que tanto la gente que va en ascenso como la que desciende son "degradados en su estatus" y, por esa razón, tienden a la política de oposición. Sin embargo, en cualquier sociedad que no se encuentre rígidamente definida por las barreras de casta, y, particularmente en una sociedad como la del México porfirista, sujeta a la rápida comercialización,

de Bulnes según la cual 70% de la clase media vivía del gobierno en 1911 carece de sentido; implicaría casi un millón de dependientes del gobierno, en una época en que el gasto total del gobierno era apenas de 100 millones. En cuanto a la penuria de los empleados de la clase media, además, Bulnes es vacilante; véase *El verdadero Díaz*, pp. 42-43 y 250-263.

[160] Cockcroft, *Intellectual Precursors*, pp. 45-46 y 57; Ruiz, *Great Rebellion*, pp. 107-109.
[161] Ted Robert Gurr, *Why Men Rebel*, Princeton, 1970, es el principal exponente.
[162] Cockcroft, *Intellectual Precursors*, p. 45.
[163] *Ibid.*; Edward Shils, *The Intellectual and the Powers and Other Essays*, Chicago, 1972, pp. 372-423.
[164] Cockcroft, *Intellectual Precursors*, p. 44.

una gran parte de la población caería en una u otra categoría. De ahí que no sería difícil tomar una reducida muestra de opositores y notar que pertenecen tanto a clases ascendentes como descendentes y, por lo tanto, desafectas. Un ejercicio selectivo similar podría llevarse a cabo entre los porfiristas y probar lo contrario. Como señala otra autoridad digna de consideración, la vida social es tan compleja que "siempre es posible seleccionar cualquier número de ejemplos o de información separada para comprobar la proposición que uno desee".[165]

Es posible elegir ejemplos; generalizaciones contradictorias pueden trocarse en favor o en contra. "México no sufre de una 'crisis de intelectualismo'", concluye un observador francés; "todo mexicano bien educado puede encontrar una buena posición y una forma de vida acomodada".[166] En ausencia de cualquier información cuantitativa y sólida sobre el desempleo, el descenso o la frustración en la clase media, el único recurso posible es la consideración de casos individuales —un método primitivo pero inevitable—. El caso de Cockcroft en realidad se apoya en dos personajes: Luis Cabrera y Félix Palavicini. Se decía que Cabrera había "experimentado personalmente esta sensación de descenso en su estatus", al ver que su carrera estaba bloqueada por los "exclusivistas científicos".[167] Pero, en vísperas de la Revolución, Cabrera presta sus servicios como abogado de la compañía angloamericana Tlahualilo, en su dilatada disputa con el Ministerio de Fomento por las aguas del río Nazas. Éste no era un "alejado puesto de oficinista", ni hacía de Cabrera un "adjunto sin nombre" en una compañía extranjera. Debemos destacar que después de las elecciones de 1910 y la derrota aparente de los maderistas, Cabrera dio la espalda a la política de oposición declarando públicamente: "faltaría yo a mi deber como miembro de la sociedad si no me retirara a la vida privada, dedicándome a mis negocios personales pues nunca he pensado en convertirme en político de profesión".[168] Existe un giro adicional que pone en tela de juicio esta simple correlación entre las circunstancias privadas y la postura pública. Al representar a la Tlahualilo Company, Cabrera enfrentó a los abogados del Ministerio de Fomento, Jorge Vera Estañol y Manuel Calero, activos políticos de convicciones conservadoras que aquí representaban a la nación en contra de las corporaciones extranjeras terratenientes. Más aún, la batalla en contra de la Tlahualilo Company había consumido previamente las energías de Francisco I. Madero, como líder de los dueños de plantaciones del "río bajo" en La Laguna.[169]

[165] Lenin, citado en V. G. Kiernan, *Marxism and Imperialism*, Londres, 1974, p. 38.
[166] De Szyszlo, *Dix milles kilomètres*, p. 31.
[167] Cockcroft, *Intellectual Precursors*, p. 45.
[168] De Cabrera a Filomeno Mata, 11 de noviembre de 1910, en *El País*, 13 de noviembre de 1910; Vera Estañol, *Revolución mexicana*, pp. 209-210; Cosío Villegas, *Vida política*, p. 745.
[169] William K. Meyers, "Politics, Vested Rights and Economic Growth in Porfirian Mexico: the Company Tlahualilo in the Comarca Lagunera, 1885-1911", *Hispanic American Historical Review*, LVII (agosto de 1977), pp. 425-454.

Por lo que respecta a Palavicini, su autobiografía —publicada 25 años después de la Revolución— parece marcada en gran medida por el peso del argumento de la degradación del estatus.[170] Es cierto que Palavicini se convirtió al maderismo tras la decisión del Ministerio de Educación de suspenderle una beca, establecida anteriormente, para investigar en el campo de la educación industrial. Sin embargo, suponiendo que estos hechos tuvieran entre sí una relación de causa y no una mera coincidencia, resulta dudoso inferir de ese percance una teoría general sobre la motivación revolucionaria. Palavicini, después de todo, no era un proletario intelectual. Provenía de una respetable familia tabasqueña; se había recibido de ingeniero y pasó dos años en Europa, en un viaje auspiciado por el gobierno y durante el que representó a México en el Congreso Internacional de Geografía de Ginebra, en 1908.[171] En abril de 1911, cuando la Revolución se encontraba en pleno, Palavicini aprovechó el nombramiento de un nuevo ministro de Educación para solicitar un puesto en el Ministerio. Éstas pueden ser las acciones de un joven profesionista con ambiciones, pero no constituyen prueba definitiva de una condición de frustración social y de pérdida de estatus. De hecho, tanto Cabrera como Palavicini lograron un razonable bienestar en época de Díaz —de ahí su inclinación a retornar a sus respectivas carreras cuando el reto del maderismo parecía haber fracasado—. No obstante, este vívido interés por sus carreras no resultaba en detrimento de ciertos ideales y simpatías políticas. Cabrera (con frecuencia se pasa por alto este punto en favor de los motivos económicos) era sobrino del veterano opositor y satírico Daniel Cabrera; Palavicini había sido una criatura política desde muy temprana edad; inició un periódico de oposición en Tabasco cuando sólo tenía 20 años.[172]

El error de fusionar la carrera privada con la política pública se hace particularmente manifiesto a la luz del papel de los intereses extranjeros en México. Supuestamente, éstos frustraban el ascenso (como en el caso de Cabrera) limitando a los aspirantes a ocupar puestos de "adjuntos sin nombre" y, a su vez, eliminando a los empresarios mexicanos de la competencia. La frustración alimentaba la oposición contra Díaz, el favorito de los imperialistas extranjeros.[173] Por lo que respecta al primer argumento (la movilidad frustrada), esta hipótesis, como la de la pérdida del estatus de la que forma parte, trata de quedarse con lo mejor de ambos mundos: los mexicanos eran privados de trabajo por las compañías extranjeras y, por lo tanto, estaban

---

[170] Félix F. Palavicini, *Mi vida revolucionaria*, México, 1937.
[171] Cosío Villegas, *Vida política*, pp. 747-748.
[172] Cockcroft, *Intellectual Precursors*, p. 82; Morales Jiménez, *Hombres de la Revolución mexicana*, pp. 282-283.
[173] Cockcroft, *Intellectual Precursors*, pp. 23 y 39. Las aseveraciones con respecto a esto son muy numerosas: véase, por ejemplo, Frederick C. Turner, *The Dynamic of Mexican Nationalism*, Chapel Hill, 1968, pp. 54-56; J. F. Rippy, *The United States and Mexico*, Nueva York, 1934, p. 322; M. S. Alperovich y B. T. Rudenko, *La Revolución mexicana de 1910-1917 y la política de los Estados Unidos*, México, 1960, pp. 203 y 237; Myra Wilkins, *The Emergence of the Multinational Enterprise*, Cambridge, 1970, pp. 25-28.

resentidos; los mexicanos (como Cabrera, Vasconcelos o Díaz Soto y Gama) eran empleados por compañías extranjeras, por lo tanto, eran resentidos que tenían que someterse a los extranjeros. No se cuenta con evidencia (aparte de la racionalización *ex post facto*) de que dichas formas de empleo conllevaran un resentimiento; de hecho, en muchas áreas eran incluso codiciadas.[174] Además, para la generación de un nacionalismo económico no se requirió de la experiencia personal en las formas de empleo extranjeras. El maderismo sólo mostró leves signos de nacionalismo económico, principalmente en lo que respecta a la industria petrolera y a la mexicanización de los ferrocarriles. En ambos casos, los maderistas sólo participaron en un modesto cambio superficial del pensamiento económico que pareciera afectar por igual a la institución porfirista que a la propia. El nacionalismo económico, tal y como era en esos años, brindaba criterios muy deficientes para establecer una diferencia entre maderistas y porfiristas.[175]

La noción global de una reacción mexicana contra la penetración extranjera (ya sea tanto de los trabajadores explotados como de la frustrada burguesía nacional) ha sido tremendamente exagerada y se equivoca al visualizar los intereses mexicanos y extranjeros como enfrascados en una "lucha sin cuartel" en donde las ganancias de uno son las pérdidas del otro. De hecho, como el propio Cockcroft muestra, las empresas mexicanas y las extranjeras eran más bien complementarias y, con frecuencia, se apoyaban entre sí; la respuesta mexicana a la inversión extranjera —con su consecuente dote de trabajos, dinero y pedidos—, por lo general resultaba más colaboracionista que hostil.[176] Los maderistas no eran la excepción. Muchos venían de los estados norteños en donde abundaba la inversión norteamericana y se habían beneficiado de la relación con dichos intereses. La familia Madero cooperó con el capital extranjero a título personal y, después de 1911, como políticos nacionales. Como muchos norteños progresistas, buscaban, antes que aniquilarla, emular a la empresa norteamericana.[177] Esto no quiere decir que los intereses extranjeros fueran inmunes a la crítica maderista. Por el contrario, recibieron críticas por abusos específicos —maltrato de los trabajadores, complicidad con el gobierno para perpetrar la represión política—, mismas que recibieran también y de manera similar, los patrones mexicanos.[178] Así que, aunque la evidencia empírica expuesta en este capítulo podría apoyar la hipótesis del maderismo como un movimiento político de la naciente burgue-

---

[174] Alan Knight, *Nationalism, Xenophobia and Revolution: the Place of Foreigners Interests in Mexico, 1910-1915*, tesis de doctorado, Oxford, 1974, pp. 84-105.

[175] *Ibid.*, pp. 119-141.

[176] Cockcroft, *Intellectual Precursors*, pp. 23-25.

[177] Knight, *Nationalism, Xenophobia and Revolution*, pp. 76-78 y 120-123.

[178] Los maderistas —como Madero y Braulio Hernández— denunciaron los abusos de las empresas pero eso no implicó un repudio a la inversión extranjera, o una política de "México para los mexicanos". Los órganos de la oposición dieron la bienvenida a los nuevos influjos de capital extranjero: cf. *El Correo*, 11 de mayo de 1909, 27 de agosto de 1910; González Navarro, *Vida social*, p. 380.

sía nacional (los progresistas empresarios norteños), nos olvidamos de un factor crucial: el nacionalismo económico que, hasta donde los maderistas mostraron, era compartido con otros grupos porfiristas. Al margen de muchas aseveraciones —aunque pocas pruebas— en contra, la principal corriente de oposición en la década de 1900, no tenía la intención de romper con la política porfirista en lo que concernía al desarrollo económico y al papel de los intereses extranjeros que operaban dentro de él.

La búsqueda de profundas explicaciones socioeconómicas resulta a veces una evasión de la realidad, y los historiadores pueden en ciertas ocasiones ser demasiado sagaces en su propio beneficio, buscando las causas profundas y las funciones latentes cuando en realidad lo más obvio y descubierto es lo que requiere de atención. Madero y sus seguidores insistieron en los temas *políticos;* una vez en el poder, se concentraron casi por completo en las reformas *políticas.* De entre los líderes maderistas identificables —un grupo bastante grande—, la mayoría contaba con una posición económica segura e incluso acaudalada; se trataba de los beneficiarios y no de las víctimas del desarrollo económico porfirista. No es pues de sorprender el que hubiesen deseado que dicho progreso continuara. Por otro lado, muchos contaban con un historial político de oposición que se remontaba a los años aciagos con que dio principio el siglo XX, si no es que antes: Madero en la política local de Coahuila; Palavicini en Tabasco; el joven Francisco Múgica en Michoacán, donde, siguiendo la tradición liberal de la familia, satirizaba en volantes estudiantiles al gobernador Mercado.[179] La oposición política antecede a la depresión de 1907-1908 y lejos de abrir las puertas de una mejoría individual, las cerraba.[180]

La motivación maderista —a pesar de encontrarse vinculada a una clase social reconocible, la clase media en ascenso, urbana y rural— era profundamente ideológica y no puede reducirse a los intereses económicos objetivos de dicha clase y aún menos a los miembros individuales de tal clase. Se puede argumentar, en efecto, que esta motivación ideológica iba en contra de semejantes objetivos. A todo lo largo y ancho de México, aunque de manera especial en el norte, existían familias con opiniones políticas serias y sofisticadas, nutridas en la fuerte tradición del liberalismo mexicano. Miraban hacia los héroes liberales del pasado y se sentían avergonzadas de que la política de su país en ese momento padeciera de una muerte en vida. Era pasmoso, declaraba un liberal, que los abusos políticos y sociales estuviesen a la orden del día en México "en pleno siglo XX... en una época en que se dice que ha llegado a su apogeo la civilización... en un país que se precia de culto... y en el que se hace alarde de los progresos alcanzados". "Si Hidalgo y Juárez se levantaran de sus tumbas y contemplaran la ominosa esclavitud en que sus hijos yacen,

---

[179] María y Campos, *Múgica,* pp. 12-16 y 23-24.

[180] *Ibid.,* pp. 23 y 33; Anderson, *Outcasts,* p. 178, sobre el caso de Sánchez Azcona. Madero amenazaba con ser "la causa de la ruina de su padre", debido a su política: de Francisco Madero padre a Madero, s. f., 1908, en Fabela, DHRM, RRM, p. 16.

volverían a sus sepulcros llenos de indignación".[181] Como esta cita ilustra con claridad, los opositores liberales de la década de 1900 tenían un ojo puesto en el pasado mexicano —el pasado de Hidalgo y Juárez— y otro en el presente global, la época del capitalismo liberal y occidental. Córdova subraya correctamente el carácter retrospectivo del maderismo: "En México, la revolución nace acompañada de una candente defensa del pasado" —aunque se trate de un pasado que, como suele suceder, se encuentre debidamente saneado y mitologizado—.[182] Por esta razón, se invocan constantemente los grandes nombres liberales del pasado (Arriaga da nombre a su club acudiendo a la memoria de su abuelo Ponciano; Madero hizo lo mismo con Juárez; y en Orizaba, el club de Gavira tomó su nombre del liberal veracruzano Ignacio de la Llave); son frecuentes las referencias a la Constitución de 1857 y no sólo en boca de políticos bien educados y prominentes como Madero y Urueta, sino también en la de la clase obrera maderista.[183] Los intelectuales de oposición escribieron biografías de Juárez o convirtieron las ceremonias de homenaje a Juárez en demostraciones contra Díaz. Más tarde, la soldadesca revolucionaria habría de citar los lemas juaristas y los manifiestos de la Revolución refrescarían la memoria de Díaz respecto a sus propias promesas liberales de 35 años atrás.[184] Tales propuestas ideológicas podrían encubrir los intereses clientelistas o de clase. Para los trabajadores industriales, el liberalismo maderista podía parecer (como sucedió con las reformas liberales de los cartistas decimonónicos a los ojos de los obreros británicos) como una cuestión de sustento; para los que se encontraban "fuera" de la política, ofrecía un posible acceso al poder. Sin embargo, para la mayoría de la clase media maderista, el atractivo primario era de carácter ideológico y, la ideología, actuaba como una variable importante y autónoma. A lo largo de las amargas y prolongadas guerras civiles del siglo XIX, el liberalismo echó profundas raíces, fortificadas por la cercana asociación del liberalismo con la causa patriótica. Adquirió un numeroso y dedicado grupo de partidarios que se concentraba en las familias, las comunidades y las regiones tradicionalmente liberales; un equipo de propagandistas en la prensa y en las escuelas públicas, y una serie de textos, lemas y festividades rituales que, en conjunto, apuntalaron el movimiento.[185] El liberalismo mexicano representó mucho más que una ti-

[181] De Pipino González a Ricardo Flores Magón, 8 de marzo de 1902, STA, caja 26. Madero utiliza una metáfora sepulcral semejante cuando evoca los fantasmas de "nuestros padres de 1810 y 1857", en de Madero a Fernando Iglesias Calderón, s. f., 1908, en Fabela, DHRM, RRM, p. 15.

[182] Córdova, *La Ideología*, pp. 87-88; *cf.* Laurens Ballard Perry, "El modelo liberal y la política práctica en la República Restaurada, 1867-1876", *Historia Mexicana*, XXIII, núm. 4 (abril-junio de 1974), pp. 646-699, sobre la realidad liberal.

[183] Anderson, *Outcasts*, pp. 322-323; Gavira, *Actuación*, p. 15.

[184] Jacobs, "Aspects", p. 139; Niemeyer, *Reyes*, p. 160; María y Campos, *Múgica*, pp. 22-23; John Reed, *Insurgent Mexico*, Nueva York, 1969, p. 66; Manuel González Ramírez, *Manifiestos Políticos, 1892-1912*, México, 1957, pp. 173-176.

[185] Nótese la oposición política de las familias liberales establecidas como los Álvarez de Guerrero, los Sánchez Magallanes de Tabasco: c/o USS Yorktown, Acapulco, 19 de marzo de 1911,

bia conformidad; podría verse más bien como una vigorosa fe con sus profetas y mártires, su revelación histórica y la imagen maniquea de un eterno enemigo clerical y conservador.[186]

El liberalismo se vio vigorizado por el ejemplo extranjero. Para la clase media letrada, la dictadura de Díaz parecía cada vez más incongruente en un mundo en donde la democracia liberal era la norma —por lo menos para los estados "civilizados"—. En particular, servían de modelos la Francia de la Tercera República y los Estados Unidos de la *Progressive Era*. Hacía tiempo que Francia se había establecido (tanto a los ojos de los mexicanos como de los franceses) como el fundamento de la cultura y la civilización. Los políticos mexicanos gustaban de trazar paralelos con Francia y citar textos de ese país; era muy apreciado contar con una dosis de educación francesa.[187] Sin embargo, el ejemplo cercano y arrollador de los Estados Unidos resultó ser el más potente. Una especie de admiración y miedo hacia la poderosa economía norteamericana era un denominador común entre los mexicanos educados, tanto porfiristas como opositores al régimen. En particular (se podría afirmar), entre los norteños, quienes se encontraban más familiarizados con el modelo norteamericano y que trataban de emularlo al sur de la frontera. Aunque esto podía implicar un cierto grado de resistencia nacionalista hacia la penetración económica norteamericana, en realidad conllevaba una mayor colaboración y el intento de inculcar los valores "norteamericanos" —el trabajo duro, el ahorro, la higiene, la iniciativa y la vocación empresarial—. A veces dicha imitación venía ligada con el clásico eslabón entre el protestantismo y la ética capitalista progresista.[188]

Semejantes intereses "desarrollistas" podían en un momento dado unir a porfiristas y maderistas. Los maderistas, sin embargo, admiraban también al gobierno constitucional norteamericano y lo veían como algo inseparable de su dinámica economía: "... [a los Estados Unidos] debemos imitarlos en sus prácticas", escribe Madero, "sobre todo, [en] ese apego a la ley de que dan ejemplo sus mandatarios a fin de poder llegar a ser tan grandes como ellos".[189] Los miembros de la oposición contrastaban el fraude electoral mexicano con

Lespinasse, Frontera, 8 de abril de 1911, SD 812.00/1238,1405 sobre propaganda y educación; Aguilar, "The Relevant Tradition", p. 280, n. 42; Knight, "Intellectuals".

[186] Madero, *La sucesión presidencial*, pp. 1-3; Salvador Alvarado, *Actuación revolucionaria del General Salvador Alvarado en Yucatán*, México, 1955, p. 21; Narciso Bassols, *El pensamiento político de Álvaro Obregón*, México, 1976, pp. 122-127.

[187] O'Shaughnessy, *A Diplomat's Wife*, p. 9; Ross, *Madero*, p. 7.

[188] Para evidencias de la relación entre protestantismo y la política progresista: US Senate, *Investigation of Mexican Affairs, Report and Hearings before a Subcommittee of the Committee on Foreign Relations*, 2 vols., Washington, 1920, testimonio de S. G. Inman, pp. 9-10 (en lo sucesivo "Fall report"); S. G. Inman, "*Notes on a tour*': SGLA, caja 11; Knight, "Intellectuals"; Jean A. Meyer, *The Cristero Rebellion. The Mexican People between Church and State 1926-1929*, Cambridge, 1976, pp. 24-27; John A. Britton, "Moisés Sáenz: nacionalista mexicano", *Historia Mexicana*, XXII, núm. 1 (julio-septiembre de 1972), p. 78.

[189] Citado por Córdova, *La ideología*, pp. 106-107.

la honestidad norteamericana. *El Correo* comparaba a México con "la culta Francia; con la correcta Argentina, y con nuestros vecinos del norte, donde los gobernantes son verdaderamente elegidos por el pueblo y donde con todo respeto se cumple con el Sufragio Efectivo". Como resultado de esto, concluye el periódico, "en esas naciones progresa la industria en todos sus ramos, la agricultura alcanza notables adelantos y... la nación en general va siempre caminando sobre sólida prosperidad".[190] Se trataba de una versión, periférica y puesta al día, de la vieja visión victoriana; el constitucionalismo vendría a desperezar las energías latentes de los Estados autocráticos para ponerlas en la vía del vigoroso crecimiento capitalista.[191]

Al margen de las retribuciones económicas, el ejemplo político norteamericano sirvió de inspiración —y de acicate—. Salvador Alvarado describe con enojo el encuentro entre Díaz y el presidente Taft en la frontera, en octubre de 1909: Taft, vestido con sobriedad y acompañado por dos ayudantes de uniforme gris, Díaz cargado de medallas y rodeado de una ostentosa escolta militar: "... por un lado, toda la sencillez de una democracia verdadera, y por el otro, la pompa y la vanagloria de un sultanato oriental".[192] Para muchos maderistas, se puede añadir, estas reveladoras comparaciones se basaban en la experiencia personal. Madero había completado su educación europea con una estancia de ocho meses en Berkeley. El líder antirreeleccionista de Chihuahua, Abraham González, era graduado de un colegio norteamericano como muchos amigos maderistas en el estado.[193] Los maderistas de Sonora —Maytorena, Gayou y Juan Cabral— se educaron en los Estados Unidos; la familia Aguirre Benavides, parientes, socios y aliados políticos de Madero, enviaron a sus hijos para estudiar comercio en San Antonio; muchos otros opositores asistieron a escuelas misioneras norteamericanas del norte de México —Moisés Sáenz y Braulio Hernández son quizá los más connotados—.[194] Estos hombres eran patriotas e incluso nacionalistas; sin embargo, no eran antinorteamericanos. Como todos los mexicanos educados (incluyendo a los porfiristas), tenían reservas y desacuerdos respecto al "Coloso del Norte", pero no tildaban a los gringos de ogros protestantes y bárbaros materialistas tal y como sus primos católicos y conservadores solían hacerlo.[195] Por el contrario, apreciaban (y en el caso de los Madero y los Aguirre Benavides, emulaban) la iniciativa económica norteamericana y guardaban un alto concepto de la democracia norteamericana, rejuvenecida recientemente por el movimiento

---

[190] *El Correo*, 29 de junio de 1910; cf. Alvarado, *Reconstrucción*, I, p. 33.

[191] R. E. Robinson y J. A. Gallagher con Alice Denny, *Africa and the Victorians. The Official Mind of Imperialism*, Londres, 1961, pp. 1-4.

[192] Alvarado, *Reconstrucción*, I, p. 32.

[193] Valadés, *Imaginación*, I, p. 22; Reed, *Insurgent Mexico*, p. 160; William H. Beezley, *Insurgent Governor: Abraham Gonzalez and the Mexican Revolution in Chihuahua*, Lincoln, 1973, p. 15.

[194] Almada, *Diccionario*, pp. 125 y 457; Luis Aguirre Benavides, *De Francisco I. Madero a Francisco Villa*, México, 1966, p. 13; véase n. 188 *supra*.

[195] Una relación entre catolicismo, conservadurismo y antiestadunidensismo es sugerida en Knight, *Nationalism, Xenophobia and Revolution*, pp. 207-208 y 258-264.

progresista. Notando la "honda" impresión del progresismo en los escritos de Madero y de otros, Womack tradujo con justicia el lema maderista, "sufragio efectivo y no reelección", como *"a real vote and no boss rule"*.[196] Poniéndolo de otra manera, la revitalizada oposición liberal de la década de 1900, siguiendo los antecedentes mexicanos y el ejemplo extranjero, buscaron subvertir el dicho porfirista de "mucha administración y poca política" para reemplazarlo con una variante propia: "mucha política y buena administración".[197] Como tal, el maderismo fue, por encima de todo, un movimiento profundamente político e ideológico.

Desafío y respuesta

En el pasado, alguna elección estatal causó ocasionalmente el alboroto político y los grupos descontentos se movilizaron para expulsar a un gobernador impopular. En 1909, cuatro de dichas elecciones estaban programadas; éstas habrían de conducirse bajo las condiciones de un fermento político que no tenía paralelo alguno. Aunque el cuadro maderista nacional no jugó un papel prominente en estas elecciones, el ejemplo maderista impulsó a los grupos locales —los "fuereños" de siempre, la clase media con aspiraciones— para hacer un esfuerzo adicional y poner al gobierno en aprietos. Las batallas de 1909 en contra de los ejecutivos estatales de Coahuila, Sinaloa, Yucatán y Morelos, fueron una especie de ensayo general para la batalla de 1910 en contra del ejecutivo nacional.

Venustiano Carranza, candidato de la oposición en Coahuila, había ocupado puestos políticos menores durante el mandato de Díaz; recientemente había apoyado a Reyes y sólo se acercó al maderismo cuando no pudo obtener el apoyo del centro en su aspiración a la gubernatura. Madero, por su parte, también se mantuvo frío y, a pesar de que los clubes antirreeleccionistas de Coahuila respaldaban a Carranza, su entusiasmo distó mucho de ser un impulso total; parecía que todas las fuerzas se reservaban para la contienda presidencial. De todas maneras, dieron buena cuenta de sí y, según se dice, levantaron a la mayoría en favor de Carranza; los jefes políticos, sin embargo, tenían instrucciones para, con la ayuda del ejército, apoyar al candidato oficial corralista, Jesús del Valle, que fue declarado electo. Se trató de una imposición que la gente de Coahuila no olvidó tan fácilmente y que brindó más partidarios a la causa maderista en el estado.[198]

En Sinaloa se sostuvo una lucha particularmente amarga entre los gobiernistas que apoyaban al hacendado e industrial Diego Redo, y el periodista José Ferrel, que recibía el apoyo de la coalición usual de opositores formada por antiguos reyistas, profesionistas y estudiantes, quienes fueron

---

[196] Womack, *Zapata*, p. 55.
[197] *El Diario del Hogar*, 23 de mayo de 1911.
[198] Taracena, *Carranza*, pp. 23-27; Cosío Villegas, *Vida política*, p. 475; Voetter, Saltillo, 8 de marzo de 1911, SD 812.00/1060; Ross, *Madero*, pp. 76-77, parece confuso.

ilícitamente derrotados. Aunque el ferrelismo tenía todas las señas de un maderismo local, el propio Madero no logró abrirse demasiado camino en el estado. A principios de 1910, en medio de la amarga secuela poselectoral, Madero visitó Sinaloa en donde muchos respondieron cálidamente a sus discursos y convirtieron su reciente oposición local en un apoyo de nivel nacional. El año de 1910 atestiguó el desarrollo de clubes antirreeleccionistas por todo el estado, así como el crecimiento de la represión gubernamental; en junio, el militante maderista Gabriel Leyva fue aprehendido por los rurales al norte de Sinaloa y acribillado "cuando trataba de escapar". El maderismo había obtenido así su primer mártir.[199]

La violencia estalló también en Yucatán. Las objeciones políticas familiares en contra del prominente gobernador Muñoz Arístegui se agravaron por las complicaciones económicas derivadas de la caída en los precios del henequén, situación que se atribuía a la relación que habían establecido Molina y Montes con la International Harvester Co.[200] Los opositores de la clase media se fusionaron con una poderosa facción de "fuereños", la familia conservadora de los Cantón, en el Centro Electoral Independiente —"un grupo de personas que pertenecían a las mejores familias de Yucatán"— que lanzó a un candidato cantonista en contra del que había sido impuesto.[201] Madero, quien nunca se opuso a los tratos pragmáticos, aconsejó al poeta y periodista Pino Suárez, líder del antirreeleccionismo en Yucatán, que favoreciera la candidatura de Cantón a cambio de su apoyo posterior, en 1910. Los cantonistas se lanzaron y el gobernador Muñoz respondió de la manera acostumbrada: día y noche, los líderes de la oposición eran vigilados; los abogados del gobierno rastrearon en los archivos criminales para encontrar evidencias comprometedoras para dichos líderes; los indígenas fueron conducidos a la ciudad para que desfilaran en apoyo a los gobiernistas. Cuando, por fin, los miembros de la oposición se lanzaron a la rebelión, la conspiración falló y sus líderes fueron encerrados. Esto, sin embargo, no fue el final de la violencia política en Yucatán.[202]

El cuarto conflicto gubernamental y potencialmente el más serio, fue el de Morelos. En los cálidos valles allende la Sierra del Ajusco, al otro lado de la Ciudad de México, el progreso de la industria azucarera había creado profundas tensiones sociales. Sin embargo, como sucede con toda la Revolución mexicana en su conjunto, se requirió de una crisis en torno a la sucesión política para que dichas tensiones salieran a flote. Esto no hubiera acaecido si el "gobierno severo pero benévolo" del gobernador Alarcón, no hubiese concluido en diciembre de 1908 y la "... dieta del campo mexicano no hubiese corroído sus entrañas y no le hubiese hecho morir de gastroenteritis a la

---

[199] Olea, *Sinaloa*, pp. 13-18; Valadés, *Imaginación*, II, pp. 14-18; Sánchez Azcona, *Apuntes*, p. 105.

[200] Bolio, *Yucatán*, pp. 57 y 69; Joseph, *Revolution from without*, pp. 73-91.

[201] Baerlein, *Mexico*, pp. 24 y 110-114.

[202] *Ibid.*, pp. 212-214; Bolio, *Yucatán*, pp. 31-47.

edad de 57 años".²⁰³ Cuando Díaz dio su apoyo a los candidatos de los propietarios azucareros —el refinado e inepto Pablo Escandón—, la oposición buscó entre los "fuereños" de importancia política, a la familia Leyva. El general Francisco Leyva, héroe de la intervención francesa y alguna vez gobernador de su estado, había caído del poder debido a una rencilla con Díaz en la década de 1870; muy viejo ahora (decía él mismo) para volver a entrar en política, cedió paso a su hijo Patricio, agrónomo y servidor público, para entrar a una contienda de ferocidad sin precedentes.²⁰⁴ Los viejos aliados de los Leyva emergieron: los Sedano en Cuernavaca, padre e hijos, una familia de "moderada prosperidad" y a cargo de pequeños puestos en la administración pública; en Cuautla y en los poblados vecinos, mientras tanto, los maestros de escuela, los abogados de pueblo y los que alguna vez fueron funcionarios municipales, se unieron al movimiento. Los respetables profesionistas de la ciudad marcaron el arranque; sin embargo, a medida que los clubes leyvistas se extendían por el estado, la gente del campo empezó a secundar la iniciativa. Los motivos en juego —muy bien expuestos por Womack— fueron los mismos que impulsaron a los reyistas, los maderistas y a los ferrelistas. Cada distrito, así como cada estado, traía un nudo de indigerible oposición —es decir, indigerible en la política dispéptica del Porfiriato—. Para unos, el malestar era la pobreza, o la larga exclusión política; para otros, el resentimiento contra los funcionarios. De cualquier manera, en su conjunto: "Estas familias descontentas formaban una vaga comunidad de oposición [...] los cultivados y los destacados eran gente de ciudad, que vestían cuello blanco, zapatos, ropa interior y mantenían relaciones importantes [...] con la gente que estaba en el poder [... las] familias del campo [...] Por lo común no abrían la boca y dejaban que los empleados, los tenderos, los editores y los abogados fuesen los que hablasen..."²⁰⁵

Mientras tanto, el clima de la política nacional propició, en gran medida, el crecimiento de estas coaliciones locales. Los miembros del Partido Democrático y la prensa apoyaron a Leyva, e incluso Escandón se vio obligado a publicar un programa de tonos dulces (obra de un reyista), diseñado para atraer los ánimos prevalecientes: libertad de expresión, gobierno municipal libre, mejor educación primaria, mejoras cívicas, reformas fiscales. Pero los gobiernistas de Morelos, al igual que sus homólogos nacionales, no podían competir con la oposición en esos términos: su conversión a la reforma política era de última hora y carecía de credibilidad. De tal suerte que, en Morelos, Escandón tuvo que luchar por la victoria mediante los métodos viejos y probados: represión de manifestaciones opositoras, detención de líderes de la oposición y su deportación a Quintana Roo, y por último, la inevitable manipulación electoral. Con estos métodos, el gobierno aún podía derrotar a las oposiciones locales, pero era ya imposible aniquilarlas en la oscuridad de la

---

²⁰³ Womack, *Zapata*, pp. 14-15.
²⁰⁴ *Ibid.*, pp. 22-23.
²⁰⁵ *Ibid.*, pp. 20 y 27-30.

provincia. Asuntos rutinarios, como las elecciones estatales, perdieron tal carácter y cuando Reyes aceptó su derrota con toda docilidad (renunció a su gubernatura en noviembre de 1909 y abandonó el país, encargado de una misión militar en Europa), Madero surgió como líder prominente de la oposición, quien ya no podía ser ignorado, desdeñado, ni tolerado.

Por lo tanto, si el viaje de Madero a las costas del Golfo había estado relativamente libre de problemas, en su visita al occidente, realizada a fines de ese año, enfrentó obstáculos mayores. En Colima fue necesario llevar a cabo la reunión de sus partidarios en las afueras de la ciudad, ante la palpable vigilancia de la policía montada; en Guaymas, las autoridades vetaron el uso de cualquier lugar público (incluso la playa) y Madero habló desde una carroza sin techo.[206] En el otoño de 1909, el gobierno cerró *El Antirreeleccionista*, periódico maderista; y en 1910, el gobernador de Zacatecas prohibió toda actividad maderista en el estado. Hasta ese momento, las autoridades y la oposición se habían entregado al juego del gato y el ratón, aunque con pasajes de poca monta. Cuando el gobernador Martínez ordenó que, a la llegada de Madero a Puebla, se apagara toda la iluminación eléctrica en la estación de ferrocarriles, los partidarios de éste lo recibieron con antorchas encendidas.[207] Pero el juego se volvió más rudo. En abril de 1910, a raíz de la llegada de los delegados antirreeleccionistas de todo el país a la Ciudad de México para celebrar una convención de su partido, Corral inició un proceso judicial contra Madero, bajo el pretexto de un viejo pleito por tierras (era un ardid transparente que el gobierno pronto se vio obligado a abandonar), y los activistas maderistas locales fueron detenidos por la policía, algunos incluso mientras se hallaban en camino hacia la convención.[208]

Ésta se realizó a mediados de abril, y más de un centenar de delegados se reunió para discutir el programa del partido y decidir su planilla electoral. Ya por esa época, la rápida difusión del maderismo y la adhesión de distintas oposiciones locales creaban divisiones y disensiones en el partido. Un asunto que lo dividió de manera particular fue la oposición a la candidatura presidencial de Díaz. El plan inicial de Madero había contemplado concederle la presidencia y luchar por la vicepresidencia; algunos de sus seguidores más moderados (incluso Emilio, hermano de Francisco Vázquez Gómez) se adhirieron a esta estrategia hasta las elecciones de 1910. Otros, especialmente los maderistas jóvenes, favorecían una oposición total, con candidatos antirreeleccionistas serios para ambos cargos. Madero mismo se mostró ambiguo, quizá con una ambigüedad deliberada y astuta. La elección de la estrategia dependía, parcialmente, de la respuesta de Díaz.[209] Madero aseguró a sus se-

[206] Ross, *Madero*, pp. 88-91; Cumberland, *Genesis*, pp. 92-93.
[207] *Ibid.*, p. 85; de E. Arenas a Carranza, 1º de octubre de 1915, AVC.
[208] Ross, *Madero*, pp. 96-97; Cumberland, *Genesis*, pp. 102-103; Ellsworth, Ciudad Porfirio Díaz, 3 de noviembre de 1910, SD 812.00/414.
[209] Cumberland, *Genesis*, pp. 101-102; Ross, *Madero*, p. 99; Madero, "El Partido Antirreeleccionista", en Fabela, DHRM, RRM, I, p. 37.

guidores que no habría transacción ni conciliación alguna, y cuando se reunió la convención, ganó la candidatura presidencial con una amplia votación, nombramiento que aceptó pronunciando un "discurso vibrante, apasionado y conmovedor".[210] Sin embargo, todavía por esa época, Madero se reunió con Díaz en una entrevista privada, concertada por el gobernador Dehesa; ofreció retirar su candidatura y retomar la fórmula original (Díaz-Madero), si el presidente garantizaba elecciones libres y justas. No obstante, la entrevista decepcionó a Madero; el dictador, decrépito y mal informado, no mostró disposición alguna para negociar. Así, se perdió una última oportunidad para alcanzar una sucesión política pacífica y Madero abandonó la reunión con la creencia de que era necesaria una revolución para derrocar al viejo y obstinado dictador.[211]

Más aún, desde tiempo atrás, Madero consideraba que la resistencia armada era el único medio para derrocar a Díaz. Esto no significaba que prefiriera esta opción (al contrario, creía que una revolución sería una calamidad nacional), ni que actuara de manera deliberadamente tortuosa, como han sugerido algunos.[212] Era necesario hacer que Díaz comprendiera que la intransigencia total aumentaba el riesgo de una revolución; quizá este conocimiento, aunado a la presión política de una campaña antirreeleccionista, lo obligara a pactar. De lo contrario, la responsabilidad caería sobre él. Mientras tanto, los maderistas podían ejercer presión con una campaña pacífica, aunque los resultados parecieran cada vez más inciertos y sus métodos electorales fuesen cada vez más formalistas.

Tras la postulación de Madero, la convención eligió a Francisco Vázquez Gómez para la candidatura a la vicepresidencia y procedió a aprobar un programa que contenía los conceptos liberales acostumbrados: respeto a la Constitución, mejoras educativas, sufragio libre, medidas para el fomento agrícola a través de créditos y obras de irrigación, mejoras para la clase trabajadora mediante el control del juego y el alcoholismo y revigorización de la vida municipal a través de la supresión de las jefaturas.[213] Era un plan enteramente político, excepto por las preocupaciones de los ilustrados con respecto a los abusos sociales; no ofrecía reformas agrarias ni medidas encaminadas al nacionalismo económico. En mayo, una vez concluida la convención, Madero se entregó a la gira final de su campaña, que abarcó ciudades en el centro y el norte del país; era el último esfuerzo antes de las elecciones programadas para fines de junio.

Ahora se iniciaba una batalla política à outrance. Una multitud de 10 000 simpatizantes recibió a Madero en Guadalajara; en Puebla lo recibieron

[210] Ross, *Madero*, p. 100; Cumberland, *Genesis*, p. 96.
[211] *Ibid.*, p. 107.
[212] Madero, "El Partido Antirreeleccionista", en Fabela, DHRM, RRM, I, pp. 36-38; *cf.* Jerry W. Knudson, "When did Francisco I. Madero Decide on Revolution?", *Americas*, XXX (abril de 1974), pp. 529-534.
[213] Sánchez Azcona, *Apuntes*, pp. 77-80; Ross, *Madero*, p. 98.

25 000.[214] Los documentales que se conservan muestran escenas de genuino entusiasmo popular. Los discursos de Madero se tornaron más directos y provocadores, y el gobierno respondió con medidas más férreas. En Coahuila, se prohibieron todas las manifestaciones antirreeleccionistas; se instrumentaron represiones similares en San Luis Potosí, Aguascalientes y Nuevo León; la persecución fue particularmente severa en Puebla, escenario del reciente triunfo maderista y donde comités enteros del partido fueron encarcelados, y algunos individuos consignados al ejército.[215] A medida que aumentaron las tensiones y la represión, brotaron actos esporádicos de violencia, deplorados y desalentados por el liderazgo maderista. En Tlaxcala, se sofocó una revuelta antirreeleccionista; al rebelarse, Gabriel Leyva perdió la vida en Sinaloa; y un levantamiento puramente local en Valladolid (Yuc.), se adjudicó a los maderistas.[216] A principios de junio, después de la manifestación final que reunió a las multitudes en la Ciudad de México, Madero se dirigió al norte; el 16 de junio, el candidato y su comitiva se encontraron en Monterrey, estrechamente vigilados por la policía. Esa noche, Madero fue detenido (hecho que no causó sorpresa), acusado de insultar al presidente y de fomentar la rebelión; según un testigo no del todo confiable, Corral apoyó la aplicación sumaria de la ley fuga.[217] La detención de Madero fue sólo una importante entre otras muchas, cuyo número ha sido calculado entre 5 000 y 60 000; cuando a fines de junio se realizaron las elecciones, casi la mitad del Comité Central Antirreeleccionista estaba encarcelado o escondido y se habían cerrado la mayoría de los periódicos de la oposición.[218]

Los resultados de las elecciones no causaron sorpresa. En las primarias, Díaz había asegurado 18 829 votos y Madero 221. Se afirmó que la votación en las ciudades de la zona de influencia maderista era la siguiente: en Saltillo, 110 para Díaz y 0 para Madero; Monclova, 84 para Díaz y 0 para Madero; en Parras (pueblo natal de Madero), 65 para Díaz y 0 para Madero.[219] Abundaron las quejas maderistas: en Huamantla (Tlax.), el padrón mostraba obvias irregularidades, se habían anulado votos independientes y los funcionarios electorales habían rehusado aceptar las protestas; en Mapimí (Dgo.), el jefe antirreeleccionista fue encarcelado, sólo una tercera parte del electorado recibió las boletas de votación y con instrucciones estrictas acerca de la manera de votar; en Parral (Chih.), un pelotón de rurales y un regimiento de caballería llegaron la víspera de las elecciones y un oficial indicó a los ciudadanos la manera de votar con la siguiente amable amonestación: "si no la

[214] Cumberland, *Genesis*, pp. 108-109.
[215] De Madero a Díaz, 26 de mayo de 1910, en Sánchez Azcona, *Apuntes*, pp. 44-46.
[216] Cumberland, *Genesis*, p. 109; Manuel González Ramírez, *La revolución social de México: las ideas, la violencia*, México, 1960, p. 193; Anderson, *Outcasts*, p. 275; Bolio, *Yucatán*, pp. 49-56.
[217] Luis Liceaga, *Félix Díaz*, México, 1958, p. 33.
[218] Cosío Villegas, *Vida política*, p. 893; de Madero a Díaz, 15 de junio de 1910, en Sánchez Azcona, pp. 38-41; Ross, *Madero*, p. 107.
[219] Ellsworth, Ciudad Porfirio Díaz, 1° de agosto de 1910, SD 812.00/340.

firmas, te apunto".²²⁰ En total, los maderistas pudieron reunir casi 200 documentos de 19 estados, donde se denunciaban procedimientos electorales ilícitos: dicha documentación fue presentada ante el Congreso Federal con la fútil petición de anular las elecciones.²²¹ Mientras tanto, una vez pasado el peligro, Madero obtuvo libertad condicional en la ciudad de San Luis.

El candidato derrotado se enfrentó a un escenario sombrío. Su partido estaba desorganizado, y sus protestas ante el gobierno eran ignoradas. Los hermanos Vázquez Gómez (quienes jamás fueron opositores entusiastas del propio Díaz) acariciaban la idea de la fórmula Díaz-Dehesa como último recurso, estrategia que contaba con apoyo en algunas esferas elevadas a fin de desbancar a Corral. Madero se negaba rotundamente a esta fórmula. Pero, ¿cuáles eran las opciones? Al cabo de las elecciones malogradas, la apatía política parecía prevalecer.²²² Cabrera declaró que era deber patriótico de todos los ciudadanos "retirarse nuevamente a sus ocupaciones habituales tan pronto como la campaña ha concluido"; él, por su parte, no perdió tiempo.²²³ Otros maderistas sobresalientes, como Palavicini, ya se habían retractado.²²⁴ En la Ciudad de México se iniciaba la orgía del Centenario.

Todo parecía indicar que las enormes esperanzas originadas por la entrevista de Creelman, nutridas por docenas de clubes y periódicos locales, frustradas por Reyes y revividas por Madero, ahora estaban irrevocablemente destruidas. La lógica de la situación, que Madero había percibido desde temprano y aceptado en abril de 1910, exigía alguna forma de resistencia armada. Si la fuerza de la opinión pública ilustrada había fracasado en su intento por mover a Díaz; si los discursos, las manifestaciones y los argumentos razonables —todos éstos armas del arsenal liberal— habían mostrado su ineficacia, la única opción restante era la fuerza. Era una realidad amarga para los maderistas sólidos, sobrios y bien vestidos. El doctor Vázquez Gómez observó que la Revolución "debía evitarse a toda costa"; su hermano disuadió a los maderistas militantes de contemplar dicha posibilidad.²²⁵ La Revolución era indeseable no sólo porque ponía en peligro el orden y la propiedad —tan preciados por los líderes maderistas—, ni porque corría el riesgo de pasar a manos de las masas analfabetas y degeneradas, sino también porque no podía tener éxito.²²⁶ Ésta era una creencia sostenida por doquier.²²⁷ Todas las insurrecciones previas dirigidas contra el gobierno central se reprimieron

---

²²⁰ Sánchez Azcona, *Apuntes*, pp. 88-90; *El Correo*, 3, 7 y 14 de julio de 1910.
²²¹ Ross, *Madero*, pp. 110-111; Cumberland, *Genesis*, pp. 115-116.
²²² De Gustavo Madero a Madero, 27 de agosto de 1910, en Cumberland, *Genesis*, p. 116.
²²³ *El País*, 13 de noviembre de 1910; *cf.* Cosío Villegas, *Vida política*, p. 745.
²²⁴ *Ibid.*, p. 747.
²²⁵ Ross, *Madero*, p. 108; Gavira, *Actuación*, p. 24.
²²⁶ Madero, *La sucesión presidencial*, pp. 277 y 330; de Amado Escobar a Nemesio Tejeda, 14 de octubre de 1906, STA, caja 26.
²²⁷ Hohler, *Diplomatic Petrel*, p. 172; James Creelman, *Díaz Master of Mexico*, Nueva York, 1911, p. 417; de S. G. Inman a A. R. Atwater, 19 de noviembre de 1910, SGIA, caja 11.

con éxito y, a menudo, de manera sangrienta; ¿qué oportunidad tendrían los médicos, periodistas, ingenieros y tenderos maderistas en una situación donde los caudillos con poder y los indios belicosos habían fracasado? Como afirmara un observador en San Luis Potosí: "... los inconformes pertenecen a la clase media que tiene ideas muy definidas acerca de sus propios anhelos. Desea nuevas elecciones libres, libertad de prensa y la abolición del sistema feudal de la propiedad y el fisco. Pero... no recurre por iniciativa propia a la fuerza para asegurar esos objetivos".[228]

En el plano nacional, los maderistas se enfrentaron al mismo dilema que, poco tiempo atrás, había confrontado la oposición cantonista en Yucatán. Después de movilizar su coalición opositora y de proceder con impecable legalidad, descubrieron que sus esfuerzos se frustraban y sus personas recibían todo tipo de amenazas. Ya en Yucatán se había discutido la manera de proceder: "alguien propuso... que, como al parecer, se habían suspendido todas las garantías, la única manera de hacer frente [sic] a las fuerzas armadas, era con la fuerza armada. Nadie aceptó esa idea, que parecía proponer una revolución. Era peligrosa —nadie era partidario del derramamiento de sangre, e incluso si todos lo hubieran aprobado, no había dinero, tiempo ni... gente experimentada para un movimiento de esa naturaleza—. Por lo tanto, se decidió continuar trabajando como lo habíamos hecho".[229]

Así pensaba la mayoría maderista en 1910. Pero Madero no compartía estas ideas. A diferencia de Reyes, quien en 1909 se había replegado frente a la posibilidad de una revolución, Francisco Madero, "empequeñecido y feo" (conforme a las palabras de Reyes), aceptó la lógica de la situación. Desde la cárcel, había discutido ya los planes para una rebelión, aunque él y sus seguidores cercanos habían coincidido en que carecían de lo necesario para una acción inmediata.[230] Durante dos meses Madero permaneció bajo fianza en San Luis Potosí, con la prohibición de abandonar los límites de la ciudad. A fines de septiembre, el Congreso concluyó el escrutinio de los votos y declaró electos a Díaz y a Corral. Una semana más tarde, disfrazado de jornalero, Madero evadió la custodia y viajó en ferrocarril, en asiento de tercera clase, hacia la frontera. El 7 de octubre cruzó el puente internacional en Laredo, donde lo recibió un reducido grupo de *emigrés* maderistas.[231]

Durante el mes de octubre se ocupó de elaborar un manifiesto al pueblo de México —el Plan de San Luis Potosí—, documento que enumeraba los esfuerzos antirreeleccionistas, denunciaba la dictadura de Díaz y declaraba a Madero presidente provisional, al considerar nulas e invalidadas las elecciones recientes. En tanto no se realizaran las nuevas elecciones bajo la vigilancia del gobierno provisional, respetaba todas las leyes y contratos del régimen de Díaz, a fin de "evitar hasta donde sea posible los trastornos inherentes

---

[228] Bonney, San Luis, 4 de abril de 1911, SD 812.00/1291.
[229] Baerlein, *Mexico*, pp. 112-113.
[230] Cumberland, *Genesis*, p. 117, cita a Roque Estrada.
[231] *Ibid.*, p. 120; Ellsworth, Ciudad Porfirio Díaz, 8 de octubre de 1910, SD 812.00/351.

a todo movimiento revolucionario".[232] Una cláusula prometía la restitución de tierras adquiridas de manera ilícita, pero, en lo concerniente a otros aspectos, no se mencionaron cuestiones de carácter "social"; el Plan era, en esencia, una declaración política, una respuesta a las esperanzas democráticas frustradas en 1909-1910, un llamado a las armas a fin de alcanzar la reivindicación de los derechos constitucionales. Distribuido clandestinamente a principios de noviembre, el Plan fijó una fecha precisa para la revuelta en contra de Díaz: las 6:00 p.m. del 20 de noviembre de 1910.

Había poco tiempo. Desde su sede en San Antonio, Madero negoció la compra de armamento en Nueva York, envió agentes a México para establecer contacto con los líderes rebeldes en potencia y nombró gobernadores provisionales para ciertos estados. Se realizaron preparativos para su propia entrada triunfal en México, que se llevaría a cabo después de un ataque a la fronteriza Ciudad Porfirio Díaz. La caída de dicha ciudad sería el prefacio de la caída del México de Porfirio Díaz.[233] A principios de noviembre, Madero recibió una carta de su hermano Manuel que se encontraba en Parras; la familia planeaba un "viaje de recreo" por Europa, ¿le gustaría unirse al viaje? Francisco declinó amablemente: tenía que dirigir una revolución.[234]

---

[232] Silva Herzog, *Breve historia*, I, p. 137.
[233] De Madero a Maytorena, 26 de octubre de 1910; de Eduardo Maurer, 1° de noviembre de 1910, AFM, r. 18; Ross, *Madero*, p. 120; Cumberland, *Genesis*, pp. 122-123.
[234] De Madero a Manuel Madero, 7 de noviembre de 1910, AFM, r. 18.

III. PROTESTA POPULAR

LA REVUELTA que surgió a raíz del llamado a las armas que hiciera Madero, inició una revolución "social" comparable a la rusa y sin precedentes en Latinoamérica. Su carácter "revolucionario social" se derivó de la participación de las masas y de la expresión del descontento genuinamente popular, factores que fueron evidentes desde su inicio.[1] No hubo una distinción clara ni cronológica (como se ha postulado a menudo) entre la revuelta "política" inicial y la revolución "social" subsecuente; por el contrario, ambas fueron simultáneas.[2] En realidad, sin la participación popular masiva, los maderistas no hubieran podido derrocar a Díaz y el reformismo respetable de éstos se habría mantenido a la par de otros movimientos de protesta de las clases medias urbanas, como en los casos del Partido Radical Argentino o de los republicanos liberales de Rui Barbosa en Brasil, que lanzaron su desafío en el mismo año que lo hizo Madero. Así, los maderistas hubieran estado en peligro de ser cooptados o vencidos, como otros movimientos moderados en contra de las oligarquías en el poder. Para comprender cómo los maderistas evitaron esto y pudieron enfrentarse al papel de iniciar una revolución social, tarea aún más difícil, es necesario investigar el carácter de la protesta popular anterior a la Revolución, empresa que, debido a la ausencia relativa de fuentes y a la naturaleza del problema mismo, es ardua y poco alentadora.

EL CAMPO: HACIENDAS Y PUEBLOS

La clave de la revolución social radica en el campo. Mientras que el maderismo fue predominantemente urbano, la Revolución fue rural. "El humilde peón [comenta un observador], arriesgando su propia vida y habituado a la penuria, fue el combatiente en la lucha armada."[3] Algunos historiadores coinciden: "la Revolución mexicana encontró su energía en los pueblos; las reformas en torno a la tenencia de la tierra fueron las motivaciones principales para millones de combatientes".[4] Este concepto no es un lugar tan común como pudiera parecer (o como pudo parecerlo hace 20 años). En fechas recientes, los historiadores se han dedicado a atenuar, e incluso a omitir, la importancia del

---

[1] Para la presentación de las características "sociales revolucionarias" de la participación de las masas, véase más adelante, pp. 428-430.
[2] Cf. Huntington, *Political Order*, p. 268; John Rutherford, *Mexican Society During the Revolution: a Literary approach*, Oxford, 1971, pp. 27 y 314.
[3] O'Hea, *Reminiscences*, p. 13.
[4] Friedrich, *Agrarian Revolt*, p. 1.

papel de una revuelta agraria autónoma en la Revolución de 1910-1920. A veces, se ha sepultado al factor agrario en un compendio de causas "sociales", que carece de un ordenamiento jerárquico riguroso.[5] Se ha dado mayor importancia a otros factores de dudosa validez, tales como el "antiimperialismo".[6] Con frecuencia, la revolución agraria se limita a un solo caso, el del zapatismo, supuestamente atípico.[7] Una prestigiada autoridad en la materia (especialista en campesinos, si bien no es experto en México), aventuró una afirmación insólita al señalar que "la mayoría de los campesinos... no estuvo muy involucrada en la Revolución de 1910-1920".[8]

Quizá estos argumentos sean producto de la ignorancia, e incluso calificados mexicanistas corren el riesgo de escuchar estas voces del pasado, coherentes y conocedoras, y desdeñar las voces rústicas y desarticuladas. El zapatismo exige ser escuchado; sin embargo, se ignoran muchos "zapatismos" menores. Estos argumentos, no obstante, también tienen su origen en los fructíferos terrenos del revisionismo puro, nutriente de tantas tesis y ensayos especializados. Tal parecería que, en particular, el éxito de un buen historiador en bajar del pedestal a la ortodoxia revolucionaria de la década de 1920, ha estimulado a historiadores menores a intentar (aunque con menos evidencias) el descrédito paralelo de la Revolución de 1910-1920.[9] Así, ubican en una década anterior a su existencia, a un estado cínico y manipulador y a un campesinado pasivo y manipulado. Por el contrario, la evidencia de testigos de la época fue inequívoca desde el principio. "Es sorprendente [afirma un observador en 1911], que a lo largo de todo el movimiento revolucionario fuera la clase campesina la encargada de abastecer el elemento militante."[10] La generación anterior de historiadores —especialmente Frank Tannenbaum— propuso un argumento de acuerdo con este orden de ideas, y la generación actual estaría mejor orientada si, en este caso, construyera sólidos análisis propios, en vez de intentar la demolición de argumentos anteriores.[11]

---

[5] Moisés Ochoa Campos, *La Revolución mexicana, sus causas sociales*, México, 1967.

[6] Alperovich y Rudenko, *Revolución mexicana*, pp. 122, 203 y 237; Charles C. Cumberland, *Mexico: The Struggle for Modernity*, Oxford, 1968, p. 307.

[7] Rutherford, *Mexican Society*, pp. 221-222; Robert A. White, S. J., "Mexico: the Zapata Movement and the Revolution", en Henry A. Landsberger (ed.), *Latin American Peasant Movements*, Cornell, 1969, p. 115; Adolfo Gilly *et al.*, *Interpretaciones de la Revolución mexicana*, 3ª ed., México, pp. 30 y 39-40.

[8] Eric J. Hobsbawm, "Peasants and politics", *Journal of Peasant Studies*, I (octubre de 1973), p. 10. Asumo que Hobsbawm no está solamente aventurando la perogrullesca afirmación según la cual no todos los campesinos de México empuñaron las armas en 1910-1920; está comentando la composición social de las fuerzas revolucionarias, y quitando el énfasis de la contribución de los campesinos.

[9] Jean Meyer, *The Cristero Rebellion* y *La Cristiada: La guerra de los cristeros*, 2ª ed., 3 vols., México, 1974.

[10] Hohler, Ciudad de México, 30 de mayo de 1911, FO 371/1148, 23276.

[11] Tannenbaum, "Revolución agraria", *Peace*, y Gruening, *Mexico and its Heritage*. Tal vez la crítica más verosímil de la vieja tesis agrario-populista la haya hecho Brading, "Introduction: National politics and the populist tradition", en D. A. Brading (ed.), *Caudillo and Peasant*, pp. 9-16.

En 1910, México era una sociedad predominantemente rural. El gobierno residía en las ciudades y ahí se generaban las noticias y se acumulaban los archivos; sin embargo, sólo concentraban a una quinta parte de la población.[12] La fuerza de trabajo mexicana era principalmente agrícola, seguida por el quehacer artesanal y, sólo en tercer lugar, por el industrial: por cada centenar de trabajadores rurales había, quizá, una docena de pequeños agricultores y otra de artesanos, cuatro operarios fabriles (al menos una mujer entre ellos), tres mineros, un ranchero y 0.25% de hacendados.[13] Es más, la parte agrícola de la fuerza de trabajo se incrementó durante el último decenio del Porfiriato, debido a razones palpables. En lo que concierne a las masas rurales, las condiciones y relaciones de la producción variaban de acuerdo con la región, la densidad de la población y la cosecha. Las fuentes disponibles son inconsistentes y, en ocasiones, la información es contradictoria;[14] destacan, sin embargo, dos tendencias generales en la historia agraria del Porfiriato. Primero, creció la desigualdad en lo que se refiere a la propiedad de las tierras, en la medida en que éstas gravitaron del campesino y el pequeño propietario hacia el hacendado, el cacique y, a veces, el ranchero. Segundo, tanto el salario real de los trabajadores rurales como las condiciones de los campesinos, arrendatarios y aparceros tendieron a deteriorarse.[15]

La primera de estas tendencias sobresalientes se prolongó durante todo el periodo, mientras que la segunda se manifestó con claridad sólo hasta después de la década de 1890. Sin embargo, es necesario relacionar ambas con cambios importantes en la economía mexicana del régimen de Díaz. Con el advenimiento de la estabilidad política y la rápida creación de la red ferroviaria, se aceleró la comercialización agrícola. La primera línea ferroviaria conectó a la Ciudad de México con Veracruz y se terminó en 1873. Hacia la década de 1880, etapa que marca el auge de la construcción, se tendieron cerca de 2 000 kilómetros de vías anualmente. En 1898, la extensión total de las vías era de 13 000 kilómetros y, en 1910, alcanzaba ya los 19 000 kilómetros.[16] Los efectos sociales de este desarrollo fueron profundos. Si bien las líneas ferroviarias fueron objeto de numerosas críticas debido a sus múltiples fallas —tarifas elevadas, variaciones en la fijación de precios e ineficiencia general—, también fueron la causa de una transformación en la sociedad mexicana que, como señalaron algunos observadores de la época, estuvo íntimamente

---

[12] El Colegio de México, *Estadísticas económicas del Porfiriato*, México, 1956, p. 28. Considero como pueblos a las comunidades con una población mayor a los 5 000 habitantes. González Navarro, *Vida social*, p. 39, establece 4 000 como la línea divisoria entre urbano y rural.

[13] *Mexican Year Book*, Los Ángeles, 1922, pp. 340-344.

[14] Friedrich Katz, "Labor Conditions on Haciendas in Porfirian Mexico: Some Trends and Tendencies", *Hispanic American Historical Review*, LIV (febrero de 1974), p. 1.

[15] *Ibid.*, y Katz, *Servidumbre agraria*, p. 15.

[16] García Cubas, *Mexico, its Trade, Industry and Resources*, p. 283; Fernando González Roa, *El problema ferrocarrilero*, México, 1919, p. 30; John H. Coatsworth, *El impacto económico de los ferrocarriles*, I, pp. 45-53.

vinculada a los orígenes de la Revolución.¹⁷ La locomotora reemplazó al carro de mulas y dejó en el desempleo a muchos arrieros; disminuyeron los gastos de transportación, con frecuencia de manera drástica; las economías hasta entonces locales se entretejieron para formar mercados regionales, nacionales e incluso internacionales.¹⁸ El trigo de Sonora se envió a la capital, las mantas poblanas (transportadas tanto por barco de vapor como por locomotoras) llegaron a Yucatán; se hizo posible enviar carga de Guadalajara a Orizaba, a lo largo de 800 km; el pulque de los llanos de Apan inundó la Ciudad de México para saciar la sed de la capital, que exigía medio millón de litros diarios.¹⁹ Estos ejemplos, aunque limitados, ilustran la creciente integración económica del país: en Chiapas, un altar para la virgen de Guadalupe se decoró con dos aisladores de cristal verde; en la sierra del Ajusco, que separa a la Ciudad de México del estado de Morelos, las chozas de pino de los indígenas se techaron con "recortes de hojalata de la omnipresente Standard Oil Company".²⁰

El desarrollo de la red ferroviaria, aunado a la estabilidad política y a la creciente demanda nacional e internacional, hicieron posible el milagro económico del Porfiriato. Durante el periodo de Díaz, la población creció 1.4% al año; la producción aumentó en 2.7%; la inversión extranjera se elevó de menos de 100 millones a 3 400 millones de pesos; el volumen del dinero circulante aumentó ocho veces, mientras que los precios se duplicaron.²¹ A pesar de que la industrialización basada en la sustitución de importaciones alcanzó niveles relevantes, en especial en ramas textiles, licores y tabacos, el sector de exportación creció con mayor rapidez y registró un aumento anual de 6.1%, es decir, duplicó sus cifras en el comercio mundial.²² La exportación tradicional de oro y plata cayó de dos tercios a la mitad del total de las exportaciones, en la medida en que los metales no preciosos y los productos primarios ganaron importancia. En el norte, las nuevas minas iniciaron la producción de plomo, cobre y zinc; mientras en el campo, hule, chicle, garbanzo y ganado crecieron con mayor rapidez, sumándose a las exportaciones establecidas de henequén, café, vainilla y pieles.²³ Hacia principios del siglo, la explotación del petróleo también cobró importancia.²⁴ Como respuesta vigo-

¹⁷ Molina Enríquez, *Grandes problemas nacionales*, 1909, p. 291.
¹⁸ Coatsworth, *El impacto económico de los ferrocarriles*, I, pp. 123-124, 129 y 147-148; Cumberland, *Modernity*, p. 221.
¹⁹ Coello Salazar en Cosío Villegas, *Vida económica*, II, pp. 732 y 776; De Szyszlo, *Dix milles kilomètres*, p. 192.
²⁰ Pollard, *A Busy Time in Mexico*, p. 43; Gadow, *Through Southern Mexico*, p. 272; Harry L. Foster, *A Gringo in Mañana-Land*, Londres, 1924, p. 31, sobre las latas de la Standard Oil otra vez.
²¹ Nava Oteo y D'Olwer en Cosío Villegas, *Vida económica*, I, p. 179 y II, p. 1161; Rosenzweig, "El desarrollo económico", pp. 424-425; Reynolds, *The Mexican Economy*, p. 21.
²² Rosenzweig en Cosío Villegas, *Vida económica*, II, pp. 635-638 y 689-694.
²³ Bernstein, *Mexican Mining Industry*, pp. 41-91; Rosenzweig en Cosío Villegas, *Vida económica*, pp. 660-688.
²⁴ Lorenzo Meyer, *México y Estados Unidos en el conflicto petrolero*, México, 1968, p. 19.

rosa a la demanda doméstica y extranjera, la agricultura comenzó a desplegar un carácter dual. Las cifras totales de crecimiento no fueron impresionantes: sólo 21% a lo largo de 30 años, 1877-1907.[25] Pero, mientras la producción de alimentos como maíz, frijol y chile permaneció estática, a pesar del incremento de la población, las exportaciones aumentaron en casi 200%. Por ejemplo, en el periodo comprendido entre 1870 y la Revolución, las exportaciones de henequén aumentaron de 11 000 a 123 000 toneladas; la fruta tropical, de 1 000 a 10 000; el caucho y el guayule, dos formas importantes del hule, de cero a 8 000 y 5 000 toneladas, respectivamente. La producción de tabaco y algodón también aumentó en respuesta a la demanda industrial nacional.[26]

México no era el único país que experimentaba esta integración creciente a los mercados mundiales y su consecuente comercialización agrícola,[27] pero los resultados sociales fueron, en algunos aspectos, singulares. Los terratenientes descubrieron nuevas oportunidades de mercado, que no se limitaban solamente al sector de exportación. Dante Cusi, un inmigrante italiano emprendedor que explotaba la hacienda de Uspero en Michoacán, hizo su fortuna con la venta de arroz en Pátzcuaro. Transportaba sus cosechas en enormes carretas *Studebaker* tiradas por una docena de mulas, causando gran estrépito a su paso por las aldeas, para regocijo de los habitantes de la región. Pero la llegada del ferrocarril a Uruapan abrió nuevos horizontes: "Esto significaba poder mandar los productos a todo el país, donde había más demanda y los precios eran mejores, y no estar atenido, como hasta entonces, al solo consumo local que era muy mezquino y sumamente competido por los pequeños cosecheros. De no haber llegado el ferrocarril, hubiera sido inútil seguir aumentando las cosechas porque no hubieran podido venderlas".[28] En Morelos, el ferrocarril revitalizó el comercio, los salarios se elevaron y se provocó un auge en la venta del carbón en Tepoztlán; en el resto del estado, donde el azúcar era el producto principal, el ferrocarril permitió que los cultivadores de caña adquirieran maquinaria para refinar y que enviaran más azúcar a los mercados mexicanos e internacionales.[29] El lento rendimiento de la industria minera en San Luis Potosí se vio compensado por el auge agrícola, en la medida en que los hacendados construyeron ramales de las redes ferroviarias, perforaron pozos y establecieron ingenios; además de abastecer de maíz a los mercados urbanos en expansión en el centro del país, iniciaron la producción de lechuguilla, algodón, lana, piel de cabra y frutas tropicales.[30]

[25] Cosío Silva en Cosío Villegas, *Vida económica*, I, pp. 3-5.
[26] Rosenzweig en Cosío Villegas, *Vida económica*, II, pp. 640, 669, 673 y 683. El tema de la producción de los alimentos principales está abierto al debate: véase p. 153.
[27] Jeffery M. Paige, *Agrarian Revolution: Social Movements and Export Agriculture in the Underdeveloped World*, Nueva York, 1978, pp. 1-2.
[28] Ezio Cusi, *Memorias de un colono*, México, 1969, pp. 28 y 37.
[29] Lewis, *Tepoztlan*, p. xxv; Womack, *Zapata*, p. 42.
[30] Dudley Ankerson, *The Cedillos and the Revolution in the State of San Luis Potosí, 1890-1938*, tesis de doctorado (inédita), Cambridge, 1981, cap. I, pp. 6-8.

Este último rubro provenía de la Huasteca donde, en el espacio de 10 años (1893-1896 a 1903-1906), la producción de café casi se duplicó, y la de tabaco aumentó más de cuatro veces. Pero, como indica el caso de Tepoztlán, el hacendado no fue el único en prosperar. Los rancheros del norte de Guerrero ingresaron en el mercado, incrementaron y diversificaron su producción; los de la Sierra Alta de Hidalgo, que cultivaban maíz, café, caña de azúcar y criaban ganado, estimularon una "rápida expansión del comercio local", incluso en este lejano lugar.[31] Comunidades tranquilas y bucólicas, como San José de Gracia, fueron absorbidas, primero por una economía de mercado regional y, posteriormente, nacional, en su calidad de exportadoras de cerdos y quesos que se transportaban desde la recién construida estación de trenes en Ocotlán hasta destinos tan lejanos como la Ciudad de México.[32] Ahí, como en muchos otros sitios del México rural, "el hacerse rico se puso de moda".[33]

La riqueza siempre había estado de moda; la diferencia ahora radicó en que más gente —aunque aún era una pequeña minoría— podía enriquecerse más y con mayor rapidez que en el pasado, y sin depender de auges mineros fortuitos.[34] Lo anterior origina numerosos e importantes temas en la teoría y la interpretación. La creciente demanda de productos agrícolas —estimulada por el crecimiento de la población y la industrialización tanto en México como en el extranjero, y apoyada por las mejoras en comunicaciones y transportes— actuó sobre una sociedad agraria que ya presentaba rasgos sociales, económicos y jurídicos claramente definidos. Los efectos de dicha demanda —presente en todo el "sistema mundial" de finales del siglo XIX— no fueron uniformes y estuvieron determinados por tales rasgos locales, que variaban entre los diferentes países e incluso en el interior de los mismos. La respuesta de México fue distinta a la de Argentina o África occidental, y la respuesta de Yucatán, diferente a la de Sonora. Como señalara un protagonista de reciente debate, es un error analizar el proceso de la incorporación periférica a los mercados mundiales conforme a un determinismo económico simple (la incorporación provoca desarrollo y subdesarrollo), sin dar la atención debida a las "estructuras de clase particulares e históricamente desarrolladas a través de las cuales estos mismos procesos se desplegaron y mediante las cuales se determinó su carácter fundamental".[35]

En el caso de México durante el Porfiriato, el campo había estado dominado durante tres siglos por dos instituciones clave: la hacienda y el pueblo.[36]

---

[31] *Ibid.*, p. 9; Jacobs, "Aspects", pp. 29 y 55-63; Schryer, *Rancheros of Pisaflores*, pp. 28 y 34-35.

[32] González y González, *Pueblo en vilo*, p. 105.

[33] *Ibid.*, p. 101.

[34] D. A. Brading, *Miners and Merchants in Bourbon Mexico 1763-1810*, Cambridge, 1971, pp. 211-219.

[35] Robert Brenner, "The Origins of Capitalist Development: a Critique of Neo-Smithian Marxism"; *New Left Review*, CIV (julio-agosto de 1977), p. 91.

[36] Nathan Wetten, *Rural Mexico*, p. 81; véase también McBride, *Land Systems of Mexico*, pp. 25-81 y 103-138.

Durante el periodo colonial, la primera había adquirido gran parte de las mejores tierras. En algunos estados de población más numerosa, como en el caso de Puebla, el predominio de la hacienda impidió expansiones de las tenencias de los pueblos y de la agricultura campesina.[37] En el norte, donde la población indígena sedentaria era limitada y estaba dispersa, aquélla abarcó enormes extensiones de tierra.[38] A pesar de las frecuentes invasiones, y de choques y litigios prolongados, el pueblo sobrevivió como entidad independiente, a menudo reteniendo tierras. Su sobrevivencia se mantuvo de manera particular en las regiones más remotas y montañosas, pero también mostró su capacidad para resistir a la hacienda en ciertas áreas de tierras bajas, como los valles de Oaxaca.[39] Más aún, la sobrevivencia del pueblo fue, de cierta manera, necesaria para la prosperidad de la hacienda, ya que —además de consideraciones sobre la estabilidad social— el pueblo abastecía de mano de obra temporal y, como algunos han argumentado, asumía la carga de la reproducción de la fuerza de trabajo.[40] Así, se estableció una relación que, bien fuera "simbiótica" o bien de "articulación de modos de producción", se mostró duradera a lo largo de extensos periodos, siempre que las presiones económicas y demográficas fueran favorables en términos generales.

La hacienda colonial o "tradicional" operó dentro de los límites determinados por su entorno económico. La demanda era escasa y las comunicaciones pobres; por lo tanto, la producción se mantuvo baja.[41] Dentro de estos límites, los hacendados procuraron llevar al máximo sus ganancias. Sustituyeron la aparcería por el alquiler de tierras, conforme a las circunstancias; especularon en el mercado para obtener las mejores ganancias y no se mostraron indiferentes hacia otras formas de inversión.[42] Por lo tanto, se propició un activo mercado de tierras y cambios frecuentes de propiedad.[43] Sin embargo, las ganancias sólo podían adquirirse dentro de los límites marcados por el sistema. La expansión de la hacienda sirvió al propósito de asegurar el abasto de mano de obra (mediante indígenas despojados), pero también fue instrumento para debilitar la competencia campesina en el mercado de gra-

[37] Magnus Mörner, "La hacienda hispanoamericana: examen de las investigaciones y debates recientes", en *Haciendas, latifundios y plantaciones en América Latina*, 3ª ed., México, 1979, p. 28, cita a Ewald.

[38] François Chevalier, *Land and Society*, especialmente pp. 153-178.

[39] *Ibid.*, pp. 206 y 310-311; William B. Taylor, *Landlord and Peasant in Colonial Oaxaca*, Stanford, 1972, p. 197.

[40] Tutino, "Hacienda Social Relations", pp. 518-525; David Goodman y Michael Redclift, *From Peasant to Proletarian Capitalist Development and Agrarian Transition*, Oxford, 1981, pp. 62-63, consúltese la bibliografía.

[41] Mörner, "La hacienda hispanoamericana", pp. 35-37; Brading, *Miners*, p. 216; y *cf.* Arnold Bauer, *Chilean Rural Society*, Cambridge, 1975, pp. 49-50.

[42] Brading, *Haciendas*, pp. 12 y ss; Enrique Florescano, *Precios del maíz y crisis agrícolas en México (1708-1810)*, México, 1969, pp. 88-97; Harrison, *A Mexican Family Empire*, pp. 253 y 313.

[43] Mörner, "La hacienda hispanoamericana", p. 29; y, en el mismo volumen, Enrique Semo y Gloria Pedrero, "La vida en una hacienda-aserradero mexicana a principios del siglo XIX", p. 303.

nos; por otra parte, las vastas tierras también satisfacían el afán de señorío de los hacendados.⁴⁴ Sin embargo, las características básicas de la hacienda —su ineficiencia y potencial desaprovechado— fueron resultado de circunstancias económicas inexorables y no de una "mentalidad feudal" previa y determinante. Dicha mentalidad, hasta el grado en que existía, fue hija de las circunstancias; un efecto y no su causa.

Así, desde tres siglos antes de Díaz, la hacienda y el pueblo ya coexistían, en presencia de fuerzas de mercado débiles. Posteriormente, en el último cuarto del siglo XIX, tanto el nivel de la demanda como la capacidad rural para satisfacerla aumentaron de manera decisiva. Al destacar este desarrollo —que estuvo íntimamente ligado a los orígenes de la Revolución—, vale la pena añadir una breve reflexión teórica. Muchos han sido los debates en torno a la naturaleza feudal o capitalista de la hacienda (feudal, conforme a la óptica marxista y no en un sentido histórico o jurídico más riguroso).⁴⁵ Para A. G. Frank, la presencia de poderosas relaciones de mercado es suficiente para observar un cierto capitalismo; en este orden de ideas, México y Latinoamérica habrían sido capitalistas desde la época de la conquista; posición con la que Wallerstein estaría de acuerdo.⁴⁶ Las implicaciones teóricas y empíricas de este argumento son importantes para la comprensión del desarrollo de México y de los orígenes y el carácter de la Revolución.⁴⁷ Los críticos de Frank señalan que este análisis se apoya en el nivel de circulación y que ignora las relaciones de producción; acentúan con justicia la importancia de las relaciones no capitalistas (servidumbre, peonaje, rentas en trabajo) en las que se sustentó la producción de la hacienda, e incluso la producción para el mercado.⁴⁸ Algunos comentaristas, ignorando las numerosas advertencias de Frank, sostienen que la producción de la hacienda era "feudal" aun a principios del siglo XX.⁴⁹ Pero necesariamente reconocen los nexos externos de la hacienda con el capitalismo y, para concluir su argumentación, recurren al concepto de la "articulación de modos de producción", enfoque que tiene el mérito de una flexibilidad casi ilimitada y cierto aire de sofisticada superficialidad.⁵⁰ Resulta mejor pensar en "AMP" (como sus partidarios, grandes aficio-

⁴⁴ Chevalier, *Land and Society*, p. 176; Harrison, *A Mexican Family Empire*, pp. 5-6.
⁴⁵ Véase Rodney Hilton, "Introduction", en Hilton *et al.*, *The Transition from Feudalism to Capitalism*, Londres, 1978, p. 30.
⁴⁶ A. G. Frank, *Capitalism and Underdevelopment in Latin America*, Nueva York, 1967; y del mismo autor, *Mexican Agriculture 1521-1630; Transformation of the Mode of Production*, Cambridge, 1979; I. Wallerstein, *The Modern World System: Capitalist Agriculture and the Origins of the European World Economy in the Sixteenth Century*, Nueva York, 1974.
⁴⁷ *Cf.* Cockcroft, *Intellectual Precursors*, pp. XIII-XVI y 29-30.
⁴⁸ Ernesto Laclau, "Feudalism and Capitalism", en Laclau, *Politics and Ideology in Marxist Theory*, Londres, 1977, pp. 15-50.
⁴⁹ Reyna, p. 24; Roger Bartra, "Peasants and Political Power in Mexico: a Theoretical Approach", *Latin American Perspectives*, V (1975), pp. 125-129.
⁵⁰ *Ibid.*, p. 139; Laclau, "Feudalism and Capitalism", p. 42; y para una presentación general de esta postura, John G. Taylor, *From Modernization to Modes of Production*, Londres, 1979.

nados a las siglas, prefieren llamarle) que rendirse a la débil conciliación de usar los términos: "cuasifeudal", "semifeudal", "subcapitalista" o "señorial".⁵¹ Al menos pensar en "AMP" promete un grado de fidelidad a la teoría marxista y reconoce las complejidades de la realidad histórica, todo lo cual representa cierta ventaja con respecto a la posición de Frank. Sin embargo, se hace evidente la dificultad de operar dentro de ese marco teórico, pues si bien es posible identificar los diferentes modos de producción (a menudo de manera descriptiva y banal), su "articulación" permanece en un relativo misterio.⁵² Como ocurre con cierta frecuencia, la elaboración teórica se obtiene a expensas de la claridad. El historiador de hoy debe confrontar estos problemas, aunque sea sólo por el uso general y las fuertes connotaciones de términos como "feudal" y "capitalista". Es posible que el historiador dedicado a sociedades "periféricas", bien sean de África, Asia o Latinoamérica, considere los beneficios de seguir el consejo de Chirot respecto a omitir el "modelo marxista irremediablemente petrificado". Sin embargo, Chirot evita el fuego marxista sólo para consumirse en las llamas del "sistema mundial" de Wallerstein, que bien puede ser un destino peor.⁵³ Pero la autoinmolación no es esencial; el historiador no está obligado a aceptar ninguna teoría general o apriorística. Es evidente que el historiador debe enmarcar sus hipótesis y emitirlas claramente, pero esta actividad es compatible con cierto grado de agnosticismo teórico y terminológico. La preocupación del historiador radica en las generalizaciones, hipótesis y modelos de menor nivel que, con frecuencia, pueden analizarse para obtener resultados igualmente fructíferos desde distintas perspectivas teóricas. En última instancia, lo que cuenta es su carácter fructífero; es decir, sus rendimientos en términos de comprensión histórica. Una perspectiva teórica derivada, digamos, de Hegel o de san Agustín puede resultar estéril, incluso letal, en lo que se refiere a la comprensión histórica. Marx, Weber o Gramsci ofrecen mucho más y sus respectivas contribuciones dependen de la naturaleza del problema histórico específico. La tarea del historiador no es validar ni refutar un cuerpo teórico (de todas maneras, no hay un solo trabajo de historia empírica que pueda lograrlo), sino comprender *wie es eigentlich gewesen* en algún periodo histórico; así, se justifica cierto

---

⁵¹ *Cf.* Mörner, "La hacienda hispanoamericana", pp. 42-43; Bauer, *Chilean Rural Society*, p. 12.

⁵² Bartra, "Peasants", pp. 129-144, hace un acercamiento interesante; *cf.* Taylor, *From Modernization*, pp. 226-275; John Gledhill, "Agrarian Change and the Articulation of Forms (sic) of Production; the Case of the Mexican Bajío", *Bulletin of Latin American Research*, I (1981), pp. 63-80; Schryer, *Rancheros of Pisaflores*, p. 49, habla misteriosamente de una articulación compleja a nivel local, determinada a su vez "por el sistema económico y social más grande". Quizá el intento más claro y constructivo para "operacionalizar" la teoría está en Norman Long, "Structural Dependency, Modes of Production and Economic Brokerage in Rural Peru", en Ivar Oxaal *et al.* (eds.), *Beyond the Sociology of Development Economy and Society in Latin America and Africa*, Londres, 1975, pp. 265-279.

⁵³ Daniel Chirot, "The Growth of the Market and Service Labor Systems in Agriculture", *Journal of Social History*, VII (1974-1975), p. 76.

grado de eclecticismo teórico controlado —y no promiscuo— que, incluso, resulta recomendable.[54]

Por lo tanto, la hacienda tradicional reaccionó a las fuerzas del mercado (en el "nivel de la circulación") mientras se apoyaba en relaciones no capitalistas (en el "nivel de la producción") o, si se permite la teleología, en relaciones precapitalistas. Ambos enfoques teóricos contienen verdades parciales. Pero, de la misma manera, ambos omiten ciertos desarrollos vitales: la rápida comercialización de la agricultura observada a fines del siglo XIX, revirtió el *statu quo* y provocó un cambio que fue cuantitativo y cualitativo por igual. Para Frank, la integración al mercado es un hecho que data del siglo XVI; por lo tanto, sólo pueden considerarse las oscilaciones en el grado de integración.[55] Para sus opositores, el cambio social más importante está ligado a la transformación de las relaciones de producción que, en el caso de México, y quizá en el de Latinoamérica, no se llevó a cabo sino hasta el segundo o tercer cuarto del siglo XX.[56] Ambos planteamientos, debido a sus respectivas posturas teóricas, no reconocen la importancia de la comercialización agraria de fines del siglo XIX, hecho que la mayoría de los historiadores subrayan.[57] Más aún, si se busca un *point d'appui* teórico desde el cual sea posible valorar este desarrollo histórico, el especialista que se adhiera al precepto del eclecticismo controlado, bien puede recurrir al "espíritu del capitalismo" a la manera de Weber; una ética de esta naturaleza, dedicada al principio de "ganar más y más dinero", a la destrucción del "tradicionalismo" y a la subversión de la "vieja, displicente y cómoda actitud frente a la vida" afectó claramente a los terratenientes mexicanos de la época, tanto a los importantes como a los menores.[58] Esta ética incluso se manifestó en las formas de la ideología "desarrollista" que, debido a su insistencia en el ahorro, el trabajo, la higiene y el progreso, podrían considerarse una sustitución del protestantismo.[59] Esto no significa que la ética fuera determinante. Su relación con la acción bien pudo ser de "afinidad electiva" o, si se acepta la supremacía causal de la base económica, de racionalización y refuerzo. Sin embargo, lo que

---

[54] La cita rankeana no implica una creencia en la historia libre de valores de Rank. Sin embargo, la aceptación de cierto grado de subjetividad no necesariamente abandona a la deriva al historiador en un mar de relativismo, en donde todas las interpretaciones-teorías son igualmente válidas (y no válidas), tal como sugiere casi E. H. Carr. Los grados de objetividad son posibles, y los datos-criterios objetivos existen, y mediante éstos se pueden juzgar distintas interpretaciones: véase Talcott Parsons, "Weber's Methodology of Social Science", en Max Weber, *The Theory of Social and Economic Organization*, Nueva York, 1969, pp. 9-10.

[55] Frank, *Capitalism and Underdevelopment*, pp. 27 y ss.

[56] Laclau, "Feudalism and Capitalism", p. 30; Bartra, "Peasants", p. 127; véase también Geoffrey Kay, *Development and Underdevelopment: A Marxist Analysis*, Londres, 1977, pp. 96-156.

[57] Arnold Bauer, *Chilean Rural Society*, pp. 62-82; "Introduction: Patterns of Agrarian Capitalism in Latin America", en K. Duncan e I. Rutledge (eds.), *Land and Labour in Latin America*, Cambridge, 1977, pp. 4-5.

[58] Max Weber, *The Protestant Ethic and the Spirit of Capitalism*, Londres, 1974, pp. 53-57 y 67-69 [ed. en español: *La ética protestante y el espíritu del capitalismo*, Buenos Aires, Diez, 1976].

[59] Véanse pp. 57-58 y 76-77.

importa es que la nueva ética prefiguró, si bien no creó, nuevas condiciones económicas en las que la búsqueda racional de ganancias contó con un gran potencial y exigió una "estricta frugalidad" y compromiso ante la reñida competencia.[60]

En la medida en que creció la demanda y mejoraron las comunicaciones, los terratenientes se colocaron en una posición que les permitió servirse de ambas, tal como habían aprovechado la desamortización de los predios eclesiásticos en la generación precedente.[61] Así, la comercialización agraria fortaleció muchos aspectos del sistema preexistente de tenencia y explotación de la tierra. En algunas regiones, los rancheros se beneficiaron y su papel se analiza en párrafos posteriores. Pero, a menos que se clasifique a los rancheros como "burguesía campesina" (como algunos han hecho, a riesgo de dar pie a interpretaciones erróneas), no es posible afirmar que la agricultura campesina en México respondiera a las oportunidades comerciales al estilo vigoroso de los campesinos de otras partes del mundo, como por ejemplo los del África occidental.[62] Por el contrario, y debido a razones perfectamente lógicas, los campesinos mexicanos se resistieron a la comercialización. De hecho, los protagonistas y beneficiarios principales fueron los hacendados, cuyo previo dominio político y económico les confirió enormes ventajas bajo las nuevas condiciones comerciales; así, fue posible que aprovecharan estas ventajas sin romper de manera significativa e inmediata con sus antiguas prácticas. La oferta de trabajo existente pudo incrementarse para aumentar la producción; al igual que en el pasado, se modificaron los patrones de reclutamiento laboral, arrendamiento y aparcería, sin alterarlos radicalmente. También fue posible ampliar las tenencias de tierras. El cultivo de los predios existentes creció. Por lo tanto, en lo que se refiere a tierra y trabajo, la creciente producción implicó un desarrollo lineal; es decir, más de lo mismo y no una revolución tecnológica o del uso del trabajo. Dicha estrategia pudo adoptarse, ante toda expectativa de obtención de ganancias, debido al carácter de la economía política agraria existente y a su potencial desaprovechado.

La fuerza de trabajo de la hacienda era de tres tipos principales: trabajadores residentes (peones acasillados), trabajadores temporales, y aparceros o arrendatarios.[63] Los residentes dedicados al trabajo de las tierras de la hacienda eran la esencia de la fuerza laboral, pero su condición variaba de una región a otra: en el norte y en el centro prevalecían condiciones distintas a las del sur o el Istmo. En el primer caso, los peones vivían en las tierras de la

---

[60] Weber, *Protestant Ethic*, p. 68; cf. Christopher Hill, "Protestantism and the Rise of Capitalism", en *Change and Continuity in Seventeenth Century England*, Londres, 1974, pp. 99-100.

[61] Jan Bazant, *Alienation of Church Wealth in Mexico: Social and Economic Aspects of the Liberal Revolution 1865-1875*, Cambridge, 1971, pp. 288-290.

[62] Schryer, *Rancheros of Pisaflores*, p. 7; cf. Polly Hill, *Studies in Rural Capitalism in West Africa*, Cambridge, 1970.

[63] Katz, "Labor conditions", p. 4 (condenso dos de las categorías de Katz).

hacienda, habitaban en chozas alrededor del casco y asistían a la capilla de la misma. Había casos en los que les estaba vedado poner un pie fuera de sus límites; en una hacienda, por ejemplo, se requería que los peones entonaran himnos en honor al santo patrón del amo, antes de iniciar las labores matutinas.[64] Éstos son buenos ejemplos de la supervivencia del antiguo paternalismo colonial. Los peones (afirma Eric Wolf) consideraban al hacendado como padre adoptivo y se identificaban con su poder y riqueza. La violación de las jóvenes campesinas por el hacendado era tomada como señal de preferencia; además, los peones cuidaban la tumba de su amo.[65] Sin embargo, a finales del siglo XIX, estos nexos personales y paternalistas se debilitaron.[66] La comercialización y el ausentismo infligieron pérdidas; en el norte, el fin de las guerras contra los indígenas debilitó la relación entre peones y terratenientes, y, ya para 1910, comenzaron las quejas de los hacendados acerca de la poca confiabilidad de sus trabajadores; algunos señalaron que la causa estaba en el declinar de la religión.[67]

Para entonces, la dependencia económica fue el principal factor que sirvió para vincular al peón con la propiedad, y ya no el de un sentimiento de respeto. Es más, esta dependencia económica era sólo en parte —e incluso decreciente— producto de la deuda del peón. Es indudable que a principios del siglo XIX, los hacendados fortalecieron la institución colonial del peonaje endeudado (mediante la cual el trabajador recibía un anticipo de su salario, sin poder abandonar la hacienda en tanto no liquidara su deuda).[68] De esta manera los terratenientes aseguraban la fuerza de trabajo en regiones de población escasa como en Coahuila, o en zonas donde la población indígena rehusaba someterse al trabajo de la hacienda, como en Oaxaca o Yucatán. En estos últimos casos, la deuda actuaba en todo el territorio para acorralar al indígena y obligarlo a abandonar el pueblo e incorporarse a la hacienda. Pero como han mostrado investigaciones recientes, el peonaje endeudado establecía una relación ambigua, capaz de interpretarse de diferentes maneras. Podía actuar como mecanismo para perpetuar la forma del vasallaje laboral o indicar la incapacidad de negociación de los peones que aumentaban su crédito y eran retenidos por terratenientes deseosos de mantener una fuerza de trabajo estable.[69]

[64] *Ibid.*, p. 27; David Ronfeldt, *Atencingo: the Politics of Agrarian Struggle in a Mexican Ejido*, Stanford, 1973, p. 8.

[65] Wolf, *Sons*, pp. 208-210; Wistano Luis Orozco, en Silva Herzog, *La cuestión*, I, p. 217; Gadow, *Through Southern Mexico*, p. 80.

[66] Puede argumentarse la importancia de tales vínculos en tiempos anteriores, y la investigación revelaría sin duda diferencias regionales mayores; sin embargo, es clara su disminución.

[67] Ankerson, *The Cedillos*, cap. I, tesis, p. 5; Margolies, *Princes*, p. 30; Katz, *Servidumbre agraria*, p. 48; Fuentes Mares, *Y México se refugió*, p. 244; Womack, *Zapata*, p. 42.

[68] Katz, *Servidumbre agraria*, pp. 18-19.

[69] Véase el excelente artículo de Arnold Bauer, "Rural Workers in Spanish America: Problems of Peonage and Oppression", *Hispanic American Historical Review*, LIX (febrero de 1979), pp. 34-63, y los comentarios, pp. 478-489.

A pesar de los intentos legislativos por limitar la escala de las deudas, éstas permanecieron elevadas, incluso en el centro y en partes del norte de México, y fue hasta la Revolución cuando estas condiciones cambiaron.[70] Abundaban las quejas en contra de los terratenientes, debido a que éstos modificaban cifras con el fin de incrementar y perpetuar las deudas; se decía que los maestros de las haciendas recibían órdenes de no enseñar sino la aritmética más elemental.[71] Sin duda, esos abusos eran frecuentes. Sin embargo, a principios de siglo, el peonaje endeudado había perdido parte importante de su utilidad inicial, al menos en las áreas más pobladas del país. En la medida en que aumentó la población y los salarios reales declinaron, los terratenientes pudieron depender de las fuerzas del mercado para garantizar mano de obra. En muchos casos, descubrieron que era más lucrativo abandonar la explotación directa del campo para sustituirla por un sistema de arrendamiento y aparcería. Algunas haciendas mantuvieron por inercia el antiguo sistema del peonaje endeudado, mientras que otras abolieron la institución sin perjuicio de sus ganancias. Al parecer, en Tlaxcala se relacionaba al sistema de peones con el trabajo ineficaz, mientras que el reclutamiento en el mercado libre garantizaba trabajadores más eficientes y sobrios, quizá aquellos que se habían convertido más plenamente a la disciplina de tiempo y trabajo que requería la agricultura comercial.[72]

En la medida en que disminuyeron los salarios reales, mejoró la posición del peón residente, al menos de manera relativa. El peón tenía cierto grado de seguridad garantizada: techo, alimentos, trabajo y, en ocasiones, una parcela para cultivar. Algunos trabajadores residentes —como los acomodados de la Hacienda de Bocas (S. L. P.); los realeños de Morelos; los pastores vaqueros del norte— gozaban de privilegios especiales en lo concerniente a salarios y condiciones; se identificaban con la hacienda y hubo casos en que tomaron las armas para defenderla.[73] Para los peones que ocupaban el escaño más

---

[70] Katz, *Servidumbre agraria*, pp. 37-42; Moisés González Navarro, "El trabajo forzoso en México, 1821-1917", *Historia Mexicana*, XXVII, núm. 4 (abril-junio de 1978), pp. 588-615; Simón Márquez Camarena entrevistado por María Isabel Souza, 1973, PHOI/113, p. 24; *El Correo*, 26 de febrero de 1910, sobre el "odioso sistema del peonaje endeudado" en La Laguna; los mineros eran también asegurados mediante el enganche.

[71] Luis Cabrera, en Silva Herzog, *La cuestión*, I, p. 296; *cf.* Gruening, *Mexico and its Heritage*, pp. 137-138.

[72] Katz, *Servidumbre agraria*, pp. 37-42 y el reporte de Refugio Galindo (1905) en el mismo volumen, pp. 83-103; aunque la información con respecto a la abolición de las deudas en Tochatlaco (pp. 40 y 100) no encaja con los registros de la hacienda, en los cuales se encuentran niveles significativos de endeudamiento en vísperas de la Revolución: la explicación es dada por Marco Bellingeri, "L'economia del latifondio in Messico. L'hacienda San Antonio Tochatlaco dal 1880 al 1920", *Annali della Fondazione Luigi Einaudi*, Turín (1976), pp. 380 y 407.

[73] Jan Bazant, "Peones, arrendatarios y aparceros: 1868-1904", *Historia Mexicana*, XXIV, núm. 1 (julio-septiembre de 1974), pp. 94-121; Arturo Warman, *Y venimos a contradecir: Los campesinos de Morelos y el Estado nacional*, México, 1976, pp. 67-68; Katz, "Labor conditions", pp. 9-10; Zacarías Escobedo Girón, entrevistado por Ximena Sepúlveda Otaiza, 1973, PHOI/129, p. 2, sobre los acasillados privilegiados en una hacienda de Zacatecas, para lo cual véase también

bajo de la jerarquía, las consideraciones de seguridad estaban ligadas a la obediencia y la sumisión: por ejemplo, en los ingenios morelenses, donde indudablemente existían las vejaciones físicas, el peor castigo era la expulsión.[74] Más aún, la disciplina interna de la hacienda contribuía a mantener la sumisión. Los peones trabajaban en cuadrillas, a menudo bajo estricta vigilancia. En algunas haciendas, se sacaba partido de las divisiones étnicas y tribales entre los trabajadores y hubo capataces, como Fausto Gutiérrez, de Tlahualilo, "adepto a manipular el celo mezquino y el odio subyacente entre los peones".[75] A esto se debió que los trabajadores residentes —aunque no gozaran del privilegio de "ser de confianza"— raras veces desafiaban la autoridad del hacendado o del mayordomo, y en pocas ocasiones participaron en movimientos de protesta durante el Porfiriato. Conforme a las palabras de un patrón, parecían "no estar en una posición elevada en la escala de la civilización... callados, fuertes e industriosos".[76] Una investigación reveló que sus principales defectos eran la pereza y el gusto excesivo por la bebida, rasgos que tanto los elementos "progresistas" del Porfiriato como los de las filas maderistas estaban ansiosos de extirpar.[77]

Sin embargo, la docilidad del peón, basada en la dependencia económica y la rigurosa vigilancia, tanto como en el sentimiento de respeto, no era inmutable ni absoluta. Cuando surgía la oportunidad, se manifestaban las quejas en contra de la cargadilla (la deuda inflada); las tiendas de raya y su manipulación de precios y créditos, y la crueldad de los capataces, quienes despreciaban y maltrataban a los trabajadores.[78] A menudo, estas quejas se dirigían contra los españoles, quienes contaban con posiciones clave como tenderos, oficinistas, administradores o capataces. La antigua antipatía hacia los "gachupines" se exacerbaba ante esta confrontación social en el campo, y los españoles —más que los norteamericanos— cargaron el peso de la xenofobia en los años que siguieron a 1910.[79] Además, a pesar de que los peones residentes carecían de las ventajas de los pobladores libres y de que sus demandas más inmediatas se referían a salarios y condiciones de trabajo, no fueron

Harry E. Cross, "Living Standards in Rural Nineteenth-Century Mexico: Zacatecas 1820-1880", *Journal of Latin American Studies*, X (1978), pp. 1-19, y del gobernador de Zacatecas a Trabajo, 12 de septiembre de 1916, *Trabajo* 31/3/5, que indica la continuidad del privilegio económico.

[74] Warman, *Y venimos a contradecir*, pp. 67, 70 y 72.

[75] *Ibid.*, p. 73; Margolies, *Princes*, p. 26; Katz, *Servidumbre agraria*, pp. 31, 39 y 95; O'Hea, *Reminiscences*, p. 33.

[76] Reporte de J. M. Duane, Tlahualilo, 17 de junio de 1896, MCETA, parte 5 y sobre el tema de la pasividad de los peones, Katz, *Servidumbre agraria*, p. 21 y del mismo autor, *The Secret War in Mexico. Europe, the United States and the Mexican Revolution*, Chicago, 1981, p. 11.

[77] Reporte de Galindo en Katz, *Servidumbre agraria*, pp. 83-103; sobre la bebida, véanse pp. 23, 40, 74 y 446-447.

[78] Katz, *Servidumbre agraria*, pp. 39 y 115; Simón Márquez Camarena entrevistado por Isabel Souza, 1973, PHOI/113, pp. 18 y 19; Lewis, *Pedro Martínez*, p. 73; más adelante serán anotados varios ejemplos de castigos revolucionarios infligidos sobre capataces crueles y tenderos impopulares.

[79] Knight, *Nationalism, Xenophobia and Revolution*, pp. 178-199 y 301-309.

indiferentes a la cuestión de la reforma agraria. Después de todo, algunos se habían visto despojados de sus tierras en épocas relativamente recientes; otros, apegados a la tradición antigua, "aspiraban más a un pedazo de tierra que a un aumento de salarios".[80] Aunque quizá el tiempo hubiera podido borrar estas actitudes, el deterioro de las condiciones y el temor al desempleo —presentes al principio de este siglo— se encargaron de revivirlas; como ha demostrado Martínez Alier, la reforma agraria habría mantenido la perspectiva de seguridad para los trabajadores cuya situación económica era precaria.[81] Es un error inferir que sólo los campesinos pugnaban por la distribución de la tierra y que los peones o proletarios preferían el incremento de salarios y la sindicalización. La realidad era más compleja y el potencial apoyo popular para el reparto de tierras se extendió más allá de los pueblos tradicionales.

El peonaje alcanzó sus formas más extremas y opresivas en el sur, como resultado directo del aumento en la demanda de productos agrícolas tropicales. En el sur de Veracruz, en Tabasco, Campeche, Yucatán y Chiapas, se observó un sistema muy similar al de los siervos de Europa oriental, ya que las demandas del mercado, mediadas por una estructura social y política adecuada, fortalecieron y extendieron las formas del trabajo servil.[82] Ahí, las haciendas contaban con un flujo de trabajadores de otros sitios: criminales, vagos, prisioneros de las guerras indígenas, disidentes políticos e incluso desviados sexuales que llegaban del centro y del norte enviados por contratistas laborales que con ello lograban importantes ganancias.[83] Además, los hacendados ofrecían anticipos en efectivo para convencer a los indígenas de la región a que abandonaran la sierra de Chiapas o la selva de Yucatán, con el fin de desarrollar así una forma de endeudamiento que (incluso como admite Bauer) tenía poco de la ambigüedad del mismo sistema que se usaba en otras partes del país.[84] Sólo por medio de anticipos, con frecuencia acompañados de licor e intimidación, podían convencer al indígena de romper con su apego al cultivo de subsistencia y vencer la antipatía que experimentaba por la disciplina del trabajo de la hacienda. Los hacendados alemanes en Chiapas explicaban que dichos anticipos servían para contrarrestar la "natural indolencia" de los indios de la sierra.[85] Es evidente que los alemanes de Chiapas se enfrentaron

---

[80] Bazant, "Peones", p. 94.

[81] Juan Martínez Alier, *Haciendas, Plantations and Collective Farms: Agrarian Class Societies. Cuba and Peru*, Londres, 1977, pp. 15-16. Para el punto de vista "ortodoxo", véase E. J. Hobsbawm, "Peasants and Rural Migrants in Politics", en Claudio Véliz (ed.), *The Politics of Conformity in Latin America*, Oxford, 1967, p. 56.

[82] La comparación está más completa —con Chile como el ejemplo principal de América Latina— en Cristóbal Kay, *Comparative Development of the European Manorial System and the Latin American Hacienda System*, tesis de doctorado (inédita), Sussex, 1971, pp. 174, 179-185 y ss.

[83] Katz, *Servidumbre agraria*, pp. 25-33.

[84] Bauer, "Rural Workers", pp. 36-37 y 62.

[85] De Enrique Rau, vicecónsul alemán, San Cristóbal, al gobernador de Chiapas, 27 de septiembre de 1915, AJD, r. 3.

a la versión local de un problema global secular: convertir a los agricultores de subsistencia, acostumbrados a una economía "natural", en trabajadores de hacienda y habituarlos a la disciplina de la producción comercial.[86] La esclavitud era imposible, los intentos por contratar mano de obra extranjera fracasaron, era necesario complementar la fuerza laboral doméstica con reclutamientos locales, integrados por trabajadores formalmente libres, pero en realidad serviles.[87]

En el sur, el empleo de peones, incluso en casos temporales, presentó pocos de los rasgos compensadores que caracterizaron a dicho sistema en el centro o en el norte del país. Es evidente que las denuncias sobre el peonaje en el sur del país descritas por Turner y otros —aunque concedamos un cierto grado de entusiasmo por airear escándalos o corrupción— estaban apegadas a la realidad, como Madero aceptó.[88] De nuevo, la disciplina, a cargo de los capataces, era severa y el uso del látigo y el fuete estaba generalizado. La bebida era el principal consuelo y pocas eran las esperanzas de longevidad. Los indígenas locales tenían presente que de los trabajadores destinados a los campos de tabaco en Valle Nacional, "muchos iban pero pocos retornaban", y aunque la región era particularmente conocida (los estibadores de Veracruz declararon una huelga debido a que "los estaban enviando a Valle Nacional"), no era un caso excepcional.[89] Las deudas se sumaban: en Jonuta (Tab.), muchos peones debían más de 400 pesos, el equivalente al salario de más de tres años. Era obvio que estos peones jamás podrían saldar sus deudas y algunos sufrían castigos corporales al solicitar su amortización.[90] Las deudas aumentaban gracias a los manejos contables deshonestos (se decía que un administrador sumaba la fecha a la deuda de cada peón) y, en desafío a la ley, las deudas se tornaban hereditarias, legitimando una esclavitud *de facto*.[91] El sistema funcionó hasta los días anteriores a la Revolución; el dominio de los hacendados sobre la sociedad no fue puesto en tela de juicio por los intereses urbanos ni por el fuerte campesinado independiente. Los hacendados adquirirían peones por medio de la transferencia de deudas de un libro de hacienda a otro. Imperaba una ley no escrita entre los henequeneros de Yucatán, gracias a la cual se prohibía dar alojamiento o empleo a los prófugos. En ese estado, al igual que en la sociedad esclavista del antiguo Brasil, los hacenda-

---

[86] *Cf.* Bauer, "Rural Workers", pp. 53-58; Weber, *Protestant Ethic*, pp. 59-60.

[87] González Navarro, *Vida social*, pp. 168-172; Katz, *Servidumbre agraria*, p. 26.

[88] Turner, *Barbarous Mexico*, pp. 13-33 y 67-111; Joseph, *Revolution from Without*, pp. 119-129; Nevin O. Winter, *Mexico and her People of Today*, Londres, 1913, pp. 188-191; Baerlein, *Mexico*, pp. 145-166 y 178-189; Madero, *Sucesión presidencial*, pp. 191-193 y 238; y a M. Mestre Ghigliazzi, 25 de julio de 1912, AFM, r. 12.

[89] Gruening, *Mexico and its Heritage*, p. 139; de R. Hernández a Pérez Rivera, 7 de diciembre de 1912, AG 889.

[90] González Navarro, "Trabajo forzoso", p. 599; Katz, *Servidumbre agraria*, p. 48.

[91] Baerlein, *Mexico*, pp. 148-149; *cf.* Gruening, *Mexico and its Heritage*, p. 138; Joseph, *Revolution from Without*, p. 124.

dos empleaban cazadores profesionales de fugitivos que estaban dispuestos a allanar las casas en busca de su presa.[92]

Si la miseria por sí sola provocara la rebelión, regiones como las de Valle Nacional hubieran sido un hervidero. Pero, como han señalado varios especialistas (quizá con cierta ligereza), el peón endeudado del sur no significó una contribución importante a la lucha popular armada. Cuando surgió la liberación, ésta llegó del exterior; no se instrumentó desde abajo. Deferencias y dependencia económica no explican el fenómeno. El dominio de los hacendados construyó una muralla de control social y represión que, en desafío a los retos concertados en el interior, exigió para su desmantelamiento la intervención de extraños. La estricta disciplina (en cuya implantación destacaban, nuevamente, españoles, cubanos y canarios), la combinación de la violencia pública y la privada, el dominio de los hacendados sobre la política local, fueron factores que mantuvieron el sistema. Los peones, enviados a tierras extrañas y palúdicas, sin orígenes ni tradiciones comunes e incluso sin compartir la misma lengua, y enfrentados, además, a la lejanía y debilidad de las aldeas libres del sur, se hallaron imposibilitados para oponer resistencia o escapar. Al parecer, los peones del sur no pudieron desarrollar una cultura de contrapeso, basada en la adaptación y la resistencia combinadas, como lo hicieron los esclavos en los Estados Unidos; tampoco lograron "forjar un mundo propio dentro del mundo configurado principalmente por sus opresores".[93] En las haciendas nuevas de Veracruz, Tabasco, parte de Yucatán y Chiapas, la condición de los peones correspondió más al concepto de esclavitud de Elkins —desarraigo, opresión, aplastamiento dentro de una "institución total"— que a la condición de los esclavos en los Estados Unidos.[94]

Rígida, estratificada y ostensiblemente estable, la autoridad de los hacendados no quedó al margen de los desafíos ni fue inmutable. Focos de resistencia campesina aparecieron en el occidente de Tabasco, en las sierras de Chiapas y en las selvas yucatecas, así como en el Istmo. Simultáneos a la Revolución, en las propias haciendas surgieron brotes repentinos y sangrientos de rebeldía que recordaban las revueltas de esclavos en Cuba y en Santo Domingo.[95] Asimismo, ocurrieron cambios no muy espectaculares en los cimientos del sistema. Los elevados niveles de endeudamiento representaban una carga y un riesgo para las haciendas, y un trabajo servil de semejante naturaleza carecía de la "ética de trabajo" requerida; su rendimiento, en términos de productividad, era bajo.[96] Hacia el final del Porfiriato, algunos hacendados

[92] McGoogan, Progreso, 19 de marzo de 1911, SD 812.00/1084; Katz, *Servidumbre agraria*, p. 32.
[93] Eugene Genovese, *Roll Jordan Roll, The World the Slaves Made*, Nueva York, 1974, pp. 587-591. Sobre la inmovilidad de los peones del sur: Katz, *Secret War*, p. 11; Walter L. Goldfrank, "Inequality and Revolution in Rural Mexico", *Social and Economic Studies*, XXV (diciembre de 1976), pp. 401-402.
[94] Stanley Elkins, *Slavery: A Problem in American Institutional and Intellectual Life*, Chicago, 1959.
[95] Véanse pp. 265-266.
[96] González Navarro, "Trabajo forzoso", pp. 599-601; Katz, *Servidumbre agraria*, pp. 59 y 100.

descubrieron las ventajas de la mano de obra libre y adoptaron este sistema, ofreciendo salarios más altos para reclutar gente y contratando trabajadores a destajo para elevar la producción.⁹⁷ Las primeras en cambiar su sistema fueron las haciendas que estaban en manos de extranjeros, ya que carecían de algunas ventajas extraeconómicas y políticas de las que gozaban los hacendados mexicanos.⁹⁸ Por otra parte, era posible realizar el cambio sin arriesgar demasiado ya que, por esos años, entraron nuevos factores en juego: ganancias más altas, salarios más bajos y, en relación con esto, oferta creciente de trabajadores dispuestos a realizar el trabajo de la hacienda. Este último factor no sólo demográfico, era también el reflejo de la inculcación gradual de la ética de trabajo, establecida por los hacendados, ya fuese por la fuerza o el convencimiento, con el propósito de sacar a los indígenas de su "natural indolencia" y formarlos en la nueva disciplina. Este desarrollo aún era incipiente en 1910, pues las formas serviles seguían siendo la norma. Las ganancias estables y la completa inercia aseguraban el sistema. La transición del trabajo servil a la mano de obra libre hubiera sido lenta y gradual, si la dinámica interna del sistema no hubiera recibido poderosos golpes desde el exterior.

Es razonable suponer que la aceptación de la nueva ética de trabajo dependió, principalmente, del incremento en la mano de obra temporal y migratoria. Las haciendas siempre habían dependido de inyecciones adicionales de mano de obra para complementar el trabajo de los peones acasillados durante los periodos de siembra y cosecha; estos empleos se tornaron más atractivos ante el crecimiento de la población y la caída de los salarios reales. A menudo, los peones residentes representaban sólo una minoría reducida de la fuerza de trabajo de la hacienda.⁹⁹ Pero, mientras las haciendas en las regiones más habitadas podían atraer mano de obra del pueblo (incluso utilizaban el recurso de arrendar parcelas que alguna vez habían sido patrimonio del pueblo), las menos favorecidas por la proporción de mano de obra y tierra se veían obligadas a reclutar campesinos de zonas lejanas.¹⁰⁰ Como se ha señalado, en el sur, dicho reclutamiento era acompañado por abusos y coerción. Pero incluso ahí, y *a fortiori* en otras partes, el convencimiento genuino era necesario, especialmente donde se requería que los trabajadores temporales se convirtieran en peones regulares. En el distrito de Zongolica en Veracruz, los terratenientes de la tierra templada reclutaban a sus trabajadores temporales en los pueblos vecinos, mientras que en las zonas calientes

⁹⁷ González Navarro, "Trabajo forzoso", p. 603; Katz, *Servidumbre agraria*, p. 59; Ruiz, *Great Rebellion*, p. 98; Jorge Flores D., "La vida rural en Yucatán en 1914", *Historia Mexicana*, X, núm. 3 (enero-marzo de 1961), p. 479.

⁹⁸ Heather Fowler Salamini, *Agrarian Radicalism in Veracruz 1920-1938*, Lincoln, 1978, pp. 7-8; Henry H. Harper, *A Journey in South-eastern Mexico*, Nueva York, 1910, p. 61.

⁹⁹ Katz, "Labor Conditions", pp. 4-5; Katz, *Servidumbre agraria*, pp. 29 y 78-79; entre las plantaciones de azúcar, café y caucho del distrito de Zongolica, Veracruz, la proporción de peones "fijos" a peones de "cosecha" era por lo general en el orden de 1:5, algunas veces hasta 1:8 o 1:9; véase el reporte de la producción agrícola, 1911, AZ f. 74, r. 9.

¹⁰⁰ González Navarro, *Vida social*, p. 233; Vanderwood, *Disorder and Progress*, pp. 80-81.

era necesario depender de emigrantes que llegaban de las regiones altas pobladas de Tlaxcala y Puebla, y para quienes los anticipos en efectivo o las deudas no actuaban como factores de atracción.[101] De manera similar, los aldeanos empobrecidos de Naranja (Mich.) recorrían la costa del Pacífico en busca de trabajo temporal que, sin importar cuán desagradable o pesado fuera, significaba una valiosa fuente de ingresos.[102] El trabajo de esta índole inculcaba nuevas formas de disciplina pero, como ha señalado Favre en el caso de la sierra peruana, el ingreso así ganado servía, no para disolver sino para fortalecer la solidaridad entre la comunidad de emigrantes.[103]

Si, desde esta perspectiva, el trabajo asalariado migratorio mostraba una naturaleza ambigua, desde la óptica del hacendado que dependía de tal mano de obra exigía nuevos y "modernos" enfoques, en los cuales los incentivos económicos derrotaran a la coerción o las formas *de facto* de las rentas en trabajo. El emprendedor gachupín, don Juan de la Fuente Parres, quien explotaba dos haciendas en el norte del Estado de México, reclutaba a sus trabajadores "en sitios tan distantes como Toluca y Zinacantepec gracias a la reputación de sus elevados salarios y su trato justo". Algunos cultivadores de algodón de La Laguna, como Madero, dependían de la migración regular del Bajío, y pagaban salarios mejores, impartían enseñanza y ofrecían servicios médicos y otros beneficios.[104] Aunque tachados de "paternalistas", estos hacendados eran diferentes a los antiguos terratenientes cuyo paternalismo tradicional significaba regir la vida del peón acasillado.[105] Este último sacrificaba la movilidad en aras de la seguridad; durante las épocas de recesión, su aislamiento de la economía monetaria le permitía contar con una protección real y la hacienda le garantizaba su alimentación.[106] Los trabajadores asalariados migratorios estaban en posición de buscar empleos mejor remunerados, pero quedaban a merced del mercado y cuando éste caía, como sucedió después de 1907, se enfrentaban al desempleo y a la mendicidad. Entre 1908 y 1909, esta situación se manifestó ampliamente en la región de La Laguna.[107] Si bien, los terratenientes ilustrados como Madero lucharon por aliviar estas condiciones (aquí, de nuevo, los extranjeros tomaron la delantera), lo cierto es que la hacienda era un negocio cuyo fin consistía en aumentar las ganancias y no en la caridad; no podían combatir los efectos combinados de la sequía y la recesión. Bajo estas circunstancias "los nuevos métodos paternalistas" (que en el fondo consistían en eficiencia comercial para enfrentarse a la escasez de mano de obra) comenzaron a debilitarse. Haciendas y minas despidieron a

[101] Reporte de producción agrícola, 1911, AZ f. 74, r. 9.
[102] Friedrich, *Agrarian Revolt*, p. 46.
[103] Henri Favre, "The Dynamics of Indian Peasant Society and Migration to Coastal Plantations in Peru", en Duncan y Rutledge, *Land and Labour*, pp. 253-267.
[104] Margolies, *Princes*, p. 30; Katz, *Servidumbre agraria*, p. 44; Octavio Paz, "El latifundismo en el Norte", *Crisol*, julio de 1931, sobre la familia Moncada de Durango.
[105] Katz, *Servidumbre agraria*, p. 44.
[106] Katz, "Labor Conditions", p. 4; Bazant, "Peones", pp. 99-103; Margolies, *Princes*, p. 28.
[107] Dollero, *México al día*, pp. 211 y 214; Katz, "Labor Conditions", pp. 34-36.

sus empleados, y el norte pagó el precio de su alto nivel de mano de obra asalariada libre y móvil. El problema se agravó por la repatriación de millares de los más intrépidos emigrantes: los braceros, quienes a partir de finales de la década de 1890, llevaron la movilidad laboral a la conclusión lógica de viajar a los Estados Unidos, la mayoría de manera ilegal, por lo que es imposible precisar su número.[108]

A menudo, la tierra de la hacienda, cultivada por peones residentes y trabajadores asalariados, representaba sólo una mínima parte de las propiedades, incluso en los casos en que eran altamente comerciales. Las propiedades de la familia García Pimentel en Santa Clara y en Tenango, que producían azúcar por valor de un millón de pesos en 1909, destinaban sólo 10% del terreno al cultivo de la caña; dos terceras partes del cual permanecían sin cultivar. El terreno restante era montaña y bosque en una proporción de 20%. El 30% eran tierras de pastura, y poco más de 40% no contaba con riego y estaba dedicado al cultivo del maíz por aparceros.[109] Esta forma de distribución era frecuente en Morelos. Es más, en todo México los hacendados luchaban por diversificar la producción, no en busca de autosuficiencia a la manera feudal, sino con el fin de equilibrar riesgos y tener más oportunidades de mercado. Lo anterior explica el surgimiento de propiedades que producían una gama de cultivos mediante una variedad de métodos —tierras cuyas dimensiones y numerosas actividades impresionaban a los visitantes extranjeros—.[110] Conforme a ese sistema, la aparcería y el arrendamiento jugaban un papel vital, ya que representaban un medio para utilizar tierras no irrigadas y enfrentaban riesgos que, de otra forma, hubieran recaído en los hacendados. Al parecer, eran un recurso común, aunque los hacendados preferían arrendar tierras, como en el ejemplo del norte de Guerrero.[111] Los términos de los convenios de aparceros variaban de una región a otra, de acuerdo con la naturaleza de la cosecha y los insumos relativos (en relación con semilla, animales o herramientas) de terratenientes y arrendatarios, pero es indudable que el sistema de aparceros creció durante el Porfiriato y, para 1910, estaba generalizado.[112]

Los aparceros se establecieron particularmente en el Bajío, el granero del país, donde el excedente de la población concedía a los terratenientes una situación ventajosa para las negociaciones. Poco antes de la Revolución,

---

[108] El hacendado potosino José Encarnación Ipiña reportó a los trabajadores dirigiéndose en "manadas" hacia los Estados Unidos: Ankerson, *Cedillos*, tesis, cap. I, p. 23. Véase también Ruiz, *Great Rebellion*, p. 85; F. González Roa, *El aspecto agrario de la Revolución mexicana*, México, 1919, p. 197; Mario T. García, *Desert Immigrants: The Mexicans of El Paso 1880-1920*, Yale, 1981, pp. 34-35 y 244.

[109] Warman, *Y venimos a contradecir*, pp. 55-56.

[110] De Szyszlo, *Dix milles kilomètres*, pp. 244, 257 y 286; Huxley, *Beyond the Mexique Bay*, p. 163.

[111] Jacobs, "Aspects", p. 79.

[112] Katz, *Servidumbre agraria*, pp. 35, 51 y 104; Ruiz, *Great Rebellion*, p. 81; Ankerson, *Cedillos*, tesis, cap. I, p. 24.

casi todo el maíz producido en los alrededores de León era trabajo de aparceros, mientras que las tierras irrigadas de las haciendas se destinaban al cultivo de trigo.[113] No obstante, sería un error inferir que esto representaba la disolución interna de la hacienda, pues no sería sino capitular ante el principio de Chayanov.[114] Ventas y legados fragmentaron algunas haciendas, pero la "fragmentación" debida a los aparceros era un asunto diferente, pues el terrateniente mantenía el control. Los aparceros ofrecían la oportunidad de delegar responsabilidades y riesgos "sin perjuicio... [del] control".[115] Los riesgos se hicieron evidentes tanto para los arrendatarios como para los trabajadores migratorios durante los difíciles años de principios de este siglo. El crecimiento demográfico ya había cambiado los términos de las negociaciones con los aparceros para beneficio de los terratenientes. Durante esa época, las cosechas pobres (a las cuales eran particularmente vulnerables los arrendatarios de tierras de temporal) agudizaron el problema. En Guanajuato, la mayoría de los aparceros habían contraído deudas; algunos se vieron obligados a sacrificar su precaria independencia para convertirse en peones o labriegos a sueldo.[116] Bajo estas circunstancias, la división de la cosecha provocaba tensiones ya que el terrateniente exigía su parte y el aparcero hacía todo lo posible por evitar o reducir su pago. Un administrador recordaba: "Como representante de los propietarios de la hacienda, experimenté el resentimiento del trabajador al estar obligado a ceder parte de su producto por el solo hecho de que el propietario tuviese un documento que avalaba su derecho sobre las tierras, documento que, si era necesario, podía obligar a cumplir amparado en el poder de la ley".[117] En 1901, en Durango, los aparceros se "rebelaron", al rechazar los términos del contrato y buscar terratenientes mejores.[118] Al parecer, durante el siglo XVIII la mayoría de las protestas en las haciendas provenían de los aparceros y no de los peones; dichas protestas no sólo reflejaron su descontento, sino también su enorme capacidad de resistencia y su apreciada, aunque precaria, independencia.[119] Más tarde, las regiones de aparceros como La Laguna y el Bajío presenciaron actividad revolucionaria intensa y violenta, aunque, a menudo, mal dirigida. El administrador de una hacienda no dudó al afirmar que, "era evidente que el sistema dio pie a algunos abusos que nutrieron la revolución".[120] Asimismo, en el norte de Guerrero, en términos generales, no hubo un movimiento agrario con base en los

---

[113] Brading, *Haciendas and Ranchos*, pp. 12 y 206.
[114] *Ibid.*, pp. 10 y 205-206.
[115] Margolies, *Princes*, p. 34.
[116] Ankerson, *Cedillos*, tesis, cap. I, p. 24; Katz, *Servidumbre agraria*, p. 36; Julián Malo Juvera citado en Marte R. Gómez, *La reforma agraria en las filas villistas*, México, 1966, pp. 234-238; Tannenbaum, "Revolución agraria", p. 51.
[117] O'Hea, *Reminiscences*, pp. 31-32.
[118] González Navarro, *Vida social*, p. 234.
[119] Katz, "Labor Conditions", p. 10.
[120] O'Hea, *Reminiscences*, p. 32.

pueblos; los resentidos, sin embargo, por el alquiler de tierras se sumaron con un contingente rural numeroso a las fuerzas revolucionarias.[121]

El control que ejercía la hacienda sobre los trabajadores —peones, inmigrantes, aldeanos y aparceros— dependió de una gama de fuerzas políticas y "extraeconómicas".[122] La intervención del hacendado en la política era evidente. Los terratenientes dominaron la política de San Luis Potosí y usaron su influencia para solucionar conflictos específicamente agrarios; los hacendados de Morelos, aunque no ocuparon cargos oficiales, marcaron el derrotero político en el estado; inferiores en la jerarquía rural, los caciques combinaron su fortuna con el poder político local y los rancheros acomodados controlaron la política regional.[123] En un nivel más general, el poder del Estado sirvió a los intereses de los terratenientes en lo que respecta a aranceles, créditos agrícolas, impuestos y, principalmente, en lo concerniente a legislación agraria.

Incluso las haciendas especializadas en determinadas cosechas —azúcar en Morelos, zacatón en el Estado de México, lechuguilla en San Luis Potosí— también cultivaban cosechas básicas. Por lo tanto, estas haciendas, así como las productoras de cereales en el Bajío, se beneficiaban con el alza de precios de maíz, trigo, frijol y chile y, al igual que en los días de la Colonia, obtuvieron cuantiosas ganancias durante las épocas de escasez.[124] No obstante, a principios del siglo XX y ante la caída de los precios de cereales en el mundo entero, la torpeza de los productores mexicanos exigió protección frente a las importaciones baratas. Al igual que muchos terratenientes con poder político en otros países cuyos patrones de desarrollo agrario eran similares, los hacendados recibieron protección.[125] Los impuestos sobre el maíz y el trigo representaban una prima anual de ocho pesos por hectárea cultivada. Además, las tarifas preferenciales en la carga ferroviaria favorecieron la exportación de bienes en perjuicio de los productos destinados al consumo interno.[126] Se incrementó el precio de alimentos básicos y se desalentó la competencia extranjera. Por lo tanto, los productores de cereales del Bajío obtuvieron ganancias más elevadas por hectárea (46%) que sus equivalentes en el cinturón del maíz norteamericano (26%) a pesar de que este último era dos veces más

[121] Jacobs, "Aspects", pp. 79 y ss.

[122] Barrington Moore, *Social Origins*, p. 434; y Maurice Dobb, "From Feudalism to Capitalism", en Hilton *et al.*, *Transition*, pp. 165-166, para una afirmación "ortodoxa".

[123] Ankerson, *Cedillos*, tesis, cap. I, p. 20; Womack, *Zapata*, pp. 50-52; Jacobs, "Aspects", pp. 57-63; Schryer, *Rancheros of Pisaflores*, pp. 63-65.

[124] Warman, *Y venimos a contradecir*, pp. 55-57; Margolies, pp. 21-22; Ankerson, *Cedillos*, tesis, cap. I, pp. 23-24; *cf.* Enrique Florescano, *Precios de maíz y crisis agrícolas en México (1708-1810)*, México, 1969, pp. 182-195, y Gruening, *Mexico*, p. 132, sobre la importancia prolongada de la producción principal de la hacienda.

[125] *Cf.* Barrington Moore, *Social Origins*, pp. 434-437.

[126] González Roa, *Aspecto agrario*, pp. 98-99, cita a Lauro Viadas; Molina Enríquez, *Grandes problemas nacionales*, pp. 224-225; Coatsworth, *El impacto económico de los ferrocarriles*, II, pp. 8-24.

productivo.[127] Era razonable aumentar la exportación en respuesta a una demanda creciente, como también era razonable limitar la producción de cosechas básicas y obtener así grandes ganancias con poca producción. Por lo tanto, la producción del maíz se redujo de 2.7 millones de toneladas en 1877 a 2.1 millones de toneladas en 1907, periodo durante el cual la población creció aproximadamente 5.2 millones.[128] En consecuencia, durante los últimos 20 años del Porfiriato el precio de los alimentos básicos se duplicó y, debido a la cosecha pobre de 1908-1909 que ocasionó los incrementos de precios más agudos, la importación de maíz alcanzó niveles sin precedentes.[129]

En el campo, la desigualdad fiscal era muy pronunciada. Entre los indígenas rebeldes del siglo XIX una de las quejas principales era el cobro de impuestos, aunque años después fueron otros los motivos que detonaron los brotes de descontento. Los reformistas de la clase media protestaron por esa desigualdad fiscal y algunos propusieron el "impuesto único" a la manera de Henry George como solución.[130] Es indudable que los impuestos que afectaban la tierra eran desequilibrados y a menudo insignificantes. Se decía que los vendedores de legumbres en el mercado de Guanajuato pagaban más al erario que todos los hacendados del estado; asimismo, los pequeños propietarios de Tenango pagaban más impuesto sobre el pulque, causado por sus escasas plantas de magueyes, que los extensos campos de maguey de Otumba.[131] Los avalúos catastrales quizá nunca fueron muy realistas, como tampoco lograron mantener el ritmo del valor creciente de las tierras. La Gavia, enorme latifundio en el valle de Toluca, cuyo valor real era de seis millones de pesos, pagaba impuestos conforme al valor acordado de 400 000 pesos; las autoridades porfiristas en el territorio de Tepic aceptaban que las tasas catastrales eran anticuadas y que los avalúos actuales (en 1910) deberían aumentar por lo menos 10 veces.[132] Es obvio que los terratenientes procuraron preservar esta situación. Al visitar las haciendas, los inspectores fiscales recibían toda clase de atenciones: cabrito asado y el mejor tequila llegaban a la mesa para contribuir a un ambiente benigno, que permitiera abordar el avalúo catastral en la forma más conveniente.[133] La revisión catastral fue asunto medular de la política reformista posterior a 1910.

El otorgamiento de créditos también favoreció a los terratenientes poderosos. Es evidente que estos privilegios se debían a razones económicas;

[127] González Roa, *Aspecto agrario*, p. 200.
[128] Cossío Silva, "La agricultura", en *Vida económica*, pp. 5, 19 y 21; *cf.* p. 153 más adelante.
[129] Ruiz, *Great Rebellion*, p. 97; Bulnes, *El verdadero Díaz*, p. 236; Ankerson, *Cedillos*, tesis, cap. I, pp. 25-26.
[130] Alvarado, *Reconstrucción*, pp. 181-188; Reina, *Rebeliones campesinas*, pp. 33, 72, 92, 117, 123 y 127.
[131] González Roa, *Aspecto agrario*, pp. 90-94.
[132] *Ibid.*; de Mariano Ruiz, jefe político, de Tepic a Gobernación, 13 de julio de 1910, AG Tepic, 1910-1911, 17/9.
[133] González Roa, *Aspecto agrario*, p. 92; Wistano Luis Orozco en Silva Herzog, *La cuestión de la tierra*, I, p. 219.

ofrecían los mejores avales y los bancos afirmaban que no valía la pena otorgar préstamos al pequeño agricultor.[134] Además, razones personales y políticas influían sobre estas decisiones. Banqueros, comerciantes y terratenientes formaban una oligarquía y, como declaró un francés, *"tout pour nos amis et rien que pour nos amis"*, palabras que bien podían servir de lema para los banqueros mexicanos.[135] Por lo tanto, mientras los pequeños propietarios fracasaban por falta de créditos, los fondos se canalizaban de los bancos y la Caja de Préstamos —organismo estatal de desarrollo agrícola— hacia las haciendas enriquecidas.[136] Los propios hacendados codiciaban más fondos. Algunos, conforme al antiguo estereotipo, derrochaban sus ganancias en consumos suntuarios: bailes, fiestas y viajes a Europa; importaban champaña, *fox terriers*, modas parisinas y tapetes persas; cascos de hacienda palaciegos; jardines y casas campestres a las orillas del lago de Chapala, o mansiones en la nueva y elegante colonia Juárez, en la Ciudad de México.[137] Sin embargo, muchos también reinvertían. Construyeron ramales de las líneas ferroviarias, sistemas de irrigación, plantas de procesamiento de henequén, azúcar, zacatón, café, pulque, así como destiladoras.[138] De manera especial, los ingenios de Morelos pasaron por una "fiebre de maquinización" y algunos invirtieron medio millón de dólares en un solo proyecto.[139]

Cuando los ingresos de la hacienda no permitían cubrir inversiones de tal magnitud, los hacendados hipotecaban sus propiedades para reunir el dinero. Debido a que durante el Porfiriato el valor de la tierra aumentó con rapidez, el aval necesario para préstamos también se incrementó y algunos propietarios aumentaron sus deudas y las renovaron periódicamente. En 1910, enormes hipotecas pendían sobre muchas haciendas, un ejemplo fue el caso de Redo, recién electo gobernador de Sinaloa, quien esperaba usar su posición para "salvar el enorme patrimonio que ha cargado con deudas hasta el último peso".[140] Después de la recesión de 1907, los ingresos de las haciendas cayeron y los banqueros, convencidos por Limantour, cancelaron créditos y exigieron el pago de los préstamos para enfado de algunos clientes importantes.[141] Sin embargo, al parecer, esta situación no tuvo mucho peso en los orígenes de la Revolución. Pocos hacendados se opusieron a Díaz, y entre éstos muchos tenían un historial de oposición que se remontaba a un perio-

[134] Rosenzweig, "Moneda y bancos", en Cosío Villegas, *Vida económica*, pp. 847-848.
[135] De H. Bourgeois a Quai d'Orsay, 11 de agosto de 1912, AAE, Méxique Affaires Commerciales, I, B/28/I, núm. 10.
[136] Rosenzweig, "Moneda y bancos", en Cosío Villegas, *Vida económica*, p. 858; De Szyszlo, *Dix milles kilomètres*, pp. 280-281; González Roa, *Aspecto agrario*, pp. 104-106.
[137] Womack, *Zapata*, p. 51; González Navarro, *Vida social*, pp. 393 y 400-403; Flandrau, *Viva Mexico!*, pp. 130-131; de Szyszlo, *Dix milles kilomètres*, p. 194.
[138] Womack, *Zapata*, p. 49; Margolies, *Princes*, pp. 19-20; Ankerson, *Cedillos*, tesis, cap. I, p. 8.
[139] Warman, *Y venimos a contradecir*, p. 58.
[140] Carta anón., Culiacán, 1º de abril de 1911, SD 812.00/1249.
[141] Rosenzweig, "Moneda y bancos", en Cosío Villegas, *Vida económica*, pp. 856-857; Cockroft, *Intellectual Precursors*, p. 36; Ruiz, *Great Rebellion*, pp. 128-130.

do previo a los problemas financieros de 1907-1910.[142] Sin embargo, la crisis reveló el estado vulnerable de las finanzas agrícolas y subrayó la manera en que los hacendados, deseosos de nuevos créditos, habían sido alentados a ampliar sus propiedades por razones ajenas a la producción.

El área más importante donde se mostraron los favores gubernamentales fue la legislación. Aunque la Constitución prohibía el peonaje, la legislación de varios estados sólo ejerció un control reducido en este aspecto. En Sonora se permitían anticipos por el valor de los salarios de seis meses, en Tamaulipas se autorizaban anticipos equivalentes a un año.[143] Varios estados instrumentaron medidas contra la vagancia, las cuales permitían que las autoridades arrestaran a desempleados y los consignaran al ejército, a obras públicas o al empleo privado en minas y haciendas.[144] Pero estas medidas —frecuentes en las sociedades agrarias divididas entre la agricultura de subsistencia y la comercial— alcanzaron sólo una importancia secundaria en México, debido al crecimiento demográfico y, principalmente, a la población carente de tierras.[145] La política gubernamental fue muy eficaz en auspiciar la expansión de la hacienda a costa del pueblo, y aumentó así el número de despojados y de trabajadores desempleados.

Ya en la década de 1850, los liberales reformistas se habían propuesto fraccionar las concentraciones de tierras en manos de la Iglesia y de los pueblos. Se expropiaron los bienes eclesiásticos pero la conversión de las tierras comunales de los pueblos en tenencias individuales fue un proceso largo y a menudo violento. Durante las décadas de 1850 y 1860 hubo muestras de rebeldía y resistencia a causa de la desamortización; la inestabilidad política y económica mitigó el apetito de los terratenientes.[146] Pero con el advenimiento de la *Pax Porfiriana*, la construcción de redes ferroviarias y el incremento de oportunidades en el mercado, se renovó el ataque a la propiedad comunal. Los legisladores porfiristas satisficieron la nueva glotonería territorial. En 1883, durante el auge ferroviario, se aprobó una ley que estaba ostensiblemente diseñada para promover la colonización de regiones remotas y que permitía al ejecutivo otorgar contratos a compañías deslindadoras cuya obli-

---

[142] Los plantadores de Yucatán, por ejemplo, se vieron fuertemente afectados y se mostraron dispuestos a involucrarse con la oposición política; sin embargo, no prestaron su apoyo a la revolución armada. Los hacendados que sí lo hicieron —Madero, Maytorena, o la señora Eucaria Apreza, de Chilapa, Guerrero— eran opositores desde hacía muchos años, miembros de familias "fuera del sistema", o liberales obcecados; no eran personas recién convertidas a la Revolución, motivados por resentimientos económicos.

[143] González Navarro, "Trabajo Forzoso", p. 602.

[144] *Ibid.*, pp. 595-596 y González Navarro, *Vida social*, p. 235; en San Pedro, Chih., el jefe de la policía actuó contra mineros inmigrantes que habían estado desempleados durante tres días o más (una política aprobada por muchos de los habitantes): *El Correo*, 22 de febrero de 1910.

[145] *Cf.* Basil Davidson, *Africa in Modern History: the Search for a New Society*, Harmondsworth, 1978, pp. 106 y 113; J. Forbes Munro, *Africa and the International Economy, 1800-1960*, Londres, 1976, pp. 104, 110-111 y 140-141.

[146] Reina, *Rebeliones campesinas*, pp. 20-22; Jacobs, "Aspects", pp. 45-46.

gación era localizar terrenos baldíos sin título de propiedad; a cambio de esto, recibían una tercera parte de la tierra en cuestión, mientras que el terreno restante era subastado por el gobierno en el mercado. En teoría, la tierra debería dividirse en lotes menores de 2 500 hectáreas entre los colonizadores. En realidad, esto se cumplía sólo en raras ocasiones y una ley posterior (de 1894) destacó este hecho, liberó el tope de 2 500 hectáreas y definió que todas las tierras que no estaban delineadas estrictamente por títulos legales eran de carácter público, a pesar de que estuvieran ocupadas.[147] Mientras tanto, en circulares del ejecutivo se presionaba para que el proceso de desamortización, es decir la conversión de tierras colectivas en tenencias individuales, se instrumentara hasta su conclusión, y los gobernadores como el de Guerrero dedicaron sus energías a este propósito.[148] Al amparo de estas leyes, empresas e individuos podían denunciar y adquirir parte de las tierras que carecían de títulos de propiedad, las cuales abarcaban no sólo los terrenos vírgenes en el desierto del norte y las selvas del sur, sino también las tierras de los pueblos cuya propiedad era ancestral, o los campos que los labriegos habían ocupado. Esta legislación exigía la presentación en los juzgados de títulos impecables para probar la propiedad, a lo cual se sumó el capricho de la justicia porfirista en el manejo de estos asuntos. Los hacendados que codiciaban tierras contiguas y que conocían la ley —o mejor aún, al juez— podían denunciarlas como públicas y exigir sus derechos. Si el ocupante —aldeano, pastor, labriego o leñador— no podía probar sus derechos, el terreno corría la suerte de la viña de Nabot. Esto sucedía con más frecuencia ahí donde la propiedad de tierras y el poder político se concentraban en las mismas manos. Los caciques locales tomaron ventaja de estas nuevas leyes agrarias, al igual que gobernadores como Molina en Yucatán, Terrazas en Chihuahua, Flores en Guerrero, y Espinosa y Cuevas en San Luis.[149]

Las décadas de 1880 y 1890 fueron testigos de una invasión de tierras sin precedentes, en la medida en que se "abrieron las puertas de par en par a la especulación de terrenos a gran escala".[150] Durante el régimen de Díaz, alrededor de 39 millones de hectáreas sin título de propiedad se convirtieron en propiedad privada; en otras palabras, un área equivalente a California, algo así como la quinta parte del territorio del país.[151] La mayoría de las restantes propiedades comunales de los pueblos se fraccionó en terrenos de tenencia libre. A todo lo largo y ancho del país, la tierra se convirtió en una mercancía que podía ser comprada, cambiada y acumulada; se incrementó su valor, estimulado por la demanda y los precios agrícolas en aumento; y las tenencias

---

[147] McBride, *Land Systems of Mexico*, pp. 73-74; González Roa, *Aspecto agrario*, pp. 128-133.

[148] González Navarro, *Vida social*, p. 203; Jacobs, "Aspects", pp. 45-47, quien nota la continuación de esta política hasta el inicio mismo de la Revolución.

[149] Gruening, p. 128; *El Correo*, 29 de abril de 1909; Anderson, c/o USS Yorktown, Acapulco, 19 de marzo de 1911, SD 812.00/1238; Ankerson, *Cedillos*, tesis, cap. I, p. 20.

[150] Whetten, *Rural Mexico*, p. 98.

[151] González Navarro, *Vida social*, pp. 188 y 196; McBride, *Land Systems of Mexico*, p. 75.

de tierras se concentraron cada vez más en pocas manos, produciendo así una situación de despojo para la gran mayoría.[152] El problema agrario resultante se introdujo en el corazón de la revolución popular. Los científicos como Limantour y Rabasa anticiparon la visión de algunos historiadores recientes y negaron que existiera el problema o lo concibieron en términos puramente técnicos de rendimiento y productividad; no lo reconocieron como nexo causal del levantamiento de 1910-1920.[153] La posición de González Roa fue diferente: "Es preciso buscar en la cuestión de la tierra, la causa fundamental de la mala organización de México y del carácter de sus revoluciones intestinas".[154] Estaba en lo correcto. Pero la argumentación no es fácil y bajo cuatro rubros se intenta al final de esta sección: primero, un examen de la tenencia de tierras en la víspera de la Revolución, destacando el predominio de la hacienda; segundo, una consideración de las implicaciones locales en las diversas formas de tenencia de la tierra (hacienda, rancho, pueblo), con referencia particular a la subsecuente geografía de la Revolución; tercero, las implicaciones nacionales de la producción de la hacienda, y, por último, quizá el renglón más importante, el conflicto social provocado por el rápido proceso de cambio agrario.

Hacia 1910, la tenencia de la tierra alcanzó un grado de concentración sin precedentes. Cuatro quintas partes de las comunidades rurales mexicanas y casi la mitad de la población campesina, se localizaban en el interior de los límites de las haciendas. Los pobladores rurales no sólo carecían de tierras sino que además estaban sujetos al control social y político de la hacienda; en realidad, eran componentes laborales de la hacienda.[155] Algunas haciendas contaban con pueblos enteros: San José el Zoquital (Hgo.) contenía 22 pueblos; San Antonio y Anexas, en el mismo estado, abarcaba 17 pueblos.[156] Aunque algunos campesinos crecían, por así decirlo, en cautiverio (la prole de la propia hacienda), otros provenían de pueblos que habían sido independientes pero que la voracidad de la hacienda había absorbido para convertirlos en parte de nuevos cascos, junto con iglesias, tiendas, talleres y viviendas. Ése fue el destino de varios pueblos antiguos en Durango: San Diego de Alcalá se convirtió en parte de la hacienda El Maguey; Presidio del Pasaje se tornó en una de las haciendas que conformaban el enorme latifundio de Santa Catalina, y San Bartolo, que una vez fuera cabecera municipal, fue casco de hacienda, políticamente anónimo.[157] El dominio de las haciendas fue más evidente en los estados del norte y del centro, donde la población indígena

[152] González Navarro, *Vida social*, p. 198, indica el alza de valor de los terrenos baldíos durante el Porfiriato: de 1.50 a 17 pesos la hectárea en Tlaxcala; de dos a 27 pesos en Morelos; de 50 centavos a siete pesos en Tabasco; de 12 centavos a cuatro pesos en Coahuila, Sonora y Chihuahua.
[153] Taylor, *Landlord and Peasant*, p. 199; Ruiz, *Great Rebellion*, pp. 73 y 96-98.
[154] González Roa, *Aspecto agrario*, p. 7.
[155] Tannenbaum, "Revolución agraria", pp. 23-26.
[156] *Ibid.*, p. 33.
[157] Pastor Rouaix, *Génesis de los artículos 27 y 123 de la constitución política de 1917*, México, 1959, pp. 52-53; Octavio Paz, "El latifundismo en el norte", *Crisol* (julio de 1931).

sedentaria había sido reducida, ahí donde los españoles habían forjado sus enormes propiedades en la Gran Chichimeca: Zacatecas, por ejemplo, donde 76% de la población rural vivía en haciendas, o San Luis Potosí, cuya tasa bajo este rubro era ochenta y dos por ciento.[158]

No obstante, en algunas partes del sur y en el altiplano central, aún sobrevivían los pueblos indígenas y mestizos; circunscritos, rodeados por la hacienda, no pudieron ser borrados del mapa como una entidad distinta y jamás perdieron su anhelo de autogobierno y de independencia económica. Pero la supervivencia tomó muchas formas. Algunos pobladores retuvieron vastas tierras, y otros no poseían más que el fundo legal, la tierra en la que estaba fincado el pueblo. La independencia sin tierra, aunque distinta de la incorporación al interior de los límites de la hacienda, fue precaria. El pueblo podía "elegir" a sus propios representantes y mantener su jerarquía secular y sagrada, pero la falta de recursos lo colocaba en una situación de dependencia respecto de la hacienda. Estos pueblos enclavados eran cada vez más numerosos hacia 1910. Jonacatepec, que algún día fuera floreciente centro del comercio de mulas, permaneció en el estancamiento dentro de los límites del enorme dominio de los García Pimentel. La hacienda de Santa Clara, propiedad de dicha familia, se levantaba a escasos metros de la última calle del poblado.[159] El municipio de Rincón de Ramos (Ags.) estaba completamente rodeado por la hacienda de El Saucillo, que abarcaba 35 000 hectáreas: sus habitantes trabajaban como arrieros, transportaban madera y carbón desde las montañas o eran aparceros de la hacienda.[160] En Durango, Sauces de Salinas estaba enclavado entre enormes latifundios; en San José de Gracia, Canatlán (Dgo.), la mojonera de una hacienda se hallaba al pie de la torre de la iglesia; los habitantes de Villa de Reyes (S. L. P.) se quejaban de que el propietario de la hacienda El Gogorrón, con quien había viejos conflictos, intentaba construir una cerca a su alrededor.[161]

No existen cifras confiables respecto a la proporción de pueblos libres (no adscritos a las haciendas) que retuvieran tierras o que, como Jonacatepec y Rincón de Ramos, llevaran adelante una precaria existencia carente de tierras y dependientes, hasta cierto grado, del empleo de las haciendas. Un estudio mostró que siete haciendas y 22 pueblos compartían alrededor de 10 000 hectáreas en el fértil valle de Teotihuacán. Pero los 7 500 pobladores sólo eran propietarios de 10% de la tierra, suficiente para que 400 de éstos cultivaran parcelas de dos a dos y media hectáreas, dejando al resto sin tierras y dependientes del empleo de la hacienda y de trabajos no agrícolas. Algunos calculan que esta tasa de despojados (cercana a 90%) era característi-

[158] Tannenbaum, *Peace*, pp. 192-193.
[159] Womack, *Zapata*, p. 44; Warman, *Y venimos a contradecir*, pp. 53-54; Tannenbaum, "Revolución agraria", p. 33.
[160] *Ibid.*, p. 35.
[161] Lucio Mendieta y Núñez, *El problema agrario de México*, México, 1966, p. 150, cita a Rouaix; de J. G. Nava a Carranza, 15 de diciembre de 1915, AVC.

ca del altiplano central, en términos generales.[162] McBride aventuró algunos cálculos que sugerían que una tercera parte de la población rural contaba con tierras en los estados de México, Michoacán y Veracruz; poco más de esta proporción en Oaxaca y menos en el resto del país.[163]

Aunque este panorama carece de detalles, ofrece un perfil general que resulta claro. Los pobladores libres sobrevivieron en cifras considerables, especialmente en el centro del país. Pero el expansionismo de las haciendas los acorraló cada vez más, de tal suerte que sólo una minoría, quizá reducida y sin duda declinante, logró retener sus tierras. El éxito de una comunidad para proteger sus tierras dependía de diversos factores: acceso, calidad del suelo y posibilidades de explotación comercial, habilidad legal, contactos políticos y tenacidad colectiva. Amargos conflictos agrarios azotaron muchas regiones, especialmente ahí donde las haciendas estaban en contra de los pueblos; dichas regiones tuvieron importancia medular en la Revolución y se analizan en párrafos posteriores. Los conflictos se agudizaban en los casos en los que el afán expansionista de las haciendas se enfrentaba a pueblos fuertemente arraigados. En ese orden de ideas, eran más débiles cuando dominaba la hacienda o cuando el pueblo sobrevivía intacto con suficiente tierra, o bien, cuando una o ambas instituciones estaban ausentes. Con base en este esquema es posible perfilar un mapa de la ecología revolucionaria.

Ahí donde gobernaba la hacienda, permanecía su marca sobre la sociedad local. En el sur, como se ha mencionado, el dominio de las haciendas no se enfrentó a amenazas serias para su hegemonía, tal fue el caso de Yucatán, Campeche, buena parte de Chiapas y el sur de Veracruz. Algunas regiones en el norte disfrutaban de una situación similar. Wistano Luis Orozco comparó la fortuna de Jerez con la de Villanueva, ambas en el estado de Zacatecas, donde la hacienda era poderosa. Jerez escapó al dominio de los hacendados. Era pintoresco y próspero, con magníficas iglesias y viviendas, activo en el comercio y contaba con un colegio, un teatro, una cárcel, un hospital y parques públicos; los campos circundantes brindaban en octubre cosechas de maíz, frijol y calabaza; sus hombres eran robustos y sus mujeres, bellas. Villanueva, más al norte, ocupaba una mejor ubicación, pero ofrecía un triste contraste. Estaba rodeado de seis haciendas que abarcaban casi 250 000 hectáreas; todas tenían tiendas de raya que monopolizaban el comercio dentro de sus confines, y, excepto una, eran celosas de sus recursos y rehusaban prestar tierras de pastura. La más importante no sólo contaba con sus propias capillas sino que además tenía cementerios propios "... de manera que no contribuyen ni con sus cadáveres a la población de Villanueva". Este pueblo se estancó, su industria tradicional decayó, su gente vivía en la miseria, despojada y dividida socialmente. Orozco señala que dichos contrastes no eran escasos:

[162] Manuel Gamio, *Introduction, Synthesis and Conclusion of the Work: the Population of the Valley of Teotihuacan, Mexico,* México, 1922, pp. XIV-XV; Luis Cabrera, citado por Silva Herzog, *La cuestión de la tierra,* II, p. 290.

[163] McBride, *Land Systems of Mexico,* pp. 139-147.

al occidente de Guadalajara, por ejemplo, Ameca prosperó dentro de una economía rural diversificada, mientras que Cocula languideció rodeada de la opulencia de una hacienda.[164]

El efecto local de los latifundios no se restringió a los pueblos despojados. La autosuficiencia de la hacienda perjudicó el comercio local y la tienda de raya acaparó a clientes potenciales y los alejó de los comerciantes de la localidad.[165] No sorprende que los intereses de la clase media favorecieran la emancipación del comercio e intentaran dar fin "al sistema feudal de la propiedad y los impuestos"; hubo casos de litigios entre terratenientes y comerciantes locales.[166] Más aún, la hacienda perjudicó a la política liberal. Los hacendados podían desdeñar cargos políticos pues tenían acceso al poder, bien fuera a través del cohecho o de la presión que ejercían con sus cuadrillas de peones en el momento de las elecciones. Orozco observó que tres o cuatro terratenientes podían dirigir el destino de un distrito y, bajo estas condiciones, las esperanzas de la clase media de acceder al gobierno municipal, se desvanecían. Por ejemplo, en Jonacatepec, las autoridades políticas estaban al servicio de García Pimentel. Funcionarios como el jefe político de Cuquío (Jal.), que intentaron seguir una línea independiente, aparentemente buscaban quedarse sin trabajo; los terratenientes ofendidos comunicaron su desaprobación al gobernador del estado, misma que devino en una dulce reconciliación. Orozco concluyó, anticipándose 50 años a Barrington Moore: la democracia "... es, pues, imposible en una población constituida feudalmente".[167]

Pero si la hacienda dominante inhibía el desarrollo local político y económico, al menos fuera de sus fronteras, esto no generó necesariamente la protesta y resistencia populares. Las haciendas en el sur no eran las únicas que manejaban métodos eficaces de control social, y muchos terratenientes, como los Aguirre, en Tepic, mantuvieron intacta su posición en tanto que no actuaron fuerzas externas.[168] Hasta ese momento fue posible silenciar o ignorar las disidencias internas o las reformas exteriores. Más aún, se puede

[164] Wistano Luis Orozco, en Silva Herzog, *La cuestión de la tierra*, I, pp. 207-211.

[165] Sobre las operaciones de la tienda de raya: González Navarro, *Vida social*, p. 219; Margolies, *Princes*, p. 30; Ankerson, *Cedillos*, tesis, cap. I, pp. 22-23.

[166] Bonney, San Luis, 4 de abril de 1911, SD 812.00/1291; Baerlein, *Mexico*, pp. 178-179.

[167] Wistano Luis Orozco, en Silva Herzog, *La cuestión de la tierra*, I, p. 218. Los hacendados podían tener influencia en política; pero también debe notarse que la acumulación de tierras podía reforzar el poder político (por ejemplo, al crear una clientela nueva y dependiente). La expansión de la hacienda podía estar, por lo tanto, al servicio de un fin político o "económico y psicológico": *cf.* Jacobs, "Aspects", p. 88. El análisis que acentúa la importancia del estatus y del prestigio de la hacienda corre el riesgo de subestimar la cuestión económica (dentro del mercado imperfecto del latifundismo), pero también de menospreciar tales consideraciones políticas. *Cf.* Molina Enríquez, *Grandes problemas nacionales*, 1978, p. 162; y Edith Boorstein Couturier, "Modernización y tradición en una hacienda (San Juan Hueyapan 1902-1911)", *Historia Mexicana*, XVIII, núm. 1 (julio-septiembre de 1968), pp. 35-40.

[168] Keys, Rosario, 29 de mayo de 1915, SD 812.00/15246.

afirmar que el descontento popular, carente de las bases organizativas del pueblo libre, asumió formas anárquicas como el bandidaje.[169]

En el otro extremo del abanico, había regiones donde la propiedad estaba relativamente dividida, y las haciendas, si bien no del todo ausentes, coexistían con pequeñas propiedades y cultivos comunales del pueblo, sin amenazar la independencia de éstos. También ahí, la ausencia de tensiones agrarias agudas se reflejó sobre la participación (o no participación) regional en la revolución popular. Para ser más precisos, cuando ésta se dio, asumió formas y modalidades distintas. No obstante, las regiones con mayor igualdad agraria estaban aún lejos de ser uniformes. Es posible diferenciar, particularmente, entre aquellas zonas donde sobrevivían los pueblos tradicionales (generalmente indígenas) con suficiente tierra y aquellas en las que se desarrolló la igualdad gracias al crecimiento de la clase de rancheros prósperos o, como se les ha llamado, de "burguesía campesina" o "élite aldeana".[170]

La primera categoría es de suma importancia y será objeto de análisis en la sección siguiente de este capítulo. En estas regiones, principalmente por su lejanía, las comunidades tradicionales retuvieron sus tierras y la amenaza de la hacienda fue limitada. En Oaxaca, por ejemplo, 85% de la población rural vivía en pueblos libres, fuera de las fronteras de las haciendas, y muchos de ellos, incluso los que se localizaban en los valles, lograron retener sus tierras. Los conflictos agrarios, cuando ocurrían, enfrentaban a un pueblo contra otro y no contra las haciendas.[171] Esta división de tierras, aunada a cacicazgos casi autónomos, ejercieron efectos favorables en lo social. En Oaxaca, un observador señaló: "la tierra está dividida, cada habitante tiene su milpa... Los pueblos zapotecos no sufren la ruindad que azota a otras tribus en México".[172] Sin duda, esto no descartó la participación revolucionaria, pero determinó que ésta no siguiera un patrón agrario, sino otra forma, *sui generis*, la rebelión serrana, que se analiza en párrafos posteriores. Esta misma generalización se aplica *mutatis mutandis* a las rebeliones que surgieron en otras regiones de tierras altas caracterizadas por el localismo como Puebla, Chiapas y, principalmente, en la Sierra Madre Occidental de Chihuahua y Durango. La mayoría, aunque no todas, contenían fuertes elementos indígenas. Pero, lo que resulta más importante es que compartieron un carácter político y social en el que la autonomía del pueblo, basada en gran medida en la igualdad agraria, fue central. En otras palabras, los movimientos serranos sólo pudieron desarrollarse en ausencia de la hacienda.

Sin embargo, la debilidad o falta de la hacienda tuvo otras consecuencias políticas y económicas. En Nuevo León, "la propiedad está muy dividida

---

[169] Véanse más adelante, pp. 425-426 y 439-441.

[170] Schryer, *Rancheros of Pisaflores*, pp. 7 y ss.; Jacobs, "Aspects", pp. 55 y 58.

[171] Tannenbaum, "Revolución agraria", p. 32; Schmieder, p. 25; Nahmad, *Los mixes*, pp. 36 y 40; Starr, *Indian Mexico*, p. 180.

[172] De Szyszlo, *Dix milles kilomètres*, p. 68; *cf.* Lawton, Oaxaca, julio de 1911, SD 812.00/241.

y por lo tanto no hay miseria".[173] Es posible que tanto la premisa como la conclusión estén calificadas subjetivamente, pero es innegable que contiene una verdad importante. Nuevo León mantenía una tradición de subdivisiones de tierra anterior al Porfiriato; el crecimiento de la industria y la cercanía de los Estados Unidos debilitaron los deseos de concentrar las tierras.[174] No era coincidencia que ese estado, conocido por su política civil reformista, jugara un papel menor en la Revolución. Lo mismo se aplica a Aguascalientes; la subdivisión de la propiedad rural, el desarrollo industrial y la urbanización, inclinó a los hidrocálidos a problemas electorales más que a conflictos armados.[175]

En ambos casos, los beneficiados de la igualdad agraria eran los campesinos blancos y mestizos, no las comunidades indígenas. En otras partes de México la clase próspera de rancheros también alcanzó desarrollo en el curso del siglo XIX; los ranchos que podían extenderse hasta 1 000 hectáreas pero que encerraban connotaciones de explotación y propiedad familiar, eran 6 000 en 1810, 14 000 a mediados del siglo y 50 000 en 1910.[176] Durante el Porfiriato, los rancheros respondieron de manera positiva a las oportunidades comerciales y ampliaron la producción de cosechas, extendieron sus propiedades y, en ocasiones, emplearon trabajo asalariado, como en el caso de los estados de Guerrero, Hidalgo, Michoacán y México.[177] Como se ha señalado, compartían algunas características de la clase media urbana, a pesar de sus modales rústicos, a saber: preocupación por el "progreso", interés en la educación y receptividad a la información y a los llamados políticos.[178] Pero las consecuencias sociales del ascenso de esta clase variaron en ciertos aspectos decisivos, dependiendo de su ubicación.

El ranchero (que se ha convertido en objeto predilecto de los historiadores, especialmente de los británicos) presentaba un carácter similar al del doctor Jekyll y el señor Hyde. En su mejor manifestación, representaba las virtudes de la clase media rural: trabajador, diligente, sólida respetabilidad, independencia. Bajo condiciones indudablemente más favorables que las de los peones, el ranchero era distinto y a menudo hostil a los hacendados opulentos. Los rancheros como los de Puerta Medina (Méx.) se unieron exitosamente para resistir la amenaza de la hacienda. Era natural que pugnaran por políticas de equidad fiscal y gobiernos municipales honestos.[179]

[173] Dollero, *México al día*, p. 229.

[174] De la Peña, *El pueblo y su tierra*, p. 286.

[175] Luisa Beatriz Rojas Nieto, *La destrucción de la hacienda en Aguascalientes 1910-1931*, México, INAH, 1976, pp. 28 y 400-401.

[176] McBride, *Land Systems of Mexico*, pp. 91-95; González Navarro, *Vida social*, p. 211, para la definición.

[177] Schryer, *Rancheros of Pisaflores*, pp. 7 y 28-29; Jacobs, "Aspects", pp. 54-80; McBride, *Land Systems of Mexico*, pp. 97-100; Gruening, p. 125.

[178] Jacobs, "Aspects", pp. 122-123 y "Rancheros", pp. 83-84; Aguilar, "The Relevant Tradition", pp. 118-119; McBride, *Land Systems of Mexico*, pp. 87-88 y 101; Schryer, *Rancheros of Pisaflores*, sobre las costumbres.

[179] McBride, *Land Systems of Mexico*, p. 87.

Más allá de estos puntos, su posición política era divergente. Los rancheros de Guanajuato, Michoacán y Jalisco (que formaban un tercio de la población de rancheros en México) eran, en términos generales, católicos fervientes y, por lo tanto (conforme a los antiguos cánones políticos), conservadores; los del norte de Guerrero, la Sierra Alta de Hidalgo y parte del norte eran liberales por tradición.[180] No obstante, salvo las relaciones entre Iglesia y Estado, los rancheros de todo el país compartían el interés en gobiernos estables, honestos y constitucionales, que respetaran derechos, propiedades y votos. Un ranchero del Estado de México, al ser interrogado acerca de la actitud de su comunidad frente a la Revolución respondió "que sus compañeros no tenían interés alguno en el asunto, y que estaban de acuerdo con las condiciones ya que no les gustaban 'las revueltas'; lo único que pretendían era que se les dejara en paz".[181] Este sentimiento de obvia pasividad no implicaba tranquilidad. Los rancheros, liberales y católicos por igual se involucraron en la política civil, y las regiones de agricultura ranchera destacaron por su compromiso con las políticas electorales pacíficas entre 1911 y 1913. También fueron notables por su relativa ausencia de violencia revolucionaria, a menos que ésta llegara desde el exterior, en cuyo caso el ranchero se mostraba fiero combatiente, sobre todo en su tierra de origen. Los orozquistas en Sonora, en 1912, y los carrancistas, y a veces los zapatistas, en el centro de México, después de 1914, descubrieron que la invasión y sometimiento de las regiones rancheras no era asunto fácil, incluso cuando sus víctimas no hubieran mostrado tendencias beligerantes previas.

Si el aspecto de doctor Jekyll del ranchero guardaba similitudes con el sajón de Kipling —tranquilo, impasible, poco dado a la ira pero temible al ser atacado—, su transformación en el señor Hyde se producía con sólo un cambio en el entorno. La agricultura del ranchero se había beneficiado del desmembramiento de las propiedades comunales. Así, los individuos habían adquirido tierras de comunidades "extintas", muchas veces de la propia o de las vecinas y, especialmente, de las de pueblos indígenas. En el primer caso, los rancheros (a menudo mestizos) se convertían en caciques locales que regían sobre la población, casi siempre indígena. En el análisis sobre el conflicto y la expropiación agraria, se destacarán varios ejemplos de expansión ranchera en Guerrero, Oaxaca, Morelos, Sonora y la Huasteca. En esas circunstancias, las políticas del ranchero no se gobernaban simplemente, ni de manera principal, por antiguas lealtades ideológicas, por inclinaciones reformistas, como tampoco por la antipatía hacia el hacendado; la enemistad de los pobladores recientemente despojados dictaba las actitudes del ranchero que, no obstante el rubro político que se le atribuyera, tenía un aire contrarrevolucionario. En ausencia del desafío agrario popular, los rancheros podían

---

[180] Meyer, *Cristero Rebellion*, pp. 85, 92 y 186; Jacobs, "Aspects", p. 126; Schryer, *Rancheros of Pisaflores*, p. 70.

[181] McBride, *Land Systems of Mexico*, p. 102. Una actitud similar puede deducirse de González y González, *Pueblo en vilo*.

entregarse al cultivo de sus jardines, defender sus hogares y a la madre Iglesia o pelear entre sí (los ejemplos los dan Michoacán e Hidalgo); en presencia de la amenaza popular, en Sonora, Guerrero, Oaxaca y la Huasteca, el ranchero defendía su propiedad a través de medidas abiertamente represivas. Así peleó Ambrosio Figueroa contra el agrarismo zapatista; su hermano Rómulo advirtió a los agraristas de Guerrero que si querían tierras tendrían que comprarlas, y otro hermano, Francisco, preguntó "si obtuvieron el sufragio del voto y los impuestos se han modificado, y el orden se ha restaurado, ¿qué más quieren estos hombres?"[182]

El carácter y la intensidad de la Revolución varió de acuerdo con la forma prevaleciente de tenencia de la tierra. Pero antes de examinar en detalle algunos ejemplos ilustrativos del conflicto y la rebelión agraria local, vale la pena hacer una pausa para examinar el panorama nacional. La expansión de la hacienda y la creciente concentración de la riqueza en tierras tuvieron consecuencias importantes en la economía política de México. La crítica de Orozco acerca de los efectos locales del dominio de la hacienda —eclipsar al gobierno representativo y al comercio— también tuvo peso en el ámbito nacional. En la esfera política, el terrateniente no se limitaba a determinar las elecciones y a controlar al gobierno municipal; el manejo social e ideológico de los peones, su capacidad para vedar la información y la influencia políticas provenientes del exterior, los sustraía de la nación negando su papel como individuos, ya no digamos como ciudadanos, y obstaculizando el desarrollo de lealtades nacionales.[183] En este sentido, la hacienda, al igual que los pueblos mineros autónomos, era una institución "antinacional".

Además, la hacienda ejerció una influencia decisiva en el patrón de desarrollo económico de México y fue símbolo del más notorio fracaso en la estrategia de modernización del Porfiriato. Si bien es cierto que la agricultura comercial aumentó las exportaciones, éstas no alcanzaron las cifras que esperaban algunos porfiristas.[184] Las circunstancias y parámetros en las que operaban propiciaron su ineficacia; "a salario bajo, agricultura pobre y producto caro", sintetizó Genaro Raigosa.[185] Los hacendados y, hasta cierto punto, los rancheros, al aumentar el control sobre la tierra aunado al crecimiento demográfico, aseguraron la oferta de mano de obra carente de tierras y barata, cuyo salario real comenzó a decaer después de 1890. La abundante mano de obra descartó la posibilidad de mejoras tecnológicas, excepto en el campo

[182] Jacobs, "Aspects", pp. 140-142; "Rancheros", p. 84. De aquí se deduce que las simples generalizaciones sobre el comportamiento de los rancheros, que presuponen constancia y homogeneidad en donde no las hay, son erróneas: *cf.* Ruiz, *Great Rebellion*, p. 77.

[183] Son abundantes los ejemplos del control social e ideológico de la hacienda: véase Flores, "La vida rural", p. 477, sobre la supervisión paternalista en Yucatán; De la Peña, *El pueblo y su tierra*, pp. 321-322, sobre la eliminación de la independencia de los peones en la hacienda; para un ejemplo de esto, véase Zacarías Escobedo Girón, entrevistado por Ximena Sepúlveda Otaiza, PHOI/129.

[184] Ruiz, *Great Rebellion*, pp. 96-97.
[185] González Navarro, *Vida social*, p. 218.

del procesamiento. En Jalisco, por ejemplo, costaba 8% más cultivar las tierras con maquinaria que con mano de obra; en Yucatán, los hacendados mantuvieron antiguos sistemas de vapor en vez de adoptar motores de petróleo, ya que el abasto de carbón lo satisfacían trabajadores dependientes de sus propiedades.[186] Mientras tanto, en la medida en que los terratenientes sustituyeron sus cosechas de consumo local por las de exportación, la producción de alimentos básicos cayó y el precio de estos artículos se elevó, con los consecuentes efectos negativos sobre el salario. En épocas de escasez, como la de 1908-1909, algunos hacendados amasaron enormes fortunas.[187] El gobierno, obligado a intervenir en el mercado para aumentar el abasto de granos, se mostró preocupado y durante el decenio de 1900 observó que se expresaban numerosos comentarios en torno al problema agrario. No obstante, en algunos círculos oficiales (e incluso extraoficiales) el problema sólo fue considerado como un asunto de producción y eficiencia, y no como uno fundamentalmente estructural. El gobierno llamó a una mayor productividad y más exportaciones; los hacendados formaron cámaras de agricultura, discutieron nuevos métodos técnicos y, en ocasiones, abogaron por la abolición del peonaje endeudado.[188] Pero aun en el caso de que estas reformas se hubieran instrumentado a través de la legislación nacional, no hubieran logrado socavar a la hacienda como forma dominante de tenencia de la tierra. Sólo en el Bajío corrió la voz acerca de la intención de desarticular la hacienda como unidad territorial, pero sospecho que estos informes eran exagerados.[189] Por lo tanto, en la víspera de la Revolución no había señales de que la estrategia de desarrollo del porfirismo pudiera interrumpirse, especialmente en el campo, y que el régimen no persistiría en sus intentos por hacer una "revolución desde arriba", en busca de una modernización sin cambios paralelos en la estructura social agraria.[190]

Es más, las implicaciones de esta estrategia rebasaron los límites del campo. Los salarios bajos, la carestía de alimentos y la propia estructura de producción de la hacienda inhibió el crecimiento de un mercado doméstico y, por ende, el de la industrialización. A fines del Porfiriato, los peones destinaban la mitad o tres cuartas partes de su salario a la compra de alimentos; el exiguo restante lo dedicaban a la compra de bienes.[191] Las operaciones de la tienda de raya constreñían aún más el poder adquisitivo y éste quedaba confinado en la hacienda. Los empresarios frustrados se quejaban de la "maldita

[186] Katz, "Labor Conditions", p. 24; Baerlein, *Mexico*, p. 165.
[187] Ruiz, *Great Rebellion*, p. 82.
[188] *Ibid.*, pp. 96-99.
[189] Brading, *Haciendas and Ranchos*, p. 206. En San Luis Potosí, anota Ankerson, no fueron tomadas en cuenta las sugerencias para que las grandes propiedades fueran divididas en pequeñas tenencias con el fin de absorber la fuerza de trabajo excedente y calmar las tensiones sociales; incluso aquellos que hacían estas proposiciones no las ponían en práctica: *Cedillos*, tesis, cap. I, pp. 23-24.
[190] Barrington Moore, *Social Origins*, pp. 434, 438 y 442.
[191] Bazant, "Peones", p. 121; Margolies, *Princes*, p. 28; González Roa, *Aspecto agrario*, p. 97.

falta de aspiraciones" de los mexicanos.¹⁹² Así, la única industria (aparte de la pulquera) que contaba con una demanda masiva, la de los textiles de algodón, sufrió un lento crecimiento a principios de la década de 1900, mismo que cayó después de 1907.¹⁹³ La sobreproducción, los recortes salariales y el desempleo experimentados en la industria textil se debieron, en parte, a las desigualdades agrarias crónicas. Los textiles, por otra parte, eran sólo el mejor y más grande ejemplo; en San Luis Potosí, se señaló, "varias fábricas se han... enfrentado al desastre por falta de mercado para sus productos".¹⁹⁴ De nuevo, no hay evidencias que sugieran que el régimen porfirista buscara llevar a cabo políticas tendientes a solucionar este problema. Hasta cierto punto, el régimen era prisionero de su propia estrategia de desarrollo; incluso ahora que los beneficios comenzaban a ser menores. Esto no quiere decir que los problemas, o "las contradicciones", de esta estrategia la condenaran a una pronta sustitución, como tampoco equivale a afirmar que las demandas agrarias y sociales de la década de 1900 hicieran que un rompimiento radical fuera inevitable. Las "contradicciones" se tornan insuperables sólo en retrospectiva, y los regímenes (especialmente los tradicionales y autoritarios) sólo pueden desplegar considerable aguante al enfrentarse a sus fracasos económicos y al descontento popular. Un factor adicional, que resultó decisivo y permitió la afirmación de estos aspectos, fue la crisis de 1908-1910 y el fracaso para llegar a un acuerdo en torno al sucesor de Díaz.¹⁹⁵

La crisis estalló cuando el cambio agrario y las tensiones resultantes aún eran agudas, del mismo modo en que la primera Guerra Mundial absorbió a la Rusia zarista cuando "la apuesta por los fuertes" de Stolypin aún estaba en suspenso. Lenin afirmaba que, con el tiempo, la agricultura rusa sufriría una polarización entre los terratenientes burgueses y los campesinos acomodados *(Grossbauem)*, por un lado, y los proletarios rurales por el otro; para entonces, el potencial revolucionario del campo se hallaría agotado.¹⁹⁶ Lo mismo se aplicaba en México a grandes rasgos: la expropiación continua de tierras del campesinado, la expansión de la hacienda y el rancho, y el crecimiento del trabajo asalariado libre llevarían con el tiempo a una división tripartita similar a la rusa; más aún, en algunas regiones este fenómeno comenzó a tomar clara forma.¹⁹⁷ Pero, mientras tanto, este proceso de cambio provocó fuertes resentimientos. Había precedentes sombríos y precisos. Cuando la Guerra de Castas estalló en Yucatán, en 1840 (de nuevo, estimulada por la crisis

---

¹⁹² "Verdammte Bedürfnislosigkeit", en palabras de "un comerciante alemán amargado": Stuart Chase, *Mexico: A Study of Two Americas*, Nueva York, 1931, p. 313. Veinte años antes de que Chase lo escribiera, esto era aún más verdadero.

¹⁹³ Anderson, *Outcasts*, pp. 29-31 y 251.

¹⁹⁴ Bonney, San Luis, 2 de noviembre de 1912, SD 812.00/5446.

¹⁹⁵ Womack, *Zapata*, p. 10. *Cf.* Ruiz, *Great Rebellion*, p. 120, quien subraya (y en mi opinión exagera) el papel de la depresión de 1907 como "el detonador de la rebelión".

¹⁹⁶ V. I. Lenin, "The Agrarian Policy of Social Democracy in the First Russian Revolution, 1905-1907", en *Collected Works*, XIII, Moscú, 1962, pp. 241-243 y 422.

¹⁹⁷ Schryer, *Rancheros of Pisaflores*, pp. 34, 40 y 50-58.

política nacional y la división entre los gobernantes ladinos), fueron los mayas de la frontera, los huits, quienes lucharon por preservar su precaria economía y su independencia política ante la expansión de las haciendas. Mientras los mayas encabezaban la lucha, los jornaleros de las haciendas en el occidente de Yucatán, los "civilizados", cuyas tierras habían sido expropiadas muchos años antes, no sólo se opusieron a la rebelión sino que incluso tomaron las armas en defensa de la condición prevaleciente.[198] El estudio ya clásico de Nelson Reed asienta con claridad: "el peligro no estaba en la prolongada opresión sino en la repentina aculturación, en la marcha forzada de un mundo hacia otro".[199] El noroeste revolucionario ofrece un ejemplo interesante de cambio de antipatías y respuestas. Ahí, las tribus yaquis se rebelaron con la esperanza de recuperar sus tierras, declararon la guerra a los yoris (blancos y mestizos) en general, tanto mexicanos como norteamericanos. En cambio, los mayos en Sinaloa, más aculturados que los yaquis, presentaron conductas distintas. En 1890, al perder sus tierras frente a los hacendados, los mayos se rebelaron, conformaron y cayeron en una suerte de quietismo mesiánico, aun cuando todavía en 1910 lamentaban la pérdida de sus tierras y su blanco de ataques continuaba siendo el hacendado. Mientras tanto, la American United Sugar Co. apareció en el panorama; en competencia con los hacendados, obligó a las alzas salariales y provocó la quiebra de muchos rivales.[200] Los mayos se sintieron recompensados al recibir mejores sueldos y presenciar la caída de sus antiguos enemigos. Así "surgió un fuerte lazo" entre el líder mayo Bachomo y el administrador norteamericano Johnson, nexo que se basó en la hostilidad común hacia los terratenientes nativos. Los mayos "estrecharon su relación" con Johnson a raíz del asesinato accidental de uno de sus compatriotas y "lo lamentaron... pues consideraban que todos los norteamericanos eran 'buen amigos' [sic]".[201] Sin embargo, no todos los trabajadores despojados eran dóciles o sumisos, ni su preocupación estaba centrada únicamente en mejoras salariales o en condiciones obtenidas por medio de "métodos semiurbanos de sindicalismo".[202] Los peones, en especial cuando se trataba de campesinos a los que recientemente les habían expropiado sus tierras o sufrían desempleo crónico, respondían al llamado del reparto agrario, de la misma manera en que lo hacían los campesinos de los pueblos. Aparentemente, sin embargo, la principal tensión agraria y la rebelión más fuerte se concentró en regiones donde la expropiación había sido un suceso violento y reciente, y significaba un punto vital; no en regiones en las que era incipiente ni tampoco donde parecía un hecho aceptado e irrevocable, y formaba parte del panorama rural. Esto explica la importancia especial de la

[198] Reed, *Caste War*, pp. 47-48.
[199] *Ibid.*, p. 48.
[200] Mario Gill, "Mochis, fruto de un sueño imperialista", *Historia Mexicana*, V, núm. 2 (octubre-diciembre de 1955), pp. 303-320.
[201] *Ibid.*; c/o US Navy, Topolobampo, 30 de junio de 1915, SD 812.00/15653.
[202] Hobsbawm, "Peasants and Rural Migrants", p. 56.

generación que siguió a la década de 1880, testigo de numerosas expropiaciones y de la creciente desigualdad en el campo; la cual, a su vez, determinó parte importante de la incidencia en la rebelión de 1910. El régimen de Díaz —en la jerga de estudios estratégicos— se enfrentó a una "ventana de vulnerabilidad" y la aguda crisis política implicó el riesgo de la revolución social en tanto que esa ventana permaneciera abierta. Cuando Madero llamó a las armas al pueblo de México, esa ventana aún estaba abierta.

No eran nuevos los conflictos entre la hacienda y los pueblos: en Querétaro, por ejemplo, uno de esos conflictos se resolvió en 1879, después de 318 años de contienda.[203] Pero los cambios legislativos y económicos de fines del siglo XIX habían generalizado y exacerbado el fenómeno. Las décadas de 1850 y 1860 presenciaron la primera gran desamortización de tierras de los pueblos y, a pesar de las rebeliones y protestas agrarias resultantes, el proceso continuó durante todo el porfirismo.[204] En Puebla, ese tipo de litigios era común, pues los pueblos de los valles habían perdido la mayor parte de sus tierras; en los cañaverales del valle de Matamoros, "los campesinos depauperados, ahora sin tierras, dirigieron su encono hacia las tierras de los hacendados".[205] De manera similar, en Hidalgo, los rancheros prosperaron en las sierras del norte, mientras que las haciendas y los pueblos despojados —como Amealco— se enfrentaban en las tierras bajas.[206] En la región central de Tlaxcala, señala Buve, "la invasión de tierras y la aplicación de las leyes liberales de desamortización mantuvieron viva [la] tradición de protesta campesina durante, y después, de la década de 1890. Estimularon a esta tradición la explosión demográfica, el desempleo y los impuestos en aumento".[207] Muchas comunidades en el Estado de México perdieron sus tierras; cuando se drenó el lago de Chalco, el pueblo se vio doblemente dañado, ya que los pescadores indígenas perdieron sus antiguos medios de vida.[208]

Después de sus largos viajes en la década de 1900, Hans Gadow afirmó: "estos ejemplos son frecuentes", y Paul Friedrich realizó un estudio particularmente valioso al respecto.[209] A principios del Porfiriato, los habitantes (cerca de 750) de Naranja, al oeste del altiplano central, en la región tarasca de Michoacán, aún cultivaban productos básicos en las tierras del pueblo,

[203] González Navarro, *Vida social*, pp. 205-207; cf. Chevalier, *Land and Society*, pp. 142 y 189-190.

[204] Véase Donald S. Fraser, "La política de desamortización en las comunidades indígenas, 1856-1872", *Historia Mexicana*, XXI, núm. 4 (abril-junio de 1972), pp. 615-652; González Navarro, *Vida social*, p. 207.

[205] Ronfeldt, *Atencingo*, pp. 7-8.

[206] Cf. Schryer, *Rancheros of Pisaflores*, pp. 26-36, y José de Jesús Montoya Briones, "Estructura de poder y desarrollo social en la Sierra de Hidalgo", *América Indígena*, XXVII (1978), p. 600; de Rafael Vega Sánchez a Carranza, 23 de diciembre de 1916, AVC; *El Demócrata*, 12 de diciembre de 1915.

[207] Raymond Th. J. Buve, "Peasant Movements, Caudillos and Land Reform during the Revolution 1910-1917 in Tlaxcala, Mexico", *Boletín de Estudios Latino-Americanos y del Caribe*, XVII (1975), pp. 122-128; del gobernador A. Machorro a Carranza, 6 de mayo de 1916, AVC.

[208] Gadow, pp. 5-6; González Navarro, *Vida social*, pp. 189 y 206-207.

[209] Gadow, *Through Southern Mexico*, pp. 5-6; Friedrich, *Agrarian Revolt*, pp. 5-45.

pescaban en el lago Zacapu y hacían trabajos de cestería con el carrizo de los pantanos aledaños. Era una comunidad cerrada y autónoma que desconfiaba de los fuereños mestizos y que, si bien no se trataba de una utopía igualitaria (la tierra y el poder no se distribuían de manera equitativa), en buena medida gozaba de independencia política y económica, bajo autoridades tradicionales que, aunque oligárquicas, eran indígenas y, hasta cierto punto, responsables en opinión de la comunidad. No obstante, en la década de 1880 los hermanos Noriega (de nuevo, españoles) adquirieron tierras del pueblo, al parecer coludidos con los comerciantes mestizos del lugar. Esgrimieron las leyes sobre terrenos baldíos para desecar el pantano y adquirieron o vendieron tierras de aluvión; así, 12 000 hectáreas terminaron en manos de los hacendados, mientras que los pueblos tarascos conservaron sólo 400 hectáreas. El propio pueblo de Naranja, "despojado del nicho ecológico en el que se había asentado durante varios siglos",[210] conservó sólo una estrecha franja de tierras que, además, estaba rodeada por cinco haciendas. Más aún, aunque los Noriega estaban dispuestos a subarrendar las tierras periféricas a unos cuantos aparceros indígenas, que provenían de familias confiables y privilegiadas, prefirieron importar peones mestizos que "desdeñaban a todo aquel que hablara tarasco". Despojados también de los recursos del lago y de los pantanos, los tarascos de Naranjo se vieron obligados a emplearse en haciendas vecinas o a recorrer el camino de dos días hasta la calurosa región de Los Bancos. Los primeros años de este siglo fueron los más difíciles: la alimentación de los pobres se reducía a calabazas y quelite, las mujeres tejían cestas de manera infatigable, con la esperanza de reunir unas cuantas monedas en el mercado local, y algunos testigos de la época recordaban que los lugareños comenzaron a parecerse a los apaches. En el propio pueblo se subrayaron las divisiones económicas, en la medida en que los terrenos restantes tendieron a gravitar hacia las manos de media docena de propietarios, quienes vendían alimentos a los no propietarios. Así, Naranja experimentó la doble calamidad del cambio agrario del Porfiriato: la pérdida de las tierras del pueblo frente al hacendado y el crecimiento de una nueva y pronunciada desigualdad dentro de la comunidad misma.

En Morelos se manifestaron ambos problemas; pero ahí, el conflicto agrario y la respuesta revolucionaria fueron particularmente endémicos y sostenidos, y se extendieron por todo el estado, en vez de limitarse a un solo valle o pueblo. Ésta es una de las razones por las cuales muchos investigadores han caído en el error de considerar que el caso de Morelos y el zapatismo fue único.[211] No fue así. Al delinear someramente los orígenes del zapatismo, mi intención no es corregir ni aumentar los estudios ya clásicos de Womack y Warman, sino mostrar de qué manera el movimiento compartió orígenes

---

[210] *Ibid.*, p. 43.
[211] *Cf.* Rutherford, *Mexican Society*, pp. 221-222; Ruiz, *Great Rebellion*, pp. 7 y 75; White, "The Zapata Movement", p. 115.

y formas comunes con otros movimientos agrarios de menor importancia que brotaron en todo el país.[212]

En Morelos, ya desde el siglo XVI las haciendas azucareras coexistían con los pueblos de subsistencia. Pero hacia las décadas de 1880 y 1890, el crecimiento en la demanda, el desarrollo de las comunicaciones y las condiciones políticas favorables crearon presiones inexorables en lo que respecta a la expansión de las haciendas. En 1908, Morelos producía más de la tercera parte del azúcar en México y era, después de Hawai y Puerto Rico, la región productora de caña de azúcar más rica en el mundo. Los 17 dueños de las 36 haciendas principales eran propietarios de una cuarta parte del territorio del estado en el que, además, se encontraba casi toda la mejor tierra. La sociedad rural morelense, que en el pasado había sido muy diversa —"haciendas azucareras, pueblos tradicionales, aldeas agrícolas, fincas independientes, caseríos de jornaleros, poblados campestres"—, desapareció ante la "utopía de los hacendados"; para los pobladores, ahora convertidos en peones o en aparceros, "la diferencia social entre la opresión vieja y la nueva fue tan profunda como la diferencia entre una finca solariega y una fábrica".[213] Los caseríos y pueblos que impedían la expansión de las haciendas fueron absorbidos o aniquilados: a partir de 1876, 30 comunidades desaparecieron en una década. El proceso agrario de *Gleichschaltung* no se detuvo ahí. En su búsqueda de tierras, agua y mano de obra, los hacendados absorbieron campos de maíz, pasturas y huertas. El Ministerio de Fomento y el sistema judicial facilitaron sus maniobras; una vez agotados los recursos legales, los campesinos acudieron al propio Díaz y la respuesta fue el encarcelamiento de muchos y la deportación de los principales dirigentes a Quintana Roo. Pueblos como Cuautla y Jonacatepec se vieron cercados por las haciendas. La hacienda de Atlihuayán, propiedad de los Escandón, acaparó el agua de Yautepec. Las comunidades cuyos orígenes se remontaban tres siglos atrás, las de mayor tradición e historia, desaparecieron del mapa: un hacendado hostil inundó Tequesquitengo, donde sólo permaneció la torre de la iglesia por encima de las aguas. Las ruinas de Acatlipa, Sayula y Ahuehuepan quedaron "ocultas en los campos de alta caña verde [...] su desaparición era una terrible lección que no dejaba en paz y sosiego a los pobladores".[214] En 1908-1909, a la muerte del gobernador Alarcón, ocupó el cargo Escandón, lo que provocó una movilización política y, en última instancia, la revuelta agraria. Morelos se convirtió en el microcosmos de lo que habría de vivir el resto del país.

Morelos acaparó la atención debido a su fuerza y energía y, hasta cierto punto, al éxito del zapatismo. Se han ignorado movimientos agrarios menores, en virtud de que en su momento fueron reprimidos, derrotados o condu-

---

[212] Proposición hecha por Sotelo Inclán; véase María Alba Pastor, *Aspectos del movimiento agrario sureño*, México, DEAS, 1975, p. 5.
[213] Womack, *Zapata*, pp. 42 y 50.
[214] *Ibid.*, p. 46.

cidos a la lucha clandestina. A pesar de su fracaso relativo, estos movimientos deben ocupar un sitio importante en cualquier análisis de las causas de la Revolución. Sin embargo, no es tarea fácil realizar un trabajo científico que rebase la simple enumeración de ejemplos; no existen recursos para cuantificar ni realizar una medición estadística de la protesta y la rebelión agraria. John Coatsworth avanzó en esta dirección al demostrar que hubo, al menos, 55 "conflictos serios" entre pueblos y haciendas durante los siete años del auge ferroviario, es decir, entre 1877 y 1884; cerca de 60% de estos conflictos ocurrieron en un perímetro de 20 kilómetros alrededor de las vías del ferrocarril, lo cual ilustra el nexo estrecho entre la construcción de las redes ferroviarias y el incremento en la demanda de tierras, factores que nutrieron la expropiación.[215] La mayoría de estos conflictos ocurrieron en la región central de México (Hidalgo y el Estado de México figuraron de manera predominante) y varios distritos, que posteriormente habrían de adquirir notoriedad revolucionaria, fueron escenarios principales: Jonacatepec (Mor.), Tamazunchale (S. L. P.), Acayucan (Ver.) y Ciudad del Maíz (S. L. P.). Coatsworth interrumpe su análisis a mediados de la década de 1880, cuando la construcción de redes ferroviarias comenzó a declinar. Pero no hay razón alguna para inferir que este periodo fuera *sui generis* o que las tendencias de la época sólo estuvieran vinculadas a la construcción del ferrocarril, y no a los efectos sociales y económicos generales de dicha construcción, los cuales continuaron durante mucho tiempo después.

En realidad, es evidente que las expropiaciones y protestas no estuvieron limitadas al altiplano central y que involucraron a mestizos y pequeños propietarios, al igual que indígenas y habitantes de los pueblos tradicionales. No sólo Naranja tenía motivos de queja respecto a la situación agraria; otros pueblos en Michoacán se encontraban en condiciones similares, con frecuencia provocadas por la invasión de sus bosques (estimulada directamente por la construcción de las vías de ferrocarril, ya que se requería madera para los durmientes).[216] El gobernador Mercado abrió los bosques a la explotación privada, despojando así a los pueblos indígenas del "único patrimonio que tenían para subsistir", lo que fue causa de incidentes violentos.[217] En otros puntos del estado —en la hacienda La Orilla, por ejemplo—, los lugareños y los administradores de la propiedad se disputaron las tierras de cultivo; los in-

---

[215] Coatsworth, *El impacto económico de los ferrocarriles*, II, pp. 41-76 y 136-144; y del mismo autor, "Railroads, Landholding and Agrarian Protest in the Early Porfiriato", *Hispanic American Historical Review*, LIV (febrero de 1974), pp. 48-71.

[216] Además de Michoacán y de las sierras de Chihuahua, el Estado de México también se vio afectado por la demanda de madera para la construcción de ferrocarriles —y de las minas—: véase Margolies, *Princes*, pp. 21-22; de José Martín y otros a Carranza desde el distrito de Acambay, 2 de mayo de 1916, AVC.

[217] De Marcos V. Méndez a Gobernación, 30 de julio de 1911, AG 14, Relaciones con los Estados (Mich.); *cf.* J. L. García Mora, "El conflicto agrario-religioso en la Sierra Tarasca", *América Indígena*, XXXVI (1976), p. 118; Antonio Díaz Soto y Gama, "La revolución agraria en Michoacán", *El Universal*, 22 de julio de 1953.

dígenas de Acuitzeramo se quejaron por la pérdida de sus tierras ejidales en manos de los hacendados del distrito. Un informante indígena señaló que los terratenientes y caciques en Los Reyes Ecuandereo "no contentos con despojarnos de nuestras tierras, pretendieron hacer el exterminio [sic] de nuestra pobre raza".[218]

En el vecino estado de Guerrero, la principal causa de conflicto rural fueron los arrendamientos. Sin embargo, abundan los ejemplos de confrontaciones entre haciendas y pueblos, especialmente y de manera significativa, en la región productora de azúcar que rodea a Taxco.[219] Es posible afirmar que ahí los hacendados tenían un mayor incentivo para amasar fortunas con las ganancias de la producción de cultivos de venta inmediata, en vez de arrendar tierras. Asimismo, en Oaxaca, el conflicto agrario afectó a la región azucarera de Cuicatlán y a las haciendas en los distintos valles del estado: en los alrededores de Etla; en Ejutla; en el valle del Atoyac, cercano a Zaachila, y en Guichicovi en el Istmo.[220] Existe, en Tabasco, evidencia de despojos agrarios y protestas (especialmente en los distritos occidentales de Cárdenas y Huimanguillo); lo mismo se aplica al sur de Veracruz (en los alrededores de Acayucan y en la sierra de Soteapan), así como en las zonas del norte de este estado.[221] Papantla, principal productor de vainilla en México, fue centro de numerosos conflictos y escenario de disturbios agrarios durante todo el siglo XIX. En 1890, las actividades de una compañía deslindadora provocaron una rebelión: un millar de indígenas tomaron las armas en 1896, exigiendo la "distribución de tierras" y este movimiento insatisfecho, sofocado de modo imperfecto en la década de 1890, revivió a principios del siglo XX.[222]

Es posible que Papantla sea representativa de un agrarismo fundamentalmente indígena más regional y que se generalizó hacia el norte, a lo largo de la Sierra Madre Oriental, a través de las tres Huastecas y hasta los límites entre Veracruz, San Luis Potosí y Tamaulipas. Ahí, en una región agreste donde el altiplano se interrumpe para dar paso a las costas del Golfo, los huastecos mantuvieron cierto grado de independencia económica y política desde el periodo colonial. Sin embargo, el siglo XIX presenció nuevas presiones desde el exterior que provocaron revueltas, especialmente durante la década de 1840.[223] De nuevo, en 1856, Tantoyuca fue escenario de una revuelta "anar-

---

[218] De E. Michot a M. Armand Delille, 15 de septiembre de 1911, Gobernación 14, Relaciones con los Estados (Mich.); de Mauricio Pérez, Acuitzeramo a Gobernación, 23 de febrero de 1913, AG 57/3; de Francisco Herrero, Los Reyes Ecuandereo, a Carranza, 18 de agosto de 1916, AVC.
[219] Jacobs, "Aspects", pp. 52 y 69.
[220] Nahmad, *Los Mixes*, pp. 40-42, 113 y 346-347.
[221] George M. Foster, *A Primitive Mexican Economy*, Seattle/Londres, 1942, pp. 14 y 109; C. D. Padua, *Movimiento revolucionario-1906 en Veracruz*, Cuernavaca, 1936, p. 5; Canada, Veracruz, 12 y 17 de abril de 1912, SD 812.00/3583,3631; Lespinasse, Frontera, 18 de mayo de 1911; 29 de febrero de 1912, SD 812.00/2016, 3232.
[222] Vanderwood, *Disorder and Progress*, p. 90; Reina, *Las rebeliones campesinas*, p. 359; De la Peña, *El pueblo y su tierra*, p. 294.
[223] Guy Stresser-Péan, "Problèmes agraires de la Huasteca ou région de Tampico", en *Les*

quista" de los huastecos y, en 1879-1881, los indígenas de Tamazunchale, al grito de "muera todo el de pantalón", armaron una revuelta en contra de los hacendados de la localidad.²²⁴ La represión, atemperada por conciliaciones, trajo la paz, pero como dijera el gobernador del estado, los indígenas lamentaban la pérdida de sus tierras y resentían la presencia de los terratenientes mestizos a quienes "no reconocían sus derechos a poseer ni trabajar las tierras, a pesar de que las habían adquirido a través de procedimientos justos y legales".²²⁵ En la siguiente década, las presiones económicas se incrementaron con la construcción de la red ferroviaria entre Tampico y San Luis Potosí; los valles de la Huasteca se convirtieron en una "gran región ganadera", donde se engordaba ganado del norte para su sacrificio. Los hacendados progresistas introdujeron nuevos tipos de pastos y el alambre de púas. Las reses de la Huasteca sirvieron de alimento a la región minera de Pachuca.²²⁶ Además, los colonos norteamericanos se asentaron en Valles, en la frontera noroeste de la Huasteca; grupos de italianos cultivaban café en Xilitla y Axtla, y, a principios de este siglo, las compañías petroleras británicas y norteamericanas comenzaron a adquirir tierras en las regiones de yacimientos de Tuxpan y Tampico.²²⁷

El resultado de estas complejas interrelaciones en la Huasteca no es claro, a pesar de los esfuerzos de investigadores acuciosos.²²⁸ Es indudable la existencia de grupos indígenas —como los de Santa María, que ocupaban la región de Tantima, Tantoco y Citlaltépec— que mantuvieron, antes y durante la Revolución, una independencia belicosa, similar a la de los yaquis, y tres meses antes del llamado a las armas de Madero ocurrieron encuentros entre tropas e indígenas en Tamazunchale, pues ahí, "es de todos sabido que el problema lo causan los funcionarios que despojan a los indígenas de sus tierras y se dice que siempre hay una revolución en Tamazunchale".²²⁹ Pero, además de la población indígena (la cual, como destacara un observador, era "refractaria" a la organización), en la Huasteca había una creciente clase de rancheros, propietarios medianos que, al igual que sus similares en otras

Problèmes Agraires des Amériques Latines, París, 1967, p. 202; Reina, *Las rebeliones campesinas*, pp. 18-19 y 341-349.

²²⁴ *Ibid.*, pp. 271-278 y 356; Ankerson, *Cedillos*, tesis, cap. I, p. 14.

²²⁵ Reina, *Las rebeliones campesinas*, p. 15.

²²⁶ Martin, *Mexico of the Twentieth Century*, II, p. 139; Dollero, *México al día*, p. 180; Stresser-Péan, "Problèmes agraires", p. 204; Figueroa Domenech, *Guía general descriptiva*, II, p. 548.

²²⁷ Dollero, *México al día*, pp. 171-180; Cossío Silva, "La agricultura", en Cosío Villegas, *Vida económica*, pp. 52 y 65; Ankerson, *Cedillos*, tesis, cap. I, p. 16.

²²⁸ Heather Fowler Salamini, "Caciquismo and the Mexican Revolution: the Case of Manuel Pelaez", ponencia presentada en la Sexta Conferencia de Historiadores Mexicanos y Norteamericanos, Chicago, septiembre de 1981; intercambios verbales con el autor y con Dudley Ankerson.

²²⁹ Charles W. Hamilton, *Early Days. Oil Tales of Mexico*, Houston, 1966, pp. 68 y 82-83; De la Peña, *El pueblo y su tierra*, p. 289; González Navarro, *Vida social*, pp. 242-243; Miller, Tampico, 6 de septiembre de 1910, SD 812.00/342; Donald F. Stevens, "Agrarian Policy and Instability in Porfirian Mexico", *Americas*, XXXIX (1982), pp. 153-166, demuestra cómo las tendencias económicas desafiaron incluso los intereses presidenciales.

partes de México, veían con buenos ojos la reforma política, sin contemplar la revolución social. En la Huasteca, familias como los Santos y Lárraga, prominentes después de 1910, pertenecían a esta categoría y, al parecer, lograron su trayectoria política en parte gracias a la movilización de clientes indígenas que les respondieron atraídos por la promesa de una restitución agraria.[230] Con el tiempo, esta forma de reclutamiento clientelista alcanzó su apogeo con el movimiento pelaecista entre 1914 y 1920.[231]

Los resentimientos y la resistencia de los campesinos se canalizaron a través de movimientos rebeldes aparentemente inadecuados, en los cuales se mezclaron castas y clases diferentes. Hasta aquí, los ejemplos han ilustrado de manera predominante casos indígenas. Pero las tendencias agrarias del Porfiriato no respetaron la personalidad étnica; afectaron por igual a pequeños propietarios mestizos y a pueblos indígenas. Por ejemplo, en la región centro-occidental del estado de San Luis Potosí, la familia Moctezuma, pequeña propietaria de tierras en las laderas de la Sierra Gorda, cerca de Ciudad del Maíz, fue obligada a luchar contra los hacendados locales, miembros de la élite política potosina, que en 1898 denunciaron como baldías las tierras de los Moctezuma, y se apropiaron de éstas.[232] Después de un famoso litigio, los Moctezuma ganaron el caso; pero en 1908, Félix Díaz, sobrino del presidente, de nuevo reclamó que esas tierras eran públicas y se inició un segundo litigio que aún continuaba cuando estalló la Revolución, no obstante que las autoridades locales habían encarcelado a los Moctezuma. En una región cercana surgió una fricción, ahora por razones diferentes. Los pequeños propietarios de Palomas, encabezados por la familia Cedillo, se enfrentaron a los propietarios de Montebello y Angostura. Este conflicto tuvo repercusiones políticas en el estado potosino.[233] Mientras tanto, al oriente del estado, la comunidad mestiza de Villa de Reyes se enfrentó al hacendado español Felipe Muriedas, cuya hacienda El Gogorrón había absorbido las tierras de la comunidad; además, Muriedas se había rehusado a dar agua a los habitantes del lugar y pareció dispuesto a propiciar la extinción económica de Villa de Reyes.[234] Este conflicto fue causa de violentos incidentes; los sucesivos gobernadores y autoridades locales apoyaron a Muriedas y muchos miembros de la comunidad, entre los cuales se incluían "comerciantes e industriales" así como campesinos, se vieron obligados a refugiarse

---

[230] Bonney, San Luis, 16 de octubre de 1912, SD 812.00/5310; Ankerson, *Cedillos*, tesis, cap. III, pp. 3 y 10.
[231] Fowler, "Caciquismo", y cap. 9.
[232] Ankerson, *Cedillos*, tesis, cap. I, pp. 17-20.
[233] Dudley Ankerson, "Saturnino Cedillo: a Traditional Caudillo in San Luis Potosí", en D. A. Brading, *Caudillo and Peasant*, pp. 141-142; Eugenio Martínez Núñez, *La revolución en el estado de San Luis Potosí*, México, 1964, p. 32.
[234] De J. G. Nava a Carranza, (15 de diciembre de 1915, AVC; *cf.* la defensa de Gogorrón como una propiedad progresiva e innovadora en Miguel Ángel de Quevedo, "Algunas consideraciones sobre nuestro problema agrario", en Silva Herzog, *La cuestión de la tierra*, IV, p. 281.

en otros sitios debido a las "persecuciones y atentados que a diario se cometen contra nuestro pueblo".[235]

El oriente de San Luis Potosí, un altiplano árido más apropiado para la minería que para la agricultura, era parte del entorno ecológico del norte más que de la Meseta Central. Sin embargo, como muestra este ejemplo, los conflictos agrarios vinculados con la expansión de las haciendas no eran desconocidos en esta región, a pesar de algunas afirmaciones contrarias. A diferencia de los cuatro terratenientes que dominaron en Baja California, la causa del conflicto aquí no fue la creación de enormes latifundios, sino las expropiaciones específicas y menores de tierras ocupadas por pequeños propietarios indígenas y mestizos.[236] Además, podrían no haber sido necesarias las expropiaciones extensas ni los brotes de rebeldía para generar un movimiento agrario más amplio; un solo caso puede ser *casus belli* suficiente, y una comunidad belicosa como Cuencamé podría haber actuado como polo alrededor del cual otras rebeliones potenciales —de peones, aparceros, bandidos, trabajadores inmigrantes— se integraran en coaliciones para formar una rebelión amplia y poderosa. En la sierra occidental de Chihuahua, las quejas agrarias formaron parte importante de un repudio más generalizado hacia el gobierno de Díaz; esta rebelión de gran importancia en la génesis de la Revolución no fue esencialmente agraria (en la manera en que lo fue la de Zapata) y es por eso que exige tratamiento aparte. Los rebeldes serranos de Chihuahua compartieron muchas quejas con los revolucionarios agrarios: la comercialización de la agricultura (de nuevo, aquí fue importante la explotación de los recursos forestales); la penetración de las redes ferroviarias; la adquisición de tierras comunales de los pueblos hecha por grandes terratenientes o, con más frecuencia, por caciques locales, quienes amasaron un creciente poder político y económico.[237]

En el norte también surgieron conflictos y rebeliones agrarias clásicas, aunque en número menor a las del centro; con frecuencia ejercieron efectos revolucionarios fuera de proporción con respecto a su peso numérico. En otras palabras, las áreas que destacaron en la Revolución de 1910 fueron, principalmente, aquellas regiones agrícolas más pobladas, a menudo indígenas, cuya semejanza era mayor a los asentamientos del centro, mientras que los pueblos dedicados a la minería, la fundición, la industria y el comercio se mostraron más pasivos; por ejemplo, la región de La Laguna, principal productora de algodón en México, y los conflictos entre los terratenientes cen-

---

[235] De Andrés Segura y otros a Gobernación, 6 de marzo de 1913, AG 656/18.

[236] Mientras que la mayor parte de la tierra distribuida como dominio absoluto durante Díaz consistía en concesiones de terrenos baldíos en el norte y sur del país, casi tres cuartos de los títulos de las tierras que habían sido emitidos estaban relacionados con tierras comunales que habían sido "fraccionadas" o despojadas; a pesar de que el área era menor, las consecuencias sociales fueron mucho mayores. Para los números, véase González Navarro, *Vida social*, pp. 196-197; Whetten, *Rural Mexico*, p. 86; González Roa, *Aspecto agrario*, p. 83.

[237] Véanse pp. 136-140.

trados en torno al abastecimiento de las aguas del Nazas o a los acuerdos entre aparceros y terratenientes. Hacia la década de 1890, un factor nuevo apareció: el guayule, la planta de hule del norte que crecía en las condiciones áridas de la frontera entre Coahuila y Durango. La explotación comercial de este producto empezó a mediados de la década de 1890, cuando los hacendados (encabezados por Madero) dedicaron las tierras más pobres y elevadas al cultivo del guayule. Se establecieron plantas procesadoras en Torreón, Gómez, Viesca y Parras, donde "los envenenadores miasmas guayuleros" contaminaron el ambiente ante la indignación de los habitantes del pueblo.[238] Pero el guayule trajo riquezas: las exportaciones se incrementaron, los precios subieron (seis veces, unos cuantos años antes de 1910) y el guayule fue tema de comentarios de viajeros que, al referirse a esta abundante y espigada planta, destacaron "... que ha formado tantas fortunas en estos últimos años..."[239] Sin embargo, algunas comunidades rurales sufrieron no sólo por la peste que ofendió algunos olfatos. Los pueblos de Santiago y Cuencamé perdieron tierras frente a la hacienda Sombrerillo en 1905, debido, principalmente, al auge del guayule; los cabecillas del pueblo que protestaron fueron consignados al ejército. Entre éstos se encontraba Calixto Contreras, un indígena de Ocuila "de aspecto siniestro y miradas furtivas", quien, junto con Severino Ceniceros, el abogado e intelectual de Cuencamé, cobró importancia en la historia revolucionaria de La Laguna después de 1910.[240] Al oriente, en San Juan Guadalupe, se desarrolló un episodio similar. Los caciques locales alquilaron las tierras productoras de guayule del pueblo a intereses comerciales, provocando así que los vecinos tuvieran "a diario dificultades [con aquéllos]... [y] la miseria absoluta de todos"; quizá por eso los habitantes se entregaron a la bebida y se ganaron la fama de borrachos.[241] El auge del guayule contribuyó además a sentar las bases para la revuelta por otro motivo. La planta que crecía en toda la región en tierras no irrigadas, alentó las invasiones, las cuales a su vez fueron causa de tiroteos y riñas con machetes que resultaron útiles entrenamientos para los sucesos de 1910. En 1911 un jornalero independiente, Gertrudis Sánchez, se convirtió en precursor revolucionario en la región fronteriza entre Coahuila y Zacatecas.[242]

Al occidente de la Sierra Madre, en Tepic —región que sólo había logrado sojuzgar el gobierno central en fechas recientes— se vivieron numerosos conflictos agrarios. En Camotlán, la familia Espinosa y López Portillo mantuvo "una tenaz persecución contra los indígenas... para eliminarlos de aquel pueblo, pretendiendo apoderarse no solamente de las tierras sino hasta de

---

[238] Ross, p. 3; *El Correo*, 30 de octubre de 1909, 12 de marzo, 12 de mayo de 1910.

[239] Dollero, *México al día*, pp. 212, 219, 246 y 251; O'Hea, *Reminiscences*, p. 41.

[240] Graham, Durango, 15 de febrero, 27 de abril de 1911, FO 371/1146, 8191, 1147, 17956; O'Hea, p. 16; Rouaix, *Diccionario*, pp. 101-102 y 113.

[241] De J. Trinidad Cervantes a Madero, 4 de julio de 1911, AG 898; *El Diario del Hogar*, 6 de octubre de 1910.

[242] Zacarías Escobedo Girón entrevistado por Ximena Sepúlveda Otaiza, PHOI/129, p. 35.

los edificios municipales y la iglesia". En 1910, la familia acudió a las autoridades para ejercer por la fuerza sus derechos sobre las propiedades. Un año más tarde, los indígenas se rebelaron en contra de esta familia, de sus empleados y arrendatarios.[243] El subprefecto de Tuxpan arrebató a Mexcaltitlán y Sentispac sus títulos de propiedad y los dejó en la pobreza más absoluta, asfixiados entre los latifundios de los Aguirre y de los Fernández del Valle, familias de terratenientes que poseían vastas extensiones y manejaban numerosos intereses comerciales, dueños de este territorio hasta 1913-1914, cuando fueron desalojados por la Revolución.[244] Episodios similares ocurrieron al norte de Sinaloa, donde un historiador local afirmó que los conflictos agrarios fueron fundamentales en el desarrollo de la Revolución.[245] Los pobladores de Escuinapa, por ejemplo, se quejaron pues sus títulos de propiedad, que databan de 1712, les habían sido arrebatados; el fundo legal había caído en manos de caciques, y sus derechos de pesca habían sido suspendidos.[246] Ahora no poseían "ni un ápice" de tierra y se vieron obligados a alquilar terrenos para sus chozas y a comprar leña a precios desmedidos. Es posible afirmar que estos problemas resultaron típicos de la nueva forma del despojo agrario perpetrado en los últimos años del Porfiriato, ya que estas medidas eran nuevas (el derecho a la pesca se había suspendido en 1888) y los pobladores no dudaban en culpar a Díaz por ello: "en el periodo colonial, época de la independencia, las intervenciones americana, francesa, y la Reforma, los indígenas no sufrieron ni el más ligero incidente, hasta la Dictadura del General Díaz en que todo fue represalias, arbitrariedades y abusos sin límites". Pero la mayor indignación y resistencia en el noroeste fue la de los yaquis en Sonora. Las rebeliones yaquis fueron frecuentes en el siglo XIX (al igual que en Yucatán y en distintos puntos del país, estas revueltas coincidían con crisis nacionales y dependían del grado de incitación blanca o mestiza).[247] Pero a finales del siglo XIX los brotes de rebeldía yaqui se tornaron más agudos, particularmente bajo el liderazgo del astuto oportunista José María Leyva (conocido como Cajeme), combatiente en las guerras de los años de 1850, 1860 y 1870, antes de encabezar las revueltas yaquis en la década de 1880. Para entonces, la penetración mexicana y extranjera en el Valle del Yaqui creó una situación de conflicto agrario endémico que persistió a lo largo de todo el Porfiriato; las sangrientas batallas eran interrumpidas sólo por treguas breves y, a la muerte de Cajeme (al que sus enemigos aplicaron la ley fuga), Juan Maldonado

---

[243] De Mariano Ruiz, jefe político de Tepic a Gobernación, 14 de marzo, 4 de abril de 1911, AG Tepic 1910-1911, 17/31.

[244] Del jefe político de Tepic a Gobernación, 27 de octubre de 1916, AG 81/21.

[245] Olea, *Breve historia*, p. 40.

[246] De Enrique Rojas y 120 indígenas comuneros a Madero, 19 de julio de 1911, AFM 21.

[247] Las principales fuentes sobre los yaquis son: Alfonso Fabila, *Las tribus Yaquis de Sonora: su cultura y anhelada autodeterminación*, México, 1940; Evelyn Hu-Dehart, "Development and Rural Rebellion: Pacification of the Yaquis in the Late Porfiriato", *Hispanic American Historical Review*, LIV (febrero de 1974), pp. 72-93; y Aguilar Camín, *La Revolución sonorense*.

(alias *Tetabiate*) y Luis Buli continuaron la lucha que se mantuvo hasta los primeros años del siglo XX.[248]

Los orígenes agrarios de las guerras yaquis eran evidentes, incluso para el general Reyes, quien llegó a la región en 1881 con la orden de tranquilizar a los indígenas.[249] La derrota de los apaches, la construcción de las redes ferroviarias y el clima político y legislativo favorable del Porfiriato, fueron factores que actuaron para abrir el camino hacia la expropiación de las tierras tradicionales de los yaquis en el valle. Denunciados como baldíos, estos terrenos pasaron a ser posesión de hacendados, políticos y norteamericanos: 400 000 hectáreas se convirtieron en propiedad de la familia Torres, oligarcas sonorenses; 547 000 fueron destinadas a la Richardson Construction Company de Los Ángeles.[250] Se esperaba que los yaquis, al igual que los mayos en Sinaloa, se tornaran peones pacíficos. Se realizaron intentos por apaciguarlos asignándoles terrenos en los pueblos del valle, pero tanto blancos como mestizos, que superaban en número a los indígenas, pronto invadieron los pueblos yaquis. Así, estos indígenas se vieron obligados a emplearse en minas, ciudades o haciendas, desaprobando el hecho de haber recibido una parcela que era fragmento de su antiguo patrimonio: "Dios nos dio a todos los yaquis el río [completo], no un pedazo a cada uno", y exigieron las tierras que se encontraban a lo largo del río hasta la Sierra Bacatete, entre cuyas cañadas los indígenas se refugiaron durante las interminables guerras.[251]

De esta manera las tierras del valle se incorporaron cada vez más a la economía comercial de Sonora. Los pueblos yaquis (y lugares sagrados) como Bacum y Cocorit se encontraban invadidos por asentamientos mestizos; la Richardson Company trajo colonizadores norteamericanos que cultivaron legumbres, fruta y garbanzos (otro producto cuya cosecha experimentó un auge durante el Porfiriato), para el mercado de California; pero como sus campos de cultivo se encontraban "en el corazón de las antiguas tierras tribales de los yaquis", trabajaban bajo la mirada vigilante de una guarnición federal.[252] Como se ha mencionado, los yaquis se polarizaron: los llamados "mansos" trabajaban en el valle; los "broncos" continuaron la lucha, a veces refugiados en las montañas o, en otras ocasiones, durante las treguas, empleados como peones de hacienda, pero siempre "juramos morir todos antes que entregar las tierras, aunque para ello sea necesario matar a todos los yoris [blancos]".[253]

---

[248] Fabila, *Las tribus Yaquis*, pp. 81-100.
[249] González Navarro, *Vida social*, p. 250.
[250] Fabila, *Las tribus Yaquis*, p. 103; Hu-Dehart, "Development and rural rebellion", pp. 76-77.
[251] Aguilar Camín, *La Revolución sonorense*, pp. 34-37; González Navarro, *Vida social*, p. 253; De Szyszlo, *Dix milles kilomètres*, p. 296.
[252] De Szyszlo, *Dix milles kilomètres*, p. 297; reportes de la armada norteamericana de la frontera, Nogales, 15 de mayo de 1915, SD 812.00/15074. Sobre el auge del garbanzo en los años de 1900: Manuel Bonilla, "Apuntes para el estudio del problema agrario", en Silva Herzog, *La cuestión de la tierra*, III, pp. 261-262.
[253] González Navarro, *Vida social*, pp. 255-256 y 258-259; del vicegobernador Alberto Cubillas a Corral, 29 de septiembre de 1909, ARC, carpeta 1; De Szyszlo, *Dix milles kilomètres*, p. 296.

A principios del siglo XX los combates alcanzaron tal nivel de brutalidad que las autoridades federales (para pesar de los hacendados, quienes se encontraban divididos entre el temor a los ataques yaquis y la necesidad de la mano de obra de estos indígenas) recurrieron a los tradicionales métodos antiguerrilla; concentraron a la población civil y deportaron a los prisioneros de guerra a sitios remotos, en este caso, a Yucatán.[254] Las atrocidades se multiplicaron. Los federales, recientemente armados con máuseres, masacraron niños y mujeres; el gobernador Izábal alardeaba de las torturas empleadas para obtener información de los prisioneros. Para ellos, tales medidas estaban justificadas: ¿acaso los yaquis no desollaban a sus víctimas y las colgaban con cuerdas hechas de su misma piel? ¿Acaso no desdeñaban su condición de seres humanos (según el periódico católico *El País*)? Aguilar seguramente está en lo justo cuando considera que la persecución del régimen de Díaz en contra de los yaquis fue más una cruzada, un compromiso ideológico (y racista, podríamos añadir), que un simple expediente político.[255] No obstante este compromiso, una conclusión no se logró antes de la Revolución. El año de 1908 trajo una paz aparente, una breve calma producto de la represión; este agotamiento temporal muy probablemente se debió al constreñimiento económico que redujo la demanda de mano de obra yaqui tanto en Sonora como en Yucatán.[256] Pero, al igual que otros apaciguamientos yaquis, éste no fue sino otra breve tregua. En 1910, como había sucedido en el pasado, la crisis nacional y la guerra civil entre mestizos dio a los yaquis una nueva oportunidad para demandar sus antiguas exigencias agrarias. Como reclutas de fuerzas mestizas (es decir, como mansos revolucionarios) o como broncos en la guerrilla independiente, los yaquis se dedicaron a la derrota y expulsión de los yoris.

Hasta el momento, en este breve panorama del despojo y el conflicto agrario, la hacienda ha jugado el papel de villano principal. Pero no fue el único. Las mismas fuerzas que impulsaron la expansión de haciendas alentaron el crecimiento de ranchos prósperos; y los rancheros, especialmente cuando asumían el papel de caciques locales, fueron tan eficaces para socavar la autonomía de los pueblos como los terratenientes. En algunos casos, el engrandecimiento del ranchero cacique era producto de la diferencia interna de los pueblos, en la medida en que comunidades como Naranja se polarizaban en un puñado de ricos y una masa de pobres. A su vez, las comunidades de rancheros (generalmente mestizos) se apoderaron de pueblos y aldeas vecinos (con frecuencia indígenas). El primer proceso se facilitó mediante la desamortización de las tierras de los pueblos y, en muchos casos, los habitantes, en un intento por cumplir con la ley y al mismo tiempo salvaguardar las tierras de la comunidad, adjudicaron los títulos de propiedad a vecinos que no resultaron tan dignos de confianza. Parte importante de la élite en Guerrero

---

[254] Aguilar Camín, *La Revolución sonorense*, pp. 49 y 55; Turner, *Barbarous Mexico*, pp. 16-17.
[255] González Navarro, *Vida social*, pp. 257-258; Aguilar Camín, *La Revolución sonorense*, p. 55.
[256] *Ibid.*, pp. 56-60; Hu-Dehart, "Development and Rural Rebellion", pp. 87-90.

debió su fortuna a este método. Clemente Unzueta, de Tlaxmalac, usó su posición como representante de la comunidad para adquirir las mejores tierras, mismas que aumentó gracias a una combinación de adquisiciones, denuncias de terrenos baldíos y matrimonio, para establecerse, así, como cacique en "cuyas manos siempre se concentró el poder, directa o indirectamente".[257] De 16 representantes similares electos en las comunidades de Chaucingo y Quetzalapa, sólo uno resultó confiable, mientras que el resto utilizó su posición para confinar a la población en tierras de calidad inferior.[258] La predicción del gobernador del estado acerca de que la desamortización estimularía el "interés individual, ese poderoso agente", resultó correcta.[259]

Aunque la desamortización no creó caciques *de novo*, sí fortaleció el poder de los existentes, quienes ocuparon una posición favorable para usar la ley en su propio beneficio. Crescencio Rosas adquirió las tierras de Cacahuamilpa (Gro.) cuando salieron a la venta en el mercado en 1894 (muchas desamortizaciones aún continuaban a principios del siglo XX); Tepoztlán, en el estado de Morelos, resistió la expansión de las haciendas pero perdió sus tierras ante los caciques tepoztecas que, "con el apoyo de las autoridades federales y estatales, prohibieron a los lugareños usar tierras comunales, con el fin de asegurarse mano de obra barata".[260] En ciertos casos, como los ya mencionados de San Juan Guadalupe, Sentispac y Mexcaltitlán, los caciques se apropiaron, y en ocasiones se apoderaron de las tierras de la comunidad, para después venderlas. El análisis de la rebelión serrana aporta aún más ejemplos. El cacique ranchero, una vez establecido su poder, instrumentaba las mismas estratagemas que las haciendas en su búsqueda de tierras, mano de obra y más poder; otorgaba anticipos de semilla y ganado a los campesinos necesitados (como hiciera el jefe político de Ejutla), para después utilizar su poder político y apoderarse de las tierras cuando fracasaban las cosechas.[261] Las disputas por alquileres, que fueron rasgos sobresalientes de los conflictos rurales en Guerrero, reflejan una situación similar, que se caracteriza por la manipulación del mercado que hacía el ranchero, desde una posición favorable, toda vez que se realizaban las desamortizaciones requeridas. El conflicto por la propiedad de tierras y por alquileres no es tan distintivo como algunos autores sugieren, ya que representa una sucesión de etapas dentro de un proceso continuo de expropiación y concentración de tierras.[262]

[257] Jacobs, "Aspects", pp. 49-50.
[258] *Ibid.*, pp. 50-51.
[259] *Ibid.*, p. 42.
[260] *Ibid.*, p. 56; Lewis, *Tepoztlan*, p. 115.
[261] De E. J. García, Amatengo (Oax.), a Gobernación, 29 de noviembre de 1911, AG Correspondencia con don Francisco I. Madero, 1911.
[262] *Cf.* Jacobs, "Aspects", pp. 13, 52-53, 67, 74 y 79, en donde el autor expone una evidencia abundante de la prosperidad del ranchero y del predominio del arrendamiento sobre la aparcería, el peonaje o los pueblos agrícolas, y se empeña en refutar la vieja interpretación agrario-populista de Tannenbaum; de hecho, la evidencia (que denota también un grado del conflicto clásico entre el pueblo y la hacienda) va perfectamente de acuerdo con una interpretación agrario-populista

Este proceso fue impulsado también por la transferencia de tierras de una comunidad a otra; en realidad, muchas disputas, aparentemente neutrales e insignificantes, entre los distintos pueblos y que afectaron al campo mexicano, quizá fueron resultado de dichas transferencias. Jamiltepec, en la costa de Oaxaca, por ejemplo, se enemistó con Poza Verde y otros pueblos vecinos. El conflicto se describió en términos partidarios (de acuerdo con la versión de Jamiltepec, los pozaverdeños no eran sino meros bandidos), o se redefinió según las etiquetas nacionales de la época: zapatista, carrancista, constitucionalista, etc. Sin embargo, la disputa se centró en la propiedad de la tierra; los ganaderos y rancheros habían expandido sus dominios a costa de sus rivales, lo cual dio origen a hostilidades y a oposición armada.[263] Un caso más claro fue el de Ometepec en la costa de Guerrero, donde un pueblo mestizo, entre 1880 y 1890, adquirió tierras comunales en Igualapa y Huehuetán, provocando con ello una respuesta violenta.[264] Es posible afirmar, aunque se requieren investigaciones que lo comprueben, que en regiones como la Huasteca o Acayucan, donde prevalecían relaciones similares de mestizos urbanos con indígenas de comunidades satélites, se llevó a cabo un fenómeno comparable, en el contexto obvio de un conflicto agrario grave.[265]

Es necesario señalar un último punto respecto a las relaciones del ranchero con las masas rurales. Hemos definido al ranchero como una especie de doctor Jekyll y señor Hyde, próspero y trabajador en regiones de tranquilidad agraria; avaro, expansionista e impopular en regiones de tensión agraria, donde podía interpretar el papel de sustituto del hacendado. Este perfil, aunque somero, es válido en términos generales. Pero omite un rasgo importante. Los rancheros, incluso los que eran caciques, mantuvieron nexos personales estrechos con la gente del pueblo: conocían a fondo las facciones, las quejas y enemistades que el hacendado ignoraba. Éste se ausentaba de sus dominios, sus visitas eran escasas y, generalmente, de índole recreativa.[266] En algunos casos, esta proximidad sólo agudizó el resentimiento y fue la causa de que muchas venganzas revolucionarias fueran más expeditas. Pero en algunos sitios hubo rancheros —incluso los más emprendedores— que disfrutaron de la simpatía de los lugareños, como Marcial López de San Juan Guelavía en el valle de Tlacolula, en Oaxaca, quien manipuló con ingenio el sistema de cargos para adquirir el control de la tierra ejidal del pueblo pero quien, "si bien los había despojado de sus pertenencias, [sin embargo] les daba trabajo y un trato que nunca llegó hasta el despotismo"; así, se hizo de una imagen

corregida, en la cual se reconoce el papel del ranchero (en la forma ambivalente que yo sugiero) y, sobre todo, el proceso de desarrollo agrario, la concentración y estratificación evidentes durante el Porfiriato como algo crucial en la gestación de la revolución popular.

[263] Darío Atristaín, *Notas de un ranchero*, México, 1917, es la fuente principal; véase cap. 8.
[264] AARD 12/22, 29 y 35, y expediente 27 y ss., y más adelante, pp. 221-222.
[265] Stresser-Péan, "Problèmes Agraires", p. 207; De la Fuente en *Handbook of Middle American Indians*, VI, pp. 440-442; Tannenbaum, *Peace*, p. 29.
[266] Warman, *Y venimos a contradecir*, pp. 65-66; Ankerson, *Cedillos*, tesis, cap. I, p. 12; Margolies, *Princes*, pp. 17 y 32.

de autoridad "... indiscutible y respetada" en la región.[267] Es más, cuando las fuerzas revolucionarias aparecieron en 1915, y quemaron los títulos de propiedad de López, liberando a los pobladores de sus obligaciones financieras con él, "nadie se fue sin liquidar su deuda". En ciertas regiones de tierras altas, la autoridad de los caciques rancheros se afirmó aún más, libres de los imperativos de la comercialización.

Por lo tanto, en las circunstancias adecuadas, el ranchero podía convertirse en dirigente natural de las fuerzas populares y formar así una coalición revolucionaria eficaz aunque híbrida. En la Huasteca, por ejemplo, las familias de rancheros como Lárraga y Santos, reunieron ejércitos populares en los que se conjugaron los elementos contradictorios del reformismo clasemediero (ranchero) y del agrarismo popular e indígena. En La Laguna, el ranchero criollo Luis Moya se alió con Contreras y sus indígenas de Ocuila; la alianza posterior de Obregón con los yaquis de Sonora estuvo formada por una coalición similar.[268] Los dirigentes rancheros lograron esta unión debido a que contaban con recursos políticos de los que la mayoría de los hacendados carecía; particularmente, el hecho de tener rasgos comunes con el pueblo, "compartían la misma forma de vestir, de andar y hablar de sus subordinados económicos", les permitía identificarse de modo ficticio o retórico con el pueblo (nuevamente, un buen ejemplo es Obregón).[269] Los hacendados opulentos, en cambio, eran imágenes demasiado remotas, urbanas y —conforme a sus propios esquemas— refinadas; un ejemplo es la ineptitud de Pablo Escandón para gobernar Morelos a la muerte de Manuel Alarcón.[270] Los dirigentes rancheros entendían los problemas del campo y estaban capacitados para obtener el respeto popular; por lo tanto, se hallaban en una posición privilegiada para representar a los lugareños, ventilar sus quejas y capitanear sus rebeliones. Sin embargo, es evidente que los objetivos fundamentales de los dirigentes, con frecuencia, fueron distintos a los de las masas. Los rancheros que actuaban en un contexto de agrarismo popular corrieron riesgos obvios; así lo descubrieron los aliados sonorenses de los yaquis. El reformismo ranchero y el agrarismo indígena se separaban con facilidad. Pero mediante promesas, concesiones y propaganda, el ranchero pudo permanecer al mando, con compensaciones políticas considerables, porque la nueva política revolucionaria, surgida a raíz de la caída de Díaz, requirió capacidad de mando popular (algunos autores señalan que fue habilidad para cooptar). Los rasgos compartidos cobraron una importancia sin precedentes. Si, como señalan Tannenbaum y Friedrich, la Revolución encontró su energía funda-

---

[267] Lucio Mendieta y Núñez, *Efectos sociales de la reforma agraria en tres comunidades ejidales de la República Mexicana*, México, 1960, pp. 210-240.

[268] Morales Jiménez, *Hombres de la revolución*, p. 87; Graham, Durango, 15 de febrero de 1911, FO 371/1146, 8191; Linda B. Hall, "Álvaro Obregón and the Agrarian Movement 1912-1920", en Brading (ed.), *Caudillo and Peasant*, pp. 125 y 129; se hicieron alianzas semejantes en la Huasteca.

[269] Schryer, *Rancheros of Pisaflores*, p. 7; y cap. 9.

[270] Womack, *Zapata*, pp. 14-16 y 37.

mental en los pueblos, es posible afirmar que adquirió su estilo político en los ranchos. Hasta cierto punto (y este concepto no es original) el populismo revolucionario del decenio de 1920 nació en el rancho.[271]

LA SIERRA

Las rebeliones provocadas por conflictos agrarios fueron fundamentales en la revolución popular de 1910-1920. Pero también surgieron otras formas de rebelión (aquellas que he llamado serranas), en las cuales no existían problemas agrarios, o bien formaban parte de un complejo más general de motivaciones.[272] Muchas rebeliones de esta naturaleza surgieron en las montañas y en las laderas; de ahí su nombre, pero no estuvieron confinadas exclusivamente a las regiones de las tierras altas. También hubo ejemplos en la selva de Yucatán o en las remotas regiones costeñas de Chiapas, ahí donde la autoridad del estado y de los terratenientes era débil, de tal suerte que permitiera que las comunidades campesinas se mantuvieran en una independencia celosa. Estas rebeliones mostraron muchas características de la sociedad fronteriza (o, al menos, de un cierto tipo de tal sociedad): libertad relativa de movilidad, familiaridad con la violencia, resistencia al control y la cultura política urbanas.[273] La sociedad serrana era fundamentalmente campesina, por cuanto estaba cimentada en agricultores rurales de clase baja, que producían tanto cultivos de subsistencia como de mercado y controlaban, aunque no necesariamente poseyeran, los medios de producción.[274] Debido a los recursos humanos y naturales de estas regiones, el pastoreo jugó un papel quizá más importante que en las tierras bajas (zonas de las haciendas). Sin embargo, esta descripción de la sociedad serrana de México —al igual que la sociedad de sus pueblos sedentarios— no es distinta a la de otros países y épocas, incluso es posible compararla con las comunidades pirenaicas del siglo XIV.[275] También es posible establecer correspondencias con el campesinado que describe

---

[271] Schryer, *Rancheros of Pisaflores*, pp. 5-9, quien concluye con la observación de que el partido oficial de la Revolución "representaba en gran medida a la estructura del padrinazgo, las tácticas políticas y las tradiciones asociadas a la burguesía campesina mexicana".

[272] Knight, "Peasant and Caudillo", pp. 27-28.

[273] Aguilar Camín, "The Relevant Tradition", p. 106; Friedrich Katz, *Secret War*, pp. 13 y 18-20; *cf.* Alistair Hennessy, *The Frontier in Latin American History*, Londres, 1978, pp. 110-112; Silvino R. Duncan Baretta y John Markoff, "Civilization and Barbarism: Cattle Frontiers in Latin America", *Comparative Studies in Society and History*, XX (1978), pp. 587-620.

[274] Yo presento esto como mi propia definición de trabajo sin querer por esto darle cabida al asunto polémico y muchas veces estéril del "campesinismo". *Cf.* Henry A. Landsberger, "Peasant Unrest: Themes and Variations", en Henry A. Landsberger (ed.), *Rural Protest: Peasant Movements and Social Change*, Londres, 1974, pp. 6 y 18.

[275] Como Le Roy Ladurie menciona, a propósito de la resistencia de los pueblos al diezmo, "los granjeros y pastores (de los Pirineos) formaban un mundo aparte y no podían ser tiranizados": Emmanuel Le Roy Ladurie, *Montaillou: Cathars and Catholics in a French Village 1294-1324*, Londres, 1980, pp. 17-20 y 23.

Eric Wolf, que "se localizaba en las áreas periféricas, ajenas a los dominios y el control de los terratenientes" o, a grandes rasgos, con algunas de las "aldeas orientadas hacia adentro" de Joel Migdal.[276] Aunque muchas comunidades serranas eran indígenas, otras, especialmente las de la Sierra Madre Occidental, eran mestizas; al igual que en el caso de los rebeldes agrarios, las fuerzas políticas y económicas generaron la protesta, con frecuencia cruzando e ignorando divisiones étnicas. La etnicidad modificó el carácter de la protesta pero no determinó la identidad de quienes protestaban.

Mientras que las comunidades de las tierras bajas, cercanas a los pueblos, tenían la necesidad de establecer relaciones con funcionarios estatales y terratenientes, los serranos podían mantenerse a distancia de estas influencias. Por otra parte, en la medida en que la demanda era reducida y las comunicaciones escasas, los terratenientes no se animaron a penetrar en las montañas ni en la selva. Además, antes del régimen de Díaz, el Estado carecía de capacidad y coordinación para realizar y mantener un esfuerzo sostenido que acabara con estos reductos de localismo. Fue así como dichas comunidades sobrevivieron, bajo la protección de caciques indígenas o mestizos en las sierras de Oaxaca y Puebla, en las tierras bajas inhóspitas del Istmo, y en las selvas de Yucatán; en comunidades de colonizadores, semiautónomas, en las montañas del norte, semejantes a las de los colonizadores militares que poblaron la Sierra Madre Occidental desafiando al apache.[277] La necesidad local de independencia en conflicto con las órdenes perseverantes, a veces ineficaces, del Estado que exigía obediencia, provocó numerosas rebeliones serranas desde la época colonial, durante los periodos de independencia y hasta llegar al Porfiriato. Al término de la Guerra de Castas, la sociedad defensiva de Cruzob resistió la penetración ladina en Yucatán durante décadas; los indígenas, como los que habitaban el distrito de Minatitlán al sur de Veracruz, se rebelaron en 1853 contra la imposición de los alcaldes de razón, es decir, de funcionarios ladinos.[278] Durante el siglo XIX, muchas revueltas indígenas fueron causadas por situaciones similares en las que se imponía la incorporación de la comunidad a la sociedad civil mestiza, con las consecuencias esperadas: impuestos, reclutamiento obligatorio en el ejército, leyes sobre la vagancia y, a menudo, despojo agrario.[279] Sin embargo, también surgieron protestas mestizas con características similares, como la revuelta de 1892 en Tomóchic. En este caso, aunque el fanatismo religioso y la expropiación de tierras han sido considerados los factores desencadenantes, parece claro que las principales quejas del pueblo se dirigían contra las autoridades locales y

---

[276] Eric R. Wolf, "On Peasant Rebellions", en Teodor Shanin (ed.), *Peasants and Peasant Societies*, Londres, 1971, p. 269; *cf.* Migdal, *Peasants*, p. 26.

[277] R. Waterbury, "Non-revolutionary Peasants: Oaxaca Compared to Morelos, in the Mexican Revolution", *Comparative Studies in Society and History*, XVII (1975), p. 451; Katz, *Secret War*, p. 8.

[278] Reed, *Caste War*, pp. 120-121, 159 y ss; Reina, *Rebeliones campesinas*, p. 355.

[279] Reina, *Rebeliones campesinas*, *passim*; Jean Meyer, *Problemas campesinos y revueltas agrarias 1821-1910*, México, 1973.

su corrupta red clientelista. Los impuestos habían aumentado y las leyes que prohibían la vagancia se aplicaban de manera arbitraria, los clientes de los caciques disfrutaban de privilegios (sus burros pastaban impunemente en los maizales del pueblo) y cinco tomochitecos fueron ejecutados de modo sumario debido a un acto de pillaje que no habían cometido.[280] Una vez iniciada la revuelta, ésta requirió más de 1 000 soldados durante casi un año para someter a una aldea de menos de 300 pobladores.

Las revueltas en contra de la dominación política y a favor de una autonomía comunal son frecuentes en la historia de México.[281] Reflejan la marcha hacia adelante del Estado (colonial o independiente); una marcha que, a pesar de sus frecuentes interrupciones, desvíos y retrocesos, ha logrado gradualmente ampliar sus fronteras políticas hasta alcanzar nuevos grupos de la población y obtener una autoridad centralizada más completa que se finca en la Ciudad de México y en las numerosas ciudades de provincia. Bajo el gobierno de Díaz, esta marcha se aceleró. La estabilidad gubernamental y las mejores comunicaciones dotaron a Díaz de un poder mayor al de cualquier otro gobernante anterior. Las comunidades serranas —al igual que las agrarias en las tierras bajas— se enfrentaron a nuevas presiones, ante las cuales optaron por diversas estrategias: resistencia franca o pasiva; el recurrir a los patrones poderosos de la localidad para que intercedieran en su nombre o, simplemente, la rendición. Al parecer, la tercera estrategia fue la más útil para preservar un grado significativo de autonomía. Los caciques acomodados —indígenas o, con más frecuencia, mestizos— compartieron, aunque fuera sólo por razones de intereses personales, el compromiso con la causa serrana y amortiguaron el avance del gobierno central. Por ejemplo, Juan Francisco Lucas en la sierra de Puebla, las familias Meixueiro y Hernández en la Sierra Juárez de Oaxaca, y los finqueros de Chiapas, quienes dieron protección a la autonomía indígena y apoyaron la causa de San Cristóbal en contra de Tuxtla Gutiérrez, impositiva capital del estado.[282] Dichos cacicazgos, aunque anticuados, fueron eficaces y sobrevivieron incluso en el norte, más moderno e integrado, en la Sierra Madre Occidental, y mantuvieron vivos los sentimientos localistas en regiones de tierras bajas como Juchitán, en el Istmo

---

[280] Francisco Almada, *La rebelión de Tomochi*, México, 1938; pp. 15-23 y 37-41; Plácido Chávez Calderón, *La defensa de Tomochi*, México, 1964, pp. 9-15.

[281] Reina, *Rebeliones campesinas*, p. 37, introduce una categoría de "rebeliones para la autonomía comunal" en su clasificación quíntuple y da varios ejemplos de gran valor. Sin embargo, existen ciertos problemas con la clasificación y, en este caso particular, no veo razón alguna para limitar esas rebeliones autonomistas a las comunidades indígenas, o para equipararlas con las "guerras de castas". Tanto los motivos como las formas de tales rebeliones (por ejemplo, su habilidad para movilizar todos los estratos dentro de la comunidad) se manifestaban también en movimientos no indígenas. Y para repetir un punto anterior: las lealtades étnicas (o de castas) aunque no carecían de importancia, no deben ser llevadas al primer plano de la distinción analítica. De aquí mi preferencia por una categoría (*serrano*) que trasciende la etnicidad.

[282] Charles R. Berry, *The Reform in Oaxaca, 1856-1876; A Microhistory of the Liberal Revolution*, Lincoln, 1981, pp. 131-134; Hernández Chávez, "La defensa", y más adelante, pp. 452-453.

de Tehuantepec.[283] En México, al igual que en el resto de Latinoamérica, el cacicazgo a la vieja usanza (para diferenciarlo de los modernos caciques producto de la revolución institucional de la década de 1920) era, por lo tanto, antinacional, una barrera que impidió la integración, la *bête noire* de los nacionalistas ardientes.[284]

El ritmo y la intensidad de la integración varió de una región a otra. Las presiones ejercidas sobre las comunidades serranas en el norte fueron mayores que en las del sur y, como resultado, el momento y carácter de las respectivas rebeliones fueron distintos. Los serranos del norte se levantaron en armas en 1910-1911; los del sur se sumaron a la Revolución en años subsecuentes, en ocasiones reaccionando en contra de las presiones conservadoras del neoporfirismo (en la sierra de Puebla, en 1913), a veces en contra de las nuevas amenazas revolucionarias (Oaxaca, 1914) y otras tomando ventaja del levantamiento revolucionario para validar viejas peticiones y recobrar antiguas libertades (Chiapas, 1912). Sin embargo, a pesar de sus indudables diferencias, estas revueltas revelaron ciertas tendencias comunes. Al principio, son los serranos del norte quienes encabezan la revuelta en contra de Díaz y acaparan la atención, pero es necesario establecer las tendencias comunes, que serán retomadas en capítulos subsecuentes, antes de estudiar la intervención de los serranos.

La Sierra Madre Occidental, que atraviesa Zacatecas, Durango, Chihuahua y se interna más allá de la frontera, era un entorno remoto y hostil, caracterizado por una historia cruenta.[285] En los primeros años del Porfiriato, los apaches habían descendido de las montañas para devastar Carrizal, Galeana y La Laguna, y fueron estos pueblos serranos, como Galeana, los que colonizaron hombres bravíos, poblando una región de "tierras pedregosas al pie de los montes y bolsones cenagosos". En este sitio se reclutaron los indígenas que combatieron en las batallas de Tres Castillos y Casas Grandes, donde cayeron derrotados los apaches.[286] En las montañas de Sonora, el conflicto endémico con indígenas y bandidos fue el origen de una población colonizadora similar.[287] Este legado reciente de violencia, además de capacitar para la Revolución, tendió a fortalecer la solidaridad de comunidades y regiones; caciques y terratenientes dependían de la fuerza de las armas y de la habilidad combativa de sus subalternos, quienes, a su vez, respetaban el liderazgo desplegado por aquéllos en el poder.[288] Por lo tanto, la sociedad serrana presentaba tendencias semifeudales, no en términos marxistas sino en el sentido

---

[283] Beezley, *Insurgent Governor*, pp. 2-18; Covarrubias, *Mexico South*, pp. 160-161, 219 y 226-245.
[284] Knight, "Peasant and Caudillo", pp. 57-58.
[285] Lister, *Chihuahua*, pp. 41-43, 163-167, 183 y 207.
[286] *Ibid.*, pp. 164 y 207; Fuentes Mares, *Y México se refugió*, pp. 150-151.
[287] Aguilar Camín, "Relevant Tradition", pp. 94-98 y 106-109.
[288] Fuentes Mares, *Y México se refugió*, pp. 145-154; Beezley, *Insurgent Governor*, pp. 17-18; Harris, *A Mexican Family Empire*, pp. 128-137, 193-198 y 287-289.

clásico de una sociedad parcialmente organizada para la guerra, arraigada en jerarquías militares personales.[289] Estas relaciones eran evidentes en asentamientos de colonizadores militares enclavados en las sierras de Chihuahua.[290] Mientras persistió esta situación, la autoridad de los terratenientes y caciques se mantuvo firme y legítima, fortalecida por la creencia popular de que el papel organizativo justificaba una posición superior.[291]

Pero en épocas de paz llegó el cambio. La sociedad serrana sufrió nuevas presiones que sustituyeron la amenaza de los apaches; el origen de estas presiones ya no estaba en las montañas del norte sino en las llanuras del occidente, en la ciudad de Chihuahua (que, hasta cierto punto, servía de apoyo al poder creciente de la Ciudad de México). La representación de estas presiones ya no era el indígena salvaje de rostro pintado sino el político de levita, el general de doradas charreteras, las cuadrillas constructoras de líneas ferroviarias, el rudo empresario gringo. En las décadas de 1880 y 1890 apareció el ferrocarril, sus vías aplastaban las plantas sagradas de los tarahumaras, su humo oscurecía el sol. Mal presagio.[292] Con el advenimiento de las redes ferroviarias, era posible reactivar antiguas minas coloniales y aparecieron en el horizonte nuevos pueblos mineros como Batopilas, una "comunidad pequeña y cerrada", regida de manera autocrática por su jefe, Alexander Shepherd.[293] Extensas áreas de tierras "públicas" se expropiaron para formar las bases de los nuevos latifundios del norte: los Terrazas acapararon seis haciendas en la región de Galeana, Phoebe Hearst estableció su finca en la cuenca de Babicora, Limantour poseía 170 000 hectáreas en los distritos de Guerrero y Bocoyna. Se prefirieron los aserraderos y pastizales, antes que las tierras cultivables. La propiedad de los Limantour, por ejemplo, contaba con pinos, abetos y robles y, después de iniciada la deforestación de las laderas, su dueño la vendió a la Cargill Lumber Co.; William Greene adquirió las concesiones madereras de los distritos de Galeana y Guerrero, e introdujo los Ferrocarriles del Noroeste, que pasaban por la ciudad de Chihuahua y continuaban su camino por sierras y laderas hasta la ciudad fronteriza de Juárez, con estaciones en pueblos madereros como Temósachic, Pearson (ahora Mata Ortiz) y Madera. Aunque remoto, este territorio no estaba despoblado, el ferrocarril

[289] Hilton, "Introduction", p. 30.
[290] Katz, *Secret War*, pp. 8 y 38.
[291] *Cf.* Barrington Moore, *Social Origins*, pp. 469-471, para una consideración general de este argumento al cual el autor regresa en *Injustice: The Social Bases of Obedience and Revolt*, Londres, 1978, pp. 40-43.
[292] Lumholtz, *Unknown Mexico*, I, p. 413. El efecto perjudicial del nuevo ferrocarril se iba notando en varios aspectos: accidentes, muertes, reducciones de derechos de vía, saqueo de bosques y otros recursos para la construcción de las vías; puede suponerse que estas consecuencias inmediatas (en comparación con los resultados más importantes aunque indirectos, como el alza de precio de la tierra y la expansión de oportunidades en el mercado) se resentían profundamente en regiones más remotas, "subgobernadas". Véase Vanderwood, *Disorder and Progress*, p. 94, y Aguilar Camín, *La Revolución sonorense*, pp. 93-96.
[293] Pletcher, *Rails*, pp. 183-217.

pasaba por 70 poblados, y si bien muchos eran nuevos pueblos fundados en torno a ciertas compañías, otros eran comunidades antiguas y establecidas.[294] Más allá de las sierras, las comunidades acostumbradas a una forma de vida fronteriza o colonizadora, dura e independiente, ahora estaban obligadas a adaptarse a los cambios rápidos, en la medida que se demarcaron y cercaron bosques y llanuras, en que los empresarios, mexicanos y extranjeros, se entregaron a una explotación más intensa de los recursos locales, pero, más importante aún, en que la autoridad política se tornó más poderosa.

Aquí como en otras tierras bajas de México, la expropiación agraria, aunque frecuente, no fue la causa principal de las quejas populares, como sucedió en Morelos o en otras regiones del altiplano central. La expropiación agraria fue sólo una parte del asalto general a la independencia local (un grado de independencia que hacía mucho tiempo habían perdido las comunidades del centro de México). Cuando tuvo lugar, la expropiación siguió el doble patrón habitual, la pérdida de tierra ante las haciendas vecinas o ante los caciques indígenas. Los habitantes de Aldama combatieron en una larga lucha contra la hacienda de Tabaloapa, debido a los manantiales y bosques que la hacienda había reclamado; en San Carlos, cerca de Ojinaga, el gobernador Creel expropió tierras ejidales "que... los vecinos de aquel lugar aseguran ser de su propiedad, conforme a los títulos que presentan y la posesión inmemorial que tienen", de tal suerte que Creel necesitó un destacamento de rurales para fortalecer su expropiación.[295] Asimismo, los choques fueron frecuentes, ya que los ganaderos cercaron pastizales y abastos de agua, impidiendo el uso común a los campesinos. Los habitantes de Santa María de las Barbizas, después de perder sus títulos de propiedad debido a los manejos de un tinterillo corrupto, estuvieron obligados a vivir con sus caminos y terrenos restantes cercados con alambre de púas, e incluso enfrentaron el desahucio de sus chozas; Manuel Terrazas, miembro de la famosa familia, cercó su rancho e impidió la entrada a un camino muy frecuentado y a un ojo de agua; además, ordenó el arresto de los arrieros que continuaron usando ese camino, orden que las autoridades locales hicieron cumplir.[296] Un incidente similar forma parte de una historia larga y trágica: el terrateniente británico William Benton cercó su hacienda de Los Remedios, impidiendo el paso a los pobladores de Santa María de las Cuevas (quienes, además, se quejaban pues una parte de las tierras de la hacienda habían sido de su propiedad); este hacendado fue objeto de amenazas, y algunos campesinos se entregaron a la tarea de desmantelar la cerca, ante lo cual llamó a los rurales para defender su propiedad. Benton, conocido como un hombre colérico, denunció abiertamente a sus enemigos diciendo que "inficionados [sic] de viejos atavismos, quieren hacer uso de lo ageno [sic] como de cosa propia, los que como

---

[294] Lister, *Chihuahua*, pp. 176-179; Edwards, Juárez, 13 de agosto de 1912, SD 812.00/4651 proporciona un mapa muy útil.

[295] *El Correo*, 25 de julio, 19 de agosto de 1909; 21 y 28 de abril de 1910; 1º y 24 de julio de 1909.

[296] *Ibid.*, 9, 10, 16 y 24 de marzo de 1910; 29 de abril de 1909.

Proudhonne *[sic]* tienen la propiedad como un robo".[297] De nuevo, las autoridades locales apoyaron al terrateniente y multaron a los campesinos por usar el agua o los pastizales de la hacienda.

Este nuevo régimen del alambre de púas que infringía las antiguas costumbres de pastoreo, uso de agua y maderas, también afectó a las comunidades de la sierra.[298] Sin embargo, en esas regiones la principal causa de resentimiento fue el poderío de nuevos caciques quienes monopolizaron los escasos recursos de la comunidad. Tomóchic se rebeló en contra de las tiranías del cacique Chávez.[299] Bachíniva decayó bajo el control de Luis J. Comadurán y su compadre Pablo Baray; los habitantes del lugar afirmaron que esos fueron "años... de orca *[sic]* y cuchillo, atropellando todas las leyes, civiles y universales, humanas y divinas, convirtiendo los bienes municipales en bienes propios y los ciudadanos en puros esclavos".[300] Bachíniva habría de ser un pueblo revolucionario en 1910-1911. Lo mismo se aplica a Temósachic, donde un individuo, Encarnación Quesada, había tomado posesión ilegal de la mayor parte de las tierras de la comunidad en detrimento de los pobladores, quienes se hallaron sin tierras de pastoreo para sus rebaños.[301] Tres individuos, apoyados por autoridades corruptas, lograron un monopolio similar en Janos.[302] Además, si las comunidades mestizas de este tipo eran derrotadas, los grupos indígenas, como los tarahumaras, sufrían despojo y explotación por parte de los caciques de Bocoyna, Guachóchic y de otros pueblos.[303] Y, si bien es cierto que las rebeliones serranas del norte fueron principalmente mestizas, también incorporaron reclutas indígenas cuyo número y utilidad no fueron despreciables.[304]

Cabe subrayar que estas expropiaciones fueron más frecuentes en los últimos años del Porfiriato: en Janos, después de la aprobación de una ley estatal en 1905, se requisaron tierras ejidales. En 1909-1910, William Benton se enemistó con la gente de Santa María, y Creel con la de San Carlos. Estos incidentes estaban vinculados de manera particular con la hegemonía política local lograda por los intereses de Creel y Terrazas a principios de este siglo. Una autoridad en la materia sostiene que el "Díaz-potismo" (caciquismo

---

[297] *Ibid.*, 7 y 8 de junio de 1910.

[298] *Ibid.*, 29 de marzo de 1910.

[299] Almada, *Tomochi*, pp. 21-22; Chávez Calderón, *La defensa de Tomochi*, pp. 10-15; *El Diario del Hogar*, 28 de septiembre, 1° de noviembre de 1892. Todos coinciden en que eran mayores los motivos políticos que los religiosos; que los rebeldes se levantaron en oposición a las autoridades locales y no movidos por un fervor mesiánico.

[300] Véase de Héctor Olea a Luis Terrazas, 28 de agosto de 1898; 18 de agosto de 1903; 15 de febrero de 1904 y una petición no fechada (1899) de los habitantes de Bachíniva a Terrazas, STA, caja 26; y Ximena Sepúlveda Otaiza, *La revolución en Bachíniva*, México, DEAS, 1975.

[301] *El Correo*, 30 de abril de 1910.

[302] *Ibid.*, 18 de mayo; 8 de junio de 1909.

[303] *Ibid.*, 4 y 24 de agosto de 1909; Lumholtz, I, pp. 119-120, 135, 180-183 y 194-198.

[304] De Tomás Urbina a Gobernación, 31 de julio de 1911, AG legajo 898; I. Thord Grey, *Gringo Rebel*, Coral Gables, 1960, pp. 89-91, 100 y 234.

al estilo del Porfiriato) no fue peor en Chihuahua que en otros lugares.[305] Sin embargo, esta observación quizá no sea del todo cierta. Los niveles de protesta y rebeldía variaron claramente conforme a la severidad del caciquismo local. Éste fue más severo en Chihuahua y, por ende, capaz de generar una mayor respuesta revolucionaria, debido a cuatro razones: primera, la hegemonía política y la económica se combinaron hasta alcanzar grados insospechados; segunda, este predominio se había logrado en fechas recientes; tercera, los oligarcas Creel y Terrazas, lejos de ser conservadores, de hecho, eran progresistas, al menos en lo que respecta a la búsqueda del cambio y el "progreso", conceptos que se plegaban a sus propios esquemas; cuarta, la gente de Chihuahua, especialmente los serranos, era particularmente sensible a la imposición de nuevas responsabilidades y contaba con gran capacidad para oponer resistencia a manera de respuesta.[306] Estos factores endógenos —por encima de los supuestos efectos de la penetración económica extranjera— determinaron que Chihuahua, y especialmente las regiones de la Sierra Madre en Sonora y Durango, jugaran un papel predominante en la Revolución.[307]

En la década de 1880, el impulso hacia la centralización política se puso en marcha, después de la derrota de los apaches y con la sustitución gubernamental de los funcionarios electos localmente por los jefes políticos designados. Una consecuencia parcial de lo anterior fue el descontento de la década de 1890, especialmente en el distrito de Guerrero en Chihuahua, al occidente de la capital del estado, y en las laderas y montañas de la sierra.[308] Cuando Enrique Creel, yerno de Terrazas, ocupó el cargo de gobernador en 1904, optó por la modernización y decidió fortalecer y centralizar aún más el gobierno estatal. El control ejecutivo se extendió incluso a municipios insignificantes, se introdujo un nuevo sistema de impuestos en los ranchos y se incrementó el nivel agregado del impuesto. En asuntos administrativos y en lo que respecta a desarrollo económico, Creel y su familia fueron tímidamente progresistas: apoyaron la industria, aumentaron el presupuesto estatal de educación y estimularon mejoras urbanas.[309] Pero es evidente que no permitieron que pequeñeces democráticas se interpusieran en su camino hacia el progreso; de ahí el resentimiento creciente entre los liberales de la clase media. Más aún, al igual que regímenes posteriores, ansiosos de alcanzar el progreso y el desarro-

---

[305] Michael C. Meyer, *Mexican Rebel: Pascual Orozco and the Mexican Revolution*, Lincoln, 1967, p. 9.

[306] El "progresismo" de la oligarquía Creel-Terrazas (y de Enrique Creel, en particular) ya ha sido mencionado y es de especial importancia: subraya el hecho de que la rebelión serrana representaba una reacción popular *no* hacia una tiranía arcaica, sino más bien hacia un régimen nuevo, en expansión y "modernizante". Por esta razón es legítimo considerar las posteriores rebeliones serranas (dirigidas hacia los centralizadores *revolucionarios*) como pertenecientes al mismo tipo genérico.

[307] *Cf.* Mark Wasserman, "Oligarquía e intereses extranjeros en Chihuahua durante el Porfiriato", *Historia Mexicana*, XXII, núm. 3 (enero-marzo de 1973), pp. 279-319.

[308] Almada, *Tomochi*, pp. 17 y ss.; Beezley, *Insurgent Governor*, pp. 9-10.

[309] *La Nueva Era*, Parral, 24 de junio, 21, 25 y 28 de octubre y 2 de diciembre de 1906.

llo material, su sincera, y en algunos aspectos exitosa, defensa del cambio se vio comprometida por la inevitable corrupción y el egoísmo. El material necesario para crear un México (o un Chihuahua) moderno y dinámico, se manchó con nepotismo, clientelismo y sobornos aun dentro de la propia familia y, como resultado, el progresismo terracista con frecuencia pareció hueco e hipócrita.[310]

Para los campesinos, para la gente común, los beneficios eran pocos y muchas las cargas, y el llamado abstracto hacia el *progreso* carecía de peso. "Para dar un paso hacia el progreso", se quejaban los habitantes de Bocoyna, en donde el pastoreo de los animales era "una costumbre que es general y un derecho del que todos hacemos uso, ¿es indispensable cometer un acto arbitrario?".[311] En la esfera política, se dio en Creel "una fiebre de reformas y proyectos" que provocó una oposición generalizada.[312] A los abusos del caciquismo antiguo, se sumaron las nuevas humillaciones causadas por la centralización política sin precedentes y la erosión de la independencia municipal: un crítico comentó que "intentando la nulificación de pequeños cacicazgos, [el gobernador Creel] le dio fuerza a un cacicazgo mayor, deprimente, insaciable y devorador".[313] La fuerza y el alcance crecientes del gobierno exigieron impuestos adicionales y, al mismo tiempo, facilitaron su recaudación. Ya durante la década de 1890, los impuestos habían sido causa de revueltas y el entonces gobernador, Miguel Ahumada, se vio obligado a reducirlos; ahora Creel no sólo los aumentó sino que se aseguró que fueran aplicados de manera retroactiva (muchas compañías importantes en Chihuahua se habían establecido ahí alentadas por concesiones tributarias). En 1911, la carga tributaria del estado era ocho veces mayor que en 1892, y su incidencia menos equitativa.[314] Las quejas por los impuestos se hicieron frecuentes y, en marzo de 1909, brotó en San Andrés una rebelión causada por los impuestos; el recaudador, quien además administraba algunos intereses madereros de los Creel en el distrito, fue la principal víctima.[315]

Los rebeldes de San Andrés gozaban de popularidad en toda la región montañosa y, al ser derrotados, los pueblos vecinos les abrieron las puertas; ésta era una señal del disgusto general en contra de las autoridades locales, descontento respecto del cual la revuelta de San Andrés fue tan sólo un síntoma.[316] Es indudable que abundaron las quejas populares en contra de los

---

[310] Además de muchos otros supuestos ultrajes, se pensaba que la familia Terrazas había confabulado o hasta participado en el robo realizado en su propio banco, el Banco Minero, en 1908. Véase Beezley, *Insurgent Governor*, pp. 80-81 y 110-111, y Robert L. Sandels, "Silvestre Terrazas and the Old Regime in Chihuahua", *Americas*, XXVIII (1971), pp. 201-204.

[311] *El Correo*, 18 de marzo de 1909.

[312] *Ibid.*, 4 de marzo de 1911.

[313] *Idem*.

[314] *Ibid.*, 9 de noviembre de 1909; 8 y 30 de marzo de 1911.

[315] *Ibid.*, 20 de marzo de 1909; Katz, *Secret War*, p. 38. San Andrés también era un centro de viejas disputas alrededor de la tierra: *La Nueva Era*, 8 de julio de 1906.

[316] *El Correo*, 6 de abril de 1909.

caciques opresivos, corruptos y arbitrarios, y es fácil rastrearlas hasta sus comunidades de origen ya que, dos años más tarde, éstas se convirtieron en protagonistas de la rebelión serrana de Chihuahua: Ciudad Guerrero, Namiquipa, Temósachic, Bachíniva, Cuchillo Parado.[317] Aunque los rebeldes serranos de 1910 asumieron banderas nacionales, correspondían a una antigua tradición cuyo texto puede tomarse de las palabras de Cruz Chávez, el dirigente de Tomóchic en 1892, quien narró a los viajeros que en su pueblo simplemente no querían que "... nadie se metiera con ellos, ni los molestara para nada, ni intervinieran en sus asuntos..."[318] Una tradición que Creel, al buscar la cancelación de las independencias locales, sólo logró revivir.

Una vez iniciada, la rebelión serrana mostró dos características distintivas. Primera, como rebelión en contra de una entidad política externa (de la cual el cacique y su camarilla podían ser sus representantes locales), estos brotes eran capaces de movilizar a casi toda la comunidad, incluso a las familias más acomodadas y respetables —quienes rechazaban las imposiciones externas a la par que los "pelados"—. Las comunidades no estaban polarizadas (los caciques y funcionarios impuestos difícilmente constituían una facción numérica de importancia) y los movimientos serranos fácilmente rebasaron las divisiones de clase.[319] En otras palabras, las escisiones verticales (entre gobernantes y gobernados) prevalecieron por encima de las divisiones horizontales de clase. La protesta de los serranos fue conducida frecuentemente por hombres con propiedades y posición social: las familias Meixueiro en la Sierra de Juárez, De la Rocha en las montañas fronterizas de Sinaloa y Durango, y Mascareñas en el norte de Sonora.[320] La imagen tradicional del terrateniente que conducía a sus subalternos a la batalla aún tenía cierto índice de realidad en las sierras, mientras que en las tierras bajas los propietarios que vivían fuera de su propiedad, la agricultura comercial y las relaciones de mercado consignaron dicha imagen al polvo de la historia.

Al mismo tiempo y por iguales razones, los movimientos serranos a menudo reunieron a numerosos bandidos. Esto fue reflejo no sólo del carácter violento de la sociedad serrana (que analizaremos más adelante), sino también del potencial de las amplias alianzas que abarcaban al terrateniente, el campesino, el arriero y el bandolero. Los bandidos no se limitaron a las montañas (durante la Revolución abundaron en las áreas de tierras bajas, como en Tabasco y en el Bajío, y posiblemente actuaron como una forma substituta de protesta popular), sino que además mantuvieron lazos históricos con las regiones serranas. Las montañas de la Sierra Azul y Ajo, estribaciones de la Sierra Madre en el norte de Sonora, fueron "refugio de bandidos desde tiem-

---

[317] De Francisco Mateus, Casas Grandes, a Alberto Terrazas, 7 y 9 de diciembre de 1910, STA, caja 28; Katz, *Secret War*, p. 38, y véanse más adelante, pp. 224-225 y 229-230.

[318] Almada, *Tomochi*, pp. 86-87.

[319] Knight, "Peasant and Caudillo", p. 35; y *cf.* Reina, p. 37. Este punto será tratado más ampliamente después.

[320] Olea, *Breve historia*, p. 84; Aguilar Camín, *La Revolución sonorense*, pp. 114-115.

pos inmemoriales"; las montañas al oeste de Durango fueron refugio en la década de 1880 del célebre bandido Heraclio Bernal, una región donde "el gobierno no se ha impuesto sino superficialmente sobre las pandillas de bandidos"; la sierra de Tepic, que presenció la prolongada rebelión de Manuel Lozada en el decenio de 1870, aún era escenario de combates entre rurales y bandidos a principios del siglo XX.[321] Había generaciones reconocidas de bandoleros en ciertas áreas geográficas. Doroteo Arango, el aparcero que se enfrentó a su amo en la hacienda de Gogojito (Dgo.), buscó refugio en las montañas, donde se empleó como aprendiz con Ignacio Parra, bandido afamado de la región de Canatlán, cuyo linaje se remontaba a varias generaciones de antepasados.[322]

> Mucha guerra Parra dio
> Era valiente y cabal
> Perteneció a la cuadrilla
> Del gran Heraclio Bernal.

Doroteo Arango, conocido como Pancho Villa, se convirtió en el bandido rebelde más famoso de la Revolución. Pero no estaba solo, el pillaje floreció sumándose a las huestes de la Revolución dondequiera que las condiciones locales inhibían a las autoridades y hacían viable una vida de crimen rural. Un estudio reciente subrayó con justicia la existencia del elemento mercenario en el bandidaje de la época porfirista.[323] Sin embargo, lleva la hipótesis demasiado lejos, especialmente cuando interpreta el fenómeno como expresión de una empresa y una iniciativa individuales: "el bandidaje... expandió los horizontes económicos de la gente y... le permitió abandonar el tedio cotidiano para llevar una vida de aventuras y oportunidades. La puso en contacto con los demás, con individuos de grandes ideas, y la despertó a nuevas posibilidades. En suma, el bandidaje liberó a la gente de su tradicionalismo".[324] Sin embargo, vale la pena señalar, para corregir las imágenes románticas de los bandidos al estilo de Robin Hood, que cierto grado de egoísmo mercenario no es incompatible con el "tradicionalismo" (cuyo significado ignoramos en el contexto del autor citado), como tampoco existen bases para considerar que el bandido del Porfiriato era una especie de graduado de la

---

[321] Dye, Nogales, 31 de julio de 1912, Alger, Mazatlán, 2 de abril de 1911, SD 812.00/4566/1250; de A. Cisneros a Gobernación, 18 de junio de 1908 y *passim* en AG 653 (reportes del Segundo Cuerpo Rural, Tepic). Sobre los antecedentes históricos: Vanderwood, *Disorder and Progress*, pp. 64-65 y 98-100; Nicole Girón, *Heraclio Bernal: bandolero, cacique o precursor de la revolución*, México, 1976; Jean Meyer, "El Reino de Lozada en Tepic (1856-1873). El montonero quien se estableció por su cuenta", artículo presentado en Cambridge en la conferencia sobre "El campesino y el caudillo en la Revolución mexicana", abril de 1977.

[322] Martín Luis Guzmán, *Memorias de Pancho Villa*, México, 1964, pp. 9-10; Aguirre Benavides, *De Francisco I. Madero*, p. 84; Gabriel García Cantú, *Utopías Mexicanas*, México, 1963, pp. 80-81.

[323] Vanderwood, *Disorder and Progress*, pp. 14-15, 56 y 96.

[324] *Ibid.*, p. 56.

escuela de administración.³²⁵ Más aún, es posible decir que el bandolero y el bandido revolucionario fueron no menos —y a veces más— estrechos y "tradicionales" en general que los campesinos rebeldes. A la luz de evidencias biográficas, es erróneo considerar que la mayoría de los bandidos eligieron ese camino como resultado de una decisión individual y deliberada, y que optaron por liberarse del tedio para llevar una vida emocionante, en vez de considerar que se vieron obligados por las circunstancias a una existencia invariablemente difícil, en ocasiones trágica y generalmente breve. La mayoría de los bandidos, en otras palabras, se vieron obligados a seguir ese camino.³²⁶

Los llamados bandoleros sociales, aquellos "considerados por su pueblo como vengadores, campeones y luchadores de la justicia e incluso quizá como dirigentes de la liberación", se pusieron académicamente de moda pero, al parecer, ya están un tanto *passé*.³²⁷ Sin embargo, las vaguedades del gusto historiográfico son guías pobres para interpretar cualquier realidad histórica. Los bandidos sociales fueron frecuentes en el panorama del México revolucionario y en el del Porfiriato, y los nexos entre el bandolerismo social y la rebelión popular eran tan estrechos que es difícil diferenciarlos.³²⁸ Además, durante el Porfiriato, no estuvieron confinados exclusivamente a las montañas. Los caminos rurales de Puebla (un estado famoso por sus bandidos durante las primeras décadas del siglo XIX) aún se hallaban plagados por "cuadrillas de ladrones" en 1910, y había pueblos, como San Miguel Canoa, que vivían del comercio ilegal de ganado y en donde los bandidos encontraban protección; así, con demasiada frecuencia, "los bandoleros, conocedores del terreno en que merodean, y protegidos muchas veces por gentes indefensas que, movidas por el temor, les prestan ayuda, logran evadirse de la fuerza dedicada a perseguirlos".³²⁹ De la misma manera, había regiones de bandidos en Guerrero que los rurales preferían evitar.³³⁰ Independientemente de la veracidad del informe de Puebla, queda además claro que los bandidos no necesariamente dependían de la intimidación para conseguir apoyo. De lo contrario, es posible que no hubieran sobrevivido. Las lagunas costeras de Chia-

---

³²⁵ *Cf.* la crítica del concepto "bandolerismo social" y su uso indiscriminado expuesta por Anton Blok, "The Peasant and the Brigand: Social Banditry Reconsidered", *Comparative Studies in Society and History*, XIV (1972), pp. 494-503.

³²⁶ Como Vanderwood sugiere tantas veces en su testimonio: véase *Disorder and Progress*, p. 96 (Jesús Arriaga), p. 101 (Santana Rodríguez Palafox); también Guzmán, *Memorias*, pp. 9-14 y Hernán Rosales, "El romanticismo de Santañón", *Todo*, 4 de noviembre de 1943.

³²⁷ E. J. Hobsbawm, *Primitive Rebel Studies in Archaic Forms of Social Movements in the 19th and 20th Centuries*, Manchester, 1974, pp. 13-29, y del mismo autor, *Bandits*, Londres, 1972. Tanto Blok como Vanderwood critican esta consideración (véanse las notas 323 y 325).

³²⁸ Véanse pp. 427-428.

³²⁹ *El País*, 16 de octubre de 1910. *Cf.* Vanderwood, *Disorder and Progress*, pp. 8-9, y John Gresham Chapman, *La construcción del ferrocarril mexicano (1837-1880,)*, México, 1975, pp. 147-148, 153-156 y 166.

³³⁰ Gadow, *Through Southern Mexico*, pp. 410-417.

pas, por ejemplo, eran reducto de forajidos, contrabandistas e "indígenas malos", quienes mantuvieron una resistencia constante y exitosa para rechazar a los rurales que debían combatirlos.[331] Como indica el informe de un rural frustrado, no había duda del carácter "social" de estos bandidos: "además de que yo no conozco nada del terreno que piso, está en mi contra casi toda la gente del pueblo y rancherías por donde tengo que atravesar... pues estos individuos protegen a los malhechores de quienes se valen para vengar sus agravios en contra de Autoridades y forasteros por asuntos del terreno mancomunicado de este pueblo".[332] Sin tener en cuenta los servicios específicos prestados, los bandidos gozaban de una cierta mística y popularidad. En una sociedad machista, ellos fueron la esencia del machismo; en medio de la violencia de las sierras, eran expertos y, sobre todo, bajo un régimen de oligarcas y funcionarios arrogantes, se burlaban de las autoridades. Cuando el administrador de una mina en el norte reunió a sus hombres para votar en una farsa electoral, descubrió que 150 habían votado por el difunto Juárez, 100 por un afamado torero y 50 "por uno de los bandidos más notorios de la localidad".[333] La anécdota es quizá apócrifa, pero la imagen que evoca a los héroes populares —patriotas liberales míticos, toreros y bandidos— tiene sus verdades.

Cuando estalló la rebelión popular, el bandido —con sus habilidades especiales, conocimiento de la localidad y reputación popular— alcanzó un sitio prominente. Los vagabundos de la sierra aparecieron en el escenario de Tomóchic en 1892, llevados por intereses personales, por la simpatía plebeya hacia los rebeldes, o por una combinación de ambos factores; así los tomochitecos vieron "aumentar su número diariamente con los descontentos de los pueblos serranos, los perseguidos por la policía e incluso los bandidos como Pedro Chaparro [quien] aportó sus hombres y su dinero, simplemente, por la esperanza de un botín".[334]

Cuando estalló la Revolución, Pancho Villa y sus hombres asaltaron las llanuras de Chihuahua; Tomás Urbina, amigo de Villa, "... un bandido y asaltante con mucho éxito", arrasó los pueblos en la frontera de Chihuahua y Durango, y Rosario García, "un ladrón y asesino... perseguido por la ley durante los últimos cinco años", descendió de la Sierra Madre para internarse en el distrito de Sahauaripa, en Sonora.[335] Para hombres como Villa —bien armados y rudos, que sólo unas semanas antes habían rondado Parral— la Revolución significó un cambio de título, aunque no de ocupación.[336]

[331] Pollard, *A Busy Time in Mexico*, pp. 30-31.
[332] De Juan Tavera, Quinto Cuerpo Rural, Pijijiapan, a Gobernación, 29 de mayo de 1908, AG 653.
[333] Hammond, *Autobiography*, I, p. 130.
[334] Frías, *Tomóchic*, p. 13, tomado de Almada, *Tomochi*, pp. 93-94.
[335] Reed, *Insurgent Mexico*, p. 53; Rouaix, *Diccionario*, p. 473; Hostetter, Hermosillo, 9 de marzo de 1911, SD 812.00/894; Aguilar Camín, *La Revolución sonorense*, pp. 133 y 143.
[336] De Rodolfo Valle, jefe político, Parral, al gobernador Sánchez, 8 de octubre de 1910, STA, caja 28.

Este cambio no representó una modificación interior. Los bandidos no se convirtieron en revolucionarios sociales de la noche a la mañana, pues no se plegaron a un programa social de carácter radical. La presencia, a menudo prominente, de los bandidos en movimientos serranos fortaleció su condición desclasada y, en última instancia, su carencia de objetivos políticos. Como señala el propio Hobsbawm, el hecho de que algunos bandidos representaran una forma de protesta social no los convirtió en portadores de la revolución social.[337] La trayectoria de muchos bandidos indica un necesario grado de vinculación con lo establecido o, al menos, con parte de ello. Los forajidos pueden estar al margen de la ley, pero no necesariamente operan ajenos a la jerarquía política y social de la localidad. Arango (Villa), por ejemplo, cultivó y dependió de la simpatía de leñadores, rancheros, hacendados y capataces.[338] En Tepic —tradicionalmente región de bandidos— era "público y notorio [que] el bandido Catarino [González] gozó durante su vida de fascineroso del cariño y decidida protección de la gente del pueblo y alguna buena sociedad", de la simpatía de personas como José María Ramírez, propietario de vastas extensiones de tierra en la zona, quien, movido por el temor a perder sus bienes y la propia vida, no sólo se rehusó a cooperar en la persecución de González sino que incluso le advirtió del peligro.[339] Algunos bandidos aspiraron a una condición de señorío. Teodoro Palma, "el caballeroso salteador de los caminos" de Guachóchic, jamás se atrevió a penetrar en las tierras bajas pues "debía muchas vidas", como dice el refrán; sin embargo, en la sierra era el "señor del feudo", que habitaba una fortaleza, capilla incluida, usaba chalecos azules y llevaba rosas en el sombrero. Los viajeros que cruzaban la región podían, si Palma los favorecía, contar con su ayuda para defenderse de otros asaltantes.[340] Sucesos posteriores sugieren que Pancho Villa, al igual que Urbina, compartían aspiraciones similares a las de Palma.

En este aspecto, es válido hablar de la movilidad ascendente de los bandidos; pero no hay elementos particularmente modernos en ésta, teñida de rasgos tradicionalistas; más aún, no es incompatible con una forma de bandidaje social, siempre que el bandido, en su ascenso, no perdiera el apoyo popular. Y esto no era inevitable. El bandido ambicioso a menudo se convirtió en cacique y, en épocas de guerra civil, en caudillo. La sociedad serrana aceptaba estas transiciones. Los rebeldes serranos no buscaron cambios en la estructura de la sociedad (digamos, que no a la manera de los radicales agraristas quienes plantearon la división de las haciendas), y menos aún lucharon por una utopía sin clases. Su objetivo —conforme al texto sobre la revuelta en Tomóchic— era liberarse de las imposiciones del gobierno central. En términos generales, compartían con la sociedad fronteriza del norte no sólo

---

[337] Hobsbawm, *Bandits*, pp. 24-29 y 98-109.
[338] Guzmán, *Memorias*, pp. 19-29.
[339] Reporte del visitador político Luis Puente, Acaponeta, a Gobernación, 11 de julio de 1907, AG, Tepic, 1907-1908.
[340] Lumholtz, *Unknown Mexico*, I, pp. 410-412.

una aptitud para la violencia sino también una "mentalidad regionalista hostil hacia las influencias externas, una hipersensibilidad hacia las interferencias de las autoridades centrales".[341] Debido a que el regionalismo (mejor aún, el localismo) era enorme, y dado que las divisiones verticales dominaron sobre las horizontales, comunidades enteras actuaron unidas en contra de un enemigo exterior común; en Temósachic, por ejemplo, "forman un solo cuerpo" para oponerse a Encarnación Quesada.[342] Era así como una rebelión serrana podía alcanzar el éxito en cosa de una mañana, en la medida en que se expulsaba a un puñado de caciques o funcionarios para sustituirlos por gente que la localidad aceptaba. Esto podía implicar un cambio en el poder económico (de los caciques o los funcionarios a los pobladores), pero no la subversión del orden social en el interior de la comunidad. Tampoco representaba una amenaza al orden social del exterior, a menos que, mediante un proceso acumulativo de revueltas serranas, un número cada vez mayor de distritos se quitara de encima el control del gobierno. En síntesis, las rebeliones serranas carecían de fundamento ideológico. No seguían programas agrarios ni nacionales; la institución política las rebasaba. Los movimientos serranos con éxito, al igual que los bandidos exitosos, con frecuencia se adaptaban al *statu quo*, a veces cooptados por fuerzas conservadoras y sólo en raras ocasiones capaces de obtener logros duraderos.

Los serranos, sin embargo, poseían, por encima de todo, una capacidad de resistencia mayor a la de cualquier otro grupo popular formado por campesinos, peones o trabajadores urbanos. Los extranjeros destacaron el espíritu independiente que había entre los habitantes de Chihuahua (en comparación con la aparente apatía de los indígenas del sur) y atribuyeron la disposición rebelde de los lugareños al hecho de que "los habitantes de estas regiones salvajes no son tan resignados como muchos de sus hermanos".[343] Aunque no carecían de cierta solidaridad colectiva, los serranos eran más libres, con mayor capacidad de movilización (después de los bandidos, los arrieros eran el símbolo de la movilidad en las montañas) y, principalmente, estaban acostumbrados a pelear. Este último atributo —quizá el más ignorado por los académicos— fue decisivo. Para los serranos, la transición de la protesta pacífica a la guerrilla fue menos traumática, y generalmente alcanzó mayores logros que en otros grupos; de ahí que las regiones serranas fueron los sectores que encabezaron la revolución popular de 1910-1911. Los serranos de Chihuahua, particularmente, tenían la ventaja de pertenecer a una región fronteriza, en todos los sentidos del término. Provenían de "esa zona peligrosa, donde dos estados mexicanos colindan con dos territorios norteamericanos, es una región de indios salvajes, forajidos y asaltantes, donde

---

[341] Aguilar Camín, "Relevant Tradition", p. 106.

[342] De Santos Rascón y otros, Temosáchic, a Fomento, 31 de marzo de 1910, en *El Correo*, 30 de abril de 1910.

[343] Letcher, Chihuahua, 8 de agosto de 1911, SD 812.00/2346; Baerlein, p. 230.

los más inofensivos son, por lo menos, contrabandistas".[344] Esta cita data de 1886, pero aún tenía validez parcial en 1910. La frontera internacional ofrecía posibilidades de escape y abasto; la frontera interna generaba una tradición de "autodefensa en un entorno aislado y expuesto a la violencia y la disolución social".[345] En vísperas de la Revolución, el hacendado William Benton se quejó del bandidaje endémico; un visitante de San Andrés señaló que los lugareños —burdos, indecentes e ingobernables— eran una raza aparte, a grado tal que incluso aquellos "en el interior de la República que tienen fama de mala gente no se pueden comparar con alguna [gente] de por aquí [de San Andrés]. Ellos [los del interior] al menos saben respetar a la autoridad y la policía".[346]

La rudeza serrana se complementó con su tradición militar. Los tomochitecos habían combatido por Juárez aun en el distante estado de Hidalgo; los habitantes del distrito de Guerrero habían impuesto a Terrazas en Chihuahua; y los serranos oaxaqueños habían sido los arquitectos de la victoria de Díaz en 1876.[347] Durante el Porfiriato y la Revolución, los juchitecos del Istmo aportaron cientos de reclutas para los generales mestizos.[348] La sociedad serrana produjo espléndidos jinetes (notables vaqueros en el norte) y experimentados tiradores; muchos habitantes poseían sus propios rifles de caza y algunos tenían acceso a antiguas reservas de armamento que se hallaban escondidas en las montañas.[349] Los tomochitecos sólo eran campesinos pero habían logrado atemorizar a las tropas federales que los atacaron: "... son terribles... manejan sus *Winchesters* a la perfección; desde niños mantienen una lucha constante contra apaches y bandidos; corren como venados a través de las sierras, sin jamás pisar mal; pero son ignorantes y orgullosos en exceso". Veinte años después, los serranos oaxaqueños recibieron una crítica similar de parte de sus víctimas en el valle.[350] Los tiradores serranos quizá eran incapaces de organizar y llevar a cabo una revolución popular, pero eran los reclutas ideales para iniciarla.

Talleres, fábricas y minas

Para muchos campesinos, la agricultura de subsistencia o el trabajo relativamente seguro de la hacienda les proporcionó un grado de seguridad contra la inflación y la recesión económica. Pero, de la misma manera, había muchos —probablemente un número creciente— que dependían del trabajo

[344] Lejeune, *Terres Mexicaines*, p. 99.
[345] Aguilar Camín, "The Relevant Tradition", p. 106.
[346] *El Correo*, 7 y 8 de junio de 1910; 21 de noviembre de 1909.
[347] Vanderwood, *Disorder and Progress*, p. 91; Almada, *Tomochi*, p. 25; Berry, *Reform in Oaxaca*, pp. 124 y 132-135.
[348] Covarrubias, *Mexico South*, pp. 159-160; Gavira, *Actuación*, pp. 115, 119, 128 y 130.
[349] Anónimo a Ricardo Flores Magón, 9 de julio de 1906, STA, caja 26, referente a una reserva secreta de armas, escondida durante 20 años en la Sierra Alta de Hidalgo.
[350] Frías, *Tomóchic*, p. 5; Lawton, Oaxaca, 31 de mayo de 1912, SD 812.00/4172.

asalariado y que estaban expuestos a las vicisitudes del mercado.[351] Lo mismo se aplicaba a los trabajadores urbanos y a los obreros, con la advertencia de que la industria mexicana (definida a grandes rasgos por el momento) abarcaba una amplia gama de actividades en las cuales había vestigios de trabajo obligatorio y control paternalista, comprometiendo el intercambio libre de bienes y trabajo dentro de condiciones perfectas de mercado.[352] Sin embargo, en general, es válido analizar el trabajo industrial y urbano del Porfiriato en términos de salarios, precios, condiciones y niveles de empleo; categorías que son importantes en el estudio del papel del peón y el campesino, pero que no son de igual interés para el análisis del campo durante el Porfiriato.

Cabe subrayar la ubicación urbana de las clases trabajadoras que se estudian en esta sección. Por lo tanto, a riesgo de cierta confusión, es necesario considerar que se combinan dos variables separadas: la primera, es que se trata principalmente de un proletariado que vende su fuerza de trabajo en el mercado (algunos artesanos son la excepción); la segunda, es que hablamos especialmente de residentes de comunidades urbanas grandes (de nuevo hay excepciones importantes, algunas comunidades mineras no eran sino meras aldeas). En este contexto, el urbanismo no constituye necesariamente una "forma de vida",[353] sino que es una variable independiente que, al menos para fines de comprensión histórica inmediata, debe destacarse de manera aislada y sin descomponerse en categorías supuestamente anteriores.[354] En otras palabras, la vida urbana del Porfiriato mostró rasgos distintivos que dotaron a los habitantes de las ciudades de un cierto grado de "urbanidad" compartida, por encima de las lealtades de clase, políticas y religiosas, y que los distinguió de sus contrapartes rurales. El hecho de que esta urbanidad pueda ser considerada (y así habrá de serlo) en términos de una serie de atributos (alfabetización, movilidad, racionalidad, etc.), no la invalida como concepto inmediatamente útil: primero, porque dichos atributos, si bien no eran exclusivos de las ciudades, sí se concentraban en éstas y, segundo, porque los contemporáneos en ambos lados de esta divisoria consideraron que las distinciones y conflictos entre los grupos urbanos y rurales fueron decisivos para

[351] La investigación de Bazant y de otros sugiere que hubo no solamente un aumento del trabajo asalariado en las haciendas porfiristas, sino también una "monetarización" progresiva en otras formas de remuneración, acorde con las exigencias del mercado. De esta forma, así como la deuda podía actuar como incentivo monetario, más que como un vínculo "precapitalista" y semiservil, así también otras remuneraciones "precapitalistas" (provisiones de alimentos, derechos de la tierra y otras gratificaciones de los arrendatarios) fluctuaban en respuesta a las condiciones del mercado. Aun en la hacienda más rigurosamente "tradicional", los peones estaban aislados sólo parcialmente de los (por lo general perjudiciales) efectos del mercado. Véase Bauer, "Rural Workers", pp. 45 y 47.

[352] Véase por ejemplo, Wilbert E. Moore, *Industrialization and Labor: Social Aspects of Economic Development*, Cornell, 1951, p. 280, en lo que se refiere a la industria textil de Atlixco.

[353] L. Wirth, "Urbanism as a Way of Life", *American Journal of Sociology*, XLIV (1938), pp. 1-24.

[354] *Cf.* Philip Abrams, "Towns and Economic Growth: Some Theories and Problems", en P. Abrams y E. A. Wrigley (eds.), *Towns in Societies: Essays in Economic History and Historical Sociology*, Cambridge, 1979, pp. 9-34.

explicar a la sociedad mexicana durante la Revolución.[355] En muchas situaciones, el trabajador urbano se sintió más identificado con los pequeño-burgueses citadinos, e incluso con la alta burguesía, que con el peón rural.

Las ciudades eran los escaparates del régimen porfiriano: fue ahí donde cohortes de observadores extranjeros, tipificadas por la indomable Mrs. Tweedie, fueron testigos de la prosperidad reciente del país y admiraron sus comercios, su alumbrado eléctrico y tranvías, sus caminos pavimentados, sus teatros y edificios públicos (especialmente los inaugurados con toda pompa en ocasión de las fiestas del Centenario). En la ciudad, aun los rurales parecían elegantes y eficientes; asimismo, ahí se concentraban las actividades del gobierno y brotaron las protestas políticas en contra del régimen, mismas que movilizaron a la creciente clase media urbana. Ésta se benefició, en general, con el crecimiento económico y la evidente prosperidad de la época. Pero para las masas de la población urbana —obreros, artesanos, servidores domésticos, trabajadores temporales y desempleados— la prosperidad era más aparente que real, y los historiadores consideran que las huelgas, los disturbios y la violencia laboral de fines del Porfiriato fueron los dolores de parto de la Revolución.[356] Más aún, se argumenta que después de 1910, los trabajadores urbanos representaron una importante aportación para la lucha revolucionaria, si bien no interpretaron el papel hegemónico que algunos han querido atribuirles. En realidad, el compromiso revolucionario de los trabajadores urbanos se ha exagerado y ha sido objeto de interpretaciones erróneas.

No obstante, los trabajadores urbanos tenían razones sobradas para protestar. La última década del Porfiriato fue un periodo claramente marcado por el incremento de precios y la caída de los salarios reales. Algunos escritores han interpretado este fenómeno sólo como la manifestación de la fase final de una tendencia secular que se origina a principios del siglo XIX.[357] Quizá esta visión, además de incorrecta, carece de cualquier capacidad explicativa (de la naturaleza que los investigadores le atribuyen) con respecto a la Revolución de 1910. Después de un siglo de empobrecimiento progresivo (y asumiendo que la rebelión y el empobrecimiento se relacionan directamente), es necesario preguntarse por qué la Revolución no ocurrió sino hasta 1910. Las cifras de las décadas inmediatamente anteriores a la lucha armada son más convincentes e importantes; y fueron las décadas durante las cuales crecieron y formaron su opinión los protagonistas de la Revolución. Estas cifras muestran que los salarios se incrementaron debido al auge ferroviario del decenio de 1880 y a la rápida industrialización de la década siguiente, mientras que a principios del siglo XX se observó una tendencia opuesta. Durante los años en cuestión, se redujo la construcción de las redes ferroviarias;

---

[355] Véase cap. VIII.
[356] Cockcroft, *Intellectual Precursors*, pp. 47-48; Ruiz, *Great Rebellion*, p. 68; José Mancisidor, *Historia de la Revolución mexicana*, México, 1971, pp. 60-73.
[357] White, "The Zapata Movement", pp. 120-121, siguiendo a Tannenbaum.

se contrajo la industria; los campesinos, despojados de sus tierras, inundaron el mercado de trabajo y los sectores en expansión de la economía (las minas y plantaciones orientadas a la exportación) no pudieron absorber este excedente. Más aún, el giro de la producción artesanal a la fabril (giro principalmente manifiesto en el ramo textil) provocó una caída neta en la fuerza de trabajo industrial en el momento en que la producción seguía aumentando. Entre 1895 y 1910, el número total de trabajadores de la industria textil se contrajo 50%, mientras que la proporción entre artesanos y obreros cambió de 2:1 a 1:4.[358] En la última década del Porfiriato, la fuerza de trabajo industrial en su conjunto permaneció estática en términos absolutos, y cayó en comparación con la del trabajo agrícola. Mientras tanto, la población se mantuvo en aumento (aunque con menor rapidez a principios del siglo XX), y los emigrantes despojados de tierras buscaron refugio en las ciudades, aumentando así las masas urbanas; el crecimiento de este proletariado despojado y subempleado deprimió el nivel de salarios en toda la economía.[359]

Sin embargo, en este panorama general se observan importantes variaciones, tanto sectoriales como geográficas; el proletariado no era más homogéneo que el campesinado. Los salarios variaban conforme a la localidad (más elevados en el norte, donde la fuerza de trabajo era escasa) y la ocupación. Si bien los salarios reales en la industria y la agricultura cayeron una tercera parte durante los primeros años de este siglo, grupos como los mineros disfrutaron de incrementos salariales[360] (véase cuadro III.1).

Estas cifras, como la mayoría de las estadísticas del Porfiriato, no son sino un indicador, aunque fueron elaboradas por la comisión monetaria que estudió los efectos de la conversión mexicana al patrón oro en 1905; comisión que descubrió que, mientras los salarios agrícolas (ajenos al sector de exportación) habían permanecido estáticos, los de mineros y obreros calificados se habían incrementado.[361] Se observaron divergencias similares den-

CUADRO III.1. *Nivel salarial (1895-1905)*

Salario mínimo diario en:	a) agricultura	b) industria	c) minería
1899	35 ctvos.	49 ctvos.	48 ctvos.
1910	26 ctvos.	33 ctvos.	63 ctvos.

[358] Rosenzweig, "El desarrollo económico", p. 444; Anderson, *Outcasts*, pp. 39 y 46-47; Reynolds, *Mexican Economy*, pp. 23-25; *Estadísticas económicas*, p. 46.

[359] La población mexicana aumentó en 35% entre 1877 y 1895, en 20% entre 1895 y 1910. A pesar de que el índice de crecimiento había disminuido, probablemente como resultado de un descenso en los niveles de vida, el mercado de trabajo en los primeros años de 1900 todavía absorbía a la generación de 1880 y 1890: véase González Navarro, *Vida social*, p. 19; Anderson, *Outcasts*, p. 67.

[360] *Estadísticas económicas*, pp. 148-151; Anderson, *Outcasts*, pp. 58 y 62.

[361] González Roa, *El aspecto agrario*, p. 165.

tro de la industria textil, a pesar de que, para las masas de obreros, los ingresos monetarios permanecieron constantes en general mientras que los salarios reales cayeron de manera significativa.[362]

La caída de estos últimos se debió, principalmente, al incremento de los precios de alimentos (rubro que constituía entre 60 y 70% del gasto de los obreros).[363] Nuevamente, aquí se ha observado la tendencia a interpretar el fenómeno como un movimiento secular cuyos orígenes se remontan a la década de 1870, cuando la producción de alimentos básicos en las haciendas se tornó ineficaz e inadecuada. Pero, como ha demostrado John Coatsworth, dichainterpretación, basada en cálculos exagerados de la producción de alimentos en 1877, carece de bases de sustentación.[364] La producción de alimentos se mantuvo en general al ritmo del crecimiento de la población, al menos hasta fines del siglo XIX. Pero hacia los primeros años del siglo XX, quizá debido a los cambios en las cosechas de las haciendas, la producción *per capita* comenzó a declinar. La producción de maíz, que en 1897 había alcanzado niveles elevados de 2.4 millones de toneladas (184 kilos *per capita*), bajó a 2.1 millones de toneladas en 1907 (144 kilos *per capita*). Una caída similar se registró en la producción del frijol después de 1901.[365]

A partir de 1907, la recesión económica y una serie de cosechas pobres causaron la caída de los niveles de vida. Además de los efectos de la recesión sobre los estratos medios y altos, es indudable que los ingresos de la clase trabajadora y los niveles de empleo se abatieron de manera importante, y estos resultados se hicieron más evidentes en regiones hasta entonces dinámicas, como en el norte. Disminuyó la actividad minera, y en algunos sitios se detuvo por completo; los despidos fueron masivos. Mil obreros perdieron sus empleos en Pachuca; Cananea cerró sus puertas; en Oaxaca abundaron los cierres y las quiebras, y en Puebla, una tercera parte de los obreros de la industria textil quedaron desempleados.[366] Ciudades como Torreón, notables por su dinamismo económico, se colmaron de mendigos.[367] Además, las cosechas de maíz en 1908 y 1909 fueron deficientes, especialmente en el norte, lo que obligó a un alza de precios y requirió de un mayor volumen de importaciones.[368]

La mayor parte de la clase trabajadora se enfrentó a una caída real en los niveles de vida durante los primeros años del siglo XX, especialmente después de 1907. Pero sería un error inferir que el proletariado mexicano estaba al borde de una revuelta armada en 1910. Esta inferencia implica que las

[362] Anderson, *Outcasts*, pp. 55 y 64.
[363] *Ibid.*, p. 64; y *cf.* p. 102.
[364] John H. Coatsworth, "Anotaciones sobre la producción de alimentos durante el Porfiriato", *Historia Mexicana*, XXVI, núm. 2 (octubre-diciembre de 1976), pp. 167-187.
[365] *Ibid.*, pp. 183-185.
[366] Anderson, *Outcasts*, pp. 199-200; Ruiz, *Great Rebellion*, pp. 61 y 125-126.
[367] Dollero, *México al día*, p. 124. En Jiménez, durante el verano de 1908, "las fiestas (religiosas) parecen estar desanimadas por motivo de la mentada crisis": *El Correo*, 9 de agosto de 1909.
[368] Cosío Silva, "La Agricultura", en Cosío Villegas, *Vida económica*, pp. 19-22; Katz, "Labor Conditions", p. 36; Ankerson, *Cedillos*, tesis, cap. I, pp. 24-25; *El Correo*, 27 de octubre de 1909.

condiciones objetivamente deterioradas producen revueltas políticas conforme a una ecuación económica; asume que la revuelta —por encima de otras formas de protesta y defensa— es resultado de este deterioro e ignora el grado de recuperación económica alcanzado en 1910.

Sobre este último punto, las cifras agregadas sugieren una recuperación económica casi total hacia 1910.[369] Las evidencias locales y específicas varían: los pueblos, especialmente los mineros en Chihuahua occidental, aún sufrían depresión y mendicidad en ese año; la preocupación por el empleo fue una de las principales consideraciones de la lucha armada en esa región.[370] Los síntomas de recuperación fueron más claros en otros lugares. Hacia fines de 1909, La Laguna, estimulada por buenas cosechas de algodón, había recuperado confianza; en Monterrey (marzo de 1910), los patrones se quejaron de falta de obreros especializados y los observadores detectaron el retorno del flujo de braceros desde los Estados Unidos; en el territorio de Tepic (julio de 1910), la crisis económica "que ha afectado toda la República... al presente ha desaparecido por completo, habiendo tomado todos los negocios su curso regular".[371]

No obstante el grado de recuperación alcanzado entre 1908 y 1910, es cuestionable, desde el punto de vista metodológico, inferir la rebelión como resultado de una caída en los niveles de vida, especialmente cuando la evidencia se presenta como estadística agregada. Aparentemente los historiadores —al ver la necesidad de deshacerse del concepto de que las malas condiciones deben conducir a una revolución— se han adherido a la teoría de la "privación relativa", lo que representa sólo un avance marginal.[372] En el pa-

[369]

Valor (en pesos de 1900)	Exportación agrícola	Producción minera	Valor agregado Industria manufacturera	Ingresos federales
1905-1906	52 m.	189 m.	191 m.	102 m.
1906-1907	54 m.	186 m.	210 m.	114 m.
1907-1908	58 m.	213 m.	206 m.	112 m.
1908-1909	63 m.	232 m.	188 m.	99 m.
1909-1910	67 m.	237 m.	198 m.	106 m.
1910-1911	71 m.	270 m.	205 m.	111 m.

FUENTE: *Estadísticas económicas*, pp. 61, 105, 135 y 199.

[370] *El Correo*, 23 de enero de 1910, sobre las condiciones en Guadalupe y Calvo, 22 de febrero de 1910, sobre la redada, hecha por la policía, de los vagabundos desempleados en las Minas de San Pedro.

[371] *Ibid.*, 24 de septiembre y 30 de octubre de 1909; 18 de enero y 4 de marzo de 1910; Mariano Ruiz, jefe político, de Tepic a Gobernación, 13 de julio de 1910, AG, Tepic, 1910-1911, 17/9.

[372] Gurr, *Why Men Rebel;* y James C. Davies, "Towards a Theory of Revolution", *American Sociological Review*, XXVII (1962), pp. 5-18, parece haber tenido una influencia directa o indi-

sado, un catálogo de malas condiciones (que abundaron en la industria del Porfiriato) explicaba la Revolución. Ahora, es el *deterioro* de las condiciones y los salarios el que lleva el peso de las explicaciones. Así como las malas condiciones eran un fenómeno global y secular, así también resultaban frecuentes los periodos de caídas en los niveles de vida, tanto en México como en el resto del mundo; estos factores, no obstante, rara vez han conducido a revueltas mayores y mucho menos a la Revolución. En el contexto específico del Porfiriato, la caída en los niveles de vida provocó respuestas diferentes entre los diversos sectores de la población, ya que estaba mediada por una gama de factores complejos y diversos: ocupacionales, geográficos, ideológicos, políticos, etc. Por ejemplo, en San Luis Potosí, las privaciones indudables de 1908 a 1910 no parecieron provocar un fermento revolucionario generalizado: las rebeliones estaban localizadas y respondieron a factores específicos, cuyos orígenes con frecuencia se remontaban al pasado y no estaban directamente vinculados a la recesión económica.[373] Es posible argumentar que el proletariado industrial buscó protección por medios ajenos a la insurrección armada; sin embargo, no es factible afirmar que los niveles de vida deteriorados nutrieron a una nueva militancia sindicalista ya que, como se ha observado en otras partes, la recesión provocó una caída en la incidencia de las huelgas.[374] Más aún, en algunas instancias, la recesión provocó una dependencia clientelista respecto a las empresas en vez de una confrontación militant.[375] Por lo tanto, si bien los niveles de vida declinantes fueron importantes y en algunos casos específicos pueden relacionarse causalmente con la Revolución, es necesario ir más allá de las cifras agregadas y sus supuestas consecuencias para examinar la política de la clase trabajadora *in situ*. Sólo así será posible analizar los efectos de las tendencias económicas, filtradas a través de circunstancias diversas. Por razones de brevedad, centraremos nuestra atención en tres grupos industriales en particular: los artesanos, un núcleo importante pero a menudo ignorado, los obreros textiles y los mineros. Estos dos últimos han sido objeto de reiterada atención, especialmente por aquellos historiadores que subrayan su contribución en la gestación de la Revolución.

En 1910, el número de artesanos era todavía mayor al de los obreros fabriles; conforme al censo de ese año, había menos de 60 000 obreros y 32 000 trabajadores de la industria textil, mientras que, por ejemplo, había 67 000 carpinteros, 44 000 zapateros, 23 000 artesanos de la cestería e igual número de ceramistas y 18 000 sombrereros.[376] Estos grupos incluían algunos de los sectores más abatidos por el progreso porfirista; eran los equivalentes humanos

recta; la validez de estas hipótesis generales es considerada brevemente en la sección final de este capítulo.

[373] Ankerson, *Cedillos*, tesis, cap. I, especialmente pp. 25-26.
[374] Anderson, *Outcasts*, p. 224; y véase cuadro, p. 333.
[375] Knight, *Nationalism, Xenophobia and Revolution*, pp. 91 y 324-326.
[376] *Mexican Year Book*, 1922, pp. 341-342; Anderson, *Outcasts*, pp. 39 y 46-50.

de los pueblos estancados y declinantes, ignorados en las rutas de los nuevos ferrocarriles y aventajados por sus competidores comerciales más favorecidos. Los artesanos tradicionales, protegidos por la distancia, la pobreza local y quizá la costumbre, pudieron sobrevivir a la industrialización.[377] Pero el artesano urbano, enfrentado a un mercado masivo, no tenía defensa alguna. Su suerte era palpable en los pueblos del Bajío, donde la producción artesanal —tejido, confección de sombreros, peletería— había florecido junto con la industria minera. Ahora, el auge minero había quedado atrás, la mano de obra local abundaba y los salarios agrícolas eran bajos. En León, pueblo eminentemente manufacturero en la región, sus 70 000 habitantes se habían tornado dependientes de la industria artesanal, y se encontraban dedicados a la producción de sombreros, sarapes y zapatos —casi 10 000 personas trabajaban en la industria zapatera—. La mayor parte del trabajo se realizaba en forma doméstica y a destajo. Ahí los viajeros observaron que "los trabajadores de León trabajaban en sus casas, en sus viviendas miserables". También destacaron su falta de unidad, su tecnología primitiva y sus ganancias lastimosamente bajas.[378]

El desarrollo de enormes fábricas textiles en Querétaro, Puebla y Veracruz sometió a los tejedores del Bajío a una competencia intolerable (así como había devastado su propia industria artesanal); en general, el país sufrió una caída de 26% en el número de sus tejedores entre 1895 y 1910.[379] Nuevas fábricas de zapatos en México y en San Luis Potosí redujeron el número de trabajadores en esa rama, mientras que los productores de jabón y cera se enfrentaron a la competencia industrial o a su franca obsolescencia.[380] El resultado fue la pobreza creciente, el desempleo o la emigración. Guanajuato aportó un contingente numeroso de braceros, quienes buscaron empleo en los Estados Unidos; el Bajío se convirtió en centro de reclutamiento de rurales, y los pueblos y ciudades de la región ofrecían un aspecto deprimente: "... ¿qué hombre de bien no se ha conmovido frente a la miseria del paria de León, Irapuato, Celaya o Querétaro, ante el tono plañidero de quienes, en las estaciones del ferrocarril, ofrecen una pieza exquisita de su trabajo por los precios más bajos imaginables?"[381]

De ninguna manera puede sostenerse que todos los artesanos del México del Porfiriato estaban en esas condiciones. Los artesanos de los pueblos, como ya se ha mencionado, podían prosperar en ausencia de competencia industrial y asumir así papeles importantes como aliados, e incluso como dirigen-

---

[377] *Ibid.*, p. 349.
[378] Dollero, *México al día*, pp. 125 y 144; De Szyszlo, *Dix milles kilomètres*, p. 229; Rosenzweig en Cosío Villegas, *Vida económica*, I, p. 348.
[379] Anderson, *Outcasts*, pp. 46-47; Gadow, p. 32, comenta la disminución del tejido artesanal en Orizaba.
[380] Anderson, *Outcasts*, pp. 39-40.
[381] Esquivel Obregón (un nativo de Guanajuato), en Silva Herzog, *La cuestión de la tierra*, II, p. 132; Wistano Luis Orozco, en el mismo, I, p. 213; Vanderwood, *Disorder and Progress*, p. 109.

tes o ideólogos de la rebelión campesina, hombres como Felipe Neri en Morelos, Orestes Pereyra en La Laguna.[382] Del mismo modo, había artesanos urbanos que se beneficiaban con el auge económico de la época (carpinteros o albañiles, por ejemplo) y que podían aspirar a convertirse en miembros de la clase media.[383] Hombres como Gabriel Gavira, orgullosos de su alfabetismo y de su conciencia política, mostraron preocupaciones similares a las de los artesanos europeos, especialmente a los de la Europa latina, y ocuparon un sitio importante en la formación de grupos políticos y en las sociedades mutualistas de fines del Porfiriato.[384] Así, el artesano del pueblo se fundió con el campesino rebelde, y el de la ciudad con la protesta política de la clase media. Pero, para la enorme masa de artesanos declinantes, estas alianzas no ejercieron atracción alguna. Al mismo tiempo, la autodefensa colectiva y organizada era difícil de alcanzar. Las unidades de producción eran pequeñas y conducían al trabajador a una ética individualista, mientras las asociaciones mutualistas eran notoriamente débiles y carecían de fondos; comparados con grupos proletarios de mineros, ferrocarrileros y trabajadores de la industria textil, los artesanos se mostraron incapaces de emprender acciones económicas colectivas en contra de sus clientes, patrones o intermediarios.[385] Los trabajadores a destajo, en particular, fueron obligados por su misma posición a competir entre sí en una espiral descendente de empobrecimiento, en la cual la acción colectiva era débil o inexistente.[386]

Pero, en ausencia de sindicatos o afiliaciones políticas, los artesanos mostraron predisposición hacia una violencia revolucionaria (es decir, la violencia colectiva ejercida dentro de un contexto revolucionario) mayor que la de grupos proletarios más "avanzados". En esa medida, hicieron una contribución importante para la historia de la Revolución, a pesar de que haya sido ignorada en los anales históricos. Aunque fueron los campesinos, los peones y los habitantes de los pueblos quienes intervinieron de manera principal en la lucha posterior a 1910, las masas urbanas hicieron sentir su presencia principalmente en disturbios y amenazas de disturbios; y dentro de esas masas, el artesanado ocupó un lugar especialmente importante, al igual que las ciudades manufactureras declinantes del Bajío que fueron particularmente prominentes en los disturbios que afectaron a las ciudades de México en la pri-

[382] Rosenzweig en Cosío Villegas, *Vida económica*, I, pp. 320-322; Womack, *Zapata*, p. 81; O'Hea, *Reminiscences*, p. 16.

[383] Anderson, *Outcasts*, p. 49; véase también, Madero, *La sucesión presidencial*, p. 241.

[384] Gavira, *Actuación*, pp. 5-9; en el grupo de Gavira se encontraba también el talabartero Rafael Tapia (para éste véase Tapia, *Mi participación*, p. XI; Nunn, Veracruz, 29 de abril de 1911, FO 371/1147,18523).

[385] Un estudio de huelgas durante el Porfiriato revela la prominencia de mineros, ferrocarrileros, operarios de fábricas de cigarros y textiles, operarios de tranvías y panaderos (todos, menos los últimos, grupos proletarios más que artesanales); véase González Navarro, *Vida social*, pp. 298-360, especialmente p. 358, y pp. 351-352 sobre la debilidad del mutualismo. Ochoa Campos, *Causas sociales*, pp. 279-287 presenta una lista de huelgas que es confirmativa.

[386] *Cf.* E. P. Thompson, *The Making of the English Working Class*, Harmondsworth, 1972, p. 346.

mavera de 1911 y que establecieron un patrón para la revolución social.[387] Los historiadores, hipnotizados por el proletariado y el nacimiento de los sindicatos —cimientos de la futura sociedad—, han ignorado el fenómeno de la protesta arquetípica de las "masas" urbanas preindustriales y sus numerosos paralelos en la historia, no sólo de México sino también de Europa.[388] Esta omisión se debe, en parte, a que el artesanado constituyó una clase declinante, difícilmente capaz de realizar formas de acción conjunta más modernas como las que caracterizan a los sindicatos proletarios y a los partidos políticos de la clase media.[389] Sin embargo, cabe señalar que estas condiciones de los artesanos eran similares a las de los campesinos quienes, de hecho, fueron las tropas de choque de la Revolución. En este aspecto, el impulso a la violencia física, medular en la Revolución y que hizo que ésta fuera una verdadera revolución, se derivó, en el campo y en la ciudad por igual, de la acción de grupos declinantes y "conservadores" que, afectados por el progreso, pelearon, a menudo de manera "anárquica" y salvaje, para defender su antigua y amenazada posición.[390]

Este punto se aclara en la medida en que el análisis desplaza su enfoque del artesano para dirigirlo hacia el proletariado industrial. La rápida industrialización del decenio de 1890 creó, en un principio, masas de proletariado industrial en México, particularmente (aunque no de manera exclusiva) en la industria textil que, en la región de Puebla y Veracruz, dio empleo a 30 000 trabajadores en aproximadamente 90 fábricas.[391] Sobresalieron tres empresas enormes que representaron la nueva forma de producción, altamente capitalizada y con energía eléctrica: Río Blanco (1892) y Santa Rosa (1898) en Orizaba, ambas con capital francés y con 1 000 y 1 400 telares, respectivamente, y Metepec (1902), en Atlixco, de capital español y con 1 500 telares.[392] La escala de operaciones de estas industrias no tenía precedentes: las empresas francesas en Orizaba empleaban a 10 000 obreros en un pueblo de 40 000 personas, y Río Blanco llegó a emplear 6 000 trabajadores.[393] A pesar de sus dimensiones y avances técnicos, estas fábricas adoptaron la antigua tradición paternalista que imponía pocas prohibiciones al control administrativo de la vida fabril. Al igual que el paternalismo de la hacienda, el de la fábrica ope-

---

[387] Véanse pp. 219-224.

[388] Hobsbawm, *Primitive Rebels*, pp. 108-125; G. Rudé, *The Crowd in History 1730-1848*, Nueva York, 1964.

[389] Charles Tilly, Louise Tilly y Richard Tilly, *The Rebellions Century 1830-1930*, Cambridge, 1975, pp. 48-56 y 252-254.

[390] Algunos pueden criticar esta equiparación de violencia y Revolución, y de ahí la inclusión de una variedad de fenómenos de violencia bajo el título de "revolucionarios" (y la exclusión de otros fenómenos); el punto es retomado más adelante, pp. 214 y 315-317.

[391] Anderson, *Outcasts*, pp. 23-26, 92 y 101.

[392] Sobre el crecimiento de la industria textil, véase también Rosenzweig, en Cosío Villegas, *Vida económica*, I, p. 434; Moore, *Industrialization*, p. 280; De Szyszlo, *Dix milles kilomètres*, pp. 170-171.

[393] *Idem*; Martin, *Mexico of the Twentieth Century*, p. 256; González Navarro, *Vida social*, p. 330.

raba en dos sentidos: daba seguridad a los trabajadores y garantizaba la tiranía industrial, que dependía del carácter individual del administrador.[394]

Los métodos administrativos eran susceptibles de cambio después de la modernización y expansión de la década de 1890, pero la tendencia inexorable fue hacia "regímenes industriales más estrictos para los obreros y prácticas personales más crudas".[395] Al igual que la hacienda, la fábrica del Porfiriato desarrolló métodos para intensificar la producción, al tiempo que recurrió a las prácticas tradicionales existentes, lo que dio como resultado numerosas contradicciones. La administración mantuvo sus antiguas prerrogativas: las fábricas operaron bajo "las viejas tradiciones del capitalismo", mediante las cuales los administradores contrataban y cesaban personal a voluntad, imponían multas por negligencia, descontaban salarios en días feriados y llevaban registros de los obreros que pudieran ser causa de conflictos. Al igual que en la hacienda, la tienda de raya de las fábricas sirvió para reciclar dinero en efectivo dentro de la empresa, y el carácter mismo de los pueblos establecidos en torno a las compañías (en los que la administración ejercía el poder político y económico) facilitó el control y la supervisión estrictas; en Culiacán, como en muchos distritos textiles, los trabajadores vivían en chozas de la compañía y los jefes "se interesaban por la vida privada de sus hombres".[396]

En algunos casos, el paralelo con la hacienda llegó más lejos. En Metepec, la fábrica se encontraba situada en una antigua hacienda y sus empleados provenían de pueblos aledaños, lo que condujo a que los campesinos se convirtieran en proletarios. En este sentido, Metepec fue una *rus in urbe* industrial. En casos así (también en Tlaxcala) la brecha entre el obrero y el campesino se acortó, la divisoria entre lo urbano y lo rural se borró y el potencial para una acción revolucionaria común creció.[397] He aquí el equivalente mexicano más próximo al obrero campesino que jugó un papel importante en el descontento industrial y la revolución que derrocó al régimen zarista en Rusia.[398] En Metepec y en otras partes del país, los administradores españoles compartían algunos atributos con los mayordomos y administradores de las haciendas, y, junto con sus coterráneos tenderos y usureros, fueron objeto del odio popular.[399] Pero los españoles, al parecer, sólo reflejaron la actitud domi-

[394] Véanse pp. 98, 103 y 112.

[395] Anderson, *Outcasts*, pp. 95 y 308; y p. 139 sobre las regulaciones fabriles.

[396] *Ibid.*, pp. 60-61, 75-78, 95-96 y 109; Moore, *Industrialization*, pp. 280-282; De Szyszlo, p. 286; y Katz, *Servidumbre agraria*, pp. 114-115 sobre las operaciones de las tiendas de raya (de capital español) del Distrito Federal.

[397] Moore, *Industrialization*, pp. 280-282; Buve, "Peasant Movements", pp. 123 y 126-128. Anderson, *Outcasts*, pp. 308-309, presenta la hipótesis de que una gran parte de los ex campesinos que se encontraban entre los trabajadores textiles de Veracruz —en comparación con los de Puebla y el Distrito Federal— eran más belicosos.

[398] E. Reginald Zelnik, "The Peasant and the Factory", en Wayne S. Vucinich (ed.), *The Peasant in Nineteenth-Century Russia*, Stanford, 1968, pp. 158 y 186-190.

[399] Anderson, *Outcasts*, pp. 77 y 309; sobre hispanofobia en general, Knight, *Nationalism, Xenophobia and Revolution*, pp. 301-309. Como señaló un perceptivo y observador cónsul norte-

nante de toda la administración industrial que consideraba a su fuerza de trabajo como perezosa, ignorante, incompetente y, literalmente, viciosa. Por lo tanto, las relaciones industriales eran primitivas, conflictivas y cargadas de estereotipos.[400] Al igual que el peón, el obrero era disciplinado estrictamente; era necesario extirpar los vicios de la bebida, la negligencia y el ausentismo; la sindicalización era considerada sediciosa. En términos generales, la administración industrial se mostró más incapaz para el trato con los trabajadores que el gobierno; y su determinación de mantener prerrogativas paternalistas, incluso cuando la industria entró en una nueva fase de producción masiva, fue aún más poderosa que en el gobierno.

A principios de este siglo, la industria textil empezó a pagar el precio por su reciente y rápida expansión. México había adquirido autosuficiencia virtual en la producción de textiles no suntuarios: la participación del mercado, en relación con las importaciones, bajó de 31% a fines de la década de 1880, a 11% a principios del siglo XX y a 3% en 1910.[401] Pero, como ya se ha señalado, el mercado doméstico era limitado y a principios de siglo se contrajo, en la medida en que decayó el poder adquisitivo. Al enfrentarse a la amenaza de la sobreproducción, las compañías textiles firmaron acuerdos para fijar precios, con el fin de mantener ganancias a pesar de la caída en la demanda: redujeron costos de operaciones por medio de despidos, horarios más breves y salarios más bajos. Por ejemplo, en una fábrica en Orizaba los salarios cayeron de 1.71 pesos diarios en 1902 a 1.59 pesos en 1907, a pesar de la inflación; y entre 1907 y 1908 y, nuevamente entre 1909-1910, el número de obreros empleados en la industria textil mexicana cayó 11%.[402] Al igual que los terratenientes, los industriales optaron por mantener ganancias en un mercado protegido y limitado, en detrimento de obreros y consumidores.[403] (Por cierto, cabe señalar que entre ambos grupos, el de los terratenientes y el de los industriales, había evidentes superposiciones.)

La reducción de personal fue más fácil en el centro del país, debido a la sobrepoblación (en comparación con el norte escasamente poblado) pero, en el curso de los primeros años de este siglo, provocó enfrentamientos entre las empresas y los trabajadores textiles, quienes ahora mostraron un grado de organización sin precedentes. Estas confrontaciones —y de manera par-

americano en San Luis Potosí, mientras que el antiamericanismo "emana de las clases altas [y]... se encuentra en los diarios, las reuniones públicas, los clubes y los escritos", el antihispanismo "emana de las clases bajas; es el resultado de la experiencia en la relación de amo y sirviente... El español ha sido un amo duro y los trabajadores lo saben". Por lo tanto, la hispanofobia era un sentimiento plebeyo, inarticulado y violento en potencia. Por otro lado, "el norteamericano había sido un empleador razonable y honrado y las clases trabajadoras se dan cuenta de esto"; Bonney, San Luis, 28 de mayo de 1913, SD 812.00/7790.

[400] Anderson, *Outcasts*, pp. 69-70 y 186.
[401] *Ibid.*, p. 26; Rosenzweig, en Cosío Villegas, *Vida económica*, pp. 318 y 342.
[402] Anderson, *Outcasts*, pp. 30, 62 y 138.
[403] *Ibid.*, p. 102, sobre las ganancias; *cf.* Molina Enríquez, *Grandes problemas nacionales*, 1908, pp. 227-236.

ticular, los conflictos en Río Blanco en 1906-1907— han sido consideradas como antecedentes de la Revolución. La inferencia tácita o implícita propone que las disputas laborales radicalizaron a los obreros, los condujeron hacia grupos radicales como el PLM y, finalmente, los obligaron a la revuelta armada de 1910.[404] Pero estos supuestos no están totalmente validados. La confrontación industrial no implicó necesariamente la radicalización política; la influencia del PLM nunca fue mayor y se eclipsó con el tiempo, y los obreros, como se analiza en el siguiente capítulo, representaron una aportación menor a la causa revolucionaria.

Los obreros de la industria textil se organizaron y fueron a la huelga, en muchas ocasiones, antes de 1906; sus actividades siguieron un ciclo en zigzag, no una progresión lineal.[405] Después de un periodo de calma, en 1906 Orizaba presenció la creación del Gran Círculo de Obreros Libres (GCOL), asociación que rebasó las actividades de autoasistencia de las sociedades mutualistas y mantuvo contacto estrecho con el PLM.[406] A fines de ese año, la situación industrial, más que los sueños pelemistas de una revolución radical, fue lo que llevó a los trabajadores a la huelga. Las quejas del GCOL eran las habituales: salarios bajos, horarios prolongados, multas, reglamentos estrictos, tiendas de raya. Las huelgas estallaron en Orizaba, el Distrito Federal y Puebla.[407] Cuando la huelga de Puebla estalló, en diciembre, no tardó en alcanzar a la cercana Tlaxcala; las fábricas de textiles, aglutinadas bajo la empresa francesa de Orizaba, recurrieron al cierre, con la clara intención de desarticular el GCOL de una vez por todas. Un industrial afirmó: "ahora es el momento oportuno para acabar con estos movimientos: cuando principian. Si el cierre tiene éxito, morirá la capacidad de huelga en México".[408] Así, casi toda la industria textil se paralizó y 30 000 empleados quedaron cesantes, ante la consternación incluso de muchos inconmovibles conservadores.[409]

El antecedente inmediato de la violencia en Río Blanco no fue la huelga, sino el cierre: reflejó la intransigencia de los administradores más que la militancia de los obreros. Más aún, la influencia inicial del PLM dentro del GCOL se había debilitado. El gobierno de Díaz no era totalmente hostil a la organización laboral pero sin duda no estaba dispuesto a permitir subversiones revolucionarias. Por lo tanto, en el verano de 1906, varios de los dirigentes más radicales del GCOL fueron encarcelados y el sindicato cayó en manos de líderes moderados, quienes lucharon, con cierto éxito, por obtener reconocimiento oficial tanto de las autoridades estatales como nacionales.[410] Cuando

---

[404] Cf. Cockcroft, *Intellectual Precursors*, pp. 47-48; Ochoa Campos, *Causas sociales*, pp. 286-287; Ruiz, *Great Rebellion*, pp. 69-72.
[405] Anderson, *Outcasts*, pp. 78 y ss.
[406] *Ibid.*, pp. 103-104; González Navarro, *Vida social*, pp. 322 y ss.
[407] Anderson, *Outcasts*, pp. 108-109 y 142.
[408] *Ibid.*, pp. 140 y 144-145.
[409] *Ibid.*, pp. 146-147.
[410] *Ibid.*, pp. 106-107.

el PLM propició revueltas en Coahuila y Veracruz, los trabajadores de la industria textil no intervinieron. Por el contrario, el GCOL solicitó a Díaz que arbitrara en la disputa industrial, y una vez que éste accedió, fue necesario vencer la resistencia de los obreros al arbitraje.[411] A pesar de la opinión de algunos autores, el régimen de Díaz no estaba en total contubernio con los intereses industriales; al decretar tasas de salarios uniformes, limitar el trabajo infantil y reducir las deducciones del paquete de pago, satisfizo parcialmente el pliego petitorio de los obreros; en otros aspectos, postergó el deseo de los industriales de supervisar su fuerza de trabajo. Sin embargo, lo más importante fue que este incidente marcó el inicio de la intervención definitiva del Estado en las relaciones laborales e indicó "el deseo del régimen de romper con su actitud de *laissez-faire* respecto a las políticas laborales, para así imponer un acuerdo que resultara suficientemente atractivo para los obreros y, al mismo tiempo, no dañara los intereses económicos de los industriales".[412]

La delegación del GCOL y la mayoría de los trabajadores estaban dispuestos a acatar la decisión presidencial. Las fábricas abrieron sus puertas nuevamente y se restableció el trabajo. Sin embargo, una minoría se opuso al acuerdo y (aunque los testimonios difieren y se contradicen) posiblemente buscó evitar que los compañeros de trabajo retornaran a la fábrica. Estalló la violencia; las masas se dirigieron a la tienda de raya y, para cuando los empleados abrieron fuego, la tienda ya estaba saqueada. Alternativamente, los empleados de la tienda exigían retribuciones por el insultante trato recibido de parte de trabajadores que estaban hambrientos, carentes de recursos y a una semana de distancia del día de paga.[413] La calma se restauró con la llegada de tropas federales y contingentes de la policía, pero más tarde, ese mismo día, otras tiendas de raya fueron blanco de ataques y brotaron peleas de distintas facciones entre los propios trabajadores. La milicia, usurpando la posición del jefe político, quien debería ser tolerante ante los excesos de los trabajadores, instrumentó un tipo de represión que generalmente estaba reservado para rebeliones indígenas y campesinas: el saldo fue la muerte de 50 a 70 obreros, quienes cayeron en enfrentamientos o en ejecuciones sumarias posteriores.[414]

El episodio de Río Blanco no obedecía a motivos revolucionarios. La influencia del PLM no sólo era ya débil, sino que además no parecía que hubiesen estado en juego objetivos políticos.[415] Todo el episodio representó una disputa industrial sangrienta, acarreada por la intransigencia administrativa, la división interna de los obreros y la decisión militar de aplicar mano dura en la represión. Como precursor de la Revolución, este incidente destaca, pri-

---

[411] *Ibid.*, p. 121, y del mismo autor, "Crisis laboral", pp. 524-529; González Navarro, *Vida social*, pp. 326-327.
[412] Anderson, *Outcasts*, p. 151; González Navarro, *Vida social*, pp. 331-332.
[413] Anderson, *Outcasts*, pp. 154-164.
[414] *Ibid.*, pp. 167-169; González Navarro, *Vida social*, p. 333.
[415] Anderson, *Outcasts*, p. 156.

mero, por haber cubierto de mala fama al régimen (Río Blanco fue otro episodio más de las atrocidades del Porfiriato) y, segundo, porque el asalto a las tiendas de raya (no a las propias fábricas) prefiguró la violencia industrial urbana durante el periodo revolucionario.[416] Así, Río Blanco fue una pequeña contribución a la erosión de la legitimidad del régimen y, al mismo tiempo, anticipó sucesos que se tornaron comunes en la siguiente década. Río Blanco, sin embargo, no avanzó hacia un encuentro violento con el destino revolucionario; por el contrario, después de un par de días, 80% de los trabajadores retornaron a la fábrica, y a pesar de que en otras industrias estallaron huelgas debido a las quejas habituales, no se repitieron actos de extrema y repentina violencia como los de enero de 1907. Sometidos, los obreros se mantuvieron con la cabeza baja y el gobierno destacó a una tropa en el lugar y evitó acciones de mano dura; las disputas industriales y la subversión política eran, tanto a los ojos del régimen como ante los de los trabajadores, dos asuntos distintos.[417]

Este punto merece subrayarse, ya que es la clave para comprender la posición revolucionaria o, más a menudo, no revolucionaria del proletariado industrial. La principal fuerza en la organización de la clase obrera apuntó hacia la sindicalización y hacia objetivos económicos, no hacia el radicalismo político. En México, al igual que en otros contextos, la teoría de Lenin respecto a la "conciencia trade-unionista" no por desgastada es menos válida.[418] En el curso de disputas industriales surgieron confrontaciones y actos de violencia esporádicos, no necesariamente indicadores de un radicalismo político. En dichos incidentes la intransigencia de los empleadores (a veces deplorada por el propio gobierno) fue un factor clave. La actitud de los obreros se refleja en el corrido de Guillermo Torres, un trabajador de Río Blanco:

... y no somos anarquistas, ni queremos rebelión
[sino] menos horas de trabajo y buena distribución.[419]

En consecuencia, las pruebas de la influencia del PLM sobre los obreros textiles después de 1906 son escasas; los trabajadores no apoyaron la insurrección sugerida por este partido en 1908, año en que los portavoces del PLM reprocharon la pasividad del proletariado industrial.[420]

En la década de 1900 se estableció una tendencia marcada hacia la actividad industrial y sindical más que revolucionaria o política, y sin duda la

---

[416] *Ibid.*, pp. 168, 170 y 176; Vanderwood, *Disorder and Progress*, p. 152; véanse pp. 209-213.
[417] González Navarro, *Vida social*, pp. 336-338; Anderson, *Outcasts*, pp. 194 y 199-201; Gavira, *Actuación*, p. 9.
[418] V. I. Lenin, *What is to be done? Burning Questions of Our Movement*, Nueva York, 1929, pp. 54 y ss.
[419] *Cf.* Rodney D. Anderson, "Mexican Workers and the Politics of Revolution, 1906-1911", *Hispanic American Historical Review*, LIV (febrero de 1974), p. 95.
[420] *Ibid.*, pp. 100-104; Anderson, *Outcasts*, pp. 202-204.

amarga experiencia de 1907 fortaleció dicha actitud, la cual prevaleció en los años de guerra civil posteriores a 1910: los obreros optaron por la huelga y el sindicalismo, más que por entregarse a la violencia revolucionaria. Sin embargo, cabe destacar que el "economismo" no significó una opción débil. Los administradores defendieron tenazmente sus antiguas prerrogativas y se opusieron a la sindicalización; la situación del mercado de trabajo —especialmente en el centro de México después de 1907— militó en contra de la organización obrera, y muchos sindicatos y sociedades mutualistas se enfrentaron a inmensos problemas logísticos y financieros al constituir estas agrupaciones.

Si bien la principal preocupación de los trabajadores fue mejorar sus condiciones, salarios y —como señala Anderson— restaurar su dignidad humana frente al abuso y el desdén,[421] esto no significó que el proletariado industrial fuera apolítico. Por el contrario, la política fue su segunda preocupación, pero su tendencia a este respecto fue hacia la política liberal y gradualista (incluso a veces porfirista) en vez de optar por la radicalidad revolucionaria. Aunque las influencias anarquistas y anarcosindicalistas comenzaron a operar —más entre los artesanos urbanos que entre el nuevo proletariado industrial—, éstas fueron más vigorosas en el plano de las palabras que en el de los hechos, y la ideología que dominó a la clase trabajadora mexicana fue el liberalismo. Las demandas de los trabajadores en favor de la justicia industrial, a partir de 1906, se enmarcaron en términos liberales, con numerosas referencias al espíritu de 1857 y a la "Constitución de Benito Juárez".[422] Gabriel Gavira, cofundador de un Círculo Liberal en Orizaba que reunía a proletarios y artesanos, recordó que, a principios de 1910, una sola librería vendió un millón de copias de la Constitución a 10 centavos el ejemplar y pronto "no hubo obrero que no se proveyera de uno y fue menester en el Club explicar y comentar los artículos que se refieren a los derechos del hombre, del mexicano y del ciudadano..."[423] Gavira explicó que la gente "reverenciaba la Constitución del 57 porque creía que sus derechos se hallaban inscritos ahí".

Nuevamente, esto es reflejo de la atracción constante que ejerció el liberalismo en vísperas de la Revolución, incluso fuera de las clases medias. Y sería erróneo asumir conclusiones fáciles acerca de que los trabajadores estaban siendo conducidos al *cul-de-sac* de la falsa conciencia. El liberalismo ofrecía a los trabajadores no sólo la promesa de elecciones libres, y con ello una voz en la política que representaría a sus miembros en aumento, sino que también prometía el derecho de huelga, el derecho a la sindicalización y la posibilidad de escapar a algunos de los abusos más flagrantes del capitalismo autocrático que prevalecían en muchas fábricas. Los artículos IV y V de la Constitución concedían el derecho a la huelga, derecho que había sido abolido

---

[421] *Ibid.*, pp. 72-74 y 195-196.
[422] Anderson, "Mexican Workers", p. 99.
[423] Gavira, *Actuación*, pp. 15-16. Nótese el interesante paralelo con el movimiento emergente de la clase obrera inglesa de finales del siglo XVIII, que de modo similar abrazó la "retórica del constitucionalismo": Thompson, *Making of the English Working Class*, pp. 85-97.

bajo el artículo 925 del código penal porfirista.[424] Además, el aura patriótica del liberalismo atrajo a aquellos trabajadores que con frecuencia se enfrentaron a jefes extranjeros: comerciantes franceses y españoles en Orizaba, administradores españoles en Metepec.[425] Desde la perspectiva de los trabajadores industriales, lo que necesitaban no era una nueva ideología sino la revitalización de su versión del liberalismo mexicano del siglo XIX.[426]

Los políticos progresistas estaban conscientes de la receptividad política de la clase trabajadora. Reyes, como gobernador de Nuevo León, legisló en favor de un salario mínimo y de compensaciones por accidentes; si bien esto respondía más al pensamiento de Bismarck que a metas estrictamente liberales y reflejó el compromiso de Reyes con un desarrollo industrial estable, esto no pasó inadvertido para los propios trabajadores. Aunque el movimiento reyista en 1908-1909 fue esencialmente de la clase media urbana, también atrajo a la clase trabajadora, especialmente en la Ciudad de México.[427] *A fortiori*, el Partido Antirreeleccionista, con sus sólidos compromisos con las reformas liberales, logró obtener el mismo tipo de apoyo en 1909-1910. Madero y los antirreeleccionistas no estaban ciegos a los conflictos sociales; su política laboral, adoptada en la convención del partido en 1910, prometía seguros contra accidentes, escuelas en las fábricas y nacionalización de las redes ferroviarias.[428] Pero su principal objetivo era crear una política transparente que respetara los derechos constitucionales. En su famoso discurso de mayo de 1910, en Orizaba, Madero reconoció que para los trabajadores estos objetivos implicaban la libertad para organizarse, para crear "... sociedades poderosas, a fin de que unidos podáis defender vuestros derechos".[429]

Atraídos por estas metas, los trabajadores participaron en las manifestaciones y clubes maderistas. En el verano de 1910 ya existían 30 asociaciones maderistas de trabajadores (algunas, como la de Gavira, eran antiguas sociedades mutualistas); sólo en Orizaba había cuatro, donde los empresarios franceses se mostraban claramente preocupados por el "mal ejemplo de la prolongada propaganda [maderista] en las fábricas".[430] A su vez, los rebeldes maderistas guardaban grandes esperanzas en los obreros de Puebla y Vera-

---

[424] Anderson, "La crisis laboral", p. 228.

[425] Anderson, *Outcasts*, pp. 324-325. La asociación patriótica-liberal tenía una particular potencia para estimular el sentimiento antihispánico; en este caso, los resentimientos sociales contemporáneos conspiraban junto con mitos históricos, que se veían reforzados por las fiestas nacionales y seculares (p. ej. 15-16 de septiembre). No podía decirse lo mismo del antiamericanismo (aunque muchas veces así se haga): no solamente dichos resentimientos eran menos extendidos (véase n. 399); las asociaciones míticas eran también más ambiguas —después de todo, los Estados Unidos habían favorecido tanto el movimiento de Independencia como la Reforma.

[426] Anderson, "Mexican Workers", p. 99.

[427] Montemayor Hernández, *Historia de Monterrey*, pp. 291-293; Niemeyer, *Reyes*, pp. 136-138; Anderson, *Outcasts*, pp. 244-249.

[428] *Ibid.*, pp. 255-265.

[429] *Ibid.*, p. 261; Córdova, *La ideología*, p. 110.

[430] De Lefaivre a Quai d'Orsay, 20 de junio de 1910, AAE, Méx., Pol. Int., N. S., II, n. 50.

cruz, pero los temores y esperanzas de uno y otro grupo mostraron, con el tiempo, carecer de bases. A pesar de las rebeliones obrero-campesinas en Tlaxcala, la mayoría de los trabajadores de la industria textil permanecieron inactivos y no mostraron disposición ni capacidad para tomar las armas por la causa maderista en 1910, como tampoco las habían mostrado en 1906, ni en 1908, para defender al PLM.[431]

Es evidente que la Revolución exigió otros aspectos además de la lucha en el frente, aunque sin esta lucha la Revolución no hubiera existido, y son los hombres que tomaron las armas los que exigen mayor atención. Al respecto, los trabajadores de la industria textil, los proletarios clásicos del Porfiriato, no se destacaron en el campo de combate.[432] Ejercieron una influencia limitada en el proceso revolucionario mediante huelgas, organización y desarrollo de fuerza política, ya que la Revolución les otorgó oportunidades sin precedente para sindicalizarse y movilizarse. Pero es importante señalar que esto representó la continuación de esfuerzos que se originaron durante el Porfiriato y que, hasta cierto punto, el régimen mismo había facilitado. Los políticos de oposición —reyistas y maderistas— no monopolizaron el apoyo de los trabajadores; lo contrario hubiera sido sorprendente, si tomamos en cuenta el poder y el padrinazgo de que disponía el régimen y las obvias ventajas que representaba para los trabajadores una relación amistosa —aunque clientelista— con las autoridades.

Por su parte, el gobierno no estaba ciego respecto a los beneficios del apoyo proporcionado por la clase trabajadora, especialmente, a la luz de los problemas laborales de la primera década del siglo XX. Además de mediar en la disputa textil, Díaz ordenó dos investigaciones acerca de las condiciones laborales en la industria.[433] Una fue realizada por Teodoro Dehesa, gobernador de Veracruz, quien al igual que Reyes mostró un profundo interés en la política de la clase trabajadora.[434] A su vez, los jefes políticos también detectaron la conveniencia de manejar el descontento laboral con tacto y comprensión.[435] Las autoridades se mostraron ansiosas de canalizar las quejas de los trabajadores a través de vías pacíficas y apolíticas, y uno de sus recursos favoritos fue alentar las sociedades mutualistas parcialmente oficiales (pálidos equivalentes porfiristas de los sindicatos policiacos de Zubatov durante la Rusia zarista).[436] Dehesa logró que uno de sus partidarios fuera electo presidente del Club Liberal de Gavira (provocó una división al insistir en

[431] Buve, "Peasant Movements", p. 129; Anderson, *Outcasts*, p. 290.

[432] En lo que respecta a la contribución a la Revolución armada, el obrero-campesino era más destacado que el proletario clásico: Tlaxcala y el Distrito Federal pueden ser tomados como ejemplos diametralmente opuestos. El contenido de la n. 390 también es relevante en este caso.

[433] Anderson, *Outcasts*, pp. 123-124; Ruiz, *Great Rebellion*, pp. 58 y 64.

[434] Anderson, *Outcasts*, pp. 124-125; Gavira, *Actuación*, pp. 9, 13 y 17.

[435] Anderson, *Outcasts*, pp. 230-231; Gavira, *Actuación*, pp. 7-9. Durante las fiestas del Centenario en Chihuahua, el jefe político presidió las actividades del Comité Patriótico Mutualista: *El Correo*, 15 de septiembre de 1910.

[436] Cosío Villegas, *Vida política*, pp. 802 y 815-816; Anderson, *Outcasts*, pp. 225 y 249-250.

un mutualismo apolítico); Guillermo Landa y Escandón, gobernador del Distrito Federal, fue árbitro de disputas, visitó fábricas, auspició y subsidió agrupaciones mutualistas.[437] Los oligarcas, conocidos por sus riquezas, conservadurismo y corrupción, también intervinieron en asuntos laborales: Cahuantzi, Molina, Creel, Corral, entre otros,[438] aunque es evidente que actuaron para defender sus intereses. Las autoridades infiltraron espías policiacos en las sociedades mutualistas para asegurarse de que la autoasistencia proletaria no se tornara en radicalidad política.[439] Pero el hecho es que la clase trabajadora urbana fue considerada digna y capaz de redención, a diferencia de la clase campesina. La protesta agraria con frecuencia se reprimía con violencia, y no hubo esfuerzos comparables para auspiciar la asociación pacífica de los campesinos. Este tipo de esfuerzos se consideraban innecesarios e imprácticos. Los dirigentes del Porfiriato se equivocaron en ambos aspectos, pero su error también lo compartieron la mayoría de los políticos latinoamericanos, quienes abrieron los ojos ante la amenaza social y la utilidad política de la movilización de la clase trabajadora, mucho antes de considerar a las masas rurales bajo un enfoque similar.[440] Aquí se destaca nuevamente una característica ya señalada: los habitantes de la ciudad, proletarios o burgueses, compartían un grado de cultura común que facilitó alianzas duraderas entre las distintas clases sociales.

Por su parte, los trabajadores no desdeñaron los acercamientos oficiales. Al contrario, y de manera natural, dada su débil posición, agradecieron y procuraron estos acercamientos. El GCOL ya antes había mostrado más entusiasmo por el arbitraje del gobierno, en la huelga textil de 1906, que los propios empresarios; en 1909 y de nuevo al año siguiente, los trabajadores de la industria textil buscaron la intervención de jefes locales en Atlixco y Orizaba.[441] Los esfuerzos de Landa y Escandón en la Ciudad de México fueron recibidos con una respuesta indecisa pero, hasta cierto punto, cálida: 5 000 obreros de 78 fábricas ingresaron en las filas de la Gran Sociedad Mutualista en el verano de 1910.[442] Los obreros también participaron en las manifestaciones oficiales y patriotas de 1909 en apoyo a la candidatura de Díaz y Reyes para las elecciones de 1910; su apoyo a la causa reeleccionista, ya en el año de elecciones, fue modesto.[443] Es evidente que Madero atrajo a más sim-

---

[437] *Ibid.*, pp. 225 y 232-233; Gavira, *Actuación*, p. 14; *El Correo*, 26 de julio de 1910; la tesis doctoral de A. L. Morgan sobre la Ciudad de México porfiriana, es reveladora del papel que tuvo Landa y Escandón.

[438] Anderson, *Outcasts*, pp. 129, 235 y 246.

[439] De S. Montemayor, jefe político, Ciudad Juárez al gobernador Sánchez, 16 de abril de 1907, STA, caja 28.

[440] Brian Loveman, *Struggle in the Countryside. Politics and Rural Labor in Chile, 1919-1973*, Bloomington, 1976, pp. 24, 60-63 y 113; Shepard Forman, *The Brazilian Peasantry*, Nueva York, 1975, pp. 142-143 y 168-172.

[441] Anderson, *Outcasts*, pp. 230-231.

[442] *Ibid.*, p. 233.

[443] *Ibid.*, pp. 230, 246 y 250.

patizantes. Pero la clase trabajadora, cuya organización era incipiente, no ignoró el poder del régimen para retribuir a sus seguidores y castigar a sus enemigos. Por lo tanto, antes de la Revolución, ya había síntomas de una relajación táctica de tensiones entre el gobierno y el fenómeno laboral urbano, para la cual no hubo correspondiente rural. La Revolución sirvió para acelerar el proceso, no para iniciarlo *de novo*.

La minería en México empleó entre 80 000 y 90 000 hombres durante el primer decenio de 1900, casi tres veces la cifra de la industria textil.[444] Pero la minería estaba más dispersa en el país y no contaba con concentraciones comparables a las de Orizaba. Si bien en Sonora se hallaban algunas minas de cobre importantes, en Coahuila se producía la mayor parte del carbón y en Chihuahua, Durango e Hidalgo se encontraban las minas de plata. Incluso dentro de estos estados la producción estaba dispersa y abarcaba una amplia gama de empresas en lo que se refiere a dimensión y características. Por ejemplo, sólo en Chihuahua había 4 000 minas.[445] Por lo tanto, las generalizaciones son arriesgadas. Más aún, resulta fácil reunir un listado de huelgas pero esto no aporta mayor información.[446] Era de esperarse que estallaran huelgas y ocurrieran incidentes violentos ocasionales en una industria tan grande y variada, hechos que no indican necesariamente la existencia de una fuerza de trabajo militante y organizada, ni mucho menos políticamente radical. Por otra parte, es necesario comparar los mencionados sucesos con los intentos de sindicalización frustrados (como es el caso, por ejemplo, de Batopilas) o con aquellas empresas que mantenían un control paternalista o clientelista sobre sus empleados.[447] A menudo, la Revolución sirvió para fortalecer, más que desmantelar, dicho control, al menos, a corto plazo.

El sector minero comprendió una amplia gama de actividades diversas, desde las empresas Guggenheim que "cubrían el norte de México", con minas y fundiciones de cobre, plata y plomo en media docena de estados, hasta los yacimientos de oro en el valle del Balsas (donde los intrusos blancos, de quienes se pensaba que tenían puestas las miras en las mujeres lugareñas, a veces chocaban contra la tosca justicia indígena), así como las empresas norteamericanas familiares y los contratistas individuales en el norte y el noroes-

---

[444] El censo de 1910 da cifras de 79 000 mineros y de 16 000 obreros fundidores. Estas cifras no parecen haber aumentado: en 1898 había 89 000 empleados de minas. Véase *Mexican Year Book*, 1922, p. 342; *Estadísticas económicas*, p. 131.

[445] Dollero, *México al día*, pp. 309-310; *cf.* Gadow, *Through Southern Mexico*, p. 333, sobre la proliferación de pequeñas minas en Guerrero.

[446] González Navarro, *Vida social*, pp. 313 y 341. Anderson, *Outcasts*, p. 338, registra tan sólo 17 huelgas mineras entre 1865 y 1905, y ocho entre 1906-1911; otras investigaciones locales revelarían sin duda muchas más.

[447] Pletcher, *Rails*, p. 203; Knight, *Nationalism, Xenophobia and Revolution*, pp. 87 y 324-326. El control clientelista se mantuvo de dos maneras: positivamente, mediante sueldos altos y gratificaciones, provenientes en su mayoría de grandes compañías extranjeras; y, de forma negativa, por los excedentes crecientes de fuerza de trabajo, que otorgaban gran valía al empleo seguro y de paso evitaban cualquier militancia.

te, personajes caracterizados en las páginas de B. Traven.[448] Las condiciones y salarios de los mineros también presentaron importantes diferencias, pero la mayoría de las empresas compartieron dos características que contribuyeron a conformar la respuesta de los mineros a las condiciones políticas e industriales.

Primera, los mineros estaban lejos de constituir un proletariado perfecto, dependiente exclusivamente de la venta de su fuerza de trabajo y educado dentro de una disciplina de tiempo y trabajo acorde al capitalismo moderno. La minería mexicana (al igual que la industria textil) no era totalmente capitalista ni estaba modernizada por completo. La fuerza de trabajo con frecuencia era temporal; para algunas comunidades rurales, las minas ofrecían una fuente eventual de ingresos, de la misma manera que lo hacían las haciendas. En Oaxaca, por ejemplo, los habitantes de los poblados se empleaban en las minas durante los meses de invierno; en la sierra de Chihuahua, los jóvenes fuertes y sanos de Tomóchic emigraron a las minas en el distrito de Rayón, atraídos por salarios más elevados.[449] Personajes como Pancho Villa y Pascual Orozco trabajaron en yacimientos de compañías administradas por extranjeros; para Villa, éste fue un trabajo más en su larga sucesión de empleos legales e ilegales.[450] Los problemas que enfrentaron las empresas para mantener una fuerza de trabajo dedicada, fija y regular, reflejaron nuevamente el proceso de transición de una economía agraria de subsistencia a una cuya base eran los vínculos monetarios y la disciplina industrial. Incluso algunas minas dependían del trabajo por contrato, pagado por adelantado a la manera del clásico peonaje endeudado.[451] Aun en las empresas más modernas, la administración encontró dificultades para asegurar una asistencia regular, reducir el ausentismo y eliminar el mal hábito del "san lunes".[452]

En la década de 1900, un campo minero en México podía contar con un número elevado de transitorios, emigrantes de los poblados, trabajadores de medio tiempo e incluso con indígenas. La diversidad y fluidez de la fuerza de trabajo, combinada con la lejanía y aislamiento del centro de trabajo dificultaron la organización laboral. De nuevo surgen aquí similitudes con la agri-

---

[448] Bernstein, *Mexican Mining Industry*, pp. 50-57; Gadow, *Through Southern Mexico*, pp. 333-334; y Buick, *Gringoes of Tepehuanes*, para un recuento gráfico y exagerado de las familias mineras. Dichas empresas "insignificantes por su tamaño, que representaban al tipo aventurero del pionero americano", constituían "la mayor parte" de los intereses mineros de los Estados Unidos en México: *Mexican Year Book*, 1922, p. 274.

[449] Tannenbaum, "Revolución agraria", p. 36; Almada, *Tomochi*, p. 21; Lumholtz, *Unknown Mexico*, I, p. 127.

[450] *Fall Report*, testimonio de N. O. Bagge, p. 1429. *Cf.* Guzmán, *Memorias*, pp. 29 y 38-39 y (si es creíble) Percy N. Furber, *I Took Chances From Windjammers to Jets*, Leicester, 1954, p. 109.

[451] *El Correo*, 9 y 23 de enero de 1910.

[452] En Cananea (abril de 1906) más de 40% de los empleados mexicanos trabajaban únicamente tres días por semana; sólo 20% trabajaba el mes completo, comparado con 70% de los empleados no mexicanos. Véase el informe del auditor, ss, r. 9.

cultura de las haciendas. Pero el punto que cabe aquí señalar es que la categoría de "minero" era y es vaga, por lo que carece de precisión explicativa. No tiene objeto intentar una explicación de la carrera revolucionaria de Pancho Villa en términos de su breve trabajo en las minas. Por el contrario, es posible argumentar que se ha dado demasiada atención a los antecedentes ocupacionales de Manuel Diéguez, por ejemplo, quien participó en la refriega de Cananea en 1906, como también es posible añadir que el compromiso revolucionario de Diéguez (especialmente su supuesto nacionalismo económico) se ha interpretado de manera errónea.[453] En otras palabras, un minero podía ser también un liberal, un aldeano, un bandido o un enemigo de la autoridad política. La clave del compromiso revolucionario, si es que pudiera establecerse, reside en una combinación compleja de varios de estos atributos. Exaltar la ocupación industrial es quizá un prejuicio etnocéntrico, inaplicable a una sociedad donde las ocupaciones específicas eran menos permanentes, vocacionales y determinantes del estilo de vida.[454]

Este punto cobra fuerza al considerar los efectos de la recesión de 1907. La industria minera fue, al menos durante un tiempo, una de las que sufriera las peores consecuencias; languidecieron centros mineros como Pachuca y Parral, y muchas otras comunidades pequeñas en la Sierra Madre Occidental aún no se recuperaban en 1910.[455] Esto coincidió con las cosechas pobres y alzas de precios de alimentos que padeció el norte. Aún se ignora el grado en que estas condiciones dieron origen a un impulso positivo para la revuelta política: las quejas básicas en la sierra del norte no se relacionaron con asuntos de sobrevivencia inmediata (como podría esperarse si la recesión y el desempleo recientes dominaran el pensamiento revolucionario), sino con la forma corrupta de dominio político que se había impuesto durante un largo periodo. Es indudable que los rebeldes estaban conscientes del problema del desempleo y buscaron contrarrestarlo, pero el núcleo de sus cargos en contra del Porfiriato residió en la intolerable opresión del caciquismo impuesto; no se originó en el fracaso del gobierno para regular la economía y producir suficientes fuentes de empleo, ni en el hecho de que el régimen no hubiera intervenido para amortiguar los efectos de la recesión.[456] Más aún, los oponentes del régimen, como el equipo editorial de *El Correo*, no creían

---

[453] Véase p. 149. Es tan fuerte el atractivo de Cananea que aparece regularmente en el *curriculum revolutionis* del general Juan José Ríos, quien nunca estuvo ahí.

[454] *Cf.* F. X. Guerra, "La Révolution Mexicaine: d'abord une révolution minière", *Annales Economies, Sociétés, Civilisations Paris*, XXXVI (1981), pp. 785-814; y para una crítica de éste y otros aspectos de la tesis de Guerra, Alan Knight, "La Révolution Mexicaine: révolution minière ou révolution *serrano?*", *Annales, E. S. C.*, XXXVIII (1983), pp. 449-459.

[455] *El Correo*, 11 de mayo de 1909, 23 de enero y 17 de julio de 1910; Ruiz, *Great Rebellion*, pp. 125-126.

[456] Por ejemplo, Beezley, *Insurgent Governor*, pp. 45 y 48. Las peticiones para mantener el pleno empleo no sólo habrían sido anacrónicas; habrían sido también ampliamente utópicas, ya que la capacidad que tenía el régimen para compensar los efectos de la recesión internacional era muy reducida, como reconoce Madero, en *La sucesión presidencial*, pp. 227-228.

que el gobierno debiera involucrarse directamente en las negociaciones económicas necesarias para, en teoría, obtener el bien común: éste se alcanzaba mejor mediante la mano oculta del mercado.[457]

Por lo tanto, el argumento de que la recesión condujo a la rebelión, radicalizando a los mineros desempleados, pertenece aún al reino de la conjetura y depende de los supuestos contemporáneos acerca del desempleo y de las responsabilidades de los gobiernos en la materia, los cuales no se adaptan del todo al México del Porfiriato. Este argumento es particularmente peligroso porque, a primera vista, parece conducir a una correlación entre desempleo y reclutamiento revolucionario. En 1910-1911, y en los años que siguieron a la Revolución, el cierre de minas (y otras empresas) generalmente aumentó el número de participantes en las filas revolucionarias, así como el pleno empleo actuó en detrimento de la rebelión armada. Esto no significa que los mineros fueran hostiles a la Revolución; por el contrario, al igual que los obreros de la industria textil, aprovecharon la oportunidad para sindicalizarse y presionar en busca de mejoras económicas; además, mostraron un vigoroso interés las nuevas políticas de apertura, auspiciadas por el triunfo revolucionario. Sin embargo, casi nunca se rebelaron en masa (a diferencia de algunas comunidades rurales); jamás convirtieron las minas en campos de revolucionarios armados (como lo hicieron los mineros bolivianos durante la década de 1950) y, en tanto que hubo empleo, mostraron una clara preferencia por trabajar antes que por las consideraciones insurgentes, incluso cuando los proselitistas revolucionarios visitaron las minas.[458] Al parecer, esta respuesta cauta y de carácter económico no fue exclusiva de las minas mexicanas ni de los obreros del país en general.[459]

Por otra parte, el desempleo estimuló el reclutamiento revolucionario, debido a la sencilla razón de que liberó a los trabajadores de los nexos existentes y los atrajo con la magra paga que recibían las tropas rebeldes. Aquellos obreros (como los de la Ciudad de México en 1915) que habían evitado la Revolución durante años, se vieron obligados a tomar las armas bajo la presión de las condiciones existentes. Es evidente que este tipo de reclutamiento no puede explicarse satisfactoriamente en términos de membresías y quejas ocupacionales. El desempleo *liberó* la fuerza de trabajo para la Revolución, creando (literalmente en este caso) un ejército de reserva de mano de obra desempleada que, en condiciones de pleno empleo, no hubiera existido. Por lo tanto, en el caso de los mineros es atrevido conceder demasiada influencia a la naturaleza específica del empleo prerrevolucionario: las malas condiciones y los riesgos para la salud (ambos pasmosos, si se les juzga con criterios objetivos), las características de los pueblos establecidos en torno a las compañías y, sobre todo, la supuesta antipatía hacia los empresarios y adminis-

---

[457] *El Correo*, 13 de octubre de 1909.
[458] Véanse pp. 432-433.
[459] *Cf.* Moore, *Injustice*, pp. 186, 199, 253 y 273.

tradores extranjeros.[460] No obstante sus antecedentes prerrevolucionarios, Villa y Orozco no basaron su trayectoria posterior en su experiencia de trabajo en la mina; incluso Diéguez, quien participó en los acontecimientos de Cananea, se mostró solícito hacia las compañías mineras extranjeras y estricto con los trabajadores militantes. Más aún, en los casos relativamente inusuales de principios de la Revolución (1910-1911), en los que las comunidades mineras aportaron reclutas (de entre los mineros desempleados) a las fuerzas rebeldes, resulta más adecuado incluir a dichos ex mineros (que también podían haber sido ex campesinos, ex pastores, ex cuatreros o ex bandidos) en la categoría más general de serranos: "vagabundos de la sierra", tipificados por Pancho Villa. Es posible suponer que, cuando se llevaban a cabo recortes en el personal, los primeros en quedar desempleados eran los de ingreso más reciente, los emigrantes y temporales, no los que formaban la médula del trabajo proletario. Por lo tanto, así como el sector más revolucionario de los obreros textiles fue precisamente aquel que mantenía más contacto con la sociedad rural —el obrero-campesino—, así también los mineros y las comunidades mineras que mostraron un entusiasmo atípico en la lucha armada fueron, con frecuencia, aquellos más próximos al modelo serrano y más alejados del capitalismo industrial moderno. Pero este punto se retoma en párrafos posteriores.

La segunda característica común en las empresas mineras fue su existencia autónoma y, con frecuencia, aislada. El urbanismo, con sus correlativos en materia de alfabetización y conciencia política, resultó menos marcado entre los mineros que entre los artesanos de las grandes ciudades o los ferrocarrileros apenas alfabetizados y quienes constituyeron la aristocracia de los trabajadores.[461] Esta situación a menudo estaba acompañada de administraciones autocráticas. Alexander Shepherd gobernaba Batopilas en confabulación con el jefe local; en Cananea se impuso William Greene —[Cananea] "era un principado y Bill su señor feudal"—; los jóvenes Buick de El Tovar, adolescentes norteamericanos odiosos, confesaban que, con los empleados de su padre, eran un "par de tiranos... despedíamos en el acto a todo aquel que no se comportaba como creíamos que debiera".[462] En muchos casos, la empresa no sólo era propietaria de la mina sino también de las barracas de los mineros, de las plantas de agua y electricidad, del hospital, de la escuela y hasta de las oficinas municipales.[463] Por lo tanto, los pueblos mineros, incluso más que las haciendas, eran entidades "antinacionales" que se apropiaban

---

[460] Bernstein, *Mexican Mining Industry*, pp. 187-191; *El Correo*, 25 de enero y 10 de febrero de 1910 (tiendas de raya y enfermedades venéreas, respectivamente); Anderson, *Outcasts*, pp. 323-324.

[461] "Entre el gremio ferrocarrilero no hay analfabetos *(sic)*": de José Gutiérrez a Madero, 12 de junio de 1911, AFM r. 20.

[462] Pletcher, *Rails*, pp. 205 y 233; Buick, *Gringoes of Tepehuanes*, p. 64.

[463] *Cf.* Dollero, *México al día*, pp. 305-306 sobre Mapimí; Dye Nogales, 23 de febrero de 1911, SD 812.00/861 sobre Cananea.

de la lealtad debida al Estado para conferírsela a sus empresas, con frecuencia extranjeras. La crítica de la clase media a las compañías extranjeras a menudo se basaba, no en los efectos *económicos* nocivos (no siempre evidentes), sino en consideraciones patrióticas y políticas: las empresas extranjeras eran enclaves que impedían la integración política nacional.[464]

La opinión de los mineros era distinta. La vida en los pueblos establecidos en torno a las compañías, al igual que la vida en las haciendas, podía ofrecer una cierta seguridad básica, pero gran parte dependía del carácter del patrón en cuestión. Algunos administradores, como Shepherd en Batopilas, trataban a sus empleados con tacto y aparentemente tenían éxito al conducir sus relaciones industriales (conforme a los crudos principios de su época). Incluso los hermanos Buick lograron evitar la reprimenda que se merecían. Las opciones de empleo —en la hacienda o en las ciudades atestadas— hicieron que el minero mexicano fuera tolerante respecto a los abusos que en otras circunstancias hubieran parecido insoportables.[465] No obstante, algunos empresarios fueron demasiado lejos. John Hepburn, descendiente voluntarioso de la nobleza inglesa, "osciló entre el autoritarismo y el absoluto desinterés" en la administración de las minas de Pinos Altos en Chihuahua. Se enemistó con los funcionarios locales, decidió arbitrariamente que el día de pago sería quincenal en lugar de semanal y obligó a los mineros a gastar la mitad de sus salarios en la tienda de raya.[466] Surgieron protestas y un levantamiento; Hepburn resultó muerto y los rurales castigaron a los dirigentes mineros. Años más tarde, cuando Pinos Altos pasó a manos de los Creel y los Terrazas, el administrador se vio obligado a mostrarse cauto, especialmente al introducir nuevos métodos y al corregir antiguos abusos.[467]

Aun cuando el incidente en Pinos Altos ocurrió 20 años antes de la Revolución, indicó el patrón que habría de seguirse después de 1910. En aquellos casos en que los mineros sobrepasaron la dimensión económica y pacífica y recurrieron a la violencia, su objetivo fue corregir abusos específicos y saldar cuentas determinadas, a veces en contra de los administradores, en ocasiones en contra de los funcionarios locales, o en contra de ambos. Con respecto a la administración, sus quejas generalmente eran antiguas y reiterativas; se referían a salarios, condiciones y operaciones de la tienda de raya, o bien a la tiranía de los capataces; respecto a los funcionarios, los mineros compartían las quejas con el resto de los habitantes, sobre cuyos hombros descansaba el peso del caciquismo. Jamás se dio el caso de una comunidad minera que intentara apoderarse de la mina para administrarla en beneficio propio, y la

---

[464] *El Correo*, 27 de agosto de 1910, cita a Braulio Hernández.

[465] Véase Nava Oteo, en Cosío Villegas, *Vida económica*, pp. 252-254, sobre las cuotas salariales entre los mineros; Reporte de Otoño, pp, 128-130, testimonio de S. G. Inman, y nota de Inman a Harlan, 5 de junio de 1911, SGIA, caja 12, sobre "el campo minero modelo" de Las Esperanzas.

[466] Lister, *Chihuahua*, p. 181; Anderson, *Outcasts*, p. 87.

[467] De F. Sisniega a F. de Pedro, 23 de septiembre de 1900, STA (libros de cartas de Sisniega), r. 7.

propiedad extranjera (en oposición a la administración extranjera) jamás fue motivo de queja por parte de los mineros. En otras palabras, este sector podía rechazar a ciertos administradores norteamericanos, tenderos españoles y trabajadores chinos, pero no mostraron deseos de eliminar a las empresas extranjeras *per se*. El antiimperialismo no fue un rasgo en la ideología de los mineros mexicanos, ni en la mayoría de los grupos de la clase trabajadora.[468]

Cuando brotó la violencia en las comunidades mineras, ésta fue de carácter espontáneo (es decir que carecía de organización formal: podía haber fermentado a lo largo de los años) y primitivo. Además, surgió en aquellos centros mineros donde se experimentaba estancamiento y declinación, ahí donde la administración era individual y caprichosa. Por el contrario, en las corporaciones mineras más modernas del norte, las relaciones laborales eran mejores y hubo menos violencia. En 1910-1911, por ejemplo, la Revolución propició brotes violentos en Mazapil, Concepción del Oro, Angangueo (Mich.), Hostotipaquillo (Jal.) y —por poco— en Pachuca. Concepción tenía un historial de malas relaciones de trabajo; Pachuca y Angangueo experimentaban una renovación después de un largo periodo de declinación; Hostotipaquillo era una empresa atrasada en el lejano oeste.[469] Los pueblos mineros que, proporcionalmente, aportaron mayores contribuciones a la lucha armada de 1910, no fueron las corporaciones gigantes sino las comunidades pequeñas y estancadas, como Aviño en el estado de Durango.[470] Más aún, estos incidentes pueden compararse a los brotes contemporáneos de rebeldía en los pueblos del Bajío, donde los artesanos, quienes también vivían tiempos difíciles, desempleo y opresión oficial, tomaron las calles en arranques breves y espontáneos. Mientras que los mineros de grandes campamentos —las minas de cobre en Sonora, las de carbón en Coahuila— recurrieron a la sindicalización y la protesta pacífica, sus numerosos colegas en comunidades más pequeñas optaron por una tradición más antigua: la violencia urbana; y es indudable que su contribución al movimiento popular fue mayor al recurrir a comportamientos primitivos y prepolíticos en comparación con los comportamientos más modernos que optaron por la formación de sindicatos.[471]

Paradójicamente, el famoso caso de Cananea, tan usado como evidencia del compromiso de los mineros o del proletariado con las políticas radicales y la lucha armada, concuerda con el panorama general. La huelga y represión de 1906, consideradas como elementos precursores en la génesis de la Revolución, fueron producto de razones industriales y locales; al igual que en el

---

[468] Knight, *Nationalism, Xenophobia and Revolution*, pp. 78-79, 85, 247-250, 264-268, 308-309 y 321-326.

[469] Véanse pp. 212-213.

[470] De S. Ramírez a Madero, 21 de septiembre de 1911, AFM, r. 9; de Hohler a Grey, 11 de marzo de 1911, FO 371/1146, 11453.

[471] *Cf.* Hobsbawm, *Primitive Rebels*, pp. 1-3 y 124-125. Estos términos están muy cargados de significado, reciben un tratamiento más amplio en pp. 184 y 199.

caso de Río Blanco, hubo influencias políticas cuya importancia ha sido magnificada, que tuvieron corta vida; y los nexos causales de aquel episodio con el inicio de la Revolución son débiles hasta cierto punto.[472] Primero, es necesario destacar que Cananea era una empresa atípica. La explotación de cobre en Cananea no comenzó sino hasta finales de la década de 1890, cuando la población local era inferior a 1 000 habitantes; para 1906, poco antes de surgir el conflicto, la empresa contaba con 5 360 empleados mexicanos y 2 300 extranjeros, la mayoría norteamericanos y algunos chinos.[473] Las relaciones laborales adquirieron un carácter especial: además de que los chinos eran vistos con antipatía, como en el resto del norte de México, la inusualmente elevada proporción de empleados norteamericanos, que se concentraba en trabajos especializados y con mejores salarios, significó un estímulo para la sindicalización y la protesta. Habían sido los norteamericanos los pioneros en la acción huelguística contra la compañía en 1903. Más aún, su presencia y la proximidad con la frontera de los Estados Unidos permitieron que las ideas sindicalistas penetraran en Cananea y, si bien es difícil calcular la influencia de la Western Federation of Miners, es probable que el ejemplo norteamericano haya dotado a los mineros de Cananea de un mayor grado de conocimientos —en términos de organización e ideología— en comparación con sus camaradas del resto de México. Por lo tanto, los trabajadores de Cananea no sólo contaban con mejores salarios y condiciones que otros mineros, sino que también estaban mejor organizados y eran más conscientes de las ventajas del sindicalismo.[474] Por último, el monopolio del empleo especializado por parte de los norteamericanos y sus mejores salarios, motivaron la sindicalización y protesta mexicanas. Al igual que entre los ferrocarrileros, donde imperaba una situación similar y una mejor organización, surgieron demandas crecientes por la igualdad en la paga y en las oportunidades, y se exigió la "mexicanización", no de la empresa misma, sino de la fuerza de trabajo.[475]

Estos factores predispusieron a los mineros de Cananea a la militancia. Y aunque la empresa era grande, la administración (en 1906) no se distinguía por su prudencia ni profesionalismo. William Greene, su propietario, era un antiguo minero que había sido jugador y combatiente en las luchas

---

[472] Ruiz, *Great Rebellion*, pp. 69-72 y 112; Mancisidor, *Historia de la Revolución mexicana*, pp. 62-73.

[473] Aguilar Camín, *La Revolución sonorense*, pp. 117-118; De Szyszlo, *Dix milles kilomètres*, pp. 305-306.

[474] Aguirre, *Cananea*, pp. 50-51; Pletcher, *Rails*, p. 238. Una crítica americana hecha a Greene, lo culpaba por pagar en exceso a sus trabajadores: Anderson, *Outcasts*, p. 110.

[475] El gobernador Izábal de Sonora, al dirigirse a los trabajadores de Cananea, justificaba las diferencias de los sueldos de los obreros con base en el hecho de que las prostitutas americanas cobraban más: Aguilar Camín, *La Revolución sonorense*, p. 130. Como en los ferrocarriles, las huelgas de 1906, 1908 y 1909 precipitaron al gobierno para que impulsara la "mexicanización" en la fuerza de trabajo; esto a su vez provocó una huelga de parte de los empleados americanos. Véase Anderson, *Outcasts*, pp. 117-119, 214-215 y 235-240; Letcher, Chihuahua, 11 de abril de 1911, SD 812.00/1429.

contra los indígenas norteamericanos; una combinación de suerte e ingenio lo había llevado a adquirir cobre y ganado sonorenses hasta "fundar un impresionante emporio basado en prospectos y fanfarronadas".[476] Dio empleo a sus antiguos compinches sin preocuparse por su capacidad contable. A pesar de la ineficiencia resultante, la compañía era próspera en la primera década del siglo XIX, estimulada por la demanda creciente de cobre. Pero, mientras tanto, los veneros se agotaban rápidamente y el pueblo empezó a crecer al igual que las tensiones sociales. En 1906 éstas se manifestaron. Una vez más, se ha considerado que la mano del PLM entraba en acción. Ciertamente, Cananea contaba con su Club Liberal, organizado por Lázaro Gutiérrez de Lara y, a principios de 1906, Manuel Diéguez y Esteban Baca Calderón, conocidos oponentes del régimen, quienes mantenían nexos con la junta de St. Louis, establecieron la Unión Liberal Humanidad que procuró articular y capitalizar las quejas de los mineros.[477] La UHL, sin embargo, no tenía carácter masivo como sindicato industrial y la mayoría de sus miembros (de número reducido) eran artesanos capacitados, oficinistas y, como Diéguez mismo, representantes típicos del PLM.[478]

En mayo de 1906, las quejas de los mineros se exacerbaron ante la decisión de la administración de cambiar los contratos de trabajo, de tal suerte que los empleos se vieron amenazados y aumentó la carga laboral. Estalló la huelga (que Diéguez consideró inadecuada) y las minas se paralizaron; mientras Greene consideraba las demandas salariales, de promoción y mexicanización, los huelguistas desfilaron por las calles de Cananea. Al aproximarse al taller de carpintería (cuyos obreros habían repudiado la huelga), el administrador norteamericano les impidió el paso y atacó con mangueras a los manifestantes. A su vez, éstos se precipitaron hacia el edificio y los norteamericanos, desde el interior, abrieron fuego, matando a dos trabajadores. Los manifestantes incendiaron el edificio y cuatro norteamericanos murieron. Poco después, a corta distancia ocurrió otro enfrentamiento en el cual el administrador y un pequeño grupo de empleados abrieron fuego en contra de los huelguistas, quienes ya para entonces portaban pistolas. El saldo fue de 13 muertos. Mientras tanto, Greene, previendo problemas, había llamado a un destacamento de Bisbee, Arizona, población localizada justo al otro lado de la frontera, y el gobernador de Sonora, imposibilitado para enviar tropas federales de inmediato, permitió que las norteamericanas penetraran en territorio mexicano, tras tomarles juramento como reclutas sonorenses. No es de asombrar que la llegada de fuerzas extranjeras, junto con la policía y los rurales mexicanos, no lograran calmar la situación. Los enfrentamientos continuaron y no fue sino hasta la llegada de las tropas regulares, al mando del general Luis Torres, un oligarca sonorense, cuando éstos se disiparon. Al día

---

[476] Pletcher, *Rails*, pp. 220-229; Bernstein, *Mexican Mining Industry*, pp. 56-58.
[477] Anderson, *Outcasts*, pp. 114-115.
[478] *Ibid.*; y *cf.* la descripción de los activistas del PLM en Parral en de Rodolfo Valles, jefe político, a Creel, 24 de octubre de 1906 (y la correspondencia relacionada), STA, caja 26.

siguiente, los obreros retornaron a su trabajo, sin haber logrado más que el cese de tres capataces. Los supuestos líderes de la huelga lograron evitar la pena de muerte, pero fueron condenados a más de 15 años de reclusión en las mazmorras de San Juan de Ulúa: la Revolución interrumpió sus sentencias en mayo de 1911.[479]

El incidente en Cananea se consideró un producto de las conspiraciones. El gobierno porfirista culpó a los subversivos políticos (e incluso ofreció las bases para proceder a la extradición de los liberales que se hallaban en los Estados Unidos); la prensa minera de los Estados Unidos, al referirse al episodio, comentó que los causantes eran "agitadores anarquistas, posiblemente incitados por el mezcal y por la Western Federation of Miners"; Greene incluso acusó a sus rivales norteamericanos en materia de negocios.[480] Sin embargo, la revuelta en Cananea, al igual que su contraparte en Río Blanco, no fue planeada ni tuvo dirección: simplemente ocurrió. Es posible que la agitación liberal haya cimentado las bases (lo cual resulta imposible de evaluar), pero lo cierto es que actuaron factores locales para llevar a cabo la confrontación. Al parecer, los líderes del PLM en los Estados Unidos no intervinieron: Diéguez se opuso a la huelga y Baca Calderón afirmó que los liberales de Cananea quisieron controlar una huelga que no habían iniciado. Al respecto, Anderson concluye: "La evidencia parece indicar que la huelga fue espontánea, no producto de una conspiración del PLM para iniciar la revolución en contra del régimen".[481] Al igual que Río Blanco, Cananea fue teñida en tonos de conspiración política *ex post facto* cuando, en realidad, fue una sangrienta disputa industrial.

Si las causas fueron primordialmente locales e industriales, cabe preguntarse cuáles fueron las consecuencias. Cananea y Río Blanco han sido consideradas como golpes fatales al sistema del Porfiriato. Incluso Anderson (cuya propia evidencia apunta a menudo hacia otro lado) sucumbe ante la postura general al señalar que "Cananea bien pudo haber sido detonador en contra del viejo régimen", y la mayoría de los historiadores se adhieren a esta postura.[482] Es indudable que este episodio causó conmoción: Madero incluyó a Cananea y Río Blanco en su letanía de abusos cometidos por el Porfiriato, y cabe señalar que, en torno a estos episodios, hubo vigorosas protestas en la prensa, tanto de los sectores conservadores y católicos como de los liberales y opositores.[483] No obstante, la tendencia general de estas críticas estaba dirigida en contra del gobernador Izábal y de su decisión para permitir la entrada de fuerzas norteamericanas en México y, además, que abrieran fuego contra los huelguistas de Cananea; los mineros provocaron simpatía patrióti-

---

[479] Aguirre, *Cananea*, pp. 71-150; Anderson, *Outcasts*, pp. 110-114; Aguilar Camín, *La Revolución sonorense*, pp. 127-130.
[480] Pletcher, *Rails*, p. 251; Anderson, *Outcasts*, p. 116, n. 46.
[481] *Ibid.*, p. 116.
[482] *Ibid.*, p. 117.
[483] Madero, *La sucesión presidencial*, pp. 207-208 y 249; Anderson, *Outcasts*, pp. 112-114.

ca en su calidad de víctimas de la intervención norteamericana, pero no hubo manifestaciones de solidaridad radical hacia sus demandas proletarias. El gobernador Izábal y su gabinete perdieron la poca legitimidad de su gestión y fue en esta medida en la que Cananea contribuyó a incitar el descontento político en Sonora.[484] Pero cabe recordar que Sonora no jugó un papel protagónico en la Revolución de 1910. Además, es difícil evaluar el efecto de Cananea en el plano nacional, aunque es posible afirmar que dotó de energía a la oposición y añadió relevancia a la "cuestión social", que entonces era tema de preocupación de los intelectuales, tanto porfiristas y católicos como liberales. El gobierno, aunque toleró la represión en Cananea, comenzó a buscar medios más sutiles para controlar la agitación laboral; incluso en las obras de teatro presentadas en la Ciudad de México se comenzó a explorar los temas "sociales".[485] Pero este ánimo (cuya intensidad no debe exagerarse) no fue necesariamente el que impulsó a los revolucionarios. En Chile, escenario de incidentes similares durante las décadas de 1890 y 1900, la cuestión "social" también fue tema medular, pero en ese país no surgió revolución popular alguna como consecuencia.[486] Más aún, este descubrimiento de la clase trabajadora y de sus descontentos ocurrió en muchos países latinoamericanos durante esta época y, en todos los casos, salvo en México, las estructuras políticas existentes fueron capaces de reprimir o satisfacer las demandas hechas. La innovación del patrón del desarrollo de México yacía en otra parte.

Esta innovación se discutirá en breve. Lo que interesa en el caso de Cananea (y Río Blanco) es su efecto durante el intervalo de cuatro años que precedió a la Revolución, estudio que tienden a ignorar algunos defensores de la teoría de considerar a Cananea como precursora del movimiento armado. Se ha sugerido, y se demostrará, que la Revolución fue un suceso altamente localizado que cobró su ímpetu en humillaciones locales. Al hacer a un lado los supuestos efectos de Cananea sobre la opinión pública y la política nacional (asunto que propicia conjeturas pero desafía afirmaciones), es necesario rastrear los nexos causales y cronológicos que vinculan al incidente de 1906 con la Revolución de 1910. Y cabe preguntarse si Cananea o Río Blanco fueron cimientos de agitación revolucionaria en las minas de Sonora o en la industria textil del centro.

En ambos casos, el gobierno destituyó a los líderes de las huelgas y la influencia que pudo haber ejercido el PLM se debilitó rápidamente. Más aún, en Cananea la situación económica disminuyó la militancia laboral y evitó revueltas posteriores. A raíz de la huelga, se reestructuró la administración de la empresa y Louis D. Ricketts (quien, a pesar de su apariencia desaliñada, contaba con un doctorado en Princeton y sólida experiencia en la minería del suroeste de los Estados Unidos) ocupó el cargo de administrador permanen-

---

[484] Aguilar Camín, *La Revolución sonorense*, p. 93.
[485] Anderson, *Outcasts*, pp. 112-113 y 176; González Navarro, *Vida social*, pp. 807-811.
[486] Loveman, *Struggle in the Countryside*, pp. 24-60.

te; se dedicó a mejorar las relaciones laborales, a incrementar los niveles salariales y a reducir la participación norteamericana en la fuerza de trabajo, de 34% en 1905 a 13% en 1912.[487] Al mismo tiempo (una consecuencia irrefutable de la huelga), el imperio personal de William Greene se vino abajo y el grupo Cole-Ryan adquirió su participación en la empresa; dicho grupo se dedicó a instrumentar un extenso programa de reorganización y mejoramiento: cuando la recesión de 1907 obligó a frenar la producción por completo, la compañía instaló nuevos hornos con más potencia, los cuales incrementaron sustancialmente la capacidad y la eficiencia.[488] Esto marcó un parteaguas importante en la vida de Cananea. A su vez, la nueva administración, que ahora era responsable ante una corporación más que ante los caprichos individuales de una persona, se mostró más apta que la anterior; gracias a una política de "neutralidad circunspecta", la empresa logró sostenerse durante los difíciles años de la Revolución y, si bien surgieron trastornos y paralizaciones, jamás se repitió incidente alguno que recordara al de 1906.[489] Desde el punto de vista de los mineros, el cierre de 1907-1908 y la reorganización de la empresa implicaron un gran sacrificio: de una población total de 20 000 en 1906, Cananea descendió a cerca de 13 000 en 1907, aunque se elevó a 15 000 en 1913. La producción de cobre siguió una tendencia similar.[490] Por lo tanto, poco antes de la Revolución la fuerza de trabajo en Cananea era más reducida, más mexicana y eficiente, y quizá muy distinta de la fuerza de trabajo que participó o presenció la huelga de 1906. El periodo entre la huelga y la Revolución fue una temporada de cambio, reorganización y relajación, y no de un descontento que presagiara el estallido revolucionario. Asimismo, es probable que la memoria de 1906 e incluso la de años anteriores, aunada a la experiencia de la contracción y el desempleo de 1907-1908, alentaran la tranquilidad más que la militancia.

Es más, cuando es posible establecer una continuidad de personajes, el panorama no es en absoluto tan claro como muchos sugieren. Manuel Diéguez, líder de 1906, liberado de la cárcel en 1911, retornó para convertirse en presidente municipal de Cananea y en destacado dirigente de la Revolución. En 1916 ya era comandante militar de Sonora. Queda claro que no se consideraba a sí mismo como un defensor armado del proletariado; además, es indudable que no fue un precursor mexicano del boliviano Juan Lechín. Sus relaciones con las empresas mineras sonorenses eran amistosas y, al ser confrontado por las demandas salariales de los mineros de Cananea, se dice que replicó: "son agitadores que no desean someterse a los deseos de nuestro gobierno, me temo que será necesario 'disciplinarlos' en breve".[491] Huelgas y

[487] Pletcher, *Rails*, pp. 229 y 255; Aguirre, pp. 156 y 173.
[488] Bernstein, *Mexican Mining Industry*, p. 59; Aguilar Camín, *La Revolución sonorense*, p. 131.
[489] Pletcher, *Rails*, p. 257. Los acontecimientos relevantes son descritos más adelante.
[490] Montague, Cananea, 26 de febrero de 1915, SD 812.00/14863; Pletcher, *Rails*, p. 257; Nava Oteo, en Cosío Villegas, *Vida económica*, p. 190.
[491] Reportes de la Armada norteamericana en la frontera, Nogales, 8 de marzo de 1916, SD

revueltas armadas, dirigentes laborales y comandantes revolucionarios, son fenómenos distintos, de orígenes diferentes que obedecen a motivaciones y objetivos también distintos.

Existe un último punto de importancia, acerca de la similitud entre Cananea y Río Blanco. En ambos casos, la voluntad de los trabajadores de unirse a la lucha armada fue débil, y su célebre recurso, aunque atípico, a la violencia fue resultado de circunstancias de provocación particulares, en las cuales la preocupación central fue de carácter económico. Pero en ambos casos, los trabajadores respondieron a los nuevos movimientos políticos de fines de la década de 1900. No importa cuál haya sido el alcance de la influencia del PLM en Cananea, lo cierto es que el reyismo y el maderismo ejercieron una influencia considerable ahí. Ya en el verano de 1909, el movimiento reyista en Cananea había llegado a ser "muy poderoso"; su dirigente, un oficial de las tropas locales, era un tapatío, amigo de Bernardo Reyes. No obstante, Madero se mostró confiado en que los antirreeleccionistas lograrían acaparar la oposición política en Cananea; de esta manera se estableció una rama local, que pronto fue allanada por la policía.[492] Bajo la conducción de Juan Cabral y Salvador Alvarado, ambos empleados con formación educativa, prosperó la causa maderista y tomó pacíficamente el poder en Cananea en 1911.[493]

Por lo tanto, en general, los mineros de Cananea evitaron la revuelta armada y, al rebasar la lucha económica diaria (que no puede ser emprendida a la ligera o sin riesgos), buscaron una forma de política reformista, cercana al pensamiento burgués o de la clase media. Ésta era una estrategia razonable y obtuvo resultados. Los dirigentes revolucionarios, basados en los precedentes porfiristas, apreciaron el apoyo del trabajo organizado y, como revelaran las trayectorias de Manuel Diéguez y otros, la organización laboral fue plataforma para la política local y nacional. La ruta desde la oficina del sindicato hasta el palacio de gobierno —o incluso más lejos— ya estaba trazada. Esto fue posible gracias a que los trabajadores urbanos, especialmente aquellos que laboraban en empresas corporativas mayores, desplegaron una conciencia temprana sobre la nueva política que la Revolución instituyó; y gracias también a políticos alertas, especialmente los de Sonora, que pronto apreciaron y cultivaron esta fuerza política fresca, que contribuyó con poco al derrocamiento del antiguo régimen, pero que fue instrumento invaluable para la construcción del nuevo.

812.00/17592; y Knight, *Nationalism, Xenophobia and Revolution*, pp. 77-79, sobre actitudes comparables de otros ex empleados de Cananea.

[492] De Madero a Sánchez Adame, 30 de julio de 1909, AFM, r. 9; Aguirre, *Cananea*, pp. 172-173.

[493] Aguilar Camín, *La Revolución sonorense*, pp. 175-176.

Reflexiones sobre las causas del descontento campesino

Por razones obvias los trabajadores de los nuevos complejos industriales —Cananea, Río Blanco, ferrocarriles— no heredaron los ideales relativos a los beneficios de la vida industrial a los cuales hubieran podido recurrir: fue necesario que desarrollaran y absorbieran ideologías (liberal, anarcosindicalista, socialista), y que experimentaran nuevas formas de organización y nuevas estrategias políticas —mutualismo, sindicalismo, dependencia clientelista del Estado—. Su visión debía ser avanzada y su discurso, innovador. Conforme a la terminología de los Tilly, estos obreros fueron "proactivos"; es decir, que procuraron obtener "derechos y privilegios o recursos que antes no habían disfrutado"; para este fin formaron "asociaciones con propósitos especiales", como aquellos sindicatos que alcanzaron una compleja "articulación de objetivos, programas y demandas". Esta estrategia implicó "intentos por controlar, más que por resistir, a los diferentes segmentos de la estructura nacional".[494] En otras palabras, más crudas aunque cautas, fueron más "modernos".[495]

Tales ideas y estrategias contrastaron con la actitud "reactiva" de los campesinos, cuya norma fue nostálgica, sus modelos derivados de experiencias pasadas (sin duda, adecuadamente mitologizadas) y cuyos objetivos fueron, hasta cierto punto, conservadores e incluso reaccionarios.[496] Cabe destacar que muchos artesanos, algunos proletarios agrícolas y hasta algunos mineros, se aproximaron más a este polo que a la norma de Cananea y Río Blanco. En lo concerniente a la organización, el campesino recurrió a formas de violencia y resistencia "reactiva" (por ejemplo, las basadas en la comunidad más que en asociaciones especiales, lo cual les permitió desplegar una lealtad espacial más que ocupacional). Fue esta violencia colectiva de carácter "reactivo" la que nutrió esencialmente a la Revolución. La evidencia empírica en torno a este concepto se ofrece a lo largo del presente libro; por el momento, sólo intento presentar, de manera muy general, comentarios comparativos acerca de su papel y naturaleza.

---

[494] Tilly, *Rebellions Century*, pp. 51-52 y 249. Resulta inútil decir que estamos manejando en este caso tipos ideales: acentuaciones y no reflejos de la realidad.

[495] Uso los términos "moderno" y, en algún momento, "tradicional", sin condonar necesariamente todas las barbaridades intelectuales que se han cometido en su nombre (por la misma razón, uso términos como "clase" y "capitalismo"). En este caso, el eclecticismo teórico se justifica ya que, varios marxistas coincidirían en ello, el crecimiento del capitalismo "moderno" ha sido comparado con el crecimiento de las organizaciones de las clases trabajadoras "modernas", caracterizadas especialmente por la sindicalización, el reformismo político y la participación dentro de los órganos del Estado: lo que Thompson ha llamado "la imbricación de las organizaciones de las clases trabajadoras en el *statu quo*": E. P. Thompson, "The Pecularities of the English", en *The Poverty of Theory and Other Essays*, Londres, 1978, p. 71.

[496] Tilly, *Rebellions Century*, pp. 51-52 y 249; *cf.* Warman, *Y venimos a contradecir*, p. 129, sobre la naturaleza esencialmente "defensiva" de la revuelta zapatista.

De todos los países latinoamericanos, sólo México experimentó una revolución popular y agraria antes de la segunda Guerra Mundial, y esto se debió a que en este país se combinaron una gama de factores —ninguno de los cuales fue peculiarmente único— para crear una constelación revolucionaria. Estos factores fueron principalmente endógenos. Esto no significa ignorar el efecto de la penetración económica extranjera, ni la integración de México a los mercados mundiales, factores que, como ya antes se ha señalado, fueron decisivos para estimular el cambio social y económico durante el Porfiriato. Sin embargo, no sólo México experimentó estos efectos; fue la mediación de estas fuerzas exógenas a través de las estructuras políticas, económicas y sociales en el país lo que les dio un carácter distinto. En un nivel político más estrecho (que bien podríamos llamar epifenoménico) los factores exógenos, aunque subrayados por recientes investigadores, son secundarios, si no es que terciarios, en grado de importancia.[497] No hay suficiente evidencia para demostrar que la política de los Estados Unidos, sus alianzas domésticas o incluso la *Grosspolitik* de las potencias europeas, determinaron las causas de la Revolución mexicana. Cabe destacar que el argumento que propone que la Revolución mexicana (entre otras revoluciones) se vinculó causalmente con la primera Guerra Mundial (Goldfrank señala, con sublime imprecisión, que "no es accidental que la mayor parte de la revolución ocurriera durante la primera Guerra Mundial") omite, *inter alia,* los cuatro años de la Revolución anteriores al estallido de esta guerra.[498] Mi postura acerca de la poca importancia que juegan esos factores exógenos en la gestación y nacimiento de la Revolución, se sustenta con apoyos adicionales que aparecerán más adelante. Por el momento, nos interesa destacar los factores endógenos.

La mayoría de las sociedades latinoamericanas experimentaron una mayor integración con los mercados mundiales hacia finales del siglo XIX y, con ello, una creciente comercialización agrícola y una mayor demanda de tierra y mano de obra. Las respuestas a esta situación fueron variadas. En regiones donde abundaban las tierras[499] y la fuerza de trabajo local era escasa, los terratenientes debieron traer mano de obra desde lugares lejanos bien fuera por medios coercitivos (la esclavitud cubana y brasileña o el trabajo forzado en Perú) o bien mediante la creación de incentivos monetarios (Argentina y Uruguay). Las plantaciones en São Paulo lograron cambiar de una a otra forma durante un periodo de 10 años, en la medida en que la esclavitud se sustitu-

---

[497] Katz, *The Secret War,* defiende la importancia de estos factores exógenos, aunque en mi opinión, los exagera; *cf.* Walter L. Goldfrank, "Theories of Revolution and Revolution without Theory", *Theory and Society,* VII (1979), pp. 135-165, especialmente pp. 148-151, quien simplemente los plantea.

[498] *Ibid.,* p. 150.

[499] La abundancia, por supuesto, es producto tanto del trabajo del hombre como del de la naturaleza; en los casos que aquí se consideran, la escasez y el excedente dependían de la ley, los convenios de tenencia, las estructuras políticas y otros factores "resultantes de la mano del hombre", así como de la dotación de recursos.

yó por los colonos europeos.[500] Alternativamente, los terratenientes podían depender de mano de obra local o periférica.[501] En Perú, las plantaciones de la costa, que originalmente dependieron de la esclavitud y de la mano de obra china, sustituyeron esta dependencia por el trabajo de los habitantes de las sierras relativamente pobladas, creando así un sistema en el cual la coerción y los incentivos se combinaron en proporciones que todavía son causa de discusión.[502] Mientras tanto, los terratenientes chilenos que se enfrentaron a mercados menos imperativos que, por ejemplo, los argentinos, pudieron depender de la mano de obra local, cuya abundancia relativa posibilitó contratos de arrendamiento que eran verdaderamente atractivos para los trabajadores rurales.[503]

México mostró analogías con todos estos tipos. El norte del país, con su economía altamente monetarizada y de fuerza de trabajo libre, fue similar al cono sur, mientras que los sistemas coercitivos del sur, del "México bárbaro", eran semejantes a la esclavitud. De igual manera, algunos hacendados del sur, como los cafetaleros alemanes del Soconusco (Chis.), dependieron de los incentivos más que de la fuerza o el fraude para convencer a los trabajadores de la sierra y guardaron similitudes con el Perú, y cabe notar que el Soconusco permaneció relativamente tranquilo durante la Revolución.[504] Los terratenientes del centro de México, al igual que sus equivalentes chilenos, pudieron depender de la abundante y creciente oferta de mano de obra local y casi de un monopolio de la tierra; por lo tanto, el mercado favoreció al terrateniente y, como en el caso de los arrendatarios chilenos, la posición del "campesinado interno", de los acomodados de Bocas o de los realeños de Morelos, fue hasta cierto punto, envidiable.[505]

Mientras que estos elementos distintos fueron usuales en otros países, la combinación mexicana fue diferente. El origen de la revuelta agraria y popular residió —como señalan Wolf y Tannenbaum— en los pueblos: los del altiplano central y, principalmente, los de otras regiones que mostraron aspectos similares (en Sonora, Sinaloa, La Laguna, la Huasteca). Sin embargo, como se ha señalado, el pueblo fue una condición necesaria pero no suficiente para la revuelta agraria sostenida. Las regiones basadas en pueblos podían ser lo mismo tranquilas que rebeldes, o adoptar distintas formas de rebeldía, en las cuales las protestas agrarias carecían relativamente de importancia, y en

---

[500] Thomas H. Holloway, "The coffee *colono* of Sao Paulo, Brazil: migration and mobility (1880-1930)", en Duncan y Rutledge, *Land and Labour*, pp. 301-321.

[501] "Introduction", en Duncan y Rutledge, *Land and Labour*, p. 14.

[502] Paige, *Agrarian Revolution*, pp. 127 y ss.; Bauer, "Rural Workers" y, en el mismo volumen, la crítica de Loveman y la respuesta de Bauer.

[503] Bauer, *Chilean Rural Society*, pp. 51-56 y 159-170.

[504] Benjamin, *Passages to Leviathan: Chiapas and the Mexican State, 1891-1947*, tesis de doctorado, Universidad de Michigan, 1981, pp. 88-89, 103-104 y 152-153.

[505] Bazant, "Peones", pp. 111-112; Warman, *Y venimos a contradecir*, p. 67; y Cristóbal Kay, "The Development of the Chilean *Hacienda* System, 1850-1973", en Duncan y Rutledge, *Land and Labour*, pp. 104-113.

las que la resistencia a la centralización política era primordial (la revuelta serrana).[506] Como sugieren estas variantes, no tiene caso enfocar únicamente la ubicación social o la afiliación de los rebeldes rurales, como tampoco tiene objeto crear tipologías basadas en un solo eje (arrendatario, pequeño propietario, aparcero, peón, proletario), en la creencia de que la conducta revolucionaria o no revolucionaria mostrará una correlación clara con estas categorías. Como han mostrado los estudios globales de Wolf, Stinchcombe, Steward, Paige (y, sin duda, otros), las correlaciones varían profundamente de una región a otra.[507] El campesino "mediano" que resulta revolucionario para uno, es acomodado y conservador para otro; para algunos autores, el proletariado rural es el portador de la revolución, mientras que para otros, sigue el camino del reformismo político y de la sindicalización.[508]

La participación revolucionaria de grupos distintos sólo puede analizarse adecuadamente dentro del marco más general de las relaciones sociales y políticas agrarias; el análisis en términos de Corrigan debe ser "relacional" más que "posicional".[509] Por lo tanto, Paige acierta al centrarse en las relaciones entre el terrateniente y el campesino, más que entre diferentes tipos de campesinos; pero es necesario dar un paso más que sustituya al análisis sincrónico por el diacrónico. La tipología de Paige sobre las relaciones terrateniente-campesino, aunque reveladora, es hasta cierto punto estática; concibe patrones específicos de dichas relaciones y presta menos atención a la

---

[506] Goldfrank, "Theories of Revolution", p. 154, percibe débilmente estos dos modos (lo cual no es difícil a la luz del trabajo de Wolf), pero después intenta lo imposible al juntarlos. Para Goldfrank, "la penetración capitalista" y la "autonomía relativa de la supervisión", son variables independientes, por lo cual pueden coexistir: el campesinado "relativamente autónomo", debe suponerse, invita a la "penetración capitalista" y después protesta contra ella; sólo los campesinos tolerantes padecen el saqueo agrario. Tal es la lógica de los elementos más retrógados del poder judicial inglés.

[507] Paige, *Agrarian Revolution*, pp. 5-7, para un resumen útil.

[508] *Cf.* Mao para los "campesinos-propietarios" (por "campesino-propietario" el camarada Mao... entiende a los campesinos medianos), que son "pequeños burgueses" y, por lo tanto, ambivalentes en cuanto a política, y los "campesinos medianos" de Wolf, quienes constituyen un "grupo central" para la rebelión; la conducta divergente de las "familias de arrendatarios" y de las "familias de pequeños propietarios" de Stinchcombe complica más el panorama. Véase Mao Tse-Tung, "Analysis of the Classes in Chinese Society", en *Selected Works of Mao Tse-Tung*, I, Pekín, 1967, pp. 15-16 y 20, y "Report on an Investigation of the Peasant Movement in Hunan", mismo volumen, pp. 30-34; Wolf, "On Peasant Rebellions", pp. 269-270; Arthur L. Stinchcombe, "Agricultural Enterprise and Rural Class Relations", *American Journal of Sociology*, LXVII (1961-1962), pp. 165-176. Sobre el papel del proletariado rural, *cf.* Hobsbawm, "Peasants and Rural Migrants", p. 56; Aníbal Quijano Obregón, "Contemporary Peasant Movements", en Seymour Martin Lipset y Aldo Solari (eds.), *Elites in Latin America*, Oxford, 1970, pp. 308-309; y Paige, *Agrarian Revolution*, pp. 48-66.

[509] Philip Corrigan, "On the Politics of Production: A Comment on 'Peasants and Politics' by Eric Hobsbawm", *Journal of Peasant Studies*, II (abril de 1975), p. 345. Hamza Alavi, "Peasant Classes and Primordial Loyalties", *Journal of Peasant Studies*, I (octubre de 1973), anota que la "adscripción de características absolutas a cualquier grupo, fuera del contexto histórico, es ajena al método marxista", o, incluso, a cualquier método respetable.

dinámica de cambio de un patrón hacia otro.[510] Sin embargo, fue este tipo de cambio, causado por una sociedad agraria en cambio continuo, el que precipitó la Revolución mexicana.

En el caso de México, la revuelta campesina estuvo íntimamente ligada a la comercialización agrícola, que a su vez recibió el estímulo de la demanda nacional e internacional, la inversión extranjera y el desarrollo de la infraestructura del país. Aquí los factores económicos exógenos fueron decisivos, pero —tanto causal como cronológicamente— están lejanos del propio levantamiento revolucionario. Este proceso de cambio no fue un rasgo característico de los principios del siglo XIX, ni mucho menos del México colonial, sino del periodo porfirista; de la era de la centralización política, de la concentración de la tierra y del consecuente despojo de los pueblos en favor de los rancheros, hacendados y caciques. Como resultado, la revuelta campesina (un episodio frecuente en la historia de México) mostró un cambio de énfasis. La revuelta agraria verdadera, provocada por la disputa de la tierra, era fenómeno antiguo, con una historia continua a todo lo largo del siglo XIX: Ecatzingo (Hgo.), en 1834; México, Puebla y Oaxaca, 10 años más tarde; Yucatán, la Huasteca y Juchitán, a fines de la década de 1840; Zacapoaxtla (Pue.), en 1855-1856; la región del lago de Pátzcuaro, en 1857; Pachuca y otros puntos, en 1869.[511] La revuelta agraria yaqui se prolongó durante más de un siglo antes de su arreglo final en la década de 1920. Como sugiere este último ejemplo, la continuidad a veces fue evidente, tanto en el caso de antiguas revueltas, las originadas a principios del siglo XIX, como en las del decenio revolucionario. Pero la discontinuidad fue, quizá, más evidente. Regiones caracterizadas por una larga tradición de revuelta agraria popular, como Yucatán, fueron pacificadas hasta la década de 1920. Mientras, destacaron nuevos centros de oposición cuyos reclamos se vincularon específicamente con los cambios ocurridos a partir de la década de 1870: por ejemplo, las rebeliones que provocó la construcción del ferrocarril, analizadas por Coatsworth; Morelos; las revueltas de 1910-1915, que con frecuencia se debieron a despojos recientes, como Cuencamé, Naranja, Ometepec y tantas otras surgidas después. Los indígenas de Escuinapa (Sin.), que sostuvieron que no "sufrieron ni el más ligero incidente, hasta la Dictadura del General Díaz en que todo fue represión, arbitrariedades y abusos sin límites", quizá exageraron; sin embargo, la implicación cronológica de sus quejas fue clara y no del todo atípica.[512]

Es posible decir que lo anterior se aplica en menor grado a la revuelta serrana, que era un fenómeno global antiguo, producto secular de la construcción del Estado y de su centralización. Los Tilly afirman que "los grupos comunales se indignaron ante la conmoción de la construcción del Estado"; Mousnier, al analizar las revueltas en Francia, Rusia y China, argumenta que

---

[510] Esta cuestión ya ha sido sugerida (junto con otras de menos relevancia) por Ame Disch, "Peasants and Revolts", *Theory and Society*, VII (1979), p. 249.
[511] Meyer, *Problemas campesinos*, pp. 9-19.
[512] Véase p. 125.

éstas resistieron el avance del Estado y movilizaron a comunidades enteras.[513] En México, el avance del Estado, tanto del colonial como del independiente, se enfrentó a una resistencia constante. Las revueltas populares de principios del siglo XIX, frecuentemente se basaron en la resistencia a la incorporación política y a sus manifestaciones más claras: los impuestos. La rebelión tzotzil en 1869, prometió a sus seguidores que estarían "sin nadie que les mande ni que les exija el impuesto"; así, éste fue un episodio representativo de todo un género.[514] Las revueltas de este tipo, casi siempre instrumentadas por indígenas, más que dirigirse en contra de los rapaces terratenientes se manifestaron en oposición al Estado y a sus demandas fiscales, y fueron frecuentes a mediados del siglo XIX: en el Estado de México en 1844; en los alrededores de Chilapa (Gro.), en 1849; en Hidalgo durante la época de la revolución de Ayutla, 1854.[515] Sin embargo, después de esa época, y sin duda durante el Porfiriato, dichas revueltas se tornaron menos frecuentes. Dos razones principales explican este fenómeno. Primera, la resistencia serrana tendió a seguir secuencias generacionales. La resistencia a la incorporación cedió gradualmente y, una vez perdida la autonomía política de las regiones, fue difícil recuperarla pues el Estado no cedía fácilmente sus conquistas. Durante el segundo tercio del siglo XIX, el poder del Estado se fragmentó en la medida en que se enfrentó a una serie de crisis (la intervención norteamericana, la guerra de Reforma, la intervención francesa) y, como señala Buve, los campesinos tuvieron oportunidades para afirmar sus derechos e independencia.[516] Durante el Porfiriato, sin embargo, el régimen restauró la construcción del Estado y su centralización, proceso que, debido a su rigor y éxito sin precedentes, alimentó el resentimiento serrano, aun cuando se intentó acallarlo. Las regiones antiguas de particularismo (generalmente indígena) ahora se encontraron sujetas al control del Estado y se debilitó la tradición de protesta. Durante la Revolución no surgieron rebeliones independientes entre los tzotziles; y los mayas de Yucatán, víctimas de prolongadas guerras, no hicieron una aportación significativa a la causa revolucionaria. Distintos movimientos —muchos de ellos mestizos y originados en el norte precursor más que en el sur indígena— encabezaron la resistencia local frente al Estado. Es necesario destacar la manera en que durante la Revolución, y a lo largo de un periodo más breve, las revueltas serranas siguieron nuevamente una secuencia regional y cronológica, en la medida en que los movimientos revolucionarios de 1910-1911 cedieron su puesto a movimientos sucesivos que —aunque lo-

---

[513] Tilly, *Rebellions Century*, p. 50; Roland Mousnier, *Peasant Uprisings in Seventeenth Century France, Russia and China*, Londres, 1971, pp. 308-309 y 329.

[514] Meyer, *Problemas campesinos*, pp. 19-20.

[515] *Ibid.*, pp. 10 y 66; Reina, *Rebeliones campesinas*, pp. 33, 117, 127, 245 y 423; las oposiciones al tributo figuraban de manera prominente entre los resentimientos de los rebeldes de Hidalgo también; Hugh M. Hamill, *The Hidalgo Revolt: Prelude to Mexican Independence*, Gainesville, 1966, pp. 123 y 136.

[516] Buve, "Peasant Movements", pp. 112 y 119.

calizados en otros puntos, de composición étnica distinta y supuestamente "reaccionarios"— obedecieron a las pautas clásicas de la revuelta serrana: fueron colectivos y opusieron resistencia local al Estado, ya fuera porfirista o revolucionario.

Asimismo, es significativo que, dentro del contexto del Porfiriato y de la rebelión revolucionaria, los factores agrarios cobraron mayor importancia, mientras que otras quejas (principalmente las de carácter tributario) tendieron a desaparecer. Cabe subrayar que, a diferencia de las revueltas campesinas anteriores —no sólo en México, sino también en Latinoamérica, Asia y la Europa medieval e incipientemente moderna—, las del Porfiriato y la Revolución se centraron y derivaron su carácter de la lucha por la tierra. El acceso a la tierra fue un asunto con una relevancia tal que no se había observado, por ejemplo, en 1381 o en el Vietnam del siglo XX.[517] En cambio, los impuestos —buen indicador de la construcción del Estado y causa frecuente de rebeliones en la historia de México— perdieron importancia. Esto obedece a que la consolidación política y financiera del Porfiriato, el fin de las guerras civiles durante ese periodo y el rápido crecimiento de la economía provocaron que las bases fiscales del Estado cambiaran y se tornaran más seguras. La recaudación de impuestos se volvió más eficiente, menos arbitraria y desesperada. Impuestos tradicionales como la alcabala y la capitación, vestigios de la era colonial, desaparecieron para verse sustituidos por impuestos de importación, de timbres y prediales, los cuales cobraron auge ante el crecimiento económico.[518] La importancia declinante del impuesto de capitación, que resultaba sumamente regresivo y había pesado de manera poderosa sobre los pobres del campo (especialmente sobre la población indígena) fue de capital relevancia: en Chiapas, por ejemplo, donde figuró entre las quejas de los rebeldes tzotziles en 1869, la capitación se tornó menos remunerativa en la medida en que otras formas de ingresos aumentaron las arcas del Estado.[519] Así desapareció una demanda central de las revueltas populares y especialmente indígenas, una característica manifiesta durante todo el periodo colonial, el movimiento de Independencia y las primeras décadas del siglo XIX.

Sin embargo, la protesta antitributaria aún jugó un papel importante en la rebelión serrana, como lo muestra el caso de Chihuahua. El foco giraba ahora del sur indígena a las regiones más remotas de los colonizadores blan-

---

[517] *Cf.* Rodney Hilton, *Bond Men Made Free: Medieval Peasant Movements and the English Rising of 1381*, Londres, 1973; James C. Scott, *The Moral Economy of the Peasant: Rebellion and Subsistence in Southeast Asia*, New Haven, 1976.

[518] La alcabala (impuesto interno) figuró en ocasiones entre las quejas populares en materia fiscal; lo mismo sucedió, en la primera parte del siglo XIX, con el diezmo y las cuotas de la Iglesia por bautismo y matrimonio. Sin embargo, el apoyo que daba el Estado a la recolección del diezmo, fue abolido en la década de 1830, y el dado a la alcabala, alrededor de 1890. Para principios del siglo XX, estos reclamos eran, en su mayoría, cosa del pasado. Véase Meyer, *Problemas campesinos*, p. 12; Reina, *Rebeliones campesinas*, p. 236; Reed, *Caste War*, p. 23; Berry, *The Reform in Oaxaca*, p. 24.

[519] Berry, *The Reform in Oaxaca*, p. 128; Benjamin, *Passages*, pp. 46-48 y 278.

cos y mestizos del norte. El problema ahí no fue el de los antiguos tributos, impuestos por regímenes precarios en su lucha por la sobrevivencia, sino la extorsión fiscal producto de un régimen fuerte, progresista y centralizador (porfirista y terracista), visualizada como otro elemento de ataque contra la autonomía local.[520] No obstante, en términos generales, los impuestos no tuvieron la importancia que habían observado en el pasado: el Estado porfirista era más fuerte fiscalmente que sus predecesores y la opresión fiscal, en lo que se refiere a sus tributarios rurales, fue menos provocadora que el despojo agrario. Este último punto es el que merece ahora toda nuestra atención.

Este despojo no era un asunto nuevo en la historia de México. Pero, como destaca Eric Wolf, ahora ocurrió a una escala sin precedentes, estimulado por la comercialización agraria (cuyos efectos fueron mayores debido al crecimiento de la población).[521] Por lo tanto, la protesta y la lucha agraria se llevaron a cabo en regiones de comercialización donde los terratenientes buscadores de beneficios económicos (rancheros y hacendados por igual) lograron nuevas oportunidades de mercado, situación que entró en conflicto con las comunidades campesinas establecidas. Como proponen de diversas maneras Paige y Huntington, los choques de esta naturaleza asumieron características de un juego donde la ganancia de unos implicaba la pérdida de los otros: primero, porque la tierra era un recurso finito; segundo, porque el despojo del campesinado fue un elemento vital en la estrategia de los terratenientes, ya que creó fuerza de trabajo excedente al mismo tiempo que eliminó la competencia del campesino en el mercado.[522] Terratenientes y campesinos —a diferencia de capitalistas industriales y proletarios— no tenían intereses comunes en colaborar e incrementar la producción.

Mientras tanto, actuó, en segundo lugar y después del despojo del campesinado, el deterioro general de los salarios rurales y (quizá de manera más importante) de los términos del arrendamiento y de los tratos con aparceros, lo cual condujo a una declinación general de los estándares de vida rurales. Cualquier formulación marxista acerca de este proceso de cambio debe, al menos, abarcar dos conceptos: primero, la relación antagónica de dos modos de producción (creada no por la articulación de estos modos, sino por la ruptura de una articulación anterior, bajo los efectos del mercado) y segundo, los conflictos generados dentro del sistema de haciendas en la medida en que los terratenientes obtuvieron un superávit mayor de los productores directos (aparceros, arrendatarios y, hasta cierto punto, peones acasillados). Este último conflicto, como señala Paige, fue potencialmente violento, debido a que la coerción extraeconómica usada por los terratenientes implicaba el apoyo del Estado; su resultado lógico fue, conforme a la terminología de Pai-

---

[520] Véanse pp. 139-141.
[521] Wolf, *Peasant Wars*, pp. 15-17 y 280-281.
[522] Paige, *Agrarian Revolution*, p. 23; Huntington, *Political Order*, pp. 289-290; D. A. Brading, *Haciendas and Ranchos*, p. 10.

ge, "la revuelta agraria".⁵²³ Pero si hacemos a un lado el concepto de "coerción extraeconómica", es necesario señalar que dichos conflictos, cuyas luchas se dieron al interior del sistema de la hacienda, entre terratenientes y campesinos "internos", fue de importancia secundaria; el conflicto dominante, y motor de la revolución agraria, fue la expansión del sistema de la hacienda o del rancho *como un todo*, a costa del campesinado independiente y "externo", esto explica la transformación del campesinado "externo" en "interno" e incluso la formación del proletariado rural. Nuevamente en este aspecto, el Estado jugó un papel decisivo al legitimar y apoyar la expropiación agraria. Pero dicho conflicto, generado por el avance de un "modo" a expensas del otro, no puede analizarse conforme a la dinámica (o "¿leyes del movimiento?") de un solo modo homogéneo.⁵²⁴ Como tampoco puede analizarse a la luz de la escuela de la teoría de la articulación, tan en boga actualmente y que recuerda de manera extraña a su archienemigo, el funcionalismo estructural, al concebir que los modos se mezclan como engranes bien aceitados en un capitalismo complejo.⁵²⁵ Es más adecuada la formulación hecha por Rosa Luxemburgo: menos articulación, más conflicto, corrosión y asimilación.⁵²⁶

Como ilustran los casos de la propia Rosa Luxemburgo, la confrontación agraria de esta naturaleza fue un fenómeno global y secular. Rusia, de manera particular, ofrece muchos paralelos aunque no pueden ser analizados dentro del presente estudio.⁵²⁷ Sin embargo, en el contexto latinoamericano, México fue un ejemplo destacado: ¿por qué? En Uruguay y Argentina (excepto en sus regiones del noroeste) no había un campesinado propiamente establecido. En Chile, tanto el campesinado establecido como las presiones de mercado y población fueron más débiles: aunque la hacienda dominaba, su dominio (si se prefiere la postura de Bauer sobre la de Loveman, como considero que sería más adecuado para este ejemplo) fue más laxo y tolerable, tanto en lo que se refiere al campesinado externo como al interno.⁵²⁸ Antes de 1960, la protesta del campesinado chileno era prácticamente desconocida, y no fue sino hasta las décadas recientes cuando cambiaron sus circunstancias demográficas, comerciales y políticas de manera decisiva. La separación espacial del campesinado y el comercio agrícola en Perú, donde existían comunidades

---

⁵²³ Paige, *Agrarian Revolution*, pp. 40-45.

⁵²⁴ Cf. Paige, *Agrarian Revolution* pp. 40-45; Stinchcombe, "Agricultural Enterprise", pp. 168-169; ambos son modelos estático-homogéneos.

⁵²⁵ Cf. Taylor, *From Modernization*, pp. 221-222; y para una crítica vigorosa (desde una perspectiva diferente) de los *"pas de deux* fantasmales" de los modos de producción y la "pretendida parsonianización del marxismo", véase Aidan Foster-Carter, "The Modes of Production Controversy", en *New Left Review*, CVII (1978), pp. 51-52 y 61.

⁵²⁶ Rosa Luxemburgo, *The Acumulation of Capital*, Londres, 1971, p. 416 [ed. en español: *La acumulación del capital*, Buenos Aires, Ediciones de Pasado y Presente].

⁵²⁷ Wolf, *Peasants Wars of Twentieth Century*, Londres, 1973, pp. 51-69; Maureen Perrie, "The Russian Peasant Movement of 1905-1907", en *Past and Present*, LVII (1972), pp. 123-155.

⁵²⁸ Bauer, *Chilean Rural Society*, pp. 56 y 166-170.

campesinas similares a las de México, mitigó las consecuencias sociales de su choque. Si bien es cierto que ocurrieron expropiaciones en la costa, provocando una resistencia esporádica y violenta (un análisis intenta incluso establecer paralelos con el zapatismo), cabe destacar que la principal necesidad de los hacendados de la costa era de mano de obra campesina más que de tierras campesinas y, para este fin, recurrieron a las sierras populosas; de esta manera los indígenas emigraron a los valles.[529] No obstante, esta emigración lejos de disolver las comunidades de la sierra sirvió para fortalecerlas (modelo que guarda similitudes con México —como en el caso de los huicholes— pero en menor escala).[530] Las comunidades indígenas pudieron sobrevivir, y aun prosperar, "accediendo a la economía monetaria", como señala Scott.[531] Por otro lado, los intentos de expropiación emprendidos por las haciendas de pasturas de la sierra parecen haber encontrado resistencia exitosa. Ahí, las condiciones no atrajeron a los terratenientes como en otras partes: el cultivo comercial a gran escala era riesgoso y frecuentemente improductivo; los campesinos, a pesar de sus diferencias intra e intercomunitarias, fueron capaces de resistir tanto en los terrenos legales como en los económicos y políticos. Los gobiernos nacionales como el de Leguía, detectaron y a su vez fortalecieron esta defensa de la comunidad campesina.[532] En estos aspectos, como se ha señalado, el Perú mostró paralelismos con Chiapas, donde las comunidades de las tierras altas, aunque vinculadas a un sector capitalista dinámico y comercializado (la región cafetalera del Soconusco) se perpetuaron en vez de desaparecer por dicha relación.[533] Ahí, si recurrimos a ciertos términos, los respectivos modos de producción no chocaron, sino que se articularon bajo la apariencia de beneficios recíprocos: la díada terrateniente-campesino no fue un juego simple, antagónico ni uno donde la ganancia de uno de los jugadores implica necesariamente la pérdida del otro; Chiapas, como el Perú, no experimentó revueltas agrarias sostenidas.

Fue la yuxtaposición antagónica de hacienda-ranchos comerciales y el campesinado establecido —típico en Morelos, en el altiplano central y en ciertas regiones del resto de México— la causa clara de las revueltas agrarias.

---

[529] Paige, *Agrarian Revolt*, pp. 155-156; Peter Kláren, "The Social and Economic Consequences of Modernization in the Peruvian Sugar Industry, 1870-1930", y Magnus Morner, "Latin American "Landlords" an "Peasants" and the Outer World During the National Period", en Duncan y Rutledge, *Land and Labour*, pp. 231-240 y 468.

[530] Henry Favre, "The Dynamics of Indian Peasant Society and Migration to Coastal Plantations in Central Peru", en Duncan y Rutledge, *Land and Labour* pp. 253-267; Joseph E. Grimes, "Huichol Economics", en *América Indígena*, XXI (1961), p. 304.

[531] Scott, *Moral Economy*, p. 212.

[532] Martínez Alier, *Haciendas*, pp. 67-71; Norman Long y Bryan R. Roberts (eds.), *Peasant Cooperation and Capitalist Expansion in Central Peru*, Austin, 1978, pp. 13, 58, 85 y 213-214 (estas referencias fueron seleccionadas de la introducción y artículos de Carlos Samaniego, Julián Laite y David Winder).

[533] Favre, "Dynamics", pp. 253-254 y 265-266; y, del mismo autor, "Le Travail saisonnier des Chammula", *Cahiers de l'Institut des Hautes Etudes de l'Amérique Latine*, VII (1965), pp. 63-134.

Quizá la analogía más cercana en América del Sur puede encontrarse en el valle de Cochabamba, Bolivia, donde poderosas fuerzas de mercado actuaron sobre una clase de terratenientes ávida de lucro y numerosos campesinos establecidos.[534] Cochabamba fue, naturalmente, uno de los principales centros de agrarismo de la Revolución boliviana. Las protestas surgieron por la ruptura irrevocable de la antigua simbiosis (articulación) entre la hacienda y la comunidad, por la consecuente pérdida de legitimidad de los terratenientes y por el irreconciliable resultante; conflicto aún más inequívoco porque, en tales circunstancias, los terratenientes expansionistas a menudo controlaban el aparato político. Debido a la cercanía de la hacienda y la comunidad, y también al monopolio político local de los terratenientes, los campesinos tuvieron poca oportunidad para encontrar patrones protectores que pudieran defender sus intereses. Este clientelismo fue factible en las regiones altas y menos comercializadas, en donde con frecuencia formó parte integral de las rebeliones serranas; sin embargo, en zonas de polarización agraria no pudo reducir la división de clases.[535]

De lo anterior, podemos inferir la intransigencia de los rebeldes campesinos: la obstinada resistencia de Zapata a establecer compromisos; los sólidos reclamos que ante los propietarios de tierras levantaron los oradores campesinos para desmayo, sorpresa e indignación de los observadores. En Veracruz, los campesinos consideraron que la adquisición de sus tierras por "los fuereños" era un acto de "injusticia inenarrable"; y en Sonora, los yaquis reclamaban el valle entero para ellos solos ya que éste era un obsequio de Dios.[536] De nuevo, podemos señalar que esto no fue una particularidad mexicana. "La política tradicional campesina", se ha observado, "no puede congraciarse tan fácilmente con la política 'moderna'; los agravios no pueden restañarse sólo en parte. La justicia requiere de la claridad del compromiso".[537] En la práctica, por supuesto, el compromiso puede presentarse; los campesinos, más que otros, requieren ser realistas y esto, en un momento dado, puede llevarles a entrar en tratos con la política "moderna". Sin embargo, es esencial subrayar la naturaleza moral (de ahí su intransigencia) de la protesta campesina en sus orígenes. Ésta no fue simplemente la expresión del conservadurismo campesino, de su nostalgia o religiosidad (aspectos que consideraremos en breve). Más bien, como James Scott ha mostrado en su convincente estudio sobre la rebelión del campesino en el sureste asiático, las bases morales de la protesta campesina derivan de la lógica del cultivo de subsistencia, de la cons-

---

[534] William E. Carter, "Revolution and the Agrarian Sector", en James M. Malloy y Richard S. Thorn, *Beyond the Revolution. Bolivia since 1952*, Pittsburgh, 1971, pp. 241-242.

[535] *Cf.* Scott, *Moral Economy*, pp. 41-42.

[536] Womack, *Zapata*, p. 204; Canada, Veracruz, 4 de septiembre de 1913, SD 812.00/8851; reporte fronterizo, Nogales, 5 de mayo; H. Sibbet, memo., 6 de octubre de 1915; SD 812.00/15074, 16843.

[537] Gavin A. Smith y Pedro Cano H., "Some Factors Contributing to Peasant Land Occupations in Peru: the Example of Huasicancha, 1963-1968", en Long y Roberts, *Peasant Cooperation*, p. 188.

tante inseguridad y de las perennes amenazas —muchas veces de aspecto ilegítimo y caprichoso— impuestas por el Estado y la clase terrateniente.[538] Estos factores, que obedecen a imperativos cuya validez resulta irreconocible para el campesino (el mercado capitalista; la *raison d'etat*) amenazan con provocar miseria o cambios drásticos en el estatus o en el ingreso y son, en este sentido, un atentado contra la "economía moral" que sustenta a la sociedad campesina.[539] En breve retomaré esta dimensión "moral" de la protesta.

La comunidad campesina, indígena o mestiza, ofreció una aportación importante a las células revolucionarias, tanto en los movimientos agrarios clásicos como en los serranos. Y no sólo porque las formas de tenencia comunal (cuya importancia varió de una región a otra), o las jerarquías religiosas y civiles, fueran blanco del ataque sostenido de los terratenientes monopolizadores y de la expansión del Estado; la propia existencia de la comunidad facilitó de manera activa la resistencia. Es posible afirmar que la comunidad aportó para el *casus belli* y para el *modus operandi* de la lucha armada.

Antes de desarrollar este argumento, cabe destacar una paradoja palpable. Los estudios sobre campesinos a menudo subrayan la solidaridad corporativa de la comunidad (que pudo conducir hacia la resistencia). Pero, también, y con mayor vigor en fechas recientes, destacan tendencias contrarias: el "familismo amoral" de Bamfield; el "individualismo a ultranza" sostenido por Fanshen; el protocapitalismo de los "campesinos" ingleses sostenido por MacFarlane.[540] Así, México no está ajeno a los conceptos de "bien limitado" o de "cultura de la pobreza".[541] Por lo tanto, Paige sigue una tradición bien establecida y aún viva (que se remonta a *El 18 Brumario*, si no es que antes) y acentúa las divisiones, conflictos y rivalidades evidentes en las sociedades campesinas, especialmente en aquellas afligidas por una "clase alta depredadora".[542] Para Paige, al igual que para Marx, el proletariado se inclina a mostrar mayor solidaridad de clase y compromiso revolucionario que el campesinado clásico. Pero, de nuevo, estos análisis fracasan al atribuir actitudes y formas de conducta a grupos sociales diferentes, en vez de referirse a los que se encuentran bajo circunstancias históricas específicas. Las comunidades con divisiones internas pueden desplegar un grado de solidaridad al enfrentarse al mundo exterior; *pace* Paige, la presencia de una clase alta depredadora puede, de hecho, alentar dicha solidaridad en vez de provocar atomización y

---

[538] Scott, *Moral Economy*, pp. VII, 2-34 y 157-191.

[539] *Ibid.*, p. 9.

[540] Edward C. Bamfield, *The Moral Basis of a Backward Society*, Nueva York, 1967, pp. 9-10 y ss.; Hinton citado por Samuel L. Popkin, *The Rational Peasant: The Political Economy of Rural Society in Vietnam*, Berkeley, 1979, p. 251; Alan MacFarlane, *The Origins of English Individualism. Family, Property and Social Transition*, Oxford, 1978.

[541] George Foster, "Peasant Society and the Image of the Limited Good", en *American Anthropologist*, LXVII (1965), pp. 293-315; Oscar Lewis, *The Children of Sanchez: Autobiography of a Mexican Family*, Harmondsworth, 1970, pp. XXIV-XXVIII.

[542] Paige, *Agrarian Revolution*, pp. 32 y 35.

conflicto. En cambio, los Tilly destacan la "presencia visible de un antagonista" como factor en esta dirección.[543]

Sin duda, éste fue el caso en Morelos, donde la presión de las haciendas relegó antiguos conflictos intracampesinos (no eliminados del todo, como lo revela la historia de la lucha zapatista) y en donde, posteriormente, al restituir las tierras a los pueblos y limitar la expansión de los latifundios, se estimuló el conflicto interno y no la armonía bucólica.[544] Por lo tanto, las comunidades combinaron tendencias solidarias e individualistas, y, dependiendo de las circunstancias, una tendencia prevaleció sobre la otra. El conflicto "familista amoral" de ayer podría convertirse en la guerrilla campesina de hoy, pero, de la misma manera, no era posible garantizar que la solidaridad guerrillera se convirtiera de nuevo en el "familismo amoral" de mañana. Después de todo, el campesinado posrevolucionario, beneficiado por el reparto de tierras, se ha destacado más por su tranquilidad social y política (e incluso por su conservadurismo pequeño burgués) que por su compromiso corporativo revolucionario: como ejemplo basta citar a la Francia del siglo XIX y a Bolivia en el siglo XX.[545] Por lo tanto, hablar de solidaridad campesina no implica el idilio *gemeinschaftlich*, como tampoco abarca características atemporales inherentes.

Sin embargo, el caso es que en México, al igual que en otros países, las estructuras corporativas de los pueblos, que algunos consideran factores divisorios e inhibitorios, con frecuencia fueron de importancia vital para aportar los modos de organización y protesta. Con lo anterior, no me refiero sólo a las estructuras *formalmente* corporativas o comunales (tenencia comunal de la tierra, jerarquías civiles y religiosas, cofradías y organizaciones de barrio tan preciadas por los antropólogos y cuya importancia varía de un lugar a otro), también me refiero a la solidaridad *informal* generada en el interior de la sociedad campesina, a pesar de sus divisiones internas, y que es producto de la lógica de la agricultura de subsistencia así como de la presencia de amenazas externas que, a su vez, conducen a formas de acción colectiva que realiza la comunidad entera, más que, digamos, las asociaciones ocupacionales.[546] Dicha acción no se confinó a los pueblos indígenas clásicamente corporativos del centro o del sur, también surgió en las comunidades de blancos y mestizos en otros sitios como Tomóchic, Bachíniva o Palomas. Es indudable que, a pesar de las divisiones internas de las comunidades campesinas, éstas contaban con recursos que podían movilizarse para oponer resistencia. Los dirigentes tradicionales de los pueblos sirvieron como mentores de la rebelión

---

[543] Tilly, *Rebellious Century*, p. 42; y cf. Hobsbawm, "Peasants and Politics", p. 7.

[544] Peter Coy, "A Watershed in Mexican Rural History: Some thoughts on the Reconciliation of Conflicting Interpretations", *Journal of Latin American Studies*, III (1971), pp. 39-57.

[545] Roger Price, *An Economic History of Modern France, 1730-1914*, Londres, 1980, pp. 67-71; Carlos Marx, "Peasantry as a Class", en Shanin (ed.), *Peasants*, pp. 229-237; James M. Malloy, "Revolutionary Politics", en Malloy y Thorn, *Beyond the Revolution*, pp. 125-128 y 142-150.

[546] Tilly, *Rebellious Century*, pp. 49-52.

popular y, los intelectuales de esos mismos pueblos, como portavoces ideológicos.[547] En la sierra, caciques como De la Rocha (Sin.), Lucas (Pue.), o Castañón, el líder mapache, capitanearon vigorosos movimientos populares, de la misma manera en que lo hiciera Che Gómez en las tierras bajas de Tehuantepec. Los ancianos de los pueblos de Morelos ejercieron una influencia de control sobre la revuelta zapatista; los Cedillo, rancheros de Palomas, encabezaron una rebelión agraria vigorosa y sostenida en San Luis Potosí.

Esta dirigencia fue local y se generó en los propios pueblos. Como tal, es posible analizarla conforme a los conceptos de autoridad tradicional de Weber[548] y, por lo mismo, ejemplifica y ayuda a delinear el carácter de este movimiento popular que mostró diferencias importantes con respecto a otros conducidos por algunas vanguardias exógenas, como los partidos comunistas. En México, el papel prominente del liderazgo tradicional local reveló tanto el vigor y legitimidad de este tipo de dirigencia en todo el país, como las debilidades de tales vanguardias potenciales (en México, no sólo no existía un partido comunista, sino que tampoco hubo una vanguardia liberal, nacionalista y burguesa capaz de movilizar al campesino a través de un partido coherente). Los caciques serranos y los ancianos de los pueblos no siguieron el camino de sus contemporáneos sabios chinos y difundieron su capital moral y político.[549]

Al mismo tiempo, el liderazgo tradicional se acompañó, y fortaleció, con una ideología tradicional. Es indudable que la revuelta campesina no carecía de ideología, como tampoco (y no podía carecer) de ideas políticas ni de una visión amplia y normativa que delineara su acción; en este orden de ideas no es posible afirmar que fuera prepolítica, si consideramos que este término condescendiente y aún prestigiado, denota una incapacidad para comprender las realidades políticas y concebir opciones ideológicas frente a la realidad.[550] Cierto es que el campesinado mexicano no se adhería al socialismo, ni formó partidos masivos bajo la dirección de cuadros políticos bien organizados (ni capitaneados por los "empresarios políticos" a la manera de Popkin). Si este tipo de acciones marcan el sello de lo "político", entonces el campesinado mexicano, junto con numerosas multitudes que también caen en esta categoría promiscua, fue "prepolítico".[551] Pero en modo alguno fue apolítico, como probablemente tampoco lo haya sido campesinado alguno. Es evidente que Aristóteles estaba más cerca de la verdad al considerar al hombre como un ser genéricamente político, mientras que el énfasis de Gramsci en la universali-

---

[547] Knight, "Intellectuals".
[548] Knight, "Peasant and Caudillo", p. 44.
[549] Moore, *Social Origins*, pp. 186 y 203; Theda Skocpol, *States and Social Revolutions*, Cambridge, 1980, pp. 151-153, 239 y 241, es más ambivalente (o confuso).
[550] Hobsbawm, *Primitive Rebels*, p. 147, y "Peasants and Politics"; aunque debe observarse su réplica a Corrigan en la *Journal of Peasant Studies*, I (octubre de 1973), p. 351. Véase también Quijano Obregón, "Contemporary Peasant Movements", p. 303.
[551] Popkin, *Rational Peasant*, p. 256.

dad de los atributos ideológicos entre todas las clases (y, yo iría más lejos, del papel de los "intelectuales orgánicos" al interior de las clases, incluyendo al campesinado) es adecuado en el caso de la protesta popular en México.[552]

La dependencia campesina respecto a la autoridad tradicional (en vez de los modernos cuadros de partido), y a sus propios intelectuales orgánicos (en vez de las ideologías o los organizadores de partido que Gramsci tenía en mente), tuvo consecuencias importantes en lo que al movimiento popular se refiere. La autoridad tradicional podía sofocar o canalizar los sentimientos de la rebelión popular (sobra decir que los cuadros modernos de partido tampoco son libres de culpa a este respecto: algunos partidos comunistas han sido aptos para sofocar protestas populares). Por lo tanto, los caciques podían ser representantes y movilizar, como también podían controlar y reprimir. Los párrocos, conforme a una antigua tradición, a veces podían actuar como aliados y portavoces de revueltas populares, en ocasiones (como lo señala la ortodoxia revolucionaria) actuaban como socios leales de terratenientes y jefes políticos.[553] La autoridad tradicional —clerical, caciquista o corporativa— fue por lo tanto inherentemente ambivalente; al igual que en las formas de desacuerdo religioso del siglo XIX que analizó E. P. Thompson, podía fomentar o sofocar protestas populares.[554] Así, en la década de 1910 (y especialmente entre 1910 y 1915), cuando las condiciones objetivas propiciaron la revuelta más que la quietud, dichas autoridades aportaron la organización e inspiración necesarias para la lucha. Este papel fue decisivo en ausencia (al menos hasta fines de la lucha armada) de una opción exógena y de cualquier movilización política moderna. Por el contrario, cuando esa autoridad era débil o inexistente —entre los peones endeudados del sur o los artesanos del Bajío—, la protesta fue más esporádica, anárquica y carente de objetivos. Asimismo, cabe destacar que los movimientos populares que rebasaron esta forma organizativa tradicional se arriesgaron por el mismo derrotero anárquico; de este caso, tenemos en el villismo su mejor ejemplo.

La revuelta campesina, bajo este liderazgo tradicional, mostró características comunes a otros contextos históricos. Fue local, carente de visión nacional y fue justo en este aspecto en el que los "agitadores del exterior", tan profundamente aceptados por terratenientes de la época y los sociólogos posteriores, interpretaron un papel valioso —como en el caso de Magaña en el zapatismo—, no porque generaran conciencia política pues ésta ya existía, sino porque ofrecieron "el poder, la ayuda y la organización supralocal que contribuye a que los campesinos *actúen*".[555] Además, la visión ideológi-

---

[552] Knight, "Intellectuals".

[553] *Ibid.*, acerca del papel recurrente de los párrocos en las revueltas populares del siglo XIX, véase Meyer, *Problemas campesinos*, pp. 9, 14, 24, 35-36 y 219; Reina, *Rebeliones campesinas*, pp. 30, 63 y 247.

[554] Thompson, *Making of the English Working Class*, pp. 430-431; y Hobsbawm, *Primitive Rebels*, pp. 148-149.

[555] Scott, *Moral Economy*, pp. 173-174; Martínez Alier subraya el mismo punto, *Haciendas*,

ca de las autoridades tradicionales o de los "intelectuales orgánicos" del campesinado insurgente era anticuada, aunque no por eso menos revolucionaria, ya que las ideas arcaicas, si cuentan con la fuerza suficiente y son adecuadas, pueden servir para derrocar regímenes. Como ha señalado Lawrence Stone con respecto a las ideas y mitos de la revolución inglesa: "[...] el hecho de que estos conceptos estuvieran configurados dentro de un molde antiguo, no altera en modo alguno el grado de radicalismo o conservadurismo que representan. Esto puede juzgarse a la luz de la situación contemporánea, y no importa el que la edad de oro idealizada se halle en el presente o en el futuro. Lo que importa es el grado en que la visión difiere de la realidad del presente".[556]

Es evidente que Stone va demasiado lejos: ya se subrayó la diferencia entre protesta proactiva y reactiva; la diferencia entre las formas de protesta que son innovadoras y se proyectan hacia el futuro, y las formas tradicionales y retrospectivas; pero es indudable la validez de su punto central, es decir que cualquiera de las dos, o ambas, pueden ser genuinamente revolucionarias. Y es por eso que sería un error negar la condición revolucionaria de los movimientos campesinos reactivos, como hacen algunos autores.[557]

Vale la pena señalar este punto pues es indudable que en México, al igual que en otros países, la protesta campesina fue, por lo general, retrospectiva, nostálgica y tradicional (aunque no apolítica y mucho menos espontánea, lo que con frecuencia se cree).[558] Más aún, la ideología de la protesta a menudo se mostró vaga, inconsistente y desarticulada. Aunque también es cierto que algunos movimientos campesinos en México mostraron una veta de pensamiento político más formal y elaborado: la revuelta de Chalco en 1869, dirigida por Chávez López, quien se autonombraba comunista-socialista, y la rebelión de Alberto Santa Fe, 10 años después en San Martín Texmelucan, considerada "fundamental en el desarrollo de la ideología agraria revo-

---

p. 17. El localismo, la "orientación hacia adentro" o el carácter "autolimitativo" de la protesta campesina, son, todos ellos, temas familiares (por ejemplo, Migdal, *Peasant*, pp. 46-50 y 248-249; Wolf, "Peasant Rebellions", p. 272). Pero dichos atributos (y su corolario, la ausencia de valores o afiliaciones "universales") no son incompatibles con una fuerte identidad de clase; tanto para los campesinos como para los trabajadores "la conciencia de clase... que se presenta cuando los trabajadores ven en su suerte común aquello que los unifica en un organismo social único, con una postura de clase y destino uniformes, puede también ser particularista", Reginald E. Zelnik, "Pasivity and Protestin Germany and Russia: Barrington Moore's Conception of Working-Class Reponses to Injustice", en *Journal of Social History*, XV (1981-1982), pp. 485-512.

[556] Lawrence Stone, "The English Revolution", en Robert Fostet y Jack P. Greene, *Preconditions of Revolution in Early Modern Europe*, Baltimore, 1970, pp. 59-60; *cf.* Hobsbawm, "Peasants and Politics", p. 12.

[557] Véanse pp. 369-371.

[558] Quijano Obregón, "Contemporary Peasant Movements", p. 303, se refiere a los "objetivos difícilmente discernibles o fines intangibles" de la revuelta campesina "prepolítica" (aunque el caso de México es arbitrariamente excluido de estas generalizaciones); para Mousnier, *Peasant Uprisings*, p. 321, la "espontaneidad" de la revuelta campesina la convierte en "una especie de acción refleja"; los campesinos son, para Mousnier, lo que los pichones para Skinner.

lucionaria del siglo XIX".⁵⁵⁹ Ambos movimientos recibieron la influencia del pensamiento anarquista, mantuvieron nexos con grupos urbanos radicales y ocurrieron en regiones al oriente de la Ciudad de México donde, tanto entonces como durante la Revolución, la protesta de la clase trabajadora urbana y del campesinado interactuó en mayor grado que en cualquier otro sitio. Pero sería un error contrastar estas revueltas, excepcionalmente coherentes, con aquellas "muy poco articuladas y que no pasaron de la confiscación de tierras".⁵⁶⁰ En primer término, los manifiestos formales, que enlistaban los abusos de gobiernos y terratenientes, prescribían soluciones y abarcaban ciertas ideas políticas generales, no fueron escasos; surgieron en la revuelta de Olarte en Papantla (1836); en la de Eleuterio Quiroz en Sierra Gorda (1847-1849) y durante la prolongada insurrección de Lozada en Tepic (1857-1881).⁵⁶¹ De nuevo surgieron después de 1910, aumentando su número y grosor, y con pautas establecidas y fórmulas escritas por tinterillos que sirvieron de cabecillas de la Revolución. En segundo término, no debe darse tanta importancia a la ausencia relativa (o presencia ocasional) de declaraciones ideológicas claras y comprometidas. Hasta cierto punto, éstas bien pudieron depender de las vaguedades del liderazgo individual (o incluso de vaguedades mayores en lo que respecta a conservación de archivos). Quizá los malos tinterillos fueron los servidores de rebeliones ostensiblemente mudas, o simplemente hubo pérdida de documentación; en la práctica, estas rebeliones tal vez no fueron tan distintas a otras más elaboradas.⁵⁶² Es indudable la necesidad de mostrarse cauto frente a estos movimientos y no considerarlos como simples revueltas sin sentido.

Es más, la ausencia de una ideología rigurosa y formal no condujo a la revuelta campesina no ideológica o intelectualmente inerte (de ser así, cabría considerar cuántos movimientos políticos de la clase media o trabajadora no caerían en la misma categoría). En México, como en otros países, las quejas campesinas tendieron a ser específicas, locales, concretas y a formular juicios en contra de algunas normas retrospectivas.⁵⁶³ Pero esto no dio

---

⁵⁵⁹ John M. Hart, "Agrarian Precursors of the Mexican Revolution: the Development of an Ideology", en *Americas*, XXIX (1972-1973), pp. 135 y 144-145.

⁵⁶⁰ O (peor aún) con aquellas que se limitaron al "pillaje y motines irracionales", *ibid.*, pp. 132 y 139.

⁵⁶¹ Reina, *Rebeliones campesinas*, pp. 337-340, 300-302 y 223-227; obsérvese, también, la revuelta de Negrete en la Sierra Gorda, 1877-1881; *ibid.*, pp. 313-321.

⁵⁶² Las variaciones en cuanto a la sofisticación o simplicidad ideológica pueden, a su vez, estar relacionadas con la composición étnica de las rebeliones —incluso en los casos en los que factores socioeconómicos comunes generaron las protestas—. Las revueltas indígenas y las "guerras de castas" del sur (Yucatán, 1847-1853; Chiapas, 1869) adoptaron formas más religiosas, mesiánicas y atávicas, en tanto que las rebeliones de campesinos (mestizos) de la Sierra Gorda (1844-1847 y 1877-1881), fueron seculares y teñidas de "socialismo"; Reina, *Rebeliones campesinas*, pp. 45-57, 380-416 y ss. Estaríamos de acuerdo con Migdal, *Peasants*, p. 212, en cuanto a que "es inútil iniciar nuestra investigación del apoyo organizacional campesino con el contenido de los programas e ideología de aquellos a los que ellos han seguido".

⁵⁶³ *Cf.* Scott, *Moral Economy*, pp. 10-11; Moore, *Injustice*, p. 24; Migdal, *Peasants*, pp. 229 y

origen a que las demandas campesinas se tornaran apolíticas (la relación del poder político con las quejas agrarias estaba muy clara). Asimismo, la protesta campesina rara vez fue "espontánea" (como entiendo este término): a menudo se derivó de viejas disputas, que podían contar con un historial de años de litigio previos al surgimiento de la violencia. Las comunidades con antecedentes de protestas durante las décadas de 1880, 1890 y 1900, destacaron después de 1910, y los lugareños podían pronosticar la incidencia de revueltas o la quietud entre los pobladores. Planes y peticiones (siendo quizá estas últimas la mejor fuente de las quejas campesinas) sustituyeron la exégesis ideológica formal con la indignación moral: denuncias en contra de Díaz (o de tiranos y traidores menores), demandas sobre derechos comunales, invocaciones de principios de justicia abstractos con precedentes históricos concretos. Fue tarea de los intelectuales del pueblo articular estas demandas, proclamar estos principios y recordar sus precedentes, y la mayoría fueron elaborados con base en la economía moral, a la manera de las demandas populares en otros países.[564]

Las ideologías formales —liberales, socialistas, anarquistas— rara vez fueron invocadas, aunque se filtraron, comentaron, expurgaron y fusionaron. El zapatismo, aunque después se tiñó de anarcosindicalismo, se nutrió principalmente con ideas patrióticas, liberales y tradicionales y no tuvo dificultad para conciliar estos conceptos con el catolicismo rural. Muchas rebeliones populares mostraron un legado similar de ideas liberales y patriotas: se remontaron a los conceptos de Morelos, Hidalgo y Juárez, citaron aforismos liberales y recordaron las luchas heroicas del siglo XIX en contra de los conservadores y de sus aliados franceses. De nuevo, existen numerosos precedentes: Julio López, el "comunista-socialista" de Hart, se autoproclamó "un verdadero liberal y un verdadero patriota" y un "fiel defensor de la Constitución"; "Independencia, libertad y nación" fue el lema de su pronunciamiento.[565] Quizá él buscó una cierta respetabilidad ideológica; sin embargo, es posible que hayan sido sus enemigos quienes lo denunciaron como "socialista rabioso", según señala el reporte.[566] No fue la primera vez, quizá, que alarmismos de una generación precedente de conservadores son acogidos por los historiadores radicales.[567]

La práctica de la rebelión popular también se tiñó de liberalismo, del ritual secular que recordaba los ritos de la Iglesia.[568] Los rebeldes victoriosos

246; Emmanuel Le Roy Ladurie, *The Peasants of Languedoc*, Urbana, 1974, pp. 192, 198-200 y 266-269.

[564] *Cf.* E. P. Thompson, "The Moral Economy of the English Crowd of the Eighteenth Century", *Past and Present*, L (1971), pp. 76-136.

[565] Reina, *Rebeliones campesinas*, p. 71; *cf.* Hart, "Agrarian Precursors", p. 135.

[566] Reina, *Rebeliones campesinas*, p. 65.

[567] C. S. L. Davies, "Peasant Revolt in France and England: A Comparison", en *Agricultural History Review*, XXI (1973), p. 133.

[568] *Cf.* Judith Friedlander, "The Socialization of the Cargo System: a Example from Post-Revolutionary Mexico", en *Latin American Research Review*, XVI (1981), pp. 132-143.

desfilaban en la plaza, rendían homenaje al pie de los monumentos a Hidalgo o Juárez; los nombres de las calles cambiaron con el tiempo y los retratos en los muros del ayuntamiento se sustituyeron; los aniversarios liberales y patrióticos se conmemoraron con fervor, entre discursos de intelectuales y oradores, declamados desde el kiosco. Nuevamente, estos hechos hacen recordar la atracción de las ideas y símbolos liberales y patrióticos en el México del Porfiriato y de la Revolución, una atracción que apeló lo mismo a campesinos, trabajadores, clase media y élite. El liberalismo, de manera particular, fue suficientemente elástico para atraer a distintas clases, con frecuencia antagónicas. Como señalan los estudios marxistas recientes, la clase y la ideología no necesariamente producen concordancias puras (burguesía liberal, proletariado socialista, etc.).[569] Pero la trasnochada noción de que la ideología es algo más que un pasajero superestructural que viaja sobre las relaciones de producción, no garantiza el repliegue hacia el idealismo insulso de la teoría del discurso. La ideología es relativamente autónoma; es, como ya señalé, importante pero no central; además no puede ser analizada *in vacuo*, como tampoco es posible hacerlo con las relaciones de producción, cuyo papel preeminente ha tendido a usurpar la ideología. El idealismo no es un avance en comparación con el crudo determinismo económico. Obviamente (al menos para el historiador) la ideología y las relaciones de clase deben estudiarse al unísono.[570]

Tal es el caso del liberalismo mexicano, que si bien sirvió para que el campesinado contara con algo parecido a una ideología formal, también informó al grupo de los científicos, a la clase trabajadora, y al pensamiento y la práctica revolucionarias posteriores.[571] El liberalismo, que avaló los ataques a los derechos de los campesinos en nombre del progreso y el mercado, también legitimó las protestas campesinas resultantes, invocando a los héroes, tradiciones y principios liberales de vigor constitucional.[572] Quizá esto fue indicador de la lamentable "falsa conciencia" del campesinado; pero no sólo pongo en duda la falsedad o el carácter lamentable de la conciencia campesina, sino que, más importante aún, dudo que los historiadores deban intentar la rescritura de la historia imponiendo sus preferencias sobre los actores de la misma e incluso creando papeles nuevos.[573] Como se nos ha recordado, la his-

---

[569] Laclau, "Fascism and Ideology", en *Politics and Ideology*, pp. 97-98.

[570] Para una crítica incisiva del idealismo althusseriano y un renovado énfasis en la necesidad de un "diálogo (bilateral) entre el ser social y la conciencia social", véase E. P. Thompson, *The Poverty of Theory*, especialmente pp. 196-201.

[571] Véanse pp. 21, 74-75 y 166-167.

[572] Existen interesantes paralelos europeos. Jaime Torras, *Liberalismo y rebeldía campesina 1820-1823*, Barcelona, 1976, p. 23, observa la ambigüedad en el lenguaje de la protesta campesina en Cataluña, resultado de préstamos de la "ideología dominante"; Thompson, *Making of the English Working Class*, pp. 84-97 y ss., muestra la deuda que el radicalismo popular tenía con la "retórica" de la libertad y el constitucionalismo.

[573] Esto ya ha sido suficientemente señalado: Tilly, *Rebellions Century*, p. 282; Thompson, "Peculiarities of the English", p. 69.

toria es "lo que sucedió", no lo que hubiéramos preferido que sucediera.[574] El patriotismo y el nacionalismo mostraron una elasticidad similar. Nuevamente, un cúmulo de ideas y símbolos penetraron en distintos grupos sociales, avalando ideológicamente una variada gama de políticas y modos de comportamiento a menudo en conflicto. Por ejemplo, mientras que el patriotismo tradicional coexistió felizmente en el catolicismo (ambos encontraron expresión en la ubicua virgen de Guadalupe),[575] el nacionalismo revolucionario de fines de la década de 1910 y durante la de 1920 entró en guerra con la Iglesia, a la cual consideró como amenaza para la nación. El patriotismo o el nacionalismo figuraron en el "discurso" del Porfiriato, el maderismo, el huertismo, el zapatismo y el carrancismo, movimientos política y socialmente distintos. Los protagonistas de la historia no siguieron principios ideológicos consistentes: cualquier análisis que pretenda lo contrario, que subraye el nivel de ideas y "discursos", o que se involucre en la fácil tarea de compilar genealogías ideológicas, se arriesga al error.[576] Todo lo cual no equivale a negar la importancia de la ideología, bien sea dentro del reino desarrollista del grupo de los científicos, del politiqueo maderista o de la revuelta zapatista.

Por el contrario, en el contexto del presente estudio, la ideología —a la par que la organización— es de gran importancia para explicar la gestación de la revuelta agraria. La participación campesina en la Revolución dependió, en gran medida, de la capacidad de organización y articulación de intereses y objetivos comunes (al grado en que quizá carezca de importancia si éstos fueron formulados en términos liberales, católicos, anarquistas o cualquier otro más o menos híbrido). Como ha señalado Tilly, los rebeldes requirieron de "conocimientos, quejas y experiencia política comunes"; "solidaridad e intereses articulados" fueron el rubro de las revueltas que alcanzaron éxito.[577] Asimismo, Barrington Moore acentuó la importancia de la organización y el

[574] J. H. Hexter, "A New Framework for Social History", en *Reappraisals in History*, Londres, 1963, p. 14.
[575] Knight, "Intellectuals".
[576] Aparte de la influencia exasperante y relativamente reciente del idealismo althusseriano, el estudio de la Revolución con frecuencia ha estado viciado, en el pasado, por una especie de *Ideegeschichte* insulsa que, como lo revelara la Sexta Conferencia de Historiadores Mexicanos y Norteamericanos, en Chicago, 1981, no ha sido totalmente extinguida.
[577] Tilly, *Rebellions Century* pp. 42 y 243. El elemento contingente en la ideología de la protesta popular queda bien ilustrado en el análisis que hace Thompson del metodismo, que, si bien predicaba la sumisión, era capaz de apoyar la protesta; mismo caso *(mutatis mutandis)* que el liberalismo mexicano. "No hay ideología —señala Thompson— que sea totalmente absorbida por sus seguidores; ésta, en la práctica, se quiebra en mil formas, bajo la crítica del impulso y de la experiencia": *Making of the English Working Class*, pp. 431 y 437. Lo que no queda claro (y no es posible aclarar aquí), es el proceso por el cual se crea la ideología popular: ¿por la imposición brutal de la tradición del "fuerte" sobre el "débil"?, ¿a través de formas más sutiles de ósmosis cultural?, ¿por la cristalización de creencias y prácticas populares precedentes? George Rudé, *Ideology and Popular Protest*, Londres, 1980, pp. 27-37, toca este problema pero no avanza mucho.

apoyo moral así engendrado.[578] Los pueblos mexicanos, a pesar de sus diferencias internas, se enfrentaron a amenazas sostenidas y a menudo letales; compartieron las quejas con las que se nutrió la solidaridad, así como las distintas formas de resistencia, violenta y no violenta. En última instancia, privado del patrocinio clientelista o de alternativas políticas, el pueblo se volcó hacia el interior para utilizar los recursos propios que le permitirían expresarse ideológicamente y alcanzar la necesaria organización militar. Así, cuando la rebelión pareció factible (cuando el "cálculo de fuerzas" pareció más favorable),[579] el pueblo formó la célula de la Revolución y la economía moral del campesino la dotó de sus bases normativas.

El corolario de este argumento es que fácilmente se exagera la importancia de los factores económicos "objetivos", especialmente los cuantificables. Sin embargo, muchos análisis de la Revolución mexicana se centran precisamente en estos factores y, al hacerlo, considero que caen en el error común de creer que el "radicalismo popular puede enmarcarse en ciclos de costos de vida".[580] Estos datos económicos (cuando están disponibles) son sin duda importantes; las tendencias económicas amplias que engloban están íntimamente vinculadas con la protesta popular, pero dicha protesta sólo puede analizarse a través de la mediación de factores sociales y políticos que con frecuencia se ignoran. Los diversos análisis ofrecen distintas claves de explicación para este fenómeno: por una parte, hay quienes sostienen que las causas están en la supuesta declinación secular de los niveles de vida que se inició desde 1810; por otra, hay quienes ubican los orígenes de la revuelta en la recesión de 1907 y en las malas cosechas de 1908-1909.[581] Pero, como ya se ha señalado, no son argumentos muy convincentes. El periodo decisivo para enmarcar un análisis de esta naturaleza no es ni el de un siglo ni el de dos años, sino el periodo generacional del Porfiriato. Dicho periodo es decisivo no sólo por los cambios económicos que afectaron entonces al campo, sino porque estos cambios fueron considerados como ilegítimos. Protesta y revuelta no se correlacionaron directamente con el deterioro de condiciones objetivas, ni con tasas crecientes y cuantificables de explotación (como se miden, por ejemplo, mediante tasas de salario real). También involucran consideraciones subjetivas de justicia y legitimidad (sobra decir que lo mismo se aplica a las consideraciones de factibilidad, al resultado último del "cálculo de fuerzas"), las cuales determinaron las metas y el momento de la protesta popular; sin ellas, la protesta jamás se hubiera dado.[582] Vista desde una perspectiva

[578] Moore, *Injustice*, pp. 90, 93, 97 y ss.
[579] Scott, *Moral Economy*, p. IV.
[580] Thompson, *Making of the English Working Class*, p. 222; Scott, *Moral Economy*, p. VII; Tillys, *op. cit.*, p. 293, sostiene el mismo punto.
[581] White, "Zapata Movement", pp. 120-121 (siguiendo a Tannenbaum); Ruiz, *Great Rebellion*, pp. 91 y 120-135.
[582] "Es esta herencia moral la que, en las revueltas campesinas, selecciona ciertos blancos sobre otros, ciertas formas sobre otras, y la que hace posible una acción colectiva (aunque rara

esquemática, es posible afirmar que la revuelta presentó dimensiones económicas, organizativas y morales; ocurrió no sólo durante una época difícil, cuando la resistencia era una opción, sino que, además, surgió cuando la crisis del periodo generó una suerte de indignación moral que condujo a la resistencia. En un escenario así, la revuelta puede ocurrir cuando las oportunidades de éxito sean, según los cálculos, muy limitadas, y también cuando, si los participantes se comportan prediciblemente como "campesinos racionales", cierta pasividad era de esperarse.[583] De la misma manera, existen muchos casos de pasividad cuando la revuelta es factible.

Lo anterior sirve para abordar el asunto de la legitimidad. En México, al igual que en la mayoría de los países, las condiciones jamás han sido fáciles para las masas. Pero, como en algunos otros lugares, se habían tolerado condiciones de pobreza e impotencia, aun en situaciones en que la resistencia *era* posible.[584] Skocpol también destaca la antítesis: "incluso después de una gran pérdida de legitimidad, un Estado puede mantenerse estable —y ciertamente invulnerable frente a revueltas masivas— especialmente si sus organizaciones coercitivas permanecen coherentes y eficaces".[585] De hecho, estos casos antitéticos pueden ser raros (Sudáfrica es un ejemplo válido pero excepcional)[586] y el México del Porfiriato es un caso patentemente contradictorio, aun si se analiza la decrepitud de las "organizaciones coercitivas" del régimen en 1910. Creo que, más allá de lo que Skocpol está dispuesta a admitir, los Estados (y las estructuras de autoridad) dependen no sólo de la coerción para sobrevivir y, si bien es difícil demostrar empíricamente el sitio y las razones que llevan a los pueblos a obedecer bajo la fuerza de la autoridad, coincido con Scott, Moore y otros que consideran que: "los aspectos de sumisión y legitimidad son analíticamente distintos".[587] En otras palabras, existe otro factor que interviene en la estabilidad de gobiernos y sistemas de autoridad y que rebasa los límites de la coerción y la sumisión resultante: algunos prefieren adherirse a Weber y hablar de legitimidad; otros prefieren recurrir a términos como "consenso", "falsa conciencia", "solidaridad mecánica y or-

---

vez coordinada) nacida de la indignación moral": Scott, *Moral Economy*, p. 167. Más adelante se presentan ejemplos de los distintos objetivos y formas.

[583] Ni el "campesino racional" de Popkin, ni su crítica a los "economistas morales" son especialmente convincentes; a mi modo de ver, la segunda muestra una caricatura de la hipótesis de la "economía moral". Y es precisamente en tiempos de rebelión cuando la "racionalidad" (concebida en términos de una economía política individualista) resulta discutible, dado que los individuos, en esos momentos, enfrentan grandes riesgos en la búsqueda de un bien público nacional. No es posible comprar a los seguidores como en el caso de los votantes movibles, ni se pueden vender las revoluciones como a los presidentes republicanos. *Cf.* Popkin, *Rational Peasant*, pp. IX, 17-28 y 259-260, y Migdal, *Peasants*, pp. 237-241, quien, de manera similar, está prendado de esta variante de la teoría del intercambio.

[584] Moore, *Injustice*, pp. 23-24, 89, 440 y ss.

[585] Skocpol, *States and Social Revolutions*, p. 32.

[586] *Ibid.*, pp. XII y 16.

[587] Scott, *Moral Economy*, p. 170. En correspondencia con la distinción que hace Weber entre "poder" y "autoridad legítima"; véase *Social and Economic Organization*, pp. 152 y 324-325.

gánica" o "hegemonía ideológica". Todos ellos son perspectivas de un mismo problema, y explicaciones de un antiguo fenómeno, que Hume llamó "la facilidad con la que pocos gobiernan a muchos; la sumisión implícita que lleva a los pueblos a renunciar a sus propios sentimientos y pasiones en favor de aquellos de sus gobernantes".[588] A la inversa, cada escuela elige sus propias antítesis: la crisis ideológica o hegemónica, la crisis de legitimidad, la ruptura del consenso, la disolución del contrato social. El año de 1910 fue uno de éstos. Para entender su importancia, el historiador debe preguntarse no sólo las razones por las cuales "los hombres se rebelan", sino también las razones por las cuales "los hombres obedecen".

Bajo el gobierno de Díaz, la pobreza y la impotencia fueron en aumento. Las masas se empobrecieron todavía más (con certeza después de mediados de la década de 1890) y su capacidad de influencia, que nunca había sido importante, se tornó exigua. No obstante, para que este proceso culminara en rebelión, fue necesario que se añadieran las oportunidades tácticas para la protesta y la revuelta, a la par que la presencia de profundos sentimientos de injusticia e indignación. Estos sentimientos son subjetivos y están condicionados por circunstancias particulares que imposibilitan reducirlos a la llamada "privación relativa" (o a la variante más específica, y supuestamente más adecuada, de "privación decreciente"), conforme a una formulación precisa.[589] Es posible que la pobreza y la opresión fueran fenómenos antiguos, aflicciones familiares, pero en determinadas circunstancias se percibieron como particularmente ofensivos y gratuitos: no necesariamente donde eran más agudos, sino donde los gobernantes se mostraron indiferentes hacia los gobernados, donde los abusos carecieron de justificaciones palpables, donde, conforme a las palabras de Barrington Moore, los sometidos se enfrentaron "en sus vidas diarias a la intromisión violenta y caprichosa", situación que les llevó a concluir que "estaban siendo tratados con injusticia".[590] No fue la explotación *per se*, sino la nueva explotación ostensible, arbitraria e injustificada la que provocó la resistencia. Abundan ejemplos similares, desde Vietnam hasta África oriental.[591] Al respecto, cabe repetir el comentario de Nelson Reed a propósito del origen de la Guerra de Castas: "el peligro no estaba en la prolongada opresión, sino en la repentina aculturación, en la marcha forzada de un mundo hacia otro".[592]

[588] David Hume, "Of the First Principles of Government", en *Essays Moral, Political, and Literary*, Oxford, 1963, p. 29.
[589] Gurr, *Why Men Rebel?*, pp. 46-50.
[590] Moore, *Injustice*, pp. 22 y 26.
[591] Scott, *Moral Economy*, pp. 4, 6 y 9; John Iliffe, "The Effects of the Maji Maji Rebellion of 1905-1906 on German Occupation Policy in East Africa", en Prosser Gifford y Wm. Roger Louis (eds.), *Britain and Germany in Africa Imperial Rivalry and Colonial Rule*, New Haven, 1967, pp. 560-561. En los albores de la Francia moderna, fue precisamente el recolector de impuestos, "cuyas demandas... no implicaban ninguna reciprocidad", quien estimuló la rebelión campesina: Le Roy Ladurie, *Peasants of Languedoc*, p. 269.
[592] Reed, *Caste War*, p. 48.

En este aspecto, Yucatán fue un presagio masivo y ominoso de la Revolución de 1910. Como sugiere la metáfora de Reed, los estímulos de la revuelta fueron los traumáticos cambios de estatus, más que el empobrecimiento económico y progresivo.[593] No fue simplemente que los salarios cayeran o que los alquileres observaran alzas en el México del Porfiriato: las razones están en la pérdida de independencia que sufrieron los habitantes de los pueblos y los pequeños propietarios, quienes se encontraban ahora endeudados con la hacienda o bajo el dominio del cacique; los orígenes yacen en la pérdida de autonomía y de la seguridad básica que antes les había proporcionado la posesión de medios de producción. Se vieron obligados a cruzar el umbral que separa al campesinado independiente del peón dependiente.[594] Incluso cuando esta situación representó ganancias materiales (existen casos aislados), éstas no compensaron la pérdida psicológica.[595]

Por lo tanto, en 1910, las protestas en contra de dos procesos simultáneos —la comercialización agraria y la centralización política— tuvieron suficiente profundidad y alcance para convertir el germen de la revuelta política en un estimulante de la Revolución social. La política del Porfiriato sirvió para generalizar protestas, al mismo tiempo que descuidó, en términos generales, las formas de apaciguamiento paternalista. De ahí el desgaste en la legitimidad del viejo orden. Los habitantes de Bocoyna cuestionaron los beneficios del "progreso" que recientemente les habían impuesto; la gente de Chihuahua denunció, no las tiranías antiguas sino la fiebre de reformas del régimen de Creel y Terrazas.[596] Hacia 1910 abundaban denuncias similares respecto a caciques menores, en Chihuahua y en otros sitios. En Morelos, el régimen paternalista de Alarcón dio paso a la administración irreflexiva de Pablo Escandón ("que siembren en maceta").[597] La agricultura de hacienda era la misma, pero ahí donde Alarcón había aplacado con sabiduría, Escandón se mostró abiertamente provocador. Como se ha destacado, el elevado desdén de Escandón y de otros gobernantes similares estaba cargado a me-

---

[593] "No fue sólo la amenaza de la servidumbre física, sino el ataque a sus patrones religiosos y morales, a la única forma de vida que conocían y podían aceptar", lo que llevó a los mayas a rebelarse, *ibid.*, pp. 48-49. Por lo tanto, utilizo el término *estatus*, no en un sentido específico (weberiano u otro), sino como término abreviado de un complejo de atributos económicos, morales y psicológicos.

[594] Por supuesto, no todos lo cruzaron del mismo modo; para algunos, la transición sólo era parcial o potencial; es válido, sin embargo, considerar central esta transición en el proceso de rebelión. Sobre el significado —económico y psicológico— del umbral poblador-peón, en México y otras partes, véase Scott, *Moral Economy*, p. 39; Warman, *Y venimos a contradecir*, pp. 86-87, y Shepard Forman, *The Brazilian Peasantry*, Nueva York, 1975, p. 190.

[595] Obsérvese el análisis de Weber de los campesinos y trabajadores de granjas de la Alemania oriental, en donde "el campesino con un pedazo de tierra muy pequeño, prefiere morir de hambre antes que aceptar un empleo y trabajar para alguien"; lo cual evidencia, pensaba Weber, "la tremenda y puramente psicológica magia de la 'libertad'". Véase Reinhard Bendix, *Max Weber, An Intellectual Portrait*, Cambridge, 1962, pp. 22-23.

[596] Véase p. 141.

[597] Womack, *Zapata*, pp. 39-41, 52-53 y 63.

nudo de fuertes tonos racistas, de actitudes que recordaban la era colonial. El racismo ahora se justificaba con la explotación económica racional; atrás había quedado la supervisión paternalista, y las consideraciones de estabilidad social pasaron a un segundo plano frente al interés por la optimización de las ganancias. Lo anterior explica los aforismos de los terratenientes: los peones son máquinas que funcionan con pulque; los indígenas sólo oyen a través de las nalgas. Lo anterior también explica el genocidio de la nación yaqui. Y dichas actitudes, fortalecidas por la educación positivista, no se confinaron a la élite agraria.[598] El resultado para numerosos campesinos fue un trato inhumano, cruel, cuya justificación última (pues la explotación, al igual que la guerra, generalmente se validan mediante un ambicioso proyecto de apariencias morales más que monetarias) fue el "progreso", el *leitmotiv* de terratenientes y políticos porfiristas por igual.

Es posible rescatar y examinar estas ideas dominantes de la élite modernizadora de México, ya que dicho sector era letrado; además, las consecuencias materiales de su política en el campo pueden describirse e incluso cuantificarse mediante las hectáreas expropiadas y el abatimiento de los salarios reales. En lo que concierne al campesino, es posible evaluar su reacción —al menos parcialmente y con dificultad— a través de las revueltas esporádicas ocurridas durante el periodo, y de la fusión de la protesta popular que siguió después de 1910. Los historiadores han ignorado estos aspectos, en parte debido a las dificultades que implican. Pero lo que representa una dificultad mayor es penetrar en la mentalidad del campesino: su reacción psicológica ante los cambios de estatus; la manera en que, como he señalado, la creciente injusticia generó indignación moral. La historia convencional y la memoria desatienden estos aspectos intangibles pero decisivos. Es posible inferir que las actitudes bien documentadas de esa élite (desdeñosa, racista, dogmática, autoritaria) exacerbaron la creciente privación material; pero algunos psicólogos sociales van más lejos y sugieren que las preocupaciones "expresivas" por el estatus, la dignidad y la autoestima son fundamentales, por lo que se pueden provocar resentimientos cuando estas condiciones son frustradas.[599] Los recuentos orales están preñados de resentimientos: por la actitud de capataces crueles (especialmente españoles), el desdén racial, el abuso sexual, el poder de la hacienda para contratar y cesar a voluntad, la pérdida de independencia personal asociada a la pérdida de tierras.[600] Los interlocutores de Warman en Morelos: "recuerdan con aversión a los administradores y a los empleados serviles [de las haciendas]. Nunca han olvidado la injusticia en que vivían y hablan con lucidez del despojo y la explotación a que fueron sometidos. Para la mayoría de ellos la Revolución fue un proceso inevitable".[601]

---

[598] *Supra*, pp. 126-127.
[599] Rom Harré, *Social Being: A Theory for Social Psychology*, Oxford, 1979.
[600] Lewis, *Pedro Martínez*, pp. 76 y 129-130; Zacarías Escobedo Girón entrevistado por Ximena Sepúlveda Otaiza, PHO 1/129, pp. 1-3.
[601] Warman, *Y venimos a contradecir*, p. 74.

A manera de analogía, cabe recordar a Anderson, y a la fuerza de las quejas de obreros urbanos respecto a problemas no materiales: tratamientos que negaban su condición humana, quejas ignoradas, restricciones arbitrarias.[602] Los responsables de generar estos resentimientos fueron (más que, digamos, las nuevas corporaciones extranjeras) los industriales "paternalistas" y "tradicionales", pues se aferraron a sus actitudes coercitivas e intervencionistas mientras que, simultáneamente, reaccionaban a la disciplina estricta del mercado. Por lo tanto, al igual que en la Alemania industrial del siglo XIX, la militancia del trabajador surgió del colapso y la distorsión del antiguo orden "paternalista", inducidos por el mercado más que de la creación *de novo* de empresas capitalistas clásicas.[603] Durante el Porfiriato, más que las ciudades, el campo fue el escenario de esta distorsión y colapso masivos, en la medida en que el mercado tropezó con una clase poderosa de terratenientes y un campesinado dotado (en distintos grados) de solidaridad corporativa, capacidad de resistencia y una vigorosa visión moral alternativa.

Así, a lo largo de los años, los representantes del régimen porfirista debilitaron la legitimidad de la cual dependían y que resultaba indispensable en ausencia de un aparato represor eficaz. Esto se reveló de manera repentina y sorpresiva en 1910. Políticos terratenientes, como Terrazas, se hallaron indefensos, temerosos de los campesinos armados cuyos padres habían sido fieles vasallos. Otros reaccionaron con sorpresa ante lo que consideraban una transformación de peones sumisos en crueles salvajes; si bien esta transformación estaba plagada de mitos y exageraciones, algo encerraba de verdad, como lo comprobó, a sus expensas, el pueblo de Ometepec o la propia familia Cicerol, en Catmis.[604] En otras regiones —generalmente del sur—, los caciques y terratenientes continuaron gobernando no sólo mediante la intimidación. Lo mismo se aplica a algunas regiones zapatistas como la hacienda de San Felipe del Progreso, que sobrevivió a la Revolución sin revueltas internas y gracias a que los terratenientes cautos supieron combinar la optimización de las ganancias con la conservación de las "obligaciones tradicionales" hacia los peones.[605]

Es imposible, y hasta cierto punto inútil, establecer normas: Ometepec y San Felipe ilustran ejemplos de descontento y tranquilidad, respectivamente. El hecho indiscutible es que la pérdida de legitimidad del viejo régimen y de sus principales actores y beneficiarios fue suficientemente severa y amplia como para provocar la caída del gobierno y abrir el camino para una revolución genuinamente popular. Así como los factores "psicológicos" y "morales" intervinieron en la gestación del movimiento, así también, como veremos posteriormente, la Revolución abarcó dimensiones "morales", "psicológicas" y

[602] Anderson, *Outcasts*, pp. 59-61, 73-74 y 76-77.
[603] Moore, *Injustice*, pp. 233-268, haciendo la comparación de los mineros de carbón con los trabajadores del metal de Ruhr.
[604] *Infra*, pp. 258-259 y 263-265.
[605] Margolies, *Princes*, pp. 22-35.

"expresivas", elementos, podríamos decir, "del mundo puesto al revés".[606] Los seguidores del viejo orden no sólo fueron desplazados, sino que también se convirtieron en blanco de humillaciones. Las antiguas costumbres de respeto cedieron frente a la insolencia plebeya. Y la toma del poder por parte de dirigentes populares gratificó a sus seguidores campesinos, aunque haya consternado a la clase pudiente.[607] A pesar de la dificultad que implica, es necesario comprender los aspectos "psicológicos" del proceso de la Revolución y evaluar los factores "psicológicos" análogos que intervinieron en su gestación.

No hubo presagios ni síntomas premonitorios que anunciaran la Revolución, aunque algunas teorías simplistas afirmen lo contrario. No hubo fiebre acumulativa que condujera al estallido de la lucha.[608] Quizá, la incidencia de rebeliones populares fue menor en los primeros años de este siglo que al inicio del Porfiriato; las revueltas del PLM de 1906 y 1908 fueron fácilmente sofocadas; Cananea y Río Blanco no fueron síntomas genuinos de una creciente insurgencia popular. Lo anterior explica por qué tanto los oponentes como los seguidores de Díaz afirmaban que una revolución era imposible.[609] Pero el régimen, a pesar de su aparente solidez, tenía algo de hueco. Había perdido la legitimidad que algún día gozara, sin alcanzar la capacidad militar necesaria para compensar esta pérdida. Los resentimientos acumulados a lo largo de una generación, se hicieron palpables cuando surgió la oportunidad de rebelión armada durante la campaña política de Madero y su llamado a las armas (factor puramente endógeno, ya que ni la guerra ni la crisis internacional iniciaron la Revolución, para pesar de algunos estudiosos).[610] Así, la crisis política de 1909-1910 condujo lógicamente a la crisis social de 1910-1915. A partir de ese momento, estando pendiente la creación de nuevas formas de legitimidad (ideología hegemónica, consenso o la renovación del contrato social) prevaleció la *force majeure*. De esto se trató la Revolución mexicana.

Sin embargo, el resultado final de la Revolución (que podemos anticipar aquí en forma somera) reveló una paradoja fundamental. Con el tiempo, la Revolución mostró una propensión caprichosa a recompensar a los recién lle-

[606] *Cf.* Christopher Hill, *The World Turned Upside Down: Radical Ideas During the English Revolution*, Harmondsworth, 1975; Le Roy Ladurie, *Peasants of Languedoc*, pp. 194-196, 208 y 301.

[607] Capítulo VIII.

[608] Para referencias y comentarios acerca de la escuela de "historia natural" (Edwards, Brinton, Pettee), ver Skocpol, *States and Social Revolutions*, pp. 33 y 37.

[609] "La época de las revoluciones ha pasado ya a la historia, y aun cuando fallezca el actual dictador, vendrá otro y las cosas seguirán igual": de Amado Escobar (partidario del PLM, Torreón) a Nemesio Tejeda, 14 de octubre de 1906, STA, caja 26; "considero que la revolución general está fuera de discusión, al igual que lo hace la opinión pública y la prensa", observó el enviado alemán Karl Bunz en 1910: Katz, *Secret War*, p. 3.

[610] Goldfrank (parcialmente influido, al parecer, por Skocpol) es aficionado a detectar factores exógenos, "Theories of Revolution", pp. 148-151. En cuanto a Skocpol, su insistencia en los "contextos internacional e histórico-mundiales" puede tener cierta validez en los principales casos que ella considera (Francia, Rusia, China), pero su pretensión de incluir a México, aunque teóricamente lógica, es un error, y pone en duda la construcción teórica en su totalidad; véase Skocpol, *States and Social Revolutions*, pp. 19-24 y 288-289.

gados y los seguidores tibios (incluso opositores), y a desdeñar a muchos de sus precursores. Los elementos populares que contribuyeron al derrocamiento no sólo de Díaz, sino de todo el orden del Porfiriato, provenían de grupos amenazados y en decadencia; eran los grupos de víctimas del desarrollo político y económico del Porfiriato: primero, el campesinado agrarista, los pobladores, aparceros y pequeños propietarios que habían sufrido la rapacidad del hacendado, ranchero y cacique; segundo, los serranos, quienes, además de enfrentarse a dificultades económicas, desempleo y, en algunos casos, al despojo agrario, se habían rebelado en defensa de su libertad e independencia y en oposición al caciquismo y la centralización del Porfiriato; tercero (menos importante pero digno de mención), los artesanos de las ciudades, cuya miseria creciente no los condujo al sindicalismo ni al "economicismo", sino a la violencia colectiva esporádica y, en ocasiones, al compromiso revolucionario individual. Estos grupos, en especial los dos primeros, se convirtieron en las tropas de la Revolución y aseguraron que el movimiento fuera de carácter rural y en muchas instancias agrario. Hicieron que la lucha por la tierra y el agua fuera fundamental.

Por el contrario, existieron grupos incapaces o reacios al compromiso revolucionario; en el campo, los peones residentes de las grandes propiedades y los peones endeudados de las plantaciones del sur (quienes, en distinto grado, fueron retenidos mediante la coerción o el clientelismo); en los pueblos, ciudades y grandes campamentos mineros, el proletariado industrial mostró poca inclinación a participar en la vanguardia revolucionaria. Sin embargo, en lo que respecta a las masas, este sector fue el principal beneficiario de la Revolución; generalmente, quienes tomaron las armas y derramaron su sangre, recibieron poca o tardía recompensa por sus esfuerzos. Aunque la Revolución dependió esencialmente del apoyo de las masas declinantes y amenazadas de los grupos "tradicionales", fue en sí un poderoso motor que sirvió para continuar la modernización y el desarrollo: aceleró el proceso mismo al que sus precursores populares se habían resistido. Cronos devoró a sus hijos; la Revolución se tragó a sus progenitores.

IV. LA REVOLUCIÓN MADERISTA

AHORA el enfoque se aleja de las estructuras, los procesos y las grandes comparaciones; la narrativa suple al análisis; *l'histoire événementielle*, toma lugar. Pero a fin de explicar los acontecimientos, es necesario referirse a generalizaciones previas, ya que su validez depende de la evidencia empírica que aquí se presenta.

El 3 de noviembre de 1910, un joven mexicano acusado del asesinato de una mujer fue sacado de la cárcel en Rock Springs, Texas, y linchado por una turba; en las ciudades mexicanas, este incidente provocó manifestaciones y ataques antinorteamericanos, que precedieron (y algunos afirman que estuvieron causalmente vinculados) a la Revolución, que estalló en ese mismo mes. Sin duda, Anderson acierta al considerar que estos sucesos son indicadores de la inquietud prevaleciente en México; incidentes semejantes en el pasado no lograron provocar reacciones tan poderosas.[1] Pero ahora, en los inicios de la campaña antirreeleccionista, frente al fraude electoral y el llamado a las armas por parte de Madero, el asesinato de Rodríguez cobró importancia política nacional y fue tomado como estandarte por la oposición. El embajador norteamericano consideró que los descontentos se manifestaban en contra de Díaz más que en contra de los norteamericanos; motivaciones políticas internas también se detectaron en Tampico y las instituciones gubernamentales como *El Imparcial* fueron blanco de la muchedumbre.[2] Así, al mismo tiempo que tranquilizaba a los Estados Unidos, el régimen no podía permitir el ser desbordado por los patriotas en las calles. En algunas ciudades, las autoridades toleraron e incluso alentaron las manifestaciones antinorteamericanas (en Guadalajara, se informó que la policía "había señalado las residencias de los estadunidenses y había ayudado a la muchedumbre a reunir piedras para arrojarlas"); la prensa oficial se unió a la oposición, en la que se incluía al periódico católico *El País*, para acusar a los Estados Unidos.[3]

Es indudable que estos sucesos reflejaron la inquietud de la época (es significativo que en una ciudad estable y conservadora como Oaxaca, las autoridades no ahorraron tiempo ni esfuerzos para frenar la protesta en sus

[1] Anderson, *Outcasts*, p. 283; cf. *El Diario del Hogar*, 9 de octubre de 1892.
[2] Wilson, Ciudad de México, 10, 11 y 15 de noviembre; Miller, Tampico, 16 de noviembre de 1910, SD 812.00/365, 385, 450/451. Lo que es más, Díaz, como lo reportó Wilson, también culpaba a los disidentes políticos.
[3] Wilson, Ciudad de México, 10 de noviembre (dos veces) y 19 de noviembre; Magill, Guadalajara, 15 de noviembre de 1910, SD 812.00/360, 385, 390/438. Cuando el consulado de Piedras Negras fue atacado, los cuatro policías del pueblo estaban ocupados en un burdel, ubicado a un par de kilómetros del centro de la localidad, sin que quede claro si esto fue resultado de la lujuria o de un acto intencional: Ellsworth, C. P. D., 11 de noviembre de 1910, SD 812.00/386.

inicios), pero su vinculación con la inminente revolución armada era débil.[4] No se trataba de los síntomas de una fiebre acumulada que pudiera desembocar en una catarsis popular ni en una rebelión xenofóbica. Las víctimas preferidas en 1910 (al igual que en brotes antinorteamericanos posteriores) fueron los representantes oficiales del gobierno de los Estados Unidos o, en ocasiones, los símbolos de la cultura y la religión yanqui, no los intereses económicos de ese país.[5] De esta manera, se arriaron las banderas del consulado, las instalaciones del *Mexican Herald* fueron apedreadas y, en Guadalajara, la muchedumbre atacó una escuela metodista.[6] En cambio, en Sonora, centro de inversiones norteamericanas, no hubo manifestaciones en contra de los Estados Unidos, y el consulado en Monterrey informó que "las relaciones son muy cordiales, prevalecen la tranquilidad y el buen orden".[7] Los problemas más serios ocurrieron en la capital y en Guadalajara, asiento no tanto de la inversión norteamericana, sino de una poderosa opinión católica y de la clase media que ya el año anterior se había destacado en las manifestaciones en contra de Díaz. Sólo entre los ferrocarrileros mexicanos existía una actitud antinorteamericana genuinamente "económica" que se manifestó en las protestas de noviembre.[8] El rasgo distintivo de los manifestantes fue su origen de clase media urbana (con frecuencia del sector estudiantil). Los estudiantes organizaron una gran marcha en Guadalajara, y se unieron a los ferrocarrileros en San Luis Potosí, "estudiantes universitarios, pequeños comerciantes y artesanos acomodados", fueron los principales protagonistas de los disturbios en la Ciudad de México.[9] Educados en las escuelas laicas del Porfiriato, estos grupos, letrados y urbanos, conformaban el clásico sector nacionalista; además, fueron fuente principal de la oposición civil en 1908-1909 y, al ser derrotados en la confrontación electoral, buscaron atacar por nuevas vías.

Pero la lucha armada no estuvo integrada por dichos grupos. Sus protestas fueron reprimidas con facilidad (especialmente cuando las autoridades buscaron contener en lugar de convencer); los motivos de su descontento pronto se desvanecieron y no dieron pie para la rebelión organizada. Los estudiantes retornaron a las aulas y los artesanos a sus talleres. Las manifestaciones de noviembre, más que el inicio de la Revolución, fueron un último intento desesperado de la antigua oposición civil que ya estaba derrotada. Aunque

[4] Lawton, Oaxaca, en Wilson, Ciudad de México, 15 de noviembre de 1910, SD 812.00/450.

[5] Knight, *Nationalism, Xenophobia and Revolution*, pp. 211-301, especialmente pp. 250 y 267.

[6] Shanklin y Wilson, Ciudad de México, 9 y 10 de noviembre; Magill, Guadalajara, 15 de noviembre de 1910, SD 812.00/356, 385/438.

[7] Hostetter, Hermosillo, 13 de noviembre, Hanna, Monterrey, 14 de noviembre de 1910, SD 812.00/397, 376; los temores de que Cananea hiciera erupción resultaron infundados; en tanto, Saltillo permaneció tranquila y la ciudad de Chihuahua fue testigo de una manifestación ordenada; Dye, Nogales, 25 de noviembre, Goetter, Saltillo, 14 de noviembre, Keena, Chihuahua, 13 de noviembre de 1910, SD 812.00/522, 437, 367.

[8] Bonney, San Luis, 14 de noviembre de 1910, SD 812.00/396.

[9] Magill, Guadalajara, 15 de noviembre, Bonney, San Luis, 14 de noviembre, Wilson, Ciudad de México, 10 de noviembre de 1910, SD 812.00/438, 396, 385.

menos difundidos, los problemas agrarios en la Huasteca tuvieron más importancia; al igual que las campañas del bandolero rebelde "Santañón", en el sur de Veracruz; o la revuelta de Juan Cuamatzi en Tlaxcala (mayo de 1910), que unió a campesinos y "trabajadores agrícolas" en una oposición armada en contra del régimen.[10] La rebelión de Cuamatzi fue sofocada, y "Santañón" capturado poco después, pero estos desafíos al régimen presagiaron el estilo y carácter de la Revolución, más que las protestas urbanas de los primeros días de noviembre.

Fracaso

Estos fenómenos no se percibieron en su momento. La fuerza política de Madero yacía en los pueblos y ciudades, y fue ahí donde él y sus colaboradores cercanos fijaron sus esperanzas; asimismo, fue en las concentraciones urbanas donde el llamado a la lucha tuvo efectos más inmediatos. En las primeras horas de la mañana del 18 de noviembre, dos días antes de lo programado, se escucharon los primeros disparos de la revolución maderista en Puebla, antigua ciudad colonial e industrial. Un destacamento policiaco intentó catear la casa de Aquiles Serdán (zapatero de profesión y liberal convencido por tradición familiar) y sus ocupantes opusieron resistencia. Miguel Cabrera, jefe de policía del gobernador Martínez, murió en el tiroteo inicial; en el sitio que siguió, los defensores cayeron y finalmente se vieron obligados a rendirse. Nadie ayudó a los sitiados; los obreros de la ciudad, aunque simpatizantes de la causa maderista, no hicieron movimiento alguno y los planes de atacar cuarteles y tomar las torres de la estratégica catedral no se llevaron a cabo (durante la Revolución, las iglesias fueron edificios clave dentro de la guerrilla urbana). Serdán fue capturado y asesinado.[11]

Madero recibió la noticia a orillas del río Bravo, mientras que en Puebla una manta felicitaba a Serdán muerto, por haber confinado en "... el seno de toditos los diablos, al cobarde asesino... Miguel Cabrera".[12] Sin embargo, el hecho de que Puebla se viera libre de su odiado jefe policiaco era poco consuelo para los simpatizantes maderistas, quienes creían que la represión contra la conspiración de Serdán había cortado en flor a la Revolución, dejando intacta la *Pax Porfiriana*.[13] El fracaso de Serdán se repitió con menos gloria, y de manera más sangrienta, en otros pueblos. Los movimientos preventivos de las autoridades, mismos que habían llevado a la resistencia de Serdán, acabaron con otras conspiraciones. En las ciudades de México, Pachuca y Orizaba, los supuestos dirigentes revolucionarios fueron arrestados;

---

[10] Miller, Tampico, 6 de septiembre de 1910, SD 812.00/342; Hernán Rosales, "El romanticismo revolucionario de Santañón", *Todo*, 4 de noviembre de 1943; Anderson, *Outcasts*, p. 275.

[11] Ross, *Madero*, pp. 122-123; José Vasconcelos, *Ulises criollo*, México, 1964, p. 257; Anderson, *Outcasts*, p. 286.

[12] Casasola, *Historia gráfica*, I, p. 221.

[13] Lombardo Toledano en James Wilkie, *México visto en el siglo XX*, México, 1969, p. 237.

se hallaba, entre otros, Alfredo Robles Domínguez, quien había recibido órdenes de Madero para organizar la rebelión en el centro de México. De acuerdo con la prensa capitalina, los documentos hallados en poder de los prisioneros mostraban los "vastísimos proyectos para derrocar al actual gobierno".[14]

La verdad, sin embargo, era más prosaica para los conspiradores. Abel Serratos, agente viajero a quien se había encomendado la tarea de iniciar la rebelión en Orizaba, fue arrestado, molido a golpes y enviado a la Ciudad de México, donde fue confrontado con Félix Díaz (sobrino del presidente y jefe de la policía capitalina) y con un colaborador cercano quien "cayó de rodillas... y con lágrimas en los ojos me culpó [a Serratos] de todas las armas que se habían comprado".[15] Mientras tanto, en Orizaba otros dirigentes fueron arrestados y la bien pertrechada guarnición federal venció fácilmente el ataque contra los cuarteles (aunque este ataque, al parecer, quizá sólo existió en la imaginación del comandante federal).[16] Como los obreros del lugar guardaban el recuerdo de los episodios sangrientos acaecidos cuatro años antes, evitaron una segunda dosis de los métodos para mantener la *Pax Porfiriana;* por lo tanto, los organizadores maderistas, quienes presuponían el apoyo de la clase trabajadora, se enfrentaron a otra decepción similar a la de Puebla.[17]

La experiencia del maderista Colmenares Ríos no fue atípica en esos días. Como miembro de la red conspiradora de Serratos, Colmenares abandonó Veracruz seis días antes del levantamiento programado, cargado con copias del Plan de San Luis, y enfiló hacia el interior, ante la promesa de una reserva secreta de armas;[18] durante el viaje recibió la noticia del encarcelamiento de sus colegas y, después de una jornada tortuosa por la sierra de Puebla, llegó a Orizaba, donde encontró a los obreros desorganizados y no en rebelión abierta. Continuó hacia el sur en dirección al Istmo, región que conocía bien, ya que había trabajado en el ferrocarril de Tehuantepec. Ahí se vinculó con 70 guerrilleros mal armados, que operaban en las haciendas de Tabasco. Sin embargo, por razones ya señaladas, esta región no se mostraba dispuesta a la lucha. Perseguido por fuerzas federales superiores y diezmado por las deserciones, el grupo ahora estaba reducido a una veintena de hombres descorazonados. Colmenares, después de una derrota desastrosa, decidió disolverlo y retornar a Veracruz. Su preocupación por el fracaso ("estoy... altamente apenado y mortificado", declaró) quizá se hubiera visto mitigada de saber que compartía su suerte con muchos otros maderistas. Por ejemplo, Juan Martínez, un abogado de Huejanapam, aliado de Serdán, quien arribó a Puebla el

---

[14] *El País*, 17 y 18 de noviembre de 1910.

[15] De Serratos a Madero, 7 de noviembre de 1912, AFM, r. 22.

[16] *El País*, 20, 22 y 25 de noviembre de 1910; Nunn, Veracruz, 29 de abril de 1911, FO 371/1147, 18523; Anderson, *Outcasts*, p. 284.

[17] De Lefaivre a Quai d'Orsay, 24 de noviembre de 1910, Méx., Pol. Int., N. S., II; véase también, Gavira, *Actuación*, pp. 28-29.

[18] De Colmenares Ríos a Robles Domínguez, 13 de junio de 1911, AARD 25/218.

19 de noviembre sólo para escuchar de boca del conductor de ferrocarril el recuento sobre el tiroteo del día anterior, averiguó que se le buscaba y que su casa había sido registrada por la policía; entonces decidió ocultarse y abandonar sus ambiciones revolucionarias.[19] Otros corrieron con menos suerte. Gerardo Rodríguez, obrero de la fábrica de Paso del Macho (Ver.), se reunió con otros revolucionarios la noche del 20 de noviembre. Se habían propuesto asaltar un tren que llevaba un cargamento de armas. Pero, al igual que en otras partes, las autoridades, enteradas, atacaron a los asaltantes y frustraron el intento. Rodríguez escapó pero, reconocido en La Tejería, cayó en manos de las autoridades.[20]

El recuento de los revolucionarios que fracasaron podría extenderse, pero bastan los ejemplos anteriores para demostrar que, en ese momento, la capacidad represora de la vieja máquina porfirista aún se hallaba intacta. Se descubrieron muchas conspiraciones; sus participantes fueron encarcelados, numerosas rebeliones se extinguieron antes de que los inconformes pudieran reunir armas, hombres o lograr una seguridad territorial —es decir, focos de guerrilla, conforme a las teorías modernas—. La elevada incidencia de fracaso en esos primeros levantamientos que, en la etapa inicial de la Revolución, fueron básicamente urbanos, significó que muchos colaboradores políticos de Madero quedaran *hors de combat*. Algunos, como Crescencio Jiménez de la junta antirreeleccionista yucateca, habían sido encarcelados desde que el régimen tomara medidas enérgicas en el verano de 1910; luego fueron acompañados en prisión por hombres clave, como Robles Domínguez y José Inocencio Lugo, este último "coordinador general" maderista en el estado de Guerrero.[21] Otros, como Colmenares Ríos, descubrieron que el camino de la Revolución era una vía dolorosa, y algunos más no se atrevieron ni siquiera a recorrerlo. Maderistas puntillosos en Morelia, encabezados por un ingeniero, planearon un golpe para la primavera de 1911, pero en la medida en que el campo circundante comenzó a rebelarse, Morelia misma permaneció políticamente inerte, como una "quieta y sordomuda ciudad" que no respondió a la agitación. Así, los maderistas de Morelia rehusaron aventurarse en la barbarie del campo y prefirieron aguardar la aprobación oficial de Madero, quien estaba en el norte, ya que sin ésta, pensaron, se convertirían simplemente en una "facción armada que sería tenida por bandidaje".[22] En Guanajuato y en la Ciudad de México hubo grupos similares de maderis-

[19] De Martínez a Madero, 1º de septiembre de 1911, AFM, r. 19; obsérvese también la experiencia de Sebastián Ortiz, descrita en A. Tenorio a Robles Domínguez, 5 de junio de 1911, AARD 7/54. Ortiz y sus hombres se rebelaron en Ojitlán (Oax.), fueron dispersados rápidamente y obligados a permanecer en las montañas durante toda la revolución de Madero; Ortiz reaparece más adelante en circunstancias no menos difíciles, cap. VIII.

[20] De Melesio Sánchez a Gobernación, 18 de julio de 1911, legajo AG 898.

[21] De Crescencio Jiménez a Madero, 7 de julio de 1911, AFM, r. 20; Bolio, *Yucatán*, p. 50; Ochoa Campos, *Guerrero*, p. 284.

[22] Del ingeniero Joce a Luis Cabrera, 12 de mayo de 1911, AARD 16/2.

tas inactivos, mientras que en Puebla, después de la muerte de Serdán, el licenciado Felipe Contreras sirvió a la causa de una manera que muchos maderistas consideraron apropiada: "Durante el desarrollo [de la revolución] el Sr. Contreras no cesó de hacer propaganda entre la clase media y la clase alta. En los periódicos independientes escribió enérgicos y razonados artículos en contra de la dictadura, y en los días en que se concertó el armisticio... en Ciudad Juárez —poco antes— escribió un notable artículo en el cual pidió la renuncia del General Díaz. Esto es un bosquejo de su labor en pro de la revolución".[23] Es evidente que los rebeldes exitosos de 1910-1911, no perdieron el tiempo escribiendo artículos elegantes, como tampoco esperaron la aprobación oficial del norte, ni se preocuparon por su posible reputación como bandoleros. Muchos ya lo eran. En cambio, médicos, abogados, ingenieros y químicos que integraban el Partido Antirreeleccionista fueron revolucionarios mediocres, sobre todo una vez que fracasó la estrategia urbana original, que se encargó de definir que la Revolución sería rural o no sería. Estos "revolucionarios platónicos", como los llamara el gobernador de Chihuahua, estaban inhibidos por vínculos económicos y familiares (no sólo eran respetables sino que, además, eran de edad madura); tenían razón al dudar de su capacidad como guerrilleros.[24] En consecuencia, su revolución libresca se vio rebasada por los brotes populares más agresivos que surgían en el campo, donde eran más factibles las formas colectivas de protesta con base en antiguas tradiciones de resistencia. Había llegado la hora para que el pueblo rural, como un Gulliver atado por las ligaduras de los liliputenses, se levantara, rompiera esas ligas y descubriera la magnitud de su fuerza.

El primer foco

Este primer foco se manifiesta al examinar las áreas en donde la insurrección obtuvo éxitos durante los últimos meses de 1910; es decir, en las regiones precursoras de la Revolución mexicana. Éstas se concentraban en los distritos de la sierra, al occidente de Chihuahua y Durango, en la región de La Laguna y en los límites entre Durango y Coahuila, áreas donde los organizadores maderistas no anticipaban grandes triunfos.[25] También ahí la estrategia urbana había fracasado. Unos 200 hombres atacaron y se apoderaron brevemente de Gómez Palacio, antes de verse obligados a refugiarse en las montañas; Parral también sufrió un ataque sangriento, pero frustrado. De inmediato, los comandantes federales adoptaron la política de fusilar a los pri-

[23] Glenn, Guanajuato, 16 de mayo de 1911, SD 812.00/1648, Gavira, *Actuación*, p. 24; de G. y G. Gaona Salazar a Madero, 10 de octubre de 1912, en Fabela, DHRM, RRM, IV, pp. 149-150.

[24] De Alberto Terrazas a E. Creel, 22 de diciembre de 1910, STA (E. Creel), r. 2; Benjamin Hill citado por Aguilar Camín, *La Revolución sonorense*, p. 19; Gavira, *Actuación*, p. 35, sobre los problemas que enfrenta el hombre citadino que se va a la sierra.

[25] De Robles Domínguez a Gustavo Madero, 10 de junio de 1911, AARD 7/106.

sioneros y cuando en el parque central de Lerdo se exhibieron los cadáveres de los revolucionarios para escarmiento, no tardaron en surgir comentarios severos.[26]

A partir de ese momento, el triunfo de los rebeldes dependió de la adopción de estrategias rurales. Pero esto no fue una opción calculada; más bien respondió a la fuerza inmediata de las circunstancias (caben las comparaciones con la odisea a Yunan de Mao, o con la toma de Sierra Maestra hecha por Castro), y también a los orígenes sociales y geográficos de los líderes rebeldes del norte y de sus seguidores. En Chihuahua, las montañas y estribaciones de la Sierra Madre sirvieron de cuna para la revolución maderista y los revolucionarios fueron producto de comunidades serranas duras y conflictivas. El dirigente más destacado en 1910-1911 fue Pascual Orozco, un joven de apenas 30 años, alto, fuerte y taciturno que provenía del distrito rebelde de Guerrero, al oeste de la capital del estado. Orozco pertenecía a un estrato campesino de la clase media, él y su familia habían gozado de cierta reputación en la localidad. Pero, a diferencia de los maderistas urbanos de la clase media, Orozco apenas sabía leer; su padre, un funcionario menor con aspiraciones políticas, había sido propietario de la tienda local y la fama de Pascual era la de un arriero capaz y honesto, que conocía todas las veredas en las montañas circundantes.[27] Cuando el organizador maderista en el estado —el próspero filósofo granjero Abraham González— inició el reclutamiento en 1910, se dirigió a Orozco, conocido por su postura antigobiernista. Pero los resentimientos de Orozco, más que dirigirse en contra de Díaz en la distante Ciudad de México, estaban orientados hacia Joaquín Chávez, cacique en el distrito de Guerrero, cliente de Terrazas y rival de Orozco en el negocio local del transporte. Por lo tanto, cuando Orozco se presentó ante González, le solicitó apoyo con el fin de "liberar al distrito de Guerrero del cacique... don Joaquín Chávez".[28] En consecuencia, con una mezcla de resentimientos personales e inconformidad política, una de las primeras acciones de Orozco, cuando su poderío militar comenzó a expandirse por los pequeños pueblos montañosos ubicados a lo largo de las vías del ferrocarril noroccidental, fue saquear la casa de Chávez en San Isidro.

Mientras tanto, cerca de la frontera norteamericana, Toribio Ortega encabezó la revuelta de los habitantes de Cuchillo Parado (un pueblo tradicionalmente liberal) y González, quien había sido nombrado comandante maderista en el estado, se unió al joven académico protestante Braulio Hernández. Ambos dirigentes se distinguían de otros líderes revolucionarios por ser "ciudadanos muy respetados" según un informe norteamericano; sin em-

[26] Carothers, Torreón, 22 y 26 de noviembre; G. McCall, Cía. de Minas Mexicanas del Oeste, Guadalupe y Calvo, 26 de noviembre de 1910, SD 812.00/509, 533/578.

[27] Meyer, *Mexican Rebel*, pp. 13-18; Ramón Puente, *Pascual Orozco y la revuelta de Chihuahua*, México, 1912, p. 23; Letcher, Chihuahua, 20 de marzo de 1912, SD 812.00/3424. Existe, asimismo, evidencia de que Orozco tenía tendencias protestantes.

[28] Puente, *Pascual Orozco*, p. 23; véase también, Beezley, *Insurgent Governor*, pp. 36 y 48.

bargo, las fuerzas que reunieron en el distrito de Ojinaga, que para Navidad sumaban ya 1 000 hombres, estaban integradas por montañeses típicos, hombres "que conocían cada vereda en las montañas de la localidad".[29] Internado en la Sierra Madre, José de la Luz Blanco se pronunció cerca de un pueblo de largo historial rebelde, Temósachic, donde contó con amplio apoyo de la región, incluyendo a algunos indígenas; Cástulo Herrera, mientras tanto, conducía la Revolución hacia el llamado altiplano rojo de San Andrés.[30] Entre los lugartenientes de Herrera estaba Pancho Villa, quien ya se había convertido de vagabundo y bandido serrano en guerrillero revolucionario (días antes había incursionado por los alrededores de Parral) y que pronto tuvo bajo su mando a 300 hombres, reclutados sin mayor dificultad en las aldeas vecinas de San Andrés. La autoridad de Herrera, nunca demasiado poderosa, se debilitó en la medida en que Villa ocupó un sitio importante como dirigente rebelde del distrito, saqueando ranchos en busca de armas y aliándose a Orozco a mediados de diciembre para resistir el avance de los federales.[31] Por su parte, Tomás Urbina, peón analfabeto, y posteriormente bandido y amigo de Villa, se separó de Herrera para dirigirse al sur, hacia el occidente de Durango, donde tomó aldeas y pueblos mineros —Inde, Guanaceví y El Oro—, secundado por reclutas tarahumaras y tepehuanos.[32]

La sierra de Durango y Sinaloa produjo su propia cosecha de revolucionarios: Domingo y Mariano Arrieta, Conrado Antuña, Pedro Chaides, Ramón Iturbe. Los Arrieta, quienes habrían de jugar un importante papel en los años venideros, eran rancheros que gozaban de cierta reputación local pero carecían de fortuna o educación. Mariano, analfabeto, era campesino en Vascogil, mientras que Domingo, como Orozco, era arriero; ambos hermanos admitieron que no eran "pensadores cultos, ni... profundos moralistas".[33] El caso de Iturbe era distinto, se trataba de un joven de la costa del Pacífico (había trabajado como oficinista en la cárcel de Culiacán), su aprendizaje revolucionario lo obtuvo directamente en la sierra, antes de bajar, en la primavera de 1911, a los valles de Sinaloa, hacia donde condujo a 2 000 hombres bajo su mando y, a pesar de su juventud, se decía que "ha logrado más que el propio Madero y [puede] ser otro Porfirio Díaz en embrión".[34] Asimismo, surgieron otros cabecillas cuyos nombres y orígenes son aún imprecisos, como imprecisa es la naturaleza de sus seguidores. La facilidad para reclutar hombres

[29] Ellsworth, C. P. D., 11 y 24 de diciembre de 1910, SD 812.00/569, 594.

[30] Bonthrone, Chihuahua, 2 de marzo de 1911, FO 371/1147, 17472; Ellsworth, desde San Antonio, 10 de marzo de 1911, SD 812.00/951; Ross, *Madero*, p. 124; Lister, *Chihuahua*, p. 212.

[31] Guzmán, *Memorias*, pp. 48-54; de R. Valle, Parral, a José María Sánchez, 8 de octubre de 1910, STA, caja 28, sobre las actividades recientes de Villa.

[32] Guzmán, *Memorias*, p. 46; Reed, *Insurgent Mexico*, pp. 53 y 55; de Urbina a Gobernación, 31 de julio de 1911, legajo AG 898, se refiere a 300 "indios de infantería", de una fuerza total de 1 000 hombres bajo sus órdenes, en el verano de 1911.

[33] Hamm, Durango, 20 de mayo de 1911, SD 812.00/2106; Cumberland, *Constitutionalist Years*, p. 274.

[34] Alger, Mazatlán, 1° de abril; Freeman, Durango, 23 de febrero de 1911, SD 812.00/1249/882.

en pueblos de la sierra, como Temósachic y Ciudad Guerrero, quedó manifiesta pues ahí residía "gente muy revolucionaria".[35] La contribución de grupos indígenas (ignorada por tantos historiadores) también fue importante. Pero el grueso de las huestes de Villa, Orozco y los Arrieta tuvo su origen en la población blanca o mestiza de las comunidades serranas: se trataba de rancheros, campesinos, pastores, arrieros y bandidos. De muchos se decía que "no habían tenido oficio definido en el pasado"; de ahí que resulte difícil y quizá inadecuada una clasificación ocupacional.[36] Pero contingentes igualmente numerosos surgieron de comunidades campesinas como Cuchillo Parado y Bachíniva, y las antiguas quejas agrarias de ciertas comunidades dotaron al movimiento revolucionario en su conjunto —incluso en su forma serrana— de un carácter agrarista distintivo, aunque no dominante. Como dijera el gobernador de Chihuahua en diciembre, "toda la esfera inferior del pueblo" fue agitada por los revolucionarios, quienes les prometieron "puestos públicos y reparto de tierra, ganado y valores, sobre bases socialistas".[37]

Los trabajadores industriales (en una definición amplia) no se unieron a la Revolución en grandes cantidades, salvo en situaciones excepcionales. Aunque este fenómeno no se debió a que fueran opositores de la lucha armada; en Chihuahua, por ejemplo, un ingeniero francés declaró: "los mineros, sin unirse [a los revolucionarios], simpatizan con ellos"; los gritos de "Viva Madero" y "Muera Porfirio Díaz" se escuchaban diariamente en los aserraderos de la sierra.[38] Pero ahí, al igual que en otros puntos del país, los trabajadores no se rebelaron en masa, como lo hicieron algunas comunidades campesinas. La única excepción de importancia fue Aviño, una pequeña comunidad minera declinante que aportó un centenar de hombres a la lucha en febrero de 1911. Aviño estaba administrada por un inglés inepto de carácter irritable, como aceptaron, incluso, sus compatriotas; se había enemistado con los lugareños por diversos motivos —entre otros, porque sustituía con fichas el pago en efectivo de los salarios—. Más aún, como ha revelado la historia de la compañía, el empleo en Aviño era precario y no pudo desalentar la rebelión.[39] En los campamentos mineros más grandes, donde la administración mostró tendencias más esclarecidas, el empleo era más seguro y estaba mejor remunerado, la revuelta no fue tan frecuente. Asimismo, los habitantes de pueblos

[35] Guzmán, *Memorias*, p. 52; de F. Mateus a A. Terrazas, 7 de diciembre de 1910, STA, caja 28.
[36] Informe del gerente de la Mina Guadalupe, Inde, en Hohler, Ciudad de México, 28 de junio de 1911, FO 371/1148, 27072.
[37] De Alberto Terrazas a E. Creel, 22 de diciembre de 1910, STA (E. Creel), r. 2. Inútil decir que el término "socialista" debe ser aceptado con reservas.
[38] Citado por Lefaivre, 14 de diciembre de 1910, AAE, Méx., Pol. Int., N. S., II; de F. Mateus a A. Terrazas, 17 de diciembre de 1910, STA, caja 28, y para evidencias similares acerca del Mineral de Dolores, de José Sánchez a A. Terrazas, 2 de diciembre de 1910, STA (E. Creel), r. 2.
[39] De S. Ramírez a Madero, 21 de septiembre de 1911, AFM, r. 19, Hohler, Ciudad de México, 13 de marzo de 1911, FO 371/1146, 11453, en donde se comparan los problemas en Aviño con la paz prevaleciente en las cercanas minas de Tominil.

madereros, como Pearson y Madera, eran gente tranquila "dedicada exclusivamente a sus trabajos de una manera muy pacífica".[40]

Aun sin el apoyo armado de los mineros, las guerrillas maderistas pronto se convirtieron en una cadena que se extendió desde la frontera hasta Tepic y Zacatecas, para convertir a la zona en un dominio rebelde donde el poder federal se debilitó. Hacia diciembre, los rebeldes de Chihuahua eran "amos de la sierra, que encuentran refugio en toda la zona desde San Andrés hasta Ciudad Guerrero"; Luis Terrazas se atemorizó al ver que sus negocios en la región de Guerrero escapaban del control gubernamental.[41] Si bien las tropas federales podían ganar batallas campales, gracias a la superioridad de sus armas (como sucedió en Cerro Prieto el 11 de diciembre), carecían de la voluntad y movilidad para dispersar a los rebeldes de una vez por todas. El administrador de un aserradero británico señaló que era como la Guerra de los Bóers: tropas bien armadas pero perezosas se enfrentaban a buenos tiradores, evasivos y familiarizados con el terreno.[42] Este último factor fue decisivo, pues le permitió a Orozco, por ejemplo, atrapar un tren del ejército en Cañón Mal Paso, y a José Cruz Sánchez acorralar a fuerzas federales en el Cañón Galindos Vinata, donde masacró a casi 200 hombres en una emboscada.[43]

Bajo esta presión, los federales abandonaron la reconquista de la sierra. Cuando los rebeldes amenazaron la red del ferrocarril entre Chihuahua y Ciudad Juárez, el comandante federal Navarro retiró sus tropas de las montañas, acto que significó la renuncia del gobierno para controlar la región al occidente de la capital del estado. Entonces la ciudad de Chihuahua comenzó a llenarse de hacendados que habían evacuado la zona de peligro; Terrazas envió a la Ciudad de México los títulos de sus propiedades en 17 cajas fuertes.[44] Pero, a principios de 1911, se había llegado a un punto muerto: las llanuras estaban en manos federales, donde su fuerza era aún formidable; los maderistas, por su parte, controlaban las montañas, asegurando así su foco de guerrilla. Era un logro sin precedentes en los últimos 30 años, salvo por las tribus yaquis. Pero los maderistas, a diferencia de los yaquis, proponían un discurso político de importancia nacional que no podía ser ignorado. Como revela la correspondencia del gobierno de Chihuahua, la revuelta maderista de 1910 causó ansiedad, incluso pánico, en el medio oficial, mientras que las insurrecciones magonistas de 1906 y 1908 dieron pie a la autocongratulación del gobierno. Los triunfos de los serranos en el norte, perpetrados por "guerrilleros instintivos" como Villa y Orozco, habían puesto a la Revolu-

[40] De Jesús Vega Bonilla a A. Terrazas, 30 de noviembre de 1910, STA, caja 28.
[41] Lefaivre (nota 38, *supra*); Fuentes Mares, *Y México se refugió*, pp. 240-241.
[42] Guzmán, *Memorias*, pp. 53-54; J. B. Tighe, citado en *El Paso Herald*, 28 de enero de 1911.
[43] Ross, *Madero*, p. 132; Ellsworth, C. P. D., 24 de enero de 1911, SD 812.00/687.
[44] Para estas fechas, muchas familias mexicanas prominentes se estaban yendo a la Ciudad de México, y el mismo éxodo afectaba a Durango. Véase Leonard, Chihuahua, 1º de febrero, Freeman, Durango, 20 de febrero de 1911, SD 812.00/749, 853; Fuentes Mares, *Y México se refugió*, p. 243.

ción en el mapa, causado alarma en el régimen y rescatado el nombre de Madero de su posible olvido.[45]

Asimismo, en Durango, las primeras victorias rebeldes se obtuvieron en las montañas del occidente y la declaración de Díaz ante el Congreso, en la que atribuía estas victorias a la naturaleza del terreno, era parcialmente cierta.[46] Díaz, sin embargo, no pudo recurrir al mismo pretexto cuando la guerra alcanzó momentáneamente en Chihuahua un punto muerto, y el "principal centro de descontento" se trasladó al sur, hacia los llanos de La Laguna.[47] Ahí había centros de revuelta agraria clásica, como la llamada "plaga" de Cuencamé —en palabras de un hacendado—, donde los pueblos se oponían a la expansión de las empresas comerciales y donde los ranchos luchaban por las aguas del Nazas. La mano de obra en esta región estaba basada en el trabajo de inmigrantes y proletarios, para quienes —quizá a la manera del análisis de Martínez Alier en Cuba— el reparto de tierra ejercía una atracción especial pues, entre otros beneficios, significaba seguridad de empleo.[48] A mediados de febrero, Cuencamé misma cayó en manos de 500 rebeldes conducidos por Luis Moya, un ranchero de la localidad; poco después, la hacienda de Las Cruces recibió la visita de 120 maderistas, "todos de Cuencamé" y, conforme a las palabras del administrador, "bandidos ignorantes y rudos". Fue entonces cuando Calixto Contreras "de aspecto siniestro y miradas furtivas", inició su carrera de revolucionario al mando de 4 000 indígenas de Ocuila, residentes del distrito de Cuencamé. La causa de este brote fue "la usurpación de tierras que sufrieran los indígenas de Ocuila a manos de ricos terratenientes de la localidad".[49] La contribución de Cuencamé a la Revolución en la región de La Laguna fue sobresaliente, pero no fue la única. Pronto otros pueblos entraron en guerra, derrocando funcionarios cuya caída resultaba pronosticable para los lugareños: por ejemplo, a nadie sorprendió el pronunciamiento de Peñón Blanco, en el distrito de Cuencamé, ya que "la gente de ese lugar tenía quejas acumuladas en contra del gobierno", si bien la naturaleza de dichas quejas se desconoce.[50] A mediados de marzo de 1911 proliferaron incidentes similares, mientras los federales se encontraban atrincherados en los cuarteles de la región; más allá de éstos y de sus escasas conexiones de ferrocarril, los rebeldes continuaban cobrando fuerza. Un cálculo conservador muestra que las huestes rebeldes reunían a 1 000 hombres en las montañas y 2 000 se concentraban sólo en La Laguna. Su número crecía cada día. Hasta ese momento, los "revolucionarios habían logrado todo lo que querían" en los encuentros militares.[51]

[45] Vasconcelos, *Ulises criollo*, p. 258.
[46] Hohler, Ciudad de México, 3 de abril de 1911, FO 371/1146, 14297.
[47] Hohler, Ciudad de México, 1º de marzo de 1911, FO 371/1146, 9734.
[48] O'Hea, *Reminiscences*, p. 8; Martínez Alier, *Haciendas*, pp. 15, 48, 131 y ss.
[49] O'Hea, *Reminiscences*, p. 8; Graham, Durango, 18 de febrero y 19 de abril de 1911, FO 371/1146, 8191/1147, 17946; de T. Fairbairn a T. Conduit, 20 de febrero de 1911, SD 812.00/862.
[50] Freeman, Durango, 31 de marzo de 1911, SD 812.00/1252.
[51] *Ibid.*, 24 de febrero y 19 de marzo de 1911, SD 812.00/880, 1105.

La rebelión fue rural, popular y agraria. Sus dirigentes eran de extracción popular, su autoridad fue local y "tradicional", y sus antecedentes antirreeleccionistas fueron dudosos. Los ejemplos abundan: Contreras, el líder de Ocuila; Ceniceros, un abogado pueblerino convertido en "intelectual" revolucionario; Orestes Pereyra, hojalatero cuyo rostro mostraba cicatrices de quemaduras; Enrique Adame Macías, que se decía campesino; Sixto Ugalde, "hombre iletrado pero de gran valor y aptitudes".[52] Sus seguidores también eran gente humilde del campo: "aunque es de todos conocido que los revolucionarios tienen numerosos simpatizantes en las grandes ciudades, nadie de éstas se ha unido a la causa, la mayoría de los que sí lo han hecho son campesinos".[53] Asimismo, se consideró que los resentimientos agrarios eran la causa principal del levantamiento, ya que los rebeldes defendían ideas antiguas y emotivas respecto al reparto de tierras y se creía que sin la satisfacción de esta exigencia la revolución de La Laguna no podría pacificarse.[54]

Con el derrumbe de la autoridad, la zona de operaciones rebeldes se esparció y las quejas campesinas, cuya incubación había sido larga, se animaron: las huestes de Moya asesinaron al administrador de la hacienda de los López Negrete; la hacienda algodonera de Guichapa, cercana a Rodeo, fue saqueada y su administrador resultó herido; 70 rebeldes, bajo el mando de Pereyra, visitaron Zaragoza (una de las haciendas en Tlahualilo), reunieron a los peones y preguntaron por el administrador Cecilio González, quien había provocado su ira "porque habló mal de ellos y porque la gente les había dicho que maltrataba a los peones".[55] Una vez iniciado, en los primeros meses de 1911, el proceso de reparto de tierras continuó de manera esporádica en los años siguientes, y los rebeldes de La Laguna mantuvieron un carácter popular —hasta cierto punto anárquico—, mientras que otros, como los de Chihuahua, se profesionalizaron. En opinión de John Reed, quien entró en contacto con ellos dos años más tarde, parecían "peones sencillos que se habían levantado en armas", y a los ojos de Rodolfo Fierro, antiguo ferrocarrilero y bandido revolucionario, eran "estos zoquetes, imbéciles, de Contreras".[56] Su aspecto era burdo, incluso temible (subrayado por el trofeo que Contreras había colgado en su carro de ferrocarril: el cráneo de una de sus víctimas).[57] Mientras tanto, en Durango y en otras regiones, la rebelión no llegó a entrar en las minas. En Guanaceví, en la sierra rebelde, las operaciones mineras continuaron; en las Minas de Guadalupe, la compañía hizo pagos obligatorios a los rebeldes, como solieron hacer las empresas a lo largo de la Revolu-

---

[52] O'Hea, *Reminiscences*, p. 8; de Macías a Madero, 6 de julio, AFM, r. 19; de Adrián Aguirre Benavides a Madero, 29 de mayo de 1911, AFM, r. 18.

[53] De Aguirre Benavides a Madero, 29 de mayo de 1911, AFM, r. 18.

[54] De J. Reina, Mapimí a Madero, 2 de julio de 1911, AFM, r. 20.

[55] Carothers, Torreón, 8 de marzo de 1911, Coen, Durango, 23 de febrero de 1912, SD 812.00/962, 3250; de J. P. C., Tlahualilo a J. B. Potter, 13 de abril de 1911, FO 371/1147, 16690.

[56] Vera Estañol, *Revolución mexicana*, p. 212; Reed, *Insurgent Mexico*, pp. 194 y 200.

[57] E. Brondo Whitt, *La división del Norte (1914) por un testigo presencial*, México, 1940, p. 125.

ción, y los empleados recibieron "buen trato" y "pudieron continuar sus operaciones, lo cual fue muy bien aceptado por la gente del lugar".[58]

Este contraste entre levantamiento agrario y paz industrial se estableció desde el principio. También se definieron otros rasgos esenciales de la revolución popular. En la medida en que su control se amplió, los rebeldes provocaron una revolución en el gobierno local. Y, al parecer, el alcance y profundidad de la Revolución en Chihuahua fue reflejo de la magnitud y profundidad del cacicazgo de Terrazas (incluso algunos porfiristas lo admitieron).[59] En otros estados, como San Luis Potosí o Tabasco, era menor el resentimiento en contra del gobierno estatal, en comparación con el nacional.[60] Por lo tanto, en Chihuahua, desde los primeros días de la Revolución, tan pronto como los rebeldes ocuparon los pueblos madereros de la sierra, se "dieron a la tarea de destituir funcionarios y encargar a sus hombres de los asuntos oficiales"; el destino de las autoridades locales porfiristas fue la muerte, como en el caso de Urbano Zea, quien fue asesinado en Ciudad Guerrero; o bien el exilio a otras regiones. En cualquier caso, eran sustituidos por "gente ordinaria como Autoridades Provisionales a su antojo".[61] El mismo esquema se estableció en Durango, en los pueblos mineros de Topia, Tamazula y Santiago Papasquiaro. En este estado, Tomás Urbina, que no era el mejor representante de la democracia pues había tomado Indé y Guanaceví a sangre y fuego, dijo: "llamé al pueblo para que eligiese a sus representantes, dejando así Autoridades Provisionales [instaladas] y varias escoltas para las garantías necesarias".[62] Como se ha señalado, en sitios como Peñón Blanco, en La Laguna, los propios habitantes llevaron a cabo sus cambios: Trinidad Cervantes permitió que los pobladores de San Juan Guadalupe nombraran a un antiguo y popular jefe en sustitución de un odiado funcionario; Luis Moya, quien llegó hasta Zacatecas, cambió funcionarios en todos los pueblos a su paso.[63]

A este cambio de autoridades locales generalmente se sumó la apertura de cárceles, liberando por igual a presos políticos y delincuentes; en ocasiones, estos actos se acompañaron de la destrucción de archivos municipales, pues eran considerados símbolos no sólo del Porfiriato, sino también de la voracidad de las haciendas. Todas estas prácticas tenían viejos antecedentes.[64]

---

[58] E. K. Knotts, Guanaceví, 20 de abril de 1911, SD, 812.00/2091; informe del gerente en Hohler, Ciudad de México, 28 de junio de 1911, FO 371/1148, 27072.

[59] *Cf.* Meyer, *Mexican Rebel*, p. 9; véanse los comentarios del gobernador Ahumada al vicecónsul británico en Chihuahua, en Hohler, Ciudad de México, 23 de febrero de 1911, FO 371/1146, 8519.

[60] *Cf.* Bonney, San Luis, 18 de marzo (dos veces), Lespinasse, Frontera, 21 de marzo de 1911, SD 812.00/998, 1071, 1175.

[61] De F. Mateus, Casas Grandes, a J. M. Sánchez, 7 de diciembre; de F. Porras a E. de la Garza, 11 de diciembre de 1910, STA, caja 28 (Creel), r. 2.

[62] Lawrence, Topia, 2 de febrero, Witherbee, Minas de Santa Cruz, cerca de Zapotes, 29 de marzo de 1911, SD 812.00/808, 1436; de Urbina a Gobernación, 31 de julio de 1911, legajo AG 898.

[63] De José Trinidad Cervantes a Madero, 4 de julio de 1911, legajo AG 898; Holms, Guadalajara, 25 de marzo de 1911, FO 371/1146, 13581.

[64] *Cf.* Reina, *Rebeliones campesinas*; Meyer, *Problemas campesinos*.

En marzo se quemaron los archivos de Topia y se abrieron las puertas de la cárcel; lo mismo ocurrió en Parral, donde las llamas consumieron los planos del pueblo, que databan del siglo XVI.[65] Salvo estas acciones, la tendencia de la revolución popular estuvo encaminada por las vías del orden; los blancos eran seleccionados de manera deliberada y los rebeldes custodiaban sus nuevas conquistas y pagaban en efectivo por los bienes secuestrados o, en el peor de los casos, firmaban recibos. No se observaron actitudes en contra de los extranjeros; la turba no hizo todavía su aparición en pueblos ni aldeas tomados por maderistas (aunque en ocasiones los habitantes tuvieron que secundar a los rebeldes en sus esfuerzos militares de ataque).[66] Por lo tanto, la incipiente revolución en el norte (que precedió incluso a la aparición de Madero en suelo mexicano) reveló muchas de las características clásicas de la revolución popular: dominio de intereses locales (estatales o municipales); preponderancia de elementos rurales; contenido claramente agrario; instrumentación de cambios políticos, aunque sin orden ni concierto y, a veces, a punta de bayoneta; ausencia de xenofobia.

Al principio, la respuesta del gobierno ante esta amenaza militar, la más seria en los últimos 30 años, fue complaciente. Díaz acusó a los rebeldes de bandidos y, como señalara el encargado de negocios de la embajada británica, "ignoró la mera posibilidad de una imperfección en su régimen".[67] Luis Terrazas anticipó posteriores reacciones pavlovianas y acusó a los rebeldes de comunistas.[68] El primer impulso oficial fue la represión. Se enviaron refuerzos federales a Chihuahua y el general Navarro recibió la orden de obligar la retirada de Orozco hacia las montañas y el olvido, quemando de paso las casas de sus simpatizantes. En la ciudad de Chihuahua, la cárcel se llenó de prisioneros políticos sospechosos de sedición y cundió el temor de posibles desórdenes de la multitud. En Ciudad Juárez y Durango, los militares comenzaron a hacerse cargo de los puestos civiles (proceso que fue llevado hasta el extremo dos años más tarde), y en Durango la calma de un concierto dominical en la plaza se vio interrumpida con el grito de "maten al jefe político y al de policía".[69] No obstante estos síntomas premonitorios, las autoridades mantuvieron el control de las ciudades.

Para fines de enero de 1911, era claro que esta revuelta no podría ser sofocada como tantas otras en el pasado. Los federales habían perdido la sierra y Orozco, que había movido a sus hombres hacia el noreste, amenazaba la principal línea de ferrocarril entre Chihuahua y Ciudad Juárez; en la capital

---

[65] Alger, Mazatlán, 21 de marzo de 1911, SD 812.00/1112; Aguirre Benavides, *De Francisco I. Madero*, p. 28.

[66] Por ejemplo, en San José del Sitio, Chihuahua, "la mayor parte" de la población se unió a los atacantes maderistas: de F. Porras a E. de la Garza, STA (E. Creel), r. 2.

[67] Hohler, Ciudad de México, 16 de febrero de 1911, FO 371/1146, 8189.

[68] Fuentes Mares, *Y México se refugió*, p. 241.

[69] Ross, *Madero*, p. 131; Ellsworth, C. P. D., 24 de enero (dos veces); Carothers, Torreón, 27 de febrero; Freeman, Durango, 20 de febrero de 1911; SD 812.00/681, 687/898/853; Fuentes Mares, *Y México se refugió*, p. 240.

del estado privaba, por encima de la aparente seguridad, un clima de aislamiento y temor, especialmente en los comercios e industrias; las minas carecían de dinamita, ya que el ejército había prohibido enviar cargamentos que pudieran caer en manos de los rebeldes; el precio de los alimentos iba en aumento.[70] Por segunda vez en dos años, el comercio se redujo y aumentaron las amenazas de desempleo y desórdenes callejeros. La presencia de federales en el estado aumentó de 1 000 a 7 000 hombres en el intervalo de cuatro meses; había tensión en las relaciones entre civiles y militares; los encuentros entre las tropas y los habitantes eran inevitables y, por si fuera poco, a fines de febrero, 13 personas murieron en una fuga masiva de la cárcel.[71]

Desde la perspectiva del gobierno, había un problema mayor: los síntomas de deserción en el ejército. En el campo, 45 hombres del 18° regimiento se unieron a los rebeldes: historias semejantes abundaban desde Durango hasta Sonora donde, conforme la Revolución se extendió hacia los picos y valles de la Sierra Madre, las tropas del gobierno ubicadas para la defensa de los importantes pasos de Sahuaripa, huyeron ante el primer ataque rebelde.[72] Este fenómeno también habría de tornarse frecuente, ya que las exigencias de personal en el ejército federal habían orillado al reclutamiento de criminales y miserables en la Ciudad de México, quienes no estaban dispuestos a convertirse en héroes.[73] Resultaron inútiles los primeros intentos por reunir fuerzas de voluntarios locales para combatir a los rebeldes en Chihuahua y Durango, y el gobernador de Chihuahua afirmaba que los terratenientes se entregaban a una retórica autodefensiva, pero sin mover un dedo, temerosos de las represalias rebeldes contra sus propiedades.[74] Luis Terrazas fue más lejos: armó a sus peones de confianza pero se indignó al descubrir que "los mismos sirvientes están muy contaminados, y solamente se cuenta con un reducidísimo número que son leales. Armar a los desleales... sería enteramente contraproducente, porque se pasarían al enemigo armados y equipados".[75] Incluso la oferta de un salario de dos pesos diarios (muy superior al salario diario promedio), armas y caballo, no logró reunir reclutas.

De pronto fue obvio que el viejo orden había perdido toda legitimidad. El nuevo cónsul norteamericano en Chihuahua, al sondear la opinión en el estado, detectó "descontento casi general con respecto a las condiciones políticas; la gente que entrevisté declaró que el único apoyo con que cuenta el gobierno son los funcionarios" e incluso de entre esas filas algunos empeza-

---

[70] Leonard, Chihuahua, 4 de febrero, 4 y 6 de marzo de 1911, SD 812.00/770, 871, 938.

[71] *Ibid.*, 6 de marzo y 27 de febrero de 1911, SD 812.00/938, 847.

[72] Freeman, Durango, 26 de febrero y 10 de marzo; Hostetter, Hermosillo, 27 de enero de 1911; SD 812.00/877, 968/764.

[73] Wilson, Ciudad de México, 6 de febrero de 1911, SD 812.00/739.

[74] Edwards, Juárez, 23 de enero; Freeman, Durango, 19 de marzo de 1911, SD 812.00/686/1105; de A. Terrazas a E. Creel, 22 de diciembre de 1910, STA (E. Creel), r. 2.

[75] Fuentes Mares, *Y México se refugió*, pp. 244-245.

ban a desertar, como el jefe de policía de Ciudad Juárez, quien había renunciado recientemente para buscar refugio en los Estados Unidos.[76]

En Parral, 95% de la gente afirmó estar en contra del régimen y a favor de los rebeldes; informes similares llegaban de Durango y La Laguna.[77] Al fracasar la represión, el gobierno intentó disipar las protestas locales por vía de la conciliación, táctica que en el pasado había utilizado con buenos resultados. En enero de 1911, Miguel Ahumada, antiguo gobernador de Chihuahua y quien aún gozaba de popularidad, retornó para ocupar el cargo de Terrazas; apeló públicamente a los rebeldes, especialmente a "los hijos valientes de Guerrero que han tomado las armas animados por una causa noble" para que desistieran del conflicto fratricida, en el entendimiento de que en el futuro podrían elegir a sus propios jefes políticos y presidentes municipales; esto era un reconocimiento de las quejas serranas.[78] En la Ciudad de México se habló de cambios en el gabinete y de la destitución de "varios de los gobernadores más detestados"; el régimen intentó establecer comunicación con Francisco I. Madero por medio de sus familiares más conservadores, quienes desaprobaban el levantamiento.[79] Pero los esfuerzos eran demasiado pobres y a destiempo, y el acto de prestidigitación porfirista no impresionó a los rebeldes del norte ni, en general, al pueblo de México, que no exigía un cambio superficial de personal, sino una reforma fundamental en el método electoral, que permitiera la representación popular. Las concesiones de esta naturaleza sólo sirvieron para debilitar aún más al régimen y para alentar el ánimo revolucionario; en los pueblos en que se asentaban cuarteles en el norte del país, estas acciones sólo aumentaron la incertidumbre.

Mientras tanto, el frente militar continuaba en punto muerto. Los rebeldes se movían libremente por el campo norteño, donde "parecían ser… bienvenidos por la gente común"; por su parte, los federales se aferraban como lapas a los principales pueblos y a las vías del tren, y una parte importante de su actividad estaba dedicada a mantener abierta la sección del Ferrocarril Central entre Chihuahua y Ciudad Juárez. Aun ahí, al escoltar a las flotillas de reparación, los federales descubrieron que, lejos de las ciudades, el resto era "territorio hostil".[80] Hasta ese momento, las batallas campales habían sido escasas. El 11 de diciembre, cerca de 2 000 hombres pelearon en Cerro Prieto, en la ruta del Ferrocarril del Noroeste; después de varias horas de fiero

[76] Letcher, Jiménez, 5 de marzo; Ellsworth, El Paso, 4 de febrero de 1911, SD 812.00/918/804.

[77] Incluso Creel admitió que "casi todo el estado de Chihuahua apoya la revolución": Fuentes Mares, *Y México se refugió*, p. 246. Véase también Carothers, Torreón, 27 de febrero de 1911, SD 812.00/891.

[78] Leonard, Chihuahua, 1° y 4 de febrero de 1911, SD 812.00/693, 770; Hohler, Ciudad de México, 23 de febrero de 1911, FO 371/1146, 8519.

[79] Dearing, Ciudad de México, 28 de febrero de 1911, SD 812.00/881; *cf.* de Ernesto Madero a Banco Minero, 23 de febrero de 1911, lamentando los "desafortunados" acontecimientos recientes y su efecto sobre los negocios: STA (E. Creel), r. 2.

[80] Edwards, Juárez, 13 de marzo; Ellsworth, San Antonio, 7 de marzo de 1911, SD 812.00/989, 924.

combate alrededor del cementerio del pueblo, los federales rechazaron a las fuerzas combinadas de Villa, Orozco y José de la Luz Blanco y éstas se vieron obligadas a buscar refugio en la sierra. La superioridad de la artillería federal y la inexperiencia militar de los rebeldes (especialmente de los indígenas) fue decisiva en ese resultado.[81] En febrero, Orozco fracasó nuevamente en su intento por impedir que el general Rábago llegara a Ciudad Juárez con refuerzos.[82] Llegado este momento, si los revolucionarios querían mantener credibilidad e ímpetu, era vital abandonar la seguridad de las montañas y sus operaciones de guerrilla para desafiar al ejército federal en un combate abierto, a las puertas de las ciudades de la planicie. También era necesario que Madero, aún en los Estados Unidos, retornara a México para asumir personalmente el mando del movimiento que había iniciado pero del que, hasta el momento, no había sido partícipe. Una nueva fase en el proceso de la Revolución estaba por iniciarse; una etapa que habría de ver la proliferación de la lucha armada por todo el país.

El retorno de Madero

Después de huir de México, en octubre de 1910, Madero no había logrado más que la mayoría de los políticos civiles. El 18 de noviembre abandonó San Antonio para llevar a cabo un encuentro programado con varios centenares de rebeldes en Coahuila, quienes habían planeado tomar por asalto Ciudad Porfirio Díaz. Sin embargo, cerca de la frontera, el grupo perdió el rumbo y pasó una noche gélida desplazándose a la deriva; a la mañana siguiente, cuando por fin encontraron al contingente de Coahuila (sólo 10 hombres comandados por Catarino Benavides, tío de Madero), recibieron la noticia de la muerte de Serdán y decidieron que sería suicida seguir el plan revolucionario original. Así, al igual que muchos de sus partidarios, Madero tuvo que evaluar la situación, desistir de su iniciativa y esperar a los acontecimientos; Madero retornó a San Antonio.[83] Durante un par de meses, él y sus acompañantes llevaron una existencia ambulante a lo largo del sur y el suroeste de los Estados Unidos, mudándose de San Antonio a Nueva Orleans, de Dallas a El Paso. Hasta ese momento, las autoridades norteamericanas no habían tomado medidas en contra de los maderistas internados en su territorio; razón por la cual el gobierno de Díaz emitió quejas y protestas. Posteriormente, algunos historiadores tejieron complicadas tramas acerca del apoyo norteamericano a la revuelta maderista;[84] incluso llegaron a sugerir que los Estados Unidos, decepcionados de Díaz por su actitud supuestamente discriminato-

---

[81] Guzmán, *Memorias*, pp. 53-54; Alberto Calzadíaz Barrera, *Hechos reales de la Revolución mexicana*, México, 1961, pp. 43-44.
[82] Ross, *Madero*, p. 135.
[83] *Ibid.*, pp. 125-127; Aguirre Benavides, *De Francisco I. Madero*, pp. 15-16.
[84] Ross, *Madero*, p. 129; Berta Ulloa, "Las relaciones mexicano-norteamericanas, 1910-1911",

ria y sus preferencias por los intereses europeos, estimularon el apoyo a la Revolución, no sólo por parte del régimen de Taft sino también de empresas específicas, como la Standard Oil. En la era de la diplomacia del dólar, la congruencia de esta postura no fue mera coincidencia.

No obstante, para una historia equilibrada de la Revolución, es necesario considerar estos puntos aunque sea en forma somera. En términos generales, el gobierno de los Estados Unidos no se mostró dispuesto a intervenir en la política revolucionaria de México (hubo excepciones, pero la de 1910-1911 no fue una de ellas): la capacidad de los Estados Unidos para influir sobre esta política fue limitada e incierta. Es evidente que el reconocimiento norteamericano de los regímenes o de la condición beligerante de las facciones revolucionarias tenía peso particularmente con respecto al abasto de armas a través de la frontera. Las decisiones, sin embargo, dependieron principalmente de acontecimientos e iniciativas mexicanas: no es posible afirmar que la política norteamericana (en 1910-1911 ni en 1913-1914) fuera responsable principal de la formación o destrucción del régimen prevaleciente al sur de su frontera. Tampoco es posible afirmarlo de la Standard Oil ni de cualquier otra empresa estadunidense. Como ya se ha señalado, la Revolución fue un proceso fundamentalmente endógeno: una lucha (conforme a las palabras de un participante mexicano) "peleada con el hambre y la abnegación de los mexicanos, nada más", una lucha (de acuerdo con un observador estadunidense) "enteramente mexicana... de mexicanos peleando contra mexicanos... [en] su propia disputa familiar".[85] En algunas circunstancias (pero sólo en algunas) la influencia norteamericana contó, pero ésta fue claramente secundaria en lo que se refiere a la importancia causal de los factores internos que determinaron el curso de la Revolución.

La evidencia del desencanto norteamericano hacia Díaz y su apoyo activo a la causa maderista, es pobre y ambigua; a menudo se deriva de informes especulativos de diplomáticos extranjeros hostiles.[86] Es cierto que, particularmente en los últimos años del Porfiriato, la estrategia económica de los científicos implicó medidas para limitar la penetración estadunidense en la economía mexicana y estimular la entrada de los capitales europeos, a manera de contrapeso.[87] No obstante, la inversión norteamericana continuó en aumento y las medidas económicas nacionalistas, como la mexicanización de los ferrocarriles propuesta por Limantour, no implicó una amenaza verdadera contra la hegemonía económica norteamericana. Los políticos de los Estados Unidos (quienes podían ser absolutamente ambiguos en lo concerniente al nivel acumulado

Historia Mexicana, XV, núm. 1 (julio-septiembre de 1965), pp. 27-28; P. Edward Haley, *Revolution and Intervention: The Diplomacy of Taft and Wilson with Mexico, 1910-1917*, MIT, 1970, pp. 21-22.

[85] Braulio Hernández, citado en Calvert, p. 76; Hanna, Monterrey, 28 de noviembre de 1913, SD 812.00/10301.

[86] Katz, *Secret War*, pp. 21-27, sobre el asunto del petróleo; *cf.* Knight, *Nationalism, Xenophobia and Revolution*, pp. 18-23.

[87] Campos, "Científicos", pp. 14-15 y 34.

de la inversión norteamericana en México) mantuvieron la imagen de Díaz como protector de los intereses estadunidenses, concepto que estaba lejos del error.[88] Por lo tanto, es difícil concebir a cualquier régimen norteamericano —menos aún al gobierno legalista y cauto de Taft en 1910— coqueteando con los revolucionarios a causa de resentimientos por la política económica de Díaz. Un asunto más emotivo fue el tratamiento de los ciudadanos norteamericanos en casos específicos. Con la expansión del comercio y la inversión norteamericana en otros países, los presidentes de los Estados Unidos comenzaron a verbalizar (sin la misma grandilocuencia) los sentimientos del discurso *Civis Romanus sum* de Palmerston; si la diplomacia norteamericana debe "responder a las modernas ideas de intercambio comercial [señaló Taft ante el Congreso], es necesario basarse en el principio axiomático de que el gobierno de los Estados Unidos debe extender el apoyo adecuado a todas las empresas norteamericanas legítimas y productivas en el extranjero".[89] Esto implicó algunas protestas por decisiones legislativas o judiciales consideradas como dañinas (algunas, como el caso de Tlahualilo, se prolongaron durante varios años). Pero fueron los ataques físicos a norteamericanos, o a sus propiedades, los que aceleraron el pulso diplomático, conmocionaron a la opinión pública y despertaron el espectro de una intervención directa de los Estados Unidos en México.

Durante la Revolución, un asunto que cobró importancia capital en las relaciones entre México y los Estados Unidos fue la protección de los norteamericanos y de sus propiedades, no sólo en territorio mexicano, sino también en ciudades fronterizas.[90] Pero, antes de noviembre de 1910, no existían causas de esta índole para que el gobierno de los Estados Unidos deseara el derrocamiento de Díaz. La *Pax Porfiriana* era proverbial y la tranquilidad reinaba en la frontera. Si bien es cierto que algunos historiadores detectaron tendencias xenofóbicas hacia fines del Porfiriato, cuando "la hostilidad popular [hacia los norteamericanos] se extendió", dicha xenofobia resulta muy difícil de comprobar.[91] Incluso en aquellos casos donde las disputas laborales tomaron un giro violento y antinorteamericano, no era posible culpar a Díaz por la represión que instrumentó, como en el episodio de Cananea. Los rumores que se esparcieron en 1906 acerca de una insurrección antinorteamericana general, carecieron de fundamentos.[92] Y aun durante las protestas genuinamente anti-

---

[88] En 1909, Taft calculó en 2 000 millones de dólares la inversión norteamericana en México, cuando consistía en, aproximadamente, la mitad de dicha cantidad; cinco años después, Bryan consideraba que "los intereses comerciales" británicos eran superiores a los norteamericanos, cuando en realidad se acercaban a una cantidad equivalente a dos tercios de aquélla. Estos ejemplos no contradicen el hecho del profundo interés que se tenía por México, en tanto receptor de capital extranjero. Véase Haley, *Revolution and Intervention*, p. 9; Spring-Rice, Washington, 7 de febrero de 1914, FO 371/2025, 7144.
[89] F. S. Dunn, *The Diplomatic Protection of Americans in Mexico*, Nueva York, 1933, p. 315.
[90] Ulloa, "Relaciones", p. 27; Dunn, *The Diplomatic Protection*, p. 1.
[91] Karl M. Schmitt, *Mexico and the United States, 1821-1973: Conflict and Co-existence*, Nueva York, 1974, p. 106.
[92] Cockcroft, *Intellectual Precursors*, p. 53; Anderson, *Outcasts*, pp. 119-120; *cf.* Duhaine, Saltillo,

norteamericanas de noviembre de 1910, el Departamento de Estado absolvió a Díaz y culpó a los "reaccionarios mexicanos [sic]"; por su parte, Taft mantuvo la confianza en su colega, con quien se había entrevistado el año anterior y afirmó: "No puedo concebir una situación en la que el presidente Díaz no actuara con mano firme en defensa de los intereses norteamericanos justos".[93] Por lo tanto, no había razones para que los Estados Unidos deseara la desestabilización de Díaz, así como tampoco hay evidencia de que lo intentara.[94]

El aparente apoyo de los Estados Unidos a Madero se derivó de la libertad que en aquel país tuvieron los maderistas para movilizarse, adquirir armas, hacer propaganda y, en última instancia, para cruzar la frontera hacia México y fomentar la Revolución. Éste fue el motivo de la queja que el gobierno porfirista presentó tanto en Washington como en la Ciudad de México.[95] Taft, un pragmático estricto, se apegaba a las leyes norteamericanas que limitaban la capacidad del gobierno para interferir con los maderistas. Por ejemplo, el régimen de Taft no podía encarcelar a los maderistas por sus ataques a Díaz, ni por la compra de armamentos; los estatutos de neutralidad exigían que su captura se diera sólo en caso de que los rebeldes instrumentaran una expedición armada y ésta no era fácil de comprobar, salvo cuando los individuos eran descubiertos *in flagrante delicto*.[96] Dentro de los términos de la ley, el régimen de Taft procuró mantener una neutralidad genuina y los funcionarios norteamericanos en la frontera desplegaron todos los esfuerzos posibles para evitar el paso de los filibusteros. Sin embargo, la frontera es larga y la vigilancia del lado mexicano resultaba pobre o nula; además, la población al norte del río Bravo (especialmente la de origen mexicano) era simpatizante de la Revolución.[97] Para Díaz, así como para regímenes mexicanos posteriores, acusar a los Estados Unidos de estar aliados con los rebeldes fue un pretexto útil; sin embargo, no es posible sostener que el gobierno de los Estados Unidos contribuyera al derrocamiento de Díaz, como tampoco acusarlo de que la instrumentación de sus leyes favorecieran *de facto* a los rebeldes. Los made-

1° de agosto de 1906, SD, microcopia M-300, el cual comentaba que "los extranjeros, en general, y los norteamericanos, en particular, no tienen ninguna razón para quejarse del trato que reciben en México"; los mexicanos eran "particularmente amables y corteses" y preferían a los patrones extranjeros que a los mexicanos.

[93] De Taft a Knox y viceversa, 10 y 11 de octubre de 1910, SD 812.00/358; obsérvense, asimismo, los comentarios de Taft a su esposa, 17 de octubre de 1909, citado en Haley, *Revolution and Intervention*, p. 14. Lister, *Chihuahua*, p. 206, describe la reunión de los dos presidentes.

[94] No he examinado cada aspecto del asunto; sobre el tema de la Bahía de Magdalena y el supuesto apoyo mexicano a Santos Zelaya de Nicaragua (ninguno de los cuales, creo yo, afecta sustancialmente el análisis), véase Calvert, pp. 28-29. Por supuesto que, en última instancia, quienes proponen teorías de conspiración, pueden hacer sus conspiraciones tan complejas y desviadas que desafíen la falsificación.

[95] Bryce, Washington, 28 de marzo de 1911, FO 371/1146, 12632; Wilson, Ciudad de México, 16 de noviembre de 1910, SD 812.00/447.

[96] Como tantas veces explicara el secretario de Estado al embajador mexicano: Haley, *Revolution and Intervention*, pp. 21-22.

[97] *Ibid.*, pp. 23-25; Ulloa, "Relaciones", pp. 27-28.

ristas combatieron y ganaron sus propias batallas y, como revela el mejor análisis al respecto, "el régimen de Díaz cayó bajo el peso de su propia corrupción e incapacidad para defenderse e instrumentar sus leyes, no como resultado del apoyo norteamericano a los oponentes del régimen".[98]

Aún queda por analizar la supuesta ayuda de la Standard Oil a Madero, motivada por la generosidad de Díaz hacia las empresas petroleras británicas. Dicha generosidad fácilmente se exagera.[99] Más importante aún, la evidencia de complicidad de la Standard Oil es de la peor clase. En abril de 1911, un individuo informó a un agente secreto del Departamento de Justicia de los Estados Unidos que él era intermediario entre la Standard Oil y la familia Madero, a la que había ofrecido un millón de dólares a cambio de concesiones comerciales.[100] Se trataba de una detallada fabulación de espionaje, con encuentros clandestinos en parques texanos y en baños turcos; sugería que Francisco I. Madero había aprobado las negociaciones y le atribuía a Alfonso Madero la increíble afirmación de que "el gobierno insurrecto ha solicitado al gobierno federal que le ceda quince estados de la República mexicana que abarcan aquellos que se encuentran en la frontera con los Estados Unidos". Este pacto supuestamente sellaría la paz.[101] O Alfonso Madero era un necio y un traidor y Francisco (quien solía despachar de inmediato a los traficantes de concesiones) un hipócrita consumado, o bien, el informe era inexacto y hasta completamente ilegítimo.[102] (Durante la Revolución abundaron las historias falsas en los pueblos fronterizos de los Estados Unidos.) En lo que concierne al dinero, Peter Calvert ha demostrado que no se llevó a cabo préstamo alguno (la Standard Oil, por su parte, negó categóricamente esta historia, y el Departamento de Estado aceptó tal respuesta); al parecer, la recaudación de fondos para costear la campaña maderista provino de la fortuna de la familia Madero, parte de la cual había sido mal habida, pero no mediante promesas de privilegios económicos posrevolucionarios.[103]

No obstante las sutilezas legales, la tolerancia norteamericana hacia las actividades maderistas tenía límite. Los planes originales contemplaban que Madero retornaría a México en febrero de 1911, cuando parecía que Orozco podría tomar Ciudad Juárez. Pero, dicho lugar no cayó y Madero no pudo llevar a cabo su entrada triunfal. Para entonces, las infracciones de Madero a las leyes de neutralidad lo habían convertido en un hombre requerido por el estado de Texas, e independientemente de la situación militar en Chihuahua

---

[98] Haley, *Revolution and Intervention*, p. 23.
[99] Knight, *Nationalism, Xenophobia and Revolution*, pp. 18-22.
[100] Calvert, *Mexican Revolution*, pp. 73-84, constituye el mejor informe.
[101] Informe de agente, incluido en: Del ministro de Justicia al secretario de Estado, 2 de mayo de 1911, SD 812.00/1593.
[102] Ross, *Madero*, p. 142.
[103] Calvert, *Mexican Revolution*, pp. 82-83; Cumberland, *Genesis*, pp. 153-154; memo. del procurador del Departamento de Estado, 8 de mayo de 1911, y otros documentos bajo SD 812.00/1593; de Archbold a Knox, 15 de mayo de 1911, SD 812.00/1796.

debía viajar al sur para evitar su captura.[104] Nuevamente los planes se modificaron y los acontecimientos dictaron el rumbo de la acción. El 14 de febrero, el presidente autoproclamado se internó en territorio mexicano por el lado oriente de El Paso; iba al frente de un centenar de hombres para reunirse con José de la Luz Blanco. En caballos robados en la hacienda de Terrazas, Madero y sus hombres cruzaron las enormes extensiones semidesérticas de ranchos ganaderos en dirección a San Buenaventura; a su paso, un número cada vez mayor de seguidores se unió a sus huestes.[105] A principios de marzo, Madero decidió distinguirse atacando Casas Grandes (Chih.), el pueblo más importante en la ruta del ferrocarril del noroeste, donde sus cerca de 600 hombres se enfrentaron a las fuerzas federales ligeramente inferiores en número.[106] Para infortunio de Madero, sin embargo, una fuerza federal de caballería, compuesta por varios centenares de efectivos, se dirigía al mismo tiempo rumbo a Casas Grandes.

Los rebeldes atacaron al amanecer del 6 de marzo pero, cuando el combate cruel y fluctuante comenzaba a inclinarse a su favor, arribaron los refuerzos federales con ametralladoras que arrasaron a las tropas maderistas, dejando cadáveres en los surcos que rodeaban al pueblo. Equipados principalmente con winchesters y viejos springfields, los maderistas no podían competir con los armamentos de los federales; los rebeldes que ocupaban un edificio de adobe tuvieron que rendirse frente a la artillería federal. Cuando los maderistas huyeron, al finalizar el día, habían perdido un centenar de hombres y parte importante de sus abastos. Madero, con una herida ligera en el brazo, tuvo la fortuna de escapar.

Casas Grandes, la primera batalla campal de la Revolución, reveló que los maderistas estaban mal equipados, en lo que respecta a armas y organización, y que el monopolio federal de ametralladoras y artillería significaba una ventaja decisiva en los combates a campo abierto, ventaja que, para subsanarse, exigía a los rebeldes enormes esfuerzos, pérdidas y desarrollo de habilidades. En las semanas que siguieron, los rebeldes de Sonora (muchos de ellos eran de Chihuahua) aprendieron esa misma lección: José de la Luz Blanco, en Agua Prieta (12 de marzo); Ramón Gómez, en Navojoa (12 de marzo); Anacleto Girón, en La Colorada (22 de marzo); Cabral, Rojas y los hermanos García, en Ures (23-26 de marzo).[107] Por otra parte, el fracaso de los federales

[104] Cumberland, *Genesis*, p. 129. Como esto lo demuestra, los Estados Unidos no renunciaron a sus leyes de neutralidad en favor de Madero.
[105] Ross, *Madero*, pp. 135-136; Valadés, *Imaginación*, pp. 108-122.
[106] Ross, *Madero*, pp. 146-147, opone 500 rebeldes a un número menor de defensores; el comandante federal, en Fabela, DHRM, RRM, I, pp. 270-280, declaró que contaba con 500 (incluyendo 150 voluntarios), en contra de 800; José Garibaldi, hijo de Giuseppe, quien estaba con Madero, informó que 300 federales y 400 voluntarios defendieron Casas Grandes: Letcher, Chihuahua, 29 de marzo de 1911, SD 812.00/1222. En cada encuentro militar surgen problemas numéricos similares; como se observa, cada bando aumenta el número de los opositores.
[107] Aguilar Camín, *La Revolución sonorense*, pp. 162-163; el comandante federal de Casas Grandes se extendió sobre estos puntos: Fabela, DHRM, RRM, I, p. 280.

para prolongar la victoria de Casas Grandes era representativo de su estrategia estática y excesivamente cautelosa, alentada por la incertidumbre respecto al desconocimiento del terreno, al ánimo de las propias tropas e incluso por el futuro político de México. A su vez, los revolucionarios no se desalentaban frente a las derrotas y, en cambio, sí ganaban en conocimientos. Tres semanas después de la derrota de Casas Grandes, un norteamericano que visitó el campamento maderista al oeste de la ciudad de Chihuahua, descubrió que el número de las huestes se había incrementado, y que su ánimo y disciplina eran ejemplares.[108]

Mientras tanto, la Revolución se extendió por Durango y La Laguna. Las tropas federales se apostaron al sur de Chihuahua para mantener comunicaciones y Madero se dirigió al norte, hacia la frontera clave de Ciudad Juárez. De nuevo, las diezmadas fuerzas federales abandonaron el campo y se atrincheraron y, para mediados de abril, los maderistas rodearon la ciudad. Para entonces, Chihuahua era sólo uno de los enclaves maderistas, aunque quizá el más importante debido tanto al número de sus tropas rebeldes como a la presencia del dirigente revolucionario. Díaz ya no podía concentrarse en Chihuahua, confiado en el fracaso de las revueltas surgidas en otras regiones. El éxito de Orozco y de sus seguidores en Durango, mantuvo el ímpetu y el espíritu de los revolucionarios, alentando a futuros rebeldes en el centro y el sur y, al mismo tiempo, privando a estas áreas de las tropas federales: los cuarteles de Juchitán (Oax.), que normalmente albergaban entre 2 000 y 3 000 hombres, sólo contaban para ese entonces con un batallón; lo mismo sucedía en los cuarteles de Guerrero y Veracruz.[109] Estas acciones revelaron que la insurrección rural podía triunfar ahí donde los golpes urbanos habían fracasado; muchos siguieron este ejemplo. La región al norte del Istmo comenzó a mostrar signos de turbulencia política. El fracaso de Díaz para sofocar varias revueltas localizadas en el norte (en años anteriores, el gobierno había podido sofocar revueltas similares), marcó el inicio de la Revolución nacional. La *Pax Porfiriana* quedó fracturada, se manifestó el desgaste de la legitimidad del viejo orden. El presidente Taft, instigado por su embajador, ordenó el movimiento de tropas hacia la frontera y los barcos norteamericanos se internaron en aguas mexicanas para garantizar la vida y propiedades de sus conciudadanos. No importa la interpretación de estos actos; el resultado fue un golpe más al prestigio tambaleante de Díaz.[110]

---

[108] Letcher, 29 de marzo de 1911, SD 812.00/1221.
[109] Informe de la inteligencia naval, Veracruz, 14 de marzo; c/o USS Princeton, Salina Cruz, 21 de marzo de 1911, SD 812.00/1162, 1219.
[110] Haley, *Revolution and Intervention*, pp. 25-32.

Modelos de la revuelta

La revolución nacional a la que se enfrentó Díaz no fue producto de un movimiento ni de un partido centralmente dirigidos. Fue resultado de numerosos levantamientos locales que respondieron a circunstancias y protestas regionales, y que asumieron importancia nacional debido a su extensión por todo el país y a su filiación al nombre y plan de Madero. Es posible suponer que otro dirigente y otro plan hubieran obtenido una respuesta revolucionaria similar.[111] La filiación fue nominal pues a los maderistas genuinos se sumaron otros grupos: el formado por políticos civiles que en 1909-1910 no habían querido o podido tomar el mando y que, más tarde, con débiles o inexistentes credenciales maderistas, se colocaron a la cabeza; también había grupos de hombres cuya importancia era resultado de su popularidad local y que, a los ojos de los conservadores, no eran sino bribones baratos: "Pillos o asesinos escapados a la justicia, rancheros ignorantes, arrieros burdos, troneras arruinados, estudiantes y profesionales fracasados capitaneaban las partidas de guerrilleros o formaban los consejos áulicos de la revolución".[112] A pesar de que esta imagen es caricaturesca, encierra mucha verdad, como algunos participantes estuvieron dispuestos a admitir. Si carecían de educación (como concedieron los Arrieta), les sobraba temeridad; la cautela y la sobriedad no fueron atributos de estos precursores revolucionarios de 1910-1911. Como dijera Gabriel Gavira con un desplante clásico, "los locos que fuimos con el señor Madero [fuimos] los iniciadores del movimiento".[113] Muchos eran jóvenes: los padres de familia generalmente permanecieron en sus hogares (salvo en el caso de algún individuo cuya suegra lo orilló a la Revolución) y los hijos prorrumpieron en rebeldía, a menudo en contra de los deseos de sus padres.[114] Por lo tanto, si el maderismo civil llevaba la huella de la respetable edad madura y el porfirismo estaba cargado de connotaciones seniles, la Revolución fue obra de jóvenes cuya edad fluctuaba entre 20 y 30 años (los pocos civiles maderistas que continuaron prosperando en el clima de la Revolución eran jóvenes como Almazán y Pedro de los Santos); así, las luchas políticas comenzaron a adoptar la dimensión generacional, así como aquellas de clase, ideología y región.[115] Para muchos de estos líderes, el nombre de Madero significó poco más que una vaga fuente de legitimidad y la oportunidad de darle un sello nacional a los problemas locales que a menudo databan de varios años atrás. Los jóvenes que sufrieran el desarrollo económico y la centralización

---

[111] Los rebeldes potenciales hubieran secundado "cualquier otro llamamiento que se hubiera lanzado con cierta formalidad": *El Correo,* 8 de marzo de 1911.
[112] Vera Estañol, *Revolución mexicana,* pp. 126-127.
[113] Gavira, *Actuación,* p. 25.
[114] Entrevista de María Isabel Souza con Simón Márquez Camarena, PHO 1/113, p. 28.
[115] Véanse pp. 329-331.

política del Porfiriato, ahora cobraban venganza aglutinados por el llamado a las armas hecho por Madero.

Por lo tanto, la Revolución fue localista, variada y amorfa. Sin embargo, no careció de patrones regulares y recurrentes; los modelos establecidos en el norte pronto pautaron la revuelta en otras partes. La revolución del norte no fue *sui generis*, como algunos han afirmado.[116] La cuestión agraria cobró importancia capital en la génesis de la rebelión popular. Esto se aplica también a algunas regiones en el norte; no sólo en La Laguna, sino asimismo a ciertos pueblos serranos de Chihuahua y Durango.[117] Si ahí el resentimiento por el monopolio de la tierra, el agua y los pastos formó parte de una antipatía más amplia hacia el caciquismo y la centralización, y núcleo esencial de la rebelión serrana, en otras partes el despojo agrario, y por lo tanto la revuelta agraria clásica, dotó de rasgos centrales y dominantes a la insurrección popular.

En Morelos, por ejemplo, el maderismo no había logrado tener grandes repercusiones (aunque puede considerarse al leyvismo como el equivalente local); el llamado a las armas de Madero no tuvo efectos inmediatos y el 20 de noviembre fue una fecha pacífica. Hacia fines de año, sin embargo, las noticias sobre los triunfos en el norte alentaron a los elementos disidentes a medir fuerzas frente a un gobierno que se debilitaba (un "cálculo de fuerzas", conforme a los términos de Scott): "del centenar de pueblos que había en el estado en 1910, probablemente no existía uno solo que no estuviese envuelto en una disputa legal recientemente entablada con una hacienda vecina. Y en la confusión que se creó, muchos campesinos desesperados se pusieron a pensar si no convendría más a su causa ejercer la acción directa. Y que se inclinaran en favor de la rebelión era especialmente probable alrededor de los centros tradicionales de independencia y descontento agrario..."[118] Estallaron varias huelgas rurales, pero fueron anuladas. En las montañas al norte de Cuernavaca —una región bárbara que separaba el *haut monde* de la Ciudad de México de las villas campestres en el valle de Cuernavaca—, Genovevo de la O reclutó a 25 hombres, a pesar de que él sólo contaba con un arma de fuego, un mosquete calibre .70; mientras que al norte de Tlaltizapán, Gabriel Tepepa, capataz de una hacienda y veterano de las guerras de 1860 con una buena reputación local, inició una revuelta, ocupó Tepoztlán, saqueó las casas de los caciques locales y quemó los archivos del municipio para luego huir a las montañas, a salvo de cualquier represalia del gobierno.[119]

---

[116] Si bien es cierto que las distinciones geográficas entre norte, centro y sur tienen una validez analítica obvia, con frecuencia éstas son trazadas de manera demasiado tajante y cruda; también se deben considerar otras distinciones —entre montaña y tierras bajas, ciudad y campo, indígena y mestizo—, y éstas podrían pasar a través de la tricotomía norte-centro-sur, creando, a partir de ahí, un patrón más complejo y variado dentro de estas regiones y dentro de estados.

[117] Los casos de Chihuahua ya han sido mencionados; para Durango, Manuel Gamiz Olivas, *Historia de la Revolución en el Estado de Durango*, México, 1963, p. 11.

[118] Scott, *Moral Economy*, p. IV; Womack, *Zapata*, p. 61.

[119] Womack, *Zapata*, p. 74.

En el municipio de Ayala (que tenía fama de belicoso e independiente), los campesinos más "politizados" comenzaron a discutir el rumbo de sus acciones a la luz de los acontecimientos en el norte y en el mismo estado de Morelos. Entre ellos estaba Emiliano Zapata, presidente municipal del pueblo de Anenecuilco. Zapata tenía poco más de 30 años de edad, era delgado, de pocas palabras y afecto a las prendas elegantes que caracterizaban al charro del campo mexicano. Era descendiente de una familia muy conocida en la localidad; acomodada, conforme a los bajos estándares prevalecientes en Morelos; ésta se había distinguido por su actuación en las guerras de Independencia y Reforma, así como en contra de la intervención francesa; sus padrinos de bautizo habían sido el administrador de la hacienda del hospital y su esposa.[120] Pero ahora sus relaciones con la casa grande eran tirantes y hacía poco tiempo que Zapata había encabezado a ocho campesinos en una reapropiación armada de tierras que estaban bajo el dominio de la hacienda, pero que pertenecían al pueblo. Gracias a la inseguridad política imperante en Morelos, y en el país en general, las autoridades aceptaron *de facto* esta enmienda. La reputación de Zapata creció y otros pueblos se unieron a la defensa de Anenecuilco y se beneficiaron con la ayuda armada de Zapata.[121] A fines de 1910 y principios de 1911, cuando llegaron las noticias de la revolución del norte, el campo en los alrededores de Cuautla presentaba una situación de tregua armada; campesinos y guardias de las haciendas se enfrentaban en medio de circunstancias que bien podían derivar en una guerra civil de índole rural.

Hasta ese momento, Zapata había rehusado establecer nexos con la insurrección maderista. Sin embargo, los acontecimientos avanzaban con rapidez. Otros grupos de rebeldes (notablemente, los hermanos Figueroa) ganaban terreno en el vecino estado de Guerrero y, como era temporada de zafra, el gobierno fortaleció sus cuarteles en Morelos. Zapata estableció entonces un vínculo formal con Madero (una tibia alianza debida a intereses mutuos, más que un acercamiento cálido). A mediados de marzo, el guerrillero morelense y sus colaboradores se reunieron en la feria anual de Cuautla con el fin de elaborar planes para su levantamiento inmediato. Al día siguiente Zapata inició la revuelta en Villa de Ayala: desarmó a la policía y ante el pueblo reunido en la plaza, los intelectuales de la rebelión, los maestros Torres Burgos y Montaño, lanzaron una arenga en la que instaban a los habitantes a sumarse al Plan de San Luis Potosí, al grito de "abajo las haciendas, y vivan los pueblos". Los rebeldes de Morelos no acariciaban ideas radicales sobre la desaparición de la hacienda, institución que formaba parte integral de su sociedad rural, pero sí buscaban restaurar el equilibrio entre hacienda y pueblo, equilibrio que se había roto ante la rápida expansión de las plantaciones durante el Porfiriato.[122]

---

[120] *Ibid.*, pp. 5-7; Jesús Sotelo Inclán, *Raíz y razón de Zapata*, México, 1943, p. 169.
[121] Womack, *Zapata*, pp. 64-65.
[122] *Ibid.*, pp. 75-76 y 87.

La columna rebelde se dirigió hacia el sur desde Ayala y reclutó seguidores a su paso; entró al estado de Puebla para tomar los pueblos a la orilla del Ferrocarril Interoceánico, reunir más hombres, materiales, y obtener mayor experiencia y disciplina para preparar así un asalto estratégico a Cuautla, corazón de Morelos; en síntesis, el objetivo era preparar a la guerrilla para los peligros de futuras luchas campales y sitios. En general, la revuelta fue ordenada, a pesar de ocasionales aperturas de cárceles, quema de archivos y saqueo de algunos establecimientos comerciales (especialmente los que eran propiedad de españoles).[123] Un observador afirmó que a los ojos de los hacendados locales, los rebeldes eran "peones que pensaban que el gobierno era impotente... y tomaban ventaja de la oportunidad para subvertir las condiciones normales en México y, sobre todo, en el estado de Morelos, para retornar a los viejos tiempos del bandidaje".[124] La opinión de los respetables en la Ciudad de México coincidía en que el movimiento morelense no era una revuelta ni una revolución (que implicaría objetivos políticos). Un diplomático británico diferenció a los "bandoleros de Morelos y Puebla" de los rebeldes ortodoxos y decentes como Madero; Limantour afirmó que las causas se debían a "rencores locales" (hasta cierto punto tenía razón); *El País* sostuvo que los "indios" de Morelos "no se levantaron en armas para sostener los principios de la revolución, sino para producir una guerra de exterminio de la propiedad, especialmente la agrícola, y repartirla".[125] La distinción entre maderismo y zapatismo era válida, aunque formulada crudamente, y términos como "bandidaje" o "anarquía" (*El País* los utilizaba para describir la situación en Morelos) deben ser considerados dentro del léxico de la élite como equivalentes a descentralizado, popular y autónomo.[126] Con claridad esto era lo que sucedía en Morelos en 1911. No todos los líderes rebeldes eran peones, ni siquiera campesinos: Felipe Neri había operado un horno de hacienda; José Trinidad Ruiz había predicado el evangelio protestante; Fortino Ayaquica era un joven obrero de la industria textil; Francisco Mendoza, "ranchero-cuatrero"; Jesús Morales era "gordo y fanfarrón, cantinero de Ayutla".[127] No obstante, las huestes provenían de los pueblos (originalmente habían sido campesinos libres y, con la expansión de las haciendas, se habían convertido en peones); los dirigentes tenían profundas raíces locales y sus objetivos eran agrarios: al inicio del verano de 1911, por ejemplo, Mendoza comenzó a adueñarse de las tierras de la hacienda de Palo Blanco, junto con otros campesinos de Axochiapam.[128] Los respetables, es decir, los opositores civiles

---

[123] *Ibid.*, p. 78, sobre los acontecimientos en Jojutla; *cf.* José Fernández Rojas, *De Porfirio Díaz a Victoriano Huerta, 1910-1913*, México, 1913, pp. 71, 88 y 214-215.

[124] Hohler, Ciudad de México, 28 de marzo de 1911, FO 371/1146, 13581.

[125] Hohler, Ciudad de México, 3 de mayo de 1911, FO 371/1147, 18521; Limantour, *Apuntes*, p. 273; *El País*, 26 de agosto de 1911.

[126] Esto no quiere decir que durante la Revolución no haya existido un bandolerismo "puro"; sí lo hubo. Véanse pp. 341 y 356-357.

[127] Womack, *Zapata*, p. 81.

[128] "Sólo rara vez (en la primavera de 1911) reclutaron rebeldes entre la gente de casa, quienes,

en Morelos, aquellos que habían aumentado las filas leyvistas, no participaron en la organización de la incipiente revuelta popular,[129]

Si bien Morelos produjo la revuelta popular más virulenta (y, sin duda, la mejor investigada) no fue caso único. En Tlaxcala, la introducción del ferrocarril y la consecuente comercialización agrícola también afectaron a los campesinos y pequeños propietarios, especialmente en el sur del estado, donde anteriormente la hacienda no había tenido mayor fuerza.[130] Además, los "campesinos-artesanos" ahora se veían amenazados por la producción de las industrias textiles. La primera década de este siglo había presenciado numerosas revueltas en el estado y, cuando estalló la revolución maderista, los mismos líderes y distritos se rebelaron de nuevo. Después de las derrotas iniciales (Juan Cuamatzi, quien encabezó la mencionada revuelta de 1910, murió en febrero de 1911), los tlaxcaltecas rebeldes controlaron el campo: Benigno Centeño y Francisco García, el valle de Atoyac; Isidro Ortiz y otros, el sur de Tlaxcala; Gabriel Hernández y Francisco Méndez, el norte. De nuevo, fueron las regiones de pueblos libres, más que los valles dominados por las haciendas, las generadoras de la mayor actividad revolucionaria; los campesinos de tales comarcas disfrutaban de relativa libertad de movilización y habían sufrido recientes amenazas a su posición, características que no tenían los peones de hacienda.[131]

La revuelta agraria no se confinó al altiplano central. La Huasteca había presenciado repetidas luchas por tierras y Tamazunchale, centro de la revuelta en la década de 1880, se rebeló y sufrió la represión nuevamente en agosto de 1910.[132] Pero en esta ocasión la revolución maderista, además de dar una oportunidad distinta, adoptó una bandera oficial. La lucha comenzó en Tancanhuitz y en Tantoyuca, pocos días después del levantamiento, y si otros grupos en la región no se unieron de inmediato (Zapata lo hizo hasta mediados de marzo de 1911), fue debido a una explicable circunspección y no a la falta de descontento.[133] Al comenzar el año siguiente, las autoridades realizaron numerosas aprehensiones, más tarde contraproducentes; ya era del conocimiento público que "el distrito de la Huasteca era muy desleal" y que "el valle entero del Pánuco, conocido como la Huasteca, están [sic] en favor de los insurgentes y se preparan para unírseles cuando sea necesario".[134] Se envió

de cualquier manera, preferían su seguridad cautiva": Womack, *Zapata*, pp. 87 y 122; y de Lamberto Marín a Clemente Jacques y Cía., 9 de junio de 1911, AARD 17/131, en lo que concierne a Axochiapam.

[129] Womack, *Zapata*, p. 56.
[130] Buve, "Peasant Movements", pp. 124-130.
[131] *Ibid.*, p. 128.
[132] *Supra*, pp. 107-108.
[133] Miller, Tampico, 23 de noviembre de 1910, SD 812.00/468.
[134] Hacendado inglés, Valles, en Hohler, Ciudad de México, 15 de marzo; Wilson, Tampico, 21 de abril de 1911, FO 371/1146; 11451/1147, 17946. El arresto de Leopoldo Lárraga en su rancho, cerca de Valles, en diciembre de 1910, fue lo que empujó a su hermano Manuel a emprender una distinguida carrera revolucionaria: Joaquín Meade, *Historia de Valles*, México, 1970, p. 174.

a un centenar de rurales a Valles, donde se llevaron a cabo numerosos arrestos; surgieron problemas en Tantoyuca, Tamazunchale, Tantima y Chicontepec, pueblos con antecedentes rebeldes.[135] Para la primavera, 200 rebeldes se reunían alrededor de San Dieguito; Pedro Antonio de los Santos, joven estudiante de Leyes (caso raro de un civil convertido a revolucionario maderista) encabezaba a 500 hombres cerca de Valles; Alberto Carrera Torres, maestro de 24 años, dirigía un movimiento al sur de Tamaulipas.[136] Al occidente, los hermanos Cedillo (que pronto serían aliados de Carrera Torres) comenzaban la movilización de aparceros en los alrededores de Ciudad del Maíz.[137] Es difícil establecer el carácter específico de estos movimientos, especialmente el de los ocurridos en la Huasteca propiamente dicha. Sin embargo, es evidente que, mientras San Luis Potosí contaba con una proporción elevada de peones de hacienda, eran los aldeanos indígenas, los rancheros de la Huasteca y los campesinos de Ciudad del Maíz, los más rebeldes; más aún, testigos de la época establecieron pocos vínculos o similitudes entre estas rebeliones y la revolución política de Madero en el norte, y comenzaron a temer por el futuro: "Al parecer, la represión de tantos años ha provocado una reacción que se nutre de los disturbios en otras partes; los términos de paz habituales ya no pueden frenar esta situación y existe el peligro de un periodo prolongado de levantamientos".[138]

Un intento por explicar el modelo de la revuelta revela que en las regiones orientales de San Luis Potosí se desarrollaron movimientos populares que, cumpliendo con los temores arriba citados, sobrevivieron al derrocamiento de Díaz. Sin embargo, la alta y árida región minera al oeste, donde se encontraba la capital del estado, permaneció relativamente tranquila. Aunque el PLM nació en esa ciudad, y a pesar de que el plan revolucionario de Madero llevó su nombre, la ciudad de San Luis Potosí no se levantó en armas, a pesar de que el estado fue "despojado" de tropas para reprimir los levantamientos en otras partes.[139] La opinión pública, no obstante, se mostró generalmente hostil a Díaz (los intentos por reunir voluntarios gobiernistas también fracasaron aquí) y la represión fue severa; a mediados de abril, la cárcel de San Luis Potosí tenía 1 000 prisioneros, entre quienes había un centenar de trabajadores migratorios capturados en su viaje hacia el norte, no para unirse a la Revolución, sino para trabajar en los campos de algodón de Texas.[140] Los elementos contrarios a Díaz en las ciudades (y en los campos mineros) no se consideraban guerrilleros y no tomaron iniciativas; no obstante, prevalecía

---

[135] Miller, Tampico, 8, 18 y 30 de marzo y 22 de abril de 1911, SD 812.00/950, 1106, 1150, 1530.
[136] Ibid., 6 y 18 de mayo de 1911, SD 812.00/1651, 1845; Martínez Núñez, *San Luis Potosí*, p. 34.
[137] Ibid., pp. 32-33.
[138] Bonney, San Luis, 4 de mayo de 1911, SD 812.00/1774. Se creía que Papantla, hacia el sur, otro centro conocido de descontento agrario, causaría problemas, como en efecto sucedió más tarde: Miller, Tampico, 28 de marzo; Canada, Veracruz, 8 de abril de 1911, SD 812.00/1200, 1247.
[139] Bonney, San Luis, 18 de marzo y 4 de mayo de 1911, SD 812.00/1071, 1774.
[140] Ibid., 18 de marzo y 17 de abril de 1911, SD 812.00/1071, 1750.

un "sentimiento revolucionario entre todas las clases... la gente aquí no iniciará disturbios pero se unirá a la revolución en el momento en que ésta se extienda por el estado".[141] Por lo tanto, San Luis Potosí aporta evidencias en contra de la tesis de la *révolution minière*.[142] Más aún, cuando las fuerzas revolucionarias hicieron sentir su presencia al norte y al occidente de San Luis Potosí, éstas eran originarias de otros estados, como el guayulero Gertrudis Sánchez; por su parte, Cándido Navarro, un maestro guanajuatense, llevó a cabo la liberación de la capital del estado. Hasta aquí las aportaciones en lo concerniente a la "cuna de la revolución".[143]

Los estados de Sonora y Sinaloa ofrecen paralelismos similares y reveladores. Sinaloa (y, en Sonora, el Valle del Yaqui), al igual que la Huasteca, tenía una región de tensión agraria y revueltas rancheras de carácter popular. Sonora (salvo la región de la sierra compartida con Chihuahua) contaba con una economía minera y comercial; su población mestiza era próspera y letrada y, en consecuencia, no tomó las armas. Aunque la opinión pública sonorense estaba en contra de Díaz y las demandas liberales de los revolucionarios ejercían una atracción poderosa, rebelarse era otra cuestión y la revolución armada no beneficiaba al comercio. Por lo tanto, mientras que Sonora (al igual que San Luis Potosí) ha alegado la importancia de su papel en la Revolución, esta afirmación descansa casi completamente en los acontecimientos de 1913, no en los de 1911, ya que su aportación en el inicio de la revuelta popular fue menor. Los opositores políticos de 1909-1910 siguieron el curso de otros opositores. Algunos, como Benjamín Hill en Navojoa, ya estaban encarcelados cuando estalló la Revolución. Otros, como el triunvirato de Guaymas —Maytorena, Randall y Venegas (hacendado, pequeño comerciante e impresor, respectivamente)— huyeron a Arizona para evitar su captura; lo mismo hicieron Salvador Alvarado y Juan Cabral, en Cananea, aunque éstos mostraron mayor entusiasmo por retornar a la lucha.[144] Otros opositores sonorenses, Adolfo de la Huerta y Plutarco Elías Calles —futuros presidentes—, no tomaron parte en la revolución maderista, aunque De la Huerta firmó una protesta cuando la policía irrumpió en un baile de disfraces de la alta sociedad porteña.[145]

Por lo tanto, la revolución sonorense de 1910-1911 (a diferencia de la de 1913) se mostró acéfala y pareció depender de estímulos exteriores. Los primeros triunfos rebeldes (obtenidos sólo hacia finales del año) fueron obra de combatientes de Chihuahua o de serranos sonorenses. Rosario y Juan Antonio García, por ejemplo, provenían de una familia numerosa y muy conocida de Sahuaripa; Juan Antonio tenía reputación de ser "un tipo muy popular"

---

[141] *Ibid.*, 18 de marzo y 4 de abril de 1911, SD 812.00/998, 1291.
[142] *Cf.* Guerra, "La révolution mexicaine".
[143] Cockcroft, *Intellectual Precursors*, p. 4; Bonney, San Luis, 27 de mayo de 1911, SD 812.00/2030.
[144] Aguilar Camín, *La Revolución sonorense*, pp. 137-138, 142 y 144.
[145] *Ibid.*, pp. 164-165 y 204-205. En ese entonces, Calles estaba ocupado en el más reciente de sus múltiples empleos: administrar el Hotel California, en Guaymas.

en los alrededores y probablemente lo mismo se aplicaba a Rosario, ya que, años atrás, había dado muerte al jefe de la policía de Nacozari Viejo. No obstante, la opinión norteamericana lo consideraba "un ladrón, un asesino... y un prófugo durante los últimos cinco años". Aunque sonorenses, los García estaban en contacto con Pascual Orozco (Sahuaripa estaba tan cerca de San Isidro, pueblo natal de Orozco, como de Hermosillo o de Guaymas), y cuando en enero de 1911 entraron en Sahuaripa, declararon que su propósito era continuar "la gran tarea de liberación iniciada en el estado de Chihuahua".[146] Más al norte, José de la Luz Blanco, originario de Chihuahua, cruzó las montañas, tomó El Tigre y avanzó hacia Agua Prieta; Perfecto Lomelín se dirigió a Nacozari; y otro chihuahuense, José Cardoso, encabezó la Revolución en el distrito de Altar.[147] Desde Dolores, pueblo minero en Chihuahua, Alejandro Gandarilla (otro compañero de Orozco) y Antonio Rojas eligieron marchar hacia el occidente, en vez de tomar el camino hacia el oriente.[148] Aunque operaban en Sonora, provenían de la misma sociedad serrana que había conformado a Orozco y a sus seguidores. Es posible considerar estas olas de rebeldes chihuahuenses como las primeras de muchas que cruzaron las montañas y avanzaron hacia el occidente durante la Revolución (ejemplos de esto fueron los orozquistas en 1912 y los villistas en 1915-1916). Cuando los valles de Chihuahua estaban obstaculizados, dichos rebeldes siguieron el camino lógico, aunque laborioso, de desplazarse hacia Sonora, donde provocaron alarma entre el pueblo sonorense, que era más civilizado y pacífico. Sin embargo, en 1910-1911, Sonora también produjo una aportación modesta: Miguel Matrecitos, clásico rebelde serrano, inició una revuelta familiar en el distrito de Moctezuma (sofocada con rapidez); con mayor cautela, Cabral y Alvarado planearon una expedición en Arizona, cruzaron la frontera en enero de 1911 y empezaron a operar en Sierra de Ajos. Por lo tanto, ellos son los precursores de la revolución sonorense de 1911, y sus orígenes sonorenses, aunados a su condición de precursores, los distinguieron del porteño Maytorena, quien mantuvo un *attentisme* prudente en Arizona y motivó una fisura potencial entre las filas rebeldes.[149]

A pesar de su importancia posterior, la contribución de Sonora al movimiento maderista no puede compararse con la de Chihuahua y su notable exportación de rebeldes serranos. El general Torres, gobernador de Sonora, compartía esta idea y así lo demuestra su declaración al cónsul norteamericano en marzo de 1911: "todo depende de las condiciones en Chihuahua"; si los federales podían sofocar la rebelión ahí, Sonora podría recobrar la paz y el orden.[150] Torres no estaba simplemente cargando toda la responsabilidad

[146] *Ibid.*, pp. 133 y 243; Hostetter, Hermosillo, 9 de marzo de 1911, SD 812.00/984; manifiesto de Rosario García, 4 de agosto de 1911, ss, r. 9.
[147] Dye, Nogales, 18 de marzo, 17 y 21 de mayo de 1911, SD 812.00/1044,1893,1954.
[148] Aguilar Camín, *La Revolución sonorense*, pp. 143, 154 y 163.
[149] *Ibid.*, pp. 139-143 y 155-156.
[150] Hostetter, Hermosillo, 19 de marzo de 1911, SD 812.00/1074.

al estado vecino. En marzo, al enfrentarse a los federales en combates a campo abierto, los rebeldes sonorenses sufrieron una serie de derrotas que los obligaron a retomar operaciones de guerrilla. No había esperanzas inmediatas de arrebatar el control de manos de la camarilla de Torres. Más aún, Torres prometió elecciones libres y justas en abril, promesa respaldada por la autoridad del vicepresidente Corral.[151] Ésta fue una táctica inteligente. La opinión pública sonorense favorecía la reforma y simpatizaba con la causa maderista: en Nogales (febrero de 1911) "la mayoría de los habitantes están a favor del movimiento [rebelde]"; en Álamos (marzo) "casi todos los ciudadanos, excepto los empleados federales, pueden considerarse como simpatizantes del movimiento revolucionario".[152] Los rurales que operaban a lo largo de la frontera descubrieron que el apoyo local dado a los rebeldes era un problema insuperable. Pero la mayoría de los sonorenses —progresistas y prácticos— hubiera preferido un cambio pacífico, a través de canales evolutivos. A pesar de estar acostumbrados a la violencia fronteriza, no se precipitaron a unirse a la Revolución y fue causa de alarma general cuando, en Sahuaripa, se vio que el "robo y la rapiña" formaban parte de las actividades revolucionarias.[153] En Sonora, como en el estado comercial y progresista de Nuevo León, la actitud de los respetables progresistas permitió que el movimiento revolucionario pasara, por omisión, a manos plebeyas: trabajadores rurales, "mineros y rancheros en los distritos montañeses más aislados"; hombres distintos a la oposición civil de 1909-1910, y de la junta revolucionaria en Arizona.[154] Pero los enfrentamientos en marzo de 1911 mostraron que estas fuerzas plebeyas no podían vencer a los federales en combates a campo abierto, a pesar de que los federales, por su parte, no pudieron instrumentar una campaña eficaz en contra de la guerrilla. Las batallas en Sonora se libraron ante una mayoría de habitantes que adoptó una postura de espectador, posición que no se alteró hasta que los acontecimientos externos tomaron el control. El colapso final del viejo régimen se llevó a cabo en ausencia de triunfos rebeldes de importancia: la incorporación del estado a la Revolución (tan distinta a su papel glorioso dos años después) se realizó entre dudas e indecisiones.

Como ya se ha señalado, la razón fundamental para esta actitud se explica por el carácter eminentemente político de las protestas en Sonora: la gente estaba cansada "de alimentar a pequeñas camarillas" y el gobernador Torres (integrante de una de "estas camarillas") llegó al núcleo del problema al ofrecer elecciones libres.[155] Sólo entre los yaquis existían resentimientos pro-

---

[151] Aguilar Camín, *La Revolución sonorense*, p. 145.

[152] Dye, Nogales, 4 de febrero, McCarthy, Álamos, 5 de marzo de 1911, SD 812.00/767, 984.

[153] De Medina Barrón a Cubillas, 20 de abril de 1911, en Aguilar Camín, *La Revolución sonorense*, p. 170; H. Loomis incluido en Ellsworth, San Antonio, 12 de marzo de 1911, SD 812.00/970.

[154] McCarthy, Álamos, 5 de marzo y Hanna, Monterrey, 24 de febrero de 1911, SD 812.00/984, 858, ambos hacen esta distinción. Descripciones de los rebeldes sonorenses de McCarthy y *La Constitución*, 13 de febrero de 1911, citadas por Aguilar Camín, *La Revolución sonorense*, p. 156.

[155] Loomis, en Ellsworth, San Antonio, 12 de marzo de 1911, SD 812.00/970, acuña la frase.

fundos, consecuencia de la "indignación moral": su capacidad para la resistencia colectiva era comparable a la que sostenía a las rebeliones populares prolongadas en otras partes, como en Morelos. De hecho, el conflicto perenne entre los yaquis y los mexicanos había cobrado fuerza después de la "paz" de 1908. Al estallar la revolución maderista, había líderes y grupos beligerantes yaquis en las montañas dispuestos a tomar ventaja de la situación, a pesar de que Luis Buli, su jefe principal, había sido obligado por el gobierno del estado a servir como auxiliar federal.[156] En poco tiempo fue evidente que la lucha armada seguía la tradición de las guerras civiles mexicanas que ofrecían a los yaquis la tentación y la oportunidad de presionar en sus demandas de tierra, agua y autonomía. En marzo, agentes revolucionarios fueron aprehendidos por fomentar la revuelta entre los yaquis y pronto llegaron los primeros informes acerca de contingentes yaquis que se unían a la Revolución; grupos guerreros descendieron de las montañas para saquear haciendas en el valle de Guaymas.[157] Así, la rebelión yaqui cobró fuerza renovada al unirse a la revolución nacional; sus jefes declararon que Madero había prometido la restitución de sus tierras a cambio de apoyo, pero el control maderista sobre sus aliados apenas era evidente y, en mayo, los yaquis comenzaron a tomar pequeños poblados y estaciones del Ferrocarril del Pacífico. Para junio, había más de 1 000 yaquis que protestaban en el valle en favor de la restitución de sus tierras y el retorno de los yaquis deportados a Yucatán.[158] Las comunidades blancas y mestizas que presenciaron este recrudecimiento del antiguo conflicto yaqui, solicitaron refuerzos y la solución del conflicto yaqui, ya fuera por la fuerza o la diplomacia, se convirtió en la principal preocupación del nuevo gobierno posrevolucionario en el estado. Pero los gobernantes maderistas, al igual que sus antecesores porfiristas, pronto descubrieron que era más fácil incitar que aplacar la beligerancia yaqui.[159]

En Sinaloa, los indios mayos aprovecharon la situación para saldar cuentas con los terratenientes y caciques de la región de Los Mochis; así se proclamaron fuerza independiente bajo el mando de Felipe Bachomo.[160] Pero mientras que la rebelión yaqui en Sonora fue un centro aislado y anómalo de revuelta popular agraria, el movimiento mayo en Sinaloa se unió a una revuelta social más generalizada. Se ha propuesto que Sinaloa fue "... el estado donde mejor prosperó el zapatismo, es decir, las ideas agraristas del sur..."[161] Esta afirmación es difícil de comprobar, aunque es indudable que proliferaron en el estado las bandas revolucionarias de carácter popular y plebeyo.

---

[156] Aguilar Camín, *La Revolución sonorense*, pp. 59-60.

[157] *Ibid.*, pp. 165-167; Ellsworth, San Antonio, 12, 21 y 22 de marzo de 1911, SD 812.00/970, 1071, 1082.

[158] Hostetter, Hermosillo, 3 de junio de 1911, SD 812.00/2127; Aguilar Camín, *La Revolución sonorense*, pp. 173-174; de Robles Domínguez a Madero, 6 de junio de 1911, AARD 20/10.

[159] Aguilar Camín, *La Revolución sonorense*, pp. 183-184.

[160] Gil, "Mochis".

[161] Olea, *Sinaloa*, p. 40.

Entre sus dirigentes, además de Ramón Iturbe, ya mencionado, estaban Manuel Sánchez y Justo Tirado, quienes se levantaron al sur de Mazatlán; Crescencio Gaxiola, en Guamúchil, cerca de Culiacán; Juan Banderas inició una carrera notable en las haciendas de Badiraguato. Mientras tanto, el descenso usual de las montañas a las planicies incluyó a los serranos de otros estados, como en el caso de los llamados chileros de Durango, Herculano y Nabor de la Rocha.[162] Estos líderes no eran peones, pero estaban lejos de contar con educación o con prominencia política: Salazar y Cabanillas (también rebeldes sinaloenses) habían sido zapatero uno y carpintero el otro; Juan Banderas, descrito como un hombre "grandote y macizo", se convirtió después en compañero de Zapata; Juan Carrasco, quien sustituyó a Banderas en el mando de los rebeldes en Sinaloa era, al igual que su predecesor, vaquero. El cónsul norteamericano en Mazatlán, con su habitual preocupación por los antecedentes policiacos, calificó a Carrasco de criminal y a la mayoría de los dirigentes sinaloenses de prófugos ya que, según sus palabras, casi todos tenían, "en mayor o menor proporción, cuentas pendientes con el gobierno por crímenes no pagados".[163]

Pero, al igual que en la Huasteca, el panorama aquí era más complejo. Si bien el tono dominante de la revolución sinaloense era plebeyo, entre sus líderes también se incluían hombres con propiedades y reputación; Justo Tirado era un terrateniente con antecedentes liberales (aunque un individuo rudimentario); José María Ochoa era miembro de una familia acomodada, si bien venida a menos, de El Fuerte; el clan de los De la Rocha estaba formado por caciques bien arraigados en las montañas de Durango.[164] Más tarde, surgieron propietarios rebeldes que eran evidentemente contrarrevolucionarios (revolucionarios de "último minuto" en el verano de 1911).[165] Estos precursores sinaloenses fueron de distinta cepa. No se unieron a la Revolución para salvar sus vidas ni para contener la revuelta campesina; por el contrario, se arriesgaron y movilizaron a sus arrendatarios, criados y seguidores de un modo que Luis Terrazas habría envidiado. Pudieron lograrlo porque, a diferencia de Terrazas o de cualquier otro hacendado de Morelos, no habían roto los nexos de paternalismo para ir en pos del progreso y las ganancias. La familia Ochoa era víctima del desarrollo porfirista y el hijo de Tirado, por su parte, era "casi analfabeto".[166] Herculano de la Rocha era un típico cacique serrano: entrecano, de barba desordenada y huaraches, con un paliacate cubría su condición de tuerto. De la Rocha cabalgó montaña abajo, para iniciar una larga trayectoria revolucionaria, acompañado de un hermano, un sobrino, su hija y su hijo, además de la habitual caravana de ayudantes, "... enanos,

---

[162] *Ibid.*, pp. 23-26 y 31.
[163] *Ibid.*, pp. 22-26; Womack, *Zapata*, p. 208; Alger, Mazatlán, 21 de marzo, 2 y 5 de abril de 1911, SD 812.00/1112, 1250, 1288.
[164] Casasola, *Historia gráfica*, I, p. 282; Olea, *Sinaloa*, pp. 24-25; Gil, "Mochis".
[165] Véanse pp. 236-238.
[166] Anónimo, informe, s. f., en AARD 27/1.

chiflados, mujeres indomadas y hermosas, y montañeses bravíos".[167] Los motivos precisos del compromiso revolucionario de hombres así, son difíciles de establecer. Algunos, como Tirado, contaban con una antigua filiación liberal; probablemente otros alimentaban resentimientos personales en contra de las autoridades. El hecho de ser propietarios era importante, pero no lo más relevante. Al igual que los rancheros en la sierra de Hidalgo y, a diferencia de la segunda generación de morelenses, guardaban suficientes características en común con sus seguidores populares (cabe recordar la descripción de De la Rocha) y, lo que es más, podían compartir con ellos la antipatía hacia la centralización, modernización y pacificación porfirista, elementos que amenazaban al tradicional caciquismo serrano.[168] Pero, igualmente, se diferenciaban de los opositores políticos de 1909-1910, profesionistas, comerciantes urbanos, escritores y oradores que representaban a un distinto tipo de sector acomodado. Los últimos eran los *whigs* de México; los propietarios rebeldes eran los jacobitas mexicanos, rurales y montañeses, a veces rústicos y toscos, que apoyaban el progreso pero que, en momentos de rebelión armada, podían reunir con un silbido a su extensa familia y a sus servidores. Por lo tanto, a pesar de su condición de propietarios, podían aliarse con las fuerzas populares, incluso las agraristas, y contribuir al derrocamiento del antiguo régimen. En la primavera de 1911 los distintos rebeldes ya controlaban el campo sinaloense, habían sitiado pueblos y extendido sus operaciones al territorio de Tepic. Los observadores, aunque subrayaban los resentimientos prevalecientes en contra de Díaz, lamentaban la creciente "condición que permite a los alborotadores expoliar a los individuos observantes de las leyes" y pronosticaron que México experimentaría una anarquía endémica similar a la vivida entre 1810 y 1876.[169] Si para algunos éste era un prospecto terrible, otros en cambio preferían ver el fin de la *Pax Porfiriana* y el retorno parcial a otras épocas. Los campesinos despojados y los caciques a la antigua, eran aliados casi naturales de este intento por retornar a otros tiempos, así fuera por medio de la violencia.

El surgimiento de estos hombres en casi todos los estados al norte del Istmo es uno de los rasgos predominantes de la revolución maderista; en unos cuantos meses, con la llegada del verano, emergió una nueva generación política. El movimiento al que se unió no era monolítico; por lo tanto, es imposible encasillarlo en unas cuantas generalizaciones. Su extensión y variedad,

---

[167] Olea, *Sinaloa*, p. 84.
[168] *Cf.* Schryer, *Rancheros of Pisaflores*.
[169] Alger, Mazatlán, 30 de marzo y 4 de mayo de 1911, SD 812.00/1216, 1820. Vale la pena repetir que, aun cuando los cónsules extranjeros deploraban el creciente bandolerismo y la anarquía, sus compatriotas rara vez pasaban de ser víctimas de extorsiones insignificantes, por parte de los rebeldes; por ejemplo, un ranchero británico, asaltado por un grupo de "bandidos" en Villa Unión (Sin.), logró ocultar con éxito los 150 pesos de nómina que llevaba con él, y sólo entregó cinco pesos en monedas pequeñas; "cuando se le pidió bebida, él... los exasperó entregándoles una botella de té frío que sacó de su alforja, siendo esto lo único que llevaba": Stait-Gardner, Mazatlán, 20 de abril de 1911, FO 371/1147, 17946.

en aumento a lo largo de su desarrollo, impide que un historiador describa las rebeliones precursoras de 1910-1911 y sus muchos componentes, incluso con la sencillez con que se han enumerado en este estudio. Por lo tanto, intentaremos mantener la dialéctica nación-provincia, pues es medular para el entendimiento de la Revolución (sin hundirnos en los pantanosos terrenos del detalle descriptivo). Ahora enfocaremos la atención en el análisis de medios y tácticas, haciendo a un lado el estudio de causas y orígenes (cuya importancia es obvia en la comprensión de las rebeliones precursoras). En la medida en que la Revolución se extendió, los medios y tácticas mostraron cierta uniformidad en todo el país; observaron una tendencia a unir los numerosos movimientos desemejantes que se multiplicaron durante los primeros meses de 1911. Asimismo, el estudio de estos elementos arroja una luz oblicua sobre el carácter y composición de las rebeliones que integraron la Revolución, las cuales, a falta de una luz directa, generalmente permanecen en la oscuridad.

La formación y las operaciones de bandas rebeldes como las que asolaron Chihuahua, Morelos o Sinaloa, siguieron patrones recurrentes en todo México. Primero, fueron eminentemente rurales en sus orígenes, a pesar de que algunos dirigentes (minoría obvia) emigraron de las ciudades al campo para evadir la vigilancia del Porfiriato. Al principio estaban mal armados y eran incapaces de resistir a los federales o a las fuerzas de los rurales; dependían de la velocidad, movilidad, cooperación e inteligencia locales. Su primera tarea fue procurarse armas, lo que explica las frecuentes incursiones en las haciendas remotas y la búsqueda de arsenales ocultos, algunos de los cuales sólo contenían antiguas reliquias de rebeliones previas; ciertas búsquedas, como demostró la experiencia, resultaron ser sólo pistas míticas.[170] Las fuerzas rebeldes en Chihuahua, cercanas a la frontera, pudieron contar con abastos ilícitos de los Estados Unidos pero, aun así, los hombres de Madero se enfrentaron a los máuseres y ametralladoras federales con armamento inferior (como en Casas Grandes), y se dice que "carecían de municiones" cuando rodearon Juárez.[171] Conforme a un recuento, quizá fantasioso, los indígenas de la sierra de Chihuahua iban armados con "arcabuces de tiempos de la Conquista". Asimismo, en La Laguna, los rebeldes lucharon con "cualquier cosa" y, cuando Gertrudis Sánchez inició su peregrinar por las fronteras entre Coahuila y Zacatecas, "toda la gente montaba a pelo y sus armas eran quiote de maguey seco".[172] Cualquiera que fuera la fuente y dimensión de los abastos de Madero, no eran garantía de un ejército bien equipado. La falta de armas y municiones fue un constreñimiento todavía mayor para las actividades en el sur. Tal fue el caso en Veracruz donde, a semejanza del levantamiento de

---

[170] De Enrique Aguirre a Gobernación, 22 de julio de 1911, AG 898; Salida de G. G. Sánchez en campaña, 22 de julio de 1911, misma fuente, es una descripción muy detallada.

[171] Edwards, Juárez, 21 de marzo de 1911, SD 812.00/1063.

[172] Casasola, *Historia gráfica*, I, p. 260; de T. Fairbairn a W. Conduit, 20 de febrero de 1911, SD 812.00/862; Salida de G. G. Sánchez en campaña, 22 de julio de 1911, AG 898.

Valladolid en Yucatán, fue necesario arrancar las rejas de la iglesia para usarlas como lanzas.[173] Las gavillas en los límites pantanosos entre Tabasco y Veracruz se armaron con el omnipresente machete y con pistolas de ínfima calidad, a las que cargaban con clavos, guijarros o cualquier munición que pudieran hurtar. En general, el sur estuvo bajo estricto control del gobierno y los hacendados; los intentos rebeldes por "recogerlas [armas] de los pueblos y rancherías, lo que era materialmente imposible, por haberlo hecho antes las autoridades y fuerzas del gobierno".[174] Muchos movimientos en embrión no pudieron rebasar la etapa inicial de búsqueda y secuestro de armas, cartuchos, caballos y burros, provisiones de la guerrilla en México.

La falta de armamento definió la estrategia rebelde. Después de los primeros asaltos afortunados a Parral, Gómez Palacio y otras ciudades, los rebeldes se mantuvieron apartados de ellas y se concentraron en haciendas y pueblos remotos. El ataque duraba lo que duraran las municiones, después huían a las montañas. En La Laguna, un observador apuntó: "están mal armados y tienen pocas municiones... al parecer, la política de los rebeldes es robar y huir"; de ahí la vinculación del rebelde con el bandido.[175] Sánchez mantuvo sus fuerzas andrajosas fuera de la mirilla de los federales pues atacaba sólo haciendas solitarias, alegando ser más fuerte de lo que en realidad era.[176] En el distrito de Nombre de Dios (Dgo.), un jinete solitario cabalgó hasta una hacienda que empleaba a 100 peones; afirmó contar con 150 rebeldes bajo su mando, a los que mantenía "ocultos para no atemorizar a las damas de la casa" y exigió —y obtuvo— armas, municiones y algunos reclutas. Después de su retirada se descubrió que estaba solo. Pero, equipado de esta manera, se dirigió a Muleros, tomó el pueblo y destruyó los archivos municipales. Estas demostraciones temerarias eran posibles debido a la "simpatía de la gente en general [hacia los rebeldes] y a la condición de temor imperante entre quienes tenían propiedades que perder".[177] En otras palabras, lo que provocó la caída del viejo orden fue la hostilidad general hacia el régimen, no sólo el fracaso del aparato represivo y, menos aún, la misteriosa coyuntura internacional.[178] Además, en la medida en que la Revolución progresó y el pánico entre las autoridades aumentó, se abrió el espacio para actos aún más temerarios: Juan Cabral se detuvo frente a las puertas de Cananea con 200 hombres diciendo que sus fuerzas eran de 1500; Enrique Aguirre (conforme a sus propias palabras) cabalgó hasta Tepezintla, en la Huasteca, y blandiendo una pistola informó a las autoridades que era "capitán del ejército de

---

[173] Gavira, *Actuación*, pp. 28-29; Thompson, Mérida, 19 de marzo de 1911, SD 812.00/1260.
[174] Lespinasse, Frontera, 2 de enero de 1911, SD 812.00/651; de Colmenares Ríos a Robles Domínguez, 13 de junio de 1911, AARD 25/218.
[175] Freeman, Durango, 27 de febrero de 1911, SD 812.00/895.
[176] "A todos los encargados y propietarios [de haciendas] nunca les decía la cantidad de gente con que contaba, temiendo que ellos hicieran preguntas y descubrieran lo mal organizado que estaba": Salida de G. G. Sánchez, 22 de julio de 1911, AG 898.
[177] Freeman, Durango, 16 de abril de 1911, SD 812.00/1453.
[178] Véase pp. 185-186 y 206-207.

Madero y que, si el pueblo no se entregaba de inmediato, entrarían 400 jinetes armados. El alcalde respondió que el pueblo estaba en mis manos".[179] Así fue como el hueco caparazón del porfirismo se desintegró.

La velocidad también compensó la inferioridad de armamentos de los rebeldes. Muchos revolucionarios del norte (y algunos del sur, como Zapata) eran magníficos jinetes; cuando José de la Luz Blanco cruzó la sierra desde Chihuahua, trajo "los mejores [caballos] que jamás se habían visto en el estado de Sonora".[180] Muchos de los hombres de Urbina (salvo su "infantería indígena") eran vaqueros, capaces de cabalgar 100 kilómetros por terrenos difíciles y sin haber probado bocado; estas proezas también las realizaban los rebeldes de todo el norte (vaqueros como Banderas y Carrasco, de Sinaloa), "hombres cuya vocación diaria los hace magníficos jinetes y espléndidos tiradores".[181] Cabe añadir que sus guías tarahumaras eran capaces de resistir caminatas igualmente prolongadas.[182] Pero esta movilidad —en contraste con la estrategia estática de los federales— no era exclusiva de los rebeldes del norte. En Guanajuato, Cándido Navarro condujo un vigoroso movimiento revolucionario en la región al norte de Silao. Guanajuato y el Bajío se caracterizaban por su rica artesanía, su industria minera (Navarro, si bien era maestro, también había trabajado como velador en las minas de La Luz), así como por sus tenencias diversas de la tierra; los pueblos "tradicionales" eran escasos y, aunque en la región se produjo abundante rebelión, bandidaje y disturbios urbanos, hacían falta las bases para un movimiento agrario sostenido, como el de Zapata. Salvo en raras ocasiones, la filiación y motivaciones de revueltas como las de Navarro resultan difíciles de discernir.[183] Por ejemplo, en San Felipe se pensaba que los seguidores de Navarro eran "hombres… de clase media", mientras que en Silao se decía que eran peones.[184] Es probable que estos informes sean más precisos y menos inconsistentes de lo que parecen a primera vista. La filiación, al parecer, cambiaba conforme a la localidad: un núcleo de guerrillas en movimiento (cerca de la mitad de los hombres de Navarro eran jinetes y contaban con rifles) podían abastecerse gracias a simpatizantes locales, quienes participaban en escaramuzas, contribuían a

---

[179] Dye, Nogales, 17 de mayo de 1911, SD 812.00/1893; Cabral y Alvarado entraron, de hecho, a Cananea el 13 de mayo, a la cabeza de 300 hombres; Aguilar Camín, *La Revolución sonorense*, p. 176. De Enrique Aguirre a Gobernación, 22 de julio de 1911, AG 898, continúa describiendo otro "buen golpe de audacia" en Pachuca; aunque igualmente hiperbólico, contiene su fondo de verdad, que es corroborable.

[180] Ellsworth, San Antonio, 7 de marzo de 1911, SD 812.00/924.

[181] Reed, *Insurgent Mexico*, pp. 75-76; Wilson, Ciudad de México, 19 de abril de 1911, SD 812.00/1460.

[182] Wilson, Ciudad de México, 19 de abril de 1911, SD 812.00/1460; Thord-Grey, *Gringo Rebel*, pp. 275-361.

[183] Un individuo se unió a los rebeldes, en San Felipe, en protesta por "las arbitrariedades que [Cipriano Espinosa, científico y ex jefe político] cometió en el mencionado pueblo durante su gobierno"; de Rodrigo González a Madero, 9 de noviembre de 1911, AG, CRCFM.

[184] Glenn, Guanajuato, 16 de mayo de 1911, SD 812.00/1948, sobre la revuelta de Navarro.

expulsar a las autoridades indeseables y después retornaban a sus hogares; práctica (común en otras partes) que, sin duda, dificultó el conteo o clasificación de las bandas revolucionarias.[185] Estas fuerzas, aunadas a la velocidad de movimiento de los rebeldes (de tiempo completo), fueron los principales obstáculos para los federales. Por ejemplo, Navarro condujo a 300 hombres a través de casi 50 kilómetros del abrupto terreno que separaba a Silao de la hacienda Ramona (trayecto que realizaron de noche y en 14 horas); después de la batalla, a la mañana siguiente, se dirigieron rumbo a La Luz (15 kilómetros) y esa misma noche viajaron de nuevo; "una verdadera proeza", en opinión de los lugareños. Sus movimientos eran tan rápidos que muchos pensaron que había dos bandas separadas operando en el rumbo, y era evidente que si los rurales (cuyo trabajo era vigilar el campo) no pudieron perseguirlos y atraparlos, menos aún lo harían las fuerzas federales. De la misma manera, las huestes de Gabriel Hernández escaparon de sus perseguidores en los límites entre Puebla e Hidalgo.[186]

Durante los primeros meses, esta capacidad de movilización pudo compensar la falta de municiones. Pero llegó el momento —en distintas épocas para las diversas regiones— en que los rebeldes se vieron obligados a abandonar los matorrales para enfrentarse a campo abierto; de lo contrario sería imposible capturar ciudades o destruir al ejército de Díaz, y esto podría darle al régimen —aunque dañado— esperanzas de sobrevivir. Si bien un arreglo negociado fuera a concertarse (como ocurrió poco después), las ciudades capturadas representarían elementos importantes en la negociación; de hecho, cuando se iniciaron las pláticas, los voceros oficiales se dirigieron a los revolucionarios como "rebeldes que aún no están en posesión de una sola ciudad importante".[187] Por su parte, los dirigentes locales tenían que contar con un arma en caso de una paz negociada: "para garantizar la posición de los de Ayala en Morelos, Zapata tenía ahora que capturar ciudades y no conformarse simplemente con incursiones".[188] Por último, las ciudades (en especial las fronterizas) representaban fuentes de fondos y *matériel*.

No obstante, los saldos de las batallas campales con los federales no favorecían a los rebeldes y la toma de ciudades presentaba dificultades particulares. La artillería rebelde era prácticamente inexistente: no fue sino hasta abril cuando los revolucionarios de Chihuahua, los que más avances habían logrado en este aspecto, intentaron equipar a su ejército con artillería; para ello, recurrieron al taller de maquinaria del aserradero de Madera, una de sus primeras conquistas. Con los ejes de los carros produjeron dos cañones;

---

[185] Se estimaba que, en febrero, había entre 1 000 y 2 000 rebeldes en el distrito de Tonichi, Sonora, pero "esto incluye un buen número de hombres del lugar, que pelearon del lado de los revolucionarios y después volvieron a sus hogares": Dye, Nogales, 4 de febrero de 1911, SD 812.00/767. Véase, también, nota 66.

[186] De Aguirre a Gobernación, 22 de julio de 1911, AG 898.

[187] Ross, *Madero*, p. 162.

[188] Womack, *Zapata*, p. 85.

al mismo tiempo, el intrépido Antonio Villarreal capturaba un cañón de un parque público de El Paso.[189] Pero este tipo de artillería no ofrecía gran seguridad.[190] Los federales, por lo tanto, no tuvieron dificultades para enclavarse en ciudades como Juárez, donde podían depender de su artillería superior. Una de las respuestas fueron las improvisadas bombas de dinamita, particularmente en los distritos mineros donde abundaban los explosivos. Ramón Iturbe, por ejemplo, se abrió paso a través de la ciudad serrana de Topia, haciendo volar cuadra por cuadra hasta llegar al centro sin exponer a sus hombres al fuego directo de los federales; fue esta técnica la que causó pánico entre los habitantes de Álamos (Son.), al saber que las fuerzas de Benjamín Hill se aproximaban, justo después de haber aplicado el "método de ataque con nitroglicerina" en Navojoa.[191] Una vez tomada una ciudad, las bombas de dinamita eran un recurso letal que aseguraba la defensa; así lo constataron los federales que, equipados con máuseres y balas de expansión, intentaron recapturar Parras, la ciudad natal de Madero, a principios de mayo.[192] Mientras tanto, en la Ciudad de México, aún a salvo de estos horrores, la prensa oficial denunciaba a los rebeldes por el uso de "máquinas infernales", "despiadadas" y "poco caballerosas".[193]

Además, los rebeldes podían entrar subrepticiamente a una ciudad (como sucediera en Acapulco, de donde salieron perseguidos) o rodearla con la esperanza de provocar el hambre en el cuartel y desgastar el ánimo del gobierno.[194] Esta táctica, como se reveló más tarde, fue el camino para terminar con el punto muerto militar. A mediados de abril de 1911, la confianza del gobierno se había erosionado, la opinión pública se mostraba abiertamente en contra de Díaz y, si los rebeldes no podían en un futuro cercano derrotar a los federales, éstos tampoco estaban en posición de acabar con sus adversarios. Sin embargo, por razones que pronto analizaremos, para ambos bandos era inaceptable una larga guerra de desgaste; en cambio, unos cuantos triunfos rebeldes más debilitarían aún más la moral porfirista y asegurarían un triunfo revolucionario fácil y rápido (la prolongada guerra de desgaste sería pospuesta para tres años más tarde). Esto se hizo evidente en Ciudad Juárez, cuyo sitio y caída final precipitaron el derrocamiento de Díaz y permitieron que la Revolución se extendiera hacia todo el país.

[189] Letcher, Chihuahua, 6 de abril de 1911; Ellsworth, C. P. D., 22 de mayo de 1912, SD 812.00/4307.
[190] Cf. Romero Flores, *Michoacán*, p. 72.
[191] Alger, Mazatlán, 21 de marzo; McCarthy, Álamos, 25 de mayo de 1911, SD 812.00/1112/2056.
[192] Goetter, Saltillo, 2 de mayo de 1911, SD 812.00/1678.
[193] Rutherford, *Mexican Society*, p. 136, cita a *El Diario*.
[194] Edwards, Acapulco, 13 de mayo de 1911, SD 812.00/1947.

Victoria

A mediados de abril de 1911, las fuerzas maderistas en el norte mantenían el sitio de Ciudad Juárez; el general Navarro, comandante de las tropas federales, había recibido y rechazado las órdenes de rendición. Pero ahora la diplomacia se abría paso. Existían antecedentes: ante otras rebeliones locales, Díaz había temperado ocasionalmente la represión con pláticas conciliatorias; ahora, enfrentando una rebelión nacional que no podía derrotar, tuvo que intentar el camino de la conciliación a escala nacional. No sólo quienes detentaban poder y propiedades mostraban una grave preocupación; Díaz mismo evidenciaba ahora síntomas de debilitamiento físico. Tuvo signos "de una decadencia física y mental" a fines de 1910 y, a medida que transcurrieron las semanas, el viejo dictador parecía aún más débil, inactivo y distraído. Cuando la crisis mayor estalló en mayo, Díaz estaba confinado a su cama, sufriendo los dolores de una mandíbula ulcerada.[195] Bajo la presión de sus consejeros, comenzó a hacer concesiones.

En enero, Miguel Ahumada había sustituido a Alberto Terrazas en su cargo como gobernador de Chihuahua, y marcó claramente su divorcio con la vieja maquinaria Creel-Terrazas lanzando un llamado a la paz. La opinión moderada y reformista consideró que este cambio era suficiente y que ahora los rebeldes depondrían las armas pacíficamente y con honor.[196] En marzo, otros gobernadores fueron sustituidos; entre ellos, Mucio Martínez de Puebla. A continuación hubo una purga en el gabinete y muchos científicos prominentes fueron destituidos. Para sorpresa del Congreso, el presidente prometió reformas agrarias y democráticas. Y, para finalizar, el vicepresidente Corral se refugió en Europa, con el pretexto de tener problemas de salud.[197] Pero, al igual que cuando se hacían concesiones locales, estas medidas no ejercieron el efecto aplacador deseado: por el contrario, estimularon más a los revolucionarios. En Veracruz y Acapulco, los cambios de gabinete produjeron un efecto débil sobre la opinión pública; en Tampico éstos fueron interpretados como síntomas de nerviosismo oficial, mientras que en Sinaloa, dividida por la guerra, esta liberalización de último minuto sólo sirvió para estimular "una docena... [de] pronunciamientos considerados como prueba de la debilidad del gobierno".[198] Los voceros maderistas cuidaron alentar esta

---

[195] Tower, Ciudad de México, 31 de diciembre de 1910, FO 371/1149, 1574; Limantour, *Apuntes*, p. 257; Cumberland, *Genesis*, pp. 136 y 149.

[196] *El Correo*, 1º de marzo de 1911, expresaba su preferencia por "Evolución", sobre "Revolución" y sostenía que "la causa principal que originó el levantamiento (*i. e.*, el cacicazgo de Creel-Terrazas)... ha caído para no levantarse más"; por lo tanto, la paz ya era oportuna. *Ibid.*, 2 de marzo, informa sobre la transferencia de fondos estatales que lleva a cabo Ahumada, del Banco Minero (de Creel-Terrazas) a la Tesorería General.

[197] Ross, *Madero*, pp. 153-155; Limantour, *Apuntes*, p. 234.

[198] Canada, Veracruz, 3 de abril; Pangburn, Acapulco, 3 de abril; Miller, Tampico, 5 de abril; Alger, Mazatlán, 29 de marzo de 1911, SD 812.00/1181, 1183, 1292, 1195.

impresión y Madero desdeñó los cambios por considerarlos irrelevantes y tardíos.[199]

Por último, Díaz intentó negociar un acuerdo. Las conferencias de paz habían flotado en el ambiente desde el inicio del año: en febrero, los miembros de la familia Madero (exiliados en los Estados Unidos, pero contrarios al movimiento maderista) aconsejaron a los rebeldes, sin éxito, la paz; en marzo, Limantour ofreció negociar con los Madero (sus viejos amigos) y con el doctor Vázquez Gómez pero, si bien éstos mostraron interés, Madero no quiso saber del asunto. En abril, ante la amenaza rebelde sobre Juárez, que ponía en peligro las relaciones con los Estados Unidos (la batalla en Agua Prieta causó bajas y generó protestas entre los norteamericanos), Vázquez Gómez reiteró su petición de un armisticio y de conferencias de paz; Oscar Braniff y Toribio Esquivel Obregón, en representación del gobierno, viajaron a El Paso para reiterar la oferta de Limantour y, tras una discusión, los dirigentes revolucionarios aceptaron un armisticio, que abarcaría el estado de Chihuahua, mientras se llevaban a cabo las negociaciones.[200] Durante casi dos semanas (24 de abril-7 de mayo) prevaleció un armisticio a medias en Chihuahua, mientras que en el resto del país la Revolución se robustecía y el pánico y la incertidumbre política aumentaban.[201] En Ciudad Juárez, las pláticas se concentraron en la renuncia de Díaz, exigida por los rebeldes y rechazada por el gobierno. Corral y numerosos ministros y gobernadores podían ser arrojados a los lobos, pero no el presidente. El 7 de mayo, a punto de que el armisticio llegara a su fin, Díaz se rehusó categóricamente a renunciar y Madero, anunciando el rompimiento de las pláticas, ordenó el avance de su ejército hacia el sur, más allá de Ciudad Juárez y de la frontera y, al parecer, en dirección a la ciudad de Chihuahua.[202]

Pero Madero falló a la hora de reunir a su gente. Durante tres semanas, el ejército rebelde había acampado alrededor de Ciudad Juárez y no estaba acostumbrado, ni dispuesto, a una disciplina estática. Los fondos, así como las provisiones, comenzaban a escasear y Madero se había visto en la necesidad de decretar una sentencia de cinco años de cárcel por deserción —primer síntoma del desgaste en el ánimo de las tropas—.[203] La lealtad a Madero entre los cabecillas del ejército era condicional, y a veces pesaban más los compromisos locales o personales. Madero tuvo que retractarse del nombramiento de José de la Luz Soto como comandante general en Chihuahua, para no ofender a Orozco; además, los hombres de Bachíniva abandonaron Ciudad Juárez para retornar a sus hogares en la sierra pues su jefe, intendente

---

[199] Ross, *Madero*, p. 154.

[200] *Ibid.*, pp. 155-158. Limantour ofreció hacer algunos cambios de funcionarios políticos y aceptar el principio de "no reelección", pero no así la destitución de Díaz.

[201] Edwards, Juárez, 13 de mayo; Bonney, San Luis, 4 de mayo de 1911, SD 812.00/1765, 1774.

[202] Ross, *Madero*, p. 163; Valadés, *Imaginación*, I, p. 162.

[203] Valadés, *Imaginación*, I, p. 158; Sánchez Azcona, *Apuntes*, pp. 237-238.

general del ejército maderista, fue degradado a causa de supuestos malos manejos.²⁰⁴ El armisticio se renovó en dos ocasiones, las pláticas se prolongaron y las tropas maderistas comenzaron a temer un ardid del gobierno, que sólo hubiera estado ganando tiempo en espera de refuerzos provenientes del sur. Díaz y los federales no eran de confiar; había rumores acerca de una soldadera muerta a traición en el momento en que llevaba alimentos a su hombre en el frente maderista.²⁰⁵ Las noticias de la rápida expansión del movimiento armado en otras partes disgustaron a estos precursores revolucionarios que ahora llevaban semanas de inactividad en la frontera norte. Los hombres de Orozco resentían esta inactividad y deseaban combatir; consideraban que Ciudad Juárez era presa fácil (sus fuerzas duplicaban en número a las de los federales) y descartaban la amenaza norteamericana.²⁰⁶ En esta situación, cuando Madero comenzó su marcha rumbo al sur —el 8 de mayo—, algunas tropas, en vez de seguirlo, viraron para enfrentarse a los defensores federales, acción que pronto se convirtió en un asalto a gran escala a la ciudad. Se ignora si fueron los jefes militares quienes se encargaron de precipitar el conflicto o si sólo tomaron ventaja de un enfrentamiento espontáneo, el caso fue que Madero no pudo contener el ataque. Hacia el anochecer, los rebeldes se apoderaron de las afueras, a fuerza de bombazos comenzaron a abrirse paso por las casas de adobe para dirigirse hacia el centro. A la mañana siguiente, los federales se encontraban acorralados en unos cuantos edificios clave, entre los cuales se incluía la iglesia. El 1° de mayo, sitiados y sin abastos en los cuarteles, accedieron a rendirse.²⁰⁷

La captura de Ciudad Juárez significó un enorme estímulo para la Revolución. Al establecerla como capital provisional de la República (emulando a Juárez, cuando esta ciudad se llamaba Paso del Norte), y al nombrar a su gabinete, Madero podía asumir de manera creíble la dirección de un gobierno alternativo. En su calidad de nexo más importante entre México y los Estados Unidos, y debido a que era el lugar más favorecido por periodistas estadunidenses en busca de ambiente local y comodidad relativa, Ciudad Juárez confería prestigio y publicidad, esta última de carácter favorable (pues los rebeldes mantuvieron bien el orden público).²⁰⁸ Más importante aún, la toma de esta ciudad permitió la creación de un enclave para la introducción de armamento y fue la prueba de que las ciudades defendidas por los federales no eran inexpugnables. El gobierno de Díaz quiso reanudar las negociaciones con prontitud, y Madero (por razones que serán evidentes) respondió de in-

---

²⁰⁴ Ross, *Madero*, p. 135; Sepúlveda Otaiza, p. 7. Se estimó que el líder en cuestión, Luis García, era magonista; es difícil determinar qué tanto influyó la rivalidad magonista-maderista en este caso.
²⁰⁵ Sánchez Azcona, *Apuntes*, pp. 238-240.
²⁰⁶ Letcher, Chihuahua, 24 de abril de 1911, SD 812.00/1577. Alrededor de 700 federales se enfrentaban a entre 1 500 y 2 000 rebeldes.
²⁰⁷ Ross, *Madero*, pp. 164-165; Edwards, Juárez, 13 de mayo de 1911, SD 812.00/1846.
²⁰⁸ Cumberland, *Genesis*, p. 149.

mediato. Se acordó un nuevo armisticio que abarcaba al país entero. Las presiones sobre Díaz se tornaron intolerables: a instancias de su gabinete y enfrentado por la hostilidad de la turba de la Ciudad de México, aceptó renunciar. Se acordó que Francisco León de la Barra, abogado y diplomático católico, ajeno al círculo de los científicos, asumiera la presidencia provisional, convocara a elecciones y que el nuevo gobierno se comprometiera a satisfacer a la opinión pública en los distintos estados. A partir de estas bases —notablemente vagas, excepto por el cambio en el gobierno nacional— cesarían las hostilidades y el ejército rebelde iniciaría la desmovilización. A las 10:00 de la noche del 21 de mayo, los firmantes del acuerdo, acompañados por periodistas, se encontraban en las oficinas de aduana de Ciudad Juárez sólo para descubrir que las instalaciones estaban cerradas y en la oscuridad: el famoso Tratado de Ciudad Juárez se firmó a la luz de los faros de los automóviles, poniendo fin al régimen de Porfirio Díaz que había durado 35 años.[209]

Al tiempo que los ejércitos maderistas tomaban Ciudad Juárez, docenas de movimientos revolucionarios locales cobraban fuerza en otras partes ignorando el armisticio de Chihuahua, aunque alentados por la evidente ansiedad del gobierno. Las noticias que llegaban del norte, especialmente la caída de Ciudad Juárez, sirvieron de aliciente, a tal grado que el efecto colectivo de estos levantamientos ablandó al régimen respecto a las demandas maderistas, aunque, quizá paradójicamente, el triunfo de la Revolución contribuyó a que Madero y sus consejeros optaran por la conciliación y abandonaran la intransigencia. Es imposible hacer un recuento del curso de los acontecimientos en abril y mayo de 1911; cabe sugerir la intensa actividad revolucionaria y extraer ciertos temas de importancia: primero, la rebelión organizada; segundo, los disturbios y la revuelta campesina. Esto debe ser suficiente para probar una cuestión vital pero discutible: que la transacción que terminó con el régimen de Díaz no representó la culminación de una revolución política estrechamente controlada, sino más bien la reacción atemorizada —de las élites de ambos bandos— frente a un levantamiento social en aumento.

Este levantamiento afectaba prácticamente a todos los estados de la federación. Por ejemplo, los distritos de Huimanguillo y Cárdenas, en Tabasco, produjeron movilizaciones rebeldes vigorosas y, si bien los federales lograron una importante victoria a fines de abril, los maderistas recuperaron Pichucalco en mayo; Chiapas, por su parte, contaba ya con un ejército rebelde de 300 hombres que capturaron Ocosingo; sus quejas, a juzgar por un cable consular, se basaban en "el descontento local causado por los abusos de los prefectos y la insatisfacción con los funcionarios estatales".[210] La rebelión im-

---

[209] Ross, *Madero*, p. 170; Fabela, DHRM, RRM, I, pp. 400-401. El hecho de que Díaz sería reemplazado por De la Barra, entonces ministro de Relaciones Exteriores, se rumoraba desde hacía semanas: *El Correo*, 27 de marzo de 1911.

[210] Lespinasse, Frontera, 7 y 26 de abril y 11 de mayo; Brickwood, Tapachula, 25 de mayo de 1911; SD 812.00/1242, 1489, 1721/1944.

plicó problemas adicionales. Tabasco sufrió una epidemia de viruela, aunque se ignora si fue resultado de la Revolución (como sucedió con subsecuentes epidemias); pero los habitantes de Acapulco y Mazatlán, prácticamente sitiados, temían posibles epidemias ya que escaseaban los alimentos y las lluvias pronto harían su aparición.[211] En ciudades así, los precios eran elevados y los ánimos muy bajos. Tal como les sucedió a los mazatlecos, la gente de Acapulco presenció la caída de sus zonas rurales en manos rebeldes. Aquí, los levantamientos (a menudo de origen agrario) surgían y se extendían: Ayutla, Ometepec y San Marcos son algunos ejemplos; los archivos judiciales, generalmente el primer blanco de esas revueltas, fueron trasladados a Acapulco y, para mayo, el puerto quedó aislado y rodeado por revolucionarios. No obstante, o quizá como resultado, los ciudadanos se rehusaron a incorporarse a las fuerzas voluntarias de defensa de su ciudad.[212] Mientras tanto, en las regiones al norte del río Balsas (que quedaban frente a Morelos y el altiplano central, y no frente a la tierra caliente y la costa) surgieron dos rebeliones mejor organizadas. Jesús Salgado se levantó en armas seguido de 55 hombres en Arcotepel, el 2 de abril; tomó Apaxtla, Tetela del Río y Arcelia (esta última el 17 de abril, con 325 hombres bajo su mando); después Totolopam, Ajuchitlán y Tlalchapa (22 de abril, con 1 758 hombres),[213] lo que demuestra la velocidad del reclutamiento y las conquistas revolucionarias en la primavera de 1911. Cerca de ahí —demasiado cerca como pudo comprobarse— los hermanos Figueroa de Huitzuco arrasaban la región al este de Iguala. Como rancheros, ejercían influencia local y gozaban de buena reputación en su terruño montañoso de Guerrero; tenían un largo historial de oposición en contra de los funcionarios de Díaz. En su adhesión al maderismo, combinaron el compromiso reformista de la clase media (más característico de las ciudades) con una capacidad para la resistencia rural (compartida con caciques y rancheros del campo): lograron así una fusión poderosa. Francisco Figueroa, maestro, era autor de una biografía de Juárez; su hermano Ambrosio, "un hombre de poca ilustración", obligado por sus actividades en la oposición, había tenido que abandonar Guerrero y refugiarse en Morelos, donde trabajó en la hacienda de Ruiz de Velasco y prestó servicios en la reserva local del ejército, lo que le permitió establecer valiosos contactos y ganar conocimientos militares.[214] En febrero, después de rechazar un ataque de rurales en Huitzuco, los Figueroa extendieron su control hacia el noreste de Guerrero y comenzaron a dirigir operaciones en Morelos.

[211] Lespinasse, Frontera, 24 de mayo; Edwards, Acapulco, 13 de mayo; Alger, Mazatlán, 10 de mayo de 1911; SD 812.00/1924/1947/1869.

[212] Pangburn, Acapulco, 6 y 20 de marzo (dos veces), 11 de abril y 2 de mayo; Edwards, Acapulco, 13 de mayo de 1911; SD 812.00/1237, 1425, 1426, 1452, 1575/1947. Sobre la revuelta de Ometepec, véanse pp. 221-222.

[213] De Salgado a De la Barra, 24 de julio de 1911, ALB, carpeta 3.

[214] Womack, *Zapata*, pp. 82-83; Ochoa Campos, *Guerrero*, pp. 283-287; memo. de la situación política del estado de Morelos, 29 de diciembre de 1911, probablemente por Robles Domínguez, AARD 37/5; Jacobs, "Aspects", pp. 122-127.

Ahí se encontraron con Zapata y, a pesar llegar a un acuerdo, fue evidente, incluso para los ojos alertas de los hacendados, que los rebeldes de Guerrero y Morelos eran aliados distantes. Sin embargo, Zapata cedió Jojutla a los Figueroa y se concentró en Cuautla, tomando los pueblos a su paso e incursionando en Puebla para finalmente reunir un ejército de 4000 hombres, "… bandas impacientes, poco entrenadas y mal disciplinadas". Armado así, Zapata dirigió un asalto al corazón estratégico de Morelos. Durante casi una semana, mientras Madero negociaba en Ciudad Juárez, los hombres de Zapata combatieron en Cuautla para finalmente ocupar la ciudad el 19 de mayo.[215] Además de contribuir de manera importante a la renuncia de Díaz, los revolucionarios de Guerrero y Morelos se establecieron como una fuerza importante dentro del futuro ámbito político.

Puebla, por su parte, fue escenario de repetidas incursiones zapatistas que apoyaron los esfuerzos revolucionarios indígenas de Francisco Bertrani (Teziutlán), Benigno Centeño (Texmelucan), Esteban Márquez (Libres) y otros. A mediados de mayo, siete de las 20 cabeceras estaban en manos rebeldes y cuatro más, bajo su amenaza; el cónsul norteamericano en Puebla afirmó, quizá de manera un poco exagerada, que había 20000 rebeldes en el estado.[216] Pero los límites estatales significaban poco para los rebeldes; varios aliados cercanos de Zapata eran poblanos y los revolucionarios de Puebla, Tlaxcala, Hidalgo y las tierras altas de Veracruz, incursionaban una y otra vez en los estados vecinos, a veces colaborando y en otras ocasiones discutiendo entre sí. En Veracruz, algunos de los revolucionarios que habían fracasado en noviembre de 1910 adquirieron fama (aunque otros, como Heriberto Jara, no se levantaron en armas sino hasta abril). Para entonces, Gabriel Gavira había regresado a Veracruz en un barco carguero que venía de Nueva Orleáns, donde había buscado refugio; Camerino Mendoza cruzó la frontera desde Texas; Rafael Tapia y Cándido Aguilar, después de semanas de luchar contra la corriente y comparar su fracaso local con el triunfo de los rebeldes del norte, súbitamente descubrieron que los reclutas eran más numerosos que los desertores, que pueblos y pequeñas ciudades caían en sus manos y que ciudades como Orizaba ya estaban a su alcance.[217] Oaxaca también fue escenario de varios levantamientos y Sebastián Ortiz, quien se hallaba oculto en la sierra desde noviembre, pudo abandonar las montañas y unirse a los rebeldes de Tuxtepec.[218]

Más al norte, regiones relativamente tranquilas, comenzaron a experimentar inquietud. En el occidente de San Luis Potosí, más tranquilo que la

---

[215] Womack, *Zapata*, pp. 85-86.
[216] Chambers, Puebla, 18 y 21 de abril y 12 de mayo de 1911, SD 812.00/1479, 1521, 1884; ese cálculo incluye, posiblemente, las fuerzas de Morelos. Para mayor información, AARD, expediente 19 *passim*.
[217] Womack, *Zapata*, p. 81; sobre Veracruz, AARD, expediente 25 *passim;* Gavira, Actuación, pp. 34-42; Tapia, *Mi participación*, pp. 21-35.
[218] Ramírez, *Oaxaca*, p. 22; n. 19 anterior.

Huasteca, surgió un movimiento importante cuando Gertrudis Sánchez llegó al sur (su gavilla de siete hombres, a mediados de marzo, aumentó a 40 a fines de abril y a cerca de 200 para principios de mayo). Cándido Navarro se dirigió al norte, desde Guanajuato; además, San Luis Potosí comenzó a producir contingentes rebeldes propios.[219] De igual manera, la prolífica revolución de La Laguna se extendió hasta el sur de Coahuila; Enrique Adame Macías condujo a 850 hombres hacia un asalto triunfal de Parras, después defendió a la ciudad de un contraataque federal y comenzó a movilizar sus tropas hacia Saltillo. Mientras tanto, grupos más reducidos comenzaron a operar en los alrededores de Galeana, Arteaga y Monclova.[220] Sin embargo, parte importante de Coahuila y la mayor porción de Nuevo León y Tamaulipas permanecieron tranquilas, al igual que Jalisco; éstas eran regiones que se habían distinguido durante la fase de oposición política de 1908-1910 y, por lo tanto, salieron de escena durante la revolución armada.[221]

La expansión de la lucha armada fue más evidente e importante en Durango y La Laguna, y por eso merece un análisis aparte. A mediados de abril, Durango contaba con numerosas bandas rebeldes: la capital del estado estaba amenazada, y los ciudadanos importantes realizaron un primer intento por reunir fuerzas voluntarias que aumentaran las filas federales.[222] Pero, al igual que otro intento similar en Mapimí, el esfuerzo fue nulo.[223] Al cabo de una semana, el gobernador y los funcionarios oficiales renunciaron, y el temor se apoderó de los "ciudadanos prominentes" que antes tuvieron expresiones de desprecio y que en ese momento se veían perdidos. Se exigió a los federales que evacuaran la ciudad antes de verla convertida en campo de batalla. Igual temor se percibía ante la posibilidad de que la turba ganara el control de la ciudad. Se prefería un cambio revolucionario rápido y pacífico; después de todo, los Arrieta habían tomado Santiago Papasquiaro y, tras la cruenta batalla (en la cual los federales, "sin la simpatía de un solo ciudadano", habían resistido valientemente), mantuvieron el orden, castigaron el pillaje y trataron a los funcionarios del gobierno y a los prisioneros con deferencia. Ejemplos así fueron la base para un optimismo cauto; además, la proximidad de los rebeldes permitía una magnífica oportunidad de realizar una evaluación nueva y objetiva de su carácter. Así, en abril y mayo de 1911, Durango se enfrentaba a un panorama desolador: los precios de los alimen-

[219] Bonney, San Luis, 14 de mayo de 1911, SD 812.00/1847.
[220] Voetter, Saltillo, 27 de marzo, 21 de abril, 1º y 14 de mayo de 1911, SD 812.00/1198, 1495, 1557, 1855; MacMillan, Saltillo, 17 de abril de 1911, FO 371/1147, 16692.
[221] José G. Zuno, *Historia de la revolución en el estado de Jalisco*, México, 1964, toca el tema muy brevemente, tratándose de los años 1910-1911; véanse pp. 26-27 y 58-59. Holms, Guadalajara, 17 de abril de 1911, FO 371/1147, 16692, describe este cuadro de descontento político desprovisto de potencial revolucionario: "el estado de Jalisco se ha visto, notablemente, libre de manifestaciones activas de descontento político. A pesar de la actitud pasiva adoptada por la gente, no hay... duda de que sus simpatías se hallan, por entero, con el partido revolucionario".
[222] Freeman, Durango, 12 de abril de 1911, SD 812.00/1438.
[223] Gamiz, *Durango*, p. 25.

tos aumentaban cada día, los limosneros atestaban las calles como en los días de la depresión de 1908, la cárcel de la ciudad estaba llena con 800 prisioneros y tres policías habían sido asesinados en sólo cinco días. El temor de la gente acomodada se centró menos en los rebeldes y más en el "elemento burdo" al interior de la localidad pues se le consideraba "muy difícil de controlar"; era indudable que los rebeldes ofrecían un medio de control que, bajo esas circunstancias, podía ser más eficaz que la tambaleante tropa federal o la no menos débil fuerza policiaca.[224]

Pero el comandante federal, mostrando más iniciativa que la acostumbrada, se quedó en su sitio y ordenó rodear la ciudad con una alambrada de púas y barricadas, en un intento por hacer que sus fuerzas parecieran mayores de lo que realmente eran.[225] Mientras tanto, pueblos de menor importancia en el estado seguían cayendo y Madero continuaba las negociaciones en Ciudad Juárez. En ese contexto, comenzó la lucha en las afueras de la ciudad de Durango y el pánico se incrementó. El gobernador suplente (asignado dos semanas antes) intentó renunciar, pero la legislatura rechazó su renuncia; los "hombres sólidos de la comunidad" acariciaban la idea "absurda" de que los cónsules extranjeros tomaran el gobierno y las clases bajas, en el interín, aguardaban con emoción el ataque rebelde.[226] Sin embargo, les esperaba una desilusión. El sitio continuó hasta la firma del Tratado de Ciudad Juárez y su publicación, a fines de mayo, lo que trajo un profundo alivio a las clases acomodadas de Durango, que procedieron a tañer las campanas de la iglesia. La banda tocó y los ricos brindaron por la restauración de la paz. El penúltimo día de mayo, las tropas rebeldes entraron en hilera, mostrando una gama heterogénea de armamento: pistolas, machetes, algunos incluso llevaban sólo un cuchillo en la cintura y, aunque cabalgaban ostentosamente por las calles y frecuentaban las cantinas, en general se comportaban de manera pacífica y ordenada.[227]

Una historia similar se desarrolló en La Laguna, pero con distintos resultados; ahí se demostró que los temores de las clases pudientes no eran infundados. A finales de abril, Torreón era una isla federal en medio de un mar de rebelión, defendido por 200 soldados y 50 policías, rurales y voluntarios.[228] Los pueblos vecinos de Gómez y Lerdo habían caído: Gómez, ante las fuerzas de Jesús Agustín Castro (quien así retornó victorioso a las calles que había evacuado con tanta rapidez durante su fallido ataque de noviembre); y Lerdo, bajo las fuerzas de Pablo Lavín, quien, a pesar de su extrema cortesía hacia los residentes norteamericanos, se dio a la tarea habitual de vaciar cárceles y quemar archivos municipales. Otros laguneros establecieron esas prác-

[224] Freeman, Durango, 19 y 22 (dos veces) de abril de 1911, SD 812.00/1451, 1529, 1579.
[225] Gamiz, *Durango*, p. 30; Freeman, Durango, 19 de mayo de 1911, SD 812.00/2087. El coronel Cortés paseaba repetidamente a sus 170 hombres, vestidos con uniformes diferentes, creando la impresión (así lo esperaba) de que se trataba de un regimiento de 500.
[226] Freeman, Durango, 5 de mayo de 1911, SD 812.00/2080.
[227] *Ibid.*, 3 de junio de 1911, SD 812.00/2106; Gamiz, *Durango*, p. 32.
[228] Carothers, Torreón, 2 de mayo de 1911, SD 812.00/1588.

ticas en Parras y ciertos puntos al oriente. El contraataque federal a Gómez fue rechazado con gran aplomo y los rebeldes empezaron a reunirse para realizar el asalto a Torreón.[229] En la medida en que comenzaron a llegar contingentes de todo Durango y La Laguna, aumentaron los temores del general Lojero, comandante federal; la noche del 14 al 15 de mayo, bajo una tormenta, ordenó evacuar repentinamente. Tan súbita fue la orden que algunos federales quedaron desprevenidos en la línea del frente.[230] Al amanecer, los ciudadanos de Torreón despertaron para descubrir que el ejército los había abandonado y los sorprendidos maderistas comenzaron a invadir la ciudad. El jefe de policía, tres oficiales y un capitán federal que habían quedado atrás, buscaron refugio en el consulado norteamericano. En las calles, la multitud atacó a la población china y saqueó sus propiedades, y la *canaille* se unió a las tropas maderistas. Los rebeldes afirmaron que los chinos los habían provocado (lo que no es probable); se dice que un jefe rebelde, Jesús Flores, pronunció un discurso en el que afirmó que "los chinos eran peligrosos competidores del pueblo de México", concluyendo que "sería mejor exterminarlos".[231]

Aunque el discurso en cuestión no hubiera sido pronunciado, el rumor refleja los sentimientos de antipatía hacia los chinos, actitud que se hizo evidente en varios ataques y matanzas durante los años de la Revolución. La xenofobia se dirigió en contra de los chinos y españoles y no de los norteamericanos, ni menos aún de los británicos y se tradujo en actos violentos. Cabe señalar que ningún norteamericano fue lastimado o asesinado en Torreón y el daño a sus propiedades (eran importantes en esta población) sumaron un total de sólo 22 000 dólares. No obstante, muchos comercios fueron saqueados, al igual que el casino y el banco: los rebeldes prendieron fuego a la corte y a la jefatura. A su llegada, Emilio Madero (hermano de Francisco) restauró el orden, hizo un recuento de daños y muertos, pues "un sentimiento de horror embargó a los mexicanos al saber que la lista de muertos entre la población china crecía a cada minuto".[232] Más de 250 chinos murieron en este pogromo (un número mayor al de todos los norteamericanos civiles muertos durante los 10 años de violencia revolucionaria); también la lista de víctimas maderistas fue numerosa (en ésta se incluía a Jesús Flores), y cayeron algunos federales y transeúntes.[233] Durante meses, los bienes robados en el saqueo de Torreón aparecieron en comercios de San Pedro, y podemos suponer que también se vendieron en otros pueblos de La Laguna.[234]

[229] Los sucesos de Torreón están descritos en Carothers, Torreón, 22 de mayo de 1911, SD 812.00/1968 y Gamiz, pp. 25-27; este último habla acerca de la sangre fría de Castro pero, con buen gusto, evita tratar los sangrientos sucesos del 15 de mayo, sobre los cuales se halla útil información en *Tulitas of Torreón: Reminiscences of Life in Mexico by Tulitas Jamieson, as told to Evelyn Payne*, Texas Western Press, 1969, pp. 116-122.
[230] J. P. C., Tlahualilo, 20 de mayo de 1911, SD 812.00/1998.
[231] C. A. Heberlein, Torreón, 15 de mayo de 1911, SD 812.00/2026.
[232] Detalles de Carothers y Heberlein (núms. 229 y 231). *Cf.* Cumberland, "Sonoran Chinese".
[233] Knight, *Nationalism, Xenophobia and Revolution*, pp. 310-312.
[234] De Salvador Benavides a Madero, 8 de noviembre de 1911, Fabela, DHRM, RRM, II, p. 257.

La comunidad china, cerrada e introvertida pero próspera, formaba verdaderas colonias dentro de los pueblos del norte de México y, si bien estas colonias fueron blanco de repetidas persecuciones, la masacre de Torreón fue la peor durante la lucha armada; más aún, quizá fue la mayor masacre de población civil desde la Alhóndiga en octubre de 1810 (cuando los habitantes extranjeros, en este caso gachupines, fueron asesinados por hordas rurales indígenas y mestizas durante la lucha por la independencia). Sin embargo, los acontecimientos de Torreón sólo representaron la forma xenofóbica más extrema de lo que, a la sazón, sucedía en el México urbano hacia fines de la primavera de 1911. Casi en todos los estados, el derrumbe de la autoridad provocó disturbios o amenazas de disturbios; los temores reiteradamente manifiestos de los "ciudadanos prominentes" revelaron su amplia legitimidad, y la turba mostró una consistente uniformidad en la elección de sus blancos: cárceles y edificios gubernamentales; funcionarios y oficiales; prestamistas, usureros y pequeños comerciantes que abastecían a los sectores pobres urbanos con artículos de primera necesidad. Muchos eran españoles, algunos (en el norte y el noroeste) eran chinos; de ahí que la xenofobia popular pasara por alto a los verdaderos agentes del imperialismo económico, los administradores de las empresas estadunidenses y británicas. No obstante, los disturbios urbanos fueron tan numerosos que merecen el análisis breve y diferenciado que aparece a continuación.

Disturbios

La importancia de la violencia urbana durante la Revolución no ha sido reconocida. Algunos consideran que la acción de la turba fue marginal y fue exclusiva de la Ciudad de México (el caso más estudiado); los historiadores de la Revolución mencionan ejemplos al paso, sin desarrollar inferencias.[235] Evidentemente es posible objetar que los disturbios y los amotinadores —no importa cuán de moda estén en círculos académicos— hayan sido periféricos con respecto al proceso revolucionario, y que, a pesar de su elevado número, fueron apolíticos, ineficaces e inútiles. Sin embargo, existen dos réplicas a lo anterior. La primera es que muchos disturbios o sublevaciones (especialmente los observados durante 1911) fueron específicamente políticos y con frecuencia alcanzaron sus objetivos, es decir, la caída de funcionarios impopulares. Más adelante aparecen algunos ejemplos. Pero también hubo motines ostensiblemente "apolíticos" y a menudo más violentos: aunque sus víctimas eran "políticas", abarcaron blancos más diversos, entre ellos los "económicos": comerciantes, usureros y grupos étnicos como los ya mencionados, además de empresarios y miembros de la clase acomodada en general.[236] A los

---

[235] *Cf.* Rutherford, *Mexican Society*, pp. 186-187.
[236] La diferenciación hecha aquí entre motines "políticos" y "económicos" puede requerir una

ojos de testigos, estos actos a menudo parecían expresiones de violencia y agresión gratuitas; generalmente se extinguían o eran reprimidos sin registrar ganancias reales, sin siquiera formular objetivos concretos. Es posible recurrir, a manera de explicación, a estereotipos raciales o psicológicos, como los derivados de Le Bon. Pero el historiador, que no se arriesga a sufrir ningún robo y que, por lo tanto, puede estudiar este aspecto de manera más desapasionada, no debe descartar esta cuestión y, sobre todo, no debe objetivar la "revolución" (es decir, la revolución creadora de regímenes y discursos, articulada y organizada), como tampoco debe ignorar los distintos movimientos —rurales o urbanos— que no pueden clasificarse dentro de este rubro. En realidad, estos movimientos fueron importantes por derecho propio, además de ser instrumentos para la formación de la revolución objetivada, "oficial". Los motines urbanos son expresión relevante de los resentimientos de la clase trabajadora urbana durante la Revolución; involucraron a más personas y ejercieron una influencia mayor que el sindicalismo o la participación organizada en los ejércitos revolucionarios (medios a través de los cuales se expresa, supuestamente, la clase trabajadora). Contribuyeron al *grande peur* de la clase acomodada y a la erosión general de la jerarquía y las deferencias, que fueron elementos centrales para la Revolución. Por último, cabe notar que los disturbios de la Revolución mexicana, al igual que los de la Europa preindustrial, mostraron rasgos recurrentes y cierta lógica interna: incluso los más violentos y "apolíticos" respondieron a motivaciones susceptibles de análisis racional.[237]

En 1911, ante la expansión de rebeliones y la disolución de la autoridad, la respuesta del trabajador urbano fue tomar las calles, así como la del campesino fue retornar al pueblo. Pero el campesinado poseía tradiciones corporativas que contribuían a canalizar y sostener las protestas; la aparente falta de dirección de la protesta del proletariado reflejó la alienación de la vida urbana, particularmente en las regiones clave.[238] Los disturbios estuvieron claramente marcados por una relación del hombre con su medio. La mayoría de las ciudades afectadas por estas manifestaciones fueron aquellas que sufrían un declive económico: centros industriales en decadencia como Celaya, San Miguel de Allende o León, o bien ciudades mineras igualmente en declive, como Pachuca. Torreón estaba lejos de vivir una economía decadente,

breve explicación, tanto teórica como empírica. En primer lugar, debe quedar claro que los términos se utilizan en su sentido común, diferenciando los objetivos políticos (*e. g.*, funcionarios) de los económicos (*e. g.*, comerciantes), pero sin implicar algún tipo de divorcio radical entre "lo político" y "lo económico"; en segundo lugar, debe señalarse que los motines económicos podían tener, y de hecho tenían, objetivos políticos (aunque en muchos casos, dichos blancos se las ingeniaban para desaparecer más rápidamente de lo que podían hacerlo las víctimas económicas; el jefe abandonaba su puesto con mucha más ligereza y rapidez que el comerciante su tienda); así pues, los motines políticos, tal como se definen aquí, eran específicamente políticos y no involucraban trastornos, represalias y pillajes generalizados.

[237] Hobsbawm, *Primitive Rebels*, pp. 108-125; Rudé, *The Crowd*, pp. 237-257.
[238] Véanse pp. 157-158 y 195-197.

pero la depresión de 1908, con la miseria y el desempleo resultantes, era un recuerdo vivo y toda la región de La Laguna, a pesar de sus elevados salarios, contenía una numerosa población de inmigrantes que se empleaban temporalmente.[239]

La Revolución, al dividir a las ciudades del campo y, en general, al dislocar la actividad económica, revivió el desempleo (o aumentó los niveles ya existentes) y agudizó la hostilidad del pueblo hacia los enemigos conocidos: empleados, funcionarios, usureros, comerciantes minoristas. La reaparición de mendigos en las calles de Torreón (y quizá la fiebre de ataques en contra de la policía) eran presagios de la protesta de las masas. Más aún, la Revolución alentó la insolencia de la gente común. Los pequeños tiranos fueron depuestos y humillados; circulaban ideas de equidad. Se decía (conforme a un recuento en Durango) que "si los revolucionarios ganan [los peones] solucionarán sus problemas". Cabe señalar que sentimientos similares se vincularon a la protesta rural en 1911.[240] Y, al igual que los rebeldes cabalgaban por las calles de Torreón o viajaban en tranvías sin pagar, así la gente común de la ciudad se paseaba por las aceras "haciendo alarde de una igualdad indebida... obligando a la gente de respeto y las señoras a caminar por en medio de las calles" (que, una vez llegadas las lluvias, parecían una ciénaga); todo esto porque creían que "ha llegado la hora de que todos seamos iguales".[241] Las revueltas económicas y políticas, transmitidas del campo a la ciudad, aunadas a este nuevo espíritu de insubordinación, crearon el escenario para los motines urbanos, que no sólo implicaron la apropiación de bienes materiales, sino que fueron también vehículos para la expresión de la venganza y la humillación surgidas de la "indignación moral", demostraciones de que el mundo —si aún no estaba de cabeza— se encontraba en proceso de rotación.

Los pueblos del Bajío fueron los más afectados por estas manifestaciones. En la víspera de la entrada rebelde a Ciudad Manuel Doblado (Gto.), el pueblo tomó las calles, quemó la corte y la oficina de impuestos y abrió las rejas de la cárcel.[242] Los "revolucionarios", encabezados por Bonifacio Soto, restauraron el orden.[243] Casi de inmediato, una delegación de ciudadanos de San Francisco del Rincón recurrió a Soto para solicitarle que también pusiera orden en su localidad, "en vista de que se dejaba sentir ya un movimiento de obreros numerosos que por falta de mercado para sus efectos querían cometer actos vandálicos". Soto satisfizo la petición, "reprimiendo duramente el movimiento de obreros... evitando que la prisión fuera puesta en libertad y que el comercio sufriera perjuicios".[244] En Celaya, el jefe político temía que la entrada de rebeldes comandados por Fernando Franco fuera la señal para

---

[239] Véanse pp. 154-157.
[240] Freeman, Durango, 5 de mayo de 1911, SD 812.00/2080.
[241] De Adrián Aguirre Benavides a Madero, 29 de mayo de 1911, AFM, núm. 18.
[242] De Bonifacio Soto a Robles Domínguez, 22 de mayo de 1911, AARD 11/2.
[243] *Infra*, pp. 237-238 explica las comillas.
[244] De Soto a Robles Domínguez, 2 de junio de 1911, AARD 11/69.

iniciar los motines; la fuerza policiaca era inexistente y en la cárcel se encontraban "más de 200 presos criminales afamados que en unión de la plebe causarían graves perjuicios valiéndose de la confusión que habría a la entrada de los revolucionarios".[245] Estos temores no eran infundados. Pocas semanas antes, los presos habían intentado huir. Y un simpatizante de la Revolución declaró que el industrial español Eusebio González temía "que los obreros de la importante Fábrica de Soria cometan algún atropello... porque el jefe auxiliar de Soria prácticamente fue nombrado por el sr. González ... [y] está completamente odiado por los vecinos a causa de los abusos que ha cometido, y natural es que el sr. González, que tampoco es caro a sus obreros, tema por sus intereses".[246] De estos recuentos se desprende que fueron los artesanos destituidos —hilanderos y peleteros— quienes convirtieron al Bajío en un foco de descontento urbano, tal y como sucedió en el siglo XIX. Aunque los tiempos habían cambiado —y la minería, por ejemplo, perdía importancia—, la población del Bajío, al estar sujeta a mayores vicisitudes de mercado, tendió a ventilar sus protestas de manera violenta en la calle pues, como se ha señalado, el artesano difícilmente disponía de la defensa sindicalista.[247] Por otra parte, es evidente que la Revolución empeoró las condiciones del artesanado: Celaya, como León, era la ciudad manufacturera de mayor importancia de la región y los artesanos estaban "desde hace meses, al borde de la inanición porque... su mercado en el norte se había derrumbado". En León, los motines estuvieron a punto de estallar, y en Pénjamo, en la frontera con Michoacán, 70 maderistas se unieron a "la plebe de cerca de cien hombres" para saquear los edificios municipales y dos casas de empeño: y el orden no se restauró sino hasta que "la mejor gente del pueblo" formó patrullas.[248]

Otro foco conflictivo en Guanajuato merece atención ya que existen testimonios, desde distintas perspectivas, que sugieren las razones y la manera en que dichos disturbios estallaron. Por ejemplo, San Miguel de Allende era una ciudad de aproximadamente 20 000 habitantes, dominados (conforme al recuento de un maderista) por un jefe político tiránico (amigo del gobernador porfirista) y por un jefe de policía que recurría a métodos violentos, como las sentencias a trabajos forzados, golpes y condenas a servir en el ejército. Bajo su autoridad, San Miguel permaneció tranquilo, pero el 17 de mayo de 1911 (Cándido Navarro operaba en el noroeste y no se ocupó de San Miguel), llegaron noticias prematuras acerca del acuerdo de paz en Ciudad Juárez. Aunque a disgusto, el jefe concedió autorización para llevar a cabo celebraciones públicas y cerca de 600 personas se reunieron alrededor del palacio municipal portando una bandera blanca con un mensaje de paz inscrito; algunos vivas por Madero se escucharon, pero todo se desarrollaba dentro del

[245] De Ciro Valenzuela a Gobernación, 26 de mayo de 1911, AARD 11/19.
[246] *El Diario del Hogar*, 23 de marzo de 1911; de Fernando Lizardi a Carlos Robles Domínguez, 1° de junio de 1911, AARD 11/53.
[247] Véanse pp. 157-159.
[248] Rowe, Guanajuato, 23 de mayo de 1911, SD 812.00/2046.

mayor orden. Entonces Miguel Zamora (maderista y, conforme a un testimonio hostil, dipsómano) comenzó a repartir mezcal y a instar a la muchedumbre a "adoptar una actitud peligrosa e inconveniente". Miguel Herrera, un abogado con motivos personales para desear que se quemaran los archivos legales, se unió a Zamora e "invitó a la plebe a que echaran fuera a toda la prisión y cometieran toda clase de atropellos, porque 'El pueblo era libre; era dueño de todo lo existente; podría disponer a su antojo de vidas y bienes ajenos y no tenía más ley que su voluntad' ". La turba se emocionó al escuchar las "infamias" igualitarias, y cuando el jefe quiso escuchar sus demandas, fue recibido a pedradas. Entonces, totalmente ebria, la muchedumbre intentó abrir la prisión, los guardias abrieron fuego y uno de los descontentos murió. Rechazados en la prisión, los amotinadores tomaron los edificios del Tesoro Municipal, las cortes y la jefatura; incendiaron el primer edificio y retornaron a la cárcel para liberar a sus ocupantes (todos "hombres de verdadero peligro", según el testimonio hostil). En ese momento, el cura de la parroquia instó a la turba a retornar a sus hogares y, cuando estaba a punto de lograrlo ("porque la gente baja siempre tiene respeto por los Ministros del culto católico"), el abogado Herrera, parado sobre una banca pública, lanzó un discurso en contra del clero, añadiendo que los fondos públicos pertenecían al pueblo por derecho propio. Durante unos momentos de tensión, pareció que estallaría el clásico encuentro entre rojos y blancos, entre jacobinos y clericales. Al final, la turba inició su dispersión, saqueando comercios a su paso. Abrieron la cárcel de mujeres a la par que saquearon la casa de la directora de la prisión. Un usurero español también sufrió el saqueo y Zamora asaltó la estación de ferrocarril, aunque —después de reflexionar— regresó el dinero. Herrera, al darse cuenta de la gravedad de la situación, abordó el siguiente tren con rumbo a la Ciudad de México, para perderse en el anonimato. Poco después las tropas de Bonifacio Soto arribaron para garantizar el orden.

El informe maderista coincide respecto a los principales acontecimientos. Zamora admitió haber abierto la prisión y destruido los archivos (prácticas comunes de los revolucionarios), pero culpó a los funcionarios del pueblo por los problemas surgidos, ya que una vez que la protesta estalló fueron incapaces de frenar el pillaje. Herrera afirmó ser un viajero de paso por esas tierras que sólo había hablado en favor del ejército libertador, y culpó al consumo libre del mezcal por los motines; confesó, sin embargo, que estos acontecimientos lo habían sorprendido porque San Miguel era "un pueblo medianamente culto, ya que su mayoría se compone de fabricantes que saben leer y escribir".[249] A pesar de todo, al analizar el episodio en San Miguel dentro del contexto nacional, no sorprenden los sucesos; una combinación similar,

---

[249] Las narraciones maderistas en favor de los motines son: de Rufino Zamora y Manuel Herrera a Robles Domínguez, 27 y 30 de mayo de 1911, AARD 11/22 y 11/43, y de Herrera a Cosío Robelo, 26 de mayo, AARD 6/54; con respecto al punto de vista contrario a los motines, véase la petición de aproximadamente 100 residentes de San Miguel a Gobernación, 27 de mayo de 1911, AG 898.

que reúne caciquismo político prolongado y penurias económicas por una parte y, por la otra, una crisis política inmediata y cierta euforia democrática, generó protestas violentas en otras ciudades del país.

Gertrudis Sánchez, por ejemplo, aplacó desórdenes en Matehuala y Concepción del Oro, y utilizó la amenaza de la turba para asegurar la rendición pacífica de Mazapil.[250] Cabe notar que los hechos en Concepción quizá se dignifican al aplicarles el término de "desórdenes". Ahí se esperaba un levantamiento de la turba: Luis Gutiérrez, revolucionario de la localidad que más tarde sería importante general, apoyó un ataque en contra de la localidad, con la seguridad de que los rebeldes podrían "ganar la acción y enseguida el pueblo se amotinaría, queriendo tener venganzas con Autoridades y particulares". En efecto, la turba exigió la cabeza del presidente municipal y de sus funcionarios; el comandante federal, herido durante el ataque rebelde, cayó en manos del populacho, fue mutilado de manera grotesca y arrastrado por todo el pueblo, tras lo cual fue necesario retirar "con bastante furiosidad y energía" el cadáver irreconocible de manos de la multitud. Mientras tanto, en La Paz —dentro de la misma región—, hubo saqueo de comercios (nuevamente las víctimas eran españoles) y los archivos del juzgado fueron consumidos por las llamas; en Salinas, en la frontera occidental de San Luis, los maderistas se unieron a los lugareños y tomaron el palacio municipal, los juzgados y la oficina de correos. De nuevo, el párroco fracasó en su intento por detener los desórdenes. A pesar del "éxodo de la gente decente", la compañía británica de sal logró continuar en operaciones, pero se vio afectada por la rápida desaparición de empleados hispanos, quienes se rehusaron a permanecer en el pueblo pues "en cualquier momento las turbas podían atacarlos".[251] Las fábricas españolas de textiles en Acapulco (Gro.), Metepec y Atencingo (Pue.), fueron saqueadas y, en el último caso, varios españoles resultaron muertos.[252]

Las principales ciudades mineras afectadas por motines fueron aquellas que eran más pequeñas, o bien habían perdido importancia. En Pachuca se abrieron las rejas de la prisión y los mineros, ebrios, se alborotaron. Enrique Aguirre, quien recurrió a las fuerzas maderistas de Gabriel Hernández para restaurar el orden, fue investido con la banda tricolor por los prominentes de la localidad en reconocimiento de sus servicios, y el joven Gabriel Hernández, quien ordenó el fusilamiento de 30 amotinados, fue galardonado de manera similar y en su honor se organizó un desfile con la participación de "elegantes señoritas montadas en caballos ricamente enjaezados". La colonia

[250] Salida de G. G. Sánchez en campaña, 22 de julio de 1911, AG 898.
[251] Del ministro español, Ciudad de México al ministro de Guerra, 29 de mayo de 1911, AARD 6/102; de C. Stanhope, San Luis, a B. Catling, 15 de mayo de 1911, FO 371/1148, 22111. El líder maderista cómplice de este saqueo, Nicolás Torres, era un individuo particularmente violento quien en cuestión de semanas fue detenido y ejecutado por sus compañeros maderistas: *El Diario del Hogar*, 29 de mayo de 1911, Bonney, San Luis, 23 de mayo de 1911, SD 812.00/1980.
[252] Fernández (representante del consulado británico aunque de nacionalidad española), Acapulco, 30 de abril; Hohler, Ciudad de México, 11 de mayo de 1911, FO 371/1147, 20161, 20167; Chambers, Puebla, 8 de mayo de 1911, SD 12.00/1813.

española en Pachuca, que había sufrido los motines, colaboró de manera cercana con Hernández, e incluso aportó asesoría y ayuda secretarial, para restaurar el gobierno de la ciudad.²⁵³ Los centros mineros en el centro-occidente de México, generalmente más pobres y pequeños que los del norte, también se vieron afectados por el colapso del régimen. En Los Reyes (Jal.) se registró la violación de una empleada; se colocaron bombas de dinamita en la casa del administrador y sólo la presencia de una compañía privada de gendarmes pudo evitar males mayores.²⁵⁴ Entre los diversos pueblos de Michoacán afectados por los motines estaba Angangueo, donde "la turba local destrozó el lugar".²⁵⁵ Una vez más, un incidente menor (el encarcelamiento de un ebrio) fue la chispa incendiaria de un motín cuyo blanco fueron las víctimas habituales. El jefe político afirmó que el motín era apolítico y que no estaba vinculado con la Revolución: Madero y los dirigentes oficiales de la lucha armada, indudablemente hubieran estado de acuerdo con esta afirmación. Según las palabras del jefe político en cuestión, "no siendo el objeto de los amotinados secundar el movimiento revolucionario que perseguía un fin político, sino que... se dedicaron al pillaje y a la destrucción, pues que a más de haber destruido todo el moviliario [sic] y la mayor parte de los archivos de las Oficinas Públicas del Estado, se dedicaron con preferencia a saquear 'El Montepío' del súbdito Felipe Llaguno y los billares y cantina 'El Cosmopolita', propiedad del español Felipe Abascal. Se dedicaron hombres y mujeres, y hasta niños a llevarse tranquilamente y como si fuera una tarea honrada, los objetos que habían sobrado del saqueo verificado por la noche".²⁵⁶ En Angangueo y otros pueblos michoacanos, como Uruapan, las tropas maderistas cooperaron con los funcionarios en la restauración del orden, castigando a los culpables e intentando, sin mucho éxito, recobrar las mercancías robadas.²⁵⁷

Cabe destacar que los grandes centros mineros y manufactureros del norte experimentaron menos conflictos. Quizá debido parcialmente a que las revueltas en el norte estaban mejor organizadas y eran más extensas; así, la transición del poder porfirista al maderista pudo ser más rápida y eficaz. Pero, como quedara demostrado en Torreón, éste no fue siempre el caso. Más importante aún, los mineros y obreros del norte estaban menos dispuestos a tomar acciones violentas y directas. No sólo no correspondía a su carácter, sino

---

²⁵³ Hohler, Ciudad de México, 17 de mayo de 1911, FO 371/1147, 20780, culpa a los mineros; *El Diario del Hogar*, 23 de mayo de 1911, culpa a criminales liberados de la cárcel (pero no señala quién los liberó); véase también de Aguirre a Gobernación, 22 de julio de 1911, AG 898; de E. Bordes Mangel a Madero, 16 de junio de 1911, AFM, r. 20.

²⁵⁴ Del gerente de la Cía. Minera de los Reyes al gerente general, Ciudad de México, 31 de mayo de 1911, AARD 6/136.

²⁵⁵ De A. Wedelen a H. Moran, 29 de mayo de 1911; de Carlos Robles Domínguez a Alfredo Robles Domínguez, 30 de mayo de 1911, AARD 6/103, 6/127.

²⁵⁶ Del jefe político, Zitácuaro, al gobernador Silva, 3 de julio de 1911, AG 14, "Relaciones con los estados" (Mich.).

²⁵⁷ De Marcos Méndez a Gobernación, 30 de julio de 1911; de Silva a Gobernación, 25 de julio de 1911; ambos en AG 14 (n. 256 *supra*).

que además habían sufrido menos el disloque económico y las penurias de la lucha armada a pesar de ser el principal foco de la Revolución. Las grandes empresas pudieron sortear la tormenta mejor que los artesanos del Bajío. Así, cuando en febrero la Cananea Copper Co. tuvo que cerrar temporalmente sus puertas, tomó medidas —alentadas por el gobierno estatal— para repartir trabajo y evitar un desempleo masivo.[258] Aunque las minas de Sonora celebraron el colapso del viejo régimen (hubo una juerga general en Nacozari), la violencia fue menos marcada que en el centro-sur. Cananea misma fue ocupada pacíficamente por las fuerzas de Cabral y no hubo "evidencias de desorden ni de animosidad hacia los norteamericanos".[259] Cuando poco después surgió la intranquilidad en Cananea, ésta se debió a los soldados maderistas sin sueldo y no a mineros descontentos; sin embargo, la inquietud posterior de estos últimos se canalizó hacia las actividades sindicalistas y no hacia la revuelta. En otras ciudades comerciales e industriales del norte, los negocios se mantuvieron activos con resultados favorables; en Monterrey "no ha surgido la menor manifestación de desorden"; en Matamoros, que comerciaba eficazmente con los Estados Unidos, "todo está en movimiento, como si no existieran problemas en la localidad".[260]

En términos generales, las viejas ciudades industriales y administrativas del centro de México resultaron más afectadas por estos motines; los grupos empobrecidos y declinantes fueron los protagonistas. Las clases trabajadoras vinculadas a una industria progresista más moderna y de gran escala (y, por lo tanto, con frecuencia a las inversiones extranjeras: ferrocarriles, minas, petróleo) optaron por un comportamiento diferente.[261] Aunque es posible detectar cierta congruencia en términos de participación social en la violencia urbana y rural (para simplificar, los grupos depauperados fueron los responsables de sublevaciones tanto en la ciudad como en el campo) también es posible observar la obvia divergencia geográfica. La revuelta agraria fue más pronunciada en regiones de agricultura comercial dinámica (como Morelos), e insignificante en las sierras remotas que dependían de la agricultura de subsistencia (por ejemplo, las de Oaxaca); en las ciudades hubo menos vinculación entre el capitalismo y la violencia popular, al menos en términos espaciales. Mientras que el campesino podía percibir a un enemigo inmediato (el ranchero o el hacendado expansionista), el verdadero enemigo del artesano, el dueño de la fábrica, podía encontrarse a cientos de kilómetros de distancia.

El tejedor depauperado del Bajío no atacó las distantes fábricas textiles de Veracruz, sino a los comerciantes, usureros, funcionarios o empresarios locales (estos últimos, al pagar el trabajo a destajo de los artesanos, eran mer-

[258] Aguilar Camín, *La Revolución sonorense*, p. 161.
[259] Wiswall, Cananea, 14 de mayo de 1911, SD 812.00/1757; Aguilar Camín, *La Revolución sonorense*, p. 173.
[260] Hanna, Monterrey, 11 de agosto; Johnson, Matamoros, 2 de junio de 1911; SD 812.00/2346, 2076.
[261] Knight, "La révolution mexicaine".

caderes más que industriales). Las quejas, al igual que en Europa, se centraron con frecuencia en aspectos vinculados al consumo más que a la producción.[262] Las víctimas y beneficiarios del progreso porfirista, yuxtapuestos en el campo, se encontraban claramente segregados en las ciudades; de ahí que hubiese menos ejemplos de ludismo o sabotaje en las maquinarias de los que se hubieran esperado.[263]

Ante los actos de violencia urbana, las fuerzas maderistas con frecuencia aparecieron como salvadoras del orden y la propiedad. Hubo excepciones cuando los rebeldes y la turba se unieron, como en Torreón y Salinas, mas cabe subrayar que en este último caso el comandante culpable fue ejecutado por sus compañeros maderistas. La conducta de Hernández en Pachuca, o de Sánchez en Concepción, fue frecuente y abundan los ejemplos: el dirigente maderista Miguel Zamora impidió un motín en la mina Aurora, en la sierra de Puebla; Rafael Tapia entró a Orizaba "a fin de prevenir desórdenes populares" y en Parras, donde el pueblo había saqueado las casas de los funcionarios indeseables, "el daño se debió... principalmente a gente del pueblo, no a los rebeldes... pronto se frenaron los desórdenes gracias a la vigilancia [de los revolucionarios]".[264] En ocasiones esto exigió represiones directas que recordaban a las prácticas porfiristas, especialmente cuando las ejecutaban hombres de dudoso compromiso revolucionario como Bonifacio Soto. Pero a menudo la autoridad moral de un comandante revolucionario genuino era suficiente para calmar la situación. En Matehuala, donde las tropas federales nada habían logrado, Cándido Navarro restauró el orden con sólo 13 hombres.[265] En la medida en que se acumularon ejemplos de la actitud responsable de los maderistas, la opinión pública (es decir, la de las clases letradas y respetables) reaccionó favorablemente. En Durango, como hemos señalado, la élite prefirió a los rebeldes que a las turbas. En la Ciudad de México, durante las negociaciones finales de la paz "... no parece que nadie tema a los revolucionarios, pero todos los partidos muestran una aprehensión general ante la posibilidad de un levantamiento de las turbas, y el temor es tan unánime que sin duda se unirán para reprimir motines si éstos llegaran a estallar".[266]

De hecho, la Ciudad de México y las principales urbes de provincia no escaparon a las manifestaciones de la turba. Pero éstas fueron distintas y menos severas que los actos violentos ocurridos en el Bajío y en algunos centros mineros. Esto se debió, en parte, a que las ciudades más grandes

---

[262] *Cf.* Thompson, *Making of the English Working Class*, p. 68; Tilly, *Rebellions Century*, pp. 17-19.

[263] Posiblemente hubo casos de ludismo revolucionario cuando las fuerzas "campesinas-artesanas" de Tlaxcala controlaron la región textil de Puebla; véase cap. VIII.

[264] De Miguel Zamora a Robles Domínguez, 25 de mayo de 1911, AARD 25/59; de Francisco Cosío Robelo a Tapia, 26 de mayo de 1911, AARD 25/65; Voetter, Saltillo, 14 de mayo de 1911, SD 812.00/1855.

[265] De Navarro a Robles Domínguez, 10 de junio de 1911, AARD 21/14, 16.

[266] Hohler, Ciudad de México, 17 de mayo de 1911, FO 371/1147, 20780. En la capital, así como en otras ciudades del centro y del sur, la guarnición federal se había agotado: de Barón de Vaux a Quai d'Orsay, 11 de mayo, AAE, Méx., Pol. Int., N. S., II.

contaban con cuarteles mejor abastecidos y atrajeron a fuerzas maderistas mayores y, por ende, más disciplinadas; otra causa fue que dichas fuerzas, o al menos sus dirigentes, quizá procuraron causar una impresión favorable al entrar en las metrópolis. Pero el factor más importante fue que la materia prima de la violencia urbana era menos evidente y, ahí donde surgieron problemas, éstos tendieron a ser más estrictamente políticos y a dirigirse en contra de funcionarios y representantes específicos del viejo régimen (cuya pronta destitución garantizó la paz); no fueron actos en contra del sistema social, político y económico en general. Las grandes ciudades mostraron, otra vez, su apego por la renovación política y la reforma y, al mismo tiempo, su horror por la convulsión social.[267]

En las capitales del norte, como San Luis Potosí y Saltillo, los problemas amenazaban; sin embargo, lograron aplazarse mediante el severo control que los maderistas manifestaron sobre la situación. La llegada de Cándido Navarro a San Luis Potosí, por ejemplo, "motivó manifestaciones populares degenerando en desórdenes": una "multitud de las clases bajas" se reunió alrededor de los bancos y las bodegas, y a pesar de lo preocupante que pudiera parecer, nada serio ocurrió.[268] Asimismo, en Saltillo, después de la firma del tratado de paz, una multitud se reunió en las calles y se entregó a la bebida por lo que la policía tuvo que proteger el edificio de correos. Otras manifestaciones se llevaron a cabo para recibir al ejército libertador; sin embargo, los observadores declararon que "el pueblo parece temer a los revolucionarios, ya que éstos parecen ser hombres de más vigor y dignidad que los miembros de la antigua fuerza policiaca o que los militares federales". La paz quedó más firmemente garantizada cuando el gobernador Del Valle presentó su renuncia y fue sustituido, primero, por un banquero de Saltillo (pariente lejano de Madero) y, después, por el maderista Venustiano Carranza.[269] Por lo tanto, la transición del poder se realizó sin violencia en las ciudades donde las tropas maderistas entraron pacíficamente y los odiados representantes del antiguo régimen dimitieron; lo mismo se observó en comunidades grandes y pequeñas: un testigo en la Ciudad de México comentó que "la transferencia de poderes del gobierno se realiza con menos desorden del que pudiera esperarse"; aunque añadió que "el futuro aún… está lleno de oscuras posibilidades".[270]

Por otra parte, en los casos en que el armisticio mantuvo a los maderistas a las puertas de la ciudad y a los oficiales porfiristas atrincherados en su interior, se observó una tendencia más poderosa al estallido de motines. Además, éstos dependieron de la sustitución de autoridades. Aunque el Plan de San Luis repudió a todas las ramas del gobierno porfirista y dotó a los revolucionarios de la capacidad para investir nuevos gobernadores, el Tratado de

---

[267] Sobre la distinción cualitativa entre motines políticos y económicos, véase n. 236 *supra*.
[268] De Manuel Plata al ministro de Guerra, 27 de mayo de 1911, AARD 21/2; Bonney, San Luis, 27 de mayo de 1911, SD 812.00/2030.
[269] Voetter, Saltillo, 27 de mayo, 1º de junio de 1911, SD 812.00/2028, 2032.
[270] Hohler, Ciudad de México, 24 de mayo de 1911, FO 371/1148, 21858.

Ciudad Juárez no contenía este compromiso por escrito; sólo contempló la renuncia de Díaz y de Corral. La renovación del aparato gubernamental restante (para muchos, el principal objetivo) dependió de declaraciones verbales más bien vagas.[271] Incluso, asumir dichas declaraciones significó poco consuelo para muchos. La opinión pública se manifestó en contra de los funcionarios en el poder, y el desafío de éstos frecuentemente incitó a acciones directas y motines específicamente "políticos".

Tres días después de firmar el Tratado, por ejemplo, la multitud se reunió en las calles de Guadalajara; al parecer, celebraban la paz. Poco después, una turba numerosa llegó hasta el palacio del gobernador gritando "¡Viva Madero! ¡Muera Cuesta!" El funcionario porfirista, temiendo que entraran en el edificio, ordenó a los rurales que abrieran fuego y cinco manifestantes cayeron. Las esperanzas populares de liberar presos se desvanecieron, pero el gobernador Cuesta Gallardo presentó su renuncia de inmediato.[272] Un incidente similar provocó pánico en Tampico. Cuando se realizaban las negociaciones del tratado de paz, corrieron rumores en el puerto, que aún se hallaba en manos federales, acerca de la toma de la ciudad a manos de los "bandidos" que habían saqueado Tula (Tamps.). La Cámara de Comercio extendió una invitación urgente a los maderistas respetables de Tantoyuca, para que éstos se adelantaran a las tropas de Tula.[273] La tarde del 28 de mayo, el gobierno local autorizó una manifestación maderista (receta casi infalible para crear problemas, pero mejor que un rechazo frontal). Alrededor de 2 000 personas salieron a las calles y la manifestación culminó en un ataque a la cárcel de la ciudad.[274] La policía rechazó el ataque y seis manifestantes cayeron muertos. La turba se dispersó, se reagrupó nuevamente y una vez más se dispersó. Era ya medianoche, los comercios habían sido tapiados y corrían rumores acerca del retorno de los trabajadores de Doña Cecilia, población que había sido semillero de maderistas, quienes, según se decía, estaban dispuestos a tomar venganza por la muerte de sus compañeros. Al despuntar el día, el alcalde, a la cabeza de una delegación, se dirigió a Doña Cecilia (actual Ciudad Madero) para instar a los trabajadores (principalmente petroleros y portuarios) en favor de la paz. Durante algún tiempo los esfuerzos del alcalde dieron resultado, pero muchos criticaron este acto de diplomacia que apenas encubría el "temor de los funcionarios ante las clases bajas".

[271] Cumberland, *Genesis*, p. 150.
[272] Holms, Guadalajara, 25 de mayo de 1911, FO 371/1148, 22770; McGill, Guadalajara, 24 de mayo de 1911, SD 812.00/2017; *El Diario del Hogar*, 26 de mayo de 1911, enumera los abusos cometidos por Cuesta Gallardo.
[273] Información sobre los sucesos de Tampico obtenida de: Wilson, Tampico, 30 de mayo de 1911, FO 371/1148, 23457; Miller, Tampico, 25 y 30 de mayo, 1° y 2 de junio de 1911, SD 812.00/1989, 2050, 2062, 2110.
[274] Debe suponerse que las cárceles eran los blancos más frecuentes —aun en los motines más estrictamente políticos— porque albergaban a las víctimas más obvias de la autoridad porfiriana, en particular a los disidentes políticos. Era del conocimiento de los prisioneros liberados (del último tipo) que de inmediato se les colocaría en puestos municipales.

Tampico continuó dominado por el pánico en torno a las posibles acciones de la turba. Las tropas custodiaron la cárcel, los bancos y comercios, y la colonia alemana suplicó al capitán de un barco mercante anclado en el puerto que prolongara su estancia. De hecho los alemanes, o cualquier otro grupo de residentes extranjeros, no estaban en peligro; la xenofobia vinculada a estos problemas se dirigía contra los trabajadores inmigrantes de Bahamas que competían con los obreros locales en los muelles; al igual que con los chinos en Torreón, estos sentimientos xenofóbicos estaban propiciados por otros trabajadores más que por patrones extranjeros. Finalmente, Tampico se liberó de sus temores con el arribo de 150 soldados federales provenientes de Monterrey y el encarcelamiento de siete dirigentes de Doña Cecilia. A partir de ese momento, la energía y el resentimiento de los obreros de Tampico se canalizaron hacia la acción política e industrial; los hombres de Doña Cecilia continuaron representando una amenaza pero su *modus operandi* cambió y, al parecer, se tornó más eficaz. Tanto en Tampico como en Guadalajara, los motines "políticos" de 1911 se transformaron, no en sublevaciones sociales violentas, sino en politización y movilizaciones pacíficas, caracterizadas por intereses de asociación más "modernos".[275]

En otras partes estallaron motines "políticos" de menores dimensiones, con frecuencia en comunidades más pequeñas.[276] Pero, lógicamente, los más relevantes y significativos ocurrieron en la capital. Durante los meses de la Revolución, la Ciudad de México se había mantenido en calma aunque había temores crecientes por la violencia popular, y la campaña contra los zapatistas —localizados ahora en las afueras de la ciudad— ocupó un segundo lugar con respecto a la vigilancia de las calles.[277] Al igual que en otras ciudades, el tratado de paz se anticipó a la entrada de los rebeldes. Conforme a sus términos, la renuncia de Díaz estaba programada para fines de mayo, así como la sucesión en favor de De la Barra. Sin embargo, las turbas no estaban dispuestas a esperar. La noche del 24 de mayo, una multitud se reunió en las calles exigiendo la renuncia inmediata del presidente; la policía luchó por mantener la *Pax Porfiriana* hasta el final y los manifestantes reunidos en el Zócalo recibieron como respuesta ráfagas de metralla y cargas de caballería.[278] A medianoche, una tormenta dispersó a la turba. El día siguiente, las calles se llenaron de nuevo. Amigos y parientes se reunieron alrededor de la cama del presidente enfermo. Díaz decidió que era más prudente renunciar de inmediato. A las 4:00 p. m. del 25 de mayo, Díaz presentó su renuncia dando fin al Porfiriato. La ira de las turbas se transformó en júbilo. Al cabo de una hora, el ex presidente abordó un ferrocarril custodiado para dirigirse a Veracruz, y de ahí a Francia, nación contra la cual luchara y ganara sus laureles en la batalla de Puebla 50 años antes.

[275] Véanse pp. 496-509.
[276] Véanse pp. 287-288.
[277] Limantour, *Apuntes*, pp. 266-267.
[278] Wilson, Ciudad de México, 24 y 31 de mayo de 1911, SD 812.00/1943, 2037; Ross, *Madero*, p. 171.

La revuelta campesina

Una frase gastada en la historiografía mexicana (aunque acertada) es la declaración de Díaz al abordar el barco en Veracruz: "Madero ha soltado un tigre, veamos si puede controlarlo".[279] Ya en mayo de 1911, cuando estas palabras fueron pronunciadas, algo tenían de cliché, pues un par de meses antes, en marzo, por ejemplo, el cónsul norteamericano en Mazatlán, al observar los acontecimientos en Sinaloa, había formulado una afirmación muy similar.[280] Ignoramos si el optimismo de Madero le permitió reflexionar al respecto, pero es indudable que era desolador el panorama que enfrentó al cruzar la frontera e iniciar su campaña triunfal en dirección al sur del país. Pueblos y ciudades estaban agobiados por los motines (Parras, sitio de nacimiento de Madero, era un ejemplo). Los principales movimientos revolucionarios se habían desarrollado en estados que no ocupaban un lugar importante en los planes maderistas, estados donde la subordinación a Madero era débil y pronto demostraría ser temporal; en La Laguna, los contingentes rebeldes no pudieron llegar a un acuerdo, menos aún someterse a las órdenes de su dirigente nominal en la distante Ciudad Juárez.[281] Los movimientos revolucionarios como el de Zapata perseguían sus propios objetivos sin darle demasiada importancia a las preocupaciones políticas nacionales de Madero.

La divergencia de intereses y la pérdida de control se hicieron particularmente evidentes en el campo agrario. El Plan de San Luis contenía sólo una referencia fugaz a la restitución de tierras adquiridas ilegalmente; con base en esto y quizá más en la fuerza del llamado maderista a las armas y en la oportunidad que esto ofrecía, los movimientos agrarios cobraron renovada vida o transitaron de la actividad intermitente a una de carácter sostenido. En regiones donde eran fuertes, el año de 1911 presenció el inicio de una reforma agraria *de facto*, aunque anárquica y local: abril y mayo fueron meses "cuando la gran propiedad rural se vio amenazada por todas partes".[282] En Morelos, el caso más documentado, pero no por eso el único, Zapata autorizó y dio apoyo a las actividades conducentes a la recuperación de tierras de los pueblos: "En los días subsiguientes, partidas armadas de aparceros y campesinos pobres comenzaron a invadir tierras de los distritos del centro y del este del estado. Los indefensos administradores de las hacien-

---

[279] Cumberland, *Genesis*, p. 151.

[280] "Parecería que Madero ha iniciado algo que es incapaz de manejar": Alger, Mazatlán, 30 de marzo de 1911, SD 812.00/1216.

[281] Una disputa entre Pablo Lavín y Juan Ramírez, conquistadores de Lerdo, permitió que los federales retomaran por corto tiempo la ciudad; el ataque a Torreón, para el cual se reunieron varios miles de maderistas bajo el mando de Castro, comenzó cuando Benjamín Argumedo y sus 300 hombres decidieron tomar la ciudad por asalto, forzando a Castro a entregar o comprometer a sus hombres: patrón reminiscente del ataque a Ciudad Juárez. Véase Carothers, Torreón, 22 de mayo de 1911, SD 812.00/1968; Gamiz, *Durango*, p. 27.

[282] Luis Cabrera en Silva Herzog, *La Cuestión de la Tierra*, II, p. 301.

das y los peones residentes en las tierras que los invasores reclamaban, no tuvieron más remedio que dar satisfacción a las demandas revolucionarias".[283] En La Laguna, donde el descontento agrario aumentó las filas maderistas, se realizaron reapropiaciones similares. Hacia julio "un número elevado de haciendas estaba en posesión de la clase trabajadora que, apoyada por el triunfo maderista, consideraba tener derecho a tomar y a ser propietaria de la tierra".[284]

A los movimientos agrarios organizados se sumaron otras variedades de revueltas campesinas: venganzas locales, toma de tierras, ataques a terratenientes y a su personal, perpetrados por campesinos pobres y de escasos antecedentes maderistas. Sus resentimientos eran similares a los que habían nutrido la revuelta en Morelos, La Laguna y el Valle del Yaqui, pero por diversas razones no habían alcanzado la magnitud, organización y fuerza de estas revueltas. En ocasiones, la represión fue demasiado eficaz; en otras, el área de descontento agrario era demasiado reducida —quizá sólo un valle o pueblo— y sus habitantes no lograron más que un ataque unilateral en contra de un cacique o un terrateniente. Estos movimientos locales, carentes incluso del poco matiz "político" del zapatismo, eran de naturaleza vengativa y estaban dirigidos en contra de individuos específicos, por lo que rápidamente recibieron el calificativo de bandidaje. Sin embargo, diferían sólo en la forma y no en el fondo de los movimientos agrarios clásicos y, por lo tanto, también merecen ser mencionados, quizá más que los disturbios de artesanos en el Bajío. La tarea, sin embargo, no es fácil. En algunos casos, la revuelta de un pueblo en contra de sus caciques contribuyó a organizar a la comunidad hacia movimientos revolucionarios más coherentes; lo cual presagió un compromiso revolucionario más formal.[285] En muchos otros casos, estas revueltas resultaron muy constreñidas tanto en tiempo como en espacio. Fueron estallidos breves que provocaron el temor de las clases pudientes y atrajeron a historiadores interesados en este tipo de pirotecnia. No obstante se apagaron pronto dejando que la localidad retornara a una oscuridad tenebrosa.

El altiplano central fue escenario de numerosos incidentes, que ocurrían en la periferia de movimientos rebeldes mayores. En la frontera entre Puebla y Morelos, los rebeldes saquearon la "casa grande" de la hacienda de Tenango, en represalia contra el administrador. En Atencingo siete empleados de la hacienda fueron asesinados.[286] En la región de Apan, en Hidalgo, dominada por haciendas de maguey, abundaron los actos del llamado pillaje rural; un comandante maderista lamentó que sus fuerzas no estuvieran preparadas "para mantener el servicio de represión del bandolerismo que se ha enseñoreado de este importante Distrito que cuenta con más de 50 haciendas que

---

[283] Womack, *Zapata*, p. 87.
[284] Freeman, Durango, 30 de julio de 1911, SD 812.00/2265.
[285] Lewis, *Tepoztlan*, p. 233.
[286] Nuevamente, algunas de las víctimas eran españoles. Womack, *Zapata*, p. 87; Vera Estañol, *Revolución mexicana*, p. 149.

constantemente piden auxilios para sus vidas e intereses".²⁸⁷ En este distrito, el administrador de la hacienda Espejel tuvo la suerte de estar en el campo cuando llegaron las tropas maderistas a "la casa grande". Los rebeldes abrieron la caja de caudales, destrozaron escritorios y gavetas y saquearon la casa dejando en ruinas el comedor y las delicadas figuras de porcelana. Se informó que la intención de su visita había sido colgar al hacendado en la entrada de la hacienda y acabar con el administrador "a puros machetazos".²⁸⁸ La familia Contreras de Epazoyucan (Hgo.), también integrada por terratenientes y administradores, fue víctima de otra venganza, aunque menos brutal.²⁸⁹ En el distrito de Malinche (Tlax.) secuestraron a hacendados y exigieron rescate; mientras que en la sierra de Puebla, cerca de Huejotzingo, los habitantes de Xalmililco se enfrentaron a la hacienda de Santa Ana.²⁹⁰ Cuando los maderistas entraron en el distrito, los habitantes del pueblo fueron a la hacienda por forraje; el administrador (Del Rivero, otro español) se rehusó a entregarlo y los ánimos se encendieron. Del Rivero abrió fuego e hirió a algunos campesinos; acto seguido, tapió la puerta y se dispuso a disparar desde el techo. Alguien hizo sonar las campanas de la iglesia y todos los habitantes del pueblo se apresuraron al lugar. Del Rivero intentó huir pero fue capturado y muerto.

La zona centro-occidental del país no había producido rebeliones de importancia en respuesta al llamamiento de Madero. Aunque, sin duda, muchos compartían la antipatía general hacia Díaz, los rancheros jaliscienses se mostraron tibios respecto a la Revolución. Salvador Gómez, futuro rebelde tapatío, tuvo que trasladarse a Chihuahua para unirse a los revolucionarios allá, pues "el pueblo de Jalisco no ha revolucionado [...] en este estado no hay elementos de armas y parque; la propiedad está dividida y los mismos dueños de ranchos y haciendas se encargan de perseguir a los revolucionarios y el pueblo por naturaleza es más paciente".²⁹¹ Michoacán se mostró más activo, pero las fuerzas rebeldes organizadas no aparecieron sino hasta bien avanzado el movimiento, capitaneadas a veces por gente de dudosa filiación "revolucionaria". Sin embargo, existía una fuerte corriente de agrarismo popular —a menudo indígena— que se activó de manera independiente y en dirección contraria a la revolución política y oficial en estos estados. En el verano de 1911 había bandas de "... indígenas armados y organizados con el propósito de despojar a los terratenientes alrededor del lago de Chapala...

---

²⁸⁷ De A. Guzmán a Robles Domínguez, 31 de mayo de 1911, AARD 13/23. Sin embargo, San Antonio Tochtlaco no parece afectado: en la primera semana laboral de junio de 1911, 89 empleados trabajaron en promedio 6.3 días; un año antes, 87 empleados trabajaron un promedio casi idéntico: AT, libro de raya.

²⁸⁸ De M. Martínez a A. Torres Rivas, 23 de mayo de 1911, AARD 13/5.

²⁸⁹ Sólo sufrieron robos y arrestos arbitrarios; C. Contreras memo., 23 de mayo de 1911, AARD 7/190.

²⁹⁰ De Dolores Huerta a Robles Domínguez, 25 de mayo de 1911; de A. del Pozo al mismo, 5 de junio de 1911; AARD 24/2, 19/102.

²⁹¹ De S. Gómez a G. Madero, 24 de abril de 1912, Fabela, DHRM, RRM, III, pp. 341-342.

[exigiendo] las tierras que habían sido propiedad de sus antepasados, porque, supuestamente, Madero se las había prometido".[292] En Michoacán, el problema fue mayor y la adquisición de bosques por particulares fue motivo de queja frecuente. En abril, Rafael y Antonio Ibarrola, comerciantes de madera de Sevina, fueron atacados por aldeanos rebeldes que los arrastraron fuera de su rancho, los atacaron con machetes, pistolas y cuchillos, y "trataron de colgarlos en los árboles" de la plaza hasta que, "a instancia de algunas mujeres", los dejaron escapar rumbo a Pátzcuaro, seriamente heridos.[293] Poco después los intrusos invadieron las tierras de la hacienda de La Orilla, tomaron los campos sin pagar renta, cortaron madera y soltaron animales a pastar. Declararon que "obran en su derecho por haber ofrecido la Revolución el reparto de tierras a la clase proletaria".[294] Al principio, los administradores no se atrevieron a protestar, pero cuando uno de ellos golpeó a un ocupante ilegal por haber matado un venado, el intruso volvió con un rifle y lo asesinó. En Michoacán, otras propiedades se vieron afectadas; los campesinos hurtaron cosechas en Charahuén y el temor de un levantamiento se apoderó de La Cantabria, aunque por el momento no se llevó a cabo.[295]

La mayoría de las haciendas en Michoacán lograron sortear el año de 1911 sin mayores problemas, pero esto se debió a medidas de defensa que combinaban la represión y la diplomacia, más que a la ausencia de quejas agrarias, como algunos han sostenido. El gobernador del estado envió tropas a Cantabria y el problema se pospuso durante un año. En La Orilla, el prefecto local influyó sobre el terrateniente para que cambiara a todos los administradores, y él personalmente recorrió el distrito exhortando (y advirtiendo) al pueblo "a que fueran buenos ciudadanos, para que pudieran obtener la consideración de sus patrones, que tuvieran respeto a la propiedad ajena, para que no tuvieran que merecer castigos de sus amos".[296] El comandante maderista Marcos Méndez, un político civil que se tornó revolucionario en el último minuto, instrumentó una campaña de pacificación similar en todo el estado: fue así como Méndez compensó su inactividad previa. Sofocó rebeliones en Uruapan y Zamora y afirmó haber frenado una extensa rebelión rural: "Como los indígenas de Michoacán estubieron [sic] bastante excitados contra el gobierno de Mercado por el despojo que hizo de todos sus bosques, único patrimonio que tenían para subsistir... calmé esa excitación manifestándoles que pondría de mi parte todos los medios que estubieran [sic] a mi alcance para que estos bosques les fueran devueltos, evitando de este modo que aquellos miles de indígenas, al solicitar a acompañarme a la lucha, fueran

[292] McGill, Guadalajara, 5 de agosto de 1911, SD 812.00/2282.
[293] De R. Ibarrola al gobernador Silva, 29 de junio de 1911, AG 14, "Relaciones con los estados" (Mich.).
[294] De M. Delille a Gobernación y de E. Michot a Delille. AG 14, n. 293 anterior.
[295] De J. Navarrete al prefecto, Pátzcuaro, 29 de agosto de 1911; de I. Tovar al mismo, 30 de agosto de 1911; AG 14 (n. 293 *supra*); sobre la historia de Cantabria véanse pp. 104-105.
[296] De T. Ortiz al gobernador Silva, 18 de octubre de 1911, AG 14 (n. 293).

a tomar venganzas".²⁹⁷ Sin duda, ésta es una exageración, pero refleja parte del clima de la época. Al enfrentarse a las revueltas populares, aquellos que detentaban el poder, convencían a base de lisonjas y promesas, no sin recurrir a métodos represivos. Cuando la crisis pasó, las lisonjas y promesas fueron olvidadas.

Por todo el país, la Revolución dio oportunidad para que las disputas locales revivieran y los litigios por tierras tomaran un giro violento. El temor a las revueltas indígenas, aunque a veces era exagerado, no carecía de fundamentos. Hacia fines de 1910 se intensificó el viejo conflicto entre la familia Espinosa y López Portillo y los indígenas de Camotlán (Tepic), que involucró a los miembros de la familia, sus empleados y arrendatarios así como a los habitantes y autoridades del lugar; fue un microcosmos de la trayectoria de la revolución nacional. En abril, durante el episodio final de esta disputa, un grupo de indígenas atacó las propiedades y mató a dos arrendatarios.²⁹⁸ Quizá estos hechos hubieran acontecido con o sin Revolución, pero el momento en que se intensificaron sugiere otra cosa; un caso plenamente documentado y comparable al anterior, ilustra la capacidad de la revolución maderista para estimular revueltas agrarias así como la capacidad de su liderazgo para reprimirlas.

En la costa de Guerrero, cerca de los límites con Oaxaca, Enrique Añorve de Ometepec juró por la Revolución y tomó bajo su mando las fuerzas maderistas locales.²⁹⁹ Al mismo tiempo, Liborio Reyna, supuesto abogado, reclutó a los habitantes de Huehuetán e Igualapa, quienes habían sufrido pérdidas de tierras comunales frente a los de Ometepec. La familia Reyna estaba entre los perdedores y los Añorve entre los beneficiados.³⁰⁰ Los intereses políticos y personales se combinaron en la advertencia que los Añorve hicieron a los Reyna en contra de una posible agitación subversiva, "haciéndoles ver que las promesas de la revolución serían satisfechas cuando el nuevo régimen se cimentara sobre las bases del respeto al derecho ajeno" (aquí las palabras de Juárez sirvieron a los intereses del propietario). Cuando la Revolución alejó a Añorve hacia Ayutla y Acapulco, Reyna conquistó la amistad del oficial subalterno dejado al mando y logró que lo nombraran jefe político. Desde esta posición, Reyna alentó a los indígenas de Huehuetán e Igualapa para que recobraran sus tierras. El proceso de recuperación pronto condujo a la violencia. El jefe de policía de Huehuetán (aliado de Reyna) envió un ultimátum al alcalde de Ozuyú: o retornaban a los huehuetecos los títulos de propiedad

---

²⁹⁷ De Marcos Méndez a Gobernación, 30 de julio de 1911, AG 14 (n. 293 *supra*).

²⁹⁸ De M. Ruiz, jefe político, Tepic a Gobernación, 14 de abril de 1911, y otros documentos en AG 17, "Tepic 1910-1911"; y véase p. 110.

²⁹⁹ A finales de abril, Añorve condujo a 1 000 hombres; Pangburn, Acapulco, 24 de abril de 1911, SD 812.00/1687. La fuente principal de esta narración se encuentra en AARD 12/22, 29, 35 y 27/2-210.

³⁰⁰ De I. López Moctezuma y ocho firmantes a De la Barra, 22 de septiembre de 1911, AARD 12/35, llaman a Reyna "un tinterillo de mala fe"; de hecho, era un abogado intelectual de pueblo.

de las tierras en disputa o ellos tendrían que "quebrar a los que [se] resistan [a] no entregarlos"; el alcalde de Igualapa también fue requerido para que entregara los títulos de propiedad de las tierras que comprendían una tercera parte del patrimonio del lugar y se le advirtió que si los actuales propietarios se negaban, recurrirían a la fuerza.[301] Al no hacerse la devolución de los títulos, los indígenas se entregaron a la violencia, se apropiaron de los documentos, ocuparon las tierras e infligieron venganza contra los terratenientes. Un español, "quien no había cometido más delito que ir a colaborar con su esfuerzo y con su trabajo al engrandecimiento de aquella región del país" fue muerto por los huehuetecos, quienes se apropiaron de sus tierras; Gregorio Medina, originario de Huehuetán, que se había rehusado a ayudar a sus coterráneos en un litigio en contra del español, fue perseguido hasta Ometepec y "lo acribillaron a balazos"; los indígenas se repartieron sus tierras "invocando... el nombre de la causa revolucionaria". Incluso un sacerdote católico, un ranchero que había comprado "una pequeña fracción de terreno que formó parte de la extinguida comunidad del pueblo de Igualapa" (por cuya razón los lugareños "le odiaron a muerte"), fue asesinado y su cuerpo mutilado (la Costa Chica mostró menos respeto por investiduras eclesiásticas que las ciudades del Bajío).[302]

En Pinotepa Nacional, cruzando la frontera de Oaxaca, una tienda de raya fue saqueada y los indígenas (algunos de Igualapa, otros de la propia Pinotepa) asesinaron a un funcionario; según un oficial maderista, su odio estaba dirigido de manera especial contra "los dueños de terrenos y autoridades de esta localidad, no obstante de ser ya todos maderistas".[303] Pero la supuesta comunidad de intereses políticos tenía poca importancia en una situación de conflicto social con claros tintes raciales. Un comerciante de Pinotepa se encerró junto con algunos vecinos, temiendo que los indígenas cumplieran su amenaza de "matar al presidente municipal y demás autoridades y acabar con la gente de razón, principalmente con los poseedores de terrenos"; no obstante, los indígenas echaron la puerta abajo, tomaron los títulos de propiedad del comerciante, junto con su pistola, municiones y un abasto de cigarros rusos a la vez que lo obligaron a bajar los precios.[304] Aunque no hubo muertes, los mestizos de Pinotepa se sintieron particularmente indignados porque sus indígenas hubieran hecho causa común con los invasores de Igualapa.

De hecho, esta violencia no era del todo gratuita. Si se entregaban los codiciados títulos de propiedad, por lo general no había derramamiento de sangre. No se trataba de salvajismo atávico y sin razón. De esta manera, los

---

[301] López Moctezuma (n. 300 *supra*); de la vda. de G. Medina a Añorve, 12 de mayo de 1911, AARD 27/15.

[302] *Idem.*

[303] De J. Baños a Añorve, 9 de junio de 1911, AARD 27/73; *cf.* Atristain, *Notas*, pp. 16-26.

[304] De C. Díaz a Añorve, 9 de junio de 1911, y de la vda. de Rodríguez al mismo, 8 de junio; AARD 27/68, 58.

indígenas recuperaron (aunque no por mucho tiempo) docenas de títulos de propiedad, casi todos fechados entre fines de la década de 1880 y el decenio de 1900, periodo en que hubo una vasta concentración de tierras como consecuencia de las leyes de 1883 y 1894, el advenimiento de la paz, el ferrocarril y la rápida comercialización de la agricultura. Los terratenientes afectados admitieron que las tierras en cuestión habían pertenecido a la "extinguida comunidad" de Igualapa, pero sostuvieron (quizá con razón) que después habían sido adquiridas legalmente, por lo que no se aplicaba a ellas el Plan de San Luis. En este caso no se trataba de opulentos terratenientes, como los hacendados de Morelos; los propietarios en Oaxaca y Guerrero eran rancheros, tenderos, pequeños comerciantes e incluso un cura. Muchos declararon ser maderistas y sin duda lo eran. Además de la propia familia Añorve, las víctimas incluían a Prisciliano García, quien posteriormente llegaría a ser coronel maderista y quien se había visto obligado a dejar su casa y su milpa mientras los indígenas se llevaban algodón y chile por valor de 128 pesos, así como los títulos de sus tierras, "que perteneció al común de Huehuetán".[305] Durante la breve recuperación de su patrimonio, los indígenas dividieron las tierras, llevaron sus vacas a pastar, quitaron los alambrados y destruyeron los campos de plátanos y de caña de azúcar.

Pero su triunfo fue breve. Después de la firma del tratado de paz, Enrique Añorve retornó como victorioso oficial que pronto ocuparía el cargo de "comandante en jefe del Ejército de la Costa Chica". Al igual que muchas víctimas de la revuelta, Añorve era un buen maderista, pero para gente como él, el maderismo significaba liberalismo político y sus logros eran el derrocamiento de "un gobierno monárquico [sic] centralista" (lo que Juárez había hecho 50 años antes). Durante este proceso, se aseguraba: "la Nación cayó en el caos más espantoso y en un verdadero estado de anarquía" y que "ladrones togados, salteadores de caminos, parricidas, incendiarios y asesinos" tomaban ventaja de la Revolución.[306] Añorve propuso —y procedió a— limpiar la región de todas estas amenazas, al menos alrededor de Ometepec. Reyna huyó y los terratenientes fugitivos regresaron, a quienes se devolvieron los títulos de propiedad. Se instalaron nuevas autoridades y cuarteles que garantizaron la paz. Se ignoran las retribuciones hechas a los indígenas, pero éste no fue el final de la historia. Cuatro años después, un segundo conflicto local agrario, nuevamente disimulado bajo el rubro de "política nacional", azotó la región.[307]

El caos que deplorara Añorve fue más pronunciado en las regiones del centro y del norte del país, donde la Revolución había dejado una huella más profunda. Más allá del Istmo, la situación era distinta; no obstante, la rebelión se propagó. Con todo, las haciendas y el peonaje eran instituciones fuertemente arraigadas y los pueblos eran débiles; mientras que éstos alimentaron

[305] De P. García a Añorve, 15 de julio de 1911, AARD 27/210.
[306] Proclamación de Añorve, 29 de mayo de 1911, AARD 27/191.
[307] Véase cap. VIII.

las células revolucionarias, los peones (como en Morelos o en Tepic) tendieron a la tranquilidad. El sur no experimentó movimientos populares sostenidos.[308] Las protestas rurales, aunque las hubo, fueron esporádicas y por lo general carecieron de continuidad; en esos casos, tanto el gobierno como las clases altas tuvieron que enfrentarse a las manifestaciones de descontento.

Quizá los movimientos más vigorosos surgieron en el occidente de Tabasco, principalmente en los distritos de Cárdenas y Huimanguillo, en las tierras selváticas y pantanosas donde se encontraban las haciendas de tabaco, fruta y hule, así como algunos ranchos y asentamientos más pequeños. Semejante al *sertão* brasileño y a diferencia de las haciendas de la costa de Yucatán, esta zona mostró una relativa capacidad de movilización, violencia endémica y, se ha dicho, cierta tendencia al individualismo. Pero si bien es cierto que los movimientos campesinos organizados estuvieron ausentes, el bandidaje y el pequeño caudillismo florecieron en el clima de la Revolución.[309] Tras una serie de acontecimientos desfavorables, resulta indudable que la actividad rebelde reunió energías en la primavera de 1911. Tres dirigentes destacan: Manuel Magallanes, hijo de un guerrillero liberal, veterano de las guerras de la década de 1860, y que revivió las tradiciones familiares; Ignacio Gutiérrez, quien, conforme a su reputación, era un "indígena que había recibido malos tratos de los funcionarios", y Domingo Magaña, que algo tenía del carácter y carisma del bandido social, y quien demostró tener, de entre los tres, una mayor capacidad militar.[310]

A finales de 1910, las primeras bandas de rebeldes rondaban las haciendas de hule del occidente de Tabasco (Gutiérrez y probablemente Magaña y Magallanes estaban entre ellas); obtuvieron su cuota usual de armamento, caballos y monturas y reclutaron a algunos peones fuertes y sanos, "todos los cuales nos pertenecen", según quejas de un administrador.[311] En la primavera, después de varios reveses, la actividad rebelde comenzó a obtener triunfos y Magaña ocupó los encabezados de los periódicos locales: robó a comerciantes españoles en Reforma; saqueó haciendas, y liberó peones, paralizando así el trabajo agrícola. Otros maderistas, que preferían una revolución más ordenada, se mostraron profundamente críticos: al liberar peones, decían, Magaña había usurpado los poderes del Congreso para legislar "sobre la manera más equitativa de solucionar el problema de los trabajadores del campo"; identificando a sus hombres con listones rojos en la ropa y sombreros, Magaña dijo que aquéllos eran su gente y desafió el Plan de San Luis; al liberar a los prisioneros de Pichucalco y exhibirse en compañía de "mujeres no san-

---

[308] Morelos ha sido mencionado; sobre Tepic, Fabela, DHRM, RRM, III, pp. 316-318.

[309] William T. Sanders, "Settlement Patterns", en *Handbook of Middle American Indians*, VI, p. 69.

[310] Lespinasse, Frontera, 28 de enero, 8 de abril y 18 de mayo de 1911, SD 812.00/745, 1405, 2016; Leonardo Pasquel, *La generación liberal veracruzana*, Veracruz, 1972, pp. 321-322.

[311] B. Cluff, gerente de Cía. Hulera Utah-Mexicana, El Provo, 24 de diciembre de 1910, SD 812.00/651.

tas" en Reforma, escandalizó a la opinión pública y reveló cierta rudeza plebeya.[312] Pero, no obstante sus pecadillos, Magaña mostró conciencia social. Ante la desmovilización del verano de 1911, defendió la causa de los indígenas despojados de Tabasco, luchó por lograr reformas, especialmente ante el gobierno federal "pues todas las autoridades del distrito han marchado de acuerdo para explotar a esa raza menesterosa".[313]

Estos distritos occidentales de Tabasco reanudaron su actividad rebelde un poco después pero, por el momento, concesiones políticas —como las que se habían intentado negociar infructuosamente con los revolucionarios del norte— alentaron la paz. En Tabasco, como en San Luis Potosí, era importante que el gobernador fuera popular y no un ladrón ni un tirano. Así, en enero de 1911, Policarpo Valenzuela sustituyó en el cargo de gobernador al porfirista Abraham Bandala. Valenzuela era un viejo robusto de 80 años, un hombre que había ascendido de leñador a millonario "por esfuerzo propio y por sus ideas progresistas" y que ahora poseía varias haciendas.[314] De extracción indígena, al parecer, era "muy querido por todos los elementos en el estado, especialmente por las clases medias y bajas" (incluso Madero aceptó que era un avance en comparación con Bandala).[315] Su nombramiento —en un estado donde las revueltas maderistas eran pálidas sombras de la rebelión serrana del norte— contribuyó a mitigar la protesta revolucionaria por un tiempo. A pesar de sus limitaciones, la revolución tabasqueña de 1910-1911 fue organizada y amplia, de acuerdo con los estándares del sur. En otras partes, la protesta rural permaneció desarticulada y fue sofocada con facilidad. En marzo de 1911 se observó "un considerable descontento" en Valle Nacional, cementerio de los enganchados. Sin embargo, la mecha no prendió.[316] Al oriente de Tabasco, en Campeche y Chiapas reinó la calma: hacendados y caciques retuvieron el poder y sortearon las débiles demandas que surgieron.[317] Cuando los peones de la familia Carpizo, en la hacienda de Champotón (Camp.), intentaron presionar en favor de mejores salarios, en la primavera de 1911, el terrateniente utilizó las condiciones de descontento para su propio provecho: "nos mal informaron con las autoridades de ese estado, dando cuenta a dichas autoridades que nosotros habíamos querido presentarnos en armas en contra de nuestros jefes, entonces en la tarde que llegábamos con nuestros trabajos fuimos puestos presos 10 de nosotros en el calabozo

---

[312] J. Ramírez Garrido *et al.*, Acta Levantada, 28 de mayo de 1911, AARD 22/7.

[313] De Magaña a Madero, 11 de noviembre de 1911, AG, CRCFM.

[314] Lespinasse, Frontera, 28 de septiembre de 1910, SD 812.00/348; de M. Candelas a Robles Domínguez, 7 de junio de 1911, AARD 22/30. El maderismo no había sido particularmente fuerte en Tabasco en 1909-1910; véase Justo A. Santa Ana, "Los precursores de la revolución en Tabasco", *Universal gráfico*, 2 de abril de 1936; González Calzada, *Tabasco*, pp. 53-59.

[315] Lespinasse, Frontera, 21 de marzo de 1911, SD 812.00/1175; de Madero a Pino Suárez, 1º de octubre de 1911, AFM, r. 10.

[316] Inteligencia naval de EUA, Veracruz, 14 de marzo de 1911, SD 812.00/1162.

[317] Brickwood, Tapachula, 19 de marzo de 1911, SD 812.00/1412; de F. Pineda a Madero, 24 de agosto de 1911, AFM, r. 19; Benjamin, "Pasajes", pp. 111-114.

de la misma finca, y... la autoridad dispuso que fuéramos desterrados de esta Costa, habiendo mandado cinco para Mérida y cinco de Frontera para Veracruz..."[318] La protesta rural también fue contenida en Yucatán, aunque no estuvo al margen de incidentes violentos y, al igual que en Tabasco, una maniobra política hábil prorrogó la vida del *statu quo*. El estado ya había experimentado considerable descontento político vinculado con la campaña electoral del gobernador en 1909-1910, y alcanzó su momento más álgido en la revuelta de Valladolid en junio de 1910.[319] Aunque Díaz citó la revuelta de Valladolid entre los cargos hechos en contra de Madero, en realidad, fue un asunto meramente local, ajeno a la estrategia maderista.[320] Sin embargo, las quejas de los rebeldes yucatecos eran similares a las de los maderistas: sus motivos de queja abarcaban las arbitrariedades de funcionarios locales; los impuestos elevados; el régimen político y económico del clan Molina ejercido a través del gobernador títere Muñoz Arístegui. Además, casi todos los sectores en el estado sufrieron ante la caída del precio del henequén.[321] No obstante, la revuelta en Valladolid fue cruentamente reprimida y los sobrevivientes huyeron a la región de los huites, mayas independientes en el interior.

Las revueltas locales estallaron una vez más, en 1911, aunque entonces los rebeldes asumieron la bandera maderista y firmaron recibos por bienes secuestrados con la leyenda "Todo lo pagará don Pancho Madero".[322] Si bien entre todos los estados mexicanos Yucatán estaba particularmente aislado y mostraba un celo provincial, la forma de su participación revolucionaria no fue, en este aspecto, radicalmente distinta a la de otras regiones donde el efecto principal de la revolución maderista (nacional) fue dar ayuda, apoyo y legitimidad a las rebeliones (locales) existentes, tanto a las reales como a las potenciales. Estas rebeliones mostraron el patrón acostumbrado de lugar y estilo; sus efectos se sintieron principalmente en zonas distantes, en asentamientos del interior (lo que en términos sociopolíticos pudiera llamarse la "sierra yucateca"), aislados de la costa comercial y civilizada; ahí, la justicia vindicativa y brutal hizo nuevamente su aparición. En marzo de 1911, los habitantes del pueblo de Peto destruyeron a machetazos la puerta de la oficina del jefe político, obligaron a éste a escapar y asesinaron a su secretario "en circunstancias inenarrables". En Temax, el jefe fue atado a una silla en la plaza y acribillado a balazos.[323] Aunque los escenarios de estas primeras confrontaciones fueron pequeñas localidades en el interior, los rebeldes —temerosos de las represalias federales y con la lección de Valladolid en mente— pronto huyeron hacia los campos, reclutando a peones y a

---

[318] De J. Martínez a Madero, 4 de agosto de 1911, AFM, r. 21.
[319] Véanse pp. 71-72 y 75.
[320] Cumberland, *Genesis*, p. 111.
[321] Bolio, *Yucatán*, pp. 44-51 y 58; Reed, *Caste War*, pp. 247-248; Joseph, *Revolution from without*, tesis, p. 109.
[322] Bolio, *Yucatán*, p. 61.
[323] *Ibid.*, pp. 58-59.

desertores de las fuerzas del gobierno (jornaleros obligados por la leva y armados por el gobierno estatal, quienes cambiaban de bandera con tal rapidez, que pronto se abandonó esta práctica). Al igual que durante la guerra de castas, el régimen sólo podía reclutar voluntarios en Mérida, asiento del gobierno. Las fuerzas rebeldes rondaban por los campos, al parecer, viviendo impunemente de las haciendas, mientras los federales se confinaban a las ciudades principales.[324]

El contingente rebelde de Peto causó los mayores estragos. Aproximadamente una semana después de su *coup de main* local, atacó la hacienda de Catmis, una empresa importante de azúcar y henequén propiedad de la familia Cicerol, la cual estaba formada por terratenientes que "tienen fama de haber tratado a sus trabajadores con extrema crueldad"; razón por la cual "el levantamiento fue una combinación de venganza, rebelión y pillaje".[325] Catmis también incluía a un numeroso contingente de deportados yaquis, quienes respondieron de inmediato con la belicosidad característica de su tribu y se apoderaron del abasto de winchesters de la hacienda, antes de unirse a los atacantes. Catmis cayó con rapidez y se filtraron informes respecto a que los rebeldes se habían entregado a una orgía de alcohol. Por su parte, los hermanos Cicerol reunieron a 150 hombres —en su mayoría conscriptos obligados y proporcionados por el gobernador del estado— a fin de recuperar su propiedad. Pero en Yucatán, al igual que en otras regiones, el hacendado del Porfiriato no podía asumir el papel de señor feudal. En Catmis, los recibieron balazos y gritos (dirigidos a los conscriptos) de "únanse a nosotros, hermanos... viva la libertad", lo cual provocó numerosos cambios de bando entre las tropas del gobierno. Después de varias horas de lucha, las fuerzas de los Cicerol sufrieron una "terrible derrota": Enrique y Arturo Cicerol buscaron refugio en casa de un amigo pero fueron traicionados y los rebeldes acabaron con ellos al estilo yucateco —es decir, a machetazos—; más aún, se dijo que "fueron muertos con las armas de sus propios sirvientes".

Estos ataques violentos y personales tenían reminiscencias de las revueltas esclavas que afectaron (esporádicamente) a Cuba o a Sudamérica durante el siglo XIX; respondían al trato cruel (por encima del despojo agrario, por ejemplo); fueron instrumentados por labriegos serviles de haciendas, más que por campesinos libres; tendían a ser repentinos, explosivos y a carecer de objetivos declarados, y generalmente fueron incapaces de sostenerse después de sus triunfos iniciales.[326] En el mejor de los casos, los insurgentes escapaban hacia el interior, donde las comunidades huitas eran el equivalente yucateco más cercano a los quilombos del Brasil.[327] Más aún, al igual que en las

---

[324] *Ibid.*, p. 60; McGoogan, Progreso, 11 de marzo de 1911, SD 812.00/985.

[325] McGoogan (n. 324 *supra*); Thompson, Mérida, 19 de marzo de 1911, SD 812.00/1260; Bolio, pp. 61-62.

[326] Genovese, *Roll, Jordan, Roll*, pp. 587-597; F. W. Knight, *Slave Society in Cuba During the Nineteenth Century*, Madison, 1970, pp. 81 y 95.

[327] Joseph, *Revolution from without*, libro, pp. 71 y 84; Reed, *Caste War*, pp. 209 y 248.

sociedades esclavistas, estas revueltas provocaban la atención inmediata de un aparato represivo bien desarrollado, que vinculaba al gobierno con la hacienda (en esas sociedades, la fuerza siempre contó más que la legitimidad; la pérdida de ésta, experimentada por el régimen del Porfiriato, fue menos problemática en Yucatán, por ejemplo, que en Morelos o en Chihuahua). Además, dichas revueltas alentaron a políticos, hacendados y propietarios en general a enterrar sus diferencias más superficiales, a fin de mantener la estabilidad social; tal fue el caso en Yucatán. La rebelión en Catmis provocó sobresalto entre los hacendados (no sobra subrayar que la psicología colectiva de la clase terrateniente sufrió severos daños, aun en las regiones donde, después de 1911, este sector sobrevivió de manera intacta en sus aspectos materiales), y significó un duro golpe al prestigio del gobierno. Los hacendados solicitaron medidas enérgicas para combatir la anarquía rural e intensificaron su campaña para deponer al gobernador Muñoz Arístegui; Díaz, quien jamás se mostró del todo sordo a las demandas de grupos de influencia, menos aún en 1911, cedió bajo la presión y envió al general Curiel (quien tenía nexos con la oposición de Yucatán) para sustituir al funcionario impopular. Curiel fue recibido de manera entusiasta y su arribo anunció cambios políticos: subalternos de Muñoz fueron depuestos y miembros de la oposición ocuparon sus cargos; se decretó amnistía política y reducción de impuestos, y la policía secreta fue desmembrada. El sector formado por hacendados se mostró satisfecho y las reformas políticas fueron del agrado de la opinión de la clase media urbana. Muchos rebeldes realizaron acuerdos con el nuevo gobierno.[328] Una vez enterrados los rencores políticos, y con su sistema de peonaje y hacienda intacto, Yucatán disfrutó una paz casi total durante tres años más.

Lo anterior se aplicó, *mutatis mutandis*, a gran parte del sur de México. Surgieron conflictos políticos, enfrentamientos regionales, estallidos aislados de violencia (los más importantes se considerarán en párrafos posteriores), pero en general no pudieron compararse con los movimientos revolucionarios organizados, que brotaron en otras partes del país durante 1910-1911 y que, a menudo, continuaron en años siguientes. La hacienda del sur jamás se enfrentó al desafío impuesto a la del centro o del norte. Las "llamadas condiciones de peonaje" que prevalecieron en el sur podían ser blanco de críticas de la prensa liberal; sin embargo, todo parece indicar que "soportaron sin un murmullo de los jornaleros".[329] Esto podía ser reflejo de una legitimidad genuina (la cita anterior proviene de Chiapas, donde florecieron formas más benignas y voluntarias de contratación laboral) pero, a menudo, el aislamiento geográfico fue el factor más importante para preservar el sistema y alejar la rebelión; otro factor (medular) fue "el control físico de la situación,

---

[328] Bolio, *Yucatán*, pp. 62-63; Hohler, Ciudad de México, 28 de marzo; Pierce, Mérida, 1° de mayo de 1911; FO 371/1146, 13581/1147, 20161; Young, Progreso, 24 de abril de 1912, SD 812.00/3778.

[329] Brickwood, Tapachula, 19 de marzo de 1911, SD 812.00/1412.

que los propietarios ejercieron de manera absoluta".[330] Ese régimen era ejemplo cabal del estado típico de Skocpol: dependiente de la fuerza, profundamente invulnerable a la rebelión popular interna y que sólo podía ser derrocado mediante la intervención providencial de fuerzas externas.[331] Es indudable que, bajo esas condiciones, la hacienda del sur tenía pocas probabilidades de morir por su propia mano; por ende, la vitalidad del sistema no comenzó a desfallecer sino hasta que se introdujo desde el exterior el contagio revolucionario.

El estado de la nación (1911)

Después de sus negociaciones en Ciudad Juárez, y al dirigirse hacia el sur, rumbo a la capital del país, Madero pudo comprobar que su revolución, que debía ir en aras de una democracia liberal, degeneraba en motines, bandidaje y revueltas campesinas. Jamás había contemplado estos resultados entre sus planes: siempre le había reconocido a Díaz el haber rescatado a México del caos y el caudillismo del siglo XIX; había hecho un sincero juramento a su abuelo: "nuestra causa es la causa del orden y nuestro partido será el que mejor garantice la paz y el mejor sostén de la ley".[332] La democracia debería ser el elemento salvador y no el disolutivo del orden social y debía rescatar a México de los peligros de un régimen personal prolongado; de ahí que ejerciera un poderoso atractivo sobre los hombres ilustrados de la clase acomodada quienes (al igual que los científicos durante la década de 1890) habían favorecido la institucionalización política. Pero ahora, en 1911, los resultados eran otros. El abuelo de Madero no tardó en recordarle que el deber del nuevo gobierno era "... reprimir todo nuevo movimiento que tienda a introducir desorden... castigando con la mayor severidad a sus autores".[333] Madero mismo, al optar por la firma del tratado de paz en lugar de buscar una solución militar total, mostró que su preocupación por el orden y la legalidad, por la propiedad y la estabilidad social, así como su aversión por la oclocracia, el gobierno de la plebe, eran ahora más poderosos que nunca.[334] Evidenció además una postura humanitaria y una conciencia realista al caer en la cuenta de que si la guerra continuaba y los federales defendían las principales ciudades (como lo harían en 1913-1914), una solución militar resultaría profundamente prolongada y sangrienta. Por último, Madero también consideró que el ciclo agrícola ahora entraba en su periodo de mayor actividad, factor que ha-

[330] Wilson, Ciudad de México, 28 de agosto de 1912, SD 812.00/4899: raro comentario oportuno del embajador norteamericano. El otro aparece en p. 252.

[331] Véanse pp. 165-166.

[332] De Madero a Evaristo Madero, 17 de septiembre de 1909, AFM, r. 9.

[333] De Evaristo Madero a Rafael Hernández, 18 de julio de 1911, Fabela, DHRM, RRM, I, pp. 433-435 (Hernández, sobrino de Francisco Madero, fue uno de los maderistas de la híbrida administración de De la Barra).

[334] Madero, *La sucesión presidencial*, p. 296.

bría de constreñir todas las campañas (especialmente en los primeros años, cuando la norma eran los ejércitos no profesionalizados). No sólo los hacendados de Morelos o Veracruz anhelaban la paz para iniciar la siembra, también entre las filas maderistas había muchos hombres deseosos de regresar a sus milpas ahora que las lluvias habían iniciado.[335]

Por lo tanto, varios factores alentaron a Madero para negociar la paz, acto que historiadores de distintas corrientes han criticado con justicia, pues señalan que esto representó una conciliación con el antiguo régimen, que arrebató a la Revolución los frutos de la victoria y que condujo al establecimiento de un gobierno conciliatorio con elementos conservadores que impidieron las reformas.[336] Como los historiadores, por lo general, trabajan con la ventaja de la perspectiva, es legítimo su argumento acerca de los efectos objetivos de dicho tratado. Pero resulta menos legítimo que los historiadores penetren en el reino de la subjetividad para argumentar la manera en que Madero *debió* actuar. Conforme a esta postura, Madero debió erradicar al viejo régimen por completo aunque para ello fuera necesario prolongar la guerra civil durante meses o años. Al carecer de una visión en perspectiva, Madero no podía pronosticar las consecuencias del tratado; más aún, es difícil imaginar que él y los dirigentes de su ejército optaran por un curso opcional, draconiano (en términos históricos, ésta es una hipótesis nula). Si bien algunos de sus dirigentes (Venustiano Carranza, por ejemplo) declararon después su oposición al tratado, precisamente por las mencionadas razones, esta oposición no era evidente en esa época.[337] Al parecer, el Tratado de Ciudad Juárez no provocó protestas inmediatas; entre los maderistas de provincia, y entre la gente en general, hubo muchos que, al igual que la junta revolucionaria de Jacala (Hgo.), consideraron que la firma era motivo de "regocijo", "siendo este acontecimiento por todos motivos de feliz resultado para toda la nación".[338] Como el Tratado de Múnich, el de Ciudad Juárez pareció ser un buen acuerdo en ese momento y no fue sino hasta después cuando se consideró que sus efectos habían sido contraproducentes. Dadas las circunstancias (en particular ante la amenaza de una prolongada revolución), se esperaba alguna forma de transacción en 1911; ahora los historiadores pueden analizar sus efectos, pero es un error castigar a Madero —como si fuera un niño— por haber hecho lo que estaba destinado a hacer. El carácter del maderismo era de tal naturaleza que su dirigente no podía haber obrado de otra manera.

Después de la firma del tratado, los dirigentes maderistas reconocieron la responsabilidad que, como líderes nominales de la Revolución, tenían con

---

[335] Womack, *Zapata*, p. 101; de P. Illodi al director de la Sociedad de Agricultura Mexicana, 12 de agosto de 1911, AG 898; de G. Hernández a Robles Domínguez, s. f., finales de mayo de 1911, AARD 13/4; del secretario de Guerra a Gobernación, 25 de enero de 1912, AG 898.

[336] *E. g.*, Ross, *Madero*, pp. 170-171; Womack, *Zapata*, pp. 90-91; Gilly, *Revolución interrumpida*, p. 47.

[337] Aguirre Benavides, *De Francisco I. Madero*, p. 21.

[338] Minutas de reunión, 22 de mayo de 1911, AG 898.

respecto a poner orden en el caos. El propio Madero, a pesar de carecer de un cargo oficial dentro del régimen interino, estaba preparado para usar su gran influencia y apoyar al presidente De la Barra en lo concerniente a la paz y la estabilidad. El problema principal yacía en el ejército maderista, pues era una auténtica hidra militar, con docenas de cabecillas individuales que ejercían autoridad personal en las distintas regiones y desafiaban cualquier intento de coordinación. Ya desde Chihuahua, cuando la campaña estaba en su apogeo, Orozco se había opuesto a que Madero ascendiera a José de la Luz Soto y a Giuseppe Garibaldi (nieto del gran patriota italiano), y había discutido con Villa; el ataque a Ciudad Juárez se llevó a cabo desafiando las órdenes de Madero y, una vez en la ciudad, Madero y Orozco habían tenido diferencias en torno a un general federal capturado, a quien Orozco deseaba ejecutar. En determinado momento de la discusión, Orozco llegó a desenfundar su pistola y las fuerzas revolucionarias parecieron dividirse en facciones opuestas.[339]

Además, Madero se enfrentó al problema de los grupos magonistas independientes que operaban en Chihuahua, Sonora y Baja California, bajo los auspicios del PLM. Esta división había existido desde los inicios de la lucha armada y, si bien algunos magonistas se unieron a la rebelión de Madero, los líderes magonistas en los Estados Unidos denunciaron a Madero como un oportunista burgués.[340] La fuerza del magonismo es difícil de evaluar y quizá fácil de exagerar. Algunos historiadores subrayan el papel del PLM durante el proceso político de 1900-1911 y la lucha de 1910-1911; Cockcroft, por ejemplo, argumenta que los guerrilleros magonistas mantuvieron viva la Revolución hasta febrero de 1911, cuando el "ala maderista de la revolución [a excepción de Orozco] no había logrado triunfos".[341] Cockcroft acierta al señalar que los maderistas civiles fracasaron en sus intentos de insurrección por lo que Madero tuvo que permanecer en los Estados Unidos hasta febrero; sin embargo, se equivoca cuando atribuye los triunfos precursores a las rebeliones magonistas. Argumenta esto de dos maneras: primero, existieron indiscutibles rebeliones magonistas, auspiciadas y dirigidas por magonistas, muy diferentes en su organización a las maderistas. Su único triunfo claro, no obstante, fue la toma de Mexicali, B. C. N., a través de una incursión filibustera, a fines de enero; decir que este logro fue "la victoria aislada más importante en el campo de batalla contra Díaz", es exagerar; atribuye a una acción "convencional" y periférica importancia mayor que a la guerrilla triunfal y soste-

[339] Ross, *Madero*, pp. 135 y 144; Valadés, *Imaginación*, I, p. 140; de J. M. Arriola y T. Torres a SRE, 12 y 14 de mayo de 1911, Fabela, DHRM, RRM, I, pp. 383 y 387-388.

[340] De A. Lomelí, El Paso, a SRE, 25 de noviembre; de A. Lozano, Los Ángeles, al mismo, 27 de noviembre de 1910, Fabela, DHRM, RRM, I, pp. 102-103 y 106; aunque los cónsules porfirianos (y posteriormente huertistas) en los Estados Unidos, no pudiendo informar sobre novedades positivas, mantenían una disposición de duda cuando recibían noticias sobre las contiendas y divisiones revolucionarias.

[341] Cockcroft, *Intellectual Precursors*, pp. 176-183; cita de p. 177.

nida de Chihuahua.[342] En segundo lugar, Cockcroft considera que un número elevado de líderes maderistas pertenecían al PLM. Es innegable que algunos magonistas comprometidos evitaron el maderismo: Prisciliano Silva se rehusó a recibir órdenes de Madero y, ante la posibilidad de ser arrestado, prefirió abandonar Chihuahua y refugiarse en los Estados Unidos; se afirma que Luis García y los hombres de Bachíniva abandonaron la lucha armada y retornaron a su pueblo en la montaña debido, al menos parcialmente, a su filiación magonista.[343] Pero esos casos fueron excepcionales; en lo que concierne a los revolucionarios más importantes citados por Cockcroft, la evidencia de su magonismo es débil y se apoya fundamentalmente en un artículo escrito por Enrique Flores Magón 20 años después de los sucesos. Pocos nombres coinciden al comparar la generación de revolucionarios de 1910-1911 con quienes mantuvieron correspondencia con Enrique Flores Magón durante la década de 1900 —cuando surgen coincidencias, éstas carecen de importancia (una carta, el envío de un ejemplar de *Regeneración*, etc.)—.[344] Para muchos rebeldes, las quejas en contra del régimen eran antiguas, y a mediados de la década de 1900 el PLM significaba la única oposición nacional coherente. Sin embargo, la lectura de *Regeneración* no convertía a los lectores en militantes del PLM. Seguir (en unos cuantos casos) una vertiente del magonismo a principios de este siglo no significó demasiado para los sucesos posteriores. Después de todo, fue la revuelta maderista de 1910 la que se transformó en una revolución y no las insurrecciones del PLM de 1906 o 1908.

El magonismo no jugó un papel medular en el derrocamiento militar de Díaz, pero sí creó otra vertiente en la complicada red de la revuelta maderista, especialmente en Chihuahua.[345] Más allá de los límites de ese estado, la influencia de Madero era débil, incapaz de seleccionar los hilos de esta red y hacer de ella un patrón coherente. Su nombre podía usarse a manera de justificación (como en el caso de la firma de recibos en Yucatán), pero los rebeldes mostraban lealtad a su región y al dirigente que los había reclutado ya que era éste quien los conducía a la batalla y quien estaba familiarizado con los motivos que los habían llevado a tomar las armas. Incluso en los "ejér-

[342] *Ibid.*, p. 177; Mexicali, por cierto, no era la capital de Baja California *(sic)*, ni del norte ni del sur; la capital de Baja California Norte era Ensenada.

[343] Valadés, *Imaginación*, I, pp. 112-113.

[344] En los extensos documentos del archivo Terrazas (STA, cajas 26-28), los únicos nombres que tienen un verdadero significado para los años 1910-1911, son los de José de la Luz Soto (que recibió una carta de Ricardo Flores Magón, junio de 1905, caja 26), y Miguel y Juan Baca (contactos magonistas, bajo vigilancia policiaca); aunque fue Guillermo Baca quien, como maderista, se unió a la Revolución en noviembre de 1910, siendo asesinado dos meses después; véase Almada, *Diccionario*, p. 55. En cuanto a Orozco, un individuo que bien pudo ser Orozco (o alguien más) fue visto por un espía del gobierno en la estación de San Isidro, en octubre de 1906, en compañía de un amigo, leyendo un periódico de la oposición: de F. Antillon a E. Creel, 20 de octubre de 1906, STA, caja 26. Es sobre tan frágiles bases sobre las que los regímenes autoritarios y, posteriormente, los historiadores radicales, se fundamentan para realizar registros de subversiones prerrevolucionarias.

[345] Véanse pp. 294-296.

citos" más numerosos, los contingentes rebeldes llevaban el nombre de individuos: "la compañía de Lara", "la compañía de Casavantes", "la gente de don Sixto (Ugalde)"; o bien adoptaban nombres regionales como "Cuerpo Armado Laguna y Cuencamé Unidos", de Martín Triana.[346] Como escribiera John Reed tres años después, "todos los soldados veían al general, bajo cuyas órdenes eran reclutados, como su señor feudal. Se llamaban a sí mismos su gente —sus hombres—; y ningún oficial, quienquiera que fuese, tenía mucha autoridad sobre ellos".[347] La lealtad al jefe influyó en la conducta de los hombres de Bachíniva; obligó a los hombres de José de la Cruz Sánchez a negarse a obedecer a cualquier otro oficial, y contribuyó a dar fuerza a la Revolución en Morelos.[348] Jefes como Domingo Magaña, en Tabasco, cuyas tropas llevaban una insignia roja, no estaban dispuestos a sacrificar este dominio personal y territorial.[349] Esto explica la elevada incidencia de discusiones intrarrevolucionarias (entre los líderes y los individuos que competían por el poder en estrecha proximidad) que, a menudo, implicaron diferencias políticas y sociales de fondo y, con frecuencia, se centraron en la supremacía y prestigio personales, y en la demarcación de las respectivas esferas de influencia.[350]

De todas maneras, Madero, al negociar en Ciudad Juárez, lo hizo a nombre de todas esas fuerzas a las que tendría que convencer para que aceptaran los términos del acuerdo y se desmovilizaran. En la frontera, y nuevamente en la Ciudad de México, hizo un llamado de paz a los mexicanos, exhortando a sus hombres a cambiar las pistolas por el voto ("una nueva arma que han conquistado") y a "considerar como un enemigo de las instituciones y de los más altos intereses del pueblo a cualquiera que pretenda alterar el orden [público]".[351] Ahora, los principales maderistas colaboraban con el gobierno en un intento por restaurar la paz: se giraron órdenes para suspender las hostilidades, dar recibos por mercancías secuestradas, reparar las vías del ferrocarril y garantizar los derechos de propiedad. Una circular enviada a los jefes rebeldes en 17 estados, prohibía la práctica de abrir cárceles (el Plan de San Luis había autorizado sólo la liberación de presos *políticos*) y Trinidad Rojas, comandante de Amecameca (Méx.), tuvo a su cargo la imposible tarea de re-

[346] Nombres tomados de la lista de bajas resultante de la batalla de Casas Grandes, en Letcher, Chihuahua, 1° de junio de 1911, SD 812.00/2111; Lozoya, *Ejército*, p. 35, que cita a Urquizo; de M. Triana al gobernador de Durango, 19 de junio de 1911, AG 898. Los nombres heroicos e históricos tenían también la finalidad de ocultar el origen local o personal: la Brigada Cuauhtémoc de Trinidad Rodríguez, por ejemplo, venía de Huejotitlán, al oeste de Parral: Calzadíaz Barrera, *Hechos reales*, pp. 179-180.
[347] Reed, *Insurgent Mexico*, p. 81.
[348] De Martínez del Toro a la SRE, 9 de diciembre de 1912, Fabela, DHRM, RRM, IV, p. 239; Womack, *Zapata*, p. 79.
[349] Véanse pp. 261 y 320.
[350] Por ejemplo, Méndez contra Valladares en Michoacán: véase María y Campos, *Múgica*, p. 44; y tales conflictos tendieron a hacerse más frecuentes a medida que pasaba el tiempo: véase cap. VIII.
[351] Manifiesto al pueblo mexicano, de Juárez, s. f., y Ciudad de México, 24 de junio de 1911, Fabela, DHRM, RRM, I, pp. 416-417 y 422-425.

capturar a 185 presos liberados de la cárcel de Chalco. Se subrayó que los actos irresponsables de esta naturaleza podrían "perjudicar nuestra noble causa".[352]

Para que estas políticas tuvieran éxito, era necesario imponer orden sobre el propio ejército liberador que, como las selvas tropicales en Tabasco, había surgido de manera irrefrenable, abundante y salvaje, y que ahora exigía un freno. En el norte, las largas campañas y sitios ocasionales habían creado unidades militares más numerosas y mejor organizadas: la Segunda División del Norte, de Emilio Madero, contaba con cuerpos de oficiales; el ejército de Orozco tenía ocho médicos calificados y también mostraba signos de profesionalización.[353] Pero la mayoría de los grupos rebeldes eran reducidos y de estructura más relajada; cuando dos o más jefes se encontraban en los confines de sus territorios, o ante las puertas de una ciudad codiciada, no había método que garantizara una cooperación disciplinada. Así, Robles Domínguez, a nombre de Madero, intentó establecer el orden y la jerarquía. Los rebeldes de Puebla recibieron órdenes de mantenerse fuera de Tlaxcala; Puebla misma estaba dividida entre Agustín del Pozo, en el norte, y Camerino Mendoza, en el sureste; Manuel López, en Veracruz, era subordinado de Gabriel Gavira; Francisco Llanas, en el Estado de México, dependía de Gabriel Hernández y así sucesivamente.[354] Los maderistas civiles fueron comisionados especiales para apaciguar y solucionar conflictos en estados específicos: Múgica, en Michoacán; Bonilla, en Sinaloa.[355] Las tareas de Múgica fueron representativas de la época: hizo cambios en el gobierno local de Tancítaro, Jiquilpan, Maravatío, Zinapécuaro y Zamora —en esta última localidad frenó un motín y solucionó una huelga de conductores de tranvías—; persuadió a los jefes rebeldes disidentes para que aceptaran a Salvador Escalante como comandante maderista en el estado, y actuó como intermediario entre Escalante y el comandante federal; evitó un encuentro entre las tropas maderistas y la policía de Yurécuaro; organizó la captura de bandidos en los alrededores de La Piedad y, por último, encarceló y llevó a juicio al indócil líder maderista Marcos Méndez. Al final, Múgica pudo afirmar con todo derecho que había "cumplido con el deber de buen revolucionario, primero agitador y después pacificador", aunque cabe señalar que esta última tarea fue más amplia y exitosa que la primera.[356]

La pacificación no obtuvo los mismos resultados en otras partes, e incluso los éxitos logrados exigieron un precio. El proceso de crear cadenas de

---

[352] Circular de Robles Domínguez, y la misma a Rojas, ambas del 28 de mayo de 1911, AARD 6/80 y 15/31.

[353] Véase la lista de los oficiales de Emilio Madero (notable concentración de talento revolucionario) en AFM, r. 19; y de Pedro Sandoval a Gobernación, 26 de julio de 1911, AG 898.

[354] De Robles Domínguez a Del Pozo, 3 de junio; a Mendoza, 29 de mayo; a López, 30 de mayo; a Hernández, 5 de junio; AARD 19/86, 19/57, 25/141 y 13/35.

[355] María y Campos, *Múgica*, pp. 43-45, el cual reproduce parte del informe de Múgica, de AG 14, "Relaciones con los estados" (Mich.); Olea, *Sinaloa*, pp. 34 y 37-38.

[356] María y Campos, *Múgica*, p. 45.

mando, de frenar a quienes se consideraba que cometían abusos, enajenó los ánimos de muchos rebeldes. Juan Andreu Almazán, un guerrillero de clase media que había abandonado la escuela de medicina en Puebla para luchar por la Revolución en el sur, declaró, aunque no de manera muy convincente, que había sido tratado con injusticia, que él había trabajado para la causa más que cualquier otro rebelde en Guerrero, y "me duele el que me posterguen y procuren poner otros como superiores míos".[357] Disgustado, Almazán tomó las armas nuevamente. Las mismas medidas encaminadas a restaurar la paz provocaron, a veces, conflictos adicionales; el campo fue testigo del primer brote de esta enfermedad recurrente; ahí la racionalización tentativa de un ejército popular creado espontáneamente y de modo irregular, así como el intento de solucionar todas sus rivalidades y anomalías locales sólo sirvieron para producir más disidentes y nutrir la materia prima de un segundo conflicto. Más aún, parte integral de la política del "retorno a la normalidad" fue la severa restricción a las apropiaciones de tierras y a los ataques a la propiedad rural. Aunque Madero no estaba ciego ante el problema agrario, creía que éste, al igual que otros conflictos, podía solucionarse por la vía legal y pacífica; mientras tanto, era necesario proteger la propiedad. El nuevo gobernador de Morelos recibió órdenes (aunque no era frecuente que las obedeciera) de desalojar a 50 campesinos que habían invadido los cultivos de caña de la hacienda Maltrata; los rebeldes de Puebla, por su parte, recibieron la orden de cesar las depredaciones en la hacienda de Tejahuaca, cerca de Atlixco; y en Amecameca, la orden fue: "suspender todo acto de expropiación sobre terrenos de la Hacienda Guadalupe". Zapata recibió órdenes similares.[358] Incluso los terratenientes fueron facultados para formular reclamaciones en contra del gobierno por daños causados por las fuerzas revolucionarias, y algunos terratenientes, según se dijo, aprovecharon la oportunidad para restaurar las finanzas de sus propiedades.[359] Por lo tanto, desde el inicio, el nuevo régimen garantizó la institución de la hacienda y se opuso a la reforma agraria *de facto* que no se plegara a normas que hasta ese momento no habían sido especificadas.[360]

El proceso de pacificación y organización funcionó bilateralmente. En la medida en que giraba órdenes por todo el país, la dirigencia maderista tuvo que enfrentarse a numerosas solicitudes de dinero, abastos y autorizaciones (especialmente de entrar en pueblos y ciudades). En mayo de 1911 había quizá 60 000 rebeldes en armas; los destacamentos que habían permanecido en el campo debido al acuerdo de paz, se enfrentaron a problemas severos de

---

[357] De Almazán a Gobernación, 2 de junio de 1911, AARD 17/97.

[358] De Madero a Carreón, 21 de junio de 1911, AFM, r. 19; de Peña y Reyes a Robles Domínguez, 29 de mayo, y más adelante a G. Berriozábal, 6 de junio de 1911, AARD 19/54, 15/119; Womack, *Zapata*, p. 90.

[359] De D. Magaña a Gobernación, 29 de agosto de 1911, AG 14, "Relaciones con los estados" (Tab.).

[360] Más adelante se hace la distinción entre reforma agraria oficial y no oficial; pp. 520-529.

abasto y refugio (ya que no podían vivir de la tierra), pero enviarlos a los pueblos cercanos, donde generalmente existían cuarteles federales, creaba problemas mayores. Hilario Márquez deseaba entrar en Jalapa, "por haber allá más provisiones para el sostenimiento de mis soldados"; Domingo Magaña tenía a 1 500 hombres en Huimanguillo y carecía de alimentos y cuarteles, amén de padecer casos de malaria; hacia el norte, en los alrededores de Acayucan, las fuerzas de Pedro Carbajal fueron atacadas tanto por la malaria como por las fuerzas federales.[361]

Los gobernadores de los estados (recientemente asignados) no permitían la entrada de bandas rebeldes en sus ciudades: en los pueblos y ciudades donde había cuarteles federales o rurales, existía el peligro real de enfrentamientos armados a pesar del tratado de paz; el peligro era mayor en ciudades como Veracruz, donde las cárceles estaban llenas y abundaban las municiones.[362] Así, los conflictos y confrontaciones fueron frecuentes: el rebelde Manuel Paredes, por ejemplo, quiso ocupar Jaltipan (Ver.), a condición de que los rurales evacuaran primero; en Pótam (Son.), el encarcelamiento de un jefe maderista por los federales estuvo a punto de provocar nuevas hostilidades.[363] El gobierno no podía reunir a enemigos tan recientes: la mutua rivalidad aún era muy vigorosa, como lo confirmó el comandante rebelde Juan Banderas y lo demostraron incidentes como la masacre de Puebla.[364] El presidente De la Barra, en colaboración con Robles Domínguez, no mostró interés en satisfacer las demandas rebeldes: Cándido Navarro recibió órdenes de no entrar en León y a otros jefes se les prohibió avanzar sobre Tlaxcala y Jalapa.[365] Por otra parte, las disposiciones del "centro" perdieron el peso que antes tenían. En ocasiones eran abiertamente imprácticas: por ejemplo, Dolores Huerta no pudo concentrar sus fuerzas, como se le ordenó, pues éstas se hallaban dispersas por la sierra de Puebla. En otros casos, los líderes rebeldes desoyeron al gobierno del centro; Isidro Ortiz y sus 500 hombres intentaron entrar en Tlaxcala y Zacatelco, a pesar de tener órdenes de no hacerlo; eran, conforme a un representante maderista, "gente muy cerrada". Con gente así, típica del campo como los zapatistas, era difícil llegar a cualquier acuerdo.[366]

Estos problemas de organización y pacificación, agentes de tantos conflictos posteriores, se iniciaban apenas cuando Madero comenzó su marcha triunfal hacia la capital, adonde arribó el 7 de junio. Para Madero (un simple

[361] De Márquez a Robles Domínguez, 29 de mayo; Magaña al mismo, 27 de mayo; de Carbajal al mismo, 30 de mayo de 1911, AARD 19/50, 22/2, 25/142. El destino que Magaña deseaba era San Juan Bautista (Villahermosa).
[362] De Espinosa a Gobernación, 25 de mayo de 1911, AARD 25/56.
[363] De Paredes a Robles Domínguez, 30 de mayo de 1911, AARD 25/134; de Gayou a Madero, 12 de junio de 1911, AFM, r. 22.
[364] De Banderas a Madero, 11 de julio de 1911, legajo AG 14, "Relaciones con los estados" (Sin.); y p. 328.
[365] De A. de la Peña y Reyes a Robles Domínguez, 29 de mayo de 1911, AARD 19/47.
[366] De D. Huerta a Robles Domínguez, 3 de junio y 27 de mayo de 1911, AARD 19/93 y 24/6. *Cf.* la "sospecha provinciana" de los zapatistas, Womack, *Zapata*, p. 204.

ciudadano, pero reverenciado momentáneamente como el principal representante de la Revolución) y para el presidente interino De la Barra, era el momento de formular un acuerdo político que llenara las lagunas del Tratado de Ciudad Juárez. La lucha había terminado, o al menos eso se esperaba; los ejércitos rebeldes aguardaban órdenes de desmovilización —algunos, incluso, ya se habían desmembrado y sus integrantes iniciaban el peregrinar a sus hogares—. Womack ha escrito que "la cuestión del cambio [implicó el retorno] a la dimensión 'del voluntarismo político'".[367] La lucha entre maderistas y porfiristas, radicales y conservadores, liberales y católicos, se libraría en el ámbito político más que en el campo de batalla: en ese momento las armas eran los discursos, el voto, las componendas y acuerdos en lugar de los rifles, los máuseres y los machetes. Aunque la amenaza de la fuerza no se desvaneció —e incluso en ocasiones fue realidad—, el acuerdo de paz modificó de manera fundamental las reglas del juego, a tal grado que los recursos políticos cobraron mayor importancia que los militares.

Debido a esto, resulta esencial concluir el capítulo con un análisis de la situación política del momento en que el nuevo régimen asumió el poder; es particularmente necesario considerar la situación dentro de un contexto local (el acuerdo nacional se analiza en el capítulo siguiente). Destacan dos puntos: la importancia de los "revolucionarios de última hora" que controlaron algunas regiones a partir de mayo de 1911, constituyéndose así en un poder al que el nuevo régimen tuvo que reconocer; al mismo tiempo, los cambios en los gobiernos locales que significaron una revolución política de suma relevancia, pues promovieron hombres y posturas que habrían de figurar de manera predominante en los años siguientes. Ambos fenómenos eran antitéticos: los revolucionarios de última hora eran generalmente conservadores, unidos al *statu quo ante;* los nuevos funcionarios municipales con frecuencia defendían los intereses populares y representaban el cambio. Operaron a manera de antítesis y sin excluirse mutuamente; en sus múltiples variedades locales crearon una situación de gran heterogeneidad y tensión política. Ambos surgieron como producto de circunstancias similares: el éxito galopante de la Revolución y el colapso de los regímenes locales del Porfiriato entre abril y mayo de 1911. Los rebeldes precursores, como ya se ha señalado, sufrieron muchas derrotas y reveses, pero ya durante la primavera y el verano la Revolución comenzó a consolidar su triunfo en las distintas regiones. En abril en el norte, y en mayo en el sur, las filas rebeldes comenzaron a incrementar su número; adherirse a la causa revolucionaria se tornó tarea fácil y oportuna. Madero le escribió a Orozco: "desde que se principiaron a firmar los armisticios es increíble el número de fuerzas que se levantaron en muchas partes de la República y esos soldados no están puestos a prueba".[368] Durante esa época, la Revolución adquirió incluso algunos tintes ligeros y cómicos; pero

---

[367] *Ibid.*, p. 91.
[368] De Madero a Orozco, 5 de julio de 1911, AFM, r. 18.

detrás de esa hilaridad, la lucha por el poder local continuó con la misma tenacidad.

La odisea de Marcos López Jiménez a través del Estado de México ilustra el clima político en mayo de 1911. López Jiménez y ocho compañeros no se unieron a la rebelión sino hasta mediados de mayo, fecha en que salieron de la Ciudad de México con dirección al oriente. Después de asaltar haciendas para procurarse armas y abastos, llegaron a Atlacomulco; tomaron el pueblo sin encontrar resistencia alguna y aplicaron el procedimiento habitual: confiscaron las recaudaciones tributarias, leyeron el Plan de San Luis y le ofrecieron al pueblo la oportunidad de sustituir a los funcionarios públicos, acto al que los habitantes se rehusaron. Aunque Atlacomulco se negó a unirse a la Revolución, los maderistas actuaron con estilo. Los rebeldes reunieron una banda de música y, con una bandera tomada del palacio municipal, marcharon por las calles al acorde de himnos patrióticos, "despertando este acto desbordante entusiasmo, lanzándose ensordecedoras vivas a Ud. y a la libertad", según una carta que el propio López Jiménez escribiera a Madero. Los funcionarios locales firmaron un documento de repudio al gobierno de Díaz y el retrato del dictador fue retirado del ayuntamiento. Las festividades culminaron con discursos al pie del monumento a Hidalgo. Todos los rituales patriotas y seculares se observaron. Después del almuerzo los maderistas se dirigieron a Temascalcingo, "siguiendo en todo aquí las prácticas que usamos en Atlacomulco":[369] más campanas, música y entusiasmo delirante. Al día siguiente (21 de mayo) las noticias del acuerdo de paz interrumpieron la marcha triunfal de estos rebeldes. Durante casi todo junio, la compañía, que ahora reunía a 67 hombres, se estableció en la hacienda Solís; mientras, su jefe asistía a las celebraciones de bienvenida a Madero en San Juan del Río y viajaba a la Ciudad de México para recibir órdenes. El último día de junio, los hombres de López Jiménez (para entonces reducidos a 35) fueron exonerados de su responsabilidad, recibiendo cada uno de ellos cinco pesos y uno más por cada día de servicio; supuestamente, sus caballos serían restituidos a los respectivos dueños, y sus armas al gobierno. Así, los veteranos retornaron a su hogar, algunos con 16 o 17 pesos en el bolsillo, otros con sólo nueve o 10; al parecer, ninguno había escuchado el silbido de las balas en el campo de batalla.

Ahora el camino de la Revolución parecía cubierto de rosas, y por ello atrajo a algunos aventureros de dudosa filiación. Surgieron maderistas recién llegados, como López Jiménez, quienes quizá merezcan el beneficio de la duda; pero también salieron al frente bandidos declarados que, lejos de verse impulsados por la venganza campesina eran criminales, como en el caso

---

[369] De Marcos López Jiménez a Madero, 24 y 30 de junio de 1911, AG 898. Es probable (aunque no lo he podido confirmar) que éste haya sido el mismo López Jiménez que después dirigió el Departamento del Trabajo maderista; es claro que él fue uno de los civiles respetables y claros que tardíamente se convirtieron y participaron en la rebelión "armada", a finales de la primavera.

de Camilo Barloza, de Ahualco (S. L. P.).[370] Más importantes aún, fueron los oportunistas políticos que, al observar el giro de los acontecimientos, se dejaron llevar por la corriente; algunos permanecieron a flote, mientras otros arribaron a posiciones de poder e influencia. Sin embargo, cabe destacar que no todos los terratenientes, funcionarios o caciques que se unieron a la Revolución fueron necesariamente oportunistas cínicos; también surgieron liberales idealistas, miembros de familias acomodadas venidas a menos, como Maytorena o los Pesqueira, en Sonora, que combinaron sus intereses personales con una sólida convicción revolucionaria; asimismo, hubo caciques, como De la Rocha, cuyas protestas contra el régimen los hacían dirigentes naturales y eficaces de la rebelión popular.[371] Sin embargo, también destacaron oportunistas calculadores que, *in extremis*, intentaron colonizar la Revolución y cuya identificación es posible si nos basamos en el momento, ubicación y carácter de su revuelta.

Por ejemplo, no fue oportunismo cuando, en enero de 1911, el teniente coronel Severiano Talamantes y sus 400 soldados se unieron a los rebeldes en Álamos, pues por esas fechas la revuelta apenas se iniciaba en Sonora y, por otra parte, Talamantes tenía un largo historial de rebeldía y compromiso político.[372] Sin embargo, la defección del jefe político de Canatlán (Dgo.), dos meses después, resulta sospechosa pues era miembro de una prominente familia (Patoni) y tenía un largo historial como funcionario; a poca distancia, Topia y Tepehuanes habían caído en manos de los grupos rebeldes que iban con regularidad a Yerbanis y Peñón Blanco (cuyo jefe había huido); a su vez, el jefe de Torreón acababa de ser destituido por el gobierno debido a su incapacidad para dominar la situación. Y el jefe político de Durango tampoco podía controlar la revuelta en marzo de 1911; abrazar la causa maderista le resultó un recurso más imaginativo.[373] Al mes siguiente, en las montañas, San Dimas fue testigo de una clásica estratagema preventiva. Ahí, donde los Arrieta prácticamente se habían apoderado del territorio, "las fuerzas locales del gobierno" tomaron el pueblo "llamándose a sí mismos maderistas". Agrega el cónsul norteamericano: "estos revolucionarios eran los mejores hombres del distrito".[374] No obstante, en regiones como éstas, donde la Revolución fue más amarga y prolongada, y las divisiones políticas más profundas, hubo menos oportunidades para este tipo de virajes tácticos; los rebeldes genuinos lucharon hasta alcanzar el poder y lograron una renovación más completa del gobierno local.

[370] Es sencillo encontrar referencias sobre este primer tipo; ésta, de D. Covarrubias a Robles Domínguez, 8 de junio de 1911, AARD 21/17, fue enviada por un *bona fide* maderista, que acababa de pasar tres meses en la prisión de Belem; de ahí que la etiqueta de "bandido" fuera más significativa. Sobre el problema de rebelión y bandidaje, véanse pp. 424-448.
[371] Véanse pp. 45-46.
[372] Ellsworth, C. P. D., 23 de enero de 1911, SD 812.00/676; Aguilar Camín, *La Revolución sonorense*, pp. 22-23, 144 y 146.
[373] Freeman, Durango, 13 de marzo de 1911, SD 812.00/1021.
[374] Caldwell, San Dimas, 20 de abril de 1911, SD 812.00/1660.

En otras regiones, el disimulo y las conciliaciones fueron mayores. En mayo, en el tranquilo noreste, se hizo público que los "ciudadanos prominentes" organizaban sus propias fuerzas privadas (aunque no queda claro contra quién iban a pelear); Pablo Santos, hijo, persona "muy influyente en la localidad", formó una banda "revolucionaria" en Sabinas, al norte de Monterrey, la cual era más reyista que maderista.[375] Así fue posible que el antiguo régimen sobreviviera, como sucedió en Linares (N. L.), "escudados con una tardía y vergonzante adhesión maderista".[376] Entre estos reclutas tardíos hubo una buena cantidad de federales y rurales —como el teniente de infantería que se pronunció en Monclova en favor de la Revolución y libró una pelea contra su propio sargento que se mantenía leal al Régimen; o el pronunciamiento de una corporación entera de rurales en el estado de Hidalgo.[377] Poco después, incluso los oficiales del ejército jubilados se unieron al ejército libertador en busca de ascensos y temerosos de "que, una vez concluida la Revolución, no se tomen en cuenta sus servicios".[378] En distintas partes del centro de México, donde la Revolución parecía tener algunas características de maravilla de un día, surgieron revolucionarios de última hora en casi todos los estados. A fines de abril, después de las primeras maniobras de la junta maderista en Zautla, el coronel federal Miguel Arriaga se pronunció en Zacapoaxtla y recibió un homenaje del orador del pueblo. Aunque el jefe político huyó, los funcionarios locales permanecieron en sus puestos y las tropas de Arriaga (afirmaba contar con 1400 hombres, aunque en realidad eran sólo 300) se dedicaron a perseguir bandidos y a custodiar la vía férrea Zaragoza-Pochintoc. Maderistas prestigiados denunciaron a Arriaga como "revolucionario de última hora" y partidario del gobernador Martínez, quien por esas fechas explotaba a los indios de la sierra más que cualquier otro cacique porfirista.[379] En Cuetzalán, Arriaga arrestó y depuso a los funcionarios que habían sido nombrados después de la caída de Díaz; su perseguidor, señalaron, no era sino "un pensionado del Gobierno del General Díaz" que, "al mirar que se le escapaba la ocasión del medro y cuando no le quedaba más patrimonio que el odio que se le guarda", decidió unirse a la Revolución, apropiarse de los fondos públicos e iniciar una campaña depredadora en el distrito.[380] Era lógico que Arriaga se aliara con los hermanos Márquez, quienes también eran "revolucionarios de último minuto" o "reaccionarios", también de Puebla. Juntos acordaron establecer zonas de influencia e incluso intercambiaron

[375] Hanna, Monterrey, 18 de mayo de 1911, SD 812.00/1903.
[376] Junta del Partido Reformista Independiente, de Linares, a Madero, 2 de junio de 1911, AFM, r. 20.
[377] Hanna, Monterrey, 18 de mayo de 1911, SD 812.00/1903; de E. Bordes Mangel a Madero, 16 de junio de 1911, AFM, r. 20.
[378] De Joce a Cabrera, 12 de mayo de 1911, AARD 16/2.
[379] De E. Tirado a E. Arenas, 1º de junio, y de Arenas a Gobernación, 12 de junio de 1911, AG 898; *El Diario del Hogar*, 29 de mayo de 1911; de Abel Guzmán a Robles Domínguez, 7 de junio, y de D. Bonilla al mismo, 27 y 28 de mayo de 1911, AARD 19/108, 25 y 34.
[380] Del presidente municipal de Cuetzalán a De la Barra, 31 de mayo de 1911, AARD 19/72.

tropas.³⁸¹ Así, los hermanos atravesaron la sierra en dirección a Veracruz, donde Hilario intentó defender el tren que conducía a Díaz hacia el puerto y Esteban, después de entrar en Jalapa, "se puso a las órdenes del general García Peña" (de las fuerzas federales), organizó un banquete en su honor y, al estallar una fricción entre federales y maderistas que culminó en un tiroteo en la ciudad, tranquilamente apoyó a los federales.³⁸² Mientras tanto, en Tlaxcala, el coronel Miguel Arrioja ofreció sus servicios para "perseguir bandolerismo" en el estado; el viejo gobernador Cahuantzi lo apoyó con entusiasmo (al tiempo que denunciaba a rebeldes subversivos como Isidro Ortiz y Carmen Vélez) e incluso se impuso sobre la dirigencia maderista en la Ciudad de México para nombrar a Arrioja, jefe de las fuerzas (maderistas) en Tlaxcala. A este grado llegó la importancia concedida a la "pacificación" al interior del pensamiento oficial.³⁸³

La región centro-occidental de México también aportó al catálogo de oportunistas. Es más, produjo al revolucionario de último minuto de mayor prestigio: Manuel Rincón Gallardo, hacendado, hijo de un general y miembro prominente de la sociedad capitalina —donde las noticias de su pronunciamiento en mayo, en Encarnación de Díaz (Jal.), causaron "conmoción"—.³⁸⁴ Entre sus compañeros rebeldes se encontraban Luis G. Llianes, un renombrado "deportista", y José Castro, sobrino de otro general y yerno de Díez Gutiérrez, antiguo gobernador de San Luis Potosí. Sucedió lo mismo en Michoacán, donde la Revolución fue fugaz —como admite el propio historiador del estado— y atrajo a terratenientes y federales jubilados, incluso el prefecto porfirista de Santa Clara, que se rebeló el 10 de mayo y se convirtió en jefe de las fuerzas maderistas del estado. Un norteamericano señaló que en la región norte del lago de Pátzcuaro, "se observa una considerable actividad revolucionaria... y existen numerosas gavillas. En general, los dirigentes son 'hacendados' y personas de buena posición en la comunidad, y no se ha sabido que estas bandas cometan excesos".³⁸⁵ A pesar de que la importancia de este fenómeno debe reconocerse, no debe distorsionar el análisis global de la Revolución.³⁸⁶ Los terratenientes rebeldes oportunistas fueron una minoría

---

³⁸¹ De E. Arenas a Gobernación, 12 de junio de 1911, AG 898; de H. Márquez a Robles Domínguez, 29 de mayo de 1911, AARD 19/49; Gavira, *Actuación*, pp. 41-44.

³⁸² De H. Márquez a Robles Domínguez, 27 de mayo de 1911, AARD 26/85; Gavira, *Actuación*, pp. 41-44.

³⁸³ De Cahuantzi a Arrioja, 27 de mayo; a Robles Domínguez, 28 de mayo; carta a Espinosa Caloca, 29 de mayo; de Arrioja a Cosío Robelo, 3 de junio (esfuerzos de Arrioja por mantener a los zapatistas fuera del estado), AARD 24/12, 16, 21 y 34.

³⁸⁴ *El Diario del Hogar*, 14 de mayo de 1911; Hohler, Ciudad de México, 17 de mayo de 1911, FO 371/1146, 20780.

³⁸⁵ Romero Flores, *Michoacán*, p. 54; de Salvador Escalante a Madero, 22 de mayo de 1911, AARD 16/6; gerente de la Cía. Poder de Michoacán, 16 de mayo de 1911, SD 812.00/1948.

³⁸⁶ Jean Meyer, *La Révolution Mexicaine*, París, 1973, p. 39; Falcón, "Orígenes populares", pp. 198-199; Brading, "Introduction"; son todos éstos indicativos de la reciente tendencia "antipopulista".

en 1910-1911 (y, como se ha señalado, es necesario diferenciarlos de otros terratenientes rebeldes); además, sería un error negar el carácter popular y radical de la revolución maderista sólo por la presencia de unos cuantos hacendados, así como inferir que este fenómeno indica el descontento general de la clase terrateniente hacia Díaz o su proclividad hacia la rebeldía, ya que en su mayoría apoyó al antiguo régimen en la medida en que fue factible hacerlo. Es más, el fenómeno mismo de los terratenientes revolucionarios de último minuto no es indicador de descontento ni de capacidad de rebeldía en dicha clase, como tampoco es síntoma de la moderación inherente ni del conservadurismo de la revolución maderista; más bien, muestra que los terratenientes, al sentirse amenazados, buscaron protegerse mediante una adhesión táctica a la Revolución; al no poder vencerla, se unieron a ella.

El mejor ejemplo de lo anterior surgió en Guanajuato, donde pocas semanas después de que Cándido Navarro comenzara a dominar el norte del estado, dos líderes "revolucionarios" cobraron relevancia en el centro: Bonifacio Soto y Alfredo García. Ambos eran ciudadanos con propiedades e influencias en el distrito de Silao; García había sido oficial federal y los esfuerzos de ambos se dedicaron a mantener y aumentar su influencia, así como a preservar la ley, el orden y la propiedad. Organizaron un "vasto movimiento ramificado", reclutando hombres de sus haciendas o entre sus partidarios, quienes "son personas de buena posición social y relacionadas por razón de amistad y parentesco con familias de las más importantes del Estado de Guanajuato".[387] Conforme a sus declaraciones, Soto y García procuraron apuntalar el *statu quo* en vez de cambiarlo. Alentaron la destitución de algunos funcionarios porfiristas (de alguna forma tenían que fortalecer su propio prestigio como "revolucionarios"), pero, por lo demás, su papel fue conservador. Soto se enorgullecía de sus actividades policiacas: en Ciudad Manuel Doblado sofocó un motín y en San Francisco del Rincón evitó disturbios; asimismo, viajó por las cabeceras pero no para fomentar la rebelión, sino "para tranquilizar a los habitantes [y] evitar levantamientos populares".[388] No sorprende que las grandes propiedades en los alrededores de Silao gozaran de tranquilidad y que "los hacendados del distrito —de acuerdo con las observaciones del cónsul norteamericano— estuvieran a favor de los revolucionarios".[389] Después de la firma del tratado de paz, el régimen conservador del gobernador Castelazo "solicitó su cooperación y se la prestaron de buen grado, a pesar de que dicho gobernador… no disfrutaba de las simpatías del pueblo, por ser un continuador de la administración [porfirista] del lic. Obregón González"; García continuó capacitando a sus tropas, mientras que Soto ocupó el cargo de jefe político en San Miguel de Allende. Ambos fueron bastiones de los intereses conservadores en la batalla continua contra los movimientos populares

[387] De F. González Roa a Robles Domínguez, 7 de junio de 1911, AARD 7/73.
[388] De Soto a Robles Domínguez, 22 de mayo y 2 de junio de 1911, AARD 11/2; a Gobernación, 28 de julio de 1911, AG 898.
[389] Rowe, Guanajuato, 29 de abril de 1911, SD 812.00/1613.

en el estado.³⁹⁰ El hecho de que se vieran obligados a mantenerse en tales funciones manifiesta, de alguna manera, un reconocimiento a la fuerza de la rebelión y del descontento popular en Guanajuato.

Uno de los objetivos principales de la rebelión popular —contra la cual lucharon conservadores como Soto y García— fue la renovación de los gobiernos locales. Éste no fue un asunto "político restringido" que indicara una revolución "política restringida". A menudo, el control particular de una comunidad significaba controlar la tierra y el agua, la ley, el orden y los aspectos fundamentales en la vida de la comunidad. Las quejas en contra de los funcionarios locales, especialmente de los jefes políticos, son quizá las determinantes comunes del compromiso revolucionario; la deposición de estos funcionarios fue el asunto más socorrido dentro de la práctica revolucionaria. El camino que trazó el norte en 1910-1911, fue seguido por el resto del país en la primavera de 1911. En Veracruz, "... estos funcionarios ejercían gran poder y el resentimiento de los inconformes está dirigido más hacia los primeros que hacia cualquier otra clase. Al parecer no existe un resentimiento profundo en contra de Díaz, sino contra el sistema de gobierno que representa";³⁹¹ esto explica el "constante cambio de jefes políticos en los diversos distritos". El testimonio anterior data de marzo de 1911; para mayo, las revoluciones políticas menores se habían tornado endémicas en el estado. Manuel López, por ejemplo, se pronunció en favor de la revolución en Teocelo (municipio de Coatepec); tomó el pueblo con sólo una docena de soldados y autorizó al maestro local (quien era amigo de Francisco Vázquez Gómez) para que designara nuevas autoridades locales; 40 maderistas firmaron el documento que aprobaba estos nuevos nombramientos.³⁹² Desde Teocelo, continuó su marcha por los pueblos circundantes, deponiendo autoridades, nombrando presidentes municipales, recolectores de impuestos, jueces y funcionarios maderistas. Su recorrido abarcó Quimiztla (10 de mayo), Chichiquila (11 de mayo), Yuhuacán (13 de mayo), Ayahualulco (14 de mayo), Calcahulco (15 de mayo), Tlacotepec y San José Coscamatepec (ambos el 16 de mayo). En la mayoría de los casos, los antiguos funcionarios renunciaron voluntariamente o huyeron, permitiendo así que los maderistas tomaran el control de manera decorosa y sin derramamiento de sangre; los únicos asaltos a propiedades ocurrieron en un par de pueblos donde se prendió fuego a los archivos municipales. López cubrió un territorio limitado al sur de Jalapa, pero numerosos movimientos similares surgieron en el resto de Veracruz.³⁹³ Gabriel Gavira, desplazándose hacia el sur desde Altotonga, desempeñó funciones similares a su paso por Huatusco, Atoyac, Córdoba y Orizaba; en el sur, Gua-

---

³⁹⁰ González Roa, n. 387, anterior; y véase p. 315.

³⁹¹ Inteligencia naval de los Estados Unidos, Veracruz, 13 de marzo de 1911, SD 812.00/1162; cf. informes similares de Rowe, Guanajuato, 3 de abril, y Pangburn, Acapulco, 7 de abril de 1911, SD 812.00/1300, 1361.

³⁹² Acta levantada, fechada entre el 6 y 18 de mayo de 1911, AARD 25/4, 6, 8, 9, 14, 17 y 18.

³⁹³ Gavira, *Actuación*, p. 42, proporciona una lista.

dalupe Ochoa sustituyó a las autoridades locales del municipio de Minatitlán; Manuel Paredes llevó la democracia a Sayula, y Pedro Carbajal lo hizo en Oluta.[394] Conforme a la opinión del cónsul francés en Veracruz, la presencia de los jefes revolucionarios que recorrían un pueblo tras otro nombrando nuevos funcionarios "por medio de elecciones instantáneas", sólo denotaba, al parecer, un estado de anarquía.[395]

Pero éstos no eran hechos aislados; lo mismo sucedía en el resto de los estados. El problema para el historiador es evaluar la magnitud e importancia reales de estos cambios y considerar en qué grado —tomados con otras manifestaciones de insurgencia popular— determinaron la descripción de la revolución maderista como una de mínimo cambio, como necesariamente lo hicieron.[396] En teoría, estos cambios parecen impresionantes y es difícil evaluarlos cuantitativamente: Salvador Escalante, comandante militar maderista en Michoacán, afirmó que hacia fines de mayo de 1911, 11 de los 16 distritos del estado estaban controlados por rebeldes y que se habían establecido nuevas autoridades en todos.[397] Es difícil imaginar que Michoacán hubiera experimentado cambios políticos mayores que el resto de los estados localizados al norte del Istmo, y la evidencia muestra que ya en estados como Chihuahua, Durango, Morelos, Puebla y posiblemente Veracruz, se habían experimentado cambios generalizados en el gobierno local.[398] Un cálculo conservador sugiere que por lo menos la mitad de los regímenes locales del México porfiriano (al norte del Istmo) sufrieron cambios.

El carácter de estas modificaciones es tema de otro análisis. A menudo se nombraron antiguos funcionarios que habían gozado de popularidad: Francisco Cantú sustituyó al odiado jefe político de San Juan Guadalupe (Dgo.); en Jiquilpan (Mich.) se solicitó el retorno de Francisco Villar, quien había sido un buen funcionario durante la década de 1900; en Tehuantepec (Oax.) un motín obligó al jefe político a renunciar y se nombró al hijo de uno de sus antecesores.[399] Estos casos ilustran no sólo la variabilidad de los funcionarios del Porfiriato, sino también la moderación de las demandas populares; la reforma "estructural" no fue más allá de la abolición (en algunos casos) de la jefatura.[400] El pueblo tenía poco tiempo para entregarse a utopías y buscó

[394] *Ibid.*, pp. 35-41; de Ochoa a Cosío Robelo, 31 de mayo de 1911, AARD 24/147; acta levantada el 1º de junio de 1911, AARD 24/183, 185.

[395] Chausson, Veracruz, 10 de junio de 1911, Méx., Pol. Int., N. S., II.

[396] *Cf.* Meyer, *La Révolution Mexicaine*, pp. 38-39; Huntington, *Political Order*, p. 306; Rutherford, *Mexican Society*, pp. 26-27.

[397] De Escalante a Robles Domínguez, 26 de mayo de 1911, AARD 16/25. De Contreras a Madero, 25 de mayo de 1911, AFM, r. 20, informó haber instalado nuevas autoridades que estaban "funcionando perfectamente" en Zamora, Jiquilpan y Los Reyes.

[398] Véanse pp. 227-230 y 278-279.

[399] De José Trinidad Cervantes a Madero, 4 de julio de 1911, legajo AG 898; *El Diario del Hogar*, 6 de octubre de 1910; petición de Jiquilpan a Gobernación, 26 de junio de 1911, legajo AG 898; Ramírez, *Oaxaca*, p. 24.

[400] Gavira, *Actuación*, p. 39.

gobiernos razonablemente decentes y honestos que se ciñeran a la Constitución. En aquellos sitios donde no se asignaron antiguos funcionarios (como ocurrió en muchos pueblos), los cargos se distribuyeron entre representantes de la oposición política de 1909-1910, hombres que generalmente contaban con cierto prestigio y educación, y quienes habían demostrado su oposición al régimen sin contribuir necesariamente a su derrocamiento militar. En Teocelo, el maestro de escuela, amigo de Vázquez Gómez, determinó la sucesión política; en Soconusco (Ver.), la familia Baruch, conocida por su postura opositora y su amistad con el magonista Hilario Salas, llegó al poder; en Jalacingo (Hgo.), el nuevo concejo municipal estaba integrado por antirreeleccionistas, entre los cuales estaban un abogado y un profesor.[401] En Mazapil, los prisioneros (políticos) fueron liberados e investidos de autoridad.[402] Así, los maderistas civiles (incluso algunos revolucionarios que fracasaron en 1910, como Abel Serratos)[403] recibieron su parte del legado político, y aunque en un principio esto no causó problema alguno ya que los propios rebeldes militares designaron a los maderistas civiles, la importancia que éstos cobraron en todos los niveles políticos —municipales, estatales y nacionales— provocó una división importante al interior de la débil coalición maderista.

Resulta también pertinente considerar cuán representativos fueron estos cambios; qué tanto reflejaron los anhelos populares, y si sustituyeron una élite local por otra. Como ya se sugirió, los recién designados no habían salido de las filas del populacho, y frecuentemente eran los "ciudadanos más honorables" o los "hombres importantes" con los que consultaban los revolucionarios —como hizo Trinidad Rojas en Chalco o Gertrudis Sánchez en Concepción—.[404] Las nuevas designaciones algunas veces tenían un rasgo distintivo de consanguinidad. En Soconusco, donde Eduardo Baruch sirvió como secretario del comandante maderista, dos de los cinco nuevos funcionarios eran de su familia. En Chapulhuacán, en la sierra de Hidalgo, Gumersindo Ángeles convocó a una reunión en los portales del palacio municipal en donde una veintena de personas lo eligió como alcalde. De los 26 signatarios del documento que autorizaba su nombramiento, seis pertenecían a la familia de Ángeles.[405] Incluso en estados revolucionarios como Puebla hubo sin duda una gran cantidad de comunidades (como San Juan Xiutetelco) que los rebeldes evitaron, habiendo recibido un mensaje de que las autoridades (de estas comunidades) eran aceptables y simpatizaban con los rebeldes y donde el *statu quo* persistió, ya proveniente de la aprobación popular, ya de la astucia

[401] De C. Patraca a Robles Domínguez, 5 de junio de 1911, AARD 10/27; León Medel y Alvarado, *Historia de San Andrés Tuxtla*, México, 1963, p. 31; de A. Landa a Robles Domínguez, 4 de julio de 1911, AARD 13/63.
[402] Salida de G. G. Sánchez en campaña, 12 de julio de 1911, legajo AG 898.
[403] De Serratos a Robles Domínguez, 4 de julio de 1911, AARD 13/63.
[404] De F. Mier a Robles Domínguez, 31 de mayo de 1911, AARD 15/42; Salida de G. G. Sánchez (n. 402).
[405] De C. Patraca a Robles Domínguez, 5 de junio de 1911, AARD 10/27; acta levantada, Chapulhuacán, 16 de mayo de 1911, y otros documentos, legajo AG 898.

oficial.[406] Pero estas condiciones no deben ser exageradas. Se aprecia un grado real de decisión de las comunidades en la medida en que respondían selectivamente a las elecciones de los rebeldes. Dentro de un mismo distrito (como en Chalco) algunos jueces auxiliares fueron despedidos, mientras que otros permanecieron; y dentro de los pueblos, algunos funcionarios se fueron, mientras que otros se quedaron.[407] Las nuevas políticas —si bien sobre la modesta escala permitida a las autoridades municipales— también señalan un nuevo rumbo. En Chalco, los maderistas electos rentaron un edificio nuevo para la escuela y ordenaron la limpieza total del rastro; en Atlacomulco, las autoridades (viejos funcionarios confirmados en el poder) aprovecharon la situación revolucionaria para romper su dependencia fiscal de El Oro, acción que tuvo aceptación popular en la localidad; además, hubo muchos otros casos de genuina innovación municipal.[408] Incluso donde una élite suplió a otra, no necesariamente los cambios fueron irrelevantes o el común de la gente permaneció indiferente: la elección de los Baruch en el Soconusco se llevó a cabo por una "gran multitud" y los documentos oficiales que la acompañaban llevaban una impresionante lista de firmas; en comunidades como San Juan Guadalupe, que languideció bajo el control de un déspota porfirista fuereño y su camarilla, no es ilógico suponer una comprensible identidad de intereses incluso entre los "hombres más importantes y la gente común".[409] Finalmente, el clima de la época dificultó el establecimiento de políticas claras. Pueblos como Atlacomulco recibieron dos visitas seguidas de fuerzas revolucionarias. Y —ciertamente hasta la conclusión del tratado de paz— la dirigencia nacional maderista alentó el reemplazo total de los funcionarios porfiristas.[410] De allí en adelante, los jefes revolucionarios recibieron la orden de apoyar a las autoridades recién instaladas, y algunos gobernadores estatales continuaron impulsando la renovación a lo largo del verano. El gobernador de Yucatán se jactó de que los jefes habían sido designados "por aclamación popular"; en San Luis Potosí, el gobernador maderista Cepeda envió comisiones a los pueblos "para que… me informen si está o no conforme el pueblo con sus autoridades a fin de poner el remedio inmediato".[411] Múgica, enviado como emisario de paz a Michoacán, tenía tales instrucciones del gobierno federal.

Sin embargo, esta política respondió tanto al deseo de paz como al anhelo de reformas y renovaciones locales. Los cambios y concesiones iniciales

---

[406] De M. Zamora a Robles Domínguez, 26 de mayo de 1911, AARD 25/59.

[407] De F. Mier a Robles Domínguez, 30 de mayo de 1911, AARD 15/40; de E. Aguirre a Gobernación, 22 de julio de 1911, legajo AG 898.

[408] De F. Mier (n. 407); del presidente municipal de Atlacomulco a Robles Domínguez, 1º de junio de 1914, AARD 15/74.

[409] F. Mier (n. 407); Trinidad Cervantes (n. 399).

[410] De Robles Domínguez a E. Ponce, 29 de mayo, a T. Rojas, 29 de mayo de 1911, AARD 15/36, 37.

[411] Del gobernador de Yucatán a Madero, 16 de junio de 1911, AFM, r. 20; de Cepeda a Madero, 30 de junio de 1911, AFM, r. 18.

tuvieron que hacerse, especialmente al firmar el tratado de paz; todos los esfuerzos del maderismo oficial se centraron, primero, en la estabilización y después en el cambio electoral pacífico —efectuado en las urnas y no por la aclamación popular en las plazas—. A fines de mayo, Cándido Navarro fue reprendido por cambiar al jefe político en León y recibió órdenes de "concretarse a sostener a las autoridades en las plazas hasta hoy ocupadas por nuestras fuerzas, respetando autoridades y gobierno anterior en las plazas que no hayan ocupado".[412] Así, el tratado, en las esferas municipal y estatal, congeló la situación política, posponiendo cambios mayores en tanto no se realizaran elecciones. Pero las comunidades "no liberadas" y que aún no disfrutaban de los cambios revolucionarios, de los desfiles y celebraciones, de la música y la bebida, no siempre estaban dispuestas a aceptar promesas. En junio, muchas comunidades solicitaron a los líderes rebeldes que las liberaran: Acámbaro (Gto.); Jilotepec (Méx.); San Juan Evangelista (Tab.).[413] Muchos pueblos tomaron la iniciativa: en Azcapotzalco, en los linderos de la capital, se formaron gavillas para deponer a un jefe odiado; la población de Orizaba que contaba con un vasto proletariado politizado realizó manifestaciones para forzar la renuncia del jefe político; más hacia el sur, un comandante maderista recibió órdenes de trasladarse a Acayucan para "evitar motines", ya que "la opinión pública cada día se excita más porque el deseado cambio [político] llegue".[414] Nuevamente cabe destacar la eficacia de los motines "políticos", que no siempre exigieron la intervención de las tropas revolucionarias. En Chimalhuacán (Méx.), mientras que el concejo porfirista se reunía en el ayuntamiento para discutir su renuncia, las turbas impacientes se agruparon en una manifestación hostil; 20 rurales fueron convocados para detener la presión, pero los representantes del antiguo régimen, temerosos de las consecuencias, presentaron su renuncia colectiva.[415] En las ocasiones en que sobrevenía el cambio y renunciaba o huía algún cacique, como en el caso de Antonio Núñez en Tuxpan (Ver.), los pueblos se entregaron a celebraciones jubilosas.[416]

Después de junio de 1911, a medida que las políticas gubernamentales de "retorno a la normalidad" empezaron a funcionar, incidentes como los mencionados se tornaron menos frecuentes. Esto, sin embargo, no fue un síntoma de satisfacción. Continuó el coro de quejas en contra de los caciques que sobrevivían. En Zumpango (Méx.), el antiguo jefe se aferró al poder e incluso encarceló al reducido destacamento maderista encargado de guarnecer al pueblo; en Jilotepec, la promesa de que "un hijo del Pueblo" sería el jefe, per-

---

[412] De Robles Domínguez a Navarro, 31 de mayo de 1911, AARD 21/13.
[413] De C. Guerrero a Robles Domínguez, 5 de junio; de B. Cadena al mismo, 6 de junio; vecinos de San Juan Evangelista al mismo, 19 de junio; AARD 11/89, 16/130 y 26/2.
[414] De Robles Domínguez a Gobernación, 2 de junio; de Tapia a Robles Domínguez, 4 de junio; de M. Caldelas al mismo, 7 de junio, AARD 7/23, 25/194 y 22/30.
[415] Acta levantada, 4 de junio de 1911, AARD 15/144, 145 y 147.
[416] De Miller, Tampico, 8 de junio de 1911, SD 812.00/2125.

manecía insatisfecha dos meses después.[417] Ahí donde la Revolución había sido breve y el cambio político menos completo, el viejo régimen continuó dominando: en Tampico, donde irritaba a los habitantes de la localidad, y en Monterrey y Ciudad Porfirio Díaz, donde se mantuvieron vivas las protestas por la representación porfirista en juzgados y oficinas de aduana, así como por la permanencia de los rurales.[418] Es más, hubo casos en que los porfiristas no sólo se mantuvieron sino que retornaron a sus cargos políticos. En Perote (Ver.), por ejemplo, continuaron en el poder los antiguos caciques; los partidarios del antiguo gobernador Dehesa se mantuvieron en cargos estatales y, gracias a su influencia, los conservadores pudieron "ganar" las elecciones locales a fines de 1911.[419] En párrafos posteriores se incluirán otros ejemplos de la revancha porfirista durante la presidencia liberal de Madero. En ocasiones, los conservadores que habían sido depuestos por la fuerza recuperaron (aun de manera más provocativa) su poder, como en el caso de Tehuantepec.[420]

Estas inconformidades locales, nutrientes esenciales de la guerra civil en 1910-1911, se mantuvieron vivas incluso después de que el tratado de paz diera fin formalmente a las hostilidades. Es posible afirmar, por lo tanto, que durante los meses siguientes la guerra continuó con otros medios, principalmente en el ámbito político. Madero pagó el precio de su precipitación por negociar con el antiguo régimen: heredó un país dividido por el conflicto político, desprovisto del consenso necesario para instrumentar la propuesta de su experimento liberal. Se había librado una revolución parcial que dio el poder —especialmente en los distritos revolucionarios y rurales— a nuevas autoridades, más abiertas a la opinión pública. El movimiento insurgente produjo una nueva generación de dirigentes populistas,[421] recién llegados que habían conducido al movimiento guerrillero maderista y que, por lo tanto, adquirieron cierto poder y prestigio. Pero ésta era sólo una revolución parcial; los antiguos caciques porfiristas sobrevivían o fraguaban su retorno. El sistema centralizado de Díaz, sustentado en la preeminencia del ejecutivo federal, en sus emisarios y favoritos en la provincia, estaba desarticulado; si bien es cierto que muchos de sus protagonistas permanecían aún en sus puestos, ahora estaban obligados a luchar con sus propios medios ya que no podían depender de la intervención del centro. Más allá del poder municipal, en el ámbito de la política estatal y nacional, el panorama también era confuso y dependía en gran medida de la forma de gobierno de De la Barra y de su supuesto sucesor, Ma-

[417] De Robles Domínguez a Gobernación, 5 de junio de 1911, AARD 15/110; petición de 200 vecinos de Jilotepec, a Gobernación, julio de 1911, AG 898.
[418] Miller, Tampico, 30 de junio; Hanna, Monterrey, 11 de agosto; Ellsworth, C. P. D., 18 de junio de 1911, SD 812.00/2200, 2346, 2159.
[419] De Aguilar a Robles Domínguez, 6 de junio de 1911, AARD 7/81; Gavira, pp. 47 y 52; de M. Guzmán a Madero, 23 de diciembre, y de J. Ceballos al mismo, 19 de diciembre de 1911, AG, CRCFM.
[420] De M. Gómez a Madero, 25 de noviembre de 1911, AG, CRCFM, Ramírez, *Oaxaca*, pp. 37-38.
[421] El término *populista* no se emplea teniendo en mente ninguna connotación teórica-esotérica; se refiere a líderes cuyo poder y autoridad surgieron del apoyo popular, generalmente de tipo local, rural, y cuyo origen era, con frecuencia, de estos mismos estratos sociales inferiores.

dero, así como de quienes sustentaran el poder en los estados, después de la derrota y huida de los oligarcas.

En este entorno de incertidumbre sólo algo era seguro: el clima de la política, y de la sociedad en general, habían cambiado.[422] Esto no se debía a que De la Barra, ni aun Madero, hubieran roto radicalmente con el Porfiriato. La gente había cobrado conciencia del progreso de la Revolución en sus diversos aspectos y esto afectó profundamente su visión y conducta. A pesar de ciertas afirmaciones frecuentes, la revolución maderista no fue un episodio ineficaz y de estrechez política pues, a pesar de las intenciones personales de Madero, es evidente que muchos participantes vieron más allá de las reformas políticas o las interpretaron desde una perspectiva potencialmente radical. El vigoroso contenido agrario quedó claro desde sus inicios; los rebeldes serranos intentaron derrocar el poder del Estado, y las fuerzas destructivas que envolvieron a pueblos y ciudades en levantamientos y motines, reflejaron las demandas de los sectores urbanos pobres. Aunque la Revolución pareció adoptar rasgos predominantemente "políticos" —como en el caso de los constantes cambios en el gobierno local—, éstos no pueden considerarse como "estrechamente políticos", ni como producto de una preocupación exclusiva de intelectuales y de políticos *bien pensant*.[423] Atrajo la atención y el entusiasmo de grupos más amplios; a "las masas", por usar un término vago pero pertinente. El sistema de Díaz —su paz, su política agraria, su sesgada prosperidad y crecimiento económico— dependió del mantenimiento de un poder autoritario y sin representatividad, en el que una pequeña y autorrecompensante oligarquía tomaba las decisiones medulares. No había lugar para la democracia municipal y las elecciones libres, y su instrumentación, aun parcial, era dinamita política que podía derrumbar al aparato entero. La genuina representación popular que, al parecer, se practicó en muchas comunidades en la primavera de 1911, llevó a un plano destacado a algunos populistas conflictivos tanto en los niveles locales y estatales como en el nacional. La llegada de políticos populistas a los ayuntamientos, palacios de gobierno e incluso al Palacio Nacional significaba un freno en la dinámica del desarrollo económico en la medida en que los campesinos exigieron tierras, en que las cosechas comerciales dieron paso al cultivo de maíz y frijol, en que los trabajadores presionaron en favor de un aumento de salarios en conformidad con los precios, y en que las haciendas perdieron la capacidad para forzar y mal pagar el trabajo y garantizarse precios altos y protección a sus tarifas. Es evi-

---

[422] "Es del conocimiento público que se ha dado un cambio notable en lo que se refiere a la libertad de expresión, que, como nunca antes, refleja que la gente es más audaz al expresar sus convicciones sobre asuntos públicos, y el temor al poderoso brazo del gobierno está disminuyendo", Letcher, Chihuahua, 24 de abril de 1911, SD 812.00/1577. Este tema seguirá siendo tratado.

[423] *Cf.*, por ejemplo, Rutherford, *Mexican Society*, pp. 189 y 236-237: "no fue, en ninguna de sus etapas, una revolución generalizada; sus participantes fueron muy pocos y, hasta el preciso momento del éxito, estuvo confinada a la frontera norte de México"; "no hubo levantamientos espontáneos de masas del pueblo mexicano... la Revolución... sólo obtuvo proporciones significativas de conflagración social hasta tres años después de haberse iniciado".

dente que era posible frenar o modificar estas tendencias según el momento pues, si bien fueron un resultado lógico del experimento democrático inicial, no constituían un resultado inevitable. Sin embargo, si el experimento continuaba, ¿cuál habría de ser la reacción de sus oponentes y, al parecer, sus víctimas?

Los temores de los privilegiados del viejo régimen eran reflejo de las esperanzas del pueblo. Para los campesinos de Morelos y para la *canaille* urbana del Bajío (así como para los hacendados y los funcionarios federales) las reformas democráticas representaban algo más que una maniobra liberal inocua y despojada de significado "social", y muchos de los maderistas respetables comenzaban a coincidir con esto. El orden político y social operaba de manera conjunta: la defensa del autogobierno municipal en San Juan Guadalupe, por ejemplo, era requisito necesario para la recuperación de las tierras ejidales de la comunidad vendidas por el concejo municipal en años anteriores; también era indispensable para la liberación de los aparceros encarcelados por la magistratura local cuando éstos se rehusaron a saldar las deudas adquiridas mientras trabajaban los campos del magistrado.[424] En ese contexto es posible afirmar la naturaleza de crisis social de la revolución de 1910-1911, una característica provocada por la rápida politización de las masas (especialmente las rurales) dentro de un Estado autoritario, o semiautoritario. Ejemplos que ilustran procesos similares son: Italia, 1918-1922; España, 1931-1936; Brasil, 1963-1964; Chile, 1970-1973.[425] De esta manera, el levantamiento maderista fue una revolución tanto por sus promesas como por sus logros. Las esperanzas del pueblo se manifestaron —y los temores de las clases altas se agudizaron— con la nueva equidad que parecía contagiarse a toda la sociedad. En La Laguna, la gente decente se vio obligada a caminar por el arroyo enlodado de Torreón; el abogado Herrera expuso nociones subversivas de soberanía popular a la turba de San Miguel. Los corridos populares cantaban a la nueva era que había dado comienzo a raíz de la caída de Díaz, y los conservadores deploraron el relajamiento no sólo de la autoridad política sino también de las costumbres sociales; los peones-soldados

[424] De J. Trinidad Cervantes a Madero, 4 de julio; y de M. Triana al gobernador Alonso y Patiño, 19 de junio de 1911, AG 898.

[425] Obviamente esta comparación está basada en una dimensión fundamental de la Revolución mexicana: el derrumbamiento del antiguo orden sociopolítico, originado por una alianza (difícil) entre los políticos progresistas y las masas, especialmente las rurales, y acompañada, por lo tanto, de una politización del campesinado; se pueden observar los mismos elementos en el colapso del orden liberal en la Italia posterior a la primera Guerra Mundial, en la turbulenta historia de la República española, y en la caída de los regímenes de Goulart y Allende. Pero, mientras que en estos casos las fuerzas fascistas, militares o fascistas-militares triunfaron sobre los políticos progresistas y el campesinado politizado, las fuerzas equivalentes en México (huertismo) fueron incapaces de aplastar a la revolución social, lo cual da indicios de la fuerza de esta última, particularmente cuando adoptó el carácter de "guerra campesina". Eric Wolf presenta, muy adecuadamente, el paralelismo de esta dimensión de la Revolución —débil o inexistente en los cuatro casos comparativos mencionados— con las "guerras campesinas" que culminaron en regímenes comunistas, tanto en Rusia como en China.

comenzaron a invadir las calles armados hasta los dientes, frecuentando no sólo las cantinas y burdeles sino invadiendo también las áreas reservadas a la burguesía: teatros, cines y los tranquilos parques citadinos.[426]

Muchos contemporáneos atestiguaron la nueva insolencia del pueblo. En Ometepec, "los indios cayeron en el gravísimo error de creer que el poder Maderista los apoyaba y protegía para ser libres, para dejar de pagar impuestos, para ser dueños absolutos de los terrenos".[427] Esto también se pudo ver en las comunidades de Jalisco, un estado que no se caracterizó por su espíritu revolucionario. En las minas de Los Reyes, el administrador declaró que "la gente del pueblo no sabe ni quiere saber nada con respecto al tratado de paz"; han tomado sus ideas de periódicos radicales como *El Cascabel de Guadalajara* apropiándose de lemas sobre "la esclavitud de los obreros".[428] En agosto, en Lagos de Moreno, una turba intentó obtener bebidas gratis en una cantina (o al menos ésos fueron los rumores); en la pelea subsecuente, un cliente fue herido por uno de los empleados de la cantina que fue a parar a la cárcel; entonces, un grupo de 200 hombres se dirigió a la prisión donde solicitó el apoyo del alguacil, pues "por ser nosotros maderistas los ayudásemos a matar a los ricos (pues parece que alguien les había inculcado ideas socialistas) porque éstos, según el decir de ellos, estaban matando a los pobres", en referencia, al parecer, al reciente zafarrancho. Las tropas acudieron a dispersar a la turba y provocaron "ligeras contusiones",[429] cuando ésta intentó desarmar a los soldados. Casos de altanería más ordenada —aunque no por ello menos inquietante— se presentaron en Teziutlán, principal población de la sierra de Puebla, donde los lugareños (obreros, artesanos y pequeños comerciantes) formaron un Comité de Seguridad Pública cuya función fue juzgar a los ricos, principalmente a los terratenientes españoles de la región.[430] Incluso en la tranquila Chiapas, la bebida y la demagogia fueron causa de inquietud una noche de verano, cuando, según un cantinero de Tonalá, 20 o 30 individuos en estado de ebriedad tocaron las campanas de la catedral y lanzaron vivas a Madero, provocando así el temor de un ataque a la prisión y un motín en la ciudad. El cantinero (al parecer, familiarizado con los rumores locales) explicó a Madero que "no falta gente perversa que intenta explotar la candorosidad de los hombres analfabetos diciéndoles que el triunfo glorioso obtenido por Usted marca el día de no pagar contribuciones y poder hacer cada quien libremente su gusto".[431]

[426] Rutherford, *Mexican Society*, pp. 140-141; Vera Estañol, *Revolución mexicana*, p. 212; y para una discusión más amplia, véase cap. IX.

[427] De María Aguirre a Juan Baños, 9 de junio, AARD 27/71.

[428] De A. Conde a Robles Domínguez, 10 de junio de 1911, AARD 6/159.

[429] De R. Rangel a Gobernación, 14 de agosto de 1911, AG 898. Azuela, originario de Lagos de Moreno, presenta una descripción vivida de un motín urbano, en su novela *Los caciques*.

[430] Lombardo Toledano en James W. Wilkie y Edna Monzón de Wilkie, *México visto en el siglo XX: entrevistas de historia oral*, México, 1969, p. 239. Posteriormente, el fenómeno se volvió bastante común.

[431] De T. Armendáriz a Madero, 16 de junio de 1911, AFM, r. 20.

LA REVOLUCIÓN MADERISTA

Como se ha señalado, estas descripciones suministradas por gente educada y pudiente bien pueden pecar de exageración; las ideas y objetivos populares por lo general permanecieron moderados, sólo en raras ocasiones se mostraron radicales. Pero resulta importante el hecho de haber sido considerados como extremos y peligrosos (bien por sus implicaciones presentes o futuras). Los testimonios en torno a la inquietud del pueblo revelan tanto la actitud de los escritores acomodados como la del pueblo mismo. La ansiedad condujo a la acción. Algunos ciudadanos atemorizados se dirigieron a Madero; otros apelaron a los conservadores de mano dura (virtuales salvadores de la nación o jinetes locales como Soto y García en Guanajuato); otros más intentaron neutralizar las ideas corrosivas de equidad y lucha de clases con propaganda adversa. Después de los motines en San Miguel de Allende, por ejemplo, los ciudadanos prominentes organizaron una reunión pública en el teatro; Domingo Hernández (admirador de Madero) leyó un discurso que es muestra clara del liberalismo moderado y apaciguador. Sus palabras estaban dirigidas a los artesanos desempleados que habían alborotado el pueblo un mes antes. Don Domingo reconoció de inmediato la necesidad de mejorar la situación de las "clases proletarias" y de revivir las "pequeñas industrias" que algún día florecieran en San Miguel. Tomando a Suiza como modelo, exaltó los beneficios del ahorro, la tecnología, la inversión, el trabajo y la educación; solicitó el establecimiento de escuelas nocturnas gratuitas para trabajadores y la organización de conferencias donde se intercambiaran ideas útiles; asimismo, subrayó la necesidad de contar con políticos honestos que no fueran demasiado laxos al tolerar, por ejemplo, el alcoholismo. De la misma manera, señaló que no era deseable un sistema rígido que llenara la cárcel del pueblo. Pidió que estos políticos dedicaran sus esfuerzos al desarrollo del pueblo y "estrechen las relaciones entre capitalistas y trabajadores". Don Domingo perseguía un sueño: anhelaba "el día en que cada hijo del pueblo posea su pequeño capital, su modesto taller, su parcela de tierra que cultivar, adquiridos a costa de ahorro y trabajo constante, todos seremos hombres pacíficos y nadie querrá revolucionar". Pero, al mismo tiempo, lanzó palabras de advertencia y exhortó a su público a otorgar un voto de confianza a los nuevos gobernantes de México: "si tu situación ha sufrido un cambio radical desde el punto de vista político, no esperes que la situación económica y social mejore tan bruscamente, pues eso no puede obtenerse por medio de leyes y derechos, sino por el esfuerzo constante y laborioso de todos los elementos sociales".[432] Este discurso bien pudo estar escrito por Madero o por cualquiera de los maderistas civiles, hombres honestos y respetables que apoyaron la causa de la oposición en 1909-1910 y que, aunque simpatizaron con la lucha armada, no se unieron a las filas pues repudiaban la violencia y la desestabilización social que la lucha generaba; estos hombres intentaban convertirse

[432] Adjunta a la petición de los vecinos de San Miguel se halla una copia del discurso, en AG 898; obsérvese el estrecho paralelo con el manifiesto de Madero de junio de 1911, en Fabela, DHRM, RRM, I, pp. 422-425.

en depositarios del legado político del movimiento para así darse a la tarea de construir un México estable, liberal, trabajador, próspero y sobrio: un México a la imagen y semejanza de Suiza.

Pero, ¿acaso podían transmitir este ideal? Al término del discurso de don Domingo, un trabajador planteó varias preguntas: ¿qué es la ley?; ¿qué es la sociedad?; ¿qué es la democracia?; ¿cuáles son nuestros derechos y obligaciones? El cuestionamiento honesto de Facundo González provocó un nutrido aplauso y, por insistencia del presidente de la reunión, su nombre apareció publicado junto al del señor Hernández en el folleto oficial. Sin embargo, el documento en cuestión no registra que González haya obtenido alguna respuesta. A pesar de sus esfuerzos, los liberales maderistas no pudieron convencer con sus ideas elevadas y abstractas a los artesanos oprimidos, al lumpenproletariado urbano, a los campesinos despojados, a los aparceros que sufrían explotación, a los bandidos y vaqueros de las sierras, a los peones endeudados que sufrían la humillación, a los deportados al trópico; las demandas y metas de estos hombres eran más concretas, inmediatas y urgentes, su visión del mundo a menudo era contraria a los principios liberales del ahorro, la propiedad, el trabajo y la sobriedad. Asimismo, los maderistas no pudieron convencer a los hacendados, a los oficiales del ejército, a los políticos, jefes y burócratas del antiguo régimen, quienes consideraban que este reformismo no era sino un lamento sentimental y subversivo.[433] Al dirigirse a las congregaciones escépticas, los liberales no pudieron evitar el fracaso; la historia del régimen de Madero es la historia de ese fracaso.

---

[433] Sin embargo, no se debe pasar por alto que, si bien los reformistas liberales y los partidarios del antiguo régimen estaban en desacuerdo con las soluciones *políticas*, generalmente compartían el compromiso para el logro de la estabilidad y el desarrollo *económicos;* por lo tanto, habría habido un amplio acuerdo entre los dos sectores sobre la necesidad de disciplinar, moralizar y poner a trabajar a los mexicanos. En este sentido, el progresismo maderista de don Domingo, no estaba tan distante de los pensamientos y prácticas de los "científicos".

V. EL RÉGIMEN DE MADERO
Continúa la Revolución

El acuerdo nacional

A fines de mayo de 1911 Porfirio Díaz se embarcó en Veracruz; hasta el último momento afirmó que sólo había una manera de gobernar a México: la suya. Porfiristas prominentes —como Limantour y Landa y Escandón— pronto siguieron el curso del exilio, y Madero quedó satisfecho de saber que "efectivamente el partido científico... ya no existe". El gabinete de tecnócratas, capaz aunque impopular, en última instancia dependiente de su antiguo protector político, no tenía cabida en el nuevo régimen y con toda seguridad su sacrificio permitiría la vida política de otros menos conspicuos y notorios. Como se mostrará en breve, numerosos oligarcas porfiristas sobrevivieron y es posible que Madero estuviera enterado de que, al mismo tiempo que Limantour abandonaba el país, Luis Terrazas retornaba de Long Beach rumbo a sus propiedades en Chihuahua, dando así un voto de confianza a la presidencia de De la Barra.[1] Al día siguiente de la partida de Díaz, Madero inició su marcha triunfal hacia el sur, deteniéndose en el camino para recibir noticias, enviar mensajes, encontrarse con los dirigentes revolucionarios locales y asistir a celebraciones en su honor (el gasto de varios cientos de pesos hecho por los distintos pueblos, representaba una buena inversión política; a pesar de que el jefe político de Tulancingo se apropió de los fondos reunidos para dicha fiesta).[2] La marcha culminó con la entrada triunfal en la capital, misma que coincidió con un terremoto: este "misterioso portento" preocupó a los supersticiosos y gratificó a los enemigos de Madero (sus seguidores lo interpretaron como "señal del favor divino"); esto no frenó a la muchedumbre (un cálculo la estimó en 200 000 personas) que dio la bienvenida a Madero, quien viajaba "en un coche lujoso, con todo y lacayos de librea y peluca". Noventa iglesias hicieron sonar sus campanas para acompañar la bienvenida.[3] Se trataba de una recepción, según los comentarios mordaces de un periódico opositor, como las que generalmente se reservaban al "célebre torero Rodolfo Gaona"; no obstante, la celebración resultó impresionante y logró, por ejem-

---

[1] Alfonso Taracena, *La verdadera Revolución mexicana, primera etapa*, México, 1960, pp. 401-403; de Madero a F. González Garza, 30 de junio de 1911; Fabela, DHRM, RRM, I, p. 443; Fuentes Mares, *Y México se refugió*, p. 248.

[2] Ross, *Madero*, pp. 174-175; Sánchez Azcona, *Apuntes*, pp. 285-286, de Madero a Rosales, 22 de marzo de 1912; Fabela, DHRM, RRM, III, p. 222.

[3] Vicente T. Mendoza, *El corrido de la Revolución mexicana*, México, 1956, p. 45; Rutherford, pp. 28 y 142.

plo, que un capitalino de 10 años cobrara conciencia por primera vez de los acontecimientos que conmocionaban al panorama político del país.[4]

Aunque formalmente De la Barra era presidente, Madero resultaba el hombre más importante del momento. El júbilo de la muchedumbre en las calles era genuino y su entusiasmo auténtico a diferencia de otras expresiones similares durante el Porfiriato (y, años después, aun en el régimen revolucionario); el pueblo se regocijó con la caída de Díaz y quiso presenciar la entrada del triunfador, aunque la escena causó decepción: no era la figura victoriosa de un caudillo sino la de un hombre diminuto con bombín al frente de la marcha.[5] No obstante, esto no detuvo a los suplicantes políticos, por el contrario, los alentó. Un testigo francés señaló: "En este momento, Madero reina: su casa está constantemente asediada por ciudadanos más o menos insistentes"; el gentío impidió que incluso algunos tenientes revolucionarios maderistas tuvieran acceso a su jefe.[6] Asimismo, la búsqueda apremiante de favores se evidenció en planos inferiores: Abraham González, ahora gobernador de Chihuahua, se encontró con una "multitud" que competía para ganar su atención; en Chalco, Estado de México, Trinidad Rojas se vio rodeado por "un sinnúmero de personas sedientas de justicia"; el administrador de una hacienda en Veracruz felicitó a Robles Domínguez, con la esperanza de que "en adelante todo el camino de su vida esté cubierto de rosas y que no olvide a sus antiguos y buenos amigos".[7] Los resentimientos y ambiciones contenidas durante el Porfiriato, emergieron en ese momento con la fuerza de un torrente.

Mientras tanto, en todos los niveles, pero de manera más obvia en la cima, México se enfrentó a un doble poder, herencia del tratado de paz. Esta situación, a su vez, se reflejó en los nombramientos y decisiones políticas. Aunque De la Barra ejerció el poder formal (nada despreciable, por cierto), Madero, como vencedor revolucionario y al parecer futuro presidente, gozó de inmensa influencia extraoficial.[8] El gabinete era híbrido, incluía a dos ministros (además del propio De la Barra) identificados con el antiguo régimen; a dos parientes de Madero (maderistas de membrete y no de convicción probada) y a tres antirreeleccionistas, como Emilio Vázquez Gómez, al frente del ministerio de Gobernación. Aunque algunas de las caras eran nuevas, el conservadurismo aún prevalecía. Más aún, los tres "revolucionarios" merecían esta categoría por su historial como opositores políticos y no por su intervención

---

[4] Ross, *Madero*, p. 176; Ramón Beteta en Wilkie, *México visto*, p. 25. A partir de este momento, el término "oposición" (como en "periódico de oposición") denotará la opinión antimaderista, a menudo porfirista.

[5] Rutherford, *Mexican Society*, pp. 142-143.

[6] Barón de Vaux, Ciudad de México, 13 de junio de 1911, AAE, Méx., Pol. Int., N. S., II, n. 55; Wilson, Ciudad de México, 13 de junio de 1913, SD 812.00/2142.

[7] De Pedro Sandoval a E. Vázquez Gómez, 26 de julio de 1911, AG 898; de F. Mier y J. Cacho a A. Robles Domínguez, 31 de mayo, 4 de junio, AARD 15/42 y 25/191; véase también, Aguirre Benavides, *De Francisco I. Madero*, pp. 32-33.

[8] Aunque Madero tenía cierta reticencia en admitir esto; véase de Madero a F. González Garza, 30 de junio de 1911; Fabela, DHRM, RRM, I, p. 445.

directa en la lucha; era incluso cuestionable la solidez de esta oposición como en el caso de Vázquez Gómez, quien se mostró dudoso en 1910 y muy dispuesto a negociar al año siguiente.[9] Si bien la composición del gabinete de De la Barra tenía satisfecho a Madero, causó desconcierto entre sus seguidores, aun entre los moderados. Derrocar a Díaz y retener la oligarquía del Porfiriato, advirtió Robles Domínguez (lejos de ser radical), significaba "una revolución a medias" que invitaba a una segunda revuelta.[10] Los maderistas de Guadalajara también mostraron su descontento ante la presencia de "científicos" en el nuevo régimen, e igual actitud se reflejó en el periódico de oposición *El Diario del Hogar*.[11] Más significativas aún fueron las protestas emanadas de las fuerzas revolucionarias en la provincia. Un "coronel" rebelde denunció la sobrevivencia de funcionarios porfiristas en el Distrito Federal; Enrique Adame Macías, campesino y prominente líder durangueño, lamentó la sobrevivencia política de figuras porfiristas como Vera Estañol; mientras, una junta de jefes maderistas —integrada, entre otros, por Almazán, Cándido Navarro y Gabriel Hernández— declaró que usaría "todos los medios a su alcance" para fortalecer el cumplimiento del Plan de San Luis y expulsar a los elementos científicos del gobierno.[12] Madero criticó la interferencia política de sus generales y en una reunión con ellos en Tehuacán, su actitud alentó la idea de un levantamiento.

Vinculado a la cuestión polémica de los nombramientos en el gabinete, estaba otro aspecto no menos controvertido: la vicepresidencia, manzana de la discordia política desde su creación en 1904. En 1910, Francisco Vázquez Gómez, en mancuerna con Madero, se había postulado como vicepresidente. Pero ahora las relaciones entre Madero y los hermanos Vázquez Gómez —que jamás habían sido cordiales— se deterioraron. Los historiadores de la Revolución —quizá demasiado preocupados por encontrar explicaciones de origen ideológico— han descrito a los hermanos como guardianes de la conciencia revolucionaria. A pesar de su reconocido oportunismo y coqueteo con el régimen de Díaz, aparecen definidos como "opositores por convicción", como personificaciones de la "esencia del radicalismo".[13] Es indudable que salieron en defensa de los militares maderistas desafectos, pero su política muestra una cierta incoherencia resultado del oportunismo, ya que Emilio,

[9] De J. B. Body a Cowdray, 18 y 27 de mayo de 1911; documentos de Cowdray, caja A3; Gavira, *Actuación*, p. 24; Ross, *Madero*, p. 120.

[10] Fabela, DHRM, RRM, I, p. 416; de Robles Domínguez a Madero, octubre de 1911, AARD 36/1; de F. Cosío Robelo a Madero, 20 de octubre de 1911; Fabela, DHRM, RRM, II, pp. 184-189.

[11] De Estrada a Madero, 26 de junio de 1911, AFM, r. 20; *El Diario del Hogar*, 23 de julio de 1911; de Madero a De la Barra, 13 de julio de 1911, carpeta ALB, 3, admite otro tanto.

[12] De F. Cosío Robelo a Madero, 20 de octubre de 1911; Fabela, DHRM, RRM, I, p. 188; de Macías a Madero, 6 de julio de 1911, AFM, r. 20; María y Campos, *Múgica*, pp. 46-47; "Acuerdo de los principales jefes", julio de 1911, en Fabela, DHRM, RRM, I, pp. 428-429; Cumberland, *Genesis*, pp. 159-160.

[13] Ross, *Madero*, p. 203; *cf.* Cumberland, *Genesis*, p. 153, n. 4: "la sinceridad de sus ideales revolucionarios puede ser seriamente cuestionada, pero parece haber pocas dudas con respecto a su ambición"; el punto de vista de Cumberland es más convincente.

en su calidad de ministro de Gobernación, se había precipitado en la desmovilización de las tropas. Es posible que poco después, a raíz de la disputa con el presidente De la Barra, aumentara la ambición de los hermanos, quienes se opusieron a la desmovilización y defendieron a los militares con la intención de ganarse su apoyo, lo cual lograron. Así, cuando De la Barra pretendió destituir a su disidente ministro del Interior —con el apoyo de Madero— la junta integrada por Almazán, Hernández y Navarro protestó, aunque en vano. Navarro condujo a 200 hombres a la residencia del presidente en Chapultepec, donde De la Barra les informó que la destitución se había llevado a cabo; posteriormente, cuatro generales maderistas (incluyendo a Navarro) fueron encarcelados por amenazar con un brote de violencia.[14]

El conflicto entre Madero y los Vázquez Gómez aumentó con la decisión del primero de liquidar el antiguo Partido Antirreeleccionista en favor del nuevo Partido Constitucional Progresista; un cambio más nominal que de sustancia, recibido, sin embargo, con suspicacia por los hermanos que continuaron aferrados al antiguo Centro Antirreeleccionista y buscaron convertirlo en vehículo para las ambiciones vicepresidenciales de Francisco Vázquez Gómez.[15] Cuando los 1 500 delegados del PCP se reunieron a fines de agosto en la Ciudad de México, para formular un programa y apoyar la candidatura presidencial de Madero, este último propuso para vicepresidente a José María Pino Suárez, periodista yucateco de 40 años y activista político. La convención del PCP fue el primer paso importante hacia la democracia liberal que Madero había imaginado desde los primeros días de su actividad política en Coahuila; el partido debería operar con base en ramas locales, elecciones primarias y una convención nacional representativa. Pero en el verano de 1911, a medida que los simpatizantes maderistas se entregaron a crear la estructura del partido, el sello de triunfo revolucionario que llevaba el PCP lo hizo tomar un carácter de partido semioficial, cuyo éxito estaba garantizado y que, por lo tanto, atrajo lo mismo a idealistas que arribistas. No obstante, era un paso importante que rebasaba a los grupos políticos elitistas que habían apoyado las numerosas reelecciones de Díaz en el pasado. Los maderistas en Michoacán y en la sierra de Durango se dieron a la tarea de organización y difusión; por otro lado, en las montañas de Oaxaca trabajaron noches enteras, ya que durante el día los campesinos estaban ocupados en sus labores.[16] En teoría, la organización fue impresionante, si bien el entusiasmo de los maderistas los llevó a tomarse libertades con las cifras: un individuo en la sierra de Ixtlán afirmó haber establecido 20 clubes del PCP en los pueblos de la montaña; se decía que Tlaxcala contaba con 72 ramas del partido; y un recuento

[14] De Vázquez Gómez a Robles Domínguez, 8 de junio de 1911, AARD 7/84; Ross, *Madero*, pp. 203-206; Fabela, DHRM, RRM, II, pp. 15-16 y 35; Casasola, *Historia gráfica*, I, p. 354.

[15] Ross, *Madero*, pp. 206-209; Cumberland, *Genesis*, pp. 162-163. Nadie se atrevía a discutir la presidencia de Madero; lo que en 1909-1910 se hallaba en disputa era la vicepresidencia.

[16] De J. F. Villar a Robles Domínguez, 13 de agosto de 1911, AARD 9/113; de F. Martínez Olmaraz a Gobernación, AG 898.

más detallado en Puebla, reveló que existían 12 centros bien establecidos donde se reunían un total de 1 500 miembros —ahí, como en Guadalajara y Orizaba, un elevado número de trabajadores se afiliaron al maderismo—.[17] La clase trabajadora urbana, que no se había distinguido por su participación en la lucha armada, estaba tan alerta a las posibilidades de movilización política como lo había estado entre 1908 y 1910.

En contraste, los pueblos y las ciudades que destacaron en la lucha armada perdieron importancia frente a las entidades que adquirieron prominencia en el frente político durante 1911. El profesor Pedro Ruiz tuvo que inaugurar un club maderista en Aviño, pueblo minero de Durango, aunque en febrero la localidad había contribuido con un centenar de hombres para la Revolución.[18] Este divorcio entre la protesta militar y civil (o entre revolucionarios y reformistas) se observó también en niveles más elevados. Conforme al patrón de 1909-1910, los estados nororientales de Coahuila y Nuevo León contribuyeron con numerosos afiliados al PCP a pesar de su antipatía por la Revolución; el maderismo se extendió hacia el sur del Istmo (en Chiapas y Yucatán, tierra de Pino Suárez) hasta alcanzar áreas donde el efecto de la rebelión había sido tangencial.[19] Pocos cabecillas figuraron entre los delegados del PCP que se reunieron en la Ciudad de México; quienes hicieron la Revolución y los organizadores de los partidos democráticos, pertenecían a clases distintas. La convención apoyó de manera unánime la candidatura presidencial de Madero y acordó un programa liberal muy similar al de 1910: sufragio efectivo, libertad de expresión, reforma educativa, apoyo al capital extranjero (sin el "establecimiento de monopolios"), fomento al pequeño agricultor y "... reparto de los grandes latifundios, respetando siempre el sagrado derecho de la propiedad".[20] Aunque los términos eran amistosos, sin duda la tormenta estalló cuando una minoría de seguidores de los Vázquez Gómez buscó impedir la candidatura de Pino Suárez a la vicepresidencia. Aunque el intento fracasó, puso en evidencia la fragilidad de la coalición maderista. No sólo tenía peso el nombre de Vázquez Gómez (la oposición de Emilio a Díaz, aunque esporádica, se remontaba a 1892; la familia tenía importantes contactos en las ciudades de México y San Luis Potosí, y su "radicalización" reciente les había brindado apoyo entre las filas del ejército maderista), sino que además Pino Suárez era relativamente desconocido (en Chiapas, un maderista afirmó en un telegrama: "susúrrase cambio de fórmula Madero-Vázquez Gómez. Desorientación completa. Hay descontento... todos se preguntan ¿quién es Pino Suárez?"), y la forma en que había sido postulado guardaba

[17] De Saucedo a Sánchez Azcona, 7 de agosto de 1911; lista de los clubes de Tlaxcala; de E. Arenas a G. Madero, 24 de agosto de 1911; anónimo, Guadalajara, 26 de agosto, y de J. A. Ruiz a Sánchez Azcona, 23 de agosto de 1911; todos en AFM, r. 20; Martínez Olmaraz, n. 16, anterior.

[18] De S. Ramírez a Madero, 21 de septiembre de 1911, AFM, r. 19.

[19] De M. Vidal a G. Madero, 15 de agosto de 1911; de un corresponsal anónimo de *Nueva Era* a Sánchez Azcona, 25 de agosto de 1911, AFM, r. 20, 19.

[20] Fabela, DHRM, RRM, II, pp. 130-131.

semejanzas con las prácticas del Porfiriato.²¹ Vázquez Gómez recordó la elección de Díaz en favor del impopular Corral y se quejó de esta nueva "imposición"; un asesor advirtió a Pino Suárez que —por ignorantes que fueran— "en las masas se había infiltrado el veneno de [que] los procedimientos usados ahora por el sr. Francisco Madero son idénticos a los del General Díaz".²² Aunque Madero intentó aplacar la crítica, el daño estaba hecho; los opositores utilizaron la "imposición" de Pino Suárez como evidencia de la conducta autocrática y neoporfirista de Madero y, entre las causas de las revueltas armadas a las que pronto se tuvo que enfrentar, estaba la caída de los Vázquez Gómez.²³

La proximidad de las elecciones presidenciales propició las ambiciones políticas de otros. Bernardo Reyes, ausente del escenario político durante casi dos años, retornó a México (con la autorización de Madero). Durante un breve periodo, los dos protagonistas de la oposición a Díaz parecieron trabajar en concierto; Reyes acordó apoyar la candidatura de Madero para la presidencia y a cambio recibiría el Ministerio de Guerra; ésta fue otra transacción que perturbó a los maderistas más intransigentes.²⁴ Sin embargo, la consistencia no era una característica de Reyes y, una vez asegurado el apoyo, el general se retractó y declaró que, después de todo, se postularía para la presidencia. Defensor de la democracia liberal, Madero difícilmente podía rehusarse.²⁵ Es indudable que en el verano de 1911 Reyes se benefició de la pérdida de popularidad de Madero. Este proceso era inevitable: las esperanzas, incluso la euforia, de mayo y junio de 1911 empezaron a desvanecerse después del tratado de paz, de las maniobras de desmovilización militar y de los arreglos políticos. Los errores y la idiosincrasia de Madero, sólo ejercieron un efecto secundario. ¿Pero cómo y por qué sería Reyes el beneficiado? Cabe subrayar que el movimiento reyista de 1909 fue distinto al de 1911. El primero había movilizado a la clase media urbana, para formar un partido progresista de protesta en contra de Díaz; el segundo atrajo a viejos funcionarios y conservadores acomodados del Porfiriato. También logró el apoyo de la clase media, pero de una clase media preocupada que, lejos de reivindicar sus derechos políticos ante una dictadura, intentaba ahora recrear otra dictadura o, al menos, un régimen comparable, cuya firmeza pudiera restablecer el orden y poner fin a la violencia, la demagogia y la incertidumbre. De manera que los nombres de los clubes reyistas —al estilo de Vichy— resultan ilustrativos: "Patria", "Orden" y "Trabajo". Reyes hizo un llamado a la nación para

---

²¹ Cosío Villegas, *Vida política*, p. 629; Bonney, San Luis, 18 de noviembre de 1912, SD 812.00/5575; de T. Martínez Plata a F. Pastor Artigas, 30 de agosto de 1911, AARD 8/143.

²² De Robles Domínguez a Pino Suárez, octubre de 1911, AARD 36/5.

²³ Más claramente expresado en el abortado Plan de Tacubaya, 31 de octubre de 1911: Fabela, DHRM, RRM, II, pp. 210-215; pero también en las revueltas provincianas en, por ejemplo, Oaxaca y Guanajuato; Ramírez, *Oaxaca*, p. 40; Glenn, Guanajuato, 18 de agosto de 1912, SD 812.00/ 4713; el caso de Chihuahua se discute en detalle más adelante.

²⁴ Valadés, *Imaginación*, II, p. 199; Ross, *Madero*, pp. 211-212.

²⁵ Cumberland, *Genesis*, pp. 165-166.

seguir esos cauces, destacando que "las realidades hirientes y tras ellas las amenazas demagógicas, han hecho que se levanten votos fervientes por el restablecimiento de la paz y por el aseguramiento de las garantías individuales..."; con estas bases se postuló para la presidencia.[26]

Los rumores sobre el regreso de Reyes y su apariencia de ser el hombre fuerte necesario, precedieron incluso a la caída de Díaz; en la turbulenta Sinaloa (marzo de 1911), se reconoció que "su retorno significa la restauración del orden en poco tiempo... muchas bandas guerrilleras se dispersarán y regresarán a casa, otras serán aplastadas con facilidad"; es evidente que el historial de acciones punitivas de Reyes no estaba olvidado.[27] Pronto el sentimiento se unió a la acción. En mayo —aún antes de la firma del tratado— los clubes reyistas se establecieron en Guadalajara, una de las ciudades clave en 1909.[28] En junio, cuando Reyes emprendió su viaje de retorno desde La Habana, Tampico (escenario de problemas recientes) presenció "un incremento diario en el número de partidarios de Reyes", especialmente entre la clase media.[29] Un sondeo político realizado por los cónsules norteamericanos en el mes de agosto de 1911, muestra el segundo "auge de Reyes"; en la mayoría de los estados y ciudades, los reyistas conformaban la segunda fuerza política después de los maderistas; en Veracruz, Aguascalientes y Mazatlán, la proporción era de 60:25, conforme al cálculo hecho por el cónsul; en Oaxaca, 65:25; en San Luis Potosí 75:25; en Topia 75:25. Si bien el reyismo era débil o inexistente en Hermosillo, Ciudad Juárez y Chihuahua, en ciudades conservadoras como Guadalajara o Durango cobró mayor popularidad que el maderismo, de la misma manera que en ciudades como Torreón y Tampico, que habían padecido revueltas recientes, prevalecía la exigencia de un "gobierno fuerte". Al menos una cuarta parte, y en algunos casos más de la mitad, de la llamada "nación política" (ya que estos cálculos no abarcan a las masas), apoyaba a Reyes. Esto se debía a que éste —a diferencia de Madero— era visto como el guardián de la paz y la propiedad. Muchos lo consideraban "el único hombre con fuerza suficiente para restaurar el orden" (Tamp.); otros opinaban que "la gente no confía en la capacidad de Madero para controlar la situación"; en Acapulco, la "mejor clase" pensaba que Madero era "débil" y veía en Reyes al hombre que podría "pacificar al país"; los "elementos estables" de Mazatlán esperaban que Reyes "creara una dictadura benevolente conforme a los lineamientos de la de Díaz".[30] Intereses extranjeros,

---

[26] Del delegado de Saltillo, nombre ilegible, a Sánchez Azcona, 15 de septiembre de 1911, AFM, r. 20; Casasola, *Historia gráfica*, I, p. 370; Manifiesto de Reyes, 4 de agosto de 1911; Fabela, DHRM, RRM, II, pp. 29-32; Ross, *Madero*, p. 213, asegura que "la candidatura de Reyes... atrajo poco apoyo", lo cual es insostenible.

[27] Alger, Mazatlán, 29 de marzo de 1911, SD 812.00/1195.

[28] Shanklin, Ciudad de México, 17 de mayo de 1911, SD 812.00/1950.

[29] Miller, Tampico, 5 de junio, 20 de julio de 1911, SD 812.00/2110, 2238: "las clases inferiores —añadió él— son maderistas".

[30] Respuestas consulares recopiladas bajo SD 812.00/2346.

como los de *lord* Cowdray, sostenían que el régimen de Reyes daría "una sensación mayor de seguridad que el de Madero".[31]

Así, a pocas semanas de la caída de Díaz, se fabricó un nuevo mito: México sólo podría ser gobernado por un nuevo Díaz y bajo un sistema neoporfirista. Éste se convirtió en postulado básico de los grupos conservadores (terratenientes, clase media propietaria, ejército, jerarcas eclesiásticos y empresarios extranjeros), y encontró aplicación práctica en el régimen de Huerta (1913-1914), que finalmente lo reveló como el mito que en verdad era. Su rápida factura ilustra que la revolución maderista había sido una experiencia traumática para muchos de estos grupos, y cabe destacar que ahora se encontraban entre éstos numerosos opositores de clase media (reyistas y maderistas) quienes, conmocionados por la experiencia, prefirieron defender intereses materiales antes que principios liberales y optar por un régimen autoritario estable en detrimento de la democracia experimental. El hecho de que Reyes, caudillo de la oposición civil de 1909, apareciera ahora como el influyente y poderoso militar capaz de desafiar al régimen, sólo facilitó la transición. Por esta razón, el general pudo contar con numerosos seguidores del pasado a los que se sumaron miembros preocupados de la clase media, maderistas de rangos inferiores, francmasones, oficiales del ejército (entre los que se encontraban generales como Huerta y Velasco) y políticos resentidos que consideraban injusto el pobre reconocimiento de su participación en la Revolución.[32] El carácter conservador del reyismo se fortaleció con el reclutamiento de porfiristas que, ante la exclusión política e impedidos de abordar el carro maderista, vieron en Reyes el vehículo para su retorno al poder. En San Luis Potosí, "la mayoría de los simpatizantes de Díaz son ahora seguidores de Reyes"; en Campeche, "Reyes es un factor importante entre los antiguos funcionarios del Porfiriato"; oligarcas del pasado, como Torres el ex gobernador de Sonora, coqueteaban con el reyismo.[33] Tenían el dinero y los contactos políticos. En Tabasco se inició una vigorosa campaña reyista encabezada por "antiguos partidarios de Díaz", quienes "inundaron el estado con carteles y panfletos".[34] La campaña tomó un giro violento en Tapachula (Chis.), donde los reyistas alquilaron una marimba y se pasearon por las calles lanzando "vivas" al general Reyes y bebiendo hasta el amanecer; al día siguiente, aún bajo los efectos del alcohol, atacaron la Casa Municipal durante la toma de posesión de un alcalde maderista; al ser rechazados, perdieron a cinco hombres y los sobre-

[31] De Body a Cowdray, 3 de junio de 1911, documentos de Cowdray, caja A3.

[32] Miller, Tampico, 15 de agosto de 1911, SD 812.00/2346; de Maytorena a Madero, 5 de octubre de 1911; sobre las propuestas reyistas, AFM, r. 19; véase también, Meyer, *Huerta*, pp. 26-28 y 30. En Tapachula, la banda militar del 14º Batallón tocó en las funciones reyistas; del corresponsal de *Nueva Era* a Sánchez Azcona, 25 de mayo de 1911, AFM, r. 19; de E. de los Ríos a Madero, 10 de julio de 1911, AFM, r. 20, acerca de la "oposición" reyista en Zacatecas.

[33] Bonney, San Luis, 5 de agosto; Boyd, Ciudad del Carmen, 5 de septiembre; Dye, Nogales, 15 de agosto de 1911, SD 812.00/2346; 2402; 2307.

[34] Lespinasse, Frontera, agosto de 1911, SD 812.00/2346.

vivientes huyeron hacia Guatemala.[35] Reyistas y maderistas también se enfrentaron en las calles de la Ciudad de México, donde el propio Reyes fue apedreado cuando intentó calmar los ánimos y 40 participantes resultaron heridos; en Guanajuato, los reyistas fueron atacados por sus oponentes y muchos terminaron en la cárcel.[36]

No sorprende que al cese de hostilidades surgieran reyertas y enfrentamientos, y es indudable que éstos no favorecieron a la causa maderista ya que eran reflejo del descontento social y de la irresponsabilidad gubernamental. Si bien Francisco Madero deploraba sinceramente el uso de la fuerza por parte de sus simpatizantes, se decía que su hermano Gustavo, más adepto a los métodos de mano dura, había organizado a los hombres que encabezaron estos y subsecuentes ataques. Así nació el mito, quizá la realidad, de la *porra*.[37] Reyes, cuya plataforma política basada en la ley y el orden no se mostró en estos acontecimientos, nuevamente decepcionó a sus seguidores. Era obvio que no vencería a Madero en las elecciones programadas para octubre. Por lo tanto, junto con otras facciones antimaderistas, pidió un aplazamiento de las elecciones en tanto no se restaurara la paz. Si la lógica era espuria (el aplazamiento hubiera aumentado la intranquilidad), el objetivo era claro: aguardar a que ocurriera una mayor erosión en la popularidad de Madero. Pero el Congreso rechazó la petición y Reyes optó por abandonar la campaña y salir del país. El embajador norteamericano comentó al respecto: "el general Reyes, que retornó al país como salvador nominal del régimen de Díaz, al parecer es como *lord* Salisbury, un fideo pintado para que parezca hierro".[38] Pero éste no era el fin de Reyes, ni del mito de Reyes como salvador de México. Establecido en Texas, rodeado por sus seguidores más cercanos, planeó una revuelta con el estímulo de la creciente impopularidad de Madero y las promesas de apoyo de terratenientes, oficiales del ejército y gente acomodada. San Antonio, que había sido refugio de la conspiración maderista, se convirtió en meca del reyismo. Pero, en la medida en que se reunieron evidencias de las intenciones rebeldes de Reyes, las autoridades de los Estados Unidos —mostrando acaso más diligencia que en 1910— encarcelaron a los conspiradores y confiscaron sus armas; Reyes mismo, quien ya había sufrido encarcelamiento y había recobrado su libertad bajo fianza, nuevamente parecía estar destinado a las galeras a menos que abandonara aquel país.[39] Al igual que Madero algunos meses atrás, para evitar la prisión, se vio obligado a cruzar la frontera y tomar las armas. El resultado fue un fiasco: con

[35] Del corresponsal de *Nueva Era* a Sánchez Azcona, 25 de agosto de 1911, AFM, r. 19.
[36] Dearing, Ciudad de México, 4 de septiembre de 1911; SD 812.00/2324; Cumberland, *Genesis*, pp. 166-167.
[37] Ross, *Madero*, pp. 223-224.
[38] Wilson, Ciudad de México, 22 de septiembre de 1911, SD 812.00/2384. La frase original es atribuida (tal vez de forma equivocada) a Bismarck; sin duda, es más adecuada en este contexto.
[39] Berta Ulloa, *La revolución intervenida: relaciones diplomáticas entre México y Estados Unidos*, México, 1971, pp. 19-21.

sólo dos acompañantes, el general rondó por el desierto al sur de Camargo; las noches de ese diciembre eran frías y los reclutas esperados jamás llegaron. La mañana de Navidad, Reyes se entregó a un oficial de los rurales. Su rendimiento, afirmó, marcaba el fin de su vida pública. Pero don Bernardo se equivocaba una vez más; como un Santa Anna de la Revolución, hizo un nuevo retorno sólo para enfrentar un último fiasco.[40]

La rendición de Reyes no eliminó todos los obstáculos en el camino de Madero y Pino Suárez. Además de los simpatizantes de Vázquez Gómez, había otros partidos: liberales, liberales radicales, populares evolucionistas; agrupaciones que difícilmente eran liberales, y que seguramente estaban muy lejos de ser radicales o populares y ejercían poca influencia.[41] Sin embargo, en el breve periodo que permitió el calendario electoral, los católicos pudieron organizar una campaña impresionante, postulando al presidente interino De la Barra para la vicepresidencia, sin oponerse a la candidatura presidencial de Madero. En un momento en que los "grupos políticos de todo tipo están en formación —comentó un testigo británico— quizá el partido más destacado sea el católico, ya que está desplegando gran actividad y su influencia en estas elecciones será importante".[42] Éste era un cambio significativo. Hasta cierto punto, era un retorno a la antigua división de la sociedad política mexicana, que había imperado durante casi todo el siglo XIX. La brecha abierta entre clericales conservadores y liberales anticlericales que Díaz había logrado reducir, y que en 1901 amenazó con abrirse de nuevo ante la breve campaña del PLM. Ahora, bajo condiciones de relativa libertad política, y con la promesa maderista —al menos en teoría— de instrumentar por completo la Constitución de 1857, se avizoraba un nuevo enfrentamiento, a pesar de que el propio Madero era católico ferviente, de que nunca había insistido en la cuestión anticlerical y de que había recibido ayuda del obispo de San Luis Potosí durante su encarcelamiento. Más aún, frente al naciente Partido Católico (formado en mayo de 1911 y cuya convención nacional se realizó en agosto de ese mismo año),[43] Madero adoptó una actitud de tolerancia benevolente pues creía que el nuevo partido era un elemento democrático saludable en la política que proponía para México. Recibió a los dirigentes católicos, les envió telegramas de felicitación cuando ganaron elecciones y alabó sus esfuerzos en la organización política y el proselitismo entre las clases trabajadoras. Reconoció y aprobó las tendencias del catolicismo social que, a la sazón, surgían en la Iglesia mexicana y cuya presencia era evidente en la formación del Partido Católico.[44] En lo que concierne a Madero, los católicos jugaron sus

[40] Niemeyer, *Reyes*, pp. 206-219.
[41] Ross, *Madero*, pp. 214-215.
[42] Hohler, Ciudad de México, 30 de mayo de 1911, FO 371/1148, 23276.
[43] El Partido Católico Nacional fue formado originalmente en mayo de 1911, pero su convención nacional no se realizó sino hasta agosto: Alicia Olivera Sedano, *Aspectos del conflicto religioso de 1926 a 1929. Sus antecedentes y consecuencias*, México, 1966, p. 46.
[44] De Madero a V. Martínez Cantú, 19 de noviembre de 1912, AFM, r. 11; Rutherford, *Mexican Society*, pp. 282-283; Olivera Sedano, *Aspectos*, p. 46.

cartas *comme il faut* y el padre de Madero le aseguró al arzobispo de México que la Iglesia gozaría de total libertad.[45] Pero para muchos mexicanos, entre ellos numerosos maderistas, el asunto clerical revivía viejos problemas. Quizá representaba un atavismo político, una obsesión por antiguas disputas o tal vez funcionaba como una distracción frente a otras cuestiones sociales y económicas más apremiantes.[46] Pero, como demostró la historia de la Revolución, la influencia política y, sobre todo, social de la Iglesia católica aún era formidable; no obstante el reciente revisionismo, entre los representantes de la Iglesia y, en general, entre la comunidad católica había numerosos reaccionarios y progresistas, y lo mismo ocurría en las filas de sus opositores; por lo tanto, la batalla entre clericales y anticlericales no era un juego, aunque ambos bandos se equivocaran al creer que su resultado formal sería medular para la secularización o catolización de la sociedad mexicana. En cualquier caso, la formación del Partido Católico Nacional revivió viejos rencores, a pesar de la naturaleza progresista de su programa inicial. La desaparición del problema clerical durante el régimen de Díaz al igual que gran parte de la *Pax Porfiriana* se reveló como una operación de contención más que como una solución final.

En poco tiempo, el Partido Católico logró ejercer una marcada influencia que se extendió por todo el país; se le auguraba un brillante futuro en Mazatlán, y en Tampico se esperaba que pudiera equilibrar las fuerzas entre maderistas y reyistas; aunque débil en el norte (secular por tradición), gozó de gran apoyo en las ciudades devotas y conservadoras del centro del país: en Guadalajara, por ejemplo, donde "el Partido Católico es palpable", o en Puebla, donde un seguidor le escribió a Madero "la causa de que aquí no hubiera alcanzado el éxito deseado, eso se debe a que Puebla es una ciudad muy religiosa y el clero es enemigo de Usted, que bajo el disfraz de Partido Católico... hizo activa guerra a Pino Suárez. En las iglesias, en los sermones, se hizo propaganda por De la Barra..."[47]

Esta intromisión clerical en la esfera política se convirtió en un freno (y, posteriormente, en fuente de un anticlericalismo virulento). En Oaxaca, los maderistas se quejaron de que "los curas se están moviendo en nuestra contra"; en Guadalajara se lamentaron del éxito del Partido Católico, "que no es otro... que el antiguo Conservador resucitado". En Chihuahua se esperaba que "los elementos sanos de la nación" pudieran contrarrestar el desafío católico.[48] Sin embargo, la conciencia anticlerical no se confinó sólo a los ma-

[45] Meyer, *Cristero Rebellion*, p. 10.
[46] Barry Carr, "Anti-Clericalis During the Mexican Revolution, 1910-1930", documento de seminario de la Universidad de Glasgow, 1971.
[47] Miller, Tampico, 15 de agosto; Parker, Mazatlán, 16 de agosto; McGill, Guadalajara, agosto de 1911; SD 812.00/2346; de A. Manzanil a Madero, 2 de octubre de 1911, AFM, r. 19.
[48] De P. Urbina Santibáñez a Ángel Barrios, 6 de junio de 1911, AARD 18/38; anónimo a Madero, 19 de octubre de 1911, AFM, r. 21; del gobernador Robles Gil a Madero, 18 de octubre de 1911; Fabela, DHRM, RRM, II, pp. 174-175; de J. M. Azios a Robles Domínguez, 6 de junio de 1911, AARD 31/82.

deristas; también había anticlericales entre los porfiristas (neoconservadores), enemigos de Madero pero críticos de la práctica electoral católica: los sermones políticos, la sutil subordinación de las damas devotas, el convencimiento de indígenas ignorantes por los curas, y leyendas en las urnas electorales que rezaban "aquí se vota por Dios".[49] Aunque exagerados, los poderes de persuasión de la Iglesia, en ocasiones, eran considerables y los jerarcas no dudaban en aplicarlos.[50] Así contribuyeron al apoyo creciente de De la Barra (el propio candidato afirmó que reunía 20% de los votos, un cálculo muy modesto tal como demostrarían los resultados) y, después de un buen despliegue de fuerzas en las elecciones para vicepresidente, obtuvieron éxitos mayores en las elecciones estatales y municipales; esto sirvió para confirmar los temores anticlericales y, al mismo tiempo, para arraigar una de las divisiones políticas fundamentales durante el periodo de Madero (aquí cabe subrayar su naturaleza política).[51] Es evidente que en la candidatura de De la Barra intervinieron elementos ajenos a la piedad católica. De la Barra atrajo "al elemento tranquilo de la población... conformado con lo mejor de la gente... que piensa y observa pero que se abstiene de hacer propaganda o protestar"; en otras palabras, la mayoría silenciosa del país.[52] Y es obvio que, ante el fracaso de Reyes, De la Barra surgió como el "hombre fuerte" en las elecciones, enemigo del desorden y con experiencia política. La clase pudiente de Irapuato, por ejemplo, apoyó a De la Barra ya que era "un hombre completamente hábil, tanto más cuanto que fue colaborador de Díaz".[53] La política de línea dura de De la Barra durante su presidencia interina subrayó esta imagen y le ganó el apoyo no sólo de los devotos, sino también de los grupos respetables y adinerados.

Las elecciones presidenciales, programadas para octubre, fueron pacíficas e "incuestionablemente... una de las más limpias, entusiastas y democráticas" en la historia de México; incluso la prensa de oposición la calificó como "libre y espontánea".[54] Cuando los electores se reunieron (ya que la votación fue indirecta), Madero fue declarado triunfador por un amplio margen (98%), tal como todos esperaban, mientras que el voto por la vicepresidencia reflejó las divisiones entre maderistas y católicos y dentro de las propias filas maderistas y fue un indicador real del clima político: Pino Suárez obtuvo 53% de los votos; De la Barra, 29%; Vázquez Gómez, 17%.[55] Si bien las elecciones fueron más limpias que cualesquiera otras en el pasado, este rasgo no merece destacarse pues, al mismo tiempo, resulta difícil de establecer el grado

[49] Vera Estañol, *Revolución mexicana*, p. 247.
[50] Rutherford, *Mexican Society*, p. 285, cita a *La Nación*, 22 de junio de 1912.
[51] Dearing, Ciudad de México, 2 de septiembre de 1911, SD 812.00/2335; e *infra*, pp. 496-503.
[52] Wilson, Ciudad de México, 6 de septiembre de 1911, SD 812.00/2348.
[53] De J. Cruz Torres a Madero, 5 de noviembre de 1911, AG, CRCFM.
[54] Ross, *Madero*, pp. 215-216; Cumberland, *Genesis*, p. 170; Casasola, *Historia gráfica*, I, pp. 386-387.
[55] Casasola, *Historia gráfica*, I, pp. 411-412.

de genuina participación popular. Un testigo crítico de las elecciones primarias celebradas en la Ciudad de México, concluyó diciendo que "existió poca comprensión de los métodos para la votación, las elecciones estuvieron marcadas por la ausencia de participación... de los peones y las clases trabajadoras", quienes, según los rumores, temían que al estampar sus nombres en las boletas electorales pudieran ser identificados con fines fiscales.[56] Quizá esta actitud era demasiado cínica, pero la tranquilidad —incluso apatía— que caracterizó las elecciones en todo el país provocó sospechas, especialmente en vista de los acontecimientos precedentes. En algunas regiones, donde los antiguos jefes porfiristas retenían el control, los maderistas fueron amenazados y las elecciones se llevaron a cabo conforme a los métodos antiguos.[57] Pero la sola unanimidad de los resultados (en favor de Madero) y la frecuencia con la que Vázquez Gómez ganó en las ciudades y Pino Suárez en el campo, apuntan hacia un grado de arreglo oficial (maderista) o, al menos, hacia una indiferencia popular.[58] Aun en ciudades como Tampico, notables por su efervescencia política, las elecciones fueron tranquilas, pacíficas y parciales aunque sutilmente arregladas, en una difusa pluralidad masiva para Madero y un triunfo de Pino Suárez sobre Vázquez Gómez.[59]

Por lo tanto, las elecciones presidenciales de 1911, si bien fueron un avance respecto a sus predecesoras, estuvieron lejos de ser un ejercicio masivo de participación democrática. Resultaba imposible implantar procesos democráticos de la noche a la mañana, y la apatía del electorado era reflejo de cierto escepticismo, reacción que, como veremos más adelante, fue difícil erradicar incluso para reformadores como Madero.[60] Sin embargo, el escepticismo y la apatía particularmente notorios en las elecciones presidenciales (cuyo resultado principal era fácil de intuir), no eran indicadores de indiferencia popular generalizada hacia la política, especialmente respecto a la local. Las preocupaciones regionales predominaron en estados como Oaxaca y Yucatán, donde aquélla era una reacción esperada, pues "la población habitualmente presta poca atención... a los asuntos nacionales"; aunque lo mismo se observó en estados menos remotos y con mayor educación política como los del norte.[61] En Saltillo, el verano de 1911 se caracterizó por una intensa actividad política; los clubes se ocuparon de alquilar salones y organizar reunio-

[56] Wilson, Ciudad de México, 2 y 27 de octubre de 1911, SD 812.00/2393, 2453; cf. Casasola, Historia gráfica, I, p. 386, quien afirma que 95% de los habitantes (sic) de la capital votó; y Pani, pp. 111-114, que describe el proceso.

[57] Véanse los informes de Cananea, Nogales, Torreón, Tampico, Nuevo Laredo, Saltillo y Chihuahua en Hanna, Monterrey, 1º de octubre de 1911, SD 812.00/2388, 2389, 2390; Lespinasse, Frontera, 22 de octubre de 1911, SD 812.00/2480; de A. Zevada Baldenvro a Manuel Alegre, 2 de octubre de 1911, AFM, r. 9, sobre los abusos electorales en Michoacán.

[58] De A. Oliveros a Madero, de San Pablo (Ags.), 1º de octubre de 1911, AFM, r. 20; varios informes en AARD 28/144.

[59] Miller, Tampico, 6 de octubre de 1911, SD 812.00/2418.

[60] E. g., en Acapulco: Pangburn, 18 de agosto de 1911, SD 812.00/2346.

[61] Young, Progreso, 4 de septiembre; Lawton, Oaxaca, agosto de 1911: SD 812.00/2402, 2346.

nes políticas; en agosto se programó una convención estatal, con delegados de todo Coahuila, para proponer al candidato maderista a la gubernatura. Esta actividad era nueva en una ciudad donde "antes, el interés de la gente común por los asuntos políticos no era bien recibido"; indicaba el grado de politización alcanzado por el movimiento y la revolución maderista, aunque las actividades estuvieran encaminadas principalmente a solucionar asuntos locales (estatales, no nacionales) y la elección presidencial aquí, como en otras partes, fuera un acontecimiento anodino.[62] Una vez aceptada la existencia de "muchos Méxicos", lo que importaba era la constitución de un nuevo régimen local, no lo que sucediera en la Ciudad de México. En Durango, a medida que crecía la inestabilidad local y los políticos negociaban en la capital del país, un astuto norteamericano, que trataba de instalar una compañía constructora, comentó: "... no importa a qué arreglos lleguen entre políticos, financieros y terratenientes en la Ciudad de México, las clases bajas no los acatarán... [aquí] cada grupo tiene intereses locales y la sedición local, no nacional, es la que interesa".[63] La Revolución de 1910 había respondido a exigencias locales, y el acuerdo político de 1911 tenía que tomarlas en cuenta o arriesgarse a las consecuencias; es por eso que ahora resulta necesario analizar la política local.

Política local

El renacimiento conservador

Los gobernadores eran representantes del ejecutivo en la provincia; bajo el régimen de Díaz, a menudo representaron a los grupos oligárquicos y, por lo tanto, fueron el blanco principal (junto con sus satélites locales, los jefes políticos) de la hostilidad revolucionaria. Madero había planeado que los dirigentes revolucionarios sustituyeran de inmediato y provisionalmente a los gobernadores, pero este procedimiento directo se vio obstaculizado por acontecimientos subsecuentes. Díaz, antes de su partida, ya había arrojado a algunos gobernadores a los lobos; otros renunciaron anticipando la victoria rebelde; otros más (a pesar del congelamiento de nombramientos políticos contemplado en el tratado de paz) abandonaron sus puestos ante la protesta popular. En estos casos, las legislaturas estatales se enfrentaron a la difícil decisión de nombrar sucesores (equilibrando su propio conservadurismo con las demandas del pueblo); consecuentemente, la decisión recayó en el régimen nacional interino. Por último, estas decisiones eran provisionales pues, conforme a los nuevos principios constitucionales, las elecciones para gobernadores de todos los estados estaban próximas. La consecuencia inicial de esta serie de hechos fue confusión y una buena dosis de violencia esporádica,

---

[62] Voetter, Saltillo, 12 de agosto y 1º de octubre de 1911, SD 812.00/2346, 2390.
[63] De L. Warfield a C. Hilles, 11 de febrero de 1912, SD 812.00/2953.

mientras que numerosos gobernadores entraban y salían de los Palacios de Gobierno como si éstos fueran estaciones de ferrocarril. Oaxaca, por ejemplo, vio desfilar a cinco gobernadores en tres meses antes de la elección constitucional de Benito Juárez Maza; Veracruz tuvo a media docena de gobernadores durante los seis meses que siguieron a la renuncia de Dehesa (quien gobernó durante 18 años).[64] Sonora tuvo una gubernatura de dos días seguida de otra que sólo duró uno, antes de que Maytorena asumiera constitucionalmente el poder.[65]

A pesar del aparente caos, es posible distinguir algunos modelos. El norte, asiento de la Revolución, experimentó el cambio más rápido y radical, iniciado en enero por el propio Díaz con la destitución de Alberto Terrazas en Chihuahua. A partir de ese momento, conforme rodaban las cabezas de los gobernadores, cada vez fue más difícil para las legislaturas porfiristas instalar a sus correligionarios o detener a los aspirantes maderistas. En Durango, Esteban Fernández renunció después de 16 años en el poder; su sucesor duró sólo unas cuantas semanas antes de que fuera designado un maderista. El gobernador elegido por la legislatura de San Luis Potosí, rico, impopular y viejo —aún más que Díaz—, sobrevivió sólo unos días; en Coahuila, la elección de la legislatura de un banquero prominente fue anulada por Madero en favor de Venustiano Carranza, y en Chihuahua ningún conservador se atrevió a oponerse a Abraham González.[66] Así, el éxito revolucionario local garantizó un grado real de cambio político en niveles estatales y municipales pues, si bien los gobernadores maderistas así instalados no eran radicales y sus gobiernos pronto suscitaron el antagonismo de elementos revolucionarios populares, también es cierto que se encontraban lejos del antiguo régimen. Los gobernadores maderistas, como Gayou y Maytorena en Sonora, suscribieron un cambio importante en el poder político; afectaron a familias, regiones y facciones (en este caso, Guaymas desplazó a Hermosillo y los clientes de Maytorena a los de Torres) hasta alcanzar una verdadera expansión en la participación política.[67] Por lo tanto, en lo concerniente a prácticas y nombramientos de personal el *inmobilisme* del Porfiriato llegó a su fin.

Más al sur, donde la Revolución fue más súbita y rápida, los gobernadores porfiristas (y sus secuaces) se aferraron al poder más obstinadamente. En Tlaxcala había "'disgusto general" entre los maderistas por la continuidad en el poder en mayo de Cahuantzi; Policarpo Valenzuela, gobernador de Tabasco, recién nombrado por Díaz, continuó hasta mediados de junio, obstaculizando a las fuerzas maderistas en el estado; la destitución tardía de

---

[64] Ramírez, *Oaxaca*, pp. 22-24; Miller, Tampico, 20 de julio de 1911, SD 812.00/2238: Gavira, *Actuación*, pp. 41-43.

[65] Aguilar Camín, *La Revolución sonorense*, pp. 177-178.

[66] Hamm, Durango, 22 de abril de 1911 (dos veces), 5 de mayo de 1911, SD 812.00/1451, 1579, 2080; anónimo a Robles Domínguez, 27 de mayo de 1911, AARD 6/69; Voetter, Saltillo, 27 de mayo (dos veces); Letcher, Chihuahua, 2 de junio de 1911, SD 812.00/1966, 2028; 2024.

[67] Aguilar Camín, *La Revolución sonorense*, pp. 196-197.

Dehesa en Veracruz provocó peticiones a Madero.[68] Aunque los oligarcas del Porfiriato finalmente renunciaron o fueron destituidos, estos retrasos tuvieron repercusiones políticas de importancia, ya que —en circunstancias de inestabilidad gubernamental, conflicto local y desmovilización rebelde— afectaron la disposición de las fuerzas políticas dentro de los distintos estados, mientras el interinato daba paso al régimen constitucional de Madero. A manera de ejemplo analizaremos brevemente a tres estados en el centro del país (el Estado de México, Guanajuato y Morelos) donde surgió, como consecuencia, un importante renacimiento de los grupos conservadores a la par de la derrota revolucionaria y, en última instancia, un mayor conflicto social.

En el Estado de México se compartió el botín político, aunque de manera desigual. Un maderista, Munguía Santoyo, ocupó el cargo de vicegobernador pero la gubernatura (cortesía de la legislatura) estuvo asignada a Rafael Hidalgo que durante muchos años había sido oficial mayor del gobernador porfirista, y ahora era aliado de una camarilla de diputados estatales (los llamados "científicos" de Toluca) que se declaraban reyistas.[69] El gobernador y su gabinete procuraron la rápida desmovilización de las tropas maderistas, se opusieron a los intentos de Munguía para destituir funcionarios porfiristas y obstaculizaron sus investigaciones en torno al gasto de fondos estatales bajo el antiguo régimen (particularmente un importante pago hecho a un senador federal, cercano a Díaz, por concepto de un mobiliario escolar que jamás fue recibido). La sobrevivencia de estos porfiristas, ahora a veces autonombrados reyistas, ejerció efectos considerables sobre la región. En Zumpango, el jefe político ignoró a las nuevas autoridades nombradas por los rebeldes y encarceló a 11 soldados maderistas; en Chalco, el jefe amenazó a los nuevos funcionarios de Atlautla, mientras que los caciques de la región intentaron manchar la reputación del comandante maderista Trinidad Rojas y lucharon por ganarse el favor del presidente interino. Los hacendados de Morelos recurrieron precisamente a las mismas tácticas en su conflicto con Zapata.[70] Por último, en Jilotepec, las antiguas autoridades mantuvieron el poder para disgusto de la población.[71] Para finales de junio, el joven general maderista Enrique Adame Macías acompañó a una diputación a la Ciudad de México, donde expusieron su caso ante el ministro del Interior Vázquez Gómez, implorando "que la primera Autoridad pública de este Distrito fuera un hijo del pueblo". El ministro se mostró afable, giró las instrucciones pertinentes al gobernador del estado y los solicitantes retornaron satisfechos a sus hogares.

[68] De B. Centeño y D. Magaña a Robles Domínguez, ambas del 29 de mayo de 1911, AARD 19/35 y 10/12; Lespinasse, Frontera, 18 de junio de 1911, SD 812.00/2185; petición de 200 a Madero, 2 de junio de 1911, AARD 7/10.

[69] Anónimo "Memo. de los asuntos políticos del Estado de México", 15 de agosto de 1911, AARD 28/115.

[70] De P. Campos y vecinos a Robles Domínguez en carta a Gobernación, 5 de junio de 1911, AARD 15/100; de Bonifacio Ramírez y Trinidad Rojas al mismo, 24 de junio, 30 de mayo de 1911, AARD 15/144, 15/46.

[71] De B. Cadena a Robles Domínguez, 10 de junio de 1911, AARD 15/130.

No obstante, pasaron semanas y nada sucedió; una segunda diputación viajó a la capital y recibió nuevas respuestas que renovaron su confianza; pero nada sucedió. Entonces, los inconformes supieron que dos conciudadanos "unidos a todos los empleados de la pasada Administración" habían convencido al gobernador para que vetara la petición, con el pretexto de que era obra de "unos cuantos revoltosos de baja esfera".[72] De nuevo, asuntos de soborno y corrupción del antiguo régimen estaban involucrados —apropiación de fondos municipales y donativos a un hospital que se habían desvanecido—. Hasta donde fue posible investigar, los causantes de estos peculados nunca fueron desenmascarados y los habitantes descontentos de Jilotepec no lograron su satisfacción. Como resultado de la Revolución, se ventilaban con mayor fuerza las quejas locales, pero los funcionarios del Porfiriato aún obstaculizaban cualquier arreglo.

En Guanajuato la Revolución dio origen a dos movimientos radicalmente distintos. En el distrito norteño de Comanguillo, Cándido Navarro logró formar una fuerza rebelde con extraordinaria capacidad de movilización; de ahí se dirigió al norte para tomar San Luis Potosí. Hacia fines de mayo, cuando se firmó el tratado de paz, Navarro y sus hombres "ya deseaban combatir pues habían sentido el sabor de la lucha y estaban preparados para entregarse a algo grande".[73] Antiguo maestro de escuela y velador de la mina de La Luz, Navarro era un revolucionario dedicado que ejercía una poderosa atracción popular. Un testigo independiente comentó que era "un hombre de buen carácter... honorable aunque quizá un tanto visionario"; compartía con otros dirigentes populares una cierta actitud de timidez, "era desconfiado en extremo... y parecía meditar cuidadosamente cada frase".[74] Es indudable que le sobraban razones para ser suspicaz: una orden precipitada del presidente De la Barra le impidió entrar en León; como se puede suponer, la composición del régimen interino ofendió tanto a él como a otros cabecillas maderistas. Por otra parte, los acontecimientos en la porción centro-sur de Guanajuato difícilmente inspiraban confianza. Ahí, Soto y García dirigían su rebelión defensiva de último minuto en estrecha cooperación con los gobernadores interinos Aranda y Castelazo; este último estaba a cargo de las propiedades de García durante la campaña y, como gobernador, se encargó de promover a sus "amigos" dentro del estado. Mientras García continuaba ejercitando sus tropas, Soto se convertía en jefe político de San Miguel.[75] Respecto a Soto, el gobernador declaró abiertamente "él está a mis órdenes, yo pago su fuerza... y nada debo temer de ese mi buen amigo".[76] Pero agitadores como Miguel Zamora (quien fue encarcelado después de su intervención en los motines de

---

[72] Petición de 200 vecinos de Jilotepec a Gobernación, julio de 1911, AG 898.

[73] Rowe, Guanajuato, 20 de mayo de 1911, SD 812.00/1987.

[74] *Ibid.*, 27 de abril, 16 y 20 de mayo de 1911, SD 812.00/1613, 1948, 1987.

[75] De F. González Roa a Robles Domínguez, 7 de junio de 1911, AARD 7/73 de J. Castelazo a Madero, 29 de noviembre de 1911, AG, CRCFM.

[76] De J. Castelazo a C. Robles Domínguez, 10 de junio de 1911, AARD 10/99.

San Miguel, y liberado posteriormente por Navarro) y revolucionarios populistas como el propio Navarro, eran de especies distintas; Navarro en particular, contaba con numerosos seguidores en el estado y era directo en sus ataques a los elementos porfiristas del gobierno estatal.[77] El predicamento del gobernador fue característico de los problemas surgidos a raíz de la Revolución de 1910: "no puedo estar del todo tranquilo, ni creo que pueda estarlo el Estado mientras permanezcan en él tales revolucionarios, es decir Navarro... Y [lo] digo... porque Navarro... es un hombre ignorante con pretenciones de ilustrado, ordinario en su trato y pobre de ideales elevados pero, en cambio, ha tenido el tacto especial de haberse atraído a la parte inculta del pueblo y goza de un prestigio de tal manera grande que creo, sin exageración alguna, que sólo depende de su voluntad el que vuelva a encenderse en el Estado una guerra civil".[78] De esta manera, el antiguo régimen se enfrentó a una nueva generación de populistas producto de la lucha armada; Madero, comprometido con el orden, y afligido por la crítica de militantes jóvenes como Navarro, mostró sus simpatías por las actitudes del gobernador y de otros de igual postura. Consideró a Navarro "muy tonto [y] un hombre muy peligroso".[79] El nuevo régimen se unió al antiguo en su conspiración para conjurar la amenaza populista y eliminar a "los ignorantes [y] ordinarios" de sus anómalas y ofensivas posiciones de poder. A fines de julio, Navarro fue encarcelado bajo el cargo de sedición; se sacaron a la luz documentos que atribuyeron su deslealtad al fracaso del régimen para llevar a cabo las promesas maderistas, especialmente las concernientes a derechos políticos y reforma agraria.[80] De hecho, su condena fue breve, pero no lo suficiente para mitigar el resentimiento y la creciente rebeldía de la región. En la primavera de 1912 se desplegaron 3000 soldados federales para combatir a los rebeldes que habían sido maderistas. Los alrededores de Silao, "antigua base de Cándido Navarro", constituyeron la región de mayor descontento, mientras sus seguidores, "causantes de todos los problemas", fueron reagrupados bajo el mando de Jesús Armendáriz, lugarteniente de Navarro.[81] Sin embargo, este renovado brote de rebelión se debilitaba gradualmente. Un espía federal se infiltró en las fuerzas de Armendáriz y balaceó a su líder en la nuca; su cadáver fue exhibido en un catre en la calle principal de Silao; un castigo clásico para "bandidos".[82] A medida que aumentó la represión, los dirigentes rebeldes cayeron presos o muertos, y los logros políticos de 1911 se disiparon. Durante esa agitada primavera, los funcionarios nombrados resultaban ser demasiado

---

[77] De C. Navarro a la Legislatura del Estado, 30 de julio de 1911, en *El Obrero* (León), 4 de agosto de 1911, que aparece en AFM, r. 18.

[78] De J. Castelazo a Robles Domínguez, 7 de junio de 1911, AARD 10/91.

[79] De Madero a De la Barra, 25 de julio de 1911, ALB, carpeta 3.

[80] Casasola, *Historia gráfica*, I, p. 354; Ellsworth, Ciudad Porfirio Díaz, 18 de octubre de 1911; Glenn, Guanajuato, 19 de agosto de 1912, SD 812.00/2432, 4713.

[81] Glenn, Guanajuato, 9 de abril de 1912, SD 812.00/3648.

[82] *Ibid.*, 12 de abril de 1912, SD 812.00/3695; *cf.* Hobsbawm, *Bandits*, pp. 50-51.

sospechosos y el descontento continuo dio oportunidad a los elementos conservadores de retomar el control. Para abril de 1912, "la única Autoridad política de origen popular" permanecía en el estado de Guanajuato.[83]

Los veteranos revolucionarios de 1910-1911 vieron subvertidos sus esfuerzos militares y beneficios políticos.[84] Pronto, muchas regiones e individuos que cobraron importancia en la revolución contra Díaz, optaron por tomar las armas en oposición a Madero. Con frecuencia, y a menudo con razón, se ha considerado a estas revueltas como luchas agrarias dirigidas en contra de un régimen que fracasó en el cumplimiento de sus promesas hechas a los campesinos. Pero si bien es cierto que el factor agrario fue importante (ya se ha destacado su papel en 1910-1911, e incluso Navarro señaló su importancia en un Estado que difícilmente podía caracterizarse como agrarista), no es posible deslindarlo tajantemente de las cuestiones y los nombramientos de la política local. La reforma agraria, al igual que la expropiación de tierras que la precedió, dependía de la esfera política: de las normas generales de la política local (elecciones libres o arregladas, autonomía municipal o dominación caciquista), y de decisiones específicas (filiación de gobernadores: antiguos porfiristas, populistas rurales o maderistas ambivalentes, cuya preocupación por la estabilidad social minaba sus deseos de instrumentar reformas políticas). Estos aspectos se ilustran al considerar el caso más estudiado de rebelión agraria: el zapatismo. Durante la época que siguió a la firma del tratado de paz, Zapata y sus aliados eran los triunfadores de la reciente toma de Cuautla.[85] En esos meses las fuerzas zapatistas dominaron Morelos, lo que permitió al pueblo satisfacer sus demandas agrarias a pesar de la oposición de hacendados y políticos. Pero al establecerse la paz, y con ella el régimen interino, los hacendados unieron esfuerzos para restaurar su posición. Un aspecto medular en su estrategia fue lograr un acuerdo con Ambrosio Figueroa, el principal dirigente maderista en el vecino estado de Guerrero; esta táctica era producto de la fuerza de la rebelión popular local, que impidió cualquier resistencia directa de los conservadores y que requirió de cierto control sobre las fuerzas "revolucionarias".[86] Zapata, comprometido con la causa del pueblo, se rehusó a cooperar; pero Figueroa, un modesto terrateniente que ya en el pasado había tenido relaciones con los hacendados de Morelos, desdeñó las demandas agrarias y se mostró amistoso con los hacendados. Éstos, por su parte, creían que "sería fácil despertar sus pasiones y adularlo de tal modo que les sirviera de instrumento".[87]

La estrategia reveló los defectos inherentes a sus virtudes: flexible por naturaleza, Figueroa tenía poco peso en Morelos y a la manera de muchos intru-

[83] De Félix Galván a Madero, 8 de abril de 1912; Fabela, DHRM, RRM, III, p. 294.
[84] De F. Cosío Robelo a Madero, 20 de octubre de 1911; Fabela, DHRM, RRM, II, p. 188.
[85] Womack, *Zapata*, p. 86.
[86] *Cf.* el caso de Chihuahua, pp. 298-301.
[87] "Memo. de la situación política del estado de Morelos", 29 de diciembre de 1911 (probablemente por Robles Domínguez), AARD 37/5.

sos que habrían de invadir el estado en años subsecuentes, su trato generoso con respecto de los intereses locales sólo generó más resentimiento y rebeldía. Por el momento sirvió como fuerza militar: se enviaron tropas a los cuarteles de Cuernavaca y Jojutla para anticiparse a los zapatistas; los lugartenientes de Figueroa, Asúnsolo y Morales, jugaron un papel comparable al de Soto y García en Guanajuato y para "mantener el orden" dispararon contra un aliado de Zapata (y enemigo personal de Morales, quien había estado reclutando a los ricos de Jojutla) y lograron así debilitar su influencia con el fin de garantizar el nombramiento de un gobernador conservador.[88] En este aspecto tuvieron éxito. El nuevo gobernador, elegido sin consultar a Zapata, lo que le ocasionó un gran disgusto, fue Juan Carreón, administrador del Banco de Morelos y servidor incondicional de los intereses de los hacendados.[89] Una vez instalado en el cargo, Carreón envió al gobierno central informes alarmantes acerca de la indisciplina y voracidad de Zapata (informes que éste combatió con razón), cultivó la amistad de Madero y cooperó con los hacendados en sus deseos de desmovilizar al ejército libertador. Como observa Womack, "fue sorprendente la rapidez y la magnitud de la recuperación de la influencia de los hacendados".[90] Zapata, al evaluar las circunstancias posteriores al tratado, consideró que los contactos e influencia política eran primordiales y viajó a la Ciudad de México. Ahí se unió a la multitud que deseaba entrevistarse con Madero. Pero en respuesta a sus exigencias de reformas agrarias inmediatas e instrumentación del Plan de San Luis, Madero aconsejó paciencia: la cuestión agraria podría arreglarse de manera gradual a través de métodos constitucionales; mientras tanto, era necesario desmovilizar las fuerzas de Zapata o, en el mejor de los casos, dejar que 400 de sus 2 500 hombres sirvieran bajo sus órdenes como parte de la policía federal para sofocar las revueltas en su propio territorio. Tanto las demandas como la respuesta fueron clásicas.

Zapata convino a regañadientes y retornó a casa; los hacendados, entonces, aprovecharon la ocasión para acercarse a Madero, adularlo y festejarlo (era uno de los suyos, terrateniente y hombre de negocios, a pesar de ser norteño y algo excéntrico), y la prensa de la Ciudad de México comenzó a publicar artículos sobre Zapata, "el moderno Atila".[91] En Morelos, la situación era tensa y ambigua. A pesar de la mecánica oficial de desmovilización (se entregaron 3 500 armas y se reembolsaron 47 500 pesos a manera de compensación), el ejército zapatista permaneció encubierto en los pueblos, continuó con la

[88] De M. Asúnsulo a Robles Domínguez, 25 de mayo de 1911, AARD 17/23; Womack, *Zapata*, pp. 89 y 92-93.
[89] De Zapata a Robles Domínguez, 28 de mayo de 1911, AARD 17/45.
[90] De Carreón a Robles Domínguez, 31 de mayo, AARD 17/63; del mismo a Madero, 18 de noviembre de 1911, AG, CRCFM; de la Asociación de Productores de Azúcar y Alcohol a Carreón, 12 de junio de 1911, AARD 17/144; Womack, *Zapata*, p. 93.
[91] *Ibid.*, pp. 97-107; Rutherford; *Mexican Society*, p. 149, ubica la leyenda de "Atila" en junio de 1911; alcanzó su apoteosis en el libro de H. H. Dunn, *The Crimson Jester, Zapata of Mexico*, Nueva York, 1934.

defensa de los logros agrarios desafiando a los hacendados quienes se quejaban con Madero por las "pretensiones socialistas" de los pobladores. Algunos, con una terminología apenas más precisa, temían una inminente guerra de castas. Al igual que en el pasado, Madero se inclinó a favor de la conciliación. Pero la doble autoridad que prevaleció durante todo el verano de 1911 impidió que Madero se moviese con mayor independencia, y aseguró una lucha de fuerza entre Madero (quien gozaba de cierta legitimidad entre los zapatistas) y el militarista De la Barra. Este último —incluso antes del Tratado de Ciudad Juárez— había aconsejado a Díaz que negociara con los rebeldes del norte (ya que Madero era un hombre respetable), con el fin de concentrar las tropas federales en el sur donde, "si se manejan con energía, pronto pondrán fin a las gavillas de Morelos y Puebla".[92] Madero y Zapata eran considerados —con justicia— como representantes de revoluciones distintas; a uno era posible envolverlo con palabras, al otro era necesario forzarlo a la sumisión. Como presidente, De la Barra no había cambiado de opinión y ahora contaba con el apoyo del sucesor de Vázquez Gómez, el nuevo ministro de Gobernación, García Granados. Por lo tanto, Ambrosio Figueroa fue nombrado gobernador y comandante militar de Morelos; se enviaron tropas bajo el mando del general Victoriano Huerta, un soldado de carrera con antecedentes sanguinarios y que visualizó que ésta no era una maniobra dirigida sólo a la desmovilización zapatista, sino "una campaña de ocupación".[93] Sería una prueba para la política represiva que muchos conservadores creían que restauraría la paz y el orden en el país.

En agosto, las tropas federales avanzaron; un sector de la prensa capitalina se sumó a las voces de protesta del pueblo. Madero intentó conciliar; De la Barra no retrocedió. Alentado, Huerta aceleró el ritmo de los acontecimientos y aconsejó al presidente que era esencial "reducir al último extremo a Zapata hasta ahorcarlo o echarlo fuera del país". Ésta era una reacción casi pavloviana de Huerta ante los problemas políticos (aunque también se ha sugerido que su imagen de "duro" estaba diseñada para ayudar a Bernardo Reyes, de quien Huerta había sido partidario).[94] A fines de ese mes, las provocaciones de los federales habían logrado espolear el ánimo combativo de los zapatistas, y Madero, desesperanzado en su papel de árbitro, marchó a Yucatán para proseguir con su campaña electoral. Instigados por las noticias sobre el saqueo y rapiña revolucionarias en Jojutla, De la Barra y su gabinete ordenaron "la total extirpación del bandidaje" en Morelos, y a Huerta se le encomendó la misión. Pronto todo el estado se encontró bajo control militar y Zapata tuvo que refugiarse en las montañas.[95] Ahí, mientras la pren-

[92] Como narra de De la Barra a Hohler, 3 de mayo de 1911, FO 371/1147, 18521.
[93] Womack, *Zapata*, p. 109. La carrera de Huerta se analiza con mayor detalle más adelante.
[94] *Ibid.*, p. 119; acerca de la refutación de Huerta a la prensa, 20 de agosto de 1911; Fabela, DHRM, RRM, II, pp. 62-63.
[95] Se acusó a las tropas rebeldes que entraron a Jojutla y Puente de Ixtla de saquear y quemar tiendas, de atacar y asesinar "científicos", "porfiristas" y "gachupines", y de pronunciar discur-

sa capitalina aplaudía el éxito de la campaña, Zapata buscó apoyo revolucionario y proclamó sus demandas al gobierno, que reflejaron con precisión la interdependencia de factores políticos y agrarios. Exigió autoridades y comandantes militares populares, abolición de jefaturas políticas y, "a los pueblos lo que en justicia merecen en cuanto a tierras, montes y aguas", exigencias que, afirmó, eran "el origen de la presente contrarrevolución".[96] Además de la atracción ejercida por este programa, la causa de Zapata revivió ante el avance de los federales por los estados de Puebla y Morelos. No era la primera vez en que la represión estimulaba la resistencia zapatista; ni tampoco la primera ocasión que un general federal servía para reclutar hombres para las huestes zapatistas.[97] Cuando Zapata retornó a Morelos, en octubre, rebasando el flanco de los federales, encontró reclutas en todos los pueblos; así pudo conducir a su ejército revitalizado hasta las puertas de la Ciudad de México. Huerta fue destituido y Madero —a punto de tomar posesión como presidente— intentó acercarse al dirigente rebelde. Pero el ejército federal (cuyos oficiales preferían la represión a la diplomacia) continuó con operaciones independientes; Madero, demasiado consciente del mar que separaba al presidente de la República de un cabecilla rural, no aceptó sino la rendición incondicional.[98] La prerrogativa del gobierno central y el *amour propre* de la élite política (componentes ambos del maderismo, tanto como lo habían sido del pensamiento oficial del Porfiriato) descartaban cualquier posibilidad de acuerdo.[99] Madero y Zapata, quienes habían estado brevemente unidos en su oposición al régimen de Díaz, separaron sus caminos antitéticos y la guerra iniciada en Morelos habría de continuar durante nueve largos años.

La historia de Zapata ha sido narrada mejor en otras fuentes, y ya es conocida. Pero con demasiada frecuencia esta historia se considera única, cuando en realidad fue típica. Y esto se aplica de igual forma a los acontecimientos de 1911 que a los orígenes agrarios de la rebelión. La lucha de Zapata reflejó la de otros rebeldes populares (a menudo agraristas) en otros estados. En Morelos, al igual que en el Estado de México y Guanajuato, los gobernadores conservadores facilitaron el renacimiento de los conservadores; la desmovilización maderista se precipitó, justificada por rumores de desorden e indisciplina; los dirigentes rebeldes de convicciones populares más débiles fueron cooptados por la causa conservadora, pasando a complementar al ejército federal. En consecuencia dirigentes en otro tiempo maderistas como

sos inflamatorios: "el pueblo debería estar arriba. Abajo las haciendas y los ranchos. Muerte a los 'gachupines'"; véase Fabela, DHRM, RRM, II, pp. 66-67, y Womack, *Zapata*, p. 117, quien, al absolver a Zapata de una responsabilidad directa, quizá va demasiado lejos restando importancia a estos sucesos que tuvieron muchos paralelos en otros puntos de México.

[96] *El País*, 25 de agosto de 1911; Womack, *Zapata*, pp. 122 y 394.

[97] Lewis, *Tepoztlan*, p. 232 (aunque no queda totalmente claro cuál es la campaña federal a la que aquí se refiere); Womack, *Zapata*, p. 122.

[98] Womack, *Zapata*, pp. 124-126. Extraoficialmente, Madero pudo haber sido más conciliatorio.

[99] Este punto se desarrolla más adelante, pp. 613 y 630-631 y cap. VIII.

Zapata o Navarro fueron obligados a rebelarse por segunda ocasión, en defensa de los mismos objetivos de 1910-1911, pero ahora, en oposición a Madero.

La herencia liberal

El triunfo absoluto de los conservadores fue menos marcado en otros estados. Si el patrón de reforma y reacción fue variado en el plano local, el poder estatal pasaba (aunque no de inmediato) a manos de maderistas auténticos, o al menos de hombres con historial de oposición comprobada: González en Chihuahua; Maytorena en Sonora; Juárez en Oaxaca; Cepeda en San Luis Potosí; Carranza en Coahuila; Guadalupe González en Zacatecas.[100] Pero no eran suficientes las credenciales de la oposición civil. La principal característica del acuerdo político de 1911 fue el ascenso de los políticos civiles por encima de los cabecillas militares; de los revolucionarios "platónicos" sobre los revolucionarios practicantes; de la madurez más que la juventud; de la educación sobre la ignorancia; de la respetabilidad por encima del *arrivisme*.[101] Los maderistas de edad madura y clase media de 1909-1910 se colocaron en la cima, los dirigentes jóvenes, populares y plebeyos de 1910-1911, aquellos que habían derrocado a Díaz, quedaron atrás. Esta política no sólo frustró las ambiciones personales de dichos dirigentes y las esperanzas colectivas de sus seguidores, sino también significó una amenaza para su seguridad pues en numerosas regiones los rebeldes habían acicateado a los conservadores locales, colocando unas cuantas banderillas sin dar la estocada final; temían que, una vez desmovilizados y despojados de todo poder, caerían víctimas de las represalias conservadoras (como fue el caso). En Tabasco, Domingo Magaña suplicó que sus oficiales —"que por cariño no abandónanme"— fueran comisionados en la milicia estatal, ya que "jefes y oficiales tienen enemigos poderosos [del] partido vencido [y estamos] a merced [del] primer asesino que encontremos".[102] Estos temores y resentimientos se agudizaron cuando quedó claro que los maderistas civiles en el poder estaban dispuestos a conciliar intereses creados, a traicionar sus propios orígenes y a insistir en la rápida desmovilización. Así, a pesar de su trayectoria oposicionista, no actuaron mejor que sus predecesores conservadores.

La distribución de nombramientos nacionales, realizada primero por De la Barra y después por Madero, produjo regímenes híbridos. El gabinete de Madero mantuvo una médula conservadora, no incluía veteranos de la Revolu-

---

[100] Para una lista de gobernadores a la fecha de junio de 1911, véase Shanklin, Ciudad de México, 16 de junio de 1911, SD 812.00/2166. Guadalupe González fue el único diputado antirreeleccionista electo en 1910, aunque no llegó a ocupar la curul: Sánchez Azcona, *Apuntes*, p. 91.

[101] De Terrazas a Creel, 22 de diciembre de 1910, STA (Creel), r. 2, acerca de los revolucionarios "platónicos" —es decir, citadinos y no belicosos—.

[102] De D. Magaña a Gobernación, 11 de julio de 1911, AG 14, "Relaciones con los estados" (Tab.).

ción (es decir, beligerantes) excepto Abraham González y el propio Madero. Hombres como Miguel Díaz Lombardo, que había contemplado la Revolución desde Morelia, se convirtieron en ministros; Jesús Urueta, compañero en la contemplación, emergió como sobresaliente vocero maderista, diputado y antivazquista; Félix Palavicini, "que abandonó la causa cuando Madero se lanzó a la revolución, fue recibido con los brazos abiertos".[103] El comité central del PCP, integrado por 22 miembros, sólo contaba con un maderista veterano de la lucha armada: Eduardo Hay, quien había sido herido y capturado en Casas Grandes.[104] Como se ha señalado, la experiencia de la Revolución (especialmente cuando había sido vivida a distancia) concedió a estos otrora opositores una tregua para pensar. Intervenir en campañas idealistas contra la dictadura era una cosa; solapar la anarquía era otra. Alberto García Granados, por ejemplo, parecía (ante los ojos conservadores) "tradicional antiporfirista y demócrata sincero"; Madero vio con beneplácito su nombramiento en Gobernación, ya que "su mérito... desde el punto de vista de las aspiraciones revolucionarias, no puede ser disputado". Sin embargo, como ministro y hacendado "despreciaba a los rebeldes que habían llevado a cabo la lucha" y procuró la desmovilización de las tropas tan rápido como fuera posible, aun a punta de bayonetas federales si era necesario.[105]

El ascenso al por mayor de los civiles respetables de poca o nula trayectoria revolucionaria no constituyó una sorpresa. Se presuponía que los guerrilleros provincianos —de poca educación e incluso analfabetos—, estaban descalificados para desempeñar cualquier cargo político. Enrique Adame Macías jugó un importante papel en la revuelta de La Laguna y más tarde cuestionó el acuerdo posrevolucionario conservador, provocando una mala impresión en los maderistas urbanos que lo conocieron en un banquete oficial en junio de 1911, a las orillas del lago de Xochimilco: "Siendo un hombre sencillo y de la clase baja del pueblo, como la casi totalidad de los revolucionarios, se presentó vestido de levita cruzada y chistera, y abusó de tal manera de las bebidas alcohólicas, que al subir a una trajinera se cayó al agua y quedó hecho una sopa, lo que ocasionó la burla y carcajadas de los concurrentes".[106] Se creía que personas así no podrían gobernar estados, dirigir ministerios ni mezclarse con diplomáticos extranjeros. Sin embargo, en años posteriores, la experiencia revolucionaria mostró que los individuos que habían luchado para alcanzar el poder podían convertirse en políticos competentes a niveles provincianos y nacionales. Ejemplos de ello son las trayectorias de Cándido Aguilar, Joaquín Amaro, los Cedillo y los Arrieta. Al margen de la experiencia, resultaba políticamente esencial que estos hombres compartieran el poder y satisfacer así a las filas revolucionarias para lograr nuevamente la

---

[103] Ross, *Madero*, pp. 200-201; Casasola; *Historia gráfica*, I, p. 417; de Díaz Lombardo, Urueta *et al.* a Madero, 15 de mayo de 1911, AARD 16/3.
[104] Fabela, DHRM, RRM, I, p. 426.
[105] Vera Estañol, *Revolución mexicana*, p. 201; Womack, *Zapata*, pp. 106-107.
[106] Aguirre Benavides, *De Francisco I. Madero*, p. 28.

estabilidad. El régimen de Madero cometió allí una de sus principales equivocaciones: no recompensar a sus amigos (los dirigentes populistas) y dejar sin castigo a sus enemigos (los porfiristas). Este error no es de la misma naturaleza de otros que se le imputaban a Madero, a saber: su fracaso al tratar de iniciar una reforma social profunda, es decir, la "construcción del socialismo" en México. Estas opciones eran tan lejanas al alcance del pensamiento maderista que se tornan irrelevantes: sería como culpar a Gladstone de los mismos pecados de omisión; sugerir lo contrario es entregarse a la polémica y no a la historiografía. En lo que respecta a los nombramientos políticos, la decisión de excluir a los dirigentes populares no era inevitable (ni "sobredeterminado"), y planteó un amargo cuestionamiento, sobre todo en los niveles locales. Incluso algunos maderistas destacados,[107] dudaban de la sabiduría de dicha decisión y, en unos cuantos años, se revirtió por completo, sin que se provocara el caos civil. Por el contrario, constituyó el cemento indispensable para un nuevo orden revolucionario.

Sin embargo, basados en dos razones principales, Madero y sus consejeros se rehusaron a promover a los dirigentes populares plebeyos y permitieron que los ilustrados de la clase media monopolizaran el gobierno. La primera razón radica en que Madero y sus asesores partieron de supuestos acerca de quién debería gobernar en un régimen liberal modelo; estos supuestos, más tarde erosionados por los acontecimientos, excluían del poder a los jóvenes "ignorantes". La segunda razón es que tuvieron que enfrentar las demandas de los civiles en cuanto a puestos y recompensas. Durante el gobierno de Díaz, el poder se concentró en una gerontocracia reducida, cerrada y celosamente resguardada. Con la caída de don Porfirio, el glaciar congelado de la política mexicana comenzó a derretirse; los oponentes de clase media del antiguo régimen esperaron una avalancha de cargos y favores. Al igual que tras otros golpes de Estado, revoluciones o elecciones —sobre todo al ser las primeras para una generación— hubo una orgía de patrocinios políticos. Numerosos aspirantes se reunieron en torno a Madero y a sus lugartenientes de la provincia, a su esposa y a su secretario particular. Las antesalas ministeriales estaban "concurridísimas por cientos de maderistas que no habían oído disparar un tiro", pero que ahora solicitaban su recompensa.[108] El proceso comenzó en 1911 pero no se detuvo. Incansables aspirantes, como Maximino Ávila Camacho, acosaron a Madero durante todo 1912. Ávila Camacho, por ejemplo, viajó de Teziutlán (Pue.) a la Ciudad de México para exponer su caso; alardeó de sus habilidades administrativas, de sus excelentes referencias ("algunas compañías norteamericanas para las que he trabajado") y de su disponibilidad para asumir cualquier cargo, "incluso peligroso".[109] En este caso,

---

[107] Véanse pp. 482-483, 533-537 y 571.

[108] La corriente de peticiones a Elías de los Ríos y Sara Madero es muy clara en el archivo Madero; véase también, correspondencia de Robles Domínguez, AARD 8/26 y el expediente 45 *passim;* María y Campos, *Música,* p. 47, para esta cita.

[109] De Maximino Ávila Camacho a Madero, 12 de abril y 4 de mayo de 1912; a Sánchez Azco-

el nombramiento tuvo que esperar. Pero otros fueron asignados de inmediato: una jefatura para Abel Serratos, revolucionario fracasado en 1910; un secretariado en la administración del Distrito Federal para E. Bordes Mangel, colaborador en la elaboración del Plan de San Luis; una especie de consulado de segunda para Benjamín Viljoen, un bóer que se convirtió en maderista.[110] En estratos inferiores del patrocinio, la imprenta de la Cámara de Diputados se reservó para Wenceslao Negrete, "buen amigo del gobierno"; los maderistas veracruzanos que se mantuvieron firmes con el régimen en ocasión del golpe frustrado de octubre de 1912, fueron nombrados en las oficinas de aduanas, eterna reserva del patrocinio oficial.[111] Además, el gobierno podía conferir o impedir el apoyo a aspirantes políticos: futuros diputados, senadores y gobernadores.[112]

La distribución de favores rebasó la esfera específicamente política y administrativa; también incluyó beneficios judiciales y económicos, y reflejó el clientelismo que invadía a la sociedad mexicana, aspecto que la Revolución no logró modificar. Aquí de nuevo, es posible afirmar que la "movilización de tendencias" operó a favor no de los cabecillas populares ni menos aún de sus seguidores campesinos, sino de los maderistas cosmopolitas y educados de la ciudad: aquellos conocedores del funcionamiento del sistema (a pesar de que esta práctica estuvo limitada durante el régimen de Díaz) y quienes tenían acceso a las nuevas fuentes de patrocinio.[113] El veterano periodista Silvestre Terrazas, crítico y mártir del gobierno de Creel-Terrazas en Chihuahua, gozó del apoyo de Madero para solicitudes de crédito en los bancos del norte; un editor de la Ciudad de México, Alfonso Peniche, aludió a sus dos años de prisión en la cárcel de Belén como prueba de sus convicciones opositoras a Díaz y reclamó el pago gubernamental de 500 pesos por servicios prestados a la Revolución.[114] Asimismo, los buenos oficios del régimen podían acelerar los litigios. El procurador del Distrito Federal recibió órdenes de agilizar un caso en torno a una deuda contraída con el maderista Agustín Sánchez, quien denunciaba las "intrigas o chicanas de la parte contraria" para demorar el caso, mientras que el ministro de Fomento fue instado (por el influyente secretario

---

na, 26 de mayo; a Madero, 24 de junio de 1912; Fabela, DHRM, RRM, III, pp. 300, 346, 408-409 y 469; a Madero, 14 de agosto y 27 de noviembre de 1912; *ibid.*, IV, pp. 80-81 y 218-219. Por lo menos, en los años treinta, la persistencia de Maximino le había llevado a ganar la gubernatura de Puebla (que ejerció en forma conservadora); y en la siguiente década, su hermano Manuel llegó a la presidencia; Ronfeldt, *Atencingo*, pp. 18 y ss.

[110] De E. de los Ríos a Serratos, 10 de diciembre de 1912; a E. Bordes Mangel, 27 de junio de 1912, AFM, r. 10; Ross, p. 114; de Madero a B. Viljoen, 22 de junio de 1912, AFM, r. 10.

[111] De Madero a E. Hay, 15 de septiembre de 1912; de E. de los Ríos a Hacienda, 12 de diciembre de 1912, AFM, r. 12, II.

[112] Véanse pp. 486-490.

[113] Peter Bachrach y Morton S. Baratz, *Power and Poverty: Theory and Practice*, Nueva York, 1970, pp. 43-46.

[114] De Madero a G. Treviño, 28 de julio de 1912, AFM, r. 12; de Peniche a Gobernación, 22 de julio de 1911, AG 898.

particular de Madero) a intervenir en la denuncia de un terreno baldío hecha por un "excelente amigo del gobierno que nos ha prestado muy importantes servicios".[115] Este último caso es particularmente sugestivo. Las concesiones de tierra fueron arma importante en la agresión porfirista a los pueblos; con este motivo, los campesinos habían protestado y acababan de rebelarse. Ahora eran los maderistas quienes podían contar con la bendición de las cortes para realizar dichas denuncias. El editor de un periódico maderista en San Pedro, lugar de nacimiento de Madero, solicitó la ayuda gubernamental para un asunto de tierras. Se trataba de un terrateniente ausente, propietario de tierras en el Valle del Yaqui y temeroso de que los habitantes del lugar le "vayan a jugar una mala partida" a sus espaldas; la región era, después de todo, uno de los principales centros de conflicto agrario en el país.[116] En el caso estaban involucrados un periodista acaudalado e influyente (de la "pequeña ciudad de los grandes capitalistas") y los indios insurgentes del Valle del Yaqui. Representaban los polos opuestos dentro de una coalición frágil, rápidamente reunida y por corto tiempo mantenida, derivada de su oposición común en contra de Díaz.

Cuando la coalición se deshizo, los maderistas civiles obtuvieron la principal porción del botín y esto era particularmente ofensivo en el plano estatal (en oposición al nacional), ya que la ambición de los líderes populares y las demandas de sus seguidores generalmente estaban enfocadas al ámbito local; más aún, los civiles recientemente nombrados contaban con un historial revolucionario reducido y, por lo tanto, con menos prestigio que el del propio Madero (quien, al menos, había arriesgado su vida en el combate). En consecuencia, en todo el país, los civiles se encontraron con que su autoridad estaba restringida; su codiciada herencia política ahora se encontraba comprometida, por una parte, por los sobrevivientes del Porfiriato (políticos y oficiales del ejército, o terratenientes y notables locales, vinculados con el viejo régimen y críticos del nuevo), y, por otra, por líderes populistas advenedizos que ahora esperaban la recompensa a sus esfuerzos revolucionarios y los de su gente. Enfrentados a ese dilema, los gobernadores maderistas a menudo buscaron el apoyo conservador con el fin de calmar el descontento popular: recurrieron al viejo régimen para restablecer el equilibrio del nuevo. El caso de Morelos es más común que excepcional. Ahí la oposición de los civiles respetables de 1909-1910, leyvistas y maderistas, promovió la rápida desmovilización y pacificación provocando así la rebelión de Zapata y sus aliados.[117]

Los ejemplos abundan. En Hidalgo, tanto el gobernador interino, Jesús Silva, como su sucesor, Ramón Rosales, tenían una trayectoria opositora impecable y eran hombres de propiedades y prestigio (presidente y vicepresidente del Club Antirreeleccionista de Pachuca; abogado y gran maestro masón

---

[115] De Madero a M. Escudero y Verdugo, 9 de diciembre de 1912; de E. de los Ríos a Bonilla, 18 de diciembre de 1912, AFM, r. 11.
[116] De E. de los Ríos a R. Hernández, 5 de julio de 1912, AFM, r. 10.
[117] Womack, *Zapata*, pp. 88-89 y 108-109.

respectivamente); ambos habían sido detenidos en noviembre de 1910 (se decía que Silva se había retractado con cínica rapidez) y ninguno había participado en la lucha armada.[118] Acaparó la atención el general "indígena" de 23 años Gabriel Hernández quien, después de reclutar a tres seguidores en Chignahuapan (Pue.), su pueblo de origen, se convirtió en el principal dirigente en Hidalgo, reunió a un ejército de varios miles y entró triunfalmente en Pachuca durante el mes de mayo.[119] Hernández era el hombre del momento, su llegada a Pachuca sofocó los disturbios y se organizó un suntuoso desfile en su honor; los maderistas victoriosos posaron para las fotografías (ritual obligado en 1911), en las que Hernández, captado para la posteridad apareció sentado frente a un escritorio con un extraño casco y rodeado por mestizos de bigote, pálidos y mayores que él.[120] Grueing observó al respecto: "Un mes antes, Hernández era un desconocido, ahora encabeza 3 000 hombres, en general bien armados, y controla todo el estado de Hidalgo". En México se le llamaba (no necesariamente con respeto) "el famoso de Pachuca".[121] Sin embargo, Jesús Silva era gobernador y pronto fue blanco de numerosos ataques por incluir porfiristas en su gobierno (por ejemplo, su lugarteniente), además por sostener magistrados y recaudadores de impuestos del viejo régimen y por mantener el sistema de jefes políticos, lo que constituía un desafío a la promesa de libre gobierno municipal.[122] En Junapan, por mencionar un ejemplo local, los maderistas habían permitido que el pueblo eligiera a un jefe popular para después presenciar cómo el gobernador subvertía su elección en detrimento (según el pueblo) de los principios revolucionarios.[123] Mientras tanto, Hernández, después de un breve periodo de servicio entre los rurales (el único cargo oficial al que podían aspirar los cabecillas), retornó a su pueblo natal, donde se involucró en un conflicto violento con Miguel Arriaga, paladín del viejo régimen y cuya revuelta de "último minuto" ya ha sido mencionada.[124] Hernández atacó el cuartel de Cuetzalán, en el corazón de los dominios de Arriaga, y fue implicado como cómplice de su hermano en el saqueo de la casa de Arriaga en Zacapoaxtla. La naturaleza de esta disputa no se conoce con precisión. Arriaga se había convertido en seguidor de Vázquez

[118] Casasola, *Historia gráfica*, I, p. 487; *El País*, 18 de noviembre de 1910; de A. Serratos a Cabrera, 7 de noviembre de 1912, AFM, r. 2.

[119] *El Diario del Hogar*, 23 de mayo de 1911, proporciona la alta y poco probable cifra de 5 000; Grueing, *Mexico and its Heritage*, p. 309, prefiere 3 000; Hohler, Ciudad de México, 8 de junio de 1911, FO 371/1148, 24749, está de acuerdo con Grueing en cuanto a la ascendencia "indígena" de Hernández; Casasola, *Historia gráfica*, I, pp. 303, 322 y 561, donde se mencionan los orígenes "humildes".

[120] *El Diario del Hogar*, 23 de mayo de 1911; y para un relato más crítico, de Enrique Aguirre a Gobernación, 14 de julio de 1911, AG 898; Casasola, *Historia gráfica*, I, p. 303.

[121] Grueing, *México and its Heritage*, p. 309; Fabela, DHRM, RRM, III, p. 82.

[122] De Enrique Aguirre a Gobernación, 14 de julio de 1911, AG 898; de E. Bordes Mangel a Madero, 16 de junio de 1911, AFM, r. 20, quien explica cómo estas políticas hicieron a Silva impopular, "a pesar de su afiliación política reconocida", *i. e.* a pesar de sus credenciales maderistas.

[123] De Tomás Hernández a Madero, 26 de septiembre de 1911, AFM, r. 19.

[124] Véanse pp. 279-281.

Gómez y Hernández era maderista (aunque se pensó que estaba a punto de dirigir una revuelta en contra de Madero, en enero de 1913). Pero según la costumbre, el uso de estas clasificaciones fue muy vago y oportunista. Sin embargo, queda claro que la ruptura del orden porfiriano revivió viejas disputas y generó nuevos conflictos, y si bien algunos eran solamente luchas por el poder y el patrocinio local, otros involucraron tanto a los caciques del Porfiriato (como Arriaga) como a los jóvenes y populares dirigentes revolucionarios (como Hernández).[125] Estas luchas tuvieron una importancia social evidente (los resultados establecían diferencias marcadas), y en 1911-1912 no había señas de que se aplacaran ni de que el gobierno intentara imponer su autoridad para detenerlas. Por el contrario continuaron con vigor, debilitando al gobierno central y comprometiendo la estabilidad política. Un testigo de estos conflictos locales en la frontera entre Puebla e Hidalgo señaló con precisión e incluso de manera profética: "... en mi opinión, será imposible establecer la paz en este país, a menos que el gobierno limpie todo o casi todo vestigio del 'viejo régimen', desde el humilde escribano [y] telegrafista hasta los personajes más importantes".[126]

Problemas similares surgieron en el corazón de Puebla y posteriormente en el sur. Ahí, en el verano de 1911, el nuevo gobernador descubrió que su autoridad se limitaba sólo a tres o cuatro distritos; el resto ignoraba sus órdenes y un testigo maderista observó que, "los pueblos guiados por elementos de la revolución no aceptan a las autoridades... ni jueces, ni recaudadores, ni agentes del Ministerio Público, ni jefes políticos".[127] Los nombramientos realizados por el gobernador Canete provocaron la indignación de dirigentes rebeldes como Camerino Mendoza, en la frontera entre Puebla y Veracruz, y Francisco García, en Atlixco, quien ignoró las órdenes de desmovilización y luchó por derrotar al jefe local, a pesar de que (según el gobernador) "... lo mejor de la sociedad de Atlixco está contenta con su gestión administrativa".[128] En la capital del estado, la primera gran ciudad en escuchar el sonido de las balas en 1910, la fricción entre las tropas maderistas y federales produjo un baño de sangre. Los testigos coinciden en que la detención y el intento de liberación de un dirigente rebelde fue la causa del problema, difieren sin embargo al establecer si fue el ebrio comportamiento de los maderistas o la provocación deliberada de los antimaderistas (entre los cuales estaban dos hijos del ex gobernador Mucio Martínez) lo que sirvió de detonador.[129] En cualquier caso, los federales, además de estar mejor equipados y contar con

[125] Con respecto a Hernández y estas disputas locales: de G. Madero a Madero, 26 de marzo de 1912; de F. Mariel a E. de los Ríos, 14 de enero de 1913; Fabela, DHRM, RRM, III, pp. 246-247; IV, p. 328; Casasola, *Historia gráfica*, I, p. 561.

[126] J. D. Burke, Jalacingo, 25 de septiembre de 1912, SD 812.00/5209.

[127] De F. Contreras a J. Sánchez Azcona, 15 de junio de 1911, AARD 19/130.

[128] *El País*, 3 y 6 de junio de 1911; de Cañete a Madero, 16 de noviembre de 1911; Fabela, DHRM, RRM, II, p. 274.

[129] Hohler, Ciudad de México, 15 de julio; Turnbull, Puebla, 19 de julio de 1911, FO 371/1148, 30080, 31147; Cumberland, *Genesis*, p. 161; Vera Estañol, *Revolución mexicana*, p. 211.

el Batallón 290 —que aparecerá más tarde en otro incidente similar—, abatieron a los maderistas con ametralladoras, causando un centenar de bajas y obligándolos a huir de la ciudad. Ante este ataque, los rebeldes cobraron venganza en fábricas y haciendas de los alrededores, y una vez más las principales víctimas fueron españoles.[130] Madero arribó a la ciudad al día siguiente, conforme a una visita previamente programada. Ya los maderistas poblanos (citadinos y respetables) lo habían instado a tomar medidas vigorosas para restaurar el orden, "aun contra los revolucionarios", pues opinaban que, de lo contrario, no podrían garantizarse los "intereses de la revolución".[131] Madero contempló una decisión intermedia que implicaba cambios en el mando tanto de rebeldes como de federales, pero sus seguidores se opusieron; para ellos, el único remedio contra el desorden y la inestabilidad era la rápida desmovilización del ejército libertador. El propio paterfamilias del clan de los Madero aconsejó: "Los horribles sucesos de Puebla dan una idea de cómo están los ánimos en una gran parte del País [...] es de todo punto preciso que el Gobierno del Centro obre con mucha energía para reprimir todo nuevo movimiento que tienda a introducir el desorden en cualquier forma que sea, [...] castigando con la mayor severidad a sus autores [...] Sólo de ese modo se evitará [...] una anarquía desenfrenada".[132]

Evaristo Madero no sólo estaba indignado. A pesar del retorno formal a la legalidad, los conflictos entre porfiristas, liberales y maderistas populares eran endémicos. Los "intereses de la revolución" eran distintos, particularmente, para los dos últimos grupos: la perspectiva de unos era la de la clase media urbana y progresista, mientras que la visión de los otros era la del populismo rural; dados estos desacuerdos fundamentales, las hostilidades estaban siempre en peligro de reanudarse. El gobernador del Estado de México se quejó de la insubordinación de las tropas maderistas pues, además de desafiar su autoridad, se decía que fabricaban bombas de dinamita para una inminente revuelta.[133] Quejas similares emanaron de Michoacán, donde el gobernador Miguel Silva —un médico de edad madura, barba cuidada y quevedos dorados— había llevado al poder (el Partido Liberal Silvista) a un grupo de "médicos, abogados y demás profesionistas; algunos terratenientes de aguda visión [...] y muchos hombres de la clase media", quienes se encargaron del ejecutivo, legislativo y judicial de ese estado. Ninguno de los líderes militares del estado recibió recompensas similares y, si bien es cierto que algunas aspiraciones de la clase media quedaron satisfechas, continuaron las protestas contra los funcionarios porfiristas que habían restaurado su poder, desafiando

---

[130] Turnbull, Puebla, 19 de julio de 1911, FO 371/1148, 31147, acerca de los asaltos de los rebeldes a las fábricas de Mayorazgo y Anatlán y a la hacienda El Gallinero, al sur de la ciudad; y al taller textil La Covadonga, al norte, donde unos alemanes fueron asesinados.

[131] De F. Contreras a J. Sánchez Azcona, 15 de junio de 1911, AARD 19/130.

[132] De Madero a De la Barra, 14 de julio; a Vázquez Gómez, 15 de julio de 1911, ALB, carpeta 3; de Evaristo Madero a Rafael Hernández, 18 de julio de 1911; Fabela, DHRM, RRM, I, pp. 433-434.

[133] De Rafael Hidalgo a Gobernación, 10 de agosto de 1911, AG 898.

los deseos populares.¹³⁴ La reforma y renovación de pueblos y ciudades no necesariamente se extendió al campo. En Oaxaca, Benito Juárez Maza realizó su exitosa campaña electoral con el apoyo de otros de trayectoria similar (como el ex reyista Jesús Urueta) y del grupo habitual de profesores y representantes de la clase media.¹³⁵ El conservadurismo de su gobierno (y su supuesta relación cercana con Félix Díaz, sobrino del dictador) causó comentarios adversos; sus nombramientos políticos provocaron la indignación en el Istmo y en otras regiones y los revolucionarios veteranos de 1910-1911 se vieron obligados a rebelarse de nuevo.¹³⁶ Ángel Barrios y sus compañeros cabecillas se resistieron a la desmovilización durante todo el verano de 1912, rechazaron el ofrecimiento de cargos entre los rurales y, por último, en noviembre se levantaron en armas en las montañas cercanas a Cuicatlán, en la misma región y con los mismos seguidores de los tiempos de la revolución maderista. Afirmaron representar la pureza del Plan de San Luis y denunciaron a Madero por traicionar las promesas de la Revolución.¹³⁷

La coalición maderista también mostró fisuras de otra índole: generacional, cultural y de clase. Esto no sorprende ya que fueron los jóvenes quienes combatieron en las batallas. Los líderes populistas generalmente tenían entre 20 y 40 años; en cambio, los políticos civiles tenían entre 40 y 60 años de edad. A este respecto, hay un subgrupo interesante que merece atención. La principal excepción al argumento general que aquí se ofrece (en torno a que fueron distintos grupos los que se encargaron de la política en 1909-1910 y del gobierno en 1911-1913, por una parte, y de la movilización popular y la guerrilla de 1910-1911, por la otra) la constituye un grupo formado por jóvenes maderistas civiles, descendientes de familias respetables, que combinaron la ambición, el idealismo y la inteligencia política con la habilidad para luchar en la guerrilla y, por lo tanto, con capacidad para desplegar una movilización genuinamente popular; de esta manera pudieron intervenir en ambos terrenos. Juan Andreu Almazán, estudiante de medicina, se fue al campo cuando estalló la Revolución; ahí estableció una alianza indefinida con Zapata, formó la Brigada Serdán, se autoproclamó, de manera un tanto grandilocuente, plenipotenciario de Madero en el sur, y ejerció poderosa influencia en los linderos de Puebla y Morelos. Ambicioso y mañoso, Almazán se indignó al no recibir nombramiento alguno de Madero.¹³⁸ Durante el difícil proceso de desmovilización, sus fuerzas se enfrentaron a los federales en Cuernavaca

---

¹³⁴ De Pablo Torres a F. Cosío Robelo, 5 de junio; de Miguel Silva a Robles Domínguez, 27 de mayo de 1911, AARD 16/74, 23; Romero Flores, *Michoacán*, pp. 56-57; María y Campos, *Múgica*, p. 46.

¹³⁵ Ramírez, *Oaxaca*, p. 29; Peter V. N. Henderson, "Un gobernador maderista: Benito Juárez Maza y la revolución en Oaxaca", *Historia Mexicana*, XXIV, núm. 3 (enero-marzo de 1975), pp. 372-381.

¹³⁶ De R. García a A. Barrios, 10 de noviembre de 1911, AARD 18/7.

¹³⁷ Ramírez, *Oaxaca*, pp. 32-40.

¹³⁸ Womack, *Zapata*, p. 80, donde hace notar el "impresionante talento para el engaño y las artimañas" de Almazán (después de todo, Almazán era estudiante de política); de Almazán a Vázquez Gómez, 2 de junio de 1911, AARD 17/97.

(en una versión menor del altercado de Puebla) y el propio Almazán convocó a la prensa para denunciar "las medidas violentas [que se utilizaron] para proceder al licenciamiento..."; culpó a Madero por permitir que los conservadores lo acorralaran y se quejó de que aquí estuviera "... arrojando a un abismo a todos sus correligionarios".[139] Es indudable que Zapata, Magaña y Hernández compartían este sentimiento pero, a diferencia de Almazán, no convocaron a la prensa para divulgarlo. Éste como miembro y amigo de la fraternidad política de la clase media, podía esperar la indulgencia de Madero; en efecto, después de un breve periodo de detención, recobró su libertad una vez que hubo "reflexionado y entendido" su error juvenil.[140] Pero en pocas semanas retornó al lado de Zapata y organizó la rebelión en las montañas limítrofes de Puebla y Guerrero; meses después, condujo a varios centenares de hombres al asalto triunfal de Ayutla (Gro.).[141]

Otro estudiante (de derecho) amigo de Madero, creó problemas similares para las autoridades de San Luis Potosí. Pedro Antonio de los Santos era miembro de una familia acomodada cuya trayectoria política se remontaba a la década de 1880, cuando encabezó una rebelión popular.[142] Prominente líder maderista, Santos fue nombrado secretario de Estado en 1911 y, a pesar de su juventud, se postuló para candidato a gobernador. Se dice que con este objetivo frenó deliberadamente la desmovilización de sus tropas. Varias manifestaciones políticas ruidosas en su favor causaron alarma entre los potosinos, que imploraron a Madero le ordenara a Santos presentarse en la capital "con cualquier pretexto" a fin de mantenerlo a distancia.[143] Como resultado, la amenaza de la candidatura gubernamental de Santos se desvaneció y el doctor Rafael Cepeda, candidato "oficial" maderista, triunfó sobre la insignificante oposición. Aunque Cepeda era un reformador genuino, propició resentimientos por la forma en que se desarrolló su elección y por la línea dura que siguió con respecto a los maderistas disidentes; a fines del verano, se señaló que[144] "se comenta [en San Luis] que casi todos los líderes de Madero que estuvieron activos en el distrito han sido detenidos; las fuerzas maderistas, parcialmente desmembradas, se han mudado a los pueblos pequeños, mientras que las fuerzas federales han aumentado". Carrera Torres, Pérez Castro y Daniel Becerra, quienes habían encabezado la revuelta "vazquista" en Río Verde, fueron capturados y permanecieron en prisión durante 1911 y 1912;

---

[139] Fabela, DHRM, RRM, II, pp. 51-54, en el que se aclara que Almazán convocó efectivamente a una conferencia de prensa, incluido un fotógrafo (como muestran las páginas de Casasola, era un individuo fotogénico).

[140] De Madero a Almazán, 22 de junio de 1912, AFM, r. 12.

[141] Womack, *Zapata*, p. 122; Pangburn, Acapulco, 3 y 11 de diciembre de 1911, SD 812.00/5633, 5685.

[142] Falcón, "Orígenes populares", pp. 204-206.

[143] De A. Aguirre Benavides a J. Sánchez Azcona, 28 de junio de 1911, AARD 21/28; de F. Covarrubias a Madero, 11 de julio de 1911, AFM, r. 20.

[144] Martínez Núñez, *San Luis Potosí*, pp. 29-30; Bonney, San Luis, 5 de agosto y 30 de septiembre de 1911, SD 812.00/2346, 2401.

en el mismo periodo, los Cedillo se vieron obligados a abandonar su tibia postura de oposición para lanzarse a la rebelión directa.[145]

Pero si la rebelión de los Cedillo era típicamente agraria, popular y plebeya, Santos —al igual que Almazán— pertenecía a ese grupo reducido, "muchos de ellos jóvenes" que, no obstante su origen de "clase media o incluso alta... han apoyado movimientos sediciosos".[146] Éstos eran considerados —con cierta indulgencia— como delincuentes políticos más que subversivos sociales y "al ser capturados, generalmente no recibían castigo; es más, cuatro de ellos han recibido nombramientos o han retornado a sus cargos" en San Luis Potosí.[147] Al igual que en la época de Díaz o durante los interminables cuartelazos del siglo XIX, la nación política podía tolerar ahora un cierto grado de disensión dentro de sus propias filas, sin recurrir a la represión brutal reservada sólo para los indios o los campesinos rebeldes. Por esta razón, Santos pudo combinar la movilización popular con una trayectoria política más ortodoxa; su meta era dirigir la jefatura de la policía en la Huasteca (su hermano era representante de la región en el Congreso Federal); la familia intentaba aumentar su influencia ahí para enfrentarse al gobernador Cepeda y apelar a Madero, y así enemistar al presidente con el gobernador.[148] Al estar en juego el destino de varias comunidades con un historial de descontento agrario, es posible que estas disputas deban su origen a cuestiones socioeconómicas más profundas. Puede ser que investigaciones más amplias en la región revelen los nexos, por ejemplo, que esclarezcan si Santos (al igual que otros terratenientes de la Huasteca) hizo su carrera revolucionaria al aprovechar y dar expresión a quejas populares, como lo hiciera su familia en el pasado.[149] Sobre todo, si tomamos en cuenta que esa trayectoria fue interrumpida con la muerte del héroe en 1913. Almazán, sin embargo, sobrevivió, prosperó y, después de formarse un historial revolucionario, surgió como figura clave del Estado posrevolucionario. Así, conformó el poder de la amalgama del conocimiento político y carisma popular: movilizar fuerzas populares *desde el interior* en lugar de hacerlo *en contra* de la estructura del Estado.[150] Esto, sin embargo, exigía tiempo y una educación difícil de obtener en la escuela de la revolución. En 1911-1912 estos maderistas jóvenes, inteli-

[145] De J. D. Cockcroft, "El maestro de primaria en la Revolución mexicana", *Historia Mexicana*, XVI, núm. 4 (abril-junio de 1967), pp. 576-580; Martínez Núñez, *San Luis Potosí*, pp. 34-36; Bonney, San Luis, 20 de marzo y 9 de abril de 1912, SD 812.00/3778, 3608.

[146] Bonney, San Luis, 16 de octubre de 1912, SD 812.00/5310.

[147] *Idem.*

[148] Bonney, San Luis, 6 de junio de 1912, SD 812.00/4193; de P. A. de los Santos a Madero, en Fabela, DHRM, RRM, III, pp. 489- 493; IV, pp. 254-257; de Madero a De los Santos, 7 de noviembre de 1912; a Cepeda, 29 de octubre de 1912, AFM, r. 11.

[149] Falcón, "Orígenes populares", donde se menciona que la familia estaba "en pleito con los grandes hacendados de la región". A pesar de la atención que prestaron al tema historiadores expertos como Falcón, Fowler y Ankerson, la política local de la Huasteca continúa un tanto en el misterio.

[150] *Cf.* Tilly, *Rebellions Century*, pp. 52 y 262.

gentes y agitadores, distintos a sus superiores de edad madura, y a sus aliados toscos y plebeyos, representaron una fuerza para el futuro. Pero en ese momento eran muy escasos y demasiado jóvenes para alterar el curso de los acontecimientos y estuvieron condenados a permanecer momentáneamente como rebeldes y disidentes aislados.

El carácter del acuerdo de 1911 y del régimen de Madero, se ilustra particularmente con el ejemplo de Veracruz, un estado clave en el ámbito político. Ahí el tratado de paz gillotinó repentinamente la actividad revolucionaria y creó un "sentimiento de decepción"; la sobrevivencia de los funcionarios de Dehesa en sus cargos ofendió a la opinión pública y, al igual que en Puebla y Cuernavaca, los federales y los maderistas se enfrentaron en las calles de la capital del estado mucho después de la declaración de paz.[151] La energía se canalizó en fieros conflictos políticos, particularmente los que concernían a la gubernatura. En las elecciones para gobernador, Francisco Lagos Cházaro (un "bohemio pintoresco" y, como casi todos los bohemios, de sólida clase media) se enfrentó a Gabriel Gavira, un artesano (carpintero) que había progresado desde el mutualismo y la política antirreeleccionista en Orizaba, hasta convertirse en un "autoproclamado general de la estirpe habitual" —es decir, líder popular al mando de 500 hombres, con quienes llevó a cabo la toma de Córdoba en mayo de 1911—.[152] Si Santos y Almazán eran guerrilleros atípicos de clase media, Gavira era también aspirante atípico: pertenecía a la clase trabajadora (artesanal, concretamente) y tenía antecedentes urbanos. Al postularse (como Santos) para gobernador, desplegó audacia y sofisticación. En cambio, muchos líderes rebeldes de 1911 eran más deferentes y tímidos, especialmente en el centro-sur: Rafael Tapia, amigo de Gavira, talabartero de Orizaba y cabecilla por esfuerzo propio, apoyó a Lagos Cházaro sólo porque creía que los gobernadores deberían ser hombres con educación. En agradecimiento, Tapia fue comisionado a los rurales; sabía su lugar y fue recompensado conforme a su estatus.[153] Asimismo, Madero apoyó a Lagos Cházaro ya que, como observó Gavira, "prefería de antemano a un licenciado que a un carpintero".[154]

Pero Gavira continuó presionando; organizó una vigorosa campaña política, viajó por todo el estado en una "gira electoral" sin precedentes y ganó el apoyo de las clases bajas.[155] Conforme a sus partidarios, se consideraba "muy estimado en todo el estado, principalmente entre la gente sufrida, la gente obrera", lo que no sorprende debido a sus antecedentes; en cambio, Lagos

---

[151] Chausson, Veracruz, 18 de mayo de 1911, AAE, Méx., Pol. Int., N. S., II, núm. 40; Gavira, *Actuación*, pp. 42-44 y 52; Nunn, Veracruz, 3 de julio de 1911, FO 371/1148, 28120.

[152] Ross, *Madero*, p. 229; Tapia, *Mi participación*, p. XV; Canada, Veracruz, 25 de enero de 1912, SD 812.00/2722; Gavira, *Actuación*, pp. 5-42; de Gavira a Robles Domínguez, 31 de mayo de 1911, AARD 25/156, 169.

[153] Tapia, *Mi participación*, p. 36.

[154] Gavira, *Actuación*, p. 58.

[155] *Ibid.*, p. 53; Canada, Veracruz, 25 de enero de 1912, SD 812.00/2722.

Cházaro dependía de "los antiguos caciques, los científicos, en una palabra".[156] Después de las elecciones ambos oponentes se proclamaron victoriosos; Lagos Cházaro fue declarado el triunfador y Gavira, según la práctica establecida, rechazó el resultado, se "pronunció" y se dirigió a las montañas donde buscó con éxito considerable el apoyo popular, especialmente en las tierras altas y agrestes donde la Revolución de 1910-1911 había logrado más adeptos. Gavira subrayó que ésta era una rebelión local; se rehusó a identificarse con los vazquistas y, en una carta dirigida a Madero, deploró el excesivo compromiso del presidente con los intereses conservadores. Esto, afirmó, había provocado la decepción y la revuelta.[157] Sin embargo, los rurales pronto recibieron órdenes de perseguir a Gavira. Fue capturado en Altotonga y encarcelado en la famosa prisión de San Juan de Ulúa en Veracruz. Madero le envió al gobernador del estado una carta de felicitación por la captura de Gavira. Pero incluso durante los nueve meses de prisión (dos de ellos en el confinamiento de una celda sin ventilación, donde Juan Sarabia, encarcelado durante tres años por Díaz, había contraído tuberculosis), Gavira intervino en la política veracruzana; recibió la visita de los candidatos a gobernador en el verano de 1912; conforme a sus palabras, el apoyo que diera a Antonio Pérez Rivera ("honesto e independiente" aunque no era radical) aseguró su elección.[158] Esta afirmación es enteramente verosímil. Cuando Gavira recobró la libertad en ocasión de la amnistía general a fines de 1912, fue objeto de una "enorme manifestación popular" en Veracruz; el gobernador Pérez Rivera tembló al pensar en otro brote gavirista y recurrió a Madero para que convenciera a Gavira de vivir en la Ciudad de México, donde el gobierno de Veracruz le pagaría una pensión con tal de mantenerlo lejos. No era tanto que se le temiera a Gavira sino al gavirismo: "como el gavirismo... marca una división entre otras clases de la sociedad, de ahí mi deseo porque no se celebren manifestaciones públicas que despierten y aviven pasiones que, con mucho tacto, estoy procurando hacer olvidar para constituir de todos los elementos sociales una sola familia que aliente los mismos ideales y tenga las mismas aspiraciones".[159] Al igual que Domingo Hernández en San Miguel, durante el año anterior, Pérez Rivera ansiaba la estabilidad social y el consenso a la manera de Suiza, en vez del fermento político y social de México. Madero no podía sino aprobar estos sentimientos pacíficos, así como el rechazo

[156] De E. Lobato a Madero, 24 de diciembre de 1911, AG, CRCFM.

[157] Gavira, *Actuación*, pp. 58-63; Canada, Veracruz, 12 de marzo de 1912, SD 812.00/3314; de Madero a F. Lagos Cházaro, 1º de abril de 1912; Fabela, DHRM, RRM, III, pp. 282-283; Casasola, *Historia gráfica*, I, p. 488, presenta una espantosa exposición de cadáveres gaviristas. Gavira, *Actuación*, p. 60, comenta sobre la desilusión de muchos ex maderistas, como él; y por lo menos otro prominente líder de la región, Francisco Bertrani, también se rebeló y posteriormente fue indultado; Burke, Jalacingo, 25 de septiembre de 1912, SD 812.00/5209.

[158] Gavira, *Actuación*, pp. 63-68; Vera Estañol, ningún amigo de Gavira coincide en esto, *Revolución mexicana*, p. 244.

[159] Gavira, *Actuación*, p. 70; Canada, Veracruz, 27 de diciembre de 1912, SD 812.00/5776; de A. Pérez Rivera a Madero, 16 de diciembre de 1912, AFM, r. 21.

implícito a la política de división de clases; coincidió en que "sin duda Gavira sin tener que hacer se ocuparía exclusivamente de política y tendría en constante fermento al estado".[160] Pero Madero no creía necesario persuadir a Gavira de trasladarse a la Ciudad de México; prefería mantenerlo a prudente distancia de la capital y pensaba que era posible convencerlo de retornar a su taller de carpintería en Orizaba. Ahí, y no al servicio del Estado, era adonde pertenecían Gavira y los de su clase.

El desafío popular: el norte

Los maderistas civiles —y los conservadores declarados a los que cada vez se parecían más— triunfaron en el centro del país y sofocaron protestas y rebeliones populares con éxito. El relativo conservadurismo del régimen de Madero no era el resultado lógico de una revolución irrelevante (la de 1910 estaba lejos de serlo) sino la consecuencia de una acción defensiva duramente peleada (incluso una "contrarrevolución"), en la cual conservadores y maderistas civiles, revolucionarios de último minuto y caciques locales, colaboraron en aras de la paz y el orden. Pero en el norte, donde la Revolución de 1910 había sido más vigorosa, donde se habían demolido parcialmente los pilares del viejo régimen y donde los maderistas —tanto militares como civiles— habían llegado a gozar de un poder más amplio, esta "contrarrevolución" resultó ser más difícil y más productiva de resistir. Será necesario centrarse de nuevo en los ejemplos más importantes: en primer lugar Sinaloa, Durango y La Laguna; y después (en rubro aparte) Chihuahua, cuna de la Revolución de 1910.

Antes de firmar el tratado de paz, Madero había enviado a Manuel Bonilla como emisario político a Sinaloa, donde su misión era imponer el orden sobre el caos revolucionario.[161] Bonilla, prototipo del maderista civil (ex director del Club Antirreeleccionista de Culiacán, ministro en el gobierno de De la Barra y de Madero), retornó a su estado natal y nombró a un "hermano político" como gobernador interino. Durante el verano, los intentos por desmovilizar las tropas maderistas provocaron "el descontento unánime de todos los elementos revolucionarios"; Juan Banderas, el antiguo vaquero que había cobrado importancia revolucionaria en 1911, exhortó a Madero a frenar las maniobras de las tropas federales en el estado, "pues fuerzas que tengo aquí... consideran aún a los federales como enemigos"; por último, a fines del verano, Banderas organizó un golpe que derrocó al gobernador, disolvió el poder legislativo en el estado (todavía nido de científicos) y se instaló en el edificio de la cámara legislativa estatal, como un desafío al gobierno central.[162] Un testigo norteamericano aprobó el golpe y sostuvo que Banderas "es el

[160] De Madero a Pérez Rivera, 14 de diciembre de 1912, AFM, r. 11.
[161] Olea, *Sinaloa*, pp. 34-37.
[162] De Banderas a Madero, 11 de julio de 1911, AG, "Relaciones con los estados" (Sin.); Olea, *Sinaloa*, pp. 34-35; Womack, *Zapata*, p. 208; Casasola, *Historia gráfica*, I, p. 489; II, p. 898.

hombre fuerte que rescatará al estado de su condición 'caótica'"; Banderas podía lograrlo ya que era "producto de la revuelta que ahora domina, es su creatura y el único de los líderes que se ha opuesto a la revuelta en toda su furia".[163] Se requería "un militar que ejerciera influencia y poder sobre la gente", pero plebeyo y no de orígenes porfiristas. Sin embargo, el gobierno central se opuso a este ejemplo del naciente populismo; indignado por la caída de su gobernador protegido, Bonilla aplicó su influencia ministerial en contra de Banderas; los representantes de los intereses comerciales y propietarios en Sinaloa (como los comerciantes reyistas de Mazatlán) se unieron a su protesta y denunciaron el régimen en el que "Banderas representa... todos los poderes pues hace y deshace a su antojo".[164] Tanto De la Barra como Madero fueron presionados para destituir a Banderas y llevarlo a la Ciudad de México, donde su atracción populista no ejercería efecto alguno; Madero retiró el apoyo a su antiguo seguidor y lo increpó por sus métodos poco liberales y de mano dura.[165]

Por último, se eligió a un gobernador constitucional que correspondía al tipo aprobado: José María Rentería, viejo (incluso más que la mayoría de los oligarcas del Porfiriato), sordo, posiblemente senil e indudablemente inepto e incapaz de competir con las supuestas intrigas de Bonilla; su única cualidad consistía en ser respetable, liberal y acomodado.[166] El primer paso fue desviar a Banderas con el pretexto de una misión en el norte de Sinaloa; después, requerido en la Ciudad de México, fue detenido por el asesinato de un coronel federal; un año después aún se encontraba en prisión y Madero ignoraba tanto sus súplicas ("Ya voy sobre tres años que tengo abandonada a mi familia") como sus recriminaciones ("jamás he sido su enemigo, siempre le he sido fiel... [sin embargo] veo que es usted más bondadoso con sus enemigos").[167] Por esas fechas, ésta se convirtió en una queja habitual; combinaba orgullo herido, indignación y decepción; su número aumentaba en la medida en que los veteranos de la Revolución de 1910-1911 contemplaban los resultados de sus esfuerzos. Banderas no estaba solo en sus sentimientos. Justo Tirado, un antiguo e inculto pero eficiente terrateniente de Palma Sola, había armado a sus peones para la revolución en febrero de 1911 y, después de la victoria, estableció a su hijo ("alguien casi analfabeto") como jefe político en Mazatlán; después, el gobernador Rentería lo retiró de su cargo y lo envió al campo. A principios de 1912, Rentería había "echado a los jefes revolucionarios que aún permanecían con cargos bien remunerados".[168]

[163] Parker, Culiacán, 16 de agosto de 1911, SD 812.00/2346.
[164] Olea, *Sinaloa*, pp. 36-38; de F. Guerrero a Madero, 8 de noviembre de 1911, AG, CRCFM. La narración que hace Bonilla sobre este periodo en *El régimen maderista*, México, 1922, extrañamente guarda silencio sobre estos hechos, en los que el autor estuvo íntimamente involucrado.
[165] Ross, *Madero*, p. 179.
[166] Olea, *Sinaloa*, p. 38.
[167] De Banderas a Madero, 10 de enero de 1912; Fabela, DHRM, RRM, IV, pp. 317-319; Casasola, *Historia gráfica*, I, pp. 489-490, comunica una impresión similar.
[168] Casasola, *Historia gráfica*, I, p. 272; Alger, Mazatlán, 4 de julio de 1912, SD 812.00/4196.

Pero esta purga política era más difícil en el norte que en el centro. La detención de Banderas provocó una oleada de revueltas; Manuel Vega se pronunció en Navolato, declaró su alianza con el Plan de Ayala, recientemente emitido por Zapata; se vinculó con otros seguidores de Banderas y con algunos veteranos de 1910 como Antonio Franco y "Chico" Quintero; se decía que sus fuerzas incluían a muchos "indígenas que han sido despojados de sus tierras". Tomaron Mocorito al grito de "Viva Zapata". Hacia el sur, Tirado se rebeló —en oposición al gobernador Rentería, no al presidente Madero, según dijo— y se alió con Juan Carrasco ("una especie de peón y capataz... hombre sin educación... y bebedor"). Juntos, amenazaron a Mazatlán en la primavera de 1912.[169] Para entonces, todo el sur de Sinaloa había sido tomado; Juan Cañedo y sus aliados de Tepic capturaron los pueblos pequeños; Tominil (uno de los primeros pueblos en caer en 1910), Concordia, Siqueiros y otros.[170] Una vez más, las autoridades demostraron su incapacidad para defender el campo: Néstor Pino Suárez, hermano del vicepresidente recién electo y coronel de los rurales, dio el ejemplo al perder su vida en la campaña contra Quintero; sin embargo, otros guardianes de la paz, menos comprometidos con el gobierno central, se rehusaron a enfrentarse con los rebeldes (en algunos casos se trataba de antiguos compañeros revolucionarios). Cincuenta rurales, enviados a defender Concordia del ataque de Cañedo, se detuvieron en el camino y se embriagaron; otro destacamento comisionado en Concordia se desmembró al inicio del ataque; en Mazatlán, los rurales optaron por no resistir a Tirado y "permanecieron en sus barracas sin tomar parte... diciendo que sólo se trataba de un asunto personal para derrocar al gobernador".[171] Tirado logró su objetivo: el gobierno central aceptó gustoso la renuncia de Rentería y se enviaron 700 federales para restaurar el orden en Mazatlán. Tirado y sus aliados, parcialmente satisfechos, se retiraron; entonces los destacamentos rebeldes se dirigieron hacia el norte y sometieron "todo el valle de Culiacán a un estado de anarquía". Tomaron y saquearon la capital del estado antes de dispersarse.[172] Un testigo en el vecino estado de Durango (que tampoco gozaba de paz ni orden) consideró que "todo el estado de Sinaloa, con excepción de Mazatlán, se dispone a la revolución"; mientras tanto, desde el sur de Mazatlán hasta las cercanías de Tepic, "la región entera... está llena de bandas de salteadores".[173] Ahí las comunidades vivían con

[169] Olea, *Sinaloa*, pp. 40-41; Alger, Mazatlán, 29 de marzo de 1912, almirante Caperton, Marina de los Estados Unidos, 7 de mayo de 1915, SD 812.00/3495, 15055.
[170] Olea, *Sinaloa*, p. 42.
[171] *Idem*, Alger, Mazatlán, 27 de marzo y 7 de abril de 1912, SD 812.00/3477, 3620.
[172] Olea, *Sinoloa*, pp. 44-45; Bates, abogado del Ferrocarril Sudpacífico, en memo., 29 de abril de 1912, SD 812.00/3764. Nuevamente, los comercios chinos fueron las principales víctimas del saqueo de Culiacán: Alger, Mazatlán, 6 de mayo de 1912, SD 812.00/3949.
[173] Hamm, Durango, 9 de mayo; Alger, Mazatlán, 13 de junio; Hostetter, Hermosillo, 28 de abril de 1912; SD 812.00/392; 4248; 3939. Vera Estañol, *Revolución mexicana*, p. 208, señala a Sinaloa, junto con Morelos y la sierra de Durango, como los principales puntos de conflictos a finales de 1911.

el temor constante de un ataque. En Acaponeta, cerca de la línea ferroviaria entre Mazatlán y Tepic, la iglesia estaba tan cargada con las protecciones de sacos de arena "que se teme [que] el techo... vaya a caerse".[174]

Aunque es evidente que la rebelión era endémica en Sinaloa, y si bien es posible narrar los incidentes clave, no es fácil comprobar sus causas subyacentes (si es que las había). Es indudable que participaron los mismos líderes que en 1910-1911 y los hechos tuvieron lugar en los mismos sitios (las sierras de Sinaloa, Durango y Tepic; Palma Sola, la zona de Tirado; Mocorito y Navolato, el pueblo natal de Manuel Vega). Los intentos del régimen (especialmente del gobierno local) por desmovilizar las tropas y derrocar a los oficiales maderistas fueron detonadores de la nueva rebelión. Asimismo, existen evidencias de causas agraristas: Vega se suscribió al Plan de Ayala y tanto él como Banderas se unieron a Zapata posteriormente. Los gritos de "Viva Zapata" escuchados en el ataque a Mocorito, se repitieron cuando Cañedo tomó por asalto San Ignacio en marzo de 1912. Los funcionarios del gobierno se referían habitualmente a los rebeldes de Sinaloa como "zapatistas".[175] Cuando Cisneros (aliado de Tirado y de Cañedo) instaló sus cuarteles en la hacienda de Quimiches, en la frontera entre Tepic y Sinaloa, "administró la hacienda con despotismo... declaró que toda la propiedad era 'libre' y prohibió el envío de maíz a Puerto del Río", sin duda para beneficio de los consumidores locales. El año anterior, Darío Medina y su banda, "hombres que se llaman a sí mismos soldados maderistas", habían ocupado la hacienda de Tierra Blanca, en las orillas del río Culiacán; se apropiaron de las cosechas, se embriagaron y causaron alarma general.[176] Es imposible saber si se trataba de los maleantes sin principios descritos por terratenientes y cónsules, o si eran rebeldes agrarios cuya apropiación de las tierras respondía a algo que no fuera un simple instinto depredador.

Sin embargo, el carácter fundamentalmente rural y popular de la rebelión lo sugieren sus fluctuaciones que, en 1911-1913, siguieron el ciclo agrícola y confirmaron el antiguo adagio que dice "no hay revolución mexicana que sobreviva la temporada de cosecha".[177] Las revueltas populares —en Sinaloa al igual que en otras partes— ocurrían en los meses de invierno, después de la cosecha de otoño, cuando los hombres se encontraban relativamente libres de tareas agrícolas; alcanzaban su culminación en primavera (cuando, al agotarse los abastos invernales de alimentos, se alentaba la requisición por vía de la campaña); y amainaban con las lluvias de verano y la temporada de siembra. Es interesante destacar que tanto el Plan de San Luis,

[174] De G. Jones, hacienda de Quimiches, a C. Hagel, 7 de abril de 1912, SD 812.00/3711.
[175] Olea, *Sinaloa*, pp. 23-25, 32 y 40-42; de Alberto Galán, prefecto de Mazatlán al inspector rural general, 1º de mayo de 1912, AG 898 y *passim* en ese archivo; Hostetter, Hermosillo, 23 de marzo de 1912, SD 812.00/3463; Womack, *Zapata*, p. 208.
[176] W. Windham, Cía. Agrícola de Quimiches, a G. Jones, julio de 1912, SD 812.00/4419; de la señora F. B. de Caneda a Madero, 1º de octubre de 1911, AG, CRCFM.
[177] Chase, *México*, p. 16.

de Madero, como el de Ayala, de Zapata, fueron documentos emitidos en noviembre; el pronunciamiento revolucionario de Orozco fue hecho en marzo. Si bien es cierto que los acontecimientos políticos determinaron el momento de estas rebeliones, en su destino intervino la relación con el ciclo de cosecha.[178] En Sinaloa (en niveles locales la sincronía era, por supuesto, más marcada), Cañedo y sus rebeldes abandonaron la lucha en julio de 1912, y repentinamente la situación "mejoró"; pero se observó que "es probable que surja otro levantamiento en noviembre o diciembre, después de la temporada de lluvias".[179] Conforme a los pronósticos, diciembre presenció un recrudecimiento de la actividad rebelde: grupos reducidos de guerrilleros saquearon las haciendas (Fortunato Heredia saqueó Los Mochis); así, cuando el año siguiente (1913) trajo nuevos levantamientos políticos nacionales que estimularon futuras revueltas, el clima local en Sinaloa les fue favorable.[180]

El debilitamiento de la actividad rebelde en el verano de 1912, también reflejó la represión federal. Banderas fue enviado a la Ciudad de México (aunque este hecho aislado no explica la declinación rebelde, como Olea sugiere) y Darío Medina cayó prisionero y fue consignado al ejército con el fin de retirarlo de Sinaloa; más de un centenar de prisioneros lo acompañaron a distintos puntos en el sur, vía Mazatlán y Manzanillo.[181] Otros líderes fueron perseguidos y muertos, y otros más recibieron amnistía. Pero esta amnistía —que el gobierno parecía usar con más éxito en Sinaloa que en Morelos— era un recurso peligroso y falaz. En Sinaloa (al igual que en otros estados) los rebeldes aprovecharon las amnistías para recuperarse, trabajar y reunir abastos de armas en preparación para los siguientes combates; líderes como Cañedo se beneficiaron de la amnistía sólo para rebelarse y de nuevo ser perdonados; un norteamericano expresó su indignación ante el perdón otorgado a bandoleros como Osuna y Soto, quienes cabalgaban por las calles de Mazatlán en magníficos caballos, probablemente robados.[182] La promesa de paz —especialmente cuando coincidía con las lluvias del verano— era ilusoria y tenía corta vida. Sin embargo, también hubo luchas sin cuartel que, además de victimar revolucionarios, significaban un mayor poder y prestigio para el ejército federal. Aunque es cierto que pocos rurales ex maderistas colaboraron en las operaciones para restaurar la paz (como es el caso de Ramón Iturbe), la mayoría —si es que no se había rebelado nuevamente— era considerada

---

[178] Posteriormente, con la profesionalización de los ejércitos revolucionarios, el vínculo entre la cosecha y las campañas se fue desvaneciendo. Sin embargo, debemos señalar una perversa variante, en la que las fuerzas "revolucionarias" mercenarias desplegaron su mayor actividad precisamente durante la temporada de la cosecha e inmediatamente después de la segunda siega, cuando era mucho más fácil y productivo vivir de la tierra y a expensas del campesino. Para entonces, la rueda ya había dado un giro completo; la guerrilla, que había sido como pez en el agua, se convirtió en un tiburón depredador.

[179] Alger, Mazatlán, 20 de junio y 13 de julio de 1912, SD 812.00/4256, 4467.

[180] *Ibid.*, 14 de diciembre de 1912, SD 812.00/5742; Olea, *Sinaloa*, p. 47.

[181] Olea, *Sinaloa*, pp. 44-45.

[182] Alger, Mazatlán, 7 de abril de 1912, SD 812.00/3620; de Windham a Jones (n. 176).

EL RÉGIMEN DE MADERO. CONTINÚA LA REVOLUCIÓN

poco confiable y sus unidades fueron desmovilizadas total o parcialmente en el curso de 1912.[183] Así, el ejército federal, al asumir estas responsabilidades, se arrogó cada vez más tareas administrativas y políticas. A su arribo, en junio de 1912, el general José Delgado tomó *de facto* el control del estado, nombró a un nuevo jefe en Mazatlán e incluso asumió la gubernatura durante unas cuantas semanas; esto inspiró la observación de que el régimen militar se había establecido virtualmente en Sinaloa.[184] Delgado pronto abandonó el cargo y se realizaron nuevas elecciones gubernamentales que dieron el poder a otro maderista civil: Felipe Riveros, "rico hacendado".[185] Pero dicha observación era menos imprecisa que prematura: la incipiente militarización en 1912, provocada por la rebelión sostenida y la consecuente represión, llegó a su conclusión lógica en 1913-1914.

La revuelta popular no respetó fronteras políticas. Muchos rebeldes que pelearon en Sinaloa, en 1910-1911 y de nuevo en 1911-1913, eran durangueños (o chileros, como los llamaban en la región), que descendieron de las montañas agrestes de la Sierra Madre para darse a conocer —así como los serranos en otros estados— en las tierras bajas: hombres como De la Rocha, Antonio Franco o Conrado Antuña. Este último, por ejemplo, se había unido a los ataques a Topia y Tamazula en 1910; recompensado con una comisión en los rurales, se rebeló nuevamente en Topia, en abril de 1912, y después se dirigió hacia los llanos; obtuvo una buena tajada del saqueo de Culiacán ("varias cargas de mulas como botín") sólo para que otro durangueño, Orestes Pereyra, se la arrebatara.[186] Pero, mientras tanto, la acción principal se llevaba a cabo en Durango mismo, conforme al modelo conocido. Tres gobernadores sucesivos, de extracción liberal y civil, lucharon por contener la rebelión rural: el doctor Alonso y Patiño, ex director del hospital de Durango; Emiliano Sarabia, amigo íntimo de Madero que, lamentaba el presidente, rara vez permanecía sobrio después de la comida, y Carlos Patoni, ingeniero educado en los Estados Unidos, hijo de un prominente general liberal y que en ese momento se aproximaba a los 60 años.[187] Bajo su mando se encontraba el joven ingeniero civil Pastor Rouaix, jefe político en Durango; su contraparte en Torreón, centro de La Laguna, era Manuel Oviedo, otro amigo de Madero y secretario local del Partido Antirreeleccionista (que, como muchos de su estirpe, había pasado toda la Revolución de 1910 en la cárcel); el alcalde de

---

[183] Véase de Lino Cárdenas al inspector general de cuerpos rurales, 22 de julio de 1912, AG 898, en protesta por la disolución del 53° regimiento.

[184] Alger, Mazatlán, 13 de junio de 1912, SD 812.00/4248; Olea, *Sinaloa*, p. 45.

[185] Brown, Mazatlán, 14 de septiembre de 1912, SD 812.00/5041; Olea, *Sinaloa*, p. 47.

[186] El grupo principal de serranos provenía de Tamazula, Copalquín y del lindero norteño entre Durango y Sinaloa; pero otros estaban activos más al sur, en los límites de estos estados con Nayarit. Sobre las actividades de los serranos y sus incursiones, véase Olea, *Sinaloa*, pp. 31-32, 41, 45, 67 y 84; Casasola, *Historia gráfica*, I, p. 489; Hamm, Durango, 10 y 13 de abril; Alger, Mazatlán, 9 de mayo; Brown, Mazatlán, 10 de agosvto de 1912; SD 812.00/3641, 3676; 3933; 4660.

[187] Rouaix, *Diccionario*, pp. 35-36 y 310-311; de Madero al teniente coronel José Domínguez, 7 de agosto de 1912, AFM, r. 12.

Torreón pronto sería Adrián Aguirre Benavides, rico abogado y miembro de una familia íntimamente vinculada a Madero tanto por la vía de los negocios como por la del matrimonio.[188]

En ocasiones, estos nuevos funcionarios liberales, a menudo abogados, empeoraron sus precarias posiciones al hacer un despliegue de pedante preocupación por los detalles legales y constitucionales. En el caso de San Juan Guadalupe, por ejemplo, donde en abril de 1911 las tropas maderistas habían destituido a las autoridades impopulares y colocado sustitutos, el gobernador Alonso y Patiño insistió en reinstalar al jefe, al juez y al recaudador de impuestos, todos con salarios retroactivos. Como resultado, "ni un solo puesto de la Administración Pública" de San Juan permaneció en manos de maderistas: "desde el más humilde portero y policía hasta las autoridades principales, son todos los mismos que estaban antes", y —como el pueblo tenía reputación de pendenciero— la situación se tornó tensa y potencialmente violenta.[189] El nuevo gobernador, apoyado por Emilio Madero, antiguo comandante de La Laguna, era inflexible: el nombramiento de jefes políticos "no es elección popular, sino el exclusivo resorte del gobierno"; el pueblo de San Juan fue instado a la calma y a "ayudar [la] pacificación y [la] buena marcha administrativa".[190] Éstas eran las prioridades del nuevo régimen. La democracia municipal, reivindicada tan recientemente, se fue por la borda y los ejecutivos maderistas pronto se deslizaron en la jerga oficial del Porfiriato: "pacificación", "prerrogativa del gobierno", "progreso ininterrumpido de la administración". En Parras, en los linderos de La Laguna, el jefe rebelde Inés Sosa se estableció como comandante militar, no obstante que (conforme a testigos hostiles) era "absolutamente analfabeto" y estaba casi siempre borracho; usó su influencia para amenazar y detener a ex funcionarios porfiristas y provocó la oposición del ex alcalde del pueblo. Este último apeló a Emilio Madero —principal intermediario político de la región— para que destituyera a Sosa en favor del hijo del alcalde. Pero Sosa se resistió y "el populacho lanzó mueras contra las Autoridades protestando por su destitución".[191] Sólo la amplia presencia de federales pudo poner fin al conflicto. Sin embargo, incluso cuando las comunidades se plegaban a los procedimientos constitucionales en la elección de nuevas autoridades, los resultados eran decepcionantes. Un consejero municipal en Durango concluyó que el ayuntamiento "no era de hecho sino un grupo de figuras decorativas... [y] el gobierno hacía y deshacía a su antojo, como si el Ayuntamiento no existiera".[192]

---

[188] Carothers, Torreón, 22 de mayo de 1911; Ellsworth, Ciudad Porfirio Díaz, 16 de febrero de 1912, SD 812.00/1968, 2832.

[189] Rouaix, *Diccionario*, p. 26; *El Diario del Hogar*, 6 de octubre de 1910; de T. Cervantes a Madero, 4 de julio de 1911, AG 898.

[190] De Alonso y Patiño a M. Triana, 20 de junio de 1911, AG 898.

[191] De M. Viesca y Arispe (ex alcalde) a Madero, 2 de julio de 1911, AFM, r. 20.

[192] Dorador, *Mi prisión*, pp. 20-22.

Esta regresión hacia prácticas porfiristas —después de un verdadero y, aún más importante, anticipado cambio hacia procedimientos más democráticos— ofendió a algunos miembros de la clase media urbana que habían constituido la columna vertebral del maderismo civil; así, a principios de 1912, en Durango se criticaba abiertamente al régimen (local y nacional) "incluso entre el partido liberal" y circularon rumores de rebeliones.[193] Éstas, sin embargo, no se materializaron y la conciencia liberal de la clase media se debilitó ante el temor de un mayor desorden. Doce personas murieron en tiroteos callejeros durante una sola noche de junio de 1911; había "pánico por la violencia de las turbas dentro de la propia ciudad" y, en el transcurso de 1912, tanto Durango como Torreón estuvieron bajo la amenaza del aumento de fuerzas revolucionarias poderosas en los alrededores.[194] Así, la dura justicia del Porfiriato, y su firme manera de ejercer el gobierno, atrajo a numerosos adeptos entre la clase media urbana (ya se ha mencionado a los seguidores de Reyes) y la reversión del régimen maderista hacia dichos métodos provocó menos oposición de la esperada entre los demócratas recientes.

Pero en las áreas rurales, el retorno a dichas prácticas no significó sino una amarga lección que llamó a una mayor rebeldía. Si bien es cierto que los maderistas respetables de las ciudades se mostraron condescendientes con los cabecillas rurales, estos últimos menospreciaban, y con frecuencia ignoraban, a las nuevas autoridades maderistas: jóvenes recién salidos de las cárceles o, más a menudo, viejos rancios a fuerza de tantos años de leyes y medicina. Resentían de manera particular la deferencia de las autoridades respecto a los intereses del Porfiriato; la decisión, adoptada en Durango, de subordinar las tropas revolucionarias al comandante federal (en tanto eran desmovilizadas); la política, en La Laguna, de nombrar "autoridades tan malas o peores que en los tiempos porfirianos" ya que "aún siguen en el poder gentes del antiguo régimen y... el gobierno sigue eligiendo gente de esa para los puestos públicos".[195] Para julio de 1911, ya había enfrentamientos frecuentes entre los poderes militares y civiles en Durango; Calixto Contreras y sus seguidores de Ocuila ignoraron al gobernador y llevaron a cabo detenciones arbitrarias de sus enemigos; los peones tomaron posesión de varias haciendas "declaran[do] que, debido al triunfo de los maderistas tienen derecho a tomarlas y son de hecho propietarios de la tierra".[196] El cónsul norteamericano señaló que esta difícil autoridad dual era consecuencia lógica de una revolución que dio importancia intempestiva "a un número elevado de hombres absolutamente descalificados, tanto en educación como en carácter" para ocupar cargos políticos; todo esto debido a que "... los mexicanos de buena

[193] Hamm, Durango, 16 de febrero de 1912, SD 812.00/2925.
[194] *Ibid.*, 7 de junio de 1911 y 20 de abril de 1912, SD 812.00/2130, 3758. Como 1913 habría de mostrar, los temores al desasosiego urbano no eran sólo delirios.
[195] Hamm, Durango, asiento en el diario del 31 de mayo de 1911, SD 812.00/2106; de Julio Madero a Madero, 12 de febrero de 1912; Fabela, DHRM, RRM, III, p. 93.
[196] Hamm, Durango, 30 de julio de 1911, SD 812.00/2265.

cuna, riquezas, educación y carácter... los mexicanos que se opusieron a Díaz, en vez de tomar las armas, permanecieron indiferentes, permitiendo que lucharan los pobres e ignorantes. El resultado es que quienes combatieron son quienes están a cargo de los asuntos públicos".[197] El enfrentamiento entre civiles y militares, urbanos y rurales, clase media y plebeyos, se agudizó aquí y en Morelos, debido a los intereses económicos y sociales que yacían detrás de las batallas por ganar posición y poder. El botín, los aumentos salariales y las "apropiaciones de tierras" habían estimulado la revuelta en La Laguna, según señala un testigo; ante la victoria aparente de la Revolución, los líderes maderistas respetables encontraron dificultades para pedir paciencia a sus harapientos seguidores. Como resultado se dijo que "las tropas sienten que el único vestigio real de estas promesas es el resentimiento causado por la insatisfacción que queda en sus mentes".[198] Pero el cumplimiento de las promesas habría amenazado las propiedades de La Laguna (en las que tanto los Madero como los Aguirre Benavides, sus aliados cercanos, tenían intereses) e implicaba el nombramiento de los rústicos dirigentes populares; la dirigencia maderista no podía tolerar ninguna de estas opciones. En el mejor de los casos, la tropa revolucionaria recibió la promesa de reformas graduales y pacíficas. De tal suerte que las tropas desmovilizadas vagaron de regreso al pueblo o la hacienda (algunos llevaban caballos recientemente adquiridos y marcados con el hierro 2D, es decir, Segunda División), con unos cuantos pesos de plata en los bolsillos, a manera de gratificación, y un sentimiento de desencanto. Algunos (al igual que las tropas desmovilizadas en otras partes, después de otras guerras y rebeliones) retornaron a sus hogares "no con el deseo de trabajar... [sino con] la determinación de extender el descontento... de asegurar para todos salarios más elevados, mejores horarios y las condiciones prometidas cuando acordaron apoyar la causa".[199] Voceros radicales, como los magonistas, encontraron en La Laguna al público que antes no quiso escucharlos; los funcionarios maderistas se vieron obligados a actuar como lo habían hecho los porfiristas en el pasado: encarcelaron a los agitadores antes que arriesgarse a lo que consideraron sería una "revolución socialista".[200] A principios de 1912, el disgusto de los dirigentes revolucionarios populares era general y parecía inminente una revuelta de tintes agrarios a gran escala.[201] Cuando estalló la revuelta, reprodujo fielmente el modelo seguido en 1910-1911; los mismos líderes, lugares y tácticas; los observado-

[197] *Idem.*
[198] Cummins, Gómez Palacio, en Hohler, Ciudad de México, 17 de julio de 1911, FO 371/1148, 30407.
[199] *Idem.*
[200] De Emilio Madero a Madero, 15 de junio de 1911, AFM, r. 19. Queda claro en este como en otros casos, que la Revolución sirvió para estimular el magonismo, y no viceversa.
[201] "Muchos de los antiguos jefes maderistas se han disgustado porque el gobierno instalado por ellos no les ha dado nada... y todos, o casi todos, sólo esperan la oportunidad para volverse a levantar con la bandera de Zapata y para hacer triunfar su Plan de Ayala"; Julio Madero, 12 de febrero de 1912; Fabela, DHRM, RRM, III, pp. 93-94.

res destacaron que "había una misma actitud mental en el pueblo" y el ciclo de rebelión, reflejo del calendario agrícola, era similar: un aumento de actividades en el invierno para culminar en primavera y perder fuerza durante el verano.[202] Madero y sus colaboradores se encontraron precisamente en la misma posición de sus enemigos porfiristas de 1910, se enfrentaron a los mismos problemas y aplicaron (aunque con cierta reticencia) iguales remedios.

Sin embargo, los problemas de los maderistas fueron mayores, porque la revolución en contra de Díaz aumentó las expectativas del pueblo y creó numerosos cabecillas populares en los que descansaban las esperanzas del pueblo; hombres que, con frecuencia, provenían "de la clase humilde [quienes] se hacen valer por sus dotes personales", que habían cobrado importancia revolucionaria y que en ese momento gozaban de "algún prestigio". Obligar a estos hombres a retornar a sus hogares, condenándolos de nuevo a sus "miserables sueldos" no era justo ni político. En la práctica, sin embargo, el escritor (Emilio Madero) compartía las ansiedades de gobernadores como Castelazo o Pérez Rivera cuando, respectivamente, se enfrentaron a Navarro y Gavira; en La Laguna, por ejemplo, Enrique Adame Macías era un "hombre de ideas tan disolventes que bien poco se puede hacer con él"; por esta razón, Emilio apeló a su hermano para que se concediera a Adame un empleo importante en la Ciudad de México y se retirara así al populista del turbulento escenario local.[203] Pero debido a los conceptos en torno a las aptitudes políticas y a la intensa competencia entre los maderistas civiles, lo más que un líder plebeyo podía esperar en 1911 era desempeñar una comisión en el cuerpo de rurales. Hacia fines de ese año, muchos rebeldes del norte prestaban sus servicios entre los rurales, con frecuencia acompañados por sus propias huestes de 1910-1911. Sixto Ugalde ahora estaba al frente de 279 hombres en la zona limítrofe entre Coahuila y Zacatecas; Jesús Agustín Castro comandaba a 336 en La Laguna; Gertrudis Sánchez, a 152 en la región compartida por La Laguna y Durango; Orestes Pereyra encabezaba a 302 en Durango y el norte de Zacatecas; Pascual Orozco, a 214 en Chihuahua.[204] El número total de rurales se había cuadruplicado desde la época de Díaz, y en el territorio intensamente revolucionario que se extendía desde el occidente de Chihuahua hasta el norte de Zacatecas, pasando por Durango y La Laguna, se encontraban 1 200 rurales, la mayoría ex rebeldes comandados por antiguos cabecillas revolucionarios. Esta concentración era única y manifestaba, en forma reveladora, la fuerza de la revolución en el centro-norte del país (en otras partes, los rebeldes recibieron comisiones similares: Rafael Tapia en Veracruz, Salvador Escalante en Michoacán —aunque también es cierto que sobrevivieron numerosos rurales del Porfiriato—; muchos

[202] Graham, Durango, 17 de noviembre de 1911, FO 371/1149, 48729.
[203] De Emilio Madero a Madero, 22 y 25 de junio de 1911, AFM, r. 19.
[204] "Situación de fuerzas de los Cuerpos, 1º-30 diciembre de 1911", AG 873; Francisco Urquizo, *Páginas de la revolución*, México, 1956, p. 13, añade el 26º Cuerpo bajo las órdenes de Martín Triana, pero no da cifras.

otros rebeldes, que gustosos hubieran aceptado comisiones locales, quedaron decepcionados).[205]

El norte, donde la Revolución avanzó más y con mayor rapidez, contenía ahora una enorme fuerza militar pararrevolucionaria que habría de jugar un papel decisivo —aunque ambivalente— en 1911-1913. Algunos de estos nuevos comandantes rurales permanecieron fieles al régimen de Madero: Gertrudis Sánchez combatió con lealtad en el norte y posteriormente en Guerrero; Jesús Agustín Castro mostró similar respeto por la autoridad constituida. Pero en estos casos la lealtad era más frecuente en los servicios asignados lejos de la patria chica, y los partidarios del gobierno eran precisamente aquellos líderes —como Castro— con mayor capacidad de movilización y menor arraigo en su tierra natal y hacia los intereses locales y rurales implícitos.[206] En 1911, estos hombres formaban una minoría: la mayoría de los antiguos revolucionarios que ahora se encontraban en las fuerzas rurales, eran localistas y, por lo tanto, no servían de policías. Sus esfuerzos a menudo eran contraproducentes. Incluso cuando el jefe se mantenía leal, no era posible asegurar la lealtad de sus hombres (sobre los que el jefe ejercía una autoridad poderosa pero condicionada); Sixto Ugalde, suficientemente leal como para abandonar La Laguna y combatir en otra región, vio que a sus hombres les disgustaban los cuarteles en los pueblos aledaños a las minas de carbón, al noreste de Coahuila, y cuando surgía la oportunidad, abandonaban a su jefe y se rebelaban para retornar a la lucha en La Laguna, ahora bajo el liderazgo del temible Benjamín Argumedo.[207] Sin embargo, generalmente, el jefe y su gente seguían juntos el camino de la rebelión: el caso clásico de Orozco será tratado en breve.

La tensa relación entre el régimen de Madero y los antiguos rebeldes que ahora se encontraban comisionados en las fuerzas rurales, se ilustra en el caso de Calixto Contreras, un cabecilla clave en La Laguna. Enemigo mordaz y problemático del gobernador Alonso y Patiño, Contreras entró al servicio del gobierno cuando Emiliano Sarabia reemplazó a Alonso y Patiño a principios de 1912. A la cabeza de "varios miles" de indígenas de Ocuila, Contreras tenía ahora encomendada la labor policiaca de su propio distrito, en los alrededores de Cuencamé, región que había sido "principal fuente de problemas hasta nuestros días". Al parecer era una maniobra astuta, ya que se sabía que

---

[205] El anciano comandante rural, coronel Cruz Guerrero, ya se hallaba preparando el terreno en Hidalgo justo antes de la Revolución y sobrevivió hasta 1911; cf. el rebelde veracruzano Rosendo Villa quien, junto con su gente deseaba patrullar sus tierras en los alrededores de Altotonga, pero se sintió ofendido al no serle ofrecido sino el rango de suboficial: de Villa a Madero, 19 de agosto de 1911, AFM, r. 20.

[206] Véanse pp. 395-396 y 542-543 y cap. VIII.

[207] Urquizo, *Páginas*, pp. 13 y 20; de Ynman a Harlan, 5 de junio de 1911, SGIA, caja 12, describe una visita de Ugalde y sus hombres ("todos ellos tipos grandes y recios... con miradas penetrantes y la cabeza bien puesta"), quienes asistieron a su iglesia el día en que se recuerda a los soldados muertos en campaña, en Ciudad Porfirio Díaz, "sentados con las pistolas en las manos mientras, al mismo tiempo, comían un helado".

Contreras estaba "muy disgustado a raíz de la actitud del gobierno en lo referente a la distribución de unas tierras que los indios de Ocuila habían expropiado cerca de Cuencamé", y se temía la posible rebelión del cabecilla.[208] Al delegar el poder en los populistas locales —al unir la autoridad *de jure* con la *de facto*—, Sarabia mostró cierta presciencia ya que, con el tiempo, la paz se estableció en el país mediante estos mecanismos. Pero en 1912 era una política poco usual, adoptada sólo bajo la presión de las circunstancias. Esta política, a no ser que estuviera cuidadosamente controlada (y en 1912 era casi imposible ejercer el tipo de control necesario), implicaba el peligro de retornar al antiguo orden político del cacicazgo local y el caudillaje, una abrogación del Estado autoritario y centralista que Díaz había creado. Esto era un anatema para los civiles maderistas, quienes estaban en favor de la liberalización del Estado porfiriano y en contra de una regresión al localismo y la barbarie de mediados del siglo XIX. En México, al igual que en Argentina, Sarmiento y Facundo se encontraban en polos opuestos.

La experiencia de La Laguna trajo a casa la lección. Durante un breve periodo, el régimen de Contreras logró una cierta paz al este de Durango. Pero el carácter de este régimen y el secreto de su estabilidad resultan fáciles de descubrir: "[Contreras] visita a todos los líderes de las distintas bandas de asaltantes con quienes está en excelentes términos y les dice, 'muchachos, no ha llegado aún el tiempo para tener problemas; estoy encargado de apaciguar esta parte del estado y les pido, como favor personal, que estén tranquilos; no es necesario que entreguen sus caballos ni sus armas, ya que quizá los utilicen más tarde; esperen mi señal'".[209] De manera similar, en la región montañosa occidental del estado, sólo se pudo mantener cierto orden mediante la cooptación de rebeldes como Orestes Pereyra y los hermanos Arrieta, quienes estuvieron de acuerdo en continuar al servicio oficial.[210] Sin embargo, para testigos críticos, como el administrador de la fundición Velardeña, esta política legitimaba las acciones de los bandoleros de la localidad; el nombramiento de Contreras "no fue bien visto por nosotros ya que no confiamos en él ni en sus hombres, pues son los mismos hombres que han estado robándonos".[211] Estos revolucionarios convertidos en rurales mostraban los defectos de sus virtudes. El conocimiento del terreno local, así como de aquellos posibles causantes de problemas, los hacía potencialmente eficaces en su papel de policías pero, al mismo tiempo, los llevaba de nuevo por el camino de la rebelión o, en el mejor de los casos, los obligaba a solapar la rebelión de otros. Contreras mantuvo sus relaciones amistosas con los "asaltantes" de La Laguna; pero hubo temores constantes de que cruzara de nuevo la débil línea entre la sumisión condicional y la oposición abierta al gobierno. Los conspiradores conservadores, conscientes de la ambivalencia política de los ex

---

[208] Hamm, Durango, 29 de febrero de 1912, SD 812.00/3238.
[209] Hamm, Durango, 21 de marzo de 1912, SD 812.00/3421.
[210] Hamm, Durango, 9 de mayo de 1912, SD 812.00/3927.
[211] R. E. Adams, 18 de marzo de 1912, SD 812.00/3421.

maderistas, procuraron ganar su alianza —anómala— en contra del régimen de Madero; a Conrado Antuna, al parecer le ofrecieron 50 000 pesos por conducir a sus 500 hombres hacia una revuelta, pero (aunque sus servicios al gobierno fueron menos que entusiastas en otras ocasiones) Antuna denunció a los conspiradores y éstos fueron detenidos. En Chihuahua, dos meses más tarde, la misma estrategia tuvo mayor éxito.[212] En términos generales, los ex revolucionarios rurales tuvieron un historial pobre en cuanto a lealtad y eficiencia en las líneas del deber. A principios de 1912, muchos rurales en el noreste de Durango habían desertado y "no era posible confiar en uno solo de ellos"; al retirar las tropas federales de Durango, la ciudad quedó en manos de la policía y los rurales fueron considerados como "casi incapaces para propósitos defensivos", ya que ante un ataque rebelde "harán causa común con los invasores"; en octubre, las fuerzas del gobierno (que incluían a Conrado Antuna) abandonaron Rodeo en ocasión de un ataque y permitieron así que Gregorio Sánchez y el Indio Mariano tomaran la ciudad, con terribles resultados, según se dice, para las jóvenes de la localidad.[213] En esas fechas, el gobernador del estado no se atrevía a enviar destacamentos rurales al campo "por temor a que sirvan sólo para ahondar las condiciones que supuestamente deben corregir".[214]

Aun cuando los líderes locales, como Contreras o los Arrieta, se unían al gobierno, su alianza resultaba estrictamente condicional y estaba basada en intereses propios. Estos rebeldes apoyaron el gobierno de Madero por las mismas razones que lo habían hecho con la revolución maderista: asegurar logros locales a través de la reforma agraria, el autogobierno y la rectificación de otros abusos del Porfiriato y esperaban obtener rápida y permanentemente dichos logros. Mientras tanto, sus aliados civiles, entregados al juego político en las ciudades, no pudieron sino ofrecer reformas legales y paulatinas, además, no mostraban deseos de gobernar con intermediación de estos analfabetos rurales; no era el sistema liberal y decoroso que habían soñado establecer una vez lograda la caída de Díaz. Así, ambos bandos intentaron utilizarse mutuamente, ninguno tenía fe en la permanencia de las alianzas; tarde o temprano los acuerdos se venían abajo. La ruptura habría de continuar en tanto los civiles no pudieran tolerar el ascenso de líderes militares plebeyos a cargos políticos de importancia y en tanto dichos líderes no abandonaran su visión localista, comprendieran la estructura nacional del poder y aprendieran a presentar sus quejas dentro de esa estructura en vez de hacerlo

---

[212] Hamm, Durango, 11 de noviembre de 1911, SD 812.00/2505 sobre Antuna.

[213] "La mayor parte de las damas jóvenes de la ciudad (sic) se refugiaron en una de las catedrales (sic) de donde los rebeldes las secuestraron": Hamm, Durango, 12 de octubre de 1912, SD 812.00/5277. Aunque estos secuestros colectivos sí ocurrieron durante la Revolución, tendieron a suceder en los últimos años y no tanto en los primeros; esta historia es probablemente el resultado de rumores urbanos más que de la concupiscencia de los rebeldes. Véase también, Hamm, Durango, 29 de marzo, SD 812.00/3499.

[214] Hamm, Durango, 1° y 10 de octubre de 1912, SD 812.00/5179, 5240.

a punta de machete y carabina en las orillas del Nazas.²¹⁵ En el caso de Durango, la luna de miel terminó (después de discusiones y recriminaciones previas) a fines del verano de 1912 cuando, como era de esperarse, las elecciones gubernamentales elevaron la temperatura política e intensificaron los conflictos sociales. El triunfo de Patoni, candidato oficial, sobre Juan García, que gozaba del apoyo de muchos ex maderistas, significó un nuevo estímulo para el desasosiego social; el arribo afortunado de 350 soldados federales bajo el mando del general Blanquet, dio al régimen local la fuerza necesaria para imponer su voluntad. Contreras y Domingo Arrieta —caciques revolucionarios del este y oeste de Durango, respectivamente— fueron detenidos bajo los cargos de insubordinación (y, en el caso de Contreras, por delitos contra la propiedad). Ambos fueron enviados a la Ciudad de México.²¹⁶ El gobierno, libre de la amenaza de la revuelta orozquista en Chihuahua, optó por la represión directa y abandonó la desordenada política de cooptación.

Si la política de represión también fracasó se debió a la naturaleza de la lucha que se libraba. En este punto nos desviamos del estudio del liderazgo del movimiento popular para concentrar nuestra atención en las tropas y sus objetivos —cambio que implica serios problemas en lo que concierne a evidencias e interpretación—. ¿Quiénes eran los rebeldes de Durango y La Laguna, y por qué peleaban? Los informes del cónsul norteamericano en Durango establecen que las rebeliones eran extensas y esencialmente rurales, y que al mismo tiempo mostraban una dependencia marcada de la gente del campo y del ciclo de cosechas. En febrero de 1912, la ciudad de Durango estaba llena de hacendados y rancheros con sus respectivas familias y empleados, quienes habían huido del descontento rural, particularmente intenso en la región de La Laguna, donde la sequía del verano había arruinado las cosechas de maíz y "provocado que los labriegos se unieran a las filas de revoltosos para adoptar un programa que no exigía sino saqueo y pillaje", creando así "un virtual estado de anarquía".²¹⁷ Las tropas se componían de peones y campesinos; esto quedaba de manifiesto durante las treguas en la lucha, ya que "tenían el efecto de provocar que algunos de los inconformes desertaran de las huestes revolucionarias para buscar empleo en las haciendas que habían abandonado recientemente".²¹⁸ Mientras tanto, en la parte norte del estado, en los alrededores de Inde y El Oro, la rebelión se extendía (como había sucedido en 1910-1911); en el verano de 1912, Argumedo y sus fuerzas de más de 1000 hombres habían "limpiado" estos pueblos por completo; en la frontera con Zacatecas —donde también se habían arruinado las cosechas en 1911— numerosos contingentes de rebeldes rondaban el

---

²¹⁵ Véase cap. IX.
²¹⁶ Hamm, Durango, 24 de agosto de 1912, SD 812.00/4783. Las propiedades asaltadas fueron las haciendas de Santa Clara y Sombreretillo, esta última enemiga de generaciones de Contreras y Cuencamé: Casasola, *Historia gráfica*, I, p. 484.
²¹⁷ Hamm, Durango, 22 de febrero y 18 de marzo de 1912, SD 812.00/3368, 3371.
²¹⁸ Hamm, Durango, 16 de marzo de 1912, SD 812.00/3362.

campo.²¹⁹ Sin embargo, hacia el occidente, donde las lluvias y la cosecha eran mejores, el problema era menos extenso.²²⁰ Pero un cálculo conservador realizado a mediados del verano de 1912, estimaba que el número total de rebeldes en el estado de Durango era de aproximadamente 3 500.²²¹

El mismo testigo, al comentar las metas de los rebeldes, hace una mezcla de las denuncias generales por "rapiña", "pillaje" y "anarquía" y agrega información más precisa en torno a que los rebeldes "... han desarrollado una plataforma de principios en donde la rápida distribución de tierras y la protección de vidas y propiedades extranjeras no están entre los más importantes".²²² Por lo tanto, en La Laguna, y en todo el país en general, la revolución popular tuvo un carácter fuertemente agrario y poco xenofóbico. Otros observadores coincidieron en esta perspectiva. En Mapimí, un maderista observó que el movimiento reunía "muchas opiniones... especialmente las de la gente de clases bajas", y advirtió a Madero que la rápida desmovilización militar estaba enemistando a las tropas y creando bases amplias para la agitación. [El ejército licenciado] "no ve nada práctico como resultado de la lucha a que os ayudó, no se reparte la tierra, ni siquiera se les devuelve a las comunidades o pequeños propietarios la que les habían quitado los grandes propietarios, no se apoya al obrero en sus demandas"; incluso los caballos adquiridos durante los meses de rebelión tuvieron que devolverse a sus propietarios.²²³ La familia Aguirre Benavides aconsejó a Madero de manera similar y subrayó la importancia de la reforma agraria en La Laguna.²²⁴ En lo que respecta a los propios rebeldes, estaban menos articulados y no elaboraron planes coherentes (aunque algunos, como Macías, dejaron claro "que ven con desagrado que se persiga a la gente de Zapata por el hecho de querer tierras");²²⁵ sin embargo, sus preocupaciones agrarias se hicieron palpables en acciones directas, y así las revueltas de La Laguna se caracterizaron por incidentes de reforma agraria *de facto*.

A pesar de encontrarse en la nómina del gobierno, Contreras, como se ha señalado, continuó su lucha por recobrar las tierras de Cuencamé. Después de su detención, las fuerzas de Argumedo atacaron el cuartel gubernamental en Cuencamé y "muchos indios de los alrededores fueron reconocidos entre los atacantes".²²⁶ Los asaltos a las haciendas y a sus autoridades eran fre-

²¹⁹ Hamm, Durango, 5 de julio y 4 de abril de 1912, SD 812.00/4424, 3557.
²²⁰ Hamm, Durango, 22 de febrero de 1912, SD 812.00/3300.
²²¹ Hamm, Durango, 17 de junio de 1912, SD 812.00/4280
²²² Hamm, Durango, 18 de marzo de 1912, SD 812.00/3371. No se dan detalles del plan. Es claro que había una contradicción potencial en cualquier plan que prometiera tanto una reforma agraria (en La Laguna) como la protección de los intereses extranjeros; pero tales énfasis son significativos y concuerdan con el carácter del agrarismo popular.
²²³ De J. Reina a Madero, 2 de julio de 1911, AFM, r. 18.
²²⁴ De Adrián Aguirre Benavides a Madero, 29 de mayo de 1911, AFM, r. 18.
²²⁵ De Julio Madero a Madero, 12 de febrero de 1912; Fabela, DHRM, RRM, III, p. 93, donde se comenta la opinión de Enrique Adame Macías.
²²⁶ Hamm, Durango, 27 de octubre de 1912, SD 812.00/5400, para entonces las fuerzas de Argumedo incluían a la gente de Sixto Ugalde, mencionado anteriormente.

cuentes y rebasaron las necesidades inmediatas de abasto y extorsión. En julio de 1912 había "numerosas bandas en La Laguna cometiendo diarios ultrajes en las haciendas"; los terratenientes, al enfrentarse al "reino del terror", se congregaron en la capital del estado.[227] La situación no mejoró con la actitud ambivalente de los rurales (ex maderistas) que, al ser enviados a patrullar el campo, con frecuencia hacían causa común con los insurgentes. En una hacienda, por ejemplo, "apoyaron a los labriegos que exigían, por las armas, el pago total por trabajos no completados".[228] La represión fracasó. A fines de ese traumático año, en un momento en que el gobierno había renunciado a la cooptación, en favor del exterminio, una horda de cerca de 1500 rebeldes (combinación de fuerzas de Argumedo, Cheche Campos, Luis Caro, el Indio Mariano y otros) arrasó la región de La Laguna, saqueó haciendas, cobró venganzas y alentó la rebelión y las revueltas campesinas. Incendiaron las haciendas Carmen y Juan Pérez y ejecutaron a cuatro de sus empleados. En Saucillo (una enorme propiedad perteneciente a Julio Curbelo, de Durango), los empleados lograron huir pero el contador y el administrador fueron capturados y asesinados, junto con los sobrevivientes de una fuerza de 27 guardias comisionada para proteger la propiedad; después, "la magnífica residencia campestre del señor Curbelo que estaba amueblada en un estilo regio y contenía muchas y muy valiosas pinturas antiguas" fue dinamitada.[229] En la hacienda Cruces, parte de las propiedades de Tlahualilo, Cheche Campos y el Indio Mariano dispersaron a los rurales y dispararon contra los edificios de la hacienda; después, según el administrador, "... reunieron a la gente y le informaron que el dominio de la hacienda y del extranjero (refiriéndose a mí) había terminado; de tal suerte que nadie debía rescatar ni un pedazo de madera del incendio, bajo pena de muerte. Después, señalando a los mayordomos, fingieron dispararles, los obligaron a colocarse de pie contra el muro, pero finalmente les permitieron escapar en la oscuridad. Permanecieron en Cruces, bebiendo y bailando hasta el mediodía del día siguiente".[230] En la misma región, el paso violento de los rebeldes provocó la acción de los labriegos rurales. En la hacienda de Santa Catalina, donde se acumulaban los resentimientos a causa de la tienda de raya, "los peones se levantaron, saquearon la tienda, quemaron los libros y destruyeron así toda evidencia de sus deudas".[231] Cuando el

[227] Hamm, Durango, 20 de julio y 18 de marzo de 1912, SD 812.00/4480, 3371.

[228] Cummins, Gómez Palacio, en Hohler, Ciudad de México, 17 de julio de 1911, FO 371/1148, 30407.

[229] Hamm, Durango, 30 de noviembre de 1912, SD 812.00/5653. Juan Pérez pertenecía a la familia Moncada, que tenía la fama de tratar bien a sus peones, aunque esto no los salvó; Curbelo era propietario de vastos terrenos en la región de Cuencamé, siendo El Saucillo el más grande. Varias de las haciendas que hemos mencionado aquí se habían apropiado de las tierras de los pueblos, pero con excepción del conflicto Cuencamé-Sombreretillo, es difícil establecer antagonismos agrarios específicos. Véase Paz, "El latifundismo".

[230] O'Hea, 1º de noviembre de 1912, en Hamm, Durango, 2 de noviembre de 1912, SD 812.00/5497.

[231] Graham, Durango, 17 de noviembre de 1911, FO 371/1149, 48729.

año llegaba a su fin (y con ello el periodo destinado al régimen de Madero), las haciendas de La Laguna aún eran objeto de saqueos y foco de revueltas; 18 meses después, John Reed, durante su viaje por la región, pudo ver los cascos de las haciendas que Cheche Campos y sus colegas habían incendiado.[232]

Fue tan intensa la actividad rebelde a fines de 1912 —y tan débil la respuesta de las autoridades— que los pueblos pequeños comenzaron a caer en manos de los revolucionarios, y las nuevas víctimas fueron indicadores de los resentimientos populares. En San Lucas, el "ciudadano más prominente", el ex jefe Juan Villarreal fue fusilado por las fuerzas de Gregorio Sánchez; en Peñón Blanco, otro sitio de frecuentes problemas, el Indio Mariano saqueó la fábrica de lana propiedad de un español; y, en un episodio poco habitual, los rebeldes degollaron las imágenes sacras de una iglesia en Guatimape, cerca del Ferrocarril Tepehuano.[233] Pero fueron los hacendados y sus empleados quienes llevaron el peso de la situación. Los episodios fueron violentos, destructivos y constantes, reflejo no sólo de resentimientos populares, sino también de la decisión de los dirigentes rebeldes de hacer la guerra económica contra el régimen y los ricos. Las reformas agrarias llevadas a cabo en este contexto eran inevitablemente caóticas, arbitrarias y efímeras, y dejaron atrás pocos o nulos documentos a los historiadores para el estudio de esta época. Se repartieron tierras de las haciendas y Cheche Campos, figura misteriosa cuyo fin dramático es más conocido que sus oscuros orígenes, apoyó una reforma agraria *de facto* (aunque es difícil evaluar si el incentivo principal se debió a principios políticos o a exigencias de reclutamiento). Acampado con sus 1500 hombres en las haciendas alrededor de Mapimí, Campos "... ordenó que los aparceros y peones de todos los ranchos... continuaran con la cosecha, cuyo producto podían retener para su propio uso o para su venta. Así, en muchos ranchos de los alrededores, la cosecha de maíz representó una pérdida total para el hacendado, mientras que Cheche Campos, mediante sus métodos magnánimos se ganó la amistad de muchos y consiguió numerosos reclutas entre los peones, haciendo más difícil la pacificación de ese distrito".[234] Sin embargo, cualesquiera que hayan sido los motivos de Campos, es evidente que gozó de amplio apoyo popular en su batalla contra las autoridades y que esto imprimió en sus campañas el sello de una guerrilla clásica. Al igual que en 1910-1911, los rebeldes se distinguieron por su capacidad de movilización, en parte porque podían depender de la población local (como fue el caso de Cuencamé) para aprovisionar sus huestes, y en parte debido a la

[232] Reed, *Insurgent Mexico*, pp. 67, 70 y 76.

[233] Hamm, Durango, 3, 9 y 30 de diciembre de 1912, SD 812.00/5666, 5675, 5822. Como comentara el representante británico en La Laguna un año antes: "Indudablemente, aquí existe un fuerte sentimiento contrario a los españoles": Cummins, Gómez, en Hohler, Ciudad de México, 17 de julio de 1911, FO 371/1148, 30407.

[234] Hamm, Durango, 12 de noviembre de 1912, SD 812.00/5547; Gómez, *Reforma agraria*, p. 27, se refiere a este proceso por el que los aparceros se convirtieron en propietarios *de facto*. En cuanto al propio Campos, Rouaix, *Diccionario*, p. 72, lo llama un ex administrador de hacienda; O'Hea, *Reminiscences*, pp. 59-60, lo considera un ranchero arruinado.

excelencia de sus monturas —"eligen a los mejores animales de las regiones por donde pasan"—.[235] Esto (combinado con "su buen servicio de información, generalmente, debido a simpatizantes entre los peones de cada rancho") les permitía atacar cuando querían, y evitar enfrentamientos serios con los federales.[236] A su vez, estos últimos no podían esperar gran ayuda de la población campesina; gente de la localidad aseguró a 82 rurales que no había rebeldes en el vecindario y, por lo tanto, cabalgaron hacia la hacienda Las Cruces y de inmediato se encontraron en un fiero combate en el que les lanzaban bombas de dinamita desde el interior de las chozas de los peones; en Chalchihuites, 40 rurales entraron al pueblo a fuerza de engaños, y ahí los rebeldes los derrotaron, mientras 1000 federales y rurales perdían el tiempo a sólo unos cuantos kilómetros de distancia.[237] Así, los rebeldes dictaron el ritmo y localización de las batallas, conforme a "algunas tácticas utilizadas el año anterior", y la respuesta de las autoridades, cuando no positivamente desastrosa, era lenta y desprovista de iniciativa.[238] Es más, cuando en ocasiones el gobierno logró darle vuelta a la tuerca, los rebeldes se esfumaron rápidamente. La autoridad de los comandantes en jefe se suspendía (como la de Campos, quien controlaba a 1500 hombres a fines de 1912) y las tropas retornaban a las haciendas o a los pueblos, mientras los cabecillas se refugiaban en sus reductos familiares: Gregorio Sánchez se ocultaba en "sus tierras de caza favoritas" en los alrededores de Inde; Jorge Guereca buscaba refugio en el rancho de San Juan Michis, al occidente de Chalchihuites; Caro y Argumedo, en los alrededores de San Miguel Mezquital, "región que debido a su carácter montañoso ha sido lugar de encuentro favorito de estas bandas durante los últimos meses". En ocasiones, estos rebeldes —a semejanza de los bandidos— tenían contactos urbanos y sus refugios mostraban características casi sibaritas. En Pánuco de Corondoa (Dgo.) los hermanos Ortiz (Pedro, Luis y Ramón), rebeldes que encabezaban a numerosos "seguidores *sinvergüencistas [sic]*" iban y venían, reabasteciéndose y disfrutando de las comodidades urbanas pues tenían relaciones con el jefe municipal, Luciano Sifuentes; éste fue visto en su compañía en el pueblo, asistiendo a "fiestas y orgías".[239]

A pesar de su gran superioridad en armamento, el gobierno sólo pudo realizar campañas ineficaces. Ganaba batallas (escaramuzas que la prensa

[235] Hamm, Durango, 9 de octubre de 1912, SD 812.00/5239.
[236] Hamm, Durango, 23 de diciembre de 1912, SD 812.00/5785.
[237] O'Hea, 1º de noviembre de 1912, en Hamm, Durango, 2 de noviembre de 1912, y Hamm, 17 de diciembre de 1912, SD 812.00/5497, 5760.
[238] Carothers, Torreón, 16 de febrero, Hamm, Durango, 22 de septiembre de 1912, SD 812.00/3371, 5120.
[239] Hamm, Durango, 21 de noviembre de 1912, SD 812.00/5609, refiriéndose a bandas que totalizaban 1500 rebeldes, "nominalmente bajo las órdenes de Cheche Campos y que trabajan en armonía con sus planes siempre que exista una mayor promesa de poder saquear"; el mismo, 9 de octubre y 10 de diciembre de 1912, SD 812.00/5239, 5720, acerca de los refugios; 10 de abril, 17 de diciembre de 1912, SD 812.00/3641, 5760, sobre Ortiz y sus sinvergüencistas —rebeldes sin causa—.

convertía en batallas y que la información oral y la experiencia desmentían) pero estas victorias jamás parecían extinguir la intranquilidad rural. Por el momento, la ola de insurgencia popular cobraba vigor y se hubieran necesitado muchas derrotas acumuladas a la par de victorias pírricas, para que esta tendencia comenzara a debilitarse y las fuerzas de la ley y el orden recuperaran la iniciativa. En 1912 estas fuerzas aún se enfrentaban a problemas sin solución que reflejaban el empuje de la rebeldía popular. Ya se ha destacado que los voluntarios del gobierno y los soldados irregulares no eran confiables; los oficiales federales tenían aversión a las campañas contrainsurgentes costosas e ignominiosas dirigidas a satisfacer los intereses contradictorios del régimen de Madero, y las tropas federales, aunque rara vez mostraron insubordinación, estaban malhumoradas y desmoralizadas, como corresponde a las fuerzas integradas por conscriptos.[240] El régimen, al abandonar su política de cooptación y conciliación, creyó que las tácticas represivas eran el único remedio para los problemas de La Laguna y se adoptaron posturas que recordaban fielmente a las del Porfiriato. Después de la captura y muerte de José Maciel en una hacienda en el distrito de Pinos al norte de Durango, su cuerpo y el de sus seguidores fueron expuestos como escarmiento en las calles de la capital del estado.[241] Se realizaron esfuerzos por reunir tropas defensivas en la localidad que reforzaran al ejército federal; se reclutaron estudiantes de Durango para formar un "cuerpo de defensa nacional" que inició su entrenamiento; algunas comunidades rurales intentaron montar sus propias defensas, y cuando menos una logró éxito (Tejamen).[242] Sin embargo, esta autoayuda municipal beligerante —rasgo frecuente en los últimos años de la Revolución— fue escasa.

Por otra parte, los hacendados de La Laguna pronto empezaron a experimentar con fuerzas defensivas privadas y guardias propios. Reclutaron a un "cuerpo independiente de hombres confiables", que recibía 1.50 pesos diarios por proteger las cosechas de 1911. Su trabajo consistía en "patrullar las haciendas y ranchos donde habían ocurrido muchos desórdenes".[243] Nuevamente en 1912, los administradores de la región de La Laguna reclutaron hombres para cuidar las propiedades. Estas patrullas estaban en libertad de detener a los peones que carecieran de un pase oficial y, "si las circunstancias son sospechosas, se les hace un juicio sumario".[244] La represión aumentó a

---

[240] La coerción y el dinero mantenían unido al ejército federal; aunque la primera aún no se debilitaba, las restricciones financieras sí empezaban a hacerse notar. En octubre de 1912, 125 federales, que avanzaban hacia Rodeo, se detuvieron en San Juan del Río, "negándose a continuar más hacia el norte hasta que el Estado saldara sus pagos atrasados", Hamm, Durango, 27 de octubre de 1912, SD 812.00/5400.

[241] Hamm, Durango, 10 de abril de 1912, SD 812.00/3641.

[242] Hamm, Durango, 1º de junio de 1912, cita a *El Heraldo*, y 2 de enero de 1913, SD 812.00/4240, 5848.

[243] Cummins, Gómez Palacio, en Hohler, Ciudad de México, 17 de julio de 1911, FO 371/1148, 30407.

[244] Hamm, Durango, 24 de agosto de 1912, SD 812.00/4785.

finales de 1912. En Chalchihuites, después de obligar a huir a un grupo rebelde (aunque sin derrotarlo), las tropas federales entraron en el distrito con órdenes de "exigir, bajo pena de muerte, a los peones de todas las haciendas a devolver a sus legítimos propietarios el botín tomado por ellos o recibido de los rebeldes".[245] Al mismo tiempo, el gobierno del estado sondeó a los hacendados de La Laguna con el fin de asegurarse el pago de dos años de impuestos por adelantado, a manera de prerrequisito indispensable para instrumentar "las medidas más rigurosas" diseñadas para acabar con "todos los agitadores políticos y laborales".[246] Aunque la sola concentración de tropas federales podía obligar a los rebeldes a tomar la defensiva (como sucedió en enero de 1913) no hay evidencia de que este logro no fuera sino un desenvolvimiento temporal.[247] Y, en algunos aspectos, la represión de mano dura estimuló aún más la rebelión que intentaba sofocar. En el proceso, la política represiva confirió un poder todavía mayor al ejército federal, en detrimento de las débiles bases de legitimidad que disfrutaban los civiles maderistas. Sus esperanzas liberales se desvanecieron al calor de la lucha civil, mientras que los conservadores (especialmente los oficiales del ejército) encontraron más justificaciones para creer que los métodos de Díaz habían sido los correctos y adecuados para México. A sus ojos, los escrúpulos liberales y las restricciones políticas eran meras inhibiciones. Algunos maderistas civiles —como el gobernador de Coahuila, Venustiano Carranza, cuyo estado abarcaba parte de la región de La Laguna— se alarmaron ante los fracasos palpables y la creciente debilidad del régimen maderista y sus temores aumentaron ante el poder, cada vez mayor, de los militares. En enero de 1913, Carranza se indignó al descubrir que el comandante federal en Torreón había ordenado la acción de tropas de Coahuila en Pedriceña (en el estado de Durango), y rápidamente giró las contraórdenes.[248] Estas fricciones entre civiles y militares, consecuencia de las crecientes contradicciones del régimen maderista, tendían hacia una resolución violenta.

El desafío popular: el orozquismo

Sin embargo, los problemas y contradicciones del régimen de Madero se revelaron de manera más evidente en Chihuahua, el estado que había aportado la mayor contribución para que Madero conquistara el poder. Ahí abundaron todas las causas de descontento ya mencionadas, y los hombres y regiones que habían iniciado la revolución en contra de Díaz tomaron la delantera para oponerse a Madero. Esta oposición, primero verbal y después armada, desembocó en la rebelión orozquista que dominó Chihuahua y parte impor-

---

[245] Hamm, Durango, 10 de diciembre de 1912, SD 812.00/5720.
[246] De T. Fairbairn, Tlahualilo, a J. B. Potter, 30 de diciembre de 1912, SD 812.00/5880.
[247] Hamm, Durango, 14 de enero de 1913, SD 812.00/5930.
[248] *Idem.*

tante de las regiones vecinas: tuvo ecos en todo el país y amenazó con descender a la Ciudad de México. Fue el movimiento antimaderista mejor organizado, el más grande y abiertamente político, y ejerció un efecto decisivo sobre el régimen. No obstante, compartía raíces y muchas características con las revueltas populares menores que proliferaron en esos años por todo el país.

En virtud de su importante papel en la revolución maderista, Chihuahua produjo una numerosa generación de cabecillas y soldados rebeldes (aproximadamente 5 000, según un cálculo cuidadoso).[249] Además, la destitución de autoridades porfiristas y su reemplazo procedió con más velocidad y profundidad aquí que en el resto del país. Entre los cabecillas, Pascual Orozco había desplegado enormes esfuerzos para derrocar a Díaz y su enorme prestigio no se confinaba sólo a Chihuahua. Algunos revolucionarios fracasados en el sur hubieran deseado alcanzar los éxitos de Orozco y, para el liberal *Diario del Hogar*, Orozco era el "alma de la revolución".[250] La casa del ex gobernador Mercado, en Uruapan (Mich.), fue sede de las tropas maderistas y se convirtió en el Cuartel Pascual Orozco; y su nombre, de entre el resto de los candidatos vivos incluido Madero, fue el que gozó de mayor popularidad para bautizar a los nuevos clubes políticos en Tlaxcala. Esto sirve de termómetro para medir la mayor atracción que este *caudillo macho* ejercía por encima de los políticos civiles.[251] En noviembre de 1911, cuando Zapata dio a conocer su Plan de Ayala, "se reconoce como jefe de la Revolución Libertadora al ilustre C. Gral. Pascual Orozco", a pesar de que Orozco aún era fiel empleado, aunque desilusionado, del gobierno de Madero.[252]

Mientras tanto, en Chihuahua, la gubernatura pasó a manos de Abraham González, ranchero "corpulento y paternal" que había movilizado a la oposición maderista en el estado y, a diferencia de la mayoría de los maderistas civiles, había participado con valor, aunque no con distinción, en las campañas revolucionarias.[253] Pero Orozco era el hombre del momento; al entrar en la capital del estado al frente de 1 500 hombres, recibió "una gran ovación que superó incluso la otorgada al gobernador González".[254] Orozco y sus hom-

[249] Edwards, Juárez, 19 de mayo de 1911, SD 812.00/1927, habla de un total de 4 575, de los cuales, los 700 de Orozco constituían el mayor contingente; es posible que, incluso éste, no represente el punto más alto de la fuerza rebelde del estado.

[250] De F. Porras a E. de la Garza, 11 de diciembre de 1910, STA (Creel), caja 2, sobre los primeros alcances de esta renovación política; de Colmenares Ríos a Robles Domínguez, 13 de junio de 1911, AARD 25/218; *El Diario del Hogar*, 23 de mayo de 1911.

[251] De Rafael Mendizábal a Gobernación, 12 de agosto de 1911, AG "Relaciones con los estados" (Mich.). AFM, r. 20, enlista 20 clubes maderistas en Tlaxcala; 10 llevaban el nombre de Juárez; ocho, el nombre de Hidalgo; siete, el de Orozco y seis, el del propio Madero.

[252] Womack, *Zapata*, pp. 126-127 y 402.

[253] Beezley, *Insurgent Governor*, pp. 14-68; véase también Letcher, Chihuahua, 2 de junio de 1911, SD 812.00/2024; Valadés, *Imaginación*, II, pp. 22-25; Giuseppe Garibaldi, *Toast to Rebellion*, Nueva York, 1935, p. 222; Casasola, *Historia gráfica*, I, p. 473.

[254] Letcher, Chihuahua, 22 de junio de 1911, SD 812.00/2179; de S. Terrazas a M. Balbas, 1º de julio de 1911, STA, caja 83.

bres estaban henchidos de orgullo. No eran revolucionarios de último minuto, sino los precursores de la revuelta maderista, los responsables de la derrota del ejército federal y representaban, en potencia, el factor determinante en el futuro político de Chihuahua. Ya en Ciudad Juárez, Orozco y sus lugartenientes se habían percatado de la autoridad de Madero y ahora, ante el proyecto de pacificación y desmovilización, estaban conscientes de que la Revolución había terminado oficialmente aunque ellos estuviesen en la cima y a pesar de que hubiera asuntos pendientes. Un médico que conoció a Orozco en junio de 1911, registró estas palabras: "si habla Ud. con el sr. don Pancho Madero, favor de decirle que aún tengo cuatro furgones de parque, algunos hombres, y ganas de darle cuerazos a los federales, si así lo desea y ordena".[255] Pero ya no había más derrotas en la agenda. Con el tratado de paz "... volvieron a situar la cuestión del cambio dentro del voluntarismo político", esfera a la que Orozco, a pesar de sus ambiciones, no era tan adepto; así, permaneció como guerrillero incómodo con la política urbana y se decía que propenso a ser manipulado por algunos secretarios y consejeros letrados y, a través de ellos, por los intereses conservadores.[256]

Al igual que Gabriel Hernández en Pachuca, Orozco pronto fue el centro de la atención. Una montaña recibió su nombre y se fabricaron cucharas conmemorativas en su honor; se cuenta que las mujeres se le ofrecían libremente. En síntesis, "la vanidad del antiguo arriero se infló".[257] Pero todavía más importante fue el hecho de que un grupo mixto de conservadores porfiristas y ex maderistas inconformes aunaron esfuerzos para apoyar la candidatura de Orozco a la gubernatura, colocándolo así en oposición directa a su antiguo mentor Abraham González.[258] Sin embargo, esta alianza fue prematura; su candidatura resultó improcedente pues Orozco era menor de 30 años y González, como la mayoría de los candidatos "oficiales" de 1911, llegó al poder sin oposición y acompañado de colección de maderistas civiles.[259] Éstos, aunque causaban "una impresión de una seriedad y rectitud" carecían de experiencia y "en su mayoría... eran poco conocidos en el estado"; es decir que, por definición, no había cabecillas entre ellos.[260] De los militares revolucionarios, sólo Maclovio Herrera, jefe de un poderoso clan rebelde, obtuvo un cargo importante: la alcaldía de Parral, ciudad que habría de convertirse en el único bastión de lealtad al régimen en un estado donde cundió el repudio. La exclusión de Orozco del ámbito político fue, por lo tanto, típica. Pero, como

[255] De P. Sandoval a E. Vázquez Gómez, 26 de julio de 1911, AG legajo 898.
[256] Womack, *Zapata*, p. 91; Meyer, *Mexican Rebel*, p. 57.
[257] Meyer, *Mexican Rebel*, pp. 58-59.
[258] *Ibid.*, p. 40; de S. Terrazas a M. Bolaños Cacho, 1º de julio de 1911, STA, caja 83.
[259] Letcher, Chihuahua, 20 de agosto de 1911, SD 812.00/2296; Beezley, *Insurgent Governor*, p. 82; *cf.* Cumberland, *Genesis*, p. 191. La regla que exigía ser mayor de 30 años, que coartó la candidatura gubernativa de Orozco, obstaculizó similarmente a Pedro de los Santos en San Luis Potosí; actuó como una útil coartada constitucional para frustrar las ambiciones de los jóvenes líderes revolucionarios populares.
[260] Letcher, Chihuahua, 8 y 18 de agosto de 1911, SD 812.00/2346, 2306.

representante libre, provocó al régimen innumerables dolores de cabeza; incluso se llegó a decir que había vínculos entre Orozco y Reyes, y durante la convención reyista, sostenida en la capital del estado en septiembre de 1911, un orador aduló al cabecilla de Chihuahua al solicitar que el público lo acompañara con gritos de ¡"Viva Orozco"![261] En octubre, una visita a la Ciudad de México reveló tanto el prestigio de Orozco como su carácter taciturno, pero no provocó el deseado acuerdo entre el caudillo y el gobierno.[262] Durante un periodo, Orozco fue comandante de rurales en Sinaloa (carnada habitual utilizada para comprar lealtad y capitalizar experiencia militar), aunque sólo duró en servicio un par de meses; en enero de 1912 renunció; su descontento era evidente y, al parecer, compartía esta actitud con todo el norte, donde se pensaba que "… al valiente General Pascual Orozco, se le han pagado con una ingratitud los eminentes servicios que prestó a la patria…"[263]

La conducta y evolución política posterior de Orozco respondió a la compleja situación que se desarrollaba en Chihuahua. En su calidad de gobernador electo, Abraham González pronto encaminó sus esfuerzos para obtener un permiso y servir así como ministro de Gobernación en el gabinete de Madero. Esta maniobra no sólo dejó al ejecutivo en manos de un oscuro individuo (Aurelio González), quien carecía de los nexos estrechos de Abraham González con el movimiento revolucionario, sino que además invitaba a comparar su gobierno con el antiguo régimen porfirista de Creel, quien se ausentó para servir como ministro de Relaciones Exteriores. Surgieron las quejas acerca de la continuidad en las prácticas porfiristas, demandas que se fortalecieron ante la "imposición" de Pino Suárez en detrimento de Vázquez Gómez.[264] Más importante aún fue el hecho de que los dos distintos grupos inconformes —ex revolucionarios decepcionados y conservadores temerosos—, cuya alianza había surgido a raíz de la candidatura de Orozco, unieran esfuerzos nuevamente con el fin de organizar una oposición ya no electoral sino armada. La importancia de esta alianza poco común fue de tal magnitud, que sus causas subyacentes merecen un análisis más cuidadoso.

La extensa inconformidad de las fuerzas ex maderistas con el gobierno que ellas habían llevado al poder se hizo palpable en todo el país, particularmente en Chihuahua. Los observadores sostenían que, si bien era posible descartar el riesgo de un golpe de Estado de los conservadores, el peligro de una nueva rebelión de ex maderistas de 1910-1911 era real; en los alrededores de Parral, por ejemplo, "muchos soldados maderistas están inconformes por las promesas incumplidas… y una contrarrevolución gozaría de muchos partidarios".[265] A fines de 1911, este descontento provocó una oleada de re-

[261] Meyer, *Mexican Rebel*, pp. 42-43.
[262] Casasola, *Historia gráfica*, I, p. 388.
[263] Meyer, *Mexican Rebel*, pp. 44-45; de A. Huerta Vargas a Madero, 1º de noviembre de 1911; Fabela, DHRM, RRM, II, p. 231.
[264] Beezley, *Insurgent Governor*, pp. 84-85.
[265] Long, Parral, 7 de agosto de 1911, SD 812.00/2346.

vueltas menores —llamadas vazquistas, a falta de mejor rubro— principalmente en las regiones al occidente de Chihuahua donde se habían producido los primeros brotes el año anterior.[266] Un ex maderista, el coronel Antonio Rojas se pronunció en favor de Vázquez Gómez, declarando que apoyaba a Orozco para la vicepresidencia.[267] Desdeñoso del cumplido, Orozco envió tropas para sofocar este levantamiento y detuvo al dirigente. Pero era imposible contener el mar de fondo de la rebelión. En febrero de 1912, el cónsul norteamericano en Chihuahua estaba "asombrado ante el grado de inconformidad en contra del gobierno".[268] El descontento se cristalizó ahora en una revuelta mayor: los rurales en Ciudad Juárez protestaron por la política de licenciamiento seguida por el gobierno y se amotinaron, "descargaron sus armas al aire y aclamaron a Zapata"; más tarde, ante la huida del alcalde, tomaron el control de la ciudad y repitieron los procedimientos habituales: destituyeron funcionarios, abrieron la cárcel y quemaron los archivos judiciales. En una entrevista otorgada a la prensa norteamericana, los dirigentes se declararon en favor de Vázquez Gómez, argumentaron que Madero había traicionado las promesas del Plan de San Luis y detallaron: "no se han repartido tierras conforme a lo planeado y los pobres no han recibido los beneficios de la victoria".[269] Al mismo tiempo, las tropas y las autoridades políticas en Casas Grandes declararon a favor de la rebelión sin incurrir en la oposición local.[270] Peor aún, el intento por desmovilizar a los rurales en la capital del estado provocó un ataque a la penitenciaría, un enfrentamiento a tiros que duró dos horas y propició la liberación de Rojas, recientemente capturado.[271]

El gobernador interino, Aurelio González, quedó sin ayuda; Rojas y más de 400 disidentes amenazaron la capital del estado; era imposible confiar en los rurales que habían permanecido en los cuarteles (en donde había emisarios de los rebeldes de Ciudad Juárez); y "la mayoría de los habitantes de la ciudad y del estado estaban en contra del régimen".[272] El gobernador González presentó su renuncia. Las figuras clave en esta situación crítica fueron Orozco, nominalmente leal al gobierno pero bajo fuertes presiones de "separarse" de sus viejos compadres, y Abraham González quien se apresuró a abandonar la Ciudad de México para viajar rumbo al norte. Se decía que llevaba 300 000 pesos "para distribuirlos entre los menesterosos del estado".[273]

---

[266] Meyer, *Mexican Rebel*, p. 46; Beezley, *Insurgent Governor*, p. 124.
[267] Edwards, Juárez, 18 de mayo de 1911, SD 812.00/1927. Rojas, a la edad de 23 años, se había levantado en Dolores, en la Sierra Madre, en diciembre de 1910; su nuevo levantamiento, un año después, vino a raíz de un infructuoso intento por ganar el control político de su pueblo: Almada, *Diccionario... chihuahuense*, pp. 466-467.
[268] Letcher, Chihuahua, 2 de febrero de 1912, SD 812.00/2725.
[269] Edwards, Juárez, 1º y 6 de febrero de 1912, SD 812.00/2717, 2766; *El Paso Times*, 2 de febrero de 1912.
[270] Edwards, Juárez, 7 de febrero; Letcher, Chihuahua, 2 de febrero de 1912; SD 812.00/2751, 2729.
[271] Letcher, Chihuahua, 13 de febrero de 1912, SD 812.00/2844.
[272] *Idem*.
[273] *Idem*; Beezley, *Insurgent Governor*, pp. 126-127.

Reasumiendo su cargo, González envió fuerzas leales —entre las que estaban 500 hombres bajo el mando de Pancho Villa— a combatir a los rebeldes. Pero, a fines de febrero, era evidente que la oposición ganaba fuerza. Rojas había retornado a su territorio en la sierra; sin embargo, los rebeldes de Casas Grandes se dirigían a Ciudad Juárez y la revuelta había recibido el apoyo del lugarteniente, Braulio Hernández.[274] La gravedad de la situación era obvia. Un administrador de ferrocarriles comentó: "no podemos disfrazar los hechos, el país se enfrenta a la crisis más aguda de cuantas... creó la reciente revolución".[275]

En términos de regiones y protagonistas, esta revuelta era una repetición de la lucha armada de 1910, sólo que los rebeldes asumieron ahora el rubro "vazquista". Sin embargo, Vázquez Gómez era una mera figura, incluso por debajo de lo que había sido Madero en 1910. A medida que se extendió la rebelión, su dirigente nominal permaneció en Texas y cuando finalmente cruzó la frontera, en mayo de 1912 nombrándose presidente provisional, los dirigentes militares no tuvieron nada que ver con él.[276] Otro posible caudillo nacional había fracasado y su derrota se debió a la falta de apoyo local y popular, que en 1912 resultaba clave para el éxito. Esto se ejemplifica en la rebelión de Casas Grandes dirigida por José Inés Salazar y Emilio Campa. Salazar era oriundo de la localidad, viejo amigo de Orozco y, conforme a las autoridades del Porfiriato, "ignorante... de clase baja".[277] Su trayectoria de disidencia anterior a 1910 incluía la militancia en el PLM (uno de los pocos dirigentes maderistas con tal militancia comprobada) y, sin duda, la influencia magonista había operado en la región fronteriza durante esos años.[278] Pero sería erróneo atribuir dichas rebeliones —ya sea en términos de militancia o de programa— al PLM, ya que este partido fue más el beneficiario que el instigador del descontento político de esta etapa. Ahora bien, en la medida en que el descontento devino en rebelión, el magonismo aportó ciertos tintes radicales, sin imprimirle una dirección "hegemónica" central. Dirigentes como Salazar, que mantenían relaciones con militantes del PLM, eran esencialmente revolucionarios locales de cierto prestigio que se comportaban de igual manera que aquellos que carecían de estos vínculos: un simpatizante (por cierto, hermano de Ricardo Flores Magón) defendió la lealtad de Salazar con respecto al régimen de Madero y apoyó la solicitud de Salazar —petición típica aunque difícilmen-

---

[274] *Ibid.*, p. 129; Edwards, Juárez, 15 y 20 de febrero de 1912, SD 812.00/2800, 2839.

[275] Long, Parral, 19 de febrero de 1912, SD 812.00/2833.

[276] Ross, *Madero*, pp. 256-257 y 264-265; Letcher, Chihuahua, 2 de febrero de 1912, SD 812.00/2729, se refiere a los rebeldes de Casas Grandes llamándolos "zapatistas o vazquistas", lo cual no sólo indica su propia inseguridad, sino también la fluidez de tales etiquetas nacionales.

[277] Almada, *Diccionario... chihuahuense*, pp. 83 y 476-477; de F. Bárcenas, jefe político, Juárez a Creel, 18 de mayo de 1909, STA (Creel) caja 2.

[278] De A. Lomelí, cónsul porfiriano de El Paso, a SRE, 25 de noviembre de 1910; Fabela, DHRM, RRM, I, pp. 101-102; Aguilar Camín, *La Revolución sonorense*, pp. 195 y 207-209, acerca del temor (como se vería, muy exagerado) de una subversión magonista en Sonora; Beezley, *Insurgent Governor*, p. 90, sobre Chihuahua.

te anarquista— de un cargo al mando de destacamentos policiacos o militares en su pueblo de origen, Casas Grandes.[279] Al ser ignorado, Salazar, al igual que otros cabecillas, expresó su resentimiento a través de la rebelión.

Lo anterior no significa atribuir las revueltas antimaderistas a rencores personales (aunque dicho factor haya estado presente). Un compromiso colectivo, fortalecido por los acontecimientos de 1910-1911, sustentó a dichas rebeliones que, por otra parte, expresaron a menudo demandas específicas y coherentes. Al igual que Zapata, Salazar y sus colegas adoptaron el lema "Tierra y Libertad"; en su plan inicial, de febrero de 1912, denunciaron "los actos tiránicos, dictatoriales y despóticos del presidente Madero", subrayaron el incumplimiento del Plan de San Luis y exhortaron al establecimiento de una democracia genuina. Asimismo, hicieron todos los esfuerzos a su alcance para garantizar los intereses extranjeros en México. La radicalidad popular, aunque mostraba vetas magonistas, no implicaba la nacionalización económica ni la xenofobia.[280] Braulio Hernández, antiguo maestro de escuela, periodista antirreeleccionista y protestante converso, que sin duda estaba lejos de ser magonista, expresó quejas similares. Atípico en un activista de la clase media, Hernández había jugado un papel importante en la Revolución de 1910 al servir como "cerebro detrás de los revolucionarios maderistas... en las montañas en los alrededores de Ojinaga"; como Almazán o Pedro Antonio de los Santos, fue una figura clave en los campamentos populares y era reconocido como un hombre en quien "el pueblo mexicano ha depositado su confianza".[281] Y él no lo defraudó: como lugarteniente del gobernador de Chihuahua, se desesperó ante los errores de Madero, renunció en noviembre de 1911 y, tres meses después, dio su apoyo a la Revolución. Encabezó un triunfal asalto a Santa Eulalia y se sumó al ejército de Salazar y Campa. Sus seguidores eran varios centenares de *"sansculottes [sic]* de los ranchos del oriente de Chihuahua".[282] Por otra parte, Hernández también desplegó sus magníficas dotes de polemista. En el manifiesto del 4 de febrero —el primero en surgir de la rebelión caótica y descentralizada de Chihuahua— exhortó al derrocamiento de Madero y al cumplimiento del Plan de San Luis; en conversaciones denunció el peculado de la familia Madero, y el intento por comprar su sumisión; explicó que había "roto con su amigo y jefe (Abraham González)...

---

[279] De Jesús Flores Magón a F. González Garza, 18 de octubre de 1911; a Abraham González, 20 de enero de 1912; Fabela, DHRM, RRM, II, p. 176; III, p. 57.

[280] Almada, *Diccionario... chihuahuense*, p. 249; Ellsworth, Ciudad Porfirio Díaz, 17 de febrero de 1912, SD 812.00/2875, que cita el Plan de Salazar en el que la declaración de los rebeldes de que "nosotros... nos damos perfecta cuenta de que necesitamos el capital extranjero, el espíritu de empresa y la amistosa cooperación [de los Estados Unidos] para lograr el desarrollo total de los vastos recursos naturales de nuestro país", claramente sobrepasa los límites de una diplomacia prudente y no deja lugar a dudas acerca de los conceptos del nacionalismo económico de Orozco.

[281] Almada, *Diccionario... chihuahuense*, p. 249; Ellsworth, Ciudad Porfirio Díaz, 8 de febrero de 1912, SD 812.00/2785; de E. J. Westrup, Saltillo, a S. G. Inman, 22 de febrero de 1906, SGIA, caja 11, acerca de la afiliación protestante de Hernández.

[282] Letcher, Chihuahua, 13 y 15 de febrero y 10 de mayo de 1912, SD 812.00/2844, 2894, 3930.

una vez que el gobernador se fue a la Ciudad de México, a codearse con los diplomáticos, mientras dejaba que su pueblo muriera de hambre en Chihuahua."[283] Además de polemista *ad hominem*, Hernández sostenía ideas radicales. Era visto por algunos como "socialista"; defendió, y después practicó, la reforma agraria; sus hombres portaban en el sombrero el lema "Tierra y Justicia" y se declaraban en "lucha por la distribución de la tierra del país entre los pobres". [284]

A medida que se extendía la revuelta popular, Orozco se mostraba evasivo. Gobierno y rebeldes afirmaban contar con su apoyo (pero, como dijera un testigo cínico, "la opinión general [es] que primero y siempre él está en favor de Pascual Orozco"). Es probable que, como en otras coyunturas de la Revolución, la confusión genuina pesara más que el cálculo cínico y, en esos casos, las decisiones se precipitaban a partir de los acontecimientos. A principios de marzo, Salazar, Campa y Rojas entraron en Ciudad Juárez (donde, después del levantamiento se había logrado restaurar la autoridad del gobierno); los cabecillas impusieron préstamos obligatorios, tomaron la aduana y los ferrocarriles y, al parecer, disfrutaron de amplio apoyo del pueblo, ya que los "dueños de propiedades y la gente de recursos" se encontraban escondidos.[285] Un avance programado sobre la ciudad de Chihuahua se detuvo cuando los ferrocarrileros maderistas regresaron el equipo rodante hacia la frontera norteamericana, pero esta acción no evitó que el pánico y la crisis dominaran la capital del estado. El gobernador González parecía haber "perdido toda influencia sobre las masas", los manifestantes bien organizados tomaron las calles para denunciar a González y a Madero y, el 2 de marzo, el gobernador se vio obligado a huir. Al día siguiente, cuando Pancho Villa —aún leal al gobierno— entró en Chihuahua, fue rechazado por el propio Orozco. Este último abrió así sus cartas y comenzó el conflicto entre Orozco y Villa, violenta trama en la historia de la revolución del norte. Tres días después, Salazar, Campa y Hernández arribaron a la cabeza de 2 000 hombres, proclamando a Orozco comandante en jefe. Orozco aceptó, afirmando que el camino a la Ciudad de México estaba abierto; así dio comienzo la rebelión orozquista, que ya podía recibir su nombre histórico y oficial.[286]

---

[283] Letcher, Chihuahua, 13 de febrero de 1912; de W. Llewelyn al ministro de Justicia, Wickersham, 16 de febrero de 1912; SD 812.00/2844, 2873; Ross, *Madero*, p. 257.

[284] Letcher, Chihuahua, 10 de mayo de 1912, SD 812.00/3930, llama a Hernández "un soñador terco, un socialista... y un anarquista"; de Llewelyn a Wickersham, 16 de febrero de 1912, SD 812.00/2873, contiene recortes de artículos de periódicos en los que se dice lo mismo, pero el autor, que había conocido recientemente a Hernández, concluyó que "no es tan soñador como dicen que es", opinión ésta que debe inspirar mayor respeto.

[285] Ellsworth, Ciudad Porfirio Díaz, 15 de febrero; Edwards, Juárez, 28 de febrero, 3, 6 y 13 de marzo de 1912; SD 812.00/2828; 2956, 3013, 3145, 3133.

[286] Letcher, Chihuahua, 4 y 7 de marzo (dos veces) de 1912, SD 812.00/3192, 3088, 3188. Aunque el enfrentamiento de Orozco señaló su compromiso militar con la causa rebelde, el día anterior había formulado un compromiso verbal que apelaba a los espíritus de Juárez y Cuauhtémoc, tal como lo exigía el protocolo: Meyer, *Mexican Rebel*, p. 60.

La similitud entre 1910 y 1912 es sorprendente: especialmente en sus inicios, la revuelta orozquista fue, hasta cierto punto, más un movimiento neomaderista que antimaderista. Cuando el ejército de Salazar entró en Chihuahua, se percibió de inmediato que "numerosos de estos [hombres] habían tomado parte en la revuelta de Madero".[287] La mayoría de los principales cabecillas de 1910 siguieron a Orozco (aunque algunos ya lo habían precedido); sólo José de la Cruz Sánchez permaneció leal —a grandes rasgos— al gobierno, así como Pancho Villa y los Herrera, de Parral. Por lo tanto, Orozco no exageró al decir que, a fines de mayo, su rebelión "no tiene en toda su extensión más contrario que el salteador de caminos Francisco Villa y de lo cual me congratulo".[288] Madero coincidió; después de sofocar la revuelta, se opuso a tomar medidas punitivas dado que "tendrá que procesar a todo el Estado de Chihuahua, pues es indudable que hubo un momento en que todo el Estado, por lo menos la Capital y gran parte del resto del Estado, eran orozquistas y simpatizaban con aquel movimiento revolucionario".[289]

Desde el punto de vista ideológico, el orozquismo incorporó y rebasó el programa original y liberal de Madero. El Plan Orozquista, publicado el 25 de marzo, exigía la destitución de Madero y Pino Suárez y la instrumentación de las acostumbradas reformas políticas (libertad de expresión, abolición de jefaturas, autonomía municipal), pero fue más lejos al exigir mejores salarios y condiciones para los trabajadores, supresión de las tiendas de raya, implantación de restricciones para el trabajo infantil, y nacionalización de los ferrocarriles y de su fuerza de trabajo.[290] Asimismo, reconoció explícitamente a la cuestión agraria como el problema que requería la acción más inmediata y eficaz. Es indudable que Michael Meyer acierta al señalar que el plan es un documento "altamente significativo", en virtud de estos señalamientos socioeconómicos; y James Cockcroft deduce en este caso correctamente la influencia del PLM sobre el programa de Orozco.[291] Es necesario, no obstante, analizar el plan en su contexto. Primero, las comparaciones con el Plan de San Luis pueden conducir a inferencias erróneas pues el segundo es un documento más breve (aproximadamente la mitad del primero, sin considerar los preámbulos) y se concentra en la mecánica del derrocamiento de Díaz; muchos maderistas que se plegaron al plan podían ver más allá y también eran defensores de las reformas sociales, que no eran ajenas a sus propósitos a pesar de no estar mencionadas. En segundo lugar esto sugiere que el principal valor del plan no estaba tanto en su originalidad inherente como en la

[287] Letcher, Chihuahua, 7 de marzo de 1912, SD 812.00/3188.
[288] De Orozco a Juan Sarabia, 25 de marzo de 1912, AARD 42/sin número.
[289] De Madero a González, 5 de noviembre de 1912; AFM, r. 11; cf. de Madero a Huerta, 7 de junio de 1912; Fabela, DHRM, RRM, III, pp. 444-445, en donde un individuo se hace acreedor al reconocimiento y a una recompensa por ser "uno de los pocos que (en tiempos de la revuelta de Orozco) permaneció leal, a riesgo de su propia vida"; véase también, Puente, *Pascual Orozco*, p. 122.
[290] Meyer, *Mexican Rebel*, pp. 62-64.
[291] *Ibid.*, p. 62; Cockcroft, *Intellectual Precursors*, p. 211.

codificación —en un contexto de lucha política real— de conceptos que, como admite Cockcroft, "estaban en el aire".[292] En este aspecto es peligroso saltar de la similitud textual —entre el plan y la Constitución de 1917, por ejemplo— a la relación causal; una no es consecuente de la otra, como mostraría una genealogía torpe de las ideas; sino que ambas surgen del legado común de pensamiento y práctica contemporáneas. En ese orden de ideas, el plan no puede ser distorsionado por un intento de adaptación a la supuesta teleología de la revolución en general. Para Meyer, el plan es "ultranacionalista, se anticipa al surgimiento del nacionalismo que habría de invadir pronto a todo México".[293] Dejando de lado la cuestión de si dicha "oleada" se llevó a cabo, es necesario reconocer que el nacionalismo del Plan Orozquista es modesto, convencional y no está dirigido contra los intereses económicos de los Estados Unidos en México. Eran obvios los sentimientos antinorteamericanos en las denuncias de Madero, lo que resulta notable a la luz de su supuesta complicidad con Wall Street. Pero este aspecto representaba el recurso usual no sólo de los polemistas mexicanos (de distintas ideologías), sino también de un buen número de estadunidenses; Wall Street no era sinónimo de lo que Salazar y Campa (principales orozquistas) decidieron llamar "nuestra hermana república" o "la sagrada tierra norteamericana".[294] Por otra parte, los orozquistas tampoco se mostraron consistente ni fuertemente hostiles hacia los intereses norteamericanos, bastante bien representados en el norte; el propio Orozco (que había trabajado conscientemente en empresas estadunidenses antes de la Revolución) defendió la inversión norteamericana como instrumento para crear empleos; mientras que la única provisión económica de carácter nacionalista en el plan (la nacionalización del ferrocarril) implicaba una política que Madero también defendió y que incluso Díaz practicó.[295]

En términos más generales —como reconoce Meyer—, los planes no siempre fueron fieles guías para deducir el carácter de un movimiento político. Es indudable que algunos se elaboraron con el fin de engañar; otros —como es el caso del Plan de Tacubaya— recurrieron a magníficas frases e ideas radicales pero causaron mínimos efectos políticos; mientras que otros más —como el de San Luis— arrastraron a miles de entusiastas que no lo habían leído y sólo tenían una vaga noción de su contenido, pero que interpretaron sus declaraciones, limitadas y maleables, conforme a objetivos propios.[296] Los planes y declaraciones ideológicas pueden cobrar enorme importancia, pero es necesario realizar su análisis en términos de apoyo social y en su contexto político inmediato. En un principio, el carácter radical y popular del

---

[292] Cockcroft, *Intellectual Precursors*, p. 130, n. 27.
[293] Meyer, *Mexican Rebel*, p. 64.
[294] Ellsworth, Ciudad Porfirio Díaz, 17 de febrero de 1912, SD 812.00/2875.
[295] Beezley, *Insurgent Governor*, pp. 124-125.
[296] Acerca del Plan de Tacubaya, de marzo de 1911, en el que se prometía una reforma agraria inmediata, así como "justicia... para todos los hombres", Cockcroft, *Intellectual Precursors*, pp. 187-188.

Plan Orozquista se equiparó con el propio movimiento, integrado por veteranos de la revolución (muchos de origen serrano), comprometidos con reformas sociales entre las que se incluía el reparto de latifundios.[297] Así, Madero (un hombre de principios) se sintió reticente a creer, como contaban algunas historias, que la oligarquía de los Terrazas pudiera "fomentar una revuelta que en realidad tenía que ser de ideas socialistas"; a su vez, Zapata, polo opuesto a los Terrazas, aprobaba casi por completo el Plan Orozquista. Es más, algunos conservadores creían que orozquismo y zapatismo eran variantes de una tendencia subversiva similar, tipificada por "el despojo de [los] terratenientes".[298] *Chacun à son goût:* Molina Enríquez, con sus explicaciones étnicas para todos los fenómenos, vio en el orozquismo un "choque ciego" entre "mestizos, o al menos entre mestizos indígenas" y los "señores criollos"; el mordaz cónsul norteamericano en Chihuahua atribuyó la rebelión a "un complejo deseo de venganza, manifestación de un espíritu semisocialista, y... una lujuria por el pillaje y la ilegalidad".[299]

Hasta cierto punto, todos éstos son testimonios del carácter popular del orozquismo; de su capacidad para movilizar a los mismos grupos —vaqueros, pequeños propietarios, aldeanos, indígenas, bandidos— que habían convocado la causa en 1910. Hombres así no se codeaban con los ciudadanos ilustrados, respetables y urbanos que rodeaban a Madero. Provenían de un ambiente campesino rudo, acostumbrados a la violencia y a las venganzas y no toleraron el pronto despido del que fueron objeto en 1911. Al resentimiento en contra de los civiles, se sumó el desprecio. Orozco, que había manipulado a Madero en Ciudad Juárez, "compartía el desdén de los de su clase hacia el presidente chaparro y educado"; a los ojos del caudillo algunos colaboradores de Madero, como Giuseppe Garibaldi, parecían una colección de "dandies".[300] A su vez, los civiles cultos desdeñaban la falta de educación y cultura en Orozco.[301] Por lo tanto, la rebelión no se generó a partir de un rechazo claramente ideológico hacia el régimen de Madero (salvo en casos raros, como el de Braulio Hernández), y tampoco se debió al interés egoísta de saquear, como sugieren algunos historiadores.[302] Se debió más bien a un rechazo general, aunque localizado y fragmentario, hacia el nuevo régimen; hacia sus miembros indiferentes y distantes; hacia sus políticas, hasta ese momento ineficaces; hacia su ingratitud casi traidora para quienes se habían arriesgado en 1910. Serranos como Salazar, Rojas y Orozco, no aceptaban la auto-

---

[297] Lister, p. 230; Almada, *Diccionario... chihuahuense*, p. 249.

[298] De Madero a González, 5 de noviembre de 1912, AFM, r. 11; de Zapata a Orozco, 6 de mayo de 1912, AARD 43/5, en el que sólo cuestiona la aceptación de Orozco de las antiguas legislaturas porfiristas-maderistas; Francisco Bulnes, *La Prensa*, 23 de mayo de 1912, también trata del zapatismo y del orozquismo como variaciones del mismo tema.

[299] Meyer, *Mexican Rebel*, pp. 61-62; Letcher, Chihuahua, 28 de junio de 1912, SD 812.00/4357.

[300] Ross, *Madero*, pp. 167-168; Letcher, Chihuahua, 20 de marzo de 1912, SD 812.00/3424; Garibaldi, *Toast*, p. 226.

[301] De S. Terrazas a M. Balbas, 1º de julio de 1912, STA, caja 83.

[302] Valadés, *Imaginación*, II, p. 238; Puente, *Pascual Orozco*, p. 82.

ridad perentoria y trapacera de abogados, médicos y editores que ahora se encontraban en el poder, como tampoco apreciaban las ventajas de los cambios paulatinos. Habían derrocado a Díaz, un régimen bajo el que la mayoría había vivido desde su nacimiento, ¿por qué no derrocar al gobierno de don Pancho, a quien, para empezar, ellos mismos habían encumbrado?

En la rebelión de Orozco, sin embargo, también contaban otros aspectos. Al igual que los hacendados de Morelos, los conservadores de Chihuahua intentaban organizar un renacimiento político y, con el fin de derrocar a Madero, buscaron la cooptación de los líderes revolucionarios (Figueroa en el sur, Orozco en el norte). En 1911, durante su hora triunfal (si no es que antes), Orozco fue objeto de una adulación sin límites; los conservadores se mostraron activos durante su breve campaña a la gubernatura y los dirigentes reyistas tuvieron palabras de elogio para el caudillo de Chihuahua.[303] A principios de 1912 proliferaron las revueltas "vazquistas" y los "voceros conservadores comenzaron a cultivar asiduamente la amistad de Orozco", y quizá la conciencia del potencial financiero de los conservadores influyó sobre la decisión de Orozco de unirse a los rebeldes.[304] El cónsul norteamericano afirmó que los conservadores habían aportado apoyo financiero a la rebelión y que, desde sus inicios, "estuvo promovida por seguidores del viejo régimen"; describió, en forma concreta y confiable, cómo Antonio Cortázar —vinculado por nexos políticos y familiares a Creel— instigó las manifestaciones en contra de las autoridades maderistas, valiéndose de los servicios de "jóvenes y vagabundos"; asimismo, el cónsul narró cómo, durante los días críticos en que los rebeldes de Ciudad Juárez avanzaban rumbo al sur, los empleados tranviarios ofrecían bebidas y viajes gratuitos a todo aquel que quisiera unirse a las manifestaciones en contra del presidente Madero y del gobernador González.[305] Hubo además intermediarios deseosos de convertir la antipatía común de conservadores y ex maderistas hacia el régimen en una alianza definitiva, en la cual los primeros aportarían los recursos económicos y los segundos la fuerza. Al principio, José Córdova, el ambicioso secretario de Orozco, se dedicó a jugar este papel y, a medida que se extendió la rebelión, Gonzalo Enrile, antiguo empleado postal y consular del Porfiriato, asumió el cargo de tesorero, recaudador de impuestos y —como escribiera el cónsul con un toque novelesco— de "intermediario que los invisibles y desconocidos poderes que se encuentran detrás de la revolución, utilizan para pagar a los jenízaros [sic] que se encargan de combatir en las batallas".[306]

[303] Ross, *Madero*, p. 168; Mancisidor, *Historia de la Revolución mexicana*, p. 178; Meyer, *Mexican Rebel*, pp. 58-59. *El País*, 6 de julio de 1911, alega que agentes terracistas patrocinaron fiestas por todo Chihuahua y "cuando los ánimos se encontraban propicios recomendaban la candidatura de Orozco para el gobierno".

[304] Meyer, *Mexican Rebel*, pp. 52 y 66, tomando prestada una frase de Letcher, Chihuahua, 20 de marzo de 1912, SD 812.00/3424.

[305] Letcher, Chihuahua, 4 de marzo (dos veces) y 20 de marzo de 1912, SD 812.00/3045, 3192, 3424.

[306] Letcher, Chihuahua, 10 de mayo y 28 de junio de 1912, SD 812.00/3930, 4357.

Estas teorías en torno a las conspiraciones ejercieron, y aún lo hacen, una poderosa atracción, particularmente en situaciones como las descritas. Asimismo, se argumentó que "hombres capaces y brillantes" explotaban "la torpeza y la necedad de Orozco".[307] En realidad, ocurría con frecuencia lo contrario: los líderes plebeyos y populares recurrieron a los servicios de escribanos, secretarios e intermediarios, sin abdicar necesariamente al control del movimiento que habían iniciado. La explotación, si la hubo, operó en ambas direcciones,[308] y tanto el zapatismo como el orozquismo son una muestra clara de esto (aunque en menor grado en el segundo caso). A medida que se extendió la rebelión, fue evidente la connivencia de los conservadores lo que provocó numerosos comentarios en los círculos políticos de la Ciudad de México; por ejemplo, del doctor Félix Gutiérrez (recientemente nombrado gobernador "rebelde" de Chihuahua), se dijo: "[es] hombre de buena educación... con buenas relaciones sociales... que, debido a su origen y educación, goza de la simpatía de las clases acomodadas en el estado".[309] Los historiadores han aceptado la presencia del apoyo conservador (especialmente terracista), e incluso norteamericano, en la rebelión.[310] Por ejemplo, es innegable que Juan Creel, administrador del Banco Minero de la ciudad de Chihuahua, adquirió bonos orozquistas por valor de 80 000 pesos, sin argumentar siquiera una *force majeure*, aunque su hijo, lamentaba Creel, había actuado "bajo la influencia del medio en que vive" y, al parecer, no hubo intentos concertados de los Creel-Terrazas para apoyar la revuelta.[311] Luis Terrazas, patriarca del clan, negó cualquier complicidad, incluso en la correspondencia privada con su yerno. Por su parte, el propio Creel, radicado en la Ciudad de México, en principio, no se dio por enterado de negociación alguna y, más tarde, adoptó una postura crítica frente a los vínculos locales de su familia.[312]

Aunque se concertó la alianza antimaderista de "izquierda" y de "derecha", ésta permaneció flexible y condicionada. Los conservadores no podían contar con la certeza de controlar a sus aliados plebeyos: "todo el mes de febrero [1912] se dedicó a ganar el control de estos elementos ingobernables que han dado origen a la situación"; tampoco podían ignorar las pretensiones "socialistas" de muchos seguidores de Orozco, especialmente de Máximo Castillo

---

[307] Letcher, Chihuahua, 2 de marzo y 28 de junio de 1912, SD 812.00/3146, 4357.

[308] Knigth, "Intellectuals".

[309] Letcher, Chihuahua, 7 y 31 de marzo de 1912; Wilson, Ciudad de México, 26 de abril de 1912, SD 812.00/3188, 3525, 3732; Fuentes Mares, *Y México se refugió*, pp. 250-251.

[310] Ross, *Madero*, p. 259; Cumberland, *Genesis*, p. 195; Calvert, *Mexican Revolution*, pp. 107-108, cuya declaración de que "grandes cantidades de ciudadanos norteamericanos estaban involucrados en el movimiento de Orozco" no puede ser fundamentada; fuera de uno o dos soldados afortunados, los americanos evitaron consistentemente la participación revolucionaria y, en 1912, la inmensa mayoría simpatizaba con Madero y el gobierno establecido: Letcher, Chihuahua, 12 y 31 de marzo de 1912, SD 812.00/3268, 3525.

[311] De E. Creel a J. Creel, 31 de marzo y 22 de abril de 1912, STA (Creel), r. 1.

[312] De E. Creel a J. Creel, 29 de marzo y 19 de abril de 1912, STA (Creel), r. 1; Fuentes Mares, *Y México se refugió*, pp. 250-252.

que, en ese momento, repartía tierras de los Terrazas en el distrito de Galeana.[313] Por otra parte, algunos rebeldes radicales de visión más clara —como Braulio Hernández y sus hombres— se mostraron cada vez más "inconformes con el papel preponderante que los miembros del llamado partido 'científico' jugaban en la conducción de la Revolución".[314] En un manifiesto público, Hernández subrayó por igual los daños del régimen de Madero y los de la dinastía Terrazas; admitió que había "algunos miembros ambiciosos del antiguo partido de los científicos que intentaban ejercer influencia sobre Pascual Orozco"; y afirmó que dicho intento estaba destinado a fracasar. Sin embargo, el optimismo de Hernández carecía de fundamentos y, a mediados de mayo, el propio Hernández fue "eliminado" de su cargo como comandante de los rebeldes y sus hombres fueron reagrupados en otros destacamentos orozquistas.[315]

Si el papel que los conservadores jugaban en la rebelión parecía claro, sin ser necesariamente dominante, sus motivaciones no parecen tan obvias. Los terratenientes y empresarios de Chihuahua, que se alarmaron justificadamente con la revolución popular de 1910-1911, planearon una alianza con los revolucionarios en contra del régimen que, a pesar de su constitucionalismo, era socialmente conservador y estaba preocupado por restaurar la paz y la estabilidad, a costa de la rápida desmovilización del ejército libertador. Dos posturas divergentes se observaron entre los maderistas y la élite de Chihuahua. Primero, aunque coincidían en ciertos objetivos, diferían acerca de los medios: para Madero, un gobierno representativo y responsable debería garantizar la paz; para los antiguos porfiristas, en cambio, un gobierno así significaba la anarquía, y no estaban del todo equivocados. A los ojos de Luis Terrazas, el liberalismo moderado del Plan de San Luis era producto de la "mente enferma" de Madero y la causa de la confusión prevaleciente.[316] Los conservadores no confiaban en que Madero defendería la paz y la propiedad, no obstante la sinceridad de sus intenciones, lo que explica el mito de la "mano de hierro" y la importancia fugaz de Reyes en 1911. Con todo, en la Chihuahua revolucionaria, era necesario buscar la "mano de hierro" entre los cabecillas populares ya que —antes de la intervención del ejército federal— eran los únicos capaces de disciplinar, convencer y, cuando era necesario, reprimir a las tropas rebeldes. Orozco estaba considerado como "la única persona capaz de controlar a la turba que sigue el llamado de la nueva democracia". Se decía (sin duda, con la esperanza de algunos y con el temor de otros): "si tiene éxito la revolución [de Orozco] se implantará una dictadura más opresiva que la del general Díaz".[317] Pero ésta no fue una estrategia conservadora

---

[313] Letcher, Chihuahua, 20 de marzo de 1912, SD 812.00/3424.
[314] Letcher, Chihuahua, 12 de marzo de 1912, SD 812.00/3268.
[315] "Una petición de justicia", s. f., SD 812.00/3724; Letcher, Chihuahua, 10 de mayo de 1912, mismo archivo.
[316] Fuentes Mares, *Y México se refugió*, p. 240.
[317] Letcher, Chihuahua, 20 de febrero y 20 de marzo de 1912, SD 812.00/2931, 3424; a lo segundo, Letcher añadió: "no es difícil de creer".

fríamente concebida y ejecutada, sino una apuesta peligrosa y desesperada que los acontecimientos impusieron sobre la élite de Chihuahua. Si bien es cierto que durante meses se buscó el apoyo de Orozco, el avance sobre la capital, encabezado por Campa, Salazar y Hernández (cabecillas de reputación radical y que conducían a los soldados serranos) fue lo que impulsó a los conservadores —y también a Orozco— hacia una alianza ambigua y precipitada. Este acuerdo remite a la cooptación de Mussolini y los fascistas por parte de los liberales italianos, sólo que en este caso la acción presagió la derrota y no la victoria; resulta imposible saber cuál de los partidos habría marcado la pauta, como tampoco sabemos quién se habría beneficiado más por este acuerdo.

El segundo factor que marcaba las diferencias entre conservadores y madero, fue el carácter reformista del gobierno estatal de Chihuahua. Aunque la esencia del programa maderista era el liberalismo constitucional, el marco político establecido permitió que los gobernadores electos gozaran de autonomía. En algunos estados, triunfó el conservadurismo; en otros, dominaron los católicos; en algunos más, los maderistas con conciencia social procuraron instrumentar reformas sociales genuinas: Cepeda en San Luis Potosí; Lizardi en Guanajuato; Alberto Fuentes en Aguascalientes, y Abraham González en Chihuahua. Este último, en particular, procuró implantar un programa progresista clásico en los campos de la educación, la reforma fiscal y la moralización social.[318] Estas políticas no sólo redundaron en beneficio de la clase media en la que se basaba el maderismo, sino que también representaron una amenaza al poder político y económico de la vieja oligarquía. Se suspendió la venta de terrenos públicos, se crearon incentivos para el pequeño comercio y se revaluaron los impuestos catastrales; González fue más lejos y propuso un tope a las propiedades individuales, recaudó impuestos atrasados y abrió la investigación sobre el asalto al Banco Minero (indagación que amenazó con implicar los intereses Creel-Terrazas). Sin embargo, muchas de estas reformas no se materializaron sino hasta después, en 1912 —tras la rebelión orozquista—, y quizá su radicalidad fue una respuesta al apoyo conservador otorgado a Orozco. La reforma fiscal estaba en el aire aun antes de la rebelión (además de la amenaza local inmediata, Terrazas valoró los recientes acontecimientos en otras partes, como en Guanajuato); y la amenaza de investigar el caso del Banco Minero (paralela a otras que se estaban efectuando en otros estados y municipalidades) provocó la alarma en los oligarcas.[319] Algunos, como el atento y diplomático Enrique Creel, prefirieron desviar la amenaza al abrigo del cabildeo.[320] Pero en Chihuahua, donde se experimentaba con mayor fuerza la amenaza del reformismo maderista y la radicalización popular, se aplicaron soluciones más tajantes; impulsados por

[318] Beezley, *Insurgent Governor*, pp. 80-81, 97-99 y 103-113.
[319] *Ibid.*, pp. 110-111; Letcher, Chihuahua, 20 de marzo de 1912, SD 812.00/3424 y manifiesto anexo.
[320] De E. Creel a J. Creel, 31 de julio de 1911 y 29 de marzo de 1912, STA (Creel), r. 1.

su angustia, los oligarcas buscaron garantizar su seguridad aliándose con la revuelta popular. Los extremos unieron esfuerzos contra el centro; patricios y plebeyos se aliaron en una posición conjunta para combatir el reformismo de la clase media.

Esta alianza política fue exclusiva de Chihuahua. Para que se diera, los tres actores políticos principales durante el periodo de Madero —oligarcas del Porfiriato, maderistas de clase media y movimiento popular— tuvieron que desplegar cierta autonomía y vigor. Sólo ante el equilibrio de estas fuerzas, los oligarcas pudieron contemplar aliarse con los elementos populares. Estas tres variables hicieron posibles muchas permutas aunque, de hecho, sólo había cuatro opciones. En Sonora, por ejemplo, surgió una auténtica "renovación política" que, al igual que en Chihuahua, sustituyó a los porfiristas por los maderistas, pero, salvo por la insurgencia yaqui, no hubo un movimiento popular fuerte en el cual los antiguos porfiristas depuestos pudieran encontrar un apoyo para su regreso; jamás se contempló por ninguna de las dos partes una alianza entre el general Torres y los yaquis.[321] Mientras tanto, en Morelos, al igual que en muchos estados del centro, los reformistas, al no cobrar la fuerza suficiente, estuvieron a merced de oligarcas y revolucionarios y, temerosos de la disolución social, se inclinaron generalmente hacia los intereses de los conservadores. En los estados del sur, la oligarquía sofocó los débiles intentos del reformismo, tanto popular como de clase media. Por último, en ausencia de un gobierno popular significativo, la política electoral en algunos estados (para mayor precisión, en algunas ciudades) mostró una polarización entre los oligarcas y los reformistas de la clase media.[322]

El modelo operante en Chihuahua exigió que el reformismo representara una amenaza real para el *statu quo* (aun sin aplicar las demandas populares), y que los defensores del estado de cosas se arriesgaran a procurar un acercamiento con las fuerzas populares, que de suyo representaban una amenaza a los propios intereses de la oligarquía. Sin embargo, cabe señalar que estas ecuaciones sociales no están carentes de valores. Los protagonistas políticos en juego no sólo representaban al poder, sino también los intereses ideológicos y de clase, por lo que es evidente el problema que implica explicar una alianza (no importa cuán desesperada o condicional) entre los veteranos de 1910 y los oligarcas a los que inicialmente aquéllos intentaron derrocar. Dicho problema no es aislado, pues las alianzas anómalas y las inconsistencias ideológicas aumentaron en la medida en que avanzó la Revolución; es decir, que se trata de un caso *prima facie* para explicar el comportamiento revolucionario en términos de intereses personales, desprovistos de importancia política o social, y para interpretar la Revolución (como lo hicieran numerosos diplomáticos extranjeros y conservadores mexicanos) como una lucha hobbesiana por el poder y la riqueza. El problema es tan importante y recurren-

---

[321] Aguilar Camín, *La Revolución sonorense*, pp. 234-235.
[322] Véanse *infra*, pp. 449-450 y 496-503.

te que exige un análisis aparte. La breve sección que se ofrece en seguida, introduce la noción de una "lógica de la Revolución" y desarrolla la distinción entre la revuelta serrana y la agraria, entre los casos representativos del orozquismo y el zapatismo; después será posible retomar la narración de sus acciones conjuntas en contra del régimen de Madero así como la respuesta del gobierno.

La lógica de la Revolución:
serranos y agraristas

Para historiadores como Valadés, que defienden a Madero, los orozquistas buscaban entregarse al pillaje y la diversión; de lo contrario, ¿por qué habrían de rebelarse en contra de un presidente reformista?, ¿por qué, podría añadirse, habrían de hacerlo frente a un gobernador todavía más reformista?[323] Pero las reformas, aunque suficientes para provocar alarma entre la gente acomodada (después de todo, leían la prensa y el *Diario Oficial*), no se instrumentaron con la rapidez necesaria para satisfacer a las masas. Por otra parte, tampoco fueron las reformas adecuadas. La clase media —el pequeño comerciante, el ranchero, el liberal y el profesionista *bien pensant*— recibió los beneficios de las políticas de González; políticas (fiscales, educativas y moralizantes) que, desde antes de 1910, la prensa de oposición había exigido. Algunas, como las campañas puritanas en contra de la bebida, el juego y la vagancia, eran antitéticas de las costumbres prevalecientes entre los revolucionarios rurales en México.[324] En contraposición, se ignoraron e incluso se combatieron activamente las políticas que atendían demandas populares como la división de las haciendas, el empleo regular y la descentralización del control político. En ocasiones, el descontento resultante se expresó en manifiestos formales; en otras, a través de compromisos individuales con Orozco o cualquier otro cabecilla, y el repudio *de facto* a los antipáticos civiles que ahora intentaban controlar el movimiento popular. Éste fue un choque no sólo de clases sino también de culturas; entre la urbana, respetable, educada, con una visión nacional, tímidamente progresista y vinculada con el concepto de la autoridad política legal basada en el sufragio efectivo; y la otra, predominantemente rural, plebeya, iletrada, localista y preñada de anhelos nostálgicos (a pesar de sus problemas radicales), caracterizada por el compromiso con la autoridad política local, personal, carismática y tradicional.[325]

Esta última cultura imprimió sus características fundamentales a los movimientos populares del orozquismo y el zapatismo. Pero las generalizaciones de esta naturaleza, aunque esenciales como punto de partida, se desgastan. Como lo demuestra la trayectoria de los orozquistas, las filiaciones

---

[323] Valadés, *Imaginación*, II, pp. 236-239.
[324] Beezley, *Insurgent Governor*, pp. 103-105, 108-109 y 112-113; sobre el "calvinismo" de González y las políticas para educar, moralizar y poner en estado de sobriedad al pueblo de Chihuahua.
[325] Knight, "Peasant and Caudillo", pp. 44-56.

políticas se tornan complejas y resisten a un análisis basado en tan amplios términos sociológicos. A medida que la Revolución se desenvolvió, desarrolló una lógica propia —y este punto aparecerá con frecuencia— que no puede relacionarse con precisión con los orígenes sociales o las ideologías de sus grupos participantes. Los diversos actores se alejaron de sus rasgos originales y fueron arrastrados —en mayor o en menor grado— por el drama, en la medida en que se intentaron implantar diversas soluciones políticas, en que los regímenes (nacionales y locales) iban y venían y en que se unieron a la batalla diferentes niveles de conflicto (ideológico, regional, étnico, de clase y clientelista). Aquí es posible retomar la metáfora hidráulica de Tannenbaum: con el tiempo, el ancho torrente de la rebelión popular, que en su origen fluyó pura y rápidamente, y que impulsó a la revolución, fue desviado, contenido y, en ocasiones, llevado por cauces subterráneos o utilizado para beneficio de otros, como la cautiva corriente de agua del saetín. Así, el que fuera río poderoso se convirtió en el "Oxus recortado y dividido" de Matthew Arnold, en numerosos canales y fosas, algunos agitados y rápidos, otros estancados. Grandes tendencias, como olas, pueden afectar el sistema entero, y el piloto que intenta navegar en sus aguas debe tomar nota de todas estas variantes e interacciones complejas que resisten a cualquier generalización.

El historiador se deleita al informar al sociólogo sobre acontecimientos ostensiblemente pequeños que pueden tener grandes consecuencias "estructurales".[326] La decisión de los orozquistas de rebelarse en 1912, además de determinar sus trayectorias futuras, definió, en muchos aspectos, la historia de la revolución popular en el norte. Su rebelión y sus ramificaciones muestran a gran escala lo sucedido en numerosos estados y localidades, ya que la gente reaccionó de manera expedita y *ad hoc* ante los cambiantes sucesos que rebasaban su control. Así, las metas de los revolucionarios, que antes fueran claras, se tornaron confusas; se involucraron con otros compromisos, o bien, cayeron en el olvido. La Revolución fluyó o, según la violenta metáfora de Azuela, se enfureció como un huracán, arrastrando a los individuos como si fueran hojas secas.[327] Aunque ilustrativas, éstas no son sino metáforas: "la revolución" es una abstracción (aunque sea una abstracción casi providencial del mito de la política moderna, o una broma amarga de deidades cínicas, como ocurre en las novelas de Azuela), y el hecho de invocar a una "lógica de la Revolución" no significa seguir el camino de la teleología y la metahistoria. La "lógica de la Revolución" no implica patrones aprioristicos, ni grandes diseños hegelianos; sugiere más bien el complejo global constituido por las crisis, sucesos, opciones y oportunidades que fueron confrontadas por los participantes, y sobre las que sintieron ejercer poco control. No hay nada de mítico en esta postura que —siempre que esté avalada por datos adecuados— da cabida al análisis racional. A medida que pasa el tiempo, el análisis

---

[326] Emmanuel Le Roy Ladurie, "The 'Event' and The 'Long Terms' in Social History: The Case of the Chavan Uprising", en *The Territory of the Historian*, Hassocks, 1979, pp. 111-131.
[327] Rutherford, *Mexican Society*, p. 122.

que parte de términos sociales amplios (el surgimiento del maderismo urbano, la génesis de la protesta agraria) debe ceder ante explicaciones más ceñidas y específicas: "la historia social, la historia de los grupos y de los agrupamientos", cede ante la "historia tradicional... *l'histoire événementielle*".[328]

Es necesario enmarcar las generalizaciones en un nivel más bajo: centrarse más en la conducta de los individuos (como Orozco) o en los grupos sociales más reducidos (la élite de Chihuahua), en vez de englobar entidades sociales más amplias (los campesinos, la clase media urbana), ya que su comportamiento puede depender, de manera decisiva, de las vicisitudes de tiempo y espacio. Así vemos que, conforme avanzó la Revolución, algunos populistas rurales como los Arrieta tomaron el mando de los estados; agitadores políticos como Manuel Diéguez dirigieron ejércitos y controlaron pueblos, como Cananea, que antes habían temblado ante su labor de agitación. En casos así, los motivos que impulsaron primero a la rebelión cayeron después en el olvido o fueron sustituidos con nuevas consideraciones derivadas de la propia Revolución. El agitador convertido en general revolucionario no representó tan sólo una tribuna armada para el pueblo, puesto que la transición implicó nuevos compromisos y actitudes —en este aspecto, la Revolución resultó ser muy prolífica—.[329] En realidad, los principales vencedores, los herederos y beneficiarios de la Revolución, fueron precisamente los hombres moldeados y hechos por las condiciones de la experiencia revolucionaria; las creaturas *par excellence* de la Revolución que, en muchos casos, carecieron de una historia prerrevolucionaria de importancia. Así como la lógica de la Revolución ofrece al historiador una dimensión decisiva para la explicación del fenómeno, ofreció a los participantes el inevitable contexto de la acción social. En el caso de Pascual Orozco, la decisión de rebelarse en contra de Madero, tomada en marzo de 1912 en la ciudad de Chihuahua, bajo la presión de los acontecimientos, condujo a la ruta lógica de su conflicto con Villa, su alianza con Huerta y su muerte en la batalla contra los *rangers* de Texas en el verano de 1915.

Aun cuando el historiador reconoce la creciente importancia de los sucesos individuales y contingentes así como la decreciente utilidad de las explicaciones socioeconómicas generales, no debe perder de vista dichas explicaciones: "los eventos que resuenan son, con frecuencia... manifestaciones en la superficie de movimientos más amplios que sólo se explican en términos de éstos".[330] De hecho, en algunos casos, los "eventos" muestran una marcada fidelidad con respecto a los "movimientos" que les dieron origen: la acción

---

[328] F. Braudel, *The Mediterranean and the Mediterranean World in the Age of Phillip II*, Londres, 1972, pp. 20-21; y, del mismo autor, "Histoire et Sociologie", en *Ecrits sur l'Histoire*, París, 1969, pp. 102-103.

[329] Va implícita en esta argumentación la suposición de la relativa (y en ocasiones, muy considerable) autonomía del Estado; el Estado revolucionario moldeaba a la vez que reflejaba a las clases sociales, y sus protagonistas mostraban una lealtad con el Estado que podía llegar a ponerse por encima de las lealtades de clase u otras sectoriales.

[330] Braudel, *The Mediterranean*, p. 21.

sigue una práctica o una ideología consistente; los pueblos —para decirlo con crudeza— se comportan conforme a lo esperado, siempre y cuando se consideren determinadas lealtades previas. Aun cuando éste no sea el caso (que cada vez lo es menos), la mera falta de consistencia, la falta de "un ensamble" entre lealtades y acciones requiere de una explicación. La inconsistencia y el oportunismo no son rasgos inmutables del ser humano (ni, como afirman algunos extranjeros, de los mexicanos): al igual que sus antítesis, están condicionados por las circunstancias y es posible explicarlos. Al respecto, podemos establecer una sugestiva comparación entre el orozquismo y el zapatismo, los dos movimientos populares más importantes que emergieron de la coalición maderista y que causaron la mayor parte de los problemas al régimen sucesor.

Aunque la rebelión de Orozco y de Zapata partió del disgusto compartido ante el régimen de Madero, el carácter de sus rebeliones fue distinto, y no sólo de manera casual. De 1911 a 1919, Zapata mostró su compromiso incondicional con los ideales de la reforma agraria y el autogobierno local (cuya interdependencia ha sido ya mencionada). Estuvo dispuesto, cada vez más, a formar alianzas extrañas con los radicales de la ciudad, con conservadores descontentos y con cualquiera que ayudara a su causa y compartiera su hostilidad hacia el enemigo en la Ciudad de México. No obstante, jamás negoció sus metas esenciales, nunca abdicó al poder dentro de Morelos y siempre mantuvo a sus aliados a distancia. Esta actitud suspicaz y cauta —producto de la solidaridad comunal y de un compromiso profundo con la sociedad de los pueblos, con su cultura e historia— fue lo que garantizó a Zapata la lealtad de los surianos a lo largo de años de amarga lucha. Igual actitud se observó en otros líderes populistas y rurales. Sin embargo, estos rasgos que aseguraban el apoyo local, hicieron aparecer a estos líderes (a los ojos de extraños) como aliados intransigentes, que mostraban una hostilidad campesina hacia la concertación. Incluso en el caso de las alianzas militares, su intenso compromiso local los llevó a establecer límites —algunos dicen que de forma cobarde o traicionera— a su esfera de operaciones.

Los líderes serranos del norte, como Orozco y Villa, estaban moldeados de manera distinta. Al igual que Zapata, eran populistas rurales, movilizaban apoyo importante con base en demandas agrarias y mostraban una indiferencia localista en lo que se refería a preocupaciones nacionales. Pero estos rasgos comunes —características distintivas del movimiento popular— se eclipsaron ante otras diferencias también importantes. Aunque en el norte de México se mostraban analogías con el zapatismo (y con frecuencia existían centros clave de rebelión, como en el caso de Cuencamé), las fuerzas de la solidaridad comunal, la tradición campesina y los antecedentes de historia que existían en la Mesa Central, eran menos vigorosos en el norte, donde la movilidad espacial y social era mayor. Si, en general, los norteños mostraron mayor interés personal en los bienes, la tierra y el poder, en vez del arraigo a los intereses comunales, esto fue reflejo de las tendencias sociales que prevalecían en la región. Más aún, el agrarismo del norte (cuya importancia no debe subestimarse) con frecuencia se adaptó a las estructuras de la revuelta serrana: es decir, en vez de lanzar al pueblo en contra de los hacendados en una lucha de clases bien definida, capaz de transformar la sociedad rural, sirvió para enfocar la atención en los monopolios de tierras y el poder de los caciques, cuyo derrocamiento se convirtió en el principal objetivo de la revuelta serrana, y unió, de esta manera, a distintos estratos de la comunidad. Por lo tanto, las revueltas serranas no sólo fueron típicamente "policlasistas" —socialmente eclécticas en lo que respecta al reclutamiento de elementos locales contrarios al cacicazgo—, sino que también desarrollaron un programa o "proyecto" más limitado y menos radical y subversivo. El derrocamiento de los caciques y de sus protegidos, la recuperación (en algunos casos) de tierras alienadas y la instalación de autoridades populares, fueron victorias que se llevaron a cabo con cierta prontitud; sin embargo, a partir de ese momento los movimientos serranos, carentes de la carga de lealtad comunal o de reivindicación agraria, tendieron a avanzar sin dirección definida, sobre todo al compararlos con el curso directo de los surianos. En otras palabras, la economía moral que formó y guió la rebelión zapatista estuvo presente en el norte pero sólo de manera imperfecta y fragmentada.

Como sucede a menudo, las inferencias sobre el carácter de estos movimientos se desprenden de los respectivos liderazgos. Zapata se mantuvo en Morelos; cuando menguaba la lucha, retornaba a Tlaltizapán, su nueva casa y cuartel, donde era posible encontrarlo en compañía de sus compadres, quienes "... descansaban en la plaza, bebiendo, discutiendo de los gallos valientes y de caballos veloces y retozones, comentando las lluvias y los precios con los campesinos que se juntaban con ellos para tomar una cerveza..."[331] Los dirigentes del norte —moldeados en una sociedad más heterogénea— eran menos bucólicos y estáticos. Después del éxito de la revolución maderista, Orozco adquirió acciones en distintos negocios que comprendían desde la minería y el comercio hasta el transporte (en su antigua profesión); Pancho Villa, cuya actividad anterior había sido principalmente delictiva, adquirió un rastro en la ciudad de Chihuahua.[332] Asimismo, sus ejércitos llevaron el sello del profesionalismo, marca que se tornó más profunda con el transcurso del tiempo y que les permitió realizar campañas en una escala mayor —aunque no necesariamente más exitosa— que los zapatistas. Esta capacidad militar reflejó, parcialmente, los imperativos estratégicos del norte (el terreno, la cercanía con los Estados Unidos), pero también fue expresión de las bases sociales que construyeron los ejércitos del norte: más móviles, más híbridos —en términos ocupacionales— y más independientes del ciclo agrícola.

Al igual que Zapata, los dirigentes del norte eran de extracción popular, carecían de la cultura urbana y de la sofisticación de los maderistas civiles

---

[331] Womack, *Zapata*, p. 242.
[332] Meyer, *Mexican Rebel*, p. 61; Almada, *Revolución... Chihuahua*, I, p. 240.

(posteriormente contrincantes por el poder); sus gustos personales, de nuevo como en el caso de Zapata, se acercaban más al juego simple que a la poesía, en el espectro del gozo establecido por Bentham. Pero sus refugios —cuando menguaba o terminaba la lucha— eran más grandiosos, menos orientados hacia la equidad comunitaria. Tomás Urbina, por ejemplo, se apropió de la hacienda de Las Nieves en plena revolución y se estableció ahí como todo un señor. Un norteamericano afirmó: Las Nieves "... pertenece al general Urbina; la gente, las casas, los animales y las almas inmortales".[333] Así fue, o así debió haber sido, para muchos líderes norteños; sus metas no contemplaban el poder nacional ni la afirmación política comunitaria o de derechos agrarios, se limitaron a su hacienda confiscada y al retiro amable, en compañía de otros veteranos, a una vida fácil de triunfal ex *condottiere* o de coronel brasileño. Al alcanzar esta meta prematuramente, Urbina pagó su impaciencia con la vida; Villa logró disfrutarla, aunque brevemente, en Canutillo a principios de la década de 1920; Saturnino Cedillo alcanzó este objetivo en Palomas, hasta finales del decenio de 1930.[334]

Estos logros personales no necesariamente representaron traiciones al apoyo popular que los había hecho posibles. Los seguidores toleraron, aplaudieron y en ocasiones se beneficiaron con la obtención de poder y propiedades de sus cabecillas; el magnate revolucionario se convirtió en un patrón útil y protector, pero también era "muy hombre", epítome de los valores del macho que significaban fuente de satisfacción psíquica para sus seguidores plebeyos.[335] Los caudillos serranos podían asumir los atributos del hacendado tradicional —consumo conspicuo, autoritarismo y violencia privada—, especialmente en el norte, donde el papel militar del terrateniente no estaba tan lejano en la memoria y donde, en ausencia de mecanismos de equidad comunal, no se inhibía la disparidad exagerada de riqueza y poder.[336] Por lo tanto, las haciendas tradicionales (que algún día fueron instituciones formativas de la sociedad del norte de México) dejaron su huella en los movimientos revolucionarios de la región. El hecho de que los caudillos revolucionarios asumieran atributos de hacendados podía satisfacer tanto como traicionar las expectativas de sus seguidores.

Pero al igual que los antiguos hacendados a los que ahora emulaban, los caudillos mostraron gran capacidad para la opresión. Carentes de un compromiso afectivo real con su pueblo, o de la visión sofisticada de la práctica política moderna, no contaron con una brújula que los guiara a través de los mares tormentosos de la Revolución. Con frecuencia, sus trayectorias se deterioraron debido al oportunismo o al uso inútil de la violencia; muchos, a pesar de sus orígenes populares, se convirtieron en nuevos explotadores de su

[333] Reed, *Insurgent Mexico*, p. 57.
[334] Eugenia Meyer *et al.*, *La vida con Villa en la Hacienda de Canutillo*, DEAS, núm. 1, México, 1974; Graham Greene, *The Lawlees Roads*, Londres, 1971 (1ª ed., 1939), pp. 53-60.
[335] Véase cap. VII.
[336] Véanse *supra*, pp. 136-137, 142 y 147-148.

pueblo, amenazaban y levantaban reclutas sin consideraciones para las comunidades civiles que los habían apoyado (un aspecto al que Zapata jamás recurrió). Respondieron de igual manera a los halagos de los conservadores. En ausencia de un conflicto generalizado y bien definido entre la hacienda y los pueblos, se toleraron alianzas con hacendados (al menos, con algunos). Hubo rebeldes populares, como Villa, que colaboraron con terratenientes durante sus días de bandidaje, y bandidos que, como se ha señalado, se convirtieron en excelentes policías y capataces (represores más que exponentes de las quejas populares). La ambivalencia política del bandido (incluso del bandido "social") se manifestó bajo la forma del caudillo serrano.[337] Y colaboraron con los antiguos terratenientes (ofreciendo protección a cambio de aceptación) ahí donde los caudillos, a diferencia de Urbina, no suplantaron al hacendado, apropiándose de sus tierras y de su importancia social sin cambiar las estructuras básicas de la sociedad rural. Después de todo, muchos caciques del Porfiriato se establecieron de igual manera durante las guerras civiles del siglo XIX.

La tendencia a la promoción personal, al oportunismo político y a vincularse con otras clases para establecer alianzas de carácter aparentemente anómalo no fue un rasgo exclusivo de la rebelión del norte, sino particularmente de la rebelión serrana; es decir, de los movimientos cuyo descontento se derivaba de la presión central más que de la polarización agraria. Los serranos del norte (en su calidad de serranos y norteños) mostraron estas características de manera más acentuada. Pero, así como el agrarismo floreció en algunas áreas aisladas del norte —en Cuencamé o en el valle del Yaqui—, así también las características serranas se presentaron en el centro-sur. Estos episodios serán analizados al final de este capítulo. Aquí, mediante el contraste de estos dos paradigmas populares, examinaremos brevemente las revueltas de Figueroa y de Zapata, movimientos que, a pesar de su cercanía geográfica, respondieron a distintas causas y adoptaron formas diferentes.

La revuelta de Figueroa, cuyo centro fue Huitzuco (Gro.), mostró los rasgos serranos clásicos: fue una reacción a las continuas imposiciones políticas del Porfiriato y buscó "un retorno del control de los asuntos locales a manos de hombres locales y a terminar la interferencia central en el estado".[338] "Los hijos del estado", como dijo Francisco, el intelectual del movimiento, "[reclaman] el lugar en la política que los de fuera han usurpado".[339] Una vez logrados estos objetivos mediante las armas durante la revolución maderista, las metas de los Figueroa se tornaron más difíciles de definir. No apoyaron programa agrario alguno; Francisco negó que existieran problemas agrarios en Morelos, mientras que Rómulo, varios años después, dijo a los agraristas de

---

[337] Anton Blok, "The Peasant and the Bringand: Social Banditry Reconsidered", en *Comparative Studies in Society and History,* XIV (1972), pp. 494-503.

[338] Jacobs, "Rancheros", pp. 78 y 83-84 (la cita fue tomada de un borrador anterior del trabajo y no aparece *verbatim* en la versión publicada).

[339] *Ibid.,* p. 84.

la localidad que "si queremos tierras, debemos comprarlas".[340] Pero los Figueroa tenían anhelos de poder y, como se ha señalado, procuraron convertirse en caciques a la manera de Álvarez, que había dominado Guerrero hasta la década de 1860.[341] Así se mostraron como aliados potenciales de los hacendados de Morelos, de manera similar a los orozquistas con respecto a la élite de Chihuahua. Poseían la fuerza militar, no tenían intereses personales en Morelos y eran enemigos de las demandas agrarias de Zapata. Nuevamente, la flexibilidad y el oportunismo del liderazgo serrano se hizo evidente.

Sin embargo, en este caso como en otros similares, las esperanzas de mutuos beneficios se desvanecieron rápidamente. La intrusión política y militar de los Figueroa en Morelos, ofendió no sólo a los zapatistas sino también a los reformadores civiles moderados que habían integrado el partido leyvista. Éstos creían en la posibilidad de un cambio pacífico y paulatino, y rechazaban los métodos de mano dura de fuereños como Ambrosio Figueroa o Victoriano Huerta. Más aún, cuando el descontento popular y agrario estalló en Guerrero, Madero consideró (con justicia) que Ambrosio serviría mejor como agente de represión en su propio estado que en Morelos. Así, Ambrosio renunció a la gubernatura y fue enviado a Guerrero como comandante militar. Ahí, durante 1912, buscó instrumentar una política doble: combatir despiadadamente la rebelión en nombre del gobierno central y asegurar el dominio político de su familia y de sus clientes a la manera del cacique tradicional.[342] Para el agrarista Jesús Salgado (uno de los principales enemigos de Ambrosio) el "odioso cacicazgo" del Porfiriato sólo "se había sustituido por un nuevo cacique, Figueroa, a quien se le rendía tributo en todo el estado".[343] La queja era válida. Los Figueroa, como otros caciques serranos, no intentaron subvertir el orden social sino el político, procuraron reducir las fronteras del régimen centralista porfiriano, ávido de poder, para sustituirlo por una forma de caciquismo tradicional encabezada por ellos mismos y por sus colaboradores. Esto no sólo implicó un cambio de personas, sino también del enfoque político y, al igual que otros caciques serranos, los Figueroa pudieron contar con genuino apoyo popular para lograr sus fines, aun en ausencia de un programa socioeconómico. No era necesario que los resentimientos y la "indignación moral" que generaron la rebelión fueran de origen material.

La especificidad de la rebelión serrana destaca debido al choque con la centralización del Porfiriato y el agrarismo zapatista (o salgadista), pero también con el liberalismo maderista. Al principio, ese choque no fue tan evidente, pues serranos y maderistas pudieron aliarse en contra de Díaz. Los caciques serranos invocaron la libertad, el autogobierno y la Constitución de 1857; además, ambas partes eran enemigas de la rebelión agrarista. En el caso de los Figueroa, el parentesco se fortaleció por la presencia de Francisco Fi-

[340] *Ibid.*, p. 89.
[341] *Ibid.*, pp. 79 y 88.
[342] Jacobs, *Aspects*, pp. 154-170; Womack, *Zapata*, p. 133.
[343] Jacobs, "Rancheros", p. 86.

gueroa, quien se adaptaba a la imagen del maderista intelectual del campo. Más allá de estos nexos, los intereses se separaban. Los movimientos serranos eran fundamentalmente rurales, provincianos y retrospectivos, herederos de una larga tradición que se revitalizó con las presiones centralizadoras del Porfiriato; el maderismo era urbano, progresista y cosmopolita, producto de las ciudades florecientes, de la clase media educada y de una ideología universal coherente. Si —por tomar un ejemplo específico— Madero coqueteó con los Figueroa, no fue por simpatía hacia sus ambiciones caciquistas ni a sus métodos políticos algo primitivos, sino que se debió a cierto reconocimiento pragmático de que ellos podían ser tolerados más fácilmente —al menos por el momento— que Zapata y sus seguidores agraristas. Figueroa era preferible a Zapata pero, en última instancia, no había lugar para cualquiera de los dos en el nuevo esquema que los maderistas urbanos (y, posteriormente, sus sucesores constitucionalistas) intentaban introducir. El concepto de Madero de un régimen legal, de instituciones políticas impersonales e imparciales no podía coexistir indefinidamente con el poder arbitrario y personal de los caciques serranos, de la misma manera que no podía convivir con los populistas del agrarismo. Así, por ejemplo, Madero reprendió cautelosamente a Figueroa por no observar los "requisitos legales" en la ejecución sumaria de un periodista de la oposición y con cortesía —pero inútilmente— le dio instrucciones de encabezar a 500 hombres para sofocar a los rebeldes de Chihuahua (órdenes diseñadas para alejar a Figueroa de Guerrero).[344] Sin duda, separar a los caciques serranos de sus cacicazgos era una tarea problemática.[345]

A pesar de su mutua antipatía, Zapata y los Figueroa compartían ciertas características que los diferenciaban de los grupos urbanos progresistas, orientados hacia los problemas nacionales que iniciaron (y posteriormente terminaron) el proceso revolucionario: "... la visión que de México tenían Emiliano Zapata y sus seguidores era diferente a la de los ambiciosos rancheros de Huitzuco. Sin embargo, ambos representaban las posturas tradicionales de México, completamente a destiempo con la nueva era que trajo el vendaval de la revolución".[346] Aunque analíticamente válida, esta observación anticipa otra historia. En 1912, los Figueroa eran tibios aliados de Madero, mientras que Zapata —pronto secundado por Orozco— había tomado las armas contra su antiguo líder. El enfrentamiento con estos dos rebeldes célebres significó el mayor desafío para el régimen de Madero y de esta confrontación surgieron nuevos problemas para el futuro. La lógica de la Revolución obligó a Madero a tomar derroteros que no había anticipado ni deseado. Por otra parte, las rebeliones mismas no eran libres ni autónomas. Mostraron una marcada dependencia: Zapata —en 1912, nuevamente en 1913-1914 y después de 1915— necesitó un aliado norteño, un segundo frente en el norte que

[344] De Madero a A. Figueroa, 24 de febrero de 1912; Fabela, DHRM, RRM, III, p. 141.
[345] De A. Figueroa a Madero, 27 de febrero de 1912; Fabela, DHRM, RRM, III, pp. 149-150, negándose, educadamente, a irse de Guerrero, y dando razones plausibles para ello.
[346] Jacobs, "Rancheros", p. 90.

pudiera debilitar al ejército federal para así limitar sus actividades en Morelos. Asimismo, otros cabecillas menores se enfrentaron a necesidades similares y sus destinos fluctuaron en relación con la revuelta en Chihuahua. Aunque el orozquismo y el zapatismo (y otros movimientos menores) respondían a problemas locales, y diferían entre sí de manera importante, sus destinos estaban urdidos y determinados por la respuesta del régimen a su desafío —aunque lejos de estar concertado— acumulativo.

Zapatismo y Revolución

Inmediatamente después de tomar posesión como presidente constitucional, Madero se enfrentó a los problemas que acosaban al estado de Morelos, donde las políticas depredatorias de De la Barra y Huerta habían provocado la decidida rebelión de Zapata.[347] Dos semanas después de la toma de posesión, Zapata se reunió con sus seguidores principales en las montañas cerca de Villa de Ayala donde, bajo la guía del maestro Otilio Montaño, elaboraron el Plan de Ayala.[348] Publicado el 28 de noviembre de 1911, el Plan, más que una denuncia en contra de Madero y un llamado a la reforma agraria, se convirtió en "... [una verdadera panacea] y le dieron valor de Sagrada Escritura"; desde entonces reverenciado como el texto sagrado del fundamentalista pueblo mexicano en su éxodo desde la servidumbre porfirista hacia la tierra prometida de la Revolución.[349] El Plan —con sus referencias al "código inmortal de 1857", al "inmortal Juárez" y a la "sangre revolucionaria de Ayutla"— estaba empapado del liberalismo popular del siglo XIX, a pesar de sus connotaciones radicales posteriores. Zapata no repudió el Plan de San Luis (liberal); por el contrario, se apropió del manifiesto maderista ("la junta revolucionaria del estado de Morelos hace suyo al Plan de San Luis"), y lo utilizó como ejemplo de las promesas justas pero insatisfechas.[350] Sin embargo, el Plan de Ayala fue más allá. Su tema central es la indignación producto de la traición de Madero a la causa revolucionaria; "... gloriosamente inició con el apoyo de Dios y del pueblo"; Madero "dejó en pie a la mayoría de los poderes gubernativos y elementos corrompidos de opresión del gobierno dictatorial de Porfirio Díaz"; había perseguido, encarcelado y asesinado a antiguos aliados revolucionarios, y "tratando de acallar con la fuerza bruta de las bayonetas y de ahogar en sangre a los pueblos que [...] exigían el cumplimiento de las promesas de la revolución".[351] Denuncia particularmente la imposición de Pino Suárez y la de gobernadores como Ambrosio Figueroa, "verdugo y tirano del

---

[347] Véanse pp. 317-319.
[348] Womack, *Zapata*, pp. 126 y 393-394; Gilly, *Revolución interrumpida*, pp. 59-67.
[349] Womack, *Zapata*, p. 393.
[350] *Ibid.*, pp. 401-402 (artículos 1 y 4).
[351] *Ibid.*, p. 401 (artículo 1).

pueblo de Morelos".³⁵² El plan se encuentra imbuido en indignación moral y lo mismo el preámbulo como las cláusulas giran en torno al tema de la revolución traicionada.

Prácticamente, el documento zapatista combinó el programa habitual de la revolución política, pero añadió disposiciones a largo plazo que, debido a su precisión y radicalidad, superaban al Plan de San Luis. En lo que a precisión se refiere, los zapatistas mostraron una reticencia característica hacia las conciliaciones; así, dispusieron que el acuerdo político posrevolucionario debería ser obra de una junta revolucionaria sin presidente provisional y sólo con un jefe del ejército revolucionario (Pascual Orozco, o Zapata, si el primero declinaba). Habían asimilado las lecciones de la transición de mayo de 1911. Asimismo, el Plan superó a su precedente en lo que a radicalidad concierne. Conforme a las promesas de Madero, las tierras de los pueblos ilícitamente usurpadas serían devueltas pero además una tercera parte de todos los monopolios rurales serían expropiados (previa indemnización) para así abastecer de tierra a los despojados. Al respecto, el Plan señalaba que los "terratenientes, científicos o jefes" que se opusieran a las disposiciones, estarían sujetos a la posibilidad de expropiación total.³⁵³ Es evidente que el efecto polarizador de la lucha armada empujó las exigencias agrarias (y otras) más allá del común denominador de 1910, dando origen a una nueva militancia.³⁵⁴ Sin embargo, en algunos aspectos el Plan de Ayala aún era moderado (en otras palabras, el proceso de radicalización zapatista todavía tenía un gran trecho por recorrer): estipulaba indemnizaciones y (salvo en el caso de los enemigos de la causa) la expropiación se limitaba a un tercio de la propiedad de los terratenientes. Por lo tanto, lo mismo en teoría que en la práctica, los zapatistas no proponían una reestructuración fundamental de la sociedad rural: "Como sus padres y sus abuelos, los aldeanos y los rancheros […] seguían siendo tolerantes de la estructura de la vida en Morelos: le daban su lugar a la hacienda. Pero también insistían en que se les reconociese su propio lugar".³⁵⁵

A pesar de su radicalidad, que con el paso del tiempo se tornaría más acentuada y esquemática, el movimiento zapatista fue fundamentalmente defensivo, retrospectivo y nostálgico. Al igual que otras rebeliones agrarias de su época, representó "una reacción conservadora en contra de los cambios sociales y económicos que afectaban a la cultura indígena".³⁵⁶ La defensa de esa cultura (en su sentido más amplio) fue fundamental para el zapatismo; su guía, inspiración y principio organizativo fue la libre asociación de los pueblos propietarios de tierras, sociedad que, si bien jamás logró su perfección

---

³⁵² *Idem*.
³⁵³ *Ibid*., pp. 402-403 (artículo 7).
³⁵⁴ Además, a los maderistas que permanecían leales a Madero se les consideraba traidores, más que prisioneros de guerra: *ibid*., pp. 397 y 403 (artículo 10).
³⁵⁵ *Ibid*., p. 87.
³⁵⁶ Friedrich, *Agrarian Revolt*, p. 53.

total, había estado más cerca de alcanzar sus metas en el pasado. Fue un movimiento comunal que no se limitó al marco estrecho de la demanda de restitución y protección de tierras comunales (cuya importancia variaba conforme al lugar), sino que, además, el sentido de sus peticiones, de sus agrupamientos y objetivos, era comunitario, a diferencia de los grupos ocupacionales, las organizaciones políticas formales e incluso los individuos "racionales" que poblaban algunas aldeas campesinas.[357] Pero este marco no implicó un comunismo primitivo ni progresista; la organización comunal —tanto en el sentido político amplio como en el más estrecho de pertenencia— era compatible con el usufructo individual y con los conflictos personales; no obstante, como ya se sugirió, los nexos de la comunidad eran lo suficientemente fuertes para refrenarlos, especialmente cuando se trataba de enfrentar a un enemigo externo.[358] Por lo tanto, el zapatismo desplegó una poderosa solidaridad, subordinó los intereses militares a los civiles y rehuyó los excesos del caudillismo que marcaron a otros movimientos populares, sobre todo al serrano.[359]

La organización comunal también era compatible con la sobrevivencia de la hacienda. Pueblos propietarios de tierras y haciendas habían existido simbióticamente durante siglos. Pero esta estructura no daba cabida a los hacendados voraces del Morelos del Porfiriato, con sus monopolios de tierras, agua y empleo. A medida que avanzó la lucha, polarizando a los combatientes, los últimos vestigios de la antigua colaboración se desvanecieron; hacendados, capataces y caciques no tuvieron lugar en el Morelos zapatista que se organizó conforme a los lineamientos de "la utopía de una asociación libre de clanes rurales".[360] En la práctica, esto significó una forma de anarquismo rural. Los zapatistas, conforme a Díaz Soto y Gama, buscaron "No socialización, no colectivización. Tierra libre, parcela libre. Libre cultivo, libre explotación de la parcela. Sin capataces y sin amos dentro del ejido, sin tiranías individuales, pero también sin tiranías ejercidas por el Estado o por la colectividad".[361] Sin embargo, se trataba de un anarquismo ajeno a Bakunin, nutrido por una tradición claramente mexicana, cuyo principal discurso ideológico era popular, patriota y liberal.[362] El anarquismo explícito que caracterizó a una corriente del pensamiento radical de México a partir de la década de 1870 fue perceptible sólo en la retórica de ciertos intelectuales y oradores zapatistas, que no eran veteranos genuinos del movimiento; en esos casos incluso la postura radical se mezcló con el liberalismo, el socialismo y el indigenismo, desplegando un promiscuo descuido por la consistencia ideológi-

---

[357] Es decir, "comunal" en el sentido que dan los Tilly a esta palabra; Tilly, *Rebellions Century*, pp. 50-52.
[358] Véanse pp. 195-196.
[359] Womack, *Zapata*, pp. 225 y 314. Después se hablará de los excesos de los serranos (incluyendo a los villistas).
[360] Womack, *Zapata*, p. 224.
[361] Córdova, *Ideología*, pp. 154-155.
[362] Knight, "Intellectuals".

ca y una incapacidad para influir sobre los acontecimientos revolucionarios.³⁶³ En muchos aspectos, el zapatismo entró en contradicción con el anarquismo explícito que históricamente ha estado vinculado tanto a la Europa latina como a Latinoamérica. Womack señala que: "En ninguna parte del Plan [de Ayala] se hace referencia a la 'paz' o al 'progreso' o a la 'democracia', las metas declaradas de los demás planes y preocupación eminente de los hombres 'urbanos' de aquella época".³⁶⁴ Tampoco aparecen trazas de anticlericalismo; invoca "la ayuda de Dios" y los zapatistas —como los rebeldes rurales en Sinaloa, Tepic, La Laguna y otras partes— portaron el emblema de la virgen de Guadalupe en sus estandartes y en la cinta de los sombreros.³⁶⁵ El zapatismo tampoco se unió al espíritu ascético, ni a los principios de moral estricta, sobriedad, trabajo duro y esfuerzo propio que caracterizaron al pensamiento y a la práctica anarquistas, por lo menos en el México urbano.³⁶⁶ Posteriormente uno de los voceros "urbanizados" radicales de Zapata comentó con desagrado que el movimiento había sufrido por el aprecio exagerado de su líder hacia "los buenos caballos, los gallos de pelea, las mujeres galantes, el juego de cartas y las bebidas embriagantes", pero podemos suponer que estas predilecciones, lejos de ofender a los seguidores de Zapata, le sirvieron para aumentar su afecto.³⁶⁷

Por lo tanto, en términos de ideología formal, Millon acierta al cuestionar la etiqueta de "anarquismo" que algunos estudiosos han querido otorgarle al zapatismo. Sin embargo, la ideología formal a menudo es una deidad falsa. La "filosofía radical pequeñoburguesa" que Millon, con sus categorías marxistas simples y su rudimentaria exégesis textual, atribuye al zapatismo es por una parte ficticia (no hay evidencias contundentes acerca del antiimperialismo zapatista) y, por otra, una pista falsa (ya que también fue característica de los constitucionalistas que combatieron a los zapatistas durante años y que establecieron un régimen que difícilmente podría congeniar con Zapata y sus seguidores).³⁶⁸ En párrafos posteriores se intentará demostrar que el uso indiferenciado de la categoría "pequeñaburgués" conlleva peligros y confusiones analíticas.³⁶⁹ Aunque fuera posible definir la clase *(sic)* en términos de su relación con los medios de producción o sus vínculos con una

---

³⁶³ Robert P. Millon, *Zapata: The Ideology of a Peasant Revolutionary*, Nueva York, 1969, somete al zapatismo a una taxonomía marxista bastante cruda; pp. 83-101, argumenta en contra del "socialismo" o "anarquismo" zapatista. El papel que juegan los intelectuales (urbanos) de Zapata es tratado en el cap. VIII.

³⁶⁴ Womack, *Zapata*, p. 399.

³⁶⁵ Meyer, *Cristero Rebellion*, p. 12; Casasola, *Historia gráfica*, I, p. 261; Reed, *Insurgent Mexico*, p. 194.

³⁶⁶ Barry Carr, "The Casa del Obrero Mundial, Constitutionalism and the Pact of February 1915", en Elsa Cecilia Frost *et al.*, *El trabajo y los trabajadores en la historia de México*, México/Arizona, 1979, pp. 620-621.

³⁶⁷ Womack, *Zapata*, p. 342.

³⁶⁸ Millon, *Zapata*, pp. 63, 93 y ss.

³⁶⁹ Véase cap. VIII.

ideología "jacobina" o claramente liberal, ésta quedaría grotescamente fracturada por los contornos sociales, culturales y geográficos (la pequeña burguesía urbana difiere de la rural; dentro de la segunda —por dar un ejemplo—, la clase ranchera abarca una serie de variantes); por lo tanto, habría que interpretar una ideología a todas luces compartida (liberalismo) y expresada en formas radicalmente distintas.[370] El liberalismo maderista, que ejerció una fuerte atracción entre la pequeña burguesía urbana, buscó innovaciones políticas "modernas" y "progresistas" que, lejos de debilitar al Estado, lo dotaron de cimientos institucionales más firmes; mientras tanto, las reformas tendrían que mediarse a través de este sistema nuevo e impersonal y los resultados redundarían en beneficio de un capitalismo dinámico al estilo del norteamericano. En cambio, para los zapatistas, la reforma liberal ofrecía medios para instrumentar el autogobierno de los pueblos, prerrequisito de una reforma agraria rápida, local, específica y ajena a propiciar el desarrollo capitalista en el campo. Así, los mismos lemas y símbolos sirvieron a visiones políticas totalmente distintas. La Constitución de 1857 contenía la promesa de una democracia liberal progresista a la manera norteamericana o *à la française;* también evocaba la imagen de las antiguas guerrillas populares contra Maximiliano y los conservadores, imágenes que, en muchos aspectos, resultaban incompatibles con la ética del "típico estado liberal".[371]

Los zapatistas y sus enemigos urbanos (maderistas, posteriormente constitucionalistas) diferían principalmente en su concepción del Estado, y fue en este terreno donde resultó más palpable la ambivalencia liberal (evidente no sólo en México). Los zapatistas desdeñaban al Estado y no procuraban alcanzar el poder nacional como lo hicieron sus enemigos. Eran patriotas, pero no nacionalistas (esta ausencia de nacionalismo tanto político como económico estaba correlacionada con la ausencia de anticlericalismo).[372] Por lo tanto, en términos de su práctica y *ethos* —más que de su *obiter dicta*— el zapatismo mostró un cercano parentesco con el anarquismo rural. Así, bajo sus numerosos rasgos claramente mexicanos, es posible considerarlo como parte de un fenómeno secular, uno de esos movimientos rurales de inclinación anarquista que buscaron establecer "la Utopía campesina... el pueblo libre despojado de recaudadores, contratistas laborales, grandes terratenientes y funcionarios".[373] Hubo movimientos, como el de Makhnovschina en Ucra-

[370] Véanse pp. 118-121.
[371] Córdova, *Ideología*, p. 151; Womack, *Zapata*, p. 399.
[372] Córdova, *Ideología*, p. 153; *cf.* Millon, *Zapata*, pp. 91-92, el cual (equivocadamente) trata de atribuir el localismo zapatista a limitaciones militares, más que a una preferencia política. Nuestro argumento distingue, por una parte, una forma de *patriotismo* tradicional, alimentado en la tradición del siglo XIX, asociado con el liberalismo juarista y su lucha contra el imperio y enfocado en la patria; y, por otra parte, el *nacionalismo* más agresivo del siglo XX, una ideología para la edificación del Estado que, a diferencia del patriotismo, presentaba una estrecha afinidad con el anticlericalismo y el nacionalismo económico.
[373] Wolf, *Peasant Wars*, p. 294 (sin querer decir que todos los ejemplos de Wolf puedan caber legítimamente bajo este encabezado; el caso de Cuba agota la credulidad de los lectores).

nia, que fueron explícitamente anarquistas, pero surgieron muchos más que buscaron una práctica anarquista en ausencia de un compromiso anarquista formal; algunos, como el zapatismo, se disfrazaron bajo la fachada de un liberalismo antiestatal extremo.[374] Durante su fugaz apogeo, el zapatismo se aproximó al ideal proudhoniano de una sociedad marcada no por la disolución total del orden y la estructura, sino por el renacimiento de las pequeñas unidades locales y sociales (familias, clanes, pueblos) con autogobierno y formas de asociación flexibles y voluntarias.[375]

Cabe establecer los propósitos y carácter del zapatismo antes de proceder con la historia de su lucha, ya que el resultado de ésta —el grado de éxito o fracaso— debe compararse con las metas de sus participantes. Arnaldo Córdova niega el carácter revolucionario del zapatismo bajo el argumento de que los revolucionarios no pueden asumir una posición local y nostálgica, sino que deben contar con una visión del futuro y proponerse arrebatar el poder al Estado para instrumentar "un proyecto nacional de desarrollo".[376] Ahora bien, la "revolución" y lo "revolucionario" es lo que se hace de estos conceptos. Es posible que se refieran (como sucede a veces en el presente libro) a un movimiento armado dirigido en contra del régimen establecido. Sin embargo, los estudiosos generalmente intentan una definición más rigurosa y específica, que, con frecuencia, implica dicotomizar "revolución" y "rebelión". Córdova, cuyo panorama general del zapatismo es convincente, opta por definirlo en términos de una toma de poder del Estado bajo la égida de un programa social y político de largo alcance. Algunos investigadores, como Huntington, van más lejos, relegando muchos movimientos que Córdova consideraría revolucionarios a meras rebeliones; para ellos, la "revolución" representa "un cambio interno violento, rápido y fundamental en los valores y mitos dominantes de una sociedad, en sus instituciones políticas, estructura social, liderazgo y en las políticas y actividad de su gobierno".[377] No abundan ejemplos de esta forma de revolución en la historia de la humanidad y sospechamos que aquellos casos, asumidos convencionalmente por politólogos como Huntington, no pasen esta prueba de definición extrema al analizarse bajo el microscopio del historiador. El presente libro, al igual que otros estudios sobre las "grandes revoluciones", tiende a sugerir que a menudo hay más continuidad

[374] Manuel Ardit, A. Balcells y N. Sales, *Historia dels Paisos Catalans*, Barcelona, 1980, pp. 281-282, señala el parentesco.

[375] Subrayo "se aproximó", pero ¿qué ideología (liberal, socialista, comunista) ha logrado, hasta ahora, alcanzar una expresión práctica total? Acerca del ideal proudhoniano, véase Robert L. Hoffman, *Revolutionary Justice, The Social and Political Theory of P. J. Proudhon*, Urbana, 1972, especialmente pp. 289 y ss.; George Woodcock, *Pierre Joseph Proudhon*, Londres, 1956, pp. 271, 273 y 279, observa la afinidad de Proudhon con las creencias campesinas, en general, y con el "agrarismo mexicano" en particular.

[376] Córdova, *Ideología*, p. 154.

[377] Huntington, *Political Order*, pp. 264 y ss.; Skocpol, *States and Social Revolutions*, pp. 4-5, es similar.

tocquevilleana en el fenómeno de lo que parece a primera vista (o de lo que los propios revolucionarios estarían dispuestos a admitir).[378]

Todas estas definiciones (y es posible mencionar muchas más) tienen una cualidad arbitraria y presentan problemas particulares. Al excluir los movimientos políticos localistas y, con más lógica, los nostálgicos, Córdova no sólo niega el carácter revolucionario del zapatismo sino también el de la mayoría de los elementos populares que lucharon entre 1910 y 1920; la Revolución mexicana, conforme a esta paradoja, fue obra de rebeldes diversos, localizados y nostálgicos que *no* eran revolucionarios. Huntington (quien analiza de manera poco convincente el caso mexicano) debe limitar su estudio a las revoluciones triunfantes, ya que sólo el éxito puede lograr "cambios internos fundamentales", conforme lo exige su propio concepto de revolución. Por lo tanto, en ambos análisis es el resultado final el que sirve para medir el carácter revolucionario; en el caso de Huntington, son los "cambios internos fundamentales" y en el de Córdova, el "proyecto nacional de desarrollo y [...] concepción del Estado". Por esta razón, existe una fuerte tendencia teleológica aquí; se evalúa el pasado en términos de su contribución y congruencia con el futuro (cuyo conocimiento es accesible al historiador, gracias a la perspectiva). Esta forma de análisis también convive fácilmente con la escuela historiográfica dominante de la Revolución: la que se refiere al consenso revolucionario, mediante el cual todos los participantes —a pesar de sus evidentes conflictos— contribuyen en alguna medida a la gran síntesis final.

Aunque el resultado del conflicto fue una síntesis, no todos los participantes contribuyeron ni se adhirieron a ella. El zapatismo dejó su huella, pero no es posible afirmar que se alcanzaron los objetivos zapatistas definidos en esta sección.[379] En comparación con sus esfuerzos, los serranos alcanzaron un éxito aún menor. La síntesis final, en otras palabras, no representó un consenso en lo que se refiere a triunfos; entre los grupos en lucha (cuyos conflictos ignora la escuela del consenso) hubo vencedores y vencidos. No hay razón alguna para favorecer a los ganadores (como lo hacen Córdova y *a fortiori* Huntington), ni para ignorar el consejo de Tawney a fin de "sacar a flote en un sitio prominente las fuerzas que triunfaron, y poner en el fondo a aquellas que se vieron devoradas".[380] La historia (*pace* E. H. Carr) no es una historia de éxito.[381] Si se omiten los elementos teleológicos del análisis, existen poderosas razones para otorgarle la categoría de "revolucionaria" a la lucha zapatista y a otras rebeliones populares. La "revolución", como se ha señala-

---

[378] Véase cap. IX.

[379] Córdova, *Ideología*, p. 155, argumenta el triunfo de los propósitos zapatistas, aunque con una calculada ambivalencia; Robert E. Quirk, *The Mexican Revolution 1914-1915*, Nueva York, 1970, pp. 292-293, es aún menos ambivalente y presenta una exposición clásica de la escuela de la revolución consensual: no hay perdedores (excepto por Carranza "el troglodita"), todo el mundo es ganador.

[380] Citado por E. H. Carr, *What is History?*, Londres, 1964, p. 126.

[381] *Ibid.*, en donde Carr establece una falsa analogía con el *cricket* —falsa en cuanto que el *cricket* posee reglas claras para determinar el "éxito", no así la historia—; los criterios acerca de

do, es lo que de ella se hace pero, además del significado amplio y simple de un movimiento armado en contra de un régimen establecido, generalmente implica un conflicto político violento en el que está en juego más de un cambio gubernamental. Los cuartelazos de la era de Santa Anna no fueron revoluciones. Por lo tanto, se asume que el resultado afecta de manera relativamente profunda, ya sea porque estén en riesgo los "valores y mitos dominantes de la sociedad", la hegemonía de la clase gobernante o los distintos programas de desarrollo nacional.

Para que ocurra una revolución así, o incluso para que se intente, es necesario satisfacer dos condiciones (aquí se interpola nuestra propia definición operativa). Primero, un grupo o grupos deben luchar por el poder —a través de medios violentos o pacíficos— a fin de instrumentar políticas en concordancia con una visión específica de la sociedad (esto parece corresponder a lo que Skocpol llama el "punto de vista del conflicto político", tipificado en la obra de Tilly).[382] Las visiones de la sociedad (o ideologías si se prefiere) son, por lo tanto, importantes y, como se ha señalado en párrafos anteriores, deben encontrarse en todos los grupos y clases.[383] Pero el origen de dichas visiones (pasadas, presentes o futuras), su contenido (reaccionario, conservador o radical) y sus oportunidades prácticas de instrumentación, si bien son de obvia importancia *histórica,* no son decisivas en lo que concierne a la *definición.* Como afirma Lawrence Stone, las visiones nostálgicas pueden desafiar el *statu quo* y nutrir las revoluciones.[384] En realidad, el punto de vista de la "economía moral" sugiere que tales visiones sean precisamente aquellas con mayor potencial revolucionario. Para que cualquier visión o ideología sea un aporte revolucionario, debe ser lo suficientemente poderosa —inspirar a sus defensores y atemorizar a sus enemigos— para satisfacer el segundo criterio de revolución: un elevado grado de genuina movilización popular. Por ejemplo, los campesinos participaron, como conscriptos y carne de cañón, en los cuartelazos del siglo XIX pero no manifestaron una genuina movilización popular. Ésta ocurre sólo cuando la lucha por el poder, la lucha entre visiones opuestas de la sociedad, involucra a grupos numerosos que actúan no bajo coerción, sino a partir de su identificación con los movimientos específicos participantes. En este aspecto, y a manera de excepción, podemos coincidir con Huntington: "la revolución es el caso extremo de la explosión de participación política. Sin esta explosión no hay revolución".[385] Y para que ocurran explosiones de este tipo (muy escasas en la historia del mundo), deben estar en juego aspectos importantes, capaces de movilizar gente a gran escala a pesar de los enormes peligros.

la importancia histórica (que no es lo mismo que el "éxito") varían de acuerdo con el periodo, el problema y el historiador.
[382] Skocpol, *States and Social Revolutions,* pp. 10-11.
[383] Knight, "Intellectuals".
[384] Véanse pp. 200-201.
[385] Huntington, *Political Order,* p. 266.

En este sentido, la "movilización" implica mucho más que el mero reclutamiento militar; denota todas las formas de participación masiva, violenta o pacífica, que influyen en el resultado de la lucha; su sola extensión y novedad es característica de la revolución y, ciertamente, de la Revolución mexicana. De aquí que las formas populares de ver los derechos y la legitimidad —con frecuencia ignoradas o negadas— cobren tanta importancia, y de ahí también, que el análisis específico o comparativo, que despliega un escepticismo "estadolátrico" frente a los genuinos movimientos populares (en ocasiones vinculado a conceptos como la "falsa conciencia"), resulte visiblemente erróneo.[386] Quizá Leviatán haya regido a partir de la revolución mediante el control, la cooptación y la represión de dichos movimientos, pero no rigió —si acaso menos que un Leviatán, fue una carpa— durante la década del conflicto armado, cuando dichos movimientos florecieron brevemente. Destaca entre esos movimientos el zapatismo como ejemplo tanto de movilización popular como de poderoso desafío al orden del Porfiriato. Al igual que muchos rebeldes —Tupac Amaru o el cura Hidalgo— los zapatistas fueron revolucionarios, aunque no resultaran triunfadores en la "historia de éxito" de la Historia.

A fines de 1911, el zapatismo resurgió; este resurgimiento —que, según el gobernador Figueroa, coincidió con el fin de "las cosechas de los pequeños agricultores"— permitió que los rebeldes tomaran el control de la mayor parte de Morelos y que los federales se vieran confinados a las principales ciudades.[387] El zapatismo actuaba ahora como núcleo de un movimiento más amplio en el que se incluyeron gavillas rebeldes semiindependientes, bandidos "sociales" y bandoleros a secas, que se remontaron hacia los estados vecinos más allá de Morelos; la mera descentralización de la guerra de guerrillas provocó que pareciera "más un motín rural que una rebelión".[388] Zapata mismo controló el sureste del estado; Salazar y Neri, el centro; De la O, el noroeste; José Trinidad Ruiz avanzó hacia el noreste hasta alcanzar el Estado de México, frecuentando los pueblos donde había predicado en el pasado (ahora su texto decía: "¡abajo los monopolios de montes, tierras y aguas!, ¡muera el agiotismo!, ¡muera Madero, y viva el General Zapata!"); al sur se encontraba Jesús *El Tuerto* Morales, quien cruzó la frontera de Puebla y arrasó los pueblos alrededor de Chiautla, al parecer con absoluta impunidad.[389]

---

[386] Se utiliza el término "estadolatría" para denotar aquellos análisis que elevan al Estado al más alto nivel explicativo. Skocpol, *States and Social Revolutions*, y Goldfrank, "Theories of Revolution", son ejemplos generales. Brading, "Introduction", pp. 12-16, en su deseo (parcialmente legítimo) de despojar a la agricultura mexicana de su aspecto "feudal" y subrayar el papel del ranchero, muestra un escepticismo excesivo —y lógicamente innecesario— acerca del papel del campesinado revolucionario; la influencia de Brading sobre Jacob es clara, "Aspects", *passim*. *Cf*. Hans Werner Tobler, "Conclusion", en el mismo volumen; Hobsbawm, "Peasants and Politics", p. 10; Falcón, "Los orígenes populares", todos los cuales son igualmente escépticos sin que pueda negarse la persuasiva influencia de Jean Meyer.

[387] De A. Figueroa a Madero, 15 de diciembre de 1911; Fabela, DHRM, RRM, II, p. 414.

[388] Womack, *Zapata*, p. 131.

[389] *Ibid*., pp. 132-133; de J. Morales a Madero, 28 de octubre de 1911; de Rosendo al governa-

La ola de revueltas se extendió aún más, alentada, aunque no instigada, por el zapatismo. En la primavera de 1912, casi todo el sur de Puebla estaba tomado y las comunicaciones ferroviarias habían sufrido daños severos.[390] Los zapatistas de De la O entraron fácilmente en el Estado de México (los federales no pudieron defender el paso estratégico de Zumpahuacan) e incursionaron en Guerrero, donde se aliaron con el agrarista local, Jesús Salgado.[391] Asimismo, en el norte de Oaxaca, los seguidores de Ángel Barrios, que se rebeló el día de la toma de posesión de Madero para ser derrotado y capturado posteriormente, se decidieron a pelear de nuevo bajo el liderazgo de Manuel Oseguera. Sus campañas en los alrededores de Cuicatlán se fundieron con el zapatismo más que con otros movimientos oaxaqueños. Si bien los jefes políticos de la entidad eran maderistas leales y activos, no pudieron sofocar la rebelión y ésta continuó, interrumpiendo las comunicaciones entre Puebla y Oaxaca durante la primavera y el verano de 1912.[392] Todas estas campañas mostraron características similares (más estudiadas en el caso de Morelos). Ahí, al igual que en Durango, Chihuahua o Sinaloa, el gobierno cedió el control del campo a los rebeldes; en el Estado de México, por ejemplo, una numerosa guarnición federal asentada en Toluca, se rehusó a defender las áreas estratégicas.[393] En ocasiones, los rebeldes llegaron a amenazar las ciudades: en enero, Cuernavaca estuvo a punto de caer frente a De la O que comandaba a 3 000 hombres; en marzo circulaban rumores de que Tehuacán había caído, rumores que la estricta censura del gobierno sólo contribuyó a aumentar.[394]

En general, las ciudades se salvaron por la escasez de municiones y la falta total de una artillería rebelde. Los pueblos pequeños, como Tepoztlán y Jojutla, fueron capturados en las acciones ofensivas de la primavera de 1912; sin embargo, no fue posible conservarlos. En localidades más importantes, como Cuernavaca, la vida sufrió drásticas alteraciones pero no fue amenazada; los habitantes permanecieron en el interior de sus casas, los hoteles decayeron y los comercios y cantinas ganaron a expensas de los soldados federales.[395] Fuera de las ciudades, la historia era diferente. Las tropas federales

dor Cañete, 20 de diciembre de 1911; de Cañete a Madero, 1º de diciembre de 1911, todas en AG, CRCFM.

[390] Lendrum, Puebla, 30 de marzo, 20 de abril y 10 de septiembre de 1912, SD 812.00/3554, 3757, 4955; de Madero a J. Robles, 6 de julio de 1912, AFM, r. 12.

[391] De R. Duarte a C. Westbrook, abril de 1912; J. Platt, Zacualpan, agosto de 1912, SD 812.00/3846; 4792, 4885. Más adelante se habla de Salgado en detalle.

[392] Ramírez, *Oaxaca*, pp. 32, 35-36, 40 y 114; Lawton, Oaxaca, 1º y 8 de abril y 19 de septiembre de 1912, SD 812.00/3609, 3648, 5121; *cf.* Henderson, "Un gobernador maderista", p. 384. Womack, *Zapata*, p. 275, observa la posterior participación de Barrios en el movimiento zapatista.

[393] Womack, *Zapata*, p. 132, proporciona el dato de entre 1 000 y 5 000 rurales, tan sólo en Morelos; la última cifra parece inflada. *Cf.* Platt, Zacualpan, agosto de 1912, SD 812.00/4885.

[394] Womack, *Zapata*, p. 133; Lawton, Oaxaca, 28 de marzo de 1912, SD 812.00/3554.

[395] Womack, *Zapata*, pp. 142-143; James Platt, siendo testigo de un ataque zapatista a Zacualpan, dirigido por Francisco Pacheco, hace un comentario acerca del cauteloso uso que hacen los rebeldes de las municiones, y añade que "ya casi se les terminaban, pero estaban llenos de entusiasmo", SD 812.00/4792. Sobre Cuernavaca: King, *Tempest*, pp. 76-78.

traídas de otros estados desconocían el terreno. Peor aún, se enfrentaron a los campesinos, unidos en su contra, incluso cuando éstos no estuvieran levantados en armas. Los rurales, supuestos especialistas en la contrainsurgencia, fueron paralizados por la oposición local; en Santa Cruz, un mayor informó que la gente del pueblo "se negaron a darme informes, no obstante de haber visto en los montes espías que puedo asegurar sean del mismo pueblo"; Santa Cruz, protegido por profundas barrancas, fue cuartel asiduo de José Trinidad Ruiz quien, en compañía de sus hombres, podía pernoctar ya que los vecinos "casi en su totalidad están armados y son zapatistas".[396] En las montañas boscosas del Ajusco, un teniente coronel de carácter duro aconsejó una purga de las autoridades ya que "en su mayor parte los pueblos están gangrenados con las ideas zapatistas y viviendo los bandoleros bajo el amparo de los vecinos, se hace muy difícil la eficaz persecución de ellos".[397] Otros comandantes comenzaron a compartir similares gestos de impaciencia.

Conforme se extendió la actividad zapatista, el gobierno optó por aplicar medidas más severas. En enero de 1912, Ambrosio Figueroa recibió órdenes de patrullar Guerrero; se declaró la ley marcial en Morelos, Tlaxcala, Guerrero y en algunas partes de Puebla y del Estado de México, lo cual indicaba la magnitud de la rebelión al sur de la capital. Al mes siguiente, el frustrado comandante federal de Cuernavaca, acosado en repetidas ocasiones por las fuerzas de De la O, ordenó la destrucción total, a fuego y metralla, de Santa María, refugio de rebeldes: perdió a su hija en el holocausto.[398] Pronto se generalizó la táctica aplicada en Santa María. El general Juvencio Robles asumió el cargo de comandante militar de Morelos. Militar de carrera con experiencia en las campañas contra los yaquis, y en la guarnición de Morelos durante los problemas políticos de 1909, Robles tenía una visión cruda del panorama, como lo confirman sus declaraciones a la prensa: todo Morelos "... es zapatista y no hay un solo habitante que no crea en las falsas doctrinas del bandolero Emiliano Zapata"; consideraba que lo anterior le daba *carte blanche* para instrumentar una política de represión. Los presidentes municipales de dudosa lealtad fueron cesados; los sospechosos, fusilados sin juicio previo; se capturaron rehenes entre las familias de rebeldes prominentes (incluso de Zapata) y se apresó a los campesinos en "campos de concentración" vigilados por el ejército, a la manera de Valeriano Weyler en Cuba. Al concentrar así a la población "civil", los federales pudieron patrullar el campo y abrir fuego a voluntad; Madero sugirió que se talara una franja de 200 metros en ambos costados de las vías del ferrocarril, para obligar a que los rebeldes salieran de los bosques.[399] Así se crearon zonas de deforestación y matanza en Morelos.

[396] Informe del alcalde F. Enciso, 23 de diciembre de 1911, AG 645.
[397] Informe del teniente coronel Luis Medina Barrón, 27 de enero de 1912, AG 645.
[398] Womack, *Zapata*, pp. 131 y 137.
[399] *Ibid.*, pp. 138-140; de Madero al gobernador Naranjo, 10 de abril de 1912; Fabela, DHRM, RRM, III, pp. 298-299.

Conforme a esta política, se prendió fuego a Nexpa, San Rafael, Ticumán y Los Hornos; se destruyó parcialmente Villa de Ayala; Coajomulco y Ocotepec, en donde los arrieros transportaban abastos para los rebeldes, quedaron arrasados hasta sus cimientos. Se desalojó el rancho Zoquiac, "albergue de bandidos" cercano a Milpa Alta, y se destrozaron "casas, chozas y cabañas", pues se decía que sus habitantes apoyaban a Zapata. Las víctimas fueron "reconcentradas" en San Pablo Oxtotepec, donde se realizaron más detenciones (de pastores zapatistas); sin embargo, algunos observadores militares notaron "un constante movimiento de arrieros que llevan provisiones a estos montes". No sorprende que en dichos informes se afirmara: "su hostilidad para [nuestra] fuerza es marcadísima y clara".[400] Los poblados y aldeas, núcleos del movimiento zapatista, llevaron el peso del castigo; las víctimas: campesinos, arrieros y pastores. Algunos habitantes de las ciudades simpatizaban con Zapata pero permanecieron callados en sus casas, "burlándose de los soldados profesionales que jamás lograban sofocar la guerrilla".[401] Paulatinamente, la opinión de las clases acomodadas de Morelos comenzó a cuestionar la validez de esa represión indiscriminada (aunque la prensa de la Ciudad de México, incluyendo al liberal *El Diario del Hogar*, la consideraba un mal necesario).[402] Por otra parte, los hacendados estaban en un atolladero. El ejército se cuidó de no atacar las propiedades y plantaciones; las chozas de los peones escaparon de la destrucción, que se extendió por cada rancho y pueblo, aun cuando los propios peones, quienes comenzaron a seguir a los campesinos en el conflicto, recibieron el mismo tratamiento: detenciones arbitrarias y ejecuciones sumarias a la manera del Porfiriato. A pesar de todos sus esfuerzos, fue imposible para el ejército evitar que los exuberantes cañaverales se convirtieran en campos de batalla.[403] Por otra parte, los hacendados no podían ignorar la amenaza real que significaba el zapatismo para sus intereses, especialmente el zapatismo radicalizado de 1912. Había frecuentes recordatorios del problema agrario que yacía en la médula del conflicto: en la hacienda de San Pedro, un cabo de rurales "[sorprendió] a veinte individuos labrando la tierra y repartiéndosela, sin orden de la hacienda, por lo que fueron aprehendidos y puestos a la disposición del C. Teniente Coronel".[404] Los hacendados temían que, al continuar los problemas, México se convirtiera en "una nación de último orden, una verdadera merienda de negros". Pero frenar los problemas era otro asunto. El general Robles ofreció una solución tajante: la aplicación de la mítica "mano de hierro"; así, se convertía en el

---

[400] Informes del teniente coronel Luis Medina Barrón, 3 y 30 de abril de 1912, AG 645.

[401] King, *Tempest*, p. 78. Aunque, al parecer, la señora King cedió ante la opinión pública en los 25 años que hubo entre la aventura y el recuerdo; su versión publicada acerca del zapatismo (1935) es mucho más comprensiva que la versión contemporánea que envió al ministerio de Asuntos Exteriores; véase Hohler, Ciudad de México, 2 de noviembre de 1914, FO 371/2031, 76893.

[402] Womack, *Zapata*, pp. 139-140, cita a *El País* y a *El Diario*, febrero de 1912.

[403] *Ibid.*, p. 140.

[404] Informe del cabo Pedro Gazcón, 23 de febrero de 1912, AG 645.

general Reyes de la localidad. Pero la represión —aunada a sus consecuencias materiales— era una opción arriesgada, ya que podía radicalizar y extender la rebelión; se decía que la gente de Huitzilac, por ejemplo, "no era zapatista sino hasta que los federales incendiaron su pueblo", y la convirtieron en fiel seguidora del caudillo revolucionario.[405]

A fines de la primavera, una conjunción de factores propició de nuevo la calma. La serie de ataques a pueblos importantes había agotado a los zapatistas que, sin triunfos positivos, contaban con pocas municiones. Comenzó la retirada hacia los refugios en las montañas para descansar y reorganizarse.[406] En el ámbito político, las voces de los moderados cobraron mayor fuerza que la de Robles y se propiciaron nuevos intentos de conciliación. Pero quizá más importante fue la llegada de las lluvias y de la temporada de siembra, factores que alentaron la calma: "... habían empezado las lluvias y era el tiempo de sembrar, por lo cual muchos soldados rebeldes se fueron a sus casas para trabajar los campos"; sin duda, las iniciativas políticas del antiguo gobernador Leyva y del nuevo gobernador Naranjo se beneficiaron por el ánimo pacífico que las lluvias estimulaban en todos los morelenses, desde los hacendados hasta los campesinos. En junio, cuando llegaron las lluvias, Robles fue transferido momentáneamente a otro estado.[407]

Durante la primavera de 1912, Madero y el gobierno central tenían otra razón de peso para procurar la conciliación en Morelos: el rápido crecimiento de la rebelión de Orozco, que amenazaba con derrocar al propio régimen. La influencia de Orozco no se confinó al norte: ya en 1910-1911, su ejemplo había propiciado otras rebeliones en distintos puntos del país y no se dudaba que el triunfo continuo de Orozco alimentara nuevas revueltas, o que su pronta derrota implicara beneficios para el régimen. No sorprende que "las victorias de Pascual Orozco hayan dado nueva vida al movimiento revolucionario" en los estados del norte como Durango, que compartían con Chihuahua una historia revolucionaria; pero los efectos de las acciones de Orozco alcanzaban otras regiones. Zapata se sintió animado por el éxito de Orozco y esperaba ayuda material del norte, al igual que los zapatistas del Estado de México; los rebeldes en el Istmo se declararon orozquistas y pagaban con recibos canjeables para "cuando Pascual Orozco sea presidente".[408] El resultado de la rebelión del norte se esperaba con ansiedad en tierras tan distantes como

---

[405] Womack, *Zapata*, p. 142, cita a Pablo Escandón; J. Platt, Zacualpan, agosto de 1912, SD 812.00/4792. El incendio había ocurrido cuatro meses antes: Womack, *Zapata*, p. 143.

[406] Womack, *Zapata*, p. 143; y, sobre el mismo proceso en Puebla, Lendrum, 7 de mayo de 1912, SD 812.00/3901.

[407] Womack, *Zapata*, p. 144.

[408] Hamm, Durango, 27 y 29 de marzo de 1912, SD 812.00/3403, 3499; Womack, *Zapata*, pp. 141 y 143; Platt, Zacualpan, agosto de 1912, SD 812.00/4792 (fechas en las que las esperanzas zapatistas respecto a los recursos de los orozquistas eran excesivamente optimistas); Haskell, Salina Cruz, 30 de abril de 1912, SD 812.00/3851 (nótese el ardid de los yucatecos rebeldes, en 1911, al utilizar el nombre de Madero).

Tabasco, donde las victorias orozquistas propiciaron levantamientos en zonas que habían permanecido relativamente tranquilas; a pesar de su localismo, la posibilidad de la caída del régimen aumentó el interés por la política nacional en Oaxaca.[409] Al igual que en 1910-1911, la suerte de México parecía centrarse en Chihuahua, "gestador de tormentas".

La respuesta del régimen

Una vez que Orozco tomó las armas en la primera semana de marzo, se precipitó el avance de la rebelión en Chihuahua. En la capital del estado, en Ciudad Juárez y en otros sitios, la opinión pública favoreció de manera contundente a los rebeldes, mostrándose contraria al gobierno; la mayor parte de las tropas ex maderistas (entre 3 000 y 4 000 soldados) se cambiaron al bando de la Revolución y enfrentaron a centenares de fuerzas federales.[410] Sólo permanecieron dos puntos de resistencia irregular: Ojinaga, un poco ajena a la acción, donde el coronel José de la Cruz Sánchez causó sorpresa al resistir a los orozquistas; y Parral, donde Pancho Villa y 500 soldados leales a Madero, apoyados por el héroe rebelde de la entidad, Maclovio Herrera, rechazaron los ataques de Orozco.[411] La decisión de Villa de permanecer leal (que sorprendió a algunos), tuvo importantes consecuencias. Le permitió surgir en los años posteriores como el revolucionario más importante de Chihuahua, y como el caudillo tal vez más popular de su época. Sin embargo, es evidente que Villa ignoraba estas consecuencias; su decisión, al igual que muchas otras, fue una respuesta expedita a los acontecimientos inmediatos. Se decía que la causa de su actitud era un conflicto con Orozco, que se remontaba incluso a fechas anteriores a los problemas surgidos en la toma de Chihuahua el 3 de marzo, y estas diferencias decidieron su lealtad hacia Abraham González, a quien Villa consideraba su mentor político y "amigo cercano".[412] Por lo tanto, esta lealtad política se sustentó en parte en la típica fidelidad personal del "bandido social" que, ante sus ojos, trascendía clases, ideologías y otras lealtades "universales". Imperaba el clientelismo y la decisión de Villa de apoyar al gobierno fue un ejemplo de ética política personalista e ingenua, más que un juicio político astuto.

[409] Lespinasse, Frontera, 28 de marzo; Lawton, Oaxaca, 1º de mayo de 1912, SD 812.00/3551; 3609.

[410] De E. Creel a J. Creel, 29 de marzo de 1912, se refiere a "la opinión pública que en Chihuahua es universalmente favorable a la revolución", STA (Creel), r. 1; Letcher, Chihuahua, 13 y 31 de marzo; Edwards Juárez, 31 de marzo de 1912, SD 812.00/3213, 3523, 3326.

[411] Ellsworth, Ciudad Porfirio Díaz, 23 de marzo; Letcher, Chihuahua, 8 de marzo de 1912, SD 812.00/3398, 3297; de Martínez del Toro, cónsul de Marfa, al cónsul de El Paso, 9 de diciembre de 1912; Fabela, DHRM, RRM, IV, p. 239; Guzmán, *Memorias*, p. 116.

[412] Letcher, Chihuahua, 20 de febrero y 3 de marzo de 1912, SD 812.00/2931, 3027 (aunque Letcher no es la fuente más objetiva en lo que se refiere a Villa); Meyer, *Mexican Rebel*, p. 68; Reed, *Insurgent Mexico*, p. 127; Guzmán, *Memorias*, p. 105.

Había otro factor regional importante y típico.[413] Villa estaba en Parral mientras la revuelta cobraba fuerza, adonde retornó después de confirmar su oposición a Orozco, y ése fue el último bastión de los leales en caer a manos de los rebeldes. Al igual que Ojinaga para el norte, Parral representaba un centro de actividad y apoyo revolucionario diferente del que generó el orozquismo; es decir, de los clásicos distritos serranos de Guerrero y Casas Grandes. Por lo tanto, Parral contaba con su propia red de opositores a Díaz, de subversivos y rebeldes; poco antes de la Revolución, Villa operó en esta zona, supuestamente con la ayuda de familias opositoras como los Baca, rancheros de la entidad; se decía que un miembro de dicha familia (hermano de un precursor revolucionario muerto en noviembre de 1910) ejercía influencia sobre Villa, "ascendiente" que utilizó para asegurarse su lealtad.[414] Además, los Baca eran viejos aliados de los Herrera, el clan rebelde más importante de Parral y, según un relato (un tanto hagiográfico), fue Maclovio Herrera quien encabezó la oposición en contra de Orozco (se recordará que había sido nombrado alcalde del pueblo), mientras Villa jugaba un papel dependiente e incluso poco glorioso.[415] Al parecer en beneficio de su carrera posterior, Villa concilió con el régimen de manera fortuita cuando la mayoría de sus compañeros rebeldes de 1910 ya habían tomado las armas en contra.[416]

Mientras tanto, en la capital del estado, los rebeldes instituían la ley marcial y un régimen arbitrario pero disciplinado. Se emitieron bonos del estado con valor de 1.2 pesos para financiar la campaña (se ofreció a los reclutas dos pesos diarios) y, ante la resistencia de la gente a cooperar, se impusieron préstamos obligatorios a bancos, fabricantes y comerciantes.[417] Los militares (y en algunos casos sus subalternos como Enrile, director de la junta de préstamos) controlaban todos los cargos políticos. Los simpatizantes de Madero fueron detenidos y los periódicos maderistas cerrados o censurados. Al mismo tiempo, se formó el ejército orozquista con el propósito de cumplir con

[413] Como ya se señaló, las lealtades "regionales" pueden, de hecho, encubrir otras lealtades anteriores de clase, culturales o políticas; el término, pues, sólo es utilizado en los casos en los que no se puede discernir una lealtad anterior; en los que, en otras palabras, el regionalismo parece actuar como un primer motor y no puede ser separado. Por supuesto que una investigación más profunda podría permitir realizar dicha separación.

[414] Del jefe político Jiménez al gobernador José María Sánchez, 17 de octubre de 1910, STA, caja 28, informa que el rancho de Miguel Barca, cercano a Parral, era frecuentado por "mucha gente sospechosa y de malos antecedentes, entre ellos un individuo llamado Francisco Villa"; véase también Ross, *Madero*, p. 124; de C. Ruegosechea (?), El Paso, a SRE, 17 de noviembre de 1915, legajo ARG 810, 98-R-2, p. 283, acerca de la "ascendencia" de Juan Baca sobre Villa.

[415] I. Grimaldo, *Apuntes para la historia*, San Luis, 1916, pp. 13-18 acerca de la primera etapa de la carrera de Maclovio Herrera.

[416] Letcher, Chihuahua, 18 de marzo de 1912, SD 812.00/3297.

[417] Letcher, Chihuahua, 31 de marzo de 1912, SD 812.00/3523; Meyer, *Mexican Rebel*, p. 68. Fue en este momento cuando los intereses de los Terrazas se comprometieron financieramente con la revuelta —aparentemente (de acuerdo con la evidencia ya citada), de manera demasiado voluntaria—. Otras empresas, como el Banco Nacional Francés, fueron gravadas con impuestos mucho más altos.

la promesa del dirigente de avanzar hacia la Ciudad de México. El ofrecimiento de dos pesos diarios contribuyó a aumentar el ejército a 8 000 hombres en unas cuantas semanas; se decía que se llegó al extremo de rechazar voluntarios. No obstante que la causa de Orozco era popular, era deficiente el abasto de armas y municiones; entonces los rebeldes expropiaron todas las armas particulares en Chihuahua y se ordenó que los mecánicos fabricaran pequeños cañones. Antonio Rojas se encargó de la factura de bombas de dinamita, proyectil favorito de la guerrilla del norte.[418] El control sobre varias ciudades (algunas de las cuales contaban con capacidad industrial) dio a los orozquistas una ventaja sobre los zapatistas, en lo que concierne a abasto de armas. Por otra parte, el ejército de Orozco era más numeroso, más "profesional" y estaba comprometido con la guerra declarada, a veces incluso contra cuarteles atrincherados y trenes blindados; por ello, sus necesidades militares eran mayores a las de los surianos.

Cabe señalar que los Estados Unidos representaban una fuente cercana y abundante de abastos, si los orozquistas lograban reunir el dinero suficiente, la que, hasta cierto punto, no era tarea difícil. Pero el 13 de marzo una resolución conjunta del Congreso norteamericano permitió que el presidente Taft interrumpiera el abasto de armas a México, en tanto imperaban "condiciones de violencia interna";[419] el único armamento autorizado fue el destinado al gobierno. Esta decisión (debida en gran parte a lord Cowdray, frecuentemente descrito como ogro porfirista, partidario de la derrota de Madero y de la restauración de la dictadura) significó un golpe severo; resultaron inútiles todos los esfuerzos de Orozco y de sus enviados —representantes altamente respetables— para modificar la decisión de Washington.[420] En respuesta, los orozquistas, que hasta ese momento no se habían mostrado especialmente hostiles hacia los intereses estadunidenses, comenzaron a desplegar esas actitudes antinorteamericanas que algunos historiadores ubican erróneamente en los inicios de la revuelta y que incluso consideran como causa fundamental de la lucha armada.[421] En otras palabras, los orozquistas adoptaron un patrón que habría de repetirse en años subsecuentes entre los villistas; estos

[418] Meyer, *Mexican Rebel*, p. 70; Garrett, Nuevo Laredo, 20 de abril; Letcher, Chihuahua, 15 de marzo; de 1912, SD 812.00/3739, 3310. Esta artillería de corto alcance no estaba a la altura de su contraparte federal; véase anónimo, informe, El Paso a SRE, 28 de mayo de 1912; Fabela, DHRM, RRM, III, p. 146.

[419] Meyer, *Mexican Rebel*, p. 70; Ulloa, *Revolución intervenida*, pp. 33-34.

[420] Cowdray utilizó sus contactos de negocios con Wickersham, ministro de Justicia de Taft, para abogar en favor de un embargo de armas; en este caso —como en 1913— su principal interés no era la supervivencia de ningún gobierno específico, sino la del gobierno (de la Ciudad de México) constituido, *tout court*. Los intereses norteamericanos generalmente siguieron una línea similar. Véase Ryder a Cowdray, 11 de marzo; de Cowdray a Brice, 13 de marzo de 1912; documentos de Cowdray, caja A/3; Calvert, *Mexican Revolution*, p. 109, y Meyer, *Mexican Rebel*, p. 79, acerca de los emisarios de Orozco que viajaron a los Estados Unidos.

[421] *Cf.* Letcher, Chihuahua, 26 de febrero, 25 de abril de 1912, SD 812.00/3045, 3773; en las últimas fechas los rebeldes mostraban una "amarga hostilidad" hacia los Estados Unidos.

movimientos no eran en sí mismos antinorteamericanos, pero se mostraron capaces de emitir declaraciones o realizar actos contra los Estados Unidos cuando la política de ese país les era hostil. La xenofobia revolucionaria (así como la no revolucionaria) fue, por lo tanto, más fabricada que inherente, y se creó en respuesta a factores inmediatos vinculados con las relaciones entre ambos países; no fue producto de un proceso importante de condicionamiento social, de penetración de capital extranjero, ni de resentimiento nacionalista.[422]

A este respecto, la decisión de prohibir el abasto de armas a los rebeldes, tuvo importantes consecuencias y, moralmente, son legítimas las acusaciones de "interferencia" norteamericana en la Revolución, aunque historiográficamente sean fútiles. Los Estados Unidos no podían sino "intervenir" de una manera o de otra. También hubiera sido calificado de "interferencia" el reconocimiento a la beligerancia orozquista —y su autorización para importar armamento norteamericano— y habría colocado a los rebeldes del norte y al gobierno electo en el mismo nivel. El hecho es que, en términos generales, tanto en 1910-1911 como en 1912, el régimen de Taft se adhirió consistentemente a una línea legalista y se apegó a leyes de neutralidad en la medida en que las condiciones lo permitían, favoreciendo así al gobierno central (primero a Díaz y después a Madero) a costa de los rebeldes. Esta línea no se abandonó sino hasta el ascenso al poder en 1913 de Woodrow Wilson, quien implantó la diplomacia de la "Nueva Libertad". Sin embargo, no es posible atribuir de manera exclusiva el fracaso de Orozco en 1912 a la política norteamericana, ya que en 1910-1911 y de nuevo en 1913-1914, los movimientos rebeldes del norte demostraron que este obstáculo era fácilmente salvable si existían factores internos ventajosos. Estas guerras civiles se ganaron o perdieron en México, no en Washington ni en la frontera.

Las repercusiones del embargo norteamericano se dieron en un plazo largo, y en un principio los orozquistas tenían las cosas a su favor. A pocos días del levantamiento orozquista, la Ciudad de México se cimbró ante los rumores en torno a un ataque de los rebeldes norteños. Ciudadanos sanos y fuertes se ofrecieron a defender la capital y se realizó una manifestación masiva de defensores del gobierno, en la cual aseguraron su lealtad a Madero y denostaron a Orozco; el embajador norteamericano, con sus rasgos típicamente intemperantes, solicitó inmediatamente al Departamento de Estado el envío de 1 000 rifles y un millón de municiones para defender la sede diplomática.[423]

---

[422] Por supuesto que tenía que haber un sentimiento nacionalista subyacente y una compatibilidad nacionalista potencial para que las crisis de corto plazo estimularan levantamientos nacionalistas. El punto importante es que no fueron el resultado de la penetración económica imperialista; éstos fueron anteriores a dicha penetración, fueron producto de la educación (y de otras formas de socialización cultural) y, por lo tanto, fueron particularmente evidentes entre las clases urbanas educadas, media y alta. De esta forma, su correlación fue menos con el compromiso revolucionario que con el conservadurismo y el catolicismo. Véase Knight, *Nationalism, Xenophobia and Revolution*, especialmente pp. 258-268.

[423] Cumberland, *Genesis*, p. 195.

Miembros distinguidos de la élite capitalina se reunieron en el Casino Comercial para formar el Comité de Defensa del Gobierno Constituido. Dicha reunión agrupó a representantes porfiristas y maderistas, banqueros, industriales, hacendados y profesionales para indicarle al presidente que, a pesar de sus muchos errores, era preferible sobre el agitador Pascual Orozco.[424] Mientras tanto, la respuesta militar fue inmediata. El ministro de Guerra, José González Salas, cuya actividad había estado confinada hasta la fecha a "la instrucción de nado y esgrima en el Colegio Militar", abandonó el Ministerio para encabezar personalmente la campaña en el norte (se decía que era una decisión impulsada por las observaciones agudas de la prensa de oposición).[425]

A mediados de marzo, González Salas había concentrado a cerca de 6000 federales en Torreón y se iniciaron los enfrentamientos en esa tierra de nadie que se extendía en la frontera entre Chihuahua y Durango. El plan federal implicaba un avance en tres etapas; el comandante en jefe dirigía la fuerza más numerosa a lo largo de la ruta del Ferrocarril Central que unía Torreón con el cuartel rebelde en Jiménez. Después de atravesar tierras áridas, el ejército principal llegó a Rellano, en el extremo sur del desértico y yermo Bolsón de Mapimí, que alguna vez fuera sitio favorito de los ataques apaches. Ahí, la tarde del 23 de marzo, las fuerzas orozquistas constituidas por 800 hombres bajo el mando de Emilio Campa, sorprendieron a los federales con efectos devastadores: una locomotora cargada con explosivos (una máquina loca) fue lanzada contra la vanguardia federal causando 60 muertes en el acto. Esta táctica frenó el avance y provocó el pánico. La reacción federal convirtió el revés en derrota. González Salas, al descender del tren, cayó herido de gravedad; los soldados del 20° batallón se amotinaron y dispararon contra dos oficiales que intentaban disciplinarlos; dos columnas federales de apoyo, bajo los mandos de Aubert y Téllez, no lograron llegar a Rellano antes de que González Salas ordenara precipitadamente la retirada a Torreón. En el trayecto, después de contemplar el cadáver del jefe del Estado Mayor, acribillado por los amotinados, el comandante en jefe se suicidó.[426]

En términos puramente militares, la derrota no fue desastrosa: los federales perdieron 300 hombres aproximadamente.[427] Pero la combinación de ignominia e incompetencia tuvo un efecto nocivo sobre la opinión pública, a pesar de los intentos del gobierno por frenar o falsear la publicación de las noticias.[428] Después de todo, era la primera derrota del ejército federal en campo abierto durante los casi tres años de lucha esporádica. Se habló de la caída

---

[424] Casasola, *Historia gráfica*, I, pp. 456-459; *cf.* Valadés, *Imaginación*, II, p. 238.

[425] Meyer, *Huerta*, p. 133; Pani, *Apuntes*, p. 134.

[426] Casasola, *Historia gráfica*, I, p. 454; Ross, *Madero*, p. 262; Letcher, Chihuahua, 31 de marzo de 1912, SD 812.00/3525. Como originario de Nazas, Campa estaba avanzando hacia su antiguo y propio territorio, cuando se encontró con los federales: Rouaix, *Diccionario*, p. 70.

[427] Ross, *Madero*, p. 262.

[428] Meyer, *Mexican Rebel*, p. 72. La censura llegó a tales proporciones que en Saltillo los dis-

inminente del gobierno; tanto el embajador norteamericano como el ex gobernador reyista de Coahuila, Miguel Cárdenas, anticiparon ese resultado (además, Cárdenas afirmó, a manera de epitafio, que el general muerto había sido "torpe en vida y torpe en muerte"; no obstante, González Salas recibió el tratamiento de héroe en las ceremonias luctuosas en la Ciudad de México); en Saltillo, cerca del lugar de combate, "se creía [que] la causa federal [estaba] perdida".[429] El general Aureliano Blanquet, también herido en combate, se sumó a la crítica de Cárdenas, aunque desde una perspectiva más filosófica: "¿Qué podía esperarse? —comentó—, atacamos a la manera alemana y respondieron como mexicanos".[430] Es indudable que las tácticas de Campa correspondían a la mejor tradición de la guerrilla mexicana, mientras que la derrota federal bien pudo atribuirse, no al mimetismo alemán, sino a tradiciones igualmente establecidas en México por el servicio militar obligatorio, la práctica del motín y el mando irresponsable. Sin embargo, el ejército federal estaba lejos de ser una fuerza derrotada; más aún, el fracaso en Rellano se observa a la distancia como el inicio de una cadena de acontecimientos que habrían de aumentar el tamaño y la importancia del ejército de una manera que no tenía precedentes.

La primera tarea de los orozquistas, después de Rellano, fue arrasar la guarnición leal que aún permanecía en Parral. Ahí, la conducta de Villa era similar a la de Orozco en el resto de Chihuahua: bancos y comercios fueron objeto de multas (de nuevo, los intereses de los Terrazas se vieron afectados, complicando más la cuestión de su lealtad) y se realizaron preparativos para resistir el inevitable ataque orozquista, que llegó la noche del 1º al 2 de abril y fue rechazado. Dos días más tarde, los rebeldes retornaron con mayor fuerza (más de 2 000 hombres suyos contra los 300 villistas) y Villa se retiró prudentemente. A este ataque siguió "la noche más terrible que Parral viviera", repetición, aunque menos cruenta, de las escenas presenciadas después de la caída de Torreón el año anterior. Parral fue saqueado, primero por las tropas orozquistas y después por la turba. La bebida fluyó libremente, se derribaron las puertas que resistían y detonaron bombas de dinamita en los patios. Los extranjeros, propietarios de numerosos comercios en la ciudad, sufrieron al igual que los comerciantes mexicanos; el disturbio no fue especialmente xenofóbico. Es más, muchas residencias mexicanas fueron tomadas por la fuerza, mientras que, "salvo contadas excepciones, las casas de los extranjeros permanecieron intactas [y] el general en jefe, Inés Salazar… sin duda trató muy bien a los norteamericanos". Por ejemplo, el ferrocarril Parral-Durango, propiedad de norteamericanos, no sufrió daños y los trabajadores (como gene-

tribuidores dejaron de vender los periódicos (oficiales) "arguyendo que no hay demanda de ellos"; Holland, Saltillo, 26 de marzo de 1912, SD 812.00/3448.

[429] Holland, Saltillo, 29 de marzo y 2 de abril de 1912, SD 812.00/3428, 3544.

[430] Meyer, *Mexican Rebel*, p. 73; Valadés, *Imaginación*, II, p. 239; Casasola, *Historia gráfica*, I, p. 455, describe a un general Blanquet convaleciente, que se recuperó para representar un papel preponderante en los años posteriores.

ralmente era la costumbre) permanecieron en sus labores, incluso después de que la escasez de papel moneda obligara a la compañía a establecer pagos por medio de vales.[431]

Esta "orgía de pillaje y dinamita",[432] aunque excepcional, sirvió para recordar a los ciudadanos respetables la amenaza acechante de la turba, palpable durante la primavera y el verano revolucionarios de 1911 y que surgía inmediatamente después de la caída de las ciudades, cuando los líderes triunfadores alentaban —bien fuera por accidente o a propósito—, en vez de contener, el impulso de las turbas a levantarse. En este caso hubo evidencias de estimular a la turba. Parral se distinguía por ser un bastión leal; sus comercios (bajo presión) financiaron el arca bélica de Villa y 200 hombres de las fuerzas de Emilio Campa habían muerto en el ataque inicial. Cuando entraron los orozquistas, el administrador del rastro y su hermano, ambos "mexicanos muy conocidos", fueron ejecutados bajo la acusación de ser "villistas". De tal suerte que esto añade cierto peso a la suposición de que Parral representaba una red de clientelismo revolucionario ajena y hostil a la de Orozco.[433] Enfrentado a estas derrotas y obstáculos, Villa se dirigió al sur, hacia La Laguna. En Bermejillo se reunió con los federales del general Aubert, quien había sorteado los problemas hábilmente después del episodio de Rellano.[434] El suicidio de González Salas había dejado sin comandante en jefe a la División del Norte y Madero pronto solucionó la situación, nombrando en su lugar al general Victoriano Huerta, quien había dirigido a los federales en el asalto a Morelos durante el verano de 1911. Así, Huerta se hizo cargo de una tarea aún más importante y se enfrentó a mejores prospectos de éxito y avances definitivos, así como a implicaciones políticas más profundas. Algunos ya detectaban en Huerta la "mano de hierro" que podría dar fin a la rebelión e instituir una nueva forma de paz a la manera porfirista; el recién nombrado comandante en jefe de la División del Norte, estaba especialmente dotado para interpretar este papel y alimentar esas esperanzas.

El general Huerta tenía entonces casi 60 años de edad, era corpulento, tenaz y fruncía el ceño quizá por la miopía o por la resolución de su carácter.[435] Hijo de un campesino mestizo y de una indígena huichol (lo que, para algunos, explicaba tanto sus virtudes estoicas como sus vicios brutales), Huerta se había unido al ejército a los 14 años, cuando abordó un convoy militar a su paso por Colotlán (Jal.), para ofrecer sus servicios como secretario del general Donato Guerra (había adquirido conocimientos rudimentarios en

---

[431] Garret, Nuevo Laredo, 2 de abril; Letcher, Chihuahua, 7 y 11 de abril; Ferrocarril de Gill, Parral y Durango, 8 de abril de 1912, SD 812.00/3467, 3533, 3677, 3706. Un norteamericano, mercenario capturado cuando luchaba a favor de Villa, fue, sin embargo, asesinado: *Mexican Rebel*, p. 77.
[432] Letcher, Chihuahua, 11 de abril de 1912, SD 812.00/3677.
[433] Gill, Parral, 8 de abril de 1912, SD 812.00/3706.
[434] Letcher, Chihuahua, 31 de marzo de 1912, SD 812.00/3523.
[435] Casasola, *Historia gráfica*, I, pp. 455, 475 y 484; Meyer, *Huerta*, pp. 1-18 y ss.

una escuela rural). Con Guerra como protector, Huerta se graduó en la Academia Militar e ingresó en el Cuerpo de Ingenieros. Durante 30 años su carrera progresó conforme al patrón habitual y poco espectacular de los soldados profesionales del Porfiriato. En el caso de Huerta, las campañas de represión interna se intercalaron con asignaciones en tareas de cartografía y agrimensura; es decir, comisiones que aseguraban el establecimiento del orden entre la gente salvaje y las regiones bárbaras de México. Después de una primera campaña en Tepic (1879), Huerta sofocó la rebelión de Canuto Neri en Guerrero (1893); participó en las interminables guerras contra los yaquis (1900); retornó a Guerrero para acabar con la revuelta de Rafael del Castillo Calderón (1901), y realizó su última campaña prerrevolucionaria contra los mayas conflictivos de Yucatán (1901). Repetidas experiencias de represión —generalmente victoriosas— fortalecieron los rasgos crueles y autoritarios de Huerta.[436] En Mezcala (Gro., 1893) mostró su inclinación por las ejecuciones sumarias, a pesar de que imperaba una ley de amnistía; su campaña en los alrededores de Mochitlán (Gro., 1901) estuvo marcada por los fusilamientos arbitrarios, las deportaciones y el libre ejercicio de la leva.[437] A pesar de su crueldad y su desdén ante la crítica, Huerta era valiente, eficaz y tácticamente competente; todas sus campañas fueron victoriosas (salvo la guerra contra los yaquis) y dio muestras del buen funcionamiento de la "mano de hierro". Mientras tanto, entró en contacto con personas clave: con Reyes en 1879; con el general Ángel García Peña, en la década de 1880, y, durante sus campañas en Guerrero, tuvo "amistades siniestras" como el doctor Aureliano Urrutia, posteriormente su médico personal y ministro de Gobernación.[438] A principios del siglo XX, Huerta se aproximó a los ámbitos reyistas, dio apoyo al general en contra de Limantour y de los científicos y, en 1904, cuando Díaz obligó a Reyes a renunciar al Ministerio de Guerra y retornar a Nuevo León, se dijo que Huerta había exhortado a su "patrón" para llevar a cabo un golpe de Estado.[439] Sin embargo, Reyes se rehusó y, al declinar la estrella reyista, la carrera del propio Huerta pareció eclipsarse. En 1907 obtuvo una licencia de su cargo para dedicarse a cumplir varios contratos de ingeniería en Monterrey (donde tenía peso su amistad con Reyes); dos años más tarde, cuando Reyes viajó a Europa, Huerta se estableció en la Ciudad de México, donde sostuvo a su familia con una pensión del ejército, complementada con los ingresos provenientes del ejercicio por horas de la docencia. Al parecer, en ese momento su destino era llevar una vida sedentaria, y el talento y la ambición que lo señalaron en el pasado como posible subsecretario de Guerra, ahora

---

[436] William L. Sherman y Richard E. Greenleaf, *Victoriano Huerta: a Reappraisal*, México, 1960, representa un intento por rehabilitarlo, aunque escasamente exitoso; éste ha sido sobrepasado por Meyer, *Huerta*, quien (acertadamente pero, en última instancia, sin éxito) trata de reinterpretar el régimen de Huerta más que sus peticiones por una salvación personal.

[437] Meyer, *Huerta*, p. 7; Ochoa Campos, *Guerrero*, p. 276.

[438] Meyer, *Huerta*, pp. 5, 10 y 34.

[439] *Ibid.*, p. 15.

se enfrentaban a la frustración.[440] Además, durante su jubilación, o quizá antes, cuando realizaba las marchas a través de Guerrero o Yucatán, Huerta desarrolló una marcada inclinación por los licores fuertes.

La revolución cambió todo este panorama (salvo su afición por la bebida). En abril de 1911, mientras el régimen de Díaz se derrumbaba, Huerta abandonó su retiro para asumir el cargo de comandante militar en Guerrero, donde se había ganado sangrientos laureles en el pasado. Pero ahora la vieja maquinaria represiva se hallaba desgastada y el general Huerta recibió sólo 6% de las tropas prometidas. Aún no dejaba atrás Cuernavaca, cuando llegaron noticias de la renuncia de Díaz; el papel más importante de Huerta durante 1910-1911 fue escoltar al depuesto dictador a Veracruz donde (conforme a un relato de dudosa validez) Díaz comentó "he ahí al hombre capaz de controlar a mi pueblo".[441] Es indudable que la Revolución le dio oportunidad de retornar al servicio activo y de obtener un ascenso repentino. De la Barra comisionó a Huerta en Morelos, donde su solución al problema, enfocada solamente en medidas militares, irritó a Madero y llevó a Zapata a la rebelión. Como además eran bien conocidas sus simpatías reyistas, a nadie sorprendió cuando Madero cesó a Huerta del servicio activo y las relaciones tirantes entre ambos se hicieron del conocimiento y la discusión públicos.[442] Cinco meses después, en un momento de crisis nacional, el gabinete y García Peña, nuevo ministro de Guerra (y amigo de Huerta), convencieron al presidente, a pesar de sus recelos, de asignar a Huerta como comandante de las fuerzas del norte.[443]

Huerta estableció su cuartel general en Torreón y planeó su campaña de manera metódica, incluso laboriosa. El ejército que heredó era un conglomerado: las tropas federales de Aubert, Téllez y Rábago derrotadas en Rellano; compañías irregulares bajo el mando de los hermanos Raúl y Emilio Madero, y las fuerzas de Pancho Villa, recién llegadas de Parral y cuya presencia y reputación provocaron el temor entre los ciudadanos de Torreón. Prevalecía un ánimo decaído; muchos soldados estaban mal equipados y peor entrenados.[444] En abril hubo brotes de tifoidea y se manifestaron tendencias al motín cuando 400 soldados irregulares declararon que no pelearían contra los orozquistas, precaución o cobardía que sin duda venía de una reticencia a oponerse a los viejos compañeros revolucionarios de 1910-1911. Desconfiando de estos cuerpos irregulares, Huerta reorganizó la estructura de mando del ejército (entre las características de Huerta estaban la meticulosa organiza-

---

[440] Nemesio García Naranjo, *Memorias*, VII, Monterrey, s. f., p. 14.
[441] Sherman y Greenleaf, *Huerta*, pp. 23-24.
[442] Meyer, *Huerta*, pp. 22-27; de Madero a Huerta, 31 de octubre de 1911; Fabela, DHRM, RRM, II, p. 218.
[443] Cumberland, *Genesis*, p. 196; Bonilla, *Régimen maderista*, p. 13.
[444] Meyer, *Huerta*, p. 35; Carothers, Torreón, 28 de abril de 1912, SD 812.00/3826; "aquí todo el mundo le tiene miedo a Villa, pues sus antecedentes como bandido son bien conocidos". Carothers se convirtió más tarde en uno de los principales simpatizantes y apologistas norteamericanos de Villa.

ción táctica y logística, incluso las nimiedades relacionadas con el equipo bélico); organizó su convoy de artillería y usó a los presidiarios para construir nuevas defensas alrededor de Torreón; por último, a mediados de mayo, ordenó el avance y condujo a sus tropas hacia el norte a lo largo de las vías del ferrocarril, con dirección al sitio de la humillante derrota de González Salas, ocurrida dos meses atrás.[445] La aparente tardanza de Huerta —criticada por algunos observadores— sugiere sus intenciones de dominar la situación por completo. Como revelan las campañas de 1914, Torreón era el punto estratégico del norte de México, y paso obligado de cualquier ejército de Chihuahua con destino a la Ciudad de México. Apertrechados ahí, con una artillería superior, los federales se encontraban en ventaja. Orozco —se predijo atinadamente— no podía arriesgarse a atacar Torreón; la Sierra Madre impedía su avance hacia el occidente y, si se quería que los rebeldes mantuvieran el ímpetu ahora que todo el estado de Chihuahua estaba bajo su control (lo cual era vital por razones tanto militares como políticas), la única opción restante era avanzar hacia el oriente, rumbo a Coahuila.[446]

José Inés Salazar fue enviado a Coahuila, donde podía contar con un cierto apoyo de los disidentes locales: algunos en las montañas Burro en el norte y otros en el sur del estado, antiguo dominio de Gertrudis Sánchez.[447] Esta campaña, aunque de menor importancia, reveló algunas alianzas interesantes y estableció reputaciones y vínculos que habrían de cobrar importancia en el futuro. Frente a la agresión orozquista, el gobierno de Coahuila reunió voluntarios: antiguos rebeldes de 1911 que permanecían en servicio (como en el caso del centenar de hombres encabezados por Eulalio Gutiérrez en Concepción del Oro), cuyas fuerzas se aunaron al reclutamiento apresurado de irregulares, entre los cuales más de 400 recibieron entrenamiento en Saltillo a mediados de abril.[448] Como siempre, éstos demostraron ser poco confiables, especialmente al enfrentarse a otros ejércitos de extracción similar como los orozquistas. Por ejemplo, 400 soldados, encargados de defender Puerto del Carmen del asalto de Salazar, se rehusaron a cumplir su tarea y fueron arrestados.[449] Asimismo, el pago de dichas tropas estatales se convirtió en causa de áspera disputa entre el estado y la federación, entre el gobernador y el presidente.[450] Como respuesta a la invasión orozquista y al llamado del régimen en busca de apoyo, algunos porfiristas dudaron, pero otros ven-

---

[445] Carothers, Torreón, 28 de abril de 1912 SD 812.00/3826. La organización meticulosa había sido un rasgo característico de la campaña anterior de Huerta, por ejemplo, en Yucatán: Meyer, *Huerta*, pp. 12-13.

[446] La predicción fue hecha por el ex gobernador Cárdenas, de Coahuila. Véase Holland, Saltillo, 2 de abril; Letcher, 6 de mayo de 1912; SD 812.00/3544; 3884.

[447] Ellsworth, Ciudad Porfirio Díaz, 3 de abril; Holland, Saltillo, 17 de abril de 1912, SD 812.00/3527, 3692.

[448] Holland, Saltillo, 3 y 17 de abril de 1912, SD 812.00/3559, 3692.

[449] Ellsworth, Ciudad Porfirio Díaz, 10 de mayo; Holland, Saltillo, 3 de mayo de 1912, SD 812.00/3898, 3842; cuyos relatos difieren ligeramente.

[450] Cumberland, *Genesis*, p. 197.

cieron su antipatía por Madero y Carranza, temerosos del radicalismo y la rapiña de los orozquistas.[451] Por ejemplo, Alberto Guajardo, quien fuera jefe político durante el Porfiriato y principal beneficiado del despojo de los indios kikapú, capitaneó tropas de irregulares y al demostrar ser uno de los mejores comandantes de la contrainsurgencia, obtuvo nuevamente su antigua jefatura.[452] En cambio, los agricultores pobres no respondieron: en el mejor de los casos se mostraron indiferentes al régimen e incluso es posible que sintieran cierta simpatía por el orozquismo. Es inevitable plantear la similitud con Morelos, como lo demuestra el caso de la patrulla federal que retornó de las montañas Burro con cinco prisioneros "rebeldes" que "declaran ser sólo labriegos".[453]

Así, la mayor carga de la resistencia cayó sobre los civiles maderistas, sus clientes y los irregulares partidarios del gobierno. Los hermanos Madero, Raúl y Emilio, y su pariente cercano, Eugenio Aguirre Benavides, se dieron a la tarea de combatir a las fuerzas orozquistas en La Laguna; el gobernador Carranza apresuró su retorno de la Ciudad de México y nombró a su hermano Jesús para encabezar a los voluntarios destinados a Monclova; el capitán Lorenzo Aguilar, de los voluntarios de Monterrey, ejecutado posteriormente por los rebeldes en Pedriceña, provenía de "una de las mejores familias en la república" y era primo hermano del presidente.[454] Los maderistas civiles —los liberales acomodados de 1908-1910— se vieron obligados a vencer su rechazo a la violencia organizada y a la movilización popular, y ante su intento por defender el régimen, sus propiedades y su poder político recién adquirido, establecieron una cierta identidad de intereses —ciertamente no lo hicieron con el campesinado— sobre todo con los trabajadores urbanos. Los 2 000 manifestantes que expresaron su apoyo al gobierno en las calles de Saltillo provenían de la clase media o de la clase obrera urbana; "no participaron ni las clases más ricas ni los peones. Era evidente que se trataba de aquellos sectores que resultarían más afectados en caso de que los disturbios internos continuaran".[455] Las minas de carbón de Coahuila, que en 1910-1911 permanecieron tranquilas, relativamente ajenas a la Revolución, aportaron en 1912 pequeños contingentes de mineros que se unieron a las tropas estatales de Coahuila para luchar contra Orozco.[456] De esta manera, se manifestó la congruencia de intereses entre los trabajadores urbanos y la clase media

[451] El senador del estado de Texas, James McNeal, regresó de Coahuila después de haber pasado ahí 10 días en el mes de abril, informando que varias haciendas, propiedad de "hombres que poseían tierras y ganados abundantes", habían sido incendiadas y saqueadas: Hd. Ellsworth, Ciudad Porfirio Díaz, 1º de mayo de 1912, SD 812.00/3807.

[452] Ellsworth, Ciudad Porfirio Díaz, 18 y 21 de marzo de 1912, SD 812.00/3341, 3370; de Madero a Carranza, 12 de enero de 1912; Fabela, DHRM, RRM, III, p. 36, y a A. González, 7 de febrero de 1913, AFM, r. 12.

[453] Ellsworth, Ciudad Porfirio Díaz, 18 de abril de 1912, SD 812.00/3696.

[454] Hanna, Monterrey, 4 de junio de 1912, SD 812.00/4173.

[455] Holland, Saltillo, 19 de marzo de 1912, SD 812.00/3364.

[456] Urquizo, *Páginas*, pp. 11 y 33.

—debida a intereses económicos e ideológicos— aunque, a su vez, dicha congruencia apenas era discernible y ambas partes la explotaron vacilantemente.

A pesar de su capacidad para administrar, manifestarse y difundir propaganda, los maderistas civiles aún eran pobres ejecutantes cuando se enfrentaban a la insurgencia o, como en este caso, a la contrainsurgencia. El avance orozquista fue por lo tanto rápido. Las tropas irregulares coahuilenses de Pablo González, principal teniente del gobernador Carranza, cayeron frente a las fuerzas rebeldes de Salazar en la primera de las numerosas batallas que González perdería, con lo que ganó fama como "el coronel que jamás obtuvo una victoria".[457] Cayó Cuatro Ciénegas, pueblo natal de Carranza; Saltillo se vio amenazado y sólo el pronto arribo de los federales de Trucy Aubert logró salvar Monclova.[458] Sin embargo, para mayo el ímpetu orozquista pareció declinar. La escasez de municiones se tornó crónica; Orozco realizó un "enorme esfuerzo" por exhortar a las fuerzas federales a la rebelión con el fin de procurarse armamento; Marcelino Villarreal fue enviado a Sonora para reclutar hombres y contrabandear por la frontera de Arizona todo el armamento que estuviera a su alcance.[459] Por otra parte, quedaron a la vista las divisiones políticas en la heterogénea coalición orozquista. Emilio Vázquez Gómez cruzó la frontera norteamericana para exigir su herencia presidencial; pero fue despedido sumariamente ante la evidencia de una creciente influencia "científica" dentro del movimiento, para demérito de los radicales más doctrinarios.[460]

La tardanza de Huerta en Torreón le fue provechosa, pues al iniciar su avance hacia el norte, los rebeldes se encontraron en un dilema: necesitaban una victoria para mantener su ímpetu, pero se encontraban mal equipados para enfrentarse a los federales y a su tenaz comandante en una batalla abierta. El 12 de mayo, en los llanos de Conejos, los orozquistas sufrieron una derrota inicial y se retiraron a Escalón; 10 días después fueron vencidos de nuevo en Rellano (escenario de la principal victoria orozquista), donde, a lo largo de una tarde y una noche, la artillería superior de los federales arrasó a las fuerzas orozquistas. Doscientos rebeldes murieron y hubo un número aún más elevado de heridos; perdieron caballos y armas, y el ánimo se hizo añicos.[461] Después de una breve pausa, Huerta reinició su inexorable marcha hacia el norte, reparando los puentes y vías destruidos por los rebeldes en su retirada. Éstos sufrían la escasez de fondos y armamentos y ante esas circuns-

[457] Gruening, *Mexico and its Heritage*, p. 310.
[458] Taracena, *Carranza*, p. 61; Casasola, *Historia gráfica*, I, pp. 472-473; Holland, Saltillo, 7 de mayo de 1912, SD 812.00/3836.
[459] Meyer, *Mexican Rebel*, pp. 70-71; Aguilar Camín, *La Revolución sonorense*, pp. 238, 251 y ss.; Letcher, Chihuahua, 13 de abril de 1912, SD 812.00/3587.
[460] Cumberland, *Genesis*, p. 197; Edwards, Juárez, 4 y 8 de mayo; Letcher, Chihuahua, 10 de mayo de 1912, SD 812.00/3801, 3841, 3930.
[461] Casasola, *Historia gráfica*, I, p. 474; Letcher, Chihuahua, 28 de junio de 1912, SD 812.00/4357, menciona 200 rebeldes asesinados; Meyer, *Mexican Rebel*, pp. 36-37, menciona 650 bajas orozquistas frente a cerca de 100 federales.

tancias, se inició la "desintegración".⁴⁶² Las bandas orozquistas desertaron para retornar a sus hogares en el occidente de Chihuahua. Enrile, el agente financiero de Orozco, huyó rumbo a El Paso, apenas a tiempo para escapar de un atentado en su contra.⁴⁶³ Orozco mismo decidió retornar para enfrentarse en el Cañón de Bachimba. Conforme a una variante táctica de la máquina loca de Campa, ordenó minar con 50 kilos de dinamita la vía de Consuelo, 11 kilómetros al sur de la posición orozquista, pero las minas no funcionaron y sólo destruyeron un carro de carbón de los federales. El resultado de la batalla fue la derrota total de los rebeldes.⁴⁶⁴ A fines de mayo, se reinstauró el gobierno civil de Abraham González en la ciudad de Chihuahua y Huerta pudo retornar a la Ciudad de México que, aliviada, dio la bienvenida al héroe recién nombrado general de división.⁴⁶⁵

El orozquismo, como movimiento político organizado, como grave amenaza al gobierno de Madero, había llegado a su fin. Pero los movimientos populares de esta naturaleza florecían a menudo en la derrota así como se marchitaban con la victoria. Se libraban de los parásitos políticos y renunciaban al espejismo del poder nacional; al replegarse, renovaban contacto con la patria chica y con sus seguidores locales; abandonaban las campañas convencionales para entregarse a las tácticas de guerrilla que dominaban mejor. Por lo mismo, los federales perdieron la ventaja que habían ganado y cayeron en la marisma de las operaciones de contrainsurgencia. Así, el orozquismo (al igual que el villismo cuatro años más tarde) experimentó una suerte de renacimiento frente a la derrota. Símbolo de esta transformación fueron la huida de Enrile y el retorno de José Córdova, intelectual pueblerino y antiguo empleado de un comercio, ahora "factótum general" de Orozco.⁴⁶⁶ Mientras tanto, la tendencia general entre las tropas y sus líderes fue la de refugiarse en las montañas del occidente, donde, a salvo de la temible artillería federal, era posible instrumentar la resistencia. Un observador comentó: "hay algunas partidas dispersas en la región oeste del Estado de Chihuahua".⁴⁶⁷ Pero la diáspora orozquista fue más lejos. El propio Orozco, eludiendo la persecución federal, arribó a Ciudad Juárez, se dirigió rumbo al oriente a lo largo del río Bravo (quizá tomando Cuchillo Parado y Ojinaga) y finalmente se refugió en los Estados Unidos.⁴⁶⁸ Argumedo, evitando también su captura, reanudó sus actividades en la frontera de Durango y Zacatecas, y lo mismo hizo Che-

⁴⁶² Letcher, Chihuahua, 19 de junio; Edwards, Juárez, recibida el 28 de junio de 1912, SD 812.00/4257; 4313.
⁴⁶³ Letcher, Chihuahua, 28 de junio de 1912, SD 812.00/4357.
⁴⁶⁴ Letcher, Chihuahua, 29 de agosto de 1912, SD 812.00/4823; Casasola, *Historia gráfica*, I, pp. 481-482.
⁴⁶⁵ Meyer, *Mexican Rebel*, pp. 40-41; Casasola, *Historia gráfica*, I, p. 483.
⁴⁶⁶ Letcher, Chihuahua, 28 de junio de 1912, SD 812.00/4357.
⁴⁶⁷ Véanse los comentarios acerca de un desertor orozquista en el informe policiaco anónimo de El Paso, 28 de mayo de 1912; Fabela, DHRM, RRM, III, pp. 416-417; Letcher, Chihuahua, 30 de junio de 1912, SD 812.00/4238.
⁴⁶⁸ *Cf.* Meyer, *Mexican Rebel*, p. 87; Edwards, Juárez, 11 de julio y 10 de septiembre; L. Wood,

che Campos en La Laguna; Caraveo, aún al mando de varios centenares de hombres, avanzó hacia Coahuila y derrotó a las fuerzas federales en los terrenos ganaderos al occidente de Múzquiz.[469]

Pero la fracción más numerosa de la disuelta coalición —Campa, Salazar, Rojas y otros— se aventuró por la Sierra Madre rumbo a Sonora; ruta que los serranos de Chihuahua siguieron casi de manera instintiva en 1910, en 1912 y posteriormente en 1915-1916. En esta ocasión, tenían razones para esperar una bienvenida. Sonora —como ya se mencionó— no había producido variantes autóctonas del orozquismo; las protestas rebeldes de veteranos desilusionados habían sido escasas y débiles, y el nuevo gobierno del estado las había contenido con facilidad.[470] Por otra parte, la élite depuesta del Porfiriato (encabezada por Miguel Mascareñas, terrateniente y banquero, exiliado político en Arizona y de quien se decía que contaba con el apoyo de ex gobernadores como Torres y Cubillas, así como de ex funcionarios y editores porfiristas, es decir, con el respaldo de "los antiguos elementos científicos de Sonora"), procuró cooptar a los rebeldes derrotados de Chihuahua, de la misma manera que la élite terracista había intentado hacerlo al inicio de la rebelión. Mascareñas aseguró a Campa y Salazar que Sonora los recibiría como libertadores del yugo maderista. Y el hijo de Mascareñas (también llamado Miguel) se unió a los líderes orozquistas a su paso por Casas Grandes (donde el maltrato que dieran a los colonizadores mormones obligó a éstos a iniciar su éxodo de regreso al norte), y penetraron por los pasos de Bavispe y Dolores (pasos que el invierno hubiera hecho impenetrables y donde, aun en verano, un centenar de hombres apostados podrían batir a un ejército de 5 000, como señalara un norteamericano que pensaba quizá en lo ocurrido en las Termópilas).[471] Pero los sonorenses no intentaron emular a los espartanos. Por una parte, el gobierno sonorense estaba trastornado ante la muerte repentina (causada por apendicitis) de su enérgico vicegobernador, Eugenio Gayou, considerado por algunos como el "pilar" del régimen local.[472] Además, las fuerzas sonorenses enviadas a las montañas no estaban deseosas de un conflicto en la sierra y los orozquistas que emergían de un territorio que les era familiar pudieron bajar de las montañas en grupos reducidos y prácticamente sin encontrar resistencia. En agosto de 1912, alrededor de 2 000 o 3 000 hombres se encontraban en Sonora amenazando lugares clave: Álamos, Nacozari, Ures y Agua Prieta.[473]

Departamento de Guerra, 3 de septiembre; recaudador de aranceles, Eagle Pass, 6 de septiembre de 1912, SD 812.00/4404, 4844, 4767, 4813.

[469] Holland, Saltillo, 11 de septiembre; Ellsworth, Ciudad Porfirio Díaz, 21 de septiembre y 12 de octubre de 1912, SD 812.00/4957, 5069, 5248.

[470] Aguilar Camín, *La Revolución sonorense*, pp. 190-194, 209-210, 216-218 y 234.

[471] *Ibid.*, p. 269; Hostetter, Hermosillo, 30 de marzo; Dye, Nogales, 22 de abril, 24 de junio, 16 y 31 de julio; Bowman, Nogales, 11 de diciembre de 1912, SD 812.00/3512, 3742, 4326, 4433, 4566; 5500; Lister, *Chihuahua*, pp. 220-225, acerca de las tribulaciones de los mormones.

[472] Hostetter, Hermosillo, 21 de julio y 15 de agosto de 1912, SD 812.00/4496, 4723; Aguilar Camín, *La Revolución sonorense*, p. 282.

[473] Aguilar Camín, *La Revolución sonorense*, pp. 281-284; Dye, Nogales, 31 de julio y 27 de

En ese momento, el imperativo territorial cobró renovada importancia. Enfrentado a la invasión orozquista desde el exterior, y a los problemas yaquis desde el interior, el gobierno sonorense había propiciado la formación de fuerzas defensivas locales, rasgo tradicional de la sociedad fronteriza del norte.[474] Pero además, había formado cuerpos de voluntarios asalariados de tiempo completo —un "pequeño ejército" de más de 2 700 hombres—, distinto de los federales y bajo las órdenes del gobierno de Hermosillo. Entre estas fuerzas estaba el 4° batallón irregular, reclutado y conducido por el nuevo alcalde de Huatabampo, Álvaro Obregón.[475] A medida que los orozquistas descendían de las montañas, el gobierno podría apelar al "carácter provinciano profundamente arraigado [del pueblo] para pelear en su propio gallinero con el fin de defender a sus ciudades y a las familias de los combatientes".[476] Las promesas de bienvenida de Mascareñas resultaron falsas; a diferencia de la situación en Chihuahua, señaló un observador, "el gobierno [sonorense] cuenta con [la gran ventaja]... de la lealtad del pueblo y los rebeldes consiguen pocos reclutas o ninguno".[477] Así, los orozquistas se enfrentaron a una dura resistencia, una demostración de la imposibilidad de exportar la rebelión serrana. Luis Fernández (alias Blas Orpinel) fue derrotado por la fuerza local en Álamos; Emilio Campa tuvo que retirarse de Ures. Al descubrir que realizaban una invasión en territorio hostil y que no dirigían una guerrilla popular, los orozquistas recurrieron a tácticas intimidatorias.[478] Sin embargo, la ofensiva se fragmentó rápidamente: Fernández se dirigió a Sinaloa sólo para encontrarse con nuevas derrotas; Campa dejó atrás el tórrido desierto de Altar y prefirió refugiarse en los Estados Unidos; Salazar y Rojas fueron derrotados por las fuerzas sonorenses en la batalla de San Joaquín el 20 de septiembre. En el otoño, la amenaza orozquista había sido conjurada: Sonora estaba a salvo y las fuerzas del estado —particularmente las encabezadas por el joven comandante de caballería Obregón— habían obtenido los primeros laureles de los muchos por venir.[479]

Aunque derrotado, el orozquismo no estaba del todo muerto. Los restos del ejército rebelde se dispersaron en la sierra de Chihuahua donde, hacia 1912-1913, la actividad guerrillera se recrudeció de manera notable.[480] La mayoría de los líderes orozquistas (y parte de la tropa) sobrevivió para com-

agosto de 1912, SD 812.00/4566, 4728; Álvaro Obregón, *Ocho mil kilómetros en campaña*, México, 1966, p. 21.

[474] Aguilar Camín, *La Revolución sonorense*, pp. 241-245.
[475] *Ibid.*, pp. 266-276. De los orígenes de Obregón se habla más adelante, pp. 415-416 y cap. VII.
[476] *Ibid.*, p. 254.
[477] Hostetter, Hermosillo, 16 de septiembre de 1912, SD 812.00/5070.
[478] Aguilar Camín, *La Revolución sonorense*, p. 283. Según un ganadero norteamericano, los orozquistas se apropiaron de unas tierras al sudeste de Nacozari, pero hicieron esto sólo con la finalidad de aterrorizar a la gente; de ahí que hayan encontrado solamente pocos simpatizantes en la región: Dye, Nogales, 18 de septiembre de 1912, SD 812.00/5058.
[479] Aguilar Camín, *La Revolución sonorense*, p. 285; Obregón, pp. 22-26.
[480] Letcher, Chihuahua, 18 de noviembre de 1912, SD 812.00/5532; *New York Times*, 9 de di-

batir de nuevo. Sin embargo, cabe destacar que, aunque jamás hubieran retornado al campo de batalla, su influencia sobre el curso de la Revolución había quedado marcada. Habían representado el mayor desafío al régimen, fueron epítome de los resentimientos de los veteranos maderistas "traicionados" y ejemplificaron la disponibilidad serrana para aliarse con elementos dudosos y conservadores. Al hacerlo, sufrieron la derrota militar pero también contribuyeron poderosamente a la ruina del régimen maderista, pues toda oposición armada debilitaba los cimientos liberales del gobierno y lo orillaba a adoptar prácticas represivas neoporfiristas. Los orozquistas, particularmente, provocaron una erogación importante al gobierno y obligaron a Madero a incrementar el ejército y a colocar a Victoriano Huerta en una posición peligrosamente exaltada. Bajo la presión de Orozco, Madero duplicó la nómina militar; a su vez, esto exigió un préstamo de 20 millones de pesos que fue causa de un fiero debate en el Congreso. Además, hubo necesidad de recurrir a la leva, abuso que Madero había condenado abiertamente.[481] Más importante aún: la derrota de Orozco dio pie a la politización del ejército y a la militarización de la política. Sofocar la rebelión trajo consigo tanto al régimen abiertamente militar (como en Sinaloa), como los profundos enfrentamientos entre militares y civiles (como en Coahuila).

Las fricciones de esta naturaleza se manifestaron incluso en los niveles más elevados. Antes de aceptar el mando del norte, Huerta solicitó (y obtuvo) la garantía presidencial de su absoluta libertad de acción y de la no interferencia civil (que sostenía haber sufrido en Morelos); con esto, Huerta "recibió el aplauso general del ejército".[482] A su vez, Madero puso un gran interés (aunque desde una posición inexperta) en seguir la campaña, amonestó a Huerta por lo que, supuso, había sido su fracaso: la persecución de los orozquistas derrotados. Huerta interpretó sus consejos como la intromisión civil de que antes se había quejado.[483] Otros incidentes menores agravaron la relación entre Huerta y Madero. Éste revocó la prohibición de las soldaderas, disposición que había tomado el general Blanquet; sostuvo correspondencia con oficiales subalternos en la que criticó a sus superiores; en un episodio famoso, el hermano de Madero intervino para evitar la ejecución de Pancho Villa, ordenada por Huerta bajo la acusación de supuestos robos a civiles. Todos estos incidentes mostraron un común denominador: las relaciones difíciles o abiertamente hostiles entre los federales de Huerta y sus recientes

ciembre de 1912, en el que informa que "los remanentes del ejército de Orozco están mostrando, indudablemente, mayor evidencia de una acción concertada"; de esto se habla más adelante, p. 552.

[481] El número total de federales, voluntarios y rurales aumentó de 40 000 a 70 000 durante la primavera y verano de 1912: Cumberland, *Genesis*, p. 198. Este tema —la militarización de México y sus implicaciones para el régimen de Madero— se estudia en el siguiente capítulo.

[482] Letcher, Chihuahua, 16 de octubre de 1912, SD 812.00/5324; Meyer, *Huerta*, p. 34.

[483] Meyer, *Huerta*, pp. 38 y ss.; de Madero a González, 5 de agosto de 1912, AFM, r. 12, en la que apremia a Huerta a que tome medidas para bloquear a los rebeldes fugitivos en la sierra, indicativo de la continua impaciencia presidencial.

EL RÉGIMEN DE MADERO. CONTINÚA LA REVOLUCIÓN

opositores revolucionarios: los irregulares maderistas. Estos últimos eran quizá las víctimas de la prohibición de Blanquet, y los oficiales con quienes Madero sostenía correspondencia eran oficiales irregulares como Luis Garfias, enviado del presidente para organizar las fuerzas voluntarias en Coahuila; Villa, por supuesto, era el principal revolucionario partidario del gobierno en Chihuahua.[484] Con frecuencia estos irregulares eran indisciplinados e intratables (debido a sus orígenes revolucionarios y populares); Huerta deseaba controlarlos y someterlos a sus órdenes, conforme lo exigía su innato instinto militar, y rechazaba la idea de que éstos obedecieran los caprichos de jefes individuales voluntariosos —posiblemente prefería por completo su desbandada o su aniquilamiento total—. Por estas razones, la defensa que Madero hiciera en favor de los irregulares, deterioró más la relación, y cuando un simpatizante de buena fe de la Ciudad de México envió a Huerta un paquete de escudos maderistas, Huerta los arrojó al cesto de la basura.

Por otra parte, la impaciencia de Madero ante la inactividad de los federales era, en parte, justificada. Después de su victoria en Bachimba, afirmó un norteamericano, los oficiales de la caballería federal sólo observaban a través de sus binoculares la dispersión de los orozquistas que se batían en retirada en el norte. Sin embargo, continúa el mismo observador, los federales no se inmutaban, primero porque veían a Madero con desdén, y segundo (una explicación que revela más la mentalidad del observador que la del ejército), porque "el propio ejército... sólo tipifica la poca eficiencia de la raza en general".[485] No obstante, la validez de la primera explicación pronto se hizo evidente; en efecto, un oficial superior admitió que "el ejército carecía de amor o paciencia hacia el nuevo régimen... [y] que el general Huerta compartía cabalmente esta actitud".[486] Por lo tanto, la actuación del ejército fue "del todo rutinaria" y la mayoría de las redadas fueron realizadas por voluntarios irregulares, que demostraron entusiasmo y la necesaria movilización para desempeñar esa tarea: José de la Luz Blanco en Chihuahua, Cándido Aguilar y Cesáreo Castro en La Laguna.[487] Sus esfuerzos (en contraste con la apatía de los federales, como incluso admitiera un general federal) les ganaron el aplauso de Madero y, aun después de la derrota definitiva de Orozco, permanecieron unidos como un importante grupo operativo, leal al régimen y capaz de reaccionar frente a los cambios y nuevos desafíos. Los comandantes irregulares como Aguilar, Castro, González y Obregón intervendrían de manera decisiva en el desarrollo ulterior de la Revolución.[488]

[484] Meyer, *Huerta*, p. 39; Taracena, *Carranza*, p. 59.
[485] Letcher, Chihuahua, 29 de agosto de 1912, SD 812.00/4823.
[486] Letcher, Chihuahua, 16 de octubre de 1912, SD 812.00/5324.
[487] Letcher, Chihuahua, 16 de octubre de 1912, SD 812.00/5324; de T. Aubert a Madero, 27 de enero de 1913, AFM, r. 22; de R. Hernández a A. Guajardo (también un general irregular), 9 de diciembre de 1912, legajo AG 889.
[488] Obregón se retiró del servicio militar con el rango de coronel, en diciembre de 1912; su retiro como civil resultó breve. Obregón, *Ocho mil*, p. 26; de Madero a A. González, 7 de febrero de 1913, de T. Aubert a Madero, 27 de enero de 1913, AFM, r. 12 y 22.

Algunos atribuyen propósitos más oscuros a la inactividad de los federales, y consideran que indicaba no sólo la tibieza de sentimientos hacia el régimen de Madero sino que abrigaba la intención abierta de traición, alimentada por la nueva importancia del ejército. Si éste habría de ser el nuevo defensor del orden y del gobierno, ¿por qué no del orden y del gobierno de un régimen conservador y más afín —un Porfiriato revivido—, en vez del liberalismo torpe y ambivalente de Madero? Así, sigue el argumento, tanto la premisa (creciente importancia del ejército) como su conclusión (que el ejército ejerciera una influencia política directa) resultan convincentes. No cabía la menor duda, escribió Letcher desde Chihuahua, "... que el ejército cobra conciencia de su propia importancia como el único elemento que impide la desintegración del gobierno durante la revolución [de Orozco] y no es impensable que pueda exigir un poder proporcional a la importancia del papel que ha interpretado".[489] Es indudable que Huerta, en su calidad de comandante militar en Chihuahua, añadió su consejo político al debate en torno a las directrices a seguir con respecto a los derrotados orozquistas; de esta manera se opuso a la política de línea dura del gobernador González y, en un gesto poco característico, pidió clemencia para los rebeldes, actitud que sugiere motivos ulteriores.[490] Primero, sus tácticas dilatorias y, después, la petición de clemencia parecen señalar un entendimiento entre Huerta y los rebeldes: quizá un acuerdo explícito negociado a través de David de la Fuente, prisionero de guerra orozquista; o bien un arreglo implícito mediante el cual Huerta debería actuar "de la manera menos antagónica posible con los elementos subyacentes de la revolución y así preparar el camino que le ganaría su apoyo".[491]

Los rumores incluso le atribuyeron a Huerta una ambición personal de llegar a la presidencia (para cuyo fin buscaba la simpatía de los orozquistas). García Peña, que al frente del Ministerio de Guerra sirvió como instrumento para asegurar el mando del norte a Huerta, afirmó posteriormente que había advertido a su protegido que lo fusilaría "si al llegar a la más alta jerarquía del ejército la chifladura que desde niño tienes de querer llegar a la Presidencia te hace faltar a tus deberes".[492] Bajo esta perspectiva, es posible afirmar que la venganza de Huerta en contra de los maderistas irregulares estaba diseñada para desplazarlos de la escena, antes de hacer a un lado a Madero, su patrón y presidente; esto explica su intento de ejecutar a Villa y el "error táctico" que diezmó las fuerzas de Toribio Ortega en Bachimba, "error" que sirvió a sus fines maquiavélicos.[493] Es posible que todos estos rumores hayan

---

[489] Letcher, Chihuahua, 15 de septiembre de 1912, SD 812.00/5056.

[490] Cf. Meyer, *Huerta*, p. 43. La tendencia de Huerta hacia las políticas militaristas será ampliamente documentada en el cap. VII. Incluso en su retiro ésta sobrevivió; véase la entrevista de abril de 1915, en de Oscar Strauss a Woodrow Wilson, 30 de abril de 1915, WWP, caja 129.

[491] Letcher, Chihuahua, 15 de septiembre de 1912, SD 812.00/5056. Véase también Bonilla, *Régimen maderista*, p. 18.

[492] Bonilla, *Régimen maderista*, p. 13, en donde cita la supuesta admisión de García Peña.

[493] *Ibid.*, pp. 16 y 18.

sido fraguados retrospectivamente. Sin embargo, incluso esta visión retrospectiva no habría sugerido tales infamias si Huerta no hubiera demostrado muy rápidamente que era capaz de cometerlas.[494]

En la derrota así como en la victoria, la rebelión de Orozco aumentó, en términos generales, la buena fortuna del ejército federal y, en particular, la de Victoriano Huerta. Mientras tanto, la derrota de Orozco —al igual que sus victorias anteriores— tuvo un efecto resonante en todo el país. Las noticias de la segunda batalla en Rellano tuvieron repercusiones en Sinaloa, la Ciudad de México, Tabasco y Oaxaca; ahora el régimen parecía estar a salvo y sus oponentes estaban desconcertados.[495] En Morelos, las noticias, aunadas a la temporada de siembra, provocaron una tregua en la lucha que dio a los políticos moderados del estado una última oportunidad para buscar la solución pacífica a los conflictos locales. Las elecciones de mayo dieron el poder legislativo del estado a "un grupo bastante uniforme de reformadores"; en junio, el general Robles fue transferido fuera de Morelos. Los nuevos diputados del estado eran típicos maderistas civiles (o en este caso, leyvistas), respetables, urbanos, de clase media, reticentes a la violencia política: "hombres que se habían destacado sólo en la localidad. Gente de ciudad, no eran dueños de tierras, ni administraban haciendas [...] Ninguno había participado activamente en la revolución maderista".[496] Durante el breve periodo que estuvieron en el poder, estos reformadores honestos intentaron traducir su credo liberal en medidas prácticas: favorecieron las elecciones directas y la abolición de las jefaturas; instrumentaron reformas fiscales para proteger los intereses de pequeños propietarios, tanto urbanos como rurales; intentaron aumentar el poder de la legislatura frente al del ejecutivo, y asegurar que éste estuviera en manos de un hombre de la localidad.[497] Este reformismo liberal apareció también a la hora de enfocar el problema agrario. Aprobaron un incremento de 10% a los impuestos de las haciendas y el establecimiento de una escuela estatal de agricultura; un diputado propuso hacer públicos los mercados de las haciendas, lo que "redundaría en [...] beneficio del comercio libre" (típico rechazo de la clase media hacia la autarquía comercial de la hacienda).[498] La educación, las reformas fiscales y el libre comercio eran mecanismos mediante los cuales los liberales de Morelos (al igual que los liberales de otras partes) intentaban solucionar la cuestión agraria. En sus planes no figuraron la expropiación, la distribución de tierras ni la conservación ejidal.

Las diferencias con el Plan de Ayala eran manifiestas. Sin embargo, este despliegue de moderación y buena voluntad fueron suficientes (junto con las lluvias, la derrota de Orozco y la remoción de Robles) para propiciar la cal-

---

[494] Véanse pp. 578-579 y 582-586.
[495] Lespinasse, Frontera, 1º de junio; Schuyler, Ciudad de México, 5 de junio; Alger, Mazatlán, 1º de junio; Haskell, Salina Cruz, 22 de junio; SD 812.00/4106, 4126, 4175, 4336.
[496] Womack, *Zapata*, p. 145. Cambié levemente, aquí, la puntuación.
[497] *Ibid.*, pp. 149-150.
[498] *Ibid.*, p. 151.

ma política; indicador, cabe subrayar, de la equivalente moderación de las demandas populares, del continuo traslape de éstas con las reformas liberales (por ejemplo, la abolición de jefaturas) y de la aversión de los surianos por la lucha, a pesar de la fiera imagen que proyectaban. Aunque continuaron las luchas esporádicas, los llamados conciliatorios a los rebeldes tuvieron algún efecto. El reclutamiento zapatista declinó y los líderes del movimiento consideraron prudente abandonar Morelos. Dos años más tarde, al recordar este periodo, Zapata y De la O lo evocaron como una época en que su fe había decaído.[499] Así, el apoyo popular a la causa —fiero y sostenido durante los periodos de represión— se debilitó durante el breve interludio reformista en Morelos, señal de que el liberalismo maderista no estaba agotado y que aún conservaba espacio suficiente para actuar y cierta capacidad para gobernar. Pero el episodio fue demasiado breve. La nueva legislatura estatal llegó al poder en septiembre de 1912, y se encontraba compuesta por hombres de otro tipo "evidentemente más conservadores que sus predecesores".[500] Vetaron las reformas propuestas por la legislatura anterior y se mostraron más preocupados por dar el *coup de grâce* al declinante zapatismo. Por lo tanto, hacia finales de ese año (la tendencia se observó a partir de octubre) los zapatistas cobraron nuevas energías y, para fines de 1912, Morelos era nuevamente un foco de conflictos para el gobierno.[501] Es difícil afirmar que los liberales maderistas, de haber contado con tiempo y espacio suficientes, hubieran restaurado la paz en Morelos; Womack no descarta esta posibilidad. Pero el hecho es que el potencial de la política reformista liberal jamás ha sido explorado cabalmente; las reformas y la conciliación fueron caminos que se transitaron breve y tentativamente (aunque, cabe destacar, con cierto éxito) antes de abandonarse en favor de la represión. La respuesta del régimen a la rebelión popular —tanto local como nacional— implicó la derogación de los principios liberales y el renacimiento tanto de los métodos como de los intereses porfiristas. En algunos contextos (como en Sinaloa) esto produjo una paz romana temporal; en otros (como en Morelos), provocó y radicalizó la rebelión.

PROTESTA AGRARIA

Las principales rebeliones que enfrentaron los gobiernos de De la Barra y Madero revelaron un aspecto común: la importancia central de los líderes y las fuerzas populares ex maderistas levantadas contra el propio régimen que habían contribuido a crear en 1910-1911; su protesta —agrarista o serrana— se derivaba de las quejas básicas que el régimen porfirista había estimulado

[499] *Ibid.*, pp. 146-147 y 152.

[500] *Ibid.*, p. 152. A pesar de que Womack describe el carácter conservador de la nueva legislatura del estado, no explica cómo llegó a ser elegida ni por qué representa un cambio semejante en la política y el personal.

[501] *Ibid.*, p. 154; e *infra*, pp. 556-557.

de manera suicida. En este aspecto, Madero y su gobierno, no los rebeldes populares, fueron quienes en realidad interpretaron el papel de "contrarrevolucionarios". Es erróneo clasificar a estos rebeldes —Zapata, Orozco, Navarro, Banderas, Contreras— bajo el mismo rubro de los oponentes francamente conservadores (como Reyes o Félix Díaz), cuyas revueltas se inspiraron en el pensamiento del Porfiriato, contaron con el apoyo de la élite y no lograron movilizar a las masas.[502] Asimismo, sería erróneo subestimar la importancia de estas rebeliones. Al respecto, Peter Calvert escribe: "No se requiere... de advertencia alguna para dejar de visualizar [la historia interna del régimen de Madero] una mera serie de revueltas abortadas".[503] Es evidente que nadie iría tan lejos, y que la afirmación de Calvert no debe tomarse literalmente (en cuyo caso sería banal), sino como una propuesta sugestiva aunque errónea; la rebelión fue clave para determinar el carácter del periodo y ejemplifica tanto la naturaleza del régimen como la revolución social continua, que afectó de manera fundamental el resultado del experimento liberal de Madero. Pero quizá sea necesario sustituir la palabra "rebelión" por "protesta popular", ya que, si bien las revueltas mencionadas hasta el momento significaron la mayor amenaza militar contra el régimen, sólo representaron los desafíos más organizados, formales y avanzados; detrás de estas revueltas surgieron numerosos movimientos menores, oscuros, confusos y desarticulados que, de manera acumulativa, llevaron al régimen de Madero a instrumentar políticas de torpe represión (políticas que contradijeron su *raison d'être* liberal y que, al provocar una reacción conservadora, condujeron indirectamente a la caída del gobierno).

Los movimientos menores variaron profundamente. Es posible clasificarlos por sus dimensiones e importancia, por su forma organizativa (rebelión organizada, revuelta campesina, bandidaje social), por sus causas (despojo agrario, imposición política, rivalidad regional). También cabe distinguir entre los movimientos que obedecían a los objetivos prístinos de la Revolución de 1910 y los que reaccionaron frente a los sucesos surgidos como producto de la Revolución (distinción que en breve será definida). Por último, es posible analizar dichos movimientos de manera individual o seriada, o por medio de las generalizaciones extraídas de los distintos casos en las diversas localidades. El primer enfoque, útil para la discusión de las rebeliones organizadas más importantes (Zapata y Orozco), debe ahora dar paso al segundo, y las generalizaciones deben agruparse bajo tres rubros: protesta agraria, bandidaje y la segunda oleada de serranos.

Una de las mejores imágenes de la Revolución mexicana queda en las páginas de Tannenbaum, cuando la compara con "una serie de olas cuyos inicios fueron más o menos independientes y cuyos objetivos también fueron independientes"; a veces se fusionaron, o se separaron y, de cuando en cuan-

[502] *Cf.* Cumberland, *Genesis*, cap. 9.
[503] Calvert, *Mexican Revolution*, p. 103.

do, cambiaron de dirección, interactuando constantemente con las otras, desapareciendo y reapareciendo.[504] La precisión de esta imagen se torna cada vez más clara. Los años de 1910-1911 presenciaron la mayor manifestación de protesta y movilización popular (más profundas y extensas de lo que sugieren algunos recuentos); los intentos subsecuentes por restringirlas tuvieron éxitos modestos y, en ocasiones, agravaron la condición que pretendían corregir; de ahí la plétora de rebeliones "neomaderistas" ya mencionadas. Mientras tanto, nuevos levantamientos cobraron fuerza. Algunos eran tardíos: se trataba de movimientos que obedecían a las mismas causas que las rebeliones precursoras de 1910-1911, pero que inicialmente se frenaron por falta de organización o bien porque la vigilancia y la represión eran demasiado rigurosas; su desarrollo, en el curso de 1911-1912, indicó la vitalidad continua del movimiento popular. Además, la "lógica de la Revolución" produjo nuevas respuestas rebeldes: la imposición de nuevos funcionarios provocó que las comunidades hasta entonces pacíficas se lanzaran a la revuelta; la relajación de la autoridad hizo que las familias renovaran los conflictos, los bandidos aceleraran sus actividades, los peones desafiaran a la autoridad de la hacienda y los serranos asolaran los llanos; por otra parte, los intentos de represión oficial (especialmente los que precisaban la leva masiva), provocaron la protesta popular en sitios donde ésta no había existido. No es posible descartar las rebeliones de esta naturaleza por su "carencia de significado e inutilidad" (lo que probablemente indica que los historiadores no comprenden su significado y no que aquéllas carezcan de él).[505] Tampoco deben desdeñarse con base en la idea de que no formaron parte de la "revolución": esto presupone un concepto de "revolución" claramente defendido, una entidad consistente, una especie de club con miembros aprobados en su interior y sinvergüenzas expulsados en el exterior. En su lugar, la Revolución fue una experiencia colectiva compleja en la que contribuyeron, a su manera, distintos grupos por diferentes razones. Por lo tanto, merece un análisis tolerante que elimine los prejuicios en torno a sus distintos aspectos y se abstenga de privilegiar a ciertos grupos en detrimento de otros.

La revuelta agraria popular más significativa y fuera del ámbito de la política convencional —contraria al Estado nacional y a sus ideologías formales asociadas, carente de planes o líderes articulados e identificada de inmediato con una guerra de castas apolítica—, fue la rebelión yaqui en Sonora. El estado de Sonora experimentó un grado real de renovación política como resultado de la Revolución; la desmovilización de las fuerzas maderistas había procedido de manera relativamente tranquila (impulsada, sin duda, por los elevados salarios prevalecientes en la región) y parecía reinar una disposición general hacia la paz y el trabajo.[506] La derrota de los invasores orozquistas

[504] Tannenbaum, *Peace by Revolution*, p. 147.
[505] Cumberland, *Genesis*, p. 186, en donde se refiere a la rebelión de Ángel Barrios.
[506] Heap, Guaymas, 3 de mayo de 1911, FO, 371/1147, 18523; Hostetter, Hermosillo, 13 y 31 de mayo de 1911, SD 812.00/1913, 2092; informe de Carlos Randall a la asamblea estatal de So-

en 1912 constituye una magnífica prueba de la estabilidad y eficiencia de Sonora. La única mancha en este panorama de paz política era la tribu yaqui. Al igual que en el pasado los yaquis fueron arrastrados a una lucha de hombres blancos, algunos incluso pelearon en las filas de los federales de Díaz; otros, al lado de los rebeldes de Madero; cuando el conflicto concluyó algunos permanecieron al servicio del gobierno (especialmente las fuerzas de Luis Bule, integradas con veteranos de dicho servicio) mientras que otros renunciaron rápidamente.[507] Al igual que otros rebeldes, los yaquis exigieron el pago por su participación: "los yaquis afirman que Madero les prometió todas las tierras del río Yaqui a cambio de los servicios prestados y que todos los mexicanos y norteamericanos tienen que abandonarlas".[508] El viejo grito de "¡río libre y fuera blancos!" cobró una nueva legitimidad, ahora conferida por el propio Madero.[509] En el verano de 1911, los intentos por desarmar a los contingentes yaquis provocaron su resistencia: se decía que más de 1 000 yaquis rondaban el valle, perturbando pueblos mestizos (que ocupaban los terrenos de antiguas comunidades yaquis) como Bacum y Cocorit. Los robos de ganado, las denuncias de un arriero despojado o el asalto a una hacienda, generaron el pánico y la consecuente demanda de tropas; incluso los peones yaquis de las haciendas sonorenses compartían las ideas subversivas.[510]

El gobierno recurrió a su habitual política ambigua de represión y conciliación; sobre todo la primera. El propio gobernador Maytorena admitió que esperaba convencer a los yaquis antes de instrumentar una represión a gran escala cuando el momento fuera oportuno.[511] Para ello contó con el apoyo de la prensa, los terratenientes y la opinión pública sonorense en general.[512] Se iniciaron las pláticas; una delegación de jefes yaquis viajó a la Ciudad de México; los voceros maderistas prometieron repatriar a 500 yaquis deportados a Quintana Roo y proponer un acuerdo respecto a la cuestión de las tierras.[513] Pero, al igual que los zapatistas, los yaquis no vieron mejoras rápidas y la lucha se recrudeció. Los insurgentes hurtaron ganado y atacaron, y el gobierno envió al valle tropas adicionales, rurales e indios pima; así comenzó la guerra de guerrillas regular.[514] En un estado pacífico y próspero (que los so-

nora, 1º de septiembre de 1911, ss r. 9; de Maytorena a Madero, 17 de septiembre de 1911, AFM, r. 18.

[507] Fabila, *Las tribus yaquis*, p. 100; Aguilar Camín, *La Revolución sonorense*, pp. 183-185.
[508] Hostetter, Hermosillo, 3 de junio de 1911, SD 812.00/2127.
[509] Aguilar Camín, *La Revolución sonorense*, p. 248. Sin querer decir que Madero haya hecho tal promesa.
[510] Hostetter, Hermosillo, 3 de junio de 1911, SD 812.00/2127; Aguilar Camín, *La Revolución sonorense*, pp. 183-185, 195-196 y 214-215.
[511] De Maytorena a Madero, 17 de septiembre de 1911, AFM, r. 18.
[512] De B. Viljoen a Madero, 22 de noviembre de 1911; Fabela, DHRM, RRM, II, p. 316; Aguilar Camín, *La Revolución sonorense*, p. 248, acerca de la apreciación sonorense del problema yaqui.
[513] Hostetter, Hermosillo, 6 de junio, 14 de diciembre de 1911, 20 de enero de 1912, SD 812.00/2174, 2661, 2714.
[514] Hostetter, Hermosillo, 23 de diciembre de 1911, 24 de febrero, 30 de marzo y 12 de abril de 1912, SD 812.00/2677, 3004, 3512, 3577.

norenses comparaban, agradecidos, con el caos reinante en el vecino estado de Sinaloa), los yaquis representaban el único problema serio —un problema de "mucha mayor importancia que cualquier otro que hubiese surgido de la política", un conflicto que no por conocido resultaba ser más manejable—. Tal como lo planteara un sonorense *"This is the rack where so many come to grief"*. ¡He aquí el gran problema de Sonora y del país!"[515]

Las conversaciones de paz continuaron hasta el año siguiente y en abril se disolvieron de manera abrupta. Para esas fechas, las campañas habían adoptado ya el modelo habitual. A pesar de su número, las fuerzas federales no lograron controlar el valle; los yaquis (tanto broncos como mansos) eran numerosos y estaban tan dispersos que podían fundirse fácilmente con el resto de la población, de tal suerte que era "imposible diferenciar a los malos de los buenos". Ante la persecución, los yaquis ocultaban sus armas en el campo; se refugiaban en los pueblos, donde siempre había algún empleo disponible; o bien acudían a la sierra, donde los jefes, como Luis Espinosa, fácilmente reunían huestes de 1 000 hombres y las operaciones federales tropezaban con las dificultades del terreno, el clima adverso (muchos federales eran conscriptos de tierras tropicales) y una logística rudimentaria, sin contar con el peculado y la corrupción prevalecientes entre los oficiales federales.[516] Durante gran parte del verano, la iniciativa estuvo en manos de los yaquis y, cuando las autoridades emplearon sus tropas para acabar con la amenaza orozquista, los indígenas tomaron el control sobre una franja de territorio donde el gobierno perdió todo dominio y los yaquis "hacen lo que les da la gana".[517] Asimismo, había temor —exagerado pero no carente de fundamentos— de que los yaquis se hubieran coludido con los orozquistas, y se decía que los agentes orozquistas (y científicos) negociaban el apoyo yaqui a cambio de las promesas habituales de "recuperar sus tierras". Una proclama "en favor de los revolucionarios yaquis", y que incluía el Plan de Ayala zapatista, circuló por todo el estado causando consternación.[518] Al igual que la temida alianza yaqui-magonista de 1911, esta otra no tuvo mayores consecuencias. A la manera de otros rebeldes agraristas, los yaquis tenían objetivos precisos y una apreciación realista de las circunstancias. Podían aprovechar la situación, apoyar y luego rechazar a sus aliados, asumir o descartar etiquetas políticas superficiales. Espinosa podía autoproclamarse jefe orozquista (así como otros se habían autonombrado maderistas o se tornarían maytorenistas en el futuro); sin embargo,

[515] Hostetter, Hermosillo, 13 y 28 de abril, 24 de mayo y 1º de julio de 1912, SD 812.00/3660, 3839, 4010, 4380; anónimo a G. Madero, de Hermosillo, 24 de noviembre de 1911; Fabela, DHRM, RRM, II, pp. 323-324.

[516] Hostetter, Hermosillo, 24 de febrero de 1912, SD 812.00/3004; Aguilar Camín, *La Revolución sonorense*, p. 292; del coronel Javier de la Moure a Madero, 13 de enero de 1913, AFM, r. 22.

[517] Hostetter, Hermosillo, 11 de mayo y 20 de julio de 1912, SD 812.00/3936, 4495; Aguilar Camín, *La Revolución sonorense*, p. 292, sobre los alcances de la rebelión yaqui.

[518] Bowman, Nogales, 30 de julio y 8 de agosto de 1912, SD 812.00/4568, 4615; Aguilar Camín, *La Revolución sonorense*, pp. 250-251 y 292-293.

cuando se frenó el avance orozquista en Sonora, los yaquis no dieron muestras de sufrir las consecuencias y continuaron en sus campañas locales con igual energía y éxito.[519]

En septiembre —ya derrotadas las fuerzas orozquistas— los yaquis diariamente asaltaban pueblos y haciendas en el valle. Llegaron hasta las afueras de Empalme, importante cruce del ferrocarril, saquearon una tienda de chinos y asesinaron a dos policías. Esta acción los llevó hasta los linderos de Guaymas, pero se pensó que el puerto estaría a salvo pues "se dice que [los yaquis] jamás atacan ciudades" y, por el momento, la norma se mantuvo.[520] En la frontera fueron capturados varios yaquis que intentaban contrabandear armas cerca de Nogales, mientras que los contingentes yaquis del ejército federal parecían inclinados al motín y desobedecían las órdenes a discreción.[521] Era evidente que Sonora se enfrentaba entonces a la mayor rebelión yaqui desde 1908 y que el conflicto no daba señales de arreglarse. A principios de 1913 las bandas yaquis rondaban libremente por el valle, y los rancheros y las comunidades locales decidieron hacerse cargo de su propia defensa. El gobierno estatal, libre de la amenaza orozquista, planeó una embestida violenta contra los indígenas recalcitrantes.[522] De pronto, los acontecimientos en la Ciudad de México modificaron lo programado. Es necesario hacer un alto en el relato para considerar brevemente la razón que llevó a las autoridades maderistas a optar por la represión en vez de seguir las prácticas conciliatorias con aquellos que habían sido sus aliados. Es decir, cabe preguntarse por qué los maderistas —al igual que otras facciones anteriores, liberales, federalistas, conservadoras o imperialistas— procuraron el apoyo yaqui pero se rehusaron a satisfacer sus demandas.

La política maderista en torno a la reforma agraria —aunque ligeramente favorable en teoría— fue dilatoria y exageradamente cauta en la práctica.[523] Madero mismo exhortó a la conciliación con los yaquis, se declaró en favor de retornar a los deportados del sureste (como ya antes lo había hecho en *La Sucesión Presidencial*), pero ni los yaquis ni sus oponentes sonorenses dieron demasiada importancia al interés presidencial.[524] Simplemente no existía espacio para ésta o para otras conciliaciones agrarias que Madero deseaba honestamente; los yaquis y los sonorenses, como otros protagonistas de conflictos agrarios, estaban colocados en una "antítesis fundamental"; la vic-

---

[519] Aguilar Camín, *La Revolución sonorense*, p. 293.

[520] C/o Vicksburg, Senado de los Estados Unidos, Guaymas, 9 de septiembre de 1912, SD 812.00/4985.

[521] Dye, Nogales, 18 de octubre de 1912; Bowman, Nogales, 18 de enero de 1913; SD 812.00/ 5297, 5897. Por supuesto que en este fenómeno de participación yaqui, tanto en las fuerzas rebeldes como en las gubernamentales, no había nada nuevo; *cf.* Fabila, *Las tribus yaquis*, pp. 84, 87 y 89.

[522] Aguilar Camín, *La Revolución sonorense*, pp. 254, 293-294 y 309.

[523] Véanse pp. 420-426.

[524] De Madero a J. Lara, 4 de julio de 1911, AFM, r. 20; Aguilar Camín, *La Revolución sonorense*, p. 293; *cf.* Madero, pp. 187-198.

toria de uno significaba la derrota del otro; además, la lucha central por la tierra y el agua yacía sobre el reclamo rival de la supremacía cultural y étnica.[525] Para los sonorenses, los yaquis no eran sino seres "impermeables a la civilización", ignorantes de los derechos de la propiedad (que los sonorenses aplicaban con rigor).[526] Al igual que bajo la dictadura porfirista, en el liberalismo maderista no había espacio para el carácter tribal y el agrarismo yaqui. En un informe dado a Madero se afirmaba que "un gran número de habitantes de Sonora [...] tienen la firme creencia que sólo exterminando a los yaquis, el Estado alcanzará la paz..."[527] Las prácticas conciliatorias y la aculturación pacífica, comentó otro sonorense, eran imposibles: los yaquis constituían "... una raza indomable que desgraciadamente habrá que aniquilar, por lo menos aquellos que viven en la sierra y que no quieren trabajar. Sus pretensiones son tan absurdas que al Gobierno le costaría más complacerlos que meterlos al orden por la fuerza".[528]

Como lo demuestra la historia del gran vecino al norte de Sonora, el gobierno liberal y el desarrollo capitalista no coexisten felizmente con poblaciones indígenas beligerantes e independientes. El gobernador Maytorena obtuvo el apoyo general cuando decidió aplicar una política represiva, justificada en el "instinto de latrocinio y maldad" de los yaquis y en su propensión a romper acuerdos con "el pretexto más frívolo".[529] Pero Maytorena actuaba un tanto solapadamente. Como importante terrateniente del valle del Yaqui, contratador de peones yaquis y traficante de prisioneros yaquis, estaba consciente de los intereses que impedían cualquier acuerdo aceptable y duradero. Las tierras que exigían los yaquis habían pasado a manos de hacendados blancos y mestizos y el gobierno —al distribuir terrenos baldíos— podría retribuir a la tribu sólo una tercera parte de las tierras reclamadas (siempre que se aceptaran tales indemnizaciones).[530] Entre los intereses creados, se hallaban no sólo las propiedades de poderosos políticos maderistas como Maytorena, sino también de hombres de menor importancia como Ernesto Meade Fierro, editor maderista de San Pedro, que contaba con el apoyo del Departamento de Fomento en su reclamación de propiedades ubicadas "en Sonora, en la región del [río] Yaqui", amenazada por la actividad de los "vecinos".[531] Como en el caso de Morelos, los intereses materiales (sustentados incluso por maderistas intachables) vetaron la política conciliatoria de Madero y, al final, como Pilatos, aquél se lavó las manos. Cuando Maytorena decidió realizar acciones firmes, el gobierno central coincidió en la necesi-

---

[525] Friedrich, *Agrarian Revolt*, p. 1; véanse pp. 126-127.
[526] Aguilar Camín, *La Revolución sonorense*, p. 248.
[527] De E. V. Anaya a Madero, 16 de octubre de 1911; Fabela, DHRM, RRM, II, p. 168.
[528] Anónimo, Hermosillo, a G. Madero, 24 de noviembre de 1911; Fabela, DHRM, RRM, II, pp. 323-324; opiniones similares fueron expresadas por Anaya (n. 527).
[529] Informe de Maytorena a la 23ª Legislatura del estado de Sonora, septiembre de 1912, ss r. 9.
[530] De E. V. Anaya a Madero, 16 de octubre de 1911; Fabela, DHRM, RRM, II, p. 168.
[531] De E. de los Ríos a R. Hernández, 5 de julio de 1912, AFM, r. 10.

dad de "una campaña activa en ese sentido tanto política como militar" que pudiera lograr la definitiva "pacificación del Yaqui".[532]

Tanto en sus orígenes como en su carácter fundamental, la rebelión yaqui mostró similitudes con el zapatismo. Aunque, por supuesto, sus formas fueron distintas: mientras que los surianos estaban bien integrados al estado mestizo y combatieron con una disposición de armas políticas, ideológicas a la par que físicas (reclutaron intelectuales, se vincularon con la ideología liberal popular, publicaron planes coherentes y ganaron cierta simpatía de la prensa), la revuelta yaqui resultó ser más callada, tribal, aislada y atávica. Los zapatistas, por ejemplo, eran fervientes patriotas; cuando las tropas norteamericanas pisaron tierra mexicana "hicieron que la sangre de Zapata hirviera", mientras que el mismo incidente dejó a los jefes yaquis absolutamente indiferentes.[533] La aculturación afectó así la manera de expresar los reclamos comunes. Pero, de cualquier manera, tanto los yaquis como los zapatistas plantearon desafíos poderosos, extensos y sostenidos al *statu quo* político y agrario. Cabe destacar que en otros casos, conflictos agrarios similares estuvieron más constreñidos y confinados a un solo valle, municipio, hacienda o pueblo, donde un movimiento agrario vigoroso como el zapatismo o la rebelión yaqui no pudo desarrollarse y, en su lugar, surgieron sólo revueltas esporádicas y aisladas, levantamientos campesinos de corta duración o bandidaje social endémico pero confuso.

Fenómenos de esta naturaleza quedaron de manifiesto en la periferia de las rebeliones más organizadas y coherentes. La ocupación de Jojutla (Mor.), a cargo de los hombres de Trinidad Ruiz en agosto de 1911, conllevó el saqueo, ataques a los españoles y venganzas por antiguas rencillas; Íñigo Noriega, el terrateniente español responsable de drenar el lago de Chalco, abandonó su hacienda en Zoquiapam, temeroso de represalias; y en el verano de 1912, con el declinar del zapatismo organizado, los bandidos asolaron Morelos.[534] En general, todos estos incidentes ocurrieron dentro de la órbita geográfica del zapatismo; también en otros puntos del país la acción "no oficial" y descentralizada fue una norma frecuente. Por ejemplo, fue característica de la región Huasteca, en la Sierra Madre Oriental. Ahí (o en los alrededores), se identificaron tres áreas interrelacionadas de actividad revolucionaria, todas éstas dentro de una región limitada por Tampico, Ciudad Victoria, Río Verde y Papantla; la Huasteca propiamente dicha, área tropical que se extiende desde el valle del Pánuco hasta el norte de Veracruz; las fronteras entre Tamaulipas y San Luis Potosí, al sur de Ciudad Victoria, y la región central de San

---

[532] De E. de los Ríos a L. Cervantes, Hermosillo, 30 de diciembre, 1912, AFM, r. 11. Probablemente el deseo de Madero de llegar a una conciliación era tanto táctico como moral; Aguilar Camín, *La Revolución sonorense*, p. 293.

[533] *Cf.* Womack, *Zapata*, p. 186; Thord-Gray, *Gringo Rebel*, p. 216.

[534] Fabela, DHRM, RRM, II, 67-68. Womack, *Zapata*, p. 117, observa que Jojutla era un sitio en donde "Zapata nunca había tenido mucha responsabilidad", pero quizá va demasiado lejos al exonerar a su héroe de toda implicación en este y otros casos similares, que habrían de repetirse más tarde en Morelos. Sobre los bandidos locales: Womack, *Zapata*, p. 152; y el caso Chalco, de I. Noriega a De la Barra, 26 de diciembre de 1911, ALB, carpeta 3.

Luis Potosí, entre Río Verde y Ciudad del Maíz.[535] La región posee una aproximada unidad en un sentido analítico; sin embargo, fue notable por sus variados y vigorosos movimientos rebeldes (que interactuaron entre sí, no siempre de manera amistosa), a diferencia de zonas relativamente pacíficas de las montañas de San Luis Potosí, al occidente, y de Tamaulipas, al norte.[536]

En esas áreas de rebelión descentralizada, las filiaciones políticas tenían poco significado. Los desafíos al orden público corrían, según se dice, a cargo de "bandidos", como los que operaron en los alrededores de Ocampo y Jaumave (Tamps.), y entre Pánuco y Tantoyucan (Ver.) en la primavera de 1911, cuando el gobernador de San Luis Potosí reconoció su incapacidad para controlar el "bandidaje... especialmente al oriente del estado".[537] Ex maderistas de la primavera de 1911, como Emilio Acosta, rondaron el distrito de Pánuco bajo la bandera reyista a fines de ese año; sin embargo, él (y otros supuestos reyistas) "no eran tan reyistas... como... antimaderistas", y el fracaso de la revuelta de Reyes en diciembre no logró aplacarlos.[538] Las filiaciones nacionales cambiaban, pero las actividades rebeldes en las distintas localidades continuaban. A principios de 1912, conforme al ejemplo de Chihuahua, la filiación "vazquista" fue una de las preferidas; los "vazquistas" tomaron brevemente Río Verde, otro grupo tomó Ixhuatla y amenazó Chicontepec; se decía que 500 de estos "vazquistas" se mantenían activos en Forlón.[539] Es posible que las filiaciones más significativas se derivaran de la política estatal. A principios de 1912, durante la fiera lucha por la gubernatura de Tamaulipas, los seguidores de Medrano protestaron por la "elección" del candidato oficial, Matías Guerra, aumentando así el descontento en los alrededores de Xicoténcatl; ante la postulación del "científico" Manuel Alegre a la gubernatura de Veracruz, se esperaba que "los indios o los nativos del interior intentaran tomar el asunto en sus manos si el señor Alegre es declarado electo", cargo que no logró obtener.[540] Estas reacciones populares resultan absolutamente plausibles al considerar la importancia de las consecuencias (y más aún las consecuencias agrarias) de la elección de un gobernador conservador, como Carreón en Morelos; o el caso inusual de un candidato radical, como Antonio Hidalgo, en Tlaxcala.[541]

[535] Bonney, San Luis, 30 de abril de 1912, SD 812.00/3814; Meade, *Valles*, p. 12; O. Cabrera Ipiña, *San Luis Potosí*, San Luis, s. f., p. 88.

[536] Véanse pp. 122-125.

[537] Miller, Tampico, 19 de marzo y 18 de abril; Bonney, San Luis, 30 de abril de 1912, SD 812.00/3296, 3714, 3814.

[538] Miller, Tampico, 29 de agosto, 10 de septiembre, 11 y 29 de diciembre de 1911 y 8 de enero de 1912, SD 812.00/2315, 2359, 2632, 2681, 2691.

[539] Esto representa tres ejemplos, tomados de los distritos mencionados: Bonney, San Luis, 12 de marzo; Miller, Tampico, 23 de febrero de 1912, SD 812.00/3303, 2870.

[540] Miller, Tampico, 8 y 16 de enero, 10 de febrero, 18 de abril y 9 de mayo de 1912, SD 812.00/2691, 2705, 2816, 3714, 3855; W. Hanson, Osorio, 25 de mayo de 1911, SD 812.00/4122; Braulio Hernández, el radical chihuahuense, denunció a Alegre como un "científico"; "Llamado a la justicia", en SD 812.00/3724.

[541] Véanse pp. 317 y 509-511.

Cuanto mayor fuera el ardiente partidarismo provocado por los conflictos políticos locales o municipales, había más posibilidades de que se disolviese el control del gobierno central. Ya se han mencionado las rencillas y ambiciones de Pedro Antonio de los Santos y su familia (cabe aclarar que aún permanece en la oscuridad su importancia social); no obstante, queda claro que las comunidades de la Huasteca, con un antiguo historial de problemas políticos y agrarios y, a veces, con una reciente participación revolucionaria, continuaron siendo focos de conflicto durante el periodo de Madero. Tancanhuitz fue escenario de violentas rencillas durante las décadas de 1890 y 1900; y las familias ya mencionadas contribuyeron a renovar los problemas en 1912.[542] Valles, Huehuetlán y Tampamolón también se vieron afectadas. Río Verde, al oeste, capturada por Daniel Becerra en marzo de 1912, fue escenario de una famosa revuelta agraria en 1879.[543] Los problemas en Papantla, donde varios centenares de rebeldes permanecieron activos en 1912, demandaron la atención de Madero: ahí los campesinos entraron en disputa con la hacienda La Isla y el presidente exhortó a un pronto arreglo, argumentando que "no es el momento oportuno para irritar a los indígenas".[544] Tantoyuca fue otro centro de conflicto, y la cabecera municipal de Ozuluama, donde imperaba la "franca anarquía", significó también un motivo de preocupación para el presidente.[545] Hacia el norte, en la región de Chamal, San Dieguito, Ocampo y Forlón, los asentamientos norteamericanos se convirtieron en objeto de resentimientos y represalias agrarias, un raro ejemplo de genuino sentimiento antinorteamericano, tan mencionado en algunos relatos y, sin embargo, tan raro en la realidad. Cabe subrayar que las víctimas fueron los colonizadores que se habían establecido en un número elevado (90 familias en Chamal); al igual que los mormones en Chihuahua, que también sufrieron persecución, se habían apropiado de las tierras sin dar empleos ni salarios elevados tal y como se pudiera esperar de las inversiones norteamericanas; se adaptaban más al modelo del ranchero mediano que —bien fuera mexicano, español o, como en este caso, norteamericano—, dadas las circunstancias propicias, podía convertirse en blanco del agrarismo popular.[546] Como se ha señalado, el hecho de ser norteamericano no significaba particularmente la hostilidad popular pero tampoco era garantía de seguridad. En Chamal hubo incendios y asaltos que las autoridades locales no se preocuparon por investigar ni prevenir debido a que "no desean provocar la antagonía del pueblo", y los colonos se resignaron a "criar un poco de ganado y un poco más rápido de lo que

[542] De Santos a Madero, junio de 1912, 24 de diciembre de 1912; Fabela, DHRM, RRM, III, pp. 489-493; IV, pp. 254-257; Meade, *Valles*, pp. 134, 160, 163 y 170.

[543] Bonney, San Luis, 20 de marzo y 29 de mayo de 1912, SD 812.00/3378, 4119.

[544] Miller, Tampico, 12 de marzo de 1912, SD 812.00/3178; de Madero al gobernador Leví, 17 de agosto de 1912; Fabela, DHRM, RRM, IV, p. 85.

[545] Miller, Tampico, 23 de febrero y 18 de abril de 1912, SD 812.00/2995, 3714; de Madero a Lagos Cházaro, 29 de octubre de 1912; Fabela, DHRM, RRM, IV, p. 187.

[546] Cf. *supra*, pp. 128-129. Aquí también los chinos figuraron entre las víctimas.

tardarán en robarlo".⁵⁴⁷ Hacia el sur, en San Dieguito, los "bandidos" locales asesinaron a un norteamericano y sus compatriotas residentes recibieron amenazas de muerte, de expulsión del pueblo o de despojo.⁵⁴⁸

El elemento agrario que era apenas discernible en varios de estos movimientos, aparece de manera inequívoca en la revuelta de los Cedillo, en los alrededores de Ciudad del Maíz. Los Cedillo eran pequeños propietarios en Palomas, una ranchería de reciente formación en las antiguas tierras de la hacienda Angostura. Por nacimiento, educación e ingresos, los Cedillo estaban muy por debajo de la élite potosina; sin embargo, gozaban de cierto prestigio y posición local (eran propietarios de tierra, ganado bovino, caprino, y de una tienda) y, aunque se encontraban por encima de los arrendatarios, aparceros y peones de la región, esta posición los calificaba —en lugar de invalidarlos— para el liderazgo del movimiento agrario popular. Por lo tanto, podían desempeñar un papel similar al de Zapata, Orozco, los Figueroa o los revolucionarios rancheros de Pisaflores.⁵⁴⁹ Hacia fines del Porfiriato, el auge de las fibras alentó la expansión de los hacendados locales (como la familia Espinosa y Cuevas, políticamente poderosa y propietaria de Angostura) a costa de las comunidades locales; esto generó innumerables litigios. Cuando en 1908-1909 el mercado de la fibra se contrajo, los esfuerzos de los hacendados por reducir sus costos causaron mayores disputas, entre las que destacan las que protagonizaron los Cedillo y los habitantes de Palomas.⁵⁵⁰ La caída de Díaz y el triunfo de Madero no solucionaron los problemas. Los terratenientes ejercieron más presión (los Espinosa y Cuevas obtuvieron un dictamen favorable bajo el nuevo régimen en lo concerniente a la vieja disputa con la comunidad ranchera); después de la desmovilización del ejército libertador, pusieron en la lista negra a los peones maderistas por considerarlos "agitadores" y se negaron a darles empleo; opusieron resistencia a los intentos de los aparceros por procurarse un mercado abierto para vender su cosecha, en vez de comerciar con los terratenientes a precios fijos inferiores.⁵⁵¹ En cambio, los Cedillo emplearon peones maderistas y defendieron a los aparceros afectados; cuando los rurales, a instancias de los hacendados, encarcelaron a 50 rebeldes y sentenciaron a la horca a dos de ellos, los Cedillo protestaron ante el gobernador Cepeda y éste (uno de los gobernadores maderistas más progresistas) liberó a los presos y reprendió a los terratenientes. Entonces se inició la habitual campaña de rumores: ¿acaso los Cedillo no habían apoyado la candidatura de Madero en 1910?; ¿acaso Palomas no era un nido de bandidos? Además,

---

⁵⁴⁷ Miller, Tampico, 15 de junio de 1912, SD 812.00/4262; informe Fall, testimonio de G. Blalock, pp. 979-987.

⁵⁴⁸ Miller, Tampico, 17 de febrero (en donde se señala que el fenómeno de "las tierras que pasan a manos de norteamericanos" es un factor que estimula la hostilidad); Bonney, San Luis, 30 de abril de 1912, SD 812.00/2901, 3814.

⁵⁴⁹ Véanse pp. 130-132.

⁵⁵⁰ Ankerson, "Saturnino Cedillo", pp. 141-142.

⁵⁵¹ Martínez Núñez, *San Luis Potosí*, pp. 34-35.

los terratenientes ejercieron presiones económicas: el propietario de Montebello, donde pastaba el ganado de los Cedillo, elevó el alquiler a cifras prohibitivas. A su vez, aumentó la reputación de los Cedillo como defensores del pueblo. En septiembre de 1912, cuando alrededor de 60 aparceros de las haciendas San Rafael y Montebello decidieron tomar las armas —machetes y estacas— para hacer oír sus voces, ofrecieron a los Cedillo la dirigencia. En respuesta, la familia aconsejó paciencia; pero, amenazados de detención por el jefe político local, decidieron anticiparse.

Con otros rebeldes, en una acción conjunta que abarcó los ataques a Tula (Tamps.) y Río Verde, los Cedillo capturaron Ciudad del Maíz. Desde un principio, el enfoque agrario quedó claro: durante la breve ocupación del pueblo, se leyó solemnemente el Plan de Ayala ante un grupo de campesinos y más tarde, particularmente a través de su alianza con el maestro revolucionario Alberto Carrera Torres, el compromiso se codificó y se tradujo en acción.[552] La lucha se inició con grandes dificultades, pues resultó imposible defender Ciudad del Maíz. Los Cedillo optaron entonces por la guerrilla en los alrededores de Río Verde, región tradicionalmente conflictiva. Asaltaron el tren Tampico-San Luis Potosí y lograron un botín de 80 000 pesos que se distribuyó parcialmente, a la manera de Robin Hood, entre los campesinos pobres del distrito y sirvió para la compra de armamento en los Estados Unidos. En enero de 1913, al retornar de la frontera, Saturnino Cedillo (que ya había ganado fama por su audacia y destreza) fue detenido y encarcelado; sin embargo, sus hermanos continuaron en la lucha y capitalizaron el apoyo local de San Luis Potosí así como las vicisitudes de la política nacional que dieron a esta incipiente revuelta agraria un mayor aliento y oportunidades.[553]

Los Cedillo, emulando a Zapata, capitanearon la revuelta más organizada y explícitamente agraria (y, posteriormente, la más extensa) de la Huasteca potosina; asimismo, las condiciones generales del levantamiento mostraron paralelismos con las de Morelos. Comúnmente se les describía como "anarquía" y "bandolerismo apolítico"; la movilidad y organización guerrillera descentralizada había surgido de nuevo. De acuerdo con un informe: "la fuerza de organización en esta área parece limitada a reunir gavillas de 20 a 50 hombres en el vecindario; al abandonar una localidad ganan nuevos adeptos y pierden otros que retornan a sus hogares". Esta forma de organización amenazó haciendas y pueblos, pero no así ciudades importantes ya que los rebeldes tenían que dispersarse ante los destacamentos federales bien armados.[554] Por otra parte, un cierto individualismo independiente caracterizó estas operaciones: José Cordero atacó la hacienda Ganahl (blanco favorito a lo largo de la Revolución) "por afrentas personales"; en diciembre de 1911, la banda de

[552] *Ibid.*, p. 36; Cockcroft, "El maestro de primaria".
[553] Martínez Núñez, *San Luis Potosí*, pp. 36-37; Juan Barragán Rodríguez, *Historia del ejército y de la revolución constitucionalista*, I, México, 1966, pp. 163-164, no es precisamente halagador; *cf.* A. Lozano a SRE, 16 de enero de 1913; Fabela, DHRM, RRM, IV, p. 343.
[554] Bonney, San Luis, 20 de marzo de 1912, SD 812.00/3378.

Ponciano Navarro tuvo la audacia necesaria para liberar a sus compañeros detenidos en una prisión de San Luis Potosí, mediante una táctica que logró "la liberación general de los presos".[555] Incidentes así ilustran la debilidad de las autoridades, sobre todo si se les compara con los días apacibles de la *Pax Porfiriana*. Sin embargo, estas revueltas experimentaron pérdidas. Los líderes rebeldes (y es de suponer que sus seguidores) se enfrentaron a un elevado índice de mortandad. Ponciano Navarro, a pesar de ser "valiente e ingenioso", murió en la batalla de Tancanhuitz; Daniel Becerra, el rebelde de Río Verde, cayó en manos del gobierno en marzo de 1912; Saturnino Cedillo estuvo a punto de ser ejecutado en 1913.[556] En ausencia de una organización rebelde centralizada y con mayor estructura, estas pérdidas tuvieron efectos particularmente serios: las autoridades parecían empezar a controlar la situación en el verano de 1912 debido, por un lado, a la disolución del orozquismo y, por otro, a las políticas de represión y conciliación adoptadas por el juicioso gobernador Cepeda.[557] A pesar de que 1913 se inició con nuevas rebeliones, había muestras, lo mismo en San Luis Potosí que en Morelos y en otras partes del país, de que la revolución popular estaba a la defensiva y que el régimen de Madero (lejos de caer en la anarquía como argumentaban sus críticos) cobraba renovada fuerza, aunque prevalecía una actitud más cínica y poco amable.

A pesar de que las aprehensiones, ejecuciones y victorias menores del gobierno alcanzaron cierto éxito y frenaron la rebelión organizada, no lograron solucionar las tensiones sociales subyacentes y, en cambio, provocaron otras formas de protesta popular que desafiaron y erosionaron no sólo la autoridad política sino también el sistema de la hacienda, cimiento de la sociedad rural. Esta disolución (que en un principio fue más evidente en el cambio de las relaciones sociales que en la división física o la destrucción de las grandes propiedades) fue un proceso largo, gradual y acumulativo. Los años de 1911 a 1913 marcaron sólo el inicio; muchas haciendas no habían sido afectadas y aún tenían capacidad para obtener muy buenas ganancias.[558] Pero el proceso de desafío y erosión se había iniciado, aunque no puede cuantificarse —a diferencia de la reforma agraria oficial posterior— y es necesario ilustrarlo así sea mediante evidencias "difuminadas" e impresionistas, no hay razón alguna para ignorarlo o subestimarlo. Más aún, quizá llegó ya el momento de extirpar de la historia agraria mexicana la tiranía de las cifras (en particular de las más dudosas).

[555] Miller, Tampico, 18 de abril; Bonney, San Luis, 25 de mayo de 1912; SD 812.00/3714, 4119.
[556] Miller, Tampico, 20 de marzo; Bonney, San Luis, 25 de mayo de 1912; SD 812.00/3378, 4119; la subsecuente mortandad de la familia Cedillo era, sin embargo, atemorizante.
[557] Bonney, San Luis, 21 de junio y s. f., recibida el 2 de agosto de 1912; SD 812.00/4319, 4549.
[558] Jan Bazant, *Cinco haciendas mexicanas: tres siglos de vida rural en San Luis Potosí*, México, 1975, pp. 181-185 y 216, en donde se muestran las extraordinarias ganancias obtenidas por la hacienda San Diego, propiedad de Ipiña, entre 1910 y 1913. La hacienda San Antonio Tochatlaco (Hgo.) también alcanzó su más alto punto de actividad (medido por el tamaño de la fuerza de trabajo) en 1912-1913; AT.

Sin embargo, para beneplácito de los aficionados a las cuantificaciones, cabe destacar que el San Luis Potosí rural estaba dominado por las haciendas: 82% de la población vivía en los terrenos de las mismas.[559] Esto explica que las rebeliones a menudo fueran fragmentarias y de corta duración: tenían que existir (especialmente fuera de la Huasteca, donde el dominio de las grandes propiedades era menos marcado) en los intersticios del sistema de la hacienda, en ausencia de una red de apoyo de los pueblos libres. Pero la hacienda también estaba amenazada desde adentro. Aunque los peones de la hacienda rara vez tomaron el liderazgo de la revuelta rural, era evidente que los rebeldes —bien fueran campesinos despojados, rancheros, aspirantes políticos populistas o bandidos sociales— podían contar con cierto grado de apoyo o simpatía de los peones, lo que obligó a las autoridades a ejercer la fuerza contra "las clases bajas que ayudan a los bandidos y rebeldes".[560] Es evidente el origen de este apoyo. Durante los asaltos rebeldes a las haciendas se decía que "aquellos patrones que han tratado con mayor severidad a sus trabajadores son los más perjudicados". Los Cedillo, por ejemplo, fueron responsables del fusilamiento del propietario de Angostura; y los rebeldes encabezados por Lázaro Gómez, que capturaron Wadley al norte de San Luis Potosí, "llamaron por sus nombres a ciertos administradores quienes tenían fama de maltratar a sus empleados… con el propósito de ejecutarlos".[561] Testimonios de la época coinciden con la postura de Bazant cuando éste afirma que, mucho antes de iniciarse el reparto de tierras a gran escala, la hacienda ya era "el blanco principal del movimiento revolucionario" en San Luis Potosí, y que los peones de hacienda que sufrían reducciones salariales y que no eran indiferentes al llamado del reparto de tierras, contribuyeron a la violencia revolucionaria.[562]

> En lo que concierne al distrito de San Luis Potosí [escribió un observador atento en septiembre de 1912] se considera que toda la actividad revolucionaria de los últimos dos años es un intento de los trabajadores, especialmente de los dedicados a la agricultura, por mejorar sus condiciones… los líderes rebeldes recurren a los peones de las plantaciones para procurarse reclutas, con la certeza de hallar descontento ahí… [y] la violencia local se ha dirigido principalmente contra la propiedad y sólo de manera incidental en contra del gobierno… De ahí que el descontento sea local y económico y que los puntos peligrosos generalmente se localicen donde existen numerosos trabajadores agrícolas.[563]

---

[559] Tannenbaum, *Peace by Revolution*, p. 192.
[560] Bonney, San Luis, 18 de noviembre de 1912, SD 812.00/5575. Debe mencionarse que Bonney era uno de los observadores extranjeros más perceptivos y confiables de la Revolución.
[561] Bonney, San Luis, 18 de noviembre de 1912, SD 812.00/5575; Bazant, *Cinco haciendas*, pp. 182-183.
[562] *Idem*.
[563] Bonney, San Luis, 26 de septiembre de 1912, SD 812.00/5140. A la inversa, debe añadirse que "se cree que no fue de entre los mineros y ferrocarrileros de donde hayan surgido muchos reclutas para las bandas de alborotadores".

Un ejemplo dramático ocurrió en la hacienda de Sierra Prieta, a 40 kilómetros al noroeste de la capital del estado.[564] Ahí, Luis Toranzo, un terrateniente autoritario de la vieja escuela, empleaba a 1000 hombres, con un salario de 25 centavos diarios (salario promedio para el centro de México), pero el pago se hacía mediante vales canjeables sólo en la tienda de la hacienda, donde los precios eran elevados; además, don Luis "también se consideraba con derechos sobre los servicios de las familias de sus trabajadores sin pago adicional". Cuando, en la agitada atmósfera de principios de 1912, los peones se envalentonaron y quejaron por los salarios y las condiciones, Toranzo respondió con una reducción salarial de 25 a 18 centavos. El prudente administrador se rehusó a instrumentar el cambio y renunció y nadie en la localidad estuvo dispuesto a sustituirlo (sin duda, conscientes del ánimo de los peones); pero un joven español, Elías Álvarez, probablemente uno de tantos jóvenes resueltos a triunfar y recién llegados de Europa, aceptó el reto. Redujo los salarios conforme a las instrucciones recibidas y en pocos días se enfrentó a una huelga. Las relaciones laborales en Sierra Prieta eran comparables a las de Le Voreux, de Zola, así como su desenlace:

> [...] alrededor de 40 peones se rehusaron a trabajar y solicitaron una entrevista con el administrador. Éste se negó a hablar con los peones y castigó a su vocero. Ese mismo día los trabajadores se reunieron en torno a las oficinas, obligaron al joven español a acudir a la puerta y lo asesinaron de 40 puñaladas, una por cada peón. Hoy, la hacienda paga 25 centavos diarios y cuenta con una guardia de hombres armados para proteger al administrador. Los peones sólo pueden entrar en las oficinas de manera individual y cualquiera que se queje es golpeado por los guardias.

Aquí, al igual que en la hacienda de los Carpizo en Tabasco, se opuso resistencia a los intentos de los trabajadores por expresar sus quejas y el poderoso sistema de control social de la hacienda se fortaleció. Pero éstas fueron victorias pírricas. En Sierra Prieta se restituyeron los antiguos salarios y, en general, la represión no sólo se vio imposibilitada para frenar los cambios sutiles que se llevaban a cabo, sino que incluso fue sintomática de estas modificaciones. Los trabajadores adquirieron mayor movilidad y capacidad de verbalización en sus demandas. Los terratenientes potosinos se quejaron de que la eficiencia había decrecido 20% desde la Revolución de 1910. En las ciudades, donde había una organización laboral más avanzada, algunas quejas de los trabajadores recibieron pronta solución y los patrones más progresistas experimentaron, parece ser que exitosamente, con tarifas por trabajo a destajo.[565] Así, el clima imperante aceleró el cambio que iba de la compul-

---

[564] Bonney, San Luis, 4 de diciembre de 1912, SD 812.00/5665 proporciona los detalles, aunque la del 20 de marzo de 1912, SD 812.00/3378 hace evidente que los sucesos tuvieron lugar anteriormente.

[565] Bonney, San Luis, 16 de octubre de 1912, SD 812.00/5310.

sión "paternalista" al incentivo financiero. Aunque numerosos trabajadores rurales todavía carecían de organización y sufrían la disciplina laboral tradicional, los hacendados no pudieron aislar sus propiedades de la contagiosa violencia rural y del ejemplo urbano. Ante la primera, era posible oponer resistencia, pero la segunda tenía efectos enervantes y graduales para los cuales no existía antídoto conocido. En un ejemplo, un empresario que estableció una gran fábrica de lana en sus propiedades de San Luis Potosí, se vio obligado a mudar la fábrica a la ciudad, "al descubrir que era incosteable operar fábrica y hacienda de manera conjunta con una amplia variedad de salarios".[566] Ya en 1912, antes de cualquier legislación eficaz al respecto, algunos terratenientes comenzaron a suprimir sus tiendas de raya y prefirieron depender de simples transacciones en efectivo para asegurarse y retener a los trabajadores. La mera inestabilidad política y social de 1910-1913 precipitó el cambio en la sociedad rural mexicana, no tanto por haberse iniciado una legislación reformista (aunque cabe destacar que ésta influyó), sino por debilitar la autoridad establecida y obligar a quienes detentaban el poder a tomar nota de las demandas populares y —en la medida en que era imposible instrumentar su fácil represión— satisfacerlas dentro de un sistema más flexible.

Los cambios de esta naturaleza —graduales, poco espectaculares pero decisivos— sólo se detectan en el transcurso del tiempo y su análisis aparecerá al final de esta obra. Por el momento, lo que acaparó la atención y el temor de la clase pudiente fue la forma más virulenta de acción revolucionaria: el ataque al sistema de la hacienda perpetrado por rebeldes, bandidos y peones insurgentes. Aun en los periodos de calma, el solo hecho de saber que la Revolución había armado a los pobres era motivo de angustia: en marzo de 1912 reinaba "un temor constante a que las clases bajas continúen con una actitud expectante e inconforme"; en agosto, "hay temor a las clases bajas y existen rumores, conspiraciones e incertidumbre del futuro".[567] Ante la depresión comercial y los temores por el ataque rebelde, cundieron los rumores y las falsas alarmas y los pudientes se mostraron cada vez más recelosos y críticos respecto al gobierno de Madero.[568] La respuesta de la élite al descontento popular se convirtió en factor clave de las alianzas políticas del régimen maderista. Primero —conforme al ejemplo de San Luis Potosí—, la élite reaccionó. Los terratenientes solicitaron y obtuvieron fuerzas adicionales para vigilar sus propiedades, los empresarios se reunieron para discutir acciones conjuntas "en contra de la posible violencia de la turba", y "algunos de los mejores ciudadanos jóvenes" organizaron un ejército voluntario en la capital del estado.[569] Por lo tanto, es evidente que la élite potosina (especialmente la integrada por terratenientes) se sentía seriamente amenazada y que la amenaza por ellos percibida (aunque con frecuencia exagerada) era real y no derivada

---

[566] *Idem.*
[567] Bonney, San Luis, 30 de marzo y 13 de agosto de 1912, SD 812.00/3497, 4661.
[568] Miller, Tampico, 23 de febrero; Bonney, San Luis, 25 de mayo de 1912, SD 812.00/2995, 4119.
[569] Bonney, San Luis, 12 de marzo de 1912, SD 812.00/3303.

del régimen maderista, que estaba comprometido con la supresión del desorden popular, y que no proyectaba reformas radicales en detrimento de los intereses de los terratenientes, sino del caótico pero poderoso movimiento popular que Madero mismo había desatado involuntariamente. Aunque se observó que "en este estado hay poca probabilidad de cualquier esfuerzo por confiscar o privar al dueño de sus tierras" sí parecía posible la erosión del "poder económico, social y político que la propiedad otorga".[570] Aunque inocente, el régimen no podía escapar a la crítica feroz de que era objeto. Para la clase acomodada, el descontento prevaleciente era otra prueba más de la delincuencia crónica de la plebe mexicana y que sólo un gobierno autoritario y tradicional podía controlar. Los anhelos democráticos de Madero habían iniciado el proceso de degeneración, su demagogia había incitado a la violencia popular; ahora su debilidad e incapacidad impedían una solución. Ante la rebelión de la turba campesina, la élite se retrajo a una postura de indignada oposición. Tanto local como nacionalmente, el régimen de Madero se volvió impopular y recibió la crítica de ambos extremos; sus cimientos se contrajeron, cada vez más arraigados en los segmentos de las clases media y obrera urbanas que permanecían fieles al viejo maderismo.

El endémico descontento rural que afectó a San Luis Potosí y a la Huasteca se convirtió en un rasgo común del campo. Oaxaca, por ejemplo, era descrita como un oasis de paz y orden en el desierto de la revolución (imagen que los líderes en el estado quisieron cultivar no sin ciertos intereses). En un análisis más reciente se contrasta a los campesinos "no revolucionarios" de Oaxaca con los agitadores de Morelos.[571] Si bien es cierto que hay algo de verdad en esta afirmación, es indudable que se ha subestimado el alcance de la rebelión popular en Oaxaca y que con frecuencia su carácter se interpreta de manera errónea. La Revolución de 1910-1911 produjo importantes levantamientos en Oaxaca: el de Ángel Barrios, por ejemplo, o el de Gabriel Solís y Francisco Ruiz, quienes en mayo de 1911 entraron con 1000 hombres en Nochixtlán donde, en un clima agitado, circulaban ideas agrarias, al menos "en el campo donde los indígenas piensan que [Madero] repartirá la tierra y que no tendrán que pagar por adquirirla", y donde la gente acariciaba la posibilidad de "reducción de impuestos".[572] El acuerdo político de 1911 que tanto descontento provocara fue causa de otras revueltas: la ya mencionada de Ángel Barrios, y la del *Che* Gómez y sus hombres en la sierra Juárez. Estos movimientos mostraron claros objetivos políticos, liderazgo y organización. Sin embargo, ya en sus inmediaciones, o bien fuera de éstas, surgieron protestas locales fragmentarias, a menudo de carácter agrario, que fácilmente han pasado inadvertidas.

Por ejemplo, cuando Barrios y sus rebeldes de Cuicatlán se opusieron a la desmovilización, algunos de sus comandos retornaron a sus hogares, con la

---

[570] Bonney, San Luis, 16 de octubre de 1912, SD 812.00/5310.
[571] Waterbury, "Non-Revolutionary Peasants", pp. 410-442.
[572] De los Comerciantes de Huanchilla a Robles Domínguez, 1º de junio de 1911, AARD 18/8; Lawton, Oaxaca, septiembre de 1911, SD 812.00/2346.

cabeza llena de audaces ideas de reforma. Uno de estos grupos se dirigió a Atatlauca, Jayacatlán y Boca de los Ríos, pueblos pertenecientes a la cabecera de Etla, al norte de la capital del estado; se decía que habían retornado "con la plena intención de dividir la hacienda [de Concepción]" que se asentaba en su distrito.[573] Seis años antes, el británico Woodhouse había adquirido Concepción (incluyendo una antigua disputa), mediante una compleja transacción que reservaba ciertas tierras "del desaparecido pueblo de Zoquiapam" para las comunidades arriba mencionadas. Pero los campesinos argumentaron que Woodhouse había abusado de sus derechos, que había incendiado las chozas de dos de sus miembros (Isidro Sánchez y Mateo López) y retenido ilegalmente la campana de la vieja iglesia de Zoquiapam. En la atmósfera turbulenta de 1911, los rebeldes que retornaron a sus hogares buscaron vengarse, tomaron ganado de la hacienda e incluso llevaron a cabo un atentado contra Woodhouse (entre los atacantes estaban Sánchez y López). Woodhouse se resistió y, tras una escaramuza, llegó la policía y detuvo a 11 de los culpables. Pero, al ser conducidos a la cárcel de Etla, un grupo de simpatizantes encabezados por David Aguilar, maestro de la escuela de Jayacatlán, liberó a los prisioneros y atacó nuevamente Concepción, golpeó a Woodhouse y, en un gesto de ironía, encerró al terrateniente en la cárcel de Etla. Liberado rápidamente, Woodhouse buscó en vano vengarse de sus asaltantes y se quejó de que "el populacho controla Etla y el distrito circundante, y ha intimidado al juez". Más aún, la autoridad en todos los niveles era corrupta o inepta. Cuando el alcalde de Atatlauca recibió órdenes de realizar algunas detenciones, Ángel Barrios se encargó de impedir que se cumplieran (después de todo, los culpables estaban bajo su mando); el jefe político de Etla, Febronio Gómez, era otro antiguo maderista que simpatizaba con los enemigos de Woodhouse y el gobernador del estado se mostró "impotente o temeroso de actuar". Nuevamente cabe subrayar la interdependencia de asuntos "políticos" y "agrarios", y la importancia medular de los cambios en el gobierno local originados por la revolución maderista.[574] Como resultado de éstos, David Aguilar y sus seguidores aún ejercían control a fines de 1911, asaltaban haciendas y "amenazaban con matar al administrador [de Woodhouse] con el fin de proceder al reparto de su propiedad... entre ellos". Para entonces, el propio Woodhouse había huido, pero en este tipo de confrontación tan común sorprende que la señora Woodhouse haya permanecido en la hacienda sin ser molestada ya que, "debido a sus actos de caridad, es muy querida por los indios".

Al sur de la ciudad de Oaxaca, en el valle del río Atoyac, se desarrolló un movimiento agrario más extenso y mejor organizado, en una región donde

---

[573] Los detalles de esta historia, que no aparecen en el relato de Ramírez, fueron tomados de: Hohler, Ciudad de México, 18 de julio, 2 de agosto, 17 de octubre y 24 de noviembre de 1911, FO 371/1148, 30410/1149, 32133, 42961, 49501; de Hohler a Ernesto Madero, 3 de noviembre de 1911, FO 371/1149, 46233; de Woodhouse a Hohler, 2 de octubre de 1911, FO 371/1149, 41407.

[574] Etla fue ocupada por numerosa fuerza maderista, bajo las órdenes de Gabriel Solís, en junio de 1911; de ahí, parecería, la instalación de autoridades maderistas: Ramírez, *Oaxaca*, p. 31.

(poco habitual en Oaxaca) imperaba la hacienda comercial. La lucha se inició en la primavera de 1912, afectó la región rural que se extiende desde Zaachila (a sólo 25 kilómetros de la capital del estado) hasta Ejutla, a lo largo del río.[575] Un observador declaró: "Al parecer, el problema se debe a que los habitantes de la localidad no han obtenido las tierras que les prometió el régimen de Madero. El levantamiento está dirigido en contra de varias haciendas grandes".[576] No existen testimonios detallados acerca de este brote, pero se sabe que presentó las características de una revuelta campesina: se saquearon haciendas y ranchos, se robó ganado y los rebeldes "carecían de una buena organización... y tenían poco armamento".[577] Con el tiempo, los rebeldes se tornaron más audaces, "asaltaron haciendas en todas las partes del valle", donde se temía que las dos concentraciones principales, la de Zaachila y la de Ejutla, se unieran en una coalición formidable, ya que se consideraba que había "un número muy elevado de descontentos" alrededor de Zaachila; 1 700 hombres atacaron Ejutla en mayo, robando bienes y dinero en la estación de ferrocarril.[578] De hecho, estos acontecimientos marcaron el punto culminante de los conflictos; se enviaron nuevas tropas a Oaxaca y la atención del estado se dividió, ya que surgieron movimientos rebeldes en otras partes y de distinta naturaleza. Resulta imposible completar un análisis en ausencia de más detalles, pero cabe hacer notar que en el valle del Atoyac, y especialmente en los alrededores de Zaachila, el agrarismo oaxaqueño dejó su mayor huella durante la década de 1920.[579]

El vecino estado de Guerrero sufrió brotes mayores de descontento rural. En 1911, el estado fue escenario de levantamientos como el de Ometepec; tanto en Ometepec como en la Costa Chica, la agitación se mantuvo, con Liborio Reyna, abogado del pueblo y principal instigador de la revuelta de abril de 1911. En diciembre de ese mismo año se le reconocía como el dirigente intelectual de los "... bandidos que ya se dicen reyistas" y que invadieron la región.[580] En octubre de 1912, sólo un ciclón providencial salvó a Ometepec cuando estaba a merced de 300 rebeldes encabezados por Abraham García;

---

[575] Lawton, Oaxaca, 10 de mayo de 1912, SD 812.00/3961.

[576] Lawton, Oaxaca, 2 de mayo de 1912, SD 812.00/3904. Es, nuevamente, la presencia de hacendados extranjeros lo que trae este asunto a la luz. Pero la impresión de que había un agrarismo xenofóbico es una ilusión provocada por el carácter de las fuentes más que por las condiciones objetivas. El hacendado norteamericano sufría lo mismo que su contraparte mexicano; hubo muchos ejemplos de norteamericanos (y otros extranjeros) que escaparon de la venganza dirigida a los hacendados mexicanos (y españoles). Lo que es más, los extranjeros que *sí* atrajeron tal resentimiento agrario fueron, con frecuencia, quienes se aproximaban más a los modelos mexicanos "tradicionales" de explotación del trabajo y la tierra. Es preciso hacer notar que, en el caso de Woodhouse, la disputa fue anterior a la compra de sus propiedades.

[577] Lawton, Oaxaca, 6 de mayo de 1912, SD 812.00/3935; Ramírez, *Oaxaca*, pp. 123-124. La falta de detalles en ambos relatos no permite fusionarlos con éxito.

[578] Lawton, 13 y 18 de mayo de 1912, SD 812.00/3978, 4035; Ramírez, *Oaxaca*, p. 124.

[579] Schmieder, *Tzapotec and Mije*, pp. 25-26.

[580] Del gobernador Lugo a Madero, 22 de diciembre de 1911; Fabela, DHRM, RRM, II, pp. 442-443.

los conflictos agrarios persistentes en esta zona (en la cual los campesinos "indígenas" despojados lucharon contra los rancheros mestizos) se definieron, una vez más, de manera superficial conforme a las filiaciones nacionales de 1914-1915.[581] Mientras tanto, el estado en su conjunto se convirtió en un laberinto de confusos conflictos entre fuerzas rebeldes y gubernamentales. En abril de 1912, el ejército federal (integrado principalmente por antiguos maderistas bajo el mando de Ambrosio Figueroa en Huitzuco, y Tomás Gómez en la Costa Grande) estaba formado por casi 3 000 hombres; sus oponentes comprendían gavillas, con distintas dirigencias, considerablemente más numerosas —3 000 hombres operaban tan sólo en los distritos de Mina y Río Grande, al norte de Iguala y en las fronteras con los estados de México y Michoacán—. Estas bandas eran nominalmente zapatistas y estaban capitaneadas por Salgado, Basave y diversos cabecillas menores. Salgado, el más poderoso, comandaba a 1 000 hombres y ejercía en la región una hegemonía flexible que el gobierno central se había rehusado a legitimar; a fines de 1912, estos rebeldes recibieron los refuerzos de 300 "zapatistas" bien armados que, bajo el mando de Almazán, invadieron el este de Guerrero.[582] Aunque simpatizantes de Zapata, estos jefes, que compartían objetivos agrarios, no estaban formalmente vinculados al movimiento del Plan de Ayala; su "zapatismo" denotaba simplemente rechazo popular al régimen de Madero: "la gran mayoría de los habitantes en el estado son zapatistas. Pero de esto no se infiere que todos sean malos, sino que son simpatizantes del movimiento en contra del gobierno de Madero".[583]

La Costa Grande, en el litoral del Pacífico al norte de Acapulco, cayó bajo el ataque de Julián Radilla que en 1911 había militado en las filas de Silvestre Mariscal y que poco después tomó el mando de este grupo de rebeldes a raíz del encarcelamiento en Acapulco de Mariscal y del subsecuente eclipse temporal de su carrera. Radilla, al igual que muchos veteranos de 1911, se rebeló en contra del gobierno y, con un ademán quijotesco, se proclamó orozquista mucho después de la derrota definitiva de Orozco.[584] Este rubro no le impidió progresar: "ayudado por el populacho", capturó Aguas Blancas, Atoyac y Tecpan; de nuevo en Coyuca de Benítez, sus fuerzas "recibieron el apoyo de los habitantes" para realizar su ataque. Al igual que en Chihuahua y La Laguna, Radilla encontró la mayor oposición en un antiguo maderista que había

---

[581] Véase cap. VIII.

[582] Edwards, Acapulco, 13 de abril; de R. Duarte a C. Westbrook, abril de 1912; Pangburn, Acapulco, 5 de noviembre, 15 de noviembre y 3 de diciembre de 1912; SD 812.00/3588, 3846, 5559, 5584, 5633; del gobernador Lugo a Madero, 6 de diciembre de 1911; Fabela, DHRM, RRM, II, p. 338, sobre el rechazo del gobierno a la petición de Salgado de dirigir a los rurales en su distrito natal.

[583] Edwards, Acapulco, 26 de septiembre de 1912, SD 812.00/5213; Womack, *Zapata*, pp. 171 y 180, ubica la inclusión "oficial" de estos jefes de Guerrero en el campo zapatista un año después, en 1913.

[584] Pangburn, Acapulco, 19 de noviembre de 1912, SD 812.00/5538; Jacobs, "Aspects", pp. 158-159.

permanecido como combatiente irregular y leal: Tomás Gómez. Sin embargo, la lealtad no era un común denominador en las fuerzas de Gómez y sus filas menguaban a causa de las deserciones y las bajas. Un factor adicional, que recuerda los acontecimientos en Chihuahua, aseguró el triunfo de Radilla: el acuerdo tácito con el coronel Gallardo, comandante federal de Acapulco y que permitiera que Radilla dominara la Costa Grande, abandonó a Gómez y a sus irregulares e incluso alertó a Radilla de la proximidad de tropas federales destacadas en su contra por órdenes del presidente.[585] Los federales evitaron así una costosa campaña en el interior y permitieron que Radilla y las fuerzas debilitadas de Gómez se masacraran entre sí, dejando que el coronel Gallardo —como el general Huerta— quedara como *tertius gaudens*. Una vez más, la lógica de la Revolución, en su aplicación local, sirvió de aliento para que Radilla coqueteara con los federales, los mantuviera fuera de sus dominios y consolidara su supremacía local.

El alcance de los levantamientos y el desafío a la autoridad eran indudables; sin embargo —particularmente a la luz de alianzas anómalas como las de Radilla—, la violencia a menudo parecía egoísta o carecer de propósitos. Las condiciones en tierra adentro, alejadas de la costa de Acapulco eran "muy malas"; las fuerzas del gobierno eran insuficientes y estaban mal coordinadas (por razones en parte ya mencionadas); y el colapso de la autoridad creó "… [una] situación… que facilita la toma de venganzas y la expresión de viejos agravios. Algunos líderes mezquinos, algunos 'hombres malos'… organizan una compañía y toman un pueblo, en realidad para matar enemigos. Hay luchas; asaltos, saqueos e incendios de pueblos; se expropian haciendas y todo se atribuye a 'la revolución'".[586] Si bien esta descripción parece trivializar el sentido de una gran revolución social —reduciéndola a pequeños actos de vandalismo y venganza—, es necesario reconocer que la Revolución se edificó sobre estos cimientos: actos de violencia popular perpetrados en contra de terratenientes y funcionarios, caciques y oficiales; una violencia que, aunque canalizada frecuentemente a través de los ejércitos revolucionarios organizados, también estalló en incontables incidentes locales que, no por su oscuridad, carecen de importancia. Es posible que la visión a través de un cristal sea turbia, pero esto no significa que no haya numerosos acontecimientos al otro lado del cristal. Ése fue el caso de Guerrero. Las actividades de Salgado en el norte, por ejemplo, se alimentaron y a su vez sostuvieron un agrarismo popular burdo. Salgado reclutó a unos 1000 hombres "ofreciendo a los indígenas dividir las tierras cuando la revuelta triunfara", prometiendo el reparto de tierras, lo que, según el atribulado gobernador, fue "el cebo que ha empleado para ser seguido en la ingrata labor que se ha impuesto".[587] Carece de im-

[585] Pangburn, Acapulco, 3, 9 y 30 de noviembre de 1912, SD 812.00/5464, 5559, 5681.

[586] Edwards, Acapulco, 26 de septiembre de 1912, SD 812.00/5213; *cf.* Fyfe, *The Real Mexico*, p. 89, para una descripción similar de la génesis de la Revolución.

[587] De José M. Ortiz (propietario de minas) a Madero, 1º de diciembre de 1911; de Lugo a Madero, 6 de diciembre de 1911; Fabela, DHRM, RRM, II, pp. 371-373 y 388.

portancia si son o no válidas las astucias atribuidas a Salgado, el hecho es que las "chusmas", una vez reclutadas, no siempre obedecían; actuaban a su antojo y Salgado mismo no podía "dominar la agitación que él ha causado entre las masas inconscientes del pueblo relativa al despojo de tierras que ya se ha consumado".[588] En los alrededores de Iguala, el zapatista Pablo Barrera saqueó a los terratenientes y comerciantes y encauzó al pueblo (aunque éste no necesitaba estímulos) a retener el pago de los alquileres.[589] Los administradores de haciendas, como Rosendo Duarte en San Vicente —cerca de Cutzamala, en la frontera de Guerrero y Michoacán—, se quejaron del saqueo a sus propiedades y las amenazas a sus personas; en Santa Fe, cerca de Taxco, un administrador de hacienda norteamericano señaló las condiciones prevalecientes de anarquía: un gobierno "débil y vacilante"; las estaciones de ferrocarril, abandonadas; y todos los hacendados locales en compañía de sus empleados (salvo por el intrépido testigo), habían huido a las ciudades.[590] Asimismo, describió que los habitantes de la localidad se entregaban al vandalismo; "en este magnífico distrito cañero, queman la caña, saquean abastos, roban y matan a los españoles" (cabe destacar que el azúcar y los españoles eran receta infalible para encender la violencia popular). El administrador se enfrentaba a sus propios problemas: "los indios quieren mis tierras", se quejó, "y creo que si me matan tomarán mi lugar"; culpó a Madero por la debilidad del gobierno y por "haber prometido el reparto de tierras, algo que, por supuesto, no puede hacer". La destitución de este administrador no fue tan violenta como se esperaba, especialmente en una región donde, conforme a sus propias palabras, se destruían haciendas y se asesinaban administradores; el magistrado local ("un juez indígena negro") envió a una gavilla ("una banda de 25 borrachos") para que lo apresaran bajo el cargo ("inventado") de robo de ganado; fue encarcelado durante un mes y funcionarios de importancia ("cuatro o cinco senadores y cerca de ocho congresistas") lograron su libertad. Al igual que en el caso de Woodhouse en Oaxaca, la violencia por las reivindicaciones agrarias no era gratuita y, de hecho, estuvo mediada a través de las nuevas autoridades locales populares. O como declarara la propia víctima, "los indígenas y los peones están en la cima y con seguridad, y cada vez empeora más la situación".

Al otro lado del río Balsas, en Michoacán, imperaron condiciones similares. Mientras que la parte oriental del estado, en los límites con Guanajuato, estaba infestada de bandidos, en la región occidental, poblada por indígenas y trabajadores agrícolas, hubo levantamientos agrarios esporádicos. Al igual que en otros estados del centro de México, los observadores manifestaron el contraste de estos levantamientos descentralizados y endémicos con la revuelta "política", más coherente, que conducía Orozco en el norte: "... mien-

---

[588] De Ortiz y Lugo a Madero (n. 587).
[589] Jacobs, "Aspects", pp. 163-164.
[590] De R. Duarte a C. Westbrook, abril de 1912 (que pudiera exagerar); de I. Mathewson a J. Hallihan, 26 de febrero de 1912, SD 812.00/3846, 3478.

tras que en el norte hay una revolución más o menos organizada... aquí, el peligro constante se deriva de la ausencia absoluta de la ley o, mejor dicho, de su instrumentación, combinada con los elementos indígenas y los actos resultantes de venganza o de salvajismo puro".[591] En lo que se refiere a los motivos de estos conflictos, el mismo observador afirmó: "estos indígenas tienen o imaginan que tienen motivo de queja... debido a las tierras que consideran les fueron robadas". Levantamientos posteriores (ya se han mencionado ejemplos de revueltas en Michoacán) tuvieron el carácter aislado, inconcluso y repentino de los motines campesinos. En Pichátaro, por ejemplo, una de las muchas comunidades michoacanas que había sufrido la intromisión de compañías madereras en su localidad: "... durante algún tiempo se manifestaron en contra de los extranjeros que explotaban los bosques pertenecientes a la comunidad de Pichátaro ya que, en su opinión, se habían apropiado de los bosques que, por derecho, pertenecían a los habitantes indígenas".[592] Durante una fiesta (aquí, como en la Europa preindustrial, las ferias y carnavales fueron con frecuencia ocasión para levantamientos populares), mientras los campesinos disfrutaban la música, los juegos pirotécnicos y la bebida en abundancia, sus resentimientos se tradujeron en acción; encabezados por Francisco Sánchez (el único habitante que tenía pistola y cuyo cargo en la comunidad se desconoce), acudieron a la casa del administrador de la compañía, "intoxicados de ira, incitados por los gritos sediciosos de Sánchez y respirando odio".[593] Primero exigieron y recibieron dinero; después surgió una lucha que culminó con disparos y la muerte del administrador. Se restableció el orden gracias a la intervención de las tropas maderistas encabezadas por Martín Castrejón, quien, al igual que Añorve en la Costa Chica o que Ambrosio Figueroa en Morelos, no tenía paciencia para tolerar a los rebeldes agrarios, a pesar de su propia lealtad revolucionaria. De inmediato, Castrejón ordenó la formación de una corte marcial cuyo dictamen de nueve contra dos determinó la ejecución sumaria de dos supuestos asesinos. La sentencia se llevó a cabo sin demora ni escándalos, ya que los dos prisioneros, ambos trabajadores de Pichátaro y hombres de avanzada edad según los estándares prevalecientes entre los peones, estaban "tan impresionados con la terrible naturaleza de su castigo que no presentaron objeción ni protesta alguna". La paz reinó de nuevo en Pichátaro.

[591] J. Anderson, Pátzcuaro, 4 de septiembre de 1912, SD 812.00/4958.

[592] Informe de Gobernación incluido en Hohler, Ciudad de México, 24 de julio de 1911, FO 371/1149, 31148; de S. Escalante a Robles Domínguez, 26 de mayo de 1911, AARD 16/25. *Cf.* también pp. 107 y 220 *supra*.

[593] Zapata y sus aliados terminaron sus planes para la rebelión en la feria de la cuaresma de Cuautla, en marzo de 1911; dos años después Gertrudis Sánchez y otros fraguaron la revuelta en una fiesta de Huetamo (Mich.). Las ferias y las fiestas no sólo permitieron que se reunieran grupos de disidentes, a pesar de la vigilancia oficial, sino que también proporcionaron parte de la inspiración colectiva y solidaridad (por no mencionar la valentía resultante de haber ingerido bebidas embriagantes) que tan rigurosas empresas requerían. Para paralelos europeos, véase Le Roy Ladurie, *Peasants of Languedoc*, pp. 194-196, Georges Lefevre, *The Great Fear of 1789*, Nueva York, 1973, pp. 27 y 43.

Aparentemente, la represión expedita, como norma general, obtuvo buenos resultados, al menos a corto plazo. Todo demuestra que la pasividad de los dos prisioneros fue compartida por sus compañeros ya que en Pichátaro no surgieron conflictos posteriores —al menos no en lo que respecta a la Revolución—. Un incidente similar dio origen a otro caso, más investigado, que se sitúa en un contexto más amplio. La gente de Naranja, también en Michoacán, y asimismo, víctima de la comercialización agraria, tomó ideas y ejemplos revolucionarios que se filtraron en su pueblo entre 1910 y 1912. Sin embargo, nada había sucedido hasta fines de 1912. La vida continuaba con su ritmo habitual; los aparceros mestizos y los labriegos asalariados de la hacienda de Cantabria siguieron frecuentando el pueblo, embriagándose en la cantina de Torres (un mestizo), disparando sus pistolas y persiguiendo a las mujeres de la localidad.[594] Un sábado de 1912, mientras una docena de mestizos estaba de juerga, un campesino hizo sonar las campanas de la iglesia y reunió a un grupo de naranjeños que rodearon a los "intrusos", hirieron a seis de ellos con proyectiles certeramente lanzados con hondas y procedieron a atacarlos con arpones de pesca. Es evidencia de las condiciones en que se realizó la investigación local que el resultado de este dramático incidente se desconozca (Friedrich, al menos, no ofrece más detalles). Es indudable que los campesinos abandonaron (o no pudieron continuar) sus acciones violentas y el episodio permaneció como un hecho aislado, ajeno a cualquier protesta rebelde organizada. Los terratenientes españoles, sus "representantes" mestizos y sus aliados eclesiásticos lograron mantener el control en la región durante los años siguientes. Pero el episodio de 1912 vivió en la memoria del pueblo y el núcleo de agraristas radicales, que comenzó a provocar agitación durante y después de la Revolución, surgió de ese grupo que participó en los "hechos sangrientos" de ese año.[595] Sucesos de esta naturaleza estuvieron espacial y temporalmente alejados; por ejemplo, durante los años que siguieron a 1911, los pueblos vecinos de Tiríndaro y Tarejero fueron testigos del nacimiento de una organización agraria y de la confrontación violenta incipiente entre campesinos y terratenientes; mientras en Cherán, ubicado "en el centro del movimiento agrario de Michoacán" (en medio del triángulo formado por Naranja, Paracho y Pichátaro, los tres casos aquí mencionados), no surgió organización agraria alguna ni hubo incidentes violentos de naturaleza revolucionaria.[596] Este doble aislamiento (que contrasta con la solidaridad espacial y la continuidad temporal del agrarismo en Morelos) permitió que los terratenientes de la región mantuvieran un control férreo. Los causantes de conflictos fueron perseguidos y asesinados o bien tuvieron que buscar refugio en las sierras, en los ejércitos revolucionarios de otras partes. Pero la propia represión de los terratenientes reveló que el viejo sistema de control

---

[594] Friedrich, *Agrarian Revolt*, p. 50.
[595] *Ibid.*, pp. 53-54.
[596] Ralph L. Beals, *Cherán: A Sierra Tarascan Village*, Nueva York, 1973, p. 12.

social y los antiguos supuestos de legitimidad estaban irreparablemente fracturados; y aunque la represión triunfó a corto plazo, durante la década de la Revolución también sirvió para alentar una oposición agraria popular más militante, organizada y, en última instancia, exitosa.[597] La revuelta campesina local abrió el camino para la liga campesina regional.

Bandidaje: el Bajío y el sur

Como se ha visto, los movimientos rurales pudieron asumir distintas formas. Los había con bases amplias y coherentes, como el zapatismo; o aislados y aparentemente efímeros, como en el caso de las revueltas campesinas que afectaron regiones de Oaxaca, Guerrero y Michoacán. Sin embargo, la gran mayoría presentó un denominador común: surgieron y dependieron de los pueblos libres; los conflictos de éstos con los terratenientes y caciques nutrieron la Revolución, la dotaron de recursos físicos y morales. La observación de Tannenbaum, hecha hace 40 años, respecto a que "estas aldeas, en última instancia, hicieron la revolución social en defensa propia", es válida todavía a pesar de las numerosas críticas recientes a que ha estado sujeta.[598] Asimismo, las cifras de Tannenbaum que indican la fuerza numérica de los pueblos libres en distintos estados, muestran una correlación amplia, pero positivamente convincente, con los estados que se destacaron por su contribución revolucionaria organizada: Morelos, Puebla y Tlaxcala, por ejemplo.[599] En cambio, en los estados donde la hacienda dominó a la sociedad rural (San Luis Potosí, por ejemplo, particularmente en su zona occidental; o en las regiones más allá del Istmo, que serán analizadas en breve), la rebelión rural no pudo sostenerse —a veces ni siquiera llegó a iniciarse— y se limitó principalmente a breves y esporádicos estallidos de violencia.

No obstante, en las regiones donde dominaba la hacienda y las comunidades libres no eran muy fuertes, surgió una forma alternativa de protesta: el bandidaje. Conforme a un estudio precursor (realizado antes que el bandolerismo se convirtiera en tema de moda para las investigaciones académicas), los factores sociales y topográficos del bandidaje (que en el análisis mencionado se refieren a Andalucía) son los siguientes: grandes propiedades, con frecuencia en manos de terratenientes ausentes; extensiones con baja densidad de población y comunicaciones escasas; pocas aldeas, concentración de la población en los pueblos y un proletariado rural numeroso (en comparación con el campesinado).[600] Es indudable que las regiones del México revolucionario más afectadas por el bandolerismo —en comparación con otras

---

[597] Friedrich, *Agrarian Revolt*, pp. 54-57.
[598] Tannenbaum, *Peace by Revolution*, p. 193.
[599] *Ibid.*, pp. 192-193.
[600] C. Bernaldo de Quirós, *El bandolerismo en España y México*, México, 1959, pp. 70, 89-93, 97-98 y 100-101.

formas de violencia rural— tendieron a ajustarse a dicha descripción, principalmente en el Bajío y a partir del Istmo. Pero antes de investigar esta hipótesis es necesario plantearse dos problemas conceptuales: ¿qué fue y qué es el bandidaje?

La primera pregunta se relaciona con la definición dada en su tiempo, cuestiona la manera en que los contemporáneos de la época (principalmente los académicos respetables que se refirieron al fenómeno en investigaciones, artículos y conferencias) aplicaron el término. Al igual que la mayoría de las personas, lo usaron para definir una forma de "crimen" colectivo, realizado básicamente en el contexto rural ("crimen" en el sentido de transgresión de la ley formal del lugar, al margen de consideraciones populares); no obstante, en el contexto de la revolución social, se aplicó de manera ambigua y sin distinguir entre bandidos y rebeldes. Así vemos que Zacatecas "estaba literalmente en manos de las gavillas de bandoleros revolucionarios" en abril de 1912; en Durango, los federales perseguían "bandoleros cuasi revolucionarios"; los rurales así como los hacendados de Morelos y Puebla usaron los términos "zapatista", "bandido" y "rebelde" de manera casi indistinta.[601] Sólo se hizo una distinción (aunque no invariablemente): se reconocía un "rebelde" cuando éste se afiliaba a un programa político, a diferencia de los "bandoleros". Como se ha mencionado, De la Barra y otros distinguieron entre la revolución "política" de Madero de 1910-1911, que luchó por el poder nacional, emitió un plan y fue conducida por hombres que podían convertirse en dirigentes nacionales, y las "huestes de bandoleros" de Puebla y Morelos. Los hacendados morelenses coincidieron en que el estado "retorna a lo que fuera la condición normal... en el estado de Morelos, los viejos tiempos del bandolerismo"; "como el general Zapata no ha tenido un plan político conocido —afirmó el gobernador de Puebla—, los que han tenido la ofuscación de seguirlo deben ser considerados como meros bandoleros".[602] Todas estas descripciones fueron anteriores al Plan de Ayala (ya que no existieron otras declaraciones zapatistas de carácter claramente "político"). Incluso después de la publicación del Plan, muchos, como los generales Huerta y Robles, continuaron calificando al zapatismo de bandolerismo y actuaron conforme a esta concepción.[603]

Madero siguió un criterio similar y llegó a conclusiones semejantes. A principios de 1913, el embajador norteamericano informó que Madero estaba dispuesto a conceder amnistía "a todos aquellos que, como Orozco o Félix Díaz, luchan por lo que consideran motivos patriotas, pero no tendrá piedad para

---

[601] Hamm, Durango, 4 y 10 de abril de 1912, SD 812.00/3667, 3641; de L. Medina Barrón al inspector general de rurales, 22 y 24 de marzo y 3 de abril de 1912, AG 654; de Ismael Romero al mismo, 3 de agosto de 1912, AG 929. Y en el mismo archivo, informes sobre el 53º cuerpo rural, en Tepic, confunden de manera similar a zapatistas, reyistas y bandidos.

[602] Hohler, Ciudad de México, 26 de marzo de 1911, FO 371/1146, 13581; de R. Cañete a Madero, 16 de noviembre de 1911; Fabela, DHRM, RRM, II, p. 274.

[603] Womack, *Zapata*, pp. 138, 166 y 393-395.

aquellos que son criminales comunes, como Cheche Campos".[604] Campos había pertenecido a la gran coalición orozquista, pero el ejemplo sugiere que la distinción entre rebeldes y bandoleros dependía de una evaluación profundamente subjetiva respecto a los motivos, sinceridad, respetabilidad y conocimientos del individuo (motivos entre los cuales la promulgación de un plan formal era prueba importante pero no definitiva). Cabe destacar que el orozquismo fue considerado en sus inicios como bandolerismo, después como revolucionario y otra vez como bandolerismo; estas definiciones variaron según el tiempo, el lugar y el observador. Para el cónsul norteamericano en Nuevo Laredo, la revuelta inicial de marzo de 1912, "carece de causa y principios... está apoyada por... bandidos dispuestos a gritar '¡viva!' por cualquiera, siempre que esto les permita contar con un pretexto para entregarse al saqueo de pueblos y ranchos"; su colega en Torreón (no necesariamente más perspicaz pero testigo directo del movimiento) discrepó enfáticamente: "... es ridículo no llamar revolución a este movimiento, existen gavillas de bandoleros, pero la fuerza principal que rodea a la ciudad está compuesta por revolucionarios que ofrecen seria resistencia a las filas federales".[605] Aun cuando Madero y sus colegas no tenían duda alguna de que Orozco realizaba una revuelta "política" a gran escala en la primavera de 1912, después de su derrota, las fuerzas orozquistas nuevamente se convirtieron, a los ojos del régimen, en "rebeldes", "bandoleros" o "gavillas".[606]

Podemos inferir de estos ejemplos que el uso que el término tuvo en su época, a pesar de ceñirse a ciertos criterios generales, no resulta adecuado para una explicación histórica. Con frecuencia, movimientos populares como el zapatismo fueron calificados de "bandolerismo", al igual que muchos movimientos menores que, no obstante su ubicación o falta de coherencia manifiesta, mostraron objetivos políticos evidentes. En consecuencia, existen razones *prima facie* para examinar cada caso definido como "bandolerismo", con el fin de detectar sus implicaciones políticas. Sin embargo, esto no significa que no hubiera bandidos profesionales con reivindicaciones políticas muy pobres. Aquí, al aproximarnos a la cuestión del uso histórico (e incluso "científico") surge el "bandolero social": el bandido que, si bien se adaptó al *modus operandi* habitual del oficio, representó una forma de protesta popular, dirigida contra terratenientes y funcionarios, con apoyo del campesino y en lucha por lograr ventajas (materiales y/o psíquicas) para el pueblo.[607] Sin embargo, en el ámbito académico la trayectoria del bandolero social resulta tan peregrina como su propia vida en los montes. Introducido por el profesor Hobsbawm, bien recibido al principio, incluso celebrado, fue tomado en cuen-

---

[604] Schuyler, Ciudad de México, 2 de enero de 1913, SD 812.00/5802.
[605] Garret, Nuevo Laredo, 1° de marzo; Carothers, Torreón, 2 de marzo de 1912, SD 812.00/3111; 3120.
[606] De Madero al gobernador Patoni, 1° de noviembre; a Ernesto Madero, 28 de diciembre; de E. de los Ríos a Jaime Gurza, 20 de noviembre de 1912, AFM, r. 20.
[607] Hobsbawm, *Primitive Rebels*, pp. 1-29; y del mismo autor, *Bandits*, pp. 17-29.

ta por la mayoría de los estudiosos; pero inevitablemente (después de una aceptación tan acrítica) algunos académicos se mostraron recelosos y, la tendencia actual, sobre todo entre los expertos, más bien parece inclinarse a calificar y restar su importancia e incluso a negar su papel.[608] Un estudio reciente muestra al bandolero mexicano más cercano a Henry Ford que a Robin Hood: "los negocios del bandido mexicano eran negocios. No buscaba la aplicación de la justicia, como lo hiciera el bandido campesino precapitalista que describe Eric Hobsbawm. Al parecer, las únicas protestas de los bandidos mexicanos se debieron a su exclusión de los sectores recompensados por el sistema social".[609] Todo parece indicar que el bandido social pasó de moda.

Desde nuestra perspectiva, descartar al bandolero social es prematuro. Sin duda, Hobsbawm (y, *a fortiori*, algunos de sus discípulos) mostró cierto descuido en la atribución de características "sociales" a los bandoleros de todas las épocas. Pero es irrefutable que existieron formas de bandolerismo social en el contexto de la Revolución mexicana. Más aún, resulta un problema distinguir entre el bandidaje social y otras formas de protesta rural localizada e incoherente (esa que los contemporáneos llamaron bandolerismo). El *modus operandi* fue sustancialmente similar y, en la medida en que los bandidos surgieron del entorno rural y no tenían "ideas ajenas a las del campesinado... del cual forman parte", compartieron una ideología afín que, a grandes rasgos, puede definirse como "tradicional".[610] Incluso los bandoleros más empedernidos, al continuar con sus actividades durante la Revolución, adquirieron características "sociales", ya que durante la lucha armada mexicana, al igual que en la francesa, "el bandidaje jamás fue puramente criminal; siempre tuvo connotaciones políticas".[611] El aspecto decisivo, por lo tanto, no se refiere a la dimensión, *modus operandi*, ni sofisticación política, sino al apoyo popular, ya que éste fue el que dio a los bandidos la función "social" que los asimiló (a menudo de manera indistinta) a los movimientos más generales de protesta rural y que los distinguió de los bandidos profesionales.

Dicho criterio es analíticamente claro, fiel al concepto original e históricamente relevante. Pero no es fácil de aplicar. Cuando la gente de Sayula (Jal.) se quejó de las amenazas de las "gavillas de bandoleros" entregadas a sus actividades "con motivo de la revolución... con el exclusivo objeto de atentar contra los vecinos honrados"; o bien, cuando un valioso ciudadano, tam-

---

[608] *Cf.* Blok, "The Peasant and the Brigad"; Linda Lewin, "Social Banditry in Brazil", *Past and Present*, LXXXI (1979), pp. 116-146.
[609] Vanderwood, *Disorder and Progress*, pp. xv-xvi, 14 y 95-96.
[610] Hobsbawm, *Bandits*, p. 24.
[611] Richard Cobb, *The Police and the People: French Popular Protest 1789-1820*, Oxford, 1972, p. 93. El propio Hobsbawm señala que el "robinhoodismo" ha sido más evidente durante los periodos en los que hay trastornos sociales, tales como "las transformaciones revolucionarias y las guerras de finales del siglo XVIII"; y que el bandolerismo social y la revolución campesina fácilmente se combinan: *Primitive Rebels*, p. 24; *Bandits*, pp. 27-29 y 98-109.

bién en Jalisco, reclamó que "entre las fuerzas revolucionarias se mezclaron... elementos que trataron de amparar el pillaje con la bandera de la revolución"; entonces, la implicación del bandido "antisocial" es evidente.[612] Pero, como el bandolerismo social implica no tanto una característica inherente como una relación (entre bandolerismo y población rural), resulta imposible aceptar sin cortapisas las declaraciones anteriores. Su validez depende del punto de vista del observador. Cuando el alcalde de Totoloapam (Méx.) organizó brigadas de voluntarios para defender al pueblo de lo que él llamó bandidos disfrazados de revolucionarios, ¿obtuvo un amplio apoyo popular (es decir, estos bandidos eran bandoleros *tout court*) o el alcalde luchaba por contener una forma genuina de protesta popular?[613] Con frecuencia es imposible juzgar la validez de dichos testimonios sin demasiada información suplementaria. En ocasiones cabe la elaboración de inferencias en uno u otro sentido. Sin duda, particularmente durante los últimos años de la Revolución, los bandidos que operaron en Morelos eran distintos de los zapatistas y el propio Zapata hizo intentos por exterminarlos.[614] Es posible asumir que los dos bandidos que Trinidad Rojas, zapatista de pura cepa, ejecutó y cuyos cadáveres mostró en las calles de Amecameca, eran bandoleros sin filiación "social" alguna.[615] En cambio, todo el aparato de policías represivas empleado por Ambrosio Figueroa en Guerrero "a fin de acabar con el bandidaje que tan osadamente se había encarado al gobierno legítimo" incluyó entre sus víctimas a numerosos rebeldes populares.[616] Igual escepticismo se necesita para analizar los informes norteamericanos acerca de "bandas ambulantes de bandoleros... inclinadas sólo al pillaje y al saqueo" en Sinaloa; o que "abundan" en las montañas neblinosas del Ajusco, al sur de la capital; o que infestan Tepic, la Huasteca o Michoacán (donde, según rumores, había 3 000 bandidos en el verano de 1912).[617] Esto no significa que los informes fueran deliberadamente ficticios (también resultan reveladores y confirmados posteriormente por los acontecimientos); pero es indudable que en dichos documentos está mal expuesto un fenómeno de importancia real.

El bandolerismo social no se define por sus características inherentes sino por sus relaciones. Su condición era mutable y podía cambiar sin que se modificaran necesariamente las actividades del bandido: el bandolerismo pro-

[612] De C. Ceballos a J. Corona, 30 de mayo de 1911, AARD 14/13; de B. Villaseñor a Madero, 12 de junio de 1911, AFM, r. 20.

[613] Del presidente municipal de Totoloapam a Robles Domínguez, 5 de junio de 1911, AARD 15/113.

[614] Womack, *Zapata*, pp. 274-275 y 279.

[615] De G. González Berriozábal a Robles Domínguez, 2 de junio de 1911, AARD 15/89.

[616] De A. Figueroa a Madero, 21 de febrero de 1912; Fabela, DHRM, RRM, III, pp. 123-124. Se han dado otros ejemplos de maderistas *bona fide* (como Enrique Añorve), que reprimían el "bandolerismo".

[617] J. W. Nye, Cía. Azucarera Unida, 25 de marzo; Alger, Mazatlán, 13 de junio; Miller, Tampico, 18 de abril; Bonney, San Luis, 30 de abril; de O. Westlund a W. Devereaux, 2 de julio; Glenn, Guanajuato, 19 de agosto de 1912; SD 812.00/3465, 4248, 3714, 3814, 4440, 4713.

fesional prerrevolucionario fue devorado y politizado por la revolución popular, y adquirió atributos sociales; de la misma manera, el bandidaje social llegaba a profesionalizarse (o "des-socializarse") y, en el transcurso de la Revolución, a perder el apoyo y la simpatía populares que lo caracterizaban. Una variable de este tema es la de los bandidos sociales victoriosos que abandonaban sus confines locales (y "sociales") y aparecían en otros sitios, no vengadores como Robin Hood sino rapaces como Salvatore Giuliano. En cualquier caso, el cambio espacial y temporal provocaba la modificación en las relaciones del bandido con la sociedad rural: el bandido social de 1911 se convirtió en el terrorista de 1917; abandonó su valle, cruzó las montañas y provocó el terror en otros valles. A pesar de la importancia de esta definición, no es necesario detenernos más en ella ya que durante los primeros años de la Revolución, a medida que el movimiento popular cobraba fuerza, estos cambios fueron escasos. Los bandidos sociales contaban —al igual que los rebeldes rurales a los que tanto se asemejaban— con el apoyo popular sostenido; por lo tanto, pocos intentaron abandonar sus fronteras locales y arriesgarse a perder este apoyo. Más tarde, los cambios se dieron con frecuencia y premura como respuesta a la lógica de la Revolución: verdaderos ejércitos de bandidos aterrorizaron al campo y cuando sus antiguos simpatizantes descubrieron que se habían convertido en víctimas, las formas comunales y locales de autodefensa (que antes se intentaban sólo ocasionalmente y con poco éxito) se tornaron más eficaces y frecuentes.[618]

No obstante, durante el régimen de Madero, en algunas regiones el bandidaje social —caracterizado por la simpatía popular que atrajo— fue endémico. La protesta popular rural en el Bajío, por ejemplo, careció de la expresión política y la cohesión organizativa que tuvo el orozquismo e incluso, como admitieron sus críticos, el zapatismo; esto fue reflejo de la matriz social y geográfica en que se desarrollaron: grandes valles, asentamientos populosos, numerosas haciendas, ranchos y muy pocos pueblos tradicionales.[619] Ahí el bandidaje no fue una alternativa para la rebelión rural popular sino más bien una variante que en lo sucesivo resultaría provechosa. En 1911, las fuerzas de Cándido Navarro arrasaron el campo, saquearon haciendas y causaron alarma entre las autoridades debido a la rapidez de sus movimientos, ya que incluso llegaron hasta las puertas de las ciudades. Sin embargo, no lograron construir un marco militar ni administrativo que asegurara sus triunfos o que desafiara seriamente a las autoridades existentes. En consecuencia, después de la caída de Díaz, las autoridades se recuperaron consistentemente. Las fuerzas rebeldes fueron desmovilizadas, los cabecillas conflictivos fueron depuestos y las nuevas autoridades maderistas fueron debilitadas paulatinamente.[620] Hacia la primavera de 1912, sólo dos veteranos de la revolución maderista permanecían levantados en armas en contra del gobierno, pero sus

---

[618] Véase cap. IX.
[619] Brading, *Haciendas and Ranchos*, pp. 13-18 y 205-206.
[620] *Supra*, pp. 199-200 y 313-316.

débiles fuerzas eran considerablemente menores a las de los llamados "bandidos", quienes ahora representaban la mayor amenaza para el orden y el gobierno.[621]

Esta distinción implicó cierto peso práctico, al menos a los ojos de los voluntarios que se reclutaron para defender la ciudad de Guanajuato y quienes cautelosamente acordaron que resistirían cualquier ataque de los bandidos "si... ellos, los voluntarios, tenían ventaja numérica; pero, por otro lado, si los atacantes eran revolucionarios no opondrían resistencia alguna" (condición que también rigió el reclutamiento de voluntarios en otros estados).[622] No obstante, hubo una marcada continuidad entre la Revolución de 1910-1911 y el bandidaje de 1911, 1912 y 1913, en lo concerniente a hombres, localización y métodos. Una vez más, fueron las regiones del sur y del occidente del estado de Guanajuato las más afectadas; el antiguo territorio de Cándido Navarro —en los alrededores de Silao y Comanjillo— fue una de las áreas más afectadas y se creía que los responsables del conflicto eran los antiguos simpatizantes de Navarro.[623] Nuevamente el *modus operandi* se caracterizó por la capacidad de movilización de las huestes de bandoleros que les permitía operar a voluntad en el campo, desde Celaya hasta Michoacán; incluso los habitantes de Jalisco temían a las hordas de Guanajuato "que lanzaban miradas codiciosas en dirección hacia este rico distrito".[624] Además, como se mostrará en párrafos posteriores, los bandidos podían contar con un amplio apoyo popular.

Las haciendas, sus propietarios y administradores se convirtieron en el blanco principal y los saqueos se planearon no sólo para abastecer a las huestes, sino también para cobrar venganzas. El propietario de la hacienda de Guarichos (miembro de una "familia muy prominente") entregó las llaves de su propiedad a los bandoleros y los invitó a tomar todo lo que desearan; no obstante, murió asesinado. Lo mismo sucedió a los administradores de la hacienda Román Rivero Nieto y del rancho de Cuchicuato, ambos en las cercanías de Irapuato; también fueron victimados los administradores españoles en Abasolo y Puruándiro (este último, un notable foco de conflictos).[625] Cabe señalar que estos ataques no fueron concebidos al azar. Los objetivos eran

---

[621] Se estimó que los rebeldes maderistas condujeron a 200 contra 800 a 1 000 bandidos: Glenn, Guanajuato, 2 de abril de 1912, SD 812.00/3553.

[622] *Idem*. De la misma manera, el gobernador del Estado de México distribuyó armas a los oficiales y a las personas prominentes "asegurándoles que 'no tendrán que luchar en contra de revolucionarios conscientes y respetuosos del buen nombre de su bandera'"; lo que provocó que Madero, indignado, preguntara quiénes podían ser aquellos estimables rebeldes. Véase de Madero a M. Medina Garduño, 4 de octubre de 1912, AFM, r. 12.

[623] Glenn, Guanajuato, 9 y 12 de abril y 25 de mayo de 1912, SD 812.00/3648, 3695, 4126; de R. Hernández al gobernador Lizardi, 4 de diciembre de 1912, AG 889.

[624] Glenn, Guanajuato, 17 de septiembre; Magill, Guadalajara, 18 de octubre de 1912, SD 812.00/5084, 5369.

[625] Glenn, Guanajuato, 12 de abril, 19 de agosto y 17 de septiembre; Bonney, San Luis, 16 de octubre de 1912, SD 812.00/3553, 4713, 5084, 5310. Puruándiro, donde se dice que habían en

seleccionados. Después de perseguir a una "gavilla de bandidos" en la frontera de Guanajuato y Michoacán, el jefe político de Valle de Santiago declaró:

> Me llamó la atención que la partida de malhechores pasó por pequeñas rancherías en donde no hizo daño y sí hizo en la Hacienda de Pantoja [...] pude persuadirme por los informes que me fueron dados de que los españoles que manejaban dicha Hacienda así como el administrador de ella están muy odiados por los vecinos pobres de allí y esa inquina la revela bien el hecho de haber quemado los libros de la negociación [...] destruyeron varios muebles, tiraron y removieron cosas, iban a incendiar la finca, lo que no hicieron a ruegos del dependiente, lo que acusa, además de la rapacidad, el espíritu de destrucción que los animaba.[626]

En este caso, los habitantes de Pantoja, que habían "hecho causa común" con los bandidos, fueron detenidos. Su patético botín (principalmente "un buen número de sombreros de paja") fue recuperado, y los culpables enviados a la ciudad para enfrentarse a la justicia. Este modelo, ya familiar en otros ejemplos, fue común en el Bajío. Un grupo de bandidos —quizá formado por 200 hombres— recibió ayuda y protección de la gente de la localidad quien participó en ataques y asaltos, y después retornó (cuando le fue posible) a sus empleos agrícolas. Otro ejemplo se muestra en el ataque a la hacienda La Bolsa, propiedad de españoles. Entre la gavilla responsable se reconocieron "muchos... principalmente los de a pie son vecinos de los ranchos del rumbo; así que al ser dispersos se pierden en las pequeñas rancherías".[627] Incluso se sugirió que muchos bandidos "de tiempo completo" eran peones: "hombres que durante el día supuestamente son trabajadores honrados, pero durante la noche forman bandas y asaltan todas las haciendas de los alrededores, asesinando a quien se oponga". Mediante estos métodos, los bandidos podían movilizar fuerzas numerosas repentinamente y mantener —según se decía— a varios miles de hombres armados en oposición al gobierno.[628]

Los peones daban apoyo a los bandidos aun en aquellos sitios en donde no se armaban con "cuchillos y machetes" y se unían a la lucha. El cónsul norteamericano en Guanajuato informó que: "al parecer, en todo el distrito, los peones de los ranchos son fervientes simpatizantes de los bandidos y les brindan su apoyo directo o indirecto mediante dinero y abastos".[629] Debido a que existe poca evidencia de intimidación o de resistencia comunitaria en contra del bandidaje (como sucedería en años posteriores), es posible inferir que esta simpatía era genuina. Asimismo, es indudable que los bandidos la

---

activo más de 1 000 bandidos en 1912, más adelante se convirtió en el corazón de los alborotos de José Inés Chávez García.

[626] De F. Galván al gobernador Lizardi, 24 de abril de 1912; Fabela, DHRM, RRM, III, pp. 328-329.

[627] De F. Galván al teniente general de Guanajuato, 13 de julio de 1912; Fabela, DHRM, RRM, IV, p. 27.

[628] Glenn, Guanajuato, 12 de abril y 11 de mayo de 1912, SD 812.00/3553, 3961.

[629] Glenn, Guanajuato, 11 de mayo y 17 de septiembre de 1912, SD 812.00/3961, 5084.

cultivaron. A manera de parodia —aunque menos macabra— de las prácticas oficiales, avanzaron por los pueblos con sus prisioneros federales "exhibiéndolos... en rancherías con el fin de alentar a los peones para que se unieran a su lucha en contra del gobierno".[630] En algunos casos, la simpatía se propagó hacia niveles más elevados de la población. Se decía que los rancheros de La Magdalena, incluyendo al influyente Marciano Nieto, proporcionaban refugio a los bandidos; estos últimos ejercían tal influencia sobre Puruándiro, que las autoridades locales liberaron (o quizá no se atrevieron a retener) a los bandidos prisioneros arrestados en esa región.[631] Es posible que los rancheros organizaran y capitanearan algunos grupos de bandoleros con la capacidad de movilizar a los peones locales a la manera de los Cedillo en Palomas; existe evidencia de bandidaje entre los rancheros del Bajío en los años posteriores.[632] No quedan suficientemente claros los motivos de esta alianza. Sólo la investigación detallada y microhistórica podría revelar si estos primeros bandidos rancheros alimentaban demandas políticas o agrarias, si eran pequeños empresarios a la manera de Vanderwood, o si, frente a la rebelión de los peones, como no podían vencerlos, se unieron a ellos.

Al margen de su motivación el bandolerismo se extendió y se tornó ingenioso. Las haciendas fueron su blanco principal pero no el único. Los asaltos a los trenes —rasgo del bandidaje del Porfiriato— fueron frecuentes y cada vez más atrevidos, especialmente en la línea que unía a Silao, León y los puntos del norte. Los bandoleros detenían los trenes y asaltaban a sus ocupantes y, en un caso, llegaron a descarrilarlos. Los tripulantes fueron balaceados o heridos a golpe de machete; en una ocasión, los bandoleros golpearon a dos importantes funcionarios estatales, hurtaron todas sus pertenencias y el correo que custodiaban. Un bandido rebelde, después de capturar la locomotora número 789 al sur de Aguascalientes, la aceleró y la precipitó (vacía) a lo largo de 50 kilómetros por el norte de Jalisco —librando providencialmente el tráfico— hasta que se detuvo más allá de Encarnación.[633] Cabe destacar que este acto no fue mero vandalismo. Aunque no todos los bandidos del Bajío compartían la antipatía popular hacia los ferrocarriles y sus obras, característica en ciertas comunidades rurales, es innegable que sus actividades eran tácticas redituables que rebasaban el botín obtenido.[634] No sorprende que las tripulaciones de los trenes y las flotillas de mantenimiento se mostraran renuentes a penetrar en la región; el superintendente de los Ferrocarriles Nacionales informó al gobernador de Guanajuato que, a menos que se les ofre-

[630] *Cf.* sobre la costumbre federal de exhibir los cadáveres de los rebeldes en lugares importantes, con el fin de provocar el desaliento. Glenn, Guanajuato, 29 de abril de 1912, SD 812.00/3852.

[631] De F. Galván al teniente general de Guanajuato, 13 de julio de 1912; Fabela, DHRM, RRM, IV, p. 27; Glenn, Guanajuato, 17 de septiembre de 1912, SD 812.00/5084.

[632] Véase cap. IX.

[633] Glenn, Guanajuato, 12 de abril; Schumtz, Aguascalientes, 1º de abril de 1912, SD 812.00/3695, 3540.

[634] Vanderwood, *Disorder and Progress*, p. 94.

ciera mejor protección, los servicios en la región occidental del estado tendrían que reducirse, lo que incrementaba los cierres en las minas, el desempleo masivo y, a la larga, el reclutamiento de bandidos. El gobernador aumentó el número de hombres destinados a proteger el ferrocarril, despojando de tropas a otros distritos y debilitando las precarias finanzas del estado.[635]

Estos temores ilustraron un aspecto de importancia: los bandidos no dependían de los campamentos mineros para sus reclutas. Se creía que si continuaban las operaciones en las minas y fundiciones, los hombres estarían quietos. Esta inferencia (que no se limitaba a Guanajuato) resultó válida en términos generales. *Pace* Guerra, la zona minera no apoyó más al bandidaje social de lo que lo respaldó la rebelión popular. En ocasiones, las minas (como La Luz) fueron perturbadas por gavillas de bandidos, pero la mayoría continuó funcionando a pesar de la actividad de los bandidos en la región; su fuerza laboral no se vio mermada por la presencia de estas bandas. Quizá el bandidaje no fue una carrera tan fulgurante como se ha pensado en fechas recientes. Si bien las minas (y los norteamericanos asociados a éstas y otras empresas en el estado) no sufrieron daños de importancia, casi cada rancho en los alrededores de Silao fue objeto de asalto de los bandoleros antes de finalizar el verano de 1912.[636] Tampoco las ciudades estaban a salvo. Ahí, la movilidad y osadía de los bandidos del Bajío les permitían llevar a cabo ataques que los rebeldes campesinos, más cautos, no se atrevían a intentar o no consideraban meritorios. Asimismo, los bandoleros no se limitaron a las pequeñas comunidades como Jarapitio o Calderones (ambas cerca de Guanajuato); en la segunda, el cura hizo sonar la campana desde sus habitaciones, alertó a los pobladores y provocó la huida de los asaltantes, no sin que antes éstos lograran destruir "a balazos el yeso en los muros que rodeaban la campana, la cual quedó también llena de agujeros". Los bandoleros también penetraron en localidades importantes como Silao, donde una gavilla entró en marzo de 1912 y se paseó a 90 metros de los cuarteles federales, gritando "¡Viva Zapata!"; Pérez Castro asaltó Lagos de Moreno un mes más tarde y un centenar de bandidos intentó abrir la cárcel de Irapuato, pero el ataque fue rechazado por voluntarios locales y siete ciudadanos inocentes murieron a consecuencia del pánico que invadió la ciudad.[637] En mayo se esperaba un asalto similar en la cárcel de la capital del estado; los cuarteles ya habían sido atacados con bombas de dinamita; Pedro Pesqueira, antiguo lugarteniente de Cándido Navarro, atrajo a los federales hacia el campo para que otros bandoleros pudieran atacar la prisión; ahí se descubrió que los presos políticos (entre los cuales estaba un importante bandido local) dormían completamente vestidos, preparados para su inminente fuga.[638] Estos temores agudizaron la tensión reinante. Los pueblos del Bajío habían sufrido o evitado a duras penas motines graves en

---

[635] Glenn, Guanajuato, 12 de abril de 1912, SD 812.00/3695.
[636] Glenn, Guanajuato, 2 de abril y 19 agosto de 1912, SD 812.00/3553, 4713.
[637] Glenn, Guanajuato, 2, 17 y 29 de abril de 1912, SD 812.00/3553, 3731, 3852.
[638] Glenn, Guanajuato, 17 de abril y 5 de mayo de 1912, SD 812.00/3731, 3978.

1911; ahora, al menos en Guanajuato, "los elementos de las clases bajas manifestaron amargos sentimientos en contra del gobierno" y los festejos por la Independencia se vieron oscurecidos por los desórdenes de la turba y la represión policiaca.[639] Era lógico —y no era del todo paranoia— que la clase pudiente recordara los acontecimientos de 1911 frente al ánimo imperante en 1912, y que temiera que los ataques de los bandidos provocaran la violencia popular en las ciudades así como habían logrado detonarla en el campo.[640]

Por esta razón, tanto en los pueblos como en las ciudades hubo más temor que apoyo tortuoso al bandidaje, y no sólo por parte de la élite (aspecto que retomaremos y que tiende a corroborar el carácter "social" de esta forma de bandidaje). Como prueba y consecuencia de este temor, en 1912 se establecieron varios cuerpos de voluntarios en los pueblos y ciudades del Bajío. Cuarenta hombres "de lo mejor de la clase media" formaron una milicia en Irapuato; un prominente ciudadano de Guanajuato reclutó a 110 hombres "que trabajan en distintos comercios, bancos y compañías mineras".[641] Esto demuestra que dichos voluntarios provenían de intereses comerciales claramente urbanos y que se veían amenazados por el bandidaje y la rebelión rural continuas; eran representantes de una reacción urbana ante los desórdenes amenazantes que provenían del campo. Los ricos y poderosos tomaron la delantera (en Moroleón, fue la clase adinerada la que llamó a la resistencia frente a los bandidos de Pantoja e inició una fuerza local de defensa); sin embargo, por lo general podían contar con el apoyo de los trabajadores urbanos que se interesaban en mantener la paz, el orden, el comercio y el empleo.[642] Los 50 voluntarios encabezados por el jefe político de Valle de Santiago se entregaron a una estéril persecución de bandidos "siendo artesanos en su mayor parte" y además reclutas entusiastas.[643] Desafortunadamente, estos artesanos y sus promotores adinerados no lograron formar fuerzas contrainsurgentes eficaces. Como se ha señalado, la milicia guanajuatense estaba poco calificada para esta tarea; los voluntarios de Irapuato rechazaron el ataque de los bandidos pero a costa de vidas inocentes; el jefe político de Silao no pudo reunir suficiente ayuda. En el mejor de los casos, dichas fuerzas sirvieron como auxiliares estáticos del ejército; sólo en raras ocasiones se aventuraron fuera de los pueblos y ciudades, y cuando lo hicieron, como en el caso de Valle de Santiago, demostraron que, al ser artesanos, "carecen del poder de resistencia de los soldados" y no estaban a la altura de los bandidos, cuya procedencia era rural.[644] La lección de 1910-1911 los condujo por la fuerza a

---

[639] Glenn, Guanajuato, 17 de septiembre de 1912, SD 812.00/5084.
[640] Especialmente si despedían a los mineros, "habría un periodo sin paralelo en este pueblo de desorden y anarquía"; Glenn, Guanajuato, 12 de abril de 1912, SD 812.00/3695.
[641] Glenn, Guanajuato, 2 y 12 de abril de 1912, SD 812.00/3553, 3695.
[642] Alfonso Ortiz Ortiz, *Episodios de la revolución en Moroleón*, México, 1976, pp. 14-15.
[643] De F. Galván al teniente general de Guanajuato, 13 de julio de 1912; Fabela, DHRM, RRM, IV, p. 27.
[644] *Idem*.

su propio terreno: el campo era el hogar de la rebelión, y el hombre urbano descubrió que era difícil, incluso imposible, realizar la transición al combate de guerrilla (o de contraguerrilla). Cuarenta años antes que Guevara, Gabriel Gavira afirmó: "... el esfuerzo que en estos casos tiene que hacer el hombre de ciudad (como yo era [...]), es mucho mayor que el que hace el hombre del campo, acostumbrado a vivir siempre al aire libre y sobre el caballo".[645] Mientras tanto, el costo de reunir y mantener a estas fuerzas locales significó una carga intolerable para las finanzas del estado: hacia fines de 1912, Guanajuato tenía una deuda de dos millones de pesos y negociaba un préstamo en el mercado de Nueva York con el fin de cubrir este adeudo.[646] A pesar de su carácter "apolítico", el bandidaje del Bajío tuvo efectos importantes sobre la vida política y económica de la región.

Lo mismo es válido para la zona tropical del sur: la extensa región que se extiende desde el estado de Veracruz hasta el sureste, pasando por el Istmo, donde en ausencia de un campesinado fuerte e independiente, la rebelión rural organizada fue escasa y florecieron formas opcionales de protesta. Más aún, la diversidad de esa zona fortalece la evidencia respecto a la ecología de la protesta popular. En el norte y en la meseta de Veracruz, por ejemplo, la rebelión organizada fue similar y a menudo se fusionó con la insurgencia de la altiplanicie central. Surgieron problemas locales en Tantoyuca, Ozuluama y Papantla; la revolución de Madero había provocado respuestas armadas en los alrededores de Córdoba y Orizaba (encabezadas por Gavira, Tapia y Aguilar), en Altotonga (Bertrani y otros rebeldes) y al occidente de Coatepec (Manuel López).[647] Ahí, el dominio de poblados y aldeas aunado a un nivel significativo de conflicto agrario estimuló a los rebeldes. Cabe destacar que la mayoría de los revolucionarios de 1911 se dirigió hacia el occidente, hacia la sierra de Puebla, en vez de internarse en el oriente hacia las tierras bajas; aquellos que intentaron una ofensiva oriental (como Colmenares Ríos) fracasaron y la apatía política de la tierra caliente, notoria en el principio de la revuelta, continuó a lo largo de 1911-1913.[648] La parte sur del estado, la región de Acayucan y Los Tuxtlas, fue la excepción: ahí, en una "tierra de fertilidad sin precedentes", los plantíos de café y tabaco prosperaban desde la década de 1880 y se originaron conflictos agrarios que provocaron una revuelta indígena en 1883; tales hechos facilitaron tanto la rebelión del PLM como el bandidaje social en

---

[645] Gavira, p. 35; *cf.* Che Guevara, *Reminiscences of the Cuban Revolutionary War*, Harmondsworth, 1969, p. 63. También se deben hacer distinciones dentro de la población rural: los serranos (del norte y sur) eran buenos tiradores y jinetes; los peones de las haciendas, por el contrario, no "estaban acostumbrados a manejar armas de fuego" y, por lo tanto, contribuían al derroche de municiones (en relación con los tiros certeros), señalaron algunos observadores de las batallas revolucionarias: Bonney, San Luis, 16 de octubre de 1912, SD 812.00/5310.

[646] Glenn, Guanajuato, 13 de diciembre de 1912, SD 812.00/5729. El costo de la represión se considera de una manera más general en el siguiente capítulo.

[647] AARD, legajo 25 *passim*; Gavira, *Actuación*, pp. 35-41.

[648] De Szyszlo, *Dix mille kilomètres*, pp. 20-42, es tal vez la mejor descripción.

la década de 1900.⁶⁴⁹ En 1911, la cabecera municipal de Acayucan sufrió más agitación que el resto del sur. Al igual que en 1906, la sierra de Soteapan y su población indígena, profundamente oprimida, dieron refugio a las filas rebeldes que reunieron suficiente fuerza antes de liberar Sayula, Jaltipan, Texistepec, Oluta y, finalmente, la propia Acayucan que cayó ante 650 rebeldes en junio.⁶⁵⁰

Un patrón similar se manifestó en 1912. En la meseta, la rebelión se cimentó sobre el legado revolucionario del año anterior: Gavira se levantó en armas (sin éxito) en el municipio de Misantla; Tapia se dirigió al oriente y apoyó al gobernador Hidalgo de Tlaxcala en su lucha contra los conservadores locales; Bertrani y otros se unieron a la revuelta vazquista que, en febrero, "adquirió proporciones alarmantes" en los alrededores de Teziutlán. Hacia fines de ese año, algunos observadores detectaron otra vez "una conjura revolucionaria... ramificada en la meseta de Puebla y Veracruz".⁶⁵¹ Todos estos desafíos a la autoridad fueron sofocados. Pero, ante la derrota, continuó el llamado bandidaje. Los bandoleros atacaron al Ferrocarril Mexicano, causando el temor entre los empresarios españoles de Córdoba; se mantuvieron activos en los alrededores de Teziutlán, donde contaban con el permiso tácito de algunas autoridades locales: 80 bandidos entraron en Coatepec, la rica región cafetalera, y liberaron a sus compañeros capturados (y a un buen número de otros prisioneros) de la cárcel de la ciudad.⁶⁵² En consecuencia, el gobierno no atrajo simpatías cuando envió fuerzas veracruzanas a combatir en Morelos ya que "los merodeadores aún están presentes y activos en muchas partes del estado".⁶⁵³

Mientras tanto, en las tierras bajas tropicales, donde la rebelión organizada estaba en desventaja, el bandidaje se convirtió en la principal forma de protesta. Durante la primavera y el verano de 1912 hubo "informes alarmantes" sobre los saqueos perpetrados por bandidos y merodeadores indígenas; los bandoleros operaron a pocos kilómetros del puerto de Veracruz en desafío

---

⁶⁴⁹ Covarrubias, *Mexico South*, pp. 22 y 24-29; Foster, *A Primitive Mexican Economy*, pp. 14-15 y 109; Katz, "Labor Conditions", pp. 19-22; González Navarro, *Vida social*, p. 244; Bernaldo de Quirós, *Bandolerismo*, pp. 370-375; Falcón, *El agrarismo*, p. 29; Fowler, *Agrarian Radicalism*, pp. 9-12. Como evidencian estos dos últimos estudios, el corazón del agrarismo en Veracruz se encontraba en el norte; Acayucan y Los Tuxtlas tenían una historia agraria y revolucionaria por separado.

⁶⁵⁰ Véanse los informes de Pedro Carbajal y Guadalupe Ochoa, los líderes rebeldes locales, a Robles Domínguez, junio de 1911, y de Colmenares Ríos al mismo, 13 de junio, AARD 25/180, 183, 185, 188, 192, 215 y 218.

⁶⁵¹ Gavira, *Actuación*, pp. 58-60; Buve, "Peasant Movements", p. 133; Burke, Jalacingo, 25 de septiembre de 1912, SD 812.00/5209 (Burke se había unido a la sociedad local y estaba muy al tanto de los sucesos).

⁶⁵² Lawrence, Potrero, 23 de agosto; Pennington, Omealco, 20 de septiembre; Burke, Jalacingo, 25 de septiembre; Canada, Veracruz, 22 de junio y 23 de agosto de 1912, SD 812.00/4779; 5191, 5209, 4273, 4779, De Szyszlo, *Dix mille kilomètres*, pp. 39 y 80, describe la escena.

⁶⁵³ Canada, Veracruz, 22 de julio de 1912, SD 812.00/4499.

del indolente cuartel federal en el puerto.[654] En el sur, las llanuras pantanosas de Tierra Blanca se vieron "infestadas" por el bandidaje; Panuncio Martínez asaltó las haciendas de Tezonapa (y continuó con sus huestes, a pesar de que el gobierno lo había sobornado para obtener su rendición).[655] Pero la zona más afectada fue la que se extiende a lo largo de los ríos que desembocan en el Golfo, entre Cosamaloapan y el Istmo: alrededor de Chinameca, donde Tomás Hernández (un supuesto orozquista) realizó asaltos asesinos desde su base en la hacienda de Coscopa; más hacia el interior, en Playa Vicente, Achotal, Santa Rosa y Sochiapa, en pueblos y plantaciones que se habían instalado en selvas frecuentemente inundadas, los bandidos iban y venían con aparente impunidad.[656] En algunos casos, los bandidos y hacendados lograron una suerte de simbiosis. La larga carrera de Panuncio Martínez (que implicó repetidas amnistías, reincidencias y cambios de filiación política) se basó en una relación de trabajo con los hacendados de Tezonapa. Los bandidos de esta naturaleza no necesariamente eran queridos por los terratenientes, pero al menos eran parásitos tolerados que, al igual que los virus de una enfermedad endémica, no mataban a sus anfitriones, podían combatir a otros parásitos más virulentos y, en algunos casos, eran preferibles al antídoto de la intervención del gobierno. Sin embargo, esta forma parasitaria relativamente benigna podía, con el tiempo, debilitar las fuerzas vitales del sistema de las haciendas. Es obvio que resultaba más perturbador el bandidaje social. A fines del verano de 1912 prevaleció una calma poco usual en los alrededores de San Juan Evangelista, centro de la región sur del bandolerismo. Pero un contingente se mantuvo activo, según explicó un hacendado: "... al parecer es un asunto local... no salen de cierto vecindario y [esto] está causado porque el gobierno local les quitó sus tierras para anexarlas a la gran hacienda de Corral Nuevo... [por lo tanto] durante años han existido problemas aquí y pienso que siempre existirán a menos que el gobierno los mate a todos o les devuelva las tierras que exigen".[657] Río arriba, en Playa Vicente y Tatahuicapa, los bandidos se encargaron de deponer y nombrar nuevos funcionarios; en Playa Vicente, su cabecilla (notable por su ordenada conducta) fue nombrado alcalde; en Tatahuicapa, donde se observó un cambio similar, "incuestionablemente los asaltantes recibieron ayuda y comodidades de la gente de la localidad de este pueblo".[658]

A pesar de que la rebelión "política" estuvo ausente en gran medida, y que parte del bandolerismo endémico era claramente "antisocial" y apoyaba al *statu quo*, el efecto acumulativo de estos desafíos dispersos en contra del

---

[654] Canada, Veracruz, 26 de marzo, 12 y 17 de abril y 23 de agosto de 1912, SD 812.00/3387, 3583, 3631, 4779.

[655] Harvey, Tezonapa, 2 de agosto, Dennis, Tierra Blanca, 15 de mayo de 1912, SD 812.00/ 4779.

[656] Haskell, Salina Cruz, 30 de abril; Iglesia, Tatahuicapa, 31 de mayo de 1912, SD 812.00/3851, 4779.

[657] Abrahams, Bella Vista, 20 de septiembre de 1912, SD 812.00/5191.

[658] Iglesia, Tatahuicapa, 31 de mayo de 1912, SD 812.00/4779.

gobierno se tornó en algo serio. A pesar de todos los despliegues de actividad, las autoridades "son, al parecer, impotentes. Las depredaciones pueden esperarse u ocurrir la mayoría en cualquier momento en todo el estado".[659] Como era frecuente, los federales mostraron poco entusiasmo en sus campañas en el campo, y los débiles cuarteles permitieron que los bandidos se acercaran e incluso penetraran en los pueblos y ciudades. Las amnistías, aunque frecuentes, no resultaron ser más eficaces en el control del bandidaje: costaban dinero, comprometían la reputación del régimen y eran simples soluciones a corto plazo pues la reincidencia de los bandoleros indultados era excepcionalmente elevada.[660] Mientras tanto, los hacendados comenzaron a detectar cambios en el ánimo de la gente de la localidad, particularmente entre sus peones. Se observó "un sentimiento de independencia en el pueblo" de Tierra Blanca, que se rehusó al pago de impuestos y el gobierno no llevó a cabo acción alguna en respuesta; en San Gabriel, "generalmente hay un sentimiento de inquietud y descontento entre la clase trabajadora".[661] Por desgracia, estas observaciones resultan vagas, pero las implicaciones prácticas del bandidaje y el descontento fueron evidentes. El pueblo indígena de Oluta, cercano a Acayucan, había figurado en la ruta revolucionaria de Pedro Carbajal en 1911. Éste había adoptado los procedimientos habituales, instalando a nuevos funcionarios aceptados por la gente.[662] Sin embargo, Oluta era la fuente principal de mano de obra de la hacienda de Tezonapa, cuyo administrador asistía a la feria anual del pueblo a mediados de junio con el fin de asegurar la contratación de trabajadores para el resto del año. En 1912, esa conocida rutina pareció desplomarse; después de los acontecimientos revolucionarios del año anterior, el distrito había caído víctima de los bandidos, especialmente del malhechor (así era considerado) Antonio Pavón Gallegos, y del bandolero más ordenado Panuncio Martínez. El gobierno se había visto obligado a reducir las fuerzas del destacamento local y, en junio de 1912, todo señalaba que las reduciría aún más. El administrador de la hacienda estaba indignado y protestó, diciendo "somos bien conocidos y nos hemos ganado la confianza total de los indígenas... [ya que] el trato justo y humano ha caracterizado invariablemente nuestras relaciones con ellos"; sin embargo, temía que si "esta fuente de terror" (el destacamento local) desaparecía, traería consigo el fin del buen funcionamiento de la contratación laboral. Sin tropas

---

[659] Canada, Veracruz, 27 de abril de 1912, SD 812.00/3748 (aunque el cónsul Canada era afecto a las lamentaciones).

[660] Canada, Veracruz, 16 y 23 de agosto de 1912, SD 812.00/4549, 4779; en el verano de 1912, se atribuyó el momento de calma a la derrota de Orozco y al hecho de que, por lo pronto, los bandidos indultados, "estaban a salvo y estaban fingiendo estar del lado del gobierno"; Gould, San Gabriel, 22 de septiembre de 1912, SD 812.00/5191.

[661] Dennis, Tierra Blanca, 20 de septiembre, Gould, San Gabriel, 22 de septiembre de 1912, SD 812.00/5191.

[662] J. Mercader, presidente municipal, Oluta, a Robles Domínguez, 1º de junio de 1911, AARD 25/185.

no habría peones. En este caso, la abstracción de la "coerción extraeconómica" aparece plenamente representada.⁶⁶³

Es evidente que el fracaso de las autoridades podía provocar irrupciones de naturaleza más violenta. El administrador norteamericano de la hacienda Esmeralda, también en el distrito de Acayucan, murió degollado por "tres o cuatro nativos"; y, a pesar de la detención del cabecilla, no se consideraba que fuera posible tomar medidas que garantizaran la vida y las propiedades en la región, pues las autoridades locales estaban "seriamente debilitadas".⁶⁶⁴ Más aún, esto era sólo el principio. En los años siguientes hubo quejas debidas a la anarquía, la violencia y la proliferación del descontento; regiones como Los Tuxtlas ganaron fama debido a sus "notorias intrigas… sus interminables historias de injusticia… y terribles recuentos de asesinatos, asaltos y emboscadas".⁶⁶⁵ Por otra parte, esta violencia se retroalimentaba en la medida en que los terratenientes llevaban a cabo venganzas en contra de bandidos, bandoleros sociales y agraristas inconformes. Ya en 1912, los terratenientes anhelaban la represión: "una buena paliza haría mucho bien a esta gente", comentó uno de ellos; "lo mejor sería fusilarlos —aconsejó otro—, pues los efectos serían definitivos".⁶⁶⁶ Local y nacionalmente, la campaña en favor de la represión se manifestó cada vez con mayor elocuencia.

En la medida en que el foco cambió de la altiplanicie central hacia el Istmo y el sureste, la amenaza popular a la hacienda, y a la autoridad en general se debilitó, sin que llegara a ser insignificante. En este aspecto, el estado de Tabasco marcó una especie de parteaguas: los distritos occidentales presentaron paralelismos con respecto al sur de Veracruz, mientras que el oriente anunció la calma relativa de Campeche y Yucatán; esta división fortalece aún más nuestra hipótesis sobre la ecología de la revolución. La actividad revolucionaria de 1911 se desplegó en dos concentraciones principales: una primaria, que se extendió desde La Chontalpa y el río Grijalva, pasando por los municipios de Huimanguillo y Cárdenas, hasta la localidad costera de Paraíso; y otra, secundaria, ubicada en el enclave chiapaneco que contiene Reforma y Pichucalco y que, en términos de la geografía revolucionaria, pertenece tanto a Tabasco como a Chiapas. En cambio, en las zonas menos pobladas, al oriente de Tabasco —donde el Grijalva y el Usumacinta desembocan en el Golfo—, imperó la calma debido a razones que explicaremos en breve. Aunque, como se ha señalado, las disputas agrarias jugaron un papel importante en la zona occidental, el origen de la revuelta obedeció a otros motivos y reflejó la naturaleza de esta sociedad rural, caracterizada por una población relativamente reducida y cambiante (las grandes concentraciones se asentaron a lo largo de las orillas de los ríos), así como por la ausencia de comuni-

---

⁶⁶³ Harvey, Tezonapa, 2 de agosto de 1912, SD 812.00/4779.
⁶⁶⁴ Haskell, Salina Cruz, 17 de abril de 1912, SD 812.00/3729.
⁶⁶⁵ Covarrubias, *Mexico South*, pp. 29 y 30-37.
⁶⁶⁶ Gould, San Gabriel, 22 de septiembre, Iglesia, Tatahuicapa, 31 de mayo de 1912, SD 812.00/5191, 4779.

dades estables y la coexistencia de numerosas rancherías pequeñas al lado de las plantaciones de plátano y cacao. Los observadores comentan también acerca de los frecuentes "homicidios que se llevan a cabo en estas comunidades extremadamente individualistas y dispersas".[667] Una sociedad así tenía más rasgos en común con el Bajío que con Morelos; pero mostró un parecido aún mayor con el *sertão* brasileño, donde la violencia (y, por supuesto, el bandidaje) florecieron entre las comunidades caracterizadas por la anomia de la frontera del noreste.[668]

Así, al término de la revolución de Madero, los saqueos y rencillas continuaron; los veteranos maderistas temían (y sufrieron) represalias de los seguidores del antiguo régimen; los hacendados descubrieron que la "'falta absoluta de garantías" dificultaba la vigilancia de sus propiedades y la contratación de mano de obra.[669] Durante los conflictos de 1912 nuevamente cobraron importancia los mismos municipios. Huimanguillo y Cárdenas fueron "los centros de casi todos los movimientos revolucionarios en este estado"; el primero, particularmente, fue el principal "foco de revolucionarios" y ahí el descontento se consideró "endémico". A principios de 1913 se esperaban nuevos brotes en Huimanguillo, Cárdenas y Paraíso.[670] Los bandidos rebeldes entraron en los mismos pueblos y comunidades: Jalpa, Pichucalco, Reforma y Teapa, "lugares... dejados del centro y eternamente amagados por elementos de desorden".[671] Sin embargo, las noticias acerca de la derrota de Orozco provocaron que estos brotes se tornaran esporádicos y aislados, y no dieron muestras de consolidarse en una rebelión organizada.[672] El gobernador del estado mantuvo el control de la situación, a pesar de su falta de popularidad y de su supuesto fracaso para cumplir las promesas políticas (por ejemplo, con respecto a la reforma agraria); incluso, en mayo de 1912, envió a los rurales reclutados en la región a combatir a Orozco en Chihuahua, gesto que quizá indicaba confianza pero que tuvo el efecto de atraerle las mayores antipatías.[673] Pero si bien es cierto que las pequeñas bandas insurgentes no representaban una amenaza grave y sostenida contra el régimen, sí pudieron

---

[667] Sanders, "Settlement Patterns", pp. 68-69.

[668] Forman, *Brazilian Peasantry*, pp. 222-225.

[669] De D. Magaña a Gobernación, 11 de julio de 1911, a Madero, 1º de enero de 1912; de I. Cortés y J. Valenzuela a Gobernación, 23 de septiembre de 1911; AG 14.

[670] Lespinasse, Frontera, 18 de marzo, 8 de junio, 4 de julio de 1912 y 10 de enero de 1913, SD 812.00/3447, 4238, 4354, 5925; anón. "Situación política del estado de Tabasco"; Fabela, DHRM, RRM, IV, pp. 273 y 275.

[671] De R. Hernández al gobernador Mestre Ghigliazzi, 5 de diciembre de 1912, AG 889; Lespinasse, Frontera, 13 de julio de 1912, SD 812.00/4417.

[672] Lespinasse, Frontera, 8 de junio de 1912, SD 812.00/4239.

[673] "Existen sentimientos muy hostiles contra el gobernador que, se dice, no ha llevado a cabo sus promesas inaugurales, relativas a los problemas agrarios que afectan a Tabasco": entre estas promesas estaba la de "proteger al pequeño propietario contra la rapacidad de los terratenientes": Lespinasse, Frontera, 23 de febrero y 23 de agosto de 1912, SD 812.00/3233, 4856; véanse, también, del mismo, 8 de abril, 16 y 18 de mayo, 31 de julio, 21 de septiembre, 18 de diciembre de 1912 y 8 de febrero de 1913, SD 812.00/3649, 4081, 3944, 4530, 5011, 5783, 6204.

coordinar ataques repentinos y, en ocasiones, espectaculares, del tipo que sólo en raras ocasiones había logrado perturbar la *Pax Porfiriana*.[674] En Jalpa, el jefe político y tres policías fueron asesinados por los bandidos, quienes subrayaron sus intenciones al atacar las oficinas estatales y federales, absteniéndose de molestar al resto de la comunidad.[675] Casi al mismo tiempo, el bandido Pedro Padilla lanzó un osado ataque al puerto de Frontera, donde saqueó los comercios y la aduana, secuestró una lancha y, después de esperar a que los estibadores cargaran la nave de carbón, se despidió "gentilmente con un ademán del sombrero y se dirigió a la sorprendida muchedumbre, diciendo 'Adiós, simpática población' y ordenó avanzar a toda velocidad por las aguas del río hacia el Golfo de México".[676] El mismo día, "una facción tabasqueña" atacó Pichucalco e incitó a una invasión a Chiapas, la cual fracasó no obstante estar bien armada.[677]

Se decía que Padilla (conocido como un "pequeño propietario") estaba en la nómina de antiguos porfiristas, como el ex gobernador Policarpo Valenzuela que se dio a la tarea de desprestigiar al régimen maderista en el estado.[678] Es indudable que los terratenientes y políticos se aliaron a ciertos bandidos (el jefe de Frontera estaba en contubernio con Padilla; y ya hemos señalado que, en un nivel superior, la élite de Chihuahua coqueteó con el orozquismo); por su parte, los bandoleros no se mostraron contrarios a este tipo de alianzas. Sin embargo, sería un error clasificar a todos los bandidos bajo el rubro de mercenarios o lacayos y despojarlos de todas sus características "sociales"; así como también sería erróneo atribuirle maquinaciones porfiristas a todo el bandidaje de 1912, tal como algunos han hecho.[679] Es inconcebible que, como regla general, "los terratenientes ayudaran y protegieran a los bandidos cuyos seguidores habrían de saquear sus propias tierras"; esto hubiera sido una *politique du pire* que sobrepasaría al más loco de los revolucionarios sin mencionar a los conservadores que admiraban la *Pax Porfiriana*.[680] En cambio, se reconocía ampliamente que el sistema de haciendas y las autoridades que lo apoyaban se enfrentaban a una severa amenaza que, si bien aún estaba contenida, no podía ser ignorada. Y, al igual que en el norte, los instrumentos tradicionales de control resultaban inútiles. Los rurales bajo el mando del "ebrio consuetudinario" y antiguo rebelde Pedro Sánchez Magallanes, bebían y peleaban en Paraíso. En marzo de 1912, los ru-

---

[674] Lespinasse, Frontera, 4 y 13 de julio de 1912, SD 812.00/4354, 4417.

[675] Lespinasse, Frontera, 17 y 18 de julio de 1912, SD 812.00/4439, 4502.

[676] Lespinasse, Frontera, 2 de julio (dos veces) y 8 de julio de 1912, SD 812.00/4346, 4378, 4469.

[677] Del gobernador Guillén a Madero, 20 de julio de 1912; Fabela, DHRM, RRM, IV, p. 44.

[678] Lespinasse, Frontera, 8 de julio de 1912, SD 812.00/4469; informe anónimo en Fabela, DHRM, RRM, IV, pp. 273-275.

[679] Cf. Vanderwook, *Disorder and Progress*; Edward I. Bell, *The Political Shame of México*, Nueva York, 1914, pp. 215-233 (libro que puede ser útil en otros aspectos, *e. g.*, cuando presenta el escenario político y periodístico de la Ciudad de México).

[680] Bell, *The Political Shame*, p. 219.

rales atacaron dos haciendas de Policarpo Valenzuela. Ahí derribaron las puertas, rompieron escritorios, destrozaron muebles y abrieron las cajas de caudales.[681] En julio, un "alcalde autonombrado" (se ignora si era rural o rebelde) atacó Pichucalco; y en noviembre, las fuerzas encargadas de imponer la ley, enviadas al mismo pueblo (debido a desórdenes menores), se amotinaron bajo los efectos del alcohol y asesinaron a uno de sus oficiales.[682] No sorprende que el gobernador del estado haya experimentado alivio ante el retiro de estas fuerzas: el "famoso 45° Batallón de Rurales" salió de Frontera (probablemente para dirigirse a Chihuahua). Entre plegarias, el joven y poético gobernador suplicaba: "¡quiera el cielo que otros aires [...] lo disciplinen y lo hagan verdaderamente digno de su noble ocupación".[683] Las tropas federales regulares eran más confiables, pero el reducido destacamento que se encontraba en los pueblos amenazados —Frontera, Huimanguillo, San Juan Bautista— "es apenas suficiente para la conservación del orden en aquellas localidades". Por lo tanto, se solicitaron más tropas, la sustitución del gobernador por alguien más enérgico, e incluso se pidió el establecimiento de un gobierno militar.[684]

Estas peticiones, altamente significativas en el futuro, indicaron la ansiedad de los terratenientes de la zona. Sin embargo, la incidencia de la rebelión y el bandidaje en el sur fue desigual, y algunos hacendados se mostraron relativamente despreocupados; sin embargo, cualquier hipótesis sobre la ecología de la revolución debe tomar en consideración tanto las regiones tranquilas como aquéllas donde surgieron las revueltas. "Una explicación que se basa sólo en los casos donde algo sucede", señala Tilly, "puede atribuirle importancia a condiciones que, en realidad, eran comunes en casos donde nada sucedió".[685] Y es indudable que hubo regiones donde "nada sucedió", donde, en otras palabras, o bien sobrevivió la legitimidad del antiguo orden o bien la represión sofocó cualquier protesta en potencia. Un testigo que observó tanto las tierras altas cercanas a Teziutlán como la zona tropical de Veracruz, desde Misantla hasta la costa de Nautla, pronosticó: "no hay peligro alguno de movimientos revolucionarios entre esta gente que habita en la tierra caliente", ya que, comparada con los habitantes de las montañas del área, "la gente es de un tipo enteramente diferente... no tiene tiempo para mezclarse en política y, por regla general, es ardiente defensora del gobierno establecido".[686] Ésta es una generalización amplia y vaga; no obstante, es producto de

---

[681] De D. Magaña a Madero, 1° de enero de 1912; de J. Casasús a Gobernación, 6 de abril de 1912, AG 14.

[682] Del gobernador Guillén a Madero, 20 de julio de 1912; Fabela, DHRM, RRM, IV, p. 44; Lespinasse, Frontera, 3 de noviembre de 1912, SD 812.00/5489. En este caso, los delincuentes eran federales.

[683] Del gobernador Mestre Ghigliazzi a Madero, 18 de mayo de 1912; Fabela, DHRM, RRM, III, p. 395.

[684] Informe anónimo, Fabela, DHRM, RRM, IV, pp. 274-275.

[685] Tilly, *Rebellions Century*, p. 12.

[686] Burke, Jalancingo, 25 de septiembre de 1912, SD 812.00/5209.

los acontecimientos. La sierra, como se ha destacado, era más fértil en lo concerniente a rebeliones sostenidas. En cambio, los productores de café en Misantla (a diferencia de los del sur de Veracruz) mantuvieron prácticamente intacta su autoridad paternalista; en la primavera de 1912, la región no dio apoyo a los rebeldes de Gavira, y cuando la revuelta llegó a Misantla, dos años después, los propios terratenientes lucharon por defender sus propiedades y su dominio.[687]

En la parte sur del estado se observaron contrastes similares: los problemas en torno a Los Tuxtlas, por ejemplo, contrastaron con la calma prevaleciente a lo largo del río Papaloapan, "en los distritos huleros donde... los norteamericanos continúan sus actividades... recolectando hule y devastando tierras"; ahí se resistió al contagio de la rebelión, importada del exterior: "los peones ganan buenos salarios, desde un peso diario o más, y entre esta clase es difícil encontrar seguidores de cualquier movimiento político o revolucionario".[688] Al asumir que estos informes son confiables (y no hay razón para pensar que sus autores hayan querido desvirtuar los hechos deliberadamente), es posible considerarlos como prueba tanto de la resistencia de los peones al llamado revolucionario, como de la proclividad (en ciertas circunstancias) de los patrones norteamericanos a asegurarse mano de obra por medio de incentivos económicos, fortaleciendo así esa resistencia. Es posible inferir que las "ciertas circunstancias" en cuestión, fueron aquellas en las cuales las nuevas haciendas aparecían como fuentes de empleo bien recibidas, capaces de contratar mano de obra voluntaria, en vez de ser agentes de la expropiación agraria; más aún, los informes indican que "muchos pequeños agricultores" se mantuvieron activos en la región, sin verse afectados por los intereses huleros, salvo por el hecho de que éstos creaban empleos y, quizá, mercados.[689] No obstante, es necesario diferenciar la estabilidad que se origina en la legitimidad —en ausencia real de conflictos— de la estabilidad impuesta mediante la represión, a pesar de que no resulte fácil establecer esta diferencia empíricamente. Los problemas —ya mencionados— en el occidente de Tabasco, contrastan con la paz y el orden imperantes en los municipios orientales, que colindan con Campeche y Chiapas: Jonuta, Montecristo, Balancán, Tenosique y Macuspana (municipalidades cuya experiencia en la actividad rebelde estuvo limitada a los escapes ocasionales y precipitados a refugios guatemaltecos).[690] Si bien la región tenía comunidades campesinas que reclamaban tierras (como en Jonuta), éstas no eran sino islas en un mar virgen y recientemente establecido de plantaciones extranjeras destinadas a la ex-

---

[687] Gavira, *Actuación*, pp. 60-61; Flandaru, *Viva Mexico!*, pp. 63-67, sobre el paternalismo de los cafetaleros.

[688] Spillard, El Naranjal, 20 de septiembre de 1912, SD 812.00/5191; y Seig, Chacaltianguis, 19 de septiembre, misma referencia.

[689] Spillard, El Naranjal, 20 de septiembre de 1912, SD 812.00/5191.

[690] Lespinasse, Frontera, 18 de mayo de 1911, 28 de julio y 8 de septiembre de 1912, SD 812.00/ 2016, 4599, 5019.

portación de maderas o frutas tropicales.⁶⁹¹ Ahí, la evidencia apunta más hacia una estabilidad resultante del control y la represión; Francisco Múgica, quien más tarde sería gobernador de Tabasco, no incurrió en una hipérbole ramplona, al afirmar que "los indígenas del estado [...] eran entre todos habitantes República [sic], [...] de los más esclavizados".⁶⁹² En esa región proliferó una forma opresiva del sistema del peonaje endeudado, incluso en las plantaciones norteamericanas; y fue particularmente severo en las monterías, donde —como sugieren las novelas de B. Traven— "los trabajadores... [fueron] tratados como esclavos desde tiempos inmemoriales".⁶⁹³ Es posible que la ausencia de informes acerca de rebeliones y bandidaje en esa zona, sea un reflejo de la pobreza de fuentes o bien de la tranquilidad entre los peones; pero lo que resulta indudable es que, antes del arribo de las fuerzas revolucionarias desde el exterior, el control de los hacendados era formidable y se encontraba libre de cualquier amenaza seria.

Lo mismo se aplica, a grandes rasgos, al resto del sureste mexicano, particularmente al estado de Yucatán. Ahí, la breve tormenta de 1910-1911 fue aplacada a costa de unos cuantos cambios políticos de poca importancia. Cabe señalar que en Chiapas surgió una crisis política más seria que, a su vez, facilitó un cierto grado de intranquilidad social, cuando los bandidos atacaban y los peones huían de las haciendas.⁶⁹⁴ Sin embargo, el orden social permaneció intacto y, en muchos aspectos, no sufrió amenaza alguna. En Yucatán la producción henequenera se mantuvo libre de problemas y las exportaciones desde Progreso aumentaron durante el periodo de Madero.⁶⁹⁵ En Chiapas, la cosecha de café de 1912 no sufrió contratiempos.⁶⁹⁶ Continuaron los antiguos abusos: los yaquis deportados languidecieron en las plantaciones de Yucatán y Campeche; los capataces españoles en las monterías de Chiapas continuaron azotando a los peones, y los terratenientes mantuvieron su práctica de intercambiarlos como esclavos.⁶⁹⁷ Los esfuerzos de los peones por mejorar su situación fueron escasos y no lograron éxito. En Yucatán, un obser-

---

⁶⁹¹ Cossío Silva en C. Villegas, *Vida económica*, pp. 45, 50-51 y 53; M. y Campos, *Múgica*, pp. 95-101.

⁶⁹² De Múgica a Carranza, 27 de junio de 1916, en María y Campos, *Múgica*, p. 99; González Navarro, *Vida social*, pp. 210, 222 y 224.

⁶⁹³ De Madero al gobernador Mestre Ghigliazzi, 25 de julio de 1912, AFM, r. 12; Benjamin, "Passages", pp. 102-103, aunque aquí la supuesta severidad del peonaje endeudado practicada por los hacendados norteamericanos, no es apoyada en realidad por la evidencia presentada.

⁶⁹⁴ Benjamin, "Passages", pp. 127-130.

⁶⁹⁵ Young, Progreso, 21 de marzo, 18 de abril y 5 de junio; Gracey, Progreso, 18 de septiembre; Germon, Progreso, 20 de noviembre de 1912; SD 812.00/3444, 3750, 4239, 5111, 5670. *Mexican Year Book, 1914*, señala que las exportaciones desde Progreso fueron de 20.9 millones de pesos de julio de 1911 a junio de 1912; de 29.3 millones de 1912 a 1913; las importaciones en estos años fueron de 8.5 y 11.2 millones, respectivamente.

⁶⁹⁶ Porsch, Tapachula, 15 de marzo y 14 de septiembre; Brickwood, Tapachula, 11 de octubre de 1912; SD 812.00/3445, 5119, 5371.

⁶⁹⁷ De Juan Lara a Madero, 1º de junio y respuesta del 4 de julio de 1911, AFM, r. 20; de J. G. Rebollo a Madero, 12 de octubre de 1911, AFM, r. 21.

vador cauteloso señaló que, en la mayoría de los casos, el indio se encontraba "perdido en las fincas, ignorante del español, sin la más rudimentaria idea de la organización política del suelo en que vive y bajo la vigilancia estrecha de los administradores, que son a la vez autoridades municipales de las haciendas, [los indios] no pueden quejarse cuando son vejados".[698] Como resultado, las reclamaciones y los intentos modestos por llevar a cabo reformas, emanaron principalmente de la clase media, de los ladinos maderistas, en vez de derivarse de los propios indígenas (que, según uno de estos maderistas, eran los principales culpables pues, para empezar, se dejaban "enganchar"). Pero ni la difusión de estos abusos ni —en el caso de Chiapas— la aprobación de una legislación diseñada para eliminarlos (legislación de la cual había antecedentes ineficaces en el Porfiriato) lograron cambiar la situación del indígena, como tampoco modificaron los negocios de los hacendados.[699] Más aún, los terratenientes chiapanecos, además de organizar sus propias fuerzas rurales de defensa, contaron con el apoyo del régimen maderista reformista. El jefe en Tapachula, por ejemplo, "... continuó cumpliendo con sus promesas de ayudar a los terratenientes de todas las maneras posibles, y los propietarios y administradores informan que se realizan más intentos para darles apoyo en el manejo de sus peones que los efectuados en el pasado".[700] Así, la erosión del peonaje se debió más al mercado que al reformismo político. En Yucatán, los hacendados "de ideas más avanzadas" (así como los banqueros que adquirieron el control de algunas plantaciones), hicieron "esfuerzos modestos" por sustituir a los peones por trabajadores libres, pues consideraban que los segundos eran más redituables que los primeros; tendencias similares se observaron en Tabasco, al menos en regiones (como las de Frontera) donde la demanda de mano de obra era más elevada.[701] Poco tiempo después, una radicalidad política importada secundó y aceleró los efectos inexorables del mercado. Pero, por el momento, la hacienda y los terratenientes del sureste sobrevivieron, aún seguros, aunque en circunstancias más restringidas que en el pasado.

"Pro patria chica mori"

En apartados anteriores, se marcó una distinción fundamental entre la rebelión agraria y la serrana. La primera se basó en la recuperación de tierras (ejidales o de dominio franco) que habían pasado a manos de hacendados o caciques, y estuvo representada por movimientos de gran fuerza y convicción (los de Zapata, los Cedillo, Calixto Contreras y los indios yaquis) así como de numerosas protestas locales menores; todas, a pesar de sus diferencias organizativas y étnicas, respondieron a protestas comunes. Las rebeliones se-

---

[698] Flores, "Vida rural", p. 478.
[699] Benjamin, "Passages", p. 128.
[700] *Ibid.*, p. 128, cita al cónsul de los Estados Unidos en Tapachula; y p. 130.
[701] Flores, "Vida rural", pp. 479-480; informe anónimo en Fabela, DHRM, RRM, IV, pp. 275-276.

rranas reafirmaron la autonomía local: lucharon por el autogobierno y por liberarse de las imposiciones fiscales, políticas y de reclutamiento; estos rebeldes podían movilizar a comunidades enteras y crear amplios movimientos "policlasistas" que, a pesar de su capacidad militar, con frecuencia se mostraron oportunistas y políticamente ambivalentes. Sin embargo, es obvio que estas categorías corresponden a tipos ideales y que sus características particulares no fueron exclusivas en la práctica. Algunos movimientos serranos (como los que surgieron en el occidente de Chihuahua) contaban con claros elementos agrarios, si bien éstos no dominaron el movimiento tal como sucediera en Morelos. No obstante, de una manera más general, los rebeldes agrarios compartieron el deseo serrano de autonomía y autogobierno, aun cuando estos anhelos no fueron fines sino medios para obtener sus metas agrarias. Pero es indudable que lo mismo en el Chihuahua serrano que en el Morelos agrarista, "los hacendados y los ricos [...] los burócratas y los políticos eran los que necesitaban el gobierno; en los pueblos no hacía falta, se gobernaban solos".[702] Más aún, ambos movimientos fueron esencialmente populares y representaron las protestas amplias, colectivas y voluntarias en contra de los rasgos medulares del México del Porfiriato: comercialización y concentración de la agricultura por una parte, y, por la otra, construcción de un Estado fuerte y centralizado.

Los movimientos serranos precursores de la Revolución —especialmente aquellos surgidos en Chihuahua— asumieron un carácter radical, ya que su principal blanco (la oligarquía Creel-Terrazas) era parte profundamente integral de la clase hegemónica del Porfiriato. Sin embargo, con el transcurso del tiempo, el carácter radical y popular de la rebelión serrana se desvaneció. Los dirigentes serranos se mostraron dispuestos a conformarse con un caciquismo restaurado a la antigua usanza; un caciquismo más personal, local y probablemente más sensible a los intereses de la comunidad que el caciquismo nuevo y centralizador del Porfiriato: prefirieron más bien aquel que resistiera en vez de defender la integración política al Estado, que mantuviera sus rasgos jerárquicos y antidemocráticos, y que no contemplara reestructuraciones sociales de importancia. Los Figueroa, por ejemplo, lucharon por deponer a los caciques de Díaz, a los agentes de la centralización, e intentaron recrear el antiguo cacicazgo de Álvarez que databa del siglo XIX; los Orozco (padre e hijo) quizá acariciaban esperanzas similares y actuaron conforme a la vieja tradición del "grupo Papagochi" que había controlado el distrito de Guerrero en la década de 1880.[703] Al mismo tiempo, mientras estos movimientos precursores comenzaron a desplegar algunos de sus rasgos conservadores, surgieron nuevas generaciones de rebeldes serranos: la de 1911-1913 (que veremos en seguida), la de 1913-1914 y la de 1914-1920 (una generación particularmente numerosa y enérgica) que figuran más adelante en el pre-

[702] Warman, *Y venimos a contradecir*, p. 114.
[703] Jacobs, "Aspects", pp. 99-107, y "Rancheros", pp. 77-81 y 88; Beezley, *Insurgent Governor*, pp. 13-16.

sente libro. Todas estas generaciones fueron populares y se ganaron el apoyo genuino y voluntario de las masas; todas revelaron su vínculo serrano con la patria chica y su hostilidad a la interferencia externa. Pero la radicalidad social y el agrarismo que apareció en algunas de las rebeliones serranas tempranas estuvo ausente casi por completo, y muchos de estos movimientos parecieron adoptar formalmente programas conservadores o antirrevolucionarios. Cabe preguntarse entonces, por qué deben ser comparados con los movimientos populares (revolucionarios). ¿Acaso no se trataba de reaccionarios, tal como generalmente se clasificara a los felicistas de 1914-1920? O, en el mejor de los casos, ¿no se trataba de rebeldes débiles "no revolucionarios" (a la manera de los serranos oaxaqueños) que no merecen compararse directamente con, por ejemplo, Zapata?[704]

Primero es necesario aclarar que dichos movimientos diferían del zapatismo, de la misma manera en que las rebeliones serranas precursoras más radicales se distinguieron del zapatismo. Pero sería presuntuoso afirmar que, ante la ausencia relativa de la confrontación agraria y del conflicto de clases vinculado, las rebeliones populares fueran necesariamente más débiles o de importancia secundaria. Quizá sea causa de lamentaciones, pero las fuerzas populares se movilizaron claramente, con entusiasmo y energía, detrás de los caciques serranos locales, e incluso de los terratenientes, y lucharon denodadamente bajo su liderazgo. No obstante que en estas circunstancias la división de clases se tornara confusa y la conciencia de clase se diluyera, estos movimientos fueron extensos e importantes, y como tales merecen ser objeto de análisis histórico. Más aún, el hecho, en muchos casos, de no haber sido contemporáneos a la Revolución sino que tuvieran su desarrollo en los años subsecuentes como respuesta a la "lógica de la Revolución", no es motivo para ignorarlos y cabe recordar que la coalición revolucionaria victoriosa (imposible de ignorarse) fue, también, de último minuto y jamás pretendió alcanzar la categoría de veterana. Pero el argumento más fuerte para asimilar los movimientos serranos de distintas generaciones, y ostensiblemente de diferentes posturas políticas, yace en el rasgo común de sus enemigos (de nuevo, a pesar de las diferencias generacionales y políticas). Los serranos precursores de 1910-1911 combatieron a Díaz (y en éste y en otros ejemplos deben incluirse tanto a sus representantes como a sus "afiliados locales") y los de 1911-1913 lucharon contra Madero; en 1913-1914 Huerta fue el enemigo, y después de 1914 fueron el blanco los representantes del régimen constitucionalista-carrancista. Es evidente que la naturaleza del enemigo particular estaba vinculada con la ideología formal y la plataforma de cada rebelión. Necesariamente los oponentes de Díaz parecieron ser más radicales que los detractores de Carranza: en algunos casos lo fueron verdaderamente pero, y con frecuencia, estuvieron lejos de esta postura; por lo tanto, las declaraciones políticas divergentes podían ocultar la continuidad básica de la práctica revoluciona-

---

[704] *Cf.* Waterbury, "Non-revolutionary Peasants".

ria. Las similitudes que unen a movimientos como los de Gómez (1911), De la Rocha (1911), Lucas (1913), Meixueiro (1914) y Fernández Ruiz (1915), son más notorias que las diferencias que los apartan. Los rebeldes mapaches de Chiapas (1915), aunque conducidos por el hacendado Fernández Ruiz en oposición al régimen "revolucionario", se "rebelaron para defender a su patria chica de los abusos de los extraños"; y para ello contaron con amplio apoyo local y popular.[705] La segunda ola de revueltas serranas, también dirigida en contra del régimen "revolucionario" de Madero, fue similar. Y esta continuidad pudo lograrse —haciendo a un lado las diferencias políticas superficiales— gracias a la continuidad del Estado, bien fuera éste porfirista, maderista, huertista o carrancista. En México, al igual que en Francia, "la revolución creó un nuevo poder o, mejor dicho, éste creció casi de manera automática debido a los estragos causados por la propia revolución".[706] Las élites revolucionarias nacionales se mostraron tan codiciosas del poder como sus predecesoras del Porfiriato (la gran excepción fue la élite villista que, como veremos, mantuvo suficiente carácter popular serrano para desdeñar la oportunidad de tomar el poder nacional) y, como resultado, constantemente provocaron la resistencia serrana tal y como lo habían hecho los porfiristas en el pasado. La continuidad del Estado centralizador aseguró la continuidad de la revuelta serrana. No carece de importancia política que el estímulo para la revuelta fuera "conservador" (porfirista o huertista) o "revolucionario" (maderista o carrancista); sin embargo, esto no afectó el carácter fundamental de la respuesta serrana.

La segunda ola de rebeliones serranas, dirigidas en contra del régimen de Madero, se derivó de antiguas protestas (al igual que casi todas las rebeliones populares); pero éstas fueron generadas por dos factores más inmediatos: el debilitamiento de la autoridad, y la amarga lucha por el poder y el patrocinio que siguió a la caída de Díaz. El primer factor permitió que las antiguas luchas y resentimientos, reprimidos o conciliados por el dictador, brotaran a la superficie; el segundo factor las agudizó aún más o, en algunos casos, dio origen a nuevas causas de lucha entre el centro político y la periferia política. Éstas se mostraron en todos los niveles de la sociedad política, pero el presente análisis comienza con el nivel más bajo (el que más conjeturas causa), para proceder en forma ascendente. La revolución maderista abarcó y estimuló todo un espectro de conflictos locales que opuso a una comunidad contra otra (en vez de enfrentar, digamos, a las clases). Sin embargo, lo que aparece a primera vista como una lucha intercomunal, carente de importancia "económica" o de "clase", que sólo refleja los antagonismos tradicionales de una localidad, a menudo cambia de carácter al ser analizada con más cuidado. El ataque de la gente de Igualapa y Huehuetán a Ometepec no fue una mera rencilla intercomunal, como las practicadas por otras comunidades (de

---

[705] Benjamin, "Passages", p. 144.
[706] Alexis de Tocqueville, *L'Ancien Régime*, Oxford, 1962, p. 18.

la naturaleza de las que proliferaron en Morelos o en la sierra de Oaxaca); Ometepec era un asentamiento mestizo que había usurpado las tierras comunales de los indios de Igualapa y Huehuetán. En las cercanías, la lucha entre Jamiltepec y Poza Verde mostró una dimensión de clase similar, o en otras palabras, divisiones horizontales subyacentes en las escisiones ostensiblemente verticales entre las comunidades en conflicto.[707] De manera similar, cuando los yaquis descendieron de las montañas para asaltar el valle del río, no estaban entregados a la lucha tradicional de serranos en contra de llaneros (como ocurrió en la región central de Oaxaca); luchaban por recuperar sus tierras tribales recientemente perdidas.

Los combates entre pueblos o entre regiones, se derivaron de conflictos fundamentalmente agrarios en los que un actor interpretaba el papel del terrateniente. Pero éste no fue el caso más común, incluso en aquellas circunstancias en donde la pobreza de las fuentes oculta las relaciones subyacentes. Los conflictos entre pueblos fueron muy frecuentes en el Morelos prerrevolucionario, pero después de 1911 éstos se perdieron en la lucha conjunta en contra de los hacendados: "Personas de lugares tradicionales rivales, como Santa María y Huitzilac, habían muerto defendiéndose unas a otras, y esto tendió lazos de estrecha simpatía entre los supervivientes".[708] En otros sitios, a falta de agrarismo, floreció la polarización de clases (de la misma naturaleza de la que condujo a los surianos a hundirse en sus viejas rivalidades). En ocasiones estas luchas parecieron desprovistas de cualquier sentido contemporáneo: eran herencia de antiguas generaciones (algunas, en Oaxaca, remontaban sus orígenes a la época precolombina) y se habían fijado en la memoria colectiva de ciertas comunidades.[709] Al parecer, los hombres de Ixtepeji pelearon con sus vecinos sólo porque siempre habían luchado en el pasado (y si los ejemplos comparables en Europa resultan de alguna utilidad, cabe señalar que no fue un antagonismo económico anterior y distante el origen de las rencillas; es posible que la causa estuviera en acontecimientos "conjeturales" de importancia relativamente menor).[710] Pero entre estos dos extremos (la lucha por la lucha misma y la lucha derivada de un conflicto agrario) había un amplio terreno intermedio en el cual es posible localizar a movimientos serranos grandes y pequeños. En otras palabras, los conflictos intercomunales e interregionales reflejaron un sentido básicamente *político* que estuvo condicionado por el crecimiento del Estado (especialmente del Estado del Porfiriato) y las desigualdades y abusos que este desarrollo alentó.[711] Las rebeliones resultantes fueron típicamente "policlasistas", no

---

[707] Véase cap. VIII.

[708] Womack, *Zapata*, p. 225.

[709] Schmieder, *Tzapotec and Mije*, pp. 13 y 23; Nahmad, *Los mixes*, pp. 39-40; Beals, *Mexican Maze*, p. 15.

[710] Kearney, *Winds of Ixtepeji*, pp. 28-29; *cf.* Le Roy Ladurie, "The 'Event'", pp. 128-129.

[711] Fue precisamente el rápido y ubicuo crecimiento del Estado porfiriano —que, tal como sucedió, llegó tras décadas de un gobierno central ineficiente— lo que generalizó, después de

obedecieron de manera fundamental a motivos económicos y estaban centradas principalmente en debilitar las gruesas capas del poder del Estado.

La revolución maderista desató numerosas querellas locales de esta naturaleza. Atlacomulco (Méx.), liberado por López Jiménez, intentó deshacerse del dominio político y fiscal de El Oro, cuyos funcionarios lucharon por impedirlo.[712] En Puebla (nuevamente, después de una liberación local), Tehuizingo disputó con Tuzantlán la condición de municipio. Ninguno deseaba continuar bajo el rubro de rancho y ambos pelearon por el control de los archivos locales, quizá la causa original de la reyerta.[713] Los habitantes del puerto de Mazatán en Chiapas ("cuya reputación no es particularmente buena y tienen fama de albergar una clase turbulenta sin paralelo en los distritos agrícolas de tierra adentro"), abrigaron resentimientos en contra de las autoridades de Tapachula, cabecera local; en junio de 1912, los porteños, dirigidos por un antiguo oficial ofendido, entraron en Tapachula con la intención, según se decía, de "asesinar al jefe, cobrar venganza con ciertas familias prominentes y saquear los bancos Nacional y Oriental".[714] De ser cierta esta observación, cabe añadir que las intenciones no se cumplieron. El jefe de Tapachula opuso resistencia con fuerzas voluntarias, seis de los "bandidos" de Mazatán fueron capturados y el resto se dispersó; las fuerzas de Tapachula avanzaron por la costa, al amanecer ocuparon el pueblo recalcitrante y realizaron numerosas detenciones. Al igual que otros incidentes similares, éste permanece como un fragmento histórico, parte vívida de un mosaico perdido. A pesar de que existen pruebas circunstanciales de los resentimientos económicos en el lugar (Mazatán era un puerto en decadencia y una comunidad turbulenta),[715] éstas no justifican una explicación del conflicto en términos de clases; a reserva de investigaciones más detalladas, es necesario considerar el episodio conforme a las evidencias: la protesta colectiva de una comunidad en contra del dominio político de una cabecera impopular.

Resulta más fácil desentrañar conflictos análogos surgidos a niveles estatales y regionales. En el mismo estado de Chiapas, las ciudades rivales de San Cristóbal y Tuxtla Gutiérrez se disputaron la supremacía. La antigua ciudad colonial de San Cristóbal, centro de la economía de los indios chamulas y sede del obispado regional, había sido superada por Tuxtla que, a partir de 1892, se convirtió en la capital del estado; intentos subsecuentes por revertir esta decisión habían fracasado y fue en Tuxtla donde los dinámicos Rabasa, partidarios de la modernidad, habían construido su impresionante poder po-

---

1910, la rebelión serrana (un fenómeno lo suficientemente antiguo); por lo tanto, la hizo crucial para la Revolución.

[712] Del presidente municipal de Atlacomulco a Robles Domínguez, 1º de junio de 1911, AARD 15/74.

[713] De E. Martínez a Madero, 14 de agosto de 1911, con anexos, AFM, r. 19.

[714] Letcher, Tapachula, 11 de junio de 1912, SD 812.00/4282.

[715] En el pasado, Mazatán había proporcionado trabajadores (principalmente lancheros) para el puerto de San Benito; sin embargo, con la construcción del Ferrocarril Panamericano en los primeros años de 1900, el comercio de San Benito se hundió, y con él, la economía local.

lítico y económico.[716] Tuxtla contó con el apoyo de los sectores progresistas de las tierras bajas en el centro y con la región del Soconusco; San Cristóbal, por su parte, obtuvo la simpatía de regiones como Pichucalco y Comitán, las cuales resentían la centralización rabasista-tuxtleca y, para profundizar más la división existente, se aferraban a la institución del peonaje endeudado; San Cristóbal también contaba con el apoyo elocuente del obispo.[717] Es obvio que había intereses económicos en juego, pero éstos sólo formaban parte de una polarización regional más amplia que trascendió clases y movilizó tanto a las élites como a las masas en ambos lados de la divisoria geográfica. En todos estos aspectos, la facción de San Cristóbal se hundió en un regionalismo nostálgico que se adaptaba al patrón de la rebelión serrana: "no podía ver más allá de las tierras altas y de la gloria que su sociedad local había alcanzado algún día. Quería rechazar los cambios de los últimos veinte años".[718]

Durante la revolución maderista hubo poca actividad militar en Chiapas y los rabasistas mantuvieron el poder.[719] Incluso el nombramiento del nuevo gobernador interino, sólo sirvió para confirmar (a los ojos de los cristobalenses) "la continuación de [un] feroz caciquismo".[720] Pero en el siguiente periodo electoral, entre nombramientos y rumores acerca de conjuras, las dos facciones (ambas declaradas maderistas) se aliaron, movilizaron y pusieron en guardia una contra la otra: en un lado estaban los intereses de Tuxtla (la "camarilla tuxtleca", los "científicos" o "porfiriorreyistas de Tuxtla", como los llamaban sus enemigos); por la otra, los "depuestos" de San Cristóbal, calificados como agitadores clericales ignorantes por la élite en el poder.[721] En julio de 1911 se sofocó una revuelta cristobalense, y el verano estuvo teñido por conflictos político-electorales en los que triunfaron los intereses tuxtlecos. En respuesta, Juan Espinosa Torres organizó las fuerzas de San Cristóbal: reclutó indios chamulas y estableció cuarteles en las tierras altas; así se reunió una horda de 8 000 hombres (conforme a la definición de sus enemigos), que incluía a "kurikis, chamulas, lacandones, gigantes y pigmeos", y su movilización amenazó con provocar una "guerra de castas" semejante a la del decenio de 1860.[722] Se decía que, para lograrla, los líderes cristobalenses habían contado con el llamado del obispo y habían hecho promesas de distribuir tierras

[716] Benjamin, "Passages", pp. 41-42.
[717] *Ibid.*, pp. 77-78.
[718] *Ibid.*, p. 109.
[719] *Ibid.*, pp. 11-117; de L. Castellanos a Robles Domínguez, 31 de mayo de 1911, AARD 10/24; Brickwood, Tapachula, 19 de marzo y agosto de 1911, SD 812.00/1911, 2346.
[720] Benjamin, "Passages", p. 114.
[721] Brickwood, Tapachula, agosto de 1911, SD 812.00/2346; de M. Franco a Madero, 12 de octubre de 1911, Fabela, DHRM, RRM, II, pp. 152-157; Luis Espinosa, *Rastros de sangre. Historia de la revolución en Chiapas*, México, 1912, pp. 15-23.
[722] Benjamin, "Passages", pp. 117-120; de Franco a Madero, 12 de octubre de 1911; Fabela, DHRM, RRM, II, pp. 152-157; Casasola, *Historia gráfica*, I, p. 260, muestra que las historias de "gigantes y pigmeos" no eran del todo ficticias.

y de eliminar impuestos.⁷²³ Cuando las "hordas chamulas" capturaron Ixtapa, siguieron los patrones característicos de la revuelta popular, asesinando a los oficiales de la localidad; asimismo, cuando el pueblo de Alcalá se levantó en armas, destituyó al cacique residente y a sus seguidores, "destruyéndose las casas que adquirieron con el trabajo y sangre de los pobres".⁷²⁴ Pronto surgieron temores de que "la agitación se extienda o de que un movimiento revolucionario alcance a los trabajadores agrícolas y ponga en peligro la recolección de la cosecha de café" en el distrito del Soconusco; pero, los trabajadores de los cafetales se mostraron indiferentes al llamado de la rebelión serrana,⁷²⁵ pues está claro que tal era la naturaleza del movimiento de San Cristóbal. Sus enemigos lo calificaron como "guerra de castas", ya que logró movilizar un extenso y genuino apoyo popular (indígena); y como ahora todos eran maderistas y el enemigo necesariamente debía ser "científico", atribuyeron sus orígenes a las maquinaciones de los "científicos", pues involucraban a terratenientes y clérigos.⁷²⁶ Esta clasificación tan ostensiblemente inconsistente quizá fue posible gracias a que éste, como la mayoría de los movimientos serranos, combinaba tanto a la élite terrateniente como al campesinado (en este caso indígena) en una oposición local "policlasista" en contra de la centralización política. Los aspectos económicos no eran irrelevantes en un movimiento así, pero la meta estaba concebida en términos políticos tales que propiciaron una amplia alianza entre terratenientes y campesinos, mestizos e indios; no implicaba amenazas a las estructuras sociales agrarias y dirigía su hostilidad en contra de la centralización tuxtleca.

Sin embargo, incluso este movimiento fue sofocado. Con el apoyo del gobierno federal, la facción de Tuxtla reclutó sus propias fuerzas (los "hijos de Tuxtla"), que derrotaron a los rebeldes en una batalla campal en Chiapa de Corzo, en octubre de 1911.⁷²⁷ Se iniciaron negociaciones y los cristobalenses se vieron obligados a aceptar el *statu quo*.⁷²⁸ Desarticularon sus fuerzas y algunos reclutas indígenas retornaron a sus hogares con las orejas cortadas, señal de rebeldes contra la autoridad establecida.⁷²⁹ Siguió "una frágil tregua", pero surgieron temores a fines de 1911, y nuevamente en 1912 de que reviviera esta antigua disputa.⁷³⁰ Así sucedió después de 1915, aunque en esa ocasión, con un cambio característico en la terminología oficial.

Mientras tanto, dos rebeliones similares se desarrollaron en Oaxaca: una en el Istmo, en la costa del Pacífico, centrada en Juchitán, y la otra en las tie-

---

⁷²³ Benjamin, "Passages", p. 123.
⁷²⁴ Véase Franco a Madero (n. 722); Espinosa, *Rastros de sangre*, pp. 56-57.
⁷²⁵ Wacher, Tuxtla, 21 de octubre de 1911, FO 371/1149 y 44645; el más útil de entre los varios informes.
⁷²⁶ Espinosa, *Rastros de sangre*, pp. 52-55.
⁷²⁷ Benjamin, "Passages", pp. 124-125.
⁷²⁸ *El País*, 14 de octubre de 1911.
⁷²⁹ Benjamin, "Passages", p. 125.
⁷³⁰ *Ibid.*, pp. 127-128; de A. Martínez a Madero, 8 de noviembre de 1911, AG, CRCFM; Porsch, Tapachula, 5 y 15 de marzo de 1912, SD 812.00/3445, 3446.

rras altas de Oaxaca, al norte de la capital del estado. Ambas fueron extensas y representaron agudos problemas tanto para el gobierno federal como para el estatal; ambas se derivaron del rechazo campesino (indígena) a la centralización política (ahora impuesta por el régimen "revolucionario"); y las dos estuvieron encabezadas por élites tradicionales de las respectivas localidades. Juchitán (con una población de 8 000 habitantes) se levantaba a la orilla del que entonces era un ancho y polvoso camino a 15 kilómetros del Pacífico; le había dado su nombre a una rama de la tribu zapoteca, conocida porque sus hombres eran "los combatientes más feroces e invencibles de México [en lo concerniente]... a la defensa de sus derechos frente a los tiranos mezquinos".[731] Los juchitecos se habían rebelado en contra del despotismo ilustrado de los borbones durante el siglo XVIII; en contra del régimen colonial durante el siglo XIX; y, a mediados de ese mismo siglo, en contra de Maximiliano y del imperio francés. A lo largo de esas vicisitudes, Juchitán se enfrentó a la oposición de la cercana población de Tehuantepec, una ciudad más conservadora, sede del gobierno, centro de terratenientes blancos y enemiga ancestral de Juchitán. Los partidarismos locales se identificaron —a la manera bizantina— con los colores: rojo para el liberal Juchitán, verde para el conservador Tehuantepec. Cualquier intento por conciliar a los rojos con los verdes —"cuyo odio terrible no puede usted imaginar", lamentaba un oficial en 1913—, estaba condenado a la frustración; por ejemplo, los juchitecos que combatieron en el distante Yucatán en 1915, se rehusaron a usar la insignia verde ya que "ellos pertenecen allá en su tierra al bando rojo; para ellos era una traición hacia los suyos el ponerse ese listón verde".[732] Esta distinción cromática se hizo evidente todavía en la década de 1930, aunque entonces sólo apareció en los adornos para las fiestas y en las modas femeninas.[733]

Al igual que en otros casos, estas dos comunidades se polarizaron durante las luchas liberales de la década de 1870. Juchitán permaneció leal a Juárez, y durante su gestión como gobernador del estado, Félix *el Chato* Díaz, hermano menor del dictador, nombró a un camarada confiable en el cargo de jefe político ahí con la esperanza de mantener la calma entre los obstinados indígenas del lugar. No sería la primera ni la última vez que los juchitecos se rebelaran ante una imposición de tal naturaleza: persiguieron al asignado por Díaz hasta obligarlo a abandonar el Istmo. *El Chato* avanzó hacia la costa, al frente de un numeroso ejército y tomó la ciudad; saqueó propiedades, ejecutó a prisioneros y (lo peor de todo) se apoderó de la imagen de san Vicente, santo patrón de Juchitán (algunos relatos afirman que la quemó).[734]

---

[731] Covarrubias, *Mexico South*, pp. 159-160.

[732] Del jefe político a C. Martínez, 29 de septiembre de 1913; Canada, Veracruz, 31 de octubre de 1913, SD 812.00/9648; Bolio, *Yucatán*, p. 94.

[733] Covarrubias, *Mexico South*, p. 219.

[734] Peter V. N. Henderson, *Félix Díaz, The Porfirians, and the Mexican Revolution*, Lincoln, 1981, p. 2.

Sin embargo, pocos años después, cuando Porfirio Díaz se rebeló contra Juárez, los juchitecos tuvieron la satisfacción de presenciar su derrota, y cuando *el Chato* Díaz se dirigió a la costa del Pacífico con la esperanza de huir, "fue capturado en las dunas ardientes de Chacalapa y linchado entre los gritos de '¡Viva San Vicente!'".[735] Los sentimientos personales se sumaron a la *raison d'etat* que impulsó a Díaz, ya como presidente, a exterminar la independencia juchiteca. Cuando los juchitecos se rebelaron para protestar por los proyectos de la construcción del ferrocarril del Istmo, Díaz dirigió personalmente una expedición en su contra; sitió a Juchitán durante un mes, y después de la caída del pueblo, exilió a las mujeres de los rebeldes y arrasó los bosques donde algunos combatientes se habían refugiado.[736] La represión, aunada al cólera, a la hambruna y a un terremoto, trajo una suerte de calma en el Istmo. Por otra parte, al conferir prosperidad a Salina Cruz, el ferrocarril provocó la declinación económica de Juchitán y Tehuantepec (quizá este factor económico agudizó el regionalismo juchiteco, aunque es indudable que no lo engendró); mientras Tehuantepec, regido por la formidable cacique Juana C. Romero, disfrutó del favor de Díaz; la reputación oficial de Juchitán quedó clara con la construcción del cercano San Jerónimo Ixtepec, uno de los cuarteles más grandes en el México del Porfiriato.[737]

Durante la revolución maderista, este sector sudoriental de Oaxaca permaneció en calma. No obstante, en mayo de 1911, tanto Tehuantepec como Juchitán, por medio de motines políticos, medida que por aquellas fechas estaba de moda, destituyeron a sus funcionarios para sustituirlos por personajes populares. Para lograrlo no fue necesario recurrir a la movilización rural ni a la guerrilla; el nombramiento de José F. Gómez (*Che* Gómez) como alcalde de Juchitán gratificó el regionalismo de los juchitecos.[738] Sin embargo, cuando el nuevo régimen llegó al poder, Benito Juárez Maza fue electo gobernador de Oaxaca. Juárez Maza había heredado la agresividad de su padre, pero la desplegó en la satisfacción de fines mezquinos en vez de aplicarla a grandes cruzadas; incluso Madero (que no era un crítico acerbo y que en un principio se mostró bien dispuesto hacia Juárez) consideraba que le faltaba la capacidad para ser gobernador del estado.[739] Una vez en el poder, Juárez jugó sus cartas, distribuyó nombramientos entre amigos y aliados con el fin de afianzar el control desde el "centro" (la ciudad de Oaxaca) sobre un estado extenso, diverso y agitado; se decía que para lograrlo siguió el consejo de un

---

[735] *Ibid.*, p. 3; Covarrubias, *Mexico South*, pp. 230-231; Beals, *Porfirio Díaz*, p. 183; D. Cosío Villegas, *Porfirio Díaz y la revuelta de la Noria*, México, 1953, p. 144, ofrece variaciones.

[736] F. León, manifiesto a los juchitecos, 7 de noviembre de 1911, en R. León a Madero, 8 de noviembre; Fabela, DHRM, RRM, II, pp. 251-257.

[737] Covarrubias, *Mexico South*, pp. 232-234; Starr, *In Indian Mexico*, pp. 161-162; Gadow, *Through Southern Mexico*, p. 156.

[738] Ramírez, *Oaxaca*, p. 24.

[739] De Madero a De la Barra, 24 de julio de 1911, ALB, carpeta 3; Henderson, "Un gobernador maderista", p. 379; Ramírez, *Oaxaca*, p. 25.

político porfirista, Heliodoro Díaz Quintas.[740] Después de una refriega en las calles de Tehuantepec, Juárez depuso a Santibáñez, el nuevo jefe político, y nombró al porfirista Carlos Woolrich. Estalló la lucha entre las dos facciones. Woolrich fue muerto y Santibáñez consignado a prisión.[741] Acto seguido, Juárez desafió la autoridad del *Che* Gómez, alcalde de Juchitán y principal defensor del regionalismo juchiteco.

Gómez aparece en las páginas de Casasola como un mestizo rechoncho y de corta estatura, parado en una polvosa calle istmeña, con el revólver en su abultado cinturón y la mirada evitando la cámara.[742] Provenía de una familia tradicionalmente poderosa en Juchitán, que había luchado con rivales (como los León) para obtener el poder local; abogado cuya popularidad estaba arraigada entre los conflictivos juchitecos, era todo menos un "adicto" a Díaz, y sus nombramientos judiciales durante el Porfiriato lo habían mantenido en distintos sitios lejanos al Istmo. Pero la Revolución le brindó la oportunidad de consolidar sus ambiciones como cacique local. En mayo de 1911 llegó al poder por aclamación de la turba y Madero lo confirmó como jefe local. De inmediato orientó sus esfuerzos a la organización de un gobierno distribuido entre "parientes o muy adictos a Gómez"; sus enemigos decían que era una versión rediviva del partido gomista, que había dominado a la región durante la década rebelde de 1880.[743] De nuevo, la protesta serrana se fundamentaba en términos de regionalismo nostálgico, revancha política y oposición a los agentes de la centralización, tanto estatal como federal. Una vez más (cabe la comparación con los Figueroa), los caciques serranos prefirieron los métodos antiguos a las nuevas delicadezas de la democracia liberal. Gómez persiguió a sus enemigos (como la familia León) y silenció a la prensa de oposición. Se dijo que cometió asesinatos y que, al haber utilizado la fuerza para asumir la jefatura, organizó a sus seguidores en todo el Istmo con la mira en una rebelión.[744]

Se ignora la verdad de estas historias, pero lo cierto es que el gobernador Juárez decidió acabar con el cacicazgo chegomista y eligió como instrumento a Enrique León, a quien había nombrado jefe político en sustitución de Gómez. León, diputado estatal, era un conocido reaccionario y, lo más importante, Juchitán lo repudiaba; ahí su padre había reñido con Gregorio Gómez, padre del *Che,* y era conocido como el "enemigo irreconciliable" de Gómez. A pesar de la carencia de apoyo local, contaba con la amistad de Te-

---

[740] Gavira, *Actuación,* p. 54; Henderson, "Un gobernador maderista", p. 380; Lawton, Oaxaca, 29 de abril de 1912, SD 812.00/3909.

[741] Ramírez, *Oaxaca,* pp. 37-38; Henderson, "Un gobernador maderista", p. 385; de M. Gómez (un maderista) a Madero, 25 de noviembre de 1911, AG, CRCFM, lamenta el desahucio de "nuestro jefe político, don Alfonso Santibáñez, que es bien popular", a manos de los intrigantes científicos.

[742] Casasola, *Historia gráfica,* I, p. 428.

[743] De R. León a Madero, 8 de noviembre de 1911; Fabela, DHRM, RRM, II, p. 252; Gavira, *Actuación,* p. 47.

[744] León (n. 743), pp. 253-254; Henderson, "Un gobernador maderista", pp. 385-386.

lésforo Merodio, el comandante federal en San Jerónimo que también se había enfrentado a Gómez durante el decenio de 1890.⁷⁴⁵ Por lo tanto, estaban presentes todos los ingredientes de la protesta serrana. Cuando León arribó a la cabeza de las tropas federales formadas por 200 hombres, Gómez se negó a entregarle la jefatura y el pueblo se lanzó a la resistencia.⁷⁴⁶ Alrededor de un millar de juchitecos rodearon los cuarteles, el palacio municipal y sitiaron a los soldados; se destacó que "las fuerzas de Gómez... parecen abarcar al populacho en general" y éstas se apoyaron en refuerzos de las cercanas aldeas juchitecas al este del pueblo. Durante tres días controlaron Juchitán: una reducida fuerza federal fue derrotada cuando intentaba dar ayuda al cuartel sitiado; y, como era costumbre en tales momentos de insurgencia popular, un recaudador de impuestos y un magistrado fueron asesinados.⁷⁴⁷ Al quinto día de enfrentamientos, la caballería federal y la artillería ligera lograron entrar y Gómez y sus fuerzas se retiraron hacia el oriente para refugiarse en las aldeas juchitecas. En total, Gómez comandó a 5000 hombres y sólo Juchitán, Tehuantepec y San Jerónimo permanecieron bajo el —precario— control de los federales.

Conforme a la fórmula de la época, Gómez era un rebelde "vazquista".⁷⁴⁸ Pero esta filiación nacional carecía de significado, más aún que lo habitual. La meta última de los rebeldes era la vieja ambición de un autogobierno independiente del de la Ciudad de México e incluso, de manera más tajante, del de la ciudad de Oaxaca. El lema favorito de Gómez era: "Mientras dependamos de Oaxaca estamos perdidos"; de sus seguidores se decía que "afirman que el problema con respecto a la gente pobre es puramente local. Quieren intervenir más en el gobierno de sus propios pueblitos".⁷⁴⁹ Era un sueño similar al que inspiraba a la gente de Morelos, si bien el elemento de reivindicación agraria estaba ausente en gran medida, ya que los juchitecos eran, en general, campesinos, y aunque contaban con casos de apropiación de tierras, su revuelta no era fundamentalmente agraria.⁷⁵⁰ El énfasis en la autonomía local permitió a los enemigos del movimiento acusar a Gómez de ambiciones secesionistas: decían que aspiraba a la creación de un estado istmeño independiente de la federación mexicana.⁷⁵¹ Sin embargo, la ausencia de poderosas reclamaciones agrarias no hizo que la rebelión perdiera popularidad ni

⁷⁴⁵ Ramírez, *Oaxaca*, pp. 38-40; de T. Merodio a Madero, 5 de diciembre de 1911, AG, CRCFM.
⁷⁴⁶ Ramírez, *Oaxaca*, p. 39, culpa a los federales de haber disparado el primer tiro.
⁷⁴⁷ *Ibid.;* Haskell, Salina Cruz, 6 de noviembre de 1911, SD 812.00/2497; Buchanan, Salina Cruz, 7 de noviembre de 1911, FO 371/1149, 47278; Casasola, *Historia gráfica*, I, p. 428.
⁷⁴⁸ Henderson, *Félix Díaz*, p. 183, n. 12.
⁷⁴⁹ Ramírez, *Oaxaca*, p. 40; Buchanan, Salina Cruz, 13 de noviembre de 1911, FO 371/1149, 47549.
⁷⁵⁰ Henderson, "Un gobernador maderista", p. 383.
⁷⁵¹ Manifiesto de F. León, 7 de noviembre de 1911; Fabela, DHRM, RRM, II, pp. 256-257; Buchanan, Salina Cruz, 7 de noviembre de 1911, FO 371/1149, 47278. Ésta siempre era una acusación conveniente que se lanzaba en contra de los estados disidentes; ejemplo de ello es el caso de Sonora en 1913. El propósito, más modesto, de establecer un estado istmeño dentro de la Fede-

vigor. A fines de 1911, constituyó el mayor movimiento armado en el país después del zapatismo y el nuevo presidente se sintió obligado a intervenir. Para las negociaciones con Gómez se recurrió a una diputación de rebeldes veracruzanos —Gavira, Jara y Aguilar—, y se acordó que Aguilar fungiría como jefe en Juchitán en tanto se llegaba a un acuerdo. Sin duda, resultaba factible algún tipo de arreglo: la protesta serrana era más fácil de conciliar que el agrarismo. Pero el gobernador Juárez consideró que la intervención de Madero infringía los derechos y la dignidad de Oaxaca y, ante la notoria sensibilidad de este estado respecto a sus derechos, el gobernador recibió amplio apoyo en la legislatura, especialmente entre los representantes de la sierra y de la ciudad de Oaxaca. Juárez consideraba a Gómez de la misma manera en que Madero calificaba a Zapata: como un conflictivo criminal cuya chusma de seguidores necesitaba una lección.

Por lo tanto, el gobernador Juárez se rehusó a negociar con los rebeldes juchitecos y, acto seguido, tanto el gobernador y el presidente como la federación y el estado se enfrentaron al desacuerdo.[752] Cuando Madero le entregó a Gómez un salvoconducto para llegar a la Ciudad de México e iniciar las pláticas, Juárez emitió una orden de detención en su contra. Gómez se internó en el Istmo y fue arrestado en Rincón Antonio; una escolta federal fue enviada a recoger al prisionero pero, antes de su llegada, Gómez fue sacado de la cárcel local y acribillado en Santa María Petapa, un pueblo cercano. Los testimonios acerca del asesinato difieren. La versión oaxaqueña oficial afirmaba que el traslado de Gómez se debía al temor a un linchamiento por la turba, y que tanto el prisionero como su escolta habían sido atacados por desconocidos: "nadie sabe quién cometió el crimen". En la Ciudad de México, se culpó a los enemigos de la familia; ahí apareció como otra venganza más entre pueblos de tierra caliente. No obstante, se destacó que nadie en la escolta había resultado lesionado, mientras que el cuerpo de Gómez mostraba 52 heridas de bala. La versión extraoficial (probablemente la correcta) señaló que el gobierno del estado lo había asesinado ante el temor de que la escolta federal condujera a Gómez con relativa seguridad a la Ciudad de México; es decir que se trataba de una confabulación, de una variante de la vieja ley fuga.[753] Un historiador reciente se refiere a que "la hábil aplicación de la ley fuga por Juárez Maza… puso fin a la aventura de Gómez".[754] El comentario no es del todo válido, a pesar de la sorprendente empatía eviden-

ración mexicana, se tomó en cuenta con más seriedad, parece ser, por parte de los líderes juchitecos en 1911 y, ciertamente, por sus sucesores en 1916-1917: véase cap. IX.

[752] Ramírez, *Oaxaca*, pp. 100-101; Gavira, *Actuación*, pp. 54-55; de acuerdo con Henderson, "Un gobernador maderista", p. 387, el gobernador Juárez incluso amenazó con la separación de Oaxaca de la Federación.

[753] Ramírez, *Oaxaca*, pp. 104-108; Casasola, *Historia gráfica*, I, p. 429; Buchanan, 5 de noviembre de 1911, FO 371/1149, 51780; Wilson, Ciudad de México, 20 de febrero de 1912, SD 812.00/2889; de Madero a López Portillo y Rojas, 16 de noviembre de 1912, AFM, r. 11; de José F. Gómez a Madero, 6 de diciembre de 1911, AG, CRCFM.

[754] Henderson, *Félix Díaz*, p. 42.

ciada aquí con las costumbres políticas porfiristas. Es innegable que los juchitecos no tomaron medidas inmediatas (ya habían mostrado cierta reticencia a las negociaciones entre Gómez y el gobierno federal; afirmaban haberle dicho a su líder: "usted ordena y nosotros obedecemos, pero si nos engaña, no escapará"), e incluso 2500 hombres aceptaron el ofrecimiento de amnistía hecho por el gobernador Juárez.[755] Sin embargo, la rebelión no terminó con la muerte de Gómez; las amnistías juchitecas eran similares a las treguas yaquis, y se creía que, después del combate de noviembre en Juchitán, muchos rebeldes habían buscado refugio en las montañas sólo para recuperarse y reunir fuerzas.[756]

Las rebeliones revivieron con el año nuevo. En marzo de 1912, alrededor de 2000 hombres se levantaron en armas, controlaron la región entre Juchitán y Reforma, saquearon el Ferrocarril Panamericano y cortaron las comunicaciones entre Chiapas y el resto del país. Al igual que en las guerras yaquis, los rebeldes dominaron el campo, arrasaron los pueblos y aldeas y confinaron a los federales a las ciudades sitiadas y a las peligrosas líneas ferroviarias, sin repetir el error de noviembre de 1911: disputar a los federales el control de centros clave como el propio Juchitán. Mientras tanto, el contagio de la rebelión se extendió desde las tierras bajas y cálidas del Istmo hasta las templadas tierras altas de Chiapas, infectando a los juchitecos emigrantes que trabajaban en las plantaciones de café. En un cafetal, los indígenas ebrios riñeron con los trabajadores locales y cuando intervino el administrador alemán, lo atacaron con piedras y machetes. Dos hombres resultaron muertos en la refriega y 23 fueron detenidos. Más todavía: un hacendado observó con preocupación que el grito de "¡Viva Zapata!" se escuchaba en labios de los indígenas.[757]

La rebelión, y los problemas implícitos, continuaron hasta mediados del verano de 1912. Fue entonces cuando cuatro factores intervinieron para frenar su actividad. La represión que provocó la muerte de algunos líderes juchitecos y la rendición de otros.[758] La derrota de Orozco en el norte mostró sus efectos en Oaxaca, así como en otras partes. Pero otros dos factores actuaron de manera más importante y próxima: en abril sobrevino la muerte del gobernador Juárez, principal instigador del conflicto, y a ésta se sumaron las exigencias de la temporada de siembra de 1912. En el árido Istmo, aun más que en otros sitios, el imperativo de las lluvias de verano cobraba mayor urgencia. Para finales de julio, "la gran mayoría de la gente del campo se dedica a sembrar sus cultivos"; y se pensaba que "la necesidad de sembrar y cultivar probablemente había sido el factor más poderoso para apaciguar a la

---

[755] Casasola, *Historia gráfica*, I, p. 428.
[756] Haskell, Salina Cruz, 21 de marzo de 1912, SD 812.00/3476.
[757] Haskell, Salina Cruz, 4 y 11 de marzo, 2 y 30 de abril y 6 de mayo de 1912; Porsch, Tapachula, 23 de febrero y 11 de marzo de 1912, SD 812.00/3036, 3159, 3568, 3851, 3817, 3050, 3155. En general, a los extranjeros no se les molestó durante la rebelión: Haskell, Salina Cruz, 17 de abril de 1912, SD 812.00/3729.
[758] Haskell, Salina Cruz, 22 de junio de 1912, SD 812.00/4336; Ramírez, *Oaxaca*, p. 127.

gente".⁷⁵⁹ Ante la muerte de Juárez, y con los rebeldes juchitecos "de retorno a sus tierras", la revuelta chegomista llegó a su fin, aunque en ese mismo año surgieron temores de que la paz no duraría "sino hasta finales de enero [1913] cuando los pequeños agricultores recojan las últimas cosechas", y de que revivieran las pretensiones serranas.⁷⁶⁰ No obstante, a principios del año siguiente, un levantamiento nacional de mayores proporciones invalidó estos pronósticos.

La revuelta juchiteca fue un recordatorio más del fiero apego de los juchitecos al autogobierno bajo la égida de caciques tradicionales, los que distaban mucho del modelo de los liberales maderistas; además, representó una seria amenaza para el gobierno estatal y provocó la alarma del régimen federal. Al parecer, no había una clara dimensión económica en el conflicto. Los reclamos agrarios apenas se mencionaron. Quizá las imposiciones políticas de la ciudad de Oaxaca implicaban un aumento de impuestos o bien la desviación de fondos fuera de Juchitán, pero hay pocas evidencias que sugieran que el comportamiento de los rebeldes (especialmente el de las huestes) estuviera determinado por la contabilidad racional de costos. En general, los juchitecos eran prósperos y progresistas dentro de sus formas limitadas: se encargaban de parte importante del comercio de la costa a partir de Tehuantepec; su cabecera contó con energía eléctrica mucho antes que otras en la región; mostraban el deseo y la energía de "prosperar", ya fuera a través del comercio, la educación o las leyes.⁷⁶¹ A diferencia de los zapatistas (o los yaquis), su forma básica de vida no enfrentó una amenaza mortal. Quizá estos elementos contribuyan a explicar la mayor tenacidad en el transcurso del tiempo de los zapatistas y los yaquis. Pero sería erróneo subestimar la fuerza del regionalismo juchiteco o su capacidad para mostrar una fiera defensa de la patria chica (aun en ausencia de reclamaciones "económicas"). Esta diferencia tajante entre los dos movimientos, el serrano y el agrario, quizá no se deba tanto a la fuerza de su motivación inicial o a la posición "revolucionaria" superior del agrarismo, sino más bien a las reacciones contrastantes del gobierno que toleró con más facilidad (al menos, durante un tiempo) un cierto grado de independencia para los juchitecos y no así para los exponentes del agrarismo zapatista, con todas sus obvias implicaciones respecto a la propiedad y el orden social. En última instancia, la independencia juchiteca también debía llegar a su fin ya fuera por la fuerza o la cooptación (como temiera la tropa con evidente desconfianza de las negociaciones de *Che* Gómez); más aún, aunque los juchitecos no podían saberlo, las fuerzas opresivas de la centralización estaban en posición de responder con más vigor y vitalidad después de su periodo de calma forzosa.

⁷⁵⁹ Haskell, Salina Cruz, 19 de julio de 1912, SD 812.00/4503.
⁷⁶⁰ Haskell, Salina Cruz, 11 de junio; Guyant, Salina Cruz, 3 de octubre de 1911, SD 812.00/4250, 5237.
⁷⁶¹ Starr, *In Indian Mexico*, p. 170; de Szyszlo, *Dix mille kilomètres*, pp. 97-98; Covarrubias, *Mexico South*, pp. 161-162.

En ocasiones, Oaxaca ha sido clasificada como un estado ajeno a la Revolución (al menos durante el periodo anterior a 1914). Sin embargo, mientras que los juchitecos se levantaron en armas, los seguidores de Barrios y Oseguera se mantuvieron activos en los alrededores de Cuicatlán; la revuelta agraria afectó al propio valle de Oaxaca y el bandidaje azotó las costas del Golfo en el Istmo. Por si fuera poco, los hombres en la Sierra Juárez, la cordillera que se extiende al norte de la capital del estado, también se levantaron en armas. Su revuelta reveló problemas similares a los que dieron origen al movimiento en el Istmo y, hasta cierto punto, fue legado de este último, ya que, conforme a la tortuosa lógica de la Revolución y a las rivalidades regionales, clientelistas y de clase que la nutrían, el precio por reprimir una rebelión en las tierras bajas de la costa era el surgimiento de una revuelta en las montañas. Una vez más, las raíces históricas eran profundas. Los mixtecos de Sierra Juárez cultivaban sus propias tierras, o bien trabajaban en minas pequeñas y primitivas que se encontraban en la región. El control político estaba en manos de caciques mestizos como los Hernández y los Meixueiro, que poseían tierras e intereses en las minas y eran funcionarios "electos" que, en ausencia de conflictos agrarios polarizantes, ejercían una autoridad paternalista y tradicional. El licenciado Guillermo Meixueiro litigó en favor de los indios (por ejemplo, defendió las reclamaciones de Lachatao sobre las tierras comunales), creó empleos en sus minas y, cuando fue necesario, condujo a sus hombres a la batalla. Fueron serranos "[soldados] díscolos y amigos del desorden" de los alrededores de Ixtlán los que, encabezados por los Hernández y los Meixueiro, habían ganado las primeras batallas que le dieron el poder a Díaz en 1876. En reciprocidad, Díaz, quien había sido jefe político en Ixtlán, favoreció a los caciques serranos y a sus clientes, permitiendo la sobrevivencia de su enclave político.[762]

Una generación más tarde, cuando llegó la Revolución, las mismas familias y pueblos adquirieron notoriedad, y el recuerdo de la década de 1870 se avivó.[763] Por lo tanto, es posible afirmar que, así como la revuelta juchiteca, las rebeliones de 1912 y 1914 en la sierra eran fuertemente atávicas: seguían antiguos precedentes, como resultado de una compulsión histórica innata y no a la manera calculadora de los intelectuales revolucionarios, bien fueran éstos franceses o mexicanos; para los rebeldes de la sierra, al igual que para los juchitecos, la Revolución no era sino otro episodio más en una historia de antiguos conflictos. Más aún, estos problemas, si bien enfrentaban a la sierra con el valle, también enemistaron a pueblos y fueron revividos cuando, en 1911, llegó a su fin la *Pax Porfiriana* que, cabe subrayar, en Oaxaca no provocó

[762] Waterbury, "Non-revolutionary Peasants", pp. 421 y 426; Cosío Villegas, *Porfirio Díaz*, pp. 120-126 y, del mismo autor, *Historia moderna de México: La república restaurada: Vida política*, México, 1955, pp. 813 y 829-833.

[763] Véase la petición, incorrectamente escrita, de los "indígenas" y "trabajadores pobres" de Ixtepeji a Madero, 16 de junio de 1911, AFM, r. 20, recordando con arrepentimiento sus servicios a Meixueiro y Hernández (padres) por los años de 1870.

una aguda polarización de clases sino que logró atenuar antiguas rencillas. De lo anterior se desprende que la revuelta serrana no fue una respuesta concertada al llamado a las armas de Madero. Por el contrario, creció de manera acumulativa y caótica a partir de la inestabilidad política de 1911-1912; alcanzó su apogeo después de 1914 y sus seguidores fluctuaron y se dividieron por rivalidades internas; pero dependió claramente de la hostilidad de los serranos con respecto a los habitantes del valle y, en especial, con los de la ciudad de Oaxaca, hostilidad que encontró una enérgica respuesta en reciprocidad.[764]

En 1911, el gobernador Juárez hizo esfuerzos por reclutar a los hombres de la sierra que llevaran su nombre con el fin de consolidar su control sobre el estado. Ya antes, Díaz Quintas, su predecesor en el gobierno y consejero cercano, había obtenido el apoyo de Pedro León en Ixtepeji (cuyos seguidores acababan de saquear una fábrica textil en Xía) y aportado fondos "para armar la sierra".[765] Juárez logró reclutar un total de tres compañías de serranos (de Ixtepeji, Yavesia, Lachatao y otros pueblos) que a pesar de no tomar parte en la campaña juchiteca (pues no es factible que hubieran aceptado participar en operaciones tan lejanas), estaban entregados a la tarea de "mantener la paz" en el valle de Oaxaca y, en una ocasión, fueron responsables de la masacre de civiles en Tlalixtlac de Cabrera.[766] A finales de 1911, dos compañías de serranos fueron desarticuladas; y en abril de 1912, con la repentina muerte de su promotor, el gobernador Juárez, también fueron desmovilizadas las fuerzas restantes de Pedro de León y enviadas a sus hogares pero, como tantos otros rebeldes desmovilizados, retornaron a las montañas con sus armas.[767] Sin embargo, no estaban dispuestos a retomar su vida tranquila entre los bosques de pinos de la sierra; circulaban rumores (posiblemente infundados) de que el gobernador Juárez había muerto envenenado, en cuyo caso el hecho clamaba venganza; por otra parte (explicación más plausible), los serranos temían las represalias oficiales debido a su conducta salvaje en Tlalixtlac.[768]

Al parecer, el descontento ya se había apoderado de la sierra. Los caciques Hernández y Meixueiro, viejos aliados de Díaz, estaban en contra de Madero y se creía que planeaban una resistencia armada para el verano de 1911; asimismo, circulaban rumores de revuelta aun antes del retorno de las tropas desmovilizadas de Pedro León que traían abasto de armas.[769] En todo

---

[764] Las divisiones entre los serranos —especialmente entre Ixtepeji y sus antiguos rivales— se hicieron más marcadas en el curso de la rebelión de 1912, y la de 1914 mostró divisiones parecidas; sin embargo, ambas rebeliones tenían como premisa la hostilidad de los serranos al valle y asiento del gobierno.

[765] Waterbury, "Non-revolutionary Peasants", p. 429; de F. Martínez Olmaraz al comandante del Ejército Libertador, 29 de junio de 1911, AG 898.

[766] Ramírez, *Oaxaca*, pp. 40-41 y 113-114.

[767] *Ibid.*, pp. 114 y 119; Lawton, Oaxaca, 29 de abril de 1912, SD 812.00/3903. Fue esta tercera compañía, de Pedro León y sus ixtepejanos, la que tomó el mando en la siguiente revuelta.

[768] Waterbury, "Non-revolutionary Peasants", pp. 429-430; Ramírez, *Oaxaca*, p. 121.

[769] De N. Baeza a A. Barrios, 10 de junio; de A. Barrios a F. Cosío Robelo, 15 de junio de

caso, la llegada de León precipitó la revuelta. Apoyados por el pueblo, los serranos desmovilizados reunieron una fuerza de 2 000 o 3 000 hombres, descendieron nuevamente al valle, rechazaron a los rurales que habían sido enviados a perseguirlos y acamparon en las afueras de la ciudad de Oaxaca a mediados de mayo de 1912.[770] En la medida en que la revuelta cobró fuerza, el papel de los ixtepejanos de León (entre los que había núcleos de la primera compañía de serranos) ganó en importancia, para preocupación de muchos de sus compañeros. Por lo tanto, en 1912 la revuelta no unió a toda la sierra. Pero cuando los rebeldes sitiaron Oaxaca, fue evidente que "los serranos [eran]... reconocidos como antiguos enemigos de la gente de la ciudad", y en general de los habitantes del valle, ya que ocuparon los mismos pueblos que habían atacado sus padres en 1876: Huayapan, San Felipe de Agua, Tlalixtlac e incluso se internaron en el valle hasta Etla.[771] En la ciudad, el temor a los serranos era tan grande, y al parecer, estaba tan generalizado, que las autoridades se prepararon a distribuir 1 700 rifles entre los habitantes con la confianza de que apuntarían hacia las montañas, en vez de dirigir su puntería hacia los gobernantes en el interior de la ciudad. Esta confianza, poco habitual en el México revolucionario, es un indicador de la fuerza de la lealtad regionalista, que rebasaba las filiaciones (económicas) de clase. Sin duda, la centralización de la ciudad de Oaxaca implicaba dimensiones económicas: era la clase comerciante la más elocuente al exhortar a una pronta reconquista de la sierra;[772] pero la mera explotación comercial (o fiscal) no explica la amarga oposición de los serranos hacia la ciudad. Los pobres urbanos, los pobladores del valle, no dieron apoyo alguno a los serranos; para ambas partes, las líneas del combate se trazaban con el compromiso hacia la región, la familia, el cacique y con una memoria popular pobremente definida pero vigorosa; estos compromisos no podían reducirse a razonamientos económicos anteriores. Conforme a lineamientos claros o confusos, ambos bandos combatientes creían honroso morir por la patria chica.

Al igual que los rebeldes serranos en otras partes, los de Oaxaca eran fieros combatientes. Sus rifles de largo alcance disparaban contra enemigos a 900 metros de distancia y las bajas siempre fueron mayores entre la gente de la ciudad que entre los atacantes. La llegada de 500 refuerzos federales —a pesar de que montaban "caballos muy pobres y [llevaban] a numerosos niños, todos en malas condiciones"— evitó la caída de la ciudad.[773] La lucha se estancó y esa forma de guerra estática no era del gusto de los serranos. A fi-

---

1911, AARD 18/48, 83; de Ramón Prida a Madero, 26 de diciembre de 1911; Fabela, DHRM, RRM, II, p. 466; Lawton, Oaxaca, 1º de abril de 1912, SD 812.00/3609.

[770] Ramírez, *Oaxaca*, pp. 122-123; Lawton, Oaxaca, 31 de mayo de 1912, SD 812.00/4172.

[771] Lawton, Oaxaca, 19 de septiembre de 1912, SD 812.00/5121; gobernador Bolaños Cacho a Gobernación, 13 de septiembre de 1912; Fabela, DHRM, RRM, IV, p. 130; para paralelos con 1876, Cosío Villegas, *República restaurada: Vida política*, p. 830.

[772] Lawton, Oaxaca, 8 de agosto y 19 de septiembre de 1912, SD 812.00/4632, 5121.

[773] Lawton, Oaxaca, 31 de mayo de 1912, SD 812.00/4172.

nes de mayo, los sitiadores, mermados por los ataques federales y con pocas municiones, aunque lejos de la derrota, levantaron el campamento y se dirigieron hacia las montañas, asaltando a los pueblos, como Tlalixtlac, que se habían rehusado a darles apoyo.[774] El natural flujo y reflujo del conflicto urbano-rural, gobierno-rebeldes se acentuó. Después de haber obligado la retirada de los serranos, las autoridades intentaron asegurar su victoria. Al pie de las montañas llegaron nuevas tropas, equipadas con armamento de tiro rápido y con el propósito de "darles una lección a los serranos".[775] Pedro León, capturado por los aldeanos enemigos, fue entregado a un pelotón de fusilamiento en Ixtlán; Madero, que seguía de cerca los acontecimientos desde la Ciudad de México y simpatizaba con las fuerzas del orden y la civilización asentadas en la capital del estado, aplaudió el triunfo y el "castigo tan merecido que sufrió el cabecilla [de los serranos]" y aguardó el rápido fin de la revuelta.[776]

Esta confianza era infundada. Como era de esperarse, la ola retornó y los serranos, una vez en el territorio conocido de Ixtepeji y ahora bajo el mando del hijo de Pedro León (que llevaba el mismo nombre), derrotaron a los federales, matando a unos 200 y confinando al resto a Ixtlán. Se calculó que había 5 000 rebeldes en la sierra (aunque no todos estaban armados) y 15 000 más en potencia.[777] Quizá estas cifras fueran exageradas pero indicaban la magnitud de la amenaza desde la óptica de los habitantes del valle; además, sugerían que la rebelión no sólo contaba con el apoyo ixtepejano. Hasta las montañas llegaron fuerzas adicionales del gobierno, comandadas por el coronel Celso Vega que, en fechas recientes, había combatido a los magonistas y a los filibusteros norteamericanos en Baja California; no obstante, sus triunfos en tierras oaxaqueñas fueron menores.[778] En septiembre, los serranos se movilizaron nuevamente hacia el valle, saquearon Etla y merodearon en los alrededores de Oaxaca. Una vez más fueron rechazados por las fuerzas de la capital del estado, por su incapacidad para soportar el ataque de la artillería federal (aunque exigió 200 balas de cañón y 40 000 proyectiles para matar a 50 serranos, la mayoría de los cuales fueron víctimas de la metralla).[779] Pero si la ciudad de Oaxaca se salvó, los rebeldes continuaron sus asaltos en el valle a voluntad. Frustrado, el comandante federal decidió adoptar el camino más fácil: eligió un pueblo cercano (San Felipe de Agua), que había estado brevemente ocupado por fuerzas serranas, y llevó a cabo la ejecución sumaria de 39 civiles, acusados de "complicidad". Los cuerpos de las víctimas ino-

---

[774] Lawton, Oaxaca, 6 de julio de 1912, SD 812.00/4409; Ramírez, *Oaxaca*, p. 123.
[775] C. Arthur, Oaxaca, 7 de junio de 1912, SD 812.00/4237.
[776] Madero al gobernador Montiel, 22 de junio de 1912, AFM, r. 12.
[777] Lawton, Oaxaca, 15 de julio y 8 de agosto de 1912, SD 812.00/4463, 4632; Ramírez, *Oaxaca*, p. 123.
[778] Lawton, Oaxaca, 2 de septiembre de 1912, SD 812.00/4865.
[779] Lawton, Oaxaca, 13 y 19 de septiembre de 1912, SD 812.00/5046, 5121; Ramírez, *Oaxaca*, p. 129.

centes fueron abandonados en las calles pues las autoridades militares, a la manera de Creón, prohibieron su sepultura.[780] El mismo tratamiento recibieron otros pueblos por los cuales habían pasado los rebeldes; y los voluntarios progobiernistas de Tlalixtlac, después de contribuir en el ataque a los serranos en Huayapán, procedieron a incendiar el pueblo hasta sus cimientos.[781] Así, las venganzas regionales y personales se mantuvieron vivas y virulentas; a medida que persistió el conflicto, Ixtepeji se convirtió en una tierra despoblada.[782] Para fines de 1912, las energías estaban temporalmente agotadas. Gracias a los esfuerzos serranos, las arcas estatales se encontraban vacías y el erario mostraba pérdidas mensuales de 75%.[783] Como la bancarrota era una aliada segura de la paz, se interrumpieron las expediciones a la sierra y Oaxaca disfrutó de una calma momentánea. En lo que concierne a los serranos, "que durante mucho tiempo se jactaron de ser inconquistables", continuaron desplegando su alarde, y vivieron para combatir en otras ocasiones, contra distintos enemigos, pero de nuevo en defensa de su tenaz independencia.[784]

LAS IMPLICACIONES DE LA PROTESTA

En este capítulo, la atención se ha centrado en el campo: en las diversas formas de la revuelta y la protesta rural desatada por la revolución maderista, y combatida, contenida y jamás dominada por el régimen de Madero. En ese contexto social se realizó el experimento liberal de Madero (tema del capítulo siguiente): un entorno caracterizado por la revuelta militar (principalmente de los veteranos inconformes de 1910), por el descontento campesino, la inquietud de los peones, el bandidaje y la insurrección de la provincia. Cada una de estas protestas seguía a sus líderes propios y mostraba causas y ubicación distintivas; todas, sin embargo, atestiguaron el debilitamiento de la autoridad y el alarmante y agitado "estado mental que prevalecía en gran parte del país", según las palabras de Evaristo Madero.[785] Estas corrientes de protesta rural surgieron entre las masas de peones, campesinos y serranos que, a los ojos de los acomodados urbanos, parecían seres alienados, bárbaros,

---

[780] Lawton, Oaxaca, 14 de septiembre de 1912, SD 812.00/5052 (Lawton había visto los cuerpos); Ramírez, *Oaxaca*, p. 130, confirma su inocencia; igual lo hace el gobernador Bolaños Cacho (con renuncia), a Gobernación, 13 de septiembre de 1912; Fabela, DHRM, RRM, IV, pp. 130-131: "ninguno de los pueblos del valle ha mostrado, hasta ahora, hostilidad o connivencia hacia los serranos".

[781] Lawton, Oaxaca, 25 de septiembre de 1912, SD 812.00/5146; Ramírez, *Oaxaca*, p. 130. El sacerdote de la parroquia de Jalatlaco hospedó a las familias sobrevivientes sin hogar y los amparó.

[782] Kearney, *Winds of Ixtepeji*, pp. 32-41.

[783] Lawton, Oaxaca, 4 de enero de 1913, SD 812.00/5879.

[784] Lawton, Oaxaca, 18 de julio de 1912, SD 812.00/4507.

[785] Las citas y los ejemplos dados en esta sección se han tomado de partes anteriores de este capítulo; sólo se hará referencia a nuevas evidencias.

incivilizados y amenazadores, la clase de "gente hosca, mitad demonios y mitad niños" de los procónsules de Kipling. En la medida en que los diques de la autoridad se derrumbaron, el oleaje amenazaba con inundar las propias ciudades: todo indicaba que los gigantes y pigmeos de las tierras altas de Chiapas (por dar un ejemplo) se pasearían por las calles de Tuxtla Gutiérrez, así como lo habían hecho los montañeses del príncipe Carlos Eduardo en las calles de Edimburgo.

Conforme aumentó la marejada de las protestas rurales, ésta comenzó a amenazar los linderos de las ciudades; ahí los gobernantes, funcionarios, intelectuales, extranjeros y terratenientes (a los propietarios ausentes se sumaron nuevos refugiados) vigilaban el fermento del campo con creciente alarma. Oaxaca fue sitiada en dos ocasiones; Cuernavaca y Tehuacán se sentían amenazadas; los yaquis asaltaron los alrededores de Empalme y Guaymas. Los pueblos de La Laguna (no por primera ni por última vez) se convirtieron en islas de orden y gobierno en un mar de rebelión rural. Acapulco no se encontraba en mejor posición: los refugiados llegaron en tropel hasta el puerto, la actividad comercial se estancó, los lingotes se apilaron en las bóvedas de los bancos de la ciudad, tornándose en un incentivo adicional para las hordas rurales. Cualquier reducción en el cuartel federal (como sucedió cuando se enviaron tropas para proteger la hacienda Rothschild en la desembocadura del Balsas) aumentaba el pánico colectivo.[786] Mucho después de la firma del Tratado de Paz, hubo erupciones de violencia dentro de las propias ciudades. Por ejemplo, la destitución de funcionarios en Juchitán y Mazatán; los repetidos asaltos a las prisiones, a veces con la ayuda de rebeldes o bandidos en Chihuahua, San Luis Potosí, Guanajuato, Irapuato y Coatepec. Los ataques perpetrados por los bandidos llevaron gente conflictiva a Guanajuato, Silao, Frontera y otras ciudades. Mientras tanto, la prensa manipuló los temores y susceptibilidades de la población urbana mediante la narración de las atrocidades zapatistas así como las de otros movimientos guerrilleros; los rumores acerca del salvajismo rural estaban presentes en todas las conversaciones, añadiendo así un dejo de ansiedad a esta atmósfera de angustia.

Estos temores y amenazas aumentaron ante la presencia de indígenas en las ciudades. Los sindicatos recién formados —aunque débiles, ineficaces y, conforme a la mayoría de los lineamientos, moderados en sus objetivos— representaban un nuevo desafío para los patrones. Además, y de manera más seria, había un temor perenne ante las turbas urbanas. En los pueblos del Bajío, escenario de los peores motines de 1911, el espectro del desempleo masivo invocó visiones de pánico; los temores a la "violencia de la turba" y al saqueo adoptaron proporciones endémicas en Durango y San Luis Potosí; y preocuparon a la Ciudad de México, que hasta entonces había permanecido inmune a los motines violentos. En el puerto de Mazatlán, los mercaderes contrataron pólizas de seguros con compañías británicas para protegerse de

---

[786] Edwards, Acapulco, 19, 25 y 26 de septiembre de 1912, SD 812.00/4995, 5086, 5213.

posibles pillajes.[787] Se temía, en particular, que los ataques rebeldes detonaran los disturbios: el miedo a que "un elevado porcentaje de la población... se levante en armas para ayudar a los atacantes y se una al saqueo de la ciudad", aunque manifestado en Acapulco, no se limitaba a esa comunidad.[788] Estas angustias no carecían de fundamentos. Durante la revolución maderista, pocas ciudades cayeron en manos rebeldes, pero las dos principales de éstas —Ciudad Juárez y Parral— atestiguaban lo que podría suceder en esas circunstancias.[789]

Las clases altas, los letrados y propietarios consideraban que la autoridad se había debilitado, que la paciente obra de pacificación de don Porfirio se había derrumbado. El pueblo —tanto urbano como rural— desplegó una independencia inusual; depuso a los funcionarios impopulares, se involucró en conflictos electorales, y dio apoyo y ayuda a rebeldes y bandidos. La lealtad al pueblo, la patria chica y al cacique popular suplantó la deferencia hacia el terrateniente y el jefe político. Mientras tanto, los instrumentos tradicionales de control social usados en el Porfiriato resultaron ser torpes e ineficaces. El mito de los rurales se vino abajo: estas fuerzas, que ahora abarcaban a muchos veteranos ex maderistas, con frecuencia representaban tanto una ventaja como una desventaja, pues se amotinaban, desertaban y se entregaban al saqueo, en vez de encargarse de mantener la paz.[790] Los pocos policías o rurales confiables se veían obligados a permanecer intolerablemente constreñidos y, por lo tanto, a abandonar grandes extensiones de terreno a merced de los rebeldes y bandidos.[791] Como respuesta, aquellos que debían proteger las propiedades a menudo actuaron por cuenta propia. Los hacendados de Morelos y La Laguna establecieron guardias en el campo (al parecer con poco éxito); los ricos comercios españoles en Acapulco contrataron a un matón de la entidad, Victorio Salinas, con un salario de 1 000 pesos mensuales (además de su centenar de hombres a razón de 1.25 pesos diarios) para custodiar las calles de la ciudad durante las noches y proteger las bodegas.[792] Si bien es cierto que en 1912 dichas operaciones independientes no lograron mucho éxito, fueron, en cambio, un termómetro del ánimo prevaleciente y establecieron precedentes para acciones posteriores más extensas. Sin embargo, en general estas élites amenazadas mostraron una extraña indiferencia (aspecto que retomaremos en los capítulos finales del presente libro). Los hacendados

---

[787] Alger, Mazatlán, 14 de abril de 1912, SD 812.00/3754; sobre motines, véase Glenn, Guanajuato, 12 de abril de 1912; Hamm, Durango, 29 de marzo y 20 de abril de 1912; Bonney, San Luis, 30 de marzo, 13 de agosto y 15 de septiembre de 1912, SD 812.00/3695, 3499, 3758, 3497 1/2, 4661, 4820. El papel de los sindicatos se comenta en el siguiente capítulo.

[788] Edwards, Acapulco, 26 de septiembre de 1912, SD 812.00/5213.

[789] *New York Times*, 2 de febrero de 1912.

[790] Vanderwood, *Disorder and Progress*, pp. 171-174; además de los ejemplos ya mencionados, véase Hamm, Durango, 29 de marzo de 1912, SD 812.00/3499.

[791] De G. Jones, Hacienda de Quimiches, a C. Hagel, 7 de abril de 1912, SD 812.00/3711.

[792] Warman, *Y venimos a contradecir*, p. 121; G. Moreno, Acapulco, 18 de marzo de 1912, SD 812.00/3671.

lograron una exitosa autodefensa precisamente en aquellas regiones (como en las tierras altas de Chiapas) donde la amenaza agraria era débil y una larga legitimidad les daba más libertad de acción; la autodefensa fue en gran medida imposible ahí donde la amenaza era mayor —en Morelos, La Laguna y en numerosas regiones del centro de México— y donde la legitimidad de los terratenientes se había desgastado. Por estas razones, los propietarios angustiados solicitaron la intervención del ejército federal para proteger sus intereses; el ejército atendió al llamado en las ciudades aunque no lo hizo en el campo, esto redundó en crecientes gastos y en el consecuente aumento de las ambiciones militares.

Asimismo, la autoridad civil descubrió que su legitimidad se había debilitado y que su capacidad para la represión se encontraba mermada. Los oficiales no olvidaban el tratamiento recibido durante la revolución maderista, y en el transcurso de 1912 se enfrentaron a frecuentes recordatorios. Sobrevivieron en las regiones de protesta popular, gracias a su discreta actividad y a la consideración que tuvieron ante las sanciones y las actitudes populares, consideración que no tuvo precedentes durante el Porfiriato. Lo anterior explica las quejas constantes sobre la negligencia de las autoridades que "evitan el antagonismo de la gente", en Tamaulipas o las reclamaciones debidas a su "debilidad y vacilación", en Guerrero, su "aparente impotencia" (Veracruz), "su impotencia o temor a actuar" (Oaxaca). En Tepic, "las autoridades no son sino una burla de sí mismas. Todos saben que temen a la gente"; y en muchos casos se sugirió su contubernio con el bandidaje.[793] Políticos respetables y aspirantes a funcionarios tuvieron que tomar en cuenta las presiones del pueblo e incluso de los candidatos populares rivales, como Navarro en Guanajuato y Gavira en Veracruz. Estos candidatos, por lo general, fracasaron: el criterio de respetabilidad política y la capacidad para conducir las elecciones fueron factores que sólo se socavaron de manera gradual (este punto se analiza en el capítulo siguiente). Por otro lado, las candidaturas populares generaron inestabilidad y en ocasiones condujeron a la franca rebelión, como la de Gavira. En contados casos, los candidatos populares lograron triunfar (como Antonio Hidalgo, en Tlaxcala) y realizar reformas. Por otra parte, a pesar de que las nuevas medidas de ajuste fiscal y renovación política fueron menos que revolucionarias, lograron despertar el temor de una élite mimada durante tanto tiempo por el conservadurismo porfirista; en el caso de Chihuahua, las reformas moderadas dieron origen a la alianza anómala de algunos miembros de la élite con Orozco.

Sin embargo, la principal causa del temor de los propietarios y de la élite política fue esa anarquía *ad hoc* provocada por los intentos populares de "reforma", particularmente aquellos de carácter agrario. Éstos comprendieron una serie de ataques a los administradores y capataces injustos; apropiación de tierras y división de los campos de la hacienda, y la recuperación de los de-

---

[793] Jones, Tepic, 7 de abril de 1912, SD 812.00/3711.

rechos comunales sobre bosques, agua y pasturas. Conforme a las quejas de los terratenientes, funcionarios y comerciantes, estos actos eran alentados por demagogos que difundían doctrinas "socialistas" o "semisocialistas", o por soldados revolucionarios desmovilizados que retornaban a los pueblos y haciendas con la cabeza llena de ideas descabelladas y subversivas respecto al reparto y la venganza. En términos más generales, quienes detentaban el poder y la propiedad se lamentaron de la actitud de independencia y el rechazo a las normas del Porfiriato, rasgos que llegaron a caracterizar al pueblo, por lo menos en el campo. La "anarquía" prevaleció en el valle de Culiacán o en el municipio de Ozuluama: "la chusma... domina Sinaloa" y sólo el cabecilla Juan Banderas podía controlarla de la misma manera que sólo Orozco era capaz de dominar a "la chusma" de Chihuahua. En Guerrero, "los indios y los peones se encuentran en la cima"; Chiapas enfrentó una "guerra de castas"; el zapatismo amenazó con convertir no sólo a Morelos sino a México entero en una "verdadera cafrería". En algunas ocasiones estos temores eran francamente exagerados; algunos funcionarios, como el jefe político de Zacatlán (Pue.), desarrollaron una rica imaginación, citando "motines que no existen... con objeto de destituir empleados correctos y prestigiados y espantar ciudadanos pacíficos para imponer candidatos [suyos como] presidentes de ayuntamiento".[794] Cabe destacar que el mero recurso indica el ánimo imperante en la época; como vemos, éste difiere del clima porfirista, con el que sus funcionarios generalmente se mostraron confiados y complacientes. En muchos casos los temores y ansiedades, si bien subrayados en términos emotivos, reflejan una genuina alarma entre las élites que se sentían amenazadas.

Se ha sugerido que la respuesta de estas élites amenazadas fue ineficaz, especialmente en aquellas regiones donde la amenaza era pronunciada. En ausencia de acciones, las élites frecuentemente se apoyaron en el consuelo retórico, la crítica a Madero y el anhelo, como un reflejo pavloviano, de soluciones represivas y autoritarias. Consideraban que los problemas de México eran resultado de los retrasos económicos y raciales; sostenían que sólo era posible enfrentarlos (aunque quizá no resolverlos) mediante un gobierno fuerte a la manera del Porfiriato. Madero, con su "mente enferma" y su torpe liberalismo sólo alentaba el caos. Su destitución abriría el camino para un régimen natural y apropiado para el país: el gobierno de la "mano de hierro". Algunos pensaban que la mano de hierro la podía instrumentar Reyes; pero, después de la derrota del general, creyeron que el hombre adecuado era De la Barra o Huerta. En las distintas regiones, los defensores de estas posturas proponían gobiernos militares como los de Morelos, Sinaloa o el que se solicitaba en Tabasco. Poco importaba la conveniencia de los candidatos individuales (esto explica el consecuente auge de Félix Díaz). Al igual que todos los mitos, el de la "mano de hierro" dependía más de la fe que de la razón; era defendido con letanías vacuas, con plegarias formalizadas que solicitaban

---

[794] De R. Hernández al gobernador Meléndez, Puebla, 11 de diciembre de 1912, AG 889.

"unos buenos azotes" para castigar a los pecadores plebeyos. Esta actitud se tradujo en acción durante las campañas de Juvencio Robles en Morelos; en la resolución sonorense de proceder al "exterminio de los yaquis"; en las esperanzas de los conservadores de Chihuahua de establecer "una dictadura más opresiva... que la conocida en tiempos del general Díaz". Incluso algunos voltearon hacia los Estados Unidos como una posible instrumentación de la "mano de hierro".[795] El mito era tan fuerte que muchos maderistas, y hasta cierto punto el propio Madero, cayeron bajo su embrujo; por otra parte, los defensores del mito no repudiaron su fe a pesar de los obvios fracasos en la práctica, especialmente en Morelos. La creencia, lejos de debilitarse, cobró mayor fuerza hasta lograr finalmente conversiones masivas y defensores elocuentes, al tiempo que alcanzaba su apoteosis suprema durante el régimen de Huerta en 1913-1914.

La posición de Madero al respecto no fue en ningún sentido envidiable. Las clases adineradas e incluso muchos de sus antiguos partidarios de la clase media urbana, se rebelaron en su contra y, al tiempo que enfrentaba la oposición armada de sus antiguos aliados populares así como de nuevos adversarios plebeyos, se encontró aislado en un istmo político que se reducía cada vez más. La marejada se levantó en ambos lados; la estrecha franja de arena sobre la cual se hallaban el presidente y sus partidarios leales se tornó cada vez más frágil y peligrosa, como para poder cimentar la nueva construcción del México liberal que deseaba edificar. Las modestas reformas no podían satisfacer a los radicales y populistas; lograban, sin embargo, nutrir el temor de los conservadores que las consideraban una manifestación del espectro de la lucha de clases y de la disolución social. La gran coalición de 1911 se fragmentó, frenando así al grupo maderista. Madero, el antiguo héroe victorioso, se transformó en una figura que servía como blanco de burlas. No obstante, en términos estrictamente realistas, la posición de Madero no era tan desesperanzada. Resultaba inevitable y, quizá, necesario que el entusiasmo febril del verano de 1911 se disipara. Aun antes de su toma de posesión en noviembre, quedó claro que la fiesta había terminado y que Madero tendría que demostrar su capacidad para gobernar; por si fuera poco, bajo circunstancias sumamente difíciles. Mayores crisis afligieron al régimen durante 1912, aun cuando tuvieron una solución: Orozco fue derrotado, y Zapata, junto con docenas de retos populares menores, fue contenido; hacia fines del verano de 1912, los observadores políticos detectaron una nueva estabilidad y confianza. Este logro tuvo un precio muy alto: por una parte, significaba el

---

[795] Los intentos de Taft por garantizar los intereses y vidas de los norteamericanos durante la rebelión de Orozco, fueron malinterpretados, siendo considerados como un preludio para la intervención; los temores de dicha intervención pronto se desvanecieron, como generalmente sucedía, pero existían ya algunas evidencias de que la gente acomodada empezaba a verla como una posible salvación. Edwards, Juárez, marzo de 1912; de A. de la Concha a Taft, 28 de marzo de 1912, SD 812.00/3326, 3563; Calvert, *Mexican Revolution*, pp. 111-115, acerca de los sucesos.

mero costo financiero de la represión; por otra, el precio político aún mayor de recurrir a los métodos del Porfiriato y de sacrificar así muchas promesas (implícitas y explícitas) de la Revolución de 1910. Los argumentos en favor o en contra de este asunto son objeto de debate, por ello aparecen de manera preponderante en el siguiente capítulo.

No es posible negar o ignorar que, no obstante el rigor de estas pruebas, el régimen de Madero sobrevivió. Aunque a fines de 1912 y principios de 1913 resurgió la revuelta popular, ésta no alcanzó los elevados niveles que presentara durante la primavera de 1912; el régimen que la revuelta militar derrocó en febrero de 1913 no era un caso terminal. Esto reflejó un hecho obvio e importante acerca de las luchas libradas en el México revolucionario: la protesta popular era de origen fundamentalmente rural y las fuerzas populares no deseaban, o eran incapaces de tomar el poder en las ciudades. Podían dominar el campo, socavar el sistema de la hacienda, ridiculizar al gobierno e inducir el pánico entre los habitantes de las ciudades, pero, no importa cuán poderosas fueran (en general, los historiadores han subestimado su capacidad), estas fuerzas no amenazaban con tomar el poder estatal ni suplantar al gobierno nacional. Entre los rebeldes populares de 1912 sólo los de Chihuahua —los más organizados y con mayor experiencia— capturaron ciudades importantes: Chihuahua, Ciudad Juárez y Parral. Los pueblos de La Laguna habían sido rodeados pero no habían caído; Zapata no repitió su asalto costoso a Cuautla; los rebeldes de Guerrero jamás atacaron Acapulco, a pesar de los mermados cuarteles del puerto; los pueblos del Bajío sufrieron saqueos pero no hubo amenaza de ocupación. El antiguo adagio acerca de que los yaquis "jamás atacan las ciudades" mantuvo su validez. No era sólo una cuestión de estrategia militar, a pesar de la importancia de este aspecto. Ciertamente, la artillería federal significó una enorme diferencia: rechazó a los serranos en Oaxaca y diezmó a los orozquistas ("es inútil que intentemos enfrentarnos al cañón de Huerta", fue el lamento de Orozco); los sitios y las batallas campales también representaban una tensión intolerable sobre las armas inferiores y las escasas municiones de los rebeldes rurales.[796] Por lo tanto, pocos movimientos rebeldes de 1912 se plantearon sustituir la movilidad de su guerrilla rural por el sitio estático o la defensa de los centros urbanos. Es necesario subrayar que pocos anhelaban esta sustitución. Si bien dicha renuencia a cambiar de tácticas militares se hizo cada vez más evidente en los años posteriores, cuando la captura de ciudades resultó más factible, es innegable que ya era manifiesta en 1912. Los rebeldes rurales —serranos o agraristas— mostraron cierta indiferencia hacia las ciudades y su acumulación de poder y riquezas: estaban preocupados principalmente por dominar su propia región, más que apropiarse de los tentáculos del poder político y económico que se extendían de la ciudad al campo; lo que intentaron fue desarticularlos. En lo concerniente al poder, los zapatistas, por ejemplo, "... no querían ocuparlo

---

[796] *New York Times*, 8 de julio de 1912.

sino disolverlo: peleaban por la descentralización del poder, por hacerlo ubicuo como la guerra de guerrillas".[797]

La captura de las ciudades, y todo lo que esto conlleva, se tornó factible y deseable sólo en aquellos casos en que las rebeliones populares alcanzaron escalas inusuales, organización y ambición política, como en el caso del orozquismo. Sin embargo, este proceso implicaba el riesgo de que el movimiento popular en cuestión perdiera su esencia al caer en manos de intelectuales, politiquillos y arribistas; es decir, de todos aquellos conscientes y codiciosos del poder y de las riquezas que guardaban las ciudades. En el corazón de los movimientos populares se encerraba una paradoja: al permanecer fieles a sus progenitores y a los principios básicos (como en el caso del zapatismo) podían evitar la contaminación de las ciudades pero, al hacerlo, perdían la oportunidad de tomar el poder, limitaban sus actividades al entorno rural y permitían que, aunque con dificultades, el régimen continuara. Por otra parte, cabe señalar de paso que no había esperanza alguna de que el proletariado urbano asumiera un papel de "vanguardia" que le permitiera aportar los líderes y la iniciativa requerida por los campesinos. Los trabajadores urbanos eran muy débiles y sus objetivos eran principalmente "económicos", pero, sobre todo, estaban demasiado identificados con el gobierno y el sector patronal como para asumir un papel así; en muchos aspectos, eran parte integral de la estructura urbana capitalista que la revolución rural había decidido ignorar o desmantelar y de la que jamás intentó apropiarse. Quienes lamentan la ausencia de una unión solidaria entre proletarios y campesinos parten de una ilusión alejada de los hechos: las estructuras sociales de ambas partes y la coyuntura histórica (por apropiarnos de los términos aprobados por los autores de esos lamentos) no conducían a una alianza de esa naturaleza.

La rebelión rural y el descontento podían alcanzar proporciones epidémicas mientras que, como resultado de la limitación autoimpuesta por los campesinos (y el monopolio de la artillería de los federales), las ciudades permanecían seguras en manos del gobierno y de los intereses urbanos aliados: comerciantes, empresarios, terratenientes, generales, funcionarios y prelados. Éstos, los dirigentes de la "nación política", podían sortear la amenaza rural, pero a costa de la amarga disensión interna y de la rendición de su control tradicional sobre los pueblos, propiedades y montañas del interior. Durante la presidencia de Madero, esta disidencia de la élite creció en espera de que los dirigentes pudieran revocar su rendición, reasumir la ofensiva y, al igual que sus lejanos antepasados españoles, llevar a cabo una reconquista gradual y sangrienta para recuperar su patrimonio perdido.

---

[797] Warman, *Y venimos a contradecir*, p. 137; *cf.* Millon, *Zapata*, p. 99.

VI. EL RÉGIMEN DE MADERO
El experimento liberal

El gobierno central

Victorioso en el campo de batalla en 1911, el maderismo fracasó en la esfera política de 1911-1913. Causó el derrumbe del antiguo sistema porfirista pero fue incapaz de ofrecer una alternativa viable. Algunos compararon este periodo con el decenio de 1870, cuando Díaz tomó el poder desde una plataforma liberal y comenzó a imponer la *Pax Porfiriana* para erradicar el descontento endémico; por esta razón, algunos concluyeron que se requería de un nuevo Díaz para operar el cambio una vez más. Es indudable que en ambas situaciones había sorprendentes paralelismos, pero éstos eran sólo de naturaleza superficial: de nuevo, un presidente había llegado al poder mediante la espada; el bandidaje y la protesta rural; la rebelión regional en las sierras.[1] Pero, como señalara el propio sobrino de Díaz a la prensa norteamericana, en muchos aspectos las circunstancias eran radicalmente distintas y no era fácil extraer las lecciones.[2] Básicamente, la situación difería en dos puntos. Primero, la paz y el progreso de los 40 años del Porfiriato aumentaron, en vez de reducir, las tensiones en la sociedad mexicana (en particular, las regionales y de clase), y erosionaron, al mismo tiempo, algunas formas tradicionales de control social; de ahí, la plétora de rebeliones populares ya mencionadas. Segundo, Madero estaba comprometido con la democratización del gobierno mexicano: era imperioso abjurar de los antiguos métodos del Porfiriato (mediante los cuales Díaz había establecido la paz aun a despecho de sus promesas iniciales) y extirpar la represión, el soborno y el caciquismo. Para restaurar el orden a partir de los lineamientos porfiristas (asumiendo que eso fuera posible) era necesario que Madero renegara de su programa básico, algo que no estaba dispuesto a hacer. Así, él y sus correligionarios, comprometidos en la instrumentación de reformas contrarias a los intereses de una política que se había consolidado y endurecido con el transcurso de las décadas, dedicaron sus esfuerzos a cumplir las promesas formuladas durante una época de profunda agitación política.[3]

La esencia del programa maderista era el liberalismo constitucional. Una vez que se diera inicio a los procedimientos constitucionales (elecciones libres y justas, división de poderes, independencia judicial), podrían resolverse, mediante consenso y de manera pacífica, los problemas restantes, incluso

---

[1] Cosío Villegas, *La república restaurada, Vida política*, pp. 829-833 y 843-844.
[2] Liceaga, *Félix Díaz*, p. 56.
[3] Vera Estañol, *Revolución mexicana*, p. 237.

aquellos de carácter social que Madero consideraba apremiantes. Como señalara Madero al pueblo de Huichapan (Hgo.), en junio de 1912: "La revolución de San Luis… fue para reconquistar nuestra libertad, porque la libertad sola resolverá de por sí todos los problemas […] desde el momento que el pueblo pueda mandar sus representantes al Congreso, esos legítimos representantes suyos dictarán todas las leyes que sean necesarias para el engrandecimiento de la República y su prosperidad".[4] Bajo el lema de "Sufragio efectivo, no reelección", el gobierno tenía que crear consenso; esto significaba no sólo instituir elecciones libres y justas, sino convencer al país de participar en ellas y de observar las nuevas reglas del juego. El nuevo gobierno debía exhortar, realizar propaganda y proselitismo. Estaría perdido de no ganarse el corazón y las mentes de los mexicanos.

Fue así como, respecto de sus enemigos políticos, Madero desplegó una tolerancia inexistente en el porfirismo. En virtud del Tratado de Ciudad Juárez y el interinato de De la Barra, los miembros del antiguo régimen dominaban la legislatura nacional y la Suprema Corte; los legisladores mantuvieron sus cargos en tanto se realizaban elecciones en el verano de 1912; mientras que Madero se rehusaba a interferir con el poder judicial.[5] Asimismo, el presidente se mostró tolerante hacia el Partido Católico; aceptó a los militares de alto rango del ejército federal, y, con respecto a los elementos renuentes al régimen, en vez de considerarlos hostiles, sostuvo que simplemente estaban mal orientados y mostró una magnanimidad que muchos interpretaron como signo de debilidad o ingenuidad política. Almazán fue perdonado porque Madero creyó que "ha reflexionado y comprendido su falta" (pronto se rebeló de nuevo); y se concedieron amnistías a cabecillas como Gabriel Gavira, para ridículo de las autoridades estatales.[6] Los disidentes conservadores también se beneficiaron de la política conciliatoria de Madero. Cuando Abraham González retornó a la gubernatura de la cual había sido apartado por los rebeldes orozquistas y sus aliados terracistas, recibió un alud de cartas presidenciales donde se le instaba a la clemencia. Madero le sugirió abrirle los brazos y olvidar; en particular, debía "procurar principalmente atraerse a las clases altas que son las que más se quejan contra [él]". Se permitió el retorno de los emigrados políticos de Chihuahua y otras partes, a condición de que se abstuvieran de intervenir en el ámbito político, pero no se les retiró su inalienable derecho al voto.[7] Cabe destacar que esta generosidad se reservó para los disidentes respetables, los miembros de la "nación política" que —pertenecieran a la "izquierda", como Almazán o Pedro de los Santos, o a la "derecha", como Félix Díaz y los terracistas— podían ser redimidos y reincorpora-

[4] Córdova, *Ideología*, p. 111, n. 60; véanse también pp. 115-116 y notas 102-103.
[5] Ross, *Madero*, pp. 224-225; Cumberland, *Genesis*, p. 244.
[6] Valadés, *Imaginación*, II, pp. 201 y 329-332.
[7] De Madero a Almazán, 16 de junio de 1912, AFM, r. 12; a González, 25 de julio y 5 de agosto de 1912, AFM, r. 12; y 20 de julio y 7 de diciembre de 1912, AFM, r. 11; a Portillo y Rojas, 16 de noviembre de 1912, AFM, r. 11.

dos al sistema constitucional. Los disidentes populares ("bandidos", como Cheche Campos, y rebeldes agraristas, como Zapata o los indios yaquis) no estaban maduros para la redención ni merecían tal indulgencia.[8]

Madero desplegó todo su liberalismo hacia la prensa, a la vez molde y portavoz de la opinión urbana. A raíz del derrocamiento de Díaz, concedió la inmediata libertad de prensa: surgió un repentino florecimiento de diarios, periódicos, revistas y boletines; los caricaturistas perdieron el miedo a firmar sus pasquines políticos. La mayoría de estas publicaciones eran profundamente políticas y polémicas; estaban vinculadas a partidos (*El País* y *La Nación*, por ejemplo, eran católicos), o a facciones, como el famoso *Quadrilateral*, que pertenecía a los diputados conservadores antimaderistas.[9] Cuando sus enemigos comprendieron que la promesa de Madero respecto a la libertad de prensa era genuina, se aprestaron al ataque. Especialmente en la Ciudad de México, la prensa comenzó a criticar a Madero, a menudo en un tono amargo, injurioso y obsceno; por primera vez en la historia de México, el público letrado disfrutó del espectáculo no sólo de la libertad de prensa, sino también de una prensa que hacía escarnio del propio presidente.[10] Periódicos como *El Mañana* —la publicación de oposición más insolente— se burlaron de la baja estatura de Madero, de su juventud, su afición por el baile y sus creencias excéntricas (espiritismo y medicina homeopática), y de su falta de machismo. El presidente había metido la pata en la ceremonia de toma de posesión; había llorado en el funeral de Justo Sierra; se había expuesto al ridículo al pasear en un aeroplano y al abrazar a un torero en público.[11] Asimismo, la familia Madero fue blanco de ataques por su nepotismo y supuesta corrupción; se hicieron bromas ligeramente audaces a costa de la esposa del presidente.[12] Los maderistas prominentes también sufrieron: Abraham González fue descrito como un patán provinciano, mientras se llamaba la atención no sólo hacia la imposición de Pino Suárez en la vicepresidencia, sino también hacia su larga nariz y la mediocridad de sus poemas.[13] En toda la prensa de la ciudad se pusieron de manifiesto los prejuicios capitalinos en contra de la nueva élite política que provenía de la provincia (principalmente del norte), la avidez de riquezas de los Madero y de sus torpes satélites provincianos. Las mujeres de la familia Madero, por ejemplo, parecían "mojigatas y poco

[8] Véanse pp. 320-321, 405-407 y 426-427.
[9] Edward I. Bell, *The Political Shame of Mexico*, Nueva York, 1914, pp. 246 y 248; Ross, *Madero*, p. 232; D. J. Haff, Ciudad de México, 15 de abril de 1912, SD 812.00/3822; Manuel González Ramírez, *Fuentes para la historia de la Revolución mexicana*, II, *La caricatura política*, México, 1955, p. 40.
[10] De Madero a F. González Garza, 30 de julio de 1911; Fabela, DHRM, RRM, I, pp. 444-445.
[11] Pani, *Apuntes*, p. 144; Bonilla, *Régimen maderista*, pp. 3-4; Ross, *Madero*, p. 232; Rutherford, *Mexican Society*, pp. 142-143; González Ramírez, *La caricatura*, n. 225 y 226.
[12] Aguirre Benavides, *De Francisco I. Madero*, p. 31; Rutherford, *Mexican Society*, pp. 144-145; Ross, *Madero*, p. 232.
[13] Bonilla, *Régimen maderista*, pp. 3-4; González Ramírez, *La caricatura*, n. 230, 237, 245, 248 y 280.

sofisticadas" en comparación con la alta sociedad de la Ciudad de México, con sus mujeres abundantemente maquilladas y de prominencia social; cosmopolita, eurófila y conservadora, la Ciudad de México desdeñaba a los ingenuos *arrivistes* de tintes norteamericanos que provenían de la frontera norte.[14] Así, después de la histérica bienvenida de junio de 1911, la capital —como se reflejó en la prensa— se entregó a dirigir su hostilidad en contra del nuevo régimen.

Ante los ataques impresos, Madero se mostró estoico y confió a sus amigos que jamás leía los periódicos o, en su defecto, nunca les daba crédito; sus convicciones sinceras le impedían controlar la prensa.[15] Quizá en un país de elevado analfabetismo como el México de entonces, era justificado el desdén que Madero mostraba hacia el cuarto poder y es indudable que se ha exagerado el efecto de la crítica periodística —conforme a la medición de la sociedad de la Ciudad de México y de la prensa misma—.[16] Sin embargo, hacia febrero de 1912, cuando la revuelta de Chihuahua cobró fuerza y los periódicos publicaron informes divergentes, poco confiables y especulativos al respecto, la paciencia presidencial comenzó a desgastarse y el régimen empezó a contemplar algunas medidas defensivas.[17] Al mes siguiente, cuando la crisis llegó a un punto culminante, el presidente, que daba señales de agotamiento y nerviosismo, citó a los editores de la Ciudad de México, los increpó por la imprecisión y la hostilidad de su trabajo, apeló a su patriotismo y les recordó el artículo del Código Penal que prohibía actos que causaran alarma pública.[18] Después de la derrota federal en Rellano, se impuso la censura (el cierre de *El Heraldo Mexicano* estuvo a punto de provocar un motín) y el público dependió de la información oficial, imprecisa y tamizada. En la capital como en la provincia, el control sobre la prensa estimuló resentimientos y rumores.[19] Posteriormente, en el mismo año de 1912, Madero retomó la cuestión y propuso ante el Congreso la emisión de una "ley liberal" que pusiera un alto a los abusos de la prensa y que no afectara las libertades básicas, pero la sesión terminó sin acción legislativa alguna.[20]

El control del gobierno sobre la prensa, aunque denunciado reiterada-

---

[14] Bonilla, *Régimen maderista*, p. 115; Rutherford, *Mexican Society*, pp. 206-207.

[15] De Madero a R. Estrada, 30 de noviembre de 1912; Fabela, DHRM, RRM, IV, p. 228; Bell, *Political Shame*, p. 248.

[16] Según O'Shaughnessy, *A Diplomat's Wife*, p. 34, *El Mañana* "hizo más que cualquier otra cosa por matar a Madero reflejando constantemente su debilidad en un espejo de ridículo"; González Ramírez, *La caricatura*, n. 322, clasifica a la prensa de oposición, al lado de Orozco y Zapata, como los mayales del maderismo.

[17] Pani, *Apuntes*, pp. 124-125; *cf.* Wilson, Ciudad de México, 30 de noviembre de 1911, SD 812.00/2601; Ross, *Madero*, pp. 238-239.

[18] Bell, *Political Shame*, pp. 154-155; Fabela, DHRM, RRM, III, pp. 265-275.

[19] Bell, *Political Shame*, pp. 181-185; Casasola, *Historia gráfica*, I, pp. 464-465; Wilson, Ciudad de México, 25 y 29 de marzo; Holland, Saltillo, 26 de marzo; Edwards, Acapulco, 6 de abril; Bonney, San Luis, 30 de abril; SD 812.00/3372, 3430; 3448; 3521; 3814.

[20] Bell, *Political Shame*, p. 186; Ross, *Madero*, pp. 234-235.

mente por los conservadores, en realidad tuvo corta duración y no puso en peligro la libertad de expresión esencial y sin precedentes que caracterizó al periodo de Madero.[21] No obstante, el régimen fue acusado de recurrir a métodos informales —de índole porfirista— con el fin de controlar a la prensa. En *Nueva Era* el gobierno tenía al periódico audaz que había pertenecido a la oposición en el pasado, ahora convertido en un débil órgano oficial; su circulación (poco menos de 10 000 ejemplares) era respetable, aunque no tuvieron éxito sus intentos por "restaurar" la imagen de Madero, después que ésta había sido "arrollada" por la opinión pública.[22] Conforme a diversos testimonios, el gobierno —a través de Gustavo Madero— intentó comprar parte de la prensa para apoyar así a *Nueva Era: El Diario* fue rescatado del olvido hacia fines de 1911 y el prestigioso *El Imparcial*, con todo y su grupo de porfiristas, fue adquirido un año más tarde.[23] Sin embargo, durante un periodo de libertad de prensa y efervescencia política, el control gubernamental fue considerado como el beso de judas. La circulación de *El Imparcial* decayó 25% a los pocos días de su "oficialización" y los anunciantes comenzaron a retirarse. Los letrados, la población urbana (buena parte de la cual era enemiga de Madero o estaba desilusionada del maderismo) prefirió la prensa sensacionalista e informativa (aunque poco confiable) de oposición, a las anodinas publicaciones oficiales. Estas últimas sólo podían florecer en un clima de censura y control más rígidos, atmósfera que Madero (a pesar de las súplicas de sus seguidores) no estaba dispuesto a propiciar.[24] Mientras tanto, los intentos del régimen, a menudo profundamente legítimos, por ejercer influencia sobre la opinión a través de la prensa, fueron interpretados como un retorno a las prácticas porfiristas. En esta esfera, al igual que en el ámbito más importante de la política electoral, era difícil delimitar la fina distinción entre influencia legítima y presión ilícita, ya que se trataba de una sociedad en transición de la inercia caciquista a la participación democrática.

La forma más extrema —y también la más conjetural— de presión ilícita fue la ejercida por la *porra*, una banda de matones urbanos contratada supuestamente por Gustavo Madero, cabeza del PCP y principal intermediario político del régimen maderista. La porra tenía como fin intimidar a los electores, candidatos políticos rivales y a la prensa de oposición. En enero de 1912, conducidos por un supuesto estudiante de derecho, los porristas realizaron una manifestación en contra de los periódicos antimaderistas como *Multicolor* y *El Mañana*, provocación que, a su vez, detonó manifestaciones en contra

[21] Vera Estañol, *Revolución mexicana*, pp. 259 y 265.
[22] Bell, *Political Shame*, p. 245; González Ramírez, *La caricatura*, n. 272, muestra una caricatura multicolor de agosto de 1911, en la que Urueta y Sánchez Azcona se esfuerzan por bombear aire a un Madero desinflado.
[23] Bell, *Political Shame*, pp. 245-246; *cf.* Cumberland, *Genesis*, p. 246, y Ross, *Madero*, pp. 234-235.
[24] Bell, *Political Shame*, p. 246; Vera Estañol, *Revolución mexicana*, p. 261; en Saltillo, "hay tan poca confianza en los periódicos oficiales que los vendedores ni siquiera los manejan arguyendo que no hay demanda"; Holland, 26 de marzo de 1912, SD 812.00/3448. De Carlos Madero a Madero, 12 de febrero de 1912; Fabela, DHRM, RRM, III, p. 96, apremia por el control de la prensa.

y violentos conflictos; el editor católico de *El País* fue víctima de ataques y, al parecer, se intentó prender fuego a las oficinas de *El Imparcial*.[25] Resulta imposible establecer la verdad sobre todo esto; pero es indudable que el maderismo reunía a ciertos elementos militaristas que renegaban de los escrúpulos liberales de Madero y pretendían combatir la violencia con violencia. Por lo tanto, no es una mera coincidencia que Gustavo Madero, jefe de estos halcones, se convirtiera en blanco de acusaciones de violencia e ilegalidad. Válidas o no, dichas acusaciones mancharon la reputación liberal del régimen, y cuando llegó el momento de cobrar venganza de las afrentas políticas, Gustavo Madero, conocido como "Ojo Parado", figuró a la cabeza de la lista de posibles víctimas.[26]

El problema de ejercer influencia legítima sin caer en los abusos del Porfiriato, era aún más complejo en materia de elecciones; después de todo, el proceso electoral era el corazón mismo de la filosofía política de Madero. En este renglón, el presidente luchó de nuevo por mantener una posición liberal de tolerancia en sus tratos con la nación política, así como en sus intervenciones en las luchas electorales en las que participaban los miembros de esa élite política, ya que dichos conflictos eran de esperarse en el nacimiento de la democracia. En docenas de estados y en numerosas ocasiones, los gobernadores y jefes recibieron órdenes de permitir elecciones libres y justas: el gobernador de Chiapas recibió instrucciones especiales para extender garantías al Partido Católico durante las elecciones en Tonalá; el comandante militar en Guadalajara debía garantizar el "deliberar en total libertad" a la legislatura estatal en lo concerniente a la convocación de elecciones locales.[27] Madero fue aún más lejos al sustituir la práctica política tradicional por una democracia impersonal y abstracta. Se adhirió a la idea nueva e impopular, en lo concerniente a nombramientos políticos locales, de recurrir a los fuereños más que a los habitantes de la región; y si bien es cierto que Díaz, al igual que la Corona española, había practicado esta política (de manera selectiva y pragmática) con el fin de fortalecer el poder del centro *vis-à-vis* los estados, Madero, en cambio, se había adherido a este concepto con la creencia idealista de que los fuereños, al no tener clientes ni enemigos locales, podían gobernar con un espíritu de despreocupada imparcialidad y en beneficio de todos.[28] Esta política provocó la inmediata hostilidad de la provincia hacia el "centro"

---

[25] Casasola, *Historia gráfica*, I, pp. 436-437; Vera Estañol, *Revolución mexicana*, p. 219. Vale la pena señalar que los estudiantes de la Ciudad de México, lejos de ser maderistas, tendían a alardear de su porfirismo: J. Bojórquez, en *Diario de los debates del Congreso Constituyente, 1916-1917*, 2 vols., México, 1960, II, p. 1018 (en adelante: DDCC).

[26] Véanse pp. 660-662.

[27] De Madero al gobernador Meléndez, 6 de noviembre de 1912, AFM, r. 11; de Rafael Hernández al gobernador Lara, 8 de noviembre de 1912, a 14 jefes políticos, Estado de México, 7 de diciembre de 1912, y al gobernador Guillén, 2 de noviembre de 1912, AG 889; de Madero al general A. Villaseñor, 9 de agosto de 1912; Fabela, DHRM, RRM, IV, pp. 75-76.

[28] De Madero al gobernador Cepeda, 30 de enero de 1913; al gobernador Medina Garduna, Estado de México, 7 de septiembre de 1912, AFM, r. 12.

(tal como había sucedido en las épocas de Díaz y de los borbones, a pesar del cambio en su fundamentación); además, contravenía la fuerte preferencia local por un "hijo del país" y amenazaba a las antiguas estructuras de poder local construidas por las familias con base en los lazos sanguíneos, el compadrazgo y el clientelismo. En éste, como en muchos otros aspectos, los conceptos maderistas acerca del *pays légal* no se conformaban al *pays réel* histórico que debía gobernar; la adecuación de ambos era una tarea digna de Procusto.

La mera frecuencia de las órdenes de Madero para garantizar elecciones justas atestigua su sinceridad, pero también es testimonio de la magnitud del problema. El cambio de un sistema de dictadura ejecutiva y caciquismo local por otro basado en las normas impersonales de la democracia constitucional, no podía lograrse por orden presidencial. Los hábitos políticos profundamente arraigados no morían fácilmente, y Madero y sus sinceros intentos por lograr que funcionara la nueva política se enfrentaron a los métodos antiguos; se vieron obligados a negociar con la sucia realidad política, en espera de llevar a cabo cambios graduales y permanentes. Era inevitable que ese aparente retroceso provocara indignadas protestas tanto de los liberales desilusionados como de los astutos conservadores. Con frecuencia se ha debatido hasta qué grado una sociedad liberal puede sacrificar algunas de sus libertades con el fin de asegurar su sobrevivencia esencial. El dilema de Madero era similar pero más agudo, y su polémica se ha realizado más a menudo en un contexto socialista que liberal: ¿hasta qué punto los principios básicos podían negociarse para lograr la *creación* (no el mantenimiento) de una sociedad en la cual prevalecieran dichos principios? Este dilema yacía en el corazón del experimento liberal de 1911-1913.

Uno de los problemas principales fue la sobrevivencia de veteranos porfiristas en los puestos de poder; se adherían al viejo esquema y se mostraban escépticos o francamente hostiles hacia las nuevas políticas. Los cambios efectuados a niveles locales en 1911 fueron, como hemos visto, parciales y variados; suficientes como para marcar la ruptura con el viejo régimen y provocar temores y esperanzas, pero aún pocos como para producir una renovación completa de la autoridad conforme a los lineamientos maderistas. Las legislaturas estatales que adjudicaban las elecciones en disputa aún eran —en tanto no se llevara a cabo su propia renovación— porfiristas. En estados como Veracruz, la antigua legislatura permaneció en el poder hasta finales de 1912. Muchos pueblos compartieron la posición de Zaragoza (Coah.) donde, según las quejas de los liberales, los porfiristas, la antigua "pandilla científica", y francmasones se aferraron al poder durante 1912-1913, a pesar de la oposición popular y de su conocida simpatía por el orozquismo. El grupo en cuestión incluía al jefe de policía, al director de correos, al juez, al notario público (este último era el "intelectual" del grupo), al secretario "eterno" e inamovible del ayuntamiento, a dos presidentes municipales sucesivos (el primero electo debido a que alegó una filiación liberal espuria en 1911, el segundo debió su cargo a elecciones fraudulentas en 1912), y a un puñado de comerciantes y cantineros adinerados cuyos servicios (transporte y hospitalidad) contribuyeron a dichas victorias electorales.²⁹ No era que Zaragoza sufriera de inercia política; al parecer, la Revolución y el nuevo régimen habían intentado instrumentar políticas locales más vigorosas, pero los viejos caciques habían logrado llevar a cabo los ajustes necesarios para sobrevivir.

Aun cuando se trataba de auténticos maderistas en el poder —como en el caso de los gobernadores, por ejemplo—, era muy posible que su preocupación por la ley, el orden y la estabilidad se impusiera sobre sus promesas de libre gobierno, provocando así un *inmmobilisme* tanto de hombres como de métodos. El gobernador de Zacatecas, Guadalupe González, era un genuino maderista —candidato antirreeleccionista de 1910, representante de Madero en las conversaciones de paz en 1911—; sin embargo, su régimen fue conservador: "... [él] absolutamente no cambió ni hizo remodelación alguna en los puestos públicos..." del estado; el poder judicial del Porfiriato permaneció intacto.³⁰ Gobernadores como Patiño, en Durango, alentaron el retorno de los funcionarios del Porfiriato con el fin de lograr "la buena marcha administrativa".³¹ No sorprende que Madero se lamentara de "las grandes dificultades" enfrentadas a la hora de "implantar de un modo efectivo el sufragio en México... [siendo] una de las más serias [que]... los mismos funcionarios del gobierno se olvidan de sus deberes"; para corregir esta situación, a menudo era necesario aplicar "medidas enérgicas".³² Las quejas locales eran aún más frecuentes que las exhortaciones presidenciales. Los jefes de Coyuca de Catalán, Taxco y Tlapa apoyaron de manera activa la campaña para la gubernatura de Alarcón en Guerrero; el jefe de Tehuacán (supuesto presidente de un club liberal) violó la ley para imponer autoridades en San Gabriel Chilac (aunque después lo negó); hombres armados intimidaron a los votantes en Valles, en la problemática Huasteca, de tal suerte que "el pueblo temeroso no se acercó [para] votar".³³ Se afirmó que en Hidalgo, los jefes y recaudadores de impuestos apoyaron la gubernatura de Ramón Rosales; mientras que Rosales, por su parte, se quejó de que el gobernador y el jefe político de Actopan obstaculizaban sus esfuerzos.³⁴ Quejas similares surgieron en Puebla, donde el gobernador, al parecer, intentaba imponer a su sucesor, "empleando los mismos medios que se empleaban durante la dictadura".³⁵

---

²⁹ Véase el extenso memo. "Para Porfirio Garza", escrito por un maderista de Zaragoza, AG 873.

³⁰ Cumberland, *Genesis*, p. 148; Pedro López, en DDCC, I, p. 317.

³¹ De J. Trinidad Cervantes a Madero, 4 de julio de 1911; de Luis Alonso y Patiño a M. Triana, 20 de junio de 1911, AG 898.

³² De Madero a M. Lara, 4 de febrero de 1912, AFM, r. 12.

³³ De R. Hernández al gobernador Lugo, 6 de diciembre de 1912; al jefe político, Tehuacán, 9 de diciembre de 1912; a Cepeda, 9 de diciembre, y contestación posterior, 12 de diciembre de 1912, AG 889.

³⁴ De R. Hernández a M. Lara, 8 de noviembre y 16 de diciembre de 1912, AG 889.

³⁵ De Madero al gobernador Meléndez, 14 de diciembre de 1912, AFM, r. 11; de Gustavo Madero a Madero, 1º de noviembre de 1912, en Fabela, DHRM, RRM, IV, pp. 191-192.

Estas reiteradas infracciones del "sufragio efectivo" (aunque sin duda también había algunos informes exagerados o inventados lo mismo que verdaderos) eran producto tanto del escepticismo como de las actitudes cínicas. La gente tenía buenas razones para creer que las viejas tradiciones no morirían de la noche a la mañana; anticipaban presiones del "centro"; y dieron por un hecho que los lazos de clientelismo y la realidad del poder tendrían mayor peso que el conteo desinteresado de los votos ciudadanos. Este rasgo, al igual que otros de la democracia maderista, se puso de manifiesto en las elecciones para la gubernatura de Veracruz en 1912. De los nueve candidatos, seis eran contendientes importantes; todos provenían de los sectores altos de la sociedad (el maderista más popular y plebeyo, Gabriel Gavira, languidecía en las mazmorras de San Juan de Ulúa); y todos, de diferentes maneras, recurrieron a medios poco ortodoxos para realizar sus campañas: soborno, arreglos, búsqueda de apoyo oficial, en lugar de seguir los métodos abiertos y formales de la democracia.[36] Manuel Alegre, aunque era un periodista correligionario de Madero, contaba con el apoyo de los intereses todavía poderosos de Dehesa; Hilario Rodríguez Malpica, oficial de la Marina y jefe de personal de la presidencia, podía contar con la ayuda de un grupo maderista que tenía acceso directo al presidente; Tomás Braniff, un millonario de la Ciudad de México, también se beneficiaba de los apoyos que le brindaban Gustavo Madero y el vicepresidente Pino Suárez.[37] La mayoría de los candidatos apreciaba la popularidad de Gavira y, por lo tanto, enviaron delegaciones para asegurarse el favor del prisionero, bien fuera mediante el soborno o la persuasión. Para sorpresa general, Gavira dio su codiciado apoyo a Antonio Pérez Rivera, un hacendado cuya candidatura defendían los católicos, pero a quien Gavira consideraba "honesto e independiente" y el menor de los males, en comparación con sus contrincantes.[38] Mientras tanto, los intentos de diferentes candidatos por sobornar al gobernador provocaron su deposición; varios jefes políticos cometieron abusos y fueron destituidos; Madero, en espera primero de un arreglo pacífico y, después, de la elección de un gobernador que gozara de las simpatías de este estado políticamente poderoso, fue arrastrado cada vez más hacia el conflicto, en detrimento de su prestigio presidencial.[39] La candidatura de Braniff fue particularmente problemática pues, además de utilizar su fortuna familiar en la campaña, ganarse el apoyo corrupto de los jefes en Misantla y Orizaba, y acarrear a sus peones y empleados extranjeros para que votaran a su favor, creyó necesario acercarse a Madero para preguntar, respetuosa-

[36] Ramón Prida, *From Despotism to Anarchy*, El Paso, 1914, pp. 394-399; Gavira, *Actuación*, pp. 63-68.
[37] Los otros candidatos fueron: Guillermo Pous, hacendado y editor porfirista; Adrián Carranza, un rico comerciante de Veracruz, y Antonio Pérez Rivera, hacendado también, quien contaba con el apoyo de los católicos.
[38] Gavira, *Actuación*, p. 68; Prida, *From Despotism*, p. 394.
[39] Gavira, *Actuación*, p. 63; Prida, *From Despotism*, p. 397. El gobernador en cuestión, Francisco Lagos Cházaro, fue posteriormente un efímero presidente de la República.

mente, si era "persona grata" para el régimen y prometer que, de resultar electo, marcharía "en perfecta armonía con el centro".[40] En varias ocasiones Braniff solicitó el apoyo de Madero, para frustración y disgusto de ambos: Braniff descreía las aseveraciones de neutralidad por parte de Madero, y éste, a su vez, se escandalizó al "escuchar de él la idea de que para resultar electo gobernador, todo era cuestión de dinero", a lo que respondió que "los gobiernos de los estados no se compraban y que no tendría bastante dinero para comprar el voto de los dignos hijos del Estado de Veracruz".[41] Cuando finalmente Braniff se postuló, aun sin apoyo oficial y gastando dinero a manos llenas, hizo correr el rumor de que Madero había intentado sobornarlo y surgió una "controversia pública poco usual".[42] Lejos de dar el apoyo "central" a un candidato determinado, Madero pareció indeciso y se inclinó primero por Rodríguez Malpica, después por Alegre y, finalmente, por Pérez Rivera. Bajo circunstancias de gran confusión (que se reflejan en los recuentos históricos) y entre informes sobre abusos oficiales y presiones de la turba, la legislatura adjudicó el triunfo de las elecciones a Pérez Rivera.[43]

Estos problemas electorales eran endémicos. Los candidatos consideraban esencial sondear las preferencias presidenciales y Madero tuvo que repetir constantemente que luchaba por elecciones libres y justas, y que todos los candidatos eran "personas en extremo gratas para mí".[44] Pero, desde luego, no todos los candidatos eran alta o igualmente aceptables y, como el reformador práctico que había sido desde sus primeras incursiones en la política en Coahuila, Madero quería obtener resultados y no sólo mantener virginalmente intacto un dogma inmaculado pero irrelevante. Era importante lograr que los liberales y los seguidores de Madero entraran en las cámaras estatales para asegurar la simpatía del Congreso Nacional y ganar la mayoría en la legislatura ya que, después de todo, eran ésos los objetivos de la democracia constitucional. Estas metas exigían la atención presidencial tanto al frente como detrás del escenario.[45] Por lo tanto, durante las elecciones Madero luchó por mantener los procedimientos justos y, al mismo tiempo, intentó que sus seguidores resultaran electos. Sin embargo, esta distinción —entre el ejecutivo como figura de partido político dedicada a la lucha electoral, y el ejecutivo como representante imparcial, salvaguardando las reglas de la contienda— resultaba extraña en México, como en cualquier otro sistema de democracia

---

[40] Prida, *From Despotism*, p. 377; de Madero a Carrillo Iturriaga, 1º de julio; a José R. Aspe, 21 de julio de 1912, AFM, r. 12.

[41] De Madero a Aspe (n. 40).

[42] Miller, Tampico, 3 de julio de 1912, SD 812.00/4390; Ross, *Madero*, p. 229.

[43] *Cf.* Prida, *From Despotism*, pp. 398-399, Gavira, *Actuación*, p. 68.

[44] De Madero a Aspe (n. 40); a I. Torres Adalid, 30 de enero de 1913, AFM, r. 12; de E. de los Ríos a L. Muñoz Pérez, 17 de octubre de 1912, AFM, r. 11.

[45] Bell, *Political Shame*, pp. 213 y 234. A finales de 1912 hubo una fuerte mayoría maderista en la cámara baja, pero no así en la alta. Para la manipulación del senado por parte de Madero, véase de Madero a Gerónimo Treviño, 31 de octubre de 1912, AFM, r. II; también Ross, *Madero*, p. 226.

artificial y, en ausencia de procedimientos, directrices y de la adecuada "cultura política", Madero no sólo toleró involuntariamente la corrupción electoral que sus seguidores indudablemente practicaron sino que, además, la mayoría de la gente creyó que formaba parte de la corrupción y juzgó el experimento liberal conforme a estas percepciones.

Así como los maderistas esperaban empleos en la burocracia o ayuda en los litigios pendientes, también contaban con el apoyo del ejecutivo durante las elecciones. Los gobernadores recibieron instrucciones precisas en lo concerniente a los candidatos favorecidos: en Zacatecas, se solicitó ayuda para el estudiante potosino Ernesto Barrios Collantes que había dedicado muchos esfuerzos a la causa; el gobernador de San Luis Potosí fue conminado a ayudar a cuatro maderistas en vista de "la necesidad de que estas personas vengan aquí al Congreso"; un senador del mismo estado recibió la solicitud de retirarse en favor de otro, un miembro de una importante familia de terratenientes, quien, conforme a las explicaciones de Madero "con los conocimientos que tiene... del mecanismo del Senado, y el conocimiento íntimo de cada uno de los senadores del antiguo régimen, que forman actualmente la mayoría, puede... ayudarme de un modo más efectivo".[46] Con Pérez Rivera como gobernador electo en Veracruz, Madero redobló sus esfuerzos por afianzar una mayoría de diputados simpatizantes en el congreso estatal; sólo así podía hacerse justicia a la "... opinión del pueblo veracruzano claramente manifestada en los comicios electorales, en los cuales, con una mayoría abrumadora designó al señor Pérez Rivera, gobernador del estado".[47] Se utilizaron los correligionarios maderistas en Torreón (donde eran numerosos) con el fin de lograr que Rafael Hernández, entonces ministro de Fomento, fuera electo ante el Congreso.[48]

Al mismo tiempo que se recompensó a los amigos, se castigó a los enemigos o, al menos, se hicieron esfuerzos por obstruir sus caminos. El gobernador de Morelos fue reprendido por apoyar la candidatura al Congreso de Nemesio García Naranjo (editor de *El Debate* y crítico declarado del gobierno), pues aunque "dentro del nuevo régimen de sufragio efectivo" cada ciudadano tenía derecho a participar y nadie, ni "nuestros peores enemigos", debía ser obstaculizado, era erróneo "allanar el camino y dar apoyo a quienes de un modo patente niegan su concurso de buena voluntad para el arreglo de las dificultades por que atraviesa nuestro país".[49] Guillermo Pous, también perteneciente a *El Debate* y aspirante a la gubernatura de Veracruz, fue incluido en la lista negra. Algunas intervenciones del presidente en la contienda electoral estuvieron marcadas por el sello de la *realpolitik*. Madero —no siempre el soña-

[46] De Madero a Guadalupe González, 22 de junio; al gobernador Cepeda, 19 de junio de 1912; AFM, r. 11; también de Madero a Cepeda, 21 de junio de 1912, AFM, r. 12.
[47] Lo que no fue necesariamente cierto. Véase de Madero al gobernador Levi, 14 de agosto de 1912, Fabela, DHRM, RRM, IV, p. 83.
[48] De Madero al doctor J. M. Rodríguez, 28 de mayo de 1912; Fabela, DHRM, RRM, III, p. 411.
[49] De Madero al gobernador Naranjo, 25 de marzo de 1912; Fabela, DHRM, RRM, III, p. 241.

dor ingenuo que parecía— estableció alianzas con poderosos intereses cuyo apoyo era deseable, incluso con aquellos de dudosos antecedentes políticos. La elección para la gubernatura de Puebla provocó los conflictos ya usuales y la consecuente revuelta del candidato derrotado, Agustín del Pozo (un terrateniente local y revolucionario tardío de 1911). Del Pozo se dirigió a la sierra y se proclamó gobernador legítimo en Tetela, eje de la región controlada por Juan Francisco Lucas, cacique indígena. Lucas no era maderista pero había apoyado al régimen de Madero (como a otros regímenes que habían respetado sus intereses locales), y su hijo Abraham acababa de ser electo diputado del distrito "con la influencia que [Lucas] tiene por allí". Pero, al parecer, la legislatura estatal ahora estaba dispuesta a desconocer las credenciales de Abraham Lucas y a anular la elección; Madero escribió al gobernador del estado que dicho proceder sería "antipolítico e inconveniente" justo en un momento en que, enfrentados a la rebelión de Del Pozo, era necesario asegurar el apoyo de Lucas, el cual no había sido vacilante durante 1911-1912.[50]

Aparentemente, aquí la utilidad momentánea resultó más importante que los principios. Pero no es fácil determinar si los pecados de Madero —en este aspecto— fueron pocos y veniales, o muchos y cardinales, suficientes como para invalidar al "nuevo régimen de sufragio efectivo" que Madero proclamaba sostener. Las recomendaciones presidenciales a gobernadores —como las enviadas a Maytorena en Sonora, a través de las cuales se sugería "la conveniencia de que fuesen electos por el distrito de Hermosillo el señor Eduardo Ruiz, y por el de Álamos, el Mayor Emiliano López Figueroa, actual Inspector General de Policía, personas que [...] serán gratas para usted como lo son para mí"— permiten distintas interpretaciones y decidirse por alguna de ellas no es fácil a través del mero análisis textual.[51] Quizá Madero merezca el beneficio de la duda en muchos casos similares. Su optimismo está claramente demostrado: el presidente "había colocado a un centinela sordo y ciego en las puertas de la vida para que gritara 'todo está bien', y hubo ocasiones en que no escuchaba otra voz".[52] Es indudable que hubo casos donde los principios eran más importantes que la experiencia. La elección fraudulenta de Andrés Farías como alcalde de Torreón fue anulada por órdenes de Madero pues, "aunque Andrés Farías es un buen sujeto y buen amigo nuestro en todos los sentidos, no conviene por ningún motivo que sea burlada la voluntad del pueblo".[53] Aunque la presidencia era poderosa, la opinión personal de Madero formaba sólo una parte del panorama. Las recomendaciones presidenciales (como las realizadas en el caso de Maytorena) ofrecían numerosas interpretaciones y esto propició abusos ajenos al objetivo real. Para algunos de sus seguidores, la conciencia liberal de Madero era una carga pesada; su pre-

[50] De Madero a Carrasco, 24 de enero de 1913, AFM, r. 11; y viceversa, 4 de febrero de 1913, AFM, r. 21.
[51] De Madero a Maytorena, 16 de mayo de 1912; Fabela, DHRM, RRM, III, p. 390.
[52] Bell, *Political Shame*, pp. 248-249; Cumberland, *Genesis*, pp. 248-250.
[53] De Madero a Carranza, 23 de diciembre de 1911; Fabela DHRM, RRM, II, p. 449.

ocupación por los detalles constitucionales parecía quisquillosa, ingenua e incluso peligrosa. Otros, como el gobernador Carranza, se impacientaron con la actitud del presidente y algunos más quizá decidieron actuar por cuenta propia, como en el caso de Gustavo Madero que, al parecer, ordenó el empleo de la porra en contra de los reyistas en 1911 y de los católicos al año siguiente.[54]

A pesar de todas las protestas y esfuerzos de Madero, el abuso electoral continuó y la promesa de la nueva política no se satisfizo por completo. Pero esto no causa asombro. Lo que el historiador del experimento liberal —como el historiador de tantos otros episodios— debe responder, son cuestiones de grado y, aunque resulta imposible la obtención de respuestas cuantitativas, cabe preguntarse por el grado de justicia y libertad de las elecciones durante el periodo maderista; el grado de divorcio entre éstas y sus predecesoras porfiristas, y el alcance que las políticas maderistas tuvieron para inculcar nuevas actitudes, alentar la participación y renovar a la élite política. Asimismo, cabe investigar los patrones de comportamiento electoral y de partido que emergieron durante ese breve periodo. Es imposible exigir la supuesta precisión del estudio moderno de las elecciones políticas, pero podemos aventurar respuestas que arrojen luz sobre el carácter del régimen maderista y de su capacidad para cumplir con los beneficios de las promesas liberales hechas en 1910. Es posible intentar generalizaciones de carácter nacional, pero resulta aún más revelador mirar hacia la provincia y observar los patrones divergentes de comportamiento político que manifestaron.

Electores, partidos y jefes

La experiencia de la manipulación y la corrupción ininterrumpidas, provocó desilusión en el plano nacional. La fe popular en la nueva política —nunca demasiado fuerte— decayó. Ya en julio de 1911 los maderistas honestos se enfrentaron cada vez más al problema de establecer un "sufragio efectivo"; al considerar el "estado de semianarquía" en el país, la "falta de educación cívica" del pueblo y la presión del programa electoral, se temía que "la acción del gobierno local será la que en definitiva decida el éxito de las mismas elecciones".[55] Las elecciones presidenciales en el otoño de 1911, aunque más justas que en cualquier ocasión anterior, resultaron demasiado tranquilas, un ejercicio de aclamación más que de elección política.[56] La "imposición" de Pino Suárez como vicepresidente fue seguida de pretendidas "imposiciones" en gubernaturas y en otras elecciones durante el transcurso de 1911 y 1912. A fines de junio de 1912, todo el país votó para elegir al Vigésimo Sexto Con-

[54] Ross, *Madero*, pp. 224 y 226; Prida, *From Despotism*, pp. 322 y 360; véanse pp. 255, 394 y 480-482.
[55] De F. Contreras a J. Sánchez Azcona, 15 de junio de 1911, AARD 19/130.
[56] Ross, *Madero*, p. 226; y véanse pp. 310-311.

greso Nacional conforme al método, nuevo y más democrático, de elección directa.[57] De los ocho partidos que postularon candidatos, el más importante fue el PCP del gobierno, seguido por el PCN de oposición (católico); los maderistas y sus aliados ganaron por escasa mayoría en la Cámara de Diputados, pero no sucedió lo mismo en el Senado y ocuparon los escaños un elevado número de abiertos críticos del gobierno.[58] Algunos opinaron que el fracaso del gobierno para lograr una sólida mayoría indicaba la ausencia de presión oficial: un régimen cínicamente antidemocrático no hubiera permitido que los miembros del *Quadrilateral* ocuparan lugares en el Congreso para lanzar desde ahí sus ataques contra el régimen.[59] Lo anterior es muy cierto, pero cabe destacar que el resultado también era profundamente compatible con un importante grado de manipulación, aunque ésta fue ineficaz y operó en beneficio de los candidatos del gobierno así como de sus opositores.

Los católicos ganaron 23 escaños, aunque reclamaron por lo menos 100 y alegaron fraude oficial. Ramón Prida menciona que se cometieron "tremendas atrocidades [electorales]".[60] Sin embargo, estos reclamos bien pudieron lanzarse en cualquier dirección. Los actuales historiadores revisionistas —afectos a desacreditar la ortodoxia "revolucionaria"—, quizá estén demasiado dispuestos a aceptar los reclamos católicos sin cuestionarlos. *El País*, publicación católica, aplaudió la "libertad de sufragio" palpable el día de las elecciones en junio de 1912; los maderistas —el mismo Madero o Alberto Pani— se mostraron tolerantes ante la actividad y el éxito político de los católicos, y si se cometieron abusos, los propios católicos no eran del todo inocentes.[61] En este mar de quejas, defensas e hipótesis, dos puntos emergen con cierta claridad. Primero, el sistema electoral indudablemente funcionó con mayor libertad que en la época de Díaz; esto alentó un cierto grado de participación así como la organización de partidos, una actividad que no contaba con precedentes. El "tradicional sistema usado por Díaz para designar a los representantes ante el Congreso" ya no podía aplicarse; la campaña electoral del verano de 1912 fue "una novedad para la generación más joven, para aquellos que crecieron en una etapa durante la cual la libertad de sufragio era inexistente por completo".[62] Además de satisfacer —al menos en parte— la promesa maderista de unas elecciones libres, este sistema hizo posible una renovación parcial de la élite política nacional, objetivo que era parte de los ofrecimientos implícitos del maderismo hechos a los aspirantes políticos de las clases medias y altas. La "no reelección", incluso en escala limitada, implicó la ruptura con el viejo monopolio político que se autoperpetuó en los

[57] Casasola, *Historia gráfica*, I, p. 478.
[58] Lo cual no significa que la mayoría gubernamental fuera "eficaz, coherente o bien dirigida"; véanse Ross, *Madero*, p. 226, y Cumberland, *Genesis*, pp. 248-249.
[59] Cumberland, *Genesis*, p. 249; Bell, *Political Shame*, p. 214.
[60] Meyer, *Cristero Rebelion*, pp. 10-11; Prida, *From Despotism*, pp. 378-379.
[61] Cumberland, *Genesis*, p. 249, cita a *El País*; y véase p. 309.
[62] Bell, *Political Shame*, p. 214; *El País*, citado por Cumberland, *Genesis*, p. 249.

días del Porfiriato; a la vez, aseguró una circulación más rápida en las élites y más empleos "para nuestros muchachos". Durante la época de Díaz, más de dos tercios de la élite política eran "reelectos"; casi 70% del último gabinete de Díaz (1910-1911) había ocupado su cargo desde el periodo anterior. Bajo el régimen de Madero, el continuismo decayó en una tercera parte (y en algunos casos no se trataba de sobrevivientes de la etapa de Díaz, sino del interinato de De la Barra).[63]

Sin embargo, aparece un segundo aspecto: la palpable caída del entusiasmo y el consecuente cinismo en torno al proceso electoral. Aunque la elección presidencial inicial fue por votación indirecta, algunos observadores señalaron que había sido más abierta y entusiasta que las elecciones subsecuentes. En junio de 1912, fuera del Distrito Federal, sólo menos de 10% de los votantes acudió a las urnas para elegir representantes del poder legislativo. Además, estas elecciones "no fueron tan abiertas como las que caracterizaron a la elección presidencial de Madero".[64]

Al reunir estos dos puntos se infiere que, si bien es cierto que la democracia maderista significaba un notable avance (en términos de libertad y participación electoral) comparado con el pasado, aún quedaba un largo camino por recorrer, y es muy posible que los esfuerzos estuvieran orientados en una dirección equivocada. De todas maneras, existen pocas evidencias de una progresión gradual, lineal hacia una democracia más libre y completa durante la etapa del experimento liberal. En vez de prepararse y educarse para cumplir con sus obligaciones democráticas, muchos ciudadanos simplemente se desilusionaron y mostraron apatía. Otros se entregaron a la avivada actividad política con entusiasmo y de diversas maneras, como se describe en los párrafos posteriores. En cualquiera de ambos casos, los resultados no fueron particularmente favorables para el tipo de democracia liberal clásica que proponían Madero y sus precursores colegas reformistas. Para ellos, la apatía era un anatema, pero también lo eran la violencia electoral y el autoritarismo político. Este último fenómeno, sin embargo, sustituyó frecuentemente a la apatía: la participación masiva en la política y el genuino conflicto en la elección de candidatos y medidas, tendieron a conducirse a través de nuevas organizaciones clientelistas que, lejos de haber sido erradicadas de los modelos constitucionales desarrollados que Madero intentaba emular, estaban muy dispuestas a recurrir al soborno y la intimidación. Cabe subrayar que lo anterior no significó una simple regresión a las prácticas del Porfiriato. La apertura de 1910-1911, el colapso de una autoridad arraigada en el poder durante tanto tiempo y la participación masiva provocada por la Revolución, eran

[63] Peter H. Smith, "Continuiy and Turnover within the Mexican Political Elite, 1900-1971", en J. W. Wilkie, Michael C. Meyer, Edna Monzón de Wilkie (eds.), *Contemporary Mexico, Papers of IV International Congress of Mexican History*, Berkeley/México, 1977, p. 169.

[64] Ross, *Madero*, p. 226, cita a Figueroa Domenech; Bell, *Political Shame*, pp. 213-214. La denuncia que hace Prida de la práctica electoral maderista se concentra en las elecciones del Congreso, *From Despotism*, pp. 377-379, más que en la presidencial, p. 359.

cambios tajantes e imposibles de modificar. Incluso para los caciques del Porfiriato que sobrevivieron (como en Zaragoza, por ejemplo), las condiciones fueron distintas e inciertas comparadas con el pasado. Mientras tanto, surgieron nuevas formas de autoridad, representación y mediación. Algunos añoraban la "mano de hierro", anhelaban un Porfirio redivivo. Otros todavía creían que era posible establecer la democracia liberal, conforme a los lineamientos europeos. El tiempo demostró el error en ambas posturas: las soluciones políticas desarrolladas gradualmente no condujeron a un neoPorfiriato ni a un orden clásicamente liberal. Aunque en 1912-1913 avanzaba este proceso vacilante —en muchos aspectos, clásicamente dialéctico— hacia un nuevo orden, era imposible pronosticar su dirección y sus resultados. De ahí que los individuos de la época aún formularan juicios políticos con base en las viejas categorías. La breve euforia de 1911 se disipó para dar paso a una feroz batalla política que puso en juego la fuerza, el fraude y la corrupción; sin embargo, también propició una participación popular real y la movilización de partidos. La lucha electoral fue calificada, con demasiado apresuramiento, como un movimiento hacia la anarquía y la derogación de los ideales liberales de Madero. Los conservadores se burlaron o gritaron "¡desastre!"; los liberales desilusionados se alejaron con temor o repugnancia. Nadie percibió que en esta época también se gestaban nuevas formas de autoridad y participación, que no representaban ni el renacimiento de un estrecho autoritarismo a la manera del pasado porfirista, ni la encarnación de las esperanzas liberales de Madero. Estas formas integraban una tercera opción distinta y ajena a los modelos del Porfiriato o del maderismo, concebida en y característica de una sociedad agraria "en desarrollo" que sufría los efectos de la revolución social.

Ahí donde los contemporáneos vieron caos, conflicto y fracaso, el historiador puede observar también nuevas iniciativas, una práctica política heurística así como indicadores acerca del futuro. Al buscar nuevas soluciones (a menudo con base en filosofías poco realistas), la nación política de 1911-1913 siguió caminos claramente definidos y dejó huellas fáciles de reconocer. Con frecuencia esto condujo a callejones sin salida o a disyuntivas sin retorno. Pero también trazó nuevas rutas hacia adelante y abrió las brechas que más tarde, ensanchadas y prolongadas, alojarían el paso de millones. Al igual que los modelos de la revuelta rural, estos senderos se trazan con mayor claridad en los niveles locales. Es posible estudiar áreas donde la "nueva política" arraigó; ahí donde los partidos florecieron y las elecciones fueron lo suficientemente libres y populares como para cobrar una importancia real; pero también cabe analizar regiones donde la fuerza, la corrupción y la apatía predominaron. Entre las primeras, se observan dos diferencias: regiones donde la nueva política se condujo *comme il faut* (pacíficamente y a partir del consenso) y aquellas donde la libertad electoral y la movilización política provocaron conflictos y violencia. Por último, pueden discernirse patrones divergentes de conflicto político: por una parte, la polarización "sectaria" entre liberales y católicos; por la otra, la polarización de clases, la lucha entre ricos y pobres, patrones y trabajadores.

En términos generales, las elecciones fueron más libres y genuinas (aunque no por ello más pacíficas y ordenadas) en aquellos estados que permanecieron relativamente al margen de la revolución armada. Una vez más, se destaca la clara diferencia entre la revuelta armada (fenómeno rural, fuerte en determinados estados) y la reforma liberal (rasgo de la vida urbana y de distintos estados y regiones). Fue en esos estados particularmente tranquilos, desde el punto de vista militar, donde logró sus mayores triunfos el Partido Católico (PCN). Entre éstos destacó Aguascalientes, ejemplo de un estado carente de problemas agrarios graves y del descontento rural implícito; tal como señaló un observador desde la perspectiva de 1917, "Aguascalientes jamás tomó parte muy activa en la revolución debido al hecho de que, a diferencia de otros estados, no existían grandes latifundios y, en consecuencia, el pueblo no tenía el incentivo del reparto de tierras". La propia ciudad de Aguascalientes era animosa, próspera y, aunque contaba con una numerosa población de obreros especializados (ferrocarrileros y trabajadores de la fundición), tenía fama de ser un tanto clerical.[65] Al parecer, ésta era una fórmula idónea para la participación electoral pacífica. El estado eligió a su primer gobernador mediante un sufragio efectivo en el verano de 1911; al año siguiente, las elecciones para el Congreso fueron tranquilas, con el triunfo del grupo católico; posteriormente, los católicos obtuvieron de nuevo la victoria en las elecciones municipales.[66] Si bien el gobernador Fuentes (electo durante el auge maderista en 1911) apoyaba a la facción liberal, hubo pocas infracciones a la ley y los católicos casi no sufrieron discriminación. Cuando el católico Eduardo Correa ganó un escaño en el Congreso, recibió una carta de felicitación y agradecimiento por parte de Alberto Pani, su oponente liberal derrotado (y antiguo compañero de estudios).[67] Ésta era la política a la que aspiraban hombres como Madero y Pani: pacífica, legal, decorosa y democrática. En ese contexto, los católicos, por su parte, mostraron un espíritu de *ralliement* y participaron, para beneficio propio, en la construcción del Estado liberal.

Monterrey también nutrió las esperanzas liberales. La "paz y tranquilidad... eran notorias"; sus habitantes (incluso los trabajadores) estaban dispuestos a tomar parte en la nueva política, y se encontraban demasiado ocupados en fabricar y vender mercancías como para permitir que las elecciones perturbaran el bienestar económico de la ciudad.[68] Un ex gobernador neoleonés de la facción conservadora retornó a la gubernatura (ahora bajo la etiqueta maderista); su elección, al igual que la de los legisladores estatales, fue libre y honesta, y "en ambas elecciones participó el número de ciudada-

---

[65] Donald, Aguascalientes, 2 de octubre de 1917, SD 812.00/21532; Pani, *Apuntes*, p. 143.

[66] Bretherton, s. f., verano de 1911; Schmutz, 1º de julio de 1912 (ambos en Aguascalientes), SD 812.00/2346, 4381.

[67] Pani, *Apuntes*, pp. 142-143.

[68] Montemayor Hernández, *Historia de Monterrey*, p. 299.

nos más elevado en la historia de esa parte del país". En una elección local en Monterrey, seis candidatos reunieron un total de más de 6000 votos: obviamente, comenta Ross, "fue una verdadera elección".[69] De la misma manera, en Sonora, las elecciones para vicegobernador y para la legislatura estatal parecieron razonablemente abiertas y genuinas; contribuyeron así a sustituir a funcionarios indeseables.[70] El régimen maderista pareció satisfacer algunos de sus objetivos en estos casos —un tanto atípicos— de regiones cuyos índices de alfabetización y desarrollo económico eran relativamente elevados, y cuya incidencia de participación revolucionaria popular era baja. Las reformas liberales se llevaron a cabo sin levantamientos sociales, se observó una renovación significativa de la élite política y las elecciones produjeron ganadores legítimos y perdedores caballerosos.

Sin embargo, en otras regiones de carácter "no revolucionario" se observó una marcada transición de la tranquilidad militar a la agitación política. Jalisco ofrece un ejemplo (que cabe comparar con su vecino Aguascalientes); el puerto de Tampico y las regiones circundantes son otra muestra que contrasta con Monterrey. Ahí, la nueva política rompió su marco de consenso y provocó elecciones feroces y combativas —manipuladas, a veces—; desarrolló una amplia politización (no necesariamente conforme a los modelos democráticos), y generó violencia y revueltas esporádicas. No obstante, vale la pena subrayar que tanto la política al estilo del Porfiriato, como la prometida por Madero y cumplida parcialmente en Aguascalientes y Monterrey, no dieron origen a nuevas pautas de organización sino que combinaron el caciquismo del Porfiriato con la democracia maderista en una síntesis muy ajena a sus respectivos progenitores históricos. Éste fue el caso particular de Tampico, donde la política asumió una dimensión de clase y los trabajadores y sus sindicatos comenzaron a jugar un papel medular en el conflicto electoral.

Jalisco permaneció tranquilo durante y después de la revolución maderista. En septiembre de 1912, un norteamericano observó: "Los síntomas de revuelta... jamás han sido realmente serios y en la actualidad sólo provocan poca inquietud".[71] Un maderista local se vio obligado a ir a Chihuahua con el fin de participar en la actividad de 1911: se quejó de que en casa la revuelta era prácticamente desconocida, pues "en este Estado... la propiedad está dividida y los mismos dueños de ranchos y haciendas se encargan de perseguir a los revolucionarios y el pueblo por naturaleza es muy paciente".[72] Pero si Jalisco se abstuvo de nutrir revueltas, no por eso se mostró en contra de la agitación y participación políticas. Más aún, la presencia de un liberal en la presidencia tendió a revivir la tradición clerical y conservadora del estado así

[69] Hanna, Monterrey, II, 1º de agosto de 1911, SD 812.00/2256, 2346; Ross, *Madero*, p. 225.
[70] La elección gubernativa y algunas votaciones locales fueron menos favorables; véase Aguilar Camín, *La Revolución sonorense*, pp. 191-193 y 197-198.
[71] Magill, Guadalajara, 13 de septiembre de 1912, SD 812.00/5035.
[72] De S. Gómez a Gustavo Madero, 24 de abril de 1912; Fabela, DHRM, RRM, III, p. 342. La gente fue menos "paciente" en 1926-1929.

como sus reservas respecto al "centro". En el transcurso de 1911, el PCN adquirió una enorme importancia en el estado; De la Barra ganó por notable mayoría a su contrincante Pino Suárez y los católicos arrasaron en las elecciones para la legislatura estatal. A fines de 1912 se reconoció que por cada liberal había cuatro militantes del PCN en Jalisco.[73] Esto creó problemas para el gobernador, Alberto Robles Gil, nominalmente liberal, que se aferró al poder y retrasó deliberadamente la elección a la gubernatura con la seguridad de que ganaría un católico.[74] Cuando Madero intentó acelerar las elecciones pospuestas, se hicieron aún más evidentes las divisiones políticas: "la lucha entre liberales y clericales [fue] amarga"; circularon rumores de una revuelta católica y la activa prensa tapatía atizó los sentimientos partidarios.[75] El conflicto sectario se complicó con la rivalidad regional. Cuando Madero perdió la paciencia e intentó deponer al gobernador, surgieron motines locales pues, a pesar de que Robles Gil no gozaba de gran popularidad, el pueblo de Guadalajara invadió las calles para manifestarse (así como había hecho para festejar a Reyes y protestar por Corral en 1909), y Madero tuvo que abrir un compás de espera.[76] Los rumores ahora apuntaban a que Robles Gil impondría un sucesor liberal por la fuerza. De hecho, el gobernador se vio obligado a capitular: cuando se efectuaron las elecciones, López Portillo y Rojas, candidato católico, triunfó con un margen de dos a uno sobre la oposición combinada; y a pesar de los rumores acerca de posibles levantamientos, e incluso de resistencia armada por parte de los liberales, el nuevo gobernador asumió el poder de manera pacífica.[77]

En términos generales, México se tornó en un laboratorio del liberalismo maderista, pero Jalisco, regido por una legislatura católica y, en última instancia, por un gobernador también católico, "se convirtió en el terreno de prueba para el programa de Acción Social de los católicos".[78] Los legisladores fortalecieron la creación de sindicatos, cooperativas, sociedades mutualistas y granjas familiares. Los sindicatos católicos comenzaron a desarrollarse; en Guadalajara se estableció una rama de la Liga Nacional de Estudiantes Católicos y fue en la capital jalisciense donde el concepto de una organización católica juvenil cobró forma por primera vez.[79] La movilización de la opinión católica se demostró en todas estas actividades y en una

[73] *Ibid.*, del gobernador Robles Gil a Madero, 18 de octubre de 1911; Fabela, DHRM, RRM, II, pp. 174-175; Magill, Guadalajara, 3 de octubre de 1912, SD 812.00/5210. Esta estimación se basa, en forma aproximada, en las cifras dadas por las elecciones (¿del Congreso?) en Meyer, *La Cristiada*, I, p. 61.

[74] De Gómez a G. Madero (n. 72); de Madero al general Villaseñor, 19 de agosto de 1912; Fabela, DHRM, RRM, IV, pp. 75-77.

[75] Magill, Guadalajara, 13 de septiembre de 1912, SD 812.00/5035; de Robles Gil a Madero, 15 de diciembre de 1911; Fabela, DHRM, RRM, II, p. 418.

[76] Magill, Guadalajara, 14 y 20 de septiembre de 1912, SD 812.00/5038, 5118.

[77] *Ibid.*, 3, 7, 16, 19 y 30 de octubre de 1912, SD 812.00/5210, 5367, 5339, 5370, 5430.

[78] Quirk, *The Mexican Revolution and the Catholic Church*, p. 32.

[79] *Ibid.*, p. 33; Meyer, *La Cristiada*, I, p. 61; Antonio Ríus Facius, *La juventud católica y la Re-*

amplia gama de grupos sociales, no sólo en el proceso electoral y partidario; al menos en ciertos sectores urbanos, los católicos desplegaron una aguda conciencia social y un deseo de combatir problemas sociales con soluciones constructivas y "progresistas". Aunque Jalisco fue el mejor ejemplo de esta actitud, cabe señalar que no fue el único. Una división entre católicos y liberales marcó la vida política de muchos estados en el centro y en el occidente central del país; el PCN ganó el gobierno de Zacatecas y dominó en las legislaturas de siete estados, entre los que se contaban Michoacán, Guanajuato, México y Puebla. Asimismo, obtuvo el triunfo para los alcaldes de Puebla y Toluca. Sin embargo, también sufrió derrotas: en Michoacán, el Partido Liberal, encabezado por el doctor Miguel Silva —partido típicamente maderista, formado por profesionistas y pequeños empresarios—, venció al candidato católico a la gubernatura; en Puebla, el Partido Católico estuvo a punto de perder la gubernatura; en ambos casos los católicos alegaron fraude y las mismas quejas surgieron en ocasión de la contienda electoral para legisladores.[80]

Tales reclamos, aunque sin duda parcialmente ciertos, no deben considerarse al pie de la letra. Aun cuando las elecciones para gobernador en Puebla estaban manipuladas en perjuicio de los católicos, este manejo fue realizado de manera local y en contra de los deseos del presidente, que anhelaba una contienda justa y no tenía objeciones respecto al candidato del PCN.[81] Madero aprobó claramente el surgimiento de un sistema bipartidista (católico y liberal); alentó la participación política de los católicos, e hizo eco a los llamados del episcopado. Por lo tanto, la politización católica y la liberal marcharon de la mano e incluso con cierta camaradería. Madero exhortó al respeto por el PCN; por su parte, los sermones de los obispos también llamaban a respetar la autoridad establecida. Es indudable que surgieron en ocasiones amargos conflictos durante las elecciones, que hubo casos de discriminación del gobierno con respecto a los católicos y que algunos liberales anticlericales intransigentes guardaron profunda desconfianza hacia los católicos y sus obras; pero también es innegable que continuaba la antigua política de Díaz en lo que se refiere a sus relaciones con la Iglesia —una política de relajación—, quizá con cimientos más seguros y firmes. La Iglesia ya no toleraba a regañadientes al Estado liberal; ahora participaba en sus obras y lo emulaba, en ocasiones venciendo a sus rivales políticos seculares.[82] Esta política de relajamiento de tensiones recibió amplia publicidad a finales de 1912, cuan-

---

volución mexicana, 1910-1925, México, 1963, pp. 31 y 42; Olivera Sedano, *Aspectos*, pp. 48-49; Wilkie, *México visto en el siglo XX*, pp. 429-430.

[80] Meyer, *La Cristiada*, I, p. 61; Ross, *Madero*, p. 228; Romero Flores, *Michoacán*, pp. 56-57.

[81] De Madero a E. Márquez, 16 de noviembre de 1912; a F. Contreras, 7 de diciembre de 1912, AFM, r. 11.

[82] Ríus Facius, *Juventud católica*, pp. 39-40; Meyer, *La Cristiada*, I, pp. 58-59. Para una reacción liberal intransigente: de Carlos Madero a Madero, 12 de febrero de 1912; Fabela, DHRM, RRM, III, p. 96.

do el ministro de Gobernación se reunió con el delegado papal para asegurar "la influencia del clero a fin de conseguir la pacificación del país"; la promesa de apoyo fue inmediata.[83]

La petición del ministro no sólo ofrece un ejemplo más de *realpolitik* maderista, sino que también ilustra una faceta de la influencia católica que no podemos dejar de lado. Junto a esta política de relajación surgieron conflictos que hicieron retroceder hasta la antigua división entre liberales y conservadores, anticlericales y clericales.[84] Los católicos de 1911-1913 no eran (como algunos recuentos tienden a sugerir) demócratas ni reformadores sociales sinceros. El PCN podía negar que era el heredero de los conservadores clericales del siglo XIX, pero las acusaciones liberales en ese sentido no eran del todo paranoicas y en el partido se detectaban claramente las influencias de obispos y, más importante aún, de párrocos, sobre todo a la hora de reunir apoyo político en los periodos electorales. Era bien conocido el poder del cura, particularmente en el campo; esto quedó bien asentado en las elecciones presidenciales de 1911; y fue reconocido explícitamente por el gobierno en su llamado al delegado papal, a quien se acudió no para consuelo espiritual o mediación divina, "sino para señalarle la conveniencia de recomendar a los párrocos de los distritos rurales el uso de su influencia con los campesinos y las clases trabajadoras con el fin de combatir el pillaje".[85] Sin embargo, esta influencia, que el gobierno esperaba utilizar en favor de la pacificación, también podía alimentar la maquinaria política de los católicos. No era precisamente de esperarse que dichas influencias o que un engranaje así operaría en beneficio de la reforma y la democracia. Aunque había sacerdotes progresistas, incluso "maderistas", también había muchos —y suponemos que se trataba de la mayoría— que se inclinaban hacia el conservadurismo e incluso hacia la reacción, forjados en el molde del padre Jeremías descrito por Azuela. *Los caciques* nos muestra un retrato fiel de la actividad política de los católicos en un pueblo de Jalisco, y es evidente que el PCN dependió de los votos de sus clientes —peones, obreros textiles, dependientes de banco— movilizados por los caciques locales.[86]

El catolicismo político de 1911-1913 fue, por lo tanto, como la Iglesia misma, una entidad dividida. La "Iglesia antigua", la "servidora dispuesta de la reacción", todavía tenía poder e influencia a través de sus sacerdotes y obispos que alineados con los intereses creados veían al PCN (si es que aceptaban su papel) como un instrumento caciquista para mantener dichos intereses.

[83] Meyer, *La Cristiada*, I, p. 63; *The New York Times*, 9 de diciembre de 1912.
[84] Esta división penetra en el pensamiento revolucionario; véase, por ejemplo, Bassols, *Pensamiento político*, México, 1976, pp. 120-132; Alvarado, *Actuación*, p. 21.
[85] Gruening, *Mexico and its Heritage*, pp. 212-213; Meyer, *La Cristiada*, I, pp. 56-57; *New York Times*, 13 de diciembre de 1912.
[86] González, *Pueblo en vilo*, p. 115. La (infundada) declaración de Jean Meyer de que "el bajo clero era ardientemente maderista" parece dudosa: véase *La Cristiada*, I, p. 57. *Cf.* Mariano Azuela, *Two Novels of Mexico: the Flies; the Bosses*, trad. de L. B. Simpson, Berkeley, 1956, pp. 129 y 144.

La prueba más evidente de su fuerza se manifestó durante el régimen de Huerta en 1913-1914.[87] Mientras tanto, "la nueva Iglesia... presa en los vientos del cambio de la *Rerum Novarum,* estaba en camino de convertirse en un arma de reforma social" y aprovechó esta nueva libertad iniciada por Madero para competir con los liberales en sus propios términos.[88] Sin embargo, los acontecimientos de 1913 abortaron este desarrollo; la democratización, tanto liberal como católica, se interrumpió y sólo se retomaría más tarde bajo circunstancias radicalmente distintas. Por lo tanto, México no se desarrolló hacia un sistema político bipartidista de liberales y católicos que implicara la existencia de un Partido Demócrata Cristiano poderoso, como apuntaban las circunstancias de 1911-1913. La democratización se detuvo y el consenso naciente quedó disuelto. Iglesia y Estado, católicos y liberales, se alejaron nuevamente; su distancia y hostilidad mutuas alcanzaron proporciones sin precedentes después de la Revolución. Pero, al igual que muchos aspectos de la revolución "tardía", este acontecimiento no se vislumbró durante la época de Madero; el anticlericalismo y el nacionalismo económico de la revolución "tardía" no representaron una culminación lógica sino un nuevo punto de partida.

El patrón "sectario" de la política se hizo más evidente en el corazón del país: en la región del centro y el centro occidental. En las áreas donde la Iglesia era más débil, y la clase formada por los trabajadores urbanos más fuerte, surgió una forma de política basada en las clases. El mejor ejemplo de esto fue el puerto petrolero de Tampico. Al igual que Jalisco, el estado de Tamaulipas había permanecido al margen de la revolución maderista; el antirreeleccionismo había dejado pocas huellas y Reyes gozaba de popularidad. La escasa contribución del estado a la Revolución de 1910 hizo temer al pueblo tamaulipeco que recibiría un trato frío por parte del nuevo presidente.[89] Pero si bien es cierto que la revuelta armada no tuvo gran magnitud, en Tampico surgieron numerosos conflictos; los trabajadores portuarios y petroleros, concentrados en el suburbio proletario de Doña Cecilia, adquirieron reputación de subversivos, y cuando se inició la actividad política en el verano de 1911, estos trabajadores jugaron un papel importante. Por lo tanto, Tampico era un caso que reflejaba un fenómeno general: una vez que el conflicto político se transfería del campo de batalla a las urnas electorales, los trabajadores urbanos —aquellos cuya contribución revolucionaria había sido insignificante— asumían una mayor prominencia. En su calidad de habitantes de la ciudad disfrutaban de una mejor educación que los campesinos. De esta manera, los trabajadores urbanos se ubicaban en los linderos de la nación política; podían reaccionar y contribuir al torrente de los comentarios políticos impresos, esto fue evidente en 1911-1913; y, como se describirá en párrafos

---

[87] Véase cap. VII.

[88] David C. Bailey, *¡Viva Cristo Rey! The Cristero Rebellion and Church-State Conflict in Mexico,* Austin, 1974, pp. 20-22.

[89] De J. García Medrano a Madero, 29 de diciembre de 1911, AG, CRCFM; Miller, Tampico, 20 de julio de 1911, SD 812.00/2238.

posteriores, sus organizaciones y huelgas durante esas fechas alcanzaron escalas sin precedentes.[90] Estas características, especialmente marcadas entre los proletarios típicos, se concentraron en los obreros de nuevas industrias (generalmente de capital extranjero) y en los florecientes pueblos industriales y comerciales. Un observador bien informado comentó: "... los obreros de las capitales están ya en días de emancipación y sobre ellos no ejerce ya tan decisiva influencia como en el peonaje la autoridad de los representantes del dogma, ya sea éste religioso, oficial o social".[91] De cierta manera, los trabajadores urbanos estaban disponibles y maduros para la movilización; por lo tanto, no eran víctimas inertes ni maleables, sino, por el contrario, desplegaron ante la revolución "una tendencia muy marcada... para asociarse", tanto política como económicamente.[92]

Para la nación política, los trabajadores representaban una amenaza lo mismo que una oportunidad. La amenaza estaba en algunos movimientos autónomos de la clase obrera que podían desembocar en motines desorganizados como los de mayo de 1911, o en sindicalismo militante como el difundido por un puñado de agitadores. Pero también significaban la oportunidad de reclutar mano de obra urbana como aliada de la nueva política: era posible continuar y ampliar los precedentes establecidos por porfiristas como Dehesa o Landa y Escandón, y movilizar a los trabajadores en contiendas electorales y manifestaciones (actividades que ahora se encontraban en la cúspide). A diferencia del campesinado insurgente, los trabajadores urbanos —incluyendo a los que formaban parte de organizaciones y sindicatos— se mostraban razonables, a menudo moderados, e indudablemente capaces para mantener un diálogo con los políticos de las clases medias y altas: compartían el entorno urbano; podían presentar un frente común en contra de la barbarie y la superstición rurales; compartían intereses respecto a la protección de la economía urbana, ahora amenazada por la revuelta en el campo. Las demandas salariales de los trabajadores, e incluso el reconocimiento sindical, aunque causaban el disgusto de los patrones más "paternalistas", no implicaban la misma amenaza para el *statu quo* que las demandas campesinas de "tierra y libertad". Era posible negociar estas exigencias y aun satisfacerlas de vez en cuando y a regañadientes; asimismo, era posible romper las huelgas (lo mismo mediante la reserva de mano de obra disponible como a través de la represión abierta); por último, la resistencia física en las ciudades podía contenerse con facilidad. En general, el trabajador urbano era más seguro, manejable y representaba un aliado (o cliente) más rendidor en términos de costos que el campesino poco razonable, terco e indócil.[93]

[90] Véanse pp. 427-446.

[91] De R. Estrada a E. Baca Calderón, 29 de diciembre de 1916, DDCC, II, p. 988.

[92] De R. Sierra y Domínguez al Departamento del Trabajo, 13 de marzo de 1913, *Trabajo* 31/3/3/22.

[93] Knight, "Working Class"; Huntington, *Political Order*, pp. 298-299; y *cf.* Paige, *Agrarian Revolution*, pp. 23 y ss.

Por su parte, así como lo habían hecho en 1909-1910, los obreros urbanos ejercieron presión para lograr una participación política en 1911-1913. De manera simultánea, organizaron sindicatos y declararon huelgas con el fin de obtener mejores salarios y condiciones. Es indudable que estas actividades tenían un efecto de reforzamiento mutuo (principalmente en el nivel de organización). Pero, en general, las luchas económicas y las políticas permanecieron diferenciadas, al igual que en el pasado. Es evidente que aquellos políticos cuya elección debían al apoyo de las clases trabajadoras, favorecían las demandas económicas de éstas e incluso ponían presiones sobre la administración de las fábricas (aunque ésta era una práctica poco común en 1911-1913). No hay duda de que los obreros interpretaban el papel de clientes: lucharon por obtener las concesiones de políticos simpatizantes y no intentaron contar con representantes de la clase trabajadora en cargos políticos de importancia. Tampoco utilizaron la huelga como arma política; la acción industrial servía para apoyar fines "económicos" mientras que la participación política se caracterizó por la votación, las manifestaciones y la difusión de propaganda. Al interpretar el papel de clientes, los trabajadores mostraron el mismo pragmatismo que en el pasado: recompensaron a los amigos y castigaron a los enemigos, sin importar sus filiaciones políticas formales.

Esto se manifestó en la turbulenta vida política de Tampico durante 1911-1913. Inmediatamente después de la caída de Díaz, los elementos conservadores se reunieron para postular a un candidato compatible para la gubernatura; los maderistas de la entidad también comenzaron a organizar sus fuerzas con la esperanza de reclutar a los trabajadores que habían mostrado su poder y militancia en el mes de mayo. Las "clases bajas" generalmente eran maderistas y Alberto Aragón, prominente abogado y activista de la causa de Madero, formó una clientela en Doña Cecilia (donde, según se decía, era propietario de algunos garitos); expresó su apoyo a las huelgas de la refinería Waters Pierce y de los muelles. Pero no estaba solo: los observadores destacaron cómo los "políticos interesados en controlar las próximas elecciones, desean comprometer a las clases trabajadoras y [para lograrlo] las ayudan a obtener incrementos salariales".[94] En el otoño se inició una amplia campaña para la gubernatura del estado. Surgieron dos candidatos importantes: García Medrano, un abogado que, según se dijo, era reyista y contaba con poder en el norte de Tamaulipas; y Francisco Legorreta, maderista con apoyo en el sur y cuyos simpatizantes (decía con sorna su oponente) consistían en "media docena de profesores, media docena de parientes y cien engañados".[95] Ambos candidatos desplegaron esfuerzos para ganarse a los trabajadores tampiqueños. Legorreta visitó el puerto en octubre de 1911 y fue recibido con una banda y "un buen número de miembros de los sindicatos locales"; García Medrano, a pesar de sus inclinaciones reyistas, forjó una alianza con el pode-

[94] Miller, Tampico, 20 de julio y 15 de agosto de 1911, SD 812.00/2238, 2346.
[95] *Ibid.*, 10 de febrero de 1912, SD 812.00/2816; de Medrano a Madero, 29 de diciembre de 1911, AG, CRCFM.

roso sindicato de estibadores (o, para ser más precisos, con su líder militante, Samuel Kelly); en su visita a Tampico, García Medrano intentó dirigirse a la muchedumbre desde un balcón, pero fue abucheado por la porra legorretista y se desató una pelea.[96]

La campaña continuó, agitada y emotiva; pero casi en vísperas de las elecciones, la repentina muerte de Legorreta (algunos dijeron que a causa de un envenenamiento) obligó a los maderistas a postular a Matías Guerra, que ya había sido gobernador interino. En Tampico, los seguidores de García Medrano acusaron al secretario municipal de planear la manipulación fraudulenta de los votos en el ayuntamiento y tuvo que renunciar; en Ciudad Victoria, capital del estado, los partidarios de Guerra declararon que si García Medrano resultaba "electo", le impedirían físicamente la entrada al palacio de gobierno. El conteo (o lo que haya sucedido a puerta cerrada) duró varios días. Por último, se anunció el triunfo de Guerra a pesar de las numerosas protestas y de, al menos, una revuelta. La facción de García Medrano, con el apoyo de los trabajadores de los muelles, tomó las calles de Tampico para protestar por los abusos electorales; la muchedumbre fue dispersada y Kelly, líder de los estibadores, fue detenido. Las tropas patrullaron las calles y la Cámara de Comercio, con el recuerdo presente de los motines de mayo de 1911, solicitó al gobierno federal el envío de 500 soldados adicionales. Como era de esperarse, entre los habitantes de la ciudad corrió el rumor de posibles motines y pillaje a causa de la turba rural que, al parecer, invadiría Tampico; los españoles, por supuesto, eran los más angustiados.[97]

En Tampico, la política no entró en calma, a pesar de que el problema del gobierno quedó resuelto, para insatisfacción de muchos. En marzo de 1912, ante el avance de la revuelta de Orozco, los consejeros maderistas organizaron una manifestación de "paz", en la cual los trabajadores marcharon para demostrar su apoyo al gobierno.[98] Mientras tanto, la movilización del presidente Taft en la frontera provocó resentimientos y la posibilidad de una intervención norteamericana causó temor. En este contexto, el sindicato de estibadores auspició una vigorosa campaña antinorteamericana valiéndose de la prensa, carteles y algunas cartas de amenaza (en un tono particularmente violento). El cónsul y las esposas de los residentes norteamericanos fueron invitados a abandonar Tampico y se anunció un levantamiento antinorteamericano para el 16 de marzo.[99] Estas amenazas eran poco originales: un temor similar invadió el país entero en 1906 y, si bien es cierto que quedó grabado en la memoria colectiva de la colonia norteamericana, no pasó a mayores;

[96] Miller, Tampico, 13 de noviembre de 1911 y 17 de febrero de 1912, SD 812.00/2515, 2901; Carlos Garza Treviño, *La Revolución mexicana en el estado de Tamaulipas*, México, 1973, p. 91.

[97] Miller, Tampico, 10, 14 y 17 de febrero, 17 de marzo y 9 de mayo de 1912, SD 812.00/2816, 2795, 2901, 3350, 3855; Garza Treviño, *Tamaulipas*, pp. 99-101 y 111.

[98] Miller, Tampico, 17 de marzo de 1912, SD 812.00/3301.

[99] Calvert, *Mexican Revolution*, pp. 112-113; Miller, Tampico, 16 y 17 de marzo de 1912, SD 812.00/3337, 3350.

sólo logró subrayar la superficialidad de la "yanquifobia", en contraste con la violenta realidad de los sucesos circundantes.[100] Esta situación se repitió en Tampico en 1912. El navío artillero mexicano "Bravo" iluminó con sus faros la ciudad durante la noche del 16 de marzo, que transcurrió en calma absoluta. Las revueltas y masacres no eran tácticas favoritas de los trabajadores de Tampico. Incluso sus discursos nacionalistas no pasaron de la retórica. Aunque estas actitudes coincidieron con la movilización de Taft —y, de esta manera, encontraron eco en protestas nacionales más amplias que indicaron la posición de los trabajadores dentro de la nación política—, obedecían a otros motivos. Es posible que existieran elementos de confrontación de naturaleza económica, puesto que los individuos más temidos por los estibadores eran los contratistas laborales, quienes controlaban el trabajo en los muelles, donde, sin duda, intervenían los intereses norteamericanos.[101] Por otra parte, ya desde el inicio de 1912, dos abogados norteamericanos recién llegados a Tampico habían acaparado parte importante de las transacciones legales ("que son numerosas debido a la industria del petróleo"), actividades que antes habían estado en manos de abogados mexicanos. En respuesta a ese monopolio, se decía que el licenciado Parra, brillante y joven abogado del sindicato de estibadores, dirigía la organización de la campaña antinorteamericana. De ser cierto, el incidente apunta, una vez más, hacia el origen profesionista clasemediero en la mayor parte de estas campañas nacionalistas; también destaca cómo esta tutela ejercía influencias sobre los nacientes sindicatos, aunque no llegara a dominarlos.[102]

Mientras tanto, el patrón político establecido a principios de 1912 continuó en el transcurso del año. Cuando el gobernador Guerra apenas había tomado posesión de su cargo, el estado ya se hallaba de nuevo inmerso en una "agitada campaña" para las elecciones de legisladores.[103] El abogado maderista Alberto Aragón reapareció como candidato en Tampico, nuevamente con el apoyo de los trabajadores: se decía que las autoridades no se atrevían a sofocar su agitación en las refinerías porque "no querían provocar el antagonismo de los elementos de la clase trabajadora", hecho que mostraba una vez más el ocaso de la autoridad desde la época de Díaz.[104] La campaña estuvo marcada por los habituales desplegados y polémicas, todos ellos llenos de ataques personales: Aragón era un estafador, vivía en pecado y, peor aún, había plagiado su disertación doctoral.[105] Nuevamente, a fines de ese año, para las elecciones municipales de la ciudad se postularon candidaturas similares: dos candidatos "que representaban al mejor elemento de la clase educada", y dos "que representaban a los estibadores y a los peones". Después de reñi-

---

[100] Duhaine, Saltillo, 1° de agosto de 1906, microcopia M-300.
[101] Véase la correspondencia en María y Campos, *Múgica*, pp. 83-85.
[102] Miller, Tampico, 16 de marzo de 1912, SD 812.00/3337.
[103] Miller, Tampico, 15 de junio de 1912, SD 812.00/4262.
[104] *Ibid.*, Garza Treviño, *Tamaulipas*, pp. 117-118.
[105] Miller, Tampico, 3 de julio de 1912, SD 812.00/4391.

das elecciones, fue necesario que una comisión se encargara del recuento de los votos y el conflicto aún continuaba cuando sobrevino la caída del régimen maderista.[106]

La evidente politización de los trabajadores tampiqueños, que marcó de manera indeleble la vida política tanto del puerto como de todo el estado, fue reflejo de la politización general de la clase trabajadora mexicana, como veremos con frecuencia. Sin embargo, también fue un caso extremo que se derivó de circunstancias especiales. Primero, la organización política y económica tendió a presentarse en mancuerna y los trabajadores portuarios en todo el país fueron de los primeros en aprovechar la nueva libertad concedida por el régimen de Madero en Tampico, Progreso, Veracruz, Mazatlán y Acapulco.[107] En Tampico —al igual que en Veracruz—, los estibadores comenzaron a negociar directamente con las casas de exportación e importación, en vez de recurrir a los intermediarios. Para lograr este fin requerían de sindicatos fuertes que pudieran resistir el rompimiento de las huelgas; además, el liderazgo sindical comprendió de inmediato la utilidad de las alianzas políticas (de naturaleza pragmática) para satisfacer sus objetivos. Puertos como Tampico o Acapulco eran particularmente receptivos a las noticias, ideas y ejemplos que Europa y Norteamérica transmitían.[108] Pero quizá lo más importante fue el entorno económico. Tampico era un puerto en auge donde la oferta de trabajo, bien fuera en los muelles o en los campos petroleros, daba a los trabajadores una posición más fuerte para negociar *vis-à-vis* con los patrones; más firme que la de los trabajadores textiles, por dar un ejemplo. Conforme a ciertas normas objetivas, los trabajadores de Tampico eran débiles, pobres y estaban explotados; pero en comparación con la mayoría de sus compatriotas, los tampiqueños parecían "muy prósperos y satisfechos": "los obreros tienen empleo continuo y sus salarios son superiores a los de otras regiones en México (y al parecer no hay ideas de revolución)".[109] En Tampico, así como en los ferrocarriles y en algunas de las empresas corporativas mineras más grandes, como Cananea, se encontraba el proletariado "moderno", el que gozaba de las mejores condiciones, el que a veces era especializado o semiespecializado, el precursor de los sindicatos: el que abrió el camino para la participación política de la clase trabajadora. Sin embargo, es probable que los obreros de Tampico estuvieran conscientes de que las condiciones de auge y de la resultante demanda de mano de obra no eran inmutables; que la burbuja podía estallar como había sucedido en 1907-1908. Ya en 1911, cuando la pavimentación de las calles de Tampico (que había aumentado la demanda de mano de obra) llegaba a su fin, surgieron temores ante el espectro del desempleo y los 170 negros de las Bahamas que habían sido traídos para traba-

---

[106] Bevan, Tampico, 9 de diciembre de 1912, SD 812.00/5714.
[107] Gruening, *Mexico and its Heritage*, pp. 339-340; y véanse pp. 427, 431, 434 y 443-445.
[108] *Cf.* Gill, "Los Escudero".
[109] C/o USS Des Moines, Tampico, 25 de septiembre, 8 de octubre de 1912, SD 812.00/5091, 5195.

jar en el proyecto se convirtieron en blanco de profunda hostilidad de parte de los trabajadores mexicanos.[110] A finales de ese año, la incertidumbre política creció, los negocios comenzaron a perder y se dice que 1 000 trabajadores quedaron desempleados.[111] La economía local se estabilizó en 1912, pero el predicamento de los trabajadores que laboraban en poblaciones en auge como Tampico —o quizá Torreón— alentó la militancia y el deseo colectivo de consolidar las ganancias de los años prósperos (a través de la sindicalización y la alianza política), en espera de las temporadas difíciles.

Tampico representaba un caso extremo del fenómeno general, a menudo caracterizado por un movimiento paralelo de la clase trabajadora tanto en organizaciones "económicas" como políticas. En breve analizaremos separadamente la sindicalización y las huelgas; por el momento, es la beligerancia política de la clase trabajadora la que exige nuestra atención. Al igual que el viejo Partido Antirreeleccionista, el PCP formado en 1911, incluyó a un buen número de trabajadores. Alrededor de una docena de clubes del PCP se establecieron en la ciudad de Puebla: el grupo Mártires de Río Blanco afirmaba contar con 200 miembros; el Gremio de Cargadores reunía a una cifra un poco menor; agrupaciones similares se encontraban en Orizaba, Durango, Guadalajara y en otras ciudades.[112] A pesar de sus rubros impecablemente proletarios, los clubes de esta naturaleza con frecuencia reunían a miembros muy variados. En Múzquiz (Coah.), el Club de Obreros Libres Juan Antonio de la Fuente estaba presidido por un comerciante adinerado y veterano maderista de la localidad; las sociedades mutualistas generalmente reunían a un elevado número de artesanos y oficinistas.[113] La participación de la clase media (y en ocasiones, la dirección) en dichas organizaciones, ilustraba aún más la solidaridad urbana y el desarrollo pragmático de alianzas que caracterizaron al movimiento de la clase obrera.

Durante las elecciones, los trabajadores urbanos (industriales y artesanos) mostraron una mayor disposición a votar que los peones o el lumpenproletariado de la ciudad (marginales, mendigos y vagos). Las elecciones para legisladores, en junio de 1912, fueron pacíficas y ordenadas, según el informe de un norteamericano que visitó las casillas electorales en la ciudad; pero, añadió, "si bien vi a muchos hombres bien vestidos, al parecer, pertenecientes a la clase profesional, así como a aquellos pertenecientes a la clase trabajadora, no vi votar a gente de clase baja, a los pelados".[114] Muchos mineros de Cananea concurrieron a la votación para elecciones estatales en Sonora; las cifras en los comicios primarios de las elecciones presidenciales en San Pa-

[110] Wilson, Tampico, 21 de abril y 30 de mayo de 1911, FO371/1147/17946/1148/23457.
[111] Miller, Tampico, 15 de agosto de 1911, SD 812.00/2346.
[112] De E. Arenas a Gustavo Madero, 24 de agosto de 1911, AFM, r. 20; otros ejemplos en AFM.
[113] De A. Santos Coy a Madero, 26 de septiembre de 1911, AFM, r. 21; a Robles Domínguez, 9 de julio de 1911, AARD 39/11. Para datos sobre las sociedades mutualistas de Cananea y Río Blanco: *Trabajo* 34/2/8/2.
[114] Shanklin, Ciudad de México, 1º de julio de 1912, SD 812.00/4408.

blo (Ags.), también sugieren una elevada tasa de participación por parte de los trabajadores, tanto letrados como analfabetos.[115] En Tlaxcala, como ya se ha señalado, el antiguo ferrocarrilero y obrero textil Antonio Hidalgo ganó la gubernatura gracias a la fuerza del voto de la clase trabajadora (y campesina). La élite de Tlaxcala se atemorizó ante el programa radical (supuestamente socialista) de este gobernador y ante las implicaciones de su elección: "… es indudable que el señor Hidalgo, ligado a los operarios [textiles], porque ellos fueron los que accedieron a darle su voto, él no los sometería y siempre serán una amenaza para los hacendados [e] industriales…"[116] En respuesta, la élite ejerció presiones en la Ciudad de México y organizó la Liga de Agricultores para combatir en elecciones subsecuentes y defender los intereses conservadores. Aunque los candidatos populares triunfaron tanto en las elecciones para la gubernatura como en las de representantes ante el Congreso, la Liga logró obtener la mayoría en la legislatura estatal que se encargó de obstaculizar el nombramiento del nuevo gobernador, provocando así una crisis constitucional. El pueblo tomó el palacio de gobierno en Tlaxcala; dos gobernadores entraron y salieron, y las elecciones fueron anuladas; antes de llevar a cabo nuevas elecciones, el gobierno de Madero cayó.[117] Este episodio muestra que la movilización de los trabajadores tlaxcaltecas fue genuina y que la élite local, por su parte, recurrió a una acción de retaguardia política, conforme a las nuevas reglas del juego.

Al considerar a México como un todo, salta a la vista que fueron excepcionales las áreas de politización popular significativa (conforme a las mediciones establecidas a partir de términos electorales), aunque, por supuesto, no carecieron de importancia. El caso más frecuente fue el de las elecciones sujetas a coacciones y abusos; pero aun en ausencia de manipulaciones, había casos en que el interés popular era muy escaso; esto indicaba "el lastre de la práctica política que el nuevo régimen heredó inevitablemente" del antiguo.[118] Para algunas comunidades rurales, esta votación era la primera en su historia; por lo tanto, el proceso electoral era un suceso extraño y nuevo. No obstante, aun en la cosmopolita Ciudad de México fue la apatía —más que la presión oficial— la causa de un alto índice de abstención.[119] Con el transcurso del tiempo, cuando se desvaneció la euforia de 1911 y se hizo evidente cierta desilusión respecto a la nueva política, tal vez declinara la participación política, pero no necesariamente la politización definida en términos más amplios. Las elecciones no lograban convencer, especialmente en las áreas donde

[115] Wiswall, Cananea, 12 de agosto de 1911, SD 812.00/2307; A. Oliveros, resultados primarios, 1º de octubre de 1911, AFM, r. 20.

[116] Del gerente del Banco Oriental en Tlaxcala a homólogo en Puebla, 26 de septiembre de 1911, AG, CRCFM; de B. Alatriste a Madero, 26 de noviembre de 1911; Fabela, DHRM, RRM, II, pp. 346-348.

[117] Buve, "Peasant Movements", pp. 131-133; de D. Kennedy a Madero, 13 de noviembre de 1911, AG, CRCFM; González Galindo, en DDCC, II, p. 779.

[118] Aguilar Camín, *La Revolución sonorense*, p. 260.

[119] González, *Pueblo en vilo*, pp. 114-115; Cumberland, *Genesis*, p. 249, cita a *El País*.

continuaba la actividad revolucionaria. En Durango, por ejemplo, el candidato oficial a la gubernatura, Carlos Patoni, derrotó a su contrincante popular, Juan García, bajo circunstancias sospechosas: Patoni obtuvo 17 213 votos; García, 8 623; y hubo 10 033 boletas anuladas. No sorprende que surgieran protestas y amenazas de rebelión. Sin embargo, nadie intentó organizar protestas armadas ya que Campos y Argumedo merodeaban por los alrededores; Arrieta y Contreras habían sido capturados recientemente y en la ciudad se concentraban 700 soldados.[120] Fraudes similares se cometieron en los pueblos de La Laguna; Julio Madero escribió a su hermano acerca del "malestar general que se nota en toda la región Lagunera porque en muchas partes han sido falseadas las elecciones municipales resultando algunas autoridades tan malas o peores que en los tiempos porfirianos".[121] En Sinaloa, también afectada por la insurgencia rural, el candidato oficial, Riveros, ganó la gubernatura en unas elecciones anodinas.[122]

Es particularmente interesante que el entusiasmo fuera menor ante las elecciones municipales, que ahora se regulaban con padrones electorales, urnas de votación y toda la parafernalia regular (e irregular) de la democracia —y que ya no eran resultado de la aclamación del pueblo en la plaza, como sucediera en mayo de 1911—. Las elecciones para alcalde y concejales municipales en San Luis Potosí "provocaron poco interés" y, cuando "se anunció oficialmente que se habían realizado los fraudes más evidentes y que el alcalde había sido depuesto, las noticias no suscitaron interés ni comentarios".[123] En Tabasco, las elecciones locales se realizaron en calma y como regla, los candidatos oficiales fueron electos por enormes mayorías; en junio de 1912, la elección de los concejales de Veracruz resultó "ineficaz por falta de votos".[124] Fuera de las ciudades, la apatía e irrelevancia de muchas elecciones fueron aún más pronunciadas. Es evidente que, cuando era permitida, en los pueblos libres, se daba una democracia informal de distinta naturaleza, que aseguraba la elección de funcionarios de manera "libre, seria y respetuosa"; esta forma de democracia —tradicional, personal y particularista— que databa de tiempo atrás, estaba en el corazón del zapatismo.[125] Sin embargo, nada garantizaba que los pobladores quisieran cambiar la antigua forma por la nueva, y aceptar procedimientos y autoridades formales, legales y racionales que sustituyeran los modos tradicionales más añejos. A sus ojos, las boletas, los partidos y los discursos electorales de la nueva política parecían incursiones urbanas ajenas que amenazaban una forma de vida.

[120] Hamm, Durango, 24 de agosto y 10 de septiembre de 1912, SD 812.00/4783, 4979; aquí, se refiere a García como "el candidato de las masas".
[121] De J. Madero a Madero, 12 de febrero de 1912; Fabela, DHRM, RRM, III, p. 93.
[122] Alger, 24 de agosto; Brown, 14 de septiembre de 1912 (ambos en Mazatlán), SD 812.00/4866, 5041.
[123] Bonney, San Luis, 21 de junio y 2 de noviembre de 1912, SD 812.00/4319, 5446.
[124] Lespinasse, Frontera, 18 de noviembre, 30 de diciembre; Canada, Veracruz, 20 de junio de 1912; SD 812.00/5624, 5861, 4324.
[125] Womack, *Zapata*, pp. 3-9.

Los pueblos bajo la bota del cacique o del terrateniente, o el peonaje residente en los grandes latifundios, esperaban poco de las innovaciones democráticas que, en teoría, traerían consigo su emancipación. Es muy posible que el pobre, el analfabeto, "sujeto con lazos que pudiéramos llamar férreos, a la autoridad del terrateniente" (autoridad que a menudo fortalecía la influencia del cura), el peón y el lugareño dependiente, vivieran la experiencia de la nueva política restringida al voto (si es que votaban) de acuerdo con las instrucciones del patrón.[126] En Oaxaca, Benito Juárez Maza fue electo gracias a la fuerza del voto serrano, estimulado por los caciques de la sierra; en Jalisco (según Azuela), el PCN podía contar con el bloque de votos clientelistas.[127] Los terratenientes de Tlaxcala, al enfrentarse a una fuerte amenaza popular, recurrieron a métodos similares, al menos en regiones donde su autoridad era irrefutable: Manuel Sánchez Gavito, candidato a diputado por la Liga (de hacendados), reunió numerosos votos en el distrito de Calpulalpan, donde se encontraban sus propiedades y donde su apoyo "siendo esencialmente agrícolas [los elementos de Sánchez Gavito] serán los de imposición sobre la peonada de las fincas de campo".[128] Braniff, como candidato a gobernador de Veracruz, obtuvo los votos de "sus peones, empleados gachupines, y algunos súbditos del Káiser", según se decía; simultáneamente, en Paso del Macho —en el mismo estado—, el Club Perseverancia (que reunía a "miembros del pasado régimen, tahúres de profesión y algunas personas que cuentan con capital... jugadores y concesionarios de monopolios de pulque y abasto de carnes") transportó a la ciudad cuadrillas de peones (incluso a muchos emigrantes de otros estados) durante las elecciones, las hospedó en casas adecuadas o en billares, y les enseñó a llenar las boletas en favor de los candidatos del club. Todo este despliegue se debió a que a los miembros del club "no les convenía que las autoridades que se pusieran, fueran extrañas a sus miras personales"; gracias a estos métodos tuvieron éxito, y todos los antiguos funcionarios del Porfiriato retornaron al poder en la municipalidad.[129]

Tales procedimientos eran más comunes y eficaces en los estados centrales de México, dominados por la hacienda, pero cabe destacar que no eran desconocidos en regiones más progresistas, como el norte. Es cierto que ahí los trabajadores eran más libres y gozaban de mayor movilidad y que la Iglesia ejercía una influencia menor; sin embargo, los hombres con propiedades y una posición elevada podían actuar sobre las elecciones con instrumentos que no eran del todo legítimos. Sonora, por ejemplo, fue escenario de campañas políticas y elecciones serias que, aunque imperfectas, no traicionaron

[126] De R. Estrada a E. Baca Calderón, 29 de diciembre de 1916, en DDCC, II, p. 988.
[127] Lawton, Oaxaca, s. f., agosto de 1911, SD 812.00/2346.
[128] De G. Ugarte a J. Sánchez Azcona, 24 de abril de 1912; Fabela, DHRM, RRM, III, pp. 331-332, en donde Ugarte iguala a la Liga con el PCN. El mismo Ugarte no era un neófito en la política: como ex secretario del gobernador porfirista, se convirtió al maderismo tardía y tácticamente, y continuó prosperando. Véanse los comentarios de Antonio Hidalgo en DDCC, I, p. 311.
[129] De M. Guzmán a Madero, 23 de diciembre de 1911, AG, CRCFM.

la opinión pública.[130] No obstante, también ahí el aumento de participación política estuvo acompañado de una buena dosis de manejos ilícitos y corrupción. Desde una perspectiva comparativa, esto no resulta sorprendente. No existe país alguno en donde las prácticas constitucionales, tan admiradas por Madero y sus correligionarios, se implantaran con rapidez: éstas crecen gradualmente, con frecuencia se desarrollan a partir de prácticas "corruptas" anteriores, vinculadas con democracias "artificiales" o "limitadas" y que se caracterizan por regímenes de jefes, redes de patrocinios y maquinarias políticas. Es posible argumentar que tales prácticas pueden ser funcionales en el desarrollo subsecuente de una democracia de masas genuina, ya que ayudan a integrar en la política nacional a los grupos marginales, a los analfabetos e inmigrantes. Eatanswill y los pueblos deteriorados del duque de Newcastle jugaron un papel (no totalmente negativo) en el desarrollo de la democracia parlamentaria británica, así como Tammany Hall contribuyó a la asimilación de las masas de inmigrantes en los Estados Unidos. Si no hubiera sido por la máquina radical en Argentina, o por el *grandi elettori* de Giolitti en Italia, cabe preguntarse si hubieran sido posibles los movimientos masivos del peronismo o el Partido Comunista Italiano. Aunque también es evidente que, con el tiempo, las prácticas corruptas pueden interrumpir el camino hacia una democracia más plena (al actuar en forma análoga a los remanentes feudales que, conforme al esquema marxista, inhiben la maduración del capitalismo). Pero así como el sistema feudal nutrió al capitalismo, así también la democracia artificial puede ser punto de partida para la democracia genuina.

Sonora resulta interesante en este aspecto, ya que ahí la política combinó un genuino aumento de la participación con una palpable manipulación (quizá funcional); y si bien nadie podía pronosticarlo en ese momento, Sonora sería el principal modelo de la política del México posrevolucionario. Varios miembros de la élite posrevolucionaria se formaron —en lo que se refiere a la práctica política— durante el experimento liberal de Sonora. Así, presenciaron la arrolladora victoria de Maytorena para la gubernatura y la amarga y, a veces, sucia campaña de Gayou contra Morales en la contienda por la vicegubernatura. Esta última apenas recibió publicidad en los alrededores rurales de Hermosillo, donde "los peones y rancheros analfabetos... jamás han presenciado ni apreciado el valor de un acto como es la votación"; sin embargo, este mismo distrito reunió una votación sospechosamente elevada (y decisiva, como el tiempo demostraría) en favor de Gayou, que obtuvo el triunfo.[131] Cuando Álvaro Obregón lanzó su candidatura para la presidencia municipal de Huatabampo y ganó su primera elección democrática, contó con varios aciertos en su favor, además de su indudable mérito intrínseco: llegaron "bandas de peones", transportadas desde regiones ajenas al distrito electoral gracias a los esfuerzos de hacendados simpatizantes (algunos de estos peones

---

[130] "Opinión pública" tal como era manifestada por la nación política; excluyendo, en este caso, a grupos como los yaquis.

[131] Aguilar Camín, *La Revolución sonorense*, pp. 191-193.

eran menores de edad y otros votaron dos veces); Chito Cruz, "gobernador" de los indios mayos, convenció a sus seguidores tribales para votar; el cuartel local y sus oficiales (entre los que estaba el hermano del candidato, entonces presidente municipal interino) también dieron su apoyo.[132] El triunfo de Obregón no fue una imposición arbitraria de los oligarcas del Porfiriato; su campaña implicó genuina participación, propaganda y ganarse los votos. Es indudable que no ignoró a la opinión pública, pero ésta no fue el árbitro sagrado de los resultados. Esto fue la antesala de la democracia (Obregón ganó las elecciones presidenciales en 1920) y enseñó una forma de democracia que, aunque más amplia y con mayor capacidad de respuesta que la parodia del Porfiriato, distaba de ser el liberalismo rigurosamente legal, imparcial y constitucional que anhelaba Madero.

Estos recuentos de elecciones fraudulentas, de un electorado apático o manipulado, encierran una palpable paradoja. El sufragio efectivo fue un aspecto medular en la política de 1909-1910, y durante la Revolución de 1910-1911. No era una cuestión irrelevante; las elecciones podían controlar los nombramientos políticos y éstos, a su vez, controlaban los impuestos, las políticas agrarias y la legislación laboral, entre otras cosas. Es claro que a la gente le interesaba quién sería el gobernador, el jefe político o el presidente municipal, y esto quedó confirmado con la protesta reformista de fines del Porfiriato, los reclamos revolucionarios de 1910-1911 y las numerosas insurrecciones locales de 1911. Si el pueblo estaba preparado para organizar, hacer propaganda, pelear y amotinarse con tal de conseguir elecciones libres, ¿por qué se mostró indiferente cuando las elecciones al fin se llevaron a cabo? Al respecto, Roque Estrada afirmó varios años después: miles de mexicanos participaron en la larga y sangrienta lucha en respuesta al llamado a "la reconquista de sus sagradas libertades" pero "vencido y domado el enemigo, limpio ya el camino de obstáculos, apenas si del número de los mismos ardorosos combatientes se acerca a los comicios un cuarenta por ciento o menos".[133] Esta paradoja es todavía más nítida ya que, como hemos señalado, la participación electoral con frecuencia era más elevada en los estados (como Aguascalientes) y entre las clases "no revolucionarias" (como la de obreros urbanos), y menor entre la vanguardia revolucionaria, ya sea que se le considere desde la perspectiva social o geográfica.

La paradoja es fácil de explicar en términos generales: la promesa original de elecciones libres fue un llamado poderoso y eficaz en virtud de su amplitud y flexibilidad; contó con capacidad para provocar la respuesta de los distintos grupos sociales y, para lograrlo, apeló a ciertas aspiraciones básicas, con lemas como "Sufragio efectivo. No reelección" que, a la manera de una frase clave, ofrecía diferentes interpretaciones de acuerdo con los anhelos de las distintas personas. Por lo tanto, el programa y la filosofía maderista

---

[132] *Ibid.*, pp. 260-264.
[133] De R. Estrada a E. Baca Calderón, 29 de diciembre de 1916, en DDCC, II, p. 989.

se conjugaron de varias maneras: para algunos, implicaban un Estado progresista, bien gobernado, trabajador y próspero, y para otros, la limpieza política y el acceso al poder; para unos, la reafirmación de los antiguos y heroicos valores liberales; para otros más, la restitución agraria y la autonomía de los pueblos. A diferencia, digamos, del nacionalismo, que también contaba con una aceptación amplia y enérgica, el maderismo era una causa fuerte y genuina ya que daba a reclamos específicos, agudos, la importancia que el nacionalismo le negaba.

En retrospectiva, resulta ingenuo el optimismo —e incluso el autoengaño— con el que se interpretaron las promesas de Madero; pero la rápida politización de 1909-1910, el triunfo repentino y asombroso de la Revolución y el derrocamiento de lo que parecía una dictadura permanente, alimentaron un ánimo exaltado. Éstas eran épocas "en que se ensanchaba un espíritu benigno"; eran muchas las esperanzas, prevalecía el optimismo y los hombres tenían la creencia de que "verían al pueblo con poder para definir sus propias leyes en tiempos mejores para toda la humanidad".[134] Pero, ¿cuáles leyes? ¿Qué clase de régimen se crearía mediante el sufragio efectivo? Los distintos grupos respondían de diversas maneras a estas preguntas. Los seguidores y beneficiarios del sistema porfirista ofrecían una respuesta fácil: las elecciones libres significaban anarquía, colapso económico, destrucción de la obra paciente de Porfirio Díaz; la certeza dogmática —y la falta de valor práctico— de esta respuesta se hizo patente después de la caída de Madero. Para muchos otros, sin duda la mayoría, la promesa de "un voto real sin un gobierno de jefes" ejercía una atracción real, al menos al principio. Sin embargo, era una atracción que dependía de la traducción de principios abstractos y generales en realidades concretas y locales. El "jefe" era una figura de carne y hueso —cacique, jefe político, gobernador—, y las elecciones podían provocar cambios deseados y específicos. "Todos quieren ver que el Plan de San Luis Potosí se lleve a cabo", dijo un "hombre del pueblo" a un norteamericano en Acapulco; cuando le preguntó sobre las implicaciones del Plan, "... explicó con prontitud que significaba la corrección de antiguos abusos, la oportunidad para que el pueblo definiera y eligiera a sus propios gobernadores, diputados y funcionarios a través de elecciones honestas; que querían el derecho a elegir a un hijo del país como gobernador; querían saber cómo se gastaban los fondos públicos; querían establecer escuelas, etcétera".[135] Encontramos aquí una reiteración de los reclamos (particularmente los de origen urbano) difundidos en la prensa de oposición del decenio de 1900, en los manifiestos anteriores y posteriores a la Revolución de 1910 y a través de numerosos conflictos políticos locales. Si bien es cierto que algunos se atendieron bajo el régimen de Madero, muchos otros quedaron pendientes: las autoridades eran arbitrarias y los abusos políticos continuaron; existía aún mucha mani-

---

[134] William Wordsworth, *The Prelude*, IX, pp. 519 y 529-532.
[135] Edwards, Acapulco, 26 de septiembre de 1912, SD 812.00/5213.

pulación en las elecciones y había un encubrimiento de los escándalos. Los maderistas, insatisfechos, señalaron estas fallas y algunos se rebelaron de nuevo; de manera más cínica, también lo hicieron los porfiristas, cuyas conciencias difícilmente podían estar tranquilas al respecto. Dichas facciones ayudaron a erosionar el capital moral otrora masivo del nuevo régimen. La gente, que esperaba correcciones inmediatas, se desilusionó. No estaba dispuesta a esperar la lenta maduración de la democracia constitucional (que, para las elevadas mentes maderistas era un fin en sí misma) sino que deseaba enseguida soluciones prácticas, y éstas tardaban en llegar. Fueron particularmente lentas en lo que respecta a la reforma agraria. Los rebeldes como Zapata buscaban reformas específicas y rápidas, aunque modestas: confirmación de los derechos de los pueblos sobre tierras específicas, protección en contra de la expansión de los terratenientes y un grado de autonomía política. En la medida en que promovieron estos objetivos, las elecciones libres fueron bien recibidas y se luchó por ellas (especialmente en los estados y municipios); por el contrario, la práctica electoral pareció una farsa hueca cuando sólo colocaban en cargos públicos a una élite nueva, urbana y ávida de poder (élite que no se mostró más tolerante a la reivindicación agraria, ni a la descentralización política que su predecesora porfirista). Los zapatistas y otros rebeldes populares no estaban preparados para sacrificar sus objetivos inmediatos y locales en favor de un gran proyecto nacional abstracto: la construcción de un régimen constitucional que ubicara a México a la par de las naciones democráticas y progresistas de Europa y Norteamérica. Estas grandes abstracciones —"libertad", "democracia", "progreso"— significaban mucho para los maderistas educados de la clase media urbana, pero muy poco para los pelados, peones y campesinos —para quienes las elecciones libres (al igual que para los radicales cartistas británicos del siglo XIX) no eran sino una "cuestión de refinamiento"—. "Las ideas son imperecederas, eternas", declara don Timoteo, el personaje ficticio pero arquetípico de un pueblo maderista en *Los caciques* de Azuela; sin embargo, estas abstracciones finas eran mal comprendidas por las masas.[136] Womack señala que el "progreso" no figura en el Plan de Ayala.[137] Un rebelde norteño confió a John Reed: "Peleamos por nuestra libertad"; el periodista entonces preguntó: "¿Qué quiere decir por la libertad? ¡Libertad es cuando yo puedo hacer lo que quiera!"[138] "Amigo, ¿qué es esta democracia por la que todos gritan?", preguntó un campesino de calzón blanco a otro, al presenciar el paso de la carroza de Madero. "Debe ser la dama que lo acompaña", replicó su compañero, al tiempo que señalaba en dirección a la esposa de Madero.[139]

[136] Azuela, *The Bosses*, p. 101.
[137] Womack, *Zapata*, pp. 398-399.
[138] Reed, *Insurgent Mexico*, p. 66.
[139] Gruening, *Mexico and its Heritage*, pp. 96-97; y, para una incorrecta interpretación popular de "Sufragio efectivo", Gámiz, *Durango*, p. 37.

Estos comentarios, aunque tratados con aire condescendiente y posiblemente apócrifos, ilustran parte de la enorme brecha que separaba a los dos discursos: el de la ciudad y el del campo; el de los letrados y el de los analfabetos; el de las "grandes" y el de las "pequeñas" tradiciones. Lo anterior no significaba que los campesinos y los pobres carecieran de capacidad intelectual para entender las abstracciones (después de todo, la mayoría creía en Dios); y resulta inteligible su desconocimiento o desconfianza respecto de las grandes abstracciones cultas (como el "progreso"), por cuya causa habían sufrido explotación en el pasado y quizá la sufrirían nuevamente en el futuro. Los principios generales que formaban el liberalismo maderista sólo podían mantener su atractivo inicial si se traducían en una política vernácula y daban frutos comprensibles en términos concretos e inmediatos. Al luchar por beneficios prácticos más que por promesas abstractas, el campesinado mexicano se comportó como cualquier otro para el cual el lujo de dichas promesas estaba fuera de su alcance debido a las exigencias de su posición social.[140] Cabe destacar que también el agrarismo puede interpretarse conforme a abstracciones y términos retóricos, pero el zapatismo (cuya atracción popular es innegable) dependió de reformas inmediatas, locales y específicas para ganar simpatizantes. De ahí que los veteranos zapatistas, aun después de décadas de socialización política posrevolucionaria, todavía recuerden las luchas de 1910-1920 en términos altamente individuales: "sus narraciones son sencillas. En ellas actúan los nombres y las cosas pequeñas, las de cada día [...] sus pláticas son ricas y pródigas en detalles que a los oídos del oyente sacralizado suenan a herejía por su aparente insignificancia. [...] nunca hay un pronunciamiento ideológico, una referencia explícita a sus principios y demandas..."[141] Al interior del zapatismo, las abstracciones retóricas estaban en desventaja; en el discurso zapatista abundaron los nombres propios por encima de los términos genéricos; una ideología, frecuentemente muda e implícita, "se expresó en acciones congruentes que transformaron la realidad radicalmente".[142] En el zapatismo, al igual que en la mayoría de los movimientos populares, los lazos de lealtad se establecían con el jefe personal, más que con una causa abstracta; la reforma agraria era local y específica, se basaba en precedentes históricos y confirmaba la autoridad del jefe.[143] Sería erróneo inferir que la ausencia de una ideología explícita fuera equivalente a la ausencia de principios políticos; también sería equivocado clasificar al zapatismo y a otros movimientos populares (como lo han hecho algunos historiadores orales a partir de su trabajo con memorias individuales) como la expresión anómica o desprovista de objetivos de inclinaciones

---

[140] Migdal, *Peasants*, pp. 232-233 y 240-249; Mao, *Report*, p. 48; Popkin, *Rational Peasants*, pp. 259-262. Es claro que el aceptar este punto no implica necesariamente la aceptación de la teoría de intercambio defendida por Migdal y Popkin (equivocadamente, desde mi punto de vista).

[141] Warman, *Y venimos a contradecir*, pp. 104-105.

[142] *Idem.*

[143] *Ibid.*, p. 146.

personales.¹⁴⁴ Es imposible reconstruir la *raison d'être* de un movimiento popular, si partimos sólo —o de manera primordial— de los recuerdos de sus veteranos sobrevivientes; el historiador debe tomar en cuenta estos registros individuales y trascenderlos, compararlos con las experiencias colectivas y con las tendencias macrosociales de las cuales los individuos sólo tienen una conciencia vaga.

La perspectiva de construir una democracia *per se* no cautivó a las masas del pueblo mexicano, interesadas en lo concreto y local, suspicaces o ignorantes de las grandes abstracciones. Sólo podía conquistarlas (como sucedió brevemente en 1910-1911) un gran proyecto que implicara algunos beneficios tangibles inmediatos. Era imperioso que los maderistas hicieran realidad su filosofía de política liberal y conciliación social.¹⁴⁵ Las meras elecciones no podían lograr estos objetivos; es más, la política liberal alentada por el régimen más bien provocaba conflictos que cohesión social. Tampoco era preferible la opción del Porfiriato —represión—, pues daba origen a problemas mayores de los que podía solucionar, al menos mientras la ola de protesta popular mantuviera su fuerza. El liberalismo y el autoritarismo estrechos no podían funcionar. Un régimen viable hubiera tenido que arraigarse en la tierra que nutría la rebelión popular; era necesario que cumpliera, o al menos desviara, las demandas populares; que promoviera o cooptara a sus dirigentes; en lugar de (o, quizá, además de) reprimir el movimiento popular, debía establecer su hegemonía ideológica. Si en 1910-1911 la promesa de elecciones libres había provocado una respuesta popular genuina aunque de corta duración, creando una súbita y extraña alianza entre liberales urbanos y populistas rurales, ahora estaba en manos de los gobernantes maderistas consolidar esa alianza y traducir su liberalismo constitucional en medidas prácticas que, al responder a las demandas populares, vincularan al pueblo con el Estado liberal en formación. Dichas reformas —en las áreas de la tierra y el trabajo, por ejemplo— debían ser complementarias, no antitéticas, de la institución de elecciones libres.

REFORMA: TIERRA Y TRABAJO

Es un lugar común, aunque no carente de validez, decir que Madero y sus correligionarios estaban esencialmente dedicados a las reformas políticas en el sentido estricto del término. Esto no significa que Madero haya negado la importancia de los problemas sociales y económicos; su correspondencia y publicaciones revelan una clara defensa de la distribución de la tierra y la conciencia de las demandas de las clases trabajadoras (después de todo, él había sido uno de los empresarios más ilustrados y progresistas del norte).¹⁴⁶

---

¹⁴⁴ *Cf.* María Isabel Souza, *¿Por qué con Villa?*
¹⁴⁵ Véanse pp. 295-296.
¹⁴⁶ Córdova, *Ideología*, pp. 107-108.

Pero no consideraba que la solución directa a estos problemas fuese tarea principal de su régimen. Su tarea era asegurar un gobierno representativo y honesto, de tal suerte que los distintos grupos pudieran ejercer presiones y luchar por reformas a través de las vías constitucionales; y ése fue el consejo que Madero dio a trabajadores y campesinos por igual.[147] Asimismo, la clase media, columna vertebral del antiguo Partido Antirreeleccionista, podía abogar por sus políticas "sociales": equilibrio fiscal, obras públicas, educación y erradicación de vicios —alcoholismo, juegos de azar, deportes sangrientos, prostitución, suciedad— que tenían peso sobre las conciencias respetables como sobre la economía nacional.[148] Pero en todos estos aspectos, el deber del gobierno era responder a las presiones legítimas; no encabezar las medidas positivas de la ingeniería social. En estos aspectos, el Estado maderista fue pasivo y siguió el camino trazado por su predecesor inmediato: la distribución del presupuesto permaneció intacta; el gasto *per capita* se incrementó sólo de manera marginal y los costos "administrativos" (dedicados al funcionamiento básico de la maquinaria del Estado) continuaron absorbiendo más de 70% del presupuesto.[149]

La pasividad del Estado se ilustra en la esfera de las reformas agrarias y laborales: dos áreas políticas que más tarde habrían de convertirse en sinónimos de "la" Revolución mexicana. Sin embargo, en cada caso es necesario distinguir entre acción oficial —legal, gubernamental y sistematizada— y reformas *de facto*, extraoficiales y realizadas por las partes interesadas y en su propio beneficio. En relación con la reforma agraria, por ejemplo, la mayor parte de los cambios efectuados durante 1910-1920 fueron del segundo tipo: de naturaleza local, popular y técnicamente ilegal; ocurrieron en desafío —más que en respuesta— a la política oficial. Los esfuerzos por recuperar y redistribuir la tierra figuraron en la Revolución desde sus inicios; pero las autoridades, tanto porfiristas como maderistas, lucharon por obstaculizarlos, como lo demuestran las medidas de "retorno a la normalidad" tomadas por el interinato durante el verano de 1911, y que implicaron la guillotina para toda acción ilícita, para toda reforma agraria *de facto*. Madero, obstinado, consideraba que las reformas se efectuarían legal y gradualmente; así, al dirigirse al pueblo de Huichapan (Hgo.) en 1912, afirmó que la conquista de la libertad (política) era una meta revolucionaria y una necesidad popular preponderante, ante la cual "... eran pálidas todas las demás necesidades, como el problema agrario [...] Se ha pretendido que el objetivo de la revolución de San Luis fue resolver el problema agrario; no es exacto: la revolución [...] fue para

---

[147] Véanse pp. 69-70 y 166-167.

[148] Véanse pp. 57-58 y 69-70.

[149] El gasto gubernamental *per capita* (en pesos de 1950) se incrementó de 32 a 33 pesos, y el gasto "administrativo" cayó de 77 a 72% del total; las cifras respectivas para los gobiernos revolucionarios posteriores fueron: Calles, 68 pesos y 65%; Cárdenas, 82 pesos y 44%. Véase James Wilkie, *The Mexican Revolution: Federal Expenditure and Social Change Since 1910*, Berkeley, 1970, pp. 17, 22, 32-36 y 47.

conquistar nuestra libertad, porque la libertad sola resolverá de por sí todos los problemas..."[150]

Una vez obtenida la libertad, la gente podría elegir a sus representantes ante el Congreso; éstos legislarían por el bien común en lo concerniente al problema agrario y a otras cuestiones. Asimismo, la prensa de la Ciudad de México fue sacada del error de que la Revolución de 1910 había prometido "el reparto de tierras al proletariado y la división de latifundios"; Madero afirmó que jamás se habían hecho tales promesas y que, por lo tanto, no podía incurrir en su incumplimiento, como algunos alegaban.[151] El artículo 3º del Plan de San Luis, fuente de estas interpretaciones erróneas, sólo advertía la revisión de los despojos arbitrarios e inmorales de la tierra; y, bajo los términos del Tratado de Ciudad Juárez ("tan ventajoso para la nación"), se declararon lícitos los juicios legales del Porfiriato.[152] De tal manera, todas las quejas y reclamaciones tenían que seguir su curso a través de los tribunales, ya que no habría reivindicaciones ni repartos *de facto*. Es evidente que Madero no se oponía al crecimiento ni a la protección de la pequeña propiedad, "pero eso no quiere decir que se vaya a despojar de sus propiedades a ningún terrateniente... una cosa es crear la pequeña propiedad por medio de un esfuerzo constante y otra es repartir las grandes propiedades, lo cual nunca he pensado ni ofrecido en ninguno de mis discursos ni proclamas".[153] Tampoco se contempló la confiscación abierta; el gobierno carecía de fondos para compras masivas y no era posible obtener un préstamo para tales fines. Por lo tanto, si el Estado se rehusaba a interpretar el papel de director, si la expropiación *de jure* quedaba eliminada (y la *de facto* se restringía), sólo quedaban la distribución de los terrenos baldíos o bien el libre juego del mercado para que los despojados obtuvieran tierras. Sin embargo, tras el gran traspaso de terrenos baldíos durante el Porfiriato, la tierra pública cultivable era escasa; el mercado, por su parte, siempre había funcionado en detrimento del aldeano y del pequeño propietario y para ventaja del terrateniente y el cacique.[154]

Al igual que Madero, los maderistas más prominentes seguían a sus predecesores liberales y abogaban por la división de la tierra para crear una clase próspera de pequeños propietarios que llevaran hacia la paz, la estabilidad y el gobierno constitucional; pero tenían pocas ideas precisas o prácticas para lograr este fin.[155] En agosto de 1911, la plataforma del PCP enterró sus propuestas agrarias bajo numerosas y conocidas promesas políticas (no reelección, respeto a la Constitución, supresión de jefaturas, prensa libre, independencia judicial, mejor educación y la inevitable campaña en contra

---

[150] Córdova, *Ideología*, p. 111.
[151] De Madero a F. Moguel, 27 de junio de 1912, AFM, r. 12; cf. también Fabela, DHRM, RRM, IV, p. 277.
[152] Ross, *Madero*, p. 116.
[153] *Ibid.*, cf. *El País*, 2 de julio de 1911, sobre la propuesta de ley agraria maderista.
[154] Ross, *Madero*, p. 241; De la Peña, *El pueblo y su tierra*, pp. 300-301.
[155] De A. Aguirre Benavides a Madero, 29 de mayo de 1911, AFM, r. 18.

del alcoholismo); las pocas propuestas en la materia no fueron más allá del establecimiento de colonias agrícolas y de los "intereses de la pequeña agricultura", gravámenes más justos y una vaga promesa de "combatir todos los monopolios y privilegios especiales". Voceros como Bordes Mangel no dudaban que podían coexistir y prosperar conjuntamente los grandes y pequeños intereses agrarios.[156] Los candidatos a gobernadores, entre otros, incluyeron alguna referencia general a la protección y desarrollo de la agricultura (especialmente de la pequeña propiedad), pero no hubo referencias a reformas estructurales.[157] Es más, temas gastados como el sufragio efectivo, las jefaturas y la reforma fiscal, fueron único asunto de algunas campañas.[158] Algunos maderistas considerados como los más radicales (como Pino Suárez), negaron al gobierno un papel más activo e intervencionista en la solución del problema agrario; para mejorar la situación, propusieron "entendimiento y estímulo" en vez de acción directa.[159]

Parte importante de la política agraria maderista (en la medida que la hubo) se forjó en el molde del siglo XIX. Al igual que el candidato a gobernador, Manuel Villaseñor, la mayoría de los maderistas sostenía que debía continuar la conversión de tierras ejidales comunales en lotes privados. Esto no resulta sorprendente a la luz no sólo de su filosofía liberal del *laissez-faire*, sino también —en el caso de Figueroa en Huitzuco, o de Nicolás Flores y sus revolucionarios de Pisaflores— en vista de sus antecedentes familiares como rancheros y beneficiarios de las leyes de desamortización.[160] Sin embargo, cabe recordar que la continua desamortización benefició también a terratenientes y caciques en detrimento de las tierras comunales de los pueblos, y seguiría beneficiándolos a pesar del compromiso maderista de dar fin al fraude y la fuerza —pues, más que la fuerza y el fraude, fueron las operaciones inexorables en el mercado dentro de una sociedad rural radicalmente desigual, las que trajeron consigo la polarización y protesta agrarias—. Con todo, la división de tierras comunales y la alienación de terrenos baldíos continuó al mismo ritmo que durante el régimen de Díaz.[161] Además, no había garantía de que, bajo el nuevo gobierno, los tribunales favorecerían más a los pueblos implicados en disputas legales contra las haciendas.[162] Las innovaciones nacionales en el terreno agrario fueron, a la manera típicamente maderista, bien intencionadas pero ineficaces. El ministro de Fomento, Rafael Hernández,

[156] *Mexican Herald*, 31 de agosto de 1911.
[157] Manifiesto gubernativo de M. Villaseñor (Gto.), 26 de agosto de 1911, AFM, r. 20.
[158] Proclamación del candidato gubernativo E. Hernández (Hgo.), 31 de mayo de 1911, AARD 13/22.
[159] Cumberland, *Genesis*, p. 210.
[160] Schryer, *Rancheros of Pisaflores*, pp. 27, 71 y 75; Jacobs, "Rancheros", pp. 81-83.
[161] Wilkie, *Federal Expenditure*, pp. 43-45. Nuevamente existían diferencias regionales: los gobernadores de Chiapas y Chihuahua procuraban activamente detener la enajenación de tierras públicas y comunales; véase Benjamin, "Passages", p. 129; Beezley, *Insurgent Governor*, p. 99.
[162] Por ejemplo, en la prolongada disputa entre Villa de Reyes (S. L. P.) y la hacienda de Gogorrón: J. G. Nava a Carranza, 15 de diciembre de 1915, AVC.

encabezó una Comisión Nacional Agraria ("compuesta de distinguidos agricultores, abogados, ingenieros y banqueros") para informar sobre esta cuestión, pero sus miembros no fueron más radicales que el mismo Hernández, uno de los parientes conservadores de Madero.[163] Así como algunos de sus antecesores ilustrados del Porfiriato, la Comisión mostró interés en desarrollar la agricultura (mejores comunicaciones, abastos, riego y educación técnica); favoreció la continua disolución de los ejidos y la venta de baldíos; procuró atender las hipotecas y la formación de un cuerpo de agrónomos capacitados. El problema, tal como lo concibió la Comisión, estaba en la técnica más que en la estructura de la producción. Su solución no dependía directamente del gobierno: "... la filosofía básica era que la tierra debía estar disponible para aquellos que tenían los recursos y la ambición para trabajarla y hacerla redituable; no habría regalos y el gobierno no habría de subsidiar las pérdidas financieras del programa".[164] Sin embargo, al igual que en los viejos tiempos, los planes de reformas tendían a favorecer a los poderosos. Ante las expectativas de la compra de tierras excedentes por el gobierno, su valor se incrementó aún más y las ofertas de venta de los hacendados se limitaron —como era de esperarse— a las propiedades menores.[165] A nivel nacional, la política maderista no fue sino un liberalismo retocado, en el que al apego tradicional a la propiedad y a los principios del mercado, se aunó una preocupación esclarecida (pero a menudo impráctica y contradictoria) por la justicia social. No sorprende que esta política no lograra satisfacer a los rebeldes agrarios ni a un puñado de radicales que pugnaban por medidas más drásticas, más rápidas y menos liberales para resolver el problema.[166]

La situación era tremendamente fluida: no pudo dejar de marcar el alcance y la incidencia de la rebelión agraria durante el régimen maderista. Las nuevas ideas se filtraban incluso entre los funcionarios maderistas de México. Algunos gobernadores, por ejemplo, abandonaron la norma nacional para desplegar una mayor conciencia de los errores pasados o para establecer compromisos más profundos con las reformas inmediatas. En Chihuahua, Abraham González interrumpió la enajenación de tierras públicas; Guillén, el gobernador de Chiapas, rechazó la Ley Ejidal que exigía la división de las propiedades comunales.[167] El programa de Antonio Hidalgo en Tlaxcala combinó reformas maderistas convencionales con medidas más radicales que incluyeron "la expropiación por causa de utilidad pública de las fincas rústicas, fundándose para beneficio del pueblo Colonias Agrícolas".[168]

---

[163] Ross, *Madero*, p. 242; González Roa, *El aspecto agrario*, p. 213.
[164] Cumberland, *Genesis*, p. 213.
[165] González Roa, *El aspecto agrario*, p. 215.
[166] *El Socialista*, 30 de noviembre de 1912; Armando Bartra, *Regeneración, 1900-1918. La corriente más radical de la Revolución mexicana de 1910*, México, 1977, pp. 308-309, 318 y 328-330.
[167] Véase n. 161.
[168] Manifiesto incluido en gerente del Banco Oriental en Tlaxcala, al mismo en Puebla, 26 de septiembre de 1911, AG, CRCFM.

No hay evidencias claras de la magnitud de su instrumentación; en el estado, el punto muerto político obstaculizó cualquier programa legislativo coherente, e Hidalgo (en parte por su propuesta) pronto se vio inmerso en una lucha campal con la vieja guardia tlaxcalteca. No obstante, es indudable que el planteamiento del gobernador alentó la organización y la politización campesina, ya que la "... propaganda [reformista] se extendió... por medio del sistema de mercado, a través de buhoneros y maestros rurales, y los labriegos despojados recibieron orientación sobre sus derechos civiles y la condición ilegal del peonaje endeudado".[169]

Las reformas tlaxcaltecas, conforme a los criterios de la época, eran ambiciosas. Abarcaban dos medidas que aparecían regularmente en otras administraciones maderistas: la reglamentación (incluso eliminación) del peonaje endeudado y la igualación de los impuestos rurales. Los maderistas —a menudo de orígenes norteños y predominantemente urbanos, comerciales y profesionistas— no abogaban en favor del peonaje endeudado. No sólo era cruel e inmoral, sino que además, retrógrado e ineficiente. La mano de obra asalariada resultaba más productiva y, además, redundaba en beneficio del mercado doméstico.[170] Por lo tanto, la disolución del peonaje endeudado era coherente con la filosofía maderista y, por otra parte, el proceso en algunas regiones —sólo en algunas— ya estaba en práctica. En Chiapas (un estado donde el peonaje desaparecía en algunos distritos mientras que florecía en otros), la Ley de Sirvientes de 1912, promulgada por el gobernador Guillén, concedió mayor protección a los trabajadores rurales. Esta ley estipulaba que todos los contratos debían elaborarse por escrito y frente a las autoridades locales; establecía pensiones y horarios máximos para los incapacitados; y si bien autorizaba adelantos de salarios y acumulación de deudas, éstas no eran hereditarias y estaban estrechamente reguladas.[171] No obstante, al igual que muchas propuestas maderistas, esta reforma era buena en teoría pero deficiente en la práctica. El precario gobierno del estado, carente de una sólida base de apoyo social, difícilmente podría amenazar los intereses arraigados de los hacendados del sur. Una reforma radical en el sistema de peonaje, como observara el gobernador del vecino estado de Campeche, requería "de no poca abnegación y de algunos sacrificios por parte de los dignos miembros del respetable gremio de hacendados". El tono deferente, el trato amable implícito en esta observación, es señal de que los gobernadores maderistas no tenían intenciones de obligar a los terratenientes renuentes a aceptar estos cambios.[172] En consecuencia, en la mayoría de los estados los logros prácticos de las reformas maderistas fueron escasos en este terreno. Aun en Chiapas, donde la reforma formal llegó más lejos, la propia instancia establecida con el fin de regular el reclutamiento laboral y eliminar los abusos

---

[169] Buve, "Peasant Movements", pp. 131-132.
[170] Véanse p. 117 y cap. VIII.
[171] AJD, r. 3.
[172] González Navarro, "Trabajo forzoso", pp. 607-608.

"rápidamente se tornó... corrupta y abusiva".[173] No bastaban las buenas intenciones: acabar eficazmente con el peonaje endeudado requería, además de reformas benignas, un ataque político abierto a la clase formada por los hacendados, y a sus instrumentos de control y dominio.

En lo que respecta a las reformas fiscales (tema constante de los progresistas antes de 1910), el régimen maderista obtuvo mayores triunfos. En este terreno, el gobierno estaba impelido por las demandas de la clase media y por la evidente desigualdad de los anticuados avalúos catastrales; a esto se sumaba la necesidad de recursos del gobierno enfrentado a crecientes pérdidas y problemas presupuestales.[174] Bajo estas presiones, el gobierno estaba dispuesto a arriesgarse al descontento y a la oposición de los terratenientes. En Chihuahua, por ejemplo, el gobernador González instituyó reformas fiscales "abiertamente favorables para los empresarios de la clase media y para el pequeño agricultor", a costa de las grandes empresas y de los terratenientes. Lo anterior explica, en parte, la alianza de la élite de Chihuahua con Orozco.[175] En Morelos, "los revolucionarios respetuosos de la ley" también contemplaron reformas similares, aunque sus reavalúos fiscales fueron modestos en comparación.[176] El reavalúo catastral se convirtió en una cuestión medular en varios estados del Bajío, región donde la revuelta agraria había sido relativamente débil, pero donde un sector numeroso de pequeños propietarios se beneficiaban con dichas reformas, y donde los funcionarios maderistas se enfrentaban al poderoso desafío de los aspirantes políticos del Partido Católico. El gobernador Loyola de Querétaro, en sus esfuerzos por equilibrar el presupuesto del estado cuando la inflación afectaba a los pobres, decretó reformas que permitieran trasladar el peso de la carga fiscal a las "clases acomodadas"; gestionó la reducción de tarifas sobre el grano importado, pues consideraba que esta medida debía estimular la competencia, bajar los precios y alentar "un fraccionamiento de las grandes propiedades, porque admitiendo la competencia extranjera dejaría de ser la agricultura extensiva un negocio tan codiciado como lo es ahora". Pero, como auténtico liberal, Loyola no podía ir más allá de las medidas fiscales y arancelarias; impidió la expropiación y, en lo concerniente al empobrecido salario real de las clases bajas, declaró: "no depende del gobierno que se acumulen los jornales en la misma proporción que suben los precios de los artículos de primera necesidad".[177] En Guanajuato, el gobernador Lizardi aumentó el avalúo catastral entre cinco y 10 veces su valor anterior, para alinearlo con los precios de mercado. Esta reforma fue "muy agradable" para los rancheros del estado pero, en cambio, la

---

[173] Benjamin, "Passages", p. 129; G. M. Joseph, *Revolution from without: Yucatan, Mexico and the United States 1880-1924*, Cambridge, 1982, p. 88.

[174] Véanse pp. 439 y 554-555.

[175] Beezley, *Insurgent Governor*, pp. 97-99; y también "State Reform During the Provisional Presidency: Chihuahua 1911", *Hispanic American Historical Review*, L (agosto de 1970), pp. 524-537.

[176] Womack, *Zapata*, pp. 150-151.

[177] De C. Loyola a Madero, 9 de diciembre de 1911, AG, CRCFM.

Cámara de Comercio de León, que representaba a los grandes terratenientes, aconsejó a sus miembros pagar sólo el doble de las antiguas tasas y ni un céntimo más. En la subsecuente confrontación, Madero apoyó al gobernador en contra de los intereses de los grandes propietarios.[178] Asimismo, el presidente avaló las reformas fiscales del gobernador Alberto Fuentes en Aguascalientes. Fuentes —"socialista" o "anarquista", según fuera la óptica de sus enemigos conservadores— propuso un programa totalmente maderista (prohibió las corridas de toros y destituyó a todos los clientes del antiguo régimen, llegando hasta el jefe del rastro de la ciudad): su reavalúo fiscal (que Madero calificó de "sumamente equitativo") provocó una encarnizada batalla política en la que el gobernador contó tanto con el apoyo presidencial como con el popular para derrotar a la oposición en una legislatura estatal hostil.[179]

Las políticas sobre la reforma fiscal agraria fueron una práctica común; Madero contempló incluso la posibilidad de una revisión fiscal general en toda la Federación.[180] Desde la perspectiva de los terratenientes, esto fue causa de preocupación aunque no de alarma; sus representantes políticos (entre los cuales se incluía al parecer el Partido Católico, lo cual era seguro en Aguascalientes) mostraron enorme capacidad de resistencia y, casi en forma unánime, los reformadores evadieron cualquier proyecto de expropiación y otras formas de intervención directa del gobierno en el mercado de tierras.[181] Pero aunque hay consenso acerca de los pocos efectos prácticos de la reforma agraria oficial durante el régimen maderista, es indudable que se produjo un creciente debate al respecto, a medida que la nación política tuvo que enfrentar el descontento en el campo. Esta polémica comenzó a producir tardíamente algunas respuestas más radicales. Luis Cabrera, uno de los ideólogos que encabezó el pensamiento "revolucionario" progresista, adoptó los planteamientos de la reforma agraria (así como antes se había convertido del reyismo al maderismo y, posteriormente, descubriría el nacionalismo económico). En diciembre de 1912, como diputado de la sección sur del Distrito Federal, conocía al zapatismo directamente y pronunció un afamado discurso en defensa del ejido, la forma tradicional de tenencia comunal de los pueblos. Cuestionó la política oficial que pugnaba por la paz antes que por la reforma; argumentó que sólo ésta traería la paz y que no podría continuar apegada a las líneas liberales clásicas. La permanencia de las tierras de los pueblos durante todo el periodo colonial, señaló, se debió a su carácter comu-

---

[178] Entrevista de Brinsmade, *El Demócrata*, 9 de noviembre de 1915; de Madero a Lizardi, 26 de junio de 1912, AFM, r. 12.

[179] Pani, *Apuntes*, p. 143; de J. Alva a Madero, 12 de junio de 1911, AFM, r. 20; de J. M. Loera a Madero, 3 de noviembre de 1912, AFM, r. 22; de Madero a Fuentes, 3 de septiembre y 18 de noviembre de 1912, AFM, r. 12, 11; a Ruiz de Chávez, 26 de noviembre de 1912, AFM, r. 11; Schmutz, Aguascalientes, 27 de mayo de 1912, SD 812.00/4128.

[180] El gobernador Cepeda inició planes similares: Bonney, San Luis, 19 de diciembre de 1911, SD 812.00/2664; *cf.* de Madero a Lizardi (n. 178); *El País*, 2 de julio de 1911.

[181] De L. Terrazas a E. Creel, 22 de agosto de 1912, en Fuentes Mares, *Y México se refugió*, pp. 254-255.

nal; la legislación liberal, al destruir la tenencia comunal, había abierto las puertas hacia una transferencia masiva de tierras de los pueblos a la hacienda y al cacique. Es más, esta transferencia había sido enteramente legal en 90% de los casos, y la política maderista (enunciada en el Plan de San Luis) de rectificar sólo los despojos ilegales atacaba únicamente la superficie del problema.[182] Cabrera sostuvo que era tiempo de dejar de lado las políticas inadecuadas que se derivaban de modelos ajenos, y de sustentar la reforma en "el conocimiento personal y local de nuestra patria y de nuestras necesidades".[183] La tradición comunal permaneció arraigada, especialmente en la populosa altiplanicie central; el gobierno, en vez de desmenuzarla con el escalpelo liberal, debería conservarla en bien de la paz y la justicia rural. Era necesario reconstituir los ejidos y darles identidad legal; las transferencias de tierras debían otorgarse a las colectividades más que a los individuos. Quizá Cabrera no estaba totalmente casado con esta solución (aún consideraba que la propiedad privada era fundamental y que el ejido era sólo una concesión necesaria dadas las condiciones de atraso rural en México); no obstante, su conversión fue un paso significativo.

Cabrera defendió al ejido en el ocaso del régimen de Madero, pero su apología no tuvo resultados prácticos; acababa de abandonar su cargo en el Ministerio de Fomento (desde esa posición hubiera podido instrumentar la política propuesta) y estaba a punto de salir del país.[184] Aunque contaba con seguidores entre los maderistas más radicales, Cabrera no encontró apoyo en Madero que calificó su propuesta como "muy peligrosa" pues "no pensaba que existiera un problema agrario de tal naturaleza en México" (según relató el propio Cabrera).[185] Su sucesor en el Ministerio de Fomento, Manuel Bonilla, aunque desplegó más actividad que algunos de sus predecesores, no se mostró inclinado a auspiciar la reconstrucción del ejido.[186] Las ideas de Cabrera se convirtieron en letra muerta y los acontecimientos pronto sacudieron la lenta marcha de la reforma agraria oficial. Este viraje de los conceptos liberales clásicos sobre la propiedad privada hacia las ideas de propiedad comunal derivadas del pasado de México requerían, para su instrumentación, tanto de la intervención activa del gobierno como de la transgresión de los derechos sobre la propiedad; fue un gran momento que señaló el camino por seguir y, más importante aún, reconoció el carácter fundamentalmente agrario de la revolución popular. Cabrera no había sido propiamente un agrarista

[182] González Roa, *El aspecto agrario*, pp. 218-222; Cabrera, en Silva Herzog, *La cuestión de la tierra*, II, p. 303.

[183] Cabrera citado por Córdova, *Ideología*, p. 140, n. 143.

[184] El radicalismo agrario de Cabrera impidió su ascenso; pero también es posible que en este caso, como en el de Vázquez Gómez, la falta de promoción haya estimulado su radicalismo: González Roa, *El aspecto agrario*, pp. 223-225; Manuel Márquez Sterling, *Los últimos días del presidente Madero*, La Habana, 1917, p. 164.

[185] Así, quizá el norteño Madero habló con el poblano Cabrera. Véase Eyler N. Simpson, *The Ejido, Mexico's Way Out*, Chapel Hill, 1937, p. 50, n. 18.

[186] González Roa, *El aspecto agrario*, pp. 225-234; *cf.* Ross, *Madero*, pp. 245-246.

en 1910 (ni en 1911) pero, hacia fines de 1912, una "marcada evolución ideológica" lo llevó a concluir que la condición de las masas rurales era el aspecto fundamental que debían tomar en cuenta los gobernantes de México y que muchas otras cuestiones dependían de ello.[187] Mientras algunos políticos continuaron negando la existencia de la "cuestión agraria" (De la Barra era uno de ellos todavía en 1916), y otros se aferraban a las soluciones liberales que con frecuencia agudizaban el problema a remediar; algunos miembros de la élite política, civil y educada tomaban nota de la agitación agraria popular y reconocían que se derivaba de problemas tangibles y no de un atraso innato, por lo que propusieron soluciones nuevas, radicales, para manejar la situación. Así, la reforma agraria oficial comenzó un viraje que la acercó a la reforma "extraoficial" iniciada ya desde 1910.

Mientras la opinión educada reaccionaba con lentitud (y la política oficial prácticamente no reaccionaba) a las demandas populares patentes en docenas de revueltas campesinas, la actitud del régimen frente a los trabajadores urbanos (que habían jugado un papel marginal en la violencia política de 1910-1913) fue más tolerante y reformista. Tal como los maderistas civiles (que no se habían enfrentado en el campo de batalla) recogieron los frutos en 1911, así también los obreros urbanos (sin participar en la lucha armada) obtuvieron logros durante el nuevo régimen. Esto se debió a que los trabajadores urbanos (o, al menos, sus sectores organizados) se mostraron capaces de operar dentro del nuevo orden constitucional. Los obreros urbanos votaron y se afiliaron a los partidos; por lo tanto, se procuró su apoyo político. Además, al tiempo que los trabajadores mostraban "una tendencia muy marcada para asociarse" los sindicatos nacientes mejoraban su organización, ventilaban sus demandas y obtenían logros ocasionales y limitados.[188] Así contaron con la aprobación y el aliento de Madero; el esfuerzo propio, la militancia política y la lucha por mejorar las condiciones a través de medios pacíficos y moderados, eran virtudes encomiables en el contexto de la nueva política, mientras que las apropiaciones de tierras, el bandidaje y la violencia eran vicios reprochables. A pesar de sus diferencias importantes y obvias, la clase media y la clase trabajadora de la ciudad compartieron intereses y una buena parte de ideología comunes; hasta cierto punto, pensaban y actuaban de manera similar, en contraste con el campesinado.[189]

La aportación de la clase trabajadora urbana al triunfo de la Revolución de 1910-1911 fue menor[190] pero, aun antes de la victoria de Madero, se hizo evidente el aumento de actividades entre los sindicatos que anticipaban concesiones ya fuera por el debilitado gobierno de Díaz o del posible nuevo régimen.

---

[187] Córdova, *Ideología*, p. 139; nótese la contribución de Cabrera en el debate del PCP sobre el asunto agrario; *Mexican Herald*, 31 de agosto de 1911.
[188] Véase de R. Sierra y Domínguez al Departamento del Trabajo, 13 de marzo de 1913, *Trabajo*, 31/3/7/22.
[189] Knight, "Working Class".
[190] Hohler, Ciudad de México, 30 de mayo de 1911, FO 371/1148, 23276.

Los estibadores de Puerto México se declararon en huelga en marzo; los operarios textiles de Orizaba (de quienes en vano se esperaba mucho en noviembre de 1910) hicieron estallar una huelga pacífica en abril; ese mismo mes, los trabajadores de los Ferrocarriles Unidos de Yucatán se lanzaron a la huelga, exigiendo mejores horarios y salarios, demandas que la compañía podía satisfacer sólo parcialmente.[191] Durante el verano de 1911, las apropiaciones de tierras y las revueltas campesinas ocasionaron un vacío de autoridad en el campo, a lo que se sumaron repetidas huelgas en las ciudades, los puertos y los campamentos mineros.[192] Todo parece indicar que los estados del norte y los puertos del Golfo fueron los más afectados; mientras, en el sur (Oaxaca) y en el occidente (Jalisco) el comercio no sufrió alteraciones.[193] La incidencia de huelgas se correlacionó en gran medida con el debilitamiento de la autoridad producido por la revolución y con la presencia de ciertos grupos ocupacionales que se hallaban a la vanguardia de la organización de la clase trabajadora: mineros y obreros de la fundición, ferrocarrileros y estibadores. En Coahuila, las minas de carbón (prorrevolucionarias en 1910 y muy sindicalizadas para los cánones de la época) se enfrentaron a paros en junio de 1911; Santa Eulalia y otras minas de menor importancia en Chihuahua, al igual que las minas potosinas de La Paz, Matehuala y Charcas, también se declararon en huelga; Mazapil (Zac.), Cananea (Son.) y los campamentos mineros de Aguascalientes, también se vieron afectados.[194] Lo mismo ocurrió con las fundiciones de Torreón, Wadley (S. L. P.), Monterrey y Aguascalientes. Además del ya mencionado incidente en Yucatán, hubo huelgas en la terminal del Tehuantepec National en Salina Cruz, en los talleres del ferrocarril en Aguascalientes (donde los obreros especializados mexicanos reparaban el equipo rodante) y entre los ferrocarrileros. Al parecer, los operarios textiles de Puebla permanecieron tranquilos. Los estibadores rivalizaron con los mineros en número de huelgas: Tampico y Veracruz fueron centro de protesta sindical y su ejemplo se extendió hasta Frontera (aunque no surgió sino una repetición "insignificante" de paros a lo largo de la costa del Golfo) y, una vez más, Puerto México. Al igual que el incidente de Frontera, la huelga de los estibadores en la estación de ferrocarriles en Manzanillo, en la costa occidental, fue atribuida al efecto en cadena de las huelgas en otros sitios; pronto estibadores de Acapulco se unieron a la acción.[195] Al parecer, los obreros en las fábricas no

---

[191] Representante del consulado de los Estados Unidos, Puerto México, s. f., agosto de 1911 y otros reportes reunidos bajo SD 812.00/2346; Canada, Veracruz, 6 de abril de 1911, Young, Progreso, 4 de septiembre de 1911, SD 812.00/1228, 2402; Pierce, Mérida, 1º de mayo de 1911, FO 371/1147, 20161.

[192] Bany Carr, *El movimiento obrero y la política en México, 1910-1929*, 2 vols., México, 1976, I, p. 66.

[193] Cotejado con SD 812.00/2346 y otros informes citados.

[194] Ellsworth, Ciudad Porfirio Díaz, 30 de noviembre de 1910, 30 de junio y 15 de diciembre de 1911, SD 812.00/534, 2196, 2638, la última fuente hace notar el grado de sindicalización en las minas de carbón coahuilenses.

[195] De SD 812.00/2346 *passim*; Gill, "Los Escudero".

estuvieron particularmente activos durante la efervescencia huelguística en el verano de 1911; además de Orizaba, estallaron huelgas en algunas industrias de Chihuahua, en una fábrica de clavos potosina, en las plantas de jabón y de hule en Torreón. Sin embargo, parte importante de la industria permaneció en una calma relativa. Llaman la atención otros dos grupos urbanos: los trabajadores de servicios públicos y los artesanos (clasificados así ante la falta de un término más adecuado). Los operarios de tranvías hicieron estallar la huelga en las ciudades de Chihuahua (donde también resultó afectada la compañía de teléfonos) y México; los electricistas se declararon en huelga en Torreón. Los panaderos se negaron a hornear pan en la Ciudad de México y en Mazatlán; en este último lugar se sumaron los zapateros, peluqueros y dependientes de comercios. Ese mismo año, los carpinteros y albañiles de Torreón se destacaron entre los 2 000 trabajadores que declararon la huelga para obtener jornadas laborales de ocho horas.[196]

Las huelgas acapararon la atención durante el verano de 1911, coincidieron con el descontento general y fueron consideradas como parte del amplio debilitamiento de la autoridad, y del rápido incremento de las pretensiones populares. Los mineros de Concepción del Oro desplegaron una "conducta inconforme e impertinente"; en Torreón, las huelgas estallaron de manera simultánea a la demostración de síntomas de evidente insolencia popular; en Durango, en julio, se observó que estallaron "más huelgas en los últimos dos meses que en toda la historia del distrito".[197] La concentración de la actividad huelguística fue interpretada acertadamente como una respuesta a la relajación de la autoridad; a veces dependió incluso de la connivencia deliberada de las nuevas autoridades, vacilantes en busca del apoyo de la clase trabajadora. En otras palabras, las huelgas fueron un producto de la Revolución, y no viceversa. Los huelguistas aprovecharon circunstancias que no habían propiciado, excepción hecha de los grupos que dieron apoyo proletario a los antirreeleccionistas (y esto, en el mejor de los casos, representaba una contribución indirecta), o en los ejemplos, aún más escasos, de aquellos trabajadores que se habían unido en contra de Díaz. La lucha en la Mazapil Co., por ejemplo, respondió a antiguas demandas económicas; esta y otras huelgas en la región "no hubieran sucedido sin la condición de descontento político" prevaleciente.[198] Con frecuencia se observó que las autoridades se rehusaban a actuar con dureza y que evitaban seguir los lineamientos del Porfiriato, bien fuera porque temían a la resistencia de los trabajadores (como en Cananea) o porque estaban demasiado ocupadas procurando ganarse el voto de la clase trabajadora (como en Tampico, Chihuahua y Torreón).[199]

---

[196] SD 812.00/2346; Ross, *Madero*, p. 182; Múgica en DDCC, II, pp. 854-855; Ellsworth, Ciudad Porfirio Díaz, 15 de noviembre de 1911, SD 812.00/2508.
[197] Voetter, Saltillo, 14 de mayo; Hamm, Durango, 30 de julio de 1911, SD 812.00/1855, 2265.
[198] Voetter, Saltillo, 12 de agosto de 1911, SD 812.00/2346.
[199] Dye, Nogales, 15 de agosto de 1911, SD 812.00/2307; Tampico, Chihuahua, Torreón, informes en SD 812.00/2346.

Después de una rápida sucesión de huelgas en el verano de 1911, la situación se tornó más tranquila. El declinar de la actividad huelguística se derivó tanto de factores internos como externos al propio movimiento laboral. La militancia de mediados de 1911 tendió a debilitarse dentro de los sindicatos jóvenes, débiles e inexpertos. Esta militancia era, hasta cierto punto, el equivalente industrial del optimismo político de la época, el cual pronto cedió frente a una actitud más realista —incluso pesimista—. Conforme a ciertos relatos (no del todo confiables), un espíritu caballeroso caracterizó el manejo de las huelgas: porque la represión había disminuido; porque había estallado alguna huelga en un puerto cercano, o porque las huelgas estaban de moda. Algunas demandas de los trabajadores se consideraron "triviales, más una evidencia de ejercer un nuevo privilegio que de ganar ventajas particulares".[200] Sin duda, estas observaciones van demasiado lejos aunque, tal vez, encierran algo de verdad en lo que se refiere al deseo de los trabajadores de probar su fuerza en las condiciones, nuevas e inciertas, que siguieron a la caída de Díaz, y de hacerlo de manera optimista y experimental. No obstante, rara vez el resultado fue favorable y a menudo desembocó en la desilusión. En Aguascalientes, por ejemplo, "... las huelgas que hemos tenido aquí sólo parecen desacreditar al partido revolucionario ya que en la mayoría de las huelgas, los huelguistas han ganado muy poco y los pobres han descubierto que los revolucionarios no son dioses... En la mayoría de los casos, los huelguistas apelaron a las autoridades en busca de ayuda. Las autoridades usaron toda su influencia para solucionar los problemas, pero no lograron mucho a la hora de satisfacer las demandas de los huelguistas".[201] En las ciudades donde los huelguistas lograban ver satisfechos algunos de sus reclamos, los paros eran breves y la mayoría de las disputas "se solucionaban a satisfacción de todas las partes involucradas" y rápidamente se retornaba al trabajo.[202] Al igual que en la esfera política, la libertad y la leve euforia de principios del verano cedían ante las evaluaciones más realistas de la situación, y surgía así la necesidad de una organización sólida y paciente, si es que se deseaba aumentar o consolidar los logros. La organización sindical todavía se encontraba en embrión, el número de sus miembros era reducido y los fondos prácticamente inexistentes. Todavía rondaba el espectro del desempleo y hay evidencias de que el invierno desalentaba la militancia, especialmente en los fríos campamentos mineros del norte. En Cananea, por ejemplo, el invierno era un vehículo para la paz industrial, cuya duración se extendía en espera de un "clima más cálido"; de esta manera, el ciclo de las estaciones actuaba sobre el descontento campesino y obrero conforme a un ritmo diametralmente opuesto (aunque los imperativos eran menos categóricos en el caso de los trabajadores urbanos, en particular de aquellos que se encontraban en las tierras bajas costeras).[203]

[200] Informe de Chihuahua en SD 812.00/2346.
[201] Informe de Aguascalientes en SD 812.00/2346.
[202] Informe de Torreón en SD 812.00/2346.
[203] Simpich, Cananea, 16 de diciembre de 1912, SD 812.00/5746.

La militancia también se vio afectada por factores externos, especialmente por la renovación de la autoridad política que trajo consigo el interinato y la toma de posesión de Madero como presidente. Aunque las huelgas continuaron durante 1911-1912 —los mineros de Cananea, los operarios textiles de Orizaba, los ferrocarrileros—, éstas se tornaron más esporádicas y las autoridades se sintieron menos inseguras. Por lo tanto, la amenaza —y ocasionalmente el uso— de la represión fue más frecuente. Durante el interinato hubo episodios sangrientos al recurrir al ejército para sofocar el movimiento de los trabajadores de tranvías en la Ciudad de México y de los mineros en El Oro; las tropas abrieron fuego en contra de los trabajadores textiles en la capital y en Querétaro, y fueron enviadas para apaciguar a los conflictivos mineros de los yacimientos de carbón en Coahuila, donde las autoridades (maderistas) ordenaron la detención de líderes sindicales.[204] Durante ese mismo año, ya con Madero en el Palacio Nacional, las tropas se concentraron en los pueblos de La Laguna durante una huelga masiva que abarcó a 10000 trabajadores aproximadamente; se movilizaron destacamentos del ejército para aplacar a los trabajadores de Cananea en noviembre de 1911, y de nuevo en febrero y en diciembre de 1912. Mientras tanto, los empresarios de la industria textil en Puebla conservaron la costumbre de llamar a los rurales cuando temían conflictos laborales.[205] Es evidente que el envío de tropas *per se* no era siniestro ni represivo, incluso desde la óptica de los trabajadores, porque las huelgas producían una violencia que hasta los radicales, como Francisco Múgica, deploraban; era frecuente que la *canaille* urbana —no los obreros— fuera la responsable de dicha violencia. En noviembre de 1911, durante la gran huelga de Torreón, circularon rumores acerca de "miles de peones y mujeres que acuden de las rancherías con canastas, sarapes y otras cosas para transportar el botín de los pillajes" que se anunciaban.[206] Para la turba (socialmente distinta de los trabajadores organizados), las huelgas, así como la Revolución de 1910-1911, evocaban imágenes de pillaje. Sin embargo, el envío de tropas, especialmente cuando coincidía con la detención de "dirigentes huelguistas" (como en las minas de Coahuila) o de "agitadores" (entre los ferrocarrileros de Manzanillo), olía a práctica porfirista y creaba otro odioso paralelo entre el viejo y el nuevo régimen; similitud que los radicales podían aceptar y que Madero —a pesar de su evidente deferencia hacia los obreros urbanos— no podía negar del todo.[207]

[204] Carr, *Movimiento obrero*, I, p. 67; Ramón Eduardo Ruiz, *Labor and the Ambivalent Revolutionaries: Mexico 1911-1923*, Baltimore, 1976, p. 27; Ellsworth, Ciudad Porfirio Díaz, 10 de agosto de 1911, SD 812.00/2346, aunque Urquizo, *Páginas*, pp. 11-13, sugiere que no sucedió mucho en las minas de carbón.

[205] Dye, Nogales, 16 de febrero; Simpich, Cananea, 20 de diciembre de 1912, SD 812.00/2883, 5740; propietario de El León, Atlixco, al departamento del Trabajo, 8 de agosto de 1912, *Trabajo*, 31/2/9/9.

[206] Múgica en DDCC, II, pp. 854-855; Carothers, Torreón, 17 de noviembre de 1911, y sobre la huelga misma, Hamm, Durango, 27 de noviembre de 1911, SD 812.00/2552, 2586.

[207] Kirk, Manzanillo, 19 de marzo de 1912, SD 812.00/3361; *El socialista*, 16 de enero de 1913, denuncia la represión maderista en Cananea, Río Blanco y otras partes.

Con respecto a los objetivos, la organización y los métodos de la agitación laboral del movimiento de 1911-1913, es válido afirmar que éstos fueron "económicos" y apolíticos en términos generales. Los sindicatos mexicanos en gestación siguieron los cánones clásicos descritos por Lenin: adquirieron "conciencia sindical" y lucharon por logros económicos, sin representar una amenaza seria de carácter ideológico o político frente al régimen. Es por eso que a menudo era más fácil satisfacer que reprimir a este sector (a diferencia del campesinado).[208] Pero cabe señalar que los objetivos "económicos" no fueron un problema fácil de resolver en el contexto de 1911-1913. Los patrones resistieron de manera tajante cualquier intento de sindicalización, así como las exigencias de reconocimiento sindical; se negaron a satisfacer demandas específicas por mejores salarios, horarios y condiciones, ya que consideraban que estas peticiones eran francas transgresiones a las prerrogativas empresariales. Lucharon por mantener un rígido "paternalismo" que caracterizó a numerosas industrias.[209]

Mientras muchas disputas —probablemente la mayoría— se centraron en los salarios y las condiciones laborales, un número significativo se derivó de la intransigencia empresarial y adoptó la forma del cierre forzoso en lugar de la huelga. Éste fue el caso de la industria textil (que repitió las pautas observadas en 1906). Cuando los trabajadores de la fábrica de Santa Rosalía en Tepeji del Río (Hgo.) pidieron medio día para celebrar la fiesta de San Juan, el administrador cerró las instalaciones durante una semana "por no ser posible trabajar sin disciplina"; consideraba que, después de una semana, los trabajadores retornarían sin un céntimo y debidamente tranquilizados.[210] Una petición similar formularon los trabajadores de una fábrica en Puebla (ahora para la celebración del mártir revolucionario de la entidad, Aquiles Serdán) y recibieron un trato semejante, sólo que en este caso, el administrador, después de cerrar la planta durante ocho días, sólo recontrató a los empleados que consideraba eficaces (no a los "agitadores").[211] Cuando los operarios de La Concepción (en Atencingo, Pue.) se declararon en huelga para protestar por el castigo corporal que, al parecer, había recibido un trabajador, la compañía cerró el molino durante un periodo indefinido, "mientras que no sea el debido orden".[212] En asuntos importantes o banales, los administradores defendieron celosamente sus prerrogativas en contra de los atrevimientos sindicales: en La Trinidad (Tlax.) prohibieron alimentos y cigarros en el interior de la fábrica; en los talleres ferrocarrileros de Aguascalientes destituyeron a un empleado por sus actividades en la organización de un sindicato; en el molino textil de Río Hondo (D. F.), exhortaron a los ope-

---

[208] Lenin, *What is to be done?*, pp. 54 y ss.; Huntington, *Political Order*, pp. 298-299.
[209] Véanse pp. 159-161.
[210] De A. Ramos Pedrueza al Departamento del Trabajo, 24 de junio de 1912, *Trabajo*, 31/2/8/19.
[211] De M. Casas al Departamento del Trabajo, 27 de noviembre de 1913, *Trabajo*, 31/3/7/20.
[212] De A. Díaz Rubín a A. Ramos Pedrueza, 11 de julio de 1912, *Trabajo*, 31/2/8/30.

rarios a desconocer al nuevo representante del Departamento del Trabajo, declarando que "para que en su casa no rigieran más órdenes que las suyas".[213] En defensa de sus prerrogativas, las industrias estaban dispuestas a realizar cierres, ignorar las órdenes del gobierno y traicionar acuerdos previos realizados con dirigentes laborales.[214]

Éstas eran las barreras del "paternalismo" que aun las demandas más modestas tenían que vencer. En general, dichos obstáculos eran más fuertes en la industria textil que en las grandes corporaciones angloamericanas. Pero el clima de las relaciones laborales en toda la industria era tal que aun las exigencias económicas más cautas (las más frecuentes en 1911-1913) parecían atrevidas, incluso radicales, en comparación con las del pasado. Salarios y horas de trabajo eran cuestiones decisivas en la fundición de Monterrey, en la estación de ferrocarriles de Salina Cruz, en las minas de Cananea y en los muelles de Puerto México; los estibadores de Frontera obtuvieron aumento salarial después de un día de paro; la gran huelga en La Laguna fue causada por la demanda de jornadas laborales de ocho horas; por su parte, los ferrocarrileros de Yucatán obtuvieron jornadas de nueve en vez de 10 horas.[215] Esta concentración en los problemas salariales y de horarios no significaba que los trabajadores urbanos fueran apolíticos; por el contrario, se afiliaban a partidos y participaban en las elecciones y, en algunos casos, como en Tampico jugaron un papel definitivo dentro de la nueva política. Pero los obreros no recurrían a la huelga (ni a otras formas de "acción directa") para obtener logros políticos, para derrocar a un gobierno o fomentar la revolución. Las huelgas no eran revolucionarias. El recurso se aplicaba para obtener mejoras graduales, de manera evolutiva; por otra parte, un incentivo adicional durante el periodo de Madero fue la inflación que actuó en detrimento del salario real y que obligó a los trabajadores a instrumentar acciones defensivas. A menudo, las huelgas estallaron con el fin de mantener los estándares amenazados, más que encaminarse a la conquista de nuevos beneficios. Y si las luchas "económicas" y "políticas" llegaban a mezclarse, el predominio era de las primeras. En otras palabras, sólo en raras ocasiones la huelga era usada como arma política; en cambio, la actividad política servía a veces para fines económicos de manera pragmática y calculadora.[216]

En algunas instancias se manifestaron objetivos más específicos, especialmente en los sindicatos que contaban con una mejor organización. Los ferrocarrileros continuaron su campaña en contra del dominio norteamericano

---

[213] De R. Pérez Jiménez a A. Esteva, 16 de enero de 1914, *Trabajo*, 31/2/1/23.
[214] Véanse pp. 437-439.
[215] Hohler, Ciudad de México, 16 de noviembre de 1911, FO 371/1149, 47550; SD 812.00/2346 *passim;* al igual que con la huelga de 1912 de los maquinistas de Ferrocarriles Mexicanos: Schuyler, Ciudad de México, 27 de diciembre de 1912, SD 812.00/5774.
[216] Algunos pueden cavilar sobre la diferencia "económica"-"política". Yo sigo el uso convencional —de entonces y de ahora— pero reconocería que es potencialmente problemático (*e. g.*, en cierto sentido todas las huelgas son "políticas").

en los trabajos especializados; se organizaron "hasta lograr la mexicanización de los Ferrocarriles Nacionales, cuyo fin debe ser el ideal de todo patriota".[217] Debido a que la política de nacionalización —iniciada por Díaz— se continuó durante el periodo maderista, en ese momento el turno para protestar fue de los empleados norteamericanos en los ferrocarriles. Se declararon en huelga y, en abril de 1912, renunciaron a sus empleos. Esto no frenó la marcha de los ferrocarriles; los trabajadores mexicanos sustituyeron a los huelguistas norteamericanos; así se logró, en gran medida, la mexicanización de la fuerza de trabajo.[218] La nacionalización también fue una demanda frecuente en Cananea; a esta exigencia se aunaron solicitudes de reconocimiento sindical y la terminación del sistema de bonos de la empresa; en los muelles de Tampico, como se ha señalado, el control del trabajo por parte de contratistas de mano de obra fue un estímulo específico para la organización de la clase trabajadora en el puerto. Estos tres casos estaban teñidos por un cierto sentimiento "antiextranjero" que se dirigió en contra de capataces y obreros especializados de origen norteamericano, sobre todo en los ferrocarriles y en Cananea; y en contra de los extranjeros que acaparaban la contratación de mano de obra (sin mencionar a los trabajadores antillanos). Pero lejos de tipificar una "xenofobia" o un sentimiento antinorteamericano en general, en realidad estos casos eran poco usuales y contrastaban con el panorama del resto del país. Empresas de todas las nacionalidades sufrieron huelgas en el curso de 1911-1913: minas norteamericanas (Cananea), fundiciones británicas (Wadley), fábricas francesas (Orizaba), así como numerosas industrias cuyos propietarios o administradores eran mexicanos o españoles. Cabe subrayar que la cuestión de la propiedad extranjera rara vez fue causa de conflicto; salvo en los casos mencionados (cuyos problemas surgieron principalmente al *interior* de la fuerza de trabajo misma, y no en contra de la propiedad extranjera *per se*) el nacionalismo económico popular no figuró ni en el pensamiento ni en la acción de la clase trabajadora. En Chihuahua, por ejemplo, "la cuestión de la nacionalidad... no parece figurar entre las demandas de los huelguistas"; en Torreón, también centro de muchas empresas extranjeras, los huelguistas asistieron *en masse* a manifestaciones "en favor de los extranjeros", ante la presencia agradecida del cónsul norteamericano.[219]

Más aún, hubo empresas en donde prevalecieron las relaciones clientelistas y los trabajadores, deseosos de conservar empleos relativamente bien pagados en el sector de exportación, dedicaron pocos esfuerzos a la huelga y cooperaron para que las industrias pudieran sortear tiempos difíciles. En Nacozari, cerca de Cananea, donde la administración de las minas decidió sustituir los taladros mecánicos por manuales para sostener una elevada

---

[217] De M. Villarreal y otros (todos ellos ferrocarrileros) a Madero, 24 de junio de 1911, AFM, r. 20.
[218] Wilson, Ciudad de México, 20 de febrero de 1912, SD 812.00/2889, cita a E. N. Brown; Ruiz, *Labor*, p. 28.
[219] Informes de Chihuahua y Torreón, SD 812.00/2346.

cuota de empleos, "el sentimiento entre la gente en estos tiempos [abril de 1912] es contrario a cualquier revolución, ya que desea contar con la oportunidad de conservar su empleo".[220] De manera similar, en la American Smelters Securities Co., en Velardeña (Dgo.), los trabajadores maldijeron a los bandidos (posiblemente orozquistas) cuyas depredaciones en la región eran señal de que la empresa pagaría con vales en vez de dinero en efectivo: "la gente estaba muy enojada con los bandidos pues dice que son la causa de que nos paguen con boletas... no hay rumores en contra de la empresa", ya que esta industria era la única fuente de empleo y subsistencia.[221] En Parral, donde el levantamiento de Orozco había obligado al cierre de muchas empresas (especialmente de las pequeñas), continuó en operaciones el Ferrocarril de Parral y Durango, pero estuvo obligado a pagar mediante notas de crédito ante la escasez de moneda; sin embargo, "todos los trabajadores, sin excepción, acordaron permanecer en sus puestos".[222] Cabe contrastar estos despliegues de clientelismo entre la clase trabajadora con los casos menos frecuentes, pero más difundidos, de "xenofobia"; casos que, al ser analizados más detenidamente, a menudo demuestran las exageraciones tejidas a su alrededor y que se vinculan más con acontecimientos político-diplomáticos que con demandas económicas.

Debido a que el principal objetivo de la mayoría de los trabajadores urbanos era conservar sus empleos y, en lo posible, obtener logros económicos modestos, este sector generalmente se mostró hostil hacia la violencia política que amenazaba con desequilibrar la economía y arrojarlo a las filas de los desempleados. No sólo fueron renuentes a la rebelión armada sino que, además, apoyaron al gobierno constituido y desplegaron cierta docilidad y clientelismo que se tornaron evidentes en sus relaciones con ciertos patrones. Para el trabajador urbano, la filiación a facciones políticas específicas (evidente por ejemplo en Tampico) se sumaba a una adhesión más general y "suprafaccional" al régimen, cualquiera que éste fuera, ya que era tarea del gobierno mantener la paz, la estabilidad económica y el elevado índice de empleo, *desiderata* principal de los trabajadores. Es obvio que había preferencias por algunos regímenes; no obstante, era una percepción generalizada que los trabajadores urbanos de México, al igual que los obreros industriales de Italia, "apoyaban al gobierno por definición".[223] A menudo, los grupos de trabajadores organizaron manifestaciones en apoyo al régimen, en frecuente alianza con elementos de la clase media urbana. Los intereses de la ciudad se unieron en un frente común en oposición a la rebelión rural; las identidades

---

[220] De J. Douglas, Phelps Dodge Co., a Taft, 8 de abril de 1912, SD 812.00/3562.

[221] De R. Adams, Velardeña, a gerente general de la ASS Co., El Paso, 15 de marzo de 1912, SD 812.00/3421.

[222] De F. E. Gill, Compañía de Ferrocarriles de Parral y Durango, a Knox, 23 de abril de 1912, SD 812.00/3706.

[223] Roland Sarti, *Fascism and the Industrial Leadership in Italy, 1910-1940*, Berkeley, 1971, p. 40.

de intereses materiales se conjugaron en una afinidad cultural más amplia.²²⁴ Este fenómeno fue particularmente visible durante las semanas críticas de marzo de 1912, cuando la rebelión de Orozco amenazó con hundir al país en una nueva guerra civil. En Saltillo, 2000 hombres, entre los que se incluía a "los trabajadores de diversas empresas industriales", marcharon frente al palacio de gobierno en una ordenada manifestación de lealtad. Al mismo tiempo, Monterrey presenció una "manifestación patriota... de comerciantes y trabajadores en apoyo al gobierno"; las pancartas hacían llamados a la "paz, la prosperidad y el patriotismo". Por su parte, los manifestantes en la Ciudad de México se identificaron bajo el lema de "los trabajadores están con el supremo gobierno"; y los representantes de los trabajadores de la capital fueron enviados a los Estados Unidos para negociar con Vázquez Gómez, en calidad de "delegados de la paz".²²⁵ Incluso en Chihuahua misma, cuando la revuelta orozquista cobraba mayor fuerza, los trabajadores de la capital del estado mostraron poco entusiasmo revolucionario por los serranos y la gente del campo; se decía que "había un fuerte sentimiento entre los trabajadores a favor del gobierno establecido o, mejor dicho, en favor de cualquier gobierno establecido y en contra de los gobiernos irregulares surgidos de la revolución".²²⁶

A estas manifestaciones políticas se sumaron los síntomas de un nuevo e interesante desarrollo: el reclutamiento de trabajadores urbanos en formaciones militares para la defensa del régimen. Los mineros de los yacimientos de carbón de Coahuila —militantes en el campo de las reivindicaciones económicas— estaban dispuestos a luchar en apoyo al régimen de Madero; los artesanos de Valle de Santiago (Gto.) integraron fuerzas de vigilancia del orden público, aunque sus efectos fueron menores.²²⁷ En junio de 1911, Madero recibió el ofrecimiento de un "batallón o regimiento de ferrocarrileros" que, según se decía, resultaría valiosísimo para el sostenimiento del nuevo régimen y eliminaría los problemas que Díaz había enfrentado en 1910-1911 ante la falta de cooperación de los trabajadores del ferrocarril.²²⁸ En marzo de 1912, este plan (de Limantour originalmente) se tradujo en hechos con la formación de un cuerpo voluntario de ferrocarrileros.²²⁹ Surgieron numerosos ofrecimientos similares, aunque pocos se llevaron a la práctica. Al mismo tiempo, a fines de 1911, cuando aumentaron los temores ante las posibles conjuras reyistas, 50 trabajadores de Cananea ofrecieron sus servicios al

---

²²⁴ Véanse pp. 149-152, 169 y 391-392.

²²⁵ Holland, Saltillo, 19 de marzo; Hanna, Monterrey, 22 de marzo de 1912, SD 812.00/3364, 3381; Casasola, *Historia gráfica*, I, pp. 456-457; *New York Times*, 29 de marzo de 1912; y Hanna, Monterrey, recibido el 24 de julio; Holland, Saltillo, 21 de junio de 1912, SD 812.00/4482, 4300.

²²⁶ Letcher, Chihuahua, 6 de mayo de 1912; Hostetter, Hermosillo, 29 de abril de 1912, SD 812.00/3884, 3839.

²²⁷ En el primer caso, los funcionarios maderistas enfatizaron que la rebelión traería consigo la clausura de minas y el desempleo, mientras que el apoyo al régimen protegería los empleos; Ellsworth, Ciudad Porfirio Díaz, 18 de marzo de 1912, SD 812.00/3341 y véanse pp. 392 y 437-439.

²²⁸ De J. Gutiérrez a Madero, 12 de junio de 1911, AFM, r. 20.

²²⁹ *Ibid.*, Casasola, *Historia gráfica*, I, p. 549.

gobierno.²³⁰ En 1912, Ángel Flores (un estibador de Mazatlán y, posteriormente, general revolucionario) se ofreció para combatir el bandidaje en Sinaloa, junto con 80 compañeros; los mineros de Etzatlán (Jal.) también ofrecieron vigilar su distrito.²³¹ La participación tardía, y hasta cierto punto tentativa, de los trabajadores urbanos en la lucha armada surgió no de manera "espontánea" ni autónoma, como en el caso de los movimientos populares en el campo, sino en forma de reclutamiento oficial, bajo la égida del gobierno establecido y con la intención de pacificar, en lugar de subvertir. El apoyo al gobierno significaba paz y estabilidad, objetivos que buscaban los trabajadores; pero además representaba poder político, meta cultivada por los dirigentes obreros (tanto como los candidatos aspirantes, como Braniff) y que se ofrecía a cambio de lealtad, apoyo y servicios prestados. Éstos podían ser políticos (manifestaciones y delegaciones) o militares. En cualquier instancia, representaron el compromiso de la clase trabajadora con el "centro". Así, el periodo de Madero presenció la evolución gradual de una alianza —desigual— entre el gobierno cimentado en la ciudad y el movimiento laboral, también de carácter urbano; la distensión política e incluso la colaboración militar, avanzaron por caminos distintos al curso de la lucha por el reconocimiento sindical y los logros económicos. Años más tarde, tanto la distensión como la colaboración llegarían más lejos y con mayor rapidez.

La moderación y el clientelismo reflejaron la debilidad inherente al movimiento obrero. En una sociedad predominantemente rural, los trabajadores urbanos formaban una minoría dividida. La organización de los trabajadores se limitaba a sociedades mutualistas y eran escasos los sindicatos combativos; más aún, el mutualismo, frecuentemente ignorado, fue característico del movimiento obrero durante el periodo revolucionario. Coahuila, por ejemplo, contaba con 67 sociedades mutualistas, 20 de ellas en Saltillo y el resto en diferentes pueblos por todo el estado; tan sólo en Monterrey había 34.²³² En las llamadas cunas del radicalismo como Cananea, las sociedades mutualistas fueron una forma relativamente estable y consistente de organización, sirvieron de cimiento a grupos más inestables y partidistas cuyas huelgas y proselitismo acapararon la atención de la prensa.²³³ Todas las asociaciones proletarias, no importa cuáles fueran sus características, operaban en desventaja. Durante el Porfiriato, se sacrificó el desarrollo de las agrupaciones obreras en beneficio del crecimiento del país, de suerte que el liderazgo y la experiencia eran escasos; esto explica, en el panorama nacional, el papel desproporcionado de los activistas extranjeros, especialmente de aquellos de

---

²³⁰ De M. Carreño a Madero, 27 de noviembre de 1911, AG.
²³¹ De A. Flores *et al.* a Gobernación, 17 de febrero de 1912, AG 14, "Relaciones con los Estados".
²³² Véase la lista en *Trabajo*, 30/3/10/11, fechado en enero y abril de 1913.
²³³ De S. Rivas a la Cámara de Diputados, Hermosillo, 27 de septiembre de 1919, *Trabajo*, 34/2/8/2, referente a la Sociedad Mutua de Obreros Aquiles Serdán (Cananea), fundada en junio de 1911 con un capital de 38 pesos, ahora ostentando 2 500 pesos, 1 400 miembros, una escuela y una biblioteca de 183 volúmenes.

origen español como Eloy Armenta, Pedro Junco y Amadeo Ferrés, entre otros.[234] En la provincia, el liderazgo se había desarrollado localmente y tanto los miembros afiliados como los recursos eran escasos. Mientras las minas y puertos más grandes dieron origen a la creación de sindicatos fuertes, los centros comerciales e industriales de menor importancia permanecieron aislados y vulnerables al dominio de patrones autoritarios o de la élite empresarial —como en el caso de los comerciantes españoles en Acapulco—. En lo que respecta al proletariado clásico —los operarios de fábricas en la Ciudad de México, Orizaba, Puebla y comunidades industriales menores—, éste constituyó una minoría dentro de la clase trabajadora urbana y sufrió desventajas específicas. Además, un elevado índice de esta fuerza de trabajo estaba integrado por mujeres (como en el caso de las fábricas de cigarros de la Ciudad de México), quienes se mostraron menos partidarias de la sindicalización; en la industria textil (la mayor concentración de trabajo proletario), por otra parte, los administradores solucionaron los excedentes de producción mediante cierres, recurso que ofrecía la ventaja adicional de sofocar movimientos sindicales. Más aún, las condiciones generales del mercado de trabajo colocaron a los empresarios en una posición muy ventajosa frente a sus empleados. Las estrategias para romper huelgas o dejar que éstas languidecieran fueron numerosas: en Manzanillo, por ejemplo, se enviaron ferrocarrileros para romper la huelga en los muelles; cuando los enganchadores norteamericanos que contrataban trabajadores en Acapulco se enfrentaron a las demandas salariales, simplemente se mudaron a otro punto de la costa para obtener así su cuota de "carne" para los cafetales de Centroamérica.[235] Algunas maniobras empresariales rayaron en el cinismo: durante la huelga de ferrocarrileros en Aguascalientes, por ejemplo, los patrones amenazaron con reinstalar al personal norteamericano que había renunciado en fechas recientes.[236] En Veracruz, durante los días difíciles de julio de 1911, la Cámara de Comercio, de acuerdo con el comandante militar y el jefe político, concedió un jugoso aumento salarial (entre 50 y 100%), "tomó estas medidas considerando las demandas anteriores y con el fin de reducir las exigencias de los trabajadores". Al parecer, esta estrategia funcionó.[237]

Cabe subrayar que, para el análisis de ejemplos más conocidos de desarrollo ideológico y militancia práctica (estudio indispensable), es necesario tener presente que dichos casos son excepcionales dentro de un movimiento obrero débil, desorganizado y fragmentario. En ese análisis, cuatro aspectos llaman la atención: primero, las organizaciones laborales nacionales (o que en el futuro abarcarían a todo el país); después, tres concentraciones geográ-

---

[234] Carr, *Movimiento obrero*, I, p. 108; Ruiz, *Great Rebellion*, pp. 269-270. Juan Moncaleano en ocasiones es considerado español y, en otras, colombiano.

[235] Stadden, Manzanillo, 7 de agosto de 1911, SD 812.00/2346; Gill, "Los Escudero".

[236] Del gobernador Fuentes a Bonilla, 1º de enero de 1913, *Trabajo*, 31/2/8/1.

[237] Nunn, Veracruz, 14 de julio de 1911, FO 371/1148, 30406; de A. Ramos Pedrueza, informe, s. f., y W. Morcon a Juan Cortés, 12 de diciembre de 1913, *Trabajo*, 31/2/8/27.

EL RÉGIMEN DE MADERO. EL EXPERIMENTO LIBERAL 589

ficas de poder proletario: Orizaba y la industria textil, de manera más general; Torreón, que presenció algunas huelgas importantes, y Cananea. Orizaba y Cananea merecen mención especial, ya que han sido consideradas como contribuciones importantes a la Revolución, tanto en su fase precursora como durante los años que siguieron.

Gracias al clima de libertad propiciado por el régimen de Madero, los sindicatos comenzaron a integrar asociaciones regionales y nacionales. Ya en julio de 1911, en las minas de carbón de Coahuila, se formó el núcleo de la Unión Minera Mexicana que en 1912 contaba con 16 afiliados. Los trabajadores de Torreón establecieron la Confederación del Trabajo; los operarios de la industria textil integraron el Comité Central de Obreros; los panaderos de Veracruz, por su parte, fundaron la Confederación de Sindicatos Obreros que se extendió por todo el país.[238] Asimismo, la mayor libertad de prensa permitió la publicación de numerosos periódicos obreros, algunos de los cuales se mostraron abiertamente críticos al gobierno. Sin embargo, la organización laboral más importante durante el periodo de Madero fue, sin duda, la Casa del Obrero Mundial, establecida en septiembre de 1912. La Casa se gestó en el seno de un grupo anarquista de la Ciudad de México que contaba con el apoyo de sastres e impresores de la capital; se caracterizó por su dirigencia cosmopolita, su amañada ideología que recordaba al anarcosindicalismo europeo y su énfasis en los principios de autogestión, educación e ilustración que siempre habían atraído a los artesanos mejor acomodados. Entre sus objetivos se incluía la difusión de estos principios y, en lo que se refiere a organización, pretendía abarcar a todos los movimientos laborales del país.[239] En 1913 ya había logrado la coordinación de una parte de los trabajadores de la Ciudad de México, y su intervención en más de 70 huelgas había sido importante. Quizá su rasgo fundamental fue convertirse en foro y centro de capacitación de una generación de líderes, polemistas y agitadores laborales. Sin embargo, al fomentar huelgas y promover la lucha de clases, se opuso a los principios maderistas de armonía y conciliación industrial. Por esta razón, la Casa del Obrero Mundial y el Departamento del Trabajo pronto se enfrascaron en una lucha por ganarse a los trabajadores; el periódico oficial *Nueva Era* respondió en términos similares a los usados en la prensa de la Casa del Obrero Mundial. Sin embargo, la libertad no era absoluta y, en el verano de 1912, el gobierno había detenido a varios dirigentes anarquistas y deportado a Juan Francisco Moncaleano, uno de los radicales más importantes en la Ciudad de México.[240] La Casa misma parece haber sobrevivido (las fuentes

[238] Carr, *Movimiento obrero*, I, p. 61; Ruiz, *Labor*, p. 28.
[239] Carr, *Movimiento obrero*, I, pp. 62-63 y 73, cita a García Cantú en relación con la vacía ideología de la Casa; y del mismo autor, "Casa del Obrero Mundial".
[240] *El Socialista*, 20 de julio de 1912, sobre el arresto de Luis Méndez; Carr, *Movimiento obrero*, I, p. 63, e *ibid.*, p. 70, que sugiere que la Casa sobrevivió a estas medidas enérgicas; *cf.* Ruiz, *Labor*, p. 37, quien apoya a Rosendo Salazar aseverando que Madero cerró la Casa; Cumberland, *Genesis*, y Ross, *Madero*, no mencionan esto.

son extrañamente contradictorias a este respecto); pero es claro que, en vista de la incompatibilidad de la política laboral del gobierno con la filosofía de la Casa, las relaciones entre ambos se deterioraron durante su breve coexistencia. Fue responsabilidad de los regímenes posteriores decidir cómo habrían de enfrentar el creciente desafío de la Casa, bien fuera mediante la competencia pacífica, la cooptación o las medidas represivas.

En Orizaba, escenario de la reyerta de 1907, la presencia militar desalentó cualquier impulso revolucionario en 1910-1911. Pero a fines de abril de 1911, a principios de 1912 y de nuevo en el verano de ese año, las fábricas textiles se enfrentaron a paros y huelgas en la medida en que aumentó la sindicalización; un observador afirmó que esa historia era la de "una huelga tras otra con breves intervalos y siempre bajo los pretextos más irracionales". Sin embargo, Orizaba no fue la única afectada: estallaron huelgas en la Ciudad de México y en otros sitios.[241] En respuesta a estos problemas de la industria textil, el gobierno formó el Departamento del Trabajo, dependiente del Ministerio de Fomento. Sus fines eran reunir información, dar asesoría en cuestiones de empleo y arbitrar en las disputas industriales. Esta última fue su función clave; conforme a la perspectiva del gobierno, "el Departamento [fue] un instrumento para manejar las huelgas".[242] La iniciativa, cabe destacar, correspondió a De la Barra (otra señal del conocimiento que los conservadores tenían del problema laboral; como se recordará, el propio De la Barra negó que hubiera un problema agrario equivalente); sin embargo, fue bajo el régimen de Madero cuando se estableció el Departamento, con un personal de 12 funcionarios bajo la dirección de Antonio Ramos Pedrueza, abogado, diputado del Porfiriato y político moderado que, aunque tenía ciertos conocimientos acerca de las agrupaciones mutualistas, estaba lejos de ser un vocero radical de los derechos laborales.[243] El Departamento pronto asumió un papel activo y conciliador en las relaciones laborales: destinaba inspectores para vigilar los acuerdos salariales; proveía asistencia a las sociedades mutualistas, a través de fondos, funcionarios y mobiliario, y, principalmente, trabajó para armonizar los intereses de los trabajadores y los capitalistas, en beneficio de la paz y la producción industrial. Fue el compendio del interés maderista en la cohesión social, el desarrollo económico estable y el "progreso", preocupaciones que también compartían los porfiristas ilustrados.

Pero los empresarios moldeados a la manera tradicional —abundantes, sobre todo en la industria textil— resintieron la intervención del Departamento del Trabajo en sus dominios, a pesar del interés que Ramos Pedrueza y su personal demostraron por la industria, ya que estaban conscientes —a diferencia de la mayoría de los empresarios— de los problemas globales de las

---

[241] Canada, Veracruz, 23 de agosto de 1912, Schuyler, Ciudad de México, 6 de junio de 1912, SD 812.00/4779, 4126.

[242] Ruiz, *Labor*, p. 31; Carr, *Movimiento obrero*, I, pp. 69-70.

[243] Ruiz, *Labor*, pp. 31-32, 35-36 y 38, critica a Ramos Pedrueza por su oportunismo, conservadurismo y posible corrupción; cf. Carr, *Movimiento obrero*, I, p. 69, quien es más benévolo.

relaciones industriales y de la necesidad de racionalizar tanto la producción como el empleo. Los funcionarios del Departamento jamás traicionaron su creencia en el mercado libre, el sistema capitalista, ni en la necesidad de ganarse a los grupos de trabajadores. Su labor de arbitraje e inspección se diseñó a partir de modelos extranjeros con el fin de desarrollar y fortalecer el sistema; no había lugar para los "descontentos y agitadores" proletarios.[244] Hasta cierto punto, sus esfuerzos se encaminaron a salvar a los industriales (chapados a la antigua) de sí mismos; intentaron razonar con aquellos que eran más porfiristas que don Porfirio, los que se aferraban a las viejas formas autoritarias y creían que "sólo la administración tenía derecho a determinar lo que conviene al trabajador", y que amenazaban: "si el trabajador no cambia su actitud, tarde o temprano la administración le enseñará lecciones que no olvidará".[245] Díaz mismo había cuestionado esta peligrosa postura al pronosticar que dichas actitudes convertirían a los trabajadores en radicales, sindicalistas o socialistas. Y, si bien no vivió para presenciarlo, el ejemplo de la Rusia zarista confirmó su predicción.

Siguiendo la misma línea de pensamiento, De la Barra y Madero propiciaron cierto grado de intervención estatal con el fin de proteger la paz y la producción, y de auspiciar, al mismo tiempo, una conciliación. Es evidente que no defenderían credos subversivos y, siendo así, la estrategia que adoptaron guarda numerosos paralelismos con Europa y Latinoamérica.[246] Por otra parte, encontraron en Ramos Pedrueza un instrumento deseoso de cooperar ya que, a pesar de las limitaciones de tiempo y presupuesto, mostró una profunda comprensión de la capacidad del Estado para controlar y manipular los nuevos sindicatos. Su tarea dio sus frutos, pues mantuvo a muchos sindicatos lejos de cualquier grupo radical como aquellos que integraban la Casa. Ayudó a los operarios de la industria textil en la organización de su Comité Central de Obreros, que se estableció como una asociación semioficial encargada de desalentar la militancia y solucionar las huelgas; el Departamento contó con que el Comité "erradicara la agitación" en las fábricas de hilados y tejidos. La pauta de los funcionarios del Departamento fue "calmar a los compañeros", como afirmó Ramos Pedrueza a los atemorizados industriales; así, algunos empresarios comenzaron a descubrir la utilidad de la intervención oficial y se dieron a la tarea de organizar sindicatos "blancos" que opusieron resistencia a la penetración de agrupaciones radicales.[247] Pronto, como se ha señalado, el Departamento y la Casa entraron en conflicto en su intento por ganarse adeptos entre la clase trabajadora urbana. Este conflicto sintetizó

[244] Ramos Pedrueza citado por Ruiz, *Labor*, pp. 33 y 35-36.
[245] *Ibid.*, p. 35, cita los puntos de vista empresariales.
[246] El mejor ejemplo de Latinoamérica sería Chile. Véase Thomas E. Skidmore, "Workers and Soldiers: Urban Labor Movements and Elite Responses in Twentieth-Century Latin America", en E. Bradford Burns y Thomas E. Skidmore, *Elites, Masses and Modernization in Latin America, 1850-1930*, Austin/Londres, 1979, pp. 105-108 y 120.
[247] Ruiz, *Labor*, pp. 31-32.

los distintos conceptos en torno a la movilización de los trabajadores: por una parte estaba una clase obrera moderada, auspiciada por el Estado y, por lo tanto, dependiente; por la otra, el movimiento de los obreros militantes y autónomos.

La industria textil fue el principal campo de batalla, aunque no el único, de estas ideologías en conflicto. A fines de 1911, los operarios de Orizaba, apoyados por los trabajadores de Puebla y Tlaxcala, se lanzaron a la huelga en busca de mejores salarios y jornadas laborales de 10 horas. La mayoría de las industrias textiles cerraron y las administraciones, anticipando "manifestaciones tumultuarias y actos atentatorios", solicitaron la intervención de 50 elementos de la policía montada para garantizar el orden.[248] Deseoso de llegar a un acuerdo que no le hiciera recurrir a métodos francamente porfiristas, el Ministerio de Fomento (conforme a las órdenes presidenciales) organizó una reunión con los empresarios, en la cual los funcionarios del Ministerio actuaron como representantes de los trabajadores y propusieron diversas reformas.[249] Después de muchos debates, los empresarios concedieron a regañadientes la jornada de 10 horas e incrementos salariales modestos; sin embargo, se rehusaron a negociar las propuestas de salarios mínimos y uniformes, la reglamentación del trabajo infantil y femenino, y el cierre de una tienda para los trabajadores. Más aún, muchos patrones —como los empresarios de la Veracruz Terminal Co.— no tenían intenciones de cumplir con el acuerdo; las jornadas y los salarios permanecieron iguales, y los empleados sindicalizados quedaron destituidos. Mientras tanto, los trabajadores siguieron presionando en favor de la sindicalización, alentados por el gobierno, el cual admitió al Comité Central de Obreros en la comisión permanente de la industria textil. Hacia el verano de 1912, la desilusión de los trabajadores se hizo manifiesta en otra ola de huelgas a la cual el gobierno respondió con una segunda convención textil.[250]

Éste fue un ejercicio característico del gobierno maderista: bien intencionado, productivo y prolijo en soluciones teóricas que difícilmente se traducían en acciones concretas. Los trabajadores —a través del Comité— contaban ahora con una voz, y el Departamento del Trabajo, por su parte, fungía como árbitro "neutral": después de un mes de debates, se llegó a un acuerdo que, según un historiador, fue una "carta de libertad para el obrero mexicano", mientras que otro lo calificó como un "tímido proyecto de reforma laboral".[251] Es palpable la timidez del Estado frente a la negativa de los empresarios a regularizar y aumentar los salarios en toda la industria, o a reconocer el derecho de los trabajadores a sindicalizarse. No obstante, los obreros alcan-

[248] Cumberland, *Genesis*, p. 223; del presidente de CIDOSA, a Madero, 28 de diciembre de 1911; Fabela, DHRM, RRM, II, pp. 480-482.
[249] Ruiz, *Labor*, pp. 33-34.
[250] *Ibid.*, pp. 34-35; Cumberland, *Genesis*, pp. 224-225.
[251] *Ibid.*, pp. 225-227, y Ruiz, *Labor*, pp. 35-36, quien, como de costumbre, descarta las ganancias (teóricas) de los trabajadores.

zaron logros, al menos en teoría: salario mínimo de 1.25 pesos diarios; un máximo de horas laborales, tasas fijas de horas extras; días de fiesta oficiales; prohibición del trabajo infantil, de las tiendas de raya y del pago en vales; reglamentación de las multas y de la conducta de los capataces. Asimismo (otro reflejo fiel del pensamiento maderista), se les recordó a los trabajadores sus obligaciones en lo concerniente a disciplina, asistencia y productividad. Conforme a los funcionarios del Departamento, el trato era autofinanciable, ya que al reducir la jornada de trabajo se eliminaría el problema de la producción excedente y se lograría la elevación de los precios; estos logros representaban ventajas para toda la industria textil, aunque no para el consumidor. Más aún, a estas condiciones se sumó la promesa del gobierno de eliminar el impuesto que, desde 1893, había gravado a la industria textil.[252]

El problema de este acuerdo no fue su contenido sino su instrumentación. Algunos obreros, desilusionados ante el fracaso en la obtención de incrementos salariales, declararon la huelga de inmediato; ésta, sin embargo, duró muy poco tiempo, fracasó. Bajo la amenaza de desalojo de las casas de la compañía, los obreros pronto retornaron al trabajo, aunque "muchos ya estaban señalados y se les negó el empleo". A pesar de las presiones del gobierno, las empresas mantuvieron esta línea dura; la táctica oficial de ofrecer terrenos de tierras públicas en Chiapas a los trabajadores innecesarios (típico gesto benevolente de caridad inútil) sólo fue letra muerta.[253] En muchos casos, los patrones renegaron del acuerdo e ignoraron las reprimendas del gobierno. A fines de 1912, durante un viaje por todo el país, los inspectores del Departamento del Trabajo descubrieron que el trabajo infantil era todavía un recurso frecuente, que los salarios de 1.25 pesos habían sido reducidos al mínimo (como si existiera un máximo) y que, en algunos casos, el acuerdo había sido ignorado por completo. Tampoco encontraron las escuelas ni los servicios médicos que habían formado parte de las recomendaciones hechas en julio. Cabe destacar que, en ocasiones, la resistencia a las reformas y el rechazo a la intervención oficial fueron características tanto de los trabajadores como de los patrones. En una fábrica de textiles en León, donde la fuerza de trabajo estaba integrada en 90% por mujeres, una obrera declaró a un inspector "queremos mucho al administrador porque nos hace muchos servicios... y no queremos nuevas tarifas, con lo que ganamos nos mantenemos bien".[254] No carece de importancia una respuesta así, a pesar de que estuviera determinada por temor o por una "falsa conciencia". Sin embargo, en otras fábricas, los obreros textiles eran menos dóciles: el resentimiento causado por las

---

[252] De R. Sierra y Domínguez al Departamento del Trabajo, 13 de marzo de 1913, *Trabajo*, 31/3/7/12.

[253] Cumberland, *Genesis*, p. 227; Canada, Veracruz, 16 y 23 de agosto de 1912, SD 812.00/4649, 4779.

[254] Informes de M. Díaz, León, 8 de febrero; Torreón, 17 de marzo de 1913, *Trabajo*, 31/3/7/21; de M. Casas, Oaxaca, 19 de noviembre; Puebla, 28 de noviembre de 1913, *Trabajo*, 31/3/7/20; de R. Sierra y Domínguez, 13 de marzo de 1913, *Trabajo*, 31/3/7/22.

violaciones al acuerdo de julio dio origen a huelgas esporádicas; aunque no se repitió durante el periodo de Madero una huelga general como la que afectó a la industria a finales de 1911. En Orizaba, el numeroso destacamento de 1910 fue reducido a 25 elementos; esto indicó que el problema laboral —desde el punto de vista del orden público— ya no era tan grave. No obstante, permaneció como un conflicto social y político cuya solución acaparó los esfuerzos de ministros y funcionarios.[255]

La efervescencia de actividad laboral en Torreón produjo un resultado igualmente incierto y desfavorable —a grandes rasgos— para los trabajadores. En el verano de 1911, habían estallado numerosas huelgas: en la Continental Mexican Rubber Co., en la fundición de Torreón, en la Laguna Soap Co. (en Gómez Palacio) y entre los trabajadores de los tranvías de la ciudad. Después de algunos cierres efímeros, todos estos conflictos fueron "solucionados a satisfacción de las partes involucradas"; los obreros obtuvieron algunos logros o, al menos, así lo percibieron y estaban deseosos de retornar al trabajo.[256] La calma prevaleció; sin embargo, en noviembre, quizá al darse cuenta de que las "victorias" del verano eran ilusorias en gran medida, los obreros de Torreón se declararon en huelga una vez más, ahora en demanda de la jornada de ocho horas. Aproximadamente 2000 trabajadores comenzaron a protestar, cerraron la compañía hulera y recibieron el apoyo de carpinteros, albañiles y otros trabajadores que tomaron las calles, marchando, cantando y, en general, provocando la alarma entre los ciudadanos respetables.[257] A los pocos días, los huelguistas ya reunían a 8000 trabajadores, y el movimiento pareció asumir "todas las características de una huelga general" que se extendió a Gómez Palacio y Mapimí, donde 3000 mineros de Peñoles Co. amenazaron con declararse en huelga. En Torreón mismo, se sumó a los rumores de un golpe reyista la posibilidad de nuevos disturbios que recordaban a los de mayo de 1911. Los adinerados comenzaron a abandonar la ciudad y los habitantes dieron muestras de "pánico" cuando recibieron noticia de una posible evacuación federal; a esta situación se añadió el flujo de los inmigrantes del campo en espera de iniciar el pillaje.[258]

El resultado no hizo justicia a los temores de la élite de La Laguna, y menos aún a las esperanzas de los "pelados". Bajo la presión local, se canceló toda movilización de tropas fuera de Torreón y se retuvo a un numeroso destacamento. Ante el envío de soldados a Peñoles, las minas continuaron trabajando. Algunos huelguistas lograron obtener la promesa de jornadas de ocho

[255] Del gobernador Portillo y Rojas al Departamento del Trabajo, 6 de diciembre de 1912, *Trabajo*, 31/2/8/5, referente a una huelga de 600 trabajadores en Juanacatlán, en la que se exigían nuevos salarios; Canada, Veracruz, 23 de agosto de 1912, SD 812.00/4779.

[256] Informe de Torreón, agosto de 1911, SD 812.00/2346.

[257] Ellsworth, Ciudad Porfirio Díaz, 15 y 16 de noviembre de 1911, SD 812.00/2508, 2516.

[258] Carothers, Torreón, 15 y 17 de noviembre; Hamm, Durango, 21 de noviembre de 1912, SD 812.00/2541, 2552, 2560; Cumberland, *Genesis*, pp. 222-223, en lo referente a la reclamación (poco convincente) de Madero en cuanto a que los reyistas estaban detrás de los problemas laborales en Torreón.

horas, pero las grandes empresas, como la fundición y las fábricas de hule y jabón, se rehusaron a hacer concesiones de esa naturaleza y sus empleados "fueron obligados a retornar a las fábricas bajo las mismas condiciones".[259] A partir de ese momento se abatieron los problemas laborales. Sin duda, los trabajadores, al lanzarse a la huelga, cobraron mayor conciencia de los problemas que enfrentaban y de la necesidad de una mejor organización. Además, los factores económicos conspiraron en su contra. La rebelión rural, endémica en La Laguna, afectó a los negocios y creó un desempleo masivo; en marzo de 1912 había 6 000 desempleados en la ciudad, las fábricas y comercios habían cerrado o reducido sus operaciones y se creía que la mina de Peñoles cerraría por falta de abastos y papel moneda, y no tanto por la militancia de los mineros. Los precios de los alimentos aumentaron y, a mediados de marzo, durante el peor bloqueo rebelde (ya que, en realidad, ésa era la situación), la turba rondaba por la ciudad en demanda de alimentos. Estas condiciones impidieron un sindicalismo exitoso; es más, uno de sus efectos fue convertir la franca antipatía de los trabajadores por las autoridades, en una suerte de dependencia obligada. Los obreros de Torreón no mostraron simpatía por los rebeldes rurales; su actitud era similar a la de los federales cuando evitaban que la turba linchara a los prisioneros rebeldes. La rebelión rural significaba la pérdida de empleos y la destitución; es decir, una amarga secuela de las esperanzas de 1911. De ahí que pareciera imposible una alianza entre campesinos y proletarios. Más aún, se observó que "la gente común [de la ciudad] ahora apoya al gobierno", ya que sólo el gobierno podía sofocar la rebelión, garantizar la subsistencia a corto plazo y la prosperidad a largo plazo.[260] Parece ser que el contraste de la evolución del movimiento laboral entre Tampico y Torreón (ambos precursores en 1911) se derivó, en gran medida, de su respectiva ubicación y de sus relaciones con el campo. Tampico no había sufrido rebeliones cercanas: el auge petrolero producía empleos en abundancia y daba a la ciudad una economía aislada y segura, concentrada en el estrecho espacio que separaba a los pozos petroleros de los buques petroleros a corta distancia de la costa. Al contar con esta rica economía, la clase trabajadora de Tampico podía presionar para obtener sus metas políticas y económicas. En Torreón, en cambio, el colapso económico minó al movimiento laboral en un momento decisivo, obligándolo a cobijarse bajo el gobierno; surgió así una alianza flexible entre las clases y los intereses urbanos, basada en la hostilidad compartida ante la amenaza rural; el entorno no propició el crecimiento de sindicatos fuertes ni independientes. En todas las regiones (cabe generalizar), el poder del proletariado organizado varió en proporción inversa al poder del campesinado insurgente.[261]

[259] Hamm, Durango, 27 de noviembre de 1912, SD 812.00/2586.
[260] Carothers, Torreón, 24 de febrero, 15 y 19 de marzo de 1912, SD 812.00/3085, 3362, 3421.
[261] Cronológica y nacionalmente se puede hacer un contraste similar: antes de 1914, la situación relativamente boyante de la economía urbana permitía cierto grado de organización laboral y militancia, particularmente en las regiones favorecidas; después de 1914, a medida que los

Por último, vale analizar el celebrado caso de Cananea. Su fama se derivó de los conocidos episodios de 1906 que los historiadores han calificado, con demasiada premura, como "movimiento precursor".[262] Según se ha señalado, Cananea fue un caso altamente atípico en el contexto del movimiento laboral mexicano y sus vínculos con la Revolución fueron más tenues y complejos de lo que pudiera suponerse. Se trataba de una populosa comunidad minera de reciente formación, aislada del resto de México (y, por lo tanto, con salarios más elevados), familiarizada con los procedimientos de la sindicalización norteamericana y profundamente afectada por las dos nacionalidades que integraban su fuerza de trabajo. En 1910, al inicio de la Revolución, Cananea apenas salía de un periodo de transición; la compañía había pasado por un proceso de racionalización y se hallaba de nuevo costeando sus propios gastos; la proporción de empleados norteamericanos en comparación con los mexicanos había disminuido de 35:65 a 7:93, y el ascenso de mexicanos a los empleos técnicos y especializados se había acelerado.[263] Estos desarrollos no significaban la desaparición de todas las demandas de los trabajadores, ni tampoco despejaban en la mente de los administradores los temores de un nuevo episodio a la manera de 1906; sin embargo, constituían una señal de conciliación entre las partes en su lucha por obtener un *modus vivendi* que beneficiara el empleo y la producción. No se observó un resurgimiento de la militancia revolucionaria. El dirigente rebelde Juan Cabral (antiguo cajero de Cananea y hombre respetado en la empresa) entró pacíficamente en el pueblo en mayo de 1911. Nombró nuevas autoridades municipales, incluyendo entre ellas a varios protagonistas de la huelga de 1906; y la empresa comenzó a pagar impuestos al régimen revolucionario *de facto*, cimentando así su necesaria relación político-fiscal.[264] Pero pronto surgieron los problemas, debidos ahora a la presencia de las tropas maderistas y no a la actividad de los mineros, aunque es indudable que éstos aprovecharon el nuevo entorno de libertad política. La agitación laboral cobró un renovado vigor y en junio la empresa se enfrentó a una serie de peticiones ya conocidas: la jornada de ocho horas y la supresión del sistema de pago mediante vales.[265] Un periódico radical, *La Verdad*, apoyó la causa de los mineros y ganó así un buen número de lectores. Pero, como ya señalamos, fueron las tropas, no los mineros (cada grupo luchaba con distintas tácticas y por diferentes objetivos), quienes se convirtieron en la amenaza real. Mientras los obreros devoraban *La Verdad* y organizaban fiestas nocturnas y discursos en la plaza, las

efectos acumulativos de la guerra rural se dejaron ver, los trabajadores de la ciudad fueron llevados a una posición más defensiva, y con frecuencia dependiente, como la adoptada por los trabajadores de Torreón en 1912.

[262] Véanse pp. 177-184.
[263] Simpich, Cananea, 16 de noviembre de 1912, SD 812.00/5746, sobre la estructura salarial de la compañía; Aguilar Camín, *La Revolución sonorense*, pp. 122-131 y 276, ilustra cómo los altos salarios de los mineros desanimaron el reclutamiento militar.
[264] Wiswall, Cananea, 14 de mayo de 1911, SD 812.00/1757; Aguirre, *Cananea*, p. 176.
[265] Dye, Nogales, 19 de mayo, 8 y 24 de junio de 1911, SD 812.00/1930, 2067, 2195.

tropas maderistas —al igual que muchas otras— se rehusaban a su desmovilización, desafiaban a sus oficiales, se amotinaban, liberaban presos y demandaban aumentos salariales inmediatos.[266] Esta situación, la peor que enfrentara la empresa en 1911, llegó a su solución cuando los oficiales recuperaron el control y confinaron las tropas a los cuarteles, al mismo tiempo —quizá gracias a un oportuno subsidio federal— que pudieron pagar los salarios de sus conflictivos seguidores.[267] Durante todos estos acontecimientos, las minas continuaron en operación y sin incidente alguno.

El resto del periodo del interinato transcurrió tranquilo.[268] En noviembre, poco tiempo antes de la toma de posesión de Madero, la detención de un importante "agitador laboral... causó poco descontento entre los trabajadores"; ahora Cananea tenía un cuartel más confiable, bajo la mirada vigilante del prefecto, Benjamín Hill, y la "presencia de las tropas evitó cualquier expresión de descontento y, al parecer, los hombres están satisfechos con sus actuales condiciones".[269] La supuesta filiación magonista de los mineros no se tradujo en acción alguna; cuando el rebelde Isidro Escabosa merodeó por las cercanas montañas de Ajo, con la esperanza de reunir reclutas en los campos mineros, no obtuvo sino frustración.[270] El año de 1912 se inició de manera pacífica, excepto por los extraños y repentinos estallidos de un grupo de mineros que atacó una estación de policía, saqueó algunos comercios y se internó en las montañas, al grito —según se dice— de "¡Viva Zapata!" Es imposible rastrear las causas de este incidente (Aguirre y Aguilar no lo mencionan siquiera); sin embargo, al parecer fue un hecho aislado ya que, en el término de un mes, se retiraron las tropas del pueblo y no hubo manifestaciones de temor.[271] Nacozari, no muy lejos hacia el sur, se benefició por su capacidad de dar empleos a una población ansiosa de trabajar; todo muestra que Cananea gozaba de una situación semejante. No obstante, estas condiciones no eliminaron los conflictos industriales. En julio de 1912, los mineros amenazaron con declararse en huelga como protesta ante la vigilancia y el acosamiento que el prefecto Hill tendía sobre el sindicato, así como por los abusos de la empresa.[272] Bajo la amenaza del orozquismo, las autoridades se vieron obligadas a ceder y la práctica conciliatoria y resolutiva impidió mayores problemas.

[266] Dye, Nogales, 15 de julio; Wiswall, Cananea, 22 de junio de 1911, SD 812.00/2212, 2195; Aguilar Camín, *La Revolución sonorense*, pp. 188-190.

[267] Dye, Nogales, 17 de julio; Wiswall, Cananea, 12 de agosto de 1911, SD 812.00/2215, 2307.

[268] Aguirre, *Cananea*, no hace mención de los incidentes ocurridos entre finales de 1911 y finales de 1912.

[269] Dye, Nogales, 13 de noviembre de 1911, SD 812.00/2551; Aguilar Camín, *La Revolución sonorense*, pp. 277-278.

[270] Dye, Nogales, 25 y 29 de septiembre de 1911 y 22 de abril de 1912, SD 812.00/2397, 2398, 3742.

[271] Dye, Nogales, 16 de febrero y 9 de marzo de 1912, SD 812.00/2883, 3240.

[272] Informe del gerente de Nacozari, en Douglas a Taft, 8 de abril de 1912, SD 812.00/3562; Aguilar Camín, *La Revolución sonorense*, pp. 278-279.

Por último, a fines de ese mismo año, los mineros estaban dispuestos a presentar un conjunto exhaustivo de demandas ante la empresa: sustitución de todos los capataces norteamericanos por mexicanos, incremento salarial de 20%, reducción de una hora en la jornada de trabajo y reconocimiento del sindicato.[273] Cuando la empresa rechazó todas estas demandas, estalló una huelga en la que participaron inicialmente 1000 trabajadores, y más tarde entre 1500 y 1750; es decir, casi la mitad de la fuerza de trabajo mexicana. El prefecto recibió órdenes de Hermosillo de evitar la huelga, y para ello contó con el apoyo de 300 federales y 60 policías; al cabo de día y medio, estas fuerzas se incrementaron con la presencia de 1000 soldados en Cananea; no había duda de que las autoridades tenían el control en las manos. Cuando los huelguistas manifestantes tomaron las calles, fueron dispersados de inmediato por policías armados con rifles; detuvieron a 50 obreros sin derramar una gota de sangre.[274] Después de tres días de continua tensión el clima se enfrió (los inviernos en Cananea son de suyo fríos y ventosos) y la mitad de los huelguistas retornaron a su trabajo; al parecer, los argumentos de los obreros casados prevalecieron sobre la mayor militancia de los trabajadores solteros (división dentro de la fuerza de trabajo observada también en otros casos).[275] Más aún, la empresa aceptó satisfacer ciertas demandas, y para Navidad la huelga se solucionó y todos los obreros retornaron a su trabajo. Uno de los dirigentes de la huelga, detenido y enviado a la cárcel de Hermosillo, quedó en libertad y en enero retornó a Cananea.[276]

Durante dos años de una libertad que, aunque incompleta, no tenía precedentes en Cananea, hubo una huelga importante y un levantamiento menor (este último de poca relevancia); a pesar de los temores de la empresa, las minas operaron sin interrupción. La presencia de tropas militares (a petición tanto de las autoridades maderistas del estado como de la propia empresa) inhibió claramente la militancia de los mineros, aunque cabe destacar que éstos dieron muestras de no desear una huelga prolongada. Los trabajadores lucharon por conseguir objetivos limitados y tenían conciencia (en distintos grados) de los riesgos implícitos de la actividad huelguística. Por otra parte, algo se había logrado y sin los costos de 1906 (en vidas o cárcel); es importante subrayar que los dirigentes de la huelga de 1912 expresamente prohibieron

---

[273] Bowman, Nogales, 14 de diciembre; Simpich, Cananea, 16, 18, 19 y 20 de diciembre de 1912, SD 812.00/5692, 5746, 5727, 5733, 5737; Aguirre, *Cananea*, p. 178.

[274] Simpich, Cananea, 16 y 19 de diciembre de 1912, SD 812.00/5746, 5733; Aguirre, *Cananea*, p. 180.

[275] Simpich, Cananea, 16 y 22 de diciembre de 1912, SD 812.00/5746, 5740. "Nosotros no somos los que ponemos el desorden, sino los jóvenes", dijo un trabajador de más antigüedad ("obrero de madurez") durante una áspera disputa en la fábrica textil El León, Atlixco: Informe al Departamento del Trabajo, 8 de agosto de 1912; *Trabajo*, 31/2/9/9. Hay aquí paralelos interesantes con el movimiento laboral ruso de 1905-1917; véase Leopoldo Haimson, "The Problem of Social Stability in Urban Russia, 1905-1917", parte II, *Slaric Review*, XXIV (1965), pp. 1-22.

[276] Simpich, Cananea y Douglas, 23 de diciembre de 1912 y 15 de enero de 1913, SD 812.00/5751, 5906.

recurrir a cualquier forma de violencia.[277] Las autoridades, por su parte, si bien exhibieron la capacidad de mostrarse intransigentes (e incluso hubo quienes deseaban una mayor expresión de dureza), no repitieron los errores de 1906 y, tanto los políticos como los empresarios, desplegaron mayor destreza en su manejo de las relaciones laborales. Por último, hay pocas evidencias de que Cananea estuviera en la corriente principal de la historia revolucionaria de 1910-1913. En lo que se refiere a objetivos, tácticas y logros, los mineros estaban muy lejos de compararse con los rebeldes de Morelos, Chihuahua o La Laguna que derrocaron a Díaz y que representaron la mayor amenaza para Madero a la par que marcaron su periodo. Los mineros, al igual que los trabajadores urbanos en general, aprovecharon las condiciones "revolucionarias" a las que poco habían contribuido; sus metas económicas, graduales, sus tácticas pacíficas, no significaron una amenaza fundamental para las empresas ni para el régimen y podían tolerarse parcialmente. Cananea pudo afirmar que contaba con el proletariado más militante en el México revolucionario, pero este alarde resulta ser un comentario sobre la moderación del proletariado mexicano más que sobre la militancia real en Cananea.

Al renovarse la agitación laboral en centros como Orizaba, Torreón o Cananea, el régimen de Madero siguió, inicialmente, una típica línea liberal. El Estado podía ofrecer las precondiciones necesarias —libertad política y democracia representativa— para que los trabajadores se organizaran, formaran sindicatos y lucharan por obtener sus demandas de manera legal y pacífica. Madero no se opuso a la formación de sindicatos (que "os permita agruparos en sociedades poderosas, a fin de que unidos podáis defender vuestros derechos"), como tampoco ignoró la posibilidad de reformas legislativas diseñadas para ayudar a la clase trabajadora ("leyes que tengan por objeto mejorar la situación del obrero y elevarlo de nivel material, intelectual y moral").[278] Tanto la sindicalización como la reforma legislativa eran instrumentos compatibles con el tipo de liberalismo avanzado del siglo XX que Madero se fijó como modelo. No obstante, los compromisos del presidente eran necesariamente vagos y abstractos en este aspecto, ya que no consideraba tarea del Estado presionar por algunas demandas del movimiento laboral ni formar un electorado proletario; lo mismo en política como en economía, la autogestión era la clave del progreso. Así como Madero prohibió cualquier reforma agraria inmediata y *de facto*, también advirtió a los trabajadores que, en el campo de las relaciones laborales, no esperaran la actuación de un Estado paternalista sino que lucharan por realizar esfuerzos independientes.[279] La mayoría de los maderistas siguió esta línea. La famosa declaración de Madero en Orizaba ("del gobierno no depende aumentar ni disminuir las horas de trabajo"), encontró eco en las palabras del gobernador Loyola ("no

---

[277] "Los dirigentes [de la huelga] aconsejan contra la violencia y los norteamericanos no parecen estar en peligro": Simpich, Cananea, 21 de diciembre de 1912, SD 812.00/5750.

[278] Córdova, *Ideología*, pp. 108 y 110.

[279] Cumberland, *Genesis*, p. 21, cita el "Manifiesto a la Nación", de Madero, de junio de 1911.

depende del gobierno que se aumenten los jornales en la misma proporción que suben de precio los artículos de primera necesidad"). A su vez, Ramos Pedrueza y el Departamento del Trabajo subrayaron su respeto por la propiedad y las leyes del mercado; por su parte, Federico González Garza, gobernador progresista del Distrito Federal y hombre ilustrado, ordenó la detención de trabajadores en 1912 y advirtió a los manifestantes que "México no necesita socialismo: aquí no hay problemas entre el trabajo y el capital".[280]

Aunque el régimen maderista se mostró tolerante ante las huelgas ordenadas, aquellas que se realizaban con "una actitud moderada", y procuró que en esos casos se defendiera la "libertad [...] de agruparse y de hacer sus manifestaciones pacíficas", también estaba dispuesto a usar la fuerza o las amenazas para enfrentarse a las huelgas que consideraba subversivas, violentas o que ponían en peligro la propiedad.[281] Los ejemplos abundan: Cananea y Torreón, por mencionar sólo algunos. Sin embargo, pronto fue evidente que, en la práctica, estas dos políticas —la actitud de "fuera manos", o la represión al estilo antiguo— eran inadecuadas para enfrentarse a las necesidades de la situación. Así como en la esfera política las elecciones totalmente libres, o totalmente fraudulentas, creaban problemas de importancia (muchos consideraban que las primeras propiciaban la anarquía, mientras que otros sostenían que las segundas conducían a los cánones reaccionarios del Porfiriato), así también en el campo de las relaciones laborales era necesario encontrar una vía intermedia entre ambos extremos: los principios de la justicia social tenían que equilibrarse con los derechos de la propiedad y los imperativos de la producción. Para lograrlo, las relaciones laborales no podían dejarse a la colisión arbitraria entre empresarios y sindicatos, especialmente entre aquellos patrones autoritarios chapados a la antigua y los sindicatos radicales de reciente formación. Una de las principales preocupaciones del Departamento del Trabajo, era que los trabajadores más francos y audaces tendían a acaparar la dirigencia de los sindicatos a costa de los más educados o competentes; "es por tanto [una] necesidad urgente, concluyó el Departamento, la de entender a las asociaciones obreras señalándoles el camino que deben seguir".[282] Madero, al enfrentarse ante un descontento laboral desconocido en el Porfiriato, coincidió con la postura de Ramos Pedrueza. En su entrevista con el dirigente de los estibadores en Veracruz, Madero se quejó de que "es muy inconveniente que estén verificando huelgas por el pretexto más fútil y más insignificante". Así, el gobierno se encontró en una posición muy difícil a la hora de conciliar los intereses patronales con su propia simpatía por la causa de los trabajadores; se daba cuenta cabal de que era imposible

[280] Córdova, *Ideología*, p. 110; Ruiz, *Labor*, pp. 35-36; Carr, *Movimiento obrero*, I, p. 68.
[281] De Madero al gobernador Rosales (Hgo.), 18 de enero de 1912, Fabela, DHRM, RRM, III, p. 45; Madero instó también a los huelguistas de Torreón a permanecer dentro de la ley, "en la seguridad de que todos haremos cuanto podamos para que queden satisfechas sus demandas, siempre que sean justas": de Madero a Emilio Madero, 10 de julio de 1911, AFM, r. 19.
[282] De R. Sierra Domínguez al Departamento del Trabajo, 13 de marzo de 1913, *Trabajo*, 31/3/7/22.

alcanzar "el progreso administrativo que yo tengo pensado para mejorar la situación de todos ustedes [...] por esto les recomiendo que influyan con todos sus compañeros y con los demás gremios de la República con quien estén en relaciones para que dejen de hacer tantas huelgas".[283]

De ahí que para finales de su periodo presidencial, Madero ya hubiera abandonado su postura no intervencionista y de *laissez-faire*. En diversas ocasiones había invitado a que los gremios, como los estibadores de Veracruz, presentaran sus demandas ante el Departamento del Trabajo o, "si es necesario, ante mí, que yo los ayudaré". El "centro" no podía permanecer distante (Díaz había llegado a la misma conclusión) y el intervencionismo, desganado y torpe, se convirtió en característica saliente de la política laboral de Madero. Tal como el régimen procuró guiar al movimiento laboral naciente (y orientarlo hacia la colaboración más que hacia al conflicto con la empresa), también se dio a la tarea de educar a muchos empresarios, especialmente en la industria textil del centro de México. El caso más coherente (que no lo era mucho) de esta política intervencionista se cristalizaba en la formación del Departamento del Trabajo y en sus esfuerzos tardíos por desarrollar una legislación laboral más completa —gestiones que la caída del régimen habría de interrumpir—.[284] Sin embargo, dicha política se evidenció también en varios aspectos menores del patrocinio gubernamental diseñados, al menos en parte, con el fin de lisonjear y ablandar al movimiento laboral: la presión de Gustavo Madero sobre los industriales para prohibir el trabajo infantil; los ofrecimientos presidenciales para dotar de instalaciones a la Sociedad Mutualista de Empleados de Ferrocarriles y Telegrafistas; el proyecto del régimen de dar 40 acres de tierra en Chiapas y una mula (o su equivalente) a los obreros descontentos de la industria textil que habían perdido sus empleos debido a su actividad huelguística.[285] Es posible que todo esto no haya ascendido a mucho y que los logros materiales de los obreros durante el régimen maderista hayan sido muy limitados,[286] ya que, sin duda, el número de las huelgas perdidas fue más que el de las exitosas; de la misma manera, resulta innegable que el gobierno se mostró (por diversas razones), consciente de las necesidades laborales y dispuesto a satisfacerlas. No faltaron críticos dentro de las propias filas maderistas —como Cabrera— que pusieran de relieve el contraste existente entre la atención del régimen hacia los trabajadores urbanos por una parte, y por otra, la indiferencia ante las quejas rurales.[287]

Resulta evidente y relevante el hecho de que, haciendo a un lado los as-

[283] De Madero a J. Cortés, 2 de enero de 1913, AFM, r. 11.
[284] En las últimas semanas del régimen de Madero, el Departamento del Trabajo elaboraba la legislación laboral para ser presentada al Congreso, pero sobrevino la caída del gobierno; en San Luis Potosí, el gobernador Cepeda ya había instituido un día de descanso, el domingo; Cumberland, *Genesis*, p. 228; Martínez Núñez, *San Luis Potosí*, p. 30.
[285] Cumberland, *Genesis*, pp. 223-224; de Madero a Pino Suárez, 7 de enero de 1913, AFM, r. 11.
[286] Ruiz, *Labor*, p. 37.
[287] Cumberland, *Genesis*, p. 228.

pectos de la política positiva del gobierno, durante el periodo maderista las organizaciones de las clases trabajadoras gozaron de un grado de libertad sin precedentes. Aunque hubo manifestaciones de represión, éstas fueron menores y menos consistentes que en épocas de Díaz. Si bien es cierto que se perdieron muchas huelgas, cabe destacar que su número tampoco tenía precedentes y que dieron una valiosa experiencia acumulativa a los trabajadores. Floreció la prensa radical; se hicieron esfuerzos para establecer confederaciones obreras estatales y nacionales, y el 1º de mayo de 1912 se celebró el Día del Trabajo por primera vez en la historia del país.[288] Testigos de la época, entre los cuales había empresarios, se percataron del desarrollo de un ánimo distinto entre la clase trabajadora. El rígido "paternalismo" que con frecuencia caracterizó las relaciones laborales, comenzó a perder fuerza y los trabajadores mostraron menos sumisión. En San Luis Potosí, como se ha señalado, surgieron varios indicadores de esa nueva libertad así como de la capacidad de movilización entre los trabajadores: los salarios se incrementaron, las tiendas de raya perdieron terreno, los ferrocarriles cambiaron su fuerza de trabajo por obreros mexicanos; una fundidora local cerró porque su administración no consiguió contratar trabajadores ya que pagaba salarios prerrevolucionarios, y se rehusó a incrementarlos. Se decía que los trabajadores "mostraban independencia e irregularidad en el trabajo" y que la eficiencia había caído en 20%.[289] En otros sitios soplaban vientos diversos. Los trabajadores exigieron días de fiesta adicionales para los que, según los argumentos patronales, no había antecedentes ni justificación: la fiesta de San Juan o el aniversario de la muerte de Aquiles Serdán, por ejemplo.[290] En los muelles de Veracruz se exigieron no sólo un aumento salarial y la disminución de la jornada de trabajo, sino que además se solicitaron el control del sindicato sobre la contratación de trabajadores y la destitución de cuatro funcionarios de la Terminal Co., entre los que se incluía a un superintendente.[291] Los estibadores de Manzanillo expresaron demandas similares: cuando el buque artillero mexicano "Guerrero" atracó en el puerto para cargar carbón en diciembre de 1912, la tripulación se rehusó a realizar la tarea (insignificante en sí) y los estibadores locales exigieron 50% por el tiempo adicional que les llevaría realizar el trabajo.[292] Incluso los estudiantes de clase media de la Escuela Nacional de Jurisprudencia adoptaron estas medidas, y se lanzaron a la huelga en protesta por el nuevo sistema de evaluación introducido por Luis Cabrera.[293]

[288] Ruiz, *Labor*, p. 28.
[289] Bonney, San Luis, 26 de septiembre, 16 de octubre y 4 de diciembre de 1912, SD 812.00/5140, 5310, 5665.
[290] De A. Ramos Pedrueza al Departamento del Trabajo, 24 de junio de 1912, *Trabajo*, 31/2/8/19; de M. Casas al mismo Departamento, 27 de noviembre de 1913, *Trabajo*, 31/3/7/20.
[291] De A. Ramos Pedrueza al Departamento del Trabajo, s. f.; de W. Morcon a Ramos Pedrueza, 6 de enero de 1913, y a J. Cortés, 12 de diciembre de 1913; *Trabajo*, 31/2/8/27.
[292] Kirk, Manzanillo, 4 de diciembre de 1912, SD 812.00/5682.
[293] Casasola, *Historia gráfica*, I, p. 480.

Estas cosas no pasaban en la época de don Porfirio y cuando llegaban a suceder recibían una rápida reprimenda. Tanto en la ciudad como en el campo, los patrones detectaron y denunciaron (quizá de manera exagerada) este nuevo espíritu de insubordinación, equivalente mexicano del *buntarstvo* que animó a los trabajadores del Petrogrado revolucionario.[294] Un observador comentó: "un efecto lamentable de los últimos dos años de la revuelta y del derrocamiento del poder constituido es el ejemplo que nos ofrece en los casos de descontento menor. Siempre que seis personas de mentalidad parecida se reúnen, no dudan en demandar… la destitución inmediata de un superior desde el jefe de una fábrica hasta el gobernador".[295] La clase trabajadora no permaneció ciega frente a las ventajas —algunas más intangibles que materiales— de la Revolución y del régimen maderista. Es posible que el salario real no se hubiera incrementado, pero el clima de las relaciones industriales había cambiado de manera perceptible. Con razón o sin ella (y suponemos que con mayor razón de la que algunos historiadores están dispuestos a conceder), los trabajadores sentían haber ganado con el nuevo régimen. Fueron las expresiones ante la caída de Madero la evidencia más clara de esto; la alegría de los patrones sólo se compara al dolor y al resentimiento de los trabajadores que veían peligrar sus avances recientes. En La Laguna, por tomar sólo un ejemplo, "la gente común, especialmente la clase de los mecánicos muestran verbalmente su indignación y declaran que el pueblo no se someterá a una nueva dictadura".[296] Y quizá éste fue el mejor epitafio de la clase trabajadora para el régimen maderista.

Moral y dinero

Al considerar los antecedentes del maderismo, no nos sorprenden sus pecados de omisión en los campos de la reforma agraria y laboral. Fuerzas ajenas al movimiento original (huelgas y rebeliones rurales) fueron las encargadas de provocar la desviación obligada y paulatina del prístino *laissez-faire* liberal, y esta desviación jamás fue tan lejos, ni tan rápidamente, como para alcanzar soluciones duraderas. Por encima del simple y medular principio, "sufragio efectivo, no reelección", hubo otras reformas que los maderistas defendieron y que, retrospectivamente, podrían parecer pobres e incluso irrelevantes; éstas no pueden permanecer ignoradas sobre todo porque mantuvieron su atractivo mucho después de la caída de Madero: educación, obras públicas (las mejoras materiales tan preciadas para los liberales del siglo XIX) y, principalmente, las reformas concernientes a la moral pública, que se manifestaron a través de la lucha contra el alcoholismo, el juego, la vagancia y la suciedad.[297]

[294] Haimson, "Problems of Social Stability", p. 16.
[295] *Mexican Herald*, 30 de marzo de 1913.
[296] Cummins, Gómez Palacio, 6 de marzo de 1913, FO 371/1672, 14619.
[297] Walter V. Scholes, *Mexican Politics During the Juarez Regime 1855-1872*, Columbia, Mo., 1969, p. 2; y véanse pp. 33-35, 76-77, 83-84 y 295-296.

Estas reformas fueron parte importante de cada programa maderista desde 1909 hasta 1913. El propio Madero subrayó el papel edificante de la educación y los efectos degenerativos del pulque.[298] En 1911, el programa del PCP se comprometió a mejorar la educación (punto V), asistir a la clase trabajadora "combatiendo el alcoholismo y el juego" (punto VI), y a lograr mayores desarrollos de la minería, la industria, la agricultura y el comercio (punto VII).[299] Por su parte, los candidatos de distintas entidades se concentraron en los mismos puntos. Por ejemplo, Manuel Villaseñor, postulado para legislador de Guanajuato, prometió luchar contra la vagancia, el alcoholismo y el juego; apoyar la educación (por medio de becas y programas de capacitación para los maestros) y la realización de obras públicas de utilidad (caminos, ferrocarriles e irrigación).[300] Incluso los maderistas radicales como Antonio Hidalgo, en Tlaxcala, combinaron sus propuestas agrarias con las promesas ya conocidas: mejoramiento de la educación y de las carreteras, de los hogares para huérfanos y los asilos de ancianos y una legislación en contra del alcoholismo y el juego.[301]

Estas preocupaciones, particularmente las relacionadas con la educación y la moral pública, fueron fundamentales en la Revolución, a pesar de que, en retrospectiva, hayan perdido su énfasis inicial ante la importancia de las reformas agrarias y laborales. Así, es posible considerarlas como parte de una ideología "desarrollista" que alimentó al pensamiento ilustrado y progresista de la época, y que mostró su fuerza excepcional en las fases tardías de la Revolución (entre 1915 y 1920, y posteriormente) y en alianza con las posturas anticlericales.[302] Aunque los maderistas exigen nuestra atención, estas preocupaciones no fueron monopolio de Madero ni de sus correligionarios; se manifestaron en la prensa de los últimos años del Porfiriato, en los debates de los Congresos Católicos de la década de 1900 y fueron tema recurrente entre los porfiristas ilustrados.[303] Quizá resulte más sorprendente aún el hecho de que figuraran en el discurso de la clase trabajadora urbana, especialmente entre los artesanos citadinos que buscaban su mejoramiento personal.[304] Según sus críticos, el régimen porfirista sólo aparentó estar de acuerdo con estos principios pues en la práctica los sacrificó en beneficio del caciquismo y la corrupción. De ahí que la bebida, el crimen y la prostitución florecieran; "la desgracia nacional está en la ignorancia de nuestras masas" que fue el cimiento para la prolongada tiranía de Díaz.[305] Los maderistas ahora tenían la oportunidad de juntar la teoría y la práctica.

[298] Madero, *La sucesión presidencial*, pp. 145, 164, 209, 224-225 y 236-240.
[299] Véase Fabela, DHRM, RRM, II, p. 109.
[300] Manifiesto de agosto de 1911 en Villaseñor a Madero, 28 de agosto de 1911, AFM, r. 19.
[301] Manifiesto del 5 de septiembre de 1911, en gerente del Banco Oriental en Tlaxcala, al homólogo en Puebla, 26 de septiembre de 1911, AG, CRCFM.
[302] Véase cap. IX.
[303] Meyer, *La Cristiada*, I, pp. 49-50.
[304] Carr, "Casa del Obrero Mundial", p. 607.
[305] Azuela, *The Bosses*, pp. 100-101; Madero, *La sucesión presidencial*, p. 236.

Sin embargo, se logró muy poco. En la medida en que eran factibles, estas reformas requerían tiempo pues —conforme a la filosofía maderista— dependían de la conversión individual y del esfuerzo propio, acciones que sólo germinarían en una población letrada, industriosa, cívica y sobria, tanto en el sentido literal como en el figurado. No era fácil para el Estado —y menos aún para un Estado liberal y de *laissez-faire*— imponer la conversión. La fiesta brava podía ser del desagrado de Madero y éste bien podía denunciar los efectos tóxicos del pulque, pero no era coherente con su pensamiento instrumentar acciones encaminadas a prohibir estos vicios populares.[306] Sin embargo, algunos maderistas se mostraron más rigurosos y dispuestos a desafiar tanto los gustos del pueblo como los intereses de los poderosos, implícitos en la satisfacción de estos gustos. Por ejemplo, en Aguascalientes se prohibieron las corridas de toros, aunque posteriormente fue necesario levantar dicha prohibición.[307] En Chihuahua, el gobernador González, preocupado por fortalecer la "fibra moral" de su pueblo (especialmente la del sector que frecuentaba los antros de Ciudad Juárez), lanzó una campaña en contra de las cantinas y los casinos, de la vagancia y del san lunes, problemas que en México, al igual que en otros países, se consideraban estrechamente vinculados entre sí.[308] Al asumir el mando de la policía en Agua Prieta, Calles impuso la ley seca durante la celebración de las fiestas de Independencia, prohibición que fue reflejo no sólo de su preocupación por el orden público sino también de su profunda sensibilidad puritana. Destituyó a algunos subalternos por falta de "disciplina y moralidad" así como por sus "hábitos perversos, profundamente arraigados" (ejemplo, quizá de su afán de conversión).[309] En otros casos, se frustró el deseo de limpiar pueblos y convertir a los ciudadanos. Algunos gobernadores reformistas, como González, tuvieron que enfrentarse, por una parte, a los fuertes intereses creados y, por otra, a la obstrucción creada por los propios maderistas —en algunos casos por revolucionarios como José de la Luz Blanco, o por gobernadores también maderistas, como Cepeda, en San Luis Potosí, quien no sólo toleró sino que incluso alentó los vicios que tanto aborrecían los reformistas—.[310] En este renglón, al igual que en otros, el maderismo determinó los fines, pero no dispuso los medios; cabe señalar que posteriormente estos mismos fines fueron perseguidos por hombres que, como el propio Calles, estaban dispuestos a tomar medidas más drásticas, aunque no necesariamente más eficaces.

El mismo criterio se aplicó en el campo de la educación. A pesar del énfasis retórico, en los términos prácticos "se logró relativamente poco": quizá se establecieron 50 escuelas rurales; los estudiantes de primaria del Distrito

---

[306] Valadés, *Imaginación*, II, p. 246; Márquez Sterling, *Últimos días*, p. 170.
[307] De J. M. Loera a Madero, 3 de noviembre de 1912, AFM, r. 22.
[308] Beezley, *Insurgent Governor*, pp. 103-113; Óscar J. Martínez, *Border Boom Town: Ciudad Juarez Since 1848*, Austin, 1978, p. 53.
[309] Aguilar Camín, *La Revolución sonorense*, pp. 208 y 212.
[310] Beezley, *Insurgent Governor*, p. 103; Martínez Núñez, *San Luis Potosí*, p. 30.

Federal recibieron zapatos, ropas y cantimploras; se fundó un par de escuelas dedicadas a la agronomía y la industria.[311] Un buen indicador del compromiso del régimen a este respecto, sería el presupuesto total destinado a la educación; sin embargo, las cifras de los estudiosos difieren. Ross, por ejemplo, menciona un presupuesto de 12 millones de pesos, es decir, un aumento de 50% con respecto al Porfiriato. Wilkie, en cambio, afirma que el presupuesto que Madero destinó a este rubro fue igual al del Porfiriato; es decir 7% del total del gasto público.[312] La poca confiabilidad de estos datos descarta la posibilidad y el interés de realizar complejas comparaciones matemáticas. No obstante, es indudable que Madero se abstuvo de realizar cambios decisivos en la política educativa: no floreció "una nueva filosofía ni un concepto [distinto] de la educación"; tampoco se llevaron a cabo intentos reales por alfabetizar ni por ilustrar a las masas.[313] Incluso, si se aceptan las cifras de Ross, el aumento en el presupuesto de educación representa, en parte, una tendencia continua y de largo plazo, puesto que el gasto en educación ya había empezado a elevarse desde 1900. Esto no es de sorprender, sobre todo a la luz del compromiso de los porfiristas con la educación (de cierto tipo y para determinada gente), y de la evidente continuidad de las políticas instrumentadas (por ejemplo, la creación del sistema nacional de primarias), a los que se añade la constante discusión de tales políticas (como lo demuestran los sucesivos Congresos Nacionales de Educación Primaria).[314] Quizá el énfasis en las escuelas rurales y en los planes para una educación rural más adecuada, iniciados por Pino Suárez a finales de 1912, muestra el cambio de las políticas; sin embargo, al igual que muchas otras medidas maderistas, éstas llegaron demasiado tarde como para dejar una huella o, incluso, como para alcanzar una cierta claridad conceptual.[315]

La obvia limitante económica inhibió también la reforma maderista. La adquisición de tierras para su distribución, los créditos rurales y las mejoras educativas, dependían estrechamente del presupuesto; lo mismo ocurría con las obras públicas que el régimen (de nuevo conforme a los precedentes del Porfiriato) deseaba llevar a cabo. El gobierno intentó reparar los daños que sufrieron los ferrocarriles durante 1910-1911 en todo el país; pretendió construir nuevas líneas y racionalizar la administración del sistema. Para lograrlo era necesario adquirir, entre otras cosas, el Ferrocarril Nacional de Tehuantepec, que estaba en manos de *lord* Cowdray, y continuar las mejoras portuarias en Salina Cruz y Puerto México. Conforme a la promesa electoral hecha por Madero en 1911, Frontera también se vería beneficiada por las obras de dragado. Por otra parte, se desarrollaron los planes para la electrificación del

---

[311] Cumberland, *Genesis*, pp. 251-252.
[312] Ross, *Madero*, p. 247; Wilkie, *Federal Expenditure and Social Change*, pp. 160-162.
[313] Cumberland, *Genesis*, p. 251.
[314] Vázquez de Knauth, *Educación*, pp. 93-94.
[315] Valadés, *Imaginación*, II, p. 258.

centro de México.³¹⁶ La falta de fondos y de tiempo frustraron todos estos proyectos. Las negociaciones con Cowdray se prolongaron tediosamente debido a los retrasos ocasionados por las crisis políticas y la incertidumbre financiera; en su intento por obtener un préstamo para la adquisición de la línea de Tehuantepec, el gobierno se enfrentó a la oposición del Congreso y las negociaciones con Cowdray, a punto ya de concluir, quedaron truncas ante la caída del régimen de Madero.³¹⁷ Los problemas financieros eran todavía más agudos en el plano local. Fue necesario postergar indefinidamente proyectos de gran importancia para los gobernadores progresistas. El plan del gobernador Guillén para la construcción de una red de carreteras en Chiapas, por ejemplo, requería de fondos federales que eran imposibles de obtener; en Campeche, Castillo Brito contemplaba "una serie de obras materiales importantes e indispensables, que mi gobierno se propuso realizar", entre las que se incluían la construcción de una cárcel, la fundación de una escuela industrial, el servicio de transbordadores a El Carmen, la pavimentación de Campeche y la construcción de una nueva carretera, la "Calzada 20 de Noviembre de 1910"; sin embargo, estas obras exigían fondos federales inalcanzables.³¹⁸

Algunos gobernadores no se atrevieron a soñar siquiera con nuevos proyectos del tipo de los que consiguen votos, pues se hallaban entregados a la satisfacción de las necesidades cotidianas. Si la expansión parecía factible en el sur, por estar relativamente libre de las crisis políticas (Castillo Brito justificó su petición de fondos federales en "el odio implacable [de los campechanos] hacia cualquier cosa que sugiera revuelta o traición"), en otras partes, en cambio, la supresión de los avances estuvo a la orden del día. Hacia finales de 1912, Guanajuato tenía una deuda de dos millones de pesos, cantidad que, en gran medida, se había destinado a financiar las tropas estatales; además, se encontraba en negociaciones para obtener un préstamo en el mercado de Nueva York. En San Luis Potosí, donde el presupuesto proyectado para 1913 era tres veces mayor al de 1910, la administración debía el alumbrado público de un año a la Light and Power Co., por lo que pendía sobre la ciudad la amenaza de una suspensión de la energía eléctrica; para evitar la bancarrota, el gobernador Cepeda se vio obligado a vender tres edificios públicos.³¹⁹ El gobierno del estado de Oaxaca presentó pérdidas mensuales por 30 000 pesos y solicitó un préstamo al gobierno federal. Aunque Madero estaba en posibilidad de destinar dos millones de pesos para pagar los intereses de varias deudas estatales, con objeto de proteger el crédito de México, no podía sa-

---

³¹⁶ Cumberland, *Genesis*, pp. 250-251; Ross, *Madero*, pp. 248-249.

³¹⁷ De J. Body a Cowdray, 18 de marzo, 21 de septiembre, 5 de octubre de 1912 y 10 de enero de 1913, Documentos Cowdray, caja A/4.

³¹⁸ De Madero a Guillén, 14 de noviembre de 1912, AFM, r. 11; de Castillo Brito a Madero, 4 de febrero de 1913; Fabela, DHRM, RRM, V, pp. 15-18.

³¹⁹ Schuyeer, Ciudad de México, 13 de diciembre de 1912, informes de Guanajuato enviados por posta; Bonney, San Luis, 14 de enero de 1913; SD 812.00/5729, 5908.

near las deterioradas finanzas estatales.[320] Así, el presidente se encontró entre un Congreso crítico, preocupado por el presupuesto, y los gobernadores ávidos de fondos federales, bien fuera para realizar obras públicas, pagar intereses o, como en los casos de Sonora y Coahuila, para mantener las fuerzas militares del estado. Madero no podía satisfacer ambas partes y las protestas de los gobernadores no se hicieron esperar: Maytorena y Carranza organizaron una reunión *à deux*, y es posible que no se limitaran a intercambiar quejas y que consideraran acciones más drásticas para vencer lo que ellos calificaban como obstinación de Madero.[321] Mientras tanto, en enero de 1913, el Congreso redujo a 40 millones de pesos una solicitud de aprobación para un préstamo por 100 millones; además, dicha aprobación se estancó una vez que alcanzó al senado. Ésta era la situación cuando, conforme a las palabras de un comentarista, "el 9 de febrero [de 1913], la mesa se volteó, las luces se apagaron y el juego terminó".[322]

Aunque varios de los estados más conflictivos se enfrentaron a las crisis presupuestales, la situación de las arcas nacionales era menos severa. En este rubro, sin embargo, las opiniones también difieren. Es indudable que hubo periodos en que las finanzas del gobierno parecieron debilitarse: en la primavera de 1912, durante la época de la revuelta de Orozco y de nuevo en octubre, cuando la oposición en el Congreso inició rumores en torno a la "bancarrota nacional".[323] Estos "graves problemas financieros" también pueden servir para disculpar los fracasos maderistas; sin embargo, por otra parte, no han faltado apologistas de Madero que argumenten que las finanzas del gobierno eran sólidas, prósperas y todo un logro del régimen.[324] Nuevamente, la interpretación de este aspecto del régimen maderista depende del criterio de comparación empleado. Si se compara con el final del Porfiriato, el periodo de Madero muestra algunos retrocesos inquietantes con respecto a la historia financiera anterior, aunque cabe destacar que hubo un notable incremento de los costos militares. En pocas ocasiones, no fue posible pagar los salarios de las tropas. El Congreso (impulsado principalmente por razones políticas) se negó a cooperar en la autorización de préstamos; por primera vez en muchos años, el crédito de México en el extranjero se convirtió en un problema cuya magnitud fue causa de preocupación oficial. El administrador de los Ferrocarriles Nacionales tuvo dificultades para renovar sus documentos de crédito; lord Cowdray temió una caída de la Bolsa mexicana y sus representantes en México enfrentaron innumerables problemas en sus transacciones con el

---

[320] Lawton, Oaxaca, 4 de enero de 1913, SD 812.00/5879; de Madero a Guillén, 14 de noviembre de 1913, AFM, r. 11, a Medina Garduño, 8 de diciembre de 1912; Fabela, DHRM, RRM, IV, p. 237.
[321] Aguilar Camín, *La Revolución sonorense*, pp. 225, 302 y 306.
[322] De Body a Cowdray, 8 de febrero de 1913, Documentos Cowdray, caja A/4; Bell, *Political Shame*, p. 236.
[323] *Ibid.*, p. 188; Ross, *Madero*, pp. 227-228.
[324] Cumberland, *Genesis*, p. 185; *cf.* Valadés, *Imaginación*, II, p. 251; Bonilla, *El régimen maderista*, pp. 123-124.

EL RÉGIMEN DE MADERO. EL EXPERIMENTO LIBERAL 609

gobierno, debido a la crisis política y a la incertidumbre financiera.[325] Como se ha señalado, Madero recuperó algunos préstamos estatales y, se decía, la repentina e impopular movilización de tropas desde Acapulco hasta la hacienda de los Rothschild en la desembocadura del Balsas, obedeció a exigencias financieras más que militares.[326] Por otra parte, el panorama general desalentó la inversión extranjera directa.[327]

Si todo esto pareció un retroceso mayor en comparación con el régimen porfirista, la realidad subyacente en las finanzas del gobierno no era tan desoladora ya que reflejaba la capacidad de recaudación de la economía "real". Los ingresos del erario excedieron al gasto en 1910-1911 y en 1911-1912 (aunque el monto del superávit de 1911-1912 dependió de las reducciones en el gasto más que de un incremento en las rentas públicas).[328] La recaudación aduanal se incrementó en el segundo semestre de 1912, en comparación con 1911, como resultado del nivel sostenido por el comercio exterior: las importaciones permanecieron estables entre 1909 y 1913, pero las exportaciones aumentaron, generando así un saludable excedente en el comercio.[329] El peso permaneció firme y "todas las obligaciones del gobierno federal con respecto a la deuda pública fueron satisfechas religiosamente dentro del año fiscal de 1912-1913".[330] Es evidente que la Revolución aún no causaba estragos en la economía mexicana. En el campo de la minería, el antiguo nivel de producción de plata mantuvo su nivel, a diferencia de la producción de oro que decayó; la de cobre, sin embargo, mostró un incremento.[331] El efecto de la Revolución varió según las regiones y los sectores, de modo tal que la declinación en algunos puntos fue compensada por la prosperidad prevaleciente en otros. Por ejemplo, el comercio en la frontera norte sufrió, pero el comercio sostenido de los puertos del Golfo logró equilibrar la contracción observada en el norte. Los informes locales confirman este patrón: durante 1912 el comercio en San Luis Potosí permaneció deprimido, lo que contribuyó a agudizar los crecientes problemas financieros del gobernador Cepeda; la mayoría de las minas en Durango se vieron obligadas a cerrar durante prolongados periodos[332] y muchas haciendas algodoneras en La Laguna fueron saqueadas. Sin embargo, aun en las regiones que presentaban mayores problemas, los negocios desplegaron una gran energía e inventiva a pesar de las circunstancias adversas; con el fin de mantener la producción, con frecuencia se pactó con las

---

[325] De Cowdray a Body, 19 de mayo de 1911, Documentos Cowdray, caja A/3, y 14 de enero de 1913, caja A/4; de Body a Cowdray, 22 de marzo, 21 y 27 de septiembre, y 25 de octubre de 1912, caja A/4.

[326] Edwards, Acapulco, 26 de septiembre de 1912, SD 812.00/5213.

[327] Bell, *Political Shame*, p. 187.

[328] *Mexican Year Book 1914*, pp. 8-9.

[329] Cumberland, *Genesis*, pp. 206-207.

[330] *Mexican Year Book 1914*, p. 10.

[331] Bernstein, *Mexican Mining Industry*, pp. 128-129.

[332] Bonney, San Luis, 30 de marzo y 13 de agosto de 1912; Hamm, Durango, 3 y 4 de mayo y 16 de octubre de 1912, SD 812.00/3497, 4661; 3795, 3899, 5322.

fuerzas rebeldes o con los bandidos. El hecho de estar en posibilidad de llevar a cabo tales negociaciones (para alivio de sus empleados), es otra evidencia de la posición marginal de los intereses extranjeros en la Revolución: los cierres fueron resultado de las quiebras financieras o de los problemas de transportación ocasionados por la lucha; no fueron producto de acciones revolucionarias hostiles, y menos aún de alguna política de nacionalismo económico que emanara del régimen de Madero.[333]

Hubo regiones donde los efectos de la Revolución fueron limitados o transitorios. En Yucatán y en el sureste, florecieron las exportaciones agrícolas.[334] En el puerto de Salina Cruz, el trabajo mantuvo ocupados a los hombres noche y día, y el Ferrocarril de Tehuantepec, objeto de las prolongadas negociaciones de Cowdray con el gobierno, efectuó "una tremenda transportación por el Istmo".[335] Si bien el interior podía estar asolado por la rebelión, los puertos —como Tampico y Manzanillo— prosperaron (facilitando la militancia de los estibadores); la capital del país y, como siempre, Monterrey, continuaron con un elevado ritmo de transacciones comerciales.[336] Quizá el mejor ejemplo de la elasticidad económica fue Coahuila. Bajo el azote de las incursiones orozquistas y ante la interrupción de los abastos —especialmente de guayule— que llegaban de Viesca y de otros puntos en el occidente, el estado entró en una depresión económica en la primavera de 1912. Pero con la derrota de Orozco en el verano, los negocios revivieron; las minas lograron continuar sus operaciones y se observó "un aumento anormal en las exportaciones" con destino a los Estados Unidos; a mediados de julio comenzaron a llenarse los hoteles de Saltillo con "agentes viajeros y turistas en busca de climas más frescos para veranear".[337] Posteriormente tendremos ocasión de comparar esta condición de la economía del noreste durante 1911-1912 —una vez vencidos los obstáculos— con la de 1913-1914, periodo en que se presenció el inicio del inexorable declinar económico.[338]

Entre 1911 y 1913, la economía y las finanzas del gobierno —que se apoyaban en ésta— eran básicamente sólidas aunque se encontraban sujetas a más presión y fueron causa de mayor alarma que durante la época de Díaz. Hasta ese momento, el daño hecho por la Revolución era limitado y reparable: la economía maderista estuvo más cercana, en carácter y apariencia, a su predecesora del Porfiriato que a la estructura débil y tambaleante de los años 1914-1918, caracterizada por la inflación, el caos fiscal, el desempleo, el hambre, la enfermedad y la pobreza. De lo anterior se desprende que es difí-

[333] Knight, *Nationalism, Xenophobia and Revolution*, pp. 282-299, 320 y ss.
[334] *Mexican Year Book 1914*, pp. 17-18.
[335] Haskell, Salina Cruz, 2 de abril de 1912, SD 812.00/3568.
[336] Kirk, Manzanillo, 28 de marzo de 1912, SD 812.00/3496; de E. D. Fuller a S. F. Poutry, 16 de abril de 1912; Hanna, Monterrey, s. f., recibido el 24 de julio de 1912; SD 812.00/3723, 4482; *New York Times*, 24 de febrero de 1912.
[337] Holland, Saltillo, 2 y 7 de julio y 10 de agosto de 1912, SD 812.00/4389, 4427, 4644.
[338] Véase cap. VII.

cil aceptar que el fracaso político del maderismo se haya derivado de problemas financieros: la falta de fondos no socavó al régimen ni le impidió la instrumentación de las nuevas políticas radicales (excepto en el importante sentido negativo de que la solvencia implica moderación a fin de mantener una solvencia estable, mientras que, como lo demostraron experiencias posteriores, la bancarrota puede originar radicalidad: *va banque* resulta más atractivo cuando ya no queda nada en el banco). Al parecer, a diferencia de algunos de sus sucesores, Madero no se vio obligado a tomar medidas desesperadas ni radicales aunque su régimen no estuvo libre de deudas. El fracaso del régimen para implementar políticas más drásticas dependió más de las presiones internas de carácter político que de las presiones financieras desde el exterior. En otras palabras, los maderistas trazaron su propio destino al aferrarse a funcionarios y políticas que no podían asegurar la paz ni propiciar "la mejoría de los pobres", objetivos a los que Madero aspiraba sinceramente.[339] No obstante, el "fracaso" del maderismo, tantas veces discutido, ha sido mal interpretado también con frecuencia. El carácter de este fracaso exige un análisis cuidadoso del escenario en el que se desarrolló la debacle final del régimen.

La apostasía liberal

En temas como éste, fácilmente se puede ser un sabio a la luz de acontecimientos pasados; sin embargo, resulta necio imponer prejuicios ahistóricos sobre los regímenes pasados. Entre los estudiosos existe una cierta inclinación por destacar las fallas de Madero (de Kerensky o de Allende) y por señalar cómo debieron instrumentarse tales o cuales políticas. Estas hipótesis contrafactuales no son intrínsecamente ilícitas e incluso pueden ser útiles, aunque también es posible que devengan en falacias o en malentendidos. Es medular que los investigadores que recurren a dichas conjeturas aclaren lo que está en juego en sus formulaciones. Podemos proponer dos tipos de hipótesis. Una permite cualquier proposición contrafactual, por inconcebible o "ahistórica" que parezca, siempre que esté claramente establecido que no se trata de un supuesto de lo que pudo ser, sino del replanteamiento de una vieja cuestión a partir de medios contrafactuales. El afamado análisis de Robert Fogel sobre una economía norteamericana sin ferrocarriles, significa una forma nueva de plantear esta pregunta: "¿cuál fue la contribución de los ferrocarriles al desarrollo de la economía de los Estados Unidos?"[340] En el caso de México, resulta provechoso proponer hipótesis acerca del desarrollo del país en ausencia de la Revolución, no a partir de un impulso reaccionario o de una visión ingenua o accidental de la historia, sino con el fin de destacar los efec-

---

[339] J. B. Brody, memo. de la entrevista de Cowdray con Madero, 26 de septiembre de 1911: Documentos Cowdray, caja A/3.

[340] Robert Fogel, *Railroads and American Economic Growth: Essays an Econometric History*, Baltimore, 1964.

tos de la Revolución, de subrayar los momentos en que fortaleció o abandonó las tendencias prerrevolucionarias, y de evitar el viejo error de *post hoc ergo propter hoc* (pecado frecuente de la historiografía posrevolucionaria). Si bien este ejercicio es útil, cabe señalar que es puramente lógico, esto no implica que el autor de una hipótesis contrafactual deba creer que las cosas *podrían* haber seguido un curso determinado con sólo algunos cambios menores. En efecto, consiste en una abstracción artificial de una variable importante, por medio de la cual se puede comprender el papel causal de ésta; no implica la imposición arbitraria de preferencias ahistóricas de tipo normativo (por ejemplo que los Estados Unidos hubiera sido un país más rico sin ferrocarriles, o que, en ausencia de la Revolución, México hubiera alcanzado un mejor desarrollo).

Sin embargo, las hipótesis contrafactuales sobre la figura de Madero a menudo son poco concebibles y altamente normativas. Es inútil especular acerca de las profundas reformas sociales que Madero pudo haber instrumentado (generalmente en este tipo de propuestas se añade que Madero debió realizar dichas reformas); y resulta irrelevante culpar a Madero y a su gabinete por no haber construido el socialismo en México. Al respecto, Gladstone o Gambetta también resultarían culpables; sin embargo, por alguna razón, los dirigentes europeos no pasan tan a menudo por esta extraña forma de crítica.[341] Debido al carácter del maderismo y de México, las profundas reformas sociales eran inconcebibles (al igual que la alianza obrero-campesina, favorita de los autores de hipótesis contrafactuales).[342] Asimismo, otros desarrollos eran por completo concebibles: el respeto de Madero por las grandes haciendas, o el "economicismo" de los nacientes sindicatos. La especulación que ignora estas coacciones inexorables es ahistórica y carece del valor heurístico de, por ejemplo, la hipótesis del ferrocarril de Fogel (que se ocupa del análisis de una variable real y particular, en vez de manejar opciones hipotéticas alternativas).

Pero existe una especie distinta de hipótesis contrafactual que el historiador debe intentar: aquella que no es normativa y que descarta precisamente lo "inconcebible" para permanecer dentro de los límites de lo verosímil. Quizá para el filósofo todos los sucesos están determinados de igual manera y, hasta cierto punto, de manera inevitable, ya sea que se trate de una revolución social o de los resultados de las carreras de caballos de este año. Pero es necesario que el historiador reconozca los grados de inevitabilidad: algunos sucesos son, por usar la jerga de moda, "sobredeterminados"; otros son "accidentales" no porque carezcan de causa, sino porque un resultado alternativo estaba dentro de los límites de la posibilidad. Este segundo tipo de suce-

[341] Ruiz, *The Great Rebellion*, es un ejemplo. Para Ruiz, Zapata se encontraba "muy a la izquierda" de los "legítimos revolucionarios"; aun así, éste no puede ser comparado con "V. I. Lenin, quien planeaba ya el complot para derrocar a la Rusia de los zares", p. 204. De acuerdo con este criterio, excéntrico y arbitrario, México tenía unos cuantos "revolucionarios genuinos" y, por lo tanto, no una "revolución" sino una "gran rebelión".

[342] Gilly, *Revolución interrumpida*, p. 393.

sos concierne por lo general a los fenómenos individuales (por oposición a lo colectivo), lo cual no significa que siempre sea irrelevante desde el punto de vista de la historia. Madero pudo morir en la batalla de Casas Grandes en marzo de 1911, en lugar de sólo ser herido; Bernardo Reyes, en cambio, pudo ser herido en el Zócalo en febrero de 1913 y, sin embargo, murió. Ambos resultados son importantes, aunque carecen de la inevitabilidad del rechazo de Madero a la expropiación agraria o al radicalismo revolucionario de parte de los sindicatos. Asimismo, en el campo de la política, donde las voluntades y decisiones humanas (más que la puntería federal o las leyes de la balística) determinaron los resultados, hay grados en lo inevitable y, por lo tanto, existe una posibilidad de resultados alternativos. El régimen maderista jamás se propuso expropiar a los terratenientes, pero el creciente debate sobre el problema agrario produjo distintas políticas a manera de respuesta. En otras áreas, la política maderista también reflejó las divisiones y debates gubernamentales, y es en este contexto —no en el de las diversas filosofías políticas en el mundo— donde es posible considerar las distintas opciones que *pudieron* determinar el mayor éxito del régimen y su estabilidad. Sólo en la medida en que estas alternativas políticas viables existieron, y únicamente en la que fueron propuestas y rechazadas, es posible juzgar los fracasos del régimen, criticar su miopía e incapacidad; pero si tales alternativas no estuvieron en juego, entonces el fracaso atribuido al maderismo adquiere el carácter de la tragedia griega en la que sus actores no pueden escapar de su destino, ya que éste se impone a pesar del ingenio, la virtud o la inventiva del ser humano.

El pensamiento maderista observó una evolución gradual en los campos de la reforma laboral y agraria (ahí, donde la especulación contrafactual ha sido más vigorosa e imaginativa), pero la política maderista en estas áreas provocó más consenso que conflicto; por otra parte, existen pocas evidencias sobre el rechazo de una alternativa radical y coherente en favor del reformismo tibio que prevaleció. En otras cuestiones, en cambio, surgió un debate real dentro de las filas maderistas y se defendieron alternativas factibles y genuinas frente a la política gubernamental. Dichas cuestiones fueron principalmente políticas —más que socioeconómicas—; por lo tanto, son las alternativas surgidas en la esfera política las que pueden aportar una base para las hipótesis contrafactuales verosímiles que sirvan para una crítica legítima del régimen.

Como lo hemos señalado, el gobierno se mostró menos tolerante con los rebeldes populares que con los disidentes que pertenecían a la nación política. En lo que se refiere a estos últimos, el régimen esperaba la conversión y colaboración al interior de la nueva política; por lo tanto, Almazán —al igual que otros disidentes de la clase media, como Pedro de los Santos— podía esperar una actitud más benevolente que Zapata o los yaquis. Es más, la nación política todavía incluía a un numeroso sector del Porfiriato que también recibió un trato tolerante. Sin embargo, surgió un amplio debate al respecto dentro de las filas maderistas. Al principio, muchos maderistas, especialmente los jóvenes militares, objetaron la sobrevivencia y promoción de los porfiristas dentro del nuevo régimen.[343] Después, sus colegas civiles de mayor edad se unieron a la defensa de esta posición. En enero de 1913, el Bloque Renovador, formado por aproximadamente 80 diputados nacionales maderistas, presentó una extensa propuesta al presidente en la que formulaba sus críticas al régimen. No abordó problemas "socioeconómicos" pero, en cambio, puso de relieve los fracasos políticos e invitó a tomar urgentes medidas en este campo: había demasiados porfiristas en cargos de importancia y desde ahí obstaculizaban al gobierno; se había permitido que la prensa de oposición envenenara a la opinión pública. El Bloque Renovador, aunque trabajaba por los intereses del gobierno, había sido ignorado, menospreciado y ridiculizado por los ministros y por sus funcionarios; el poder judicial, de manera particular, estaba invadido por porfiristas y se requería una reforma urgente. El Ministerio de Gobernación había permitido que en muchos estados "ni los jefes políticos ni los funcionarios municipales sean leales a usted [Madero] o a la causa de la Revolución"; por lo tanto, era necesario "modificar la actual psicología política de estos estados", y era una cuestión de "vida o muerte" que exigía un esfuerzo político "diario, infatigable, resuelto, diligente, denodado, tenaz, hasta convertirse en una auténtica obsesión". En síntesis, los renovadores concluyeron que el poder del gobierno y el prestigio de la causa revolucionaria habían sufrido porque: "la Revolución no había gobernado con la Revolución"; y "sólo los revolucionarios en el Poder, pueden sacar avante la causa de la Revolución".[344]

Éste era un llamado no sólo al ascenso de los correligionarios, sino también a la proscripción del enemigo, y muchos otros maderistas se adhirieron a esta postura. Ya en 1911, Roque Estrada y Alfredo Robles Domínguez habían advertido los peligros de una conciliación excesiva con el antiguo régimen.[345] Gobernadores como Cepeda, Carranza y Maytorena se enfrentaron a los efectos de esta política en 1912.[346] El vicepresidente Pino Suárez ("fumando un rico cigarro de Vuelta Abajo y con una copa con chartreusse [sic] entre sus dedos") le confió a un diplomático que el gobierno se enfrentaba a una situación crítica: "la política de acercamiento al aristócrata... nos lanza a los abismos. No somos ahora un gobierno precisamente *científico*, pero tampoco somos un gobierno popular"; ante tal predicamento "sólo un cambio de métodos podrá evitar la catástrofe; pero el cambio está planteado y el gobierno se apartará del precipicio. Una mano enérgica, una dirección política determinada, concreta, invariable, es cuanto requiere la salud alteradísima del país".[347] De este

---

[343] Véanse pp. 298-301.

[344] Fabela, DHRM, RRM, IV, pp. 358-371; y p. 411 para una lista no del todo confiable de renovadores.

[345] De R. Estrada a Madero, 26 de junio de 1911, AFM, r. 20; de Robles Domínguez a Madero, s. f., octubre de 1911, AARD 36/1.

[346] Véanse pp. 596-572.

[347] Márquez Sterling, *Últimos días*, p. 158.

modo, en 1912 se compartía cada vez más la postura —particularmente entre los maderistas más poderosos— de que el régimen debía tomar medidas más radicales, al menos en la esfera política. Esto significaba, principalmente, la eliminación de los antiguos centros del poder porfirista y el ascenso de los maderistas leales. Implicaba realizar políticas certeras de purga y proscripción y dar fin a las políticas conciliatorias; exigía descartar la creencia consoladora de que todos los mexicanos, incluso los porfiristas, podían integrarse a la nueva política. Aunque para lograrlo era necesario derogar el principio liberal, esta postura no se oponía a los supuestos fundamentales del maderismo, a diferencia, por ejemplo, de la expropiación agraria. Más aún, podía justificarse en términos de la promesa inicial de Madero de derrocar al antiguo régimen (político) y desarticular los viejos monopolios políticos.

Se consideró que este maderismo agresivo era políticamente indispensable y factible tanto en el terreno práctico como ideológico. Gustavo Madero, destacado entre las filas del maderismo agresivo, tomó cartas en el asunto. Organizó a los diputados maderistas en el Congreso (y, quizá, también a la porra en las calles) y alertó a su hermano sobre las maquinaciones de la oposición.[348] Algunos argumentaron que incluso fue más lejos, elaborando listas de enemigos que debían ser eliminados para cuando surgiera la confrontación final.[349] Por otra parte, también era necesario continuar con la renovación política local iniciada en 1911. Si bien es cierto que en muchos estados (como Jalisco) el sistema de jefaturas todavía daba lugar a abusos y quejas, había otros gobernadores maderistas, como Riveros en Sinaloa, que destituyeron a varios jefes titulares; o como Cepeda, en San Luis Potosí, que abolieron dicha institución por completo y con un enorme apoyo popular.[350] En Coahuila y en Sonora, los gobernadores maderistas preservaron celosamente a las fuerzas irregulares del estado, y aunque al hacerlo provocaron disputas con el "centro", confirieron cierta independencia al ejército federal.[351]

Es obvio que los gobernadores maderistas estaban en posibilidad de ir más lejos en sus ataques a la vieja guardia; pudieron convocar al poder compensatorio de los grupos rivales: veteranos del ejército de liberación, los renovadores e incluso los sindicatos y las fuerzas campesinas. Con los auspicios adecuados del gobierno, esta medida no necesariamente era receta para provocar la anarquía (como lo atestiguan los acontecimientos posteriores a 1915). Pero, a pesar de que algunos maderistas avanzaron hacia esa dirección, el tenor prevaleciente del régimen permaneció sin las necesarias modificaciones. Algunos maderistas, temerosos del movimiento popular, sucumbie-

---

[348] Bell, *Political Shame*, pp. 253-260; Pani, *Apuntes*, pp. 124-125; Aguirre Benavides, *De Francisco I. Madero*, p. 54.

[349] Stronge, Ciudad de México, 22 de febrero de 1913, FO 371/1672, 13389.

[350] Bonney, San Luis, 16 de octubre; Brown, Mazatlán, 19 de octubre de 1912, SD 812.00/5310, 5375; para un ejemplo de los abusos continuos, Magill, Guadalajara, 16 de octubre de 1912, SD 812.00/5369.

[351] Véanse pp. 542-544 y 569-572.

ron ante las lisonjas de los conservadores; para ellos, la política y el personal del viejo régimen representaban la protección necesaria en contra de las revueltas y los levantamientos; su convivencia con la "aristocracia" del Porfiriato (parafraseando a Pino Suárez) fue positiva e incluso entusiasta. Sin embargo, hubo otros maderistas —entre los cuales el propio Madero es el ejemplo clásico— que mantuvieron una fe sincera en la nueva política, que lamentaron —si bien no pudieron evitar— la continuidad de los viejos abusos, y se aferraron al principio de conciliación y conversión paciente. No estaban dispuestos a las purgas políticas, a la manipulación de la prensa ni al uso de la porra; tampoco desearon reconstituir completamente la burocracia o el gobierno local, ni organizar fuerzas irregulares que rivalizaran —y por lo tanto disputaran— con el ejército federal. En su opinión, los aún poderosos sobrevivientes del viejo régimen aguardaban la redención y no la aniquilación. De ahí que Madero fuera tan magnánimo en su tratamiento de los rebeldes conservadores como Reyes y Félix Díaz; es más, la cuestión del destino de Félix Díaz después de su frustrado golpe en 1912, significó una suerte de prueba para las actitudes y fuerzas de los gavilanes y las palomas del maderismo.[352]

De manera similar, Madero desechó con demasiada prontitud los informes en torno a las deserciones y traiciones militares, y cuando los renovadores ejercieron presión para que tomara medidas más rigurosas y eliminara a los elementos del Porfiriato, exhortándolo a "gobernar con la revolución", los escuchó gentilmente y les aconsejó olvidar sus temores. Uno de estos intercambios se llevó a cabo entre Madero y Pani durante un recorrido de la limusina presidencial por el Paseo de la Reforma. Al dejar atrás las puertas del Palacio Nacional, algunos transeúntes aplaudieron y el presidente, dirigiéndose a Pani y "cerrando lapidariamente nuestra exposición, exclamó: 'Nada hay que temer mientras el pueblo me aplauda'".[353] Esta confianza palpable a lo largo de la gestión de Madero, con el tiempo perdió sus bases.[354] Así, a pesar del comentario del vicepresidente (al ministro cubano) respecto a la gestación de las nuevas políticas firmes, existe poca evidencia práctica sobre dicho desarrollo; el maderismo agresivo era un objeto de debate más que de acción. Es más, hacia fines de 1912 Madero pareció adquirir nuevo poder político y una confianza mayor, lo cual, lejos de impulsarlo hacia las políticas agresivas propuestas por los renovadores, lo alentó a retomar su natural y fácil optimismo.[355] Es revelador que, justo a principios de 1913 —cuando Cabrera, principal vocero del agrarismo oficial, abandonaba la Ciudad de México—,

---

[352] Ross, *Madero*, pp. 273-274.

[353] Pani, *Apuntes*, pp. 150-151; Bell, *Political Shame*, p. 260, cita a Gustavo Madero refiriéndose a la reacción incrédula de su hermano ante los rumores sobre una traición militar; sobre esto véase también Katz, *Secret War*, p. 92.

[354] Por ejemplo: de Madero a F. González Garza, 30 de julio de 1911; Fabela, DHRM, RRM, I, pp. 443-446.

[355] Bell, *Political Shame*, p. 248.

Gustavo Madero, el decano de la facción combativa del maderismo, programaba una visita oficial a Japón; conforme a sus palabras (de acuerdo con una fuente cuya validez es difícil de evaluar): "No puedo lograr nada aquí excepto mi propio descrédito. Que ellos manejen las cosas a su manera".[356]

En esto, pues, consistían los pecados de omisión de los maderistas —y, en particular, de Madero—: no en su fracaso para instrumentar, por ejemplo, las reformas agrarias de fondo, sino en su negativa para adoptar políticas factibles que, a la sazón, se debatían y eran capaces de colocar al régimen sobre bases más firmes. El régimen es responsable de sus errores, en la medida en que se acepte esta proposición limitada y contrafactual (de naturaleza verosímil). Más aún, es posible identificar los pecados de comisión del régimen, esto es, los corolarios positivos de estos fracasos negativos, ya sea los perpetrados por los maderistas o aquellos que se llevaron a cabo bajo sus auspicios. Vale añadir que estos pecados no fueron inevitables (o de carácter "sobredeterminado"). Además de permitir la sobrevivencia de los elementos del gobierno anterior, el régimen permitió —y en muchos casos practicó— una amplia gama de abusos a la manera del Porfiriato, que dejaron manchas indelebles en su reputación liberal y socavaron su popularidad y legitimidad. Si bien es cierto que no cabe cuestionar su omisión respecto a las reformas sociales de fondo (ya que en cierto sentido esto era "inevitable"), es posible afirmar que la apostasía de los liberales al recurrir —o permitir— tantos abusos porfiristas es un asunto muy diferente. Éstos se dieron de manera cínica y gratuita y, por añadidura, mostraron la miopía de sus perpetradores que, en última instancia, se convirtieron en las víctimas terminales.

Muchas de las traiciones administrativas a los principios liberales no fueron sino pecados menores, si es que llegaron a serlo: transgresiones ocasionales a la libertad electoral (ya hemos señalado los problemas de interpretación inherentes) o la deferencia mostrada para establecer cacicazgos, como en el caso de Lucas en la sierra de Puebla.[357] Parece más grave aún el control ejercido sobre la prensa en marzo de 1912, o la suspensión prolongada de las garantías constitucionales —que permitieron juicios sumarios y la instrumentación de justicia militar en contra de "bandidos" o subversivos— en casi una tercera parte del país.[358] No hay duda sobre la justificación de estos actos en términos de argumentos liberales; se valía limitar algunos elementos de la libertad liberal con el fin de proteger al sistema, y esta defensa fue, en muchos aspectos, el razonamiento filosófico de los maderistas combativos. Sin embargo, dicho argumento causó numerosos debates, además de facilitar el abuso y la malas interpretaciones. La suspensión de garantías, por ejemplo, "aunque pudiera justificarse, era intensamente antipopular por ser conside-

[356] *Ibid.*, p. 257. El viaje nunca se realizó: en realidad, el 19 de febrero, fecha programada para la salida de Gustavo Madero, éste acababa de ser asesinado.

[357] Véanse pp. 489-491.

[358] Pani, *Apuntes*, pp. 124 y 134-135; Womack, *Zapata*, p. 147; Wilson, Ciudad de México, 26 de agosto de 1912, SD 812.00/4720.

rada manifestación de una tiranía en profunda contradicción con la filosofía fundamental de la Revolución".[359] El control oficial sobre los sindicatos, la detención de "agitadores" laborales y la supresión de huelgas, eran acciones que recordaban las prácticas del Porfiriato, aunque es cierto que éstas fueron menos frecuentes (en relación con el número de huelgas) después de 1910 y, en ocasiones, también podían justificarse con argumentos liberales. Aquí, de nuevo, los principales maderistas adoptaron distintas posiciones: por ejemplo, el gobernador de Sonora, seducido por los precedentes del Porfiriato, aprobó el envío de los agitadores laborales de Cananea a las plantaciones de Quintana Roo aun cuando sus consejeros, en un intento por mantener el tono oficial del nuevo régimen, lo convencieron de lo contrario.[360]

Pero el paralelismo con las prácticas del Porfiriato se dio principalmente en el trato dado a las rebeliones rurales. Éstas ocurrieron en la provincia, donde el control del ejecutivo nacional era más débil; sus víctimas eran una serie de rufianes rurales que, se consideraba, no merecían nada bueno. En Morelos, ejemplo por excelencia, la campaña de 1912 del general Robles estuvo teñida por los fusilamientos arbitrarios, la quema de aldeas y la "concentración" de la población civil. Madero lamentó estos actos y dio instrucciones para que los otros comandantes evitaran este tipo de métodos brutales: la quema de Santa María, señaló, dio origen a la costosa hostilidad de Genovevo de la O.[361] Asimismo, Madero deploró el asesinato, por medio de la ley fuga, de Che Gómez en Oaxaca. Pero estas protestas evocaban el lavado de manos de Pilatos, como cada vez que los liberales deploran la brutalidad antiliberal de los efectos de las guerras cuyos objetivos últimos se encargan de respaldar. Si Madero deseaba algún fin (extirpar la rebelión y establecer la paz bajo sus propios términos), de alguna manera salía sobrando la expresión de una conciencia muy escrupulosa acerca de los medios empleados. Por lo tanto, su actitud con respecto a la campaña en Morelos no fue ingenua ni disimulada, como tampoco lo fue su consejo al general Blanquet: "siempre son preferibles las medidas benignas con los habitantes, pues si son simpatizantes del zapatismo, tratándolos bien se hacen amigos del Gobierno; en cambio, está justificado todo rigor para los que se encuentren con las armas en la mano".[362]

El consejo resultó de más. Los comandantes federales, versados en estas campañas punitivas, continuaron con los mismos patrones —aunque algunos no fueron tan sanguinarios, como Juvencio Robles—; a pesar de los cargos de conciencia de Madero, la justicia sumaria y las ejecuciones arbitrarias continuaron (y, en parte, estuvieron legitimadas por la suspensión de garantías impuesta por el propio gobierno). En Morelos, la ausencia de reformas provocó la reanudación de las hostilidades y el general Felipe Ángeles (el

[359] Cumberland, *Genesis*, p. 199.
[360] Aguirre, *Cananea*, p. 181.
[361] De Madero a Blanquet, 21 de diciembre de 1912 y 28 de enero de 1913, AFM, r. 11 y 12.
[362] De Madero a Blanquet, 21 de diciembre de 1912, AFM, r. 11.

gran liberal del ejército federal) se dedicó "al bombardeo e incendio de pueblos sospechosos y a la ejecución en masa de cautivos", aunque con mayor criterio que Huerta o Robles.[363]

La historia se repitió con frecuencia en otras partes. En Oaxaca, la campaña contra los serranos rebeldes dio origen "a muchas anécdotas sobre el asesinato de sospechosos en distintos distritos"; los rebeldes detenidos en la región de Mazapil, en San Luis Potosí, fueron fusilados sin otorgarles la categoría de prisioneros de guerra.[364] En el mismo estado, el general de brigada Manuel Rivera hizo alarde de la tranquilidad prevaleciente; los huelguistas en las minas de La Paz habían sido "sometidos", y una huelga potencial en la fundición fue "evitada". Los prófugos de la penitenciaría estatal fueron recapturados, y en Río Verde y Santa María del Río se dispersó a las fuerzas rebeldes; 78 prisioneros fueron trasladados a la Ciudad de México y se establecieron dos nuevos cuerpos de caballería: "Así pues tengo la satisfacción de presentar esta zona como la más tranquila, siguiendo la táctica de matar en su cuna todos los levantamientos que intenten perturbar el orden".[365] Indudablemente que éste era el curso rápido hacia el ascenso en el viejo régimen; pero lejos estaba de ser el umbral de la política nueva sustentada en los conceptos liberales. Por otra parte, estas actitudes no eran monopolio de los oficiales federales ni de los viejos porfiristas. Por ejemplo, el brigadier Rivera afirmaba gozar del apoyo total del gobernador Cepeda; en Sonora, la guerra yaqui fue continuada de manera similar a la emprendida por el antiguo régimen. Emilio Madero, por su parte, se quejó ante su hermano de que en la región de La Laguna "numerosos individuos que pululan por Haciendas y Ranchos viviendo sin trabajo [y quienes] a diario engrosan de una manera alarmante las gavillas de los bandidos", y aconsejó que fueran deportados a Yucatán o a Morelos, en este último caso para servir en el ejército. Asimismo, solicitó "que se me autorice para remitir a México con ese objeto siquiera a mil de los individuos".[366]

Aparecieron otras acciones características del Porfiriato. La ley fuga prevaleció a pesar de las protestas de Madero ante la muerte de *Che* Gómez. En Tabasco, el editor opositor José Gurdiel Hernández fue víctima de repetidos encarcelamientos y, finalmente, una escolta policial lo fusiló "cuando trataba de escapar". El asesinato ocurrió en la selva del estado y los tabasqueños señalaron que Gurdiel y sus compañeros de prisión estaban maniatados a sus caballos antes de "escapar".[367] En Guerrero, otro tinterillo agitador, Salustio Carrasco Núñez, fue ejecutado de manera sumaria por Ambrosio Figueroa;

---

[363] Womack, *Zapata*, p. 158.
[364] Lawton, Oaxaca, 6 de julio; Holland, Saltillo, 23 de febrero de 1912, SD 812.00/4409, 2996.
[365] De M. Rivera a Madero, 4 de abril de 1912, AFM, r. 18.
[366] De Emilio Madero a Madero, 11 de febrero de 1912; Fabela, DHRM, RRM, III, p. 90.
[367] Lespinasse, Frontera, 8 y 18 de septiembre de 1912, SD 812.00/5019, 5113; de C. Canseco, cónsul de Galveston, al cónsul general de San Antonio, 28 de marzo de 1912; Fabela, DHRM, RRM, III, pp. 254-257; González Calzada, *Tabasco*, pp. 108-109.

el propio Figueroa admitió que Carrasco no se había levantado en armas y que la ejecución se debió a que éste había denunciado al gobierno en la prensa de Iguala, donde a diario pronosticaba y alentaba la rebelión ensalzando a Zapata; Figueroa mismo estaba "resuelto a hacer la paz en este estado a costa de sangre y de cuanto sea necesario".[368] Madero, aunque aprobó sus motivos, lamentó que Figueroa hubiera excedido los límites de la legalidad, pero su protesta fue moderada y afable.[369] Cabe señalar que por cada incidente de esta naturaleza que se hacía público, seguramente hubo otros que permanecieron ocultos o que sólo llegaron a planearse. El cónsul mexicano en Douglas, Arizona, al sospechar una conspiración en contra del gobierno de Sonora, demandó la urgente detención de Plutarco Elías Calles, jefe de la policía de Agua Prieta, así como de otros que, conforme a sus consejos, debían ser enviados a la Ciudad de México "a fin de que se les haga hablar por cuantos medios sea posible o aplicarles la ley fuga por desleales".[370] Sin embargo, el gobernador Maytorena defendió la inocencia de Calles y el jefe de policía de Agua Prieta sobrevivió; este hecho no fue de pocas consecuencias para la historia posterior de México.

Además de la ley fuga, se revivió la macabra práctica de exhibir los cadáveres de los rebeldes en los lugares públicos (práctica reiniciada en noviembre de 1910): en Durango, los restos de José Maciel y su banda fueron expuestos en las calles de la ciudad; en Silao, el cadáver de Jesús Armendares fue colocado en una cabaña, "como lección"; esto permitió a los fotógrafos capturar las sangrientas escenas, como las hileras de cadáveres que aparecen en la obra de Casasola.[371] Asimismo, un medio opcional para liberarse de los prisioneros rebeldes o bandidos, sin aumentar la población ya numerosa de las inseguras penitenciarías, fue alistarlos en el ejército. De nuevo, ésta también era una práctica común del Porfiriato. Pero su reimplantación a mayor escala y durante una época de rebelión endémica, implicaba obvios peligros que no podían evitarse a pesar del desmembramiento de las bandas o de su traslado a regiones distantes y desconocidas. Los 150 "reclutas" (supuestos prisioneros de guerra) que arribaron a Ensenada a fines de 1912, o los 200 "llamados zapatistas, un grupo de salvajes semidesnudos" que desembarcaron en Mazatlán para alistarse en el servicio militar de Tepic, estaban lejos de poder convertirse en buenos soldados y sólo contribuyeron a agudizar el problema ya generalizado de la deserción y la indisciplina.[372]

---

[368] De Figueroa a Madero, 17 de febrero de 1912; Fabela, DHRM, RRM, III, p. 107; Jacobs, "Rancheros", p. 86.

[369] De Madero a Figueroa, 24 de febrero de 1912; Fabela, DHRM, RRM, III, p. 141.

[370] De M. Cuesta a Llorente, 27 de marzo de 1912; Fabela, DHRM, RRM, III, p. 249; Aguilar Camín, *La Revolución sonorense*, pp. 268-269.

[371] Hamm, Durango, 19 de abril; Glenn, Guanajuato, 12 de abril de 1912, SD 812.00/3641, 3695; Casasola, *Historia gráfica*, I, pp. 488-489 y otras.

[372] Guyant, Ensenada, 30 de noviembre de 1912; Alger, Mazatlán, 25 de junio de 1913, SD 812.00/5652, 6031.

Estos reclutamientos desesperados reflejaban no sólo el problema del número elevado de prisioneros, sino también la necesidad de tropas que fortalecieran al ejército federal. En vista de que Madero y, con más entusiasmo, muchos de sus subordinados buscaron una solución militar a la crisis de México, el éxito de esta empresa dependió del aumento y mejoría del ejército como instrumento de represión. En este aspecto, el régimen de Madero estableció un paralelismo más marcado con su predecesor y ahí precisamente cometió la apostasía liberal más flagrante. En el verano de 1911, después de la caída de Díaz, el ejército liberal contaba con cerca de 15 000 elementos.[373] Paulatinamente, la cifra aumentó: a principios de 1912, la prensa afirmó que el ejército reunía a 24 000 hombres, y numerosos funcionarios en el gobierno abogaban en favor de un incremento drástico; Carlos Madero consideraba que el mínimo debía ser de 50 000 hombres.[374] Fue un caso excepcional, pues las medidas se tomaron de inmediato. En marzo de 1912, al enfrentarse a la revuelta de Orozco, el ejecutivo propuso al Congreso incrementar a los activos en el ejército a 60 000 y Ernesto Madero, en una entrevista a la prensa norteamericana, afirmó que se alcanzaría la cifra de 70 000 y que el proceso de reclutamiento ya estaba en marcha.[375] Pero, ¿cuál era la naturaleza del reclutamiento? Llenar la cuota de soldados rasos era un problema constante, a pesar de los ofrecimientos de gratificaciones y de la seguridad de salarios regulares. Mientras que la vida de los miembros del Cuerpo de Rurales presentaba ciertos atractivos —para los jóvenes, los desempleados, los antiguos rebeldes sin obligaciones o los malversadores de poca monta—, una carrera en el ejército federal carecía de éstos. Ambrosio Figueroa rechazó sin cortapisas la fusión de los rurales con el ejército: "Creo que sería impolítica e inoportuna dicha medida porque ningún rural querrá entrar a los cuerpos federales y se irán disgustados por la ingratitud con que se pagan sus servicios".[376] Así, la imagen de los oficiales en busca de reclutas —sin éxito evidente— se convirtió en una escena común en las principales ciudades, sobre todo en la primavera de 1912.[377]

Se requerirían medidas alternativas al reclutamiento voluntario. En franca oposición "al reclutamiento tan inmoral" empleado por Díaz (especialmente la leva), y decepcionado de los antiguos revolucionarios que ahora formaban parte de los irregulares en el ejército, Madero optó por un sistema de servicio militar obligatorio, con reclutas elegidos imparcialmente al azar en todo el país. Ya que sólo un sistema así podía garantizar (he aquí una nueva evidencia de la ingenuidad de Madero) "un contingente completamente sano de jóvenes vigorosos y de una moral superior a los que reclutaban con el antiguo

---

[373] Ross, *Madero*, p. 152; Lieuwen, *Mexican Militarism*, p. 13.
[374] De Carlos Madero a Madero, 12 de febrero de 1912; Fabela, DHRM, RRM, III, p. 95.
[375] Cumberland, *Genesis*, p. 198; *New York Times*, 7 de marzo de 1912.
[376] De A. Figueroa a Madero, 5 de febrero de 1912; Fabela, DHRM, RRM, III, p. 82.
[377] Bonney, San Luis, 26 de marzo; Schmutz, Aguascalientes, 28 de marzo de 1912, SD 812.00/3392, 3472; Ellsworth, Ciudad Porfirio Díaz, 16 de marzo de 1912, SD 812.00/3339, sobre el pago.

sistema"; además, dicho sistema podía pulir al ejército a la manera de la Francia republicana, inculcando un patriotismo sobrio y disciplinando al "carácter nacional".[378] Aunque atractivas, estas ideas eran extrañas y no podían enraizar en tierra mexicana. En 1912, hablar de reclutamiento y de su subsecuente instrumentación propició rumores de revueltas masivas; por su parte, los maderistas leales protestaron pues consideraron que esta medida traicionaba la promesa inicial de un ejército voluntario; los gobernadores advirtieron acerca del peligro de que los jóvenes abandonaran el país o, peor aún, que prefirieran unirse a los rebeldes antes que ser conscriptos.[379] Sin embargo, al parecer fueron escasas las reacciones frente a la introducción del servicio militar obligatorio, quizá debido a que los estados, para llenar sus cuotas, recurrieron nuevamente a la mano dura de los antiguos métodos (que si bien eran impopulares, al menos resultaban familiares) e ignoraron el mecanismo moderno e imparcial de la lotería. Es indudable que éste fue el caso en Tlacotepec y en San Juan Tilapa donde, conforme a las quejas de los habitantes, no se aplicó el sistema requerido y se obligó a que los jefes de familias grandes y pobres —lo que contradecía toda regla— se integraran al servicio militar. Se sospechó (Madero mismo lo hizo) que se había recurrido a la leva.[380] El reclutamiento al azar, al igual que las elecciones democráticas y los derechos civiles, adquirieron una existencia fantasmagórica al transplantarse en tierras mexicanas desde Europa (donde, indudablemente, también existían abusos); bajo estas formas tenuemente brillantes e insustanciales, prevalecieron las realidades del viejo México, y Madero poco pudo hacer para evitarlo.

El reclutamiento obligatorio continuó. Quizá el informe del embajador norteamericano sobre las prácticas ilícitas del gobierno a este respecto no tiene demasiado peso; en cambio, el encargado de negocios de la embajada, generalmente más confiable, destacó que en junio de 1912, "todos los hombres detenidos en los alrededores [de la Ciudad de México] por [cargos] de ebriedad o conducta desordenada, están siendo enlistados de manera obligatoria en el ejército y enviados al frente". La cuota era de 50 hombres diarios.[381] Los convictos en las cárceles de las ciudades importantes, como la de Belén en la Ciudad de México, también fueron enlistados; se les veía llegar a Veracruz desde la capital y desde otras ciudades del altiplano, como si fueran peones endeudados militares al servicio del gobierno.[382] Revivieron los

---

[378] De Madero al gobernador Villarreal, 12 de enero de 1912, y notas hechas para un discurso dado a los representantes judiciales y legislativos, 21 de noviembre de 1912; Fabela, DHRM, RRM, III, p. 32; IV, p. 209. A Madero también le atrajo el modelo alemán: Katz, *Secret War*, pp. 84-85.

[379] De Magaña *et al.* a Madero, 16 de diciembre de 1911. Del gobernador Villarreal a Madero, 6 de septiembre de 1912; Fabela, DHRM, RRM, II, pp. 421-425; IV, pp. 118-119; Wilson, Ciudad de México, 20 de febrero de 1912, SD 812.00/2840.

[380] De Madero a Medina Garduño, 1º de mayo de 1912; Fabela, DHRM, RRM, III, pp. 338-339.

[381] Wilson, Ciudad de México, 20 de marzo; Schuyler, Ciudad de México, 5 de junio de 1912, SD 812.00/3365, 4126.

[382] Ellsworth, Ciudad Porfirio Díaz, 21 de marzo; Canada, Veracruz, 26 de marzo y 11 de mayo de 1912, SD 812.00/3370, 3387, 3868

temores populares a la leva —que aún se mantenían vigorosos—, particularmente en respuesta a los incidentes como los ocurridos en el verano de 1912, cuando un grupo de labriegos que se dirigía al norte desde San Luis Potosí (posiblemente braceros que querían cruzar la frontera) fue bajado del tren y obligado a portar el uniforme.[383] Asimismo, el gobierno recurrió a otra antigua fuente: los indígenas. En Sonora se reclutaron yaquis, mayos, pimas y pápagos, y se desarrollaron planes para enviar a 500 serranos oaxaqueños (que recientemente habían tomado las armas) a combatir a Chihuahua, con el fin de liberar a las tropas leales de Coahuila para que, a su vez, pelearan en Morelos.[384] Estas estrategias recordaban a las del gobierno de Díaz, incluso en su compleja disposición geográfica (diseñada para mantener a las tropas en territorios extraños, ajenas a cualesquiera simpatías locales). Los contingentes resultantes fueron improvisados e ineficaces: el coronel Rivera, al tomar el mando de un destacamento en Sonora, descubrió que conduciría a 200 indios mayos, 75 pimas, 86 convictos (de la cárcel de Belén), 70 regulares federales del viejo régimen y un puñado de llamados voluntarios, "ladronzuelos y vagabundos que habían sido reclutados en el ejército en varios pueblos del estado".[385] Lo anterior explica, en gran medida, la torpeza e ineficacia del ejército al combatir la rebelión rural. Además, las deserciones eran comunes: por ejemplo, en mayo de 1912, en el cuartel de Ojinaga (conocido por su precariedad), el promedio era de cinco a 10 desertores al día; en ese mismo mes, un desertor condujo a 2 000 hombres en el asalto a Rosario (Sin.).[386] Es comprensible que los oficiales federales se mostraran renuentes a encabezar tropas de esta naturaleza: algunos, al frente de una turba disoluta y resentida, "no se atrevían a internarse en las montañas con sus propios hombres".[387]

La principal alternativa ante el reclutamiento y la leva era la formación de fuerzas genuinamente voluntarias que apoyaran al ejército federal. Éstas asumieron varias formas pero, en conjunto, representaron un contingente militar considerable, que aportó una contribución significativa a la militarización de México durante el gobierno de Madero. Dos grupos disfrutaron de cierta legitimidad maderista. Primero, el que estaba formado por veteranos de 1910-1911, maderistas militares que, a diferencia de otros de su clase, optaron por servir al gobierno en calidad de rurales o irregulares. Si bien algunos fueron útiles y confiables (aunque, cabe señalar, operaron lejos de su tierra natal: Sánchez en Guerrero, o Aguilar en La Laguna, por ejemplo), muchos otros fueron fuente de problemas y ansiedad, pues mostraron una conducta

---

[383] Bonney, San Luis, 30 de abril y 30 de agosto de 1912, SD 812.00/3814, 4820; Lawrence, Hacienda El Potrero, Veracruz, 23 de agosto de 1912, SD 812.00/4779, sobre los temores locales de la leva.

[384] Aguilar Camín, *La Revolución sonorense*, pp. 252 y 272-273; de Madero al general Téllez, 23 de noviembre de 1912, AFM, r. 11.

[385] Dye, Nogales, 24 de junio de 1912, SD 812.00/4326.

[386] Ellsworth, Ciudad Porfirio Díaz, 1° de mayo; Alger, Mazatlán, 1° de mayo de 1912, SD 812.00/3807; 3910, 3911.

[387] Bonney, San Luis, 14 de enero de 1913, SD 812.00/5908.

indócil y una lealtad dudosa: Gabriel Hernández en Hidalgo, Banderas en Sinaloa, Contreras en La Laguna.[388] Pero lo anterior no resulta sorprendente en la medida en que aún representaban fuerzas e intereses populares en conflicto con muchas políticas maderistas. No obstante, un puñado de leales se mantuvo fiel a Madero, como lo revelaron los acontecimientos de 1913.

Lo mismo se aplica a las fuerzas estatales (principalmente en los estados del norte, en Sonora y Coahuila) que fueron llamadas a combatir la rebelión. Aunque también eran maderistas, en la medida en que defendieron al gobierno constituido, su lealtad se dividía entre el estado y la Federación (entre el gobernador y el presidente), y aunque había un cierto grado de traslape entre estos dos grupos, se trataba de maderistas de distinta estirpe a la de los veteranos de 1910-1911. La naturaleza de esta diferencia —entre los veteranos de 1910 y los nuevos, es decir, las fuerzas estatales de 1912; entre, por ejemplo, Villa y Contreras por una parte, y Obregón y González por la otra— es compleja y resulta de importancia para cualquier análisis de la Revolución, por esto será examinada con cuidado un poco más adelante.[389] Basta señalar aquí que, mientras los veteranos de 1910 capitaneaban guerrillas genuinamente populares en una revuelta "espontánea" contra Díaz, las fuerzas estatales creadas por gobernadores como Maytorena o Carranza que combatieron principalmente el orozquismo, eran "oficiales" y, hasta cierto punto, "mercenarias" y habían sido formadas desde la cúpula hasta las bases. Eran asalariadas, contaban con buena organización, mostraban disciplina y eficiencia, estaban entrenadas para servir como guardianes del orden y el gobierno en contra de los rebeldes populares descontentos, como Orozco. Las fuerzas sonorenses, que constituyeron un "pequeño ejército" de aproximadamente 3 000 hombres, no eran homogéneas: incluían veteranos maderistas, pocos federales y algunos reclutas obligatorios, indígenas y voluntarios genuinos y mercenarios. Pero las unían tanto el salario como la autoridad del gobierno de Sonora; eran un "poder burocrático constituido"; no representaban por lo tanto una "movilización popular a gran escala" y "la paga, más que el partidarismo político, la convicción ideológica o la lealtad a un jefe, era el motor de estas fuerzas revolucionarias en Sonora".[390] Al depender de la paga, las fuerzas sonorenses se parecían a los federales. Al menos, los sonorenses eran honestamente mercenarios (y quizá, era posible contar con su genuina lealtad regional hacia el estado mismo); además, en su caso no fue necesario recurrir a un extenso reclutamiento forzoso a la manera de los federales. El resultado es que estas fuerzas eran más eficaces que las de los federales, y superiores a los veteranos populares de 1910-1911. Esta superioridad no era de carácter moral, pero su disciplina, coordinación y logística ciertamente los

[388] Véanse pp. 327-328 y 336-338.
[389] Véase cap. IX.
[390] Aguilar Camín, *La Revolución sonorense*, pp. 266-267 y 273-276; aunque, como señala Aguilar Camín, p. 287, una relación mercenaria se podía fortalecer por la lealtad a un jefe individual, especialmente a uno con éxito como Obregón.

hacía mejores soldados. Estas fuerzas bien pueden ser consideradas como la síntesis de los métodos populares y porfiristas de hacer la guerra, y como tales representaron el equivalente militar de la nueva síntesis política que emergía en estos estados del norte.[391]

Aunque de diferente manera, tanto los veteranos irregulares como las fuerzas estatales fueron maderistas. Sin embargo, durante el periodo de Madero, México presenció la proliferación de otros grupos voluntarios y mercenarios que, no obstante carecer de filiación maderista, contribuyeron a la militarización de la sociedad. En la medida en que un número mayor de hombres —federales, rurales, voluntarios, mercenarios, rebeldes, bandidos— se armaron, y en que la violencia organizada se convirtió en un lugar común, los sueños liberales de una sociedad civil pacífica y regida por consenso, se debilitaron y la institución militar (bajo distintas banderas) asumió una importancia crucial. El pensamiento liberal cedió al fragor de la batalla y, al igual que dos años después en Gran Bretaña, "la guerra y la conducta bélica amenazaron con eliminar el liberalismo como posición política coherente".[392] Cabe subrayar que Madero (crítico abierto del pretorianismo) y muchos de sus colegas no sólo permitieron sino que incluso alentaron este proceso de militarización.[393] Los observadores no tardaron en señalar esta derogación del principio liberal y este retorno a las prácticas del Porfiriato. En la prensa, los caricaturistas mostraron a la familia Madero exhumando el cadáver recientemente enterrado de la "Dictadura", o bien entregada a la venta de discos gramofónicos titulados "Tiranía y Dictadura", o construyendo una montaña de cadáveres (la campaña de Juvencio Robles en Morelos) que, en comparación, resultaba mayor a la erigida por Díaz.[394] Los críticos conservadores con frecuencia mostraron hipocresía al respecto (cuando tuvieron oportunidad, concretamente en 1913, se mostraron incomparablemente más despiadados que Madero); sin embargo, no hay duda que había fundamentos para denunciar la militarización y la represión maderista. Quizá exageró Vera Estañol, pero no carecía de razón cuando argumentó que, hacia fines de 1912, la opinión pública se había volcado en contra de Madero, que muchos de sus antiguos defensores revolucionarios se habían rebelado y que "Madero no cuenta sino con los elementos que el poder organizado del Estado le da".[395] El "ascendente moral" (conforme a la frase de Vera Estañol) cedió a las "bayonetas y la violencia"; en otras palabras es posible afirmar que, a medida que la coerción suplantó a la legitimidad como sustento del maderismo, el régimen traicionó uno de sus fundamentos filosóficos.

La apostasía liberal fue más evidente en aquellos ejemplos en donde el régimen —en favor de la pacificación— alentó la colaboración de los antiguos

---

[391] Knight, "Peasant and Caudillo", pp. 49 y ss. El tema se desarrolla en el cap. IX.
[392] Trevor Wilson, *The Downfall of the Liberal Party, 1914-1935*, Londres, 1966, p. 24.
[393] Madero, *La sucesión presidencial*, pp. 44-50 y 87-90.
[394] González Ramírez, *La caricatura política*, n. 303, 304 y 305.
[395] Vera Estañol, *Revolución mexicana*, p. 265.

practicantes de la *Pax Porfiriana*. El caso de los cuerpos de oficiales federales —el ejemplo más obvio— será considerado en breve, sin embargo, cabe destacar que no fue el único ejemplo. Los antiguos comandantes rurales sobrevivieron y prosperaron; en 1912, después de haber prestado servicios durante 43 años, Cruz Guerrero continuaba en activo; Luis Medina Barrón, que había comandado la represión de Cananea en 1906 en calidad de mayor, ahora era teniente coronel y encabezaba la campaña en contra de los zapatistas en Morelos; Emilio Kosterlisky, también veterano de Cananea, que abandonó la tranquilidad de su retiro para de nuevo prestar servicios en Sonora, creó una "sensación de confianza" en los alrededores de Nogales.[396] El propio Bernardo Reyes, uno de los principales arquitectos de la *Pax Porfiriana*, y cuyas tendencias militaristas combatió Madero en 1909, no sólo retornó a México con autorización del gobierno, sino que además recibió el ofrecimiento del Ministerio de Guerra a fin de lograr la estabilidad y la conciliación, para disgusto de muchos maderistas.[397] Los críticos subrayaron que Madero había procurado los servicios de miembros en desgracia del antiguo régimen como el ex general José Delgado y el antiguo jefe de policía del Distrito Federal, Antonio Villavicencio.[398] Asimismo, existen evidencias contundentes de que los porfiristas y reyistas recobraron el poder mediante cargos de comandantes en las fuerzas militares locales. En Saltillo, Cayetano Ramos (terrateniente y conocido reyista, sospechoso de conspiración y cuñado del ex gobernador Cárdenas) fue nombrado jefe de armas, al frente de 375 hombres; poco después, el general Manuel Velázquez, "militar del antiguo régimen y gran porfirista", fue enviado a Saltillo para "consolidar las operaciones militares y procurar que la organización estatal estuviera bajo la supervisión federal directa"; esto significaba usurpar el control de los irregulares del gobernador Carranza, subordinar los maderistas a los federales y crearse así antagonismos con el gobernador.[399] Por otra parte, el gobierno también coqueteó con algunos revolucionarios de "último minuto" que habían surgido en la primavera y el verano de 1911. Por ejemplo, se contempló la posible alianza con Miguel Arriaga, el cacique del Porfiriato en la sierra de Puebla que se había "rebelado" en 1911. Gustavo Madero sugirió que se realizaran negociaciones para lograr que Arriaga y sus hombres (aproximadamente 1 000 elementos) se convirtieran en voluntarios en la campaña contra Zapata, a pesar de que, en el pasado, Arriaga había luchado contra Gabriel Hernández y desafiado al gobierno federal.[400]

Rebeliones oportunistas como las encabezadas por Arriaga o Soto y García, en Guanajuato, no fueron sino reacciones defensivas locales ante el mo-

---

[396] De Madero a los gobernadores de los estados, 15 de febrero de 1912; Fabela, DHRM, RRM, V, p. 87; Almada, *Diccionario... sonorenses*, p. 353; AG 845 *passim;* Dye, Nogales, 17 de julio de 1912, SD 812.00/4458; Vanderwood, *Disorder and Progress*, pp. 103-104 y 147.
[397] De Madero a Reyes, 16 de julio de 1911, ALB, carpeta 3.
[398] Liceaga, *Félix Díaz*, p. 55.
[399] Holland, Saltillo, 23 y 26 de marzo y 9 de noviembre de 1912, SD 812.00/3423, 3448, 5499.
[400] De Gustavo Madero a Madero, 26 de marzo de 1912; Fabela, DHRM, RRM, III, pp. 246-247.

vimiento de 1911.[401] Como la rebelión continuó en 1912 y 1913, esta actividad independiente se mantuvo y dio muestras de aumentar en alcance e importancia; por último, culminó con el movimiento felicista en 1916-1920.[402] Lo mismo en las ciudades como en el campo surgieron fuerzas defensivas, grupos de vigilantes, policías particulares y guardias blancas que contribuyeron a la militarización de México y al incremento de los costos militares que, directa o indirectamente, recayeron sobre la economía del país. Dichas fuerzas formaron una imagen en espejo de las propias hordas rebeldes y de los grupos de bandidos que intentaban combatir; así como las fuerzas "desordenadas" pueden dividirse con cierta dificultad para diferenciar a los revolucionarios y los bandidos sociales, por una parte, y a los rufianes apolíticos y antisociales por la otra, así también las fuerzas de defensa local pueden clasificarse en dos categorías: la primera representa, a grandes rasgos, la reacción de clase de los terratenientes amenazados, de los poderosos propietarios y los porfiristas; la segunda fue una respuesta colectiva de comunidades enteras que trascendió las diferencias de clase y de sector. La revolución genuina y el bandolerismo social —al desafiar el *statu quo*— provocó a la primera y el bandidaje profesional estimuló a la segunda.

El carácter de la Revolución durante esos años se refleja cabalmente al observar que la primera categoría rebasó considerablemente a la segunda (posteriormente, el equilibrio cambió). Durante esos primeros años, los rebeldes y bandidos sociales aún podían depender de cierto apoyo popular que eliminó la posibilidad de una resistencia colectiva de bases amplias. Sin embargo, hubo excepciones: surgieron comunidades que se movilizaron voluntaria y colectivamente para oponer resistencia a los bandidos rebeldes, a quienes consideraban como rufianes profesionales o como intrusos revolucionarios indeseables. En Chiapas, los voluntarios de Tapachula rechazaron a los mazatecos "turbulentos" que intentaron asaltar la ciudad. En el Bajío, los oficiales organizaron grupos ciudadanos para resistir a los bandidos (quienes, desde la perspectiva rural, bien podían ser bandidos "sociales", pues en esta cuestión, al igual que en muchas otras, las ciudades y el campo tenían visiones distintas). Cuando los orozquistas y los yaquis amenazaron Sonora en 1912, el gobierno del estado dependió no sólo del reclutamiento obligado y de los instintos mercenarios de las fuerzas de Obregón, sino que también recurrió a los esfuerzos voluntarios de pueblos como Santa Cruz (Magdalena) o de poblados en el valle del río Sonora. Es indudable que los hacendados proporcionaron hombres, dinero y caballos, pero cabe señalar que las fuerzas así creadas eran genuinamente voluntarias, e incluso tuvieron carácter popular: "nadie nos obligó a tomar las armas", declararon los soldados en Santa Cruz; "ofrecimos libremente nuestros servicios al gobierno constituido".[403]

[401] Félix Galván a Madero, 8 de abril de 1912; Fabela, DHRM, RRM, III, p. 292.
[402] Véase cap. IX.
[403] Aguilar Camín, *La Revolución sonorense*, pp. 244-245, 254 y 273-275; Simpich, Nogales, 9 de enero de 1913, SD 812.00/5834, sobre los preparativos de Moctezuma para resistir a Antonio Rojas.

Por su parte, los habitantes de las sierras del norte de Durango —aislados en remotos pueblos mineros— también mostraron una tenaz autodefensa: Guanaceví rechazó en varias ocasiones los ataques de los bandidos; el pueblo de Tejamen (donde no había cuartel de fuerzas federales) rechazó a 70 rebeldes; y cuando Cieneguilla sufrió el ataque de 200 orozquistas, los comerciantes del pueblo lucharon desde los pozos y túneles de la Inde Gold Mining Co., abrieron fuego sobre los atacantes y los obligaron a huir.[404] En estos casos no hay rastros de simpatía o apoyo popular hacia los atacantes y esto no sorprende ya que la región había sufrido dos años de guerra continua y con defensas federales inadecuadas; además, la sobrevivencia de la localidad dependía de la producción continua de las minas que los levantamientos amenazaban. Las comunidades organizaron formas precursoras de defensa colectiva que habrían de florecer en los años posteriores, en particular al occidente de Durango y, de manera más general, en todo el país.

Sin embargo, en 1912 estos esfuerzos eran excepcionales. A menudo, la resistencia local respondió claramente a los intereses y la iniciativa de las clases acomodadas, y careció de apoyo popular. Ya se han mencionado algunos ejemplos al respecto: las fuerzas formadas predominantemente por la clase media y alta que se reclutaron para rechazar a los bandidos y exterminar a los rebeldes en ciudades importantes (San Luis Potosí, Silao, Irapuato, Durango); los pistoleros a sueldo empleados por los comerciantes de Acapulco; los guardias utilizados por los hacendados de Morelos y La Laguna. Asimismo, en Colima se reunieron 300 hombres para "formar cuerpos voluntarios... que defendieran la ciudad... de los bandidos"; tres o cuatro "comerciantes y hacendados" planearon la estrategia y un solo hacendado proporcionó 100 hombres y monturas. El cercano puerto de Manzanillo pronto contó con una fuerza equivalente, y las élites de las dos ciudades cooperaron en la organización de un cuerpo de caballería integrado por 48 hombres cuya misión era patrullar las carreteras y las propiedades, y "detener a los fugitivos de la justicia, a los perturbadores de la paz y a los agitadores".[405] Algunas estrategias alcanzaron magnitudes grandiosas: en febrero de 1912, los "ciudadanos acomodados" de Durango acordaron reunir 250 000 pesos para pagar a las fuerzas adicionales a los rurales del estado; al siguiente mes, "los mejores ciudadanos" decidieron formar una milicia de ciudadanos a un costo de 3 200 pesos mensuales.[406] En menor escala, los hacendados individuales siguieron el ejemplo establecido por la familia García Pimentel que equipó a 50 guardias para proteger sus propiedades en Morelos; la temible señora Eucaria Apresa reclutó a un centenar de hombres para resistir a los zapatistas en Guerrero;

---

[404] H. McLeod, Guanajuato, 9 de diciembre de 1912; Hamm, Durango, 2 de enero de 1913; R. McCart, Inde, 29 de diciembre de 1912; SD 812.00/5803, 5848, 5876.

[405] Kirk, Manzanillo, 29 de febrero y 22 de marzo de 1912, de J. Mc Alpine (hacendado norteamericano) al senador Nelson, 2 de abril de 1912, SD 812.00/3086, 3411; 3681.

[406] Hamm, Durango, 9 de febrero y 18 de marzo de 1912, SD 812.00/2815, 3371.

por su parte, Íñigo Noriega formó un pelotón de "voluntarios de Xico" para defender su hacienda en Veracruz.[407]

La actitud del gobierno ante estas medidas fue de tolerancia e incluso de aliento: las fuerzas de La Laguna, por ejemplo, recibieron la autorización y el apoyo activo del régimen.[408] Sin embargo, no queda claro qué se obtuvo con esto. En las ciudades, los cuerpos integrados por empleados, estudiantes, profesionales e incluso jóvenes de la élite, no tuvieron oportunidad de ponerse a prueba (excepto por asaltos ocasionales y audaces de los bandidos, durante los cuales las fuerzas citadinas no cosecharon demasiados laureles). Fue el ejército federal, concentrado en pueblos y ciudades del país, el encargado de garantizar la defensa contra las incursiones rurales y los levantamientos internos. En el campo, donde los federales eran poco numerosos —o incluso inexistentes—, había más necesidad de formaciones militares independientes. Ahí, su alcance fue variado. Podían vencer movimientos populares caóticos o emergentes, aislando, al menos por el momento, a las regiones de la rebelión agraria: Eucaria Apresa afirmó tener la rendición —después de negociaciones— de dos cabecillas locales; en los alrededores de Naranja y Tiríndaro (Mich.), los terratenientes recurrieron a "escuadrones de tiradores" que les permitieron reprimir durante varios años al agrarismo creciente.[409] Pero, como ya se ha señalado, la autodefensa de los terratenientes fue menos eficaz en aquellas regiones donde la rebelión era más fuerte y la legitimidad terrateniente se encontraba debilitada; la coerción (como bien pudiera apuntar Skocpol) requiere un grado de legitimidad previa. En Morelos, fueron escasos los logros de los reclutas de los García Pimentel y muchos hacendados ignoraron su ejemplo, prefiriendo esperar a que cediera la lucha en la seguridad de la Ciudad de México.[410] En La Laguna, el ejército federal, más que los guardias de los hacendados, fue el que soportó el peso de la lucha y en él descansó la resolución del conflicto. La misma lección se repitió en 1913-1914.[411]

De lo anterior se desprende que, aunque las fuerzas independientes podían apoyar a los federales, sus éxitos eran limitados y sólo en escenarios menores de la guerra civil; pero incluso dichos éxitos dependieron de que los federales contuvieran las áreas de conflicto, impidieran su ramificación y ganaran las batallas clave. Aunque el crecimiento de los ejércitos particulares constituyó una anomalía severa dentro de la anhelada política liberal y civil de Madero, lo más importante fue el creciente poder y la relevancia alcanzada por el ejército federal, lo que se convirtió en la principal amenaza al experimento del gobierno constitucional de Madero. El régimen de Díaz no fue militar: el ejército era numéricamente reducido (y observó una disminución

---

[407] Womack, *Zapata*, p. 122; de R. Hernández al coronel R. Díaz, 30 de noviembre de 1912, AG 889; Liceaga, *Félix Díaz*, p. 86.
[408] De Hernández a Díaz (n. 403); de Madero a Emilio Madero, 6 de febrero de 1913, AFM, r. 12.
[409] De Madero a E. Apresa, 10 de julio y 3 de septiembre de 1912, AFM, r. 12.
[410] Warman, *Y venimos a contradecir*, p. 121.
[411] Véase cap. VII.

paulatina); los cuerpos de oficiales se habían mostrado dóciles en el ámbito político y había prevalecido una autoridad civil y de cacicazgo, representada por el presidente y sus colaboradores oligarcas. Por otra parte, el régimen del Porfiriato había demostrado que las revueltas no funcionaban. La Revolución de 1910 cambió este panorama por completo. A partir de ese momento, el "centro" estuvo en crisis: los oligarcas civiles se debilitaron; la deferencia y docilidad, producto de una generación de paz, se desvaneció.[412] El nuevo régimen, resultado de la Revolución, estaba expuesto al derrocamiento revolucionario. Entre los diversos pilares que habían servido de sustento al gobierno del Porfiriato, sólo el ejército federal permanecía intacto, y el régimen de Madero, aunque filosóficamente más lejano al militarismo que el del propio Díaz, le concedió mayor influencia y más recursos que en el pasado. El ejército, menos respetuoso de la figura de Madero que de la de Díaz, pronto descubrió su papel medular y la dependencia incongruente del nuevo régimen de las bayonetas federales.

Después de la Revolución de 1911, el ejército emergió más numeroso que en los últimos días del régimen anterior y, si bien es cierto que se hallaba castigado por la derrota, podía argumentar en su defensa —con mayor justificación que el *Reichswehr* de 1918— que había recibido una puñalada por la espalda, al ser vendido por los políticos. De ninguna manera podía decirse que hubiera sido vencido, pues no había perdido las batallas más importantes; entre las ciudades de la República, sólo Juárez había sido tomada por los rebeldes a fuerza y sangre. Por otra parte, Madero nutrió el orgullo del ejército al adoptar una actitud abiertamente generosa. No perdió oportunidad alguna para ensalzar públicamente las virtudes del ejército y, dentro de la política de conciliación maderista, ningún grupo del Porfiriato fue ponderado con mayor cuidado que el ejército. El "ejército nacional" (para diferenciarlo del "ejército libertador" de Madero) recibió su parte en las celebraciones de 1911; la Revolución había derrotado a la dictadura, no al ejército, y las aspiraciones del ejército y del pueblo fueron una sola: "un ejército como el nuestro es una garantía para las instituciones republicanas".[413] El presidente De la Barra otorgó medallas a los oficiales federales; el ministro de Gobernación (el supuesto radical Vázquez Gómez) alabó "la dura disciplina y moralidad incorruptible" del ejército que ahora constituía "uno de los elementos más seguros y poderosos" en la defensa de la Revolución; a su vez, el ministro de Guerra pidió a los gobernadores que propusieran condecoraciones y ascensos "con el fin de premiar a los soldados del ejército federal y fortalecer aún más, si es posible, sus manifestaciones de amor por la patria".[414] Este asiduo cultivo continuó después del verano de 1911. En octubre, en ocasión a su visita a Monterrey, Madero pasó revista a los destacamentos militares, elogió

---

[412] Por supuesto, estas generalizaciones se deben especificar regionalmente, tal como se ha hecho en este texto.

[413] Manifiesto, 24 de junio de 1911; Fabela, DHRM, RRM, II, pp. 424-425.

[414] Aguilar Camín, *La Revolución sonorense*, p. 182; Ross, p. 180.

al ejército y, en respuesta, recibió "¡Vivas!" aclamadoras.[415] La irresponsabilidad de la prensa de la Ciudad de México (sobre todo al informar acerca de los motines federales que, según Madero, jamás habían sucedido) se vio contrastada por los discursos sobre la rectitud del ejército: "de todo lo que nos dejó el Gral. Díaz es lo mejor, es verdaderamente admirable; conmueven su lealtad al gobierno y su abnegación".[416]

Es indudable que todas estas palabras estaban destinadas al consumo del público (aunque algunos sostenían que la convicción de Madero era sincera).[417] Detrás del telón, sin embargo, Madero hacía enormes esfuerzos por ganarse a este ejército admirable, leal y entregado. Emilio Madero, su astuto hermano, le aconsejó que otorgara reconocimiento al coronel Prisciliano Cortés, defensor de Torreón en 1911: "sería conveniente atraerlo a nuestro lado; no porque tema una contrarrevolución en las tropas federales; pero siempre es conveniente que los oficiales del Ejército empiecen a notar tu influencia en la política, para que tomes ascendiente sobre ellos".[418] El presidente dio muestras de ser sensible a las susceptibilidades de los oficiales de alto rango. Por ejemplo, giró órdenes de no ofender al general Gerónimo Treviño, veterano del Porfiriato que comandaba las tropas en el noreste. Se advirtió al gobernador Carranza que las decisiones públicas del general debían ser respetadas, y que sus intereses privados (la hacienda de Babia) debían recibir protección.[419] Victoriano Huerta también fue objeto de las atenciones del presidente. A pesar de los resultados desastrosos de la campaña de Huerta en Morelos, Madero lo llamó a abandonar su espacio de retiro y le ofreció encabezar la campaña en contra de Orozco; asimismo, el presidente toleró el carácter difícil de Huerta y alabó sus logros, se mostró comprensivo hacia sus problemas y le prometió un ascenso. Después de la derrota de Orozco, lo ascendió a general de división, conforme a la promesa; los elogios de Madero acrecentaron el ego del general y Alberto Pani le otorgó una importante concesión para la realización del drenaje en la Ciudad de México, "ante las insistentes recomendaciones de que *se le favoreciera por cualquier medio*".[420] Otros generales también se beneficiaron: a Trucy Aubert se le otorgó una casa; Aureliano Blanquet, hospitalizado después de su campaña en Chihuahua, recibió la visita de Madero que personalmente le confirió el grado de general y un reloj de oro adornado con joyas.[421]

Más importante que cultivar el aprecio de los oficiales, fue la creciente autoridad y poder que el régimen otorgó al ejército en todo el país. Es evi-

---

[415] Montemayor Hernández, *Historia de Monterrey*, pp. 300-303.
[416] Entrevista de prensa, marzo de 1912; Fabela, DHRM, RRM, III, p. 270.
[417] Bell, *Political Shame*, pp. 248, 260 y 263.
[418] De Emilio Madero a Madero, 25 de junio de 1911, AFM, r. 18 y 19.
[419] De Madero a Carranza, 2 de agosto de 1912; Fabela, DHRM, RRM, IV, p. 69.
[420] Meyer, *Huerta*, pp. 34 y 39-40; de Madero a Huerta, 22 de junio de 1912, AFM, r. 12; Vera Estañol, *Revolución mexicana*, p. 271; Pani, *Apuntes*, pp. 149-150.
[421] Márquez Sterling, *Últimos días*, p. 148.

dente que fue crucial la decisión de mantener al ejército federal, al tiempo que se desmovilizaba el ejército de liberación. Esto significó que la situación anómala del verano de 1911 —origen de varios enfrentamientos entre federales y maderistas— se resolvió a favor de los federales que, a partir de ese momento, disfrutaron de una suerte de dominio sobre el monopolio gubernamental de la violencia legitimizada. Los veteranos maderistas prácticamente no recibieron recompensas dentro de los rangos elevados del ejército.[422] En términos generales, los maderistas que permanecieron en armas (dentro del marco de la legalidad) —como en el caso de los rurales o de los irregulares locales— estuvieron bajo el mando federal; por su parte, los comandantes federales no sólo lucharon por mantenerlos como subalternos, sino que además se esforzaron por desmovilizarlos de la manera más segura posible: exponiéndolos a la muerte.[423] Mientras tanto, el alcance e intensidad de las campañas de 1911-1913 dio al ejército un poder sin precedentes. Generales como Huerta, Juvencio Robles u Ojeda (en Sinaloa) eclipsaron el poder civil y no faltó quien —en otros estados con problemas— considerara que un gobierno militar y la imposición de la ley marcial, eran las respuestas idóneas para los problemas locales.[424] Hubo estados, como Coahuila o Guanajuato, donde las autoridades civiles se mostraron resentidas debido a las pretensiones militares, y las fricciones fueron en aumento.[425] Como resultado, en 1913 el ejército federal era más poderoso y estaba más politizado que durante la época de Díaz.

Este proceso de militarización tenía obvias implicaciones financieras. En la medida de lo posible, Madero procuró abastecer al ejército con lo necesario para la victoria. Pero esta decisión era costosa. Asombra que el análisis presupuestal hecho por Wilkie, sugiera que la partida destinada al ejército permaneció estable entre 1910-1911 y entre 1911-1912 (resulta más verosímil que el régimen haya proyectado una reducción que no pudo llevarse a cabo).[426] Si lo anterior fuera correcto, significaría que Madero derrotó a Orozco, combatió a Zapata, a los juchitecos, a los yaquis y a muchos rebeldes menores y triplicó la nómina del ejército con el mismo presupuesto de Díaz. A largo plazo, sin embargo, las cifras coinciden más con las evidencias históricas. Entre 1910-1911 y 1912-1913, la partida del gasto público destinada al ejército se elevó de 20.4 a 25.8%, es decir de siete a 10 pesos (precios de 1950) *per capita*.[427] Este incremento fue limitado por Ernesto Madero quien, al dirigirse al Congreso a fines de 1912, fijó el gasto militar de ese momento (1912-1913) en 30 millones de pesos, es decir, 26% del gasto gubernamental; el gasto estimado para 1913-1914 fue de 40 millones de pesos, cifra que equivale

---

[422] Urquizo, *Páginas*, p. 19.
[423] De A. Figueroa a Madero, 13 de diciembre de 1911; Fabela, DHRM, RRM, II, pp. 332, 408-412 y 484-485.
[424] Véanse pp. 375-376, 394-395 y 554-555.
[425] Glenn, Guanajuato, 17 de septiembre de 1912; SD 812.00/5084; y pp. 287 y 566-567.
[426] Wilkie, *Federal Expenditure and Social Change*, pp. 47-48 y 102.
[427] *Idem*.

a 31%.[428] Para entonces —aun de acuerdo con las cifras oficiales—, el régimen liberal de Madero había gastado en asuntos militares más del doble de la partida destinada a ese rubro por el gobierno anterior.[429]

Dicha tendencia era inevitable ya que el ejército había aumentado en número: de menos de 20000 elementos en 1910, a 70000 en 1912; también se incrementaron los subsidios federales destinados a las fuerzas estatales, como las de Coahuila y Sonora.[430] Más aún, Madero no ahorró en armamento: se enviaron 1 500 máuseres a Ambrosio Figueroa (a pesar del escepticismo de Madero en lo concerniente a los 1 680 elementos activos que Figueroa afirmaba contar en sus tropas); y al coronel Reynaldo Díaz, en campaña en el mismo estado, le fue prometido un carro blindado tan pronto como arribara el envío de Europa.[431] Como ya se ha señalado, las finanzas del gobierno jamás estuvieron en situación de colapso, pero este aumento en la partida militar creó tensiones y problemas. Madero tuvo que retractarse de los compromisos hechos con los estados agobiados: a fines de 1912, no había fondos para satisfacer la promesa de 1 000 hombres hecha al gobernador González en Chihuahua.[432] Otro tipo de incidentes (desconocidos durante una generación) parecen ser más serios: las tropas federales enviadas a someter a los rebeldes de Durango, se detuvieron en Rodeo y se rehusaron a avanzar sin antes recibir sus salarios atrasados.[433] A fines de 1912 se descubrió que el gobierno contaba con liquidez suficiente para cubrir el presupuesto militar sólo hasta mediados de enero.[434] Estos temores e incidentes —aunque parcialmente exagerados— mostraron que la creciente carga militar ya se dejaba sentir; y así lo manifestaron los políticos preocupados, los generales presuntuosos, las tropas sin salario, los desafortunados conscriptos, los radicales críticos y los prevenidos acreedores del gobierno. Dentro de este grupo heterogéneo, la tropa (junto con los rebeldes) fue la que se convirtió en víctima principal de la militarización, y los generales quienes ponderaron la importancia de esta tendencia y la dirección que podía adoptar.

El ocaso del maderismo

Al terminar 1912, el régimen se enfrentó a una serie de nuevos desafíos en los que el ejército federal expandido jugó un papel medular. Estas nuevas amenazas, aunadas a los viejos problemas en Morelos, Chihuahua y otros sitios, marcaron con tensión e incertidumbre el otoño de 1912 y el invierno de

---

[428] Véase SD 812.51/55.
[429] El promedio de Díaz para 1907-1911 fue de 18 millones de pesos, o diecinueve por ciento.
[430] Aguilar Camín, *La Revolución sonorense*, pp. 225 y 306.
[431] De Madero a Figueroa, 10 de enero de 1912; Fabela, DHRM, RRM, III, pp. 29-30; al coronel R. Díaz, 21 de octubre de 1912, AFM, r. 12.
[432] De Madero a A. González, 5 de noviembre de 1912, AFM, r. III.
[433] Hamm, Durango, 27 de octubre de 1912, SD 812.00/5400.
[434] Schuyler, Ciudad de México, 17 de diciembre de 1912, SD 812.00/5711.

1912-1913 —es decir, el ocaso del maderismo—; y antes de que envejeciera el año nuevo, estas amenazas conspiraron para poner un sangriento fin al experimento liberal.

Pero éste no era un desenlace inevitable, como tampoco era ineludible la historia de deterioro progresivo del régimen. La derrota de Orozco en el verano de 1912, el eclipse de Zapata durante el interludio reformista en Morelos, y el "efecto demostrativo" de esos acontecimientos —que culminó durante el periodo de mayor actividad del año agrícola—, contribuyeron a traer un periodo de paz relativa durante los meses del verano. La amenaza de Orozco había terminado (aunque las operaciones de liquidación fueron prolongadas y conflictivas); en Morelos, "... tanto Zapata como De la O se habrían de acordar [...] de los días en que habían estado muy inseguros de la victoria final".[435] Aunque Oaxaca estaba amenazada por los serranos, en el Istmo había tranquilidad (excepto por el bandidaje esporádico) y los juchitecos habían retornado a la siembra de sus tierras; por otra parte, el Ferrocarril Panamericano operaba con eficiencia o, al menos, con mayor eficiencia que en el pasado.[436] El bandidaje asolaba regiones de Veracruz y el Bajío, pero no había movimientos rebeldes organizados; San Luis Potosí disfrutaba de "extrema quietud", salvo en la Huasteca; algunos estados como Aguascalientes y Sonora estaban, como de costumbre, en paz, aunque los yaquis continuaban provocando ansiedad.[437] El gobierno militar de Ojeda había traído una cierta paz en Sinaloa, donde la Revolución, tan intensa en el pasado, "al parecer había terminado", aunque se pronosticaba que la calma política continuaría sólo durante la época de lluvias y se anticipaba la renovación de nuevos brotes de violencia a mediados del invierno.[438] Mientras tanto, el noreste reanudaba su ritmo comercial: Monterrey y Saltillo prosperaban; e incluso Chihuahua —salvo por las operaciones en contra de los vestigios orozquistas— experimentó cierta prosperidad económica.[439] En la Ciudad de México, donde la amenaza de Orozco había estimulado el apoyo hacia el gobierno, revivió durante el verano la confianza política tanto como la comercial; "la opinión pública está muy optimista y se piensa que la revolución ha terminado"; por su parte, los norteamericanos en la capital consideraban que Madero estaba en "su segundo aire".[440]

---

[435] Womack, *Zapata*, p. 153, cita a Soto y Gama.

[436] Haskell, Salina Cruz, 11 de junio y 19 de julio de 1912; Lespinasse, Frontera, 8 de junio y 8 de agosto de 1912; SD 812.00/4250, 4503, 4238, 4658; y De Szyszlo, *Dix milles kilomètres*, pp. 94-95, sobre el estado normal de las operaciones del Panamericano.

[437] Bonney, San Luis, 21 de junio y 13 de agosto; Schmutz, Aguascalientes, 11 de julio; Hostetter, Hermosillo, 21 de junio de 1912; SD 812.00/4319, 4661, 4449, 4278.

[438] Alger, Mazatlán, 2 y 18 de junio y 13 de julio de 1912, SD 812.00/4256, 4325, 4467.

[439] Hanna, Monterrey, 5 de septiembre; Holland, Saltillo, 9 de julio de 1912; SD 812.00/4803; 4437; de Montemayor Hernández, *Historia de Monterrey*, pp. 299-305; de E. Creel a J. Creel, 12 de julio de 1912, STA.

[440] De Creel a Creel (n. 439); Bell, p. 199; de Body a Cowdray, 11 de marzo y 6 de julio de 1912, Documentos Cowdray, caja A/4; *New York Times*, 24 de agosto de 1912.

Lo anterior no significaba que la revolución popular hubiera terminado, sino que la única amenaza revolucionaria grave para el poder nacional —el orozquismo— había sido derrotada. El régimen aún se mantenía, fundamentado en cuatro bases: la ciudad, el ejército, el ferrocarril y la recaudación; y mientras estos cimientos permanecieran, el gobierno resistiría: sacudido a veces, pero seguro. Sin embargo, dichos cimientos no eran insensibles a la amenaza popular. La caída de Madero sobrevino como resultado de una combinación de la amenaza popular directa y los efectos indirectos de esta amenaza sobre la nación política, especialmente sobre el ejército. En 1912, al igual que en 1911, se presenció un declinar de la actividad revolucionaria durante el verano, sólo para atestiguar su recrudecimiento a la llegada del otoño. En 1912, al dirigirse a la Cámara de Diputados, un perspicaz crítico del régimen observó que las causas que generaron la Revolución todavía eran vigentes; por lo tanto, "esa revolución sigue en pie; el gobierno actual creyó que echándole una sabanita de manta se acababa por completo; pero entonces la sábana de manta se empezó a mover y sucedió que todos aquellos gérmenes que están más hondos en nuestra sociedad, estaban debajo de la sábana y empezaron a romperla".[441] Esto quedó de manifiesto en los hechos ocurridos durante el último trimestre del año. La extirpación del orozquismo resultó ser más difícil de lo previsto: en parte porque había renacido un movimiento que cobraba la forma de guerrilla descentralizada (un retorno a sus orígenes serranos) y en parte debido a la actitud torpe y quizá a la traición del ejército federal. En diciembre de ese año se informó que los "vestigios del ejército de Orozco dan muestras evidentes de acción concertada" y, a pesar de un torrente de exhortos y consejos de Madero a sus comandantes en el norte, la campaña se prolongó con una sangría constante en las finanzas del gobierno y, conforme a la visión de Madero, como amenaza potencial a las buenas relaciones con los Estados Unidos.[442] Los rebeldes como Salazar rondaban aún en el campo con absoluta impunidad al tiempo que seguían las fricciones entre los comandantes federales que desplegaron una actitud que Madero calificó de "apatía criminal".[443] Se giraron órdenes, instrucciones tácticas concernientes al uso de columnas volantes o a la necesidad de capturar los refugios de los rebeldes en la sierra.[444] Estas interferencias, aunque respondían a la inactividad federal, fueron fuente de mayor tensión en las relaciones entre Madero y los oficiales. Por su parte, los comandantes del sur —los generales Blanquet, Ángeles y Riverol— que combatían el resurgimiento del zapatismo, recibieron exhortos similares. Ahí, ante el fracaso de los reformistas de Morelos, Zapata había recobrado sus fuerzas y su revuelta dio muestras de una organización más elaborada. Los revolucionarios de Morelos cobraban impuestos a las

[441] De C. Trejo y Lerdo de Tejada, 17 de octubre de 1912; Fabela, DHRM, RRM, IV, p. 170.
[442] *New York Times*, 9 de diciembre de 1912; de Madero a Munguía, 23 de noviembre, a Téllez, 12 de noviembre, a Aubert, 26 de diciembre de 1912, AFM, r. 11.
[443] De Madero a Rábago, 15 de enero, a Aubert, 21 de enero de 1913, AFM, r. 11.
[444] De Madero a González, 5 de agosto de 1912, a Aubert, 22 de enero de 1913, AFM, r. 12 y 11.

haciendas cada semana y los terratenientes que se rehusaban a pagar veían sus cañaverales reducidos a cenizas. El costo de estas campañas pasó así de los pueblos a las haciendas que, al frenar su producción, veían cómo los peones y los jornaleros eventuales se unían a la lucha de los rebeldes. Líderes zapatistas como De la O y Mendoza, cuyas fuerzas se habían reducido a 100 o 150 hombres hacia fines del verano, encabezaron a 500 o 1000 rebeldes a principios de 1913. Así los rebeldes podían instrumentar campañas más ambiciosas y coordinadas en contra de los federales al tiempo que seguían desplegando una "movilidad sorprendente".[445]

El creciente deterioro de la situación en Durango y La Laguna tomó un sesgo quizá más alarmante a partir de septiembre.[446] En el otoño, los rebeldes recorrieron libremente el campo desde el suroeste de Coahuila hasta Durango y Zacatecas: Cheche Campos y otros sembraron el terror en las haciendas de la región; los caminos sinuosos que conducían a las minas en el occidente de Durango se tornaron cada vez más peligrosos y el gobierno estatal, desesperado por reunir fondos y sin poder recurrir a los subsidios federales, pareció incapaz de manejar la situación.[447] En octubre de 1912, Gregorio Sánchez saqueó Rodeo, Luis Caro asaltó el cuartel en Chalchihuites, Campos atacó Mapimí y los indios de la entidad secundaron a Argumedo en su asalto a Cuencamé.[448] Al mes siguiente, los rurales se amotinaron y destruyeron todo lo que encontraron en Cruces; en diciembre se observó "el renacimiento de la actividad revolucionaria en todas partes del estado (de Durango)": Peñón Blanco, San Lucas y San Juan del Río fueron asaltados, y los rebeldes reunieron reclutas adicionales bajo la promesa de saquear la capital del estado. Sólo el aumento constante de refuerzos federales logró evitar un mayor deterioro.[449]

Mientras supuraban estas úlceras crónicas, la condición todavía febril del país se manifestó a través de muchos síntomas menores. En Coahuila, los vestigios del orozquismo todavía marcaban el norte; los rebeldes asolaron las montañas Burro y se refugiaron en la hacienda La Babia, propiedad del general Treviño, al suroeste de Múzquiz; en octubre de 1912 el aspecto del campo en Coahuila era desolador y "estaba marcado por el abandono más absoluto de las haciendas y los ranchos". Los terratenientes recogieron las cosechas que pudieron y huyeron hacia las ciudades (donde las condiciones eran mejores); dejaron sus propiedades en manos de administradores, y a sus peones como pasto para el reclutamiento rebelde.[450] En casi todo el resto del

[445] Womack, *Zapata*, pp. 157-158; de Madero a Blanquet, 22 de enero de 1913, AFM, r. 11.
[446] Hamm, Durango, 22 de septiembre de 1912, SD 812.00/5120.
[447] Hamm, Durango, 16 de octubre y 22 de noviembre; Bretherton, Aguascalientes, 25 de noviembre; de T. Fairbairn a J. B. Porter, 30 de diciembre de 1912, SD 812.00/5322, 5640, 5620, 5880.
[448] Hamm, Durango, 7, 9, 12, 16, 25 y 27 de octubre de 1912, SD 812.00/5240, 5239, 5277, 5322, 5352, 5400.
[449] O'Hea, Gómez Palacio, 1º de noviembre; Hamm, Durango, 30 de noviembre, 4, 6 y 9 de diciembre de 1912, SD 812.00/5497, 5653, 5691, 5675.
[450] Ellsworth, Ciudad Porfirio Díaz, 21 de agosto, 20 y 21 de septiembre de 1912; Holland, Saltillo, 5 de octubre de 1912, SD 812.00/4734, 5004, 5069, 5222.

país se manifestó un descontento difuso y generalizado, aun en el sur, donde el gobernador de Tabasco lamentó "la desintegración" de la sociedad y en Chiapas, cuyo gobierno estaba "en crisis".[451] Las capturas de cabecillas rebeldes, como en el caso del "muy peligroso" Saturnino Cedillo (cuyas fuerzas habían tomado Ciudad del Maíz en noviembre), aseguraron una mayor paz en San Luis Potosí; sin embargo, esta tranquilidad se eclipsó ante el temor de las revueltas encabezadas ahora por Gabriel Hernández en la Huasteca hidalguense.[452] Mientras tanto, las contiendas electorales —algunas claramente derivadas del conflicto de clases— provocaron protestas y rebeliones. Agustín del Pozo, al perder en la lucha por la gubernatura de Puebla, denunció la "imposición" oficial y se refugió en la sierra para proclamarse gobernador en Xochiapulco, corazón de una zona con fama de ingobernable y rebelde. En Tlaxcala, "un ejército de varios millares de campesinos y obreros" ocupó las oficinas de gobierno para evitar que un conservador asumiera la gubernatura.[453] En Guanajuato, la toma de posesión del gobernador Lizardi provocó motines en los que la caballería, armada con espadas, dispersó a los "peones" que gritaban "¡Viva Porfirio Díaz! y ¡muera Lizardi!" Por su parte, los peones respondieron con piedras y puñales, y dos hombres murieron en este episodio que recordaba las tendencias sediciosas de los pueblos del Bajío.[454]

Las esperanzas alentadas durante la paz del verano, se derrumbaron a fines de ese año: "el debilitamiento progresivo a que parecía estar condenado el Gobierno del presidente Madero, se había vuelto, en los últimos meses de 1912, visiblemente acelerado"; al menos, ésta fue la impresión de un maderista leal.[455] Ningún movimiento rebelde (excepto el orozquista, durante breve tiempo) amenazó seriamente al gobierno nacional; esto, sin embargo, se debió a que los objetivos rebeldes fueron primordialmente locales y rurales. Los rebeldes serranos, por definición, no intentaban tomar el gobierno sino desarticularlo. Por lo tanto, estos movimientos respetaron el control del gobierno sobre las ciudades y los cuarteles, la red ferroviaria y los ingresos comerciales; a su vez, el gobierno se apoyó en estas bases para poder sobrevivir. Sin embargo, los efectos colectivos y acumulados de las rebeliones populares provocaron la sangría del gobierno, deterioraron sus decisiones y su legitimidad, drenaron sus finanzas y, por otra parte, alentaron y permitieron que otras fuerzas (que ambicionaban el poder nacional) dieran el golpe de gracia en 1913.

Hasta ese momento, la mayor parte de la acción revolucionaria en contra del régimen de Madero tenía origen en lo que a grandes rasgos podríamos llamar "la izquierda". Provenía del descontento de soldados maderistas,

---

[451] González Calzada, p. 109; Benjamin, "Passages", pp. 129-130.

[452] De A. Lozano a SRE, 16 de enero de 1913; de F. de P. Mariel a E. de los Ríos, 14 de enero de 1913; Fabela, DHRM, RRM, IV, pp. 343 y 328-330; Garza Treviño, *Tamaulipas*, p. 123.

[453] De Madero a Carrasco, 1º y 4 de febrero de 1913, AFM, r. 21; Buve, "Peasant Movements", pp. 132-133; Vera Estañol, *Revolución mexicana*, p. 244.

[454] Glenn, Guanajuato, 17 de septiembre de 1912, SD 812.00/5084.

[455] Pani, *Apuntes*, p. 149.

cabecillas populares, rebeldes agrarios, bandidos sociales que, si bien no formaban propiamente un "ala izquierda", pues no se adherían a una ideología radical coherente (a pesar de la presencia de algunos magonistas, la mayoría estaba integrada por católicos, patriotas, nostálgicos y tradicionalistas de corazón), sin duda representaban genuinamente a los sectores populares y plebeyos y, por lo tanto, eran una enorme amenaza para la autoridad establecida y los intereses de la propiedad. Sin importar demasiado el lugar que se les otorgue —posiblemente erróneo— dentro del espectro político, se trataba legítimamente de "revolucionarios".[456] Tenían dos objeciones principales al gobierno maderista: que permitiera la sobrevivencia del *statu quo*, y que sus acciones en favor de la reforma (puesto que Madero no era un conservador opuesto a cambios) fueran tardías, modestas o simplemente inadecuadas.

Es evidente la divergencia entre estos rebeldes y los intereses conservadores, que habían favorecido el *statu quo* del Porfiriato y que se oponían incluso al reformismo político de Madero. Las amenazas de este sector —es decir, de la "derecha"— eran escasas y menos graves. La más notable, antes del otoño de 1912, fue el fracaso reyista que terminó con las esperanzas de una contrarrevolución nacional encabezada por Reyes. El apoyo conservador dado a los orozquistas fue más ambiguo y peligroso, pero éste también fracasó.[457] Sin embargo, los temores de contrarrevoluciones locales eran recurrentes; al parecer, Próspero Cahuantzi, el viejo cacique de Tlaxcala, reunió fuerzas en su hacienda para preparar un nuevo ataque en junio de 1911; se decía que Policarpo Valenzuela renunció a la gubernatura de Tabasco no sin antes reunir subrepticiamente un arsenal en sus propiedades, en donde se mantuvo dando lugar a un foco de conspiraciones reyistas-conservadoras en el estado; se creía que Policarpo Rueda, en Chiapas, acariciaba planes similares.[458] No obstante, suponemos que algunas de estas conspiraciones existían, en gran medida, en las mentes nerviosas de algunos maderistas y se tejían a partir de especulaciones periodísticas y de rumores esparcidos en los bares. En términos prácticos, las conspiraciones conservadoras no tomaron fuerza; unas cuantas llegaron al campo de batalla que en 1911-1912, al igual que en 1910-1911, habían permanecido en manos de las fuerzas populares. Los terratenientes podían —con diversos grados de éxito— llevar a cabo acciones defensivas locales en contra de rebeldes y bandidos pero, en general, no participaron en rebeliones armadas ni conspiraron para derrocar al gobierno.[459]

Esta situación no resulta sorprendente. Aunque abundaron las críticas de los conservadores en la prensa de la Ciudad de México, en realidad el régimen de Madero les dio pocos motivos de queja y, por lo tanto, no contaban

---

[456] Véanse pp. 369-372.

[457] Véanse pp. 293 y 347-349.

[458] De R. Argudin a F. Cosío Robelo, 10 y 14 de junio de 1911, AARD 24/47, 56; de L. Villalpando a Madero, 13 de junio de 1911, AARD 22/32; de M. Mestre Ghigliazzi a Madero, 18 de noviembre de 1911; Fabela, DHRM, RRM, II, pp. 301-303; Porsch, Tapachula, 17 de febrero de 1912, SD 812.00/2983.

[459] *Cf.* Bell, *Political Shame*, pp. 215-233; y véanse pp. 290-291, 449, 471-472 y 547-548.

con razones poderosas para la rebelión. Después de los acontecimientos de abril y mayo de 1911, cuando la revuelta popular alcanzó un clímax, el gobierno —inicialmente el de De la Barra, apoyado por los conservadores— recuperó el poder. Todas las políticas que molestaron a los soldados rebeldes (rápida desmovilización, el retorno de los oficiales porfiristas, la restricción *de facto* y la ausencia *de jure* de la reforma agraria) fueron bien recibidas por los conservadores y así calmaron sus ansias. Con hombres como Hernández, Calero y Ernesto Madero en el gabinete; con gubernaturas como las de Carreón, López Portillo y Rojas, Carranza y Maytorena; con los antiguos generales a cargo del ejército federal; con todo ello era innecesario arriesgarse a la revuelta sobre todo cuando ésta presentaba pocas oportunidades de éxito. Aunque los conservadores no se mostraban satisfechos con el régimen y sintieron inquietud por la presencia de gobernadores más activamente reformistas (como González en Chihuahua, Fuentes en Aguascalientes e Hidalgo en Tlaxcala), lejos de inclinarse por la revuelta armada, echaron mano de recursos más seguros y prácticos para contrarrestarlos; por su dinero, educación, clientes y relaciones, los conservadores se encontraban en una buena posición para intervenir en la nueva política en su propio beneficio. Sólo bajo circunstancias excepcionales, como las de Chihuahua, se creía que valía la pena aliarse a la plebe para formar una oposición común en contra del reformismo maderista.[460] En general, las reformas maderistas (como la revaluación fiscal) eran molestas pero no mortales; sólo las clases bajas continuaron representando la principal amenaza contra el orden y la propiedad.

Hay pocas evidencias, pues, de una correlación cercana entre el reformismo maderista y la contrarrevolución conservadora. Los conservadores de Aguascalientes, aunque hostiles a las reformas instrumentadas por Fuentes, no figuraron en las conspiraciones o revueltas en contra del gobierno. En cambio, la sucesión en el gobierno de maderistas conservadores en Veracruz, produjo una serie de levantamientos y conspiraciones. Quizá el ejemplo más cercano a la situación prototípica sea el de San Luis Potosí, donde a finales de 1912 toda la población (excepto los funcionarios) se mostró "indiferente y recelosa" con respecto al régimen de Madero. Era evidente la decepción de las clases bajas que antes habían sido maderistas; además, éstas se encontraban "alarmadas y alienadas" por el reclutamiento obligatorio que se llevaba a cabo. Por su parte, las clases altas, que "jamás se habían adherido al gobierno de Madero", expresaron sus objeciones a las reformas fiscales propuestas y criticaron la gestión de Cepeda. Sin embargo, se limitaron a realizar una protesta política pacífica y evitaron cualquier acción que llevara a la revuelta armada (no eran de esa clase de gente); se refrenaron ante el "temor hacia las clases bajas" cuya nueva fuerza, así como su reciente adquisición de armas, las convertía en una amenaza mayor que en el pasado.[461] Por lo tanto,

---

[460] Véanse pp. 351-353.
[461] Bonney, San Luis, 13 de agosto de 1912, SD 812.00/4661.

no parece que la hostilidad conservadora hacia Madero se derivara primordialmente de su reformismo real o potencial. Ésta era una consideración secundaria que no podía provocar una contrarrevolución conservadora. En muchos aspectos, los conservadores entendían y compartían la principal preocupación de Madero (la restauración de la paz) y se adhirieron a muchas de sus políticas en la materia (o mejor, para ser más precisos, Madero se adhirió a las de ellos). Mientras la rebelión popular continuara, se deseaba el orden y se requería posponer las reformas (especialmente las de naturaleza agraria) hasta que aquél no se estableciera;[462] maderistas (civiles) y conservadores coincidían en este silogismo fundamental, y los lazos que los unieron se tornaron más fuertes y vigorosos que las fuerzas que los dividían. Las implicaciones radicales de las elecciones libres (antiguo lema maderista), eran ahora menos palpables que en los días de la democracia directa de mayo de 1911: dos años de "sufragio efectivo, no reelección" no fueron suficientes para llenar las cámaras y gubernaturas de radicales; además la reciente libertad del sindicalismo se hallaba constreñida. Quizá el tibio reformismo del régimen era menos inquietante para los conservadores que el crecimiento de un nuevo maderismo combativo personificado en Gustavo Madero que prometió desbancar a los oponentes recalcitrantes y "gobernar con la revolución". Esta promesa, sin embargo, tuvo un desarrollo efímero y, hacia fines de 1912, se hallaba en franca decadencia entre los círculos del gobierno. Objetivamente, esta postura no representó una amenaza real para los intereses conservadores; los conservadores empero, veían las cosas de otra manera. No fue una mera coincidencia que Gustavo Madero fuera la *bête noire* de 1912 para los conservadores y su chivo expiatorio en 1913.

La principal divergencia entre Madero y sus críticos conservadores concernía más a las personas y las actitudes que a las políticas fundamentales. En los asuntos prácticos e inmediatos podían coincidir: México necesitaba un ejército más numeroso pues se requerían campañas intensivas en contra de los rebeldes, los bandidos y los agitadores y, por otra parte, el ejército debía intervenir en las apropiaciones de tierras y en las huelgas que amenazaban el orden público. La apostasía liberal hizo posible un acuerdo de esta naturaleza. Los conservadores, por su parte, no podían imaginar que Madero llevara a cabo con éxito estas políticas; en síntesis, les gustaba la música pero aborrecían al director. A sus ojos, Madero no era el hombre de hierro que pudiera salvar al país y defender sus intereses. Y, hasta cierto punto, tenían razón. Aunque Madero instrumentara políticas represivas, era evidente que lo hacía con reticencias y, a veces, titubeaba a la hora de su aplicación: tuvo que buscar una solución militar con respecto al zapatismo a pesar de que hubiera preferido llegar a las negociaciones; permitió que el sentimiento liberal influyera sobre el trato que dio a la prensa y a los reincidentes revolucionarios como Almazán. Pero, por encima de todo, Madero no era un macho.

---

[462] Véanse los comentarios de Madero en Fabela, DHRM, RRM, IV, p. 277.

Era un hombre de negocios chaparrito y provinciano que jamás había portado insignias militares y que se había opuesto al militarismo. Para la élite de la Ciudad de México, la crema y nata de los antiguos porfiristas, no era sino un torpe norteño;[463] desde la perspectiva de los generales como Huerta —a pesar del rápido ascenso que le confirió, de los halagos recibidos y de la dotación de máuseres y autos blindados para sus hombres—, Madero era un civil entrometido, ajeno a ellos. De ahí que la antipatía de los militares hacia Madero no se debiera a temores provocados por lo que estaba haciendo o por lo que pudiera hacer, sino a la convicción de que ellos y los de su clase podían hacerlo mejor y más rápido. Estos sectores se habían graduado en la escuela de la represión porfirista; los escrúpulos liberales no los detenían. Por lo tanto, a pesar de que Madero instrumentó numerosas políticas represivas defendidas por los conservadores —muchas de las cuales ya en 1911-1913 mostraron su ineficacia—, el mito de la mano de hierro adquiriría nuevos seguidores día con día, pues los fracasos de Madero se achacaron a su deficiencia e ineptitud. Por ejemplo, calificaron de espectáculo vergonzoso que el nuevo presidente negociara con el "imbesil [sic] bandido" de Zapata, cuando "el premio a que se ha hecho acreedor con sus no interrumpidas fechorías es de ser ahorcado como a un bandido bulgar [sic] o matarlo a balazos como a un perro", según el punto de vista de dos irritados terratenientes de Guanajuato; ésta fue la versión que llegó hasta la supuestamente bien informada opinión internacional, y que dio pie a que el periodista más importante del *New York Times* declarara que Díaz habría vencido a Zapata en "dos semanas", mientras que la debilidad de Madero le había hecho incurrir en una guerra de guerrilla prolongada y costosa.[464] El carácter de Madero sirvió así de pretexto espurio para explicar el fracaso de las políticas represivas defendidas por los conservadores y que el régimen aplicaba con vacilación; los hechos habrían de revelar cuán equivocados estaban.

El ejército federal fue la institución clave para el sector conservador porfirista; sus generales experimentaron con mayor claridad la ambivalencia inherente a la política maderista. ¿Por qué habrían de ser ellos quienes hicieran el trabajo preparativo de la represión en nombre de un débil régimen civil por el cual sentían poca simpatía? No era que les disgustara el trabajo de zapa ni que temieran que el vago reformismo de Madero se tradujera en una política radical, sino que sentían que los encargados de ejecutar el trabajo deberían dirigirlo y obtener las ganancias (ya se han mencionado ejemplos locales).[465] Muchos sostenían que se requería de una toma de poder de los militares, no para impedir la Revolución sino para realizar con mayor rapidez la contrarrevolución, iniciada en 1911 y continuada por Madero, si bien con cierto recelo. Un golpe de Estado no provocaría formas radicalmente

---

[463] Valadés, *Imaginación*, II, p. 9; Rutherford, *Mexican Society*, pp. 135 y 142-143.

[464] De V. Martínez y A. Hernández a Madero, 16 de noviembre de 1911, AG; *New York Times*, 3 de febrero de 1912.

[465] Véanse pp. 320-321, 342 y 394-395.

nuevas en el gobierno, sino que daría coherencia a lo que ya sucedía, aportaría eficacia (y hasta cierto punto militarizaría) al gobierno y sería punto de partida para una feliz simetría entre el poder real (militar) y el formal (civil). Este argumento atraía a la mentalidad simple de los soldados y, con algunos ornamentos políticos, a mentalidades como la de Victoriano Huerta; de manera particular, ejercía atracción sobre los generales que habían presenciado el rápido crecimiento, en número e importancia, del ejército. Al respecto, los esfuerzos de Madero por aumentar el ejército —y por lo tanto, la ambición militar— fueron suicidas e hipócritas, ya que sólo el ejército podía derrocar al régimen. Las rebeliones populares se frenaban ante las puertas de las ciudades. Los civiles y los conservadores (terratenientes, hombres de negocios, profesionistas y prelados) podían criticar al gobierno, oponerse a sus medidas en la prensa, desde el púlpito o las legislaturas, pero estos grupos no tenían el deseo ni la capacidad de derrocarlo. Su caída dependía únicamente del ejército federal, como lo revelaron los hechos de 1912-1913. En octubre de 1912, una conspiración conservadora intentó el derrocamiento de Madero, pero el ejército se mantuvo fiel y el intento fracasó. En cambio, cuatro meses más tarde, el ejército tomó la delantera y la revuelta fue exitosa. Estos dos episodios vinculados, significaron el acto final de la tragedia de Madero.

Después de embarcarse hacia el exilio, Porfirio Díaz dejó claro que no pretendía retornar a México, ni involucrarse en la política del país, y todo indica que mantuvo esta resolución.[466] Su hijo, Porfirito, también se abstuvo de intervenir en la política. Por lo tanto, el manto porfirista recayó en el sobrino del dictador, Félix Díaz, hijo de Félix (*el Chato*) Díaz, a quien los juchitecos habían matado "en las ardientes dunas de Chacalapa", en 1871.[467] En aquellas fechas, Félix Díaz hijo apenas era un niño; 40 años después, cuando su tío perdió el poder, era brigadier y diputado federal por Oaxaca y, poco después, ocupó el cargo de jefe de policía de la capital. Díaz no estaba teñido con los colores de los "científicos", era compadre político del gobernador de Veracruz, Teodoro Dehesa, y pertenecía, por lo tanto, a las filas de conservadores porfiristas que, particularmente dentro del ejército, se oponían a Limantour y simpatizaban con Reyes. La Revolución no había extinguido a este sector; Díaz recibió el ofrecimiento —y declinó— del honorable pero remoto cargo de gobernador de Baja California (Norte); luchó por la gubernatura de Oaxaca y perdió frente a Benito Juárez Maza en septiembre de 1911, y permaneció como oficial en el servicio activo hasta agosto del año siguiente.[468] Jamás ocultó su disgusto hacia el régimen de Madero. Defendía la democracia, pero pensaba que los agitadores ambiciosos se aprovechaban de esta postura e incitaban a la gente, incurriendo en el riesgo de caer en la "franca anarquía"; también sostenía que las revueltas antimaderistas, aunque censu-

---

[466] *New York Times*, 6 de marzo de 1912.
[467] Covarrubias, *Mexico South*, p. 230.
[468] Liceaga, *Félix Díaz*, pp. 55 y 60; Ramírez, *Oaxaca*, p. 33; Henderson, *Félix Díaz*, pp. 2-19 y 36-39.

rables, eran de esperarse, ya que la Revolución de 1910 "había servido sólo al engrandecimiento personal y egoísta de una familia [los Madero] y de sus seguidores, y había dejado insatisfechas numerosas promesas"; Madero mismo era un soñador impráctico. La propia ideología política de Díaz era vaga pero representativa del pensamiento conservador: al pueblo de Oaxaca prometió mejoras educativas, desarrollo económico, justicia y un manejo práctico de los asuntos en repudio a los "sueños [y] utopías", pero, sobre todo, prometió "orden y paz".[469]

Desde un principio, el nombre de Félix Díaz estuvo vinculado a supuestas conspiraciones y revueltas. Cuando Madero tomó posesión, circularon rumores acerca de un pronunciamiento de Díaz en Veracruz (más tarde se demostró que los rumores estaban bien fundados, aunque el levantamiento era entonces a todas luces prematuro); a fines del verano de 1912 circularon de nuevo los rumores, ahora en relación con revueltas en Veracruz y Oaxaca, los dos estados donde Díaz esperaba reunir mayor apoyo.[470] Veracruz vivía un clima de agitación por las reñidas elecciones a la gubernatura (el resultado se había mantenido en secreto durante varias semanas); en Oaxaca, los caciques serranos Meixueiro y Hernández eran conocidos simpatizantes de Díaz y de la causa del Porfiriato. Asimismo, se sospechaba de algunos generales federales, también simpatizantes; en septiembre, el viejo veterano Higinio Aguilar se levantó en armas en Puebla.[471] El pronunciamiento del propio Félix Díaz estalló a mediados de octubre en el puerto de Veracruz: el destacamento (de 1 000 hombres) se adhirió a su causa sin oponer resistencia y los oficiales de la ciudad mantuvieron sus cargos; por su parte, el comandante federal en Orizaba, el coronel Díaz Ordaz, se encaminó a la costa al frente de 200 hombres para unirse a la rebelión.[472] Otros brotes de rebeldía surgieron a lo largo de la costa del Golfo: Guillermo Pous, un candidato fallido en las recientes elecciones para la gubernatura de Veracruz, dirigió la revuelta en Tlacotalpan; grupos rebeldes, que se proclamaron felicistas, saquearon el distrito de Zongolica; el coronel Ortega y Rivera capitaneó una banda de antiguos federales en el distrito de Ozuluama, conocido centro de conflictos y supuesto feudo de Dehesa, amigo de Díaz.[473] Aunque el movimiento felicista no se limi-

---

[469] Liceaga, *Félix Díaz*, pp. 56-58; Henderson, *Félix Díaz*, p. 47.
[470] Lawton, Oaxaca, 18 de noviembre de 1911, SD 812.00/2561.
[471] Wilson, Ciudad de México, 27 de septiembre y 1º de octubre de 1912, SD 812.00/5097, 5135; de Body a Cowdray, 30 de agosto y 1º de octubre de 1912, Documentos Cowdray, caja A/4; del jefe político de Zongolica al teniente general de Veracruz, 2 de noviembre de 1912, Archivo Zongolica.
[472] Canada, Veracruz, 23 de octubre de 1912, SD 812.00/5424; de Body a Cowdray, 19 de octubre de 1912, Documentos Cowdray, caja A/4; Liceaga, pp. 62-64; Henderson, *Félix Díaz*, p. 54.
[473] Canada, 23 de octubre de 1912 (n. 472); del alcalde de Xoxocotla, al jefe político de Zongolica, 24 de octubre de 1912, Archivo Zongolica; Miller, Tampico, 18 y 22 (dos veces) de octubre de 1912, SD 812.00/5269, 5318, 5365; de Madero a Lagos Cházaro, 29 de octubre de 1912; Fabela, DHRM, RRM, IV, p. 187; de E. de los Ríos a L. Muñoz Pérez, 4 de noviembre de 1912, AFM, r. 11.

tó al puerto de Veracruz, causó pocos efectos fuera de las regiones inmediatas; los rumores acerca de revueltas en Guadalajara, Pachuca, Tampico y otras partes carecieron de fundamento.[474]

Una vez tomado el control de Veracruz, Díaz emitió el acostumbrado manifiesto: denunció la crueldad, corrupción e ineptitud de Madero y de su "numerosísima familia"; prometió paz y justicia mediante elecciones justas, y subrayó dos aspectos básicos: el restablecimiento de la paz y la restauración del honor del ejército (no se sabe bien lo que esto último implicaba, aparte de su intención de ganarse el apoyo federal).[475] A diferencia del plan de Orozco, no se contemplaban asuntos económicos ni sociales e incluso los compromisos políticos eran vagos, todavía más que los del Plan de San Luis. Aunque no estaba lejos, todavía no llegaba el día en que todos los planes (incluso los conservadores) abarcaran reformas agrarias y laborales. El pronunciamiento de Félix Díaz, tanto en estilo y pompa como en ubicación, seguía la vieja tradición impuesta por Santa Anna en el siglo XIX.

Mientras tanto, si bien es cierto que no había apoyo militar, no se dejó esperar una respuesta favorable a la revuelta entre las clases medias y altas de todo el país. Desde el fracaso de Reyes se había observado un vacío de hombres fuertes y mano dura; ahora aparecía un nuevo candidato, uno que llevaba el apellido correcto. La Ciudad de México, conservadora y porfirista de corazón, permaneció tranquila, pero no podía ocultar su simpatía por Díaz y por "los rumores de pronunciamientos" que alentaba. En Durango, las noticias sobre un golpe "fueron recibidas con gran regocijo", principalmente entre las "clases pudientes" que ahora esperaban con ansiedad las noticias de la caída de Madero; en Torreón, los oficiales federales brindaron en honor de Díaz y, en todo el ejército, la frase "felices días" se convirtió en un saludo popular; en Saltillo, al norte, y en Salina Cruz, al sur, las simpatías —especialmente del ejército— estaban con Díaz (aunque sin duda la opinión difería en Juchitán, a unos cuantos kilómetros de distancia).[476] Costa arriba de Veracruz, la gente del puerto de Tampico "al parecer anticipa con placer la captura de un barco artillero que se espera de Veracruz" (cabe señalar que la gente de Tampico se vio decepcionada, ya que los barcos artilleros permanecieron leales); por su parte, en Oaxaca, una de las ciudades más porfiristas, la prensa conservadora dio la noticia con alegría, los oficiales del ejército portaron retratos de Díaz en sus solapas y los simpatizantes de Díaz programaron una manifestación (que fue impedida) en contra del gobierno. Se te-

---

[474] Schuyler, Ciudad de México, 16 de octubre de 1912, SD 812.00/5255; Henderson, *Félix Díaz*, p. 56, menciona también una rebelión en Ixtepeji (Oaxaca).

[475] Manifiestos del 16 y 18 de octubre de 1912; Fabela, DHRM, RRM, IV, pp. 158-164; Henderson, *Félix Díaz*, pp. 54-55.

[476] Schuyler, Ciudad de México, 16 de octubre de 1912, SD 112.00/5255; de Body a Cowdray, 24 de octubre de 1912, Documentos Cowdray, caja A/4; de E. Creel a J. Creel, 17 y 18 de octubre de 1912, STA; Hamm, Durango, 19 de octubre, Holland, Saltillo, 20 de octubre, Guyant, Salina Cruz, 17 de octubre de 1912, SD 812.00/5283, 5320, 5369; Ross, *Madero*, p. 269.

mía que el gobernador Bolaños Cacho estuviera en contubernio con oficiales de alto rango, que favorecían a Díaz, como también se dudaba de la lealtad de los gobernadores de Yucatán y Campeche.[477]

Hubo excepciones a esta reacción favorable de los "mejores elementos". Guadalajara, una ciudad católica, permaneció impávida frente al golpe (aunque sin duda, la distancia geográfica e ideológica fue factor importante); mientras que en Monterrey "la expresión más común en cuanto a la situación de los hombres de negocios mexicanos es: 'no nos preocupa quién ocupe la silla presidencial, si tenemos paz, negocios, prosperidad'", cosa que no se creía que la rebelión de Díaz pudiera garantizar.[478] Sin embargo, el hecho decisivo, para todo el país, fue que el ejército se rehusó a actuar, a pesar de sus simpatías felicistas; es más, en Oaxaca fue el propio comandante general quien prohibió la manifestación propuesta por los felicistas. Aquí y allá fueron detenidos algunos oficiales sospechosos y, en general, se creía que Madero había recurrido a las arcas del gobierno para asegurarse la lealtad de algunos.[479] Si el ejército no actuaba, los civiles conservadores no querían ni podían actuar solos. El *attentisme* estuvo a la orden del día. Todas las miradas se concentraron en Veracruz: si Díaz hubiera actuado con audacia, es posible que el ejército hubiera abandonado su postura de no involucramiento político; pero su torpe inactividad fortaleció la cautela de sus seguidores. Veracruz estaba en sus manos pero los barcos artilleros en el puerto permanecieron fieles y, en Orizaba, el general Joaquín Beltrán recibió órdenes de movilizar sus tropas para defender el puerto. Este estancamiento continuó durante cinco días. Beltrán aguardó en La Tejería, dudoso de atacar; si él también era víctima del *attentisme* prevaleciente, al menos tenía el pretexto de que deseaba evitar un bombardeo al puerto y sus posibles consecuencias diplomáticas.[480] Era difícil pronosticar el resultado ya que había elementos del 21° Regimiento en ambos bandos y, además, Beltrán era padrino de Díaz.

Mientras tanto, en el puerto mismo —donde los habitantes podían distinguir a los federales en las montañas— se agotaron los víveres frescos y el huevo alcanzó un precio de 15 centavos por unidad. Díaz invirtió su tiempo en escribir afectuosas cartas a Beltrán, invitándolo a unirse a la revuelta "por el bien de la patria". Al parecer, no dedicó mucho tiempo a la preparación de las defensas del puerto, inadecuadas conforme a la opinión de Beltrán y del

---

[477] Miller, Tampico, 17 de octubre, Thompson, Mérida, 19 de octubre de 1912, SD 812.00/5262, 5366; de J. Sánchez a J. Sánchez Azcona, 23 de octubre de 1912; Fabela, DHRM, RRM, IV, pp. 183-184.

[478] Para estas y otras reacciones: Kirk, Manzanillo, 17 de noviembre; Brown, Mazatlán, 26 de octubre, Magill, Guadalajara, 19 de octubre; Hanna, Monterrey, 22 de octubre de 1912, SD 812.00/5588, 5406, 5370, 5363.

[479] Brown, Hanna (n. 478); Liceaga, *Félix Díaz*, p. 68; de Body a Cowdray, 31 de octubre de 1922, Documentos Cowdray, caja A/4, se refiere al poco verosímil desembolso de un millón de pesos; Schuyler, Ciudad de México, 21 de octubre de 1912, SD 812.00/5306, habla de "las inmensas sumas de dinero pacificador" que empobrecía al erario.

[480] Ross, *Madero*, p. 270; Cumberland, *Genesis*, pp. 202-203; Henderson, *Félix Díaz*, p. 59.

agregado militar alemán.⁴⁸¹ Debido a que la inmovilidad de Díaz convenció a los vacilantes de que aún no había llegado el momento para levantarse, la continua demora sirvió más a los intereses gubernamentales que a los de los rebeldes. Por fin, en la mañana del 23 de octubre, Beltrán dirigió un ataque a través de los patios indefensos del ferrocarril. Pronto cundieron rumores acerca de una posible traición: se decía que los federales habían avanzado utilizando una bandera blanca; o que Beltrán había llegado a un trato con Díaz y aceptado unirse a la rebelión a un precio de 200 000 pesos, para después traicionarlo. Aunque estas explicaciones resultan verosímiles, no dan cuenta necesariamente de la caída de la ciudad. Los defensores se replegaron y, a media mañana, los federales controlaron el puerto. El total de bajas ascendió a unos 50 muertos y heridos, en su mayoría del bando rebelde. Díaz fue capturado; el coronel Díaz Ordaz peleó y logró huir hacia el sur, donde permaneció levantado en armas en contra del gobierno; sin embargo, la masa de fuerzas rebeldes se rindió rápidamente con la esperanza de reintegrarse al ejército. Mientras tanto, la aduana reabrió sus puertas y la vida comercial del puerto se reanudó; el sindicato de estibadores colaboró con la Cruz Blanca para asistir a los heridos y, en las calles, los oradores del gobierno elogiaron a Madero y al valiente ejército federal.

En la provincia, el colapso sumario de la revuelta felicista provocó decepción así como su inicio había generado esperanzas. En Durango, la noticia fue "recibida con todo menos júbilo"; en el propio puerto de Veracruz había desilusión. En Saltillo, la gente estaba "perpleja ante la inesperada rapidez de acción del gobierno al reprimir el movimiento de Díaz"; al parecer, Díaz y Madero habían intercambiado papeles.⁴⁸² Además, es inevitable establecer un contraste con las revueltas orozquistas y zapatistas así como otras más que habían logrado prolongarse y la rápida supresión de los felicistas. En este caso, los observadores se equivocan al quererlas comparar. Las revueltas populares y rurales podían evitar las ciudades, pero eran difíciles de extirpar y eliminar, al igual que las viejas raíces aferradas a las profundidades de la tierra; las insurrecciones urbanas semejantes a la que intentara Díaz en 1912 (o a la de Aquiles Serdán en 1910) podían arrancarse como ramas, siempre que el ejército permaneciera fiel y el comandante rebelde no se aproximara a una región rural aliada (táctica que, por supuesto, Díaz no intentó).⁴⁸³

Su fracaso no destruyó el mito de la mano dura que aún permaneció vigoroso. Sin embargo, dañó su prestigio personal (si bien es cierto que no terminó con su carrera política) y lo eliminó de la cabeza de la lista de posi-

⁴⁸¹ Ross, *Madero*, pp. 271-272; Schuyler, Ciudad de México, 21 y 26 de octubre, Canada, Veracruz, 22 de octubre de 1912, SD 812.00/5305, 5294, 5314.

⁴⁸² Sobre la batalla: Canada, Veracruz, 25 de octubre y 27 de noviembre de 1912, SD 812.00/5480, 5662; Ross, *Madero*, p. 272; Cumberland, *Genesis*, p. 202; Liceaga, *Félix Díaz*, p. 89; y las reacciones: Hamm, Durango, 27 de octubre; Canada, Veracruz, 27 de octubre; Holland, Saltillo, 29 de octubre de 1912, SD 812.00/5400, 5604, 5401.

⁴⁸³ Liceaga, *Félix Díaz*, p. 89.

bles salvadores del país. En octubre de 1912 sus seguidores estaban decepcionados, pero su reacción fue contradictoria, compleja y representativa de la mentalidad conservadora de la época. Hubieran preferido un golpe rápido, quirúrgico, que liberara al país del inepto Madero y llevara a un segundo Díaz a la presidencia; no obstante, ante el fracaso —al ser hombres de propiedades y posición— sintieron alivio ya que esta revuelta hubiera provocado otra guerrilla prolongada y cancerosa: "… en cierto sentido, el público está contento que esta revolución hubiera fracasado. Para ser más correctos, el público está contento de que la revolución haya fracasado rápidamente si no podía alcanzar el éxito. Existe un ánimo generalizado de frustración porque no logró el éxito con igual rapidez con la que fracasó".[484] En otras palabras, si no podía alcanzar la victoria lo mejor era que Félix Díaz fuera derrotado de inmediato. En este sentido, Díaz no decepcionó a sus seguidores y los conservadores hubieran hecho bien en ponderar la moraleja de este episodio. Su reacción ante la derrota de Díaz fue muy lógica: la rápida e indolora imposición de un régimen neoporfirista era, indudablemente, preferible a que Madero continuara en el poder; pero, sin lugar a dudas, era mejor que Madero continuara en la presidencia a la posibilidad de otra guerra civil que aumentara las amenazas sobre la propiedad, la posición y el poder. Cualquier intento por establecer por medio de la violencia un régimen neoporfirista, era un riesgo que exigía evaluar las ganancias potenciales (la eliminación del maderismo) y las posibles pérdidas que, en el caso de una renovada guerra civil y de una revolución popular, podrían ser incalculables. Al comparar los términos, los conservadores evaluaron las pérdidas: un riesgo mayor a cambio de ganancias modestas. Este riesgo era racional sólo si los militares derrocaban a Madero y lo vencían rápida y limpiamente, sin provocar la resistencia popular. Es decir, esta acción exigía la confianza ciega en la capacidad de la mano dura. Todo parecía indicar que los conservadores contaban con ella.

Después de su captura, Díaz y sus principales lugartenientes fueron sometidos a una corte marcial en Veracruz y muchos (Díaz incluido) recibieron sentencias de muerte. En la Ciudad de México se alzaron protestas; una delegación capitalina de "damas de sociedad" suplicaron clemencia ante Madero; los abogados de Díaz apelaron ante la Suprema Corte para que ésta revocara la ejecución ya que Díaz había renunciado a su comisión y, por lo tanto, no era sujeto de corte marcial.[485] El asunto se convirtió en una prueba para la lucha que libraban los gavilanes y las palomas del maderismo. Gavilanes como Elías de los Ríos, secretario particular de Madero, lamentaron que "la espada de la ley no cayera inmediatamente con todo su rigor sobre los culpables"; alguien propuso fingir una interrupción en las comunicaciones telegráficas

---

[484] Miller, Tampico, 3 de noviembre de 1912, SD 812.00/5445, en la que "el público" puede considerarse equivalente a "opinión respetable".
[485] Liceaga, *Félix Díaz*, pp. 90-96; Prida, *From Despotism*, p. 419; Márquez Sterling, *Últimos días*, p. 152.

(fácilmente atribuible a los zapatistas) con el fin de impedir que la Suprema Corte evitara la ejecución.[486] Pero Madero no toleraba acciones ajenas a la legalidad. La ejecución se pospuso, la apelación se reconsideró y, para fines de enero de 1913, Díaz fue trasladado a la penitenciaría del Distrito Federal. Esto, como lo demostraron los acontecimientos, era lo que esperaban los seguidores de Díaz que ya se encontraban entregados al desarrollo de una conspiración más elaborada.[487]

La derrota de Félix Díaz sirvió de estímulo para el régimen que, a la sazón, se hallaba bajo numerosas presiones. Al recibir las noticias sobre la revuelta, se dice que Madero consideró que era la oportunidad esperada para extinguir al porfirismo; después de la victoria, el presidente y varios colegas irradiaron confianza y pronosticaron paz y progreso para el futuro.[488] Viejos porfiristas como Enrique Creel, opinaron que el gobierno había ganado firmeza: "se cree que ahora nada podrá interrumpir la marcha de la administración del Sr. Madero y que terminará su periodo sin nuevas revoluciones".[489] Quienes se mostraron leales ante la tentación (como el comandante naval de Veracruz, el capitán Manuel Azueta) recibieron ascensos; mientras tanto, los maderistas más tenaces se entregaron a la ardua tarea de descubrir a los oficiales que habían dudado durante los días de crisis.[490] No obstante que la confianza del gobierno revivió, se corrió la voz acerca de otros levantamientos y conspiraciones. Circularon rumores persistentes en relación con otro golpe en Veracruz programado para principios de 1913, y en el que se encontraban involucradas "personas acaudaladas y que están derramando mucho dinero para hacer prosperar sus proyectos".[491] Además, resurgió un antiguo rumor que sugería que ciertos gobernadores en el norte se concentraban para derrocar al régimen. A fines del verano de 1912, las sospechas involucraban a Venustiano Carranza; ahora, tanto los rumores como la evidencia circunstancial eran más sustanciales.[492]

Carranza jamás había sido un maderista devoto: originalmente era partidario de Reyes, ocupó el cargo de senador y más tarde la gubernatura provisional de Coahuila durante el Porfiriato. Cuando el "centro" se opuso a su candidatura para gobernador, en 1909, decidió aproximarse a la oposición.[493] Al estallar la revolución maderista, Carranza permaneció inactivo y desplegó

---

[486] De E. de los Ríos a S. Rueda, 26 de noviembre de 1912, AFM, r. 11; Márquez Sterling, *Últimos días*, pp. 153-154.

[487] Canada, Veracruz, 24 de enero de 1913, SD 812.00/5931; Ross, *Madero*, pp. 275 y 280-281.

[488] De E. de los Ríos a F. Schmidt, 26 de octubre de 1912; de Madero a H. Barrón, 1º de noviembre de 1912, AFM, r. 11.

[489] De E. Creel a J. Creel, 24 y 25 de octubre de 1912, STA (Creel), r. 11.

[490] De E. de los Ríos a S. Rueda, 26 de noviembre de 1912, AFM, r. 11.

[491] Canada, Veracruz, 31 de diciembre de 1912, SD 812.00/5819; del general Celso Vega a Madero, de Jalapa, 31 de diciembre de 1912; Fabela, DHRM, RRM, IV, pp. 267-268; Prida, *From Despotism*, p. 430; Vera Estañol, *Revolución mexicana*, p. 269.

[492] Holland, Saltillo, 23 y 26 de julio de 1912, SD 812.00/4508, 4527.

[493] Taracena, *Carranza*, p. 20; Ross, *Madero*, pp. 75-77; Cumberland, *Genesis*, p. 76.

una actitud "muy circunspecta" al ignorar las cartas de Madero que lo exhortaban a asumir un compromiso.[494] En enero de 1911, después de provocar las sospechas de las autoridades, Carranza cruzó la frontera norte y se internó en los Estados Unidos: el régimen de Díaz (y posiblemente también el de Madero) siempre dudó de sus motivaciones precisas y de su lealtad.[495] Cuando Madero retornó al país para unirse a la Revolución, Carranza permaneció en San Antonio, organizando reuniones para juntar fondos y, según se decía, manteniendo contacto con su antiguo mentor Bernardo Reyes.[496] En mayo, al triunfar la Revolución, arribó a Ciudad Juárez para asistir a las negociaciones de paz y, al parecer, solicitó términos más severos. Durante un periodo breve, ocupó el cargo de ministro de Guerra en el gabinete temporal de Madero.[497] Algunos dijeron que, decepcionado al no recibir el Ministerio de Gobernación, se consoló con la gubernatura de Coahuila, su antigua aspiración.[498]

Aunque coterráneos y aliados políticos, Carranza y Madero mantuvieron siempre cierta distancia.[499] Desde la gubernatura y la presidencia, respectivamente, continuaron sus discrepancias sobre todo en lo que se refería a las tropas de voluntarios reunidas en Coahuila para combatir a los orozquistas. Madero sostenía que deberían estar bajo el control federal e incluso comandadas por oficiales federales; Carranza, en cambio, defendía la utilidad de las fuerzas locales, encabezadas por un antiguo revolucionario o por alguien de "cierto prestigio" en la región.[500] Se llegó a una conciliación, pero en septiembre de 1912 surgió la misma "irritante dificultad" (conforme a la frase de Madero), a raíz de una disputa entre Carranza y los comandantes federales de la localidad: se dieron órdenes y contraórdenes; algunos coahuilenses irregulares se amotinaron, y, durante uno de estos incidentes, hubo disparos y un hombre resultó muerto. Además, mientras la Federación continuaba cubriendo los gastos de las tropas estatales de Carranza, circularon rumores de que la nómina contaba con nombres de soldados muertos.[501] En diciembre de 1912, Carranza visitó la Ciudad de México para llegar a un acuerdo; sin embargo, a finales del mismo mes retornó a Coahuila sin lograr una negociación satisfactoria. Aunque se le permitió mantener un ejército reducido bajo el mando de Francisco Coss, las tropas estatales, conducidas por Pablo González y pagadas por el gobierno central, fueron las designadas para operar —bajo direc-

---

[494] Ross, *Madero*, pp. 129-130.

[495] De Ornelas, cónsul de San Antonio, a SRE, 12 de enero; del gobernador del Valle a SRE, 13 de enero; de E. Creel a Ornelas, 2 de febrero de 1911; Fabela, DHRM, RRM, I, pp. 158-159 y 219.

[496] De Barragán, cónsul de Brownsville, a SRE, 7 de febrero de 1911, Fabela, DHRM, RRM, I, p. 232; Alfonso Junco, *Carranza y los orígenes de su rebelión*, México, 1955, p. 18.

[497] Ross, *Madero*, pp. 162-163 y 167.

[498] Junco, *Carranza*, p. 60.

[499] *Ibid.*, pp. 20-21.

[500] De Madero a Carranza, 20 de febrero, y viceversa, 23 de febrero de 1912; Fabela, DHRM, RRM, III, pp. 110-111 y 129-132; Junco, *Carranza*, pp. 23-29.

[501] Holland, Saltillo, 12 de noviembre de 1912 y 24 de enero de 1913, SD 812.00/5524, 5967; de Madero a Carranza, 9 de septiembre de 1912, AFM, r. 12; Junco, *Carranza*, p. 28.

ción federal— en Chihuahua y Durango. Por esta razón, para fines de enero de 1913, el ejército local de Carranza se hallaba reducido o disperso.[502]

Al anunciarse esta decisión, Carranza organizó una reunión con algunos gobernadores del norte —bajo el pretexto de una partida de caza— en su hacienda en Ciénega del Toro.[503] De San Luis Potosí, asistió Cepeda en persona; González por Chihuahua, Fuentes de Aguascalientes y Maytorena de Sonora enviaron representantes. Los motivos de esta reunión han sido objeto de más discusiones que aclaraciones, pero es evidente que los cinco gobernadores se enfrentaban a severos problemas (algunos con denominadores comunes) y que compartían ciertas actitudes "combativas". La mayoría estaban en disputa con el "centro": Carranza y Maytorena por la cuestión de las tropas estatales; González por su brusco tratamiento de la élite de Chihuahua; Cepeda debido a la conflictiva política de la Huasteca. En cada caso, sentían que Madero intervenía en asuntos estatales de manera peligrosa e ingenua. Al igual que muchos gobernadores maderistas, los cinco se enfrentaban a la oposición conservadora en sus estados; Fuentes y González eran los más presionados por este problema: ambos eran precursores de las regulaciones fiscales sobre la tenencia de la tierra y, por lo tanto, contaban con la enemistad de los terratenientes locales ofendidos. A la luz de estas circunstancias, los cinco podían ser considerados bajo el rubro de maderistas "radicales", si bien no en términos de medidas reformistas concienzudas (aunque esto se aplicaba a los casos de Fuentes y González y quizá de Cepeda),[504] sino de su postura de tenaz *realpolitik*. Carranza y Maytorena deseaban mantener sus fuerzas estatales en pie de guerra; González y Cepeda pugnaban por una línea dura en contra de rebeldes y descontentos en sus respectivos estados; todos dudaban de los resultados de la excesiva fe que Madero tenía en la conciliación. Por lo tanto, eran representantes, en el ámbito regional, de la actitud combativa del maderismo, de la cual Gustavo Madero era el principal exponente nacional.

Estos intereses comunes contribuyen a explicar la reunión en Ciénega del Toro, pero no aclaran los planes precisos que se discutieron. Los críticos de Carranza y de sus aliados afirman que su propósito era medir el terreno para la rebelión (de ahí la preocupación de Carranza por mantener las fuerzas coahuilenses bajo su control personal). Pero este argumento (que se basa principalmente en la prensa conservadora de 1913-1914) es exagerado; la evidencia existente no garantiza, aunque tampoco excluye, que Carranza estuviera a punto de rebelarse contra Madero a principios de 1913.[505] Los defensores de Carranza (más numerosos que sus detractores) sostienen que la

---

[502] Holland, Saltillo, 2 de febrero de 1913, SD 812.00/5999; Junco, *Carranza*, p. 31.

[503] Junco, *Carranza*, pp. 35-36; Ross, *Madero*, p. 278.

[504] "El gobernador de Aguascalientes era tan democrático, tanto en sus ideas como en su actuación, que causaba perplejidad aun a Madero": Stronge, Ciudad de México, 8 de marzo de 1913, FO 371/1672, 13402; y pp. 286-287, 347-348 y 522.

[505] Junco, *Carranza*, pp. 88 y 92-93.

reunión estuvo diseñada para fortalecer las filas maderistas frente a las amenazas de los conservadores (como la revuelta de Díaz, recientemente sofocada); la tenaz retención de Carranza de sus irregulares coahuilenses mostró su astuta preocupación por la autodefensa revolucionaria.[506] Aquí, al igual que en la postura antagónica, existe algo de verdad. Como gavilán maderista, Carranza creía que Madero era demasiado suave y conciliador; prefería contar con un ejército leal que defendiera su estado. No hay justificación para hablar de una revuelta antimaderista, como tampoco hay bases para investir a Carranza de virtudes superlativas como la fortaleza de Cato, el espíritu público de Cicerón o la presciencia de Casandra. Los hagiógrafos que describen a Carranza como el guardián de "la revolución" que combatió tanto a la reacción conservadora como a la ingenuidad maderista se equivocan en varios aspectos; olvidan los vínculos del propio Carranza con los porfiristas y los reyistas; aceptan con demasiada ligereza su supuesta oposición al Tratado de Juárez y su presumible intransigencia revolucionaria; infieren que tanto el mantenimiento de sus fuerzas irregulares como su participación en Ciénega del Toro respondieron a preocupaciones idealistas de carácter "revolucionario", más que a consideraciones inmediatas de ventaja política.[507] Pero, principalmente, asumen (por lo general de manera tácita) que existía un claro "interés" revolucionario, defendido y discernido por ciudadanos excepcionales como Carranza. Cabe destacar que dicho interés no existía: la Revolución, una e indivisible, fue una factura de los políticos y los polemistas posteriores. En esa época, los intereses revolucionarios estaban en conflicto; lo que defendía uno (digamos, Madero) no necesariamente era compartido por otro (como por ejemplo, Zapata); en el mejor de los casos, Carranza defendía los intereses seccionales de los políticos maderistas que, después de dos años de disfrutar del poder, se sentían amenazados por la oposición conservadora, inducida por la propia afabilidad de Madero. No existen bases para extraer y objetivar estos intereses seccionales particulares como si fueran de *la* Revolución: hacerlo sería producir una caricatura hegeliana de la historia.

Con ayuda de la perspectiva, es fácil adivinar las razones por las cuales la política de Carranza recibió un tratamiento privilegiado. Cualesquiera que fueran sus motivos, el gobernador de Coahuila habría de jugar un papel decisivo en los años venideros. En el contexto inmediato de 1912-1913, sus actividades se sumaron a la incertidumbre política y la especulación prevaleciente.[508] Pero resulta más importante todavía que aunque no presagiaran una rebelión antimaderista, le permitieron cierta independencia política y militar que le fue negada a la mayoría de los gobernadores estatales. Al igual que Maytorena, Carranza retuvo —en gran medida a expensas del presupuesto

---

[506] *Cf.* Taracena, *Carranza*, pp. 72-76, Ignacio Suárez G., *Carranza, forjador del México actual*, México, 1965, p. 23.

[507] *Cf.* Suárez, *Carranza*, p. 21; Eduardo Luquín (ed.), *Pensamiento de Luis Cabrera*, México, 1960, p. 237; Taracena, *Carranza*, pp. 33 (cita a Fernández Güell) y 36-38.

[508] Holland, Saltillo, 24 de enero de 1913, SD 812.00/5967.

federal— una fuerza de tropas leales que, a pesar de ser comandadas por federales, permanecieron fieles a su patrón regional. Carranza no dependió del ejército federal. Además, estableció una alianza amplia con gobernadores de posturas similares; es decir, con maderistas combativos. Por lo tanto, contó con opciones que muchos de los gobernadores no tuvieron y estos instrumentos le permitieron jugar un papel prominente en 1913; sus irregulares se unieron con los de Maytorena para formar el núcleo del Ejército Constitucionalista, que habría de llevar a Carranza a la presidencia. Aunque fueron calificados como agentes del derrocamiento de Madero, como algunos han sostenido, sirvieron en última instancia como sus vengadores póstumos.

En esa época, sin embargo, los temores de una revuelta carrancista —aunque no eran descartados— quedaban subordinados a la creencia más generalizada de que pronto sucedería algo que pondría fin a la incertidumbre: derrocar a Madero e iniciar un nuevo régimen. Aquí, los planes prácticos subversivos se mezclaron con las vagas esperanzas de una contrarrevolución. En Sinaloa, un observador destacó que el clima estaba dominado por "rumores acerca de levantamientos revolucionarios que jamás se materializan, y por un sentimiento general de expectación"; en Saltillo —bajo el dominio de un pesimismo político, nutrido por una prensa que subrayaba el tema de la intriga dentro de las altas esferas— revivió la fe mesiánica en la mano dura: "en un momento crítico y psicológico, un líder se levantará para derrocar al actual régimen".[509] Estas esperanzas no carecían de fundamentos ya que, a la sazón, se fraguaba una "intriga militar de proporciones gigantescas" en la Ciudad de México.[510] Esta conspiración se gestó durante cuatro meses; sus orígenes se remontaban a octubre de 1912, aun antes del pronunciamiento abortado de Félix Díaz; y su preparación se prolongó a lo largo de todo el invierno. Inevitablemente, los rumores y advertencias se transminaron pero Madero los descartó sistemáticamente.[511] El supuesto "cerebro de la conspiración" era el general Manuel Mondragón, felicista, soldado de carrera y oportunista a quien se unieron Cecilio Ocón, próspero comerciante de la Ciudad de México, y el general Gregorio Ruiz, un corpulento veterano de la guerra contra la intervención francesa.[512] Desde el principio, el plan contemplaba efectuar un golpe en la capital, la cual había escapado del fuego revolucionario hasta ese momento; a partir de octubre comenzaron a reunir reclutas —seguidores de Félix Díaz decepcionados por el fracaso de Veracruz; reyistas (incluido Rodolfo, hijo de Reyes y diputado federal), y miembros descontentos del sector militar—. Se enfrentaron al problema de que los dos personajes principales de la oposición conservadora se hallaban encarcelados: Reyes en la prisión

---

[509] Alger, Mazatlán, 18 de enero de 1913; Holland, Saltillo, 13 de diciembre de 1912, SD 812.00/5947, 5722.

[510] Meyer, *Huerta*, pp. 44-63 para un buen relato del golpe de Estado.

[511] Bell, *Political Shame*, pp. 263-265; Márquez Sterling, *Últimos días*, p. 165; Ross, *Madero*, p. 281.

[512] Stronge, Ciudad de México, 21 de febrero de 1913, FO 371/1672, 13386; Bell, *Political Shame*, pp. 261 y 268; Meyer, *Huerta*, pp. 45-46; Casasola, *Historia gráfica*, I, pp. 379 y 515.

militar de Santiago Tlatelolco y Díaz (después de enero de 1913) en la penitenciaría del Distrito Federal.[513] Pero no era difícil que los conspiradores tuvieran acceso a los prisioneros (las cárceles mexicanas, aunque crueles con los "pelados", su principal clientela, generalmente ofrecían mejores servicios a los presos más ricos y prominentes e incluso a ciertos revolucionarios); así, Reyes y Díaz pudieron participar tanto en los primeros planes como en la posterior ejecución del golpe.

De los numerosos intentos que hicieron Ocón y Mondragón para reunir adeptos, quizá el más importante fue el dirigido a convencer al general Victoriano Huerta por recomendación de Reyes, antiguo patrón de Huerta.[514] El general se hallaba convaleciente de una cirugía ocular cuando recibió la invitación a participar y, para sorpresa de los conspiradores, Huerta no aceptó. Cabe señalar que, sin embargo, no hizo intento alguno por delatarlos. Conforme a su biógrafo, la negativa de Huerta contradice la afirmación generalizada de que era parte integrante del grupo de conspiradores antes de que estallara la revuelta; este autor, empero, también se encarga de indicar que tal negativa no se derivó de un cambio en los afectos por Madero. Es muy probable que, después de su éxito y su ascenso a raíz de la campaña en el norte, Huerta se rehusara a interpretar el papel secundario de subordinado en cualquier conspiración. No estaba en contra del derrocamiento de Madero, pero prefería tener el mando de esta tarea o, al menos, llevarla a cabo en dirección conjunta y, por el momento, no podía competir con la mancuerna Reyes-Díaz. La conspiración continuó mientras Huerta ganaba tiempo, y aún se encontraba al margen cuando, después de varios intentos y demoras, la revuelta estalló en la Ciudad de México al amanecer del 9 de febrero de 1913.[515]

El plan estaba diseñado a la manera de un típico golpe urbano. Seguía el modelo de Malaparte y obtuvo lo que Madero había deseado, sin lograrlo, en noviembre de 1910, pues en esta ocasión los rebeldes contaban con la inapreciable ventaja del apoyo del ejército. No obstante, los planes de Mondragón estuvieron lejos de cumplirse cabalmente; y si bien es cierto que los conspiradores no sufrieron la derrota, la falla provocó que la Ciudad de México se viera convertida en un campo de batalla durante los siguientes 10 días. De ahí que este crítico periodo sea conocido bajo el título de La Decena Trágica. Los conmovedores 10 días comenzaron cuando Mondragón se levantó con 700 soldados y procedió, primero, a liberar a Reyes de la prisión militar (aún no amanecía pero Reyes ya estaba vestido y preparado para huir); después a sacar a Díaz de la penitenciaría (ignorante del horario preciso para su liberación, Díaz se hallaba rasurándose y, como buen señorito que era, terminó su arreglo personal antes de unirse a la rebelión).[516] Mientras tanto, otro desta-

---

[513] Cumberland, *Genesis*, pp. 232-233.
[514] Ross, *Madero*, p. 281; Meyer, *Huerta*, p. 46; Márquez Sterling, *Últimos días*, pp. 165-200.
[515] Ross, *Madero*, p. 281; Bell, *Political Shame*, pp. 261 y 267-268.
[516] Ross, *Madero*, p. 282; su huida fue la señal para armar un motín en el que murieron más de cien.

camento, formado principalmente por cadetes, marchó con fines de ocupación hacia el Palacio Nacional, sede del gobierno (aunque no residencia del jefe de Estado, pues ésta era aún el Castillo de Chapultepec, lugar donde Madero recibió las noticias de lo que acontecía en el centro de la ciudad). Se dio por asumido que los cadetes habían completado su misión.

A las siete de la mañana, el principal grupo de rebeldes, conducidos por Reyes y Díaz, se aproximaron al Palacio Nacional, donde "las puertas deberían abrirse de par en par para recibirlos; el general Reyes pronunciaría un discurso ante la nación con el fin de denunciar a Madero y proclamarse presidente provisional".[517] A su arribo, los jefes rebeldes enviaron al obeso general Ruiz a la vanguardia y éste desapareció detrás de las puertas del palacio. Con renovada seguridad, Reyes avanzó hacia el Zócalo pero, al aproximarse a palacio, se escuchó una demanda en la que se exigía su rendición; casi de inmediato, una carga de artillería cayó sobre la columna que avanzaba. Durante 10 minutos el Zócalo se convirtió en un campo de batalla; Reyes murió junto con otros 400 hombres, muchos de los cuales eran transeúntes civiles. En pocos minutos, Díaz reunió a sus mermadas tropas y se retiró hacia el poniente; capturó con facilidad la Ciudadela y estableció ahí su cuartel. Se trataba de un antiguo arsenal situado a unos dos kilómetros de Palacio Nacional.[518] La causa de este desastroso resultado —para los rebeldes— pronto se hizo evidente. Los cadetes de Tlalpan, aproximadamente 200, habían tomado Palacio Nacional conforme al plan y habían capturado a Gustavo Madero y al ministro de Guerra, García Peña; sin embargo, las fuerzas leales, al mando del general Lauro Villar, reaccionaron rápidamente ante la situación: recuperaron el edificio, liberaron a los prisioneros y, a su vez, detuvieron a sus captores. Cuando Reyes y Díaz avanzaron desde el norte, Villar preparó las defensas del palacio, colocando fusileros en los techos, y ametralladoras y cañones en las puertas; personalmente, y con la pistola desenfundada, recibió al general Ruiz cuando el viejo veterano cruzó la puerta.

Mientras tanto, como ya se mencionó, Madero recibió las noticias en Chapultepec y, con una reducida escolta, cabalgó por el Paseo de la Reforma ante las aclamaciones de los espectadores.[519] Incluso este breve viaje no careció de incidentes. Cuando Madero se aproximó al Zócalo, bajo el estruendo de la batalla cuyos ecos se escuchaban en la avenida Juárez, un policía cayó herido de bala y la comitiva presidencial se tuvo que refugiar en el interior de la tienda Daguerre Photo mientras pasaba el enfrentamiento principal. Otro incidente —menos dramático pero más significativo— tuvo lugar cerca de la Alameda, cuando el general Victoriano Huerta se reunió con la comitiva para ofrecer sus servicios al régimen amenazado. Huerta cabalgó al

---

[517] Bell, *Political Shame*, p. 276.
[518] Ross, *Madero*, pp. 284-286; Meyer, *Huerta*, p. 48; Casasola, *Historia gráfica*, I, p. 515; Márquez Sterling, *Últimos días*, pp. 168-169.
[519] Casasola, *Historia gráfica*, I, p. 520.

lado del presidente y se desconoce si este encuentro fue premeditado o fortuito.[520] Una vez que los rebeldes se habían retirado al poniente, Madero atravesó la plaza cubierta de cadáveres y entró en el Palacio Nacional (aún acompañado por Huerta). En el interior, quedó de manifiesto el elevado precio de este triunfo inicial del gobierno. El general Villar, por ejemplo, comandante de las fuerzas leales en la ciudad, había sido gravemente herido y era necesario encontrar un sucesor. No había muchos generales competentes, confiables y accesibles, de tal suerte que, por consejo de García Peña, ministro de Guerra (que por segunda ocasión favoreció a su antiguo protegido), Huerta fue designado al mando de esta posición crucial.[521]

Díaz y Madero, rebelde y presidente, se enfrentaron en los alrededores del centro de la Ciudad de México. Los rebeldes, aproximadamente 1 500 hombres, se atrincheraron, ocuparon edificios y colocaron su artillería en las calles desiertas alrededor de la Ciudadela. Durante un par de días, sobrevino una paz frágil. Ambos bandos esperaban refuerzos: Díaz anticipaba la ayuda del general Blanquet, comandante en Toluca; Madero aguardaba la llegada de las tropas de provincia y buscó refugio en Cuernavaca (una decisión audaz, ya que Zapata aún se encontraba levantado en armas). Ahí consultó al general Ángeles. Retornaron juntos a la capital con más de 1 000 hombres, a los que se sumaron destacamentos de rurales del norte.[522] Mientras tanto, en el Palacio Nacional, el general Ruiz fue ejecutado de manera sumaria junto con 15 cadetes; se ignora quién fue el autor de la orden, pero es indudable que Huerta la llevó a cabo (quizá en un intento por demostrar su lealtad al gobierno) y, como apunta Meyer, este hecho marcó el inicio de una nueva brutalidad en el trato a los prisioneros respetables (los menos respetables jamás habían gozado de clemencia alguna).[523] En la mañana del 11 de febrero, las fuerzas del gobierno iniciaron el ataque sobre la Ciudadela con una carga masiva de artillería (a la cual respondieron los rebeldes), seguida por asaltos de infantería; el resultado fue de 500 muertos, entre los cuales se incluía a numerosos civiles. Ésta fue la pauta observada durante los cuatro días siguientes. En ataques sucesivos, las tropas del gobierno desalojaron a los rebeldes de los edificios estratégicos: el 6° cuartel de policía, la iglesia de Campo Florido, la YMCA; pero la Ciudadela misma permaneció, al parecer, inexpugnable.

Esta experiencia era totalmente nueva y aterradora para los habitantes de la Ciudad de México, ya que la metrópoli había permanecido como una isla de paz y civilización en un mar de guerra civil. Hasta ese momento la capital había estado libre de las aflicciones sufridas en la provincia; había preservado un ritmo de vida seguro e incluso había logrado ignorar a los za-

---

[520] Pani, *Apuntes*, p. 152; Aguirre Benavides, *De Francisco I. Madero*, p. 57; Bell, *Political Shame*, pp. 279-280.
[521] Urquizo, *Páginas*, p. 250; Ross, *Madero*, p. 285; Meyer, *Huerta*, p. 50.
[522] Casasola, *Historia gráfica*, I, p. 522; Márquez Sterling, *Últimos días*, pp. 173 y 186-187; Ross, *Madero*, pp. 288-290.
[523] Meyer, *Huerta*, pp. 49-50.

patistas que merodeaban en las montañas cercanas.[524] La Decena Trágica modificó este panorama por completo. Las granadas estallaron en el centro de la ciudad, el fuego de la metralla dejó sus huellas sobre las calles residenciales y los distritos comerciales. Los postes de alumbrado fueron doblados y los alambres telegráficos quedaron como festones que ondeaban en las plazas desiertas. Los cadáveres y la basura se acumulaban en las calles por donde atravesaban las camionetas de El Buen Tono, la compañía cigarrera que cedió sus vehículos para que sirvieran como ambulancias improvisadas. La batalla inicial en el Zócalo había sido presenciada por centenares de ciudadanos, al igual que el recorrido del presidente desde Chapultepec; los grupos gobiernistas (quizá la porra de Gustavo Madero) habían intentado saquear las instalaciones de cuatro periódicos antimaderistas. Pero, a medida que aumentaron las muertes entre los civiles, los ciudadanos prudentes se alejaron de las calles, excepto durante las treguas en el combate, cuando se les veía abandonar apresuradamente las zonas beligerantes con colchones en sus espaldas. Sin embargo, las granadas y las balas perdidas no eran el único problema; los víveres comenzaron a escasear, los precios se elevaron desmesuradamente y algunos habitantes —según se dijo posteriormente— comieron carne de perro o de gato. El abasto para las tropas leales también presentó problemas que la caridad privada ayudó a solucionar; no obstante, los rebeldes en la Ciudadela no sufrieron escasez de cerveza y sus oficiales contaban con una buena dotación de botellas de champaña, ejemplo de las buenas relaciones mantenidas con algunos habitantes poderosos de la ciudad. Los cadáveres que se apilaban en las calles, amenazando la salud pública, fueron transportados a los llanos de Balbuena para su incineración; algunos, sin embargo, fueron cubiertos con petróleo y quemados en las calles mismas, donde la contracción de sus miembros y el olor nauseabundo dejaron una impresión indeleble en los observadores.[525] Por si fuera poco, una granada rebelde perforó los muros de la prisión de Belén y, "en tropel enloquecido", los prisioneros huyeron; algunos fueron muertos, otros recapturados y otros más lograron escapar para unirse a los rebeldes o a las bandas de pillaje que se aprovechaban del caos. Por último, el temor a la turba (principalmente entre diplomáticos extranjeros) se añadió al miedo ante posibles incursiones zapatistas: hubo rumores de que las hordas de Morelos habían tomado Tacubaya, de que Genovevo de la O había sido visto, con varias cabezas pendientes de su montura, cabalgando por San Ángel rumbo a la ciudad.[526]

Si la Decena Trágica se hubiera resuelto de una manera puramente militar, seguramente el triunfo habría sido para el gobierno. Las fuerzas leales

---

[524] Del general Lauro Villar a De la Barra, 23 de enero de 1912, ALB, carpeta 3.

[525] Casasola, *Historia gráfica*, I, pp. 520-538; Ross, *Madero*, pp. 287 y 294-295; Márquez Sterling, *Últimos días*, pp. 200-201; Pani, *Apuntes*, p. 155; y los comentarios de Lombardo Toledano y Ramón Beteta en Wilkie, *México visto en el siglo XX*, pp. 26-27 y 240.

[526] Ross, *Madero*, p. 294; Henry Lane Wilson, *Diplomatic Episodes in Mexico, Belgium and Chile*, Nueva York, 1927, p. 279; Márquez Sterling, *Últimos días*, pp. 179-180.

tenían superioridad numérica: la Ciudadela —que ya no era la fortaleza que había sido— pudo haber sido bloqueada o reducida por la artillería.[527] Además, el optimismo nunca abandonó a Madero: ¿acaso el general Sóstenes Rocha no había sometido en cuestión de horas a los rebeldes —de hecho, a los rebeldes porfiristas— en 1871, precisamente ahí y en favor de Juárez, el predecesor liberal de Madero? Pero tras bambalinas las fuerzas luchaban por una solución no militar. El ejército federal no aspiraba a verse mermado en un combate prolongado. Dos días después de su nombramiento, Huerta estableció contacto con los voceros de los rebeldes para discutir posibles acuerdos; sin embargo, insatisfecho con las condiciones, buscó evasivas. Mientras tanto, alargó el conflicto para satisfacer sus intereses personales: a su llegada, las fuerzas del general Blanquet recibieron órdenes de esperar en los linderos de la ciudad; los felicistas tuvieron oportunidad de reabastecerse (de ahí la champaña y la cerveza); el comandante de artillería que atacaba a la Ciudadela, se esforzó por evitar los muros más vulnerables del antiguo edificio y, en un despliegue de cinismo, Huerta ordenó a los rurales leales realizar asaltos suicidas en la calle de Balderas, donde los rebeldes se apertrechaban detrás de las metralletas.[528]

También se tomaron medidas políticas y diplomáticas. El embajador de los Estados Unidos, Henry Lane Wilson, jugó un papel prominente en este episodio. Cabe destacar que en la demonología de la Revolución, Wilson ocupa un lugar importante: en los murales posrevolucionarios, junto con un Cortés verdoso y sifilítico, y un Huerta bizco escudado detrás de las gafas, el embajador norteamericano figura entre los principales villanos de la historia de México. Y no es difícil saber las razones. Desde el punto de vista estrictamente histórico, resulta interesante el papel de Wilson pues es uno de los tres casos inequívocos de intervención norteamericana directa sobre el curso de la Revolución.[529] No obstante, es justo señalar que, a grandes rasgos, esta influencia (en comparación con otras más generales, como las ejercidas a través de la inversión norteamericana, la inmigración o la penetración cultural) ha sido objeto de afirmaciones exageradas; la capacidad de los Estados Unidos para modificar los acontecimientos al sur del río Bravo, bien sea que se tratara de maquinaciones políticas o de intervención militar directa, fue extremadamente limitada. Pero el embajador Wilson actuó de manera independiente hasta cierto punto, y es una excepción que merece un análisis más cuidadoso.

En 1910, Wilson asumió su cargo en México tras haber servido en Chile y Bélgica.[530] Era un hombre de corta estatura, encorvado, con una mirada

---

[527] Ross, *Madero*, pp. 286 y 291; Bell, *Political Shame*, pp. 282-283.

[528] M. Sterling, *Últimos días*, pp. 173-174; Ross, *Madero*, pp. 291-296; Meyer, *Huerta*, p. 55.

[529] Me refiero aquí a las influencias políticas, militares y diplomáticas directas, y no a la influencia, más general y penetrante, derivada de la inversión, de la inmigración o penetración cultural norteamericanas; los otros dos casos de mayor importancia fueron, la ocupación de Veracruz en 1914 y la expedición punitiva de 1916-1917, que se considerarán más adelante.

[530] Calvert, *Mexican Revolution*, pp. 38-39.

penetrante asomada bajo las pobladas cejas y cuya afición por el licor era bien conocida. La actitud de Wilson hacia Madero no era hostil *ab initio*, a pesar de lo que algunos han sugerido.[531] Es más, se mostró "grandemente complacido" con la composición del gabinete original de Madero y, con complacencia a la vez que perspicacia, pronosticó que Madero como presidente se vería "obligado por la fuerza de las circunstancias a revertir cada vez más el sistema implantado por el general Díaz".[532] Pero en el curso de 1912, Wilson se decepcionó y sus informes se tornaron más críticos, imprecisos y reflejaron la opinión del *Mexican Herald*, el periódico en inglés que circulaba en la Ciudad de México y cuya posición era claramente antimaderista. Hacia enero de 1913, el embajador se basaba casi textualmente en artículos de prensa claramente sensacionalistas para elaborar informes a los que otorgaba el carácter de "simples narraciones de los hechos" y que hicieron respingar incluso al Departamento de Estado; sin embargo, la sutil reprimenda emitida por el gobierno norteamericano sólo provocó la fiera reacción del embajador.[533] Ya para esas fechas, los informes del diplomático combinaban un pesimismo extremo con una fuerte crítica personal dirigida a la figura de Madero.[534] Ante la rebelión en la Ciudad de México, Wilson decidió (al parecer, alentado por otros) interpretar un papel protagónico en el drama. Precisamente el día del golpe, un vocero felicista visitó al embajador para invitarlo a forzar la renuncia de Madero con el fin de impedir más derramamiento de sangre; atraído por la imagen de pacificador, Wilson envió un telegrama a Washington solicitando instrucciones "firmes, drásticas y quizá amenazadoras", para dirigirlas a los líderes mexicanos (en ambos bandos) o que, en su defecto, se le otorgaran poderes amplios para negociar un acuerdo de paz entre las partes en conflicto.[535] La justificación para dicha intervención era la amenaza que pendía sobre las vidas y propiedades de los extranjeros, así como algunas consideraciones generales de orden humanitario. Al respecto, Wilson argumentó que sostenía una postura neutral; pero la "información" contenida en sus reportes sobre la Decena Trágica reveló, desde el principio, su simpatía manifiesta por los rebeldes.[536]

Taft y el Departamento de Estado se oponían resueltamente a una intervención física en México y no se arriesgaron a lanzar amenazas, a pesar de que los seducía el nombre de Díaz y el prospecto de una paz neoporfirista. Por lo tanto, las simpatías del gobierno de los Estados Unidos hacia los porfi-

[531] *Cf.* Kenneth J. Grieb, *United States and Huerta*, Lincoln, 1969, p. 4.
[532] Wilson, Ciudad de México, 30 de noviembre de 1911, SD 812.00/2601.
[533] Wilson, Ciudad de México, 20 y 22 de enero de 1913 (el primero, con memo. de F. Dearing y recortes de la prensa), SD 812.00/5904, 5916; Bell, *Political Shame*, pp. 141-148; sobre las diferencias entre Wilson y el secretario de Estado Knox: Katz, *Secret War*, p. 94.
[534] Por ejemplo, Wilson, Ciudad de México, 4 de febrero de 1913, SD 812.00/6068.
[535] Meyer, *Huerta*, pp. 51-52.
[536] La oferta de Wilson para negociar, casi colocó a los rebeldes y al gobierno en la misma categoría: Wilson, Ciudad de México, 11 de febrero de 1913, SD 812.00/6086.

ristas no se tradujeron en un apoyo a la causa rebelde.[537] En esta ocasión, Washington puso a buen recaudo su política del *big stick* o poder de coacción. Sin embargo, el aire enrarecido de la Ciudad de México no propició la docilidad diplomática; al igual que su colega británico, sir Lionel Carden, en 1913-1914, Wilson prefirió ignorar las restricciones de su país y actuar de manera independiente. Reunió a los ministros de Gran Bretaña, España y Alemania (el embajador Wilson era decano del cuerpo diplomático), y envió delegaciones a Madero y a Díaz en protesta por las continuas hostilidades y con la amenaza de una intervención armada norteamericana; más tarde, en las primeras horas de la madrugada del 15 de febrero, se reunió con los diplomáticos ya mencionados y, "nervioso, pálido y con gestos extravagantes, dijo por centésima vez que Madero estaba loco, que era un necio y un lunático que podría, y debería, ser declarado incompetente para ocupar el cargo [presidencial]".[538] A las tres de la mañana, después de discutir el asunto, los diplomáticos acordaron que el ministro español sería el encargado de llevar hasta Madero el desagradable mensaje (adecuadamente disimulado como "un llamado al sentimiento patriótico del presidente"). El ministro —veterano del sitio de Pekín y con una figura de apariencia curiosamente quijotesca, con barba entrecana, calvo y de ojos hundidos y lúgubres— se aprestó para informar a Madero que su renuncia "simplificaría la situación y conduciría a la paz"; esto, conforme a las palabras posteriores de Wilson, no era una gratuita interferencia en la política interna de México, sino una medida humanitaria concebida para acelerar el inevitable resultado.[539] Madero no compartió esta posición y, comprensiblemente indignado, telegrafió a Taft protestando por la amenaza de una intervención norteamericana; por su parte, Taft también se mostró justificadamente perplejo y replicó que jamás había considerado dicha intervención.[540] Sin embargo, un efecto de este intercambio fue el "pánico ante una intervención" (el primero de muchos rumores similares), cuyo epicentro fue la Ciudad de México y desde ahí abarcara toda la provincia, produciendo una serie de artículos antinorteamericanos y declaraciones políticas en la prensa. No obstante, este incidente no tuvo mayores repercusiones: los temores pronto desaparecieron y los norteamericanos no fueron molestados. Al igual que otros grupos que intentarían utilizar esta estrategia posteriormente, los partidarios de Madero descubrieron que una agitación nacionalista, que esperaban fortaleciera su inestable posición, no rindió sino pobres dividendos.[541]

---

[537] De Huntington Wilson a Wilson, 11 de febrero de 1913, y memo. de Doyle, SD 812.00/6092. Katz, *Secret War*, pp. 94 y ss., insinúa —aunque admite no poder probar— el consentimiento de Washington al derrocamiento de Madero.

[538] Meyer, *Huerta*, p. 53, citando al ministro español; Calvert, *Mexican Revolution*, pp. 142-143.

[539] Calvert, *Mexican Revolution*, p. 136; Casasola, *Historia gráfica*, I, p. 541; Meyer, *Huerta*, p. 54; Grieb, *United States and Huerta*, Grieb, p. 16.

[540] De Taft a Madero, 16 de febrero de 1913, SD 812.00/6219A.

[541] Knight, *Nationalism, Xenophobia and Revolution*, pp. 211-215.

En el ínterin, los políticos mexicanos se preparaban para actuar. El ministro del Exterior, Pedro Lascuráin, durante su visita al embajador Wilson, declaró estar "profundamente impresionado con... la actitud amenazante del gobierno [de los Estados Unidos] y le confió que pensaba que el presidente debía renunciar".[542] Lascuráin, abogado conservador y sin convicciones maderistas, se reunió con una delegación de senadores para acompañar al ministro español a Palacio Nacional y llevar un mensaje en el que se instaba a Madero a renunciar; otros senadores visitaron a Huerta y al general Blanquet, que acababa de llegar con refuerzos a los linderos de la capital.[543] Estos intentos no modificaron la postura de Madero (aunque fue persuadido para declarar un armisticio de 24 horas); sin embargo, contribuyeron a que Huerta tomara una resolución. Por esta razón, sostiene Meyer, la tarde del 16 de febrero Huerta decidió unirse a los rebeldes y envió un mensaje al embajador Wilson con esta información, acompañado de la promesa de destituir a Madero "en cualquier momento". Pero Huerta se hallaba en una posición delicada: al tiempo que maquinaba un golpe de Estado, fungía como mano derecha de Madero y comandante en jefe de una guerra ficticia, pero sangrienta, contra sus aliados conspiradores. Cabe destacar que todo lo hubiera perdido sin la extrema confianza de Madero. Por ejemplo, cuando el presidente descubrió que los rebeldes recibían abastos en la Ciudadela, Huerta argumentó ingeniosamente que no era sino una táctica encaminada a concentrar a los felicistas para darles así el *coup de grace;* además, Madero descartó los informes en torno a las negociaciones realizadas entre Huerta y Félix Díaz. Sin embargo, no todo el gabinete era tan confiado. Gustavo Madero, fiel a sus rasgos de carácter, urgió en repetidas ocasiones a su hermano para que depusiera a Huerta. Por fin, la noche del 17 de febrero, Gustavo detuvo a Huerta a punta de pistola. Pero después de interrogar de manera exhaustiva a Huerta y de escuchar sus protestas de lealtad, el presidente ordenó su liberación, le entregó su pistola y reprochó a Gustavo su acto "impulsivo".[544] Así, Huerta quedó libre para tender la trampa al día siguiente.

La mañana del 18 de febrero transcurrió con mayor calma; sólo esporádicos disparos perturbaron la ciudad. Otro grupo de senadores visitó el Palacio Nacional. Después de conferenciar con Huerta, reiteraron su petición de que renunciara Madero; el presidente se rehusó y —en una escena de farsa consumada—, con el fin de restaurar la confianza de los senadores, llamó a Huerta para que explicara su plan de ataque. Huerta, que contaba con el apoyo del senado para su inminente golpe de Estado, fue presentado así como el elemento digno de toda confianza del régimen. Todos, salvo Madero, percibieron el olor de la traición; pero la inocencia del presidente pronto habría

---

[542] Ross, *Madero*, p. 298; Calvert, *Mexican Revolution*, p. 144.
[543] Bell, *Political Shame*, p. 253; Ross, *Madero*, pp. 299-300; Meyer, *Huerta*, pp. 54-55.
[544] Meyer, *Huerta*, p. 56; Ross, *Madero*, pp. 302-304. Madero confiaba en Blanquet a pesar de recelos anteriores; Márquez Sterling, *Últimos días*, pp. 176 y 186-187. De Madero a De la Barra, 14 de julio de 1911, ALB, carpeta 3.

de desvanecerse. Poco antes de la comida (mientras Huerta comía, acompañado de Gustavo Madero y de otros, en el elegante restaurante Gambrinus), un pelotón de soldados del 29° Batallón de Blanquet se enfrentó al presidente en un salón de Palacio Nacional. Su comandante anunció que detenía a Madero en nombre de los generales Huerta y Blanquet; dos asistentes presidenciales echaron mano a sus armas y hubo un intercambio de disparos en el que cayeron hombres de ambos bandos. Madero, "valiente al punto de la temeridad", exhortó a las tropas para que cesaran el fuego y se apresuró a abandonar el salón. Justo al salir al patio, se encontró con Blanquet que, pistola en mano, le exigió su rendición. Los hombres del 29° Batallón rodearon el patio: era imposible resistir o escapar. Huerta, aún en Gambrinus, se levantó de la mesa para telefonear a Palacio y confirmar así el éxito del golpe. Poco después, otras tropas detuvieron a Gustavo Madero. A las dos de la tarde, el sonido de las campanas de Catedral anunció que la paz había sido restaurada y la gente comenzó a salir a las calles. El régimen de Madero había llegado a su fin como había informado el embajador Wilson a Washington, aproximadamente dos horas antes del acontecimiento.[545]

El régimen había terminado *de facto*, pero aún era necesario liquidarlo *de jure* y establecer al sucesor. Sin embargo, este asunto representaba enormes problemas. Huerta y Díaz habían estado en contacto durante la Decena Trágica (especialmente por mediación de Enrique Cepeda) pero los términos del trato acordado permanecen inciertos.[546] Al parecer, el sabor del éxito y las promesas de apoyo del senado estimularon a Huerta para que ignorara las condiciones originales. A fin de cuentas, su traición había sido el punto decisivo y, sin Reyes de por medio, podía exigir cierto lugar preponderante. Después de haber comunicado al gobierno norteamericano que, con el apoyo del ejército, había derrocado a Madero y que "a partir de ese momento la paz y la prosperidad reinarán", elaboró un informe —reproducido posteriormente en la prensa— en el que dio a conocer que él, Victoriano Huerta, había asumido el poder ejecutivo.[547] Esta arrogación de la autoridad amenazaba el acuerdo con Díaz que aspiraba al poder presidencial e incluso se temió que la lucha estallara de nuevo. Durante la tarde de ese día, el embajador Wilson invitó a los dos cabecillas, Díaz y Huerta, a conferenciar en la sede diplomática a su cargo. El punto central a tratar era la presidencia provisional: el candidato de Díaz era Luis Méndez, un individuo de poco peso dentro de la política y quien serviría como un recurso momentáneo en el poder ejecutivo; Huerta, en cambio, se inclinó por Huerta. Alentado por Wilson, Díaz cedió y, bajo los términos del llamado "Pacto de la Embajada", Huerta asumió la presidencia provisional. Asimismo, se llegó a un acuerdo respecto a la composición del gabinete y a la distribución de prisioneros políticos; esto se convirtió en el núcleo de la lucha por el poder entre Díaz y Huerta. Madero y Pino

[545] Ross, *Madero*, pp. 306-309; Meyer, *Huerta*, pp. 56-57.
[546] Márquez Sterling, *Últimos días*, p. 200; Katz, *Secret War*, p. 105.
[547] Meyer, *Huerta*, p. 59; Ross, *Madero*, p. 309.

Suárez eran las piezas principales; Huerta las retuvo celosamente. Gustavo Madero y Adolfo Bassó, superintendente de Palacio Nacional, eran piezas menores y fueron entregadas a los felicistas en la Ciudadela.[548] Así, tras desempeñar su papel en la caída del régimen de Madero, el embajador Wilson ayudó a construir al sucesor.

Una vez que el nuevo régimen fue diseñado en teoría, se procedió a eliminar al anterior mediante la fuerza y el fraude. El principal interés de Huerta se fijó en la renuncia por escrito de Madero y Pino Suárez, documento que le garantizaba la seguridad de su sucesión "legal". Presionados por los legisladores y los generales, el presidente y el vicepresidente finalmente aceptaron presentar sus renuncias bajo ciertas condiciones: que el *statu quo* político en los estados fuera respetado (una condición primordial); que los maderistas no sufrieran la persecución del nuevo régimen; que Madero, Pino Suárez y sus familias pudieran abandonar el país con escolta diplomática.[549] En teoría, sus renuncias deberían permanecer en manos neutrales en tanto los prisioneros abandonaban sin contratiempos el territorio mexicano. De hecho, una vez firmadas, fueron presentadas ante la Cámara de Diputados y, después de una breve discusión, se aceptaron por contundente mayoría. ¿Cuál fue la razón para ello? Es evidente que los enemigos de Madero en el Congreso no deseaban luchar. Pero sus defensores tampoco se mostraron combativos (salvo por cinco valientes que votaron en contra). Más tarde se argumentó que la resistencia sólo hubiera servido para poner en peligro la vida de Madero. Más aún, se supone que Huerta juró a Lascuráin, sobre su escapulario, que protegería la seguridad de los prisioneros; así Lascuráin interpretó su ignominioso papel: a las 10:24 p.m. tomó posesión del cargo de presidente y nombró a Huerta ministro de Gobernación. A las 11:20 renunció y, conforme a los términos de la Constitución, Huerta se convirtió en presidente.[550] Así, el 19 de febrero de 1913, en el transcurso de una hora, México tuvo tres presidentes; y, con el nombramiento del tercero, las ambiciones que en su infancia tuviera un indio de Ocotlán se convirtieron en realidad.[551]

Una vez observadas las minucias constitucionales, se procedió a la disolución del antiguo régimen y no precisamente dentro de los marcos legales. De hecho, este proceso ya había comenzado. Esa noche (en compañía de Pino Suárez y de Manuel Márquez Sterling, ministro cubano y aval de la seguridad de los prisioneros), antes de dormir Madero preguntó por su hermano Gustavo. Ya antes había formulado la misma pregunta, sólo para recibir respuestas evasivas. Gustavo Madero ya había muerto. La noche del 18 de febrero, después de ser entregado a los felicistas en la Ciudadela, la soldadesca lo había linchado no sin antes asestarle golpes, puñaladas, disparos, habiéndole arrancado el único ojo sano. Su compañero de prisión, Bassó, fue asesi-

[548] Ross, *Madero*, p. 312; Grieb, *United States and Huerta*, p. 21.
[549] Ross, *Madero*, p. 315.
[550] Meyer, *Huerta*, p. 62, y Bell, *Political Shame*, pp. 306-307, difieren ligeramente.
[551] Véanse pp. 398-399.

nado poco después.[552] El carácter del nuevo régimen ya estaba en formación. Las sospechas al respecto aumentaron cuando, al día siguiente, se anunció que el tren destinado para transportar a Madero y a sus acompañantes a Veracruz había sido cancelado (argumentando un posible rescate); desde la inmunidad de la misión diplomática de Japón, la familia de Madero suplicó clemencia para los prisioneros; francmasones y diplomáticos también intercedieron ante el presidente Huerta. Por su parte, el embajador Wilson, a pesar de las instrucciones del Departamento de Estado y de su advertencia en contra del "tratamiento cruel al ex presidente", se rehusó a reunirse con el cuerpo diplomático para nombrar representantes ante Huerta: Wilson se hallaba más preocupado por garantizar el reconocimiento internacional del régimen, y su satisfacción quedó constatada al presenciar el triunfo de sus esfuerzos.[553]

Las intenciones precisas de los nuevos gobernantes permanecen en la oscuridad y se han convertido en objeto de numerosas controversias.[554] La cronología de los hechos, no obstante, es suficientemente clara. La tarde del 22 de febrero, Huerta y su nuevo gabinete asistieron a una fiesta en la embajada de los Estados Unidos para celebrar el aniversario del natalicio de Washington; ahí el encargado de la embajada británica conoció al nuevo presidente a quien encontró "conforme a su reputación, borracho".[555] Después de varios brindis, Huerta abandonó la reunión acompañado de su gabinete. Esa noche, Madero y Pino Suárez, a bordo de dos autos de alquiler, fueron trasladados de Palacio Nacional a la penitenciaría del Distrito Federal.[556] El general Blanquet y Cecilio Ocón (uno de los iniciadores de la conspiración) se encargaron de realizar los arreglos necesarios y el mayor Francisco Cárdenas, uno de esos rurales que cautivaba a las turistas, encabezó la escolta de los prisioneros.[557] La comitiva se detuvo ante una puerta lateral de la penitenciaría. Se apagaron las luces de la prisión. Cárdenas dio órdenes a Madero para que abandonara el auto y, con un insulto a manera de despedida, le disparó en la nuca con un arma calibre .38. Pino Suárez recibió el mismo tratamiento. Los cuerpos fueron blanco de una descarga, al igual que el auto, de tal suerte que el gobierno pudiera anunciar que los prisioneros habían muerto cuando un grupo de maderistas intentaba liberarlos. Era una variante de la antigua ley fuga —a la que por supuesto, nadie dio credibilidad—.[558]

La cuestión acerca de la responsabilidad última de los asesinatos —que cobró una enorme importancia política— aún no puede resolverse (a menos,

[552] Ross, *Madero*, pp. 312-313 y 317-318.

[553] *Ibid.*, pp. 320-323 y 325; Grieb, *United States and Huerta*, pp. 25-27; Cumberland, *Genesis*, pp. 238-239.

[554] *Cf.* Meyer, *Huerta*, pp. 75-77; Grieb, *United States and Huerta*, p. 27; Calvert, *Mexican Revolution*, p. 155.

[555] Calvert, *Mexican Revolution*, p. 153.

[556] Meyer, *Huerta*, pp. 71-75.

[557] Casasola, *Historia gráfica*, I, p. 545.

[558] Meyer, *Huerta*, p. 70; Ross, *Madero*, p. 330; *cf.* Wilson, *Diplomatic Episodes*, pp. 283-288.

quizá, que el diario del mayor Cárdenas, depositado en los archivos del Ministerio de Asuntos Exteriores de Guatemala, sea abierto a los historiadores).[559] Más allá del círculo inmediato de asesinos —Cárdenas, Blanquet, Ocón—, la responsabilidad implícita de Díaz o de Huerta se apoya enfáticamente en evidencias circunstanciales y no es posible deslindar las culpas con certeza absoluta.[560] Quizá no sea tan importante, después de todo. Más relevantes aún fueron las indiscutibles consecuencias de estos asesinatos y el eco que tuvieron en la historia de la Revolución. La muerte de Madero borró el recuerdo de sus fracasos y lo elevó a la condición de martirizado Apóstol de la Democracia, bajo cuyo nombre se unieron las multitudes para lanzarse a una cruzada de venganza. La leyenda póstuma de Madero fue más poderosa como símbolo de la Revolución que como recuerdo de las obras del presidente.[561] Uno o dos días antes de su muerte, durante las largas e inciertas horas de custodia, Pino Suárez escribió a un amigo: "¿cometerán la estupidez de matarnos? Tú sabes que nada ganarían, ya que seríamos más grandes después de la muerte que hoy en vida..."[562] Pino Suárez acertó: en su lucha por suprimir la Revolución e imponer la paz, Huerta quedó marcado —al igual que un usurpador shakespeariano— por el legado sangriento de estos asesinatos.

---

[559] Meyer, *Huerta*, p. 70.
[560] *Ibid.*, pp. 76 y 81, y Katz, *Secret War*, pp. 111-112.
[561] Rutherford, *Mexican Society*, p. 145.
[562] Ross, *Madero*, p. 327. El mismo Serapio Rendón, a quien se dirigía esta carta, sería víctima de Huerta seis meses más tarde.

SEGUNDA PARTE

CONTRARREVOLUCIÓN Y RECONSTRUCCIÓN

VII. EL RÉGIMEN DE HUERTA

La mano de hierro

El ascenso de Huerta al poder satisfizo las esperanzas de muchos mexicanos y extranjeros, quienes creían que un "hombre fuerte", un nuevo Díaz, podía restaurar la paz mediante el autoritarismo. La fe puesta en Reyes —en las elecciones presidenciales de 1911 primero, y en la abortada rebelión de diciembre, después— no dio frutos, y Reyes había muerto ya. En Veracruz, las ilusiones alimentadas por Félix Díaz fueron sólo engaño; Victoriano Huerta, aunque sólo era presidente provisional en virtud del Pacto de la Embajada, hizo recordar y alentó las mismas esperanzas. Las clases altas —sobre todo los adinerados y encumbrados— recibieron con beneplácito el golpe de Estado: "sentían la nostalgia del porfirismo y creían que Huerta era capaz de resucitarlo"; y sus mujeres, como la novelesca pero no menos prototípica señora Vázquez Prado de la obra de Azuela, tenían "férvida admiración por el señor presidente Huerta, la mano dura que justamente necesita el país".[1] Así pues, Huerta consiguió el mismo apoyo que tuvo Porfirio Díaz, algo que vale la pena subrayar en virtud de las nuevas interpretaciones revisionistas.[2] Hay pruebas abundantes al respecto. En la Ciudad de México, "en las clases altas y especialmente entre los hombres de negocios, se siente alivio por la caída del gobierno de Madero y aun fe y confianza en el futuro"; los capitalinos acomodados, que habían negado a Madero "su apoyo franco y cordial", lo entregaron sin reservas a Huerta, como lo hicieron algunos de los menos acomodados, quienes por lo menos sintieron alivio porque la lucha había llegado a su fin.[3] También los inversionistas extranjeros, como lord Cowdray, estaban muy contentos viendo descender sobre el país la "mano de hierro" de Huerta, pero no hay pruebas de que le hayan prestado ayuda.[4]

Lo mismo ocurría en la provincia. En Córdoba (Ver.), la "gente de buena posición aplaudió la caída de Madero"; en Durango, la nueva "administración cuenta con el apoyo de los mejores elementos"; en Tampico, "las noticias

---

[1] Manuel Calero, *Un decenio de política mexicana*, Nueva York, 1920, p. 130; Mariano Azuela, *Las tribulaciones de una familia decente*, 2ª ed., Botas, 1938, p. 18; John Rutherford, *Mexican Society During the Revolution: A Literary Approach*, Oxford, 1971.

[2] Friedrich Katz, *Deutschland, Diaz und die Mexikanische Revolution*, Berlín, 1964, y *The Secret War in Mexico: Europe, the United States and the Mexican Revolution*, Chicago, 1981; cf. la visión revisionista, p. 94.

[3] Stronge, Ciudad de México, 8 de marzo de 1913, FO 371/1672, 13402; de Haff a Wilson, 28 de mayo de 1913, SD 812.00/7746; *Mexican Herald*, 7 de abril de 1913.

[4] De Body a Cowdray, 22 de febrero de 1913, Documentos Cowdray, caja A/4, donde se demuestra que Cowdray recibió bien a Huerta, pero nada hizo por ayudarlo.

acerca de la caída del gobierno de Madero se recibieron con alegría y entusiasmo, especialmente en las clases altas".[5] Corroboraron estas observaciones generales muchos casos específicos de alegría y desahogo, como los que presenta Azuela en *Los caciques*.[6] Se recordó tiempo después que en Chihuahua, el cantor de la Catedral "bailó el jarabe cuando asesinaron a Madero"; en Oaxaca "se cantó misa solemne en la iglesia de La Soledad, para agradecer a su augusta patrona haber concedido la salvación de la República".[7] Por iniciativa personal, el comerciante sinaloense Antonio Caballero telegrafió a Huerta felicitándolo porque había librado al país de Madero (con poco tino, Caballero conservó en sus archivos una copia del telegrama, razón por la cual fue ejecutado tiempo después).[8] Los comerciantes españoles de Acatlán (Pue.) fueron más prolijos. Declararon que estaban "totalmente alejados de cualquier cosa que los relacionara con la política", lamentaron la triste decadencia de la nación, porque "el cambio de gobierno en el año 1911 llevó al país a una era de revueltas y levantamientos, y lo arrastró al borde de un abismo sin fondo", arruinando el comercio, destruyendo los frutos de 30 años de paz, amenazando con la anarquía total. Providencialmente llegó entonces la Decena Trágica, "que trajo a regir los destinos del país a una pléyade de personalidades que por sus antecedentes y merecido prestigio, nos hicieron concebir la esperanza de una próxima paz".[9]

El alivio de "los mejores elementos" (entre los cuales, debe tenerse en cuenta, había españoles y clérigos) coincidía con la gran desconfianza de las clases bajas. Como dijo un radical —*a posteriori*, pero con imparcialidad—: "La muerte del presidente Madero, sangriento bofetón dado a la soberanía popular, significaba sencillamente para el hombre rústico la regresión a la dictadura militar, al imperio de los odiosos jefes políticos, de los jueces venales..."[10]

A pesar de que estaba mal informada sobre lo que ocurría en la capital, la gente del pueblo pudo comprobar en su medio y de manera concreta la importancia del golpe; como no tenía capacidad para organizar rápidamente la resistencia, se vio forzada a aceptar el nuevo régimen con callado resentimiento, y lamentó la muerte de un presidente en quien veía ahora, no obstante sus errores, al "único amigo verdaderamente honesto de las clases inferiores".[11]

[5] Price, Córdoba, 20 de marzo; Hamm, Durango, 5 y 19 de marzo; Miller, Tampico, 26 de febrero de 1913; SD, /812.00/6565; 6789; 6634; 6976; Wilson, Tampico, 22 de febrero de 1913, FO 371/1671, 13165.

[6] "Como Lara Rojas y Villeguitas eran decentes, tuvieron que emborracharse para poder gritar con toda la boca '¡Viva el general don Victoriano Huerta!' por las calles, acompañados de una docena de boleros a 10 centavos cada uno" (Mariano Azuela, *Los caciques*, precedida de *Las moscas*, México, 1932, p. 154).

[7] "Enemigos del pueblo", memo., STA, caja 84; Ernest Gruening, *Mexico and its Heritage*, Nueva York, 1938, p. 213, quien cita de *El País*.

[8] Héctor R. Olea, *Breve historia de la revolución en Sinaloa*, México, 1964, pp. 58-59.

[9] Solicitud a Gobernación, 23 de abril de 1913, AG, legajo 898.

[10] E. Baca Calderón, DDCC, II, p. 985.

[11] C/in/c US Pacific Fleet, Guaymas, 13 de marzo de 1913, SD 812.00/6974.

Equivocada o no, la reacción popular contrastaba con las ostentosas celebraciones de los acomodados: los "pelados" descontentos de *Los caciques* adquirían realidad en cada estado y en cada ciudad.[12] En la capital, el deleite de las "clases altas" era comparable a "los profundos sentimientos en favor de Madero entre los estratos bajos de la población", aunque no se creía que pudieran reaccionar de manera concreta.[13] En Durango, "las llamadas clases altas celebraron con regocijo la muerte de Madero, pero había callado resentimiento en la clase trabajadora"; también en Tampico, que nunca fue muy maderista, pero donde la libertad de organización y huelga había beneficiado a los trabajadores, "los hombres de negocios quieren, al parecer, paz a cualquier precio, pero las masas no perdonarán fácilmente la muerte de Madero, quien, para ellas, se ha convertido en un mártir de la causa".[14] La opinión tradicional —que el régimen de Huerta representaba la vuelta a los personajes y métodos porfirianos—, cuestionada ahora por los historiadores, era sin duda la de los contemporáneos situados en ambos extremos de la escala social.[15]

La consecuencia más señalada del golpe de Estado fue acentuar la división política y la de clases. La política de conciliación de Madero procuró, con éxito relativo, cerrar esas divisiones, que se hicieron más notorias con la caída y muerte del presidente, y no faltaban grupos —como la clase alta potosina— cuya "tendencia a considerar el *coup d'état* como victoria de clase" acrecentaba el resentimiento de los humildes.[16] Es, pues, un error sugerir que Huerta tenía apoyo amplio y uniforme en 1913; al revés, su golpe polarizó las opiniones y radicalizó la política no tanto porque estimuló nuevas políticas radicales, cuanto porque exacerbó los conflictos sociales y dio lugar a que se libraran con ferocidad nunca antes vista.[17] Aun cuando las "clases bajas, principal apoyo del gobierno en desgracia", estaban tranquilas —como en Córdoba y otros lugares— la única garantía de que seguirían así era el ejército federal. El cónsul estadunidense en Mazatlán opinaba que la calma prevaleciente era ilusoria: "... después de investigar, se sabe que hay gran indignación y que se acepta la situación sólo porque el pueblo se encuentra impotente y sin medios para resistir... Si [no obstante] se llega a la dictadura militar..., se sublevarán e intentarán otro cambio de gobierno".[18]

[12] Azuela, *Los caciques*, pp. 167-168.
[13] Stronge, México, 8 de marzo de 1913, FO 371/1672, 13402.
[14] Graham, Durango, 9 de marzo; Cummins, Gómez Palacio, 6 de marzo de 1913; FO 371/1671, 14519; Miller, Tampico, 27 de abril de 1913, SD 812.00/7402.
[15] Véase también la reacción de Torreón: Carothers, en *United States. Investigation of Mexican Affairs: Report of a Hearing before a Sub-Commitee on Foreign Relations*, 2 vols., Washington, 1919-1920, p. 1764 (se la conoce como "Fall Report").
[16] Bonney, San Luis, 28 de marzo de 1913, SD 812.00/7041.
[17] John Womack, *Zapata and the Mexican Revolution*, Nueva York, 1970, p. 160; *cf.* Jean Meyer, *The Cristero Rebellion, The Mexican People between Church and State, 1926-1929*, Cambridge, 1976, p. 11.
[18] Price, Córdoba, 20 de marzo; Alger, Mazatlán, 28 de febrero de 1913; SD 812.00/6565; 6616.

En sentido amplio, eso era cierto (Skocpol haría bien en advertirlo). A pesar de la fuerza del régimen, su flagrante ilegitimidad provocaría en breve gran resistencia, porque no todo opositor en potencia carecía de poder y estaba intimidado. Había importantes concentraciones políticas y militares además del ejército federal: rebeldes antimaderistas, como Zapata, en el sur, y las desperdigadas fuerzas de Orozco, en el norte; los rurales e irregulares maderistas y docenas de cabecillas menores, bandidos y caciques armados. Mucho dependía de cómo manejara Huerta esos grupos desiguales, de cómo aprovechara la breve luna de miel que el régimen podía esperar antes de que el resentimiento disperso se concretara en una oposición organizada. No es de sorprender que la mayor parte del ejército federal aceptara a Huerta; lo mismo hizo la burocracia de la Ciudad de México ("grupo —dice Meyer—, que no se distinguía por su devota dedicación al trabajo"; todo lo contrario, diría yo).[19] Como de costumbre, proliferó la empleomanía una vez establecida la nueva administración; Félix Díaz —a quien muchos consideraban el hombre del futuro— estaba "agobiado" por los solicitantes.[20] Hacia mediados de febrero, el régimen de Huerta estaba bien establecido en la Ciudad de México y en plazas fuertes de la República, pero la provincia era aún *terra incognita*. En ella, la actitud de tres grupos era de suma importancia: la de los rebeldes en el campo; la de los funcionarios maderistas llegados al poder en 1911-1912, y la de los rurales e irregulares maderistas a quienes nunca se había identificado con el ejército.

El primer acto del nuevo ministro de Gobernación, Alberto García Granados, fue dar a conocer una ley de amnistía que ofrecía inmunidad total a los rebeldes que depusieran sus armas en 15 días.[21] Jesús (*el Tuerto*) Morales —"tercero o cuarto general rebelde" entre los zapatistas— recibió la amnistía junto con otros líderes de menor rango; en Oaxaca, Barrios y Oseguera —quienes capitanearon la revuelta de Cuicatlán— aceptaron los términos de la amnistía lo mismo que el jefe serrano Pedro León.[22] En Guerrero, Silvestre Mariscal pasó al nuevo régimen con 2 000 hombres; Juan Almazán se rindió, y el rebelde Radilla hizo oficial su tácita alianza con el general federal Reynaldo Díaz.[23] La amnistía tuvo aún más éxito en el norte. En Chihuahua, Orozco, Campa, Salazar y Rojas, quienes entraron en negociaciones con el régimen, exigieron una jugosa suma o una "posición lucrativa dentro del nuevo gobierno", y en La Laguna se llegó a un acuerdo con varios líderes (Campos, Pedro Ortiz, Argumedo) que habían asolado la región en 1911-1912; de hecho, "se enviaron grandes sumas de dinero... para pagar a las tropas de

---

[19] Michael C. Meyer, *Huerta. A Political Portrait*, Lincoln, 1972, p. 679.

[20] Stronge, Ciudad de México, 8 de marzo de 1913, FO 371/1672, 13402.

[21] Meyer, *Huerta*, pp. 66-67.

[22] Womack, *Zapata*, pp. 161-162; Alfonso Francisco Ramírez, *Historia de la Revolución en Oaxaca*, México, 1970, pp. 134-135.

[23] Edwards, Acapulco, 28 de abril, c/o USS Glacier, Acapulco, 5 de mayo de 1913; SD 812.00/7310, 7841; Fabela, DHRM, RRC, IV, p. 52.

Argumedo mientras éstas continuaban depredando el territorio".[24] Se confiaba también que en San Luis Potosí, los Cedillo y sus 800 hombres llegarían a un acuerdo con el régimen.[25] A principios del verano, las fuerzas huertistas del norte habían recibido una buena transfusión de sangre de ex rebeldes, especialmente de los orozquistas. En Zacatecas, por ejemplo, en mayo de 1913, componían el grueso de las fuerzas del gobierno "ex bandidos o rebeldes que se habían rendido poco tiempo atrás"; más al norte, en Durango y La Laguna, líderes como Campos, Escajeda, Emilio Campa y otros, "quienes pocos meses atrás saqueaban, destruían y cometían atrocidades... están ahora a la cabeza de sus guerrilleros peleando por la ley y el orden".[26] Visto desde la Ciudad de México y a ojos de los diplomáticos, esto era muy confuso; el embajador británico observó, perplejo, la adhesión de Campos y Argumedo: "llegué a pensar que sólo bandidos formaban estas pandillas, pero, según parece, estaba en un error".[27]

Se justificaba la confusión. Esos *condottieri* eran veteranos de 1910-1911 que se habían rebelado contra Madero bajo el estandarte de Orozco. Derrotados por Huerta en 1912, pero jamás aniquilados, atacaron y robaron hasta que, con el golpe de 1913, tuvieron oportunidad de recuperar su estatus gobiernista. ¿Eran sólo cínicos convenencieros? ¿Se habían unido a Huerta porque éste —como ha opinado Michael Meyer— ofrecía genuinas políticas reformistas? En ambos casos la respuesta debe ser *no*. Para explicar su actitud, hay que tener en cuenta cuatro puntos. Primero, no exagerar la reacción hacia la amnistía. En teoría se veía impresionante, pero antes había habido otras amnistías (varias en Sinaloa, por ejemplo). A menudo, los rebeldes las aprovechaban para conseguir una tregua, aprovisionarse de municiones y quizá cultivar los campos en verano; por eso, después de recibirla, algunos (como el zapatista Otilio Montaño o el oaxaqueño Ángel Barrios) se arrepentían y pronto volvían al combate.[28] Así como los jefes de renombre cambiaban de bando, el anonimato permitía al soldado raso más libertad de movimiento. Aunque no abunda la información al respecto, es probable que muchos rebeldes bajo amnistía, veteranos de 1910-1913, dejaran el cuartel de Huerta entre 1913-1914 y, en cierto sentido, se reintegraran a la corriente revolucionaria. En 1914, John Reed encontró un adolescente de 14 años que había pasado por todas esas experiencias.[29]

El segundo punto importante es la "lógica de la Revolución", sobre la

---

[24] Edwards, Juárez, 6 y 7 de marzo; Hamm, Durango, 5 de marzo de 1913; SD 812.00/6499, 6613, 6789.

[25] Bonney, San Luis, 4 de marzo de 1913, SD 812.00/6736.

[26] Schmutz, Aguascalientes, 9 de mayo; Hamm, Durango, 13 de junio de 1913; SD 812.00/7655, 7720.

[27] Stronge, Ciudad de México, 8 de marzo de 1913, FO 371/1672, 13402.

[28] Womack, *Zapata*, p. 161; Ramírez, *Oaxaca*, p. 135.

[29] John Reed, *Insurgent Mexico*, Nueva York, 1969, p. 82; ese fenómeno fue más común después de 1914.

que ya hablé.[30] La rebelión de los orozquistas contra Madero obedecía, se arguye, a causas revolucionarias muy de acuerdo con las de 1910. En 1913, sustituido el régimen de Madero por otro notablemente más conservador, los orozquistas deberían haber seguido la lucha con más ahínco —según el criterio "ideológico" estricto—, pero sin duda estaban cansados, recordaban que la campaña de Huerta contra ellos había sido blanda, incluso flexible, y tenían más rencor a los irregulares maderistas y a los ejércitos estatales (como el de Obregón), que los habían perseguido con saña. Tales sentimientos eran correspondidos, de manera que lo personal, lo inmediato, lo contingente, atropellaron los preceptos ideológicos. Orozco, Argumedo, Campos y otros decidieron unirse a Huerta *faut de mieux*, como pedía la lógica de la Revolución.

En tercer lugar, debemos considerar como otro factor explicativo la debilidad de la "ideología" (invento, por lo común, de historiadores o de sociólogos). La ideología era débil no tanto porque los revolucionarios —incluidos los de extracción popular— carecieran de ideas que orientaran su proceder (he rebatido ese supuesto en otro lugar), cuanto porque los objetivos básicos, regionales y concretos, de muchos revolucionarios permitieron, por lo menos durante algún tiempo, la coexistencia de ideologías aparentemente contrarias. Dicho de otra manera, se trataba de ideologías que tenían aplicación práctica en términos particulares; por lo tanto, no exigían aplicación universal y consentían cierta tolerancia mutua. Y no podía ser sino así, ya que la autoridad política estaba dividida y el Estado se veía en la necesidad de armonizar contradicciones ideológicas que en tiempos normales eran intolerables. En 1913, el "centro" tuvo que contemporizar con ideologías rivales: liberal-populista, agrarista, serrana. Esto significaba, concretamente, que Huerta, ansioso de apoyo, estaba listo para hacer tentadoras ofertas a los rebeldes: sueldos atrasados, pensiones, su enganche como rurales y aun algo de reforma agraria, condiciones que Womack califica de "extraordinariamente generosas".[31] En Oaxaca, por ejemplo, se prometió a Oseguera, Barrios y otros, reconocerles su grado militar, darles apoyo gubernamental para la educación rural, ayuda para las poblaciones devastadas durante la contienda, supresión de las jefaturas y empleo a ex rebeldes dentro de las milicias locales.[32] Es difícil saber cuánta sinceridad había en el ofrecimiento de Huerta —*pace* Meyer, no combina con las características de su régimen—, pero aprovechaba, como los rebeldes, las circunstancias; quizá tenía intención de desdecirse de esas promesas, pero podía tolerar reductos de reformismo popular durante algún tiempo. Concesiones como ésas no sirven para probar las intenciones reformistas de Huerta, pero son muestra de que aun los regímenes conservadores deben doblegarse, y que los rebeldes podían —sin renegar de sus principios— aprovechar esa flexibilidad reticente. Podían hacerlo si, como Barrios y Oseguera (a diferencia

[30] Véanse pp. 304-305.

[31] Womack, *Zapata*, p. 162; Michael C. Meyer, *Mexican Rebel: Pascual Orozco and the Mexican Revolution*, Lincoln, 1967, pp. 97-98.

[32] Ramírez, *Oaxaca*, pp. 134-135.

de Zapata), procuraban beneficios locales más que la aceptación de un programa nacional y radical como el Plan de Ayala. Así pues, los convenios entre Huerta y los veteranos revolucionarios, en ese año de 1913, no eran prueba definitiva de que éstos fueran oportunistas sin principios; al contrario, mostraban de qué manera el tamaño y la fragmentación del país, más su inestabilidad política, eran capaces de persuadir a caracteres incompatibles para que convinieran en un matrimonio, aunque breve y sin amor, puesto que, en la mayoría de los casos, la pareja vivía, de todos modos, separada.

Un último punto puede ayudar a esclarecer la situación. Sin olvidar los elementos enumerados, vale la pena advertir que la amnistía tuvo más éxito en el norte que en el centro o el sur. En Morelos se rindió un grupo de cabecillas: José Trinidad Ruiz, Simón Beltrán, Joaquín Miranda y sus hijos, y el más importante, *el Tuerto* Morales, "gordo y fanfarrón cantinero de Ayutla".[33] Pero Zapata y De la O no accedieron: recordaban el papel desempeñado por Huerta —y por su nuevo ministro de Gobernación, García Granados— en la represión de 1911-1912. Así pues, cuando los mensajeros de paz (entre los que se contaba a Pascual Orozco padre) llegaron al cuartel de Zapata, se les arrestó y sometió a un "juicio simulado", para demostrar que los surianos rechazaban las componendas.[34] Huerta, que conocía a Zapata tanto como éste lo conocía, tenía poca fe en esas iniciativas de paz; a finales de marzo dijo al embajador estadunidense que "no se sentía del todo optimista acerca de los arreglos con Zapata y confesó francamente que con hombres como ésos no había que andarse con rodeos; la mejor manera de tratarlos, dijo, era una cuerda de 18 centavos para colgarlos".[35] No podemos saber, pero sí especular, qué quería decir Huerta con "hombres como Zapata"; sin embargo, su conjetura sobre la intransigencia del caudillo era totalmente correcta. Desde 1911 hasta 1919, Zapata y la mayoría de sus lugartenientes no se alejaron del camino de la revolución agraria autónoma; aunque concertaron alianzas (años después, alianzas incongruentes que desafiaban la consistencia ideológica), nunca perdieron el control de la rebelión morelense, ni entraron al servicio del gobierno, y menos fueron mercenarios. Esta fidelidad a la Revolución (según los principios zapatistas) surgió de la gran lealtad al pueblo y a sus tradiciones: "Zapata y la mayoría de sus jefes [... no] habían perdido el sentido de lo que eran, hijos de sencillos campesinos, de trabajadores del campo, de aparceros y rancheros".[36] El compromiso zapatista, sólido, regional y colectivo, los alejó de las alianzas nacionales o del reclutamiento oficial; como otros movimientos campesinos, mostró profunda sensibilidad respecto a los derechos y las obligaciones, y esto lo presentaba, ante quienes negociaban con él, ajeno a componendas.[37]

---

[33] Womack, *Zapata*, pp. 81 y 161-162.
[34] *Ibid.*, pp. 164-165.
[35] Wilson, Ciudad de México, 1º de abril de 1913, SD 812.00/7101; *cf.* Calvert, p. 153.
[36] Womack, *Zapata*, p. 226.
[37] *Cf.* pp. 157-158.

Así como algunos norteños —Contreras y los Cedillo, por ejemplo— tenían rasgos similares, había sureños, como los Figueroa, que carecían de base agrarista y compartían la flexibilidad y el oportunismo desembarazados de los serranos. Quizá sea revelador que los principales desertores zapatistas de 1913 fueran un cantinero (Morales) y un predicador protestante (Ruiz); en el norte abundaban hombres como ellos, sin lazos comunitarios, cuya gran movilidad social y espacial los predisponía a las componendas y quizá a la cooptación. Orozco se había asociado, en 1912, con los científicos de Chihuahua, y en 1913, con el resto de sus correligionarios, se unió a los victoriosos científicos de la Ciudad de México.[38]

En teoría, ese aumento de poder apoyó al nuevo régimen —para deleite del embajador estadunidense y para justificar la amnistía propuesta por Huerta—, pero sus resultados concretos no fueron tan alentadores. Se pudo comprobar entonces el carácter de estos ex rebeldes y la naturaleza de su capitulación ante Huerta. La mayoría de los irregulares que optaron por la amnistía —como los del norte de Zacatecas— eran, "tanto tropa como oficiales, prácticamente sólo peones".[39] Los reclutados eran turbulentos, desordenados y reacios a la disciplina y, como ex rebeldes, mostraban sólido compromiso con su localidad e insistían en cobrar viejas venganzas cuando servían en el gobierno.[40] Los territorios que cayeron bajo el control de los irregulares sufrieron más que los afectados por la rebelión. En Durango, las fuerzas de Cheche Campos, que "iban de un lado a otro o se abandonaban a la ociosidad…, en muchos casos tuvieron la audacia de vender a sus dueños los caballos y el ganado que les habían robado". El gobernador del estado y el jefe de la tropa federal "reconocieron francamente que no tenían control sobre esas fuerzas".[41] Cuando, por fin, los hombres de Campos salieron de Durango, a finales de mayo de 1913, "los habitantes suspiraron aliviados"; aunque eran revolucionarios venidos a menos, no se habían convertido en gendarmes serviles. El comandante federal de Zacatecas también desconfiaba de los irregulares; en Acapulco, las fuerzas de Mariscal y Radilla, que controlaban la región bajo adhesión nominal al gobierno, se consideraban gran amenaza para la paz; y aun cuando irregulares como Orozco dieron pruebas de ser buenos militares, su inevitable fricción con el ejército regular estorbó las operaciones.[42] En consecuencia, en el mes de junio el gobierno dejó de reclutar

---

[38] Véanse pp. 299-302.
[39] H. L. Swain, a bordo del USS Minnesota, 28 de mayo de 1913, SD 812.00/7757.
[40] Diebold, cónsul en El Paso, a la SRE, 19 de mayo de 1914, SRE, legajo 789, 87-R-30.
[41] Hamm, Durango, 3 de junio de 1913, SD 812.00/7875; Carothers —Torreón, 19 de marzo de 1913, SD 812.00/6997— dice que las fuerzas de Campos eran "puros y simples bandidos [que] no respetan ninguna autoridad".
[42] Schmutz, Aguascalientes, 9 de mayo; Edwards, Acapulco, c/o Glacier, Acapulco, 5 de mayo de 1913, SD 812.00/7655; 7310; 7841; AG, legajo 871, sugiere que en Zacatecas y Tamaulipas hubo problemas similares (cf. por ejemplo, n. 1467 y 1490); Letcher, Chihuahua, 29 de julio de 1913, SD 812.00/8220, acerca de las consecuencias militares.

ex rebeldes, salvo aquellos con buenos antecedentes, que eran sumamente escasos, o simplemente no existían.[43]

En algunos problemáticos distritos rurales, la transformación de los llamados bandidos en policías sirvió sólo para legalizar el robo. La agresión no oficial que sufrían los estadunidenses de San Dieguito por los rebeldes-bandidos se transformó en la agresión semioficial de los rurales (quienes se habían convertido en perseguidores de aquéllos), y el jefe local estaba demasiado temeroso como para hacer algo.[44] En las tierras bajas de Veracruz, los "malos elementos" —reclutados por el general huertista Gaudencio de la Llave— se ocuparon en extraer chicle de las plantaciones, para su beneficio; en el mismo estado, ocho rurales que tenían cierta inquina a un hacendado estadunidense irrumpieron en la fiesta de la zafra, tomaron prisionero al mayordomo (un español) y lo obligaron a caminar descalzo hasta la cárcel de Playa Vicente. Sólo con el soborno, decía el hacendado, podían los nuevos policías comportarse como tales.[45] Ejemplos como éstos sirven para algo más que ilustrar el fracaso del reclutamiento de ex rebeldes y ex bandidos; muestran también el constante fermento social que experimentaba el país. La transformación de bandidos en rurales y de rebeldes en auxiliares oficiales del ejército federal tenía un dejo de alquimia política, porque el bajo metal de las hordas populares y plebeyas no podía transmutarse en el oro puro de una disciplinada fuerza policial. Los que se habían levantado contra la autoridad no se convertirían fácilmente en sus defensores. Pero, a la larga, era necesario conseguir un cambio de esa naturaleza si se quería restaurar la paz. El agotamiento y la fatiga de guerra ayudaron después a lograr esa transformación, aunque lo más importante era que el régimen que consiguiera la paz y la conservara, mostrara cierta legitimidad ante el movimiento popular. No era suficiente comprar una lealtad mercenaria y frágil, que forzosamente abarcaría sólo una parte de la población. Muchos rebeldes —como Zapata— no se vendían, y en las circunstancias que predominaban en esos años (1911-1914), por cada rebelde que el gobierno (de Madero o Huerta) pudiera comprar, había otros que tomaban su lugar y continuaban la lucha mientras el gobierno no tuviera fundamento legítimo. Un régimen viable debía, por lo tanto, combinar fuerza militar con, por lo menos, cierta anuencia. En realidad, Madero estuvo más cerca de esa fórmula de lo que alguna vez estuvo Huerta, ya que, por lo menos, compensó la represión con cierta política constructiva —aunque errada—. Huerta y sus compinches atribuyeron erróneamente el fracaso de Madero más a lo inadecuado de la primera que a la segunda. Y así, como en una calistenia obsesiva, Huerta continuó ejerciendo los músculos y descuidando las soluciones políticas en un grado mucho mayor que su predecesor.

---

[43] *Mexican Herald*, 23 y 30 de junio de 1913; y véase Paul J. Vanderwood, *Disorder and Progress. Bandits, Police and the Mexican Development*, Lincoln, 1981, p. 177.

[44] Miller, Tampico, 25 de mayo de 1913, SD 812.00/7690.

[45] Harvey, Tezonapa, 14 de junio; Baker, Paso del Cura, 11 y 16 de junio de 1913, SD 812.00/8005.

Pero éstas, tanto como las militares, eran esenciales para restaurar la paz: en última instancia, se cooptó tanto como se derrotó incluso al movimiento zapatista. Al poner toda su fe en el militarismo y al invertir incluso las tibias reformas de Madero, el gobierno de Huerta se mostró claramente "contrarrevolucionario" y se condenó sin remedio al fracaso.

Ejemplos de esa elección eran la propensión de Huerta a reclutar ex rebeldes (o algo peor) y su despiadada proscripción de los políticos maderistas. Aunque la amnistía manifestaba disposición para conciliar, el resto de la política gubernamental señalaba otra dirección. Ya que para Huerta la fuerza era elemento esencial y la política una innecesaria condescendencia, confiaba más en tener de su lado pistoleros que endebles civiles. "Nada de política. La paz ante todo" era, muy a propósito, el lema de la época, y Huerta creía que con la represión podía afianzar la paz de manera más rápida y eficiente que politiqueando, lo cual (como prueba la interferencia de Madero en Morelos en 1911-1912) sólo ponía obstáculos a las operaciones militares.[46] Los políticos eran un estorbo; las tropas firmes de peones, una necesidad. Después de luchar contra los rebeldes norteños, Huerta conocía su capacidad militar y estaba ansioso por ganárselos, sin preocuparse por los motivos, las actitudes y el comportamiento que los caracterizaban. Era necesario deshacerse de los políticos. En abril de 1911, Huerta había aconsejado a Limantour que dejara de parlamentar con los rebeldes en Ciudad Juárez y les lanzara 2 000 efectivos de caballería; en agosto del mismo año, dio a De la Barra un consejo igualmente enérgico respecto a Morelos.[47] Esas actitudes —muy de acuerdo con la imagen tradicional de Huerta— fueron evidentes durante 1913-1914 en aspectos que veremos a continuación: la militarización del gobierno y de la sociedad; la expansión del ejército, y el asesinato. Incluso en las primeras semanas, cuando quizá estaba más dispuesto a transigir, Huerta optó por la mano de hierro. Su primer discurso ante el Congreso, el 1º de abril —que leyó un ayudante porque Huerta tenía mala vista— cerró con un apasionado juramento de "restablecer la paz, costara lo que costara".[48] Asimismo, el comentario de Huerta al embajador Wilson, de que la solución para el zapatismo era una soga de 18 centavos, era más un artículo de fe que una posibilidad. En la recepción en la embajada, antes del asesinato de Madero, el nuevo presidente entabló conversación con los encargados de las embajadas chilena y británica, que el último recuerda así: "... los tres fuimos a servirnos una copa. Brindé por el éxito de su gobierno y mi colega chileno tartamudeó algo parecido. Huerta tartamudeó a su vez, 'D-d-d-diez [y] o-o-o-cho c-c-entavos una c-c-cuerda'. Me sentí bastante perplejo entre esos dos individuos desarticulados, hasta que me di

---

[46] Sobre el lema véase *El Imparcial*, 22 de marzo de 1913.

[47] Nemesio García Naranjo, *Memorias*, VII, Monterrey, s. f., pp. 19-21; Womack, *Zapata*, pp. 109 y ss.

[48] Meyer, *Huerta*, p. 89.

cuenta de que todo lo que Huerta quería era una cuerda de dieciocho centavos para colgar a Zapata".[49]

Paz a cualquier precio era, en cierto sentido, el lema del régimen, y el nudo corredizo de 18 centavos, su instrumento. A la inversa, debía evitarse la política y podría "hacer a un lado la ley cuando del bien público se trate", según dijo Aureliano Urrutia, camarada de Huerta.[50] Esto fue evidente desde el principio, por el trato que el gobierno dio a los funcionarios maderistas, especialmente a los gobernadores. Cuando llegaron a provincia las noticias del cuartelazo, los gobernadores y algunos funcionarios de menor categoría telegrafiaron inmediatamente su lealtad a Madero; algunos le ofrecieron refuerzos; otros, como Cepeda, gobernador de San Luis Potosí, su apoyo "hasta la muerte". Pero nada hicieron: Pérez Rivera, gobernador de Veracruz, rehusó proporcionar armas a los maderistas que las pedían.[51] Cuando Huerta tomó el poder y solicitó su lealtad, se la dieron de buena gana, algunos —como Barrientos, de Puebla— con gran entusiasmo; otros, como Cepeda, guardando las apariencias ("sacrificaré todo mi patriotismo para que se restablezca la paz y el orden").[52] Excluyendo a tres estados que no se unieron a la estampida para aceptar a Huerta, casi todos los maderistas aceptaron el nuevo régimen, y los hombres que Madero encumbró (la mayoría no había luchado por llegar al poder) consintieron en su caída. Los maderistas de Tabasco pronto "abandonaron toda esperanza"; su gobernador, joven y lírico, quien había jurado no abandonar su puesto antes de que "eche de cabeza al undoso Grijalva a algunos bribones, gala y ornato del hampa política tabasqueña", se rindió sumisamente y prometió cooperar en la pacificación del país.[53] En Campeche, el gobernador Castillo Brito aceptó a Huerta con particular "vehemencia"; Leyva, gobernador de Morelos, se unió a Huerta y la legislatura estatal votó en favor de la adhesión; Silva, de Michoacán, reconoció al régimen y solicitó tropas para someter a los maderistas rebeldes; también Riveros, de Sinaloa, desechó la incitación de Rafael Buelna a resistir y reprimió a los maderistas que no lo apoyaron; se dice incluso que el aguerrido Cepeda trató de amedrentar o sobornar a los maderistas disidentes para que se sometieran.[54]

[49] Thomas Beaumont Hohler, *Diplomatic Petrel*, Londres, 1942, p. 184.

[50] Stanley R. Ross, "Victoriano Huerta visto por su compadre", *Historia Mexicana*, XII, núm. 2 (octubre-diciembre de 1962), p. 298.

[51] De Cepeda a Madero, 15 de febrero de 1913, y correspondencia similar en Fabela, DHRM, RRM, V, pp. 88-109.

[52] Charles C. Cumberland, *Mexican Revolution. The Constitutionalist Years*, Austin, 1972, p. 16; Samuel de los Santos, DDCC, I, p. 571, afirma que Cepeda hizo algo más que someterse de mala gana.

[53] De Manuel Mestre Ghigliazzi a Pino Suárez, 8 de mayo de 1912, Fabela, DHRM, RRM, III, p. 336; del mismo a Gobernación, 22 de febrero de 1913, y comunicaciones similares desde Puebla, Jalisco, San Luis Potosí, Veracruz y Colima, en Fabela, DHRM, RRC, IV, p. 51; Lespinasse, Frontera, 8 de marzo de 1913, SD 812.00/6922.

[54] Cumberland, *Constitutionalist Years*, p. 43; Jesús Romero Flores, *Historia de la revolución en Michoacán*, México, 1964, p. 70; Womack, *Zapata*, p. 160; Olea, *Sinaloa*, pp. 49-50; Santos, DDCC, I, p. 571.

¿A qué se debió esta abjuración en masa del maderismo? Había, sin duda, circunstancias atenuantes. El doctor Silva, según se dijo, acostumbrado a salvar vidas, se negaba a comprometerlas con la resistencia.[55] Los leyvistas de Morelos se consolaron pensando que Huerta era un sustituto temporal y que el gobierno civil estaba a la vuelta de la esquina.[56] Pero la falta de resistencia y aun de renuncias, merecen más explicaciones. En primer lugar, los gobernadores maderistas probablemente estaban temerosos y sin duda eran débiles. A los asesinatos en la Ciudad de México siguieron los de provincia. El gobernador González de Chihuahua, más firme que la mayoría de sus colegas (había luchado en 1911 y desafiado a Orozco en 1912), no respondió al requerimiento de Huerta; el comandante militar local lo puso en un tren que iba a la Ciudad de México, y *en rute* se le aplicó la ley fuga.[57] También sufrieron persecución funcionarios menores, lección que asimilaron sus superiores. En general, se suponía que después de las muertes de Madero y Pino Suárez, "los que habían pertenecido a su gabinete y los partidarios de Madero que no se sumaran al nuevo gobierno podían correr la misma suerte".[58] La mayoría de los políticos maderistas, liberales de levita, bien intencionados y maduros, no habían luchado en 1910-1911, ni querían hacerlo en 1913 ya que no tenían capacidad para ello, y las circunstancias les eran desfavorables. Podían argüir, legítimamente, que la desmovilización del Ejército Libertador y el encumbramiento de los federales convertían a éstos en árbitros de la situación. El contrapeso de los voluntarios e irregulares maderistas se concentraba en ciertos estados estratégicos (volveré al tema más adelante); de ahí que muchos gobernadores decidieran, con un jefe de guarnición a sus espaldas, reconocer a Huerta. Al parecer, el general Dorantes presionó a Silva, gobernador de Michoacán, y el trato que Rábago dio a González, gobernador de Chihuahua, ilustraba el precio de la intransigencia.

Algunos funcionarios recibieron con gusto al nuevo régimen o lo aceptaron de buena gana. Individuos, como el gobernador Bolaños Cacho de Oaxaca, eran felicistas; grupos, como el cristobalense de Chiapas, estaban contentos con la salida de Madero, pero había también antiguos maderistas, cuyo giro a la derecha los orientó con el tiempo al puerto de Huerta.[59] El cambio era natural: para muchos de los respetables civiles de 1909-1910, la lucha, la revuelta social y el trastorno del comercio subsecuentes no se ajustaban a sus sueños de reforma política y aplaudieron las políticas represivas de Madero, participaron en ellas y dieron la bienvenida después a Huerta. No era difícil para un simpatizante maderista liberal (de 1910) como Toribio Esquivel Obregón denunciar la barbarie de los indios, atesorar la herencia europea e his-

---

[55] Romero Flores, *Michoacán*, p. 70.
[56] Womack, *Zapata*, p. 160.
[57] William H. Beezley, *Insurgent Governor: Abraham González and the Mexican Revolution in Chihuahua*, Lincoln, 1973, pp. 155-158.
[58] C/o HMS Sirus, Veracruz, 1º de marzo de 1913, FO 371/1671, 13260.
[59] Benjamin, "Passages", p. 131.

pánica de México (cuyos valores eran la familia, la propiedad, la religión y la justicia), y llegar a la conclusión de "que las instituciones republicanas son destructoras si son manejadas por una población no europea...; las instituciones republicanas y el sufragio universal [son] la fórmula de la descomposición de México".[60] Abrigando tales creencias, Esquivel Obregón pudo aceptar un cargo en el gabinete de Huerta; lo mismo hizo Jesús Flores Magón (hermano de los radicales exiliados), quien había sido secretario del Interior en el gabinete de Madero. En sus cargos ministeriales, difícilmente podían abogar por *force majeure;* antes bien, consideraban a Huerta un garante del orden que podía controlar la situación hasta que las elecciones restauraran la estructura del gobierno constitucional.[61] También García Granados, antiguo opositor de Díaz y ministro en 1911, regresó a su puesto.

Los legisladores, maderistas en su mayoría, siguieron ocupando sus curules, reconociendo así, tácitamente, al nuevo régimen. Algunos diputados —entre ellos Serapio Rendón— huyeron en los primeros momentos, pero la mayoría siguió el consejo de Luis Cabrera, es decir, permanecer en su puesto y aceptar a Huerta *pro tempore;* arguyó además (a veces con el favor de la perspectiva) que servirían mejor a la causa mediante la oposición política legal que con la huida difícil y peligrosa. Y así, en la capital y el resto de la nación, podían verse, moviéndose furtivamente por el campo huertista, personajes relacionados alguna vez con la oposición liberal de 1909-1910: a Patricio Leyva —candidato a la gubernatura de Morelos en 1909— y a su colega sinaloense José Ferrel, quien había prometido "enaltecer los ultrajados derechos de los pobres y abatir las funestas tiranías de los ricos", y que en 1913 aceptara una comisión oficial para estudiar de cerca a las universidades europeas.[62] Tampoco hay pruebas de que la judicatura de diversos estados actuara de manera diferente a la de Zacatecas, la cual decidió seguir en su puesto después del golpe.[63]

La resistencia oficial

En este prevaleciente cuadro de conformidad, sólo tres estados iban contra la corriente: Sonora, Chihuahua y Coahuila, las tres grandes provincias fronterizas. El asesinato del gobernador González y la rápida cesantía de funcionarios maderistas de menor categoría privaron a Chihuahua de liderazgo organizado; por eso su reacción contra Huerta fue, como veremos en seguida, descentralizada y popular. Pero en Sonora y Coahuila se rechazó a Huerta "desde arriba", con la élite política maderista como líder. Pioneros en la

[60] Toribio Esquivel Obregón, *México y los Estados Unidos ante el derecho internacional*, México, 1926, pp. 36-37 y 98-101.
[61] Calero, *Un decenio*, p. 128.
[62] Womack, *Zapata*, pp. 160 y 163; Olea, *Sinaloa*, pp. 15, 16 y 53.
[63] Pedro López, DDCC, I, p. 317.

lucha contra Huerta, los coahuilenses (en especial el gobernador Carranza) y los sonorenses imprimieron su sello en lo que sería la revolución constitucionalista, la campaña de año y medio para liberar a México de Huerta y la segunda gran etapa del movimiento revolucionario. Pronto se les unieron aliados y reclutados; la hegemonía Sonora-Coahuila siguió sin rivales, salvo por la intromisión de Pancho Villa y sus huestes chihuahuenses. De ambos estados salieron cuatro presidentes que gobernaron sucesivamente durante 14 años, periodo en el cual se forjó el régimen posrevolucionario. Esta superioridad norteña tiene su origen en los acontecimientos de la primavera de 1913, porque antes de esa fecha ninguno de los dos estados había desempeñado un papel de tales proporciones en la Revolución. Es cierto que ambos eran progresistas, industriosos, estaban ufanos de su extendido alfabetismo, de la inversión extranjera, de su gran clase media. Ambos se hallaban a la vanguardia de ese México "nuevo", mestizo, comercializado y hambriento de dólares, diferente al México "viejo", indígena, colonial y católico del altiplano central. Coahuila, el estado natal de Madero, se había distinguido en la etapa política del maderismo (1909-1910), y Sonora, aunque menos maderista, había tenido vigorosos movimientos de oposición política. Pero cuando la lucha comenzó en 1910, ambos quedaron a la zaga —sin duda a la zaga de Chihuahua, que geográficamente los separa—. Sólo en la punta sudoeste de Coahuila (que en la "geografía revolucionaria" pertenecía en realidad a Durango y La Laguna) la rebelión fue virulenta; en Sonora (aparte de los yaquis y un puñado de alborotadores magonistas), la oposición consiguió el poder sin demasiada lucha o trastorno social.

Estas dos entidades, hasta ese momento socialmente pasivas, encabezaron la oposición contra Huerta porque, en parte, su misma pasividad les permitió resistir allí donde los estados más conflictivos y devastados por la guerra se paralizaron. Los gobiernos que debían hacer frente a la insurrección agraria y al bandolerismo (como Morelos o Guerrero) no se arriesgarían a acrecentar sus problemas desafiando a Huerta; antes bien, podían recurrir a él en busca de seguridad y ayuda militar. Los estados homogéneos en lo político y estables en lo social, como Sonora y Coahuila, podían darse el lujo de resistir, sobre todo Sonora, donde las elecciones habían renovado verdaderamente la élite política y conferido poder a los cuadros maderistas, los cuales, aunque divididos a veces, estaban unidos en su oposición al antiguo régimen (la oligarquía torrecista) y tenían bastante apoyo popular. De aquí se desprenden dos hechos importantes. En primer lugar, el gobierno estatal (más en Sonora que en Coahuila) estaba relativamente libre de caciques y restos porfiristas que podían convertirse en quinta columna huertista y presionar para que se aceptara el nuevo régimen.[64] En segundo lugar, aunque ni Sonora ni Coahuila habían participado con ahínco en la revolución maderista,

[64] Pero existían; nótese las presiones para que Carranza y Pesqueira aceptaran a Huerta, pp. 15-16.

recibieron sus beneficios y les interesaba defenderlos. Los nuevos cuadros asentados resistirían cualquier intento de retrasar el reloj político. Se vio a los líderes sonorenses "esforzándose por conseguir y conservar Sonora en manos de quienes ganaron el control del Estado durante la revolución de Madero"; por lo tanto, "se dice que el objetivo de este movimiento constitucionalista en Sonora es sólo conservar para el pueblo el derecho de escoger sus funcionarios y gobernarse sin interferencias militares del gobierno capitalino".[65]

Haber tenido la experiencia de elecciones libres (o casi libres), haber podido deshacerse un poco de las imposiciones del "centro" y haber reemplazado con nuevos hombres a los de la oligarquía porfiriana, eran ganancias demasiado valiosas como para perderlas sin luchar. Así pues, la resistencia en Sonora y Coahuila fue básicamente defensiva: no significó radicalismo o un paso hacia la reforma social o económica más allá del viejo maderismo; en realidad, la falta de preocupaciones y conflictos sociales fue una de las razones que hicieron posible la resistencia. Según se dice, Álvaro Obregón comentó: "Aquí no tenemos agraristas, a Dios gracias. Todos los que andamos en este asunto lo hacemos por patriotismo y por vengar la muerte del señor Madero".[66] La revolución constitucionalista fue, de esta manera, vástago de un maderismo soterrado que luchaba por sobrevivir. Si en cuanto a orígenes e ideales los personajes principales eran maderistas, la lucha que emprendieron —más feroz y sostenida que la de 1910— los impulsó a tomar medidas más radicales y los obligó —en su procura de suministros, aliados y victoria total— a hacer mucho más de lo que había hecho Madero, a ejecutar y propagar muchas ideas de los "halcones" maderistas. En ese sentido, el constitucionalismo fue un maderismo puesto al día por la segunda generación de maderistas; fue, dice la expresiva frase de Córdova, "la autocrítica del maderismo".[67]

Aunque esos elementos hicieron a Sonora y Coahuila particularmente adversos al huertismo, todo habría sido en vano si no hubieran podido transformar esa aversión en hecho. Su lejanía geográfica les daba indudable ventaja sobre otros estados (aunque el caso de Yucatán —más lejano aún y también con una sociedad estable— demuestra que la distancia era quizá condición necesaria, pero no suficiente, para la rebelión). Favorecía mucho a Sonora la falta de comunicación ferroviaria directa con México, porque la línea de la costa occidental seguía interrumpida entre Tepic y San Marcos (Jal.); la brecha era pequeña y su reconstrucción estaba en trámite, aunque era suficiente para obstaculizar el despliegue de tropas federales en el noroeste, que dependía, por lo tanto, del transporte marítimo.[68] Por otra parte, ambos estados

---

[65] Dye, Bisbee, 15 de marzo; Simpich, Nogales, 31 de marzo de 1913; SD 812.00/6806, 7020.
[66] Alfonso Taracena, *Venustiano Carranza*, México, 1963, p. 195; cita a Alfredo Breceda, *México revolucionario*, Madrid, 1920.
[67] Arnaldo Córdova, *La ideología de la Revolución mexicana. La formación del nuevo régimen*, México, 1973, pp. 136 y 191-194.
[68] Álvaro Obregón, *Ocho mil kilómetros en campaña*, introd. de F. Grajales, México, 1966, p. 124.

colindaban con los Estados Unidos. La distancia les permitía un respiro antes de que los federales pudieran desembarcar, y la proximidad de la frontera les facilitaba el contrabando de armas. Lo más importante, sin embargo, fue que cuando ocurrió el golpe de Estado, las fuerzas que había en ambos estados no eran federales y eso permitió a los líderes desafiar al nuevo régimen mientras otros quedaban desamparados e inmóviles.

Las fuerzas reclutadas en Sonora para enfrentar a los orozquistas se componían de 2 000 o 3 000 hombres concentrados en, o cerca de, Hermosillo, Agua Prieta, Cananea y el Valle del Yaqui, que se enfrentaron a un número casi igual de federales, los cuales se habían unido a Huerta inmediatamente.[69] También fue importante la lucha común contra orozquistas, yaquis y otros grupos subversivos, que propició cierta camaradería y mutua confianza entre funcionarios y militares del gobierno estatal: Pesqueira —gobernador interino—, Álvaro Obregón, Plutarco Elías Calles, Benjamín Hill, Salvador Alvarado y otros. El ejército y una superestructura politicoadministrativa permitió a los sonorenses resistir a Huerta organizada y "oficialmente". Su insurrección no tomó la forma de una rebelión espontánea y popular, sino de "una lucha entre dos naciones distintas con recursos paralelos...": Sonora y la Federación.[70] Las tropas estatales de Coahuila habían desempeñado ya en la política de la Revolución el papel de manzana de la discordia entre Carranza y Madero, y aunque Carranza había tenido menos éxito que Maytorena en conservar su ejército privado, pudo reunir sus desperdigadas filas de irregulares poco antes de que empezaran las hostilidades en la capital y mucho antes de la caída de Madero. Pablo González, estacionado en Chihuahua bajo la estrecha vigilancia del general Rábago, reunió a sus hombres el 11 de febrero de 1913, se dirigió al este y llegó a Monclova a fines de mes.[71] Jesús Carranza abandonó sigilosamente las tropas federales que comandaba el general Aubert en La Laguna y, por medio de artimañas, consiguió llegar a Coahuila para reunirse con su hermano.[72] En Coahuila, Carranza podía contar con un grupo de oficiales irregulares: Cesáreo Castro, Jacinto Treviño, Andrés Saucedo; Miguel Acosta fue enviado a San Luis Potosí para servir de enlace con el gobernador Cepeda, amigo de Carranza, pero su misión no tuvo éxito.[73] Debido a que tenían pocos hombres (menos de 1 000) y estaban menos unidas, las fuerzas de Coahuila eran inferiores a las de Sonora; algo eran, sin embargo, y dieron a Carranza cierta capacidad para actuar.[74]

[69] *Ibid.*, pp. 35-36. Héctor Aguilar Camín, *La Revolución sonorense*, México, INAH, 1975, pp. 306 y 331; de Alvarado a Carranza, 16 de noviembre de 1913, Fabela, DHRM, RRC, I, p. 14.

[70] Aguilar Camín, *La Revolución sonorense*, p. 331.

[71] Taracena, *Carranza*, pp. 80-81; Francisco Urquizo, *Páginas de la Revolución*, México, 1954, p. 30.

[72] Cumberland, *Constitutionalist Years*, p. 18.

[73] Taracena, *Carranza*, pp. 85-86 y 90; Santos, DDCC, I, p. 571.

[74] Urquizo, *Páginas*, p. 30; Cumberland, *Constitutionalist Years*, pp. 30-31, para estimaciones.

Pero todos esos elementos (el gobierno maderista atrincherado, la distancia, los recursos militares) no habrían garantizado la rebelión, si la política de Huerta no los hubiera provocado de manera tan caprichosa. Quienes elogian a Carranza y a los sonorenses destacan su reacción como respuesta categórica e inmediata de patriotas indignados, que se levantaron para defender la Constitución contra un usurpador sanguinario.[75] Pero otros dicen —correctamente, en mi opinión— que su desafío tenía por base motivos más oscuros y complejos. Si tenemos en cuenta la trayectoria anterior de Carranza, es difícil creer que hubiera emprendido una rebelión riesgosa sólo por indignación espontánea y moral.[76] En vez de eso, la simple narración de los hechos sugiere que Carranza y los sonorenses necesitaban la intransigencia de Huerta para declarar la revuelta abiertamente.

Cuando Carranza recibió la noticia de que Huerta había ascendido a la presidencia, reunió al Congreso de Coahuila y dijo que Huerta no podía ocupar legalmente el Ejecutivo a instancias del senado (como el mensaje dejaba entrever); que, por "error o deslealtad", había usurpado el cargo y no era posible reconocerlo como presidente.[77] Carranza envió a otros gobernadores una circular en la que exponía el caso y criticaba esa "verdadera regresión a nuestra vergonzosa y atrasada época de los cuartelazos", pero al parecer no recibió apoyo de sus colegas.[78] Tres días después envió dos emisarios a la Ciudad de México para que entablaran conversaciones, comunicando (oficialmente) al cónsul de los Estados Unidos que "acataría al nuevo gobierno", admitiendo que "había cambiado de actitud" y que la sucesión, después de todo, sí se ajustaba a las normas constitucionales.[79] Los apologistas de Carranza negaron después esa importante decisión (importante para el estatus histórico de Carranza y para la política huertista de ese momento), pero las pruebas son muy convincentes[80] y además se ajustan al momento histórico. Carranza no era un agitador revolucionario: era un político astuto y experimentado, consciente de su aislamiento tanto dentro de Coahuila como dentro de la Federación; tenía dificultades para conseguir un préstamo con el cual sostener

---

[75] Taracena, *Carranza*, p. 85; Isidro Fabela, *Historia diplomática de la Revolución Constitucionalista*, I, México, 1958, pp. 219-236.

[76] Esta opinión de F. Junco (*Carranza y los orígenes de su rebelión*, pp. 97 y ss.), no fue muy bien recibida en 1955; versión más reciente en Kenneth J. Grieb, *The United States and Huerta*, Lincoln, 1969, pp. 31-35, y del mismo autor, "The Causes of the Carranza Rebellion: A Reinterpretation", *Americas*, núm. 25 (julio de 1968), el cual, observa Meyer (*Huerta*, p. 84), no tiene mucho de reinterpretación.

[77] Taracena, *Carranza*, p. 87; Holland, Saltillo, 19 y 20 de febrero de 1913, SD 812.00/6270, 6272.

[78] Algunos gobernadores nunca recibieron la circular: Ramírez, *Oaxaca*, pp. 133-134; Taracena, *Carranza*, p. 89.

[79] Holland, Saltillo, 21 de febrero de 1913 (dos veces), SD 812.00/6302, 6472. La objeción original de Carranza al anticonstitucionalismo (técnico) de la sucesión de Huerta era, de todos modos, una mala interpretación: Meyer, *Huerta*, p. 68; Grieb, *The United States and Huerta*, p. 32.

[80] *El Pueblo*, 20 de junio de 1917, lo negó, lo que movió a J. R. Silliman —confidente de Carranza que estuvo presente en 1913— a confirmar la versión de Holland: Silliman, 23 de junio de 1917, SD 812.00/12082.

las finanzas del estado —y posiblemente las de la Revolución—.[81] No es de sorprender, entonces, que se preparara para negociar y que aumentaran las pruebas de que estaba en disposición de hacerlo. Al mediodía del 21 de febrero, parecía seguro que Carranza se sometería; en el telegrama con el que presentaba a sus enviados coahuilenses, se dirigía a Huerta como "Presidente de la República".[82] El cónsul estadunidense en Saltillo informó que Carranza pronto haría pública su adhesión, la cual dependía de una conferencia telegráfica con Huerta.[83] Pero Huerta interrumpió la conversación (explicó luego Carranza), y llegaron al gobernador noticias de que se acercaban tropas federales. El cónsul estadunidense en Saltillo pidió al embajador de su país que contuviera a Huerta para que no agrediera a Carranza, porque, señaló, "me ha reiterado su conformidad con el nuevo gobierno... Si el presidente lo destituye, habrá perdido al hombre más fuerte del norte de México y se habrá cometido un grave error".[84] El cónsul creía que era posible una transacción y que la había impedido más la intransigencia de Huerta que la indignación de Carranza, y no había razón para que informara mal a sus superiores en Washington y la Ciudad de México sobre el asunto. Sin duda, el cónsul quería la paz (no era, pues, un observador completamente neutral), pero en nada habría favorecido esos intereses una información falsa de su parte.

El 23 de febrero se supo de la muerte de Madero, lo que obligó a Carranza a actuar. Esa tarde, desde el balcón del palacio de gobierno, proclamó su desafío a Huerta; su actitud era la de quien había hecho todo lo que razonablemente podía esperarse: "En su mensaje a la embajada y a Washington, dijo que el gobierno de México había ignorado todas sus propuestas; que no pensaba quedarse en Saltillo para sufrir la suerte de Madero; que no renunciaría, sino que saldría a luchar; que el gobierno de México era el responsable".[85]

Aunque todavía se ventilaban esperanzas de un arreglo, Carranza se preparaba para la guerra. Después de inspeccionar la zona regresó a Saltillo, reunió a los 1 000 hombres de su tropa, expropió fondos públicos y obtuvo de las empresas mexicanas (las extranjeras quedaron exentas) un préstamo forzoso de 75 000 pesos. Luego se dirigió al norte, mientras 1 000 federales al mando del general Aubert, que procedían de La Laguna, entraban en Saltillo.[86]

Se ha sugerido que los equívocos de Carranza tenían por objeto ganar tiempo mientras reunía fondos y tropas; que su gesto para apaciguar a Huerta fue cínico, no sincero.[87] En último término, es imposible refutar esta in-

[81] Holland, Saltillo, 20 de febrero de 1913, SD 812.00/6286; Cumberland, *Constitutionalist Years*, pp. 19-20.
[82] Meyer, *Huerta*, p. 69.
[83] Holland, Saltillo, 11 de marzo de 1913, SD 812.00/6968.
[84] *Ibid.*, 27 de febrero de 1913, SD 812.00/6512.
[85] *Ibid.*, 11 de marzo de 1913, SD 812.00/6968.
[86] *Ibid.*; y sobre los orígenes de la revolución carrancista, véase J. Barragán Rodríguez, *Historia del ejército y de la revolución constitucionalista*, I, México, 1966, pp. 68-94.
[87] Armando María y Campos, *Múgica, crónica biográfica*, México, 1939, p. 52; Cumberland, *Constitutionalist Years*, pp. 18-20.

terpretación puesto que, según ella, cualquier número de protestas de lealtad u ofertas de acuerdos pudieron ser estratagemas deliberadas. Pero ese doble juego no se acomoda del todo con el estilo obtuso, falto de imaginación y testarudo de Carranza. No estaba dispuesto a rebajarse, aun en interés de la *realpolitik*. Por otra parte, la indecisión había sido característica de su comportamiento, aun en momentos críticos, especialmente en la primavera de 1911, y había buenas razones para que se mostrara indeciso en febrero y marzo de 1913. La opinión general se inclinaba en esa dirección; en Saltillo se creía, incluyendo al cónsul, que era posible un acuerdo. Algunos meses después, John Silliman informó sobre un comentario del ex gobernador Miguel Cárdenas (ambos eran amigos de Carranza): "aunque se ha dicho que esas negociaciones eran simple pretexto de Carranza para ganar tiempo, el gobernador Cárdenas opina —y este consulado concuerda con él— que Carranza era totalmente sincero a ese propósito".[88] Silliman, quien estuvo con Carranza en las buenas y en las malas, nunca cambió de opinión.[89] Por lo menos debe tenerse en cuenta que la rebelión de Carranza —independientemente del momento en que éste realmente tomó la decisión— fue esencialmente defensiva y conservadora. De ahí el tono moderado de su Plan de Guadalupe; de ahí también que ofreciera el liderazgo al general Gerónimo Treviño, viejo porfirista y pilar de la clase poderosa del noreste de México.[90]

Una historia parecida se desarrolló en el noroeste. Durante la Decena Trágica, el gobernador Maytorena y otros maderistas sonorenses declararon su apoyo a Madero,[91] pero a su caída Maytorena empezó a vacilar (como él y Carranza habían vacilado en 1910), mostrando lo que los críticos calificaron de "vacilaciones femenilmente vergonzosas".[92] Esas dudas eran inevitables: los federales sonorenses se habían adherido inmediatamente a Huerta y se movilizaban; los empresarios de Sonora aconsejaban reconocer al nuevo régimen; sus amigos (como Rodolfo Reyes, hijo de Bernardo Reyes y que ahora ocupaba un alto puesto como consejero en el gobierno), insistían en que Maytorena apoyara a Huerta en nombre de la paz y el patriotismo.[93] El 25 de febrero, el delegado de Maytorena que conferenció con Carranza dijo que el gobierno sonorense reconocería a Huerta; al día siguiente, Maytorena declaró que el estado se mantendría a la expectativa mientras se instalaba un régimen estable en la Ciudad de México;[94] finalmente delegó la responsabilidad y solicitó seis meses de licencia por razones de salud. Mientras Maytorena se

---

[88] Silliman, Saltillo, 4 de agosto de 1913, SD 812.00/8459.
[89] Silliman, Guadalajara, 23 de junio de 1913, SD 812.00/21082.
[90] María y Campos, *Múgica*, p. 55, véase p. 105.
[91] Aguilar Camín, *La Revolución sonorense*, pp. 310-311.
[92] De Alvarado a Carranza, 16 de noviembre de 1913, Fabela, DHRM, RRC, I, pp. 149-153.
[93] Aguilar Camín, *La Revolución sonorense*, pp. 315-316, 319 y 326; I. Ruiz, Banco Minero, Hermosillo, a Juan Creel, 24 de febrero de 1913, STA (Creel), caja 1.
[94] Hostetter, Hermosillo, 26 de febrero de 1913 (dos veces), SD 812.00/6391, 6498; Cumberland, *Constitutionalist Years*, p. 23.

escabullía a los Estados Unidos, su sucesor interino, Ignacio Pesqueira, y la legislatura estatal heredaron la responsabilidad de tomar la grave decisión. Pero se demoraron; quizá para ganar tiempo, quizá porque su incertidumbre era real. Los empresarios presionaban también en favor del reconocimiento a Pesqueira, quien, como Maytorena, temía las posibles consecuencias de la rebelión.[95] En los estratos inferiores, entre funcionarios y jefes militares maderistas, se agitaba la mar de fondo de la oposición, la cual, al conocerse la muerte de Madero, se transformó en un torrente. Según el cónsul Hostetter, adscrito en Hermosillo —quien, como su colega en Saltillo, se hallaba envuelto en los acontecimientos—, el asesinato de Madero acabó con toda posibilidad de reconocimiento.[96] Esto, más el provocador rechazo del "centro" a negociar, alimentó la desconfianza entre los líderes sonorenses, temerosos, por un lado, de que los federales tomaran el poder y, por el otro, de perder sus recién adquiridas libertades políticas. Dijeron a Hostetter que "estarían satisfechos con que se garantizara que no habría intervención en asuntos del estado y con que el gobierno federal siguiera pagando a las tropas estatales; afirmaban que tan pronto como el gobierno federal tuviera el estado en sus manos, sustituiría a los funcionarios con sus hombres sin consideración por quienes habían sido elegidos legalmente".[97]

Se temía en realidad que, al estilo porfiriano, el "centro" impusiera como gobernador a su escogido, es decir, a Manuel Mascareñas, pretendido promotor de la invasión orozquista de 1912.[98] La rebelión sonorense contra Huerta, que podía contar con apoyo fuerte y amplio en el estado, se sustentó en la defensa de su soberanía, sus derechos y en los logros políticos del periodo maderista. Sólo a mediados de marzo, cuando las tropas federales empezaron a converger en Sonora, el reto se volvió oficial, y sólo entonces empezaron a figurar las demandas "nacionales" para que Huerta renunciara.[99] El gobierno central reaccionó aprovechando los orígenes y objetivos provinciales de la rebelión provincial; alegó que los sonorenses tenían intenciones secesionistas ("Sonora representaría el papel de una Texas del siglo XX") y que Maytorena quería separar Sonora y Baja California de la República.[100] Aunque carecía de sentido, la acusación era fácil de imputar y satisfacía el resentimiento del centro contra el norte distante y norteamericanizado. En poco tiempo, el gobierno empezó a hacer parecidas acusaciones a los rebeldes del sur, quienes, decía, pretendían unirse a Guatemala.[101]

Dos rasgos importantes de las rebeliones del norte pueden aplicarse a

[95] Aguilar Camín, *La Revolución sonorense*, pp. 316-317 y 321.
[96] *Ibid.*, pp. 318-319; Hostetter, Hermosillo, 1º y 7 de marzo de 1913, SD 812.00/6521, 6726.
[97] *Ibid.*, 15 de marzo de 1913, SD 812.00/6820.
[98] Que provocó "muchos comentarios adversos"; Bowman, Nogales, 21 de febrero de 1913, SD 812.00/6313. Verdadero o falso, era indicio de lo que se esperaba del huertismo.
[99] Aguilar Camín, *La Revolución sonorense*, p. 329; Cumberland, *Constitutionalist Years*, p. 25.
[100] *Mexican Herald*, 7 de mayo de 1913; *El Imparcial*, 9 y 20 de marzo de 1913.
[101] A. M. Elías a la SRE, 16 de enero de 1914; de L. Pérez Verdía a la misma, 6 de febrero de 1914, SRE, legajo 787, 86-R-10 y 86-R-12.

toda la nación: el trato grosero de Huerta con los funcionarios maderistas y la reacción beligerante de las fuerzas irregulares maderistas. La dureza de Huerta para con los primeros —o mejor, la suya y la de sus simpatizantes en la provincia— alentó la proliferación de revueltas y dejó amargos resabios. Muchos maderistas que —como Carranza— hubieran llegado a un acuerdo con el nuevo régimen, sufrieron despidos, humillaciones, amenazas y con frecuencia se les empujó a tomar las armas. Aunque esta situación en ningún lado tuvo las mismas dimensiones que en Sonora (en general, los huertistas eran muy fuertes y los maderistas estaban muy aislados y poco preparados), provocó la abierta oposición de muchos de los reformadores civiles, moderados y cultos, que habían pertenecido al régimen de Madero. En esencia, éstos no querían rebelarse (como decía Maytorena, las revueltas eran peligrosas en lo personal, azarosas en lo político y arriesgadas en lo social); hubieran preferido, si acaso, combatir a Huerta pacíficamente, como intentaron hacer los renovadores del Congreso.[102] Pero una vez forzados a actuar, alimentaron la Revolución —ahora podemos llamarla revolución constitucionalista— con cuadros experimentados y articulados que estaban decididos a evitar el levantamiento popular, anárquico, y a imponer objetivos nacionales coherentes. La marea aún fuerte de la rebelión popular podía aprovecharse —como en 1910-1911— bajo el liderazgo y los objetivos urbanos respetables. También como en esos años, las relaciones entre los aliados (líderes y seguidores, ciudad y campo, gente decente y "pelados") estaban en constante tensión, pero Huerta, torpe, gratuita e insensatamente, hizo cuanto pudo para mejorarlas. Si, a la inversa, Huerta hubiera procurado la conciliación y el acuerdo, habría restringido la oposición a los rebeldes agraristas, genuinamente populares, y atraído a su causa a los maderistas civiles socialmente conservadores. Una de las contingencias de esa política habría sido Victoriano Huerta, símbolo de la usurpación militar, pero, ya que "la paz ante todo" era el objetivo principal, ese sacrificio hubiera tenido sentido. En cambio, la ambición y la *naïveté* política conspiraron juntas. La política drástica y draconiana de Huerta garantizó el crecimiento galopante de la rebelión y, al forzar a hombres moderados y de buena índole a tomar las armas, logró lo que Madero había procurado en vano: reorganizar a la vieja coalición maderista de 1910-1911, a los civiles de la ciudad y a los populistas del campo; una coalición con tremendo poder.

La mayoría de los gobernadores logró un breve respiro adhiriéndose inmediatamente al nuevo régimen, pero éste barrió pronto con los de dudosa lealtad y sus secuaces. La muerte de González anunció la purga de los maderistas chihuahuenses.[103] A principios de marzo se destituyó a Fuentes de Aguascalientes, a Cepeda de San Luis Potosí (ambos asociados con Carranza) y a

---

[102] La oposición política probaría ser poco efectiva. Sobre las expectativas *(post hoc)* de Maytorena, véase Aguilar Camín, *La Revolución sonorense*, p. 321, que resume los sentimientos de muchos civiles maderistas en 1913.

[103] Cumberland, *Constitutionalist Years*, p. 26; Beezley, *Insurgent Governor*, p. 161.

Riveros de Sinaloa (aliado de Maytorena).[104] La caída de Riveros y el nombramiento del general Legorreta fueron síntomas del cambio total en la administración del estado; el jefe político de Mazatlán, otros funcionarios importantes y el gobernador depuesto, fueron enviados a la capital. Destituido Cepeda, también en San Luis Potosí "hubo un cambio total en las instancias federales y estatales. En casi todos los casos se reintegraron a sus cargos funcionarios que sirvieron con el presidente Porfirio Díaz. En algunos, se arrestó y humilló a los funcionarios cesantes. No hubo disposición alguna para llegar a un acuerdo".[105] Y con los funcionarios porfiristas llegaron también las políticas porfiristas; las reformas de Cepeda —incluida la abolición de las jefaturas— quedaron sin efecto. La contrarrevolución estaba en plena marcha. Así como en San Luis Potosí hubo asesinatos políticos, otro tanto ocurrió en Tlaxcala, donde los arrestos y las ejecuciones siguieron a la destitución del gobernador radical, Hidalgo, y se impuso el régimen militar.[106]

En todo el país proliferaron purgas, arrestos y persecuciones, mientras los partidarios del viejo régimen porfirista fraguaban vengarse de sus enemigos maderistas al amparo oficial o por iniciativa propia; una vez más, Azuela presenta un cuadro intenso pero realista.[107] El alcalde de Monterrey (maderista y cuñado de Carranza) y el jefe de policía quedaron bajo custodia.[108] Cuando Saltillo cayó en manos de los federales, muchos fueron a prisión por sospechosos (se decía que la ciudad estaba saturada de simpatizantes carrancistas) y allí permanecieron sin que se les abriera juicio.[109] En el atribulado noreste, el gobierno llegó a ordenar el arresto del general Gerónimo Treviño (veterano de la intervención francesa, porfirista convencido y, aunque emparentado con la familia Madero, en absoluto maderista) y lo envió a la Ciudad de México para que fuera interrogado; aunque su arresto fue breve, todos, aun los conservadores, lo consideraron un exceso.[110] Es cierto que se había pensado en Treviño para líder de la rebelión coahuilense, pero nada sugería que él hubiera considerado seriamente desempeñar ese papel; su arresto se atribuyó a algún rencor político por la antigua rivalidad entre Reyes y Treviño, y a la gran influencia de los reyistas en el nuevo gobierno.[111] Eso no era verosímil; eran tiempos en que las cuentas políticas se saldaban al por mayor, cuando muchos "nuevos funcionarios parecen desear no tanto la paz cuanto la venganza".[112]

[104] Meyer, *Huerta*, p. 86.
[105] Bonney, San Luis, 4 y 28 de marzo de 1913, SD 812.00/6736, 7041.
[106] Raymond Th. J. Buve, "Peasant Movements, Caudillos and Land Reform during the Revolution (1910-1917) in Tlaxcala, Mexico", *Boletín de Estudios Latinoamericanos y del Caribe*, XVII (1975), p. 133.
[107] Azuela, *Los caciques*, pp. 155-160.
[108] Hanna, Monterrey, 18 de marzo y 7 de julio de 1913, SD 812.00/6770, 8206.
[109] Silliman, Saltillo, 30 de julio de 1913, SD 812.00/8330.
[110] Hanna, Monterrey, 28 de marzo y 17 de julio de 1913, SD 812.00/7021, 8206.
[111] Miller, Tampico, 11 de abril de 1913, SD 812.00/7353.
[112] Bonney, San Luis, 28 de marzo de 1913, SD 812.00/7041.

La persecución política llegó a los rincones más remotos y afectó todos los estratos de la escala jerárquica. Llegó a la sierra de Puebla y a la lejana Baja California (en donde la sobrevivencia de algunos maderistas difícilmente hubiera hecho peligrar al régimen); se amontonaron funcionarios en la cárcel de La Paz hasta que, llena a reventar en agosto de 1913, el gobernador militar empezó a enviar presos al frente de batalla en Guaymas.[113] En el México revolucionario, como en la Francia revolucionaria, privó el rencor local más que la *raison d'état* nacional. En Tampico, escenario de algunos conflictos políticos virulentos en 1912, "dos hombres bien vestidos" llegaron una noche a la casa del alcalde y le aconsejaron "renunciar o aceptar las consecuencias"; renunció. En la misma ciudad corrían rumores de que "el plan del nuevo gobierno es cambiar totalmente las autoridades estatales, municipales y militares, de modo que la gente se dé cuenta de que el cambio es 'total'".[114] El rumor era cierto: se destituyó al alcalde de Tampico; los soldados sacaron al de Ciudad Victoria, capital del estado ("los funcionarios dicen ahora que era un elemento perturbador y que intentaba levantar a las clases bajas contra el gobierno"); empleados de la tesorería estatal de esa ciudad fueron arrestados acusados de "mutilar retratos del presidente Huerta, del general Díaz, del general Mondragón y otros"; al sur, en Xicoténcatl, se destituyó y acusó a todos los empleados del gobierno.[115] Aparte de estas víctimas, muchos maderistas optaron, prudentes, por el exilio; algunos llegaron a La Habana poco después del golpe de Estado y dijeron a la prensa que "venían escapados de esa capital por la persecución que se les hacía por ser adictos al Sr. Madero".[116]

En lo regional, la contrarrevolución revirtió los cambios forjados por la revolución de Madero o (aunque es menos probable) por las elecciones municipales que se hicieron durante su gobierno. Por ejemplo, hemos visto ya a Sebastián Ortiz como revolucionario fracasado que huyó a la sierra de Oaxaca a fines de 1910. Con el triunfo de Madero se convirtió en jefe político de Tuxtepec (sustituyó al duro y viejo enganchador Rodolfo Pardo), pero después del golpe, Tuxtepec aceptó al nuevo régimen; solamente los funcionarios maderistas del lugar se opusieron. Se sabía que Ortiz "estaba agarrado a su puesto de un hilo"; en efecto, pocos días después se le destituyó y arrestó.[117] También en Zaragoza (Coah.), la caída de Madero significó la reinstalación de los caciques del Porfiriato.[118] En los estratos más elevados, pronto empezaron a caer los gobernadores que habían conseguido continuar en activo contemporizando: la primera camada (González, Riveros, Cepeda y Fuentes),

[113] Cañete, DDCC, I, pp. 439-440; Sullivan, La Paz, 18 de agosto de 1913, SD 812.00/8528.
[114] Miller, Tampico, 20 de abril c/o US Navy, Tampico, 20 de marzo de 1913, SD 812.00/7276; 6974.
[115] Miller, Tampico, 19 y 27 de marzo de 1913, SD 812.00/6882, 7022.
[116] De A. Palomino, Habana, a SRE, 28 de febrero de 1913, SRE, legajo 818, 102-R-1.
[117] Elisha Ely, Tuxtepec, 20 y 27 de febrero de 1913, SD 812.00/6565, 6753.
[118] Memo. "para Porfirio Garza", s. f. (1914), AG 873.

en marzo; en poco tiempo le siguieron los gobernadores de Zacatecas, Yucatán, Campeche, Chiapas, Tamaulipas y Estado de México, y en julio, 19 de los 27 gobernadores eran oficiales del ejército.[119]

Esta diezma de civiles maderistas acumuló problemas para el futuro, pero no provocó gran resistencia armada inmediata, porque en 1913, como en 1910, el grupo mostró poca voluntad o capacidad para tomar las armas. La cuestión era diferente con los irregulares y rurales maderistas, veteranos de 1910, quienes habían encontrado un lugar —aunque modesto— en el régimen de Madero; tenían armas, disciplina (cierta disciplina por lo menos) y organización, prerrequisito de suma importancia para la rebelión. Si habían demostrado que estaban listos para luchar contra Díaz, ¿por qué no hacerlo también contra Victoriano Huerta, el Porfirio redivivo? He mencionado ya el importante papel que desempeñaron algunos veteranos de 1910 en las fuerzas de Coahuila y Sonora, aunque, en general, estos estados no destacaron ese año; sus jefes militares no obtuvieron laureles en la revolución de Madero (algunos, como Álvaro Obregón, ni siquiera participaron en ella), sino después, en las campañas contra los orozquistas. En otros estados, sin embargo, había líderes que podían hacer alarde de una larga carrera revolucionaria, que habían participado en las primeras refriegas de 1910 y demostrado —desde una perspectiva conservadora— "espíritu congénitamente levantisco";[120] no es de sorprender que con iniciativa más libre y menos oficial que la de sus colegas sonorenses y coahuilenses, tomaran pronto las armas contra Huerta.

En Durango, el comandante rural Orestes Pereyra, en alianza con Contreras, líder de Ocuila, tomaron el siempre conflictivo Cuencamé, donde sin miramientos fusilaron a 200 federales. Por supuesto, se les conocía bien en el lugar y Contreras podía contar con partidarios en Ocuila; resultó, pues, que sus tropas aumentaron de manera "casi extraordinaria" en marzo de 1913. A fines de ese mes estaban al frente de 1 400 hombres reunidos en las "muchas pequeñas guarniciones de rurales formadas por ex maderistas revolucionarios", reforzados por "el reclutamiento sistemático de peones en los ranchos por donde pasaban".[121] Reiniciada en la sierra la rebelión de los Arrieta en alianza no muy estricta con Pereyra y Contreras, el gobierno federal había perdido, hacia el mes de abril, el control de casi todo el estado (experiencia compartida por los gobiernos federales de cualquier denominación).[122] También la rebelión —o, en su defecto, la deserción— de los rurales fue común en todas partes. El 21º Cuerpo de Jesús Agustín Castro, que Huerta diezmó deliberadamente durante la Decena Trágica, se amotinó y desde la capital emprendió camino hacia el noreste, en fatigosa jornada de tres semanas, donde se vinculó a Lucio Blanco; el 38º Cuerpo se unió a los rebeldes

[119] *Mexican Herald*, 5 de mayo y 11 de julio de 1913.
[120] Jorge Vera Estañol, *La Revolución mexicana. Orígenes y resultados*, México, 1957, p. 292.
[121] Hamm, Durango, 19 y 29 de marzo de 1913, SD 812.00/6976, 7098.
[122] Cumberland, *Constitutionalist Years*, p. 33, n. 51.

cuando éstos atacaron Zacatecas.¹²³ Gertrudis Sánchez asistió a una reunión secreta a orillas del Balsas, desde donde lanzó la invasión a Michoacán; en Sinaloa, Macario Gaxiola —pariente político del gobernador depuesto— comandó 300 hombres contra el nuevo régimen; tiempo después, ese mismo año, Agustín Portas (quien había estado con Tapia y Gavira en 1911) capitaneó 100 rebeldes en el distrito de Atoyac (Ver.). Los tres eran comandantes rurales;¹²⁴ por esa razón, una de las prioridades del gobierno de Huerta era evitar esas rebeliones: cuando el general Díaz tomó Mazatlán, uno de sus primeros actos, después de arrestar al gobernador, fue desarmar a los rurales; se confiaba, no obstante, en que los hombres huirían a la sierra y conseguirían nuevas armas.¹²⁵ Otras medidas fueron más severas y terminantes, porque entre las primeras víctimas del régimen huertista se cuentan varios rurales maderistas: Rafael Tapia, Camerino Mendoza, Gabriel Hernández.¹²⁶

Con la deserción, rebelión o matanza de rurales —en especial si la asociamos con el fracaso que fue el reclutamiento de ex orozquistas—, el peso de conservar la paz cayó en el ejército federal, el cual, a pesar de su crecimiento sin precedentes, seguía siendo crónicamente incapaz de sofocar la guerrilla rural. La rápida y eficaz reacción y movilización de los ex rurales contra Huerta fue también manifestación de un rasgo esencial de las campañas de 1913: la revolución constitucionalista fue repetición —mejor dicho, continuación lineal— de la maderista. No hubo (*pace* diversas opiniones en contrario) clara separación o cambio brusco entre la limitada revolución política de Madero y la amplia revolución social de Carranza.¹²⁷ La revolución de Carranza fue más prolongada, tuvo que lograr una mayor organización y librar mayores batallas; con el tiempo, ésta adoptó políticas diferentes (aunque no más radicales), pero es evidente que, en lo básico, se estableció continuidad fundamental en los mismos lugares y gente, con las mismas angustias y tácticas. En las primeras semanas, el parecido entre 1910 y 1913 apenas se notaba, porque la revuelta *en bloc* de Sonora no tenía precedentes (el estado había desempeñado un papel menor en 1910). Tampoco Carranza, gobernador rebelde, tenía un paralelo en 1910. Carranza y los sonorenses demostraron capacidad de organización, decoro y eficacia que la revolución maderista no conoció. Esa diferencia fue, en último término, de enorme importancia. La

---

¹²³ *Ibid.*, pp. 33, 40 y 47; Hamm, Durango, s. f., registrado el 13 de junio; Schmutz, Aguascalientes, 9 de junio de 1913; SD 812.00/7720, 7855; *Mexican Herald*, 4 y 14 de mayo, 11 de junio y 16 de julio de 1913.

¹²⁴ Olea, *Sinaloa*, p. 52; c/o USS Buffalo, Mazatlán, 7 de abril de 1913; Canada, Veracruz, 22 de enero; Steward, Córdoba, 16 de enero de 1914; SD 812.00/7233; 10769; 10773.

¹²⁵ C/o USS Colorado, Mazatlán, 24 de marzo de 1913, SD 812.00/7174.

¹²⁶ Gabriel Gavira, *General de brigada, Gabriel Gavira. Su actuación político-militar revolucionaria*, México, 1933, pp. 75-76.

¹²⁷ Samuel P. Huntington, *Political Order in Changing Societies*, New Haven, 1971, pp. 268-269 y 306; John Rutherford, *Mexican Society During the Revolution: A Literary Approach*, Oxford, 1971, pp. 26 y 193-197; James D. Cockroft, *Intellectual Precursors of the Mexican Revolution, 1900-1913*, Austin, 1976, p. 213.

revolución constitucionalista abarcó mucho más que dos estados norteños; bajo su liderazgo nominal, se reafirmó el viejo patrón de revuelta vigorosa, descentralizada y popular conducida básicamente por cabecillas locales analfabetos. Mientras los norteños se ocuparon de la campaña nacional, cuyo objetivo final era la Ciudad de México, docenas de movimientos regionales menores ablandaron el régimen de Huerta minando su energía, acorralando su ejército en plazas fuertes, amenazando los empalmes ferroviarios, prosiguiendo, en muchos casos, la lucha que se vieron obligados a abandonar en 1911.

La diferencia —entre la revolución organizada, profesional de Carranza y los sonorenses, y el endémico disturbio popular de otros estados— fue evidente para los contemporáneos, a pesar de que la describieron en otros términos. Para algunos, sólo en Coahuila y Sonora hubo verdadera rebelión; el resto era sólo bandolerismo.[128] Afirmaba el ministro británico: "el espíritu socialista que penetra en toda la república... presenta más dificultades para su solución que la revolución del norte" ("socialismo", en vez de "bandolerismo", significaba, en la taquigrafía diplomática, rebelión popular, protesta agraria, disolución de las formas tradicionales de control social y de la autoridad).[129] Lo importante era que esas manifestaciones constantes de revuelta social, aunque reprimidas ferozmente por el gobierno central, continuaron y se complementaron con la rebelión organizada del norte, la cual —como la de Madero en 1910— dependía de esa violencia popular, la alentaba por necesidad y la legitimaba, pero al mismo tiempo la temía y procuraba controlarla u orientarla en la dirección correcta. Así pues, 1913 fue una reedición de 1910 en cuanto el viejo régimen —entonces Díaz, ahora Huerta— enfrentaba el resurgir del movimiento popular —cúmulo de fuerzas campesinas, locales, legitimadas por su participación en la revolución nacional "oficial" organizada—. La diferencia principal no estaba en el movimiento popular (cuya consistencia a través del tiempo es asombrosa), sino en el liderazgo nacional. Los dirigentes constitucionalistas, como antes Madero, se encontraban entre el movimiento popular y el viejo régimen (aunque las circunstancias habían cambiado y estaban cambiando); el problema que enfrentaban era el mismo que Madero no pudo resolver: ¿podrían utilizarse las fuerzas populares para derrocar al régimen, sin que amenazaran desbandarse subvirtiendo el orden social y arrastrando el liderazgo revolucionario a una componenda fatal con el viejo régimen (e. g., el Tratado Juárez)? Simplemente al exponer el dilema se presenta un nuevo rasgo de 1913: ahora, esta segunda vez, los personajes principales eran más sabios; Carranza y los sonorenses habían reflexionado acerca del destino de Madero y estaban decididos a que la historia no se repitiera, ni como tragedia ni como farsa.

Las campañas de 1913 descubrieron la dualidad esencial de la revolución constitucionalista. Veremos primero los esfuerzos de coahuilenses y sono-

---

[128] Rowe, Guanajuato, 30 de julio de 1913, SD 812.00/8667.
[129] Carden, Ciudad de México, 10 de diciembre de 1913, Documentos Grey, FO 800/43.

renses (cuyos destinos pronto se separaron). Presentada la "respuesta oficial" al huertismo, trataré el "reto popular", que fue su complemento. Se creía que Carranza tenía mucho apoyo no sólo en Coahuila, sino también en Tamaulipas, Nuevo León y San Luis Potosí,[130] pero no era fácil transformar ese apoyo en resistencia armada. Durante marzo, mientras el disturbio y la rebelión se extendían, Carranza iba de "marcha en contramarcha" por la región de Saltillo, pero no se arriesgaba a declarar la batalla.[131] Múzquiz y Piedras Negras se pasaron a los carrancistas sin derramar sangre, pero el primer encuentro de Carranza con los federales resultó ser, aunque leve, una derrota (una escaramuza en Anhelo). Resuelto a dar el contragolpe decisivo, Carranza atacó Saltillo —muy bien defendido—, pero el asalto estaba mal coordinado y, después de 55 horas de lucha, los rebeldes se retiraron al norte. Durante un par de meses, Carranza permaneció en Monclova sin que se le molestara —lo que es de sorprender—, absorbido como estaba por el problema de imponer su autoridad a los rebeldes de la campaña, mientras los federales avanzaban perezosamente hacia el norte.[132] Es posible que el gobierno central no considerara a Carranza un problema mayor (lo cual, de ser cierto, era otra manifestación de la *naïveté* del gobierno, porque si bien Carranza no tenía fuerza militar, sí tenía la capacidad política para presentar un reto mucho mayor del que alguna vez había presentado Zapata con sus intrépidas tropas de peones).[133] Es posible que otras circunstancias contribuyeran a la demora; corría el rumor de que, en el norte, algunos generales del ejército federal coqueteaban con Carranza y que por eso se movían con lentitud. No hay dudas de que Huerta se ocupó en redistribuir a los comandantes, promoviendo a sus adictos a expensas de los que eran más tibios.[134] En todo caso, el general Maass tardó tres meses en recorrer el camino de Monclova a Piedras Negras, y para entonces Carranza ya había partido. Pero si el avance de los federales fue lento, al parecer también tuvo éxito. Desde la primavera llegaron noticias de deserciones en las filas rebeldes coahuilenses; algunos habían llegado a acuerdos con el gobierno, y cuando en el otoño cayó Piedras Negras, "la opinión general en Eagle Pass es que la retirada de los rebeldes señala el virtual colapso de las operaciones militares organizadas en Coahuila o cualquier otro de sus movimientos a gran escala".[135]

Carranza no fue testigo de la *debâcle*. Se dirigió al oeste: primero a La Laguna; atravesó luego la Sierra Madre en dirección a Sonora, porque ahí

[130] De Lozano, Laredo, a SRE, 5 de marzo de 1913, SRE, legajo 782, 84-R-10.
[131] Cumberland, *Constitutionalist Years*, pp. 29 y ss. El autor pudo consultar los archivos de la Defensa Nacional y presenta buena información sobre las campañas de 1913-1914.
[132] *Ibid.*, p. 44; Barragán, *Historia del ejército*, I, pp. 95-96 y 113.
[133] Calero, *Un decenio*, p. 145.
[134] De Lozano, Laredo, a SRE, 10 de mayo de 1913, SRE, legajo 805, 95-R-1; Vera Estañol, *Revolución mexicana*, pp. 324 y 326.
[135] Recorte del Servicio de Inmigración, El Paso, 3 de octubre de 1913, SD 812.00/9462.

había más seguridad y oportunidades políticas.[136] Carranza no era un líder guerrero carismático, pero sí un viajero intrépido, lo cual era casi igual de indispensable dadas las circunstancias (después de todo, el presidente Juárez había hecho más por derrotar a la reacción con su gobierno ambulante que con su actividad militar, antecedente histórico que Carranza se complacía en citar). Así pues, desechando un viaje fácil en tren por el sudoeste de los Estados Unidos, se reunió con los cabecillas de Durango y Chihuahua (en especial con los Arrieta y los Herrera); después cruzó la divisoria continental a caballo con su escolta de 100 hombres, desafiando la lluvia torrencial en el ascenso, y bajó al valle El Fuerte para reunirse con los líderes rebeldes de Sonora y Sinaloa. Para un político maduro, miope y corpulento (quien, según sus críticos de entonces y ahora, era "encarnación de la mediocridad", "un tinterillo de provincia sin grandes habilidades"), ése era en cierta forma un logro que probablemente contribuyó a consolidar la autoridad y reputación poco sólidas de Carranza.[137] Aunque era un civil y un político (y todo lo que ambas cosas implicaban) estaba por lo menos preparado para mostrarse ante sus tropas con botas y polainas, chaqueta caqui y sombrero, a hacer fatigosos viajes sin levita, cuello de pajarita y los demás atavíos de un burgués respetable. Quizá valga la pena hacer constar que cuando la Revolución se bifurcó y Carranza empezó a darse cuenta de quiénes eran sus verdaderos amigos, los Arrieta y los Herrera, con quienes convivió en su viaje de 1913, permanecieron leales en medio del desafecto general, algo que puede o no tener importancia.

La situación que Carranza encontró en el noroeste era mucho mejor que la que había dejado en Coahuila. Se le dio calurosa bienvenida y se mostró complacido al encontrar un "ejército disciplinado, perfectamente pertrechado".[138] Sin duda, la revolución sonorense había progresado de manera asombrosa. Oficiales e irregulares maderistas —en Fronteras, Agua Prieta, Cumpas, Cocorit, Nacozari y otros lugares— secundaron y espolearon con sus insurrecciones el repudio del gobernador Pesqueira a Huerta.[139] A diferencia de Carranza, Pesqueira podía llevar consigo casi toda la administración del estado: Pedro Bracamonte, jefe político de Moctezuma; Juan Cabral, director de aduanas en Magdalena; Plutarco Elías Calles, jefe de policía en Agua Prieta; Aniceto Campos, alcalde de Fronteras; Álvaro Obregón, alcalde de Huatabampo; todos eran, según opina un testigo estadunidense, "hombres honestos y confiables", apoyados por una "amplia simpatía en todo el estado".[140]

[136] Cumberland, *Constitutionalist Years*, p. 80; Urquizo, *Páginas*, pp. 150-151.
[137] *Cf.* Robert E. Quirk, *The Mexican Revolution, 1914-1915. The Convention of Aguascalientes*, Nueva York, 1960, p. 10; Letcher, Chihuahua, 25 de agosto de 1914, SD 812.00/13232, quien se equivoca al considerar "abogado" a Carranza.
[138] De Fabela a Díaz Lombardo, 24 de enero de 1914, SRE, legajo 760, 75-R-22.
[139] Aguilar Camín, *La Revolución sonorense*, pp. 324 y 326; González Ramírez, *La revolución social de México: Las ideas-la violencia*, México, 1960, p. 383.
[140] Dye, Moctezuma Copper Co., 15 de marzo; Bowman, Nogales, 16 de marzo de 1913; SD 812.00/6806, 6792.

De ahí que el orden y la buena administración se conservaran en medio de la "revolución". Los sonorenses no eran maleantes salvajes e indisciplinados;[141] habían prosperado también como militares, y ahí Álvaro Obregón sobresalía y aseguraba su promoción por encima de quienes (Hill, Alvarado y Cabral) habían hecho la Revolución de 1910, en la que él no participó.[142]

Obregón, que llegó a ser uno de los personajes más importantes de la Revolución y el general más destacado de los que en ella participaron, tenía 33 años cuando empezó la revolución constitucionalista.[143] Su padre, próspero terrateniente que conoció tiempos difíciles y casó dentro de la oligarquía sonorense, murió tres meses después de nacido Álvaro y dejó a su numerosa familia en serios apuros económicos. La familia se mudó a Huatabampo —pueblo caluroso, industrioso e irreverente— donde Álvaro creció al cuidado de tres hermanas maestras; se educó en la escuela municipal dirigida por don José, institución a la que el biógrafo de Obregón calificó, de manera poco creíble, como el "Balliol College rural y que tenía como maestro principal a un Jowett rural".[144] Pero la educación de Obregón fue más práctica que clásica (prueba de ello es su rústica retórica política); además de obtener una educación básica estudió mayo (más tarde yaqui), trabajó medio tiempo como carpintero mientras estudiaba y se entretenía matando coyotes.[145] Sin duda, no era la educación de un licenciado clasemediero con inclinación a la lectura, las humanidades y la cultura europea; antes bien, Obregón se acomoda al estereotipo de un *self made man* norteño: práctico, activo, oportunista, capaz de advertir cuál era la mejor ocasión, con cierto don de gentes y listo para aprovechar tanto su talento personal cuanto sus relaciones en favor de su propio progreso.[146] Aunque entonces era imposible preverlo, ésa era la escuela adecuada para la política despiadada, innovadora y populista de la Revolución, que preparó a Obregón para gobernar, tanto como Balliol preparó a varios ministros británicos.

Obregón tuvo varios trabajos: fue mecánico en la hacienda de su tío (ahí mostró especial aptitud técnica) y en un ingenio azucarero de Navolato, que primero rentó, luego compró y dedicó al lucrativo cultivo del garbanzo. Afecto a los negocios, evitó la política a pesar de que su sobrino, Benjamín Hill, destacaba como opositor a Díaz. Cuando empezó la Revolución, Obregón no tomó parte en ella, algo de lo que después se avergonzó; de hecho, algunos de sus familiares apoyaron a Díaz hasta el final.[147] Pero a su caída, Obregón

[141] Hamilton Fyfe, *The Real Mexico*, Londres, 1914, pp. 12-13.
[142] Aguilar Camín, *La Revolución sonorense*, p. 330.
[143] *Ibid.*, pp. 255-256; E. J. Dillon, *Presidente Obregón. A World Reformer*, Londres, 1922, pp. 31-37; Linda B. Hall, *Álvaro Obregón, Power and Revolution in Mexico 1911-1920*, Texas, A and M, 1981, pp. 19-26.
[144] Dillon, *Presidente Obregón*, p. 36.
[145] *Ibid.*, pp. 41-42.
[146] Hall, *Álvaro Obregón*, pp. 20-21; Barry Carr, "Las peculiaridades del norte mexicano, 1880-1927: ensayo de interpretación", *Historia Mexicana*, XXII, núm. 3 (enero-marzo de 1973), pp. 320-346.
[147] Obregón, *Ocho mil kilómetros*, pp. 4-5; Aguilar Camín, *La Revolución sonorense*, p. 258.

entró en la política y, por los medios ya mencionados y nada extraños en esa época, consiguió ser elegido para el cargo de alcalde de Huatabampo.[148] Conservaba, sin embargo, la duda pertinaz de no haber luchado en 1910-1911, de modo que cuando Orozco apareció por el horizonte, Obregón aprovechó la oportunidad de reparar su reputación. Con voluntarios que reclutó en los alrededores de Huatabampo y Navojoa, formó un destacamento y se unió a las fuerzas gubernamentales en Agua Prieta (ahí conoció a Calles y empezó su prolongada relación política y militar) y peleó en la batalla de San Joaquín, donde los orozquistas de Salazar quedaron definitivamente vencidos.[149] Para entonces Obregón había adquirido experiencia militar, reputación y gran autoridad personal sobre sus hombres.

A fines de 1912 Obregón era ya coronel y ascendió rápidamente un año más tarde, cuando Sonora rechazó al régimen de Huerta. Ese rápido ascenso al liderazgo de las fuerzas sonorenses no fue bien visto por algunos participantes de 1910-1911 —especialmente Salvador Alvarado—, quienes lo consideraban un novato y un advenedizo; de ahí que en las campañas de 1913 Obregón estuviera a prueba, interesado en consolidar su reputación y absolutamente consciente de los rivales y críticos que tenía en las filas sonorenses.[150] Para éstas, lo más importante era apoderarse de los puertos fronterizos donde se podía gravar a las aduanas y desde donde se podían conseguir armas (ilegalmente). A mediados de marzo, Obregón y Cabral tomaron Nogales.[151] Al mes siguiente, las fuerzas sonorenses (con las que estaban Obregón, Alvarado, Bracamonte, Calles, y los líderes yaquis Buli, Acosta y Urbalejo) atacaron Naco, donde estaba atrincherado el general federal Pedro Ojeda, quien pasaba su tiempo aterrorizando a los simpatizantes de los rebeldes y ejecutando cruelmente a los prisioneros de guerra heridos.[152] Esa conducta sólo aumentó el *élan* de los rebeldes, que contrastaba ya con la baja moral y pasividad de los federales.[153] Pero Ojeda tenía confianza: "Me cortaré la cabeza con mi propio sable antes de rendirme o cruzar la frontera", dijo a la prensa. Días después, sin embargo, después de dura lucha, Ojeda hizo volar la aduana, dejó Naco en manos de los rebeldes, cruzó la frontera y se rindió a las autoridades estadunidenses (su cabeza quedó sobre sus hombros y vivió para combatir otra vez).[154] Cayeron entre tanto otras poblaciones del interior: Cananea y Moctezuma (cuyos recursos mineros proporcionaban valiosos ingresos), y Álamos; Benjamín Hill dominó allí al prefecto y a los 500 voluntarios que apoyaban a Huerta.[155]

[148] Véase p. 513.
[149] Aguilar Camín, *La Revolución sonorense*, pp. 285-287; Hall, *Álvaro Obregón*, pp. 29-36.
[150] Aguilar Camín, *La Revolución sonorense*, pp. 258-259, 347 y 390-391.
[151] *Ibid.*, p. 342; Obregón, *Ocho mil kilómetros*, pp. 36-39.
[152] Obregón, *Ocho mil kilómetros*, pp. 47-54; Simpich, Nogales, 14 de abril de 1913, SD 812.00/7194.
[153] Aguilar Camín, *La Revolución sonorense*, pp. 338, 343 y 389.
[154] *Mexican Herald*, 11 y 14 de abril de 1913; Obregón, *Ocho mil kilómetros*, pp. 46-54.
[155] Aguilar Camín, *La Revolución sonorense*, pp. 327, 347 y 383.

De las ciudades mayores, sólo Guaymas quedaba para los federales; los rebeldes contaban ahora con vitales recursos económicos para financiar sus operaciones militares en expansión. Consiguieron préstamos sobre negocios y propiedades; tomaron y explotaron las propiedades de los huertistas que habían huido; establecieron buenas relaciones con las compañías mineras estadunidenses y con el Ferrocarril del Pacífico Sur, que apreciaba el celo de Pesqueira por "garantizar la propiedad y el orden", y que, para disgusto de los funcionarios huertistas, pagaba sin demora los impuestos a la administración sonorense *de facto*.[156] Fiel a sus orígenes, la revolución sonorense fue ordenada, eficiente, pragmática, y no cayó en el desorden popular o la reforma utópica. Pesqueira no era el único que se consideraba "más representante de un gobierno constituyente que líder de una revolución drástica y tumultuosa"; entre los líderes de Sonora, sólo Juan Cabral mostraba interés por la reforma agraria, que no podía progresar en un ambiente tan poco favorable.[157] Más característicos de la administración eran los "intermediarios" de la frontera, cuya importantísima tarea era manejar las exportaciones y las aduanas, negociar el comercio secreto de armas y mantener en buena disposición a las autoridades estadunidenses de la frontera. En hombres como Roberto Pesqueira (sobrino del gobernador), Ignacio Bonillas (prefecto de Arizpe), Francisco Elías, Ángel Lagarda y sobre todo Plutarco Elías Calles, la Revolución, y más tarde el régimen sonorense, encontraron la perspicacia comercial necesaria y la habilidad administrativa para complementar los atributos militares, que tenían más fama, de hombres como Obregón y Alvarado: proveían los elementos para la guerra, maleables en manos de los generales.[158]

Al comenzar el verano de 1913, Obregón se había convertido en la figura militar más destacada de la Revolución. En Sonora había entonces 6 000 hombres en armas, entre ellos unos 2 000 yaquis (algunos eran reclutas; otros, desertores del ejército federal que con Luis Buli habían pasado en abril a las filas rebeldes), quienes, no obstante, tenían presente el viejo y preponderante objetivo: reconquistar "las tierras que indebidamente les fueron usurpadas". Para asegurar su cooperación, el gobierno (como antes los maderistas y otros) apoyaron ese propósito.[159] Pero el agrarismo yaqui se ubicaba mal dentro de un movimiento revolucionario que desdeñaba el problema agrario, aborrecía el desordenado movimiento popular, y cuyos líderes conocían bien la tradición de las guerras yaquis. De ahí que hubiera tensión constante entre los objetivos tribales, agrarios y locales de los yaquis, y las grandes ambiciones políticas —en último término nacionales— de los sonorenses. Incluso en 1913 esas tensiones se manifestaron en esporádicos brotes de violencia, que entorpecieron la lucha común contra Huerta; controladas por el momento

---

[156] *Ibid.*, pp. 340, 348-350 y 363-364.
[157] *Ibid.*, pp. 348 y 431-433 (los yaquis eran, naturalmente, la gran excepción).
[158] *Ibid.*, pp. 372, 375-376 y 378-379.
[159] *Ibid.*, pp. 383-386 y 440.

las diferencias, los organizados contingentes de yaquis prestaron valiosos servicios a los líderes del estado.[160]

Mientras en Coahuila el contraataque federal era lento, en la Ciudad de México se le comparaba, con satisfacción, con la campaña lenta, pero segura, de Huerta contra Orozco en 1912.[161] A comienzos de mayo llegaron a Guaymas, reducto huertista, refuerzos federales y dos cañoneros. Renacieron las esperanzas de los conservadores —sitiados en Guaymas o exiliados en los Estados Unidos—, sobre todo porque el comando federal estaba en manos del general Luis Medina Barrón, quien había hecho la campaña de Sonora en 1909 y tenía reputación de ser despiadado y eficiente.[162] Sonora, no acosada hasta entonces, conocería el rigor de la "mano de hierro". Se acabaría pronto —advirtió el general— con los "perturbadores del orden", que colgarían de los postes de telégrafos a lo largo de la carretera; los acomodados de Guaymas le ofrecieron un agasajo que él prometió devolver pronto con un banquete de victoria en Hermosillo. Al día siguiente, Empalme, el entronque ferroviario a las afueras de Guaymas, sufrió un bombardeo innecesariamente feroz (los rebeldes ya se habían retirado y sólo se arriesgaba la vida de los civiles), y Medina Barrón comenzó a avanzar hacia el norte en territorio rebelde.[163] Obregón permitió a los federales internarse en la región tórrida y polvosa alejándolos de los cañoneros de Guaymas, pero Medina Barrón no se dejó arrastrar muy lejos; el gobernador Pesqueira estaba inquieto porque los federales se acercaban a Hermosillo. Desde la hacienda Santa Rosa, después de una batalla que duró tres días, los federales retrocedieron a Guaymas; habían perdido la mitad de los hombres entre bajas y desertores, lo que provocó la crítica de los oficiales más jóvenes sobre el liderazgo, el equipo y la tropa federales.[164]

Llegó un nuevo comandante, nada menos que el general Ojeda, quien acababa de evacuar Naco a pesar de sus grandilocuentes negativas al respecto.[165] Ojeda cometió el mismo error de Medina Barrón. Mientras avanzaba hacia el norte con 4000 hombres, Obregón retrocedía, y a fines de junio de 1913, el ejército sonorense cayó sobre los federales en Santa María: 300 federales murieron, otros 500 fueron hechos prisioneros y se capturó gran cantidad de cañones, proyectiles, ametralladoras, rifles y municiones. Los sonorenses informaron de 27 muertos y 31 heridos.[166] Obregón consiguió así que dos veces "los federales se derrotaran a sí mismos" en cuanto aceptaron la batalla que él quería presentar, en terreno elegido por él, técnica que usó una y otra vez con infalible éxito.[167] Excepto Guaymas, Sonora estaba en poder

---

[160] *Ibid.*, pp. 437 y 441; c/o US Navy, Guaymas, 1º de octubre de 1913, SD 812.00/9283.
[161] *Mexican Herald*, 6 de abril de 1913.
[162] Aguilar Camín, *La Revolución sonorense*, p. 387; Azuela, *Tribulaciones*, p. 6.
[163] Aguilar Camín, *La Revolución sonorense*, pp. 387-388.
[164] *Ibid.*, pp. 388-389; Cumberland, *Constitutionalist Years*, p. 38.
[165] Simpich, Nogales, 14 de abril de 1913, SD 812.00/7194.
[166] Aguilar Camín, *La Revolución sonorense*, pp. 398-400.
[167] Obregón, *Ocho mil kilómetros*, pp. 57-73, y Francisco J. Grajales, "Las campañas del general Obregón", pp. XLI-LII.

de los rebeldes y los federales abandonaron toda esperanza de recuperarlo. Arrinconado en el puerto, protegido por los cañoneros, Ojeda demostró algo más de habilidad y resolución en la defensa de un punto fijo (típico recurso federal) que en las salidas a territorio hostil.[168] La intensa lluvia y los guías yaquis frustraron un intento de emboscar a Carranza cuando llegaba a la costa occidental. Por lo demás, los federales de Guaymas estaban sometidos a constante asedio, pero Obregón —por error, dijeron algunos— decidió no aprovechar la ventaja que significaba un ataque frontal.[169] En vez de eso se entretuvo, negándose a continuar la campaña en lo que restaba del verano; avanzó luego hacia el sur y dejó a Guaymas en poder de los federales. Las razones de esa demora, que también se criticó, eran políticas y militares.

El verano de 1913 fue de incertidumbre política y conflictos internos, lo cual, según el análisis convincente de Aguilar Camín, paralizó las operaciones militares de los rebeldes.[170] Las divisiones sustituyeron a la unidad inicial de los sonorenses. Algunas de ellas —como la de los yaquis y los líderes estatales— eran inevitables; se trataba sólo de cuánto tiempo podrían contenerse y aplacarse. Continuó la rivalidad entre Obregón y sus pretendidos subordinados —en especial Alvarado—, y Obregón, a quien nunca faltaba *amour propre*, estaba resentido porque Carranza había designado a Pesqueira jefe de la División del Noroeste. Después de su victoria en Santa María, Obregón dejó la campaña para someterse a tratamiento médico en los Estados Unidos a causa —se decía— de una insolación; incluso habló, resentido, de combatir en Chihuahua.[171] Pero la disensión más grave se relacionaba con el regreso del gobernador Maytorena, cuya licencia terminaba en agosto; aunque había evitado cautelosamente actuar en México, en Arizona había tenido contacto con líderes revolucionarios —no sólo los sonorenses— y presionaba al gobierno de Washington para evitar el reconocimiento de Huerta.[172] En abril, cuando era evidente el éxito de la revolución sonorense, Maytorena anunció que estaba decidido a regresar y reasumir su cargo. Ése era su derecho constitucional, pero provocó serias reacciones en pro y en contra. Como cualquier político de altura, Maytorena tenía su red de clientes, concentrados en Guaymas y en el sur, los cuales, como es natural, apoyaban su derecho; tenía también antiguas relaciones con jefes yaquis como Carlos Félix y Francisco Urbalejo. Por último, aun con todas sus indecisiones, Maytorena tenía peso como maderista de primera fila, símbolo de la vieja oposición civil, de sufragio efectivo y legalidad constitucional.[173] Tenía también enemigos poderosos: militares,

[168] *Cf.* Hostetter, Hermosillo, 17 de julio y capitán Terhune, USS Annapolis, 26 de agosto de 1913, SD 812.00/8134, 8695.
[169] Cumberland, *Constitutionalist Years*, pp. 79-80; Aguilar Camín, *La Revolución sonorense*, pp. 402 y 404.
[170] *Ibid.*, pp. 400 y 451.
[171] *Ibid.*, pp. 401, 403, 405 y 407; Simpich, Nogales, s. f., registrado el 21 de julio; Inmigration Inspection, Nogales, 25 de julio de 1913; SD 812.00/8100, 8239.
[172] Aguilar Camín, *La Revolución sonorense*, pp. 391, 407 y 410-412.
[173] *Ibid.*, pp. 78, 395 y 444.

como Alvarado, que despreciaban su comportamiento vacilante de febrero; los "intermediarios" de la frontera norte, lejos de su feudo sureño, quienes eran producto más de la revolución de 1913 que de la de 1910, y, por supuesto, el gobernador interino Pesqueira, poco dispuesto a dejar un cargo que había asumido en tiempos de crisis y había ocupado honrosamente hasta los felices días del verano.[174] Estaban además los diputados de la legislatura estatal, quienes se habían enfrentado a Maytorena en 1912 y ahora se identificaban más con el interinato.

En medio de ese complejo forcejeo que obstruyó la revolución sonorense durante el verano, se presentó un elemento externo de gran importancia: Venustiano Carranza, el autodesignado "primer jefe" del constitucionalismo. Al unirse a los sonorenses y formar el núcleo del movimiento, Carranza era sin duda la parte más débil —emigrante vencido— que difícilmente recibiría buena acogida de quienes eran acérrimos sonorenses. Pero las divisiones internas de Sonora dieron a Carranza (cuyo único mérito era su inmediato repudio a Huerta) buen punto de apoyo para cimentar una autoridad *de facto* digna de sus grandiosas demandas *de jure*. Al autonombrado primer jefe le era dable convertirse en primer jefe verdadero, porque tenía una vaga legitimidad externa a la que podían recurrir los batalladores sonorenses. El gobernador interino Pesqueira inició el proceso; envió dos delegados a reunirse con Carranza en Monclova en abril, momento en que lo reconocieron como líder político: fue la primera admisión explícita de que la rebelión sonorense, regional y soberana, tenía dimensión nacional.[175] Después, Pesqueira recibió nombramiento de comandante de la División del Noroeste (para disgusto de Obregón) y se le acusó de mostrar "una declaración total y hasta algo servil de lealtad", hacia Carranza.[176] Los "intermediarios" del norte, aliados de Pesqueira, apoyaron también a Carranza y los diputados (antimaytorenistas) dieron el paso decisivo al investirlo con los poderes federales que estaban en desuso por la rebelión contra Huerta. Se le dio, pues, control sobre aduanas, correos, telégrafos, impuestos federales y concesiones.[177] La calurosa acogida que le dio Sonora no era, por lo tanto, del todo desinteresada; esa situación, que era anómala porque la parte más débil asumía el liderazgo de la Revolución, se debía en buena medida a las reyertas de los sonorenses.

Maytorena regresó como había planeado y no podía sino aceptársele, porque era imposible empezar la revolución "constitucionalista" despidiendo al gobernador constitucional. Una vez instalado en el palacio de gobierno, Maytorena no perdió tiempo para imponer su autoridad y a los suyos; no consiguió destituir a Calles y Bonillas —dos de sus oponentes más importantes—, pero tuvo éxito con otras medidas destinadas a reorganizar la maquina-

---

[174] *Ibid.*, pp. 393 y 427-428; de Alvarado a Carranza, 16 de noviembre de 1913, Fabela, DHRM, RRC, I, pp. 149-153.
[175] Aguilar Camín, *La Revolución sonorense*, pp. 364-366.
[176] *Ibid.*, pp. 396 y 407.
[177] *Ibid.*, pp. 419 y 427-429.

ria fiscal y ponerla en manos del gobierno para debilitar a los "intermediarios". Maytorena arremetió también contra sus viejos enemigos de la legislatura y procuró atraer a Obregón, cuya actitud en esos conflictos era, como siempre, indefinida y oportunista.[178] Consecuencia natural de esos choques fue el distanciamiento de Maytorena y Carranza. El sonorense no tenía intención de condescender con el primer jefe, en cuyo gobierno putativo declinó aceptar un cargo, en el mes de junio, en Piedras Negras. Le disgustaba que Carranza se arrogara la autoridad de Sonora —lo que fue posible sólo por la fuerza de las armas del estado—, y le gustó menos aún que, en octubre de 1913, Carranza formara un gabinete en el que figuraban algunas de sus *bêtes noires*.[179] Por el momento, había manera de administrar esos conflictos, ya que, por fuerza, debían subordinarse a las necesidades de la guerra contra Huerta. Los protagonistas maniobraban, se quejaban, disgustaban, denunciaban; se habló de lucha (los yaquis de Maytorena amenazaron reaccionar drásticamente contra Esteban Baca Calderón, uno de los más francos críticos del gobernador), pero la sangre no llegó al río.[180] No obstante, había peligro real de que, si ganaban los constitucionalistas, la caída de Huerta fuera la señal para que esas enemistades (y alianzas), que fermentaban desde hacía tiempo, acabaran en conflicto armado. Aunque los orígenes de esas primeras fisuras del constitucionalismo parezcan insignificantes, eran explosivas en potencia.

Por el momento, la consecuencia principal de esos conflictos fue demorar las campañas militares, aunque también influían otros factores: las lluvias constantes, la época de siembra, el que Obregón creyera que no era momento para tomar Guaymas, que un sitio violento podía ser costoso y que avanzar precipitadamente hacia el sur —cuando Guaymas estaba aún en poder de los federales— era peligroso.[181] Por lo tanto, en el verano de 1913, Obregón esperó su oportunidad, e incluso en el otoño de 1913 e invierno de 1913-1914 sólo avanzó gradualmente hacia Sinaloa (como veremos a continuación). Mientras los movimientos rebeldes de otros lados recogían laureles, la ventaja inicial de los sonorenses parecía diluirse. Opinaban algunos que la exagerada cautela de Obregón era reprobable, incluso cobarde,[182] pero había un factor de orden militar que —si Obregón consideró con más seriedad de lo que lo hubiera hecho un cabecilla bravucón— no era posible ignorar, y que cada vez marcó más el ritmo de la guerra en México. A medida que los ejércitos crecían, se hacían más complejos y acometían campañas más ambiciosas, el aprovisionamiento de armas se convirtió en serio problema, sobre todo en el norte, donde operaciones como ésas fueron inevitables tanto por razones políticas como geográficas. Simplemente, los sonorenses no podían reducirse a la guerrilla, como los zapatistas. Esas fuerzas que operaban a campo

---

[178] *Ibid.*, pp. 415, 420-421 y 430, y para sus relaciones con Obregón, pp. 409-410 y 418.
[179] *Ibid.*, pp. 397, 408-409 y 446.
[180] *Ibid.*, pp. 394-395 y 444.
[181] *Ibid.*, p. 404; Obregón, *Ocho mil kilómetros*, pp. 73-79.
[182] Cumberland, *Constitutionalist Years*, p. 114; Reed, *Insurgent Mexico*, p. 212.

abierto se preparaban con método y profesionalismo, para liberar a Sonora de los federales, primero, y, después, a México de Huerta. Si los zapatistas (y otros movimientos rebeldes menores) estaban sujetos aún a las necesidades de las cosechas, los sonorenses (como otros ejércitos del norte) dependían cada vez más de las armas y municiones que obtenían en los Estados Unidos. La variante esencial en este caso no era tanto la capacidad de compra de los revolucionarios (ya que, como habían demostrado los "intermediarios" sonorenses, era posible extraer recursos de la economía norteña para alimentar la Revolución), cuanto que hubiera material bélico disponible al otro lado de la frontera. Esto nos lleva a una cuestión importante: la política estadunidense.

Durante un año (febrero de 1913-febrero de 1914) el gobierno de los Estados Unidos negó a los constitucionalistas calidad de beligerantes, lo que significaba que era ilegal enviarles armas (aunque no a Huerta, al principio por lo menos) y los rebeldes debían recurrir al contrabando,[183] que por entonces se había convertido en una gran industria fronteriza. La mayoría de la población fronteriza —tanto mexicana como estadunidense— simpatizaba con los rebeldes y estaba dispuesta a ayudarlos, o por lo menos a fingir que nada veía; pero, además, el alboroto por las armas atrajo buena cantidad de participantes activos, incluso funcionarios estadunidenses.[184] Comentaba un frustrado general norteamericano que el interés político y el instinto mercenario se coludían para unir a la población de la frontera con las facciones revolucionarias, que por eso las "ciudades de [su] frontera eran prácticamente las cooperativas militares y depósitos [de los rebeldes]", y que las ferreterías a lo largo de la frontera (cuyos propietarios alardeaban haber vendido más en un día de 1913 que en todo 1911) "parecían arsenales".[185] Las armas se llevaban a la línea divisoria y luego pasaban clandestinamente a México en barriles o ataúdes que después, caída la noche, se transportaban en carros.[186] La patrulla fronteriza de los Estados Unidos, desparramada a lo largo de un territorio vasto y agreste, no podía interceptar a todos los contrabandistas; por lo demás, tal era el apego a la letra de la ley, que era necesario descubrir a los culpables *in flagrante delicto* para que la acusación tuviera efecto. No faltaba la complicidad entre funcionarios a quienes, por supuesto, alentaban agentes revolucionarios como los "intermediarios" de Sonora.[187] El alguacil de Nogales (Arizona) fue arrestado por llevar armas a México; en Naco, los rebeldes se reunieron con el alguacil de policía y escondieron las armas en su rancho.[188]

---

[183] Berta Ulloa, *La revolución intervenida, relaciones diplomáticas entre México y Estados Unidos (1910-1914)*, México, 1971, pp. 88 y ss.
[184] Grieb, *United States and Huerta*, pp. 60-62.
[185] De Bliss a Scott, 1º de enero de 1914, Documentos Scott, caja 15.
[186] Grieb, *United States and Huerta*, pp. 60-62; Quirk, *Mexican Revolution, 1914-1915*, p. 44.
[187] Aguilar Camín, *La Revolución sonorense*, pp. 373-374.
[188] Grieb, *United States and Huerta*, p. 60.

Durante 12 meses, pues, la exportación de armas fue ilegal, pero de todos modos cruzaban la frontera. Es necesario señalar dos aspectos de ese tráfico ilegal. Primero, no se puede deducir (como dedujeron los cónsules huertistas y afirmaron después algunos historiadores) que el contubernio y la corrupción que prevalecía en la frontera era reflejo de la "política estadunidense", y que el gobierno de Washington dictaba o aprobaba ese comportamiento.[189] No hay pruebas convincentes al respecto. Numerosos casos demuestran que las autoridades fronterizas observaban la ley allí donde les era posible, pero sobre todo es difícil entender por qué Washington habría recurrido a esa política solapada y peligrosa. Woodrow Wilson estuvo dispuesto a detener el envío de armas a Huerta (julio de 1913) y, finalmente, a reconocer la beligerancia de los constitucionalistas (febrero de 1914); la evolución de la política estadunidense fue, en este sentido, lógica, y es superfluo suponer que hubo en ella algo maquiavélico. Después de todo, no es completamente inverosímil postular la existencia de amplia ilegalidad como desafío a la política oficial, de Washington, especialmente en lo que concierne a los grandes intereses creados: testimonios de esto son el fracaso de la prohibición o, quizá más importante, la corriente de inmigración ilegal a partir del decenio de 1940.

El segundo aspecto se refiere a las consecuencias que esos embarques de armas tuvieron en el desarrollo de la Revolución. Apenas tiene sentido argüir que las armas proporcionadas por los Estados Unidos (sin apoyo oficial en 1913, y oficialmente en 1914) contribuyeron al éxito de la revolución constitucionalista.[190] La política oficial estuvo del lado de Huerta hasta julio de 1913, fue neutral durante seis meses y apoyó a los rebeldes en febrero de 1914. Durante un año los estadunidenses no proporcionaron demasiada ayuda o apoyo a los revolucionarios y, entre tanto, Huerta tenía acceso a los mercados de armas en el resto del mundo. La ayuda no oficial de los Estados Unidos fue importante (aunque, como dije arriba, provenía de simpatizantes locales y de quienes se beneficiaban económicamente con ella, no del apoyo encubierto del gobierno), pero no dio a los rebeldes ventaja que no tuviera ya Huerta; por lo demás, el contrabando de armas, por los costos y peligros que conlleva, en cualquier cantidad, no es lo mismo que la exportación legal. Es imposible calcular la cantidad de munición que pasó por contrabando; los agentes del FBI calcularon que, durante el verano de 1913,[191] unos 10 000 cartuchos cruzaban diariamente por Douglas (Arizona). A pesar de esas grandes cantidades, había grandes problemas y constreñimientos, y no todas las autoridades estadunidenses eran complacientes, sobre todo cuando los constitucionalistas se arriesgaban excesivamente (en mayo de 1913, por ejemplo, un agente

---

[189] *Ibid.*, p. 61; Ulloa, *Revolución intervenida*, p. 89; cónsul mexicano, El Paso, a Nogales, 9 de mayo, y del subsecretario al secretario de Relaciones Exteriores, 27 de mayo de 1913, SRE, legajo 753, 73-R-7.

[190] Grieb, *United States and Huerta*, p. XII; esto es parte de una discusión más general sobre la influencia de los Estados Unidos en la Revolución (véanse pp. 75-78, 194 y 424-425).

[191] De H. Thompson a T. Bliss, 12 de septiembre de 1913, Documentos Scott, caja 15.

de Cabral trató de pasar de contrabando un avión a través de la frontera con Arizona).[192] Funcionarios influyentes —como el cónsul Ellsworth en Ciudad Porfirio Díaz (Piedras Negras)— se horrorizaban ante esas agresiones a la neutralidad y hacían cuanto les era posible para contenerlas;[193] en ciertos casos, se descubrían y confiscaban no sólo aviones, sino también lotes de armas; un europeo que desempeñaba funciones en Sonora, decía que "muchos pillos temerarios de los Estados Unidos, con el instinto arriesgado del estafador" vendían armas en el mercado negro, pagadas por adelantado, y luego advertían a las autoridades.[194]

La necesidad de conseguir armas mediante el contrabando creaba riesgos y aumentaba su precio; además, mientras persistiera esa necesidad no podría cubrirse la demanda de los ejércitos rebeldes que aumentaban en número. Se calculaba que, en marzo de 1913, las fuerzas rebeldes del norte contaban con 8 000 hombres y que en agosto eran 17 000 —quizá la segunda cifra está subestimada—.[195] Una cosa era cubrir las necesidades de pequeños grupos guerrilleros mediante el contrabando (u otros recursos); y otra, aprovisionar ejércitos de buen tamaño que, para 1914, tendrían decenas de miles de hombres.[196] No cabe duda entonces de que la escasez de armas limitó las operaciones de los rebeldes en 1913. Los reclutas de Sonora eran más numerosos que las armas (dilema que Huerta jamás enfrentó) y fue necesario rechazar algunos. Los yaquis y los mayos lucharon con arcos y flechas (aunque no faltó quien se riera del improvisado recurso, Obregón perseveró, y cuando las fuerzas sonorenses llegaron a los chaparrales de Sinaloa y Tepic, el arco indio probó su valor)[197] pero, para dominar ciudades como Guaymas, los rebeldes necesitaban munición y artillería, y mientras escasearan Obregón prefería no arriesgarse al asalto o al asedio mayor. El problema era más serio en otras regiones del norte, donde no existía algo parecido al eficiente aprovisionamiento de los sonorenses. En mayo de 1913 se echó sin dificultades de Fresnillo (Zac.) a un centenar de rebeldes, cuyas armas (recogidas por los federales) eran viejas carabinas Remington, "rifles anticuados de todo tipo" y sólo tres máuseres; la mayoría de los rebeldes en esa región estaban "mal armados... y casi no tenían municiones".[198] La situación era parecida en La Laguna, en tanto que hacia el noreste, fue de importancia decisiva la superioridad de los federales en armas y sobre todo en artillería; "en todos los encuentros entre federales y constitucionalistas —dice un informe de agosto de 1913— éstos agotaron sus municiones y se vieron obligados a

[192] Aguilar Camín, *La Revolución sonorense*, p. 376.
[193] Ellsworth, Ciudad Porfirio Díaz, 22 y 27 de marzo, 24 y 25 de abril, 27 de mayo, 11 de junio y 5 de julio de 1913, SD 812.00/6877, 6966, 7297, 7312, 7669, 7995.
[194] I. Thord-Gray, *Gringo Rebel*, Coral Gables, 1960, p. 89.
[195] Memo. de W. MacKinley, 11° de Caballería, 29 de marzo de 1913, SD 812.00/7150; de J. Hear a T. Bliss, 20 de agosto, Documentos Scott, de 1913, caja 15.
[196] De Bliss a Scott, 26 de agosto de 1914, Documentos Scott, caja 16.
[197] Thord-Grey, *Gringo Rebel*, pp. 100-101.
[198] Schmutz, Aguascalientes, 31 de mayo y 15 de junio de 1913, SD 812.00/7773, 7911.

retirarse".¹⁹⁹ Aun si era posible tomar la artillería de los federales (como en Santa María), los rebeldes no podían conseguir fácilmente proyectiles que se adecuaran a los cañones europeos; a menudo debían fabricarlos con grandes dificultades y no poco riesgo.²⁰⁰ De tal manera, hasta febrero de 1914, fecha en que los Estados Unidos levantó el embargo de armas, las campañas constitucionalistas fueron limitadas —en especial las mayores, de tipo convencional—. Sólo cuando desapareció ese obstáculo, Obregón sacudió su aparente inercia e inició el recorrido hacia la Ciudad de México.

Los primeros movimientos correspondieron a la penetración gradual de Sinaloa en el otoño de 1913. No fue ésa una gran campaña, pero sí interesante y significativa porque se fusionaron dos estilos revolucionarios contrastantes: la revolución organizada —casi burocrática— de los sonorenses, y la rebelión popular, caótica, descentralizada, característica de la mayor parte del resto de México. En Sinaloa tuvo lugar el primer careo (si el término se me permite) entre los revolucionarios nuevos, oficiales, y el movimiento popular redivivo de 1913, lo que nos proporciona un puente útil para analizar los dos fenómenos. El disturbio desenfrenado de Sinaloa en 1911-1912 (mucho mayor que cualquiera de los que Sonora tuvo ese año) se había desvanecido en la última parte de la presidencia de Madero. En un principio, el golpe de Estado huertista se recibió con hosca aquiescencia: no había resistencia organizada y el gobernador Riveros intentó disuadir a los maderistas más agresivos de preparar una rebelión armada, pero en marzo llegaron noticias de que algunas gavillas estaban otra vez activas en Concordia, Pánuco y Rosario (nombres familiares desde 1910-1912). Al destituir arbitrariamente a Riveros y sustituirlo con un militar, Huerta reemplazó una influencia pacificadora con una provocadora.²⁰¹ Secundaron la rebelión de Macario Gaxiola —rural maderista, pariente de Riveros—, Cabanillas (en otro tiempo carpintero), Carrasco (vaquero), Gandarolla (herrero) e Iturbe (el prodigio revolucionario de 1911 que regresaba de California), todos ellos veteranos del levantamiento maderista.²⁰² Pronto se les unieron Ángel Flores, quien había sido estibador en Mazatlán, Martín Espinosa, hasta hacía poco jefe maderista en Tepic, y el mismo ex gobernador Riveros (arrestado primero y luego puesto en libertad), quien demostró ser más belicoso que la mayoría de los gobernadores maderistas depuestos.²⁰³ Los rebeldes sinaloenses carecían de la cohesión, disciplina y apoyo logístico que tenían los de Sonora; además estaban "mal armados y les faltaban municiones". Carrasco tenía un cañón pero no

---

¹⁹⁹ Informe de la frontera, Eagle Pass, 23 de agosto de 1913; *cf.* Blocker, Ciudad Porfirio Díaz, 7 de octubre de 1913, SD 812.00/8670, 9110, sobre la abundancia de municiones de los federales.

²⁰⁰ Informe de la frontera, Sierra Blanca, febrero de 1914, SD 812.00/11042.

²⁰¹ Del subsecretario al secretario de Relaciones Exteriores, 19 de marzo de 1913, SRE, legajo 753, 75-R-8; Olea, *Sinaloa*, pp. 48-51; c/o USS Colorado, Guaymas, 24 de marzo de 1913, SD 812.00/7174.

²⁰² Olea, *Sinaloa*, pp. 52-53; capitán Terhune, USS Annapolis, Mazatlán, 5 de junio de 1913, SD 812.00/8695.

²⁰³ Olea, *Sinaloa*, pp. 54 y 57.

sabía usarlo y, aunque nominalmente subordinado a Obregón, siguió actuando como altivo agente libre. En conjunto, la revolución sinaloense era más popular, plebeya y anárquica.[204] Pero era eficaz. Se calculaba que en agosto de 1913 había en el estado 5 000 rebeldes que superaban a los federales en proporción de dos a uno; éstos, arrinconados en unos cuantos pueblos, no podían aprovechar su superioridad en pertrechos porque estaban inmóviles y desmoralizados.[205] Así pues, cuando los sonorenses empezaron a abrirse paso lentamente hacia el sur por la costa oeste, encontraron a Sinaloa madura para la cosecha.

El reto popular

Mientras los primeros instigadores de la revolución constitucionalista consolidaban su dominio en el noroeste, la revuelta popular endémica —más en las líneas sinaloenses que en las sonorenses— empezó a influir en el resto del país con un patrón muy similar al de 1910-1911. Una vez más, Chihuahua estaba a la cabeza. A pesar de la deserción de Orozco y sus lugartenientes, había en el estado suficientes cabecillas maderistas para que tomaran el mando. La purga perpetrada por Huerta sobre González y sus funcionarios, dio lugar a que esos jefes decidieran cuál sería la naturaleza de la rebelión: popular, plebeya, desorganizada y descentralizada.[206] La administración de la revolución sonorense era una realidad, pero la de Chihuahua debía organizarse desde sus cimientos. Entre sus arquitectos destacaba Pancho Villa, cuyo rápido ascenso entre la masa de cabecillas a un puesto de prestigio y poder comenzaba ahora de veras. Villa decidió permanecer fiel a Madero durante la revuelta de Orozco (decisión sustentada en lealtades locales y personales, y quizá en algo de ingenuidad política), lo que lo distinguió de los veteranos de 1910, especialmente de Orozco, contra quien luchó con brío en 1912 y también en 1913-1914. Como comandante de un grupo de irregulares maderistas algo salvajes, Villa se enemistó con Huerta, quien —por razones que no concernían del todo a la disciplina militar— lo había mandado fusilar en junio de 1912. Suspendida la ejecución en el último minuto por obra de Emilio Madero, Villa fue encarcelado en la Ciudad de México.[207] Ahí (las cárceles mexicanas tenían la rara virtud de reunir a disidentes de diversos es-

[204] C/o USS Colorado, Guaymas, 1º de abril de 1913, SD 812.00/7177; Thord-Grey, *Gringo Rebel*, p. 106; Gustavo Casasola, *Historia gráfica de la Revolución mexicana*, I, México, 1960, pp. 702-706; José C. Valadés, *Historia general de la Revolución mexicana*, III, México, 1963, pp. 188-189.
[205] Alger, Mazatlán, 18 de agosto y 20 de octubre de 1913, SD 812.00/8777, 9583, quien añade que, de tener armas suficientes, los rebeldes podrían doblar su fuerza a 10 000 hombres.
[206] De S. Terrazas a I. Pesqueira, 22 de mayo, y a J. Jacobs, 20 de junio de 1913, STA, caja 83.
[207] Martín Luis Guzmán, *Memorias de Pancho Villa*, pp. 155 y ss. El interés de Emilio Madero por Villa (y Urbina) fue constante, pero no siempre caritativo; véase E. Madero a Sánchez Azcona, 9 de noviembre de 1912, Fabela, DHRM, RRM, IV, pp. 197-198, en el que aconseja no liberar a Villa, por temor a los efectos que pudiera tener sobre Chihuahua.

tados y clases sociales, y permitirles que se conocieran), Villa conoció a Juan Banderas, *el Agachado*, de Sinaloa, al secretario y jefe del Estado mayor de Zapata, Abraham Martínez (quien intentó enseñar a leer y escribir a Villa) y a Bernardo Reyes.[208] Las cárceles mexicanas no estaban construidas a prueba de fugas; por lo tanto, desde un principio, Villa y Banderas planearon escapar.[209] Con los recursos económicos de Villa, consiguieron moldes de las llaves de la prisión y cultivaron el aprecio de los guardias. Pero cuando gente de buena voluntad y mal informada transfirió a Villa de la penitenciaría del Distrito Federal a la prisión militar de Tlaltelolco, el plan se desbarató. En Tlaltelolco, Villa sobornó y ganó la confianza de Carlos Jáuregui, joven escribiente del juzgado, uno de los tantos burócratas pequeñoburgueses mal pagados de la capital, a quien halagaban las atenciones del temible cabecilla norteño y los trajes, zapatos, sombreros y corbatas que le regalaba a cambio de pequeños favores. Con el tiempo, Jáuregui sugirió un plan para huir; aunque Villa sospechaba que era trampa de la policía, el plan siguió adelante. Jáuregui limó los barrotes de la celda de Villa, le entregó un par de pistolas, un sombrero y lentes oscuros. En la Navidad de 1912, cubierta la cara con un pañuelo, Villa salió de la prisión. Ningún guardia lo detuvo; subió a un auto que conducía su cómplice y se dirigieron a Toluca, desde allí en tren a Manzanillo, luego por barco a Mazatlán y finalmente, por Hermosillo y Nogales, a la frontera.

Aparte de ser buena anécdota, la huida de Villa fue de verdadera importancia en la historia de la Revolución. Ocurrió apenas seis semanas antes del golpe de Estado; si Villa hubiera estado en prisión en febrero de 1913 (y si no hubiera huido —o hubiera muerto— en la confusión que siguió a la huida de Reyes de Tlaltelolco), habría corrido la misma suerte de otros maderistas que, como Gabriel Hernández, perecieron en alguna prisión de la Ciudad de México. De todos modos hubiera habido revolución en Chihuahua, aunque sin la carismática presencia de Villa. Pero ocurrió que cuando se desencadenó la Decena Trágica, Villa rondaba por la frontera, listo para reintegrarse a la lucha revolucionaria. Era hombre de limitada sutileza política, que prefería la compañía de otros vaqueros a la de los políticos brillantes; pero, como demostraban su carrera y su reciente huida, tenía astucia y capacidad innatas para sobrevivir. No bebía, no fumaba, dormía poco (o por lo menos daba esa impresión), y cuando lo hacía prefería cobijarse en un sarape, lejos de las tiendas y el campamento. Esa herencia de sus días errantes lo acompañó mientras se alzaba hasta convertirse en el caudillo más grande de la Revolución (también lo acompañó su reumatismo, que le afectó como a otros ex bandidos y ex vaqueros —Urbina y Argumedo, por ejemplo—).[210] Tenía además la capacidad mnemotécnica de los analfabetos, más la impaciencia del hom-

[208] Luis Aguirre Benavides, *De Francisco I. Madero a Francisco Villa*, México, 1966, pp. 43-52; *cf.* María y Campos, *Múgica*, pp. 43-52, para un ejemplo porfirista.

[209] Coincidió con la huida del rebelde potosino, José Pérez Castro: de J. Bonales Sandoval a Madero, 28 de diciembre de 1912, Fabela, DHRM, RRM, IV, p. 263.

[210] Patrick O'Hea, *Reminiscences of the Mexican Revolution*, México, 1966, pp. 81-82.

bre común ante las complejidades de la política y las finanzas, a las cuales trataba como nudos gordianos que debían deshacerse de un tajo en vez de desenmarañarlos; no gustaba de la oratoria rancia (su discurso era coloquial y sencillo) y, como muchos cabecillas populares, entregaba la engorrosa tarea de redactar discursos a intelectuales y licenciados muy interesados en un trabajo, un foro y un público.[211] Como líder militar, Villa aprovechó sus experiencias de proscrito e ignoró las sutilezas de la estrategia. Es cierto que consiguió expertos artilleros, cirujanos, buenos ferrocarrileros, que reunió un buen grupo de asesores (el éxito reclamaba tal refinamiento), pero su estilo en batalla era todo arremetida, inspiración y *élan*. Su éxito se sustentó en la dureza, movilidad y gran entusiasmo de sus hombres, que provenían de las minas, pueblos de la sierra y rancherías de los llanos del norte; su contribución más importante —cuando terminaron los días de la guerrilla— fue su prestigio floreciente y su confianza indomable, los cuales contribuyeron a formar la leyenda de Villa.[212] Cuando en la batalla las tropas empezaban a ceder —durante el sangriento ataque a Torreón en la primavera de 1914, por ejemplo—, aparecía entre las filas Pancho Villa, robusta figura a caballo, vestido con zarrapastroso uniforme caqui y sombrero, alentando a sus compañeros de manera directa, personal y eficaz.[213] Un triunfo se sumaba a otro y así creció el mito del Pancho Villa invencible, lo que sancionó sus tácticas preferidas y acrecentó su encanto popular, pero que en último término selló su ruina militar.

Villa no tenía principios políticos claros, pero sí gran lealtad hacia los individuos; en ese sentido era reflejo de actitudes populares, que conocemos mejor ahora gracias a la tradición oral.[214] Luchó más por la gente que por los principios abstractos; recordó favores y los devolvió, e hizo lo mismo con los rencores; trasladó el código del bandolero serrano a la política revolucionaria. Las cosas estaban claras en 1913. Madero —hacia quien Villa guardó escrupulosa lealtad— había caído asesinado a traición, e igual Gustavo Madero, quien lo había ayudado cuando estaba en prisión; los servicios de Emilio Madero lo obligaron aún más con la familia.[215] También Abraham González, su "íntimo amigo", el que lo había metido en la Revolución, había muerto en el cañón de Bachimba a manos de los federales.[216] A la cabeza del régimen usurpador estaba Victoriano Huerta, que lo había acusado en 1912, y al lado de éste Pascual Orozco, su viejo enemigo. La reacción de Villa fue directa e inmediata. En marzo de 1913 entró a México por El Paso junto con ocho

[211] *Ibid.*, p. 195; Reed, *Insurgent Mexico*, pp. 113-115.
[212] Rutherford, *Mexican Society*, pp. 153-154.
[213] Reed, *Insurgent Mexico*, p. 189.
[214] Arturo Warman, *Y venimos a contradecir: los campesinos de Morelos y el Estado nacional*, México, 1976, pp. 104-105 y 131.
[215] Aguirre Benavides, *De Francisco I. Madero*, p. 44; Reed, *Insurgent Mexico*, p. 117; O'Hea, *Reminiscences*, p. 187.
[216] Reed, *Insurgent Mexico*, pp. 126-128; J. Bonales Sandoval a Madero, 28 de diciembre de 1912, Fabela, DHRM, RRM, IV, p. 262; véase en Casasola, *Historia gráfica*, I, pp. 762-763, las lujosas exequias que Villa hizo más tarde a González.

acompañantes (entre los que se encontraba Carlos Jáuregui), tres caballos, "dos libras de azúcar y café y una de sal".[217] En San Andrés, en la Sierra Madre, desde donde la Revolución había empezado en 1910 su marcha triunfal a través de Chihuahua, se encontró con sus hermanos Antonio e Hipólito (los parientes eran los primeros reclutas en las insurrecciones populares), con grupos de simpatizantes (como los rancheros de Ciénega de Ortiz, donde —recordó Villa— "todos eran mis adeptos"), con viejos compadres y aliados: Maclovio Herrera y su familia, quienes acompañaron a Villa durante la revuelta contra Orozco; Toribio Ortega, de Cuchillo Parado, "un hombre trigueño, enjuto [...] Es, sin lugar a dudas, el corazón más sencillo y el soldado más desinteresado de México"; Rosalío Hernández, viejo de barba blanca, y Tomás Urbina, en otro tiempo bandolero como él, quien lo había acompañado en noviembre de 1910.[218]

La carrera de Urbina en los últimos años se parecía mucho a la de Villa. Había despreciado a Orozco en 1912, pero de todos modos fue a dar a la cárcel en Durango, donde languideció hasta que abogó por su causa Emilio Madero; éste dijo a su hermano que Urbina había sido siempre "muy fiel al gobierno" y consiguió su libertad bajo fianza.[219] Aunque la solicitud de los Madero hacia los amigos del régimen no consiguió evitar su caída, les aseguró por lo menos que ésta no quedaría sin ser vengada. Es necesario señalar una última característica de los aliados de Villa en 1913. Ninguno de ellos provenía del corazón de la Sierra Madre —antiguo territorio maderista y orozquista—: el distrito de Guerrero (tierra de Orozco, Rojas y otros) y Casas Grandes (de donde provenían Salazar, Campa, Caraveo y Quevedo). Es cierto que Villa había operado en la primera de esas regiones de 1910-1911 y también en 1913, pero era, como Urbina, nativo de Durango, y muchas de sus proezas tenían como centro Parral o la frontera Chihuahua-Durango. Los Herrera eran oriundos de Parral; Hernández, de Santa Rosalía, algo más al norte, y Ortega de la frontera, cerca de Ojinaga. Fue esta separación geográfica —unida, en los casos de Villa y Urbina, a cierta ingenuidad política— lo que mantuvo a estos líderes y su gente lejos de la corriente orozquista en 1912 y les permitió tomar la delantera en 1913, cuando Chihuahua recuperó su destacado papel revolucionario.

Los aliados de Villa permanecían activos. Habían tomado Santa Rosalía; Maclovio Herrera (quien sucedió a Villa en el comando del Regimiento Benito Juárez) dejó la sierra para dirigirse a Parral y sobre la marcha tomó Namiquipa; Manuel Chao atemorizó al general Mercado, apostado en Parral, con un ataque violento pero frustrado.[220] El regreso de Villa aceleró el avance de

[217] Guzmán, *Memorias*, p. 183; Reed, *Insurgent Mexico*, p. 118; Federico Cervantes, *Francisco Villa y la Revolución*, México, 1966, p. 49.
[218] Guzmán, *Memorias*, p. 184; Reed, *Insurgent Mexico*, pp. 158 y 164.
[219] De E. Madero a Madero, 14 de enero; de J. Sánchez Azcona a C. Patoni, 23 de enero de 1913; Fabela, DHRM, RRM, IV, pp. 330-331 y 371.
[220] Cumberland, *Constitutionalist Years*, pp. 26-27; es un error, sin embargo, incluir a Chao

los rebeldes: los peones se unían en masa a la causa (como los de la hacienda del Carmen, que recibieron armas y se rebelaron contra su despótico administrador), y es muy probable que los regulares del ejército gubernamental desertaran para unirse a los rebeldes.[221] Pero no habría clemencia para los irregulares (es decir, los orozquistas) que seguían luchando por Huerta; los 100 prisioneros capturados después de la batalla de Nueva Casas Grandes, en junio de 1913, fueron fusilados sumariamente, pero con parsimonia: puestos en fila, recibieron una bala por cada tres.[222] A principios del verano, los revolucionarios de Chihuahua tenían libre acceso al territorio: Ortega amenazaba Ojinaga y sus tropas estaban "ansiosas por luchar"; Hernández y Urbina merodeaban por los pantanos del sur del estado; Villa controlaba el Ferrocarril del Noroeste, al sur de Madera. Sólo Parral, Ciudad Juárez, Casas Grandes y la capital de Chihuahua estaban aún en manos del gobierno, protegidas por la invaluable artillería federal, pero a fines de junio las fuerzas del gobierno quedaron reducidas a Juárez y Chihuahua.[223] La capital estatal se convirtió en virtual prisión de la familia Terrazas; arrinconada ahí, no se atrevía a poner un pie fuera sin una escolta que no podía conseguir.[224] Su gran patrimonio rural pasó a manos de los rebeldes, sus enormes hatos sirvieron para alimentar a los revolucionarios y pagar sus armas.

Fue de gran valor estratégico que los federales perdieran Chihuahua. Cuando Sonora y Coahuila encabezaron la rebelión contra Huerta, los observadores progobiernistas estaban tranquilos porque Chihuahua era un bastión huertista que separaba los dos estados insurgentes.[225] Ya no era así; al contrario, Chihuahua había superado las rebeliones pioneras, había forzado al gobierno a ceder su dominio en todo el norte —incluida la estratégica frontera—, y Huerta tuvo que extender sus operaciones militares por toda la zona, lo cual era una ventaja para los sonorenses. A principios de junio, Pascual Orozco recibió orden de abrirse paso desde Torreón hasta la cercada Chihuahua, cosa que hizo acosado constantemente por los rebeldes; pero aparte de reforzar las tropas del general Mercado (y discutir con él), poco era lo que podía hacer para contener la marea de la rebelión.[226] Y esta rebelión —vale la pena repetirlo— era diferente a la de Sonora, porque se había hecho desde abajo, de manera caótica y acumulativa.

Como en 1911, el foco de la actividad norteña se desplazó hacia Durango y La Laguna, adonde volvieron su atención primero Urbina y después Villa.

entre los "mejores ejemplos" de los "crueles y salvajes" que condujeron la Revolución en Chihuahua; Chao, en otro tiempo maestro, leía los documentos oficiales a Villa, llegó a ser gobernador de Chihuahua y enviado extraoficial a Washington (véase Cervantes, *Villa*, p. 73).

[221] Cervantes, *Villa*, pp. 49-50; Letcher, Chihuahua, 3 de mayo de 1913, SD 812.00/7427.
[222] Cervantes, *Villa*, p. 54; Guzmán, *Memorias*, p. 186.
[223] Cumberland, *Constitutionalist Years*, p. 48; de S. Terrazas a J. Quevedo, 19 de julio de 1913, STA, caja 83.
[224] De S. Terrazas a D. Horcasitas, 18 de julio de 1913, STA, caja 83.
[225] *Mexican Herald*, 9 de abril de 1913.
[226] Cumberland, *Constitutionalist Years*, pp. 48-49.

Los Arrieta ya controlaban las montañas del oeste, Pereyra y Contreras la zona algodonera (ahí, rebeldes con más disciplina y organización, como Maclovio Herrera, desaprobaban que "la chusma de La Laguna engrosara la gavilla Cuencamé de Contreras").[227] Urbina y Trinidad Rodríguez regresaron a su guarida cerca de Indé y El Oro. El dominio del gobierno sobre la región se debilitó aún más a causa de la indisciplina de sus irregulares y de que los ferrocarrileros de la región no querían colaborar con el nuevo régimen.[228] Surgieron docenas de grupos rebeldes menores, "reclutados entre los peores elementos de ranchos y campos mineros" (por lo menos cuando las circunstancias obligaban a cerrar las minas). En "abril, Torreón parecía amenazado y Durango era asediado por unos 3 000 rebeldes, quienes prácticamente pusieron la ciudad bajo sitio".[229] El cónsul estadunidense en Durango, quien no ocultaba su desprecio por la chusma que estaba en los alrededores (sus actos, comentó, "pueden ruborizar a un bandolero común"), se vio obligado, no obstante, a admitir: "estas hordas rebeldes dominan ahora la mayor parte del estado de Durango y declaran que están luchando para restablecer el régimen de Madero, razón por la cual sin duda deberá reconocérseles como facción política".[230] Pero los objetivos políticos de ese movimiento popular —descritos de manera compendiada como la restauración del régimen maderista— cabalgaban a la grupa del descontento social y, sobre todo, agrario. Cuencamé no era caso aislado; en 1913, como en 1911 y 1912, los observadores insistían en que "la razón principal del problema fue, y es aún, agraria...; la tierra es problema candente y todos los rebeldes provienen del campo".[231]

Tomás Urbina se dirigió hacia el sur en junio para hacerse cargo de la campaña guerrillera descentralizada que dominó Durango y La Laguna (en realidad prestó sus servicios y su gente sólo a cambio del comando local).[232] Urbina era el clásico cabecilla popular del norte. Según el informe de un estadunidense, provenía "de las clases más bajas; es analfabeto, obstinado, presuntuoso, pero tiene cierta astucia innata que lo coloca fácilmente como líder entre los de su clase".[233] John Reed, más aficionado a este tipo de gente, lo encontró meses después. El general ("... hombre fornido, de estatura media-

---

[227] O'Hea, *Reminiscences*, p. 90.
[228] Hamm, Durango, 7 de mayo y 2 de abril de 1913, SD 812.00/6750, 7357.
[229] *Ibid.*, 5 de abril, s. f., registrado el 13 de junio de 1913, SD 812.00/7358, 7720. Al cerrarse las minas y los aserraderos, aumentó el número de rebeldes; pero ahí donde las minas continuaron en actividad, no hay pruebas de que los mineros se unieran *en masse* a la Revolución, de ahí las buenas cifras de producción, y ganancia, en zonas mineras como Sonora (*Mexican Herald*, 14 de febrero de 1914, en lo que se refiere a la producción de Cananea), Jalisco y Oaxaca (*ibid.*, 26 de febrero, 7 y 23 de marzo de 1914) y el centro de México (*ibid.*, 14 de febrero de 1914), en contraste con Peñoles (Pachuca) y Aviño (Durango).
[230] Hamm, Durango, s. f., registrado el 13 de junio de 1913, SD 812.00/7720.
[231] Graham, Durango, 9 de marzo de 1913, FO 371/1671, 14519. Como dije antes, p. 180, en La Laguna estaría desarrollándose el fenómeno Martínez Alier.
[232] Hamm, Durango, 13 de junio y 27 de julio de 1913, SD 812.00/7797, 8449.
[233] Hamm, Durango, de su diario, junio de 1913, SD 812.00/8078.

na, de piel color oscuro caoba, barba rala… que no ocultaba del todo la ancha boca, delgada, sin expresión, las abiertas ventanas de la nariz, los diminutos y brillantes ojos festivos de animal") señoreaba en su recién adquirida hacienda de Canutillo, rodeado como señor feudal de sus criados, su vástago ("en un rincón de la pared estaba sentada la pequeña niña del general, mascando un cartucho"), sus animales "… un venado manso y […] una oveja negra, coja", y su amante en turno ("una bellísima y al parecer aristocrática mujer, con una voz que recordaba un serrucho").[234] Aunque con algo de adorno, la descripción que hace Reed de Canutillo es convincente.

En junio de 1913 Urbina no tenía la propiedad ni estaba postrado por el reumatismo, como cuando Reed lo visitó; se ocupaba entonces de tomar Durango, primera de las grandes ciudades en caer definitivamente en manos de los rebeldes.[235] Urbina reunió 4000 hombres para apoyar la "santa causa" que proclamaban sus panfletos y lanzó un ataque nocturno "extraordinariamente bien planeado y ejecutado".[236] Pero la secuela fue desastrosa. Con el pretexto de que escaseaban los pertrechos, el comandante federal informó a los cónsules que debería evacuar; en respuesta a un ofrecimiento rebelde, los cónsules acordaron parlamentar con Urbina para arreglar una ocupación pacífica pero, aviesamente, los federales continuaron el fuego y la misión de los cónsules fracasó. Cuando los hombres de Urbina entraron en Durango la mañana del 19 de junio, después de la salida de los federales, sobrevino el tumulto. Saquearon las tiendas, vaciaron la cárcel, quemaron el archivo de la ciudad; la zona comercial quedó reducida a cenizas, faltaron agua y electricidad. Después de dos días de saqueo, el daño total se estimó —al calor de la situación— en 10 millones de pesos.[237] Se repetía la historia de Torreón, aunque sin la masacre xenófoba. Los temores de la gente acomodada por la violencia del populacho no eran pura fantasía porque, si bien los rebeldes instigaron el saqueo, "les ayudaron muy bien en el pillaje la gente más baja de la ciudad", la cual, durante la huida de los federales, "cazó oficiales como si fueran conejos".[238]

La tendencia del populacho al disturbio, ampliamente demostrada en 1911, no había desaparecido; como antes, entre la gente de dinero y buena posición social que (como víctima o espectador) rechazaba tales escenas, había maderistas, radicales incluso, que condenaban al "pueblo bajo […] ávido de venganza, de destrucción y de rapiña…"[239] Así recordaban —si el recordatorio era necesario— algunos efectos secundarios de la Revolución, fuera ésta

[234] Reed, *Insurgent Mexico*, pp. 54-55.
[235] Natera tomó Zacatecas pocos días antes, pero los federales la recobraron.
[236] Hamm, Durango, de su diario, junio de 1913, SD 812.00/8078; Barragán, *Historia del ejército*, I, pp. 157-158.
[237] Hamm (véase n. 236), Barragán, *Historia del ejército*, I, pp. 159-160, cita a Rouaix; Meyer, *Huerta*, pp. 94-95.
[238] Cumberland, *Constitutionalist Years*, p. 42 (cita al general Morelos Zaragoza).
[239] Rouaix, *Génesis de los artículos 27 y 123 de la Constitución Política de 1917*, México, 1959, citado por Barragán, *Historia del ejército*, I, p. 159.

maderista o constitucionalista, y que era extremadamente importante mantener a los reclutas de la plebe bien sujetos. Rasgo menos frecuente en estos acontecimientos era la aparente connivencia de los líderes rebeldes, quienes, en 1913-1914 como en 1910-1911, respetaban en general la propiedad y evitaban el pillaje (como en realidad prometió Urbina en su proclama previa a la batalla). Culpable en parte fue la fracasada conferencia consular, porque dejó a Urbina la impresión de que se había rechazado su gesto civilizado; de más está decir que Urbina no era el más propio de los jefes constitucionalistas. Era también evidente que él y cabecillas como él carecían, en cierto sentido, de poder; algunos dijeron al cónsul estadunidense que "los hombres habían superado el control de los líderes", lo cual no era sólo una excusa pudorosa. El ejército que tomó Durango, si puede llamársele ejército, era un conjunto discorde de bandas sin disciplina ni unidad de comando, reclutadas desordenadamente en ranchos ganaderos, haciendas algodoneras, pueblos miserables y comunidades serranas de Durango y La Laguna. La experiencia de Torreón en mayo de 1911, y ahora, en junio de 1913, la de Durango, confirmaban que los revolucionarios de ese sector —sin mencionar la *canaille* simpatizante de las ciudades— eran una fuerza violenta y poderosa que, sin el control de una mano firme y enfrentada a la riqueza de una ciudad conservadora como Durango, se comportaría como los llaneros de Boves lo habían hecho un siglo antes en Caracas.

Urbina recuperó finalmente el control, puso guardias en las calles y ordenó que todo el que depredara fuera entregado al cuartel (lo irónico en este caso es que, en el verano de 1915, Urbina se "retiró" a Canutillo con aproximadamente medio millón de pesos en lingotes y billetes, la mayor parte de los cuales eran botín del saqueo de Durango).[240] Sustituyó al pillaje con el préstamo forzado de los comerciantes; se cobró rescate por ciudadanos importantes (7 000 pesos por el arzobispo); un tren que llenaron los acomodados de la ciudad, ansiosos por abandonar Durango, pudo salir después que se pagaron 500 pesos por persona (incluido el arzobispo).[241] Pasado un mes de gobierno arbitrario, Urbina ("cargado de oro", según se dijo) regresó al norte y Durango pudo respirar más tranquilo.[242] Los maderistas civiles liberados de la cárcel tomaron a su cargo la administración; los aliados duranguenses de Urbina, Pereyra y los Arrieta, manifestaron desagrado por su comandante y por su comportamiento, torpe e interesado. Los Arrieta, en especial, emprendieron la tarea de crear un régimen ordenado que pudieran controlar y pronto se constituyó en uno de los primeros feudos políticos de la Revolución.[243]

En la Ciudad de México, entre tanto, la caída de Durango causó sensación y repercutió en los círculos políticos más elevados; corrían escalofriantes

[240] Cobb, El Paso, 15 de septiembre de 1915, SD 812.00/16183.
[241] Hamm, Durango, 25 y 27 de julio de 1913, SD 812.00/8310, 8449.
[242] Guzmán, *Memorias*, p. 195.
[243] Hamm, Durango, 23 de octubre de 1913, SD 812.00/9858.

historias sobre el destino de la ciudad, algunas reales, otras excitantes invenciones del comadreo callejero. La mayoría se refería al maltrato de la gente decente y porfiaba en temas bien conocidos: violencia, desorden, humillación deliberada, violación, robo y sacrilegio. Se contaba que, para evitar la persecución, los ciudadanos respetables de Durango se veían obligados a calzar huaraches, vestir calzones de algodón y usar humildes sombreros de chilapeña; a quienes salían bien vestidos se les atacaba al grito de "mueran los curros", y a sus mujeres se les arrancaban joyas y vestidos que adornaban luego a las humildes.[244] Aunque fantasiosas, estas historias tenían seguramente un pie en la realidad, porque ese despliegue de justicia popular arbitraria fue común durante la revolución (lo mismo que en otras revueltas populares).[245] Otras historias son más extravagantes y menos creíbles. Según el informe del embajador estadunidense, "cartas recibidas en la ciudad informan que más de 50 jóvenes de las mejores familias [de Durango] se suicidaron después de ser atacadas". Se informó también de la profanación de la iglesia: el arzobispo había escapado pagando un precio, pero se decía que se habían desenterrado los cadáveres de sus predecesores, y titulares a toda página proclamaban que la mujer de un cabecilla vestía ahora el sagrado manto de la virgen.[246]

Durango sentó precedente para las historias de atrocidades que se acumularon a lo largo de la revolución. Algunas eran totalmente apócrifas; muchas se cultivaban con ahínco desde que eran pequeñas semillas en el ambiente de invernadero de la capital y de otras ciudades. Para la clase alta, los extranjeros y los partidarios de Huerta en general, esas historias eran la prueba gráfica y cotidiana de los males de la revolución, pábulo que sustentaba el mito de la "mano de hierro" porque, ¿acaso había método más apropiado para los bárbaros que perseguían a gente respetable, que masacraban mujeres y niños, que destruían y profanaban iglesias?[247] Como puede suponerse, eran los revolucionarios de las clases más populares y humildes (no Carranza y los sonorenses) quienes provocaban esas alarmas. Eulalio Gutiérrez había levantado una guillotina en la plaza principal de Concepción del Oro para ejecutar a los ricos; Villa y Zapata no sólo fusilaban prisioneros de guerra, sino recurrían también a métodos bárbaros más refinados: arrancar los ojos de los prisioneros, cortar orejas, lenguas y "otras partes del cuerpo".[248] Otra vez, parte de la verdad se inflaba y distorsionaba (Gutiérrez llevó a cabo ejecuciones en Concepción; efectivamente Villa y Zapata ejecutaron prisioneros; los villistas tenían fama de cortar orejas).[249] Pero la revolución, dice Mao, "no es cena

[244] *Mexican Herald*, 10 de septiembre de 1913; Hohler, Ciudad de México, 24 de marzo de 1914, FO 371/2026, 16251.

[245] Womack, *Zapata*, pp. 239-241.

[246] Wilson, Ciudad de México, 30 de junio de 1913, SD 812.00/7933; *Mexican Herald*, 19 de marzo de 1914; Hohler, Ciudad de México, 24 de marzo de 1914, FO 371/2026, 10251.

[247] *Mexican Herald*, 27 de noviembre de 1913 y 25 de enero de 1914; de Simmonds a Carden, 12 de febrero de 1914, FO 371/2026, 13251.

[248] *Mexican Herald*, 14 y 22 de noviembre, 6 de diciembre de 1913 y 8 de abril de 1914.

[249] Véanse pp. 115, 117, 169, 358 y 360.

de gala ni bordar".[250] También los huertistas cometieron grandes atrocidades, pero la prensa (cada vez más controlada y gobiernista) las ignoraba, mientras agrandaba, publicaba y difundía los abusos de los revolucionarios que pasaban luego a la prensa extranjera y a los informes diplomáticos, los cuales, en el curso de 1913-1914, empezaron a destilar paranoia, ante el temor de atrocidades como las de los boxers y premoniciones de asedios a las embajadas al estilo Pekín.[251] Aun cuando tenían una punta de verdad, esos mitos embotaron el juicio sensato de la élite mexicana y extranjera, legitimaron la política huertista y se perpetuaron en errores historiográficos comunes.[252]

Las fuerzas chihuahuenses y duranguecñas que tomaron Durango, unidas en alianza flexible, repitieron la hazaña un par de meses más tarde en Torreón, entronque del ferrocarril en el corazón de La Laguna y punto estratégico del nortecentro de México. El primer ataque (coincidiendo con el viaje de Carranza por La Laguna) tuvo lugar en julio; después de 10 días de lucha, los federales rechazaron a los rebeldes —alrededor de 6 500—, a quienes perjudicaba la falta de pertrechos.[253] En septiembre, Villa bajó desde Chihuahua con 2 000 hombres, entre los cuales había prisioneros federales que manejaban la artillería rebelde; transferido el comando de Urbina a Villa, se preparó el segundo asalto.[254] La guarnición de Torreón, renuente a internarse en terreno hostil, había estado inmóvil durante meses, temerosa de las epidemias que podrían brotar en la ciudad sitiada. Cuando el ataque llegó, los federales estaban mal preparados, los refuerzos se hallaban a centenares de kilómetros y los pertrechos destinados a Torreón se encontraban aún en el Golfo de México. Sobrevino la huida. El 1º de octubre evacuó la guarnición en medio de una "desordenada... avalancha de soldados, civiles, carros, automóviles"; uno de los resultados fue la rapidísima corte marcial a la que fue sometido el general Munguía, comandante federal.[255] Pero si la conducta de los federales recordaba a Durango, Villa demostró ser un vencedor más responsable que Urbina. Sólo se saquearon algunas tiendas (especialmente de ropa, cuyos dueños reunieron pilas con la desechada por los rebeldes, "la que no sólo estaba inmunda, sino también llena de sabandijas"), y los únicos edificios destruidos fueron aquellos sobre los que dispararon los federales en su retirada.[256] Se impusieron préstamos forzosos en gran escala, pero en orden, con estilo

[250] "La represalia sangrienta es tan inevitable como el retroceso de un arma de fuego", dice Trotsky, *History of the Russian Revolution*, I, Londres, 1976, p. 246; véase el famoso comentario de Mao en "Report", p. 28.
[251] Carden, Ciudad de México, 23 de junio y 1º de agosto de 1914, FO 371/2029, 28738/2030, 235683.
[252] D. E. Worcester y W. G. Sharffer, *The Growth and Culture of Latin America*, Oxford, 1971, p. 379; Grieb, *United States and Huerta*, pp. 58-59.
[253] Cumberland, *Constitutionalist Years*, p. 45; Hamm, Durango, 3 de agosto de 1913, SD 812.00/8346.
[254] Guzmán, *Memorias*, pp. 196-202.
[255] General Ignacio Bravo, citado por Cumberland, *Constitutionalist Years*, p. 46.
[256] Hamm, Durango, 15 de octubre; Carothers, Torreón, 11 de octubre de 1913, SD 812.00/9658.

comercial (los estadunidenses quedaron exentos); se prohibió la venta de licores y se mantuvo un "orden espléndido" en todo sentido. A pocos días de haberse tomado la ciudad, "los negocios se hacían en condiciones casi normales".[257]

La toma de Torreón era para los rebeldes un triunfo mayor que el de Durango; en realidad fue el ápice de sus triunfos en 1913, porque Huerta, aguijoneado por esos golpes, entró en la pelea. Con su triunfo en Torreón, Villa se convirtió en el primer caudillo del norte (comparado con él, Obregón parecía lento, y Pablo González pronto sería rechazado a las puertas de Monterrey).[258] Al contrario de Urbina, Villa había mostrado serena conciencia de sus responsabilidades, casi como un hombre de Estado, algo que los extranjeros comentaron con admiración y alivio. Aunque mandó fusilar 109 prisioneros federales, no pasó más allá en represalias violentas (es verdad que estaba de buen talante porque había conocido, cortejado y desposado a Juana Torres, cajera de una de las tiendas de la ciudad). Tampoco saqueó Torreón en provecho personal; en vez de eso, extrajo efectivo de los cofres de la Revolución, para dar a sus hombres la acostumbrada gratificación por la victoria.[259] Demostró también estar consciente de la importancia que tenía la buena voluntad de los extranjeros, sobre todo los estadunidenses, y (al ordenar a los peones que regresaran a La Laguna para cosechar el algodón) previó la necesidad de organizar un aparato de guerra que tuviera su propio financiamiento, utilizando los recursos económicos del norte para derrotar a los federales. Por esa razón, se esforzó en alentar las empresas de los estadunidenses, sobre todo las minas que se encontraban en la zona de operaciones, a las cuales dio garantías.[260] Había, pues, signos claros de organización y planeación, que complementaban el rápido crecimiento de las fuerzas rebeldes. Es difícil saber hasta qué punto Villa era personalmente responsable de esto, pero sus "eminencias grises" (Ángeles, Carothers, los Madero) no estaban aún con él; John Reed, por su parte, creía que Villa tomaba sus propias decisiones.[261] No es inverosímil que la destreza y astucia que le abrieron paso durante los 20 años en que estuvo fuera de la ley le sirvieran ahora para armar una máquina de guerra que era creación suya y de nadie más. El bandolerismo proporcionaba la base adecuada para una breve movilización revolucionaria armada, pero no —como diré después— para una movilización revolucionaria política duradera.[262] Cuando Reed se reunió con los andrajosos peones de la Brigada Juárez de Calixto Contreras, éstos le dijeron: "nosotros somos los verdaderos voluntarios; las gentes de Villa son profesionales".[263] Esto ocurrió seis meses

---

[257] *Ibid.*, Aguirre Benavides, *De Francisco I. Madero*, p. 106.
[258] Cumberland, *Constitutionalist Years*, p. 48; Barragán, *Historia del ejército*, I, pp. 254-258.
[259] Guzmán, *Memorias*, p. 411; Barragán, *Historia del ejército*, I, p. 266.
[260] Hamm, Durango, 15 de octubre de 1913, SD 812.00/9658; Herman Whitaker, "Villa: Bandit and Patriot", *The Independent*, 8 de abril de 1914.
[261] Reed, *Insurgent Mexico*, p. 119.
[262] Véanse pp. 136-153, 329-334 y 347-352.
[263] Reed, *Insurgent Mexico*, p. 91.

después; pero en Torreón, en octubre de 1913, había señales de un incipiente profesionalismo villista, mientras el caudillo moldeaba su ejército, no siempre con la aprobación del mismo, para que se convirtiera en una fuerza eficiente capaz de derrotar a los federales.[264]

Organización y profesionalismo eran producto de la magnitud, del éxito, de la ambición. Mientras Villa y sus huestes tomaban ese camino, la mayoría de los rebeldes conservaban cierta inocencia localista, estaban mal armados, con frecuencia aislados, tenían poca esperanza de tomar una gran ciudad y, menos aún, de derrocar a Huerta; pero por eso mismo conservaron relación estrecha con la gente del campo, conocían sus cuitas (que seguían siendo primer motor del movimiento popular) y no corrían el riesgo de caer presa de la ambición nacional, de las luchas por el poder, del anquilosamiento y corrupción de la burocracia, que sí corría cualquier movimiento amplio y que Villa pronto enfrentaría. Es imposible tratar en detalle la multitud de rebeliones menores que proliferaron en el verano de 1913, pero un rápido escrutinio regional muestra que no sólo fueron numerosas, diversas y a menudo desunidas, sino que provenían —por su ubicación, composición y *modus operandi*— de los movimientos revolucionarios de 1910-1912. Cuando las circunstancias eran favorables y cuando una revolución "oficial" (antes, la de Madero u Orozco; ahora la de Carranza) les daba cierta legitimidad, surgían los viejos problemas que terminaban en las mismas soluciones violentas contra terratenientes, caciques, federales, curas a veces, españoles, chinos (rara vez contra norteamericanos); esos viejos temas volverán, pues, a aparecer. Combinadas con las revoluciones bien organizadas del norte —la de Carranza, de los sonorenses y, cada vez más, la de Villa—, estas rebeliones provocaron intolerable tensión económica y militar en el régimen de Huerta, subrayaron sus limitaciones y lo forzaron a adoptar políticas nuevas y drásticas.

En poco tiempo, mientras brotaban bandas rebeldes —las de Pánfilo Natera, Patricio Martínez, Esteban Robles, Tomás Domínguez, Santos Bañuelos y Justo Ávila— el norte de Zacatecas se libraba de federales.[265] Los conflictos rurales y el reclutamiento eran de suma importancia. Ávila, pequeño propietario que tenía problemas con la hacienda Lobatos (cuyo dueño estaba ausente y tenía un administrador que se distinguía por su dureza),[266] levantó a los peones de la hacienda y reclutó 500 hombres en la zona de Fresnillo-Valparaíso. Otras propiedades corrieron la misma suerte: fue saqueado El Saucillo, cerca del Rincón de Ramos, latifundio que pertenecía a un español; se informó que los peones habían tomado propiedades en Pinos, hacia el este, donde los rurales se habían amotinado.[267] Pronto los pueblos fueron

---

[264] Guzmán, *Memorias*, p. 206
[265] Schmutz, Aguascalientes, 31 de mayo y 5, 9, 12, 15 y 30 de junio de 1913, SD 812.00/7773, 7854, 7855, 7910, 7911, 8020; Barragán, *Historia del ejército*, I, p. 514.
[266] Jean Meyer, *La révolution mexicaine: 1910-1940*, París, 1973, p. 74.
[267] *Mexican Herald*, 8 de mayo de 1913; Schmutz, Aguascalientes, 5 de junio de 1913, SD 812.00/7854.

blanco de los rebeldes; en las minas de Los Tocayos, sólo las súplicas de las mujeres evitaron que los rebeldes dinamitaran el edificio de la compañía; en Sombrerete, el jefe y sus hombres contuvieron por algún tiempo a los rebeldes, pero al final éstos tomaron el pueblo y lo saquearon: "[ahora] ningún individuo de buena posición o de clase media puede andar por las calles".[268] Entre tanto, Pánfilo Natera, astuto campesino oriundo de la turbulenta comunidad San Juan Guadalupe (Dgo.), quien había combatido en 1911 al lado del ya fallecido Luis Moya, procuró establecer, en medio del caos, un comando central.[269] En junio de 1913, las bandas rebeldes se reunieron para atacar Zacatecas (Natera ordenó a todos los cabecillas zacatecanos presentarse en el curso de cinco días o de lo contrario se les consideraría bandoleros). El sexto día atacaron y tomaron la ciudad; el 38° Regimiento de rurales desertó y se unió a los rebeldes durante la lucha. Como Villa, Natera estaba al timón de un barco difícil de conducir. Consiguió préstamos forzados, pero mantuvo el orden. La toma de Zacatecas, que precedió a la de Durango por pocos días, fue la primera gran conquista rebelde; como "paso del norte hacia el Bajío", su pérdida trastornó a la Ciudad de México y al gobierno más que los acontecimientos de la distante Sonora.[270] Natera adquirió súbito prestigio entre los rebeldes; un agobiado intelectual revolucionario, resumiendo la desalentadora situación de Coahuila, lamentaba que ese estado no estuviera en condiciones de dar "... no digo un Obregón pues jefes de esa talla no hay muchos, pero siquiera un Natera hábil, un Calixto Contreras atrevido".[271] En poco tiempo, a medida que el éxito comenzaba a unir las disparejas fuerzas rebeldes y a sacar de la oscuridad a los líderes provincianos, Natera fue requerido en el norte para que ayudara a quebrantar los puestos fronterizos de Chihuahua.

Las perspectivas de Coahuila y el noreste eran desalentadoras; la revolución "oficial" de Carranza había fracasado y su líder se había ido a Sonora. Pero la revolución siguió con el patrón gradual y conocido de la guerrilla, mostrando la continuidad, en lo que se refiere a lugares e individuos, ya mencionada. En el árido territorio que había dominado Gertrudis Sánchez en 1911, destacan ahora sus viejos aliados, los hermanos Gutiérrez (Sánchez estaba en Michoacán): Luis se dirigió al norte de San Luis Potosí, allí tomó Cedral y Matehuala; Eulalio, aliado de Francisco Coss (uno de los irregulares coahuilenses de Carranza), tomó Concepción del Oro con 700 hombres que formaban el llamado "Ejército para la Restauración de la Constitución".[272] La compañía minera de Concepción sufrió otra vez la invasión de los rebel-

---

[268] Carta anónima desde Chalchihuites, 8 de junio de 1913, SD 812.00/7911.
[269] Barragán, *Historia del ejército*, I, p. 161; Casasola, *Historia gráfica*, I, p. 629; Alberto Morales Jiménez, *Hombres de la Revolución*, México, 1960, pp. 133-134.
[270] Cumberland, *Constitutionalist Years*, p. 40; *Mexican Herald*, 19 de mayo de 1913.
[271] De Vasconcelos a Carranza, 19 de septiembre de 1913; Fabela, DHRM, RRC, I, p. 120.
[272] Silliman, Saltillo, 9 y 18 de junio de 1913, SD 812.00/7751, 7865; Bonney, San Luis, 23 de junio de 1913, SD 812.00/8013.

des, pero "don Eulalio", como lo llamaba el administrador de la compañía, restituyó el orden y, aparte de los inevitables préstamos forzosos, se respetaron los intereses extranjeros.[273] Algunos extranjeros tuvieron que someterse a extorsiones menores, como sucedió a unos empresarios estadunidenses que visitaban la hacienda Agua Nueva (nombre bien conocido desde 1911), quienes debieron pagar 20 pesos por un salvoconducto revolucionario.[274] Estas exacciones, necesarias para financiar la Revolución, no eran xenófobas y menos aún manifestación de una corriente nacionalista. Excepto españoles y chinos, la mayoría de los extranjeros, en ésta y otras regiones, no tuvieron grandes dificultades, salvo las inevitables molestias que traía la guerra civil. La advertencia del cónsul a los estadunidenses que vivían en Matehuala, de permanecer neutrales y no apoyar a los defensores del lugar, era quizá redundante; en todo caso, obedecieron y no los molestaron.[275] No pensaba igual el español José Pérez y Pérez, minero y comerciante, quien ayudó en la fracasada defensa de los federales; en revancha la turba arrasó su casa.[276] Estos casos muestran claramente el contraste en la actitud y el papel de estadunidenses y españoles: los primeros, distantes, al margen, confiados en el poder económico de su comunidad; los segundos más ligados a la economía regional (con frecuencia como vendedores más que como empleadores), más comprometidos con la política y, por lo tanto, más vulnerables a las represalias populares.[277] Así pues, el destino de las comunidades española y china (por otras razones) es diferente al de la estadunidense. En Ciudad Valles (S. L. P.) fue tiroteada la casa de un comerciante español; en Tamasopo, del mismo estado, las casas de los chinos ardieron hasta los cimientos. En cambio, un estadunidense, colono de Chamal (Tamps.), informó que dos grandes bandas rebeldes que operaban en el lugar lo habían "tratado con mucha consideración, pero sustrajeron caballos, dinero y armas a los mexicanos, especialmente a los pocos que están en favor del gobierno actual".[278] Hay muchos informes parecidos de la zona noreste.[279]

Junto con los hermanos Gutiérrez, volvieron a la lucha Ernesto Santos Coy y Jesús Dávila (veteranos de la rebelión de Gertrudis Sánchez en 1911); desdeñando las tentaciones económicas que les ofrecía Huerta, empezaron por atacar el ferrocarril Saltillo-Concepción y se unieron al ataque contra

---

[273] Silliman, Saltillo, 9 y 18 de junio de 1913, SD 812.00/7866, 7996.
[274] Se dijo a Silliman "que los jefes de la Revolución no querían molestar a los estadunidenses, pero... si hacían una oferta voluntaria, sería aceptada y apreciada" (Saltillo, 10 de mayo de 1913, SD 812.00/7668).
[275] Bonney, San Luis, 3 de mayo de 1913, SD 812.00/7668.
[276] Barragán, *Historia del ejército*, I, p. 118.
[277] Bonney, San Luis, 28 de mayo de 1913, SD 812.00/7790.
[278] B. Burges, Valles, H. Tanner, Tamasopo, en Miller, Tampico, 25 de mayo; J. Ingram, 2 de julio de 1913, SD 812.00/7690; 8187.
[279] H. Harrison, administrador de la fundición, Cerralvo (N. L.), 29 de abril; J. Shelby, Tula (Tamps.), 3 de julio; Bonney, San Luis, 8 de agosto y 18 de diciembre; A. Graham, Forlon (Tamps.), 6 de diciembre de 1913; SD 812.00/7394; 8183; 8270; 10466; 10350.

Matehuala.[280] Las medidas que tomaron los federales para contrarrestar estas revueltas fueron inútiles. Es cierto que eran superiores en armamento y casi monopolizaban la artillería, lo que les permitió avanzar gradualmente desde Saltillo hasta la frontera con los Estados Unidos en el verano de 1913.[281] A la inversa, las fuerzas rebeldes que aumentaban en número (en Concepción, por ejemplo, un contingente de 700 hombres creció en poco tiempo a 2000, quizá mediante el reclutamiento de mineros desempleados), estaban mal pertrechadas, eran incapaces de realizar campañas sostenidas y convencionales,[282] pero podían improvisar: en Matehuala usaron bombas de dinamita, y a pocos días de tomar Concepción, Eulalio Gutiérrez y sus hombres armaron cañones con equipo que encontraron en las minas.[283] Además, era imposible perseguir a los rebeldes, como Santos Coy, que cambiaban de lugar constantemente; en realidad, no está del todo claro si los federales estaban muy interesados en la persecución o no, ya que eso significaba aventurarse en territorio hostil, donde su espionaje era pobre y los soldados tenían oportunidad de desertar.[284] Por otra parte, las ciudades eran un poco más seguras. Mientras la prensa oficial proclamaba victorias ficticias y los comandantes mantenían a sus soldados en las barracas, "los oficiales jóvenes y sus superiores [disfrutaban] de una vida lujosa y reprochable en los mejores hoteles".[285] Así pues, buena parte del trabajo de los federales se hacía en las ciudades; en ellas, el ejército tomaba a su cargo la administración, acosaba a los sospechosos y acrecentaba el reclutamiento forzoso. Era característico de las medidas que adoptaban los federales —que querían hacer la guerra mediante sustitutos, a bajo costo— tomar como rehenes a parientes de revolucionarios, e incluso colocarlos delante de las locomotoras, esperando así evitar el ataque de los rebeldes; víctimas de esto fueron las mujeres de Jesús Acuña y Ernesto Santos Coy (a las que negó asilo el consulado estadunidense de Saltillo), la mujer e hija de Luis Caballero, y algunos parientes de Carranza, Gertrudis Sánchez, Francisco Coss y los hermanos Gutiérrez.[286]

Pero no se podía hacer la guerra con intermediarios, y bajo costo. Los federales perdieron el control del campo. En el verano de 1913, los gobernadores y comandantes militares de Zacatecas, San Luis Potosí y Coahuila, recono-

[280] "Salida en campaña de G. G. Sánchez", 12 de julio de 1911, AG, legajo 898; Barragán, *Historia del ejército*, I, pp. 116-117.

[281] Departamento de Guerra de los Estados Unidos, *border report*, 23 de agosto de 1913, SD 812.00/8670.

[282] Shelby, Tula, 8 de junio; Bonney, San Luis, 28 de mayo de 1913, SD 812.00/7887; 7790.

[283] Barragán, *Historia del ejército*, I, p. 119; Silliman, Saltillo, 5 de junio de 1913, SD 812.00/7865.

[284] Bonney, San Luis, 8 de mayo de 1913, SD 812.00/7675; Cumberland, *Constitutionalist Years*, p. 133, n. 60.

[285] Silliman, Saltillo, 25 de noviembre de 1913, SD 812.00/10050.

[286] *Ibid.*, 25 de junio y 22 de noviembre de 1913, SD 812.00/8073,10032; de L. Acuña al cónsul de los Estados Unidos, Nogales, 23 de diciembre de 1913, SRE, legajo 760, 75-R-22, p. 38; Barragán, *Historia del ejército*, I, p. 171.

cieron que les era imposible vigilar más allá de los límites de sus ciudades y aconsejaron a los terratenientes hacerse cargo de su propia defensa.[287] Pueblos, minas y aldeas, sabedores de la incapacidad de los federales, dejaron de solicitar tropas y lograron acuerdos con los rebeldes. Cuando la Mazapil Cooper Co. pidió protección, el jefe federal de Monterrey se la negó porque Mazapil quedaba a 18 kilómetros de su puesto. La administración entendió que "los rebeldes dominaban completamente la situación" e hizo un trato con Eulalio Gutiérrez. En adelante, le preocupó más el posible avance de los federales que el dominio constante de los revolucionarios.[288] Al mismo tiempo que los federales se retiraban del campo, empezó el éxodo de la gente acomodada; la decisión era prudente, puesto que el odio popular hacia oficiales, funcionarios, terratenientes y comerciantes (en especial los españoles) no había disminuido en absoluto. El jefe político de Matehuala fue fusilado (aunque, atendiendo a su pedido, los rebeldes enviaron su cuerpo embalsamado a la capital del estado); los jefes de otras cuatro poblaciones potosinas huyeron a San Luis Potosí; los oficiales federales, sobre todo los responsables del reclutamiento forzoso, estaban expuestos a represalias si caían en manos de rebeldes o sediciosos,[289] lo mismo que los miembros acomodados de las organizaciones de la Defensa Social, como los muchachitos de Matamoros, a quienes Emilio Nafarrate puso en línea y fusiló ante la consternación de los revolucionarios más sensibles.[290]

En poco tiempo, los refugiados (más del tipo respetable que del menesteroso) atestaron las principales ciudades del noreste. "Mineros... peones y gente de los pueblos" emigraban con sus familias a San Luis Potosí; los rancheros dejaban sus propiedades y se iban a Saltillo. A fines de 1913 (mientras "gran cantidad de españoles" emigraban desde La Laguna hacia la capital de Coahuila) había también señales de éxodo hacia los Estados Unidos: "un grupo de los ciudadanos más ricos de Saltillo fueron de visita a los Estados Unidos antes de que se destruyera el ferrocarril a Laredo. Dijeron francamente que no tenían intención de tolerar ni al gobierno ni a la revolución".[291] De las haciendas se ocuparon los mayorales (si se atrevían a permanecer en ellas), peones, aparceros y lugareños; de los pueblos desaparecieron caciques, funcionarios y familias acomodadas. Eso ocurrió en Cerralvo (N. L.); a finales de abril de 1913, después de la visita de Jesús Agustín Castro y sus rebeldes, "todos los prominentes dejaron el pueblo, la fuerza policial renunció, el alcalde se

[287] Schmutz, Aguascalientes, 19 de mayo; Bonney, San Luis, 13 de junio; Silliman, Saltillo, 30 de agosto de 1913; SD 812.00/7681; 7779; 8823.

[288] Silliman, Saltillo, 5 de junio de 1913, SD 812.00/7865.

[289] Barragán, *Historia del ejército*, I, p. 119; Bonney, San Luis, 28 de mayo de 1913; Blocker, Ciudad Porfirio Díaz, 25 de enero de 1914; SD 812.00/7790; 10670.

[290] Barragán, *Historia del ejército*, I, pp. 123-127, sobre la ejecución —entre otros— del alcalde y organizador de la Defensa Social, el doctor Miguel Barragán (no hay relación familiar con el autor del libro).

[291] Bonney, San Luis, 8 de mayo; Silliman, Saltillo, 26 de abril y 29 de diciembre de 1913; SD 812.00/7675, 7403, 10757.

fue a Monterrey, y no hay ley u orden de ninguna clase, porque no hay nadie que la haga valer".[292] A pesar de todo, desaparecidos los objetivos más comunes de las fuerzas populares, no prevaleció la confusión; la vida continuó sin las autoridades de la manera en que luego me referiré. Pero si se amplía el caso de Cerralvo, es evidente que la autoridad política formal y la informal caciquil estaban muy deterioradas. Continuaron pues procesos que empezaron en 1910, desarrollando un elemento de suma importancia en la revolución social. Su importancia radica no sólo en que los representantes y las estructuras de la autoridad porfiriana se tambaleaban, sino también en que los líderes revolucionarios sintieron la necesidad y la tentación de reemplazarlos.

No es sencillo esquematizar el proceso de la disolución militar y política. Los que hacen historia de la Revolución suelen trazar su avance desde las grandes ciudades, pero éstas cayeron al final de una larga secuencia que comenzó en las montañas y caseríos remotos, siguió por pueblos y campamentos mineros desperdigados y finalmente llegó a las ciudades de provincia y a las capitales de los estados. Es cierto que en 1914 los grandes ejércitos revolucionarios del norte avanzaron hacia la Ciudad de México en una arremetida geográfica constante, pero es también cierto que mucho antes de ese recorrido —y aun mientras transcurría— hubo un avance revolucionario complementario, difícil de trazar a menos que se haga de manera metafórica. No fue como una marea que arrasara el país, sino como un nivel de agua que se elevó insidiosamente; cubrió primero las áreas rurales, rodeó por algún tiempo las islas del huertismo y finalmente inundó la faz de la tierra como en el diluvio bíblico. Las ciudades eran islas del huertismo. En el noreste, éstas quedaron en poder de los federales durante 1913 y hasta bien entrado 1914. Los federales, bien pertrechados, rechazaron los ataques rebeldes en Saltillo y Monterrey. A fines de 1913 y principios de 1914 ahí y en otras partes de México hubo un estancamiento: los federales tenían las ciudades, los rebeldes el campo, y ninguno podía romper esa parálisis sin acrecentar recursos, esfuerzos y pérdidas. Ni pensar en que los federales pudieran recuperar el campo, pero los rebeldes, a causa de sus limitaciones militares, se veían en apuros para tomar las ciudades. Lo mismo había ocurrido en mayo de 1911, pero en este caso, las fuerzas comprometidas eran mayores y la disposición para transigir era menor. En Aguascalientes —noviembre de 1913— "pareciera que ambos lados adoptaron una actitud de espera y se temen".[293] Algo parecido sucedía en buena parte del norte y centro de México, pero Chihuahua, como veremos, fue la excepción.

Ese estancamiento no permitió conquistar las ciudades, pero sí las afectó. Los obreros urbanos no mostraban aún disposición para unirse en masa a la revolución armada: cuando los peones de la Mexican Crude Rubber Co. en Cedral se unieron a los rebeldes, ningún operario de la fábrica los

---

[292] H. Harrison, Cerralvo, 29 de abril de 1913, SD 812.00/7394.
[293] Schmutz, Aguascalientes, 10 de noviembre de 1913, SD 812.00/9856.

siguió.²⁹⁴ En realidad, al crecer desmesuradamente el ejército federal en las ciudades, disminuyeron las posibilidades de disturbios y revueltas, alteraciones que dependían, como nunca, de la irrupción de fuerzas revolucionarias rurales del exterior. Por lo tanto, el emplazamiento militar y el casi consecuente estado de sitio fueron los que más afectaron la vida citadina. La administración civil se desbarató rápidamente; el reclutamiento forzado se hacía en las calles; los federales apresaban a los sospechosos y colgaban o fusilaban a muchos cuando les inquietaba la proximidad de los rebeldes.²⁹⁵ (Me referiré más adelante a estas características del dominio huertista.) Además, al crecer la marea de la guerra civil, se acrecentaron la inseguridad, las reacciones de pánico y la atrofia gradual de la economía. Aunque las consecuencias del malestar no fueron evidentes hasta 1914, los primeros síntomas aparecieron a finales del año anterior. La Revolución de 1910 alteró el orden político pero dejó intacta la economía; la de 1913 continuó su trabajo de disolución, a tal punto que trituró las bases económicas del país.

Mucho antes de que cayeran, las ciudades grandes sufrieron las amenazas e incursiones de los rebeldes. Como vimos, Carranza dirigió un ataque sostenido, pero sin éxito, contra Saltillo en mayo de 1913; en el mes de junio, después de que tomara Concepción, Eulalio Gutiérrez telegrafió a Saltillo para advertir que se dirigía hacia allá. En el mismo mes —a pesar de que mucho se había difundido la victoria federal en Arteaga—, Pancho Coss atacó los suburbios al este de la ciudad.²⁹⁶ Cuatro meses después, Saltillo esperaba otro ataque rebelde; informes tergiversados confundían a la gente; después de una supuesta conjura para hacer explotar el palacio de gobierno, los federales arrestaron a 20 personas y fusilaron a cuatro.²⁹⁷ Monterrey pasó por las mismas vicisitudes. Cuando empezó la revolución constitucionalista, la poca confianza que inspiraba el general Lojero —a cargo de Monterrey— tenía a "los comerciantes nativos y extranjeros en constante zozobra". Se temía el saqueo inminente de los rebeldes; en poco contribuyó Lojero a apaciguar la alarma arrestando indiscriminadamente a sospechosos políticos (entre los que se encontraba el ilustre general Treviño). Los comandantes que le sucedieron fueron mejores, pero ni siquiera ellos pudieron evitar que Pablo González —quien sin duda no era el más atrevido de los jefes rebeldes— montara en octubre una ofensiva con la que los rebeldes llegaron hasta los suburbios de la ciudad.²⁹⁸ La justificada preocupación que provocaban estos incidentes aumentaba con los rumores. La prensa oficial ignoraba sistemáticamente las

---

²⁹⁴ Informe de P. Bastanc, 31 de agosto de 1913, SD 812.00/8884.
²⁹⁵ Silliman, Saltillo, 28 de julio y 28 de octubre de 1913 y 4 de marzo de 1914; Hanna, Monterrey, 31 de octubre de 1913; SD 812.00/8184, 9774, 11139; 9690; daré más ejemplos.
²⁹⁶ Silliman, Saltillo, 9 y 18 de junio de 1913, SD 812.00/7866, 7996.
²⁹⁷ *Ibid.*, 28 de octubre de 1913, SD 812.00/9774: esto coincidió con la burlesca elección presidencial.
²⁹⁸ Hanna, Monterrey, 17 de julio y 31 de octubre de 1913, SD 812.00/8206, 9690; Barragán, *Historia del ejército*, I, p. 257.

victorias rebeldes y sistemáticamente fabricaba las de los federales: fortificaciones míticas aparecían en victorias ficticias.[299] De ahí que se extendiera el rumor —el cual exageraba a veces el éxito de los rebeldes— alimentado por la afluencia de refugiados que llegaban del campo. Acrecentaba esta inseguridad la propaganda contra los Estados Unidos, que alentaban el régimen y sus partidarios de provincia.[300]

Víctima de gran importancia fue la confianza de los comerciantes, sacudida ya por la interrupción de las comunicaciones y —aunque esto era menos grave— por el daño material que causaba la Revolución. A pesar de que en el verano disminuyeron los temores de un ataque inmediato a Monterrey, empeoraron las condiciones del comercio: cerraron varias plantas industriales, los comerciantes perdían dinero, aumentaba rápidamente el precio de los productos básicos.[301] La situación en Saltillo era peor: ante la inseguridad que prevalecía, el Banco Nacional de México trasladó su sucursal nororiental a Monterrey;[302] los alimentos escasearon en el verano y uno de los negocios más grandes de la ciudad se declaró en quiebra.[303] En la primera mitad de 1913, las exportaciones del distrito de Saltillo correspondieron a la mitad de las de 1912; el factor principal fue la caída en la exportación de hule, porque era imposible cosechar y procesar el guayule; comentario muy a propósito sobre la importancia agraria de este último auge cosechero porfiriano.[304] A fines de 1913, el comercio en Saltillo se consideraba deplorable y el pesimismo dominaba sobre todo en la comunidad española.[305] También en San Luis Potosí se estimaba que las exportaciones no superaban 60% de las correspondientes a 1912, y que el "comercio local estaba extremadamente deprimido".[306] La disminución del ritmo en la economía del noreste señaló el principio de un atraso general que pronto afectó al gobierno central y a todo el país.

La guerra civil que creó esas condiciones en el noreste era descentralizada y caótica, en especial después de que Carranza abandonó la escena y ordenó a sus lugartenientes que cada uno tomara el rumbo que prefiriera "para revolucionar por su cuenta".[307] Por lo menos hasta bien entrado 1914, no apareció un mecanismo revolucionario parecido al sonorense. En lugar de esto, surgió un cúmulo de líderes rebeldes y su gente que hostilizaban a los federales y se disputaban el dominio regional. Incluso la gente de Carranza rompió filas.

[299] Silliman, Saltillo, 24 de junio, 28 de julio y 28 de octubre; Hanna, Monterrey, 31 de octubre de 1913; SD 812.00/8073, 8184, 9774; 9690.
[300] Véanse pp. 71 y 159-162.
[301] Hanna, Monterrey, 17 de julio de 1913, SD 812.00/8206.
[302] Silliman, Saltillo, 28 de octubre de 1913, SD 812.00/9774.
[303] *Ibid.*, 30 de junio de 1913, SD 812.00/8074; Fyfe, *The Real Mexico*, pp. 24-26.
[304] Silliman, Saltillo, 30 de junio de 1913, SD 812.00/8074; y pp. 122-125.
[305] *Ibid.*, 29 de diciembre de 1913, SD 812.00/10757.
[306] A pesar de que la cosecha de 1913 había sido buena; véase Dudley Ankerson, *The Cedillos and the Revolution in the State of San Luis Potosí*, tesis de doctorado, Cambridge University, 1981, cap. 3, p. 28; Bonney, San Luis, 23 de junio de 1913, SD 812.00/8013.
[307] María y Campos, *Múgica*, p. 57.

El coahuilense Lucio Blanco, apoyado por sus paisanos Cesáreo Castro y Andrés Saucedo, estableció su hegemonía al norte de Tamaulipas. Blanco (alto, moreno, bien parecido y afable, carecía de educación formal pero tenía talento natural para la guerrilla) aceptó la autoridad de Carranza y de su hermano Jesús, pero no las órdenes de Pablo González —a quien Carranza nombró comandante en el noreste— y resintió la aparición en sus dominios de Jesús Agustín Castro, lagunero, veterano de 1910, quien se había abierto camino hacia el norte desde la Ciudad de México en la primavera de 1913.[308] Surgieron las disputas; en el mes de octubre apenas pudo evitarse la lucha entre las fuerzas de Blanco y Castro.[309] Algunos atribuyeron la indocilidad de Blanco a sus sagaces consejeros civiles; a mediados del verano, su cuartel en Matamoros se había convertido en refugio de protopolíticos y administradores —"hombres educados e inteligentes"—, despojados de sus trabajos porque la revolución coahuilense no había conseguido institucionalizarse como la de Sonora, y a quienes Blanco, a diferencia de otros comandantes, acogió en seguida, aunque él "era de un estilo muy diferente".[310]

Esos civiles y algunos jóvenes oficiales progresistas, como Francisco Múgica, propusieron y consiguieron la división de Los Borregos —enorme hacienda cercana a Matamoros— en una ceremonia con muchos discursos y música incitadora, incluida *La Marsellesa*.[311] Se ha considerado éste un acto de enorme trascendencia: el principio de la reforma agraria revolucionaria. Aun en esa época, llamó la atención del gran Jean Jaurès, quien en las páginas de *L'Humanité* declaró que por fin entendía por qué luchaban los mexicanos.[312] De especial importancia fue el papel desempeñado por algunos civiles, como Manuel Urquidi (quien había sido primer tesorero del Partido Antirreeleccionista) y Múgica (estudiante, activista y periodista al que poco antes se había otorgado un rango militar algo decoroso), porque ambos, junto con Guillermo Castillo Tapia, se encargaron de administrar esa primera concesión de tierra; Múgica pronunció una arenga "llena de patriotismo y de buenas ideas" ante los campesinos ahí reunidos. Los oradores, intelectuales y reformistas de clase media (entre los que se contaban también Ramón Puente, J. G. Hermosillo, Federico González Garza y Alberto Fuentes), empezaron a apreciar no sólo la justicia social, sino también la utilidad política de la reforma agraria y perdieron algo de las inhibiciones liberales que habían mostrado durante la presidencia de Madero.[313] Un toque de ironía (no sería el último que

[308] Barragán, *Historia del ejército*, I, p. 128; Fyfe, *The Real Mexico*, p. 34; Thord-Grey, *Gringo Rebel*, p. 82.
[309] Barragán, *Historia del ejército*, I, pp. 251 y 254-256.
[310] *Ibid.*, pp. 253-254; Fyfe, *The Real Mexico*, pp. 33-34 y 40. Blanco, amable y de trato fácil, entabló después tratos dudosos con intereses estadunidenses de la frontera; véase Canova, Ciudad de México, 25 y 28 de agosto y 19 de septiembre; Rabb, Brownsville, 10 de septiembre de 1914; SD 812.00/13129, 13136, 13220; 13238.
[311] Barragán, *Historia del ejército*, I, p. 176; María y Campos, *Múgica*, pp. 65-70.
[312] María y Campos, *Múgica*, p. 69.
[313] *Idem*.

matizaría el transcurso de la reforma agraria): Castillo Tapia, quien desempeñó importante papel en este acto, había llegado hacía poco de La Habana como emisario de Félix Díaz (cuya simpatía por Huerta había decaído bastante en el último tiempo); interesado ahora en participar en la Revolución, el alto y bien vestido Castillo Tapia se propuso establecer sus credenciales políticas ayudando a desmembrar Los Borregos, cuyo dueño no era otro que Félix Díaz.[314]

El apoyo de Blanco a la reforma agraria y su tendencia a querellar con sus compañeros constitucionalistas, provocaron el disgusto de Carranza y su traslado a Sonora, hasta donde lo siguieron lugartenientes como Barragán y Saucedo.[315] Blanco pudo así desempeñar un papel importante en la campaña de Obregón en la costa oeste; Pablo González quedó encargado de dirigir la campaña del noreste y conseguir algo de unidad entre los rebeldes que luchaban en Tamaulipas, Coahuila, Nuevo León y algunos lugares del sur. Pero González ("un militar estúpido", según una opinión autorizada) no pudo someter Monterrey y Nuevo León ni, a pesar del apoyo de Jesús Carranza, consiguió unir a sus subordinados disidentes, quienes —como Antonio Villarreal y Francisco Murguía— siguieron disputando en perjuicio de la lucha constitucionalista.[316] Prevaleció así la impresión de que existía un caos descentralizado (el cual confundieron algunos observadores con una revolución inconsistente y sin principios); más al sur, en regiones que González, optimista, procuró controlar, eran más evidentes la fragmentación del poder revolucionario, la falta de dirección central y el contraste con la organizada revolución sonorense.[317]

En la región tributaria de San Luis Potosí, por ejemplo (comprendía el estado del mismo nombre, el sur de Tamaulipas y la Huasteca), podían contarse, en mayo de 1913, 10 diferentes bandas rebeldes; a fines de año sumaban 33, con un total de 5 000 hombres.[318] Los federales, aletargados y temerosos de las deserciones, se aferraban a la capital del estado dejando indefensos otras ciudades y pueblos, y los acomodados —como los de Tula (Tamps.), por ejemplo— se veían forzados a buscar refugio en San Luis Potosí.[319]

---

[314] *Ibid.*, p. 65; Barragán, *Historia del ejército*, I, p. 176.

[315] Algunos dicen que a Carranza le disgustaba el agrarismo de Blanco (Adolfo Gilly *et al.*, *Interpretaciones de la Revolución mexicana*, México, 1981, p. 89; Córdova, *Ideología*, p. 197); otros subrayan sus malas relaciones con algunos rebeldes (Barragán, *Historia del ejército*, I, pp. 254-256; Cumberland, *Constitutionalist Years*, p. 47). Sin duda, el noreste estaba dividido a causa de las reyertas entre los rebeldes: Barragán, *Historia del ejército*, I, pp. 299-305 y 312; de Emilio Salinas a Carranza, 16 de diciembre de 1913, Fabela, DHRM, RRC, I, pp. 168-171. Quizá se ha insistido demasiado en el factor agrarista.

[316] Cumberland, *Constitutionalist Years*, pp. 47-48; de Jesús a Venustiano Carranza, 12 de diciembre de 1913, Fabela, DHRM, RRC, I, pp. 102-103.

[317] Harrison, Cerralvo, 1º de mayo de 1913, SD 812.00/7394, véanse pp. 107-108.

[318] Bonney, San Luis, 28 de mayo y 9 de septiembre de 1913, SD 812.00/7790, 8911; Ankerson, *Cedillos*, tesis, cap. 13, p. 28.

[319] Shelby, Tula, 16 de mayo de 1913, SD 812.00/7887.

La autodefensa local se hacía difícil porque "la mayoría de la población no quiere protección contra los carrancistas. Parte de la población rural que podría emplearse para la defensa no se inclina por el gobierno federal"; en otras palabras, los peones no lucharían por Huerta contra los rebeldes a menos que se les obligara.[320] Aunque lo intentaron, los hacendados no consiguieron reclutar "guardias blancas".[321] El patrón de la actividad revolucionaria era confuso y caótico, pero era clara su vehemencia e indicaba el amplio rechazo popular al régimen de Huerta y lo que éste significaba, es decir, "volver al orden porfiriano que había protegido las ambiciones de latifundistas expansionistas como Espinosa y Cuevas".[322] Entre la confusión aparecían con frecuencia nombres y sitios familiares. En la región de Ciudad Victoria-Xicoténcatl, al sur de Tamaulipas, los hermanos Nafarrete acaudillaron en poco tiempo 1000 hombres. Vicente Salazar incursionó por las compañías petroleras de la Huasteca; ahí, los rancheros que habían apoyado a Madero tomaron las armas para resistir la contrarrevolución: Manuel Lárraga ocupó Valles después de que la guarnición federal se amotinó y abandonó la ciudad; Pedro de los Santos, joven maderista rebelde, aspirante a la gubernatura en 1911, se rebeló cerca de Tamazunchale; lo capturaron y fusilaron, pero su hermano lo vengó tiempo después.[323] Una vez más se seleccionaron las víctimas constantes del resentimiento popular: españoles, chinos, oficiales, funcionarios y terratenientes. Veinticuatro haciendas de San Luis Potosí sufrieron ataques entre septiembre y diciembre de 1913.[324]

Así pues, tanto en San Luis Potosí como en otras partes, la revolución constitucionalista presentaba la misma ambivalencia interna que caracterizó a la maderista: por un lado, la guerra civil y el ataque constante a las autoridades condujeron a actos de violencia popular y de venganza perpetrados por "la canalla", "los bandoleros", "los supuestos revolucionarios"; por otro, líderes constitucionalistas respetables y entendidos en política procuraban conservar el orden, resguardar la propiedad y unirse en una fuerza militar capaz de expulsar a Huerta. En San Luis Potosí, representaba esa ambivalencia la división entre los populistas de Valle del Maíz y los rancheros de la Huasteca, y se encarnaba en las rencillas entre las familias de los Cedillo y los Barragán.[325] A fines de 1912, Juan Barragán, quien era estudiante y vacacionaba en su natal Ciudad del Maíz, ayudó a las autoridades en la resistencia contra un ataque de los Cedillo. Éstos eran para Barragán, vástago de ricos

---

[320] Bonney, San Luis, 28 de mayo de 1913, SD 812.00/7790.
[321] Ankerson, *Cedillos*, tesis, cap. 3, p. 29.
[322] *Ibid.*, p. 26.
[323] Miller, Tampico y cercanías, 27 de abril, 6 y 25 de mayo de 1913, SD 812.00/7402, 7422, 7690; Meade, *Valles*, p. 179; Martínez Núñez, *San Luis Potosí*, pp. 40 y 43; Barragán, *Historia del ejército*, I, p. 302.
[324] Miller, Tampico, 25 de mayo de 1913, SD 812.00/7690, incluye informes de Tamasopo, Valles y San Dieguito; Ankerson, *Cedillos*, tesis, cap. 3, p. 29.
[325] Romana Falcón, *Saturnino Cedillo and the Mexican Revolution*, tesis de doctorado, Oxford University, pp. 96-107.

hacendados, "individuos sin convicciones, sin ideales y sin bandera" dados a causar problemas y al pillaje. Pero la revolución constitucionalista absorbió a ambos en 1913: a Barragán como el "liberal y patriota", según se autodefinía, relacionado con los intereses maderistas del estado; a los Cedillo, como revolucionarios populares que continuaron luchando contra los terratenientes locales (entre los que se encontraban los Barragán).[326] A pesar de su filiación constitucionalista común, eran esencialmente antagónicos —como en 1911 lo habían sido Enrique Añorve y los indios de Ometepec, no obstante el "maderismo" que compartían—. Como era de esperar, los Cedillo atacaron El Carrizal, rancho de los Barragán, y los expulsaron hacia la sierra; Barragán y sus aliados, entre los que se encontraba el ordenancista itinerante Castro, salvaron al dueño de la hacienda La Concepción de morir ahorcado por los Cedillo.[327]

Rebelde joven, ambicioso y consciente de la nación, Barragán siguió a Castro hacia el norte y se unió a Carranza en Sonora. Fieles a su clase, los Cedillo permanecieron en San Luis Potosí; después de la rebelión de 1912 coquetearon furtivamente con el nuevo régimen, aunque no se hacían ilusiones sobre su índole; y puesto que no se aceptaron sus condiciones, volvieron a la Revolución con 800 de sus seguidores.[328] Su filiación política, que había sido variable, siguió igual hasta cierto punto. Cuando llegaron a Cárdenas, en febrero de 1913, enarbolaron una bandera roja y declararon su apoyo a Orozco y Vázquez Gómez. Ahora se reemplazaban las figuras que destacaron en 1912 y Orozco estaba a punto de unir su suerte a Huerta. En todo caso, esos marbetes nacionales poco significaban; la actuación posterior de los Cedillo en San Luis Potosí tuvo una orientación política más segura. Junto con Alberto Carrera Torres asolaron el ferrocarril San Luis Potosí-Tampico y en poco tiempo dominaron el territorio entre Tula y Ciudad del Maíz,[329] donde prevaleció una especie de "comunismo primitivo": a las tropas de los Cedillo, compuestas por peones, se les pagaba en especie y no con dinero; las familias recibían alimentos y los artesanos proporcionaban camisas, rebozos, huaraches y sombreros de palma. Entre tanto, la tropa continuaba su trabajo pacífico cortando lechuguilla en los campos de las haciendas abandonadas, para que los Cedillo pudieran venderla y, con su producto, comprar armas.[330] Como Villa, los Cedillo entendieron que era necesario conservar la producción local para costear la guerra, pero su actitud fue más genuinamente agrarista. En la "Ley Ejecutiva del Reparto de Tierras", emitida por los Cedillo y Carrera Torres en marzo de 1913, acusaban a Huerta y prometían dividir todas las propiedades que pertenecieran a los huertistas para entregarlas a los soldados y

---

[326] Barragán, *Historia del ejército*, I, pp. 163-168.

[327] *Ibid.*, pp. 167-168.

[328] Bonney, San Luis, 3 y 28 de marzo de 1913, SD 812.00/6738, 7041; *cf.* Barragán, *Historia del ejército*, I, p. 166.

[329] Miller, Tampico, 18 de abril y 8 de junio de 1913, SD 812.00/7187.

[330] Martínez Núñez, *San Luis Potosí*, pp. 42-43; Ankerson, *Cedillos*, tesis, cap. 3, pp. 29-30.

familias tanto federales como rebeldes; esas propiedades serían inalienables y se proporcionarían créditos para el cultivo. Además, se garantizaba que "a los indígenas de toda la República" se les devolverían las tierras confiscadas por los "bandidos porfiristas".[331] Copias de la nueva ley se expusieron en ciudades y pueblos; al principio, la gente se mostraba incrédula y los terratenientes se burlaban,[332] pero en poco tiempo los Cedillo suscribieron sus promesas. Aumentaron los ataques a los terratenientes (contra los españoles más que nada; contra los estadunidenses fueron relativamente pocos), y fue entonces "obvio que el blanco principal del movimiento revolucionario eran las haciendas".[333] El cónsul de los Estados Unidos en San Luis Potosí, que resumía con tristeza lo que denominaba "lucha social contra la propiedad", predijo que la represión no sería la respuesta, que "el reajuste era lo adecuado" y que éste se haría a "expensas de los terratenientes".[334] Al expulsar a los terratenientes, expropiar tierras y cancelar las deudas de los peones, los Cedillo y Carrera Torres iniciaron un movimiento agrario popular que duró años y sobrevivió a la mayoría de sus líderes.[335]

Más al sur, ahí donde la Mesa Central cae hacia las tierras bajas y calientes de la costa, no se concretaron movimientos revolucionarios duraderos, porque estando más cerca de la Ciudad de México, el gobierno de Huerta pudo vigilar mejor (como lo había hecho Díaz en 1910); las fuerzas del orden tenían más poder y las plantaciones no eran terreno propicio para la rebelión. En Veracruz hubo revueltas esporádicas en las que participaron personajes ya conocidos. Como en 1910 Camerino Mendoza intentó en vano levantar a los trabajadores textiles de Santa Clara en protesta por la muerte de Madero; Mendoza fue ejecutado y Daniel Herrera murió "cuando tratata de escapar".[336] Las revueltas promovidas por los funcionarios maderistas en Zongolica y Acultzingo fueron suprimidas en poco tiempo; en realidad, el único triunfo revolucionario en la primavera de 1913 fue el de los hermanos Márquez —oportunistas veteranos de 1911—, quienes reunieron 200 hombres y tomaron Misantla.[337] Pero el otrora general porfirista Gaudencio de la Llave —cosa más común— desplegó sus rufianescos subordinados en la región de Atoyac, mató

[331] Martínez Núñez, *San Luis Potosí*, pp. 41-42.
[332] Moisés, T. de la Peña, *El pueblo y su tierra. Mito y realidad de la reforma agraria en México*, México, 1964, p. 307 (el autor estuvo más de dos años con las fuerzas de Carranza).
[333] Jan Bazant, *Cinco haciendas mexicanas: tres siglos de vida rural en San Luis Potosí*, México, 1975, p. 182; Bonney, San Luis, 23 de junio de 1913, SD 812.00/8013; aunque, decía Bonney, "el terrateniente es el blanco del ataque", "los comerciantes, especialmente el comerciante que era agente de los productos de la plantación", eran sólo un blanco secundario.
[334] Bonney, 23 de junio de 1913 (*cf.* nota anterior).
[335] Ankerson, *Cedillos*, y Falcón, *Saturnino Cedillo*, son excelentes guías para estudiar el movimiento de Cedillo durante y después de la revolución armada.
[336] Gavira, *Actuación*, pp. 75-76; Canada, Veracruz, 10 de marzo de 1913, SD 812.00/6862; *El Imparcial*, 15 de marzo de 1913; almirante Fletcher, Veracruz, 16 de abril de 1913, SD 812.00/7292. El veterano Rafael Tapia, de Veracruz, estuvo entre las primeras víctimas del huertismo.
[337] A. Rodríguez, Orizaba, 18 de junio; A. McLean, Jalapa, 19 de junio de 1913; SD 812.00/8005; véase también Barragán, *Historia del ejército*, I, pp. 328-332.

"peones" y aseguró paz y tranquilidad para los hacendados durante la temporada de lluvias.[338] Éstas eran un obstáculo para la rebelión, porque en Veracruz, a diferencia de Sonora, estaba aún muy ligada al ciclo agrícola y, por lo tanto, sujeta al cambio de estaciones.[339] Así pues, a lo largo del verano de 1913, la rebelión alcanzó su punto más bajo; en Veracruz aún se reclutaba a los peones que tenían deudas y se les consignaba en las haciendas de Valle Nacional, donde "como si fueran reos [eran] encerrados en galeras, maltratados y vejados"; en Orizaba, cosa que no ocurría en las ciudades industriales del norte, el comercio seguía en auge.[340] A fines del verano, el gobierno de Veracruz —participando a todos de su seguridad— informó a los alcaldes del estado que ya no existía amenaza militar "en la mayor parte de los estados de la República", que las alteraciones del orden eran obra de bandidos comunes y que los hacendados los enfrentarían con sus propios hombres.[341]

Lo mismo sucedía en Tabasco donde, como en otros estados, los observadores advirtieron que era fuerte el soterrado resentimiento por la muerte de Madero, pero que no se manifestaba en protestas concretas.[342] Como siempre, los municipios de Cárdenas, Huimanguillo y Paraíso tuvieron problemas: ataques a las plantaciones y escaramuzas con merodeadores. Carlos Greene y sus aliados, que tenían como base San Pedro, rancho del primero, consiguieron algo de liderazgo y organización; aunque tomaron Cárdenas y Huimanguillo en abril de 1913, fue por poco tiempo y fracasaron en sus posteriores intentos de tomar Cárdenas y Comalcalco.[343] En ataques de este tipo participaron alrededor de 400 hombres. Se calculaba que, a fines del verano de 1913, había en el estado unos 2 000 rebeldes, que operaban generalmente en pequeños contingentes de unos 50 hombres (algo más de lo que Hobsbawm calcula como tamaño óptimo de las compañías de bandidos) los cuales eran, para los observadores locales, una "turba de trabajadores indios sin armas ni líderes competentes".[344] A fines de 1913, la prensa de la Ciudad de México publicó el obituario de la revolución tabasqueña que agonizaba.[345] No obstante, las tropas de Greene aún estaban en pie y desesperadas por obtener armas y municiones. A las órdenes de Luis Felipe Domínguez se organizó un segun-

[338] Harvey, Tezonapa, 14 de junio; Trapp, Atoyac, 17 de junio de 1913; SD 812.00/8005; De la Llave había sido responsable de la muerte de Camerino Mendoza: Gavira, *Actuación*, p. 75.
[339] Canada, Veracruz, 26 de julio de 1913, SD 812.00/8159.
[340] Petición a A. Esteva, Departamento del Trabajo, 29 de enero de 1914, *Trabajo*, 31/2/1/29; Burns, Orizaba, 11 de agosto de 1913, SD 812.00/8668.
[341] Del oficial mayor J. M. Camacho a los alcaldes, 24 de agosto de 1913, AZ, 16/134.
[342] Lespinasse, Frontera, 5 de abril, y *cf.* Carnahan, Aire Libre (Pue.), 25 de febrero de 1913; SD 812.00/7025; 6753
[343] Manuel González Calzada, *Historia de la Revolución mexicana en Tabasco*, México, 1972, pp. 122 y 135-136.
[344] Lespinasse, Frontera, 21 de abril, 7 de junio, 18 de julio, 21 y 28 de agosto de 1913, SD 812.00/7213, 7724, 8269, 8646.
[345] *Ibid.*, 28 de octubre y 13 de noviembre de 1913, SD 812.00/9777, 9717; *Mexican Herald*, 10 de septiembre de 1913.

do foco en el distrito oriental de Los Ríos; desde allí, los rebeldes incursionaban en el vecino Chiapas.[346] También en este estado se manifestaba el descontento sordo, la rebelión surgía esporádicamente, pero no podía romper el control del ejército y de los hacendados. Yucatán también estaba tranquilo; su aporte más notable a la Revolución en esos años fue la rebelión popular, y muy concreta, de Lino Muñoz contra el lascivo jefe político de Progreso.[347] En ese periodo, los problemas que venían de afuera no eran los menores que tenían los estados del Golfo, porque la política del régimen era arrojar a los prisioneros rebeldes en la remota seguridad del sur insalubre. Más de 100 de ellos, reclutados para el ejército y embarcados con destino a las sudorosas guarniciones del Golfo, se rebelaron en Frontera y se apoderaron de un vapor, pero éste zozobró al instante y muchos murieron ahogados. En Mérida (Yuc.), 180 zapatistas lucharon durante dos horas antes de que fuera posible someterlos y ejecutar a sus jefes.[348]

En todo el Golfo, la paz y el orden se relacionaban con las plantaciones. Ahí donde gobernaba la hacendocracia —típico de Yucatán— la rebelión no contaba. Pero en un estado con más diferencias, como Veracruz, creció con el tiempo el movimiento de bandidos y rebeldes, sobre todo en las tierras altas, de agricultura campesina. A fines del verano de 1913, aumentaron los ataques y robos, muestra de que la autoridad se debilitaba en el campo. En la primavera y el verano siguientes esa situación era crónica; los terratenientes de los distritos de Jalapa, Orizaba, Córdoba, Zongolica, Acayucan y los Tuxtlas se quejaban de las constantes demandas de bandidos y rebeldes; era necesario discutir y regatear esas demandas con cautela, pero al fin satisfacerlas, porque los federales y rurales no ofrecían protección.[349] En buena parte, la situación se debía, sin duda, a bandoleros (no sociales) e incluso a rurales irresponsables,[350] pero el acoso a los terratenientes (que éstos y muchos comentaristas afines a ellos consideraban puro bandolerismo) era parte intrínseca de la guerrilla rural que practicaban revolucionarios irreprochables como Zapata. Existen pruebas suficientes de que en Veracruz hubo una rebelión rural genuina (agraria concretamente); con éstas se puede rebatir la opinión general, representada por Heather Fowles y Romana Falcón, de que los vigorosos movimientos campesinos de los decenios 1920 y 1930 nacieron totalmente maduros bajo la dirección del proletariado urbano, sin ascendencia rural alguna ni gestación durante los 10 años de revolución armada.[351]

[346] González Calzada, *Tabasco*, pp. 134 y 143; Benjamin, "Passages", p. 132, aunque sobre esto hay discrepancias.
[347] Germon, Progreso, 20 de agosto de 1914, SD 812.00/13125; Jorge Flores D., "La vida rural en Yucatán en 1914", *Historia Mexicana*, X, núm.3 (enero-marzo de 1961).
[348] Lespinasse, Frontera, 28 de marzo; Germon, Progreso, 20 y 21 de agosto de 1913; SD 812.00/7121; 8757, 8511.
[349] Canada, Veracruz, 25 de septiembre de 1913, 16 de abril y 11 de junio de 1914, SD 812.00/9211, 11742, 12312; la segunda incluye informes de hacendados de todo el estado.
[350] H. Hill, La Estancia, Ver., 4 de abril de 1914, SD 812.00/11742.
[351] Heather Fowler Salamini, *Agrarian Radicalism in Veracruz 1920-1938*, Lincoln, 1978,

Difícil de creer. Es cierto que la rebelión rural se concentraba en algunos lugares y era desarticulada; es cierto que a menudo sufría derrotas no sólo a manos de Huerta y los federales sino, sutil y gradualmente, a manos de los terratenientes y sus aliados "revolucionarios" (proceso que Fowler y Falcón conocen bien). Si creyéramos, como E. H. Carr, que sólo los episodios exitosos de la historia merecen atención, podríamos, justificadamente, ignorar el movimiento agrario veracruzano de 1910-1920. Pero Fowler se esmera en escribir historia (buena historia) "desde la perspectiva de los perdedores... de los relegados al basurero de la historia";[352] en tal caso, no se justifica el descuido. El análisis de la rebelión rural de 1910-1920 puede incluso indicar más continuidad temporal y más importancia de los factores rurales autónomos (contrapuestos a los exógenos, urbanos) en la evolución del movimiento campesino veracruzano después de 1920.

El cónsul estadunidense en Veracruz no simpatizaba con la rebelión; lamentaba la violencia, el descalabro económico que provocaba la Revolución y, como muchos de su clase, daba gran importancia al bandolerismo, al robo en despoblado, a los ataques "apolíticos" contra individuos y propiedades. Pero mediante una red de contactos en todo el estado se mantenía al tanto de la situación rural, y si no podía articular sus opiniones con la habilidad analítica de su colega de San Luis Potosí, no tenía dudas de cuál era la raíz del levantamiento popular veracruzano: "... en realidad, la cuestión agraria ha sido siempre la causa principal de los disturbios en este estado. La tradición enseñó a los campesinos que la compra de sus tierras [por los de afuera] es para ellos tremenda injusticia. Los agitadores pueden ganárselos y pueden llamarse zapatistas o carrancistas, pero en el estado de Veracruz los levantamientos tienen sólo importancia local. Si pueden conseguir las libertades que disfrutaban sus antepasados, tiene sin cuidado a los indios quién ocupe la silla presidencial. A veces son incapaces de decir por qué principio luchan. Sin embargo, sus incursiones no se hacen con espíritu ilegal; hay abusos, y comprender que han sufrido demasiado tiempo convierte esas reacciones extremas en lealtad hacia su gente. Ningún cambio de gobierno les satisfará, no importa qué promesas les haga, y hasta que las reformas transformen completamente la situación económica, el descontento persistirá".[353]

De esa manera, un observador extranjero y desafecto resumía limpiamente la naturaleza de la protesta campesina en Veracruz (y también en otras partes). Las quejas estaban mal articuladas, eran estrechas de miras y particulares, pero tenían gran peso moral ("tremenda injusticia"); a falta de medidas compensadoras pacíficas e institucionales, se las establecía ahora directa, violentamente, y continuaría siendo así hasta que se emprendiera una reforma "fundamental" —no un simple cambio nominal de presidente—. Ejemplos

pp. 8-24; Falcón, *El agrarismo*, pp. 28-31; las referencias, muy breves, sugieren que los autores consideran que la historia del agrarismo en Veracruz empieza en el decenio de 1920.

[352] Fowler, *Agrarian Radicalism*, p. XI (cita a Horowits).

[353] Canada, Veracruz, 4 de septiembre de 1913, SD 812.00/8851.

concretos lo confirman. El presidente municipal de Águila había quitado el derecho de agua a la comunidad para entregársela al pueblo de Maltrata; la gente se rebeló, quemó el ayuntamiento y mató al odioso munícipe.[354] Cuando las autoridades huertistas procuraron una tregua con Bartolo Cabanzo, quien por entonces encabezaba una rebelión en el distrito de Zongolica, él "da a entender que no es carrancista ni tiene compromisos con los partidos contendientes, sino lo que él desea es: que se dé posesión de sus tierras a los indios de la comarca que dirige y a los cuales dice se les despojó por propietarios hacendados, y que se les deje en libertad absoluta para [...] nombrar autoridades locales entre individuos de su propio terreno y de su estimación y confianza".[355]

Esa poderosa amalgama de sentimientos serranos y agraristas se encontraba con más frecuencia en aquellas regiones altas donde los pueblos podían repeler mejor a la autoridad del estado y a los terratenientes: en los altos de la Malinche, por ejemplo, al sur de Tlaxcala, las familias revolucionarias de 1910-1911 resurgieron, se establecieron e iniciaron la reconquista del campo que ni federales, guardias blancos o unidades de voluntarios pudieron evitar.[356] En la primavera de 1914, también en Veracruz, gente pacífica descendió de la agitada sierra a la relativa calma de la tierra caliente.[357] El reclutamiento forzoso que intentaba el gobierno era un acicate más para la rebelión. Cuarenta rebeldes ("sin credo determinado") tomaron Zongolica al amanecer del 10 de enero de 1914 utilizando el procedimiento de costumbre: abrieron la cárcel, saquearon la jefatura, la tesorería municipal y el ayuntamiento, quemaron en la calle los documentos legales y asaltaron cinco comercios. El alcalde resultó herido, y los rebeldes, que encontraron al jefe pidiendo ayuda por teléfono, lo golpearon y le dijeron "que ya se habían acabado las consignas al ejército, las levas, y cuantas arbitrariedades y malos procedimientos [que] había usado en su administración".[358]

En realidad, la práctica indiscriminada de la leva en el régimen de Huerta servía ahora para generalizar la rebelión que debía cercenar. Los encargados del reclutamiento empezaron a peinar la sierra de Puebla a mediados del verano de 1913 y forzaban a los indígenas a ingresar al ejército.[359] Hasta ese momento, la sierra había estado en relativa paz. El cacique Juan Francisco Lucas había luchado durante la Reforma, pero no fomentaba la guerra; en 1912 estuvo muy ocupado tratando de que su hijo fuera elegido miembro del Congreso estatal, para lo cual aseguró los buenos oficios del presidente

[354] *Ibid.*, 2 de abril de 1914, SD 812.00/11481.
[355] Del jefe político, Zongolica, al gobernador, s. d., abril-mayo de 1914, AZ, 6/51.
[356] Buve, "Peasant Movements", pp. 134-135.
[357] De G. Pérez, Xoxocotla, al jefe político, Zongolica, 20 de abril de 1914, AZ, 6/41.
[358] Del secretario de la jefatura, Zongolica, al gobernador, 10 de enero de 1914, AZ, 9/46. El ataque seguía el patrón de costumbre: los rebeldes "profesionales" del general (Raúl) Ruiz, tenían el apoyo de los hombres del lugar.
[359] A Davenport, Aire Libre, 19 de junio; Canada, Veracruz, 28 de agosto de 1913; SD 812.00/8005; 8852.

Madero.³⁶⁰ Cuando la leva comenzó en las montañas, Lucas protestó ante el gobierno sin conseguir satisfacción alguna y por fin se rebeló aliado con el veterano rebelde del lugar, Esteban Márquez; ambos lucharon para poner fin a la conscripción y hacer valer la autonomía local. Eran, en realidad, representantes de una nueva ola de protesta serrana engendrada por la Revolución. A mediados de septiembre, dejándose llevar en su vieja litera, Lucas iba al frente de 2 000 hombres para atacar Teziutlán. Después de una semana de lucha en la que no hubo vencedores ni vencidos, empezaron las negociaciones, en las que participó como intermediario el jefe de la compañía cuprera estadunidense que estaba en las inmediaciones (sólo a él aceptaban las partes en conflicto; buena muestra de la neutralidad que conservaron las compañías extranjeras durante la Revolución). El acuerdo al que finalmente llegaron los rebeldes demuestra plenamente que "sus quejas y deseos se sustentaban de manera total en la situación de la localidad". Esteban Márquez formaría la Brigada Serrana y el gobierno federal le pagaría para vigilar la región alrededor de Teziutlán, Zacatlán, Alatriste, Jalacingo y Papantla; las tropas federales se retirarían del territorio, se dejaría en libertad a los presos políticos y la Brigada Serrana tendría derecho de nombrar a los funcionarios locales; se permitiría a los indígenas reclutados unirse a la Brigada y cesaría todo reclutamiento forzoso; por último, al comenzar 1914, se impartiría a todos educación primaria gratuita.³⁶¹ El acuerdo era un privilegio serrano, muestra de la fuerza del cacicazgo de Lucas y de que el régimen reconocía tarde el poder del provincialismo ofendido. El arreglo era más viable en este caso que en el de Zapata pues, aunque en último término el deseo de los serranos de que se les dejara en paz era subversión contra el Estado, era también más benigno, menos contagioso que el ataque de los agraristas a los derechos de propiedad; comparada con el zapatismo, la protesta de los serranos era remota y desarticulada, y además —en éste como en muchos otros casos— capitaneaba la rebelión un cacique tradicional de aspecto conservador.

Pero el huertismo toleraba las pretensiones de los serranos a regañadientes, y esa tolerancia era, en potencia, peligrosa. Se desalentó la renovada rebelión serrana en Oaxaca mediante el arresto preventivo de Hernández y Meixueiro, caciques de Sierra Juárez —también prosélitos de Félix Díaz—; aunque se informó de problemas en la primavera de 1913, la rebelión se pospuso hasta la caída de Huerta y la liberación de esos líderes tradicionales.³⁶² Los acuerdos conseguidos en la sierra de Puebla satisficieron a Lucas y Már-

---

³⁶⁰ Véase p. 490.

³⁶¹ Miller, Tampico, 22 de septiembre, Canada, Veracruz, 25 de septiembre; Davenport, Aire Libre, 11 de septiembre de 1913; SD 812.00/9019; 9211; 9223; Davenport dice que los indios venían de Tetela de Ocampo, Zacapoaxtla, Tlatlauqui y Xochiapulco. Sobre los términos del acuerdo: Canada, Veracruz, 4 de diciembre de 1913, SD 812.00/10162.

³⁶² Ronald Waterbury, "Non-Revolutionary Peasants: Oaxaca Compared to Morelos in the Mexican Revolution", *Comparative Studies in Society and History*, XVII (1975), p. 431; Ramírez, *Oaxaca*, pp. 137-148.

quez pero no a todos sus seguidores, quienes imaginaron tal vez que habría más lucha y botín o procuraban quizá superar los objetivos estrechos y particulares de sus líderes (Márquez era sin duda un conservador oportunista). Sea como fuere, en el otoño de 1913, bandas de indios infestaban la sierra cerca de Teziutlán, robaban a los comerciantes y pernoctaban en atemorizados pueblos y aldeas.[363] Un día entraron en Aire Libre gritando "¡Viva Zapata!" y "dando muestras claras del desvarío causado por la ebriedad"; su cabecilla, que decía haber luchado con Zapata en Morelos, se apoderó de algunas armas de la compañía cuprera. Mientras la Revolución progresaba lentamente en el norte, Lucas y sus aliados empezaron a preocuparse porque su arreglo podría señalarlos como huertistas, provocar la reacción de los constitucionalistas y revivir la irritante cuestión de las interferencias extrañas. Procuraron al cónsul de los Estados Unidos en Veracruz y le pidieron que "hablara con los revolucionarios en su favor y les explicara que no había hostilidad de su parte".[364] Para esto era necesario el permiso de Washington, y recayó en William Jennings Bryan, epítome de la mentalidad localista del medio oeste, la responsabilidad de ocupar su estrecho cacumen en ese problema distante, examinar la solicitud de los indios de Teziutlán y autorizar en su favor los buenos oficios de los Estados Unidos.[365]

La rebelión de Lucas y Márquez llegó hasta la siempre conflictiva Papantla, donde el cultivo de la vainilla hizo ricos a pocos, dejó sin tierras a muchos (sobre todo a los campesinos indígenas) y provocó un cúmulo de problemas y rencores.[366] Como era usual en esos casos, un jefe político que se había perpetuado en el cargo fue centro del resentimiento popular.[367] En mayo de 1913 se controló una pequeña rebelión en Papantla; un mes después, Alejandro Vega y los hermanos Márquez encabezaron con mucho éxito un ataque descrito en uno de los mejores corridos de la Revolución.[368] Bajo una lluvia torrencial, los rebeldes llegaron desde Coazintla y entraron por el cementerio del pueblo. Los indígenas de la región, que simpatizaban con los rebeldes, abandonaron la guarnición cuando llegó el ataque; los federales trataron de llegar al campanario para guarecerse mientras los señores vainilleros se escondían en los sótanos de sus casas.[369] Durante la batalla, la lluvia que corría por las calles inundaba las trincheras de los federales. Por la tarde los rebeldes dominaban el pueblo; los federales sobrevivientes se rindieron, y

---

[363] Caranahan, Teziutlán, 24 de octubre de 1913, SD 812.00/9696.

[364] Lind, Veracruz, 12 de diciembre de 1913, SD 812.00/10152.

[365] De Bryan a Lind, 13 de diciembre de 1913, SD 812.00/1015.

[366] Gavira, *Actuación*, p. 99; Fowler, *Agrarian Radicalism*, p. 8; Leticia Reina, *Las rebeliones campesinas en México (1819-1906)*, México, 1980, p. 359; de Madero al gobernador Levi, 17 de agosto de 1912, Fabela, DHRM, RRM, IV, p. 85.

[367] Gavira, *Actuación*, p. 94.

[368] *Mexican Herald*, 13 de mayo de 1913; Vicente T. Mendoza, *Lírica narrativa de México: el Corrido*, México, 1964, pp. 73-75.

[369] Mendoza, *Lírica*; Canada, Veracruz, 2 y 17 de julio; Miller Tampico, 4 de julio de 1913; SD 812.00/7950, 8162, 8069.

los vainilleros emergieron de sus escondites para enfrentar quién sabe qué destino ominoso. Por lo menos —concluye el corrido— la gente de Papantla demostró que era "carne rebelde y brava y no muñecos de trapo".[370]

Los hombres de Morelos no necesitaban pasar por esa prueba. Durante 1913-1914, en el panorama de la rebelión popular, que incluía a la mayoría de los estados del centro, Morelos se destacó como lo había hecho en 1911-1912, aunque menos por la particularidad de sus problemas —los cuales, *pace* algunos análisis, eran evidentes en muchas otras regiones— que por su intensidad y concentración, así como intensa y concentrada era la actividad de los zapatistas. Por eso el zapatismo se convirtió en promotor de la revolución en el centro-sur de México, y fue ejemplo de inspiración para los movimientos populares desde Puebla y Tlaxcala en el este, hasta Guerrero y la Costa Grande en el oeste, pasando por el Estado de México. La revolución de la Mesa Central dependió de Morelos: ahí enfrentó Huerta su amenaza más cercana, y ahí encontró el constitucionalismo del norte el reto más severo a su hegemonía revolucionaria.

El resurgimiento del zapatismo en las últimas semanas de 1912 recibió nuevo estímulo cuando las tropas federales abandonaron Morelos durante la Decena Trágica. Y así, cuando Huerta procuró conseguir la adhesión de los zapatistas, éstos tenían más fuerza para oponérsele, porque dominaban el campo y algunos pueblos del estado.[371] Las insinuaciones de Huerta tuvieron escasa respuesta; el presidente se entregó entonces a la represión sin medida, y nombró al general Juvencio Robles —hombre de su completo agrado— para que reiniciara lo que había dejado inconcluso en 1912. Se impuso la ley marcial; el gobernador Leyva ("que era sospechoso de deslealtad al nuevo régimen") fue uno de los primeros en caer. El sucesor constitucional, Benito Tajonar, fue hecho prisionero con todos los legisladores del estado porque rehusaron aceptar el control de los militares.[372] Apoyado por la mayoría (no por la totalidad) de los hacendados de Morelos —quienes sin demora se aferraron a la paz "cueste lo que cueste"—, Robles se convirtió en gobernador militar; los reformadores moderados —Leyva, Tajonar, Díez, Morales— se convirtieron en fugitivos, prisioneros o, en algunos casos, conversos de no muy buena gana a la línea dura del huertismo. En consecuencia, desapareció de Morelos —primera víctima de la política huertista— "el partido de la reforma legal", y la política triple, ambigua, que en 1912 había puesto en peligro la sobrevivencia del zapatismo vigoroso y beligerante, cambió a una clara dicotomía que no podía sino favorecer a Zapata y las guerrillas.[373]

---

[370] Mendoza, *Lírica*, p. 75. En ese mes, el *Mexican Herald*, 25 de julio de 1913, informó que en Chicontepec, al norte de Papantla, se habían rebelado los indígenas; pedían la división de tierras y la destitución de funcionarios.

[371] Womack, *Zapata*, p. 162.

[372] *Ibid.*, pp. 164-165; Wilson, Ciudad de México, 1º de abril de 1913, SD 812.00/7101, sobre la opinión que Huerta tenía de Leyva.

[373] Womack, *Zapata*, pp. 163-166 y 175.

Zapata reaccionó inmediatamente ante el gobierno militar. Los rebeldes atacaron Jonacatepec, al que tomaron después de 36 horas de lucha; consiguieron armas, caballos e hicieron cientos de prisioneros, a quienes dejaron en libertad a condición de que en el futuro no lucharan contra la Revolución. Uno de ellos, el veterano Higinio Aguilar, se unió a los zapatistas y contribuyó con información útil —y para él lucrativa— acerca de federales corruptos que se dedicaban a la venta de armas.[374] La rebelión de Morelos, a diferencia de la lejana en el norte, afectó directamente a la Ciudad de México: el movimiento de los zapatistas en los alrededores de Yautepec interrumpió el trabajo en las canteras de mármol, suspendiendo las obras en el Teatro Nacional y en el nuevo Banco de Londres y México.[375] Resurgido el zapatismo, amenazadas Cuautla y Cuernavaca, con la revolución popular trepidando a las puertas de la ciudad consentida, Huerta llegó a extremos para sofocar la rebelión de los surianos. Mientras los sonorenses afianzaban su posición en el noroeste y los federales avanzaban lentamente hacia Coahuila, las tropas se vertían en Morelos (que se había convertido en prioridad) para aniquilar a Zapata. En el gabinete se criticó la decisión, porque Carranza, a diferencia de Zapata, era presidenciable, rival de consideración en la lucha por el poder nacional, y la revolución del norte, con sus cuadros instruidos y su profesionalismo incipiente, era una amenaza mayor para Huerta que la "canalla" de Morelos.[376] Pero Huerta, que hacía poco caso a su gabinete, prefirió seguir con la represión en Morelos, para lo cual echó mano de las primitivas técnicas de contrainsurgencia que le eran muy familiares: "concentrar" a la población civil, arrasar pueblos descontentos, ejecutar de manera sumaria y reclutar por la fuerza.[377] A fines de 1913, recuerda un pueblerino, "… no podía uno siquiera salir del pueblo, porque si llegaba el gobierno y lo encontraba por el camino, lo mataba".[378]

Se ha dicho que el lento avance de Huerta en Chihuahua en 1912, no se debió a su deslealtad hacia Madero, sino a que se había dado cuenta, por las experiencias de Yucatán y Morelos, de que "el ejército mexicano no estaba preparado para comprometerse en operaciones antiguerrilleras".[379] No obstante, en 1913, sancionó todas las medidas torpes y contraproducentes que Robles puso en práctica en Morelos. Huerta hacía así las cosas; se trataba de conseguir "paz cueste lo que cueste". Aun antes de que Robles tomara su puesto, Huerta planeaba una gran ofensiva contra Morelos y hablaba de deportar 20 000 morelenses a las plantaciones de Quintana Roo —la vieja política usada en la guerra de los yaquis, aplicada ahora a gente que vivía trasmon-

[374] *Ibid.*, p. 167. Puesto que los surianos no podían conseguir armas de los Estados Unidos, las obtenían de los federales muertos, capturados y corruptos.
[375] De L. Mix a M. Smith, 13 de marzo de 1913, SD 812.00/6682.
[376] Calero, *Un decenio*, p. 145; Vera Estañol, *Revolución mexicana*, pp. 326-327.
[377] Womack, *Zapata*, pp. 167-168; Warman, *Y venimos a contradecir*, pp. 111 y 141.
[378] Oscar Lewis, *Pedro Martínez: A Mexican Peasant and his Family*, Londres, 1969.
[379] Meyer, *Huerta*, p. 43.

taña de la Ciudad de México—.[380] Huerta prometió a la élite del Jockey Club "hechos... no palabras"; pidió paciencia a los hacendados de Morelos (los "favorecidos por la suerte"), quienes perderían sus propiedades, y comunicó que "el gobierno [procedería], por así decirlo, a despoblar el estado" para extirpar el zapatismo.[381] Como presidente, Huerta no encontró virtud en la conciliación y puso su fe en la paz romana.

Pero esta paz era inalcanzable. Se conservaban las ilusiones: en todo Morelos desaparecía la gente de los pueblos a medida que se acercaban las columnas de federales; el estado se vería como un desierto moteado por los restos ennegrecidos de pueblos y aldeas.[382] Ansioso de éxito y ascensos, Robles avanzó hacia el cuartel zapatista de Huautla, al sur del estado, y decidió (aunque no lo dijo con estas palabras) que ése sería el Verdún de Morelos, donde acorralaría y bombardearía al zapatismo hasta someterlo. Pero los zapatistas no eran los *poilus* del frente occidental. Mientras tres columnas de federales convergían en Huautla, los rebeldes se dispersaron hacia Puebla y Guerrero; la artillería federal bombardeó un territorio desierto. Robles, por su parte, hizo una entrada triunfal que complació a la Ciudad de México y consiguió los ascensos que deseaba. Declaró Robles que en Huautla había encontrado gran cantidad de armas y documentos; también encontró los cadáveres de Pascual Orozco padre y otros enviados por Huerta a pactar con Zapata. Robles opinó que Morelos estaba ahora "en calma". Pocas semanas después, Huerta empezó a enviar tropas hacia el norte, y Robles se retiró de Morelos con varios millares de federales.

Pero no había calma en Morelos. La gente de los pueblos y los guerrilleros habían huido a los cerros, y fue ahí, en los numerosos campamentos rebeldes, donde se hizo realidad la "concentración" que la estrategia de Robles quería conseguir. La vida en los montes era dura y la gente padecía hambre, pero la leva, las deportaciones, la destrucción de los pueblos y el embargo impuesto por los federales a las reservas de alimento sólo endureció la determinación de los campesinos.[383] Secundaba ahora a los pocos zapatistas activos una multitud de nuevos reclutas y simpatizantes a quienes había convencido la represión indiscriminada del ejército. Los habitantes de Tepoztlán, que hasta entonces se habían mantenido al margen del zapatismo, deseaban quizá las tierras de las haciendas vecinas que les habían prometido los rebeldes, pero se unieron a la rebelión en defensa propia; "si no hubiera sido por los tremendos abusos de los federales —dice Lewis— es probable que la mayoría de los tepoztecos hubieran permanecido neutrales".[384] El número de los zapatistas creció rápidamente; había incluso un batallón de mujeres de Puente de Ixtla, quienes, "al mando una fornida ex tortillera llamada la

---

[380] Wilson, Ciudad de México, 1º de abril de 1913, SD 812.00/7101.
[381] *Mexican Herald*, 23 de abril de 1913.
[382] Womack, *Zapata*, pp. 174-175.
[383] *Ibid.*, p. 170.
[384] Oscar Lewis, *Life in a Mexican Village: Tepoztlan Restudied*, Urbana, 1963, p. 232.

China... hicieron salvajes incursiones por el distrito de Tetecala" vengando la muerte de sus hombres.[385] Los zapatistas empezaron a extender su movimiento a Puebla, Guerrero y el Estado de México, y Zapata a establecer contacto con los jefes revolucionarios de los estados vecinos.[386] A medida que aumentaban aliados y subordinados, Zapata consideró necesario planear, regular y organizar más que en el pasado. Aunque la revolución de Morelos jamás conseguiría el profesionalismo de la sonorense, necesitaba superar el localismo y espontaneidad de su primera época para enfrentar un ejército federal robustecido y a su endurecido liderazgo.

Esa organización necesitaba el talento, que escaseaba en Morelos, y atrajo un nuevo grupo de fuereños —hombres que, por lo menos, no habían participado en las primeras etapas de la rebelión—. Cabecillas de éxito, encumbrados a puestos militares y políticos, necesitaban oradores, secretarios, administradores y mediadores que desempeñaran las tareas —desagradables pero necesarias— que ellos desdeñaban; o, como dijo Luis Blanco a Francisco Múgica (uno de los tantos que llegaron al ámbito bajo su férula): "... como en esta campaña se va a necesitar igualmente de la palabra que de las armas, [...] yo quisiera ponerme en contacto con un embustero de esos que saben hablar".[387] Manuel Palafox fungía como escribano, secretario y vocero oficial de Zapata; era Palafox un joven "corto de estatura, flaco, marcado de viruelas", que tenía formación en ingeniería, comercio, contaduría y —se decía— preferencias sexuales poco ortodoxas.[388] Trabajó en diferentes partes de la República y adquirió experiencia en todas las actividades (incluso "los aspectos más esenciales de la actividad"), algo de lo que carecía el morelense común. En 1911, cuando trabajaba en la frontera este de Morelos, se le encomendó llevar un soborno a Zapata, pero se entusiasmó con los rebeldes, quienes pensaron que su conocimiento del norte del país sería útil para las misiones políticas. Durante el juicio de Pascual Orozco padre y su grupo de huertistas, Palafox fungió como fiscal; en 1913 emergió como el espíritu administrativo detrás del nuevo zapatismo organizado.

En primer lugar, era necesario revisar el Plan de Ayala, que había quedado a la zaga de los acontecimientos. Zapata tomó el lugar de Orozco en el liderazgo nacional de la Revolución; Orozco y Huerta eran condenados como traidores y usurpadores. Se formó una Junta Revolucionaria del Sur, con media docena de cabecillas destacados, en la que Zapata fungía como presidente y Palafox como secretario.[389] Abastecimiento, paga, préstamos forzosos, que hasta entonces dependían de lo que decidieran espontáneamente las bandas locales, se sujetaron ahora a una regulación central. Se ordenó a los

---

[385] Womack, *Zapata*, p. 170. Las amazonas de Tetecala se incorporaron inmediatamente al mito del "Atila del sur" (Rutherford, *Mexican Society*, p. 151).
[386] Véanse pp. 184-185.
[387] María y Campos, *Múgica*, p. 57.
[388] Womack, *Zapata*, pp. 166 y ss.
[389] María y Campos, *Múgica*, p. 172

líderes cambiar funcionarios "de acuerdo a los deseos del pueblo" y ofrecer "apoyo moral y material" a localidades que pidieran la restitución de sus tierras, lo que generalizó y legalizó la práctica zapatista existente. En octubre de 1913, establecido el cuartel general zapatista en el norte de Guerrero, se emitieron más directivas para coordinar las campañas militares: se instituyeron rangos de suboficiales con la condición de que la gente de un jefe obedeciera a los oficiales de otro; se reguló el suministro y distribución de la paga; la deserción se convirtió en crimen. Estas directrices representaban intentos —no del todo exitosos— de "destruir el sistema de lealtades rivales que existían entre las fuerzas revolucionarias y afirmar el mando y la autoridad conforme a una jerarquía militar regular".[390]

A fines de 1913, Zapata concluía tratos con líderes rebeldes de la distante Costa Chica y acopiaba cada rifle, cada cartucho, para iniciar un ataque de penetración en Guerrero, que sería preludio de la marcha sobre la Ciudad de México. Desde 1911, Guerrero tenía un poderoso movimiento revolucionario propio: Julián Blanco en el centro del estado; los Figueroa en el norte; Silvestre Mariscal en la Costa Grande y Jesús Salgado en tierra caliente.[391] El golpe de Estado los forzó a revisar y reconsiderar —a menudo de manera pragmática y "sin ideología"— tanto las relaciones entre sí cuanto las que tenían con el gobierno central.[392] Al principio hubo una frágil tregua, durante la cual algunos rebeldes se afiliaron a Huerta, pero en pocas semanas la situación empezó a cambiar. En marzo de 1913, Gertrudis Sánchez levantó el estandarte de la rebelión en Coyuca y lanzó una ofensiva contra Michoacán a través del Balsas; durante el verano arremetió contra lo que se le ponía por delante hasta que las trepidaciones de la Revolución llegaron a las costas del Pacífico donde la autoridad se debilitaba.[393] Aunque oriundo de Coahuila, Sánchez colaboró con los rebeldes guerrerenses cuya suerte era diversa. En abril de 1913, Rómulo Figueroa se rebeló y tomó Chilapa por breve tiempo; tuvo que enfrentar después el contraataque federal y se vio obligado a buscar refugio con Sánchez en Michoacán. Su hermano Ambrosio —gran rival de Zapata en 1911— cayó prisionero de los federales en junio y fue ejecutado.[394] Al apagarse la estrella de los Figueroa, otros tomaron su lugar y Zapata pudo progresar en su búsqueda de aliados.

Por entonces, los zapatistas morelenses se desplazaban en Guerrero e incluso operaban en Huitzuco, jurisdicción de los Figueroa. Ya avanzado 1913, cuando Huerta no pudo controlar Guerrero, Julián Blanco se unió a la

---

[390] *Ibid.*, p. 178.
[391] Ian Jacobs, *Aspects of the History of the Mexican Revolution in the State of Guerrero up to 1940*, tesis de doctorado, Cambridge University, 1977, pp. 175-176.
[392] *Ibid.*, p. 171.
[393] Romero Flores, *Michoacán*, pp. 67 y ss. Kirk, Manzanillo, 8 de junio de 1913, SD 812.00/7859, dice: "prácticamente toda la costa de Michoacán está fuera de la ley".
[394] Moisés Ochoa Campos, *Historia del estado de Guerrero*, México, 1968, p. 293; Jacobs, *Aspects*, pp. 172-173.

Revolución y aceptó el liderazgo de Zapata, como lo hizo el agrarista de la región Jesús Salgado.[395] A diferencia de muchas afiliaciones revolucionarias, éstas fueron reales y efectivas: Blanco, Salgado y otros líderes guerrerenses firmaron el Plan de Ayala, colaboraron en lo económico y militar con Zapata y lucharon a su lado en la gran acción conjunta que culminó con la toma de Chilpancingo —capital del estado— en la primavera de 1914.[396] Entre los líderes guerrerenses de primera fila, sólo Silvestre Mariscal resistió la persuasión de Zapata y permaneció más o menos leal a Huerta. Aunque hasta entonces la Costa Grande parecía muy segura, esa seguridad era engañosa e inspiraba poca confianza en los acomodados de Acapulco. Al reclutar Huerta hombres entre las fuerzas ex rebeldes de Mariscal y Radilla (un millar de hombres armados con máuseres), no hizo más que entregar el poder a los irregulares del lugar, los cuales apenas se distinguían de los rebeldes que debían aplastar. En realidad, Mariscal no se mostró muy dispuesto a empezar la represión; según informes, sus hombres "no tienen quejas de sus hermanos bandoleros y nunca los persiguen con mucho entusiasmo". Por el momento, Mariscal y Blanco eran compadres; la *bête noire* del primero seguía siendo la comunidad de comerciantes españoles del puerto: "Los habitantes de Acapulco —dice un informe— parecen temer más que Mariscal y sus hombres invadan la ciudad, que a los rebeldes".[397]

Mientras Mariscal desempeñaba su papel usual de rebelde, coqueteando con Huerta, desdeñando el zapatismo y consiguiendo así un feudo militar y político semiindependiente, en 1914 el grueso de los rebeldes guerrerenses estaba ya con Zapata, quien por entonces estaba al frente de una genuina alianza de revolucionarios que operaban en Morelos, Guerrero, Puebla y el Estado de México, acorralando a los federales en poblaciones importantes; lo único que los detenía para atacar los últimos bastiones huertistas era la escasez crónica de armas.

Crecido el movimiento, hubo problemas y nuevas demandas. Se pensó que era necesario tener contacto con los rebeldes del norte y presentar en los Estados Unidos el caso de los zapatistas con la esperanza (que resultó ser ilusoria) de garantizar su condición de beligerantes y conseguir armas. Fue necesario aplacar y disciplinar a los veteranos de Morelos —desilusionados algunos porque Zapata hacía su campaña en Guerrero—.[398] En todo se advertía la mano de Palafox (en la ampliación del horizonte político, en la diplomacia, en la administración); con todo, no hizo más que desempeñar el papel que necesitaba el desarrollo constante y orgánico de la rebelión suriana, la cual era aún, en esencia, rebelión de Zapata y los campesinos.

---

[395] Jacobs, *Aspects*, tesis, p. 176; Womack, *Zapata*, p. 180.
[396] Womack, *Zapata*, pp. 181-182; acerca de la multitud de "adherentes al Plan de Ayala" en una docena de estados, donde la etiqueta de zapatista poco significaba, *cf.* p. 171.
[397] C/o USS Annapolis, Mazatlán, 30 de diciembre de 1913, SD 812.00/10547.
[398] Womack, *Zapata*, pp. 179-180.

El huertismo

El gabinete, el Congreso y el "Coloso del norte"

Zapata, Carranza y también Huerta tuvieron que enfrentar problemas en los que se mezclaban cuestiones militares y políticas, a causa de la escalada de la guerra civil. Aunque hubiera sido muy de su gusto, Huerta no pudo abolir la política, y las decisiones que a ese respecto tomó en lo interno y lo internacional chocaron con las soluciones militares que prefería. Al principio, su política draconiana empujó a Carranza y los sonorenses a la rebelión abierta; después, esas rebeliones se consolidaron y las revueltas populares dispersas comenzaron a aglutinarse. ¿Cómo se proponía Huerta salir adelante en medio de ese deterioro? El hilo conductor constante, desde el principio hasta el final de su régimen, fue la militarización: creció el ejército federal y la confianza depositada en él, se favoreció la toma del mando de los cargos políticos por militares y se militarizó a la sociedad en general. Aun el revisionismo, que trata generosamente a Huerta, admite que "la pacificación dominaba [su] política interna", y que estuvo a punto de "convertir a México en el estado más militarizado del mundo".[399] Pero el revisionismo disminuye la importancia del militarismo de Huerta, porque lo considera otro aspecto de un régimen heterodoxo, que aceptó la necesidad de una serie de políticas, que fue por lo menos tan progresista como el de Madero en el aspecto social, y que, en consecuencia, no era contrarrevolucionario. Las pruebas que sostienen esa opinión (lo veremos abajo) no son muy notables.[400] Diría, por el contrario, que, en primer lugar, el régimen de Huerta fue esencialmente militar (el militarismo fue la característica que lo definió); y en segundo lugar (argumento poco original), que fue en sustancia contrarrevolucionario, porque buscó poner fin al experimento liberal, aplastar el movimiento popular y regresar a los viejos y felices días del Porfiriato, para lo cual podía contar con el apoyo de los poderosos grupos conservadores de la sociedad mexicana.[401]

Sin embargo, en ese argumento (no por conocido menos convincente) se esconde una paradoja que es preciso desentrañar. La empresa de revivir el porfirismo parecía necesitar políticas militaristas; pero éstas, que implicaban divergencias cada vez mayores con la práctica porfirista, impidieron que el régimen de Huerta se convirtiera en una copia exacta del de don Porfirio y, por último, le significó el abandono de muchos porfiristas que en un principio habían sido sus partidarios más firmes. No hubo en el régimen de Díaz algo que pudiera equipararse con el militarismo de Huerta. Aun en sus primeras

---

[399] William L. Sherman y Richard E. Greenleaf, *Victoriano Huerta: A Reappraisal*, México, 1960, p. 101; Meyer, *Huerta*, p. 95.

[400] Véanse pp. 111-121.

[401] Calero, *Un decenio*, p. 130; Katz, *Deutschland*, p. 231.

épocas, Díaz temperó lo militar con soluciones políticas y mostró capacidad para transigir y actuar con diplomacia; reconoció el poder de los caciques civiles, de los líderes guerrilleros, de la oligarquía provinciana, de los tecnócratas de la Ciudad de México tanto como del ejército. Todos eran miembros del cuerpo político porfirista. A la inversa, el régimen de Huerta estaba cojo y dejaba a un lado las muletas políticas que se le ofrecían; era inevitable que pronto comenzara a tambalearse. Díaz quitó sistemáticamente del gobierno a coroneles y generales, y conservó sólo aquellos con don político, pero Huerta los reintegró tuvieran o no otro talento que el militar (algunos carecían aun de éste). Huerta y sus partidarios querían, sin duda, el retorno del porfirismo, pero en esa atmósfera, caldeada por la guerra civil y el trastorno social, aplicaron métodos ajenos a don Porfirio. Ese desacuerdo tenía poca relación con la justicia social o el progreso político. Los recursos del huertismo —militarismo y represión—, aunque sin precedentes en sus dimensiones, carecían de originalidad y eran impertinentes; no obstante, los objetivos de Huerta eran los que Díaz había procurado alcanzar (con más éxito) durante una generación: crear un Estado centralizado y fuerte, y conseguir una economía capitalista dinámica sin cambiar en sustancia el *statu quo* político-social. Dicho de otra manera, Huerta intentó continuar la "revolución porfirista desde arriba", proyecto cuyas contradicciones internas se hacían cada vez más evidentes a causa de las medidas que favorecía.[402] Y pasando de lo grande y abstracto a lo particular y humano, vale la pena hacer constar que Huerta cosechó más odio que Díaz. La gente —incluso los zapatistas— podía tener cierto respeto nostálgico por la figura patriarcal que había regido el destino de México durante una generación y que luego se retiró con dignidad, pero criticaba y ridiculizaba a Huerta, soldado torpe y asesino de Madero que pretendía someter al país por la fuerza.[403]

Huerta había mostrado antes su verdadero carácter al reclutar afanosamente ex rebeldes mientras perseguía con no menos afán a los maderistas civiles; algo parecido ocurría con sus aliados políticos. El primer gabinete de Huerta fue producto del Pacto de la Embajada; coincidieron en él maderistas renegados (Toribio Esquivel Obregón y Jesús Flores Magón), reyistas (en especial Rodolfo Reyes, hijo del general ya fallecido), católicos (De la Barra) y felicistas (Mondragón y Vera Estañol).[404] En general, todos eran políticos respetables de la vieja escuela que contaban con amplio apoyo conservador, pero la mayoría ocupó breve tiempo su puesto. En primer lugar, a Huerta no le gustaba gobernar con gabinete. Traspasó a la política nacional la preferencia del militar por la autocracia y la obediencia, se negó a delegar autoridad y

---

[402] Véanse pp. 39-40.
[403] Lewis, *Pedro Martínez*, p. 129; Womack, *Zapata*, pp. 160-161; Rutherford, *Mexican Society*, pp. 156 y 175-177; Francisco I. Madero, *La sucesión presidencial en 1910*, San Pedro, 1908, pp. 24, 70 y 112-113.
[404] Meyer, *Huerta*, pp. 140-141; Vera Estañol, *Revolución mexicana*, p. 283. Félix Díaz, que tenía el propósito de postularse como presidente, no tenía cargo en el gabinete.

trató a sus ministros como si fueran suboficiales.[405] En segundo lugar, mayor que la aversión a los políticos civiles era su resentimiento por la influencia y pretensiones de los felicistas, para quienes Huerta era un sustituto temporal, hasta que las elecciones inminentes llevaran a Félix Díaz al poder. En el gabinete, los felicistas presionaban para que se convocara pronto a elecciones, y fuera de él promovían la fórmula Díaz-De la Barra, que uniría en poderoso bloque el voto felicista y el católico. Su manifiesto vano, que reiteraba la preocupación por elecciones limpias, gobierno decente y derechos constitucionales, tenía dos puntos importantes: conquista de los católicos, porque renunciaba al anticlericalismo, y admisión de que existía el problema agrario, aun cuando no ofrecía soluciones reales al respecto y prometía "respetar debidamente la propiedad legítima".[406] Comenzó la propaganda felicista, se formaron clubes de esta tendencia y los trabajadores de la Ciudad de México mostraron una vez más la voluntad de adherirse a cualquier partido político que prometiera y apoyara sus intereses.[407]

Huerta reaccionó dando largas a la cuestión de las elecciones y destituyendo a sus ministros felicistas; según confió a uno de sus aliados de la Cámara, "este gabinete deberá salir, y necesito su colaboración para consolidar un régimen que sea auténticamente mío".[408] Así pues, en abril de 1913, la ciudad hervía en rumores acerca de grandes diferencias entre Huerta y Díaz, los dos caudillos de la Ciudadela.[409] En su política de dilación con las elecciones, Huerta encontró extraños aliados: los renovadores de la Cámara, los restos de la legislatura maderista. Aturdidos por la caída de Madero y convencidos de que era necesario reconocer a Huerta, los renovadores continuaron en sus funciones creyendo que así (dijo más tarde uno de sus voceros) podrían defender mejor sus principios y oponer resistencia a Huerta,[410] pero se vieron forzados a tomar decisiones embarazosas. En su opinión, era preferible que Huerta siguiera en la presidencia como interino a que Félix Díaz la ocupara constitucionalmente hasta 1916; en consecuencia, cuando los felicistas demandaron en el Congreso elecciones inmediatas, renovadores y huertistas se unicron en alianza profana para que no progresara la iniciativa.[411] Pospuestas las elecciones *sine die*, Díaz, malhumorado, retiró su candidatura; en ese momento Huerta (después de consultar con líderes del Congreso, entre los que estaba el vocero del grupo renovador, Francisco Escudero) declaró que las elecciones se harían en octubre.[412] Así se detuvo la máquina felicista, y Huerta ganó tiempo suficiente para desaparecer a los felicistas del gabinete.

[405] Meyer, *Huerta*, p. 141; Katz, *Secret War*, p. 119.
[406] *Mexican Herald*, 16 de abril de 1913.
[407] Casasola, *Historia gráfica*, I, pp. 554-556 y 564-566.
[408] Nemesio García Naranjo, *Memorias*, VII, Monterrey, s. f. g., p. 56.
[409] De Body a Cowdray, 1º de abril de 1913, Documentos Cowdray, caja A/4.
[410] Cravioto, en DDCC, I, pp. 60-66, especialmente p. 64.
[411] *Mexican Herald*, 18 y 24 de abril y 1º de mayo de 1913; Luis Liceaga, *Félix Díaz*, México, 1958, p. 295; García Naranjo, *Memorias*, p. 216.
[412] *Mexican Herald*, 25 de abril y 1º de mayo de 1913.

El proceso estaba en marcha. En abril, entre rumores de crisis y divisiones en el gabinete, García Granados, ministro de Gobernación, renunció por "razones de salud"; veteranos observadores de la política entrevieron entonces la caída inminente del felicismo.[413] No estaban muy equivocados. Al mes siguiente, De la Barra anunció primero que haría "un largo viaje" y luego que asumiría la gubernatura del Estado de México.[414] Después de negar, a fines de mayo, los rumores acerca de su inminente renuncia, el general Mondragón renunció a principios de junio y partió a Nueva York "echando pestes" contra su ineficaz e ingrato aliado, Félix Díaz.[415] En cuanto a éste (quien no tenía cargo ministerial que perder), se le ofreció, y aceptó mansamente, una embajada especial en Japón.[416] Vera Estañol, felicista de menor rango, también fue destituido, y para fines de junio de 1913, el Pacto de la Embajada estaba oficialmente roto.[417] Al caer los felicistas, Huerta instaló rápidamente a sus partidarios: el general Blanquet —su aliado durante la Decena Trágica— recibió el Ministerio de Guerra, y su médico personal, Aureliano Urrutia —un joven con más ambición que experiencia política—, el de Gobernación, cargo que, según dijo, Huerta le había prometido años antes.[418] También consiguieron puestos en el gabinete los congresistas adictos de Huerta: Lozano, García Naranjo y Querido Moheno. La vieja simpatía del presidente por los reyistas se hizo evidente cuando nombró secretario de Relaciones Exteriores a José López Portillo y Rojas, y conservó a Rodolfo Reyes en el Ministerio de Justicia hasta septiembre de 1913 —el periodo más largo que tuvo miembro alguno del gabinete original de la Ciudadela—.[419] En poco tiempo, el Ejecutivo se convirtió en un enjambre de huertistas; algunos nombramientos (Enrique Cepeda, brutal y disoluto, gobernador del Distrito Federal, o Joaquín Pita —odiado compinche de Martínez, gobernador de Puebla— inspector general de policía) revelaron, por un lado, los gustos personales y las ambiciones de Huerta; por otro, ofendieron el criterio de personas respetables y agriaron las relaciones con sus viejos aliados.[420]

Cuando el Ejecutivo estuvo seguro en el bolsillo de Huerta, la política cambió de giro. Durante 1913, tres factores caracterizaron la política metropolitana: el deterioro de las relaciones entre el Ejecutivo y el Congreso, la situación de Huerta ante los Estados Unidos y la campaña para las elecciones presidenciales de octubre. Los tres estaban relacionados y, a causa del *modus operandi* preferido por Huerta, el régimen cayó en la franca dictadu-

[413] *Ibid.*, 24 de abril de 1913.
[414] *Ibid.*, 23 de mayo y 14 de junio de 1913.
[415] *Ibid.*, 29 de mayo y 14 de junio de 1913; de Mondragón a Díaz, 26 de junio de 1913, Fabela, DHRM, RRC, I, pp. 92-95; Liceaga, *Félix Díaz*, p. 300, dice que ésta es una falsificación.
[416] Liceaga, *Félix Díaz*, p. 302; Vera Estañol, *Revolución mexicana*, p. 328.
[417] *Mexican Herald*, 14 de junio de 1913; Grieb, *United States and Huerta*, p. 57.
[418] Stanley R. Ross, "Victoriano Huerta visto por su compadre", *Historia Mexicana*, XII, núm. 2 (octubre-diciembre de 1962), p. 302.
[419] Meyer, *Huerta*, p. 143; *Mexican Herald*, 12 de septiembre de 1913.
[420] Vera Estañol, *Revolución mexicana*, pp. 232-324.

ra. Aunque el Congreso —incluidos los renovadores— apoyó a Huerta para posponer las elecciones, los debates posteriores acerca de un préstamo propuesto por el gobierno movilizaron a la oposición en la que participaron los renovadores. Desde entonces, sus defensores dicen que la oposición pacífica (la cual requería aceptar en principio el régimen de Huerta) tenía por objeto apoyar las rebeliones del norte, pero sus críticos pueden señalar su demorado coqueteo con el régimen (desde febrero a mediados de mayo), y pueden argüir que su manifiesta oposición es *posterior* al éxito militar de los rebeldes norteños, y que aun después esa oposición fue más "fingida que real".[421] Sin duda, los renovadores no opusieron resistencia a Huerta hasta los debates sobre el préstamo, en el mes de mayo, y aún no está claro si incluso esa resistencia tuvo alguna importancia (el mismo gobierno estaba dividido en lo que concernía al préstamo, y el interés de Huerta en este asunto era más político —la deshonra y destitución de Mondragón— que financiero).[422] La verdadera ruptura entre los renovadores y el régimen se dio en las sesiones septembrinas del Congreso; una vez más, no parece que los maderistas hayan reaccionado en bloque contra el Ejecutivo, sino que la política de éste los forzó, quisieran o no, al enfrentamiento.

Por ese entonces, los constitucionalistas empezaron a moverse. En agosto, el diputado Isidro Fabela —quien se había unido a Carranza en el norte— reprochó formalmente al Congreso el haber reconocido a Huerta, criticó a sus miembros por haber dado al régimen aparente legitimidad, los exhortó a unirse a Carranza —"caballero honorable"— y les advirtió: "estáis ahora con Huerta o estáis con la Revolución".[423] Pero los renovadores no se movieron. Conscientes de la actitud de los constitucionalistas, discutieron cuál debería ser su respuesta e intentaron, sin éxito, enviar representantes ante Carranza, pero no boicotearon las sesiones ni salieron *en masse* hacia el norte. En el mejor de los casos (como típicos políticos civiles), se dedicaron "a provocar debates, a presentar iniciativas y a hacer interpelaciones", para desconcertar al gobierno y movilizar la opinión pública en la Ciudad de México.[424] Cuando el Congreso reanudó sus sesiones, terminado el receso veraniego (periodo durante el cual los revolucionarios consiguieron varias victorias) adoptó un tono más beligerante.[425] Huerta recibió un desaire de poca importancia al rechazar la alianza renovadores-felicistas el nombramiento (hecho con torpeza o para provocar, sin antes solicitar la aprobación de los legisladores) de un católico para ministro de Educación.[426] Difícilmente esto fue dinamita política, pero Huerta despotricó contra los legisladores. Más seria fue la actitud del sena-

---

[421] Meyer, *Huerta* (cita a Valadés); *Mexican Herald*, 7 y 9 de mayo de 1913.
[422] García Naranjo, *Memorias*, VII, pp. 131-134.
[423] Fabela a la Cámara de diputados, 25 de agosto de 1913, Fabela, DHRM, RRC, I, pp. 110-115.
[424] De A. Ancona Albertos a Gobernación, 15 de diciembre de 1913, Fabela, DHRM, RRC, I, pp. 165-167.
[425] Alberto J. Pani, *Apuntes autobiográficos*, México, 1951, p. 187.
[426] Meyer, *Huerta*, p. 145; García Naranjo, *Memorias*, VIII, pp. 135 y 148.

dor por Chiapas, Belisario Domínguez, quien lanzó una acusación contra Huerta; ésta no podía leerse en el Senado, pero circuló entre los legisladores y en toda la capital.[427] Afirmaba Domínguez que Huerta había empeorado, no mejorado, la situación del país y que se veía decidido a "cubrir todo el territorio de cadáveres... antes que abandonar el poder"; que era deber del Congreso destituirlo para conseguir un acuerdo de paz. Éste era un nuevo rumbo. El franco ataque de Domínguez era ejemplo de valor individual, pero también de la desilusión y la desconfianza que abrigaban aun algunos conservadores respetables. Porque Domínguez no era un radical, ni siquiera un maderista; era un honrado médico y senador suplente que había tomado su puesto pocos meses atrás, después de que el propietario murió en la Decena Trágica.[428] Manifestaba —con especial sinceridad y valor— la certidumbre, que iba en aumento, de que la promesa de paz hecha por Huerta era espuria; de que, si su régimen seguía, continuaría la guerra civil, y de que era "el menos capacitado para conseguir la pacificación, supremo deseo de todos los mexicanos".[429]

Domínguez (quien dejó asegurado el porvenir de su pequeño hijo antes de expresar su opinión) estaba consciente de que se arriesgaba al martirio.[430] En ese sentido, era también ejemplo de un compromiso ya no particular sino general. El régimen de Huerta había empezado con asesinatos políticos; durante el verano se filtraron noticias de otras muertes, las cuales estremecieron los círculos de políticos respetables y después pusieron en claro la naturaleza del régimen. Gabriel Hernández, joven general maderista que en 1911 había entrado con dignidad en Pachuca, fue asesinado en una cárcel de la Ciudad de México por el ebrio gobernador del Distrito Federal, Cepeda, a causa de una venganza personal —acto que incluso condenó la prensa católica conservadora—.[431] Más seria, aunque menos gratuitamente brutal, fue la eliminación de algunos diputados (no simples soldados arribistas, sino miembros respetables de la comunidad política). Variaban los cargos que se les imputaban: se acusó a Alardín de proporcionar dinero a los rebeldes; se ejecutó sumariamente a Gurrión, diputado por Juchitán, porque se "dedicaba a repartir propaganda perniciosa" (la orden vino directamente de Urrutia); Néstor Monroy, maestro comprometido con la política de la clase obrera de la capital y reconocido oponente de Huerta, fue arrestado en una reunión política y fusilado en las afueras de la ciudad; un mes después ocurrió lo mismo con Serapio Rendón, distinguido abogado defensor, amigo íntimo de

---

[427] Cumberland, *Constitutionalist Years*, pp. 66-67; Casasola, *Historia gráfica*, I, pp. 674-676.
[428] Gruening, *Mexico and its Heritage*, p. 307; pero Benjamin, en "Passages", p. 133, lo describe como "maderista leal".
[429] Meyer, *Huerta*, p. 137.
[430] Cumberland, *Constitutionalist Years*, p. 67.
[431] Stronge, Ciudad de México, 8 de marzo de 1913, FO 371/1671, 13402; Leone Moats, *Thunder in their Veins*, Londres, 1933, pp. 114-120; Edith O'Shaughnessy, *A Diplomat's Wife in Mexico*, Nueva York, 1916, p. 201; *El Imparcial* y *El País*, 27 de marzo de 1913.

Pino Suárez.[432] No todas las víctimas de Huerta eran políticos; murieron también funcionarios, periodistas e incluso oficiales disidentes, lo que da una cantidad importante, aunque indefinida, de asesinatos políticos.[433]

Cazar zapatistas era una cosa (Rincón Gallardo, jefe de los rurales, comparaba las campañas en Morelos con un ejercicio de caza mayor), otra era eliminar a sangre fría a miembros del Congreso.[434] Parecía, según dijo un observador, como si a "Huerta le interesara poco a quién mataba".[435] Apenas podía sorprender que, pasadas dos semanas de su declaración, se presentaran en la casa de Domínguez cuatro policías —entre los que se encontraban el hijo de Huerta y su yerno—; arrastraron al senador a un coche, lo llevaron al cementerio de Coyoacán, le dispararon y lo enterraron en una fosa ya abierta.[436] El Congreso decidió entonces actuar. Se organizó un comité para investigar la desaparición del senador; se convocó al secretario de Gobernación para interrogarlo y se dijo que, en caso de que ocurriera otra desaparición, el Congreso se vería forzado a trasladarse a un lugar más seguro. Dos felicistas prepararon esas resoluciones; el temor y la indignación unieron a felicistas, liberales y renovadores en un frente común contra el Ejecutivo. La flagrante represión huertista hizo surgir de la división y el temor la unión y la oposición.[437]

A más de esto, la reacción de Huerta a la crisis política que se avecinaba adquirió importancia diplomática. Su toma de posesión ocurrió sólo un mes antes que la de Woodrow Wilson en los Estados Unidos. En poco tiempo se encadenaron los destinos de ambos presidentes. Los movimientos de Huerta encontraron un público internacional y, en consecuencia, las relaciones entre México y los Estados Unidos desempeñaron un mayor papel en la Revolución. Diversos especialistas han estudiado con minucia esas relaciones y sería superfluo duplicar su trabajo, sobre todo porque la política norteamericana tuvo menos efecto directo en México de lo que con frecuencia se supone.[438] No obstante (aunque sólo sea para justificar esta última afirmación), es necesario hacer un pequeño resumen. Al principio, Woodrow Wilson se interesó

---

[432] Gavira, *Actuación,* pp. 76 y 78; informe del jefe político de Juchitán, 23 de septiembre de 1913, en SD 812.00/9648; Casasola, *Historia gráfica,* I, p. 653; Vera Estañol, *Revolución mexicana,* p. 332. También fue asesinado el diputado Edmundo Pastelín, en oscuras circunstancias (Fabela, DHRM, RRC, IV, p. 82; *Mexican Herald,* 4 de julio de 1913).

[433] Meyer, *Huerta,* pp. 138-139, menciona 35 casos confirmados y 100 que no pudieron probarse.

[434] O'Shaughnessy, *Diplomat's Wife,* p. 179.

[435] *Ibid.,* p. 7.

[436] Meyer, *Huerta,* p. 138; Cumberland, *Constitutionalist Years,* p. 68.

[437] Meyer, *Huerta,* pp. 146-147; Casasola, *Historia gráfica,* I, p. 676; Grieb, *United States and Huerta,* p. 105.

[438] "En último término —dice Grieb, *United States and Huerta,* p. XII—, la Revolución no acabó con Huerta; fue el gobierno estadunidense el que provocó su caída". Sorprendente afirmación. Ulloa, *Revolución intervenida* y Calvert tratan con detalle este asunto. El libro de Arthur Link, *Wilson: The New Freedom,* Princeton, 1956, es preferible al de J. M. Blum, *Woodrow Wilson and the Politics of Morality,* Boston, 1956; véase, en pp. 80-90, un eco de la afirmación de Greib.

poco en México; su mayor preocupación había sido siempre la cuestión doméstica, y los primeros meses de su gobierno lo absorbieron las tarifas y la reforma monetaria.[439] Naturalmente, la inactividad era una forma de hacer política; la decisión de Wilson de no reconocer el régimen de Huerta (herencia del gobierno de Taft) tuvo importantes repercusiones. Lo que hiciera —o no hiciera— tendría algún efecto al sur de la frontera; el reconocimiento como el no reconocimiento contarían y significarían (para algunos) interferencia en los asuntos mexicanos.[440] La indecisión inicial del Departamento de Estado acerca del reconocimiento, era pragmática y nada excepcional; tenía por base la esperanza de arreglar cuestiones de mucha importancia (como la disputa sobre el Chamizal), mientras Huerta estaba aún comprometido con el embajador Wilson y sentía la presión de los Estados Unidos. Huerta condescendió y fue más lejos que Díaz o Madero para satisfacer a Washington. No hubo muestras de antiamericanismo; sin embargo, se ejerció suave presión económica sobre los británicos para conseguir su reconocimiento, el cual llegaría en poco tiempo.[441]

A pesar de todo, fue notoria la ausencia de los Estados Unidos entre las potencias que se alineaban para reconocer a Huerta. Los antecedentes indicaban que los Estados Unidos otorgaría pronto su reconocimiento; casi todo el Departamento de Estado estaba a favor, y Taft dijo después que, si hubiera estado aún en el cargo, habría reconocido a Huerta. Pero Wilson decidió esperar primero, y oponerse a Huerta después. Sus motivos eran más complejos de lo que con frecuencia se supone. No pueden atribuirse sólo a la estrecha mentalidad calvinista de Wilson o —yendo al otro extremo— a su servil interés por la gran empresa estadunidense.[442] Sin duda, su repugnancia por el derrocamiento y muerte de Madero demostraban una actitud política moralista y un fuerte —quizá indiscriminado— compromiso con la democracia representativa; ambos aspectos lo distinguieron de la mayoría de los estadunidenses que vivían en México o de los observadores en los Estados Unidos, para quienes (por dar sólo un ejemplo) la destitución de Madero era simplemente "la forma en que los mexicanos hacían comúnmente las cosas [lo que]… mostraba claramente el carácter del pueblo".[443] Para éstos, por supuesto, el reconocimiento de Huerta debería haber sido inmediato. Pero en la "política moral" de Wilson había algo más que justa indignación. Como muchos estadu-

[439] Link, *Wilson*, p. 349; R. S. Baker, *Woodrow Wilson. Life and Letters*, IV, Nueva York, 1931, pp. 55-56.

[440] Entre lo peor de la historiografía mexicana se encuentran los estudios sobre las relaciones México-Estados Unidos; véase, por ejemplo, Alberto María Carreño, *La diplomacia extraordinaria entre México y Estados Unidos*, México, 1951 (para este periodo, II, pp. 237-258).

[441] Wilson, Ciudad de México, 22 y 26 de febrero de 1913, SD 812.00/6326, 6394; Sronge, Ciudad de México, 3 de marzo de 1913, FO 371/1671, 13394.

[442] *Cf.* Grieb, *United States and Huerta*, pp. 39-41; Katz, *Secret War*, pp. 156-157 y ss. Sobre el punto de vista de Taft y del Departamento de Estado, véase Ulloa, *Revolución intervenida*, p. 105; Link, *Wilson*, p. 348; W. H. Taft, "The Democratic Record", *Yale Review*, VI/I (octubre de 1916).

[443] Diario del general Leonard Wood, 24 de febrero de 1913, Documentos Wood, caja 7.

nidenses (y muchos ingleses victorianos), Wilson creía que el gobierno liberal era la mejor garantía del orden político, el cual, en lo que concernía a América Latina, era bueno para el comercio y la inversión estadunidense y bueno para conservar la Doctrina Monroe y el Corolario Roosevelt.[444] "Moralidad" y *"realpolitik"* no eran polos opuestos. Wilson no era del todo ciego a los intereses económicos externos de los Estados Unidos, pero concebía su política (que en algunos aspectos era la política del buen vecino) en grandes términos, para lo cual era necesario dejar de lado, en algunos casos, los intereses económicos. Por lo tanto, en vez de actuar como cliente sumiso de la Standard Oil, Wilson estaba preparado para resistir la presión de las grandes empresas y lo hizo más de una vez en sus tratos con el México revolucionario. No obstante, su gran estrategia tenía un matiz económico claro. Una América Latina estable y democrática servía tanto a los intereses de los Estados Unidos cuanto a los latinoamericanos: productos, inversiones e ideas políticas estadunidenses penetrarían en América Latina de manera pacífica, por consenso y para beneficio mutuo.[445] La política de Wilson hacia América Latina en general, y hacia México en particular, fue, pues, más compleja, sutil y, por fuerza, más ambigua de lo que a menudo se piensa; no fue la vulgar diplomacia del dólar ni la grosera patraña calvinista, aun cuando algunos de sus contemporáneos —y algunos historiadores que prefieren tratar con simples absolutos— la hayan visto así.

Eso fue evidente en los tratos de Wilson con Huerta; aquél no votó en contra de éste desde el principio, ni decidió sacarlo de su puesto "costara lo que costara", por así decirlo.[446] Hubo un largo periodo de sondeo político, durante el cual el gobierno norteamericano estableció contacto (no oficial) con el nuevo régimen; si entonces Huerta hubiera jugado bien sus cartas, se habría llegado a un acuerdo sobre el reconocimiento.[447] "Hasta agosto [1913] —observó el general Leonard Wood— reconocimos el gobierno de Huerta como *de facto";* si las elecciones se hubieran hecho en julio —dijo el coronel House, amigo íntimo de Wilson, a sir Edward Grey— "nuestro gobierno hubiera reconocido el gobierno provisional de Huerta".[448] Muchos hablaron a su favor en el Departamento de Estado (ahí John Bassett Moore advertía la "gran tendencia a reconocer a Huerta"), en el gabinete (el ministro de Guerra opinaba que "estaría bien reconocer a un bruto como Huerta para tener así alguna forma de gobierno que reconocer") y en el grupo de los estadunidenses con intereses en México, ya fueran mineros, ferroviarios, terratenien-

[444] Theodore P. Wright, "Free Elections in the Latin American Policy of the US", *Political Science Quarterly,* 74 (1959), pp. 89-112; *cf.* Robinson y Gallagher, pp. 3-4.
[445] William Diamond, *The Economic Thought of Woodrow Wilson,* Baltimore, 1943, pp. 132-138.
[446] *Cf.* Grieb, *United States and Huerta,* pp. 42-43.
[447] P. A. R. Calvert, *The Mexican Revolution 1910-1914: The Diplomacy of Anglo-American Conflict,* Cambridge, 1968 (el cap. 5 contiene información detallada).
[448] Diario de Wood, 12 y 13 de enero de 1914; diario de House, 3 de julio de 1913.

tes o periodistas.[449] Wilson no era sordo a esas solicitudes: tres meses después de la Decena Trágica, aún podía discutir el reconocimiento, al parecer, imparcialmente.[450] Casi al mismo tiempo, representantes del Ferrocarril del Pacífico Sur y de las compañías mineras Phelps Dodge y Cananea expusieron un plan que impresionó a Wilson: los Estados Unidos reconocería el gobierno de Huerta a condición de que se convocara pronto a elecciones; Bryan, secretario de Estado, opinó que era mejor una variante de ese proyecto, según la cual, los buenos oficios de los Estados Unidos servirían para asegurar las elecciones.[451]

Los términos de ese reconocimiento implicaban, naturalmente, interferencia de los Estados Unidos en los asuntos de México. Ahora bien, si la tarea del historiador es condenar la "interferencia" (tarea fútil, por lo demás), Wilson merece condena, lo mismo que su predecesor, Taft (quien pretendía no sólo elecciones, sino acuerdos sobre problemas diplomáticos y territoriales de gran importancia), y la mayoría de los gobiernos de los Estados Unidos que han tenido esos conflictos con México, América Latina y el mundo en general. Reconocimiento o no reconocimiento se pueden interpretar como "interferencia"; pero una nación poderosa como los Estados Unidos no puede sino "interferir" en los asuntos de Estados vecinos que tienen menos poder. Son más importantes los criterios y secuelas de esa "interferencia". A diferencia de Taft, Wilson decidió reconocer sólo un régimen que tuviera cierta legitimidad sustentada en elecciones,[452] pero esa decisión no eliminaba todas las alternativas, ya que no implicaba una crisis en las relaciones México-Estados Unidos ni garantizaba la caída de Huerta. De todos modos eso ocurrió, pero no necesariamente a causa de la posición —en cierto sentido mal definida— de Wilson, ya que, entre los diversos factores que influyeron en esos sucesos, los más importantes estuvieron en el gobierno de Huerta. Por lo tanto, es mucha simpleza decir que Huerta cayó porque Wilson le dio "bola negra", y que, en consecuencia, la política estadunidense fue la clave. Había muchos factores encadenados, algunos más importantes que la política de los Estados Unidos. La actitud de Wilson era un escollo que Huerta debía salvar, y él fue culpable de su propio naufragio.

El plan propuesto en mayo (el reconocimiento dependería de las elecciones) no podía ponerse en práctica inmediatamente. Huerta no quería elecciones inmediatas, lo que hubiera significado hacer el juego a Félix Díaz. Por su parte, Wilson desconfiaba (no sin razón) de su homónimo, el embajador en México, y prefirió obtener información de otras fuentes. Él y Bryan empezaron

---

[449] Diario de Wood, 13 de junio de 1914; diario de Daniels, 18 de abril de 1913; diario de House, 2 de mayo de 1913; amplio apoyo al reconocimiento en el diario de House, 27 de marzo, 3 de julio, 5 y 23 de septiembre y 7 de noviembre de 1913; diario de Daniels, 20 de mayo de 1913.
[450] Diario de House, 2 de mayo de 1913.
[451] Link, *Wilson*, pp. 352-353; Ulloa, *Revolución intervenida*, pp. 108-109.
[452] Véase discusión equilibrada y concreta en J. Edward Haley, *Revolution and Intervention: The Diplomacy of Taft and Wilson with Mexico 1910-1917*, MIT, 1970, pp. 77-90.

a enviar agentes secretos que no pertenecían al cuerpo consular o diplomático: William Bayard Hale, Reginald del Valle y John Lind en 1913; Leon Canova, George Carothers, Paul Fuller y John Silliman en 1914. Se esperaba que superaran los prejuicios comunes de diplomáticos y cónsules (prejuicios que sin duda existían); formaban un conjunto heterogéneo sobre el que han opinado mal los contemporáneos y después, los historiadores.[453] El primero, Hale, era un buen periodista, cuyo oscuro pasado provocó críticas —irrelevantes por lo demás—, pero cuyos informes sobre México en el verano de 1913 fueron ilustrativos y en general acertados, mucho más que los del embajador Wilson.[454] Opinaba Hale (y estaba en lo cierto) que, aun cuando Madero ya había perdido popularidad al ocurrir el golpe de Estado, había caído a causa de una conspiración y no de una revuelta popular; que la resistencia contra Huerta se acrecentaba y que el embajador de los Estados Unidos, después de haber izado su estandarte en el mástil de Huerta, se sentía obligado a enviar informes "tan contrarios a la realidad que son incomprensibles".[455] Menos confiable era Reginald del Valle, quien después de visitar a los constitucionalistas llegó a la conclusión de que los rebeldes norteños eran "en general bandidos"; se calificó su misión —no del todo erróneamente— como un "desastre", y se le requirió en breve tiempo.[456] Así estaban las cosas con los agentes secretos; evitaban el trillado sendero de diplomáticos y cónsules de carrera (muchos de los cuales tenían fe ciega en la "mano de hierro"), y podían, por lo tanto, explorar nuevos territorios, pero a veces perdían completamente el camino. Después de pagar, Wilson y Bryan podían escoger; sensatos, hicieron más caso a Hale que a Del Valle y llamaron al embajador Wilson para "consultar", después de lo cual lo retiraron de su puesto.[457]

Durante este prolongado intervalo, la falta de reconocimiento norteamericano provocó comentarios hostiles en México; se produjo una ola de agitación contra los Estados Unidos que alcanzó su clímax en julio de 1913. Esas agitaciones fueron comunes durante la Revolución; eran reacciones instrumentadas desde el gobierno ante la crisis en las relaciones México-Estados Unidos, y se les usaba —en general con poco éxito— para estimular el apoyo al régi-

[453] Grieb, *United States and Huerta*, pp. 81-82 y 92-93; Quirk, *Mexican Revolution*, p. 36; véase también Larry D. Hill, *Emissaries to a Revolution: Woodrow Wilson's Executive Agents in Mexico*, Baton Rouge, 1973.

[454] Link, *Wilson*, p. 354; Calvert, *Mexican Revolution*, p. 136; diario de Wood, 18 de noviembre de 1913; *cf.* George J. Rausch, "Poison-Pen Diplomacy: Mexico, 1913", *Americas*, 24 (1968), pp. 272-280.

[455] De Hale a Bryan, 18 de junio de 1913, SD 812.00/7798 1/2; Bryan lo calificó de documento "extraordinario" (a Wilson, SD 812.00/886 1/2), lo que terminó por confirmar algo que ya se sospechaba. Sobre la misión de Hale, véase Haley, *Revolution and Intervention*, pp. 94-95, preferible a Rausch o a Grieb, *United States and Huerta*, pp. 80-82.

[456] Grieb, *United States and Huerta*, pp. 79-80; Link, *Wilson*, p. 355.

[457] Grieb, *United States and Huerta*, pp. 85-87, donde se ve que la prensa de los Estados Unidos estaba en pro y en contra del embajador Wilson; el informe de Hale a Bryan (9 de julio de 1913, SD 812.00/8203) es muestra de su perspicaz crítica a Del Valle y de su evaluación de la Revolución.

men en turno.[458] Toda facción política, de derecha o izquierda, estaba preparada para usar ese recurso (en febrero de 1913, durante la Decena Trágica, los maderistas aprovecharon el temor a una intervención estadunidense para conseguir apoyo y distraer la atención de la lucha en la capital), pero Huerta tenía más motivos, mejor oportunidad, y apretó las tuercas con la esperanza de forzar el reconocimiento. De la Barra protestó por la permanencia de barcos de la armada estadunidense en aguas mexicanas y dejó entrever que se favorecería a empresas europeas; la prensa (en su mayor parte subsidiada por el gobierno), arguyó que los norteamericanos confabulaban con los "secesionistas" del norte, predijo que en breve tiempo se expulsaría al embajador de los Estados Unidos y puso gran énfasis en las manifestaciones contra ese país. Tales demostraciones —por ejemplo, la bienvenida al nuevo embajador japonés en julio de 1913— eran hechos de poca monta, ya que las reacciones contra los Estados Unidos no tenían fundamento sólido, pero su organización puso de manifiesto el rumbo de la política huertista. Con el debido retraso, sus efectos se dejaron sentir en la provincia, cuando algunos ejemplares de periódicos capitalinos y (es de suponer) órdenes de la administración se recibían, digerían y ejecutaban. La prensa local recogió el tema, los oradores opinaron en público y se prepararon manifestaciones esporádicas e inconexas.[459]

Esta política agresiva que alentaba esperanzas —aunque ilusorias— de conseguir apoyo político y de forzar quizá el reconocimiento, no era la única opción. Los estadunidenses que tenían grandes inversiones en México abogaban por el reconocimiento de Huerta o, en su defecto, por otro gobierno elegido mediante el voto; Wilson y Bryan dudaban aún, eran maleables (habían recibido con entusiasmo sugerencias sobre esos puntos, y House —amigo de Wilson— pensaba que el mayor desdoro de Huerta era su traición a Félix Díaz), y las potencias europeas habían acordado el reconocimiento de manera unánime.[460] En esas circunstancias, elecciones rápidas y bien controladas, como proponían los felicistas, hubieran favorecido el reconocimiento norteamericano, pero así se habrían abierto las puertas para Félix Díaz y cerrado para Victoriano Huerta. Se rechazó, pues, esa alternativa. Mientras más demoraba Huerta, más se extendía la Revolución y más se concentraba la atención de los estadunidenses en los múltiples fracasos del presidente mexicano.

Con el tiempo, el gobierno de los Estados Unidos se endureció, pero siguió procurando un acuerdo. A principios de agosto llegó a México John Lind, tercer emisario de Wilson, con nuevas propuestas. De inmediato cesaron las manifestaciones contra los Estados Unidos,[461] los funcionarios gubernamenta-

---

[458] Alan Knight, *Nationalism, Xenophobia and Revolution. The Place of Foreigners and Foreing Interests in Mexico, 1910-1915*, tesis de doctorado, Oxford University, 1974, pp. 211-215 y 219-226.
[459] *Ibid.*, pp. 233-234.
[460] Diario de House, 11 y 22 de mayo y 30 de octubre de 1913.
[461] Knight, *Nationalism, Xenophobia and Revolution*, p. 222.

les se volvieron melifluos, y la llegada de Lind pasó inadvertida.[462] Lind trajo al México revolucionario —más que su predecesor Hale— los prejuicios de la Norteamérica progresista. Su aspecto físico era el típico de un inmigrante sueco: alto, rubio, ojiazul y enjuto; en lo filosófico se atenía al protestantismo riguroso; en lo político, era miembro leal de la clientela populista del medio oeste de Bryan.[463] Honorable e idealista, era fiel representante de la "Nueva Libertad". Se sentía incómodo entre los mexicanos, consideraba a la Iglesia católica como la prostituta de Babilonia y, como otros de su estilo, imponía los valores protestantes norteamericanos al México revolucionario sucio y desordenado; "los hábitos y costumbres de México —comentó un observador— son anómalos y censurables, pero para [Lind] son anatema y espera que el triunfo de la revolución carrancista sea portador de los verdaderos ideales americanos de limpieza, moralidad e higiene".[464]

Lind propuso un armisticio, elecciones (en las que no participaría Huerta) y el reconocimiento de los Estados Unidos para el ganador. Excluir a Huerta significaba más intromisión en la política interna, razón por la cual el gobierno mexicano, valorando en todo lo que se merecía la embajada de Lind, rechazó la "anormal e injustificada" naturaleza de la propuesta, descartó un armisticio con "bandidos" e hizo notar que, de todos modos, la Constitución contemplaba elecciones en breve plazo.[465] Desairado, Lind salió de la Ciudad de México hacia Veracruz, en donde se le retuvo por órdenes de Wilson, y se quedó anhelando los fríos lagos de Minnesota.[466] Huerta —y más aún sus generales de provincia— recurrió otra vez a la táctica de la manifestación contra los Estados Unidos para conseguir adeptos.[467] Todavía optimista, Wilson anunció una política de "espera vigilante", lo que significaba no hacer nada excepto embargar todas las armas destinadas a México, disposición que molestó poco a Huerta, ya que podía conseguir en Europa y Japón cuanto armamento y munición pudiera pagar. No obstante, la decisión era indicio de que el gobierno de los Estados Unidos había optado —a pesar del apoyo con que Huerta contaba entre sus miembros— por una política estrictamente neutral y *attentiste*.[468] Mientras Lind languidecía en Veracruz y Wilson esperaba vigilante en Washington, la iniciativa cambió a manos de Huerta y los políticos de la capital.

La oposición estadunidense a Huerta *per se* quedó al descubierto, pero también quedó claro que, a pesar de la situación que prevalecía en México, los

---

[462] O'Shaughnessy, Ciudad de México, 5 y 10 de agosto de 1913, SD 812.00/8241, 8278.
[463] Calvert, *Mexican Revolution*, p. 201; Grieb, *United States and Huerta*, p. 92.
[464] Hohler, Ciudad de México, 6 de abril de 1914, FO 371/2027, 18393; Hohler, el ministro británico, había efectuado su carrera diplomática en Constantinopla, San Petersburgo, El Cairo, Tokio y Addis Abeba; sin embargo —mejor dicho por esa razón—, sus puntos de vista eran tan parciales y errados como los de Lind.
[465] Ulloa, *Revolución intervenida*, pp. 118-119; Grieb, *United States and Huerta*, pp. 96-97.
[466] Grieb, *United States and Huerta*, p. 101.
[467] Knight, *Nationalism, Xenophobia and Revolution*, pp. 227-230.
[468] Link, *Wilson*, pp. 360-361; J. Edward Haley, *Revolution and Intervention*, p. 103.

Estados Unidos reconocerían sólo un régimen salido de las elecciones.[469] "Para restaurar la paz —dijo Bryan— Huerta sólo debe anunciar que no se postulará como candidato a la presidencia"; dijo también que, si el candidato católico Federico Gamboa resultaba elegido, los Estados Unidos darían su aprobación (Lind, a su vez, mostraba clara preferencia por Félix Díaz).[470] Teniendo en cuenta las costumbres electorales en México y las circunstancias especiales de 1913, la disposición de los estadunidenses para reconocer a Gamboa o Díaz como presidentes "electos" era ingenua o cínica; ingenua, probablemente. En el mejor de los casos, ese reconocimiento hubiera aplacado las reyertas entre ambos países al quedar fuera Huerta, pero no habría garantizado la democracia ni detenido la guerra civil porque los constitucionalistas hubieran seguido luchando. Para los conservadores, sin embargo, era atractivo un gobierno encabezado por Gamboa o Díaz: en primer lugar, tendría una base más amplia que el de Huerta —sería una copia más fiel del porfirismo—; en segundo lugar, podía aprovechar la candidez de los estadunidenses, asegurar el reconocimiento y reforzar así su reputación y crédito internacionales. En mi opinión, aun esas ventajas no hubieran sido suficientes para sostener un régimen de tal naturaleza porque, es evidente, los conservadores carecían no tanto de préstamos y apoyo diplomático cuanto de poder y legitimidad. Pero un régimen conservador civil —con Gamboa o Díaz— parecía mejor apuesta que el militarismo huertista, por lo que los conservadores, amenazados dentro y fuera del país, inteligentemente empezaron a dudar de su apoyo a Huerta y a buscar otro tipo de soluciones. Es, pues, doble error creer que la influencia de los Estados Unidos fue de suma importancia en la victoria de los revolucionarios sobre Huerta: por un lado, la política norteamericana hizo una diferenciación menos que crucial entre una u otra alternativa (la Revolución habría triunfado con o sin el reconocimiento de Huerta); por otro, aún después del rechazo a Huerta, había muchas oportunidades para crear —y reconocer— un régimen esencialmente conservador sin él. Y el obstáculo principal para que esto ocurriera no era el doctrinario benefactor de Washington, sino el testarudo soldado de México.

Las esperanzas de los conservadores y los ingredientes para ese tipo de régimen se manifestaron en el carnaval de convenciones, partidos y juntas en el verano de 1913. Mientras el Congreso estaba en receso y el humor de Huerta cambiaba a cada rato por la actitud de Washington, los atareados políticos de la capital (porque éste era sobre todo un pasatiempo metropolitano), practicaron y maniobraron pensando en las elecciones de octubre. Aunque eran grandes las ambiciones personales, también era grande el deseo colectivo —fortalecido por las victorias rebeldes en Durango, Zacatecas y Sonora— de aprovechar las elecciones para conseguir un acuerdo de paz en el que estuviera incluido —o se orientara hacia— el reconocimiento de los Estados Uni-

---

[469] Vera Estañol, *Revolución mexicana*, p. 334; Calero, *Un decenio*, pp. 148-149.
[470] Haley, *Revolution and Intervention*, pp. 101-102; Grieb, *United States and Huerta*, pp. 104-109.

dos. El millonario Óscar Braniff, quien en 1911 había sido uno de los representantes de Díaz en Ciudad Juárez y, por lo tanto, tenía cierta experiencia en esas correrías políticas, viajó a Washington donde habló con la prensa y escribió a Wilson. Ante la prensa apoyó a Huerta, pero recomendó reformas sociales moderadas: división de latifundios, recursos para el crédito agrícola, crear una clase media rural —todos los remedios de la oposición ilustrada—.[471] Ante Wilson negó que la guerra civil fuera un simple conflicto entre peón y científico; dijo que había entre ambos grupos poderosos, "elementos legítimos de la clase conservadora" ("el México medio", podríamos decir) que rechazaban un "gobierno pretoriano" —revolucionario o huertista—, que querían un "candidato civil que fuera aceptado por TODOS [sic] los elementos sociales y políticos"; y suplicó al presidente que ejerciera su influencia para conseguir ese propósito.[472] Mientras tanto, en la Ciudad de México, Tomás, hermano de Óscar, planteó propuestas similares —lo que provocó la ira de la prensa huertista— y asumió el liderazgo de la Junta Nacional Unificadora, cueva mexicana de Adulam, desde donde repercutieron los reclamos por un candidato presidencial de todos los partidos, quien podía, una vez electo, ganar incluso la voluntad de los constitucionalistas.[473] Hasta existió la locuaz propuesta de conseguir que Carranza se postulara como presidente.[474] La Junta atrajo a ministros destituidos, diputados felicistas y no pocos maderistas, todos ansiosos por el regreso de un gobierno civil que prometiera estabilidad, paz y trabajo. Huertistas de hueso colorado, como Urrutia, los catalogaron como oportunistas profesionales y el régimen usó amenazas y halagos para desmantelar ese incipiente frente civil.[475]

Proliferaban los partidos: el Católico, aún poderoso, el Felicista, el Gran Partido Republicano Liberal e incluso los restos del Partido Antirreeleccionista. De la Barra convocó a varios de esos líderes para formar una Liga Civil Política que se encargó de trabajar para que hubiera elecciones limpias en octubre sobre la base de que la Revolución "nada buscaba en lo referente a principios, sino quería sólo un cambio de personas", algo que las elecciones podrían proveer y restaurar de esta manera la paz.[476] Huerta prefería ese brote de partidos a un bloque civil sólido; así pues, mientras acosaba a los individuos permitió la formación de partidos (26 participaron en las elecciones para diputados) y extendió sus tentáculos para separar a los católicos de sus colegas políticos.[477] Para complicar más el panorama, se permitió regresar a

[471] Charles C. Cumberland, *Mexican Revolution. Genesis under Madero*, Austin, 1952, p. 146; *Mexican Herald*, 12 de junio de 1913.
[472] Memo. de O. Braniff, 17 de julio de 1913, WWP, IV, 95B, caja 123.
[473] Meyer, *Huerta*, p. 151; *Mexican Herald*, 9, 25 y 26 de julio de 1913; Vera Estañol, *Revolución mexicana*, pp. 331-332.
[474] DDCC, I, p. 88.
[475] *Mexican Herald*, 26 de junio de 1913, cita a Urrutia; Vera Estañol, *Revolución mexicana*, pp. 331-332.
[476] *Mexican Herald*, 12 de junio de 1913 y *passim*, sobre la actividad política durante ese verano.
[477] Calero, *Un decenio*, p. 128.

Félix Díaz, quien había dejado a medias su errático viaje a Japón (demorado, detenido y reorientado por una serie de caprichosos telegramas del gobierno).[478] En octubre, cambios e incertidumbre matizaban la escena política; crecía entre la élite la desilusión por Huerta y el disgusto por sus métodos violentos; el Congreso se puso en guardia contra el presidente, quien parecía disfrutar del enfrentamiento que se avecinaba.[479] Washington aguardaba paciente el resultado de las elecciones de octubre, a las que los políticos llegaron con el desorden fomentado deliberadamente por el régimen. Las intenciones precisas de Huerta eran inescrutables, pero era evidente que quería aumentar su poder, no abandonarlo. A principios de octubre llegaron a México noticias de la toma de Torreón, lo que provocó una "gran depresión".[480] El escenario estaba listo para una serie de graves acontecimientos que cambiaron, y también aclararon, la política huertista.

Los legisladores reanudaron sesiones en septiembre, obstinados y decididos a desentrañar el misterio de la muerte de Belisario Domínguez. Apoyado por sus consejeros más cercanos, Blanquet y Garza Aldape (ministro de Guerra el primero; de Gobernación, el segundo), Huerta se inclinó por la inmediata disolución del Congreso. Ministros con más experiencia política se oponían a la medida, pero dominó la línea dura.[481] Huerta fue más lejos: se arrestaría a todos los diputados catalogados como hostiles al régimen. Se hizo una lista —en la que figuraban dos ex ministros de Huerta—, y en la tarde del 10 de octubre, mientras sesionaba el Congreso, el 29º Batallón de Blanquet rodeó el edificio y entró en la Cámara; se pidió a los legisladores retirar su ofensiva resolución que ordenaba investigar la muerte de Domínguez, y cuando se rehusaron, el Congreso fue disuelto. Mientras salían los diputados, 110 fueron arrestados y conducidos a la Penitenciaría federal; ahí 74 recibieron cargos y se dejó en libertad al resto.[482] Los prisioneros, en mangas de camisa, improvisaron una corrida de toros en el patio de la penitenciaría, mientras los guardias observaban divertidos desde el techo.[483] A modo de justificación, Huerta alegó que los diputados obstruían el trabajo del Ejecutivo e incluso conspiraban en su contra, y decidió que un nuevo Congreso se elegiría el 26 de octubre (mismo día de las elecciones presidenciales); entonces los votantes podrían escoger "ciudadanos cuyo único celo, cuyo único ideal, sea la reconstrucción de la patria y la sólida fundamentación de la paz".[484]

[478] Liceaga, *Félix Díaz*, pp. 304-309.
[479] García Naranjo, *Memorias*, VII, pp. 135-136.
[480] O'Shaughnessy, Ciudad de México, 8 de octubre de 1913, SD 812.00/9134.
[481] Meyer, *Huerta*, p. 147; Calvert, *Mexican Revolution*, pp. 202 y 232, anota que Garza Aldape fue, dentro del gabinete de Huerta, "quien más apoyó una política desafiante ante los Estados Unidos" (en septiembre, Aldape había sustituido a Urrutia en la cartera de Gobernación).
[482] Meyer, *Huerta*, p. 147; Grieb, *United States and Huerta*, p. 106. Sólo fue detenido un diputado católico.
[483] Casasola, *Historia gráfica*, I, pp. 678-679.
[484] Meyer, *Huerta*, p. 149. La prensa gobiernista aplaudió la disolución del Congreso —"congregación de locos y conspiradores"— y también la decisión de Huerta de arrestar —"meter en

De nada sirvió a Huerta el golpe contra el Congreso (la cancillería británica lo llamó "el 18 Brumario mexicano"): hizo el juego a sus enemigos,[485] desgarró el delgado velo de la legalidad meticulosamente tejido en febrero, se malquistó con civiles y conservadores, y aunque provocó escaso revuelo en la capital fue, después de la caída de Torreón, un golpe más para la confianza de los empresarios.[486] Poco se conmovieron los europeos (el nuevo ministro británico, sir Lionel Carden, presentó cartas credenciales a Huerta un día después del suceso), pero el gobierno de los Estados Unidos estaba "en conmoción y profundamente afligido" a causa de los "métodos ilícitos" de Huerta.[487] No importaba mucho que el golpe confirmara la mala opinión que en Washington se tenía de Huerta; sí, en cambio, que Wilson y su gobierno notaran cuán necio era confiar en que las elecciones fueran prueba de genuina legitimidad. Desvanecida la última esperanza de acuerdo, la Ciudad de México y Washington cayeron en el antagonismo. Así como Cortés quemó sus naves en la costa veracruzana, ese golpe marcó un hito del cual era imposible regresar.

Las elecciones lo confirmaron: en las maderistas, relativamente libres, el interés y la participación fueron escasos; las de octubre de 1913 fueron aún más anodinas. Poco interés y preparativos había en la capital; la disolución del Congreso cayó como ducha fría sobre las tórridas ambiciones de políticos y partidos que habían trabajado todo el verano.[488] También en provincia, donde se recibió de manera ambigua la noticia de la disolución, el escepticismo y el temor se combinaron para que las elecciones fueran poco lucidas. En algunas ciudades hubo un poco de propaganda felicista; en la mayoría, un torrente de arrestos de individuos acusados de subversión; en todas partes, apatía y resignación.[489] Pocos quedaban de los varios candidatos del verano: apenas llegado a Veracruz, Díaz quedó bajo estrecha vigilancia; De la Barra

chaleco de fuerza"— a esos "seres saturados de Jean-Jacques Rousseau"; *Mexican Herald*, 16 de octubre de 1913, cita de *El Imparcial* y *El Independiente*.

[485] Grieb, *United States and Huerta*, p. 107, cita a Nicholson; Edward I. Bell, *The Political Shame of Mexico*, hace la misma comparación.

[486] De Cowdray a Hayes, 13 de octubre de 1913, Documento Cowdray, caja A/3; Calero, p. 151; Bell, *Political Shame*, pp. 364-365, menciona una manifestación popular espontánea en apoyo a los diputados encarcelados, que provocó derramamiento de sangre. O'Shaughnessy comenta (11 de octubre de 1913, SD 812.00/9173): "la gente con la que hablé esta mañana no se muestra muy preocupada por la acción del gobierno", pero debemos tener en cuenta con quiénes habló el encargado estadunidense.

[487] De Bryan a O'Shaughnessy, 13 de octubre de 1913, SD 812.00/9180.

[488] O'Shaughnessy, Ciudad de México, 16 de octubre de 1913, SD 812.00/9233.

[489] En San Luis (Bonney, 13 de octubre) y en Tabasco (Lespinasse, 13 y 18 de octubre) la disolución no fue bien recibida; Lespinasse predijo que a causa de ella se renovaría la resistencia contra Huerta; en Veracruz (Canada, 16 de octubre), cuyos congresistas estatales no tenían mucho apoyo, y en Saltillo (Silliman, 16 de octubre) la respuesta fue más positiva. El comentario de un negociante británico instalado en Coahuila es característico de quienes aún tenían fe en la mano de hierro: "en lo que a mí concierne, bien por Huerta. Esto debía hacerse mucho tiempo atrás. El sistema de don Porfirio *es el* sistema para este país y esta gente, y es el único sistema"; véase SD 812.00/9204; 9199; 9636; 9352; 9555; también 9280 y 9357, para Aguascalientes y Mazatlán.

renunció a su nominación felicista para la vicepresidencia; Francisco Vázquez Gómez y los antirreeleccionistas desaparecieron del mapa político; el Gran Partido Republicano Liberal dijo que, ante la imposibilidad de tener elecciones libres bajo el régimen de Huerta, su único propósito, si resultaba electo, sería proponer otras elecciones. Entre la tristeza, apatía y falta total de sentido, algunos sólo podían pensar en las próximas elecciones con una amarga sonrisa.[490] Huerta pudo dejar que la farsa continuara, anular el resultado de las elecciones con algún pretexto técnico y seguir como presidente provisional, algo que muchos esperaban;[491] pero, por razones misteriosas, decidió lo contrario e informó en el último minuto "a sus allegados que su respuesta sería favorable si el electorado le concedía el mandato de permanecer en el gobierno".[492] Rápidamente se informó a los jefes políticos y comandantes del ejército que la fórmula oficial sería militar: Huerta-Blanquet. Anuncios a propósito aparecieron en las calles de la capital, Veracruz y otras ciudades; se intimidó o sobornó a los felicistas para que abandonaran su partido; soldados y empleados del gobierno recibieron instrucciones.[493] Y mientras esto ocurría, Huerta reunió al cuerpo diplomático, manifestó modestos temores de que sus amigos presionaran por su candidatura y declaró que todos los votos que lo favorecieran serían anulados.[494]

El 26 de octubre, día de elecciones, fue tranquilo y la votación patéticamente escasa. Un desanimado 5% acudió a las urnas en Ciudad Juárez (allí, la cercanía de Pancho Villa era de más interés que el derecho al sufragio); en la capital de Chihuahua, donde se tenían las mismas preocupaciones, sólo votó la tropa; en todo el país dominaron la apatía y la corrupción.[495] Muy pronto, ante la "enorme indignación de todos los partidos" (aunque no fue sorpresa para ninguno), se anunció en la Ciudad de México que Huerta había conseguido clara mayoría, pero como menos de la mitad de los distritos electorales entregaron resultados, se anularon las elecciones y se fijaron otras para julio de 1914.[496] La tardía intervención de Huerta no le aseguró la presidencia constitucional —si era eso lo que buscaba—; pero había sembrado temor, confusión e incertidumbre tales, que terminó con la amenaza felicista (aun-

[490] Meyer, *Huerta*, pp. 152-153; Alger, Mazatlán, 20 de octubre de 1913, SD 812.00/9483.
[491] Schmutz, Aguascalientes, 11 de octubre de 1913, SD 812.00/9357.
[492] Meyer, *Huerta*, p. 152; Grieb, *United States and Huerta*, p. 109. Quizá Huerta esperaba gran respaldo popular (en cuyo caso se llevó una desilusión); quizá buscaba confundir a la oposición —aunque para eso hubiera bastado manejar las elecciones al estilo tradicional.
[493] Meyer, *Huerta*, p. 153, se pregunta hasta qué punto fueron manipuladas las elecciones. Las pruebas son abrumadoras; véase Fyfe, *The Real Mexico*, pp. 68-69; Bell, *Political Shame*, pp. 367-368; Liceaga, *Félix Díaz*, p. 310; Lind, Veracruz, 21 y 26 de octubre; O'Shaughnessy, Ciudad de México, 25 de octubre; Davis, Guadalajara, 22 de octubre de 1913; SD 812.00/9302; 9292, 9390; 9328.
[494] Grieb, *United States and Huerta*, p. 109.
[495] Edward, El Paso, 26 de octubre; Letcher, Chihuahua, 31 de octubre, e informes de Ensenada, Frontera, San Luis, Tampico y Aguascalientes; SD 812.00/9398; 9495; 9409, 9410, 9429, 9477; Casasola, *Historia gráfica*, I, pp. 688-689.
[496] O'Shaughnessy, Ciudad de México, 3 de noviembre de 1913, SD 812.00/9515.

que el felicismo aún era fuerte en Oaxaca y Jalisco) y pospuso la molesta cuestión de las elecciones para el verano siguiente. Además, había conseguido deshacerse de una legislatura revoltosa, a la que reemplazó con otra en la que predominaban sus cómplices, amigos y parientes. Entre los senadores y diputados electos en el Distrito Federal se encontraban, por ejemplo, Aureliano Urrutia, dos hijos de Huerta (uno de ellos, el capitán Gabriel Huerta, estuvo implicado en el asesinato de Domínguez), su cuñado (teniente coronel), su consejero más cercano y secretario privado, Jesús Rábago, dos miembros de su estado mayor (un coronel y un teniente coronel) y un general, secretario privado de Blanquet.[497] No había ya peligro de que el Ejecutivo tropezara con los escrúpulos de los legisladores: las instituciones representativas (incluso las "artificiales") y partidos políticos habían quedado, como nunca antes, eliminados del gobierno; su eliminación fue rápida, insensible y arbitraria, calculada para afrentar hondamente aun a los conservadores. Manuel Amor, vástago de una familia que pertenecía a la élite morelense, se quejaba de que se había ignorado su mayoría de 85% en un distrito electoral para elegir al candidato designado por Huerta.[498] El partido felicista se desarmó: Félix Díaz escapó por los techos de su hotel en Veracruz hasta el consulado de los Estados Unidos; de ahí se le condujo a un barco de la armada donde estaría seguro.[499] La proscripción de los políticos civiles alcanzó a los católicos, tolerados más tiempo por Huerta. Fue arrestado Gabriel Somellera, presidente del Partido Católico; *La Nación*, desde cuyas páginas —como en otros periódicos católicos— se había protestado por la disolución del Congreso y por las elecciones amañadas, entró en disputa con la prensa oficial y fue clausurado; *El País*, el periódico más importante entre los de orientación católica, sobrevivió algún tiempo, pero un tanto azorado. "¿Adónde vamos?", era la pregunta al iniciar 1914; "sólo Dios lo sabe y en Él ponemos todas nuestras esperanzas".[500]

El País confiaba en Dios; Huerta se mantenía alerta. Suspendida la política civil y descartado el acuerdo con los Estados Unidos, podía continuar con su tarea preferida: derrotar a los rebeldes en el campo de batalla. El encargado estadunidense comentó que, después de octubre de 1913, podía considerarse a Huerta un "dictador militar absoluto". De su lema, "Nada de política. La paz ante todo", se había cumplido la primera parte; era tiempo de conseguir la segunda.[501] Lo que Huerta y sus consejeros de línea dura no advertían era la contradicción intrínseca de ese lema: sin estrategia política adecuada

---

[497] *Mexican Herald*, 3 de noviembre de 1913; Grieb, *United States and Huerta*, p. 110.
[498] O'Shaughnessy, Ciudad de México, 3 de noviembre de 1913, SD 812.00/9515.
[499] *Mexican Herald*, 29 de octubre de 1913, Grieb, *United States and Huerta*, p. 111.
[500] *Mexican Herald*, 23 y 26 de octubre de 1913, sobre los principios de la desavenencia; 16 y 27 de enero de 1914 y Meyer, *Huerta*, p. 169, sobre arrestos posteriores y clausuras. Es conveniente hacer constar que algunos obispos desaprobaron las críticas de la prensa católica a Huerta.
[501] O'Shaughnessy, Ciudad de México, 11 de octubre de 1913, SD 812.00/9173; *El Imparcial*, 22 de marzo de 1913, a propósito del lema.

no habría paz, y la virtual abolición de la política hacía inmensamente más difícil la pacificación; podría decirse que absolutamente imposible.

Soldados y terratenientes

Para que tuviera efecto la estrategia militar de Huerta, era necesario acelerar la militarización del país —que había empezado con Madero—. Había heredado un ejército de 40 000 a 50 000 hombres; desde entonces, decreto sobre decreto fijaron nuevos topes: 150 000 en octubre de 1913; 200 000 a principios de 1914, y un cuarto de millón para la primavera de ese año.[502] Esas cifras correspondían al ejército federal, pero tanto el número como el salario de los rurales habían aumentado en el verano de 1913, y si añadimos rurales y milicias estatales a las cifras registradas en la primavera de 1914, se llega a un total de 300 000 efectivos (4% del total de la población masculina).[503] En realidad, ese volumen era combinación de fantasía, propaganda y corrupción (las nóminas abultadas eran un recurso favorito de un ejército corrupto).[504] Convendría disminuir las cifras oficiales en quizá 50%;[505] aun admitiendo la exageración, el aumento era importante y la lucha por el poder vinculado con éste tuvo consecuencias de peso.

Huerta no abrigaba ninguna de las peregrinas ideas de Madero sobre el servicio militar nacional imparcial y era evidente que no podía conseguir voluntarios a pesar del aumento de sueldos: "el gobierno actual cuenta con poco apoyo entre las clases que pueden o quieren tomar las armas".[506] Pocos indicios más claros de la popularidad de la Revolución y del disgusto popular por Huerta y su régimen, que el rechazo de la gente común a servir en su ejército; ningún periódico huertista se atrevía a afirmar —como después de la toma de Torreón, en 1913, afirmó *El Demócrata*, de filiación constitucionalista—: "abundan los hombres que claman por un rifle, pero faltan rifles".[507]

[502] Michael C. Meyer, "The Militarisation of Mexico, 1913-1914", *Americas*, 27 (1970-1971), p. 294; Valadés, *Historia general*, III, p. 61; Meyer, *Huerta*, p. 98; *El Imparcial*, 16 de marzo de 1914, da una cuenta absurdamente detallada de 228 331 hombres.

[503] De Urrutia a Gobernación, 8 de julio de 1913, AG, "Gobernadores, Estados, Asuntos Varios, 1913-1914"; Calero, *Un decenio*, p. 146, cita un informe de Huerta al Congreso de 250 000 federales, 12 400 rurales, 31 000 milicias; en total, 293 400.

[504] Un oficial estadunidense que regresaba de una prolongada estancia en México informó que el "soborno estaba muy extendido" (diario de Wood, 18 de septiembre de 1913); Bell, *Political Shame*, pp. 373-374, implica a los hijos de Huerta. Véase también Wilson, Ciudad de México, 13 de julio; Church, Tatahuicapa (Ver.), 9 de julio; Hale, 9 de julio; de 1913; c/in/c US Pacific Fleet, Mazatlán, 24 de febrero de 1914; SD 812.00/8036; 8110; 8203; 11142; y Katz, *Secret War*, pp. 119 y 187, cita a Von Hintze, quien estaba a favor de Huerta.

[505] Véanse los cálculos del agregado militar estadunidense en Grieb, *United States and Huerta*, julio de 1913, pp. 54-55.

[506] Bonney, San Luis, 28 de mayo de 1913, SD 812.00/7790; acerca de los sueldos, Meyer, *Huerta*, p. 98.

[507] Citado por Hamm, Durango, 30 de noviembre de 1913, SD 812.00/10272.

A falta de voluntarios, Huerta recurrió a viejos métodos. Se asignaron cuotas a los gobernadores, quienes, mediante las jefaturas, debían conseguir como pudieran el "contingente de sangre" requerido. Era un procedimiento de "golpear y equivocarse"; por ejemplo, cuando se ordenó al gobernador de Sonora proporcionar la cuota del estado, sólo tenía en sus manos la ciudad de Guaymas.[508] En consecuencia, se apeló indiscriminada y desvergonzadamente a la leva, que llegó a proporciones nunca antes vistas.

A principios de mayo de 1913, la leva era común en la capital y en otras ciudades; en San Luis Potosí, por ejemplo —donde se practicaba con "innecesaria severidad"—, el gobernador militar recibió cartas amenazadoras de ciudadanos disgustados.[509] Vagabundos, rebeldes prisioneros, presos comunes, presos políticos, ladrones o, como último recurso, peones inocentes y "pelados", todo era bueno para la leva. Los obreros de las fábricas de textiles de Puebla y Veracruz que cumplían el turno de la noche, eran arrestados al amanecer cuando salían de su trabajo acusados de vagabundos; lo mismo sucedía a quienes salían tarde del cine o de las cantinas, de modo que la vida nocturna de la Ciudad de México se acabó, para los pobres por lo menos.[510] Pero la leva se practicaba a plena luz; se dice que un domingo, después de la corrida de toros (Belmonte causaba furor ese mes) se llevaron a 700 hombres; los mensajeros desaparecían de las calles y nadie volvía a saber de ellos.[511] En Veracruz se reclutaba a los limpiabotas que, por 50 centavos diarios, pulían el equipo de los federales; en la capital, los pobres elegían "padecer y morir en sus miserables agujeros" antes que acudir al Hospital General, de donde "la leva sacaba muchos hombres".[512]

La medida provocó hondo resentimiento. La conscripción era el mayor "coco" de la gente común, sobre todo en las ciudades; comparada con ella, abusos como las elecciones fraudulentas parecían vanos. "Las clases bajas —decía el gobernador de Querétaro— tienen terror al servicio militar aun cuando sea legal"; en Guanajuato se reclutaban 200 hombres por día a fines de 1913, lo que provocó "resentimiento contra el gobernador", lo mismo que en Manzanillo, puerto del Pacífico.[513] La conscripción en esa escala alteró

[508] Cumberland, *Constitutionalist Years*, p. 61.

[509] Meyer, *Huerta*, p. 98; Bonney, San Luis, 28 de mayo de 1913, SD 812.00/7790; *Mexican Herald*, 12 de junio de 1913.

[510] J. Jiménez, Coatepec, 18 de febrero; R. Pérez Jiménez, Metepec, 17 de enero de 1914, ambos al Departamento de Trabajo, *Trabajo*, 31/2/1/34, 31/2/1/35; Meyer, *Huerta*, p. 99; de D. Díaz a Carranza, desde la cárcel de Jalapa, 10 de mayo de 1916, AVC; cuenta en ella que se sacó de la cárcel y se incorporó al ejército, en 1913, a un individuo que purgaba una sentencia de 18 años por un homicidio cometido en 1906, que desertó en Morelos y estuvo libre por más de un año antes de regresar inesperadamente a Jalapa, donde fue arrestado.

[511] O'Shaughnessy, *Diplomat's Wife*, pp. 43, 67 y 169; Manuel Gamio, *The Mexican Inmigrant*, Chicago, 1931, pp. 6-7.

[512] Almirante Fletcher, Veracruz, 26 de junio de 1913, SD 812.00/8017; O'Shaughnessy, *Diplomat's Wife*, p. 242.

[513] Cumberland, *Constitutionalist Years*, p. 62; Shanklin, Ciudad de México, 24 de noviembre; Stadden, Manzanillo, 21 de noviembre de 1913; SD 812.00/9903; 9877.

muchos aspectos de la vida: los hombres se apresuraban a contraer matrimonio para evitar el reclutamiento.[514] En Aguascalientes, los obreros de los talleres del ferrocarril abandonaron sus trabajos para evadir el reclutamiento federal y los empresarios se quejaron porque perdían su mano de obra.[515] El problema se agravó cuando, en afán de conseguir su "contingente de sangre", el régimen incursionó en los populosos territorios indígenas del sur y centro de México, para mandar a los reclutados al lejano y desconocido norte. Típica política porfiriana, una vez más; pero la abundancia del reclutamiento exacerbó los antiguos agravios y llevó a comunidades hasta entonces pacíficas a la resistencia abierta. Como en el pasado, los juchitecos proveyeron gran cantidad de reclutas forzados.[516] Trenes cargados de mayas que procedían del interior de Yucatán llegaban a Mérida para seguir su camino al norte; podía vérseles despidiéndose de sus llorosas mujeres, "escenas que partían el corazón".[517] En la sierra de Puebla, como ya dije, la leva provocó graves revueltas; también en Veracruz, sobre todo en la Huasteca, la conscripción fue causa de levantamientos entre los indígenas.[518] Escaseaba la mano de obra porque la leva arrasaba con los trabajadores u obligaba a otros —los peones de Tabasco, por ejemplo— a esconderse en los bosques y pantanos del interior; los hacendados de Valle Nacional rogaron al gobierno desistir del reclutamiento forzoso que podía ser "fatal" para sus empresas y provocaría "alarma y levantamientos", como había ocurrido en Veracruz.[519] Así pues, la política de Huerta no sólo alimentó el descontento popular, sino que desquició su relación —en otro tiempo feliz— con los terratenientes y empresarios.

Puesto que los reclutas no eran buenos soldados, la medida acrecentó los defectos del ejército que Díaz había formado con los mismos recursos. Los gobernadores preferían enviar rápidamente a los reclutas a territorios desconocidos y hostiles, aun cuando tuvieran que amontonarlos dentro de los vagones.[520] Muchos reclutas, como los enviados de Mazatlán a Baja California en agosto de 1913, eran sólo adolescentes de 15 años —y aun menos— o "pura chusma" que causaba problemas en la tranquila e industriosa península y amenazaba amotinarse cuando se atrasaba su magra paga.[521] En el frente desertaban unidades completas de tales tropas; los oficiales se mostraban

[514] Brown, Mazatlán, 6 de junio de 1914, SD 812.00/12353.
[515] Schmutz, Aguascalientes, 26 de marzo de 1914, SD 812.00/11471; Meyer, *Huerta*, p. 99.
[516] *Mexican Herald*, 20 de julio de 1913, sobre la llegada de 500 "voluntarios" juchitecos a la capital.
[517] Gracey, Progreso, 22 de noviembre de 1913, SD 812.00/10019.
[518] Véase p. 59; Canada, Veracruz, 6 y 28 de agosto de 1913, SD 812.00/8409, 8852.
[519] Lespinasse, Frontera, 28 de noviembre, 8 de diciembre de 1913 y 8 de febrero de 1914, SD 812.00/10279, 10100, 11081; del jefe político de Tuxtepec al gobernador de Oaxaca, 8 de mayo de 1913, AG 66/45.
[520] Cumberland, *Constitutionalist Years*, p. 62; O'Shaughnessy, *Diplomat's Wife*, pp. 57-58.
[521] Sullivan, La Paz, 27 de agosto; Guyant, Ensenada, 20 de diciembre de 1913; SD 812.00/9654; 11081; capitán Walter, HMS Shearwater, San Diego, 8 de enero de 1914, FO 371/2025, 4759.

reacios a encabezar pelotones de hoscos conscriptos en campo abierto. Por ambas razones, los federales preferían establecerse en grandes ciudades donde podían vigilar mejor a sus hombres,[522] pero aun ahí había motines y deserciones. Los zapatistas capturados, enganchados y enviados a Yucatán, se rebelaron y lucharon contra fuerzas locales; algunos destacamentos del mismo estado —se calculaba que 70% del ejército lo formaban ex convictos y que todo un batallón estaba compuesto de yaquis "voluntarios"— se amotinaron, desertaron y asesinaron a sus oficiales.[523] Esto no ocurría solamente en el lejano sudeste. En octubre de 1913, los soldados del 9° Regimiento se amotinaron en Tlalnepantla (Estado de México) y "enloquecidos por el alcohol y la marihuana" mataron a dos oficiales antes de huir. Al mes siguiente, en Iztapalapa (Distrito Federal), una guarnición completa fue puesta bajo arresto. En los momentos más decisivos de la campaña de Morelos —en marzo de 1914—, se amotinó en Jojutla el 7° Regimiento, lo que desquició totalmente la estrategia federal en el sur.[524] Ésos eran incidentes importantes, pero no era menos importante el constante desánimo de los federales, que contrastaba con el *élan* y confianza de los revolucionarios.[525]

Enfrentado a estos problemas, el régimen de Huerta recurrió a dos medidas: procuró conseguir voluntarios apelando a su nacionalismo y a sus sentimientos antiestadunidenses, y se apoyó en fuerzas privadas voluntarias que se organizaban en ciudades, compañías y haciendas. En cuanto a lo primero, Huerta podía aprovechar su creciente disputa con los Estados Unidos y el temor a la intervención que la situación provocaba, invitando a sus compatriotas —dicho como Emilio Campa— a "derramar hasta la última gota de sangre [luchando] contra los gringos".[526] La misión de Lind provocó la primera reacción contra los Estados Unidos: en Guaymas, los carteles advertían de la intervención y solicitaban reclutas; 100 voluntarios se reunieron en Acapulco; el comandante federal de Ciudad Porfirio Díaz convocó a los reclutas y pidió a los rebeldes del lugar unirse en patriótica alianza;[527] en la cercana Nuevo Laredo se preparó una manifestación contra los Estados Unidos; el general Téllez declaró que la guerra era inminente, y en 24 horas se presentaron 80 voluntarios; corrían rumores de que pronto invadiría Texas.[528] En todos los casos las ciudades se encontraban en zona rebelde, se necesitaban más tro-

[522] Meyer, *Huerta*, pp. 100-101.
[523] Gracey, Progreso, 18 y 20 de agosto de 1913, SD 812.00/8707, 8757.
[524] *Mexican Herald*, 10 de octubre y 22 de noviembre de 1913 y 16 de marzo de 1914, informa que los amotinados de Jojutla fueron "cortados en pedazos"; según Womack, *Zapata*, p. 183, se unieron a Salgado y participaron en el ataque a Taxco y a otros lugares.
[525] Según informes de muchos testigos; véase, por ejemplo, la versión de un minero estadunidense de Ocampo, Chihuahua (de Fall a Wilson, 9 de agosto de 1913, WWP, IV, 95, caja 120); de S. Terrazas a J. Quevedo, 19 de julio de 1913, STA, caja 83.
[526] Carothers, Torreón, 12 de septiembre de 1913, SD 812.00/9058.
[527] C/in/c US Pacific Fleet, Guaymas, 1° de octubre; Edwards, Acapulco, 19 y 21 de septiembre; Blocker, Ciudad Porfirio Díaz, 11 de septiembre de 1913; SD 812.00/9283, 8949; 8907.
[528] Garrett, Nuevo Laredo, 30 de agosto de 1913, SD 812.00/8641.

pas para la defensa, y los comandantes federales no tenían escrúpulos en usar a los patrióticos voluntarios para resistir la Revolución. Los voluntarios pronto se dieron cuenta de lo que ocurría; 300 de ellos que se hallaban en Manzanillo se indignaron cuando corrió la voz de que se les enviaría al norte para luchar contra los rebeldes en Sonora.[529]

El truco nacionalista tuvo poco éxito; estaba destinado sobre todo a la clase media —o media baja— urbana, que tenía cierta educación, alimentaba sentimientos nacionalistas y no había respondido al llamado revolucionario.[530] Así como los "hombres de la clase alta" y "ciudadanos prominentes" se encargaban por lo común de la propaganda contra los Estados Unidos (en periódicos, panfletos y manifestaciones), los empleados, maestros, estudiantes y periodistas respondían a esos llamados nacionalistas —junto con los desdichados burócratas, como los del servicio postal, quienes debían unirse al ejército como antes se habían unido a las manifestaciones gobiernistas y a las filas para votar—. Los reclutados en la capital eran "empleados y jóvenes de la clase media"; los zacatecanos que formaban el Batallón Antiintervención, eran "jóvenes de la clase alta"; el patrón se repitió al reanudarse el reclutamiento nacionalista, con más razón y fuerza, en 1914.[531] Todo esto favorecía poco a Huerta. Dije ya que de la clase media urbana no salían buenos soldados; y puesto que se habían ofrecido como voluntarios para luchar contra los Estados Unidos, les repugnaba luchar contra los rebeldes. La mayoría de las fuerzas compuestas por voluntarios —como los 250 "que en la mediterránea Puebla admitían haberse organizado para repeler al invasor extranjero"— eran "muy inútiles"; al parecer, nunca combatieron y sus unidades se desvanecieron como si nunca hubieran existido.[532] La población rural, por su parte, se mostraba indiferente; para muchos, "México" era un concepto vacío; a otros, por muy patriotas que fueran, su patriotismo no les servía para superar su profundo temor y odio al servicio militar. La fría recepción que se hizo a los encargados del reclutamiento en San José de Gracia era común en el campo mexicano.[533] Poco redituó a Huerta su desvergonzada manipulación de la causa patriótica (apenas cabe dudar que era eso, en efecto). Fracasó otra vez en 1914, bajo circunstancias más propicias; en ese año, cuando millones de europeos se unieron en tropel a sus ejércitos, el mexicano común demostró que sus intereses y preocupaciones eran diferentes.[534]

Si la lealtad a la nación no servía para conseguir el reclutamiento en masa —y el ejército federal lo desalentaba completamente—, quedaba la lealtad

---

[529] Stadden, Manzanillo, 25 de septiembre de 1913, SD 812.00/9212.

[530] Knight, *Nationalism, Xenophobia and Revolution*, pp. 207-208 y 237.

[531] Shanklin, Ciudad de México, 9 de septiembre; Stadden, Manzanillo, 25 de septiembre de 1913; SD 812.00/8771; 9212; *Mexican Herald*, 21 y 29 de julio, 31 de agosto, 4 de septiembre y 22 de octubre de 1913; Knight, *Nationalism, Xenophobia and Revolution*, pp. 227-251 y 263-265.

[532] Shanklin, Ciudad de México, 3 de septiembre de 1913, SD 812.00/8682.

[533] Luis González y González, *Pueblo en vilo. Microhistoria de San José de Gracia*, México, 1972, p. 123; Arturo Langle Ramírez, *El militarismo de Victoriano Huerta*, México, 1976, p. 58.

[534] Para acontecimientos de 1914, véanse pp. 197-203.

local, personal y cercana, a base de la cual los rebeldes formaban sus ejércitos. Debemos preguntarnos por qué Huerta y sus correligionarios no pudieron aprovechar la red de clientes en sus propios dominios; por qué —a modo de ejemplo— no pudieron convertir cuadrillas de peones respetuosos en pelotones de tropas resueltas y a sus patrones hacendados en audaces capitanes contrarrevolucionarios —a la manera de los chuanes—. A modo de respuesta, desarrollaré una hipótesis expuesta antes.[535] Los terratenientes —igual que los comerciantes, empresarios, banqueros, etc.— no carecían de estímulos. Reiniciada la revolución armada en 1913, su radicalismo y el daño que podía causar a los intereses materiales se unían al recuerdo de la capacidad que tenía el populacho urbano para alimentar el pánico y la afición de la prensa a las noticias truculentas. En toda la República (sobre todo después de la caída de Durango) los acomodados no pudieron sino advertir que enfrentaban un reto grave y recibieron a Huerta como su salvador.[536]

Pero ante la alternativa de resistir o rendirse, muchos escogieron rendirse; la resistencia, en tanto que fue canalizada por el régimen, fue bastante ineficaz, lo que a su vez tuvo consecuencias importantes para la sobrevivencia tanto del régimen como de la clase de los propietarios que en un principio lo apoyó. En teoría, es cierto, la historia se presentaba algo diferente. La prensa estaba llena de informes sobre grandes contribuciones privadas a la guerra huertista: préstamos, donativos, campañas de reclutamiento, organización de cuerpos de voluntarios y de vigilancia. En mayo de 1913, el gobierno autorizó a las fábricas y haciendas para que reunieran voluntarios que les sirvieran de protección; esos grupos se multiplicaron en el verano. La Sociedad Agrícola de Jalisco pidió un impuesto predial adicional para financiar el reclutamiento, y 40 terratenientes acordaron reunir 12 destacamentos de 100 hombres cada uno; en septiembre, 700 terratenientes de Puebla prometieron conseguir 10 hombres cada uno; también los hacendados de Michoacán empezaron el reclutamiento y ofrecieron al gobierno una subvención en efectivo apoyada por los terratenientes y las cámaras de comercio en siete estados.[537] Al finalizar el año, el gobierno tomó la delantera y ordenó organizar milicias estatales con el apoyo económico proporcionado por los terratenientes y empresarios; se calcula que 12 000 hombres se enlistaron en pocos días (2 000 en Michoacán, 2 300 en Guanajuato).[538] El Distrito Federal tenía cuerpos de voluntarios, sobre todo en los suburbios del sur que se alineaban con Morelos (entre ellos había obreros traídos de las fábricas de la capital); los hacendados de Querétaro organizaron un cuerpo de caballería; Próspero Cahuantzi, viejo cacique de Tlaxcala, reunió dos

[535] Véanse pp. 196 y 203-215.
[536] Schmutz, Aguascalientes, 15 de junio, O'Shaughnessy, Ciudad de México, 17 de octubre, c/o US Navy, Mazatlán, 21 de diciembre de 1913; SD 812.00/7911; 9249; 1054.
[537] *Mexican Herald*, 1º de mayo, 26 de junio, 27 de julio, 19 de agosto, 6, 23, 24, 25 y 26 de septiembre de 1913; Meyer, *Huerta*, p. 103.
[538] *Mexican Herald*, 20 y 25 de diciembre de 1913.

grupos de voluntarios para que patrullaran los límites de Puebla-Tlaxcala.[539] Cifras probablemente obtenidas de la nada adornaban esos informes: en La Paz (Baja California) estaban listos 200 voluntarios; 1 000 en Azcapotzalco, al norte de la capital; 1000 vigilaban el problemático distrito de Mina en Guerrero.[540] Los algodoneros de La Laguna —los propietarios más castigados— proporcionaron grandes cantidades de dinero al gobierno, reunieron voluntarios y se comprometieron a dar un premio por cada fardo de algodón que se mandara al sur.[541] Compromisos del mismo estilo asumieron los cañeros de Morelos.[542]

Los informes sobre la reunión de fondos y los reclutamientos continuaron en 1914.[543] Pero las promesas entusiastas no fueron igualadas con resultados prácticos. Hubo contribuciones mezquinas (los terratenientes de Chiapas prometieron reunir una fuerza de 15 hombres); otros planes sencillamente fracasaron: la Cámara de Comercio de Puebla, por ejemplo, proyectaba conseguir un grupo de voluntarios pero le faltó apoyo, y los terratenientes de Huejotzingo no cumplieron con su compromiso.[544] Las únicas plantaciones de Morelos que recibieron una guardia privada (10 japoneses y un oficial francés porque, aparentemente, no fue posible reclutar elementos mexicanos) fueron las de los García Pimentel, que estaban a cargo de dos hijos de la familia; pero en abril de 1914 también se vieron obligados "fatalistamente" a dejar sus tierras. Después de enterrar algunas cosas de valor en la capilla de la hacienda, se dirigieron a la Ciudad de México; ahí sus mujeres estaban muy ocupadas organizando sesiones de costura para la Cruz Roja.[545] La indolencia de la mayoría de los hacendados contrastaba con la relativa tenacidad de los García Pimentel. Observa Womack: "Y por ser una clase que se hallaba en crisis, los hacendados no podían unificarse. Aunque habían sido compañeros de escuela en el extranjero y amigotes en el Jockey Club, jugadores en los mismos equipos de polo, socios en negocios y aun parientes políticos, no podían ahora encontrar un espíritu de solidaridad".[546] En su lucha por sobrevivir como individuos fracasaron como colectividad.

Huerta —que no era vástago de la aristocracia— comenzó a perder la paciencia. En mayo de 1913, los terratenientes y negociantes recibieron permiso y ayuda para organizar fuerzas privadas; en agosto se les ordenó conseguir hombres para que el ejército federal pudiera encargarse de tareas más importantes. A fin de año comenzaron a funcionar —en teoría por lo me-

---

[539] *Ibid.*, 12 de junio, 29 de octubre y 17 de diciembre de 1913; Arturo Langle Ramírez, *El ejército villista*, México, 1961, pp. 50-51.
[540] *Mexican Herald*, 30 de agosto, 7 y 9 de septiembre de 1913.
[541] De E. Creel al Banco Minero, 5 de septiembre de 1913, STA (E. Creel), caja 1.
[542] Womack, *Zapata*, p. 166.
[543] *Mexican Herald*, 16, 19 y 28 de febrero de 1914, sobre Querétaro, Campeche y México.
[544] *Ibid.*, 20 de julio, 2 de agosto y 12 de septiembre de 1913.
[545] Womack, *Zapata*, pp. 169 y 183-185; O'Shaughnessy, *Diplomat's Wife*, p. 179.
[546] Womack, *Zapata*, p. 163.

nos— las milicias estatales,[547] pero con el reclutamiento tuvieron los mismos problemas que tenía el ejército federal. En 1914, los estados de la federación enfrentaron graves conflictos financieros que restaron eficacia al esfuerzo militar.[548] Naturalmente, son escasas las pruebas sobre la participación de las recién formadas milicias estatales en encuentros armados durante 1914. Para entonces, la paciencia de Huerta estaba llegando al límite. En el Jockey Club, recriminó a un hacendado morelense porque su familia no le había dado suficiente apoyo, y cuando el hacendado le hizo notar que en el último año había perdido millón y medio de pesos, Huerta le contestó con rudeza, "suerte que los tuvo para perderlos".[549] En marzo, Huerta convocó a 40 de los "hombres de negocios, hacendados y capitalistas más ricos del país" y los apremió a "tomar interés activo en la política de la nación" y prestar ayuda material al gobierno.[550] Pero era demasiado tarde, porque muchos de aquellos a quienes dirigía su solicitud habían abandonado mentalmente al agresivo dictador y especulaban sobre posibles compromisos o transacciones políticas y aun sobre la drástica alternativa de la intervención estadunidense, como medios para recuperar su patrimonio perdido.

La Defensa Social, equivalente urbano de las fuerzas voluntarias destinadas a la vigilancia, que se organizaron durante el gobierno de Madero como medio de protección contra bandidos o rebeldes externos y contra sediciosos o disidentes internos, se volvió ubicua en el régimen de Huerta. La de Durango, que era la más famosa de todas, estaba formada por "... un cuerpo de [500] voluntarios integrado por empleados de Gobierno, del comercio y los hacendados y por elementos que simpatizaban con el Gobierno espurio" y se reunió en abril de 1913, cuando un ataque amenazaba la ciudad. Algunos participantes no pretendían otra cosa que defender su hogar y su familia; otros fueron más lejos, luciendo sus bonitos uniformes nuevos, atacando a la Revolución en la prensa y desatando una cacería de brujas contra los simpatizantes de los rebeldes. Para aquéllos, la Defensa Social era un instrumento poderoso con el cual podía conservarse el orden, la estabilidad y el *statu quo*; algunos testigos estuvieron de acuerdo en que el efecto moral sería excelente "para evitar disturbios entre los elementos más bajos de la ciudad".[551] A principios del verano, según cuentas de los revolucionarios, la Defensa Social de

[547] *Mexican Herald*, 1º de mayo de 1913; del srio. gobernador, Jalapa, a los alcaldes, 28 de agosto de 1913, AZ.
[548] Sobre los esfuerzos de los jefes locales para reunir su contingente, véase agente consular, Tuxpan, 2 de enero de 1914; sobre el resentimiento que despertaba, particularmente entre los ferrocarrileros, el intento de reclutamiento para la milicia estatal, Schmutz, Aguascalientes, 26 de marzo de 1914; SD 812.00/10634; 11471.
[549] O'Shaughnessy, *Diplomat's Wife*, p. 206.
[550] *El Imparcial*, 19 de marzo de 1914.
[551] Hamm, Durango, abril de 1913, SD 812.00/7720; Dorador, *Mi prisión, la defensa social y la verdad del caso*, México, 1916, pp. 53 y ss.; Matías Pazuengo, *Historia de la revolución en Durango por el general Matías Pazuengo*, Cuernavaca, 1915, p. 44; Manuel Gamiz Olivas, *Historia de la revolución en el estado de Durango*, México, 1963, p. 42.

Durango tenía alrededor de 700 o 1 000 hombres; el comandante federal les agradeció sus servicios y les encomendó la defensa del norte y este de la ciudad, pero se negó a ejecutar sumariamente a los maderistas prisioneros, como querían hacer los de la Defensa Social.[552] Cuando atacaron los rebeldes, los de la Defensa hicieron un buen trabajo que fue ignominioso para los revolucionarios, de modo que cuando el comandante de la guarnición ordenó la evacuación, prefirieron huir con los federales antes que enfrentar una justicia sumaria. Se abrieron camino en medio de la matanza para salir de la ciudad; dos distinguidos hacendados y muchos miembros de la organización murieron en los campos de la hacienda de San Martín, al este de Durango, y los que se quedaron apenas pudieron evitar la muerte.[553]

Éste no es el final de la historia. Los que evacuaron Durango huyeron a Torreón o Zacatecas y de ahí fueron a la capital, y en ésta, coludidos con el astuto ministro huertista Manuel Garza Aldape, planearon la revancha.[554] Se preparó una expedición con 600 hombres (entre los que se encontraban varios miembros de prominentes familias duranguenses), quienes apoyaron la defensa de Torreón a fines de julio y luego, desoyendo las advertencias del comandante federal de esa ciudad, decidieron atacar Durango, entidad que se hallaba en manos de los rebeldes. En la hacienda de Avilez, poderosas fuerzas rebeldes —con las que estaban Villa, Urbina y Calixto Contreras— rodearon la columna; algunos escaparon cruzando a nado el río Nazas, pero muchos quedaron atrapados en el casco de la hacienda; ahí se suicidó el general que los comandaba y fueron fusilados los que cayeron prisioneros.[555] La Defensa Social de Durango fue un gran esfuerzo de su élite por resistir la revolución con todos los medios (militares, financieros y políticos) a su alcance, pero sus miembros pagaron caro por esa resistencia en 1913 y nuevamente en 1914.[556] En otros lugares surgieron movimientos menores parecidos a éste ("en muchas ciudades hay sociedades de defensa", comentó un periodista británico) pero, más pequeños, influyeron mucho menos:[557] en San Luis Potosí hubo una gran reunión pública para discutir sobre la defensa de la ciudad; un banquero de Monterrey tomó la iniciativa de organizar una Defensa Social que adiestraría un oficial federal; el gobernador del Distrito Federal formó una Liga de Defensa Social para contener las incursiones zapatistas que venían del sur.[558] Ninguna tuvo éxito. En el mejor de los casos, esos grupos

---

[552] Rouaix, *Diccionario*, pp. 144-145; Pazuengo, *Historia*, pp. 44-52.

[553] Pazuengo, *Historia*, pp. 53 y 56.

[554] Garza Aldape fue, sucesivamente, secretario de Educación, Relaciones Exteriores y Gobernación; era un hombre rudo —algunos dicen que vulgar— muy del gusto de Huerta, quien apoyó la línea dura contra el Congreso, los Estados Unidos y los rebeldes (véase Querido Moheno, *Mi actuación después de la Decena Trágica*, México, 1939, pp. 69-71).

[555] Pazuengo, *Historia*, pp. 69-71.

[556] En 1914, Mariano Arrieta amenazó con poner a todos los que quedaban de la Defensa Social en primera línea, en protesta por la leva; Hamm, Durango, 9 de enero de 1914, SD 812.00/10654.

[557] Fyfe, *The Real Mexico*, p. 80.

[558] *Mexican Herald*, 4 de mayo, 21 y 29 de octubre de 1913.

se adentraban en territorio hostil con el propósito de conseguir provisiones para las ciudades sitiadas —como lo hizo la Defensa Social de Torreón, formada por una agrupación de Garza Aldape, e integrada por jóvenes "de clase alta"; o la de la ciudad de Chihuahua, patrocinada por los intereses Creel-Terrazas, apodada "Cuerpo de Millonarios", que consiguió llegar a Juárez y regresar—.[559] Al parecer, los rebeldes no se alteraron mucho con esos actos de arrojo y los voluntarios no contribuyeron en gran medida a la defensa de Torreón o Chihuahua en 1914. En realidad, la veintena de "jóvenes ricachos" que componían la Defensa Social de Torreón, capturados por los rebeldes en abril de 1914, más que provocar mala voluntad, hicieron el ridículo.[560] Quizá hasta tuvieron suerte, porque el irascible Emiliano Nafarrate fusiló sin conmiseración a sus colegas en Matamoros.[561]

En circunstancias como ésas —cuando las ciudades estaban amenazadas por los rebeldes— la Defensa Social podía, en todo caso, auxiliar al ejército federal que estaba bajo gran presión. De la misma manera que el régimen de Huerta, la Defensa Social se mantuvo o cayó con el ejército, que era árbitro de la situación.[562] No era, pues, una fuerza autónoma de defensa, sino una secundaria y auxiliar de limitado valor. Esa poca importancia estaba aún más restringida por la política interna de las ciudades. La Defensa Social de Chihuahua declaró que su propósito era "defender con armas en mano dentro de la ciudad... las familias e intereses de todos los habitantes sin distinción alguna", pero muchas de esas ciudades (como señalaron inmediatamente los miembros de la Defensa Social) estaban saturadas de simpatizantes de los revolucionarios y eran proclives a serios conflictos internos.[563] Uno de los que clamaban venganza contra la Defensa Social de Durango era Juan García, candidato popular, a quien los conservadores ganaron la gubernatura en las elecciones de 1912 en circunstancias poco claras; como es natural, en la Defensa Social predominaban los conservadores.[564] Ante el levantamiento rural, pocas veces lograban las grandes ciudades la unidad que en ocasiones había sido patente en 1911-1912. En el régimen de Huerta, la Defensa Social no parecía sino un recurso de conservadores ricos y, como tal, poco servía para apoyar la guerra.

Lo mismo puede decirse de dos movimientos parecidos a los que me referiré brevemente. Se ha dicho que las compañías extranjeras (las petroleras sobre todo) contribuyeron a la lucha contra la Revolución de manera significativa patrocinando "guardias blancas". Sin duda, los extranjeros ayudaron

---

[559] *Ibid.*, 25 de agosto de 1913; de S. Terrazas a I. Enríquez, 30 de julio de 1913, STA, caja 83.
[560] E. Brondo Whitt, *La División del Norte (1914) por un testigo presencial*, México, 1940, p. 74.
[561] Barragán, *Historia del ejército*, I, pp. 126-127.
[562] Si esto parece concesión a Skocpol, no lo es; precisamente porque el régimen de Huerta se apoyaba en la represión —le faltaban las bases institucionales y psicológicas que han sostenido a muchos otros regímenes, incluidos los autoritarios— el papel del ejército fue tan importante y su derrota, en último término, inevitable.
[563] Afirmación de Juan Creel y otros, 3 de junio de 1913, STA (Creel), r. 1.
[564] Pazuengo, *Historia*, p. 71.

con impuestos extraordinarios y recaudaciones destinados a aumentar las fuerzas gubernamentales, pero lo hacían a regañadientes y su resistencia tuvo éxito ocasionalmente.[565] También, hasta cierto punto, reaccionaron cuando se acrecentó la violencia: los rancheros armaron a sus vaqueros para controlar el abigeato; los estadunidenses compraron armas (si no las tenían) y, como en la Ciudad de México, organizaron cuerpos de defensa.[566] En general, esos grupos no eran manifiestamente políticos, no estaban comprometidos de manera directa en el apoyo a Huerta ni se oponían a la Revolución, pero en ese ambiente de guerra de guerrilla, la defensa de la propiedad y la lucha contra el "bandidaje" (término ambiguo, como hemos visto) podían adquirir sentido político. En la planta de Necaxa, que proveía de electricidad a la capital y era blanco favorito de los zapatistas, la empresa tenía un cuerpo privado de 70 voluntarios; conviene advertir, sin embargo, que eso no impedía a la compañía tener relaciones con facciones revolucionarias de diferente filiación.[567] La compañía petrolera El Águila reunió una fuerza parecida en el verano de 1913, pero guardias de la compañía y guarnición federal huyeron cuando atacaron los rebeldes. Aprendida la lección, no se repitió el experimento, no tanto porque la compañía tuviera escrúpulos en lo que a guardias blancas se refería, cuanto porque entendió que la protección era más efectiva si mantenía buenas relaciones con la facción militar predominante en la región, fuera ésta revolucionaria o federal;[568] en otras palabras, el soborno era más eficiente que las balas. Tratos pragmáticos, cuasi fiscales, fueron tan comunes durante la Revolución como escasos el reclutamiento y la represión de las guardias blancas. De hecho, el que se hayan abstenido de usar esa forma autónoma de defensa es una prueba más del papel secundario que desempeñaron las empresas extranjeras en la Revolución; podían contar con la protección del ejército regional, en vez de la que por sí mismos podían conseguir, porque no eran, a diferencia de los miembros de las defensas sociales, blancos preferidos de los revolucionarios.

Mientras avanzaba la Revolución, sobre todo en el norte, la tarea de los pretendidos contrarrevolucionarios fue reconquistar más que defenderse. Como vimos, los veteranos de la Defensa Social duranguense intentaron, con desastroso resultado, recuperar la ciudad. En 1913-1914, la prensa informó de movimientos contrarrevolucionarios satisfactorios: "ricos hacendados" de

[565] Knight, *Nationalism, Xenophobia and Revolution*, pp. 326-329.
[566] Departamento de Justicia, 17 de noviembre; Guyant, Ensenada, 17 de noviembre de 1913; SD 812.00/9835, 9898; O'Shaughnessy, *Diplomat's Wife*, p. 218.
[567] Shanklin, Ciudad de México, 3 de septiembre de 1913, SD 812.00/8682; *Mexican Herald*, 7 de septiembre de 1913 y 13 de abril de 1915.
[568] Payne, Tuxpan, 20 de julio de 1913, SD 812.00/8244; Payne, gerente de Oil Fields of Mexico Co., considera "fútil el intento de la compañía de organizar cuerpos de voluntarios para defenderse de tal número de rebeldes"; su compañía dependía "ahora, igual que antes, de la neutralidad, tanto como la fuerza y la diplomacia lo permitan". Véase también Letcher, Chihuahua, 25 de agosto de 1914, SD 812.00/13232 acerca de la habilidad de los negociantes para manifestarse —como preferían— lejos de los problemas.

Sonora encabezaban movimientos de "grandes proporciones" en ese estado; Sinaloa hacía alarde, en marzo de 1914, de tener 900 contrarrevolucionarios armados; se decía que al afectar la guerrilla a Sonora y Chihuahua, la contrarrevolución era un "hecho consumado";[569] en abril de 1914, los hacendados comenzaron en el noroeste una "contrarrevolución formidable".[570] Sin duda, esas noticias alentaban a los lectores de la Ciudad de México, pero manifestaban el control del gobierno sobre la prensa más que una genuina tendencia contrarrevolucionaria.[571] Como siempre, había en todo esto una pizca de verdad: en junio de 1913, "uno de los hacendados y capitalistas más prominentes" de Sonora conversó con el cónsul huertista en San Francisco; le dijo que los federales debían recuperar Hermosillo y ofrecía para ello el apoyo material de un "grupo de capitalistas", el cual, ansioso por recuperar sus propiedades, contribuiría con 700 hombres pagados por él.[572] Por supuesto, los federales jamás pudieron recuperar Hermosillo. También las noticias sobre la contrarrevolución en Altar, distrito de Sonora, era más un producto del optimismo que de hechos reales; y nada concreto pudo informar a principios de 1914 otro cónsul huertista que investigó "cierto asunto de carácter enteramente reservado (el movimiento que desde hace tiempo piensan realizar los propietarios de Sonora refugiados y que han sido despojados de sus bienes por los revolucionarios, a favor de nuestro gobierno)".[573] El resentimiento y la conspiración de los emigrados norteños eran pruebas de las tendencias niveladoras de la Revolución, pero los revolucionarios nunca se preocuparon realmente de que una contrarrevolución vengadora los tomara por sorpresa.

Estas infructuosas agrupaciones contrarrevolucionarias se concentraban en regiones con intenso movimiento rebelde (Sonora, La Laguna, Durango, los suburbios del Distrito Federal), se preparaban en estrecha colaboración con el gobierno y ejercito federales y fracasaron por las mismas razones que fracasó el ejército: en zonas con grandes contrastes sociales, el balance de fuerzas se inclinaba en favor de la Revolución. En realidad, la mera existencia de grandes ejércitos revolucionarios, formados en su mayoría por campesinos, era constancia de la bancarrota política y moral de los acomodados —sobre todo de los terratenientes— producto de una generación de "progreso" porfiriano.[574] De hecho, la mayoría prefirió huir que resistir. Confiaban en

---

[569] *Mexican Herald*, 8, 15 y 26 de noviembre, 15 de diciembre de 1913, 15, 17 y 18 de marzo de 1914.

[570] *Ibid.*, 1º y 19 de abril de 1914.

[571] Aunque el *Mexican Herald* era conservador, tenía más independencia que el resto de los diarios que sobrevivían en la Ciudad de México; noticias sobre las derrotas de los federales aparecían en sus páginas antes que en cualquier otro lado, pero dependía mucho de la información oficial.

[572] De A. León Grajeda a SRE, 10 de junio de 1913; de José María Cepeda a M. Diebold, 16 de julio de 1913; SRE, legajo 771, pp. 149 y 219.

[573] Del cónsul de Naco a SRE, 21 de febrero de 1914, SRE, legajo 787, p. 55; en el excelente trabajo de Aguilar Camín no hay referencias sobre movimientos contrarrevolucionarios de importancia en Sonora.

[574] Véanse pp. 203-215, 232-233 y 472-473.

el ejército federal, y cuando éste falló, empacaron y partieron: de Saltillo a los Estados Unidos, de San Luis Potosí a la Ciudad de México (en un tren fletado por el ex gobernador Barrenechea); de Tepic ("todos los ricos y sus familias") a Guadalajara, y desde ahí, se suponía, a la capital.[575] En Coahuila (1914), un misionero protestante tenía muchas esperanzas de conseguir conversos, porque "todas las comunidades están desorganizadas... y las familias ricas, que generalmente dirigen la vida de la comunidad, se encuentran en los Estados Unidos".[576]

Los testigos extranjeros que en un principio simpatizaban con la élite mexicana, comenzaron a impacientarse con su apatía y resignación. Opinaba un periodista británico que "al renegar las clases altas de su responsabilidad" alentaban la rebelión; los ricos, decía lord Cowdray, carecen de patriotismo, desprecian a sus subordinados y no tomarían las armas aun frente a una invasión de los Estados Unidos.[577] Un minero de nacionalidad estadunidense estuvo de acuerdo en que "20% de los mexicanos [de alcurnia]" no querían hacer el servicio militar ni participar en la guerra a menos que se les obligara.[578] Un prusiano comentó (quién mejor para hacer ese comentario) que "no había patriotismo ni cooperación en las clases altas"; por su parte, el *Mexican Herald*, pasando por alto el ridículo, explicó que los "voluntarios de Plateros" pospondrían su campaña hasta que acabara la época de lluvias, porque no querían que "sus zapatos de charol se mojaran".[579] No era éste sólo prejuicio de extranjeros, sino rasgo característico de la sociedad mexicana durante la Revolución. En 1910, Luis Terrazas abandonó toda esperanza de llevar a sus partidarios a la batalla como lo había hecho contra los apaches en el decenio de 1880; su hijo Alberto, gobernador de Chihuahua, encontró "egoísmo increíble" entre los hacendados del estado, que opusieron cualquier pretexto para evitar comprometerse con la causa del gobierno.[580]

Quizá la satisfactoria transacción en Ciudad Juárez, el interinato y el fracaso de Madero alimentaron la complacencia de la élite. En general, sus miembros, preparados para ejercer el poder financiero y político (en la prensa y en las elecciones, por ejemplo), evitaron el enfrentamiento directo y violento, porque ése no era su estilo. Si de violencia se trataba, la transferían al ejército o trataban de comprar los servicios de rebeldes desleales como Orozco. Cuando Félix Díaz levantó el estandarte de la rebelión en su favor, en octubre de 1912, las élites no hicieron nada: "las clases altas, compuestas sobre

[575] Silliman, Saltillo, 29 de diciembre, de H. Hale a W. Davis, 18 de noviembre de 1913; SD 812.00/10757; 10074; *Mexican Herald*, 4 de enero de 1914.

[576] De S. G. Inman a A. T. Atwater, 31 de agosto de 1914, SGIA, caja 12.

[577] Fyfe, *The Real Mexico*, p. 69; memo. sobre la conversación de Cowdray con W. H. Page, 9 de agosto de 1914, Documentos Cowdray, caja A/3.

[578] Un minero de Ocampo (Chih.), en de Fall a Wilson, 9 de agosto de 1913, WWP, IV, 95, caja 120.

[579] F. von Hiller, en F. Allen, 23 de marzo de 1913, SD 812.00/6891; *Mexican Herald*, 1°, 15 y 17 de abril y 4 de octubre de 1913. Plateros era una de las calles elegantes de México.

[580] De A. Terrazas a J. Creel, 22 de diciembre de 1910, STA, caja 84.

todo por terratenientes... se muestran en general apáticas ante la situación".[581] Por supuesto, estas élites son capaces de defenderse con vigor y aun con violencia, porque de lo contrario no hubieran sobrevivido tanto tiempo. Pero la élite mexicana que sucumbió rápidamente en 1913-1914 no pertenecía a la clase de los guerreros o de los gobernantes como muchos de sus antepasados. Pertenecía a una segunda generación de oligarcas nacida en el ambiente de opulencia urbana moldeada por el "orden y progreso" de la dictadura porfirista, no por el agresivo caudillismo anterior a 1876, y por lo tanto servía —si para algo servía— para las leyes, las altas finanzas y la diplomacia.[582] Así, por ejemplo, sustituyeron a los antiguos henequeneros de Yucatán la docena de familias que pertenecían a la "casta divina" y exportaban el henequén; a los pioneros morelenses de 1880 los sucedieron los individuos europeizantes cultos, sofisticados de 1900, que entregaban su responsabilidad a administradores españoles, pasaban el tiempo en la capital o en Europa, y cuando se les llamaba para que se encargaran del gobierno —como ocurrió con Pablo Escandón en 1909—, demostraron ser incapaces para cumplir con la encomienda.[583] Así como otros grupos selectos de la comunidad rural hispanoamericana, relegaron el derecho de dirigir a cambio de que les dejaran el derecho de enriquecerse.[584]

Era natural que, enfrentados a la rebelión que crecía en el campo, se aferraran a la Ciudad de México, donde la buena vida continuó siendo inusitadamente vigorosa hasta bien entrado 1914; ahí podían asistir a bailes, cenar en Silvain's y departir con los miembros del cuerpo diplomático. Algunos buscaban otro tipo de entretenimiento; cuenta la señora O'Shaughnessy, que uno de los Escandón pasaba ese "periodo revolucionario construyendo tranquilamente pequeños modelos de barcos de guerra y locomotoras".[585] Enrique Creel, quien percibía con más lucidez la realidad, parecía un hombre acabado, dolorosamente consciente de las grandes pérdidas que su familia había sufrido en Chihuahua (preocupaciones similares a las que afligían a la familia Vázquez Prado de la novela de Azuela).[586] Pero cualesquiera hayan sido las reacciones individuales —hedonismo, aislamiento, desolación—, cada una era producto del fracaso colectivo para enfrentar el reto de la Revolu-

---

[581] C. McNeil (cónsul británico, Colima), en F. Allen, 23 de marzo de 1913, SD 812.00/6891; véase en la misma colección el comentario de H. Evans sobre el rechazo de "los propietarios" a apoyar a Félix Díaz, y la observación de J. B. Potter de que las clases altas de México "no son patrióticas en el sentido norteño [sic] del término".

[582] Eric R. Wolf y Edward C. Hansen, "Caudillo Politics: A Structural Analysis", *Comparative Studies in Society and History*, IX (1966-1967), pp. 178-179, para la cita.

[583] Gilbert M. Joseph, *Revolution from Without: The Mexican Revolution in Yucatán*, tesis de doctorado, Yale, 1978, pp. 37 y ss.; Womack, *Zapata*, p. 51.

[584] Forman, *Brazilian Peasants*, p. 49.

[585] O'Shaughnessy, *Diplomat's Wife*, pp. 92 y 179; y Thomas Hohler, *Diplomatic Petrel*, Londres, p. 187.

[586] O'Shaughnessy, *Diplomat's Wife*, p. 112 (es probable que por "Mr. Creel-Terrazas" se refiera más al primero que al segundo); véase también Azuela, *Tribulaciones*.

ción. Esos hacendados porfiristas eran capaces de negociar contratos, litigar, jugar polo y engalanar las fiestas, pero no de sofocar la rebelión en sus propiedades o cerca de ellas, y menos aún de armar a sus peones y arrendatarios para ayudar al gobierno. Mientras trepidara la guerra civil, sus recursos y habilidades serían prácticamente inútiles. Durante una generación, la comercialización del agro, el ausentismo y las diferencias sociales engendraron la rebelión popular y debilitaron (a pesar de la ganancia económica) a la élite rural. Irónicamente, al acumular el régimen porfiriano prebendas entre los hacendados, también los llevó como corderos al sacrificio.

Por lo tanto, el rasgo fundamental —pero no exclusivo— de la Revolución mexicana fue la rebelión agraria contra los terratenientes, quienes, a pesar de su riqueza, perdieron legitimidad ante el campesinado y fueron incapaces de defender sus intereses durante la guerra civil.[587] El corolario y la confirmación de este argumento se encuentra en las regiones donde la protesta popular fue débil y los hacendados pudieron defenderse aun sin apoyo federal: en las sierras de Puebla y de Oaxaca, donde, con o contra la Revolución, aún mandaban los caciques; en algunas partes del Bajío y del sudeste, donde sobrevivieron ranchos y plantaciones, cuyos propietarios mostraron después capacidad de movilización y resistencia; en ciudades de provincia —como Lagos, en la obra de Azuela—, cuyos hacendados, comerciantes y caciques no siempre dependían de mucho apoyo federal.[588] Este patrón distinto no se explica sólo —o principalmente— a partir de un mayor poder represivo, el cual sencillamente no existía; se debía, en parte, a la ausencia de agravios populares o de capacidad organizativa y, en parte, a la legitimidad de esas élites, que a su vez alimentaban la ideología, el clientelismo, el "patriotismo" local y aun intereses objetivos compartidos. Los mejores ejemplos serían esas comunidades —escasas en 1913-1914— que lograron realmente defenderse tanto de los rebeldes como de los bandidos. En abril de 1914, la prensa informó de otra Defensa Social en Moroleón, Guanajuato.[589] La primera impresión es que se trata de un invento gobiernista: quizá la organización existía sólo en teoría; quizá era un instrumento de la élite de la ciudad, que sin duda no podría defender a Moroleón de un ataque decidido. Pero, en realidad, aun cuando sus líderes pertenecían a la élite del lugar, la Defensa Social de Moroleón era vigorosa, gozó de éxito y larga vida. Ya en diciembre de 1910, la comunidad había demostrado su espíritu negándose a entregar a los maderistas un par de viejos cañones que se usaban en las celebraciones.[590] En 1912, los hermanos Pantoja (rebeldes *bona fide*) exigieron 20 000 pesos, pero los "adi-

---

[587] Barrington Moore, *Social Origins of Dictatorship and Democracy. Lord and Peasants in the Making of the Modern World*, Londres, 1969, pp. 468-474; Manfred Hildermeier, "Agrarian Social Protest, Populist and Economic Development: Some Problems and Results from Recent Studies", *Social History*, IV/II (mayo de 1979), pp. 319-332, en especial p. 324.

[588] Naturalmente, todas estas generalizaciones están sujetas a revisión.

[589] *Mexican Herald*, 2 de abril de 1914.

[590] Alfonso Ortiz Ortiz, *Episodios de la revolución en Moroleón*, México, 1976, pp. 11 y ss.

nerados" se reunieron con el jefe político, decidieron resistir e hicieron huir a los rebeldes con un grupo de voluntarios que habían juntado apresuradamente; otra vez, en la primavera de 1914, cuando se acercaron rebeldes de identidad indefinida, el jefe de los voluntarios —que ostentaba ya grado de coronel— movilizó a sus hombres y ahuyentó a los atacantes (dejaron Moroleón y se unieron a las fuerzas de Gertrudis Sánchez en Michoacán). Rechazaron un tercer ataque en julio de 1914, un cuarto en febrero de 1915, y en 1917 los de Moroleón ayudaron a sus vecinos de Huandacareo cuando ésta cayó en manos de los bandidos; sólo a fines de 1918 se deterioró la unidad de la Defensa Social moroleonense, a causa de una lucha intestina por los amores de una dama.

Quizá hubo otros casos parecidos en el periodo huertista (en junio de 1913 se informó que el alcalde de Huauchinango había rechazado el ataque de los rebeldes con una fuerza de voluntarios), pero esa situación se volvió familiar en 1916-1918,[591] reflejo de un verdadero cambio en el clima sociopolítico. La autodefensa local era poco común en la época de Huerta, porque en regiones donde era necesaria a causa del movimiento de los revolucionarios, no se le practicaba debido a la impopularidad de las clases altas. Sólo en comunidades como Moroleón, que enfrentaba una amenaza externa pero tenía cierta unidad interna (sustentada en la legitimidad de su élite y en la falta de conflictos sociales que fragmentaran su sociedad), se podía organizar una buena defensa que no consiguió —para dar el ejemplo contrario— la Defensa Social de Durango. Lo mismo puede decirse de los terratenientes: Terrazas y los hacendados de La Laguna no tenían esperanza de movilizar a sus campesinos para enfrentar la Revolución; después de 1915, los dueños de propiedades en Veracruz, Chiapas y Oaxaca consiguieron sin dificultad reclutas para enfrentar las incursiones de los revolucionarios; por entonces no existía ya el ejército federal, pero los hacendados del sur demostraron ser capaces de defender sus intereses de manera autónoma y violenta.[592] De ahí la diversidad y la ambivalencia aparente en la reacción de las élites a la Revolución: a veces rendición indolente, a veces resistencia enérgica. Todo dependía del tiempo, del lugar, de la naturaleza de la sociedad local, porque la política de los terratenientes —no menos que la de los campesinos— puede entenderse sólo en términos de "relación".[593] El contraste social extremo —en Chihuahua, Durango, La Laguna durante los años 1910-1914— minó la vieja élite al mismo tiempo que ganaba conversos en masa para la Revolución; en Moroleón, San José de Gracia y en las sierras de Oaxaca y Chiapas, la "solidaridad social" (en el sentido de Durkheim) hizo posible la resistencia colectiva aun en comunidades desiguales y con liderazgo de élite.[594] En 1913-1914 predominaba en casi todo el norte y centro de México el síndrome Chihua-

[591] *Mexican Herald*, 13 de junio de 1913.
[592] Véanse pp. 223, 474-477 y 571.
[593] *Cf.* p. 154.
[594] Emile Durkheim, *The Division of Labor in Society*, Nueva York, 1968, pp. 63 y ss.

hua-Durango-La Laguna, que disolvía la autoridad tradicional e incitaba la violencia popular, curso que tomó entonces la Revolución. Dos años después, la marea cambió y se presentó el síndrome Moroleón-San José-Oaxaca; las élites tradicionales, débiles hasta entonces, empezaron a mostrar capacidad para dirigir, resistir, sobrevivir, pero, en muchos sentidos, era demasiado tarde.

La militarización de México avanzó rápidamente en 1913-1914. El gobierno civil dejó lugar al militar, se extinguieron los partidos independientes, la legislatura federal fue disuelta y sus miembros fueron encarcelados. El gabinete, desprovisto de felicistas y otros posibles críticos, se convirtió en instrumento primero y luego en adorno. Como si fueran mensajeros, los ministros iban y venían; en 17 meses, nueve secretarías tuvieron 32 titulares diferentes —Relaciones Exteriores y Fomento tuvieron cinco cada una—. En tres meses, Garza Aldape —quien contó por breve tiempo con el favor de Huerta— pasó de Educación a Fomento, de ahí a Gobernación, y posteriormente fungió un breve intervalo como ministro de Relaciones Exteriores.[595] Los subsecretarios se trasladaban con la misma velocidad. En 1914, el gabinete era nulo a pesar de que sus miembros habían recibido rangos y uniformes militares.[596] Las decisiones de peso —tales como la disolución del Congreso— se tomaban sin consultar a los ministros o a pesar de su terminante oposición. En medio de todo esto, los ministros —para satisfacción de Huerta— discutían entre ellos, mientras crecía el temor por las represalias del presidente. Recuerda Querido Moheno, que su Ministerio del Exterior había sido un "pequeño calvario".[597]

También la prensa cedió pronto a los deseos de Huerta. Al principio, la mayor parte de la prensa de la Ciudad de México apoyó a Huerta tanto como había combatido a Madero. El secretario privado de Huerta, Jesús Rábago, dirigía *El Mañana*, y Luis de Toro, otro colaborador, editaba *El Independiente*, ambos feroces críticos de Madero.[598] Pero Huerta recurrió pronto al control directo porque ese consenso no duró. Los periódicos que estaban en dificultades recibieron subsidios y órdenes sobre lo que debían informar; los de la oposición —en general pequeños e insignificantes— se clausuraron. La prensa católica, muy influyente, se enfrentó al gobierno y empezó a sentir los efectos del acoso: *El País*, el diario más importante de la Ciudad de México,

---

[595] *Le Courrier du Mexique*, 17 de julio de 1914, publicó una lista de los que tenían cargos ministeriales.

[596] *El Imparcial*, 22 de marzo de 1914; Arturo Langle Ramírez, *El militarismo de Victoriano Huerta*, México, 1976, p. 73.

[597] Sobre la difícil situación de los secretarios de Estado de Huerta, véase Vera Estañol, *Revolución mexicana*, pp. 342-345; Calero, *Un decenio*, pp. 132-137; Moheno, *Mi actuación*, pp. 43, 76, 92, 109 y 158; confirman las quejas de los ex secretarios. Bell, *Political Shame*, p. 358 ("poco contaba la voluntad de los que componían el gabinete de Huerta") y Von Hintze, citado por Katz, *Secret War*, p. 119 (Huerta se refiere a sus ministros como "cerdos por los que podría mostrar desprecio").

[598] O'Shaughnessy, *Diplomat's Wife*, p. 34; Francisco Ramírez Plancarte, *La Ciudad de México durante la revolución constitucionalista*, México, 1941, p. 49.

fue cerrado finalmente en mayo de 1914, por "su velada agresión al gobierno". Por esas fechas sólo quedaban en la capital tres diarios (en español): *El Imparcial, El Independiente* (ninguno hacía honor a su nombre y los dirigía De Toro) y el no menos gobiernista *El Día*. En el verano de 1914, incluso el editor de *El Imparcial*, Salvador Díaz Mirón (convencido porfirista y huertista), temía por su seguridad personal y "esperaba mayores males de parte del gobierno que de la revolución misma".[599] También en provincia, algunos periódicos escogidos recibían financiamiento (*El Eco Fronterizo* de Ciudad Juárez, por ejemplo) y se clausuraban otros (*La Opinión* y *La Voz*, de Veracruz).[600]

La prensa, "totalmente amordazada", podía informar sólo de aquello que el gobierno permitía o necesitaba.[601] Ese estilo se impuso desde el comienzo, cuando se publicó la versión oficial sobre la muerte de Madero y Pino Suárez, absolutamente inverosímil, que nadie creyó, excepto algunos —como el embajador de los Estados Unidos— que tenían muchas razones para creerla o decir que la creían.[602] Desde entonces, la prensa se concentró en las victorias de los federales y las derrotas de los rebeldes; en multiplicar el número de reclutas, y en las manifestaciones orquestadas contra los Estados Unidos. En marzo de 1914, el encargado británico (no era enemigo de Huerta) llegó a la conclusión de que era "inútil buscar en los periódicos la verdad sobre el estado de la situación. No contienen otra cosa que información acerca de victorias sobre bandidos y revolucionarios";[603] y muchas de esas "victorias" eran totalmente falsas.[604] Historias ficticias (por ejemplo, que la Marina de los Estados Unidos había hundido el buque de guerra español Carlos V frente a las costas de Veracruz) fueron características de las campañas contra los Estados Unidos, que el régimen aprovechaba como le convenía, según admitió virtualmente un ministro.[605] Como es natural, las victorias de los revolucionarios eran problemáticas; las noticias se demoraban y distorsionaban, lo que daba lugar a rumores y especulaciones extravagantes; se confesaba tarde, ante una población impresionada, la caída de alguna ciudad importante. El *Mexican Herald* causó sensación cuando informó de la caída de Torreón el 9 de octubre de 1913 —más de una semana después de la evacuación de los federales y luego de "varios días cargados de misteriosos rumores"—.[606] Seis meses después, cuando Torreón se hallaba bajo otro ataque, en lo que se consideró

[599] *Mexican Herald*, 23 de diciembre de 1913, 4 de enero, 10 de abril y 23 de mayo de 1914; Moheno, *Mi actuación*, p. 109.

[600] Meyer, *Huerta*, pp. 132-133; *Mexican Herald*, 15 de julio de 1913 y 4 de marzo de 1914.

[601] Hohler, Ciudad de México, 4 de marzo de 1914, FO 371/2026,12853.

[602] Bell, *Political Shame*, pp. 318-326; Moheno, *Mi actuación*, p. 16.

[603] Hohler, Ciudad de México, 4 de marzo de 1914, FO 371/2026, 12853.

[604] Silliman, Saltillo, 24 de junio, 28 de julio y 28 de octubre, Hanna, Monterrey, 31 de octubre de 1913; SD 812.00/8073, 8184, 9774, 9690.

[605] Moheno, *Mi actuación*, p. 89; O'Shaughnessy, Ciudad de México, 6 de septiembre de 1913, SD 812.00/8937.

[606] *Mexican Herald*, 9 de octubre de 1913.

la batalla decisiva de la guerra, la Ciudad de México esperaba en la agonía de la incertidumbre. Hasta quienes tenían buenas relaciones con el gobierno, como el encargado británico, estaban desconcertados, porque era "absolutamente imposible conseguir noticias ciertas de lo que sucedía en Torreón"; "no es posible confiar en la información oficial". Cinco días después de la toma de Torreón, un comunicado oficial se explayaba en los "serios reveses" sufridos por los rebeldes, y seis días después, la Secretaría de Guerra confirmó que la situación en Torreón era "totalmente satisfactoria"; al final de esa cadena de información distorsionada, los funcionarios de Whitehall registraron con minucia su gran perplejidad.[607]

Desaparecida la libertad de prensa de la época maderista, se impusieron normas de control más rigurosas que las de Díaz. Mientras tanto, los cambios políticos —en el gobierno federal, estatal y regional— manifestaban la voluntad de volver al porfirismo, aunque a uno grosero y militarizado. Prudente, Díaz ignoró las insinuaciones conservadoras, pero muchos de sus antiguos colaboradores estaban listos para reingresar a la contienda política.[608] Idos los gobernadores maderistas, ocuparon su lugar militares de carrera que habían servido largo tiempo bajo el gobierno de Díaz, "viejos militares —dice Calero— de tendencias conservadoras habituados al orden y la disciplina".[609] Prisciliano Cortés, comandante federal de Durango en 1910, se convirtió en su gobernador; Rábago, de Chihuahua; Carlos García, de Aguascalientes; Manuel Rivera, de Campeche, etc. Aun los estados que casi no alteró la Revolución, quedaron bajo el gobierno militar. En el mes de junio, Urrutia, secretario de Gobernación, hablaba de sustituir a todos los gobernadores civiles con militares, algo que a fines de año era casi realidad.[610]

A menudo, la gente de la localidad —hacendados, comerciantes, empresarios— pedía el cambio, pues creía que el gobierno militar era lo más seguro contra la Revolución (compartían esa opinión algunos maderistas, incluso un gobernador saliente).[611] Diputaciones de Guanajuato se adelantaron al cambio de gobierno en su estado, que correspondió al general Rómulo Cuéllar; Tlaxcala solicitó un soldado para la legislatura; en Chiapas, los cristobalenses dieron la bienvenida al general Palafox; los hacendados de Morelos "trabajaron constantemente para lograr", y consiguieron, el regreso de Juvencio Robles.[612] Detrás de los militares llegaron muchos viejos porfiristas an-

---

[607] "Toda la información es muy contradictoria" (G. S. Spicer); "¿qué debemos creer?" (sir R. Paget); minutas en Hohler, Ciudad de México, 7 de abril, y también 8, 9 y 11 de abril de 1914, FO 371/2026, 15519, 15675, 15853, 16093.

[608] Langle Ramírez, *El militarismo*, pp. 26, 29, 39-40 y 42.

[609] Calero, *Un decenio*, p. 137.

[610] *Mexican Herald*, 26 de abril, 5 de mayo, 16 y 26 de junio y 10 de julio de 1913; Langle Ramírez, *El militarismo*, pp. 65-67.

[611] Sobre las opiniones de Mestre Ghigliazzi, gobernador de Tabasco, véase González Calzada, *Tabasco*, pp. 155-158.

[612] *Mexican Herald*, 2 de junio y 28 de julio de 1913; Benjamin, "Passages", p. 131; Womack, *Zapata*, p. 163.

siosos de reiniciar sus carreras interrumpidas y de servir a un gobierno con el que congeniaban. El administrador de Cowdray en la Ciudad de México, informó que "el gobierno apela a los oficiales del antiguo régimen —hombres en quienes puede confiar— que se retiraron durante el régimen de Madero; [de ahí que] se los sienta más confiables".[613] El otrora jefe político de Salazar (Mich.) —sobrino del último gobernador porfirista— regresó al distrito con el grado de comandante militar. Se restituyó en sus cargos a Próspero Cahuantzi y Joaquín Pita, leales porfirianos de Tlaxcala el primero y de Puebla el segundo.[614]

Ya en el poder, los militares hicieron las cosas a su manera. La mayoría compartía los objetivos de Huerta, pero eran más escrupulosos con los métodos que usaban. "¡Hay paz! ¡Hay paz!", gritaba el general Joaquín Maass mientras galopaba por las calles de la Ciudad de México celebrando la caída de Madero; aunque la proclama era prematura, manifestaba la preocupación dominante en la casta militar.[615] Al tomar control de los estados, los generales vociferaban sentimientos huertistas puros: "Seré inflexible (advirtió el general José Legorreta a los sinaloenses)... para castigar con toda energía a los malos ciudadanos que, trastornando el orden público, prolongan el estado de anarquía y disolución que presenciamos".[616] Comenzaron las purgas, los juicios y las ejecuciones; los porfiristas sustituyeron a los maderistas hasta en los estratos más bajos del escalafón burocrático. Decía un misionero que en Coahuila, "las cosas están como en los viejos tiempos del gobernador Garza Galán"; incluso los empleados de aduanas y de correos: "toda la vieja camada está de vuelta".[617] Al asumir el gobierno de Veracruz, el general Eduardo Cauz arrasó con las jefaturas del estado.[618] Se desecharon las instituciones civiles; el general Cuéllar suprimió los "departamentos menores del gobierno" guanajuatense al aplicar una "política de ahorro"; las cámaras estatales que, como la federal, aguijoneaban a los soldados de la dictadura, tuvieron el mismo destino que aquélla (intimidación y disolución).[619] La fricción entre civiles y militares, que dominó en algunos estados durante la presidencia de Madero, se solucionó en favor de los últimos. Quedó abolida la política civil. Sólo tenían validez las soluciones militares dadas por militares. A medida que

[613] De Body a Cowdray, 13 de mayo de 1913, Documentos Cowdray, caja A/4 (antes había conversado con De la Barra).

[614] Romero Flores, *Michoacán*, p. 73; *Mexican Herald*, 12 de junio de 1913; Vera Estañol, *Revolución mexicana*, p. 324.

[615] Moheno, *Mi actuación*, p. 10; el coronel Maass y su padre, el general, eran parientes políticos de Huerta.

[616] Olea, *Sinaloa*, p. 51.

[617] De S. G. Inman a la señora Inman, noviembre de 1913, SGIA, caja 12 (de la familia Garza Galán habían salido algunos de los principales jefes y políticos de la Coahuila porfirista).

[618] *Mexican Herald*, 6 de julio de 1913.

[619] *Ibid.*, 17 de agosto, 10 y 11 de noviembre de 1913; Vera Estañol, *Revolución mexicana*, pp. 338-339; Ciro de la Garza Treviño, *La Revolución mexicana en el estado de Tamaulipas. Cronología, 1885-1913*, México, 1973, p. 210.

crecía el presupuesto militar sin que se interpusiera control civil alguno, se acrecentó la corrupción militar que llegó a ser "mil veces peor que la de Porfirio y Co., que ya era bastante mala", y culminó en el arresto de un destacado general por apropiación fraudulenta de fondos.[620]

El militarismo aumentó; "en el verano y otoño de 1913, el territorio que controlaban los militares se convirtió gradualmente en una gigantesca base castrense".[621] El cargamento militar saturaba los ferrocarriles en detrimento del transporte de otros bienes. Fábricas y almacenes que no eran estratégicos tenían orden de cerrar los domingos para que los empleados recibieran adiestramiento militar. El secretario de Gobernación, Urrutia, ordenó cerrar las pulquerías de la capital, decisión por la que es, si no mejor, sí más recordado.[622] Podía verse a los estudiantes de la Escuela Nacional Preparatoria —quienes habían recibido caballos y rifles del gobierno— desfilando por las calles de la ciudad; sus uniformes se confundían con los de empleados de correos, de bancos, periodistas, telegrafistas y todos los "voluntarios" llamados para servir al régimen.[623] A pesar de las protestas, se llevaron a la práctica los planes para militarizar todas las escuelas, lo que las obligaba al adiestramiento, los uniformes y los desfiles; los alumnos de las escuelas primarias de Puebla recibieron 900 rifles de madera para realizar sus prácticas.[624] También la policía quedó bajo control militar y, en la primavera de 1914, era obligatorio para los empleados de gobierno llevar uniforme y recibir instrucción militar tres horas por semana.[625]

"No creo que nadie haya establecido un gobierno militar como el mío. Todos los mexicanos fueron militares"; las memorias de Huerta pueden ser apócrifas, pero en este caso hay un toque de verdad.[626] Esa política tenía la marca de la obsesión. El ejército era la vida de Huerta y como presidente-dictador procuró, al parecer, fundir a México con lo militar prodigando toda su atención al ejército, ignorando la política, despreciando a los políticos civiles (aun a los de su gabinete). Visitaba constantemente las barracas de la Ciudad de México (viajando en los grandes autos que le gustaban); cubierto de medallas, asistía a docenas de desfiles y ceremonias; repartía condecoraciones y ascensos al por mayor. A su casa de descanso, en Popotla, la llamaba su "División del Norte"; los compañeros escogidos, con los que compartía las largas horas de beber que ocupaban sus veladas, eran sus "viejos

---

[620] De F. Goodchild a W. Hearn, 18 de diciembre de 1913, FO 371/2025; 4058; Meyer, *Huerta*, p. 101; *El Imparcial*, 14 de marzo de 1914, y *supra*, n. 504.

[621] Meyer, *Huerta*, pp. 95-96.

[622] Nota de UP sobre la muerte de Urrutia, 1975, que era entonces un dentista de éxito en San Antonio (debo el dato a la gentileza del señor R. del Quiaro).

[623] *Mexican Herald*, 20 de julio y 25 de agosto de 1913; Langle Ramírez, *El militarismo*, pp. 59-61 y 70-73.

[624] *Mexican Herald*, 19 de agosto de 1913; Meyer, *Huerta*, p. 97, y del mismo autor, "Militarisation".

[625] *Mexican Herald*, 17 de marzo de 1914.

[626] Langle Ramírez, *El militarismo*, p. 85.

camaradas del ejército", cuyos temas de conversación eran las mujeres y la guerra.[627] En ese estrecho círculo de contactos y experiencia, Huerta obtuvo ideas e inspiraciones durante año y medio.

A diferencia de Díaz, Huerta llegó a la presidencia ya viejo y con escasa experiencia política. Para él, los políticos eran bribones alborotadores a los que debía silenciar de inmediato o usar mientras fueran útiles; "el arte de gobernar, decía, es saber a quién usar y por cuánto tiempo".[628] Su gobierno fue personal y arbitrario: los funcionarios y diplomáticos escudriñaban los restaurantes de la Ciudad de México en busca del presidente errante; en su mente cerrada, reservada y quizá supersticiosa, se borraban los lindes entre lo público y lo privado: lo que era bueno para Huerta era bueno para la República.[629] He aquí la ecuación entre lo militar y lo nacional que caracterizó la generación posterior de "nuevos autoritarios" (de la cual Huerta fue notable predecesor), y también esa obstinada y dogmática incompetencia a la que son propensos los militares de carrera.[630] En su trato personal y con otras naciones, Huerta era brusco y nada sutil. Destituía a sus ministros con un mínimo de cortesía y éstos no eran los únicos que servían de blanco a sus mordaces humoradas. En su relación con los Estados Unidos, su constante cambio de humor agravó un conflicto que pudo evitarse.[631] Los extranjeros que llegaban a conocerlo se impresionaban (muchos de ellos despreciaban también a los políticos mexicanos y acogían con beneplácito la "mano de hierro"); Huerta parecía sencillo, sin pretensiones, estoico, sagaz; el encargado británico opinaba que tenía "un aire de resolución y determinación firmes".[632] Algunos atribuían esas dotes a su ascendencia huichol: Huerta era el "indio viejo", severo, inescrutable, tenaz. La señora O'Shaughnessy, en uno de esos lapsos lawrencianos en los que caen aun las mujeres inteligentes que llegan a México, encontraba a Huerta "muy sagaz... lleno de vitalidad y con cierta perseverancia indígena".[633] Otros extranjeros eran más prácticos y críticos; poca impresión causó a un empresario francés que lo entrevistó y salió de la reunión opinando que Huerta era, "en efecto, un ingenuo".[634] Esa observación se acerca más a la verdad. Huerta era un soldado despiadado y competente,

[627] Meyer, *Huerta*, pp. 96 y 130. Aunque Huerta bebía mucho —coñac sobre todo— se opinaba, en general, que no afectaba su comportamiento de manera evidente; sólo un par de veces se le vio ebrio en público (García Naranjo, *Memorias*, VII, pp. 99-104); Sherman y Greenleaf, *Huerta*, p. 96.

[628] Hohler, Ciudad de México, 24 de marzo de 1914, FO 371/2026, 16247; Urrutia también opinaba mal de los políticos: Vera Estañol, *Revolución mexicana*, p. 331.

[629] *Ibid.*, p. 333; Moheno, *Mi actuación*, p. 113 (naturalmente, ambos eran ex ministros descontentos).

[630] Alfred Stepan, *The Military in Politics. Changing Patterns in Brazil*, Princeton, 1974, p. 173; Huntington, *Political Order*, pp. 219 y 226.

[631] Moheno, *Mi actuación*, pp. 63 y 77; Fyfe, *The Real Mexico*, p. 120; Calero, *Un decenio*, p. 125.

[632] Hohler, Ciudad de México, 24 de marzo de 1914, FO 3731/2026, 16247; "Huerta es, al parecer, un hombre notable", apostilló Ralph Pagel. Véase también Sherman y Greenleaf, *Huerta*, pp. 97-98.

[633] O'Shaughnessy, *Diplomat's Wife*, p. 12, *cf.* Vera Estañol, *Revolución mexicana*, pp. 333-334.

[634] Fyfe, *The Real Mexico*, p. 121.

carente de talento político, que mediante una combinación de destreza militar, suerte, ambición y engaño, llegó a ocupar la presidencia y a encarnar las esperanzas contrarrevolucionarias que brotaban en la sociedad mexicana. Era el Kornilov de México, pero su régimen, no su *coup d'état,* lo llevó al desastre.

¿Revolución?, ¿contrarrevolución?, ¿qué revolución?[635]

Huerta fue el Kornilov mexicano; ¿lo fue? Michael Meyer dedicó mucho de su investigación y mucho de su estudio a demostrar que, en el marco general de la Revolución mexicana, el régimen de Huerta no fue contrarrevolucionario, como a menudo se piensa.[636] Ésa es cuestión de suma importancia al interpretar la Revolución. Meyer llega a su conclusión exponiendo los "objetivos básicos de la Revolución" y comparando, en función de esos objetivos, las actuaciones de Madero y Huerta. Puesto que —dice Meyer— "el gobierno de Huerta no puede ser más contrarrevolucionario de lo que el de Madero fue revolucionario", y puesto que, según su criterio, uno no se distingue del otro, no es posible pensar en Huerta como exponente de la contrarrevolución.[637] Reforma agraria, protección al trabajo, educación, nacionalismo político y económico, defensa y recuperación de la cultura aborigen (indigenismo), se presentan como los "objetivos básicos" de la Revolución. En esas áreas, dice Meyer, poco difieren las políticas de Huerta y Madero, y las de aquél fueron incluso más progresistas y "revolucionarias". Meyer presenta la vieja imagen maniquea de la Revolución —Madero bueno (o bastante bueno); Huerta malo— como un mito primitivo; las certezas de la historiografía revolucionaria están marchitas, la nueva filosofía pone todo en duda. Pero, en este caso, ¿es el viejo maniqueísmo tan defectuoso? Meyer se presta a la crítica en dos aspectos: primero, las pruebas que aduce a propósito del régimen de Huerta son engañosas; segundo, la base conceptual que sostiene sus hipótesis está mal elaborada.

Meyer cita el análisis del presupuesto hecho por Wilkie para demostrar que el gasto previsto de Huerta para cuestiones "sociales" (educación, salud pública, seguridad social), era un poco más alto que el de Madero y bastante más elevado que el del régimen "revolucionario" de 1917-1920.[638] Para educación, que abarca la mayor parte de ese presupuesto, Huerta proyectaba 9.9% del gasto total; Madero 7.3%; Díaz 6.8%.[639] Vera Estañol y García Na-

---

[635] Tomé prestado el título de Eugene Weber, *Journal of Contemporary History,* 9/2, 1974, pp. 3-47.

[636] Meyer, *Huerta,* pp. 156-177, en especial pp. 175-177; *cf.* Huntington, *Political Order,* p. 269.

[637] Meyer, *Huerta,* p. 176. No está a discusión aquí que Huerta llegó al poder por medio de la violencia (mediante una "revolución" de cierto tipo); Meyer trata —con razón— de dilucidar el carácter esencial del régimen.

[638] *Ibid.,* pp. 158-159, cita a Wilkie, *Mexican Revolution,* p. 158.

[639] Meyer, *Huerta,* p. 159; Wilkie, *Mexican Revolution,* p. 160. Adviértase que la comparación se hace entre gastos proyectados: 6.8% proyectado por Díaz alcanzó 7.2% (1910-1911); 7.3% de

ranjo, ministros de Educación, prepararon amplios programas de reforma educativa durante la presidencia de Huerta (aunque sus objetivos eran muy diferentes: el primero favorecía la educación primaria rural, mientras que el segundo procuraba la revisión de los programas de secundaria).[640] En la cuestión agraria, Huerta superó a Madero por lo menos al crear un Ministerio de Agricultura, cuyo primer titular, Eduardo Tamariz, acudió a la compensación fiscal para efectuar la redistribución de la tierra. "El gobierno, concluye Meyer, no se oponía a la división de latifundios... [y] pensaba en términos muy diferentes al de Díaz", razón por la cual comenzó a perder el apoyo de los terratenientes.[641] En su actitud hacia los intereses extranjeros, el régimen "rompió drásticamente con el pasado", porque urgió al Congreso y al gabinete a preparar un plan con el que se nacionalizaría la industria petrolera; y en lo referente al aspecto internacional, su defensa de la soberanía mexicana ante la interferencia norteamericana lo convirtió en el predecesor inmediato, casi imperceptible, de la "doctrina Carranza".[642] Huerta no era un lacayo de la Iglesia, y (lo que es más interesante) sus relaciones con las organizaciones laborales no eran del todo antagónicas. El nuevo Departamento del Trabajo continuó con sus tareas; se toleraban las huelgas e incluso se permitió actuar en la Ciudad de México a la radical Casa del Obrero Mundial, hasta que, en la primavera de 1914, después de abiertos ataques al régimen, se arrestó a sus líderes nacionales y se expulsó del país a los extranjeros.[643]

Pero si observamos más de cerca, Huerta no sale bien librado en la prueba de sus credenciales "revolucionarias" (o, más exactamente, no contrarrevolucionarias), aun suponiendo, por el momento, que la prueba sea válida. Para empezar, los presupuestos son testimonio de poco peso. Aun considerando los caprichos de las estadísticas, tenemos sólo *proyectos* de presupuestos durante el periodo de Huerta. Se desconoce cuál fue el gasto real (en educación, por ejemplo); debemos tener en cuenta, además, que en 1913-1914 el presupuesto militar creció sin proporciones y que las finanzas del gobierno se desmoronaban. En esa época, los proyectos que no se consideraban esenciales —es decir, los civiles— no se ponían en práctica, quedaban postergados indefinidamente.[644] En educación, como en otros campos, los hechos concretos no serían más persuasivos que los datos imaginarios. Sin duda, Vera Estañol elaboró ambiciosos planes para la educación rural, pero quedó sin poder antes de conseguir algo de verdadera importancia, y lo que se sabe sobre nuevas escuelas y el aumento de la población escolar debe escudriñarse en los

---

Madero, llegó a 7.8% (1911-1912); no hay datos sobre los gastos reales de Huerta (volveré al tema).

[640] Meyer, *Huerta*, pp. 160-162.
[641] *Ibid.*, pp. 166-167.
[642] *Ibid.*, pp. 170-172.
[643] *Ibid.*, pp. 167-169 y 173-174.
[644] Véase p. 161. Concede Meyer (*Huerta*, pp. 158-159), que los datos de Wilkie son, más que concluyentes, sugestivos; para facilitar el análisis supondré que son correctos, algo de lo que algunos dudarían.

poco confiables registros de los debates de la Cámara.[645] No hay informes provinciales que prueben el establecimiento de alguna de las 131 escuelas que supuestamente tuvo lugar entre febrero y septiembre de 1913. García Naranjo, sucesor de Vera Estañol, inició la reforma de la escuela secundaria, la cual, aventura Meyer, "los historiadores no han podido ubicar sino con dificultad... en las hipótesis sobre lo contrarrevolucionario del gobierno de Huerta". Sin embargo, su silencio a ese respecto no parece turbarlos. Como sucede a menudo en la historia, la cuestión es qué importa y qué no. Las reformas de García Naranjo pueden ser importantes para la evolución de la reflexión sobre la educación en México (y aun eso es discutible), pero no lo son para el análisis del régimen huertista y de la Revolución. Huerta no se ocupaba de todos los aspectos de la política; como muchos presidentes, delegaba tareas, más aún en los campos que no le interesaban, pero no disminuía por eso su poder autocrático. No faltan ejemplos de autócratas que se inmiscuyen constantemente en ciertas áreas de la política (Mussolini en la prensa, Hitler en las fuerzas armadas) mientras descuidan otras (en ambos casos, la política económica); en lo que a Hitler respecta, delegar responsabilidades, podía, al parecer, aumentar más que disminuir el poder dictatorial y las oportunidades para manipular facciones que éste proporciona. Nada perdía Huerta dejando que sus ministros de Educación lanzaran planes de reforma: sonaban bien en los debates del Congreso, se veían bien en la prensa y lo más probable era que nunca se concretaran. Pronto fue evidente que Huerta podía quitar secretarios a voluntad, y que ellos y sus proyectos favoritos existían sólo por la tolerancia presidencial. La velocidad con que entraban y salían de sus cargos, más el trato arrogante y cruel que soportaban mientras los ejercían, eran muestra del escaso campo de acción que tenían los secretarios. Huerta no tenía otro interés que la prosecución de la guerra, lo cual era para él cuestión puramente militar, y el régimen huertista puso de manifiesto esa prioridad. Secretarías importantes eran las de Guerra, Finanzas y del Interior; la de Educación no lo era, y los proyectos de sus efímeros titulares no daban bases para evaluar el régimen en su totalidad.[646]

Lo mismo puede decirse de la agricultura. Diversos secretarios hicieron propuestas: Toribio Esquivel Obregón —en otro tiempo tibio maderista y ahora ministro de Finanzas— propuso créditos gubernamentales para que quienes carecían de tierras pudieran adquirirlas en los latifundios; Eduardo Tamariz, primer ministro de Agricultura —conservador y católico—, creía que la compensación fiscal contribuiría a la redistribución de la tierra.[647] Meyer acepta que ambos planes eran "tímidos"; ambos se habían ensayado antes (la compensación fiscal progresó realmente durante el gobierno de Ma-

[645] Meyer, *Huerta*, pp. 159-162.
[646] Sólo Blanquet —secretario de Guerra y coartífice del golpe contra Madero— sobrevivió durante todo el periodo huertista. Sobre la escasa importancia de la Secretaría de Educación, véase Moheno, *Mi actuación*, p. 25.
[647] Meyer, *Huerta*, pp. 166-167.

dero), pero de todos modos el Congreso los rechazó —el Congreso estructurado por Huerta rechazó el segundo—. Privados del apoyo presidencial, los ministros luchaban con problemas insolubles en medio del deterioro político, militar y económico. Ahí ubica González Roa (en lo que Meyer califica como un "excelente análisis" de la propuesta de Esquivel Obregón) la política agraria de los ministros huertistas.[648] No tiene sentido, a partir de esos modestos y frustrados esfuerzos individuales, llegar a la conclusión de que "el régimen de Huerta pensaba en términos diferentes al de Díaz".[649] Si lo que dice Moheno es verdad, al crear el Ministerio de Agricultura —única innovación genuina de Huerta— el presidente quería renovar el gabinete —poner a quienes lo apoyaban, quitar a aquellos en quienes desconfiaba—.[650] Razones de poder personal, más que de necesidad social, fueron parteras del nuevo ministerio.

Así también con el supuesto nacionalismo económico de Huerta. En lo que se refiere a "su relación con el capital extranjero —dice Meyer— el régimen rompió drásticamente con el pasado". En realidad, los testimonios señalan únicamente a la industria petrolera, que a pesar de su rápido crecimiento representaba sólo un fragmento de las inversiones extranjeras en México. El "nacionalismo económico" de Huerta no afectó minas, ferrocarriles, bienes raíces y servicios públicos, aunque, como toda propiedad en México durante esa época, sentían el acrecentado peso de los impuestos. Es de recordar que, al iniciar su régimen, Huerta estaba decidido a ofrecer un trato generoso a los Estados Unidos con la esperanza de asegurar su reconocimiento; no hay ahí mucho nacionalismo económico.[651] El aumento impositivo a la industria petrolera llegó cuando las compañías empezaron a obtener buenas ganancias, que fueron tentación constante para los regímenes de cualquier denominación; ya Madero había comenzado a revisar, con vistas a un aumento, los impuestos a la producción petrolera, lo cual continuaron Huerta y sus sucesores. Ese aumento a los impuestos al petróleo, como símbolo de nacionalismo económico, fue un recurso que usaron, cada vez más, diversos regímenes políticos.[652]

Más drástica fue la propuesta que, en septiembre de 1913, Querido Moheno presentó al Congreso para nacionalizar las reservas de petróleo, las cuales explotaría una agencia del gobierno en colaboración con capital privado. Las compañías existentes se fusionarían en una "empresa gigantesca" y, aunque

---

[648] *Ibid.*, p. 166; F. González Roa, *El aspecto agrario de la Revolución mexicana*, México, 1919, pp. 245-248.

[649] Meyer, *Huerta*, p. 167. Es de notar que Díaz, muy presionado, también prometió reforma agraria y distribución de la tierra (Hohler, Ciudad de México, 3 de abril de 1910, FO 371/1146, 14297); una golondrina desesperada y fuera de ruta no hace un verano reformista.

[650] Moheno, *Mi actuación*, p. 115. Dice Meyer (p. 167, n. 32) que los hacendados estaban descontentos por el fracaso de Huerta en detener la Revolución más que por sus "tímidas amenazas de reforma agraria"; y así fue, sin duda.

[651] Wilson, Ciudad de México, 22 y 26 de febrero de 1913, SD 812.00/6326, 6394.

[652] Meyer, *México y Estados Unidos*, pp. 47-50; véanse pp. 605-608.

perdieran cierta independencia administrativa, no tendrían pérdidas económicas; el proyecto tenía cierto parecido con uno que Limantour había elaborado años atrás para fusionar los ferrocarriles. Como señaló después Moheno, su propuesta implicaba nacionalizar "sobre bases y con finalidades enteramente diferentes a las que ha seguido el régimen revolucionario" en los años siguientes.[653] Ésta fue, como las reformas educativas de García Naranjo, una iniciativa importante, pero no hay muestras de que Huerta o su administración la apoyara. Las compañías petroleras (que por lo general estaban bien informadas de estos asuntos) no se preocuparon demasiado por el proyecto nacionalizador de Moheno; les interesaba más el aumento de impuestos y la amenaza inmediata que la guerra civil significaba para sus propiedades.[654] En una observación al respecto, *lord* Cowdray calificó el proyecto de "absurdo e impráctico".[655] Además, tratándose de un plan teóricamente fraguado en las altas esferas del gobierno y apoyado por ellas, su destino fue triste y oscuro. Moheno se quejó porque la prensa ignoraba su propuesta; a los pocos días de presentarla se ofreció al congresista un cargo en el gabinete,[656] lo cual, supone Meyer, "indicaba que la amenaza de nacionalización tenía apoyo presidencial y no era sólo una farsa"; como ministro de Relaciones Exteriores, Moheno podría "tratar directamente" con los gobiernos de las compañías extranjeras, pero no hay pruebas de que se haya enfrentado a las compañías o a sus respectivos gobiernos. Su salida del Congreso se consideró como un tañido de difuntos para el plan, y Moheno, consintiendo al parecer en este asunto, sólo pudo prometer a la legislatura su apoyo como individuo y como "representante del pueblo". Ésas no parecen palabras de un ministro que está a punto de hacerse responsable de un asunto sumamente importante para el gobierno.[657] Además, en su cargo se le ignoró y obstaculizó sistemáticamente, y sus esfuerzos —respecto a la nacionalización petrolera y otras cuestiones— tuvieron "un resultado absolutamente negativo".[658] Igual que otros ministros de Huerta, aró en un campo árido y estéril del que nada brotó.

Finalmente, destaca la cuestión de las relaciones que Huerta tuvo con el movimiento obrero.[659] Como dije antes, los trabajadores urbanos compartían el resentimiento generalizado por la caída de Madero pero, como de cos-

---

[653] Moheno, *Mi actuación*, pp. 118-130.

[654] Canada, Veracruz, 14 de octubre y 12 de noviembre; Miller, Tampico, 4 de octubre de 1913; SD 812.00/6363, 12, 14 y 15; de Cowdray a Hayes, 18 de octubre, a Ryder, 18 de diciembre de 1913, Documentos Cowdray, caja A/3.

[655] De Cowdray a Body, 14 de marzo de 1914; Documentos Cowdray, caja A/3.

[656] Moheno, *Mi actuación*, p. 121; pero cf. *El Imparcial*, 26 de septiembre de 1913.

[657] Meyer, *Huerta*, pp. 170-171; Moheno, *Mi actuación*, pp. 32-35.

[658] Moheno, *Mi actuación*, pp. 124-125 y 131.

[659] En lo que a la Iglesia se refiere, coincidiría con Meyer (p. 169), en que "creía el presidente que la Iglesia sería un aliado útil y poderoso, mientras no hubiera discusión acerca de quién era la autoridad"; pero eso significó más apoyo eclesiástico para el régimen de lo que Meyer admite (véanse pp. 203-204). El indigenismo huertista apenas merece comentarios.

tumbre, no reaccionaron directamente y, en cambio, continuaron su lucha diaria por el sindicalismo, mejores sueldos y condiciones. Las huelgas siguieron, pero no se trataba a los huelguistas como zapatistas urbanos. Por ejemplo, los muelles fueron otra vez centro de atención: cinco sindicatos estallaron la huelga en Progreso, en junio de 1913; el Departamento del Trabajo intervino para solucionar una huelga parecida en Tampico en ese mismo mes. En noviembre, el problema afectó a Veracruz; el gobierno pidió a los patrones que conciliaran con los estibadores y llegaran a un acuerdo.[660] Aunque parece evidente que las huelgas no fueron tan frecuentes en 1913-1914 como en 1911-1912, se entiende por estos ejemplos que la política del gobierno no era de represión indiscriminada.[661] Los del gobierno distinguían entre el movimiento sindical con peso económico que podía tolerarse y el compromiso político revolucionario que no se podía tolerar,[662] y como éste era excepcional, la represión no se extendió. Meyer está en lo cierto al señalar que la actitud del gobierno respecto a los trabajadores no fue solamente pasiva. El Departamento del Trabajo continuó vigente y siguió con sus funciones de árbitro. En julio de 1913, el general Mercado, gobernador huertista de Chihuahua, aprobó una ley de responsabilidades para los patrones, decisión que se interpretó en la región como "una declaración de las actuales autoridades *de facto* en apoyo a las masas".[663] Los trabajadores fueron atraídos —o empujados— a las manifestaciones nacionalistas y a las fuerzas voluntarias que proliferaron en 1913-1914. Así pues, el gobierno de Huerta estaba consciente de la utilidad potencial de la clase obrera urbana como fuente de reclutamiento político y militar. A cambio, hizo ciertas concesiones: toleró una gigantesca manifestación en la Ciudad de México el 1º de mayo de 1913; la Casa del Obrero Mundial sobrevivió hasta bien avanzado 1914, y su órgano de difusión, *El Sindicalista*, multiplicaba ataques contra los católicos, los malos patrones, los demagogos (no especificados), pero evitaba referirse a las campañas militares en el norte.[664]

Ese radicalismo vago y de oratoria no preocupaba al régimen: permitan que los trabajadores alaben a Rousseau y Ferror mientras trabajen en los puertos y en los ferrocarriles y no se unan a Villa o Zapata. Lo que sí se castigaba era la oposición directa. Los líderes de la Casa del Obrero organizaron una reunión en la Ciudad de México, durante la cual acusaron a Huerta (no sólo de la muerte de Madero), lo que les valió —ya dije arriba— el arresto a los nacionales y la expulsión del país a los extranjeros.[665] El régimen de

---

[660] Gracey, Progreso, 4 de junio; Canada, Veracruz, 25 de noviembre de 1913; SD 812.00/62, 70; de S. Sierra al Departamento del Trabajo, 25 de junio de 1913, *Trabajo*, 32/2/1/18.
[661] Barry Carr, *El movimiento obrero y la política en México*, I, México, 1976, p. 76.
[662] Del Cónsul, Douglas, a SRE, 1º de agosto de 1913, SRE, legajo 771, p. 239.
[663] Letcher, Chihuahua, 5 de septiembre de 1913, SD 812.00/5051.
[664] Jacinto Huitrón, *Orígenes e historia del movimiento obrero en México*, 2ª ed., México, 1978, pp. 229-230; *El Sindicalismo*, 30 de septiembre y 10 de octubre de 1913 y 15 de mayo de 1914.
[665] Carr, *El movimiento obrero*, I, p. 75; Meyer, *Huerta*, p. 174.

Huerta, como los que le precedieron y siguieron, comprendió las ventajas de alentar un movimiento laboral dependiente, y los trabajadores, por su parte, reconocieron que podían obtener ventajas —aunque sólo limitadas ganancias económicas— adhiriéndose al gobierno, solicitando su protección y conservando su radicalismo político en un tono adecuadamente abstracto e intrascendente. Así pues, el Día del Trabajo los manifestantes presentaron respetuosamente sus demandas (ocho horas de trabajo seis días a la semana), al Congreso que había reconocido a Huerta; las agrupaciones laborales (organizadas algunas por un importante funcionario del Departamento del Trabajo) ofrecieron su apoyo a Félix Díaz para la campaña presidencial; los obreros fabriles y ferrocarrileros respondieron al patriótico llamado de Huerta para conseguir voluntarios.[666] Aun aceptando que (en el último caso) hubiera presión gubernamental, parecería que los elementos de la naciente distensión entre la clase trabajadora y el gobierno, basada en el medio urbano compartido, en el interés común por la prosperidad comercial y en su antipatía hacia los bárbaros, tanto de la Norteamérica gringa como del Morelos zapatista, sobrevivió durante 1913-1914 aun cuando el trabajador era un anarquista declarado, y el gobierno un despotismo militar.[667]

Creo que, en su compromiso con el revisionismo, Meyer forzó las pruebas. Está bien señalar —si es necesario hacerlo— que Huerta no era un lacayo de la Iglesia y que no reprimió completamente el movimiento laboral. Por lo demás, gran parte de las tibias reformas de 1913-1914 (en la política agraria y educativa, en el proyecto para nacionalizar el petróleo, en las reformas laborales) eran obra de secretarios y funcionarios que se enfrentaron, en el mejor de los casos, con la indiferencia del presidente, y cuyos proyectos quedaron casi siempre en el papel. Admite Meyer, cosa sorprendente, que Huerta "estaba tan preocupado por los compromisos militares y diplomáticos, que no se dio cuenta cabal de la importancia que tenía la serie de medidas que salían de su gobierno".[668] Si se tratara de un presidente títere manejado por ministros poderosos, la tesis revisionista tendría algo a su favor, pero los ministros eran títeres y Huerta el que movía los hilos.[669] De ahí que optara por la represión, que prevaleciera el militarismo y fracasaran las reformas ministeriales.

Esas políticas deberían definirse como "contrarrevolucionarias" porque lo fueron más que las de Madero. Al presentar este caso, tradicional en esencia, llego al segundo aspecto de la tesis de Meyer: su base conceptual. Es ésta una fina obra de revisionismo: cuestiona todas las ideas tradicionales acerca

---

[666] *Ibid.*, Casasola, *Historia gráfica*, I, pp. 556-557; Langle Ramírez, *El militarismo*, pp. 51 y 63.

[667] Rafael Pérez Taylor, anarquista y líder de los ferrocarrileros, fue expulsado de la Casa acusado de complicidad con Huerta (en poco tiempo se le readmitió): Carr, *Movimiento obrero*, I, p. 76. Véase también Alan Knight, "The Working class and the Mexican Revolution c. 1900-1920", *Journal of Latin American Studies*, XVI (1984).

[668] Meyer, *Huerta*, p. 175.

[669] Vera Estañol, *Revolución mexicana*, p. 329, y *supra*, n. 597.

de Huerta, pero acepta todas las viejas ortodoxias sobre Díaz y la Revolución, las que le dan criterios desde los cuales juzga a Huerta. En primer lugar, compara las moderadas reformas de Huerta —y las de Madero— con el reaccionario Porfiriato, "en el que prevalecía el estereotipado sistema decimonónico de privilegios y abusos, hostil a todo criterio liberal del siglo veinte".[670] Huerta, dice Meyer, no quería volver a eso; su política se orientaba en otro sentido y, por lo tanto, no podía jugar a ser contrarrevolucionario. Ésa es una caricatura del régimen de Díaz. *Pace* mucha historia tradicional (la que Meyer cuestiona cuando se refiere a Huerta), las políticas del Porfiriato no fueron muy diferentes a las de regímenes posteriores. En la lista de políticas revolucionarias elaboradas por Meyer, sólo la reforma agraria se destaca como objetivo revolucionario sin antecedentes porfiristas (aun ahí, bajo la amenaza política, Díaz hizo algunas reformas tarde y con reticencia, tal como las haría Huerta). Por lo demás, la imagen de un régimen extremadamente reaccionario es falsa: orden *y* progreso era el lema positivista, y el positivismo una versión autoritaria y técnica del liberalismo; más que la reacción, el progreso fue causa de la Revolución.

La educación no se estancó con Justo Sierra: el presupuesto para educación se duplicó a principios del siglo XX; Vera Estañol, uno de los que Meyer considera como reformador huertista, fue el último ministro de Educación de Díaz.[671] La política laboral del Porfiriato combinó conciliación, cooptación y represión.[672] En lo que respecta al nacionalismo económico, Limantour fue quien fusionó y nacionalizó los ferrocarriles; Olegario Molina —como ministro de Fomento— fue quien propuso, y casi logró, la revisión del código minero; con el Porfiriato comenzó la nacionalización de la fuerza laboral ferroviaria (política que continuaron Madero y Huerta).[673] Incluso entonces hubo cierta retórica indigenista torpe y amañada, no muy diferente a la que se dio en 1913-1914.[674] Por último, los enfrentamientos oportunistas de Huerta con los Estados Unidos no pueden considerarse testimonios de un nacionalismo pionero que contraste con el servilismo vendepatrias de Díaz. En lo que a Díaz se refiere, éste es un estereotipo barato que Meyer procura eliminar en el caso de Huerta. Según un comentario de Madero, "el general Díaz, que si bien nos ha gobernado despóticamente, en cambio con el extranjero siempre se ha portado con patriotismo".[675]

---

[670] Meyer, *Huerta*, pp. 156-157.

[671] Alejandro Martínez Jiménez, "La educación elemental en el Porfiriato", *Historia Mexicana*, XX, núm. 4 (abril-junio de 1973), pp. 514-530; Vera Estañol, *Revolución mexicana*, pp. 38-40 y 202; James W. Wilkie, *The Mexican Revolution: Federal Expenditure and Social Change since 1910*, Berkeley, 1970.

[672] Carr, *Movimiento obrero*, I, pp. 43-44; Anderson, *Outcasts*, pp. 122-130, 204-211 y 229-242.

[673] F. González Roa, *El problema ferrocarrilero*, México, 1919, pp. 35-40; Huitrón, *Orígenes*, pp. 124-125; Marrin D. Bernstein, *The Mexican Mining Industry, 1880-1950*, Albany, 1965.

[674] Rutherford, *Mexican Society*, pp. 222-223; William D. Raat, "Los intelectuales, el positivismo y la cuestión indígena", *Historia Mexicana*, XX, núm. 3 (enero-marzo de 1971).

[675] De Madero a M. Urquidi, 5 de octubre de 1909, Fabela, DHRM, RRM, I, p. 44.

En muchos sentidos, salvo la reforma agraria, los regímenes posteriores a Díaz se sustentaron en antecedentes porfiristas, en especial en los del decenio de 1900. Las similitudes entre el régimen porfirista maduro y el de Sonora en el decenio de 1920 son asombrosas, sobre todo en los temas que toca Meyer. Pero entramos en una segunda área donde el revisionismo cede su lugar a la insulsa ortodoxia. Meyer compara el régimen de Huerta, primero, con un Porfiriato estereotipado (reaccionario) y, después, con una Revolución estereotipada (radical). En virtud de sus reformas, el huertismo se aleja del primero y se alinea con la segunda. Pero si, como dije antes, el nuevo punto de partida es empíricamente incorrecto, la alineación revolucionaria es conceptualmente falsa. Es verdad —y también interesante— que algunas políticas huertistas (en trabajo, educación, capital extranjero, por ejemplo) se parezcan superficialmente a las de los regímenes posteriores a 1917 (porque también se sustentaban en las porfiristas): muestran la continuidad implícita del gobierno en su papel de constructor del Estado y la nación, así como de los intereses de los intelectuales y políticos, fueran éstos científicos, huertistas, reformadores o administradores revolucionarios. En ese sentido, son comparables las formaciones intelectuales —si no las carreras— de Sierra, Vera Estañol y Pani. Pero en esta continuidad secular, los años 1910-1917 marcan una ruptura y una excepción. Es imposible juzgar hechos, personas y regímenes que se ubican en ese periodo con criterios ajenos. Los criterios apropiados —qué es importante, qué no; qué es revolucionario, qué contrarrevolucionario— deben ser "endógenos", y no pueden contenerse sólo en una pulcra lista de las últimas políticas "revolucionarias"; en otras palabras, deben ser distintos de los que usa Meyer. Es ahí donde se desbaratan la base conceptual y, con ella, las tesis revisionistas de Meyer.

Los criterios adecuados para evaluar el régimen de Huerta deben extraerse de la Revolución misma —es decir de los conflictos y lealtades (clasistas, regionales, ideológicas, étnicas, clientelistas, que tomaron su carácter fundamental entre los años 1910-1917),[676] que no se pueden reducir a una lista de políticas gubernamentales—. En realidad, varias de las que anota Meyer (económica, nacionalista, laboral, indigenista) fueron periféricas a la Revolución, especialmente en los años formativos, 1910-1915, y adquirieron importancia después de 1915, precisamente cuando declinaban la movilización popular y el conflicto social (características que definieron la Revolución); éstos eran rasgos de reconstrucción tanto como de revolución. No hay pruebas de que miles lucharon para expropiar posesiones extranjeras, ejecutar leyes laborales o rescatar la cultura indígena. Si, por otra parte, evitamos la percepción retrospectiva y la ortodoxia revolucionaria (que condujeron inexorablemente a esa lista convencional), podemos decir sin riesgos que las dos fuerzas mayores que alimentaron la Revolución fueron el liberalismo político y social de Madero, más la clase media urbana que votó por él, y el populis-

---

[676] Véanse pp. 2-3.

mo rural de la gente común tanto agrarista como serrano. Los liberales iniciaron su ataque contra el viejo régimen y arriesgaron su alternativa en 1911-1913; los populistas rurales levantaron en armas a la gente y mantuvieron sus ejércitos en marcha, y al país en insurrección, durante años subsecuentemente. Ambos eran parte integral de la Revolución y —a pesar de la hostilidad mutua de sus, a menudo, triviales ideologías— eran "revolucionarios" en el sentido que aquí se da a la palabra. Los criterios para ser "revolucionario" —y, por lo tanto, también para ser "contrarrevolucionario"— deben extraerse de las acciones, compromisos y conflictos que esos dos grupos principales ejemplificaron. Y aunque las políticas formales sean parte de este análisis total, lo son en pequeña proporción y pueden no ser las políticas formales que a menudo se subrayan retrospectivamente.

Pero, como nos recuerda la frase "hostilidad mutua", la Revolución no era monolítica. Los liberales de la ciudad y los populistas del campo que se unieron brevemente en 1910-1911 contra Díaz, se separaron en 1911-1913 (la "lógica de la Revolución", a la que ya me he referido, complicó aún más la disputa). Por lo tanto, las reformas legales liberales avanzaron muy poco y el régimen de Madero, en su esfuerzo por terminar con la revuelta popular y sostener la autoridad constituida, derivó hasta acercarse a los antecedentes y prácticas del porfirismo e incluso allegarse expertos porfiristas. Es muy legítimo ver esto como una forma de "contrarrevolución": esfuerzo concertado para detener la movilización popular, reforzar la autoridad existente y contener las reformas locales, a menudo de índole agraria. Y, como fue evidente —en los "revolucionarios" de último minuto del centro de México y en los negociadores maderistas en Ciudad Juárez— desde la primavera de 1911, "revolución" y "contrarrevolución" deben verse como coetáneas y aun coexistentes en los individuos y en los gobiernos.

En Ciudad Juárez y también después, Madero toleró la contrarrevolución. He aquí media solución para el acertijo de Meyer: "el gobierno de Huerta no puede ser más contrarrevolucionario de lo que el de Madero fue revolucionario".[677] Al reprimir el movimiento popular, los gobiernos de Madero y Huerta fueron contrarrevolucionarios; Huerta simplemente fue más allá aplicando las medidas (reclutamiento masivo, operaciones contrainsurgentes, matanza indiscriminada, gobierno militar) que Madero inició renuente. En ese sentido, el golpe de Estado de febrero de 1913 no fue tanto una súbita vuelta en redondo cuanto un simple cambio de marcha: un tímido aprendiz dejaba el lugar a un fanático de la velocidad, que inmediatamente apretó el acelerador a fondo. El hecho de que uno sustituyera al otro no significa que ambos no hayan sido "contrarrevolucionarios"; si Kornilov hubiera llegado a suplantar a Kerensky, no habría sido menos "contrarrevolucionario" por el hecho de que compartía algunas actitudes de Kerensky hacia las tropas rebeldes y hacia los campesinos.

[677] Meyer, *Huerta*, p. 176.

No significa esto que Madero y Huerta fueran de la misma clase. Es parecido el trato que dieron a la rebelión popular —cuestión de suma importancia en 1911-1914—, pero divergen considerablemente en lo que hace al elemento liberal dentro de la Revolución. Estaba muy arraigado el liberalismo mexicano con su preocupación por el gobierno civil, constitucional, por los derechos individuales, por el "progreso" ilustrado de la sociedad; si en la práctica había sufrido muchas derrotas y fracasos, aún podía alimentar grandes esperanzas y disponer de sólida lealtad. Los ejemplos y aforismos liberales saturan el discurso de la Revolución. Hasta los revolucionarios "radicales", de los cuales se piensa frecuentemente que habían trascendido esas ideas anticuadas, no concebían su lucha sino como otro episodio en "la lucha secular entre LIBERALES y CONSERVADORES".[678] Lejos de agonizar, el liberalismo revivió a finales del Porfiriato y sobre él marchó el movimiento político de Madero. Ya en el poder, y como las generaciones de liberales que les precedieron, los maderistas tuvieron muchas dificultades para poner en práctica su programa, sobre todo en ese ambiente de guerra civil constante, pero no renegaron completamente de sus principios; la "apostasía liberal" que mencioné anteriormente fue parcial y desigual, lo que dio por resultado una situación confusa y ambigua. Aunque el ejército creció, se implantó la ley marcial y hubo fusilamientos arbitrarios, leva y componendas en las elecciones, se conservó cierta forma de gobierno civil (en las ciudades sobre todo), las legislaturas funcionaban, florecían los partidos políticos, la prensa disfrutaba de una libertad nunca vista y se controlaban los abusos más extremos de los militares.

Quizá tenía que resolverse de alguna manera la tensión entre el liberalismo civil y el despotismo militar. Cuando la presidencia de Madero llegaba a su fin, algunos maderistas de línea dura —los "halcones"— concebían políticas que pudieran adaptar el liberalismo a su ambiente hostil, pero esos esfuerzos (cuyo "liberalismo" intrínseco es discutible) quedaron truncos; el experimento liberal terminó con la Decena Trágica y Huerta llegó al poder prometiendo restaurar la paz con sus propios métodos sin el obstáculo de los escrúpulos liberales. A pesar de las políticas de los ilustrados secretarios de Educación, del proyecto para nacionalizar el petróleo o de la participación de bandas de la policía en las ceremonias indigenistas para honrar a Cuauhtémoc, eso significaba una cosa: el intento de volver, con métodos porfirianos, a la *Pax Porfiriana* o —si eran necesarias medidas nuevas más duras—, con métodos neoporfiristas, a una *Pax Neoporfiriana*. Esto significaba reprimir el movimiento popular y desmantelar sistemáticamente el liberalismo maderista: por un lado, las campañas contrainsurgentes en el campo; por el otro, las campañas de represión política en pueblos y ciudades; en pocas palabras, la contrarrevolución al por mayor. En su mayoría, los secretarios de Huerta eran porfiristas; sus gobernadores, generales y porfiristas; sus

---

[678] Alvarado, *Actuación*, p. 21; cf. Narciso Bassols, *El pensamiento político de Álvaro Obregón*, México, 1976, pp. 122-129.

simpatizantes y funcionarios de provincia, ex funcionarios, políticos, terratenientes y empresarios porfiristas. El golpe de Estado les dio oportunidad y esperanza de recuperar su influencia perdida, no porque hubieran desaparecido durante el gobierno de Madero, sino porque su comportamiento tuvo que ser más dócil y circunspecto. Procuraron defender sus intereses amenazados mediante compromisos sensatos con la nueva política —como lo hicieron la Liga de Agricultores en Tlaxcala, o Braniff y Dehesa en Veracruz—. Después del golpe, no necesitaban fingir; en abril de 1913, Dehesa estaba ya "bastante metido en política", ejemplo de revancha porfirista que fue evidente en todos los estratos del gobierno durante 1913-1914.[679]

A la inversa, la purga de maderistas fue total. Se despojó de sus cargos a gobernadores electos y funcionarios locales. La persecución fue minuciosa y sostenida. Cuando los federales tomaron Piedras Negras, en octubre de 1913, un estadunidense comentó: "comienza el castigo por crímenes políticos, que caerá sobre muchos de los que no han huido".[680] La persecución terminaba a veces en asesinato. Mientras tanto, se cerraron a punta de pistola las legislaturas federales y estatales; se escarnecían las elecciones con más cinismo que nunca antes; se maltrataba y aniquilaba a los partidos políticos y a la prensa, a los que el régimen maderista había dado vigor. El ejército federal se hizo cargo del gobierno —un ejército que dependía de conscriptos malhumorados y de la ayuda de mercenarios ineficientes contratados por terratenientes y empresarios—. Huerta aplastó el tambaleante edificio del liberalismo civil que los maderistas habían levantado en 1911-1913 y, al mismo tiempo, trató de aplastar los movimientos populares campesinos; triunfó en la primera empresa pero fracasó en la segunda. El ejército federal era más adecuado para la represión política en las ciudades que para las campañas contrainsurgentes en el campo, y los zapatistas eran oponentes más duros que los renovadores de la XXVI Legislatura. No obstante, cuando se trata de evaluar el régimen de Huerta y el lugar que ocupó en la Revolución, es importante considerar su intento en esa política de doble represión. Si Madero representaba (pido disculpas por el lugar común) el Jano en una de cuyas caras estaba la revolución liberal y en la otra la contrarrevolución social, Huerta representa en ambas la contrarrevolución; esto se manifiesta no tanto en las políticas formales cuanto en los conflictos objetivos, tanto sociales como políticos, que hundieron al país. Huerta quería terminar con los liberales de la ciudad y con los populistas rurales; terminó así con las ambigüedades del maderismo, volvió sobre los pasos de Díaz y se opuso abiertamente a las dos corrientes principales de la Revolución. Su régimen fue consistente, rigurosamente contrarrevolucionario.

---

[679] De Body a Cowdray, 9 de abril de 1913, Documentos Cowdray, caja A/4.
[680] De S. G. Inman a A. R. Atwater, 9 y 11 de octubre de 1913, SGIA, caja 12.

La coalición constitucionalista

Entre tanto, podemos percibir en el norte los inicios de una nueva síntesis política, la cual, al no caer en los errores más flagrantes de Díaz, Madero y Huerta, prometía encontrar una salida al ciclo de rebelión, represión e inestabilidad. El constitucionalismo —o el carrancismo— no fue sólo un maderismo redivivo;[681] es cierto que reunió a muchos viejos maderistas, que hizo las mismas promesas, que estaba imbuido de las mismas ideas liberales y que conmemoraba la muerte de Madero cada mes de febrero. Pero el maderismo había fracasado en la práctica y había experimentando un final trágico. El carrancismo era, por lo tanto, la "autocrítica" del maderismo, refinada y templada en el fuego de 1913-1914; era ejemplo de un "nuevo espíritu y una nueva concepción de la lucha política", en el que el viejo idealismo liberal dejó sitio a una "despiadada, astuta y arbitraria" *realpolitik*.[682] Al mismo tiempo, era el maderismo "aguerrido" de 1912 que había llegado a la madurez. Algunos han interpretado este cambio, básicamente, como un nuevo énfasis en la reforma social, que sustituyó al liberalismo maderista del *laissez faire*. Algo de verdad hay ahí, pero fácilmente se la exagera, sobre todo cuando se da más peso a las palabras que a los hechos. Nos acercaríamos más a la verdad si dijéramos que el carrancismo se alejó del maderismo en los medios, no en los fines; porque si dejamos de lado por un momento la difícil cuestión de los fines, los carrancistas mostraron en la búsqueda de sus metas una intransigencia inflexible que no tenía Madero. Se negaron a llegar a acuerdos con el viejo régimen y pelearon su guerra hasta el final; organizaron un ejército que se enfrentó a los federales en batalla campal y por fin los aniquiló; eliminaron sin compasión a los simpatizantes del viejo régimen y promovieron sistemáticamente a los suyos. Nada de esto hace a los objetivos carrancistas más radicales que los de Madero (a menudo apoyaban los mismos principios generales); esas políticas se sustentaban más en experiencias amargas que en ideologías radicales y se llevaron a cabo en nombre de la sobrevivencia. "En todo caso [dice Córdova], el ideal político deja de ser el motor de la acción política; la verdadera palanca es el éxito por el éxito, éste es el fin cierto".[683] Los ideales fueron menos instigadores de la acción que justificantes *ex post facto* de resoluciones tomadas según conviniera al momento (a menudo según la "lógica de la Revolución"). Salvo excepciones, los carrancistas nunca llevaban mucha carga ideológica que demorara su avance; su preocupación mayor era derrotar a Huerta y lo que hicieron después era un misterio. En todo caso, si lo conseguían, lo ganarían por sí mismos, con

---

[681] Usaré "constitucionalismo" y "carrancismo" como sinónimos; con ellos me refiero —hasta el verano de 1914— al amplio movimiento en contra de Huerta que encabezó Carranza y, después de esa fecha, a la facción dirigida por Carranza contra Villa y Zapata.

[682] Córdova, *Ideología*, pp. 136 y 190.

[683] *Ibid.*, p. 191.

su esfuerzo y disfrutarían de cierto poder autónomo que Madero no había conocido.

Eso fue evidente en los primeros días de la rebelión de Carranza. Después de su fracasado ataque a Saltillo, Carranza y los suyos se encaminaron al norte, hacia Monclova; el 25 de marzo pernoctaron en la Hacienda de Guadalupe. A la mañana siguiente, Carranza y Alfredo Breceda, su secretario, redactaron un manifiesto político que presentó a sus colaboradores —casi todos oriundos del noreste, 15 o 20 años menores que el gobernador—: Cesáreo Castro, Jacinto Treviño, Lucio Blanco, Francisco Múgica.[684] Era un documento breve, estrictamente político, en el que se repudiaba a Huerta, se nombraba a Carranza primer jefe del Ejército Constitucionalista y preparaba el regreso al gobierno constitucional una vez derrotado Huerta. Se refería a la situación política del momento, no aludía a reformas socioeconómicas o a cualquiera de tipo político. Sentó así un precedente que tomaron en cuenta los manifiestos constitucionalistas regionales (los de Sinaloa y Tamaulipas, por ejemplo).[685] Los jóvenes lugartenientes de Carranza estaban desilusionados; se dice que pidieron reformas económicas y sociales, en particular el reparto agrario, la abolición del peonaje y la legislación laboral.[686] Carranza aplacó su entusiasmo juvenil. Explicó que el propósito del plan era llegar al poder, que un programa radical dividiría la opinión y fomentaría la oposición, pero eso no sucedería con una breve declaración con contenido político. ¿Querían una guerra civil que durara dos años o una que durara cinco? Con reticencia, los jóvenes aceptaron y firmaron el proyecto, que se conoce como Plan de Guadalupe al cual, dice Cumberland, se menciona y sobrestima con frecuencia; nada tenía que ver con el reformista Plan de San Luis maderista y menos aún con el Plan de Ayala de Zapata, o el de la Empacadora de Orozco.[687] No tenía más peso ideológico que el plan presentado por Félix Díaz en octubre; su propósito era legitimar la revolución constitucionalista y dar a Carranza su control. Porque después de repudiar a Huerta, a su gobierno y a todos los gobernadores que no rechazaran a Huerta en 30 días, nombraba a Carranza primer jefe y especificaba que, cuando los constitucionalistas tomaran la capital, asumiría el ejecutivo como presidente provisional y llamaría a elecciones "tan luego se haya consolidado la paz".[688]

Carranza se arriesgaba al ridículo reclamando el liderazgo nacional. Sus escasas fuerzas coahuilenses habían sufrido la derrota a las puertas de Saltillo. En el resto de los estados, salvo Sonora, Huerta tenía el reconocimiento

---

[684] Taracena, *Carranza*, pp. 134-139; Cumberland, *Constitutionalist Years*, pp. 70-71; María y Campos, *Múgica*, pp. 60-62.

[685] Extendidos por Riveros y Caballero, respectivamente; Alger, Mazatlán, 4 de septiembre; Miller, Tampico, 19 de diciembre de 1913; SD 812.00/8910; 10355.

[686] María y Campos, *Múgica*, p. 56.

[687] Cumberland, *Constitutionalist Years*, p. 70.

[688] Taracena, *Carranza*, pp. 138-139.

oficial y el control del ejército federal. Los acontecimientos empujaron a Carranza a arriesgarse como nunca lo había hecho en su sobria y prudente carrera. Pero recibió su recompensa puesto que adquirió fama como el más destacado oponente constitucional de Huerta; Maytorena, gobernador de Sonora, su único rival posible, evitó el problema y se refugió en los Estados Unidos. Otros caudillos revolucionarios lo superaban en poder militar o en carisma, pero ninguno urgió un reclamo más firme al liderazgo nacional. La Revolución, fragmentada y llena de facciones, necesitaba un liderazgo nacional que le diera legitimidad para tratar con las potencias extranjeras y conseguir cierta coordinación entre sus diferentes elementos. Esa distinción recayó en Carranza, como premio a su reacción audaz en los meses de febrero y marzo de 1913. Carranza era el personaje adecuado para ese papel: estaba totalmente convencido de su probidad y, por lo tanto, de que estaba listo para asumir el mando, a pesar de que las condiciones materiales no lo garantizaran. Pareció tonto y arrogante para algunos que el primer jefe lanzara decretos, instrucciones y notas diplomáticas desde sus cuarteles del norte lejano y, después, desde la costa del Golfo. Pero Carranza sobrevivió, y su derecho al poder nacional —asegurado primero y conservado en las buenas y en las malas— fue realidad, mientras otros caudillos, más poderosos pero más inseguros, fracasaron. Como virgen tímida que tiene una gran dote, pero también una horda de parientes molestos, el poder nacional se rendiría sólo a un candidato testarudo, seguro de sus méritos, convencido de su responsabilidad y ansioso por recibir el premio.

Eso fue evidente desde el principio, cuando Carranza luchaba por afirmar su autoridad en la coalición revolucionaria de la que se decía líder. Representantes de Sonora y Chihuahua (de éste, un solitario diputado) se reunieron en Monclova y apoyaron el Plan de Guadalupe; uno de ellos, hermano del gobernador interino de Sonora, fue enviado a Washington para abogar por los constitucionalistas con la esperanza de que se les reconociera como beligerantes y, a pesar de su situación precaria, Carranza empezó a "emitir decretos de suma importancia para el futuro de la nación".[689] Se emitieron cinco millones de pesos en papel moneda (la primera ola de una marea de billetes que, con el tiempo, inundaría el país); se asumió la responsabilidad por todos los daños que hubieran sufrido los mexicanos y extranjeros desde que comenzó la Revolución en 1910; se revivió, de manera contenciosa, un decreto que Juárez había promulgado en 1862 durante la intervención francesa, según el cual podían ser ejecutados todos los prisioneros enemigos, porque se habían rebelado contra un gobierno legítimo. El decreto se presentaba como seria determinación carrancista y contragolpe a las matanzas de los huertistas, pero la reacción fue negativa, dio pábulo a historias sobre la brutalidad de los rebeldes y disminuyó la amplia simpatía que Carranza esperaba conseguir para su causa; su práctica, como la de otros decretos carrancistas,

[689] Cumberland, *Constitutionalist Years*, pp. 71-75; Meyer, *Huerta*, p. 86.

dependía mucho del carácter y capricho de los jefes militares locales.⁶⁹⁰ Decretos posteriores, aparecidos en ese mismo año, regularizaron la recaudación de impuestos a la exportación, y otros dentro del territorio rebelde, y legitimaron la confiscación de propiedades que pertenecían a los "enemigos de la revolución". Con ambos decretos Carranza buscaba controlar las prácticas existentes de tributación y embargo *de facto* que estaban muy extendidas —ya fuera al estilo primitivo inmediato y circunstancial, o con los métodos ordenados y burocráticos de los sonorenses—.⁶⁹¹ También aquí era muy limitada la capacidad del primer jefe para controlar y regular, pero esas medidas revelaban que esperaba una larga guerra, y que la Revolución necesitaría mucho más organización y apoyo económico que el milagroso medio año de rebelión maderista.

El problema más apremiante que tenía Carranza era el ejército revolucionario. De hecho, no había ejército sino las fuerzas estatales de Sonora y Coahuila (éstas en total retirada), y las fuerzas de docenas de cabecillas desperdigadas en una docena de estados. Las preocupaciones de Carranza, como las de Huerta, se concentraban en la cuestión militar, pero mientras éste procuraba fortalecer el ejército que controlaba, Carranza debía imponer su autoridad nominal a un movimiento popular, poderoso y en expansión, pero indócil; nada podía ofrecer a cambio sino el sello de la legalidad y la promesa de apoyo material. Lo primero interesaba más a unos rebeldes que a otros; proporcionaba a los ordenados y legalistas sonorenses los medios para conciliar —es decir, para poner en el papel— sus disputas internas, y así Carranza consiguió una posición política en Sonora. Otros rebeldes aceptaron la autoridad de Carranza y la etiqueta carrancista con espíritu más arrogante, mientras, lejos del norte, en algunos lugares del país continuaron los conflictos locales durante 1913-1914, indiferentes a la revolución constitucionalista.⁶⁹² Carranza podía ofrecer escaso apoyo material (armas y dinero). Los rebeldes debían conseguir dinero mediante embargos e impuestos, robos y rescates; era necesario importar armas o arrebatarlas a los federales y en ambos casos, por supuesto, los norteños llevaban mucha ventaja. Los que esperaban que Carranza traería regalos se desilusionaron. Los rebeldes de La Laguna y Durango, que lo recibieron en sus campamentos cerca de Torreón en julio de 1913 con la esperanza de que el "Primer Jefe traería bastante gente y gran cantidad de parque", no recibieron más que una solicitud de préstamo de 1000 pesos (que Carranza obtuvo)⁶⁹³

---

⁶⁹⁰ Fyfe, *The Real Mexico*, p. 17; Meyer, *Huerta*, pp. 93-94. Se dejó en libertad a la mayoría de los prisioneros (que eran soldados rasos) o se les permitió unirse a los rebeldes; pero a menudo se ejecutaba a los oficiales, los colorados (ex orozquistas) y a los que apoyaban activamente el régimen de Huerta: Brondo Whitt, *La División del Norte*, pp. 48, 51, 135-136, 148-149 y 154-155; Langle Ramírez, *El ejército villista*, pp. 39, 41 y 47; Gavira, *Actuación*, p. 99.

⁶⁹¹ Cumberland, *Constitutionalist Years*, pp. 76-77; véase pp. 28 y 49-51.

⁶⁹² Por ejemplo, Darío Aristaín, *Notas de un ranchero*, México, 1917, sobre el movimiento de los revolucionarios en la zona de Jamiltepec, en donde no se tuvo en cuenta la autoridad de Carranza hasta mediados de 1914.

⁶⁹³ Pazuengo, *Historia*, pp. 72 y 74-75.

para cubrir los gastos del viaje. Rebeldes de la distante Tabasco, quienes enviaron emisarios en busca de Carranza, "o cualquier otro Jefe Revolucionario Constitucionalista, de los que operaban en el norte, para que nos proporcionara armas y municiones de las que carecíamos casi en absoluto", también se llevaron una desilusión. Los revolucionarios tabasqueños tuvieron que aprovisionarse solos (incluso trataron de cambiar cerdos por armas con la Marina estadunidense); cuando por fin se materializó la ayuda norteña, en el verano de 1914, ésta no fue en absoluto desinteresada.[694]

La autoridad del primer jefe era limitada; no podía exigir obediencia estricta y, en consecuencia, la disensión resquebrajó desde el principio las huestes constitucionalistas, incluso en Sonora y Coahuila, cunas de la Revolución. Los observadores huertistas disfrutaban con las rivalidades sonorenses personales y geográficas, las cuales, a pesar de la presencia refrescante de Carranza, se calentaron durante el verano de 1914 hasta que llegaron al pleno hervor.[695] También en Coahuila disputaban caudillos destacados como Blanco, Castro y González.[696] Más al sur, donde la Revolución era aún más popular y descentralizada, persistían los conflictos, sobre todo cuando las fuerzas rebeldes extendían su área de operaciones, tropezaban con "aliados" vecinos y competían por la supremacía local. En Veracruz se reafirmaron las antiguas rivalidades; la división entre los rebeldes de Michoacán obstaculizaba sus campañas; en algunos estados del centro comenzó a advertirse una incipiente rivalidad entre constitucionalistas y zapatistas.[697] Carranza intentó poner orden y disciplina a esas fuerzas heterogéneas. En julio de 1913 decretó la creación de siete cuerpos de ejército en los cuales quedaría comprendida toda actividad militar rebelde. Tres de ellos —los cuerpos del noreste, noroeste y centro— eran, de hecho, más genuinos y llevaron el peso de las campañas convencionales del norte; pero en otras partes, a pesar de los esfuerzos de Carranza, las fuerzas rebeldes continuaron independientes, locales, fragmentarias, dedicadas especialmente a la guerrilla.[698]

A menudo, el primer jefe no podía sino reconocer la autoridad de los cabecillas locales; así, por ejemplo, se expidieron instrucciones para que asumiera "el mando en jefe en el estado de Hidalgo el jefe que cuente con los más elementos y [esté] conforme al Plan de Guadalupe".[699] Pero ésas no eran instrucciones sencillas. ¿Cuál jefe tenía "más elementos"? ¿Qué implicaba "conforme" con el Plan de Guadalupe? ¿Tenía el "estado de Hidalgo" alguna

[694] González Calzada, *Tabasco*, pp. 127 y 140; el almirante Cradock habla también del intento de transacción y describe a Greene como "bandido" (20 de junio de 1914, FO 371/2030, 32060).
[695] Del cónsul, Nogales, a SRE, 2, 3, 9, 15 y 22 de agosto, SRE, legajo 771, pp. 254-295; Hostetter, Hermosillo, 13 y 17 de mayo y 13 de junio (dos veces) de 1913, SD 812.00/12033, 12056, 12248, 12320.
[696] Barragán, *Historia del ejército*, I, pp. 251 y 254; Garza Treviño, *Tamaulipas*, pp. 179-180.
[697] Gavira, *Actuación*, pp. 95, 101 y 111; Romero Flores, *Michoacán*, p. 104; sobre Tlaxcala, Buve, "Peasant Movements", pp. 135-136; sobre Guerrero, Jacobs, "Aspects", pp. 170 y ss.
[698] Cumberland, *Constitutionalist Years*, p. 73.
[699] De Carranza a Pablo González, 15 de marzo de 1914, SRE, legajo 760, p. 284.

importancia en la "geografía revolucionaria", que con tanta frecuencia pasaba por encima de los límites políticos? Puesto que los cabecillas locales eran muy sensibles a sus derechos y autoridad, los intentos de Carranza por conseguir una jerarquía ordenada provocaron ofensas y le crearon enemigos. En Hidalgo, por ejemplo, disputaban la capitanía de la Revolución pretendientes locales como Nicolás Flores (un ranchero de Pisaflores, que dirigió un movimiento en el que participaron otros rancheros, muy parecido a la rebelión de los Figueroa en Guerrero) y muchos rivales, la mayoría de los cuales venían de las tres Huastecas: Francisco de P. Mariel, quien comandó ahí un destacamento rural durante el gobierno de Madero; Vicente Segura, terrateniente, torero y "deportista", quien había simpatizado — pero no luchado— con Madero y huido a La Habana después del golpe de Huerta, y que regresaba después de comprar con su propio dinero uno de esos lotes de armas que se vendían en el mercado negro de Nueva Orleans; Cándido Aguilar, veracruzano, veterano de 1910, quien comandó irregulares maderistas en Oaxaca y Durango, y ahora era jefe militar constitucionalista en su estado, lo que significaba que tenía instrucciones de vigilar la Huasteca hidalguense.[700]

A principios de 1914 causaba problemas en esa zona la abundancia de cabecillas rebeldes. Aguilar dijo a Carranza que había "grandes divisiones" entre los constitucionalistas; que el culpable era Francisco Mariel, y era imprescindible para Carranza "estudiar la situación en dicho estado y designar personal de entera confianza y capaz de solucionar cuantas dificultades se presentan cada día en esa región".[701] Entre tanto, Aguilar tomó la iniciativa: rechazó la autoridad de Segura, retiró a Mariel de su puesto y apoyó a los rivales de ambos, Cerecedo y Salazar.[702] Irritado por la insubordinación, el primer jefe ordenó a Aguilar que se presentara en Matamoros para dar razón de sus acciones. Esta vez, las presunciones de autoridad de Carranza probaron ser vanas. A los revolucionarios no les gustaba que se supervisara estrictamente su conducta, ni estaban dispuestos a recorrer 500 kilómetros para dar explicaciones de lo que hacían. Pablo González, que era comandante en el noreste, entendía más las flaquezas de sus lugartenientes; señaló a Carranza los éxitos que había alcanzado Aguilar en la Huasteca y le rogó que fuera más prudente y retirara su orden perentoria. Carranza se vio obligado a transigir: Segura retuvo el comando de la Huasteca hidalguense, se pospuso *sine die* la orden dada a Aguilar de presentarse en Matamoros y a González se le encargó decidir la suerte de Mariel. La historia tuvo un final feliz: Carranza y Aguilar se

---

[700] Schryer, *The Ranchers of Pisaflores. The History of Peasant Bourgeoisie in Twentieth-Century Mexico*, Toronto, 1980, pp. 72-74; de Mariel a Madero, 14 de enero de 1913, Fabela, DHRM, RRM, IV, pp. 328-330; Garza Treviño, *Tamaulipas*, pp. 164, 171-172 y 402-403; *Historia de la Brigada Mixta "Hidalgo" que es a las órdenes del General Vicente Segura*, México, 1917, pp. 7-8; Casasola, *Historia gráfica*, I, p. 614; de Ramírez, San Antonio, a SRE, 16 de marzo de 1914, SRE, legajo 787, p. 24.

[701] De González a Carranza, 14 de marzo, 4 y 6 de abril y viceversa, 31 de marzo, 5 y 7 de abril de 1914, SRE, legajo 760, pp. 282, 297, 309, 311, 317 y 319.

[702] Gavira, *Actuación*, p. 85.

reconciliaron; éste se casó con una hija del primero (la más fea, según dijo un crítico, pero trajo como dote la gubernatura de Veracruz). Aguilar llegó a ser secretario de Relaciones Exteriores y uno de los prosélitos más cercanos del primer jefe.[703]

Otras rencillas similares no tuvieron resultados tan satisfactorios. La forma en que Carranza ejercía su autoridad provocó enconados rencores que revivieron en crisis posteriores; de ahí que en muchas regiones estuvieran latentes las divisiones dentro de la Revolución, las cuales se planteaban, en las circunstancias adecuadas, como apoyo u oposición a Carranza. Por ejemplo: Riveros, ex gobernador de Sinaloa, que se unió a los constitucionalistas algo tarde, encontró que su autoridad chocaba con la de Carranza; algunos cabecillas de Sinaloa objetaron su pretendida autoridad sobre Riveros y el primer jefe tuvo que aceptar la opinión de los sinaloenses.[704] En el mismo estado, líderes rebeldes como Buelna y Pazuengo tuvieron roces con Obregón, comandante de Carranza en la costa oeste.[705] En el pequeño estado de Tlaxcala, las divisiones entre los revolucionarios, que ya se advertían (también se había derramado sangre), se acrecentaron, en vez de disminuir, por el empeño de Carranza en imponer su autoridad y crear una jerarquía militar en ese estado.[706] Por el momento, las necesidades que imponían las campañas contra Huerta contuvieron las rivalidades de los rebeldes; pero cuando Huerta salió, esas fuerzas centrífugas fueron más difíciles de contener.

El reto latente más severo a la autoridad de Carranza venía de Chihuahua. En lo que hace a liderazgo formal, Sonora-Coahuila era el eje de la revolución constitucionalista. A pesar de su importancia militar, Chihuahua no tuvo parte alguna en las deliberaciones importantes, tales como las de Monclova en abril de 1913, y Carranza lo hizo más notorio al poner las fuerzas chihuahuenses bajo las órdenes de Obregón.[707] Además, a mediados de 1913, el primer jefe nombró gobernador de Chihuahua a Manuel Chao, maestro-revolucionario, en otro tiempo mentor de los Herrera, el tipo de figura educada y respetable que en opinión de Carranza debía ocupar tal cargo. Todo eso disgustó a Villa y a los rebeldes chihuahuenses. Villa objetó la subordinación a Obregón: si los chihuahuenses no tenían generales, que se les promoviera. En cuanto a Chao, Villa aceptaría su supremacía política, pero no la militar. Para asegurar la adhesión de Villa al constitucionalismo, Carranza cedió y lo designó comandante de la División del Norte, independiente de Obregón y otros generales.[708] Quedaba el problema de Chao. Hacia fines de 1913, una junta de generales, entre los que se encontraba Chao, designó a Villa gobernador de Chi-

---

[703] *Ibid.*, p. 187.
[704] Olea, *Sinaloa*, p. 65.
[705] Cervantes, *Francisco Villa*, p. 104; Pazuengo, *Historia*, p. 88.
[706] Buve, "Peasant Movements", p. 135.
[707] Cumberland, *Constitutionalist Years*, pp. 71-73.
[708] *Ibid.*, pp. 129-130; Guzmán, *Memorias*, p. 188; Aguirre Benavides, *De Francisco I. Madero*, pp. 98-99 y 120; Cervantes, *Francisco Villa*, p. 55; Langle Ramírez, *El ejército villista*, pp. 37-38.

huahua pero Carranza vetó el nombramiento. En la primavera de 1914, Chao desobedeció las órdenes de Villa de movilizarse hacia Torreón y éste ordenó su ejecución. No eran raras esas manifestaciones de resentimiento caudillista: los veteranos de la Revolución en Chihuahua se acostumbraron a "esa cólera de Francisco Villa que hace temblar a los hombres", que por lo común se desvanecía tan rápidamente como había surgido. Por lo común —no siempre— se evitaba el homicidio y Villa podía despedirse de quien había estado a punto de ser su víctima, con un abrazo afectuoso.[709] Lo mismo ocurrió con Manuel Chao, quien, gracias a que Villa cambió de opinión o a que Carranza intervino inmediatamente, quedó libre y fue cercano aliado de Villa por algún tiempo.[710]

Pero hubo otro grave enfrentamiento con Carranza a causa del asesinato de William Benton, hacendado británico, quien, se decía, había insultado o amenazado a Villa. La colonia inglesa de la capital estaba indignada; la prensa británica se ocupó del asunto y se preguntó por el mismo en el Parlamento.[711] Puesto que no tenía representantes en el norte de México, el gobierno británico apeló a los buenos oficios de los Estados Unidos y los norteamericanos dedujeron de las afirmaciones de Villa que Benton había sido sometido a corte marcial y se le había ejecutado, lo que no era cierto. Cuando se le pidió a Villa que como prueba presentara el cadáver, se negó.[712] Se ha considerado el caso Benton como un episodio importante en la alta política y diplomacia de la Revolución. El comportamiento impulsivo y violento de Villa hacía dudar de la rectitud de los revolucionarios, entregaba a Huerta valioso material de propaganda y enredaba al liderazgo constitucionalista con los impertinentes poderes extranjeros, pero sobre todo ponía al descubierto la debilidad del control de Carranza sobre sus lugartenientes.[713] Carranza reaccionó insistiendo en que todos los representantes extranjeros trataran con él, puesto que era el primer jefe (Villa aceptó gustoso porque se libraba así de una situación comprometedora), y aprovechó la circunstancia para presionar al gobierno británico y a otros gobiernos europeos que habían reconocido a Huerta, para que tuvieran relaciones *de facto* con el liderazgo constitucionalista. Pero aparte de las ramificaciones diplomáticas —a las que los historiadores han prodigado interés—, el caso Benton ilustra también la naturaleza interna de la Revolución. Revela el escaso control que Carranza tenía sobre sus generales (algo

---

[709] Barragán, *Historia del ejército*, I, pp. 438-445; Brondo Whitt, *La División del Norte*, p. 132.

[710] Barragán, *Historia del ejército*, I, p. 444; Urquizo, *Páginas*, p. 72; Guzmán, *Memorias*, pp. 380-382; Aguirre Benavides, *De Francisco I. Madero*, p. 120.

[711] Del director de la Sonora Land and Timber Co. a Grey, 27 de febrero; H. E. Bourchier, Cahairman, British Subjets in Mexico a Grey, 28 de febrero de 1914; FO 371/2025, 8940, 9008.

[712] Sobre el caso Benton y sus ramificaciones: Guzmán, *Memorias*, pp. 254-268; Fabela, *Historia diplomática*, I, pp. 261-298; Clarence C. Clendenen, *The United States and Pancho Villa*, pp. 67-71; de Villa al *New York Times* y a R. Pesqueira, 21 de febrero de 1914, SRE, legajo 760, p. 216.

[713] De B. Carbajal y Rosas a Grey, 2 de marzo de 1914, FO 371/2025, 9468; de Pesqueira, Washington, a Carranza, 20 y 21 de febrero de 1914, SRE, legajo 760, pp. 214 y 218; Fabela, *Historia diplomática*, I, p. 270.

de lo que el primer jefe hubiera querido prescindir) y también las ideas contrastantes sobre la Revolución. Para Carranza, la Revolución debía procurar el orden y la legalidad. De ahí el torrente de instrucciones —cuyo número e insistencia indican su ineficacia— para que los jefes respetaran vidas y propiedades: a Eulalio Gutiérrez, que detuviera la depredación en Zacatecas "para evitarnos dificultades internacionales"; la misma solicitud a Pablo Gómez, en la región de Tampico; y a un cabecilla de Chihuahua, que desistiera de los préstamos forzosos "en bien del buen nombre de la causa".[714] No es de sorprender, pues, que Carranza se enfureciera con la muerte de Benton. Pero Villa y otros como él no pensaban igual. Pronto entendió Villa el valor de la buena voluntad de los estadunidenses, pero sus preocupaciones eran de naturaleza interna y local. Benton era, para él, no tanto un ciudadano británico cuya muerte tendría repercusión internacional, cuanto un hacendado de Chihuahua con notoria fama en la localidad (algo que los informes diplomáticos pasan por alto).[715] Testimonios anteriores a la Revolución demuestran que Benton era un patrón duro, que estaba en conflicto legal con el pueblo de Santa María de Cuevas, el cual reclamaba tierras que Benton tenía en su poder, y cuyos habitantes alegaban que Benton había amurallado sus propiedades, les negaba el tránsito y les cobraba por atravesarlas. Por su parte, Benton denunció a los cuatreros del lugar —anarquistas enemigos de la propiedad, según dijo— y pidió protección a los rurales cuando recibió amenazas de muerte. No sólo era Benton el tipo de patrón duro y emprendedor que podía provocar la venganza popular; también, reconocían otros hacendados, era "algo arrebatado" y muy capaz de despertar la cólera de Villa.[716] Además de suscitar reacciones diplomáticas y enfriar las relaciones entre Villa y Carranza, su muerte era otro indicio de los conflictos sociales locales que alentaban tanta violencia revolucionaria. Si Villa y otros líderes populares creían que estaba bien entrar en esos conflictos directa y arbitrariamente, Carranza y el liderazgo respetable de la Revolución tenían escrúpulos: esos procedimientos eran demasiado anárquicos, irrefrenables y causa de conflictos internacionales. Pero mientras la lucha contra Huerta fuera lo primero, Carranza debía tolerar ciertos excesos y los líderes populares como Villa debían aguantar la regañona tutela del primer jefe.

En el otoño de 1913, Carranza estableció su corte en Sonora. Su cortejo era mixto. Estaban sus jóvenes discípulos de Coahuila: su secretario personal, Espinosa Mireles ("un tipo muy agradable", opina Thord-Grey; "muy parecido a un ayudante de peluquero y muy orgulloso de tener cierta preparación

---

[714] De Carranza a González, 1º de febrero de 1914 y 25 de diciembre de 1913, SRE, legajo 760, pp. 129 y 188; de Andrés García al coronel E. González, 22 de noviembre de 1913, SRE, legajo 810, p. 313.
[715] *El Correo de Chihuahua*, 5, 7 y 8 de junio de 1910; Aguirre Benavides califica a Benton de "señor de horca y cuchillo", pero eso es algo retórico (*De Francisco I. Madero*, pp. 107 y 109).
[716] Administrador de Sonora Land and Timber Co., 11 de marzo de 1914, FO 371/2025, 11026. Por lo general, se supone que Fierro, entendido en esa materia, fue el asesino de Benton y no Villa (Aguirre Benavides, *De Francisco I. Madero*, p. 109; Reed, *Insurgent Mexico*, p. 56).

en leyes", comentó un hacendado británico); su sobrino, Alberto Salinas (piloto aviador); su jefe de estado mayor, Jacinto Treviño, uno de los pocos que tenía adiestramiento militar y, se decía, mentalidad de ordenancista y carácter irascible; el joven Francisco Urquizo, cuyo padre, de quien había heredado el nombre, había sido aliado de Carranza en la rebelión de 1893 contra Garza Galán en Coahuila.[717] Todos tenían menos de 30 años, eran incondicionales del primer jefe y estaban unidos a él por interés personal, lazos familiares e historia regional. Había otros nordestales más independientes, como Lucio Blanco, a quien habían mandado llamar a Sonora y, como Aquiles, se encerraba malhumorado en su tienda.[718] Estaban luego los sonorenses, cada vez más divididos en facciones diversas, pero que compartían (se murmuraba en la frontera) la antipatía por los coahuilenses, a quienes Carranza había colocado en puestos importantes.[719] En el tercer grupo estaban los civiles políticos que, atraídos por la presencia del primer jefe y por la seguridad de Sonora, se atrevían ahora a oponerse abiertamente a Huerta. Jóvenes maderistas como Martín Luis Guzmán, Luis Aguirre Benavides, Juan Sánchez Azcona y Alberto Pani llegaron a Sonora por rutas tortuosas pasando primero por Cuba y los Estados Unidos; se presentaron también políticos de experiencia, algunos de los cuales habían reconocido a Huerta, contemporizado con él, y por último habían huido al norte —Luis Cabrera, Francico Escudero, distinguidos renovadores, el gobernador Miguel Silva y el ex ministro Manuel Bonilla, que había huido espectacularmente de la Ciudad de México después de una temporada de asilo en la embajada de los Estados Unidos—.[720] Había sólo un oficial federal de alto rango, el general Felipe Ángeles; fue leal a Madero en febrero de 1913, había estado corto tiempo en la cárcel y regresaba de Europa para unirse a la Revolución.[721]

Con esos elementos formó Carranza su gabinete en el otoño de 1913. En forma y contenido se parecía al de Madero: no había secretarios diferentes para Trabajo y Agricultura; los civiles —Escudero, Ignacio Bonillas y Rafael Zubarán Capmany— ocuparon los puestos de más importancia, excepto la Secretaría de Guerra que, para disgusto de varios revolucionarios, correspondió al ex federal Ángeles.[722] Los militares de menos alcurnia no estaban representados. El gobierno de Carranza continuó siendo de cuello de pajarita, chaleco y corbata.[723] Aunque comenzó a trabajar regulando puestos, aduanas, in-

---

[717] Thord-Grey, *Gringo Rebel*, p. 77; O'Hea, Gómez Palacio, 11 de marzo de 1918, FO 371/3243, 60324; Barragán, *Historia del ejército*, I, pp. 30 y 313.

[718] Taracena, *Carranza*, p. 199.

[719] Capitán Cootes, War Department., El Paso, diciembre de 1913, SD 812.00/10453.

[720] Pani, *Apuntes*, pp. 189-193; O'Shaughnessy, *Diplomat's Wife*, pp. 14-18; Casasola, *Historia gráfica*, I, pp. 684-685.

[721] Barragán, *Historia del ejército*, I, pp. 221-226 (la versión es hostil); *cf.* Cervantes, *Francisco Villa*, pp. 98-99.

[722] Cumberland, *Constitutionalist Years*, pp. 82-83.

[723] Casasola, *Historia gráfica*, I, pp. 684-685 (pero nótese el atractivo y elegante cuello estilo polo que luce Ángeles).

migración y otras cuestiones de rutina, las campañas militares eran aún lo más importante. No podía pasar inadvertida la presencia de los militares; llegaban a Sonora los jefes rebeldes (o sus representantes) para presentar sus respetos a Carranza, legitimar su autoridad, conseguir armas y dinero, y coordinar las operaciones militares del sur. Entre ellos venía, por ejemplo, la señora Ramona Flores, quien se decía jefa de Estado mayor de Juan Carrasco en Sinaloa; era "una mujer mexicana, gruesa, pelirroja, ataviada con vestido negro de raso, estilo princesa, bordado de azabache y con espada al cinto"; traía desde el sur dos lingotes de oro para comprar armas y provisiones.[724] Todos esos aspirantes, anota Obregón complacido, se retiraban satisfechos.[725] Los relatos sobre la corte carrancista durante su estancia en Sonora presentan imágenes interesantes, pero poco consistentes, de los personajes que formarían más tarde el núcleo del régimen revolucionario. Martín Luis Guzmán, apenas llegado de la huertista Ciudad de México y calurosamente recibido —poco impresionado al conocer a Carranza—, anotó los pasatiempos de los líderes constitucionalistas: Luis Cabrera, que surgía como ideólogo del carrancismo, jugaba billar; Zubarán Capmany, en otro tiempo reyista y ministro del Interior de Carranza, rasgueaba la guitarra; Isidro Fabela ("afable, cortés, seguramente de una educación esmerada", observa John Reed) practicaba discursos cuando no estaba ocupado en relaciones exteriores o en entrevistas de prensa; Ángeles, "un tipo alto, delgado, de piel aceitunada, bien parecido", cabalgaba, estudiaba y meditaba bajo las estrellas.[726] Puede vérselos en las páginas de Casasola, vestidos por lo común con traje de tres piezas, posando en grupo para las fotografías en las escaleras de algún edificio público o sentados en sillas de mimbre. En Hermosillo y Nogales —la corte de Carranza, como las medievales, era ambulante— llenaron los hoteles con sus taquígrafos, telegrafistas y demás ayudantes, para no mencionar a "los políticos pegotes… que dormían de a cuatro en cuatro, sobre literas en los pasillos, en el suelo y aun en las escaleras".[727] El círculo de los más importantes cenaba por lo común con Carranza (eran buenas comidas, por cierto), pero a cambio debían aguantar digresivos monólogos, matizando con gritos escolares, sobre su tema favorito, la historia. Los comensales que, como Ángeles, no coincidían con las opiniones de Carranza, provocaban su disgusto patriarcal.[728] Había también en el séquito del primer jefe una incómoda atmósfera de competencia, porque las facciones maniobraban para subir y evitar que las hicieran descender. En especial, los militares jóvenes, como Treviño, estaban celosos

---

[724] Reed, *Insurgent Mexico*, p. 217.
[725] Obregón, *Ocho mil kilómetros*, p. 101.
[726] M. L. Guzmán, *El águila y la serpiente*, México, 1956, pp. 61-62; Taracena, *Carranza*, p. 198; Reed, *Insurgent Mexico*, p. 217; Thord-Grey, *Gringo Rebel*, p. 78.
[727] Reed, *Insurgent Mexico*, p. 215.
[728] Guzmán, *El águila y la serpiente*, pp. 64 y ss.; Urquizo, *Páginas*, p. 61; Taracena, *Carranza*, pp. 6-8, es más generoso con las pretensiones intelectuales de su personaje. El gusto de Carranza por la historia —de la escuela biográfica del "gran hombre"— se descubre en su biblioteca personal que se encuentra en la calle Río Lerma, en la Ciudad de México.

de Ángeles, soldado de carrera con excelente hoja de servicio. No sabemos qué les ofendía más, si su pericia militar, sus conexiones con el antiguo régimen o su carácter; Obregón se quejó con Carranza por la presencia de Ángeles en su resguardo, negó que tuviera celos, alegó genuina inquietud por la Revolución —Ángeles, decía Obregón, disimula, esconde sus pensamientos, oculta sus intenciones—.[729] Es curioso que Guzmán tuviera la misma impresión de Obregón; éste era un "farsante", que fingía un comportamiento afable y despreocupado, complacía al vulgo y, aunque "se sentía seguro de su inmenso valer... aparentaba no dar a eso la menor importancia".[730]

En el invernadero político de Sonora, se reunían y florecían cautelosos y circunspectos políticos de carrera. Mientras tanto, en medio de sus maniobras y pavoneos, surgió otra división de gran importancia, que se superpuso al mosaico existente: la división entre "viejos" maderistas y carrancistas. Carranza y sus aliados de Coahuila y Sonora tenían antecedentes revolucionarios insignificantes previos a 1913: su papel había sido marginal en 1910-1911, limitado y local en 1911-1912. Empujados a la rebelión por razones defensivas y de derechos estatales, ahora estaban decididos a conservar su superioridad revolucionaria. Cuando los maderistas veteranos —que habían apoyado decididamente a Madero entre 1909 y 1912— empezaron a unirse a los constitucionalistas, la acogida fue híbrida. No se les rechazó: Guzmán fue bien recibido; a Julio Madero se le dio un puesto en la plana mayor de Carranza; Francisco Escudero tuvo por breve tiempo un doble cargo ministerial.[731] Pero muchos viejos maderistas sintieron manifiesta frialdad cuando se les hizo ver que los tiempos habían cambiado; que su relación pasada con el presidente mártir no era una pensión alimenticia de por vida; que, en realidad, esa asociación olía a historia antigua, a fracaso político. Para los archirrealistas que dirigían la revolución constitucionalista contaba lo que se había hecho en 1913, no en 1910 o 1911. De ahí la antipatía que los sonorenses sentían por Maytorena y Ángeles, quienes llegaban tarde al escenario enarbolando sus laureles maderistas; ahora, "el capital y el prestigio adquirido durante el maderismo no eran suficientes para consolidar a nadie".[732] Lo mismo sintió Alberto Pani y se alegró de dejar Sonora para cumplir una misión en Washington; las constantes críticas que hacían a Madero los del círculo de Carranza ofendían a Aguirre Benavides, y Martín Luis Guzmán, cada vez más desilusionado de lo que encontraba en Sonora, se sintió aliviado cuando se le ordenó ir a Chihuahua para conferenciar con Villa.[733]

[729] Obregón, *Ocho mil kilómetros*, p. 85.

[730] Guzmán, *El águila y la serpiente*, pp. 78-85; *cf.* Aguilar Camín, *La Revolución sonorense*, pp. 446-447.

[731] Carranza a Julio Madero, 6 de mayo de 1913, Fabela, DHRM, RRC, I, p. 27; Barragán, *Historia del ejército*, I, p. 437; de Carranza a S. Terrazas, 27 de diciembre de 1913, y de Escudero a Maytorena, 12 de enero de 1914, Fabela, DHRM, RRC, I, pp. 182 y 223-226.

[732] Aguilar Camín, *La Revolución sonorense*, p. 448.

[733] Pani, *Apuntes*, p. 193; Aguirre Benavides, *De Francisco I. Madero*, p. 69; Guzmán, *El águila y la serpiente*, pp. 84-85.

No era ése un fenómeno exclusivamente sonorense. Como una forma de conflicto político entre generaciones, originada en la "lógica de la Revolución" y que enfrentaba la generación maderista de 1909-1911 a su sucesora carrancista de 1913-1914, apareció ahí donde los veteranos de la primera se encontraban con las nuevas estrellas de la segunda. La recepción que se daba a los maderistas era más fría mientras más demoraban su conversión al constitucionalismo; la ausencia de Maytorena, que duró seis meses, fue suficiente para que hubiera gran oposición a su regreso. Pero el exclusivismo de los carrancistas fue más allá. Gabriel Gavira tuvo una impecable actuación revolucionaria en 1910-1912 (incluso fue sentenciado a prisión por agitador político durante el gobierno de Madero); apenas salió con vida de México después del golpe huertista y, haciendo el camino por Cuba, llegó al noreste. Ahí lo sorprendió de inmediato "la hostilidad con que éramos recibidos los elementos que nos habíamos significado en 1910, por los de 1913"; Gabriel Calzada, jefe carrancista de Piedras Negras, "ponía todo su esfuerzo para impedir que los de 1910 ingresaran de nuevo [a la Revolución]".[734] El exclusivismo era más fuerte en Sonora, donde se atrincheraba celosamente la generación de 1913; ahí, pues, la desilusión de los maderistas fue más profunda. El camino que tomó Guzmán, de Sonora a Chihuahua, de la corte de Carranza a la de Villa, se volvió peregrinar común de los veteranos maderistas, quienes, hartos del carácter quisquilloso de Carranza, acudieron —como opción que valía la pena— a Villa, el más espectacular de los caudillos del norte. Hacia allá fueron Aguirre Benavides, Manuel Bonilla, Felipe Ángeles y varios miembros de la familia Madero;[735] también fueron los sonorenses: Pedro Bracamonte, veterano de 1910-1911, y Anacleto Girón, "antiguo combatiente guerrillero del maderismo", quien, es significativo, era aliado cercano del gobernador Maytorena.[736] Ya había signos de que las disputas sectarias de los sonorenses arrastrarían a Villa.

Era natural que los descontentos se volvieran hacia Villa. A pesar de su rudeza (que podía suavizarse), era un maderista devoto, cuya lealtad quedó demostrada durante la revuelta de Orozco y después del golpe de Estado; veneraba la memoria de Madero y de maderistas como Abraham González con una franqueza desconocida para el espíritu del carrancismo, y estaba obligado con la familia Madero —como alguien le recordó— porque lo había salvado del escuadrón de fusilamiento de Huerta en 1912.[737] Los políticos e intelectuales maderistas vieron en Villa el contrapeso de Carranza, un vehícu-

---

[734] Gavira, *Actuación*, p. 79; Barragán, *Historia del ejército*, I, p. 254, sobre la destitución por parte de Calzada de los políticos civiles.

[735] Aguirre Benavides, *De Francisco I. Madero*, pp. 96-97; Vera Estañol, *Revolución mexicana*, p. 380; podrían añadirse a la lista Miguel Díaz Lombardo y los hermanos González Garza.

[736] Guzmán, *Memorias*, p. 272; Aguilar Camín, *La Revolución sonorense*, pp. 132-133 y 481.

[737] De Rafael Hernández a Villa, 2 de enero de 1914, Fabela, DHRM, RRC, pp. 203-205 (carta de alguien que busca tardío acomodo en la Revolución), y también de Ernesto Madero a Carranza, 8 de enero de 1914, en el mismo volumen, pp. 206-207.

lo que podía llevarlos otra vez al poder, ¿acaso no los habían llevado al poder en 1911 esos toscos cabecillas, "modestos hijos del pueblo"?[738] Era además un vehículo que, a fines de 1913 e inicios de 1914, parecía tener más ímpetu que los lentos sonorenses. Aunque problemática, una alianza con Villa era preferible a que los carrancistas les volvieran la espalda. "Ahora ganaremos, sin duda —dijo Vasconcelos— tenemos un hombre."[739] Era el sueño repetido del intelectual revolucionario impotente: ser el Platón de un caudillo popular, poderoso pero dúctil.

Villa reaccionó con áspera tolerancia. No era muy exigente en política; era la interferencia militar lo que no toleraba. Recibió muy bien a los emisarios carrancistas enviados a ordenar su administración.[740] En cuanto a los maderistas descontentos, aunque muchos parecían civiles consentidos, podían cubrir puestos en el floreciente aparato villista como secretarios, funcionarios, administradores y propagandistas.[741] Algunos tenían más habilidad práctica. Federico Cervantes era un joven oficial federal enviado por Carranza a Chihuahua, a quien Villa consideraba "un currito de la reacción"; pero estaba sin un centavo, era fiel a la memoria de Madero y conocía de artillería, todo lo cual lo congració con Villa y le permitió ascender rápidamente en los círculos villistas.[742] Por último estaba Felipe Ángeles, quien decidió abandonar a Carranza y Sonora para convertirse en jefe de artillería de Villa. Por un lado, trajo su valiosa experiencia al campo villista; por otro, representaba —en opinión de los desconfiados carrancistas— la perfidia de los viejos maderistas, quienes, se creía, enfrentaban a Villa y Carranza en su provecho. Se presentaba a Ángeles —Villa llegó a estimarlo mucho— como "eminencia gris" que movía los hilos del caudillo títere de Chihuahua. Me referiré a eso en el lugar pertinente. Por el momento bastará con dedicarnos a la supuesta influencia de Ángeles y ciertos maderistas sobre Villa.[743]

---

[738] La frase es de Rafael Hernández, mencionado en la nota anterior.

[739] Guzmán, *El águila y la serpiente*, p. 12; José Vasconcelos, *Ulises criollo*, I, Bloomington, 1963, pp. 88-89; véase en una carta de Vasconcelos a Carranza su impaciencia por lo que consideraba una larga y chapucera contienda militar que carecía de valor político (Fabela, DHRM, RRC, I, pp. 118-122).

[740] Tales como Cabrera, cuyo "prudente consejo" agradeció Villa (de Villa a Carranza, 23 de diciembre de 1913); véase también de Jesús Acuña a Carranza, 18 de noviembre de 1913, a propósito de la lealtad y docilidad de Villa (Fabela, DHRM, RRC, I, pp. 178 y 153-155).

[741] Acerca de la opinión que Villa tenía de los civiles maderistas (muy incisiva en el caso de Vasconcelos), véase Guzmán, *Memorias*, pp. 285-286.

[742] *Ibid.*, p. 284.

[743] Tiempo después, cuando quedó consumada la "traición" de Ángeles, algunos dijeron (Obregón, *Ocho mil kilómetros*, p. 104) que lo sabían desde hacía tiempo, pero sin duda las sospechas estaban en el ambiente a mediados del verano de 1914 (de R. Pesqueira a Carranza, 1º de junio de 1914, Fabela, DHRM, RRC, I, pp. 281-283).

El villismo

Ángeles llegó con Villa cuando se ponían en marcha las campañas más grandes de la revolución constitucionalista. En el corazón del norte de México, a lo largo del eje que formaban Ciudad Juárez, Chihuahua, Torreón y Zacatecas, tuvieron lugar las batallas decisivas. Mientras Obregón avanzaba centímetro a centímetro hacia el sur por la costa oeste y Pablo González seguía con su intrascendente movimiento giratorio en el noreste, Villa se encargó de los federales y abrió el camino hacia la Ciudad de México.[744]

Después de ocupar Torreón rápida y efímeramente en octubre de 1913, Villa se dirigió al norte con 5 000 hombres y encargó a Chao la cosecha de algodón de La Laguna.[745] El propósito de Villa era tomar las plazas federales de Chihuahua (Ciudad Juárez y la capital del estado); su campaña fue casi un "clásico de improvisación y proeza militar".[746] Desoyendo el consejo de su jefe de estado mayor, Juan Medina, quien sólo recomendaba una maniobra fingida en contra de la ciudad de Chihuahua, Villa lanzó un ataque frontal; pero la guarnición, compuesta en su mayoría de endurecidos veteranos orozquistas, venció a los rebeldes que estaban escasos de municiones.[747] El general Mercado, a cargo de Chihuahua, informó que los villistas se habían dispersado en confusión hacia el sur, pero no era así. Las fuerzas villistas desperdigadas se reorganizaron rápidamente y, rodeando la ciudad a marchas forzadas, llegaron a un punto del ferrocarril Chihuahua-Juárez donde interceptaron, detuvieron y descargaron un tren federal que transportaba carbón. El telegrafista de la estación —mientras un revólver apuntaba a su cabeza y un telegrafista de Villa lo vigilaba— envió un mensaje a Ciudad Juárez, en el que informaba que el tren no podía seguir hacia el sur porque las vías estaban cortadas; se recibieron órdenes de regresar inmediatamente y de enviar informes desde cada estación de la ruta. Dos mil villistas ocuparon los vagones vacíos y el tren marchó hacia el norte (la carga de carbón quedó a un costado de los rieles). En cada estación, un telegrafista fue obligado a informar al de Ciudad Juárez que el camino estaba libre, y el de Ciudad Juárez enviaba la señal para continuar la marcha. A la medianoche del 14-15 de noviem-

---

[744] Con el tiempo, Pablo González mejoró, pero en el otoño de 1913, las operaciones carrancistas en el noreste "virtualmente habían fracasado"; Eagle Pass Inmigration Report, 3 de octubre de 1913, SD 812.00/9462.

[745] Hamm, Durango, 15 y 23 de octubre de 1913; Letcher, Chihuahua, 1° de diciembre de 1913; SD 812.00/9658, 9858; 10126. Los federales retomaron Torreón en los primeros días de diciembre, porque la guarnición rebelde, que no tenía municiones, abandonó el lugar sin resistir; Bonnet, Torreón, 16 de diciembre de 1913, SD 812.00/10406.

[746] Cumberland, *Constitutionalist Years*, p. 50.

[747] Guzmán, *Memorias*, pp. 205-215; Thord-Grey, *Gringo Rebel*; Edwards, Juárez, 18 de noviembre de 1913, SD 812.00/9894, informa que Villa decidió no atacar Chihuahua a causa de un incentivo económico que recibió de los Terrazas, algo que no sirve como explicación pero sí para ilustrar la conducta y reputación terracistas.

bre, el tren troyano de Villa entró en una ciudad desprevenida, cuya guarnición federal —creyendo que Villa lamía sus heridas cerca de Chihuahua— se había entregado a los placeres de los prostíbulos fronterizos.[748] Los rebeldes tomaron la ciudad en pocas horas, con poca lucha y pocas bajas. Una vez más, los observadores comentaron sobre la disciplina y el orden que supo mantener Villa. Capturaron a la mayoría de los federales y, como siempre, ejecutaron gran cantidad de oficiales excepto al comandante, porque en 1912 había ayudado a salvar a Villa del pelotón de fusilamiento. Villa recordaba sus deudas.[749]

Ciudad Juárez se consiguió con un golpe audaz, pero hubo que defenderla a "fuerza y sangre". Mercado —quien recordaba, sin duda, la corte marcial a la que había sido sometido el ineficaz comandante de Torreón— envió desde Chihuahua una gran fuerza para rescatar el valioso puesto fronterizo. Como la mayoría era orozquista, se preparaba por vez primera una gran batalla entre villistas y orozquistas —éstos al mando del veterano José Inés Salazar—, entre los cuales había muchos rencores y conflictos personales. Sería también una batalla entre ejércitos muy parecidos, porque los orozquistas —a diferencia de los reclutas federales— eran contrincantes formidables, "bravos y aguerridos como nuestra propia gente", decía un villista.[750] A fines de noviembre, 7000 federales se acercaron a Ciudad Juárez; en Tierra Blanca, 40 kilómetros al sur, se atrincheraron a lo largo de la vía ferroviaria.[751] Villa no quería que tomaran y bombardearan Ciudad Juárez (eso podría provocar conflictos internacionales); decidió, pues, salir y enfrentar al enemigo. Al amanecer del 23 de noviembre, salió de Ciudad Juárez el ejército de Villa, una "pequeña fuerza rebelde de aproximadamente 5500 hombres, mal pertrechada porque sus cananas estaban casi vacías".[752] Había indios que llevaban machetes y cuchillos de caza, muchachitos y estoicas soldaderas que estaban ahí desobedeciendo órdenes; pocos tenían uniformes y sólo el regimiento de Villa, núcleo de los posteriores "dorados", tenía algo de disciplina militar. La artillería villista se componía de dos cañones Mondragón de 75 milímetros —hacía poco capturados a los federales—, cuyos percutores habían conseguido días antes en un taller de máquinas de El Paso. Todo un día recorrieron las frías y ventosas dunas al sur de Ciudad Juárez y acamparon la noche del

---

[748] Guzmán, *Memorias*, pp. 210-216; relato parecido, ya que no idéntico, hace John Reed, *Insurgent Mexico*, p. 131.

[749] Aguirre Benavides, *De Francisco I. Madero*, p. 92. Ronald Atkin, *Revolution! Mexico, 1910-1920*, Londres, 1960, pp. 161-162.

[750] Juan Medina, citado por Guzmán, *Memorias*, p. 208.

[751] Thord-Grey (*Gringo Rebel*, pp. 21-53) presenta detallada y convincente descripción de la batalla de Tierra Blanca, a pesar de su tendencia a ver apaches por todos lados; véase también Guzmán, *Memorias*, pp. 230-237; Alberto Calzadíaz Barrera, *Hechos reales de la Revolución mexicana*, I, México, 1961, pp. 157-159; Langle Ramírez, *El ejército villista*, pp. 49-50.

[752] Thord-Grey, *Gringo Rebel*, pp. 36-37, dice que había 7000 federales; Guzmán y Benavides dicen que 6200 y 6000 rebeldes contra 5000 y "más de 6000" federales; sin duda el número era muy parecido y pequeño, si se lo compara con el que participó en batallas villistas posteriores.

23 de noviembre. Al día siguiente encontraron a los federales en Tierra Blanca y entraron en batalla.

Dice Aguirre Benavides que Villa consideraba la batalla de Tierra Blanca, si no la más importante de su carrera, por lo menos la más espectacular y en la que más se había aproximado a las normas de la ciencia militar.[753] Esa opinión no dice mucho de la habilidad militar de Villa, quien, en realidad, debería haber perdido en Tierra Blanca. Los federales, casi iguales en número a los rebeldes, tenían trincheras, más artillería y más municiones, pero en esa batalla de desaciertos recíprocos, la inseguridad de Salazar fue su derrota. La artillería de los federales abrió con una cortina de fuego, a la que los villistas respondieron sólo medianamente; la caballería amenazó rodear los flancos rebeldes y separarlos aún más, y la infantería, provista de máuseres y ametralladoras, diezmó la avanzada villista. Los villistas estaban a la defensiva, procurando economizar pertrechos, con su flanco izquierdo acosado por el ataque de la caballería mientras el derecho flaqueaba por el fuego de las ametralladoras. No había reservas a las cuales recurrir ni, al parecer, ninguna coordinación entre los lugartenientes de Villa. "Según parece, Villa confió... en que sus oficiales harían lo que fuera necesario sin que les dieran órdenes concretas. Así actuaba cuando estaba en la guerrilla."[754] Uno de los participantes dijo que si Salazar hubiera atacado con fuego continuo y con toda energía, habría derrotado al ejército de Villa porque éste no tenía hacia dónde retroceder.

Pero el *élan* villista consiguió la victoria. En un momento decisivo, 300 de caballería, dirigidos por uno de los oficiales autónomos de Villa, cargaron contra el flanco izquierdo de los federales.[755] Temerosos de enfrentar la carga con disparos, los federales retrocedieron a sus líneas defensivas. Estuvieron inactivos el resto del día, respondiendo sólo con fuego esporádico y abandonando así la iniciativa; en las horas que preceden a la madrugada redujeron aún más sus posiciones. A pesar de su superioridad técnica, su comportamiento era temeroso; como en muchos encuentros durante 1913-1914, la moral revolucionaria superó el *matériel* federal. Antes del amanecer del día siguiente, Villa, aprovechando el factor psicológico, ordenó un avance general y movimientos furtivos de la caballería hacia los flancos; entre tanto, mandó a Rodolfo Fierro, perverso pero intrépido oficial, a volar las vías del ferrocarril detrás de las líneas federales. El avance general perdió fuerza ante el nutrido fuego de ametralladora pero, cerca del mediodía, la caballería villista

---

[753] Aguirre Benavides, *De Francisco I. Madero*, p. 93; poco se ve de estrategia en lo que Guzmán (*Memorias*, pp. 230-237) presenta como relato del mismo Villa.

[754] Thord-Grey, *Gringo Rebel*, p. 40.

[755] Sobre el punto hay acuerdo general, pero ciertas variantes: Thord-Grey dice de quien los comandaba que era un "apache mestizo sin educación"; Barragán (*Historia del ejército*, I, pp. 269-270), en su algo escueta y poco entusiasta descripción de Tierra Blanca, presenta a Maclovio Herrera como héroe; I. Grimaldo (*Apuntes para la historia,* San Luis Potosí, 1916, pp. 18-19) no menciona esta carga.

apareció en los flancos de los federales, quienes abandonaron sus posiciones y buscaron la seguridad de los trenes. Una tremenda explosión se oyó entonces a su retaguardia: Fierro, en otro tiempo ferrocarrilero, había lanzado una máquina con el guardarrieles cargado de dinamita y fulminantes a los desviaderos de los federales.[756] Con el viejo truco de la máquina loca, los orozquistas habían ganado la batalla de Rellano, en 1912, y perdieron la de Tierra Blanca, en 1913. Presas del pánico, los federales se dispersaron y buscaron refugio en los vagones que quedaban. La improvisada artillería de Villa empezó a cobrar víctimas; algunos de los que huían alzaron banderas blancas a las que nadie hizo caso. Estaban en "vergonzoso retroceso, abandonaban armas y trenes en el desordenado intento de evadir la furia de Villa. Era la derrota".[757] Hubo más de 1000 bajas federales contra unas 300 villistas y el botín fue espectacular: cuatro locomotoras, ocho cañones, siete ametralladoras, caballos, fusiles y 400000 cartuchos para armas de menor calibre.[758] Una vez más, los rebeldes fusilaron a todos los oficiales federales capturados; en Ciudad Juárez hubo una gran fiesta para celebrar la victoria que, quizá, pudo no haberse logrado jamás.

Villa controlaba ahora Ciudad Juárez y el valioso tránsito fronterizo. En la capital de Chihuahua el general Mercado estaba muy nervioso; empeoraban la situación los desacuerdos entre federales de Mercado e irregulares de Orozco.[759] Sin oír los ruegos de los comerciantes locales, Mercado decidió evacuar y dirigirse a la frontera, porque los federales controlaban aún Ojinaga y era tentador el refugio estadunidense. Partieron con el ejército buena cantidad de civiles, entre ellos algunos de la familia Terrazas y muchos de la comunidad española, quienes preferirían no esperar la llegada de Villa. Chihuahua quedó indefensa; a manera de despedida, Mercado dejó los cadáveres de los presos políticos colgando de los postes.[760] Como las vías del ferrocarril estaban inutilizadas, la columna avanzó a pie, a caballo o en carro, atravesando 200 kilómetros de desierto frío e inhóspito. Pertrechos y municiones quedaron abandonados en la desordenada huida, la cual, se pensaba, marcaba la "desintegración total de los federales en el estado".[761] Al llegar a Ojinaga, el agobiado ejército de Mercado —bastante diezmado por la deserción— ocupó

---

[756] Thord-Grey, *Gringo Rebel*, pp. 46-47.

[757] *Ibid.*, p. 47.

[758] *Ibid.*, p. 48; Guzmán, *Memorias*, p. 237; de S. Terrazas a D. Horcasitas, 27 de noviembre de 1913, STA, caja 83, sube a 2000 las bajas federales; es sin duda exageración, pero es posible que en ese número estén las pérdidas ocurridas durante la fuga desordenada más que las de la batalla, porque en el norte, las batallas de la Revolución eran "modernas" en cuanto la fuga era con frecuencia muy peligrosa. *Cf.* John Keegan, *The Face of Battle*, Londres, 1978, pp. 314-316.

[759] Meyer, *Mexican Rebel*, pp. 107-108; nada nuevo hay en ese desacuerdo: Letcher, Chihuahua, 10 de octubre de 1913, SD 812.00/9162.

[760] Cumberland, *Constitutionalist Years*, p. 52; Calzadíaz Barrera, *Hechos reales*, I, p. 173.

[761] Reed, *Insurgent Mexico*, p. 39, alarga misteriosamente el viaje de Chihuahua a Ojinaga a más de 600 kilómetros; Edwards, Juárez, 3 de diciembre de 1913, SD 812.00/10021.

la ciudad durante un mes, en medio de edificios bombardeados y ennegrecidos, animales vagabundos, montones de basura y forraje. Cansados y desmoralizados, los federales no se preocuparon por cavar trincheras, pero completaron sus escasas provisiones usando los leños de las casas destruidas para hervir hojas de elote y carne seca. Los únicos beneficiados con esa triste situación fueron los habitantes de Presidio, pueblo gemelo de Ojinaga al otro lado de la frontera, al que favoreció el auge que hacía de la Revolución un negocio lucrativo para comunidades fronterizas como El Paso, Douglas y Laredo.[762] Poco duró la estancia de Mercado en Ojinaga. Después de Tierra Blanca, Villa se dirigió al sur y ocupó la capital del estado sin resistencia. A pesar de los temores de los comerciantes, la administración de Villa fue ordenada y eficiente; no hubo saqueo, sino arrestos calculados, multas y confiscaciones, de las que fueron víctimas principales los españoles que no habían huido.[763] Cuando Pancho Natera intentó un torpe asalto a Ojinaga, Villa fue al norte y, sin esfuerzo, empujó a Mercado y su raquítico ejército a través de la frontera, donde éstos encontraron paz en un campo de refugiados de Fort Bliss —y los Estados Unidos se hicieron de 5 000 huéspedes caros y embarazosos.[764]

Todo Chihuahua estaba ya en manos de Villa. Su gobierno era personal y arbitrario pero metódico; hasta ese momento no había pruebas de que Villa estuviera maniatado por consejeros ambiciosos y eminencias grises. Es cierto que progresaba la afluencia de políticos experimentados e intelectuales, de manera que Villa podía confiar en un maderista respetable como Roque González Garza ("hombre muy tranquilo y sereno") para que dirigiera el tribunal militar, que imponía contribuciones forzosas en Chihuahua.[765] Es cierto también que Villa cooperó entusiasmado con un miembro del consulado estadunidense designado para orientarlo; que fue muy gentil con el cónsul en Chihuahua (quien no lo toleraba), y que cuando se reunió con el general Hugh Scott en el puente internacional de El Paso, en febrero de 1914, estuvo muy atento a lo que le dijeron sobre las reglas de la guerra civilizada, las cuales prometió observar.[766] Pero, como comentó un crítico, por entonces había "pocas personas inteligentes y refrenadas a su alrededor", y si las había, Villa "parecía ejercer pleno dominio sobre todos sus colaboradores"; desde puntos de vista diferentes, los que simpatizaban con Villa llegaron a conclusiones parecidas.[767] En consecuencia, podemos ver justificadamente el régimen impuesto en Chihua-

[762] Reed, *Insurgent Mexico*, pp. 39-41.
[763] Letcher, Chihuahua, 11 de diciembre de 1913, SD 812.00/10903.
[764] Calzadíaz Barrera, *Hechos reales*, I, pp. 164-166; Reed, *Insurgent Mexico*, pp. 44-45; es difícil creer, como cree Meyer (*Mexican Rebel*, pp. 109-110) que Ojinaga haya sido un punto crítico, porque la resistencia federal, que duró una hora, fue rutinaria.
[765] Carothers, Chihuahua, 10 de febrero de 1914, SD 812.00/10903.
[766] C/o Ft Sam Huston, 17 de diciembre de 1913; Carothers, Chihuahua, 18 de febrero de 1914; SD 812.00/10247; 10917; Clendenen, *United States and Pancho Villa*, pp. 53-56.
[767] Letcher, Chihuahua, 11 de diciembre de 1913, SD 812.00/10167; Reed, *Insurgent Mexico*, p. 119.

hua durante el año 1913-1914 como obra de Villa, aun cuando debía delegar cada vez más responsabilidades a causa de su amplitud y complejidad.

En plena Revolución, Villa impuso paz y orden en Chihuahua. No acompañaron su entrada triunfal a la ciudad las atrocidades que cayeron sobre Durango; poco tiempo después, Villa prometió "poner orden y paz en el caos y anarquía de Durango, aun si tuviera que ejecutar a la mitad de los revolucionarios de esa sección"; en Chihuahua, "la opinión general es que el bandidismo [sic] no se presentará por el severo trato que le da Villa",[768] y lo mismo ocurría en su ejército, porque se castigaba con la ejecución en público a quien robara un par de botas.[769] Por obvias razones —económicas y militares— Villa tenía mucho interés en reactivar el transporte ferroviario y el comercio tan pronto como fuera posible. Oficinas de correos, telégrafos y vías ferroviarias devastadas recibieron atención inmediata; en la Navidad de 1913 se notaba ya "razonable mejoría".[770] ASARCO convino en reconstruir la fundición de Chihuahua y los aduaneros villistas empezaron a recaudar impuestos por la exportación de ganado —fuente principal de dólares para Chihuahua— en acuerdo con los rancheros importantes que quedaban; al mismo tiempo se explotaban las haciendas confiscadas y se conseguía efectivo para la tesorería villista comerciando ganado con los Estados Unidos.[771] Aunque carecemos de cifras, es evidente que se trataba de un negocio en gran escala. A fines de 1913, la cantidad de ganado exportado amenazaba saturar el mercado estadunidense, razón por la que los agentes villistas empezaron a buscar otros (Cuba, por ejemplo). Un año más tarde el ganado se enviaba, a través de Chicago, al Frente Occidental; ahí los hatos propiedad de Terrazas alimentaban a los *Old Contemptibles*.[772] El aumento en los ingresos villistas y la administración, se comprueba en el detallado presupuesto estatal preparado por el gobierno militar para el año fiscal de 1914.[773]

A pesar de todo, el régimen siguió siendo en muchos aspectos personal y popular, y manifestando los deseos y preocupaciones del pueblo. Los rebeldes medraban de la economía local inundando las ciudades con su papel moneda, forzando su circulación y encarcelando a los que rechazaban aceptarlo. Requisaban las casas y propiedades de los ricos, los "enemigos de la causa", que habían huido ante la avanzada de los villistas y fusilaban a los que se demoraban.[774] Mientras los estadunidenses comentaban sobre el trato amable y cortés de Villa, los españoles sufrían su maltrato. Como dije antes,

---

[768] Hamm, Torreón, 19 de abril; Edwards, Juárez, 11 de enero de 1914; SD 812.00/11703; 10511.
[769] Brondo Whitt, *División del Norte*, p. 159.
[770] Edwards, Juárez, 23 de diciembre de 1913, SD 812.00/10336.
[771] Clendenen, *United States and Pancho Villa*, pp. 73-74; informe del War Department, 6 de enero de 1914, SD 812.00/10467.
[772] De S. Terrazas a D. Bustamante, La Habana, 30 de agosto de 1913, STA, caja 83; *Mexican Herald*, 8 de diciembre de 1914.
[773] STA, caja 84.
[774] Letcher, Chihuahua, 11 de diciembre de 1913, SD 812.00/10167; Calzadíaz Barrera, *Hechos reales*, I, p. 168. En lo que hace a la circulación forzosa de la moneda villista, pocos proble-

eso fue común durante la Revolución, y Villa no fue el único ni el más destacado de los hispanófobos.[775] En el verano de 1913, antes de que Villa llegara a La Laguna, los rebeldes dijeron que tenían intención de matar a todos los españoles de Torreón; centenares huyeron cuando los federales evacuaron, lo que no impidió a Urbina matar a siete de los que se habían quedado. También fue necesario que el consulado estadunidense ejerciera presión para que Villa no hiciera lo mismo con el resto.[776] En las últimas semanas de 1913 hubo una extraordinaria emigración de españoles de La Laguna a Saltillo.[777]

La conducta de Villa después de la caída de Chihuahua fue, por lo tanto, parte de un comportamiento común en todo México, pero sobre todo en los estados del norte. Decretó la expulsión de todos los españoles, la confiscación de sus bienes y dijo por qué se abstuvo de fusilarlos: "soy un hombre civilizado y toda mi vida he sido un hombre compasivo".[778] Con la orden de expulsión empezó el peregrinar a la frontera de 400 españoles, empleados, tenderos, curas y una minoría compuesta de comerciantes, terratenientes y sus administradores.[779] Lo mismo ocurrió después de la segunda caída de Torreón.[780] La justificación de Villa para tomar esas medidas drásticas era que los españoles habían participado en la guerra civil dando a Huerta armas, dinero y apoyo, de todo lo cual hay pruebas en Chihuahua y otros lugares.[781] Pero ese tomar partido era sólo un aspecto de la historia, que manifestaba la posición de los españoles en la sociedad mexicana como comerciantes, prestamistas, mayorales, administradores de haciendas, curas. Según una fuente, los administradores españoles de La Laguna inspiraron particularmente la hispanofobia de Villa.[782]

---

mas había, ya que en los Estados Unidos se la aceptaba casi a la paridad del dólar (Brondo Whitt, *División del Norte*, p. 14).

[775] *Cf.* Rutherford, *Mexican Society*, pp. 227-278, y Knight, *Nationalism, Xenophobia and Revolution*, pp. 209-302.

[776] Carothers, Torreón, 11 de octubre de 1913, SD 812.00/9658.

[777] Silliman, Saltillo, 29 de diciembre de 1913, SD 812.00/10757.

[778] Del embajador español en Washington, Riaño, a Bryan, 7 de febrero de 1914, FO 371/2025, 10802.

[779] Letcher, Chihuahua, 11 y 21 de diciembre de 1913, SD 812.00/10167, 10301.

[780] Hamm, Torreón, 19 de abril de 1914, SD 812.00/11703; el mismo corresponsal informa que los irregulares de Argumedo que iban en retirada asesinaron a los españoles, lo que indica que la hispanofobia predominaba en la tropa de ambos lados.

[781] El vicecónsul británico en Gómez —poco afecto a la Revolución— estaba seguro de que los miembros de la comunidad española "habían participado en la contienda política"; Edwards —que estaba en Juárez— informó que los españoles "favorecían unánimemente a los huertistas y al antiguo régimen, y contribuían con liberalidad a la causa de Huerta"; Hamm (Durango) opina lo mismo. Véase Cummings, diciembre de 1913, FO 371/2025, 13251; Edwards, 23 de diciembre de 1913; Hamm, 16 de febrero de 1914; SD 812.00/10336; 11028. He dado ya otros ejemplos.

[782] Marte R. Gómez, *La reforma agraria en las filas villistas*, México, 1966, p. 33; Reed (*Insurgent Mexico*, p. 123) lo relaciona, creo que con razón, al anticlericalismo. Edwards (*cf. supra*, n. 781) compara el antihispanismo con el antisemitismo en Rusia; Hohler, *Diplomatic Petrel*, pp. 171-172, hace la misma comparación con Alemania y con las reacciones del pueblo hacia los mercaderes sirios en Egipto.

A la expulsión de los españoles siguió la huida de la mayor parte de la élite. En enero de 1914 "quedaba poca gente decente" en los pueblos de La Laguna; "los de mejor clase" ("es decir, todos los que conocíamos y con quienes comerciábamos", decía un hacendado británico) huyeron ante la perspectiva de que Villa siguiera cosechando victorias.[783] Las ondas se extendieron; observadores que estaban alerta en los pueblos de la frontera —en Piedras Negras, por ejemplo—, podían calcular cómo avanzaba Villa en La Laguna por el fluir de "los ricos y refinados, de los que viajan al extranjero" que se amontonaban en los mejores hoteles.[784] Idos los terratenientes, administradores y empresarios, los rebeldes se hicieron cargo de muchas empresas, pero respetaron a la mayor parte de las que no pertenecían a españoles.[785] En Durango y Ciudad Juárez, los oficiales rebeldes administraron los rastros en bien de la causa; en Ciudad Juárez, los tugurios de juego y los tranvías; el sistema de abastecimiento de agua y la planta eléctrica en la ciudad de Chihuahua.[786] Chao se encargó de la cosecha de algodón en La Laguna (valuada en 10 a 20 millones de pesos); el algodón en rama se manufacturaba en las fábricas que los rebeldes tenían en Durango.[787] Esas medidas se debían, sin duda, a la necesidad que tenía la Revolución de organización e ingreso; pero, ¿era también indicio del radicalismo social villista y de la intención del régimen de apropiarse de las propiedades —rurales, sobre todo— para beneficiar a las clases bajas?

Opiniones y documentos son poco claros respecto a ese punto tan importante.[788] En su optimista retrato de Villa como bandolero revolucionario, John Reed atribuye al caudillo sólidas, aunque desarticuladas, intenciones reformistas, en las que hay cierto matiz agrarista. Los mismos villistas decían que las propiedades confiscadas se trabajaban en pro del bien común.[789] Muy pronto la prensa estadunidense empezó a referirse a los "experimentos socialistas" que se hacían en el territorio de Villa.[790] Algunos historiadores que simpatizan con el villismo tratan el tema: Calzadíaz Barrera afirma que el gobernador Chao decretó el reparto de 25 000 hectáreas entre los campesinos necesitados y que estableció reservas de 10 millones de pesos en el nuevo Banco de Chihuahua para dar créditos a los pequeños propietarios; M. N. Lavrov opina que Chihuahua y Durango —junto con Morelos— eran los centros de "la lucha revolucionaria del campesinado"; habla de las tierras que Villa repartió entre los peones y llama a sus fuerzas "ejército de la revolución

---

[783] Cummins, Gómez, enero de 1914; de Benson a Grey, 13 de marzo de 1914, transcribe un informe de Tlahualilo; FO 371/2025, 10096; 11732.

[784] S. G. Inman a la señora Inman, 17 de abril de 1913, SGIA, caja 12.

[785] Hamm, Durango, 11 de noviembre de 1913, SD 812.00/9989.

[786] *Ibid.*; Reed, *Insurgent Mexico*, pp. 133-134.

[787] Powers, Parral, 22 de noviembre; Hamm, Durango, 11 de noviembre de 1913; SD 812.00/10126.

[788] Reed, *Insurgent Mexico*, pp. 133-134.

[789] Gómez, *Reforma agraria*, p. 82; pero la afirmación se hizo en 1915; el villismo enfrentaba entonces nuevos problemas y nuevas cosas influían en él (véase Katz, *Secret War*, pp. 282-283).

[790] Clendenen, *United States and Pancho Villa*, cita el *Brooklyn Eagle*.

agraria".[791] Pero Marte Gómez —quizá el más autorizado en la materia— no encontró rastro del decreto de Chao y se muestra escéptico acerca de que hubiera una verdadera reforma agraria al norte del centro de México durante el régimen de Villa.[792] ¿Qué nos dicen los documentos?

En primer lugar, debemos tener en cuenta que había dos elementos poderosos en contra de la reforma agraria a base del clásico reparto (división de latifundios entre peones y pueblos) como Lavrov cree que ocurrió. La economía pecuaria del norte difícilmente se prestaba a la división de tierras que permitían los fértiles valles de Morelos. En el norte, como en las tierras altas de Perú, el patrón de uso de la tierra y la escasez de agua hacían difícil —si no imposible— tal reparto; en las praderas y en el desierto, la pequeña propiedad no daría resultado.[793] Pero, como dije antes, el predominio de las haciendas ganaderas no era obstáculo para que hubiera pueblos y pequeñas propiedades en los valles de los ríos, en las zonas irrigadas de La Laguna (territorio comprendido en el área que nos ocupa), en las cañadas y faldas de la sierra. Aquí, el monopolio de la tierra fue rápido durante el Porfiriato; provocó conflictos sociales y, por último, una rebelión bastante parecida a la del centro de México, algo que ilustran la historia de Cuencamé o las circunstancias que rodearon la muerte de Benton. Pero esas disputas norteñas por la tierra —aunque son más importantes de lo que a menudo se piensa— no podían dar lugar a un movimiento sostenido de reforma agraria al estilo zapatista. Por la naturaleza de la sociedad rural norteña, el típico conflicto pueblo-hacienda no predominaba en la política de los regímenes revolucionarios y quedaba en segundo plano con respecto a otros problemas a los que me referiré en un momento. Con frecuencia, los conflictos agrarios en el norte enfrentaban al pueblo con los caciques más que con los hacendados; formaban parte, a menudo, de un rechazo popular más general a los gobiernos opresores centralizados. La cuestión agraria era importante para estimular la rebelión, pero no era preocupación esencial de los regímenes revolucionarios ni necesitaban éstos recurrir al reparto de los latifundios. Era suficiente deshacerse de los caciques —por lo común clientes del imperio Creel-Terrazas—, acabar con la herencia política porfiriana y recuperar la tierra (privada o comunal) de la que, se suponía, los caciques se habían apropiado en otro tiempo. Conseguido esto, se desvanecía la presión popular para que se efectuara la reforma radical.

[791] Calzadíaz Barrera, *Hechos reales*, I, p. 161. En su artículo "La Revolución mexicana de 1910-1917", Lavrov no habla sólo de luchas e intenciones, también de logros: "Villa satisfizo las aspiraciones de los campesinos liberándolos del yugo de los latifundistas, de la servidumbre feudal y del opio de la Iglesia católica" (pp. 99-100).

[792] Gómez, *Reforma Agraria*, pp. 28, 31 y 123; Friedrich Katz, "Labor Conditions on Haciendas in Porfirian Mexico, Some Trends and Tendencies", *Hispanic American Historical Review*, LIV (febrero de 1974), p. 46. El decreto se mencionó en *Le Courrier du Mexique*, 18 de diciembre de 1914.

[793] Juan Martínez Alier, *Haciendas, Plantations and Collective Farms. Agrarian Class Societies —Cuba and Peru—*, Londres, 1977, p. 26; Rouaix en Silva Herzog, *La cuestión de la tierra*, I, México, 1961, p. 167.

La cuestión militar y económica también desalentaba el reparto. La producción de las grandes propiedades —los ganados de Chihuahua y las plantaciones de algodón de La Laguna— mantenía al ejército villista, lo que excluía cualquier posibilidad de desintegración oficial de las unidades existentes o de sustitución de los cultivos económicamente rentables en favor de los cultivos básicos. En La Laguna (donde hubo demandas agraristas y la tierra de cultivo predominaba sobre la ganadera), Villa conservó intactas las plantaciones, encargó a Chao la supervisión de la cosecha de 1913 y desde entonces estableció un sistema de renta o aparcería, que aportaba capital a "la Revolución".[794] Cualquier posibilidad de reparto quedaba así descartada. Y si ésa era la norma en el México villista —como al parecer fue—, no podía haber cambios sustanciales en el sistema agrario. La estructura quedaba intacta, pero quienes poseían la tierra no eran ya los hacendados oligarcas del Porfiriato. Algunos eran generales villistas, en cuyo nombre los administradores, arrendatarios o aparceros trabajaban las tierras que habían sido de los Creel, Terrazas o Luján. En algunos casos esto constituía una forma de apropiación personal (Urbina lo hizo con la hacienda de Canutillo), pero podía significar también el método villista de administrar la economía agraria y la guerra de la Revolución. Si el gobierno militar tenía el control, era natural que lo ejerciera en la agricultura. No quiere esto decir que las haciendas de los Creel —Orientales y San Salvador—, que administraban los subordinados del jefe villista de Ojinaga, fueran consideradas ni siquiera por el propio comandante, Porfirio Ornelas, como de su propiedad.[795] Hablar de una nueva "burguesía" formada por los generales villistas convertidos en hacendados es, cuando menos, prematuro y quizá injustificado.[796]

Esto queda de manifiesto si se toma en cuenta que las propiedades administradas por los generales villistas eran sólo unas cuantas de las que se habían confiscado en el norte.[797] La mayoría era controlada por comisiones estatales o locales designadas para administrar los bienes intervenidos, lo que se hacía mediante la renta de la tierra o la aparcería. Variaba mucho la condición de quienes recibían dichas tierras: desde ricos arrendatarios que rentaban haciendas completas, hasta "pobres aparceros" como los del Rancho de la Concha y Anexas.[798] Los acuerdos entre arrendatarios y comisiones se sustentaban en "usos y costumbres locales", con lo que, explícitamente, evitaban

---

[794] De Jesús J. Ríos a Carranza, a propósito de la Comisión de Agricultores de La Laguna, AVC, 11-19 de octubre de 1915; memo., "Asuntos para tratar con General Villa", STA, caja 83. Zapata y otros líderes menores intentaron ensayos parecidos, pero, en general, tuvieron poco éxito (véanse Womack, *Zapata*, p. 235; y Falcón, *Cedillo*, p. 120).

[795] Friedrich Katz, "Agrarian Changes in Northern Mexico in the Period of Villista Rule, 1913-1915", en James J. Wilkie *et al.* (eds.), *Contemporary Mexico: Papers of the Fourth International Congress of Mexican History*, Berkeley, 1976, p. 263.

[796] Eric R. Wolf, *Peasant Wars of the Twentieth Century*, Londres, 1973, p. 36; Katz, *Deutschland*, pp. 242-244.

[797] Katz, "Agrarian Changes", p. 264.

[798] *Ibid.*, pp. 264-266; en la carta de Ríos a Carranza (*supra* n. 794) hay muchos ejemplos.

innovaciones extremosas.[799] Debemos tener en cuenta, por último, que sólo las propiedades abandonadas por sus dueños (arrendatarios) o las que pertenecían a los "enemigos de la causa" (los que apoyaban a Huerta), se consideraban aptas para ese tipo de explotación.[800] No se sabe qué porcentaje de las haciendas dentro del México villista se encontraban en esa situación, pero es evidente que no hubo expropiación en masa para favorecer las necesidades sociales. El "socialismo" villista fue una invención del *Brooklyn Eagle*.

Pero así como se desechó el reparto agrario en gran escala —por la forma de ser de la sociedad norteña y por la manera de administrar la guerra—, el *statu quo* rural no se conservó totalmente. En primer lugar, las declaraciones y política oficiales no agotan la cuestión, porque en el momento álgido de la Revolución la reforma agraria pudo seguir su curso local, ilegal y —desde el punto de vista del historiador— sin obstáculos. Por lo común se dice que sólo en Morelos hubo reivindicaciones agrarias importantes, pero eso es falso. Sabemos por las historias locales, cada vez más numerosas, que las disputas por la tierra eran ubicuas y a menudo importantes para determinar —o por lo menos codeterminar— la frecuencia y características de los levantamientos; pero esas disputas no se presentarían como una reforma agraria "oficial". En el caso de Chihuahua, parece claro que el régimen villista —por lo que recuerdan los veteranos— no propugnó una reforma "oficial amplia"; pero también recuerdan que, con la Revolución, huyeron los terratenientes (y los administradores), que las deudas de los peones se abolieron *de facto*, que aumentaron los salarios y hubo libre tránsito.[801] En Durango y La Laguna, donde las demandas agrarias y la confiscación de tierras fueron rasgos más definidos de la sociedad rural, hubo ciertas reformas oficiales y no oficiales. Pastor Rouaix, gobernador constitucionalista de Durango, promulgó en octubre de 1913 un decreto de reforma agraria en el que se comprometía a restituir el ejido y a expropiar y repartir algunas haciendas. No era eso pura oratoria; líderes como Matías Pazuengo repartían ya tierras entre los campesinos (lo cual, recordó después, "en mucho nos favoreció para el futuro"); ciertos pueblos, como la rebautizada Villa Madero —antes una comunidad de peones—, fueron los primeros en recibir tierras confiscadas a las haciendas del lugar.[802] También cuando los villistas administraron las haciendas laguneras hubo algunas reformas oficiales, pero no reparto general: la nueva Ley de Aparcería procuraba menguar los abusos del siste-

---

[799] Katz, "Agrarian Changes", p. 267.

[800] Este principio está claro en los documentos de Terrazas y en el informe de Ríos; era posible que la propiedad no cambiara, pero el arrendamiento (caso de El Jaboncillo que su propietario Jesús Calderón rentaba a Manuel Gutiérrez, español prohuertista) podía confiscarse "por causa política" (informe de Ríos).

[801] Trinidad Vega, en entrevista con Ximena Sepúlveda, PHO 1/126, pp. 13, 16 y 45; Simón Márquez Camarena, en entrevista con María Isabel Souza, PHO 1/113, pp. 12-13, 28-29, 31 y 38.

[802] Rouaix, *Diccionario*, pp. 369-370. Hamm, Durango, 30 de noviembre de 1913, SD 812.00/10272, da detalles de estas medidas "socialistas"; Gómez, *Reforma agraria*, p. 29, es algo permisivo; Pazuengo, *Historia*, pp. 48-49.

ma; en algunos casos, la tierra confiscada se rentaba con bases más generosas que antes.[803] A fines del verano de 1914, un equipo de agrónomos elaboró una ley agraria —para aplicarla en Chihuahua— que facilitaría el crecimiento de la pequeña propiedad y la división de los latifundios, aunque de manera gradual y burocrática.[804]

La política oficial fue, pues, muy modesta en propósitos y logros, pero no es posible dejar de lado el ámbito no oficial —el de la reforma agraria "negra"—. Al concluir su análisis, Friedrich Katz se pregunta, "¿qué cambios reales hubo en el campo controlado por la División del Norte?" Su respuesta, que en esencia dice "no mucho", es sin duda acertada en lo referente a las condiciones básicas y objetivas, porque los latifundios quedaron intactos (aunque cambiaron de dueño), poco mejoraron los salarios y el tipo de renta, y no hubo Revolución en lo que hace a las relaciones de producción.[805] Pero en Chihuahua y otros lugares, la Revolución forjó cambios de importancia histórica que no fueron "objetivos" ni obra de la reforma oficial. Fueron —usando la palabra de moda— cambios de *mentalité*, cambios en la manera de ver, tanto de individuos como de grupos, su posición —y la de otros— en la sociedad. Tales cambios pueden considerarse "superestructurales", pero no fueron superficiales, porque afectaron las formas en que se ejercía y mantenía el poder social y político. En realidad, estando Gramsci tan en voga, es innecesario pensar en un vulgar determinismo económico o subrayar la importancia de la ideología, la hegemonía y la "necesaria reciprocidad entre estructura y superestructura".[806]

Esto indica que es necesario analizar, en la Chihuahua villista o en el México revolucionario en su conjunto, el cambio de creencias, actitudes y relaciones que no se manifestaron directamente en un cambio de las circunstancias materiales o de las "estructuras". Con Díaz se desgastó la legitimidad del gobierno, el cual dependió cada vez más de la coerción, algo que no se advirtió inmediatamente. Las protestas y rebeliones —indicios más obvios, pero no únicos, de ilegitimidad— fueron esporádicas y controlables. En esos tiempos, recuerda un campesino de Chihuahua, la gente "estaba completamente sumisa"; entonces, a pesar de las duras condiciones, la rebelión era suicida más que emancipadora.[807] Así pues, aun en el norte, donde el peonaje era más débil y más intensa la migración de los trabajadores, la mayor parte de la población seguía "obedeciendo" al terrateniente, al cacique, al gobernador y, por último, al presidente. Ahora, muchos de esos viejos ídolos habían caído. De repente, después de 1910, el antiguo orden se derrumbó y los sorprendidos revolucionarios experimentaron la "asombrosa" transición de la "per-

[803] Katz, "Agrarian Changes", pp. 266-267; las investigaciones de Katz ponen de manifiesto sólo un caso claro de restitución que concierne a una hacienda de los Creel.
[804] *Ibid.*, p. 271, que se basa en Gómez.
[805] *Ibid.*, p. 260.
[806] Gramsci, citado por James Jon, *Gramsci*, Londres, 1977, p. 95.
[807] Simón Márquez Camarena, entrevistado por María Isabel Souza, PHO 1/113, p. 6.

secución… al poder" que años después pasmó a Lenin.[808] Esto no anunció un periodo de felicidad y prosperidad. Las haciendas permanecieron, el maíz no creció más aprisa ni más abundante. De hecho, poco tiempo transcurrió para que mucha gente asociara la Revolución con muerte, enfermedad y conscripción —nuevo destino superpuesto al antiguo del clima, cosecha y fortuna familiar—. Aun cuando no hubiera cambios significativos en las estructuras materiales desde la caída de Díaz, las cosas *eran* diferentes, así como fueron diferentes en el sur de los Estados Unidos para los esclavos emancipados que a duras penas vivieron durante los años de la reconstrucción.

He dicho antes que la Revolución de 1910 dio lugar a sentimientos de igualdad, lo que para la élite era injustificada altanería, nunca antes vista de la "gente baja".[809] Se quebrantó la "obediencia" porfirista, sobre todo en la Chihuahua de Villa, cambio estrechamente ligado al fenómeno del villismo. En el verano de 1914, Silvestre Terrazas empezó a alquilar a los campesinos tierras confiscadas "en condiciones muy generosas y a veces sin que pagaran", política que Katz atribuye, quizá con razón, a la "gran escasez de mano de obra", pero que era, sin duda, muestra del criterio que predominaba.[810] La escasez de mano de obra *tout court* puede reforzar el peonaje —o cierta forma de "represión al trabajador agrícola", según Barrington Moore— o ser presagio de trabajo forzoso. Pero en la Chihuahua de Villa nunca se exploraron esas posibilidades. No es necesario suponer que los administradores villistas fueran altruistas (por muy verosímil que eso sea); simplemente no se podía forzar al trabajador con más éxito que el de Huerta con el reclutamiento forzoso. Después de 1910, ese recurso quedó descartado. El régimen de Villa dependía del respaldo popular no sólo para conseguir reclutas, sino también para realizar una serie de tareas de apoyo, desde aprovisionamiento hasta información, y ese respaldo no podía arriesgarse a la ligera. En 1913, cuando el general Matías Pazuengo estableció un campamento en la Hacienda Cuatimape (Dgo.) y procedió a repartir "sus lotes de tierra a los campesinos, yuntas de mulas o bueyes, y semillas suficientes para el año agrícola", actuó con altruismo pero también de manera pragmática.[811] El éxito del villismo en el norte, aun en los sombríos años posteriores a 1914, es prueba de su popularidad genuina y duradera, la cual sería difícil explicar si se hubiera tratado simplemente de cambiar un grupo de amos rapaces —la "burguesía" rural— por otro. Aun cuando las condiciones materiales no cambiaron (en algunos casos sí lo hicieron), el pueblo veía al régimen villista de manera muy diferente al terracista, y los villistas entendieron que era mala política —y mala educación— oprimir a quienes los mantenían en el poder. La prosecución de la guerra paralizó algunos grandes proyectos —el reparto de tierras o el plan,

---

[808] Huntington, *Political Order*, p. 272, n. 7.

[809] ¿"Provocados", "desatados"? Los problemas historiográficos —por no mencionar los teóricos— que significan intentar una respuesta son agobiantes (véase p. 641).

[810] Katz, "Agrarian Changes", p. 267.

[811] Pazuengo, *Historia*, pp. 48-49.

favorito de Villa, sobre colonias militares—, pero obligó a tener cierta consideración por los sentimientos populares.[812] La política de Pazuengo en Cuatimape garantizó por un lado la provisión de alimento y forraje, y, por otro, la buena voluntad de los lugareños. Quizá los cambios "estructurales" no existieron, pero desde 1910 las actitudes recíprocas entre gobernantes y gobernados cambiaron de manera significativa.

Cierta mejora en la situación de peones, arrendatarios y aparceros hubiera estado muy de acuerdo con la naturaleza básica del régimen villista, que puede definirse como bandolerismo social institucionalizado: régimen débil en su ideología y sin una reforma "estructural" planeada; fuerte, sin embargo, por su actitud generosa, por sus dádivas y, en consecuencia, un régimen genuinamente popular que se apoyaba más en la legitimidad que en la coerción. Villa —como Samuel Gompers— recompensaba a sus amigos y castigaba a sus enemigos (definía ambas categorías según su gusto). Su peregrinación como bandolero y sus campañas relámpago, le permitieron "familiarizarse con los antecedentes políticos y la situación comercial de cualquier individuo importante en cada ciudad y aldea"; según John Reed, parte de esa información estaba clasificada en "un libro negro en el que están consignados los nombres, los delitos y las propiedades de aquellos que han oprimido y robado al pueblo".[813] Se decía que en el ejército de Villa había hombres de todos los pueblos de Chihuahua, algunos de los cuales tenían ya bastante poder; esa política de retribución individual e inmediata —al otro extremo de la reforma gradual y centralizada— se convirtió en distintivo del villismo y lo equiparó con otros movimientos de "bandolerismo social" en Europa y América Latina.[814]

Las reformas impersonales eran pocas, pero resultaban frecuentes los castigos a terratenientes, funcionarios y administradores. A poco de regresar a México, Villa mató al administrador de la hacienda El Carmen (propiedad de Terrazas), porque los peones se quejaban de maltrato. Por medio de un empleado terracista llegó al mismo Terrazas; Fierro utilizó todos sus métodos de persuasión para convencer a Luis Terrazas, hijo, a fin de que le revelara el secreto del escondite del tesoro familiar.[815] Por último, se confiscaron

---

[812] Reed, *Insurgent Mexico*, pp. 133-134. Sobre el proyecto de la colonia militar, que no pudo ponerse en práctica durante la guerra a pesar de que era "el gran sueño de Villa", y por último tomó forma a principios del decenio de 1920, véase Katz, "Agrarian Changes", p. 272.

[813] Edwards, Juárez, 23 de diciembre de 1913, SD 812.00/10336; Reed, *Insurgent Mexico*, p. 123.

[814] Dice Linda Lewis, que al apoyar a los *cangaceiros* brasileños, "los campesinos optaron por una solución individual para los problemas de su clase que... socavaron la posibilidad de obtener cambios más significativos mediante la reacción en masa y la rebelión" ("Social Banditry in Brazil", *Past and Present*, LXXXII (1979), p. 145). Pero inclusive la "reacción en masa y la rebelión", si se orienta por medio del bandolerismo social glorificado —como el villismo— puede no dar por resultado cambios "significativos" (si eso significa reforma "estructural" perdurable).

[815] Gómez, *Reforma agraria*, pp. 33-34; Reed, *Insurgent Mexico*, p. 124; Aguirre Benavides, *De Francisco I. Madero*, p. 105.

todas las propiedades de los Terrazas y Villa las destinó a sus colonias militares de la posguerra.[816] Pero los hacendados no padecían *per se:* doña Luz Zuloaga de Madero, propietaria de la palaciega hacienda Bustillos, que tenía una capilla copiada de la San Sulpicio parisina, era hermosa, tenía relación con la familia Madero y era capaz de persuadir a Villa (nada difícil, porque Villa era un mujeriego), y pudo conservar sus tierras.[817] Esa persecución selectiva se volvió más compleja —como todo el movimiento villista— en 1914. Había para entonces listas clasificadas de "enemigos del pueblo" que habían apoyado a Orozco y Huerta: políticos, empresarios, españoles, miembros de la Defensa Social chihuahuense, espías, informantes y aun maestros que habían enseñado "a sus alumnos que los revolucionarios eran bandidos".[818] A medida que el movimiento crecía, fue más difícil aplicar los principios del bandolerismo social, que básicamente dependían del conocimiento de primera mano. Se creía, y en general era cierto, "que solamente los revolucionarios de la localidad son los que conocen a los enemigos de la revolución y quiénes son los partidarios de ella";[819] por esa razón, si la organización revolucionaria crecía mucho o se alejaba demasiado de su localidad, perdía la ventaja de esa familiaridad directa. En esos casos, los líderes debían atenerse a información de segunda mano: en una población desconocida, Gabriel Gavira acostumbraba conseguir información de los maestros de escuela, porque éstos eran "buenos elementos liberales", mientras otros quedaban a merced de cualquiera que ganara su atención (fenómeno evidente desde 1911).[820] Cuando trataba de conseguir un préstamo forzoso en Saltillo (ciudad no muy distante de su terruño), Villa confió en el político constitucionalista Jesús Acuña, que conocía el lugar, de lo cual se arrepintió porque Acuña era corrupto y el resultado fue desastroso.[821] Por su naturaleza, esos problemas se ampliaron al parejo de la expansión del poder de Villa, y sus consecuencias fueron importantes para la Revolución.[822]

Lo contrario de robar a los ricos era ayudar a los pobres. Y así como se despojaba a los ricos de manera arbitraria y personal, los pobres recibían dádivas —como generosidad real— al azar, espléndidas a veces y por lo común a capricho del benefactor. Cuando Villa entró en Chihuahua, el kilo de carne se vendió a 15 centavos (15% menos que el precio anterior); después, la Comisión Agrícola de La Laguna vendió a los pobres parte de su cosecha

---

[816] Letcher, Chihuahua, 21 de diciembre de 1913; Carothers, Chihuahua, 10 de febrero de 1914; SD 812.00/10301; 10903; Katz "Agrarian Changes", p. 277.
[817] Aguirre Benavides, *De Francisco I. Madero*, pp. 102-103; Guzmán, *Memorias*, p. 569; sobre la merecida fama de mujeriego que tenía Villa, véase la entrevista de Ximena Sepúlveda a Trinidad Vega, PHO, 1/126, p. 40.
[818] Una lista de casi 100 nombres, más detalles, se encuentra en STA, caja 84.
[819] González Galindo, en DDCC, II, p. 918.
[820] Gavira, *Actuación*, pp. 132-137 y 178; véanse pp. 283-284.
[821] Guzmán, *Memorias*, pp. 407-408.
[822] Desarrollo el tema en pp. 331-337 y 349-353.

de maíz a bajo precio.[823] Decían los adeptos de Villa que la educación era su mayor preocupación, pero tampoco hubo reformas sistemáticas en ese aspecto. Se dice que Villa llenó las escuelas del estado con huérfanos y pobres a quienes proveyó de ropa. Se dice también (y es verosímil) que adoptó a los huérfanos de revolucionarios, pagó su educación y que (menos creíble) fundó en Chihuahua 50 escuelas.[824] Villa podía tener generosas reacciones, expresión de su carácter de macho; cuando las mujeres desamparadas que se habían refugiado en Fort Bliss (las soldaderas del derrotado ejército de Mercado) pidieron ayuda al cónsul huertista, Villa les envió 1000 pesos en oro.[825] Las anécdotas como ésas se difundían rápidamente. Se decía que Villa daría su camisa a un soldado necesitado; "nos encontraba pobres… —recuerda un veterano— y si traía dinero, lo sacaba y nos lo daba; y nadie daba dinero, nadie protegía a los pobres, y Villa sí".[826]

A pesar de la distancia y la nostalgia, esos recuerdos tienen algún peso. Sin duda, los pobres obtuvieron beneficios materiales del régimen villista, y no sólo el $1.50 más manutención, que recibía el soldado común.[827] Había, además, una poderosa recompensa psicológica: después de años de sometimiento —a Díaz, Terrazas o algún jefe local—, la gente veía ahora en el poder a uno de los suyos, humillando a los caciques de antaño. Aun cuando, a diferencia de Urbina, Villa mantuvo el orden, no podía pasar inadvertida, ni para los "pelados" ni para la élite, su ocupación de una ciudad. No cayeron sobre Chihuahua las atrocidades que padeció Durango, pero pronto fueron evidentes "las anomalías de una ciudad puesta de cabeza por una revolución de clase" (los rebeldes se alojaban en las mejores casas, un peón fue visto recorriendo las calles de la ciudad en un automóvil tipo berlina).[828] "Semanas antes de que caiga una ciudad —comentaba un observador británico en La Laguna— las clases bajas están listas y expectantes"; y aunque su avidez por el botín cada vez estaba más contenida, por lo menos disfrutaba con el desconcierto de los acomodados, quienes, por temor a las represalias, guardaban sus cuellos almidonados y usaban sombreros de paja, esperando confundirse con la masa anónima.[829] Era, dijo alguien, como si el *Magníficat* se hubiera hecho realidad: "a los pobres los colmó de bienes, y a los ricos los dejó sin cosa alguna".[830]

---

[823] Calzadíaz Barrera, *Hechos reales*, I, p. 161; Reed, *Insurgent Mexico*, pp. 122 y 133; Katz, *Secret War*, p. 141, y "Agrarian Changes", p. 270.

[824] Calzadíaz Barrera, *Hechos reales*, I, p. 161; Reed, *Insurgent Mexico*, p. 122.

[825] Carothers, El Paso, 3 de febrero de 1914, SD 812.00/10820.

[826] Trinidad Vega, en entrevista con Ximena Sepúlveda; Andrés Rivera Marrufu entrevistado por María Isabel Souza, PHO 1/126, pp. 20, 39 y 63.

[827] Jacobo Estrada Márquez, entrevistado por María Alba Pastor, PHO, 1/121, p. 23.

[828] Gregory Mason, "With Villa in Chihuahua", *The Outlook*, 9 de mayo de 1914.

[829] Cummins, Gómez, diciembre de 1913, FO 371/2025, 13251.

[830] Brondo Whitt, *División del Norte*, p. 11, cuenta una conversación oída en un parque de Chihuahua; de ahí, quizá, la confusa versión del *Magníficat*.

Por supuesto, no era así; pero esa impresión dominaba por igual entre pobres y ricos, y alentaba en la gente común gran admiración por Villa. Era uno de ellos; lo opuesto al desprecio de Orozco por el débil Madero; el desdén de Villa por los "afeminados" como Carranza, era esa sólida identificación de la gente del norte con su caudillo rústico pero eficaz.[831] Las multitudes se reunían para ver unos segundos a Villa cuando pasaba por los pueblos del norte (Carranza no tenía ese atractivo); se codeaba con los "pelados", asistía a bailes, peleas de gallos, corridas de toros, compartía y gastaba bromas con los de su tropa y, como otro animoso comandante de caballería de otra guerra civil, "al descender tan bajo, se elevó más alto en el aprecio de la gente común".[832] No es necesario decir que contrastaba mucho con los odiados comandantes federales, distantes, con sus galones dorados y sus bigotes estilo káiser Guillermo. De esa manera, la opresión, la lealtad de clase, el machismo y el éxito militar se combinaron para elevar a Villa a la condición de leyenda. Como a otros "bandoleros sociales", se le atribuyeron grandes poderes; era "muy astuto, muy inteligente, muy valiente"; pronto se convirtió en personaje de relatos y canciones, en "el centauro del norte", el "indomable amo de la sierra". Poco se cantaba a Carranza, y siempre de manera peyorativa, pero Villa —como Orozco— es tema de docenas de corridos. Muchos son posteriores al periodo revolucionario, pero contienen la esencia de la leyenda, tal como se desarrolló durante la Revolución:

> Yo soy soldado de Pancho Villa,
> de sus "Dorados" soy el más fiel;
> nada me importa perder la vida,
> si es cosa de hombres morir por él.[833]

Esa leyenda que se estaba formando ya en 1913-1914, atrajo a los maderistas descontentos que había en Sonora, encendió el entusiasmo popular en Chihuahua, Durango y La Laguna, y cautivó la imaginación de la gente muy lejos del territorio villista. En febrero de 1914, la aparente calma de Yucatán fue rota por un levantamiento de 300 pobladores de Abala que mataron al alcalde y a los munícipes al grito de "¡Viva Villa!"[834]

Durante un tiempo por lo menos, el apoyo popular y la adulación fueron compatibles con el soborno y la corrupción. A la larga, el pueblo notaría la falta de reformas sustanciales y se preguntaría si no habían cambiado un grupo de amos deshonestos por otro de la misma condición; de momento, fue tolerante. En realidad, la ostentación de la opulencia, ese alarde de rique-

---

[831] Quirk, *Mexican Revolution*, p. 27.

[832] Brondo Whitt, *División del Norte*, pp. 21-22 y 107-108; Reed, *Insurgent Mexico*, pp. 25-26 y 133; *cf.* Oliver Lawson Dick (ed.), *Aubrey's Brief Lives*, Londres, 1976, para la descripción del coronel realista Charles Cavendish.

[833] Mendoza, *Lírica narrativa*, pp. 152-153; véase también Reed, *Insurgent Mexico*, pp. 88-89.

[834] Grasey, Progreso, 9 de febrero de 1914, SD 812.00/10920.

zas y propiedades conseguidas con las armas a expensas del antiguo régimen, se recibía bien y era parte del mito. Si los peones se habían identificado en otro tiempo con la riqueza y ostentación de sus amos hacendados, ¿cuánta satisfacción indirecta no obtendrían al ver esas cualidades en Villa y sus generales, que habían surgido de la masa del pueblo?[835] Se estaba fraguando una nueva legitimidad —carismática, según la terminología weberiana—. En todo caso, pasó tiempo hasta que se desarrolló la parte sobornable del villismo. Villa mismo no destacaba por sus posesiones materiales; usaba en las campañas trajes y sacos rústicos y viejos, un casco o un sombrero con ala alzada; su centro itinerante de operaciones era un vagón de cola rojo que tenía cortinas de zaraza, literas plegables y fotografías de "atractivas señoras en poses teatrales" prendidas con tachuelas a las sucias paredes grises.[836] Estaba demasiado ocupado en su campaña como para sobornar y atesorar de manera sistemática (dice Reed que no tenía dinero para mandar a su hijo a una escuela en los Estados Unidos), pero hizo colección de mujeres en el camino.

No obstante, sus subordinados buscaban ventajas personales en el floreciente y poco controlado imperio villista. Mientras Villa y algunos de sus oficiales más quisquillosos se distinguían de los federales por evitar el soborno, en general la corriente iba en sentido opuesto. En Juárez, ciudad que destacaba ya por sus cantinas, casinos, prostíbulos y cuya sórdida reputación acrecentaría en poco tiempo la Prohibición estadunidense, el villista Juan Medina tomó control de las casas de juego y estableció al principio un régimen honesto; se comentaba que "los oficiales y soldados del ejército de Villa no manifestaban el egoísmo y la avidez pecuniariamente [sic] que tenían los federales, cuyos funcionarios conseguían en pocos días participación en una cantina o casino".[837] Como Ciudad Juárez era el puesto fronterizo más importante, pronto se convirtió en punto focal de la empresa comercial villista —legítima en su mayor parte— para recaudar impuestos aduanales, importar armas y provisiones, y exportar ganado. Las ganancias eran abundantes, era imposible tener control estricto y no era de esperar que los rebeldes abandonaran del todo ciertos hábitos, viejos y arraigados, de lucro y peculado. Cuando Martín Luis Guzmán llegó a Ciudad Juárez, encontró a Hipólito Villa, hermano de Pancho, administrando los casinos donde se jugaba póquer, dados y ruleta, y al joven Jáuregui (que había ayudado a Villa en su huida de 1913) a cargo de la lotería.[838] Por lo demás, despojado Luis Terrazas y saqueado el Banco Minero, las ganancias se entregaron a manos llenas a los principales jefes villistas; ese dinero estaba destinado a la compra de armas —quizá así se hizo—, pero

---

[835] Wolf, *Sons of the Shaking Earth*, pp. 208-220.

[836] Reed, *Insurgent Mexico*, pp. 122, 159 y 164.

[837] Edwards, Juárez, 23 de diciembre de 1913, SD 812.00/10336; de Michie a Scott, 16 de noviembre de 1913, Documentos Scott, caja 15; Aguirre Benavides, *De Francisco I. Madero*, p. 92.

[838] Guzmán, *El águila y la serpiente*, pp. 187 y ss., sobre la Revolución en Juárez, Óscar J. Martínez, *Border Boom Town: Ciudad Juárez Since 1848*, Austin, 1948, pp. 50-55.

el control de las finanzas era escaso.[839] Uno de los receptores fue Urbina, quien sin duda ahorró para el futuro con el botín que obtuvo en el saqueo de Durango y se instaló como señor feudal en Canutillo. Otros jefes villistas administraban o rentaban propiedades confiscadas; no podemos saber si con ello favorecían a la causa o sólo a sus bolsillos.[840] Los ubicuos comerciantes árabes del norte de México ciertamente medraron a expensas del ejército villista, estableciendo relaciones de mutuo provecho con los jefes rebeldes y negociando con los bienes confiscados.[841] Algunos oficiales villistas de menor rango instalaron en las casas confiscadas de Chihuahua a "mujeres de mal vivir".[842] Pero ésos eran quizá los primeros síntomas de una enfermedad que atacaría después miembros y órganos. Teniendo en cuenta el expediente del paciente antes de 1910 y la maloliente atmósfera de 1910-1920, apenas es de sorprender que el soborno y la corrupción se volvieran crónicos. Ningún grupo revolucionario fue inmune; algunos (los zapatistas y otros como ellos) estaban protegidos por los anticuerpos de la tradición pueblerina, la solidaridad de grupo y el sentimiento agrarista, pero la mayoría de los norteños no tenía esa resistencia. La corrupción se desbordó sin encontrar obstáculos.[843]

LAS FATIGAS DE HUERTA

Con todo, a principios de 1914 la corrupción era un rasgo casual del villismo, que en ese entonces estaba adquiriendo poder y popularidad. Villa controlaba todo el estado de Chihuahua; la mayor parte del campo en Durango, Coahuila y Zacatecas estaba en armas. Los federales se aferraban a los pueblos de La Laguna y bloqueaban las vías ferroviarias hacia el sur. En el oeste, Obregón avanzaba lenta pero metódica y seguramente; en el este, Pablo González avanzaba sólo con lentitud. El futuro de la Revolución y el régimen de Huerta dependían de la campaña que Villa preparaba para La Laguna. La primavera de 1914 fue como otras primaveras revolucionarias, las cuales, por motivos racionales pero también fortuitos, se caracterizaban por las grandes batallas, conquistas y levantamientos que había en su transcurso: el éxito decisivo de la revolución maderista en 1911, la revuelta de Orozco en 1912, las rebeliones constitucionalistas de 1913. En la primavera de 1914 se unieron diversos factores para dar lugar a esas crisis a las que son tan afectos los historiadores y que la historia entrega con mezquindad. La más fuerte fue el avance de Villa sobre Torreón, cuya importancia reconocieron casi todos en ese entonces. Pero Huerta enfrentaba también graves problemas financieros, crisis de confianza entre sus simpatizantes y un cambio impor-

---

[839] Aguirre Benavides, *De Francisco I. Madero*, pp. 106-107.
[840] Katz, "Agrarian Changes", pp. 262-263.
[841] Brondo Whitt, *División del Norte*, p. 92.
[842] Memo. de Terrazas, "Asuntos qué tratar con el general Villa", s. d., 1914, STA, caja 84.
[843] Véanse pp. 541-550.

tante en la política estadunidense. Todo eso enmarcó la gran campaña de La Laguna.

Los problemas financieros de Huerta se habían originado en una simple combinación de aumento en el gasto y disminución en las rentas públicas (ingresos que provenían de las fuentes tradicionales). Es difícil calcular el monto del primero, porque a partir de junio de 1913, cuando terminó el último presupuesto maderista, los datos estadísticos tienen vacíos abismales. Wilkie sugiere que en el área crucial de gasto militar, las asignaciones huertistas —31% del gasto total— eran 50% más altas que las de Díaz, aunque apenas más altas de las de Madero.[844] Pero los datos de Wilkie se basan en gastos *previstos*, por lo que debemos suponer que el extraordinario crecimiento del ejército —de 50 000 hombres a quizá 250 000 en el transcurso de un año— implica revisar —aumentando— las estimaciones originales. En el verano de 1913, por ejemplo, se necesitaban para los salarios de la tropa 3.5 millones de pesos por mes (aproximadamente 42 millones al año); a fines de ese año, al aumentar el ejército a 80 000 hombres, Huerta necesitaba 12.5 millones por mes (150 millones al año) para sostenerlo (es decir, un aumento de 350%).[845] Por lo demás, los métodos *ad hoc* e ilegales a los que se recurría para conseguir fondos en la provincia, dicen a las claras que buena parte del gasto militar no se presupuestaba ni se daba cuenta de él. El presupuesto militar planeado, indica sólo una parte de la historia.

La base de los impuestos disminuyó a medida que se acrecentaba el gasto. Disminuyó geográficamente, porque se perdieron zonas ricas como Sonora, partes del noreste, luego Chihuahua y La Laguna y los puestos fronterizos norteños, que proporcionaban por sí solos 20% de las importaciones y alrededor de 8% del ingreso gubernamental.[846] Pero la Revolución socavó aún más ese ingreso por el efecto gradual y nocivo que tuvo en el comercio, la industria y la inversión aun en regiones que jamás pisaron los ejércitos rebeldes. En el periodo 1913-1914 tuvo lugar la primera gran erosión de la economía mexicana como resultado de la Revolución. Las finanzas de Madero se tambalearon en 1912, pero la base de la economía no padeció porque había mucha exportación, el peso estaba firme, las minas y el ferrocarril daban buenos rendimientos y el sistema bancario estaba intacto. Incluso en ese periodo muchos se maravillaron ante la flexibilidad de una economía que, como otras en tiempos de devastación y revueltas, demostró notable capaci-

[844] Wilkie, *Mexican Revolution*, pp. 24, 32 y 102. Esos datos concuerdan aproximadamente con los que Ernesto Madero presentó al Congreso en diciembre de 1912 (SD 812.51/55); muestran que el gasto militar subió de 20% del total en 1910-1911 y 1911-1912, a 27% (previsto) en 1912-1913 y 31% (previsto) en 1913-1914.

[845] Meyer, *Huerta*, p. 187; de Landa y Escandón a Cowdray, 22 de diciembre de 1913, Documentos Cowdray, caja A/3 (después de una conversación con De la Lama, secretario de Comercio). Naturalmente, las nóminas del ejército estaban infladas, pero de todos modos había que desembolsar dinero, aun cuando fuera a parar a las cuentas bancarias de los oficiales y no a las bolsas de los pelones.

[846] *Mexican Year Book*, 1984, pp. 8-9 y 15-16.

dad para producir aun en la adversidad.[847] El *homo economicus* dio una higa a los belicosos militares y políticos. Cuando se presentó el decaimiento económico, fue gradual y varió según las regiones. En ese sentido, la economía fue —después de la Iglesia católica— la más sólida de las instituciones y estructuras que puso a prueba la Revolución. La decadencia de la economía tuvo también un ritmo diferente al de regímenes, partidos y facciones políticas; el colapso económico ocurrió uno o dos años después de que se llegó al nadir político (es decir, al caos y la anarquía) y cuando resurgía la autoridad política. Pero era importante para Huerta que su presidencia coincidiera con los primeros grandes reveses económicos. Porque aun esa decadencia parcial (tan parcial que la economía a principios de 1914 nos parecería vigorosa si la comparásemos con la de 1916) tuvo un efecto multiplicador sobre las finanzas del gobierno, particularmente sobre esas finanzas ortodoxas que, se esperaba, Huerta llevaría al tenor de sus antecedentes porfiristas. Mientras Huerta dependió de las fuentes tradicionales de ingreso —impuestos a las importaciones, a la estampilla y préstamos extranjeros—, el gran descenso en la economía repercutió rápida y severamente en la política del gobierno.

Señalé antes que la decadencia de la economía variaba según las regiones. Poco afectó al sur y sureste en 1913-1914. El problema mayor de los hacendados en Yucatán, Campeche y Tabasco era la escasez de mano de obra, problema ya común acrecentado por la leva. En diciembre de 1913, por ejemplo, el reclutamiento que pretendían los federales provocó tal huida de campesinos a las selvas y pantanos de Tabasco, que las pretensiones tuvieron que disminuir porque las empresas peligraban.[848] Pero en muchos otros aspectos, la economía del sur era saludable. El ferrocarril México-Veracruz no tuvo problemas y de hecho lo favoreció la falta de tránsito en las líneas del norte, porque sus ganancias fueron 8% más altas en 1913 que en 1912; el Transoceánico, que hacía la misma ruta, ganó más a principios de 1914 que el año anterior.[849] Las exportaciones de henequén de Yucatán, cuyo volumen y valor habían caído en vísperas de la Revolución, cobraron impulso en 1911 y 1912, aumentaron marginalmente en 1913 y crecieron otra vez en 1914. Se contuvo el prolongado descenso en el precio del henequén: a fines de 1913, el kilo de fibra devengó 40% más que en 1908-1910 y también el ingreso de Yucatán fue más alto de lo que había sido durante un decenio.[850] En la primavera de 1914 pudieron hacerse las fiestas del carnaval de Mérida, cuyo costo estima-

---

[847] "Sencillamente me sorprendió la capacidad financiera de México", comentó un observador en el *Finantial America* (*Mexican Herald*, 14 de febrero de 1914). A ese propósito, pienso en la economía de guerra europea, sobre todo la alemana y la rusa de 1941-1945.

[848] Gracey, Progreso, 22 de noviembre de 1913, SD 810.00/10019; *Mexican Herald*, 11 de mayo de 1913, 6 de abril de 1914.

[849] *Mexican Herald*, 21 de octubre, 13 de noviembre y 7 de febrero de 1914.

[850] En su punto más bajo (1910), Yucatán exportó 95 millones de kilos de henequén a 18.9 centavos el kilogramo con un valor total de 17.9 millones de pesos; en 1913, 147 millones de kilos a 24.4 centavos con un valor total de 36 millones de pesos. Las exportaciones aumentaron 58% con respecto al equivalente del año anterior en los primeros dos tercios de 1914; véase Edmundo

do fue de medio millón de pesos.[851] Y mientras los de afuera veían con ojos codiciosos la riqueza de la península, los yucatecos se ocupaban en cultivar su jardín henequenero y evitar la intervención externa. Por último, en el lado positivo de la economía, la industria petrolera empezaba a mostrar su capacidad para aislarse de interferencias e interrupciones a pesar de que estaba muy cerca del norte revolucionario. En 1913, año de auge, la producción aumentó de 17 a 26 millones de barriles.[852] Tirios y troyanos tenían interés en que no se detuviera la producción de petróleo; magnates petroleros como Cowdray confiaban con razón en que nadie quería "matar la gallina de los huevos de oro".[853] A fines de 1913, a pesar de que los rebeldes estaban cerca, el campo Topila empezó a producir; surgieron nuevas empresas con participación de capital mexicano y extranjero, y se emitieron acciones que se arrebataban y vendían con ganancias.[854] Aunque la lucha en la zona petrolera, que culminó con la caída de Tampico en mayo de 1914, redujo una mayor expansión, esto fue sólo una pausa antes de que las cifras de la producción subieran otra vez.[855]

El contraste en el norte era notable. Sonora, que estaba en manos de rebeldes responsables desde principios de 1913, prosperaba, mientras en el resto del norte se desarrollaban las grandes campañas.[856] Me he referido ya a la situación económica en el noreste.[857] En general, la decadencia económica fue subproducto, no consecuencia directa, de la guerra. Las minas y fundidoras cerraron o cortaron la producción no porque recibieran amenazas directas o daños intencionales (una excepción fueron las estratégicas minas de carbón de Coahuila), sino porque, al estar afectada por la Revolución la mitad de las líneas ferroviarias del país, no recibían suministros (sobre todo, escaseaba la dinamita) ni podían transportar el mineral. Después, el descalabro del sistema bancario agravó los problemas comerciales.[858] Podemos tomar como ejemplo las principales fundiciones del norte: en octubre de 1913 cerraron Velardeña (cerca de Torreón), Durango y San Luis porque les faltaba combustible; Monterrey y Chihuahua les siguieron en diciembre, y Aguasca-

---

Bolio, *Yucatán en la dictadura y la revolución,* México, 1967, p. 69; *Mexican Herald,* 12 de noviembre de 1913, 21 de enero y 12 de marzo de 1914; *Le Courrier du Mexique,* 19 de octubre de 1914.

[851] Gracey, Progreso, 7 de marzo de 1914, SD 812.00/11159.

[852] Meyer, *México y Estados Unidos,* p. 19; *Petroleum Review,* 25 de abril de 1914, da cifras de 17 y 24 millones de barriles.

[853] De Cowdray a Bowring, 26 de diciembre de 1913, Documentos Cowdray, caja A/3; *Mexican Herald,* 26 de diciembre de 1913, cita el *Finantial America* a ese propósito.

[854] *Mexican Herald,* 15 y 18 de enero de 1914.

[855] Meyer, *México y Estados Unidos,* p. 19; en 1914, 26 millones de barriles; 33 millones en 1915; 41 millones en 1916; 55 millones en 1917.

[856] *Mexican Herald,* 30 de septiembre y 22 de noviembre de 1913 (sobre la producción de las minas sonorenses).

[857] Véanse pp. 58-59.

[858] *Mexican Herald,* 4 de octubre de 1913; Boicort, Fénix Coal Co., 27 de abril; Ellsworth, Ciudad Porfirio Díaz, 24 de abril; informe de la frontera, Eagle Pass, 23 de agosto de 1913; SD 812.00/7389; 7248, en donde se dice que las minas de carbón eran blancos estratégicos; Bernstein, *Mexican Mining Industry,* p. 101; Meyer, *Huerta,* p. 179, sobre las averías de los ferrocarriles.

CUADRO VII.1. *Producción mineral (por peso), 1910 = 100*[859]

	Plata	Oro	Plomo	Cobre
1910	100	100	100	100
1911	104	90	94	117
1912	104	78	85	119
1913	71	63	35	110
1914	34	21	5	56

lientes sobrevivió hasta 1914 trabajando a la mitad de su capacidad.[860] En el mismo periodo cerraron docenas de minas; muchas se atuvieron a los antecedentes de la depresión de 1908: era más barato conservar el mineral en tierra que extraerlo y dejarlo a merced de la comunicación incierta y los azares de la guerra —como el carbón que quedó esparcido en los pueblos mineros de Coahuila durante casi todo el año 1913—.[861] La mina de Batopilas cerró al mismo tiempo que las líneas férreas de Kansas City y Oriente, que atravesaban la sierra de Chihuahua para abastecerla. El administrador, que llegó a los Estados Unidos con 80 000 dólares en plata, aseguró que no había cerrado por la agresión de los revolucionarios, sino porque "la guerra había alterado tanto la situación que no había manera de ganarse la vida".[862]

Por primera vez empezó a disminuir significativamente la producción minera, que era tan importante para la economía y las finanzas del gobierno (véase cuadro VII.1).

Otros sectores de la economía norteña también sufrieron: cayó la exportación de guayule; cerraron los aserraderos de Durango y Chihuahua; las haciendas ganaderas y algodoneras quedaron finalmente bajo el control de los rebeldes. Perdida La Laguna, las fábricas de textiles de Nuevo León, Puebla e incluso de la lejana Oaxaca, se vieron obligadas a cerrar por falta de algodón. Aun cuando los federales recuperaron Torreón en diciembre de 1913 y algo de esa materia prima pudo salir, el control huertista de La Laguna no fue tan completo, ni duradero, como para garantizar el suministro a las ciudades textileras más importantes del centro de México.[863] La pérdida de la principal fábrica de dinamita que estaba en Gómez Palacio afectó la minería; la

---

[859] Con base en los datos que presenta Bernstein (*Mexican Mining Industry*, p. 101) y que no pueden ser más que aproximaciones. *Le Courrier du Mexique*, 27 de julio de 1914, presenta, para 1911-1913, cifras aún más aproximadas que confirman éstas relativa ya que no absolutamente.

[860] *Mexican Herald*, 26 de agosto, 4 y 24 de octubre, 11 de diciembre de 1913 y 23 de marzo de 1914.

[861] *Ibid.*, 4 de octubre de 1913.

[862] *Ibid.*, 11 de noviembre de 1913.

[863] *Mexican Herald*, 13 y 17 de octubre, 27 de noviembre, 18 de diciembre de 1913 y 6 de febrero de 1914. No significa esto que los productores de algodón tuvieran pérdidas —si estaban al margen de la política, como la Tlahualilo Co. que podía entenderse con "rebeldes, carrancis-

lucha en el norte puso en peligro el suministro de petróleo que provenía de la región de Tampico, por lo que el gobierno embargó toda carga que no fuera militar, salvo las de alimento y algodón.[864]

Así se extendieron las ondas de la Revolución. Algunos ramos del comercio no se alteraron: las minas de El Oro seguían en actividad, lo mismo que el ferrocarril México-Veracruz; las empresas de servicios públicos capitalinas —espejos del transcurso de la vida en la Ciudad de México— se veían prósperas.[865] De hecho, en la mayor parte de las zonas urbanas del centro todo siguió igual por algún tiempo. Pero ni los individuos ni las empresas pudieron escapar del todo a las graduales e inexorables consecuencias económicas de la guerra, porque los desperfectos del cuarto de máquinas de la economía pronto hicieron sentir sus efectos en el puente y en toda la tripulación. Escasearon las mercancías, los precios subieron; en Coahuila, una de las primeras víctimas de las penurias económicas, el precio de los productos básicos, aumentó drásticamente en agosto de 1913.[866] También subieron las tasas de interés y empezaron a bajar las acciones, excepto las de las vigorosas empresas petroleras. El peso se devaluó, para alarma de los viejos expertos mexicanos: de 49.5 centavos de dólar en febrero de 1913 bajó a 42 en el verano y a 36 en el otoño; en febrero de 1914 el dólar se pagaba a tres pesos, la peor tasa que recordaban los viejos banqueros de la capital.[867] El dinero voló de los bancos y del país a pesar de las medidas que tomó el gobierno. Se presentaba una grave crisis financiera.

Esa crisis, provocada por la caída de la economía "real", estaba ligada a la política financiera huertista, que contribuyó a causarla mientras procuraba evitarla. Huerta nada sabía de finanzas y, como Limantour no tenía intenciones de regresar de Europa, dependía de ministros con menos prestigio y, por lo que se decía, con menos capacidad.[868] Uno de ellos, Adolfo de la Lama, que tenía la confianza de Huerta, retuvo demasiado tiempo la cartera; sus políticas —comenta malhumorado uno de sus colegas en un texto fechado de manera peculiar— "podrían haber acabado incluso con el gobierno de Inglaterra".[869] Sin duda, la desesperada búsqueda de efectivo por parte del gobierno

tas y zapatistas [sic] y toda clase de 'ista'"—. La compañía tuvo buena producción en 1913-1914: más de 12 000 balas de algodón; compárese con las 9 600 de 1914-1915, 2 400 de 1916-1917 (año de sequía), 6 600 en 1917-1918; véanse los informes de J. B. Potter, MCETA, paquete 11.

[864] *Mexican Herald*, 1° y 30 de noviembre de 1913 y 5, 8 y 14 de febrero de 1914. Tampico estuvo amenazado desde diciembre de 1913 hasta que cayó en mayo de 1914.

[865] *Ibid.*, 27 de septiembre, 7 de octubre y 23 de marzo de 1914; Rutherford, *Mexican Society*, p. 266.

[866] Silliman, Saltillo, 2 de agosto de 1913, SD 812.57/87, informa del alza de precios en comparación con 1910: el arroz, más de 41%, el azúcar 28%, la harina 54%, la carne 29 por ciento.

[867] Meyer, *Huerta*, pp. 180-181; Jan Bazant, *Historia de la deuda exterior de México (1823-1946)*, México, 1968, p. 180; *Mexican Herald*, 15 de febrero de 1914.

[868] De Limantour a Cowdray, 11 de abril de 1913, Documentos Cowdray, caja A/3.

[869] Moheno, *Mi actuación*, pp. 108-109 y 157; cita a Moheno *Le Courrier du Mexique*, 31 de julio de 1914.

—como lo prueban los préstamos externos e internos, la emisión de moneda y el aumento en los impuestos— contribuyó a preparar la tormenta financiera y a acrecentar la impopularidad del régimen. Desde el principio se intentó conseguir financiamiento externo pero, sin el reconocimiento de los Estados Unidos, fue virtualmente imposible obtener préstamos en ese país y no era fácil para Huerta conseguirlos en Europa.[870] Los emisarios constitucionalistas que cabildeaban sin pausa en Washington, Nueva York y París sumaron su influencia a la instintiva cautela de los banqueros internacionales.[871] En junio de 1913 se consiguió en Europa un préstamo por 20 millones de libras esterlinas; la mayor parte de los seis millones iniciales se destinó a cubrir los débitos más importantes; quedaron sólo 1.5 millones para la tesorería federal. Como la posición de Huerta se deterioraba, los banqueros no se arriesgaron a entregarle los 14 millones restantes.[872] Y como a Huerta le daba igual que lo condenaran por una u otra cosa, suspendió el pago de la deuda externa, con lo que ahorró a la tesorería tres millones de pesos mensuales. Ésta, dice Meyer, fue una "decisión capital" que provocó la protesta de Francia, señaló el distanciamiento de la política de Díaz, que cuidaba con esmero el crédito mexicano, y empujó los otrora vigorosos vínculos de México a una larga pendiente hacia el olvido.[873] México regresó al lazareto de los malos deudores, lugar que había ocupado con frecuencia en el siglo XIX y del que no saldría en los siguientes 30 años.

Como los rebeldes, Huerta tuvo que hacer la guerra con recursos internos. Los préstamos nacionales dieron más frutos. En septiembre de 1913, el gobierno negoció con los grandes bancos y casas comerciales un préstamo por 18 millones de pesos, la mitad del cual se le entregó al mes siguiente; hacia junio de 1914, los bancos habían prestado un total de 46.5 millones de pesos.[874] Pero mientras Huerta pedía ayuda a los bancos, todo el sistema financiero del país se sacudía con el segundo recurso del gobierno para conseguir ingresos: la inflación. El sistema monetario y bancario había salido relativamente ileso de las caídas de Díaz y Madero,[875] pero en el verano de 1913 México se separó del patrón oro y empezó su precipitado descenso al papel moneda, mismo que continuó hasta fines de 1916 y demostró no ser el menor entre los mecanismos de cambio social que puso en marcha la Revolución. Con medidas sucesivas, Huerta relajó las normas que establecían la relación

[870] De Body a Murray, julio de 1913, Documentos Cowdray, caja A/3: "grave situación financiera. Sin reconocimiento de los Estados Unidos imposible conseguir fondos"; véase también Clavert, *Mexican Revolution*, pp. 181-185.

[871] De F. González Gante a Carranza, 11 de mayo; Carranza a Díaz Lombardo y viceversa, 18 de junio de 1913 (Fabela, DHRM, RRC, I, pp. 31-33, 58-59 y 80-84).

[872] Meyer, *Huerta*, p. 188; Bazant, *Deuda exterior*, p. 177.

[873] Meyer, *Huerta*, p. 188; *Mexican Herald*, 13, 14 y 21 de enero de 1914; O'Shaughnessy, Ciudad de México, 22 y 26 de diciembre de 1913 y 26 de enero de 1914, SD 812.50/104, 107 y 126.

[874] *Mexican Herald*, 15 de septiembre y 1º de octubre de 1913; E. W. Kemmerer, *Inflation and Revolution: Mexico's Experience of 1912-1917*, Princeton, 1940, p. 22.

[875] Kemmerer, *Inflation*, pp. 9-11.

entre metal y papel, autorizó la impresión de billetes a los bancos nacionales y estatales, y cuando el mal papel desplazó al buen metal, decretó la circulación forzosa del depreciado papel. El circulante del México huertista duplicaba al de 1910. Y como los constitucionalistas también imprimían moneda (e igualmente por decreto), en poco tiempo inundaron el país billetes que competían entre sí y comenzó un gigantesco ciclo inflacionario,[876] mismo que llegó a su peor momento en 1916, pero sus efectos eran claros ya en 1913-1914. La inundación de papel se sumó a problemas que había en el noreste y apresuró el cierre de minas y fundidoras en el distrito de Monterrey; a falta de buena moneda, en La Laguna los negocios se hacían con pagarés; el comandante federal de Saltillo cerró negocios que rechazaban billetes expedidos por los bancos ubicados en territorio rebelde.[877] Tales problemas no eran exclusivos del norte. En la costa de Tabasco, los que dragaban y perforaban pozos petroleros tuvieron que suspender el trabajo porque no tenían plata para pagar a los trabajadores; las compañías mineras de Hidalgo, Zacatecas, Estado de México y otros, pagaban con vales.[878]

Además de estos irritantes problemas, el comercio tenía que enfrentar la serie de aumentos en los impuestos. Los gravámenes a la importación aumentaron 50% en octubre de 1913 y se gravó aún más la exportación de una serie de productos primarios (algodón, café, petróleo, hule, henequén); los hacendados de Papantla, quienes ya tenían problemas agrarios, debían pagar una sobretasa de dos pesos por cada kilo de vainilla que exportaban.[879] El mercado interno estaba saturado de impuestos adicionales al tabaco, la cerveza y otras bebidas alcohólicas; se duplicó el impuesto de la estampilla, que representaba 30% del ingreso gubernamental; el ingreso impositivo futuro se hipotecó mediante la venta de timbres fiscales a precio de descuento.[880] Como en tiempos de Madero, también aumentó el impuesto predial: 50% en el Distrito Federal y 70% en el campo zacatecano; a otros estados, Aguascalientes por ejemplo, se les impusieron contribuciones extraordinarias.[881] Se gravaron también hipotecas y depósitos bancarios, lo que aceleró la huida del capital; se planeaba gravar el capital de las compañías de servicios públicos, algo que Cowdray calificó de "simplemente un robo atroz y total".[882]

---

[876] *Ibid.*, pp. 155 y ss.; Bazant, *Deuda exterior*, p. 178; Meyer, *Huerta*, pp. 182-183.

[877] Sandfor, Monterrey, 20 de febrero; Richardson, Tlahualilo, febrero de 1914; FO 371/2026, 12805; 11752; Silliman, Saltillo, 12 de enero de 1914, SD 812.00/10633.

[878] Lespinasse, Frontera, 18 de noviembre de 1913, SD 812.00/10073; *Mexican Herald*, 13 de enero, 9 y 25 de febrero de 1914; Meyer, *Huerta*, pp. 182-183.

[879] *Mexican Herald*, 21 de octubre, 20 de noviembre, 7 de diciembre de 1913, 15 y 24 de febrero de 1914; Gracey, Progreso, 31 de octubre de 1913 y 15 de enero de 1914, SD 812.00/9868, 10658.

[880] *Mexican Herald*, 6 de octubre y 20 de noviembre de 1913; Stadden, Manzanillo, 24 de noviembre de 1913; Lind, 3 de febrero de 1914, SD 812.00/10778.

[881] *Mexican Herald*, 6 de octubre de 1913, 23 y 25 de marzo de 1914; Schmutz, Aguascalientes, 11 de diciembre de 1913, SD 812.00/10328.

[882] Meyer, *Huerta*, p. 184; *Mexican Herald*, 15 de enero de 1914; de Cowdray a Clive Pearson, 13 de marzo de 1914, Documentos Cowdray, caja A/3.

Con más frecuencia, los jefes militares de provincia obligaban a préstamos, contribuciones e impuestos. El comercio recibió ataques por ambos lados: en Acapulco, Silvestre Mariscal multaba a los comerciantes en nombre de la Revolución, y Joaquín Maass a los de Saltillo en nombre del gobierno.[883] A menudo se insinuaba que, de no cumplir, la propiedad quedaría a merced de los toscos rebeldes o —tan malo lo uno como lo otro— de conscriptos federales que no habían recibido su paga. Un coronel federal desfiló por las calles de Piedras Negras con 800 hombres que no habían recibido su salario —una manera de advertir que habría impuestos para conseguir dinero—; en Tuxpan, otro coronel a quien le faltaban 70 000 pesos para pagar a su tropa y cubrir viejas deudas del ejército, dividió la cantidad entre los bancos, los comerciantes y las compañías petroleras del distrito; daba "la impresión de que quien no aceptara lo lamentaría profundamente".[884] "Esto —comentó un observador en Tuxpan—, es simplemente otro [ejemplo] de lo que se ha dado en llamar 'préstamo voluntario forzoso'"; en sugerente anotación al margen añade: "aunque hasta ahora se pensaba que era práctica exclusiva de los rebeldes".[885] El comentario es importante porque indica un cambio en la manera de ver las cosas. En un principio se tenía a los rebeldes (en la capital y en las ciudades mayores) por asesinos y vándalos. Aunque la prensa huertista conservaba diligente esa imagen, no podía evitar que creciera la impresión de que era falsa. La transformación de Villa de bandolero salvaje (1913) a disciplinado caudillo (1914), significaba un cambio tanto en la naturaleza del villismo cuanto una mudanza en la opinión y conciencia públicas. A la inversa, en 1913 se había recibido a Huerta como la "mano de hierro", el campeón de la paz, el orden, la propiedad, y al ejército federal como protector de la sociedad.[886] A veces parecía que los papeles cambiaban: Villa mantenía el orden público en Chihuahua y los federales desplumaban a los pudientes; aunque no por eso éstos desertaron de las filas del huertismo para pasarse *en masse* a las de Villa, pero sí aceleró el proceso —al que ya me referí— por el cual los que al principio apoyaron a Huerta, empezaron a dudar y a desear una solución a la guerra civil que lo eliminara sin que por eso debieran someterse incondicionalmente a la Revolución.

Los problemas financieros de México exacerbaron las dudas. Cowdray se quejó por los impuestos al capital, los franceses por la suspensión de pagos de la deuda externa, y los españoles por el aumento de impuestos a las importaciones.[887] Los banqueros estadunidenses que tenían intereses en México manifestaron su preocupación por las medidas que había tomado Huer-

---

[883] Edwards, Acapulco, 12 de enero; Silliman, Saltillo, 4 de marzo de 1914; SD 812.00/10533, 11139.

[884] Blocker, Ciudad Porfirio Díaz, 7 de noviembre; Payne, Tuxpan, 7 de enero de 1914; SD 812.00/9682; 10622.

[885] Payne (véase nota anterior).

[886] *Mexican Herald*, 13 de septiembre de 1913, y véase p. 81.

[887] *Mexican Herald*, 26 de octubre de 1913 y 21 de enero de 1914.

ta y los incisivos voceros de las compañías petroleras pensaron que el aumento a los impuestos por la exportación de petróleo, "equivaldría a la confiscación".[888] Los mexicanos pensaban lo mismo y eso es muy importante. En Colima, que ya había sufrido el aumento de impuestos al algodón, fue "agria la reacción contra el gobierno federal" cuando se duplicó el impuesto a la estampilla; y cuando el gobierno pidió 100 000 pesos a los habitantes de la ciudad, hubo una manifestación de protesta que causó la destitución del gobernador militar.[889] Algo parecido sucedió en Saltillo en enero de 1914.[890] En Tabasco —vimos antes— fue preciso disminuir la presión de la leva para proteger al comercio, pero el aumento de impuestos "provocó disgustos en todas las clases sociales"; los terratenientes de Guanajuato se quejaban por los préstamos forzosos y porque el ejército requisaba sus caballos; e incluso los obreros textiles de Puebla, que enfrentaban despidos, estaban resentidos porque, desde principios de 1914, el gobierno "no sólo desatendió a la industria sino la perjudicó, imponiéndole fuertes contribuciones dizque para gastos de la guerra".[891]

Los temores se multiplicaron cuando llegó a ser claro que, a pesar de los impuestos adicionales, la capacidad del gobierno empeoraba por falta de liquidez. Los contratistas y empleados no recibieron pago y se suspendieron las obras públicas.[892] Los fondos de los patrocinadores de demostraciones patrióticas desaparecieron. El servicio consular sufrió por la falta de recursos: en Laredo, el personal tuvo que esperar tres meses para recibir su pago; en Marfa, debían la renta; en El Paso, el nuevo cónsul encontró sólo 36 dólares en la caja de la oficina.[893] Lo más grave de todo: el pago de las tropas se retrasó y esto, en una armada de conscriptos como la reclutada por Huerta, constituía una receta para la rápida disolución. A finales de 1913 se informó sobre tropas sin pago y comandantes angustiados. Se impusieron muchas recaudaciones locales y préstamos forzados a fin de evitar la deserción o incluso el motín.[894] En 1914 aumentaron los problemas. El cónsul en Eagle Pass no podía pagar el sostenimiento del 29° Regimiento de caballería, como se le ordenó, ya que no tenía dinero y en las avanzadas federales en Matamoros

---

[888] Diario de House, 19 y 20 de enero de 1914; Canada, Veracruz, 12 de noviembre de 1913, SD 812.6342/14.

[889] Stadeen, Manzanillo, 24 de noviembre de 1913 y 19 y 24 de enero de 1914, SD 812.00/9927, 10512, 10682; Meyer, *Huerta*, p. 185.

[890] Silliman, Saltillo, 12 de enero de 1914, SD 812.00/10633.

[891] Lespinasse, Frontera, 26 de marzo de 1914, SD 812.00/11309. De E. Aranda, presidente de la Cámara Agrícola, León, al Departamento del Trabajo, 2 de febrero de 1914; Jesús García *et al.* al mismo, 3 de octubre de 1913; *Trabajo*, 32/1/2/30; 34/1/14/2.

[892] Meyer, *Huerta*, p. 181: se cortó el presupuesto a "varias escuelas que sostenía la federación", medida que no coincide con los supuestos adelantos de Huerta en la educación.

[893] Meyer, *Huerta*, p. 181; de A. Elías, El Paso, a SRE, 15 de junio de 1914, SRE, legajo 784, 84-R-15, p. 185.

[894] Blocker, Ciudad Porfirio Díaz, 7 de noviembre de 1913; Edwards, Acapulco, 12 de enero; Payne, Tuxpan, 7 de enero; Silliman, Saltillo, 12 de enero y 14 de marzo de 1914; SD 812.00/9682; 10533; 10622; 10633, 11139.

"se carecen en absoluto de fondos".[895] Por lo general, el dinero finalmente llegaba, o era obtenido en la región. Pero lejos del frente había menos prisa y menos capacidad para controlar el descontento de la tropa. En enero de 1914, una gran fuerza —en la que se incluían 400 reclutas llegados recientemente del centro de México— se amotinó en Ensenada (B. C.), a pesar de una colecta entre los comerciantes del puerto, y sobrevino una lucha en la cual la artillería gubernamental (compuesta por quienes habían recibido escrupulosamente su paga) aplastó a los amotinados; y nueve de ellos fueron ejecutados en público —una acción que provocó "gran resentimiento en la tropa"—. El ambiente era tenso, los habitantes del puerto estaban "aterrorizados y algunos altos funcionarios en estado de pánico". Sólo la llegada de un barco con 49 000 pesos evitó más problemas.[896]

Eran pocas esas situaciones extremas (que el fracaso económico terminara directamente en el colapso militar), las cuales menudearon en los últimos meses del régimen. Sería un error creer que el factor económico selló la caída de Huerta, ya que fue importante sólo después de que el régimen fracasó en lo político y militar. Ya en mayo de 1913, enterado de que las campañas de Huerta para reunir fondos daban buenos resultados, un observador comentó: "no creo que eso les traiga beneficios en el futuro... necesitan dinero, pero de nada les servirá sin unión, sabiduría y justicia".[897] La frase es vulgar pero su contenido, exacto. Huerta no fracasó porque le faltara dinero, sino porque la necesidad de dinero y los medios que utilizó para conseguirlo acumularon desilusiones en quienes lo apoyaban; algunos resentían ya el militarismo acelerado, y con él el desplazamiento de camarillas y familias establecidas. Pocos dudaban en escoger entre Huerta y la Revolución (las dudas podían disiparse con cuentos estremecedores de brutalidad revolucionaria), pero en 1914 decaía el entusiasmo de los primeros días, el apoyo a Huerta era reticente y muchos ricos querían encontrar otra solución para la dura alternativa que enfrentaban.

Caso típico dentro de ese grupo era el de Miguel Cárdenas, ex gobernador de Coahuila, protegido de Bernardo Reyes y patrón de Venustiano Carranza. Aunque no creyó en la "democracia socialista" de Madero, tampoco confiaba en el intento de Huerta para "restaurar el antiguo régimen con su absurda opresión"; prefería "algo intermedio", un gobierno que fuera al mismo tiempo "justo y firme". Pero no hubo *via media* en el verano de 1913. Así pues, Cárdenas comentó a un amigo que "había apoyado al gobierno de Huerta porque pensaba que era de los males el menor", y porque la Revolución, responsable ya de "una larga cadena de venganzas, ataques a la propiedad y todo tipo de excesos, arruinaría a la nación".[898] "Muchos mexicanos piensan lo mismo —decía su interlocutor—, no sólo civiles, sino destacados oficiales del

---

[895] De Diebold a SRE, 28 de marzo de 1914, SRE, legajo 787, 86-R-8, p. 11.
[896] Guyant, Ensenada, 2, 13 y 21 de enero de 1914, SD 812.00/10399, 10625, 10629.
[897] F. McCaughan, Durango, mayo de 1913, SD 812.00/7856.
[898] Silliman, Saltillo, 4 de agosto de 1913, SD 812.00/8459.

ejército". Con el tiempo, el pesimismo venció a Cárdenas; en noviembre de 1913 opinaba que, "aparte de las cuestiones legales y de conveniencia, el gobierno empieza a mostrarse incapaz y poco confiable"; de hecho, el curso de la Revolución no daba pie para el optimismo.[899] El general Peña, que por entonces era gobernador de Coahuila, pensaba lo mismo; poca satisfacción recibía de su trabajo, "sobre todo en circunstancias como éstas cuando todos están bajo la égida militar"; no estaba "de acuerdo con ciertas políticas del general Huerta", pero no se atrevía a oponérseles y temía que los rebeldes se desquitaran con sus grandes propiedades de La Laguna a causa de su filiación huertista.[900] Ésos eran casos de Coahuila, donde había razones concretas para que fracasara el huertismo aunque estuviera boyante en otros lados. Pero esas reacciones coincidían con la opinión de muchos, quienes, aunque ya no tenían esperanzas en Huerta, no soportaban la Revolución. También en Acapulco, "los de clase alta" bajaban la cabeza "temerosos de manifestar sus opiniones"; aparte del ejército, pocos apoyaban abiertamente a Huerta y los que más querían la paz —"comerciantes, empresarios e industriales"—, veían la política con escepticismo y habían asumido el "papel de espectadores curiosos de hechos circunstanciales e interesantes".[901] Así pues, a fines de 1913, escepticismo y el *attentisme* desplazaron las grandes esperanzas que en un principio había alimentado el poder conquistado por Huerta.

Los desengañados de Huerta no se apresuraron a aceptar la Revolución, sino que buscaron un tercer camino, un acuerdo negociado o incluso la intervención estadunidense ("intervención" implicaba —según lo entendían los de la época— desde la presión diplomática hasta la invasión militar). Hubo esperanzas de acuerdo durante el politiqueo de 1913, como ya describí; y aunque nada se consiguió, las esperanzas aún se hallaban puestas en el extranjero, las cuales asumían apariencias diversas, eran ideadas por los huertistas descontentos y rondaban al usurpador. De la Barra, ex presidente experto en ese tipo de negocios y que encabezaba un grupo de emigrados, comunicó al gobierno de los Estados Unidos que tenía un plan para sustituir a Huerta por una coalición de católicos, huertistas y antirreeleccionistas. Limantour lanzó desde París un plan semejante, que dependía de que los Estados Unidos se comprometieran "no sólo a reconocer el nuevo gobierno sino... también a perseguir a los rebeldes con todos los medios que contemplaba el derecho internacional".[902] La misma idea empezaba a cristalizar en México, y no sólo en conversaciones *sub rosa* o en la plática confidente. En su respuesta al mensaje presidencial, el nuevo líder de la Cámara de Diputados (huertista) pidió a todos "abandonar con total abnegación las ambiciones perso-

---

[899] *Ibid.*, 25 de noviembre de 1913, SD 812.00/8459.
[900] *Ibid.*, 29 de diciembre de 1913, SD 812.00/10757.
[901] Edwards, Acapulco, 6 de noviembre de 1913, SD 812.00/9990.
[902] Hendric, París, 5 de noviembre; Gerard, Berlín, 8 de diciembre de 1913, SD 812.00/9569; 10019; de Limantour a R. Kindersley, MP, recibido el 23 de enero de 1914, FO 371/2025, 3401.

nales... para conseguir la paz y la unión" —exhortación que, aunque vacua, dejaba traslucir un espíritu diferente al extremadamente seguro de los primeros días de 1913—.[903] Con optimismo, Lind informó entonces que el apoyo a Huerta "caía en pedazos"; el secretario privado del presidente preguntó al encargado estadunidense si —en caso de que fuera posible persuadir a Huerta para que renunciara— su gobierno aceptaría como sucesor a Emilio Rabasa; mexicanos distinguidos, como el general Fernando González (hijo del ex presidente Manuel González), proponían reemplazar al "moribundo" régimen de Huerta con un gobierno de transición; aunque, subrayaban, éste no debía ser de extracción revolucionaria.[904]

Como es evidente, mucho de ese papaloteo tuvo lugar en cielos que no eran nacionales y con la participación de gobiernos extranjeros. A principios de 1914, el encargado mexicano en Washington habló con los principales representantes europeos esperando convencerlos de que presionaran a Huerta para que se retirara, porque pensaba que eso daría mejores resultados que la tosca política de los estadunidenses.[905] El plan se parecía mucho al compromiso hecho en Ciudad Juárez en 1911 (incluso se jugó con los mismos nombres; se recomendó a De la Barra, "hombre bastante apagado", para presidente provisional), interesó a los casi obtusamente pragmáticos europeos, quienes ansiaban un acuerdo de paz que pusiera a salvo sus inversiones en México. Pero cualquier *démarche* de los europeos necesitaba la aprobación de los Estados Unidos, la cual no llegaba; Bryan, secretario de Estado (descrito a menudo como un excéntrico y verboso fundamentalista), dijo al embajador británico que "había pasado ya el tiempo [para una solución como ésa]" y que "la verdadera causa de la agitación [en México] era el descontento muy arraigado, y hasta que se hubiera aplacado con medidas legislativas no se lograría paz verdadera".[906] Ese punto de vista —"trastocado y falso", "totalmente irrealizable", "obstinado e inepto", según lo calificaron los representantes de Gran Bretaña, Francia y Alemania— era más realista que el de la mayoría de los europeos (y muchos estadunidenses), quienes criticaban la política de los Estados Unidos, pensaban que los revolucionarios eran una horda de saqueadores y consideraban que "la mano de hierro" era la única solución.[907] Los años de activo colonialismo habían dejado su huella. Ese divorcio entre el

---

[903] *Mexican Herald*, 15 de noviembre de 1913.

[904] Aunque el deseo apadrinaba el pensamiento, en parte Lind tenía la razón; pero erraba en suponer que la pérdida de popularidad tendría consecuencias prácticas inmediatas (sobre todo la caída de Huerta); Huerta no dependía principalmente de la popularidad para mantenerse en el poder —México no era Minnesota—. Véase Lind, 11 y 12 de noviembre de 1913; O'Shaughnessy, Ciudad de México, 3 de noviembre de 1913; memo. de Boaz Long, 6 de noviembre de 1913 y 4 de febrero de 1914; SD 812.00/9675, 9678; 9510; 9831 1/2, 10791.

[905] Spring-Rice, Washington, 26 de enero de 1914; Hohler, memo. de la conversación con Algara, Washington, 9 de febrero de 1914; FO 371/2025, 3844, 8667.

[906] Hohler, memo., 14 de febrero de 1914, FO 371/2025, 8667.

[907] Hohler, memo., 9 de febrero de 1914, FO 371/2025, 8667. Lindley Garrison, secretario de Guerra de Wilson, no tenía tiempo para Bryan, para la política de su gobierno con México o

criterio oficial norteamericano y europeo —el "progresista" y el "imperialista"— fue muy grave a principios de 1914, porque el primero se hallaba en tránsito a un cambio importante, que se sumaría a los problemas que acosaban a Huerta.

En febrero de 1914, el presidente Wilson dio por terminada su política de "espera atenta" y levantó el embargo a las armas para favorecer a los constitucionalistas, quienes, en adelante, conseguirían legalmente todas las que pudieran pagar. Fue una decisión de gran importancia, que ponía de manifiesto el compromiso de Wilson con la causa revolucionaria. Se puede argüir que esa decisión significaba interferir en los asuntos internos de México pero, en todo caso, cualquier política sobre tráfico de armas implicaba "interferencia". Conviene recordar que en los seis meses posteriores al golpe de Estado, los Estados Unidos consintieron en hacer llegar armas a Huerta, no a los rebeldes, y que durante seis meses más ni los rebeldes ni Huerta tuvieron acceso legítimo al mercado de armas estadunidense (entonces Huerta pudo, pero no pudieron los rebeldes, recurrir a Europa y Japón).[908] La causalidad, que se ha investigado poco, es más pertinente que esos aspectos normativos. Dos hombres desempeñaron papel importante en la decisión de Wilson: John Lind y Luis Cabrera. Fracasada su misión ante Huerta, Lind permanecía en Veracruz componiendo diatribas contra el dictador y exhortando a Wilson a actuar. Muchos de sus informes eran confusos, pobres e ingenuos, destilaban torpe racismo y sospechas paranoicas de Gran Bretaña y de los representantes británicos en México.[909] Pero aun su maniquea visión de la guerra (rebeldes buenos, Huerta malo) superaba la estrecha mentalidad colonialista y su fe pertinaz en la "mano de hierro". Por lo demás, Lind sabía qué opciones tenían los Estados Unidos. En su opinión, el compromiso de su país en la derrota de Huerta —si se trataba de un verdadero compromiso— debía cumplirse con la intervención o ayudando a la Revolución; aunque aprobaba la primera, la segunda le parecía más coherente y apropiada, y aconsejó "dejar a los

para los políticos que estaban al sur de la frontera, que eran un "montón de bandidos alevosos...; la única manera de tratarlos [es] a golpes" (diario de House, 8 de mayo de 1914).

[908] Por supuesto, hubiera sido más equitativo reconocer la beligerancia de ambas partes y dejar que pelearan con armas estadunidenses, para beneficio del comercio de los Estados Unidos, pero no es obvia la gran lección moral de esa política.

[909] Sobre la raza "teutónica" superior a la "latina", véase Lind, 28 de agosto; sobre las intrigas de los británicos, 27 de noviembre y 5 de diciembre de 1913; SD 812.00/10487; 9931, 10077. También algo de eso era cierto, porque el embajador británico, Lionel Carden, apoyaba a Huerta y estaba tan en contra de los Estados Unidos como Lind era antibritánico. Pero Carden estaba cada vez más solo con sus fantasías geopolíticas, desprendido de la Cancillería (que reconocía la preeminencia de los Estados Unidos en la región) y de intereses británicos como los de Cowdray, cuya actitud era más pragmática. El conflicto "angloamericano" era mito y malentendido más que enemistad. A principios de 1914, el malentendido casi había desaparecido y los disidentes como Carden y Lind tenían dificultades en mantener el mito a despecho de la política oficial. Gran Bretaña se sometió a la política de los Estados Unidos con México, aunque la Cancillería se burlaba de su ingenuidad. En el capítulo 5 de su libro *Secret War*, Katz presenta un análisis completo y actual, aunque es posible que exagere el carácter e importancia de Carden.

de casa hacer el trabajo doméstico".[910] Actitud cuerda la suya a pesar de que su ansiedad por el triunfo revolucionario influía en sus informes y recomendaciones. Destacaba entre éstas la de levantar el embargo a las armas, a lo que se refirió con frecuencia entre fines de 1913 y principios de 1914. En los primeros días de enero, Lind embarcó para los Estados Unidos con el propósito de hablar con Wilson y darle así la "espléndida oportunidad de ver las cosas... más de cerca".[911]

Mientras Lind insistía ante el presidente para que reconociera la beligerancia de los rebeldes, éstos también practicaban activamente la diplomacia. Durante meses habían protestado por la injusticia del embargo: Maytorena había escrito a Bryan, Carranza a Wilson, y Carranza había hablado sobre el tema con el "agente secreto" Hale; algunos jefes militares —Gabriel Calzada en Piedras Negras, por ejemplo— dieron a entender que habría represalias si el embargo continuaba.[912] En todos los casos —sobre todo en las conversaciones con Hale— Carranza se negó a aceptar el reconocimiento de beligerancia, si debía comprometerse a realizar elecciones inmediatas o permitir que soldados estadunidenses entraran en México para proteger a los extranjeros; buscaba el reconocimiento como acto de justicia y sin condiciones. El cabildeo continuó; a principios de 1914, Luis Cabrera presentó personalmente a Wilson y Bryan el caso de los constitucionalistas. Aunque ya se había tomado la decisión de conceder el reconocimiento, los argumentos de Cabrera —y de quienes lo precedieron— fueron, sin duda, de gran peso. Cuando el embajador británico en México se reunió con Wilson, "no pudo dejar de sorprenderse ante el parecido de las opiniones" de Wilson y Cabrera: que la Revolución tenía profundas fuerzas sociales; que era algo más que una "mera sedición política"; que Madero había fracasado porque las influencias porfiristas que lo rodearon fueron muy poderosas; que se necesitaban reformas genuinas —como las proyectadas por los constitucionalistas—, y que los Estados Unidos no debían "tratar de reprimir la voluntad de un pueblo".[913]

Fino y coherente, Cabrera tranquilizó a Wilson y aseguró el levantamiento del embargo, pero contribuyó también a moldear el criterio del gobierno estadunidense transportándolo más allá del estrecho constitucionalismo de 1913. Antes, Washington habría recibido bien una transacción entre Huerta y la Revolución; ahora, Wilson la consideraba "impensable". Antes, Wilson

---

[910] Lind, 14 y 15 de enero de 1914, SD 812.00/10537, 1065 1/2; Grieb, *United States and Huerta*, p. 120.

[911] *Ibid.*, p. 121; son palabras de Wilson.

[912] De Carranza a Wilson, 21 de abril de 1913; Fabela, DHRM, RRC, I, p. 22; Hale, Nogales, 12 de noviembre; Maytorena a Bryan, 20 de agosto; Blocker, Ciudad Porfirio Díaz, 27 de agosto de 1913; SD 812.00/9685; 8479; 8786.

[913] Véanse anexos detallados en Spring-Rise, Washington, a Grey, 14 de febrero de 1914, FO 371/2025, 8667, incluidos los proyectos de la política de Cabrera y el memo. de Hohler sobre las pláticas con Cabrera, Wilson y Bryan; sobre el tema, véase el artículo de Kendrick A. Clemens, "Emissary from a Revolution: Luis Cabrera and Woodrow Wilson", *Americas*, XXXV (1979), pp. 353-371.

había insistido en elecciones; ahora, él y Bryan hablaban del "descontento social arraigado" que necesitaba reformas profundas, sobre todo para corregir "las desigualdades en la posesión de la tierra". Mientras los europeos porfiaban en viejos temas, comparando a los mexicanos con campesinos egipcios y acusando a sus líderes políticos de estar "contaminados con las ambiciones inherentes a su raza", Wilson y Bryan habían adquirido una idea de la Revolución, aunque simplista y conjetural, más profunda y acertada. Es un grave error, pues, calificar la política de Wilson hacia México como intento ingenuo, obstinado y firme de exportar la democracia liberal al sur del río Bravo; si la comparamos con las políticas que preconizaban muchos de sus contemporáneos —estadunidenses y europeos—, se nos presenta cruda, realista y adecuada para las circunstancias.[914] Eso era muy importante en 1913-1914, porque significaba que el gobierno suspendería el embargo y también pasaría por alto los tratos, compromisos y transacciones que los conservadores lanzaban esperando mantener el *statu quo* y disminuir los efectos de la Revolución. El embargo de armas se levantó el 1º de febrero de 1914. Aunque al esbozar las reformas que proponían los constitucionalistas Cabrera había hecho algunos compromisos informales, éstos no parecen haber estado sujetos a condiciones concretas. La obstinación de Carranza estaba reivindicada.[915] Las consecuencias inmediatas fueron considerables e ilustran bien la estrechez a la que habían estado sometidos los rebeldes norteños (la campaña contra Tampico se desbarató en diciembre de 1913 porque no tenían municiones).[916] No es de sorprender que estuvieran jubilosos. Villa estaba "encantado"; los rebeldes de Durango celebraron "hasta el amanecer"; aun en Tabasco, tan al sur (las armas de los Estados Unidos no llegarían ahí de inmediato, si llegaban), esto fue visto como un indicio de una eventual victoria revolucionaria

---

[914] Hohler representa aquí la opinión "europea"; véanse en Calvert, *Mexican Revolution*, p. 302, las críticas a Wilson ("Taft quería permanecer en la época de Díaz, Wilson en la de Madero") y en Grieb, *United States and Huerta* ("Wilson... creía que si los Estados Unidos sacaban al caudillo, el pueblo mexicano estaría agradecido [y] establecería un gobierno por elección"), ambas opiniones son simplistas e insostenibles.

[915] El proyecto de Cabrera, que influyó tanto en Wilson, pero sobre el que la Cancillería británica opinó que "no valía la pena leerse", procuraba aclarar la política constitucionalista sobre derechos de propiedad; prometía una reforma agraria "perfectamente justa", en la que se unirían expropiación e indemnización, ofrecía considerar "cuidadosamente" las demandas por daños y comentaba con cautela e imprecisión la situación de los préstamos y contratos extranjeros; véanse FO 371/2025, 8667 y Lind, *Wilson*, p. 389. En *Revolución intervenida*, pp. 92-93, y "Carranza y el armamento norteamericano", *Historia Mexicana*, XVII, núm. 2 (octubre-diciembre de 1967), pp. 253-261, Ulloa opina que Cabrera hizo en Washington concesiones que Carranza había negado tres meses antes. Pero no hay pruebas de que Cabrera informara a Carranza de condiciones formales; por lo que se lee en la correspondencia citada por Ulloa, los Estados Unidos levantaron el embargo sin imponer condiciones, con lo que reivindicaban la actitud de Carranza (véanse R. Pesqueira a Carranza, 29 de enero, y de ésta a aquél 30 de enero de 1914, SRE legajo 760-75-21, pp. 121 y 126; y Ulloa, *Revolución intervenida*, pp. 316-317).

[916] Almirante Cradock, Tampico, 19 de diciembre; Wilson, Tampico, 23 de diciembre de 1913; FO 371/2025, 2833.

y, en consecuencia, "se manifestó en gran parte de los habitantes del estado notable inclinación a simpatizar [con] la revolución y apoyarla en secreto".[917] Sobre todo, Villa podía prepararse ahora para bajar a Torreón. En esas circunstancias, Torreón era algo más que un empalme ferroviario de mucho valor, que la metrópoli de La Laguna y que el principal obstáculo en el avance revolucionario al centro de México; sería también —pensaban los observadores dentro y fuera de México— la batalla más importante de la revolución constitucionalista, la que decidiría el destino de uno y otro bando. Huerta necesitaba la victoria: sus finanzas se desmoronaban, menguaba el apoyo, su ejército empezaba a mostrar tendencia a amotinarse y los Estados Unidos se oponían abiertamente a su régimen. Una derrota en Torreón sería desastrosa. "La única esperanza de Huerta —dijo el *New York Times*— es derrotar a Villa en Torreón.[918] A la inversa, la victoria de los federales daría nueva vida al régimen y un golpe a la política de los Estados Unidos. Aunque con eso no terminaría la Revolución, "retrocedería por lo menos un año —pensaba un vocero de los rebeldes— el movimiento ahora tan próspero".[919]

Los federales estaban confiados. Los rebeldes jamás habían tomado una ciudad bien guarnecida y bien defendida; Villa había conseguido Ciudad Juárez con engaños, llegó a Chihuahua cuando los federales la habían abandonado y nada había logrado en sus ataques a Monterrey y Tampico. Pensaban que las primeras victorias de los rebeldes (Durango en junio de 1913, y Torreón en octubre del mismo año) se debían en parte a la ineptitud de los generales Escudero y Munguía.[920] Incluso la actuación de Villa en Tierra Blanca podía dar a los federales (comandados por Refugio Velasco, "el mejor general de Huerta") motivos para sentirse prudentemente optimistas.[921] Pero no siempre ganaba la prudencia: la prensa huertista declaró que Torreón era inexpugnable; el embajador británico confiaba en que Huerta vencería a "Villa y Carranza [sic] en Torreón, y una vez conseguido esto tendría más fuerzas para ocuparse del sur".[922] John Lind, quien estaba varado en Veracruz y dependía de la prensa huertista, pasó los meses de febrero y marzo de 1914 en la agonía de expectativas pesimistas. Sabía que Torreón era muy importante y que una victoria ahí significaba llegar a un "punto culminante" en la Revolución, pero pensaba que los rebeldes eran ineficaces e indolentes, que Huerta podía conseguir ahí y en otras partes "grandes victorias", e instaba por eso al gobierno de su país a tomar una decisión aun cuando eso significara preparar

---

[917] Carothers, El Paso, 3 de febrero; Hamm, Durango, 16 de febrero; Lespinasse, Frontera, 28 de febrero de 1913; SD 812.00/10820; 11028; 1115.

[918] Citado en *Mexican Herald*, 28 de marzo de 1914.

[919] E. Llorente, Eagle Pass, citado por el cónsul huertista, 9 de marzo de 1914, SRE, legajo 784, 84-R-15, p. 73.

[920] Cumberland, *Constitutionalist Years*, pp. 42 y 45-46.

[921] Lind, 28 de febrero de 1914, SD 812.00/11011.

[922] *El Imparcial*, 24 de marzo de 1914; diario de Wood, 3 de marzo de 1914 (Carden estaba en los Estados Unidos).

una invasión a la Ciudad de México.⁹²³ A pesar de las diferencias en los puntos de vista, en general los observadores estaban de acuerdo en que "todo depende, al parecer, de las operaciones en Torreón".⁹²⁴

Torreón y otros lugares

Con Ciudad Juárez en su poder y levantado el embargo de armas, Villa podía equipar muy bien su ejército. El cónsul huertista en El Paso informó que era constante el flujo de pertrechos por la frontera: cartuchos, proyectiles y máuseres (los cuales habían desplazado en 1914 a los viejos Winchester .303 de 1910), lotes de botas cafés, polainas, sombreros de fieltro verde para los soldados y tejanos para los oficiales.⁹²⁵ La industria de la ciudad de Chihuahua trabajaba activamente para el villismo: la planta textil de La Paz producía uniformes caqui; los zapateros de Barrio del Pacífico —en su mayoría inmigrantes del sur— trabajaban horas extras; las herrerías de la ciudad fabricaban herraduras.⁹²⁶ Se almacenaban harina, frijoles y forraje. Entre tanto, llegaban voluntarios, muchos de Chihuahua y algunos de los estados vecinos. Uno de los informes señala que Villa preparaba un ejército de 20 000 hombres; sin duda más de 10 000 salieron para Torreón y en el camino se les unieron muchos otros.⁹²⁷ Ese ejército, la famosa División del Norte, era un conglomerado, producto de la fusión de varios cabecillas y su gente, bajo el liderazgo de Villa: la Brigada Benito Juárez, de Luis y Maclovio Herrera; la Brigada González Ortega, de Toribio Ortega; los Leales de Camargo, de Rosalío Hernández; la Brigada Zaragoza, de Eugenio Aguirre Benavides; la Brigada Cuauhtémoc, de Trinidad Rodríguez, y al centro estaban los veteranos de Villa, representados por los famosos dorados.⁹²⁸ Las unidades se bautizaron con nombres de héroes liberales del pasado (Zaragoza, Juárez, Guadalupe Victoria) o con los de revolucionarios contemporáneos (Villa, Robles, Madero); algunos delataban su lugar de origen (Camargo; el Cuerpo

---

⁹²³ La andanada de recomendaciones e informes de Lind se entienden mejor en los wwp, serie II, cajas 103, 104 y 105; véanse especialmente 18, 24, 25 y 28 de febrero, 12 y 19 de marzo de 1914; en ellos se lamenta de la inactividad de los rebeldes y exhorta al gobierno de su país a "poner fin a las saturnales huertistas de crimen y opresión".

⁹²⁴ Minuta de Knatchbull-Hugessen sobre Hohler, 23 de marzo de 1914, FO 371/2028, 13004.

⁹²⁵ Diebold, El Paso, 20 de febrero de 1914, SRE, legajo 784, 84-R-15, p. 48; Calzadíaz Barrera, *Hechos reales*, I, p. 170; Brondo Whitt, *División del Norte*, p. 34.

⁹²⁶ Calzadíaz Barrera, *Hechos reales*, I, p. 170; Guzmán, *Memorias*, p. 284.

⁹²⁷ Carothers (El Paso, 3 de febrero de 1914, SD 812.00/10821) y Ramón Prida (*De la dictadura a la anarquía*, México, 1958, p. 586), coinciden en que fueron 20 000. Langle Ramírez (*Ejército villista*, p. 65), Aguirre Benavides (*De Francisco I. Madero*, p. 113) y Hamm (Torreón, 19 de abril de 1914, SD 812.00/11703) calculan en 10 000 hombres el ejército que Villa llevó a Torreón; si tenemos en cuenta otras guarniciones que había en el norte, la División del Norte tenía como mínimo entre 13 000 y 14 000. Recordemos que en Tierra Blanca, Villa contaba con 6 000 hombres.

⁹²⁸ Calzadíaz Barrera, *Hechos reales*, I, pp. 172 y 179-180.

Cazador de la Sierra), pero era bien sabido que todos tenían inspiración en lealtades personales o regionales: formaban la Brigada Zaragoza hombres de La Laguna; la Cuauhtémoc, hombres de Huejotitlán. Se les conocía por la ropa que usaban (la que se importaba de los Estados Unidos no era suficiente para acabar con la heterogeneidad del vestido de los revolucionarios) y hasta por los cigarros que fumaban.[929]

Al levantarse el embargo, se convirtieron en una fuerza poderosa y bien armada. Los 300 artilleros de Felipe Ángeles tenían 28 cañones, incluyendo dos de los famosos de tres pulgadas, *El Niño* y el *Chavalito*, montados en vagones de plataforma; el tren-hospital contaba con 40 vagones de interior esmaltado, y un personal que, entre oficiales, enfermeras y camilleros, llegaba a 100 elementos.[930] El ejército que partió al sur desde Chihuahua en marzo de 1914, fue el más impresionante que hubo nunca al servicio de la Revolución; el profesionalismo de los villistas había llegado a tal grado que podían desafiar una gran fuerza federal aun cuando la resguardara una fortaleza. Y es irónico que los ex federales hayan servido para esa transformación: Ángeles formó la artillería; Juan Medina enfrentó la indocilidad de jefes como Urbina; los prisioneros federales que ingresaron a las filas villistas trajeron consigo hábitos de disciplina que transmitieron a sus nuevos compañeros.[931] Llegada la primavera de 1914, un observador poco afecto a los villistas reconoció que, con su nuevo equipo, "disciplina y aspecto militar, por primera vez parecen verdaderos soldados y no los peones sucios y andrajosos que uno asocia siempre con las revoluciones del norte de México".[932] Pero el profesionalismo tenía un límite. Algunos lugartenientes villistas de La Laguna y Durango resistían tenazmente someterse a la organización y eficiencia que se les pedía. Colaboraban con Villa, pero seguían siendo testarudos, independientes, montoneros y guerrilleros con mentalidad provinciana, y sus hombres —como la horda "sin paga, mal vestidos, indisciplinados" de Calixto Contreras—, fieles en primer lugar a sus jefes y a su patria chica.[933] Por esa razón, a pesar de que urgía el profesionalismo, para Juan Medina fue tarea insuperable disciplinar a Urbina, Fierro y otros, sobre todo porque Villa seguía mostrando afecto por sus viejos compadres.[934] A decir verdad, tampoco Villa aceptó dócilmente las restricciones y obligaciones que se le imponían. Cabrera descubrió que Villa "era incapaz de administrar"; podía vérsele en Chihuahua "absolutamen-

---

[929] Brondo Whitt, *División del Norte*, p. 234.
[930] *Ibid.*, pp. 181 y ss.; Guzmán, *Memorias*, p. 289; Reed, *Insurgent Mexico*, pp. 165-166, 172 y 198; Calzadíaz Barrera, *Hechos reales*, I, p. 180.
[931] Aguirre Benavides, *De Francisco I. Madero*, p. 92.
[932] Hamm, Torreón, 13 de abril de 1914, SD 812.00/11706.
[933] Reed, *Insurgent Mexico*, pp. 194-195; *cf.* la descripción que hace Brondo Whitt (*División del Norte*, pp. 203-204) de los soldados peones de Zacatecas.
[934] Fierro —dice Reed, *Insurgent Mexico*, p. 132— era "el mejor amigo de Villa; éste lo quería como a un hijo y siempre lo perdonó"; véase también Aguirre Benavides, *De Francisco I. Madero*, pp. 92-93.

te confundido ante los montones de papeles que se entregaban y ansioso por volver con sus soldados".[935]

Ese equilibrio precario entre lo popular y lo profesional continuó hasta que el ejército villista emprendió camino al sur; el avance tuvo todavía muchas de las características de una "migración popular".[936] Al parecer, a veces Villa pensó en proscribir a las soldaderas de la línea de marcha —idea hecha realidad recientemente por el general federal Mercado—, pero ésa era la manera de hacer la guerra en México, tanto para los federales, cuanto, *a fortiori*, para los revolucionarios; las soldaderas, tan numerosas como la tropa, se quedaron y prestaron servicios valiosos como ayudantes de la cooperativa militar o del cuerpo médico.[937] De manera que, mientras los trenes corrían hacia el sur por las vías del Ferrocarril Central (espina dorsal de la lucha revolucionaria, donde Orozco empujó a González Salas al suicidio, donde Huerta acorraló a Orozco y donde fue asesinado el gobernador González, mentor de Villa, en febrero de 1913), las mujeres y los niños se acomodaban en los techos de los vagones o en los guardarrieles de las máquinas, calentaban tortillas en la lumbre hecha con ramas de mezquite y tendían la ropa para que el viento la secara.[938] *En route* —dentro, sobre o debajo de los vagones— se concebían o nacían niños; mendigos, músicos, periodistas, fotógrafos, saltimbanquis y prostitutas se unían a la caravana. Estaba allí la Prensa Asociada y también un equipo de filmación estadunidense, cuyo emblema era un reloj alado y su lema, *"Mutual Movies Make Time Fly"*. Los oficiales villistas y sus mujeres extravagantes viajaban en los carros de lujo; Villa en su conocido vagón de cola rojo con cortinas de calicó lustroso; destacaban los 40 vagones del hospital con la cruz azul reproducida en los costados.[939]

Cruzaron el territorio villista rápidamente y sin problemas. En Camargo, Villa bailó toda la noche festejando la boda de uno de sus compadres; al día siguiente, "en su cara se reflejaban los signos del cansancio".[940] En Yermo, puerta norte hacia La Laguna, el tren se detuvo en una planicie árida moteada de cactus achaparrados. Hacia el este se extendía el desierto arenoso del Bolsón del Mapimí; hacia el oeste, en el horizonte, se dibujaban los picos de la Sierra Madre y, 112 kilómetros al sur, estaban los pueblos de La Laguna que obstruían el camino hacia el centro de México. Ahí se encontraba Velasco con casi 10 000 federales —guarnición formidable, a pesar de que la forma-

---

[935] Hohler, memo., 10 de febrero de 1914, FO 371/2025, 8667.

[936] Katz, *Deuchtland*, p. 243.

[937] Brondo Whitt, *División del Norte*, pp. 132 y 153; Silliman, Saltillo, 14 de mayo de 1913, SD 812.00/7726; Casasola, *Historia gráfica*, I, pp. 720-723.

[938] Reed, *Insurgent Mexico*, pp. 156 y 163.

[939] *Ibid.*, p. 170; Brondo Whitt, *División del Norte*, pp. 127, 130-131, 170 y 210.

[940] Reed, *Insurgent Mexico*, p. 159. A veces tendemos a reaccionar con escepticismo ante las historias picarescas de Reed, por eso da gusto verlas corroboradas como en este caso, que la confirma Aguirre Benavides, *De Francisco I. Madero*, p. 113, aunque la ubica en Jiménez y dice que Villa bailó polca.

ban, en su mayoría, reclutas adolescentes traídos del sur—.⁹⁴¹ Destacamentos federales —entre ellos los duros colorados de Benjamín Argumedo— defendían los pasos del norte en Mapimí, Bermejillo y Tlahualilo, en donde tuvieron lugar las primeras escaramuzas de lo que sería "la más abrumadora y sangrienta contienda en los anales de la revolución mexicana".⁹⁴² No habría ya subterfugios villistas. Las brigadas de la División del Norte arremetieron contra las defensas externas de La Laguna: Aguirre Benavides atacó Tlahualilo; Urbina, Mapimí; y Villa, en el centro, se precipitó sobre Bermejillo; la caballería entró al pueblecito de casas de adobe y lanzó a los federales en desorden hacia el sur. Se había roto la primera línea de defensa. Pero mientras los trenes avanzaban lentamente detrás del ejército, se recibían los heridos e inspeccionaban las vías en busca de minas, la marcha se hizo más difícil.⁹⁴³ Con un ataque nocturno —Villa decía que era la lucha más feroz que recordaba—, los rebeldes consiguieron dominar el estratégico Cerro de la Pila y los alrededores de Gómez Palacio, pero los refuerzos no llegaron y, al amanecer, los federales vinieron de Torreón y recuperaron la plaza. En la Ciudad de México, la prensa huertista difundió la noticia de las "completas y terribles" derrotas que habían sufrido los rebeldes.⁹⁴⁴ Pero ésos sólo eran buenos deseos. Nuevas fuerzas llegaron desde el campo lagunero (entre ellas, las de Calixto Contreras y sus hombres de Cuencamé); Ángeles trajo su artillería para atacar las líneas federales; personalmente maniobraba y apuntaba los cañones, aunque debía conformarse con los proyectiles defectuosos enviados desde las fábricas de Chihuahua.⁹⁴⁵

Durante cuatro días, la lucha no cedió. El testimonio directo de John Reed —que en nada se parece a los pulidos informes militares— transmite algo de la enorme confusión y el caos que caracterizó esta y otras batallas de la revolución: el *va-et-vient* de los líderes rebeldes y su gente, que se unían, separaban, discutían e imponían sus improvisadas decisiones tácticas sobre cualquier gran estrategia concebida por el comandante en jefe; por doquier el fuego de los fusiles, la devastadora metralla, la artillería que iluminaba el cielo como en noche de fiesta; el hambre constante, mitigada esporádicamente con cecina y tortillas, y, lo que era peor, la sed (no habían llegado las lluvias y los canales de irrigación, que servían de trincheras, estaban secos, calcinados por el sol, y los federales habían envenenado los pozos); los breves momentos de calma,

⁹⁴¹ La guarnición tenía también, como era usual, un destacamento de juchitecos; véanse Casasola, *Historia gráfica*, I, p. 695; Brondo Whitt, *División del Norte*, p. 48 (dice que los prisioneros federales "eran casi todos hombres del sur, sucios y miserables"); para cifras, *El Imparcial*, 18 de marzo de 1914 (14 000) y Guzmán, *Memorias*, p. 290 (10 000).

⁹⁴² Hasta ahora, Hamm, Torreón, 13 de abril de 1914, SD 812.00/11706.

⁹⁴³ Reed, *Insurgent Mexico*, p. 166. Véanse descripciones convencionales de la batalla (Keegan, *Face of Battle*, Harmonworth, 1979, p. 40, las llama "neperianas") en Barragán, *Historia del ejército*, I, pp. 373-410; Langle Ramírez, *Ejército villista*, pp. 57-68.

⁹⁴⁴ Reed, *Insurgent Mexico*, pp. 179-180; Guzmán, *Memorias*, pp. 310-312; *El Imparcial*, 26 y 27 de marzo de 1914.

⁹⁴⁵ Reed, *Insurgent Mexico*, p. 183; Brondo Whitt, *División del Norte*, p. 32.

durante los cuales se reunían los amigos, los soldados preparaban café, jugaban a las cartas bajo algún puente de caballetes, entonaban viejas canciones o improvisaban nuevos corridos sobre una batalla que no había terminado aún; las noches frescas, los amaneceres brumosos, los días sofocantes; los primeros auxilios ineficientes, la tremenda cirugía del campo de batalla; el ubicuo equipo de filmación; los zopilotes ahítos de carne de los caballos muertos; la constante ejecución de prisioneros; el acre olor a cadáver; el humo que despedían las docenas de piras funerarias.[946]

En todo esto, el papel que desempeñó Villa no fue tanto el de un general convencional, que inspecciona el campo de batalla y pone en práctica sus estratagemas, cuanto el de un amuleto y el de un agitador. Dice Reed que, en un momento crítico durante el ataque a Gómez Palacio, Villa contuvo la huida y alentó a sus hombres a volver, recuperar sus rifles y continuar el asalto.[947] La primera batalla por Gómez Palacio no se ganó por superioridad en tácticas, armas y hombres, sino porque el estado de ánimo era superior. Pasados cinco días, durante los cuales ambos bandos tuvieron grandes pérdidas, Velasco se vio forzado a evacuar Gómez Palacio y Lerdo, y retroceder a Torreón.[948] El duelo de artillería continuó; los villistas luchaban por dominar los cerros alrededor de Torreón y rechazaron 2 000 federales que venían del noreste (se suponía que Pablo González debía evitar que avanzaran; su fracaso acrecentó las dudas de Villa sobre la habilidad y buena fe de González).[949] El 30 de marzo Velasco pidió una tregua de dos días para retirar a los muertos y heridos, pero Villa se la negó después de consultar con Ángeles. Las pérdidas de los rebeldes habían sido grandes, pero Villa se daba cuenta de que el ánimo de los federales estaba a punto de caer: por un lado, habían muerto muchos oficiales de alto rango; por otro, fue un duro golpe el que los refuerzos no pudieran unírseles. A propósito, Villa no cerró todas las vías para escapar de la ciudad sitiada, sino que dejó a Velasco un punto de salida por la vía férrea a Saltillo. En la noche del 1º de abril, la artillería villista, que había economizado proyectiles durante dos días, desencadenó su fuego. Al día siguiente, el viento desencadenó una tormenta de arena en la reseca planicie lagunera. Velasco aprovechó la oportunidad y, en un movimiento "magistral", ordenadamente dirigió hacia el este su maltratado ejército. Los rebeldes vieron el humo que se elevaba sobre Torreón; ¿se debía a que incineraban más cadáveres o a que los federales destruían sus municiones? Comprobaron que ocurría lo segundo. En la mañana del viernes santo (3 de abril), Villa y su ejército entraron en Torreón.[950]

---

[946] Reed, *Insurgent Mexico*, pp. 155-208; Brondo Whitt, *División del Norte*, pp. 23-62.

[947] Reed, *Insurgent Mexico*, p. 189.

[948] Brondo Whitt, *División del Norte*, p. 37; Guzmán, *Memorias*, p. 318. Es de lamentar que el relato de Reed termine ahí.

[949] Guzmán, *Memorias*, p. 329; Villa a González, 14, 15 y 19 de marzo de 1914, SRE, legajo 760, 75-R-22, pp. 281, 284 y 289.

[950] Hamm, Torreón, 13 de abril de 1914, SD 812.00/11706; Cummins, Gómez Palacio, 7 de abril de 1914, FO 371/2027, 16488; Brondo Whitt, *División del Norte*, p. 62.

La prensa de la capital informó que la evacuación del ejército de Velasco había sido una retirada estratégica —lo fue, en cierto sentido—. Pero las retiradas estratégicas de los huertistas empezaban a verse como bromas en los círculos revolucionarios; esa explicación no podía mitigar su exaltación.[951] No obstante, el precio había sido alto. Los rebeldes sufrieron menos que los federales, pero en sus bajas se contaban 500 muertos, 1 500 heridos —entre éstos, jefes prominentes como Calixto Contreras, Martín Triana y José Isabel Flores—; quizá había caído uno de cada cinco constitucionalistas, prueba de que la lucha fue tremenda. En Lerdo, Gómez Palacio y Torreón los cadáveres estaban esparcidos, predominaba el mal olor, los árboles habían quedado sin ramas y los edificios estaban acribillados.[952] A pesar de las grandes pérdidas, Villa no dio descanso a su ejército. Velasco se dirigía al este para unirse al ejército federal acuartelado en San Pedro; Villa salió inmediatamente en su persecución, metió su ejército en el tren y dejó a Torreón desprotegida a pocos días de conquistarla. Los ejércitos de Velasco y Maass tenían 10 000 hombres, pero la desmoralización y las desavenencias internas no hacían de los federales grandes competidores de los cansados pero entusiastas villistas.[953] Después de aguantar durante dos días el ataque villista, protegidos tras pacas de algodón, los federales se dispersaron y huyeron incendiando el pueblo en su camino; detrás dejaban gran cantidad de armas y provisiones. Con la batalla de Torreón se había conseguido la ciudad; en la de San Pedro —cuna de Madero— quedó aniquilado el ejército federal como fuerza efectiva del norte.[954] Los sobrevivientes de San Pedro se dispersaron en dirección este; algunos murieron en el desierto, la mayoría llegó en desorden a Saltillo. Quedaba así neutralizado un ejército de casi 15 000 hombres; por su parte, los rebeldes habían demostrado que tenían capacidad para manejar la artillería, transportar y aprovisionar un gran ejército en campaña y, por lo tanto, capacidad para derrotar a las tropas gubernamentales bien atrincheradas en una campaña sostenida. En el norte se apagaba el espíritu de los federales, Villa estaba ahora al frente de 16 000 hombres, y "observadores imparciales opinaban que, hombre por hombre, el ejército constitucionalista

[951] *Mexican Herald*, 9 de abril de 1914; *El Renovador*, en Fabela, DHRM, RRC, I, p. 247; de Fabela a A. García, 3 de abril de 1914, SRE, legajo 760, 75-R-22, p. 314.

[952] Fabela a García (véase nota anterior); Langle Ramírez, *Ejército villista*, pp. 66-67; Brondo Whitt, *División del Norte*, pp. 63-67 y 70. Se calculaba que del lado federal hubo 1 000 muertos, 2 000 heridos y de 1 500 a 2 000 entre prisioneros y desertores.

[953] Guzmán, *Memorias*, p. 375; Hamm, Torreón, 19 de abril de 1914, SD 812.00/11703. Velasco estaba furioso con los oficiales de San Pedro, porque no habían podido abrirse camino luchando a través de La Laguna.

[954] Brondo Whitt, *División del Norte*, p. 77, piensa que la reacción vengativa de los federales contra San Pedro se debió a la fama de maderista que tenía el pueblo, pero entre abril y mayo de 1914 otros pueblos empezaron a recibir lo que al parecer fue deliberada política de tierra quemada (véase Cumberland, *Constitutionalist Years*, p. 120, n. 26). Sobre la importancia de la batalla, Barragán, *Historia del ejército*, I, pp. 431-432; Villa rindió merecido homenaje a Eusebio Calzada, porque embarcó y transportó rápidamente el ejército de Torreón a San Pedro (Guzmán, *Memorias*, p. 365).

era mejor máquina de guerra que el ejército federal".⁹⁵⁵ Esas dos semanas de lucha en La Laguna demostraban que los días de Huerta estaban contados y que Pancho Villa era el gran caudillo de la Revolución.

A pesar de la rígida censura impuesta por Huerta, esas verdades empezaron a asomarse en la Ciudad de México, minando lo que quedaba de confianza en el régimen y provocando "gran incertidumbre".⁹⁵⁶ En cambio, había fiesta en los pueblos rebeldes como Nogales, los revolucionarios de Tabasco se animaron con las noticias de la caída de Torreón y acrecentaron sus esfuerzos en el aspecto militar.⁹⁵⁷ En el norte fueron más notables las consecuencias de las batallas de Torreón y San Pedro. Mientras Villa batía los pueblos de La Laguna, González y sus coahuilenses —con la ayuda de las armas que entraban por Matamoros— enfrentaron las fuerzas federales "muy inferiores" que retenían Monterrey y, más al sur, Luis Caballero sitió el puerto petrolero de Tampico.⁹⁵⁸ Después de seis días de lucha, durante los cuales los rebeldes tuvieron muy pocas bajas (quizá uno de 90; en Torreón, uno de cinco), los federales evacuaron Monterrey y dejaron gran cantidad de suministros. Nuevo Laredo y Piedras Negras cayeron poco después. González avanzó hacia Tampico; ahí las lluvias de verano lo ayudaron para sacar a los federales de sus primeras defensas y obligarlos a retirarse a Puebla.⁹⁵⁹ La *débâcle* final de los federales en el noreste tuvo lugar en Saltillo, donde se concentraban los restos del ejército (aún contaba con 15 000 hombres, pero éstos no tenían ánimo para resistir). Villa opinaba que González debía encargarse de ellos, porque, después de todo, era su territorio; pero Carranza —quizá porque dudaba de la capacidad de González, quizá porque quería evitar que Villa avanzara hacia el sur— insistió en que éste terminara el trabajo, a pesar de que esto implicaba un desvío al este. Aunque descontento, Villa aceptó.⁹⁶⁰ Sin aguardar la ayuda prometida por González, Villa lanzó su caballería sobre las posiciones federales de Paredón, al norte de Saltillo. La derrota fue total: murieron cuatro generales federales, cientos de soldados se rindieron o desertaron abandonando sus uniformes y quepís. Se perdió más de la mitad de la tropa de Paredón entre los 1 000 prisioneros, los muertos y los desertores.⁹⁶¹ El resto huyó a Saltillo para unirse ahí a la guarnición que balaceaba los edificios (se había convertido en táctica de los federales que huían) y lue-

---

⁹⁵⁵ Hamm, Torreón, 13 de abril de 1914, SD 812.00/11706.

⁹⁵⁶ Hohler, 11 de abril; Carden, 4 de mayo; O'Shaughnessy, citado por Spring-Rice, 14 de abril de 1913; FO 371/2026, 16093/2028, 19917/2027, 16485.

⁹⁵⁷ Cónsul, Nogales, 1° de abril de 1914, SRE, legajo 787, 86-R-12, p. 97; Lespinasse, Frontera, 13 y 18 de abril de 1914, SD 812.00/11504, 12244.

⁹⁵⁸ Wightwick, Monterrey, 3 de mayo de 1914, GO 371/2029, 27317.

⁹⁵⁹ Barragán, *Historia del ejército*, I, p. 469; Cumberland, *Constitutionalist Years*, pp. 118-121. Las bajas de los rebeldes en Monterrey fueron alrededor de 100, es decir, uno de cada 90; en Torreón, uno de cada cinco.

⁹⁶⁰ Guzmán, *Memorias*, pp. 390 y 303-304.

⁹⁶¹ *Ibid.*, pp. 398-399; Barragán, *Historia del ejército*, I, p. 479; Brondo Whitt, *División del Norte*, pp. 135-137 y 155.

go se dirigieron en fatigosa marcha a San Luis Potosí. Concluido su trabajo, Villa podía reanudar el glorioso camino hacia la Ciudad de México.

Entre tanto, en la costa oeste Obregón avanzaba lento y cauteloso hacia el sur. Ya en el verano de 1913 los rebeldes sonorenses controlaban todo el estado (salvo Guaymas, que aún estaba sitiado) y habían hecho contacto con los revolucionarios de Sinaloa. La ciudad de Sinaloa cayó en octubre de 1913, después de tres días de lucha; Culiacán cayó en noviembre. Si se comparan con las campañas de Villa, ésos fueron enfrentamientos modestos: 1 000 federales huyeron de Culiacán dejando tras sí 150 muertos y un centenar de prisioneros; Obregón confirmó sólo 36 muertos.[962] Los federales controlaban solamente los problemáticos puertos de Guaymas y Mazatlán, pero Obregón no podía, como Villa, rodear y dominar al enemigo; la falta constante de municiones y artillería no permitían a este jefe, cauto por naturaleza, arriesgarse a un asalto (un observador experto opinó que esa cautela era justificada).[963] Mientras transcurría el invierno, Obregón se dedicó a mejorar las comunicaciones ferroviarias y a preparar a sus hombres: adiestrando su caballería y artillería, inculcando cierta disciplina a sus oficiales, instruyendo a sus suboficiales y reclutando más yaquis y mayos.[964] La División del Noroeste de Obregón atravesó el mismo camino hacia el profesionalismo que la División del Norte de Villa, y hubo las mismas reacciones de protesta entre los "oficiales" cabeza dura y los reclutas voluntariosos.[965] Pero en la costa oeste las circunstancias eran algo diferentes. Tanto el aparato militar como el político eran más fuertes y convencionales (pues se adaptaban a un modelo "racional-legal", casi burocrático); de ahí que las fuerzas centrífugas de la rebelión popular pudieran controlarse mejor. En ese sentido, el papel de Obregón fue representativo y muy importante. Villa toleró el profesionalismo, pero también le puso obstáculos porque favoreció a Urbina, Fierro y otros como ellos. Obregón se esforzó por tener un ejército eficiente y ordenado, que respondiera a una jefatura central (la suya). Para muchos villistas, y para el propio Villa, el profesionalismo era una molesta necesidad; para Obregón y los líderes sonorenses ésa era la única manera segura, honorable y eficiente de hacer la guerra. Para decirlo sencillamente, su concepto de "revolución" era muy diferente al de Villa.

Obregón asimiló lecciones de ciencia militar, estudió campañas de la época (pedía "más información sobre fortines, obstáculos con alambres de púas y trincheras ligeras de emergencia usadas en la guerra de los bóers") y procuró ponerlas en práctica.[966] Era un camino cuesta arriba. Sus oficiales se

---

[962] Cumberland, *Constitutionalist Years*, pp. 53-54.
[963] Obregón, *Ocho mil kilómetros*, p. 100; Thord-Grey, *Gringo Rebel*, p. 89; capitán Corbett, Royal Navy, San Diego, 23 de marzo de 1914, FO 371/2027, 16341, informó que las posiciones federales eran muy fuertes y que Obregón había actuado sabiamente al no enfrentarlas.
[964] Thord-Grey, *Gringo Rebel*, pp. 107-109 y 130-131; Aguilar Camín, *La Revolución sonorense*, pp. 462-463.
[965] Thord-Grey, *Gringo Rebel*, pp. 130, 133 y 308.
[966] *Ibid.*, p. 91. Entre tanto, Huerta pidió al embajador británico información sobre el sistema de fortines usados por los ingleses en Sudáfrica; en Morelos se establecieron campos de concen-

resistían al adiestramiento militar, se negaban a obedecer órdenes, olvidaban poner guardias o enviar patrullas de reconocimiento, discutían, alegaban sobre la insubordinación de otros, reñían por mujeres y se quejaban de su jefe dictatorial. Un sargento, enviado a Rosario a conseguir hombres para la caballería, reclutó 300, se nombró general y empezó a imprimir billetes de 50 y 100 pesos en papel higiénico. La justicia militar lo alcanzó en una fiesta, de donde lo sacó a rastras y lo sometió a la ley fuga.[967] Naturalmente, la resistencia a la disciplina de Obregón era mayor entre los que estaban fuera de la órbita original de los sonorenses, a quienes veían como intrusos oficiosos: los rebeldes duranguenses como Matías Pazuengo o —caso clásico— como Rafael Buelna, joven revolucionario de Sinaloa.[968] Más tensiones bullían en las entrañas de la Revolución. Por el momento estaban contenidas, y al levantarse el embargo de armas, Obregón empezó un cauteloso avance hacia el sur; encargó el sitio de Guaymas al general Alvarado y el de Mazatlán a Iturbe.[969]

Aunque menos espectaculares, esos sitios destacaron porque en ellos se recurrió a la lucha naval y aérea, poco frecuente en la historia militar de la Revolución. En febrero de 1914, el cañonero federal *Tampico* se puso del lado de los rebeldes, lo que les dio oportunidad de contrarrestar el control que los huertistas tenían en el mar y cortar el aprovisionamiento de Guaymas; pero antes de que esto pudiera hacerse, las dos cañoneras que quedaban a los federales atacaron e inutilizaron al *Tampico*. Obregón intentó reemplazarlo con un barco estadunidense, pero su comprador se robó el dinero y jamás se supo de él.[970] Siempre innovador, Obregón optó por la lucha aérea. En el mes de abril, el biplano *Sonora*, piloteado por Gustavo Salinas, sobrino de Carranza, bombardeó, sin consecuencia alguna, las cañoneras federales de Topolobampo. Cumberland declara que esta operación fue "el primer bombardeo aéreo de la historia" (prioridad que se reclama con frecuencia).[971] En realidad, ya se había hecho una incursión aérea sobre las trincheras federales de Guaymas en la que murieron algunos civiles;[972] también Mazatlán las sufrió, durante su prolongado sitio, cuando el avión constitucionalista llamado *Pájaro amarillo* dejó caer unas cuantas bombas de 15 libras que mata-

tración. Observadores neutrales, que encontraron el mismo parecido, comentaron que la guerra de los bóers era un modelo para este tipo de contienda; véase Hohler, Ciudad de México, 24 de marzo de 1914, FO 371/2026, 16247.

[967] Thord-Grey, *Gringo Rebel*, pp. 183-191. Hubo monedas más extravagantes: por la misma época, en Torreón se usaban esparadrapos (Bonney, 16 de diciembre de 1913, SD 812.00/10406).
[968] Pazuengo, *Historia*, p. 88; Aguilar Camín, *La Revolución sonorense*, pp. 471-473.
[969] Obregón, *Ocho mil kilómetros*, pp. 104 y 112; Thord-Grey, *Gringo Rebel*, p. 108.
[970] Obregón, *Ocho mil kilómetros*, pp. 106-107 y 131; Thord-Grey, *Gringo Rebel*, p. 181.
[971] Cumberland, *Constitutionalist Years*, p. 123. En su libro *From Cortés to Castro: An Introduction to the History of Latin America*, Simón Collier atribuye a la fuerza aérea boliviana "el primer ataque aéreo en la historia de América Latina", en *La Vanguardia* (1928).
[972] Thord-Grey, *Gringo Rebel*, p. 200; Obregón, *Ocho mil kilómetros*, pp. 108-110; Casasola, *Historia gráfica*, I, pp. 782-783 y 786.

ron a cuatro personas (algunas simpatizaban con la Revolución; tales eran las desventajas de la guerra aérea civil), y durante un tiempo provocaron "temor mortal" en la población. Era una amenaza nueva, extraña, a la que no se podía combatir; un impulsivo policía comprobó que a 2000 metros de altura, el avión estaba fuera del alcance de las armas pequeñas. Los observadores extranjeros se escandalizaron ante esta nueva muestra de barbarie mexicana. El 6 de mayo de 1914, el almirante Howard, comandante de la flota estadunidense del Pacífico, "envió a dos miembros de su estado mayor para protestar ante los constitucionalistas por esta forma de lucha".[973] *Autres temps, autres moeurs.* Para fortuna de la sensibilidad extranjera y la gente de Mazatlán, el capitán Salinas estrelló poco después su avión; terminaron las incursiones aéreas y la vida en el puerto sitiado siguió su curso normal: se iba al cine, se asistía a los conciertos de bandas. Finalmente, en julio de 1914, con la mediación de las armadas navales estadunidense, británica y alemana, se negoció la evacuación de los federales. En los barcos se refugiaron más de 400 aterrorizados chinos que no se atrevían a esperar la entrada de los rebeldes. El Buque de su Majestad *Algerine* partió rápidamente, ansioso de alejarse del crucero alemán *Leipzig*, que por medio de señales le envió un cortés "adiós". Era el 2 de agosto de 1914.[974]

Meses antes, el grueso de la División del Noroeste había marchado al sur, atravesado Sinaloa y entrado en el áspero territorio nayarita, donde avanzaba lentamente. Comparados con las campañas de Villa, éstos eran movimientos pequeños y aislados, en los cuales los rebeldes sacaban ventaja del poco ánimo y de los nervios desgastados de los federales. En Acaponeta (4 de mayo de 1914), 1400 rebeldes —400 de ellos sin armas— atacaron una guarnición federal de igual número al son de tambores yaquis; la rendición federal fue rápida, hubo pocas bajas y se hizo buen acopio de máuseres. Una semana después, en Tepic, 2000 rebeldes provocaron una gran polvareda e informaron a una patrulla federal que traían 5000 hombres para atacar la ciudad, en la que había 2000 federales; después de resistir poco tiempo, la guarnición evacuó la ciudad y abandonó gran cantidad de armas.[975] Estas victorias psicológicas baratas, parecidas a los fáciles triunfos maderistas de hacía tres años, eran muestra de que los rebeldes de la costa oeste cosechaban frutos de los costosos triunfos villistas, y que el ánimo de los federales estaba a punto del colapso.

Los triunfos de Villa tuvieron un efecto secundario en el avance de Obregón. Las rencillas entre Carranza y Villa, que comenté antes, se hacían más evidentes a medida que el villismo cobraba fuerza y Villa eclipsaba a los de-

[973] Brown, Mazatlán, 6, 7 y 13 de mayo, 5 de junio y 15 de agosto de 1914, SD 812.00/12034, 12055, 12067, 12353, 13098.
[974] C/o HMS Algerine, agosto de 1914, FO 371/2031, 47873.
[975] Thord-Grey, *Gringo Rebel*, pp. 228-231 y 247-257; Obregón, *Ocho mil kilómetros*, pp. 115 y 119-120. En ambos casos actuó la vanguardia de la división que mandaban los generales Diéguez, Buelna y Blanco.

más generales. La política de Carranza fue, pues, contener a la División del Norte y estimular el progreso de sus posibles rivales (de ahí que desviara a Villa para Saltillo). Sobre todo, Carranza no quería que Villa fuera el primero en llegar a la Ciudad de México, algo que bien podía ocurrir en la primavera de 1914. Pablo González no era un serio rival, pero Obregón —de cuya actuación había sido testigo Carranza— prometía más. Por mayo —quizá antes— Obregón había recibido órdenes de apresurar su camino al sur y rebasar a los villistas en dirección a las "principales plazas del interior",[976] instrucciones que no fueron inesperadas ni mal recibidas. Desde febrero se comentaban en el cuartel sonorense los problemas que había entre Carranza y Villa; "de este lado de la sierra, los oficiales de más rango, especialmente Obregón, recibieron con una mezcla de sentimientos" las noticias de la caída de Torreón. El líder sonorense dio órdenes inmediatamente de acelerar el avance. Se pidió a Thord Grey "redoblar esfuerzos en preparar nuevos oficiales tan pronto como fuera posible mientras íbamos hacia el sur, al parecer, para evitar que Villa siguiera a la capital".[977] Así pues, cuando la victoria parecía asegurada, la camaradería entre los aliados se desvanecía, surgía la desconfianza y en el horizonte se dibujaba, como un premio, la Ciudad de México. La carrera hacia la capital había comenzado.

Naturalmente, había un tercer gran competidor que tenía la ventaja de la proximidad. Al finalizar el año, cuando la atención se concentraba en Ciudad Juárez y Tierra Blanca, Zapata parlamentaba con los rebeldes de Guerrero (Salgado, *Chon* Díaz, Castillo y Julián Blanco) y formaba una confederación que se extendía de Morelos a la Costa Chica. Aunque ésas no eran las únicas fuerzas organizadas en el centro y sur, sí eran las únicas rivales verdaderas de las florecientes fuerzas constitucionalistas del norte. Pero a diferencia de éstas, en nada les benefició que se levantara el embargo de armas; si pretendían quebrantar las guarniciones que estaban en sus dominios, aún debían atenerse a su versatilidad, al concierto de sus movimientos y a su gran superioridad numérica. En marzo de 1914, más de 5 000 rebeldes —entre los que había 2 000 zapatistas de Morelos y numerosos guerrerenses capitaneados por Salgado— atacaron la guarnición federal de Chilpancingo, compuesta de 1 400 hombres, la expulsaron de la ciudad y la persiguieron hasta aniquilarla. Dejaron en libertad a los soldados que se rindieron (como en el norte, muchos se unieron a los revolucionarios), pero en la plaza principal fusilaron al general Cartón, quien hacía poco había recibido un ascenso por quemar pueblos en Morelos.[978] Sin embargo, después de haber conseguido este triunfo unidos, la confederación rebelde se disolvió porque cada jefe regresó a su territorio para atender lo que aún quedaba por hacer: Salgado, nombrado gobernador de

---

[976] Obregón, *Ocho mil kilómetros*, p. 121.
[977] Thord-Grey, *Gringo Rebel*, pp. 128 y 200-201; debemos tener en cuenta, sin embargo, que es opinión extemporánea.
[978] Womack, *Zapata*, pp. 174-175 y 180-183; Jacobs, "Aspects", pp. 174-175; Edwards, Acapulco, 30 de marzo de 1914, SD 812.00/11356.

Guerrero, se dirigió a Iguala, la que tomó el 7 de abril; Blanco, a la Costa Chica y los alrededores de Acapulco; Zapata, cargado con armas y pertrechos confiscados, regresó a Morelos. Tanto por sus necesidades militares como por su forma de ser, los surianos no se avenían a formar ejércitos profesionales, grandes y permanentes como las Divisiones del Norte y del Noroeste.

Una de esas necesidades era la falta de armas y de municiones. Puesto que no podían obtener armas por medio del contrabando o comprándolas legalmente a los Estados Unidos —después de febrero de 1914—, Zapata y sus aliados debían contar con las que robaban, confiscaban u obtenían por trueque. El ritmo de la campaña zapatista dependía así de obsequios inesperados como el arsenal de Chilpancingo; una vez agotados en recuperar el control del campo morelense, la campaña zapatista se detuvo y dejó a la Ciudad de México estratégicamente tan distante cuanto estaba espacialmente cercana.

Tampico y después

Pero surgió otro factor que dio a Zapata súbita y fortuita ventaja, y afectó las campañas en otras partes de México: el último, decidido esfuerzo de Woodrow Wilson para acabar con el dictador mexicano. Una vez más, la influencia de John Lind fue de suma importancia. Como dije antes, Lind pasó 1913-1914 varado en Veracruz, ocioso y desilusionado, llenando fantasiosos informes hostiles a Huerta y a los británicos. Estaba satisfecho porque se había levantado el embargo de armas y esperaba resultados inmediatos sin calcular los problemas logísticos que tenían los rebeldes norteños mientras marchaban hacia el sur. Sus informes destilaban impaciencia; temía que sin la decidida actuación de los Estados Unidos "la revolución continuaría por años y ambos bandos... devastarían el país"; los rebeldes carecían de "artilleros competentes" y, al parecer, eran incapaces de inutilizar los ferrocarriles de Huerta; era "muy de lamentar que no usaran algo de cerebro y una poca de eficiencia en ese trabajo tan importante".[979] En marzo, Lind decía que, para derribar a Huerta, era necesaria la intervención de los Estados Unidos mediante una expedición a la Ciudad de México o apoyando a los constitucionalistas a tomar el puerto de Tampico. Estaban listos buenos mapas, decía; los estadunidenses tendrían pocas bajas o ninguna; "la ocupación temporal de la Ciudad de México", que tendría por objeto liberar al país de Huerta, "no debería considerarse como una intervención en el sentido ofensivo".[980]

Lind estaba cada vez más convencido de que sin la intervención norteamericana Huerta sobreviviría y la Revolución sería "causa perdida"; ése era, por cierto, un lamentable malentendido —influido quizá por la prensa

[979] Lind a Wilson, 14, 21 y 24 de febrero de 1914, wwp, serie II, caja 103; aun antes de que se levantara el embargo, Lind dudaba de que "los revolucionarios [harían] una campaña activa, incluso si se les [diera] la oportunidad" (7 de enero de 1914, SD 812.00/10462).

[980] De Lind a Wilson, 8, 12 y 19 de marzo de 1914, SD 812.00/11098, 11277, 11218.

gobiernista— que pronto desmintió la caída de Torreón.[981] Con todo, la oportunidad, en este caso, era muy importante. El 6 de abril salió Lind de Veracruz para entrevistarse otra vez con Wilson. Aunque Torreón había caído (Lind lo sabía), las consecuencias de ese acontecimiento tan decisivo no habían transcendido aún, y Lind llevó consigo a Washington las frustraciones reprimidas que lo habían acosado durante la primavera. Influyó en Wilson con su mala información —que exageraba la indolencia de los rebeldes y el vigor del gobierno— y con sus peligrosas ideas acerca de la necesidad y facilidad de la intervención estadunidense.[982] El momento era muy especial, porque el 9 de abril un incidente fortuito proporcionó la excusa para que la estrategia de Lind se pusiera en práctica. Era un día gris, "insólitamente frío", que anunciaba norte; un barco estadunidense atracó en el puerto de Tampico para aprovisionarse.[983] Nada había de raro en eso; a pesar de que en los alrededores había escaramuzas entre rebeldes y federales, el movimiento del puerto no se había detenido y era común ver barcos de guerra extranjeros en el horizonte de Tampico. Pero los federales estaban nerviosos a causa de la proximidad de los rebeldes; cuando el barco se acercó a un puente estratégico, ordenaron a la tripulación desembarcar y la arrestaron. En pocos minutos corrigieron su error, pusieron en libertad a los estadunidenses y el general Morelos Zaragoza, comandante de la guarnición, se disculpó verbalmente. El incidente pudo haber terminado ahí, porque no era novedad que en Tampico los empleados arrestaran —incluso robaran— a marineros extranjeros.[984] La única diferencia en este caso era que habían sacado a los norteamericanos de un buque que tenía enarbolada la bandera; técnicamente, se les había arrestado en su territorio.[985]

El contralmirante Henry T. Mayo, a cargo de las fuerzas navales estadunidenses en Tampico, obstinado y atenido a las reglas, no se conformó con la disculpa verbal de los mexicanos. Sin consultar a su superior que estaba en Veracruz —y menos aún a Washington— envió un oficial con uniforme y armas reglamentarias a protestar ante el comandante federal y exigir disculpas oficiales, castigo para los culpables y 21 cañonazos para honrar la bandera de los Estados Unidos.[986] No es sencillo averiguar qué maquinaba Mayo, por-

---

[981] *Ibid.*, 25 y 27 de marzo, SD 812.00/11277, 11313.

[982] Grieb, *United States and Huerta*, pp. 123-124.

[983] Tomo los detalles de este episodio de Robert E. Quirk, *An Affair of Honor: Woodrow Wilson and the Occupation of Veracruz*, Nueva York, 1967, pp. 191 y ss.

[984] En enero, a tres marineros británicos que rentaban un taxi se les llevó a la comisaría, se les arrestó y confiscaron dinero y cigarros. Después de que el consulado protestó se les dejó en libertad, se les devolvieron sus pertenencias y los "culpables recibieron severo castigo" por orden del mismo general Morelos Zaragoza. Al parecer, "era trampa que con frecuencia usaban los taxistas para compartir con las policías el producto del robo" (capitán Doughty, HMS Hermione, 29 de enero de 1914, FO 371/2025, 9650; el mismo oficial informó de incidentes parecidos en Veracruz, 10 de marzo de 1914, FO 371/2026, 15618).

[985] Morelos Zaragoza negó que el barco tuviera izada la bandera; Meyer, *Huerta*, p. 195.

[986] Quirk, *Affair of Honor*, p. 26.

que los datos son escasos. Es más clara la situación de su superior, el almirante Frank Fletcher, e ilustra mejor los apuros que en 1914 pasaban en México los oficiales navales; no estaban de acuerdo con las premisas de la política de Wilson hacia México, y las consecuencias específicas de esa política aumentaban su confusión.[987] "Después de estar aquí un mes —se lamentaba Fletcher— sabía todo; pero ahora, después de ocho meses, me doy cuenta de que no sé nada".[988] Le pesaba la rutina diaria ("quien tiene la responsabilidad tiene como guía sólo su juicio"); los largos recorridos reglamentarios por el Golfo tenían sus consecuencias.[989] A principios de 1914, cuando las naves de Fletcher evacuaron a los residentes extranjeros de Tampico, el almirante "parecía a punto de desmoronarse, daba muestras de cansancio", se quejaba de la "gran responsabilidad e incertidumbre constantes, de los largos telegramas, del calor… de las naves llenas de mujeres y niños, los cañones cubiertos de pañales y de que la armada se estaba yendo al demonio".[990]

Aunque el almirante Mayo estaba más fresco porque sólo tenía cuatro meses en el Golfo, sus frustraciones eran parecidas. Esas frustraciones se debían sobre todo al poder contenido, a estar al mando de naves sumamente importantes sin un propósito definido; "el almirante mantiene su gran flota allá, en el horizonte, mientras el mexicano común no hace caso de su presencia".[991] La impaciencia por entrar en acción alimentaba la frustración. En diciembre de 1913, durante la lucha en Tampico, Fletcher parecía ansioso por desembarcar marinos "y disparar sus cañones sobre las calles. Estaba del lado de la fuerza no de la razón".[992] Ahora, en abril, Mayo mostraba el mismo espíritu irreflexivo con lo que exigía a Morelos Zaragoza. Quizá no era intención de Mayo o Fletcher provocar la intervención estadunidense (ciertamente tampoco hicieron nada por evitarla), pero estaban hambrientos por algo de acción que aliviara el tedioso calor del trópico y justificara su prolongada estancia en aguas mexicanas.

Lo ocurrido en Tampico fue el primer eslabón de una serie de acontecimientos, pero la iniciativa pasó en poco tiempo a esferas más altas. Bryan informó al presidente sobre las exigencias de Mayo y, con poco tino, comentó: "no creo que Mayo pudiera hacer otra cosa". Wilson —que vacacionaba entonces con su mujer que estaba muy enferma— condescendió y ordenó al Departamento de Estado indagar sobre los antecedentes diplomáticos más importantes.[993] Morelos Zaragoza se negó a aceptar las exigencias de Mayo sin la aprobación de la Secretaría de Defensa y Huerta no permitía al secreta-

---

[987] El presidente dijo a Josephus Daniels, "definitivamente, la opinión de Fletcher no coincide con la nuestra" (11 de agosto de 1913, Documentos Daniels, caja 12).
[988] Almirante Cradock, Tampico, 19 de diciembre de 1913, FO 371/2025, 1194.
[989] De Fletcher al contralmirante Fiske, 3 de febrero de 1914, Documentos Daniels, caja 42.
[990] Según Fiske, diario de Wood, 5 de enero de 1914.
[991] Cradock, Tampico, 19 de diciembre de 1913, FO 371/2025, 2294.
[992] *Ibid.*, y véase Calvert, *Mexican Revolution*, pp. 281-282. Cradock y Fletcher habían discutido por cuestiones de antigüedad, pero no es probable que eso incitara las críticas del primero.
[993] Investigadores del Departamento de Estado descubrieron que la armada de los Estados

rio dar la aprobación. Ambos lados se negaron a ceder: Wilson porque veía la oportunidad de presionar a Huerta (Lind, que estaba en los Estados Unidos, influyó en esos días críticos); Huerta, porque pensaba que una disputa con los Estados Unidos podría revivir su agónica situación.[994] Los cables zumbaron durante días; los oficiales de Mayo planeaban ansiosos la expedición punitiva a Tampico; se inflamó el ego del joven encargado estadunidense en México, mientras los ojos del mundo estaban puestos en su febril trabajo diplomático. (Es necesario señalar que, al final, nadie quedó satisfecho: contra lo que opinan algunos historiadores, Wilson no consiguió la caída de Huerta, ni éste cosechó gran apoyo patriótico; Mayo no bombardeó ni tomó Tampico; el encargado O'Shaughnessy no recibió premios o ascensos sino que, al contrario, en poco tiempo su carrera diplomática se derrumbó.)[995]

Huerta demostró su intransigencia, pero Wilson decía ver "desprecio premeditado" de México por los Estados Unidos; no mostró interés en la propuesta de honrar simultáneamente ambas banderas, y discutió con el gabinete y el Congreso las posibilidades que tenían los Estados Unidos en una acción punitiva. El "desprecio premeditado" era en esencia un pretexto para actuar contra Huerta y ayudar a los constitucionalistas, pero el gobierno empezó a darse cuenta de que esa ayuda drástica, prepotente y no solicitada podría merecer tanto la gratitud de los constitucionalistas, como provocar su enemistad. Se oyó murmurar a Bryan: "Quiero ayudarlos, pero no quiero que parezca que los estoy ayudando".[996] Mientras tanto, más naves partieron hacia el Golfo. Como suele ocurrir, el desenlace del caso llegó con otro factor imprevisto. El 18 de abril, el cónsul estadunidense en Veracruz informó que de un momento a otro llegaría un vapor alemán con un gran cargamento de armas para Huerta —tampoco eso era extraño—. Pero Wilson y su gabinete decidieron que se interceptara el vapor y que, para impedir cualquier otro desembarco de armas, se tomara la aduana de Veracruz. En cuanto a Tampico, sitio original de la "ofensa" y víctima propiciatoria de la punición, el gabinete decidió que podía esperar por diversas razones: si los cruceros estadunidenses remontaban el río Pánuco, quedarían a merced de la artillería mexicana. El secretario de Marina "sugirió tímidamente" que en su lugar se enviara un destructor, pero al "almirante Fiske casi le da un ataque" ante la perspectiva de que un buque de medio millón de dólares pudiera acabar en el lodoso fondo del Pánuco. Secundado por Lind, el general Wood observó que la flota podría bombardear desde mar abierto "el miserable pueblecito y sus fortificaciones de latón".[997] Pero, al final, se pospuso la operación Tampi-

---

Unidos había bombardeado Greytown (San Juan del Norte), Nicaragua, en 1854, en represalia por un supuesto insulto al cónsul de ese país. Eso fue suficiente. Quirk, *Affair of Honor*, p. 50.

[994] *Ibid.*, p. 49. Lind habló durante las reuniones que hubo en la Casa Blanca en esos días; diario de Wood, 18 de abril de 1914.

[995] Quirk, *Affair of Honor*, p. 109, sobre el desacuerdo de O'Shaughnessy.

[996] *Ibid.*, pp. 53, 57 y 63; diario de House, 18 de abril de 1914.

[997] Diario de Wood, 18 de abril de 1914.

co y, en su lugar, se ordenó tomar la aduana de Veracruz. Ésta pagaría por los malos modales de Tampico. Se esperaba que el desembarco fuera rápido, limitado y casi incruento. En ningún sentido se trataba del preludio de una intervención a gran escala, que Wilson rechazaba de manera inequívoca.[998] Optimista, Lind pensaba que los estadunidenses sólo "ocuparían la aduana, no la ciudad",[999] optimismo sustentado en la creencia de que los estadunidenses serían recibidos como libertadores. El coronel House, confidente de Wilson, anotó con su estilo gazmoño: "aconsejé [a Wilson] que se mantuviera firme y abriera el camino a un nuevo y mejor código de comportamiento internacional... Si México entendía que nuestros motivos no eran egoístas, no objetaría que lo ayudáramos a poner orden en su casa".[1000] México en 1914, Europa en 1919: poner orden en casas desordenadas era empresa que no recibía agradecimientos.

Mayo y sus hombres, ansiosos por estar en Tampico, no recibieron con gusto la noticia de que se les enviaba a Veracruz; lo peor fue que, antes de que éstos llegaran al puerto, el mal tiempo forzó a Fletcher a desembarcar solo, con los hombres que tenía.[1001] Como sus jefes políticos, Fletcher creía que la ocupación podía conseguirse "sin demasiada y quizá sin ninguna lucha".[1002] Todos se equivocaron. El general Joaquín Maass, al mando de 1 000 hombres, en su mayoría reclutas inexpertos, y convencido por el cónsul de los Estados Unidos de que sus compatriotas no intentarían un ataque total contra la ciudad, decidió oponer sólo resistencia simbólica. En la mañana del 21 de abril, los botes descargaron marineros y soldados de Infantería de Marina que ocuparon los muelles; los mexicanos resistieron un asalto a la aduana y la batalla comenzó.[1003] Más parecía una trifulca. Los estadunidenses no manifestaban tener un plan definido y su movimiento era "monótono y desganado".[1004] Ante el fuego esporádico de francotiradores, el comandante pidió a la armada "bombardeo cerrado", pero por el momento se le negó. Entre tanto, los mexicanos retrocedieron hasta La Tejería, unos cuantos kilómetros tierra adentro, dejando la defensa a los civiles, los presos liberados y los cadetes de la Escuela Naval de Veracruz.[1005] En la mañana del 22 de abril habían desembarcado ya 3 500 estadunidenses, pero enfrentaban aún recia oposición, en especial por parte de "los pequeños cadetes de la academia",

---

[998] Quirk, *Affair of Honor*, pp. 69-70 y 77; diario de House, 15 de abril de 1914.

[999] Diario de Wood, 18 de abril de 1914: el plan de Lind era "evidentemente absurdo desde el punto de vista militar, por lo que no hubo mucha discusión". Pero mucho de ese plan se tuvo en cuenta cuando se preparó la operación.

[1000] Diario de House, 15 de abril de 1914.

[1001] Quirk, *Affair of Honor*, pp. 85-86.

[1002] Del almirante Badger, Veracruz, a Daniels, 29 de abril de 1914, Documentos Daniels, caja 35.

[1003] Quirk, *Affair of Honor*, p. 95.

[1004] No hubo "gritos ni corridas, tan elementales cuando se lucha en las calles" (Cradock, Veracruz, 29 de abril de 1914, FO 371/2029, 22879).

[1005] *Idem*; Quirk, *Affair of Honor*, pp. 97-99.

quienes, informó un almirante británico, "lucharon con gallardía".[1006] Pero en ese momento el *Chester* y el *Prairie* abrieron "fuego a discreción" con sus cañones de tres pulgadas, concentrándolo en la Academia Naval y otros focos de resistencia, que poco tiempo después fueron silenciados. En la tarde, los estadunidenses controlaban Veracruz; los infantes de Marina que recorrían las calles de la ciudad en busca de francotiradores mostraban mecánico respeto por las vidas de los civiles y por las propiedades. Del lado estadunidense hubo 19 muertos y 47 heridos; del mexicano, aunque no son cifras muy precisas, 200 muertos y 300 heridos.[1007]

Éste fue, para muchos estadunidenses, el primer paso de una invasión general que rebajaría a México a la condición de colonia o semicolonia. Con frecuencia mencionaban el caso de Cuba comentaristas tan diferentes como el embajador de los Estados Unidos en Gran Bretaña ("tendremos que cubanizar el país, lo que significa limpiarlo antes") y el extremista Jack London ("debemos pacificar a México con la fuerza de las armas, dominarlo y vigilarlo como hicimos con Cuba").[1008] Wilson no pensaba lo mismo, pero la ambigüedad era uno de los puntos débiles de su política respecto a México, lo que dio lugar a que —contemporáneos e historiadores— entendieran de manera diversa sus razones y objetivos. En ese momento, la ocupación alentó injustificadamente el intervencionismo y el imperialismo; quienes alimentaban esas ideas pensaron que Veracruz era el primer escalón hacia la intervención e incluso la anexión. Puesto que éste es tema frecuente en las relaciones de México y los Estados Unidos, sobre el que algunos historiadores han llamado la atención, vale la pena detenerse y reflexionar sobre su importancia. ¿Corría el México revolucionario riesgo de ser intervenido, invadido o anexado por los Estados Unidos? Si así era, abril de 1914 fue un mes crítico, porque entonces tuvo lugar la más flagrante violación de la soberanía mexicana, la opinión estadunidense a propósito del caso mexicano estuvo muy agitada y en México la reacción contra los Estados Unidos fue violenta.[1009]

Con todo, la crisis fue limitada en tiempo y gravedad.[1010] Si podemos con-

[1006] Cradock, *supra*, n. 1004.

[1007] "Los marinos, endurecidos en la batalla —muchos de ellos habían luchado en Filipinas—, no respetaban individuos o propiedades", Quirk, *Affair of Honor*, pp. 100-101; *cf.* Badger a Daniels, 29 de abril de 1914 (*supra*, n. 1002), sobre la "notable" discreción de las fuerzas estadunidenses y las escasas bajas.

[1008] De Page a House, 27 de abril de 1914, en Burton J. Hendrik, *The Life and Letters of Walter Hines Page*, Londres, 1914, p. 230; *Mexican Herald*, 16 de junio de 1914.

[1009] Como se verá, la crisis que provocó Veracruz fue mayor que la que en 1916 desató la expedición punitiva, sobre todo porque ese año el gobierno mexicano procuró en general aplacar más que exacerbar la crisis. También advertimos cómo destacó 1914 al revisar la correspondencia de Wilson y la prensa estadunidense; en 1916, los problemas de Europa desplazaron a México de la primera plana y del interés de la opinión pública.

[1010] El 22 de abril de 1914, un día después de la ocupación, House anotó en su diario: "Hoy no ocurrió nada de importancia. Fue un día rutinario".

fiar en la voluminosa correspondencia que conserva el archivo Wilson, veremos que la presión para que se procediera a la intervención se emparejaba con el pacifismo y la inercia total. La mayoría de los estadunidenses no querían una guerra con un país lejano, provocada por razones oscuras. Wilson recibió un torrente de cartas cuyos remitentes se oponían a la intervención —en especial, grupos pacifistas o socialistas que denunciaban las intrigas de las grandes empresas y la gran burocracia—; también fue moderada la actitud de grupos religiosos y asociaciones "progresistas", las cuales insistieron en que debían respetarse los derechos y la soberanía de los mexicanos.[1011] Quienes se dirigían así al presidente, no lo hacían para frenar sus instintos belicosos, sino porque pensaban que de esa manera se oponían al militarismo e imperialismo. Fueron poco frecuentes reacciones tales como la de una mujer de Texarkana, quien instaba al presidente y a su "torpe gabinete" a luchar en México en vez de enviar a los "pobres marinos, soldados y marineros".[1012] Pero los pacifistas superaban a los radicales, progresistas y religiosos, porque, al parecer, en casi todo el país la opinión estaba lejos de ser belicosa. En Connecticut era "tenaz la oposición a la guerra"; en Pittsburgh, Andrew Carnegie no "oyó una voz que favoreciera la guerra"; se calculaba que en Nueva Jersey 75% de la población quería la paz; informes parecidos llegaron del medio oeste, pero menos del oeste y suroeste.[1013] Puesto que en la costa este se favorecía la paz, la comunidad empresarial se acopló a esa opinión. Hay pocas pruebas de que las grandes empresas presionaran a Wilson para que se decidiera por la intervención; al parecer —y como es natural— veían poco provecho en una decisión como ésa. Como en 1898, se mostraron precavidos y, a diferencia de 1898, no hubo grandes victorias que alimentaran su imaginación o excitaran su avaricia.[1014] Por supuesto, Carnegie era un caso especial, pero otros empresarios se oponían a una política agresiva hacia México.[1015] Por último, el racismo y el conservadurismo, que a menudo acompañaban el sentir patriotero, provocaban efectos paradójicos; un corresponsal temía que al invadir México habría "15 millones más de negros para gobernar, menos

---

[1011] WWP, serie IV, cajas, 123-126. Igual en muchas cartas de grupos socialistas; véanse las del National Executive of the Socialist Party a Wilson, 22 de abril de 1914; John Reed a W. Philips, 4 de junio; W. Kent a Wilson, 28 de abril. Escribieron muchos líderes religiosos, cuáqueros sobre todo; hubo multitudinarias manifestaciones en pro de la paz, e. g. la de Boston, el 18 de abril, con Edwin Mead y Norman Angel (95L, caja 125).

[1012] De la señora H. Howard a Wilson, 23 de abril de 1914, caja 124.

[1013] De R. Copler, Hartford, Conn., a Wilson, 26 de abril; de Carnegie a Wilson, 24 de abril y 7 de mayo; de A. Farquar, York., Fa., a Wilson, 28 de abril; de W. Gebhardt, Clinton, N. J., a Wilson, 27 de abril; J. Kelly, Sioux City, Iowa, a Wilson, 8 de mayo; del alcalde y ciudadanos de Norfolk, Neb., a Wilson, 1º de mayo. La abundancia de cartas enviadas por "pacifistas" del noreste, quizá se deba, simplemente, a que más gente de esa región se molestó en escribir al presidente.

[1014] Cf. Julius W. Prat, *Expansionists of 1898: the Acquisition of Hawaii and the Spanish Islands*, Baltimore, 1936.

[1015] De E. Hole a Wilson, 24 de abril; de M. J. Bloomer a Wilson, 27 de abril; de H. W. Falk a Wilson, 22 de abril; informan que Wall Street critica a los militares y desea un acuerdo. No hay en Katz, *Secret War*, pp. 197-198, pruebas contundentes de la intervención de la gran empresa.

capaces que los negros del sur para gobernarse a sí mismos. No puedo imaginar calamidad mayor para nuestro país".[1016]

Argumentos parecidos —que llegaban a conclusiones diferentes— eran claros en el campo opuesto, el cual pedía la intervención y aun la anexión. En realidad, parece que el peso de tales argumentos —más que algún interés racional o material— fue el sello del cabildeo en pro de la guerra y la anexión. En otras palabras, los estadunidenses apoyaban la conquista de México porque pensaban que era bueno y necesario más que práctico y lucrativo. En verdad sorprende hasta qué punto desconocían México, sus circunstancias y las causas internas de la crisis, aquellos que apoyaban su conquista. Los estadunidenses que tenían inversiones en México eran más prudentes; la ignorancia era casi condición necesaria para apoyar tenazmente la intervención. Muchos creían que la ocupación de Veracruz era reacción a las atrocidades que los mexicanos habían cometido con personas y propiedades estadunidenses (error que muchas asociaciones de veteranos, influyentes en ese aspecto, compartían con la prensa amarillista). Muchos veteranos creían que habían "destrozado e insultado la bandera estadunidense" y ofrecían sus servicios —o los de sus hijos y nietos— para "colocar la gloriosa bandera... en la Ciudad de México"; aplaudían el castigo impuesto a los que querían "asesinar a ciudadanos estadunidenses, abusar de mujeres estadunidenses, torturar niños estadunidenses [y] destruir sin excusa las propiedades estadunidenses".[1017]

Sin duda, Wilson era responsable por no poner en claro su política, permitiendo así que proliferaran los malentendidos, como también era responsable la prensa amarillista por cultivarlos.[1018] Como en 1898, la prensa de Hearst dio vuelo al patrioterismo; no creo que le preocuparan sus propiedades en México —que estaban en Chihuahua y Chiapas, y poco las beneficiaría la intervención— sino por publicidad, por aumentar la circulación, influir en la opinión pública y, tal vez, alimentar sus ambiciones políticas.[1019] Ya fuera que Hearst hiciera eco a la opinión pública o la manipulara, es evidente que

---

[1016] De W. Sheppard a Wilson, 21 de abril de 1914, caja 125.

[1017] Representantes de GAR, Wilmington, Del., 27 de abril, de Washington, D. C., 24 de abril, caja 124; United Confederate Veterans, Middleborough, Ky., 26 de abril, caja 126; coronel W. Curry, Filadelfia, 16 de abril, caja 121. A pesar de esta tercera fuente, pienso que los veteranos de la guerra civil eran menos beligerantes (algunos caían en el campo "pacifista") que los de la guerra contra España, muchos de los cuales estaban, al parecer, ansiosos por tener otra pequeña guerra gloriosa.

[1018] Por ejemplo el *New York Evening Journal*, 28 de abril de 1914, pedía que se detuviera "el asesinato y el robo en nuestra frontera sur". Las noticias sobre atrocidades —que, como ya dije, eran abundantes— no eran privilegio exclusivo de la prensa amarillista; en *The Times* de Londres se lee, el 13 de abril de 1914, que se quemaba a los prisioneros federales con parafina y que "era común la violación al por mayor".

[1019] De F. Glaser a Wilson, 13 de junio de 1914, contiene el texto de la entrevista de Hearst con la prensa de Berlín, que subraya la geopolítica, critica a los "pedagogos pusilánimes" (es decir Wilson) y pide un liderazgo fuerte para los Estados Unidos (¿es decir Hearst?).

sus puntos de vista coincidían con los de muchos estadunidenses que no tenían propiedades en Chihuahua o Chiapas —más aún, que no tenían compromisos en México y lo desconocían por completo—. Apoyaban la intervención por sentimiento, de manera irracional, sustentándose en lo que creían era superioridad nacional y racial, y misión imperial. Procuraban (así lo afirmaban) "asumir la Responsabilidad del Hombre Blanco", citaban a Kipling y pedían una "política similar a la de los británicos en Egipto".[1020] Esas actitudes influían en la manera de pensar de individuos de regiones y ocupaciones muy diversas, que tenían en común sólo antecedentes no proletarios y a quienes importaba un bledo la realidad mexicana.[1021] Su énfasis variaba: "Ningún estadunidense tendrá paz en los países latinos —afirmó un orador de Cincinnati— a menos que nuestra bandera se ice ahí de manera permanente".[1022] Un profesor de Berkeley opinaba que los Estados Unidos debían intervenir porque los mexicanos eran incapaces de restablecer el orden; otro decía que debía enviarse medio millón de hombres "con una sonrisa y palabras amables para esos pobres analfabetos"; otro más estaba de acuerdo en que medio millón sería suficiente (más seis u ocho meses), pero a la conquista debían seguir "algunos años de paciente y forzosa vigilancia del país, lo que acercaría al pueblo mexicano a nosotros".[1023] La intervención serviría así para proteger a los norteamericanos y "elevar al miserable pueblo de México".[1024]

Pero para algunos intervencionistas, antes que el altruismo y el egoísmo benevolente, estaba la venganza. En el mejor de los casos, ésta se manifestaba en virulentos términos de niño explorador. Un afinador de pianos en Filadelfia aconsejó al presidente: "Piense en el viejo Johnny Bull; lo mejor es que deje al tío Sam quitarse el saco, arremangarse y lanzarse contra esos mexicanos con toda su fuerza, les dé una buena paliza y les enseñe a comportarse".[1025] La agresión de otros era exacerbada. Un empleado de ferrocarriles de Louisville regañaba a Wilson por su política blanda hacia México: "México es, y será siempre si no se le contiene, un loco con una navaja; o, tomando un símil de la anatomía, una herida abierta en nuestro costado, que puede cu-

---

[1020] *Los Angeles Sunday Times,* 26 de abril de 1914; C. Ashley, Toledo a Wilson, 1º de mayo de 1914, caja 123.

[1021] Es decir que en su gran mayoría pertenecían a la clase "media" o "alta", más de lo que sería de esperar en corresponsales de esos medios; los patrioteros de la clase trabajadora no eran tan abundantes.

[1022] J. B. Bailey, *Cincinnati Enquirer,* 1º de mayo de 1914; Bailey acababa de abandonar México (donde construía barcos) y la salida precipitada acrecentó su cólera contra los mexicanos y su admiración por los alemanes que le habían ayudado a escapar, con lo que habían levantado otro "imperecedero monumento caucásico", otro episodio en la "batalla entre los que en el mundo tienen sangre fría y los países sureños de sangre caliente y desbordada". Sentimientos como ésos suscribían el intervencionismo ya desde la "derecha" (como éste) ya desde la "izquierda" (es decir, el de John Lind y Jack London).

[1023] De D. Barrows, Berkeley, a Redfield, 23 de abril; de A. Adams a Wilson, 22 de abril; de J. Johnston a Wilson, 11 de mayo, cajas 123 y 125.

[1024] Del doctor S. Dabney a Wilson, 26 de abril de 1914, caja 124.

[1025] G. L. Maitland a Wilson, 25 de abril de 1914, caja 125.

rarse sólo con la cauterización o la extirpación".[1026] Ése era el tono de la opinión intervencionista en 1914; tosco, sentimental, desconectado no sólo de la realidad mexicana, sino también de lo que sabían los empresarios estadunidenses que estaban en México; provenía de grupos clasemedieros y de la clase media baja que quizá encontraban alguna satisfacción en jugar con ideas de superioridad racial, nacional y cultural. Si experimentáramos establecer una relación entre esas actitudes y otras parecidas que se advierten en la política interna (apego a la condición social, a los valores "tradicionales" del país, a la superioridad del blanco, revestidos a menudo de fundamentalismo) no estaríamos muy errados, porque los corresponsales mismos las establecían. Un empresario de Saint Louis decía que, si los Estados Unidos preparaban una expedición a México con medio millón de hombres (otra vez el número mágico), "el adiestramiento nos serviría aquí y en el extranjero".[1027]

Aunque ésas eran opiniones de una minoría, era una minoría numerosa, vocinglera, que tenía portavoces ilustrados, coincidía con la prensa amarillista y ejercía cierta influencia política. El tipo de intervencionismo que tenía en mente Wilson —dubitativo, magnánimo y, sobre todo, muy circunscrito— era muy diferente al intervencionismo desenfrenado y racista presentado aquí; si el presidente merece reproche por permitir que se difundieran esas opiniones, merece también reconocimiento porque las ignoró totalmente en su política subsecuente. A diferencia de Huerta, no se afanó en conquistar el aplauso de los chovinistas. En esto lo ayudó un factor muy importante: esos rabiosos intervencionistas, más "ideólogos" que hombres de negocios, poco tenían en común con la gran empresa estadunidense en general o con los inversionistas mexicanos en particular. Los estadunidenses que conocían bien a México y simpatizaban con esas ideas (o a veces las manifestaban), eran negociantes menores, vulnerables (granjeros, gambusinos, comerciantes al menudeo), no los de las grandes empresas petroleras, mineras, comerciales.[1028] Éstos, que sin duda tenían más peso en Washington, eran relativamente pragmáticos; podían solicitar apoyo diplomático y a veces, *in extremis*, considerar la posibilidad de usar la fuerza (mejor dicho, la amenaza de la fuerza). Preferían, sin embargo, recurrir a medios de negociación o cooptación más sutiles, seguros y probados, y, a la inversa de los ideólogos intervencionistas, no soñaban con extender el territorio estadunidense "desde los lagos

---

[1026] De M. Houston a Wilson, 18 de mayo de 1914, caja 125.

[1027] De W. Reynolds a Wilson, 25 de abril de 1914, caja 125. *Cf.* Hans-Ulrich Wehler, "Industrial Growth and Early German Imperialism", en Roger Owen y Bob Sutcliffe, *Studies in the Theory of Imperialism,* Londres, 1972, pp. 78 y 90-91.

[1028] *Cf.* de I. Boicort al senador J. Bristow, 27 de abril de 1913; de M. Leach a Wilson, 15 de julio de 1913; de C. Jenkins a A. Shanklin, 9 de diciembre de 1914; SD 812.00/7389; 8109; 14073; y de Dye Bisbee, 10 de junio de 1913, SD 812.00/7823, sobre opiniones opuestas a la intervención. Véase también W. Buckley, Fall Report, pp. 830-832, Fall mismo, p. 664 y Michael C. Meyer, "Albert B. Fall's Mexican Papers, a Preliminary Investigation", *New Mexico Historical Review,* XL (1965).

hasta Panamá".[1029] En consecuencia, no hay muchas pruebas de que la ocupación de Veracruz fuera producto de las intenciones de Wilson o los grandes empresarios de invadir o anexar a México. El intervencionismo extremo provenía de un grupo —para beneficio de México y la Revolución— desperdigado, desorganizado, incapaz de presentar en Washington un cabildeo constante. Los Estados Unidos podían "intervenir" tácticamente en la Revolución, pero no había peligro de que su estrategia la aplastara.

La operación en Veracruz tenía para Wilson un propósito restringido y legítimo: debilitar a Huerta, sobre todo cortando la provisión de armas que recibía de Europa. No se puede decir que haya tenido éxito.[1030] Los rebeldes no recibieron bien la operación ni obtuvieron ventajas de ella, e incluso las consecuencias inmediatas del desembarco —la intercepción del barco de travesía *Ypiranga*— fueron magras, como casi todo lo que en él ocurrió. El barco que no pudo atracar en Veracruz dejó su carga en Puerto México en mayo. La intervención estadunidense sólo demoró un mes la entrega —logro modesto si se tienen en cuenta los costos—.[1031] También dejó a Huerta sin los impuestos que recogía la aduana veracruzana, alrededor de 1.5 millones de pesos mensuales.[1032] Pero los resultados directos de la operación no influyeron mucho en la situación: Huerta no cayó por falta de armas o dinero (recuérdese que Villa encontró grandes reservas de armas en Paredón y otros lugares). Por lo demás, la ocupación también fue un estorbo para los rebeldes, porque los estadunidenses pensaron que era conveniente cerrar la frontera al tráfico de armas. Villa tuvo que conseguirlas de contrabando o hacerlas traer desde los puertos del Golfo, adonde los norteamericanos permitían el envío de cargamentos por razones poco claras.[1033] Impresionado por la resistencia que opuso Veracruz y por la pérdida de vidas, Wilson desistió de presionar o to-

---

[1029] Knight, *Nationalism, Xenophobia and Revolution*, pp. 327-331; Letcher, Chihuahua, 25 de agosto de 1914, SD 812.00/13232; la cita pertenece a la carta de Dabney a Wilson (*supra*, cit. n. 1024).

[1030] Haley, *Revolution and Intervention*, p. 134, sobre todo con base en los textos de Lind, piensa que la ocupación contribuyó a la derrota de Huerta, pero exagera la importancia de las armas y el dinero, y no tiene en cuenta elementos intangibles como el prestigio, la política y el estado de ánimo.

[1031] Ulloa, *Revolución intervenida*, p. 347; *cf.* Cumberland, *Constitutionalist Years*, p. 124, quien sugiere que las armas no llegaron más allá del Istmo. Detalles de la odisea en Michael C. Meyer, "The Arms of the Ypiranga", *Hispanic American Historical Review*, L (agosto de 1970), pp. 543-556; Katz, *Secret War*, pp. 232-240; y Thomas Baecker, "The Arms of the Ypiranga: the German Side", *Americas*, XXX (1973), pp. 1-17; en este artículo y en "Los intereses militares del Imperio alemán en México, 1913-1914", *Historia Mexicana*, XXIX, núm. 3 (enero-marzo de 1973), p. 350, demuestra que no había relaciones tortuosas entre Huerta y los alemanes.

[1032] *Mexican Herald*, 5 de marzo de 1914.

[1033] Difieren las versiones de Ulloa, *Revolución intervenida*, pp. 198 y 350-351; de F. Villarreal a Carranza, 24 de abril de 1914, Fabela, DHRM, RRC, II, pp. 59-60 (se equivoca al afirmar que se impuso el embargo total); informe consular huertista de mayo de 1914 en SRE, legajo 784, 84-R-15, pp. 155, 163, 165 y 167; Cobb, 16 de junio de 1914, SD 812.00/12266; y de F. de la Garza a F. Sommerfeld, 27 de junio de 1914, WWP, serie II, caja 111.

mar otras medidas agresivas contra Huerta. La reacción violenta de Carranza —quien criticó la ocupación y exigió la evacuación inmediata— alejó cualquier esperanza de colaboración con los constitucionalistas.[1034] Los planes de Lind estaban en quiebra. Así pues, a pesar del estímulo de los patrioteros, Wilson se negó a ordenar el avance de las tropas hacia el interior; éstas permanecieron en Veracruz limpiando diariamente las calles y el mercado con agua de mar, imponiendo normas sanitarias, instalando mingitorios públicos, exterminando mosquitos, reorganizando los prostíbulos de la ciudad y desinfectando a las muchachas.[1035] Estaba prohibido escupir en las calles; los famosos zopilotes de Veracruz, que pasaban hambre, dejaron por un tiempo la ciudad. Veracruz, ya que no todo México, estaba "cubanizado".

A pesar de esas buenas obras, la indignación fue general y Huerta procuró aprovecharla en su beneficio. Dije antes que esa táctica era segura: los maderistas la habían usado en 1913, y Huerta durante la misión de Lind. Naturalmente, ahora la necesitaba más, y el pretexto —una verdadera invasión— ofrecía más oportunidades que los enfrentamientos diplomáticos anteriores. Aun así, todos los movimientos posteriores a la ocupación (discursos, tumultos, manifestaciones y campañas de reclutamiento, mencionados como pruebas de profunda xenofobia) correspondían a un patrón ya conocido que tenía muchos antecedentes.[1036] El hecho de que fuera conocido alimentó la indiferencia, porque en 1915 —quizá en 1914— la gente empezó a mostrar desinterés por la "vieja historia de la intervención" cuando la oía mencionar.[1037] Pero los huertistas apelaron a los recursos de siempre. La prensa, que no había aludido a la crisis hasta la víspera de la ocupación, lanzaba andanadas contra los "cerdos gringos" y prometía una rápida invasión de Texas. En el Congreso retumbaban los gritos de "muerte a los ladrones de 1848".[1038] Los cadetes de la destruida Escuela Naval veracruzana desfilaron por las calles de la Ciudad de México para ayudar al reclutamiento; la turba apedreó el consulado estadunidense y derribó la estatua de George Washington inaugurada dos años antes. Sin embargo, observadores norteamericanos y británicos comentaron que las manifestaciones habían sido moderadas, breves y efímeras.[1039] Cuando las exhortaciones militaristas del régimen llegaron a su punto culminante, en abril y mayo, el reclutamiento pareció prometer resultados más concretos. Todos los empleados públicos tenían dos horas diarias de adiestramiento militar obligatorio; se les proveyó de uniformes, el presidente les pasaba revista y desfilaban ida y vuelta por la avenida Reforma. Se estableció en la capital

---

[1034] Quirk, *Affair of Honor*, p. 116.

[1035] *Ibid.*, pp. 121-155.

[1036] Charles C. Cumberland, "Huerta y Carranza ante la ocupación de Veracruz", *Historia Mexicana*, VI, núm. 4 (abril-junio de 1957), pp. 534-547, reseña los acontecimientos.

[1037] Alger, Mazatlán, 14 de marzo de 1915, SD 812.00/14681.

[1038] Quirk, *Affair of Honor*, pp. 107-108; Meyer, *Huerta*, pp. 199-200.

[1039] *Mexican Herald*, 25 y 26 de abril, 2 de mayo y 6 de junio de 1914; O'Shaughnessy, *Diplomat's Wife*, pp. 289-290; Carden, Ciudad de México, 28 de abril de 1914, FO 371/2027, 18881.

una Guardia Cívica, para que las tropas regulares pudieran cumplir su servicio en el frente. Proliferaron los batallones de voluntarios: una Brigada de la Prensa, grupos de estudiantes, docenas que se decían destacamentos provinciales y un Comité Civil de la Defensa Nacional, que empezó la propaganda y el reclutamiento en todo el México huertista.[1040]

¿Sirvió de algo esa aparente ola de apoyo? "Por primera vez desde que había llegado al poder —dice Meyer— Huerta tenía más reclutas de los que podía utilizar";[1041] pero se puede dudar de la utilidad —a veces también de la realidad— de esos reclutas. La utilidad militar del rimbombante Comité Civil era "insignificante", admite Meyer.[1042] La prensa mencionaba con desenvoltura cuerpos de voluntarios formados en Morelos, trabajadores ferrocarrileros que ofrecían 150000 hombres, mendigos que se militarizaban en Guadalajara; *El País* informó conmovido que "los alumnos de la Escuela de Ciegos ofrecen formar trincheras con sus cuerpos".[1043] Aun cuando esos reclutas hubieran tomado el partido de Huerta (lo que es dudoso), poco podían hacer, porque se habían unido a un ejército que estaba al borde del colapso. El embajador británico que visitó un destacamento federal en La Tejería —puesto de vanguardia por donde podrían avanzar los estadunidenses—, encontró soldados que no habían comido durante tres días; uno de ellos, reclutado una semana antes en San Luis Potosí, le dijo que "nadie le había enseñado a manejar el rifle que con gusto usaría contra los estadunidenses".[1044] Por lo menos, él estaba en el lugar correcto. El entusiasmo de otros reclutas se desvaneció rápidamente, cuando se dieron cuenta de que no se les mandaba a una guerra patriótica contra los gringos, sino a un triste enfrentamiento fratricida con los villistas.[1045]

Además de las campañas de reclutamiento —las cuales, a pesar de la publicidad, redituaron a Huerta pocos beneficios prácticos—, entre las secuelas de la ocupación merecen destacarse dos: la reacción contra los Estados Unidos (la peor durante la Revolución) y los intentos de Huerta para conseguir una *union sacrée* con los rebeldes en defensa de la madre patria. A pesar de lo que se afirma a menudo, ambos tuvieron poco efecto, y su intrascendencia es precisamente lo que merece comentario, porque ilustra bien cuál era la dinámica de la Revolución. Las manifestaciones contra los Estados Unidos, que alteraron momentáneamente la capital, repercutieron en las capitales de la provincia. Casi siempre las víctimas eran los cónsules —agentes oficiales de los Estados Unidos—, no los representantes del imperialismo económico estadunidense. Si, como se dice con frecuencia, estos últimos provocaron las

---

[1040] Langle Ramírez, *El militarismo*, pp. 77-85; Meyer, *Huerta*, pp. 201-202; Casasola, *Historia gráfica*, I, p. 777.

[1041] Meyer, *Huerta*, p. 201; Langle Ramírez, *El militarismo*, p. 81.

[1042] Meyer, *Huerta*, p. 202.

[1043] *Idem;* Langle Ramírez, *El militarismo*, pp. 76 y 81-82.

[1044] Hohler, 26 de abril de 1914, FO 371/2029, 23193.

[1045] Ramírez Plancarte, *Ciudad de México*, pp. 50-51; *Mexican Herald*, 2 y 14 de mayo de 1914.

reacciones contra los Estados Unidos, por razones inexplicables y curiosas no recibieron castigo. La estatua de George Washington y el consulado padecieron en la Ciudad de México; en Guadalajara, los manifestantes destrozaron el escudo consular e insultaron al cónsul, quien decidió huir con su madre que ya tenía 82 años; hubo una gigantesca manifestación antinorteamericana frente al consulado de Aguascalientes, durante la cual la turba arrancó el escudo. Cuando las tropas llegaron, el comandante dijo al cónsul que izara la bandera mexicana en el mástil del edificio, a lo que éste contestó que "antes de aceptar su descabellada exigencia, lo verían en el infierno; por algunos minutos, pareció que nada quedaría del cónsul y del consulado".[1046] En todos los casos, los manifestantes se dispersaron, no hubo daños graves y los ánimos pronto se aplacaron. El cónsul de Guadalajara, que huyó atemorizado, regresó en septiembre, encontró que el sentir había cambiado totalmente y que no había señales de la reacción contra los Estados Unidos.[1047]

La situación era delicada, pero no peligrosa, para la mayoría de los estadunidenses —es decir, para los que estaban en México por cuestiones de negocios—. Salvo dos mineros, asesinados en circunstancias poco claras en la mina El Favor (Zac.), no hubo otros casos como éstos; la mayoría de los residentes —aun los que no aceptaron el consejo del Departamento de Estado de refugiarse en los barcos— salieron indemnes de la crisis.[1048] Por lo menos en un caso (Acapulco), el comandante federal arengó a la multitud exhortándola a resistir la intervención estadunidense, pero le aconsejó no agredir a los ciudadanos de ese país que se encontraban en el puerto por, según él, legítimas razones comerciales.[1049] En buena medida, la única agresión que debieron soportar fue la verbal.[1050] La crisis pronto se diluyó.[1051] Los estadunidenses que no se unieron a la estampida hacia Veracruz y permanecieron en la Ciudad de México, informaron que en la primera semana de mayo "la apatía era absoluta". Cuando se supo en Mazatlán que en el conflicto entre México y los Estados Unidos intervendrían mediadores, "la opinión cambió en un instante"; los refugiados estadunidenses regresaron en poco tiempo a Tampico (Meyer dice que ahí hubo gran "histeria") y comprobaron que sus subordinados mexicanos habían controlado admirablemente la situación en su ausencia y que la ciudad, deseosa de reanudar el comercio, los recibía con bene-

---

[1046] Will B. Davis, *Experiences and Observations of an American Consular Officer During the Recent Mexican Revolution*, Chula Vista, 1920, pp. 18-23; Schmutz, Aguascalientes, 22 de abril de 1914, SD 812.00/11919.

[1047] Davis, *Experiences*, pp. 38-39.

[1048] *Mexican Herald*, 10 de mayo de 1914 (también dos españoles fueron asesinados en El Favor; no fue, pues, una simple reacción contra los Estados Unidos). Véase también Davis, *Experiences*, p. 23.

[1049] Capitán Walter, HMS Shearwater, Acapulco, 4 de mayo de 1914, FO 371/2029, 25116.

[1050] *Mexican Herald*, 26 de abril y 2 y 7 de mayo de 1914, acerca de la suerte de los estadunidenses en Pachuca, El Oro y el sur de Veracruz.

[1051] Almirante Badger, Veracruz, 8 de julio de 1914, SD 812.00/12576; el mismo oficial opinaba de los informes acerca del peligro que corrían los estadunidenses en Yucatán "muy exagerados".

plácito.¹⁰⁵² La reacción fue parecida en el lado rebelde, pero todavía menos expresiva. El hecho de que la ocupación tuviera como propósito ayudarlos no era suficiente para condonarla, pero como dependían de las armas de los Estados Unidos, carecían de estímulos para causar problemas a los ciudadanos de ese país. Los campos mineros de Sonora que, se suponía, eran reductos de xenofobia, estuvieron tranquilos y productivos todo el tiempo; a los estadunidenses que huyeron se les ofrecieron garantías para que regresaran y así lo hicieron.¹⁰⁵³ En Durango fue unánime el repudio a la ocupación, pero los refugiados recibieron ayuda para su partida; en poco tiempo se dispersó una turba reunida frente al consulado. Durante algunos días, el cónsul aguantó "los epítetos más groseros que hay en la lengua española" (nada más), después de lo cual los ánimos se aplacaron.¹⁰⁵⁴ Los constitucionalistas que estaban en Laredo se portaron "muy amigables" en sus tratos con los estadunidenses.¹⁰⁵⁵

Hay poco con qué probar, pues, que de la dependencia económica haya brotado la reacción general y virulenta contra los Estados Unidos. La que hubo después de la ocupación fue breve, asombrosamente moderada y en ella participó sólo una pequeña parte de la población; no puede comparársela con la xenofobia popular, genuina, de los bóers.¹⁰⁵⁶ Los cónsules, no los hombres de negocios, sufrieron las consecuencias; fue una crisis instantánea, política, no el producto de un resentimiento, incubado largo tiempo, contra el capital estadunidense. Es cierto que en algunas ciudades los arranques de ira fueron graves, pero es cierto también que se sustentaban en factores políticos y militares y en el estímulo de las autoridades huertistas, no en el volumen de las inversiones estadunidenses. Eran muestra de las actitudes y recursos de los oficiales, a quienes se les presentaba localmente —como a Huerta a nivel nacional— la oportunidad tanto de conseguir voluntarios cuanto de molestar, dividir y confundir a los revolucionarios. En la sitiada Mazatlán, los militares difundieron la noticia por medio de periódicos y anuncios; por lo menos en cuatro ciudades del norte, amenazadas por la marcha triunfal de los villistas, arrestaron y ultrajaron a los cónsules estadunidenses con la complicidad oficial. Las calles de Monterrey estaban llenas de mantas patrióticas y manifestantes; arrancaron la bandera del consulado norteamericano en San Luis Potosí y sus "pedazos recibieron la marca de soldados, ciudadanos y de cualquiera que tuviera la vejiga llena".¹⁰⁵⁷ Un tes-

¹⁰⁵² *Mexican Herald*, 3 de mayo de 1914; Brown, Mazatlán, 10 de julio; Miller, Tampico, 21 de mayo de 1914; SD 812.00/12566; 12346; Meyer, *Huerta*, pp. 200-201. Dice el cónsul Miller en su informe de casi 100 páginas sobre los "disturbios" en Tampico: "en ningún momento pensé que hubieran serios problemas", y alabó "la gran fidelidad con que los peones mexicanos cuidaron las propiedades de sus patrones estadunidenses que las habían abandonado".
¹⁰⁵³ Simpich, Nogales, 23 de abril; informe de la frontera, Douglas, 2 de mayo de 1914; SD 812.00/11623; 11492.
¹⁰⁵⁴ Hamm, Durango, 24 de abril y 4 y 12 de mayo de 1914, SD 812.00/11837, 11810, 11998.
¹⁰⁵⁵ Informe de la frontera, Laredo, 2 de mayo de 1914, SD 812.00/11942.
¹⁰⁵⁶ *Cf.* V. Purcell, *The Boxer Uprising*, Cambridge, 1963, pp. 125 y 252.
¹⁰⁵⁷ Alger, Mazatlán, 24 de abril, SD 812.00/11843; Knight, *Nationalism, Xenophobia and Revo-*

tigo bastante objetivo que se encontraba en Monterrey, estaba convencido de que la propaganda (incluido el falso informe de la declaración de guerra hecha por los Estados Unidos) "tiene el propósito de reunir voluntarios entre los habitantes de la ciudad para obligarlos luego a luchar contra los constitucionalistas... es evidente que las autoridades federales incitan a las manifestaciones contra los Estados Unidos con el mismo propósito".[1058] Pero una vez más la respuesta del pueblo fue tibia.

En todo el centro y norte de México, a veces adornando la realidad, los oficiales federales exhortaron a los rebeldes a unírseles contra los estadunidenses. El general Téllez, sitiado en Guaymas, trató de ganarse a Alvarado; Villa rechazó las insinuaciones de los generales Maass y Caraveo; Zapata, Mendoza y De la O (Morelos), Caballero (Tamaulipas) y Natera (Durango) desdeñaron propuestas similares.[1059] Desde su famoso aeroplano, los rebeldes dejaron caer sobre Mazatlán volantes en los que repudiaban las propuestas de los federales y daban detalles de las últimas victorias rebeldes (¿fue ésta la primera vez en la historia que se usó propaganda aérea?).[1060] Es natural que los constitucionalistas, como cualquier mexicano consciente, se dolieran de la violación de su territorio y no podían darse el lujo de presentarse como sirvientes de los Estados Unidos. Preocupaba a Carranza destacar su patriotismo y censurar la ocupación, respuesta que lo mostró ingrato a los ojos de algunos estadunidenses.[1061] En Sonora, los constitucionalistas discutieron seriamente si debían unirse a los federales; el ataque enfureció a Zapata; y, como dije antes, hubo en las ciudades dominadas por los rebeldes protestas contra los Estados Unidos, pero en ellas, las autoridades estaban más preocupadas por contenerlas que por fomentarlas.[1062] La reacción de Villa fue algo excepcional: rechazó las insinuaciones de los federales, pero también aprobó, con restricciones, la ocupación de Veracruz porque servía como medio para presionar a Huerta. Quizá esta versión tradicional exagera la flexibilidad de Villa, pero seguramente en esos duros momentos de la campaña del norte, conseguido el decisivo avance en Torreón, no podía pensar en cambiar de actitud y unirse a los federales para enfrentar a los estadunidenses; descartada esa alianza, no tenía sentido arriesgar el aprovisionamiento de armas ostentando patriotismo terco y desbordado. Por el contrario, Villa hizo lo posible por presentar una buena imagen ante la prensa estaduniden-

---

lution, p. 250; Wightwick, Monterrey, 3 de mayo de 1914, FO 371/2029, 27317; de C. Husk a H. L. Scott, 30 de mayo de 1914, Documentos Scott, caja 15, contiene un fragmento de la bandera ofendida.

[1058] Wightwick, véase nota anterior.

[1059] Obregón, *Ocho mil kilómetros*, p. 111; Guzmán, *Memorias*, p. 387; Carothers, El Paso, 10 de mayo de 1914, SD 812.00/11875; Womack, *Zapata*, pp. 185-186; *Mexican Herald*, 13 de mayo de 1914; Hamm, Durango, 12 de mayo de 1914, SD 812.00/10129, 11998.

[1060] Brown, Mazatlán, 4 de mayo de 1914, SD 812.00/10129, 11979.

[1061] Quirk, *Affair of Honor*, p. 116; Barclay, Washington, 22 de junio de 1914, FO 371/2030, 29611.

[1062] Thord-Grey, *Gringo Rebel*, pp. 208, 216, 218 y 234; Womack, *Zapata*, p. 186.

se y se mostró solícito con los inversionistas extranjeros que había en sus dominios.[1063]

Esa respuesta era básicamente pragmática; también los sonorenses, de cuyo patriotismo jamás se dudó, estaban muy interesados, una vez pasada la crisis, en dar seguridad a los capitalistas estadunidenses. Ahora bien, aun suponiendo que la condescendencia de Villa haya sido genuina, pudo haber sido también manifestación de cierta ingenuidad, de incapacidad para trascender los problemas inmediatos, regionales, y adquirir un compromiso nacional duradero. Piensa Meyer que la reacción de Villa a la ocupación de Veracruz demuestra que "simplemente carecía de perspicacia política"; en parte es cierto.[1064] En general, el patriotismo sensible y la estricta observancia de la soberanía nacional correspondía a un criterio culto, urbano, metropolitano; era característico de abogados, periodistas y políticos, más que de vaqueros, bandidos, campesinos, porque muchos de ellos no tenían sólida lealtad nacional. Zapata —en quien se mezclaban el patriotismo tradicional con la lealtad localista— tenía doble presión: por un lado, la invasión le hacía "hervir la sangre"; por otro, era intransigente a las insinuaciones de Huerta.[1065] Las lejanas comunidades rurales (que en conjunto habían contribuido con un gran contingente revolucionario) también despreciaron el llamado nacionalista.[1066] Los "peones-soldados" de Sonora, cuyos oficiales habían discutido seriamente el asunto, estaban más inquietos por los intentos de proscribir a las soldaderas; y los jefes yaquis, para quienes la patria chica era más importante que la nación, se declararon abiertamente en contra de la alianza con los federales.[1067]

Puesto que reclamaba condición revolucionaria nacional, pero carecía de apoyo popular, Carranza debía mantenerse firme en su nacionalismo. Villa no necesitaba mostrar su patriotismo para conseguir aplauso porque ya lo había ganado en Tierra Blanca y Torreón, pero esas victorias obligaban a Carranza a presentar una actitud nacionalista fuerte. No es el caso aquí de dudar del nacionalismo de Carranza sino sugerir que el nacionalismo, como globo de fiesta, podía inflarse para una gran ocasión. En ese momento, algunos constitucionalistas pensaron que el primer jefe estaba "jugando a la política para mantener a raya a su gente".[1068] Tiempo después, tratando de recuperar su imagen internacional, Carranza casi lo reconoció así; aseguró que "sentía admiración y gratitud por el pueblo estadunidense y por el gobierno de Wash-

[1063] Quirk, *Affair of Honor*, p. 117, cita al conocido informe de Carothers, quien ("detrás de sus pulidos lentes y su perpetuo cigarro") estaba dedicado a mejorar la imagen de Villa (véase O'Hea, *Reminiscenses*, p. 98); el énfasis es diferente en las *Memorias* de Guzmán, pp. 382-384; véase también Clendenen, *United States and Pancho Villa*, p. 75; Katz, *Deutschland*, p. 318.

[1064] Meyer, *Huerta*, p. 203; Luis Fernando Amaya, *La soberana convención revolucionaria, 1914-1916*, México, 1975, p. 21, atribuye a Ángeles la condescendencia de Villa.

[1065] Womack, *Zapata*, p. 186.

[1066] González y González, *Pueblo en vilo*, p. 123.

[1067] Thord-Grey, *Gringo Rebel*, pp. 208-209 y 216.

[1068] De Cobb a Scott, 2 de mayo de 1914, Documentos Scott, caja 15.

ington" y señaló que los críticos que se habían escandalizado por sus declaraciones, "arrogantes y poco amistosas, están muy distantes y no se dan cuenta de las condiciones locales y de que tengo que encargarme de mi gente y satisfacerla".[1069]

Otra consecuencia del ataque a Veracruz fue, pues, el distanciamiento mayor entre Villa y Carranza, y sus facciones. Villa, pragmático y conciliador con los Estados Unidos, resentía la potencialmente peligrosa actitud belicosa y patriótica de algunos de sus compañeros rebeldes.[1070] La prensa citó su aprobación a la medida estadunidense y sus críticas a la severa protesta de Carranza. Éste, a su vez, le ordenó que evitara complicarse en cuestiones internacionales; Villa negó públicamente que tuviera conflictos con el primer jefe y juró total lealtad.[1071] Por mucho que la ocupación perjudicara a Huerta, sin duda obstaculizó la Revolución sembrando la discordia entre Villa y Carranza, lo que retrasó el avance a la Ciudad de México.[1072] Sin embargo, en muchos sentidos, la ocupación —como buena parte de la política estadunidense— se distinguió por su escasa importancia; provocó ira breve, pero su efecto concreto fue limitado: no hizo más que cambiar —o apenas desviar— el curso de los acontecimientos preparado desde adentro por los mexicanos.

La "débâcle"

Cuando ocurrió lo de Veracruz, la suerte estaba echada: se había puesto a prueba a Huerta y se le encontró incapaz; carrancistas, zapatistas, villistas y otros dividían y tomaban su reino. Hacía poco habían caído Torreón y San Pedro (2 y 12 de abril); los estadunidenses ocupaban Veracruz cuando los rebeldes atacaban Monterrey que tomaron tres días después. En mayo, la División del Noroeste tomó Tepic y empezó a abrirse camino en Jalisco bajo las lluvias del verano. En el noreste, Tampico se rindió a mediados de mayo y Saltillo una semana más tarde. A causa del ataque a Veracruz se retiraron las guarniciones federales de Morelos (he ahí uno de los pocos resultados inequívocos de la ocupación norteamericana, lo que permitió a los zapatistas tomar cuatro pueblos sin encontrar resistencia. De todos modos, los federales eran ya una fuerza gastada en Morelos; a principios de mayo, cuando cayó Jojutla, sólo 90 de los 1 200 federales "regresaron maltrechos a Cuernavaca", último reducto huertista en el estado, que quedó sitiada.[1073]

[1069] Canova, Saltillo, 2 de julio de 1914, SD 812.00/12462.
[1070] Guzmán, *Memorias*, pp. 386-389.
[1071] Amaya, *Soberana convención*, pp. 21-22.
[1072] También hizo que Villa dependiera de las fuerzas procarrancistas que estaban en la costa del golfo para conseguir armas legales; de L. de la Garza a Sommerfield, 27 de junio de 1914, WWP, serie II, caja 111.
[1073] Obregón, *Ocho mil kilómetros*, pp. 109 y 128; Casasola, *Historia gráfica*, II, pp. 788-790 y 794-795; Womack, *Zapata*, p. 187.

La capacidad y moral de los federales se habían desplomado en cada escenario. Incluso la defensa de Zacatecas, tan decidida en un principio, terminó en desbandada. A medida que Villa se acercaba, "el pánico pareció apoderarse del ejército federal; los soldados y oficiales que hasta ese momento habían luchado con valor perdieron la cabeza completamente y no pensaban en otra cosa que salvar sus vidas".[1074] Esa *débâcle* en Zacatecas tenía muchos antecedentes. En marzo, la guarnición de Jojutla se amotinó "y se había paralizado la defensa de toda la zona sur"; testigos de la campaña de Tampico informaron que era "extraordinaria la ineficacia de las tropas federales"; cuando el general Mier ordenó a los federales abrirse paso luchando para salir de Guadalajara (en julio) hubo pánico, deserciones y, por lo tanto, grandes pérdidas.[1075] Las deserciones en masa se volvieron comunes. El régimen pagaba el precio de las levas indiscriminadas; multitud de conscriptos abandonaban el ejército de manera tan ignominiosa como se habían unido a él. Ya en marzo se decía que en el frente había "innumerables deserciones".[1076] Se calculaba que en la batalla de Torreón habían desertado 1 500 soldados.[1077] Antes de Veracruz, ése fue el punto crítico. Recordando agosto de 1914, el ministro británico atribuyó el rápido colapso del régimen que él había apoyado a la "total desmoralización del ejército federal desde la caída de Torreón" (por primera vez tenía razón).[1078] En Paredón y Saltillo los federales desertaban o se rendían por centenares; cada villista hacía 15 o 20 prisioneros.[1079] El cuerpo de oficiales, el pilar más importante del huertismo, comenzó a tambalearse. En la campaña de La Laguna habían muerto muchos oficiales —o hechos prisioneros y ejecutados—; empezó a ser común que volvieran a la capital generales derrotados. Cuando Velasco y Almazán regresaron de Torreón (después de sufrir otras derrotas en el noreste) y Morelos Zaragoza e Higinio Morales de Tampico, los habitantes de la capital empezaron a darse cuenta de que la derrota era inminente.[1080] A diferencia de sus tropas, no resultaba fácil para los oficiales federales cambiar de bando. A mediados del verano de 1914 era demasiado tarde para hacerlo; se arriesgaban así a ser ejecutados más que bien recibidos, porque los constitucionalistas eran menos tolerantes con los "revolucionarios de último minuto" que sus antecesores maderistas. Tuvo más suerte el general Osuna, quien estaba a cargo del lejano, descuidado y problemático distrito de Baja California Sur; en marzo, después de una última redada vengativa de los "principales ciudadanos" de La

---

[1074] Caldwell, Zacatecas, 29 de junio de 1914, FO 371/2030, 39909.

[1075] Hohler, Ciudad de México, 6 de abril; Holms, Guadalajara, 20 de julio de 1914; FO 371/2027, 18383/2031, 52831; Womack, *Zapata*, p. 182.

[1076] Hohler, Ciudad de México, 4 de marzo de 1914, FO 371/2026, 12853.

[1077] Meyer, *Huerta*, p. 192.

[1078] Carden, Ciudad de México, 23 de agosto de 1914, FO 371/2031. 49152; Carden lo atribuía también al aumento de la corrupción entre los líderes federales.

[1079] Guzmán, *Memorias*, p. 399.

[1080] *Ibid.*, pp. 401-402; Brondo Whitt, *División del Norte*, p. 136; Casasola, *Historia gráfica*, II, pp. 792-793; *Mexican Herald*, 3 de mayo de 1914.

Paz, Osuna renegó del régimen, saqueó los comercios de la ciudad, se apoderó de las recaudaciones de la aduana y de un barco mercante e "hizo vela hacia lo desconocido"; quizá hasta logró colarse en la Revolución.[1081] La mayoría de los oficiales no tenían voluntad ni medios para intentar huida semejante. Aunque en mayo se habló de un golpe antihuertista, nada se concretó.[1082] *Faut de mieux*, el cuerpo de oficiales se quedó con Huerta hasta el final; puesto que no podía abandonar el barco, se hundió con él.

Mientras tanto, y en vista del fracaso militar, los viejos partidarios de Huerta buscaron desesperadamente otra alternativa. El ejército, que no había podido controlar la Revolución, representaba ahora una amenaza para el orden y la propiedad. Al parecer, en abril de 1914, Huerta había ordenado a los federales derrotados en el norte modificar la "política de tierra quemada"; al evacuar Torreón, San Pedro, Piedras Negras, Nuevo Laredo, Saltillo y Zacatecas, destruían indiscriminadamente edificios públicos o de otro tipo.[1083] Incendiaron la mayor parte de Piedras Negras y Nuevo Laredo; aquí y en Monterrey, los constitucionalistas restauraron el orden y la seguridad de la vida citadina.[1084] En Zacatecas muchos murieron o quedaron enterrados cuando los federales volaron el arsenal; fue un acto "vil y cobarde", comentó el vicecónsul británico, que lo dejó "terriblemente asustado y nervioso como un gato".[1085] Se informó que los terratenientes del Bajío habían tomado las armas para defenderse de los federales que depredaban sus tierras.[1086] A medida que crecía el disgusto por Huerta, crecía también, aunque a regañadientes, el respeto por los rebeldes, quienes —admitió un observador que no simpatizaba con ellos— no eran tan malos como se había hecho creer y en general procuraban, y lo conseguían, conservar el orden en los pueblos que conquistaban. Informó un misionero que había orden en Piedras Negras y que los constitucionalistas no podían "ser más amables con los estadunidenses".[1087] En Tampico todo estaba "en orden y los negocios en plena marcha"; un almirante británico llegó a la conclusión de que probablemente no habría pánico ni masacres si los constitucionalistas entraban en la Ciudad de México.[1088] Un enviado estadunidense en Monterrey escarbó escrupulosamente en su acervo léxico para describir la conducta de los constitucionalistas, cuyo com-

---

[1081] Sullivan, La Paz, 18 y 27 de agosto de 1913 y 27 de marzo de 1914, SD 812.00/8528, 8645, 11343; Thord-Grey, *Gringo Rebel*, p. 197, recuerda que un coronel federal llegó por barco desde Baja California con 150 desertores, lo que levantó mucho la moral.

[1082] Canada, Veracruz, 12 de mayo de 1914, SD 812.00/11912; *Mexican Herald*, 19 de mayo de 1914; rumores parecidos hubo en el mes de julio (*Le Courrier du Mexique*, 2 de julio de 1914).

[1083] Cumberland, *Constitutionalist Years*, p. 120, n. 26.

[1084] De S. G. Inman a su esposa, 28 de abril de 1914, SGIA, caja 12; informe de la frontera, Brownsville, 28 de abril; Hanna, Monterrey, 26 abril de 1914; SD 812.00/11806, 11719.

[1085] Caldwell, Zacatecas, 29 de junio de 1914, FO 371/2030, 39909.

[1086] *Mexican Herald*, 12 y 19 de junio y 13 de julio de 1914; Romero Flores, Michoacán, pp. 121-122, destaca las simpatías maderistas de esos terratenientes rebeldes.

[1087] De S. G. Inman a su esposa, 12 de mayo de 1914, SGIA, caja 12.

[1088] Cradock, Tampico, 15 y 17 de mayo de 1914, FO 371/2028, 21973, 22293.

portamiento era un "orgullo para la civilizada era en que vivimos" y su manera de tratar a los estadunidenses, prueba de que "quieren y respetan a nuestro país, nuestro pueblo y nuestra bandera"; estaban tan lejos de parecerse a los huertistas, como lejos está Zanzíbar de Holanda.[1089] Los rebeldes ocuparon Guadalajara con "perfecta disciplina"; contuvieron un tumulto iniciado por los habitantes de la ciudad y "controlaron una insurrección en la penitenciaría".[1090]

Las derrotas de los federales y la disciplina de los revolucionarios estimularon la búsqueda de un acuerdo. El apoyo que se había dado en un principio a Huerta cedió lugar a la espera prudente, a la que sustituyó la oposición total, pero discreta. Ese cambio ocurrió antes de la caída de Torreón y de la ocupación de Veracruz: "Las clases cultas y los propietarios —afirmó en marzo el *Mexican Herald*— agradecerán una solución para la situación existente, lo quiera o no Huerta". Se habló de pedir la mediación panamericana; el secretario de Relaciones Exteriores prometió que Huerta se retiraría inmediatamente después de las elecciones, si los Estados Unidos suspendían los envíos de armas para los rebeldes.[1091] Sin embargo, los sucesos de Torreón y Veracruz dieron gran impulso a esos esfuerzos; aun cuando el producto de la ocupación fue magro, por lo menos en Veracruz consiguió un foro seguro y una prensa libre que los descreídos del régimen podían aprovechar. En mayo pasó por ahí el arzobispo de México en ruta hacia Europa; se decía que exiliado, porque había recomendado, con apoyo papal, la renuncia de Huerta. También pasó por Veracruz Aureliano Urrutia, ex médico de Huerta, su partidario y ministro de Gobernación, y dijo que el país podía salvarse "en el momento que el presidente Huerta y todos los que están con él en el poder... decidan retirarse".[1092] Al impulsar la mediación internacional, Veracruz abrió también esperanzas de negociación. A pocos días de la ocupación, los embajadores de Argentina, Brasil y Chile en Washington se ofrecieron como mediadores en el conflicto entre México y los Estados Unidos; el gobierno norteamericano, que probablemente había pensado ya en eso, aceptó inmediatamente.[1093] La mediación ofrecía a Wilson no sólo un recurso para sacar sus tropas de Veracruz, sino para sacar a Huerta del poder con medios políticos controlados, no con los azarosos de la guerra. Huerta dudaba, porque —como los

[1089] Hanna, Monterrey, 26 de abril y 1º y 13 de mayo de 1914, SD 812.00/11719, 11797, 11925; el cónsul británico Wightwick opinaba igual pero en un estilo más prosaico; se comentó cáusticamente en Whitehall: "sin duda, Mr. Wightwick es admirador de los constitucionalistas" (Wightwick, Monterrey, 3 de mayo de 1914 y minutas, FO 371/2029, 27317).

[1090] Holms, Guadalajara, 20 de julio de 1914, FO 371/2031, 52831 (aunque sin duda Holms no quería a la Revolución).

[1091] *Mexican Herald*, 24 de marzo de 1914 (contiene reseña de lo informado por la prensa); Grieb, *United States and Huerta*, p. 119.

[1092] *Mexican Herald*, 19 de mayo de 1914 (las oficinas del *Herald* se encontraban entonces en Veracruz).

[1093] Grieb, *United States and Huerta*, p. 159; Spring-Rice, Washington, 27 de abril de 1914, FO 371/2028, 20023, sugiere una *démarche* europea (franco-española).

Estados Unidos— Brasil, Argentina y Chile no habían reconocido su gobierno, y la opinión informada —que él debía conocer— pensaba en la mediación como manera de hundirlo y convencer a los constitucionalistas —a los más respetables, por lo menos— para llegar a un gobierno de compromiso. Presionado por el ministro británico y otros, Huerta accedió, aunque no de muy buena gana.[1094] Cuando los tres enviados huertistas partieron a Niágara para conferenciar con los representantes de Brasil, Argentina y Chile, la capital "suspiró aliviada".[1095]

Emilio Rabasa, Luis Elguero y Agustín Rodríguez, los enviados, eran, dice Grieb, "devotos de México más que de Huerta".[1096] Sin duda querían, como casi todos los que en la nación entendían de política, que las tropas estadunidenses salieran del país; y sin duda no eran huertistas incondicionales (quedaban pocos en mayo de 1914 y, por la naturaleza de su misión, una actitud de ese tipo habría sido gran obstáculo). Pero no fueron a Niágara como nobles y desinteresados patriotas. Eran, dice un informe, "hombres que tienen la confianza de las clases cultas y adineradas". Rabasa era un jurista de nota, patriarca del clan Rabasa de Chiapas; Elguero, estrechamente relacionado con las compañías extranjeras de la capital, había ocupado altos cargos en el gobierno de Díaz y, como Rodríguez, era miembro distinguido de la comunidad católica (su hermano editaba *El País*).[1097] No participaban con falsa modestia en las "negociaciones más trascendentales que ha visto la América Latina", ni se engañaban acerca del propósito de su misión: "La ocasión actual —escribió Rabasa en un telegrama— se presenta como única propicia para sugetar [sic] revolución a condiciones salvar sociedad".[1098] En otras palabras, Niágara sería la Ciudad Juárez de la revolución constitucionalista.

Si querían llegar a un acuerdo con los Estados Unidos y los rebeldes, las pláticas debían apresurarse mientras Huerta estaba en condiciones de negociar. Cada derrota de los federales debilitaría esa condición y endurecería la determinación de los revolucionarios. Decía Rabasa que Huerta podría hacer un "retiro decoroso" sólo mientras tuviera un ejército que lo apoyara y "no puede suponerse que actúe bajo coacción, sino obrando con desinterés y patriotismo que todo el mundo aplaudiría". Así pues, las pláticas debían apresurarse y abarcar arreglos internos e internacionales, y las campañas contra los rebeldes debían prolongarse aun cuando no hubiera posibilidad de victo-

[1094] Carden, Ciudad de México, 27 de abril de 1914, FO 371/2027, 16485; en *Secret War,* Katz hace un análisis muy influido por las opiniones de Von Hintze. Según *El Imparcial,* apenas un mes antes Huerta había descartado la mediación panamericana (7 de marzo de 1914).

[1095] W. F. Buckley, Fall Report, I, p. 788. Incluso Carden debió reconocer que "en la capital se estaba en favor de la renuncia de Huerta" y que el problema era encontrar la forma de lograrla (Carden, Ciudad de México, 4 de mayo de 1914, FO 371/2028, 19917).

[1096] Grieb, *United States and Huerta,* p. 161.

[1097] *Ibid.,* Knight, *Nationalism, Xenophobia and Revolution,* pp. 16 y 74.

[1098] De Rabasa a "Nopalimpura", 16, 21 y 28 de junio de 1914, Documentos Rabasa, University of Texas, Austin. Sobre Rabasa y sus colegas, véase también el memo. de B. Long, 9 de mayo de 1914, SD 812.00/11955 1/2.

ria. La pista de la defensa de Zacatecas en junio, sorprendentemente tenaz, puede seguirse hasta las instrucciones tácticas enviadas desde Niágara. "La base de todo es vencer en Zacatecas —telegrafió Rabasa— allá decidiráse la suerte de las negociaciones"; incluso abogó, optimista, por una contraofensiva federal.[1099] La matanza de Zacatecas (en la que murieron 6000 federales) se debió directamente a la desesperada estrategia fraguada por los enviados a Niágara, los hombres "devotos de México".

No estaban solos. Contaban con la buena disposición de los mediadores sudamericanos. El enviado argentino en Londres trató de conseguir apoyo europeo, y el ministro británico en México, que había persuadido a Huerta para que aceptara la conferencia, pidió a Londres "apoyar a los mediadores" y convencer a los Estados Unidos de que contuvieran a los rebeldes mientras se llegaba a un acuerdo.[1100] Distinguidos emigrantes mexicanos aconsejaron lo mismo; puesto que "de ninguna manera convenía a Inglaterra que Villa o cualquiera de sus seguidores llegara a la presidencia", la Cancillería "debería presionar algo a Wilson... para que consintiera en que estuviera a la cabeza del gobierno un hombre moderado, con ideas modernas, no un revolucionario"; de lo contrario, "estaríamos perdidos".[1101] Óscar Braniff, mediador profesional, bombardeó al Departamento de Estado con argumentos en los cuales demostraba que los mediadores debían sustituir a Huerta con un presidente de transición, al que aceptaran los "revolucionarios juiciosos", pero que no alimentara "ideas ultrarradicales".[1102] Pero Europa no hizo movimiento alguno, porque la sensibilidad que matizaba la actitud de los Estados Unidos hacia los asuntos de México impidió cualquier gestión; y mientras las pláticas en Niágara se agotaban, el asesinato en Sarajevo y las ramificaciones consecuentes desplazaron estas preocupaciones diplomáticas secundarias. El comienzo de la primera Guerra Mundial, sin embargo, confirmó y reforzó la deferencia de los europeos con los asuntos de los Estados Unidos y México.[1103] Aconsejado por Lind, Wilson no consideró las pláticas como medio para detener y comprometer la Revolución, sino para facilitar su ascenso al

---

[1099] De Rabasa a "Nopalimpura", 21 y 30 de junio de 1914, Documentos Rabasa.

[1100] Carden, Ciudad de México, 13 de mayo de 1914, FO 371/2028, 21598.

[1101] Carta anónima a R. H. Brand, Lazards, 17 de mayo de 1914, FO 371/2029, 27868; el suscrito ("amigo personal" de uno de los enviados de Huerta a Niágara) era casi con certeza Landa y Escandón quien, con Elguero, fue miembro del consejo de la compañía El Águila, de Cowdray; en una carta anterior a Cowdray (10 de noviembre de 1913, Documentos Cowdray, caja A/3) había insistido también en que las potencias europeas encontraran una "salida honorable" para Huerta.

[1102] De Braniff a Lansing, 16 y 17 de mayo de 1914, Documentos Lansing, II.

[1103] Algunos informes exageran o adelantan los efectos de la primera Guerra Mundial. La deferencia de los europeos con respecto a la política estadunidense hacia México empezó mucho antes de agosto de 1914 y manifestaba antiguas realidades económicas y geopolíticas. México no se distinguía en la *Weltpolitik* de Wilhelmine (como ha demostrado Baecker); Carden, por su parte, preocupado por enfrentar a los estadunidenses, no coincidía con la Cancillería y, sobre todo, con los intereses económicos británicos. Por lo tanto, Europa veía a Wilson con cierta mortificación impotente; una pequeña muestra de lo que ocurriría en 1918-1919.

poder ordenadamente: "El propósito de nuestra conferencia —dijo Bryan—, es encontrar un método que sirva para que lo inevitable se consiga sin derramar más sangre".[1104] Aceptada como verdadera la premisa de que Huerta estaba perdido, ese método era más práctico que obstinado; tenía, sin duda, más sentido que los elaborados proyectos de los huertistas y sus partidarios emigrantes, en los cuales viejos nombres de presidenciables (Limantour, Lascuráin, Lauro Villar) se combinaban con nuevas fórmulas gubernamentales (huertistas, constitucionalistas y "neutrales" —que quién sabe quiénes serían—).[1105]

En toda esa diplomacia vana, los representantes sudamericanos ayudaron a los huertistas; Rabasa dijo de ellos que se "han conducido con lealtad y simpatía inmejorables".[1106] Pero en conjunto insistieron en que cualquier trato tenía por condición un armisticio, algo en lo que Carranza no cedió, porque él, tanto como los huertistas, recordaba la lección de Ciudad Juárez. En realidad, no es probable que el primer jefe habría podido detener el acelerado progreso de la Revolución aun si lo hubiera intentado. Carranza se negó, pues, a participar en las pláticas o a conceder una tregua durante su transcurso. Por su parte, el gobierno de los Estados Unidos respetó la decisión y no presionó (como pudo haber hecho) para que Carranza asistiera a la conferencia. Wilson observó con cierta agudeza: "tenemos la impresión de que los representantes mexicanos están ansiosos porque por algún medio intervengamos para evitar el triunfo total de la revolución. De nuestra parte, no podemos permitirnos hacer algo así por derecho o conciencia".[1107] Fracasó, pues, la conferencia de Niágara; mejor dicho, tuvo éxito en lo que concernía a la cuestión limitada y formal para la que se había reunido. El 1º de julio se firmaron los protocolos que trataban el incidente de Tampico y solucionaban el conflicto concreto, algo espurio, entre Huerta y el gobierno de los Estados Unidos. Pero quedó sin resolver el problema real: el futuro político de México, en el que los huertistas tenían la esperanza de participar. No habría componendas, no se repetiría el Tratado de Juárez. Continuaría la Revolución hasta que Huerta se rindiera incondicionalmente. Fracasada la mediación extranjera, la última esperanza de los conservadores era la intervención del exterior.

La caída de Huerta era cuestión de tiempo. Pero ese tiempo dependía de las vicisitudes del lado revolucionario. En mayo, Carranza había desviado a

---

[1104] Grieb, *United States and Huerta*, p. 166; Katz (*Secret War*, p. 199) va más lejos al pensar que el gobierno de Wilson trataba de "debilitar a los revolucionarios y poner al nuevo gobierno bajo la influencia norteamericana tanto como fuera posible".

[1105] Grieb, *United States and Huerta*, p. 167; de Lamar y Lehmann a Bryan, 13 de mayo de 1914, WWP, series, IV, caja 110; Ulloa, *Revolución intervenida*, pp. 203-259, reseña ampliamente las pláticas.

[1106] De Rabasa a "Nopalimpura", 3, 4 y 22 de junio de 1914, Documentos Rabasa; de Wilson a Page, 1º de junio de 1914, WWP, serie IV, caja 110, percibió cierta mentalidad "científica" entre los delegados sudamericanos.

[1107] De Wilson a Lamar y Lehmann, 24 de mayo de 1914, WWP, serie IV, caja 109.

Villa hacia Saltillo, en una expedición que resultó ser muy breve; mientras tanto, el primer jefe visitó Torreón recién conquistado (los jefes villistas lo recibieron con frialdad) y Durango, donde conferenció con los Arrieta —algo distanciados de Villa— y Pánfilo Natera, caudillo de Zacatecas.[1108] Éstos aseguraron a Carranza que podían tomar Zacatecas sin la ayuda de Villa, lo que sonó como música en sus oídos.[1109] Las fuerzas leales quitarían el último gran obstáculo en el camino a la Ciudad de México. Pero los federales estaban fuertes en Zacatecas y superaban a las tropas de Natera en proporción de dos a uno. Pasados dos días de lucha, Natera reconoció que la empresa era demasiado para él.[1110] Carranza ordenó a Villa enviar refuerzos, pero no bajo su comando personal, porque quería una victoria militar por la que no tuviera que pagar un precio político. Separar a la gente de su caudillo era tramposo y provocador (es irónico que la disputa entre Villa y los Arrieta haya tenido los mismos motivos, y que Villa haya sido el causante); a modo de protesta, Villa se retiró del cargo, reacción en la que lo apoyaron 15 generales de la División del Norte, quienes reprocharon a Carranza sus celos, autoritarismo, mala fe e incapacidad diplomática.[1111]

La situación era difícil. La distancia entre Villa y Carranza aumentaba a medida que se desmoronaban los cimientos del huertismo. Dos semanas después se intentó dar una solución al problema. Representantes de Villa y la División del Noreste, de González, se reunieron en Torreón para llegar a un acuerdo sobre cuestiones militares y políticas. Villa reconoció a Carranza como primer jefe y, a cambio, se le confirmó en su puesto de jefe de la División del Norte, se le garantizó más independencia militar y aprovisionamiento adecuado de municiones y carbón hasta ese momento se le habían negado, se lamentaba Villa.[1112] Ambos grupos presentaron sugerencias sobre los cargos del gabinete y las reformas sociales que debía poner en práctica el futuro gobierno revolucionario.[1113] Lo más importante fue que en el acuerdo de Torreón se estipulaba que, una vez tomada la capital, se realizaría una convención revolucionaria en la cual representantes de todo el ejército discutirían un programa de reformas y fijarían la fecha de las elecciones. Ese acuerdo reformaba el Plan de Guadalupe y procuraba dar al ejército una voz decisiva en la creación del nuevo régimen. Así como los revolucionarios habían aprendido bien la lección del Tratado Juárez, los militares de 1914, en especial los villistas, estaban decididos a no quedar a un lado como sus predecesores en 1911. Enfrentado al reto, Carranza respondió con astucia: aceptaba "en general" el acuerdo de Torreón y la idea de una convención revolucionaria,

[1108] Urquizo, *Páginas*, p. 75; Guzmán, *Memorias*, p. 391; Pazuengo, *Historia*, pp. 98-100.
[1109] Cumberland, *Constitutionalist Years*, p. 134.
[1110] *Ibid.*, p. 135; Langle Ramírez, *Ejército villista*, pp. 83-84.
[1111] Amaya, *Soberana convención*, p. 24; Pazuengo ilustra el paralelo en su *Historia*, p. 99.
[1112] Obregón, *Ocho mil kilómetros*, p. 132.
[1113] Lo primero emanó de los villistas; lo segundo, de la División del Noreste, quizá de Villarreal: Amaya, *Soberana Convención*, pp. 26-28.

pero no se comprometía a determinar la composición de ésta (si incluiría sólo a los militares, por ejemplo), ni apoyaría las reformas laborales, agrarias y anticlericales, las cuales, decía, escapaban al propósito original de la conferencia.[1114] Se cubrieron así, de manera temporal e imperfecta, las diferencias entre Villa y Carranza. Pero cualesquiera fueran las advertencias y condiciones, era claro que en la agenda de la Revolución quedaba anotado algún tipo de convención general y representativa.

Villa no permaneció inactivo mientras progresaba el politiqueo. Dejó de lado su disputa con Carranza y condujo su División del Norte (más de 20 000 hombres apoyados por formidable artillería) a Zacatecas.[1115] Como en enero, en Ojinaga, terminó el trabajo que había comenzado y estropeado Natera. En un par de días terminó con las primeras defensas, los federales retrocedieron apresuradamente y cuando lanzó el asalto final, el 23 de junio, se produjo la "hecatombe".[1116] En Torreón, Villa había dejado a propósito una vía de escape al ejército vencido, pero en Zacatecas no le dio esa oportunidad y atacó a los federales que huían con fuego cerrado desde todas partes. La derrota se convirtió en fuga, y la fuga en masacre. Murieron quizá 6 000 federales; algunos cuando dinamitaron los edificios públicos y el arsenal; precipitadamente cayeron otros en los tiros abandonados de las minas que salpicaban las montañas de los alrededores; otros más fueron fusilados —aquellos oficiales que, una vez hechos prisioneros, no podían escapar a la ejecución aun cuando arrancaran sus charreteras para fingirse soldados comunes—.[1117] Centenares de soldados se unieron a las filas rebeldes. Sólo un puñado de oficiales consiguió escapar; uno de ellos era el viejo y ladino orozquista Benjamín Argumedo, que se vistió de harapos, se embadurnó la cara y, fingiéndose carbonero, cruzó con sus mulas las filas villistas.[1118] El veterano guerrillero parecía lo que fingía ser, pero era posible distinguir al instante un oficial federal aun sin sus insignias. De los 12 000 hombres que tenía la guarnición federal, sólo pocos centenares llegaron a Aguascalientes; del resto, quizá la mitad murió y la otra fue hecha prisionera.[1119] Durante días, el olor nauseabundo saturó la ciudad devastada; en el subsecuente brote de tifo murió el general villista Toribio Ortega; finalmente, se roció con petróleo los cadáve-

[1114] *Ibid.*, pp. 28-29.
[1115] Cumberland, *Constitutionalist Years*, p. 136; del capitán José Granados a A. M. Elías, en el informe del último a la SRE, 7 de julio de 1914, SRE, legajo 87-R-28, p. 1, calcula que el ejército de Villa tenía 25 000 hombres y 62 cañones.
[1116] Cumberland, *Constitutionalist Years*, p. 136; Langle Ramírez, *Ejército villista*, pp. 92-94.
[1117] Caldwell, Zacatecas, 29 de junio de 1914, FO 371/2030, 39909; Brondo Whitt, *División del Norte*, pp. 206-212.
[1118] Brondo Whitt, *División del Norte*, p. 209.
[1119] Cumberland, *Constitutionalist Years*, p. 137, dice que murieron 6 000 federales y 1 000 rebeldes; Langle Ramírez, *Ejército villista*, que murieron 4 800 federales; Caldwell (*supra*, n. 1117) dice que las bajas rebeldes fueron más de 1 000; Meyer, *Huerta*, p. 178, a partir de fuentes federales, calcula que las pérdidas de uno y otro bando fueron iguales, lo que es difícil de creer.

res insepultos y se les prendió fuego. Felipe Ángeles estaba exultante. Terminada la batalla escribió: "vi el acontecimiento, desde el punto de vista estético, como acabada obra de arte".[1120]

Se ha criticado duramente a Ángeles por su esteticismo insensible, pero en cierto sentido tenía razón. Torreón había sido el punto culminante, pero Zacatecas —último reducto huertista defendido a instancias de los enviados a Niágara— fue el final y la derrota más costosa de toda la guerra, que reveló el colapso total del régimen. Dos semanas más tarde, Obregón aniquiló otro ejército federal, más débil, en Orendáin, cerca de Guadalajara.[1121] En Morelos, los federales tenían sólo Cuernavaca; los habitantes padecían hambre, los pobres abandonaban la ciudad a hurtadillas para unirse a Zapata y los federales "huían cuando les era posible".[1122] Cuernavaca resistió hasta agosto; el ejército y muchos habitantes de la ciudad retrocedieron entonces a la Ciudad de México. Mucho antes de eso, los zapatistas empezaron a someter a los pueblos de la sierra en las afueras del Distrito Federal; desde los techos de la fábrica de textiles La Hormiga, podían verse las escaramuzas de federales y zapatistas entre Puente Sierra y San Jerónimo "provocando en la región mucha ansiedad, inquietud y temor". Algunas fábricas se vieron obligadas a cerrar; los rebeldes quemaron casas de Contreras y La Magdalena, pero respetaron las de quienes, precavidos, habían puesto letreros que proclamaban su adhesión a los revolucionarios.[1123]

Los intentos gubernamentales de último minuto para convencer a los zapatistas de llegar a un armisticio —"tender la trampa a los rústicos sureños para llevarlos a pactar"— no dieron resultados.[1124] La Revolución avanzaba en todos los frentes. Gertrudis Sánchez cruzó el Balsas con un ejército formado por guerrerenses y michoacanos para tomar Huetamo; los hermanos Márquez sitiaron Tlaxcala; Jesús Carranza y Pablo González avanzaron sobre San Luis Potosí; Cándido Aguilar se dirigió al sur desde Tuxpan y en julio se acercaba a Jalapa, capital de Veracruz, mientras los federales, sin paga y sin ánimo, retrocedían y desertaban *en masse*.[1125] Hubo sólo un movimiento contrario importante. Villa, que permaneció poco tiempo en Zacatecas, decidió no seguir a la Ciudad de México, sino regresar al norte. Algunos creen que esa decisión se debió a presiones de los estadunidenses y a que éstos que-

---

[1120] Pazuengo, *Historia*, pp. 96-97; Cumberland, *Constitutionalist Years*, p. 137.

[1121] Obregón, *Ocho mil kilómetros*, pp. 134-140, afirma que murieron 2 000 federales, 5 000 cayeron prisioneros y que cayeron 300 rebeldes. La batalla tuvo lugar a unos 40 kilómetros de Guadalajara (a solicitud de los comerciantes locales), con lo que la ciudad no sufrió la suerte de Zacatecas y conservó su récord de inmunidad ante los levantamientos revolucionarios: *Mexican Herald*, 31 de mayo de 1914.

[1122] Rosa King, en Hohler, Ciudad de México, 2 de noviembre de 1914, FO 371/2031, 76893.

[1123] De J. Bustamante, al subsecretario de Fomento, 29 de julio de 1914, *Trabajo*, 34/1/14/23.

[1124] Womack, *Zapata*, pp. 187-188.

[1125] Romero Flores, *Michoacán*, pp. 124-125; *Mexican Herald*, 26 de junio de 1914; Cumberland, *Constitutionalist Years*, p. 140; Canada, Veracruz, 8 y 27 de julio de 1914, SD 812.00/12533, 12754.

rían mantener a Villa fuera de la capital.[1126] Pero Villa tenía mucho prestigio en esos círculos; es poco probable, pues, que le exigieran retroceder y que hubiera aceptado tales exigencias de habérselas hecho. Su decisión indicaba, en todo caso, que el acuerdo de Torreón era frágil; temía que los carrancistas incursionaran en su territorio (sobre todo los que estaban en Saltillo) y no quería extender sus líneas de comunicación desde la frontera hasta la Ciudad de México. De todos modos, la capital tentaba menos a Villa que a quienes querían el poder nacional.[1127] El camino estaba entonces expedito para Obregón, quien se dirigió hacia el sudeste desde Guadalajara, a través del Bajío, sofocando metódicamente los focos de resistencia federal, hasta que al comenzar agosto, su ejército de casi 18 000 hombres se encontró a las puertas de la Ciudad de México, donde podía unirse a la avanzada de la división noreste de González. En la capital, los diplomáticos extranjeros estaban sumergidos en la paranoia, temerosos de que el sitio fuera parecido al de Pekín y de que se desataran el robo, la violación y el pillaje.[1128] El régimen de Huerta comenzó a desmoronarse desde adentro. Desde la primavera el gobierno era un desorden; el gabinete no se reunía desde abril, y en lo que se refiere a Tampico, Veracruz y Niágara, la política se había hecho de manera personal y arbitraria.[1129] A finales de junio, el gabinete reunió valor para pedir la renuncia a Huerta; ésta fue la "primera ocasión en que mostró algo de independencia e interés por trabajar en conjunto". Una semana después el ministro británico aconsejó la renuncia; sugirió que un sucesor "neutral" podría negociar con los constitucionalistas y añadió "otros argumentos, en su mayoría de naturaleza personal, que [expuso] para influir en su decisión".[1130] Huerta se convenció. El 9 de julio, Francisco Carbajal, presidente de la Suprema Corte de Justicia, fue designado secretario de Relaciones Exteriores; seis días después, Huerta renunció y Carbajal lo sucedió (los refinamientos constitucionales se observaron tanto en el nacimiento cuanto en el deceso del régimen). Acompañado por su viejo amigo Blanquet, secretario de Guerra, Huerta hizo el peligroso camino por tren a Puerto México donde abordó el crucero de guerra alemán *Dresden* que lo llevó a Jamaica; desde allí partió, vía Inglaterra, a Barcelona, en la que se estableció con su familia para vivir tedioso exilio, aunque no por mucho tiempo.[1131]

Ido Huerta y con él muchos de sus aliados, sus albaceas políticos sobrevivieron un mes más, tratando de conseguir un armisticio condicionado para evitar la matanza y la revuelta que se creía sobrevendría con el triunfo total de la Revolución. Enviados de Carbajal llevaron propuestas a Carranza: que

---

[1126] *Mexican Herald*, 9 de julio de 1914; Carden, Ciudad de México, 7 de julio de 1914, FO 371/2030, 30797.
[1127] Cumberland, *Constitutionalist Years*, p. 138.
[1128] Por ejemplo Carden, Ciudad de México, 1º de agosto de 1914, FO 371/2030, 35683.
[1129] Moheno, *Mi actuación*, pp. 92-93 y 107-108.
[1130] Carden, Ciudad de México, 1º y 7 de julio de 1914, FO 371/2030, 29834, 3099.
[1131] Meyer, *Huerta*, pp. 208-211.

el antiguo XXVI Congreso se reuniera y designara un presidente provisional; que hubiera armisticio y amnistía general; que los restos del ejército federal siguieran en funciones y se respetaran los rangos existentes. Esas propuestas eran demasiado optimistas y, a pesar de las exhortaciones de los estadunidenses, Carranza las rechazó.[1132] El 12 de agosto, Carbajal y su gabinete abandonaron la contienda diplomática y el país, y dejaron al gobernador del Distrito Federal a cargo de la ciudad. Los temores hobbesianos de los extranjeros no se volvieron realidad; la falta de gobierno no desató la anarquía. El gobernador Iturbide se reunió con Obregón en Teoloyucan, a las afueras de la capital, y junto con los representantes militares firmó la rendición, cuyos términos estipulaban que Obregón tomaría el control de la ciudad y garantizaría el orden; la guarnición federal de 25 000 hombres saldría de la ciudad en dirección al este sólo con sus rifles y se acantonaría a lo largo del ferrocarril México-Puebla; en todo el país, los federales se rendirían a las autoridades pertinentes.[1133]

El Tratado de Teoloyucan fue importante en dos sentidos. Primero, la rendición fue incondicional, porque no se tuvieron en cuenta las condiciones de Carbajal: no hubo amnistía, no se reconoció al ejército federal, no hubo ataduras políticas. A diferencia de Madero en 1911, los constitucionalistas tomaron posesión de una herencia libre y desamortizada. Segundo, al ordenar la evacuación de los federales, Obregón estipuló que seguirían en sus puestos los destacamentos que protegían el sur de la ciudad de los zapatistas hasta que los constitucionalistas los reemplazaran.[1134] En lo político, los constitucionalistas proclamaron su dominio al establecer un régimen partiendo de cero; en el aspecto militar, se advertían ya los conflictos por venir.

[1132] Amaya, *Soberana convención*, pp. 29-36.

[1133] *Ibid.*, pp. 36-38; Cumberland, *Constitutionalist Years*, p. 148; Obregón, *Ocho mil kilómetros*, pp. 159-161.

[1134] Amaya, *Soberana convención*, p. 38.

VIII. LA REVOLUCIÓN EN EL PODER
El gran cisma

LA CAPITAL tuvo su primera experiencia de lo que era la ocupación revolucionaria en agosto de 1914. Pronto se disiparon los temores de disturbios y masacre. El ministro británico comentó que los carrancistas habían asumido el poder "con más tranquilidad y orden de lo que hubieran previsto los más optimistas".[1] Los revolucionarios impusieron la ley marcial, cerraron las cantinas, fusilaron a varios saqueadores y exhibieron sus cadáveres a modo de advertencia. Multitudes (300 000 según cálculos; 100 000 habían recibido a Madero)[2] se reunieron una semana después para presenciar la entrada triunfal de Carranza. Aun cuando supongamos que esa cifra se aproxime a la real, no era signo de popularidad. Otros motivos, que no el ferviente entusiasmo, lanzaban a los capitalinos a las calles; uno de ellos era la curiosidad por ver a los norteños de uniforme caqui y a los atemorizadores contingentes de yaquis que venían con Obregón.[3] Un testigo, que tenía motivos para sentirse hastiado, quedó "sorprendido por la falta de entusiasmo de la multitud".[4] Los constitucionalistas devolvieron esa indiferencia. Al dirigirse al gobernador del Distrito Federal, Carranza advirtió que la Ciudad de México, "cuna de todos los cuartelazos" a la que no había tocado la violencia (olvidaba la Decena Trágica), no podía esperar ya trato privilegiado: "justo es que pague esta vez sus faltas y la vamos a castigar duramente".[5] Al visitar la tumba de Madero, Obregón también hizo comentarios acerca de los no beligerantes inexpertos (tema al que era muy afecto); su hostilidad hacia la Ciudad de México se volvió constante.[6] Surgieron los viejos sentimientos de federalismo norteño y desde el principio fueron poco felices las relaciones entre los constitucionalistas y la capital de la República que consideraban corrupta y conservadora.

En 1911, cuando Madero llegó, hubo un entusiasmo genuino, matizado con cierto alivio, porque comenzaba la paz; pero en 1914 los ánimos se habían agriado en ambos bandos; muchos "acomodados" partían hacia Veracruz y había ya escaramuzas entre los zapatistas y constitucionalistas en los alrede-

---

[1] Hohler, Ciudad de México, 25 de agosto de 1914, FO 371/2031, 49155.

[2] Cumberland, *Constitutionalist Years*, p. 148, n. 121; Ross, *Madero*, p. 175; Casasola, *Historia gráfica*, II, pp. 840-843; Guzmán, *El águila y la serpiente*, p. 131; Ramírez Plancarte, *Ciudad de México*, pp. 61-64; *Le Courrier du Mexique*, 15 y 20 de agosto de 1914.

[3] Casasola, *Historia gráfica*, II, pp. 830-831.

[4] Hohler, *cf.* n. 1; Carden, Ciudad de México, 20 de agosto de 1914, FO 371/2031, 41491; acababa de informarse a los británicos que Calder recibiría sus salvoconductos.

[5] Amaya, *Soberana convención*, p. 37.

[6] Rutherford, *Mexican Society*, pp. 266-267; véase el discurso de Obregón del 14 de abril de 1916 en Fabela, DHRM, RRC, V, p. 79.

dores de la ciudad.⁷ Aparecieron otras semejanzas y diferencias entre 1911 y 1914. Madero y Carranza eran líderes norteños (ambos coahuilenses), que se habían rebelado contra regímenes conservadores con base en programas político-constitucionales restringidos; en ambos casos, los compromisos de la rebelión (elecciones libres, restauración de la Constitución) no implicaban otra cosa que un nuevo orden político en el que podían conseguirse —o no— reformas "sociales". Pero la lucha contra Huerta había sido larga y sangrienta; había terminado, como veremos, con gran parte del viejo sistema porfirista y había estimulado el original compromiso para realizar una convención general revolucionaria. La rebelión de Madero dio lugar al interinato y a elecciones posteriores, pero Carranza no estableció un gobierno provisional ni resucitó las autoridades constitucionales de 1913. Cincuenta diputados de la XXVI Legislatura se reunieron con miras a reanudar las sesiones, pero se les ignoró (era grande el desprecio de los carrancistas por los renovadores) y pronto se apagaron los rumores de una presidencia provisional.⁸ Por el momento, la autoridad de Carranza siguió siendo la del primer jefe de la revolución constitucionalista —designación errada, que se sustentaba en una victoria militar y no tenía la aprobación de instituciones representativas—. Como observó Obregón, él y sus seguidores eran "anticonstitucionalistas", porque durante la guerra habían incurrido en muchos actos anticonstitucionales y porque, si se hubieran apegado a la Constitución, tendrían que haber "reconocido a Huerta, porque así lo mandaba la ley, porque (él ya) había protestado ante el Congreso".⁹ No es posible, pues, entender la Revolución y el régimen constitucionalistas en función de su "constitucionalismo" y "legalismo".¹⁰ En la práctica, Carranza, su gabinete y sus generales gobernaron por decreto; muchos de ellos preveían, no sin entusiasmo, un periodo de gobierno autoritario y duro, no un regreso inmediato a la Constitución. México necesitaba por lo menos un año de gobierno militar "preconstitucional", dijo el general sonorense Eduardo Ruiz, nuevo gobernador de Colima, e incluso los civiles pedían "una tiranía moderada y concienzuda".¹¹ Y lo que obtuvo el país fue un gobierno militar: gobierno por decreto en Veracruz con los gobernadores Jara y Aguilar; "militarismo absoluto" en Guadalajara.¹²

⁷ Hohler, n. 1.

⁸ *Le Courrier du Mexique*, 18 y 20 de julio y 2 de septiembre de 1914; de A. Abreu Salas a R. Zurbarán Capmany, 31 de julio de 1914, Fabela, DHRM, EZ, p. 90.

⁹ Amaya, *Soberana convención*, p. 101.

¹⁰ *Cf.* Quirk, *Mexican Revolution*, p. 9: "los revolucionarios que dirigía Carranza eran todos constitucionalistas". Amaya, *Soberana convención*, pp. 42-43, subraya la obsesión de Carranza por la legalidad, menos en lo referido a la reforma agraria, porque le disgustaba la expropiación *de facto;* cuando se trataba de ejercitar el poder político, su legalismo era menos estricto.

¹¹ C/o USS Maryland, Manzanillo, 23 de agosto de 1914, SD 812.00/13672; de C. Maldonado a S. Alvarado, 14 de febrero de 1913, DHRM, RRC, V, p. 27. *Mexican Herald*, 21 de septiembre de 1914 (desde otro punto de vista, coincide con esto).

¹² C/o USS Minnesota, 9 de diciembre de 1914; Canada, 18 de junio de 1915 (ambos desde Veracruz); Davis, Guadalajara, 31 de octubre de 1914; SD 812.00/14047; 15344; 13720.

Ahora bien, si las formas de gobierno eran bastante parecidas, lo que variaba era el contenido, porque no había un conjunto de políticas al que se sometieran todos. El cónsul británico en Tampico, que había conversado con varios constitucionalistas importantes, incluido Carranza, llegó a la conclusión de que ninguno tenía, al parecer, "una plataforma de partido definida. Luego que consiguieron eliminar a Huerta, se ven algo perdidos sobre lo que deben hacer".[13] Aunque, como diré después, los constitucionalistas presentaron actitudes y políticas claras, también es verdad que en el verano de 1914 éstas aún no estaban completamente desarrolladas, sistematizadas y ejecutadas. La diferencia más grande entre las revoluciones maderista y carrancista fue el reconocimiento general —quizá unánime— de que el inmediato "regreso a la normalidad", como había ocurrido en 1911, no era posible ni deseable; esto se debía a los cambios forjados en cada revolución y a lo que esos cambios implicaban en política. Puesto que ni Madero ni Carranza habían elaborado planes de reforma social, y ya que sus manifiestos se concentraban en cuestiones políticas, sus revoluciones se han visto a menudo como asuntos tibios e inocuos que no propusieron, ni lograron, cambios importantes para la sociedad mexicana. Hubo mucha guerra, pero no "revolución", según dice Ruiz.[14]

He dicho ya que las benignas reformas del Plan de San Luis tuvieron en 1911 graves consecuencias, y que la revolución de Madero alentó (y sirvió para crear) profundas tensiones sociales, las cuales contribuyeron a la caída de Díaz, primero, y luego al fermento que vivió el país durante el gobierno maderista. No hay en los pronunciamientos de Madero muchos elementos que sirvan para evaluar al radicalismo de la Revolución de 1910, sobre todo cuando los observamos desde la perspectiva de las democracias industriales de fines del siglo XX (donde el liberalismo se da por hecho), no desde la perspectiva de las dictaduras agrarias de principios del siglo XX (donde ese liberalismo no se daba por hecho). Lo mismo ocurre con Carranza. El Plan de Guadalupe —que provocó tal vez menos interés que el de San Luis— fue, como quería Carranza, el punto de unión de todas las fuerzas —urbanas, rurales, liberales, agraristas, clasemedieras y plebeyas— que estaban contra Huerta.[15] Aparte de repudiar a Huerta, el plan no decía casi nada más y ésa fue su gran virtud; podemos decir, parafraseando a Thiers, que fue el plan que menos dividió a los mexicanos. También en otras declaraciones —por ejemplo, en su arenga a los revolucionarios de Sinaloa, en San Blas— el primer jefe fue intencionalmente vago en cuanto a sus políticas futuras.[16] Pero sería un error deducir de ahí que Carranza era un conservador miope, cuya única preocupación era terminar con Huerta, y —error más grande aún— que la

---

[13] Wilson, Tampico, 27 de julio de 1914, FO 371/2031, 47057.
[14] Ramón Eduardo Ruiz, *The Great Rebellion 1905-1924*, Nueva York, 1980, pp. 3-5.
[15] De Carranza a Zapata, 16 de mayo de 1913, Fabela, DHRM, EZ, p. 70, y véase p. 105.
[16] Olea, *Sinaloa*, p. 65.

revolución constitucionalista en su conjunto fue un movimiento de conservadores miopes cuyo único interés era terminar con Huerta.

Acerca del primer punto, individual y menos importante, debe advertirse que Carranza reconocía la necesidad de reformas sociales. En su famoso discurso de Hermosillo habló de la inminente "lucha de clases" que trascendería cuestiones concretas como sufragio efectivo, reforma agraria, educación, y procuraría "la justicia… la igualdad… y la desaparición de los poderosos"; en ese mismo discurso prometió revisar exhaustivamente la legislación y tomar medidas para elaborar una nueva constitución.[17] En el interesante examen que hace A. Córdova de ese discurso (clasifica a éste, y en general al liberalismo de Carranza, como una forma de *étatisme* jacobino que procura, al mismo tiempo, eliminar los privilegios y controlar a las masas), absuelve a Carranza de conservadurismo y, entre más comprensibles hace sus decisiones subsecuentes (en especial las revisiones al Plan de Guadalupe, decretadas en diciembre de 1914-enero de 1915), las vuelve menos apresuradas y oportunistas como a menudo se les considera.[18] En realidad, es posible extender la perspectiva: podemos ver a Carranza como uno de los maderistas intransigentes que en 1912 temía el fracaso de Madero por falta de medidas firmes, que satisficieran a las masas y neutralizaran el poder de los porfiristas (de un lado, por ejemplo, la reforma agraria; de otro, el mantenimiento de las fuerzas militares maderistas). No puede decirse que esta manera de pensar fuera convencional en 1912, pero dos años más tarde, después del fracaso, la caída y muerte de Madero y de la larga lucha contra Huerta, quienes pensaban lo mismo habían aumentado de manera exponencial. Más que nunca, era necesario satisfacer a las masas y terminar con el poder de los porfiristas.

De esta forma, aun la posición formulada por Carranza no era el liberalismo político estricto; distinguía las disposiciones del Plan de Guadalupe, forzosamente limitadas, de las demandas revolucionarias más amplias (muchas de ellas "sociales") que subyacían en la revolución constitucionalista, y en su momento y lugar (Chihuahua, abril de 1914) pudo mostrarse efectivamente populista: "mi desconocimiento del llamado gobierno Central, *no fue un plan revolucionario*. La Revolución ha surgido antes de volver al orden constitucional; y es el pueblo quien por sí propio está desarrollando la magna obra de su redención".[19] Por supuesto, ése era un desempolvador revolucionario (en otro tiempo y lugar, Carranza sonaría de manera diferente), pero sirve —como sirven a veces los desempolvadores revolucionarios— para quitar el polvo y sacar brillo a una verdad profunda sobre la Revolución. Llegamos aquí al segundo cargo —el más importante— contra la opinión que considera la revolución constitucionalista como un movimiento básicamente

[17] Barragán, *Historia del ejército*, I, pp. 213-218.
[18] Córdova, *Ideología*, pp. 199-203. Véase Robert E. Quirk, "Liberales y radicales en la Revolución mexicana", *Historia Mexicana*, II, núm. 4 (abril-junio de 1953), pp. 503-528, sobre el análisis curiosamente influyente de "los hombres de Carranza [como] trogloditas en el siglo XX".
[19] Amaya, *Soberana convención*, p. 19.

político, que no tuvo en cuenta cuestiones "sociales".[20] Dentro de la alta política hubo, es cierto, pocos compromisos verbales y menos concesiones prácticas a las demandas de tipo "social". La lucha contra Huerta fue una preocupación esencial. Pero como en 1910-1911 (quizá ahora más), la política oficial fue sólo parte de la historia, no el argumento principal. Una vez más, la revolución popular armada fue causa, *nolens volens*, de cambios a veces radicales que no contemplaban los planes y programas nacionales. Ésa fue la característica de la Revolución mexicana en su conjunto, por lo menos en el periodo hasta aquí estudiado. Un vistazo a la situación en que se encontraba el país en el verano de 1914, revela la dimensión e importancia de ese cambio que no se discutió, legisló o sistematizó, que brotó del suelo de la sociedad mexicana, que alimentaron el sol y las lluvias de la Revolución y fue más fuerte por su génesis natural, sin planes. Los grandes cambios forjados en años de revolución (1910-1914) tuvieron su origen en impulsos locales, en grupos desarticulados y en su compleja y oscura relación, que a menudo daba resultados imprevistos; no provenían de planes elaborados por individuos o élites. En ese sentido, la Revolución fue —si se me permite la paradoja— un fenómeno más burkeano que jacobino, aunque —como luego veremos— después de 1914 el jacobinismo levantó cabeza cuando la reforma planeada y "oficial" sustituyó a la reivindicación local y popular. Es por eso que muchos historiadores, atentos al "canto inoportuno" de los grillos jacobinos, desatendieron a los grandes rumiantes taciturnos del campo y malinterpretaron el curso de la Revolución,[21] ya que vieron la crisis de 1914-1915 como radicalización del constitucionalismo y nacimiento de la revolución "social", cuando, en realidad, el comienzo del coro de los "grillos" auguró, no tanto los avances y triunfos de la Revolución, sino su derrota y retroceso. Y esto se debió a que la escasez de la reforma oficial jacobina anterior a 1914 coincidió con transformaciones sociales importantes; en cambio, la plétora de tales reformas instrumentadas después de ese año, a menudo significó la anulación y represión de los cambios conseguidos hasta ese momento.

Fin del antiguo régimen

¿Qué tipo de cambios se dieron? El más general, evidente e importante fue la destrucción del viejo sistema porfirista, por lo menos en el norte y en buena

[20] Menos general y explícita que la interpretación correspondiente sobre la revolución maderista, esta opinión se reduce a veces a distinguir entre revolucionarios conservadores (políticos) como Carranza y radicales (sociales) como Obregón (distinción que no afecta el argumento presentado aquí); la opinión se sustenta en diversos argumentos (o los abarca): el origen ("pequeñoburgués") de los constitucionalistas; la falta de reformas sociales antes de 1914; las superficiales reformas hechas en el papel después de ese año; la eficacia de esas reformas que eran en esencia conservadoras; la falta de verdadera movilización popular y el consecuente cambio social en todo respecto.

[21] Edmund Burke, *Reflections on the Revolution in France*, Harmondsworth, 1978, p. 181.

parte del centro de México (en el sur fue diferente; el cambio llegaría pronto, pero sería importado, planeado, típicamente jacobino). La revolución de Madero había iniciado el proceso, y aunque Madero retrocedió y el proceso se detuvo, la multitud anónima lo aceleró e impulsó en 1913-1914 con la *guerre à outrance* contra Huerta. La política constitucionalista oficial también desempeñó su parte, pero la política oficial que llegó después fue innovadora y también imitadora: se apropió de algunas demandas populares en su propio beneficio, desaprobó otras y buscó víctimas —tales como los curas— hacia las cuales la masa no tenía muy buena disposición. Los ataques "oficiales" y "no oficiales" al sistema porfirista tenían ritmos y prioridades diferentes; a veces se separaban, a veces coincidían, pero juntos representaban una ofensiva tremenda.

Para los "mejores elementos", que habían recibido bien el golpe de Huerta (hacendados, jefes políticos, comerciantes y gente de la Iglesia), la Revolución significó temor y huida. Ya en mayo de 1913, los acaudalados de Zacatecas "estaban muertos de miedo"; por el mes de octubre se informó desde la Ciudad de México: "los propietarios temen que se les confisquen sus posesiones violentamente, que se vean forzados a exiliarse y que sean inevitables las represalias, si triunfan los revolucionarios norteños".[22] A veces esos temores resultaban irracionales y exagerados; eran infundados los del cuerpo diplomático que esperaba el asedio de sus legaciones a la llegada de los rebeldes, y también aumentaban los miedos al pillaje zapatista indiscriminado.[23] Se agrandaban y adornaban historias de terror que provenían de Durango y otros lugares, ya que —sobre todo si se trataba de ejércitos grandes— las fuerzas rebeldes eran, por lo común, disciplinadas y raramente tumultuosas. Pero lo que la élite temía —y con razón— no eran tanto los abusos desenfrenados y arbitrarios cuanto los ataques predecibles y específicos a sus propiedades, personas y condición social. Esos ataques tenían patrones regulares y —aun cuando los perpetrara la turba y no los comandantes militares o las cortes revolucionarias— mostraban cierta racionalidad y discriminación.

La expropiación —sobre todo de latifundios— era una importante forma de ataque, a la que me referiré más adelante, tal como lo eran las medidas anticlericales, aunque éstas deben enmarcarse en el contexto general de altivez popular y aprensión de la élite que prevalecía entonces. Como vimos, los que en la Chihuahua villista favorecían al antiguo régimen (la familia Terrazas, por ejemplo, y la comunidad española), se vieron forzados a abandonar el estado, se les confiscaron sus propiedades, y quienes comentaron la situa-

---

[22] Del administrador de la mina Refugio, Zac., a H. Swain, mayo de 1913; O'Shaughnessy, Ciudad de México, 17 de octubre de 1913, SD 812.00/7757, 9249; con reacciones semejantes, se involucra tanto a la muchedumbre citadina como a los rebeldes: Bonney, San Luis, 18 de diciembre de 1913, SD 812.00/10466; Holms, Guadalajara, 11 de febrero; Wilson, Tampico, 14 de junio; c/o HMS Algerne, Ensenada, 29 de abril de 1914, FO 371/2025, 10096; 2031, 47057; 2029, 23365.

[23] O'Shaughnessy, Ciudad de México, 3 de febrero; Page, Londres, 6 de mayo, Lansing, memo., 9 de mayo de 1914, SD 812.00/10777, 11838, 11986.

ción estaban sorprendidos por el *bouleversement* que acompañó al ascenso de Villa al poder, fenómeno más acentuado en las regiones del sur del reino villista. Vimos ya que Durango sufrió el peor ataque de la revolución constitucionalista. De ahí en adelante, los ricos que no habían huido sufrieron cárcel, multas y secuestros; se les confiscaron sus haciendas y sus casas citadinas. En 1914 hubo una segunda tanda de arrestos (de los miembros de la ex Defensa Civil) a manera de represalia por la leva huertista.[24] En los pueblos de La Laguna, "la extorsión había dejado sin un centavo a casi todos los profesionistas y acomodados", de modo que —por prudencia, pobreza o ambas razones— decidieron quitarse sus cuellos almidonados y usar sus ropas y zapatos viejos cuando salían a la calle. Los rebeldes no eran los únicos culpables; empezaba a ser evidente la naturaleza criminal y vengativa de las "clases bajas de esos pueblos, a las cuales se consideraba, antes de que empezara la revolución, tranquilas y ordenadas —comparadas a como se veían ahora—". Por ejemplo, ¿qué tan bajo había descendido la sociedad, cuando los sirvientes descubrían a los rebeldes el sitio donde los amos habían escondido sus objetos de valor?[25]

La descomposición social se extendió en poco tiempo. Después de que cayó Guadalajara, los "empleados se vengaron acusando a sus antiguos patrones de huertistas", con lo que dieron lugar a su arresto o la confiscación de sus bienes.[26] También en esa ciudad, que durante mucho tiempo había escapado al trauma de la rebelión, los revolucionarios confiscaron casas y automóviles (los choferes recibieron órdenes de resistir, pero ellos se negaron aduciendo que el alcohol los tenía en malas condiciones); fusilaron a los oficiales federales y persiguieron a sus familias.[27] Guadalajara no estaba mejor un año después con el "proletariado al mando". El elegante y tradicional paseo de flirteo que llenaba la plaza principal las tardes de domingo, se había convertido en su propia parodia: "desde que comenzó la revolución, la gente decente casi no va a la plaza de armas"; la sustituyó "un conglomerado de proletarios, algunos vestidos pasablemente, otros sucios y en harapos". Entre tanto, generales rebeldes arribistas recorrían la ciudad en las limosinas que habían confiscado, y sus hombres, envueltos en cananas, fanfarroneaban y alborotaban en las calles.[28] En tales circunstancias, mostrarse distinguido podía resultar peligroso (en el Estado de México, la turba linchó a una pareja que estaba demasiado bien vestida).[29] En algunos casos se intentaba no sólo expropiar los bienes de los acomodados, sino también humillarlos, manera ésta casi tea-

[24] Hamm, Durango, 27 de julio de 1913, 9 de enero, 6 y 21 de marzo de 1914, SD 812.00/8449, 10654, 11223, 11353.
[25] Cummins, Gómez Palacio, diciembre de 1913, FO 371/2025, 13251.
[26] Holms, Guadalajara, 20 de julio de 1914, FO 371/2031, 52831.
[27] *Ibid.;* dice aquí que "las bandas locales se han unido al cuerpo principal de los rebeldes y que esos nuevos aliados bandoleros *(sic)* eran los más vengativos".
[28] Davis, Guadalajara, 28 de junio de 1915, SD 812.00/15587.
[29] Womack, *Zapata*, p. 243; véase también Anita Brenner, *Idols Behind Altars*, Nueva York, 1929, p. 218.

tral de mostrar que el mundo estaba de cabeza. Después de la toma de Culiacán, los huertistas distinguidos —para deleite del pueblo— tuvieron que barrer las calles al ritmo de la música que tocaba una banda; el jefe político fue sometido a una ejecución fingida, después de lo cual huyó a los Estados Unidos.[30] En Zacatecas se expulsó a los ciudadanos principales, "se obligó a otros a barrer las calles"; aquí, Melitón Ortega ejecutó al jefe político.[31]

El odio que, al principio de la Revolución, la gente tenía a funcionarios, oficiales, comerciantes y terratenientes, aún estaba vivo en 1914, llegando a parecerse y confundirse con las purgas y proscripciones oficiales, aunque se expresó usualmente con estilo particular. La forma en que los hombres de Blanco y la "chusma del lugar" saquearon durante cuatro días los comercios de Acapulco —los que pertenecían a españoles, especialmente—, en nada caracterizaba la forma en que Carranza u Obregón procuraban extirpar el porfirismo y sus privilegios; estaba en la línea de lo que había ocurrido en Durango, Torreón, Concepción y en otros episodios de menor importancia.[32] Menos a tono aún con la política oficial era el comportamiento del "general Quintanilla, ignorante y brutal" (se decía que era zapatista), quien "la noche que llegó [a El Oro] ordenó que se organizara un baile, obligó a asistir a las mejores familias (pero no a los extranjeros) y a sus hijas bailar con los soldados peones de la peor clase que estaban borrachos. Al día siguiente sus hombres saquearon los comercios".[33]

Ésas eran —con palabras de Azuela— las tribulaciones de las familias decentes. Pocos reaccionaron defendiéndose con firmeza (he mencionado ya las razones que tuvieron para hacerlo) y muchos optaron por emigrar; de ahí que uno de los efectos generales más sorprendentes de la Revolución fue la desaparición de las élites locales que habían dominado la sociedad porfiriana. En algunas regiones el fenómeno se advertía ya a mediados de 1913, porque los acomodados abandonaban los pueblos para dirigirse a las capitales de los estados o al Distrito Federal.[34] Hubo gran éxodo en La Laguna; a fines de ese año, "poca gente respetable quedaba allí".[35] Los terratenientes de Durango, algunos de los cuales habían regresado a sus haciendas cuando el golpe de Estado les dio seguridad, se reunieron primero en la ciudad amenazada y luego decidieron abandonarla aun cuando eso significaba que los rebeldes confiscarían sus posesiones.[36] Hubo migraciones parecidas de Tepic a Gua-

[30] Olea, *Sinaloa*, pp. 63-64.

[31] Caldwell, Zacatecas, 2 de septiembre de 1914, FO 371/2031, 52833; Canova, 4 y 10 de agosto de 1914, SD 812.00/12826, 12888. Pero Canova es más gráfico que confiable; confunde aquí a Melitón con Toribio Ortega (jefe político muy diferente que había muerto ya) y compara la ocupación de los rebeldes con las de hunos, árabes, turcos y "piratas de Morgan".

[32] Almirante Howard, 18 de enero de 1915, SD 812.00/14239.

[33] G. Anderson, El Oro, 2 de junio de 1915, SD 812.00/15255.

[34] Shelby, Tula, 9 de junio de 1913, SD 812.00/7890.

[35] Cummins, Gómez Palacio, enero de 1914; Richardson, Tlahualilo, febrero de 1914; FO 371/2025, 10096; 2026, 11732.

[36] Hamm, Durango, 25 de julio de 1913, 6 y 21 de marzo de 1914; SD 812.00/8310, 11223, 11353; Pazuengo, *Historia*, p. 32.

dalajara, de Saltillo a San Luis Potosí, los Estados Unidos y la Ciudad de México; el triunfo de Villa en Chihuahua provocó el éxodo en masa de los "civiles de la clase alta".[37] Meses después ocurrió lo mismo en las ciudades y los estados situados más al sur. Poco antes de que Mazatlán se rindiera, salieron por mar, junto con la guarnición, 92 "huertistas". En Veracruz se observó: "mientras avanzan los rebeldes, las familias ricas huyen y los pobres, por lo común, toman cualquier arma que tengan a mano y se unen a los constitucionalistas".[38]

Lo que ocurrió en pueblos pequeños como Cerralvo (N. L.), que se quedó sin funcionarios ni familias acomodadas en abril de 1913, ocurrió también en pueblos del norte y centro de México.[39] En las calles de Chalchihuites (Zac.) no se veía "gente de la clase alta o media", y en San Luis Potosí, "la mayoría de los que proporcionaban empleo y patrocinio [sic] a los pobres [muy cierto en el caso del Valle del Maíz] habían abandonado los pueblos". Un estadunidense que recorría México a principios de 1915, se dio cuenta de que "en Chihuahua y otras partes del país falta gente con educación. Dicho sin remilgos, 'el hombre de camisa blanca', al parecer, ha desaparecido".[40] Es verdad que ésta es una evidencia subjetiva, porque no se puede calcular la muerte social del antiguo régimen. Es cierto que esos datos se encuentran sobre todo en testimonios de extranjeros, quienes trataban de describir la situación del país de manera general porque las fuentes mexicanas existentes, tales como periódicos o correspondencia oficial, que se ocupaban de cuestiones concretas, pocas veces trataban esos asuntos generales (es de suponer que éstos eran comunes para quienes leían y escribían y que, en algunos casos, era mejor no mencionarlos). Es verdad también que muchos extranjeros tenían sus remilgos para tratar con los revolucionarios advenedizos en vez de los viejos porfiristas que les eran familiares; quizá exageraban la naturaleza baja y rústica de los primeros y pasaban por alto la discreta sobrevivencia de los segundos al lado de la Revolución e incluso dentro de ella. Pero en muchos casos esa sobrevivencia fue evidente sólo años después, cuando esos individuos salieron otra vez a la superficie. Aun si pensamos que son datos parciales, los que tenemos de 1913-1915 indican que hubo un gran eclipse —aunque en algunos casos haya sido temporal— de la vieja élite porfirista.

En Veracruz, durante la ocupación estadunidense, esa situación fue más clara que en ningún otro lado (aquí podemos echar mano de algunos datos); porque dicha ocupación añadió un elemento relevante en una coyuntura de gran importancia cuando Villa, sus compañeros revolucionarios y sus rivales atacaban el centro de México. A pocas semanas de la ocupación, el general

[37] Edwards, Juárez, 31 de diciembre; Silliman, Saltillo, 29 de diciembre; Hale, Tepic, 18 de diciembre de 1913; SD 812.00/10021; 10757; 10074.

[38] Olea, *Sinaloa*, p. 74; almirante Howard, 5 de marzo de 1914, SD 812.00/11227, comenta una salida anterior de los acomodados, temerosos de los rebeldes yaquis.

[39] H. Harrison, Cerralvo, 29 de abril de 1913, SD 812.00/7394.

[40] Anónimo, 8 de junio de 1913; Bonney, San Luis, 25 de junio de 1915; West, Chihuahua, febrero de 1915; SD 812.00/7911; 15374; 14622.

Funston se dio cuenta de que el flujo de refugiados "alcanzaba proporciones alarmantes" (llegaban unos 200 por día), y cuando cayó la Ciudad de México, en agosto, empezó "un gran éxodo de gente bien" a Veracruz; a finales del verano, 15 000 refugiados se amontonaban en ese puerto.[41] No todos eran ricos y distinguidos; había muchos españoles (la persecución que Villa llevó a cabo, puso en evidencia que la clase media española sufrió tanto como los ricos), más 300 curas y monjas temerosos de las represalias de los revolucionarios.[42] Era claro, sin embargo, que en su mayoría eran porfiristas y huertistas, muchos de los cuales estaban en Veracruz para ir al exilio (como Francisco Carvajal, quien estaba "muy deprimido"). Entre los que embarcaron en septiembre de 1914 se encontraban José Felguero, otrora editor de *El País*, tres ex gobernadores de Veracruz (Dehesa, De la Llave y Cauz), los generales Juvencio Robles (el carnicero de Morelos), Alberto Rasgado (el malversador de Mazatlán) y dos obispos.[43] Después de Veracruz, la siguiente parada era Nueva Orleans, Southampton o Santander —la primera en especial—. A fines de 1914 había en los Estados Unidos una nutrida comunidad de emigrados, muchos de ellos proscritos por el régimen revolucionario y amenazados con la ejecución si se les ocurría volver. Enrique Creel se había reunido con su suegro Terrazas; Félix Díaz estaba ahí pensando en una posible revuelta; había un grupo de ministros huertistas y casi una docena de generales federales. Unos conspiraban, otros escribían sus memorias. Aureliano Urrutia, íntimo de Huerta y su ministro de Gobernación, se mantuvo sabiamente alejado de la política y prosperó como dentista en San Antonio, donde murió, como ciudadano respetable, en 1975.[44] Muchos abandonaron el puerto, pero centenares se quedaron ahí y, ante la perspectiva de la evacuación, acosaron al cónsul estadunidense rogando que se les diera un transporte y se les salvara de la justicia revolucionaria.[45]

No eran infundados sus temores, porque la justicia revolucionaria podía ser súbita y severa. ¿Y qué era la justicia revolucionaria? "Justicia rápida —respondió Gabriel Gavira—, sin dilaciones; teniendo sólo por consejero a la conciencia honrada, al servicio de un criterio sano."[46] Cuando era comandante en Papantla, Gavira ordenó varias ejecuciones y expulsiones ("hay que tener presente —explica— que en esa época no era factible encarcelar a la gente"): a un administrador de hacienda que, se sabía, era espía huertista; a un mayordomo culpable de violación; a terratenientes españoles déspotas, y a

---

[41] Funston, Veracruz, 6 de mayo de 1914, SD 812.00/11859; Hohler, Ciudad de México, 25 de agosto de 1914, FO 371/2031, 49155; de Funston a Daniels, 17 de septiembre de 1914, Documentos Daniels, caja 42.

[42] *Mexican Herald*, 30 de mayo de 1914.

[43] *El Demócrata*, 28 de septiembre de 1914; *Le Courrier du Mexique*, 1º de octubre de 1914.

[44] Meyer, *Huerta*, pp. 211-215.

[45] Canada, Veracruz, 22 de septiembre, Fuller, Ciudad de México, 18 de septiembre de 1914, Documentos Daniels, serie IV, caja 117.

[46] Gavira, *Actuación*, p. 99.

los colaboradores del odiado jefe político de Papantla.[47] Gavira era un hombre honesto, aunque algo farisaico, más fiel a sus ideales que la mayoría. Otros tenían menos escrúpulos y, al amparo de la "justicia revolucionaria", se ejecutaban venganzas populares, las revueltas campesinas, las calculadas purgas políticas, las venganzas personales y la promoción por medios criminales. En realidad, el primer impulso del nuevo régimen no se orientó tanto hacia reformas concretas (del tipo que, se suponía, estaba en el corazón del constitucionalismo: trabajo, agrarismo, medidas económicas nacionalistas) cuanto a la venganza y renovación políticas. El administrador de una hacienda llegó a la conclusión de que el régimen de Carranza tenía "como principio fundamental el castigo de quienquiera que tuvo algo que ver con el gobierno de Porfirio Díaz".[48] Aunque eso era una exageración, tenía un rasgo del carrancismo que han destacado aun los especialistas moderados: que rechazaba la vieja "política de conciliación" de Madero y creía firmemente que "el triunfo nunca se da a medias y para que sea completo es precisa la destrucción del enemigo".[49] Aunque había villistas que pregonaban y practicaban esa doctrina, conviene advertir —sin dar explicaciones por el momento— que los hombres de Carranza fueron la muestra más consistente de ese exclusivismo revolucionario.[50]

Las amenazas de castigo se cumplieron en poco tiempo en la Ciudad de México. Huertistas reconocidos que pertenecían al "cuadrilátero", como Francisco Olaguíbel, pararon en la cárcel; uno por lo menos, Alberto García Granados, fue fusilado después de un juicio deshonroso; corrían rumores de que habría una ejecución en masa de los que "habían despojado al país", es decir, de los científicos. Se calculaba que con sólo las propiedades de Limantour se reunirían seis millones de pesos.[51] En poco tiempo se ocuparon las mansiones de la vieja élite: Rafael Buelna jugaba billar en la de Tomás Braniff; a Pablo González le tocó la de Ignacio de la Torre; Lucio Blanco se alojó en la de Joaquín Casasús, donde los nuevos ocupantes saquearon su escogida biblioteca y se resignaron a beber el vino de Casasús antes de que alguien lo robara.[52] Testigos irritados decían que las botellas de champaña se vendían a peso y que había orgías nocturnas en esas casas en otro tiempo refinadas.[53] Los mismos críticos afirmaban que los revolucionarios vagaban por la ciudad

---

[47] *Ibid.*, pp. 99-100.

[48] W. B. Loucks, Tabasco Plantation Co., en Fall Report, pp. 1393-1394.

[49] Córdova, *Ideología*, p. 192.

[50] Véase la lista de "enemigos de la causa", STA, caja 83; véanse, pp. 272-273 y 442-443.

[51] Meyer, *Huerta*, p. 214; de J. G. Nava a Carranza, 9 de octubre de 1915, AJD, r. 3; Casasola, *Historia gráfica*, II, p. 1062; Junco, *Carranza*, pp. 113-125; de Adams a Cowdray, 25 de septiembre de 1914, FO 371/2030, 67495.

[52] Casasola, *Historia gráfica*, II, p. 844; Guzmán, *El águila y la serpiente*, p. 185; de Adams a Cowdray (*cf.* nota anterior); Casasús que regresaba de Europa a México, hizo escala en La Habana, donde le aconsejaron no proseguir el viaje. De Landa y Escandón a Cowdray, 4 de noviembre de 1914, Documentos Cowdray, caja, A/3.

[53] W. Mitchell, gerente del Banco de Londres y México, en Fall Report, pp. 698-699.

en los autos que habían confiscado y que acompañaban sus celebraciones con tiros.[54]

Se denigró y proscribió aún más al antiguo régimen con palabras y obras. Obregón rindió homenaje a Madero ante su tumba; se desenterraron y mostraron a la prensa las ropas ensangrentadas de Madero y Pino Suárez; se exhumaron los restos de las víctimas de Huerta —entre ellos Serapio Rendón y Gustavo Madero— para darles honrosa sepultura.[55] Con el propósito de acentuar la iniquidad del viejo régimen, la prensa constitucionalista rebuscó en los archivos de Urrutia y encontró pruebas —como dijo repetidas veces en octubre de 1914— de intrigas clericales que relacionaban a los arzobispos de México, Puebla y Michoacán con los políticos del Porfiriato.[56] A esos descubrimientos escandalosos se añadieron ataques polémicos contra "los malditos treinta años del porfiriato", elogios a Madero, Belisario Domínguez y otros mártires revolucionarios, y celebraciones retóricas por el deceso de la "mafia de los científicos".[57]

En un plano más práctico, los constitucionalistas afianzaron su control en instituciones importantes. Arrestaron a los editores de diarios huertistas, confiscaron sus prensas y "tradujeron" —según la jerga del espionaje— sus publicaciones. En una semana de septiembre, tres nuevos fénix revolucionarios surgieron de las cenizas de la prensa conservadora, con nombres nuevos y adecuadamente revolucionarios.[58] Carranza no permitiría que la prensa lo pusiera en la picota como había hecho con Madero, y no veía la necesidad de andar con rodeos de discretos subsidios cuando la expropiación directa produciría los mismos o mejores resultados. Los constitucionalistas lanzaron también un ataque contra la administración pública que Madero había respetado. Procedieron a limpiar el cuerpo diplomático. Los "vicarios de Bray" —como el embajador mexicano en Roma, que había conservado su cargo durante 24 años— se quedaron sin trabajo.[59] Atacaron también los departamentos gubernamentales de la Ciudad de México. En noviembre, el administrador de Cowdray informó: "la máquina administrativa está totalmente destrozada y la administración pública desmantelada".[60] Exagerado. Hay pruebas de continuidad en departamentos como el de Trabajo, que siguió funcionando con Carranza como lo había hecho con Huerta, y de que en la administración pública hubo fricciones constantes entre los líderes revolucio-

---

[54] De Adams a Cowdray (*supra*, n. 51); como veremos, este deporte se practicaba también en provincia.

[55] Casasola, *Historia gráfica*, II, pp. 862-863.

[56] *El Demócrata*, 10, 11, 19 y 22 de octubre de 1914.

[57] *Ibid.*, 13, 14 y 17 de octubre de 1914; en Hohler, Ciudad de México, 22 de septiembre de 1914, FO 371/2031, 61028, se encuentra la transcripción del discurso de Rafael Cuevas y García.

[58] *Le Courrier du Mexique*, 17, 24 y 25 de agosto, 7 de septiembre de 1914; se llamaban *Vida Nueva*, *Nueva Patria* y *El Demócrata*.

[59] *Le Courrier du Mexique*, 20 de agosto y 8 de octubre de 1914; Page, Roma, 26 de marzo de 1914, SD 812.00/14701.

[60] De Adams a Cowdray, 23 de noviembre de 1914, Documentos Cowdray, caja A/3.

narios y los elementos supuestamente conservadores después de 1914 (en particular, se decía que el Ministerio de Hacienda estaba versado en el arte del contraataque).[61] Volveré al tema después, pero vale la pena hacer constar el inicio de este fenómeno en las purgas de 1914.

Mientras avanzaba la Revolución, buena parte del sistema ferroviario había quedado *de facto* bajo control militar. Tomada la capital, los constitucionalistas procuraron extender y legitimar ese control en vez de abandonarlo. En septiembre hubo cambios drásticos en la administración de los ferrocarriles; tres meses después Carranza decretó la confiscación de todo el sistema y lo puso bajo la dirección de Alberto Pani.[62] (Más adelante comentaré también las consecuencias de esa extensión del poder del Estado.) Confiscaciones de otro tipo fueron menos prácticas pero más simbólicas. Se entregó a los voceadores de la capital el Jockey Club, Meca de la alta sociedad metropolitana; Obregón se encargó de que la Casa del Obrero Mundial recibiera el convento de Santa Brígida y las prensas del periódico católico *La Tribuna*.[63] De esa manera, la humillación de clérigos y aristócratas sirvió para beneficiar a la clase trabajadora de la Ciudad de México y aumentar el prestigio de los constitucionalistas.

Algo parecido se veía en la provincia. A los "enemigos de la causa" se les impusieron regularmente préstamos forzosos y otros castigos financieros: en Monterrey, después de una ocupación impecablemente ordenada; en Tampico, donde los negocios estaban aún florecientes, y en Mazatlán, donde José María Cabanillas exigió a los ricos 200 000 pesos (quedaron exentos los extranjeros, menos los españoles).[64] La red revolucionaria caló fina y profundamente. En pueblos tan pequeños como Zaragoza (Coah.) se impuso multa de 200 pesos a reconocidos conservadores.[65] Se confiscaron propiedades urbanas: la del ex gobernador Dehesa en Jalapa, la del ex gobernador Espinosa y Cuevas en San Luis Potosí (que ocupó el jefe plebeyo Eulalio Gutiérrez), las de porfiristas o huertistas bien conocidos en algunos pueblos como Puerto México o Piedras Negras; las casas confiscadas ahí a los "enemigos de nuestra santa causa", se convirtieron en problemas administrativos para las autoridades municipales.[66] Los revolucionarios confiscaron en Guadalajara 400 automóviles, con el pretexto de usarlos en el servicio militar pero, en realidad,

[61] De J. G. Nava a Carranza, 1º de diciembre de 1915, AVC; *El Demócrata*, 17 de diciembre de 1915.
[62] Silliman, Ciudad de México, 14 de septiembre de 1914, SD 812.00/6363/136; Hohler, Ciudad de México, 7 de diciembre; de S. Person Son a Grey, 10 de diciembre de 1914; FO 371/2032, 79841; 81543; Pani, *Apuntes*, p. 222.
[63] Carr, *Movimiento obrero*, I, p. 81; *Le Courrier du Mexique*, 30 de septiembre y octubre de 1914.
[64] Hanna, Monterrey, 1º de junio; c/o USS Minnesota, Tampico, 2 de agosto; USS Chattanooga, Mazatlán, 26 de septiembre de 1914, SD 812.00/12192; 12819, 13672. Se exigió contribución a las compañías extranjeras en Tampico, pero no en Monterrey.
[65] De B. Jiménez a J. Acuña, 22 de enero de 1915, AG 873.
[66] De Adams a Cowdray, 23 de noviembre de 1914, Documentos Cowdray, 23 de noviembre de 1914, Documentos Cowdray, caja A/3; Martínez Núñez, *San Luis Potosí*, p. 47; Gemmill, Puerto México, 20 de septiembre de 1914, SD 812.00/13472; de F. Cárdenas a Gobernación, 3 de

decía un testigo, para entretenimiento personal de "gente muy sucia, oficiales y amantes de la velocidad".[67]

La venganza de los constitucionalistas cayó tanto sobre los individuos cuanto sobre la propiedad. En todo México hubo purgas, arrestos y ejecuciones. Después de la toma de Oaxaca se proscribió a los conservadores y se confiscaron sus propiedades.[68] Jesús Carranza arrestó en Puerto México a huertistas bien conocidos y alentó, según consta en un testimonio, la cacería de brujas: "todos los que tienen alguna queja, real o supuesta, tratan de cobrarla".[69] El nuevo gobernador de Guanajuato encarceló a diputados estatales y nacionales, a un ex jefe político y a un ex juez de la suprema corte que había sido secretario del gobernador militar huertista; naturalmente, "todos eran hombres muy respetables".[70] Otro "caballero decente" informó que, durante el "reinado de terror", fueron fusilados en Aguascalientes 12 miembros de las familias más distinguidas; en San Luis Potosí, una de las víctimas más notorias fue Javier Espinosa y Cuevas; en Mazatlán, después del préstamo forzoso, fueron arrestados 43 huertistas ("hombres de negocios, abogados e ingenieros"). Se condenó a uno de ellos, administrador de una fundidora de hierro, a siete años de cárcel porque había asistido a un banquete del comandante huertista. Francisco de Sevilla, gerente de un banco, cuñado del embajador español, "hombre sencillo, educado y discreto", recibió sentencia de muerte porque había aplaudido la caída (o muerte) de Madero y fue fusilado ante 2 000 personas.[71]

En algunos pueblos y ciudades, las juntas se ocupaban de la justicia revolucionaria, indicio, quizá, de que los intelectuales constitucionalistas eran afectos a los precedentes franceses. En Piedras Negras se estableció una Junta de Seguridad Pública para expulsar a los reaccionarios; Gavira estableció una en Papantla, aunque después de haber dictado sus severas sentencias; se reunió otra en el teatro principal de Jalapa para oír las denuncias y ordenó, por lo menos, una ejecución.[72] Hacia 1915, algunos *enragés* revolucionarios propusieron que se levantara una guillotina.[73] Casos como ésos dan idea del

febrero de 1915, AG 873. Dos años después Raúl Dehesa reclamaba aún la restitución de la propiedad de la familia. De R. Dehesa a Carranza, 5 de diciembre de 1916, AVC.

[67] Holms, Guadalajara, 20 de julio de 1914, FO 371/2031, 52831; Davis, *Experiences*, pp. 152-153.

[68] Canada, Veracruz, 3 de octubre de 1914, SD 812.00/13472.

[69] Gemmill, Puerto México, 20 de septiembre de 1914, SD 812.00/13472.

[70] Canova, Ciudad de México, 10 de septiembre de 1914, SD 812.00/13220.

[71] Hohler, Ciudad de México, 25 de agosto; Watson, Mazatlán, 19 de octubre de 1914, FO 371/2031, 49155; 2032, 77277; Brown, Mazatlán, 26 de septiembre de 1914, SD 812.00/13247; Falcón, *Cedillo*, p. 117; y cf. Olea, *Sinaloa*, p. 58.

[72] Memo. anónimo, "para Porfirio Garza", Zaragoza (Coah.), AG 873; Gavira, *Actuación*, p. 100; Canada, Veracruz, 10 de noviembre de 1914, SD 812.00/13824; Lombardo Toledano recuerda una Junta de Seguridad Pública que había en Teziutlán en 1911 [sic] (Wilkie, *México visto en el siglo XX*, p. 139).

[73] Cardoso de Oliveira, 3 de marzo; Silliman, 4 de marzo de 1915 (ambos en la Ciudad de México), SD 812.00/14488, 14497.

espíritu de los tiempos. No había modo de que una guillotina funcionara en México. Sin duda, quienes la proponían confiaban en alarmar con su florida oratoria a los huertistas que se ocultaban al amparo de las sombras. Sin duda también eran exagerados los informes —rumores con frecuencia— sobre arrestos, confiscaciones y ejecuciones. El cónsul estadunidense en Guadalajara, que informó espantado de "cientos —quizá miles— de ejecuciones y asesinatos" ocurridos en la ciudad, pudo mencionar sólo cuatro casos concretos.[74] Pero son abrumadoras las pruebas (que no se encuentran sólo en fuentes extranjeras) de que hubo una campaña constante de venganza oficial y no oficial, y aunque se hayan abultado los números y se hayan ennegrecido los detalles, éstos espesaban las miasmas del temor que saturaban la atmósfera y provocaban náuseas a los pudientes.

En esos casos, la persecución de los españoles se extendía como amenaza constante. Villa los había expulsado de Chihuahua y se mostró inflexible cuando se trató el asunto, a pesar de que se inclinaba a aceptar las sugerencias de los estadunidenses.[75] Los españoles huyeron a Veracruz (la comunidad española residente en el puerto observaba con ansiedad los avances de la Revolución); padecieron lo peor del pillaje en Acapulco e incluso sufrieron a manos de las fuerzas huertistas en proceso de desintegración (como los irregulares de Argumedo, cuya asociación con Huerta no desdecía su origen popular y revolucionario).[76] Un almirante norteamericano decía que en la costa oeste era "grande el prejuicio contra los acomodados, en especial los españoles"; Luis Caballero amenazó con la expulsión a 800 españoles, si no adoptaban la ciudadanía mexicana.[77] Los españoles eran víctimas de muchas persecuciones que ya mencioné (en Papantla, Mazatlán, etc.) y con frecuencia, de entre las comunidades extranjeras, sólo la suya recibía maltrato.[78] Así, por ejemplo, en Tehuacán y Puebla se perseguía a los españoles, mientras al parecer "se respetaban los derechos y propiedades de los estadunidenses en toda la región".[79] Los hombres de Argumedo y otros irregulares dispersos se sumaron a los zapatistas y a las fuerzas de Máximo Rojas (constitucionalistas sólo de nombre) para atacar las fábricas de textiles, y sus blancos preferidos eran los comercios e industrias que pertenecían a los españoles; ésos eran ejemplos de militancia "obrero-campesina" y quizá incluso de ludismo revolucionario.[80]

[74] Davis, *Experiences*, pp. 82-85.
[75] Hamm, Torreón, 19 de abril de 1914, SD 812.00/111703.
[76] *Ibid.*, 13 de abril de 1914, SD 812.00/111706.
[77] Howard, Manzanillo, 8 de noviembre de 1914, SD 812.00/13942; Cradock, Veracruz, 17 de junio de 1914, FO 371/2029, 27357. Leif Adleson confirma que los españoles residentes en Tampico no gozaban de popularidad.
[78] C/o USS Nueva Orleans, Acapulco, 16 de febrero; Silliman, Veracruz, 12 de diciembre de 1914, SD 812.00/11055, 13999; examiné las razones en las pp. 135, 479 y 713.
[79] A. Pattison, Veracruz, SD 812.00/13824.
[80] Pattison (*cf.* nota anterior), Canada, Veracruz, 21 de noviembre; Jenkins, Puebla, 18 de noviembre de 1914, SD 812.00/13857, 14073; se sabe que los rebeldes eran de extracción "obre-

También pertenecían los españoles a dos grupos que merecen atención especial: los terratenientes y la Iglesia. Ambos padecieron la venganza revolucionaria, pero de diferente manera. Los ataques a terratenientes coincidieron con la Revolución porque empezaron en 1910-1911 y demostraron cuán importante era la cuestión agraria en el movimiento. Sobre todo en los primeros años, esos ataques estuvieron muy localizados, fueron muy violentos y "espontáneos", porque tenían su origen en resentimientos populares y no necesitaban aliciente externo. Las rebeliones de Madero o Carranza dieron una oportunidad a la protesta agraria, pero no tenían necesidad de espolear a un campesinado lento e inerte. Éste se movió por voluntad propia, como lo había hecho en el pasado. En cambio, los ataques contra la Iglesia fueron escasos al principio y se volvieron frecuentes durante la revolución constitucionalista. Sería un error negar que hubo anticlericalismo popular parecido al agrarismo popular, pero el grueso de la política y el sentimiento anticlerical se exportó al movimiento popular desde los grupos urbanos e instruidos de clase media. El agrarismo surgió de las profundidades de la sociedad rural; el anticlericalismo se irradió desde las ciudades. La reforma agraria se impuso al liderazgo de la clase media revolucionaria, y ésta, a su vez, metió el anticlericalismo al campo (en el último capítulo evaluaré los términos de ese intercambio, que en absoluto fueron equivalentes; presento aquí sólo los orígenes de ese intercambio). Si, por un lado, en 1913-1914 se lanzó el anticlericalismo al torrente de la Revolución, por otro, se estableció la reforma agraria no sólo como demanda popular y "espontánea", sino como política oficial consciente e incluso cínica. Algunos líderes constitucionalistas se dieron cuenta de que cierto grado de reforma agraria no sólo era inevitable (estaba ocurriendo ya; la cuestión era orientarla), sino que también tenía ventajas políticas, porque servía para ganar el apoyo popular y debilitar el poder de los terratenientes (también trataré el tema en el último capítulo).

Al analizar el agrarismo de 1913-1914 deben tenerse en cuenta dos problemas muy importantes y relacionados entre sí. El primero se refiere a las fuentes. Siempre se informa mejor sobre la ciudad que sobre el campo; buena parte de la protesta agraria de los primeros años de la Revolución apenas se conoce y eso de manera imperfecta. Pero creo que los datos son suficientes para demostrar la importancia que tuvo la cuestión agraria en la Revolución y los grandes cambios que provocó en la posesión de la tierra antes de 1914 (me refiero a los cambios inmediatos y *de facto;* otra cosa son los resultados en el largo plazo). No obstante, muchas preguntas carecen de respuesta (quién obtuvo qué, bajo qué condiciones y por cuánto tiempo).[81] Nuestras fuentes de información aumentan a medida que crece el agrarismo oficial, pero esos documentos —que indican la acción o la intención gubernamental— narran la historia desde arriba y a menudo dan la impresión de que faltó

ro-campesina", y las fuentes indican que los instigaba el ex gobernador maderista Antonio Hidalgo, en otro tiempo obrero textil radical populista.

[81] Katz, *Secret War*, pp. 256-257.

iniciativa o energía a los campesinos. Sin embargo, la resistencia de los campesinos a la reforma "oficial" no puede considerarse como prueba de que se opusieran a todas las reformas. Además, sería erróneo deducir de la gran cantidad de documentos (en especial de los que están archivados y rotulados "reforma agraria"), que hubo cambios profundos en el carácter de la Revolución alrededor de 1914, cuando las demandas "políticas" hicieron lugar a las "sociales" y las "liberales" a las "agrarias". Eso significaría seguir las huellas de los predecesores de la clase media, urbanos, con educación, para muchos de los cuales la reforma agraria fue un descubrimiento hecho alrededor de 1914 —ya como feliz revelación, ya como desganado reconocimiento de lo inevitable—. El agrarismo existía —como el Nuevo Mundo— mucho antes de que llegaran sus descubridores. Y, como insinúa la comparación, cuando los recién venidos descubrieron la causa agrarista y se apropiaron de ella, no la pensaron como beneficio incondicional para los campesinos, quienes no siempre reconocían en los nuevos lemas, políticas y mitos, los antiguos objetivos por los que habían luchado.

El segundo problema, que se desprende del primero, concierne a la motivación. ¿Por qué los advenedizos se hicieron cargo de la reforma agraria y la pusieron en práctica? ¿Dónde deben señalarse los lindes (si han de señalarse) entre las demandas agrarias, "espontáneas" y particulares, de los campesinos —demandas por reivindicaciones específicas localizadas— y las políticas agrarias, más instrumentales y universales, de los líderes revolucionarios, que presentaban la reforma agraria de manera impersonal, amplia y nacional? ¿Esos líderes eran oportunistas descarados o verdaderos conversos al agrarismo, cuya experiencia revolucionaria (como la del *Che* Guevara en Sierra Maestra) les abrió los ojos a las demandas legítimas de los campesinos, a quienes apoyaban ahora desinteresadamente?[82] El problema se agrava porque los primeros agraristas populares superaron con el tiempo sus preocupaciones concretas y elaboraron programas generales que, en potencia, eran nacionales: la defensa de Zapata de los campos de Anenecuilco fue preludio para el Plan de Ayala y la avalancha de manifiestos que le siguieron; el conflicto entre los Cedillo y La Angostura fue el primer paso hacia un compromiso más amplio para dar solución al problema agrario mediante "el reparto y fraccionamiento de tierras monopolizadas por los caciques... cuyo supremo ideal será el único que engrandecerá a nuestro amado país".[83] Los programas de esos experimentados rebeldes agraristas no parecen muy diferentes de las afirmaciones similares de los "nuevos agraristas", los políticos, quienes tal vez subieron al carro agrarista por las razones más mezquinas. Pero sin duda hubo políticos que realmente se convirtieron; su compromiso en cuestiones agrarias concretas y regionales, se sustentaba en preocupaciones

---

[82] *Che* Guevara, *Reminiscences of the Cuban Revolutionary War*, Harmondsworth, 1969, pp. 90-97.

[83] Fabela, DHRM, EZ, pp. 76-81, 83-86, 102-107 y 305-310; Manifiesto del Ejército Convencionista del Centro, 1ª y 2ª Brigadas, comandadas por los hermanos Cedillo, 16 de agosto de 1916, AVC.

sinceras y no en intereses personales desvergonzados: Múgica en Los Borregos, por ejemplo, o Gildardo Magaña, años después, cuando defendió a los surianos.[84] Puesto que no siempre coincidían las intenciones con los resultados, tenemos una complicación más: el manipulador desvergonzado podía proporcionar beneficios reales; el idealista desinteresado podía ser un estorbo.

Dicho de otro modo, podemos considerar a 1914 como el año en que se estableció el agrarismo revolucionario "oficial", superpuesto al viejo agrarismo popular del que había salido, y a menudo mezclado sutilmente con él. Aunque esa distinción es válida para el análisis y esencial para entender la situación posrevolucionaria, no es sencillo encontrarla en la práctica. Hubo casos bien definidos; podemos comparar, por ejemplo, la lucha desarticulada de los yaquis por recuperar sus tierras —que surtió efecto por algún tiempo— con el agrarismo cursi de algunos *émigrés* conservadores.[85] No obstante, con frecuencia se entretejían las reformas oficiales con las no oficiales. Sería simplista, pues, rotular en una u otra categoría prácticas concretas de reforma (la de Los Borregos, por ejemplo, o el reparto que Gavira hizo en Tlaxcala). Antes bien, esas categorías denotan tipos ideales, los cuales, aunque claros desde el punto de vista analítico, pueden considerarse inherentes a circunstancias históricas reales (o coexistentes con las mismas) y son útiles porque permiten acumular gran cantidad de hechos bajo el título "Reforma Agraria", entenderlos y organizarlos mejor.

Es evidente que en el norte y centro de México la Revolución influyó de manera decisiva en el campo, porque expulsó a la mayoría de los terratenientes y, con ellos, a los administradores, mayordomos, funcionarios y policías que los apoyaron. La correspondencia de Zapata —que registra las concesiones de tierras, las cuales trascienden los límites de Morelos— y los pedidos de restitución que saturan el archivo de Carranza,[86] demuestran la magnitud de ese cambio. ¿De qué manera afectó éste las relaciones de producción? A veces, cuando sus propietarios las abandonaron, las tierras quedaron sin cultivar,[87] pero a causa de la demanda de tierra, alimento e ingresos fiscales, los nuevos propietarios, administradores y agricultores se hacían cargo de ellas. Como ya vimos, en Chihuahua los villistas confiscaron grandes latifundios cuyo valor se estimó en 200 o 300 millones de pesos[88] pero, por el tipo de agricultura que se practicaba en Chihuahua y por lo que requería la guerra villista, se evitó el reparto masivo. Los generales villistas subarrendaron (o tomaron) muchos latifundios "sobre cuya administración efectiva y honesta hay muchas dudas".[89] Aunque el gobernador villista Fidel Ávila estaba

[84] Véanse pp. 49 y 375.
[85] De A. Burleson a Lansing, 27 de julio de 1915; contiene el alegato del ex huertista José María Lozano en pro de la reforma agraria, SD 812.00/15601.
[86] Fabela, DHRM, EZ, *passim;* Katz, *Secret War,* pp. 262 y 606; véase p. 564.
[87] Simpich, Nogales, 4 de septiembre de 1914, SD 812.00/13147.
[88] Gómez, *Reforma agraria,* p. 120.
[89] D. Barrows, Chihuahua, 25 de agosto de 1915, SD 812.00/15595 (cambié algo el orden de las palabras en la cita).

preparado para el verdadero reparto de tierras y un grupo de agrónomos empezó las mediciones con tal fin, los azares de la guerra se volvieron contra el villismo antes de que se pudiera conseguir algo.[90] Esto no significa que los cambios agrarios ocurridos en Chihuahua entre 1913 y 1915 carezcan de importancia; la sustitución de oligarcas y caciques porfiristas por ex bandidos y ex vaqueros tuvo cierta consecuencia social. También es probable que, tanto en Chihuahua como en La Laguna, el periodo del régimen villista haya provocado cambios en las relaciones laborales del campo, en la tenencia de la tierra y en la aparcería.[91] Katz nota que no hubo "ocupación de tierras ni revueltas campesinas" en el territorio villista y tiene razón al atribuirlo, en parte, a la ausencia de un poderoso campesinado hambriento de tierra (en su origen, el villismo fue un movimiento de protesta serrano con escaso, aunque no despreciable, contenido agrarista); pero el que no se sepa de invasión de tierras y revueltas campesinas manifiesta también la relativa satisfacción de la población rural en esos años, después de que se expulsó a la vieja élite y mejoraron las condiciones.[92] ¿Cuántas revueltas campesinas hubo en el Morelos zapatista?

También en otras regiones del norte los cambios en el campo estaban relacionados con el avance de la guerra. Esto no significa que no hubiera demandas de los campesinos, sino que su importancia era secundaria y no determinante del rumbo de la política como ocurría en Morelos. En éste, el agrarismo marcó las características de la guerra civil; en el norte, ésta delineó las características del agrarismo. Entregados a una guerra larga y convencional, los líderes norteños necesitaban provisión constante de hombres y recursos; no podían detener la cosecha productiva y no podían arriesgar sus ejércitos exponiéndolos a la tentación de la distribución de tierras. Por esa razón, en todo el norte las tierras confiscadas se conservaban intactas y se las trabajaba para bien de la causa directamente o mediante contratos comerciales. Eso fue evidente en Sonora desde los primeros días de la revolución constitucionalista y continuó con la típica eficacia sonorense sin que hubiera señas de agrarismo populista.[93] Aunque los sonorenses se convertirían tiempo después en expertos practicantes de la reforma agraria oficial con dimensión nacional, eso estaba aún por venir; durante esos años de agrarismo popular no oficial, en el territorio de Sonora sólo los yaquis abogaron por su causa. En 1914, Villa envió a Sonora un ingeniero para que "dividiera las haciendas grandes y distribuyera la tierra entre los peones", pero el gobernador Maytorena le informó amablemente que su visita era "prematura"; el enviado de

[90] De Gómez, *Reforma agraria*, pp. 101-121; Katz, *Secret War*, pp. 280-281.

[91] Katz, *Secret War*, p. 147, señala el abandono de las rentas; véanse pp. 141-145.

[92] Katz, "Agrarian Changes", pp. 272-273. El autor menciona otros factores, tales como la emigración (es decir, de las tropas de Villa), para explicar por qué disminuyó la presión en los recursos rurales; pero esto debe equilibrarse con la inmigración y el costo económico de la guerra. En todo caso, el hambre de tierras era un problema político-social más que ecológico y demográfico.

[93] De A. León Grajales a SRE, 10 de junio de 1913, SRE, legajo 771, 79-R-18, p. 149; Aguilar Camín, *La Revolución sonorense*, pp. 380-381.

Villa tuvo que vender sus objetos de valor para pagar su viaje de regreso a Chihuahua.[94] Aun cuando la anécdota sea apócrifa, su lección es clara: aunque el agrarismo popular y el oficial se parecieran en la superficie, estaban uno al extremo del otro. Una cosa era adueñarse de propiedades al amparo de la revolución social y otra, muy diferente, que el Estado una vez establecida la paz propugnara la reforma gradual y con procedimientos legales.

Aun en Sonora se obligó a los líderes mestizos a hacer concesiones agrarias a los yaquis. Y en aquellos estados donde era más débil la resistencia a esas demandas, las grandes expropiaciones tenían por objeto la reforma y distribución de la tierra, no sólo explotarla para satisfacer las necesidades de la guerra. Los terrenos que se expropiaron en Durango se pusieron en manos "públicas" y las haciendas se trabajaron "directamente para beneficio de todos" o se fraccionaron para distribuir las parcelas entre los amigos o partidarios de los líderes rebeldes, sobre todo de los Arrieta.[95] Algunas haciendas se dividieron con propósitos definidos y, hacia el verano de 1913, un observador informó: "lo que se plante será obra de los pelados con independencia de los propietarios".[96] Por esto los Arrieta recibieron a distancia el encomio de los magonistas.[97] En Zacatecas, Pánfilo Natera estableció también un Departamento de Agricultura de la División del Centro para que supervisara la administración de las propiedades confiscadas, las cuales, se decía en esa zona, eran casi 150.[98] Las decisiones de Natera alimentaron las esperanzas de "muchísimos peones ignorantes, quienes piensan que el periodo de prosperidad y felicidad ha llegado", con la posibilidad de que hubiera tierra para todos.[99] Sin duda, el desengaño llegó para la mayoría, pero no es posible que un régimen populista y rudimentario, como el de Natera, fuera capaz de conservar el control burocrático y estricto de esas extensas propiedades. Zacatecas no era Sonora; ni siquiera Chihuahua. En esa latitud del país había menos exigencia de exportar cosechas y ganado, e incluso el aspecto de sus rebeldes indicaba que su organización y profesionalismo eran inferiores. Aun cuando Natera estuviera en contra de la reforma agraria —no hay pruebas de que así fuera—, es difícil que hubiera podido evitar la reforma *de facto*. Es posible que el fenómeno fuera tan claro e irresistible, según los métodos tradicionales, que en el verano de 1914 se informó que una docena de terratenientes zacatecanos ofrecieron sus tierras para el reparto.[100]

---

[94] Simpich, Nogales, 6 de abril de 1915, SD 812.00/14863, y Katz, *Secret War*, pp. 283-284.
[95] Hamm, Durango, 21 de marzo y 8 de agosto de 1914, SD 812.00/11353, 12885.
[96] *Mexican Herald*, 19 de noviembre de 1913; *El Imparcial*, 31 de marzo de 1914; F. McCaughan, Durango, 14 de mayo de 1913, SD 812.00/7856.
[97] Armando Bartra, *Regeneración, 1900-1918. La corriente más radical de la Revolución mexicana de 1910*, México, 1977, pp. 327-328.
[98] Canova, Zacatecas, 14 de agosto de 1914, SD 812.00/12979; Caldwell, Zacatecas, 7 de septiembre de 1914, FO 371/2031, 61032, estaba preocupado porque muchas propiedades servían de garantía a los préstamos que habían hecho ya los bancos extranjeros.
[99] De J. Pattison, minas Bote, Zacatecas, a R. Kerrison, abril de 1914, FO 371/2027, 17045.
[100] *Mexican Herald*, 16 de junio de 1914.

No hubo un periodo de prosperidad y felicidad. Zacatecas (tampoco Morelos) no se convirtió en tierra ofrecedora de toda clase de placeres. Pero ese cambio de producción hacendaria a campesina —de cultivo comercial a "los pelados que trabajan con la independencia de los propietarios"— era un tipo de reforma agraria importante y fenómeno común incluso en el norte. Consiguieron la cosecha de maíz de 1916 los peones que plantaron "en parcelas ajenas, con el consentimiento de los jefes militares, o como arrendatarios de éstos".[101] También vale la pena señalar que en esas zonas del norte donde la Revolución mostró menos virulencia popular que en Zacatecas y donde la confiscación era una medida política y social (en cuanto las víctimas eran "señores... adversos a la causa constitucionalista") quienes se beneficiaban podían ser individuos "sumamente pobres" que obtenían de esa manera la tierra que no hubieran conseguido de otra manera.[102]

En la mayor parte de México, naturalmente, el problema agrario era de suma importancia para la Revolución; por eso se luchaba. Pero, como ya vimos, la lucha se hacía a escalas diferentes y con diverso grado de complicación. Por los alrededores de Ciudad del Maíz (S. L. P.), los Cedillo y su aliado Carrera Torres habían reunido una tropa considerable con la que expulsaron a terratenientes y federales e instituyeron su "forma de comunismo primitivo". Dicho de otra manera, confiscaron haciendas, repartieron la tierra y establecieron ciertas normas para controlar la manufactura artesanal y el negocio de menudeo.[103] Se explotaban comercialmente algunas haciendas para cubrir los gastos que ocasionaba la guerra, pero en varios estados —Morelos, por ejemplo— eso era compatible con la reforma amplia y popular.[104] No desmerece la importancia de la reforma que quienes se beneficiaron más con ella fueran los rancheros o los pequeños propietarios, como los Cedillo o trabajadores a quienes los Cedillo habían sacado del oprobio o de sus deudas, y no tanto los comuneros, ni que los Cedillo prefirieran conceder la tierra como propiedad (sobre todo a sus partidarios) más que como ejidos.[105] Tanto como la restauración ejidal, las concesiones privadas fortalecieron al campesinado a expensas de los terratenientes, sobre todo cuando aquél tenía el apoyo del régimen cedillista, y que sin duda escogía como víctimas a los propietarios "sólo porque somos hacendados", según dijo uno de ellos.[106] Si se limitan las de-

[101] Cobb, El Paso, 14 de septiembre de 1916, SD 812.00/19217.

[102] La hacienda Dolores (en Lampazos, N. L.), que pertenecía a la familia del viejo cacique porfirista Francisco Naranjo, era una de las propiedades que se habían confiscado a los "caballeros... que no apoyaban a la causa constitucionalista", y que ahora explotaban agricultores "pobres" (informe del alcalde A. Lozano a R. García, 19 de julio, 16 de agosto y 25 de septiembre de 1916, Archivo Lampazos, Trinity University, Texas).

[103] Véanse pp. 165 y 277.

[104] Falcón, "Cedillo", pp. 120-121 y 174, presenta pruebas valiosas pero algo ambiguas en cuanto a lo que pueden considerarse reformas genuinas; su material —también el de Ankerson— revela que no fueron desdeñables.

[105] *Ibid.*, pp. 102, 183 y 198.

[106] *Ibid.*, p. 121; y *cf.* Bazant, *Cinco haciendas,* p. 182.

mandas y reformas agrarias al sector comunal, se presenta un cuadro distorsionado, dentro del cual se pierde la importancia fundamental de las relaciones entre la clase rural y la Revolución.

Sin embargo, aun en Morelos, el caso clásico, se tendió más hacia el conflicto que a la recuperación de la tierra comunal.[107] En 1914 había terminado ahí el régimen de hacendados y capataces; Huerta y los federales habían sido vencidos y expulsados. A pesar de su número y de su éxito militar, las fuerzas de Zapata no se habían convertido en un ejército autónomo ni habían sacudido los lazos que las unían a los pueblos. Dicho de otro modo, no habían alcanzado el profesionalismo de los villistas por su aislamiento geográfico, por falta de un mercado vigoroso cercano y, sobre todo, porque el origen de su rebelión era en esencia social, lo que la hacía diferente a las rebeliones serranas del norte.[108] Aunque procuró revivir los ingenios devastados, Zapata consiguió hacer funcionar sólo cuatro que escasamente aumentaron los recursos zapatistas.[109] El maíz y el frijol desplazaron a la caña de azúcar, al revés de la corriente secular del Porfiriato. Tres años de guerra radicalizaron a los zapatistas, que no permitieron volver a los hacendados, abandonaron toda idea de coexistencia pacífica con ellos en las plantaciones, y confiscaron las haciendas sin darles indemnización. Las ganancias *de facto* conseguidas por los pueblos se extendieron y legitimaron bajo la dinámica administración de Manuel Palafox; comisiones agrarias, formadas por jóvenes agrónomos de la Escuela Nacional de Agricultura, se encargaron de medir las tierras; algo más de un centenar de pueblos recibió concesiones delimitadas oficialmente. A principios de 1915, Palafox estaba listo para enviar comisiones similares a Guerrero, Puebla, Hidalgo y el Estado de México.[110]

Así, en Chihuahua, los cascos de las haciendas confiscadas fueron presa de villistas advenedizos; en la capital, los jefes constitucionalistas se apoderaron de las casas de los científicos; y en Morelos las mansiones de los hacendados fueron ocupadas por jóvenes agrónomos, algunos de los cuales —como Felipe Carrillo Puerto y Fidel Velázquez— después tuvieron extraordinarias

[107] "Comunal" es palabra ambigua; puede referirse a la tierra poseída y explotada en común por la comunidad, sobre todo los bosques (los montes de Morelos y Michoacán) y las de pastura; o la tierra cultivable que podía trabajar una familia aunque la propiedad fuera corporativa. En este caso, la unidad de producción se aproximaba a la pequeña propiedad (aunque no su condición jurídica); ambas cabrían en el análisis de Chayanov. Puesto que ciertas familias (como los Zapata) se encontraban en ambos sectores —comunal y no comunal— y que pueblos comunales estaban familiarizados con la propiedad privada y la corporativa, no es sensato señalar demasiado la distinción, ya se trate de familias, individuos, comunidades o regiones. La propiedad "comunal" de los Zapata y la "pequeña propiedad" de los Cedillo (también sus movimientos) eran más parecidas que diferentes.

[108] Véanse pp. 365-369.

[109] Panorama de Morelos en Womack, *Zapata*, p. 236, y véanse pp. 362-424. D. Damián a Zapata, 29 de septiembre de 1914, Fabela, DHRM, EZ, pp. 126-127, sobre intentos parecidos para que funcionaran en Puebla destilerías de aguardiente.

[110] Womack, *Zapata*, p. 232; de Palafox a Zapata, 11 de enero de 1915; de Ayaquica a Zapata, 10 de mayo de 1915, en Fabela, DHRM, EZ, pp. 150 y 218.

carreras políticas.[111] La agrimensura efectuada por los "ingenieritos", como les llamaban los pueblerinos, eran parte de un programa oficial, en cuanto se hizo racional y pacíficamente, de acuerdo con títulos legales y la legislación agraria zapatista. Pero la burocracia sirvió a la causa agraria, no viceversa, razón por la cual la reforma estuvo estrechamente relacionada con las necesidades, tradiciones y peculiaridades de cada comunidad. Se respetaron estrictamente los "usos y costumbres" de cada pueblo, los decretos existían "desde tiempo virreinal", y se estipuló que los gobiernos federal y estatal no deberían interferir en los problemas agrarios municipales.[112] Aunque tímida en el aspecto legal, la reforma agraria zapatista permitía independencia local y particularismo, y no dio lugar a que se creara una burocracia laberíntica e impersonal.

La independencia agraria y la independencia política iban de la mano. La autonomía municipal era de suma importancia para conservar las tierras que se habían recuperado recientemente: se eligieron autoridades locales, en las cuales delegaron el asunto los militares zapatistas; Zapata mismo reprendió a los jefes que se inmiscuían en el poder civil; la ley y el orden fueron prerrogativas de los consejos en los pueblos. "El resultado fue —dice Womack— la posibilidad real de que hubiera democracias locales."[113] Posibilidad real, pero no realidad aún. Para sobrevivir, el poder civil de Morelos dependía no sólo de la renuncia de los militares zapatistas, sino también de acontecimientos y fuerzas externos al estado, y de los efectos que éstos pudieran tener en él. Por el momento, la revolución morelense siguió su curso afirmando derechos y valores tradicionales —afirmación que no es contradictoria, en virtud de las observaciones hechas anteriormente—.[114] A tres años de su comienzo, el zapatismo era más poderoso, más articulado y más radical, en cuanto ahora negaba a las haciendas un lugar en Morelos, algo que no había hecho al principio. Pero la continuidad esencial del movimiento, patente en sus objetivos agrarios y en la supremacía de la autoridad civil tradicional, era impresionante y contrastaba con los cambios que dominaron la revolución popular chihuahuense en el mismo periodo.

En un estrato comparativo más general, los zapatistas procuraban aún deshacerse "de la subordinación que los unía a grupos de control externos" y conseguir su objetivo final, "la utopía de una asociación libre de clanes rurales".[115] Al hacerla, necesariamente rechazaban la visión de los científicos porfiristas: un México progresista, centralizado, urbano, capitalista y exportador. Es de asombrar hasta qué punto los zapatistas impusieron su punto de vista opuesto en Morelos, entre 1910-1914. Habían expulsado a caciques y hacendados, y con ellos se fue también el estilo de vida opulento que ejemplifi-

[111] Womack, *Zapata*, p. 232.
[112] *Idem;* por ejemplo, la restitución de Ixcamilpa en abril de 1912, en Fabela, DHRM, EZ, p. 66.
[113] Womack, *Zapata*, p. 228.
[114] Véanse pp. 430-431.
[115] Wolf, *Peasant Wars*, p. 13; Womack, *Zapata*, p. 224.

caba la polarización de la sociedad morelense. Las corridas de toros sustituyeron a los bailes; la atracción de la temporada era la corrida de Yautepec que se hacía en una rudimentaria plaza de toros, a la que asistían jefes rebeldes de todo el estado, Zapata inclusive. Aunque algunos jefes vestían de charro, el atuendo campesino blanco, holgado, era *de rigueur;* en los tiempos de Díaz se había tratado de convertir en obligatorios los pantalones formales, pero las modas habían cambiado y los que ahora vestían bien se arriesgaban a ser atacados. Excepto los ingenieritos, cuyo trabajo les había ganado el respeto de la gente, los forasteros y citadinos no eran bien recibidos en Morelos. Tampoco el ferrocarril, instrumento esencial del desarrollo y centralismo porfirianos; la gente de los pueblos no permitía a los ferrocarrileros abastecerse de agua ni cortar árboles para durmientes o combustible.[116] Y lo más importante: los alimentos básicos habían sustituido al azúcar; había suficientes para comer y la calidad de la vida llegó a alturas que no había alcanzado durante años. Para Morelos, éstos fueron los años de las "vacas gordas" de la Revolución; pero la prosperidad, como la democracia de los pueblos, dependía de cierto aislamiento del duro mundo exterior.[117]

Mientras tanto, el zapatismo salía de las fronteras de Morelos, se extendía a los estados vecinos y se mezclaba con los movimientos rebeldes autóctonos. La lucha entre pueblo y hacienda fue menos importante en Guerrero; sí se confiscaron tierras (las propiedades que Eucaria Apreza tenía en Chilapa, se pusieron "a disposición de la Revolución para que sea trabajada por la clase menesterosa"), pero la forma de protesta rural más común fue negarse a pagar rentas,[118] razón suficiente para alarmar a los terratenientes, porque se calculaba que en 1915 los zapatistas dominaban aproximadamente dos tercios del territorio del estado y cinco sextos de su población.[119] Un constitucionalista acomodado comentaba que el territorio zapatista se veía "bien y próspero", con sus buenas cosechas de maíz y otros cultivos.[120] El reparto zapatista se extendió al Distrito Federal, al Estado de México (se tomaron allí las propiedades que Íñigo Noriega tenía en Chalco), Hidalgo y Puebla sobre todo.[121] En este estado, se distribuyó gran cantidad de tierra en los alrededores de Tepeji, y en el valle de Matamoros "los patrones de trabajo cambiaron drásticamente, porque los campesinos invadieron las haciendas y cultivaron maíz

---

[116] Womack, *Zapata*, pp. 225-226; pero véase el plan de Palafox para extender y arreglar los ferrocarriles, de Palafox a Zapata, 11 de enero de 1915, Fabela, DHRM, EZ, p. 151, lo que, una vez más, sugiere la diferencia entre las prioridades de campesinos e intelectuales.

[117] Lewis, *Life in a Mexican Village: Tepotztlán*, p. 233; pero véanse pp. 524-525.

[118] De J. Gómez a Zapata, 2 de octubre de 1914, Fabela, DHRM, EZ, p, 128; Jacobs, "Aspects", pp. 162-164 y 180.

[119] Memo. anónimo, desde la oficina del gobernador de Guerrero a Carranza, septiembre de 1915, AJD, r. 1.

[120] Según el mayor Uruñuela en Edwards, Acapulco, 3 de noviembre de 1915, SD 812.00/16834.

[121] Véase de L. García Montoya a Zapata, 9 de octubre de 1914, y muchos otros ejemplos, sobre todo de Dolores Damián, en Fabela, DHRM, EZ, p. 129 y *passim;* Gómez, Reforma Agraria, pp. 66-67, *Mexican Herald*, 1º de enero de 1915.

y frijol en las que habían sido tierras cañeras".[122] Aun cuando los administradores no reaccionaran, a veces lo hacían tolerando las demandas de los campesinos. Cristóbal Sosa, encargado de la administración de la hacienda San Pedro Coxcotán, "se la entregó a los indios y dividió con ellos las ganancias", de modo que los dueños nada recibieron.[123] Así pues, las demandas y soluciones agrarias variaban en todo el México "zapatista", pero no cabe duda de que hubo gran transferencia de poder y recursos de terratenientes y caciques a los campesinos, y no sólo a los campesinos "comuneros".

También en Tlaxcala hubo un vigoroso movimiento agrario; el "control del campo escapaba de las manos de terratenientes y autoridades".[124] Los hacendados empezaron a abandonar el Valle de Atoyac en 1911; a mediados de 1914 casi todos se habían ido, y los que habían dejado administradores a cargo de sus tierras se dieron cuenta de que —como en Puebla— habían hecho tratos con los agraristas de la región. No tenían otra opción. Los campesinos controlaban el Valle de Atoyac, a pesar de que las disputas constantes degradaban ese control. Líderes rebeldes rivales competían en reclamar y sancionar reformas agrarias *de facto:* Arenas, en el sudoeste del estado; en los alrededores de Chiautempan, Máximo Rojas (ambos pertenecían a sus localidades y lo mismo 80% de los revolucionarios tlaxcaltecas), y en los alrededores de Apizaco, el veracruzano Gavira trataba de conseguir buenas relaciones con la gente del lugar dándoles armas y concediéndoles los derechos territoriales de San Cosme Xalostoc.[125] Con este caso entramos de lleno en los problemas de interpretación que ya mencioné. Gavira operaba lejos de su lugar de origen (no era campesino) y necesitaba apoyo contra los zapatistas. No actuó con cinismo al conceder los derechos territoriales de Xalostoc pero, más allá de sus méritos intrínsecos y sociales, el acto tenía ventajas políticas; en otros casos, aprovechar esas ventajas, era, al parecer, propósito esencial. A fines de 1914, Ramón Iturbe comandaba una guarnición rebelde en San Blas (Sin.): eran tiempos de crisis política, desertaban sus tropas y los de la localidad no estaban de acuerdo con su facción. De manera que tomó las haciendas cercanas, empezando por la American Sinaloa Land Company. "Probablemente —observó alguien—, quienes tienen la autoridad hacen esto sólo por razones políticas, para detener la oleada que gradualmente los arrastra."[126]

Muchas promesas de reparto se cumplieron entre 1913-1915: Cándido Navarro lo hizo poco antes de morir; Francisco Carrera Torres hizo el primer reparto en Guanajuato, Gertrudis Sánchez en Michoacán y Francisco Múgica en Tabasco. En la primavera de 1915, "comenzaron a distribuirse en Veracruz

---

[122] David Ronfeldt, *Atencingo: The Politics of Agrarian Struggle in a Mexican Ejido*, Stanford, 1973, p. 8.
[123] *The Rosalie Evans Letters from Mexico*, ed. de Daisy Caden Petrus, Indianapolis, 1926, p. 37 (en adelante, Evans).
[124] Buve, "Peasant Movements", p. 137.
[125] *Ibid.*, pp. 136-137; Gavira, *Actuación*, p. 107.
[126] Brown, Mazatlán, 6 de diciembre de 1914, SD 812.00/14049.

diversas propiedades y tierras entre las clases bajas, de acuerdo con el programa de reforma agraria".[127] Los datos son, en muchos casos, deficientes e incluso poco confiables. En el mejor de los casos, indican que se hablaba de reforma agraria *de facto*, se prometía y quizá se llevaba a cabo. Lamentable incertidumbre, porque, en conjunto, esos casos representan —disculpen la expresión— la interfase de la reforma oficial y la no oficial, de la espontánea y la planeada. Los nuevos líderes revolucionarios enfrentaron ahí el problema agrario fundamental, y no podemos decir sin investigar con minucia, si lo hicieron como desinteresados redentores de los desposeídos o como listos manipuladores de los crédulos. La verdad cambiaba, sin duda, de persona a persona, de caso a caso; y, con base en lo que ahora conocemos, es difícil saber si la reforma manipuladora de inspiración política que se hizo en los años veinte significó desviación o consumación de las primeras reformas —localizadas— del decenio anterior.[128]

Mientras los cabecillas enfrentaban el problema en sus territorios —practicando la justicia social o acumulando capital político, o ambas cosas—, los intelectuales de la Revolución —periodistas y políticos de las altas esferas— desarrollaban su agrarismo oficial. Al mes de que Múgica pronunció su encendido discurso en Los Borregos, el gobernador revolucionario de Durango, Pastor Rouaix, promulgó la primera ley agraria del estado; es de notar que ésa fue obra de un ingeniero que no era natural de Durango y de un gobernador a quien los cabecillas que lo rodeaban no le permitían ejercer su poder con tranquilidad.[129] En Washington, Luis Cabrera había convencido al presidente Wilson de que la cuestión agraria era importante (razón por la cual Wilson recibió el cálido encomio de Zapata), y en Torreón, el veterano activista del PLM, Antonio Villarreal, se encargó de que en los acuerdos entre Villa y Carranza se asentara el propósito de "emancipar económicamente a los campesinos, haciendo una distribución equitativa de las tierras, o por otros medios que tiendan a la resolución del problema agrario".[130] Y puesto que el tema estaba en el aire, Emilio Vázquez Gómez alzó su voz en defensa del agrarismo.[131] Como vimos ya, le sirvieron de coro los conservadores expatriados y también algunos sonorenses que hasta ese momento habían guardado discreto silencio. Juan Cabral primero, después Eduardo Ruiz (hombre culto, originario de Cananea y entonces gobernador de Colima) hicieron público su compromiso con la reforma agraria, que favorecía a mucha gente de escasos

---

[127] *Mexican Herald*, 25 de julio de 1913; Gómez, *Reforma agraria*, pp. 66-67; María y Campos, *Múgica*, pp. 96-99; Canada, Veracruz, 13 de abril de 1915, SD 812.00/14982; de Jara a Carranza, 10 de octubre de 1916, Fabela, DHRM, RRC, V, p. 179; véase también Hall, *Obregón*, pp. 107-108.

[128] Véanse pp. 602-603 y 610.

[129] Rouaix, *Diccionario geográfico, histórico y biográfico del estado de Durango*, México, 1946, pp. 369-370; Reed, *Insurgent Mexico*, pp. 76-77.

[130] De Zapata a Wilson, 23 de agosto de 1914, en Fabela, DHRM, EZ, p. 96; Amaya, *Soberana convención*, p. 28.

[131] Lind, Veracruz, 25 de abril; H. Dodge, Niágara, 25 de mayo de 1914; SD 812.00/11905; 12075.

recursos; en poco tiempo, Salvador Alvarado hizo lo mismo en Yucatán.[132] Los interesados empezaron a escrutar los discursos de Carranza, para ver si encontraban propósitos parecidos, algo de lo que sin duda estaba consciente el primer jefe.[133] Y cuando Carranza manifestó ese propósito, a principios de 1915, no estaba dando una súbita vuelta en redondo, sino acomodándose al ritmo del tránsito. El agrarismo oficial, ordenado y retórico, estaba de moda. Un elocuente conservador comentó: "la reforma agraria me recuerda cosas agradables. En mi juventud campirana, después de que caían las primeras lluvias, brotaba el pasto nuevo y se formaban los primeros charcos, podía ver que aparecían por todas partes innumerables sapos de origen misterioso. Había algo fascinante en la exquisita fealdad de esos animales: una esmeralda brillante y esplendorosa en sus frentes... Pasa lo mismo con el charco revolucionario: ha hecho brotar del suelo mexicano criaturas espantosas, las cuales, no obstante, llevan en su frente una idea brillante: la reforma agraria".[134]

Los sapos de la Revolución ostentaban su nueva y brillante adquisición, que era al mismo tiempo talismán, ornato y distintivo de la probidad revolucionaria. Pero así como proliferaban esas manifestaciones del nuevo agrarismo oficial, continuaba la variante antigua, no oficial y popular, conectada a veces con el apoyo y legitimidad gubernamentales, pero a menudo espontánea, aislada, oscura. En realidad, mientras prevaleció el caos político y las facciones se enfrentaban, la legitimidad no tuvo bases sólidas, y las comunidades que habían recibido tierras con apoyo oficial, se convirtieron en no oficiales y aun en rebeldes cuando se les quitó la protección.[135] La legitimidad era con frecuencia superficial y arbitraria, una máscara impuesta a los viejos conflictos agrarios. La máscara que se escogía dependía tanto de lo que conviniera a la localidad cuanto del cuidadoso estudio de los programas agrarios de Carranza, Villa, Zapata y otros. En algunos casos, como se dice vulgarmente, mandaba quien debía obedecer; es decir que no era el gran programa el que atraía adeptos (como se piensa ocurrió en 1910 y 1915), sino la perspectiva inmediata de asegurar la ayuda y el bienestar de un caudillo poderoso para progresar en la lucha agraria regional. El proyecto no carecía de valor: demostraba que el caudillo era un hombre sensato, manifestaba sus intenciones y legitimaba el cambio *de facto* mientras su influencia prevaleciera en la región. Pero lo que en realidad importaba era el poder del caudillo, su capacidad para cumplir las promesas, más que concretar su proyecto agra-

---

[132] Almada, *Diccionario*, p. 125; Canova, Aguascalientes, 20 de octubre; c/o USS Maryland, Manzanillo, 28 de agosto de 1914, SD 812.00/13951; 13672; Gilbert M. Joseph, *Revolution from Without: Yucatan, Mexico and the United States, 1880-1924*, Cambridge, 1982, pp. 122-123.

[133] C/o USS Sacramento, Tampico, 3 de enero de 1915, SD 812.00/15601.

[134] De José María Lozano, en Burleson a Lansing, 27 de julio de 1915, SD 812.00/14259.

[135] Por ejemplo, de R. Jiménez y otros a Carranza, desde la cárcel de Pachuca, 9 de mayo de 1916, AVC. Jiménez enfrentaba pena de muerte por supuestos "ataques a las garantías individuales", cometidos al apoyar la concesión de tierra hecha a su pueblo por la Convención y que después rechazaron los carrancistas. Otros pueblos cercanos retuvieron la posesión *de facto* de las tierras que habían conseguido "ilegalmente" con la protección de la ex Convención.

rio. Se formularon pocas reivindicaciones como las del Plan de Texcoco de Molina Enríquez, plan eminentemente popular y agrarista que carecía de sustancia política. Al contrario, los carrancistas podían conseguir apoyo —incluso dentro de la órbita zapatista y a pesar del escaso historial agrarista de Carranza— si apoyaban el agrarismo local.[136] Como los obreros urbanos (y como el trabajador agrícola en general), los campesinos mexicanos eran prácticos por necesidad; la distribución de riquezas, aun en condiciones deterioradas, valía más que las brillantes imágenes del proyecto.[137] Como en 1913, la fragmentación política del país alentaba alianzas y lealtades; y aunque éstas se sustentaban en conflictos económicos —pero sobre todo en los agrarios—, las definía más la conveniencia clientelista que la consistencia ideológica.[138]

Ejemplo de esto es la revuelta que, en 1914, al frente de una multitud de "desconocidos", capitaneó Francisco Puertas en Aticpac, Veracruz. Poco tiempo después se hacía llamar coronel constitucionalista, se declaraba fiel a Pablo González y dominaba a las autoridades de la localidad. Usó su influencia para poner en práctica un tosco agrarismo. Su víctima principal, entre los terratenientes del lugar, fue Vicente García; en 1914 saqueó su casa, se alzó con sus títulos de propiedad acusándolo de que "maltrataba bastante a sus ocupantes" y le aseguró que, si continuaba haciéndolo, "personalmente pasaría a traer al Sr. García y arrastrándolo a cabeza de silla lo llevaría a la presencia del General Pablo González que era su jefe". La lucha continuó. En 1916, Puertas reclamó a las autoridades locales que los García estuvieran exentos de trabajar en la reparación de caminos y dijo que con gusto los pondría a picar piedra. Con el apoyo de las autoridades, en 1917 Puertas expropió y dividió las tierras de García, porque, en primer lugar, las había conseguido ilegalmente y, luego, porque consideraba "que los principios revolucionarios traen por consecuencia el reparto de tierras".[139] La misma suerte corrieron otros propietarios. Ningún cambio duradero pudo salir de ahí: en poco tiempo, Puertas languidecía en una cárcel. Pero durante tres años condujo una vigorosa campaña agraria sin apoyarse en los planes y programas de las administraciones revolucionarias (aunque éstas pro-

---

[136] José Mancisidor, *Historia de la Revolución mexicana*, México, 1971, pp. 158-159; Hall, *Obregón*, p. 107, se refiere al reparto de Pancho Coss en Puebla; véase también de Ayaquica a Zapata, 18 de noviembre de 1914, Fabela, DHRM, EZ, pp. 136-137, en la que se muestra que no siempre era popular (otra vez en Puebla) la política zapatista.

[137] *Cf.* pp. 148, 153, 165 y 669.

[138] En las páginas 23, 27 y 70, me referí a la alianza incongruente de Huerta y los orozquistas. Veinte años después, cuando eran menos profundas las diferencias políticas, otro presidente radical reformista hizo también alianzas anómalas desde el punto de vista ideológico (véase Schryer, *Rancheros of Pisaflores*, pp. 92-94). Katz se muestra muy ingenuo tratando de explicar el comportamiento de los revolucionarios, basándose en posturas ideológicas consistentes. *Secret War*, pp. 257-258 y 271-272.

[139] De Vicente García a la Junta de Administración Civil, Zongolica (Ver.), 10 de abril de 1917, Archivo Zongolica, r. 11, f. 96, doc. 70.

porcionaban cierta legitimidad), sino en las influencias locales, el poder *de facto* y el supuesto apoyo de un patrón poderoso, cuyo compromiso agrarista era mínimo.

Veamos un último ejemplo parecido, pero con las etiquetas oficiales invertidas, que vale la pena mencionar. En 1911 hubo en Ometepec (Gro.) una revuelta campesina que se extendió por varias comunidades situadas en los límites de Guerrero y Oaxaca y que causó algunas muertes. Una de las víctimas fue José Santiago Baños, comandante de la guardia en Pinotepa Nacional. Juan José Baños, su hermano, era capitán en las fuerzas maderistas de Enrique Añorve, que sofocaron la rebelión, devolvieron a sus dueños los títulos robados e impartieron justicia sumaria.[140] Baños, quien era ganadero, regresó a Jamiltepec (Oax.) y se convirtió en jefe militar. Los problemas no habían terminado. Baños y sus fuerzas de Jamiltepec tenían que luchar con grupos a los que se catalogaba de "rebeldes", "bandidos" o "indios", que tenían sus cuarteles en Poza Verde pero provenían también de pueblos que habían participado en la revuelta de 1911, como Huehuetán. Ahora, sus blancos predilectos eran Jamiltepec y Pinotepa; Baños, su principal adversario. Durante 1912 y 1913 se dedicaron al abigeato y a las escaramuzas; en el otoño de 1913 se adelantó una gran rebelión que Baños, mediante arrestos y ejecuciones, pudo controlar.[141] Pero en el verano de 1914, los lugareños triunfaron en su golpe contra Jamiltepec: tomaron el poder, saquearon algunas propiedades y establecieron sus propias autoridades con el apoyo de las nuevas de Oaxaca, encabezadas por Guillermo Meixueiro. Baños reaccionó exactamente como lo dictaba la lógica de la Revolución: rechazó a las autoridades de Oaxaca, reconoció el régimen de Carranza y el Plan de Guadalupe (18 meses después de que fuera promulgado) y organizó cuatro campañas de "Constitucionalistas del Sur" para sacar a los rebeldes pozaverdeños. En septiembre, Baños recuperó Jamiltepec, lo perdió en diciembre y en 1915 defendió Pinotepa de sus viejos enemigos.

Ésta era, a primera vista, otra de las complejas luchas entre familias y comunidades que proliferaron en México durante el Porfiriato y la Revolución y, como tal, llamó mínimamente la atención; poco había afectado al estado, menos aún la política nacional, y cuando se procuró desentrañar el sentido de los sucesos, se les vio como una historia de ley y orden, de policías y bandidos.[142] Pero es evidente, aun en los relatos que favorecen a Baños, que el asunto no era tan simple, que los conflictos de Jamiltepec se parecían mucho a los de Ometepec en 1911 y que el adjetivo constitucionalista había sustituido al maderista. Como sucedía a menudo, las etiquetas nacionales eran engañosas. Los pozaverdeños se habían unido a Meixueiro y a su régimen "reaccionario", y habían atacado Jamiltepec lanzando gritos de "¡Viva

[140] De J. Baños a E. Añorve, 9 de junio, de I. Cardona a E. Añorve, 9 de junio de 1911, AARD 27/74, 77; Atristaín, *Notas*, pp. 16-21.

[141] Atristaín, *Notas*, p. 47.

[142] Ramírez, *Oaxaca*, pp. 145-146: Baños y sus amigos representaban la ley y el orden.

Félix Díaz!" e insultos contra las "cucarachas" carrancistas.[143] En cambio, Baños publicó decretos constitucionalistas relacionados con reformas políticas y sociales, y en su propio manifiesto apoyó la reforma agraria y cierto grado de nacionalismo económico.[144] Pero la filiación y la ideología no deben llamar a engaño. En cuanto a condición social e intereses materiales, Baños era un ranchero acomodado y los pozaverdeños rebeldes populares y agraristas. Fue Baños quien protegió a las "familias acomodadas" cuando se les expulsó de Pinotepa; fueron los comerciantes de Jamiltepec quienes financiaron su guarnición y la "gente decente" quien aplaudió sus ejecuciones sumarias; fueron los artesanos y comerciantes quienes rechazaron el ataque rebelde en enero de 1915.[145] También es claro que el conflicto de los pueblos en lucha era algo más que simple rivalidad territorial (del tipo que afectó incluso a los pueblos zapatistas de Morelos).[146] Jamiltepec era el centro político y económico de la región, donde vivían rancheros y comerciantes pudientes. Los pozaverdeños eran gente diferente con preocupaciones distintas, algo que puede deducirse no sólo de su tendencia al cuatrerismo y a lanzar ataques sorpresivos, o de su alianza con los zapatistas de Guerrero (quienes les habían dado sus rangos militares), sino sobre todo de los numerosos ejemplos que se pueden encontrar en la historia del conflicto visto desde Jamiltepec.[147] La mayoría era analfabeta (sólo la cuarta parte de los 186 que suscribieron el Plan de julio de 1914 sabía firmar), y sus frecuentes quejas contra Jamiltepec tenían sustento agrario: demandaban reparto de tierras, vituperaban a los ganaderos y, en otro manifiesto mal escrito, reclamaban "las tierras que fueron arrebatadas a nuestros padres". Luchaban, según decían, para librar a la gente del "yugo del caciquismo", que ahora representaban Baños y sus constitucionalistas.[148] Además de Baños, tenían especial inquina contra ciertos terratenientes-comerciantes, como el español Dámaso Gómez, de Jamiltepec, a quien perseguían "por cuestiones de tierras" y robaban su ganado; cuando ocuparon el pueblo saquearon su tienda. La tarea principal de los rebeldes era robar ganado; después de sacar 50 cabezas de un rancho, "dijeron al mayordomo que él también podía venderlas, ya que la causa zapatista le concedía ese derecho".[149]

He aquí un conflicto surgido en la periferia de un estado situado en la periferia de la Revolución; ese conflicto, entonces y ahora, parece insignificante desde la perspectiva nacional. Para los de la zona era diferente. Después

[143] Atristaín, *Notas*, pp. 34 y 105. Los pozaverdeños se relacionaron con los zapatistas de Guerrero, lo que era más lógico.
[144] *Ibid.*, pp. 134 y 152.
[145] *Ibid.*, pp. 32, 43, 47 y 97.
[146] Por ejemplo, de G. Rubio a Zapata, 27 de mayo de 1915, Fabela, DHRM, EZ, pp. 226-228.
[147] Atristaín, *Notas*, pp. 30 y 78; para lo que pudieran servir, Blanco le confirió sus rangos.
[148] *Ibid.*, pp. 19, 32, 36, 45 y 102.
[149] *Ibid.*, pp. 29, 46 y 92. Sadot Garcés, comerciante de Jamiltepec, relacionado con la familia Gómez y cuyas propiedades habían saqueado los pozaverdeños, era el aliado más constante y útil de Baños.

del levantamiento de 1911, las luchas entre los pueblos agitaron por años la región, desde el río Ometepec hasta el río Verde, para conservar o eliminar el dominio político económico de la élite formada por comerciantes y terratenientes. Por su origen y naturaleza, esa lucha no fue muy diferente a la que libraron pueblos zapatistas leales como Tepoztlán. La diferencia estriba en que la vorágine del movimiento revolucionario más amplio y organizado absorbió a Tepoztlán, mientras que los rebeldes de Poza Verde —a pesar de su asociación más o menos laxa con Meixueiro o Julián Blanco— quedaron aislados, desarticulados y prácticamente en el anonimato. Su agrarismo no repercutió en frases sonoras y leyes duraderas; ocuparon el último rincón del espectro agrarista, distantes del agrarismo oficial que los políticos cultos empezaban a burocratizar. En realidad, hay algo aleccionador e irónico —aunque no necesariamente contradictorio— en la actitud de Baños, que defendió a pie firme los intereses de los ganaderos jamiltepecos al mismo tiempo que apoyaba al agrarismo oficial del programa constitucionalista. Queda un punto por dilucidar. Hubo un conflicto agrario sostenido, que, aunque local, los historiadores nacionales ignoraron y los historiadores de Oaxaca desecharon como "actos vandálicos" carentes de sentido.[150] ¿Cuántas acusaciones —de vandalismo, robo, bandolerismo, venganza y cosas por el estilo, que saturan las páginas de libros, periódicos, informes consulares y documentos oficiales— ocultan la sustancia del conflicto que se manifiesta aquí de manera superficial? ¿En cuántos pueblos hubo un Darío Atristaín, que anotó minuciosamente los hechos que vivió y dejó testimonio claro e involuntario de lo que ocurrió en Jamiltepec durante la Revolución, y por qué?

TERRATENIENTES, CURAS Y OFICIALES

Ante la revuelta agrarista, Baños y sus aliados organizaron una buena defensa y esta vez bajo el estandarte constitucionalista. La resistencia de los terratenientes a ese tipo de amenazas fue un rasgo distintivo de 1914 y de los años por venir que indicaba dos cosas: en primer lugar, que esas amenazas eran reales (pocos terratenientes habrían descartado la revolución constitucionalista como si fuera una tibia revuelta política); en segundo lugar, que algunos terratenientes tenían ya capacidad y ánimo para presentar resistencia. En las páginas que hasta aquí se han leído, destaca la pobre reacción de la clase terrateniente (por ejemplo, no fue capaz de ayudar a Huerta con otra cosa que capital y *matériel* a veces no de muy buena voluntad). Pero después de 1914 se advierte el aumento súbito de terratenientes que se enfrentan con éxito a la Revolución. El contrarrevolucionario audaz de 1915 sustituyó al

---

[150] Ramírez, *Oaxaca*, p. 146; pero en su página 148 reconoce que Baños controlaba una "vasta área" entre Ometepec y Pochutla. Excepción reciente es la excelente tesis doctoral de Javier Garciadiego Dantan, *Revolución constitucionalista y contrarrevolución. Movimientos reaccionarios en México, 1914-1920*, El Colegio de México, 1981, pp. 230-231.

pusilánime expatriado de 1913. Los hasta entonces exhaustos nobles empezaron a comportarse como carlistas. La razón es sencilla: el centro de la Revolución se había desplazado; sobre todo del norte al sur. En 1913-1914, la rebelión se había afianzado en regiones donde se detestaba más —y al mismo tiempo era más precario— el poder de terratenientes y caciques: Chihuahua, Durango, La Laguna, el oriente de San Luis Potosí, Morelos, Tlaxcala y partes de otros estados del centro de México. Apenas puede sorprender esto, ya que el odio a los terratenientes acaparadores y a los caciques opresores era el combustible de la revuelta popular. Al revés, el Bajío y el centro-oeste, Oaxaca, el sur de Veracruz y la mayor parte del sudeste estaban bastante tranquilos porque los alteraban sólo el bandidaje o las protestas agrarias aisladas (en Naranja, Jamiltepec, Acayucan, etc.), que no eran suficientes para minar el *statu quo*. En los archivos de una de las más grandes haciendas pulqueras de Hidalgo no se observan hiatos en 1914; San José de Gracia pasó por ese periodo sin grandes complicaciones; era posible controlar por la fuerza ciertos reductos del agrarismo, como Naranja. En realidad, era posible que en haciendas y minas la Revolución hiciera a los trabajadores más dependientes de sus patrones.[151]

Pero en el verano de 1914, cuando los constitucionalistas avanzaban hacia la Ciudad de México, buena parte de esas zonas del centro y sur del país se enfrentaron por primera vez con un movimiento revolucionario poderoso y organizado, que significaba amenaza intrínseca lo mismo que alentaba a movilizarse a causas revolucionarias regionales que hasta ese momento eran débiles. Cabecillas locales como Julián Medina (Jalisco), Nicolás Flores (Hidalgo) y Luis Felipe Domínguez (Tabasco) se convirtieron en generales constitucionalistas (de cuño carrancista o villista), grado con el cual consiguieron por un lado cierta legitimidad y, por el otro, algo del codiciado armamento estadunidense.[152] Terratenientes y caciques que hasta entonces habían podido salir adelante, se encontraban en aprietos, pero no capitularon como lo hicieron los del gremio en 1913 en Chihuahua, Morelos o La Laguna. Que hubieran sobrevivido hasta ese momento —que, por ejemplo, los terratenientes de Naranja consiguieran reprimir a los agraristas— revelaba cierta influencia política y capacidad militar de la que había carecido Terrazas a pesar de sus bancos y latifundios. En realidad, poco tenía que ver la sobrevivencia con el dinero y la cantidad de hectáreas; terratenientes menores —como los rancheros de la Sierra Alta de Hidalgo— sobrevivieron con más vigor que los grandes potentados como Terrazas o los hacendados de Morelos.[153] Sobrevivir significaba tener por lo menos control parcial de la sociedad rural, que se

---

[151] La hacienda pulquera de San Antonio Tochatlaco (Hgo.), a juzgar por la falta de interrupción en la fuerza de trabajo, no resintió grandes trastornos a finales del Porfiriato y principios de la Revolución (hasta fines de 1914); véanse también González y González, *Pueblo en vilo*, pp. 113-124, y Enzio Cusi, *Memorias de un colono*, México, 1969, pp. 223-224.

[152] Schryer, *Rancheros of Pisaflores*, p. 74; González Calzada, *Tabasco*, pp. 142-143.

[153] Schryer, *Rancheros of Pisaflores*, pp. 7, 75 y 76.

ejercía de manera diversa: por medio de la fuerza, el clientelismo ("paternalismo", quizá), el poder económico (más que con abundancia de capital mediante el control estratégico de recursos limitados) e incluso la "hegemonía ideológica"; el reverso de ese control era la inmovilidad o el acatamiento de los pobres del campo. Tomo casos extremos, pero los peones de Yucatán eran muy diferentes a los broncos yaquis o a los campesinos de Morelos.

La irrupción de los constitucionalistas dio resultados diversos e impredecibles. Es verdad que eran proclives a deshacerse de los "enemigos de la causa" y que muchos terratenientes se ubicaban en esa categoría. Sin embargo, por mucho que tuvieran importancia colectiva, tales purgas eran a menudo arbitrarias y tenían poco efecto. Particularmente, existieron dos grupos comunes e imprevistos, que permitieron sobrevivir a la clase terrateniente e incluso prosperar: primero, como colonizadores del constitucionalismo, seudorrevolucionarios, o "revolucionarios de última hora"; segundo, como contrarrevolucionarios declarados. En el primer caso, los constitucionalistas —sobre todo los villistas— se aliaron a los terratenientes locales para conseguir ventajas políticas o militares. Quizá el cinismo desempeñó su parte, pero había un elemento común que lo hacía comprensible. Los invasores constitucionalistas irrumpían en *terra incognita*, porque desconocían cómo estaba formada la política local (en el pequeño libro negro de Villa no figuraban todos los indeseables de la República) y, en el mejor de los casos, contaban sólo con toscas reglas empíricas (como la de Gavira, para quien los maestros eran buenos y los curas malos) cuando se trataba de conseguir asesoría, eliminar enemigos o encumbrar amigos. Estos últimos eran a veces gente que, de estar en el norte, hubieran evitado a gente que los revolucionarios del lugar, a quienes nadie pedía opinión, hubieran preferido no encontrar en su camino. El problema no era nuevo, pero las dimensiones de la Revolución acrecentaron su importancia.[154]

Por otra parte, estaba la cuestión de la oportunidad. Los terratenientes de Chihuahua, Morelos o La Laguna no tenían mucho de donde escoger en 1913: sólo podían estar a favor o en contra de la Revolución. Muchos evitaron la cuestión y huyeron a los Estados Unidos después de "confesar que no tenían intenciones de aguantar a la revolución o al gobierno".[155] Huían de la frontera para conservar su vida y su libertad, pero no sus tierras, que se requisaban inmediatamente. En realidad, la mayoría de los terratenientes norteños (más exactamente, aquellos que estaban en regiones donde la Revolución fue temprana y muy intensa, como Morelos, Tlaxcala y parte de San Luis Potosí) decidieron apoyar a Huerta directa o indirectamente. Fueron, por lo tanto, hombres marcados mucho antes de que triunfara la revolución constitucionalista, y no hubo arrepentimiento o retracción de su parte que pudiera borrar el estigma. De ninguna manera podía Terrazas hacer la paz con Villa, los Pimentel

---

[154] Véanse pp. 538-542.
[155] Silliman, Saltillo, 29 de diciembre de 1913, SD 812.00/10557.

con Zapata, los Espinosa y Cuevas con los Cedillo. Naturalmente, los terratenientes no estaban mal representados entre los constitucionalistas: figuraban el mismo Carranza, Barragán, Urquizo, Maytorena y los Pesqueira, pero se encontraban ahí en virtud de haberse adherido a la causa en los primeros momentos, con no poco riesgo y a veces con reticencia (no es coincidencia que todos provinieran de los círculos oficiales de Coahuila y Sonora); habían establecido su calidad de revolucionarios ahí donde otros de su clase habían fallado.[156]

En cambio, donde la Revolución llegó tarde, los terratenientes y caciques no sufrieron la agonía de la decisión o, por lo menos, el dilema fue menos severo. Si la rebelión no existía o era limitada, la presión para formar unidades de Defensa Social o pelotones de guardias blancas era menor. Por ejemplo, los hacendados de Yucatán habían hecho contribuciones a la causa de Huerta como otros grupos, pero no se veían comprometidos a adoptar una activa actitud antirrevolucionaria simplemente porque no había en la península un movimiento revolucionario poderoso que la justificara. En el centro y sur del país, muchos propietarios menores disfrutaron así de cierto anonimato político, por lo menos en lo que a los invasores constitucionalistas se refería. Por lo tanto, algunos se convirtieron tardíamente al constitucionalismo y por razones tácticas —algo posible sobre todo cuando el jefe rebelde era tolerante, no estaba muy seguro de sí y tenía interés en conseguir apoyo local (Villa es el ejemplo clásico)—. Esos conversos tardíos fueron los "revolucionarios de última hora" de 1914. El grupo era más escaso que en 1911, porque ahora las filiaciones políticas se conocían más e identificaban mejor. En los lugares donde la Revolución era más sólida —Chihuahua, Durango, Morelos— casi no hubo revolucionarios de última hora, pero abundaron en el centro y en el sur.

Podemos decir que la mejor estrategia de un terrateniente en 1914 era conseguir, si podía, una posición e incluso un rango militar en la Revolución; colonizar el constitucionalismo. Eso consiguió Baños con su tardía adhesión al Plan de Guadalupe; también lo consiguieron los hermanos Méndez, de Apan (Hgo.), conocidos terratenientes de la región, y los hermanos Márquez, de Puebla, por largo tiempo "revolucionarios" oportunistas. En ambos casos, la innata tolerancia del villismo les permitía plantar su tienda en el campo rebelde.[157] Pero el ala carrancista de la Revolución recibió también nuevos reclutas que provenían de familias "enemigas" y procuraban proteger sus intereses.[158] Buenos casos se encuentran en el estado de Guerrero, saturado de conflictos. Los comerciantes y terratenientes de Acapulco y regiones del interior se enfrentaban a numerosas amenazas: la fragmentación de la autoridad

---

[156] Aun así, en 1913 Maytorena perjudicó su reputación revolucionaria; y aunque Barragán era rebelde, se opuso de manera contundente a las pretensiones agrarias de los Cedillo.

[157] Urquizo, *Páginas*, p. 91; *Mexican Herald*, 13 de noviembre de 1914; Gruening, *Mexico and its Heritage*, pp. 436-437; *Historia de la Brigada Mixta "Hidalgo", que es a las órdenes del General Vicente Segura*, México, 1917, pp. 102-103.

[158] Gavira, *Actuación*, p. 91.

política o la falta de ella, los numerosos cabecillas que competían entre sí, las demandas agrarias de Salgado y otros "zapatistas", y el odio a los españoles. Algunos trataron de procurarse ayuda: los españoles de Acapulco consiguieron que Santiago Nogueda (terrateniente cuya hacienda había sido saqueada) se pusiera a la cabeza de 500 hombres para proteger sus propiedades.[159] Pero esas operaciones independientes —parecidas a las que la familia Kennedy organizó en Tlaxcala— eran riesgosas, sobre todo en territorios revolucionarios.[160] Los propietarios guerrerenses, más prudentes, buscaron cobijo bajo el ala de una facción revolucionaria nacional. La temible Eucaria Apreza, de Chilapa, veterana de la oposición contra Díaz, pero también terrateniente, y víctima y "enemiga jurada" del zapatismo, obtuvo de los representantes de Carranza reconocimiento oficial, buena cantidad de dinero y municiones para mantener alrededor de 1 000 hombres con los cuales defenderse.[161] (Quienes investigan acerca del papel que las mujeres desempeñaron en la Revolución, deberían tener en cuenta —más que a las intelectuales marginales y urbanas que proliferan en sus estudios— a la señora Apreza y otras como ella.)[162] Los antecedentes antiporfiristas fueron buena carta de presentación para que se reconociera a Eucaria Apreza oficialmente. Nada parecido podría decirse de la familia Uruñuela de Acapulco, uno de los tres grandes clanes españoles que controlaban la economía del puerto. En las afueras de Acapulco, Nicolás Uruñuela tenía un latifundio de 4 000 hectáreas. Los zapatistas se habían llevado su ganado, destruido su molino de algodón y la fábrica de hielo, lo que llevó a Uruñuela y su hermano a tomar "parte activa en la campaña contra los bandidos zapatistas".[163] A finales de 1915 habían conseguido cargos en las fuerzas carrancistas; uno como capitán de ingenieros y el otro como mayor y cirujano del ejército; ante su capacidad y antipatía por el zapatismo, el comandante carrancista, Silvestre Mariscal, controló su ya conocido sentimiento antihispánico.

Dije antes que la mejor estrategia de los terratenientes era infiltrar la Revolución mediante el compromiso personal o la vinculación con algún jefe revolucionario amigable.[164] Sin embargo, más común, y con el tiempo más exitosa, fue la resistencia directa —es decir, la de los terratenientes cuya influencia local no habían minado los revolucionarios del lugar—. Esos hombres, que hasta entonces se habían sentido seguros, eran testigos ahora de las purgas consecuentes y de las revueltas que se extendían hacia el sur junto con la Revolución. Lucharon cuando aquéllas amenazaban envolverlos, como

[159] C/o, USS Cleveland, Acapulco, 11 de julio de 1914, SD 812.00/13672.
[160] Buve, "Peasant Movements", p. 138; una versión ficticia en Rutherford, *Mexican Society*, p. 253.
[161] Almirante Howard, Acapulco, 18 de enero de 1915, SD 812.00/14239; Jacobs, "Aspects", pp. 128, 132 y 136; de Apreza a Carranza, 1º de octubre de 1915, AJD, r. 2.
[162] *Cf.* Anna Macías, "Women in the Mexican Revolution, 1910-1920", *Americas*, XXXVII (1980), pp. 53-82.
[163] C/o US Navy, Acapulco, 9 de noviembre de 1915, SD 812.00/16843.
[164] Véanse pp. 771-772.

los caciques serranos habían luchado para rechazar la ola de centralismo porfiriano. Creo importante señalar ese parentesco: después de 1914, la revuelta de algunos terratenientes fue de ideología claramente conservadora, porque se resistían al cambio radical (incluida la reforma agraria) que la Revolución traía consigo. Pero hubo muchos para quienes ese elemento no existía o era secundario; ahí, los rebeldes, que contaban con amplio apoyo de tipo multiclasista, representaron una protesta local y colectiva contra la invasión, el control y el centralismo revolucionario. Y, como señala ahora la investigación revisionista, el centralismo revolucionario no fue siempre muy diferente de su antecesor porfirista. Así pues, en muchos casos los terratenientes rebeldes posteriores a 1914 se ubicaban en la tradición serrana; y el hecho de que lucharan con el nombre de "conservadores" contra los que se decían "revolucionarios", no niega su parentesco con los anteriores movimientos serranos: las revueltas contra Díaz de Tomóchic, en 1889, y Rocha, en 1911; la del *Che* Gómez contra Madero en 1912; la de Lucas contra Huerta en 1913. Sólo si aceptamos rígida y erróneamente los marbetes, las ideologías y ortodoxias nacionales (según las cuales todas las revueltas contra Díaz deben ser "revolucionarias" y "conservadoras" todas las que se dieron contra Carranza), no podremos advertir las realidades sociopolíticas subyacentes que determinaban a tales movimientos. Sin duda, los compromisos de los constitucionalistas con la reforma social estimulaban la resistencia de los terratenientes; también la estimulaba el comportamiento de tropas rapaces externas. Pero la resistencia tenía su origen —de manera más consistente y significativa— en el propósito firme de los constitucionalistas de imponer su control en la nación y no tolerar a ningún rival en el ejercicio del poder. Fue "el perpetuo e incesante deseo de poder" hobbesiano, más que las diferencias políticas de peso, lo que enfrentó a los constitucionalistas con los terratenientes. La reforma agraria —lejos de ser causa del conflicto— fue a menudo el arma para conseguir ventaja cuando el conflicto ya había comenzado.

La rebelión de los terratenientes se concentró en el centro y occidente de México (de Tepic al Bajío), Veracruz y los estados del sureste; por el momento, dejaré de lado la última región. La primera, que hasta ese momento no había tenido mayores problemas, en 1914 entró de lleno en el conflicto; desde entonces enfrentó campañas convencionales importantes, revueltas de terratenientes y religiosos, bandolerismo endémico y escasez. En el verano de ese mismo año, los terratenientes del Bajío habían resistido las depredaciones de los federales; en Guanajuato se hablaba de crear tenebrosos "ejércitos privados".[165] A fines de ese año, los constitucionalistas habían hostilizado a tal punto a los jaliscienses, que se originó "entre los hacendados ricos un fuerte movimiento para crear un partido revolucionario".[166] No hubo rebelión organizada, pero los terratenientes figuraron en las fuerzas anticarran-

---

[165] Katz, *Secret War*, p. 257.
[166] Holms, Guadalajara, 11 de diciembre de 1914, FO 371/2396, 9316.

cistas (y en consecuencia, nominalmente "villistas") que operaron de ahí en adelante en el centro-oeste: los hermanos Natividad organizaron en Tepic a los rancheros en un movimiento armado de autodefensa dirigido contra el constitucionalismo; en Guanajuato, los rancheros tomaron los cerros en protesta por los abusos de los carrancistas; en Michoacán, el general Moreno, "de quien se decía era muy rico antes de la revolución", encabezó en 1916 una tropa compuesta por varios miles.[167]

En Veracruz, del que tenemos mejores datos, la resistencia fue mayor. En el municipio de Misantla, centro de producción cafetalera que apoyaba al viejo cacique porfirista Teodoro Dehesa, las depredaciones, demandas y purgas de los constitucionalistas fueron causa de que se rebelara la familia Armenta, a cuyo patriarca, Manuel Armenta, dueño de extensas propiedades, habían multado y encarcelado los revolucionarios. Armenta consiguió gran apoyo local: "todos los propietarios... dieron apoyo activo e inmediato al movimiento, de manera que en el ejército del señor Armenta hay pequeños propietarios, arrendatarios y gente que se ocupa de diferentes trabajos, que han sido víctimas... de la opresión de los constitucionalistas."[168] Informes diversos coinciden en que los rebeldes de Misantla —quienes en 1915 dominaban la región, imprimían su propio dinero y eran capaces, se decía, de reunir 5 000 hombres— tenían por jefes a los terratenientes de la zona, ya fueran éstos "ricos hacendados" como Armenta o rancheros con "modesta fortuna", que tenían rencor a los revolucionarios, y cuyo prolongado éxito militar indica que contaban con bastante apoyo local. Todo esto —y el hecho de que a ciertos rebeldes de Misantla se les denominara zapatistas— es un dato importante para que no se asocie demasiado estrechamente a los rebeldes con la reacción agraria y a los constitucionalistas con la reforma radical.[169]

La rebelión de Misantla no fue un movimiento aislado. Salvador Gabay, quien pertenecía a una "buena familia veracruzana", encabezó un poderoso movimiento rebelde en la zona Huatusco-Córdoba; Cástulo Pérez, ranchero de Minatitlán, operaba activamente en el Istmo. A lo largo del estado de Veracruz, estos y otros rebeldes organizaron una resistencia constante contra el régimen constitucionalista. Aunque hacia 1916 a todos se les denominaba felicistas, sus revueltas fueron locales y comenzaron en 1914-1915, mucho antes de que Félix Díaz anunciara, una vez más, su entrada en la contienda.[170] Pero Manuel Peláez, de la Huasteca veracruzana, era el más poderoso de los terratenientes rebeldes del Golfo —tan poderoso, que podía mantenerse al margen de Díaz y el felicismo—. Tal como Armenta, se ha presentado a Peláez

[167] Informes de la frontera, 31 de marzo de 1917; c/o US Navy, Manzanillo, 21 de agosto de 1916; SD 812.00/15352; 19063; véanse pp. 486-487.

[168] Canada, Veracruz, 12 de julio de 1915, SD 812.00/15578.

[169] Perkins, Misantla, 15 de mayo de 1915; F. K. Lane a R. Lansing, 29 de septiembre de 1916; SD 812.00/15352; 19410 1/2; cf. Fowler, *Agrarian Radicalism*, pp. 4 y 131.

[170] Canada, Veracruz, 1º de agosto de 1916 y 13 de noviembre de 1917, SD 812.00/18987, 21525; véanse pp. 474, 482 y 485.

como "gángster" o mercenario de las compañías petroleras.[171] En el último capítulo me referiré a las relaciones de Peláez con las empresas petroleras y a la naturaleza del movimiento pelaecista "maduro"; es necesario hablar aquí de sus orígenes, de su inicial independencia respecto de aquellas empresas y de su lugar en esta categoría amplia e importante de la rebelión de los terratenientes.[172] La familia Peláez tenía tierras en la Huasteca, rica en petróleo; había colaborado con las compañías como terrateniente, apoderado y contratista.[173] Pero, más que cualquier instigación extranjera, lo que provocó la rebelión de Manuel Peláez ("espléndido tipo de mexicano", dijo de él un petrolero estadunidense) fueron los procedimientos de los constitucionalistas en la Huasteca. Aunque Peláez llegó más tarde a tener acuerdos de tipo laboral con las empresas, no fue a causa de alguna política deliberada por parte de éstas; no había razón para que los petroleros trataran de conseguir ese objetivo en la primera época de la rebelión pelaecista, cuando tenían buenas relaciones con los constitucionalistas.[174] Como Félix Díaz en 1916, las compañías petroleras se encontraron con una rebelión floreciente que estaba ahí y servía a sus intereses; pero aun entonces (también como Félix Díaz) no podían hacer de titiriteros para el títere de Peláez.[175]

Es cierto que Peláez había coqueteado con el felicismo en 1912,[176] pero su rebelión empezó muy avanzado 1914, y transcurrió un año o más hasta que sus fuerzas aumentaron y le permitieron dominar el territorio entre Tampico y Tuxpan. En 1916-1917 tenía ya un ejército formidable de casi 5 000 hombres, todos de la región. Se decía que, "temerosos de la confiscación, los hombres de Peláez... tomaron las armas".[177] Sin duda el dinero de las compañías petroleras ayudó a sostener la campaña y, seguramente, Peláez actuó como "protector de los propietarios de la región", pero no puede afirmarse que su control tenaz de la Huasteca veracruzana se debiera esencialmente al "uso del terror", ni es posible negar que tenía un amplio apoyo popular que se extendía más allá de la "clase de los propietarios".[178] Peláez no estaba solo; a fines de 1914 se rebeló Alfonso Sánchez, "destacado comercian-

---

[171] J. Womack, "The Spoils of the Mexican Revolution", *Foreign Affairs*, XLVII (1970), p. 678; Fowler, *Agrarian Radicalism*, p. 131; Gruening, *Mexico and its Heritage*, pp. 617-618.

[172] Véanse pp. 479-482.

[173] Javier Garciadiego Dantan, *Movimientos reaccionarios*, pp. 97-98; Heather Fowler Salamini, "Caciquismo and the Mexican Revolution: the case of Manuel Peláez", Sixth Conference of Mexican and US Historians, Chicago, 1981 (ponencia).

[174] W. F. Buckley, Fall Report, p. 840; Lorenzo Meyer no duda de que "la rebelión pelaecista tuvo su origen en el conflicto entre Carranza y las compañías petroleras" (*México y Estados Unidos*, p. 72); Garciadiego corrige ese malentendido en *Movimientos reaccionarios*, pp. 98 y ss.

[175] Véanse pp. 479-480.

[176] Garciadiego, *Movimientos reaccionarios*, p. 99.

[177] Canada, Veracruz, 12 de julio; Bevan, Tampico, 18 de noviembre de 1915; SD 812.00/15578; 16857; Dawson, Tampico, 11 de agosto de 1916, y US Naval Intelligence, 12 de abril de 1918, SD 812.00/245, 387; Wilson, Tampico, 10 de diciembre de 1914; Hewett, Tuxpan, 6 de junio de 1917; FO 371/2395, 2445; 2962, 158778.

[178] *Cf.* Fowler, *Agrarian Radicalism*, pp. 15 y 163.

te [de Tuxpan quien]... había sufrido mucho por los atropellos de las autoridades carrancistas"; otros terratenientes poderosos apoyaron a Peláez, entre ellos el hijo de un ex gobernador del estado y el ex jefe político de Tuxpan.[179]

Esas rebeliones de terratenientes en 1914 representan, por lo tanto, el rechazo fuerte, colectivo, de la autoridad constitucionalista —sobre todo carrancista—; consiguieron amplio apoyo en regiones donde, como en la de Peláez, el agrarismo era débil, y, con facciones de distinta denominación, causaron graves problemas al que aspiraba ser gobierno nacional.[180] Significaron también un resultado indirecto de la escrupulosidad de la política constitucionalista —en especial la carrancista— porque las purgas, multas y confiscaciones oficiales (en otras palabras, el trabajo de una administración expansiva y ambiciosa), no la insurgencia popular, provocaron esas rebeliones. Una distinción similar se evidencia en el anticlericalismo constitucionalista, fenómeno que proviene de los líderes cultos más que de las masas rurales, y que fue rasgo esencial de la política en 1914. Por esa razón convocó la protesta, e incluso la resistencia armada, equivalente eclesiástico de las rebeliones de los terratenientes a las que acabo de referirme (a veces iban aparejadas) y presagio de la rebelión cristera del decenio siguiente.

No son fáciles de aclarar las raíces sociales e ideológicas del anticlericalismo constitucionalista. No intentaré ahora dar una explicación general.[181] Lo que aquí me interesa señalar es que el triunfo del constitucionalismo en 1914 abrió camino al anticlericalismo —que hasta entonces había sido un fenómeno menor y vago— hasta el centro de la escena revolucionaria oficial. En este caso —como en el de la reforma agraria "oficial"—, Luis Cabrera fue cabecilla destacado en el cambio de la opinión revolucionaria.[182] Es necesario señalar dos aspectos secundarios en el inicio súbito del anticlericalismo constitucionalista, pues ambos contradicen la corriente que prevalece en la historiografía actual.[183] El primero es que el movimiento popular no carecía totalmente de anticlericalismo: aunque es cierto que las olas anticlericales corrían de las ciudades al campo y de las élites cultas a las masas rurales, había casos —a los que me referiré— de anticlericalismo popular; comparado con el agrarismo popular, era una planta endeble, pero ahí estaba. El segundo: no es tanto un lugar común —como sugeriría la (nueva) ortodoxia— el argumento que ubica el origen del anticlericalismo constitucionalista en el apoyo que la Iglesia había dado a Huerta. Una vez más, el revisionismo ha ido demasiado lejos, las interpretaciones tradicionales, aunque gastadas, aún tienen algo de vida.[184]

[179] Graham, Tuxpan, 23 de diciembre de 1914, FO 371/2397, 23925; Garciadiego, *Movimientos reaccionarios*, p. 114.
[180] Sobre la pasividad de los campesinos de Álamo: Fowler, *Agrarian Radicalism*, p. 163.
[181] Véase p. 740.
[182] Rutherford, *Mexican Society*, p. 288.
[183] Me refiero especialmente al trabajo de Jean Meyer.
[184] Meyer, *Huerta*, pp. 167-169 (pone en duda y quita énfasis al apoyo de los católicos a Huerta).

Es verdad que buena parte de los datos (muy conocidos) acerca de la oposición eclesiástica a la Revolución son de 1914 y los años subsiguientes; se le puede presentar, por ende, como reacción al anticlericalismo revolucionario, su agresor.[185] Sin duda, hubo acción recíproca de revolucionarios y católicos: los primeros reaccionaron contra el apoyo que los católicos dieron a Huerta y después a Villa, lo que a su vez precipitó el anticlericalismo revolucionario (carrancista). Pero es demasiado arbitrario otorgar precedencia causal a una de las partes sin tener pruebas fehacientes. Los católicos apoyaron a Huerta tan temprano y con tanto entusiasmo, que se le puede considerar una reacción autónoma más que refleja: los católicos, por ejemplo, celebraron la caída de Madero y esto ocurrió mucho antes de que asomara el anticlericalismo de los constitucionalistas. Tampoco fue un hecho aislado ni un acto "natural", políticamente neutral, el *Te Deum* que se cantó en "honor de Huerta al fin de la Decena Trágica"; es paralelo al recibimiento que los católicos dieron al nuevo régimen, al apoyo político que recibió el PCN (y que fue recíproco) y a la forma en que la prensa católica condenó el zapatismo y otros movimientos revolucionarios (no sólo de cuño anticlerical).[186] Otra muestra de la relación entre los católicos y Huerta fue la dedicación de México al Sagrado Corazón, para la que el régimen dio su consentimiento en enero de 1914. Así pues, aun cuando descartemos como poco probable la ayuda financiera eclesiástica, hay datos suficientes sobre el apoyo que católicos e Iglesia dieron a Huerta, algo que no pueden desechar ni eludir las preguntas retóricas, evasivas y los errores poco típicos de Jean Meyer: "todos, o casi todos, apoyaron a Huerta, y los católicos probablemente lo hicieron con menos entusiasmo que otros... Es cierto que miembros destacados del PCN... participaron en el gobierno de Huerta, pero, ¿quién no apoyaba a Huerta?"[187]

Naturalmente, el grupo católico era heterogéneo. *El País*, el PCN y el episcopado representaban el centro de poder urbano de los católicos que en el decenio de 1910, como en el de 1920, estaba muy lejos del sentimiento católico popular y rural. En su forma extrema, ejemplifica esa lejanía el anticlericalismo vandálico de los rebeldes que usaban imágenes de la virgen de Guadalupe en sus sombreros.[188] También es cierto que hubo párrocos —no sólo en Morelos— que, siguiendo la tradición de Hidalgo, apoyaron las causas populares y consiguieron respeto y afecto.[189] Pero en la provincia había también curas que rechazaban la Revolución, usualmente desde el púlpito, a ve-

[185] *Ibid.*, p. 169.
[186] *Ibid.*, p. 168; Womack, *Zapata*, pp. 137 y 139-140; y véase p. 72.
[187] Meyer, *Cristero Rebellion*, p. 11; *Mexican Herald*, 17 y 18 de octubre de 1913 (a propósito de la supuesta ayuda financiera).
[188] Rutherford, *Mexican Society*, pp. 289-291.
[189] Meyer, *Cristero Rebellion*, p. 12; véase la petición de los vecinos de Bachíniva a Terrazas (28 de agosto de 1889, STA, caja 26) en la que afirman: "el [cura] está con el pueblo y el pueblo está con él". La revuelta y represión de Velardaña fue muestra del sólido apoyo popular al cura de la parroquia en un ambiente norteño e "industrializado" (*El Correo de Chihuahua*, 14, 15 y 28 de agosto de 1909).

ces desde el campo de batalla.[190] Aun cuando sean excepcionales, casos como ésos prueban y, en cierto sentido, justifican la afirmación de los rebeldes de que los curas apoyaban a Huerta. Tal afirmación no era del todo inverosímil. Nadie duda de que los grupos católicos se movilizaron antes y durante la Revolución (uno de los temas más importantes en la corriente revisionista); durante el gobierno de Madero, curas y obispos apoyaron al PCN; los curas tenían mucha influencia política y espiritual en sus parroquias.[191] El cura de San Miguel de Allende sofocó una revuelta; el de San José de Gracia era líder de la comunidad, y otro, Juan González, "a más de no ser apolítico era maderista y, al final, consumado villista"; pero después de él llegaron dos curas de Sahuayo que estaban "predispuestos contra la Revolución".[192] El "prejuicio" era quizá producto de la persecución a que los sometía la Revolución, pero la figura que presenta Azuela de los curas avecindados en Jalisco da la impresión de que no tenían gran simpatía por la Revolución, aun en tiempos de Madero, antes de que el anticlericalismo dogmático penetrara en la práctica revolucionaria.[193] Por lo demás, los curas no podían sustraerse a lo que acontecía en su localidad. Los indígenas rebeldes de Igualapa mataron y mutilaron al cura Rafael Salmerón, porque había adquirido parte de las tierras comunales que intentaban recuperar.[194] Salmerón no fue mártir de la fe, pero su caso demuestra que así como algunos curas se unían a la protesta popular, otros se identificaban con las élites o, lo que era frecuente, con las poco populares comunidades españolas; no podían esperar, pues, que la sotana les sirviera de escudo contra la venganza. Aun cuando ésta pueda considerarse anticlerical, no significa que la perspectiva fuera, abstracta, liberal o jacobina a ultranza; podía coexistir incluso con los símbolos y las creencias tradicionales del catolicismo —de ahí la paradoja de que quienes atormentaban a los curas llevaran a la virgen de Guadalupe—. Así como el agrarismo popular, el anticlericalismo de la misma denominación era la cara local, desarticulada y a menudo violenta, del anticlericalismo "oficial" que tenía su origen en los jacobinos de las ciudades. Y ésa —reaparece la comparación con el agrarismo— era una cara muy diferente.

Tenemos pruebas de que había cierto tipo de anticlericalismo popular, pero su relativa escasez nos dice que no tenía mucha importancia dentro de la Revolución. Jean Meyer, quien con razón —aunque exageradamente— duda de los relatos de John Reed, exonera a Villa de cargos contra su anticlericalismo, porque fue infrecuente, se concentró en los primeros meses de su campaña y, de todos modos, fue obra de sus subordinados: "en el territorio de Villa —dice Meyer— nunca hubo persecución religiosa".[195] Pero la evidencia

---

[190] Obregón, *Ocho mil kilómetros*, p. 156; Hamm, Durango, 16 de febrero de 1914, SD 812.00/11028.
[191] Véanse pp. 357-358 y 538-542.
[192] González y González, *Pueblo en vilo*, pp. 87, 116 y 123.
[193] Rutherford, *Mexican Society*, p. 286.
[194] De I. López y vecinos de De la Barra, 22 de septiembre de 1911, AARD 12/35.
[195] Meyer, *Cristero Rebellion*, pp. 12-13.

de que Villa era hostil a gente de la Iglesia (Quirk llega a decir que era un "clerófobo de hueso colorado"), va más allá de Reed y se encuentra tanto en hechos incontrovertibles cuanto en las notas de un periodista radical con imaginación.[196] Se expulsó a monjas y curas españoles de Chihuahua; se reunió a los curas de Saltillo y se les obligó a abandonar la ciudad; después de la caída de Zacatecas se saqueó el palacio del obispo y dos curas murieron. Todos estos incidentes ocurrieron hacia diciembre de 1913, y en junio de 1914 los de Zacatecas, 18 meses después que empezara la campaña de Villa. No eran ésas las primeras tentativas de una Revolución que nacía; el villismo ya estaba maduro.[197] Se puede discutir hasta qué punto Villa fue personalmente responsable (al parecer sí lo fue), pero que muchos de sus subordinados actuaran de manera parecida simplemente significa que buena parte de ellos compartía la antipatía de Villa por la Iglesia —tanto como su profunda hispanofobia—. Los rebeldes de Durango profanaron iglesias, arrestaron a curas y "a cada rato golpeaban e insultaban a los que habían quedado en libertad". Los sacristanes estaban muy ocupados haciendo doblar las campanas "para celebrar el santo de algún líder menor".[198] En la beata capital de San Luis Potosí, Eulalio Gutiérrez —líder que no era villista, pero tenía ese estilo— confiscó propiedades de la Iglesia, expulsó a 34 curas, se apropió del palacio episcopal y saqueó la biblioteca del seminario.[199] Algo de exageración hay en todo esto, pero no tiene sentido desechar esos casos y "fingir demencia" cuando se trata de excesos carrancistas. Por su naturaleza, la violencia anticlerical llama a la publicidad, la denuncia, la exageración; al tratar de aplicar cierto tipo de sordina, el historiador debería procurar la consistencia y no disculparse dando explicaciones para justificar actos que la gente equivocada realizó en el lugar equivocado.

No obstante, Jean Meyer tiene razón cuando arguye que "Villa nunca compartió el punto de vista de los jacobinos".[200] Así como en la reforma agraria, la diferencia no se encuentra tanto en los hechos concretos (porque algunos hechos concretos, como saquear iglesias, pueden ser obra de anticlericales populares o jacobinos), cuanto en sus circunstancias generales. El anticlericalismo villista fue parte —una pequeña parte solamente— de la rústica justicia popular, del bandolerismo social en el sentido amplio; no provenía del

---

[196] Robert E. Quirk, *The Mexican Revolution and the Catholic Church, 1910-1912*, Bloomington, 1973, p. 42; Reed, *Insurgent Mexico*, pp. 61 y 123; O'Hea, *Reminiscences*, p. 196.

[197] Quirk, *Mexican Revolution*, pp. 51, 53 y 57. Jean Meyer tiende a juzgar el villismo por su actuación en el centro de México (Michoacán, especialmente) durante 1914-1915; pero ese villismo de exportación, cuyo triunfo fue efímero, no es característico de todo el movimiento, el cual se entiende mejor si se analiza con base en su carácter local y de largo plazo, ejemplificado en 1913-1914 y después de 1915.

[198] Hohler, Ciudad de México, 24 de marzo de 1914, FO 371/2026, 16251; Antonio Rius Facius, *La juventud católica y la Revolución mexicana*, México, 1963, pp. 51-52; O'Shaughnessy, *Diplomat's Wife*, p. 228.

[199] Martínez Núñez, *San Luis Potosí*, p. 228.

[200] Meyer, *Cristero Rebellion*, p. 12.

jacobinismo calculador e intelectualmente refinado, completado con una ideología formal, textos aprobados, políticas coherentes y nacionales y, sobre todo, una gran visión de progreso y desarrollo seculares. Se vengó de curas a quienes consideraba enemigos del pueblo —porque eran españoles, acumulaban tierras o se asociaban con odiadas élites—, pero no tenía, como algunos jacobinos, planes para eliminar la Iglesia o la religión católica. Por esa razón, el villismo pudo adaptarse y surgir, después de 1914, como protector de la fe. En todo caso, por entonces Villa se había deshecho de todos los curas extranjeros que no quería en su territorio; y como no se adhería al secularismo doctrinario, no había mucha apostasía (y prometía ventajas políticas) en coincidir con la opinión católica del centro. Otros revolucionarios no pensaban lo mismo. En noviembre de 1914, los jerarcas del catolicismo se quejaban porque los brotes esporádicos de anticlericalismo habían dado paso a una política directa y consciente: los ataques recientes a la Iglesia "obedecían a un plan fraguado de antemano, en connivencia con la masonería mexicana y ciertas corporaciones protestantes de los Estados Unidos".[201] No había tal conspiración,[202] pero el triunfo nacional de los constitucionalistas y su conquista de la Ciudad de México dio por resultado un cambio cuantitativo y cualitativo porque, "a mediados de 1914, el ritmo [del anticlericalismo] se acrecentó y cambió de orientación".[203] Entonces, no sólo se arrestó, secuestró, multó y condenó a los curas por delitos políticos y se les mandó al exilio; también se les humilló deliberadamente —lo mismo que a sus iglesias—, se les hostilizó con mala propaganda y se les sometió a ordenanzas estrictas. En vez de ataques esporádicos, violentos a veces, en los que el clero caía junto con otros miembros de la élite de los propietarios, las políticas se dirigían ahora sistemáticamente contra la Iglesia como institución y contra el catolicismo como conjunto de creencias. El anticlericalismo popular se desahoga con cierto tipo de curas —el compinche de españoles, terratenientes y caciques—; su variante oficial no respetaba a los individuos: atacaba al clero en cuanto clero, estigmatizándolo como enemigo colectivo de la Revolución.

Esa política no era igual en todo el país, porque hubiera sido imposible en medio del caos que reinaba en 1914,[204] pero había rasgos claros, comunes, de la política constitucionalista. La Iglesia cumplió su penitencia: Rafael Buelna secuestró al obispo de Tepic; Obregón exigió rescate por el clero de Guadalajara y luego, con menos éxito, el de la Ciudad de México; Gertrudis Sánchez impuso en Morelia un enorme préstamo forzoso.[205] Para muchos

[201] Carta pastoral de los obispos de México, noviembre de 1914, Conflicto religioso, r. 9.

[202] Algunos protestantes veían complacidos los avances de los constitucionalistas y el desconcierto de los católicos, y tenían también sus teorías sobre la conspiración; el misionero estadunidense Samuel Inman, que detestaba el régimen de Huerta, creía que "los jesuitas lo habían planeado todo" (de Inman a Atwater, 30 de octubre de 1913, SGIA, caja 12).

[203] Cumberland, *Constitutionalist Years*, p. 219.

[204] *Ibid.*, p. 22, cita de Obregón a Carranza, enero de 1915.

[205] *Ibid.*, p. 219; *Le Courrier du Mexique*, 8 de julio de 1914; Quirk, *The Mexican Revolution and the Catholic Church*, p. 59.

curas, en especial los extranjeros, ése era el preludio a la expulsión.[206] Se confiscó la propiedad eclesiástica en su totalidad —iglesias, monasterios, conventos, colegios, seminarios, escuelas, palacios episcopales y propiedades rurales— con fundamento en que todos los haberes de la Iglesia eran propiedad nacional y, por lo tanto, caían bajo la jurisdicción del gobierno.[207] Durante las campañas de 1914, las iglesias confiscadas se usaron como barracas o establos; pero en poco tiempo —y más a medida que pasaban los años— se les dio un uso menos sórdido, más simbólico. La Casa del Obrero Mundial de la Ciudad de México recibió las propiedades de los jesuitas y, tiempo después, sus sucursales de provincia obtuvieron propiedades parecidas.[208] Las iglesias se convirtieron en escuelas (como el arzobispado de Mérida), bibliotecas, hospitales u oficinas municipales. Uno de los anticlericales más dedicados e intencionados, Gabriel Gavira, realizó una obra importante con base en las propiedades de la Iglesia desde Veracruz hasta Durango pasando por San Luis Potosí. La casa del cura de Papantla se destinó a la municipalidad y se vendieron los tesoros de la iglesia para construir un nuevo mercado; un convento de San Luis Potosí se transformó en hospital —que recibió los colchones confiscados y las máquinas de coser; muebles y pianos se entregaron al departamento escolar—; también en Durango un convento se transformó en hospital y las viejas iglesias se demolieron para abrir espacios a los proyectos de planeación urbana de Gavira.[209]

Iglesias y escuelas confesionales se cerraron en todo el territorio constitucionalista —Guadalajara, Jalapa, Monterrey, Ciudad de México—. Algunos comandantes propusieron que se aboliera en su totalidad las escuelas católicas (aunque no lo consiguieron); con frecuencia, al reabrirse las iglesias —como ocurrió en Monterrey— estuvieron sometidas a las "normas más estrictas".[210] Algunas autoridades dieron un paso más y limitaron el número de curas a un porcentaje fijo (y bajo) de la población estatal.[211] Gavira puso en vigor la ley de reforma que prohibía usar en público la sotana. Martín Triana, gobernador de Aguascalientes (un ex cura joven, regordete con aire de querubín), restringió el ministerio eclesiástico a "mexicanos de conducta irreprochable" que se abstuvieran de "inmiscuirse de cualquier manera en asuntos locales o nacionales".[212] A las confiscaciones y los reglamentos se añadían los intentos de ridiculizar, humillar, acusar o minar a la Iglesia católica. No sólo al calor del momento, sino deliberadamente, se destruían imágenes sagradas. El veterano anticlerical del PLM, Antonio Villarreal, mantuvo excelente

[206] Cumberland, *Constitutionalist Years*, p. 224.
[207] *Ibid.*, p. 222.
[208] De Adams a Cowdray, 24 de septiembre de 1914, FO 371/2031, 67495; Huitrón, *Orígenes*, pp. 253, 267 y 280-282.
[209] Gavira, *Actuación*, pp. 100, 139-140 y 179-182.
[210] Wightwick, Monterrey, 3 de mayo, 18 de junio y 28 de septiembre de 1914, FO 371/2029, 27317; 2030, 33927; 2031, 68893.
[211] Cumberland, *Constitutionalist Years*, p. 220.
[212] *Ibid.*, p. 224; Gavira, *Actuación*, p. 179; Brondo Whitt, *División del Norte*, pp. 70 y 73.

orden público en Monterrey, pero mandó destruir las imágenes sagradas coloniales de la catedral y quemar en la plaza los confesionarios.[213] Cosas de ésas ocurrían en ciudades como Monterrey y en pueblitos como Milpa Alta.[214] Las masacres denunciadas por propagandistas católicos no ocurrieron, pero es posible que no fueran del todo falsas las ejecuciones fingidas que esos relatos describen.[215] Sin duda, los constitucionalistas buscaron oportunidades para menospreciar y rebajar al clero. Obregón no ocultó que (¿fue invento suyo?, quién sabe) de los 180 curas arrestados en febrero de 1915 en la Ciudad de México, 49 tenían enfermedades venéreas.[216] También la prensa constitucionalista, en sus frecuentes denuncias contra la política del régimen pasado, comprometía a la jerarquía católica y hablaba horrorizada de "crímenes monstruosos cometidos al amparo de corrompidos ritos eclesiásticos".[217] En la funesta trinidad del Porfiriato se reunieron clericalismo, cientificismo y militarismo. Se decía que los defensores intransigentes del antiguo régimen, como Almazán, Argumedo e Higinio Aguilar, seguían luchando bajo el viejo estandarte reaccionario de "Religión y Fueros".[218] En ese argumento había algo de deseo no cumplido. Así como los terratenientes habían preparado sus trincheras, la Iglesia y quienes la apoyaban buscaron sus defensas. Podían —siguiendo con la analogía— infiltrar los movimientos revolucionarios existentes —hay pruebas de que así ocurrió—[219] u organizar su propio movimiento de resistencia. Por la naturaleza de la institución esos movimientos eran con frecuencia pacíficos, tenían lugar en las ciudades y las mujeres estaban a la vanguardia. En Monterrey, "la gente estaba muy a disgusto con la política anticatólica del gobierno"; "las familias de la clase alta" boicoteaban bailes y actos públicos hasta que no se moderaran las disposiciones anticlericales.[220] También hubo protestas pacíficas en Querétaro; y cuando Gavira cerró los conventos de San Luis Potosí hubo súplicas, apelación a la mujer de Carranza, visitas al palacio gubernamental —primero de "una comisión de damas elegantes", después de 1 000 mujeres pobres más sus hijos— para rogar a Gavira que dejara sin efecto su decisión, porque en los conventos se daba educación a 500 niñas pobres. Gavira fue inflexible. Su propia madre se hubiera

[213] Informe de Wightwick (*supra*, n. 210). Con esto se puede modificar algo la opinión que acredita al PLM reformas "sociales" (laborales y agrarias), emprendidas por los revolucionarios que tenían conexiones previas con el PLM. Villarreal era quizá el lazo más importante entre el partido y la Revolución; su mayor preocupación era el anticlericalismo (¿pequeñoburgués?).

[214] Fernando Horcasitas, *De Porfirio Díaz a Zapata. Memoria Náhuatl de Milpa Alta*, México, 1974, pp. 147-153.

[215] Quirk, *Mexican Revolution and Catholic Church*, pp. 54 y 75; Cumberland, *Constitutionalist Years*, pp. 215 y 227-228, duda, con razón, de los relatos más espeluznantes.

[216] Obregón, *Ocho mil kilómetros*, p. 290; el certificado médico se encuentra en p. 256.

[217] *El Demócrata*, 5, 10 y 11 de octubre de 1914; Villarreal publicó declaraciones parecidas en la prensa regiomontana (véase Quirk, *Mexican Revolution and the Catholic Church*, p. 55).

[218] *El Demócrata*, 6 de octubre de 1914.

[219] Véanse pp. 356 y 358.

[220] Stanford, Monterrey, 28 de septiembre de 1914, FO 371/2031, 68893.

portado como ellas, les dijo: "la pobrecita no veía más allá de sus narices porque era ignorante, como ustedes". Las monjas eran sólo un instrumento de ese "bribón", el obispo Montes de Oca, que quería privar a las niñas de una verdadera educación, para que terminaran siendo "500 madres de familia [...] tan ignorantes como ustedes". Tampoco cedió Gavira cuando, meses después, los cabilderos clericales de Durango trataron de que ablandara su política mediante los halagos de una hermosa viuda ("verdadera tentación que puso a prueba mi dominio", recuerda el general).[221]

Otros hechos fueron más desagradables y hasta violentos. Cuando Obregón encarceló a 180 curas de la Ciudad de México, tomaron las calles gran cantidad de manifestantes —mujeres en su mayoría— que las tropas yaquis tuvieron que dispersar. Al día siguiente, intervino la policía y dos personas murieron en la refriega entre manifestantes y anticlericales en la Avenida Juárez.[222] Pero la resistencia e indignación de los católicos fue mayor en el centro-oeste del país. En julio de 1914, el cónsul británico en Guadalajara informó que lo "habían impresionado profundamente los actos vandálicos, bárbaros, perversamente blasfemos"; en los meses siguientes salieron de la misma ciudad comentarios parecidos sobre asesinatos, persecución y violación que pocas veces podían comprobarse.[223] Cualquiera haya sido la verdad, es claro que la mala reputación que tuvieron en Jalisco los constitucionalistas —Obregón primero, Diéguez y Murguía después— se debió a las medidas anticlericales. Y como las perpetraban hombres de Carranza, es natural que los católicos jaliscienses se volvieran hacia Villa, porque el villismo parecía un "antídoto" contra el carrancismo anticlerical.[224] Ante la perspectiva de resistencia violenta, algunos de los militantes más decididos comenzaron a reunir brigadas armadas. En el otoño de 1914 se informó de revueltas —oscuras y pequeñas, es cierto— preparadas por católicos enfurecidos; ésos fueron los primeros disparos de la lucha entre Iglesia y Estado que culminó en la gran rebelión del decenio siguiente.[225]

De entre los abusos porfiristas, el militarismo y el clericalismo encabezaban la lista negra de los constitucionalistas. Ambas acusaciones eran algo

[221] *Le Courrier du Mexique*, 4 de septiembre de 1914; Gavira, *Actuación*, pp. 140-141 y 179; el objeto de tentación era Teresa Bracho, duranguense, viuda de un hacendado que murió sirviendo en la Defensa Social.

[222] *Mexican Herald*, 21 y 22 de febrero de 1915; Quirk, *Mexican Revolution*, p. 75; Obregón, *Ocho mil kilómetros*, pp. 288-289.

[223] Holms, Guadalajara, 20 de julio de 1914, FO 371/2031, 52831; Davis, *Experiences*, pp. 40, 51, 80, 86 y 116-117.

[224] González y González, *Pueblo en vilo*, pp. 123-124.

[225] Davis, Guadalajara, 31 de octubre de 1914, SD 812.00/13720; de S. Terrazas a F. González Garza, 27 de octubre de 1914, STA, caja 84, menciona la "revolución de carácter religioso", de la que se informó en Jalisco. Puede ser la revuelta de González Toscano (villista de nombre) que ocurrió por esa fecha y en un lugar (Sahuayo) mencionado en de M. Palomar y Vizcarra al obispo Orozco Jiménez, 23 de febrero de 1915. En parte o en su totalidad, Conflicto religioso, r. 9, es la fuente de esos informes: Palomar y Vizcarra, en Wilkie, *México en el siglo XX*, no menciona ese movimiento, pero recuerda que se escondió en 1914-1915.

injustas, porque el régimen de Díaz no había sido más militarista que clericalista. Pero cuando se trataba de Huerta, indiscutiblemente correspondía el rótulo de militarista —ya que no clericalista—. El poder del ejército federal creció constantemente desde 1910, y hacia 1913-1914 la mayoría de los constitucionalistas había llegado a la conclusión de que la influencia del ejército había aumentado, se acrecentaba y era necesario controlarla o aniquilarla completamente. Ya en febrero de 1913, Plutarco Elías Calles, uno de los líderes sonorenses más sagaces, opinaba que los rebeldes no debían tener tratos con los oficiales federales y debían organizar su propio ejército y preparar su propio cuerpo de oficiales desde cero.[226] No debería repetirse la política de conciliación de Madero. Los sonorenses, que contaron en poco tiempo con el ejército más eficiente que tuvo la Revolución, desdeñaban a los desertores federales —excepto a los conscriptos— porque no les era imprescindible su pericia ni tenían interés en mantener a quienes podían ser sus rivales en el poder. También Carranza insistía en que no era posible hacer un trato con el ejército como en 1911.[227] El ejército, decía, "se había deshonrado sirviendo al usurpador y la mayoría de sus elementos son corruptos"; no podía esperar trato generoso.[228] Después de ocupar la capital, Obregón dispuso la evacuación y licenciamiento de la guarnición capitalina; cada soldado recibió unos cuantos pesos y un boleto de tren para volver a su casa. La mayor parte de los 30 000 hombres se dispersó y dejó en manos de los rebeldes armas y municiones.[229] En las semanas siguientes, mientras se reiniciaba el reclutamiento en previsión de nuevas hostilidades, Carranza y Obregón seguían expulsando a los ex federales.[230]

El ejército federal estaba ya, por supuesto, al borde del colapso; había sufrido derrotas sin precedentes en 1913-1914, había sido desalojado de las ciudades del norte a fuerza y sangre, no mediante acuerdos políticos como en 1911. Al verter hombres y dinero en el ejército, Huerta no le dio fuerza como institución: la rápida expansión minó su *esprit de corps* (Villa contribuyó con lo suyo); el soborno y la especulación empañaron su imagen; por último, vencido y en desorden, había perdido hasta la reputación de que gozaba en algunos círculos como defensor de vidas y propiedades. Su disciplina flaqueó y arrasó ciudades en las retiradas.[231] Mucho había perdido, entre tanto, en Torreón, San Pedro, Zacatecas, Guadalajara. La carnicería no ocurría sólo en el campo de batalla; a las numerosas ejecuciones de oficiales federales que ordenó Villa, se sumaron las de los sonorenses después de la rendición in-

---

[226] De Calles a Campos, 28 de febrero de 1914, en informe del FBI, Douglas, SD 812.00/6928.
[227] Hanna, Monterrey, 7 de julio de 1914, SD 812.00/12477.
[228] Amaya, *Soberana convención*, p. 31.
[229] Obregón, *Ocho mil kilómetros*, pp. 166 y 181; Alfredo Aragón, *El desarme del ejército federal por la revolución en 1913*, París, 1915.
[230] Belt, Ciudad de México, 26 de septiembre de 1914, SD 812.00/13361; *El Demócrata*, 2 de octubre de 1914.
[231] Véanse pp. 263-264.

condicional de Guaymas y Mazatlán en el verano de 1914.[232] El ejército federal estaba acabado como organización unitaria, capaz de mantener regímenes o derrocarlos. Ésta era una de las principales consecuencias de la revolución constitucionalista.

Pero no era posible neutralizar fácilmente a tantos hombres (un cuarto de millón, según cálculos de Huerta en marzo de 1914), ni era posible que por decreto revolucionario desaparecieran las creencias y lealtades personales de los federales (en especial las de los oficiales). Aunque el ejército no existiera ya como organismo unitario, subsistían algunas de sus partes. Así como los terratenientes, algunas decidieron luchar de manera independiente, otras prefirieron infiltrar la Revolución. Ambas eran posibilidades muy factibles. Algunos presuntos "licenciados" del ejército federal, que actuaban como *condottieri* independientes, sembraban el terror en diversos lugares de Tlaxcala.[233] El Istmo, que no estaba aún bajo el control de los constitucionalistas, era como un imán para esas compañías independientes. Después de la disputa con sus superiores, el general Joaquín Téllez abandonó Manzanillo, se dirigió a Salina Cruz, desembarcó ahí a sus hombres y prosiguió a El Salvador con un botín de armas y dinero.[234] A fines del verano de 1914, alrededor de 5000 federales se reunieron en la costa de Oaxaca, fuerza suficiente como para provocar inquietud, con armas suficientes como para despertar envidia. Gabriel Gavira y Jesús Carranza, enviados constitucionalistas, tenían la misión de licenciarlos, tarea que cumplieron, y embarcaron las armas hacia la Ciudad de México.[235] Pero no fue mera coincidencia que en poco tiempo el Istmo y el sur de Veracruz se convirtieran en focos principales de los movimientos de ex federales. En esa zona, los antiguos oficiales federales encabezaron considerables fuerzas al amparo de la amplia protección felicista: En Oaxaca, el general Eguía Liz y su hijo; en Playa Vicente (Ver.), un capitán anónimo que "en otro tiempo había sido buen oficial federal y también buen bandolero", Arturo Solache, oficial naval de alto rango, quien en 1916 llegó del Istmo a Huatusco —a la cabeza de 1 000 hombres, según se decía— para unirse a los rebeldes de Gabay.[236]

Pero quien destacó entre los ex federales independientes fue Esteban Cantú, que operaba en el otro extremo del país, Baja California. Cantú, quien en 1913 tenía el grado de mayor, surgió del colapso federal como figura dominante en la península; en agosto de 1914, se negó a rendirse ante los constitucionalistas. Como nadie se ocupaba mucho de lo que pasaba en ese re-

---

[232] Brown, Mazatlán, 15 de agosto de 1916; c/o US Navy, Guaymas, 1º de octubre de 1914; SD 812.00/13098, 13672; Olea, *Sinaloa*, p. 73.

[233] Buve, "Peasant Movements", p. 140.

[234] C/o USS Nueva Orleans, 29 de agosto de 1914, SD 812.00/13678; Obregón, *Ocho mil kilómetros*, p. 181.

[235] Ramírez, *Oaxaca*, p. 177; Gavira, *Actuación*, p. 105.

[236] Liceaga, *Félix Díaz*, pp. 385-386; Canada, Veracruz, 29 de febrero, 26 de septiembre y 2 de octubre de 1916, SD 812.00/17409, 19476, 19552.

moto territorio y menos aún podían destinarse tropas para que hicieran algo al respecto, se permitió a Cantú conservar una independencia vigorosa que usó cuerdamente evitando comprometerse en los conflictos del país y adoptando el disfraz que correspondiera a las circunstancias. El cónsul mexicano en Tucson informó que Cantú "reconocería a Carranza o a cualquier otro gobierno que lo deje en su puesto y lo deje continuar robando como hasta hoy".[237] Era verdad, pero no del todo. Cantú y sus colaboradores robaron para llenar sus bolsillos, pero con tino, de manera ordenada y comercial. Baja California consiguió paz y prosperidad con Cantú: recogió impuestos y derechos aduanales (en oro o dólares), y los comerciantes alabaron su perspicacia; y pagando el precio de su hegemonía política más el de la hegemonía económica de los Estados Unidos, la gente de Baja California sufrió menos que el resto de sus compatriotas. Después de año y medio de espléndido y provechoso aislamiento, en 1915 Cantú llegó por fin a un acuerdo con la facción triunfante.[238]

Favorecieron a Cantú circunstancias especiales: por un lado, Baja California estaba muy lejos; por otro —a diferencia de Yucatán, por ejemplo—, era empresa de poca monta y Sonora, camino natural para la invasión, estaba saturada de conflictos. La mayoría de los ex federales no podía disfrutar de aislamiento espléndido; si querían sobrevivir, debían infiltrarse en la Revolución. Carranza y Obregón se oponían a incorporar en masa al ejército constitucionalista, lo que quedaba de los federales, pero algunos de sus subordinados, a quienes tentaba esa fuente de efectivos y pericia militar, eran menos quisquillosos, y algunos de sus rivales eran totalmente ecuménicos. El joven líder Ramón Iturbe, procarrancista de Sinaloa, reclutó 200 ex federales, incluidos los artilleros (los veteranos revolucionarios de Iturbe no simpatizaban con los advenedizos; cuando éstos llegaron a bordo de la cañonera *Guerrero*, en marzo de 1915, los recibieron con mofas e insultos). Se decía también que muchos ex federales se habían incorporado al ejército de Pablo González; en octubre de 1915, cuando el carrancista Manuel Diéguez condujo su ejército de Jalisco a Sonora, "se reconoció a muchos de la tropa que llegaba a Guaymas, como hombres que habían estado ahí con el ejército de Huerta, incluida toda la banda".[239] La experiencia tenía su peso. En las filas de la Revolución no eran comunes los artilleros ni los que tocaban el trombón.

Mientras el reclutamiento se redujera a los soldados rasos, no tenía demasiada importancia; proporcionaba un lugar a los federales sin compromiso

---

[237] Del cónsul de Tucson a Denegri, San Francisco, 21 de diciembre de 1914, SRE, legajo 841, 113-R-3, p. 2; E. Cota a Carranza, 22 de febrero de 1916, en Fabela, DHRM, RRC, V, pp. 52-59, 98-104 y 118-123; véase *infra*, n. 280, para un estudio reciente.

[238] Sobre el régimen de Cantú, E. Howe, El Centro, 27 de agosto de 1914; Guyant, Ensenada, 7 de diciembre de 1914, 14 de enero y 5 de junio de 1915; de Cantú a Guyant, 17 de agosto de 1915; Guyant, 27 de diciembre de 1915; Adjuntat-general, Thomas, El Centro, 22 de marzo de 1916, SD 812.00/13023; 14005; 142425; 15187; 15934; 17018; 17603.

[239] Almirante Caperton, Mazatlán, 7 de mayo de 1915; informe naval de los Estados Unidos, 9 de noviembre de 1915; SD 812.00/15055; 16843.

y demostraba que muchos jefes constitucionalistas preveían conflictos futuros. Pero la cuestión era más grave cuando se trataba de oficiales federales, en especial cuando oficiales y tropa estaban unidos; éste era, quizá, un tortuoso proceso conservador de "entrada", mediante el cual los secuaces de Díaz y Huerta aún fieles a su causa, infiltraron y manipularon la revolución victoriosa. El ex federal Felipe Ángeles, eminencia gris de Villa, se convirtió así en lazarillo de docenas de sus antiguos colegas. Sin duda, los generales federales tenían interés en llegar a un acuerdo con Carranza, porque de esa manera conseguirían una posición en el nuevo régimen.[240] Tal vez representaba una tortuosa política de ingreso, de la que Ángeles era pionero; manifestaba tal vez la tardía conversión a la democracia y la reforma social del cuerpo de oficiales;[241] pero sin duda delataba el hecho de que los ex oficiales federales no tenían otra opción, excepto, en el mejor de los casos, cortar de golpe sus carreras o, en el peor, caer en desgracia, verse perseguidos, encarcelados, exiliados y aun ejecutados. En verdad, para muchos de ellos era desagradable abrazar al leproso de la Revolución, pero tenían poco de donde escoger; como muchos otros grupos, se dieron cuenta de que "la lógica de la Revolución" los empujaba a extraños, inesperados caminos. Así pues, en 1914-1915, muchos de los antiguos servidores de Díaz y Huerta (la policía, oficiales, irregulares y también federales) llegaron a inarmónica alianza con los revolucionarios, en especial (lo que es más significativo) con Villa y Zapata. Así lo pedían las circunstancias y la urgencia de sobrevivir: "Con sentido común, el desorden del tiempo nos metió y estrujó en este cuerpo monstruoso, para conservarnos salvos".[242]

Escoger a Villa y Zapata tenía razones simples pero de mucho peso; a diferencia de Carranza y Obregón, aquellos líderes tenían una actitud flexible hacia los federales. No es que tuvieran mucho afecto por sus otrora enemigos. Villa se quejaba de que los zapatistas reclutaban indiscriminadamente y "temía que los elementos reaccionarios de la Ciudad de México hubieran influido en Zapata"; llegaron a Zapata rumores de que los ex federales se infiltraban en el villismo, y del tortuoso papel de Ángeles a ese respecto.[243] A pesar de los recelos, el proceso continuó. Aunque Villa era responsable de la ejecución de muchos federales en 1913-1914, había aceptado soldados en su ejército y, a veces, recibido también oficiales desertores. Ángeles había estado a cargo de la artillería villista, como Elías Torres, otro ex federal, de la de Maclovio Herrera; incluso antes del verano de 1914 se veían ya ex federales en las filas villistas, y alguien sugiere que Ángeles se ocupó de aumentar su número.[244] El goteo se convirtió en torrente después de la caída de Huerta.

[240] Amaya, *Soberana convención*, p. 35.
[241] Es broma.
[242] Richard Scroop, arzobispo de York, en Shakespeare, *Henry IV*, 2ª parte, acto II, escena II.
[243] Carothers, El Paso, 18 de diciembre de 1914, SD 812.00/14061; Womack, *Zapata*, pp. 221-222.
[244] Cervantes, *Francisco Villa*, pp. 59 y 65; Reed, *Insurgent Mexico*, p. 81; Amaya, *Soberana convención*, p. 34.

En septiembre de 1914, agentes villistas se encontraban en Veracruz, "conferenciando con ex federales y proporcionándoles recursos"; los federales refugiados en los estados fronterizos de los Estados Unidos se inclinaban por el villismo y en algunos casos se unieron al movimiento. Villa tenía mucho interés en que se permitiera regresar al país a las tropas federales —no a los oficiales— que se encontraban en Fort Wingate "porque hay gran demanda de trabajadores [sic] en el norte de México".[245] Por último, a principios de 1915, Villa hizo pública la amnistía para los oficiales federales que no hubieran estado directamente implicados en la muerte de Madero.[246]

Los jefes de Villa no tenían restricciones —como los de Carranza— para reclutar ex federales y siguieron el ejemplo de su líder. Se decía que en Sonora, Maytorena había incorporado oficiales prisioneros a sus fuerzas y les había permitido conservar sus rangos; en Sinaloa, Rafael Buelna tenía muchos ex federales en su tropa; en Piedras Negras, Rosalío Hernández concedió amnistía y reclutó ex federales que se encontraban al otro lado de la frontera.[247] Pero esas alianzas tenían sus inconvenientes. No había mucho afecto entre ex federales y veteranos revolucionarios en Aguascalientes; en momentos de suma importancia para una operación militar corrieron rumores de que había oposición y se informó: "oscuras insinuaciones dicen que en la próxima batalla puede haber bajas que no se deban al fuego enemigo".[248] La conveniencia del momento no podía controlar del todo el viejo antagonismo de federales y villistas, y menos podía suavizar el antagonismo aún más profundo de orozquistas y villistas. Los irregulares aliados de Huerta en 1913-1914 —Orozco, Argumedo, Salazar, Campa, Canuto Reyes— no podían esperar buen recibimiento de Villa, y debían dirigirse al sur, con Zapata, si querían encontrar una salida inmediata para su probado talento militar.[249]

Argumedo lo hizo después de su improvisada huida de Zacatecas, pero no fue el único en relacionarse con el zapatismo; aunque los informes exageraban acerca de los miles de ex federales que se unían a Zapata, tenían su parte de verdad.[250] El viejo Higinio Aguilar, que coqueteó con el zapatismo en 1913, cuando fue hecho prisionero en Morelos, se unió a los surianos; Tri-

[245] De F. Sommerfeld a H. Scott, 5 de septiembre de 1914, Scott Papers; Garrett, Laredo, 18 de agosto, Funston, Veracruz, 26 de septiembre, informes de la frontera, Brownsville, 26 de septiembre, Blocker, Piedras Negras, 21 de diciembre de 1914, SD 812.00/12916, 113343, 13410, 14135.

[246] Silliman, Ciudad de México, 5 de enero de 1915, SD 812.00/14146; Mexican Herald, 5 de enero de 1915; la declaración de Villa mezclaba alabanzas al viejo ejército federal con toques de intervención extranjera.

[247] Obregón, Ocho mil kilómetros, p. 158; Brown, Mazatlán, 6 de febrero; Blocker, Piedras Negras, 12 de marzo de 1915, SD 812.00/14410, 14689.

[248] Bevan, Tampico, 7 de diciembre de 1914; Schmutz, Aguascalientes, 23 de abril de 1915, SD 812.00/14102, 14953.

[249] Sin embargo, hacia 1915-1916, cuando las circunstancias habían cambiado mucho, algunos viejos orozquistas se reagruparon con Villa (véase p. 445). Quizá, entre los soldados, el intercambio era mayor, pero pasaba inadvertido.

[250] Canova, Ciudad de México, 25 de agosto de 1914, SD 812.00/13129.

nidad Ruiz, zapatista que se había pasado a las filas de Huerta, volvió al redil; Juan Andreu Almazán, tejiendo una de las carreras revolucionarias más tortuosas, rogó a Zapata que olvidara su reciente apostasía y recordara los servicios que en otro tiempo le había prestado.[251] Pocos meses antes, Almazán había atacado duramente el zapatismo ("es la bandera negra que necesita exterminio completo"), pero eso no evitó la reconciliación y la alianza.[252] Cuando, semanas después, los surianos ocuparon la capital, mostraron una vez más su tolerancia. En vez de depurar los restos del antiguo régimen que no habían eliminado Carranza y Obregón, apelaron a políticos y funcionarios porfiristas para que organizaran la policía y administraran la ciudad. Ahí donde pocas semanas antes los carrancistas y la policía habían trabado combate, ahora los zapatistas, la policía y los ex federales parecían trabajar en feliz armonía.[253]

Esto provocó diversos comentarios. Los ricos de la ciudad, sobre todo los extranjeros, vieron con sorpresa, alivio y satisfacción que los zapatistas "aceptaban de buen grado la ayuda de ex oficiales federales y empleados", mantenían el orden y no eran propensos, como los carrancistas, a purgas, multas y encarcelamientos.[254] Por su parte, los carrancistas empezaron a presentar a los zapatistas y villistas como instrumentos de la reacción,[255] para lo cual necesitaban un rápido cambio de posición: la prensa carrancista declaraba que, en noviembre de 1914, los zapatistas habían entrado en la capital ("corrompida y venal metrópoli") "en medio de un temor y estupor general" y habían dejado a la ciudad "exprimida y profanada".[256] Puros inventos, por supuesto. Los periodistas mercenarios de Carranza se dieron cuenta de que no tenía sentido hablar del "Atila del Sur" o de los "Casacas Zapatistas", por lo menos no en la Ciudad de México. Empezaron, pues, a señalar la relación de Zapata con el antiguo régimen, con los acomodados de la capital y sobre todo con el clero; Zapata se convirtió en líder de indígenas engañados que obedecían a oscuros "instintos de rebelión", pero estaba ahora atado a la reacción. "Detrás de Zapata están los curas"; Zapata es "el hombre del clero"; Zapata tiene muchos "partidarios entre las clases pseudocultas del ex capital".[257] Y con el tiempo, los mercenarios, llegando a la *reductio ad absurdum*, hicieron correr el rumor de que los hacendados de Morelos habían "soborna-

---

[251] Womack, *Zapata*, pp. 167 y 212.
[252] Amaya, *Soberana convención*, p. 39; Garciadiego, *Movimientos reaccionarios*, pp. 339-340.
[253] Cardoso de Oliveira, Ciudad de México, 25 de noviembre de 1914, SD 812.00/13898; Hohler, Ciudad de México, 28 de noviembre de 1914, FO 371/2031, 76670; *Mexican Herald*, 26 de noviembre de 1914.
[254] Informe Ciudad de México, 4 de febrero de 1915, en SD 812.00/14415; Hohler, Ciudad de México, 28 de noviembre de 1914, FO 571/2032, 85296, lo hallaron completamente "notable".
[255] Para los carrancistas, "reacción" significaba "conservador-porfiriano-huertista"; en este contexto, me atendré a su uso sin añadir ninguna cualidad "reaccionaria" específica que sea analíticamente distinta de, digamos, "conservador".
[256] *El Dictamen*, Veracruz, 26 de noviembre de 1914.
[257] *Ibid.*, 5 de febrero de 1915.

do a los zapatistas, de tal manera que sus hordas se habían convertido en un ejército que mantenían esos mismos hacendados" y que, por lo tanto, el zapatismo era "una facción que dependía de los terratenientes, reaccionarios por consecuencia del Estado de Morelos".[258] Aguilar y Almazán, nuevos aliados de Zapata, a causa de sus antecedentes federales y huertistas, cabían bien en esa interpretación.[259]

Como Villa también había reclutado ex federales, se le hacían acusaciones parecidas. La opinión de que Villa era instrumento del reaccionario Felipe Ángeles, es tan antigua como los hechos que trata de explicar. Si Zapata representaba el "clericalismo", Villa y Ángeles representaban el "porfirismo", la "reacción maderista", o "el último reducto de la reacción". En todo caso, algo bastante desagradable.[260] ¿Hasta qué punto eran verdad esas acusaciones? Sin duda es cierto que el exclusivismo carrancista alentaba, y la tolerancia villista-zapatista permitía, un significativo movimiento de ex federales, irregulares e incluso políticos porfirianos hacia las fuerzas villistas-zapatistas. Pero los elementos que permitían ese movimiento aseguraban que sus efectos serían transitorios y limitados. En cuanto al zapatismo —el caso más claro— los políticos y funcionarios del antiguo régimen desempeñaban funciones que la mayor parte de los zapatistas menospreciaban. Zapata no tenía intención de gobernar la Ciudad de México, ni siquiera quería permanecer en ella. Los zapatistas eran —según decía un extranjero condescendiente— "simples indígenas campesinos, pero también hombres con sentido común, que no tenían ideas extremistas acerca de sus méritos e importancia", —en pocas palabras, algo muy diferente a los carrancistas agresivos, arribistas, entrometidos—.[261] Los zapatistas sabían qué lugar les correspondía; éste no estaba en las cortes, los ministerios o las estaciones de policía de la capital. Nunca se había considerado a su líder, Zapata, como presidenciable y nunca se habían mostrado deseosos de conseguir el poder nacional.

Quienes desempeñaban el papel de observadores en todo eso, confundieron indiferencia con condescendencia. Los zapatistas no se pensaban inferiores o subordinados a los acomodados de la ciudad (pruebas de ello son los catrines linchados en el Estado de México o la defensa sumamente segura del Plan de Ayala); fue por indiferencia, no por condescendencia, que permitieron a otros gobernar la Ciudad de México o que concertaron alianzas en apariencia anómalas con los "reaccionarios". Esto no significaba que hicieran grandes concesiones y, menos aún, que los reaccionarios hubieran triunfado en sus intentos de sobornar al zapatismo. Mientras no llegara la derrota militar, Morelos, junto con extensas regiones circunvecinas, seguiría siendo zapatista e inmune a la "reacción". Se conservaba a prudente distancia a

[258] Antonio Manero, *Por el honor y por la gloria: 50 editoriales escritos durante la lucha revolucionaria constitucionalista en Veracruz*, México, 1916, pp. 164-165.
[259] *El Demócrata*, 6 de octubre de 1914.
[260] *El Dictamen*, 5 de febrero de 1915; Manero, *Por el honor*, pp. 19 y 45.
[261] De Adams a Body, 28 de noviembre de 1914, Documentos Cowdray, caja A/3.

aliados como Almazán y Aguilar y mientras desempeñaran la útil función de proporcionar un *cordon sanitaire* tras el cual podía sobrevivir la revolución de Morelos (que no infiltraron ni pervirtieron). Como todo esto deja entrever, no había simpatía o camaradería en esas alianzas. Las relaciones entre los aliados eran tensas, lo que perjudicó las operaciones militares (sobre todo en Puebla) y no faltaron las recriminaciones cuando llegaron las derrotas consecuentes.[262] Como veremos después, las relaciones con los "reaccionarios" no alteraron la naturaleza del zapatismo; y si se pudiera lamentar que no eliminaran los restos del antiguo régimen, arremetieran contra las ciudades y formaran un sólido gobierno zapatista, su fracaso no puede atribuirse a lisonjas y ardides de los reaccionarios. Éstos no cooptaron, sobornaron, distorsionaron o detuvieron la revolución suriana. Por el contrario, los surianos hicieron lo que querían hacer, y en 1914-1915 eran dueños de su propio destino hasta un punto inusitado. Si ha de culparse al localismo zapatista —ambiciones estrechas, preocupación por lo regional e indiferencia por el gobierno nacional— por el fracaso del movimiento, ese localismo no puede atribuirse a las dudosas alianzas de 1914: existía desde el principio. Los aliados reaccionarios de Zapata no lo hicieron localista; antes bien, el localismo permitió esas alianzas.

Aunque no del todo, lo mismo ocurriría con Villa. Los "reaccionarios" (un cajón de sastre carrancista que contenía ex federales, ex porfiristas, ex maderistas) infiltraron mejor el villismo, movimiento más amplio, grande y flexible que el zapatismo, menos cerrado y más tolerante con los nuevos conversos. Antes de 1914, en el villismo había grupos —los viejos maderistas, la familia Madero, federales con orientación liberal como Ángeles— con los cuales podían combinarse los reaccionarios en una camarilla articulada, consciente de lo nacional, opuesta a los cambios sociales drásticos y al gobierno de la plebe. En ese sentido parecía que en verdad se cooptó, sobornó, distorsionó y detuvo al villismo; pero, como veremos después, ese control fue imperfecto, breve y a menudo ilusorio.[263] Los reaccionarios conversos de 1914 no fueron bien recibidos; se dieron cuenta de que no podían controlar el villismo (que si fue controlado, quedó en manos de Villa y sus veteranos), razón por la que su residencia en el campo villista era con frecuencia breve; la derrota y la desilusión pronto los expulsaban. Al admitir a tales "reaccionarios", el zapatismo y el villismo desplegaron características políticas que los diferenciaban del carrancismo, que después merecerán análisis; también dieron a los "reaccionarios" un sitio constante en la guerra civil, que de otra manera no habrían tenido, pero no por eso hubo cambios sustanciales en el villismo, el zapatismo o la Revolución en su conjunto.

[262] Cumberland, *Constitutionalist Years*, p. 147; Jenkins, Puebla, 7 de enero; Silliman, Ciudad de México, 8 de enero de 1915, SD 812.00/14285, 14169; Garciadiego, *Movimientos reaccionarios*, p. 340; y de H. Aguilar a Zapata, 13 de abril de 1915, Fabela, DHRM, EZ, pp. 196-200.

[263] Véanse pp. 421-422.

El nuevo régimen

Populistas, "localistas" y pequeñoburgueses

Así pues, a fines de 1914, las tan admiradas y sólidas estructuras del México porfirista estaban en ruinas por lo menos al norte del Istmo. Se había roto irremediablemente la red de padrinazgos y apoyo mutuo que se había extendido desde el "centro" a las oligarquías, los caciques y jefes políticos estatales. No estaba ya buena parte del personal del antiguo régimen, y muchos revolucionarios victoriosos se ocupaban en quitar el que quedaba. El ejército federal, herramienta de Huerta para recrear la *Pax Porfiriana*, estaba deshecho, lo mismo que los cuerpos rurales. Los terratenientes se encontraban ante la doble amenaza de la reforma agraria oficial y popular. Llegado a su fin el *modus vivendi* entre Iglesia y Estado, el clero enfrentaba su reto más grande desde el decenio de 1860. Sobrevivió el capitalismo —o el modo de producción que haya prevalecido hasta 1910— (veremos luego qué modo sobrevivió al fin). Pero los cambios ocurridos en esos cinco años fueron reales, amplios y significativos, aun cuando en muchos casos no se habían planeado ni previsto. Pero si se subvirtió el antiguo régimen, ¿qué lo sustituyó? ¿Quién gobernó, con qué y para quién? Las respuestas no sólo mostrarán la naturaleza del cambio; también sentarán las bases para el análisis del último tramo de la guerra civil, "la guerra de los triunfadores".

La nueva élite era quien ponía en práctica cualquier política —liberal, conservadora, radical, agrarista— que persiguiera el nuevo régimen. Además, esa élite provenía de estratos sociales muy inferiores a los de su antecesora porfiriana y era mucho más joven.[264] Para los arruinados pero filosóficos oligarcas mexicanos, ésa era una de las más violentas renovaciones de la élite política que había sufrido el país —junto con la independencia, la revolución de Ayutla y la reforma—.[265] De hecho, aunque comparar no es sencillo, la revuelta social y la renovación política de 1910-1915 fueron mayores que las de los decenios 1870, 1850 y aun quizá 1810. Los que se habían quedado fuera, naturalmente, se quejaban con amargura porque los habían desplazado hombres de "bajo nivel cultural y moral".[266] "Social, moral y mentalmente", dice un conservador, las órdenes provenían en su mayoría de "detritos o hampa de las ciudades y de los campos". La mayor parte de la nueva camada de militares no había tenido rango superior al de cabo de rurales —y eso en tiempos de Madero, cuando "los vientos revolucionarios habían levantado tanta basura"—. El mismo escritor (autor, me dicen, de la mejor historia conservadora de la Revolución) identificó en la "crema" de la nueva élite a los

---

[264] La comparación se hace con el régimen porfiriano del primer decenio del siglo; sería menos marcada si se hiciera con la década de 1880.
[265] Azuela, *Tribulaciones*, p. 3.
[266] Calero, *Un decenio*, pp. 171, 188 y 221.

que en otro tiempo habían sido "aparceros, mancebos de botica, capataces en las minas, operarios de ferrocarril, lecheros, gendarmes, carpinteros, talabarteros, conductores de tranvías, sin contar los muchos gañanes y ganapanes".[267] Carranza mismo, que había sido político del viejo régimen, se encantaba hablando del analfabetismo de rebeldes destacados como Villa y los Arrieta.[268] Los analfabetos, plebeyos y arribistas, por su parte, escribían y decían menos. Aunque los que tenían más facilidad de palabra peroraban sobre reforma, revolución y progreso, pocos se explayaban acerca de su origen; algunos, como Obregón, alardeaban de que se habían hecho solos; otros, como los Arrieta, admitían sus limitaciones intelectuales; la mayoría presentaba a la Revolución como una cruzada contra los abusos más que como una renovación total de la élite política.[269]

Pero los observadores extranjeros señalaban, casi de manera unánime, que nuevos grupos de origen humilde habían ascendido al poder. El representante del presidente Wilson, León Canova, era particularmente grosero: "es el caso de la escoria que sube a la superficie".[270] Hohler, ministro británico, coincidía en que controlaba "el país la hez del pueblo";[271] en Londres y Washington se llegó a la misma conclusión. El ministro del Interior de los Estados Unidos (quien vigilaba de cerca a México y que participó en la Comisión México-Americana en 1916), decía que "los Marats de México, que ahora tenían el poder, habían sido en otro tiempo 'tenderos, estibadores, carniceros, panaderos'".[272] En la provincia, los extranjeros se lamentaban de que debían tratar con palurdos ineptos e inconstantes. El cónsul de los Estados Unidos en Tampico estaba agotado por las exigencias de su cargo y ofendido "porque se veía obligado a tratar con un alcahuete borracho que por lo común es impertinente".[273] Aun esos comentarios irritados pueden ser ilustrativos. El cónsul de los Estados Unidos en Puebla se lamentaba de que ahora gobernaban el estado "analfabetos sin la menor capacidad para ayudar al país... capaces solamente de dominar cierto número de hombres para que los mantengan en el poder".[274] Para decirlo de otra manera, los criterios sobre progreso político habían cambiado drásticamente desde los tiempos de Díaz. Los oficiales de la armada, por lo general menos puntillosos que los cónsules, daban informes parecidos: gobernaban Campeche analfabetos de "las clases más bajas".[275]

---

[267] Vera Estañol, *Revolución mexicana*, pp. 388-389; algunas de esas categorías ocupacionales parecen provenir de un solo caso: Alvarado, mancebo de botica, por ejemplo, o Castro, "conductor de tranvías".

[268] Guzmán, *Memorias*, p. 677.

[269] *Cf.* pp. 256-257.

[270] Canova, Zacatecas, 4 de agosto de 1914, SD 812.00/12826.

[271] Hohler, Ciudad de México, 30 de enero de 1915, FO 371/2396, 11834.

[272] De F. K. Lane a R. Lansing, 29 de septiembre de 1916, SD 812.00/19410 ½; *cf.* Haley, *Revolution and Intervention*, pp. 160 y 229.

[273] C/o USS Tacoma, Tampico, 29 de abril de 1917, SD 812.00/20905.

[274] Jenkins, Puebla, 7 de enero de 1915, SD 812.00/14285.

[275] C/o USS Wheeling, Ciudad del Carmen, 17 de julio de 1916, SD 812.00/18994.

Esas críticas caían también sobre los sonorenses, a quienes con frecuencia y no sin razón, se presentaba como líderes burgueses o pequeñoburgueses, situados una línea arriba de los rústicos cabecillas villistas o zapatistas. Según dice un informe proveniente de Sonora, "casi todos los jefes militares de diferentes facciones pertenecen a clases bajas o pobres".[276] Un inglés, que visitó a Obregón mientras éste tomaba un baño en el Hotel Fénix de Guadalajara, lo vio tal como habría observado a un animal en cautiverio: "Obregón —dice— daba la impresión de tener excelente salud y enorme vitalidad animal". Pero no le cabían dudas de que el general y sus oficiales no estaban en condiciones de ocupar un cargo político: "entre los oficiales no he podido encontrar todavía uno que tenga algo de intelectual o que valore honestamente la causa revolucionaria".[277]

Prejuicios, naturalmente, pero que delataban los viejos supuestos porfiristas —y maderistas— acerca de quién era apto para gobernar; los cuales se sustentaban en la creencia aún viva, aunque empezaba a desvanecerse, de que la política era reducto de los cultos, los ricos, los cosmopolitas. Y nada de eso eran los líderes populistas que controlaban el país, los cuales, al conseguir el poder y conservarlo, demostraron que los prejuicios porfiristas no eran leyes inmutables de la ciencia política. Esos individuos, que tenían como único antecedente "controlar cierto número de hombres para que los mantengan en el poder", podían ser, como se demostró, líderes políticos eficientes. Tomemos como ejemplo uno de los menos destacados: Urbano Angulo, quien hasta hacía poco había sido capataz de un rancho cercano a La Paz (B. C.), llegó en 1915 a ser comandante militar y gobernador del territorio, que disfrutó de gobierno firme y comercio ágil, algo que lo transformó —según reconocía el vicecónsul británico— en el "paraíso de México".[278] (En el último capítulo veremos casos parecidos.) Esa metamorfosis de plebeyos despreciados en políticos capaces no sólo trastornó los supuestos del Porfiriato; significaba también que la política mexicana se democratizaba no en el sentido clasemediero, maderista, de alentar la democracia parlamentaria, sino en cuanto trastocó y amplió la élite política, quitó viejas barreras, estimuló la movilidad social y estableció lazos estrechos —aunque informales— entre gobernantes y gobernados, obligando a los primeros a prestar más atención a lo que los segundos querían. Se invirtió del todo la tendencia porfirista hacia oligarquías estrechas que se perpetuaban; la política revolucionaria abarcaba más gente (podríamos llamarla "política de masas") que distribuía el poder de manera más amplia, tenía menos conciencia del estatus y así fue capaz de crear políticas radicales y novedosas. Si en el capítulo final insisto en algunos aspectos conservadores del ajuste revolucionario final, es necesario recordar que fue obra de líderes advenedizos, jóvenes, nuevos. No hay que

---

[276] Simpich, Nogales, 6 de abril de 1915, SD 812.00/14863.

[277] Holms, Guadalajara, 20 de julio de 1914, FO 371/2031, 52831.

[278] Informe de la armada de los Estados Unidos, La Paz, 9 de noviembre de 1915 y 21 de agosto de 1916, SD 812.00/16843, 19063.

dudar que hacia 1915 se había producido una gran revolución *política*, y que eso facilitó el que más tarde se pusieran en práctica políticas sociales radicales.

Un rápido examen a los líderes de 1914 nos muestra algo de su carácter y heterodoxia, de los problemas que enfrentaba el régimen en cuanto a unión política e integración nacional y las medias verdades que contenían los comentarios estereotipados de los extranjeros que cité arriba. Hemos presentado ya a varios: desde Zapata —a quien los morelenses querían y en quien confiaban como "campeón que eliminaría todas las injusticias"— hasta Cantú y sus graduados de la Academia Militar Chapultepec, que administraban Baja California Norte como si fuera una sucursal de la General Motors.[279] Los dos estaban ubicados en ambos extremos del espectro: uno era el dedicado agrarista popular surgido del campesinado tradicional de la Mesa Central; otro, el soldado de carrera, que practicaba la *realpolitik* y operaba en la frontera norte dinámica y comercializada. Aclararé esas diferencias, que no son fortuitas características individuales. El "espectro" al que me refiero es un concepto útil para entender la etapa final de la Revolución. La mayoría de los cabecillas que presentaré aquí combinaban ambas características: el atractivo popular de Zapata (con frecuencia también su compromiso agrarista) con el instinto sagaz de Cantú para sobrevivir y progresar —caso pertinente es el régimen de Villa en Chihuahua, al que ya me referí—. Se han hecho investigaciones sobre los regímenes de Villa y Zapata (véase ahora una sobre Cantú),[280] pero no sobre los líderes menos destacados; a falta de estudios regionales sólidos, esta lista de cabecillas, aunque importante, tendrá que ser tan sumaria como la de los príncipes dánaos del segundo canto de la *Ilíada*.

Maytorena, hacendado robusto y oportunista (fue sucesivamente reyista, maderista, constitucionalista y villista), había satisfecho por fin las ambiciones familiares de controlar Sonora —donde el régimen revolucionario se había establecido hacía tiempo—, aun cuando, en 1913, una facción rival había puesto en peligro su usufructo del poder. Sin embargo, la gran exportación de líderes revolucionarios ayudó a la causa de Maytorena. Los dos hermanos Pesqueira (de buen linaje) representaron bien la Revolución: Roberto en Washington e Ignacio en el gabinete carrancista; Obregón, acompañado de Hill y Diéguez, se había ido al sur con su ejército.[281]

Quedaban dos líderes para retar a Maytorena: uno de ellos, por poco tiempo; el otro, que por fin triunfó, lo hizo consistente y testarudamente. El primero era Salvador Alvarado, tendero hijo de tendero, originario de Potam y Cananea, activista, intelectual y veterano de 1910. Aunque desempeñó su parte en la incipiente violencia sectaria de 1914, pronto se le sacó de Sonora

[279] *Cf.* pp. 272-275.
[280] Joseph Richard Werne, "Esteban Cantú y la soberanía mexicana en Baja California", *Historia Mexicana*, XXX, núm. 1 (julio-septiembre de 1980).
[281] Almada, *Diccionario*, pp. 583-585; véanse pp. 69-70.

para que sirviera a la causa revolucionaria en el otro extremo del país.[282] El segundo era Plutarco Elías Calles, que había competido con Maytorena y sus yaquis en 1914-1915 por el control de Sonora.

De entre los líderes que encumbró la Revolución, Calles demostró ser el político más hábil y con más éxito. El Estado revolucionario que surgió terminada la lucha tenía —más que la de ningún otro— su marca. A pesar del excelente estudio regional de Aguilar Camín, la figura de Calles está aún algo a oscuras; la falta de una buena biografía de este gran personaje de la Revolución es una de las más grandes lagunas en la historiografía mexicana moderna. Desde que nació en 1887 —hijo ilegítimo de un rico hacendado de conocida familia—, tuvo "una vida errante y deshilachada, marcada desde el inicio por la irregularidad".[283] Su padre vio por él y lo ayudó en su inquieta carrera, pero su madre murió cuando era niño y fue su padrastro —modesto cantinero de Hermosillo— quien lo cuidó (las reflexiones acerca de los efectos de una infancia como ésa —que recuerda quizá a la de Eva Perón— quedarán para futuros psicohistoriadores). A los 17 años, Calles era un maestro "hosco, enérgico y algo alcohólico". Después, gracias a las conexiones de su familia paterna, administró un bar, un hotel, fue secretario del concejo municipal de Frontera y, por último, firme y eficiente jefe de policía en Agua Prieta. Calles no fue activo opositor al maderismo o rebelde maderista activo; como Obregón, se destacó durante la invasión orozquista en 1912, cuando Agua Prieta se convirtió en centro de la movilización sonorense.[284] Ahí a pesar de la desconfianza del gobernador Maytorena, Calles estableció una administración eficiente, e hizo alianzas con los terratenientes del lugar (con quienes estaba emparentado) y con los militares sonorenses que empezaban a destacar —Obregón, Hill y Alvarado—. Cuando éstos se dirigieron al sur en 1913, Calles quedó como comandante absoluto en el norte de Sonora. En 1913, Maytorena intentó destituir a Calles; en 1914-1915 se declaró la guerra.

Era ése un conflicto teñido de ironías. Maytorena era un terrateniente gordo, rico, educado; Calles, a pesar de su ascendencia, un advenedizo sin obligaciones que tenía educación y talento, pero no la crianza y el estatus de su rival (aun cuando era el hombre más poderoso del país, en el decenio de 1920, siguió siendo una persona "más bien apartada y austera... que no se sentía muy a gusto con todas las normas de etiqueta que se requerían... en los altos círculos oficiales").[285] Pero el poder militar de Maytorena dependía del apoyo de los contingentes y jefes yaquis; cuando, en 1914, llegó el momento de tomar una decisión crucial, Maytorena se alió a Villa y Calles se le opuso apoyando a Carranza. Además, los estadunidenses que estaban en Sonora y

---

[282] Sobre Alvarado —el "mancebo de botica" de Vera Estañol (*supra*, n. 267)— véase Aguilar Camín, *La Revolución sonorense*, pp. 132, 216 y 431-432; véanse pp. 220, 278, 678 y 906.

[283] *Ibid.*, pp. 200-208.

[284] *Ibid.*, pp. 205, 268, 272 y 375.

[285] John, W. F. Foster Dulles, *Yesterday in Mexico. A Chronicle of the Revolution, 1919-1936*, Austin, Londres, 1961, p. 20.

a lo largo de la frontera admiraban a Calles (de él se dijo después que era un nacionalista rabioso, un radical e incluso un bolchevique), porque era un hombre "decidido, confiable, firme", que imponía rigurosa disciplina en su distrito, clausuraba cantinas y prostíbulos de los pueblos fronterizos, ejecutaba a los saqueadores, garantizaba la paz y el orden para los estadunidenses que invertían en la producción minera. Con Calles "Agua Prieta era modelo de administración y sanidad". Un oficial estadunidense dijo que, "si él [Calles] gobernara [todo] Sonora e inculcara en todas partes esos métodos, se conseguiría la paz". El cónsul de los Estados Unidos en Hermosillo —testigo del comportamiento violento de los yaquis de Maytorena— opinaba: "a menos que Calles y su gente controlen el estado, no veo oportunidad de mejorar".[286] Con el tiempo, Calles "y su gente" no sólo controlarían Sonora, sino todo el país.

Los variados antecedentes de Calles le dieron un lugar en estratos sociales diversos, y su educación y carrera le dieron una visión amplia, comercial y urbana. Los estadunidenses que trataron con él no se sintieron consternados, sino impresionados y tranquilizados; incluso damas muy sensibles encomiaron su estilo para gobernar y se sintieron halagadas al acompañarlo de compras.[287] No era pues como esos rebeldes hoscos y rústicos que proliferaban en el país; era el tipo de líder para quien era muy factible una carrera en la alta política —que comprendía ministerios, burocracia, sindicatos, compañías, intelectuales y diplomáticos—. En ese sentido, Calles fue una excepción en 1914-1915. Los Arrieta para esa época se aproximaron más a la norma, pues habían bajado de la Sierra Madre para afirmar su control en la ciudad y estado de Durango, que ahora gobernaban incluso a despecho del poderoso Pancho Villa. Domingo Arrieta no tenía educación, pero sí "memoria extraordinaria"; él y su clan —se decía que tenía nueve hermanos y una gran familia dispersa— no dudaban que podrían asumir la gubernatura de Durango. Cuando se enfrentaron al gobernador, Pastor Rouaix, ingeniero joven y erudito, éste tuvo que ceder. A finales del verano de 1914, los Arrieta tenían unos 5 000 hombres y la administración del estado se hallaba a cargo de sus designados, de modo que "Durango se encontraba totalmente bajo el control de los hermanos Arrieta".[288] El suyo era un régimen celoso, local y popular; su ejército, desvencijado, tenía un abultado grupo de oficiales (en 1916 había disminuido a 2 500 hombres pero aún tenía 15 generales, sin contar a los Arrieta); se le llamaba, significativamente, la "División de Durango". El principal objetivo de sus jefes era que el poder se conservara, a pesar de los intrusos, en manos duranguenses. Era poco usual que los jefes militares norteños retaran a Pancho Villa, pero los Arrieta lo hicieron y después disputaron

---

[286] De J. Ryan a H. Scott, 7 de junio, 16 y 22 de julio de 1915, Documentos Scott, cajas 18 y 19; Simpich, Nogales, 8 de marzo, informes de la frontera, Nogales, 14 de agosto de 1915, SD 812.00/14579, 15908; Hostetter, Hermosillo, 7 de julio de 1915, SD 812.00/15421.

[287] M. Kingdom, *From Out the Dark Shadows*, San Diego, 1925, pp. 90 y 102.

[288] Hamm, Durango, 8 y 11 de agosto de 1914; Coen, Durango, 22 de enero de 1916; SD 812.00/12885, 12971; 17205.

con sus aliados (supuestos aliados) carrancistas que se inmiscuían en sus dominios.[289]

Poco interesaban a los Arrieta las afiliaciones nacionales. Pelearon con Villa por cuestiones de control regional, y aunque eso los orientaba hacia Carranza, no era necesario que se enemistaran con los numerosos villistas de Durango. No tenían conflictos con Tomás Urbina, quien había asentado su pequeño reino en Nieves, hacia el norte; sus relaciones con las hordas de La Laguna —totalmente villistas— eran respetuosas y hasta cordiales. Hubo, al parecer, un deslinde *de facto* entre las dos facciones, lo que evitó hostilidades aun cuando parecían inminentes. A pesar de que Domingo Arrieta y Calixto Contreras mantenían lealtades nacionales rivales, eran compadres y el compadrazgo tenía prioridad. En 1916 se señaló que durante los últimos tres años "nunca entraron en batalla aunque en cierta ocasión sus fuerzas estuvieron en contacto directo por más de un mes y en bandos revolucionarios o políticos opuestos".[290] Contreras era el clásico rebelde popular; poco le interesaba el poder nacional o incluso la perspectiva de arrasar Torreón, metrópoli de la región. En 1913-1914 formó su ejército en la zona de Cuencamé, hizo campaña con Villa cuando le convino y apoyó las reformas agrarias *de facto* sin preocuparse por las órdenes del primer jefe, ya que "las fuerzas del general Contreras que acampan en Pedriceña, Asarco y Velardeña, controlan totalmente esa parte del estado y no tolerarán que otra autoridad se inmiscuya en cuestiones que conciernen a su pequeño reino".[291]

En Zacatecas, más al sur, dominaba Pánfilo Natera. León Canova, condescendiente, decía de él: "para ser indio, no es mal hombre, pero es tosco, ignorante y se deja engañar fácilmente".[292] Como ayudantes, Natera tenía a su lado al secretario educado de rigor y a sus espaldas una manada de oficiales de clase baja. Entre los de su séquito, comenta un crítico, "está el teniente coronel Acuña Navarro, único oficial capaz de contestar con inteligencia a una pregunta importante... o con cultura suficiente como para recibir a quienes se interesaran en tener representantes ante el poder local".[293] Más acomodados a las circunstancias, y más poderosos, eran oficiales como el coronel Melitón Ortega o los generales Tomás Domínguez y Santos Bañuelos —holgazanes, borrachos (dice Canova), violentos, barbudos, que acompañaban a Natera en sus visitas a la zona de tolerancia—, contra quienes nada podía Carlos Vega, el joven, débil y agradable gobernador del estado. Se creía que Ortega era responsable del asesinato del jefe político de Zacatecas (ocurrido en el entreacto de una obra de teatro). Ortega ordenó también que se cerra-

---

[289] Pazuengo, *Historia*, p. 110; Coen, Durango, enero de 1916, SD 812.00/17142.

[290] Sobre las "propiedades principescas" de Urbina: Letcher, Chihuahua, 15 de septiembre de 1915, SD 812.00/17422 (mencionadas dos veces), SD 812.00/16269, 16270; Cohen, Durango, 2 de marzo de 1916, SD 812.00 (sobre Contreras y los Arrieta).

[291] Hamm, Durango, 21 de marzo de 1914, SD 812.00/11353.

[292] Canova, Zacatecas, 14 de agosto de 1914, SD 812.00/12979.

[293] Caldwell, Zacatecas, 7 de septiembre de 1914, FO 371/2031, 61032.

ran todos los comercios durante las corridas de toros, en las que él y Bañuelos participaban como picadores.[294] Sin duda, los extranjeros prejuiciosos daban color a estas historias, pero recuerdan también pasajes de la novela de Azuela, *Los de abajo*, que el autor ubica en el mismo tiempo y lugar, y que pueden compararse con relatos fidedignos de mexicanos acerca de tragos, corridas y crímenes revolucionarios.[295]

Sinaloa —hacia el oeste— se encontraba bajo la relativa hegemonía de los sonorenses. Pero hubo ahí diversas y poderosas rebeliones autóctonas encabezadas por Riveros (hacendado y ex gobernador), Buelna (estudiante), Iturbe (empleado), Flores (estibador), Cabanillas (carpintero) y Carrasco (vaquero). Los separaban —a ellos y sus seguidores— encarnizadas contiendas, pero también los unía la amistad. No pasó mucho tiempo hasta que su lealtad nacional se bifurcó, manifestando en cierta forma las pautas clientelistas locales. A pesar de todo, representaban en conjunto a los nuevos conductores del estado, los que eran mucho más jóvenes y de clase más baja que sus predecesores, la camarilla de Redo. Del viejo grupo de civiles maderistas, sólo quedaba Riveros; no era de sorprender que se aliara con Maytorena, otro terrateniente veterano de la oposición contra Díaz.[296] No sorprende tampoco que ambos terminaron fracasando en el papel de caudillos militares, que los civiles maderistas rara vez desempeñaron y menos aún lograron. Ni Maytorena ni Riveros consiguieron reunir una fuerza militar leal y eficiente. Riveros no tenía arraigo, comunicación con el pueblo o espíritu militar. Obligado a comprometerse en la lucha si quería sobrevivir como político confiable, trató, como Maytorena, de luchar con intermediarios y fracasó; mientras continuara la guerra, poco contaban las habilidades puramente civiles.

De otro tipo eran Buelna e Iturbe —ambos pertenecían a la misma clase, a pesar de su rivalidad—. Antes de unirse a Martín Espinosa en Tepic (1911), Buelna había sido un estudiante de leyes, de rasgos infantiles, aficionado al periodismo de oposición. Dos años más tarde era uno de los principales oficiales de Obregón: comandaba sus tropas de manera ejemplar, mantenía la disciplina y sabía encontrar las palabras adecuadas —su causa era la del gobierno constitucionalista, decía, razón por la cual merecía "el apoyo moral de la humanidad"—.[297] Iturbe, que había sido empleado de la cárcel de Cu-

---

[294] Canova, Zacatecas, 4 y 10 de agosto de 1914, SD 812.00/12826, 12888. Canova confunde a Toribio Ortega con Melitón. El primero contrajo tifus en Zacatecas y regresó a morir en Chihuahua; el segundo, un matón, murió cinco meses después en Guadalajara (Guzmán, *Memorias*, p. 798).

[295] El hermano de Anastasio Pantoja, Abundio, "era temido (en Michoacán) por su intrepidez, valentía y por sus excesos cuando estaba bebido. Su pasatiempo favorito era subir con su caballo a los mostradores de las tiendas. De más está decir que era el terror de los huertistas que le temían como al demonio" (Alberto Oviedo Mora, *El trágico fin del general Gertrudis G. Sánchez*, parte 2, Morelia, 1939, p. 29).

[296] Memo. anónimo, "Crisis de Sonora y sus efectos en Sinaloa", Fabela, DHRM, RRC, I, pp. 268-271; Aguilar Camín, *La Revolución sonorense*, pp. 456-467.

[297] Morales Jiménez, *Hombres de la revolución*, pp. 165-167; Keys, Rosario, febrero y marzo de 1915, SD 812.00/14229, 14784.

liacán y pertenecido al grupo de oposición, se distinguió en Sinaloa en 1910-1911; también destacó como uno de los más eficientes oficiales de Obregón cuando el ejército avanzaba hacia el sur.[298] Ambos eran jóvenes: en 1914 Buelna tenía 24 años; Iturbe uno más. La juventud, el prestigio, la ambición eran suficientes para alimentar la rivalidad; la de Buelna e Iturbe se convirtió en punto central de la política sinaloense, que se complicó cuando Buelna se separó de Obregón, e Iturbe, como era de esperar, apoyó al general.

Buelna e Iturbe pertenecían a ese grupo de jóvenes veteranos, pequeño e importante, que lograron combinar —algo poco frecuente— capacidad política ortodoxa (evidente en su maderismo precoz) con capacidad militar, es decir capacidad para reunir hombres y conducirlos, ya fuera en la guerrilla (1910) o en campañas convencionales (1913-1914).[299] En contraste con los terratenientes Maytorena y Riveros, podría describírseles, de manera poco estricta, como "pequeñoburgueses"; pero ese término problemático debe esperar un poco hasta que lo aclaremos. Los restantes cabecillas sinaloenses eran de clase más baja (si por entonces Banderas no se hubiera unido a Zapata, se habría rebajado más el *pedigree* del liderazgo rebelde sinaloense). Cabanillas era un ex carpintero, veterano de 1911, "hombre de buena voluntad pero ignorante"; Ángel Flores se había convertido de estibador en un caudillo analfabeto de provincia (según Olea); Juan Carrasco, buen jinete que había sido vaquero en las propiedades de Redo, era, según lo describe un oficial de la naval estadunidense, "inculto, proclive a excesos... y bebedor consuetudinario". Coinciden con él mexicanos más preparados que conocieron a Carrasco en la campaña de la costa oeste.[300] Quitando su afición al alcohol, Carrasco parecía una versión sinaloense de Pancho Villa. Era valiente, popular —en los corridos se le llama "Juan sin Miedo"—; también como Villa carecía de educación y se hacía acompañar por un joven e inteligente secretario, Ernesto Damy.[301] Y al igual que Villa, mientras avanzaba desde el sur de Sinaloa hacia Tepic, produjo cambios parecidos a los que transformaban gran parte del norte y centro del país. Un informe de 1915 dice que durante 50 años Tepic había estado bajo el dominio político y económico de los Aguirre, terratenientes de origen español, en cuyas propiedades se producían algodón, tabaco, azúcar y se criaban ganado y caballos. Díaz los favoreció, los funcionarios del lugar los obedecían; los Aguirre "trataban a la gente con más despotismo que los señores feudales de la Edad Media". Entonces llegó la Revolución: "el escenario ha cambiado ahora, y los peones, personificados en el general Carrasco, un libertino analfabeto y borracho, escoria de la humanidad, gobiernan donde en otro tiempo dominaron los Aguirre. Les qui-

[298] Olea, *Sinaloa*, p. 93; Guzmán, *El águila y la serpiente*, pp. 64-65.
[299] Almazán, y Pedro de los Santos se parecían; véanse pp. 380 y 407.
[300] Olea, *Sinaloa*, pp. 22-23, 25-26 y 91; Watson, Mazatlán, 19 de octubre de 1914, FO 371/2032, 77277; almirante Caperton, Mazatlán, 7 de mayo de 1915; Keys, Rosario, 29 de noviembre de 1914; SD 812.00/15055, 14014; Guzmán, *El águila y la serpiente*, pp. 52-60.
[301] Olea, *Sinaloa*, pp. 26, 64 y 81.

tan su ganado, destruyen sus plantaciones, confiscan sus tiendas. España protestará, sin duda, porque la familia tiene mucho poder en la corte. [Pero] aún admitiendo el agravio y el hecho técnico de la protesta, quien esté familiarizado con la historia de Tepic y sus amos españoles, no puede evitar creer que la inexorable ley de la venganza está a punto de cumplirse".[302]

Esos cambios reveladores —Tepic que pasa de manos de los Aguirre a las de Carrasco; Chihuahua, de los Terrazas a Villa— ocurrían, aunque con menos dramatismo, en todo el norte y centro de México. Los Cedillo dominaron el este de San Luis Potosí aliados con Carrera Torres y, en 1915, con la ayuda de Tomás Urbina. Enfrentado a esa falange de líderes populares, nada podía hacer Emiliano Sarabia, gobernador civil del estado (en 1912 gobernador maderista de Durango, aficionado a los tragos). Los Cedillo administraron su feudo de Valle del Maíz como les parecía mejor, lo que dio por resultado algo que un observador intelectual calificó —mal, pero sugestivamente— de "vuelta al cacicazgo indígena".[303] Hacia el noroeste, Eulalio Gutiérrez controlaba las fronteras de Zacatecas-San Luis Potosí-Coahuila —que Gertrudis Sánchez, aliado con la familia Gutiérrez, dominó en 1911, y de donde salieron docenas de grupos rebeldes en 1913—.[304] Eulalio —"hombre imperturbable, honesto, lento"— y su hermano Luis habían trabajado en las minas de la región. El cónsul de los Estados Unidos en San Luis Potosí, amable, simpático, opinaba que Eulalio "no tenía mucha experiencia"; un ex patrón creía que podía ser buen capataz de 50 peones o más, pero que no estaba preparado para tener más responsabilidades.[305] Gutiérrez sería presidente de la República poco tiempo después. Había demostrado en 1913-1914 cierta capacidad para dinamitar trenes (algo que destacó la prensa de la Ciudad de México en 1913; Canova también lo hizo constar en uno de sus ofensivos informes y lo han repetido generaciones de historiadores). Las compañías mineras locales, que Gutiérrez conocía muy bien, opinaban que era un comandante eficiente, metódico, de criterio independiente, aunque algo corrupto.[306] Para los revolucionarios de otras partes, hablaba en favor de Gutiérrez que hubiera puesto a la Iglesia en su lugar, "fusilado a muchos caciques y encarcelado a los demás"; se decía que había levantado en el zócalo de Mazapil una guillotina para impartir justicia revolucionaria.[307] Más en su lugar, en septiembre de

[302] Keys, Rosario, 29 de mayo de 1915, SD 812.00/15246; y véase p. 112.
[303] Cockcroft, "Maestro"; Bonney, San Luis, 25 de junio de 1951, SD 812.00/15374; Vasconcelos, citado por Falcón, *Cedillo*, p. 119.
[304] Quirk, *Mexican Revolution*, habla de Gutiérrez que dirigía sus tropas en el triángulo que forman San Luis Potosí, Saltillo y Concepción, lo que está bien si se piensa en términos geométricos; véanse pp. 43-45.
[305] Cumberland, *Constitutionalist Years*, p. 175; Bonney, San Luis, 3 de noviembre de 1914; Jenkins, Puebla, 7 de enero de 1915, SD 812.00/13665, 14285.
[306] *Mexican Herald*, 14 de diciembre de 1913; Cumberland (*cf.* n. 305); Wilson, Tampico, 26 de julio; Stanford, Monterrey, 23 de julio; McMillan, Saltillo, 22 de julio de 1914, FO 371/2031, 47057.
[307] Quirk, *Mexican Revolution*, p. 119; Hohler, Ciudad de México, 3 de noviembre de 1914, FO 371/2031, 76897.

1914 promulgó una ley por la cual se fijaba el salario mínimo de los peones, se abolían las tiendas de raya y las deudas de los peones, y se regulaban los acuerdos de aparcería.[308]

En poco tiempo, Gutiérrez saldría de la oscuridad provinciana para colocarse en el iluminado centro del escenario nacional. Entonces, su carrera fue menos común y más trágica, porque tuvo que luchar con problemas para los que no estaba capacitado y que hubieran puesto a prueba la habilidad del más consumado estadista. La mayoría de los caudillos provincianos tuvieron más suerte porque no se les imbuyó de grandeza. En Tlaxcala, por ejemplo, la herencia política de Cahuantzi correspondió a un grupo de cabecillas (Máximo Rojas, Isabel Guerrero, Pedro Morales y Domingo Arenas, quienes sustituyeron a Felipe Villegas después de su muerte en el verano de 1914) que pertenecían a las familias "obrero-campesinas" del estado.[309] En alianza con los zapatistas del occidente de Puebla y con los indígenas serranos de Lucas, consiguieron la capitulación de la última guarnición federal en agosto de 1914, arrestaron al gobernador huertista, a las autoridades militares y a los líderes de la Liga de Agricultores. Se hicieron cargo de la reforma agraria (ya mencionada) en las zonas rurales, pero había matices ludistas en su forma de saquear el área industrial de Puebla y Tlaxcala.[310] En los límites de Hidalgo prosperó también el agrarismo zapatista,[311] no así en la Sierra Alta, dominada por Nicolás Flores —"que ha sido siempre gran enemigo del Plan de Ayala"—, para quien la reforma agraria era, más que nada, un medio de manipulación. A pesar de todo, aquí (y en algunas zonas de la Huasteca potosina que dominaban los clanes de Lárraga y Santos), el poder había pasado a manos de una nueva clase de rancheros (¿una pequeña burguesía rural?) que podía conseguir apoyo popular a base de relaciones clientelistas o mediante su forma de actuar tosca pero eficiente.[312] Algunos se oponían al agrarismo genuino (Lárraga se opuso a Cedillo, y Flores a los zapatistas de Hidalgo), pero cuando llegaron al poder hubo cambios de importancia —desde la época de Díaz, Cravioto y Fidencio González— en lo que se refiere a personal político y *modus operandi*.[313]

Hacia el sudeste, Veracruz presenció una variedad sorprendente de rebeliones que desafiaban la autoridad central de Cándido Aguilar. En Misantla coexistían Armenta y demás terratenientes con un rebelde considerado zapatista; hacía tiempo que Raúl Ruiz mantenía en las riveras del Papaloapan una rebelión independiente, ya que "se había levantado en armas contra los

---

[308] Martínez Núñez, *San Luis Potosí*, p. 50; Cumberland, *Constitutionalist Years*, p. 255.

[309] Buve, "Peasant Movements", p. 137.

[310] Véase p. 233.

[311] Gómez, *Reforma agraria*, pp. 66-67; *Mexican Herald*, 1º de enero de 1915; de Roberto M. y Martínez a Zapata, 7 de diciembre de 1914, Fabela, DHRM, EZ, pp. 139-147.

[312] Martínez a Zapata (cf. n. 311), p. 137; Falcón, *Cedillo*, pp. 56-59, 98 y 112; Schryer, *Rancheros de Pisaflores*, pp. 69 y 75.

[313] Cravioto había sido cacique porfirista de Hidalgo, y González jefe principal en la Huasteca; véase Falcón, *Cedillo*, p. 48.

gobiernos de Díaz, Madero, Huerta y Carranza"; pero más al sur, por los Tuxtlas, el cuatrero Pascual Casarín —analfabeto, querido por sus hombres, aunque interesado en las plantaciones de la zona, según se decía— luchó en facciones de diferente denominación.[314] En conjunto, eran una mínima parte del total (presentaré después otros líderes veracruzanos que disputaron la herencia política de Dehesa).[315] Hacia el oeste, en Michoacán y Guerrero, no hubo menos disensión y anarquía. En el primero, apenas pudo el coahuilense Gertrudis Sánchez (ex guayulero de humilde origen) imponer su autoridad al abigarrado conjunto de cabecillas del estado: Joaquín Amaro (astuto y ambicioso, hijo de un capataz de hacienda), Alejo Mastache (violento, bebedor); el clan Pantoja de Puruándiro (formado por rancheros de escasa cultura y dirigido por Anastasio Pantoja, arriero en otro tiempo).[316] Cuando en Guerrero se eclipsó la estrella de los Figueroa, el este y centro del estado cayeron en la órbita zapatista. Pero al oeste, en tierra caliente, la naturaleza de la Revolución —vinculada a la de la costa oaxaqueña— era diferente; eso descubrieron para su mal —como lo hicieron sus antecesores del siglo XIX— los oficiales revolucionarios que salieron de Acapulco para dirigirse al interior con tropas que no querían entrar en las montañas, optando por la retirada, y a las que vencían fácilmente.[317] Entre la rivalidad de Julián Blanco y Silvestre Mariscal fluctuaba la revolución costera. Era el primero —viejo y analfabeto— un zapatista de nombre que en 1914 alcanzó categoría de carrancista; a la cabeza de una turba dominó el campo en 1913-1914, ocupó y saqueó Acapulco en octubre de 1914 (ahí los comerciantes españoles fueron su objetivo principal). Blanco era campesino, y Manuel Villegas, su primer oficial, arriero, pero ambos contaban, como era usual, con la ayuda de un secretario lúcido, joven y educado, y con la alianza de Canuto Neri, vástago de una familia distinguida en la política guerrerense (estamos aquí, por lo tanto, ante la trilogía clásica: cabecilla humilde intelectual, revolucionario, político "distinguido"). Mariscal, su émulo, maestro en otro tiempo, recorrió un sinuoso camino en la Revolución; en 1911 luchó por Madero, en 1913 por Huerta y en 1914 se declaró partidario de Carranza. Un estadunidense opinaba de él que era "el líder más inteligente que he tenido oportunidad de conocer", hombre "ambicioso que admite estar siempre con el gobierno central en turno".[318]

Durante un tiempo, Blanco y Mariscal alardearon de su filiación carrancista, pero no cesó su competencia por el poder, que las escaramuzas matizaban y el movimiento de los zapatistas y las fuerzas mercenarias de los es-

[314] L. Spillard, Tlacotalpan, abril de 1915, 24 de mayo de 1915 y 23 de septiembre de 1915; R. Perkins, Misantla, 15 de mayo de 1915; Canada, Veracruz, 12 de julio, 19 de agosto, 6 de septiembre de 1915 y 29 de febrero de 1916; SD 812.00/14850, 15352, 16492; 15352, 15578, 16056, 16274, 17409. A finales de año, Ruiz y Casarín contendían entre sí.
[315] Véanse pp. 538, 552 y 640-641.
[316] Oviedo Mota, *El trágico fin*, I, p. 51; II, pp. 27-29; Romero Flores, *Michoacán*, pp. 66 y 93-94.
[317] Memo. anónimo a Carranza, septiembre de 1915, AJD, r. 1.
[318] C/o US Pacific Fleet, 1º de octubre de 1914 y 18 de enero de 1915, SD 812.00/13672, 14239; Ochoa Campos, *Guerrero*, pp. 296-298.

pañoles complicaban.[319] En 1915, el caos se orientó hacia el control político unitario. En mayo, Mariscal dio el golpe reteniendo un gran cargamento de armas de Carranza; los rivales discutieron por la distribución, pero Mariscal consiguió la mejor parte.[320] Tres meses después, en Acapulco, una riña entre los hombres de Mariscal y Blanco (alrededor de 500 por cada bando) terminó en batalla campal (el comandante del puerto izó la bandera de la Cruz Roja para advertir de su neutralidad). Los blanquistas perdieron; Blanco, su hijo, Villegas, Neri y varios más fueron ejecutados. Mariscal tenía ahora el control de la Costa Grande; el cónsul de los Estados Unidos decía satisfecho que sus métodos podían ser "exactamente los más adecuados para restaurar el orden". Mariscal estaba ahora en libertad de acometer la tentadora pero difícil empresa de conquistar el interior del estado.[321]

Podría seguir con la lista, pero sería tedioso. Queda claro ya que, al norte del Istmo, con la victoria constitucionalista, el poder cambió de las viejas élites a los nuevos líderes regionales y populares: campesinos y rancheros, arrieros y mineros, empleados, peones y maestros. Queda claro también que el poder cambió a manos de gente mucho más joven, porque hombres de 20 y 30 años sustituyeron a políticos y militares de 60 o 70; fue la "revolución de los mozos".[322] Aparte de confirmar que esos hombres eran neófitos, jóvenes y a menudo de condición social inferior, ¿será posible analizar satisfactoriamente su carácter y sus valores, categorizar, por así decirlo, la naturaleza esencial del régimen que sustituyó al Porfiriato? Es preciso intentarlo para entender la importancia tanto de la rebelión de 1910-1914 cuanto el cisma de 1914-1915, porque uno es producto de la otra.

Para explicar la Revolución, los historiadores marxistas utilizan naturalmente la clase como una categoría esencial. Si explican algo es otra cosa. Algunos consiguen una buena mezcla de categorías marxistas y datos empíricos, tributo a su habilidad e investigación más que al poder explicativo de las categorías que usan.[323] Pero los resultados son menos felices cuando la teoría domina y prevalece sobre los datos. Se ponen etiquetas a individuos (Carranza es un "burgués", Obregón un "pequeñoburgués") y, a su vez, los complejos movimientos sociales reciben las etiquetas de sus líderes.[324] Otros especialistas —*marxisant*, liberales, e incluso aquellos historiadores de viejo cuño, "sin valores", estilo Ranke— toman prestado ese léxico cuando se arriesgan a hacer afirmaciones generales sobre la Revolución; luego, dando un golpe desde la superficie del relato histórico o empírico, se aferran instintiva-

---

[319] Anónimo (ilegible), Acapulco, a M. Méndez, 7 de febrero de 1915, AJD, r. 1.
[320] C/o USS Yorktown, Acapulco, 31 de mayo de 1915, SD 812.00/15296.
[321] Edwards, Acapulco, 7 de agosto de 1915, SD 812.00/15957, 16834.
[322] Tomado de Gregory Mason, *Outlook*, noviembre de 1916, en Fabela, DHRM, RRC, V, p. 163.
[323] Por ejemplo, varios trabajos de Friedrich Katz, y el primer capítulo de *Intellectual Precursors*, cuyo autor, Cockcroft, lucha con la teoría, como Tobías con el Ángel, bravamente pero en vano.
[324] Por ejemplo, Gilly, *Revolución interrumpida*, pp. 105 y 122-123. N. M. Lavrov, "La Revolución mexicana de 1910-1917", en Rudenko *et al.*, *Revolución mexicana*, pp. 87-125.

mente al salvavidas marxista.[325] "Fuerzas grandes e impersonales" sustituyen de repente a páginas con muchos detalles, prosopopeya y minuciosas notas —grandes fuerzas como la "burguesía", "pequeña burguesía", "aristocracia [semi] feudal"— que aparecen como comparsa escasamente relacionada con el argumento; después de recitar su parte, se retiran del escenario tan rápido como aparecieron y lo que queda del reparto continúa como si nada hubiera sucedido. Naturalmente, el problema es más grave cuando esas "grandes fuerzas impersonales" desempeñan en el análisis un papel más importante. La historia se empobrece sin generalizaciones o síntesis amplias. Para las primeras, es de suma importancia elegir categorías básicas o "conceptos organizadores", y en ese sentido puede ser ridículo el uso indiscriminado, casi automático, de la terminología marxista corriente; es como "describir un mito clara y coherentemente, y luego bautizar el mito con el nombre de historia".[326] Hay sólo dos opciones: abandonar del todo las generalizaciones amplias —lo que sería de lamentar— o desarrollar "conceptos organizadores" de manera más satisfactoria, tarea nada sencilla. Sin embargo, haré el intento.

Podemos criticar el uso casi automático de la terminología marxista en este contexto desde tres ángulos: el del método, el de la definición y el de la teoría. Mencioné ya la primera crítica: las pruebas que se aducen son con frecuencia inadecuadas y muy individualistas (las que quieren demostrar, por ejemplo, que Obregón representa el lado "pequeñoburgués" de la Revolución); el análisis salta de los orígenes del líder a la identidad de clase de todo un movimiento; pocas veces se intenta relacionar, de manera coherente, al líder con sus seguidores o a la identidad de clases con la ideología y la práctica revolucionaria.[327] También es escaso el conjunto de individuos que, según se considera, representan grandes movimientos sociales, porque se ignora la multitud de cabecillas menores que, incluidos en la muestra, ayudarían a consolidar —o desbaratar— la hipótesis.[328] En su forma extrema pero no infrecuente, ese análisis convierte la Revolución en una cuadrilla bailada por

---

[325] En este análisis asumo que la terminología que designa la clase se sustenta en una perspectiva marxista-*marxisant* (o weberiana, aunque nunca de manera explícita). El punto se aclarará a medida que avancemos.

[326] J. H. Hexter, "A New Framework for Social History", en *Reappraisal in History*, 3ª ed., Londres, 1963, p. 14.

[327] Por ejemplo, Gilly, *Revolución interrumpida*, p. 105. Una excepción es Córdova, quien en su *Ideología*, procura de manera convincente establecer relación entre los líderes y seguidores, las ideologías y sus prácticas; naturalmente, evita el marxismo a ultranza y usa categorías diferentes: "régimen de privilegio", "clases medias", "masas", etcétera.

[328] También soy culpable de fusionar líderes y partidarios, y de hacer generalizaciones sobre los segundos en función de los primeros. Cuando ocurre, me interesa que se tengan en cuenta dos justificantes: *a)* la muestra es amplia y no se limita a un puñado de caudillos; *b)* cuando es válido, el líder aparece como sustituto del movimiento; *v. g.*, puede ser legítimo hablar de zapatismo desde la perspectiva de Zapata, porque el carácter y los intereses unían al líder y sus seguidores y sirve para abreviar. En muchos casos esa fusión no es lícita y la he evitado (*v. g.* en la composición de las coaliciones nacionales, el villismo y el carrancismo).

Carranza, Obregón, Villa y Zapata, y en la que a veces se añaden participantes para completar el cuadro.

En segundo lugar, pocas veces se aclaran las premisas definidoras de esos conceptos ubicuos pero disputables (burgués, pequeñoburgués, proletario, feudal) y se usan como si su significado fuera prístino y no estuviera sujeto a discusiones sin término.[329] Así, no sólo queda indefinida la identidad de ciertas clases (¿quiénes eran los pequeñoburgueses mexicanos?); tampoco queda claro qué concepto de clase se está usando (¿cómo debería definirse esta u otra clase?, ¿con base en qué criterios?). Esas buenas clases marxistas pasadas de moda, ¿se definen con base en sus relaciones con los medios de producción?[330] A falta de una presentación clara, sería conveniente adoptar ese enunciado clásico como la base (no declarada) de tales análisis. Naturalmente, en manos de los refinados marxistas actuales, esa definición se estira, revuelve, moldea y adorna con otros ingredientes: ideologías, coyunturas, división de clases, bloques y articulados modos de producción. Puesto que no hay una buena historia de la Revolución (1910-1920) formulada con esos términos, es difícil saber si la flexibilidad teórica que se consigue con este método justifica la pérdida de claridad y rigor que puede ser su consecuencia. En todo caso, podemos suponer que incluso este marxismo *à la mode* comparte ciertos principios básicos con el marxismo "clásico", lo que los separa de la alternativa sugerida aquí (algo que no me corresponde juzgar). El mismo supuesto correspondería al concepto weberiano de clase, si lo pensáramos aislado (concepto que no tiene lugar en la historiografía y que tiene mucho de común con el de Marx —ambos comparten el punto de vista sobre el capitalismo desarrollado y el mismo énfasis en la propiedad como criterio esencial de clase— para atacar los mismos problemas cuando se aplican en este contexto). Pero Weber ubicaba la clase al lado, no por encima de otros conceptos esclarecedores, como estatus, partido y, sobre todo, formas de dominio.[331]

Llego al tercer punto, último y más importante, de la crítica al análisis marxista o *marxisant;* una crítica teórica doble, que se refiere primero a su eurocentrismo y luego a que no es adecuado para un análisis histórico intermedio como el que intento hacer aquí. Marx y Weber se concentraron en el desarrollo del capitalismo europeo y con base en él elaboraron sus conceptos básicos. La idea marxista de clase se sustenta en un modelo dual; el campesinado, la pequeña burguesía y el lumpenproletariado pueden ser clases, pero están subordinadas a la dicotomía principal, burguesía-proletariado.[332] En consecuencia, esas clases secundarias son "marginales", "intermedias" o su "dependencia es funcional respecto a una de las clases [primarias]". Dentro

---

[329] Particularmente en lo referido a la naturaleza de feudalismo y capitalismo, de donde estos términos derivan su significación conceptual; no creo necesario citar la abundante bibliografía producida por Frank, Wallerstein, Laclau y otros.

[330] Anthony Giddens, *Capitalism and Modern Social Theory*, Cambridge, 1917, p. 37.

[331] *Ibid.*, p. 164.

[332] *Ibid.*, p. 38.

del capitalismo, también son casos terminales: "Marx se interesó en los campesinos cuando éstos no mostraron posibilidades de sobrevivir".[333] Esos análisis son problemáticos aun cuando se apliquen a sociedades capitalistas desarrolladas.[334] Más complicado aún es el México revolucionario por su nivel y patrón de desarrollo. Si en algo era capitalista, lo era de manera imperfecta, porque un gran sector no participaba en el mercado, tenía una importante población servil (los peones), que probablemente se acrecentaba, y la propiedad comunal estaba muy arraigada aún. La industria y los obreros (que disminuían en términos absolutos) se concentraban en unas cuantas ciudades. Sobre todo —según ciertos criterios capitalistas—, los productores directos habían perdido sólo parcialmente sus medios de producción; esos factores no permitían que crecieran las relaciones de mercado y el trabajo asalariado; así pues, cualesquiera fuesen los criterios del capitalismo, estaban lejos de haberse logrado totalmente. Y si se arguye que el capitalismo era el sistema que predominaba sobre los demás, es necesario advertir que la Revolución surgió en regiones y sectores donde el capitalismo había penetrado menos y donde perduraban con fuerza sistemas arcaicos. Rebelión campesina, revuelta serrana, disturbios del lumpenproletariado; donde pongamos los ojos, el conflicto social de 1910-1920 tiene elementos esenciales que no encajan en el patrón marxista dicotómico. Muy a menudo hicieron la Revolución las clases "secundarias" que actuaban con autonomía, sin subordinarse a las dos mayores.

Como sugieren esos casos, y como trata de demostrar buena parte de este libro, esas clases secundarias estaban comprometidas en cierto tipo de lucha de clases que satura la historia de la Revolución. Pero una cosa es analizar la lucha de clases *in situ* (por ejemplo, cuando los campesinos se enfrentan a los terratenientes) y otra, muy diferente, armar un modelo general de *la* Revolución en el que se confunden clases y facciones políticas. Si se reconoce que el México revolucionario y porfirista estaba demasiado "atrasado" como para caber en el modelo marxista del capitalismo desarrollado, hay por lo menos dos medios para intentar recuperar la gran teoría. Se puede decir simplemente que era feudal; por lo tanto, lejos de ser el campesinado una clase secundaria, subordinada a la dicotomía burguesía-proletariado, era el motor de una revolución de clases contra los terratenientes feudales (la burguesía se convierte entonces en un espectador subordinado). Si se tiene en cuenta lo señalado hasta aquí —sobre todo que los productores directos no estaban completamente desposeídos— el razonamiento no es inverosímil desde el punto de vista empírico, ni teóricamente ilegítimo.[335] Pero también podemos ponerle objeciones. Aunque no dominaban completamente, las fuerzas del

---

[333] David Goodman y Michael Redclift, *From Peasant to Proletarian Capitalist Development and Agrarian Transition*, Oxford, 1981, p. 4.

[334] Por ejemplo, Erik Olin Wright, *Class, Crisis and State*, Londres, 1978, pp. 30-110.

[335] Laclau y —con más pertinencia y eficacia— Bartra toman esa posición. Para lo que pueda ser útil, en los manifiestos zapatistas se acusaba de "feudales" a los terratenientes: por ejemplo, de Zapata a Wilson, 23 de agosto de 1914, Fabela, DHRM, EZ, p. 97.

mercado y el trabajo asalariado eran considerables; en algunas regiones disminuían los peones y, aunque no fuera total, aumentaba rápidamente el despojo a los productores directos. Matizaban además el movimiento popular ciertas ideas y prácticas capitalistas (según ciertas definiciones): los Zapata y los Cedillo eran modestos empresarios rurales, tenían ideas claras sobre la propiedad privada, participaban en el mercado y con frecuencia producían para él. Eso puede decirse, *a fortiori*, de serranos norteños como Villa, Orozco, De la Rocha y otros. Esos líderes populares y las comunidades rurales de las que provenían, de las cuales obtenían inspiración y apoyo, se habían adaptado al capitalismo y practicaban cierto "capitalismo hormiga".[336] Se dirá que sigo aquí a Frank y defino al capitalismo con base en la esfera de circulación y sin tener en cuenta las relaciones de producción. Después de todo, los rebeldes populares a menudo reaccionaban contra la proletarización, ya que la participación *per se* en el mercado ("capitalismo hormiga") tenía su tradición, les era familiar y la toleraban; las nuevas exigencias del voraz mercado porfirista, que demandaban tierra y trabajo, provocaron la Revolución. Todo esto es válido desde el punto de vista histórico; pero, ¿qué queda de los "terratenientes feudales" que deben tener lugar prominente en una dicotómica lucha de clases feudal? Esos señores feudales atienden a señales del mercado, acumulan capital y privan al campesinado de sus posesiones a más no poder. Algunos apelan al sistema de trabajo servil, pero muchos no lo hacen, como los hacendados de Morelos.[337]

Si se concibe al México porfirista o revolucionario como capitalista o feudal, esta teoría tiene serios problemas. Queda un último camino de escape para quienes se aferran testarudamente a esa terminología: apelar a lo transitorio. Puesto que México estaba en transición entre dos extremos, podía haber anomalías. Sin duda, en el periodo 1876-1920 la transición era importante, si hemos de entender "transición" como cambio social (naturalmente, todos los periodos son transitorios, pero es muy válido argüir que algunos, como el Porfiriato, tuvieron cambios sociales rápidos y profundos; de ahí la Revolución).[338] La teoría de la transición, sin embargo, va más allá al incorporar un criterio de cambio *teleológico* orientado hacia el capitalismo. Esto no se sostiene con base en una interpretación estrictamente frankeana, puesto que México había sido capitalista durante tres siglos y, por lo tanto, no necesitaba de transición. Pero, según el criterio opuesto al frankeano (en el que prevalecen las relaciones de producción a expensas de las fuerzas del mercado), la transición continúa y no termina aún; en realidad, cuando la Revolución instituyó la reforma agraria demoró *sine die* la transición. Por esa razón,

[336] Sol Tax, *Penny Capitalism: A Guatemalan Indian Economy*, Washington, 1923; Manning Nash, "The Social Context of Economic Choice in a Small Society", en George Dalton (ed.), *Tribal and Peasant Economics*, Nueva York, 1967, pp. 524-538 (acerca de la coexistencia de mercado y "tradición").

[337] Véanse pp. 39-143.

[338] Véanse pp. 129-131 y 221-229.

Goodman y Redclift (reacios a seguir los pasos de quienes piensan en los ejidatarios como "proletarios encubiertos") optan felices por la "transición permanente".[339] Esa expresión extravagante no es un caso aislado. Se alarga constantemente el camino del feudalismo al capitalismo: en Inglaterra se habla de más de seis siglos de "transición".[340] El caso de la India nos dice que no hay certeza acerca de qué instrumentos han de usarse para medir; dicho de otro modo, tal vez ni siquiera sepamos cuándo acabó la transición, o en qué momento llegamos a donde queríamos llegar.[341]

Con esto llego a mi observación final. Sólo con el análisis de la *longue durée* sabremos si tienen alguna utilidad los grandes modelos de transición del feudalismo al capitalismo. Esos modelos deben circunscribir sociedades y siglos, no individuos y decenios. Las revoluciones —aun las grandes revoluciones sociales como la francesa y la mexicana— no revolucionan necesariamente los modos de producción. Así, aun cuando los conflictos de clase pueden ser muy importantes (aunque no siempre la causa anterior de otras formas de conflicto: ideológico, étnico, regional, clientelista), la revolución no puede circunscribirse en una teleología trascendente por medio de la cual clases, facciones e incluso individuos se convierten automáticamente en vehículos del progreso dialéctico. Advierte Hexter que la investigación histórica "no debe... postrarse ante el altar de la trilogía materialista mística —feudalismo, burguesía, proletariado [quizá también pequeña burguesía]— en adoración blasfema".[342] No debería permitirse que la terminología eurocéntrica e inapropiada, que se extrae como al pasar de los depósitos de la gran teoría, sirva como concepto "organizador" (es decir distorsionador) del análisis histórico. Los historiadores de la Revolución —dedicados a un tema ambicioso pero cronológicamente delimitado— deberían apegarse a conceptos y argumentos intermedios dentro de un marco histórico específico; como dice un historiador, marxista por cierto, deberían dedicarse a la "estimulante dialéctica de hacer y deshacer, crear hipótesis conceptuales y usar la prueba empírica para apoyar o destruir esas hipótesis".[343]

Se hacen evidentes las debilidades de la gran teoría en situaciones como éstas, en las que la "pequeña burguesía" reclama atención. Muchos historiadores afirman que, al triunfar los constitucionalistas y (o) los sonorenses, la pequeña burguesía pasó al centro del escenario. A causa de la negligencia en las definiciones, que ya mencioné, el proceso no se describe de la misma manera, ni es posible precisar hasta qué punto coinciden, por ejemplo, los "pequeñoburgueses izquierdistas" del constitucionalismo de Lavrov, los "pequeñoburgueses progresistas" de Lobato y los "pequeñoburgueses prototípicos

---

[339] Goodman y Redclift, *From Peasant to Proletarian*, p. 213; el argumento contrario aparece en pp. 195-196 y 213.
[340] MacFarlane, *Origins of English Individualism*, Oxford, 1978.
[341] Goodman y Redclift, *From Peasant to Proletarian*, pp. 84-85.
[342] Hexter, "A New Framework", p. 16.
[343] Thompson, "Peculiarities", p. 64.

sonorenses" de Barry Carr.[344] No obstante, es claro que muchos historiadores están de acuerdo en que, a ese propósito, hubo cambios importantes después de 1913-1914. Los pequeñoburgueses, víctimas predestinadas y dependientes del capitalismo desarrollado, se convirtieron en los grandes conservadores del México revolucionario. A su vez, los terratenientes, empresarios y comerciantes, que podrían haber reclamado su categoría de burgueses por encima de los pequeñoburgueses, se mostraron débiles y decadentes. No queda claro por qué los pequeñoburgueses demoraron tanto en hacerse presentes; después de todo, hay supuestos teóricos muy sólidos para incluir a los campesinos en esa clase. Se dice que las reformas de Zapata fueron de tipo "pequeñoburgués radical", mientras a los rancheros rebeldes de Hidalgo se les califica de "campesinos burgueses".[345] No defiendo esa denominación; prefiero, como Córdova, otra terminología, pero esa denominación se ha extendido tanto que merece aclararse. Puesto que metodológicamente se aplica con frecuencia a individuos, podríamos preguntar en qué aspecto fundamental difieren los pequeños propietarios Obregón y Nicolás Flores de sus contrapartes, Zapata y Cedillo, o el maestro Calles del maestro Carrera Torres, o el abogado Espinosa Mireles del abogado Liborio Reyna; pero en cada caso convencionalmente se denomina a los primeros (a los constitucionalistas) "pequeñoburgueses" y a los segundos de manera distinta. Tampoco ayuda extender el argumento a sus seguidores, puesto que las fuerzas que dirigían tanto Obregón y Flores como Zapata y Cedillo, eran en su mayoría campesinas, y, como ya se dijo, de todos modos hay bases teóricas para incluir al campesinado dentro de la pequeña burguesía.

No obstante, se consideran cualitativamente diferentes los pequeñoburgueses triunfadores de 1914 a sus predecesores "campesinos" de 1910-1913. Los historiadores tienen razón en señalar ese cambio, aunque se equivocan cuando capitulan ante una terminología muy a la mano pero inadecuada, que les hace caer en la confusión conceptual. Las diferencias esenciales entre revolucionarios "pequeñoburgueses" (como Obregón) y revolucionarios (¿"campesinos"?) como Zapata, no pueden reducirse a diferencias de clase sustentadas en sus vínculos opuestos con las relaciones de producción, ni tampoco, aunque es más verosímil, en el hecho de que no tenían el mismo acceso a los recursos económicos. El término "pequeñoburgués", que se aplica sin dificultad a Obregón (también, usualmente a Calles, Alvarado, González, Múgica y otros) y generalmente se niega a Zapata, describe más una *mentalité* que una relación de clase; se trata de una especie de taquigrafía que conjuga atributos culturales que tenía el primero y de los que en gran parte carecía el segundo. Aunque esos rasgos se relacionen con la clase, ésta no los

[344] Lavrov, p. 120; Lobato, citado por Albert L. Michaels y Marvin Bernstein, "The Modernization of the Old Order: Organization and Periodization of Twentieth-Century Mexican History", en James Wilkie et al., *Contemporary Mexico. Papers of the Fourth International Congress of Mexican History*, Berkeley, 1976, pp. 689-690; Carr, "Las peculiaridades".

[345] Millon, *Zapata*, p. 67; Shryer, *Rancheros of Pisaflores*, pp. 6-9 y 147.

determina en absoluto (de otra manera estaríamos ante una pequeña burguesía culturalmente homogénea), sino que se vinculan con la educación, religión, el lugar de origen y la ubicación en el proceso revolucionario. Por último, poco hay en esos rasgos que sea típicamente "pequeñoburgués", porque así como faltaban en el campesinado (pequeñoburgués), otras clases los compartían.

Los llamados revolucionarios "pequeñoburgueses" tenían ciertas características "correlativas"[346] que los distinguían del movimiento popular inicial: mostraban un mayor énfasis en las preocupaciones nacionales que en las locales; la vida urbana les era familiar; tenían espíritu comercial, empresarial y conciencia del trabajo organizado; eran indiferentes —hostiles con frecuencia— a la Iglesia; su capacidad para organizar la burocracia militar o civil era impersonal, universalista e intelectual. El tipo ideal era, pues (tratamos con abstracciones y acentuaciones de la realidad), nacionalista, urbano,[347] instruido, laico, burocrático, tesonero; el movimiento popular era localista, rural, inculto, católico, personalista y dependiente de lazos arraigados. El primero surgió en las ciudades o en zonas agrícolas comercializadas, procuraba conseguir el poder nacional con la ayuda de un ejército organizado, casi mercenario, al que apoyaba una burocracia civil eficiente; en el proceso, pisoteó a la Iglesia u otros rivales que competían por el poder y demostró confianza temeraria en su habilidad para gobernar en todos los niveles. El segundo era, en cambio, producto del campo, sobre todo de esos pueblos y haciendas apenas comercializados o integrados; devoto de su localidad, le era indiferente el poder nacional; aunque había algo de profesionalismo en sus milicias, éstas se sustentaban en el prestigio personal y la popularidad; el apoyo burocrático era escaso o inexistente, y el crecimiento rápido habría sido causa de desintegración; guardaba con celo el poder en su región, pero era muy tolerante con sus rivales, incluso la Iglesia, los viejos porfiristas y la inversión extranjera.

Esos atributos se relacionaban de manera consistente; aunque había excepciones, el nacionalismo (interés en el poder nacional y lo que concernía a la nación) iba acompañado usualmente de anticlericalismo, burocracia y vivo interés en el movimiento obrero. Es erróneo decir que esos atributos eran "pequeñoburgueses" (en la jerga actual se denominaría "reduccionismo de clase"). Aunque la clase (en cuanto manera diferente de tener acceso a los recursos económicos) desempeñó un papel en su formación, también actuaron, incluso predominaron, otros factores: cultura, educación, religión, lugar de origen, historia revolucionaria. Es problemático escoger otro tipo de nomenclatura. Se advertirá que esos atributos son muy parecidos a los que son devotos los teóricos de la modernización ("culturas políticamente participan-

---

[346] Es decir, características que se manifiestan en sus relaciones con otros grupos —partidarios y antagonistas— y que dependen para expresarse del medio social y político adecuado; véase p. 234.

[347] "Urbano" como lo usa Charles Tilly, *The Vendée*, Londres, 1964, pp. 9-13 y 16-20.

tes... sistemas abiertos orientados al progreso... ideologías seculares");[348] esos teóricos pigmeos se sostienen sobre los hombros de gigantes como Maine, Toennies, Durkheim, quienes desarrollaron conceptos importantes para mi análisis —la polaridad *Gemeinschaft/Gesellschaft* de Toennies, y la solidaridad mecánica y orgánica de Durkheim, por ejemplo—.[349] Poco sentido tiene, sin embargo, salir de la sartén marxista para caer en las brasas de la teoría de la modernización. Ambos modelos están cargados de contenido eurocéntrico y teleológico (naturalmente, ambos provienen de pensadores europeos decimonónicos con mentalidad teleológica). Puesto que mi tarea es analizar un problema histórico, no es necesario jurar lealtad a ninguna gran teoría, sobre todo a una (como la teoría de la modernización) cuyos matices normativos son muy marcados y que tiende a postular secuencias de desarrollo rígidas y unilineales, y pone énfasis en fenómenos tales como la industrialización, que caen en los lindes de este análisis. Aunque desechemos la teoría y evitemos palabras clave como "moderno" y "modernización", debemos tener en cuenta —para referencias posteriores— algunos conceptos sustantivos de esta escuela, en especial los de sus fundadores.

Presentado el tema, debemos volver a la *explanada*. A medida que avanzaba la Revolución, se hacía evidente, de manera diversa, la separación entre lo pequeñoburgués y lo popular. Con la caída de Huerta, y manifiesta la discordia entre Carranza y Villa, se hizo evidente la polaridad nacionalista-localista. En esa circunstancia corresponde denominar "nacionalistas" a Obregón y a los ("pequeñoburgueses") de su clase, no sólo porque defendían la soberanía política y económica de México, sino porque, al superar las preocupaciones regionalistas de los movimientos populares, procuraban el poder nacional con base en políticas nacionales. Más adelante, cuando se analice la etapa final de la reconstrucción revolucionaria (1916-1920), destacarán el anticlericalismo y el "desarrollismo".

Los movimientos revolucionarios pueden ubicarse en el eje nacionalista-localista, que no corresponde a la ubicación en la clase ni a su situación en un eje común radical-conservador. En su mayor parte, los líderes populares eran gente del lugar, cuyo poder se sustentaba en el apoyo popular, a menudo vehemente, personal y provinciano. Su autoridad se apegaba a la tradición del caudillaje de viejo cuño y sus fuerzas provenían de cierto valle, región o conjunto de pueblos; de los miembros de su extensa familia surgía el "cuerpo de oficiales", quienes los seguían, los admiraban y conocían personalmente.[350] Así ocurrió con los Arrieta en Durango, con Arena, Rojas y otros en Tlaxcala —todos pertenecían a familias de "trabajadores-campesinos" que

---

[348] Dean C. Tipps, "Modernization Theory and the Comparative Study of Societies: A Critical Perspective", *Comparative Studies in Society and History*, XV (1973), p. 204.

[349] Giddens, *Capitalism*, pp. 76-81; John G. Taylor, *From Modernization to Modes of Production*, Londres, 1979, pp. 6-13.

[350] Alan Knight, "Peasant and Caudillo in Revolutionary Mexico, 1910-1917", en D. A. Brading (ed.), *Caudillo and Peasant in the Mexican Revolution*, Cambridge, 1980, p. 44.

vivían en los distritos de Zacatelco y Xicohtzingo— y más aún en Morelos, donde mujeres y niños rezaban por Zapata pues "una fe religiosa y una fe 'militar' unen a todas estas gentes con su jefe".[351] Un compromiso personal y local parecido (ambos iban de la mano: mientras más se extendía la unidad política, más se debilitaba el compromiso personal) respaldaba a los Cedillo en San Luis Potosí —entonces y en años por venir—, a Ceniceros y Contreras en La Laguna —los laguneros veían a Ceniceros, que de abogado de pueblo pasó a comandante militar, como "representante de los indios, simplemente al indio mexicano común"— y en Cuencamé —"toda la gente quería a Contreras"—.[352] Ese localismo ferviente, unido al clientelismo, apoyó a caciques como *Che* Gómez y Lucas en la Sierra de Puebla, y a Meixueiro en Sierra Juárez.[353]

El compromiso era recíproco; indiferentes al poder nacional, estos líderes lo consideraban, en el mejor de los casos, como medio para garantizar la patria chica. Muchos ni siquiera lo tuvieron en cuenta; algunos incluso dejaron pasar la oportunidad de tomar las capitales de los estados. El zapatismo, el más poderoso de los movimientos populares, mostró las mismas inhibiciones: su ocupación de la Ciudad de México fue vacilante y parcial; los zapatistas se negaron a ir al este de Puebla, no, como se ha dicho, porque carecieran de municiones, ya que en ese momento las tenían en abundancia, sino porque no les gustaban las expediciones que los llevaran muy lejos. Después de ocupar brevemente la ciudad, "las tropas que [Zapata] había traído de Morelos lo siguieron de vuelta a su estado natal indiferentes a las glorias de la conquista".[354] El zapatismo no era original, sino común. Julián Blanco no mostraba interés en la política nacional a menos que se inmiscuyera directamente en la Costa Grande (por eso Mariscal pudo ganarle); Juan Carrasco, de Sinaloa, descartó como pérdida de tiempo la idea de una convención militar nacional (un "nido de escorpiones", según dijo) y prefirió seguir con la lucha en su estado.[355] Una y otra vez, esas milicias regionalistas se negaron a gastar energías fuera de la patria chica a instancias de una autoridad distante y nebulosa como la de Carranza. Entre 1912 y 1916, los Cedillo apenas se aventuraron fuera del Valle del Maíz, pero se aliaron a facciones nacionales, obedecieron órdenes "superiores" cuando les convino y volvieron a la guerra de guerrillas cuando algún intruso los amenazaba.[356] En circunstancias como ésas, la fidelidad política era manifestación de conveniencia local más que de ideología compartida. Los Cedillo rechazaron a Eulalio Gutiérrez porque

---

[351] Buve, "Peasant Movements", p. 137; de Atl a Carranza, 29 de julio de 1914, Fabela, DHRM, EZ, p. 88.
[352] De A. Reese, Cuencamé, al Departamento de Guerra, 18 de septiembre de 1916, SD 812.00/19468.
[353] Waterbury, "Non-Revolutionary Peasants", pp. 431-434, 439 y 735.
[354] Womack, *Zapata*, p. 222; *cf.* Millon, *Zapata*, pp. 88-92.
[355] Olea, *Sinaloa*, p. 75.
[356] Bevan, Tampico, 11 de noviembre de 1915, SD 812.00/16813.

comprometía sus fuerzas en una campaña contra Coahuila; así también, el pleito de los Arrieta con Pancho Villa fue porque se negaron a abandonar su tierra para ir al cerco de Torreón; "en cinco años de revolución", se dijo en 1916, "los Arrieta siempre se han negado a dejar el estado".[357] Había en los estratos inferiores, esquivos al escrutinio de los historiadores, líderes menores que no se ocupaban sino de su localidad, cuyas alianzas "nacionales" eran tácticas, efímeras, sin sentido. Miguel Canales, de Muleros (Dgo.), quien hacia 1915 estaba a la cabeza de 500 hombres, había sido maderista (1911), orozquista (1912), carrancista (1913), villista (1914) y carrancista otra vez en 1915.[358] Sus movimientos estaban completamente confinados a un lejano rincón del sureste del estado y su tropa se mantenía de las haciendas del lugar, como San Juan Michis. Está de más decir que tales líderes tuvieron poco interés en las relaciones internacionales y que entendían poco de ellas. Calixto Contreras, quien había mostrado poco interés incluso por la toma de Torreón, creía que la gran cantidad de municiones estadunidenses que tenía Villa eran regalo del general Hugh Scott, su compadre.[359] Las relaciones internacionales, como la política nacional, se dirimían mediante conceptos personales y familiares, como el compadrazgo.

Otros líderes revolucionarios, por el contrario, desplegaron gran movilidad espacial —y, en consecuencia, social—. Desprendiéndose de ataduras locales, acompasaron su carrera política y militar a las necesidades nacionales; viajaron, lucharon, gobernaron como conquistadores revolucionarios. Era inevitable que esa progenie aumentara en número e importancia porque, no obstante el profundo localismo que dio origen a la insurgencia popular, la Revolución ayudó con el tiempo a desintegrar los compromisos localistas; gradualmente, numerosas rebeliones locales se fusionaron en algo que se parecía a *la* revolución de la oratoria oficial y la historiografía. Era otro ejemplo de la revolución ingrata que devora a los padres que le dieron vida. Los maderistas, liberales, agraristas, localistas obcecados, hicieron grandes aportaciones antes de 1914, pero se les escaparon las contribuciones permanentes, trascendentales, y al final perdieron por la misma sencilla razón: porque, a la inversa de los triunfadores, miraron hacia atrás, añoraron el pasado perdido, se opusieron a las corrientes y presiones principales dentro de la sociedad mexicana, la cual tenía dinamismo propio, irreversible, sin importar quién gobernara en Palacio Nacional. Los nacionalistas *déraciné* (los mal llamados "pequeñoburgueses" en numerosas fuentes) cooperaron con esas corrientes y presiones, razón por la cual, aunque poco habían participado en la génesis de la Revolución, su poder creció con el tiempo. En 1914-1915 precisamente —momento álgido de descentralización, caos y competencia de jefes militares— se pusieron en marcha tendencias orientadas a la integración nacional.

---

[357] Quirk, *Mexican Revolution*, pp. 174-175; Coen, Durango, enero s. d., y 22 de enero de 1916, SD 812.00/171423, 17205.

[358] *Ibid.*, 17 de julio de 1915, SD 812.00/15557.

[359] Pazuengo, *Historia*, p. 66; Coen, Durango, 27 de enero de 1916, SD 812.00/17237.

Así como en 1913-1914 las campañas contra Huerta habían hecho de bandas guerrilleras ejércitos revolucionarios, en 1914-1915 la competencia por el poder nacional dio lugar a que se formaran amplias coaliciones políticas que tenían intención de conseguirlo. Los cabecillas localistas siguieron cultivando sus jardines mientras las élites nacionalistas procuraban el poder y los *déracinés* oportunistas se convertían en las armas principales en el último asalto de la guerra civil.

Es preciso ver esto en el ámbito nacional. Hacia 1914 la Revolución se había convertido en un poderoso disolvente de individualismos regionales, y penetrado en comunidades remotas y cerradas que hasta entonces habían permanecido inmunes a conflictos nacionales. Los pobladores de San José de Gracia, que sólo habían leído sobre la revolución maderista, conocieron en ese año las incursiones de villistas y carrancistas; la independencia y la reforma habían pasado inadvertidas en Tilantongo, sierra de Oaxaca, adonde llegaban ahora por primera vez los efectos de la política nacional.[360] La guerra, el desequilibrio económico y la leva desarraigaron familias e individuos, los transportaron a lugares desconocidos del país y del extranjero, ampliaron horizontes y desbarataron sentimientos individualistas.[361] Algunos líderes militares (es más fácil rastrearlos) trazaron complicadas rutas en el territorio nacional; pero no lo hicieron sólo los grandes caudillos, de quienes se esperan tales peregrinaciones —como los "ocho mil kilómetros en campaña" que titulan la autobiografía de Obregón—. También los líderes menores iban y venían a través de los años: Gertrudis Sánchez fue de Coahuila a Guerrero y Michoacán; Cándido Aguilar, de Veracruz a Oaxaca, La Laguna y otra vez a Veracruz; Gabriel Gavira de Veracruz a Oaxaca, a Cuba (después del golpe de Estado de Huerta), a Tamaulipas, Veracruz, San Luis Potosí, Durango y Chihuahua. Aun los jefes esencialmente populares se vieron obligados a vivir errantes: en 1912, Juan Banderas llegó prisionero de Sinaloa a México; puesto en libertad, se unió a los zapatistas, asistió a la convención revolucionaria de Aguascalientes (octubre de 1914), fue intermediario de Villa y Zapata, luchó en Hidalgo y regresó por último a Sinaloa donde se integró a una banda de guerrilleros entre los que se encontraban algunos sinaloenses, los veteranos duranguenses de Orestes Pereyra y el agrarista oaxaqueño Ángel Barrios, otrora zapatista, a quien las venturas de la guerra habían traído al norte.[362] Esa movilidad no era sólo individual; también los destacamentos seguían a sus jefes por el país (como los andariegos —por último diezmados— juchitecos de Gavira).[363]

Ese tránsito no era siempre voluntario sino forzado; pero era señal de que la movilidad en general había aumentado a medida que las campañas nacio-

---

[360] González y González, *Pueblo en vilo*, pp. 120-121; Douglas Butterworth, "From Royalty to Poverty: The Decline of the Rural Mexican Community", *Human Organization*, XXIX (1970), pp. 5-11.
[361] Turner, *The Dynamic of Mexican Nationalism*, Chapel Hill, 1968; véase p. 793.
[362] Olea, *Sinaloa*, pp. 67 y 85-86; Womack, *Zapata*, pp. 208 y 219-220.
[363] Gavira, *Actuación*, pp. 107, 119 y 128.

nales se imponían a las locales, lo que favorecía inevitablemente la carrera de los rebeldes nacionalistas en movimiento a expensas de sus rivales localistas. Aquéllos destacaron cuando los constitucionalistas llegaron al centro del país en 1914. Antes de esa fecha, los feudos militares habían surgido casi de manera orgánica; los ratificaron después caudillos como Carranza, quienes procuraban cambiar reconocimiento por lealtad y aplacar las numerosas rivalidades interrevolucionarias que en 1914 habían alcanzado dimensiones críticas.[364] Por entonces, y más al sur, la cuestión era introducir a los constitucionalistas leales en el desorden político provocado por la caída de Huerta, estableciendo un nuevo orden que obedeciera al primer jefe. En 1914 Carranza tenía deudas políticas que saldar —como Madero en 1911— y sus acreedores reclamaban el pago. Pero a diferencia de Madero, que había arrojado a regañadientes unos cuantos nombramientos rurales a los jóvenes militares revolucionarios, Carranza los promovió generosa y extensamente, en especial a los activos y competentes administradores nacionalistas. Muchos de ellos tenían profundo arraigo regional (los sonorenses, por ejemplo), pero eso no los obligaba a ser localistas a ultranza; por el contrario, los sonorenses movilizaron sus recursos internos para avanzar hacia la Ciudad de México y, cuando llegaron al poder, "nacionalizaron" las bases locales promoviendo ampliamente a sus paisanos.

Así, por ejemplo, en Veracruz hicieron una "limpia" de todos los empleados públicos que llegó hasta los cuidadores de los faros y el personal del Ferrocarril Mexicano.[365] En el norte del estado, los nuevos oficiales constitucionalistas sustituyeron incluso a quienes habían "participado activamente en la lucha", lo que provocó resentimientos y amenazas de revueltas en la ya turbulenta región.[366] Al finalizar 1914, todos los jefes militares oficiales eran norteños (menos, por supuesto, los rebeldes locales de siempre, los terratenientes insurgentes y los ubicuos zapatistas).[367] También en la vecina Puebla, los carrancistas sustituyeron a "todos los que tenían un cargo, desde el más humilde empleado hasta los jefes, sin tener en cuenta sus antecedentes o filiación... y se escogió entre los del norte a la mayor parte de los comandantes militares, para sustituir a los jefes políticos".[368] En los lejanos distritos de la sierra, donde predominaba el particularismo, esa renovación política era, si no imposible, muy riesgosa; provocaba hostilidad en los revolucionarios del lugar —en los de Tlaxcala, por ejemplo, obligados a subordinarse a norteños como Francisco Coss y Alejo González— y movía a la rebelión a los

---

[364] Véanse pp. 56-57 y 154-155.
[365] *Mexican Herald*, 13 de diciembre de 1914; c/o USS Dakota, Veracruz, 30 de septiembre de 1914, SD 812.00/13495.
[366] Canada, Veracruz, 27 de julio de 1914, SD 821.00/12754.
[367] *Ibid.*, 10 de noviembre, SD 812.00/13824. Aquí hay una paradoja: Veracruz tenía buena representación en las altas esferas del constitucionalismo (Aguilar, Jara, Gavira, Millán) pero eso no significa que estos líderes tuvieran control inmediato de su propio estado.
[368] J. Burke, Zautla, 4 de agosto de 1914, SD 812.00/13306.

terratenientes.[369] Era más exasperante cuando los norteños atropellaban lo que era esencial a la gente de la zona: cuando injuriaban a sus santos o a la Iglesia en general; cuando saqueaban los comercios (se decía que Coss había causado daños por dos millones de pesos al evacuar Puebla, en diciembre de 1914); cuando cerraban cantinas y prostíbulos, y arrasaban con áreas insalubres de los pueblos, como había hecho el puntilloso Gavira.[370]

Actos como ésos se sustentaban a menudo en criterios norteños de superioridad cultural e incluso racial. John Lind creía que sólo los "hombres del norte" eran capaces de regenerar una sociedad en decadencia, creencia que compartían los norteños; uno de los intelectuales mercenarios de Carranza, Ciro B. Ceballos, contaba a Lind entre esa "gente esclarecida", para quienes "los fronterizos estaban destinados a ser en el futuro conductores de todos los habitantes del país". Pero Ceballos tenía dudas porque "poniéndose en contacto con el resto de la población mexicana, especialmente la de la mesa central, [los fronterizos] pueden adquirir los vicios de los últimos, llevando a la degeneración, si no a la transformación de las condiciones esenciales de su actual e incontestable superioridad racial".[371]

Ese racismo declarado no era frecuente (formas más sutiles pueden encontrarse en los textos de Salvador Alvarado), pero era siempre argumento convincente del éxito político: en un mundo competitivo, el triunfo de los norteños demostraba que eran los revolucionarios escogidos. Uno de ellos argüía que era justo que "un hijo de Tamaulipas, de Sonora o de Sinaloa" gobernara Yucatán o cualquier otro estado del sur, "porque han sido los del sur completamente reaccionarios en la contienda política... [y carecen] de fuerza y la inteligencia suficiente para encauzar la opinión pública".[372] Por eso, los venidos del norte debían asumir la responsabilidad.

Ejemplos clásicos de ese aventurerismo constitucionalista se encuentran, como es natural, en los estados sureños —Tabasco, Oaxaca, Chiapas, Yucatán— en los que la actuación de los líderes nacionalistas (alias "pequeñoburgueses") aparece en su forma más pura. En primer lugar, era significativo que Carranza ordenara un *coup de main* en el sur; aunque Villa recibió consejos al respecto, no envió procónsules al sur.[373] Carranza tenía motivos tácticos y urgentes para tomar esa decisión: quería aprovechar los recursos económicos de Yucatán; necesitaba desmovilizar a los federales concentrados en el Istmo; era posible que el sur sirviera como refugio si el villismo arrasaba en el resto del país. Con esa misión iban al sur Jesús Carranza, Gavira, Pascual Molina y Morales, y también Obregón, quien por breve tiempo pensó

---

[369] Buve, "Peasant Movements", pp. 138-139.

[370] Horcasitas, *De Porfirio Díaz*, p. 123; *Mexican Herald*, 18 de diciembre de 1914; Jenkins, Puebla, y 7 de enero de 1915, SD 812.00/14285; Gavira, *Actuación*, pp. 133, 135, 139, 142 y 166.

[371] *El Demócrata*, 18 de enero de 1916; la opinión de Lind sobre mexicano, "latino" y "teutón" en Lind, 28 de agosto y 30 de octubre de 1913, SD 812.00/10487, 9491.

[372] E. Recio, DDCC, II, p. 20.

[373] De S. Terrazas a Villa, 2 de diciembre de 1914, STA, caja 84.

atravesar el Istmo para lanzar una campaña contra Villa en la costa oeste que conocía bien.[374] Pero ésos eran sólo preámbulos para emprender campañas politicomilitares, con el objeto de imponer el constitucionalismo en el sur, aun por la fuerza si era necesario. Para conseguirlo, Carranza no se conformó —como se conformaba Villa a menudo— con la lealtad simbólica de generales y gobernadores independientes *de facto*, de diversa denominación política. En busca de dominar el sur —de nombre y de hecho— Carranza tenía que confiar en procónsules nacionalistas que, como él, estuvieran ansiosos por incorporar al constitucionalismo ese territorio ignorante y provinciano. Uno de ellos se dirigió a sus nuevos súbditos de esta manera: "chiapanecos cobardes, les enseñaré a sentir los efectos de la revolución".[375]

Tres merecen destacarse: Francisco Múgica, Jesús Agustín Castro y Salvador Alvarado, quienes en poco tiempo gobernarían, respectivamente, Tabasco, Oaxaca y Chiapas, y Yucatán. Sólo Múgica era oriundo del centro; había hecho su aprendizaje político como periodista de oposición en Michoacán; había nacido ahí en el seno de una familia de profesionistas, convencidos liberales y anticlericales. No luchó en su estado en 1910, sino que viajó a los Estados Unidos y a principios de 1911 se relacionó con los líderes nacionales maderistas. No destacó por sus hazañas militares. Derrotado en San Miguel Camargo (Tamps.), Múgica regresó a los Estados Unidos donde conoció a Carranza.[376] Volvió a su estado en junio de 1911 como "delegado de paz", encargado de la desmovilización y pacificación —tarea de político y administrador, no de caudillo militar—. Terminada su encomienda, se sumó a la larga fila de los que buscaban trabajo a las puertas de los ministerios en la Ciudad de México; finalmente consiguió un puesto, por intermedio de Carranza, como director general de Estadísticas Estatales en Coahuila, cargo que conservó hasta 1913. Así pues, cuando Huerta dio el golpe de Estado, Múgica estaba en Coahuila y en la nómina de Carranza; inmediatamente se incorporó al grupo de Carranza, firmó el Plan de Guadalupe y combatió en 1913 junto a los norteños Blanco, Saucedo y González. Sobre todo era un administrador y un propagandista a pesar de su rango militar, uno de esos "civiles militarizados" cuyo número se acrecentaba a medida que avanzaba la Revolución; adquirió merecida fama con el célebre reparto agrario de Los Borregos.[377] Aunque michoacano por nacimiento, era norteño por inclinación y adopción política; liberal, anticlerical, educado, capaz y eficiente, era natural que se le ascendiera cuando los constitucionalistas llegaron al poder. Así pues, se encargó a Múgica la aduana de Veracruz, el puerto de Tampico y, por último, el gobierno de Tabasco.[378]

[374] Almirante Howard, 18 de enero de 1915, SD 812.00/14129; Gavira, *Actuación*, p. 105; Obregón, *Ocho mil kilómetros*, p. 232.
[375] Benjamin, "Passages", p. 137.
[376] María y Campos, *Múgica*, pp. 40-43.
[377] La frase es de Oviedo Mota (*El trágico fin*, p. 24); él era uno de ellos.
[378] María y Campos, *Múgica*, pp. 78-85.

Castro era de La Laguna, pero de la parte industrial y urbana que representaba Torreón, más que de las zonas rurales a las que pertenecían Contreras y Ceniceros. Nació en 1887 en Ciudad Lerdo, de familia modesta. Aunque con interrupciones, tuvo instrucción escolar por lo menos hasta que cumplió 14 años; después tuvo —como Calles— diversos trabajos —metalúrgico, carpintero, constructor, cajero, tranviario— con los que recorrió Santa Bárbara, Gómez Palacio, la capital de Chihuahua, Parral y por último Torreón, donde trabajaba en la compañía de tranvías cuando se inició la Revolución.[379] Su movilidad como militar no fue menor: después de dirigir el ataque inicial a Gómez Palacio en 1910, combatió en Coahuila y Durango durante la revolución maderista, se destacó durante la Decena Trágica y luego emprendió su larga odisea hacia el noreste, donde demostró una vez más que era un jefe capaz y con una voluntad férrea.[380] La mayoría de los rebeldes laguneros se inclinaban por Villa, pero Castro —tipo diferente de rebelde lagunero— compartió la suerte de Carranza en 1913-1914; de ahí que se le escogiera, a fines de 1914, para exportar a Chiapas el constitucionalismo.

Alvarado, nacido en 1880, era sinaloense[381] pero, niño aún, su familia se trasladó a Pótam (en el Valle del Yaqui, Sonora), donde su padre abrió una tienda. Tuvo, como muestran sus prolijos escritos, una educación razonable; trabajó luego como ayudante de farmacia en Guaymas y estableció su propio negocio, primero en Pótam y después en Cananea. Ahí frecuentó los círculos de la oposición y fue uno de los primeros rebeldes sonorenses en oponerse a Díaz en 1910-1911. Aunque, junto con Juan Cabral, tenía motivos para alegar antigüedad como revolucionario en Sonora, Alvarado apoyó —con algo de reticencia— el regreso de Maytorena y el ascenso al poder de Obregón. Se reconcilió con éste y llegó a ser uno de sus oficiales más importantes, pero los rescoldos de su contienda con Maytorena se inflamaron por fin en el verano de 1914. Carranza lo sacó entonces de las llamas y lo envió a gobernar Yucatán.

El primer jefe conocía personalmente a Múgica, Castro y Alvarado. El primero, aunque no era norteño, había sido su cliente político, y los tres —algo importante— eran muy activos, tenían conciencia nacional y cierta educación, aunque carecieran de la educación formal, humanística y no práctica (la enseñanza "libresca") del licenciado.[382] Los tres habían ido de aquí para allá en busca de trabajo, ascensos y —después— victorias militares. Sus ventajas no eran las conexiones locales y el apoyo popular, sino el talento personal y una poderosa mezcla de idealismo y ambición. Habían salido de un molde diferente al de Zapata, Contreras y los Cedillo, y alardeaban de origen

---

[379] Morales Jiménez, *Hombres de la revolución*, p. 171; J. M. Márquez, *El veintiuno. Hombres de la Revolución y sus hechos*, México, 1916, pp. 7-9; Cobb, El Paso, 12 de junio de 1917, SD 812.00/21039.
[380] Véanse pp. 255 y 296.
[381] Aguilar Camín, *La Revolución sonorense*, pp. 105, 132 y 142.
[382] Oviedo Mota, *El trágico fin*, p. 27.

más humilde y capacidad más práctica que los de esos políticos civiles refinados y cultos. Estaban mejor preparados para establecer diálogo con las masas y, por lo tanto, para desempeñar su papel como procónsules. Falta por probar en cuánto diferían de otros grupos politicosociales. Poco explica la clase *per se:* es discutible que los nacionalistas, populistas rurales e incluso algunos políticos civiles, puedan ubicarse en la amplia categoría "pequeñoburguesa", la cual, a su vez, puede dividirse en líneas que no tienen relación con la clase.

Sin duda, la educación era importante; Castro, como muchos trabajadores manuales citadinos de su generación, tenía educación básica y podía hacerse cargo de tareas administrativas. Opinaba de él un oficial de la armada estadunidense que era "bastante educado" (y, de paso, un Don Juan).[383] Pero su educación no estaba basada en el programa clásico (latín, filosofía, historia, teología); entre Castro, Alvarado y Múgica, sólo éste había tenido preparación semejante, y no de muy buena gana.[384] Alvarado era autodidacta: la lectura de Samuel Smiles fue para él una revelación; sus escritos van aderezados con citas de Spencer, Victor Hugo y Henry George, y los satura el darwinismo social puritano con tintes de prejuicios raciales.[385] Todos procuraron ejercer cargos de manera incesante y ambiciosa, y aunque contaban con la ayuda paterna, jamás consiguieron los privilegios y favores de la oligarquía porfirista. No estuvieron, como Madero, cerca del grupo escogido de los científicos, ni recibieron, como Palavicini, remuneración del gobierno; tampoco, como Cabrera, firmaron jugosos contratos con las compañías extranjeras.[386] Dice de ellos Barry Carr que eran *self-made men* (la norma de Alvarado era que no había otra alternativa que ayudarse a sí mismos) y, como tales, enemigos de privilegios, jerarquías y los altos círculos oficiales. El resentimiento contra éstos empujó a Alvarado a la Revolución. Después de sacudirse la tutela intelectual de la Iglesia, Múgica se dedicó a agredir desde el periódico a los oligarcas porfirianos de Michoacán.[387] En 1914, cuando recorría Chiapas, una indígena que se arrodilló ante Castro lo dejó impresionado; bajó del auto, la ayudó a alzarse y le dijo que con la Revolución todos los hombres (y mujeres) eran iguales.[388] Cierto o falso, el episodio capta algo de la ideología de los nacionalistas, formulada en términos liberales y universalistas, que no admitían atribución de jerarquías y —aun cuando favorecía el orden, la propiedad y el gobierno centralizado— era hostil a tradiciones y privilegios seculares y clericales.

[383] Informe de la armada de los Estados Unidos, Salina Cruz, 9 de noviembre de 1915, SD 812.00/16843.
[384] María y Campos, *Múgica*, p. 13.
[385] Salvador Alvarado, *La reconstrucción de México: un mensaje a los pueblos de América*, México, 1919, pp. 22-23, 148, 181-182, 241, 369 y 377-383.
[386] Véanse pp. 122 y 145.
[387] Aguilar Camín, *La Revolución sonorense*, p. 105; María y Campos, *Múgica*, pp. 15-16.
[388] Márquez, *El veintiuno*, p. 13, y también Benjamin, "Passages", p. 139.

Esa ideología coincide bastante con el "jacobinismo" de Carranza,[389] pero en el caso de los procónsules (y de Obregón, Calles, Yavira, Murguía y otros), lo acompañaba una clara experiencia revolucionaria: reclutamiento militar, organización, campañas que, al tiempo que les proporcionaban experiencia administrativa, los pusieron en contacto con las masas, los hicieron conscientes de los problemas del pueblo y desarrollaron en ellos capacidad para el liderazgo populista. Por lo demás, sus antecedentes y carreras eran diferentes, en puntos obvios, a los de los rebeldes populares (como Zapata). Eran producto de un medio urbano, comercial, que en el norte se había desarrollado ampliamente; se habían formado en el capitalismo del dólar más que en el del centavo u "hormiga". Obregón era granjero, pero de los activos, innovadores, conocedor de otro tipo de negocios y dedicado a la exportación de mercado.[390] Alvarado provenía de un pueblo (Potam), que había crecido por el empeño de rancheros mestizos emprendedores y comerciantes, como su padre, y a expensas de los yaquis desposeídos.[391] Esos hombres no tenían experiencia sobre (ni empatía con) la comunidad campesina tradicional, su *ethos* corporativo, sus mecanismos de autorregulación y su resistencia a las presiones políticas y económicas externas. Lo que distinguía entonces a los (pequeñoburgueses) Múgica, Alvarado y Castro, de los (¿pequeñoburgueses?) Zapata, Cedillo y Contreras no era tanto la clase cuanto las diferentes formas de entender el mundo: una con educación, urbana, individualista *(¿gesellschaftlich?)*, preparada por la escuela, los periódicos, el trabajo y toda la experiencia de la vida citadina y comercial; la otra, sin escolaridad, rural, corporativa *(¿gemeinschaftlich?)* formada según los patrones tradicionales y cerrados de los pueblos y haciendas. Esa diferencia no puede explicarse con categorías eurocéntricas, marxistas, ya que —a la manera del conflicto entre Iglesia y Estado en el decenio 1920— se debe a la concatenación del desarrollo social, económico y cultural —nacional y regional— de México.[392]

Los procónsules

Oaxaca estuvo muy tranquila en 1913-1914. Las revueltas dispersas contra Huerta nunca se concentraron en un movimiento importante. El gobernador Bolaños Cacho era una rareza, porque, siendo civil, sobrevivió durante el año y medio de militarismo huertista —señal del carácter peculiar, autónomo, de la política oaxaqueña—. Pero los serranos que en 1912 bajaron de la montaña para sitiar la capital del estado, empezaron a inquietarse otra vez en el verano de 1914. Como era de esperar, se quejaban contra el gobierno estatal (Bolaños Cacho era un terrateniente del valle), el cual se había visto obligado

---

[389] Córdova, *Ideología*, pp. 199-203.
[390] Hall, *Obregón*, pp. 21-24.
[391] Aguilar Camín, *La Revolución sonorense*, p. 132.
[392] Meyer, *Cristero Rebellion*, p. 19, presenta un paralelo sugerente.

a cumplir con las demandas huertistas de hombres y dinero para combatir la Revolución. Durante julio, cuando Huerta se tambaleaba, los líderes serranos decidieron terminar con el aumento de impuestos y (según alegaban) con el peculado, los crímenes políticos y otros abusos del régimen de Bolaños Cacho; y al presentarse la crisis política, también querían asegurar su derecho al poder.[393] Guillermo Meixueiro, cacique de la sierra Mixteca, era el espíritu que movía el Plan de la Sierra; había apoyado decididamente primero a Porfirio Díaz y luego a Félix Díaz, y su felicismo le había costado el arresto en octubre de 1913. Liberado en julio del año siguiente, Meixueiro se reunió con sus aliados en la hacienda de Rodolfo Pardo (el viejo porfirista, enganchador y jefe político) cerca de Tuxtepec, donde planeaban, era bien sabido, bajar a Oaxaca.[394] Y así fue. Rápidamente descendieron la sierra denunciando a Bolaños; poca resistencia encontraron en el camino, el mismo que habían recorrido en 1912 —por Etla, Tlacolula y San Felipe de Agua—. Bolaños Cacho cayó pocos días después de Huerta. Después del triunfo de los serranos, la legislatura estatal nombró otro gobernador civil, el conservador Francisco Canseco. Oaxaca, que reclamaba una legitimidad algo espuria, se había convertido, efectivamente, en una entidad autónoma. Después de congeniar breve tiempo con el régimen constitucionalista, en el verano de 1914, los líderes oaxaqueños no recibieron bien las incursiones de los carrancistas ni las de los ex huertistas Almazán, Argumedo e Higinio Aguilar, quienes por entonces merodeaban en los límites al noreste del estado.[395]

Por razones que ya mencioné, Carranza no podía tolerar la autonomía oaxaqueña. Su hermano Jesús se encargó de desmovilizar a los federales en el Istmo y empezó a otorgar nombramientos, para disgusto de los istmeños, entre los oficiales constitucionalistas.[396] No fue ésa la única afrenta que recibieron los oaxaqueños; se injurió de reaccionarios a los delegados enviados por la facción de Meixueiro a la convención militar, pero fue peor aun cuando el general Luis Jiménez Figueroa (revolucionario oaxaqueño disidente con pasado azaroso) dio en la capital de Oaxaca un golpe efímero pero exitoso, declarando que representaba a Carranza y al gobierno central.[397] La ciudad no podía enfrentar a la sierra, y en la sierra misma Jiménez Figueroa y los carrancistas sólo podían contar con el apoyo de los ixtepejanos —a quienes, lo que no es de sorprender, había capitaneado Figueroa en otro tiempo—, enemigos empedernidos de la facción de Meixueiro. Ese golpe era otro ejemplo del reacomodo constante de las rivalidades locales con base en líneas na-

[393] *Mexican Herald*, 23 y 24 de enero de 1914; Ramírez, *Oaxaca*, pp. 149-152; Garciadiego, *Movimientos reaccionarios*, pp. 222-223.

[394] A. Ennis (minero estadunidense) desde el Raleigh, Salina Cruz, 29 de noviembre de 1916, SD 812.00/16889; *Le Courrier du Mexique*, 20 de julio de 1914.

[395] Ramírez, *Oaxaca*, p. 163; Garciadiego, *Movimientos reaccionarios*, p. 224.

[396] Canada, Veracruz, 10 de noviembre de 1914, SD 812.00/13824; Waterbury, "Non-revolutionary Peasants", p. 432.

[397] Garciadiego, *Movimientos reaccionarios*, pp. 227 y 268-269.

cionales, pero también reforzó el control de los serranos sobre Oaxaca y las sospechas a propósito del resto de México. Un observador opinó: "podemos tener alguna idea del control que [Meixueiro] tiene del pueblo, porque cuando Figueroa tomó la capital Meixueiro huyó a las montañas y en escasos cuatro o cinco días regresó con un ejército".[398] Recuperado el poder, Meixueiro reunió una milicia estatal y en diciembre aseguró la elección para gobernador de José Inés Dávila, aliado suyo y también viejo político porfirista. Aunque Carranza —que tenía escasos amigos y no pocos enemigos— trató de aplacar el interés dominante en Oaxaca, desconociendo a Jiménez y justificando la presencia de su hermano en el Istmo por necesidad militar, era claro que constitucionalistas y oaxaqueños no marchaban al mismo paso. El gobierno de Dávila procuró inmunizarse contra el contagio revolucionario; su propósito era conservar las "leyes federales y las tradiciones nacionales del gobierno porfirista", y su filosofía, abiertamente burkeana, desechaba el jacobinismo constitucionalista: "las costumbres y la índole de los pueblos no se modifican con disposiciones legislativas, sino con medidas lentas y bien meditadas".[399] Oaxaca parecía "un paraíso restaurado del antiguo régimen... rodeada por el infierno revolucionario".[400]

Antes de referirnos a los resultados de esas relaciones tirantes, debemos volver los ojos a Chiapas en donde la situación era parecida. Castro llegó ahí en septiembre de 1914 con 1 200 hombres para desmovilizar las guarniciones federales.[401] Chiapas, viejo feudo político de los Rabasa, bajo el control económico de prósperos terratenientes ladinos, ofrecía dos opciones a los constitucionalistas: "entrar en arreglos con uno o varios de los grupos establecidos, o tratar de dominarlos. Jesús Agustín Castro optó por destruir el dominio político de los rabasistas y abolir los derechos y privilegios de los finqueros".[402] Dicho de otro modo, Castro emprendió una serie de políticas de tipo proconsular con el propósito de desarticular el poder de la élite chiapaneca e integrar el estado a la Revolución nacional. Eliminó a los jefes y designó constitucionalistas; ejecutó a porfiristas reconocidos; en octubre declaró abolido el peonaje y fijó el salario mínimo; en diciembre expropió los bienes de la Iglesia, cerró los conventos e inició un programa de reforma agraria.[403] Sin considerar la justicia social que puedan contener esas medidas, eran clara agre-

[398] Ennis (n. 394); Quirk, *Mexican Revolution*, p. 89; Ramírez, *Oaxaca*, pp. 166-167 y 194; Michel Kearney, *The Winds of Ixtepeji: World view and Society in a Zapatec Town*, Nueva York, 1972, p. 33.

[399] Canada, Veracruz, 6 de julio de 1916, SD 812.00/18765; Garciadiego, *Movimientos reaccionarios*, p. 234.

[400] Waterbury, "Non-revolutionary Peasants", p. 432.

[401] Las investigaciones de Hernández Chávez, Benjamin y Garciadiego —en las que se basa esta sección— han aclarado mucho la historia de la revolución en Chiapas.

[402] Alicia Hernández Chávez, "La defensa de los finqueros en Chiapas, 1914-1920", *Historia Mexicana*, XVIII, núm. 3 (enero-marzo de 1979), p. 255; véase también, Wacher, Tula, 14 de septiembre de 1914, FO 371/ 2031, 61027.

[403] Benjamin, "Passages", pp. 138-140. Dice Hernández Chávez que la reforma agraria ame-

sión a los terratenientes e intentos por sacar a los peones de la dependencia y el control de los finqueros. Con la primera provocó la inevitable rebelión de los terratenientes y la segunda dio muy escasos frutos. Tiburcio Fernández Ruiz, joven vástago de una familia de terratenientes chiapanecos, encabezó a finales de 1914 una rebelión para protestar contra los "actos vandálicos de los carrancistas"; era una copia al carbón, pero muy ampliada, de las rebeliones de los terratenientes en Veracruz, con la misma forma y por idénticos motivos. Al igual que las revueltas veracruzanas, ésta tuvo amplio apoyo no sólo de terratenientes (muchos optaron por la neutralidad, unos cuantos por el carrancismo), sino de peones, indígenas y chiapanecos en general, que resentían la interferencia externa.[404] Formaban el grupo que inició la revuelta en las faldas de la Sierra Madre Oriental "terratenientes de la frontera, rancheros, capataces de hacienda, vaqueros, ex soldados y rurales"; se les llamó "mapaches", porque, como éstos, comían maíz crudo cuando andaban en campaña.[405] Avanzaron lentamente porque las tropas de Castro estaban mejor armadas, pero en el verano de 1915 Fernández contaba con numerosos partidarios en todo el estado: Ángel Pérez y otros ganaderos en Soconusco (aunque por breve tiempo); en Comitán estaba Tirso Castañón, quien se convirtió en gobernador rebelde; Manuel Robelo y Flavio Guillén —ambos habían sido gobernadores en el periodo maderista y el segundo ahora se declaraba villista—; y un grupo de ex federales. Es de notar que en 1916 Alberto Pineda, hijo del líder cristobalense de 1911, reunió tropas en las tierras altas y en los límites entre Chiapas y Tabasco, y unió su suerte a la de los rebeldes. Una vez más, los abusos de los carrancistas dieron lugar a la rebelión e incluso a que, durante cierto tiempo, se resolvieran los conflictos entre San Cristóbal y Tuxtla. Mucho después de que Castro partiera a Oaxaca para controlar la peligrosa situación del estado, los rebeldes chiapanecos siguieron retando al gobierno central y consiguieron atraer a su redil a Félix Díaz, aspirante porfirista.[406]

Castro regresó a Oaxaca en julio de 1915, porque el desacuerdo de los oaxaqueños con el carrancismo se había convertido en rebelión total. Muchos elementos sirvieron como catalizadores. Juan José Baños —enemigo jurado de Meixueiro— insistió, desde su base en Jamiltepec, para que Carranza actuara contra los serranos reaccionarios. En el Istmo, otro coto del carrancismo en Oaxaca, el cacique de Tehuantepec, Alfonso Santibáñez, capturó y ejecutó a Jesús Carranza, hermano del primer jefe. Como todo en la política revolucionaria del sur, las circunstancias de este caso son extremadamente complejas. Con frecuencia se califica a Santibáñez —erróneamente—

nazaba el "tutelaje" que los terratenientes ejercían sobre los peones indígenas, en virtud de su protección paternalista del ejido.

[404] Benjamin, "Passages", pp. 144-146. Garciadiego destaca más el papel de los terratenientes, pero reconoce, y trata de explicar, el apoyo que recibían de otros grupos sociales, entre ellos, los peones (*Movimientos reaccionarios*, pp. 161 y 179-180).

[405] Benjamin, "Passages", p. 144.

[406] *Ibid*, pp. 145 y ss. Garciadiego, *Movimientos reaccionarios*, pp. 165 y ss.

como ex federal y huertista porque era veterano de 1911, cuyo ascenso al poder —descrito antes— correspondía a las tradiciones familiares.[407] Como sugieren los relatos convencionales, quizá arrestó a Jesús Carranza para obtener concesiones del gobierno central, y lo ejecutó cuando el primer jefe, con firmeza romana, se negó a pactar; pero el episodio no es el drama moral que aparenta ser. Santibáñez (por breve tiempo carrancista), como la mayoría de los líderes locales, resentía los cambios políticos en masa de los intrusos carrancistas, y resintió más aún que Jesús Carranza tratara de usurpar el liderazgo de Tehuantepec que tanto le había costado ganar.[408] No fue la de Jesús la primera sangre que se derramó. Cuando Santibáñez rompió con el carrancismo, sus dos hermanos fueron ejecutados; se decía que Jesús Carranza era responsable de la muerte de Carbajal —"zapatista" de nombre y, como Santibáñez, veterano de 1911 en la revolución del sur—.[409] Es muy probable que la venganza personal más la feroz contienda política que se libraba en ese momento, fueran suficientes para decidir la muerte de Jesús Carranza a pesar de la estoica actitud de su hermano. Las políticas del Istmo —lo supieron a costa suya *Chato* Díaz y *Che* Gómez, luego Jesús Carranza y poco después Santibáñez, su asesino, y muchos otros— eran traicioneras, violentas y sanguinarias.[410]

En todo caso, a mediados de 1915 Oaxaca y el carrancismo se habían separado violentamente. El gobierno oaxaqueño repudió al régimen nacional, dio por terminada la ficción legal del periodo "preconstitucional", declaró que Oaxaca "reasumía" su soberanía, rompía con el pacto federal y afirmaba su independencia. Era éste, en esencia, un movimiento por los "derechos del estado" al que todavía no había afectado su vínculo político con Félix Díaz (más allá de la relación personal no muy firme entre Díaz y Meixueiro); pero no podía dudarse del conservadurismo de los líderes y la filosofía del movimiento, ni del impulso que la realidad de un gobierno radical en la Ciudad de México dio a la inclinación tradicional de Oaxaca hacia la autonomía.[411] Muchos oaxaqueños recibieron bien y "con gran entusiasmo" la ruptura, porque les permitía escapar de la violencia revolucionaria, defender los intereses regionales ante las demandas (de hombres y dinero) del gobierno central y les daba la oportunidad para seguir con sus viejas venganzas locales bajo una serie de nuevos marbetes.[412] Sería un error, pues, subestimar el poder de esos

[407] Ramírez, *Oaxaca*, pp. 177-181; Garciadiego, *Movimientos reaccionarios*, p. 239; y véase p. 512.

[408] Garciadiego, *Movimientos reaccionarios*, p. 242.

[409] Gemmill, Puerto México, 30 de noviembre de 1914, SD 812.00/14003; *cf.* la versión de Gavira, *Actuación*, p. 109. A Carbajal se le acusaba de la muerte del veterano del PLM Hilario Salas (Gavira, *Actuación*, p. 109; *El Universal Gráfico*, 16 de enero de 1931).

[410] Garciadiego, *Movimientos reaccionarios*, pp. 242-243, sobre el fin de Santibáñez; véase Miguel Covarrubias, *Mexico South: the Isthmos of Tehuantepec*, México, 1946, pp. 25, 29 y 237-238.

[411] Ramírez, *Oaxaca*, pp. 191-192; Garciadiego, *Movimientos reaccionarios*, p. 234.

[412] Agente consular en Oaxaca, Silliman, Ciudad de México, 14 de junio de 1915, SD 812.00/15220; Ramírez, *Oaxaca*, pp. 197-198.

sentimientos provincianos y su capacidad para unir clases diferentes contra un supuesto enemigo común. En Oaxaca, Chiapas y también en Yucatán, como se verá, el "provincialismo y las raíces locales" fueron base firme de rebeliones en las que se unían diversas clases "integradas verticalmente" contra fuerzas extrañas, centralizadoras.[413] Una vez más, la Revolución, como el Porfiriato, provocó la rebelión de los serranos, que demostraron ser duros oponentes.[414] Y aunque las circunstancias de 1914 subrayaban los partidarismos (tales rebeliones eran "conservadoras" en ese año y se remontaban a Díaz, Juárez y la Constitución de 1857), subyacían las mismas realidades sociopolíticas. Movimientos como ésos eran genuinamente populares y, aunque a menudo los capitaneaban caciques y terratenientes, comprendían un amplio sector de la sociedad, para la cual el enemigo externo era una amenaza (subjetiva) mayor que los explotadores internos. Ante esa manera de sentir, poco avanzaban las promesas de reforma y progreso de los procónsules.[415] Vale la pena señalar, por último, la nostalgia del pasado, el rechazo a cambiar por la fuerza, que compartían esos movimientos serranos (conservadores) con las rebeliones populares (radicales) del centro y del norte. "Allí —afirma un crítico— los hombres han empuñado las armas solamente para defender el pasado y no han procedido en la forma que lo han hecho los hombres del norte, que han empuñado esas mismas armas para lanzarse a la conquista del porvenir".[416] Naturalmente, los "hombres del norte" eran los constitucionalistas jacobinos contra los que polemizaba Meixueiro; y el comentario citado, de un oaxaqueño contra sus paisanos, pudiera haberse aplicado a los zapatistas. El pasado que ambas rebeliones defendían no era el mismo, ni eran iguales las amenazas contra las que reaccionaban. Clásico movimiento agrario, el zapatismo se oponía al cambio *económico*, enfrentaba a una clase terrateniente innovadora y expansionista, y necesariamente buscaba —de palabra y de obra— una forma de conflicto de clase. La rebelión serrana, política y anticentralista, no tenía ese ingrediente radical con conciencia de clase, pero en las circunstancias adecuadas (hubo muchas después de 1914) podía mostrar más fuerza y nervio, y provocar un efecto histórico mayor que los movimientos agrarios radicales, a los cuales se considera, con frecuencia arbitrariamente, superiores. Pero a pesar de sus nítidas diferencias, ambos movimientos tenían como enemigo común a los jacobinos entrometidos y jactanciosos del norte.

Uno de ellos, Castro, dejó Chiapas en julio de 1915 rumbo a Oaxaca y comenzó en Salina Cruz la conquista del interior. Fue una campaña deshilvanada pero feroz, en la que veteranos norteños bien armados enfrentaron fuerzas más numerosas pero escasas de armas.[417] En marzo de 1916 los carran-

---

[413] Hernández Chávez, "Defensa de los finqueros", p. 339.
[414] Benjamin, "Passages", p. 148.
[415] Garciadiego, *Movimientos reaccionarios*, p. 179.
[416] Luis Espinosa, DDCC, II, p. 1151.
[417] Garciadiego, *Movimientos reaccionarios*, pp. 235-236 y 245.

cistas tomaron la capital de Oaxaca; el gobernador Dávila, Meixueiro y los suyos huyeron a la sierra donde hicieron alianza formal con Félix Díaz y resistieron con firmeza el resto del año. Un estadunidense que observaba la lucha cerca de Tuxtepec, a principios de 1916, estaba sorprendido por la "gran animosidad" de los rebeldes (para él, "simples indígenas oaxaqueños") hacia los carrancistas; el mismo personaje se refiere también a la buena puntería de los serranos.[418] A pesar de eso y de la superioridad numérica (25000 hombres, según cálculos) su causa no prosperaba. Carecían de artillería y municiones, y había disensión dentro del liderazgo (problema que puede remontarse a las divisiones entre zapotecos y mixtecos); esas tropas divididas, aunque numerosas, no podían unirse para luchar. Los carrancistas, a su vez, podían aprovechar las rivalidades internas y ganar para su causa localidades como Nochixtlán, que no mucho después pagó por su apostasía.[419] Al finalizar 1916, cuando los carrancistas tomaron el campamento rebelde de Ixtlán (encontraron la provisión de grano envenenada con cianuro), fue claro que el separatismo oaxaqueño estaba condenado al fracaso.[420] Pero movimientos como ésos no podían erradicarse fácilmente. A pesar de que sufrieron otras derrotas en 1917, los serranos siguieron con su lucha de guerrillas el siguiente año.[421] Mientras tanto, Castro, en calidad de gobernador, puso en práctica las mismas políticas que en Chiapas: purgó la administración, hizo propaganda, llevó a cabo un recuento catastral, puso en marcha la reforma agraria, apoyó al incipiente movimiento laboral y atacó a la Iglesia. Oaxaca, dijo, no podía "abstraerse de la lucha" por más tiempo; les gustara o no, debían compartirse las cargas y beneficios de la Revolución.[422]

En el verano de 1915, Francisco Múgica se trasladó a Tabasco por las mismas causas: las facciones del estado estaban divididas, era fuerte la resistencia al control central carrancista —incluso entre los "carrancistas" locales— y los sucesivos gobernadores no habían podido cerrar la brecha entre lo que opinaban los tabasqueños y el gobierno central a propósito de hombres, dinero y obediencia. Luis Felipe Domínguez, terrateniente, líder de una rebelión contra Huerta en el extremo este del estado, pudo colarse en la gubernatura en 1914, pero resultó demasiado transaccionista (muy blando, pensaban algunos, con los "reaccionarios" y huertistas locales, lo que era extraño, porque con sus campañas había conseguido la gratitud de los peones que había liberado de las monterías de las tierras altas).[423] Le sucedió Carlos Greene (el comerciante de cerdos de 1914), principal jefe constitucionalista del estado; pero a mediados de 1915 Greene cayó de la gracia de Carranza y se le llamó

---

[418] Ennis (*supra*, n. 394); E. Ely, Tuxtepec, 11 de febrero de 1916, SD 812.00/17635; sobre la participación de los indígenas, véase Garciadiego, *Movimientos reaccionarios*, p. 260.
[419] Garciadiego, *Movimientos reaccionarios*, pp. 236-237, 246 y 248.
[420] Márquez, *El veintiuno*, pp. 123 y 145-182 (sobre la campaña en general).
[421] Garciadiego, *Movimientos reaccionarios*, pp. 250 y 254.
[422] Márquez, *El veintiuno*, pp. 145-182; *El Demócrata*, 26 de noviembre de 1915.
[423] González Calzada, *Tabasco*, pp. 142-156; Benjamin, "Passages", p. 132.

a Veracruz acusado de indisciplina. Se trajeron nuevas tropas de Campeche y se reunió a las de Greene en Frontera para neutralizarlas: "a su tiempo se las dividiría en pequeños destacamentos y se les incorporaría a las fuerzas constitucionalistas en el norte de México. Al parecer, se pensó que era necesario adoptar este plan para evitar el levantamiento de tropas que no quieren dejar Tabasco, su estado natal, o alejarse de él".[424] En realidad, el comando constitucionalista esperaba solucionar ese asunto delicado —común, por lo demás— enviando primero las tropas de Greene a Yucatán, algo que en situación apurada tolerarían, y después a luchar en el norte, con lo que se desarmaría el particularismo revolucionario local; si el norte proporcionaba al sur gobernadores y generales, el sur podía, cuando menos, proporcionar al norte carne de cañón.

La carrera del gobernador Greene, al parecer, "había llegado a su fin". Lo sustituyó otro designado por los carrancistas, Aquileo Juárez; hubo entonces calma efímera e ilusoria. Juárez, nativo de Tabasco, optó por la línea de menor resistencia; como sus predecesores y como su colega de Yucatán, Eleuterio Ávila, se identificaba con los intereses de su estado en detrimento de su lealtad al régimen nacional —prioridades bastante sensatas en vista de la evidente inestabilidad del régimen nacional—. Así, por ejemplo, devolvió a sus dueños propiedades que se les habían confiscado. Quizá por eso se le "acusaba de simpatizar con los españoles"; se pensaba que, "en general no coincidía con los carrancistas", y se comentaba que era villista encubierto —otra manera de decir su enemistad con Carranza—.[425] Éste decidió cambiar otra vez y Pedro Colorado sustituyó a Juárez, lo que provocó mucho resentimiento y, pocos días después, una revuelta de consideración. José Gil Morales (se decía que apoyado tácitamente por Aquileo Juárez) encabezó las tropas que se rebelaron en San Juan Bautista, mataron al gobernador, a varios oficiales y a sus familias. El autor de ese nuevo episodio de violencia istmeña era un individuo pintoresco: "revolucionario de tipo indígena", inclinado al villismo —según se decía—, bien vestido, muy bien reputado en su medio; no hacía mucho que había salido de la cárcel, adonde había ido a parar por haber dado muerte a un hombre durante una disputa en un salón de baile.[426] Para el gobierno central, Gil Morales representaba "reacción", villismo y provincialismo contagiosos. Para Gil Morales se trataba de un asunto puramente tabasqueño, sin repercusión nacional; "nuestra revuelta —dijo— no es contra el primer jefe del ejército constitucionalista... porque es simplemente local".[427]

Carranza no aceptaba esa distinción. Esas insubordinaciones localistas

---

[424] Lespinasse, Frontera, 9 de julio de 1915, SD 812.00/15434.

[425] *Ibid.*, 7 y 29 de agosto y 8 de septiembre; Canada, Veracruz, 6 de septiembre de 1915; SD 812.00/15690, 16070, 16180, 16274.

[426] María y Campos, *Múgica*, p. 85; González Calzada, *Tabasco*, pp. 155-156 (y las fuentes de la n. 425).

[427] Lespinasse, Frontera, 2 de septiembre de 1915, SD 812.00/16153; Alfonso Taracena, *La verdadera Revolución mexicana*, IV, México, 1960, pp. 58-59 (Taracena es tabasqueño).

chocaban con los grandes objetivos del carrancismo y, si se generalizaban, el país se convertiría en una mezcla de feudos militares semiautónomos. Más aún, en el verano de 1915 existía peligro real de que una rebelión en Tabasco se uniera a movimientos similares en Veracruz, Oaxaca, Chiapas y arriesgara el control carrancista en todo el sur. Poco tiempo atrás, los rebeldes oaxaqueños habían llegado por el Istmo a los distritos de Cárdenas y Huimanguillo, siempre conflictivos, en donde se les unirían "varios ciudadanos destacados [de Tabasco] que estaban exiliados y a quienes se les habían confiscado sus propiedades"; se trataba quizá de los "hijos de terratenientes tabasqueños" que en poco tiempo participarían en la revuelta de Pineda en la frontera de Chiapas y Tabasco.[428] Era preciso conjurar el fantasma de la rebelión provincial y de los terratenientes (Carranza se dio cuenta de la tontería que había sido confiar en las fuerzas revolucionarias nativas para imponer su voluntad). Por suerte, los acontecimientos que tenían lugar en otras partes permitían destinar tropas a las campañas del sur. Convergieron en San Juan Bautista tropas carrancistas de Veracruz y Campeche, y tras sus huellas vino Francisco Múgica, el nuevo gobernador, quien no tenía compromisos en el estado que se le había encomendado administrar.

Gil Morales había impuesto en San Juan Bautista las recaudaciones de siempre al comercio, y ordenado celebrar una gran fiesta para festejar al nuevo régimen. Festejo prematuro. Aunque corrían rumores de un motín en Frontera, los rebeldes de San Juan estaban solos y no eran capaces de rechazar a los invasores carrancistas. El pueblo cayó en pocos días; las tropas de Morales, mermadas por la deserción, huyeron a las selvas húmedas que rodean Palenque.[429] Múgica comenzó su gobierno de un año en Tabasco. Su biógrafo alaba las lúcidas reformas que llevó a cabo: mejor educación, obras públicas, comienzo de la reforma agraria.[430] Pero fue también un gobierno que se caracterizó por ser una extensión del poder e ideología constitucionalistas: fuerte, dogmático a veces, que no le ganó el afecto de los tabasqueños (*pace* el mismo biógrafo). Quizá, al no aplaudir las medidas de Múgica tanto como debieron, los tabasqueños se mostraron tontos, errados, retrógrados, pero el hecho es que no lo aplaudieron. Por su parte, Múgica no tenía intenciones de caer en la blanda política de transacción de quienes le precedieron. Persiguió a los simpatizantes de Gil Morales y los ejecutó (entre ellos figuraban algunos distinguidos revolucionarios de 1913-1914); San Juan Bautista recuperó su nombre antiguo y secular de Villahermosa; la catedral sirvió como cuartel y se destruyó su altar mayor. El ejecutivo removió a los viejos

---

[428] Lespinasse, Frontera, 26 de mayo y 8 de julio de 1915, SD 812.00/15153, 15434; González Calzada, *Tabasco*, p. 158; Hernández Chávez, "La defensa de los finqueros", p. 160.

[429] Lespinasse, Frontera, 30 de agosto y 2 y 3 de septiembre de 1915, SD 812.00/16075, 16153, 16154; Taracena, *Verdadera revolución*, IV, pp. 62-63.

[430] María y Campos, *Múgica*, pp. 87-101; en la p. 85 afirma que en Tabasco reinaba "la más completa anarquía" después de la revuelta de Gil Morales; Múgica no fue ahí tanto a restaurar el orden cuanto a imponer obediencia.

jefes políticos y los sustituyó con un consejo administrativo nombrado por él. El camino principal que salía de San Juan se terminó con la ayuda de los que pasaban por ahí, a quienes se pedía transportar una carretilla llena de tierra. Los tabasqueños tuvieron también la oportunidad de ver congresos pedagógicos y feministas, nuevo fenómeno revolucionario. Eso podía ser radical, pero no popular. Múgica abandonó Tabasco en febrero de 1916, en medio del abucheo y las mofas de la multitud.[431]

La estancia de Múgica en Tabasco fue demasiado breve como para que convirtiera el estado en un verdadero "laboratorio de la revolución"; eso ocurriría 10 años después, cuando Tomás Garrido Canabal, en otro tiempo protegido de Múgica, llevó al extremo las políticas constitucionalistas.[432] Pero el gobierno de los procónsules podía mostrar eficacia. La secuencia de los acontecimientos en Yucatán tuvo un patrón conocido: en procura del poder, los carrancistas alteraron una forma de organización relativamente tranquila; viene entonces la resistencia local y casi la secesión; por último, vencido el particularismo, hay un periodo de gobierno proconsular progresista (en este caso más largo y constructivo). Las reformas de Madero apenas se sintieron en Yucatán, dominado por el peonaje y la hacendocracia.[433] La resistencia al huertismo fue tardía, disfrazada de venganza contra el lascivo jefe político de Progreso. Aumentaban entre tanto las ganancias, producto de la exportación del henequén; 1914 fue "año de abundancia", lo que inspiró a Huerta primero, y a Carranza después, a buscar moneda metálica en la península. El henequén de Yucatán —como el petróleo de Tampico— era la fuente más concentrada de riqueza que podía explotarse para mantener la revolución constitucionalista.[434] Así pues, aunque los acontecimientos de Yucatán eran parecidos a los de otros estados del sur, el premio era mayor; tanto perder como ganar tendría amplias repercusiones fuera de la península.

Dicen algunos que en septiembre de 1914 —fecha en que Carranza nombró gobernador a Eleuterio Ávila— la Revolución llegó a Yucatán.[435] Desde entonces hubo sin duda cambios políticos importantes —en cuanto fueron distintos a revueltas y levantamientos esporádicos de valor incierto—, que venían de arriba, de la nueva élite, no de las presiones populares. Ávila era nativo de Yucatán, pero había estado fuera muchos años. La población de Mérida lo recibió con frialdad (sólo un comité de recepción compuesto de ferrocarrileros mostró algún entusiasmo). Pronto empezó a actuar como típico gobernador constitucionalista: impuso la ley marcial, desarmó a los fede-

[431] *El Demócrata*, 2 de enero de 1916; Taracena, *Verdadera revolución*, IV, pp. 71, 118 y 120; González Calzada, *Tabasco*, p. 157; Carlos Martínez Assad, *El laboratorio de la Revolución. El tabasco garridista*, México, 1979, p. 29; Lespinasse, Frontera, 8 de septiembre de 1915; Canada, Veracruz, 29 de febrero de 1916, SD 812.00/16180, 17410.

[432] Martínez Assad, *El laboratorio*, p. 14.

[433] Joseph, *Revolution from Without*, pp. II, 143 y 169.

[434] Capitán Scott, Progreso, 2 de junio y 1º de julio de 1915, SD 812.00/15290, 15580; y véase p. 145.

[435] M. J. Smith, Fall Report, pp. 874-890.

rales que quedaban, cerró los tribunales, liberó a los presos políticos, decretó un préstamo forzoso por ocho millones de pesos; "ahora todos somos accionistas de la revolución", comentaron con acritud los yucatecos. En lo que se refiere a los hacendados, un decreto del 11 de septiembre de 1914 anuló las deudas de los peones y los liberó de obligaciones contractuales; esto era parte de un paquete de decretos constitucionalistas contra el alcohol, el juego, la prostitución y otras actividades antirrevolucionarias.[436] Me referiré al sentido de esas medidas en el último capítulo; lo que importa aquí es la reacción de los yucatecos.

Pocas semanas después, Ávila empezó a titubear. A finales de septiembre revocó el decreto contra el peonaje y los henequeneros ofrecieron un préstamo por seis millones de pesos a los constitucionalistas. Como el tabasqueño Aquileo Juárez, el yucateco Ávila sucumbió ante la presión de la élite estatal (de hecho, se pensaba que era "el recadero de los hacendados").[437] Quizá el préstamo era el precio que los henequeneros pagaban para conservar su *statu quo*, pero el trato no se mantuvo. Quizá pensaron que el precio era muy alto, que sería la primera de muchas cuotas, que Carranza caería y, con él, la póliza de seguro de Yucatán. En todo caso, llegado noviembre y aún no entregado el préstamo, en Yucatán se habló mucho de separar el estado del constitucionalismo y, para confirmar la tradición histórica peninsular, se defendió la separación total.[438] Peso adicional eran las demandas de Carranza por hombres, a más de dinero. A fines de 1914, el batallón Cepeda Peraza (llamado así en honor de un héroe yucateco; a su mando estaba un ex federal y contaba con nativos del estado y con yaquis deportados) se negó a navegar hacia Veracruz, como se le había ordenado, se rebeló y, retando a las autoridades, salió de Mérida rumbo al este.[439]

Carranza, quien no podía darse el lujo de perder figura y dinero con la secesión de Yucatán, decidió enviar un constitucionalista más comprometido, que no fuera yucateco, apoyado por un equipo de colegas con las mismas características, para que controlaran el estado disidente. Al finalizar el año, el potosino Toribio de los Santos partió a Yucatán con 1 000 hombres y un grupo de los mejores propagandistas del carrancismo: Isidro Fabela, Jesús Urueta, Alfredo Breceda, todos civiles leales al primer jefe. Esos hombres elocuentes se instalaron en el teatro Peón Contreras de Mérida y empezaron a ilustrar a los yucatecos sobre la Revolución, el constitucionalismo, la justicia social;

[436] Germon, Progreso, 11 y 14 de septiembre de 1914, SD 812.00/13252, 13253; Bolio, *Yucatán*, pp. 78 y 81. Ramón Berzunza Pinto, "El constitucionalismo en Yucatán", *Historia Mexicana*, XII, núm. 2 (octubre-diciembre de 1962), se basa sobre todo en Bolio; Julio Molina Font, *Halacho*, México, 1955, pp. 2-3.
[437] Joseph, *Revolution from without*, pp. 3-4.
[438] C/o USS Minnesota, Veracruz, 17 de noviembre, Canada, Veracruz, 10 de noviembre de 1914, SD 812.00/13959, 13824; Reed, *Caste War*, pp. 27-34, 86, 103-104 y 258 (sobre la tradición secesionista).
[439] Young, Progreso, 12 de febrero de 1915, SD 812.00/14262; Molina Font, *Halacho*, pp. 5-10; Bolio, *Yucatán*, pp. 84-85.

con el mismo propósito se hicieron cargo de la *Revista de Yucatán*, y a principios de 1915 instalaron una Comisión Agraria Mixta para supervisar el proceso (oficial) de la reforma agraria. Esas medidas, acompañadas de aumentos en los impuestos, sacudieron la condescendencia de los yucatecos; empezaron a circular quejas contra las "estrictas ideas socialistas" y las reformas "anticapitalistas" del gobernador Santos —las primeras de esas patrañas e hipérboles que, en los años por venir, dictarían los ultrajados intereses creados—.[440] El "socialismo" y el "anticapitalismo" bien entendidos, poco tenían que ver con esas políticas, recursos de una nueva generación de reformadores nacionalistas, inspirados en el liberalismo, dispuestos al "progreso" y comprometidos con un modelo de desarrollo capitalista.[441] Pero es cierto que en esos ambientes casi coloniales se les veía en su forma más rígida: ahí los reformadores del norte, más radicales, se enfrentaban —era su opinión— a la sociedad del sur, más atrasada, que necesitaba de manera urgente la redención política. Trasplantados a un ambiente extraño, los procónsules estaban menos inhibidos que los revolucionarios de casa por las relaciones internas o por la inercia que trae la prolongada familiaridad con el medio; de ahí que, mientras más lejos estuvieran de su terruño, se volvieran con frecuencia más radicales y ultrajaran más los intereses creados.

Los hacendados estaban conmocionados —sobre todo los de la casta divina, que formaban las 12 familias principales de la hacendocracia—. Aumentaban los impuestos; la reforma agraria, que había podido evitarse con el gobernador Ávila, estaba en marcha; las esporádicas revueltas en el interior eran muestra de que aumentaba la inquietud. Algunos observadores notaron que "había mucha ansiedad y se preveían problemas por la agitación de las clases bajas".[442] El coronel Abel Ortiz Argumedo, enviado a castigar al batallón rebelde Cepeda Peraza, se rebeló a su vez; los ex federales que debían embarcarse a Veracruz se negaron a hacerlo y se unieron a la revuelta; lo mismo hicieron algunas tropas, "carrancistas" oportunistas (la brigada Sosa) y destacamentos mayas. Ortiz Argumedo y su ejército, regresaron por fin a Mérida y expulsaron al gobernador Santos con su séquito hacia Campeche. Yucatán se había librado del yugo constitucionalista.[443] Con su llamado al provincialismo y su ataque directo a los políticos de fuera, el movimiento rebelde consiguió gran popularidad por encima de las diferencias de clases y etnias. Mérida recibió como héroe a Ortiz Argumedo: el gobernador constitucionalista de Quintana Roo le ofreció su amistad e incluso el puerto de Progreso, eterno rival de Mérida, aceptó inmediatamente el nuevo régimen. Se formó una junta de yucatecos distinguidos para ayudar al nuevo gobernador

---

[440] Young, Progreso, 11 de enero de 1915, SD 812.00/14454; Joseph, *Revolution from Without*, p. 5; Molina Font, *Halacho*, p. 11.

[441] Córdova, *Ideología*, pp. 210-211; véanse pp. 597-623.

[442] Joseph, *Revolution from Without*, pp. 68 y 199; Young, Progreso, 11 de febrero de 1915, SD 812.00/14454; Berzunza Pino, "El constitucionalismo en Yucatán".

[443] Molina Font, *Halacho*, pp. 13-17.

(Ortiz Argumedo); el gobierno estatal inició una campaña para reunir voluntarios con los cuales defendería su nueva autonomía. Los hacendados colaboraron con dinero, partieron agentes a los Estados Unidos para comprar armas. La solicitud de voluntarios tuvo mucho éxito; algunos de los que respondieron a ésta (Julio Molina Font y sus "Voluntarios del Comercio") pertenecían a familias acomodadas. Pero hubo reacción más general, sin distinción de clases (aunque, al parecer, se localizaba en el medio ladino de la zona costera). Mostraba "desusado interés gente de todo tipo, en especial empleados, mecánicos e hijos de hacendados en sus demandas por el derecho de Yucatán a manejar sus asuntos, lo que ha sido tema principal de las discusiones públicas y manifestaciones desde que tomó el control el gobernador Ortiz Argumedo".[444]

Ortiz Argumedo afirmaba —como Meixueiro en Oaxaca y Gil Morales en Tabasco— que su rebelión no era reto al gobierno central, sino expresión de los legítimos derechos del estado.[445] Eso podría haber convencido a un gobierno villista, pero no a uno carrancista. Ante el fracaso de su segundo gobernador constitucionalista, Carranza tomó medidas más drásticas: mandó cañoneros a bloquear la península y detener la exportación de henequén; se preparó otra expedición —a cargo del Cuerpo de Ejército del Sudeste— bajo las órdenes de Salvador Alvarado. La primera maniobra no tuvo buenos resultados: un intrépido yucateco que entregaba verduras al cañonero *Progreso* (nave que bloqueaba el puerto del mismo nombre) puso una bomba que hizo volar el barco; Woodrow Wilson, preocupado por los intereses estadunidenses, como era natural, reclamó a Carranza por el daño que causaba el bloqueo a los compradores del henequén yucateco. Para regocijo de Cyrus McCormick, Carranza se vio obligado a desistir.[446] Pero la importancia del hecho era relativa, porque las fuerzas carrancistas de tierra tuvieron éxito inmediato.

Así fue. El ejército de Alvarado tenía 6 000 hombres (el número era tributo a la importancia política y financiera de Yucatán); había en él hombres de Veracruz, Tabasco y Campeche, más pilotos italianos y rumanos que ayudaban a Alberto Salinas Carranza a volar el biplano de la expedición. Comparada con la yucateca, ésta era una hueste organizada, profesional, bastante bien equipada, con experiencia, a la que mantenía unida una administración adecuada. La mayoría de sus miembros —a diferencia de sus oponentes— no tenían intereses personales en el conflicto; luchaban porque se les ordenaba hacerlo y porque se les pagaba para ello.[447] Podría decirse que era un ejército contractual, *gesellschaftlich* —del tipo que seguiría adelante, dice

---

[444] Young, Progreso, 23 de febrero de 1915, SD 812.00/14561; Molina Font, *Halacho*, pp. 17-24.

[445] Joseph, *Revolution from Without*, p. 5.

[446] Molina Font, *Halacho*, pp. 26 y 98-99; de Bryan a Wilson y respuesta, 8 de abril; de Wilson a Bryan, 12 de marzo y respuesta 13 de marzo de 1915, Documentos Bryan, caja 43, libro 2. Joseph, de manera algo singular, relaciona la iniciativa de paz de Wilson, en junio, con este episodio (*Revolution from Without*, pp. 231-232).

[447] Bolio, *Yucatán*, pp. 93-95; Molina Font dice que el ejército de Alvarado tenía 10 000 hombres (*Halacho*, p. 27).

Quesnay, hasta que se acabara el dinero—.[448] Al revés, los yucatecos contaban con un grupo de veteranos (como el batallón Cepeda Peraza) y una multitud de voluntarios de todas las edades, carentes de experiencia, cuyo ánimo se desvanecía apenas salían de Mérida y atravesaban los campos de henequén para enfrentar a los invasores. El sentimiento provincial que compartían los mantenía unidos, pero el provincialismo no bastaba. Al entrar Alvarado en la península, la brigada Sosa, que guarnecía Ticul, deshizo su compromiso oportunista con el gobierno del estado y se unió a los carrancistas.[449] A mediados de marzo los yucatecos intentaron detener en Blanca Flor el avance carrancista pero, después de una batalla feroz, su derrota fue total. Una vez más entró en función el bombardeo aéreo (de manera indiscriminada, porque las bombas cayeron en ambos lados); más grave para los yucatecos era la carencia total de artillería y la mala calidad de sus armas. Días después sufrieron en Halacho su segunda y definitiva derrota.[450]

Ortiz Argumedo y su gobierno huyeron tierra adentro, hacia Valladolid, donde los derrotaron finalmente en abril.[451] Después de un breve intervalo, durante el cual se hicieron cargo de la ciudad los ciudadanos distinguidos, Alvarado entró triunfante en Mérida el 29 de marzo de 1915. Siguió la usual avalancha de medidas revolucionarias. Se expulsó a algunos miembros de las familias oligarcas —como los Molina—, se ejecutó a algunos voluntarios yucatecos, se encarceló a algunos "reaccionarios" conspicuos —como el ex jefe de la policía secreta de Mérida—. Alvarado aprobaba el encarcelamiento de los terratenientes, para demostrarles que eran simples mortales,[452] pero después de la embestida de los primeros momentos, demostró ser un procónsul indulgente, a quien le preocupaba tanto ganarse a los descarriados yucatecos cuanto castigarlos.[453] Era, sin embargo, un legislador incansable: se calculó que durante los tres años de su gobierno aprobó más de 1 000 leyes y decretos para abolir el peonaje y las jefaturas, reconstituir el gobierno municipal, establecer tribunales de trabajo, promover la educación y la reforma agraria; lanzó también "ataques a las costumbres y moral de la región" e hizo campañas contra la bebida, el juego y la prostitución.[454] Quienes se beneficiaron más y directamente con estas medidas fueron el incipiente movimiento obrero y la burocracia revolucionaria floreciente que, en conjunto, eran una minoría de la población del estado. Pero, coincidiendo con las corrientes de la economía mundial, Alvarado renovó la Comisión Reguladora del Henequén,

---

[448] Contra lo cual, "valen poco las victorias si la paga de los hombres que perdieron continúa y es suficiente para atraer a otros hombres" (citado en Alan S. Milward, *War Economy and Society, 1939-1945*, Londres, 1977, p. XIV). Al fin, eso ocurrió con todo el ejército constitucionalista.

[449] Molina Font, *Halacho*, p. 24.

[450] *Ibid.*, pp. 38-58; Bolio, *Yucatán*, pp. 95-101.

[451] C/o USS Des Moines, Progreso, 20 de marzo y 12 de abril de 1915, SD 812.00/14819, 14961.

[452] Molina Font, *Halacho*, pp. 69, 76-77 y 101; Joseph, *Revolution from Without*, p. 159.

[453] Joseph, *Revolution from Without*, p. 149; Molina Font, *Halacho*, pp. 66 y 101, está de acuerdo.

[454] Joseph, *Revolution from Without*, pp. 153 y 159; Alvarado, *La reconstrucción*, pp. 33 y ss.

centralizó y controló el mercado, y elevó las ganancias que el estado recibía por exportación. Entre 1915 y 1918 —año en que Alvarado dejó Yucatán— el precio de la fibra se había triplicado y las ganancias de Yucatán se habían duplicado. Esto endulzó más la píldora del gobierno proconsular: llevó buenas utilidades a los bolsillos de los hacendados (algunos de ellos miembros de la Comisión Reguladora), y pagó las nuevas escuelas, bibliotecas y obras públicas de Alvarado. Aumentaron los salarios y disminuyeron los impuestos urbanos. Mientras el comercio del henequén estuvo boyante (es decir, mientras duró la primera Guerra Mundial) hubo algo para todos, y el gobierno de Alvarado —poco común entre los regímenes proconsulares— floreció en un "consenso de popularidad".[455] Las muestras de dominio norteño (mariachis que tocaban "La cucaracha" en el patio del palacio de gobierno de Mérida) podían aguantarse con entereza mientras los tiempos fueran buenos.[456] El proconsulado de Alvarado demostró ser más duradero y constructivo que el de Castro o Múgica, y también sirvió con fidelidad los intereses del gobierno central, para cuya apremiada tesorería Yucatán contribuyó con un millón de pesos mensuales durante esos años de auge.[457]

LA BATALLA POR LA PAZ[458]

Volveré al tema de las relaciones constitucionalistas con el sur en el último capítulo. El análisis de las páginas anteriores, sobre los procónsules constitucionalistas y sus políticas, muestra esa nueva camada de líderes revolucionarios —norteños en su mayoría— que lucharon y gobernaron en medios distantes y extraños, sin apoyo local o popular pero con la ayuda de ejércitos y burocracias profesionales. A medida que cambiaba la naturaleza de la Revolución, esa camada supo tomar el lugar de los viejos y localistas líderes populares, y desempeñar un papel fundamental en la formación del estado posrevolucionario. En forma más clara, esas actividades pueden verse en el sur durante 1914-1915; pero en años posteriores tareas parecidas se presentarían en otras partes de México, y la resistencia brotaría de provincianos tanto "revolucionarios" como "reaccionarios".[459] Por el momento, los revolucionarios provincianos —jefes tradicionales, populistas— dominaban la mayor parte del país. Carranza no podía esperar de ellos obediencia inmediata, como podía esperarla de sus procónsules seleccionados cuidadosamente; según dijo un observador, la revolución constitucionalista parecía "sólo un conjunto de jefes semiindependientes unidos vagamente bajo el liderazgo nominal

---

[455] Joseph, *Revolution from Without*, pp. 197-222 (contienen un excelente análisis).
[456] *Ibid.*, pp. 150-151 y 251.
[457] *Ibid.*, p. 254.
[458] Debo la frase a Amaya, *Soberana convención*, p. 54; su texto es la mejor guía para esta etapa de la Revolución.
[459] Véanse pp. 532, 714 y 944.

de Carranza".⁴⁶⁰ En algunos casos, Carranza había tenido que reconocer por fuerza la autoridad de esos jefes (Mariscal en Guerrero, Flores en Hidalgo, Rojas en Tlaxcala), y la autoridad que ejercía sobre ellos era remota y limitada. Aparte de llenar el vacío político en el sur, en el resto (la mayor parte) del país, Carranza enfrentaba el duro problema de asegurar la lealtad y unión de fuerzas revolucionarias cerradas. Algunas eran condicionalmente leales, otras hostiles; para la mayoría, era prioritaria la lealtad a sí mismas, a sus partidarios y su patria chica. De ahí que las lealtades nacionales ocuparan un segundo lugar según conviniera. No era posible someterlas a un régimen proconsular (aún no), pero Carranza tampoco podía rendirse a sus pretensiones particularistas porque terminaría siendo un primer jefe sin indios. La gran tarea de Carranza —o de cualquier otra posible autoridad nacional— era integrar, por la fuerza o la persuasión, a esos líderes y movimientos desperdigados en un régimen nacional sólido y legítimo. Ése fue el tema más importante después de 1914; tema que se tocó en *staccato* al reanudarse la guerra civil en 1914-1915 y en el *adagio* lento de la reconstrucción económica y política después de 1915.

En la conferencia de Torreón de julio de 1914 (donde se ventilaron las crecientes rencillas entre Carranza y Villa) se había estipulado que, cuando Huerta hubiera caído, el primer jefe debía convocar una convención de revolucionarios, para fijar la fecha de las elecciones y discutir "los demás asuntos de interés general".⁴⁶¹ La importancia de la convención propuesta aumentó cuando, durante agosto, en las pláticas entre zapatistas y constitucionalistas, se descubrió, por un lado, que un mar de cultura los separaba y, por otro, que los zapatistas no confiaban en los fuereños y su falta de compromiso con el Plan de Ayala. Se le dijo a Carranza que "la intransigencia del ciudadano general Zapata, de su gente, no podrá vencerse ni con astucia ni con amenazas".⁴⁶² Pero como Manuel Palafox, que casi hablaba por Zapata, apoyaba una convención nacional, y como Carranza no suscribiría el Plan de Ayala, según quería Zapata, la convención parecía el mejor medio para conseguir la paz y la cooperación.⁴⁶³ Un par de semanas después de entrar en la capital, Carranza fijó lugar y fecha para la primera sesión de la convención: 1° de octubre, en la Ciudad de México.

Pero pendía de un hilo que la convención se hiciera antes de que las fuerzas centrífugas de la Revolución explotaran. No sólo Zapata era desconfiado e intransigente. Villa y Carranza se veían con más recelo; entre todos los conflictos locales que roían las entrañas de la Revolución, el de Sonora se presentaba más crítico.⁴⁶⁴ Los intereses sonorenses y los de la nación se unieron de manera confusa, porque los rivales de la región buscaban aliados fuera de ella.

⁴⁶⁰ De Adams a Cowdray, 25 de septiembre de 1914, FO 371/2031, 67495.
⁴⁶¹ Cumberland, *Constitutionalist Years*, p. 512. Amaya, *Soberana convención*, p. 27.
⁴⁶² De Atl a Carranza, 29 de julio de 1914, Fabela, DHRM, EZ, p. 89; Womack, *Zapata*, pp. 198-211.
⁴⁶³ Womack, *Zapata*, p. 207; Quirk, *Mexican Revolution*, pp. 66-67.
⁴⁶⁴ Cumberland, *Constitutionalist Years*, pp. 153-154; Quirk, *Mexican Revolution*, pp. 68-69.

Obregón, que procuraba sin cesar la manera de llegar a un acuerdo, negoció con Villa, después con Maytorena y otra vez con Villa, y para los primeros días de septiembre parecía que los dos generales más distinguidos de la Revolución habían llegado a un acuerdo, no sólo acerca del problema sonorense, sino también sobre un programa para volver al gobierno civil. Juan Cabral iría a Sonora como gobernador y comandante militar, por encima de los rivales Calles y Maytorena; Carranza sería presidente provisional y supervisaría las elecciones (en las que él no sería candidato) o se retiraría para que otro ocupara la presidencia. Aunque Carranza no apoyó el acuerdo de manera explícita, por lo menos permitió que se le presentara en la convención para discusión y aprobación.[465]

Mucho de eso era boxeo con la propia sombra. Viejos celos y rencores impidieron que se llegara a una solución racional y adecuada. Sonora seguía en ebullición, mientras Villa respaldaba a Maytorena. Ambos bandos reclutaban y politiqueaban con la misma intensidad. Como vimos, Villa aceptó a las tropas federales y sus oficiales reclutaban en Zacatecas a principios de septiembre.[466] Cuando Obregón fue a Chihuahua para hablar con Villa, en ese mismo mes, se le convidó con un desfile de cuatro horas y una visita al gran depósito de armas del general.[467] Aun cuando la convención se reunió entre deseos de paz y buena voluntad, eran inequívocas las preparaciones militares que se hacían en el campo villista.[468] Los carrancistas no eran inocentes; también ellos estaban muy ocupados reclutando en Veracruz y en la Ciudad de México (se ofrecía a los reclutas 1.50 pesos al día en billetes de dudoso valor) y trajeron desde el Istmo la gran cantidad de munición que habían recogido a los ex federales.[469] En la capital, las autoridades carrancistas arrestaron preventivamente a prominentes políticos provillistas (aunque su encarcelamiento no fue duro).[470] Mientras tanto, había escaramuzas entre tropas carrancistas y zapatistas en las afueras del Distrito Federal; en todo el país, los cabecillas rivales cuidaban sus defensas, maniobraban para tomar posiciones, concertaban alianzas, preparándose para el día en que comenzaran otra vez las hostilidades.[471] En general, no estaban ansiosos por reiniciar la lucha; no dominaba al país la fiebre bélica.[472] Pero ante la situación de incer-

---

[465] Éste es un resumen de complicadas negociaciones que están bien descritas en otras fuentes; véanse Guzmán, *Memorias*, pp. 595-598; Hall, *Obregón*, y las fuentes mencionadas en la nota anterior.
[466] Caldwell, Zacatecas, 7 de septiembre de 1914, FO 371/2031, 61032.
[467] Guzmán, *Memorias*, pp. 614-615.
[468] Canova, Zacatecas, 6 de octubre de 1914, SD 812.00/13518 (se refiere a la convención en la capital).
[469] De Adams a Cowdray, 24 de septiembre de 1914, FO 371/2031, 67495; Gavira, *Actuación*, pp. 104-105.
[470] *Le Courrier du Mexique*, 24 de septiembre de 1914; Guzmán, *El águila y la serpiente*, pp. 200-203; y *Memorias*, p. 648.
[471] Cumberland, *Constitutionalist Years*, pp. 166-167; Womack, *Zapata*, p. 212.
[472] Véanse pp. 376 y 445.

tidumbre era prudente tomar precauciones; así lo dictaba la lógica de la Revolución. El resultado dependía del liderazgo que se ejerciera en la cúpula: la unión firme y la cooperación de los grandes caudillos —Villa, Carranza, Obregón, Zapata— podría acabar con la incertidumbre, generar confianza, y mantener a los caudillos menores en línea con el ejemplo, la persuasión y la fuerza. Pero la desunión en la cúspide alimentaría la desunión en la base.

Tal como estaban las cosas, salvo Obregón, no había gran compromiso de paz entre los principales líderes. Carranza estaba evasivo y reservado; Zapata, desconfiado, obstinado —aunque por buenas razones—; Villa, típico en él, abiertamente belicoso. Como sugerían el reclutamiento y el rearme de su ejército, Villa estaba ansioso por luchar o, en el mejor de los casos, no tenía intención de retirarse para favorecer a Carranza; y si por esa razón la intransigencia sería recíproca, que así fuera. Como Orozco en 1911, no estaba listo aún para colgar su revólver y su sombrero tejano. En noviembre dijo a Soto y Gama que tenía la esperanza de que hubieran "unos cuantos balazos más", y su actitud arrogante hacia las negociaciones —y los negociadores— aseguraba que la decisión final se tomaría en el campo de batalla. Sus cultos consejeros, confiados en la victoria, se inclinaban a coincidir en eso.[473] Villa decía que la convención que se preparaba en la Ciudad de México era un frente carrancista y no consentiría en ello. Incansable "intermediario" político, Obregón viajó al norte de nuevo para hablar con Villa; se le amenazó con un pelotón de fusilamiento (como a Chao el año anterior), pero así eran las cosas con Villa; la disputa se solucionó y terminó en un cálido abrazo.[474] Por el momento, pensaba Villa —o dijo que pensaba—, "podrían llegar a un arreglo sin más lucha".[475] Estuvo de acuerdo en mandar delegados a la convención a condición de que los zapatistas estuvieran también representados; pero su ironía contra Carranza exaltó los ánimos; además, significativamente, dejó de usar el título de Primer Jefe en los telegramas que mandaba a la capital.[476]

Ahora bien, Carranza hizo cuanto pudo para alejar la paz. Temiendo —según se dijo— que Obregón hubiera caído en una trampa y que Villa cayera pronto sobre la Ciudad de México, mandó cortar la línea del ferrocarril entre Torreón y Aguascalientes. Villa estaba furioso; Obregón, aún entre los villistas, recibió amenaza de ejecución dos veces, pero sobrevivió para llevar a cabo otra misión política importante en Zacatecas, donde conferenció con los representantes de Villa y otros generales constitucionalistas —Triana, Gutiérrez y delegados de la Comisión Permanente de Pacificación de la Ciudad de México— quienes, como él, querían llegar a un acuerdo pacífico.[477] Acordaron que cesaría todo movimiento de tropas y que una convención más

[473] Guzmán *Memorias*, p. 540.
[474] *Ibid.*, pp. 612-632; Obregón, *Ocho mil kilómetros*, pp. 199-214; Cumberland, *Constitutionalist Years*, pp. 153-159.
[475] De Pershing a Wood, 15 de septiembre de 1914, Documentos Pershing, caja 214.
[476] Quirk, *Mexican Revolution*, pp. 77-78.
[477] *Ibid.*, pp. 79-80; Amaya, *Soberana convención*, pp. 57-58 y 656-657. La Comisión estaba

grande se reuniría en Aguascalientes (territorio "neutral") el 10 de octubre. Ahí los líderes de la Revolución elaborarían un plan de paz de aceptación general, independiente de los caudillos rivales —aunque se esperaba que también les satisficiera—. Se evitaría la contienda personal entre Carranza y Villa; la Convención de Aguascalientes, inmediata a la que se reuniría en la Ciudad de México (sin los villistas) el 1º de octubre, sería un foro en el que surgiría el consenso revolucionario moderado que acabaría con las ambiciones individuales.

La reunión en Aguascalientes robó la escena a la Convención (junta, como preferían llamarla algunos) de la Ciudad de México, que tuvo lugar, como se había planeado, el 1º de octubre. En realidad, la tarea principal de esa primera reunión era decidir qué se haría respecto a la segunda: ¿debería reconocerse a ésta como legítima y, por lo tanto, asistir a ella?; y si así era, ¿a quién se elegiría? En la Convención de la Ciudad de México participarían generales y gobernadores constitucionalistas —en su mayoría civiles—; la había convocado Carranza y la boicotearon los villistas y zapatistas, quienes la consideraban instrumento maleable para el primer jefe. Pero no era así, opinan diversos especialistas.[478] Aunque estaban presentes carrancistas intransigentes —y se hacían oír— la mayoría buscaba realmente una solución intermedia; había también líderes, como Rafael Buelna, cuya independencia los colocaba más cerca del campo villista. Quedó claro en los debates y decisiones, algo confusos, que la convención-junta de la Ciudad de México no tenía sello carrancista. Confirmó a Carranza en el ejecutivo, pero decidió asistir a la Convención de Aguascalientes, cuya soberanía —se pensaba— Carranza reconocería. Pero ésa era una mala interpretación alimentada por los debates complejos y por el discurso sutil —o tortuoso— de Isidro Fabela —uno de los civiles que apoyaban a Carranza— y quedaba de manifiesto —comenta Amaya— que "en cuestiones parlamentarias, los bravos generales eran apenas medianos aprendices".[479] En realidad, Carranza tenía serias dudas acerca de la futura convención y la prensa carrancista se afanaba en destacar los poderes limitados de la reunión de la Ciudad de México. Los carrancistas intransigentes (una minoría muy activa) no querían que se quitara el poder al primer jefe en beneficio de una asamblea grande, facciosa, populista.[480] Entre tanto, los villistas intransigentes de Chihuahua lanzaban propaganda en la que se mezclaban promesas de reformas con mordaces acusaciones contra Carranza, quien, decían, había asumido el "papel de dictador" y era urgente sacarlo

formada por un grupo *ad hoc* de generales constitucionalistas con sede en la capital, que procuraban un acuerdo; Lucio Blanco fue uno de los fundadores y Obregón un participante activo.

[478] Amaya, *Soberana convención*, p. 77; Cumberland, *Constitutionalist Years*, pp. 165-166; *cf.* Guzmán, *Memorias*, p. 611, a propósito de la opinión villista.

[479] Amaya, *Soberana convención*, pp. 89-90. Fabela dividió hábilmente una moción, asegurando de esta manera que la cuestión de la renuncia de Carranza quedaría sin solución.

[480] *Ibid.*, p. 76; Cumberland (*Constitutionalist Years*, p. 166, n. 62) cita el mensaje de Carranza a Villarreal: "no espero que nada bueno resulte de la asamblea en Aguascalientes".

pronto del poder.[481] Sin duda, había muchos obstáculos en esa búsqueda de la vía media, que había comenzado en la Ciudad de México y se reanudaría en Aguascalientes.

La Convención de la Ciudad de México llegó —después de agrios debates— a una decisión de mucho valor práctico, pero sobre todo simbólico: según estipulaba el pacto de Torreón, a la convención de Aguascalientes asistirían sólo los líderes militares de la Revolución o quienes éstos nombraran como delegados. Dicho de otro modo, los civiles podían asistir sólo como representantes de los militares: la fuente de legitimidad estaba en el ejército revolucionario. Con Luis Cabrera a la cabeza, los civiles protestaron: el abogado Juan Neftalí Amador lamentó que surgiera el "nuevo militarismo"; el maestro David Berlanga afirmó que "el porvenir de la patria... no debe ser discutido sólo por militares".[482] Pero los militares eran mayoría y no cedían. Obregón, a quien le gustaba sacar a relucir su expediente de guerra, controló a Cabrera y recordó a los civiles: "[los militares] sabemos ser patriotas, no como otros..."; Eduardo Hay, abundando en el tema, afirmó que los meros civiles no podían apreciar "los anhelos de los que sufrieron hambre y sed, y expusieron sus vidas en los campos de batalla"; ahora bien, "los militares habían triunfado sin la ayuda de los civiles. Y si el triunfo era de los militares, a ellos, exclusivamente, debe dejarse la resolución de los problemas de la Patria". Los civiles no podían prevalecer contra esa aritmética y esa fuerza de sentimiento —a pesar de la experiencia parlamentaria y la "lógica implacable" de Cabrera—[483] y consintieron en que la Convención de Aguascalientes fuera militar.[484]

Era un cambio revelador respecto a la política maderista de 1911; entonces los civiles habían recogido el botín, se había mandado a los militares a casa o se les había relegado a cargos de menor importancia. Después del gran levantamiento que hubo entre ese año y 1914, la respetabilidad de los civiles no era condición *sine qua non* para tener un cargo gubernamental; mientras la guerra civil continuara, tenía más peso la capacidad (sustentada en mucha experiencia militar) para reclutar, organizar y andar en campaña, y eran de poco valor las capacidades civiles (educación, habilidad oratoria y literaria, experiencia política profesional y formal). Al no participar en otra Revolución —o al participar en el mejor de los casos como consejeros, escribientes o diplomáticos—, los respetables civiles habían perdido el derecho de gobernar (aunque ellos no opinaran lo mismo). Obregón, demostrando que conocía bien la historia reciente, tocó el punto sensible. Recordó a sus oyentes que después del golpe de Estado, los civiles se habían negado a actuar:

[481] *Ibid.*, p. 162.

[482] Amaya, *Soberana convención*, pp. 96 y 99.

[483] Quirk, *Mexican Revolution*, p. 95; Amaya, *Soberana convención*, pp. 77, 80-81, 99 y 102; F. Barrera Fuentes, introducción a *Crónica y debates de las sesiones de la Soberana convención revolucionaria*, I, México, 1964, pp. 37 y 73.

[484] En realidad no ocurrió así: véanse pp. 351, 356 y 360.

"decían 'soy neutral', 'tengo muchos hijos' o 'arruinaría mi negocio'. Nosotros, por el contrario, hemos restaurado, o tratado de restaurar, sus libertades. Ahora los representaremos de nuevo. El pueblo nos apoya".[485] Aunque con cierto exceso oratorio, Obregón había llegado a un punto importante: entre 1911 y 1914 el poder había cambiado de manos; ahora lo detentaba un nuevo grupo: el de los militares revolucionarios. Aun cuando los civiles tuvieran capacidades que les garantizaban un papel (éste aumentaría con los años), por el momento era dependiente, no dominante. También fue significativo que los militares —algunos por lo menos— se dieran cuenta de su nuevo poder, el que atribuían, con grandilocuencia pero no sin justificación, al "pueblo". Esas manifestaciones de populismo tosco no eran totalmente falsas: en épocas de revuelta y rebelión —como en las revoluciones inglesa o mexicana—, el ejército estaba mejor preparado para representar un pueblo mal organizado y desarticulado.[486] Se necesita tener una idea muy optimista de la *intelectualidad* revolucionaria y ser muy crédulo respecto a los poderes de la "reacción", para pensar que el exclusivismo de los militares y su intención de congelar a los civiles se debía a un complot "reaccionario", "para privar a la revolución de sus intelectuales".[487] Los intelectuales de la Revolución no se habían distinguido mucho por su contribución notable o fidelidad constante a la causa; muchos de ellos parecían estereotipos novelescos, que representa mejor Luis Cervantes, "cuyo ardor e idealismo revolucionarios son débiles desde el mismo principio, [quienes] abandonan pronto la lucha por cambiar la sociedad, o por lo menos fluctúan indecisos entre periodos de actividad revolucionaria y letargo derrotista".[488] No es del todo claro que la exclusión de los civiles en la Convención de Aguascalientes (exclusión que no fue total) haya sido una pérdida para la "revolución" o un golpe de la "reacción".

El 10 de octubre de 1914, Aguascalientes fue anfitrión de la Convención, con la que muchos confiaban lograr un compromiso político pacífico —a pesar de la renuencia de Carranza y de la beligerancia de Villa—. Era ésta una ciudad bonita y próspera de unos 45 000 habitantes, centro minero y

---

[485] Quirk, *Mexican Revolution*, pp. 96-97; Obregón, desde luego, no había participado en la revolución maderista, para su propia mortificación posterior (Hall, *Obregón*, p. 24). Una de las pocas afirmaciones cuestionables de esta valiosa biografía es que Obregón favorecía al gobierno civil en detrimento del militar (pp. 69 y 79).

[486] No quiero decir con esto que —en Inglaterra o en México— el ejército representara fielmente al "pueblo", pero era la institución que más cerca estaba de eso y, en algunos casos, así fue. *Cf.* Christopher Hill, *The World Turned Upside Down. Radical Ideas During the English Revolution*, Londres, 1972, p. 58.

[487] Amaya, *Soberana convención*, p. 61. Amaya se muestra muy afecto a los intelectuales revolucionarios, Cabrera en especial, el de la "lógica implacable", "retórica maestra", "agudo juicio", "expresivos poderes dramáticos" (pp. 99 y 102).

[488] Rutherford, *Mexican Society*, pp. 86 y 78-129, en general. La aseveración del autor en el sentido de que el estereotipo novelesco del intelectual revolucionario es "objetivo desde el punto de vista histórico, con base en la realidad social que los novelistas afirman reflejar", se sostiene más que otras del libro. Al parecer, las novelas pueden decirnos mucho de los intelectuales, pero se equivocan con los campesinos.

ferroviario floreciente (los talleres del Ferrocarril Nacional estaban ahí), en un estado donde se había dividido la propiedad rural y las rebeliones habían sido escasas. Las reformas políticas habían florecido en ella, las luchas no se veían con buenos ojos; después de los problemas de la gubernatura de Fuentes en 1912, la convención fue el segundo y más grave conflicto que le ocasionó la Revolución.[489] Esta vez, los cabecillas y sus abigarradas tropas llenaron la ciudad, atascando las calles, amontonándose en las cantinas, trayendo ganancias inimaginadas a mercachifles y vendedores ambulantes, y provocando gran ansiedad a las familias respetables, sobre todo a las que tenían hijas de buen ver.[490]

Llegaron alrededor de 150 delegados, 37 de ellos clasificados como villistas y 26 como zapatistas. Del resto, la mayoría era más o menos independiente; había pocos carrancistas intransigentes, sobre todo porque el criterio de selección excluyó a los políticos civiles que más apoyaban a Carranza.[491] Según esos criterios, los delegados debían ser reconocidos generales o gobernadores revolucionarios o representantes escogidos según la tasa de uno por cada 1 000 soldados; todos debían tener una trayectoria revolucionaria que hubiera comenzado por lo menos antes de la batalla de Zacatecas. No habría revolucionarios de última hora en Aguascalientes. En teoría, esos criterios garantizaban que se conseguiría una muestra representativa del liderazgo militar revolucionario, y en cierto sentido se consiguió; la Convención de Aguascalientes estuvo bastante cerca de ser una asamblea revolucionaria representativa, incluso más que la XXVI Legislatura y el Congreso Constituyente de 1916. Asistieron y participaron jefes populares con escasa educación, como Pánfilo Natera (aunque, dada la ubicación de la junta, Natera estaba virtualmente obligado a asistir, y no se enorgullecía de su oratoria) y Eulalio Gutiérrez —fanfarrón, simple, desarticulado— desempeñó un papel importante en los acontecimientos.[492] Según comentarios de los observadores, prevalecía el tipo inexperto, rudo, sin educación. El ministro británico opinaba —cuyos prejuicios alimentaba la prensa de la capital— que "la Convención de Aguascalientes... se parece bastante, por lo visto, al congreso de monos que el señor Kipling describe en *El libro de la selva*.[493]

Pero no debe exagerarse la impresión de que era una reunión rústica, rousseaunesca. Muchos líderes populares representativos no tenían interés en participar: Zapata y sus principales generales permanecieron en Morelos;

---

[489] Véanse pp. 637-648.

[490] Guzmán, *El águila y la serpiente*, p. 224; Amaya, *Soberana convención*, pp. 105-106.

[491] Quirk, *Mexican Revolution*, p. 102; Amaya, *Soberana convención*, pp. 129-130. No todos los delegados estaban presentes todo el tiempo; 127 votaron por la presidencia provisional el 1º de noviembre.

[492] Barrera Fuentes, *Crónicas*, p. 150; Amaya, *Soberana convención*, p. 159, sugiere que Gutiérrez fingía cierta torpeza rústica.

[493] Canova, Aguascalientes, 20 de octubre de 1914, SD 812.00/13572; Hohler, Ciudad de México, 20 de octubre de 1914, FO 371/2031, 68897.

Juan Carrasco dijo que era una pérdida de tiempo.[494] El mejor recurso era mandar delegados acreditados, como lo permitían las normas de la convención; vale la pena señalar que dos terceras partes de los que participaban eran de ese tipo.[495] En realidad, algunos de los más verbosos fueron los civiles enviados en lugar de cabecillas ausentes: Samuel García Vigil (delegado de Magdaleno Cedillo), Alejandro Aceves (de Anastasio Pantoja), Enrique Paniagua (de Agustín Galindo). Además, tanto las normas como la inspección de credenciales eran lo bastante vagas como para que se presentara un buen número de "generales" con rango y experiencia militar dudosos. Ya en la Ciudad de México, Buelna había mencionado que podían hacerse "generales" pagando cinco pesos por el juego de insignias; en Tlaxcala, según comentó un delegado, cuatro "generales" mandaban un grupo de 13 hombres.[496] Así pues, no fue posible excluir del todo a los civiles: afluían a Aguascalientes como delegados o nuevos "oficiales"; tampoco es claro que los delegados llevaran mandato de su patrocinador militar o cumplieran con él. Un foro nacional como ése atraía de manera irresistible a los civiles, intelectuales, oradores y mediadores: fueron a Aguascalientes, como fueron —en mayor número aún— a Querétaro en 1916. Era su manera de entender la política. Y aunque también asistieron muchos soldados *bona fide*, se hicieron oír, y fue mayor la influencia de líderes nacionalistas más conscientes de la política: Obregón, Hay, Villarreal, Ángeles y Alfredo Serratos.

Entre los del primer grupo, los civiles, la tentación de Aguascalientes se palpaba más en los del grupo zapatista. Cuando Felipe Ángeles se precipitó a Cuernavaca para persuadir a los zapatistas de que asistieran a la Convención, los "secretarios, hombres de la pluma, de números y palabras", fueron quienes hablaron con él y se mostraron más entusiasmados; "salvo por el propio Zapata, no tomó parte ningún jefe importante de Morelos" en el intercambio, huyendo, al parecer, de compromisos nacionales: "el único proceder sensato, debieron creer, consistía en dejar que quienes se decían ser expertos en alta política, hiciesen los grandes tratos; entre tanto, ellos seguirían tratando de defender los pequeños lugares que eran suyos propios. Temerosos, como Zapata, de traicionar a su gente, delegaron la posibilidad de hacerlo así en los intelectuales, a los cuales, en el fondo de su corazón, habían menospreciado siempre".[497] Por esa razón, la mayoría de los 26 zapatistas que llegaron a la convención eran *Ersatzoffizier*, coroneles nombrados para que pudieran asistir y "civiles que jamás habían tenido a su cargo una tropa". Sólo uno de ellos (abogado) era nativo de Morelos; dos eran médicos, y un tercero, Alfredo Serratos ("un hombre destacado en lo político y en lo militar en Hidalgo") era un ex federal y quizá agente secreto villista. Zapatistas como Antonio Díaz

---

[494] Womack, *Zapata*, p. 215, sobre la "abdicación de la autoridad" de los zapatistas (militares); Olea, *Sinaloa*, p. 75.
[495] Quirk, *Mexican Revolution*, p. 102.
[496] Amaya, *Soberana convención*, p. 78; en Barrera Fuentes, *Crónicas*, p. 174.
[497] Womack, *Zapata*, p. 215.

Soto y Gama y Paulino Martínez eran para Villa "hombres de mucha civilización y de grandes conocimientos tocante a todas las cosas".[498]

Por lo general, quienes hablaban eran los "civiles militarizados": Soto y Gama, Berlanga, José Inocente Lugo (veterano maderista de 1910), Roque González Garza y los delegados que ya mencioné. Los militares que se hacían oír, poco frecuentes, eran los que se encontraban en el linde de lo civil y lo militar (como Villarreal, maestro, antiguo miembro del PLM, general indiferente y, dice Guzmán, "héroe civil de la Revolución"), o esos soldados genuinos que tenían conciencia nacionalista, cierta disposición política y algo de seguridad en la oratoria: el verboso Obregón o el joven oficial villista José Isabel Robles, que leía a Plutarco en su tiempo libre.[499] Gente como ésa escaseaba en Aguascalientes, porque Carranza, que desdeñaba la Convención, no había enviado a generales competentes como Gavira, Aguilar, Murguía, Jara, Múgica y Castro.

Naturalmente, la oratoria puede no ser signo de influencia política (aunque se sugiere que la Convención se inclinaba tanto por la filípica rimbombante cuanto por el argumento conciso; Silva Herzog, quien estaba ahí como periodista, la analizó después a partir de la psicología de masas de Le Bon).[500] Se distinguían sobre todo los zapatistas, vocingleros e influyentes. En procura de una alianza villista-zapatista, Ángeles había ido a Morelos, donde con alguna dificultad persuadió de asistir a los zapatistas que discutieron sobre el tamaño de su delegación y sermonearon sobre sus doctrinas agrarias "como si éstas fueran la verdad y los evangelios".[501] Con el apoyo de los villistas, se logró que la Convención respaldara las medidas agrarias del Plan de Ayala. Algunos delegados, como Hay, pusieron reparos a la expropiación de tierras adquiridas legalmente propuesta por el Plan; otros como Villarreal y Berlanga, pensaban que el Plan era extremadamente moderado y limitado —no tenía en cuenta, por ejemplo, las reformas administrativas, educativas, penales—.[502] Pero en general, fue un gran golpe político de los surianos y de Ángeles, su patrocinador, benigno pero hábil, que la Convención acogiera a los zapatistas y al Plan de Ayala calurosa y efusivamente. Cualesquiera que fueran los motivos escondidos bajo ese apoyo, éste demostraba que los nuevos líderes políticos veían la reforma agraria como prioridad. En los cuatro

---

[498] *Ibid.*, pp. 204-205 y 216; Cumberland, *Constitutionalist Years*, p. 171; Guzmán, *Memorias*, pp. 665-666. Esto niega la afirmación de Quirk acerca de que, "para la mayoría de los zapatistas (el viaje a Aguascalientes), fue como ir a las antípodas, porque nunca antes habían estado tan lejos de su provincia natal" (*Mexican Revolution*, p. 107).

[499] Y Eduardo Hay, veterano antirreeleccionista de 1909-1910. Véase Amaya, *Soberana convención*, p. 151; Guzmán, *El águila y la serpiente*, pp. 269 y 277-279.

[500] Amaya, *Soberana convención*, pp. 144-145; Silva Herzog, en Wilkie, *México visto en el siglo XX*, p. 611.

[501] Womack, *Zapata*, pp. 214-217; Guzmán, *El águila y la serpiente*, pp. 229-230.

[502] Amaya, *Soberana convención*, pp. 144-148. Berlanga, "por naturaleza, carente de tacto" (Quirk, *Mexican revolution*, p. 93) recordó a la audiencia que el Plan de Ayala había conferido originalmente la presidencia a Pascual Orozco.

años transcurridos desde 1910, dice Womack, el descuido oficial —incluso la hostilidad— hacia la reforma agraria había cedido paso a un reconocimiento reticente primero, y a una aceptación vehemente después.[503] Ésa fue una de las repercusiones destacadas de la Revolución, que puede atribuirse a la fuerza de los movimientos agrarios habidos durante la guerra civil (no sólo al de Zapata).

Pero en ese momento de triunfo político, el zapatismo dejó ver algo de su creciente esquizofrenia —enfermedad compartida, potencial o realmente, por muchas rebeliones populares— originada en la necesidad —que aceptaban y al mismo tiempo rechazaban— de superar las contiendas locales y conseguir una posición en la esfera nacional. Los cabecillas más perspicaces se daban cuenta de que esa posición era necesaria si querían consolidar lo que habían ganado localmente. Ahora bien, si para defender en el ámbito nacional esos intereses locales y populares se necesitaban oratoria, administración, cabildeo y componendas, ¿quiénes serían los defensores? No los líderes locales, como lo demostraba la composición de la misma Convención, "régimen" popular y plebeyo para surgir en el curso de la Revolución.[504] Los defensores nacionales deberían buscarse en otra parte, con criterios diferentes. De ahí que la campaña política zapatista en Aguascalientes contrastara significativamente con la campaña militar en Morelos: ostentosa, arrogante, articulada, la primera; hosca, obstinada, taciturna, la segunda. Cuando los delegados zapatistas subieron a la tribuna, desbordaban confianza e iniciaron "deliberadamente un movimiento... de control" dentro de la convención: el doctor Cuarón fue discreto y no anduvo con rodeos; Paulino Martínez fue vehemente y directo, pero Antonio Díaz Soto y Gama se distinguió como el más radical, franco y teatral de los oradores de la Convención.[505] Vale la pena detenernos un poco para examinar a ese defensor del zapatismo.

Díaz Soto "nada sabía del campo de batalla; su fuerte —dice Robert E. Quirk— era el ejercicio de la oratoria parlamentaria".[506] En Aguascalientes se encontraba en su elemento, pero era un zapatista singular. Abogado treintañero, Díaz Soto provenía de un "modesto hogar clasemediero" potosino.[507] Con el PLM había cambiado de un liberalismo convencional a un anarquismo indefinido, y a principios de la década de 1900 participó en política estudiantil (campo propicio para el oportunismo). Compromisos familiares lo obliga-

---

[503] Womack, *Zapata*, pp. 214 y 218-219, sobre el apoyo de Ángeles a los zapatistas.
[504] Peter H. Smith, "The Mexican Revolution and the Transformation of Political Elites", *Boletín de Estudios Latinoamericanos y del Caribe*, XXV (1978), p. 119.
[505] Quirk, *Mexican Revolution*, p. 108; Womack, *Zapata*, p. 217; Amaya, *Soberana convención*, p. 142.
[506] Quirk, *Mexican Revolution*, p. 109.
[507] Cockcroft, *Intellectual Precursors*, p. 71; véase también (aunque sólo sea por el larguísimo título), la ponencia de Gloria Villegas Moreno, "La militancia de la clase media intelectual en la Revolución mexicana; reflexiones a propósito de la trayectoria teórico-política de Antonio Díaz Soto y Gama", Sexto congreso de historiadores mexicanos y estadunidenses, Chicago, septiembre de 1981.

ron a retirarse del activismo político en 1904; en 1910 no quiso participar en la revolución maderista, decisión que —como explicó, o justificó después— se debió a la extrema moderación de Madero.[508] No obstante reapareció activo en la política potosina en 1911 —y a pesar de su genuino radicalismo del año anterior—, como partidario de la política electoral, reformista, y crítico de la constante tendencia del PLM a la revolución violenta. Su manifiesto de 42 puntos al pueblo potosino tenía algo para todos, incluso la promesa implícita de que San Luis Potosí se convertiría en "el Chicago de México". Se opuso a la revuelta de Zapata contra Madero hasta abril de 1912.[509] *El País* lo describió como "joven lleno de impetuosidad y de error".[510] Poco consiguió Díaz Soto como liberal reformista; más tarde, en ese mismo año, apareció en la Ciudad de México trabajando para el naciente movimiento anarcosindicalista. En junio de 1913 colaboró en el manifiesto de la Casa del Obrero, prueba de que ahora "aceptaba la crítica radical del PLM a la actividad política", lo que daba igual porque no había mucha actividad política popular en la ciudad capital de Huerta.[511] Desde ahí Díaz Soto se lanzó a la corriente de la Revolución y se unió a los zapatistas en la primavera de 1914. Formó, pues, parte de la diáspora urbana, los "radicales de la ciudad" que llevaron al zapatismo una militancia nueva y articulada, y "proporcionaron una teoría, la de 'Tierra y Libertad'".[512]

Díaz Soto era el indicado para ir a Aguascalientes, lo que le dio la oportunidad providencial de escapar de la sombra de Manuel Palafox, bajo la cual había estado mucho tiempo, y desplegar las alas de su oratoria en un ambiente más propicio que el rústico de Morelos.[513] Así pues, condujo el ataque verbal zapatista un joven abogado potosino que, vestido para la ocasión con "pantalón de charro, guayabera de dril y sombrero ancho", "afectaba un plebeyismo revolucionario" y trataba, al parecer, "de querer convertirse en símbolo, de querer ser una alegoría del zapatismo".[514] Trató a su público con desdén; dijo a los norteños que no podían entender las aspiraciones del indio y se burló de Eulalio Gutiérrez por su ignorancia de la historia; presentó una síntesis de la historia mundial (en la que desfilaron Buda, Marx y Zapata); vituperó a Carranza, insultó la bandera mexicana y casi lo matan por eso.[515] Durante algunos momentos la Convención estuvo conmocionada, pero luego

---

[508] Cockcroft, *Intellectual Precursors*, pp. 123 y 190.
[509] *Ibid.*, pp. 190-191 y 217.
[510] *El País*, 8 de julio de 1911.
[511] Como dije ya, el régimen de Huerta podía tolerar cierto grado de actividad apolítica y orientada a conseguir mejoras económicas, incluso de parte de la Casa. Los esfuerzos de Díaz Soto no figuran notablemente en el análisis de John M. Hart "The Urban Working Class in the Mexican Revolution: The Case of the Casa del Obrero Mundial", *Hispanic American Historical Review*, LVIII (febrero de 1978), pp. 1-20.
[512] Womack, *Zapata*, p. 193.
[513] *Ibid.*, p. 217.
[514] Guzmán, *El águila y la serpiente*, p. 316; Quirk, *Mexican Revolution*, p. 107.
[515] Guzmán, *El águila y la serpiente*, pp. 334-338; Amaya, *Soberana convención*, pp. 132-135.

volvió la calma; algunos oradores hicieron agrios comentarios sobre los socialistas "que no hacen más que hablar".

Como mucho de su carrera política, la pirotecnia verbal de Díaz Soto estaba bastante alejada de la realidad. Insufló cierto brío a la ocasión y mostró las ideas radicales que brotaban en el clima fértil de la Revolución; pero en una cultura política donde estaba arraigada la democracia artificial, donde la fachada constitucional y la retórica florida ocultaban con frecuencia la realidad antitética, y donde esas tradiciones influían por igual en revolucionarios y conservadores, hubiera sido un error tomar en serio esas fanfarronadas. No significa esto achacar falta de sinceridad tanto como de pertinencia a Díaz Soto, Berlanga y otros oradores civiles. La tarea esencial de la Convención era su comisión política: encontrar un acuerdo político factible que satisficiera a un número suficiente de asistentes como para evitar un gran cisma revolucionario y un nuevo brote de guerra civil. Y al parecer es claro que, mientras algunos —como Ángeles— tejían intrigas y otros —como Díaz Soto— sermoneaban, la mayoría orientaba sus esfuerzos desinteresados hacia ese objetivo. Por lo demás, al poner énfasis en los objetivos prácticos e inmediatos, por encima de los distantes e ideológicos, no debe olvidarse que los primeros, en cuanto trataban cuestiones de guerra y paz, no eran menos legítimos, humanos y dignos de crédito que los segundos; y podría decirse que la solución de los primeros serviría para solucionar los segundos.

Había mucha esperanza en que de la Convención saldría la "tercera fuerza" que se necesitaba entre las emergentes facciones villista y carrancista.[516] Con ese propósito procuró establecerse como autoridad legítima, independiente del primer jefe u otro caudillo revolucionario. Se eligió al presidente de la Convención (Antonio Villarreal, capaz y ambicioso) y se declaró una tregua nacional (que pasó inadvertida en algunas zonas). Lo más importante, sin embargo, fue que la Convención se declaró órgano soberano, arrogándose un poder que Carranza rechazó porque, en su opinión, no se justificaba según los términos originales de la misma.[517] Presionado a retirarse en aras de la paz, Carranza respondió evasivo que lo haría si también se retiraban Villa y Zapata; la prensa carrancista de la Ciudad de México ridiculizaba entre tanto las pretensiones de soberanía de la Convención y los carrancistas proseguían con el reclutamiento.[518] Lo mismo hacían los villistas, mientras Ángeles cabildeaba para conseguir una mayoría anticarrancista en la Convención; en esa circunstancia, no cabe duda de que era muy importante su influencia dentro de la incipiente coalición villista.[519]

[516] Cumberland, *Constitutionalist Years*, p. 170.

[517] La lucha continuó en Sonora y a lo largo de las líneas carrancistas-zapatistas en Puebla y el Distrito Federal: Amaya, *Soberana convención*, pp. 122, 151 y 165; sobre el desafío de Carranza, Cumberland *Constitutionalist Years*, p. 171.

[518] Quirk, *Mexican Revolution* pp. 101-104 y 115; Amaya, *Soberana convención*, pp. 125-126; *El Demócrata*, 20 de octubre de 1914.

[519] Amaya, *Soberana convención*, pp. 107, 110-111, 126-128 y 160-161.

Sin dejarse intimidar por la intransigencia de Carranza, la Convención oyó a la delegación zapatista, aprobó (en parte) el Plan de Ayala y eligió un presidente provisional que ejercería el poder ejecutivo en lugar del primer jefe: Eulalio Gutiérrez —el otrora minero fanfarrón de Concepción, mencionado antes—.[520] Después de destituir a Carranza de su cargo, la Convención hizo lo mismo con Villa, hasta entonces comandante militar, decisión que el caudillo norteño —en respuesta orquestada por Ángeles— aceptó con elegancia y además dijo que si la Convención consideraba oportuno que tanto él como Carranza murieran en nombre de la paz, él estaba dispuesto a hacerlo.[521] La Convención parecía acercarse a una solución. A pesar de los ásperos debates, no había desaparecido del todo el ambiente de armonía y buena voluntad; se habían contenido el antagonismo de grupo y las ambiciones individuales; se había elegido un presidente genuinamente popular.[522] Pero finalmente no hubo tiempo para cristalizar la tercera fuerza. Ninguno de los caudillos mayores confiaba (con razón) en los otros y no se retirarían a menos que tuvieran la certeza de que los otros harían lo mismo. Ante esa parálisis, la voluntad moral y la fuerza colectiva de la Convención eran de suma importancia; la tercera fuerza, la mayoría independiente, tenía que unir y desplegar su capacidad para imponer un compromiso a los rivales recalcitrantes. Pero fracasó, porque los lazos de ambición y personalismo que ataban a las minorías con sus caudillos fueron más fuertes que los hilos débiles, nuevos, que las hilvanaban al centro amplio.

La minoría villista debe cargar con la responsabilidad mayor del fracaso. La Convención necesitaba tiempo, sobre todo, para consolidar su nuevo ejecutivo, sus fuerzas amplias y su dudosa legitimidad. Villa se lo negó. Su acción enérgica desmintió casi inmediatamente sus palabras bien intencionadas. En realidad, la proximidad física de las tropas villistas dio lugar desde el principio a acusaciones de intimidación; aunque éstas eran pocas y quizá exageradas, la Convención no podía ignorar la presencia de fuerzas villistas casi a las afueras de la ciudad, ni que Villa y sus tropas estaban en Guadalupe —a unos 120 kilómetros de distancia, siguiendo las vías del ferrocarril hacia el norte—.[523] Por el contrario, la Ciudad de México, sede del poder militar carrancista, se encontraba casi 500 kilómetros al sudeste. Además, a finales de octubre empezaron a aumentar los villistas en Aguascalientes y sus alrededores, presionando a los simpatizantes del carrancismo y perjudicando la neutralidad de la Convención; a principios de noviembre, entraron en la ciudad 7 000 villistas, incluida la formidable artillería de Ángeles.[524] El presidente Gutiérrez anunció que venían con su permiso para conseguir vituallas y que se irían pronto; los oficiales villistas declararon que estaban ahí para impedir

---

[520] *Ibid.*, p. 159, y véanse pp. 448 y 710.
[521] *Ibid.*, pp. 160-161.
[522] Canova, Aguascalientes, 20 y 29 de octubre de 1914, SD 812.00/13611, 13702.
[523] Amaya, *Soberana convención*, pp. 124-125; Quirk, *Mexican Revolution*, p. 105.
[524] Schmutz, Aguascalientes, 29 de octubre y 4 de noviembre de 1914, SD 812.00/13965, 13758.

un movimiento carrancista en Aguascalientes.[525] Ninguna explicación sonaba convincente, porque las tropas seguían llegando hasta que el 7 de noviembre 30 000 villistas estaban apostados en Aguascalientes y sus alrededores.[526]

No sólo era ése un movimiento de tropas que violaba las reglas de la reunión; también socavaba las demandas de neutralidad de la Convención, que cayó como fruta madura en las manos de Villa. La reacción de los carrancistas fue rápida y predecible. Varios delegados procarrancistas se fueron en seguida; Pablo González, desde Querétaro, y Jesús Carranza, desde el Istmo, telegrafiaron a sus delegados para que se retiraran.[527] Carranza mismo, temeroso del avance villista hacia la capital, salió de la Ciudad de México —con el pretexto de visitar las pirámides de Teotihuacán— y se dirigió al este a la zona de Puebla-Córdoba, donde tenían su base las fuerzas leales de Coss y Aguilar.[528] Desde Tlaxcala envió un telegrama a la Convención, en el que decía que no se retiraría a menos que Zapata y Villa hicieran lo mismo; fueron inútiles los apresurados intentos de mediación de González y Obregón —quien alcanzó al primer jefe en Córdoba—.[529] En la tarde del 10 de noviembre, la Convención declaró que Carranza estaba en "abierta rebelión".

En Aguascalientes, mientras tanto, se apretaba la tuerca villista. En teoría, Villa había entregado su jefatura y se había puesto a las órdenes del ministro de Guerra convencionista, pero éste era José Isabel Robles, uno de sus generales; en pocos días, Gutiérrez ratificó el título de "general en jefe" que Villa había asumido arbitrariamente, y lo nombró jefe de operaciones para dirigir las fuerzas de la Convención contra la "insurrección" carrancista. No es difícil coincidir con Cumberland en que los movimientos de Villa mostraban un espíritu bélico disfrazado breve e inadecuadamente durante los primeros días de la Convención, y que la capitulación de Gutiérrez se debió a un acuerdo previo o a la completa impotencia.[530] En todo caso, a mediados de noviembre, desde el punto de vista villista, el asunto Carranza parecía resuelto satisfactoriamente, sin que Villa hubiera tenido que correr la misma suerte. Ahora comenzarían los balazos que Villa esperaba.[531]

Pero Carranza no estaba dispuesto a rendirse. Desparramó telegramas por todo el país buscando apoyo, apelando a la lealtad contra Villa y la Convención.[532] Su gabinete empacó los archivos y se dirigió a Puebla y algunos

[525] *Ibid.*; Cumberland, *Constitutionalist Years*, p. 173.
[526] *Ibid.*, p. 174.
[527] De Jesús Carranza a Carranza, 3 de noviembre de 1914, SRE, legajo 842, 113-R-2, p. 15; Quirk, *Mexican Revolution*, pp. 188-189.
[528] Amaya, *Soberana convención*, p. 162; *El Demócrata*, 9 de noviembre de 1914.
[529] Amaya, *Soberana convención*, pp. 163-168; Hall, *Obregón*, pp. 91-93; Cumberland, *Constitutionalist Years*, usa algo de dureza cuando califica de "pueriles" esos esfuerzos; si no fueron —como parecían ser— esfuerzos honestos sino desesperados, entonces fueron cínicos ("más para efecto de propaganda que otra cosa", dice Cumberland), pero astutos.
[530] *Ibid.*, p. 177.
[531] Womack, *Zapata*, p. 218.
[532] Pueden verse en SRE, legajo 841, 113-R-2, pp. 17-33.

puntos del este. Entre tanto, crecía la lista de los generales que repudiaban la Convención, retiraban sus delegados y se declaraban a favor de Carranza: Manuel Diéguez, Pablo González, Jacinto Treviño, Francisco Coss, Máximo Rojas, Luis Caballero, Francisco Murguía y otros.[533] La Convención se había transformado en un reducto de villistas, zapatistas y sus simpatizantes. En esa situación crítica, la reacción de Obregón era de suma importancia. Segundo general revolucionario más destacado, figura popular y político hábil, Obregón había trabajado mucho durante 1914 para llegar a un acuerdo pacífico.[534] Ahora podía unirse a Carranza o quedarse con la Convención y procurar moderar a Villa; y cuando Carranza le ordenó unirse a sus fuerzas que se retiraban a Veracruz, Obregón obedeció y unió su destino al del primer jefe.[535] El 13 de diciembre de 1914, la Convención confirmó a Gutiérrez como presidente provisional hasta que hubiera elecciones. Nombró una Comisión Permanente compuesta de 21 delegados para elaborar un programa de reformas y levantó las sesiones. Prudentes, Gutiérrez, su gabinete y la Comisión Permanente se retiraron a San Luis Potosí mientras Villa empezaba su avance hacia la Ciudad de México.[536] Por corto tiempo la Convención pospuso el choque armado entre Villa y Carranza, pero no pudo evitarlo; "la batalla por la paz" cedió paso a "la guerra de los vencedores",[537] y comenzó el último gran asalto de guerra civil de la Revolución.

La guerra de los vencedores

Distintos oponentes se habían enfrentado en episodios previos de guerra civil: la indefinida coalición revolucionaria de Madero contra las fuerzas del Porfiriato; los constitucionalistas contra un ejército federal ampliamente extendido y sus aliados.[538] A pesar de la profesionalización de los revolucionarios en 1913-1914, cada conflicto enfrentó guerrilleros voluntarios con oficiales y conscriptos de un ejército regular; la guerra no se hacía entre semejantes. Pero las circunstancias habían cambiado. Formalmente, ahora se enfrentaban la Convención —dirigida por Gutiérrez y apoyada por Villa— y el "rebelde" Carranza con sus tropas. Semanas después se desvaneció la autoridad de Gutiérrez y su gabinete, y Villa surgió poderoso en el medio convencionista. Con la ruptura entre Gutiérrez y Villa, verificada en enero de 1915, hubo una tricotomía efímera: villismo, carrancismo y convencionismo.[539] Aunque la Conven-

[533] Amaya, *Soberana convención*, pp. 162, 165 y 179.
[534] Incluso lo admitían algunos villistas; Guzmán, *El águila y la serpiente*, p. 228.
[535] Quirk, *Mexican Revolution*, p. 126; Hall, *Obregón*, pp. 92-94.
[536] Amaya, *Soberana convención*, pp. 170-171.
[537] La frase —muy a propósito y sin contradicción— es de Cumberland, *Constitutionalist Years*, p. 151.
[538] El abandono de los orozquistas a Huerta oscurece esa distinción; lo mismo la presencia de revolucionarios de última hora en ambos casos.
[539] De Terrazas a los presidentes municipales, 19 de enero de 1915, STA, caja 84; Cumberland, *Constitutionalist Years*, pp. 189-192.

ción —cuerpo itinerante de debate— sobrevivió bajo la protección zapatista, carecía ya de autoridad; la guerra civil cristalizó en lo que, en esencia, había sido siempre: lucha entre Villa y Carranza, y sus respectivos seguidores. La Convención, nacida en la esperanza y el optimismo, no pudo formar un régimen alternativo e independiente a pesar de haber contado con simpatía amplia y real; cuando eso fue evidente, a finales de 1914, apareció la fisura en la vieja falla villista-carrancista, donde tantos sismos anteriores habían anunciado la revuelta.

El análisis de este último conflicto puede concentrarse así, legítimamente, en la disputa villista-carrancista, aun cuando por algunos meses el villismo usó la máscara convencionista. Pero este análisis de la bifurcación en la corriente principal de la Revolución tiene problemas muy diferentes a los de los enfrentamientos anteriores (Madero-Díaz, Carranza-Huerta). Algunos lo han visto como una lucha entre el "campesinado" (villismo) y la "burguesía" (carrancismo); incluso en esa época, los hombres instruidos de Zapata denominaron "burgués" a Carranza.[540] Otros, aunque conservan la etiqueta de "burgués" para Carranza, son reacios a pensar en el villismo como movimiento "campesino". Jean Meyer distingue entre los seguidores de Carranza —"propietarios, pequeñoburgueses, políticos, militares, burócratas de pueblos y ciudades"— y "los jinetes de la frontera... pioneros, vaqueros, mexicanos y extranjeros" de Villa; a medida que el villismo se extendía hacia el sur, se le unían "los desarraigados, los jóvenes y solteros".[541] Puesto que las bases sociales son diferentes (ya se definan como clases "primarias" o categorías secundarias, flexibles), es de esperar que los comentaristas distingan también "filosofías políticas totalmente diferentes" detrás de villismo y carrancismo. Quirk piensa en los villistas (y zapatistas) como agraristas radicales, mientras los carrancistas, que representan grupos liberales de clase media, apoyados por elementos "amantes del orden", "aspiraron siempre a la legalidad, a crear un gobierno estable".[542] Además de esas dos interpretaciones, que se superponen en ciertos puntos, hay una tercera que postula, en otros términos, una gran diferencia entre las dos facciones. Para los carrancistas de ese entonces, Villa representaba la política conservadora y lo "apoyaba la reacción"; a menudo se pensaba lo mismo de Zapata; de ahí que sus enemigos fueran los radicales genuinos.[543] Hay, pues, por lo menos tres análisis que proponen diferencias sociales y políticas fundamentales entre el villismo y el carrancismo: los dos primeros no coinciden en terminología ni en la naturaleza del

[540] Lavrov, en Rudenko, *Revolución mexicana*, pp. 109 y 113; Gilly, *Revolución interrumpida*, pp. 94-95; Anatol Shulgovsky, *México en la encrucijada de su historia*, México, 1968, p. 33.
[541] Jean Meyer, *Revolution Mexicaine*, pp. 57-58 y 72-74; Wolf, *Peasant Wars*, pp. 36-41, es parecido.
[542] Quirk, *Mexican Revolution*, pp. 74-75; del mismo autor, "Liberales y radicales", que Wolf, en su libro citado (p. 40) y otros utilizan.
[543] Obregón, *Ocho mil kilómetros*, pp. 233-238; Francisco Azcona B., *Luz y verdad. Pancho Villa, el cientificismo y la intervención*, Nueva Orleans, 1914, y véanse pp. 439-444.

villismo, pero están de acuerdo en el carácter "burgués" del carrancismo; el tercero invierte los papeles y considera radical al carrancismo y conservador (¿también "burgués"?) al villismo.

En contraste total, algunos especialistas rechazan esa categorización indiscriminada y atribuyen la guerra a factores puramente personales; para ellos fue una lucha de caudillos rivales por el poder, carente de importancia social o ideológica definida.[544] A ese punto de vista —sin atractivos para quienes piensan en la historia como producto de "fuerzas sociales" más que de "grandes hombres"— se añade la desventaja de que presenta la última etapa de la guerra civil, y posiblemente la más sangrienta, como la que más carece de sentido.[545] Mientras las tres interpretaciones "sociales" ven el conflicto como una lucha tremenda de ideologías y clases rivales, que terminó en la derrota trágica (Gilly) o el compromiso creador (Quirk), la cuarta escuela da a entender que la matanza fue en vano: Carranza y Villa lucharon por la corona como el león y el unicornio, y si el resultado histórico se hubiera invertido, no habría tenido más importancia que si el fabuloso unicornio hubiera atravesado al león mítico. Hay pues, dos importantes preguntas —relacionadas y problemáticas— por considerar: ¿en qué se diferencian el villismo y el carrancismo?; y ¿eran tales esas diferencias que el resultado de la lucha afectó significativamente el resultado de la Revolución? Dicho simplemente, ¿qué estaba en juego en la guerra de los vencedores?; ¿importó que Carranza ganara y Villa perdiera?

La primera respuesta a la primera pregunta es un cliché historiográfico: depende. Depende de las perspectivas que se adopten y de que el fenómeno preciso bajo escrutinio sea "carrancismo" y "villismo". Desde el punto de vista del líder individual o del liderazgo nacional estricto (perspectiva común), la diferencia es simple, aunque el análisis no sea tan sencillo como se supone con frecuencia. Pero vistos desde un ángulo más amplio, nacional, la imagen cambia, las diferencias se diluyen y los dos movimientos empiezan a parecerse. El grado de diferencia depende, pues, de que la visión sea estrecha (líderes y sus acompañantes) o amplia (coaliciones nacionales). Hay, además, una perspectiva temporal y una espacial. El villismo de marzo de 1913 difiere del de noviembre de 1914, que a su vez es distinto (menos pronunciadamente) del de marzo de 1915; todos son diferentes al villismo de 1916-1917. De la misma manera, el análisis del carrancismo de 1914 marcará diferencias con el que abarque 1914-1920. Esto se verá claramente mientras avancemos; por el momento, la perspectiva temporal se concentra en los finales de 1914, momento del cisma revolucionario.

Según la perspectiva, el villismo y el carrancismo se confunden o se separan en nítido contraste. El secreto de este *trompe l'oeil* puede explicarse con una metáfora científica. Cada facción nacional tenía un núcleo sólido, geo-

---

[544] Amaya, *Soberana convención*, pp. 18-19 y 57, aunque influye en él la tercera escuela.
[545] Como más o menos señala Cumberland en su libro, pp. 162-163.

gráfica, histórica y (hasta cierto punto) socialmente claro; pero a su alrededor giraban partículas en órbitas diferentes, algunas tan cerca que podían fusionarse —de manera permanente o temporal— con el núcleo, algunas a tanta distancia que escapaban fácilmente cuando otra fuerza las atraía. Cada facción era, pues, intrínsecamente inestable: podía crecer o desintegrarse según acrecentara o perdiera partículas dependientes. Ese proceso alteraba no sólo su peso, sino también sus propiedades porque, aun cuando el núcleo simple fuera diferente, al atraer partículas y desarrollar estructuras atómicas más grandes y complejas, se producía cierta convergencia elemental. Mientras más grande era cada "molécula" —facción—, más se parecían entre sí.

Empecemos con el núcleo o centro. A pesar de la autoridad nominal de Carranza, hacia 1914 Villa había levantado en el norte-centro del país otra máquina política, económica y militar: "el general Villa tiene ahí un imperio dentro de otro imperio. Echó a los carrancistas e instaló en esos puestos a sus funcionarios... Es su propia ley".[546] La Revolución tenía pues dos autoridades rivales que aspiraban al gobierno nacional y se habían enfrentado ya por diversas razones: el nombramiento de Chao como gobernador de Chihuahua, el caso Benton, la ocupación de Veracruz, el retraso de Carranza para hacer avanzar a la División del Norte.[547] Aparte de cuestiones internacionales importantes, características de la rivalidad Villa-Carranza, esas diferencias —sobre coordinación militar y nombramientos políticos— eran típicas de las disputas entre los revolucionarios en todos los niveles. Carranza y Villa disputaban como lo hacían los cabecillas en zonas remotas de Guerrero o Tlaxcala, pero sus rivalidades eran mucho más importantes porque ellos aspiraban a la supremacía nacional, no local; por eso, nadie que participara en la Revolución podía escapar a las consecuencias. Pero, ¿subyacían profundas diferencias sociales e ideológicas a esas reyertas grandes, aunque comunes?

El núcleo carrancista se había formado en 1913 con la fusión de elementos coahuilenses y sonorenses; aunque nunca se adhirieron con la velocidad que hubieran debido, la atracción del núcleo fue suficiente como para mantenerlos unidos en 1914 (a pesar de la deserción de Maytorena) y durante seis años más. En el lado coahuilense, los aliados más cercanos de Carranza —que estuvieron con él en 1912-1913, lo apoyaron incondicionalmente en 1914 y después de 1915 recibieron recompensas por su constancia— eran los soldados y oficiales jóvenes de su estado natal, el "protoplasma" de la revolución constitucionalista, según les llamó Calero. Éstos incluían militares salidos de las fuerzas estatales de Coahuila que habían resistido a los orozquistas en 1912 y originado largas disputas entre Carranza y Madero: Francisco Coss, Jacinto Treviño, Cesáreo Castro, Andrés Saucedo, Pablo González, Francisco Murguía. Coss, Treviño, Castro y González habían luchado en las primeras campañas fracasadas contra los federales en 1913; González, elevado

---

[546] H. J. Brown a Bryan, 4 de agosto de 1914, Documentos Bryan, caja 43, libro I; informe extenso, sustentado en un viaje de 10 semanas por el norte de México.
[547] Carothers, El Paso, 12 de abril de 1914, SD 812.00/11755, y véanse pp. 186-187 y 209-212.

a jefe de la División del Este, se mencionaba como "predilecto de Carranza".[548] Entre los acompañantes del primer jefe estaban su hermano Jesús, secretarios civiles jóvenes, como Alfredo Breceda y Gustavo Espinosa Mireles y otros líderes "militares" también jóvenes como Múgica y Barragán, cuya capacidad era política, administrativa y militar.

La juventud era el denominador común de esos primeros carrancistas (sólo Venustiano y Jesús tenían más de 40 años), pero no la filiación de clase. Las familias de Carranza, Barragán y Francisco Urquizo eran terratenientes; Urquizo y Treviño eran soldados de carrera; el padre de Andrés Saucedo, viejo aliado político de Carranza, había participado activamente en la política coahuilense en la etapa media del Porfiriato (lo mismo que los padres de Urquizo y Gustavo Salinas).[549] Todos podrían ubicarse en la clase de los acomodados o "burgueses". En un peldaño inferior (¿pequeñoburgueses?), está un grupo de carrancistas que había salido de los distritos mineros del norte de Coahuila-Nuevo León: Pablo González (cuyo origen está aún envuelto en cierta bruma, a pesar de todo lo que se distinguió después) y Francisco Murguía —más tarde "mano derecha" de González—, oriundo del Estado de México, quien emigró a Coahuila, fue fotógrafo profesional en el pueblo minero de Sabinas y avanzó, mediante la oposición política y el maderismo, hasta convertirse en destacado jefe militar carrancista en 1914-1915. De Lampazos (N. L.) salieron González, Antonio Villarreal y Fortunato Zuazua, miembro este último de una familia con larga tradición liberal.[550] Más abajo (¿proletarios?) se encontraban Francisco (Pancho) Coss, considerado "trabajador ordinario", y Luis Gutiérrez, en otro tiempo "minero humilde" y, como su hermano Eulalio, hombre "sin cultura" pero con cierta sagacidad innata. En 1917, cuando Gutiérrez se postuló para la gubernatura de Coahuila, "las clases bajas [los peones] lo apoyaron más; de hecho, él provenía de esas clases".[551] Así pues, la mitad coahuilense del núcleo no pertenecía a una sola clase, cubría una serie de ocupaciones y antecedentes; compartía sólo su origen geográfico (por nacimiento o adopción) y la lealtad a Carranza sustentada en el parentesco, el compadrazgo o la nueva experiencia clientelista.[552]

En la parte sonorense variaba también el estatus, aunque quizá con rasgos menos acentuados (he mencionado ya el origen "medio" de Obregón, Calles y Alvarado; Hill, pariente político de Obregón, era un terrateniente

---

[548] Calero, *Un decenio*, p. 172; Canova, Saltillo, 8 de julio de 1914, SD 812.00/12474; Alfonso Junco, *Carranza y los orígenes de la rebelión*, México, 1955, pp. 31 y 96-97.

[549] Barragán, *Historia del ejército*, I, pp. 30, 111 y 164.

[550] *Ibid.*, I, pp. 247-248; Cobb, Juárez, 22 de diciembre de 1916, SD 812.00/20207, sobre Murguía; José Morales Hesse, *El general Pablo González: datos para la historia, 1910-1916*, México, 1916, no dice mucho de sus antecedentes.

[551] Luis F. Bustamante, *De El Ébano a Torreón*, Monterrey, 1915, p. 236; Blocker, Piedras Negras, 14 de septiembre de 1917, SD 812.00/21281; Jenkins, Puebla, 7 de enero de 1915, SD 812.00/14285.

[552] Más investigaciones —como la precursora de Aguilar Camín para Sonora— aclararían esas relaciones personales y regionales y explicarían, por ejemplo, la desproporcionada contribución revolucionaria de Lampazos.

próspero; Diéguez era empleado de una mina —no un minero— y había participado en los conflictos de Cananea). Una vez más, el denominador común era la geografía y la experiencia revolucionaria compartida. Aunque este grupo se acercó al campo carrancista después de la disputa con Maytorena y le prestó servicios invaluables en 1914-1915, su lealtad al primer jefe era menos personal y más condicionada que la de los coahuilenses. La sucesión presidencial de 1920 dividió de esta manera el viejo núcleo carrancista; la explosión fue gigantesca.[553] La élite carrancista estaba compuesta de esos coahuilenses y sonorenses que reclutaron, lucharon, gobernaron y estamparon su sello en todo el movimiento. Obregón y González condujeron divisiones; otros lucharon por Carranza en sus estados (Calles en Sonora, Gutiérrez en Coahuila), en el centro reacio (Diéguez en Jalisco, Murguía en el Estado de México y Michoacán) o en el sur hostil (Múgica en Tabasco, Alvarado en Yucatán), y fueron primordialmente responsables de la derrota de Villa y de asumir el gobierno en el México villista. Eran los hombres fundamentales del constitucionalismo; Carranza lo supo, a su costa, en 1920.

Ese núcleo atrajo a su órbita gran cantidad de partículas. Explicaré en un momento el método usado para atraerlas; veremos primero dos aspectos importantes de esas fuerzas dependientes. Como cualquier movimiento que aspirara a ser nacional, el carrancismo necesitaba cuadros administrativos e intelectuales; de ahí que se hiciera de políticos e intelectuales, que por lo común tenían antecedentes maderistas, pero no experiencia militar o lazos locales: Fabela, Cabrera, Pani, José Macías, Luis Rojas —escribientes, ideólogos y polemistas de Carranza—. Quirk subraya la importancia de su papel ligándolo al tipo de liberalismo civil que —dice— puso su sello en el carrancismo. Es discutible esa categorización ideológica del carrancismo; sucede que ese grupo de intelectuales y políticos liberales tenía su contrapartida en el que se adhería al villismo —hombres con los mismos antecedentes y filosofía—.[554] Su presencia en ambos bandos no puede usarse como criterio diferenciador. Además, el curso de los acontecimientos no dice que su influencia haya sido decisiva; los intelectuales, los que escribían discursos y hacían leyes, fueron necesarios para crear instituciones políticas, pero esa tarea, que después sería de suma importancia, era todavía secundaria porque lo primero era reclutar, luchar y ganar. Los intelectuales (definidos de manera convencional) desempeñaban por el momento un papel secundario y dependiente.[555] En la coalición carrancista, los militares tenían el poder real.

Otro aspecto importante es que las fuerzas dependientes de Carranza —las que giraban alrededor del núcleo— eran, en cierto sentido, realmente dependientes y realmente carrancistas. Movimiento que aspiraba a ser nacional,

---

[553] La ruptura no fue perfecta: Diéguez (sonorense por adopción) se unió a Carranza, y Treviño a los sonorenses; Pablo González prevaricó, como era de esperar.

[554] Quirk, *Mexican Revolution*, pp. 10 y 151; nótese que Obregón rechazó el rótulo de "constitucionalista", véase p. 174.

[555] La definición "convencional", en Knight, "Intellectuals".

el carrancismo reclutaba en todo el país, cooptaba y legitimaba a grupos rebeldes locales. Veracruz se distinguió con un grupo de carrancistas conversos: Gavira, Millán, Jara, Portas y Cándido Aguilar (futuro yerno de Carranza).[556] En una carta dirigida a Carranza en julio de 1914, un norteño desconfiado decía que el contacto veracruzano amenazaba desviar el centro de gravedad norteño del carrancismo (el primer jefe escogió Veracruz para refugiarse cuando Villa amenazaba la Ciudad de México, a fines de 1914, no sólo por emular a Juárez).[557] La estancia de Carranza en el golfo manifestaba —y reforzaba— la participación jarocha en la coalición carrancista. En realidad, los revolucionarios veracruzanos deben considerarse como subpartículas del centro o, en todo caso, como los satélites dependientes más poderosos. Otros eran más dependientes porque no ejercían control individual en el liderazgo nuclear nacional: Carrasco (Sin.), Mariscal (Gro.), Rojas (Tlax.), Amaro (Mich.), Baños (Oax.), los Arrieta (Dgo.), los Herrera (Chih.). Éstos, como veremos, eran jefes locales que mandaban tropas locales, que adoptaron el rótulo carrancista por motivos, también locales, de proximidad y urgencia. Del lado villista había muchos equivalentes —más, en realidad—. Lo que distinguía a los dos grupos rivales no era tanto sus atributos intrínsecos, cuanto el tipo de relación que tenían con el núcleo, distinción que expondré atendiendo no a las partículas periféricas, sino a los núcleos mismos.

El liderazgo carrancista —a causa de su perspectiva nacionalista— discriminaba mucho al escoger sus reclutas y ejercía aún más control sobre sus actividades posteriores. No reclutaba indiscriminadamente, sino de manera selectiva; eliminaba tanto como cooptaba; envió sus procónsules a conquistar y gobernar provincias hostiles; y podía atraer a nacionalistas del mismo parecer, como los Herrera de Chihuahua.[558] La visión carrancista de lo nacional y la capacidad de sus militares para realizarla, aseguró a la coalición, si no homogeneidad, por lo menos coherencia. A pesar de su diversidad, se mantuvo unida, no fue ficción. Prueba de que así lo hizo es la conciencia nacional y la eficacia del centro carrancista, sobre todo de los militares, verdaderos lazos del movimiento. En vez de la clara filiación de clase, ése fue el sello del carrancismo; esto significa que el centro carrancista no se sometió ni a los intelectuales que estaban dentro de él ni a sus aliados dependientes de las provincias. Carranza, Obregón, Alvarado, Calles, Múgica, González y los demás no abdicarían al poder. Volveré a este punto de suma importancia.[559] Es necesario ver primero sus contrastes con el villismo, porque el carrancismo y el villismo diferían básicamente a ese respecto más que en lo que concierne a clase y lealtad.

También el núcleo villista compartía un origen geográfico común: los dis-

[556] Gavira, *Actuación*, pp. 184-189; muestran esos comentarios que la facción veracruzana, aunque era poderosa, no estaba unida.
[557] De S. Terrazas a Carranza, julio de 1914, STA, caja 84.
[558] Es, por lo menos, una interpretación posible, véanse pp. 283-284.
[559] Véanse pp. 403 y 409.

tritos de la sierra de Durango y Chihuahua, conocidos por su rebeldía antes y después de 1910. Algunos de los villistas más importantes de 1914 —como los coroneles Baca y Luján— habían acompañado a Villa en sus días de bandolero en el decenio de 1890; otros —Urbina, Ávila, los hermanos Trinidad y José Rodríguez— habían conocido a Villa en el primer decenio del siglo xx.[560] Algunos llegaron a la jefatura militar por derecho propio (los Rodríguez capitanearon la Brigada Cuauhtémoc, formada en su distrito natal de Huejotitlán); otros, como el duranguense Nicolás Fernández, se distinguieron en el cuerpo de dorados, escolta personal de Villa.[561] Esa identidad regional y personal se conservó incluso cuando el villismo empezó su extraordinaria expansión. En 1913, cuando Vicente Dávila, enviado de Carranza, llegó a conferenciar con Villa, se le dijo: "aquí todos semos [sic] de Chihuahua". La gran División del Norte se formó con unos cuantos millares que componían las fuerzas originales de Chihuahua y Durango. Los chihuahuenses, que en 1914 seguían los trenes con tropas en su camino al sur, encontraban a cada paso, entre sus compañeros villistas, viejos amigos, amigos de amigos y vecinos; eso contribuyó, sin duda, a reforzar el *esprit de corps* del movimiento.[562] Naturalmente, no todos los veteranos de Chihuahua se convirtieron al villismo: Orozco había atraído a muchos, cuyo compromiso con Huerta los puso fuera de los límites, al menos por un tiempo; en 1914 los Herrera se unieron a Carranza, algo sorprendente en vista de su antigua vinculación con Villa.[563]

Pero nada podían conseguir los restos del orozquismo; y la independencia intrépida de los Herrera pronto quedó controlada.[564] Bien avanzado 1914, todo el norte y centro de México, desde Ciudad Juárez hasta Zacatecas, era firmemente villista; sólo los Arrieta, empujados a sus remotos refugios en la montaña de Durango, conservaban su desafío precario. Un residente de Torreón comentó: "en el norte casi hemos olvidado lo que es la revolución activa... porque esta parte de la República está con el general Villa de manera tan firme, que por el momento ninguna otra facción conseguiría el favor popular, y sin el favor popular no tendría ninguna oportunidad de éxito".[565]

Pero, ¿quiénes pertenecían a esa facción todopoderosa? Los observadores subrayaban su origen humilde: "El triunfo de Villa en el norte de México

---

[560] Guzmán, *Memorias*, p. 71, Calzadíaz Barrera, *Hechos reales*, I, pp. 22-23.

[561] Guzmán, *Memorias*, p. 740; Píndaro Urióstegui Miranda, *Testimonios del proceso revolucionario*, México, 1970, pp. 92 y ss.

[562] Cervantes, *Francisco Villa*, p. 55; Calzadíaz Barrera, *Hechos reales*, I, pp. 171-172; Brondo Whitt, *División del Norte*, pp. 34-35 y 74. Según el extenso informe obtenido de "una fuente confidencial" en el norte (Hohler, Ciudad de México, 20 de octubre de 1914, FO 371/2031, 68895), Villa tenía "5 000 hombres suyos" en un ejército varias veces más grande.

[563] Véanse pp. 439-440.

[564] Como era propio de un movimiento popular con raíces profundas, el orozquismo sobrevivió tenazmente mediante caudillos independientes como Campa y Salazar, pero en 1914 el poder de Villa los eclipsó totalmente. Véase Meyer, *Mexican Rebel*, pp. 118-121; véase también p. 342 acerca de su regreso al redil.

[565] O'Hea, citado por Hohler, Ciudad de México, 17 de diciembre de 1914, FO 371/2395, 6623.

llevó a la cúspide a muchos hombres como él —vaqueros y rancheros, duros, analfabetos e ignorantes de las sutilezas de la moral, pero francos y confiables".[566] Otros, aunque eran más críticos, concordaban en eso. En el medio de Villa no había "hombres de gran moral, mentalidad, educación o patriotismo... necesarios para conseguir y mantener un gobierno estable"; un gobierno de ese tipo no podía surgir de los círculos villistas.[567] Los historiadores describen el villismo de manera similar: "los camorristas que iban en busca de emociones y botín tenían por héroe a Pancho Villa"; los jefes de Villa eran "hombres incultos que vivían según la ley de la selva".[568] En esa categoría se encontraban el mismo Villa; su amigo Urbina, bandolero reumático; el cruel ex ferrocarrilero Rodolfo Fierro; Nicolás Fernández, en otro tiempo caporal de la hacienda Agua Zarca (Dgo.), y Fidel Ávila, capataz de los hatos de San Andrés (Chih.), que tenía aspecto de típico ranchero.[569] No eran éstos peones o campesinos, ni tampoco hombres de cultura, riqueza o sofisticación. Teniendo en cuenta sus orígenes y objetivos, podemos analizarlos con base en el concepto serrano al que ya me referí.

Aunque se destacaban, los plebeyos no monopolizaban el centro villista. Aparte de los intelectuales civiles, que colonizaron rápidamente el movimiento (me referiré a su papel más adelante), había también militares villistas "respetables", cuyo liderazgo era considerable: el acomodado Eugenio Aguirre Benavides, el maestro Manuel Chao, Rosalío Hernández, viejo de barba blanca, José Isabel Robles, joven que leía a Plutarco y citaba a los clásicos.[570] Éstos, lo diré después, no eran comunes en el centro del villismo; el que estuvieran ahí no cambió su naturaleza esencialmente popular, pero con su presencia negaron cualquier distingo drástico entre villismo plebeyo (o campesino-proletario) y el carrancismo burgués. Villa tenía sus acomodados, así como Carranza tenía sus plebeyos (Coss, Luis Gutiérrez); podemos señalar, además, que los principales reclutas chihuahuenses de Carranza, los Herrera, eran rancheros modestos y sin cultura. La evaluación de los hombres de Carranza que hicieron los extranjeros podría equipararse con la del liderazgo villista que cité antes.[571]

Es difícil, pues, afirmar —aun refiriéndonos al "núcleo"— que el carrancismo y el villismo eran diferentes por algún distingo de clase. Las diferencias eran más sutiles y, si acaso, se relacionaban con la clase sólo de manera secundaria; correspondían más bien a lugar de origen, ubicación en el proceso

---

[566] De D. Barrows a B. Wheeler, 25 de julio de 1915, SD 812.00/15595; Barrows, profesor de ciencia política, viajaba entonces por Chihuahua.

[567] Schmutz, Aguascalientes, 11 de noviembre de 1914, SD 812.00/13914.

[568] John Womack, Jr., "The Spoils of Mexican Revolution", *Foreign Affairs*, núm. 48 (1970), p. 678; Cumberland, *Constitutionalist Years*, p. 182.

[569] Guzmán, *Memorias*, p. 740; Letcher, Chihuahua, 25 de agosto de 1914; Duval West, marzo de 1915, SD 812.00/13232, 14622.

[570] Reed, *Insurgent Mexico*, pp. 160-164; Almada, *Diccionario chihuahuense*, p. 463; Guzmán, *El águila y la serpiente*, pp. 277-278.

[571] Véase p. 303.

revolucionario y educación (definida en sentido amplio). El más destacado de esos rasgos diferenciadores era el nacionalismo carrancista frente al localismo villista.[572] Este rasgo, que puede aplicarse a Zapata y los surianos, puede parecer inadecuado para los inquietos jefes de la División del Norte que, por supuesto, no mostraban la firme obstinación de Zapata (en eso eran diferentes los rebeldes serranos y los agraristas).[573] Pero lo que compartían con los zapatistas y los rebeldes populares en general —y los separaba de carrancistas patricios y plebeyos, conscientes de lo nacional— era su incapacidad para trascender sus compromisos políticos locales y limitados, su falta de empuje para ganar el poder nacional. Mientras faltara ese empuje —que requería experiencia militar y administrativa— aun las conquistas locales de Villa serían vulnerables.

A la inversa del carrancismo —vástago de la Revolución nacido en 1913 y con paternidad "oficial"—, el villismo se remontaba a las rebeliones precursoras y populares de 1910 y más allá todavía; con el apoyo popular estableció, entonces y en 1913, un régimen poderoso que gozó del "favor popular". Después de Torreón, parecía que Villa —el caudillo más destacado de la Revolución— derrotaría al primer jefe y transformaría su hegemonía regional en nacional. Pero el villismo había llegado al límite de su carisma. Fuera del norte-centro de México, las operaciones militares villistas no eran tan exitosas (eso no se debía sólo al cambio de oponentes). Excepto Ángeles, soldado de carrera, el resto de los oficiales villistas se desempeñaban con torpeza fuera de su territorio. Urbina, buen guerrillero en las estribaciones de las montañas de Durango, condujo torpemente a 15 000 hombres en el cerco de El Ébano, donde se enfrentó a Jacinto Treviño, joven general carrancista, militar con escuela.[574] En enero y marzo de 1915, Diéguez y Murguía vencieron a Fierro y Contreras, enviados a una incursión predatoria en Jalisco. A pesar de las simpatías locales —se lamentaba Villa— "vi claro cómo iba a malograrse pronto el fruto de mi victoria" y en vista de sus campañas posteriores contra Obregón en el Bajío, Villa tampoco estaba libre de críticas.[575]

Ésos no eran solamente fracasos *militares:* eran también fracasos de voluntad política. Villa y los villistas "medulares" no se ocuparon, como sí lo hicieron sus rivales carrancistas, en establecerse como élite nacional con derecho a gobernar el país; les interesaba más batir a sus enemigos en el campo de batalla (que, en sí, era casi un fin machista) y aferrarse a sus dominios del norte y centro, en especial esos pedazos que se habían convertido en propiedades de los generales villistas. El entusiasmo de Urbina por hacer campaña en lugares distantes se desvaneció a medida que aumentó su anhelo por Canutillo; finalmente, a su costa y para disgusto de Villa, dejó la guerra y volvió

[572] "Nacionalismo", en el sentido que se le dio (*supra*, p. 953), y que tendía a relacionarse estrechamente con otros atributos como el anticlericalismo.
[573] La cuestión se discutió antes en las pp. 933 y 956.
[574] Bustamante, *De El Ébano*, pp. 28-30; Guzmán, *Memorias*, p. 895.
[575] Guzmán, *Memorias*, pp. 798 y 840-841.

a su casa.⁵⁷⁶ Tampoco Villa mostró deseos de instaurar un régimen estable en la Ciudad de México; también es de suponer que las incursiones de Calixto Contreras en Jalisco, así como fueron mal ejecutadas, se hicieron a regañadientes. A pesar de la insistencia de Silvestre Terrazas, no se enviaron procónsules al sur; las propuestas de los civiles a propósito del movimiento laboral no recibieron apoyo.⁵⁷⁷ Esas estratagemas *políticas* fracasaron porque el lado militar villista carecía de perspicacia, propósito y gente para concretarlas. Una síntesis de la Revolución nos muestra que todas las grandes victorias villistas se consiguieron en casa: Tierra Blanca, Torreón, Zacatecas; lo que consiguieron a la distancia fue muy escaso. Al contrario, los carrancistas —los procónsules en especial— no dependían tanto del apoyo de sus paisanos; eran profesionales naturales que se desempeñaban bien —a menudo mejor— lejos de su terruño.

Esa diferencia entre los centros rivales demostró ser de suma importancia en lo que se refiere al reclutamiento —proceso mediante el cual se formaron las grandes coaliciones nacionales—. Estas coaliciones eran muy desiguales. Ambas contenían una gama de grupos sociales, de modo que no es posible diferenciarlas por sus componentes; no eran los tabiques los que las distinguían, sino el cemento que los mantenía unidos: el villismo colocó los materiales sin plano horizontal y sin preocuparse por la solidez o duración de la estructura; tamaño y volumen fueron los criterios dominantes. El villismo se construyó para impresionar, no para durar. El edificio carrancista, menos espectacular al principio, se pensó y construyó con más cuidado, con orientación arquitectónica; lo que no acomodaba quedaba descartado o se le daba la forma conveniente; no sería maravilla de un día. Eso fue evidente tanto en las regiones cuanto en grupos sociales. El villismo reclutaba al azar e indiscriminadamente: en Jalisco —presa que parecía disponible en 1914-1915—, el villismo combinaba fuerzas nativas más sus aliados, quienes gozaban de la simpatía local, en su lucha contra los intrusos carrancistas Diéguez y Murguía. "Los llamados villistas", dijo un observador, "son gente de aquí, siempre lista para tomar cualquier nombre bajo el cual esconder el robo"; es decir, eran bandidos, bandidos sociales, rebeldes populares o una combinación de los tres.⁵⁷⁸ El principal jefe villista en Jalisco era Juan Medina, ex herrero, "hombre muy tonto y simple", cuya carrera revolucionaria había comenzado —en ese estado poco revolucionario— cuando menos en 1913.⁵⁷⁹ Medina se enfrentaba a Diéguez,⁵⁸⁰ invasor sonorense, también de clase baja, pero que había salido del ambiente cosmopolita de Cananea con educación política

---

⁵⁷⁶ Aguirre Benavides, *De Francisco I. Madero*, pp. 252-253; Letcher, Chihuahua, 15 de septiembre de 1915, SD 812.00/16270.

⁵⁷⁷ De S. Terrazas a Villa, 2 de diciembre de 1914, STA, caja 84.

⁵⁷⁸ Holms, Guadalajara, 11 de diciembre de 1914, FO 371/2396, 9316.

⁵⁷⁹ De M. Palomar Vizcarra a Orozco y Jiménez, 23 de febrero de 1915, conflicto religioso, r. 9; Duval West, marzo de 1915, SD 812.00/14622; *Mexican Herald*, 22 de octubre de 1913.

⁵⁸⁰ Original de Jalisco y sonorense por adopción.

y un anticlericalismo radical. Un análisis simplista diría que ambos pertenecían a la clase trabajadora; pero estaban en distintos bandos, concebían la Revolución y sus objetivos de manera diferente, y lucharon, hicieron propaganda y gobernaron en conformidad. Mientras Diéguez ofendía la sensibilidad jalisciense atacando a la Iglesia y otros intereses creados, los villistas del estado y sus aliados efímeros —Fierro, Contreras y Villa mismo por algún tiempo— eran más tolerantes;[581] por eso tenían más popularidad, pero no más eficacia.

El mismo patrón se repetía en muchos lugares del país. En Michoacán, vecino de Jalisco, las tropas eran "villistas", porque se consideraba el villismo como "antídoto" contra el carrancismo impopular.[582] El villismo era también un disfraz para las rebeliones de terratenientes que proliferaban en el centro y sur del país: la de los hermanos Márquez y Méndez en Hidalgo; de Peláez en la Huasteca (donde se le denominaba "general en jefe de las fuerzas de Villa"); de eternos rebeldes como Pascual Casarín y Raúl Ruiz, en el Istmo; de Gil Morales, en Tabasco, y de unos cuantos rebeldes terratenientes en Chiapas.[583] Muchos jefes de buena fe, populares, y con frecuencia agraristas, también se declararon villistas: Arenas y Morales en Tlaxcala, los Cedillo en San Luis Potosí, Contreras en La Laguna, los indígenas yaquis y mayos en el noroeste. También el carrancismo era una coalición multiforme y mal mezclada, pero mientras su liderazgo luchaba —con algún éxito— para controlar el reclutamiento y la incorporación, el villismo se entregaba al eclecticismo desenfrenado, listo para tolerar cualquier poder o interés local que le ofreciera fidelidad o le prometiera ventaja efímera: terratenientes, agraristas, ex federales, bandoleros, caciques, curas; las purgas e imposiciones no se avenían con su despreocupada y localista forma de ser. Cuando el villismo dominó en el estado natal de Carranza, no intentó su renovación política total ni trató de colonizarlo con adictos villistas. Se convirtió en gobernador a un peón local, Santiago Ramírez, y en pueblos como Múzquiz se conservaron las autoridades que había hasta entonces.[584] La política monetaria es una muestra: en San Luis Potosí y otras partes, Villa permitió la coexistencia de las monedas emitidas por las facciones rivales, pero Carranza decretó que sólo podían circular billetes constitucionalistas.[585] Con esas purgas, decretos e imposiciones sistemáticas, el carrancismo se ganó el desafecto y la oposición, y empujó a los disidentes al villismo; éste, siempre tolerante, recibió a todos. El villismo creció, pues, hasta ser una coalición vasta y amorfa, unida sobre todo

---

[581] Véanse pp. 549-550.

[582] González y González, *Pueblo en vilo*, pp. 132-134.

[583] Gruening, *Mexico and its Heritage*, pp. 436-437; Wilson, Tampico, 10 de diciembre de 1914, FO 371/2395, 2445; de L. Spillard a Canada, 24 de mayo de 1915, SD 812.00/15353; Garciadiego, *Movimientos reaccionarios*, p. 145, n. 25; Benjamin, "Passages", p. 144.

[584] Aguirre Benavides, *De Francisco I. Madero*, p. 263; Silliman, Eagle Pass, 8 de agosto de 1916, SD 812.00/18931.

[585] C/o USS Sacramento, Tampico, 3 de enero de 1915, SD 812.00/14259 (el problema de la moneda se trata en detalle más adelante).

por el anticarrancismo. En muchas regiones, el villismo se concibió y constituyó negativamente, como una fuerza contra Carranza, más que como una dotada de atributos positivos o programas, y la guerra de los vencedores se volvió una contienda entre los locales (villistas) y los de afuera (carrancistas); naturales y procónsules; localistas y nacionalistas.[586] Pero esa forma de reclutamiento, que permitió al villismo avanzar a grandes pasos en 1914, no le dio fuerza y nervio en 1915. Ese reclutamiento local promiscuo, sin el control de una élite decidida, ambiciosa de dominio nacional, consiguió sólo una popularidad efímera y superficial, poco adecuada para ganar la guerra o conseguir el poder.

Las coaliciones hostiles de 1914 se formaron, pues, con criterios diferentes, producto de las prácticas organizadoras opuestas de cada centro o núcleo. Su cohesión molecular era diferente, pero las partículas que los componían eran muy parecidas. Fuera del núcleo, el villismo y el carrancismo casi no se distinguían. Al ampliar la perspectiva, al cambiar del centro a la coalición, conviene hacer una distinción preliminar —frecuente en sociología política— entre miembros activos y pasivos que, en este caso, corresponde aproximadamente a los grupos militar y civil.[587] Los militares (docenas de cabecillas y su gente, por cuya lealtad competían Villa y Carranza) eran menos, pero tenían más importancia; mientras la guerra fuera árbitro del éxito político, lo que ellos hicieran o decidieran sería definitivo. Lo ocurrido en la Convención había demostrado que reclamaban —y podían exigir— predominio sobre los civiles. Estos últimos abarcaban al resto de la "nación política": administradores y polemistas, funcionarios locales, caciques (no militares), notables influyentes y la gente común, pacífica, de la ciudad y del campo, cuya opinión colectiva era el espejismo cambiante de la opinión pública. Aunque eran mucho más numerosos, y con diversos grados de posesión de dinero, influencia y capacidad de persuasión, los civiles —como todos los civiles a lo largo de la Revolución— no podían transformar sus opiniones políticas en acción directa a menos que cambiaran su condición por la militar (empeño intimidante pero factible), lo más que conseguían era influir por medio de un cabecilla amistoso. De esa manera llegaron algunos (como Palafox) a tener participación "activa", que era difícil de conservar —una muestra es el clásico ejemplo de la familia Madero—.[588] Por el momento, la mayoría civil seguía a la minoría militar; ésta —sin cuidarse de lo que opinaba la mayoría— decidiría el destino de México en el campo de batalla. En ese sentido, y comparada con las guerras de 1910-1911 y 1913-1914, la de 1914-1915 fue básicamente "no

---

[586] Carranza consiguió también apoyo "negativo", antivillista, pero tenía mucha menos importancia, porque el carrancismo provocaba más hostilidad que su cordial rival.

[587] Los participantes "activos" estaban directamente involucrados en el conflicto —lo que significaba, sobre todo, estar en la lucha—. Algunos civiles, como Palafox, eran genuinamente "activos"; otros, aunque lo parecían, eran apéndices de los militares. La mayoría de los civiles eran espectadores pasivos, simpatizantes o víctimas.

[588] Véanse pp. 407, 532 y 623.

democrática". En las anteriores, la opinión pública —entendida en sentido amplio y mediada por la lucha guerrillera— había participado en el resultado militar, pero ya no era así. La guerra de los vencedores no era un conflicto de guerrillas; era una lucha de ejércitos profesionales en batallas convencionales, y no había seguridad de que ganaría el bando más popular. Es irónico que en esa última etapa de la guerra civil, de la que saldrían los vencedores y decidiría la suerte del México posrevolucionario, fuera la única en que las preferencias y el apoyo popular contaron menos.

Eso se hace evidente si comparamos el conjunto militar con el civil;[589] ambos estaban constituidos de manera diferente y mostraban notables incongruencias. Las coaliciones militares eran asociaciones "namieristas": se habían formado básicamente mediante lealtades y rivalidades personales, en las vicisitudes de carreras individuales y con decisiones locales oportunistas. Es por esa razón (aparte de la distinción "interno-externo" de la que ya hablé) que las dos coaliciones se parecían y no presentaron polarización de clase o ideología. El cabecilla y su gente iban en una u otra dirección, según lo dictaran consideraciones locales, inmediatas y pragmáticas. Pero el grupo civil —más grande y flexible, y menos eficiente— sí mostraba patrones de lealtad ideológica y de grupo. Superando las lealtades locales, personales, "namieristas", el villismo se presentaba genuinamente atractivo para algunos grupos: ofrecía protección a la Iglesia y a los acomodados; al mismo tiempo, daba esperanzas a la gente común y a los liberales decimonónicos tradicionales. Esas contradicciones obvias son una advertencia para no identificar claramente el villismo con intereses "conservadores-reaccionarios" o "radicales" *tout court*. El villismo, como dije ya, era una comunidad amplia: en ciertos grupos sociales ejercía atracción general, aunque contradictoria, sustentada en ideologías e intereses colectivos, civiles; atraía también por oportunidad *ad hoc* y consideraciones clientelistas, a ciertas facciones militares. Cualquier análisis del villismo —o el carrancismo— debe incluir ambos aspectos, ambos modos de análisis (uno vagamente marxista, el otro típicamente "namierista"). En último término, lo decisivo era la segunda forma de reclutamiento (militar); por eso, cualquier explicación sobre la guerra de los vencedores debe dar prioridad a cada una de las coaliciones militares.

Con ciertas excepciones, los militares revolucionarios no tenían interés en reiniciar las hostilidades. La "batalla por la paz" —con la que se intentó evitar otra guerra civil— había contado con apoyo y simpatía generales.[590] Cuando los caudillos principales no llegaron a un acuerdo, los cabecillas no se precipitaron en la contienda. Como ministro puritano, Gavira luchaba con su conciencia, debatiéndose insomne en un "estado de indecisión"; al fin

---

[589] "Coalición" es buen término para describir las facciones militares flexibles, pero no sería adecuado para los grupos civiles aún más flexibles; de ahí que "conjunto" debe entenderse como un montón de elementos diversos compartiendo una lealtad más o menos común; "Dissent" o "Middle America" se le aproximarían bastante.

[590] Amaya, *Soberana convención*, pp. 52-53 y 57.

vio la luz —Villa había caído en la trampa de la "reacción", mientras Carranza estaba con el "constitucionalismo liberal"—; escogió, se unió a Carranza y pudo dormir profundamente.[591] Para algunos la luz no llegó: Juan Cabral escribió a Carranza desde El Paso, diciéndole que, en conciencia, no podía tomar parte en otra guerra civil; cuatro meses después, en Douglas (Ariz.), podía vérsele, "como siempre, sentado en una barda... luchando con su conciencia, pensando si debería ser un Gutiérrez [sic] o Villa, o Carranza o quién sabe quién".[592] Muchos líderes revolucionarios compartían la indecisión de Cabral —que su crítico, poco caritativo, califica de inmadurez infantil—; ese sentimiento no quedaba eliminado por el compromiso (que a menudo se hacía bajo presión) con uno u otro lado. Gavira desechó el conflicto con maniqueísmo y evitó dudas posteriores, pero otros eran más imparciales y estaban perplejos. Fortunato Zuazua, quien había luchado y vencido a los villistas en Michoacán, confesó: "a decir verdad, ni la gente ni yo sabíamos exactamente cuál era el objeto de la nueva lucha ni en favor de quién se empeñaba; los vencidos, según sus declaraciones, se encontraban en las mismas circunstancias que nosotros, es decir, desorientados por completo".[593]

Al parecer, Murguía, adicto carrancista, había convencido a Zuazua. En muchos casos era así: un puñado de entusiastas (incluso Villa y Carranza) presionaban o persuadían a la gran mayoría de los que titubeaban. Pánfilo Natera, cabecilla importante que desconfiaba de ambos bandos, era disputado por los dos, con insistencia.[594] Así pues, aunque eran innumerables los conflictos y rivalidades locales, el cisma nacional entre Villa y Carranza (más sus respectivos núcleos) fue factor determinante, y quienes tomaron la iniciativa con su competitiva propaganda y reclutamiento fueron los líderes nacionales. Con pocas excepciones, el liderazgo empujó a la lucha a soldados indecisos, no al revés (en ese sentido, la guerra de los vencedores también se distinguió de conflictos revolucionarios previos). En el fondo se dejaba sentir una sensación de fatiga de guerra, la cual restringía la beligerancia de los jefes locales.[595] El villista Aguirre Benavides decía que él y sus hombres estaban "cansados y no querían seguir luchando; pensaron que la revolución estaba resuelta y terminada, [y] no seguirían tomando parte indefinidamente en los conflictos personales de Villa y Carranza".[596] El comentario era sincero, porque Aguirre Benavides abandonó poco después a Villa y se fue a los Estados Unidos; también tomaron ese camino otros cabecillas no comprometi-

[591] Gavira, *Actuación*, pp. 105-106.
[592] Barragán, *Historia del ejército*, II, p. 87; de L. Ricketts a Scott, 7 de febrero de 1915, Documentos Scott, caja 17, dice "Juan es honesto... pero débil" (también era ex empleado).
[593] De Zuazua a González, 16 de febrero de 1916, AVC.
[594] Cumberland, *Constitutionalist Years*, p. 160; Obregón, *Ocho mil kilómetros*, pp. 214-215; Canova, Zacatecas, 4 y 5 de octubre de 1914, SD 812.00/13465, 13466.
[595] Acerca de los primeros síntomas de lo que después sería sentimiento profundo: Almirante Howard, Manzanillo, 8 y 14 de noviembre y 7 de diciembre de 1914, SD 812.00/13942, 13947, 14067.
[596] Hohler, Ciudad de México, 20 de octubre de 1914, FO 371/2331, 68995, de una "fuente confidencial".

dos y confundidos que, presionados entre las ruedas del carrancismo y el villismo, optaron por salir definitivamente del conflicto.

A menos que se retiraran del todo, los jefes revolucionarios no podían mantenerse neutrales; sólo quienes disfrutaban de los lujos del aislamiento y de la hegemonía local sin conflictos (Cantú, en Baja California, por ejemplo), podían evitar comprometerse en la lucha. En muchas regiones se esperaba y observaba; se cambiaba de bando —no tanto por traición cuanto por verdadera confusión—. De ahí que se hayan presentado aparentes inconstancias de respetables veteranos revolucionarios como Gertrudis Sánchez (Michoacán), maniobras sospechosas (en Zacatecas y Aguascalientes), equívocos de jefes que no estaban seguros de la lealtad de sus tropas, de la fuerza de sus rivales y, sobre todo, del destino del cisma nacional.[597] Por ejemplo, Vicente Dávila, jefe militar en Piedras Negras, era carrancista nominal pero sus hombres, laguneros en su mayoría, se inclinaban por Villa. Cuando Eduardo Hay —sonorense y decidido carrancista— hizo un alto en su viaje a Veracruz, dijo un discurso muy procarrancista que Dávila tenía que contestar. Su respuesta, cordial pero sin compromiso, era síntoma del conflicto que enfrentaban los jefes locales en 1914-1915: dijo que "simpatizaba con el general Carranza si el general simpatizaba con la gente"; y "la gente" —por lo menos la de Piedras Negras— se mostraba también circunspecta y parecía "muy indiferente y reservada".[598]

Algunos jefes superaron el equívoco y buscaron pactos locales con sus enemigos potenciales a fin de preservar la paz. Severino Ceniceros y los Arrieta respetaron los feudos vecinos a pesar de su filiación contraria; en el noreste, donde no se veían "rencores partidistas", los comandantes de Saltillo y Monterrey llegaron a un pacto de no agresión semejante.[599] Pero ésas eran excepciones. En Sinaloa fracasaron intentos parecidos.[600] Dirigida desde la cúspide, esa disposición para pactar hubiera prosperado; pero los caudillos nacionales tenían interés en evitar esos pactos y fomentar el conflicto para allegarse adeptos. Con ese propósito aprovecharon las rivalidades locales —endémicas en la política revolucionaria— y forzaron la lealtad (superficial y oportunista) de cabecillas que veían peligrar su posición si no se unían a una coalición nacional. Muchos no tenían elección: les ataban las manos actos del pasado, viejas deudas, enemistades profundas. Caso extravagante el del chofer de Carranza, quien "tuvo que unirse a Villa porque robó el auto de Carranza y todas las llantas de refacción cuando [éste] salió de la Ciudad de México".[601] Muchos personajes importantes eran también prisioneros del

---

[597] Romero Flores, *Michoacán*, pp. 140-141; Schmutz, Aguascalientes, 20 de enero de 1915, SD 812.00/14281; Barragán, *Historia del ejército*, II, p. 124, acerca de Lucio Blanco.

[598] Blocker, Piedras Negras, 5 de noviembre y 9 de diciembre de 1914, SD 812.00/13722, 14002. Dávila permaneció con Carranza, tomó Monterrey en abril de 1915 y luego fue gobernador de San Luis Potosí: Hanna, Monterrey, 24 de abril de 1915, SD 812.00/15078.

[599] Bonney, San Luis, 16 de diciembre de 1914, SD 812.00/13945.

[600] Brown, Mazatlán, 21 de noviembre de 1914, SD 812.00/13945.

[601] H. L. Beach, San Antonio, 30 de junio de 1915, SD 812.00/15335.

pasado; pocos podían decidir de manera racional y objetiva qué actitud debían tomar —por ejemplo, comparando uno y otro programa—. Aquí también la lógica de la Revolución decidía la acción; los individuos iban adonde los llevaran las ráfagas del huracán.

Las coaliciones militares villista y carrancista se formaron, pues, con base en rivalidades *ad hoc* personales y locales, sin coherencia de clase o consistencia ideológica. La más importante de ellas —la que atrajo más atención nacional— fue la de Sonora.[602] Los historiadores la han examinado bien, pero muchos, interesados en su significado nacional, pasan por alto lo que hay en ella de típicamente local y su pertenencia a un género de reyertas regionales, grandes y pequeñas, que tenían orígenes y características comunes. Incluso en esa Sonora bien organizada, el regreso de Maytorena precipitó una división faccional, derivada en parte de lealtades regionales.[603] El antagonismo fue gradual; Salvador Alvarado procuró honestamente evitar el fracaso completo, pero en Sonora, como en toda la nación, "la batalla por la paz" se había perdido, y la tercera fuerza demostró que no podía controlar las crecientes rivalidades personales.[604] En la primavera de 1914 era visible la fractura sonorense, porque Calles, antimaytorenista por excelencia, limpió los pueblos de la frontera de funcionarios rivales (siguiendo, es conveniente señalar, el precedente sentado por Maytorena en su regreso a Sonora en julio de 1913).[605] Durante cierto tiempo pareció que Calles y sus aliados militares prevalecerían; a medida que crecía, como el sonorense, el cisma nacional, Calles se alió a los carrancistas. En el verano los periódicos contendientes trabaron una lucha verbal. *La Libertad,* que había comprado Maytorena, hablaba soezmente de Carranza; la disputa se difundió en los pueblos fronterizos de Arizona, centros de chisme y especulación.[606] Además, Maytorena —más débil en el aspecto militar— empezó su reclutamiento armando a los yaquis al sur del estado, donde tenía tierras e influencia.[607] Alvarado primero y Bonillas después procuraron mediar. Calles intentó desarmar a los nuevos reclutas de Maytorena, pero fracasó. Cuando Alvarado pretendió lograr algo parecido —la primera acción de violencia abierta del conflicto— fue derrotado y arrestado.[608]

El péndulo se movió entonces hacia Maytorena y el sur; Calles quedó a la defensiva, y la tercera fuerza fue definitivamente eliminada. Todo el verano

[602] Canova, Aguascalientes, 20 de octubre de 1914, SD 812.00/13611.

[603] Véanse pp. 69-70.

[604] Aguilar Camín, *La Revolución sonorense,* pp. 478-485.

[605] Simpich, Nogales, 28 de marzo, Hostetter, Hermosillo, 13 de mayo de 1914, SD 812.00/11329, 1203.

[606] Informe de la frontera, Douglas, 13 de junio de 1914, SD 812.00/12324; Aguilar Camín, *La Revolución sonorense,* pp. 477 y 479.

[607] *Ibid.,* pp. 478 y 481; Hostetter, Hermosillo, 13 de junio de 1914, SD 812.00/12320, informa que Maytorena reclutaba a "los cocheros y cantineros" de Hermosillo.

[608] *Ibid.,* 7 y 13 de junio y 20 de agosto de 1914, SD 812.00/12233, 12248, 13142; de Carranza a Alvarado, 16 de junio de 1914, SRE, legajo 813, 99-R-3, p. 229.

Alvarado languideció en una cárcel; se le liberó para que regresara a la Ciudad de México y luego fuera a Yucatán; entre tanto, Maytorena llamó a sus hombres y los incorporó a sus tropas. También fue significativo que una delegación villista —en la que se encontraba Anacleto Girón, veterano de 1910 y viejo compinche de Maytorena— cruzara las montañas y hablara en buenos términos con el gobernador.[609] Así pues, los conflictos estatales y nacionales se confundieron: Carranza apoyó a Calles y viceversa; Villa dio su apoyo a Maytorena y éste le correspondió. En esa alineación no había razón de clase o ideología. Maytorena era un terrateniente rico (como lo eran algunos de sus enemigos callistas; por ejemplo, los hermanos Pesqueira), sin afinidad con el populismo villista. Su plataforma política de 1914 la formaban el legalismo, los derechos del estado (lema favorito de los sonorenses) y la oposición al "militarismo" que, se suponía, representaba Calles.[610] La única razón concebible o justificación "ideológica" de ese arreglo era la conocida predilección de Villa por los viejos maderistas: Maytorena, político antiporfirista y gobernador maderista (antecedente reforzado por su compromiso con el "legalismo"), podía esperar mejor trato de Villa; así como Calles, político advenedizo que no había luchado en 1910 ni tenía antecedentes maderistas, esperaba ganar con el exclusivismo carrancista.[611] Se necesitaba *alguna* forma de filiación nacional. La oportunidad política, relacionada con carreras revolucionarias recientes, más que la amplia filiación ideológica o de clase, sería lo determinante. Maytorena, buscando con ojo avizor la mejor oportunidad, trepó al carro villista en 1914, como había arribado al constitucionalista en 1913, al maderista en 1909 y al reyista en 1908.

Mientras avanzaba la guerra sonorense —importante escenario secundario del conflicto mayor—, Maytorena buscó apoyo y encontró tres aliados: Villa, los trabajadores y los yaquis. Cada una de esas alianzas olía a oportunismo. La primera ya se mencionó: en agosto de 1914, Maytorena afirmó abiertamente que, "en caso de que hubieran dificultades entre el general Carranza y el general Villa, él se pondría al lado de Villa" —frase belicosa algo prematura—.[612] Al mismo tiempo hizo decididos esfuerzos por apoyar a los mineros de Sonora, hecho interesante que pronto se repetiría en toda la nación; era muestra de que ahora —en medio de la guerra civil constante— los trabajadores serían considerados como un aliado deseable, a pesar de ser un grupo reducido y de que no tenían antecedentes revolucionarios. La conversión de Maytorena —a quien no se conocía como amigo de los trabajadores— se produjo de la noche a la mañana; el suyo fue un "*ouvrièrisme* súbito".[613] No

---

[609] *El Demócrata*, 29 de octubre de 1914; Aguilar Camín, *La Revolución sonorense*, p. 481.
[610] Quirk, *Mexican Revolution*, pp. 68-69; Cumberland, *Constitutionnlist Years*, pp. 152-159; Hostetter, Hermosillo, 3 de agosto de 1914, SD 812.00/12793.
[611] Alvarado y Cabral, veteranos de 1910, no se decidieron al principio por ningún bando: el primero fue empujado al carrancismo; el segundo se convirtió en villista no muy decidido.
[612] C/o USS Raleigh, 7 de agosto de 1914, SD 812.00/13151.
[613] Aguilar Camín, *La Revolución sonorense*, p. 487.

obstante, se dedicó a incitar huelgas en Cananea y La Colorada y a publicar en su periódico, *La voz de Sonora*, los problemas de los trabajadores, con lo que ganó adictos y provocó conflictos en los campos mineros norteños, que se encontraban en la esfera de Calles.[614] Fermín Chávez, en otro tiempo presidente del sindicato minero de Cananea, se había convertido en "decidido partidario del gobernador", y se decía que Maytorena había proporcionado armas a grupos de mineros simpatizantes.[615] Al parecer, Calles intentó algo parecido, pero con menos éxito porque era más difícil para un jefe militar *in situ* mostrarse radical, apoyar huelgas y conseguir adeptos.[616] Además, y lo más importante, Maytorena consiguió el apoyo de los yaquis mansos que mandaban Urbalejo, Trujillo y Acosta, a quienes hizo "grandes promesas" y que llevaron el peso de sus campañas en el norte: de los 1 300 maytorenistas que, buscando echar a Calles, atacaron Naco en octubre de 1914, 600 eran yaquis y 300 mineros de la zona de Cananea.[617] Dicho de otro modo, vieja y nueva carne de cañón: los yaquis que peleaban en las guerras del hombre blanco y siempre regresaban a sus tierras desilusionados; los proletarios, nuevos en el juego, empezaban a abandonar su papel discreto y secundario en la revolución armada.

Ninguno de los aliados de Maytorena cumplió su promesa y fracasó su gran coalición. Villa no tenía intenciones de distraer tropas y provisiones en Sonora, que tenía poca importancia estratégica. Después de que fracasaron las prolijas negociaciones de 1914 y se acrecentó la lucha entre Calles y Maytorena, Villa no se ocupó mucho del noroeste. Los mineros nunca fueron una tropa segura: las derrotas de Naco los desilusionaron; su salario (luchaban por salario, no por "tierra y libertad") se atrasó y, lo más importante, el compromiso militar con Maytorena nunca involucró a la mayoría de ellos.[618] La facción de Cananea que encabezaba Chávez estaba en favor de Maytorena, pero la mayoría apoyaba en el liderazgo militar a Juan Cabral —hombre neutral o, en el mejor de los casos, maytorenista tibio—. La razón era que Cabral, quien tenía fama de ser honesto y eficiente, "obligaría a la compañía a reanudar operaciones" que se habían suspendido durante la lucha.[619] La mayoría, dijo una delegación del sindicato a Cabral, quería regresar al trabajo. Pero a Maytorena le interesaba que siguiera el desorden (quizá por eso alentó las huelgas). No permitió que la compañía Cananea reiniciara la fundición en mayo de 1915, alegando que "los hombres de su ejército lo abandonarían para regresar al trabajo y ganar dinero".[620] La participación tardía de los

[614] *Ibid.*, p. 489; Hostetter, Hermosillo, 6 y 26 de julio de 1914, SD 812.00/12422, 12720.

[615] De A. Hopkins, US Inmigration, Tucson, a H. L. Scott, 22 de julio de 1914; de L. D. Ricketts al mismo, 7 de febrero de 1915, Documentos Scott, cajas 16 y 17.

[616] Aguilar Camín, *La Revolución sonorense*, p. 487.

[617] Hopkins (n. 615); De F. D. Hamilton a L. D. Ricketts, 5 de noviembre de 1914, Documentos Scott, caja 16.

[618] Extenso informe (carrancista) sobre el sitio de Naco en el de Hill, 28 de marzo de 1917, AVC.

[619] Anónimo, Cananea, a L. D. Ricketts, enero de 1915, Documentos Scott, caja 17.

[620] J. A. Ryan a H. L. Scott, 31 de mayo de 1915, Documentos Scott, caja 18.

obreros en el movimiento armado se debió en gran parte al desastre económico, al desempleo que hubo en las últimas etapas de la Revolución y al oportunismo de líderes que, como Maytorena, buscaban apoyo a toda costa. Como nunca antes, los caudillos procuraban sacar a los proletarios de sus minas y fábricas, lo que consiguieron cuando las últimas empezaron a cerrar o a cortar la producción en gran escala; además, en Sonora y otros lugares el reclutamiento podía hacerse apelando al nacionalismo y al antiamericanismo. Eso reflejaba en parte la forma casi automática de recurrir al nacionalismo cuando había una crisis política: huertistas desesperados en 1913-1914, constitucionalistas cismáticos en 1914-1915.[621] Pero sobre todo en Sonora, los líderes oportunistas podían utilizar el antiamericanismo de los mineros; ese sentimiento, aunque bien arraigado y conocido, no predominaba entre el proletariado mexicano en su conjunto. Desde que comenzó la revolución constitucionalista, los estadunidenses notaban por primera vez brotes de genuina hostilidad en campos mineros como Cananea, alimentados deliberadamente por la autoridad política (maytorenista).[622] Sin embargo, antes de sacar grandes pero dudosas conclusiones acerca del antiimperialismo de rebeldes, obreros o de la "burguesía nacional" norteña, es de suma importancia no perder de vista el momento y la novedad de esa agitación que impulsó una facción cuando la política y la economía se tambaleaban.

Los yaquis se comportaron como siempre lo habían hecho. A pesar de que estaban bien dotados para la guerra, eran aliados problemáticos de los líderes blancos o mestizos como Maytorena. Cuando marchaban al norte para sacar a Calles de Sonora, su conducta camorrista alarmaba a los pueblos que estaban en su camino. Como siempre, los chinos eran objeto de maltrato; en la balacera que acompañó su paso por Hermosillo, una joven se salvó de la muerte porque la bala yaqui se alojó en la varilla de su corsé. Maytorena no tenía mucho control sobre los jefes yaquis —Francisco Urbalejo, en especial, que hacía poco había ascendido a brigadier general a las órdenes de Villa— quienes, "antes respetuosos, se habían vuelto muy impertinentes"; cuando iban al norte, alardeaban de que "al regreso, su jefe sería gobernador".[623] Ya en la frontera, tomaron Nogales y sitiaron Naco. Pero llegaron las lluvias (los defensores tenían impermeables; los yaquis no); los sucesivos reveses afectaron su ánimo, y se conjeturaba que los indígenas estaban ansiosos "por regresar a su terruño, a sus casas junto al río".[624] Esto no ocurrió en seguida. Pero mientras corría 1915 y la estrella de Maytorena se apagaba, aflojó también su control sobre las tropas yaquis; otra vez, una rebelión yaqui casi autónoma salió del capullo de la guerra civil yori y voló por todo Sonora.

[621] Véanse pp. 108, 117, 210, 239-240 y 410.
[622] Simpich, Nogales, 24 de agosto de 1914, SD 812.00/12803; Aguilar Camín, *La Revolución sonorense*, p. 489.
[623] Simpich, Nogales, 10 de agosto, Hostetter, Hermosillo, 15 y 20 de agosto, y 10 y 29 de septiembre de 1914, SD 812.00/12984; 13032, 13141, 13209, 13401.
[624] Informe de Hill (*supra*, n. 618); Hamilton (*supra*, n. 617).

Maytorena decía regir Sonora como gobernador maderista electo; lo mismo afirmaba Felipe Riveros, de Sinaloa, quien, como el primero, era civil y terrateniente, se había refugiado en los Estados Unidos (1913) y se había unido al villismo (1914-1915). En realidad, lo que encaminó a Riveros hacia Villa fue su amistad con el gobernador sonorense y su antipatía por Obregón, Pesqueira y los militares sonorenses; en Sinaloa, como en otros estados, el villismo significaba afianzamiento de la independencia provincial y rechazo al centralismo carrancista.[625] Riveros, como la mayoría de los civiles maderistas, era caudillo mediocre, de modo que el peso de la guerra villista en Sinaloa cayó sobre Rafael Buelna, opuesto a los carrancistas Iturbe y Carrasco. Tampoco en este caso hubo muestras de polarización ideológica o de clase. Riveros era terrateniente, Buelna un ex estudiante, joven, "apenas mayor de veinte años, reservado, tranquilo, sin interés en hacerse notar" —nada parecido a un villista típico—. Un altercado con Obregón en torno al suministro de armas y la antipatía acumulada hacia Iturbe y Carrasco determinaron su conversión al villismo.[626] Sus dos oponentes tampoco se acomodaban a su tipo: Iturbe mostraba una piedad religiosa totalmente opuesta al carrancismo; Carrasco era gran bebedor, vaquero rudo —la quintaesencia del villismo, luchando bajo el estandarte del primer jefe—.[627] Aquí, como en Sonora, el patronazgo político y la historia revolucionaria reciente señalaban la división de fuerzas. El conflicto sinaloense se parecía al de Sonora en un último aspecto: los indígenas mayos, dirigidos por Felipe Bachomo, entraron en la guerra afiliados como villistas; robaron y atacaron en el norte del estado hasta que, con una política doble de represión y conciliación, los carrancistas restablecieron el control.[628]

En las montañas de Durango, los Arrieta habían pugnado por manejar el estado como les parecía, con mínima interferencia extraña. Eso irritaba a Carranza, pero más aún a Villa, quien, como caudillo vecino, acumuló una lista de quejas contra los Arrieta, producto del curso de la guerra: desobedecieron sus órdenes porque no acudieron al sitio de Torreón; cuando mandó a Urbina a Durango para "garantizar el orden", se habían quejado con Carranza, quien dejó sin efecto su disposición. En realidad, los conflictos entre Urbina y los Arrieta —que comenzaron a mediados de 1913— fueron los que más estropearon las relaciones de éstos con Villa.[629] Los Arrieta afirmaban

---

[625] Cumberland, *Constitutionalist Years*, p. 81; anónimo a Carranza, "The Sonoran Crisis and its Effects in Sinaloa", 11 de junio de 1914; de R. Pesqueira a Obregón, 5 de julio de 1914, Fabela, DHRM, RRC, I, pp. 268-271 y 303-305.

[626] Olea, *Sinaloa*, pp. 76-78; Hostetter, Hermosillo, 10 de enero de 1914, SD 812.00/10952; Cervantes, *Francisco Villa*, p. 104; Pazuengo, *Historia*, pp. 86-87; Brown, Mazatlán, 23 de enero de 1915, SD 812.00/14338.

[627] Keys, Rosario, 24 de marzo y 29 de mayo; c/o armada de los Estados Unidos, Mazatlán, 7 de mayo de 1915, SD 812.00/14784, 15246, 15055; Guzmán, *El águila y la serpiente*, pp. 52-66.

[628] Gill, "Mochis"; Olea, *Sinaloa*, pp. 81-82 y 85.

[629] Lo que Villa opinaba del asunto, en Guzmán, *Memorias*, pp. 607 y 630. Por un conflicto que se remontaba al saqueo de Durango (véase p. 186), Urbina mató al representante de los Arrieta en Aguascalientes (*ibid.*, p. 664).

que ellos tenían razón, que Villa no los trataba como verdaderos compañeros, que —para tomar un ejemplo irritante— durante la lucha en La Laguna había desarmado y se había apropiado de 800 hombres que estaban bajo el mando de su teniente José Carrillo.[630] La posición de los Arrieta era amenazada seriamente por el villismo casi unánime que dominaba La Laguna y el resto de Durango, donde Contreras, Ceniceros, Pereyra, Urbina, Robles, Emilio Madero, Aguirre Benavides (en su mayoría villistas "medulares") y sus abigarradas tropas, que habían entrado muy temprano a la División del Norte, apoyaban decididamente a Villa en 1914.[631] Así, a finales del verano de ese año, al agudizarse la disputa con Villa, los Arrieta y sus 4000 o 5000 hombres quedaron aislados y vulnerables. Por órdenes de Villa, los ferrocarrileros duranguenses salieron de la capital de Durango con todo el equipo rodante. Contreras se dirigió al sur desde La Laguna y ocupó Durango —después que fracasó un último intento de reconciliación—. Los Arrieta hicieron lo que era predecible: se dirigieron al sudoeste, a la Sierra Madre de donde habían salido en 1911, se unieron a los carrancistas de Sinaloa (que estaban acorralados) y pasaron el periodo de supremacía villista a salvo en la costa oeste. Pero en la primavera de 1915 estaban de regreso en su comarca (algo también predecible) y consiguieron apoyo local suficiente para emprender con éxito una guerra de guerrillas contra las autoridades villistas.[632]

Los Arrieta eran revolucionarios serranos simples, en muchos aspectos típicos "villistas", pero para defender su satrapía local se aliaron con Carranza (a quien no tenían razón para querer).[633] Lo mismo hicieron los Herrera, de Parral (Chih.), a quienes su obstinación los colocó en situación aún más riesgosa (ambos clanes estaban conscientes de lo poco envidiable que resultaba ese parentesco político).[634] En la familia de los Herrera había numerosos veteranos revolucionarios (aunque empezaban a disminuir): José de la Luz Herrera, el paterfamilias, tenía a su cargo la política; sus hijos, Luis y Maclovio, treintañeros ambos, se hacían cargo de la lucha (se comparó la formación de las tropas de Maclovio en Tierra Blanca a una jugada de ajedrez de Capablanca). Habían luchado contra Díaz en 1911, contra Orozco en 1912 y contra Huerta en 1913; la gente como ellos era tema de los corridos.[635] Además, en las dos últimas campañas habían luchado como aliados o subordinados de Villa: en 1912 defendieron juntos el último bastión maderista de Chihuahua.[636] Entonces, ¿por qué en 1914 se rompió esa vieja alianza? No había gran diferencia social: granjeros modestos y muleteros, los Herrera encaja-

[630] Pazuengo, *Historia*, pp. 98-108; aunque era villista, Pazuengo simpatizaba con los Arrieta.
[631] Gamiz, *Durango*, p. 54; Myles, El Paso, 1º de diciembre de 1914, FO 371/2032, 85701.
[632] Hamm, Durango, 17 de agosto, 26 de septiembre de 1914 y 15 de abril de 1915; Brown, Mazatlán, 10 de octubre de 1914, SD 812.00/12946, 13429, 14904; 13560.
[633] Hamm, Durango, 12 de mayo de 1914, SD 812.00/11998 (sobre relaciones con Carranza).
[634] De Maclovio Herrera a Domingo Arrieta, 2 de octubre de 1914, Fabela, DHRM, RRC, I, pp. 369-370.
[635] Bustamante, *De El Ébano*, pp. 219-220; Reed, *Insurgent Mexico*, pp. 68 y 89.
[636] Véanse pp. 403, 409 y 439-440.

ban cómodamente en el maderismo popular y el villismo; el general Pershing, quien conoció a Luis Herrera en 1916, lo encontró rústico y sin educación.[637] Su alejamiento de Villa fue áspero (más que el de los Arrieta, cuya actitud había sido siempre ambigua) pero no hubo ahí afirmación de principios contrarios. Los Herrera acusaron a Villa (y a Urbina) de ser "bandidos" arrastrados por "la ambición de gobernar y la sed de dinero". Cuando desertaron, consiguieron un orador que, desde la plaza de Parral, pronunció el "discurso más agrio y hostil contra los Estados Unidos", pidiendo a los mexicanos echar a los gringos de Veracruz y, "si es posible, luchar contra los compatriotas traidores que les daban apoyo y aliento" —es decir, Villa y los suyos—.[638] Por su parte, Villa acusó a Manuel Chao y a Herrera padre, de envenenar la mente de sus hijos en su contra; creía también (más verosímil) que la deserción de los Herrera tenía su origen en la visita de Carranza a su campamento en el verano de 1913.[639] Los observadores que simpatizaban con Villa no veían algo más que "celos personales" (lo que puede interpretarse como "rivalidad por el control político de Chihuahua") en la actitud de los Herrera.[640]

Nos encontramos con una gran cantidad de acusaciones personales y virulentas, sin contenido de clase o ideológico. Sólo queda abierto un camino para la interpretación "ideológica" —el nacionalismo afrentado de los Herrera—; pero aun ése, explorado más de cerca, resulta ser un camino sin salida. Incluso si los Herrera se hubieran separado de Villa, disgustados por su actitud a favor de los Estados Unidos durante la invasión a Veracruz, ésa no sería prueba de lealtad a una facción en razón de identidad de clase, sino de atributos "culturales" —tales como el nacionalismo— que distinguía a carrancistas de villistas. Pero las pruebas apenas sostienen esa hipótesis. Es un problema ya conocido de causa y efecto: ¿los Herrera se separaron de Villa *a causa* de su nacionalismo insultado o el nacionalismo insultado era síntoma de la separación? Algo de verdad hay en ambas hipótesis, pero la segunda parece más verosímil. Ya en mayo de 1914, los observadores de Chihuahua "esperaban en cualquier momento una seria ruptura entre los Herrera y Villa" —pero no sugieren que el problema de Veracruz o la sensibilidad nacionalista de los Herrera fueran las causas—.[641] Los Herrera no se habían distinguido antes en ese sentido; años después, el mismo Villa, si se le provocaba, daba rienda suelta a un virulento nacionalismo. Por lo demás, como hemos visto en otros casos, el llamado nacionalista era un recurso para conseguir apoyo popular en la contienda política, que tenía razones internas muy diferentes. *La patrie en danger* invocada por Huerta y los muy presionados generales federales en

[637] Pershing, 14 de abril de 1916, SD 812.00/18072.
[638] De Herrera a los Arrieta (n. 634); Letcher, Chihuahua, 1º de octubre de 1914, SD 812.00/13431; H. R. Wagner a Scott, 8 de octubre de 1914; C. Husk al mismo, 16 de noviembre de 1914; Documentos Scott, caja 16.
[639] Guzmán, *Memorias*, pp. 562 y 633; ya que Chao fue fiel a Villa, esto parece poco probable.
[640] De C. Husk a H. L. Scott, 16 de noviembre de 1914, Documentos Scott, caja 16.
[641] De C. Husk a H. L. Scott, 20 de mayo de 1915, Documentos Scott, caja 15.

1914, se convirtió en una consigna revolucionaria, un arma para la lucha facciosa de 1914-1915. Si la interpretación es correcta, los Herrera no estaban solos, ni, en todo el país, los carrancistas eran necesariamente más "nacionalistas" (en su sentido corriente) que sus oponentes.[642] Después de todo, Villa decía repudiar al primer jefe porque no tenía "ni el más pequeño átomo de patriotismo".[643] Además de su precursora alianza con los obreros, Maytorena fue el primer revolucionario sonorense que explotó el sentimiento "nacionalista" y antiamericano; cuando *La voz de Sonora* empezó a aguijonear los así llamados "odios dormidos y latentes que [los mexicanos] hemos tenido siempre hacia esa nación explotadora" y a hacer comparaciones precisas entre Veracruz y Guantánamo, los observadores afirmaron que ésas eran las primeras reacciones contra los Estados Unidos en un estado donde nunca, hasta ese momento, habían visto "manifestaciones directas contra los estadunidenses".[644]

Maytorena era villista, pero en esas mismas circunstancias críticas, apareció un artículo casi idéntico en el periódico *Tamaulipas,* editado en Tampico y controlado por el general carrancista Luis Caballero.[645] Cuando la situación se hizo más difícil, cuando se buscaba con ahínco el apoyo popular, la tentación de jugar la carta nacionalista era abrumadora y afectó por igual a revolucionarios y conservadores, villistas y carrancistas. Quienes sucumbieron no fueron necesariamente los más "nacionalistas"; probablemente, fueron los más desesperados o los que abrigaban animosidad más fresca y aguda contra los Estados Unidos: los generales federales en 1914, Pancho Villa en 1916. Era muy natural que los Herrera, disgustados con Villa y enfrentados a la amenazadora oposición local, convirtieran las celebraciones del 16 de septiembre en un recurso propagandístico y una campaña para reclutar.[646] Algunos habían hecho lo mismo antes y otros —incluso Villa— volverían a hacerlo, pero ninguno, vale la pena hacer constar, consiguió mucho con esa estratagema.

Más que los principios, el personalismo y pragmatismo orientaban la conducta de cabecillas y caudillos. Al sur de Sahuaripa, en las montañas de Sonora, las viejas contiendas entre Rosario García y Jesús Hurtado —ambos veteranos de 1910— se redefinieron sobre nuevas bases: García se convirtió en villista, Hurtado en carrancista (y siguió así mucho después que el cisma Carranza-Villa hubiera entrado en la historia; en 1916 García se desprendió de su villismo y operó como había operado siempre, con membrete de "felicista").[647] En el centro del país se tomaron decisiones arbitrarias parecidas; ahí, los centros villista y carrancista eran fuerzas extrañas pero poderosas

---

[642] Es decir, en el sentido "convencional" de adoptar símbolos, resentimientos y causas nacionalistas-patrióticas; el centro carrancista (como lo he denominado, de manera "poco convencional") era más "nacionalista" porque buscaba el gobierno nacional, centralizado. Los enemigos externos definían el primero; los internos, el segundo.

[643] De Villa a Zapata, 22 de septiembre de 1914, Fabela, DHRM, EZ, p. 124.

[644] Hostetter, Hermosillo, 2 de agosto de 1914, SD 812.00/12790.

[645] C/o USS Kansas, Tampico, 30 de agosto de 1914, SD 812.00/13151.

[646] Letcher, Chihuahua, 1° de octubre de 1914, SD 812.00/13431.

[647] Informe de la frontera, Douglas, 4 de marzo de 1916, SD 812.00/17513.

con las que tenían que acordar los revolucionarios locales. Michoacán, por ejemplo, fue escenario de alineaciones tortuosas y hechos alevosos. Francisco Murguía (con sus 20 000 hombres) presionó a Gertrudis Sánchez, convencionista ocasional, para que se comprometiera con el carrancismo; poco después, los antiguos lugartenientes de Sánchez, convertidos en villistas, lo atacaron, hirieron, aprehendieron y ejecutaron.[648] Mientras Murguía cruzaba Michoacán, otros carrancistas como él atacaron su retaguardia; Anastasio Pantoja fue acusado y ejecutado injustamente; como es natural, su gente, los rancheros de Puruándiro, se unieron al villismo bajo la jefatura de José Inés Chávez García (me referiré otra vez a él); Joaquín Amaro, artífice de la traición, surgió como principal carrancista en el estado.[649]

En Tlaxcala, el líder campesino Máximo Rojas recibió de Pablo González, en nombre de Carranza, el cargo de gobernador militar; pero a Domingo Arenas y Pedro Morales, veteranos revolucionarios que tenían los mismos orígenes y compromisos agrarios, se les concedió sólo el rango de coroneles.[650] Derrotados Huerta y los federales, las fisuras empezaron a desintegrar la unidad del estado, y la decisión de González (parte de la racionalización nacional de la revolución constitucionalista que ocurría entonces), en apariencia arbitraria, exacerbó rencores y rivalidades locales. Rojas apoyaba a Carranza y lo acompañó gustoso mientras cruzaba Tlaxcala para dirigirse a Puebla y el Golfo, pero Morales y Arenas se adhirieron a la Convención y se rebelaron contra Rojas en noviembre. Después de breve tiempo en la prisión, Rojas alzó el estandarte carrancista, primero en Puebla y después en Tlaxcala. Buve demuestra claramente que rivalidades y ambiciones personales decidieron la alineación tlaxcalteca en 1915; no hubo diferencias claras entre los protagonistas en lo que a clase social u objetivos políticos se refiere.

Otro tanto puede decirse de los rancheros de la Huasteca potosina, donde Lárraga se decidió por Carranza —su rival, la familia Santos, optó por la Convención—,[651] y de los rancheros rebeldes del norte de Hidalgo, en donde Nicolás Flores había asumido —gentileza de Carranza— la gubernatura en mayo de 1914 y, en agosto, conseguido el control efectivo.[652] Flores también tenía que competir con rivales locales; puesto que él era fiel al primer jefe, ellos juraron fidelidad a Villa y la Convención. Otros grupos, los serranos de San Andrés Miraflores, también por motivos *ad hoc* locales, rechazaron a Flores y el carrancismo en favor de Zapata.[653] La rebelión de los rancheros se fragmentó (su unión había sido siempre precaria) y Flores se vio forzado a salir del estado —entre sus enemigos se contaban "su medio hermano y muchos an-

[648] Oviedo Mota, *El trágico fin*, I, pp. 57-59; II, pp. 7 y 42.
[649] *Ibid.*, II, pp. 36-39.
[650] Buve, "Peasant Movements", p. 138.
[651] Falcón, *Cedillo*, pp. 99 y 112.
[652] Schryer, *Rancheros of Pisaflores*, pp. 72-75.
[653] R. M. y Martínez a Zapata, 7 de diciembre de 1914, Fabela, DHRM, EZ, p. 139.

tiguos amigos de la sierra"—.[654] (Esos conflictos familiares, escasos en 1910-1911 y 1913-1914, que se volvieron frecuentes en 1914-1915, son otra prueba en contra de la polarización de clase; entre las familias divididas estaban los Madero, Triana, Medina y Gutiérrez; incluso Francisco Urquizo se encontró en el campo opuesto al de sus parientes, los Aguirre Benavides.)

Tlaxcala e Hidalgo podían hacer alarde de tener movimientos revolucionarios homogéneos formados por "obreros-campesinos", en el primer caso, y por rancheros, en el segundo. Cualquier bifurcación de grandes proporciones no tenía contenido socioeconómico claro; por otra parte, el hecho de que sí hubo bifurcación —y con cierto ímpetu— demuestra que la polaridad de clase no era *necesaria* para que la Revolución se fragmentara en facciones contenciosas. Además, incluso en esas regiones donde no había homogeneidad, las facciones no mostraron fidelidad adecuada y consistente. En la costa de Guerrero, el taimado Silvestre Mariscal ("que siempre admite estar con el gobierno central") optó por Carranza, con lo que aseguró la provisión de armas. Santiago Nogueda, viejo enemigo de Mariscal y supuesto mercenario de los españoles de Acapulco, se declaró en favor de Villa. Por su parte, Julián Blanco, el otro principal caudillo de la Costa Grande, oscilaba entre la filiación carrancista y la convencionista-zapatista.[655] Más al sur, en la costa de Oaxaca, Juan José Baños se convirtió tardíamente al constitucionalismo y juntó a los pudientes de la zona tras Carranza, mientras sus diversos oponentes agraristas escogieron a Villa y Zapata.[656] Al fin, parece que aquí coinciden la lealtad facciosa y la clase social; y esa coincidencia puede no ser casual (como lo es en otros casos), porque en esas regiones del sur el zapatismo tenía influencia real y el agrarismo zapatista se conocía bastante como para que atrajera rebeldes agrarios con ideas afines, para alarma de los terratenientes que estaban a la defensiva. Pero el villismo no tenía esa precisión ni provocó reacción semejante; se veía lejano, nebuloso, vago en lo ideológico, poderoso en lo militar y, sobre todo, era hostil al carrancismo que había invadido el sur en detrimento del *statu quo*. De ahí que muchos terratenientes rebeldes de provincia de 1914-1915 adoptaran sin demora un villismo superficial: Peláez, los hermanos Márquez y Méndez, Ruiz, Casarín, Gil Morales y algunos insurgentes chiapanecos.[657] Aun ahí donde parecen coincidir clase y facción —en parte por influencia del zapatismo—, como en Jamiltepec, un examen más cuidadoso muestra ciertas anomalías. Algunos rivales de Baños podían ser agraristas adheridos a la causa de Villa y Zapata, pero sus aliados más cercanos e importantes eran los soberanistas de la ciudad de Oaxaca —porfiristas endurecidos que encabezaba Meixueiro—. Lo que es más, en otro claro trastocamiento de la situación que existía en Parral, los "villistas" (o "zapatistas") de

[654] Schryer, *Rancheros of Pisaflores*, p. 74.
[655] C/o Armada de los Estados Unidos, Acapulco, 11 de julio de 1914 y 18 de enero de 1915, SD 812.00/13672, 14239.
[656] Véanse pp. 281-283.
[657] Véase n. 583.

Jamiltepec pretendían asirse al manto del nacionalismo ofendido: uno de los líderes decía que luchaban "contra la traición encubierta de Carranza", que quería "convertir a nuestra República en un protectorado gringo".[658]

Resumiendo: las coaliciones militares amplias de 1914-1915 no se sustentaban en una clara identificación ideológica o de clase. En algunas regiones faltaba esa identificación; en otras, aunque existía y había sido de suma importancia en el desarrollo de la Revolución, no había un patrón coherente en la redefinición de clase local o conflicto ideológico con base en el carrancismo-villismo; en vez de eso, obedecía a necesidades inmediatas, tácticas, personales. Como coalición militar, el carrancismo no era más "burgués", "pequeñoburgués", "legalista", "liberal" o "conservador" que el villismo. La antigua fragmentación política de México, acrecentada por la Revolución, hizo superficiales los marbetes facciosos —cuando se adoptaban en regiones que estaban lejos del "núcleo" correspondiente—, sobre todo en el caso del villismo; podían tomarse o desecharse según conviniera, sin sufrir por eso trauma ideológico. Se sigue de ahí que las coaliciones militares nacionales, el villismo en especial, eran estructuras desvencijadas, hechas con materiales disparejos y unidos apresuradamente. La guerra de los vencedores puede entenderse sólo de esta manera: como conflicto "namierista" en el que luchaban facciones mudables dirigidas por cabecillas recelosos que hacían sus campañas de manera oportunista, confusa, indiferente. Por eso dice Urquizo que la guerra carecía de la fuerza y rabia de los conflictos anteriores (contra Díaz y Huerta), en los que la cuestión había sido clara y el compromiso firme; era una pelea de gallos confusa, deshilvanada, pero no por eso menos sangrienta.[659]

Las facciones militares decidieron en conjunto el resultado de la guerra. A pesar de hipótesis contrarias, aún eran bastante autónomas, pues no se habían convertido en piezas que movían intereses creados. Así pues, México, mosaico de feudos facciosos, estaba en las manos, o bajo las botas, de los militares revolucionarios. Pero había intereses creados y una vaga, aunque perceptible, corriente de "opinión pública". El grupo civil era grande y diverso —del empresario al pordiosero, del latifundista al milpero—, pero les era común una relativa impotencia, ya que la propiedad y los números carecían de peso a menos que se les transformara en poder militar, transformación nada sencilla. Con el tiempo, ciertos terratenientes, algunos pacíficos exasperados, se armaron para defenderse;[660] la mayoría no lo hizo, y quienes lo hicieron concentraron esos movimientos en su localidad. Entre tanto, los militares no carecían de reclutas (operaban en un mercado donde abundaba la mercancía a bajo precio) y controlaban bastante de la economía como para sostener su lucha. Así pues, fue escasa la influencia de los civiles en el curso de la Revolución. Pero no podemos entender la naturaleza de la guerra de los vencedores sin hablar algo de lo que opinaban los civiles. Volvemos aquí a

[658] Atristaín, *Notas*, pp. 97-106.
[659] Urquizo, *Páginas*, p. 114.
[660] Véanse pp. 473, 481-482, 497, 499-500 y 503.

esa paradoja manifiesta según la cual la última y definitiva oleada de la guerra civil, en la que lucharon veteranos revolucionarios y se decidió el futuro del país, fue en realidad la menos "democrática", y la menos sensible a las amplias corrientes de opinión popular.

La opinión popular estaba con Villa, y no es de sorprender que así fuera en Chihuahua.[661] Pero, si es que podemos confiar en los archivos consulares, la popularidad de Villa traspasaba esos límites. Había "fuerte sentir provillista" en el norte de Sonora; en puestos fronterizos como Piedras Negras y Nuevo Laredo; en ciudades de Coahuila como Monclova y Cuatro Ciénegas (cuna de Carranza);[662] también más al sur, en Aguascalientes, Mazatlán, Guanajuato y (aunque el informante es un tanto *parti pris*) Jalisco y Michoacán.[663] Diversos factores se conjuntaban para que hubiera esa inclinación por Villa. Quizá el más importante, que supera clase y región, es que se pensaba que Villa ganaría. Pocos dudaban de que Villa, azote de los federales, podía ganar a Carranza en una guerra abierta; las victorias ininterrumpidas de Villa lo habían rodeado con aura de invencible cuando, en el curso de 1913-1914, su ejército se había convertido en uno realmente profesional (a principios de 1915 presumía con un nuevo biplano, estaba "muy contento con la máquina", y hablaba de comprar otros dos).[664] Los observadores estaban impresionados; el carro de Villa rodaba y subieron a él los oportunistas, que en poco tiempo dejarían al descubierto la superficialidad de su villismo. Hacia fines de año, opiniones de todos los matices predecían un rápido triunfo villista; esa creencia era contagiosa. En la capital (noviembre) "todos esperan a Villa como salvador"; "a menos que lo maten —dice otro informe— hay razones para creer que su bando tendrá éxito".[665] Opinaban igual Canova, representante del presidente Wilson; el general Pershing, que veía los acontecimientos desde la frontera; Cowdray, en Londres; Landa y Escandón, en Biarritz, y Thomas Hohler, el ministro británico en la Ciudad de México.[666] "Villa puede ser el hombre del momento", pensaba Pershing; Cowdray preveía que "Villa, o más bien su candidato, estaría bien firme en el mando para fines de año, y que por esas fechas Carranza habría sido eliminado". A causa del peso que tenía la

[661] Informe de la frontera, El Paso, 8 de mayo de 1915, SD 812.00/15029.

[662] Simpich, Nogales, 1º de octubre de 1914; informes de la frontera, Eagle Pass y Blocker, Piedras Negras, ambos del 26 de septiembre de 1914; informes de Laredo, 3 de octubre de 1914, SD 812.00/13352; 13410, 13360; 13462.

[663] Schmutz, Aguascalientes, 29 de octubre, Brown, Mazatlán, 12 de septiembre, Canova, Guanajuato, 10 de septiembre de 1914; Carothers, Irapuato, 22 de abril de 1915; SD 812.00/13695; 13425, 13220; 14935.

[664] Carothers, 5 de febrero de 1915, Bryan Papers, caja 43, libro 2.

[665] De G. Landa y Escandón a Cowdray, 4 de noviembre de 1914, Documentos Cowdray, caja A/3; Canada, Veracruz, 10 de febrero de 1915, SD 812.00/14457 (cita de fuente de la Ciudad de México).

[666] Cumberland, *Constitutionalist Years*, p. 183, n. 142; de Pershing a Scott, 18 de octubre de 1914, Documentos Scott, caja 16; de Landa y Escandón a Cowdray, y viceversa, 4 y 10 de noviembre de 1914, Documentos Cowdray, caja A/3; Hohler, Ciudad de México, 30 de noviembre de 1914, FO 371/2032, 77190.

opinión de Cowdray, y como Hohler estaba convencido de que "todo el país parece estar del lado de Villa e incluso con entusiasmo", es comprensible que la cancillería británica pensara que el carrancismo estaba muerto y enterrado, no respondiera las notas diplomáticas del secretario de Relaciones Exteriores de Carranza (puesto que una minuta decía "el gobierno de Carranza desapareció") y empezara a discutir si se permitiría a Carranza huir en un barco británico en caso de que lo solicitara.[667] La prensa extranjera en México (la única sin ataduras facciosas) opinaba lo mismo. En julio de 1914 el *Mexican Herald* advertía que aumentaba "la opinión de que el grupo de Villa, más que la facción de Carranza... no sólo controlará la Ciudad de México, sino que un gobierno a cuya cabeza esté Villa, o por lo menos en el que ejerza el control... es la única oportunidad para que los mexicanos restauren la paz".[668] Al finalizar el año, *Le Courrier du Méxique* opinaba que en poco tiempo Carranza huiría a Centroamérica.[669]

Las fuentes extranjeras hablan mucho del apoyo a Villa.[670] Aunque quizá exageraban el estado de ánimo —y sin duda malinterpretaban la realidad—, el panorama que presentaban no era del todo falso. El poder de Villa y su carrera militar hablaban por sí mismos. Luis Aguirre Benavides —villista "respetable"— advirtió caballerosa y "sinceramente" a Obregón acerca de la superioridad militar de Villa; por su parte, Obregón consideraba que entre finales de 1914 y principios de 1915 se habían presentado "los momentos más difíciles para la revolución y para el primer jefe", cuando todos creían que la derrota era inminente.[671] También en los pueblos se pensaba no sólo que Carranza estaba condenado, sino que se había retirado ya.[672] Los supersticiosos, por su parte, tenían una prueba más: 200 años atrás, en su lecho de muerte, la madre Matiana había hecho profecías de tipo lúgubre y sin compromiso ("guerras, exterminios en masa, invasiones"), pero había predicho específicamente que gobernarían México cuatro Franciscos; los primeros tres serían depuestos. Y así, Francisco Villa, que venía después de Francisco León de la Barra, Francisco Madero y Francisco Carbajal, tuvo apoyo sibilino en su búsqueda del poder.[673]

Los antecedentes del villismo y sus posibilidades futuras lo hacían atrac-

---

[667] Minutas sobre Spring-Rice, Washington, 19 de enero de 1915 (dos veces) FO 371/2395, 6800, 2396, 7279. Aunque las opiniones de Cowdray tenían peso, no eran infalibles; en la misma correspondencia pronosticó que la guerra europea "podría terminar para Navidad... o duraría doce meses".

[668] *Mexican Herald*, Veracruz, 13 de julio de 1914.

[669] *Le Courrier du Mexique*, 11 de diciembre de 1914.

[670] Es decir, en previsión de un triunfo villista, lo que no siempre implicaba simpatía hacia Villa; menos aún un compromiso decidido.

[671] Benavides, *De Francisco I. Madero*, p. 234; Obregón, *Ocho mil kilómetros*, pp. 231 y 268.

[672] Ortiz, *Episodios*, p. 31 (eso pensaban los de Moroleón).

[673] Rutherford, *Mexican Society*, p. 290, n. 106. De la Barra, desde luego, no fue depuesto sino que cumplió su itinerario; esto cae dentro del margen de error permitido para profecías con dos siglos de antigüedad.

tivo y le permitían conseguir partidarios con el estilo ecléctico al que ya me referí. Tal era el eclecticismo del movimiento que podía atraer simultáneamente a grupos diferentes y antagónicos en una misma región. En Sonora, por ejemplo, "la gente decente de Guaymas... parece estar más con Villa que con Carranza"; también los jefes yaquis apoyaban a Villa, y Maytorena consiguió para su causa un grupo de mineros de Cananea.[674] No era el único caso. A diferencia de Carranza, Villa podía alimentar esperanzas, simpatías y apoyo de todos los civiles, gente común y acomodados por igual. Esa ambivalencia singular necesita una explicación. Para los acomodados, Villa era promesa de la "mano de hierro", del despotismo necesario con el que llegarían orden y paz. Huerta había alimentado las mismas esperanzas, pero había fracasado; quizá un caudillo con antecedentes revolucionarios tendría más éxito. El coqueteo de los terracistas con Orozco en 1912 era un precedente, y se decía que Luis Terrazas hijo intentaba comprar a Villa tal como su familia había hecho con Orozco.[675] En general, un coro aclamaba a Villa como el nuevo "hombre de a caballo", casi un Porfirio redivivo. Se distinguían las voces extranjeras pero, como siempre, se hacían eco de lo que pensaba la élite mexicana. Villa era "el único hombre a la vista que puede sacar a México de su difícil situación y restaurar el orden"; "el único recurso para evitar la anarquía total —escribió Hohler, que había cambiado de no muy buena gana su punto de vista— se encuentra en los métodos crueles y sanguinarios de Villa".[676] Carranza, caudillo viejo e indiferente, no podía competir con Villa a ese respecto; fue su debilidad evidente, tanto como el radicalismo que se le atribuía, lo que en 1914-1915 privó a Carranza del apoyo de los grupos acomodados.

Desde ese punto de vista, Chihuahua era ejemplo sobresaliente. Las compañías extranjeras, protegidas por la *Pax* villista, volvieron y reanudaron operaciones gananciosas; empleados de minas y ferrocarriles daban fe de los beneficios que aportaba la administración de Villa; en otras partes del norte se tenía la esperanza de que el triunfo de Villa traería ventajas parecidas.[677] Así fue en Piedras Negras, donde la ocupación villista revivió la confianza del comercio, redujo los impuestos, disminuyó las confiscaciones e hizo las delicias de los intereses empresariales.[678] En Monterrey, el mejor barómetro del norte para medir la opinión de los comerciantes, la entrada de los villistas "inspiró sensación de beneplácito"; Felipe Ángeles garantizaba convincente la libertad y el orden, y Raúl Madero organizó reuniones con Villa y los em-

[674] C/o USS Albany, Guaymas, 22 de agosto de 1914, SD 812.00/13672.
[675] Lista de "enemigos del pueblo", s. d., 1914, STA, caja 84.
[676] *Mexican Herald*, 1º de julio de 1914; Hohler, Ciudad de México, 21 de diciembre de 1914, FO 371/2395, 6626.
[677] De C. Husk a H. L. Scott, 27 de julio de 1914, Documentos Scott, caja 16; Hohler, Ciudad de México, envía informe de N. W. Railway, Chihuahua, 17 de diciembre de 1914, FO 371/2395, 6223; Blocker, Piedras Negras, 13 de enero de 1915, SD 812.00/14251; Katz, *Secret War*, p. 263.
[678] Blocker, Piedras Negras, 12 y 16 de marzo (dos veces) y 26 de abril de 1915, SD 812.00/14602, 14666, 14689, 14905.

presarios que "dieron excelente impresión y mejoró mucho la opinión de esos empresarios sobre el general".⁶⁷⁹ También se habló bien de la ocupación villista en los campos petroleros de la Huasteca (pero en Ciudad Victoria y Xicoténcatl [Tamps.], los carrancistas "ejecutaron a varios mexicanos distinguidos de la comunidad", entre ellos "uno de los comerciantes más ricos de Victoria, acusado de simpatizar con los villistas").⁶⁸⁰ Más allá de la frontera, se informó que los emigrados pudientes (entre otros, miembros de los clanes terracista y torresista) se juntaban en Los Ángeles con el propósito de reunir grandes sumas de dinero para la causa villista.⁶⁸¹

A ojos de los empresarios del norte, el bandolero Villa se había convertido en el Villa garante del orden y la prosperidad —transformación evidente en el resto del país, aunque con menos dramatismo—.⁶⁸² En el centro-oeste, Villa se convirtió también en defensor de la fe. Dos factores hicieron posible ese cambio: la naturaleza del temprano anticlericalismo de Villa y la prolongación del villismo hasta regiones donde el anticlericalismo carrancista había causado agravios y donde el villismo se presentaba como buen "antídoto". A diferencia de algunos rivales, Villa no era anticlerical doctrinario y quizá, influido por Ángeles, encontró cierta ventaja en reconciliarse con la Iglesia. De modo que ahí donde anticlericales carrancistas como Diéguez y Murguía adquirirían mala reputación, las bandas locales que representaban el villismo traían en sus sombreros una imagen de la Virgen de Guadalupe y mostraban decoroso respeto por el hábito. Y cuando se les unían villistas de otras zonas —Contreras, Urbina, Villa mismo—, éstos evitaban los excesos anticlericales de sus enemigos carrancistas. En Guadalajara se recibieron bien las dos ocupaciones villistas; en la segunda, podía verse en las calles, compartiendo el entusiasmo general a muchas de las "mejores familias" que se habían escondido durante la ocupación carrancista. En marzo de 1915 Villa fue invitado a Guadalajara, donde se le festejó.⁶⁸³

En otras partes del Bajío, el respeto de los villistas por la Iglesia se acompañaba con los métodos rudos pero eficaces de la *Pax* villista, lo que dio al general muchos amigos.⁶⁸⁴ La simpatía de los católicos por el villismo no se

---

⁶⁷⁹ Hanna, Monterrey, 16 y 18 de enero y 27 de marzo de 1915, SD 812.00/14228, 14291, 14719 (Hanna distaba mucho de ser un "villista"); *cf.* H. Knox y N. Bagge, en Fall Report, pp. 1421 y 1432; y Katz, *Secret War,* p. 278.

⁶⁸⁰ Bevan, Tampico, 24 de noviembre de 1914, 20 de enero, 3 de mayo y 15 de junio de 1915, SD 812.00/13877, 14313, 15002, 15303.

⁶⁸¹ De A. Villarreal, Los Ángeles a SRE, 8 de abril de 1915, SRE, legajo 841, 113-R-3, p. 137.

⁶⁸² Por medio de los informes consulares y diplomáticos británicos, es posible rastrear el cambio de bandolero a redentor que sufrió Villa; las opiniones de los que estaban en Whitehall se quedaban atrás de las de quienes estaban en México.

⁶⁸³ Davis, Guadalajara, 19 de diciembre de 1914 y 15 de febrero de 1915; Duval West, Guadalajara, 6 de marzo de 1915; SD 821.00/14138, 14491; 14622; Holms, Guadalajara, 19 de diciembre de 1914, FO 371/2396, 9315; Guzmán, *Memorias,* pp. 747-749.

⁶⁸⁴ Riveroll en Calzadíaz Barrera, *Hechos reales,* I, p. 14; Schmutz, Aguascalientes, 10 de diciembre de 1914, SD 812.00/14199; de Carothers, Irapuato, a Bryan, 5 de febrero de 1915, Documentos Bryan, caja 43, libro 2.

limitaba a esa región; Ángeles prometió en Monterrey —que había sufrido el anticlericalismo a ultranza de Villarreal— respetar la fe y reabrió las iglesias que se llenaron de "gente feliz y agradecida".[685]

Todo eso era provechoso para la propaganda carrancista. Después de reclutar ex federales y aliarse con hacendados rebeldes, Villa se acercaba ahora a los curas y empresarios. A medida que la guerra se hacía más intensa, las acusaciones del carrancismo contra el villismo "reaccionario" eran más estridentes; no faltaron estadunidenses radicales (que repudiaban a su colega radical John Reed) quienes, apelando al silogismo ingenuo favorito de la izquierda (y a veces de la derecha), equipararon a Villa con Wall Street y llegaron a la conclusión de que el villismo significaba reacción y el carrancismo revolución.[686] Ese argumento era chapucero, parcial y muy engañoso. Era importante que ex federales, católicos, terratenientes y empresas apoyaran a Villa y que el atractivo del "hombre de a caballo" fuera parte esencial del villismo (como lo había sido del porfirismo y del huertismo), pero ése no era todo el panorama. Éste debe incluir la ideología adoptada y la influencia ejercida por los villistas acomodados; sus relaciones con el villismo popular, y cierta reflexión sobre cómo hubiera evolucionado el villismo triunfante. Sin esos tres últimos puntos, no es posible evaluar la importancia real de la guerra de los vencedores.

Entre la multitud de adeptos que el oportunismo y la aversión al carrancismo trajo al villismo, había un grupo pequeño pero importante: los viejos maderistas, los políticos civiles de 1908-1913 que habían apoyado el movimiento y el régimen de Madero: Manuel Bonilla, Miguel Díaz Lombardo, Francisco Escudero, Miguel Silva, los hermanos González Garza y la misma familia Madero. A ellos hay que añadir otros que ya mencioné: los ex gobernadores Maytorena, Riveros y Guillén, y Felipe Ángeles, "heredero espiritual de Madero", quien, a pesar de que había partido de un punto diferente, había tomado por último el mismo camino del maderismo al villismo.[687] Arguyen historiadores y apologistas del carrancismo que ese grupo ejerció sobre el villismo influencia insidiosa y conservadora; cualquiera sea la verdad, el hecho es que su presencia afectó la naturaleza y el aspecto del movimiento. Venían de los estratos más altos de la sociedad, como los terratenientes y empresarios provillistas, tenían educación y en general eran acaudalados. Pero su adhesión al villismo (más rápida y positiva que la de terratenientes y empresarios) se debía a razones políticas específicas más que socioeconómicas generales. Desde 1910, los maderistas civiles habían desempeñado el papel de jefes sin tribu. A pesar de sus antecedentes en la oposición, no contribuyeron con mucho a la derrota de Díaz, y aunque recogieron el botín durante el gobierno maderista, participando como ministros, diputados y gobernadores, no

---

[685] Hanna, Monterrey, 18 de enero de 1915, SD 812.00/14291.
[686] Lincoln Steffens, *The Autobiography of Lincoln Steffens*, Nueva York, 1931, p. 715; y véase, por ejemplo, la declaración de Carranza en *El Pueblo*, 12 de junio de 1915.
[687] Katz, *Secret War*, p. 276.

se opusieron inmediatamente a Huerta (recuérdese el prolongado examen de conciencia de los renovadores y la conducta ambivalente que mostraron la mayoría de los gobernadores maderistas). Con Huerta en el poder, con el militarismo en ascenso y la política civil en descenso, muchos se perdieron de vista: algunos, conversos al huertismo, nunca volvieron a levantarse; otros emergieron —algo avergonzados y enlodados— y los rescató el bote salvavidas constitucionalista. Pero los carrancistas, muchos de ellos hombres nuevos de Sonora y Coahuila que representaban una generación política diferente, los recibieron con frialdad. De ahí que muchos maderistas se encaminaran al campo villista aun antes del gran cisma de 1914.[688]

Ese movimiento lateral puede entenderse en términos idealistas. Según dice Martín Luis Guzmán, quien participó en esa transición, los maderistas buscaban en el villismo un gobierno "democrático e impersonal", parecido al que quería Madero. Creían o decían creer, que "la Revolución iba, bajo la jefatura de Carranza, al caudillaje sin más rienda y sin freno", traicionando todo aquello por lo que Madero había abogado.[689] José Vasconcelos estaba de acuerdo.[690] Aunque a menudo exagerado e hipócrita, el argumento era válido.[691] El carrancismo, con su práctica de la *realpolitik* y su preferencia por el gobierno "preconstitucional" (esto es *force majeure*), rompió definitivamente con el precedente maderista. No sólo se pospusieron las elecciones; tampoco representaban ya el punto capital del programa revolucionario. Una minoría ex maderista se unió al carrancismo, se dejó guiar por la cúspide y evitó remover el asunto, pero la mayoría —que, desairada, se fue al campo villista— llevó consigo el estribillo de elecciones libres y gobierno constitucional, que convirtió en tema característico del villismo.

El manifiesto villista de septiembre de 1914, que exhibía los cargos contra Carranza, pedía el "restablecimiento del orden constitucional por medio de elecciones adecuadas"; alegaba que Carranza estaba asumiendo el "papel de dictador", que "estrangulaba los juzgados", eliminaba el gabinete y "hacía caso omiso de toda opinión".[692] Ya que ambas facciones pregonaban consignas agraristas y de tipo "social", no eran fácilmente distinguibles por estos términos; el "constitucionalismo" villista era uno de los pocos elementos ideológicos claros para diferenciarlas.[693] Como es natural, los observadores estadunidenses se aferraron a dicho elemento inmediatamente; Paul Fuller, representante especial, notó la "diferencia drástica" entre los villistas que defendían un régimen constitucional y la preferencia de los carrancistas —la de Villarreal,

---

[688] Véanse pp. 361 y 373.

[689] Guzmán, *El águila y la serpiente*, pp. VIII y 116-117.

[690] Véase, *infra*, n. 702.

[691] Katz, *Secret War*, p. 277, cita a Federico González Garza a propósito de que el constitucionalismo villista era tardío y falso; está bien, pero aun los compromisos ideológicos tardíos (por ejemplo, el agrarismo constitucionalista) llegaron a tener su propio impulso.

[692] Amaya, *Soberana convención*, p. 63; Cumberland, *Constitutionalist Years*, p. 162.

[693] En la oratoria; en la práctica, la cuestión es diferente. A propósito del parecido en los programas de cada facción, véase Duval West, 5 de abril de 1915, SD 812.00/20721.

en este caso— por un "así llamado 'periodo preconstitucional' provisional, durante el cual todo cambio a las leyes existentes que quieran hacer los que tengan el control, deberá hacerse por decreto militar".[694] Esto reafirmó en el gobierno de Wilson la creencia de que "Villa representa[ba] el movimiento avanzado hacia la así llamada República" —en otras palabras, que Villa era una fuerza progresista a tono con los valores estadunidenses y atento a sus intereses—. Por un tiempo, pues, el gobierno de los Estados Unidos fue no pasajero, pero sí observador afable del carro villista.[695] Algunos estadunidenses, incluso los ubicados en altas esferas del gobierno, eran capaces de ver a Villa a la vez como "hombre de a caballo" *y* campeón de la democracia, como Napoleón y Lincoln fundidos en uno.[696] Para los carrancistas, el constitucionalismo villista era otra maniobra de la "reacción", que predicaba la "restauración del maderismo" para satisfacer sus fines conservadores.[697] Cualquiera que sea el valor de esas creencias y acusaciones, es claro que el villismo, en los planos retórico y propagandístico, llevaba ventaja en reclamar el manto de Madero y la adhesión a la Constitución. Es difícil, pues, afirmar que Carranza abogaba (de manera firme, consistente y en oposición a Villa) por un gobierno civil, legal.[698] Aunque sea importante en la separación entre Carranza y Obregón de 1919-1920, no es posible remontar este argumento en el tiempo para explicar la separación entre Carranza y Villa de 1914-1915, porque el constitucionalismo fue entonces una consigna villista, no carrancista, de la que se vanagloriaban en particular los ex maderistas que apoyaban a Villa.

Una vez más, la cuestión principal no fue la oratoria ni la propaganda, sino la naturaleza real del régimen: ¿quién controlaba el villismo y en interés de quién? Muchos tenían dudas (no sólo los polemistas carrancistas) sobre la sinceridad del constitucionalismo villista y sus patrocinadores ex maderistas. Se veía en especial a la familia Madero como oportunista que, no pudiendo conseguir habitación *chez* Carranza, decidió hospedarse con Pancho Villa esperando convertir un burdel en un hotel de lujo. "Su propósito —se decía— es meterse en el nuevo gobierno apoyándose en los hombros de Villa"; se colegía que infiltraban amigos, parentela y clientes en puestos importantes.[699] Es verosímil. Los carrancistas les habían negado ascensos y, teniendo en cuenta el antecedente orozquista, había razones *prima facie* para creer que Villa, caudillo serrano ideológicamente dúctil e ignorante de los modos del gobierno, recibiría bien la ayuda de hombres pudientes y educados, sobre todo si tenían lazos de sangre o habían compartido la historia con el presi-

[694] De Fuller a Bryan, 10 de noviembre de 1914, Documentos Bryan, caja 30.
[695] House narra una conversación con Wilson, diario de House, 27 de abril de 1914.
[696] 30 de agosto de 1914, SD 812.00/19.
[697] *El Demócrata*, 6 de noviembre de 1914.
[698] Quirk, *Mexican Revolution*, pp. 9-10.
[699] Canova, Torreón y Zacatecas, 25 de julio y 10 de agosto de 1914, SD 812.00/12650, 12888; R. V. Pesqueira a Obregón, 5 de julio de 1914, Fabela, DHRM, RRC, I, p. 303 (a propósito del peligro que significaba el ernestismo [por Ernesto Madero], que amenazaba engañar a Villa y hacer de Ángeles, "amo y señor de la Revolución").

dente mártir.[700] Y por supuesto, el rápido crecimiento del villismo, en extensión territorial y complejidad administrativa, dio lugar a una gran demanda de políticos y funcionarios, que los Madero y los de su clase estaban ansiosos por cubrir.

Hombres como ésos, impulsados por interés o idealismo, vieron en Villa un instrumento que podían usar; más que abrazo cálido, la lealtad fue movimiento calculado, y en lo que sentían por Villa se mezclaba a menudo temor y desprecio. El problema esencial, decía Guzmán, era si Villa (que "parecía demasiado irresponsable e instintivo incluso para saber cómo ambicionar") podría ser controlado y orientado en la dirección correcta, si "subordinaría su fuerza arrolladora a la salvación de principios para él acaso inexistentes o incomprensibles".[701] Vasconcelos no era menos calculador; "la revolución ya tiene hombre" dijo después de los grandes triunfos de Villa, pero creía que el caudillo era un tipo "ignorante y feroz, [que] andaba ya loco de mando".[702] Mucho dependía de si los maderistas podrían controlar a su hombre, y de si éste desempeñaría el papel que se le había asignado. Eugenio Aguirre Benavides (maderista poco común, porque tenía tropas a su cargo) comparaba el papel que él y sus colegas desempeñaban ante Villa con el de enfermeras que atendían a un "niño enfermo e irritable" y al que debían tratar con humor y dulzura; la tarea era difícil, pero era más de lo que podría lograrse (pensaba otro) con el obstinado, testarudo, primer jefe.[703]

Entre tanto, siguió la promoción. Además de los maderistas bien conocidos, que se encontraban en la plana mayor del gobierno villista (daré ejemplos en seguida), otros adeptos menores tenían puestos diversos. Feliciano Tavera, en otro tiempo empleado de Madero, quedó a cargo de una fábrica de jabón en Torreón; los consejeros civiles —Lázaro de la Garza y Roque González Garza— actuaban como administradores de los bienes intervenidos; Eugenio Aguirre Benavides, cuya familia tenía propiedades en la región, controlaba las grandes extensiones de tierra lagunera confiscadas.[704] Nuevas oportunidades se presentaron cuando el ejército de Villa se dirigía al sur. En septiembre de 1914, Ernesto Madero habló con el administrador de El Águila (su antiguo contacto) y le confió que "la gente del norte será pronto el elemento dominante" y le recomendó a civiles maderistas —buenos cabilderos—

[700] Letcher, Chihuahua, 25 de agosto de 1914, SD 812.00/13232.
[701] Guzmán, *El águila y la serpiente*, pp. 117-118.
[702] Vasconcelos, *A Mexican Ulysses*, pp. 70, 87, 90-91 y 94. El poco afecto que Vasconcelos tenía por los caudillos plebeyos (más su fe en la educación) se acrecentó. Pensaba, de manera poco convincente, que si hombres como Orozco y Pancho Villa hubieran tenido la oportunidad de aprovechar durante 10 años más las escuelas maderistas, jamás habrían aparecido en la historia mexicana. Es de recordar que, por esas fechas, Juan Banderas, otro caudillo plebeyo, tenía la intención de matar a Vasconcelos por una disputa sobre honorarios de abogado.
[703] Canova, Aguascalientes, 21 de octubre de 1914, SD 812.00/13633; su interlocutor era Antonio Villarreal, que después se unió sin mucha convicción al carrancismo.
[704] De G. H. Pound a H. L. Scott, 10 de agosto de 1915, Documentos Scott, caja 19; Katz, "Agrarian Changes", pp. 262-263.

que la compañía podía aprovechar para ganar la atención de Villa.[705] En ciertos ambientes, aun los que simpatizaban con Villa tenían dudas: "Villa parece fuerte y puede ser el hombre del momento —pensaba Pershing— pero son discutibles los motivos de algunos consejeros suyos".[706] Silvestre Terrazas, opositor de Díaz y uno de los primeros en unirse al villismo, estaba consternado ante la dudosa conversión reciente a la causa de "políticos de profesión" como Andrés Molina Enríquez.[707]

Esos conversos eran individuos "nacionalistas", responsables, cultos, que contrastaban con los serranos plebeyos, de miras estrechas; aquéllos podían hacer causa común con ex federales —Ángeles, Medina— que procuraban disciplinar y profesionalizar las tropas villistas. Así pues, los observadores distinguían dos alas en el villismo. Los enemigos, como Obregón, dividían a los villistas en "morales" y "amorales" (entre éstos Fierro, Urbina y los veteranos serranos); y los apologistas, como Fuller, subrayaban la influencia discreta de villistas "buenos" o "decentes", como el doctor Miguel Silva, "hombres que deben ser alentados en todo sentido".[708] Pero, ¿orientaron ellos el curso de la política villista en 1914-1915?; y, en caso de un hipotético triunfo villista, ¿hubieran surgido como la nueva élite?

A primera vista, los civiles maderistas hicieron un buen trabajo; de los tres nombrados en el gabinete villista después de romper con la Convención en enero de 1915, dos —Francisco Escudero (Finanzas) y Miguel Díaz Lombardo (Relaciones Exteriores)— eran conocidos políticos de extracción maderista.[709] Díaz Lombardo y Miguel Silva (médico que había sido gobernador de Michoacán por poco tiempo en el periodo de Madero y cuya debilidad recibió encomio general, pero le dio escaso poder político) eran consejeros en cuestiones legales; Silvestre Terrazas, Manuel Bauche Alcalde y Roque González Garza colaboraban en la propaganda; Abel Serratos (revolucionario fracasado en 1910) y Emilio Sarabia (gobernador de Durango en 1912) asumieron la gubernatura en Hidalgo y San Luis Potosí, respectivamente.[710] Era más importante la presencia de Ángeles y los ex federales de menor rango, como Medina. Ángeles, liberal de viejo cuño, con conciencia social, era sin duda influyente: planeaba las campañas de Villa, atraía a sus antiguos colegas federales y desempeñó un papel importante cultivando a los zapatistas y apaciguando a la Iglesia, al comercio y la inversión extranjera. Ángeles y el joven y culto comandante villista José Isabel Robles influían en su jefe; se

---

[705] De Body a Riba, 24 de septiembre de 1914, Documentos Cowdray, caja A/3; se recomendó a Miguel Díaz Lombardo. También en este caso, el papel de la compañía fue pasivo pero importante.

[706] De Pershing a Scott, 10 de octubre de 1914, Documentos Scott, caja 16.

[707] De S. Terrazas a Villa, 29 de octubre de 1914, STA, caja 84.

[708] Guzmán, *Memorias*, p. 640; Hohler, Ciudad de México, 11 de septiembre de 1914, FO 371/2031, 56920; cf. Calero, *Un decenio*, p. 171.

[709] Quirk, *Mexican Revolution*, pp. 176-177.

[710] Guzmán, *Memorias*, pp. 597 y 892; Hohler, Ciudad de México, 11 de septiembre de 1914 (nota anterior); Vera Estañol, *Revolución mexicana*, p. 408; memo. del 4 de mayo de 1914, en STA, caja 84.

decía que Villa tenía "admiración supersticiosa" por Ángeles.[711] En cierto momento confió a alguien que Ángeles era uno de los candidatos para la presidencia provisional.[712] Medina, "hombre de carrera militar, de bastante civilización y muchos conocimientos tocante a la guerra" se unió a Villa en 1913; al año siguiente estuvo a cargo de Ciudad Juárez, donde detuvo las confiscaciones y destinó las ganancias de los casinos a las necesidades municipales (con lo que Villa estuvo de acuerdo).[713]

Así pues, la influencia combinada de los villistas "responsables", ex federales y maderistas, dieron al villismo en 1914-1915 un baño de respetabilidad. Como dije ya, los informes sobre Villa como garante de la paz y la propiedad empezaron a multiplicarse. Hohler, el sarcástico ministro británico, comentó que "fuentes estadunidenses daban informes satisfactorios acerca del avance por el camino de la civilización" de Villa.[714] En efecto, Fuller y, *a fortiori*, Carothers, ambos estadunidenses, contribuyeron a difundir la imagen del villismo reformado, respetable y responsable.[715] Esa imagen no era del todo falsa; los villistas respetables trabajaban con ahínco: Ángeles era gentil con los estadunidenses; paciente, Terrazas explicaba la razón de las confiscaciones; Maytorena hizo todo lo posible por evitar agravios durante el largo cerco a Naco.[716] También Villa, consciente de la importancia que tenía el mercado estadunidense de armas, desempeñó su papel a la perfección. Estuvo de acuerdo en que Medina limpiara Ciudad Juárez, porque "es puerta por donde se asoman a mirarnos países extranjeros".[717] Se hizo eco del temor de los Estados Unidos hacia Japón y dijo, con sinceridad "incuestionable", que el "pueblo de los Estados Unidos era su amigo y que, si entraba en guerra con cualquier país —excepto México—, los recursos de México estarían a su disposición si él [Villa] tenía alguna relación con el gobierno en ese momento".[718] Los estadunidenses no fueron los únicos que se beneficiaron con la transformación de Villa. En octubre de 1914, el vicecónsul británico en Zacatecas (un minero) solicitó personalmente a Villa dos vagones para llevar madera a las minas del Bote. Sin perder tiempo, Villa se mostró muy cooperativo; ordenó a Aguirre Benavides que alistara los vagones; sacó algunas tropas molestas de las minas Unión; platicó de minería (con base en su experiencia) y prometió que, "cuando el estado de Zacatecas estuviera en sus manos, la industria minera se vería más floreciente que antes". Terminó la conversación con una amable alusión al frente occidental, que dejó muy satisfecho al re-

[711] Guzmán, *El águila y la serpiente*, p. 279.
[712] De Carothers, Irapuato, a Bryan, 5 de febrero de 1915, Documentos Bryan, caja 43, libro 2.
[713] Guzmán, *Memorias*, pp. 188 y 537-538.
[714] Hohler, Ciudad de México, 21 de diciembre de 1914, FO 371/2395, 6626.
[715] De Pershing a Bliss, 2 de junio de 1914, Documentos Pershing, caja 26 (sobre la influencia de Carothers).
[716] Katz, *Secret War*, p. 278; Terrazas a Villa, 27 de febrero de 1915, STA, caja 84; de Bryan a Wilson, 21 de diciembre de 1914, Documentos Bryan, caja 43, libro 2.
[717] Guzmán, *Memorias*, pp. 537-538.
[718] De Carothers, Irapuato, a Bryan, 5 de febrero de 1915, Documentos Bryan, caja 43, libro 2.

presentante británico; "como puede verse, tuve mucho éxito en mis tratos con el general; su plática es muy agradable, se interesó por nuestra guerra y expresó su deseo de que los aliados ganaran".[719]

El cambio de Villa hacia la Iglesia fue síntoma de esa madurez. El esporádico anticlericalismo popular de 1913-1914 se desvaneció. Hacia fines de 1914, Villa declaró que garantizaría la libertad de los curas siempre que no participaran en política. Ángeles, decano de los "villistas respetables", se hizo cargo de tranquilizar a los católicos de México y también de los Estados Unidos, donde el cura Francis Kelley hacía campaña en pro de los católicos mexicanos perseguidos. Consejeros como Félix Sommerfeld, orquestaron deliberadamente las promesas de Villa a la Iglesia con la esperanza de asegurar la buena voluntad de los Estados Unidos:[720] Esa esperanza tenía sus fundamentos: en febrero de 1915, Kelley describía a Villa, haciéndose eco del Departamento de Estado, como el reformado hijo pródigo: "estoy consciente de que nada puede esperarse de Carranza... pero creo que se puede llegar a Villa".[721] A principios de 1915, curas, periodistas, cabilderos y generales difundían en los Estados Unidos esa imagen retocada.[722]

¿Acaso los villistas respetables habían lazado y metido al corral a los villistas veteranos y plebeyos —al propio Villa, a Urbina, Fierro y muchos jefes menores de extracción popular—? Los historiadores suponen fácilmente que así fue, y eso se debe quizá a que comparten opiniones con los observadores de esa época (incluso las obtienen de ellos). En su opinión, los caudillos incultos pero eficientes necesitaban alguien que moviera los hilos (patrocinadores, consejeros decentes); esos caudillos eran instrumento de sus escribientes y secretarios, no a la inversa. Así, Enrile manipulaba a Orozco, Palafox a Zapata, Ángeles a Villa, etc.[723] Es evidente que esas eminencias grises ejercían el poder, pero a instancias, no a expensas, del caudillo al que servían: éste marcaba el compás. La carrera revolucionaria de Zapata empezó mucho antes, y se prolongó mucho después, de que el "pequeño Manuel Palafox" disfrutara su breve ejercicio del poder en áreas donde Zapata era reacio a comprometerse. Los caudillos podían ser analfabetos, pero no eran tontos —de lo contrario, no hubieran llegado hasta donde llegaron—. Villa rezumaba cierta astucia plebeya ("es sin duda inteligente", comentó el general Scott); Urbina era "inculto, testarudo y ostentoso", pero revelaba "astucia nativa".[724] A ese

---

[719] Caldwell, Zacatecas, 22 de octubre de 1914, FO 371/2031, 71957.

[720] Hanna, Monterrey, 18 de enero de 1915, SD 812.00/14291; de Sommerfeld a Scott, 18 de febrero de 1915, Documentos Scott, caja 17.

[721] Clendenen, *United States and Pancho Villa*, p. 152.

[722] Sobre todo el general Hugh Scott, conocido por su manera de comunicarse mediante señales con los indios hopi y quien ahora servía de enlace a otro primitivo, Pancho Villa, al que enseñaba los usos de la guerra (Clendenen, *United States and Pancho Villa*, pp. 158-159).

[723] Véanse también los casos de Damy y Carrasco, Silva Herzog y los Cedillo (Knight, "Intellectual").

[724] Clendenen, *United States and Pancho Villa*, p. 143; Hamm, Durango, 4 de junio de 1913, SD 812.00/8078.

propósito, uno se ve tentado a entender en el comentario irónico de Villa —"¡qué curioso! Yo, trabajando por la tranquilidad de los demás"— que estaba consciente de su nuevo papel y de su cuidadosa preparación; pero la frase que añade —"a mí, cualquier día me matan"— sugiere que no lo aceptaba del todo ni creía que durara.[725] Por lo demás, había consejeros —Martín Luis Guzmán, por ejemplo— conscientes de que su posición era falsa; o como Vasconcelos, quien se dio cuenta *ex post facto* que habían servido a caudillos cuya naturaleza independiente conocían bien.[726] Después de todo, las revoluciones populares son hechos raros y extraordinarios porque, hasta cierto punto, el mundo se pone de cabeza. Puede ser difícil para los historiadores, por lo común educados y cultos, imaginar una situación en la que la educación y la cultura se subordinaban a la pericia militar, al machismo y a la popularidad. Tratándose de México, puede serles difícil creer que estas cualidades eran muy solicitadas y no se estimaba mucho el talento político convencional. Pero así ocurrió, por lo menos entre 1910-1920. Después, el mundo se reacomodó, los letrados recuperaron su derecho de primogenitura y los plebeyos cayeron hasta el fondo. Pero sería un error suponer (aunque el supuesto es común) que las circunstancias —más recientes— que presentan un México estable, burocrático, "burgués", han prevalecido siempre o que el vulgo siempre supo cuál era su lugar. Es imposible entender el villismo o los acontecimientos de 1914-1915 en función de ese supuesto ahistórico.

Es necesario subrayar, en primer lugar, el carácter popular constante del villismo, que no eliminó su profesionalización creciente. Por eso el villismo de 1914-1915 estaba saturado de contradicciones. El villismo calculado, reticente, condescendiente de los acomodados tenía su contrapartida en el compromiso emotivo de la gente común (emotivo no porque la gente fuera incapaz de apreciar racionalmente sus intereses, sino porque en la mayoría de la regiones aún debía aceptarse a ojos cerrados la capacidad de Villa para servir esos intereses de manera práctica). El registro de las reformas sociales villistas era ambiguo en Chihuahua, pero en otras partes virtualmente no existía. Es cierto que algunos villistas eran rebeldes genuinamente populares (incluso agraristas) que expresaban demandas populares, pero también lo eran algunos carrancistas.[727] En el ámbito nacional, no se distin-

---

[725] Brondo Whitt, *División del Norte*, p. 78.

[726] Guzmán, *El águila y la serpiente*, p. 299; Vasconcelos, *A Mexican Ulysses*, p. 116.

[727] Dice Katz (*Secret War*, p. 262) que, "salvo excepciones, todos los movimientos campesinos o sus jefes en el norte del país, se unieron a Villa". En parte, la verdad de ese aserto se fundamenta en el dominio que Villa tenía en el norte, lo que le daba buena parte del apoyo de los campesinos (también de terratenientes, obreros, empresarios y clero); pero había movimientos y jefes populares (los cuales, según la definición que se use, pueden calificarse de "campesinos") que optaban por el carrancismo: Carrasco, Coss, los Arrieta, los Herrera, Hurtado. Sin duda, el balance del apoyo campesino favorecía a Villa, pero no de manera unánime. Además, no hay razón para excluir al resto del país, donde no era evidente una desproporción; lo que muestra —creo conveniente argüir— que el cisma carrancista-villista se sustentaba en alianzas pragmáticas y locales, y no de clase.

guían las dos facciones por identidad ideológica o de clase. En el ámbito de la política nacional oficial (ámbito algo etéreo en 1914-1915), los decretos reformistas y las promesas de Carranza dejaban atrás a su rival; y en la provincia, el reformismo febril de Castro, Alvarado, Múgica, Gavira, tenía pocos paralelos villistas. La convención villista legisló a placer, pero cada vez más sus miembros eran civiles impotentes, no generales capaces de hacer valer sus políticas.

Pero leyes escritas y decretos no eran suficientes. Aunque podían conseguir apoyo, como veremos luego, no podían garantizar la estima popular —sentimiento más intangible, que crecía de manera "irracional", sin plan, espontánea, del que Villa gozaba a pesar de su trayectoria legislativa insignificante—. Como dice una historiadora de la Revolución: "la popularidad ingenua... comúnmente es seducida por las hazañas personales, los gestos de valentía y los arranques generosos exhibidos teatralmente, y no por los decretos y las notas diplomáticas".[728] Podemos parafrasearlo así: las lealtades "afectivas" y "pragmáticas" eran distintas tanto analítica (en cuanto regían diferentes relaciones históricas) como empíricamente. A manera de prueba, no es necesario atenerse al testimonio que el mismo Villa da sobre la acogida entusiasta de un pueblo.[729] Un ingeniero de minas estadunidense comentó: "el peón cree en Villa; es uno de ellos y tiene gran parte de su confianza".[730] Me he referido ya a las razones: con su origen humilde, su pasado de bandolero y su trayectoria revolucionaria, Villa atraía a los pobres —leyes y decretos aparte— como "pelado" que había desplazado a patrones y había llegado a la cúspide; salvo porque no bebía, era epítome del macho. Nunca perdió su capacidad para comunicarse con el pueblo ni la habilidad para atraer a las masas, aun a despecho de sus "intereses objetivos" (cualesquiera hayan sido). En eso se parecía a Zapata, a los Cedillo, a muchos cabecillas e incluso a políticos porfiristas como Alarcón, el gobernador de Morelos.[731] Carranza no podía competir con eso, no porque fuera un viejo y respetable político porfirista (ahí está el caso de Alarcón), sino porque su carácter (pesado, rígido, reservado) y sus maneras no despertaban la simpatía popular.[732] La gente que atestaba las calles para ver pasar a Villa no tenía interés en ver a Carranza. Los viajes del primer jefe por el norte de México eran deslucidos comparados con el avance triunfal de Villa. Cuando descendió del tren en Ramos Arizpe, en junio de 1914, Carranza estrechó algunas manos mientras los del público "se miraban con expresión ausente como si fueran ganado".[733] Sólo en la ca-

---

[728] Berta Ulloa, *Historia de la Revolución mexicana, periodo 1914-1917*, IV, "La revolución escindida", México, 1979, p. 15.

[729] Guzmán, *Memorias*, p. 725.

[730] N. Bagge, Fall Report, p. 1433; y Manuel Gamio, *The Life Story of the Mexican Inmigrant*, Chicago, 1931, p. 7.

[731] Womack, *Zapata*, pp. 12 y 14-15.

[732] Ulloa, *Revolución escindida*, pp. 13-16, presenta una descripción buena y precisa.

[733] Canova, Saltillo, 2 de julio de 1914, SD 812.00/12462.

pital, cínica y oportunista, Carranza y su ejército tuvieron gran recibimiento, y aún ahí era dudosa la sinceridad de los manifestantes.[734]

Era de esperar que Villa llevara ventaja a Carranza en materia de popularidad en Chihuahua, pero también en Coahuila Villa era "sin duda un tipo popular" y "en las haciendas y lugares remotos los vaqueros y otras clases trabajadoras idolatran a Villa". Pero cuando a esos mismos vaqueros se "les preguntaba por Carranza, nada tenían que decir".[735] Ocurría lo mismo en Morelos, donde "el primer jefe Carranza no despertara la menor simpatía entre... los agricultores y trabajadores del campo".[736] No había, pues, leyendas o corridos sobre Carranza, quien figuraba en las canciones revolucionarias como blanco del humor villista, especialmente en "La cucaracha":

> Con las barbas de Carranza
> voy hacer una toquilla
> pa' ponérsela al sombrero
> de su padre Pancho Villa.[737]

Y de ahí que Carranza tuviera que depender de reformas escritas y oficiales para construir un soporte sucedáneo (pragmático) a falta de uno natural, casero (afectivo). De ahí también que, cuando la fama de Villa estaba en su apogeo (1914-1915), parecía desvanecerse la lealtad hacia el primer jefe por las tropas nominalmente "carrancistas" pues, aun cuando sus jefes estuvieran con él, la contracorriente villista amenazaba atraer a los soldados al campo rival. Informes frecuentes indican que los carrancistas de Sinaloa —Carrasco, Iturbe, Cabanillas— tenían dificultades para retener a sus hombres, y que "un triunfo [villista] importante" provocaría deserción generalizada.[738] Hostetter —quien no era admirador de Villa o el villismo— notó en Sonora un fenómeno similar —Alvarado temió entonces que sus tropas se amotinaran—.[739] También en Jalisco, Manuel Diéguez, con su peligroso juego anticlerical, "tenía dudas de la lealtad de sus subordinados"; Dávila tenía problemas en Piedras Negras; se preguntaban en Monterrey si el jefe carrancista podría contar con sus hombres cuando les ordenara luchar contra Villa.[740] En realidad, fueron pocas las grandes deserciones.

---

[734] Véase p. 880.

[735] Blocker, Piedras Negras, 26 de septiembre de 1914, SD 812.00/13360.

[736] Womack, *Zapata*, p. 210; no coincido con Womack en que Carranza era "políticamente obsoleto"; llegó al poder nacional, se mantuvo en él durante cinco años y sobrevivió a Zapata. Pero eso no quiere decir que la obsolescencia política es un vicio tanto como la modernidad política es una virtud.

[737] Rutherford, *Mexican Society*, pp. 155 y 166.

[738] Brown, Mazatlán, 12 de septiembre, Keys, Rosario, s. d., recibido el 16 de noviembre de 1914, SD 812.00/13425, 13777, 14014.

[739] Hostetter, Hermosillo, 6 de julio y 3 de agosto de 1914, SD 812.00/12422, 12734.

[740] Cumberland, *Constitutionalist Years*, p. 179; Sandford, Monterrey, 28 de septiembre de 1914, FO 371/2031, 68893.

Unían a los jefes y su gente, además del interés personal, vínculos de lealtad personal y cercana, forjados años antes y robustecidos en las campañas; éstos probaron finalmente ser más fuertes que las tentaciones nebulosas del villismo. Como a los europeos, empeñados en esos momentos en su propia guerra, motivaba a los soldados la lealtad a su unidad militar propia e inmediata, más que cualquier gran causa nacional o ideología abstracta.[741] Prevalecieron, pues, las lealtades estrechas, "namieristas". Pero por el momento el asunto estaba en la balanza; cualquier triunfo villista resonante hubiera provocado la disolución inmediata de muchos ejércitos carrancistas.

Con el constante apoyo popular al villismo, se presentó también un liderazgo popular que permaneció esencialmente independiente de los intereses creados. Dicho de otro modo, las teorías sobre eminencias grises son bastante exageradas: los villistas decentes no pudieron controlar, como esperaban, el movimiento; por el contrario, les desesperaba su naturaleza elemental, impredecible, voluntariosa. Aunque estas conclusiones contradicen las de muchos especialistas, no llegan a sorprender. Los civiles maderistas eran básicamente un grupo débil; dignos, honestos, humanos, civilizados, pero débiles. Luego que fallaron en dominar, incluso en participar, en su Revolución de 1910, apenas podía esperarse que chasquearan el látigo sobre los veteranos villistas endurecidos de 1914-1915. Tampoco se podía esperar que liberales ilustres como el doctor Miguel Silva ("era sabio y no era político; era patriota, generoso y bueno... era un sabio médico y gran filántropo") o Roque González Garza ("un hombre excelente: patriota, honrado, valiente, bondadoso, incurable idealista") se ganarían, con la exhortación y el ejemplo, a gente como Urbina y Fierro.[742] En cambio, encontraron que su *mission civilisatrice* era una marcha cuesta arriba. En 1914-1915, como en 1910-1911, no pudieron hacer causa común con el vulgo y la plebe. No podían mezclarse civilización y barbarie. Entre Guzmán y Villa se abría un "abismo social"; una "garganta" separaba a González Garza de los jefes militares que procuraba contener y moderar.[743] Por un lado, los militares tendían a pensar en los políticos civiles (del mismo modo que Orozco había considerado a Madero en 1911) como curros y catrines entrometidos; como mediadores que nuevamente trataban de llevarse el botín conseguido con el sacrificio de otros (¿estaban muy equivocados?); Banderas acusaba a los "licenciados insinceros", tal como Villa, conversando con Obregón, renegaba de sus consejeros intelectuales; Villa y Zapata simpatizaban entre sí al denunciar con acritud a los "políticos opor-

---

[741] *Cf.* Gunther E. Rothenberg, "The Habsburg Army in the First World War", en Robert A. Kan *et al.* (eds.), *The Habsburg Empire in World War*, I, Nueva York, 1977, pp. 83-84. Robert Graves dice lo mismo en *Good bye to all that*.

[742] Romero Flores, *Michoacán*, pp. 61 y 91-92; Amaya, *Soberana convención*, pp. 199-200.

[743] Larry M. Grimes, *The Revolutionary Cycle in the Literary Production of Martín Luis Guzmán*, Cuernavaca, 1969, p. 43; Cardoso de Oliveira, Ciudad de México, 22 de marzo de 1915, SD 812.00/14668.

tunistas" que buscaban posición y ascenso, a quienes Zapata, en términos francos, había mandado a volar.[744]

Al otro lado de la divisoria, los civiles como Guzmán se desesperaban.[745] El coqueteo de Vasconcelos con el villismo —que disimula cuidadosamente en su autobiografía— llegó a su triste fin; confió a su bonita mujer que "esos hombres son bestias, no seres humanos", y que no podía perdonarse por andar "con esa clase de gente".[746] El pronóstico de Pani — aserto razonado de prejuicio clasemediero— se hizo realidad. Había dicho que a Vasconcelos "fatalmente tendría que sucederle pronto lo que a cualquier hombre culto en su caso: llegar a serle intolerable el contacto con un ser humano primitivo y sobre todo su subordinación a él [Villa], que era ignorante, desalmado y sanguinario".[747] Emiliano Sarabia, quien trataba de gobernar San Luis Potosí en nombre de Villa, encontró a Urbina tan incorregible como en 1913; González Garza, presidente de la Convención, definió su trabajo como "verdadero calvario", por el caso que hacían a sus órdenes los militares villistas y zapatistas.[748] Las cosas estaban mejor en Chihuahua, pero su paz y prosperidad se atribuían en parte a que muchos "elementos desordenados" habían ido al sur y andaban alborotando en otro lado, y quedaban sólo los pacíficos para administrar el corazón del territorio villista.[749] Aun ahí los villistas respetables tenían problemas. Juan Medina, ex federal, sensato, reflexivo, se encontraba trabado en "eterna pugna con Fierro, Banda, José Rodríguez y otros, que al fin lo desplazaron", representantes de la veteranía villista.[750] Lázaro de la Garza, negociante próspero de Torreón, que se había destacado en los círculos financieros villistas desde 1913, estaba arruinado por la corrupción e ineptitud de Hipólito Villa, hermano de Pancho.[751] Aun esos individuos cuyos consejos Villa debía supuestamente atender de manera meticulosa, se desilusionaron; Villa confesó que ignoraba los consejos de Ángeles; José Isabel Robles llegó a la conclusión de que Villa "no nos necesitaba más que como un emblema".[752] Esas versiones no muestran a Villa (y sus veteranos militares) como piezas de los consejeros decentes, sino que los sacrificados eran los consejeros y los veteranos quienes realizaban los movimientos.

[744] Guzmán, *Memorias*, p. 765; Obregón, *Ocho mil kilómetros*, p. 169; Amaya, *Soberana convención*, p. 180.

[745] Guzmán, *El águila y la serpiente*, pp. 310-311.

[746] Vasconcelos, *A Mexican Ulysses*, p. 170; véase en Vito Alessio Robles (*Desfile sangriento. Mis andanzas con nuestro Ulises*, México, 1979, pp. 182-187, 1ª ed., 1938) una visión crítica del coqueteo vasconcelista con el villismo, muy diferente a la que da Vasconcelos de su relación con el villismo.

[747] Pani, *Apuntes*, p. 221.

[748] Bonney, San Luis, 25 de junio de 1915, SD 812.00/15374; Martínez Núñez, *San Luis Potosí*, p. 61; Amaya, *Soberana convención*, pp. 223-224 y 315.

[749] Informe consular desde Torreón, en Hohler, Ciudad de México, 17 de diciembre de 1914, FO 371/2395, 6623.

[750] Aguirre Benavides, *De Francisco I. Madero*, pp. 91-92.

[751] Carothers, El Paso, 17 de octubre de 1916, SD 812.00/19596.

[752] Guzmán, *Memorias*, p. 867; *El águila y la serpiente*, p. 307.

La política villista —o su falta— confirma esta conclusión. Los villistas respetables, como el ex federal Cervantes, continuaron hablando del gobierno constitucional, pero éste nunca se llevó a la práctica, ni siquiera en Chihuahua donde las circunstancias eran más favorables.[753] A pesar de las recomendaciones de Terrazas, Villa nunca intentó controlar Yucatán; y a pesar de las oportunidades proporcionadas por Chao, González Garza y otros, nunca mostró interés en allegarse a los obreros como lo haría Obregón. Hubo también pecados de comisión. Cuando Villa decidió reanudar su venganza contra los curas españoles, las garantías dadas a la Iglesia fueron olvidadas.[754] De la misma manera, su atención a los intereses y la opinión estadunidense resultó ser un fenómeno mudable —como alguien predijo que ocurriría— tan capaz de cambios drásticos como la buena voluntad inicial de Huerta.[755] Mientras las relaciones públicas villistas vacilaban, y se ignoraba a los villistas respetables, los viejos compadres militares de Villa impusieron su compás: una francachela, salvaje, ditirámbica. La violación, el tiroteo y el asesinato distinguieron su ocupación de la Ciudad de México. Entre las víctimas se encontraron por igual carrancistas, zapatistas, porfirianos y huertistas; esas muertes se debían más a venganzas personales que a la *raison d'état*.[756] En la Ciudad de México, al igual que en Guadalajara y San Luis Potosí, se rompió brutalmente la promesa de un gobierno ordenado que había cautivado a los pudientes. Cuando más poder tenía, cuando más se había extendido territorialmente, el villismo parecía otra vez bandolerismo —bandolerismo vulgar, pendenciero, criminal— con mayúsculas.[757] En el ámbito nacional y local, el bandolerismo social era un viajero escaso.[758] No importa cómo se califique este fenómeno, difícilmente era producto de las maquinaciones de intereses conservadores. Los villistas decentes retrocedieron espantados, los observadores estadunidenses empezaron a dudar y los antes pacíficos simpatizantes (en especial los pudientes) sufrieron una amarga desilusión.[759] No era ésa la "mano de hierro", menos todavía un campeón del orden constitucional. Era más bien un tipo de caudillaje violento, arbitrario, personal, que combinaba la crueldad del huertismo con los prejuicios profundos y la indocilidad del populismo serrano.

Antes de terminar el análisis de las facciones rivales y reanudar la narración de su conflicto, creo apropiado especular un poco. Puesto que Carranza ganó, es posible examinar directamente la naturaleza de su régimen; pero Vi-

---

[753] Amaya, *Soberana convención*, pp. 223-224; Cumberland, *Constitutionalist Years*, p. 163.
[754] Ulloa, *Revolución escindida*, p. 81.
[755] Schmutz, Aguascalientes, 11 de noviembre de 1914, 3 y 10 de mayo de 1915, SD 812.00/13914, 14997, 15032 (sobre la "pretendida gran cordialidad" de los villistas hacia los estadunidenses, hasta la primavera de 1915).
[756] Véase p. 469.
[757] De ahí la imagen de villismo "camorrero" de Womack; "Spoils", p. 678.
[758] *Cf.* el análisis sobre el bandolerismo social, en las pp. 485-486.
[759] Guzmán, *El águila y la serpiente*, p. 311; de Bliss a Pershing, 23 de enero de 1915, Documentos Pershing, caja 26.

lla perdió, por lo que la naturaleza hipotética del régimen villista sigue en la oscuridad: no existen, que yo sepa, especulaciones acerca de cómo pudo haber sido. No es ésa una pregunta ociosa; es una reformulación útil de problemas básicos ya planteados. Porque si el villismo representaba las fuerzas populares-campesinas —o, alternativamente, la "reacción"— su régimen hubiera sido del todo diferente al que llegó al poder. Por otra parte, si las dos facciones eran en esencia similares, ambas empeñadas en la lucha personalista por el poder, el resultado tiene poca importancia y las pérdidas fueron en vano. Esta especulación es válida, porque el conflicto militar que decidió el resultado fue muy parejo.

Un régimen villista hipotético, surgido de un supuesto triunfo villista, sin duda habría sido diferente del que ganó, pero no por más igualdad social o fervor revolucionario. Podemos esbozar dos escenarios: no opciones extremas sino variaciones a lo largo de un eje, cuya posición exacta dependería de la fuerza relativa de las dos alas del villismo, los civiles respetables y los militares plebeyos del "núcleo". Si éstos hubieran dominado (como parecían dominar en 1915); si Villa, después de vencer, se hubiera desecho de sus consejeros y apelado a sus rústicos pero eficientes compañeros, el estado villista habría sido una nulidad, un régimen capitalino *fainéant*, cabeza débil de una docena de feudos locales bastante independientes. Villa no mostraba interés por la presidencia; ocupó la capital por breve tiempo, se veía "ansioso por salir de aquí, porque… se dio cuenta de que la multitud y complejidad de los problemas eran demasiado para él".[760] Lo mismo ocurría *a fortiori* con Zapata y otros jefes revolucionarios. El poder nacional se habría entregado a los intermediarios —Ángeles o civiles débiles como el doctor Silva—, mientras Villa y sus generales se retiraban a sus recién adquiridas propiedades del norte para mandar en Chihuahua, vivir con el primitivo estilo señorial que usó Urbina en 1913 y que Villa emuló, con evidente satisfacción, después de 1920.[761] Quizá Villa se hubiera postulado para gobernador (y lo habrían elegido); quizá ni se hubiera molestado. En otras partes del México villista, regímenes locales, producto de la guerra civil, habrían gobernado con relativa independencia: caudillos populistas como Cedillo en San Luis Potosí (ejemplo concreto, no hipotético); en Durango y Coahuila, alguno de los jefes de La Laguna nombrado por acuerdo (si se ponían de acuerdo); en Jalisco, quizá Julián Medina o algún intermediario; en Sinaloa, el joven Rafael Buelna; en Sonora, Maytorena y su camarilla; Peláez en la Huasteca; un gobierno de cuño zapatista en Morelos; en el sur, quienes representaban sus intereses: Meixueiro en Oaxaca; un régimen finquero en Chiapas; una hacendocracia provincial en Yucatán. Es obvia la gran diversidad de ese posible Estado villista (aunque la realidad carrancista-sonorense también era variada). Pero en ese escenario villista no se representaría sólo la gran variedad, sino también la

[760] Hohler, Ciudad de México, 8 de enero de 1915, FO 371/2396, 112746.
[761] Eugenia Meyer *et al.*, "La vida con Villa en la hacienda de Canutillo", DEAS, México, 1974.

falta de una fuerza integradora poderosa que sirviera de contrapeso, característica que deriva de la diferencia esencial que separa al villismo del carrancismo: el centro villista popular, localista, y su contraparte carrancista centralizadora, nacionalista.

Naturalmente, los villistas respetables, acomodados en el gobierno nacional y estatal, no se quedarían satisfechos con sus funciones vacuas. Con el tiempo, los generales populistas habrían cedido terreno a sus intermediarios civiles: mientras aquéllos inspeccionaban sus propiedades, patrocinaban corridas de toros y engordaban, éstos —investidos con ministerios, gubernaturas, posición legal y financiera— tratarían de resolver los problemas de la reconstrucción posrevolucionaria: rehacer el Estado devastado, reducir las fuerzas armadas, restaurar la economía y la moneda, asegurar el reconocimiento y la inversión extranjera, legitimar el nuevo régimen con base en leyes formales y partidos. Con el tiempo, pues, a medida que los caudillos envejecieran y la política de la guerra cediera paso a la política de reconstrucción, surgirían nuevos talentos y formas de autoridad, crecería el poder de políticos civiles y burócratas y declinaría el de los veteranos villistas. Por supuesto, éste es un escenario sacado de la realidad; si tiene validez, sugiere que cualquier régimen posrevolucionario, villista o carrancista, habría evolucionado de acuerdo con ciertos patrones (desmilitarización, reconstrucción, burocratización). No hay razón para dudar de que los villistas respetables se hubieran propuesto objetivos bastante parecidos a los que persiguieron los carrancistas triunfantes; se parecían mucho.

Esto no significa que todo habría sido igual, aun suponiendo que los civiles villistas hubieran hecho progresos respecto a sus socios militares, porque un régimen de ese tipo habría sido menos sólido, tenaz y estable que la realidad resultante. Los carrancistas (los sonorenses Obregón, Calles, Alvarado, en especial) combinaban habilidades políticas y militares, y gobernaban o luchaban según lo exigían las circunstancias, pero en el villismo (y por extensión en el imaginario régimen villista) la división de funciones era clara, porque los militares se negaban a gobernar y los civiles eran incapaces de luchar. La estrechez de miras de los caudillos villistas daba a los ex maderistas y ex federales la oportunidad de ejercer el poder; pero tal era el linaje de ese poder que carecía de fuerza y nervio, como ocurrió con el régimen maderista en 1911-1913. Habrían formado una élite nacional que no hubiera luchado para llegar a la cima (proceso que requiere no sólo capacidad militar, sino también legitimidad y apoyo popular, con todo lo que eso implica), pero aquellos que habían luchado por el poder, al abandonarlo, se los hubieran conferido. Habría sido entonces un poder defectuoso, precario, otorgado sólo de manera condicional, porque los caudillos villistas, aun cuando no quisieran hacerse cargo del gobierno, no querrían que éste transgrediera sus nuevos derechos y propiedades. Entregarían el poder formal a civiles nacionalistas que aspiraran a él, mientras éstos los dejaran en paz, pero esa condición fijaba límites estrechos para reconstruir el Estado y en muchos sentidos lo condenaba a la impotencia. Los caudillos villistas —comprendida toda la plantilla, de Villa a Meixueiro— no gobernarían, pero tampoco dejarían gobernar a otros.[762] Las políticas de reconstrucción, desmilitarización, centralización, construcción del Estado, burocratización y movilización política masiva se estrellarían contra el muro del caudillaje local atrincherado. La historia de los decenios 1920 y 1930 demuestra que ésos eran obstáculos enormes. Bajo un régimen villista con caudillos fuertes y un gobierno nacional inseguro y débil, esos obstáculos habrían sido insuperables. Es difícil imaginar que un Silva, un Díaz Lombardo, incluso un Felipe Ángeles, habrían logrado controlar ejércitos y caciques al estilo de Obregón y Calles.

Es difícil, sobre todo, por el carácter de los villistas respetables. Posiblemente hubieran honrado el pasado más que sus rivales carrancistas, porque como *bien pensants* adinerados, cultos, liberales, eran más afines al *statu quo* porfirista (en términos de educación, propiedad, trabajos, contactos extranjeros e incluso de edad) que los nuevos arribistas de Carranza. Se inclinarían más a conservar y conciliar que a innovar y proscribir. Restringidos ya por su poder limitado, su pesada carga ideológica, sus contactos y compromisos heredados los habrían restringido más aún. Un presidente Silva o Ángeles, ¿habría batallado contra la Iglesia católica o las compañías petroleras?; ¿habrían forzado a sindicatos y agraristas para que participaran en esa batalla en beneficio del Estado revolucionario? Y si lo hubieran intentado, lo que es de dudar, ¿habrían llevado consigo a los caudillos? Cedillo —quizá el mejor caso, y el más real, de "sobreviviente villista"— participaba necesariamente en esas políticas, pero en su feudo no las toleraba, y al final lo vencieron.[763] Un hipotético régimen villista se habría parecido menos al México posrevolucionario (real) que a la Bolivia posrevolucionaria, donde los políticos civiles débiles, llegados al gobierno de manera algo fortuita, lucharon para establecer una base de poder confiable, pero fracasaron; donde el Estado entregó el control a amplios sectores de la sociedad política, y donde el resultado fue el desahucio del poder y una herencia de inestabilidad y militarismo.[764] Si este argumento se sostiene, debe atribuirse al triunfo de Carranza sobre Villa buena parte del desarrollo político y estabilidad que caracterizó al México posrevolucionario; si el triunfo hubiera correspondido a la otra parte, lo que pudo ocurrir, el resultado político habría sido muy diferente: ni CROM, ni guerra cristera, ni PNR, ni Estado callista hubieran existido. Nótese que me refiero al resultado *político*. En ningún sentido la derrota de Villa entronizó el capitalismo o volvió la cara al socialismo; en una u otra forma, el capitalismo estaba en la agenda nacional, y los villistas —civiles y militares— no tenían

---

[762] Me refiero a un gobierno nacional, centralizado y burocrático, del tipo que prevaleció cada vez más en el país después de 1920.

[763] Ankerson, "Saturnino Cedillo", pp. 151, 153-154, 158 y 160-168; Falcón, "Cedillo", pp. 199, 231, 280, 313, 328, 352 y 381.

[764] L. Whitehead, "The State and Sectional Interests: the Bolivian Case", *European Journal of Political Research*, III, 1975, pp. 115-116.

intención de quitarlo.⁷⁶⁵ Los modos de producción no estuvieron en juego durante la guerra de los vencedores pero, como sugieren estos escenarios alternativos, mucho estaba comprometido. No era un conflicto intrascendente. Por lo demás, toca a los moralistas, no a los historiadores, juzgar si el resultado valía 100 millones de dólares y 200 000 vidas.⁷⁶⁶

La guerra de los vencedores fue diferente a otros conflictos revolucionarios previos porque la lealtad era inconstante. Los jefes se unían a las facciones nacionales de manera táctica, cautelosa, conscientes a veces (si eran carrancistas) de que la corriente popular villista podía arrastrarlos al fondo. En cada centro, sólo una minoría estaba comprometida seriamente; pero el resultado dependía de esas minorías. La victoria efectiva de un bando habría iniciado el derrumbe, porque los indecisos y oportunistas (lo eran por buenas razones) se hubieran unido en avalancha a la facción triunfante. Es por eso que los mapas que deslindan las esferas de control villista y carrancista en parte carecen de sentido y tienden a exagerar la fuerza real de Villa.⁷⁶⁷ Contar el total de las tropas facciosas es apenas menos engañoso. El factor esencial era el tamaño y la capacidad de los ejércitos que cada núcleo pudiera enfrentar al otro, porque el resultado de este conflicto —que podríamos denominar "hegemónico"— decidiría el resultado de muchos conflictos fortuitos menores en todo el país.

La guerra de los vencedores se distinguía también de las anteriores por la estrategia que implicaba. En las campañas de 1910-1911 y 1913-1914, rebeldes inexpertos y mal armados se habían enfrentado a tropas regulares bien equipadas, primero en escaramuzas de guerrillas y luego en refriegas desequilibradas, con las que los rebeldes controlaron el campo y los federales las ciudades fortificadas. Ahora el revolucionario luchaba contra el revolucionario, semejante contra semejante. Dos ejércitos profesionales, alimentados con reclutas federales, dotados de experiencia, *esprit de corps*, artillería y apoyo logístico, se encontraron frente a frente en una batalla convencional. Ningún bando podía reclamar para sí un estado de ánimo superior (la creencia generalizada de que el triunfo sería para Villa no parece haber minado el espíritu de los carrancistas del "centro"). El objetivo principal de la guerra no era, como en otras campañas, ocupar territorio, sino (precepto de Clausewitz) destruir las fuerzas enemigas y, con ellas, su prestigio y poder. Ése fue, claramente, el propósito de Obregón cuando dejó la Ciudad de México (que podía ocuparse o abandonarse a gusto, según los términos de la guerra) y marchó a encontrarse con Villa en las planicies del Bajío. En esa región de poca importancia estratégica, que hasta ese momento no había tenido problemas mayo-

---

⁷⁶⁵ Por supuesto, el resultado político tenía consecuencias importantes en el desarrollo económico, pero no prevenía una hipotética opción (villista) radical; tampoco (aunque el argumento es más verosímil) llevó al poder (¿una porción?) de la "burguesía nacional" comprometida con un "proyecto" específico. Véanse pp. 688 y 815.

⁷⁶⁶ Cálculo hecho por Cumberland, *Constitutionalist Years*, p. 163.

⁷⁶⁷ Por ejemplo, Grajales, "Las campañas", p. LXXV; Meyer, *Revolution Mexicaine*, p. 56.

res, se ganarían y perderían las batallas decisivas y finales de la Revolución en el transcurso de la primavera e inicios del verano de 1915. Esas semanas representan un breve paréntesis en el patrón usual de la contienda armada revolucionaria; interludio agitado de batallas campales después del cual —terminado el *crescendo* y templadas las cuerdas— se reafirmaron los viejos y conocidos temas (guarnición urbana, rebelión rural, guerrilla, represión, reconcentración, estancamiento) y se convirtieron en motivos del final largo, fúnebre, de la Revolución.

La reunión y coalición de fuerzas sólo puede presentarse mediante el relato convencional. La División del Norte, detenida en su marcha triunfal a principios de 1914, se dirigía en noviembre hacia la capital, a través del Bajío. Los pueblos caían sin resistir; Carranza evacuó la Ciudad de México y se encaminó al este, hacia Puebla y el Golfo.[768] Obregón abandonó la idea de hacer campaña contra Villa en la costa oeste y siguió al primer jefe.[769] Al levantar su campamento, los carrancistas desvalijaron la Casa de Moneda y los archivos del gobierno, y cargaron su botín, más caballos, municiones y vituallas, en vagones que pronto saturaron el Ferrocarril Mexicano. En su huida por Tlaxcala, usaron una locomotora para arrancar las vías que dejaban atrás.[770] Los estadunidenses terminaron justo a tiempo su infructuosa ocupación del puerto de Veracruz, que dejaron limpio, escombrado y sin buitres, para que lo ocuparan los carrancistas, algo que éstos hicieron con entusiasmo; en sus nuevas oficinas instalaron los archivos, máquinas de escribir, muebles y aun los tinteros que habían traído desde la capital. Carranza se instaló en el faro. Era claro que los carrancistas no se pensaban acabados en política y tenían la intención de ponerse a trabajar.[771]

Los carrancistas tenían Veracruz, pero pocos días después sus enemigos tenían la Ciudad de México. La prolongada asociación con Carranza y los sonorenses no había hecho de Lucio Blanco un adicto; apoyaba a Gutiérrez y a la tercera fuerza y, leal a la Convención, permaneció en la capital con sus tropas. Fracasaron todos los intentos de persuadirlo para que fuera a Veracruz.[772] Blanco vigilaba la ciudad cuando los primeros zapatistas empezaron a filtrarse en los suburbios. Pronto se desvanecieron los temores de que hubiera pillaje y rapiña —herencia de tres años de prensa alarmista—. Aunque los zapatistas parecían "los más rudos entre los rudos", eran ordenados, incluso amables; informa el *Mexican Herald* que su comportamiento, "atento,

---

[768] Cumberland, *Constitutionalist Years*, p. 183; Urquizo, *Páginas*, pp. 90-95.

[769] Cumberland, *Constitutionalist Years*, pp. 179 y 187; Hall, *Obregón*, pp. 103-104.

[770] De Adams a Cowdray, 23 de noviembre de 1914, Documentos Cowdray, caja A/3; *Mexican Herald*, 1º de diciembre de 1914.

[771] Adams (nota anterior); Hohler, Ciudad de México, 23 de noviembre de 1914, FO 371/2032, 85240. Sobre las complicadas negociaciones para la evacuación estadunidense (que se prometió para septiembre pero se hizo hasta noviembre), véase Quirk, *Affair of Honor*, pp. 156-171; Hohler, Ciudad de México, 28 de noviembre de 1914, FO 371/2031, 76632; Fabela, DHRM, RRC, II, pp. 180 y ss.

[772] Obregón, *Ocho mil kilómetros*, pp. 227-228.

cortés, humilde, causó buena impresión".⁷⁷³ El espíritu capitalino se levantó y las multitudes se alinearon en la avenida San Francisco para contemplar a "los revolucionarios sureños sobre los que se habían contado historias espeluznantes durante los últimos cuatro años".⁷⁷⁴ Zapata hizo una visita breve y poco entusiasta a la capital y regresó a Morelos.

El último día de noviembre llegó Villa y fue a reunirse con su aliado sureño en la escuela de Xochimilco, en las afueras de la ciudad. En ese encuentro famoso, los dos caudillos plebeyos comieron, bebieron —Villa, por gentileza, tomó una copa de coñac— y, vencida la timidez del primer momento, se dedicaron a hablar mal de Carranza y planear su campaña conjunta contra él.⁷⁷⁵ Con ese propósito se estableció una alianza militar flexible y Villa ofreció proporcionar armas a los surianos. Públicamente acordaron hacer una entrada triunfal en la capital y, en privado, redactar una lista de ejecuciones políticas. El 6 de diciembre, una tropa convencionista de 50 000 hombres —entre infantería, caballería y artillería; los norteños de caqui y sombrero de copa alta y ala ancha, los sureños con su ropa suelta de algodón portando el estandarte de la Virgen de Guadalupe— desfiló por las calles de México para que el presidente Gutiérrez pasara revista en el Zócalo.⁷⁷⁶ Entrado el mes, hubo un general y sangriento ajuste de viejas cuentas.

Al principio, el régimen parecía ordenado y benigno. Como "niños perdidos", los zapatistas erraban por las calles; tocaban a las puertas para pedir comida y mostraron su pintoresca ingenuidad rural al atacar un carro de bomberos que tomaron por una máquina de guerra. No tenían el comportamiento rapaz de los carrancistas: las únicas casas que embargaron fueron las de los pudientes de Morelos y devolvieron a sus dueños las que habían tomado los carrancistas. En vez de ocupar una casa lujosa en la ciudad, Zapata se "hospedó en un hotelito, lóbrego y sucio, situado a una cuadra de distancia de la estación del ferrocarril de la línea que llevaba a Cuautla"; apenas habló con los periodistas que fueron a entrevistarlo.⁷⁷⁷ Comparada con la ocupación de Carranza, hubo pocas confiscaciones y aún menos discursos (Zapata no quiso aparecer ante la multitud que estaba frente a Palacio Nacional); los capitalinos nerviosos veían agradecidos todo esto y mostraron súbito afecto condescendiente por los "indios limpios y bien formados" que parecían

---

⁷⁷³ De Adams a Body, 28 de noviembre de 1914, Documentos Cowdray, caja A/3; Hohler, Ciudad de México, 28 de noviembre de 1914, FO 371/2032, 85296; *Le Courrier du Mexique*, 25 de noviembre de 1914.

⁷⁷⁴ *Mexican Herald*, 26 de noviembre de 1914.

⁷⁷⁵ Womack, *Zapata*, pp. 200-201; Quirk, *Mexican Revolution*, pp. 139-145; Guzmán, *Memorias*, pp. 725-728; Ulloa, *Revolución escindida*, pp. 44-46 (difiere un poco).

⁷⁷⁶ Casasola, *Historia gráfica*, II, pp. 926-928; Clendenen, *United States and Pancho Villa*, pp. 134-135 (dice que "probablemente ése era el mayor número de tropas reunidas en un momento y lugar en todo el continente americano, después de la guerra de secesión estadunidense").

⁷⁷⁷ Womack, *Zapata*, p. 219; de Adams a Cowdray, 11 de enero de 1915, Documentos Cowdray, caja A/3.

"una clase de hombres mucho mejor que los carrancistas".[778] Para los zapatistas la ciudad era un gran tumor y ocuparla, una penosa obligación que dictaban las necesidades estratégicas de Morelos. No acometieron la tarea con entusiasmo, no hicieron acopio de propiedades urbanas ni de puestos políticos; con gusto permitieron a los viejos funcionarios porfiristas —el jefe de policía, por ejemplo— volver a sus trabajos para bien del orden público.[779] El zapatismo no tenía instrucciones para revolucionar a la Ciudad de México; carecía de voluntad para centralizar el control que tenía el carrancismo.

Mutatis mutandis, podía decirse lo mismo de los villistas que compartían la ocupación convencionista. Al principio, también tuvieron la aprobación de los capitalinos,[780] pero la desilusión no tardó en llegar. El interés de Villa en un gobierno responsable, constitucional, dependía mucho de las relaciones públicas expertas y de la influencia precaria del que Luis Aguirre Benavides llamaba "el grupo civilizado" —ex maderistas respetables y ex federales—.[781] En el verano de 1914 éstos habían hecho un buen trabajo orientando la política y los pronunciamientos de Villa, mostrando a los observadores el mejor lado del movimiento, y la reputación de Villa se elevó. Pero a finales de año, su influencia en la capital vaciló; varios —también Ángeles— estaban ocupados en el norte, lo que dejó a Villa sin su juicioso moderador; quizá la perspectiva de una victoria inminente tenía el mismo efecto liberador, y la gran ciudad presentaba a los rústicos jefes serranos problemas y tentaciones desconocidos. Y mientras se entregaban a éstos, Gutiérrez y su gabinete civil perdieron el control. Pero no fue tanto que el villismo saliera de su carril cuanto que volvió a ser lo que era, porque el "desliz" en la Ciudad de México encajaba perfectamente en la tradición del bandolerismo y la rebelión serranos, en la que se había hecho el villismo; fue una amarga prueba de lo que sería el villismo de 1915-1920 que, privado de sus cultos consejeros, recobró su naturaleza violenta, caprichosa. El verdadero desliz (o aberración) fue el de 1914, cuando se educó y sensibilizó artificialmente al villismo con la ilusoria esperanza de presentarlo como candidato serio al poder nacional.

Durante su breve estancia en la capital, rodeaban a Villa sus viejos compañeros joviales, en busca —dice Womack— "de excitación y botín". "Acostumbraba —anota Vasconcelos— no separarse de su escolta ni para comer".[782] En su compañía, Villa visitaba la ciudad, frecuentaba el palenque de San Cosme y raptó a la mujer de un hotelero francés. Viejos compadres, como Fierro, estaban en "plena francachela... y [Villa] atendía sus consejos malsanos, porque sus buenos consejeros no están ya a su lado".[783] Villa no era el único

---

[778] De Adams a Body (*supra*, n. 773); *Mexican Herald*, 29 de noviembre de 1914.
[779] Hohler, Ciudad de México (*supra*, nota 773); *Mexican Herald*, 26 de noviembre de 1914.
[780] Canova, Ciudad de México, 8 de diciembre de 1914, SD 812.00/14048.
[781] Aguirre Benavides, *De Francisco I. Madero*, p. 252.
[782] Womack, "Spoils", p. 678; Vasconcelos, *A Mexican Ulysses*, p. 196.
[783] Quirk, *Mexican Revolution*, p. 144; Canova, Ciudad de México, 15 de diciembre de 1914, SD 812.00/14018 (injustamente incluye a Mateo Almanza en el grupo desenfrenado).

pecador. Tomás Gutiérrez, de las tropas de Natera, trató de violar a la mujer del administrador de una compañía petrolera; Juan Banderas causó daños por 1500 pesos cuando destruyó muebles y ventanas del hotel Cosmos, posiblemente cuando mató al general Rafael Garay (dos meses después, en Tepepan, Banderas estuvo envuelto en otro alboroto, cuando su rival, el zapatista Antonio Barona, "pendenciero malévolo", aficionado al pulque, disparó un cañón de 80 milímetros).[784] Matar se volvió cosa común. Algunas víctimas eran viejos porfiristas y huertistas, como los generales Munguía y Ojeda (la Revolución había sido para Ojeda una larga lista de miserias), pero otros eran revolucionarios, embrollados en venganzas políticas o personales. Fierro y José Rodríguez sacaron del restaurante Sylvain's a David Berlanga —maestro de escuela, franco y sin tacto— y lo fusilaron en el panteón de Dolores. Muchos pensaron que era un asesinato político ordenado por Villa, pero algunos dijeron que el error de Berlanga fue reclamar a Fierro el haber pagado con vales su cuenta del restaurante.[785] Más grave fue el asesinato del prominente zapatista Paulino Martínez perpetrado por oficiales villistas; se informó que en la lista de los asesinos estaban también Díaz Soto y Palafox.[786] Los zapatistas no estaban libres de culpa: a pesar de las protestas del presidente Gutiérrez, convencieron a Villa de que les entregara a Guillermo García Aragón, quien fungía como miembro de la Convención, para ejecutarlo.[787]

En esas semanas, 200 fueron asesinados en la Ciudad de México.[788] También en la provincia se conoció el lado cruel del villismo. Ángeles y Raúl Madero todavía podían inspirar confianza en Monterrey, pero el caso era diferente en Guadalajara y San Luis Potosí.[789] Es verdad que los tapatíos preferían a cualquiera antes que al anticlerical Diéguez, pero su entusiasmo por el villismo pronto se desvaneció: "todas las esperanzas que tenía el público en el cambio de un gobierno convencionista por el carrancista se desvanecieron... reina aquí un completo estado de desmoralización".[790] Los voceros católicos también estaban desilusionados. Después del torbellino causado por la visita de Villa en diciembre de 1914, "las decepciones comenzaron a dejarse sen-

[784] De F. Cortina (administrador de hotel) a Zapata, 29 de diciembre de 1914, AG, Archivo Zapata, 4; Quirk, *Mexican Revolution*, pp. 207-208; Canova, Ciudad de México, 16 de diciembre de 1914, SD 812.00/14097.

[785] Canova, 16 y 17 de diciembre de 1914, SD 812.00/14097, 14122; Aguirre Benavides, *De Francisco I. Madero*, p. 216; Guzmán, *Memorias*, pp. 737-738; *El Demócrata*, 7 de diciembre de 1915 (un obituario tardío).

[786] Womack, *Zapata*, p. 222; Aguirre Benavides, *De Francisco I. Madero*, p. 219.

[787] Quirk, *Mexican Revolution*, pp. 139 y 144. Como el personaje de su investigación, Womack tiende a dejar la ciudad corrupta para regresar a los campos pródigos de Morelos; obtiene por eso poco testimonio de la ocupación zapatista de la ciudad y pasa por alto incidentes como éstos.

[788] Canova, Ciudad de México, 14 de diciembre de 1914, SD 812.00/14008; Cumberland, *Constitutionalist Years*, p. 185.

[789] Hanna, Monterrey, 16 de enero de 1915, SD 812.00/14361.

[790] Davis, Guadalajara, 10 de enero de 1915, SD 812.00/14266; aunque el estado de ánimo cambiaba. Después de otro asalto de Diéguez, se recibió bien el regreso de los villistas.

tir... la desconfianza renació y gran parte de los buenos elementos que habían ayudado a Villa contra Diéguez, se dispersaron".[791] Los tapatíos no podían confiar en gente como Julián Medina para que protegiera sus vidas, propiedades e iglesia, así como los capitalinos no podían confiar en Villa y Fierro. Semanas después, los potosinos tuvieron la misma experiencia cuando Urbina llegó a San Luis Potosí e inició un "reinado de terror", durante el cual se confiscaron propiedades, los soldados ebrios alborotaron las calles y hubo arrestos y extorsiones arbitrarios.[792]

Observadores, aliados y villistas respetables estaban conmocionados. Se informó que el doctor Silva estaba horrorizado; Robles, ministro de Guerra de la Convención, manifestó su disgusto por los acontecimientos y prometió una investigación a fondo; Díaz Lombardo y otros apremiaron a Gutiérrez para que decretara una amnistía política;[793] incluso los zapatistas trataron de controlar a sus aliados.[794] Nada sirvió. Cuando Gutiérrez se quejó lamentando que "la población estuviera poseída de pánico por las continuas desapariciones de individuos secuestrados por la noche, ya para exigirles a cambio de su rescate, sumas de dinero, o ya para asesinárselos en lugares despoblados" la respuesta de Villa fue ponerlo bajo arresto domiciliario.[795] Se ignoró (o algo peor) a los villistas respetables que quisieron desempeñar su papel conciliador. Vasconcelos, que había protestado en vano contra los asesinatos ante el presidente impotente, fue enviado a hablar con Villa, a quien encontró durmiendo ("lo siento licenciado —dijo el oficial—, pero tengo órdenes de no despertarlo; se acostó anoche muy tarde"); la respuesta de los oficiales a su protesta fue increíble: "¿y eso le parece importante? Que mueran más o menos ¿pues qué no estamos en la revolución?, ¿y los que todavía faltan por morir? Nosotros mismos, hoy o mañana, ¿quién sabe? Y mientras así hablaban, se escuchó la descarga..."[796] El relato de Vasconcelos puede tener algo de adorno, pero recuerda el corrido macabro, los personajes amorales y sanguinarios de Azuela.

Aparte de encerrar al alma del villismo, esos hechos tuvieron consecuencias políticas inmediatas. Ante los asesinatos arbitrarios, el presidente Gutiérrez no podía hacer otra cosa que "exhortar" y "amonestar".[797] Quienes estaban comprometidos con la Convención más que con Villa, empezaron a lamentar la alianza con los villistas y a pensar en que era necesario que Villa dejara el cargo de comandante en jefe. Incluso Robles y Felícitas Villarreal

[791] De M. Palomar y Vizcarra a Orozco y Jiménez, 23 de febrero de 1915, Conflicto Religioso, r. 9.

[792] Bonney, San Luis, 25 de junio de 1915, SD 812.00/15374; esto ocurrió después de la gran derrota de Urbina en El Ébano.

[793] Canova, Ciudad de México, 16 y 18 de diciembre de 1914, SD 812.00/14097, 14443; de Adams a Cowdray, 11 de enero de 1915, Documentos Cowdray, caja A/3.

[794] Silliman, Ciudad de México, 14 de diciembre de 1914, SD 812.00/14010.

[795] Amaya, *Soberana convención*, pp. 183-184.

[796] Vasconcelos, *A Mexican Ulysses*, p. 106.

[797] Cumberland, *Constitutionalist Years*, pp. 185-186.

(ministro de Finanzas de la Convención), que en otro tiempo habían sido villistas, estaban "tan disgustados con la conducta de Villa durante su visita a la capital, que estaban dispuestos a romper con él".[798] En enero de 1915, cuando la Convención reanudó sus sesiones en la Ciudad de México y reinició sus interminables filípicas, intentó reintegrar la tercera fuerza y Gutiérrez, junto con sus partidarios moderados, intentaron deshacerse de Villa y abrir negociaciones con los carrancistas. La tercera fuerza podía aún reunir algunos hombres importantes de diferente criterio: cabecillas como Blanco, Robles, Gutiérrez y Mateo Almanza; villistas respetables como Aguirre Benavides y Felícitas Villarreal; intelectuales como Vasconcelos. Pero Obregón no se mostraba dispuesto a negociar, y cuando Villa, que entonces estaba en el norte, tuvo pruebas de las maniobras de Gutiérrez, ordenó su ejecución y la de cualquier miembro de la Convención que intentara abandonar la capital. Para suerte de Gutiérrez, la orden llegó por intermedio de Robles que conocía el complot. Advertidos, los conspiradores huyeron de la ciudad en las primeras horas del 16 de enero, llevando con ellos algunos millares de soldados y el contenido del tesoro nacional, dejando atrás una ciudad sorprendida y agitada, saturada de manifiestos contra Villa y Zapata.[799] Lo que siguió fue un triste calvario invernal en las montañas, mientras Gutiérrez se encaminaba a su terruño potosino, acosado por las tropas villistas y sin que se unieran a él los numerosos adeptos que esperaba. No pudo conseguir una posición firme en San Luis Potosí, de modo que instaló su gobierno simbólico en Doctor Arroyo (N. L.), "desde donde emitía órdenes que nadie escuchaba y enviaba agentes a los Estados Unidos, a quienes nadie atendía".[800] A fines de mayo se rindió ante lo inevitable, renunció e hizo las paces con Carranza. Otros colegas suyos no tuvieron tanta suerte. Villistas vengativos apresaron a Almanza y lo fusilaron; los carrancistas mataron a Aguirre Benavides cuando se dirigía a los Estados Unidos, a pesar de que tenía salvoconducto; Robles, perdonado por Villa, sobrevivió otro año de conflictos facciosos antes de enfrentar el pelotón de fusilamiento en Oaxaca. Por supuesto, Vasconcelos sobrevivió para distraerse en los Estados Unidos con la hermosa Adriana, visitando la ópera, estudiando en la Public Library de Nueva York (leyendo a Plotino, se preguntaba "¿qué valían la Revolución mexicana y sus iniquidades delante de aquella labor inmortal del espíritu?").[801]

Con la huida de Gutiérrez se derrumbó el poder ejecutivo de la Convención, pero la soberana asamblea permaneció, se reunió en la capital y se consideraba aún gobierno legítimo de la República y vocero de la Revolución. No obstante, la historia de la Convención en 1915 fue un calvario parecido

[798] Hohler, Ciudad de México, 18 de enero de 1915, FO 371/2396, 21711.
[799] Hall, *Obregón*, p. 105; Amaya, *Soberana convención*, pp. 185-186, 193-197; de Palafox a Zapata, 18 de enero de 1915, Fabela, DHRM, EZ, pp. 152-154; Quirk, *Mexican Revolution*, pp. 165-167.
[800] Cumberland, *Constitutionalist Years*, p. 192; Quirk, *Mexican Revolution*, pp. 173-176.
[801] Vasconcelos, *A Mexican Ulysses*, pp. 114-119; cf. Alessio Robles, *Mis andanzas*, pp. 186-187.

—aunque menos marcado— al de su presidente. En vísperas de la partida de Gutiérrez, el presidente de la Convención, Roque González Garza, decretó la ley marcial y asumió el control del ejecutivo, pero no sustituyó a Gutiérrez en la presidencia provisional de la República; la Convención debatió largamente sobre las ventajas del gobierno presidencial o parlamentario antes de optar por el segundo.[802] Una gran cantidad de problemas absorbió a los delegados: finanzas, nombramientos, orden público, estrategia militar; grandes problemas de reforma legislativa en cuestiones agrarias, laborales, mineras, inversión extranjera y sistema electoral. En el curso de los debates se hizo más evidente, agria y violenta la diferencia entre norte y sur, villistas y zapatistas. González Garza chocó frecuentemente con Palafox respecto a la asignación de fondos y empleo, disposición de ferrocarriles y campañas contra los carrancistas.[803] Los delegados norteños —dirigidos por González Garza, Nieto y el ex federal Cervantes— se inclinaban por posiciones más cautelosas y liberales: un ejecutivo fuerte en vez de gobierno de asamblea; defendieron la propiedad privada, incluida la de los hacendados, y avanzaron con cuidado en el campo de la legislación laboral. Los sureños (no los zapatistas como tales, sino intelectuales zapatistas como Palafox y Díaz Soto) favorecían políticas emanadas de la soberanía de la Convención, reforma agraria y laboral radical, y purga completa del viejo régimen.[804]

Del torbellino verbal surgió un programa amplio de reformas —el Proyecto de Reformas Político-Sociales de la Revolución— que los delegados discutieron a finales de febrero.[805] Tanto el proyecto como el debate son interesantes porque reflejan planes y proyectos parecidos que salían del campo carrancista. La Convención estaba muy consciente de esas reformas y trataba de competir con ellas. En el debate sobre matrimonio civil, un delegado se quejaba de que "sólo porque don Venustiano introdujo el divorcio, sentimos que debemos adoptarlo para decir que también somos revolucionarios".[806] A lo largo de la gran divisoria facciosa hablaron los intelectuales y políticos de la Revolución, si no al unísono, por lo menos con el mismo tono competitivo; esos mismos debates radicales-liberales que hundían la Convención tenían lugar, aunque de manera menos ostentosa, en el campo opuesto. Para extranjeros conservadores como Thomas Hohler, había poco que distinguiera a radicales de uno y otro bando: Palafox era un "incorruptible" cuyas ideas agraristas "amenazaban calamidades sin cuento para la República mexicana"; "apenas es posible imaginar si la locura llegaría a mayores extremos"

---

[802] *Mexican Herald*, 17 de enero de 1915; Amaya, *Soberana convención*, pp. 197-198, 202 y 232.

[803] Amaya, *Soberana convención*, pp. 187 y 233-234; Quirk, *Mexican Revolution*, pp. 203-204, 206 y 234.

[804] Amaya, *Soberana convención*, pp. 190-191, 213, 215, 241-242, 258 y 286; Quirk, *Mexican Revolution*, p. 213.

[805] Amaya, *Soberana convención*, pp. 455-458.

[806] *Ibid.*, p. 216; Quirk, *Mexican Revolution*, p. 236.

que las fanfarronadas socialistas del Dr. Atl.[807] A observadores menos exaltados también les era difícil distinguir entre los planes y pronunciamientos de las dos facciones.

Pero la cuestión esencial era que la Convención se dedicaba cada vez más a planes y pronunciamientos que a la política constructiva; se convirtió en un foro de debates, un escenario para los discursos *enragés* de Díaz Soto (que llevaron a los delegados a solicitar que se le hiciera un reconocimiento médico), oportunidad sin límites para que los oradores lanzaran sus ideas y pulieran sus frases, mientras afuera se decidía el destino de la Revolución en el campo de batalla.[808] Algunos delegados empezaban a darse cuenta del contraste entre su impotencia verbosa y la obstinada dedicación activa de Obregón.[809] Pero en la Ciudad de México, en 1915 —como en Aguascalientes (1914) y en Querétaro (1916-1917)— los hombres de la pluma y la palabra lucharon para hacerse oír por sobre el estrépito de la batalla. Saturaron la discusión sobre los problemas terrenales mexicanos con alusiones a la historia universal y los sistemas filosóficos: criterios de rectitud política se extraían de la Revolución francesa (a veces de la Tercera República); el licenciado Borrego salpicó su exposición sobre latifundismo con eruditas referencias a Plinio; hablando de divorcio, el delegado Zepeda mencionó a "Voltaire... el sabio más grande de Inglaterra [sic]"; pero el que se llevó la palma fue Cervantes, soldado instruido, quien en su discurso sobre reforma laboral citó a Rousseau, Spencer, Darwin, Cornejo "ese notable sociólogo" y al "anarquista Nietzsche".[810]

La oratoria empezó a vaciarse a medida que la Convención se retiraba —literal y metafóricamente— del centro del poder. En enero de 1915 tuvo que abandonar la Ciudad de México para refugiarse en Cuernavaca (ahí los militares seguían alborotando a las puertas de la Convención); regresó a la capital a fines de marzo, pero en julio se trasladó definitivamente a Toluca.[811] Mucho antes, González Garza reconoció lo fútil de su posición y trató de renunciar a ésta sin conseguirlo.[812] Los caudillos más importantes lo ignoraron o denostaron como habían hecho con Gutiérrez. Villa instaló un gobierno independiente en el norte, demostrando así que su compromiso "convencionista" era una farsa. Cuando González Garza rogó se le enviaran refuerzos para la Ciudad de México, Villa "¡contestó que la capital se fuera a la ruina!"; meses después, cuando Lagos Cházaro, sucesor de González Garza, intentó reunirse con Villa en el norte, se ignoraron sus peticiones.[813] Aunque Zapata estaba

---

[807] Hohler, Ciudad de México, 21 de diciembre de 1914 y 9 de febrero de 1915, FO 371/2395, 6626, 2397, 26993.

[808] Amaya, *Soberana convención*, p. 299.

[809] *Ibid.*, p. 233.

[810] *Ibid.*, pp. 230, 239, 264 y 273-274.

[811] *Ibid.*, pp. 206 y 285; Quirk, *Mexican Revolution*, pp. 206-207.

[812] Amaya, *Soberana convención*, pp. 233-234; Quirk, *Mexican Revolution*, p. 205.

[813] Hohler, Ciudad de México, 26 de enero de 1915, SD 812.00/2397, 23922; Amaya, *Soberana convención*, p. 436.

cerca, no fue de más ayuda. A pesar de la creciente preponderancia de los radicales zapatistas dentro de la Convención, Zapata la ignoró cuando le convino. Reunió dinero y voló a defender a Palafox, pero no prestó ayuda concreta y a cada rato hacía escarnio de la autoridad de González Garza.[814] Los intentos de la Convención para conseguir algo de la alianza Villa-Zapata y unir las fuerzas del norte y del sur, no dieron resultados. Dentro de la Convención, la minoría villista, incluido el abrumado presidente, se sentía cada vez más presionada por la minoría zapatista radical. Aun antes del éxodo a Toluca, mientras se acumulaban las crisis militares y económicas, la Convención "había dejado virtualmente de existir".[815] Sin Gutiérrez y con la decadencia de la Convención, se hundieron las dos autoridades "legítimas" salidas de Aguascalientes. Había fracasado el intento valeroso de lograr la unión y la democracia. En contraste, dos facciones sustentadas firmemente en el compromiso personal y regional, en la mejor tradición del caudillaje, perduraron para enfrentarse por la sucesión política.

En los tres meses que siguieron a la huida de Gutiérrez, se hicieron preparativos para el último, inminente conflicto; en los tres meses siguientes hubo luchas de intensidad sin igual. En el primer periodo, Villa se dedicó a la campaña militar en gran escala, mientras los carrancistas, más cautelosos en ese aspecto, se concentraron en los prerrequisitos políticos de la lucha; eso no aseguraba la victoria carrancista, pero mostraba el carácter contrario de las dos facciones. En el frente militar —al que me referiré primero— hubo, a principios de 1915, algunos movimientos secundarios pero no enfrentamiento total. La Ciudad de México cambió de manos dos veces, pero esas ocupaciones sucesivas (por los carrancistas en enero, y los zapatistas en marzo) tenían más importancia política que militar, porque ningún bando veía a la capital como premio mayor: los carrancistas tenían otras prioridades más urgentes y sus rivales desdeñaban la sede del gobierno nacional. Esto decía, sin embargo, que los carrancistas estaban aún activos. En diciembre todo parecía perdido; el primer jefe estaba sitiado en Veracruz y los zapatistas habían tomado Puebla. Este último golpe, informó un simpatizante carrancista con dotes para la tautología, "debilitará aún más [su] causa ya perdida. Debería saber que le será imposible recuperar lo que en muchos sentidos ha perdido de manera irremediable".[816] Muchos esperaban que Villa se abalanzara sobre Veracruz —Ángeles le aconsejaba perseguir a los carrancistas hasta la costa "y hundirlo [al enemigo] en el mar para que se ahogue"—.[817] Pero, según la misma fuente, Villa no quería entrometerse en el teatro de operaciones de Zapata; atacaría Veracruz sólo si Zapata se mostraba incapaz de acometer la empresa. Zapata se mostró incapaz, pero para entonces fue dema-

---

[814] Quirk, *Mexican Revolution*, pp. 204, 231 y 238.

[815] *Ibid.*, pp. 242 y 244; Cardoso de Oliveira, Ciudad de México, 27 de marzo de 1915, SD 812.00/14721.

[816] Silliman, Ciudad de México, 7 de diciembre de 1914, SD 812.00/13971.

[817] Guzmán, *Memorias*, p. 745; y Pani, *Apuntes*, p. 224.

siado tarde. Villa prefirió volver su atención a otra parte, al noreste en especial, donde Maclovio Herrera, el renegado chihuahuense, y Antonio Villarreal amenazaban Torreón, centro del imperio villista del norte. Esa empresa territorial —que los carrancistas podrían muy bien haber ignorado— costó mucho a Villa. Carranza tuvo un respiro en Veracruz y su causa recuperó fuerzas. Villa gastó sus energías en campañas en el noreste, la Huasteca y el centro-oeste.

Obregón reanudó la ofensiva al finalizar el año. Las guarniciones zapatistas que encontró en el camino no mostraron ánimo de resistir, ni en Puebla ni en el importante empalme de Apan (Hgo.). La ayuda villista que se les había prometido nunca llegó, y los zapatistas, desilusionados de los aliados villistas y ex federales, prefirieron retroceder a su estado.[818] Se conjeturó que la rendición inmediata de Puebla demostraba que "Zapata no [tenía] soldados para luchar ni hombres para gobernar más allá de las emboscadas y ataques sorpresivos en tierra caliente, que eran su fuerte".[819] Por su parte, los villistas estaban disgustados con sus "aliados" por la actuación débil del frente sur. Los convencionistas norteños criticaron los fracasos militares de los sureños; Villa empezó a culpar a los malos consejeros de Zapata (ahora Benjamín Argumedo) que lo llevaban por el mal camino.[820] Zapata no tenía interés en Puebla y menos aún por la Ciudad de México. Así pues, con Villa ocupado en el norte, Obregón pudo ocupar por segunda vez la capital, desde fines de enero a mediados de marzo. Ésta fue oportunidad para agriar las relaciones entre los carrancistas y los capitalinos que carecían de alimento, sufrían desempleo, huelgas, nuevos impuestos, inflación y persecución de curas y empresarios (volveré al tema).[821] La ciudad no tenía valor militar; Obregón dijo a la prensa: "nos da igual retener o no esta ciudad".[822] El propósito de la ocupación —además de señalar el resurgimiento carrancista— era reclutar y prepararse para enfrentar a Villa. A diferencia de Huerta en 1913, Obregón ignoró (hasta donde pudo) el zapatismo y se concentró en la amenaza más formidable del norte, y a diferencia de Villa, que había detenido fuerzas carrancistas menores en el noreste y en Jalisco, se enfrentó directamente al generalísimo y a su ejército. Hacía poco tiempo, Ángeles había dicho a Villa, cuando salió a perseguir enemigos de menor cuantía: "aquellos jefes son como sombreros colgados de un perchero, que es Venustiano Carranza"; el objetivo principal debía ser el perchero, no los sombreros.[823] Ése era el plan de

[818] Womack, *Zapata*, pp. 222-223; Cumberland, *Constitutionalist Years*, pp. 187-188; Guzmán, *El águila y la serpiente*, p. 307.

[819] De Adams a Cowdray, 11 de enero de 1915, Documentos Cowdray, caja A/3; *cf.* Millon, *Zapata*, p. 88 (visión distinta pero poco convincente).

[820] Womack, *Zapata*, p. 239; Amaya, *Soberana convención*, p. 217; Quirk, *Mexican Revolution*, p. 210.

[821] Quirk, *Mexican Revolution*, pp. 180-199; Cumberland, *Constitutionalist Years*, pp. 193-196; *Mexican Herald*, 3 de febrero de 1915; véanse pp. 880-883.

[822] Quirk, *Mexican Revolution*, p. 195.

[823] Guzmán, *Memorias*, p. 746.

Obregón cuando se enfrentó a Villa. Se preparó el ferrocarril para dirigirse al norte hacia el Bajío; a fines de marzo, las tropas carrancistas empezaron a embarcarse hacia Querétaro y la confrontación definitiva, y los zapatistas volvieron a la capital.

Había luchas en otras partes, pero la importancia de esas campañas secundarias era que restaban hombres y municiones a la batalla inminente en el Bajío. He mencionado ya algunas. En Chiapas y Yucatán, Castro y Alvarado peleaban contra la resistencia local. En Sonora, Maytorena y sus yaquis habían acorralado a Calles y Hill en Naco, pero era tal el temor de los estadunidenses por esta Arizona gemela, que se acordó un plan de neutralización para que los carrancistas pudieran retirarse en dirección al este, hacia Agua Prieta. Pronto se enfrió el interés de Villa por el conflicto de Sonora. Se retiraron los refuerzos enviados a Cabral para que dominara a Calles, porque se temía que aquél fuera cómplice de Gutiérrez y la tercera fuerza; después, "Villa se vio obligado a borrar Sonora de sus planes de campaña".[824] Los sonorenses mismos se dieron cuenta de que el epicentro de la guerra estaba más al sur. Sonora era una diversión y era prudente esperar los resultados del encuentro mayor. En la primavera de 1915, "la actividad política y militar [de Nogales] está en suspenso, esperando el resultado del inminente enfrentamiento entre los ejércitos de los generales Villa y Obregón". Urbalejo, jefe yaqui que tenía la tropa más grande del estado —nominalmente villista-maytorenista, pero esencialmente urbalejista— suspendió su campaña "esperando el resultado de la batalla que se prepara entre Villa y Obregón; Urbalejo se unirá con todas sus fuerzas a quienquiera que triunfe".[825]

Se esperaba más acción en los tres escenarios donde operaban villistas leales y en donde los intereses de Villa eran más directos: el noreste, la Huasteca y el centro-oeste. Ángeles, el más diestro de los lugartenientes de Villa, fue encargado de dirigir la campaña en Coahuila y Nuevo León y neutralizar cualquier amenaza carrancista contra el centro del territorio villista. Salió de Torreón en diciembre, venció a Villarreal en Ramos Arizpe y ocupó Monterrey, cuya gente, Iglesia y comercio pudieron entibiarse con los rayos del villismo benévolo.[826] En marzo cayó Piedras Negras; quedaron en manos carrancistas sólo tres puestos en toda la frontera norte: Agua Prieta, Matamoros y Nuevo Laredo. A mediados de abril, cuando el valiente Maclovio Herrera se dirigía a defender Nuevo Laredo, fue asesinado en circunstancias misteriosas.[827] El desánimo y la desmoralización predominaban entre los carrancistas de la región; decidieron dividir su caballería en grupos guerrilleros y

---

[824] Sobre el cerco, acuerdo y evacuación de Naco, B. Hill, 28 de marzo de 1917, AVC; Quirk, *Mexican Revolution*, pp. 158-165; Obregón, *Ocho mil kilómetros*, pp. 266-277.

[825] Informe de la frontera, Nogales, 1º y 8 de mayo de 1915, SD 812.00/15012, 15029.

[826] Quirk, *Mexican Revolution*, p. 165; *Mexican Herald*, 10 de enero de 1915; Blocker, Piedras Negras, 17 de enero, Hanna, Monterrey, 16 de enero de 1915, SD 812.00/14251, 14361.

[827] Obregón, *Ocho mil kilómetros*, p. 294; Grimaldo (*Apuntes*, pp. 23-24) sugiere que a Herrera lo mataron (accidentalmente) sus propias tropas.

enviar la infantería a Veracruz, en donde podía ser de más utilidad que en el noreste.[828] Los villistas lograron así el control de las minas carboneras de Coahuila (ambos bandos consideraban el control de recursos estratégicos —carbón, petróleo, henequén, garbanzo— requisito indispensable para la victoria, porque los ejércitos convencionales de 1915 consumían grandes cantidades en sueldos y suministros).[829] Por eso fue de suma importancia la lucha por el control de los campos petroleros en la Huasteca y el puerto de Tampico. Ahora bien, si la situación de los carrancistas en el noreste era terrible, en Tampico resultaba desastrosa. Alrededor de 15 000 villistas dirigidos primero por Chao y después por Urbina, aliados con "villistas" huastecos como Peláez, emprendieron acción sostenida para sacar del puerto a los carrancistas que estaban en inferioridad numérica.[830] A medida que se acercaban los atacantes, El Ébano se convirtó en centro del conflicto: la lucha empezó el 21 de marzo de 1915 y el sitio duró más de dos meses. A pesar de la superioridad numérica y de la certeza del triunfo, los villistas no avanzaron; el asalto frontal contra los enemigos atrincherados era infructuoso y ni el maestro Chao ni el bandido Urbina tenían el ingenio militar para cambiar de tácticas (tampoco lo tenían, por cierto, los expertos militares que se encontraban entonces en el frente occidental). Urbina, buen guerrillero en la Sierra Madre, demostró ser un jefe incompetente en la batalla formal. En el lado contrario estaba Jacinto Treviño, comandante de El Ébano bajo las órdenes de Pablo González, joven militar de carrera; la batalla de El Ébano fue, pues, una de ésas en que la experiencia y la organización superaron número y *élan*. Los defensores usaron trincheras, reconocimiento aéreo e infligieron pérdidas siete veces mayores que las suyas; a fines de mayo pudieron tomar la ofensiva contra las tropas villistas cansadas y diezmadas.[831] Urbina se retiró disgustado para aterrorizar a San Luis Potosí.[832]

Las campañas de Jalisco y Michoacán fueron mucho más fluidas, más acordes con el gusto villista y más exitosas. A fines de 1914, numerosas tropas villistas entraron a esos estados, vinculándose con aliados locales como Julián Medina y Jesús Cíntora, y desalojaron fácilmente las guarniciones que había dejado Obregón a principios de año. Gertrudis Sánchez huyó a Guerrero por la misma ruta que había tomado en 1913; Manuel Diéguez evacuó Guadalajara para gusto de los tapatíos. Pero Medina, Contreras y Melitón Ortega, todos plebeyos del "centro", no pudieron mantener sus posiciones. A pesar de sus 10 000 hombres y de las órdenes de Villa, rindieron la plaza de

---

[828] Obregón, *Ocho mil kilómetros*, p. 294.

[829] Blocker, Piedras Negras, 12 de marzo de 1915, SD 812.00/14593; sobre la importancia que daba Ángeles a Tampico, *cf.* Guzmán, *Memorias*, p. 747; Alger, Mazatlán, 22 de abril de 1915, SD 812.00/14986 (acerca de la campaña por la cosecha de garbanzo en el Valle El Fuerte).

[830] Bustamante, *De El Ébano*, pp. 6 y ss.; Clendenen, *United States and Pancho Villa*, pp. 145-146.

[831] Bustamante, *De El Ébano*, p. 157.

[832] Bonney, San Luis, 25 de junio de 1915, SD 812.00/15374.

Guadalajara en enero, lo que enfureció al general y aumentó el descrédito de Diéguez.[833] Los acontecimientos en Guadalajara se parecían a los de la capital: se veía a los carrancistas como anticlericales avaros y arrogantes; se recibía a los villistas (lo hacían las "mejores familias") como garantes del orden y defensores de la fe.[834] Pero eso no duró. Incidentes desagradables y fracasos militares descubrieron la verdadera naturaleza del villismo. Se desvaneció el entusiasmo de los tapatíos por la causa y Diéguez se benefició con ello. En la primavera de 1915, Villa se vio forzado a sacar refuerzos de Jalisco; la desilusión se impuso. Noticias de que Fierro, que retrocedía ante Diéguez, llegaría a Guadalajara, petrificaron a la ciudad; y cuando Diéguez entró en Guadalajara a fines de abril, la gente lo "recibió con entusiasmo... y cordialidad".[835]

A principios de 1915 el villismo dominaba (aunque no triunfante) el norte y centro del país. Controlaba casi toda la frontera y gran parte del oeste —Sonora, Sinaloa, Nayarit, Jalisco y Michoacán—.[836] Los carrancistas no estaban eliminados —de ahí que el deslinde estricto de las respectivas zonas militares sea engañoso— pero eran más débiles, estaban a la defensiva y les faltaba entusiasmo. Habían perdido la mayor parte del noreste, aunque Tampico resistía con valor. Obregón debía enfrentar a Villa pronto si se quería dar alivio al puerto, alentar la resistencia de los carrancistas y evitar la deserción; pensó como Marshal Foch lo había hecho meses antes ("mi centro se está entregando, mi derecha retrocede; la situación es excelente. Atacaré"), pero con más prosaísmo: "en tales condiciones se hacía indispensable activar nuestro avance en el Centro para resolver de una vez una situación que empeoraba cada día".[837] Obregón contaba, para conseguir su propósito, con una gran ventaja: Villa desperdigaba sus tropas en campañas exitosas pero desconcentradas, mientras los carrancistas se preocupaban especialmente por el Bajío. Así, Villa enviaba tropas del centro a la periferia, y Carranza llamaba a las suyas del noreste y sureste, en tanto que Obregón conseguía más reclutas en la Ciudad de México y otras partes. Villa derrochaba hombres y dinero, Carranza y Obregón proyectaban, se preparaban, politiqueaban: ésa era la manera de ser de cada uno.

Fue entonces, según numerosos recuentos, que la revolución constitucionalista avanzó decididamente en lo "social": con el decreto de diciembre (1914) y la ley de enero (1915) aumentaron las promesas de reforma social drástica, agraria especialmente; y bajo la égida de esos pronunciamientos,

[833] Romero Flores, *Michoacán*, pp. 145-147; Guzmán, *Memorias*, pp. 797 y 807; Obregón, *Ocho mil kilómetros*, pp. 259-262; Davis, Guadalajara, 16 y 19 de enero de 1915, SD 812.00/14478, 14482.
[834] Davis, Guadalajara, 15 y 24 de febrero de 1915, SD 812.00/14491, 14531.
[835] Carothers, Irapuato, 22 de abril; Davis, Guadalajara, 25 de marzo, 20 de abril y 8 de mayo de 1915, SD 812.00/14935, 14798, 15039, 15152.
[836] Keys, Rosario, 6 de enero, 20 de febrero y 26 de marzo de 1915, SD 812.00/14270, 14429, 14784; Obregón, *Ocho mil kilómetros*, p. 253.
[837] Obregón, *Ocho mil kilómetros*, p. 295.

Carranza acumuló apoyo suficiente como para derrotar a Villa: *in hoc signo vinces*.[838] El decreto de diciembre (las adiciones al Plan de Guadalupe) se comprometía en general —aun cuando la guerra continuaba— a poner en práctica "todas las leyes, disposiciones y medidas encaminadas a dar su satisfacción a las necesidades económicas, sociales y políticas del país, efectuando las reformas que la opinión exige como indispensables para restablecer el régimen que garantice la igualdad de los mexicanos entre sí".[839] Aunque sin especificar detalles, Carranza prometía disolver los latifundios, proteger la pequeña propiedad, restituir las propiedades confiscadas ilegalmente, impuestos más justos, reforma laboral, revisión del código civil, penal y comercial, de las leyes que regían la explotación de los recursos naturales, reforma judicial y del divorcio, y respeto a las cláusulas anticlericales de la Constitución de 1857. En la ley del 6 de enero de 1915 avanzó aún más, sancionando la restauración, expropiación y distribución de la tierra por medio de gobernadores y comandantes constitucionalistas, con el apoyo de comisiones agrarias locales, estatales y nacionales.

No fue ése, como se le considera a veces, un *démarche* dramático; había numerosos antecedentes locales de tales reformas: los jefes revolucionarios carrancistas y villistas habían apoyado reformas agrarias y laborales, abolido el peonaje endeudado, revisado impuestos y concesiones económicas y puesto en vigor las Leyes de Reforma.[840] Aunque esa declaración amplia y nacional que emanaba de Carranza era importante, no era un suceso inesperado; él mismo había reconocido vagamente la dimensión "social" de la Revolución y su antagonista, la Convención Soberana, discutía y promulgaba medidas bastante parecidas.[841] Esas tendencias señalaban la convergencia de las reformas "oficiales" y "no oficiales"; indicaban que el liderazgo revolucionario estaba consciente de la existencia del agrarismo popular y de que era necesario apaciguarlo o cooptarlo; significaban también la incorporación de las "masas" al proceso político.[842] Pero eran corrientes acumulativas, y sería un error señalar como hecho extraordinario una o dos medidas propuestas por el liderazgo nacional de una facción.[843] Incluso es necesario ser más escéptico en lo que se refiere a los efectos de las propuestas de Carranza. No es coincidencia que se presentaran cuando más bajo estaba el prestigio de los carrancistas; es sin duda válida la opinión unánime de que era una maniobra para ganar apoyo.[844] Pero cuestión diferente es argüir que, "con un programa agrario más avanzado que el zapatista, Carranza estaba en condiciones de atraer

---

[838] Silva Herzog, *Breve historia*, pp. 137-141; Mancisidor, *Historia de la Revolución mexicana*, pp. 260-261; Quirk (*Mexican Revolution*, pp. 151-152) es más escéptico.
[839] Silva Herzog, *Breve historia*, p. 138; Cumberland, *Constitutionalist Years*, p. 232.
[840] Cumberland, *Constitutionalist Years*, pp. 212 y ss.; véanse pp. 71, 78, 80, 85 y 319.
[841] Amaya, *Soberana convención*, pp. 212-217 y 238-241.
[842] Córdova, *Ideología*, p. 205.
[843] *Cf.* Fabela, DHRM, RRC, IV, pp. 112 y ss.
[844] Quirk, *Mexican Revolution*, pp. 151-152; Cumberland, *Constitutionalist Years*, p. 232.

a su lado a la masa campesina de México" o que pudiera dar "una ley agraria, con una ley que superando al Plan de Ayala, arrastrara a la gran masa campesina del país a combatir bajo las banderas del constitucionalismo".[845] En el mejor de los casos, ese argumento es *post hoc ergo propter hoc:* puesto que Carranza ganó poco después de promulgar esas medidas, entonces éstas desempeñaron un papel de suma importancia. No se ha demostrado ninguna relación causal y sería difícil encontrarla. Apenas es posible creer que un compromiso general de reforma pudiera penetrar en el curso de unos meses en la conciencia popular y se convirtiera en una acción militar efectiva (porque la acción militar a cargo de veteranos revolucionarios, más que una supuesta simpatía popular, fue lo que consiguió el triunfo de Carranza en 1915). Eran batallas de soldados, que no se ganarían con una *levée en masse* espontánea, campesina, aun suponiendo que Carranza hubiera podido convocarla.

El agrarismo oficial anterior a junio de 1915 se convertiría en arma poderosa del liderazgo revolucionario, pero transcurriría tiempo antes de que pudiera ser templada y moldeada. Esas medidas carrancistas eran declaraciones de intención que deben evaluarse con base en otros elementos; entre ellos, el futuro político de Carranza. El campesinado las conocía, pero no sacaría provecho de ellas en corto plazo.[846] Más importantes fueron otras medidas (contrarias a esos compromisos) tomadas por los carrancistas a principios de 1915, que tenían antecedentes en 1914 pero que, en cierto sentido, significaron una genuina innovación. Una vez más la Iglesia fue presa de tormentos.[847] Al entrar a la capital en febrero, Obregón ordenó a los clérigos de la arquidiócesis entregar medio millón de pesos para cubrir urgencias. Protestaron, a su vez hicieron una oferta, pero no consiguieron la suma; Obregón los mandó llamar al Palacio Nacional y arrestó a 167.[848] Protestaron los diplomáticos, las mujeres salieron a las calles, hubo violentos encuentros entre católicos y anticlericales.[849] Como en la mayoría de los conflictos entre Iglesia y Estado, no hubo un vencedor claro; la mayor parte de los curas quedaron en libertad en poco tiempo, después de pagar una suma muy inferior a la que se les pedía. Otro enfrentamiento parecido y también sin consecuencia, tuvo lugar entre Obregón y los empresarios de la capital. Clasificados, como los curas, entre los explotadores de los pobres y aliados de la reacción, se les ordenó pagar una gran suma no especificada. Cuando fueron a reclamar también se les arrestó hasta que pagaran a la autoridad.[850] Pero en ambos

---

[845] Mancisidor, *Historia de la Revolución mexicana*, p. 284; Córdova, *Ideología*, p. 204; y *cf.* DDCC, p. 1084.

[846] Hall, *Obregón*, pp. 107-108. Como ya se dijo, un manifiesto necesitaba, a más de publicidad, "fibra"; es decir, tenía que haber confianza razonable en que sus autores podían ponerlo en práctica. Véase p. 312.

[847] Cumberland, *Constitutionalist Years*, pp. 220-221.

[848] Quirk, *Mexican Revolution*, p. 188; Ulloa, *Revolución escindida*, pp. 111-113.

[849] *Mexican Herald*, 21 y 22 de febrero de 1915.

[850] *Ibid.*, 23 de febrero, 2, 4 y 9 de marzo de 1915; Hall, *Obregón*, pp. 113-114.

casos la ocupación carrancista fue demasiado breve como para que se resolviera el conflicto.

Esos problemas no eran por dinero. Hubiera sido bien recibida una gran subvención en moneda firme (la cantidad que se pedía a la capital era en dólares no en depreciados pesos), pero eso era pedir demasiado. En lo que se refiere a billetes constitucionalistas, Obregón tenía todo el dinero que pudiera sacar de las prensas. Esos conflictos y cualquier pago que estuviera implicado en ellos, eran cuestiones de poder y popularidad. El recibimiento cálido y la difusión que había dado la capital a los convencionistas, no podían sino exacerbar el poco afecto que los carrancistas tenían por ella. Y si Obregón quería poner en la picota a los curas y los pudientes, también había que tener en cuenta al pueblo. Ese año de 1915 fue duro para la gente: la moneda era un caos, los alimentos no llegaban a la ciudad, los precios subían a pasos agigantados —la harina de nixtamal nunca había estado más cara—.[851] Aumentaron los casos de viruela, tifo, enfermedades intestinales y —testimonio de tiempos difíciles— la cárcel de Belén se llenaba más de ladrones que de ebrios.[852] Enfrentados a esos problemas (que, para algunos cínicos, Obregón alentaba por interés político) los carrancistas organizaron una Junta Revolucionaria para Ayuda al Público con el objeto de distribuir dinero y alimentos entre los desposeídos.[853] La embestida contra la Iglesia y la empresa —aunque no proporcionó mucho dinero— sirvió para identificar a los verdaderos culpables, exonerar a los carrancistas y conseguirles algo de apoyo popular activo. A corto plazo, la persecución de los ricos emprendida por Obregón puede haber servido tanto como las declaraciones reformistas de Carranza al esfuerzo bélico, porque se hizo con estilo clásico, populista: Obregón buscaba tanto la aprobación de los pobres cuanto el dinero de los ricos. La "Iglesia, que dio 40 millones al execrable asesino Victoriano Huerta —dijo—, no tiene hoy medio millón para nuestras clases necesitadas".[854] No debían esperar misericordia los acaparadores y especuladores que se aprovechaban de la miseria de los pobres; si había disturbios a causa de los alimentos, advirtió, el ejército abandonaría la ciudad antes que disparar sobre "la multitud hambrienta", porque —Obregón asume aquí su papel favorito de hombre del pueblo— "si mis hijos no tuvieran pan, saldría a buscarlo con un puñal en la mano".[855] No se escatimaron esfuerzos para humillar a las víctimas. A los co-

---

[851] *Mexican Herald*, 5, 6 y 20 de febrero de 1915, Silliman, Ciudad de México, 8 y 12 de febrero de 1915, SD 812.00/14371, 14385.

[852] *Mexican Herald*, 18 y 23 de febrero y 6 de marzo de 1915; Ulloa, *Revolución escindida*, p. 79.

[853] *Mexican Herald*, 11 de febrero de 1915; Pani, *Apuntes*, pp. 227-228; de Cardoso de Oliveira a Bryan, y viceversa, 2 y 6 de marzo de 1915, SD 812.00/14472, 14501.

[854] Quirk, *Mexican Revolution*, p. 190.

[855] *Ibid.*, p. 196. La acusación de Obregón —se incluía a los comerciantes extranjeros— se considera una prueba más de la xenofobia carrancista: por ejemplo, Ulloa, *Revolución escindida*, p. 111, Hall, *Obregón*, pp. 115-116. Pero Obregón y Carranza escogían bien sus frases: "No soy enemigo de los extranjeros sino de las infamias"; "deberíamos acostumbrarnos a querer a los extranjeros, no a temerles" (Obregón, en *Mexican Herald*, 26 de febrero de 1915); véase tam-

merciantes españoles detenidos se les hizo barrer las calles; y mucho se habló de las enfermedades venéreas de los curas.[856] Se mezclaban ahí dos temas fundamentales de la historia social revolucionaria: humillar deliberadamente a los ricos y poderosos —precedido de numerosos antecedentes de años recientes—, y acusar a especuladores, acaparadores, logreros y falsificadores de las penurias económicas causadas por la Revolución, lo que se repetiría constantemente en los años siguientes.[857]

En un aspecto importante y nuevo, la demagogia de Obregón tuvo resultados prácticos: forjó una alianza con el movimiento obrero de la Ciudad de México, lo que le proporcionó en seguida reclutas para su ejército. Puesto que éste fue un importante logro político del carrancismo en 1915 (algo que los villistas no supieron conseguir) merece un poco de atención. Los intentos de los constitucionalistas por organizar a los obreros empezaron inmediatamente después de la caída de Huerta. Con la bendición oficial, la Casa del Obrero Mundial reabrió en agosto de 1914, y Obregón inició la peligrosa moda de convertir iglesias en sedes sindicales. Los nuevos inquilinos ofendieron a los católicos arrojando a la calle los objetos sagrados.[858] En varios estados, los jefes carrancistas (Diéguez en Jalisco, Aguilar en Veracruz) promulgaron decretos en los que por lo general se fijaba el salario mínimo; Alberto Fuentes continuó en Aguascalientes con las reformas que había iniciado como gobernador maderista; Múgica, quien estaba a cargo de la aduana de Tampico, prometió a los estibadores el control directo de muelles, rompiendo así el monopolio de la Rowley Co.[859] Pero los carrancistas estaban lejos de salirse con la suya. La Convención tenía vivo interés en las cuestiones laborales; entre sus delegados había miembros de la Casa del Obrero Mundial —Rafael Pérez Taylor, Luis Méndez, Díaz Soto—; su proyecto de 1915 contenía probablemente el paquete de reformas laborales más amplio salido de cualquier manifiesto revolucionario.[860] El Departamento del Trabajo continuó sus funciones con la Convención como lo había hecho bajo los auspicios de maderistas, huertistas y carrancistas. Roque González Garza (en otro tiempo artesano con aspiraciones) favorecía con entusiasmo las demandas de los trabajadores; como gobernador del Distrito Federal, Chao pedía un "radica-

bién de Carranza a Wilson en Ulloa, *Revolución escindida*, pp. 121-123. Es claro también que los ataques de Obregón se dirigían a los comerciantes de la Ciudad de México —grupo comprometido políticamente—, no a los intereses extranjeros en general: Obregón, *Ocho mil kilómetros*, pp. 285-286.

[856] Casasola, *Historia gráfica*, II, pp. 991-992; Obregón, *Ocho mil kilómetros*, p. 290; Cumberland, *Constitutionalist Years*, p. 197.

[857] Véanse pp. 886-887.

[858] Carr, *Movimiento Obrero*, I, pp. 80-81; Rosendo Salazar y José Escobedo, *Las pugnas de la gleba*, México, 1923, p. 83; Ulloa, *Revolución escindida*, pp. 113-114.

[859] Carr, *Movimiento Obrero*, I, pp. 81-82; Davis, Guadalajara, 7 de noviembre de 1914, SD 812.050/3; de S. Corona *et al.* a A. Valero, 24 de septiembre de 1914, Trabajo, 31/2/9/14.

[860] Womack, *Zapata*, p. 193; Carr, *Movimiento Obrero*, I, pp. 82-83; Amaya, *Soberana convención*, pp. 258-267.

lismo sensato" para cubrir los intereses de los obreros.[861] Hay pruebas claras de que los obreros apoyaban a Villa y Zapata. Villa lo tenía entre los ferrocarrileros y el sindicato minero, que era fuerte en el norte; Zapata consiguió reclutas en la región textilera de Atlixco. En marzo de 1915, el sindicato de maestros de la capital organizó una manifestación en apoyo a la Convención, en la que, según informes de la prensa, desfilaron 10 000.[862]

El carrancismo no monopolizó el apoyo de la clase trabajadora ni antes ni después de celebrarse el pacto con la Casa del Obrero Mundial. Más bien ambas facciones tenían un ala (dependiente) de la clase trabajadora; ambas demostraban preocupación por sus problemas e interés en su apoyo; ambas buscaban atraer a los obreros mediante decretos, manifiestos, discursos, veladas y periódicos. Entonces, ¿en qué se distinguen el cortejo de la Convención y la solicitud carrancista?; ¿por qué debería la Casa abandonar su posición apolítica y "anarcosindicalista" —su temor por una "nueva dictadura" y desprecio por las "ambiciones bastardas" de los políticos— para comprometerse con una de las facciones?[863] Ocurre que las posiciones y atracciones ideológicas estaban comprometidas por circunstancias apremiantes y necesidades inmediatas. Como dije arriba, la situación económica de la capital se deterioraba rápidamente. Escasez, enfermedad y miseria llegaron con 1915. Escaseaban los empleos, los alimentos, el combustible y el agua. Se formaban largas filas fuera de las tiendas que vendían alimentos, se hacían manifestaciones para protestar por la anulación de la moneda villista, el agua tenía que extraerse mediante pozos artesianos porque los zapatistas habían cortado el suministro en las bombas y, a falta de carbón, se cortaban árboles para conseguir combustible.[864] Era más tentador que nunca conseguir el socorro y patrocinio gubernamentales a cambio de servicios prestados en el campo de batalla y en la tribuna. Eso admitía virtualmente el acuerdo de la Casa con los carrancistas, lamentando que eso significara alejamiento de las prácticas anarcosindicalistas: "pero ante la situación tremenda de aniquilamiento de vidas por efecto de las armas y del hambre, que pesa directamente sobre la gleba explotada de los campos, las fábricas y los talleres", los obreros deberían enfrentar al "único enemigo común: la burguesía, que tiene por aliados inmediatos, el militarismo profesional y el clero".[865] Quienes se oponían al acuerdo estaban sorprendidos porque sus compañeros creían que "ante la idea de que para liberarnos del hambre que nos agobiaba en aquellos días,

---

[861] De R. González Garza a Unión de Forjadores, 10 de abril de 1915, *Trabajo*, 34/3/14/33; Amaya, *Soberana convención*, pp. 199-200; *Mexican Herald*, 13 de diciembre de 1914.

[862] E. Bacca Calderón en DDCC, II, p. 858; *Trabajo y Producción*, 11 de febrero de 1917; de A. Pacheco a M. López Jiménez, 30 de enero de 1915, *Trabajo*, 34/1/14/28; *Mexican Herald*, 22 de marzo de 1915.

[863] Salazar, *Las pugnas*, pp. 93-94; Huitrón, *Orígenes*, p. 250.

[864] Silliman, Ciudad de México, 8 y 12 de febrero de 1915, SD 812.00/14371, 14385; Casasola, *Historia gráfica*, II, p. 988.

[865] Salazar, *Las pugnas*, p. 98.

era preciso, indispensable, seguir las huellas del Constitucionalismo".[866] O, como decía un líder, con amarga desilusión, la Casa se había vendido "de la manera más lastimosa, por un mísero mendrugo de pan que les aventó el bárbaro de Sonora, Álvaro Obregón".[867]

Pero eso no explica por qué tuvieron que ser Obregón y los carrancistas, en vez de sus rivales, quienes sacaran a la Casa de su retiro apolítico y concretaran el acuerdo. Se ha sugerido que los líderes de los trabajadores organizados en la Ciudad de México sentían más afinidad hacia los constitucionalistas que por los convencionistas. La sugerencia es válida mientras no se le presente en términos de la burguesía (o pequeña burguesía) constitucionalista cómplice, que persuade al proletariado niño para alejarlo de su aliado (objetivo) campesino. Los secretarios, oradores e intelectuales de la Convención no eran muy diferentes de su contraparte constitucionalista: Díaz Soto y el Dr. Atl tenían actitudes parecidas; cada bando tenía sus radicales, ansiosos de reforma social, y sus conservadores, que temían la demagogia y la revuelta. Carranza, por ejemplo, no estaba muy en favor del acuerdo con la Casa.[868] Y dentro del reino sombrío de los "intereses objetivos", no es seguro que los trabajadores hubieran estado en peores condiciones con una alianza convencionista (teniendo en cuenta los supuestos ya presentados). La diferencia esencial estaba en los militares de ambos bandos que tenían el control; esa diferencia, como ya se sugirió, correspondía más a cultura que a clase. Los militares carrancistas (no sólo Obregón; también González, Múgica, Alvarado, Diéguez, Jara) estaban conscientes del potencial que representaba el trabajo organizado y cultivaban relaciones con los sindicatos. Los voceros civiles, como Pani y Atl, contaban, pues, con el apoyo de quienes realmente tenían el poder. Las cosas eran diferentes en el otro lado. Gutiérrez, ex minero, legisló en favor de los trabajadores, pero pronto se rindió ante la impotencia.[869] Las buenas intenciones de Chao y González Garza, el radicalismo quijotesco de Díaz Soto, el compromiso proletario de Pérez Taylor carecían de sentido mientras los caudillos convencionistas —en especial Villa y Zapata— ignoraran a los civiles y no tuvieran interés en sus proyectos de reforma. Como ya dije, era lamentable el contraste entre la inactividad verbosa de los delegados de la Convención con las medidas drásticas y enérgicas que tomó Obregón para acabar con la escasez de alimentos y castigar a los especuladores; los generales zapatistas pusieron el grito en el cielo al considerar que "por apatía nuestra esté tomando el enemigo mayor incremento, haciéndose de simpatías con el pueblo".[870] También en lo referido al movimiento laboral, la práctica carrancista, drástica a veces, contrastaba con la retórica con-

---

[866] *Ibid.*, p. 128.
[867] Amaya, *Soberana convención*, p. 359 (cita a Rafael Pérez Taylor).
[868] Salazar, *Las pugnas*, 112.
[869] Cumberland, *Constitutionalist Years*, p. 255.
[870] Amaya, *Soberana convención*, p. 223; de F. Pacheco *et al.*, a Zapata, 31 de octubre de 1915, Fabela, DHRM, EZ, p. 255.

vencionista. Los oradores podían declamar y los políticos legislar, pero los que tenían el poder real —Villa, Zapata, Urbina, Fierro y otros de su especie— no mostraban interés en atraer al trabajo organizado, de la misma manera que no tenían interés en marchar sobre Yucatán o enviar notas imperiosas a la Casa Blanca.

La explicación se encuentra en la diferencia nacionalista-localista presentada antes. Obregón, Calles, Alvarado, Múgica comprendían mejor cuáles eran las opciones políticas, tenían una visión más amplia, nacional, y estaban más conscientes de lo que potencialmente ofrecía el trabajo organizado. Esa capacidad no tenía origen en la ubicación dentro de una clase específica, sino en el ambiente urbano, comercial y culto que compartían, y con el que los líderes convencionistas (cuya ubicación de clase no era muy diferente) no estaban familiarizados. Es de notar que, aparte de los intelectuales y políticos de la Convención (Palafox, Méndez, Pérez Taylor, González Garza) los jefes villistas que mostraban más interés en los sindicatos eran el maestro Chao y el oportunista hacendado Maytorena. Además, la perspectiva nacionalista que permitía a Obregón y otros entender el mundo del trabajo urbano, era compartida por los trabajadores. No eran "trabajadores-campesinos".[871] Por el contrario, el proletariado de la Ciudad de México (sin duda la parte que pertenecía a los sindicatos y a la Casa) estaba formado por trabajadores bien establecidos, a menudo calificados o semicalificados. Entre los primeros sindicatos se destacaban los de los albañiles, plomeros, metalúrgicos, impresores, mecánicos y conductores de tranvías; muchos eran artesanos que trabajaban en pequeños talleres y estaban orgullosos de su artesanía, estatus y alfabetismo.[872] Habían formado asociaciones mutualistas que se dedicaban a la educación y el esfuerzo propio y ahora estaban orgullosos de sus sindicatos, cuyos líderes predicaban el anarcosindicalismo, el anticlericalismo y el racionalismo.[873] Algunos escribían poesía (Luis Morones); asistían a veladas formales (como las que patrocinaba Obregón) en las que se oía música clásica y se decían discursos políticos; cuando se juntaban para fotografiarse, cosa que hacían con frecuencia, usaban sacos pulcros y corbata.[874] De algunos años a la fecha, mostraban tener conciencia (en la capital y también en otras ciudades industriales) del papel que desempeñaba el gobierno nacional; habían participado en política, partidos y elecciones.

Así pues, cualesquiera fueran sus diferencias con los carrancistas —que podían ser muchas— estaban al menos en la misma longitud de onda. Las

[871] Véanse pp. 204, 248 y 299.

[872] Huitrón, *Orígenes*, p. 253; Salazar, *Las pugnas*, pp. 105-151; *El Sindicalista*, 31 de enero de 1914; y véanse pp. 102, 195-197, 204 y 212.

[873] Huitrón, *Orígenes*, pp. 215-227; Hart, "The Urban Working Class", pp. 4-6; Barry Carr, "The Casa del Obrero Mundial and the Pact of February, 1915", en Elsa Cecilia Frost *et al.* (eds.), *El trabajo y los trabajadores en la historia de México*, México/Arizona, 1979.

[874] Pérez Taylor, Salazar y Julio Quintero eran poetastros. Véase, Huitrón, *Orígenes*, p. 214; Linda B. Hall, *Álvaro Obregón. Power and Revolution in México, 1911-1920*, Texas, 1981, p. 110; sobre las veladas de Obregón.

clases urbanas media y trabajadora, tenían ciertas afinidades políticas y culturales: "ayudarse a sí mismo" era el lema del *self made man* de Sonora, así como la ayuda mutua lo era para la clase trabajadora. Atl apeló al mismo tiempo, y con éxito, a "trabajadores, estudiantes y clase media", para que se unieran al constitucionalismo.[875] Era diferente la cultura de las hordas de Zapata y de los rudos veteranos de Villa. No es ése el caso de todo México; en muchas regiones (Sinaloa, Tlaxcala, Hidalgo), las facciones rivales no se distinguían una de la otra; de ahí que no sea posible generalizar sobre la polarización de la clase trabajadora con esas bases, y como ya dije, los obreros se inclinaban por ambos bandos. Pero en la Ciudad de México, en 1915, los obreros se enfrentaban a un dilema claro: por un lado, los campesinos simples, católicos de Morelos, su tímido jefe, y sus salvajes aliados del norte; por otro, los avezados carrancistas comecuras. Éstos podían montar un anticlericalismo racista, progresivo, que armonizaba con la actitud de los trabajadores: el zapatismo (y en menor grado el villismo) representaba la barbarie indígena y el clericalismo oscurantista. Los periódicos radicales publicaban caricaturas de los zapatistas enarbolando el estandarte guadalupano y en la prensa oficial aparecían historias atroces de ataques zapatistas a trabajadores indefensos.[876] Hablar de barbarie indígena tenía su efecto, porque los zapatistas estaban alterando los medios de vida de los trabajadores: la construcción del palacio de Bellas Artes tuvo que parar (es de lamentar que no haya sido de una vez por todas), porque zapatistas cortaron el suministro de mármol; a causa de sus depredaciones cerraron las fábricas de textiles de La Magdalena y Santa Teresa, lo que amenazó con dejar a 2 000 familias sin sustento; cortaron el agua de la ciudad y después la energía eléctrica.[877] Eso no ocurría solamente en el Distrito Federal: en Puebla, los zapatistas se hicieron con la maquinaria y ropa de las fábricas textiles de Metepec y La Molina, razón por la cual los obreros textiles poblanos no pensaban bien de la causa zapatista.[878]

Aunque todo eso predispuso a los trabajadores del centro en favor de Carranza, fue la iniciativa positiva de los carrancistas —y la apatía de los militares convencionistas— lo que favoreció la alianza. Ahí donde los convencionistas respetaron a la Iglesia y los pudientes, Obregón hizo chasquear el látigo: se encarceló, humilló y exigió rescate por el clero y los patrones.[879] En la práctica, los carrancistas proporcionaron ayuda (y una subvención exclusiva para la Casa); después de una huelga en la Mexican Telephone and Telegraph Co., expropiaron la firma y entregaron la administración al sindi-

---

[875] Hall, *Obregón*, p. 110; Obregón, *Ocho mil kilómetros*, pp. 258 y 287; Knight, "Working Class".

[876] *Revolución Social*, 9 y 30 de mayo de 1915; Hall, *Obregón*, p. 112.

[877] Womack, *Zapata*, p. 245; del director, 6ª dirección, a Secretaría del Trabajo, 8 de agosto de 1914, *Trabajo*, 34/1/14/22; Hohler, Ciudad de México, 9 de marzo de 1915, SD 812.00/2404, 182348.

[878] De A. Pacheco a M. L. Jiménez, 30 de enero de 1915, *Trabajo*, 34/1/14/28; Ruiz, *Labor*, p. 50.

[879] Hart, "The Urban Working Class", p. 13; Carr, *Movimiento obrero*, I, pp. 84-85.

cato de electricistas, a cuyo frente estaba Morones; los templos y la prensa católica fueron entregados a la Casa. Ésa fue una decisión hábil y simbólica. Significó el reconocimiento del movimiento laboral, y un hito en el nuevo régimen carrancista; según dijo el secretario del sindicato de mecánicos —con un estilo que lo hacía parecer un socialdemócrata alemán de la época—, los trabajadores tenían algo por qué luchar y una patria que defender.[880] Dicho de otro modo, los trabajadores habían conseguido un territorio en el Estado burgués; ganancia real, concreta, que ninguna discusión sobre cooptación o traición podían borrar.[881]

A pesar de los regalos que traían Pani y Atl, los trabajadores no abandonaron en seguida su manera pacífica y pragmática de hacer política (tradición racionalizada de manera coherente por el anarcosindicalismo). Ideología y cautela los detuvieron, y fue necesaria la habilidad de los carrancistas y la simpatía de algunos líderes obreros para que el trato se concretara. En la primera reunión del Dr. Atl —quien actuaba entonces como "agitador misterioso" de la política laboral carrancista— con los miembros de la Casa, se descartó la propuesta de aliarse con Carranza; fue necesaria una reunión secreta con los líderes de la Casa para que se aceptara y concretara la alianza.[882] A cambio del reconocimiento oficial de la Casa y la confirmación del decreto de diciembre de 1914 en favor de los trabajadores y el compromiso de atender sus problemas, la Casa prometió conseguir reclutas y hacer propaganda en pro de la causa carrancista.[883]

Ése distaba mucho de ser un compromiso encubierto de los trabajadores con Carranza; en la Casa había disensión y, aunque esa institución crecía rápidamente, no representaba a todos los trabajadores de la capital y menos aún a los de toda la nación. Los artesanos en mejores condiciones estaban representados desproporcionadamente en sus listas y los grandes grupos, como los ferrocarrileros y mineros, no tenían noticia del acuerdo. Por otra parte, Carranza y sus consejeros más conservadores, como José Macías, no se mostraban entusiasmados con el acuerdo; y en el momento en que éste concluía, Palavicini —también en la derecha del carrancismo— informaba a los maestros de la capital que el gobierno no aprobaba el sindicalismo de sus empleados.[884] Tampoco deben exagerarse los resultados inmediatos del acuerdo. La Casa, que decía tener 52 000 miembros, se comprometió a conseguir

---

[880] Huitrón, *Orígenes*, p. 258; Salazar, *Las pugnas*, p. 92.

[881] *Cf.* F. P. Thompson, "Peculiarities", p. 71.

[882] Carr, *Movimiento obrero*, I, pp. 88-89; Ruiz, *Labor*, p. 51. Atl, pintor radical, tenía mucha influencia en el medio laboral de la Ciudad de México; se distinguió en el auxilio que dieron los carrancistas a la capital, consiguió el pacto con la Casa y editó su periódico *La Vanguardia*, "con cierta brillantez paranoica". Algunos decían que era hijo del librepensador español Ferrer; otros, que era un "brujo de la India... entendido en artes ocultas"; quizá una alusión a sus habilidades políticas, que superaban con mucho las artísticas. Véase de S. Bonsal a la Cruz Roja estadunidense, 29 de agosto de 1915, Documentos Bonsal, caja 6; y Hall, *Obregón*, pp. 110-133.

[883] Salazar, *Las pugnas*, pp. 97-101.

[884] *Ibid.*, pp. 111-112 y 148; *Mexican Herald*, 11 de febrero de 1915.

15 000 reclutas para el ejército.[885] En realidad, los Batallones Rojos que se prepararon y enviaron apresuradamente al frente no tenían más de 5 000 hombres.[886] Aunque esa cifra no representaba el total de los reclutados en el Distrito Federal (Pani decía que tenía más contingentes y otros aún potenciales), debe haber sido la mayor parte, y si no hubo más fue por las limitaciones de tiempo, preparación y suministro de armas.[887] El primer Batallón Rojo luchó con valor en El Ébano, así como el 3º y el 4º lo hicieron en Celaya; pero en esas dos batallas representaron sólo 12 y 9%, respectivamente, de las fuerzas carrancistas.[888] En ningún caso fueron las únicas tropas nuevas (un número igual de tabasqueños reforzaron las posiciones en El Ébano; las tropas "rojas" representaron también la mitad de los refuerzos en Celaya), y aunque se exaltó su valor —el primer Batallón recibió un premio extraordinario por su actuación en El Ébano— es difícil creer, y nunca ha sido probado, que hayan cambiado el curso de esas batallas.[889] Gabriel Gavira, quien tenía toda razón para apoyar sus esfuerzos, recordó que él y sus juchitecos sostuvieron a los carrancistas en Celaya, "porque los trabajadores, dirigidos por el general Juan José Ríos, no inspiraban confianza porque no estaban adiestrados para luchar".[890] Esto apenas puede sorprender (sin menospreciar el valor individual); eran reclutas nuevos que debían enfrentarse a las cargas de la caballería villista. Es dudosa, sin embargo, la afirmación exagerada y sin sustento de que los Batallones Rojos "desempeñaron un papel decisivo en la derrota de las fuerzas combinadas de Villa y Zapata".[891] Ayudaron; pero aun sin su ayuda, Villa y Zapata no hubieran vencido.

A la larga, el acuerdo sería de gran importancia. Fue un adelanto en el acercamiento sutil entre gobierno y obreros que empezó a insinuarse con Díaz y progresó con Madero; era muestra de que el gobierno valoraba al trabajador como cliente político, útil y maleable, y de que los sindicatos —dada su debilidad intrínseca— estaban conscientes de las ventajas que tenía el patrocinio oficial. En ese tiempo, los críticos advirtieron el desequilibrio de la relación y pronosticaron, correctamente pero con tono demasiado apocalíptico, que la confianza de la Casa en el gobierno significaba entregar la autonomía

---

[885] *Mexican Herald*, 13 de febrero de 1915.

[886] *Ibid.*, 7 de marzo de 1915, informa que 7 000 trabajadores reclutados salían de la capital; Carr, *Movimiento obrero*, I, p. 89, menciona cálculos entre 4 000 y 8 000; Salazar indica 4 200 (*Las pugnas*, p. 119).

[887] Pani, *Apuntes*, p. 229; *cf.* Obregón, *Ocho mil kilómetros*, p. 289.

[888] Bustamante, *De El Ébano*, pp. 26 y 45; Obregón, *Ocho mil kilómetros*, p. 327 (las cifras son, respectivamente, 700 de 6 000 y 1 400 de 15 000).

[889] Bustamante, *De El Ébano*, pp. 50 y 72-73; Obregón, *Ocho mil kilómetros*, p. 127; M. R. Clark, *Organized Labor in Mexico*, Chapel Hill, 1934, p. 33; Jean Meyer, "Les ouvriers dans la revolution mexicaine; les bataillons rouges", *Annales, Economies, Sociétés, Civilisations Paris*, XXV (1970), donde dice que sólo murieron 66 "rojos" en batalla.

[890] Gavira, *Actuación*, p. 119.

[891] Douglas W. Richmond, "El nacionalismo de Carranza y los cambios socioeconómicos, 1915-1920", *Historia Mexicana*, XXVI, núm. 1 (julio-septiembre de 1976), pp. 124-125.

de la clase trabajadora; "inútil era inyectarles una fuerza artificial que les viniera de las esferas gubernativas porque ésto *[sic]* no haría más que debilitarlas y ponerlas maniatadas en las manos de los gobernantes, causando por último su ruina".[892] Un manifiesto zapatista lo resumió así: "la Casa del Obrero Mundial… no es sino una Casa de Enganche".[893] Pero aún no estaba claro que ésa era una relación desigual, algo quizá inevitable a causa de la inmadurez de la organización laboral. La Casa estaba en buena posición y Carranza luchaba por su sobrevivencia política; se necesitaría una prueba de fuerza para decidir la división del poder y la influencia en esa alianza.

Las batallas del Bajío

Los Batallones Rojos se formaron justo a tiempo para que desempeñaran su pequeño papel en el enfrentamiento inminente de los grandes ejércitos carrancistas y villistas. Sólo arriesgándose en el centro del país y enfrentando a Villa, pensaba Obregón, la suerte del carrancismo podría cambiar. Es como si hubiera leído (sin duda no fue así) la máxima de Clausewitz: "todo está sujeto a una ley suprema: la decisión por medio de las armas…; por lo tanto, entre todos los objetivos a que se puede aspirar, la destrucción del ejército enemigo es el que predomina sobre todos los demás".[894] Diversiones y campañas casi coloniales se dejaron de lado, el problema económico pasó a segundo plano y la Ciudad de México se entregó a los zapatistas. Obregón desechó el tímido consejo de Carranza de dirigirse al este hacia Ometusco y decidió avanzar hacia el norte y obligar a Villa al enfrentamiento, mientras sus tropas y líneas de comunicación estaban dispersas.[895] A principios de marzo, la vanguardia se dirigió al norte; el día 10 la guarnición carrancista evacuó la capital y avanzó en medio de la lluvia torrencial hacia Tula, San Juan del Río y Querétaro.[896] En el camino se les unieron los refuerzos; cuando Obregón llegó a Celaya, el 4 de abril, el ejército tenía 6 000 hombres de caballería, 5 000 de infantería, 86 ametralladoras y 13 piezas móviles de artillería. Villa se mantenía informado de su número y movimientos.[897] Celaya era una ciudad bonita y próspera, famosa por sus textiles, fresas y cajetas, y era, según el comentario de un radical de Orizaba, "conservadora como el resto de las del interior". Se hallaba en una llanura al lado de un río y los hacendados de la zona habían gastado grandes sumas para irrigar sus tierras, de modo que zanjas y canales atravesaban el campo.[898] Aquí empezó el gran enfrentamien-

[892] Flores Magón, citado por Nieto en Amaya, *Soberana convención*, p. 263.
[893] Manifiesto zapatista "Pueblo", s. d., 1915, Fabela, DHRM, EZ, pp. 146-147.
[894] Carl von Clausewitz, *On War*, A. Raport (ed.), Londres, 1968, p. 137.
[895] Francisco Grajales, "Las campañas", p. LXXXII.
[896] Obregón, *Ocho mil kilómetros*, pp. 292-298.
[897] Grajales, "Las campañas", p. LXXXIX; Guzmán, *Memorias*, p. 851; Hall, *Obregón*, p. 124.
[898] Gavira, *Actuación*, p. 118; de Szyszlo, *Dix milles kilomètres*, p. 226.

to; los observadores que estaban en la frontera norte discernían ansiosos entre las noticias que se filtraban y pronosticaron correctamente que esta batalla sería de enorme importancia; el general Scott, amigo de Villa, escribió: "Pienso que ésta será una lucha a muerte, que decidirá el futuro de México".[899]

Villa aceptó el reto. Quizá no necesitaba hacerlo. Ángeles observó que Obregón avanzaba sin punto fijo con el propósito de provocar la batalla, y que Villa debía dejarlo avanzar, mientras hostigaba su ejército, y asegurar entre tanto su control del norte.[900] La cordura de ese consejo fue evidente después, cuando se complicó el problema de los suministros y cuando las líneas de comunicación de Obregón, en un principio escasas pero muy eficientes, demostraron ser invaluables. Para disgusto de Villa, los zapatistas no cortaron las líneas de suministro de Veracruz, y cada kilómetro que Obregón avanzaba, extendía esas líneas, lo internaban en el territorio villista y acrecentaba la empresa que enfrentaba.[901] Villa pudo dejar avanzar a los carrancistas, hasta que le fuera favorable el tiempo, momento y equilibrio de fuerzas, pero decidió detener el avance; quizá temía que en el camino Obregón consiguiera más hombres y refuerzos (como afirmó después, aunque es poco creíble), pero tal vez lo hizo porque no estaba en su naturaleza quedarse y defender (como bien sabía Obregón), y porque sus triunfos anteriores los había conseguido con la agresión constante y temeraria. Lo que había funcionado antes, funcionaría otra vez; hacer cambios a esa altura de su carrera sólo provocaría consternación. Villa pensó: "Si por obra de la escasez de mis elementos no salgo a la lucha con Obregón, sino que me retiro delante de él o me acojo a lo que se llama la defensiva, abrigándome a esta plaza, se mermará el prestigio de mis tropas a los ojos del enemigo y padecerá mi nombre a los ojos de ellas. Porque, ¿cuándo, señor, desde nuestro primer ataque y toma de Torreón, en septiembre de 1913, hemos dejado nosotros que el enemigo se fatigue buscándonos en nuestro terreno? ¿Cuándo no he salido yo a la lucha con él, quitándole sus plazas, y quebrantándolo con mi empuje, o desbaratándolo?"[902] Así pues, telegrafió a su hermano, que estaba en Ciudad Juárez, pidiendo más municiones; salió del noreste y se dirigió a Irapuato, unos 50 kilómetros al oeste de Celaya.[903] Es difícil saber con exactitud con cuánta tropa contaba. Afirmaba que tenía sólo 8 000 hombres, lo que suena a baladronada y contradice sus jactanciosas declaraciones a la prensa estadunidense; por otra parte, se ha aceptado demasiado fácil y acríticamente la estimación contraria, que calcula 20 000 hombres.[904] Sin duda superaba a Obregón, pero quizá no por un margen tan amplio como a veces se piensa.

Quizá nunca se sepa la cantidad exacta; en las semanas siguientes fluctua-

[899] De Scott a F. McCoy, 30 de abril de 1915, Documentos Scott, caja 18.
[900] Guzmán, *Memorias*, p. 847.
[901] *Ibid.*, p. 848; Obregón, *Ocho mil kilómetros*, p. 296; Womack, *Zapata*, pp. 243-244.
[902] Guzmán, *Memorias*, p. 850.
[903] Quirk, *Mexican Revolution*, p. 220; *Mexican Herald*, 8 de abril de 1915.
[904] Cumberland (*Constitutionalist Years*, p. 200) se une a la corriente que afirma que Villa su-

ron bastante en ambos bandos, porque el conflicto no se decidió en un día: duró tres meses y se extendió por más de 200 kilómetros, participaron en él 50 000 hombres y hubo 20 000 bajas aproximadamente.[905] Hubo cuatro enfrentamientos principales: las dos batallas de Celaya (6-7 y 13-15 de abril), a las que —acaso por error— se presta más atención; la larga batalla decisiva, en León (más exactamente llamada Trinidad), que duró todo mayo; y el *coup de grâce* en Aguascalientes, en julio.[906] Dejando de lado las discusiones acerca de su importancia relativa, no cabe duda de que en conjunto decidieron "no solamente el destino del constitucionalismo, sino también la suerte de la revolución".[907]

En Celaya, las cosas empezaron mal para los carrancistas. Confiando en que no entrarían en batalla hasta que se acercaran a los cuarteles villistas en Irapuato, su vanguardia —caballería al mando de Fortunato Maycotte— se enfrentó a tropas villistas superiores en El Guaje, y Obregón tuvo que salir de Celaya en un tren blindado para proteger su retirada. Al terminar el primer día de lucha, los carrancistas estaban atrincherados en Celaya y habían tenido grandes pérdidas; su caballería había sido gravemente lacerada, y el telegrama que Obregón envió a Carranza esa tarde tenía un dejo de acorralamiento.[908] Pero desechó el consejo de retroceder a Querétaro (retroceder en campo abierto habría significado dejar a su ejército a merced de la formidable caballería villista) y decidió permanecer en Celaya, cuyos canales y zanjas le aseguraban una defensa eficiente, pero desde la cual no sería sencillo retroceder. No había otra alternativa que resistir: "pues aun cuando el valor nos llegara a faltar —decía Obregón— lo supliríamos, acaso ventajosamente, con el instinto de conservación".[909]

Alentados, los villistas presionaron lanzando ataques de caballería contra las defensas de Celaya; entre el amanecer y el mediodía del 7 de abril, hubo 30 cargas.[910] Poca destreza o ciencia había en ellas; la caballería villista trató de ganar Celaya a fuerza y sangre, sin apoyo de la infantería, enardecidos (confesó Villa) por el éxito que habían tenido el día anterior.[911] Las viejas tácticas, que tanto habían servido contra el vacilante ejército federal en 1913-1914, casi dieron resultado. En esa larga mañana del 7 de abril, la línea carrancista parecía vacilar; Obregón amenazó con ejecutar a su jefe de artillería

---

peraba a Obregón en razón de tres a uno, lo que es difícil de creer; *cf.* Grajales, "Las campañas", p. LXXXIII; Guzmán, *Memorias*, p. 850; Hall, *Obregón*, pp. 123-124 y 129.

[905] Éstas son estimaciones *grosso modo*, basadas en diferentes versiones. González Garza afirma que, hasta esa fecha, junio de 1915, 60 000 hombres habían muerto en el conflicto villista-carrancista (Taracena, *Verdadera revolución*, IV, p. 11).

[906] Barragán (*Historia del ejército*, II, p. 354) dice, y es convincente, que León, no Celaya, fue la más importante; *cf.* Quirk, *Mexican Revolution*, p. 226; Cumberland, *Constitutionalist Years*, p. 202.

[907] Grajales, "Las campañas", p. LXXXI.

[908] Obregón, *Ocho mil kilómetros*, p. 323; *Mexican Herald*, 10 de abril de 1915.

[909] Obregón, *Ocho mil kilómetros*, p. 323.

[910] *Ibid.*, p. 324.

[911] Guzmán, *Memorias*, p. 835; Grajales, "Las campañas", p. LXXXVII.

por retroceder sin recibir órdenes; un corneta de 10 años tocó diana por órdenes de Obregón, lo que confundió a los atacantes y permitió que refuerzos cerraran la brecha (el primer jefe felicitó al muchacho y lo ascendió a cabo).[912] Pero al final, las viejas tácticas fracasaron ante las resueltas tropas y el buen comando, y quedaron expuestas las limitaciones militares de Villa (Obregón informó telegráficamente a Veracruz: "Villa, personalmente, dirige combate, afortunadamente"). En la tarde del 7 de abril había desaparecido el *élan* villista y se habían agotado las municiones. Los ataques se hacían en campos empantanados y los caballos muertos obstaculizaban la carga.[913] Entonces Obregón ejecutó su movimiento de pinzas favorito y mandó la caballería, que había ahorrado escrupulosamente, a atacar los flancos villistas. Sin ánimo para luchar más, y sin reservas, los villistas retrocedieron en desorden hacia Irapuato. Entre muertos, heridos y prisioneros, los villistas habían perdido más de 2 000 hombres. En la Ciudad de México, la prensa convencionista informó de la "tremenda derrota" de los carrancistas.[914]

La segunda batalla de Celaya, una semana después, siguió el mismo patrón, dando a entender que Villa, como los borbones, no había aprendido nada ni olvidado nada. Rechazado, como era de prever, su ofrecimiento "humanitario" de luchar fuera de la ciudad, en campo abierto, Villa reanudó el 13 de abril su carga contra las posiciones carrancistas. Los dos ejércitos habían crecido: entre los refuerzos de Obregón había dos Batallones Rojos y los michoacanos de Amaro (quienes, a falta de uniformes militares, usaban los rayados de los convictos); ahora tenía casi 15 000 hombres y había recibido municiones la víspera de la batalla. Aunque Villa dijo después que, salvo por la artillería, sus fuerzas eran inferiores a las del enemigo, tal cosa no parece posible; probablemente es exagerada la cuenta de 30 000 o 42 000, pero sin duda no tenía menos de 20 000,[915] y estaban bien aprovisionadas; si —según dice uno de sus compradores de la frontera— los "gritos… de Villa pidiendo municiones eran algo penoso", la verdad es que sí las consiguió: "Villa tenía, o tiene ahora, gran cantidad de municiones y se prepara para arrollar a Obregón".[916] Más graves eran las indecisiones y disputas en el campo villista. No se obedecían las órdenes y los refuerzos no aparecían: Urbina parecía demorarse y Natera jamás se presentó.[917] Aumentaba la discordia entre los vetera-

---

[912] Obregón, *Ocho mil kilómetros*, pp. 301-302 y 323-324; Hall, *Obregón*, p. 127.

[913] Villa se quejaba de que los proyectiles de su artillería, hechos en Chihuahua, eran defectuosos (Guzmán, *Memorias*, pp. 856-858); Obregón, *Ocho mil kilómetros*, pp. 301 y 325.

[914] *Mexican Herald*, 10 de abril de 1915; de Carothers a Bryan, 9 de abril de 1915, SD 812.00/14897, admite que era un "rechazo". Villa (Guzmán, *Memorias*, pp. 861-862) confirma 2 000 bajas contra 2 500 de los carrancistas, pero Obregón (*Ocho mil kilómetros*, pp. 302-305) sólo admite 922 contra 5 300.

[915] Obregón, *Ocho mil kilómetros*, pp. 310 y 327; Guzmán, *Memorias*, pp. 879; *Mexican Herald*, 15 de abril de 1915; Romero Flores, *Michoacán*, p. 149.

[916] De Scott a McCoy, 30 de abril de 1915, Documentos Scott, caja 18; de Carothers a Bryan (*supra*, n. 914).

[917] Calzadíaz Barrera, *Hechos reales*, I, p. 49.

nos villistas y sus aliados ex federales.[918] Algunos de éstos, profesionales con experiencia, advirtieron de la fuerte posición que Obregón tenía en Celaya y aconsejaron precaución; pero Villa, remontándose aún a sus triunfos de 1913-1914, ordenó otro ataque de gran envergadura.

Al principio, los viejos métodos parecían funcionar. A pesar de las grandes pérdidas, los villistas consiguieron sacar de su posición al tercer Batallón Rojo en el flanco derecho carrancista y, más por inspiración que por plan preconcebido, rodearon las posiciones enemigas. Eso fue suficiente para que la prensa de la capital anunciara otro triunfo villista, la diezma de los yaquis de Obregón y el inminente retroceso carrancista a Morelia.[919] Pero Obregón esperó su oportunidad y la línea se mantuvo. Los veteranos reforzaron la posición del tercer Batallón Rojo; la artillería villista —cuyo desempeño era esencial, ya que el enemigo estaba atrincherado— no ejecutó bien su trabajo y bombardeó la ciudad en lugar de las trincheras, y otra vez la lluvia y el fango obstaculizaban las cargas de Villa.[920] Hasta ese momento, la infantería carrancista había llevado el peso de la batalla; en realidad, Villa creía que la caballería había desmontado para luchar en las trincheras, como lo hacía con frecuencia en esa época. Era verdad —así lo habían hecho los rayados de Amaro—,[921] pero no toda la verdad; Obregón había estacionado 6000 hombres del cuerpo de caballería al mando del coahuilense Cesáreo Castro, detrás de las líneas, en los bosques de Apaseo, unos ocho kilómetros al este de Celaya. Al amanecer del 15 de abril, cuando parecía decaer el ímpetu villista, con apoyo de la infantería, se lanzó la caballería en gran contraofensiva; los villistas, exhaustos y otra vez escasos de municiones, huyeron dejando atrás millares de muertos, heridos, prisioneros, caballos, armas y cañones. Las pérdidas de los carrancistas (aun suponiendo que Obregón las subestimara) no fueron grandes.[922]

Celaya fue un duro golpe para la División del Norte: había tenido grandes pérdidas, su jefe había sido aventajado y había perdido su fama de invencible. Mientras las noticias llegaban a la capital, la esperanza de la incertidumbre dio paso al abatimiento, al pesimismo, a la búsqueda de justificaciones.[923] Pero el ejército villista no estaba perdido. Se retiró con bastante orden y su

---

[918] De Ricketts a Scott, 1º de abril de 1915, Documentos Scott, caja 18; Schmutz, Aguascalientes, 23 de abril de 1915, SD 812.00/14953.

[919] Grajales, "Las campañas", p. XCIV; *Mexican Herald*, 14 de abril de 1915; Clendenen, *United States and Pancho Villa*, p. 166 (demuestra que la prensa extranjera no era menos engañosa).

[920] Gavira, *Actuación*, pp. 118-119; Guzmán, *Memorias*, pp. 883-885.

[921] Se sospechaba que Obregón no confiaba del todo en Amaro y sus hombres, quienes hacía poco se habían unido al carrancismo y cuyos antecedentes en Michoacán no estaban muy limpios (Romero Flores, *Michoacán*, pp. 148-149).

[922] Obregón, *Ocho mil kilómetros*, pp. 315-327; Grajales, "Las campañas", p. XCVI; Guzmán, *Memorias*, p. 888. Obregón afirma que 4000 villistas murieron y 6000 fueron hechos prisioneros; Villa admite más de 3000 bajas y muchos pertrechos perdidos.

[923] González Garza informó finalmente de una "tregua" en Celaya, necesaria a causa de las inundaciones (*Mexican Herald*, 18-24 de abril de 1915).

caballería se mantuvo en contacto con la vanguardia carrancista. Se pidieron refuerzos del oeste y del norte (Carothers calculaba que ahí había unos 15 000 hombres disponibles); las municiones seguían cruzando la frontera.[924] Y, es de notar, el ánimo de los villistas no había decaído; aún tenían que luchar por el todo. Celaya había dejado abiertas las alternativas militares y, lo más importante, Obregón no había sido destruido (como muchos esperaban y como había ocurrido con tantos generales federales en el pasado), sino que había sobrevivido para volver a pelear y su prestigio había crecido. El verdadero arreglo de cuentas ocurrió en mayo, en la larga, reñida y dura batalla de Trinidad (León); en esa batalla Obregón perdió un brazo, y Villa la guerra.

Trinidad fue el Waterloo de la Revolución; un conflicto en el que la resistencia obstinada y lo que casi fue derrota, se convirtieron en una victoria total de consecuencias trascendentales. Como en Waterloo, fue una lucha pareja en la que al final dominó, sobre el *élan* y el carisma, el don de mando sereno; pero a diferencia de Waterloo, que terminó en un día, Trinidad se extendió —mosaico de encuentros, derrotas y victorias fragmentarias— durante 38 días (del 29 de abril al 5 de junio) y por centenares de kilómetros; por lo menos 5 000 hombres murieron en el territorio seco y desértico entre Silao y León. A fines de abril, los trenes cargados de tropas de Obregón empezaron a moverse hacia el noroeste para entrar al valle extenso, árido y rodeado de sierras que conducía a León, donde estaba Villa. Como en Celaya, Obregón tuvo problemas al principio. Mientras efectuaba el reconocimiento en tren a unos ocho kilómetros de León, con una escolta de 500 jinetes cansados, Obregón se encontró con 6 000 de la caballería villista, cuyo ataque se rechazó mientras los carrancistas corrían a reunirse con su fuerza principal. Con la ayuda de las municiones que llegaban por tren oportunamente de Veracruz (fue de suma importancia para el éxito de Obregón la puntualidad de esos trenes que debían abrirse camino por territorio zapatista), los carrancistas pudieron establecer su línea defensiva —un cuadrado de infantería sólido— atravesando la estación del ferrocarril de Trinidad. Los riesgos tácticos y estratégicos eran de consideración. La formación era estática y no daba mucho campo para maniobrar. A pesar de las protestas, Obregón se atuvo a su plan de batalla casi con convicción estética, decidido a "no perder la figura", previendo quizá el desarrollo del encuentro.[925] Además existía el riesgo de que el ejército carrancista quedara aislado en la mitad del desierto estéril, lejos de su base. Una vez más, Ángeles aconsejó a Villa atrincherarse en Aguascalientes y dejar que Obregón avanzara; el tiempo, la distancia y la hostilidad constante debilitarían sus fuerzas y se vería arrastrado a una batalla en inferioridad de condiciones.[926] Pero Villa anhelaba cobrarse lo de Celaya, y se resistía a dejar León —donde había sido bien recibido en 1914 y, de nuevo, después de

---

[924] Carothers, Irapuato, 16 y 22 de abril; Cobb, El Paso, 5 de mayo de 1915; SD 812.00/14898, 14935; 14973.
[925] Grajales, "Las campañas", p. CIII.
[926] Guzmán, *Memorias*, pp. 909-910.

la batalla de Celaya— en manos del enemigo.[927] "Soy un hombre que vino al mundo para atacar —dijo Villa a su mentor—, aunque mis ataques no siempre me deparen la victoria; y si por atacar hoy me derrotan, atacando mañana ganaré." Era la filosofía del palenque, de la mesa de juego. Una vez más, desoyó los consejos de Ángeles. A principios de mayo, Villa comprometió su ejército, alrededor de 35 000 hombres, en un ataque total.[928]

Después de varios días de escaramuzas en los cerros de los alrededores, llegó el ataque villista que Obregón esperaba —e incluso deseaba—; era el mayor al que se habían enfrentado los carrancistas, y aunque los hizo retroceder sobre su flanco derecho, los villistas tuvieron grandes pérdidas, a causa de los francotiradores: en cinco minutos de ataque feroz, un jinete villista caía cada segundo.[929] La lucha siguió durante varios días; los villistas se reaprovisionaban en León, los carrancistas con los trenes que llegaban del Golfo. El 22 de mayo se rechazaron cuatro ataques masivos de los villistas, y la caballería villista que atacó la retaguardia fue derrotada. Durante una semana se aplacó la batalla principal mientras se sucedían las escaramuzas en la periferia —Dolores Hidalgo, San Miguel de Allende, San Juan del Río—. El 29 de mayo llegó el tren con pertrechos y el día siguiente se distribuyeron los cartuchos. Los jefes carrancistas discutieron acerca del contraataque, pero Obregón se inclinaba por esperar un par de días. De ahí en adelante, los acontecimientos se sucedieron con rapidez. El primer día de junio, los villistas atacaron la retaguardia y tomaron e incendiaron Silao. El contraataque no estaba ya a discusión. Los carrancistas estaban rodeados y peleaban por sus vidas, pero el ánimo no decayó.[930] La hacienda Santa Ana era de suma importancia para sus posiciones, porque protegía su flanco izquierdo, era pivote del contraataque propuesto por Obregón, servía de refugio para la caballería y había forraje para alimentar los caballos. Era necesario conservar Santa Ana (como La Haie Sainte). Ante los ataques furiosos se envió inmediatamente a la infantería como refuerzo; al amanecer del 3 de junio, Obregón y su Estado Mayor, que planeaban el contraataque, subieron a la torre de la hacienda para observar el campo de batalla. En ese momento atacó la artillería; Obregón y los demás bajaron para refugiarse en las trincheras y, cuando atravesaban el patio, una granada explotó y arrancó el brazo derecho de Obregón. Con la pérdida de sangre, convencido de que la herida era fatal, sacó su pistola "pretendiendo consumar la obra que la metralla no había terminado",[931] pero no había balas en la cámara: su ayudante las había sacado el día anterior cuando la limpiaba. Sus oficiales le quitaron el arma, ligaron el muñón sangrante y lo llevaron a los cuarteles de Trinidad.

Si Obregón hubiera muerto, se habría perdido la batalla; pero vivió a

---

[927] *Ibid.*, Carothers, 18 de diciembre de 1914, SD 812.00/14061.
[928] Obregón, *Ocho mil kilómetros*, p. 364.
[929] *Ibid.*, pp. 347-348.
[930] Gavira, *Actuación*, pp. 122-123.
[931] Obregón, *Ocho mil kilómetros*, p. 364.

causa del descuido de su ayudante, y al vivir arrebató la victoria de las garras de la derrota; sería cosa de filosofar acerca del papel que la casualidad desempeña en la historia. El revólver de Obregón se ubica junto a la nariz de Cleopatra en el museo de las trivialidades trascendentales. Pero ese drama del 3 de junio no alteró el resultado.[932] El ejército carrancista era demasiado profesional como para desbaratarse por la muerte o la falta temporal de su jefe (si la víctima hubiera sido Villa, el caso habría sido diferente); además, la batalla estaba muy avanzada y se presentaba muy parecida a la de Celaya, como para que la ausencia de Obregón tuviera consecuencias. El contraataque se había planeado y preparado. Mientras Obregón estaba en cirugía, Benjamín Hill, su segundo en mando (también primo suyo en segundo grado), se hizo cargo sin demora, disputa o enfrentamiento (se perpetuaba una tradición familiar: antes de emigrar a México, su abuelo había luchado con la federación; su tío había muerto peleando contra los yaquis; su padre, jugador famoso, había sobrevivido a una contienda contra el célebre bandolero Heraclio Bernal).[933] Al amanecer del 5 de junio, Hill dio órdenes de atacar: la caballería de Murguía —que desempeñó un papel importante— atacó el flanco derecho de los villistas, y la infantería de Diéguez —por la que los villistas tenían gran respeto— el izquierdo. El enemigo se dispersó y huyó dejando libre el camino a León. Después de la batalla, los carrancistas marcharon sobre Silao y Guanajuato. Recogieron gran botín de armas: 300 000 cartuchos, 3 000 rifles, seis cañones, 20 ametralladoras. En ese mes de luchas en que se desarrolló la batalla de Trinidad, Villa contó más de 10 000 bajas entre muertos, heridos o dispersos; los carrancistas, según testimonio de Obregón, menos de 2 000.[934]

El *coup de grâce* tuvo lugar un mes más tarde, en Aguascalientes. Recuperado de su herida, Obregón continuó su avance hacia el norte. Su ejército debía transportar ahora todo lo necesario, porque mientras Villa y el grueso de su ejército se retiraban a Aguascalientes, destacamentos de su caballería (especialidad villista) se dirigían al sur para cortar las comunicaciones de los carrancistas con Veracruz.[935] Obregón se arriesgó a dejar su tropa a la deriva en el desierto. Es paradójico que esa situación y el que Villa pensara que Obregón se había pasado de listo, fueran lo que decidió el resultado final. En vez de quedarse tras las defensas en Aguascalientes y cortar todo suministro a Obregón, Villa se vio tentado a obtener la victoria total. A pesar de que no estaba muy alto el ánimo en el ejército villista, sus generales tenían confianza, recibían municiones de la frontera y a lo largo de junio se adiestraron

---

[932] De la batalla; fue importante para el futuro político de México que Obregón sobreviviera.
[933] Aguilar Camín, *La Revolución sonorense*, pp. 12-13.
[934] Obregón, *Ocho mil kilómetros*, pp. 373-378; Grajales, "Las campañas", p. cxvi; Hall, *Obregón*, pp. 135-136. A la caída de León, el populacho se dedicó al saqueo; en Aguascalientes, los acomodados temían que se "desatara el populacho" si Villa era obligado a salir: Gavira, *Actuación*, p. 125; Schmutz, Aguascalientes, 17 de junio de 1915, SD 812.00/15292.
[935] Bonney, San Luis, 10 de julio de 1915, SD 812.00/15407; Gavira, *Actuación*, p. 127.

nuevos reclutas en Aguascalientes.⁹³⁶ El 8 de julio los villistas controlaron el avance carrancista en los alrededores de la ciudad y los forzaron a su familiar cuadro defensivo; al día siguiente, los villistas salieron y rodearon el cuadro. De manera más breve, se repitió el patrón de Trinidad. Cuando los villistas se extendieron y agotaron su ímpetu, Obregón decidió que era momento de actuar. Al amanecer del día 10, la infantería de Hill atacó las líneas villistas en la hacienda El Maguey y la caballería de Murguía barrió sus flancos. El ejército de Villa, sabiendo que ésa era la derrota, se dispersó, retrocedió y perdió muchos hombres y pertrechos; la infantería se rindió, otros salieron de Aguascalientes y "dejaban sus calderos llenos de caldo sobre la lumbre, siguiendo la costumbre de los federales".⁹³⁷ El comentario es muy ilustrativo: el ejército de Villa estaba en las mismas condiciones que el de Huerta en 1914. Así, la famosa División del Norte quedó eliminada como fuerza militar capital: fragmentada en grupos guerrilleros, aún podría dar problemas pero habían terminado sus días como fuerza para intentar batallas convencionales; ya no había otra que se enfrentara a los ejércitos de Obregón, y gracias a él, no había candidato más fuerte al poder nacional que Carranza.⁹³⁸ Para algunos también era clara otra consecuencia de las batallas del Bajío: mientras descendía la estrella de Villa, la de Obregón se elevaba. El Manco de Celaya —que pronto empezó a hacer bromas sobre su extremidad perdida— se apropió en poco tiempo del lugar que ocupara el Centauro del Norte como primer caudillo de la Revolución.⁹³⁹ Una vez más (no olvidemos a Orozco en 1911 y a Huerta en 1912) el triunfo militar creaba un heredero potencial, rival o personaje poderoso. La advertencia que hizo Palavicini al primer jefe en Veracruz, ponía resonancias fúnebres al regocijo: "En Celaya muere el villismo; pero surge un nuevo caudillo y con él una nueva facción: el obregonismo. Hay, pues, que tomar providencias contra éste".⁹⁴⁰

---

⁹³⁶ Obregón, *Ocho mil kilómetros*, pp. 408-410; Schmutz, Aguascalientes, 10 y 17 de junio, SD 812.00/15257, 15292.

⁹³⁷ Obregón, *Ocho mil kilómetros*, p. 407, habla de 1500 villistas muertos y heridos, 2 000 prisioneros y 5 000 dispersados; sobre el *suave-qui-peut* villista; Gavira, *Actuación*, p. 129.

⁹³⁸ Grajales, "Las campañas", pp. CXXVII-CXXVIII.

⁹³⁹ Hall, *Obregón*, pp. 134-135.

⁹⁴⁰ Córdova, *Ideología*, p. 264, n. 2, cita a R. García.

IX. LA REVOLUCIÓN EN EL PODER
La reconstrucción

EL PRIMER lustro de la Revolución (1910-1915) estuvo saturado de incidentes: grandes rebeliones, batallas, política activa y febril, diplomacia, así como el nacimiento y el ocaso de varios regímenes. El segundo (1915-1920) fue diferente. Ya se había resuelto el enigma político-militar acerca de quién gobernaría el país. Carranza había triunfado y Villa ya no era un serio competidor por el poder nacional. El gobierno de los Estados Unidos, reticente, lo admitió al reconocer *de facto* al régimen carrancista en octubre de 1915.[1] Entonces empezó la "reconstrucción" (palabra que se usa constantemente),[2] tarea lenta, difícil, sin brillo, que emprendió el joven régimen tratando de superar enormes problemas. A las grandes batallas sucedieron escaramuzas sin cuento, emboscadas, expediciones punitivas. Entre 1910 y 1915, cinco o seis presidentes habían gobernado, *de facto*, el país; Carranza permaneció en su cargo, de manera algo precaria, durante cinco años. Salvo por la promulgación de la Constitución en 1917, el periodo no tuvo muchas altas o bajas. Quizá por eso se destaca tanto y se da tanta importancia a la Constitución.[3] Ese periodo se ha estudiado menos que el anterior y se le dedica poco espacio en los trabajos comunes sobre la Revolución (por ese tiempo, el interés se concentraba en la guerra civil europea).[4] Sin embargo, se trata de un periodo muy importante, en el que se cimentó el régimen posrevolucionario y en el que se adivinan los elementos esenciales del régimen de Calles.[5]

Por su naturaleza, dicho periodo se presta más a un tratamiento temático que narrativo. El análisis temático es importante. Muchos exageran el control

[1] Louis, G. Kahle, "Robert Lansing and the Recognition of Venustiano Carranza", *Hispanic American Historical Review*, XXXVIII (agosto de 1958), pp. 353-372; en su memorándum, Lansing dice que los Estados Unidos debían reconocer "y hacer todo lo posible por fortalecer la facción carrancista", no tanto por simpatía o convicción cuanto por lograr la estabilidad y frustrar una supuesta confabulación alemana en México.

[2] En la prensa de Monterrey solamente: *El Constitucional*, 4 de mayo; *El Reformista*, 8 de mayo; *El Liberal*, 2 de agosto de 1917 (AVC, carpeta 112/159); Fabela, DHRM, RRC, V, p. 304; véase también *El Demócrata*, 4 de noviembre de 1916 (manifiesto del PLC); Alvarado, *Reconstrucción*; y el compromiso de cooperar en la "gran tarea de la reconstrucción nacional", hecho a Cándido Aguilar por Úrsulo Galván (líder comunista), en nombre del Sindicato de Trabajadores de Limpieza Pública de Veracruz, 23 de junio de 1916, AVC.

[3] Creo también que se da demasiada importancia a la Expedición Punitiva.

[4] Hay menos investigación especializada sobre este periodo; una ojeada al *New York Times* o a los archivos de la cancillería británica confirman que el interés internacional por México se había desvanecido después de 1915 (por razones que por supuesto no concernían a la Revolución).

[5] A este respecto, 1920 no significa rompimiento decisivo; buena parte del análisis general de este capítulo es importante para el decenio de 1920.

que tenía sobre su destino el nuevo régimen: los carrancistas se transformaron en vencedores firmes, previsores, que asumieron metódicamente la gran tarea redentora de la reconstrucción. Teleología otra vez: así como sabemos que Porfirio Díaz caería (saberlo enturbia el análisis del Porfiriato), así también ya que sabemos que el régimen revolucionario sobrevivió y prosperó, se le atribuye más seguridad, firmeza y resolución de la que en realidad tuvo. Por eso mismo, la atención se concentra en la determinación política del régimen (en especial su creación de la Constitución). En este último capítulo (como en el caso del régimen de Madero), el análisis tomará otra dirección: de la situación material y militar del país, a la composición y política del régimen; de las realidades ingobernables a las que éste se enfrentó, pasando por los conflictos de la tarea de gobernar, a la retórica y legislación que adornaron la realidad. Veremos primero el problema fundamental del orden: las rebeliones constantes (a menudo subestimadas), el bandolerismo en el campo, el crimen en la ciudad; problemas relacionados entre sí: colapso económico, inflación, escasez, enfermedad, huelgas, tumultos; luego —establecido ya el contexto— el gobierno tal como gobernó (su personal, sus políticas, fracasos, abusos); por último, el *ethos* del nuevo régimen, sus ideas dominantes, su genealogía y sus consecuencias en el México posrevolucionario.

El problema del orden

El villismo

"Gobernar significa mandar. ¿En qué sentido México —país heterogéneo— es gobernable, y quién ejerce el *imperium*?"[6] Los carrancistas tenían, como los maderistas, graves problemas para hacer valer su derecho al poder nacional y eliminar la *damnosa hereditas* de la revolución armada. No había competidores importantes en la lucha por el poder nacional, pero sí muchos grupos que se dedicaban a limitar y aniquilar la autoridad de los carrancistas, algo que éstos, por su compromiso *étatiste*, no podían ignorar y debían combatir. Entre ellos destacaban los villistas; los problemas del régimen se acrecentaron por la peculiar trayectoria que tomó el villismo después de 1915. Los triunfos de Obregón repercutieron inmediatamente en el norte. La coalición villista, que siempre había tenido algo de tigre de papel, empezó a desmoronarse. Ya en Celaya fue evidente que el carro villista se había detenido; en Sonora, Urbalejo esperaba los resultados; en Durango, tras las líneas villistas, la confianza aparente ocultaba el verdadero pesimismo; en la costa oeste, el villismo presentaba síntomas de disolución prematura.[7] Las batallas contra Obregón forzaron a Villa a sacar tropas del noreste y centroeste, perjudicando así las

---

[6] Meyer, *Cristero Rebellion*, p. 17.

[7] Informes de la frontera, Nogales, 1º de mayo; Coen, Durango, 30 de abril; c/o USS Colorado, Manzanillo, 18 de abril de 1915; SD 812.00/15012; 14976; 14891.

campañas regionales. A principios de mayo se abandonaron las posiciones avanzadas en el Pánuco, señal de que "el prestigio de Villa se desvanecía"; aflojó primero y luego se levantó el cerco a Tampico, lo que permitió a los carrancistas atacar. Urbina se retiró malhumorado a San Luis Potosí; los villistas evacuaron Saltillo, Monterrey y Monclova (aunque no de manera permanente) para reforzar las tropas del Bajío.[8]

Más grave fue el torniquete económico que Villa apretó en el norte. El derroche de municiones en Celaya y León debía pagarse con exportación de cuero, carne, algodón, ganado y minerales; el norte villista también debía alimentar, vestir y prestar servicio a las tropas del frente. Los recursos de Villa parecían sostenerlo bien; aunque Carranza lo aventajaba con el petróleo y el henequén, no parece que las penurias económicas hayan sido causa de sus derrotas. Pero éstas sí trajeron problemas económicos, porque la fuente de recursos disminuyó, cayó la producción y el peso villista perdió valor. Hacia junio, los signos eran ominosos. O'Hea informó que se forzaba la zona lagunera "hasta el agotamiento, para conseguir los elementos necesarios con qué financiar el conflicto".[9] Para las compañías extranjeras, los pudientes mexicanos que aún quedaban, e incluso para la gente común, las exigencias fueron mayores. Bajo amenaza de fusilamiento para los que no cumplieran, se exigieron préstamos forzosos y contribuciones extraordinarias a los dueños de haciendas algodoneras; a los comerciantes se les confiscaron sus mercancías y se embargó la fundidora de Torreón. Escudero, ministro de Finanzas de Villa, exigió a las compañías mineras estadunidenses 300 000 pesos en oro, que se acreditarían a impuestos y fletes posteriores. Los empresarios mineros temían que, si no cumplían, se les expropiarían sus bienes.[10] Así terminó el breve periodo de entendimiento entre Villa y las compañías del norte. Éstas no podían resistir de manera activa, pero sí parar, disimular, solicitar protección diplomática y suspender operaciones, si era necesario. Los comerciantes ocultaron sus existencias. En nombre de los empresarios mineros, el general Scott reanudó, con cierto resultado, la tarea de persuadir a Villa; al mismo tiempo cerraron muchas minas que pertenecían a estadunidenses; sus administradores, prudentes, se ausentaron durante la agonía del villismo.[11] A medida que dis-

---

[8] Bevan, Tampico, 8 de mayo; Bonney, San Luis, 25 de junio; Blocker, Piedras Negras, 21 y 25 de mayo de 1915; SD 812.00/15018; 15374, 15047; 15110.

[9] O'Hea, Gómez Palacio, 4 de junio de 1915, SD 812.00/15307.

[10] Carothers, El Paso, 22 y 31 de julio; Cobb, Chihuahua, 1° de agosto; Letcher, Chihuahua, 31 de julio y 1° de agosto de 1915; SD 812.00/15518.; 15606; 15605; 15654; 15607; Clendenen, *United States and Pancho Villa*, pp. 160-162 y 183-186. Según el decreto villista de marzo de 1915, las propiedades mineras abandonadas o aquellas sobre las que no se hubieran pagado impuestos podrían confiscarse; Carranza emitió decretos similares a propósito del petróleo.

[11] Letcher, Chihuahua, 29 de septiembre de 1915, SD 812.00/16449 menciona sólo cinco grandes compañías extranjeras que trabajaban aún en el estado: dos minas, un aserradero, una textilera y una planta hidroeléctrica; véase Clendenen, *United States and Pancho Villa*, p. 186, sobre la forma en que Scott moderó a Villa mediante la donación que hicieron los mineros de 1 000 toneladas de carbón.

minuían fuentes e ingresos, el voluminoso circulante villista se depreciaba aceleradamente; el valor de ese papel moneda durante 1913-1915 fue buen barómetro de la trayectoria precipitada del movimiento: desde sus orígenes dudosos, pasando por una etapa de breve respetabilidad, hasta su descenso acelerado. A fines de 1913 y principios de 1914, en los bancos de El Paso el peso villista se cambiaba a 18-19 centavos de dólar; en el verano de 1915 cayó a dos centavos y, para el otoño, nada valía.[12] La compra de armas estaba, pues, en peligro. A fines de julio era dudoso que Villa pudiera conseguir efectivo para rescatar la carga de 250 000 cartuchos que estaba detenida en la frontera; de todos modos lo consiguió, pero fue el último de los grandes negocios que habían sido tan lucrativos para los traficantes de armas de la frontera.[13]

El ejército villista tuvo que vivir de la tierra y Villa tuvo que depender de exacciones forzosas y arbitrarias, que mostraban a veces cierto populismo radical: se expropió la Laguna Soap Co., de Gómez, porque, dijo Villa, pertenecía a "mexicanos del partido científico reaccionario, enemigo de la causa democrática"; los comerciantes de Chihuahua, que durante tanto tiempo habían explotado al pueblo "de manera escandalosa", merecían el trato que se les daba.[14] La oratoria no era diferente a la de los carrancistas, pero esas acciones recordaban los días "robinjudianos" de Villa. Saquearon el mercado de Chihuahua y vendieron las mercancías al pueblo a bajo precio; los huertos y jardines de los sufridos chinos de Torreón sirvieron para alimentar a gente y caballos; en Durango arrestaron a una docena de ricos y pidieron rescate por ellos; al administrador de la compañía de luz se le "ordenó dar gratis luz eléctrica a la ciudad durante un mes".[15] Pero en la situación crítica de 1915 no podían mantenerse esas dádivas, que fueron superadas por los abusos, ni las exacciones, que afectaban a pobres y ricos. De ahí que, a pesar de la buena voluntad que Villa tenía aún hacia el norte, su régimen moribundo y las campañas posteriores le ganaron la enemistad de la población agobiada.

Eso se hizo evidente primero en la periferia de su imperio extenso e irregular. En San Luis Potosí, Urbina extorsionó y secuestró de tal manera, que los potosinos "querían que se desarmaran y sacaran a las tropas".[16] Varios miles de una columna villista que atravesaron el Bajío a la zaga de la avanzada carrancista dejaron su huella de destrucción en Silao, Irapuato, Salamanca y Guanajuato. Abrieron las cárceles (vuelta a la antigua práctica revolucionaria), saquearon los comercios y quemaron la estación de ferrocarril de

[12] Reed, *Insurgent Mexico*, p. 120; Cobb, El Paso, 19 de julio; Letcher, Chihuahua, 3 de agosto y 29 de septiembre; Schmutz, Aguascalientes, 8 de septiembre; Hanna, Monterrey, 6 de octubre de 1915; SD 812.00/15489; 15702; 16449; 16327; 16469.

[13] Cobb, El Paso, 22 de julio de 1915, SD 812.00/15519.

[14] Carothers, El Paso, 31 de julio y 5 de agosto de 1915, SD 812.00/15606, 15656; Kats, *Secret War*, pp. 282 y 285-286, donde esto se puede ver, quizá muy esquemáticamente, como una "vuelta de tuerca" en la "política social" villista, diseñada "para aumentar su base social".

[15] Letcher, Chihuahua, 3 de agosto; Coen, Durango, 22 de julio y 30 de agosto de 1915; SD 812.00/15702; 15586, 16165.

[16] Bonney, San Luis, 25 de junio de 1915, SD 812.00/15374.

Irapuato. Como en 1911, el populacho se unió al pillaje de los revolucionarios y aprovechó la incursión de Fierro para cobrarse viejas deudas y llevarse lo que podía; atacó a soldados y oficiales carrancistas, y cuando los villistas arrancaron los rieles, robaron los durmientes para usarlos quizá como combustible.[17] Menos comunes fueron los "terribles tumultos" que sufrió Monterrey cuando los villistas evacuaron la ciudad en mayo, o los saqueos que hubo en Parral en circunstancias parecidas en septiembre.[18] Mientras aumentaba la desintegración, las tropas de Villa volvieron a su conducta de los primeros días de la Revolución (que habían aprendido a moderar cuando creció el tamaño y éxito de sus operaciones). Pero los castigados "pacíficos" estaban menos dispuestos a encomiar o apoyar ataques contra la propiedad que no estuvieran confinados a los pudientes —escasa minoría en constante disminución— y que parecían ser bandolerismo brutal más que social.

Los villistas empezaron a despojar a su propia gente. En Durango, donde los Arrieta eran constante amenaza, los villistas abandonaron las zonas aledañas llevándose alimentos, mulas y provisiones para llevarlas al norte: "se habla del movimiento como si se tratara de un ejército invasor que despoja territorio enemigo, más que de un movimiento de tropas en territorio que domina su propia facción".[19] Durango y Chihuahua, otrora muestras sobresalientes del villismo, tenían un aspecto lamentable. La capital de Chihuahua parecía estar "llena de hombres heridos", escaseaba el maíz, faltaba leña y no se veían tranvías en las calles. Los que en otro tiempo habían sido pueblos prósperos de La Laguna, ahora estaban llenos de locomotoras averiadas y saturados con el hedor que despedían los caballos muertos; en las dos regiones, los pobres se amotinaban y saqueaban tiendas buscando comida.[20] También en Chihuahua hubo secuestros, raptos y matanza. A los de la hacienda Bustillos, que simpatizaban con el villismo y nunca se les había molestado, les quitaron su ganado; "se devoran unos a otros", comentó un observador que antes había favorecido el villismo.[21] Los pobres también sufrían. Los villistas quitaban el maíz y otros alimentos a los pueblos de la sierra; aumentó la violación porque, al trasladarse, fue necesario abandonar a las soldaderas.[22]

A fines del verano de 1915 el ánimo de los villistas estaba agrietado. Un

---

[17] *Ibid.*, 10 de julio de 1915, SD 812.00/15407; del gobernador Siurob a Carranza, 16 de septiembre de 1915, AJD, r. 1; Obregón, *Ocho mil kilómetros*, pp. 417-427 (minimiza la importancia militar de la expedición de Fierro).

[18] Hanna, Monterrey, 27 de mayo; Letcher, Chihuahua, 29 de septiembre de 1915, SD 812.00/15078; 16449. En este caso, parecía que los villistas, más que la chusma, eran los culpables.

[19] Coen, Durango, 8 de julio de 1915, SD 812.00/15462.

[20] De D. Barrows a B. Wheeler, 25 de julio; Letcher, Chihuahua, 3 de agosto y 24 de septiembre; Cobb, El Paso, 2 de octubre de 1915; SD 812.00/15598; 15702, 16449; 16353.

[21] Cobb, El Paso, 21 de septiembre de 1915, SD 812.00/16254.

[22] Alberto Calzadíaz Barrera, *El fin de la División del Norte*, México, 1965, pp. 147-149. Un observador comentó que, por falta de soldaderas, "se produjeron incidentes... que no es necesario detallar" (O'Hea, Gómez Palacio, 11 de enero de 1917, FO 371/2959, 41521).

cirujano estadunidense que estuvo muy ocupado durante dos meses en Chihuahua, se fue al terminar agosto creyendo que el ejército de Villa estaba "prácticamente vencido".[23] En Durango (julio), los villistas estaban "desconcertados y desmoralizados"; en Torreón (agosto) había "mucho descontento en las filas"; en Ciudad Juárez (septiembre), "las tropas villistas [estaban] andrajosas, piojosas y desmoralizadas; los oficiales decían que la situación era desesperada y que no querían seguir luchando".[24] Los informes eran ciertos, pero también engañosos. No estaban viendo —como creían— un villismo desahuciado, pero sí una transición catártica de un estado convencional a la guerrilla; transición caótica y dolorosa, que significaba desprenderse de los hábitos de orden y disciplina que habían adquirido para volver a las viejas prácticas. Demostraba, una vez más, que el villismo carecía de los lazos institucionales y la dirección central que mantuvieron unido al carrancismo en el momento de crisis. Pero pasada la transición, el nuevo villismo —mejor dicho el villismo *redivivus*— renació e incluso floreció. Hubo una muestra de eso en octubre de 1915, cuando, entre la abundancia de informes sobre el colapso militar de Villa, se advirtió que sus fuerzas se desintegraban, en efecto, "pero no tan rápido como deberían".[25]

Lo que es más, Villa aún estaba lleno de belicosidad. Mientras sus puestos de avanzada al sur y al este se rendían en medio de la confusión y el pillaje (Monterrey, Saltillo, Torreón, Parras, San Pedro), él preparaba confiado una contraofensiva al oeste. Por segunda vez, un caudillo chihuahuense derrotado en batalla convencional, era una amenaza para Sonora. En octubre, en Ciudad Juárez, Villa habló con sinceridad y entusiasmo de su plan; advirtió que aun cuando el gobierno de los Estados Unidos reconociera a Carranza, "la revolución no había terminado y que lucharía hasta morir".[26] Planeaba cruzar la Sierra Madre, unirse a las tropas de Maytorena y atacar Agua Prieta (no hizo caso a las objeciones de los estadunidenses: "Calles atacó Nogales —dijo—, y sólo Dios todopoderoso impedirá que yo ataque Agua Prieta"); después, las fuerzas villistas se dirigirían a la costa oeste, tomarían Guadalajara y por fin —con mucho optimismo— entrarían en la Ciudad de México, donde podrían renovar la alianza con los zapatistas. Entre tanto, las tropas villistas de Durango, al mando de Banderas y Pereyra, ejecutarían un movimiento similar en el oeste para entrar en Sinaloa.[27]

El ejército de Villa, unos 13 000 hombres, se encaminó en octubre a las montañas. Pero encontró —como los orozquistas en 1912— que invadir Sonora era tarea dura. Las tropas de Maytorena estaban desorganizadas; quien

[23] Informe de la frontera, Marfa, 21 de agosto de 1915, SD 812.00/16054.
[24] *Ibid.*, Coen, Durango, 16 de julio; Cobb, El Paso, 7 de septiembre de 1915; SD 812.00/15464, 16071.
[25] Cobb, El Paso, 16 de octubre de 1915, SD 812.00/16503.
[26] Obregón, *Ocho mil kilómetros*, pp. 436-438 y 442-425; Carothers, Juárez, 9 de octubre de 1915, SD 812.00/16441.
[27] Letcher, Chihuahua, 7 de octubre de 1915, SD 812.00/16524.

en ese momento era el poder verdadero en el estado, el "taciturno indio" Urbalejo, se negó a apoyarlo hasta que fue demasiado tarde.[28] Aunque inferiores en número, los carrancistas estaban bien ubicados: las victorias de Obregón los habían "llenado de aliento"; Calles había preparado cuidadosamente las defensas morales y materiales contra Villa (fortificado en Agua Prieta, prometió amnistía a los enemigos y convocó a los sonorenses para que resistieran a los invasores). Como en otro tiempo, ése fue un llamado eficaz: así como no habían querido a Pascual Orozco, los sonorenses no querían a Pancho Villa en su estado.[29] Se trajeron refuerzos desde el sur por mar, y por tren a través de los Estados Unidos, después de que el gobierno de este país reconoció a Carranza.[30] Agua Prieta tenía ahora una guarnición de unos 3 700 hombres, bien provistos con artillería, ametralladoras y municiones; era difícil penetrarla desde el lado mexicano, "porque tenía muy buenas trincheras y obstáculos hechos con alambres de púas".[31] Calles tomó además la precaución de limpiar el campo entre Bavispe y Agua Prieta, para que los villistas no tuvieran qué comer durante el cerco.

Sin saber que los refuerzos carrancistas habían llegado a Agua Prieta a través de la frontera —ignorando incluso que los Estados Unidos habían reconocido a Carranza—, los villistas atacaron el 1° de noviembre pensando que la tomarían en una hora. Resultado predecible fue una derrota costosa, porque después de las batallas del Bajío y la marcha agotadora a través de la sierra habían quedado "aturdidos" y sin ánimo para intentar otro ataque.[32] La deserción se generalizó; cuando regresaban a Chihuahua, Villa perdió entre 2 000 y 3 000 soldados. Entonces, los villistas supieron que los Estados Unidos habían reconocido a Carranza (es probable que Villa ya lo supiera), lo que contribuyó a su desaliento. Villa no abandonó en seguida sus planes para la costa oeste; se dirigió al sur para tomar Hermosillo —donde poco antes habían llegado los refuerzos de Diéguez— y lanzó un "ataque vigoroso, decidido, según el viejo estilo de Villa", pero fue rechazado; la artillería y las ametralladoras de los carrancistas le causaron grandes pérdidas. Mientras los villistas retrocedían hacia el este, los carrancistas que avanzaban los atacaron dos veces más.[33] También se limó la segunda punta de la ofensiva occidental. Los carrancistas lograron grandes triunfos en El Fuerte y Jaguara; apresaron

[28] "No muy dado a hablar", el inescrutable yaqui siguió inescrutable, y "nadie tuvo el valor de mencionarle el asunto" (informe de la frontera, 16 de octubre de 1915, SD 812.00/16600). Maytorena le aconsejó no cooperar (Katz, *Secret War*, p. 284).

[29] De J. Ryan a H. L. Scott, 31 de mayo de 1915, Documentos Scott, caja 18; informe de la frontera, Douglas, 2 y 23 de octubre de 1915, SD 812.00/16457, 16667.

[30] Clendenen, *United States and Pancho Villa*, p. 209.

[31] Informe de la frontera, Douglas, 16 de octubre de 1915, SD 812.00/16600.

[32] Los villistas tuvieron 300 bajas: Cobb, El Paso, 9 y 11 de noviembre de 1915, SD 812.00/16749, 16771.

[33] Cobb, El Paso, 11 de noviembre; Carothers, Douglas, 11 de noviembre de 1915; SD 812.00/16771; 16749; Clendenen, *United States and Pancho Villa*, p. 214; Obregón, *Ocho mil kilómetros*, pp. 460-462.

y fusilaron a Orestes Pereyra; Banderas y el jefe mayo Bachomo se rindieron.[34] Fracasada la estrategia de la costa oeste, Villa regresó a Chihuahua. En el camino menguaron más sus tropas; algunas que se dirigieron a la frontera, se dedicaron al pillaje en su camino; Villa abandonó su artillería en Suaqui, al oeste de la sierra, y condujo los restos de su ejército por las veredas nevadas, que transitaban sólo los arrieros, en lo más frío del invierno.[35]

La abortada campaña de Sonora aceleró el cambio de las tropas villistas de ejército convencional a un cúmulo de guerrillas que emprendieron campañas locales irregulares; el cambio más notable fue cuantitativo. Cuando las batallas del Bajío estuvieron en su punto álgido, Villa tuvo a su mando más de 30 000 hombres, los que representaban, en el mejor de los casos, la mitad de toda la fuerza villista.[36] Algo más de 10 000 habían participado en la campaña de Sonora —el grupo medular de veteranos disciplinados y leales que aún recibían paga—.[37] Pero el resto de la División del Norte se deshacía. Después de retroceder en el Bajío, las deserciones fueron constantes.[38] Miles de villistas fueron dados de baja en Ciudad Juárez entre fines de 1915 y principios de 1916; los carrancistas abrieron oficinas de reclutamiento para sus enemigos, quienes cambiaban de uniforme o recibían dinero para comprar un boleto y regresar a su tierra. A fines de febrero de 1915 se habían desmovilizado 8 000 villistas.[39] Puesto que muchos, sin otro medio de subsistencia, se habían unido a los carrancistas, en las campañas que siguieron se enfrentaron a sus antiguos compañeros.[40] Un arreglo similar (ex maderistas combatieron a orozquistas) había dado buenos resultados en 1912; el oportunismo y la fatiga de guerra no hacían de esos reclutas un gran activo militar, pero ésa era una manera de asegurar que el villismo no resurgiría en gran escala.

Es más sencillo seguir las huellas de los jefes villistas que las de la gran masa anónima de sus soldados.[41] Algunos volvieron a su tierra exhibiendo el encono típico de los rebeldes populares. Doscientos hombres de Calixto Contreras que habían desertado del villismo mataron al administrador de la hacienda Las Huertas, ubicada al sureste de Durango; Contreras (a quien Villa recriminó sus errores en la batalla de León) se dirigió a Cuencamé, donde

[34] Obregón, *Ocho mil kilómetros*, pp. 463-464 y 481-483. También fue derrotado Buelna, quien mandaba a los villistas de Sinaloa.

[35] Clendenen, *United States and Pancho Villa*, p. 214; Calzadíaz Barrera, *El fin de la División del Norte*, pp. 163 y 167-169.

[36] Cobb, El Paso, 8 de agosto de 1914, SD 812.00/12914, calculaba que había 50 000 tropas villistas entre Ciudad Juárez y Aguascalientes; por lo que se cuenta de las batallas del Bajío, ese número aumentó en 1915.

[37] Cobb, El Paso, 30 de septiembre; Letcher, Chihuahua, 29 de septiembre; Edwards, El Paso, 24 de octubre de 1915; SD 812.00/16334; 16449; 16583; éstos cuentan 10 000, 11 000 y 9 000.

[38] Informe de la frontera, Marfa, 21 de agosto; Carothers, Douglas, 25 de octubre de 1915; SD 812.00/16054; 16588.

[39] Edwards, Juárez, 9 de enero de 1916, SD 812.00/17073; Obregón, *Ocho mil kilómetros*, p. 475.

[40] Rivera Marrufo, entrevista, PHO 1/63, p. 19.

[41] Aunque, podemos suponer, en muchos casos la gente seguía al jefe.

reanudó su vida de guerrillero.[42] Tiburcio Cuevas, veterano de 1910, se dedicó a operar de manera independiente en la sierra de Durango, donde se convirtió en "famoso bandido"; en 1917 planeó secuestrar al vicecónsul francés en el camino de Durango a Mazatlán, pero los carrancistas lo alcanzaron más tarde ese mismo año y lo mataron.[43] Otro veterano maderista aliado a numerosas facciones, Miguel Canales, desertó en Aguascalientes, volvió con 500 hombres a la hacienda San Juan de Michis (Dgo.) y se dedicó a saquearla; un destacamento villista más pequeño se aposentó en la hacienda Guichapa, en el mismo estado.[44] Mientras se derrumbaba la *Pax* villista, las minas de Chihuahua reanudaron su contacto con el bandolerismo; los observadores informaron que habían "aparecido bandas sin ley que no reconocían ninguna facción".[45] La gran coalición villista que se había formado apresuradamente para luchar contra Huerta, se fragmentó con la misma rapidez en sus partes componentes, muchas de las cuales volvieron a la guerrilla y al bandolerismo que las habían caracterizado en las primeras etapas de la Revolución.

Muchos cabecillas, alentados por la amnistía, escogieron unirse a Carranza en vez de conservar una independencia peligrosa.[46] Después de dudar todo el verano, Pánfilo Natera aceptó la oferta, pero sus oficiales Bañuelos y Domínguez prefirieron seguir en la lucha. Después de la deserción de Natera, empezaron a tomarse rehenes en Durango, señal de la incertidumbre del momento.[47] Algunas guarniciones actuaron de manera independiente, acomodándose a las circunstancias, negociando a veces con el enemigo a despecho de sus oficiales. La guarnición villista de La Paz se rebeló contra su jefe a fines de mayo; hacia agosto, la gangrena se había extendido al corazón del territorio villista en Chihuahua, lo que provocó ansiedad en la frontera. Palomas, por ejemplo, "se había vuelto contra Villa", quien acusaba de esto a los "huertistas", pero se colegía que el jefe de Palomas "no estaba con Villa o con Carranza [sino con] Gutiérrez".[48] A más de incierta, esa situación era peligrosa, sobre todo porque estaba en juego un premio mayor como Ciudad Juárez, cuyo jefe villista, Tomás Ornelas, regateó durante semanas con los carrancistas antes de cambiar de bando; para entonces, Villa, quien había adivinado sus intenciones, envió al general Medina Veitia con órdenes de ejecu-

[42] Coen, Durango, 13 de julio de 1915, SD 812.00/15507.
[43] *Ibid.*, 6 de marzo de 1917, SD 812.00/20638; Caldwell, Zacatecas, 8 de enero de 1917, FO 371/2959, 41521; Pazuengo, *Historia*, confirma la veteranía de Cuevas.
[44] Coen, Durango, 17 de julio de 1915 y 22 de enero de 1916, SD 812.00/15557, 17205.
[45] Letcher, Chihuahua, 9 de septiembre de 1915, SD 812.00/16164; más adelante me referiré al bandolerismo.
[46] Los alentó a ello la amnistía que ofreció Obregón después de Celaya (Canada, Veracruz, 15 de julio de 1915, SD 812.00/15577, quien cita el texto de *El Pueblo*).
[47] Obregón, *Ocho mil kilómetros*, p. 431; Calzadíaz Barrera, *El fin de la División del Norte*, p. 61; Coen, Durango, 17 de agosto de 1915, SD 812.00/15928. Después de la deserción de Natera, la banda villista secuestró a su familia; y los Arrieta a la esposa de Orestes Pereyra.
[48] Almirante Howard, USS Colorado, 30 de junio de 1915; Cobb, El Paso, 2 de agosto de 1915; SD 812.00/15653; 15618; Cobb, 4 de agosto de 1915 en Documentos Scott, caja 19.

tarlo, pero él lo puso sobre aviso y Ornelas huyó a El Paso.[49] La caída de Juárez se pospuso hasta diciembre, mes en que Fidel Ávila, Joaquín Terrazas y algunas guarniciones locales negociaron la rendición.[50] En cuanto a Ornelas, su ejecución sólo se demoró; cuando regresaba a México para acogerse a la amnistía, a principios de 1916, villistas vengativos lo atraparon y le dieron muerte.[51]

Otros villistas de menor valía también pagaron con su vida el intento de abandonar la coalición moribunda,[52] pero la víctima más famosa fue Tomás Urbina, viejo compadre de Villa y veterano cabecilla de Durango. Después de su fracaso en El Ébano —que provocó la ira de Villa—, Urbina decidió dejar la Revolución y retirarse a su hacienda recién adquirida, quizá con el botín que había tomado en el saqueo de Durango en 1913. Ésa era aspiración típica de un bandido-rebelde serrano (que Villa entendía muy bien y satisfizo después), pero Villa no podía tolerar, ante la rápida avanzada carrancista, el retiro prematuro, unilateral, de uno de sus lugartenientes principales; de modo que, a pesar de que tenía muchas y graves preocupaciones, dio prioridad al asunto. Cuando Urbina no acató órdenes de dirigirse al sur, Villa envió 800 hombres a perseguirlo en Nieves: lo atraparon y metieron en un tren que iba a Parral; en el camino, como era usual en esos casos, lo sacaron del tren sin ceremonias y lo mataron, siendo Fierro probablemente el asesino.[53] La prensa villista informó de esa muerte —que rompía con uno de los lazos personales más importantes dentro de la coalición villista— con descarada santurronería. No la presentó como muestra de desintegración interna del movimiento ni como ruptura violenta de una relación antigua y estrecha, sino como "una prueba más de que Villa era amante del orden".[54]

Año de gran mortandad fue 1915. Quienes escapaban de morir en el campo de batalla o en contiendas facciosas, corrían el riesgo de ser ejecutados por sus compañeros de otro tiempo —o por sus enemigos de otro tiempo—, quienes no siempre hacían el honor a las garantías ofrecidas en la amnistía.[55] Enfrentados a esos peligros, muchos villistas destacados tuvieron el tino de planear su retiro a los Estados Unidos. En especial los villistas decentes (civiles maderistas y ex federales) prefirieron el exilio a rendirse de manera ig-

[49] Cobb, El Paso, 3 de septiembre; 14 y 16 de octubre de 1915, SD 812.00/16029, 16473, 16503.
[50] Obregón, *Ocho mil kilómetros*, pp. 472-473.
[51] Cobb, El Paso, 1º de febrero; Letcher, Chihuahua, 9 de febrero de 1916; SD 812.00/17190; 17268; *El Demócrata*, 10 de febrero de 1916.
[52] Calzadíaz Barrera, *El fin de la División del Norte*, pp. 58 y 188.
[53] *Ibid.*, pp. 66-70 (acusa a Fierro de ser ejecutor de Urbina); cf. Carothers, 10 de septiembre; Letcher, 9 y 15 de septiembre; Cobb, 15 de septiembre de 1915, SD 812.00/16100; 16164, 16270; 16183.
[54] Letcher, Chihuahua, 15 de septiembre de 1915, SD 812.00/16270, cita *La Nueva Era*, 14 de septiembre de 1915.
[55] Informe de la frontera, Douglas, 26 de febrero de 1916, SD 812.00/17358 (sobre la ejecución de los prisioneros villistas amnistiados, la cual tuvo lugar camino a las Islas Marías; la inclusión de Urbalejo es un error).

nominiosa (y tal vez peligrosa) o emprender una larga resistencia guerrillera. Ángeles y Juan Medina cruzaron la frontera; también lo hicieron Robles, Raúl Madero y los hermanos Pérez Rul, secretario privado de Villa uno y cajero el otro.[56] Lázaro de la Garza se fue, quizá con buena cantidad de dólares.[57] Otros aliados del norte emprendieron también el camino incierto del destierro: Cabral, Buelna, Maytorena. Los más prudentes esperaron su oportunidad, juraron abstenerse de participar en política y se les permitió volver. A fines de 1916 regresó a la capital Luis Aguirre Benavides, otrora secretario de confianza de Villa, para dedicarse a los negocios; Cabral esperó seis años antes de reiniciar una carrera militar, política y diplomática distinguida; Maytorena regresó a Sonora, donde pasó el último decenio de su vida, después de permanecer en Los Ángeles durante 23 años.[58] Por lo menos él se las ingenió, como siempre, para sobrevivir. Muchos exiliados villistas no pudieron olvidar el gusto por el poder, que habían saboreado tan poco tiempo, ni resistir la atracción de la política revolucionaria. Mezclados en los pueblos de la frontera con ex federales, ex orozquistas, ex huertistas y otros descontentos, soñaban y planeaban la revancha, alentados por los fracasos y la impopularidad del régimen carrancista; para algunos que volvieron a la contienda —como Robles y Ángeles— las consecuencias fueron fatales.

Los pueblos fronterizos acogieron a la oposición latente —en esencia articulada y respetable, compuesta en su mayor parte por ex villistas—, pero preparada para asumir la cruzada contra el carrancismo con etiquetas diferentes. En México sobrevivió una oposición más plebeya, que no tenía intenciones de exiliarse ni someterse al carrancismo, y cuyos cabecillas siguieron en operaciones guerrilleras, esperando con optimismo que algo se presentara. El "general" villista Leocadio Parra, por ejemplo, condujo su ejército de 2 000 hombres hambrientos desde Durango hasta las montañas de Jalisco, donde planeaba detener y hostilizar a los carrancistas; no confiaba en la amnistía, creyendo que con "un pretexto u otro" lo matarían. Siguieron, pues, en la lucha, con la esperanza "de que quizá las cosas cambiarían con el tiempo, pudieran salir y los recibieran algunos que no fueran enemigos tan recientes o unirse a un grupo 'opositor' que tuviera alguna esperanza de éxito —porque, como estaban las cosas, no tenían fe alguna en las promesas de los carrancistas—".[59]

Muchos jefes rebeldes pensaban como Parra; sabían que no tenían ya capacidad para hacer campañas convencionales, pero rendirse era vergonzoso y arriesgado. Aun si llegaban a un acuerdo, como hicieron muchos, ése no era siempre el final de la historia. Parra se rindió, pero fue ejecutado des-

---

[56] Cobb, El Paso, 11 de septiembre de 1915, SD 812.00/16123; Calzadíaz Barrera, *El fin de la División del Norte*, pp. 186 y 195.
[57] Calzadíaz Barrera, *El fin de la División del Norte*, pp. 57 y 59; Katz, *Secret War*, p. 594, n. 69.
[58] Letcher, Chihuahua, 17 de octubre de 1916, SD 812.00/19596; Almada, *Diccionario sonorense*, pp. 125 y 460-461.
[59] Davis, Guadalajara, 4 de noviembre de 1915, SD 812.00/16835.

pués por participar en una conjura.⁶⁰ En el otoño de 1915, el veterano villista Rosalío Hernández se retiró a su rancho de las montañas, al oeste de Santa Rosalía, pero volvió a la lucha al año siguiente.⁶¹ Otro veterano de Chihuahua, Julio Acosta, se rindió a los carrancistas, pero se rebeló nuevamente y se embarcó en un pandemónium que duró tres años.⁶² En realidad, las rendiciones y componendas eran a veces carnada para las tropas carrancistas; en el verano de 1916, el jefe de la guarnición de Jiménez murió al caer en una de esas trampas (naturalmente, los carrancistas usaban trucos parecidos).⁶³ Aun los acuerdos generosos no podían exorcizar el viejo demonio de la rebelión. Hilario Rodríguez, capitán villista con base en la conflictiva plaza de San Juan Guadalupe, recibió amnistía junto con sus 600 hombres. Se les encargó vigilar "una extensa zona entre Torreón y Zacatecas"; el comisario carrancista hacía todo lo posible por pagar a Rodríguez a tiempo. Pero como en la época de Madero, cuando se intentaron arreglos semejantes (con Calixto Contreras, por ejemplo), éstos no duraron. Poco tiempo después Rodríguez volvió a la rebelión, pregonando la causa villista, y aliado con Medina Veitia, antiguo lugarteniente de Villa.⁶⁴

Este fenómeno hizo posible la curiosa muerte y resurrección del villismo en 1915. En el verano, los observadores anunciaron confiados el deceso del movimiento (como habían anunciado un año antes el de Carranza). Un minero estadunidense en Guadalajara creía que "los villistas eran cosa del pasado"; a principios de 1916, un general carrancista afirmaba que "el problema militar lo tenemos casi resuelto".⁶⁵ Ninguno tenía razón. El villismo cambió, pero no murió; la decisión de su jefe de fragmentar lo que quedaba de sus tropas, abandonar a las soldaderas e "irse a la sierra a vivir como un bandido", no significaba rendirse sino comprometerse a luchar de un modo que le era familiar y, potencialmente, más eficaz.⁶⁶ De ahí que, a principios de 1916, las tropas villistas fragmentadas tomaran un "segundo aire". Los antiguos distritos rebeldes del oeste de Chihuahua y norte de Durango, donde Villa había sido bandolero y de donde "habían salido [sus] partidarios más fieles", estaban infestados por la guerrilla villista. Reapareció el patrón de 1910-1911 y 1913-1914: el gobierno controlaba los pueblos, los rebeldes el campo.⁶⁷

El "segundo aire" villista puede llamarse también su "segunda infancia",

---

⁶⁰ *El Demócrata*, 3 de febrero de 1916; Taracena, *Verdadera revolución*, V, p. 201.

⁶¹ Letcher, Chihuahua, 7 de octubre de 1915; Cobb, El Paso, 7 de enero; Blocker, Piedras Negras, 23 de marzo de 1916; SD 812.00/16524; 17061; 17650.

⁶² Letcher, Chihuahua, 9 de febrero de 1916, SD 812.00/17268; Almada, *Diccionario chihuahuense*, p. 9.

⁶³ O'Hea, Gómez Palacio, 11 de julio de 1916, SD 812.00/18811. Recuérdese cómo murió Zapata.

⁶⁴ Informe de O'Hea en Cobb, 16 de enero de 1918, SD 812.00/20410.

⁶⁵ Davis, Guadalajara, 26 de septiembre de 1915, SD 812.00/16537; de A. Medina a Carranza, 1º de marzo de 1916, AVC.

⁶⁶ Entrevista de Rivera Marrufo, PHO, 1/63, p. 15.

⁶⁷ Letcher, Chihuahua, 9 de febrero de 1916, SD 812.00/17268.

porque con la derrota, el movimiento volvió a sus orígenes. El villismo comenzó y terminó como movimiento popular y local, arraigado a la sierra, encabezado por jefes plebeyos y demostrando que tenía bastante consistencia y nervio. Quedó demostrado que la prodigiosa expansión y la sofisticación de 1914 fueron efímeras, superficiales y atípicas. El carro se había detenido, los pasajeros podían descender (no podía acusárseles de inconsistencia porque muchos no habían querido subir a él). En todo el país, los rebeldes locales que por táctica habían aceptado el rótulo villista (Carrera Torres, los Cedillo, Peláez, un puñado de chiapanecos y una multitud de michoacanos) podían luchar ahora con independencia y desechar la etiqueta villista.[68] Más cerca del núcleo original, los rebeldes de La Laguna, como Contreras —los "villistas" más genuinos—, tomaron su propio camino; en el centro del territorio villista, los villistas respetables (como Ángeles, Medina, Chao, Robles, Raúl Madero, Díaz Lombardo, Escudero y otros) desertaron en bandada convencidos de que Villa no servía ya como el "instrumento" que buscaban para derrotar a Carranza y moldear el futuro político del país. De hecho, algunos habían llegado a esa conclusión antes de la derrota militar. En junio, "uno de los mejores individuos" del movimiento habló de su "repugnancia por los excesos y errores de los funcionarios villistas"; en julio se reconoció que Díaz Lombardo, Ángeles y "otros de los mejores hombres de Villa no tienen, en las circunstancias actuales, ningún poder o influencia y que Villa no entra en razón".[69] Acentuaron esa desilusión otras derrotas y su "comportamiento caprichoso" durante la campaña en Sonora.[70]

Naturalmente, con la derrota Villa perdió su único derecho al capital político. No cabía en el lugar del caudillo nacional dócil, que los villistas decentes querían, un guerrillero colérico, derrotado, reumático; se dieron cuenta de que eran víctimas del mal genio de Villa y de la intransigencia de Carranza (la amnistía era sólo para los soldados) y no veían atractivos en la vida de guerrillero. Villa presenció, pues, una *trahison des clercs* en gran escala: sus consejeros, administradores y oradores abandonaron el movimiento para multiplicar la comunidad de emigrados en los Estados Unidos.[71] Su pronta separación mostró el carácter esencial del villismo y actuó como causa y efecto del embrutecimiento aparente de Villa. No les gustó la dirección que había tomado el movimiento, aun desde antes de las grandes derrotas de 1915, no porque se orientara a un igualitarismo más radical,[72] sino porque amenaza-

[68] Véanse pp. 287, 366 y 385.
[69] Cobb, El Paso, 30 de junio y 26 de julio de 1915, SD 812.00/15339, 15545.
[70] Informe de la frontera, Fort Bliss, 12 de diciembre de 1915, SD 812.00/16979.
[71] Carothers, El Paso, 1º de septiembre de 1915, SD 812.00/15997 (acerca del mal humor y la desconfianza de Villa hacia los "mejores elementos" como Ángeles, Llorente y Díaz Lombardo).
[72] *Cf.* Katz (*Secret War*, p. 284) exagera quizá el nuevo radicalismo de Villa y subraya demasiado la incapacidad de "conservadores" como Ángeles y Maytorena para tolerarlo; aparecen en la historia de la Revolución numerosos individuos que (como Carranza) toleraban cierto grado de radicalismo (retórico con frecuencia) —*faute de mieux* o porque de esa manera podían controlarlo mejor—. ¿Acaso Ángeles no había persuadido a los zapatistas para que fueran a Aguas-

ba con un régimen duro, arbitrario, personal; la separación eliminó el único control a su ímpetu. En agosto de 1915 Carothers informó que "los ministros y diplomáticos de Villa están, salvo de nombre, prácticamente desplazados, y Villa maneja todo según su criterio".[73] En el otoño, incluso esa simulación había desaparecido; la mayoría de los villistas respetables se habían retirado (Federico González Garza, quien aún no lo hacía, examinaba la historia de la Revolución francesa para ver en qué se habían equivocado), y gobernó el populismo serrano.[74]

Villa se encontró ahora rodeado —y probablemente más a gusto— de hombres como él, "criminales" como se les decía; la mayor parte provenía del antiguo territorio rebelde al oeste de Chihuahua.[75] Aunque casi todos eran veteranos de 1910, eran también cabecillas de segundo orden, porque la muerte y la deserción habían dejado a Villa sin sus lugartenientes principales. Fierro había matado a Urbina, y él se ahogó en arenas movedizas en el camino a Sonora; otros, como Agustín Estrada, oriundo del distrito rebelde de Guerrero, habían muerto en el holocausto de Celaya.[76] El liderazgo cambió de manos: la brigada de Estrada se dividió entre Cruz Domínguez (cuyos veteranos serranos habían realizado una acción de retaguardia contra los carrancistas que avanzaban desde el norte de La Laguna) y los hermanos López, Pablo y Martín (de Satevo, pueblo villista leal), quienes desempeñarían un papel muy importante en los últimos años del villismo.[77] A fines de 1915, Julio Acosta, ex arriero y veterano también de Guerrero, tenía aún en ese distrito 1 500 hombres a su mando; todos sus oficiales eran del lugar y sus tropas fueron uno de los más grandes obstáculos para que los carrancistas controlaran el estado.[78] Mediante un trato, una vez más, Acosta se rindió, pero al año siguiente volvió a la lucha a la cabeza de un grupo guerrillero en la región de San Andrés, foco de las rebeliones de 1910 y 1913, escenario de las hazañas de Villa como bandolero, territorio ahora "infestado de villistas".[79] De esa región obtuvo Villa sus municiones —de reservas escondidas en mejores tiempos— y también reclutas para su expedición a Sonora y la incursión a Columbus, Nuevo México.[80] Acosta andaba todavía por los cerros en los al-

calientes y se había radicalizado así la Convención? Entonces, como en 1915, la ideología venía después del pragmatismo.

[73] Carothers, El Paso, 3 de agosto de 1915, SD 812.00/15626. Carothers había simpatizado con Villa, y hasta cierto punto simpatizaba aún, de modo que esos informes deben tener peso.

[74] *Ibid.*, 16 de octubre de 1915, SD 812.00/16502; Katz, *Secret War,* p. 286.

[75] Cobb, El Paso, 11 de septiembre de 1915, SD 812.00/16123.

[76] Calzadíaz Barrera, *El fin de la División del Norte,* pp. 89-92 (sobre la muerte de Fierro); sobre Estrada Márquez, su entrevista en PHO, 1/112, p. 12.

[77] Calzadíaz Barrera, *El fin de la División del Norte,* pp. 173 y 182-183; Rivera Marrufo, entrevista, PHO, 1/63, pp. 13 y 24; Taracena, *Verdadera revolución,* IV, p. 172; véanse pp. 581-607.

[78] Cobb, El Paso, 15 de noviembre de 1915, SD 812.00/16790; Estrada Márquez, entrevista, PHO 1/121, pp. 12-13.

[79] Letcher, Chihuahua, 9 de febrero de 1916, SD 812.00/17268.

[80] Calzadíaz Barrera, *El fin de la División del Norte,* pp. 86, 152, 167 y 183 (señala la impor-

rededores de Ciudad Guerrero cuando Pershing entró a México persiguiendo a Villa en 1916; al finalizar el año hizo equipo con Villa, entró a Guerrero, reclutó por la fuerza a unos sorprendidos peones y dejó en "ruinas todos los lugares a los que guardaba rencor".[81] En otras palabras, se comportaba como lo habían hecho los rebeldes serranos a lo largo de la Revolución: operando localmente, reclutando gente del lugar (por la fuerza ahora) y satisfaciendo sus rencores. La diferencia básica entre 1910-1911 y 1915-1916 no era tanto la forma de operar cuanto la opinión general; después de cinco años de guerra, la guerrilla recibía menos apoyo y a veces se le enfrentaba abiertamente.[82]

Ocurría lo mismo con los hermanos García en Sahuaripa, cruzando las montañas en Sonora. Habían hecho campaña como aliados de Orozco en 1910, pero no tenían intención de dejar su localidad para buscar botín y prestigio lejos de ella; luchaban para tener el control de su patria chica, para resistir las incursiones y para resolver conflictos privados (optaron por Villa-Maytorena cuando su enemigo Jesús Hurtado se decidió por Carranza).[83] A pesar del triunfo nacional de Carranza, los García se mantuvieron firmes y continuaron sus operaciones mucho después de la derrota de Villa y del exilio de Maytorena. A principios de 1916, Alberto García condujo 200 hombres cerca de Sahuaripa, "la mayoría de los cuales vivían en ese distrito y cuando se les perseguía... huían a sus casas"; Sahuaripa también dio ayuda y apoyo a los villistas en su expedición a Sonora y al regreso de ella.[84] Alberto se rindió a fines de 1916, pero su hermano Rosario siguió adelante —tachado ya de "bandido"— y dio a los carrancistas suficientes problemas como para hacer una campaña contra su reducto de Sahuaripa en el verano de ese año.[85] Probablemente no tuvieron éxito, porque en el invierno Rosario seguía en libertad, aliado con Francisco Reina, serrano como él y veterano de 1910, quien siguió en la lucha por lo menos hasta 1917.[86]

Otra muestra de la sobrevivencia de esos veteranos en la etapa última, gris, de la revolución norteña, es el caso de los orozquistas. En 1910 se habían unido a Orozco en contra de Madero, lo que los llevó a consumar su peculiar alianza con Huerta y a una lucha amarga, fratricida, con los maderistas (después villistas); pero la gente de Orozco y Villa provenía de la misma región,

---

tancia constante de los serranos en esas campañas); véase también Rivera Marrufo, entrevista, PHO, 1/63, pp. 11 y 33.

[81] Pershing, 14 de abril; dr. W. Strell, Ciudad Guerrero, 30 de octubre de 1916, SD 812.00/18072, 19972.

[82] Estrada Márquez, entrevistas, PHO, 1/121, pp. 30-32; véanse pp. 697-704.

[83] Informe de la frontera, Douglas, 4 de marzo de 1916, SD 812.00/17513; y véase p. 332.

[84] Informe de la frontera, Douglas, 29 de enero de 1916, SD 812.00/17239; Calzadíaz Barrera, *El fin de la División del Norte*, pp. 93 y 163.

[85] *El Demócrata*, 2 de febrero de 1916; informe de la frontera, Douglas, 29 de junio de 1916, SD 812.00/18899.

[86] Informe de la frontera, Nogales, 21 de octubre y 23 de diciembre de 1916; Chapman, Nogales, 17 de febrero de 1917; SD 812.00/19706, 20235; 20557.

tenía las mismas actitudes y era el mismo tipo de rebelde popular. Siempre hubo cierta movilidad entre los dos grupos, sobre todo en las bases, y era natural —aunque difícil, dada la "lógica de la Revolución"— que gradualmente dejaran a un lado sus diferencias, sobre todo cuando enfrentaban una invasión carrancista en su común patria chica. José Inés Salazar, por ejemplo, siguió la trayectoria orozquista de 1910 a 1914; a la caída de Huerta huyó a los Estados Unidos, lo encarcelaron, pero huyó; en 1915 regresó a México para luchar en San Luis Potosí al lado de los Cedillo.[87] Una vez más fue apresado y recluido —con algo de imprudencia— en una cárcel de la ciudad de Chihuahua. Cuando los villistas atacaron la ciudad en septiembre de 1916, liberaron a Salazar y a otros ex orozquistas, entre ellos Silvestre Quevedo.[88] Semanas después se informó que Salazar —hombre de dura estirpe serrana, pero con algo de educación y conectado con el PLM— "tenía mucho control sobre Villa".[89] Hay que ver esto con escepticismo; los observadores estaban ansiosos por descubrir, una vez más, las eminencias grises tras de Villa, en especial cuando mejoraba la suerte del villismo. Pero sin duda, a pesar de sus diferencias entre 1912 y 1914 (Salazar había luchado contra Villa en Tierra Blanca), los dos veteranos colaboraron con éxito en la última etapa de la lucha guerrillera del villismo. En el otoño de 1916 movilizaron 5 000 hombres; Salazar iba con Villa y Acosta cuando entraron en Ciudad Guerrero. En el invierno de 1916-1917, siguiendo el camino que había tomado en 1912, llevó 800 hombres en una incursión por Coahuila.[90] Otros ex orozquistas (Argumedo en La Laguna; Caraveo en Puebla y Oaxaca) también pudieron borrar su asociación con Huerta y unirse con sus compañeros rebeldes en la oposición a Carranza.

La asociación de esos hombres —antiguos aliados unos, nuevos conversos otros— permitió al villismo sobrevivir con asombrosa elasticidad después de 1915. Las predicciones sobre el deceso militar del villismo fueron prematuras; el cambio a la guerrilla se acomodaba a las habilidades de Villa y recreó la escena ya conocida en donde un ejército regular, estático e inepto (el carrancista en esta ocasión), intentaba en vano combatir a la guerrilla móvil y escurridiza que operaba en territorio que le era conocido.[91] En tales condiciones, el villismo era casi invencible. Los ejércitos villistas de buen tamaño (con varios miles de hombres) se reunían para atacar pueblos e incluso

[87] De J. Galusha, a Scott, 12 de abril de 1915, Documentos Scott, caja 180; Bevan, Tampico, 18 de noviembre de 1915, SD 812.00/16857; véase también Ralph H. Vigil, "Revolution and Confusion: The Peculiar Case of José Inés Salazar", *New Mexico Historical Review*, LII (1978), pp. 145-170.

[88] Edwards, Juárez, 18 de septiembre; Cobb, El Paso, 19 de septiembre de 1916; SD 812.00/19212; 19225; Almada, *Diccionario chihuahuense*, pp. 437 y 476-477.

[89] Carothers, El Paso, 27 de octubre de 1916, SD 812.00/19669.

[90] *Ibid.*, dr. W. Stell, Ciudad Guerrero, 30 de octubre; Blocker, Piedras Negras, 13 de noviembre de 1916; SD 812.00/19972; 19852; Almada, *Diccionario chihuahuense*, p. 477.

[91] Katz (*Secret War*, p. 309) opina que la práctica guerrillera era nueva para Villa; subestima así tanto su temprana carrera revolucionaria como su pasado de bandolero. Sobre la ineptitud militar carrancista, véanse pp. 430-437, 441, 451, 622 y 639.

ciudades, pero la mayor parte del tiempo los villistas operaban en pequeños grupos escurridizos, dispersos en las montañas de Chihuahua y sus faldas. La dispersión comenzó después de fracasada la campaña de Sonora. Villa no tenía en la sierra más de 100 hombres; Acosta, una pequeña tropa al norte de Guerrero; Pablo López mandaba unos 200 hombres en Santa Isabel; se informó que Miguel Hernández y unos 400 andaban al suroeste de Minaca.[92] Esas fuerzas diseminadas actuaban de manera arbitraria e irresponsable (puesto que no tenían pretensiones de gobernar, no había necesidad de actuar como gobernantes en potencia ante los mexicanos o los extranjeros); eran comunes, pues, los préstamos forzosos, robos, intimidación y leva. La leva villista era nueva, pero pronto se volvió práctica constante, a la que se recurría cuando se necesitaban hombres para realizar operaciones grandes, esporádicas. Villa y Acosta reclutaron por la fuerza en la zona de Guerrero (en Bachíniva amenazaron quemar las casas de quienes se resistieran) y aplicaron en la sierra una cruda ley marcial, fusilando sumariamente a supuestos espías y desertores.[93] Otra vez empezaron a circular historias de atrocidades (quizá con más justificación que antes); sin duda Villa inspiraba respeto y también temor entre la gente de Chihuahua.[94]

Quedaba, sin embargo, el carisma de otro tiempo. Para algunos, Villa no podía hacer mal, aún los trataba bien y desechaban las historias de los abusos de Villa como mentiras o las explicaban como actos legítimos de venganza (tal vez eso eran a veces).[95] Ejemplo de la ambivalencia del villismo tardío, que podía aún provocar admiración aunque también temor y disgusto, fue la breve ocupación de Torreón en diciembre de 1916. Ahí consiguió alrededor de 2 000 hombres mediante una curiosa combinación de "temor y buena voluntad"; en un incidente ilustrativo, "una multitud de pelados estaban reunidos ante el Hotel Francia, esperando poder ver y admirar a Villa. Éste salió pistola en mano, ordenó que arrestaran a todos y escogió los hombres más aptos, a quienes obligó a enlistarse en el ejército".[96] Esos incidentes minaban la popularidad de Villa, pero la política insensata, tanto de Carranza como de los Estados Unidos, vino a su rescate y restauró su prestigio a pesar de los abusos, ya que los atropellos de los carrancistas fueron mayores, y —al principio por lo menos— la expedición punitiva de Pershing, y su invasión a México, levantó una ola de verdadera simpatía por las tribulaciones de los gringos. Ya por "temor o amistad", observó Pershing, el campesinado de Chihuahua apoyaba a Villa; la expedición se enfrentó al principio con "la oposición de toda la gente, que estaba orgullosa de la incursión audaz de Villa y que, para

[92] Cobb, El Paso, 27 de enero; Letcher, Chihuahua, 9 de febrero de 1916, SD 812.00/17164; 17268.
[93] María Isabel Souza, "¿Por qué con Villa?" (INAH, inédito), pp. 12-13; Estrada Márquez, entrevistas, PHO 1/121, p. 35.
[94] De G. Patton a B. Patton, 28 de enero de 1917, Documentos Patton, caja 8 (cuenta que Villa quemó con parafina a una madre y su hijo, supuestos espías; daré más ejemplos).
[95] Márquez Camarena, entrevista, PHO, 1/113, pp. 34-36.
[96] Informe anónimo, Torreón, 3 de enero de 1917, FO 371/2959, 60652.

obstaculizar nuestro avance, desparramaba a propósito toda clase de información falsa acerca de su paradero".[97]

El villismo independiente era, pues, más rústico, arbitrario y desinhibido que su antecesor de 1914.[98] Entre sus víctimas figuraban ahora los estadunidenses que quedaban en territorio villista. El antinorteamericanismo abierto, poco común entre los revolucionarios en su conjunto, había sido muy escaso en el norte villista, cuyo liderazgo estuvo muy consciente de la importancia que el comercio y la inversión estadunidenses tenían para sostener la guerra, a corto plazo, y para el desarrollo de la región, a la larga. Pero la actitud benigna de Villa hacia los Estados Unidos empezó a cambiar en 1915 por una sencilla razón (que nada tenía que ver con el despertar de un sentimiento antiimperialista): estaba perdiendo la guerra. Como otros generales y políticos acorralados —maderistas, orozquistas, huertistas—, Villa recurrió al antinorteamericanismo cuando peligró su suerte militar y política: era un sentimiento superficial, inconsistente, falto de raíces populares genuinas o manifestación práctica y coherente. Tampoco puede ubicarse su origen en la oposición estadunidense a Villa ni en el apoyo que recibió Carranza, porque fue anterior a esos hechos (aunque éstos lo estimularon). En mayo de 1915, el periódico villista *El Combate* (Ags.) publicó una serie de artículos en los que denunciaba la "obra criminal" de Yanquilandia contra el gobierno convencionista, imputando a los estadunidenses intenciones de "apoderarse de nuestra tierra y prostituir nuestra raza", y acusando a Carranza de complicidad en esas políticas. Uno de los artículos terminaba así: "México no debe ser otra Nicaragua".[99] El periódico dedicaba también buen espacio a la inminente batalla de León. En adelante, informes y rumores contra los Estados Unidos proliferaron en Aguascalientes (cuartel general villista) para alarma de los estadunidenses que vivían ahí.[100] En Durango tuvo lugar la primera expropiación de una hacienda que pertenecía a un estadunidense —por órdenes personales de Villa, se dijo—; cuando se pidieron explicaciones al jefe de la localidad, éste lo atribuyó al "antinorteamericanismo": era "la única manera de saldar cuentas con los americanos".[101]

A mediados del verano, Villa tuvo un pretexto para su nueva línea antinorteamericana. En junio, Woodrow Wilson hizo una declaración en la que lamentaba que la guerra civil continuara en México, ofrecía "apoyo moral" a cualquiera que pudiera unir al "sufrido pueblo mexicano" bajo un régimen constitucional, y exhortaba a las partes beligerantes para que llegaran

---

[97] De Pershing a L. Wood, 10 de septiembre de 1916, Documentos Pershing, caja 215.

[98] O, como dijo Thomas Hohler echando mano de su vasta experiencia imperial: "la carrera de Villa es la de un perro rabioso, un mullah enloquecido, un malayo que destruye todo lo que encuentra a su paso", 11 de enero de 1917, FO 371/2959, 41521.

[99] Schmutz, Aguascalientes, 10 de mayo de 1915, SD 812.00/15032.

[100] *Ibid.*, 21 de mayo, 5, 7 y 11 de junio de 1915, SD 812.00/15086, 15195, 152444, 15186.

[101] Coen, Durango, 25 de junio de 1915, SD 812.00/15361 (Coen era dueño de la hacienda). Este cambio en la política villista se registra en un artículo de Necah S. Furman, "Vida nueva: A Reflection of Villista Diplomacy", *New Mexico Historical Review*, LIII (1978), pp. 171-192.

a un acuerdo o de lo contrario tomaría medidas, que no especificaba.[102] Ese llamado al pueblo y sus líderes prefiguraba la política wilsoniana en Europa; casi tuvo el mismo éxito y, como la obtusa invasión a Veracruz, fue una torpe intromisión en los asuntos mexicanos justo cuando éstos encontraban un poco de claridad interna. Los consejeros de Wilson (Lind sobre todo) lo habían desorientado en 1914 cuando tomó una decisión precipitada para acabar con Huerta, quien de todos modos estaba a punto de caer; los de 1915 (en especial el "experto" del Departamento de Estado, León Canova, quien quería para la guerra civil una solución conservadora apoyada por los Estados Unidos) recomendaron esa insinuación general, sostenida en amenazas vagas, cuando ya los ejércitos de Obregón estaban consiguiendo triunfos que zanjarían la cuestión.[103] En ese sentido, los carrancistas eran la parte ofendida; Carranza rechazó la *démarche* wilsoniana con altivez y seguridad: "No hay en la historia de ninguna época o país ejemplo alguno de que una guerra civil haya terminado en la unión de los contendientes. El triunfo debe ser de uno u otro".[104] La respuesta de Villa fue más conciliadora: estaba dispuesto a participar en una reunión de grupos revolucionarios e instaba a la unión con Carranza; además, rendía homenaje al respeto que el pueblo mexicano tenía por el presidente Wilson.[105] Pero esa respuesta, necesariamente discreta, de una facción en decadencia contrastaba con las manifestaciones de antinorteamericanismo en el territorio villista. El titular de *El Combate* que acompañaba el comentario sobre la declaración de Wilson decía: "Hacia la intervención"; desde Aguascalientes hasta Chihuahua, los intereses estadunidenses empezaron a padecer abusos, extorsión e intimidación.[106]

La reacción contra los estadunidenses empezó, pues, cuando se acabó la suerte militar de Villa y cuando la política de ese país no era muy hostil a su causa.[107] Pero esa reacción aumentó, por fuerza, y se convirtió en rasgo distintivo del villismo "tardío" cuando los Estados Unidos reconocieron a Carranza, y no permitieron que las armas llegaran a Villa e, incluso, consintieron que las tropas carrancistas pasaran por su territorio. Después de la derrota en Agua Prieta, Villa hizo público un manifiesto que circuló por toda la frontera (también se distribuyó por el correo de los Estados Unidos); censuraba al gobierno de los Estados Unidos por el reconocimiento de Carranza, el cual, decía, estaba condicionado por la adquisición norteamericana de la bahía Mag-

[102] Haley, *Revolution and Intervention*, pp. 162-163.

[103] Sobre "la cantidad de intrigas, prejuicios y mala información" de la que Wilson estaba rodeado y las políticas "desatinadas" que le murmuraban (en especial León Canova), *ibid.*, pp. 153-162, y Katz, *Secret War*, pp. 303-305.

[104] Haley, *Revolution and Intervention*, p. 165.

[105] La reacción villista en de Villa a Wilson, 11 de junio, a Lansing, 12 de junio, y Carothers, El Paso, 18 de junio de 1915, SD 812.00/15289, 15294, 15263.

[106] Schmutz, Aguascalientes, 5 de junio; Letcher, Chihuahua, 1º de agosto (dos veces); Coen, Durango, 1º de septiembre de 1915; SD 812.00/15195; 15607, 15610; 16178.

[107] Muchos opinaban que la política estadunidense se inclinaba aún por Villa (Cobb, El Paso, 7 de septiembre de 1915, SD 812.00/16071.

dalena, el ferrocarril de Tehuantepec, los campos petroleros del Golfo, por un préstamo estadunidense, un gravamen sobre los ingresos del gobierno mexicano y el veto en los cargos más importantes del gabinete.[108] Tonterías, pero tonterías muy tradicionales,[109] reflejos del resentimiento real de Villa. El reconocimiento de Carranza fue un "gran golpe" para González Garza y dejó a Villa "indignado y desafiante"; los villistas de El Paso comentaban qué posibilidades tendría "Villa de volver al escenario como héroe popular" en caso de un conflicto entre México y los Estados Unidos; después de la desastrosa campaña sonorense, un desertor informó que Villa había jurado "ajustar cuentas" con los Estados Unidos, probablemente incursionando por la frontera.[110] En el verano de 1915 hubo cantidad de rumores acerca de agresiones de los mexicanos al otro lado de la línea divisoria e incluso de una incursión de Villa en las cercanías de Columbus, Nuevo México.[111]

Eso no fue de muchas consecuencias. No tenían fundamento y pronto se desvanecieron los temores de una invasión mexicana en gran escala y de una revuelta de mexicano-norteamericanos, con el propósito de recuperar los estados del suroeste, pero fueron suficientes como para provocar una reacción violenta contra las comunidades de mexicano-norteamericanos en la que murieron más de 100. Sin embargo, no es probable que el Plan de San Diego además de las conjuras y la violencia en la frontera influyeran en los acontecimientos del país.[112] La prensa carrancista se apegó a la tradición publicando los problemas de los mexicano-norteamericanos (que eran reales) y las calamidades que aquejaban a los Estados Unidos (imaginadas en su ma-

---

[108] De C. Folson, El Paso, a Lansing, 29 de noviembre de 1915, SD 812.00/16903; véase también Katz, *Secret War*, pp. 306-307.

[109] *Cf.* Calvert, *Mexican Revolution*, p. 289. Canova, jefe de la Oficina Mexicana del Departamento de Estado, sin duda pretendía un acuerdo conservador, de compromiso, para la Revolución (una versión de 1915 de la transacción de 1911, que garantizaría los intereses estadunidenses en México); para eso contaba con el apoyo de empresas estadunidenses y grupos de mexicanos emigrados. Pero Wilson —y Carranza naturalmente— desecharon el proyecto. Además, no hay pruebas directas de que ese proyecto contuviera los planes anexionistas de largo alcance que Villa denunciaba (a pesar de la hipótesis de Katz de que "lo más probable" es que sí). En mi opinión, los alegatos de Villa eran lo bastante trillados como para que necesitaran sustentarse en hechos. Véase Katz, *Secret War*, pp. 303-307; del mismo autor, *Pancho Villa y el ataque a Columbus, Nuevo México*, Chihuahua, 1979, pp. 38-42 (la versión en inglés, en The American Historical Review, LXXXIII (febrero de 1978), pp. 101-130).

[110] Carothers, El Paso, 25 y 31 de octubre; Funston, Nogales, 30 de noviembre de 1915; SD 812.00/16066, 16653; 16893.

[111] Clendenen, *United States and Pancho Villa*, pp. 234-235; informe de la frontera, Columbus, 28 de agosto de 1915, SD 812.00/16054.

[112] Se ha escrito bastante sobre los problemas fronterizos de 1915-1916, pero se tiende a exagerar su importancia desde el punto de vista de la Revolución. Véanse, por ejemplo, Charles C. Cumberland, "Border Raids in the Lower Rio Grande Valley, 1915", *South-Western Historical Quarterly*, LVII (1954), pp. 285-311; Charles H. Harris y Louis R. Sadler, "The Plan of San Diego and the Mexican-United States War Crisis of 1916: A Reexamination", *Hispanic American Historical Review*, LVIII (agosto de 1978), pp. 381-408; pp. 382-383, nota 5, y Katz, *Secret War*, p. 607; ambos tienen buena bibliografía.

yoría: revoluciones de negros, rebeliones de candidatos presidenciales derrotados), y aprovechó las conspiraciones ficticias aun cuando los jefes carrancistas que estaban en la frontera daban garantías diplomáticas.[113] Se ha sugerido que ese doble juego apresuró el reconocimiento norteamericano en el otoño de 1915, pero también la capacidad de vigilar la frontera era una de las pruebas que los Estados Unidos usaban antes de conceder el reconocimiento; es posible que las declaraciones y políticas, en apariencia contradictorias, de los carrancistas no fueran producto del maquiavelismo sino de la autoridad fragmentada.[114] Aunque los militares carrancistas conocían esas conjuras (tenían espías en la frontera, al igual que los estadunidenses) y aunque unos pocos estaban comprometidos en éstas de manera más directa, no es posible creer que se hubiera planeado una invasión a los Estados Unidos a menos que la intervención estadunidense hubiera provocado una guerra en gran escala; el coqueteo carrancista con los agitadores de Texas fue quizá un plan de contingencia más que un paso a una guerra que los carrancistas sólo en el caso de estar locos habrían emprendido, pues tenían la victoria interna casi en sus manos.[115] Cansados de la guerra, los mexicanos no tenían interés en perseguir esas quimeras que consideraban una farsa, según dice un informe.[116]

En lo interno, era más grave el creciente antinorteamericanismo villista, que no se reducía a denuncias retóricas e inventos. Después del reconocimiento de Carranza, los villistas de la Huasteca empezaron a mostrar "mala disposición" hacia los colonos estadunidenses; los de La Laguna robaron Asarco, y afirmaron que "según la política... todos los estadunidenses deberían morir"; otra banda atacó los ranchos de Sierra Mojada (Coah.) y lo hacían por órdenes de Villa, según las cuales morirían todos los chinos, árabes y estadunidenses. Por primera vez los gringos estaban juntos con esas etnias parias que habían soportado hasta entonces el peso de la xenofobia revolucionaria.[117] El incidente más serio ocurrió en Santa Isabel, en enero de 1916: el

---

[113] "Los carrancistas están realmente deseosos de contener estos problemas y creo que haciendo todo lo posible por ayudar" (Johnson, Matamoros, 21 de septiembre de 1915); véanse también Garret, Laredo, 26 y 28 de agosto; informe del Departamento de Justicia, 9 de septiembre de 1915; SD 812.00/16289; 15929, 15946; 16194. Se informó de la revolución negra en 1913 (Hanna, Monterrey, 28 de noviembre; Silliman, Saltillo, 1º de diciembre de 1913; SD 812.00/9960; 10001); *El Demócrata* informó de los preparativos de rebelión de Theodore Roosevelt (12 de noviembre de 1916).

[114] Lo sugieren Harris y Sadler en "Plan de San Diego", pp. 388-389.

[115] J. P. Taylor nos recuerda atinadamente que los planes de guerra no son por fuerza prueba de intención belicosa; y aun cuando el presidente Wilson se opuso al cabildeo intervencionista, hubiera sido justificado que los carrancistas vieran la intervención como una posibilidad eventual (propiciada quizá por los republicanos).

[116] De eso informó al general Scott una "fuente muy confiable": de Clayton, Monterrey, a Scott, 9 de agosto de 1915, Documentos Scott, caja 19. El proceso judicial norteamericano subsecuente tuvo su parte humorística: se acusó a uno de los conjurados de conspiración para robar "cierta propiedad de los Estados Unidos, es decir, los estados de Texas, Oklahoma, Nuevo México, Arizona, Colorado y California".

[117] Bevan, Tampico, 18 de noviembre de 1915; Williams, Torreón, 6 de enero; Cobb, El Paso, 23 de febrero de 1916; SD 812.00/16857; 17237; 17330.

villista Pablo López capturó y mató a 17 ingenieros de minas norteamericanos que volvían a su empresa en Cusihuaráchic. López, capturado y ejecutado poco después, dijo que Villa estaba cerca del lugar del crimen y que éste se había cometido por órdenes suyas.[118] Villa lo negó después, pero no sólo es factible que haya estado por ahí; también es claro que se habían dado órdenes generales de que se atacara a los estadunidenses.[119] Variaba la naturaleza y gravedad de esos ataques, pero es evidente que, después del reconocimiento estadunidense de Carranza, las compañías norteamericanas que aún trabajaban en el disminuido territorio de Villa corrían grave peligro; algunos patriotas fervientes afirmaron que los mineros de Cusi habían recibido lo que se merecían.[120]

Con base en esos antecedentes —la intranquilidad e intriga en la frontera, el resentimiento y venganza villistas— debe entenderse la famosa incursión a Columbus.[121] Se conocen bastante bien los acontecimientos de la noche del 8 al 9 de marzo, pero quedan en la oscuridad y la conjetura sus razones y sentido general. Villa estuvo tranquilo en febrero. A principios de marzo se informó que se dirigía a la frontera; algunos creyeron que tenía intención de cruzar pacíficamente para exponer su caso ante Woodrow Wilson en Washington.[122] Quizá fue un disfraz deliberado. A las cuatro de la madrugada del 9 de marzo, varios centenares de villistas atacaron al pueblo de Columbus, situado a algo más de tres kilómetros de la frontera, en el estado de Nuevo México. A pesar de que los atacantes —que gritaban ¡Viva Villa! y parecían estar familiarizados con el lugar— tomaron por sorpresa a la guarnición, ésta los rechazó (los que en ese momento estaban preparando el desayuno utilizaron "pelapapas, cuchillos de mesa [y] cuchillas de carnicero"); cuando los villistas se retiraban dejando varios muertos, un destacamento los persiguió a través de la frontera y varios kilómetros dentro de territorio mexicano.[123]

Se han discutido mucho y adornado los motivos de la incursión. En especial, se ha presentado a Villa como servidor de la *Weltpolitik* wilhelmiana: se dijo que esa provocación a los Estados Unidos era una incitación de agen-

---

[118] Informe de la frontera, Fort Bliss, 17 de enero de 1916, SD 812.00/17152; Clendenen, *United States and Pancho Villa*, pp. 225-227.

[119] A fin de año, Villa salió de Madera con un pequeño grupo y se dirigió al sur; a mediados de enero, antes de regresar al norte, se encontraba en las cercanías de Cusihuaráchic: Edwards, El Paso, 12 de diciembre de 1915 y 9 de enero de 1916; Cobb, El Paso, 5 y 27 de enero de 1916; SD 812.00/16942, 17073; 17055, 17164.

[120] Del coronel Slocum a H. Scott, 17 de enero de 1916, Documentos Scott, caja 21.

[121] Otro elemento, al que me referiré en seguida, era que Victoriano Huerta y Pascual Orozco estaban en la frontera (junio de 1915-enero de 1916).

[122] Clendenen, *United States and Pancho Villa*, pp. 234-239; Cobb, El Paso, 3 de marzo de 1916, SD 812.00/17340.

[123] Se habla de 400 o 500 atacantes que tuvieron 160 bajas, la cifra más alta, o 12, la más baja. Véanse Cobb, El Paso, 9 de marzo de 1916, SD 812.00/17227; Clendenen, *United States and Pancho Villa*, pp. 236-246; Mancisidor, *Historia de la Revolución*, p. 298; Michael L. Tate, "Pershing's Punitive Expedition: Pursuer of Bandits or Presidential Panacea?", *Americas*, XXXII (1975), pp. 51-52.

tes alemanes para enemistar a los estadunidenses con México, impidiendo así su involucramiento en la guerra europea y deteniendo su envío de armas a la Entente.[124] Las potencias centrales se complacieron con la incursión de Villa y las medidas que produjo la reacción de los Estados Unidos: "mientras el problema mexicano siga así —escribió el embajador alemán en Washington— creo que estamos a salvo de cualquier movimiento agresivo del gobierno norteamericano".[125] Éste quería evitar a toda costa un conflicto militar con México, que limitaría su libertad de acción en Europa, área prioritaria. Robert Lansing, nuevo secretario de Estado, que abrigaba profundas sospechas acerca de las intenciones de los alemanes, desarrolló un punto esencial de la política a seguir: "los alemanes tienen interés en que continúe la agitación en México hasta que los Estados Unidos se vean forzados a intervenir; *por lo tanto, no debemos intervenir*".[126] Pero de esas esperanzas y temores —o de la presencia de unos pocos alemanes en el círculo de Villa— no es lícito deducir que los alemanes hayan participado directamente en la incursión a Columbus. Puede verse en los documentos alemanes que nada sabían de ella el embajador alemán en Washington o el especialista en asuntos mexicanos de Wilhelmstrasse. Y aunque no es del todo inverosímil que los militares los hayan pasado por alto, las pruebas son demasiado escasas como para certificar esa conclusión.[127] A veces se tiene la impresión de que quienes favorecen la tesis de la *Weltpolitik* no lo hacen tanto porque tengan pruebas concretas cuanto por la atracción perenne de teorías sobre la conspiración acompañadas del supuesto, algo condescendiente, de que los acontecimientos decisivos ocurrían fuera de México: en la Casa Blanca, en Wilhelmstrasse o en las oficinas de la Standard Oil. Ahí también encontramos otro tipo de eminencia gris villista: la tortuosa y teutona, en la figura de Félix Sommerfeld (quien por lo menos podía decir que tenía algo de influencia) y el ridículo doctor Lyman B. Rauschbaum, "quizá el hombre más influyente en la plana mayor de Villa".[128]

Aunque ésta, como toda buena teoría de la conspiración, no puede refutarse, no es necesario hacer participar a esos personajes exóticos y ramificaciones extremas. Causas personales, locales, cercanas, son suficientes para

---

[124] Katz, *Deutschland*, pp. 338-350; James A. Sandos, "German Involvement in Northern Mexico, 1915-1916: A New Look at the Columbus Raid", *Hispanic American Historical Review*, L (febrero de 1970), pp. 70-88.

[125] De Bernstorff a Bethmann Hollweg, 4 de abril de 1916, en Katz, *Deutschland*, p. 346.

[126] Memo. de Lansing, 9 y 10 de octubre de 1915 (véase n. 1); *Revolution and Intervention*, p. 184.

[127] De Bernstorff a Foreign Office y minuta, 28 de marzo de 1916, en Katz, *Deutschland*, p. 346.

[128] Katz, *Deutschland*, p. 344; Sommerfeld, de origen alemán, había vivido en México desde principios del siglo; se había ocupado superficialmente en los negocios y "vivido a costa de la comunidad alemana" antes de unirse primero a Madero y después a Villa (véase Letcher, Chihuahua, 25 de agosto de 1914, SD 812.00/13232). Sommerfeld tenía conexiones con agentes alemanes en los Estados Unidos, pero, como reconoce Katz, deducir de ahí que en el ataque a Columbus influyeron los alemanes, es pura conjetura. En lo que se refiere a Rauschbaum (Sandos, "German Involvement", pp. 70-71), los datos provienen de dos entrevistas hechas en los sesenta, una de ellas a la encargada de la South-Western Reference Room de la El Paso Public Library.

explicar la incursión de Villa. La irritación que le provocaban los estadunidenses se había alimentado durante meses —por el reconocimiento de Carranza y por la complicidad en su derrota de Agua Prieta—. La oratoria y la práctica del antinorteamericanismo villista había llegado al extremo y tanto Villa como sus jefes hablaban de llevar la guerra a los Estados Unidos.[129] Con los problemas que había en la frontera y las incursiones que se habían hecho en la parte meridional del valle de Río Bravo, ése no habría sido un cambio radical o nuevo (de hecho, un grupo de villistas había incursionado en los alrededores de Columbus seis meses antes del ataque de 1916).[130] También se discutía abiertamente si, provocando un conflicto con los Estados Unidos, Villa podría recuperar el prestigio y popularidad que se desvanecía. Ya en mayo de 1915, algunos sintieron "el peligro de que [Villa] haría algo espectacular contra los Estados Unidos para recuperarse".[131] No se necesitaban alemanes insidiosos para alimentar la ira de Villa, o engañarlo con estratagemas elaboradas; creer eso significa desechar tanto su machismo cuanto su ingenio como bandolero.

Además de la cercanía, había razones especiales para escoger Columbus. Durante años, los pueblos fronterizos de los Estados Unidos se habían aprovechado de su capacidad para aprovisionar las fuerzas revolucionarias y tuvieron oportunidad de actuar con cierta trapacería, sobre todo cuando los Estados Unidos prohibieron el tránsito de armas a México: los comerciantes hacían contratos y luego avisaban a las autoridades o no entregaban las cargas sabedores de que no podía haber reclamaciones legales. Así ocurrió con una carga de municiones que Villa había comprado a Sam Rabel, conocido comerciante en armas de Columbus.[132] La reacción contra los Estados Unidos se combinaba, pues, con una venganza específica contra un estafador gringo; cuando los villistas atacaron Columbus, sabían exactamente dónde estaba la casa de Rabel (hubo reconocimientos preliminares, los atacantes siguieron un plan premeditado) y la balacearon antes de verse obligados a retirarse.[133]

Los estadunidenses reaccionaron enviando tropas a perseguir a Villa dentro de México. También esa incursión estaba envuelta en un halo de conspiración. Pero la expedición punitiva no respondió a un plan tortuoso para subvertir el gobierno de México y menos aún para anexar partes de su territorio; fue una respuesta apresurada, mal organizada, confusa e inevitable —desde el punto de vista estadunidense— a la agresión de Villa. En la frontera, el general Funston opinaba justificadamente que existía peligro de nuevas incursiones si no se perseguía a Villa porque, a pesar de las rimbom-

[129] Clendenen, *United States and Pancho Villa*, p. 219.
[130] Informe de la frontera, Columbus, 28 de agosto de 1915, SD 812.00/16054.
[131] Cobb, El Paso, 31 de mayo de 1915, SD 812.00/15099.
[132] Alberto Calzadíaz Barrera, *Por qué Villa atacó a Columbus (intriga internacional)*, México, 1972, p. 111.
[133] *Ibid.*, p. 158; Clendenen, *United States and Pancho Villa*, pp. 245-246 (Rabel aparece allí como Revel).

bantes afirmaciones de la prensa carrancista (que atribuía la incursión a Columbus a que fuerzas de Carranza continuaban con "una tenaz persecución" a Villa), era evidente que los carrancistas no podían vigilar grandes porciones del norte.[134] Gabriel Gavira, quien era comandante en Ciudad Juárez, lo admitió honestamente.[135] Tampoco había garantías de que los estadunidenses lo harían mejor, ya que estaban mal equipados para hacer una campaña en México. Emprendieron la expedición punitiva, que tuvo muchas fallas técnicas, de "un momento a otro".[136] Además se dieron cuenta de que una persecución activa en suelo mexicano "acrecentaría la tendencia ya existente... a hacer de [Villa] un héroe nacional" y que una complicación seria con México dejaría a los alemanes el *tertius gaudens*.[137] Por otra parte (aspecto que no siempre es tenido en cuenta, en especial por los que piensan en una conexión alemana), Wilson tenía que contestar de alguna manera a la provocación porque, de no hacerlo, opinó House, "lo destruiría dentro del país y acabaría también con su influencia en Europa" (y, pensaban algunos, también en América Latina).[138] Un gobierno débil, indiferente en apariencia a las agresiones contra la soberanía estadunidense, como la de Columbus, no estaría en condiciones de desviar la agresión alemana, cuando se pensaba en operaciones submarinas sin restricciones; en la jerga actual, le faltaría credibilidad. También era importante que una respuesta débil al asunto de Columbus proporcionaría al partido republicano —históricamente el del *big stick*— munición suficiente para las elecciones presidenciales de 1916.[139]

Wilson fue presionado casi de manera unánime por su gabinete para que actuara con energía. Su secretario "le instaba desesperadamente, arguyendo que si no mandaba tropas para perseguir a Villa, si dudaba un momento en actuar, mejor no pensara en postularse para la presidencia porque no conseguiría un solo voto".[140] Incluso Bryan —cuya orientación pacifista le ha-

[134] De Funston a los coroneles Dodd y Slocum, 10 de marzo de 1916, WWP, caja 142; *cf. El Demócrata*, 12 de marzo de 1916. Ya en México, Pershing no tenía muy buena opinión de los esfuerzos "débiles y pueriles" de los carrancistas para vigilar el norte (a Wood, 21 de octubre de 1916, Documentos Pershing, caja 215).

[135] Edwards, Juárez, 9 de marzo de 1916, SD 812.00/17889.

[136] Diario de House, 29 de marzo de 1916. La movilización y campaña posterior demostró que los estadunidenses no estaban preparados (Clendenen, *United States and Pancho Villa*, pp. 287-288 y 294-295).

[137] Cobb, El Paso, 9 de marzo de 1916, SD 812.00/17385; memo. de Lansing, 11 de julio, 10 de octubre de 1915, 9 de enero y septiembre (s. d.) de 1916, *Confidential Notes and Memo's*, I; Katz, *Secret War*, p. 311.

[138] Diario de House, 17 de marzo de 1916; de F. K Lane (secretario del Interior) a Wilson, 13 de marzo de 1916, en A. W. Lane y L. H. Lane (eds.), *The Letters of Franklin K. Lane*, Boston, 1922, p. 204.

[139] Vasconcelos, en absoluto un gringófilo, opinó que la reacción de Wilson fue inevitable y moderada (J. Fred Rippy, José Vasconcelos y Guy Stevens, *American Policies Abroad: Mexico*, Chicago, 1928, pp. 128-129).

[140] Diario de House, 17 de marzo de 1916.

bía costado la jefatura del Departamento de Estado— estaba en favor de esa operación.[141] Pero Wilson se mostró reacio a intervenir y consintió en llevar a cabo la incursión sólo si los carrancistas la aceptaban y no se oponían a ella.[142] Se satisfizo la condición (o al parecer así se entendió); al dar parte de la incursión y de que los Estados Unidos tenían intención de perseguir a Villa en territorio mexicano, Carranza aludió a los antecedentes de 1880, cuando ambos gobiernos acordaron mutuos derechos para perseguir a los indios a través de la frontera, y "recomendaba ampliamente que se hiciera otra vez el acuerdo".[143] Carranza procuraba así prever contingencias futuras; ya fuera a propósito o por descuido (es lo más probable), el gobierno de los Estados Unidos entendió que México aprobaba la persecución de Villa, la cual ya se preparaba. Las consultas no cesaron ahí; no es creíble, por lo tanto, que se hubiera pasado por alto algún malentendido inicial. El 13 de marzo, el secretario de Estado dejó en claro que su gobierno concedía a las fuerzas del gobierno mexicano el derecho de internarse en territorio estadunidense en caso de persecución y alabó el espíritu de cooperación de México; al parecer, la comunicación fue bien recibida por el secretario mexicano, Jesús Acuña. Al mismo tiempo se expusieron límites estrictos dentro de los que se realizaría la operación: a los militares se les ordenó tratar de manera cortés a las fuerzas gubernamentales mexicanas y cooperar con ellas, y al pueblo, con "justicia y humanidad"; se informó a la prensa que el único propósito era dispersar la banda de Villa; se aseguró al gobierno de Carranza que "la operación militar que se considera en estos momentos... bajo ninguna condición significará zanjar [sic] en grado alguno la soberanía de México o convertirse en intervención".[144] Silliman informó desde México que los secretarios de Guerra y Relaciones Exteriores le comunicaron su "aprobación y aquiescencia", y Obregón ordenó a sus comandantes cooperar con la expedición estadunidense.[145] La prensa mexicana informó inmediatamente de todo esto (alusión al antiguo acuerdo e intercambio amigable).[146]

El 15 de marzo, el general Pershing condujo a México tres brigadas previendo, como en efecto ocurrió, que las tropas carrancistas en la frontera no opondrían resistencia; planeaba rodear a la banda de Villa en las cercanías, cosa que no logró. Fracasado el cerco, Pershing avanzó: cruzó por la colonia Dublan de los mormones (donde éstos se arrodillaron ante las tropas "en señal de gratitud") y siguió hacia el territorio villista al oeste de

[141] J. P. Tumulty, *Woodrow Wilson as I Knew Him*, Nueva York, 1921, pp. 154-156.
[142] Diario de House, 17 y 29 de marzo de 1916; Haley, *Revolution and Intervention*, pp. 192-195.
[143] Clendenen, *United States and Pancho Villa*, p. 250; Haley, *Revolution and Intervention*, pp. 190-191.
[144] Haley, *Revolution and Intervention*, p. 192; Clendenen, *United States and Pancho Villa*, 254; informe de prensa del Departamento de Guerra, 10 de marzo; del secretario de Guerra al jefe de Estado Mayor, 16 de marzo de 1916, wwp, serie II, cajas 142 y 143; de Lansing a los cónsules, 10 de marzo de 1916, SD 812.00/17426a.
[145] Haley, *Revolution an Intervention*, p. 194; Clendenen, *United States and Pancho Villa*, p. 256.
[146] *El Demócrata*, 12, 14, 15, 16, 20, 21 y 23 de marzo de 1916.

Chihuahua.[147] El terreno era áspero, la gente no cooperaba o era hostil, resultaba problemático conseguir alimento y forraje. Al principio no quisieron venderles comida o darles información. Desde Namiquipa, pueblo revolucionario donde Villa era bien conocido, Pershing informó: "en cada etapa crítica de esta campaña, el pueblo ha hecho circular noticias falsas acerca del paradero de la banda de Villa y le ha ayudado a escapar".[148] Con el tiempo, cuando la expedición empezó a ser figura familiar del paisaje chihuahuense, los estadunidenses pudieron conseguir provisiones y algo de cooperación, pero la tarea era arriesgada y sus limitaciones irritaban a los oficiales.[149] Hubo escaramuzas esporádicas con los villistas, en una de las cuales el teniente (después general) George Patton mató, para su satisfacción, al capitán villista Julio Cárdenas ("me siento como cuando pesqué mi primer pez espada. Sorprendido de mi suerte").[150] Pero nunca encontraron a Villa. Herido en un encuentro con tropas carrancistas, se escondió en una cueva de la montaña desde donde (según dice una historia popular que puede tener algo de verdad) pudo ver a los estadunidenses errando en su búsqueda infructuosa.[151] Tampoco tuvo éxito el ofrecimiento encubierto de 50 000 dólares para cualquier "pista" mexicana que delatara a Villa.[152] Los oficiales norteamericanos estaban ansiosos por algo de acción militar menos restringida y desahogaron —Patton en especial— su frustración en Woodrow Wilson, quien "no tenía el alma de un piojo o la mente de un gusano; o el espinazo de una medusa".[153] Por su parte, Wilson no quería alargar la operación o librarla de sus restricciones; se decía que sentía secreta admiración por el rebelde-bandido que de tal manera sacudía a sus briosos oficiales por los yermos de Chihuahua.[154]

[147] Clendenen, *United States and Pancho Villa*, pp. 256-257.
[148] Pershing, 17 y 23 de abril de 1916, SD 812.00/17903, 17984; del mismo a F. Carpenter, 19 de junio de 1916, Documentos Pershing, caja 40.
[149] "No tiene sentido [la expedición] si se consideran las restricciones a las que está sometida" (de Pershing a Wood, 10 de septiembre de 1916, Documentos Pershing, caja 215). Menciona en la misma carta la mayor cooperación que ahora recibían de la población mexicana y que atribuye al "trato amable que reciben de nosotros". Patton anotó en su diario (25 de marzo de 1916, Documentos Patton, caja 1) que los pacíficos de El Valle, "parecían muy amigables" y que estaban dispuestos a venderles provisiones, lo mismo que la policía rural de Casas Grandes (informe de Jacinto Treviño, 14 de agosto de 1916, AG 85/53).
[150] Diario de Patton, 14 de mayo de 1916; de Patton a B. Patton, 17 de mayo de 1916, Documentos Patton cajas 1 y 8.
[151] Clendenen, *United States and Pancho Villa*, p. 276; una vez más corrieron rumores de que Villa había muerto, algo de lo que dudaba Pershing; véase su carta a Crowder, 15 de junio de 1916, Documentos Pershing, caja 56.
[152] El día de la incursión, el alcalde de Columbus ofreció 5 000 dólares de recompensa; la de 50 000 fue iniciativa de un oficial que Pershing no "estaba en libertad de dar a conocer... al mundo". Se esperaba que Letcher, cónsul en Chihuahua, desplegaría su "servicio secreto" para apoyarla; Letcher confesó que no tenía ese servicio y que sus "actividades a ese respecto eran algo limitadas" (véase el memorándum de Pershing a B. Foilois y de Letcher a Pershing, ambos del 6 de abril de 1916, Documentos Foulois, Library of Congress, caja 34).
[153] De Patton a "Papa", 28 de septiembre de 1916, Documentos Patton, caja 8.
[154] David Lawrence, *The True Story of Woodrow Wilson*, Nueva York, 1924, p. 106.

Con Villa escondido, la mayor amenaza para la expedición punitiva era la creciente hostilidad de los carrancistas. La afabilidad inicial y un tanto ambigua de Carranza empezó a desvanecerse. No tenía interés en provocar una guerra con los Estados Unidos, pero no quería parecer colaborador desidioso mientras Villa se convertía en héroe nacional.[155] Cada día que la expedición punitiva permanecía en el país, la soberanía mexicana sufría un desprecio; y Carranza, defensor del nacionalismo mexicano a lo largo de su carrera revolucionaria, se vio en la necesidad de adoptar un tono más irritado, como correspondía a las exigencias internas, lo que podía transmitirse fácilmente con la prensa controlada. La reacción carrancista a la expedición fue otra muestra de cómo manipulaba el gobierno el sentimiento "patriótico" y de cuán superficial era la "xenofobia" mexicana.[156] Al principio Carranza mantuvo en silencio a la prensa; durante marzo, los periódicos no mencionaron las andanzas de la expedición e incluso ubicaron a Pershing en las cercanías de Columbus.[157] En algunas partes del país el secreto se mantuvo hasta abril, varias semanas después de que Pershing había cruzado la frontera.[158] Por los numerosos informes consulares se sabe que el público ignoraba el asunto o le era indiferente.[159] Algunas autoridades carrancistas, como Enríquez, gobernador de Chihuahua, se afanaban en aquietar rumores y conservar la calma.[160] Pero un giro en la política oficial —señaló un observador— provocaría un cambio inmediato en la opinión pública, y eso fue lo que ocurrió más avanzado 1916.[161]

Mientras pasaban las semanas no había señales de que la expedición fuera a tener éxito y, a todas luces, parecía que su estancia al sur de la frontera sería prolongada. La paciencia de Carranza empezó a agotarse. El poder de la censura tenía límites; como Wilson, Carranza tenía que pensar en los votantes y, aun cuando las elecciones de 1917 no fueran asunto urgente, sí era problema inmediato y grave conservar la lealtad de los militares carrancistas —algunos de los cuales, como sus colegas estadunidenses, eran patriotas fervientes que despreciaban a los políticos civiles—. Aunque muchos militares (Obregón en especial) apoyaron la política cautelosa de Carranza, otros

[155] Fabela, DHRM, EZ, p. 278; Lefaivre, Ciudad de México, 21 de abril de 1916, AAE, Méx., Pol. Int., N. S., XIII, n. 27.

[156] Ése fue el último caso, en cierto sentido más claro, del síndrome.

[157] *El Demócrata*, 27 de marzo de 1916 y a lo largo del mes; Lefaivre, Ciudad de México, 4 de abril de 1916, AAE, Méx., Pol. Int., N. S., XIII, n. 24.

[158] Schmutz, Aguascalientes, 13 de abril; Browman, Frontera, 20 de abril de 1916; SD 812.00/17930; 17949.

[159] Dawson, Tampico, 14 de marzo; Edwards, Acapulco, 24 de marzo; Carothers, El Paso, 12 de abril de 1916; SD 812.00/17573; 17638; 17881.

[160] Edwards, Juárez, 24 de marzo; Letcher, Chihuahua, 24 de marzo de 1916; SD 812.00/17620; 17641.

[161] "Es escasa, o no amplia, la reacción pública en lo que respecta a las expectativas que provoca la presencia de nuestras tropas en el territorio mexicano. Lo que ocurra después dependerá completamente de las incitaciones que el pueblo reciba del gobierno" (Murray, Ciudad de México, 23 de marzo de 1916, SD 812.00/17615).

patriotas vocingleros —como Emiliano Nafarrate y los Herrera— empezaron a poner en tela de juicio la aparente tolerancia del primer jefe ante la invasión extranjera. Luis Herrera puso objeciones a las órdenes de cooperar con las tropas estadunidenses: en una declaración habló de la actitud que él y su hermano habían tomado durante la ocupación de Veracruz; corrían rumores (sin muchas bases al parecer) de que el clan Herrera se pasaría al lado de Villa.[162] A fines de marzo fue evidente que los "enemigos de Carranza en círculos constitucionalistas tratan de desprestigiarlo hablando abiertamente de su debilidad y falta de patriotismo al conceder permiso para que entraran nuestras tropas [estadunidenses)".[163] Voceros como Cabrera señalaban que se esperaba pronto la retirada; comenzaron a aparecer denuncias sobre la "mala fe" de los estadunidenses.[164] Entre tanto, en los Estados Unidos, varios miembros del gabinete llegaron a la conclusión de que la expedición punitiva no tenía ya utilidad y que —en palabras del secretario de Guerra— "era absurdo perseguir a un solo bandido por todo México".[165] La retirada parecía ser la única salida.

El 12 de abril, una columna de la caballería estadunidense llegó a Parral (pueblo natal de los Herrera) en busca de comida y forraje aduciendo que tenían permiso. Se juntó una multitud que gritaba improperios y hubo disparos. Murieron dos soldados estadunidenses y varios mexicanos.[166] Este choque justificó las demandas de los carrancistas para que la retirada fuera inmediata y dio lugar a que se extendieran las reacciones contra los Estados Unidos, que en algunos casos se convirtieron en persecución activa.[167] Pero éstos eran escasos y distantes unos de otros; en muchas partes del país, incluido el norte, los observadores informaron que prevalecía una atmósfera de calma y aun de indiferencia.[168] La política gubernamental era de suma importancia a ese respecto; y así como el régimen estaba dispuesto a preparar campañas patrióticas cuando le parecía conveniente, evitaba la agitación en momentos críticos como ése. El tono oficial fue firme pero moderado. Cándido Aguilar, nombrado hacía poco secretario de Relaciones Exteriores, lamentó las muer-

[162] Carothers, El Paso, 22 y 24 de marzo de 1916, SD 812.00/17583, 17609; Hall, *Obregón*, p. 148.

[163] Véase fuente citada en n. 161.

[164] Rodgers, Querétaro y Ciudad de México, 31 de marzo y 15 de abril; Coen, Durango, 14 de abril de 1916; SD 812.00/17710, 17872, 17873; el primero alude también a la preocupación de los carrancistas por el "efecto político" que podía tener la tolerancia continua a la expedición.

[165] Diario de House, 6 de abril de 1916. Véase Tate, "Pershing's Punitive Expedition", pp. 58-59, acerca de la opinión pública en los Estados Unidos.

[166] Pershing, 14 de abril de 1916, SD 812.00/17870; Clendenen, *United States and Pancho Villa*, pp. 266-267.

[167] Carothers, El Paso, 14 de abril de 1916, SD 812.00/17863, en donde informa de un ataque, tolerado por las autoridades, a la Alvarado Co. Informe sobre la reacción contra los Estados Unidos, en Bonney, San Luis, 13 de abril; Rodgers, Ciudad de México, 19 de abril de 1916; SD 812.00/17845; 17925.

[168] Por ejemplo, Blocker, Piedras Negras, 15 y 24 de abril; Simpich, Nogales, 14 de abril; Hanna, Monterrey, 15 de abril; USS Kentucky, Veracruz, 15 de abril de 1916; SD 812.00/17876, 17879; 17860; 17880; 17995.

tes de Parral, regañó discretamente a los estadunidenses por provocarlas y pidió el retiro inmediato de las tropas, para conservar las "buenas y cordiales relaciones" entre México y los Estados Unidos.[169] Carranza —cuya actitud calificaron los estadunidenses de "extraordinariamente satisfactoria"— recomendó calma, y la exhortación apareció en proclamas impresas en las calles de Parral.[170] Obregón, secretario de Guerra, redactó en la frontera una circular en la que explicaba sobriamente los acontecimientos de Parral en contraste con el estilo incendiario de la prensa de El Paso.[171]

A raíz de la crisis de Parral, se ordenó a Pershing suspender las operaciones y Obregón se reunió con el general Scott para discutir la situación. Los Estados Unidos esperaban asegurar la cooperación carrancista para eliminar a Villa; los carrancistas querían una fecha definitiva para la retirada de los estadunidenses.[172] Mientras las pláticas, aunque cordiales, se prolongaban hasta mayo, hubo otra incursión en Glenn Springs, Texas, y otra vez las tropas estadunidenses cruzaron la frontera en persecución de los atacantes.[173] Al alejarse la crisis de Parral, Carranza adoptó una actitud más dura. Se resistiría cualquier intento de enviar más tropas a través de la frontera; la expedición punitiva debía retirarse inmediatamente; las razones de los Estados Unidos eran imperialistas y belicosas; y la amabilidad diplomática y el tono conciliador de las previas comunicaciones de Carranza fueron sustituidos con un tono "agresivo y recriminador".[174] Al mismo tiempo —más o menos desde fines de mayo— Carranza no perdió oportunidad para ostentar su patriotismo y aumentar la presión sobre Washington, la expedición punitiva inmóvil y los estadunidenses que vivían en el país.[175] Se informó a Pershing que, de manera contundente, se resistiría cualquier movimiento que hiciera en otra dirección que no fuera hacia la frontera. Hubo manifestaciones contra los Estados Unidos en Saltillo, Chihuahua, la Ciudad de México y otras partes.[176] La prensa hizo pública la nota descortés —saturada de vívida oratoria— de

---

[169] De Aguilar a Arredondo, 12 de abril de 1916, SD 812.00/17865.

[170] Rodgers, Ciudad de México, 21 de abril; D. C. Brown, 22 de abril de 1916; SD 812.00/17951; 17973.

[171] Acerca de la influencia moderadora de Obregón y otros oficiales carrancistas —entre ellos Treviño, De la Garza y Laveaga—, véanse Edwards, Juárez, 14 de abril; Hanna, Monterrey, 20 y 29 de abril; y Coen, Durango, 3 de mayo de 1916, SD 812.00/17852; 17989; 18025; 18141.

[172] Clendenen, *United States and Pancho Villa*, pp. 272-275; Haley, *Revolution and Intervention*, pp. 201-210. Quizá, Carranza tuvo interés en comprometer el prestigio de Obregón (Hall, *Obregón*, p. 148).

[173] Haley, *Revolution and Intervention*, p. 207; Silliman, Saltillo, 15 de mayo de 1916, SD 812.00/18176; *El Demócrata*, 9 de mayo de 1916; Tate, "Pershing's Punitive Expedition", p. 63.

[174] Clendenen, *United States and Pancho Villa*, p. 276; Haley, *Revolution and Intervention*, califica la nota de Carranza del 22 de mayo como "vaga y abusiva"; al impedir un posible acuerdo entre Scott y Obregón, Carranza intervenía también en política interna, evitando que Obregón consiguiera un triunfo diplomático (Hall, *Obregón*, pp. 151-152).

[175] Haley, *Revolution and Intervention*, p. 212.

[176] Silliman, Saltillo, 5 de junio; Carothers, El Paso, 7 de junio; Hanna, Monterrey, 7 de junio de 1916; SD 812.00/18312; 18341; 18342.

Carranza al gobierno de los Estados Unidos, la cual dio el tono a los comentarios periodísticos durante todo el mes de junio.[177] Proliferaron entre tanto los rumores acerca de guerra e invasión. Algunos decían que Jacinto Treviño estaba a punto de atacar los pueblos de la frontera estadunidense; otros, que Villa y Carranza se unirían contra los gringos.[178] En Veracruz y puestos de la frontera, como Piedras Negras, se avivaron los temores de una intervención estadunidense, en especial después de que Wilson, a mediados de junio, ordenara movilizar la milicia.[179] En la Ciudad de México había nerviosismo, se esperaba la guerra; el general Scott —más diplomático que agitador— esperaba un ataque mexicano a la expedición punitiva, lo que precipitaría un conflicto general para el que se preparaba adecuadamente.[180]

A finales de junio se había llegado a una situación en que —como gustan decir los historiadores— sólo una chispa hubiera volado el polvorín; un empujón habría echado a todos al abismo. Entonces, dice Haley, "la guerra estaba cerca. Y llegaría si los acontecimientos propicios hacían de comadrona".[181] Pero se produjo la chispa, llegaron el empujón y la comadrona, y aun así la guerra no se hizo. El 21 de junio, una patrulla estadunidense de buenas proporciones, que se encaminaba al este a pesar de la advertencia carrancista, topó con una guarnición carrancista en Carrizal, unos 80 kilómetros al sur de Ciudad Juárez. Los jefes conferenciaron y el capitán Boyd, por motivos poco claros y a pesar de advertencia en el sentido contrario, insistió en pasar por la ciudad. Los mexicanos abrieron fuego y se les respondió: hubo muertos en ambos bandos, entre ellos los jefes de ambas guarniciones. Los estadunidenses, rechazados, dejaron atrás algunos prisioneros.[182] Muchos factores contribuyeron para que, a pesar de la tensión, no se produjera una guerra de consecuencias imprevisibles. Para empezar, la tensión que precedió a Carrizal fue bastante ficticia. La provocó el gobierno de Carranza con el propósito, bastante justificado, de presionar a los estadunidenses para que salieran de México; no era beligerancia gratuita ni se sustentaba en odio generalizado y profundo hacia los norteamericanos. Las manifestaciones contra los Estados Unidos en junio de 1916 (como las que organizaba Huerta) fueron mansas: las de Monterrey, "bastante discretas"; las de la capital, "no muy importantes"; el cónsul en Veracruz conocía a muchos de los 150 manifestantes

---

[177] Clendenen, *United States and Pancho Villa*, p. 276; Silliman, Saltillo, 7 de julio; Guyant, Progreso, 15 de junio; Blocker, Piedras Negras, 16 de junio de 1916; SD 812.00/18344; 18441; 18445.

[178] Carothers, El Paso, 12 y 17 de junio de 1916, SD 812.00/18397, 18472.

[179] Blocker, Piedras Negras, 16 y 18 de junio; Canada, Veracruz, 18 de junio de 1916, SD 812.00/18445, 18452; 18474.

[180] Rodgers, Ciudad de México, 18 de junio de 1916, SD 812.00/18457; Haley, *Revolution and Intervention*, p. 214.

[181] Haley, *Revolution and Intervention*, p. 102; cf. Clendenen, *United States and Pancho Villa*, p. 278.

[182] Clendenen, *United States and Pancho Villa*, pp. 278-281; Tate, "Pershing's Punitive Expedition", pp. 65-66.

"que lo saludaban al pasar".[183] Durante las manifestaciones en Saltillo, el gobernador del estado fue "muy cordial"; y hablando aparte con el representante de los Estados Unidos, le aseguró que los carteles patrióticos que cubrían las paredes "no debían tomarse muy en serio".[184] En Durango, cuyas autoridades izaban la bandera sin aspavientos, "la mayor parte de la gente, en especial los informados y los que tienen alguna educación, no muestran mucho interés o pasan por alto el hecho de que tropas estadunidenses están en México".[185] Algunos pensaban que la indiferencia de la gente y la agitación patriótica del gobierno se debían a las mismas causas: al colapso de la moneda, al mal estado de la economía y a la amenaza, o realidad, de escasez.[186] En esas circunstancias, las autoridades tenían tanto interés en convocar al patriotismo como el pueblo tendía a ignorarlo.

Quizá los informes consulares eran demasiado optimistas (aunque no había razón para que lo fueran). Muchos mexicanos y estadunidenses pensaban en la guerra tras el incidente en Carrizal; otra vez hubo manifestaciones contra los Estados Unidos y en algunos lados se maltrató y atacó a los ciudadanos de ese país.[187] Pero tampoco durante esta segunda crisis el régimen de Carranza mostró interés en provocar una reacción violenta y es dudoso que hubiera podido provocarla. La propaganda antinorteamericana no tuvo reacción inmediata; las manifestaciones se veían frías, se participaba en ellas para mostrar patriotismo, tal vez para distraer la atención de otros problemas, pero sin matices claramente xenofóbicos. De los 400 que desfilaron en Puebla, por ejemplo, la mitad eran soldados y un cuarto empleados del gobierno.[188] Ahí donde los hubo, pronto desaparecieron los temores de que hubiera guerra o intervención.[189] Para ello, la política pacificadora del gobierno mexicano —que contrastaba no sólo con su propia estridencia de semanas atrás, sino también con la belicosidad de estadunidenses prominentes, como el alcalde de El Paso— fue decisiva para diluir la situación y asegurar un resultado de paz.[190] Al parecer, se ordenó al jefe militar de Chihuahua evitar más choques; se anunció que los prisioneros estadunidenses serían devueltos; y se aceptó la mediación latinoamericana con la esperanza de evitar una guerra que "habría causado grandes daños a ambas partes".[191]

[183] Hanna, Monterrey, 7 de junio; Rodgers, Ciudad de México, 19 de julio; USS Nebraska, Veracruz, 12 de junio de 1916; SD 812.00/18342; 18485; 18558.

[184] Silliman, Saltillo, 5 de junio de 1916, SD 812.00/18321.

[185] Coen, Durango, 15 de junio de 1916, SD 812.00/18488.

[186] Blocker, Piedras Negras, 16 de junio de 1916, SD 812.00/18445.

[187] *Ibid.*, 22 y 23 de junio; USS Annapolis, Mazatlán, 22 de junio; Cobb, El Paso, 27 de junio de 1916; SD 812.00/18358, 18591; 18453; 18597.

[188] USS Nebraska, Veracruz, 2 de julio de 1916, SD 812.00/18119.

[189] Silliman, 22 de junio, Blocker, 6 de julio (ambos desde Eagle Pass); SD 812.00/18540; 18662.

[190] Cobb, El Paso, 8 de julio de 1916, SD 812.00/18739.

[191] Wilson correspondió y desoyó a quienes, como Pershing, querían ampliar la operación militar en el norte de México (Haley, *Revolution and Intervention*, pp. 217 y 220); Rodgers, Ciudad de México, 28 de junio de 1916 (dos veces), SD 812.00/18593, 18607; *El Demócrata*, 27 de junio de 1916.

A partir de entonces la crisis aminoró y se apresuró la reconciliación. Carranza emprendió una vigilancia más eficiente de la frontera; al parecer, se reconvino al general Emiliano Nafarrate, probado antinorteamericano; la prensa se refería a la expedición punitiva sólo a propósito de su retiro inminente.[192] No hubo más choques armados, pero el retiro de las tropas tomó su tiempo. En septiembre, una comisión bilateral empezó las negociaciones en Nueva Londres, Connecticut, pero desde el principio las detuvo un punto fundamental. El gobierno estadunidense buscaba un acuerdo con garantías, sobre la retirada, que interfería en los asuntos internos de México: protección para vida y propiedades de los extranjeros, tolerancia de credo, alivio del hambre y de la enfermedad y establecimiento de una Comisión Mixta de Demandas.[193] Cualesquiera fuesen los orígenes o legitimidad de esas demandas, sin duda significaban una intervención considerable en la política interna de México justo cuando el Congreso en Querétaro se reuniría para elaborar la nueva Constitución.[194] Como dice Haley, con sólo un toque de hipérbole, "el gobierno de Wilson evidentemente quería negociar el retiro de la expedición de Pershing a cambio de que el gobierno mexicano hiciera vastas promesas que tocaban el meollo de la vida mexicana y de la Revolución mexicana. La presencia de las tropas en México había cambiado de ser justificada manifestación de autodefensa a medio para controlar el futuro del país".[195]

Dicho de otro modo, aunque Pershing no había entrado en México a instancias del interés material y la *Grosspolitik* estadunidenses, languideció por ellos al sur de la frontera durante el otoño e invierno de 1916-1917 junto con sus hombres, que tenían frío, estaban aburridos y nostálgicos.[196] Aunque estaba decidido a evitar la guerra (a pesar del disgusto de sus duros críticos chauvinistas), Wilson empezó a impacientarse porque Carranza no aceptaba recomendaciones políticas evidentemente razonables. Como ocurriría con Europa dos años después, el presidente norteamericano descubrió que el mundo era testarudamente ciego a verdades para él evidentes. Pero, en el caso de México, es conveniente recordar (puesto que a menudo se pasa por alto) que los mexicanos fueron los primeros en apoyar la idea de formar una comisión mixta para discutir ampliamente los problemas de su país; podemos suponer

[192] Blocker, Eagle Pass, 12 de julio; Dawson, Tampico, 6 de julio; Garret, Nuevo Laredo, 30 de julio de 1916; SD 812.00/18743; 18771; 18819.

[193] Haley, *Revolution and Intervention*, pp. 227-244.

[194] Tate, "Pershing's Punitive Expedition", pp. 67-71; Katz (*Secret War*, pp. 311-312) opina que ésa fue "en la historia de la diplomacia wilsoniana la mayor concesión a las empresas estadunidenses que estaban en México". Si esto es cierto (así lo creo), y en vista de los resultados (retiro incondicional de las tropas, que para Katz es "uno de los triunfos más grandes en la trayectoria de Carranza"), ha de concluirse que la diplomacia de Wilson no era en absoluto instrumento fiel y efectivo de la gran empresa estadunidense (lo que también es cierto).

[195] Haley, *Revolution and Intervention*, pp. 236-237.

[196] En las cartas a su esposa, Patton describe un panorama desolador de la situación que vivía la expedición a fines de 1916; por ejemplo, sobre la deserción, 11 de enero de 1917; Documentos Patton, caja 8.

que eso alentó a Wilson para tratar de conseguir un gran acuerdo mixto que al mismo tiempo beneficiaría a México (como él creía) y dejaría en situación estable las relaciones de ambos países, con lo cual se fortalecería la influencia de los Estados Unidos en Europa. En un principio Cabrera estuvo a favor de una conferencia que "expondría toda la cuestión mexicana y establecería buenas bases para el futuro". La prensa carrancista se refirió a los "amplios planes de reforma" que habían preparado los delegados mexicanos, y a los "efusivos aplausos" de sus colegas norteamericanos.[197]

Algunos miembros influyentes del gobierno carrancista estaban a favor de un diálogo amplio, pensando en asegurar la ayuda económica para la reconstrucción del país; en efecto, invirtieron la posición de Wilson y trataron de usar la acosada expedición punitiva como palanca para obtener la ayuda estadunidense.[198] Pero Carranza se mostró escéptico y prefirió limitar las conversaciones al retiro de las tropas; después de un periodo de ambivalencia, manifiesto en la prensa carrancista, ese criterio prevaleció. Los delegados mexicanos se resignaron y se negaron a discutir otros asuntos mientras no se acordara el retiro incondicional.[199] Su posición se volvió fortísima. Se depreciaba rápidamente el valor de Pershing como materia de regateo: ni el gobierno ni el pueblo estadunidenses favorecían una guerra con México; los mexicanos podían marcar el ritmo, sabedores de que la expedición era un estorbo para los Estados Unidos más que una amenaza para su país. En realidad, más que poder militar, era su poder económico (la capacidad para contribuir con alimentos, armas, efectivo) lo que podía permitir a los Estados Unidos aventajar ante el gobierno de Carranza.[200] A fines de 1916 fue evidente que los Estados Unidos no podrían obtener concesiones a cambio de la retirada, de modo que, para disgusto de Wilson, ésta fue unilateral.[201] A fines de enero de 1917,

---

[197] Rodgers, Ciudad de México, 8 de julio de 1916, SD 812.00/18674; *El Demócrata*, 11 y 16 de septiembre de 1916.

[198] Cabrera, en especial, quería negociar "algunos planes financieros" (Rodgers, 8 de julio de 1916, SD 812.00/18674). Carrancistas influyentes estaban a favor de relaciones políticas, diplomáticas y económicas más estrechas con los Estados Unidos para ayudar a la reconstrucción y estabilidad internas, si los términos eran aceptables, lo que no consiguieron (véase Katz, *Secret War*, p. 317).

[199] Rodgers, Ciudad de México, 21 de julio, de 1916, SD 812.00/18767. Véanse los cambios de opinión de *El Demócrata:* los enviados mexicanos explican un "vasto" plan de reforma (6 de septiembre; niegan informes estadunidenses de que las conversaciones trataban algo más que la simple retirada (17 de septiembre). Véase también Haley, *Revolution and Intervention*, pp. 230 y ss.

[200] Tate, "Pershing's Punitive Expedition", p. 62; Haley, *Revolution and Intervention*, p. 219; Jusserand, Washington, 30 de junio y 7 de julio de 1916, AAE, Méx., Pol. Int., N. S., XIII, núms. 405 y 430 (sobre opinión pública y oficial); nótese en especial el papel conciliador de Gompers y de la AFL (Robert Smith, *United States and Revolutionary Nationalism in Mexico, 1916-1932*, Chicago, 1972, pp. 53-54). Fue también ilusión del gobierno estadunidense la creencia de que podía ejercer "gran control" sobre México "a causa de la falta de alimentos en ese país"; de Bunsen, Washington, 22 de noviembre, Thurstan, Ciudad de México, 14 de diciembre de 1917, FO 371/2964, 221012, 235682.

[201] Katz, *Secret War*, pp. 312 y 314; Smith, *United States and Revolutionary Nationalism*, pp. 61-62.

la expedición levantó (literalmente) campamento, porque la compañía estadunidense, en cuyos terrenos estaba acantonada, temía que, si las tiendas quedaban en pie, llamarían la atención de los mexicanos intrusos. Para placer de los carrancistas de El Valle, los estadunidenses tomaron camino del norte acompañados de numerosos refugiados y "dos carros llenos de prostitutas pintarrajeadas";[202] el último soldado estadunidense dejó suelo mexicano el 5 de febrero.

La expedición punitiva resultó no serlo tanto. No había podido atrapar a Villa, el causante de todos sus problemas; y aunque Clendenen dice que ése no era su objetivo principal, no cabe duda de que (indicio es la gran recompensa que se ofreció por él) su captura hubiera sido un gran logro.[203] Es cierto que los estadunidenses contribuyeron a disgregar las tropas de Villa pero dispersarse era cosa natural en la guerrilla villista, y no fue obstáculo para que se reagruparan y reanudaran la ofensiva a fines de 1916. Por esas fechas la expedición estaba detenida. Pershing opinó que, de haber continuado, hubiera atrapado a Villa y terminado con el villismo.[204] Es de dudar. La desaparición de Villa durante el verano de 1916 se debió a que estaba recuperándose de una herida grave (que sufrió luchando con los carrancistas, no con los estadunidenses); y aunque la expedición llevó la guerra a Villa y quizá lo disuadió de futuras incursiones fronterizas, no podía vigilar Chihuahua de manera permanente; esa tarea correspondía sólo a los carrancistas. Los logros de la expedición (quizá el más destacado fue contribuir a la reelección de Wilson) deben cotejarse con los resentimientos que provocó —los cuales dieron fin al breve entendimiento entre Wilson y el carrancismo—, y el impulso que dio a la suerte y reputación de Villa. Tanto en su etapa activa inicial como en sus tribulaciones posteriores, la expedición dio a Villa la oportunidad de asumir el papel de patriota arriesgado, que eludía a los gringos entrometidos y desatinados.

Los efectos que la expedición provocó en México deben ubicarse en un medio más amplio. Además del dolor de cabeza que significó para el régimen de Carranza mientras luchaba por establecer su legitimidad, debe tenerse en cuenta que el villismo se extendió más allá de los límites de Chihuahua (a los cuales estaba reducida la expedición) y sobrevivió hasta mucho después de que Pershing se retiró. Tanto en lo espacial como en lo temporal, la expedición coincidió sólo de manera limitada con el villismo de tiempos recientes; y para

[202] De Patton a B. Patton, 25 y 28 de enero de 1917, Documentos Patton, caja 8.
[203] Clendenen, *United States and Pancho Villa*, p. 251; su explicación de los objetivos de la expedición es algo confusa.
[204] De Pershing a Crowder, 15 de junio de 1916, Documentos Pershing, caja 56. De ahí en adelante Pershing se mostró irritado por las restricciones impuestas a la expedición, que quitaban sentido a su presencia en México; anhelaba una solución "parecida a la que tomamos en Cuba" (de Pershing a Theodore Roosevelt y viceversa, 24 de mayo y 6 de junio de 1916, Documentos Pershing, caja 177; la frase es de Roosevelt). En vista de esas (y otras) opiniones intervencionistas, es difícil aceptar, según dice Smith en su libro citado, p. 67, que "no había muchas diferencias entre Wilson y sus críticos".

el villismo de esos años había cosas más trascendentes que el duelo insignificante con los norteamericanos. Por la época en que Villa atacó Columbus, varios destacamentos de villistas se habían desplegado desde el oeste de Chihuahua: Ceniceros regresó a La Laguna, para ayudar a su viejo aliado Contreras; Juan Vargas y Miguel Hernández fueron hacia Zacatecas; José Rodríguez y Carlos Almeida hacia Sinaloa; Uribe, Ocaranza y Pablo López se desparramaron por las sierras de Chihuahua y Durango.[205] Durante el invierno de 1915-1916, todos operaban en guerrillas, listos para reunirse en la primavera cuando las circunstancias fueran más propicias.

Cuando el invierno transcurría en la sierra y los estadunidenses reforzaban a los carrancistas en Chihuahua, el foco de la actividad rebelde cambió al sur, a Durango y La Laguna; el mismo contrapunto revolucionario de 1910-1911 y 1913. En ese año de 1915-1916, Contreras, Argumedo, Canuto Reyes, Domínguez y Bañuelos mantuvieron en ansiedad constante a los carrancistas: tomaron por poco tiempo y saquearon Gómez Palacio y Lerdo, en enero de 1916; casi toman Torreón; los sitios conflictivos de siempre —Cuencamé, Pedriceña, Yerbanis, Rodeo, San Juan del Río— estuvieron a merced de las escurridizas partidas villistas.[206] También cundieron en Zacatecas, en donde los carrancistas "reconocían que dominaba el villismo".[207] El gobierno envió tropas inmediatamente. La captura y ejecución de Benjamín Argumedo, el "león de La Laguna", uno de los veteranos revolucionarios con carrera más larga, fue duro golpe para los rebeldes. Luego, con la llegada de la primavera, las lluvias y la perspectiva de una buena cosecha de algodón, vino la calma y varios jefes rebeldes —Contreras, Ceniceros, Reyes— empezaron sus irónicas rondas de negociaciones con las autoridades.[208] Aunque se pensaba que "las demandas de Calixto Contreras y sus indios de Cuencamé... eran muchas", en la mayoría de los casos se llegó a un acuerdo, lo que dio un respiro a los rebeldes y al gobierno.[209] Se calculó que, al disminuir las campañas, en la primavera de 1916 "varios miles de soldados villistas... trabajaban en los campos algodoneros de La Laguna".[210] Rara vez duraban esos tratos. Canuto Reyes, después de rendirse y asegurar provisiones para sus hombres, se rebeló otra vez en junio.[211]

No bien se había pacificado La Laguna, los villistas de Chihuahua, menos urgidos por las exigencias de la época de siembra, se reunieron como habían planeado. Al salir de su cueva o el escondite donde había permane-

---

[205] Calzadíaz Barrera, *El fin de la División del Norte*, pp. 195-196.

[206] Williams, Torreón, 3 de diciembre de 1915 y 6 de enero de 1916; Coen, Durango, 22 de enero y 11 de febrero de 1916; SD 812.00/16965, 17237; 17205, 17294.

[207] Cobb, El Paso, 14 de abril; Rodgers, Ciudad de México, 19 de abril de 1916; SD 812.00/17854; 17925.

[208] *El Demócrata*, 2 de febrero y 2 de marzo de 1916; O'Hea, Gómez Palacio, 18 de abril y julio de 1916 (s. d.), SD 812.00/18141, 18853.

[209] Coen, Durango, 3 y 6 de mayo de 1916, SD 812.00/18141, 18157.

[210] Parker, Ciudad de México, 7 de abril de 1916, SD 812.00/17782.

[211] Coen, Durango, 15 de junio de 1916, SD 812.00/18435.

cido, Villa desmintió los numerosos informes sobre su muerte; estaba barbudo, cojeaba, usaba bastón y, cuando le era posible, se trasladaba en auto en vez de cabalgar.[212] Una serie de incursiones en los linderos de Jiménez culminaron (en julio de 1916) en un ataque a la ciudad que efectuaron 1000 villistas, "muchedumbre inmunda, medio desnuda y muerta de hambre, que parecían salvajes de los cerros". La guarnición carrancista, aunque contaba con el mismo número de hombres, no tenía espíritu para resistir; estaban desanimados, y su jefe, el general Ignacio Ramos, había muerto con todo su estado mayor en una emboscada villista. La guarnición huyó y los villistas entraron en masa en Jiménez. Habían terminado los días de ocupación ordenada. Saquearon la ciudad y mataron a los prisioneros carrancistas o los dejaron libres después de cortarles la oreja derecha. Por lo menos así dice la conseja, que achacaba las mutilaciones a Baudelio Uribe, uno de los jefes serranos más cercanos a Villa, al que se aplicó por eso el mote de "cortaorejas"; como para confirmarlo, los viajeros que venían de Torreón informaron meses después que habían visto soldados carrancistas, que regresaban del norte, con sólo una oreja. Mientras seguían las mutilaciones, el populacho aplaudía.[213]

A pesar de la cojera de Villa, sus tropas tenían que moverse. De Jiménez siguieron a Parral, donde rechazaron su ataque.[214] Luego de una pausa, varias columnas villistas empezaron a converger en la capital de Chihuahua; atacaron el 16 de septiembre y llegaron hasta el palacio de gobierno antes de que se pudiera expulsarlos.[215] Aunque los villistas no tenían municiones y vituallas suficientes, y no podían así tomar y retener todas las ciudades de la llanura, sí podían socavar el poder no muy sólido del gobierno en Chihuahua y poner en tela de juicio su legitimidad en el norte. El resurgimiento villista en Chihuahua alentó la rebelión en algunas guarniciones poco leales de Zacatecas.[216] Por otra parte, la situación de las tropas carrancistas era peligrosa: no tenían popularidad, estaban sin paga, mal vestidas, disminuidas por la deserción, aferradas a pueblos y ferrocarriles, incapaces de poner en práctica

[212] Atkin (*Revolution!*, p. 290) cita a la prensa estadunidense en relación con las diversas muertes que, supuestamente, había padecido Villa en 1916; no figura en su lista una a causa del veneno que le dio un artero doctor japonés y sobre la que Pershing informó a Carothers; 30 de agosto de 1916, Documentos Pershing, caja 40; un informe anónimo, Torreón, 3 de enero de 1917, FO 371/2959, 60652, describe el estado de Villa.

[213] O'Hea, Gómez Palacio, 11 de julio; Blocker, Piedras Negras, 7 de noviembre de 1916; SD 812.00/18811; 19763. Atrocidades como ésas no sólo están bien confirmadas, sino que tenían antecedentes; véase en Benjamin, "Passages", p. 125, la mutilación de los rebeldes chamulas por los tuxtlecos en 1911.

[214] Cobb, El Paso, 20 de julio de 1916, SD 812.00/18791.

[215] Cobb, El Paso, 18 de septiembre; Edwards, El Paso, 18 de septiembre de 1916, SD 812.00/19205, 19212; Taracena, *Verdadera revolución*, IV, p. 235. Entonces fueron Salazar y otros liberados de la prisión de Chihuahua.

[216] Caldwell, Zacatecas, 8 de enero de 1917, FO 371/2959, 41521; Cobb, El Paso, 25 de septiembre; Carothers, El Paso, 7 de noviembre de 1916; SD 812.00/19295; 19846 (sobre la escasez de provisiones de los villistas).

la ley marcial decretada en Chihuahua después del ataque a la capital.[217] Se dieron cuenta, como los federales en 1910-1911 y 1913-1914, de que era desastroso hacer la guerra a los rebeldes en las montañas. Así pues, no lo intentaban. Antes del ataque a Columbus, habían permitido a Villa moverse y acampar donde quisiera mientras se dirigía a la frontera.[218] Después del rechazo sufrido en la capital de Chihuahua, Villa se retiró con 500 hombres al cañón Santa Clara; los carrancistas enviados en su persecución —la mayoría gente del sur "llena de terror por Villa"— no pudieron avanzar.[219] Tampoco fue de ayuda para el estado de ánimo de los carrancistas la derrota sufrida por las tropas coahuilenses de Carlos Zuazua; arrojadas de La Laguna en un retroceso precipitado por el árido Bolsón de Mapimí, llegaron a su estado natal hambrientas, medio desnudas y jurando no volver a la lucha.[220]

Con una base en la sierra —incómoda pero segura— Villa podía incursionar como le placiera. Al finalizar 1916, mientras deliberaba en Querétaro el Congreso Constituyente (escenario que a menudo se presenta como ejemplo del sereno arte de gobernar), Jacinto Treviño, comandante carrancista en Chihuahua, estaba con su desmoralizada guarnición confinado a la capital, discutiendo con los suyos y dando vía libre a Villa en la sierra, desde donde éste se ocupaba en instalar autoridades afines en Guerrero, San Isidro, Minaca, Temósachic (nombres y modo de actuar salidos directamente de 1910), y en reclutar por la fuerza. Podía también hacer incursiones relámpago, con las que tomó, en noviembre de 1916, Santa Rosalía, Jiménez y Parral (por segunda vez).[221] Poco tiempo después, las tropas del gobierno entraban a esos pueblos (pocas veces los recuperaron a fuerza y sangre) y consiguieron rechazar una vez más a Villa en Chihuahua cuando terminaba el mes. Se aclamaron esas victorias como decisivas: el ataque villista a Chihuahua fue "un gran fracaso", que dejó a Villa con sólo un puñado de hombres; fue un "rechazo decisivo y final"; un "golpe tremendo" al villismo.[222] Pasado un mes, Villa volvió, tomó la capital de Chihuahua y Torreón, puntos estratégicos para el norte de México. Lo ocurrido en Torreón tenía reminiscencias de 1911. Como los federales aquel año, los carrancistas se retiraron con prisa vergonzosa, incluso abandonando a algunos de sus hombres en las trincheras, a medida que se aproximaba el ejército andrajoso de Villa. Hubo un "breve reinado de terror": murieron algunos chinos y sirios, e "inevitablemente los 'pelados' arrasa-

---

[217] Carothers, El Paso, 13 de julio; Cobb, El Paso, 25 de septiembre y 3 de octubre de 1916; SD 812.00/18716; 19295; 19403; de Patton a "Papá", 20 de septiembre de 1916, Documentos Patton, caja 8.

[218] Calzadíaz Barrera, *El fin de la División del Norte*, p. 198; Cobb, El Paso, 8 de marzo de 1916, SD 812.00/1736.

[219] Pershing, 30 de septiembre de 1916; Cobb, El Paso, 24 de octubre de 1916; SD 812.00/19416; 19630.

[220] Blocker, Piedras Negras, 14 de octubre de 1916 (dos veces), SD 812.00/19529, 19583.

[221] Carothers, El Paso, 1°, 3 y 6 de noviembre de 1916, SD 812.00/19719, 19734, 19749.

[222] *El Demócrata*, 25 de noviembre de 1916; Edwards, El Paso, 27 de noviembre de 1916, SD 812.00/19966.

ron con los almacenes inmediatamente".²²³ Después de esa arremetida, los villistas se retiraron y dejaron a Torreón "temblando de temor por la visita".²²⁴ Las consecuencias de esos dos golpes villistas no repercutieron sólo en los alrededores; se estremecieron los constituyentes de Querétaro y, a pesar del silencio de la prensa oficial, llegaron noticias del resurgimiento de Villa, que alentaron el reclutamiento en otros lugares; en el terruño de Toribio Ortega cerca de Ojinaga, por ejemplo.²²⁵

Así siguieron las cosas en 1917, mientras la campaña del norte se convertía en un duelo obstinado entre Villa y Francisco Murguía, duro y corrupto, pero capaz. Una y otra vez Murguía sacaba a los incursionistas villistas de los pueblos de las tierras bajas (en general, las ocupaciones duraban pocos días u horas; no tenían otro propósito que conseguir comida, dinero y reclutas, y dejar mal parado al gobierno); una y otra vez se informaba de esas escaramuzas como grandes triunfos. En marzo de 1917, Villa había sido "derrotado completamente" cerca de su antiguo pueblo, San Juan del Río; de ahí que hubiera quedado "eliminado, para ahora y siempre, como líder".²²⁶ Pero también una y otra vez las persecuciones de los carrancistas eran ineficaces o resultaban un fracaso, como cuando Murguía, que perseguía a Villa al oeste de Parral y lo creía vencido, cayó en una emboscada muy bien preparada cerca de Reforma;²²⁷ malherido, retrocedió a Parral, luego a Jiménez y Chihuahua. Osciló el péndulo y pocos días después Villa estaba a las puertas de la ciudad, aunque esta vez no se le permitió entrar.²²⁸ El gobierno tuvo un respiro cuando llegó Joaquín Amaro con gran cantidad de refuerzos; grupos desperdigados de villistas se dirigieron a las montañas o consiguieron trabajo en las minas que empezaban a recuperarse lentamente.²²⁹ Asomó otro falso amanecer: en marzo de 1917, un observador aventuró que "la actividad militar [era] cosa del pasado en Chihuahua". Casi en seguida, Villa tomó Ojinaga con la esperanza de conseguir municiones al otro lado de la frontera y tal vez apoyo local; no pudo retener el puesto, pero lo tomó una vez más ese mismo año.²³⁰

Escaramuzas e incursiones menores se sucedieron en 1917-1919.²³¹ Ade-

²²³ O'Hea, Gómez Palacio, 11 de enero de 1917, FO 371/2959, 45121.

²²⁴ *Ibid.*, y anónimo, Torreón, 3 de enero de 1917, FO 371/2959, 60652.

²²⁵ Taracena, *Verdadera revolución*, V, pp. 27-28; DDCC, II, pp. 39 y 101 (poco común alusión de un carrancista a la caída de Torreón y al silencio de la prensa cuando esto ocurría); cónsul carrancista, Presidio, 25 de diciembre de 1916, AVC, sobre el resurgimiento de Ojinaga.

²²⁶ Coen, Durango, 6 de marzo; Blocker, Piedras Negras, 14 de marzo de 1917, SD 812.00/20638; 20649.

²²⁷ Taracena, *Verdadera revolución*, V, pp. 59-60.

²²⁸ Cobb, El Paso, 16 y 17 de marzo; Carothers, Cobb, El Paso, 28 de marzo y 1º de abril de 1917; SD 812.00/20658, 20664; 20724, 20734.

²²⁹ Cobb, El Paso, 17 de abril y 3 de mayo; Edwards, El Paso, 30 de abril de 1917, SD 812.00/20801, 20877; 20857.

²³⁰ Edwards, Juárez, 23 de mayo; Cobb, El Paso, 15 de noviembre de 1917; SD 812.00/20933, 20958; 21462; Taracena, *Verdadera revolución*, V, p. 177.

²³¹ El servicio militar secreto de los Estados Unidos informaba de incidentes como ésos "casi

más, Villa reunía cantidad considerable de tropas (1 000 o 2 000) para atacar los pueblos más grandes. Parral cayó en julio de 1917 y en junio de 1918; en el invierno de 1918-1919 cayeron Jiménez (dos veces y casi de manera inmediata), Moctezuma, Ahumada y Santa Eulalia; en la primavera de 1919, Villa (Ángeles estaba otra vez a su lado) reunió una fuerza bien equipada con la que tomó Parral y ocupó buena parte de Ciudad Juárez, hasta que tropas estadunidenses las desalojaron.[232] Era una guerra sucia, sin término. La deserción agobiaba a los carrancistas, que se comportaban casi como los federales lo habían hecho antes; después de la exitosa defensa de Chihuahua, en 1917, Murguía ordenó el ahorcamiento "al por mayor" de prisioneros villistas y sus simpatizantes.[233] El comportamiento de éstos no era mejor. Se decía que, para ahorrar municiones, Villa ordenó decapitar a los carrancistas y, ciertamente, cuando ocupaba brevemente los pueblos, se sucedían ejecuciones de enemigos personales: la familia González, de Jiménez; un anónimo "ciudadano bien conocido" de Santa Eulalia; y, en especial, los miembros de la familia Herrera, villistas leales en otro tiempo pero ahora sus enemigos declarados.[234] Después de la toma de Torreón, en enero de 1917 fue ejecutado Luis Herrera —quien, a la muerte de su hermano Maclovio, había ocupado su lugar—; colgaron el cuerpo en la estación de ferrocarril y le pusieron un billete de un peso en una mano y en la otra el retrato de Carranza. Seis meses después, en la caída de Parral, fue capturado y colgado su hermano Ascensión; Villa declaró que "mataría a toda la familia Herrera. Casi había terminado con ellos, excepto el padre y un hermano que era alcalde de Ciudad Juárez".[235] Esa violencia selectiva tenía efectos prácticos. En 1919, cuando las autoridades quisieron cercar la ciudad de Chihuahua con alambre de púas, la Cámara de Comercio se negó a pagar la cuenta, porque eso la convertiría en blanco principal de la ira de Villa.[236]

El péndulo siguió oscilando (Villa descendió a la llanura, los carrancistas, vacilantes, se rehicieron, lo sacaron de las ciudades dolidas y lo empujaron a la sierra), pero, gradualmente, su oscilación fue menos amplia. El alcance y la crueldad de la lucha no podían ser sostenidos. A pesar de lo deslucido de sus tropas y de la tendencia a desertar, los carrancistas podían contar con buena cantidad de mercenarios a quienes no siempre faltaban municiones.

todas las semanas" (Clendenen, *United States and Pancho Villa*, p. 307); Dale, Chihuahua, 10 de mayo de 1918, FO 371/3244, 97566, informó que el estado estaba en "total anarquía y caos" (con algo de hipérbole consular), y acerca de los ubicuos grupos de defensa locales.

[232] Clendenen, *United States and Pancho Villa*, pp. 309-312.

[233] Se informó también que Murguía mandó ejecutar a más de 40 oficiales coludidos con Villa (Cobb, El Paso, 5 de abril y 1º de mayo de 1917, SD 812.00/20754, 20861).

[234] Taracena, *Verdadera revolución*, V, p. 60; O'Hea, Gómez Palacio, 2 de octubre de 1918; Dale, Chihuahua, 23 de enero de 1919; FO 371/3247, 187177; 3827, 33183.

[235] Informe anónimo, Torreón, 3 de enero de 1917, FO 371/2959, 60652; Coen, San Antonio, 26 de julio de 1917, SD 812.00/21159.

[236] Dale, Chihuahua, 31 de enero de 1919, FO 371/3827, 38516, quien menciona también deserciones carrancistas.

Pero Villa tenía ambos problemas. Debía secuestrar, robar o conseguir del enemigo casi la mitad de sus municiones.[237] Desde 1916 fue común ver un ejército villista medio armado —muy diferente al profesional y bien equipado de 1914—.[238] Más importante aún, a Villa le faltaba gente. Sus oficiales seguían muriendo. Pablo López, el de la matanza de Cusi, fue ejecutado en 1916; el Güero Martín, su hermano —quien había estado con Villa desde los 12 años y al que éste veía "casi como un hijo"—, murió en 1919; Uribe, el que cortaba orejas, pereció luchando contra la fuerza defensiva de una hacienda en 1917; Ángeles, quién volvió a México a fines de 1918, fue capturado un año después, juzgado en corte marcial (tributo a su distinción y respetabilidad; a los villistas comunes se les mataba sin demora) y ejecutado por un pelotón de fusilamiento en noviembre de 1919.[239]

La base popular de Villa se había atrofiado. Aunque los "pelados" de Chihuahua no querían a Carranza, a sus oficiales sobornables ni a su soldadesca indiferente pero rapaz, se dieron cuenta de que poco ganarían apoyando a Villa.[240] Aplaudían la audacia y brutalidad villistas, aprovechaban sus ataques para saquear, pero no se ofrecían a luchar por Villa (por eso la leva villista siguió siendo esporádica) y se unían a las fuerzas de defensa locales, que proliferaron en Chihuahua y tuvieron bastante éxito.[241] No era posible extirpar el villismo, pero ya no lo alentaba la gran marea popular que lo impulsó en 1913-1915. Observador perspicaz, O'Hea informó: "en esta parte de la República mexicana no existe ya la misma facilidad para rebelarse contra el gobierno central que causaba esos disturbios en años anteriores". Pero eso no significaba que la situación fuera satisfactoria; al contrario, escaseaban los alimentos (aun los rebeldes estaban "medio hambrientos"), "la miseria y el sufrimiento" eran casi totales.[242] No salió de ahí la rebelión, sino la apatía total que dominó a "gente... cuyo ánimo está deshecho y no se hace ya ilusiones respecto a los beneficios que se pueden conseguir con las rebeliones" (resultado que coincide con alguna teoría general).[243]

La insurgencia popular de 1910-1911 y 1913-1914 dio paso a la inmovilidad popular de 1916-1920 que se distingue, por ejemplo, en el cambio estacional del patrón de la guerra, el cual atravesó por tres etapas. En los primeros años de la Revolución, la estación de siembras y cosechas, el verano, era periodo en que se reducía la actividad militar porque los campesinos regresaban a sus labores; las grandes campañas se hacían usualmente entre noviembre y

---

[237] Clendenen, *United States and Pancho Villa*, p. 309 (aunque la fuente no es impecable).

[238] Por ejemplo, Funston, 24 de octubre de 1916, SD 812.00/19819.

[239] Taracena, *Verdadera revolución*, V, p. 103; VI, p. 146; Gavira, *Actuación*, pp. 201-204; Casasola, *Historia gráfica*, II, pp. 1342-1343; Calero, *Un decenio*, pp. 224-228.

[240] De Murguía a Carranza, 13 de diciembre de 1916, en Cumberland, *Constitutionalist Years*, pp. 324-325.

[241] Véanse pp. 710-804.

[242] O'Hea, Gómez Palacio, 4 de enero de 1918, FO 371/3242, 30946.

[243] *Cf.* Barrington Moore, *Injustice. The Social Bases of Obedience and Revolt*, Londres, 1978, pp. 73 y 78-80.

abril.²⁴⁴ No hay patrón en 1914-1915, años de más profesionalismo militar, cuando los ejércitos no tenían ya esas limitaciones. Después de 1915 el villismo y los movimientos afines siguieron un patrón diferente, aunque también ligado al ciclo agrícola. Alguna de su gente conseguía trabajo en el verano (como en los campos algodoneros de La Laguna), pero la parte medular seguía siendo "profesional", alejada de la vida de pueblos y haciendas; para ella el verano era tiempo de hacer campaña pues las condiciones climáticas la favorecían y, aunque carecía de una comisaría eficiente, no le faltaban alimento y forraje.²⁴⁵ Las campañas seguían, pues, el patrón de los ejércitos mercenarios, dinásticos, de la Europa preindustrial. De ahí que la escasez y la sequía tuvieran por lo menos el efecto secundario, benéfico, de inhibir la actividad militar, y que una buena cosecha significara oportunidad e incentivo; se invirtieron así los imperativos estacionales de 1910-1913 y 1916-1920.²⁴⁶

Mortandad, desgaste militar, escasez y fatiga de guerra desalentaron la lucha, pero no la extinguieron. La contienda siguió alimentada por viejos rencores, como el odio de Villa por Carranza; se supone que Villa dijo: "¡seguiremos luchando hasta que cuelgue de un árbol don Venustiano!"²⁴⁷ La lógica de la Revolución, que creó y acentuó esos cismas, impidió que hombres orgullosos como Villa o Leocadio Parra aceptaran la derrota y se rindieran. Pero el orgullo y el rencor no podían mantener la guerra civil indefinidamente. El estado de ánimo de la gente (ejemplificado por villistas que cambiaban sus revólveres por picos y palas para trabajar en las minas de Villa Ahumada) puso límites al costoso interés de los caudillos en su honor personal.²⁴⁸ Así pues, aunque no daba señales de acabar del todo, la lucha disminuyó poco a poco, cayendo a veces, al parecer, en una rutina que servía para satisfacer el honor, conservar la reputación y de paso conseguir ganancias.²⁴⁹ Por último, en 1920, con otro giro de la historia, la lógica de la Revolución dio a Villa y otros jefes menores la oportunidad de llegar a la paz con honor, oportunidad que aprovecharon sin dudar y solucionó súbitamente la prolongada discordia militar de 1916-1920.²⁵⁰

Los zapatistas y otros

Habría sido posible controlar mejor las campañas de Villa en el norte, si hubieran sido un fenómeno militar aislado. Pero en esos años había guerrillas

---

²⁴⁴ Véanse pp. 397, 473 y 524.
²⁴⁵ O'Hea, Gómez Palacio, 4 de enero de 1918, FO 371/3242, 30946.
²⁴⁶ Hanna, Monterrey, 23 de septiembre de 1916, SD 812.00/19262.
²⁴⁷ Taracena, *Verdadera revolución*, V, p. 85.
²⁴⁸ Cobb, El Paso, 3 de mayo de 1917, SD 812.00/20877.
²⁴⁹ La rutina —y sus concomitantes: el soborno y la corrupción— era menos evidente en Chihuahua que en otras partes; la guerra contra Villa, sobre todo si la dirigía Murguía, era muy exigente.
²⁵⁰ Véanse pp. 667-668.

parecidas a las de Chihuahua en casi todo el país. En cada caso, los triunfos carrancistas de 1915 debilitaron y dividieron la oposición provocando una ola de deserciones, rendiciones y derrotas. Pero llegado 1916, mientras Villa y Zapata seguían en campaña, muchas bandas rebeldes menores se reanimaron y empezaron a luchar contra el régimen de Carranza, acrecentando los problemas militares que lo acosaban. Los observadores extranjeros opinaban que, como individuos e incluso como colectividad, no tenían capacidad para arrebatar el control del gobierno nacional a Carranza ni eran opción nacional razonable, pero eran tenaces y podían menoscabar la capacidad de gobierno del régimen.

En esos años pueden distinguirse tres tipos de movimientos guerrilleros: primero, vigoroso aún, el de los sobrevivientes de las primeras rebeliones populares (con frecuencia agraristas) en el centro y algunas partes del norte; segundo —en el sur y el centro—, las campañas defensivas, autonomistas, de origen más reciente, y tercero, el bandolerismo endémico, que, en el centro y el occidente, se convirtió en problema militar sin precedentes. En general, los miembros del primer grupo se decían zapatistas o villistas; los del segundo, felicistas. Como en años anteriores, esas etiquetas eran con frecuencia superficiales o falsas. Cuestión diferente era el linaje. El felicismo y bandolerismo del oeste y centro eran producto de la Revolución o de reacciones contra ella, cuya genealogía no se remontaba más allá de 1914. Por el contrario, un rasgo distintivo del primer grupo era la continuidad de patrones regionales-personales, morfológicos, establecidos cinco años antes, al comienzo de la Revolución. Esos sectores que habían empezado la Revolución contra Díaz y habían contribuido más a la caída de Huerta eran los nudos más duros de resistencia al carrancismo.

Naturalmente, tal como en el villismo tardío, hubo cambios: en el liderazgo, porque los viejos cabecillas habían muerto; en el ambiente político, porque la fatiga de guerra del pueblo y, a veces, el comportamiento arbitrario de los rebeldes distanciaba a los aliados de otro tiempo. No obstante, el apoyo popular, reforzado por la antipatía popular hacia los carrancistas, era lo bastante fuerte como para que las guerrillas mantuvieran luchas prolongadas contra el régimen, y éste se encontró, irónicamente, en la misma situación que sus viejos enemigos —los ejércitos federales de Díaz, Madero y Huerta— en luchas onerosas y campañas contrainsurgentes en apariencia interminables, en el campo. El ministro británico había aconsejado a Huerta proteger —como los británicos habían hecho en la guerra de los bóers— su red ferroviaria con fortificaciones; tiempo después, los carrancistas aprovecharon la recomendación.[251] En Morelos, el carrancista González siguió los pasos del huertista Robles y quizá lo superó.[252] Aunque no pudieran ganar, los rebeldes popula-

---

[251] De Paulino Fontes a H. P. Fletcher, 17 de septiembre de 1918, Documentos Fletcher, Library of Congress, caja 5.
[252] Womack, *Zapata*, p. 268.

res de 1915-1920 impusieron los términos bajo los cuales debía gobernar el nuevo régimen.

Me he referido ya a los sucesos de La Laguna y a Chihuahua como el polo principal de la rebelión norteña. A mediados de 1915, los villistas se retiraron, barrieron con el estado, lo dejaron más tranquilo pero en bancarrota. A su zaga llegaron los carrancistas: a fines de octubre de ese año Murguía avanzó desde el este y tomó Parras, Viesca, San Pedro, Torreón y —vale la pena hacer constar— Cuencamé. Contreras, jefe de Cuencamé, parecía vencido (varios miembros de su familia estaban prisioneros); los Arrieta habían bajado de la montaña y tomado Durango en nombre de Carranza.[253] Pero ese relevo carrancista fue ilusorio. En el invierno de 1915-1916 destacaron otra vez viejos actores y movimientos. Argumedo, Ceniceros y Contreras, una vez más a la cabeza de bandas rebeldes, desafiaron al carrancismo en Yerbanis, Pedriceña, Cuencamé y, al noroeste, Rodeo y San Juan del Río. Como sus otrora aliados villistas del norte, los rebeldes de La Laguna reunieron grandes ejércitos para atacar pueblos importantes (Contreras tenía 3 000 para atacar Gómez Palacio y Lerdo en enero de 1916), pero se desintegraron en poco tiempo, porque los rebeldes carecían de interés y capacidad para organizar grandes ataques convencionales contra posiciones fijas. Cuando llegaron los refuerzos carrancistas, los rebeldes se dispersaron en las tierras altas de Rodeo y San Juan del Río, donde abundaba el forraje y la persecución era reticente e ineficaz.[254] Variaba mucho el número de tropas, aun cuando supongamos que los informes estén en lo correcto. A principios del verano de 1916, en la calma de la estación, cuando empezaron las negociaciones con el gobierno, Ceniceros, Contreras y Reyes tenían sólo entre 600 y 800 hombres acampados en San Juan del Río.[255] Las negociaciones se parecían a las de 1912: los rebeldes querían conservar armas y conseguir puestos en el gobierno estatal. Las demandas de Contreras parecían excesivas; durante el verano, Reyes coqueteó con las autoridades, pero no llegó a un acuerdo definitivo.[256] Mientras muchos de sus hombres volvieron a trabajar en las haciendas algodoneras, el movimiento militar se redujo a atacar a los trenes que atravesaban La Laguna.[257] A pesar de la calma, era evidente que los rebeldes aún tenían apoyo local, especialmente en los alrededores de Cuencamé; en otras zonas, San Juan del Río por ejemplo, su dominio era total.[258]

En el invierno, mientras Villa salía de Chihuahua hacia el sur y las tierras de La Laguna quedaban en barbecho, las bandas rebeldes empezaron a jun-

[253] Obregón, *Ocho mil kilómetros*, pp. 442-446.
[254] Williams, Torreón, 3 de diciembre de 1915; Coen, Durango, 30 de abril de 1916; SD 812.00/16965; 18157.
[255] Coen, Durango, 3 de mayo de 1916, SD 812.00/18141.
[256] Coen, Durango y San Antonio, 3 de mayo y 13 de junio de 1916, SD 812.00/18141, 18488.
[257] Coen, Durango, recibido el 29 de agosto de 1916, SD 812.00/19042.
[258] *Ibid.*, y 30 de abril de 1916, SD 812.00/18157; Reece, Cuencamé, 18 de septiembre de 1916, SD 812.00/19468.

tarse para atacar Torreón, lo que hicieron en enero de 1916. En esta estación, los hostigados administradores de las haciendas recibieron otra vez a sus viejos conocidos. Contreras y Argumedo regresaron a la hacienda de San Fernando (cuartel del primero en 1913-1914); puesto que volvían derrotados, su humor era más mezquino, pero un ex peón de la hacienda, coronel en las fuerzas de Argumedo, saludó al administrador con un cálido abrazo.[259] Al invierno siguiente, cuando los rebeldes volvían a hacer campaña en las tierras bajas, se suspendió la sentencia a dos peones de una hacienda cerca de Viesca (complicados en el ahorcamiento de unos peones del lugar que habían hecho los carrancistas), "porque muchos hombres de la misma hacienda estaban entre los villistas, quienes persuadieron a las autoridades [rebeldes] para que los dejaran ir".[260]

Un conflicto de esa naturaleza (ejército regular, desmoralizado y estático, pero bien pertrechado, contra guerrillas más audaces y móviles, sin armas pero relacionadas estrechamente con la gente del campo) estaba destinado a ser largo y no tener conclusión. Así como los rebeldes no podían tomar y retener Torreón o Lerdo, tampoco podía hacerlo el gobierno con San Juan del Río o Rodeo. Si acaso, podían incursionar, saquear y devastar sus bases respectivas, y en eso salían perdiendo los pacíficos. Era una guerra de desgaste, pero su ritmo disminuía. Los abusos carrancistas aseguraban a los rebeldes la simpatía popular, pero eso no inclinaba la balanza militar a su favor.[261] Y aunque el ejército carrancista fuera ineficaz y depredador, seguiría adelante "mientras el gobierno [pudiera] repartir aunque fuera una ración miserable a sus tropas medio famélicas".[262] Las pérdidas podían suplirse casi de manera indefinida. Pero a medida que el hambre, la enfermedad y el desempleo aumentaban, los rebeldes no tenían esas fuentes de reserva. La mortandad también alcanzó a sus jefes: Argumedo, "general de gran valor y buen estratega", fue herido, hecho prisionero y fusilado a principios de 1916; más tarde, en ese mismo año, murió Calixto Contreras a causa de sus heridas (aunque el gobierno ofreció por él buena recompensa, nunca apareció su cadáver); Tiburcio Cuevas murió en Llano Grande. Lucio Contreras ocupó el liderazgo de las fuerzas de su padre y, como Canuto Reyes, seguía levantado en armas y causando grandes problemas en 1918.[263]

Por ese entonces había tranquilidad en La Laguna; la gente se ocupaba en conservar su trabajo en las haciendas algodoneras, evitar los estragos de la enfermedad (aquel fue el año de la fiebre española) y ganar lo suficiente

[259] H. Potter en Williams, Torreón, 6 de enero de 1916, SD 812.00/17237.
[260] Informe anónimo desde Torreón en Hanna, Monterrey, 12 de enero de 1917, SD 812.00/20271.
[261] "No hay dudas de que en esta ciudad [Durango] y los alrededores, el pueblo está totalmente contra los carrancistas, es decir, los militares. Lo han robado y robado y vuelto a robar" (Coen, Durango, 30 de abril de 1916, SD 812.00/18157).
[262] O'Hea, Gómez Palacio, 4 de enero de 1918, FO 371/3242, 30946.
[263] Coen, Durango, 11 de febrero y 1º de marzo (s. d.), recibido el 29 de agosto de 1916, 16 de febrero y 6 de marzo de 1917, SD 812.00/17294, 17337, 19042, 20545, 20638; Taracena, *Verdadera revolución*, V, pp. 113-114 y 135.

para pagar los inflados precios de los alimentos. Fue, pues, paz romana lo que descendió sobre La Laguna a fines de 1918; eso no significaba que el pueblo estuviera satisfecho con el gobierno o que lo apoyara. La gente de La Laguna rezaba a sus antiguos dioses y recordaba triunfos aún frescos; su pasividad, "en absoluto significa que... no odien o desprecien al régimen actual o hayan dejado de pensar en Villa como en un ídolo...; probablemente su jefe ocupa en su imaginación y en sus corazones un lugar parecido al que ocupa Zapata entre la gente más pobre del sur, y recuerdan con nostalgia los días en que —antes de que el país estuviera exhausto— Villa les daba dinero e impartía cierta justicia primitiva.[264]

También en San Luis Potosí parecía que las victorias carrancistas de 1915 habían condenado al olvido a los Cedillo y sus compañeros villistas. A fines de año los carrancistas hicieron "grandes avances" al este de San Luis Potosí. Alberto Carrera Torres, que perdía muchos hombres por la deserción, se unió a los Cedillo en su cuartel de Ciudad del Maíz; se pensó que podrían llegar a un acuerdo con el gobierno.[265] Pero —por lo menos durante varios años— no se les aniquiló ni cooptó. Las tropas de Cedillo disminuyeron y sus grandes campañas se redujeron a guerrillas, cosa que les acomodaba, porque "conocen bien el territorio donde operan y cuando los ataca una fuerza mayor, se dispersan en pequeñas bandas y se esconden en las montañas".[266] Sobrevivieron, pues, durante el invierno de 1915-1916; en la primavera había aún alrededor de 1 000 rebeldes en el árido este potosino, en su mayoría mal armados, divididos en grupos de menos de 200.[267] No fue ésa decadencia inexorable; se frenó la desintegración y los Cedillo y sus aliados volvieron por sus fueros. A lo largo de 1916-1917 se informó que los *"banditti [sic]* crearon el reino del terror entre San Luis Potosí y Tampico"; la línea del ferrocarril que unía ambas ciudades (muy importantes porque transportaban hombres y abastecimiento desde el Golfo hasta el norte) fue constantemente atacada. El Valle del Maíz fue área prohibida para las tropas carrancistas.[268] El calificativo *"banditti"* era de esperar, pero no se justificaba. El compromiso agrarista de los Cedillo era antiguo; todavía lanzaban manifiestos pomposos e indignados en nombre del "Ejército Convencionista del Centro", acusando justificadamente a Carranza y su "banda de Iscariotes" de complicidad con los caciques y terratenientes, y convocando a la reforma agraria genuina y general.[269]

[264] O'Hea, Gómez Palacio, 1º de octubre de 1918, FO 371/3247, 183112.

[265] Bonney, San Luis, 8 de noviembre; Bevan, Tampico, 11 de noviembre de 1915; SD 812.00/16779, 16813. Obregón (*Ocho mil kilómetros*, p. 432) afirma que se hizo un trato con los Cedillo, que éstos rompieran después.

[266] Bevan, Tampico, 11 de noviembre de 1915, SD 812.00/16813.

[267] Así, por ejemplo, Magdaleno Cedillo tenía 200 en Cerritos, Saturnino 180 al norte de San Bartolo (Bonney, San Luis, 29 de marzo de 1916, SD 812.00/17730).

[268] Garret, Nuevo Laredo, 20 de septiembre de 1916, SD 812.00/19239; Falcón, *Cedillo*, pp. 128-129.

[269] Manifiesto del Ejército Convencionista del Centro, Ciudad del Maíz, 16 de agosto de 1916, AVC.

En cuanto al número de hombres con que contaban, los informes varían (esa variedad es producto de cambios reales y también de errores inevitables). Los 400 registrados en la primavera de 1916 aumentaron a 800 en el otoño. Cuando "lograron infestar totalmente" su distrito en 1917, había más de 3000, aunque eran "hombres barbudos, de pelo largo, medio desnudos".[270] El apoyo de la localidad les era imprescindible para sobrevivir: "el sentir de la gente está a favor de los bandidos de las montañas. Cuando llegan a sus refugios de la montaña dejan sus armas y cada miembro de la banda regresa a su casa hasta que llega el momento oportuno, como cuando sus jefes planean otras incursiones".[271] Aun así, los peligros eran grandes. Cleofas Cedillo fue asesinado en 1915; Alberto Carrera Torres fue capturado y fusilado a principios de 1916; Homobono y Magdaleno Cedillo murieron en 1917.[272] Aunque la muerte de Saturnino fue igual, ocurrió 20 años después; lo que entre tanto esperaban él y los de su clase —quizá no conscientemente— era una apertura política mediante la cual pudieran reintegrarse a la revolución "oficial", victoriosa, sin que tuvieran que sacrificar sus intereses y partidarios locales. Una apertura como ésa debía producirse en el exterior, en la misma revolución oficial; cabecillas locales como los Cedillo no podían tomar la iniciativa, sino esperar los acontecimientos. Cuando una elección gubernamental dividió a la élite carrancista en la vecina Coahuila en 1917, se creyó que Cedillo estaba alineado con Luis Gutiérrez, disidente principal —plebeyo carrancista inculto con conexiones potosinas pero, al fin, revolucionario "oficial", tras el cual un aliado podía conseguir cierto reconocimiento oficial—.[273] Nada resultó. En 1920, durante otro cisma carrancista grave, se permitió a Saturnino reingresar, de manera providencial, en la revolución nacional bajo condiciones que él y sus partidarios leales podían tolerar.

Morelos es ejemplo típico de esa práctica. Es un caso que a menudo se piensa excepcional, pero en él se presentan las mismas características: extraordinario vigor revolucionario mantenido desde 1911 hasta 1920; resistencia tenaz a la represión carrancista; cambio necesario de campañas convencionales a guerrilla, y búsqueda de aliados y contactos que permitieran al movimiento seguir en procura de sus objetivos bajo la égida del nuevo régimen. Hasta mediados de 1915, la posición de los zapatistas en Morelos era inexpugnable: "LOS PUEBLOS CLAMAN REVOLUCIÓN".[274] Pero como otros movimientos anticarrancistas, el zapatismo dependía del contrapeso que significaba Pancho Villa en el norte y, mientras el villismo declinaba, los zapatistas se vie-

---

[270] Garret, Nuevo Laredo, 23 de octubre de 1916; Dawson, Tampico, 7 de diciembre de 1917; SD 812.00/19681; 21557; Falcón, *Cedillo*, p. 130.

[271] Blocker, Eagle Pass, 11 de octubre de 1916; Dawson, Tampico, 7 de diciembre de 1917; SD 812.00/21557; el segundo informa que la influencia de los Cedillo en el campo se notaba más por "la actitud amistosa de la población civil".

[272] Ankerson, *Saturnino Cedillo*, p. 145; Taracena, *Verdadera revolución*, V, p. 173; Cockcroft, "El maestro de primaria".

[273] Informe de la frontera, 6 de septiembre de 1917, SD 812.00/21254.

[274] Womack, *Zapata*, título del capítulo octavo.

ron forzados a pasar a la defensiva. En agosto de 1915 las tropas carrancistas al mando de Pablo González ocuparon de una vez por todas la Ciudad de México; en noviembre, derrotado Villa, se planeó una campaña "definitiva" contra Zapata.[275] En Puebla y en Hidalgo, la ruleta revolucionaria giró con el viento y llegó a acuerdos con los carrancistas.[276] Ésas no fueron necesariamente traiciones (también el zapatismo hizo acuerdos cinco años después); en 1915, se presionó a los débiles (también a los oportunistas) para que cedieran, pero los zapatistas eran aún muy orgullosos y fuertes como para ceder. No obstante, la influencia del carro político debilitó a los rebeldes morelenses. Otros acuerdos permitieron a los carrancistas apretar el dogal en Morelos; nuevos reclutas zapatistas "comisionados en bandada" y enviados a las guarniciones al norte del estado, desertaron cuando se les aseguró la amnistía; el temor a la deserción y la delación provocó conflictos entre los generales de Zapata. Rumores de traición reavivaron la antigua pugna entre Pacheco y De la O: Pacheco criticó las sospechas de De la O y evacuó Huitzilac para mostrar su descontento; con ello dio lugar a que los carrancistas avanzaran casi hasta Cuernavaca. Por eso las tropas de De la O fusilaron a Pacheco cuando lo capturaron, en marzo de 1916.[277]

Pero en lo militar, los zapatistas eran todavía poderosos porque combatían en su territorio. A fines de 1915 el avance carrancista se detuvo y se lanzó el contraataque zapatista en el Estado de México, Puebla y el Distrito Federal. En el suroeste, De la O rechazó un movimiento carrancista a través de Guerrero, los obligó a retroceder hasta su base en Acapulco y atacó la costa grande, con lo que dejó "muy debilitados" a los carrancistas en ese estado.[278] Pero la movilidad no era suficiente para contrarrestar la superioridad —en hombres y municiones— de los carrancistas. Los ataques terminaron porque era escaso el suministro de municiones de manufactura casera que tenían los zapatistas, mientras los carrancistas, con su henequén y su petróleo, podían alimentar en campaña un ejército de 30 000 hombres, poco motivados pero bien armados.[279] En abril-mayo de 1916, en un ataque combinado que incluía apoyo aéreo, los carrancistas se abrieron paso en Morelos y tomaron las localidades más pobladas: Cuautla y Cuernavaca (que parecían tiraderos de basura, según la prensa); los rebeldes quedaron sólo con el control de Jojutla y Tlaltizapán, cuarteles de Zapata.[280]

Como el villismo, el zapatismo cambió de lo convencional a la guerrilla. Su dotación de 20 000 hombres se redujo a 5 000 al finalizar 1916, dividida

---

[275] *Ibid.*, pp. 244 y 248. Como se recordará, Huerta trató de extinguir la revolución suriana antes de enfrentarse al reto, más severo, en el norte; los carrancistas no cometieron ese error: dejaron de lado a Zapata hasta que derrotaron a Villa.

[276] Schryer, *Rancheros of Pisaflores*, p. 75; *Historia de la Brigada Mixta Hidalgo*, pp. 15 y 103.

[277] Womack, *Zapata*, pp. 248-249 y 252.

[278] Edwards, Acapulco, 25 de enero de 1915, SD 812.00/17256 (De la O tenía 3 000 hombres).

[279] Womack, *Zapata*, pp. 247 y 253.

[280] *Ibid.*, p. 253; *El Demócrata*, 15 de mayo de 1916.

en grupos de 100 o 200. Sus bases estaban en remotos campamentos de la montaña y los hombres "íntimamente familiarizados con el terreno y con los habitantes de sus respectivas zonas". En su mayoría, eran conducidos por veteranos que "habían estado con Zapata desde un principio".[281] Los carrancistas dominaban los pueblos, pero los zapatistas podían hacer incursiones relámpago en objetivos vulnerables y evitaban la defensa estática.[282] Hubo ilusiones, que se desvanecieron en poco tiempo, de que Zapata estaba vencido. En el verano de 1916, Pablo González, comandante en Cuernavaca, informó que "la campaña de Morelos casi había terminado"; al revisar el escenario nacional, los agentes zapatistas estaban tan pesimistas como esperanzados sus enemigos.[283] Ninguno tenía razón. Casi al mismo tiempo que se daban esas opiniones, fuerzas zapatistas de buen tamaño y bien armadas operaban en los alrededores de Jilotepec (Méx.) y realizaban "incursiones constantes" en haciendas de Tlaxcala y Puebla, de donde se llevaban animales y herramientas.[284] Los zapatistas de Morelos tomaron la ofensiva en el otoño: incursionaron en los suburbios al sur de la capital, arruinaron la estación de bombeo de Xochimilco que proveía de agua a la Ciudad de México y en noviembre dinamitaron dos trenes en la línea México-Cuernavaca.[285] Mientras la confianza de los carrancistas se derrumbaba y enfermaban sus tropas acampadas en los calurosos valles de Morelos, Zapata lanzó ataques en los pueblos que había perdido, cuyas guarniciones fueron obligadas a retirarse y retroceder desesperadamente hacia la Ciudad de México a fines de 1916.[286]

Los zapatistas controlaban nuevamente Morelos al iniciar 1917. Esa reconquista duró más que las efímeras ocupaciones villistas de Parral u Ojinaga. Pero los zapatistas carecían de armamento para resistir por mucho tiempo a un gobierno solvente y decidido. En el otoño, los carrancistas recuperaron Cuautla, Jonacatepec y otras localidades, pero las lluvias del verano de 1918 detuvieron el avance; terminada la estación, continuaron adelante de manera más metódica: pusieron en funcionamiento la línea ferroviaria, patrullaron sistemáticamente el estado y presentaron como fachada una autoridad municipal civil. Una vez más, los zapatistas retrocedieron a los cerros o estados vecinos.[287] Pero para el gobierno era como tratar de atrapar un globo inflado; las presiones en un lugar (como Morelos) repercutían en otro, lo que

[281] Womack, *Zapata*, pp. 261-263.
[282] *Ibid.*, p. 266; Womack dice ahí que Zapata imitaba la táctica de Villa, pero no es necesario hacer ese supuesto, porque son muchos los parecidos entre el zapatismo y el villismo en 1915-1920, que muestran un estilo básico, común, más que una copia consciente.
[283] De González a Carranza, 17 de junio de 1916, AJD; Womack, *Zapata*, p. 266.
[284] D. G. Lamadrid, servicio de seguridad a la Secretaría de Guerra, 18 de julio de 1916; de F. Ortiz Borbolla a la Secretaría de Gobernación, 16 de mayo de 1916, AG 59/23; 7511; algunos, como De la O, eran zapatistas en sentido estricto, otros no.
[285] Womack, *Zapata*, pp. 266-267 y 269-270.
[286] De Manuel Lárraga a la Secretaría de Guerra, 19 de julio de 1916, AJD; Womack, *Zapata*, p. 271.
[287] Womack, *Zapata*, pp. 312-313.

provocaba nuevas excrecencias que debían contenerse. Cuando González entró en Morelos en 1918, echó a los zapatistas a Puebla, y al acercarse éstos, las guarniciones carrancistas estacionadas en los distritos de Chiautla y Matamoros huyeron y dejaron sólo fuerzas de defensa locales para contener el paso a territorio poblano.[288] Tampoco en Morelos había seguridad de que la campaña de González, en 1918, lograría el golpe definitivo que habían eludido otros generales o de que el zapatismo, golpeado pero no vencido, volviera a la batalla otra vez.

En 1915-1918 hubo estancamiento en la cuestión militar; la suerte iba de un bando a otro, pero ninguno pudo conseguir la victoria total. La misma situación se vivía en Chihuahua, La Laguna, el este de San Luis Potosí y otras regiones a las que luego me referiré. Morelos y el zapatismo no eran casos únicos. Había otros parecidos. Las campañas carrancistas eran una mezcla de crueldad, ineficacia y corrupción que recordaba a las de los federales de Huerta. Más aún, un zapatista opinaba en 1917: "Jamás se creyó que habría rufianes que superaran a los de Huerta... [venir y ver... pueblos incendiados en su totalidad, los montes arrasados, el ganado robado, las siembras que fueron regadas con el sudor del trabajo cosechadas por el enemigo... y sus granos iban a llenar los furgones de sus largos trenes y ser vendidos en la capital...] Robles, el mil veces maldito, es pequeño en comparación".[289] González, enfrentado a un enemigo exasperante y escurridizo, apoyado por tropas enfermas e indiferentes, recurrió a métodos de contrainsurgencia fáciles y comunes: quemar pueblos, confiscar alimentos, mercancía, animales, matar o deportar a la población civil.[290] En noviembre de 1916 se impuso en Morelos, Guerrero, Estado de México, Puebla, Tlaxcala y cuatro distritos de Hidalgo, una ley marcial draconiana según la cual, a quien se encontrara ayudando a los zapatistas o deambulando fuera de los "puntos de concentración" autorizados, andando por los caminos sin el salvoconducto correspondiente o cerca de las vías del ferrocarril "y no explique a satisfacción su presencia", sería fusilado sumariamente.[291] González no fue el único que imitó a los huertistas. Otros carrancistas, aún "radicales" como Heriberto Jara, amenazaron quemar pueblos enteros porque amparaban rebeldes; a veces las amenazas se cumplieron.[292] Pero González —que enfrentaba oposición muy dura, temeroso por su futuro político y tan falto de escrúpulos como de habilidad— llevó la represión a extremos: "no es el momento de hacer la reconstrucción

[288] De A. Cabrera, gobernador de Puebla, a Carranza, 17 de diciembre de 1918, AJD.
[289] Juan Espinosa Barreda, citado por Womack, *Zapata*, p. 268. Tomo el texto de la traducción al español de Francisco González Aramburo, México, 1976, p. 264.
[290] *Ibid.*, pp. 268-269; Warman, *Y venimos a contradecir*, pp. 141-142, 147 y 166-167, que añade información oral.
[291] *El Demócrata*, 14 de noviembre de 1916 [*cf.* también la versión en español de Womack, *Zapata*, p. 265 (T.)].
[292] Del agente de Gobernación a Acuña, 7 de octubre de 1915, AVC, a propósito de la amenaza de Jara de quemar Chimalhuacán, el cual, dijeron los indígenas, no ocultaba a ningún zapatista de De la O y tenía sólo "gente tranquila".

—dijo a Rosa King—, el trabajo de destrucción todavía no está terminado"; mostraría "extraordinaria severidad" ante los desmanes zapatistas. Incluso convirtió en victoria verbal grandilocuente la evacuación total de Cuernavaca en febrero de 1917 (reconocimiento militar de la derrota). González dijo a Carranza que "por primera vez en la historia del país se había conseguido evacuar a toda la población de una ciudad".[293]

Entre tanto, González y sus oficiales se dedicaron al peculado con todo empeño, acrecentando así la represión aunque sin aumentar por eso su eficacia militar.[294] La prensa oficial de la capital —como su antecesora huertista— apoyó los métodos de González, justificándolos con las ya conocidas alusiones a las atrocidades de los zapatistas, matizadas de racismo, y a los objetivos "reaccionarios" de Zapata. Se decía que a los prisioneros y pacíficos se les torturaba con "fantasía oriental"; Zapata, instrumento de terratenientes y curas, estafaba a campesinos sencillos con una reforma agraria falsa e ilegítima; el zapatismo era "una gangrena que sólo con el cauterio podría extirparse".[295] De vez en cuando se alzaba una voz disidente dentro del círculo gubernamental.[296] Las políticas de González parecían exacerbar, más que sofocar, la rebelión zapatista; así pues, el gobierno de la capital tuvo que atemperar, y no por primera vez, la pasión de su jefe en Morelos. En 1916, Benjamín Hill sugirió que se deportara a los prisioneros zapatistas a las Islas Marías para "evitar frecuentes fusilamientos que llevan a cabo al caer prisioneros"; un año después, Carranza vetó un plan de González para enviar a los zapatistas a Quintana Roo (como a los yaquis en el Porfiriato).[297] Esas políticas, como las de Robles, redundaban en beneficio de los rebeldes. El odio a los carrancistas era general. Una mujer recuerda: "los carrancistas eran lechuzas, eran malvados. Eran capaces de todo. Entraban a las casas. Robaban gallinas y puercos, comida. Si estaba alguno comiendo se llevaban toda la comida, tortillas, trastes. Así es que los dueños de la casa ya no tenían qué comer". Además maltrataban a los curas y profanaban altares e iglesias.[298] Como antes, la represión indiscriminada produjo más resistencia activa y pasiva. Fuerzas voluntarias locales apoyaron las campañas contra Villa, pero eso nunca ocurrió en Morelos; en realidad, los zapatistas organizaban esas fuerzas.[299] Antes bien, los carrancistas se quejaban, con el estilo hiperbólico que dictaba la frustración, "cada ranchería, cada aldea, cada municipalidad, cada cabecera de distrito es un centro de activa conspiración [y] una inagotable reserva de hombres listos a congregarse al ríspido sonido del 'cuerno',

---

[293] Womack, *Zapata*, pp. 257 y 260; de González a Carranza, 7 de febrero de 1917, AJD.
[294] Womack, *Zapata*, p. 260.
[295] *El Demócrata*, 11 de marzo, 16 de mayo y 16 de noviembre de 1916 (de notas editoriales).
[296] Por ejemplo, Luis Navarro en Querétaro, DDCC, II, p. 1984.
[297] De Hill a Carranza, 29 de diciembre de 1916; de Carranza a González, 9 de febrero de 1917; AJD.
[298] Horcasitas, *De Porfirio Díaz*, pp. 145-147.
[299] Warman, *Y venimos a contradecir*, p. 147.

que trae a la memoria el que el príncipe indio hacía resonar para convocar a sus hombres".[300]

Demasiado pesimista. La revuelta suriana no era una guerra de castas atávica e irracional, ni la lucha satisfacía esos oscuros instintos indígenas que —adelantándose a D. H. Lawrence— creyeron percibir los periodistas mercenarios de Carranza. Los surianos luchaban por objetivos tangibles; su lucha era básicamente defensiva y, en sí, una tarea sangrienta y costosa. Con el tiempo se hartaron de la guerra y dudaron de su utilidad: "La gente estaba cansada —recordaba Pedro Martínez—. No quería luchar más". Él mismo vio que "la situación era desesperada, que me matarían y [mi familia] moriría".[301] En 1916 abandonó la lucha y emigró a Guerrero. Con el tiempo, también el movimiento tendió a agriarse, fragmentarse y debilitarse (tendencia que quizá subestima Womack). Por humanidad y también por cuestión práctica, Zapata instaba a su gente a respetar los pueblos y sus autoridades civiles; se esforzó por disminuir los efectos que provocaban en la vida de los pacíficos las campañas incesantes, y tomó severas medidas —"la ley del 30-30"— contra los bandidos o rebeldes saqueadores.[302] Como indican esas medidas, existía peligro real de que el lazo que unía al ejército y el pueblo se rompiera o disminuyera; que, mientras González se abría paso a golpes, y los malos tiempos hicieran presa de Morelos, el ejército, en vez de proteger los pueblos, los saqueara. Ya en la primavera de 1915 (y ése fue buen año en Morelos) el aprovisionamiento de los zapatistas fue una carga enorme para los pueblos; se informó que disminuía el orden público y aumentaba el crimen y el bandolerismo.[303] Los bandidos que operaban al margen del zapatismo se juntaron con los guerrilleros más irresponsables, quienes, desafiando las órdenes de Zapata, se ocupaban más de conseguir víveres para sus hombres que del bienestar de los pueblos.[304] Empezaron las quejas, como las de los aldeanos de Yecapixtla, quienes ya estando escasos de alimento, se "quejan de haber sufrido grandes pérdidas de parte de la gente armada, pues tanto elotes como en mazorca tierna se llevaron por cargas".[305]

Con la aprobación de Zapata, algunas comunidades se armaron para defenderse. Los pobladores de Ameca dispararon a una partida de rebeldes que llegaron a pedir comida; aunque las víctimas no eran zapatistas (sino felicistas nominales, mandados por Marcelo Caraveo), el incidente ocurrió en territorio zapatista y tendría consecuencias para ellos, como observó el jefe zapa-

[300] *El Demócrata*, 16 de noviembre de 1916.
[301] Lewis, *Pedro Martínez*, p. 156.
[302] Womack, *Zapata*, pp. 262, 265-266, 274 y 319; Fabela, DHRM, EZ, p. 262.
[303] De Martín Sosa, Amatitlán, a Zapata, 17 de abril de 1915, archivo del general Emiliano Zapata, varios asuntos, legajo 6.
[304] Womack, *Zapata*, p. 261.
[305] De Cristóbal Flores a Zapata, 5 de julio de 1917, archivo del general Emiliano Zapata; de Eufemio a Emiliano Zapata, 11 de marzo, y petición de San Miguel Huepalcalco a Eufemio Zapata, 9 de marzo de 1916, Fabela, DHRM, EZ, pp. 262-264.

tista local: "mañana lo harán con nuestras mismas fuerzas".[306] Las fuerzas de defensa locales brotaron rápidamente en Morelos, Puebla, Tlaxcala, Oaxaca, Guerrero y el Estado de México.[307] Sus actividades fueron importantes y reveladoras. Zapata mismo aprobó su formación en Morelos; los veteranos zapatistas mandaban fuerzas locales que desempeñaron un papel importante protegiendo a las comunidades en los últimos y amargos años de la Revolución, cuando la lucha decayó y empezó la búsqueda de un acuerdo político. Y, recuerda un veterano, "a última hora el orden lo pusimos nosotros, los zapatistas" en Morelos.[308] Al mismo tiempo hubo casos en que las defensas locales combatieron a los zapatistas, sobre todo cuando estos últimos se internaban en los estados vecinos. Esas fuerzas cerraron el camino a Puebla cuando huyeron las tropas del gobierno; también protegieron las entradas de Oaxaca; los rancheros de Buenavista de Cuéllar (Gro.) lucharon contra las exacciones de los zapatistas.[309] Casos como ésos merecen más investigación, pero no puede decirse que los defensores siempre eran guardias de las haciendas o víctimas del engaño del gobierno, y muestran, una vez más, las limitaciones temporales y territoriales que reprimían la rebelión popular y a su similar, el bandolerismo social. El defensor popular de 1910-1914 podía convertirse en el tirano militar posterior a 1915 (el reyecito revolucionario), transformación forjada tanto por las condiciones que cambiaban cuanto por la degeneración individual e intrínseca.[310] El rebelde popular o el bandolero social de Morelos podía renunciar a su estatus si erraba muy lejos de su territorio, empujado quizá por la represión carrancista.[311] El localismo zapatista tenía su razón de ser. Por eso la movilidad forzada y la fatiga de guerra de esos años afectaron las relaciones entre zapatistas y campesinos; se volvieron frecuentes las quejas y la resistencia a las tropas zapatistas. Para el historiador se vuelve difícil, imposible o quizá inútil, distinguir entre rebeldes y merodeadores, bandidos "sociales" o "asociales".[312]

Mientras Zapata pedía moderación a sus jefes, también tenía que mantenerlos unidos porque las contiendas, las sospechas y los halagos carrancistas amenazaban separarlos.[313] Lo consiguió en gran parte; hubo pocos cambios en el liderazgo zapatista de 1911 y 1918, lo que mostraba la fuerza y constancia del movimiento.[314] Pero después de 1915, no fue posible evitar desercio-

[306] Womack, *Zapata*, pp. 281 y 305; de Zapata a los presidentes municipales, 30 de marzo de 1916, Fabela, DHRM, EZ, pp. 268-269.

[307] Fabela, DHRM, RRC, V, pp. 315 y 394; véanse también n. 288 y 309.

[308] Warman, *Y venimos a contradecir*, p. 147.

[309] De Cabrera a Carranza, 17 de diciembre de 1916, AJD; de González a Carranza, 27 de marzo de 1916, AVC; Jacobs, *Ranchero Revolt*, p. 101.

[310] De Eufemio a Emiliano Zapata, 11 de marzo de 1916, Fabela, DHRM, EZ, p. 262; Vicente Rojas era el individuo en cuestión.

[311] Véase p. 357.

[312] Véanse pp. 438-439, 735 y 933.

[313] Fabela, DHRM, EZ, p. 303.

[314] Womack, *Zapata*, p. 314.

nes, escándalos y ejecuciones. Como ya se dijo, las contiendas entre Pacheco y De la O se solucionaron con la ejecución del primero en marzo de 1916; Lorenzo Vázquez, destituido por "cobardía" en agosto de 1916, se rebeló contra Zapata en 1917 y fue ejecutado junto con Otilio Montaño, su mentor civil; murió así uno de los más valiosos arquitectos del Plan de Ayala.[315] Manuel Palafox, otro destacado "intelectual" zapatista, se retiró del centro del escenario "hecho de lado" por Zapata; condenado a desempeñar un papel falso y patético, se ofreció a los carrancistas y apenas pudo evitar que lo fusilaran en 1918.[316] Algunos plebeyos zapatistas, como Valentín Reyes, se dedicaron a matar (ejecutaba prisioneros como los carrancistas); otros trataron de conseguir los pocos medios que había en Morelos para el peculado, y otros se dedicaron a beber. Eufemio Zapata, hermano de Emiliano, murió en una trifulca de borrachos; su asesino se unió con su tropa a los carrancistas y fue muy útil para los gobiernistas en su campaña contra Morelos.[317]

Pero la mayor pérdida del movimiento fue la muerte de Zapata en abril de 1919. Dice Hobsbawm que, "en la teoría y la práctica, los bandidos mueren por traición"; no puede ser de otra manera porque son "invisibles e invulnerables", y los protege su identificación y arraigo entre el campesinado.[318] Eso le ocurrió a Zapata.[319] En el invierno de 1918-1919 hubo otra ofensiva del gobierno: el hambre y la enfermedad se coludieron con el ejército carrancista para someter al zapatismo. Zapata y sus jefes leales retrocedieron a las montañas; recibía información sobre los movimientos de los carrancistas (entre otros, a través de las prostitutas y los cantineros de Cuautla, donde González tenía sus cuarteles), y desafiaba los intentos de los carrancistas para atraparlo. "La protección popular que se había ganado aparentemente era inviolable. Nadie estaba dispuesto a entregarlo, a pesar de los rumores de recompensas gigantescas."[320] Ya vimos que lo mismo ocurría con Villa. Carranza y González, que tenían motivos fuertes y urgentes para quitar del camino a Zapata, recurrieron al subterfugio. Se ordenó al coronel de caballería Jesús Guajardo —garboso joven coahuilense que tenía dificultades con González y a quien Zapata quería atraer al lado rebelde— seguir el juego. El 9 de abril de 1919 se rebeló y, con interés despiadado por asegurar su credibilidad, ordenó ejecutar a una tropa de 59 soldados carrancistas a la que los zapatistas tenían rencor especial.[321] Zapata quedó convencido. Se reunió con Guajardo; ha-

[315] *Ibid.*, pp. 262 y 285-286; Taracena, *Verdadera revolución*, V, p. 88.
[316] Se decía que Palafox era "demasiado intransigente y fanático" para Zapata; tampoco le ayudaba ser homosexual, dado el machismo fuerte de Morelos. Véase de W. Gates a H. L. Hall, 26 de abril de 1919, Documentos Fletcher, caja 6; Womack, *Zapata*, p. 306; Fabela, DHRM, EZ, pp. 310-311.
[317] Womack, *Zapata*, pp. 287 y 295. Sidronio Camacho fue el cazador furtivo que se convirtió en guardabosque.
[318] E. J. Hobsbawm, *Bandits*, Harmosworth, 1962, pp. 50-51.
[319] Hobsbawm (*Ibid.*, p. 108) opina que el zapatismo —en contraste total con el villismo— en "nada tenía carácter de bandolerismo", dicotomía muy difícil de mantener.
[320] Womack, *Zapata*, p. 319.
[321] Fabela, DHRM, EZ, pp. 311-314.

blaron y Zapata aceptó el alazán que éste le regaló. Debían reunirse otra vez el 10 de abril en la hacienda de Chinameca, cuartel de Guajardo. Zapata llegó con una pequeña escolta (sus tropas acampaban afuera o andaban en patrulla); Guajardo tenía 600 hombres. Cuando el jefe suriano entró acompañado de las notas de un clarín que le daba la bienvenida, las tropas de Guajardo dispararon dos veces a quemarropa. Sus hombres huyeron, pero al parecer no se les persiguió con insistencia. Guajardo abandonó el escenario de su traición y llevó el cadáver tan rápido como pudo a los cuarteles carrancistas en Cuautla, donde se le identificó, expuso y sepultó ante un equipo de filmación. La gente de Morelos estaba estremecida. "Desaparecido Zapata, el zapatismo ha muerto", dijo Pablo González, exultante; la prensa carrancista le hizo eco.[322] Pero los campesinos pensaron y actuaron de manera diferente. Cuando los jefes de Zapata juraron seguir luchando y lanzaron un torrente de ataques contra los carrancistas del estado, "siguieron recibiendo protección, provisiones y apoyo de la gente del campo", entre la que pronto corrió el rumor de que Zapata había engañado a los traidores, que había muerto un sustituto, que Zapata vivía aún y que se le había visto galopando hacia las montañas de Guerrero montado en el alazán que le había regalado Guajardo.[323] Era la clásica resurrección del mito del bandido, después de la muerte clásica de la realidad del bandido.[324]

Con el tiempo, con la muerte de Zapata y muchos de sus jefes, el movimiento se debilitó pero menos por la falta de liderazgo que por las enormes privaciones que sufrían los morelenses, las cuales —mucho antes del trauma sufrido por el asesinato de Zapata— habían dejado a los zapatistas "tremendamente debilitados en número, salud y reservas de hombres y pertrechos".[325] Ese deterioro se remontaba mucho más lejos de lo que puede suponerse: sus orígenes pueden advertirse en los días felices de 1914-1915, antes de la entrada súbita y sangrienta de González al estado, cuando los pueblos "hacían su revolución". En sí, este debilitamiento se debía al descalabro económico del país y a campañas militares específicas. Ya en octubre de 1914 "una miseria verdaderamente triste" dominaba la región de Jonacatepec; en marzo de 1915, Fortino Ayaquica informó que "el clamor angustioso que el hambre comienza a arrancar a los pobres de esta zona" lo habían obligado a fijar precios y contener la especulación; Ayaquica actuó en Morelos como Obregón lo había hecho en la Ciudad de México.[326] La situación empeoró. El precio de los alimentos era extraordinariamente alto (por lo menos costaban el doble que en 1900).[327] Los saqueos de González empezaron después de agosto; poco

[322] Womack, *Zapata*, pp. 325-329.
[323] SD 812.00/ pp. 330 y 335.
[324] Hobsbawm, *Bandits*, p. 51.
[325] Womack, *Zapata*, pp. 310-312.
[326] De Emigdio Martínez a Zapata, 1º de octubre de 1914; de Fortino Ayaquica a Zapata, 10 de marzo de 1915; archivo del general Emiliano Zapata.
[327] De Martín Sosa a Zapata, 17 de abril de 1915 (archivo del general Emiliano Zapata), dice

después varios generales zapatistas pidieron a su jefe que controlara el hambre y la pobreza: señalaban que el salario del soldado y el del peón era miserable, que los comerciantes seguían aumentado los precios y que los carrancistas se ganaban la simpatía del pueblo al fijar los precios.[328]

La fijación de algunos precios no podía eliminar la política insensible de los carrancistas en Morelos. Pero la lucha constante socavó más la economía local y aquí, como en La Laguna, la pobreza, el hambre, el desempleo y la enfermedad dieron lugar a la apatía o la migración, no a la resistencia armada. Hacia 1917-1918 muchos pueblos eran cascarones vacíos, los campos estaban yermos, no se veía ganado, cerdos ni gallinas; un curioso observador estadunidense comentó que Morelos se parecía a los campos de Flandes.[329] A fines de 1918 llegó, como último flagelo, la influenza española que —para satisfacción de las autoridades carrancistas— convirtió los pueblos en caseríos, diezmó aldeas y provocó más migración a Guerrero. Tan sólo en 1918, Morelos perdió un cuarto de su población a causa de la muerte y la migración.[330] Después de haber vivido tres años en Guerrero, Pedro Martínez regresó en 1919; quedó consternado ante el panorama: "cuando llegamos a Azteca, no había nada. Las calles estaban completamente desiertas. Era como un monte; las calles estaban saturadas de maleza".[331] Mientras se acercaba el fin de la década revolucionaria, la población de Morelos se había reducido a las tres quintas partes de la que había tenido al principio.[332]

Las crecientes privaciones, que socavaron el apoyo activo al zapatismo, más las campañas implacables aunque ineptas, de los carrancistas, obligaron a los líderes a buscar aliados y soluciones políticas externas. Se desechó la coraza de localismo que el movimiento había cargado desde su origen. Se establecieron débiles lazos con los rebeldes felicistas del sur y con Peláez en la Huasteca; resurgió, breve e ilusoriamente, la vieja alianza con Villa; se hicieron propuestas a Arenas en Tlaxcala, a los Cedillo e incluso a disidentes más lejanos.[333] Zapata mostró interés, atípico y descaminado, en las relaciones con los Estados Unidos, convencido (opina Womack) de que sólo una solución rápida de los problemas de México —mediante cierto tipo de unificación revolucionaria— evitaría la intervención estadunidense al terminar la guerra europea.[334] También hizo novedosos llamamientos a los obreros de

---

que el precio del cuartillo de maíz (algo más de un litro) era de 50 centavos a un peso; el soldado zapatista recibía dos pesos al día, y un peón menos aún. El peón no podía comprar con su jornal más de dos o tres litros de maíz; 10 años antes, le alcanzaba para seis o más (Lewis, *Tepoztlan*, pp. 93-95).

[328] De Francisco Pacheco y otros a Zapata, 31 de octubre de 1915, Fabela, DHRM, EZ, pp. 233-234 y 254-256.

[329] Womack, *Zapata*, pp. 274 y 304.

[330] *Ibid.*, p. 311.

[331] Lewis, *Pedro Martínez*, p. 171.

[332] Womack, *Zapata*, p. 370.

[333] *Ibid.*, pp. 263, 273, 284, 292-293, 296 y 301-302.

[334] *Ibid.*, pp. 299-300. Es de notar que las pruebas de que Zapata creía en una intervención

las ciudades.³³⁵ Pero el río de manifiestos, convocatorias y alianzas de papel que brotaron de los cuarteles zapatistas en 1916 tuvieron escaso efecto concreto; mostraban un zapatismo algo desesperado, desharrapado y al mismo tiempo avezado en las cosas del mundo. No podían mantenerse ya las demandas orgullosas e intransigentes de 1914. Pero la fatigosa tarea de ceder, hacer compromisos y politiquear, que sin duda volvió el humor de Zapata "sombrío, agrio, irascible", también provocó roces y disputas entre quienes favorecían estrategias diferentes: compromiso con Carranza; alianza con los felicistas; seguir en esplendoroso aislamiento.³³⁶ En 1918 Zapata estuvo dispuesto a soportar lo primero: ofreció someterse a cambio de conservar el control de Morelos —trato parecido al que buscaba Contreras en La Laguna, pero que implicaba abandonar el reclamo zapatista de agrarismo nacional—. Carranza no respondió. Ese mismo año, sustituyó a la vieja consigna del Plan de Ayala una insulsa convocatoria general, para unir a todos los grupos y regiones disidentes en un frente común contra el gobierno.³³⁷ De entre las diversas estrategias discutidas por los zapatistas, la más notable y realista fue la de Gildardo Magaña, un forastero, joven liberal y educado de Zamora (Mich.), cuya posición antiporfirista lo había traído a Morelos en 1911. En los años intermedios de la Revolución, Magaña había trabajado, en Morelos y en el norte, como uno de los tantos secretarios, consejeros, intermediarios y polemistas que comúnmente rodeaban a los caudillos de éxito. Pero a diferencia de muchos, Magaña anteponía paz, conciliación y principios a las ambiciones personales. En 1916 surgió como el consejero más importante de Zapata, a cuya muerte se le designó líder del movimiento.³³⁸ Magaña juzgó que el mejor camino era evitar tanto la rendición abyecta cuanto la inmolación heroica o las alianzas frágiles y vanas con rebeliones externas. En cambio, opinaba, el zapatismo debía buscar alianzas dentro de la revolución nacional estableciendo contactos con carrancistas que podían simpatizar con el movimiento, que no fueran adictos al presidente y cuya vida política mostrara ser más larga. Así, mientras continuaba la lucha —más fragmentaria y esporádica que antes— Magaña se allegó aliados con habilidad, en especial Álvaro Obregón, forzoso heredero político. Cuando la prensa carrancista aplaudió la muerte de Zapata, los periódicos que se alineaban con Obregón se mostraron mucho más discretos.³³⁹ Como los rebeldes de otras partes, Magaña y los zapatistas seguían de cerca los acontecimientos nacionales, previendo una revuelta de la que podrían sacar ventajas.

---

estadunidense inminente provienen de William Gates, quien difundió esa creencia. El llamado de Zapata a la unión de los revolucionarios, que Womack atribuye a esa creencia, pudo deberse a que necesitaba aliados con urgencia.

³³⁵ María y Campos, *Múgica*, p. 301.
³³⁶ *Ibid.*, pp. 283-284 y 288.
³³⁷ *Ibid.*, pp. 278-279 y 302-304.
³³⁸ *Ibid.*, pp. 288-290; Taracena, *Verdadera revolución*, VI, pp. 145-146.
³³⁹ Womack, *Zapata*, pp. 291 y 338-339.

Cuando esa revuelta llegó en 1920, gran cantidad de veteranos revolucionarios consiguieron cierto tipo de *modus vivendi* en el régimen nacional. Cansados de la guerra y reducidos en número, pactaron con el gobierno bajo condiciones que cinco años antes habrían rechazado al instante; pero el gobierno a su vez debía reconocer las demandas de los revolucionarios, y no eran pocas las que correspondían a la reforma agraria. El compromiso que se consiguió fue ambivalente y vacilante, pero por lo menos se sustentaba en el presupuesto amplio y compartido de que estaba en el poder un régimen revolucionario comprometido con una serie de reformas. Dicho de otro modo, la Revolución logró un consenso flexible —que con frecuencia se evadió, empañó, mitificó—, dentro del cual los carrancistas, cedillistas, obregonistas y zapatistas podían cooperar y pugnar. A su tiempo, pues, buena parte del movimiento popular cayó en la corriente política y alteró su curso. Pero a algunos se les negó la entrada. Se veía a las rebeliones indígenas independientes con temor y recelo, y más se las reprimió que cooptó. En ese aspecto, el comportamiento del régimen fue paradójico: estaba ansioso por integrar a los indígenas al Estado-nación y a la política revolucionaria, pero le satisfacía más liberar a los indígenas humildes y respetuosos de las (supuestas) cadenas del caciquismo y clericalismo, que atraer a los indígenas insurgentes de la sierra. El indígena que sabía cuál era su lugar podía ser redimido, al que no lo sabía, debería advertírsele por la fuerza. Desde Yucatán, Alvarado escribió "que para nacionalizar este Estado, el único remedio es organizar a estos indios creándoles intereses efectivos que se los deban a la Revolución" mediante propaganda, educación, reclutamiento político y, sobre todo, reforma agraria. Alvarado llegaba a la conclusión de "que dándoles sus tierras los ligamos a México".[340]

Pero el astuto paternalismo de Alvarado contrastaba con la represión feroz que cayó sobre los yaquis en Sonora. Aunque la de los yaquis fue la rebelión indígena más importante de esa época, no fue la única; la acompañaron los mayos de Sinaloa y otros grupos más pequeños y débiles, como los indígenas de Santa María en la Huasteca veracruzana, quienes conservaron con feroz independencia la tradición rebelde de la región incluso durante el dominio pelaecista.[341] Pero esos movimientos distantes, muy localistas y desarticulados escapan a la historia nacional y con frecuencia a la local. Sólo los yaquis, como en la época de Díaz, fueron problema serio para el gobierno federal.

Después de la derrota de Villa en Sonora, muchos contingentes de yaquis que habían luchado con él y Maytorena —en especial los de Trujillo y Urbalejo— se rindieron a los carrancistas.[342] Más al sur, éstos levantaron el sitio de Navojoa, derrotaron a los villistas sinaloenses y quebrantaron el poder de

[340] De Alvarado a Carranza, 25 de enero de 1916, Fabela, DHRM, RRC, V, pp. 22-23.
[341] Hewett, Tuxpan, 5 y 15 de julio de 1917, FO 371/2962, 172054, 172652; Charles W. Hamilton, *Early Oil Tales of Mexico*, Houston, 1966, pp. 82-86.
[342] Obregón, *Ocho mil kilómetros*, pp. 461-462 y 466-467.

los mayos forzando a su jefe, Felipe Bachomo, a rendirse.[343] Pero los yaquis eran un problema más duro. En diciembre de 1915, Obregón habló con los jefes yaquis; entre las diversas misiones de paz que emprendió este intermediario revolucionario incansable (con Villa en 1914; con Scott en 1915), ésa fue la más difícil y la menos fructífera. Típico granjero, mestizo y progresista, Obregón no veía con buenos ojos los derechos que reclamaban los yaquis sobre su extenso territorio ancestral; una demanda como ésa implicaba expulsar a todos los colonos yori. Acceder a ella, escribió Obregón, habría significado aprobar "la perpetuación de la barbarie [...] aun donde la civilización había ya implantado una retrógrada complacencia, que desvirtuaría las tendencias de la Revolución, trocándolas de bienhechoras en malsanas".[344] No se llegó a ningún trato; los yaquis mansos se rindieron, pero los broncos siguieron luchando.

A fines de 1915, los yaquis eran en Sonora una fuerza poderosa e independiente, hostil a los carrancistas en particular y a los yoris en general. En el Valle del Yaqui había 6000 indígenas, contando mujeres y niños que presionaban por los derechos a sus tierras tribales con la ayuda encubierta de desertores maytorenistas; al norte, en Ures y La Colorada, el territorio estaba "infestado" de bandas yaquis errantes.[345] La situación no era nueva: reclutados para luchar en la guerra civil mestiza, los yaquis aprovecharon el caos —como lo habían hecho el siglo anterior— para establecer una fuerza militar autónoma. De igual forma, el gobierno tomó medidas severas, apegadas a antiguos precedentes. Gran cantidad de tropas se enviaron a Sonora desde el sur. Un decreto draconiano de Calles privó por algún tiempo de la ciudadanía mexicana a todos los yaquis y mayos (táctica que nunca se consideró ni se puso en práctica con rebeldes como Zapata o Cedillo).[346] La medida pareció tener efecto al comenzar la primavera de 1916. Desamparados, los yaquis se fueron a las montañas, donde se alimentaron con piñas de maguey; al disminuir la campaña, las tropas carrancistas se desviaron a Chihuahua.[347]

Pero, como toda calma en las guerras yaquis, ése era sólo un respiro. Los yaquis retrocedieron a las montañas para reagruparse; al terminar la pri-

---

[343] *Ibid.*, pp. 478-483; informe de la armada de los Estados Unidos, noviembre de 1915; informe de la frontera, Douglas, 26 de febrero de 1916; SD 812.00/16843; 17358. El último, no del todo exacto, informó de la muerte de Bachomo.

[344] Obregón, *Ocho mil kilómetros*, p. 471; *cf.* Hall, "Alvaro Obregon and the Agrarian Movement", pp. 132-133 y 138 presenta un panorama más halagador.

[345] Memo. de la conversación con H. A. Sibber, vicepresidente de la Richardon Construction Co., 6 de octubre de 1915; informe de la frontera, Douglas, 19 de febrero de 1916, SD 812.00/16843; 17335.

[346] El decreto quedó sin efecto pocas semanas después. Simpich, Nogales, 25 de diciembre de 1915 y 29 de enero de 1916; informes de la frontera, Douglas, 26 de febrero de 1916; SD 812.00/17023, 17282; 17358.

[347] Simpich, Nogales, 15 de marzo; c/o USS Chatanooga, Guaymas, 10 de marzo de 1916; SD 812.00/17480; 17769; informe de Francisco Serrano en Obregón a Carranza, 25 de marzo de 1916, AVC.

mavera comenzaron a lanzar partidas en los valles centrales de Sonora; para el verano avanzaron hacia el norte, más allá del Río Sonora, límite aproximado del territorio que reclamaban.[348] Calles, quien era comandante en Sonora, prometió "arreglar la cuestión yaqui de una vez por todas" (no era el primero en prometer tal cosa), y planeó construir líneas defensivas de este a oeste, desde las montañas hasta el Ferrocarril del Pacífico Sur: Hermosillo-Ures, Torres-La Colorada-Tecoripa, y Ortiz-La Misa-Punta de Agua.[349] No obstante, en el otoño de 1916, las incursiones yaquis habían llegado hasta Carbo, Pesqueira, Cucurpe y Magdalena; se informó que se había instalado un "reinado de terror" en los pueblos que estaban al pie de la Sierra Madre; la toma de Merichichi, puesto comercial a medio camino entre Hermosillo y la frontera, demostró que los yaquis podían tomar y defender territorios a pesar de la escasez de municiones y del hambre que, se decía, padecían.[350] Y aunque los yaquis se movilizaban hacia el norte, también resultaron afectados el Valle del Yaqui y el ferrocarril del Pacífico, al sur de Guaymas.[351]

A fines de 1916, quizá porque les faltaban provisiones, quizá porque querían aprovechar su triunfo, los yaquis se mostraron dispuestos a pactar. Algunos broncos, a quienes se prometió alimento, vestido y tierra, se rindieron; Calles hizo planes para ubicar reservaciones yaquis en la zona baja del valle y, general carrancista intrépido y desconocedor de la historia, declaró terminada la guerra yaqui.[352] Pero en el verano de 1917 se quebrantó una vez más esa paz precaria; siguiendo el ciclo estacional de esos años, los yaquis amnistiados se rebelaron y quemaron sus caseríos, y Calles afirmó que el castigo sería severo.[353] Resurgieron las antiguas prácticas: los yaquis continuaron con la guerrilla, el gobierno reclutó vagabundos (pocos se ofrecían como voluntarios para luchar contra los yaquis) y exigió salvoconductos a los que se aventuraban en las zonas peligrosas.[354] La situación no cambió en 1918; un observador estadunidense —que comparó la guerra yaqui con la de los rifeños en Marruecos— comentó sobre la incompetencia de los carrancistas y el valor y la crueldad de los indios.[355] En 1920, cuando se proyectaba otro acuerdo, el problema yaqui se combinó con los conflictos entre Sonora y la federa-

---

[348] Informes de la frontera, Nogales, 22 de abril; Douglas, 16 de septiembre de 1916; SD 812.00/18043; 19458. Nótese —como en el caso de Villa— que la campaña se hace en el verano, señal del depredador de la última época revolucionaria.

[349] Hostetter, Hermosillo, 7 de junio; informe de la frontera, Nogales, 20 de mayo de 1916, SD 812.00/18420; 18284.

[350] Informes de la frontera, Nogales, 15 de septiembre y 14 de octubre; Doherty, 16 de octubre de 1916; SD 812.00/19427, 19654; 19546.

[351] Informes de la frontera, Douglas, 29 de junio; Nogales, 14 de octubre de 1916; SD 812.00/18899, 19654.

[352] Informes de la frontera, Douglas, 18 y Nogales 11 de noviembre de 1916; SD 812.00/20008; 19952; *El Demócrata*, 2 de noviembre de 1916, cita al general Mateo Muñoz.

[353] Lawton, Nogales, 16 de octubre de 1916, SD 812.00/21382.

[354] *Ibid.*, Simpich, Guaymas, 20 de noviembre de 1917, SD 812.00/21508.

[355] Carleton Beals, *Mexican Maze*, Filadelfia, 1931, pp. 179 y 182.

ción, y la sucesión presidencial (a la que me referiré luego).[356] Llegó una paz más larga, pero también ilusoria. En 1926 —Calles era entonces presidente— se reanudó el viejo duelo. El Congreso aprobó una partida de un millón de pesos para aplacar definitivamente a los yaquis. Comenzaron otra vez las deportaciones al estilo de Torres y Díaz; en esta oportunidad, los aviones podían perseguir a los yaquis en los cerros y bombardear sus pueblos.[357] Esta vez la represión resultó ser definitiva.

Durante la década revolucionaria y después, la revuelta yaqui mostró la fibra característica de los movimientos populares agrarios; pero si en ese aspecto importante se parecía, digamos, al zapatismo, en otros se resistía clara y particularmente al acuerdo pacífico. Aunque hubo casos individuales de concesiones de tierra (las de 1916), los yaquis no se apaciguaban fácilmente como otros rebeldes agrarios; a su vez, el gobierno estaba menos dispuesto a la conciliación. La separación cultural de los yaquis y su viva conciencia de identidad, los alejaban del escenario político nacional y por eso resistían las promesas, apelaciones y tratos que en él se hacían; a diferencia de Zapata, no les había conmovido la ocupación estadunidense de Veracruz, y no tenían noticia del decreto agrario carrancista de 1915.[358] Aunque su lucha se fusionó con la de los revolucionarios mestizos (muchos yaquis desarraigados se convirtieron en jenízaros móviles de los generales sonorenses), su protesta era en esencia tradicional, sustentada en los ejemplos de Cajeme y Tetabiate, dirigida por indígenas, y dedicada a recuperar todo su patrimonio tribal y disfrutarlo sin trabas. Elementos separatistas y utopistas —que en grado menor compartían otros movimientos populares— dificultaban la conciliación, y ni pensar que los revolucionarios mestizos accederían a las demandas de los yaquis desposeyendo a los granjeros yoris y haciéndose cómplices del triunfo de la "barbarie" sobre la "civilización", de lo que se lamentaba Obregón. En el nuevo Estado revolucionario no había lugar para un territorio tribal independiente —en oposición a las reservaciones indígenas de Norteamérica—. Los yaquis debían someterse por la fuerza y por la fuerza también integrarse a la nación mexicana, a la que aún no pertenecían realmente.[359] Sólo cuando se hubieran sometido militarmente podrían esperar —o meditar— los beneficios del acatamiento: reforma agraria por intermedio del Estado revolucionario, devolución parcial de sus tierras, ingreso de fragmentos de su cultura a la amplia muestra folclórica del indigenismo revoluciona-

---

[356] Cumberland, *Constitutionalist Years*, p. 407; Hall, *Obregón*, p. 234.

[357] Dulles, *Yesterday in Mexico*, pp. 311-312; Moisés González Navarro, *Raza y tierra*, México, 1970, p. 238.

[358] Thord Grey, *Gringo Rebel* p. 216; Alfonso Fabila, *Las tribus yaquis de Sonora; su cultura y anhelada autodeterminación*, México, 1940, p. 180.

[359] Por eso Calles privó de la nacionalidad mexicana a esos molestos indígenas; de ahí el comentario despreciativo de Cándido Aguilar, cuando los yaquis apoyaron la rebelión de Agua Prieta en 1920: "con la sed de vengar a su raza que tienen los yaquis, tan dispuestos como están a rebelarse por cualquier cosa, ¿debemos tomarlos como indicadores de la opinión nacional?" (de Aguilar a F. Montes, 17 de abril de 1920, Fabela, DHRM, RRC, VI, p. 103).

rio.³⁶⁰ En ese sentido, los yaquis son caso extremo de la rendición popular más general.

El felicismo

Además de esos movimientos populares viejos, el régimen de Carranza se enfrentó a rebeliones "felicistas" graves que se extendieron desde Veracruz a Oaxaca y Chiapas, invadieron Puebla y Tabasco y pusieron en peligro las comunicaciones entre la meseta central, la costa del Golfo y la península de Yucatán. En estas regiones, donde nunca prosperó la revuelta agraria clásica, el provincialismo alimentó la rebelión juchiteca, los problemas en Chiapas y las campañas de los serranos oaxaqueños. La llegada de los constitucionalistas en 1914 acrecentó aún más ese provincialismo y orientó su hostilidad, alejándola del centralismo porfiriano, hacia la nueva versión revolucionaria, que tenía rasgos de la anterior, pero que operaba de manera diferente, ejercía presiones diferentes y escogía víctimas diferentes.³⁶¹ Ese provincialismo ultrajado —ahora específicamente contrarrevolucionario— fue el corazón de numerosas rebeliones que en conjunto recibieron el nombre de felicismo. Pero como muchas etiquetas cambiables, ésa se explicó *ex post facto*, es decir, cuando existía ya la mayor parte de sus componentes o por lo menos estaban formándose. Félix Díaz no creó el felicismo así como Pascual Orozco no creó el orozquismo; ambos prestaron nombre y liderazgo (Orozco con más firmeza) a movimientos rebeldes que ya estaban en marcha, impulsados por fuerzas políticas locales. Las revueltas defensivas de 1914 (los movimientos más grandes por los derechos de los estados en Oaxaca, Tabasco, Chiapas y Yucatán; las rebeliones más pequeñas de los terratenientes en Veracruz, Puebla, y otras partes) tuvieron resultados diferentes. Los carrancistas lucharon largo tiempo y duramente para controlar Oaxaca; les costó menos retener Yucatán, aunque la vieja élite seguía mostrando "agria hostilidad" o "agresiva indiferencia" hacia el nuevo régimen norteño; pasado el éxito de la primera hora, perdieron el control de buena parte de Tabasco y aún más de Chiapas.³⁶² Tampoco fue fácil someter a los terratenientes rebeldes —Armenta, Peláez, Gabay, Cástulo Pérez—. A pesar de que compartían la antipatía por el carrancismo, los rebeldes del sur carecían de liderazgo unificado y programa conjunto. En 1916 Félix Díaz emprendió la tarea de cubrir sus deficiencias; pero para entender cómo sucedió esto, debemos regresar un momento a 1914, a la caída de Huerta, y hacer una breve digresión que nos llevará por Veracruz y Barcelona, Berlín y El Paso, Nueva York, Nueva Orleans y La Habana. Cuando triunfó el constitucionalismo, buena cantidad de exiliados ilustres —generales, gobernadores, ministros, obispos— tomaron el camino

---

³⁶⁰ Fabila, *Las tribus yaquis*, p. 103.
³⁶¹ Véanse pp. 239 y 414.
³⁶² Guyant, Progreso, 2 de mayo de 1916, SD 812.00/18114; Benjamin, "Passages", pp. 156-157.

de Europa y los Estados Unidos.³⁶³ Huerta se instaló en España. Cuando los revolucionarios triunfantes empezaron a disputar entre sí, la comunidad de migrados tomó nota y empezó a hacer planes.

Sobre todo en los Estados Unidos (San Antonio, El Paso, Los Ángeles y Nueva Orleans), políticos frustrados, generales derrotados, terratenientes desposeídos, se reunían, conspiraban, esperaban, soñaban elaborando protestas, planes, polémicas bajo el ojo avizor del espionaje mexicano y estadunidense.³⁶⁴ A más de la pura ambición —que abundaba— y del patriotismo desinteresado —algo había—, los emigrados tenían razones de peso para buscar la manera de regresar a México; muchos de ellos —oficiales o funcionarios— estaban desempleados y en la miseria, en situación "lamentable" y listos para considerar "cualquier lance" que les diera la oportunidad de mejorar.³⁶⁵

Podemos pasar por alto muchos nombres y muchas actividades inocuas porque fueron mínimas sus consecuencias al sur de la frontera. Pero en 1915-1916 dos emigrados prominentes incubaron conjuras más importantes. La primera, que tiene por centro a Victoriano Huerta, mereció la atención de contemporáneos e historiadores (quienes sucumbieron otra vez al atractivo de la intriga alemana). Aunque contribuyó a provocar ansiedad en la frontera y fue fatal para algunos de los que participaron en ella, nada resultó de esa conjura. La segunda, que implicaba a Félix Díaz, tendría más consecuencias para la Revolución; y como nuestro interés está aquí (más que en lo que pasó o dejó de pasar en Wilhelmstrasse, en los bares de El Paso o en los sucios cuartos de hotel de Nueva York), antes de dedicarnos a la segunda me referiré superficialmente a la primera.

En la primavera de 1915, cuando se libraban las batallas del Bajío, Victoriano Huerta se embarcó de España a los Estados Unidos, y desde Nueva York hizo un viaje —bastante publicitado— hasta El Paso. Ahí asumió el papel principal en el plan para llevar la contrarrevolución a México.³⁶⁶ Algunos arguyen que los alemanes estaban tras ese plan, como tras el ataque de Villa a Columbus.³⁶⁷ Es probable que los militares alemanes jugaran con una posible alianza huertista (tampoco actuó aquí el embajador alemán en los Estados Unidos), pero nunca se hizo. Buena parte de las pruebas de esa tesis provienen de la autobiografía de Franz von Rintelen (el "Invasor Oscuro"), obra más

---

³⁶³ Larga lista en Meyer, *Huerta*, pp. 214-215.

³⁶⁴ Como en la época de Huerta, buena parte de la correspondencia consular, que puede leerse en el archivo de la Secretaría de Relaciones Exteriores o en los documentos que se encuentran en Fabela, DHRM, RRC, tratan de conjuras y propaganda de los emigrados; en los archivos del Departamento de Estado se encuentran también muchos informes del FBI.

³⁶⁵ Relación hecha al Departamento de Justicia por nada menos que José Vasconcelos, 30 de junio de 1915, SD 812.00/39.

³⁶⁶ Meyer, *Huerta*, pp. 213-229, y del mismo autor, "The Mexican-German Conspiracy of 1915", *Americas*, XXIII, 1966, pp. 76-89; George J. Rausch Jr., "The Exile and Death of Victoriano Huerta", *Hispanic American Historical Review*, XLII (mayo de 1962), pp. 133-151.

³⁶⁷ Meyer, "Mexican-German Conspiracy"; Katz, *Deutschland*, pp. 339-340, y *Secret War*, pp. 328 y ss.

picaresca que confiable, en la cual, al exagerarse las hazañas del protagonista, se exagera por fuerza la influencia alemana.[368] No se ha comprobado que —como se afirma— Huerta se reuniera frecuentemente con oficiales alemanes y que se le hubieran proporcionado grandes cantidades de municiones y efectivo; no hay pruebas de ello en los archivos estadunidenses.[369] Vale la pena señalar que el Ministerio del Exterior alemán mostró poco interés en un proyecto parecido que en 1916 le presentó Gonzalo Enrile (antiguo aliado de Orozco).[370]

Pero es claro que los *émigrés* mexicanos, en otro tiempo dueños del poder y la propiedad, se aferraron a Huerta en 1915 como lo habían hecho en 1913. Era otra vez el hombre fuerte que prometía salvación. Entre los emigrados estaban viejos científicos, como Creel; ex ministros huertistas, como Querido Moheno; el católico Gamboa; orozquistas (Orozco mismo inclusive, un elemento importante), y muchos oficiales ex federales, seguramente nostálgicos de sus antiguos días de dominio.[371] Como en 1913-1914, Huerta no cumplió. Espías estadunidenses vigilaban de cerca sus reuniones y movimientos; a fines de junio de 1915, cuando Huerta se reunió en Nuevo México con Orozco antes de su planeada invasión a México, los arrestaron. Orozco huyó y anduvo prófugo durante dos meses, hasta que lo alcanzaron y mataron en Texas; ése fue el final de la carrera del primer gran caudillo popular de la Revolución.[372] Huerta le sobrevivió cinco meses, cuando esperaba juicio detenido en Fort Bliss, cada vez más ebrio, malhumorado y enfermo. En enero de 1916 fue sometido a dos operaciones y murió —envenenado por los estadunidenses, dijeron algunos, aunque para que muriera bastaban los estragos de ictericia, cálculos biliares y cirrosis—.[373] Huerta fue sepultado en el cementerio Concordia al lado de Orozco, juntándose así dos figuras dominantes de la Revolución mexicana, sucesivamente enemigos y aliados; el rebelde serrano pionero y el autonombrado restaurador de la estabilidad porfiriana; ambos, cada cual a su manera, hombres rudos, sin refinamiento, carentes de la astucia política que debía complementar el valor militar para tener éxito y sobrevivir en la Revolución.

Otro *émigré* destacado, con menos valor pero más maña, era Félix Díaz,

---

[368] Capitán von Rintelen, *The Dark Invader. War-Time Reminiscenses of a German Intelligence Officer*, Londres, 1937.

[369] Rausch, *Exile and Dealh*, pp. 136-137, quien se apoya en Barbara W. Tuchman, *The Zimmerman Telegram*, Londres, 1959; cf. Grieb, *United States and Huerta*, pp. 183-185, más escéptico a propósito de la complicidad de los alemanes.

[370] Katz, *Deutschland*, p. 341.

[371] Meyer, *Huerta*, pp. 217-218. Muchos de los que apoyaban a Huerta eran miembros de la Asamblea Mexicana de Paz, organización formada por los emigrados en febrero de 1915 (de T. Esquivel Obregón a Wilson, 8 de marzo de 1915, SD 812.00/14576). Meyer desecha por "vacío" el reformismo modesto y de papel, "más contrarrevolucionario que la misma presidencia de Huerta"; el modesto reformismo de papel de 1913-1914 merece el mismo trato escéptico.

[372] Meyer, *Mexican Rebel*, pp. 131-135, trata sobre detalles discutibles de la muerte de Orozco.

[373] Meyer, *Huerta*, pp. 227-229; Raush, *Exile and death*, pp. 150-151.

quien, a diferencia de Huerta, volvió a México en los últimos años de la Revolución y se convirtió en un factor más importante de lo que a veces se supone.³⁷⁴ También a diferencia de Huerta, tenía una base territorial adonde ir (el estado de Oaxaca) y los acontecimientos al sur de la frontera lo favorecieron más. Mientras Villa y Obregón dirimían sus asuntos, una tercera facción tenía pocas oportunidades de progresar, de conseguir rebeldes disidentes o conservadores; pero derrotado Villa y desintegrado su movimiento, se presentaron nuevas opciones, sobre todo cuando empezó a verse claro que la popularidad de Carranza era escasa, e irregular su control del país. Se pensó que los ex federales aliados de Villa buscaban un líder conservador más afín, cuyos servicios estaban en ese momento disponibles.³⁷⁵ Así pues, la decadencia del villismo aceleró, no deprimió, las esperanzas de los emigrados; "tan pronto como Villa empezó a tener dificultades para derrotar a Obregón —informó un observador que se encontraba en El Paso, capital de los emigrados— todos los grupos de oposición empezaron a animarse y trabajar".³⁷⁶ Encarcelado y agonizante, Huerta no estaba en condiciones de aprovechar las circunstancias, pero Félix Díaz sí.

La historia personal de Díaz había coincidido en ciertos puntos con los mayores hechos de la Revolución. Era militar de carrera; en 1904-1911 ocupó el cargo de inspector general de policía y contribuyó a extinguir las primeras revueltas maderistas de 1910; antes de abandonar la vida política en el verano de 1911, fue gobernador de Oaxaca durante algunas semanas. Al año siguiente, intentó en Veracruz una rebelión que fue sofocada; en 1913 colaboró en el *coup manqué* de Reyes, buscó la nominación presidencial, pero ganó Huerta, quien lo mandó al exilio ese mismo año. Tomó la ruta conocida por los emigrados: La Habana, Nueva York, Nueva Orleans. Cuando se inició la conjura de Huerta, Díaz, lo que no es de sorprender, no quiso saber del asunto; tampoco tenía interés en establecer enlaces alemanes.³⁷⁷ Al fracasar Huerta y Orozco, Díaz y sus compinches (entre ellos Gamboa y Gaudencio de la Llave, ex gobernador de Veracruz) planearon desembarcar en la costa sur del Golfo, donde podían reunirse con sus partidarios de Veracruz y Oaxaca.³⁷⁸

Seis semanas después de la muerte de Huerta, Díaz hizo vela desde Galveston hacia el sur de Veracruz. Como en empresas anteriores, su pronunciamiento tuvo problemas poco después; su barco filibustero se hundió cuando cruzaba el Golfo y tuvieron que nadar hasta la costa un poco más al sur de la

---

³⁷⁴ Dice Meyer (*Huerta*, p. 229) que el movimiento felicista "fue aplastado fácilmente". Al rebajar el felicismo, Meyer —también Rausch— exagera la importancia real y potencial de la conspiración de Huerta.

³⁷⁵ Schmutz, Aguascalientes, 23 de abril de 1915, SD 812.00/17.

³⁷⁶ De G. Morgan a Scott, 23 de abril de 1915, Documentos Scott, caja 18. Como dije antes, los emigrados contrarrevolucionarios contaban con algo de apoyo en los Estados Unidos (Katz, *Secret War*, p. 316).

³⁷⁷ La biografía de Félix Díaz escrita por Liceaga es halagadora, contiene buenos detalles personales, pero no sirve de interpretación general. Véase Katz, *Deutschland*, p. 340.

³⁷⁸ Henderson, *Félix Díaz*, pp. 120-123.

frontera entre Texas y Tamaulipas.[379] Estaban con hambre y con sed, la caja que contenía sus decretos y documentos se había quedado en el mar; se les arrestó y llevó a Monterrey, donde poco faltó para que los identificaran las autoridades carrancistas. Salieron del problema mintiendo y consiguieron llegar a la Ciudad de México. Su objetivo era el sur, donde ex federales rebeldes y el estado soberano de Oaxaca estaban alzados contra Carranza, y donde el apellido Díaz aún tenía peso y alentaba esperanzas.[380] En el verano de 1916, después de un ajetreado viaje desde la capital, Díaz se reunió con Almazán, Higinio Aguilar y las autoridades oaxaqueñas en sus cuarteles de Tlaxiaco. Contaba así con 3 000 hombres armados; planeaba bajar a los valles y a la ciudad de Oaxaca, como lo habían intentado las tropas serranas años antes. Pero los serranos fueron cautelosos en cuanto a comprometerse con Díaz: los tiempos eran duros, no podían aportar suministros (aunque cambiaban alimentos por armas) y dejaron en claro que no consentirían en el embargo. Parodiando el lema de Juárez comentó con agudeza un felicista, "el respeto al derecho ajeno nos tiene muertos de hambre".[381] Vendrían cosas peores. Las fuerzas gubernamentales vencieron a los felicistas en diversos encuentros y empezaron a arrasar con las guarniciones serranas; Díaz decidió ir al sureste, donde podía conseguir aliados e imponer su autoridad a los rebeldes del Istmo y de Chiapas.[382] El viaje por las tierras bajas de la selva fue desastroso; tuvieron que comer carne de los caballos muertos y monos. De los 3 000 que comenzaron la expedición, sólo 100 llegaron a las tierras altas de Chiapas, más templadas y seguras.[383] La prensa carrancista anunció jubilosa el aniquilamiento del felicismo e informó que Díaz y Almazán habían cruzado la frontera rumbo a Guatemala. Almazán sí lo hizo; enfermo, viajó a Nueva Orleans y luego al norte de México.[384] Pero Díaz encontró refugio entre los rebeldes de Chiapas que en 1917 estaban a la ofensiva; en la primavera de 1917 operaba en la frontera Chiapas-Tabasco, y más tarde, en ese mismo año, se encontraba en Veracruz y Oaxaca al mando de fuerzas considerables.[385]

La tarea principal y el logro parcial de Díaz entre 1916 y 1920 fue proporcionar liderazgo, coordinación y decoro a la serie de movimientos rebeldes disparejos del sur de México; procuró hacer lo que Carranza había hecho en el norte durante 1913-1914. A pesar de que no tenía séquito militar (ni grandes habilidades militares), Díaz consiguió tres ventajas para las heterogéneas rebeliones sureñas: un programa político, conexión internacional e integración en un movimiento nacional (la más débil de todas). El programa felicista,

[379] *Ibid.*, p. 126; Liceaga, *Félix Díaz*, pp. 364 y ss.
[380] En Veracruz se tenían esperanzas en Félix Díaz incluso antes de su poco auspicioso regreso al país (S. Bonsal, informe a la Cruz Roja estadunidense sobre la situación en México, junio-agosto de 1915 (fechado el 28 de agosto de ese año), Documentos Bonsal, caja 6, p. 21.
[381] Taracena, *Verdadera revolución*, IV, p. 218; Garciadiego, *Movimientos reaccionarios*, p. 254.
[382] Garciadiego, *Movimientos reaccionarios*, pp. 246-247.
[383] Liceaga, *Félix Díaz*, pp. 389-393.
[384] *El Demócrata*, 8 de noviembre de 1916; Taracena, *Verdadera revolución*, V, pp. 35 y 192.
[385] Garciadiego, *Movimientos reaccionarios*, p. 182, Benjamin, "Passages", pp. 149-150.

expuesto en el Plan de Tierra Colorada (febrero de 1916) y otros pronunciamientos, era de tipo liberal clásico, apoyaba la Constitución de 1857 —"código simbólico y sagrado que salvó a la República en su lucha contra la monarquía y a la Patria en su lucha contra el invasor extranjero"— y rechazaba la Constitución carrancista de 1917.[386] Afirmaba que la legalidad constitucional había terminado no con la caída de Madero, en febrero de 1913 (vieja reclamación de Carranza que Díaz no podía hacer porque había sido copartícipe del golpe), sino en octubre de 1913, cuando Huerta disolvió el Congreso; como liberales y patriotas, los felicistas procuraban restablecer el orden constitucional. Hubo promesas para todos: derechos y garantías individuales; tolerancia religiosa; reconstruir el ejército federal (los ex federales eran el objetivo principal de la propaganda felicista); trato fraternal y justo a la raza española que "ha sido inicuamente vejada y criminalmente atropellada". Se dejaba entrever esa actitud liberal, conservadora y tranquilizante, que convocaba a los pudientes, a los elementos porfirianos de la sociedad, en el nombre oficial del ejército felicista —"Ejército Reorganizador Nacional"— y se resumía en el lema felicista: "Paz y Justicia".[387]

Pero había más. En primer lugar, en lo internacional los felicistas se inclinaban por la causa de los aliados; acusaron de proalemán al gobierno carrancista e hicieron un llamado a "los gobiernos de las Naciones Aliadas en la guerra que sostienen por salvar los más sublimes intereses de la Humanidad contra los Imperialismos Centrales Europeos".[388] Aguzaba esa eurofilia de la élite porfirista (que, en general, significaba anglo y francofilia), sustentada en educación, viajes y relaciones comerciales, la manifiesta actitud proalemana de los carrancistas. Esa polarización —repetida en otros países de América Latina— provocó otra división, secundaria, entre felicismo y carrancismo, entre viejos oligarcas liberales y advenedizos nacionalistas, entre civiles y militares.[389] Sin embargo, esa alineación internacional no hizo más que reforzar la división primaria que tenía origen en cuestiones internas, las cuales, a su vez, no eran claramente ideológicas ni estaban encerradas claramente en programas contrarios. En otras palabras, la lucha entre felicismo y carrancismo fue larga y enconada, y de ella brotaron lealtades sólidas en ambos lados; tuvo su dimensión ideológica, en la que combatían entre sí el liberalismo conservador y el nacionalismo jacobino, de las Constituciones de 1857 y 1917. Pero, como ocurrió con frecuencia en la Revolución, la ideología encubría intereses materiales y locales. No careció, pues, de importancia; pudo incluso ser "relativamente autónoma" en lo que se refiere a esos intereses.

---

[386] Sobre el plan y sus manifiestos, véase Fabela, DHRM, RRC, V, pp. 46-51 y 62-66; y Liceaga, *Félix Díaz*, pp. 421-426, sobre las críticas de los emigrados a la nueva Constitución.

[387] *Manifiesto al Pueblo Mexicano*, por Félix Díaz y otros, 1º de octubre de 1918, Fabela, DHRM, RRC, VI, pp. 63-80.

[388] *Ibid.*, p. 64.

[389] No todos los carrancistas simpatizaban con los alemanes (véase Katz, *Secret War*, pp. 346-347 y 448-453); otros, como Palavicini y Rouaix, favorecían a los aliados.

No era, sin embargo, el primer motor; cualquier análisis del felicismo debe aparejar programas y pronunciamientos nacionales con personal y práctica locales.

Por ejemplo, los felicistas presentaron un compromiso explícito y detallado con la reforma agraria.[390] Sus programas consideraban restituir a los pueblos las tierras de las que se les había despojado; formar colonias agrícolas para revolucionarios veteranos; expropiar las haciendas según necesidades populares; protección legal para los aparceros; impuesto adecuado a los latifundios; participación del gobierno en nuevos proyectos de irrigación. Descartaron, es cierto, la confiscación e incautación inconstitucional de tierras, pero en eso (y en mucho más) el liderazgo carrancista pensaba igual.[391] Quizá, aparte de subrayar el aspecto constitucional —que coincidía en el *ethos* del felicismo—, el programa no era muy diferente al que presentó Carranza después de reconocer tardíamente el problema agrario; demostraba una vez más (como demostraban las propuestas de la Asamblea Mexicana de Paz), que el agrarismo manifiesto era *de rigueur*, y que cualquier llamamiento político tenía que rendir pleitesía a un tema que la Revolución consideraba de primera importancia para la política mexicana.[392] La similitud entre el compromiso agrario (formal) felicista y carrancista es una advertencia para no separar de manera drástica a las dos facciones, en lo que se refiere a sus ideologías y políticas explícitas.

En lo que respecta a la reforma agraria, los felicistas aprovecharon un recurso, parecido al de Zapata, que no podía sino conseguir simpatía y, tal vez, apoyo. Un manifiesto de septiembre (1917) decía que, "respecto al reparto de la tierra [los carrancistas], ya han empezado a repartírselas entre ellos mismos".[393] Ése fue uno de los muchos dardos que se lanzaron contra el dinero malhabido, la corrupción y el acaparamiento carrancistas. "La Revolución carrancista —decía— no ha tenido otro objeto que enriquecer a sus jefes"; los carrancistas habían tomado posesión "del país como de un patrimonio individual, que les pertenece con exclusión absoluta de todos los mexicanos y extranjeros que no sean carrancistas"; "sus promesas agrarias no han sido otra cosa que el engaño con que fueron atraídas las masas populares para que ayudaran a la victoria de la fuerza", porque con el tiempo se había olvidado "la urgente necesidad y patriótica solución de este importante problema".[394] Por eso el país se encontraba en estado lamentable: gente hambrienta, fábricas en ruina, ferrocarriles destruidos, campos yermos, hogares enlutados,

---

[390] Plan de Tierra Colorada, artículo 9 en Fabela, DHRM, RRC, V, p. 48. Henderson, *Félix Díaz*, p. 130, violenta los hechos cuando describe que la "mayor parte del plan" está "consagrada a la situación agraria"; en realidad ocupa una cuarta parte del documento.

[391] Fabela, DHRM, RRC, V, p. 49.

[392] "La Asamblea [Mexicana de Paz] inicia en la primera línea de su programa con el REPARTO DE LA TIERRA y otras reformas populares" (de Esquivel Obregón a Wilson, 8 de marzo de 1915, SD 812.00/14576, y véase p. 193).

[393] Liceaga, *Félix Díaz*, pp. 438-439.

[394] Fabela, DHRM, RRC, VI, pp. 65-66.

vida degradada, derechos y libertades perdidos, crédito extranjero agotado, bancos robados, comercios despojados o monopolizados por los estafadores carrancistas. No faltaba verdad en esas acusaciones; coincidían con la propaganda zapatista y probablemente las apreciaban quienes aún se tomaban el trabajo de leer manifiestos políticos.[395] Les hacían eco otros felicistas: Peláez en la Huasteca; Meixueiro y Dávila en Oaxaca; José Isabel Robles, en otro tiempo villista y que ahora luchaba contra Carranza bajo otra bandera y en otra región.[396]

Como en otros movimientos, en el felicismo contaba más el personal y la práctica que las declaraciones formales. A pesar de su reformismo equilibrado y de sus compromisos con el agrarismo, el felicismo consiguió muchos partidarios entre los del antiguo régimen; era la última esperanza (salvo colonizar el carrancismo) de quienes habían sacado provecho de Díaz y buscado la salvación con Reyes, De la Barra y Huerta. No es posible decir si esa nueva combinación de constitucionalismo y reforma social era oportunismo descarado o conversión genuina. Ahí estaban, sin embargo, los porfirianos de otrora apoyando al sobrino de Porfirio dentro y fuera de México. En el Ejército Reorganizador Nacional se distinguían federales y terratenientes: el general Luis Medina Barrón (en otro tiempo flagelo de los yaquis, defensor de Zacatecas y favorito de los conservadores) encabezaba ahora la Brigada Félix Díaz; el general Aureliano Blanquet —figura de primera importancia en la caída y muerte de Madero— vino desde Cuba para reunirse con Díaz; ambos conspiradores de 1913 coincidieron en la hacienda Ciudadela, sobre la costa de Veracruz.[397] Otros de la misma clase se habían aliado con Díaz desde el inicio de su campaña: el hermano del obispo de Sonora, que murió en una barranca durante la marcha hacia Chiapas; los dos hijos de Mucio Martínez, viejo cacique de Puebla, se contaban entre los compañeros más íntimos de Díaz.[398] En el extranjero —Europa y los Estados Unidos— el registro de agentes, apologistas y bienquerientes felicistas activos, parecía un *Who's Who* del Porfiriato: más generales, como Mondragón y Eugenio Rascón (secretario de Guerra de Madero); el hijo de Bernardo Reyes, Rodolfo (ministro huertista); García Naranjo, Manuel Calero y Jesús Flores Magón (los tres ministros de Huerta); el millonario español Íñigo Noriega; Eduardo Iturbide, último gobernador huertista del Distrito Federal; científicos como Emilio Rabasa, Landa y Escandón, y Pimentel y Fagoaga.[399]

Esas reliquias del antiguo régimen acudieron a Díaz —político sagaz, patriota, consciente de la cuestión nacional y, sobre todo, presidenciable— para crear un movimiento amplio, capaz de retar y expulsar al régimen poco

[395] *Ibid.*; *cf.* la carta abierta de Zapata a Carranza (s. d.), Fabela, DHRM, EZ, pp. 305-310.
[396] De Robles a Wilson, 8 de octubre de 1916, SD 812.00/20415.
[397] Liceaga, *Félix Díaz*, p. 540; Taracena, *Verdadera revolución*, V, p. 139.
[398] Liceaga, *Félix Díaz*, pp. 377 y 393; Taracena, *Verdadera revolución*, IV, p. 182; V, p. 139.
[399] Liceaga, *Félix Díaz*, pp. 396, 406, 410 y 414-415; sobre los emigrados felicistas, Henderson, *Félix Díaz*, pp. 134-137.

seguro de Carranza. Díaz se dio a la tarea con empeño: a fines de 1918 el Ejército Reorganizador Nacional tenía 10 divisiones con un cuerpo completo de oficiales; se nombraron comandantes felicistas para la mayor parte de los estados de la federación.[400] Pero casi todo eso (la cadena de oficiales, los manifiestos, las propagandas de los emigrados) no era más que papel; la realidad era menos notable aún.[401] Hubo movimientos felicistas en el norte, pero su efecto fue mínimo: Almazán y Caraveo provocaron cierta agitación en Nuevo León; Evaristo Pérez se perdió en Chihuahua sin dejar huella.[402] Si los contingentes felicistas de otras partes no eran pura ficción, entonces se trataba de rebeldes que tenían conflicto con Carranza, activos desde hacía tiempo, a quienes se denominaba felicistas por conveniencia, con o sin su consentimiento: por ejemplo, Mariscal en Guerrero y Cíntora en Michoacán, que de todos modos estaban en decadencia.[403] Incluso Peláez, más cercano a Díaz, no era un felicista adicto.[404] En lo que a números y actividad se refiere, el territorio felicista importante estaba en Veracruz y Oaxaca; sus aliados poderosos estaban en Tabasco, Chiapas y Puebla.[405] Ahí Díaz comandó —no del todo artificialmente— fuerzas numerosas y temibles, capaces de hacer guerra de guerrillas con tanta tenacidad como muchos rebeldes populares. Un estudio de esas fuerzas indica que el felicismo no era simplemente —o incluso esencialmente— un movimiento de conservadores descontentos, hostiles al radicalismo social carrancista, representado por los *émigrés* pulidos y articulados que estaban en París, Nueva Orleans y Los Ángeles.

En primer lugar, el felicismo era mucho más abigarrado y, por lo tanto, más fragmentario. Tenía caudillos terratenientes: Peláez, Cástulo Pérez (Minatitlán), los hermanos Gabay (Huatusco); federales: Medina Barrón, Blanquet, Higinio Aguilar, Rafael Eguía Lis; caciques serranos: Meixueiro y Pineda; caciques de las tierras bajas: Santibáñez; ex orozquistas: Caraveo, Almazán y (por corto tiempo) Canuto Reyes; ex villistas como Robles; rebeldes locales perpetuos como Raúl Ruiz; bandidos-cuatreros (Pascual Casarín), e indígenas (Gerónimo Dávalos). Era problema serio mantener la coordinación entre esas fuerzas; Díaz luchó por eso constantemente, pero con poco éxito; era casi imposible llevar a cabo misiones como la del general Gaudencio de la Llave, a quien se le encomendó en 1917 "hacer que las diferentes bandas rebeldes

---

[400] Liceaga, *Félix Díaz*, pp. 457, 486-488 y 529-533.

[401] Garciadiego, *Movimientos reaccionarios*, p. 245.

[402] Liceaga, *Félix Díaz*, pp. 482-483; Taracena, *Verdadera revolución*, VI, p. 115; Henderson, *Félix Díaz*, p. 137.

[403] Liceaga, *Félix Díaz*, pp. 488 y 535. En todo caso, Cíntora era chavista y (o) villista; véase de Jesús Síntoira [sic] a Villa, 3 de febrero de 1917, Fabela, DHRM, RRC, V, p. 237; véanse pp. 641 y 643.

[404] Pero su hermano era uno de los emigrados felicistas (Henderson, *Félix Díaz*, p. 141).

[405] Véase en Liceaga, *Félix Díaz*, pp. 486-488, la extensión y complejidad de las disposiciones del Ejército Reorganizador Nacional para esos estados; Henderson, *Félix Díaz*, p. 138; Fowler (*Agrarian Radicalism*, p. 15) llega a la conclusión, basándose en el *New York Times*, de que "Veracruz fue el estado donde se registraron más casos de violencia en 1919 y 1920".

trabajaran más en conjunto".[406] Aguilar, viejo y rudo federal, desobedecía con frecuencia, tuvo roces con otros felicistas, como Pedro Gabay, y por último cruzó al campo zapatista; Raúl Ruiz contendía con Pascual Casarín, y quizá contribuyó a que éste se aliara con los carrancistas; Santibáñez fusiló a Eguía Lis y su hijo; Díaz sometió a corte marcial y fusiló a Santibáñez, su hermano y primer ayudante.[407] Incluso Peláez, quien estaba en contacto cercano con Díaz y cuya rebelión tenía rasgos felicistas clásicos, mostró ser un aliado tibio y al final inconstante. Mientras la revuelta política y militar hacía padecer al sur, el bandolerismo se presentó con renovado impulso. Los bandidos —a quienes los observadores distinguían bien de los "rebeldes regulares"— alteraban el tránsito fluvial del sur de Veracruz, extorsionaban a los cosecheros de café en Misantla y atacaban el ferrocarril, las plantaciones y los ranchos de Chiapas.[408] Sin duda no era clara la línea que separaba felicismo de bandolerismo, pero los felicistas no fueron —como se dice a veces— bandidos auténticos, que se dedicaron a saquear profesionalmente a la gente del lugar; al contrario, consiguieron apoyo local y procuraron poner distancia entre ellos y los depredadores. Cástulo Pérez, felicista de Minatitlán, tomó medidas drásticas para librar su territorio de bandoleros.

Así pues, desde el punto de vista local, mexicano —opuesto al internacional—, el felicismo compartía un *modus operandi* con movimientos populares como el zapatismo. Pero su *raison d'être* era por fuerza diferente, ya que surgió en otras regiones y otro tiempo. Bajo la espuma de los pronunciamientos oficiales, las jefaturas de papel y la propaganda de los *émigrés,* el felicismo consiguió algo de apoyo popular, sin el cual no podría haberse mantenido en actividad por tanto tiempo y en área tan extensa. El denominador común que unió vagamente a las diversas fuerzas felicistas (la adhesión a la Constitución de 1857 era una especie de taquigrafía política), fue el rechazo a los forasteros intrusos del norte (sus generales eran insensibles y sus tropas tenían malos modos) y la oposición y resistencia locales. En realidad, el enfrentamiento de norte y sur fue evidente en el seno mismo del carrancismo. Muchos norteños, representados por los procónsules, querían meter sin demora al sur recalcitrante en el redil de la Revolución; pero los sureños, incluidos los que tenían una posición en el círculo carrancista, denunciaban el abuso de los militares, su descuido con la propiedad y derechos locales, su manera de acaparar (sacaban las mercancías del sur para enviarlas al norte) y su intención de convertir jefaturas militares impuestas en gubernaturas consti-

---

[406] Canada, Veracruz, 14 de junio de 1917, SD 812.00/21058; Henderson, *Félix Díaz,* p. 129.

[407] Canada, Veracruz, 2 de octubre de 1916 y 9 de noviembre de 1917; Spillard, Naranjal, 20 de septiembre de 1915; SD 812.00/19552, 21481; 16492; Liceaga, *Félix Díaz,* pp. 385-388, 480 y 525; Garciadiego, *Movimientos reaccionarios,* p. 243. Fue irónico que Santibáñez, asesino de Jesús Carranza, recibiera castigo de manos de Félix Díaz.

[408] De L. Ostien a Lansing, desde Chiapas, 13 de septiembre de 1916; Canada, Veracruz, 26 de septiembre de 1916 y 14 de junio de 1914; SD 812.00/19260; 19476, 21058; Stevenson, Tapachula, 21 de julio; Gemmill, Puerto México, 15 de marzo de 1917; FO 371/2962, 172060, 88697.

tucionales impuestas.⁴⁰⁹ Ejemplo de esa situación en Chiapas fueron los conflictos entre el conciliador gobernador Villanueva y el inflexible jefe sonorense Alvarado.⁴¹⁰

Pero el felicismo podía contar con apoyo popular, a pesar de que (a la inversa del zapatismo y a pesar de su fachada ideológica) su sostén era el provincialismo más que el agrarismo, y con frecuencia lo capitaneaban propietarios y hombres de buena posición social. Las fuerzas de Peláez tenían cierto parecido con una "guardia casera"; trabajaban en sus granjas y se presentaban inmediatamente cuando se les llamaba a las "armas" ("armas", porque menos de la mitad de los 6000 hombres con que contaba Peláez tenían armas de fuego; el resto, sólo machetes).⁴¹¹ Como Peláez, otros jefes felicistas eran propietarios: Armenta era cafetalero de Misantla; los hermanos Gabay, Pedro y Salvador, pertenecían a una "buena familia de Veracruz" (aunque al parecer tenían conexiones con la Revolución desde mucho antes); Cástulo Pérez era ranchero (también su primo luchaba por la zona de Minatitlán); en Chiapas, como dije ya, la irrupción carrancista provocó la rebelión de "rancheros y otros propietarios [quienes] empezaron la lucha para defenderse" y continuaron en ella hasta 1920.⁴¹² A pesar de su liderazgo, es un error pensar en esas rebeliones simplemente como una especie de resistencia contrarrevolucionaria al radicalismo carrancista. Es cierto que en la prensa y los manifiestos carrancistas el conflicto se presentaba en esos términos; Salvador Alvarado se deleitó con la delegación de indios chiapanecos quienes llegaron a decirle que estaban listos para hacer cualquier cosa por "su Tata Carranza, que los había liberado de la esclavitud que siempre han vivido".⁴¹³ Pero el gobierno carrancista era con frecuencia más depredador que emancipador; las extorsiones fueron más numerosas que las reformas, y aquéllas sin duda más evidentes para la población local pobre o rica. También es claro que la primera invasión constitucionalista (anterior a cualquier reforma social concreta) fue acicate para la resistencia provinciana en el sur; que, con la significativa excepción de Yucatán, el gobierno constitucionalista provocó, en lugar de apaciguar; y que la resistencia tenía una base amplia, no se concentraba sólo en la élite.⁴¹⁴ Meixueiro pudo reunir un ejército de serranos sin tener que sacar a los peones de sus haciendas; los serranos (testimonio es el recibimiento frío que dieron a Díaz en 1916) no eran títeres de nadie.

Quizá hubiera sido mejor para la masa que seguía al felicismo colaborar con los invasores progresistas del norte contra quienes los explotaban

---

⁴⁰⁹ Ése era tema constante en Querétaro; véase, por ejemplo, DDCC, II, pp. 920-935.
⁴¹⁰ Benjamin, "Passages", pp. 156-160.
⁴¹¹ Informe del agregado militar estadunidense en Barclay, Washington, 14 de febrero de 1918, FO 371/3242, 35522.
⁴¹² Canada, Veracruz, 1º de agosto y 6 de diciembre de 1917; USS Huntington, Salina Cruz, 10 de diciembre de 1916, SD 812.00/18987, 21525, 20276.
⁴¹³ Taracena, *Verdadera revolución*, VI, p. 13.
⁴¹⁴ Joseph, *Revolution from Without*, pp. 95-98.

en su propia tierra (eso hicieron los ixtepejanos). Pero había más en juego que el interés material calculable: sentir provinciano, fidelidad a la patria chica, interés en los usos y costumbres locales (a pesar de que eran retrógrados, oscurantistas y jerárquicos); a todos ofendió la incursión carrancista. Y si han de descartarse esos valores —quizá como carga de "falsa conciencia"— el mismo argumento y la misma conclusión pueden usarse en el caso del zapatismo o los yaquis: es decir que el propio interés material racional, despojado de trabas normativas, pedía colaboración con, no resistencia a, los nuevos dirigentes de México. Podría añadir, por último, que la conciencia de los sureños no era del todo "falsa", aun en lo que al propio interés material se refiere. Terratenientes y caciques no fueron las únicas víctimas del carrancismo, que causó privaciones y persiguió también (fuera de Yucatán) a la gente común. Vimos ya que, en Chiapas, finqueros y campesinos compartían algunos intereses materiales; en Oaxaca, el conflicto agrario enfrentó pueblo contra pueblo, más que pueblo contra hacendado (no es coincidencia que Zaachila, "uno de los pocos pueblos grandes del valle que carecía crónicamente de tierra", fuera también una de las pocas comunidades "revolucionarias").[415]

Por lo común, los abusos carrancistas afianzaban los lazos entre terratenientes y campesinos, caciques y clientes: la corrupción de jefes como Aguilar, Millán, Portas, en Veracruz; la especulación con productos alimenticios en el Istmo; los saqueos cometidos por quienes debían proteger el ferrocarril; los militares que se apoderaron (en Chicontepec, Ver.) de fondos municipales.[416] Los carrancistas impusieron, como en Morelos, duras medidas contra rebeldes reales o imaginarios. Salvador Alvarado fue un jefe modelo, todo lo opuesto a un tirano militar como el veracruzano Guadalupe Sánchez, pero su expedición al Istmo agitado en 1917 fue parecida —inevitablemente quizá, dadas las circunstancias— al avance de Sherman por el sur derrotado en 1864. Es cierto que Alvarado se complacía en liberar indios esclavizados, pero también, a medida que sus tropas ocupaban pueblos y haciendas, se informó que la población civil "recibía peor trato que el que le daban los rebeldes", y que algunos se vieron forzados a huir de sus hogares y abandonar las cosechas.[417] Al año siguiente, el programa de "reconcentración [de Alvarado] provocó, más que cualquier otra medida tomada por la Revolución, la destrucción de la economía del estado y la hambruna".[418] No es de sorprender que entre los rebeldes felicistas del sur se contaran jefes como Gerónimo Dávalos, indígena analfabeto a quien "el gobierno de Carranza había converti-

---

[415] William B. Taylor, *Landlord and Peasant in Colonial Oaxaca*, Stanford, 1972, pp. 198-199.
[416] Gavira, *Actuación*, pp. 96, 98 y 108; Canada, Veracruz, 11 de septiembre de 1916 y 4 de mayo de 1917; c/o US Navy, Salina Cruz, 9 de noviembre de 1915; SD 812.00/19256, 20917; 16843; Hohler, Ciudad de México, 18 de julio de 1917, FO 371/2962, 166713; de F. Mariel a Aguilar, 4 de enero de 1916, AVC.
[417] Canada, Veracruz, 13 de noviembre de 1917, SD 812.00/21491.
[418] Benjamin, "Passages", p. 159.

do en rebelde".[419] Lo confirman documentos carrancistas: en mayo de 1916, el más destacado revolucionario veracruzano, Cándido Aguilar, yerno de Carranza, escribió a su colega Agustín Millán, quien estaba a punto de asumir la jefatura militar de Veracruz; admitía que en muchas de las partes más ricas del estado "reinan aliados la reacción y el bandolerismo", que la resistencia armada contra el gobierno obedecía a diferentes motivos. Opinaba: "ciertamente que en nuestro estado hay muchos elementos levantados en armas que están perfectamente perfilados como reaccionarios, pero también hay no pocos que se han levantado movidos por el instinto de conservación o exasperados por la pérdida de sus intereses (no me refiero a los reaccionarios), y en virtud de mortales venganzas o infames rapiñas de los Jefes de Armas que se han convertido en caciques, tanto o más odiosos que los Jefes Políticos de la dictadura porfiriana".[420] Subrayaba Aguilar que, por lo tanto, el liderazgo revolucionario local era responsable de la erupción de revueltas (felicistas) que agitaban Veracruz: "los revolucionarios honrados, son muy pocos, y si no eliminan a los compañeros nuestros que sólo sueñan satisfacer sus propias ambiciones, serán culpables del fracaso que sufra la Revolución".[421]

Las revueltas felicistas clásicas de 1916-1920 fueron, de hecho, prolongaciones de los movimientos defensivos de 1914-1915, que se organizaron no tanto contra el radicalismo social carrancista, cuanto contra su invasión militar y opresión política; de ahí que sea posible compararlas con las rebeliones populares serranas de las primeras épocas de la Revolución.[422] Consiguieron apoyo popular dentro de un territorio definido, que procuraron conservar independiente del centralismo carrancista: Peláez, quien podía contar con una red clientelista en la Huasteca; Gabay, que podía apoyar su popularidad en Huatusco con dádivas ocasionales; Pérez, cuya plantación cerca de Minatitlán servía de cuartel —ahí sus hombres guardaban los rifles y trabajaban en los descansos de la lucha—.[423] Éstos, más Ruiz, Dávalos, Pineda, Martínez, todos gente de la región, fueron la columna vertebral del felicismo; gente de fuera —como Almazán y Robles— tuvo poco éxito en el sur a pesar de su experiencia revolucionaria.[424] El *modus operandi* felicista —bastante parecido al de los movimientos populares clásicos— se ilustra bien con la rebelión de Peláez en la Huasteca, a cuyos orígenes me he referido ya;[425] en ciertos aspectos es un caso excepcional, pero es típico en muchos otros.

[419] Canada, Veracruz, 6 de diciembre de 1917, SD 812.00/21525.

[420] De Aguilar a Millán, 13 de mayo de 1916, AVC.

[421] *Ibid.*, Aguilar no estaba libre de sospechas; véase p. 17 del informe de Bonsal, citado en n. 380.

[422] Véanse pp. 238, 247, 281, 433, 505-506 y 528-530.

[423] Canada, Veracruz, 6 de diciembre de 1917, SD 812.00/21583; anónimo a S. Yépez, 2 de mayo de 1916, AVC; Henderson, *Félix Díaz*, p. 140.

[424] Almazán regresó al norte vía Guatemala. Robles fue capturado y fusilado en abril de 1917. La última parte de su carrera se encuentra en Luis Espinosa, *Defección del General José Isabel Robles en la sierra de Ixtlán*, México, s. f., pp. 5-61.

[425] Véanse pp. 164, 171 y 916.

Cuando empezó la rebelión en 1914, las compañías petroleras estaban ocupadas en llegar a una conciliación con el carrancismo (y el villismo); no cabía duda de que iniciarían la revuelta, y cuando ésta cobró fuerza en 1915, tuvieron que llegar a acuerdos.[426] Las relaciones de Peláez con las compañías petroleras evolucionaron como otros acuerdos entre compañías y rebeldes: Peláez, comandante *de facto*, recogía impuestos, y las compañías, reconocedoras del orden, pagaban, aunque bajo protesta. Relación parecida se había establecido antes con los jefes carrancistas Aguilar y Caballero. Las compañías no financiaban los brotes revolucionarios, sino que los revolucionarios que tenían éxito podían sacar dinero a las compañías; las compañías más pequeñas establecían relación con rebeldes menores. Casarín obtenía impuestos regulares de los terratenientes de Los Tuxtlas, a quienes ofrecía protección (un administrador estadunidense informó: "ahora se porta bien con la hacienda, pero ha costado mucho dinero"); Cástulo Pérez colaboraba con las haciendas al este de Acayucan, y la de Motzorongo pagaba 400 pesos al mes a Panuncio Martínez; Ponciano Vázquez, felicista como los demás, cobraba 6% de impuesto a la propiedad, con el cual mantenía sus tropas.[427] Para los propietarios, por lo menos, ese tipo de arreglo era uno de los elementos básicos que distinguía a los "rebeldes" —cuyas demandas tenían orden y regularidad— de los "bandidos" —violentos y arbitrarios—. Aun cuando se regularizó la relación, los rebeldes no se convirtieron en mercenarios; es decir, esa relación no fue de dependencia y obediencia. Los oficiales de Peláez no se comportaban como los mercenarios con su empleador.[428] Peláez, por su parte, extrajo a las compañías todo lo que pudo sacarles: a principios de 1917 dos de las más grandes, El Águila y La Huasteca, le pagaban 10 000 pesos por mes; un año después, ante la perspectiva de una ofensiva carrancista, pidió a la segunda 30 000 pesos. Ése no era el comportamiento de un servidor fiel ni la compañía respondía como aval todopoderoso; "su administrador conferenciaba con Peláez y discutía [sus] demandas hasta llegar al punto compatible con [la] seguridad [de sus] intereses".[429]

En ese sentido, el caso de Peláez fue excepcional por la duración del acuerdo y por la relevancia económica, política y estratégica de su patrocinador. Su importancia creció después de 1917, cuando se pusieron en práctica los planes carrancistas para obtener impuestos de la industria petrolera y lograr reglamentarla, y cuando, al entrar los Estados Unidos en la guerra, se acrecentaron los temores de que los alemanes boicotearan los pozos petroleros mexi-

[426] De Cowdray a Ryder, 11 de septiembre de 1914, de Ryder a Body, 2 de enero de 1915, Documentos Cowdray, caja A/3; Hohler, memo. en Spring Rice, Washington, 1º de marzo de 1917, FO 371/2959, 60106; inteligencia naval de los Estados Unidos, 12 de abril de 1918, SD 812.00/387.

[427] Spillard, Naranjal, 25 de mayo, y Canada, Veracruz, 25 de septiembre de 1915; c/o USS Kentucky, Veracruz, 26 de enero; Canada, Veracruz, 2 de octubre de 1916; SD 812.00/15352, 16492; 17229; 19552.

[428] Hamilton, *Oil Tales*, pp. 170-172.

[429] C/o US Nashville, Veracruz, 26 de enero de 1917; de Dawson, Tampico, 6 de diciembre de 1917, SD 812.00/259,332; Garciadiego, *Movimientos reaccionarios*, pp. 117 y 134-135.

canos.⁴³⁰ En ese momento, la hegemonía regional de Peláez les proporcionó seguridad y orden, por un lado, y protección contra el nacionalismo económico carrancista y la amenaza alemana, por el otro. Peláez entendió esto muy bien; en sus declaraciones políticas —a tono con el pensamiento felicista— denunció los puntos que sobre expropiación tenía la nueva Constitución y reafirmó su compromiso con los valores liberales y con la causa de los aliados.⁴³¹ Por su parte, las compañías se mostraron cordiales con Peláez, a quien veían no tanto como mal necesario cuanto como algo positivo en su lucha contra el régimen revolucionario, sus reformas nacionalistas y supuesta simpatía por los alemanes; así pues, aunque su relación con Peláez era una "situación anómala", era "en todo sentido, una situación que debía conservarse".⁴³² Además, interesados en proteger el suministro de petróleo para los aliados, los gobiernos metropolitanos estaban dispuestos a hacer más —mucho más que las compañías— para que manos amigas protegieran los campos petroleros y evitar que el sabotaje de alemanes o carrancistas los destruyeran.⁴³³ No fue ésa la primera ni última vez que la gran estrategia aventajó con su agresión imperialista los intereses económicos regionales.⁴³⁴ El Departamento de Estado estaba dispuesto a que las compañías proporcionaran armas a Peláez (alternativa que éstas no aceptaron); algunos de sus miembros favorecían la intervención militar; los estadunidenses prepararon un plan de contingencia —en el que esperaban que Peláez colaboraría— para tomar los campos petroleros y evitar su destrucción.⁴³⁵ Los británicos también

---

⁴³⁰ Sobre la amenaza alemana (siempre más ficticia que real), véase Katz, *Secret War*, pp. 342-343, 383, 396, 415 y 430.

⁴³¹ El manifiesto del 5 de mayo de 1917 en Walker, Washington, 7 de agosto de 1917, SD 812.6363/303.

⁴³² De Walker a Auchincloss, 9 de septiembre de 1917, SD 812.6363/312 (Walker era empleado de la Mexican Petroleum Co. de Doheny). Véase también Smith, *United States and Revolutionary Nationalism*, pp. 100-105; y Dennis J. O'Brien, "Petróleo e intervención: relaciones entre los Estados Unidos y México 1917-1918", *Historia Mexicana*, XXVII, núm. 1 (julio-septiembre de 1977), pp. 103-140.

⁴³³ Con frecuencia se exagera la importancia que el petróleo mexicano tuvo para los aliados. A lo largo de 1917, los británicos absorbieron 5.5 millones de toneladas de petróleo estadunidense, medio millón de toneladas del mexicano; si la producción mexicana se hubiera cortado totalmente, se habría necesitado aumentar en sólo 9% la estadunidense para cubrir el faltante (de Grey a Barclay, 5 de febrero de 1918, FO 371/3242, 21258). J. Body, que trabajaba para Cowdray en México, opinaba que "todo el energético y subproductos que necesitaban los aliados podría conseguirse en los Estados Unidos sin tener en cuenta a México, aun cuando no se consiguiera crudo mexicano" (de Body a Cowdray, 22 de mayo de 1917, Documentos Cowdray, caja A/4). El golpe contra Carranza que aconsejaba Body se sustentaba más en razones comerciales que patrióticas, de la misma manera que, dos años antes, el almirantazgo británico optó por hacer contratos con los suministros petroleros estadunidenses, no con los británicos (véase Katz, *Secret War*, pp. 178-179 y 467). Así pues, ni siquiera en tiempos de guerra coincidían las políticas nacionales con las de las compañías; tampoco debe darse mucho crédito a sus voceros, que invocaban intereses nacionales sumamente importantes o necesidades estratégicas.

⁴³⁴ Cf. Raymond Aron, *The Imperial Republic. The United States and the World, 1945-1973*, Londres, 1975, sobre esa cuestión.

⁴³⁵ De Grey a Spring-Rice, 13 de marzo; Hohler, memo. en Grey, 1º de marzo de 1917; FO

opinaban que sería "error fatal" permitir que Carranza controlara los campos; algunos jugaron con la alocada idea de enviar una expedición de emigrados que ayudara a Peláez para resistir a Carranza.[436]

Aunque eran intrínsecamente interesantes y potencialmente trascendentales, esos proyectos no se concretaron. Los estadunidenses se prepararon para intervenir en una "contingencia que esperaban evitar", y finalmente, lograron evitarla.[437] Ni Carranza, ni los alemanes y ni siquiera Peláez, sabotearon los pozos, que en esa época aumentaron la producción.[438] Se ignoró el intervencionismo rabioso (de Canova) que se propaló en el Departamento de Estado y, al final, en los archivos estadunidenses no se encuentran pruebas de que hubieran dado apoyo oficial o directo a Peláez.[439] Las compañías siempre habían sido más pragmáticas; fieles a su política tradicional, no querían comprometerse de manera clara con Peláez ni quedar irremediablemente mal con Carranza. En febrero de 1918, el administrador de la Huasteca Petroleum Company dijo a Peláez que, a pesar de simpatizar con su causa, "no estaría bien que le diera apoyo moral o material", que era imposible aumentar el monto de los pagos, y que "en el momento que nuestras relaciones con él se volvieran onerosas, dejaríamos de pagar totalmente".[440]

Pocas ilusiones podía hacerse Peláez sobre la lealtad de ciertas compañías. La relación era completamente condicionada y contractual. En el preciso momento de la ofensiva carrancista a la Huasteca, el entusiasmo de las compañías por Peláez se enfrió porque enfrentaban más demandas de los pelaecistas y los movimientos de retaguardia de Peláez les causaron daños materiales.[441] Mientras retrocedía ante los carrancistas, Peláez se quejaba de que ciertas compañías nada hacían para ayudarlo, aunque "aceptó gustoso" la

371/2959, 52769; 60106; O'Brien, "Petróleo e intervención", pp. 118-119; Garciadiego, *Movimientos reaccionarios*, pp. 117-118 y 120.

[436] Thurstan, Ciudad de México, 17 de abril de 1917; Hohler, Ciudad de México, 20 de febrero de 1918; FO 371/2959, 79679; 3242, 43257; Katz, *Secret War*, pp. 463, 465, 474 y 477.

[437] Hohler, Ciudad de México, 20 de febrero de 1918, FO 371/3242, 43257; los círculos oficiales estadunidenses estaban muy divididos en lo referente a la intervención (véase el artículo ya citado de O'Brien, "Petróleo e Intervención", pp. 129-130).

[438] El agregado militar alemán en Washington (después canciller Von Papen) planeó sabotear los pozos de Tampico en 1915-1916, pero nada se concretó (quizá porque el almirantazgo alemán tuvo dudas sobre la utilidad de la campaña); también en 1917, Eckardt, ministro alemán, desechó planes militares de sabotaje, tal vez porque temía una ruptura con Carranza y estaba a favor de la penetración económica más sutil (Katz, *Secret War*, pp. 342-343 y 395-398). La política alemana se distingue más por su fragmentación interna que por su influencia directa en lo que acontecía en México.

[439] Q'Brien, "Petróleo e Intervención", pp. 114 y 117, n. 18. En Canova se mezclaban recelo por los británicos, desprecio por su propio embajador y enemistad cordial hacia Carranza; acerca de sus opiniones y carrera caprichosas, véase Katz, *Pancho Villa y el ataque a Columbus*, pp. 40-47; Louis M. Teitelbaum, *Woodrow Wilson and the Mexican Revolution, 1913-1916*, Nueva York, 1967, pp. 163 y 379.

[440] De Greene a Paddleford, 2 de febrero de 1918, SD 812.6363/389.

[441] Smith, *United States and Revolutionary Nationalism*, p. 118.

idea de colaborar con una intervención armada estadunidense.⁴⁴² Entre tanto, las compañías debían pagar grandes sumas para mantener a las tropas carrancistas (de ahí el disgusto de Peláez), y lord Cowdray instaba a una Cancillería reticente a otorgar reconocimiento al régimen de Carranza.⁴⁴³ Las campañas de la Huasteca no terminaron en 1918; Peláez aún tenía que desempeñar una función. Pero las compañías, y poco a poco sus gobiernos, empezaron a convencerse de favorecer un trato con Carranza (trato con el que podía usarse el poder económico de los Estados Unidos para conseguir términos favorables).⁴⁴⁴ Terminada la Guerra Mundial y la amenaza alemana, se presentó la etapa de discusiones diplomáticas, desapareció el fantasma de la intervención y disminuyó la utilidad de Peláez.⁴⁴⁵

La combinación fortuita de guerra mundial y petróleo, invistió a la rebelión pelaecista de grandes implicaciones políticas y estratégicas. Y aunque éstas nunca se concretaron —los pozos siguieron bombeando; no hubo sabotaje, ni intervención, ni precedente de Bahía de Cochinos—, tendieron a distorsionar el análisis del pelaecismo, arrancándolo de su medio y ubicándolo en un mundo diferente de oro negro y *Grosspolitik*. Ese mundo existía, inmiscuido en la Revolución mexicana, y merece ser analizado; pero el análisis muestra con frecuencia los límites, más que la magnitud, de sus consecuencias locales.⁴⁴⁶ En lo que al pelaecismo se refiere (lo mismo puede decirse del republicanismo irlandés y del nacionalismo indio), sus raíces internas son más interesantes y reveladoras que sus ramificaciones internacionales. Peláez era, en el plano global, una pieza que podía arriesgarse; localmente dirigía una de las rebeliones más poderosas, pero típicamente sureña, que podía compararse en cierta forma con los clásicos movimientos populares de Villa o Zapata. Tenía un territorio bien señalado y del que nunca se alejaba: una zona, tierra adentro del Golfo, entre Tampico y Tuxpan, desde el río Pánuco, en el norte, hasta Papantla, en el sur.⁴⁴⁷ Todas sus fuerzas pertenecían a esa región (de ahí que se le describiera como "guardia casera"); no tenían contacto con rebeldes que estaban más al norte, como los Cedillo de Valle del Maíz, los cuales,

---

⁴⁴² Hewett, Tuxpan, 5 de febrero de 1918, FO 371/3242, 41499.

⁴⁴³ De Greene a Paddleford, 17 de febrero de 1918, SD 812.6363/389; de Grey a Reading, 12 de febrero, a Spring-Rice, 8 de enero, FO 371/3242, 28287; Katz, *Secret War*, pp. 471-472 y 486, dice que Cowdray cambió de opinión hacia finales de 1917.

⁴⁴⁴ Smith, *United States and Revolutionary Nationalism*, pp. 119 y ss.; O'Brien ("Petróleo e intervención", p. 134) opina que el optimismo ganó a la ansiedad en los estadunidenses y la diplomacia a la beligerancia, en los últimos meses de 1918.

⁴⁴⁵ Garciadiego, *Movimientos reaccionarios*, p. 139.

⁴⁴⁶ Katz, *Secret War*, pp. 447, 462-563 y 568-578.

⁴⁴⁷ Esto nos enfrenta otra vez al sorprendente asunto de la relación entre pelaecismo y los movimientos agrarios que hubo en esa misma región durante el Porfiriato y los inicios de la Revolución. Los comentarios de Adalberto Tejeda —después gobernador agrarista de Veracruz— transmitidos en informe anónimo a Jara (22 de marzo de 1916, AVC) dicen que era importante la apropiación de tierra y la violencia agraria, pero no si los afligidos pobladores eran espectadores, partidarios o víctimas del pelaecismo. Fowler ("Caciquismo and the Mexican Revolution") comenta el problema, pero no lo aclara.

aunque en el papel se ven cercanos, estaban separados de la Huasteca por la división tradicional entre tierras altas y bajas, feudo y feudo.[448]

Los pelaecistas eran hombres de la localidad, pero no es claro qué tipo de gente local. "Componen las fuerzas de Peláez... habitantes y trabajadores de la zona petrolera"; aunque incluía a los trabajadores petroleros, había (tuvo que haber habido) además, muchos otros.[449] He citado ya un informe que describe a los soldados pelaecistas como campesinos que, entre campaña y campaña, trabajaban sus "pequeñas granjas".[450] Su lucha era de guerrillas. Ante la ofensiva carrancista, retrocedieron por falta de armas (deficiencia que no pudo cubrir la generosidad de las compañías, ni siquiera la británica); pero la superioridad de los carrancistas en armas de fuego no era garantía de victoria definitiva.[451] A principios de 1918, por ejemplo, el gobierno lanzó una gran ofensiva, lo que inspiró al general Acosta para hacer la "tonta" afirmación de que el pelaecismo estaba aniquilado (¿cuántas veces habían hecho afirmaciones falsas parecidas respecto al zapatismo?).[452] El ejército pelaecista simplemente se desvaneció; los hombres volvieron a las granjas, pueblos y campos petroleros —lo que permitió a los carrancistas más "victorias y avances"— para reagruparse cuando llegó la oportunidad y tuvieron municiones otra vez. Después del gran avance de 1918 se informó que la "afirmación gubernamental de que controla territorio pelaecista es verdadera sólo en cuanto sus fuerzas operan a voluntad. No hubo batallas. Peláez no está derrotado ni se le ha forzado a un retroceso general. También sus fuerzas operan a voluntad en bandas dispersas, encuentran poca oposición y usa tácticas de guerrilla".[453] Más tarde ese mismo año, las fuerzas de Peláez atacaron de nuevo, tomaron Pánuco e incluso amenazaron Tampico.[454] Sólo en 1919 —cuando en la nación y en el mundo actuaban nuevos factores— el gobierno pudo progresar realmente en la campaña de la Huasteca.[455]

Las operaciones carrancistas en ese escenario se caracterizaron igualmente por la indisciplina e ineficacia que habían perjudicado otras campañas contrainsurgentes; se ganaron la enemistad del pueblo, permitieron que el enemigo escapara una y otra vez, se reagrupara y volviera a atacar. A principios de 1918, había en la Huasteca unos 3000 soldados del gobierno para

---

[448] Dudley Ankerson, información verbal; Garciadiego (*Movimientos reaccionarios*, p. 138) se refiere a ciertas alianzas regionales flexibles, pero confirma que el pelaecismo estaba arraigado en la región.

[449] Puesto que disminuyó la exploración petrolera, el reclutamiento pelaecista debe haber absorbido algo de la mano de obra; no debe haber sido fácil para los obreros ser guerrilleros al mismo tiempo (informe de Inteligencia Naval, 12 de abril de 1918, SD 812.6363/387).

[450] Agregado militar de los Estados Unidos informa a Barclay, Washington, 14 de febrero de 1918, FO 371/3242, 35522.

[451] Garciadiego, *Movimientos reaccionarios*, p. 119.

[452] Hewett, Tuxpan, 1º de abril de 1918, SD 812.6363/392.

[453] Dawson, Tampico, 19 de febrero de 1918, SD 812.6363/344.

[454] Pulsford, Tampico, 4 de septiembre de 1918, FO 371/3246, 174257.

[455] Garciadiego, *Movimientos reaccionarios*, pp. 129 y 132.

enfrentar un número parecido de "regulares" pelaecistas; era un "grupo harapiento", la mayoría calzaba huaraches en lugar de botas, muchos eran jovencitos. A veces se informaba que los destacamentos estaban "sin paga, hambrientos, desmoralizados y fuera de control", y a pesar de las buenas pasturas que había en la Huasteca, sus caballos estaban agotados y flacos.[456] Los pelaecistas en retirada se desquitaban con las propiedades de las compañías (no con violencia, aunque era muestra de la ambivalencia de sus sentimientos hacia la mano que los alimentaba), pero los carrancistas, que respetaban a las compañías, se desquitaban con los pueblos (Amatlán y San Antonio Chinampa, por ejemplo, donde se dijo que habían ejecutado a "pacíficos").[457] Esas medidas reforzaban el apoyo local hacia Peláez; el comportamiento de algunos jefes carrancistas (iban y venían en rápida sucesión) le proporcionó también ayuda y alivio.[458] La fatigosa campaña de contrainsurgencia fomentaba la precaución, incluso la inercia; las oportunidades de conseguir ganancias incitaban a fraternizar con el enemigo: el contrabando de armas (practicado en Morelos) se hizo común y en una ocasión, los de la guarnición carrancista de Huejutla mandaron un gallo de pelea y 500 pesos para apostar en una fiesta pelaecista que se hacía a unos tres kilómetros de distancia. Era evidente que había cierto "tipo de entendimiento" entre los dos bandos, fomentado por la indiferencia y desmoralización de los carrancistas.[459] No tenían ánimo de luchar en esas circunstancias; las briosas fuerzas de 1913-1914 se habían convertido en el sombrío ejército regular de 1916-1920, que no participaba en ninguna rebelión heroica sino en una represión larga y estática.

Reaparecieron todas las malas artes del viejo ejército federal. Así, por ejemplo, no se podían vender municiones a los rebeldes si no se justificaba el déficit con alguna pretendida acción militar; un coronel carrancista explicaba que, "para dar veracidad a ese cuento, era necesario sacrificar de vez en cuando a algunos de sus hombres".[460] Cuando Luis Caballero fue jefe de las fuerzas carrancistas en la Huasteca, era probada la complicidad entre las tropas rebeldes y las del gobierno. Caballero competía entonces por la gubernatura de Tamaulipas, y se sabía que la derrota electoral provocaría rebelión militar; le convenía, pues, detener la campaña contra Peláez, para no alejar, por celo agresivo, un posible aliado vecino.[461] Las divisiones y fracasos de los ca-

---

[456] Por la mayor parte de los informes se sabe que Peláez podía contar con 5000 o 6000 hombres, pero sólo la mitad tenía armas (Barclay, Washington, 14 de febrero de 1918, FO 371/3242, 35522).

[457] Sobre el número de carrancistas, sus abusos y fracasos véanse Pulsford, Tampico, 11 de junio de 1917; Hewett, Tampico, 20 de febrero de 1917 y 26 de enero de 1918; Greene, Huasteca Co., 1º de marzo de 1918; FO 371/2962. 143982; 2960, 79890, 3242, 41501; 3243, 70846; Dawson, Tampico, 25 de febrero de 1918, y de Greene a Paddleford, 17 de febrero de 1918, SD 812.6363/349, 389. Es de advertir que esos observadores no veían con buenos ojos el carrancismo.

[458] Garciadiego (*Movimientos reaccionarios*, p. 123) enumera cinco comandantes carrancistas sucesivos en un año.

[459] Hewett, Tuxpan, 1º de abril de 1917, FO 371/2960, 96567.

[460] *Ibid.*, 1º de febrero de 1918, FO 371/3242, 58153.

[461] *Ibid.*, y memo. de Hohler, Ciudad de México, 20 de febrero de 1918, FO 371/3242, 59153, 43257.

rrancistas alargaron así la lucha. Aunque en 1919-1920 disminuyó el ritmo de la contienda, eso no significó que el gobierno tuviera la victoria; al contrario, fue indicio de que había roces en el gobierno nacional, los cuales podían aprovechar rebeldes obstinados como Peláez.[462]

Las relaciones de Peláez con Félix Díaz y el felicismo "oficial" eran vacilantes. Apoyó el programa político de Díaz y, en el verano de 1918, lo recibió en su cuartel en Potrero del Llano.[463] Pero se decía que algunos de sus oficiales despreciaban la conexión felicista. En realidad, poco era lo que Díaz podía ofrecer al pelaecismo —que crecía con sus propios recursos—, salvo un barniz de legitimidad. No tenían estrategia común, lo que permitió a Peláez romper con el felicismo dos años después.[464] No obstante, es válido considerar el pelaecismo como ejemplo de las revoluciones sureñas —que tenían bases amplias y reaccionaban defendiéndose de la invasión norteña— agrupadas de manera flexible bajo la etiqueta felicista. Se extendieron desde el feudo de Peláez hacia el sur de Veracruz, Puebla, Oaxaca, Chiapas, y fueron problema insuperable para el régimen —insuperable en sentido estricto, porque a muchos jamás se les derrotó, sino cooptó después de la caída de Carranza—. Aunque se puede confiar poco en las estimaciones, las cifras son importantes y las confirman la dimensión y el éxito de las operaciones felicistas. Por lo menos 2000 eran los mapaches de Chiapas, un poco más que los rebeldes de Tabasco; los de Veracruz —incluidos los de Armenta y Cejudo, más otros al norte del Ferrocarril Interoceánico; los contingentes de Gabay, Galán, Vidal, tierra adentro del puerto de Veracruz; Ruiz y Martínez cerca de Minatitlán, y las bandas de Pérez, Dávalos y Nájera, que estaban en el Istmo— eran 8000 en 1916 y 15000 en 1917.[465] Aun cuando esos números absolutos no son de confiar, no hay duda de que las tropas felicistas se fortalecieron entre 1916 y 1917, y que superaban a las del gobierno en cada estado (en Veracruz, en razón de dos a uno).[466]

Cifras aparte, hay pruebas suficientes de la presión que ejercían los rebeldes sobre las débiles autoridades carrancistas en toda esa extensa y rica región. Antes de que Díaz llegara, a mediados de 1915, Orizaba estaba prácticamente sitiada; al sur, "toda la zona rural de [Veracruz] está fuera del control del gobierno actual… los carrancistas controlan sólo unos cuantos pueblos importantes y los ferrocarriles".[467] A principios de 1916, el gobierno controlaba sólo tres de los 31 distritos de Oaxaca y no retenía muy bien gran

[462] Garciadiego, *Movimientos reaccionarios*, pp. 130-134.
[463] *Ibid.*, p. 153, n. 112; Liceaga, *Félix Díaz*, pp. 469-470.
[464] Liceaga, *Félix Díaz*, pp. 596 y 609.
[465] Canada, Veracruz, 14 de octubre de 1916 y 6 de diciembre de 1917, SD 812/19698, 21583; Barclay, Washington, 21 de febrero de 1918, FO 371/3242, 43261, proporciona cifras parecidas, aunque inferiores.
[466] Liceaga (*Félix Díaz*, pp. 520-521) dice que las operaciones felicistas continuaron en 1919, cosa que es de dudar, ya que, al parecer, 1916-1918 fueron los años en que hubo más actividad rebelde.
[467] Informe de S. Bonsal (n. 380); L. Spillard, Naranjal, 24 de mayo de 1915, SD 812.00/15352.

parte de Tabasco y la mayor parte de Chiapas.[468] Las comunicaciones ferroviarias estaban a merced de los rebeldes, las atacaban frecuentemente, descarrilaban los trenes y los asaltaban; con el tiempo, los carrancistas construyeron fortines y aplicaron las mismas medidas draconianas que en Morelos.[469] Se alteró el comercio local: se estancó la industria cafetalera en Veracruz, el tránsito fluvial se suspendió hacia al sur, dejaron de trabajar las plantaciones, lo que aumentó el desempleo y la pobreza; en Chiapas, las mercancías se transportaban en carros tirados por bueyes protegidos por escolta militar.[470] La represión carrancista empeoraba la situación. Los "granjeros de las laderas" cerca de Orizaba se rebelaron contra la depredación de los carrancistas: un viejo cacique reclutó 400 hombres, que recibieron con beneplácito los pueblos indígenas; se informó que, en represalia, Cándido Aguilar quemó todos los pueblos que, creía, simpatizaban con los rebeldes.[471] Lo mismo ocurrió cerca de Los Tuxtlas, cuando los carrancistas tomaron un cuartel rebelde en Arroyo Largo: "siguiendo sus costumbres de evitar contacto con los carrancistas si les es posible, [los rebeldes] huyeron tan pronto como aparecieron los carrancistas, [y] éstos quemaron las chozas de los pacíficos habitantes acusándolos de haber ayudado a los rebeldes".[472]

Abusos como ésos eran de esperar si un jefe "lampiño y sanguinario", como Guadalupe Sánchez, era comandante del estado.[473] Pero aun los más lúcidos, como Alvarado, tomaron medidas extremas. En una expedición que hizo por el Istmo en 1917 con 7 000 hombres, impuso un bloqueo económico a la zona rebelde, prohibió el comercio, confiscó toda mercancía que salía del territorio y decretó que "toda persona que sea sorprendida en combinación con los rebeldes, ya sea ocultándolos, mandándoles víveres, municiones o noticias, será considerada fuera de la ley".[474] También aplicó ahí el *reconcentrado* y, con más rigor, en Chiapas al año siguiente.[475] Los resultados fueron diversos; al dar garantías a las haciendas y recibir fondos de todos los cafeteros de Yucatán, Alvarado restauró en el Istmo algo de paz y confianza; la gente volvió al trabajo, los rebeldes se refugiaron en las montañas y los

---

[468] E. Ely, Tuxtepec, 11 de febrero de 1916, SD 812.00/17365; Benjamin, "Passages", p. 157; Garciadiego, *Movimientos reaccionarios,* pp. 181-185.

[469] Liceaga, *Félix Díaz,* p. 433; Hutchinson, Veracruz, 29 de diciembre de 1917, FO 371/3242, 20158; Canada, Veracruz, 29 de febrero de 1916, SD 812.00/17409; Henderson, *Félix Díaz,* pp. 139-140.

[470] Canada (*cf.* nota anterior); c/o USS Kentucky, Veracruz, 10 de febrero de 1916, SD 812.00/17310; Benjamin "Passages", p. 157.

[471] Informe de S. Bonsal (véase n. 380).

[472] Canada, Veracruz, 19 de agosto de 1915, SD 812.00/16056.

[473] Gruening, *Mexico and its Heritage,* p. 320, confirma a Liceaga, *Félix Díaz,* p. 643.

[474] Decreto del 24 de agosto de 1917, en Liceaga, *Félix Díaz,* p. 643; Garciadiego, *Movimientos reaccionarios,* p. 183.

[475] Informe del servicio secreto militar en Barclay, Washington, 26 de julio de 1918, FO 371/3245, 136688; Benjamin, "Passages", p. 159; Garciadiego, *Movimientos reaccionarios,* pp. 190-191.

trenes volvieron a resoplar de costa a costa sin que los atacaran.[476] En Chiapas el costo económico fue mayor, y la resistencia más persistente. Terminó 1918 con el estancamiento usual: "el gobierno no podía pacificar el campo, los rebeldes no podían retener las ciudades".[477]

Tabasco, Oaxaca y el Istmo empezaron a tranquilizarse, pero en el territorio felicista —los límites de Veracruz, Oaxaca y Puebla— seguía la rebelión. Los pueblos más grandes estaban amenazados; la "pasmosa temeridad" de los rebeldes, sobre la que se había informado en 1916, continuó en 1918-1919.[478] Blanco favorito era Jalapa, capital de Veracruz. En la primavera de 1916, las tropas de Roberto Cejudo ocuparon un depósito en las afueras de la ciudad para hacer un baile; un año después entraron a saquear la ciudad y aterrorizaron a los habitantes. Cejudo "tomó" otra vez Jalapa en marzo de 1918 y, en un ataque felicista concertado con Gabay y Medina Barrón, llegó al centro de la ciudad en octubre de 1919.[479] También acosaron Orizaba de 1915 a 1918: la gente no se atrevía ya a pasear por los campos de los alrededores, una y otra vez la ciudad quedaba sin electricidad, hubo incursiones rebeldes en los suburbios.[480] A fines de 1916 cayó Soledad, primera estación tierra adentro del puerto de Veracruz; los habitantes del puerto, que oían el cañoneo, temían que los felicistas, ubicados al otro lado del cerro, lo tomaran.[481] En realidad, algunos jefes rebeldes, Blanquet entre ellos, preferían un ataque directo a la ciudad.[482] Los pueblos más pequeños, entre tanto, seguían cayendo: Panuncio Martínez tomó Minatitlán en mayo de 1918; dos días más tarde, Cejudo y Aguilar tomaron Huatusco, y el primero tomó Teocelo en marzo de 1919.[483]

Pero en ese entonces el felicismo había perdido algo de su fuerza. Muerte y deserción habían cobrado su tributo. Aureliano Blanquet, aliado de Huerta en la caída de Madero, murió semanas después, al regresar de Cuba en 1919: huyendo de tropas carrancistas, se precipitó en una barranca; fue decapitado, y su cabeza exhibida en Veracruz.[484] En ese mismo encuentro fue capturado, y fusilado poco después, el general felicista Francisco Álvarez. Al poco tiempo, José Inés Dávila, gobernador secesionista de Oaxaca, corrió la mis-

---

[476] Elsee, Frontera, 16 de junio de 1917; Sparks, Puerto México, 3 de enero y 4 de marzo de 1918; FO 371/2962, 158767; 3242, 41478, 3243, 71329; pero véase, Garciadiego, *Movimientos reaccionarios*, p. 186.

[477] Benjamin, "Passages", p. 160.

[478] Canada, Veracruz, 29 de febrero de 1916, SD 812.00/17409.

[479] C/o USS Kentucky, 6 de abril de 1916; Canada, Veracruz, 28 de mayo de 1917; SD 812.00/17921; 20950; Liceaga, *Félix Díaz*, pp. 464 y 506; Taracena, *Verdadera revolución*, VI, p. 48.

[480] Informe de Bonsal, p. 17 (n. 380); Sacpoole, Orizaba, 31 de marzo de 1918, FO 371/3243, 75797.

[481] Canada, Veracruz, 20 y 21 de noviembre y 26 de diciembre de 1916, SD 812.00/19927, 19928, 20145; Hutchinson, Veracruz, 29 de diciembre de 1917, FO 371/3242, 20158.

[482] Liceaga, *Félix Díaz*, p. 541. ¿Fue ése el consejo de un hombre cansado en procura de victorias rápidas, convencionales?

[483] Taracena, *Verdadera revolución*, VI, pp. 8 y 85; Henderson, *Félix Díaz*, p. 139.

[484] Taracena, *Verdadera revolución*, VI, p. 101; Casasola, *Historia gráfica*, II, pp. 1305-1307.

ma suerte; Meixueiro, su aliado, llegó a un acuerdo con el gobierno y forzó a Díaz para que nombrara nuevas autoridades felicistas en el estado, ficticias en su mayoría.[485] El liderazgo rebelde de Chiapas se dividió; la deplorable situación económica se confabuló con la campaña de Alvarado para debilitar la resistencia.[486] En 1920 fue capturado Gaudencio de la Llave y murió Ponciano Vázquez; Cejudo, principal felicista poblano, llegó a acuerdos con el gobierno.[487] Al sur, una cañonera carrancista remontó el Coatzacoalcos y atacó el cuartel de Cástulo Pérez; Raúl Ruiz, revolucionario incansable durante 10 años, desapareció sin dejar rastro y nunca volvió a saberse de él.[488] Por esas fechas, el campo de operaciones de Félix Díaz se había reducido a la región centro de Veracruz, controlada por las bien organizadas tropas de Pedro Gabay. Al mismo tiempo, profundas divisiones dentro de la élite nacional del carrancismo permitieron a los felicistas sobrevivientes conseguir la paz, una paz honrosa inclusive.

Bandolerismo y crimen

Aun derrotado, el movimiento popular seguía siendo fuerte. Al replegarse las revueltas defensivas del sur, el felicismo quedó como un segundo gran reto para la estabilidad política; el tercer desafío al control carrancista fue el bandolerismo endémico que padecía la mayor parte del país y contra el cual las autoridades parecían impotentes. En esta época es más difícil que nunca distinguir entre rebelión rural y bandolerismo ("social" y "asocial"). El gobierno catalogaba a Villa y Zapata de "bandidos"; también su *modus operandi* era el de "bandidos", porque evitaban sitios y batallas convencionales para utilizar en cambio tácticas sorpresivas, incluso "terroristas". Si bien es cierto que la naturaleza de la lucha armada no es, por esa razón, buen criterio para distinguir rebeldes de bandidos (asumo que Zapata, por ejemplo, no era un "bandido"), no por eso son mejores las declaraciones y los compromisos políticos (tal es el criterio que se favorecía en la época). La falta de un manifiesto político no debe tomarse como prueba de "bandolerismo" (si así fuera, toda la Revolución estaría saturada de "bandidos"); a la inversa, hubo movimientos bandoleros genuinos, los cuales (como diré luego) sacaban de la estantería una etiqueta facciosa superficial para reclamar categoría de "rebeldes". Más importante, pero no más directa, es la distinción entre bandidos "sociales" y "asociales": aquéllos, a pesar de su desarticulación, tenían base popular genuina y éstos —flagelo más que defensores de la gente común— buscaban beneficiar a su

[485] Taracena, *Verdadera revolución*, VI, pp. 110, 167, 184, 190 y 192; Henderson, *Félix Díaz*, pp. 141-142; Garciadiego, *Movimientos reaccionarios*, p. 255.
[486] Benjamin, "Passages", pp. 158 y 160.
[487] Taracena, *Verdadera revolución*, VI, pp. 197 y 202; Liceaga, *Félix Díaz*, pp. 604-607.
[488] Taracena, *Verdadera revolución*, VI, p. 156; León Medel y Alvarado, *Historia de San Andrés Tuxtla*, II, México, 1963, p. 86.

grupo y a su pequeña red de clientes, perjudicando así los medios de subsistencia de las masas. El bandolerismo social, casi imposible de distinguir de la rebelión popular en un periodo de revolución social, necesita apoyo amplio para tener éxito o, de lo contrario, se deteriora rápidamente; el bandolerismo "asocial" ("profesional") es autónomo en términos sociales —aunque puede tener cuarteles y comprar o exigir cierta complicidad popular—, en esencia egoísta, mercenario y no lo inhiben los lazos que unen al bandolerismo social con el campesinado. Es por eso que el apoyo popular —o su antítesis, la resistencia popular— proporciona un criterio útil, un medio indirecto para escudriñar los motivos y prioridades de los bandidos-rebeldes, cuyos diarios, memorias y epistolarios son escasos.

Sin embargo, como ya dije, el "apoyo popular" no es un dato objetivo. Todos los grupos bandoleros, aun los que eran más descaradamente criminales, tenían sus beneficiarios, clientes y allegados (a veces, también sus patrocinadores en las altas esferas de la sociedad). Había comunidades como Pijijiapan (Chiapas) que se beneficiaban con las actividades de sus bandoleros, los cuales seguramente contaban con apoyo popular: ¿no eran acaso artesanos laboriosos con un toque de machismo? Pero al otro lado de la colina —de la laguna en este caso—, la opinión probablemente era distinta.[489] En consecuencia, para que no se diluya demasiado el concepto de bandolerismo social, hay que aclarar que aquel que lo ejercía debía trascender los estrechos límites sociales y espaciales y mostrar un compromiso más amplio con el bienestar de la gente, lo que a su vez era correspondido. Naturalmente, los bandidos sociales, como la mayoría de los rebeldes populares, tenían mentalidad localista; pero eso no les impedía extender su reputación fuera de su comunidad original y conseguir un apoyo popular mucho más amplio que el de la clientela particular del "asocial". Como señalé a propósito del bandolerismo y de la rebelión popular, es necesario tener en cuenta un eje temporal y uno espacial.[490] Los bandidos sociales o rebeldes populares de un día, podían ser los bandidos profesionales del siguiente. Muchos cruzaron ese límite después de 1915; cuando aumentaron las penurias económicas y la represión gubernamental, la gente estuvo menos dispuesta a mantener —y más a resistir— a los que aún estaban en armas. La gente y el gobierno podían considerar proscritos a los revolucionarios legítimos de otros tiempos, a quienes perseguían tanto los pueblerinos iracundos como los regulares carrancistas. En circunstancias como ésas, no era gran virtud negarse orgullosamente a rendirse, porque los rebeldes-bandidos de otro tiempo hacían presa de sus antiguos partidarios, como hizo Villa, que despojaba de hombres y alimentos a los pueblos de Chihuahua, o como hicieron —para disgusto de Zapata— los zapatistas renegados.[491]

[489] H. B. Pollard, *A Busy Time in Mexico*, Londres, 1913, pp. 17 y 30-31; de Juan Tavera, 5° Cuerpo de rurales, Pijijiapan, a Gobernación, 29 de mayo de 1908, AG, 653.
[490] Véanse pp. 474, 481 y 566.
[491] Womack, *Zapata*, p. 274.

Si hemos de entender el bandolerismo endémico de 1915-1920, es preciso encontrar una tipología en la que coincidan los datos empíricos (a pesar de su oscuridad) y la hipótesis sobre el bandido social expuesta ya. Pueden distinguirse tres formas (tipos ideales) de bandolerismo. Está, en primer lugar, el caso claro del bandido "social" o rebelde popular que degenera en bandido "profesional", triste decadencia de movimientos en tiempos desordenados. En segundo lugar se encuentran los bandidos "sociales" de cosecha más reciente: aquellos empujados al bandolerismo por las acciones del nuevo régimen y que constituyen el equivalente del "bandido" (*i. e.*, en pequeña escala, desarticulada) de las rebeliones defensivas sureñas. El primer grupo había renunciado a buena parte de su antigua popularidad (de ahí la transición de bandolerismo "social" a "profesional"), pero el segundo, que luchaba en protesta por injusticias recientes y profundas, contaba con amplia simpatía local (de ahí el calificativo de "social"). Tenemos por último a los bandidos totalmente profesionales, para quienes el bandolerismo era una forma de vida, ocupación lucrativa, estimulante quizá, falta de todo matiz "social". Esta tercera categoría, de poca importancia en los primeros años de la Revolución, saltó a primer plano después de 1915; no es muy exagerado decir que en el periodo 1915-1920 se desarrolló una nueva forma de bandolerismo profesional, producto del cataclismo revolucionario, que provocó enormes problemas al régimen de Carranza.

En Francia, Rusia y China, el bandolerismo y las grandes revoluciones van de la mano, porque en éstas abundan la brutalidad y la habilidad militar. Así ocurrió en México. La decadencia de los principales movimientos populares dio una cosecha de rebeldes-bandidos que sufrieron la penosa transición de defensores del pueblo a bandidos sin trabas. Eran restos que había arrojado la marea de la revolución social; no debían considerarse, pues, como dijo un político, criminales en sentido estricto, sino como "residuos de las revoluciones, remanentes revolucionarios que había sido imposible extirpar de un golpe" —como las hordas de Villa, que aún alborotaban el norte a pesar de las tremendas derrotas de 1915—.[492] También en el centro del país —y no sólo en Morelos—, el bandolerismo brotó de los que alguna vez fueron vigorosos y populares movimientos agrarios. En 1916, la zona de La Malinche (Tlaxcala) estaba infestada de bandidos; el alcalde de Ixteco informaba casi a diario de violaciones y robos. Las patrullas que se enviaban constantemente a los pueblos vecinos no obtenían ningún resultado; se llegó a la conclusión de que "estos individuos que cometen fechorías son vecinos de los mismos pueblos".[493] Ese bandolerismo —el "residuo" de la Revolución— fue un fastidio, más que una amenaza, para las autoridades. El bandolerismo careció de apoyo, su influencia y poder fueron limitados en regiones como Morelos,

---

[492] Porfirio del Castillo, DDCC, I, p. 339.

[493] Del gobernador Machorro a Obregón, 23 de agosto; del jefe militar, Tlaxcala, a Gobernación, 10 de octubre de 1916, AG 85/65 y 69/31. Esta región, que se encuentra en la falda sureste de la Malinche, escapa al estudio que Buve hace del estado.

donde sobrevivieron movimientos populares genuinos, que, en su momento, se integraron al régimen oficial. Los mismos zapatistas se encargaron de extirpar el bandolerismo asocial, primero como rebeldes, y luego, después de 1920, como aliados del gobierno.[494] La mejor garantía de orden público para Morelos era un alcalde zapatista en cada pueblo. Esa misma estructura sustentada en los pueblos, que apuntaló a los clásicos movimientos populares, no permitió que se extendiera el bandolerismo depredador, ajeno y hostil a los intereses de los pueblos.

Al contrario, el bandolerismo tuvo más consecuencias en regiones donde el pueblo tradicional era débil, se desconocían los movimientos populares clásicos y las relaciones entre los campesinos eran más "anómicas". En muchas de esas regiones coincidieron de manera negativa el bandolerismo de 1915-1920 y los movimientos revolucionarios anteriores; no fueron esos "residuos de la Revolución", sino un fenómeno provocado por las nuevas condiciones. En el Bajío —sobre todo Guanajuato y Michoacán— encontramos los mejores ejemplos. Ahí predominaban ranchos y haciendas; había pocos pueblos tradicionales como los de Morelos; muchas comunidades rurales eran nuevas, algunas de ellas producto de las haciendas fragmentadas. Aunque hubo protestas agrarias de consideración —sobre todo en Michoacán— y aunque a veces esos conflictos crecieron, no cuajaron en movimientos organizados como el zapatismo o el cedillismo.[495] El movimiento revolucionario más importante de esa región fue quizá el de Cándido Navarro, que no pervivió después de 1913.[496] El Bajío se acostumbró después al bandolerismo, pero fue un fenómeno local y limitado hasta que creció en 1915, para convertirse en problema nacional; los informes hablan de incursiones, huidas y victorias de bandidos que provenían de los límites de San Luis Potosí, cruzaban Guanajuato y se internaban en Jalisco y Michoacán. En 1917 había en Guanajuato, sobre todo en los alrededores de San Miguel de Allende, "muchas bandas pequeñas de bandoleros", así como "numerosas" en Michoacán y en las zonas rurales de Jalisco.[497] Pueden ser exageraciones, pero los frecuentes informes de la prensa acerca de la eliminación de chusmas de bandidos dan la impresión de que el problema era más grave en el Bajío que en otras partes.[498]

---

[494] Womack, *Zapata*, pp. 352 y 376.

[495] Aparte del caso de Naranja, bien estudiado por Friedrich, pueden citarse los de la hacienda La Orilla, que sus dueños perdieron en 1912 y aún estaba en manos de los rebeldes en 1916 (de M. Barre de St. Leu a Gobernación, 9 de agosto de 1916, AG 71/23); el de la finca El Pilón, tomada por una "horda zapatista" (de Agustín Barragán a Carranza, 4 de agosto de 1916, AVC); el de Los Reyes Ecuandereo, donde los indios comuneros se quejaban porque sus demandas agrarias habían provocado la ira de terratenientes, militares y caciques (de Francisco Herrero a Carranza, 18 de agosto de 1916, AVC); los que menciona Díaz Soto y Gama en "La revolución agraria en Michoacán", *El Universal*, 13 de julio de 1953.

[496] Véanse pp. 335-336, 340 y 350.

[497] Dickinson, San Luis, 12 de diciembre de 1916; Silliman, Guadalajara, 5 de abril; Glenn, Guanajuato, 16 de mayo de 1917, SD 812.00/20069; 20759; 20963.

[498] *El Demócrata*, 17 y 18 de noviembre de 1915, 3 y 12 de febrero y 3 de noviembre de 1916.

Los terratenientes de Guanajuato estaban más dispuestos a soportar incluso a la soldadesca carrancista rapaz que a los bandidos.[499]

Algunos bandoleros del Bajío habían sido revolucionarios (se ubican, pues, en la primera categoría), pero como no hubo un movimiento revolucionario fuerte en esa región, la mayor parte debe ubicarse en la segunda o tercera. El bandolerismo defensivo sí existió (una reacción ante los abusos carrancistas parecida a la del sur). El carrancismo no tuvo buena acogida en el Bajío. En 1917, el arzobispo Orozco y Jiménez encabezó una revuelta en la frontera de Jalisco y Michoacán como protesta por el anticlericalismo de los carrancistas; los hombres de Luciano López atacaron Ahualulco (Jal.) al grito de "¡Viva la religión!"[500] Más característico y más parecido a las rebeliones sureñas, fue el bandolerismo que provocó el ejercicio "normal" del poder militar carrancista: extorsiones y abusos cotidianos. Eso era de esperarse: en el Bajío había muchos rancheros que no estaban comprometidos con la Revolución y eran vulnerables a la extorsión. Hasta las batallas de 1915, la región no había conocido grandes campañas; las tropas carrancistas que pasaron por ahí entonces y después, provocaron la reacción armada de los granjeros indignados. Hay un caso bien documentado; no podemos saber si era frecuente, pero muestra claramente que en el Bajío el bandolerismo defensivo (distinto al depredador) era vigoroso. A principios de 1918 se calculaba que había alrededor de 1 000 bandidos que operaban en los cerros alrededor de Irapuato, desde donde salían para saquear las haciendas, secuestrar a los ricos e incluso atacar la ciudad por sorpresa. Un ranchero británico, a quien capturaron, mantuvieron prisionero algún tiempo y por el que pidieron rescate, dejó un informe detallado de su experiencia, singular descripción de cómo funcionaba una cuadrilla de bandidos en los últimos años de la Revolución.

El grupo, encabezado por Juan García, era sólo un componente de una asociación mayor que respondía al mando nominal del "general" Alfaro. Como la mayoría de los que eran catalogados de "bandidos", García rechazaba esa etiqueta alegando —con imprecisión característica— que sus "hombres no eran bandidos, sino villistas y felicistas que se preparaban para unirse al ejército cuando llegara el momento". Secuestraron a Charles Furber, la víctima británica, cuando éste iba en auto por el campo, lo maltrataron un poco, regatearon por una buena suma de rescate y por fin lo dejaron ir a cambio de 6 600 pesos; le dieron un salvoconducto, un caballo y una escolta para que volviera a su casa. Furber observó cuidadosamente sus movimientos. Tenían por campamento un ruinoso "pueblo de la montaña", ubicado en "medio de una fortaleza natural, poderosa y vasta"; sus blancos eran las haciendas de las tierras bajas y los administradores; su ocupación principal, las escaramuzas con tropas carrancistas y guardias de las haciendas que no oponían mucha resistencia cuando se les enfrentaban. Furber presenció un encuentro con 30 guardias

---

[499] De J. Ambrosius a Gobernación, 27 de octubre de 1915, AG 84/35.
[500] Jean Meyer, *La cristiada*, I, México, 1973, p. 106, n. 102; Garciadiego, *Movimientos reaccionarios*, p. 94, n. 98.

de hacienda que resistieron brevemente y huyeron después; "el jefe dijo riendo que así hacen siempre". En cuanto a los regulares carrancistas, "los bandidos no temían a los soldados en absoluto y los trataban como si fueran una broma"; así podían incursionar impunemente por las afueras de Irapuato, descolgar los cuerpos de sus compañeros ahorcados y llevárselos a las montañas para "darles cristiana sepultura".

Pero más interesantes resultan los orígenes y motivos de la banda. Aunque algunos eran criminales que andaban fugitivos, decían ser en su mayoría granjeros del lugar rebelados contra los abusos de los carrancistas. Vale la pena citar algunas impresiones de Furber, después de escuchar a los bandidos por varios días; quizá sus secuestradores hicieron todo lo posible por justificar su comportamiento y Furber, que en esas circunstancias no estaba en condiciones de ser un relator indulgente, sin duda les creyó. Recordaba que: "Durante mi estancia con los bandidos, procuré informarme por qué razón estaban en armas y descubrí que, al parecer, el gobierno los había llevado a esa situación. Componen la mayor parte de la región pueblos pequeños y propiedades que los rodean. Al principio de la Revolución, los habitantes vivían pasablemente bien con sus casas, su ganado y sus animales, y cada uno labraba su parcela. Los pueblos tenían sus pequeñas tiendas, sus iglesias y la gente vivía contenta y feliz".

Pero entonces los carrancistas entraron en Arcadia y los resultados fueron los mismos que en otras partes del centro y sur: "… las tropas del gobierno llegaron y empezaron a robar sus animales, mercancías, pertenencias, a los que se resistían les llamaban bandidos, les quemaban sus casas, robaron todo y mataron a muchos. Los que quedaron huyeron a las montañas, consiguieron un rifle e hicieron todo lo que pudieron por defender lo único que les quedaba por defender: sus vidas. Cuando se juntaron y fueron demasiado fuertes para el gobierno, se les ofreció el armisticio. Algunos aceptaron; los desarmaron y fusilaron. La situación de esta gente es extremadamente difícil: no pueden rendirse porque el gobierno los mata, no pueden trabajar en las montañas porque no tienen garantías ni dinero, y si bajan al llano y encuentran un trabajo, pronto los denunciarán y los matarán. La mayoría de ellos están cansados de la vida que llevan, con todas las privaciones y peligros, y con gusto depondrían las armas y volverían al trabajo si el gobierno les diera algo de protección y medios para trabajar".[501]

El bandolerismo de ese tipo, es evidente, se parecía mucho a las revueltas defensivas de otras partes y, dados los abusos carrancistas, es posible que buena parte del bandolerismo que padecía el Bajío fuera de ese tipo. "Muy diversos sectores michoacanos" tenían la misma antipatía por sus nuevos gobernantes; en ciertos casos —por ejemplo al sur del estado, donde Jesús

---

[501] H. C. Cummins, Ciudad de México, 23 de abril de 1918, FO 371/3244, 87167, que contiene la información de Charles Furber (su hermano Percy tuvo también aventuras en la zona petrolera, de las que se conserva información; el nombre de la familia perduró cierto tiempo en la localidad Furbero, que ahora se llama San Miguel).

Cíntora encabezó con éxito una rebelión por varios años— los rancheros despojados apoyaron a los rebeldes.[502] Pero también es claro que abundó un bandolerismo mercenario, criminal, depravado y extendido (tercera categoría), que a veces atraía a sus filas a esos descontentos y los sumergía en un movimiento diferente en lo cualitativo y cuantitativo, y que significó un problema mucho más grave para el gobierno. La evolución de ese fenómeno, nuevo en esencia, se relaciona con la carrera de un personaje famoso pero sombrío: José Inés Chávez García. No fue el único jefe bandolero del Bajío, pero se constituyó en el más poderoso; juntó numerosas bandas hasta que llegó a formar un verdadero ejército, que superó con mucho el número acostumbrado dentro del bandolerismo.[503] El villismo de esos días —y *a fortiori* el zapatismo— representó una etapa en la decadencia de los movimientos otrora populares, pero el chavismo era un fenómeno nuevo, cuyo nacimiento —y pervivencia— no dependió tanto del apoyo popular cuanto de la debilidad e ineptitud del gobierno, de la revuelta social y de las carencias que trajeron los años de Revolución. En ese sentido, el chavismo se parece al bandidaje endémico que agobió a Alemania después de la guerra de los 30 años, o al territorio del Rin en el decenio de 1790.[504]

Después de que Obregón tomó Aguascalientes y Fierro abandonó la región, llegó al Bajío un poco de paz; por lo menos, en el otoño de 1915 no había "un verdadero enemigo político" que compitiera con los carrancistas.[505] Pero en Pénjamo, Piedra Gorda, Otates y Yuriria había ya grupos de bandidos que no hacían caso del ofrecimiento de amnistía ni se preocupaban por las medidas militares tomadas por el régimen.[506] Eran bandas pequeñas con menos de 100 hombres cada una, pero ese número creció en los años siguientes a causa de la escasez y sequía (sin duda, el factor económico era importante, pero no es posible decir si en el Bajío lo era más que en otras partes).[507] En el otoño de 1917, ocho de los 45 municipios de Michoacán, terriblemente agobiados por el bandolerismo, no rindieron informes al gobernador; al año, un general carrancista informó que "casi todo el estado de Michoacán está materialmente plagado de bandidos", sobre todo Chávez García con sus aliados Cíntora y Altamirano y un "sin fin de segundos".[508] Algunos jefes —Cíntora y

---

[502] Garciadiego, *Movimientos reaccionarios*, pp. 72-73, menciona también el apoyo que los españoles dieron a los rebeldes.

[503] E. J. Hobsbawm, *Primitive Rebels Studies in the Archaic forms of Social Movements in the Nineteenth and Twentieth Centuries*, Manchester, 1974, p. 18.

[504] Hobsbawm, *Bandits*, p. 22; pero Garciadiego ve el chavismo como forma de bandolerismo social, y a su líder como una especie de *haiduk* [bandolero de los Balcanes contrario al gobierno turco (T.)] mexicano, *Movimientos reaccionarios*, pp. 76 y 93.

[505] Del gobernador Siurob, Guanajuato, a Carranza, 16 de septiembre de 1915, AJD.

[506] *Ibid.;* subraya en especial la ineficacia de las tropas carrancistas enviadas al estado.

[507] González y González, *Pueblo en vilo*, pp. 125-127; Garciadiego (*Movimientos reaccionarios*, pp. 28-29) relaciona el ascenso y decadencia del chavismo con la escasez de 1915-1916 y la recuperación de 1919.

[508] Informe de Aguirre Valles, 11 de septiembre de 1917. De F. Dávila a la Secretaría de Gue-

Chávez García— eran revolucionarios veteranos; se afirma en general que, después de las derrotas de 1915, las fuerzas villistas dispersas contribuyeron a aumentar la epidemia de bandolerismo.[509] Pero muchos de los jefes de 1915-1920 fueron gente oscura, sin pasado revolucionario, que encabezaron buen número de tropas en regiones donde la actividad militar había sido limitada.[510] No hubo, pues, continuidad entre los primeros movimientos revolucionarios y el bandolerismo posterior —que es claro en Chihuahua, por ejemplo—, y es de suponer que muchos bandidos se habían convertido poco tiempo atrás a la vida violenta.[511]

Su número también fue considerable. En 1917-1918 se informó con frecuencia que Chávez García tenía unos 2000 hombres; su aliado, Altamirano, 1000; otros jefes contaban con 200, los cuales se unían con fuerzas más grandes para las campañas mayores. De ahí que Chávez García pudiera hacer frente al ejército regular en batallas campales, como la de San Miguel Hacienda, cerca de Acámbaro.[512] Ahí contó con el apoyo de Manuel Roa, su segundo (oriundo, como él, de Puruándiro); de Macario Silva y Rafael Núñez, que pertenecían a Valle de Santiago (antiguo centro de bandolerismo); de Manco Nares, originario de Peribán; de los hermanos Cendeja (Villa Jiménez), Morales (Tendeparacua), Barriga (Quiroga); de Pedro Vázquez (Chucándiro), y Fidel González (Las Cañadas de Villa).[513] Otros jefes importantes no lucharon en San Miguel: Altamirano, Enrique Zepeda y Trinidad Ávalos; Cíntora (rebelde-bandido con cierta disposición empresarial y que, desde su base en tierra caliente, trajo armas por el Pacífico), y otros mejor conocidos (o solamente) por sus apodos: *el Tejón, el Chivo Encantado* (Luis Gutiérrez).[514] Al oeste operaban otras bandas, desde Colima, pasando por Jalisco y hasta Tepic, que estaba "asolada por los bandidos".[515] Es posible establecer sus nombres y lugares, pero no sus orígenes: algunos jefes eran peones, otros pastores, humildes en su mayoría aunque también había rancheros y terratenientes, como los hermanos Landero de Jalisco. Chávez García, nacido de familia humilde —cuya madre era de carácter fuerte—, estuvo con los rurales y las fuerzas revolucionarias de Anastasio Pantoja antes de alcanzar notoriedad después de 1915.[516]

---

rra, 20 de julio de 1918, AJD. Véase también Summerlin, Ciudad de México, 9 de enero de 1918, SD 812.00/21660, y el útil mapa que presenta Garciadiego en *Movimientos reaccionarios*, p. 85.

[509] C. Bernaldo de Quirós, *El bandolerismo en España y México*, México, 1959, pp. 383-388.

[510] González y González, *Pueblo en vilo*, p. 125.

[511] Es claro también que los bandidos eran gente de la región, no intrusos.

[512] Taracena, *Verdadera revolución*, V, pp. 190 y 225-227; González y González, *Pueblo en vilo*, pp. 128 y 130; Summerlin, Ciudad de México, 12 de febrero de 1918, SD 812.00/21751. De A. Alcocer a Carranza, 6 de febrero de 1918, AVC; Garciadiego, *Movimientos reaccionarios*, p. 63.

[513] Taracena, *Verdadera revolución*, V, pp. 227-228.

[514] Romero Flores, *Michoacán*, p. 151; Cusi, *Memorias*, p. 216; *Excélsior*, 27 de julio de 1918, mencionado por Thrustan, Ciudad de México, 30 de julio de 1918, FO 371/3245, 148790; Garciadiego, *Movimientos reaccionarios*, pp. 70-73.

[515] Doherty, Nogales, 4 de diciembre de 1916, SD 812.00/20059.

[516] La traicionera ejecución de Pantoja y varios oficiales suyos (obra de Amaro, al parecer)

Por lo demás, su *modus operandi* es bastante claro. La región más afectada —la de Chávez García— atravesaba las fronteras de Guanajuato y Michoacán. Ahí, entre 1916 y 1918 tomó —es decir que estuvo el tiempo suficiente como para saquear, raptar y secuestrar— Tacámbaro, Zamora, Cotija, muchos pueblos pequeños de Michoacán, también Abasolo (víctima preferida), Acámbaro, Ciudad Manuel Doblado y Pénjamo (Gto.). Cortó la fuente de energía eléctrica de Morelia (copia exacta de lo que había hecho Zapata en la Ciudad de México y los felicistas en Orizaba); saqueó haciendas, robó trenes, secuestró gente adinerada para pedir rescate y obligó a una banda de música militar a seguirlo y tocar durante varias horas para entretenerlo.[517] Se enviaron varios miles de soldados a Michoacán (entre éstos, un contingente yaqui de buen tamaño); en el otoño de 1917 el comandante carrancista Norzagaray tenía 10000 hombres; un año después, el gobierno gastaba 10000 pesos diarios (sin contar las municiones) en la campaña contra Chávez.[518] Después del villismo, el chavismo fue probablemente la amenaza más seria para las autoridades carrancistas, porque Chávez, estratega capaz, podía mantenerse firme aun en campo abierto a diferencia de Zapata o Peláez. Sin embargo, en general prefería los ataques relámpago (aun cuando Cíntora fuera su aliado, era difícil conseguir municiones). Sus movimientos y velocidad eran notables —recordaban a las campañas de Cándido Navarro en el Bajío (1911)—; los generales carrancistas perseguían por semanas a los bandidos sin conseguir nada; se decía que Chávez, excelente jinete, podía dormir sobre su caballo.[519] La desdichada, secuestrada, banda de música, sufrió por extenuación más que por brutalidad; "lo que más los tortura son las largas e incesantes caminatas de Guanajuato a Jalisco y de allí a Michoacán sin detenerse en ninguna parte".[520]

Pero había brutalidad, y en abundancia. Violación, asesinato y pillaje seguían a Chávez en sus incansables recorridos por la región. La gente decente —pueblerinos y hacendados— sufría secuestros, pero todas las clases fueron víctimas de la violencia indiscriminada, ejecutada a veces con cierto cinismo sádico. Baudelio Uribe, el villista que cortaba orejas, era blando comparado con matones chavistas como Fidel González, quien disfrutaba cortando cuellos (el arma favorita de los chavistas era el machete de tierra caliente), o como el mismo Chávez que, después de tomar San José de Gracia, mandó asesinar a 20 hombres al son de la música que cada uno escogiera.[521] Poblaciones

---

decidió la conversión de Chávez García al villismo y al bandolerismo (Oviedo Mota, *El trágico fin*, II, pp. 38-39); más detalles sobre sus antecedentes en el informe del gobernador de Jalisco a Carranza, 14 de diciembre de 1917, AJD; Thrustan, Ciudad de México, 9 de septiembre de 1918, FO 371/3246, 170916; Garciadiego, *Movimientos reaccionarios*, pp. 42-43 y 93, n. 96.

[517] González y González, *Pueblo en vilo*, p. 131; Cusi, *Memorias*, p. 120; Taracena, *Verdadera revolución*, V, pp. 199-200.

[518] De Dávila, a la Secretaría de Guerra, 20 de julio de 1918, AJD; Taracena, *Verdadera revolución*, V, p. 213; Fabela, DHRM, RRC, V, p. 400; Garciadiego, *Movimientos reaccionarios*, p. 51.

[519] González y González, *Pueblo en vilo*, pp. 129-130.

[520] Taracena, *Verdadera revolución*, V, p. 199.

[521] *Ibid.*, pp. 190, 228, 234-235 y 253; González y González, *Pueblo en vilo*, pp. 130-131, dice

enteras, aterrorizadas, se refugiaban en los pueblos más grandes; 90% de la población de San José de Gracia huyó; los de Jiquilpan partieron a Zamora; pero aun en los pueblos grandes no estaban a salvo de las depredaciones de Chávez.[522]

¿Cómo debe categorizarse el chavismo? Ya que no representaba la acción de retaguardia de una rebelión popular más antigua, ¿era un caso de amplio bandolerismo social?[523] Sus tácticas eran las de la guerrilla y la mayoría de sus jefes de extracción humilde; se sabía que los "bandidos" regresaban a sus tareas de campesinos después de un saqueo.[524] Algunos chavistas habían sido prosélitos revolucionarios y su jefe afirmaba obstinadamente que era rebelde —no bandido común— y que era un reto político para Carranza, a quien odiaba; con ese propósito se autonombró gobernador de Michoacán.[525] Era también bastante *au fait* y agudo como para molestar a una de sus víctimas italianas con el desastre de Caporetto ocurrido hacía poco.[526] Es de notar, por último, que algunos chavistas aparecieron después en las filas de los cristeros y defendieron la Iglesia contra el anticlericalismo callista (en su tiempo —de manera general, pero no uniforme— los chavistas trataron a la Iglesia con respeto; incluso se relacionó con el movimiento a algunos curas de parroquia. Pero si se quiere interpretar el chavismo como reacción al anticlericalismo carrancista, debe explicarse la ausencia de una declaración al respecto).[527]

Hay, pues, ciertas pruebas de que el chavismo trascendió al bandolerismo profesional, pero el grueso de ellas señalan en dirección opuesta; es posible que esa ambivalencia se deba a los aspectos expuestos ya. El chavismo cambió con el tiempo; se dice que su jefe sufrió una transformación —de guerrillero ordinario a bandido brutal— a causa de un ataque de tifo; también el movimiento, que empezó como guerrilla local, cuyos miembros seguían laborando en los campos, se había convertido hacia 1917 en una asociación más grande, amplia, permanente y depredadora (ya no regresaba al campo en el verano después de las campañas).[528] Quizá eso tenga relación con el aspecto económico: dedicarse al bandolerismo de manera sistemática producía rendimientos —tal vez más en el Bajío que en otras partes—. Hubo una variante

el autor que Chávez "killed twenty men to the sound of music..." Se lee en el libro de Luis González (p. 165 de la ed. de 1979), que la degollina no ocurrió; el cura del pueblo convenció a dos chavistas de que "no tomaran más represalias contra el pueblo"; éstos a su vez convencieron a Chávez, "y sucedió lo increíble, se dejó con vida a los que estaban a punto de ser degollados y no se violó a ninguna mujer más" [T.]. Garciadiego, *Movimientos reaccionarios*, pp. 57 y 61.

[522] Taracena, *Verdadera revolución*, V, p. 190; González y González, *Pueblo en vilo*, p. 130.
[523] Garciadiego, *Movimientos reaccionarios*, pp. 75-76, n. 88.
[524] González y González, *Pueblo en vilo*, pp. 128-129; Luis Navarro, DDCC, II, pp. 1080-1081.
[525] González y González, *Pueblo en vilo*, p. 128; Taracena, *Verdadera revolución*, V, pp. 181, 228 y 253; Womack, *Zapata*, p. 301, lo denomina felicista, lo que es extraño.
[526] Cusi, *Memorias*, p. 208.
[527] Meyer, *Cristero Rebellion*, pp. 112 y 124; Taracena, *Verdadera revolución*, IV, p. 189; V, p. 149; Garciadiego (*Movimientos reaccionarios*, p. 81) subraya demasiado, en mi opinión, el catolicismo chavista.
[528] Oviedo Mota, *El trágico fin*, p. 40; Garciadiego, *Movimientos reaccionarios*, pp. 56-57.

temporal y también una espacial: ciertas comunidades (las más grandes y las que por su resistencia provocaban la ira de Chávez) sufrieron mucho, pero otras resultaron favorecidas; al parecer, Michoacán padeció menos que Guanajuato o Jalisco.[529] Pero quizá esa selección no sea incompatible con cierta forma de bandolerismo profesional que escogería algunos blancos y desecharía otros; además, puesto que recurrió sin medida al terror —de manera mucho más violenta que en el caso zapatista— sería errada una interpretación del chavismo como bandolerismo revolucionario o social. Que los ricos —asesinados, despojados, secuestrados— hayan sido sus víctimas principales, puede explicarse más como necesidad práctica que como objetivo social del movimiento. Puede explicar también —a falta de pruebas en donde conste el compromiso agrarista— que el trato cruel dado a poblaciones mayores y haciendas parezca más codicioso que castigador.[530] Muchos testimonios demuestran que tampoco se exceptuó a los pobres; cuando las comunidades opusieron resistencia, lo hicieron, al parecer, como unidades, sin señales de que los chavistas movilizaran a la plebe contra los patricios.

Es también significativo que carecieran de una base bien protegida. Mientras en sus campañas Chávez recorría alrededor de 18 000 kilómetros cuadrados, su familia seguía viviendo en Puruándiro. Se mencionan guaridas predilectas (también eso sería compatible con el bandolerismo profesional); una de ellas era cierta hacienda por el distrito de Zinapécuaro, donde los bandidos plantaban maíz, pescaban y juntaban leña, pero era más un campamento militar que una base popular.[531] Chávez pudo eludir la captura y evitar la derrota exclusivamente con velocidad, resistencia y potencia de fuego, no con la simpatía y apoyo locales. Eso se manifiesta en su muy selectiva política de reclutamiento. Aceptaba en su banda sólo hombres jóvenes y fuertes; en una hacienda donde buscaba reclutas rechazó 38 de 40 porque eran "demasiado viejos, débiles y achacosos".[532] Necesitaba luchadores de tiempo completo, no guerrilleros campesinos de medio tiempo. Por último, vale la pena mencionar la opinión de Primo Tapia —convertido después en agrarista de primera fila y dado a la violencia—, quien denunció abiertamente el bandolerismo que atormentaba a Michoacán, su estado natal, y aplaudió la muerte de Chávez García, "ese viejo bandido... explotador".[533] Como otros bandidos profesionales, Chávez en vida tuvo carisma y su muerte lo convirtió en mito; pero la dimensión, naturaleza y efecto del chavismo hablan de un bandolerismo social que, en el mejor de los casos, no está comprobado. La mejor excusa

---

[529] Garciadiego, *Movimientos reaccionarios*, p. 61.

[530] *Ibid.*, pp. 57-58, 61-62 y 74-75. No hubo contacto entre chavismo y zapatismo.

[531] Thrustan, Ciudad de México, 30 de julio de 1918, FO 371/3245, 148790, cita a *Excélsior*. Tacámbaro, Acámbaro, Degollado y Cotija formaban el rectángulo donde operaba Chávez. Sobre los escondites, véase Garciadiego, *Movimientos reaccionarios*, p. 64.

[532] *Cf.* la cita de *Excélsior* mencionada en la nota anterior.

[533] Paul Friedrich, *Agrarian Revolt in a Mexican Village*, Englewood Cliffs, 1970, p. 69. El comentario de Tapia no es del todo claro ni está libre de error, pero es probable que se refiriera a Chávez García.

sociológica para lo que, a primera vista, se convirtió en depredación inusitadamente brutal, es que el movimiento fue producto de condiciones específicas existentes en el centro-oeste de México después de 1915; años de sequía y escasez, inestabilidad política y militar, durante los cuales (en especial porque había pocos veteranos revolucionarios que sirvieran de ejemplo) la violencia fue un medio tan bueno como cualquier otro para sobrevivir, y el bandolerismo profesional pudo reclutar de tal manera que dio la impresión de que contaba con un amplio apoyo popular.[534]

Así pues, para tener éxito, el chavismo dependía de la debilidad de los genuinos movimientos populares que podían encauzar sus problemas y conseguir, como ocurrió con el zapatismo, estructurar la autoridad local. El zapatismo estaba enraizado en la autoridad tradicional, mientras el chavismo era fundamentalmente anómico: diferencia entre la meseta central y el Bajío, evidente ya en tiempos de la rebelión de Hidalgo 100 años atrás.[535] El chavismo dependía también de la ineficacia de las tropas carrancistas, la que se mostraba ya en muchos escenarios. No se podía confiar en que aguantarían a pie firme: no bien aparecían los bandidos, las guarniciones huían; sus generales no se ganaban la voluntad de la gente pues eran ineptos y dados a pleitos constantes.[536] Como en otros lugares, demostraban más firmeza las fuerzas de defensa locales, reclutadas en pueblos y haciendas, y que se volvieron comunes en 1918, cuando las tropas regulares empezaron a abandonar comunidades pequeñas.[537] La docena de hombres que mandaba Apolinar Partida en San José de Gracia rechazó dos veces, en diciembre de 1917, a los 100 que componían la horda de Chávez, pero sucumbió ante 800 en mayo de 1918.[538] Prudencio Mendoza conservó su cacicazgo en las montañas occidentales de Michoacán y rechazó bandidos que, como él, se llamaron villistas por breve tiempo.[539] También Moroleón se proveyó de defensas.[540] Pero los conflictos internos entorpecían siempre esas resistencias: las fuerzas locales se volvían más contra los pueblos rivales que contra los bandidos. Las de San José de Gracia contendieron con las Del Valle, a pesar de que en ambas estaba al mando un miembro de la familia Partida.[541] El hombre fuerte de la región podía no ser del todo benéfico: Jerónimo Rubio (*Mano Negra*), jefe de

[534] Acerca del mito, Garciadiego, *Movimientos reaccionarios*, pp. 67-69 y 76. Naturalmente, el chavismo no era monolítico; como dije ya, pudo, con el tiempo, absorber elementos diversos (algunos más "profesionales" que otros). Esta opinión cautelosa se relaciona con la naturaleza del chavismo "maduro" y, por supuesto, está sujeta a más investigación.

[535] Hugh M. Hamil, *The Hidalgo Revolt: Prelude to Mexican Independence*, Gainesville, 1966, pp. 48, 89, 140 y 176.

[536] González y González, *Pueblo en vilo*, p. 130; Taracena, *Verdadera revolución*, V, p. 213; Garciadiego, *Movimientos reaccionarios*, pp. 48, 52-53, 58 y 63.

[537] Garciadiego, "Movimientos reaccionarios", pp. 52-58.

[538] González y González, *Pueblo en vilo*, pp. 128 y 130-131.

[539] *Ibid.*, pp. 127-128; Meyer, *Cristero Rebellion*, pp. 124-125.

[540] Ortiz, *Episodios*, pp. 24, 32-33 y 42-43.

[541] González y González, *Pueblo en vilo*, p. 128.

Tecuitlán, "güero, alto, borracho", dedicaba menos tiempo a perseguir a los bandidos que a la gente que supuestamente protegía: "no dejaba pasar semana sin ahorcar a alguien".[542] En esa situación tan compleja y confusa, las fuerzas locales pudieron reducir, eliminar y a veces cooptar a los bandidos que asolaban su región.[543] En 1918, Lázaro Cárdenas —nuevo jefe carrancista michoacano— inició una campaña que tuvo más éxito; Chávez empezó a sufrir derrotas y murió a finales de ese año, no en una batalla ni "a la pared", sino por una combinación de heridas, neumonía y gripe.[544] A la inversa del zapatismo, que tuvo fuerza institucional para sobrevivir a su jefe, el chavismo jamás se recuperó. También Altamirano fue víctima de la influenza; Cárdenas derrotó a Cíntora, quien retrocedió a las montañas.[545] Un año después, cuando el tenor Caruso recorría México, escribió a su mujer, con evidente alivio: *"en Messico no hay brigantti"*. Aun cuando la noticia fue demasiado prematura y precipitada, es testimonio de que, en los años 1919-1920, el bandolerismo era más problema local que nacional.[546] La maldad de los hombres les sobrevivió: aparte de destruir vidas y propiedades, el bandolerismo desatado de 1915-1918 dejó un legado de violencia y pistolerismo político. El bandolerismo y la reacción en su contra forjaron la carrera de una nueva generación de hombres fuertes "revolucionarios", ejemplo de los cuales fue en Michoacán "don Melchor", de Paracho, quien creó una "nueva dictadura rural" a base de armas, licor y clientelismo político.[547] Poco después, ahí, como en Chihuahua, de entre las filas de las fuerzas paramilitares de los últimos años revolucionarios saldrían los gobernadores.[548]

El chavismo fue manifestación tanto del control social débil cuanto de la nueva predisposición al crimen y la violencia que trajo la Revolución. En ese sentido, fue un signo de los tiempos. Los años 1915-1920 se distinguieron por una gran criminalidad urbana y rural, reflejo de las privaciones y pobreza de esa época, que contrastaba con los buenos días del porfirismo. El crimen en el campo fue corolario inevitable de la revolución rural; quienes cometían ese "crimen" (según definición oficial) eran a menudo ex rebeldes y bandidos sociales que no pudieron —o a quienes no se permitió— adaptarse a las nuevas circunstancias de la posrevolución. Robar trenes y ganado —actos loables y aceptados en 1913-1914— eran delitos capitales en 1916. Por encima de esa categoría de "crimen" —que se ubica en la misma posición intermedia, subjetiva, del bandolerismo social, a la que ya me referí— abundaba el crimen "profesional", cometido en beneficio personal y carente de significado político,

---

[542] *Ibid*., pp. 128-129.
[543] Acerca de la confusión, evidente para observadores locales, véase Cusi, *Memorias*, p. 215.
[544] Garciadiego, *Movimientos reaccionarios*, p. 66; King, Ciudad de México, 25 de noviembre de 1918, FO 371/3247, 205361.
[545] Garciadiego, *Movimientos reaccionarios*, pp. 70 y 74.
[546] Taracena, *Verdadera revolución*, VI, p. 150.
[547] Beals, *Mexican Maze*, pp. 205-213.
[548] En especial Enrique Ramírez, jefe de las fuerzas defensoras de La Piedad (Garciadiego, *Movimientos reaccionarios*, p. 88, n. 36).

el cual alcanzó proporciones epidémicas después de 1915 y que puede explicarse, más que por los objetivos revolucionarios, por la terrible situación económica. En realidad, esa ola de crimen diverso, ingenioso a veces, puede considerarse parte del fermento posrevolucionario general, un *sauve qui peut* económico, en el que la vida y la propiedad dejaron de ser inviolables y la gente se vio arrastrada a explorar y explotar nuevas formas de ganarse la vida en un medio difícil y desconocido.[549] En ese sentido, el crimen puede verse como parte del "empresarismo revolucionario", característico de la sociedad después de 1915, en la que dieron el ejemplo las nuevas normas del país y fueron guía del pueblo que gobernaron.

Dije ya que el crimen en el campo era endémico, e innumerables los informes sobre robos y depredaciones. Los salteadores agobiaban el desolado campo nayarita —la zona de Acaponeta estaba saturada de ellos—; robaron a los aparceros de la Hacienda de Xico (Méx.) como hicieron las tropas carrancistas; un informe de diciembre de 1916 decía que, a lo largo de la línea ferroviaria entre San Luis Potosí y Querétaro, "ya no es posible soportar materialmente los robos que se están cometiendo en todas las haciendas y rancherías": desaparecían ganado, cabras, granos, mientras el Congreso Constituyente comenzaba en Querétaro sus solemnes deliberaciones.[550] Reapareció el abigeato, que las autoridades porfirianas habían logrado controlar. En Chiapas era cosa común; la gente de Lampazos (N. L.) no se aventuraba a llevar su ganado a pastar muy lejos de los lindes del pueblo; el problema era tan grave en el norte, que se impuso la pena de muerte para los que encontraran robando o exportando ganado ilegalmente a los Estados Unidos.[551]

Los saqueadores no limitaban sus correrías al campo: de vez en cuando, los de Lampazos llegaban al pueblo; uno de ellos entró con desfachatez y mató al alcalde (días después lo atraparon y ejecutaron).[552] Después de 1915, el crimen y la violencia urbanos preocuparon más y se extendieron con más rapidez. Este crimen urbano fue nuevo y difundido. No era obra de criminales profesionales, sino de gente común —"simples delincuentes" los llamaba el jefe de policía del Distrito Federal—, empujada a delinquir por la pobreza, y a la que facilitaba el trabajo la ineptitud de la policía.[553] Es difícil encontrar datos estadísticos y, cuando los hay, no son confiables; no es, por lo tanto,

---

[549] Véanse pp. 723-728.

[550] Del jefe político de Tepic a Gobernación, 27 de octubre de 1916, AG 81/21; Brown, Mazatlán, 8 de enero de 1916, SD 812.00/17113; de M. Trueba y otros al gobernador Cepeda, 28 de agosto de 1916, AG 71/72; de A. Sánchez a Carranza, 21 de diciembre de 1916, AVC.

[551] Stevenson, Tapachula, 21 de julio de 1917, FO 371/2962, 172060; del teniente coronel Martínez al presidente municipal, 29 de abril de 1917, archivo de Lampazos, r. 225; del secretario de Guerra a Carranza, 2 de mayo de 1916, AVC.

[552] Del secretario del ayuntamiento y presidente municipal al gobernador De la Garza, 28 y 30 de enero de 1917, archivo de Lampazos, r. 225. Se sabía que otros bandidos habían entrado al pueblo; ese incidente fatal fue parte de una prolongada lucha entre bandidos y autoridades municipales.

[553] *El Demócrata*, 19 de noviembre de 1916.

sencillo hacer comparaciones justas con el periodo porfiriano.[554] Sin embargo, muchos observadores coincidían con las autoridades en que la delincuencia había aumentado mucho. La policía de la capital se quejaba por la cantidad de robos; hubo numerosos secuestros; un problema nuevo fue el robo de automóviles (que a menudo terminaban en accidentes), estimulado, tal vez, por las confiscaciones y paseos alocados de los revolucionarios en 1914.[555] Como en el pasado, destacó la agresión a los individuos —violación, asalto, homicidio—, por lo que se alteró la vida nocturna de la Ciudad de México (en el campo, el aumento de violaciones era reflejo del cambio en la naturaleza de la revuelta rural y el bandolerismo, y en el país en su conjunto, de la relajación de las costumbres sexuales a causa del movimiento revolucionario).[556] Los observadores que estaban en la capital relacionaban el alto índice de criminalidad con la miseria de la gente: el de 1918 tuvo lugar cuando "infestaron la ciudad pordioseros y vagabundos".[557]

Ocurría lo mismo en provincia. "La anarquía y el desorden están a la orden del día" en La Paz (B. C.); en Veracruz se informaba de robos constantes; en Orizaba, comenta un observador, eran "frecuentes y graves los robos y asaltos a las casas, los que por lo común ocurren de noche".[558] Una vez más se relacionó el delito con la miseria. "Los robos y asaltos a las casas son frecuentes [en Durango] y los bandoleros se aplican a su trabajo con ahínco en los alrededores"; la ciudad estaba "saturada de mendigos, ladrones y salteadores, y los robos no [tenían] fin".[559] La misma correlación se hacía en Piedras Negras, donde los salarios habían caído desmesuradamente a mediados del invierno; había "mucho descontento en el pueblo", el cual se manifestaba en numerosos robos; los extranjeros se quejaban de que les hurtaban la ropa puesta a secar.[560] Muy vulnerable era el ferrocarril que ya enfrentaba enor-

[554] Un informe del ministro belga —fechado el 5 de julio de 1918 y citado por Hohler, Ciudad de México, 30 de julio de ese año, FO 371/3245, 139785— menciona 10 137 actos de delincuencia (cifra dada por la prensa mexicana) sobre los que se informaron a las autoridades del Distrito Federal entre enero y junio de 1918; 3 905 de ellos eran actos de violencia; pero no se creía que ese número fuera confiable, como tampoco eran los que se reunieron durante el Porfiriato. Es probable, sin embargo, que la Revolución invirtiera la corriente, según la cual, las tasas de delincuencia tendieron a disminuir durante el Porfiriato; véase Moisés González Navarro, *Historia moderna de México. El Porfiriato, la vida social*, México, 1970, pp. 426-428.

[555] *El Demócrata*, 20 y 24 de marzo y 6 de mayo de 1916.

[556] Los datos proporcionados por el ministro belga sugieren una alta proporción de crimen y violencia, comparable a 40% que da González Navarro en su *Vida social*, p. 426 para los decenios 1870 y 1880 (véase n. 554). Sobre la vida nocturna, véase Blasco Ibáñez, *Mexico in Revolution*, Nueva York, 1920, pp. 192-197, y, a propósito de la violación, pp. 592 y 710.

[557] Informe del ministro belga citado en n. 554.

[558] Moore, La Paz, 22 de junio de 1917; Hutchinson, Veracruz, 3 de junio de 1918; Stacpoole, Orizaba, 23 de mayo de 1918; FO 371/2962, 166760; 3245, 122580; 3244, 112172.

[559] Norton, Durango, 17 de mayo y 2 de agosto de 1917, FO 371/2962, 138794, 17248.

[560] Blocker, Piedras Negras, 31 de enero de 1916, SD 812.00/17223. Incidente como ése (del tipo que arbitrariamente se saca de su contexto para atribuirlo a la "xenofobia" del pueblo) manifestaba el estado prevaleciente del crimen (según definición oficial), que se relacionaba con la

mes problemas. Algunas bandas se dedicaban a robarlo en complicidad con los empleados: limpiaban los vagones que se dejaban en los desvíos; desaparecía en seguida la mercancía que quedaba en las estaciones.[561]

Como los ferrocarrileros, la policía era también cómplice en el robo. En una banda arrestada por una serie de robos en Guadalupe Hidalgo, en las orillas de la Ciudad de México, se encontraba un policía, "autor intelectual" de la operación; fue fusilado en el lugar de sus delitos y su cuerpo expuesto "como ejemplo para los delincuentes".[562] También las tropas carrancistas caían en la delincuencia, lo que virtualmente tenían que hacer a causa de la mezquindad e incertidumbre de su salario. Pero si el delito en el campo podía pasar inadvertido y sin castigo, el hurto en las zonas urbanas era más grave, sobre todo si estaba implicado en el tráfico de armas. En sólo una semana de marzo de 1916, la prensa informó —con cierto detallismo didáctico— sobre tres casos diferentes: en Tehuantepec tres soldados fueron fusilados por robar (se comportaron con valor: pidieron comida y brandy antes de la ejecución); un sargento, condenado por robo, fue ejecutado en Pachuca ante 4 000 espectadores ("¡no son toros los que vienen a ver!", gritó al público después de tomar su último café y fumar su último cigarro); en la capital, 300 soldados, escogidos de todas las guarniciones y unidos a "un público numeroso", presenciaron en la Escuela de Tiro la ejecución de dos soldados; uno de ellos arengó a sus compañeros para que no participaran, como él, en el robo y el tráfico de armas.[563] Casos como ésos se sucedieron en 1916 y los años siguientes; en 1918 hubo en Mixcoac, suburbio de la capital, gran cantidad de robos (30 en una semana), de los que se culpó a la mala vigilancia y a una guarnición numerosa que había ahí.[564]

Probablemente se acusaba de ciertos delitos a los soldados carrancistas por error; desde 1916, algunos delincuentes de la capital, que se fingían inspectores oficiales, usaban uniforme militar para cometer sus robos. Esa táctica —otro acomodo oportunista a las circunstancias— era el *modus operandi* de la famosa Banda del Automóvil Gris, que con sus proezas representó el lado más conspicuo y profesional de esa ola de crímenes. La banda comenzó a operar en el verano de 1915, cuando terminaba la ocupación zapatista; su especialidad eran los robos audaces a casas distinguidas (en especial las de exiliados pudientes), donde entraban con órdenes de cateo falsas fingiéndose

pobreza. Lo mismo vale en términos generales para el intento de asesinar al encargado alemán en el bosque de Chapultepec, que por suerte no pasó a mayores; el encargado era "gordo, y el puñal no tocó ningún órgano vital" (Hohler, *Diplomatic Petrel*, p. 202).

[561] *El Demócrata*, 22 de marzo y 1º de noviembre de 1916; de F. Tovar al gobernador Machorro, 13 de octubre de 1916, AG 82/53 (acerca de robos en Querétaro y Apam).

[562] *El Demócrata*, 19 de septiembre y 22 de noviembre de 1916.

[563] *Ibid.*, 4, 5, 7 y 8 de marzo de 1916.

[564] Por ejemplo, *El Demócrata*, 6 de septiembre de 1916, informa de un capitán ejecutado ante una multitud frente a la tienda de la Ciudad de México que, se decía, había robado. Sobre los robos en Mixcoac, informe de H. P. Fletcher, 27 de enero de 1918, Documentos Fletcher, Library of Congress, caja 5.

soldados o policías. Su botín extraordinario se sumó a la gran cantidad de oro, joyas y pinturas que se vendían en el mercado negro; sus miembros —hombres y mujeres, entre los que se contaban algunos españoles— lograron cierto atractivo y un extra de *frisson*, porque se decía que el automóvil gris en el que huían (después se dijo que eran tres) era el mismo que había llevado a Madero y Pino Suárez a su lugar de ejecución una medianoche de febrero de 1913.[565] La banda sobrevivió a la evacuación zapatista y continuó operando bajo auspicio carrancista, con la protección —se ha dicho y es verosímil— de algunos altos funcionarios. Varios miembros de la banda fueron arrestados y ejecutados en septiembre de 1915, pero huyó el que se decía era su jefe; tres años después, otra huida de último momento se adujo a la complicidad de altos funcionarios.[566] Por esas fechas, en que se mencionaba a Pablo González como candidato a la presidencia, la banda adquirió cierto carácter político local. Pero si tiene algo de importancia para la historia, es como indicador de la desenfrenada delincuencia urbana durante ese periodo y la complicidad de las autoridades (policías, generales, políticos) en su delito y encubrimiento. La nueva élite revolucionaria fijó en eso, y en el campo más amplio de la iniciativa empresarial, los estándares que siguieron otras.[567]

La delincuencia abundó también por la simple incompetencia de las autoridades. Se decía que los policías de Aguascalientes —que antes de 1910 había sido una ciudad animosa y bien administrada— eran pocos, desorganizados e ignorantes.[568] Nunca había sido fácil conservar el orden en Tampico, puerto en expansión a orillas de los campos petroleros; en 1916 era muy difícil vivir ahí, por los altos índices de violencia y las riñas frecuentes entre policías y tropas, sobre todo en la zona de tolerancia. Las autoridades reaccionaron imponiendo medidas drásticas: ejecuciones sumarias (como advertencia al público se expuso el cadáver de un falsificador); informó un observador que 175 murieron en 10 días a causa de la violencia casual y judicial.[569] Las ejecuciones sumarias se volvieron cosa común; hubo muchísimas después de las revueltas que produjo el paso violento de Fierro por Salamanca e Irapuato, en el otoño de 1915.[570] Con frecuencia las ejecuciones eran públicas y atraían gran cantidad de gente. También con frecuencia las víctimas no eran homicidas: robo, falsificación, tráfico de armas eran motivos suficientes para la ejecución inmediata como "ejemplo para los delincuentes"; en Veracruz, el robo se volvió delito capital que se castigaba sin dilaciones con la ejecución.[571] En la capital se optó por otra medida draconiana: los presos de la peniten-

---

[565] *El Demócrata*, 8 de septiembre de 1916; Blasco Ibáñez, *Mexico in Revolution*, pp. 189-190; Bernaldo de Quirós, *El bandolerismo*, p. 391; Taracena, *Verdadera revolución*, IV, p. 77.

[566] Taracena, *Verdadera revolución*, IV, pp. 55, 121 y 130; VI, pp. 68, 70-74, 76-79 y 82.

[567] *Ibid.*, VI, pp. 67-68; menciona ahí que el general José Cavazos acusaba a Manuel Ávila Camacho de haber participado en un gran robo de joyas; véanse pp. 512-513.

[568] De J. G. Nava a Carranza, 9 de diciembre de 1915, AVC.

[569] C/o USS Kentucky, Tampico, 25 de octubre de 1916, SD 812.00/19772.

[570] Del gobernador de Guanajuato a Carranza, 16 de septiembre de 1915, AJD.

[571] C/o. USS Kentucky, Veracruz, 14 de enero de 1916, SD 812.00/17151.

ciaría federal fueron enviados a las Islas Marías, en un intento por controlar "la plaga de rateros que se ha desatado sobre la ciudad".[572] Los problemas de crimen y violencia crecían, mientras los legisladores, reunidos en Querétaro, discutían sobre la nueva Constitución; aunque hacían bromas algo sexistas acerca de la "actual epidemia" de violaciones, no podían pasar por alto la inseguridad de los ferrocarriles o los tiroteos en las cantinas que, en un caso sonado, valió la pena de muerte para el hermano de un constituyente.[573]

Economía y sociedad

El crimen y el bandolerismo eran reflejo de la miseria en que se encontraba el país. Después de cinco años de revuelta constante, la economía de México estaba hecha añicos. Como dije antes, los ritmos económicos eran diferentes, más lentos que los políticos y militares: sólo a fines de 1913 y principios de 1914, los efectos acumulados del conflicto político empezaron a minar la vigorosa economía mexicana.[574] La producción había caído entonces y apareció la inflación; la bancarrota y el desempleo se sumaron a las tribulaciones del pueblo. Aun así, cuando la lucha contra Huerta llegó a su culminación, había qué comer y la decadencia económica estaba lejos de ser colapso. Pero la guerra de los vencedores, a más del sacrificio humano que exigió, impuso una presión adicional e intolerable sobre la economía, cuyo colapso provocó quizá más mortandad que la misma lucha. Aun cuando las grandes campañas convencionales de 1914-1915 dieron lugar a la dilatada guerra de guerrillas de 1916-1919, la economía siguió decayendo y llegó a su punto más bajo un año después, o más, del triunfo carrancista definitivo. Así pues, entre los serios problemas y apremios que tenía el nuevo régimen, estaban los que creaba el peligroso estado de la economía, los cuales cobraban más importancia —en lo que incumbía al común de la gente y quizá también a los miembros de la élite— que el epifenómeno de decretos y declaraciones políticas. Porque, sin la recuperación económica, los decretos y declaraciones no eran más que oratoria vana y la existencia del régimen peligraba. A ese respecto, 1916-1919 fueron años de prioridad económica, no política.[575]

Orgullo de los porfiristas era la red ferroviaria que habían construido y una moneda sólida, fijada al oro después de 1905. La Revolución saboteó ambos, lo que tuvo consecuencias importantes para la vida económica del país.

---

[572] *El Demócrata*, 25 de noviembre de 1916.

[573] DDCC, II, pp. 273-274 y 347.

[574] Para una perspectiva revisionista de la historia económica del decenio revolucionario, véase John Womack Jr., "The Mexican Economy During the Revolution, 1910-1920: Historiografy and Analysis", *Marxist Perspective*, I, 1978, pp. 80-123.

[575] De G. Pound a H. L. Scott, 6 de noviembre de 1915, Documentos Scott, caja 143; memo. de Hohler, en de Spring-Rice a Grey, 16 de julio de 1917 y Cummins, Ciudad de México, 23 de agosto de 1917, FO 371/2962, 158278, 172778, acerca de la importancia que tenía la cuestión económica y financiera.

Los ferrocarriles fueron arterias no sólo del desarrollo económico porfirista, sino también de la contienda revolucionaria: no fue cortesía vacua el tributo que rendían a sus administradores de ferrocarril los generales victoriosos.[576] Pero las líneas sufrieron daños, y los siguieron sufriendo después de 1915, por el descuido inevitable, la falta de inversión y el deterioro material: vías arrancadas (afición de carrancistas), locomotoras convertidas en máquinas locas (especialidad chihuahuense), bombardeo de trenes, puentes y alcantarillas, que continuó después de 1915, sobre todo en el sur. Los ferrocarriles eran un desastre. A lo largo de las planicies del norte, donde blanqueaban los huesos del ganado y esqueletos humanos señalaban el lugar de antiguas batallas, 50 000 toneladas de hierro y acero esperaban rescate (también en el sur, algunos zapatistas se dedicaban al comercio activo de metal de desecho).[577] Después de un año de reconstrucción, muchas líneas del norte estaban en mal estado. Unía Saltillo y La Laguna un "eslabón endeble" de rieles torcidos, clavos oxidados, durmientes podridos; tampoco aceleraba las reparaciones el hecho de que el gobierno no pagara a los ferrocarrileros.[578] Los trenes del Interoceánico —víctimas de frecuentes ataques aún en 1917-1918—, que comunicaba Veracruz con la capital, estaban en lamentable deterioro: madera podrida, vagones sin techo; sólo quedaban en servicio 27 locomotoras.[579]

Acrecentaba la escasez que los militares tuvieran el monopolio casi total de los trenes, que empezó a romperse poco a poco después de 1915 (acto difícil de desmilitarización al que no se hizo publicidad y que casi le costó la vida a Alberto Pani, su protagonista).[580] Aun cuando se pudieran dejar de lado las necesidades de los militares y evitar el peculado, el servicio era malo. Los trenes eran lentos; a falta de carbón y petróleo se usaba leña. El viaje de Acámbaro a Uruapan, pasando por Morelia (algo más de 160 kilómetros), tomaba tanto como el normal desde Nueva York hasta la Ciudad de México.[581] A los pasajeros, que debían prepararse para largas esperas, quizá ataques de bandidos y el riesgo constante de descarrilamiento, se les hacían a veces despedidas conmovedoras cuando el tren dejaba la estación; viajaban con temeridad, si no con recelo, estado de ánimo muy distinto a la seguridad indiferente con que se hacían los viajes por tren durante el Porfiriato.[582] El director

[576] Guzmán, *Memorias*, pp. 365 y 429; Obregón, *Ocho mil kilómetros*, pp. 296, 418 y 429.
[577] Ilegible, Hymans-Michael Scrap Co. a D. Dillon, 13 de octubre de 1915; AVC; informe de Bonsal (*cf.* n. 380); Womack, *Zapata*, p. 286.
[578] O'Hea, Gómez Palacio, 11 de enero de 1917, FO 371/2959, 37114.
[579] G. Bergman, Jalapa, 16 de julio de 1918, FO 371/3245, 135921.
[580] Pani, *Apuntes*, pp. 235 y 239-240, sobre la desmilitarización de los ferrocarriles. En una ocasión, ferrocarrileros irritados sabotearon los frenos del vagón en que dormía Pani, y lo colocaron en una pendiente, sobre una vía por donde cruzaría un tren de pasajeros; éste llegó tarde, el vagón de Pani se detuvo y los ocupantes pudieron dar la alarma.
[581] Según dice Taracena, *Verdadera revolución*, VI, pp. 43-44; véase también del gobernador Siurob a Carranza, 16 de septiembre de 1915, AJD; Bonney, San Luis, 13 de abril de 1915, SD 812.50/7.
[582] Véase también Blasco Ibáñez, *Mexico in Revolution*, pp. 130-131.

general de los Ferrocarriles Constitucionalistas escapó por escaso margen, con justicia quizá, a ataques y bombazos.[583] En cuanto a la economía en general, las deficiencias de los ferrocarriles entorpecían el comercio y agravaban el problema del suministro de alimentos. Los comerciantes, ansiosos por embarcar su mercadería, tenían que pagar grandes sobornos y en algunos casos recurrir a las más altas autoridades de la zona.[584] Puesto que no había otro medio para transportar grandes volúmenes a largas distancias, se restringió la recuperación económica y se fomentó la producción y el comercio locales.

Problema más grave, que enfrentaban por igual el régimen y la población, era la moneda. A principios de 1916 se opinaba que "la cuestión del dinero... [era] factor esencial para el establecimiento de un gobierno permanente en México bajo el General [sic] Carranza".[585] Eso no era exageración u opinión aislada. En zonas relativamente libres de conflictos militares, como Campeche, los cambios de la moneda provocaron revueltas; Carranza, se informó, estaba "cometiendo suicidio" con su política monetaria; ése era también el problema más apremiante que tenía el gobierno de San Luis Potosí.[586] La caída del peso provocó un tremendo descalabro económico, desempleo, privaciones, fue causa de revueltas y protestas, y amenazó desintegrar el ejército y el régimen carrancistas. Era necesario dar solución al problema. Sus orígenes eran obvios: durante la Revolución, cada facción imprimió billetes para financiar sus campañas; haciéndose eco de Benjamin Franklin, un constitucionalista dijo que ésa era la manera más justa de distribuir entre la población el costo de la lucha.[587] También Huerta había aumentado la impresión de billetes, lo que sacó de la circulación al oro y provocó el deslizamiento del peso frente al dólar. Antes de 1914 los constitucionalistas fueron bastante prudentes con la impresión de papel moneda; el total quizá no excedió mucho los 30 millones de pesos.[588] Pero el viento se llevó la prudencia a la caída de Huerta y cuando se reinició la guerra civil entre Carranza y Villa. Según dijo el ministro de Finanzas, Felícitas Villarreal, la moneda constitucionalista había llegado a 60 millones de pesos en septiembre de 1914. Villarreal, sensato hombre de negocios del norte, renunció en protesta a la acelerada impresión de dinero (quizá influyó en su decisión el que se le rechazara un billete constitucionalista con el que quiso pagar la cuenta en un restaurante de la capital).[589] Pero su protesta no contuvo la avalancha. La moneda se convirtió poco después en arma de la guerra de los vencedores; ambos bandos imprimieron

---

[583] Pani, *Apuntes*, pp. 237-239, acerca de ataques cedillistas y zapatistas.

[584] Por ejemplo, la solicitud del hacendado Pedro Lavín a Carranza en de C. Rochin a Carranza, 8 de mayo de 1916, AVC.

[585] Blocker, Piedras Negras, 31 de enero de 1916, SD 812.00/17223.

[586] C/o USS Wheeling, Ciudad del Carmen, 14 de junio de 1916; Dickinson, San Luis, 16 de noviembre de 1916; SD 812.00/18722; 19891.

[587] Pani, *Apuntes*, p. 185; Kemmerer, *Inflation and Revolution*, pp. 30-31.

[588] Kemmerer, *Inflation and Revolution*, p. 33, habla de 33 millones.

[589] Silliman, Ciudad de México, 19 de septiembre; Canova, Ciudad de México, 25 de agosto de 1914; SD 812.00/44, SD 812.00/13129.

al mismo ritmo, y ambos (a pesar de que los carrancistas eran más decididos) trataron de invalidar la moneda de su rival y forzar la circulación de la propia. También Zapata ingresó en la refriega monetaria.[590] El resultado fue la hiperinflación. En Mazatlán, los billetes se producían por "canastadas" a principios de 1915.[591] Lo confirman las cifras de la producción total: en septiembre de 1915, los carrancistas habían alcanzado casi 300 millones (incluidos los miserables 33 millones de 1913-1914), y 176 millones la moneda oficial villista (junio de 1915).[592]

Esa impresión derrochadora inundó el país con una marea policroma de papel moneda: billetes regionales y nacionales, cartones, billetes de la Comisión Reguladora Henequenera, vales de las compañías, pagarés revolucionarios y los bilimbiques improvisados y extravagantes que iban desde papel higiénico hasta billetes de poco valor.[593] Esos billetes, que son agradables en lo

GRÁFICA IX.1. *Tasa de cambio del peso infalsificable, 1916*
(en centavos de dólar estadunidense; tasa máxima y mínima)

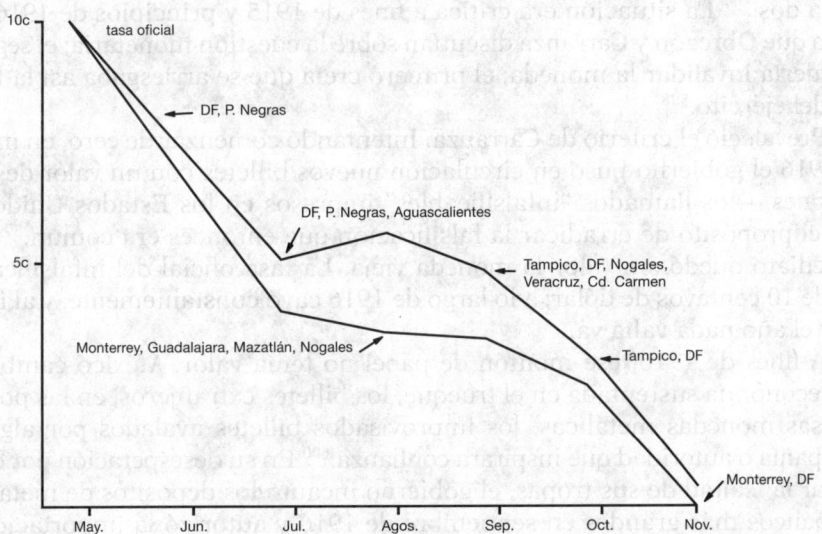

FUENTE: Informes de los consulados de los Estados Unidos en Distrito Federal, Piedras Negras, Aguascalientes, Monterrey, Guadalajara, Mazatlán, Nogales, Tampico, Veracruz, Ciudad del Carmen.

[590] Canova (cf. nota anterior); Silliman, Ciudad de México, 4 de febrero de 1915, SD 812.00/14352; de Zapata a R. González Garza, 9 de febrero de 1915, Fabela, DHRM, EZ, pp. 183-184.
[591] Brown, Mazatlán, 16 de enero de 1915, SD 812.00/14339.
[592] Kemmerer, *Inflation and Revolution*, pp. 40-41, dice que la emisión carrancista fue de 283 millones; un informe de la armada estadunidense, Guaymas, 9 de noviembre de 1915, SD 812.00/16843 habla de 300 y 400 millones. Véase también Ulloa, *Revolución escindida*, pp. 216-223.
[593] Véanse pp. 593, 793, 848 y n. 967 *infra*.

estético y de interés para el coleccionista, fueron en su época medio para condenar a México a esa hiperinflación que en la historia se asocia con las crisis políticas —Francia en el decenio de 1790, Alemania en 1923—, presión social, venturas y castigos que la acompañan. El metal quedó fuera de circulación. Hacia 1915, sólo las compañías y buques extranjeros podían ofrecer oro o billetes fijados al oro.[594] Aunque los carrancistas invalidaron la moneda villista en las zonas que controlaban —lo que les costó popularidad y revueltas esporádicas— no pudieron forzar la circulación de la propia; en cierto momento, la Ciudad de México pareció haber quedado sin moneda "oficial".[595] Como dije antes, el dinero villista cayó hasta carecer de valor en 1915; por el otoño de ese año, en La Laguna no se compraba una tortilla con 20 000 pesos villistas.[596] Aunque los carrancistas derrotaron a Huerta y Villa, no pudieron con las leyes del mercado; su moneda apenas funcionó mejor que la de sus rivales. El deslizamiento gradual del peso en 1913-1914 terminó en colapso: de 49.5 centavos de dólar en enero de 1913, cayó a 43 centavos en julio de ese año; a 37 centavos en enero de 1914; a 31 a la caída de Huerta; en enero de 1915 bajó a 14 centavos; en julio a siete; en enero de 1916 a cuatro, y en mayo de ese año a dos.[597] La situación era critica a fines de 1915 y principios de 1916; se decía que Obregón y Carranza discutían sobre la cuestión monetaria; el segundo quería invalidar la moneda, el primero creía que se arriesgaba así la lealtad del ejército.[598]

Prevaleció el criterio de Carranza. Intentando comenzar de cero, en mayo de 1916 el gobierno puso en circulación nuevos billetes con un valor de 800 millones —los llamados "infalsificables" impresos en los Estados Unidos— con el propósito de erradicar la falsificación que entonces era común.[599] De inmediato quedó sin valor la moneda vieja. La tasa oficial del infalsificable fue de 10 centavos de dólar; a lo largo de 1916 cayó constantemente, y al finalizar el año nada valía ya.

A fines de 1916, ese montón de papel no tenía valor; México cambió a una economía sustentada en el trueque, los billetes extranjeros, en las pocas, escasas monedas metálicas, los improvisados billetes avalados por alguna compañía o autoridad que inspirara confianza.[600] En su desesperación por conservar la lealtad de sus tropas, el gobierno incautó los depósitos de metal de los bancos más grandes en septiembre de 1916 y autorizó la importación y

[594] Brown, véase n. 591.
[595] Cardoso de Oliveira, Ciudad de México, 18 de julio de 1915; también Silliman, Ciudad de México, 6 y 8 de febrero; Davis, Guadalajara, 2 de febrero; Silliman, Veracruz, 15 de julio de 1915; SD 812.00/15473; 14356, 14371; 14486; 15454.
[596] De G. Pound a H. L. Scott, 6 de noviembre de 1915, Documentos Scott, caja 143.
[597] Kemmerer, *Inflation and Revolution*, pp. 44-46.
[598] C/o USS Kentucky, 14 de enero de 1916, SD 812.00/17151.
[599] C/o USS Marietta, Veracruz, 23 de marzo de 1916, SD 812.00/17729.
[600] W. McCaleb en Fall Report, p. 737; véase también resumen en Thrustan, Ciudad de México, 13 de agosto de 1918, FO 371/3245, 151945, donde detalla la caída del peso de 1913 a 1916 y calcula en 5 000 millones la emisión total de billetes.

libre circulación de billetes y monedas estadunidenses; en 1917 introdujo una nueva moneda en metal.[601] Durante 1916-1917 los salarios y precios se fijaron en oro o plata y el dinero estadunidense circuló libremente: 80% de las transacciones comerciales de la frontera norte se hacían en dólares.[602] Fue inevitable que la fluctuación monetaria y la falta de monedas en 1916 entorpecieran el comercio y la recuperación económica.[603]

Aparte de las medidas prácticas que se vio forzado a adoptar, poco podía hacer el gobierno para contener la inflación; apeló, pues, a la exhortación. Instó al público a tener confianza en la nueva moneda, pidió a los comerciantes aceptarla de manera equivalente y guardar por el momento los antiguos billetes, que serían legales para pagar impuestos hasta fines de 1916.[604] Entre tanto, con la esperanza de drenar la inundación de papel viejo y alentar la confianza en el nuevo, recogió las emisiones antiguas y las destruyó —lo que hizo también con exhortación y publicidad—. En gigantesco holocausto, la Secretaría de Hacienda entregó orgullosa a las llamas 46 millones de pesos; *El Demócrata*, periódico oficial, vendió alimentos a los pobres y se encargó de quemar el medio millón de pesos inservibles que recibió a cambio.[605] Los patriotas apoyaron las iniciativas oficiales: los maestros de escuelas de la capital celebraron el 5 de mayo quemando paquetes de la emisión veracruzana (1914); "con objeto de amortizar la deuda nacional", el gobernador de Veracruz participó en Orizaba en una fiesta similar; la famosa actriz Virginia Fábregas quemó 15 000 pesos ante el público en Saltillo.[606] Cuando, al año siguiente, se desplomaron los infalsificables, se les sometió a la misma inmolación patriótica.[607]

En 1916-1917 quemar dinero era señal de patriotismo, pero la especulación se consideraba traición, objeto de atención oficial y publicidad. Se acusaba a los acaparadores por la falta de alimentos y se responsabilizaba a los especuladores de la inflación desbocada (por supuesto, ambos males eran consecuencia social de la Revolución, más que delitos individuales). Se señaló a los especuladores ("coyotes" les decían) como conservadores que tenían fines políticos y como acaparadores que buscaban provecho económico; ingresaron al panteón de los villanos revolucionarios (los sociólogos podrían llamarlos "símbolos integradores negativos") junto a porfiristas, huertistas,

---

[601] Douglas W. Richmond, *The First Chief and Revolutionary Mexico: The Presidency of Venustiano Carranza, 1915-1920*, tesis de doctorado, University of Washington, 1916, p. 33; Krauze, *Caudillos culturales*, pp. 114-115.

[602] Doherty, Nogales, 4 de diciembre; Dickinson, San Luis, 8 de diciembre, Hostetter, Los Ángeles, 26 de diciembre de 1916; Silliman, Guadalajara, 5 de abril, informe de la frontera, Nogales, 31 de marzo de 1917; SD 812.00/20059; 20112; 20191; 20759; 20793.

[603] Por ejemplo, Lespinasse, Frontera, 8 de julio de 1915, SD 812.00/15434.

[604] *El Demócrata*, 2 y 5 de mayo de 1916.

[605] *Ibid.*, 15 de mayo de 1916.

[606] *Ibid.*, 6 y 16 de mayo de 1916; en el mismo periódico, 13 de noviembre de 1916, el gobernador se congratula en su informe anual por la cantidad de dinero recogido.

[607] Fabela, DHRM, RRC, V, p. 314.

villistas y clérigos: "No hay razón para el descenso de nuestro papel moneda —rezaba una desfachatada primera plana de *El Demócrata*—. Resulta ya insoportable el abuso de malos banqueros y comerciantes".[608] Cabrera explicó que la confusión de la moneda en esos momentos era "una de las fases de la lucha del comercialismo contra la Revolución".[609] Erradicar la especulación se volvió deber patriótico: los que se aferraban a sus viejos billetes sucios, dijo el gobernador de Tlaxcala, lo hacían porque esperaban el triunfo inminente de la "reacción"; Heriberto Barrón, consumado cazador de brujas de Veracruz, encontró en la judicatura gente que especulaba con moneda.[610] Más adelante en 1916, se dijo que los coyotes merodeaban por las barracas de la capital tratando de echar mano a los codiciados pesos de plata que entraron en circulación mediante la nómina del ejército.[611] Se impusieron castigos ejemplares. En un día se arrestaron 40 coyotes en las calles de la Ciudad de México; la prensa subrayó que, "en su mayoría son burgueses, abundando el tipo de 'fifí' aventurero y pedante por excelencia".[612] Si era extranjero se le deportaba; los coyotes mexicanos tomaron, como los ladrones convictos, el camino de las Islas Marías; en la provincia se los consignaba al ejército —castigo apropiado para los corruptos tinterillos citadinos—.[613]

Medidas como ésas pueden haber sido efectivas desde el punto de vista político, pero no solucionaron los problemas crónicos causados por la hiperinflación. A la larga, la inflación fue importante porque redistribuyó caprichosamente la riqueza en un medio social trastornado. Los ahorros desaparecieron y las pensiones e ingresos fijos se desplomaron; la mercancía se pregonaba, trocaba y empeñaba en un mercado donde los viejos valores estaban completamente trastocados. Los que alguna vez habían sido ricos vendían las joyas de la familia por una miseria; rápidamente las compraban los extranjeros o quienes contaban con moneda fuerte.[614] La inflación contribuyó así bastante al cambio social que inició la Revolución, cuyos efectos fueron de redistribución y equidad; más aún, contribuyó sin duda a socavar la posición de la vieja élite porfirista y pudiente, erosionada ya por cinco años de guerra civil. La inflación, más las oportunidades que ofrecía, alentó el auge del empresariado y

---

[608] *El Demócrata*, 6 de marzo de 1916.

[609] *Ibid.*, 5 de mayo de 1916. Tres meses más tarde, después de la emisión de infalsificables, Cabrera seguía culpando a los "reaccionarios" por la devaluación de la moneda (Taracena, *Verdadera revolución*, V, p. 128).

[610] Del gobernador Machorro a Carranza, 12 de agosto de 1916, AVC; de Barrón a Carranza, 9 de mayo de 1916, AVC.

[611] *El Demócrata*, 22 de noviembre de 1916.

[612] *Ibid.*, 4 de mayo de 1916.

[613] *Ibid.*, 13 de noviembre de 1916; del teniente coronel Octavio Hidalgo al presidente municipal, Barrón Escandón, Tlaxcala, 10 de noviembre de 1916, AG 69/44.

[614] Rutherford, *Mexican Society*, p. 253; Moats, *Thunder in their veins*, p. 171; véase en Krauze, *Caudillos culturales en la Revolución mexicana*, México, 1976, pp. 37-38, los esfuerzos del joven Lombardo Toledano por defender el patrimonio familiar de las fuerzas impersonales de la economía revolucionaria —confiscación bancaria, sobre todo, e hiperinflación—.

los cambios económicos de esos años.⁶¹⁵ Pero, a corto plazo, los pobres fueron los más castigados.⁶¹⁶ La población rural, en pueblos o haciendas, podía aislarse de la inflación, hasta cierto punto, mediante la agricultura de subsistencia (por lo menos mientras las cosechas fueran suficientes y el agricultor pudiera conservar algo del fruto de su trabajo). Pero esas condiciones no existían en la mayor parte del país, e incluso en Morelos (en donde sí existieron) la inflación era problema grave ya en 1915.⁶¹⁷ Los obreros, que rara vez podían recurrir a la agricultura de subsistencia,⁶¹⁸ debían atenerse al poder de sus sindicatos —que aumentaba, pero era aún pequeño—, a la esporádica caridad del gobierno (más visible en las zonas urbanas que en el campo) y a la generosidad de las compañías —extranjeras en su mayoría— que aún funcionaban, es decir aquellas que tenían ingresos en moneda fuerte y podían permitirse conservar su fuerza de trabajo en esos tiempos difíciles, consolidando así las relaciones clientelistas que eran, con frecuencia, anteriores a 1910.

La caridad de las compañías no costaba mucho. En 1915, una gran empresa minera de la costa oeste (que siguió operando durante la Revolución) "compraba alimentos a precios altos y los vendía con pérdidas a sus empleados", pero "de esa pérdida se resarcía con creces, pagando a los mineros sus antiguos salarios pero en papel".⁶¹⁹ En 1915 y 1916 la ASARCO vendió raciones de maíz y frijol a más de 1 000 trabajadores de Aguascalientes por menos de la mitad de su precio al mayoreo; pero también había cierta táctica en esa generosidad pues, se pensaba que "era preferible a alterar la escala de salarios" (dicho de otro modo, los sueldos eran cada vez más "difíciles"; era mejor dar subsidios en especie que pagar aumentos).⁶²⁰ Este tipo de generosidad cautelosa y egoísta no la practicaban sólo grandes empresas como la ASARCO.⁶²¹ Tampoco era garantía de bienestar, pero contribuía a evitar los peores aspectos de la escasez y privación; en Los Mochis, por ejemplo: "prácticamente toda la gente de aquí trabaja de alguna manera en la United Sugar Co., o con los colonos, independientes de la desorganización que prevalece en México y del dinero devaluado, y son mantenidos en un nivel uniforme de miseria [!], el cual, a juzgar por su evidente satisfacción, es superior al promedio actual para México".⁶²²

⁶¹⁵ Véase p. 720.
⁶¹⁶ Sobre el problema monetario y sus efectos entre los pobres, de Alfredo Damy, Quila (Sin.) a Carranza, 8 de agosto de 1916, AVC.
⁶¹⁷ De Pacheco a Zapata, 31 de octubre de 1915, Fabela, DHRM, EZ, p. 255.
⁶¹⁸ Otra advertencia contra los estereotipos y recordatorio, quizá, del fenómeno Martínez Alier: algunos obreros solicitaron tierra e incluso los de la zona de Orizaba la consiguieron (del gobernador Jara a Carranza, 10 de noviembre de 1916, Fabela, DHRM, RRC, V, p. 179, acerca de las concesiones para obreros de las fábricas Cocolapán, El Yute y Cerritos).
⁶¹⁹ Informe de la armada de los Estados Unidos, Manzanillo, 9 de noviembre de 1915, SD 812.00/16843.
⁶²⁰ Donald, Aguascalientes, 6 de octubre de 1917, FO 371/21361.
⁶²¹ Por ejemplo, C. Kutz, Guanajuato, Reduction and Mines Co., 15 de diciembre de 1916, SD 812.00/20097.
⁶²² C/o USS Yorktown, Topolobampo, 15 de octubre de 1916, SD 812.00/19679.

Durante el crudo invierno de 1916-1917, a los salarios, impuestos y derechos de aduana que pagaban las compañías mineras estadunidenses en Sonora (Cananea, Nacozari, El Tigre), se sumaba "el peso de alimentar y financiar a todo el estado"; las empresas estadunidenses apoyaron la economía de Campeche; en general, después de 1915, Tampico y Yucatán pudieron evitar el agobio de la pobreza gracias a que conservaron su excelente exportación e inversión extranjera.[623] No es de sorprender, pues, que los lugareños recibieran con agrado el regreso de las compañías extranjeras que habían suspendido sus operaciones, y que a veces se esforzaran por evitar el ataque de rebeldes y bandidos contra las empresas que aún funcionaban. En Sonora, descrito a veces como semillero del nacionalismo económico, la gente "parece ansiosa porque resurgieran las industrias controladas por extranjeros"; en Coahuila (la gente estaba "entusiasmada" ante la perspectiva de que se arreglara el ferrocarril del Pacífico Sur y la línea que unía Piedras Negras y Torreón), "el pueblo, necesitado de empleo, recibe gustoso la inversión extranjera para sus necesidades y mejoramiento".[624] Aunque había a veces muestras de hostilidad hacia las compañías extranjeras —más por los funcionarios que por el pueblo en general—, la superaban los casos de bienvenida, dependencia y clientelismo mencionados arriba; en esos últimos años de Revolución —cuando apareció en la política revolucionaria el nacionalismo económico de tipo oficial— fue más señalada la valoración del pueblo por la inversión extranjera, dependía de ella y del empleo que proporcionaba. No se quería a los extranjeros pero, más que nunca, las compañías extranjeras eran islas de empleo, salario y consumo más elevados en un mar de indigencia. Los beneficios eran relativos; se debían al cálculo, no al altruismo de las compañías, pero eran reales, no pasaron inadvertidos y ayudaron a asegurar que el nacionalismo económico no recibiera del pueblo la misma reacción de simpatía que, por ejemplo, la reforma agraria.

Sólo una minoría se benefició con la inversión extranjera, aunque fue minoría significativa. La mayor parte de la población quedó a merced de las fluctuaciones monetarias y económicas. Inflación y escasez fueron dos partes de un torno que estrujó al común de la gente, tanto en el campo como en las ciudades, mientras sus líderes prometían a diario reformas y mejoras, y asistían a banquete tras banquete (si nos atenemos a las páginas de Casasola).[625] Las cosechas no eran suficientes, el sistema de transporte estaba parcialmente destruido y las fluctuaciones de la moneda eran un obstáculo más

[623] Simpich, Nogales, 10 de septiembre; c/o USS Wheeling, Progreso, 20 de abril y 12 de septiembre de 1916; SD 812.00/19121; 18156, 19338; Joseph, *Revolution from Without*, pp. 155 y 210.

[624] Simpich (*cf.* nota anterior); Blocker, Piedras Negras, 17 de noviembre de 1915 y 12 de septiembre de 1916, SD 812.00/16841, 19152. Ambas fuentes informan de cierto antagonismo entre las compañías y las autoridades locales, pero no de la hostilidad del pueblo.

[625] Casasola, *Historia gráfica*, II, pp. 1123, 1149, 1150, 1222, 1244-1245, 1247, 1249, 1250, 1254, 1263, 1267, 1273, 1275, 1278, 1351 y 1371; véase también Teitelbaum, *Woodrow Wilson*, pp. 286-287.

para que la gente se mantuviera en "un nivel uniforme de miseria". Fueron grandes las variaciones regionales, pero datos de todo México demuestran que después de 1915 la tendencia fue despiadadamente negativa, porque la producción y el suministro de alimento no cubrían la demanda, los precios se dispararon y el hambre rondaba el país. Esa tendencia pudo haberse previsto (en algunas zonas así fue). En la época final del Porfiriato hubo que importar grano de los Estados Unidos, sobre todo después de las malas cosechas de los años anteriores a la Revolución.[626] Por suerte, y de manera fortuita, en los primeros años de Revolución las cosechas fueron buenas. Pero entre fines de 1913 y principios de 1914, el creciente desequilibrio económico comenzó a afectar seriamente el precio de los alimentos. En el noreste, donde eso fue evidente, la harina se vendía 50% más cara que en 1910; las papas y el arroz, 40%; la carne y el azúcar casi 30%.[627] Pero esos aumentos fueron sólo presagio de lo que vendría. Los observadores que estaban en la capital predijeron, en la primavera de 1915, que la hambruna llegaría en seis meses, sobre todo porque decrecían los cultivos en el Bajío, por entonces principal campo de batalla de la Revolución.[628] Esas predicciones no fueron muy erradas; además, aunque algunas regiones se recuperaron parcialmente después de 1915, esta recuperación no fue igual ni permanente para todas. La escasez fue, pues, constante hasta finales del decenio revolucionario, mostrando una vez más los diferentes ritmos de la tendencia politicomilitar por un lado, y de la socioeconómica por otro. En el verano de 1918 se calculó que la cosecha total de maíz no era más que un tercio o un cuarto de las 150 000 toneladas que se recogían usualmente, y que deberían importarse más de 100 000 para evitar el hambre. La situación era difícil todavía en 1919; la producción de maíz fue inferior a la de 1906-1910, que había sido también baja.[629] Mucho antes de esto, el Departamento de Estado norteamericano había llegado a la conclusión, firme (pero bastante errada), de que podía aprovechar la escasez de alimentos que padecía México como medio para controlar el régimen de Carranza, y no faltaron políticos carrancistas para quienes sólo la ayuda financiera estadunidense podría salvar al país del hambre.[630]

En esos años llegaron numerosos informes acerca del exorbitante aumento de precios, escasez, carestía y privaciones. En Aguascalientes —que no fue la región más golpeada— el precio del maíz subió de 40 centavos (fines de 1915) a un peso en febrero de 1916, y 2.50 en septiembre de ese año.[631] En la Ciudad de México, el precio de los alimentos aumentó 15 veces entre julio

---

[626] González Roa, *El aspecto agrario*, p. 186; Bulnes, *El verdadero Díaz*, p. 236.
[627] Silliman, Saltillo, 2 de agosto de 1913, SD 812.51/87.
[628] *Mexican Herald*, 4 de abril de 1915.
[629] De Stewart a de Bunsemm, 12 de marzo de 1918, FO 371/3242, 46189; véase también Richmond, *The First Chief*, p. 66.
[630] Thrustan, Ciudad de México, 14 de diciembre de 1917, FO 371/2964, 235682; Cravioto, DDCC, II, p. 223.
[631] Schmutz y Berly, Aguascalientes, 16 de diciembre de 1915, 26 de febrero, 22 de julio y 9 de septiembre de 1916, SD 812.00/169931, 17326, 18830, 19201.

de 1914 y julio de 1915.⁶³² Esa escala de aumentos era reflejo de malas cosechas, devaluación rápida de la moneda, interrupción de las comunicaciones y los mecanismos del mercado, que provocaron grave escasez en algunos lados, mientras otros subsistieron. En Tepic, como en casi todas partes, hubo una "alza inmoderada de los precios" en los productos básicos a fines de 1916, pero en Mazatlán, que no está muy lejos, el aumento fue sólo de 20% sobre el precio normal.⁶³³ También hubo grandes fluctuaciones temporales: en Tabasco, el precio del maíz fluctuó en tres semanas de 1917 tanto como había fluctuado en la Ciudad de México durante 20 años, antes de 1909.⁶³⁴ Como indican gran cantidad de informes de regiones y fuentes diversas, los precios de los alimentos subieron tanto en términos reales como monetarios (aunque los salarios no los cubrían), con lo que se aceleró la tendencia de la última parte del Porfiriato. A principios del decenio de 1890 (punto culminante del bienestar popular durante el régimen de Díaz), con un jornal se podían comprar 17 litros de maíz; en 1908, entre nueve y 10 litros.⁶³⁵ Un jardinero de la Ciudad de México podía comprar con su jornal, en octubre de 1914, sólo siete litros.⁶³⁶ Pero 1914 fue el punto crítico: al comenzar el año la situación era difícil aunque no desesperada; al final, la miseria era evidente e iba en aumento. En 1916, un estibador de Tampico ganaba al día el equivalente a cuatro litros de maíz.⁶³⁷ Quizá era ésa una estimación pesimista, pero hay pruebas suficientes de que el costo real de los productos básicos había tenido un alza como ésa. Un peón de La Laguna compraba con su jornal de 1916 alrededor de cuatro o cinco litros de maíz; uno de Zacatecas cinco, el de San Luis Potosí entre seis y ocho.⁶³⁸ Esas cifras indican que el costo real de los productos básicos se duplicó o triplicó desde la década de 1890, y que hubo un aumento excesivo aun sobre los ya elevados en 1908. Un informe desde Guanajuato coincide en que, para el peón, el costo real del maíz se había triplicado en los últimos 25 años.⁶³⁹

Inflación y devastación rural forzaron los precios al alza durante la Revolución. Después de 1914, a la acción humana se sumó el clima para que la producción disminuyera todavía más. La guerra había cobrado ya sus víctimas:

⁶³² *Mexican Herald*, 5 y 21 de julio de 1915; Taracena, *Verdadera revolución*, IV, pp. 34-36; véase también, Ulloa, *Revolución escindida*, pp. 220-221, para datos sobre Chihuahua.

⁶³³ Del jefe político de Tepic, a Gobernación, 27 de octubre de 1916, AG 81/21; c/o USS Buffalo, Mazatlán, 20 de diciembre de 1916, SD 812.00/20268.

⁶³⁴ Elsee, Frontera, 16 de junio de 1917, FO 371/2962, 158767; cf. González Roa, *El aspecto agrario*, pp. 167-168.

⁶³⁵ González Roa, *El aspecto agrario*, p. 165, se basa en Esquivel Obregón.

⁶³⁶ Alberto Pani, *La higiene en México*, México, 1916, pp. 67-68.

⁶³⁷ USS Marietta, Tampico, 29 de marzo de 1916, SD 812.00/17921.

⁶³⁸ J. B. Potter, 11 de abril de 1916; respuesta de los gobernadores de Zacatecas, 12 de septiembre, y de San Luis, 7 de junio de 1916 al Departamento del Trabajo, *Trabajo*, 31/3/5/34. En 1917, algunos peones de Aguascalientes recibían dos o tres litros de maíz por día, pero no salario en efectivo (Katz, *Secret War*, p. 287).

⁶³⁹ González Roa, *El aspecto agrario*, pp. 170-171.

en partes de Durango, inundado de villistas en 1916, sólo pudo plantarse 10% de la cosecha normal, y en Zacatecas, no más de 20%. Un año después la recuperación fue sólo limitada.[640] El norte no fue la excepción. Muchas propiedades de Aguascalientes estaban abandonadas y sin cultivar; se sembró menos de la mitad de los campos en los alrededores de Jalapa; ricos y pobres habían abandonado los valles del oeste de Chiapas —donde la lucha continuaba y se temía que la cosecha de 1916 se perdiera como había ocurrido con la de 1915—.[641] Aun ahí donde era posible cultivar, las cosechas estaban a merced de tropas hambrientas o de rebeldes-bandidos. Los agricultores de La Laguna recogían sus cosechas y las llevaban rápidamente a la localidad más cercana.[642] No obstante, la necesidad de plantar y cosechar, sobre todo cuando los precios eran altos, era lo bastante contundente como para superar esos obstáculos; a medida que la lucha amainaba y se concentraba, se produjeron cosechas con éxito sorprendente. En 1916, primer año de relativa paz, la siembra siguió a toda prisa en los alrededores de Saltillo; las haciendas de La Laguna estuvieron activas; el gobierno de Aguascalientes estableció que "los muchos que en ese momento quisieran o solicitaran invertir en la agricultura" podrían cultivar tierras abandonadas, pagando al propietario (que estaba ausente) 20% del valor de la cosecha —acuerdo de aparcería mucho más generoso de lo que habían sido en esa región los arreglos anteriores a 1910—.[643] De lo anterior se desprende que ahí y en ciertos puntos del norte la cosecha de 1916 no significó un desastre. Las sequías durante la primavera y las inundaciones del verano limitaron la cosecha de trigo; Guanajuato, Aguascalientes y Zacatecas, sobre todo, sufrieron mucho. Tuvieron más suerte productos básicos como el maíz y el frijol; buena parte de la cosecha que se recogió en 1916 fue "cosecha de peones", invasores, arrendatarios y aparceros que se arriesgaron a usufructuar la tierra durante los años de Revolución.[644] También en la frontera, desde Sonora hasta Coahuila, la producción siguió aumentando durante 1917; el problema de la alimentación fue menos grave.[645]

Pero ese relativo bienestar de que disfrutaba la frontera fue poco común en 1917. En la mayor parte del país, la recuperación parcial de 1916 dio lugar a la tendencia descendente y la escasez de 1917. Es, pues, un error pensar que, a la depresión en la producción agrícola de 1915, siguieron años de recuperación. En realidad, es probable que esa equivocación se deba al prejuicio

---

[640] Coen, Durango, 19 de agosto (s. a.), recibido el 29 de agosto de 1916 y 28 de julio de 1917, SD 812.00/19056, 19042, 21161.

[641] Del gobernador Triana a Carranza, 14 de junio de 1916, AG 8617; informe Bonsal (*cf.* n. 380); de E. Espinosa Arriaga a Carranza, 12 de agosto de 1916, AVC.

[642] O'Hea, Gómez Palacio, 4 de enero de 1918, FO 371/3242, 30946.

[643] Silliman, Eagle Pass, 29 de julio, Hanna, Monterrey, 4 de agosto de 1916; SD 812.00/18821; 18853; de Triana a Carranza, *cf.* n. 641.

[644] Cobb, El Paso, 14 de septiembre de 1916, SD 812.00/19217.

[645] Doherty, Nogales, 4 de diciembre de 1916; informe de la frontera, Del Río, 13 de enero, Hanna, Monterrey, 22 de febrero; Blocker, Eagle Pass, 23 de febrero, 22 de mayo y 4 de junio de 1917; SD 812.00/20059; 20459, 20551; 20576, 20937, 20992.

común urbano, de buena parte de la historia de la Revolución: hacia 1917 la situación en la Ciudad de México parecía haber mejorado, pero el campo, incluido el norte, padeció la escasez más grave.[646] Según estimaciones, la sequía que acosó a Coahuila, Durango y La Laguna acabó con tres cuartas partes de las cosechas.[647] El Bajío y la meseta central escaparon a la sequía pero, a fines de septiembre, los sorprendieron las heladas que barrieron con 50% de la cosecha de maíz en Michoacán y el Estado de México, 75% en Guanajuato y 90% en Querétaro. En octubre, el maíz se vendía en Aguascalientes a seis veces su precio normal.[648] A fines de 1917, O'Hea, quien resumía la situación desde su ventajosa posición en Gómez Palacio, opinaba: "no hay dudas sino que [sic], en el próximo invierno [los pobres] enfrentarán una situación más tremenda de lo que se recuerda en esta generación".[649] Así, 1917 quedó en la memoria del pueblo no como el *annus mirabilis* de la nueva Constitución, sino como el "año del hambre".[650]

Las penurias de 1915-1918 —que superan cualesquiera de los primeros años de la Revolución— son confirmadas por una serie de pruebas que son ilustrativas a pesar de su "impresionismo". El hambre era ubicua; llegó incluso a los pueblos mineros de Sonora, donde el conflicto entre Calles y Maytorena había detenido la producción aun cuando la "gente de Cananea [tenía] hambre y [quería] volver a trabajar"; llegó también al Morelos zapatista donde, a pesar de que el agricultor se había abocado a su trabajo, no había garantías de que pudiera extraer mucho de la tierra devastada.[651] A mediados de 1916, se calculó que un tercio de la población de Veracruz carecía de alimento.[652] Incluso los extranjeros adinerados que residían en Querétaro, capital provisoria en ese momento, se vieron en aprietos: "casi muero de hambre ahí", informó un diplomático que había hecho una breve visita.[653] El hambre de los mexicanos acrecentó la impasibilidad política de esos magros años de la Revolución. Ése fue un problema tanto moral y psicológico cuanto despiadadamente biológico. Los grandes ideales y las esperanzas ingenuas de los primeros años revolucionarios, matizados por el militarismo huertista y la *Realpolitik* carrancista, se extinguieron en lo que, se lamentaba un revolucio-

[646] Fall Report, testimonio de S. Conger, p. 741. *Cf.* Richmond, "El nacionalismo de Carranza", p. 110, quien dice que lo peor había pasado ya en 1917 (error), gracias en particular al esfuerzo de Carranza (error).

[647] Informe de la frontera, Piedras Negras, 23 de agosto; Coen, Durango, 27 de agosto de 1917; SD 812.00/21222; 21235.

[648] Fletcher, Ciudad de México, 3 de octubre; Donald, Aguascalientes, 6 de octubre de 1917; SD 812.00/21320; 21361. También escaseaba el frijol, otro de los alimentos básicos.

[649] O'Hea, Gómez Palacio, 12 de noviembre de 1917, FO 371/2964, 244149.

[650] González y González, *Pueblo en vilo*, p. 127.

[651] De L. D. Rickets a H. L. Scott, 13 de abril de 1915, Documentos Scott, caja 18; de E. Martínez, Jonacatepec, 1º de octubre de 1914; M. Sosa, Amatitlán, 17 de abril de 1915, ambos a Zapata, archivo del general Emiliano Zapata.

[652] Canada, Veracruz, 27 de mayo de 1916, SD 812.00/18282.

[653] De J. Rogers, a H. P. Fletcher, 28 de abril de 1916, Documentos Fletcher, caja 4.

nario —a quien acosaban por igual desgracias personales y públicas—, era la "crisis general" de 1917.[654] La desilusión dominaba entonces en todas partes. Mendoza, capitán de las tropas sonorenses de Cabral, "hombre de mala reputación", se adelantó un poco a su tiempo cuando declaró, con lágrimas en los ojos, que "estaba harto de la revolución; que estaba decidido a abandonarla… cuando los niños tuvieran que robar en los pesebres de los caballos para vivir".[655]

No era hipérbole. La gente comía lo que encontraba. Los ejércitos dejaban limpias las localidades que atravesaban; en las campañas de 1915-1916, los villistas se alimentaban de carne (las tortillas eran lujo que sólo se permitían los oficiales); en casos extremos, sacrificaban sus caballos.[656] El común de la gente no tenía esa opción; en realidad, fue víctima de ejércitos villistas, carrancistas y chavistas. En Zacatecas comían nopales y sopa hecha con tunas; en Nuevo León y Sonora, piñas de maguey y raíces; en Nuevo León y Puebla, el maguey les daba alimento y pulque.[657] Stephen Bonsal vio que, cerca de Orizaba, los indios buscaban en el estiércol de los caballos granos de maíz no digeridos.[658] Hubo otras muestras de miseria extrema. Las latas se usaban una y otra vez; bridas de cuerda sustituían a la de cuero cuando se gastaban; a pesar de la gran producción petrolera, se usaron velas en vez de lámparas de petróleo.[659] En Jalisco —estado en el que era poco común la pobreza abyecta— los peones usaban sacos de yute con agujeros para los brazos y la cabeza.[660] Los pordioseros atestaban las calles de Saltillo; aún a fines de 1918, se veía "multitud de mendigos" en las calles de la capital.[661] Se les acusaba del gran índice de delincuencia urbana y es probable que se sumaran a las muertes causadas por lo que amablemente se llamaba "inanición". En julio de 1916, 38 habitantes de Aguascalientes murieron por "inanición" en el curso de una semana; un constituyente denunció, en enero de 1917, que los mineros de Guanajuato morían de hambre; un año después, la gente moría en las calles de la Ciudad de México.[662]

Otro signo de los tiempos eran las filas y los tumultos para conseguir comida. Una de las primeras en padecer, víctima del *va-et-vient* de ejércitos ri-

[654] Del coronel Manuel Bauche Alcalde a Carranza, 17 de abril de 1917, AVC. El solicitante, que estaba en bancarrota y había sufrido pérdidas familiares, recibió 1 000 pesos en plata del primer jefe.

[655] Simpich, Nogales, 8 de marzo de 1915, SD 812.00/14579.

[656] Davis, Guadalajara, 4 de noviembre de 1915, SD 812.00/16853.

[657] Cobb, El Paso, 14 de abril y 14 de septiembre de 1916; Hanna, Monterrey, 16 de julio de 1916; Simpich, Nogales, 23 de agosto de 1916; SD 812.00/17854, 19217; 18736; 19112; solicitud a Carranza de Santa María Magdalena Cuayucatepec (Pue.), 2 de febrero de 1915, AVC.

[658] Informe Bonsal (*cf.* n. 380).

[659] Bonney, San Luis, 13 de abril de 1915, SD 812.50/7.

[660] Davis, Guadalajara, 9 de diciembre de 1915, SD 812.00/17008.

[661] Silliman, Saltillo, 3 de mayo de 1916, SD 812.00/18113; Thrustan, Ciudad de México, 27 de septiembre de 1918, FO 371/3247, 183019.

[662] Berly, Aguascalientes, 8 de julio de 1916, SD 812.00/18737; Cano, DDCC, II, p. 850, Trustan, *cf.* n. 661.

vales, fue la Ciudad de México, a principios de 1915. Se saquearon tiendas y mercados; dos cantineros españoles casi mueren linchados; andar por las calles con una bolsa llena era incitar al robo. Cuando había existencia de alimentos —a veces gracias a las medidas de alivio que tomaba el gobierno— podía haber más violencia. Un niño murió aplastado en una fila para conseguir pan; en mayo de 1915, más de 200 mujeres se desmayaron cuando 10000 personas se juntaron para recibir raciones de comida: al final, la policía los dispersó a balazos.[663] Escenas parecidas se vieron en la provincia durante 1916-1917. Grandes filas se formaban ante las tiendas de Mazatlán antes del amanecer; los comerciantes de Monterrey, temerosos de la chusma, cerraron y aseguraron sus negocios. Los mismos temores había en Sonora; la Cámara de Comercio de Guaymas fracasó en su intento de traer 85000 pesos de alimentos desde Sinaloa por el colapso de los infalsificables.[664] También en otros lugares se presentaron los tumultos que se veían venir: en pueblos del interior de Yucatán y en Frontera (Tab.), la turba saqueó comercios de españoles y chinos; las autoridades —por las que el pueblo sentía "profundo rencor"— no se ocuparon de evitar el ataque ni de recuperar lo robado.[665]

En circunstancias como ésas, las autoridades alimentaban un radicalismo algo falso, parecido al de Obregón en su segunda ocupación de la capital. El gobernador Múgica, quien "defendió la acción de la plebe" después del tumulto de Frontera, acaso fue bastante auténtico.[666] En otros casos, la retórica populista sustituía a la acción. Mientras ante el resto del mundo el gobierno desmentía la carestía y la hambruna, ante el pueblo presentaba a los acaparadores y especuladores como causa de esos males.[667] La prensa afirmaba que el alza de los precios se debía a la especulación, no a la escasez, y el sufrimiento de los pobres, al ansia de provecho de los "acaparadores".[668] Las medidas que se tomaron para controlar la especulación y la escasez fueron limitadas y poco provechosas. Fracasaron numerosos intentos por fijar precios; las autoridades carecían de voluntad o capacidad para regular el mercado; a veces fijaban precios para alimentos inconseguibles —como ocurrió con el alcalde de Piedras Negras en junio de 1916—.[669] El gobierno intervino directamente en casos de emergencia: Obregón creó una junta para repartir comida a los hambrientos de la capital, con un presupuesto que era sólo una "gota

---

[663] Ulloa, *Revolución escindida*, pp. 153-156; *Mexican Herald*, 20 y 22 de mayo de 1915.

[664] Informe de la frontera, Mission, 9 de abril; Nogales, 23 de agosto de 1916; Hanna, Monterrey, 29 de julio de 1916; SD 812.00/17908, 19112; 18820.

[665] Guyant, progreso, 11 de junio; Bowman, Frontera, 9 de junio de 1916; SD 812.00/18484; 18383; véase también Silliman, Saltillo, 12 de junio de 1916, SD 812.00/18398, y Falcón, *Cedillo*, p. 158 (sobre revueltas y robos a causa de los alimentos en San Luis Potosí en 1916).

[666] Bowman, Frontera, 10 de junio de 1916, SD 812.00/18386.

[667] Un vocero dijo que "naturalmente, hay privaciones [pero] nada que se parezca a hambruna o sufrimiento"; se exageraban mucho los informes en ese sentido. Véase Ramón P. de Negri, *Official Statement Regarding the Food Situation in Mexico City*, San Francisco, 1915, p. 19.

[668] *El Demócrata*, 23 de marzo y 7 de septiembre de 1916.

[669] *Ibid.*, 3 y 9 de mayo de 1916; Blocker, Piedras Negras, 14 de junio de 1916, SD 812.00/18489.

en el océano"; en el verano de 1916 se distribuyeron gotitas en estados indigentes como Guanajuato,[670] pero, decía su gobernador, era extremadamente difícil controlar el mercado de granos. Estados más ricos, como Sonora, comerciaban en toda la nación, lo que elevaba los precios en perjuicio de los pobres; algunos gobernadores fijaron impuestos extraordinarios (vuelta a las alcabalas del siglo XIX) o prohibieron toda exportación de granos, pero esas medidas tenían efecto y duración limitados.[671] El gobierno federal, que estaba a favor del mercado libre, consideraba esas medidas como lamentables recursos temporales. Las mujeres de los ministros constitucionalistas daban caridad a los huérfanos de la capital, pero no hubo un sistema de ayuda institucional y permanente.[672] Los centros de ayuda y las cocinas públicas, establecidos en la capital durante 1915, cerraron en los primeros meses de 1916 con el pretexto de que había mejorado el suministro de alimento y de que establecimientos como ésos fomentaban la vagancia.[673]

Un factor más pudo haber sido la derrota de Villa; pocas dudas caben de que las medidas tomadas para ayudar a la Ciudad de México tenían en cierto sentido el propósito de competir con la Convención y conseguir partidarios políticos y militares.[674] Los elementos de ese tipo tenían en ese momento menos peso; era falso que hubiera mejorado el suministro de alimentos, pero era real el temor de que cundiera la vagancia, y ese miedo era muestra de la ideología constitucionalista.[675] No era tarea del gobierno mantener a los pobres o regular el mercado; en la Revolución mexicana no habría guerra por el comunismo. La escasez de alimentos debería superarse sólo con iniciativa y trabajo duro. La prensa oficial exhortaba al país a "que se abandone la apatía e indolencia de que se encuentra poseído y que se dedique a laborar para que el problema del hambre sea resuelto".[676] Exhortaciones de ese tipo eran características del "pensamiento oficial" constitucionalista.[677] A falta de la intervención constante del gobierno, el trabajo intenso y las fuerzas del mercado harían resurgir la producción de alimentos; los suministros estadunidenses, entre tanto, estaban muy limitados por los controles impuestos a causa de la guerra y por los aviesos intentos del Departamento de Estado para que la ayuda económica coincidiera con un acuerdo muy desigual que le fuera favorable.[678] Así pues, tanto por la necesidad cuanto porque no había otra elección, la re-

---

[670] Pani, *Apuntes*, p. 227; *El Demócrata*, 4, 6 y 12 de septiembre de 1916.

[671] Del gobernador Siurob a Carranza, 16 de septiembre de 1915, AJD; señalamientos como esos, hechos en 1915, eran más ciertos un año después.

[672] *El Demócrata*, 19 de septiembre de 1916.

[673] *Ibid.*, 21 de marzo de 1916.

[674] Pani, *Apuntes*, p. 229, y Ulloa, *Revolución escindida,* sobre medidas convencionistas.

[675] Aunque "objetivamente" errados o exagerados, esos temores eran "subjetivamente" reales, porque los constitucionalistas sí los tenían; la prensa contradijo en seguida la supuesta mejora en el suministro de alimentos.

[676] *El Demócrata*, 7 de mayo de 1917.

[677] Véanse pp. 500, 502 y 524.

[678] Smith, *United States and Revolutionary Nationalism*, pp. 112-115.

cuperación debía ser autónoma, sin regulación y lenta. Las estadísticas, si se puede confiar en ellas, muestran que la producción de maíz en 1918 fue igual a la de 1910 y que la de frijol había caído en una tercera parte.[679] Es improbable que esos números pequen de pesimismo; por lo demás, mientras la producción de frijol aumentó después de 1918, la de maíz continuó estática hasta mediados de la década siguiente.[680] Cumberland, basándose en datos "impresionistas", llega a la conclusión de que, "en todas partes de México, se registró un deterioro gradual hasta 1918 y una renovada degeneración a partir de 1921".[681]

En ese aspecto, el gobierno no fue sólo culpable por su resuelta inactividad (lo que para algunos economistas no sería pecado). Además de esos discutibles pecados de omisión, hubo otros de comisión, abundantes e innegables, que acrecentaron la escasez y obstaculizaron la recuperación. Las exigencias de la guerra contra Villa en 1915 fueron más urgentes que el bienestar público: se exportaron alimentos para asegurar divisas y armas; la exportación de alimentos continuó en años de carencias, a pesar de las prohibiciones impuestas en tiempos de mayor necesidad.[682] Con todo, el acaparamiento por parte de las mismas autoridades fue obstáculo insuperable para que se organizara racionalmente el suministro de alimentos. Ya en 1915, el gobernador de Guanajuato se quejaba porque las comisiones de suministros establecidas en otros estados para la compraventa de granos (cuyas actividades estaban forzando el alza de precios en Guanajuato) "están formadas por verdaderos negociantes que especulan con la miseria del pueblo".[683] La situación empeoró cuando la nueva élite constitucionalista se consolidó en el poder. Fueron constantes las acusaciones de peculado y corrupción que provenían no sólo de críticos extranjeros, sino también de indignados mexicanos tanto de la clase alta como de la baja, militares o civiles. Uno de los abusos más comunes fue el tráfico de alimentos —granos, harina, frijol, garbanzo, carne, ganado—; entre los acusados de esas prácticas caía buena parte de la élite: Iturbe en Sinaloa; Treviño, Murguía y los Herrera en Chihuahua; los Arrieta en Durango; Triana en Aguascalientes; Diéguez en Jalisco; González en Morelos.[684] Ésos eran los grandes, pero había también pequeños: Miguel Acosta enviaba ganado robado desde Papantla u otros puntos del sur para que se vendiera en Tampico; Luis Freyría controlaba la hacienda confiscada San Nicolás Chaparro, en Michoacán, el ramal del ferrocarril a Irimbo y negociaba

---

[679] Charles C. Cumberland, *Mexico, the Struggle for Modernity*, Londres, 1968, p. 372.

[680] *Ibid.;* véanse las cifras de Richmond (*First Chief*, p. 66) que concuerdan y destacan el hecho de que 1910 fue un mal año. Ruiz, *Creat Rebellion*, p. 275, usa datos de la época, que difieren mucho en el caso de 1910.

[681] Cumberland, *Modernity*, p. 247.

[682] Canada, Veracruz, 29 de febrero de 1915, SD 812.00/17409; Cumberland, *Constitutionalist Years*, p. 398.

[683] Del gobernador Siurob a Carranza, 16 de septiembre de 1915, AJD.

[684] Véanse pp. 461-463.

con trigo y otras cosechas.[685] Freyría alegaba que una carta de Carranza, en la que lo autorizaba a ello, legitimaba sus transacciones —aunque, al parecer, interpretó sus términos de manera algo libre—. Pero la situación no era desusada. Carranza (y su régimen) autorizaba regularmente a ciertos individuos para que administraran propiedades rurales y ferrocarriles, proporcionaran alimento a pueblos y ciudades y consiguieran cuadrillas de ferrocarrileros y guarniciones.[686] Los privilegiados también quedaban exentos de pagar derechos de exportación o de los controles que se imponían temporalmente sobre el movimiento interno de mercancías.

Tales privilegios —herencia de la revolución armada y señal de que la burocracia revolucionaria era débil— no constituían un sistema racional para la producción y distribución de alimentos, e ilustraban hasta qué punto —a pesar de la ideología— la economía real de 1915-1920 estaba alejada de un mercado perfecto. Antes bien, era un sistema caótico, *ad hoc*, libre en cuanto carecía de planeación pero estaba sujeto a constantes insumos "no económicos" (en cuanto eran económicamente irracionales), lo que a su vez respondía a prioridades políticas locales, avaricia, deudas, favores personales y padrinazgos. El peculado era el más importante entre esa variedad de insumos; en realidad, más que la orientación social noble, el peculado fue, probablemente, la forma de intervención gubernamental en la economía más difundida y eficaz durante esos años. Dicho de otro modo, las fuerzas del mercado se orientaban más a conseguir ganancias personales y parciales que a la justicia social revolucionaria. Eso se aplicaba en especial a la producción y distribución de alimentos, porque los abusos fueron endémicos mientras los militares tuvieron el control y la situación económica favoreció la escasez y la especulación. Es de suponer también que, de las muchas formas de peculado practicadas por la élite carrancista, la relacionada con el tráfico de alimentos era la que más daba pábulo al resentimiento del pueblo. La coraza del peculado impedía, entre tanto, que se elaboraran políticas racionales (ya en razón del mercado libre o *dirigiste*) para evitar la escasez y la hambruna. Visto desde ese ángulo, el régimen de Carranza pierde mucho de su alegado radicalismo social y *dirigisme* económico con él relacionado y adquiere en cambio los rasgos de "autoridad patrimonial descentralizada", en la cual, según Weber, "la autoridad gubernamental y los derechos económicos correspondientes, tienden a ser considerados ventajas económicas poseídas de manera privada" y, en con-

---

[685] Hewitt, Tuxpan, 13 de mayo y 14 de junio de 1918, FO 371/3244, 108160, 13245, 128549; de A. Parry a Carranza, 20 de diciembre de 1916, AVC.

[686] J. R. Ambrosious al gobernador Siurob, Guerrero, 27 de octubre de 1915, AG 84/35; de C. Rochín a Carranza, 8 y 9 de mayo de 1916; de José de Vizcaya a Carranza, 3 de agosto de 1916, AVC. Véase el caso del coronel Pablo Rodríguez (a Carranza, 7 de mayo de 1916): se le había concedido permiso para exportar 10 000 pieles, cuando ese tipo de exportación estaba prohibido. Un nuevo decreto, que permitía exportar sólo mediante el pago de impuestos, lo dejó sin las ganancias que confiaba obtener (con las cuales había hecho "fuertes compromisos") y pedía que se le eximiera de pagar impuestos para importar tabaco.

secuencia, "el desarrollo de los mercados es... más o menos limitado seriamente por factores irracionales".[687]

Volveré a esta cuestión importante. Baste señalar, por el momento, de qué manera el peculado —y la irracionalidad económica que iba con él— acrecentó la escasez y obstaculizó sus soluciones. Con la carestía, pobreza, desnutrición, más suciedad y mugre, todos productos de largos años de lucha, brotaron epidemias en magnitud no vista durante generaciones. Muchos observadores (no solamente los melindrosos anglosajones, preocupados por la higiene y con obsesiones olfativas), hicieron comentarios acerca de la suciedad que proliferaba. El jefe político de Tepic informó que, a causa de la Revolución, se habían descuidado la higiene y salubridad públicas, y que era necesario tomar medidas urgentes.[688] Las calles de Aguascalientes, comunidad más próspera, no se limpiaron durante ocho meses en 1915, tampoco se pavimentaron y la iluminación fue deficiente; los mendigos vagaban por las calles y los policías eran incapaces de controlar la situación. Brotó el tifo; se temían más epidemias.[689] Los mismos problemas acosaron a la Ciudad de México, en la que se agravaron los problemas de higiene pública, bien conocidos ya durante el Porfiriato.[690] Las familias miserables se vieron obligadas a rebuscar entre pilas de basura en los llanos de San Antonio Abad, al sureste de la capital, donde conseguían restos de comida y ropas para su uso personal o para vender en los mercados más humildes de la ciudad —Tepito, la Candelaria, Santo Tomás—.[691] Era evidente que la salud pública estaba amenazada; en cierta ocasión, una familia, que escarbaba montones de basura con su mula, absorbió gases tóxicos que le provocaron ataques de vómito. La capital podía ser un caso extremo, pero sus problemas se reproducían en todo el país, tanto en zonas rurales como urbanas. Veracruz, bien limpia y desinfectada por los norteamericanos, volvió a ser la ciudad contaminada de siempre un año después; los pueblos de Chiapas estaban sucios y sin servicios de sanidad; en los de Morelos, como Azteca, las casas estaban en ruinas y las calles cubiertas de maleza.[692]

Las epidemias encontraron así campo propicio. Los observadores no tenían dudas de que las enfermedades se debían a la escasez e indigencia. El notable aumento de fiebre gástrica, viruela y sarampión en Chihuahua se atribuía a "la situación de revolución que padece el país", y la epidemia de viruela que asoló a la población de Tepic se imputaba a "la incuria y el estado de miseria orgánico de que [sic] se encuentra la mayoría de los moradores de esta

---

[687] Weber, *Theory of Social and Economic Organization*, pp. 346-358.

[688] Del jefe político de Tepic a Gobernación, 27 de octubre de 1916, AG 81/21.

[689] De J. G. Nava a Carranza, 9 de diciembre de 1915, AVC.

[690] En *La higiene*, Pani sostiene, con lujo de detalles, que la capital federal era "la ciudad más insalubre del mundo" (véase su p. 19).

[691] *El Demócrata*, 6 de septiembre de 1916; tratándose de la prensa oficial, ése es caso raro de sacar los trapos sucios al sol, si se me permite la expresión.

[692] Informe Bonsal (n. 380), p. 10; Stevenson, Tapachula, 15 de octubre de 1917, FO 371/2964, 233209; Lewis, *Pedro Martínez*, p. 171.

región".⁶⁹³ Las estadísticas confirmaron esas opiniones. En mayo de 1917 se informó desde Durango del "gran sufrimiento de los pobres, el hambre tremenda, la enfermedad y numerosas muertes por inanición, tifo, fiebre y viruelas"; los campesinos que no podían comprar maíz se alimentaban de hierbas y padecían males intestinales; la tasa de mortalidad fue de 160 por cada 1000, cinco veces más alta que el promedio de 1900-1910.⁶⁹⁴ Durango no fue de los más afectados: la epidemia de tifo de 1916 elevó la tasa de mortalidad en Guanajuato a 300 por cada 1000.⁶⁹⁵ Esas epidemias —correlacionadas con la pobreza, más la emigración— causaron en Guanajuato y Zacatecas grandes bajas en el volumen de la población. Durante los años de revolución armada (1910-1917), la población de la capital de Guanajuato disminuyó casi dos tercios, de 35 000 a 13 000, más aún la de Zacatecas (de 26 000 a 8 000).⁶⁹⁶ Después de 1917-1918, cuando se llegó al punto más bajo, hubo recuperación parcial; no obstante, el censo de 1921 mostró, en comparación con 1910, una baja neta de 16 000 (45%) para Guanajuato, y más de 10 000 (40%) para Zacatecas, y en cada una de las ciudades de los mismos nombres, de aproximadamente 20%.⁶⁹⁷ Las epidemias no fueron causa única de esa disminución (en Zacatecas se libró una de las batallas más sangrientas de la Revolución, en la que perdieron la vida civiles y militares). Pero, a más de ser el asesino mayor, la enfermedad fue también causa de la redistribución de la población, porque la gente emigraba de regiones depauperadas e insalubres en busca de algo mejor,⁶⁹⁸ llevando consigo la enfermedad (a causa de la gran movilidad y también la gran indigencia de los años revolucionarios, las epidemias superaron a las que hubo durante el Porfiriato) y uniéndose al gran ejército de *déracinés:* trabajadores migrantes, refugiados, soldados, desertores, bandidos y mendigos, que constituyeron una de las grandes herencias de la Revolución.

La epidemia típica en tiempos de escasez y guerra, el tifo, fue el gran homicida de 1916-1917.⁶⁹⁹ Hubo brotes premonitorios en 1914: se informó que en el ejército de Villa que estaba en Zacatecas, donde murió el veterano Toribio Ortega, había "muchos enfermos".⁷⁰⁰ En 1915 se informó vagamente del

⁶⁹³ Véase el informe de la Oficina de Bienes Intervenidos, Ciudad Jiménez (Chih.), 9 de octubre de 1916, *Trabajo*, 31/3/5/3; del jefe político de Tepic a Gobernación, 27 de octubre de 1916, AG 81/21.

⁶⁹⁴ Norton, Durango, 17 de mayo de 1917, FO 371/2962, 138794; de Arnulfo Sánchez, Tejamen, a Carranza, 10 de agosto de 1916, AVC, sobre la situación de la localidad. Véase en González Navarro, *Vida social*, pp. 42-46, la tasa de mortalidad en la época porfiriana.

⁶⁹⁵ Thrustan, Ciudad de México, 9 de febrero de 1917, FO 371/2959, 60669.

⁶⁹⁶ *Ibid.*; debe corregirse la estimación que hace Thurstan exagerada —y al parecer dudosa— de la población de Zacatecas en 1910 (35 000-40 000).

⁶⁹⁷ Moisés González Navarro, *Población y sociedad en México, 1900-1970*, vol. I, México, 1974, cuadro IV, p. 52.

⁶⁹⁸ Cumberland, *Constitutionalist Years*, p. 398.

⁶⁹⁹ William H. McNeil, *Plagues and People*, Oxford, 1977, p. 220; J. C. Cloudsley Thompson, *Insects: A History*, Londres, 1976, pp. 102-103.

⁷⁰⁰ Carden, Ciudad de México, 15 de julio de 1914, FO 371/2030, 32196; Cumberland, *Constitutionalist Years*, p. 137.

aumento de muertes por enfermedades gastrointestinales en la Ciudad de México.[701] Al finalizar el año se declaró la epidemia. En la capital del país se registraron 30 000 casos (las cárceles fueron las más afectadas) y, aunque disminuyeron algo en la primavera de 1916 —lo que creó la ilusión de que la epidemia estaba superada—, ésta aumentó una vez más en el invierno de 1916-1917.[702] En su momento más crítico, la epidemia cobraba 1 000 vidas por semana en la capital; sólo hasta bien entrado 1918, cuando el promedio llegó a ser de 20 por semana, se volvió a la normalidad.[703] El tifo asoló la provincia: Aguascalientes a fines de 1915; Pachuca y Toluca en la primavera siguiente.[704] Quienes podían, huían de ciudades infectadas, como Zacatecas, en busca de lugares más salubres; los peones llevaron la enfermedad al norte, incluso hasta el suroeste de los Estados Unidos (se decía que el tifo había alterado el carácter tranquilo de Chávez García).[705] El tifo (o la tifoidea) predominaba en buena parte del norte y centro de México, desde Veracruz hasta Jalisco; brotaron males de "proporciones epidémicas" en San Luis Potosí (peste, mal del pinto y tifo); no se vieron mejoras en los primeros meses de 1917.[706] Guanajuato y Zacatecas fueron los estados más castigados; en su peor momento, en el verano de 1916, el tifo mataba a 200 personas cada día en Zacatecas; un constituyente informó que, según se calculaba, 5 000 habían muerto en un periodo de cinco meses.[707]

Aun cuando el tifo fue el causante del mayor número de muertes en 1916-1917, otras enfermedades acosaron a la población débil y fatigada. Durante el régimen de Porfirio Díaz se avanzó en el control de la viruela, pero la medicina preventiva disminuyó con la Revolución y se produjeron nuevos brotes: en Morelos (1912), Ciudad de México (1915) y en muchas partes del país durante 1916-1917.[708] Hubo casos en Chihuahua, La Laguna, Veracruz (aquí se complicó con el paludismo y la fiebre amarilla, enfermedades endémicas del trópico). Los zapatistas llevaron el paludismo a la capital en 1915; mientras los morelenses sucumbían al tifo, los invasores carrancistas fueron presa

---

[701] *Mexican Herald*, 18 de febrero de 1915; Ulloa, *Revolución escindida*, p. 160.

[702] Parker, Ciudad de México, 13 de diciembre de 1915, SD 812.00/16948; *El Demócrata*, 8 de febrero, 23 de marzo, 10 de mayo y 23 de noviembre de 1916.

[703] Thurstan, Ciudad de México, 14 de septiembre de 1918, FO 371/3246, 170921.

[704] J. G. Nava a Carranza, 9 de diciembre de 1915, AVC.

[705] Berly, Aguascalientes, 19 de agosto; Montague, El Paso, 30 de agosto; MacBurn, Tesorería de los Estados Unidos, 27 de septiembre de 1916; SD 812.00/19056; 19083; 19321; Oviedo Mota, *El trágico fin*, II, p. 40 [véase también, L. González y González, *Pueblo en vilo*, 1979, p. 162 (T.)].

[706] Dickinson, San Luis, 21 de octubre de 1916 y 8 de enero de 1917; informe de la frontera, Nogales, 28 de octubre de 1916; Coen, Durango y San Antonio, 17 de noviembre de 1916 y 16 de febrero de 1917; SD 812.00/19604, 20241; 19804; 19901; 20545; Falcón, *Cedillo*, p. 130. Algunos observadores distinguen tifo de tifoidea (no sabemos si tenían fundamento para eso); la mayoría no lo hace y probablemente no podían hacerlo. No intento precisar un diagnóstico que las fuentes no garantizan.

[707] Berly, Aguascalientes, 19 de agosto de 1916, SD 812.00/19056; *El Demócrata*, 11 de noviembre de 1916; José María Rodríguez, DDCC, II, p. 654.

[708] González Navarro, *Población y sociedad*, I, pp. 348-350.

del paludismo: "las calles estaban llenas de cadáveres, y las mujeres que seguían al ejército buscaban a su gente entre los muertos".[709] Al mismo tiempo, el paludismo "diezmaba" las tropas carrancistas que estaban de campaña en Veracruz y carecían de suficiente quinina.[710] Se informó que también había paludismo y fiebre amarilla —más temida— en Chiapas y Yucatán.[711] Los humanos no eran las únicas víctimas de las plagas; en 1915, el gusano atacó las plantaciones algodoneras de La Laguna.[712]

A principios de 1918 parecía que las peores epidemias habían pasado pero, más avanzado el año, llegó a México la gripe pandémica —la "influenza española", que asolaba ya el Cercano Oriente y Europa— y atacó a la población hambrienta y con fatiga de guerra. A diferencia del tifo, la influenza llegó y desapareció en poco tiempo; arrasó Chihuahua en unas cuantas semanas,[713] pero su incidencia y mortandad fueron mayores, sobre todo en el norte y centro del país.[714] Un joven saludable de clase media, como Alfonso Taracena, podía guardar cama, tomar jugo de limón y recuperarse casi de la noche a la mañana, pero la situación era diferente para los pobres —que por entonces, más que nunca, eran la mayor parte de la población—; en gran parte del país, como en Morelos, "existían perfectas condiciones para una epidemia: la fatiga prolongada, las dietas de hambre, el agua mala, los continuos traslados".[715] Muchos de los que contrajeron la influenza, como Taracena, se recuperaron pero, no obstante, la mortandad fue elevada, mucho más que en sociedades industriales saludables, como la inglesa. Aunque enfermó mayor proporción de la población de Inglaterra, murieron cuatro de cada 1000; se calcula que en México fueron 20 de cada 1000, lo que es creíble si se tiene en cuenta el cálculo hecho para India (más de 60 por 1000).[716] Lamentablemente, faltan estadísticas de ese periodo y las existentes son poco confiables. Sin duda, San Pedro sufrió mucho con la epidemia, pero es inverosímil que hayan muerto 1 400 per-

---

[709] Oficina de Bienes Intervenidos, Ciudad Jiménez (Chih.), 9 de octubre de 1916, *Trabajo*, 31/3/5/3; diario de Patton, 31 de marzo de 1916, Documentos Patton, caja 1; O'Hea, Gómez Palacio, 3 de febrero de 1917, FO 371/2959, 70100; Canada, Veracruz, 27 de mayo de 1916, SD 812.00/18282; Lewis, *Pedro Martínez*, pp. 139 y 155-156.

[710] De C. Aguilar a J. Barragán, 17 de enero de 1917, AVC. Este informe menciona también tifo y viruela.

[711] J. MacBurn, Tesorería de los Estados Unidos, 27 de septiembre de 1916, SD 812.00/19321; Stevenson, Tapachula, 15 de octubre de 1917, FO 371/2964, 233209.

[712] Clarence Senior, *Land Reform and Democracy*, Gainesville, 1958, p. 76.

[713] Dale, Chihuahua, 15 de octubre, 1º y 15 de noviembre de 1918, FO 371/3247, 191665, 205360, 207328.

[714] González Navarro, *Población y sociedad*, I, pp. 348-350.

[715] Womack, *Zapata*, p. 310; Taracena, *Verdadera revolución*, VI, p. 45.

[716] A. J. P. Taylor, *English History, 1914-1945*, Oxford, 1975, p. 155; González Navarro, *Población y sociedad*, I, p. 350, piensa que 300 000 muertos es un cálculo muy elevado; González y González, *Pueblo en vilo*, p. 132, n. 34, dice que en México murió "medio millón". Richard Collier, *The Plague of the Spanish Lady: The Influenza Pandemic of 1918-1919*, Londres, 1974, pp. 305-306, da una tasa menor para India (40 de 1000) y algo más alta para México (23 de 1000), lo que la pondría como la tercera más alta en el mundo.

sonas en un día (alrededor de 10% de la población).⁷¹⁷ Cerca de ahí, en los pueblos de La Laguna, se dice que 300 murieron en dos días; si ésa fue la proporción durante no más de una semana, la tasa de mortalidad fue de 20 por 1 000, que coincide con la del país.⁷¹⁸ Con algo de ajuste, las estadísticas de Chihuahua dan un número parecido; las del estado de Querétaro muestran 25 por cada 1 000.⁷¹⁹ Hacia el sur, las cifras disminuyen: ocho por 1 000 en Veracruz, sólo dos por 1 000 en Puebla.⁷²⁰ La proporción estimada para la nación puede ser elevada, 20 por 1 000 —un total de 300 000 muertos—, pero no demasiado.

Semejante conclusión surge más allá de estas evidencias impresionantes. Los servicios médicos y de sanidad resultaban insuficientes: faltaban médicos, medicinas, camas en los hospitales, sepulturas. En Zacatecas se amontonaban los cadáveres insepultos (a causa de las terriblemente malas condiciones, hubo ahí otro brote de gripe en 1919); los enfermos de Ciudad Juárez se alojaron en el hipódromo, fuera de la ciudad; las autoridades de la Ciudad de México cerraron los edificios públicos; las misas se celebraron en lugares abiertos.⁷²¹ La emigración y la influenza disminuyeron en 25% la población de Morelos; los carrancistas confiaban en que ese colapso demográfico socavaría la resistencia zapatista. Pueblos completos quedaran abandonados y los grandes, como Cuautla, quedaron reducidos a aldeas.⁷²² Morelos no era un caso excepcional; se informó que, "en muchas zonas aledañas a la capital, la población está diezmada y, en algunos casos, prácticamente aniquilada".⁷²³ Para un México cansado de la guerra, lo mismo que para una Europa cansada de la guerra, el invierno de 1918-1919 fue una estación amarga; Jesús Romero Flores recuerda que entonces "una sensación de tristeza y de pavor parecía envolverlo todo"⁷²⁴ o, como opinaban otros michoacanos, los de San José de Gracia, "año peor que ése no había habido nunca".⁷²⁵ Sin embargo, 1918 les hizo un favor cuando la influenza española se llevó a Chávez García, el azote de aquellas regiones.⁷²⁶

⁷¹⁷ Al parecer, Chihuahua fue el único estado con datos demográficos de 1910-1921; éstos indican que la tasa de mortalidad aumentó casi 100% en 1918 (38 muertes por cada 1 000, comparadas con 20 en 1910 y 21 en 1921), pero en los años siguientes permaneció extrañamente estática; 19 por 1 000 en 1916; 21 por 1 000 en 1917. Acerca de éstas —y las cifras dudosas de San Pedro—, véase González Navarro, *Población y sociedad*, I, pp. 297-298 y 349.

⁷¹⁸ Taracena, *Verdadera revolución*, VI, p. 45.

⁷¹⁹ González Navarro, *Población y sociedad*, I, pp. 349-350.

⁷²⁰ Según González Navarro, alrededor de 14 por 1 000 en Nuevo León y aproximadamente la mitad en la Ciudad de México. De 20 a 25 morían a diario en Orizaba, lo que, en el transcurso de un mes, da una tasa de mortalidad de 20 por 1 000 (Stacpoole, Orizaba, 30 de noviembre de 1918, FO 371/3247, 213867); en San José de Gracia sólo cuatro por 1 000 (González y González, *Pueblo en vilo*, pp. 131-132).

⁷²¹ Taracena, *Verdadera revolución*, VI, p. 45; King, Ciudad de México, 25 de noviembre de 1918, FO 371/3247, 205361; Casasola, *Historia gráfica*, II, p. 1295.

⁷²² Womack, *Zapata*, p. 311.

⁷²³ King, véase n. 721.

⁷²⁴ Womack, *Zapata*, p. 328.

⁷²⁵ González y González, *Pueblo en vilo*, p. 132.

⁷²⁶ Las heridas y la neumonía pudieron haber contribuido. Véase Taracena, *Verdadera revolución*, VI, pp. 52-53; Oviedo Mota, *El trágico fin*, pp. 40 y 46.

El recrudecimiento de las enfermedades epidémicas —tifo, viruela, paludismo e influenza— movió al gobierno a actuar. El régimen porfirista había mostrado vivo interés por la medicina preventiva, con la que había tenido bastante éxito, y a la que se consideraba área en la que el gobierno podía intervenir legítimamente (¿acaso metrópolis capitalistas progresistas como Birmingham y Viena no habían conseguido cierta modificación "colectivista" del *laissez-faire* liberal?).[727] Mucho antes de que empezaran las grandes epidemias, algunas autoridades locales, como las huertistas de Tampico en la primavera de 1914, empezaron a preocuparse por los peligros que había para la salud y se dieron cuenta de que "eran más de temer las condiciones insalubres que los rebeldes".[728] Cuando los temores se hicieron realidad después de 1915, las autoridades revolucionarias tomaron medidas inmediatas, pero no siempre eficientes. El Consejo Superior de Salubridad llevó a cabo una amplia campaña para desinfectar focos de contagio: iglesias, teatros, barracas, cárceles, estaciones, escuelas, bibliotecas y tranvías.[729] Se enviaron a ciudades de provincia (Pachuca, Veracruz, Toluca, Oaxaca) equipos de expertos: en algunos estados se establecieron consejos de salud; en otros, policía médica (que también podía ser útil al gobierno como espía).[730] Las enfermedades fueron otro medio para exhortar al público; durante la epidemia de tifo, el Consejo Superior de Salubridad llevó a cabo una "junta patriótica" en Guadalupe Hidalgo, cerca de la capital, en la que hubo cantos (entre ellos un "Himno al progreso"), pasaron películas, se hicieron discursos (entre otros, una plática de higiene, sobre diversos animales dañinos al hombre).[731]

Eran de esperarse medidas como ésas cuando la epidemia aumentaba. Pero fueron más que simples medidas *ad hoc;* de hecho, es grande el contraste entre el interés de las autoridades por la salud pública y su actitud indolente ante el hambre y la miseria. Se invertía el dinero en programas más atrevidos; además, la maquinaria administrativa para combatir las enfermedades estaba mejor organizada, era más eficiente y burocrática.[732] Un cínico podría atribuir eso a que en salud pública había menos oportunidades para el peculado que en la distribución de alimentos, por decir algo, y que las autoridades

---

[727] James Joll, *Europe since 1870,* Londres, 1976, pp. 30-31. Sobre la política de salud pública durante el Porfiriato —y la atención que prestaba a modelos extranjeros— véase González Navarro, *Vida social,* pp. 102-134, y véase *infra* n. 733.

[728] Wilson, Tampico, 13 de abril de 1914, FO 371/2029, 23192.

[729] *El Demócrata,* 2 de febrero, 23 de marzo y 10 de septiembre de 1916; véase también el informe de Valenzuela al Consejo Superior de Salubridad, 3 de octubre de 1916, AG 22/9, y de J. Araujo a Gobernación, 13 de septiembre 1916, AG 58/22.

[730] *El Demócrata,* 6 y 9 de marzo de 1916; de G. Cordero a Gobernación, 31 de agosto de 1916, AG 71/8, acerca de las medidas de salud en Hidalgo; del jefe político de Tepic a Gobernación, 27 de octubre de 1916, AG 81/21.

[731] *El Demócrata,* 18 de marzo de 1916.

[732] Clásicamente burocrática, en cuanto dependía de procedimientos racionales puestos en práctica por empleados asalariados, no, como en el caso del suministro de alimentos, por la iniciativa "irracional" de "intermediarios patrimoniales". Sobre el proyecto en Guanajuato, *El Demócrata,* 4 de septiembre de 1916.

corrían más peligro de contraer tifo o gripe que de padecer hambre y miseria; después de todo, la enfermedad había acabado con cabecillas destacados como Ortega y Chávez García, pero pocos líderes revolucionarios pasaron hambre (recuérdese la abundancia de banquetes). La preocupación por la salud pública superó intereses sectoriales estrechos y siguió las huellas de antecedentes porfiristas y europeos, de los que estaban conscientes los intelectuales y burócratas revolucionarios, impelidos además por las circunstancias.[733] La ideología (o *ethos*) del constitucionalismo fue bastante propicia a esas campañas de salud pública e higiene, que se destacaron en el conjunto de políticas "desarrollistas", entre las que figuraban la educación, la abstinencia, el anticlericalismo, etc.[734] Así por ejemplo, durante la epidemia de tifo se prohibió la entrada de pulque a la capital (probablemente, el pulque era tan nutritivo como dañino); en Yucatán, Alvarado creía que la disminución de la pelagra se debía a que se había prohibido el alcohol.[735] Se clausuraron las iglesias (medida preventiva legítima, quizá), pero también fueron destruidas y se prohibió a los fieles arrodillarse durante la misa, lo que se justificó como medida para combatir la enfermedad, no la religión.[736] Aun cuando el pretexto fuera sincero, consejos de ese tipo muestran la conexión que los revolucionarios establecieron, quizá de manera inconsciente, entre religión, superstición, suciedad y epidemia, lo que implicaba que la población debía tener en cuenta prioridades inaceptables para ella pues, en su opinión, cuando atacaba la epidemia, tenía más sentido arrodillarse que consultar al médico.

Trabajo

Presenté anteriormente un panorama sucinto del ambiente social entre 1915 y 1920. Dominaban rebelión, bandolerismo, crimen, pobreza, hambre, suciedad, enfermedad. Pero aunque la situación era peor que en 1910-1915, la protesta social decayó. Hubo reacciones violentas a causa de los alimentos y la moneda, y continuó el apoyo a rebeliones populares, como las de Zapata y Cedillo, pero los retos militares que enfrentaba el régimen se debían cada vez más a terratenientes organizados para defenderse, generalmente bajo bandera felicista, o al bandolerismo, como el de Chávez García. Los campesinos, vanguardia de las primeras épocas de la Revolución, volvieron a sus milpas desilusionados o convencidos de que sólo con la revolución oficial, sobre todo su reforma agraria, podrían asegurar beneficios. Los obreros, por lo menos los representados por la Casa del Obrero Mundial, parecían haber llegado a

---

[733] Pani, *La higiene*, pp. 87-88, acerca de Viena y Bruselas. Esa combinación de tendencias internacionales y estímulos mexicanos específicos se observará también en la formulación de las políticas económicas nacionalistas.

[734] Véanse pp. 779-780.

[735] *El Demócrata*, 10 de mayo de 1916; Alvarado, *Actuación*, p. 55.

[736] Gavira, *Actuación*, pp. 180-181; *El Demócrata*, 5 de marzo de 1916.

conclusiones similares con el pacto que creó los batallones rojos en 1915; en realidad, el tránsito del mutualismo y la militancia sindical a los grandes sindicatos manipulables del decenio siguiente fue sinuoso y escarpado. Se abrió paso, sobre todo, por la arrasada tierra de nadie de 1915-1918; aquellos que la atravesaron, adquirieron una experiencia que no olvidarían y moldearía su conducta posterior. El relajamiento de tensiones entre trabajadores y régimen que vino después (algunos dirían que los trabajadores se rindieron al asfixiante abrazo del gobierno), debe entenderse a la luz de la revolución armada, el pacto de 1915, el colapso económico y la indigencia posteriores, que afectaron profundamente al trabajador urbano.

Carranza y la Casa disfrutaron un breve periodo de entendimiento en 1915. Los batallones rojos no cambiaron la guerra civil, pero la propaganda de la Casa fue ilimitada. *Revolución Social*, su periódico, encomiaba a los carrancistas porque combatían al clero y la reacción, porque daban tierra a los campesinos y libertad al proletariado.[737] Voceros de la Casa fueron a los estados, consiguieron nuevos miembros, establecieron sucursales y pregonaron la causa constitucionalista; en junio de 1915, la Casa decía tener 52 000 afiliados.[738] La suerte de esos enviados proletarios fue diversa. En Córdoba se les acusó desde el púlpito y se les excomulgó; en la Oaxaca oscurantista de Meixueiro y Dávila se les maltrató y asesinó: dos murieron en Tlaxcala cuando los zapatistas atacaron el tren en que viajaban.[739] En otras partes los recibieron bien —por lo menos las autoridades carrancistas—, organizaron sindicatos, establecieron sedes, consiguieron partidarios, desfilaron e hicieron propaganda. Gobernadores lúcidos, como Elizondo de Michoacán y Alvarado de Yucatán, fueron amables y les prestaron ayuda gustosos, sin duda, de que activistas también lúcidos dieran apoyo al régimen que luchaba en un medio hostil.[740] Ahí, la Casa desempeñó fielmente el papel que se le había asignado como cliente, aliada y beneficiaria del carrancismo.

La actividad de la Casa en la importante zona industrial en los alrededores de Orizaba no fue menos significativa. Ahí, en épocas de escasez y desempleo, los representantes de la Casa empezaron a radicalizar a los obreros y conseguir adeptos.[741] Usaron los argumentos de siempre: los batallones rojos luchaban contra el clericalismo y la reacción; tras Villa se amparaba una trinidad impía formada por obispos, ex federales y la gran empresa estaduni-

---

[737] *Revolución Social*, 27 de febrero de 1915.

[738] *Ibid.*, 17 de junio de 1915; Salazar, *Las pugnas*, pp. 152-153; Ramón Eduardo Ruiz (*Labor and the Ambivalent Revolutionaries, Mexico, 1911-1923*, Baltimore, 1976, p. 48) anticipa y exagera el esfuerzo nacional de la Casa; *cf.* Carr, "Casa", p. 605.

[739] De J. García Núñez a Gobernación, 2 de mayo de 1915, AG 80/23. Salazar, *Las pugnas*, pp. 125-127.

[740] Huitrón, *Orígenes*, pp. 280, 283, 284 y 289; Carr, "Casa", p. 623; Joseph, *Revolution from Without*, pp. 109-110.

[741] C. J. Reynaud, Río Blanco, a Trabajo, 12 de febrero de 1915, *Trabajo*, 32/2/1/14; Silliman, Veracruz, 19 de marzo de 1915, SD 812.77/215.

dense.[742] Para congraciarse con la tradición sindicalista local, los activistas de la Casa se adhirieron a una "conmemoración espectacular" de la huelga que hubo en Río Blanco en 1907.[743] Pero esos activistas no actuaban con libreto carrancista; fueron mucho más lejos de lo que Carranza, e incluso Obregón, esperaban: algunos creyeron que favorecían el cierre de las fábricas de la región. En realidad, la Casa procuraba usar el pacto —más la oportunidad y legitimidad que éste le confería— para conseguir el apoyo de los grandes sindicatos del país, en un territorio donde la Casa no había estado bien representada hasta entonces. Los empresarios locales estaban consternados; los jefes militares carrancistas, apoyados por el Departamento del Trabajo, tomaron medidas para contrarrestar la propaganda de la Casa.[744] Uno de los signatarios carrancistas confesó que, a pocas semanas de firmado el pacto, "el gobierno tenía graves problemas con los sindicatos de la Ciudad de México que se habían unido al constitucionalismo".[745]

Fueron diversas las reacciones de los trabajadores, para quienes, aun en ese ambiente de Revolución, la militancia era un riesgo. Algunos reaccionaron favorablemente a las exhortaciones de la Casa; otros, aunque no muchos, se unieron a los batallones rojos; otros más, entre ellos buena parte de los que trabajaban en la industria textil, se mostraron recelosos de los intrusos de la Casa y prefirieron sus asociaciones locales, y algunos buscaron la protección y el padrinazgo de los generales carrancistas e incluso se enrolaron en las guarniciones locales.[746] Es de suponer que (lo mismo que con el pacto entre Casa y gobierno) enrolarse significaba capitular definitivamente ante el desempleo y las penurias. La mayoría conservó su trabajo mientras éste existió (algunos incluso desempeñaron un trabajo adicional, que rindió sus frutos, vendiendo alimento a las tropas). Por ejemplo, en Río Blanco, 90% de los obreros todavía tenía trabajo en marzo de 1915; un aumento de salario les proporcionó un ingreso suficientemente alto: la "paga que ofrece el ejército es demasiado baja como para ser tentadora".[747] Durante el verano de 1915 los obreros continuaron su lucha, larga, básicamente defensiva, para conservar empleos y sueldos, sobre todo cuando empeoró la situación y menudearon los despidos.[748] Además, la Casa y los carrancistas no eran las únicas opciones de los trabajadores: algunos (como los de Atlixco en 1914) podían contar con el paternalismo de las compañías; otros —en la zona Puebla-Orizaba, en la capital y otras partes— acudieron a la Convención o, más especí-

[742] *Revolución social*, Orizaba, 1º y 30 de mayo de 1915.
[743] Carr, "Casa", p. 624.
[744] Jenkins, Puebla, 10 de febrero de 1915, SD 812.00/13824; Ruiz, *Labor*, p. 53.
[745] Zubarán Capmany, citado por Silliman, Veracruz, 16 de marzo de 1915, SD 812.00/14610.
[746] Ruiz, *Labor*, p. 53; Carr, "Casa", p. 624; los afiliados a la Casa, dice Carr, pertenecían más al grupo de tranviarios y empleados de cervecerías que a los textileros. Véase también de A. Pacheco a M. López Jiménez, 9 de mayo de 1915, *Trabajo*, 34/1/4/28.
[747] De R. Díaz a M. López Jiménez, 22 de marzo de 1915, *Trabajo*, 32/1/1/14; Canada, Veracruz, 13 de abril de 1915, SD 812.00/14982.
[748] De D. Galindo a M. López Jiménez, 22 de marzo de 1915, *Trabajo*, 32/2/1/15.

ficamente, a Villa o Zapata.⁷⁴⁹ Un aprendiz de carpintero dijo que 80 trabajadores de Atlixco se habían unido a los zapatistas "en vista de la escasez de trabajo… o sea por su ignorancia o simpatía".⁷⁵⁰ Aunque, como vimos ya, había buenas razones para que los carrancistas —más que sus principales rivales políticos— concretaran alianzas con los sindicatos, había también muchos factores locales específicos que orientaban a los trabajadores en otras direcciones.⁷⁵¹

No obstante, la contienda principal de lo que Ruiz llama "lucha para controlar a la clase obrera" se libró entre los carrancistas y sus, en teoría, aliados de la Casa. El empeño de ésta por lograr una base proletaria independiente provocó la resistencia tremenda de los carrancistas, cuyos jefes militares y burócratas del trabajo querían una Casa y un movimiento laboral dóciles (deseo que, es de advertir, compartían los conservadores de la Convención).⁷⁵² Carrancistas y convencionistas (norteños en ambos casos) pensaron que era necesario hacer concesiones a los trabajadores, pero éstas tenían el propósito de conseguir adhesión y acatamiento, no el de dar vida a una hidra sindical. La afirmación de independencia en la clase trabajadora se toleró, a regañadientes en el mejor de los casos, mientras duró la guerra civil. Era inevitable un enfrentamiento definitivo. A pocas semanas del pacto fue evidente la rivalidad entre la Casa y los constitucionalistas; el Departamento del Trabajo contendía con la Casa por la lealtad del proletariado en Veracruz y Puebla, reprobaba sus subversiones y huelgas, instaba al acuerdo y organizaba "grupos de resistencia" en abierta pugna con los sindicatos de la Casa.⁷⁵³ Por el momento, instrumentó políticas constitucionalistas para la clase trabajadora: ofreció beneficios concretos (aumento de salarios), pujó con propuestas rivales más radicales y se esforzó por conseguir el equilibrio social, principio orientador del pensamiento constitucionalista en lo que se refiere a las relaciones con el trabajador.⁷⁵⁴ En lo que fue versión moderna del "pan o palo" de don Porfirio, el Departamento del Trabajo proporcionó pan.

También lo hicieron, en el papel por lo menos, muchos líderes constitucionalistas. Nunca antes la clase trabajadora había sido objeto de tanta solicitud. Además de las bien conocidas exhortaciones demagógicas de Obregón en la Ciudad de México, o las de Maytorena en Sonora, hubo numerosos casos en que los líderes dieron importancia a las demandas de los trabajadores

---

⁷⁴⁹ Como dije antes (n. 618), algunos consiguieron tierras. Véase de García y otros a Trabajo, 3 de octubre de 1914, *Trabajo*, 34/1/14/2. También la izquierda —la Casa, el diminuto Partido Obrero Socialista— estaba dividida (Barry Carr, "Marxism and Anarchism in the Formation of the Mexican Communist Party, 1910-1919", *Hispanic American Historical Review*, LXIII (mayo de 1983), p. 285).

⁷⁵⁰ De A. Pacheco a M. López Jiménez, 30 de enero de 1915, *Trabajo*, 34/1/14/28.

⁷⁵¹ Véanse pp. 553-556.

⁷⁵² Amaya, *Soberana convención*, pp. 259-260 y 263-267.

⁷⁵³ Carr, "Casa", p. 627.

⁷⁵⁴ Véanse pp. 585-586 y 593.

y —decían los negociantes disgustados— aun las incitaban.[755] Se vieron favorecidos los petroleros y obreros del puerto de Tampico —grupos proletarios de probada vigor—. Se informó que los trabajadores petroleros que fueron a huelga en el verano de 1915, "contaron con el apoyo sólido de las autoridades militares".[756] En todos los casos, las autoridades constitucionalistas fungieron como árbitros en conflictos con las industrias: ante los petroleros de Tampico, una vez más en el verano de 1916; los estibadores de Frontera; los mineros y ferrocarrileros de Coahuila; los que trabajaban el zacatón en Tlaxcala.[757] El arbitraje constitucionalista no implicaba, por fuerza, la defensa impetuosa de los intereses proletarios (después de todo, Díaz había sido árbitro en conflictos industriales) pero, aunque tuvo más en cuenta el equilibrio social que la emancipación del proletariado, favoreció, en un grado sin precedentes, los derechos de los trabajadores. Por esa razón el régimen se ganó mala reputación en los círculos empresariales, pero a ojos de observadores simpatizantes fue "un movimiento reformista de importancia internacional".[758]

Esa reputación creció con la legislación laboral constitucionalista: jornada máxima de trabajo, salario mínimo, indemnización por accidentes de trabajo y enfermedad, programas para adiestramiento de los trabajadores. "En innumerables formas... sin orden ni concierto", dice Cumberland, el régimen "mostró apoyo al trabajador y al movimiento laboral".[759] Sería tedioso mencionar en detalle esas leyes, que durante 1914-1917 se dictaron en casi todo el país: Pablo de la Garza decretó el salario mínimo para Guanajuato en septiembre de 1914; Diéguez lo hizo en Jalisco dos meses después; aun cuando se ponían en marcha las batallas del Bajío, Obregón dictó medidas similares para tres estados más.[760] Ganada la guerra civil, los legisladores pudieron dedicarse a programas más complejos y abarcadores de protección y arbitraje laboral, tal como hicieron, a principios de 1916, Martín Triana en Aguascalientes y Calles en Sonora.[761] Ese impulso reformista culminó, naturalmente, en el artículo 123 de la nueva Constitución.[762]

Muchas de esas reformas, que no salieron del papel, deben verse en el ambiente de trastorno económico, desempleo, inflación y miseria. En los años

---

[755] Informe de la armada de los Estados Unidos, Veracruz, 9 de diciembre de 1914; Canada, Veracruz, 10 de noviembre de 1914, SD 812.00/14047; 13824, acerca de una supuesta incitación constitucionalista a la huelga.

[756] Bevan, Tampico, 29 de junio de 1915, SD 812.00/15367.

[757] USS Marietta, Tampico, 3 de mayo de 1916; Blocker, Piedras Negras, 27 y 28 de noviembre de 1916; SD 812.00/18156; 19964, 19976; del gobernador Machorro a Carranza, 16 de agosto de 1916, AJD.

[758] Carr, "Casa", pp. 618-619.

[759] Cumberland, *Constitutionalist Years*, p. 26.

[760] *Ibid.*, Canova, Ciudad de México, 10 de septiembre de 1914, SD 812.00/18156; Davis, Guadalajara, 7 de noviembre de 1914, SD 812.50/3.

[761] De Triana a Gobernación, 14 de junio de 1916, AG 86/7; *El Demócrata*, 3 de febrero y 7 de marzo de 1916; Hall, *Obregón*, pp. 197-198.

[762] Véase p. 648.

1914-1917 hubo numerosas huelgas que afectaron ferrocarriles, campos petroleros, minas, muelles, tranvías, plantas eléctricas, fábricas textiles, grandes casas comerciales y también pequeños talleres de artesanía, escuelas e incluso la policía. Muchos culparon a las influencias subversivas —en especial a la Casa y a su compañera internacional, la IWW— pero es evidente que la inflación y la disminución de calidad en las condiciones de vida eran las raíces de ese incesante movimiento industrial. Algunos grupos, como los obreros de Tampico por ejemplo, tenían los medios y estaban listos para organizar una ofensiva contra la industria en busca de mejores condiciones; pero la gran mayoría procuraba defender estándares modestos ya existentes, cuando los "sueldos eran insignificantes y... no bastaban ni siquiera para subvenir la sustentación de las clases proletarias".[763] La demanda más frecuente en los años 1915-1917 fue que el salario se fijara al oro, a la plata o a cualquier moneda extranjera fuerte —que, de alguna forma, se protegiera al trabajador de las terribles consecuencias de la inflación—. Eso pedían los mineros de Pachuca (Hgo.), los de la compañía Dos Estrellas (Mich.), los impresores de la capital, los trabajadores de los talleres en Aguascalientes, los empleados de las fundidoras de Monterrey.[764] Ése fue el motivo de una huelga general en Veracruz en febrero y mayo de 1916; alrededor de 40 comercios de la Ciudad de México cerraron por huelga; en la primavera de 1916, los ferrocarrileros de Chihuahua que se declararon en huelga reclamaron su salario en plata; más avanzado el año, los maquinistas de Juárez se negaron a desplazar una locomotora mientras no se pusiera en práctica una escala de salarios fijada al oro.[765] Aunque esas protestas eran "económicas", a veces ponían en peligro el orden público. Algunos temían en Veracruz que el "estado de constante zozobra debido a las huelgas" terminaría por incitar a la guarnición mal pagada a estallar una; la policía de Nuevo Laredo se había declarado ya en huelga; avanzado 1916, hubo revueltas en la capital cuando el gobierno trató de pagar a policías y tranviarios que estaban en huelga con billetes que casi no tenían valor.[766]

En otros casos, los movimientos contra la industria durante esos años fueron defensivos y desesperados, más que confiadamente agresivos. Los obreros padecían a causa de los precios altos, el hambre, la enfermedad, lo cual no favorecía la creación o desarrollo de sindicatos fuertes, o siquiera sociedades mutualistas viables. Una enfermedad, casi inevitable en esos tiem-

---

[763] Del jefe político de Tepic a Gobernación, 27 de octubre de 1916, AG 81/21.

[764] *El Demócrata*, 25 y 29 de noviembre de 1915 y 26 de enero de 1916; Schmutz, Aguascalientes, 6 de marzo; Hanna, Monterrey, 27 de octubre; Rodgers, Ciudad de México, 12 de noviembre de 1916; SD 812.00/17476; 19664; 19847.

[765] USS Kentucky, Veracruz, 10 de febrero; Canada, Veracruz, 29 de febrero; USS Marietta, 3 de mayo de 1916; SD 812.00/17310; 17410; 18156; *El Demócrata*, 2 y 3 de febrero de 1916; Huitrón, *Orígenes*, pp. 292-293; Cobb, El Paso, 8 y 15 de febrero; Edwards, Juárez, 24 de noviembre de 1916; SD 812.00/17345, 17280; 19950.

[766] USS Kentucky, Veracruz, 31 de mayo; informe de la frontera, Laredo, 20 de mayo; Thrustan, Ciudad de México, 24 de noviembre de 1916; SD 812.00/18367; 18284; 19943.

pos de peste, podía provocar que tanto el enfermo, como su familia terminaran en la miseria por los elevados gastos que debían hacer entre médicos y medicinas; pero la administración resistía las peticiones de seguros por enfermedad (en Orizaba fue así).[767] No es de sorprender que algunos sindicatos parecían abandonar la batalla por los salarios para dedicarse a la guerra contra los precios; un líder sindical de la región Puebla-Tlaxcala declaró que los trabajadores no respondían al llamado a huelga y que "su único deseo es que el Gobierno fije su atención en los abusos que la mayoría del comercio viene cometiendo, con el alza exagerada de sus precios".[768] Como los "rebeldes primitivos" de Hobsbawm (en su variante urbana), esos trabajadores acudían al gobierno en épocas de escasez y desempleo, concentrando sus quejas en el consumo, no en la producción.[769] Quizá eso sea producto de una mentalidad arcaica, pero dice a las claras que los sindicatos eran débiles negociando en el medio industrial. Es fácil imaginar e ilustrar esa debilidad, acrecentada por las condiciones que prevalecían. La lenta acumulación de fondos y afiliados de los sindicatos era fácilmente puesta en peligro por la enfermedad, el desempleo y la pobreza. La Sociedad Mutualista de Trabajadores Aquiles Serdán (Cananea) sufrió por las "terribles" fluctuaciones de la moneda: perdió 10 000 pesos, y su capital, reunido desde la fundación en 1911, se hundió después de 1915. En 1916 también llegaron tiempos duros para la sucursal que se encontraba en Santa Rosalía (B. C.), muy golpeada por la epidemia de influenza.[770] Una sociedad mutualista establecida en las fábricas Río Blanco y San Lorenzo (Orizaba) muestra la misma curva descendente: fundación en 1913, crecimiento en 1914, colapso en 1916 (después comenzó la recuperación).[771] Supongamos (hay buenas razones para suponer) que los trabajadores de otras partes atravesaran por situaciones parecidas; es evidente entonces que el movimiento obrero estaba muy débil y desorganizado entre 1914 y 1917, y que las huelgas, reformas hechas en el papel y represiones de esos años coinciden con el retroceso, no el avance, del proletariado.

Variaban las respuestas de las compañías y las de políticos. Algunas firmas que comerciaban en el extranjero con moneda fuerte podían aumentar los salarios, así como practicar la caridad. De hecho, las empresas que podían controlar el desorden interno y satisfacer la voraz demanda externa que estimulaba la Guerra Mundial, disfrutaban de una posición envidiable: el trabajador era barato, abundante y por lo común "respetuoso", según co-

---

[767] Stacpoole, Orizaba, 30 de noviembre de 1918, FO 371/3247, 213867.

[768] *El Demócrata*, 3 de marzo de 1916; habla Agustín Rosete, presidente de la Unión de Resistencia de Obreros.

[769] Hobsbawm, *Primitive Rebels*, pp. 108 y 124.

[770] De S. Rivas y L. Mandiola, Sociedad Mutua de Obreros "Aquiles Serdán", Cananea, a Cámara de Diputados, Hermosillo, 27 de septiembre de 1919, *Trabajo*, 34/12/8.

[771] De J. Nolasco y R. Pimentel, CIDO-Mutua, Sociedad Cooperativa, Río Blanco a Trabajo, 16 de febrero de 1920, *Trabajo*, 34/2/8.

Cuadro IX.1. *Producción de metales preciosos (1910-1922)*

Producción por peso de	oro	plata	plomo	cobre	zinc
1910 = 100	100	100	100	100	100
1914	22	36	5	55	44
1915	17	51	16	46	322
1916	29	38	16	59	2 083
1917	59	54	52	106	2 511
1918	61	80	79	146	1 150
1922	56	104	89	56	339

mentario de un observador.[772] Una compañía como Real del Monte (Hgo.) podía emprender grandes renovaciones que le costaban poco a causa de la devaluación del peso.[773] La producción de metales preciosos cayó y su recuperación, si la hubo, fue lenta (la plata no alcanzó los volúmenes de 1910 sino hasta 1922), pero la de cobre y zinc, bajó en 1914-1915 y luego se elevó abruptamente (véase cuadro IX.1).

Entre 1910 y 1919, el precio de la plata se duplicó en los Estados Unidos; el del cobre aumentó dos tercios.[774] Además, la guerra favoreció el auge del henequén y del petróleo; entre 1915 y 1918 el precio del primero se triplicó y las ganancias por exportación se duplicaron. Lo que no quedaba como ganancia para los hacendados yucatecos se enviaba al gobierno central, o se empleaba en sostener el "floreciente estado benefactor" de Alvarado: escuelas, bibliotecas, sindicatos, alza de salarios y una burocracia en aumento.[775] No había para el petróleo una institución *dirigiste* comparable a la Comisión Reguladora de Alvarado (aunque las políticas económicas nacionalistas, instrumentadas con bastante vigor en lo que se refiere al petróleo, tenían propósitos similares).[776] Cuando se acrecentó la producción —de 3.6m de barriles en 1910 a 26.2m en 1914, 63.8m en 1918 y 193.4m en 1921— las ganancias mayores fueron para las compañías.[777] A pesar de que los impuestos aumentaron, éstas pudieron cubrir, aunque no de muy buena gana, las demandas salariales, con lo que se conservó el monto del salario real. Por lo tanto, los petroleros fueron menos militantes que, digamos, sus compañeros de los muelles de Tampico, y aunque las huelgas eran frecuentes, se llegaba rápidamente a un acuerdo y no se alteraba el embarque de petróleo. En enero de 1918 el

---

[772] Hanna, Monterrey, 19 de diciembre de 1917, SD 812.00/21585; de Husk, Santa Bárbara a Scott, 12 de mayo de 1915, Documentos Scott, caja 18.
[773] Ruiz, *Labor*, p. 46.
[774] Gruening, *Mexico and its Heritage*, p. 343; *Mexican Year Book*, 1922, p. 280.
[775] Joseph, *Revolution from Without*, pp. 102-110.
[776] Véanse pp. 279 y 977.
[777] L. Meyer, *México y los Estados Unidos*, p. 19.

agregado militar estadunidense informó que, "en estos momentos, los trabajadores y empleados de las compañías petroleras están bien pagados y cuentan con la confianza de los administradores".[778] El salario de los petroleros, fijado al oro, hizo que desdeñaran los movimientos de la Casa del Obrero de 1916.[779] Los reglamentos e impuestos gubernamentales fueron así, para las compañías, mayores amenazas que la militancia de su fuerza de trabajo.

Muy diferente fue la situación de las empresas que alimentaban el mercado interno: la devaluación del peso y la alteración de las comunicaciones afectaron en especial los servicios públicos, ferrocarriles, la industria textil y las minas de carbón. En esos sectores fueron más graves los problemas salariales y, por falta de recursos, menos factibles las negociaciones y más frecuentes el enfrentamiento y la represión (menos dañina para el empleador). Aunque parezca paradójico, a menudo el patrón era el gobierno. Así pues, aun cuando los carrancistas promulgaron sus bonitos decretos y leyes laborales, se trenzaron en una lucha con sus empleados y recurrieron con frecuencia a la represión. Dice Gruening que, en lo "referido a trabajo... y a todo lo que se relaciona con México, las cosas no son como parecen o se dice que son".[780] En las minas de carbón de Coahuila hubo, en mayo de 1916, una huelga de tipo defensivo; los mineros protestaron por la reducción de salario que disminuyó a la mitad un aumento concedido dos meses antes, pero prometieron regresar al trabajo si se disminuía un tercio el precio del maíz.[781] El patrón timador en este caso era el gobierno, representado por el administrador general de las minas de Coahuila, y también el gobierno era el cliente principal, es decir, los ferrocarriles constitucionalistas, que dependían mucho del carbón coahuilense. Ante la amenaza de que bajara la producción de carbón, lo que traería problemas económicos y militares, el gobierno acordó dejar sin efecto la reducción de salario y equilibrar éste en la inflación.[782] Se reanudaron los problemas cuando el peso se devaluó, más avanzado 1916; quizá fue un alivio que las minas volvieran a ser propiedad privada en diciembre de ese año.[783]

Este caso muestra un aspecto importante de la intervención del gobierno en la economía durante la Revolución —que se ha considerado siempre como radicalismo o nacionalismo económico—. De buen o mal grado, sin preparación ideológica o práctica alguna, el gobierno se encontró administrando grandes sectores de la economía: minas, ferrocarriles, haciendas, servicios públicos. Ese grado de intervención se debía a necesidades políticas y militares más que económicas; cuando aquéllas perdieron algo de su importancia, después de 1915, y se acrecentaron los problemas económicos, el gobierno estaba an-

---

[778] R. Campbell, Ciudad de México, 9 de enero de 1918, FO 371/3242, 38000.
[779] USS Marietta, Tampico, 2 de abril de 1916, SD 812.00/17903.
[780] Gruening, *Mexico and its Heritage*, p. 342.
[781] De F. Garzall a Carranza, 8 de mayo de 1916, AVC.
[782] *Ibid.*, 17 de febrero de 1917, AVC.
[783] Blocker, Piedras Negras, 28 de noviembre de 1916 y 8 de enero de 1917, SD 812.00/19976, 20261.

sioso por quitarse de encima algo de la carga (en la jerga actual, "deshacerse" de un "sector público" inflado). Veremos esto especialmente en el caso de los bienes raíces.[784] Ciertas intervenciones gananciosas —como en el petróleo o el henequén— se justificaban, pero muchas daban pérdidas y traían conflictos. Por ejemplo, fue embarazoso para el gobierno que sus empleados de los muelles de Tampico —que estaban en la nómina de los ferrocarriles constitucionalistas— amenazaran con ir a la huelga si no se equiparaba su salario con el de los empleados de una compañía estadunidense; al final, ésta se vio obligada a fijar sus salarios en el monto inferior establecido por el gobierno.[785] Se produjeron más anormalidades cuando —al caer los ingresos y aumentar los conflictos laborales— el gobierno intentó devolver a sus antiguos dueños los servicios públicos "intervenidos" (los tranvías, por ejemplo); pero, dadas las circunstancias, éstos no tenían mucho interés en reanudar las operaciones.[786] No vemos, pues, un régimen *dirigiste* intrépido, que controle los altos imperativos de la economía, sino unos gobernantes hostigados, inclinados por su ideología a la libre empresa capitalista, pero agobiados por la carga de compromisos económicos acumulados de manera fortuita, que fueron problemas constantes hasta que pudieron librarse de ellos.

Una solución para la cuestión laboral era la represión. A diferencia de las compañías petroleras, el gobierno carecía de efectivo para cubrir las demandas de los trabajadores, pero tenía el ejército para silenciarlas. La represión no fue producto sólo del conservadurismo innato, o de la descarada intención de debilitar el movimiento obrero una vez ganada la guerra, sino también de la impaciencia, la frustración y el resentimiento. Los jefes revolucionarios habían estado en el campo de batalla durante dos, tres años o más; habían sufrido los riesgos y las privaciones que imponían las campañas, y lo mismo sus soldados, que subsistían con una paga mínima e irregular. Los trabajadores de la ciudad, que en su mayoría nunca habían luchado, reclamaban ahora mejores salarios y condiciones, agredían a las autoridades, alteraban el orden público y a veces criticaban al gobierno de manera insultante. Uno de los críticos censuró a las autoridades —a las militares en especial— desde las páginas de *El Insurgente* (Orizaba); un general constitucionalista comentó irritado que "olvidándose este señor que precisamente a los 'soldadones' deben los obreros que se les haya hecho justicia, no sólo nos ataca sino que hasta recurre al insulto".[787] Los mismos sentimientos que dictaron a Obregón (y otros) sus críticas a la clase media que no había participado en la lucha, alentaban el trato duro contra la clase trabajadora, aun en casos de individuos progre-

---

[784] Véanse pp. 570, 572 y 782-783.
[785] USS Marietta, Tampico, 30 de marzo de 1916, SD 812.00/17921.
[786] USS Marietta, Veracruz, 23 de marzo de 1916, SD 812.00/17729.
[787] De A. Millán a C. Aguilar, 23 de marzo de 1917, AVC. El "señor" al que se alude era Herón Proal, "sastre anarquista hidalguense" que organizó una confederación regional de trabajadores en 1916, y después, con más éxito, una huelga de arrendatarios en Veracruz, en 1922 (Fowler, *Agrarian Radicalism*, pp. 26 y 32).

sistas como Alvarado. El Estado revolucionario premiaría —con arbitraje, aumento de salarios, reformas laborales— a los trabajadores dóciles y cooperativos, y tendría bajo control a los disidentes; a los primeros, pan; a los segundos, palo.

El palo comenzó a verse cada vez más durante 1916-1917. Los afiliados a la Casa (o IWW como la llamaban los observadores estadunidenses) fueron las víctimas principales; pero la represión no estaba dirigida sólo a la Casa, sino que se intentaba controlar en general las protestas de los trabajadores en bien de la estabilidad política y de la producción, y la Casa era el cuerpo organizado más importante del proletario descontento. Emiliano Nafarrate, jefe militar de Tampico, localidad siempre en la mira, se convirtió en azote del movimiento obrero. En la primavera de 1916, cuando empezaron a aumentar las demandas por salarios fijados al oro y las huelgas, la Casa local convocó a una huelga general y a una reunión de la clase trabajadora, en la cual, esa arma, la mejor y más brillante de la armería anarcosindicalista, se prepararía para la acción; entonces, la "infantería y caballería cargaron contra la asamblea y la dispersaron. Fueron arrestados varios líderes: algunos fueron gravemente maltratados; de dos o tres se dijo que habían muerto".[788] Corrieron rumores de que los trabajadores reaccionarían con disturbios y saqueos. El general Nafarrate prohibió cualquier tipo de reunión, cerró las cantinas, pidió refuerzos y mandó patrullar la ciudad; convocó a patrones y líderes sindicales, exhortó a los primeros a que pagaran "salarios adecuados" y arengó a los segundos en tono "punzante": "el general Nafarrate les dijo que eran desleales con el gobierno…, que el papel moneda estaba respaldado por el gobierno y que no había ningún respaldo en oro".[789] Los patrones acordaron considerar una nueva escala de salario, nada más; un líder se quejó de que, en el ínterin, los trabajadores se morirían de hambre, pero Nafarrate, como última respuesta, les dijo que volvieran a trabajar. En los círculos estadunidenses, su comportamiento recibió "calurosa aprobación". Sin duda la reacción fue igual cuando, un mes después, Nafarrate advirtió a los huelguistas que fusilaría a los alborotadores y la policía volvió a irrumpir en una reunión de protesta.[790]

Aunque de carácter particularmente duro y temible, Nafarrate (quien, de paso, tenía fama de "antinorteamericano") no era caso de excepción.[791] El general Guerra, que lo sucedió en Tampico, fue un "carrancista leal" que,

---

[788] USS Marietta, Tampico, 5 de abril de 1916, SD 812.00/17921; Ruiz, *Labor*, p. 53.

[789] USS Marietta, como en nota anterior.

[790] USS Marietta, Tampico, 11 de mayo de 1916, SD 812.00/18271. Una huelga de gabarreros dio lugar a marchas y violencia; los trabajadores protestaban sobre todo contra los administradores estadunidenses y esquiroles jamaiquinos.

[791] No había, necesariamente, correlación positiva entre nacionalismo económico y reacción contra los Estados Unidos; en realidad, la correlación podía ser negativa. Jefes rebeldes, como Nafarrate, que eran insensibles, bruscos y hostiles con los estadunidenses (*ergo*, antinorteamericanos), a menudo eran indiferentes a la penetración económica de los Estados Unidos; les interesaba mantener activo el comercio y eran duros con la clase trabajadora (empleada por extranjeros). A la inversa, líderes como Pastor Rouaix —que transminaban responsabilidad y cordura— fue-

en 1917, "hizo cuanto pudo para aplacar la agitación de la Casa".[792] En Monterrey, Jacinto Treviño, siguiendo precedentes, también reprimió enérgicamente a la Casa.[793] De manera sorprendente, Alvarado tomó severas medidas contra una huelga de mecánicos del ferrocarril, albañiles (construían la nueva escuela normal), impresores y trabajadores de la prensa. No podía arriesgarse la obra redentora del constitucionalismo en Yucatán: se arrestó a los líderes y se les amenazó; se quitó a la Casa el local que había recibido durante el periodo de buenas relaciones y se transformó en un museo regional.[794] Calles, otro progresista, clausuró la Cámara de Obreros de Cananea, Nacozari y El Tigre, cuya agitación estaba en contra de la línea de reforma laboral que él favorecía.[795] En otras partes, la represión fue ruda y eficaz: Luis Caballero, jefe militar en Tamaulipas, amenazó fusilar a los líderes de la huelga de rieleros, si no volvían al trabajo; el jefe militar de Nuevo Laredo dijo a los policías y obreros del ferrocarril que estaban en huelga que "iban a trabajar o iban al cementerio".[796] Las tropas se usaron como esquiroles para que manejaran los tranvías en Veracruz y los trenes en Tampico; "al parecer lo tomaron como una gran broma, lo que provocó varios accidentes".[797] Quizá Manuel Diéguez sea el ejemplo más destacado de los atropellos del gobierno contra los intereses del proletariado. Diéguez, que en 1906 había participado activamente en la huelga de Cananea, era ahora distinguido general carrancista; después de ganarse la mala voluntad de los jaliscienses, se le envió a Sonora para que dirigiera las operaciones contra los villistas, lo que hizo como paladín del constitucionalismo y no como tribuna armado de la clase trabajadora. Los comerciantes de Guaymas recibieron una agradable sorpresa (los impresionó la "buena voluntad de Diéguez para hacer concesiones al comercio"), pero los trabajadores de Cananea sufrieron una conmoción. En un enredo económico típico de 1916, los empleados del gobierno, incluidos los aduaneros, se habían declarado en huelga para protestar por la devaluación de sus salarios (en papel moneda); la Cananea Co. seguía pagando con plata a sus trabajadores, con lo que se depreciaba aún más el billete constitucionalista. Los mineros resistieron tenazmente los intentos de las autoridades de forzar a la compañía para que pagara salarios en papel moneda. Diéguez fue inflexible: "son agitadores",

ron después arquitectos de la legislación económica nacionalista (y la reforma laboral); véase mi tesis, *Nationalism, Xenophobia and Revolution*, pp. 150-156 y 274-298.

[792] USS Annapolis, Tampico, 26 de septiembre de 1917, SD 812.00/21362; el coronel Pedro Chapa que había estado a cargo a principios de 1916, también había sido duro con los líderes sindicales (Dawson, Tampico, 2 de marzo de 1916, SD 812.00/17448).

[793] Salazar, *Las pugnas*, pp. 148-150.

[794] Joseph, *Revolution from Without*, pp. 110-111.

[795] Lawton, Nogales, 12 de septiembre de 1917, SD 812.00/21282.

[796] De Caballero a Carranza, 15 de noviembre de 1916, AVC; informe de la frontera, Laredo, 20 de mayo de 1916, SD 812.00/18284.

[797] Lux, Veracruz, 29 de diciembre de 1915, USS Marietta, Tampico, 31 de marzo de 1916; SD 812.00/17058; 17921.

dijo, "y no quieren acatar los deseos del gobierno; me temo que [deberá] disciplinárseles inmediatamente".[798]

Esa actitud hacía eco a la política constitucionalista de las altas esferas. Instigada directamente por el gobierno federal, continuó la represión de los trabajadores. Carranza había reaccionado con frialdad al pacto con la Casa y, ya en el verano de 1915, corrían rumores de que estaba disgustado con sus fastidiosos aliados nuevos.[799] En 1916, ganada la guerra, el régimen estaba listo para organizar una ofensiva contra los trabajadores en general, y la Casa en particular.[800] Se dieron órdenes de terminar con las huelgas, acallar la propaganda de la Casa y arrestar a los agitadores.[801] La prensa oficial censuró categóricamente las actividades de la Casa, se retiró el subsidio a los periódicos radicales.[802] Los agentes carrancistas espiaron a conocidos activistas —sobre todo a Krum Heller y Eloy Armenta, que eran extranjeros— e informaron acerca de su supuesta rebelión: las "ideas erróneas" que propalaban, las "libertades absurdas" de que disfrutaban, la influencia que ejercían no sólo en "obreros de muy escasa educación intelectual", sino también en niños que adoctrinaban en cuartos sórdidos en donde no colgaban la imagen del primer jefe. Las autoridades debían convencer a esos subversivos de que su comportamiento era insensato; pero si "por estos medios persuasivos no se abstienen de su propaganda perjudicial, entonces no queda más que usarse una energía a toda costa para imponer la autoridad y respeto que en todo tiempo merecen los conceptos del Primer Jefe".[803] Un estalinismo *avant la lettre*, vago, autóctono, saturó esa época. Acosada por retos políticos y problemas económicos, la élite revolucionaria se refugió en las purgas, la represión y la censura. En cuanto al movimiento laboral, no podían permitir un reto autónomo al poder que apenas había conseguido y aún era precario. Se disolvieron los batallones rojos o se les incorporó al ejército regular.[804] Se continuó con el hostigamiento y arresto de los líderes hasta que, en el verano de 1916, incitó el enfrentamiento una huelga general declarada en la Ciudad de México.[805] Se arrestó a los líderes huelguistas, los militares se hicieron cargo de las plantas de energía afectadas, fueron ocupadas las instalaciones de la Casa y de todas sus filiales de provincia; incluso se arrestó a los vendedores de los periódicos publicados por la Casa. Según dice un informe, fue entonces

---

[798] Informe de la armada de los Estados Unidos, Salina Cruz, 6 de noviembre de 1915; informe de la frontera, Nogales, 8 de marzo de 1916; SD 812.00/168430; 17592.

[799] USS Petrel, Tampico, 27 de junio de 1915, SD 812.00/15496.

[800] Ruiz, *Labor*, p. 54.

[801] De Carranza al subsecretario de ferrocarriles, 28 de noviembre de 1915; a C. Aguilar, 27 de enero de 1916; AJD; véase también *El Demócrata*, 2 de febrero de 1916.

[802] *El Demócrata*, 12 de septiembre de 1916; Salazar, *Las pugnas*, p. 133.

[803] De J. G. Nava a R. Múzquiz, 15, 23 y 27 de octubre de 1915, SRE, legajo 794, 88-R-31, pp. 14, 17 y 181.

[804] Salazar, *Las pugnas*, pp. 153-154.

[805] Ruiz, *Labor*, pp. 55-56; Córdova, *Ideología*, pp. 212-213. Cf. Richmond, *First Chief*, pp. 95-96; esa apología extravagante choca violentamente con la realidad.

cuando las tropas carrancistas destruyeron su biblioteca y archivo.[806] Más tremendo aún fue que Carranza echara mano de una ley juarista de 1862, que prescribía la pena de muerte en caso de traición; la traición abarcaba ahora sabotaje, huelga e incitar a la huelga: los trabajadores de 1916 merecían el mismo trato draconiano que los huertistas de 1913.[807]

La huelga general fue rota. El discurso mercenario —el de Heriberto Barrón, *agent provocateur* porfirista, reyista y ahora revolucionario converso— alabó la acción expedita de Carranza, censuró la subversión anarquista y aconsejó más control de la libertad política (sobre todo de la libertad de prensa). Barrón se ocupó de redactar artículos laudatorios en *El Pueblo;* desaconsejó publicar noticias de huelgas ocurridas en los Estados Unidos, que podían servir de estímulo en México, y declaró su alegría porque se estaba "reestableciendo el equilibrio social que empezaba a perderse con las reiteradas y crecidas exigencias de la clase obrera, excitada por los agitadores de mala fe".[808] El tema del "equilibrio social" —sustancia de la ideología constitucionalista— llegó al *crescendo*. En el preámbulo a su decreto de agosto de 1916, Carranza censuró la actitud "antipatriótica" y "criminal" de los sindicatos y advirtió que, "si bien la Revolución había tenido como uno de sus principales fines la destrucción de la tiranía capitalista, no había de permitir que se levantase otra tan perjudicial para el bien de la República como la tiranía de los obreros".[809] En ese aspecto, Carranza se hacía eco de una proclama anterior de Pablo González en la que condenaba las demandas de los sindicatos, su efecto nocivo sobre los derechos "legítimos" y el supuesto de los trabajadores de que "las organizaciones obreras son una especie de instituciones oficiales, con autoridad casi gubernamental"; ilusión peligrosa: la armonía social debía prevalecer sobre intereses sectoriales.[810] Otros, más progresistas y elocuentes, fueron de la misma opinión. El Estado pudo ayudar a las organizaciones laborales, y compensar así su debilidad inicial, pero eso no significaba hostilidad hacia el capital o compromiso con la lucha de clases. El capital, escribió Alvarado, era "herencia sagrada de la humanidad", "trabajo acumulado" y, como tal, armonizaba totalmente con la clase obrera, porque uno era sustento de la otra; el trabajo del Estado era supervisar esa fructífera relación.[811] Castro, procónsul como Alvarado, ocupado en la reforma social de Oaxaca, confirmó su respeto por la propiedad y su intención de "promover la perfecta

---

[806] Salazar, *Las pugnas*, p. 166; Carr, "Casa", p. 629; USS Buffalo, Mazatlán, 30 de septiembre de 1916, SD 812.00/19571.

[807] Véanse pp. 203 y 207.

[808] De Barrón a Carranza, 3 de agosto de 1919, AVC; y también su artículo en *El Demócrata*, 6 de agosto de 1916. Barrón mencionó nombres (el Dr. Atl, por ejemplo) y pidió que se reabriera *Acción Mundial* como periódico constitucionalista, bajo su dirección. Sobre la trayectoria de Barrón, Cosío Villegas, *Vida política*, II, pp. 694 y 748.

[809] El texto del decreto, con fecha 1° de agosto de 1916, puede leerse en AVC, doc. 10097; véase también Salazar, *Las pugnas*, pp. 205-207.

[810] *Ibid.*, pp. 167-169; *El Demócrata*, 19 de enero de 1916.

[811] Alvarado, *La reconstrucción*, I, p. 269; véase también Córdova, *Ideología*, p. 211.

correlación entre el capital y el trabajo, de tal manera que sus respectivas funciones, por más que sean ejercitadas por órganos distintos, concurran a la suprema función de la prosperidad industrial".[812] De manera implícita, y a veces explícita, se negó el conflicto de clase.[813] La prensa oficial zumbaba con el mismo estilo resonante.[814] En la práctica siguió la represión, mientras el Departamento del Trabajo, secundado por los gobernadores reformistas, aplicaba lubricantes adecuados: arbitraje, subsidios y una legislación protectora, con la que suavizaría las relaciones con la clase trabajadora y reconciliaría a los obreros.[815]

Pero mientras los tiempos fueron difíciles y continuó la represión, la clase trabajadora fue un público hosco para la doctrina del equilibrio social.[816] Comentó con ironía el periódico *Germinal*, que "la clase obrera y el obrero no tienen nada en común con las otras clases que integran la sociedad"; junto con otros periódicos radicales informó sobre casos de hostigamiento, arrestos y protestas por las medidas del gobierno; estaba a favor de la lucha autónoma de la clase trabajadora y se oponía a la colaboración con el régimen. "Esos mismos beneficios que el obrero recibe, que no son productos de su propio esfuerzo, su propio trabajo, esos beneficios que el obrero debe rechazar".[817] En cierto sentido, *Germinal* hizo de la necesidad una virtud. Para colaborar se necesitaban dos pero, entre 1916 y 1918, el régimen olvidó con frecuencia el pan para usar el palo: tenía a su disposición más palos que hogazas. Entre tanto, los radicales publicaron sus periódicos deficientes, efímeros, y se refugiaron en la contemplación de lo que ocurría en el mundo: la Revolución rusa, las huelgas en las minas de cobre de los Estados Unidos, los conflictos laborales en Barcelona y Madrid.[818] Al parecer, esos heraldos de la revolución mundial les proporcionaban solaz en medio de las tribulaciones e impotencia internas.

Sin duda eran pocos los que leían esos periódicos radicales; pero éstos expresaban puntos de vista que coincidían con una opinión mucho más amplia que las de sus escasos lectores, contrarios al populismo que alimentaba la prensa oficial. Decía *El Obrero Libre* que "el pueblo comentaba preocupado, porque quienes se habían beneficiado con el triunfo revolucionario eran los que menos lo merecían".[819] Ésa era manifestación del mal ánimo profundo, dominante quizá. La desilusión, la aquiescencia reticente en el mejor de los

---

[812] *El Demócrata*, 11 de marzo de 1916.
[813] *Idem.*
[814] *Ibid.*, 19 de septiembre de 1916: "esta función de moderador, de compensador y armonizador de derechos es la más elevada de las que al Estado compete, y en el concepto de la civilización contemporánea, es el motivo fundamental de que existan los gobiernos".
[815] Ruiz, *Labor*, p. 57; Carr, "Casa", p. 616.
[816] Ruiz, *Labor*, p. 70; sobre la intranquilidad constante, Carr, *Movimiento obrero*, I, p. 135.
[817] *Germinal*, 19 de agosto de 1917; casos de hostilidad en *Germinal*, 21 de julio de 1917, *Palanca Obrera*, Torreón, 9 de septiembre de 1917.
[818] *Evolución*, Zacatecas, 1º de octubre de 1917; Carr, "Marxism and Anarchism", p. 290.
[819] *El Obrero Libre*, Coatepec, Veracruz, 26 de diciembre de 1917.

casos, no tenían que esperar una "traición" a largo plazo de la Revolución en las décadas siguientes. Los trabajadores, en especial, no se hacían muchas ilusiones acerca del régimen (tampoco el campesinado, cuya "traición" había sido mayor). Los obreros de Veracruz —bien familiarizados ya con las amenazas y abusos de las autoridades, y con su hábito de romper huelgas— estaban contra el gobierno; los rieleros de Coahuila publicaron una carta abierta en la que censuraban al régimen por los bajos salarios, y porque "intentaba gobernar con los principios del de Díaz".[820] Los de Orizaba hasta recurrieron a Villa —defensor improbable— enlistando los abusos del régimen y afirmando que estaban dispuestos a derrocarlo a fuerza de huelgas.[821] Suponiendo que la carta sea legítima, era una bravata sindicalista; la debilidad de los sindicatos descartaba cualquier estrategia tipo Sorel. No cabía duda de que el breve entendimiento entre los carrancistas y el sindicalismo había llegado a un fin recriminatorio. Mientras los constituyentes se reunían en Querétaro para elaborar la nueva Constitución, en la que se incluiría el artículo 123, "Carta Magna" de los trabajadores mexicanos, el ánimo de éstos estaba ensombrecido, a la defensiva, semiderrotado; se enfrentaban, por un lado, a la cruda realidad económica y, por otro, a un gobierno empeñado en la reconstrucción económica y decidido a poner un alto a las demandas supuestamente excesivas de la clase trabajadora. En el Congreso los obreros ejercieron poca influencia: asistieron pocos trabajadores, las denuncias de Nicolás Cano contra la política del gobierno ("es más seguro que vengan malos gobernantes que buenos") fueron poco comunes.[822] El artículo 123 descendió de las alturas, como ley mosaica, conferida por una deidad severa a un pueblo castigado y descontento; en el mejor de los casos, ofrecía salvación a futuro con la condición de buen comportamiento. La Casa del Obrero Mundial, primer rival del régimen en la lealtad de los trabajadores, había quedado fatalmente debilitada. Poco tiempo transcurriría para que el régimen se sintiera bastante seguro y percibiera suficientes ventajas como para recoger los pedazos de la alianza acordada en 1915 —destruida en los años siguientes— y les diera nueva forma como arma más moderada y maleable.[823]

La máquina carrancista. El funcionamiento interno

Como cualquier otro gobierno de México —habsburgo, borbón, porfiriano, revolucionario—, el de Carranza tuvo problemas por el tamaño y mal estado

---

[820] USS Nebraska, Veracruz, 7 de septiembre de 1916; Blocker, Piedras Negras, 17 de febrero de 1917; SD 812.00/19221; 20533.
[821] De José Neira y otros de la Asociación de Obreros Industriales de la Revolución Mexicana, Río Blanco, al general Francisco Villa, 15 de diciembre de 1916, AJD (la misma carta se encuentra en de Manuel González a Villa, 12 de febrero de 1917, SRE, legajo 816, 101-R-2).
[822] DDCC, II, pp. 846 y 848-850; la frase, p. 849.
[823] Véanse pp. 780-784.

de las comunicaciones, la división en clases, etnias, regiones geográficas y la antipatía de la provincia hacia el gobierno central. También como cualquier otro gobierno de ese decenio —maderista, huertista, villista— el carrancista enfrentó problemas específicos creados por la Revolución: conflictos agrarios, protestas populares, caudillismo, venganzas personales y regionales. Por último, el régimen de Carranza tuvo que atender nuevos problemas causados por el colapso económico, la inflación, la escasez y la enfermedad. ¿Cómo pudo salir adelante y sobrevivir ahí donde otros fracasaron?, y ¿cuál era la naturaleza de la "síntesis nacional" que consiguió —como sucesor del porfirismo y cimiento del Estado moderno—?[824]

Se ha exagerado, en general, la libertad para actuar y el poder para disponer que el régimen tenía. El carrancista no fue, sin duda, el Estado "leviatán" que algunos creyeron ver en el decenio 1920:[825] fuerzas que escapaban a su control fijaron los límites dentro de los cuales podían proceder; entre ellos, las condiciones socioeconómicas a las que me acabo de referir. Aunque a primera vista esas condiciones actuaron en contra de un gobierno fuerte, contribuyeron a estabilizar el régimen en un aspecto importante. Respecto al estado de ánimo del pueblo, Carranza tuvo una ventaja decisiva sobre quienes lo precedieron. Entre 1910 y 1914 la marea violenta de la rebelión popular había golpeado a Díaz, desgastado a Madero y arrastrado a Huerta; pero hacia 1915 empezó a menguar y volcarse sobre los obstáculos con menos violencia, lo que permitió levantar diques para contenerla. Aunque la rebelión popular coetánea a la Revolución continuó (incautación agraria, revueltas serranas, bandolerismo social, revueltas populares), su auge había pasado ya. Las esperanzas de un casi milenarismo, en los primeros años, dieron paso a la desilusión y al *sauve-qui-peut* general lo que hizo mucho más fácil la tarea del gobierno. La protesta se enfrentó entonces a una lucha difícil, porque Villa tuvo que recurrir a la leva en el norte, e incluso los zapatistas temieron que se erosionara el apoyo popular. En años anteriores, los informes subrayaban constantemente la arrogancia, el "espíritu levantisco" del común de la gente, que contrastaba con el respeto que mostraban en tiempos de Díaz; lo que se subrayaba ahora era el cansancio, la resignación, la apatía. Los hombres no incitaban ya a "ir a la bola", sino que a menudo preferían quedarse en casa a cultivar sus jardines. Ése fue un cambio psicológico importante, sutil, imposible de medir; pero es de dudar que sólo ese cambio de ánimo permitiera al régimen carrancista (en muchos sentidos ruinoso, hundido por las divisiones y sumergido en el caos económico) sobrevivir y ganar fuerzas. Ese clima más propicio, tanto como cierto vigor innato, permitieron al carrancismo arraigar ahí donde el maderismo y el huertismo se habían marchitado.

[824] Mi análisis se concentra en los años 1915-1920; más que obvio, hubo cambios en los años veinte, pero los más importantes pueden distinguirse en la presidencia de Carranza, algunos en embrión, otros sorprendentemente maduros. Dicho de otro modo, Agua Prieta no significó una ruptura fundamental (pero es un buen lugar para concluir).

[825] Meyer, *Cristero Rebellion*, p. 20.

Como muchos casos exitosos de la historia, los carrancistas prosperaron no tanto por sus peculiares cualidades intrínsecas, cuanto porque estuvieron en el lugar adecuado en el momento adecuado.

A lo largo de la Revolución se había conservado un grupo de pacíficos, anhelante de paz y estabilidad, escéptico y abiertamente hostil a la rebelión: la mayoría de los terratenientes (rancheros tanto como hacendados), citadinos, entre los que se contaban comerciantes, artesanos, obreros, sobre todo en los centros urbanos más grandes y prósperos. Aunque con frecuencia estuvieron informados en política y participaron en ella, deploraron la rebelión violenta y favorecieron el gobierno establecido, fuera éste el de Madero o Huerta.[826] Ahora, amenazados más que nunca sus trabajos, negocios y subsistencia, su compromiso con la paz y la reconstrucción era más fuerte. Un observador francés comentó que los citadinos "favorecían... cualquier cosa que anunciara el regreso al orden y a la vida normal"; "los hacendados, comerciantes y artesanos [de Sonora] sienten el agobio de la guerra... y anhelan la paz".[827] La población rural compartía esas actitudes, que se habían vuelto más comunes. Los rebeldes-bandidos tenían menos ayuda encubierta y menos apoyo activo; las fuerzas del orden (no el ejército, necesariamente) encontraron menos hostilidad. Un corrido ilustra ese estado de ánimo: "Que sea ejemplo para todos/a quienes guía la ambición que el pueblo ya nunca apoya/cualquiera revolución. Él quiere sólo trabajo/y garantías por igual que gobierne Juan o Pedro/un civil o un general".[828]

Este sentir era evidente en todo el país. "En Tabasco todos están cansados de revolución" y ansiosos por trabajar; en La Paz (B. C.), "a la gente no le importa quién ocupe el lugar; sólo quiere que la dejen tranquila" (Cantú se hacía eco del sentir peninsular).[829] Lo mismo ocurría en regiones más conflictivas: Veracruz, el Morelos zapatista, Aguascalientes (después de que comenzaron las batallas del Bajío).[830] Eso también valía para el Durango revolucionario y Parral; ahí la gente estaba "harta de revoluciones..., ansiosa por tener una vida tranquila y un trabajo honesto".[831] Afirmaciones como ésas son sugestivas (no sólo de que se deseaba la paz, sino también trabajo y reconstrucción), pero no son concluyentes. Datos más sólidos son los numerosos casos de autodefensa militar que hubo después de 1915. Antes, las comunidades habían apoyado ampliamente a las bandas rebeldes, simpatizaban con ellas o las toleraban. Los casos en que la resistencia tuvo éxito fueron

---

[826] Véanse pp. 144 y 639-640.

[827] Lefaivre, Ciudad de México, 14 de mayo de 1916, AAE, Méx., Pol. Int., N. S., XII, I, B/25/1, n. 33; Simpich, Nogales, 6 de abril de 1915, SD 812.00/14863.

[828] Mendoza, *El corrido de la Revolución mexicana*, p. 43.

[829] Informe de la armada de los Estados Unidos, La Paz, 7 de mayo de 1915, SD 812.00/15055; Elsee, Frontera, 16 de junio de 1917, FO 371/2962, 158767.

[830] Lewis, *Pedro Martínez*, pp. 155-156; informe Bonsal (*cf.* n. 380), p. 17; Schmutz, Aguascalientes, 5 de junio de 1915, SD 812.00/15194.

[831] Coen, Durango, 31 de marzo de 1916, SD 812.00/17756; de Husk, Parral, a Scott, 12 de mayo de 1915, Documentos Scott, caja 18.

raros, no porque ello fuera imposible (recuérdense excepciones como la de Moroleón), sino porque carecía de popularidad. La gente no ofrecía resistencia a los rebeldes porque no quería hacerlo. Los movimientos de la Defensa Social, creados para defender algunas ciudades —Durango en especial—, se veían, acertadamente, como representativos de la élite urbana.[832] Pero después de 1915 la autodefensa se hizo común; las comunidades se unieron para luchar contra rebeldes, bandidos y, a veces, rapaces tropas del gobierno. El cambio es tan señalado, que debe ser indicio de la alteración del ánimo popular, demostrada en la acción práctica, efectiva (es también indicio de las grandes fallas de la policía y el ejército).

Las defensas locales se enfrentaron a los chavistas en Michoacán, lucharon contra merodeadores que llegaban desde Veracruz a la sierra de Hidalgo y vigilaron las zonas al norte de Oaxaca; los 14 pueblos que formaron ahí una liga de autodefensa, afirmaron que eran apolíticos y que su única preocupación era mantener la paz en los alrededores.[833] Los pueblos del valle de Tehuacán, que se quejaron de la incompetencia del ejército, formaron "cuerpos regionales en cada pueblo para ayudar al Gobierno para defender nuestras vidas y nuestros intereses" (lo mismo hicieron los colonos italianos de Chipilo, también en Puebla); los rancheros de Buenavista de Cuéllar, en Guerrero, rechazaron incursiones zapatistas, sentando así un precedente que las autoridades carrancistas trataron de alentar años después.[834] También en el Estado de México y en Veracruz (las demandas de "rancheros armados" para resistir a los "bandidos" se concretaron ahí en 1918, al crearse una guardia civil de 1000 hombres) la autodefensa tuvo aprobación oficial y apoyo militar.[835] Entre tanto, algunas fuerzas locales resistían activamente las depredaciones de los carrancistas. "Granjeros armados" se unieron para oponerse a las tropas gubernamentales cerca de Orizaba (estos movimientos se parecían a las rebeliones "defensivas" mencionadas antes); los habitantes de San Nicolás, en la Huasteca, defendieron su pueblo contra una banda de desertores del ejército; pueblerinos del suroeste de Tlaxcala atacaron y desarmaron a tropas que merodeaban por la localidad (por eso se les acusó de ser zapatistas).[836]

Hubo casos parecidos en el norte, donde el problema del orden era más grave, y la tradición de autodefensa más fuerte: los rancheros de Dolores, Za-

[832] Véase p. 144.

[833] *El Demócrata*, 5 de septiembre de 1916; de Pablo González a Carranza, 27 de marzo de 1916, AVC; Fabela, DHRM, RRC, V, p. 315, y véanse pp. 404-405.

[834] Solicitud de San Lorenzo Teotipilco a Carranza, 10 de enero de 1916, AVC; Oscar Schmieder, *The Settlements of the Tzapotec and Mije Indians*, Berkeley, 1930, p. 30; Ian Jacobs, *Ranchero Revolt. The Mexican Revolution in Guerrero*, Austin, 1982, p. 101; Taracena, *Verdadera Revolución*, VI, pp. 9 y 35.

[835] De A. Millán a F. Múgica, 20 de mayo de 1919, en María y Campos, *Múgica*, p. 136; *El Dictamen*, 22 de agosto de 1917, en Fabela, DHRM, RRC, V, pp. 299-300; Fowler, "Revolutionary Caudillos", p. 185.

[836] Informe Bonsal (*cf.* n. 380), p. 19; Hewett, Tuxpan, 26 de septiembre de 1917, FO 371/2964, 222284; del gobernador Machorro a Carranza, 16 de agosto de 1916, AJD.

catecas, atraparon y golpearon a los bandidos que hostigaban la región; en los alrededores de Nochistlán, la gente colaboró con el ejército para sacar a los bandidos.[837] El general Nicolás Morales —uno de los oficiales de Arrieta que operaba de manera independiente en las montañas de Durango— murió en circunstancias oscuras, supuestamente a manos de "los rancheros de la montaña y su gente, quienes mataron a Morales y su escolta, porque no querían que los siguieran robando". Morales se decía carrancista, pero la antipatía local hacia los militares pasaba por alto vagas etiquetas facciosas: "el ánimo de los rancheros se está volviendo tanto en contra de todos los que se llaman soldados de cualquier facción, que sus pequeñas bandas ya no están a salvo"; dicho de otro modo, los guerrilleros de otro tiempo se arriesgaban a que en el campo los mataran como si fueran federales de Huerta.[838] En Chihuahua —agobiado por la larga agonía del villismo y por la tremenda incapacidad de los militares del gobierno—, siguiendo una vieja tradición, la autodefensa fue más amplia.[839] En todo el estado se organizaron tropas de voluntarios —aunque se llamaban defensas sociales diferían claramente de sus homónimas de 1913-1914—, especialmente en pueblos como Bachíniva y Namiquipa —ambos de orientación revolucionaria en otros tiempos—, los cuales en fechas recientes habían sufrido saqueos villistas. Ésos no eran movimientos "contrarrevolucionarios, ni siquiera de clase".[840] Aunque el gobierno les proporcionaba las armas, "estas fuerzas se organizaron con el fin de defenderse […] si entraba también gente del gobierno que trataba de cometer desmanes".[841] Estos grupos registraron numerosos logros a lo largo de los años. Trabajadores de la hacienda de Babícora mataron al villista José Rodríguez en 1916; la defensa social de la hacienda de Rubio, localizada entre Chihuahua y Ojinaga, puso fin a la sanguinaria carrera de Baudelio Uribe, el "Mocha Orejas"; los rancheros de Cusi, en lo alto de la sierra, ayudaron en la persecución de Villa que organizó Diéguez en 1919.[842]

Sólo con la ayuda de ese apoyo local, el ejército —que mostraba tantas fallas como su antecesor porfirista— pudo emprender la ofensiva en remotas zonas del campo. Ahí, como en Morelos, la pacificación implicaba cierta

---

[837] Cobb, El Paso, 15 de febrero de 1916, transmite informe de un minero estadunidense de Chalchihuites, SD 812.00/17347; *El Demócrata*, 19 de septiembre de 1916.

[838] Coen, Durango, 25 de marzo de 1916, SD 812.00/17733.

[839] Más adelante me refiero a la naturaleza y fracasos del ejército carrancista. Pershing se muestra crítico severo, aunque parcial, de lo que vio en Chihuahua: "este cuerpo *de facto* —escribió a Wood el 21 de octubre de 1916— es impotente; da lástima ver sus esfuerzos débiles y pueriles. A menos que sean superiores en número, todas estas tropas temen a Villa" (Documentos Pershing, caja 215).

[840] Katz (*Secret War*, pp. 324-325) piensa que las defensas sociales de Chihuahua son grupos de la clase media, aunque esa cuestión no está probada; supone cierta división de clase y apoyo popular constante a Villa después de 1915, que no puede garantizarse.

[841] Ximena Sepúlveda Otaiza, *La Revolución en Bachíniva*, México, 1975, p. 11.

[842] Cobb, El Paso, 13 de enero de 1916, SD 812.00/17092; Taracena, *Verdadera revolución*, V, p. 103; VI, p. 124.

cooptación de la tradición localista, popular. Tan poderosas eran las defensas hacia 1918, que Villa las amenazó específicamente; se alinearon con facciones carrancistas rivales, y en algunos casos se volvieron saqueadoras: "simplemente toman todo lo que cae en sus manos".[843] Se conservaron aun cuando su propósito inicial —luchar contra Villa— había desaparecido; una ley de 1922 las reconoció oficialmente. Los jefes de las defensas tuvieron gran influencia política y pudieron, como en el caso de Jesús Almeida, llegar a la gubernatura del estado; ahí, como en Michoacán, Veracruz, San Luis Potosí y otros lugares, esas fuerzas irregulares locales fueron parte de la violencia política y el pistolerismo que la Revolución legó al decenio de 1920.[844]

Pero si los mexicanos mostraban anhelos de paz, antipatía por la rebelión y disposición para trabajar —todo lo cual era de beneficio para el gobierno—, eso no significaba que el régimen tuviera apoyo popular, ya que se le toleraba *faut de mieux* más de lo que se le acogía con entusiasmo. Un carrancista desusadamente imparcial comentó que "la revolución actual todavía no es popular en México. La mayoría del pueblo mexicano está todavía contra la revolución [...] somos la minoría".[845] En lo alto, Carranza no inspiró en 1915-1920 más confianza o afecto del que había tenido en 1913-1914. El reconocimiento de los Estados Unidos provocó reacciones diversas: un devoto carrancista como Berlanga, gobernador de Jalisco, lloró de alegría, abrazó al cónsul estadunidense y ordenó que doblaran las campanas, pero las celebraciones se recibieron con acritud.[846] Quizá eso no era de sorprender en la católica Guadalajara, pero también en otras partes las reacciones iban (en el mejor de los casos) del optimismo cauteloso a la indiferencia o el desaliento totales. No hubo júbilo colectivo.[847] Además, en 1916 creció el escepticismo general acerca de la capacidad del primer jefe para gobernar. No surgió en la nación un rival de altura, pero la desilusión y la crítica fueron comunes; sería un error creer que Carranza y su régimen consolidaron progresivamente su popularidad y consiguieron nuevos adeptos después de 1915. La prensa oficial informó de grandes recibimientos al primer jefe en distintas partes del país —ése era su trabajo—,[848] pero los observadores extranjeros advirtieron el "señalado descenso" o "constante erosión" del prestigio de Carranza.[849]

[843] Informe de Chihuahua en Hohler, Ciudad de México, 15 de mayo de 1918, FO 371/3244, 97566.

[844] Gruening, *Mexico and its Heritage*, pp. 410-411, y *supra* n. 835.

[845] Machorro Narváez, DDCC, II, p. 99.

[846] Davis, Guadalajara, 20 y 23 de octubre de 1915, SD 812.00/16780, 16783. Dos meses después Davis informó una vez más: "predomina entre los peones pacíficos y la ciudadanía en general un profundo sentimiento a favor de la causa de Villa" (9 de diciembre de 1915, SD 812.00/17008). Me referiré en seguida al carácter de ese villismo residual.

[847] Brereton, Aguascalientes, 29 de octubre; Alger, Mazatlán, 4 de noviembre; Bevan, Tampico, 11 de noviembre de 1915; SD 812.00/16800; 16796; 16813.

[848] Por ejemplo, *El Demócrata*, 4 de marzo de 1916.

[849] Parker, Ciudad de México, 23 de marzo; Cobb, El Paso, 20 de abril de 1916; SD 812.00/17615; 17935. Véase también USS Marietta, 14 y 23 de marzo de 1916, SD 812.00/17637, 17729.

En parte, ése era un prejuicio de los extranjeros. Las circunstancias por las que atravesaba la nación —hambrienta, en bancarrota y enferma—, no acreditaban al régimen, aun cuando poco era lo que éste podía hacer al respecto. Y en cuanto a Carranza, nunca había sido —ni jamás llegó a ser— un líder popular carismático. Uno de sus simpatizantes concedió: "el general Carranza no es lo que podría llamar un hombre fácil, accesible, ni uno que pudiera inspirar gran devoción o lealtad". La intrépida afirmación en sentido contrario de Richmond —"Carranza disfrutó de un apoyo popular escasamente visto en México"— sigue siendo detalle nada convincente de una semblanza poco convincente.[850] La figura del presidente Carranza era sobria: con sus grandes sombreros, vestimenta severa, barba patriarcal y lentes oscuros, su estricta rutina de trabajo, su abstención de alcohol y tabaco, cuidado de su respetable familia de clase media, parecía más un alcalde inglés excéntrico que el presidente del México revolucionario.[851] Impresionó a pocos de los que lo conocieron. El escritor español Blasco Ibáñez lo criticó, como John Reed lo había hecho cinco años atrás; el encargado francés encontraba difíciles las conversaciones con el tedioso primer jefe.[852] Los soldados veían a Carranza lejano y frío, no como uno de ellos. Carranza no era uno de los suyos, por supuesto; era un civil acomodado, que podía conseguir lealtad entre un pequeño grupo de allegados, pero no tenía don de gentes ni habilidad para establecer relación con la amplia y heterogénea gama de sus seguidores. Villa había hecho comentarios sobre ese distanciamiento de Carranza; él y Zapata habían entrado en confianza burlándose de su carácter "arrogante".[853] El soldado carrancista pensaba lo mismo, así como, en 1911, el soldado raso maderista había visto en Madero un civil endeble. El capitán García Cadena, oficial de Natera y carrancista sólo de nombre, decía que el primer jefe era "ese viejo barbón [y] cabrón", temeroso de hombres de temple como Natera; se tiene la impresión de que la única cualidad de Carranza, que destacaban canciones y bromas populares, matizadas de léxico satírico y algo obsceno, eran sus abundantes bigotes.[854]

Esa reacción fría se notaba en todo el país, a pesar de que la prensa se esforzaba con denuedo para hacer del "varón de Cuatro Ciénegas" una leyenda.[855] Su personalidad, sin brillo y de prestigio modesto, no podía equilibrar la impopularidad de su régimen. A diferencia de Madero en 1911, sus progresos triunfales fueron hechos aislados en 1916. A fines de 1915, se le recibió

---

[850] Silliman, 8 de junio de 1914, SD 812.44/C23/1; *cf.* Richmond, *First Chief*, p. IV.

[851] Urquizo, *Páginas*, pp. 149-150 (Urquizo era carrancista adicto).

[852] Blasco Ibáñez, *Mexico in Revolution*, p. 166; Lafaivre, Ciudad de México, 22 de abril de 1916, AAE, Méx., Pol. Int., N. S., XIII, n. 28.

[853] Womack, *Zapata*, p. 221.

[854] De D. G. Lamadrid a Carranza, 17 de marzo de 1916, AVC; Rutherford, *Mexican Society*, p. 166.

[855] *Ibid.* Hay pruebas numerosas de censura a la prensa y también de campañas periodísticas para encomiar a Carranza; véase, por ejemplo, de Calixto Maldonado a Alvarado, 1º de octubre de 1916, AJD.

en San Luis Potosí "con mucha frialdad", lo que le provocó "gran disgusto"; nadie lo vitoreó mientras se dirigía al palacio de gobierno, y la clase baja, formada para verlo pasar, "era una multitud curiosa, festiva y desinteresada, más que un grupo de fervientes admiradores".[856] Lo mismo ocurrió en el oeste en 1916. A pesar de que Obregón afirma con lealtad que el primer jefe era popular entre las masas, el entusiasmo parece haber sido organizado cuidadosamente. En Guadalajara, "el recibimiento que dieron los civiles [a Carranza] fue un fracaso"; aparte de los adornos que puso la comunidad extranjera, siempre prudente, no hubo ningún otro tipo de decoración hasta que se dieron órdenes de poner la bandera nacional donde fuera posible.[857] El tiempo no aminoró la impopularidad de Carranza. Novelistas y trovadores lo dejaron de lado; salvo unas cuantas composiciones "oficiales", Carranza apenas asoma en los corridos de la Revolución, y eso como objeto de la chanza villista (en "La Cucaracha", por ejemplo); entre los héroes legendarios de la Revolución, Carranza "merece citarse... sólo como no legendario".[858]

Eso no significa menospreciar a Carranza, quien no era "políticamente obsoleto" ni "encarnación de la mediocridad"; fue un líder bastante capaz y sin duda consciente, no careció de valor, fortaleza y convicción, y demostró ser patriota leal, firme.[859] Fueron considerables sus logros políticos entre 1913-1920, pero no pudo despertar la simpatía popular como lo hicieron algunos caudillos nacionales y locales; su gobierno sobrevivió a pesar de su reputación, más que a causa de ella. Un observador opinó que el último periodo de paz en La Laguna nada debía a Carranza y su régimen, por los cuales el pueblo —que aún "idolatraba" a Villa— no sentía más que "odio y desprecio".[860]

Ese panorama no tenía tanto contraste en el ámbito nacional, pero la atracción popular de Villa aminoró la de Carranza, y hasta en la derrota conservó algo de este poder lejos de las regiones donde continuaba la resistencia villista. El villismo, que para entonces representaba una causa remota, perdida, en cierto sentido apelaba más al sentimentalismo que en su apogeo de 1915, porque entonces el mito villista había sufrido a causa de su transfiguración en dura realidad, como otros mitos sobre bandoleros, pero ahora se agrandaba a medida que la realidad perdía fuerza y el bandido volvía a ser sólo un símbolo, en especial del resentimiento del pueblo por el régimen. Después de

---

[856] Bonney, San Luis, 29 de diciembre de 1915, SD 812.00/17052 (Bonney era uno de los funcionarios consulares estadunidenses más equilibrados y perceptivos).

[857] Cf. Obregón, *Ocho mil kilómetros*, p. 447, y Davis, Guadalajara, 19 de febrero y 7 de marzo de 1916, SD 812.00/17659. Obregón no convence cuando se aleja ocasionalmente de su narrativa castrense.

[858] Rutherford, *Mexican Society*, p. 165. Cuando las tropas gubernamentales invocaban el carisma de un caudillo, apelaban a Obregón, no a Carranza; atacaron Torreón al grito de "Viva Obregón" (O'Hea, Gómez Palacio, 11 de enero de 1917, FO 371/2959, 41521). Como es natural, los amigos de Carranza temían y desconfiaban de la categoría de "semi-Dios" adquirida por Obregón (véase de L. Rivas Iruz a Carranza, 4 de mayo de 1916, AVC).

[859] Womack, *Zapata*, p. 210; Quirk, *Mexican Revolution*, pp. 9-10.

[860] O'Hea, Gómez Palacio, 1º de octubre de 1918, FO 371/3247, 18312.

1915, Villa no pudo ya manchar su imagen propia con prácticas que mostraban el lado malo de su movimiento (salvo, naturalmente, en Chihuahua y sus alrededores); el villismo representó no el caudillaje violento, caprichoso, ingenuo en lo político, sino la intrépida resistencia a Carranza y los Estados Unidos. El grito ¡viva Villa! llegó a significar aversión por el carrancismo más que compromiso con la causa perdida del caudillo norteño.[861] En los tumultos que se hacían para conseguir comida en Torreón, las mujeres "histéricas", sobre todo, gritaban ¡viva Villa! (como lo hacían también los buenos mozos y bien alimentados de San Luis Potosí); las mismas palabras se leían en los muros y los vagones de ferrocarril en Tampico.[862] En las cantinas ruidosas de Aguascalientes (donde aún se recordaba que Villa había tomado brevemente la ciudad a fines de 1914), los pianistas tocaban hasta bien entrada la noche el corrido villista "Tierra Blanca", para disgusto de los oyentes carrancistas.[863] A lo largo de 1916 y 1917, cuando Villa no sólo se negó a rendirse, sino que, como desafío al poder de los Estados Unidos y al gobierno, pareció revivir, su popularidad se conservó vigorosa en Chihuahua (donde, al principio, Pershing enfrentó rechazo), en La Laguna (donde "los de la clase baja... son todos villistas de corazón"), en Sinaloa ("es grande la simpatía por los villistas"), en Colima y Nayarit.[864] Ese residuo villista parecía un bálsamo psicológico. Era algo que se cantaba en los bares en años de austeridad y desilusión, una manera de burlarse de las autoridades aunque fuera con pintas furtivas. Pero el villismo no era una opción real para el nuevo régimen, como tampoco lo eran el zapatismo y el felicismo, que resistieron antes que nada por rehusar con orgullo rendirse ante Carranza, más que por la esperanza real de conseguir el poder nacional, para lo que les ayudaba, aunque cada vez menos, la impopularidad del régimen.

Esa falta de popularidad, en parte inevitable y en parte conseguida de manera gratuita, se debió al estilo carrancista de gobernar; no por los decretos, políticas y discursos formales con que trató de compensarlo (son bien conocidos y me referiré a ellos más adelante), sino por las estructuras de organización y autoridad más informales, y con frecuencia más importantes. Como dije antes, el carrancismo evolucionó con la alianza de fuerzas coahuilenses y sonorenses hecha en 1913. Después, el "centro" carrancista,

---

[861] Véase el informe de F. Thompson, quien administraba una colonia estadunidense al sur de Sinaloa, en USS Denver, San Diego, 20 de abril de 1916, SD 812.00/18063.

[862] El representante de la Continental Mexican Rubber Co., Torreón, 29 de marzo de 1916; USS Nashville, Tampico, 26 de noviembre de 1916; SD 812.00/17792; 20065; Gavira, *Actuación*, p. 147.

[863] De J. G. Nava a Carranza, 9 de diciembre de 1915, AVC. Era peor en las cantinas de Tepic; dice un informe de la frontera (31 de marzo de 1917, SD 812.00/20793) que "por la noche, cuando los pelados se emborrachan con los soldados, gritan 'muera el viejo barbón y su mal gobierno'".

[864] De Pershing a Wood, 10 de septiembre de 1916, Documentos Pershing, caja 215; O'Hea, añadida a Cobb, El Paso, 23 de febrero de 1916; informe de la frontera, Nogales, 3 de mayo de 1916; USS Albany, Manzanillo, 7 de marzo de 1917; informe de la frontera, 31 de marzo de 1917; SD 812.00/17342; 18177; 20705; 20793.

que buscaba reclutas y aliados, luchó sin cesar, y al final logró controlar el centro de una coalición nacional en expansión. Carranza encabezaba aún el movimiento del que había sido primer jefe y ahora era presidente; los generales Obregón y González, los más importantes en 1913-1914 (aunque competían entre sí), representaban aún las fuerzas armadas; los norteños en general, y los sonorenses y coahuilenses en particular, controlaban aún el movimiento y gran parte del país: Castro en Oaxaca, Alvarado en Yucatán, Murguía y Treviño en Chihuahua, Diéguez en Jalisco, González en Morelos, Cesáreo Castro en Puebla.[865] Unía a estos carrancistas una lealtad flexible, herencia de 1913-1915, años críticos en los cuales, como diría Benjamin Franklin, "debían mantenerse unidos o, con toda seguridad,... colgarían por separado". Sus fuerzas, aglutinadas rápidamente, se templaron en las campañas contra Huerta y Villa. Ya en el poder, mostraron un exclusivismo estrecho, casi sectario, que chocaba con la promiscua tolerancia política del villismo. Las purgas del comienzo, en 1914, no fueron actos impulsivos, aislados, dictados al calor de la victoria, sino el inicio de una política coherente, calculada, cuyo propósito era eliminar de la política a ex porfiristas, ex huertistas, y también villistas, zapatistas y convencionistas, lo que se convirtió en uno de los sellos distintivos del carrancismo.

Los motivos de los carrancistas eran bien claros en un sentido: no volverían a cometer los errores de la "política de conciliación" maderista; antes de hipotecar su futuro político, extirparían de raíz a la oposición "reaccionaria" (antiguos revolucionarios como Villa estaban ya ubicados en esa categoría). Eso fue desarrollo natural del maderismo "militarista" de 1912. Pero al igual que muchas políticas constitucionalistas, ese exclusivismo trascendió al pragmatismo estricto: se volvió un fin en sí mismo, necesario trabajo de purificación, equivalente político de la redención social que prometía la Revolución. Los debates de Querétaro demuestran que muchos revolucionarios juzgaban esa limpia política más importante que cualquier reforma social. Ese énfasis "conservador" no sólo estaba relegado al ala "moderada" del constitucionalismo; también "radicales" como Alvarado y Gavira veían con maniqueísmo la renovación política, etapa en "la lucha secular entre LIBERALES Y CONSERVADORES", que continuaría hasta que la "REACCIÓN" quedara totalmente vencida. Alvarado, quintaesencia del proconsulado, se convirtió así en el "recurso purificador" de la Revolución en Yucatán.[866] Gavira, que gobernaba San Luis Potosí y Durango, pensaba igual. Limpió la administración de San Luis Potosí, los concejos municipales, la judicatura, el Instituto Científico y cualquier organización que, en su opinión, albergara enemigos de la Revolución: cerró el Club de Toreo, frecuentado por la *jeunesse dorée* citadina que contrariaba a Gavira no sólo con su mera existencia, sino con sus estridentes gritos de

---

[865] Lista útil de gobernadores y jefes militares carrancistas se encuentra en de Obregón a Carranza, 24 de marzo de 1916, AVC, y en de Funston al Departamento de Estado, 9 de septiembre de 1916, SD 812.00/19168.

[866] Alvarado, *Actuación*, pp. 17 y 53.

¡viva Villa![867] Nada de esto se hizo a hurtadillas, sino con indignación retórica, farisaica. Gavira criticó por su pasividad a los maestros, posibles simpatizantes, y los exhortó a realizar "buen trabajo liberal y emprender con celo la nueva tarea de regeneración". Dijo a los titubeantes que pedían amnistía política como la otorgada hacía poco en Querétaro, que esa amnistía, concedida "tan inoportunamente", era obra de "liberales moderados" los cuales "no estaban preparados para el trabajo revolucionario, que debía ser intransigente para que diera frutos".[868]

La intransigencia, la resolución, el rechazo a las componendas, se convirtieron en pruebas de integridad política, y las purgas en muestra de virilidad revolucionaria. Aunque algo pomposos, Gavira y Alvarado eran sinceros; creían en la virtud de la causa y actuaron de manera coherente. Las frecuentes exhortaciones de otros revolucionarios a la intransigencia (incluido Carranza) caían en el vacío; en la práctica a menudo se les ignoraba, y servían a veces de pretexto para venganzas y satisfacciones personales.[869] Es posible que, por encima de eso, denunciar la "reacción" y eliminar enemigos políticos respondiera al deseo, consciente o inconsciente, de afirmar la unidad ideológica y la validez de la Revolución, deseo que se hizo más profundo a medida que la ampulosidad militar cedía el paso a la reconstrucción terrenal y la disensión empezaba a agrietar la fachada del constitucionalismo. Las purgas y la cacería de brujas elevaron la moral, consolidaron la unidad revolucionaria y recordaron a la nueva élite no sólo su destino histórico, sino la permanente amenaza de la reacción. Magnánimo, *El Demócrata* declaró que no apoyaba la persecución de *todos* los enemigos, pero ("y este 'pero' es colosal") "la revolución sólo por revolucionarios puede ser transformada en gobierno distinto a las dictaduras pasadas"; con ese propósito, los revolucionarios debían conservar su unidad y evitar el desquite de sus enemigos. Recordatorio, sobre todo para los disidentes carrancistas, de que, si no se mantenían unidos, podrían colgar por separado.[870] El fantasma de la "reacción" no era sólo de utilería; se personificó en los grupos de emigrados, la Iglesia, las huestes de Félix Díaz, cuyas actividades provocaban, con razón, un estremecimiento aprensivo en los revolucionarios. Pero cuando —como ocurría a menudo con la fantasía constitucionalista— la "reacción" adquirió las proporciones del Satanás miltoniano, se convirtió más en símbolo que en realidad, un símbolo integrador negativo o, dicho de manera directa, un coco para mantener tranquilos a niños ingobernables.

Cualesquiera fuesen sus motivos, el exclusivismo carrancista era concienzudo y excesivamente severo a veces. Arrestados los oficiales y políticos acusados de participar en el golpe de Huerta, se les sometió a corte marcial y se

[867] Gavira, *Actuación*, pp. 132-147.
[868] *Ibid.*, p. 144.
[869] Taracena, *Verdadera revolución*, IV, pp. 134-135.
[870] *El Demócrata*, 6 de septiembre de 1916, *cf.* Fabela, DHRM, RRC, V, p. 425 (*El Demócrata*, porfiaba una vez más en el tema de la "reacción").

les ejecutó; se dijo que esa justicia sumaria se debía a inquina personal.[871] Individuos bien conocidos estaban comprometidos. En una redada, la policía arrestó a Joaquín Pita, otrora jefe político de Puebla; se le acusó de complicidad con el felicismo, y después de seis horas de interrogatorio (prolongadas por "la casuística con que Pita evadió la responsabilidad"), dejó de resistir y confesó todo.[872] El caso de Alberto García Granados, viejo ya y muy enfermo, fue más cruel y más sonado. Había sido ministro de Madero y Huerta; a la caída de éste se escondió en la capital y salía sólo a hurtadillas. Fue arrestado en septiembre de 1915, sometido a corte marcial (a causa de su debilidad se desmayó varias veces durante el juicio y tuvieron que ayudarlo dos soldados) y finalmente ejecutado; Taracena cuenta que dijo: "Muero sin rencores, rogando a Dios que mi sangre sea la última que se derrame en esta horrible lucha de hermanos con hermanos".[873] Eliminar "huertistas" tenía cierto fundamento (todos los que habían participado en el golpe de Estado de 1913 que hubieren permanecido en México o regresado, fueron declarados sujetos a expulsión en 1917) y pudo obtener aceptación popular.[874] Pero las purgas carrancistas metieron como "reaccionarios" en el mismo saco a villistas, zapatistas, convencionistas; lamentó un revolucionario honesto, que el régimen se mostrara más dispuesto a perseguir revolucionarios heréticos (al valioso doctor Miguel Silva, uno de los muchos maderistas convertidos al villismo) que a huertistas acérrimos, como Francisco Olaguíbel.[875] Entre las víctimas se contaban Bordes Mangel (veterano de 1910 con poco éxito; después villista); Heriberto Frías, opositor de Díaz, quien ya ciego fue condenado a prisión por editar *El Monitor*, periódico villista; el general Lucio Blanco, partícipe en la fragmentación de Los Borregos, quien se había destacado en la búsqueda de una solución intermedia durante el cisma revolucionario de 1914.[876]

Ésos fueron los peces grandes; la red carrancista rastreó profunda y finamente. Condenado a 12 años de prisión, Heriberto Frías, respetado precursor revolucionario, pasó no más de siete meses en la cárcel antes de su liberación; un periodista menos conocido y afortunado, pasó dos años en una cárcel de Veracruz por artículos escritos para la prensa constitucionalista en 1914; una vez más se aludió a inquina personal.[877] Un preso de la Ciudad de México, arrestado al amanecer acusado de zapatista y de servir en la reserva de la policía huertista, negó la primera acusación y, en cuanto a la segun-

---

[871] *El Demócrata*, 14, 16, 23 y 26 de marzo de 1916; Taracena, *Verdadera revolución*, IV, pp. 87-91, 113, 158 y 163.

[872] *El Demócrata*, 15 de noviembre de 1915.

[873] Taracena, *Verdadera revolución*, IV, pp. 75-82; de J. G. Nava a Carranza, 9 de octubre de 1915, AVC; Junco, *Carranza*, pp. 117-125.

[874] Fabela, DHRM, RRC, V, pp. 317 y 321-322; Taracena, *Verdadera revolución*, dice que la plebe vitoreó la muerte de García Granados.

[875] De Múgica a Alvarado, 29 de agosto de 1916, en María y Campos, *Múgica*, p. 102.

[876] *El Demócrata*, 2 de marzo de 1916; Taracena, *Verdadera revolución*, IV, pp. 95, 103, 104 y 242.

[877] De Manuel Zapata a Aguilar, 16 de abril de 1917, AVC.

da, alegó que era un medio de vida, no de afiliación política: nunca había arrestado a un revolucionario y siempre había advertido a los sospechosos. El rencor personal, y no la justicia revolucionaria, motivó tales cargos.[878] No es de sorprender que en las purgas cayeran esos personajes de menor importancia ni que fueran tan comunes las acusaciones de venganzas personales. El gobierno nacional, también el local, estimulaba las pesquisas, denuncias y arrestos. A fines de 1915, el secretario de Gobernación ordenó a todos los gobernadores que despidieran a ex huertistas y enemigos de la Revolución; los empleados de la Secretaría de Hacienda (que, se decía, era nido de reaccionarios) recibieron un amplio cuestionario, con el que se procuraba confirmar que habían trabajado en los gobiernos de Díaz, Madero, Huerta, el convencionista, villista, así como en la revuelta de Díaz en 1912 o en la Decena Trágica.[879] Policías y jueces del Distrito Federal perdieron sus trabajos; un agente secreto denunció a reaccionarios que tenían puestos en la Oficina del Censo; empleados de la misma, ostentando virtudes revolucionarias (¿y buscando ascensos?), mencionaron a colegas reaccionarios y pidieron que se les investigara y cesara.[880] La provincia siguió el ejemplo. Castro, gobernador de Oaxaca, ordenó que todos los ex federales salieran del ejército constitucionalista y se aplicara un cuestionario a los empleados del gobierno en el que se detallaran carrera y filiación política; aunque los compromisos inconsistentes de quienes lo precedieron en el cargo eran obstáculos para Gavira, eliminó en Durango a ex porfiristas y ex miembros de la Defensa Social; en Puebla, una Junta Depuradora se dedicó a eliminar huertistas y martinistas (partidarios del ex gobernador Mucio Martínez).[881]

Sin duda, era diverso el éxito de esas medidas. San Luis Potosí fue para Gavira un triunfo de depuración política, pero Durango fue una gran desilusión.[882] Un año después de recibido el cuestionario, se calculaba que 80% de los empleados de Hacienda eran aún "huertistas".[883] Pablo de la Garza, gobernador de Nuevo León, que estaba decidido a limpiar el gobierno de "elementos hostiles a la causa", encontró los archivos estatales vacíos de información y a los informantes locales no muy dispuestos a denunciar a los funcionarios municipales; no obstante, De la Garza confiaba en que "con toda seguridad que día a día se irán descubriendo y dando motivo para suspen-

[878] De Salvador Moreno a Carranza, 12 de mayo de 1916, AVC.
[879] Taracena, *Verdadera revolución*, IV, p, 115; *El Demócrata*, 17 de diciembre de 1915.
[880] *El Demócrata*, 24 de marzo de 1916; de D. G. Lamadrid a G. Ugarte, 16 de septiembre de 1915; de los empleados de la Dirección General del Catastro a Carranza, 31 de junio de 1916, AVC.
[881] *El Demócrata*, 4, 7 y 16 de marzo de 1916; Gavira, *Actuación*, pp. 177-179.
[882] Entre las víctimas potosinas de Gavira figuró Jesús Silva Herzog —quien sería después luminaria de la izquierda oficial—, que por entonces era periodista de *La Patria* y contra el que se presentaron "pruebas irrefutables" de que era hostil al constitucionalismo. Se le sometió a corte marcial y condenó a tres años de cárcel, que Gavira aumentó a ocho, pero cumplió muchos menos (Gavira, *Actuación*, pp. 134-135; en cuanto a la versión de Silva Herzog, véase Wilkie, *México visto en el siglo XX*, pp. 614-618).
[883] De Múgica a Alvarado, 29 de agosto de 1916, en María y Campos, *Múgica*, p. 100.

derlos en sus funciones".[884] Pero aunque hubiera o no cesantías en masa, se vivía un clima de vigilancia, denuncia, proscripción, versión clemente de la limpieza política efectuada en otras grandes revoluciones. Funcionarios de menos categoría temblaban ante la perspectiva de que se les despidiera si no por animadversión personal, sí porque se suponía que eran indiferentes (no por fuerza hostiles) al constitucionalismo. Un empleado de la aduana de Veracruz, que buscó un ascenso, sin conseguirlo, recibió alarmado un cuestionario sobre antecedentes, de esos que los departamentos gubernamentales se complacían en recopilar; escribió al secretario de Carranza explicándole que "yo no tengo que contestar y le suplico a ud. que tenga en cuenta que soy padre de familia y sería muy triste el que después que uno arresgó [sic] la vida lo separen a uno del empleo, por no tener qué comprobar el haber hecho algo por la revolución".[885] Se volvió asunto de primer orden demostrar que se había servido a la revolución constitucionalista. A causa de que su madre estaba enferma, Fernando Cuevas no pudo seguir a los constitucionalistas a Veracruz en 1915, pero 20 colegas dieron testimonio de que "hizo una propaganda verbal durante la época de prueba", lo que demostraba su lealtad.[886] Rápidamente se olvidaron momentos de duda, apatía u oposición abierta; se arreglaron —si no se crearon *de novo*— casos de compromiso revolucionario. Mientras se formaban los grandes mitos revolucionarios nacionales, multitud de individuos grandes y pequeños empezaron a mitificar su pasado —algunos con algo de exageración y distorsión, otros (como el general Xicoténcatl Robespierre Cebollino, de Azuela, ficticio pero ilustrativo) con elaboraciones grotescas y desmesurada oratoria seudorradical—.[887]

Como dije antes, ese exclusivismo político (denuncias contra "enemigos de la causa", falsificación de crédito político, culto a la ortodoxia revolucionaria) tenía un sabor a estalinismo benigno.[888] Como en la Revolución francesa y en la Rusia posrevolucionaria, brotaron los informantes; en la prensa oficial aparecían solicitudes anónimas, en las que se pedía a los lectores información sobre reaccionarios conocidos y prometía comprar las fotografías de esos individuos; *El Demócrata* explicaba que "el objeto... no es otro que el de cooperar a una general depuración revolucionaria... la experiencia más amarga comprueba la necesidad de ser escrupuloso en extremo".[889] Espías, funcionarios, periodistas, individuos (cuya existencia apenas toman en cuenta la mayoría de las historias), bombardearon al régimen con informes sobre "elementos nocivos" que amenazaban la Revolución desde la derecha o la

---

[884] De P. de la Garza a Carranza, 15 de diciembre de 1916, AVC.
[885] De F. Maldonado a G. Ugarte, 19 de marzo de 1917, AVC.
[886] De F. Cuevas a Carranza, 2 de agosto de 1916, AVC.
[887] Rutherford, *Mexican Society*, pp. 167-168, sobre esos mitos personales; véase también Schryer, *Rancheros of Pisaflores*, p. 69, y Warman, *Y venimos a contradecir*, p. 161.
[888] Esto no quiere decir que el estalinismo ya en su moderada versión mexicana, ya en su acabada forma original, careciera de justificación, dadas las circunstancias.
[889] *El Demócrata*, 3 y 5 de febrero de 1916.

izquierda.⁸⁹⁰ Si se pensaba que los juicios y ejecuciones más sonados se debían a rencores personales más que a pruebas concretas, con más razón ocurría en casos menores. Juan de la Garza, hermano del gobernador de Nuevo León, denunció a un funcionario de Monterrey, después de una conversación "de poca importancia", porque había "difamado al Gobierno local y a su personalidad [de gobernador]"; arrestada, la víctima juró que era constitucionalista leal y que don Juan, quien no le tenía muy buena voluntad, había falseado sus palabras.⁸⁹¹ En el Distrito Federal fue arrestado otro porque había "insultado al Primer Jefe del Ejército Constitucionalista en un tranvía eléctrico de San Ángel vía Churubusco"; se supo después que el cargo era falso —el servicio de tranvías se había suspendido el día de la supuesta ofensa—. El prisionero quedó libre después de dos meses de cárcel.⁸⁹²

Bajo la avalancha de denuncias, arrestos, querellas, había un elemento más, de grandes proporciones pero incuantificable: la cuestión de los bienes intervenidos por las autoridades revolucionarias desde 1913. Según la práctica constitucionalista, las propiedades se confiscaban por razones esencialmente políticas, no socioeconómicas; es decir, para castigar a los enemigos de la causa y sostener la Revolución, no para redistribuir equitativamente lo incautado. Cualesquiera fuesen los efectos sociales de importancia que pudieran haber tenido, esas confiscaciones fueron actos políticos y sus destinatarios padecían *qua* porfirianos, huertistas o felicistas, no *qua* hacendados.⁸⁹³ Esa política dio pábulo a la arbitrariedad y codicia de los líderes revolucionarios, a cuyo afán por arrebatar casas, automóviles, tierras, me he referido ya y lo volveré a examinar.⁸⁹⁴ Por ejemplo, de las 175 propiedades "urbanas" confiscadas en Puebla, la mayoría (134) pertenecían a la Iglesia; según las listas, el resto pertenecía a un "enemigo de la causa", "esposa del enemigo" o uno "por haber protegido enemigos de la causa".⁸⁹⁵ Sin duda, la política de "pu-

---

⁸⁹⁰ J. G. Nava, 2 de diciembre de 1915; E. Sandoval, 31 de enero de 1916; H. Barrón, 3 de agosto de 1916, los tres a Carranza, AVC; informes de la Agencia Confidencial a Gobernación, 26 y 28 de octubre y 2 de noviembre de 1915, AJD. Gavira, *Actuación*, pp. 168 y 171, comenta sobre lo útil que era esa red de espías-policía secreta en el ambiente hostil de Chihuahua; opina que las mujeres eran muy eficientes (otro tema para "mujeres en la Revolución" que estudios actuales han pasado por alto).

⁸⁹¹ J. M. Sáenz a Carranza, 8 de mayo de 1916, AVC.

⁸⁹² Declaración de D. Johnson, 7 de agosto de 1916, AVC.

⁸⁹³ En ese sentido, había clara diferencia entre la expropiación constitucionalista (oficial) y la de movimientos agrarios "maduros", como el zapatismo y el cedillismo. Aun así, esas confiscaciones "políticas" podían tener —a causa del amplio apoyo dado por los terratenientes al antiguo régimen— efecto importante, ya que no permanente, en la tenencia de la tierra rural y en las relaciones de clase.

⁸⁹⁴ Véanse pp. 794 y 810-812.

⁸⁹⁵ Del secretario de Gobernación a Hacienda, 31 de julio de 1915, AG 60/33. Entre las propiedades "urbanas", figuran varios ranchos o partes de los mismos; en 11 no se detalla el propietario. Varias propiedades (que no pertenecían a la Iglesia) fueron simplemente confiscadas "por órdenes del c. gobernador del estado", "por órdenes del c. general Pablo González" o "por no cumplir los decretos dictados por el Cuartel Gral. del Cuerpo del Ejército del Oriente"; no hay más explicaciones.

rificación" tenía su lado económico importante, en cuanto la proscripción —decisión subjetiva a menudo— terminaba en confiscación, la cual, a su vez creaba un interés, público o privado, del general de alto rango o del inquilino humilde para mantener las confiscaciones e incluso aumentarlas. La confiscación siguió practicándose aun después del triunfo de Carranza y, de la misma forma, se obstruyó la devolución de las propiedades con la excusa de que el antiguo dueño seguía siendo "enemigo de la causa".[896]

El sectarismo constitucionalista se sustentaba en un principio ideológico, según el cual —si se me permite esta glosa de una línea de la prensa oficial— "el pensamiento revolucionario reside únicamente en el Gobierno".[897] Ese principio dominaba también a la prensa. No revivieron las libertades efímeras del periodo maderista, que terminaron abruptamente en 1913. Antes bien, la prensa que había servido a Huerta se puso al servicio político de la Revolución; los controles *de facto* que se establecieron entonces, después fueron parte de la Ley de Imprenta que estableció castigos para cualquier opinión expresada en periódicos, fotografías, películas, dibujos, canciones o discursos, con el propósito de ridiculizar, desaprobar o socavar a la nación o sus instituciones fundamentales.[898] Aun antes de que esas sanciones se concretaran, el régimen clausuró periódicos por sus opiniones críticas, arrestó a editores y periodistas.[899] El fundamento era bien conocido (los maderistas militaristas habían aconsejado lo mismo a Madero con poco éxito en 1912): la libertad de prensa podía ayudar a la reacción y hacer peligrar la Revolución. Según se dice, el general Diéguez preguntó a un grupo de periodistas disidentes —enviados bajo arresto a Chihuahua para que se "rectificara" su "mala información" sobre el resurgimiento de Villa—: "¿creen ustedes, los conservadores, que les vamos a dar el poder?"[900] Así como los periódicos, los libros y obras de teatro también pasaron por la censura.[901]

El régimen imitó a los porfiristas al conseguir una prensa subsidiada que se malbarataba publicando noticias autorizadas y la opinión oficial; *El Demócrata* se refirió orgulloso al "heroísmo" que significaba seguir apareciendo aunque perdía 70000 pesos por semana y acumulaba tremendas deudas.[902]

[896] Del subsecretario de Gobernación al gobernador Castro (Pue.), 14 de octubre; al gobernador Cepeda (Estado de México), 5 de septiembre; al subsecretario de Hacienda, 6 de septiembre de 1916, AG 78/48, 85/6 y 85/36.

[897] *El Pueblo*, 21 de septiembre de 1917, en Fabela, DHRM, RRC, V, p. 395.

[898] Taracena, *Verdadera revolución*, V, p. 72; véase el borrador dirigido a Manuel Aguirre Berlanga, 3 de abril de 1917, AVC.

[899] De Carranza al gobernador Dávila, SLP, 27 de enero de 1916, AVC; le ordena cerrar *La Patria* (periódico de Silva Herzog) y detener a sus redactores (Fabela, DHRM, RRC, V, p. 384).

[900] Taracena, *Verdadera revolución*, VI, pp. 110-113. El comentario de Diéguez iba dirigido específicamente a René Capistrán Garza, quien después sería presidente del movimiento juvenil católico (ACJM).

[901] *El Demócrata*, 11 de marzo de 1916 (prohíbe un libro católico sobre civismo); Taracena menciona la censura al teatro (*Verdadera revolución*, VI, p. 191).

[902] *El Demócrata*, 10 y 12 de noviembre de 1916, contradice la afirmación de *El Pueblo* de que obtenía ganancias.

Tanto este periódico como *El Pueblo* funcionaban como pequeños departamentos del gobierno (aspecto que ilustra bien el nombramiento del editor de *El Pueblo* para un alto cargo en la Secretaría de Gobernación, y el testimonio de un periodista que recordaba que, el día de paga, un empleado volvía de la Secretaría de Educación con bolsas llenas de monedas de plata). Los periódicos siguieron también con la vieja tradición de informar sobre victorias falsas y triunfos ficticios,[903] y callar noticias comprometedoras. Poco informaron sobre los movimientos de Pershing en México; Taracena comenta que *El Universal* se dedicó a informar sobre las menudencias del viaje de Carranza por Jalisco en vez de comentar el telegrama Zimmermann.[904] La guerra europea no pasaba inadvertida; al contrario, con frecuencia desplazaba la información interna de la primera plana. Esto se debía en parte a que los países beligerantes, especialmente Alemania, subsidiaban amplias secciones de la prensa —algo que el gobierno mexicano, que transitaba tortuosamente entre los contendientes, podía aprovechar para las necesidades de su propaganda interna—.[905] La prensa oficial trabajó sobre todo para componer reputaciones políticas, en especial la de Carranza. Durante los viajes que éste hacía por la República, se informaba que "grandes multitudes" se agolpaban en las calles de pueblitos, los cuales no contaban más que con una calzada y unas cuantas docenas de habitantes; la prensa mercenaria del constitucionalismo se esforzó por levantar una fachada impresionante con los simples ladrillos y argamasa que proporcionaba el carácter impasible de Carranza.[906] Antonio Manero porfiaba en la austeridad del primer jefe (tema a tono con la época y con la traza puritana del pensamiento revolucionario, pero que de poco servía para entusiasmar a las masas): era el "caudillo austero" (también el "caudillo de la redención"), "austero como Catón" (y calificaba a Alvarado de "Catón redivivo"; Manero se aferraba a una buena idea cuando creía haberla encontrado).[907] En continuo elogio (1918), Gregorio Velázquez comparaba la "figura extraordinaria" de Carranza con Gracián, Carlyle y Emerson (trío inverosímil): Carranza era "el alma mater, el apóstol y el brazo de un movimiento general de renovación de México"; "Carranza recoge así el ideal de Bolívar, y, después de haber sido general de raras virtudes, Revolucionario y Reformador, es también Apóstol de nuestra gran familia étnica y sostén de la más hermosa idea del nuevo continente".[908] Nada resultó de esos intentos por crear un culto a la figura de Carranza: su personalidad era poco atractiva, los devotos carecían de inspiración y, como dije antes, la reacción

---

[903] *Ibid.*, 5 de septiembre de 1916; Taracena, *Verdadera revolución*, V, pp. 82 y 225.

[904] Véanse notas 157 y 158; Taracena, *Verdadera revolución*, V, p. 53 (había razones diplomáticas para restar importancia al telegrama; Katz, *Secret War*, pp. 362-367).

[905] Katz, *Secret War*, pp. 446-448 y 458.

[906] Taracena, *Verdadera revolución*, V, p. 200.

[907] Manero, *Por el honor*, pp. 12, 14, 34 y 44-45.

[908] Gregorio A. Velázquez, "El señor Carranza y su acción heroica dentro de México", en Fabela, DHRM, RRC, VI, pp. 150-217, en especial pp. 150-152.

popular hacia Carranza era lánguida e indiferente. Pero los constitucionalistas tomaron en serio el cuarto poder; uno de ellos dijo: "a su conjuro, se derriban y renacen viejas instituciones, se reforman creencias y procedimientos y se norma, como en un molde la opinión pública".[909] Aunque no todos habrían llegado tan lejos, la mayor parte se hacía eco de esa creencia maderista, de clase media, en el poder de las ideas en general y la palabra escrita en particular; pero a diferencia de Madero, buscaban aprovechar ese poder por medio de la manipulación mezquina. Un amigo aconsejó a Alvarado: "haga Ud. que *La Voz de la Revolución* hable mucho del Primer Jefe con cualquiera oportunidad y a todas las ocasiones posibles; eso le agrada mucho".[910] Algunos maderistas "halcones" habían pensado lo mismo en 1912, pero, sin duda, Madero no.[911]

Mientras, contrario a la política conciliadora de Madero, el triunfo constitucionalista alentó una política de *vae victis*, que también debilitó la cohesión revolucionaria. Puesto que no tenían desafíos en el poder nacional, los carrancistas podían darse el lujo de tener rencillas internas. En la prensa se encuentran buenos ejemplos de esas discrepancias: la mayoría de los periódicos apuntalaban debidamente la orientación oficial, encomiando la Revolución y censurando la reacción, pero se convirtieron también en puntas de lanza del nuevo faccionalismo que corroía los órganos vitales del constitucionalismo. Por lo tanto, el papel de la prensa fue ambivalente: en lo ideológico favoreció la unidad, ortodoxia e intransigencia revolucionarias; en la práctica sirvió a las nuevas facciones que surgían del régimen (y, hasta cierto punto, a los extranjeros que las apoyaban). Las facciones civiles y militares tenían sus canales periodísticos; Palavicini, editor de *El Universal*, se convirtió en primer aliado de Carranza y en *bête noire* de los militares.[912] Los que aspiraban a gubernaturas contendían en las páginas de los periódicos de provincia. Quienes ocupaban el peldaño más alto de la escala jerárquica, los secretarios de Estado y los presidenciables, manipulaban la prensa: se decía que Pablo González había conseguido a Barrón la dirección de *El Pueblo;* que Obregón intentó hacer lo mismo con el Dr. Atl. Cuando Acuña perdió el control de la prensa en 1916, también decayó su poder.[913] Con el tiempo, la pugna de las facciones sobrepasó la frágil unidad del constitucionalismo, las lealtades personales atropellaron las ideológicas. Despedida la "reacción", hacia 1919-1920 los constitucionalistas pugnaban entre sí abiertamente, bajo un manto de tenue consenso ideológico. En la prensa, y en la contienda electoral, la disensión interna prometía abundancia de discusión y movilización políticas. En 1919 aparecieron en algunos periódicos violentos ataques contra Carranza,

---

[909] Introducción de Palavicini a Manero, *Por el honor*, p. 5.
[910] De C. Maldonado a S. Alvarado, 1º de octubre de 1916, AJD.
[911] Taracena, *Verdadera revolución*, V, p. 72.
[912] Thrustan, Ciudad de México, 16 de abril; Cummins, Ciudad de México, 22 de junio de 1917; FO 371/2960, 965668; 2962, 148197.
[913] De Maldonado a Alvarado, *supra*, n. 910.

pero éste "parecía tener miedo de contenerlos".[914] Los tiempos cambiaron: quedaron atrás las amenazas del pasado, atraían las tentaciones del futuro. Los cambios de la prensa entre 1915 y 1920 muestran claramente la mudanza de la forzada unidad sectaria al pluralismo faccioso menos inhibido.

He dicho ya que las fuerzas del carrancismo se sustentaban en el oportunismo astuto de sus líderes, en su capacidad para aspirar al poder nacional, en su habilidad para traspasar el ambiente más estrecho de las relaciones tradicionales (el pueblo, la hacienda, la patria chica) y moverse en el campo de la política impersonal de masas y alianzas: la política del burócrata, el sindicato oficial, el funcionario de carrera, diplomático, o editor de periódico.[915] Ese campo ofrecía grandes oportunidades de progreso político y económico, porque, a pesar de que la Revolución no había alterado las relaciones de producción, había eliminado a la élite porfiriana y abierto camino a nuevas generaciones hambrientas de poder, influencia y provecho. Así pues, al triunfo de la revolución constitucionalista siguió una lucha acerva por medrar, mayor que la de 1911. En lo alto centelleaba la presidencia. Carranza era una elección prudente para los primeros tres años (1917-1920), pero el segundo periodo se presentaba más abierto; ya en 1916 había comenzado la prolongada escaramuza en la que destacaron Obregón y Pablo González.[916] La batalla, que comenzó decidida, tuvo desenlace violento en 1919-1920.[917] Quedaron, entre tanto, grandes áreas de contienda política. En el ámbito nacional, el gabinete de Carranza superó una crisis de grandes proporciones en 1915 (Obregón, que avanzaba entonces a Aguascalientes, telegrafió sus opiniones a Carranza, quien estaba en Veracruz); la crisis, unida al colapso financiero y a las diversas políticas propuestas para darle solución, fermentó a lo largo del verano de 1916; las luchas que iniciaron esos conflictos reaparecieron durante el Congreso Constituyente (noviembre 1916-enero 1917).[918]

Las rencillas locales, relacionadas a menudo con esas divisiones nacionales, eran innumerables. Al ser nombrado Cándido Aguilar para el gabinete, quedó abierto el camino en Veracruz para el gobernador Heriberto Jara y el jefe militar Agustín Millán quienes (para desánimo de Aguilar) compitieron duramente por la sucesión; no obstante, ambos coincidían en su antipatía por Gabriel Gavira, quien regresó a su estado natal para disputar por segunda vez la gubernatura, en 1917.[919] Jacinto Treviño, que tenía la poco envidiable responsabilidad del comando en Chihuahua, trabó lucha abierta con Obre-

[914] Cummins, Ciudad de México, 13 de marzo de 1919, FO 371/3827, 40943.
[915] Véase mi artículo, "Peasant and Caudillo", especialmente pp. 51-58.
[916] Rodgers, Ciudad de México, 28 de julio de 1916, SD 812.00/18815.
[917] Véanse pp. 721-722.
[918] Silliman, Veracruz, 16, 17, 18 y 19 de junio de 1915; Murray, Ciudad de México, 27 de marzo de 1916; Rodgers, Ciudad de México, 15 de mayo y 10 de junio de 1916; SD 812.00/59, 60, 62, 66, 69 y 70; Rodgers, Ciudad de México, 28 de julio de 1916, SD 812.00/18815; Hall, *Obregón*, p. 142; Cumberland, *Constitutionalist Years*, p. 333.
[919] Lux, 26 de enero, Canada, 11 de septiembre de 1916, ambos desde Veracruz, SD 812.00/17232, 19256; de Aguilar a Millán, 13 de mayo de 1916, AVC.

gón, quien culpaba al joven coahuilense por los triunfos de Villa; Carranza defendió a su protegido, cuyo cuñado decía que Obregón estaba acorralando a Treviño, quitándole municiones deliberadamente; a fines de 1916 dejó su puesto clamando venganza y jurando, según se dijo, que "mataría a Obregón o éste lo mataría".[920] Treviño disputaba también con su paisano Francisco Murguía, quien prefirió a Obregón y consiguió el comando de Chihuahua. Las acusaciones contra Murguía, que Treviño envió directamente a Carranza, revelan no sólo la animosidad que envolvía esas disputas, sino el tipo de cargos que un carrancista adicto hacía a otro, pronta y enérgicamente. Treviño decía que la adulación había hecho creer a Murguía que era una especie de Napoleón, pero el público, consciente de sus fracasos militares, no hacía caso de los cuentos de victorias "que sólo la prensa netamente oficial los presenta a grandes caracteres y enormemente abultados"; en pocas palabras, Murguía era "un hombre —mancha del constitucionalismo— porque sus manos chorrean sangre y de sus vísceras destila alcohol".[921] Tampoco había mucha camaradería revolucionaria en las disputas que Calles tenía con Diéguez en Sonora, ni en las críticas intolerantes de Gavira a la incompetencia de Luis Gutiérrez o la insubordinación de Francisco Bertani; ni en los altercados entre el gobierno central y jefes locales como Flores, en Sinaloa, o Mariscal, en Guerrero.[922] En el caso de Mariscal, sólo se frustraron sus intentos de emular a Juan Álvarez y convertirse en cacique de Guerrero cuando se le arrestó en la Ciudad de México en 1918 a costa de graves revueltas locales.[923] Pero también en los estratos más bajos de la escala jerárquica —en Tlaxcala, en la Costa Chica, perpetuamente fragmentada—, los cabecillas luchaban para conseguir su parte de la herencia revolucionaria.[924]

Esas divisiones eran de esperarse como secuelas de la Revolución, mientras la contienda por el poder nacional cedía paso al proceso de institucionalización, que implicaba encumbrar a ciertos caudillos y omitir a otros. El torrente de contiendas por las gubernaturas, que comenzó en 1917, estuvo saturado de feroces conflictos, violencia y rebelión abierta, prueba no sólo de que

[920] Cobb, El Paso, 8 de enero, 14 de julio, 6 de noviembre y 18 de diciembre; Rodgers, Ciudad de México, 12 de noviembre; Carothers, Juárez, 18 de diciembre de 1916, SD 812.00/17098; 18732, 19755, 20093; 19847; 20099.

[921] De Treviño a Carranza, 25 de marzo de 1917, AVC.

[922] Informe de la frontera, Nogales, 15 de enero de 1916, SD 812.00/17152; Gavira, *Actuación*, pp. 167-168 y 183; informe de la frontera, Nogales, 14 de octubre de 1916, SD 812.00/19654; Jacobs, *Ranchero Revolt*, pp. 104-105.

[923] Summerlin, Ciudad de México, 30 de enero de 1918, SD 812.00/21711; Jacobs, *Ranchero Revolt*, pp. 106-107.

[924] Buve, "Peasant Movements", pp. 142-143; de A. Machorro a Carranza, 12 de agosto de 1916, AVC; de Mariscal a Pablo González, 12 de mayo de 1916, AVC; USS Denver, Acapulco, 3 de junio de 1916, SD 812.00/18495. En Ometepec, escenario de la revuelta campesina en 1911, se autonombró jefe Manuel Hernández —"bandolero y serrano ignorante"— quien defendió su feudo contra amenazas zapatistas, gobernó de manera arbitraria, populista, lo que alarmó a los pudientes del lugar, quienes orquestaron su caída y ejecución en 1919. No fue ése el fin del desafío popular en Ometepec. Agradezco a Asgar Simonsen la información.

abundaban líderes constitucionalistas ambiciosos, sino también de que estaban decididos a convertir feudos militares informales en cargos de "elección" legítimos, dentro del orden político formal.[925] Las relaciones entre los de la élite no eran, pues, las de compañeros unidos fraternalmente —los generales respetuosos, reformadores devotos, del mito carrancista (que aún hoy cuenta con adeptos)—;[926] antes bien, muestran un carácter hobbesiano ("guerra de todos contra todos", "constante batallar en busca del poder que acaba sólo con la muerte"). Una de las tareas mayores del mito, la oratoria y la exhortación revolucionarias era contener los antagonismos hobbesianos, porque de lo contrario dividirían a la sociedad. Podría decirse que el Leviatán del decenio de 1920 brotó del "estado de cosas" que predominó en 1915-1920. Pero el conflicto endémico de esos años no careció de significado o patrón. Sin duda, algunos conflictos fueron personales (el severo Gavira no podía tolerar a Diéguez, ostentoso y pagado de sí mismo) o se sustentaron en desacuerdos y fracasos militares (Obregón contra Treviño).[927] No obstante, había dos patrones claros: primero, el conflicto entre autoridades civiles y militares; segundo, la contienda entre carrancistas de "afuera" y "adentro". Ambos tuvieron consecuencias importantes para el régimen de Carranza.

La desavenencia entre civiles y militares cruzó de arriba abajo la nación. Se le reconoció bien en el Congreso Constituyente, dentro del cual, se dice con frecuencia, el distanciamiento era ideológico: los civiles favorecían políticas moderadas, liberales, mientras los militares preferían opciones más radicales, nacionalistas, *dirigistes*. (En breve me referiré al valor de ese argumento.)[928] Vale la pena tener en cuenta que el distanciamiento de Querétaro era sólo parte de una división mayor, casi ubicua, que escindía la sociedad civil, y tan general que no puede remontarse a un distanciamiento anterior (ideológico, por ejemplo) del cual fuera manifestación externa la separación entre lo civil y lo militar. Dicho de otro modo, los civiles no contendían con los militares porque los primeros apoyaran un liberalismo moderado opuesto al jacobinismo de los segundos, aunque en ciertos casos eso era cierto; más bien, los civiles afirmaban que era necesario un gobierno civil, a lo que se oponían los militares. Dos grupos opuestos, definidos por su carrera y forma de vida (más que por la clase e ideología), competían por la supremacía política alegando la legitimidad ideológica adecuada. Ese distanciamiento revo-

---

[925] J. B. Body, Ciudad de México, 29 de abril de 1917, FO 371/29660, 102949. Daré más ejemplos.

[926] *Cf.* Douglas W. Richmond, "Carranza: The Authoritarian Populist as Nationalist President", en George Wolfskill y Douglas W. Richmond (eds.), *Essays on the Mexican Revolution: Revisionist Views of the Leaders*, Austin, 1979, pp. 57 y 66, acerca de la "máquina bien administrada" de Carranza, dotada con generales obedientes e idealistas. ¡No trabajaron en vano Manero, Velázquez y otros mercenarios!

[927] Gavira, *Actuación*, p. 162. No se puede explicar la rivalidad de Obregón y Treviño con base en la rivalidad entre Sonora y Coahuila, porque el protegido de Obregón, Murguía, quien sustituyó a Treviño, era también coahuilense.

[928] Véase p. 776.

lucionario no era exclusivo de México[929] ni era muy nuevo. Como en tiempos de Madero, los civiles creían que gobernar era prerrogativa de los licenciados; por su parte, los militares argüían —como Obregón y otros lo habían hecho en 1914— que los resultados debían estar determinados por quienes habían luchado por la Revolución y habían ganado.[930]

Ésa era la idea predominante en 1915. En las elecciones municipales del centro-oeste de México en 1916, hubo pendencias violentas y arrestos, sobre todo ahí donde los civiles "no revolucionarios" (quienes no se habían opuesto a Huerta) tuvieron la audacia de participar: "el ejército objetó a esos intrusos, como les llama, por su intento de quitar a los 'patriotas' los frutos de la revolución".[931] Alvarado denunció a los politiqueros de Yucatán, antiguos compinches de Pino Suárez y luego "villistas platónicos".[932] Por otra parte, mientras los militares agitaban sus laureles y se burlaban de los políticos ineptos, y los civiles criticaban el gobierno de los militares, los periodistas comentaban que no le vendría mal al país una selección de "héroes" revolucionarios; habría que reconocer, comentó Palavicini después de un accidente que tuvo Obregón, "que mucho se beneficiaría México si desaparecieran unos cuantos héroes revolucionarios".[933] Por supuesto, Obregón tenía su opinión sobre los periodistas como Palavicini;[934] éste era ejemplo clásico: civil arquetípico, ministro y periodista, defendió la causa de los civiles y se ganó el odio de los militares. Afirmó que "ninguna fuerza social, en el presente, iguala a la fuerza portentosa de la prensa: en ella se amparan los grandes intereses buenos o malos, y ante ella los ejércitos mismos son potencias secundarias" y, lo que es más, se comportó como si creyera en esas fanfarronadas.[935] Él estuvo en el foco de la crisis ministerial en 1915, cuando se pensó que Carranza procuraba deshacerse de la influencia militar excesiva.[936] En esa ocasión, los ministros que

[929] Angus W. McDonald, Jr., *The Urban Origins of Rural Revolution. Elites and Masses in Hunan Province, China, 1911-1927*, Berkeley, 1978, p. 318.

[930] No era incompatible la defensa de Obregón respecto del derecho que tenían los militares de decidir la consolidación revolucionaria con la aversión al pretorianismo ("las ambiciones desatadas de un militarismo odioso") y el compromiso a largo plazo con instituciones políticas civiles; es decir, los militares podían evitar las facciones, participar en la consolidación posrevolucionaria y, haciéndolo, convertir su poder militar (legítimo) en poder político —y económico— civil, como lo hizo Obregón. El defensor de los militares en 1914-1915 se convirtió —junto con Calles y Amaro— en arquitecto de la desmilitarización en el decenio de 1920. Véase Hall, *Obregón*, pp. 68-69 y 143.

[931] Informe de la frontera, Nogales, 5 de agosto de 1916, SD 812.00/19038, transmite los comentarios de Rodolfo Garduño, en otro tiempo jefe político de Hermosillo. Las elecciones en cuestión habían tenido lugar en Jalisco, Nayarit y Sinaloa.

[932] De Alvarado a Carranza, 26 de septiembre de 1916, Fabela, DHRM, RRC, V, p. 133.

[933] De J. G. Nava a Carranza, 2 de diciembre de 1915 (dos veces), AVC informa de discursos antimilitares en San Luis Potosí; Courget, Ciudad de México, 6 de diciembre de 1916, AAE, Méx., Pol. Int., N. S., XIII, n. 113 (cita a Palavicini).

[934] Hall, *Obregón*, p. 170.

[935] Introducción a Manero, *Por el honor*, p. 5.

[936] Canada, Veracruz, 7 de mayo de 1915, SD 812.00/15068; Silliman, Veracruz, 16 de junio de 1915, SD 812.00/59; Hall, *Obregón*, p. 142.

estaban a favor de los militares perdieron terreno, a pesar de los esfuerzos de Obregón (Zubarán Capmany, quien junto con Obregón había logrado el pacto con la Casa, dejó el gabinete) y Palavicini sobrevivió,[937] aunque no por mucho tiempo. En 1916 perdió la cartera de Educación; en el Congreso de Querétaro y otras reuniones políticas, los militares y sus voceros lo ridiculizaron constantemente; fue arrestado, y se clausuró temporalmente *El Universal*, en la primavera de 1917, a causa de sus declaraciones antimilitares. Un observador británico comentó: "creo que las autoridades militares tienen muchas ganas de fusilar al Sr. Palavicini, y lo harán, sin duda, si llega a presentárseles la oportunidad". Avanzado el año, cuando agitaban a México los rumores de un golpe militar inminente, Palavicini depositó sus objetos de valor en la legación británica y se ocultó;[938] en 1918 se vio obligado a abandonar México.[939]

Aunque estridente, el antimilitarismo de Palavicini no era excepcional. Carranza simpatizó con él, lo apoyó y procuró cortar alas a los militares: la *débacle* de 1920 se anunció con tiempo.[940] En Querétaro, haciendo eco a Madero, los oradores lamentaron el "cesarismo militar" del pasado, manifestaron sus temores porque la Revolución, aunque antimilitarista en su origen, multiplicaba la nueva casta militar y dieron ejemplos frescos de cómo los militares se habían arrogado el poder.[941] Una vez más, retornaron el antiguo alegato de que los civiles —los civiles con educación— estaban más capacitados para gobernar; sin duda, dijo un orador, los militares no carecían de méritos, "pero esos méritos no los capacitan para ir a legislar a la Cámara. Los militares son los menos apropiados para discutir leyes, y ahora, ¿nada más por méritos en campaña los vamos a hacer diputados? No se trata nada más que de eso...; creo que entre los civiles hay muchos revolucionarios que pueden ir a substituirlos en el Congreso de la Unión. Ellos son más cultos y están más capacitados, porque van a deliberar bajo el punto de vista civil, desprovistos de todo espíritu militar".[942]

La prensa se unió al clamor: el *Excélsior*, católico, señaló que el ejército debía comportarse como servidor, no amo, del gobierno civil; desde las páginas de *ABC*, Vasconcelos afirmó que la Revolución no había servido más que "para enriquecer a una nueva casta opresora de ladrones con despacho de general".[943] La alineación internacional reforzó la interna: el periodismo promilitar simpatizaba con los poderes centrales y éstos lo subsidiaban; *El Uni-*

[937] Canada y Silliman, ambos 18 de junio de 1915, SD 812.002/61, 62.
[938] Silliman, Ciudad de México, 12 de febrero de 1916, SD 858.29/23; *El Demócrata*, 5 y 7 de noviembre de 1916.
[939] Katz, *Secret War*, p. 459.
[940] Cumberland, *Constitutionalist Years*, p. 362; Hall, Obregón, pp. 143-144.
[941] DDCC, II, pp. 243-244; Rutherford, *Mexican Society*, p. 216; cf. Madero, *La Sucesión presidencial*, pp. 30-61, 87 y 169-170.
[942] DDCC, II, p. 1017 (habla Modesto González Galindo).
[943] *Excélsior*, 29 de junio de 1918; Taracena, *Verdadera revolución*, VI, p. 44.

versal de Palavicini unía el sentir proaliado con el de los civiles y hacía alusiones directas a la "vida de cuartel" de los teutones militaristas.[944]

Los militares no pasaron por alto esas insinuaciones. Palavicini tuvo que marcharse; el general Juan Merigo (implicado poco tiempo atrás en el escándalo del automóvil gris y muy sensible a los desaires hechos a su honor y al del ejército), provocado por las ironías de Vasconcelos, lo golpeó en la cabeza con una macana de hule; durante un encuentro fortuito en una pastelería de la capital, el general Juan Banderas intercambió insultos con uno de sus críticos del Congreso quien, tras ser atacado, le disparó y mató instantáneamente.[945] Incidentes como ésos se explican por la abundancia de violencia fortuita y el desprecio, odio incluso, con que se veían civiles y militares. El repudio de aquéllos al pretorianismo corrupto se correspondía con el menosprecio de los militares por los civiles débiles, tortuosos, condescendientes. Cabrera, el diplomático sereno, el propagandista, el financiero, era, después de Palavicini, quien más enfurecía a los militares, en parte porque lo hacían responsable de la crisis financiera de 1916 (que puso en peligro la nómina del ejército), y porque era experto en esos campos donde los militares eran menos competentes, pero sobre todo porque era un abogado sumamente capaz, influyente, con un historial de oportunismo político, apegado a la autoridad civil y carente de experiencia militar directa.[946] Se decía que, en 1915, Pancho Coss, uno de los generales carrancistas con menos prosapia, había perdido la gubernatura de Puebla después de amenazar la vida de Cabrera; el administrador de la compañía petrolera descubrió que, en efecto, los militares detestaban profundamente a Cabrera, cuando lo mencionó en una conversación con el general Acosta, que por entonces era comandante en la Huasteca. Al contestarle, Acosta "soltó un epíteto canino y señaló que, si bien Cabrera era un hombre inteligente, su padre no había sido muy cuidadoso al escoger compañera para procrear, sugiriendo que la madre de Cabrera podía rascarse las pulgas del lomo con su pata trasera".[947] Un año después, en abierta oposición a Obregón, Cabrera surgió como principal favorito civil para la sucesión presidencial.[948] Con esos sentimientos profundos y esas lealtades de grupo en juego, no es de sorprender que menudearan los rumores de golpes militares, sobre todo a finales de 1917, cuando el gobierno hizo una demostración de fuerza en las calles y corrieron rumores de rápidas ejecuciones precautorias.[949]

[944] *El Universal*, 18 de abril de 1917; Cummins, Ciudad de México, 22 de junio de 1917, FO 371/2962, 148197.

[945] Taracena, *Verdadera revolución*, VI, pp. 44 y 214. Banderas quería también vengarse de Vasconcelos, quien supuestamente lo había estafado con honorarios profesionales (Alessio Robles, *Mis andanzas*, p. 186).

[946] Rutherford, *Mexican Society*, p. 216; Rodgers, Ciudad de México, 10 de junio de 1916, SD 812.02/70.

[947] Canada, Veracruz, 7 de mayo de 1915 (transmite informe anónimo), SD 812.00/15068; Green, *Huasteca Petroleum Co.*, 1º de marzo de 1918, FO 371/3243, 70846.

[948] Hall, *Obregón*, p. 148.

[949] Cummins, Ciudad de México, 14 de diciembre de 1917, FO 371/2964, 237691; Summerlin,

También en la provincia era evidente la división entre civiles y militares; los primeros, sobre todo las autoridades civiles, habrían sancionado las opiniones de Palavicini, quien, como otros carrancistas de primera fila, estaba sin duda consciente de ese sentimiento arraigado. Las guarniciones militares se convirtieron en peso tremendo, sobre todo cuando empezaron a disminuir las amenazas de ataques rebeldes. Ya en 1915 había "un sinnúmero de quejas" de que las tropas constitucionalistas tomaban propiedades, no pagaban renta a la municipalidad e incluso alquilaban casas o las convertían en prostíbulos.[950] Después se acusó a las tropas de imponer préstamos forzosos (Ags.), sacrificar vacas lecheras (Chih.), robar pueblos (Tlax.), beber y alborotar (Ver.).[951] Un observador comentó que en el campo jalisciense "esos rufianes militares mantenían a los civiles en completo estado de terror".[952] Incluso voceros carrancistas —en cartas, debates políticos, prensa— reconocían que se cometían abusos, lo que alejaba al pueblo del ejército y del régimen.[953] Las autoridades municipales, sobre todo, se vieron dominadas por patrones militares: "conflictos y encono" eran parte de las relaciones entre civiles y militares de La Laguna; tropas y policías peleaban en las calles de Monterrey y otros lugares.[954] Aun las comunidades que tenían antecedentes pacíficos sin mácula sufrieron las extorsiones, los robos, el reclutamiento forzoso y, en especial, el peculado de los militares. Naturalmente, también las autoridades civiles robaban dinero, pero una guarnición numerosa, forastera por lo común, exprimía los recursos locales con más rapidez que las exacciones comunes de los funcionarios municipales. Por eso en Coahuila las autoridades civiles anhelaban el regreso de Murguía; la restauración del control civil en Piedras Negras tuvo por efecto inmediato "acabar con la abundancia de peculado que va siempre de la mano con el control militar"[955] (volveré al tema).

Comparables a las fricciones entre civiles y militares eran los conflictos

Ciudad de México, 14, 16 y 21 de diciembre de 1917 y 14 de enero de 1918, SD 812.00/21547, 21558, 21579, 21650.

[950] De F. Cárdenas a Gobernación, 3 de febrero de 1915, AG 873; memo. de Terrazas, "Asuntos para tratar con Gral. Villa", STA, caja 84 (sobre abusos de los villistas); sobre las "innumerables quejas" contra los militares en Lampazos, véase del alcalde al gobernador, 11 de agosto de 1915, 1º de febrero de 1916, archivo de Lampazos, r. 860.

[951] Schmutz, Aguascalientes, 4 de mayo de 1916, SD 812.00/18132; Cobb, El Paso, 3 de octubre de 1916, SD 812.00/19403; del agente municipal, Ocotlán, al gobernador Machorro, 10 de septiembre de 1916, AG 58/17; Stacpoole, Orizaba, 28 de febrero de 1918, FO 371/3243, 58877.

[952] Harrison, Guadalajara, 15 de mayo de 1917, FO 371/2962, 138791; se refiere específicamente a La Unión de Tula.

[953] *El Demócrata*, 12 de febrero de 1916 (reclutamiento forzoso) y 3 de mayo de 1916 (embargos); DDCC, II, pp. 945-947 y 1083-1084, sobre la ebriedad de los soldados y antipatía del pueblo hacia la tropa; de Gobernación al Departamento de Guerra, 18 de septiembre de 1916, AG 71/72, acerca de soldados que robaron a aparceros en la hacienda Xico (Estado de México).

[954] O'Hea, Gómez Palacio, 17 de abril de 1917, FO 371/2960, 107192; del general Carlos Osuna a Carranza, 13 de mayo de 1916, AVC; informes de prensa, 29 de mayo de 1916, AVC, doc. 12949.

[955] Blocker, Eagle Pass y Piedras Negras, 12 de noviembre de 1915 y 29 de septiembre de 1916, SD 812.00/16806, 19356.

entre carrancistas "de adentro" y "de afuera". El carrancismo había enviado cuadros de oficiales, sonorenses y coahuilenses en su mayoría, a gobernar los territorios conquistados, pero había llegado también a acuerdos con fuerzas locales y legitimado su control: Mariscal en Guerrero, Baños en Oaxaca, Flores en Hidalgo, Rojas en Tlaxcala, los Arrieta en Durango, los Herrera en Chihuahua. El procedimiento no paró en 1915; en años subsiguientes (1920, sobre todo) fueron reintegrados a la coalición dominante ex villistas, ex zapatistas, ex felicistas. Muchos de esos conversos diferían del "centro" carrancista en dos aspectos: todos eran gente del lugar, dependiente del apoyo local, campesino con frecuencia, y, muchos fueron líderes populistas, sin educación, aferrados al México "viejo" y tan indiferentes al poder nacional cuanto comprometidos con la patria chica. Hubo, pues, conflictos. Sucedieron a Silvestre Mariscal, arrojado de su feudo guerrerense, primero Francisco y luego Rómulo Figueroa —también "cacique militar, cuya dependencia de una base política regional lo ubicaba firmemente en el lado tradicionalista"—.[956] Pero después de acabar con Mariscal, no pasó mucho tiempo antes de que el gobierno sustituyera a los Figueroa con políticos civiles, "quienes buscaban apoyo para sus carreras políticas en la Ciudad de México más que en el ejército local".[957]

Conflicto parecido, pero con resultado diferente, hubo en Durango, donde los Arrieta habían dominado por casi cinco años. Su numerosa tropa, en la que predominaban los familiares ("en cierto sentido más horda que ejército"), sin nómina ni archivos y saturada de oficiales, contrastaba con las organizadas tropas mercenarias carrancistas, reclutadas básicamente en el sur, que dependían del efectivo enviado desde la capital y mandaban los generales coahuilenses Murguía y Arnulfo González. Puesto que controlaba el dinero —y el suministro de municiones—, Murguía marcaba la pauta, lo que no era del gusto de los Arrieta, quienes se habían quedado sin gobierno y sin jefatura militar. Murguía se quejaba de que era imposible pacificar mientras Mariano Arrieta "maquinara contra él en secreto". Mariano fue arrestado, acusado de malversación; se hicieron arreglos para ubicar a su hermano Domingo fuera del estado (intentos parecidos, incluso los de Villa, no habían dado resultados).[958] Entre tanto, las fuerzas de Arrieta, que, se suponía, perseguían villistas en La Laguna, no dieron mucho trabajo a su viejo compadre, Calixto Contreras; cuando el gobierno intentó desarmar algunas de esas tropas fastidiosas, se produjo una pelea en la que resultó herido el hijo de Mariano.[959] En mayo de 1916, como secretario de Guerra, Obregón tuvo que dar solución

[956] Jacobs, "Rancheros", p. 90.
[957] *Ibid.*, p. 91, dice que la segunda generación de los Figueroa recuperaron el poder pero no como caciques independientes, sino como clientes leales del nuevo Estado revolucionario; véase del mismo autor, *Ranchero Revolt*, pp. 130 y ss.
[958] Coen, Durango, 22 de enero y 11 de febrero de 1916, SD 812.00/17205, 17294; Gavira, *Actuación*, p. 202, típico en él, lo atribuye a intrigas de conservadores.
[959] Coen, Durango, 2 de marzo y 3 de mayo de 1916, SD 812.00/17422, 18141.

al asunto: retiró a Murguía y envió a un duranguense (Miguel Laveaga, de familia serrana acomodada, oriunda de San Dimas, ubicado en la zona del estado controlada por los Arrieta) a que calmara la situación; inclusive algunas tropas de los Arrieta consintieron en prestar servicio en Chihuahua.[960] Aun para un régimen centralizador despiadado era muy difícil erradicar esos cacicazgos. En las elecciones para gobernador de Durango en 1917, Domingo Arrieta enfrentó a Laveaga, candidato oficial; aunque aquél carecía de educación y su "candidatura competía con el gobierno central", aún tenía "mucha popularidad entre las masas": logró un triunfo aplastante y gobernó hasta 1920.[961]

En Chihuahua, la familia Herrera tuvo su recompensa por la intrépida y costosa oposición a Villa. José de la Luz Herrera llegó a ser alcalde de Parral; de Ciudad Juárez, su hijo Melchor; Luis y Asunción fueron generales carrancistas. Pero siguió siendo una familia rebelde, que puso reparos a las órdenes de Carranza en los meses críticos en 1916, cuando Villa alborotaba y Pershing avanzaba con su expedición; se temió que llegaran a ponerse del lado de Villa o lanzaran un ataque unilateral contra los estadunidenses; tuvieron conflictos con Treviño, jefe militar carrancista, quien se opuso, pero fracasó, al nombramiento de Melchor para la alcaldía de Ciudad Juárez.[962] Las disputas de Treviño con los Herrera en Chihuahua fueron réplica de las que Murguía tuvo en Durango con los Arrieta: un joven intruso carrancista disputando con arraigados nativos "carrancistas". Los Arrieta sobrevivieron, pero los Herrera pagaron caro su desafío a Villa. A mediados de 1917, del padre y seis varones sólo quedaban el viejo y un hijo.[963] Disminuida, la familia no pudo aspirar a la distinción política que merecía por sus antecedentes, pero esa mortandad quitó problemas al régimen. No obstante, sobrevivieron el decenio suficientes carrancistas "locales" y entonces fueron reforzados por los disidentes —desde los zapatistas de Morelos hasta los mapaches de Chiapas; desde Villa hasta Cedillo— que enfrentaron al Estado posrevolucionario con problemas de la misma índole y alimentaron la tensión constante entre el régimen revolucionario centralizador y las fuerzas centrífugas del caudillismo revolucionario, tensión representada mejor, y por fin concluida, en la trayectoria y muerte de Saturnino Cedillo.[964]

Ante ellos estaba el "centro" carrancista, compuesto generalmente por forasteros (Alvarado en Yucatán, Murguía en Chihuahua) que carecían de

[960] *Ibid.*, 3 de mayo y 13 de junio de 1916, SD 812.00/18141, 18488.

[961] Coen, San Antonio, 28 de julio de 1917, SD 812.00/21161; Gámiz, *Durango*, p. 61; Rouaix, *Diccionario*, pp. 38-40.

[962] Cobb, El Paso, 22 y 23 de marzo y 3 de octubre; Funston, Fuerte Sam Houston, 10 de abril; Pershing, 14 de abril de 1916; SD 812.00/17583, 17596, 17843; 17808; 18072. A pesar de que se conocía a la familia por su antipatía hacia los Estados Unidos, Pershing vio a Luis Herrera "más bien formal y reservado", sin educación, pero no hostil; su padre, que era alcalde de Parral, calmó una manifestación antinorteamericana.

[963] Grimaldo, *Apuntes*, p. 13; y véase p. 690.

[964] Véase Falcón, *Cedillo*, pp. 230-240, 280 y 311.

apoyo local e imponían orden, reglamentación e incautación, rechazados tanto porque eran impuestos cuanto porque la imposición era dura, autoritaria, corrupta. Para lograr su propósito, esos carrancistas podían usar la fuerza (lo que significaba mantener un ejército leal y eficiente) o la lisonja, que podía funcionar mediante dádivas individuales, clientelistas, o reformas amplias, universales, como las leyes laborales y agrarias. Éstas, que a la larga fueron importantes, han atraído el interés de manera desproporcionada, pero se olvidan los mecanismos de control y reclutamiento más informales, que en ese entonces representaron esperanzas beatas u ornamentos descarados, los cuales pertenecían a un área de gobierno donde había gran libertad. Hasta cierto punto, Carranza podía decretar lo que gustara; el Congreso Constituyente podía incorporar a su anteproyecto las innovaciones radicales que quisiera; esos pollitos ideológicos sólo después se convertirían en gallos. Mientras tanto, en el mundo real de la política cotidiana —regido aún por la máxima virreinal, "obedezco pero no cumplo"— eran mayores los apremios del gobierno; el régimen no se veía tanto como autoridad generosa que legisla para un pueblo agradecido, sino como administración hostilizada en lo diplomático, en apuros económicos, atrincherada en lo militar, cuyas preocupaciones mayores eran conservarse, controlar la disensión interna e imponer obediencia en el territorio fragmentado que decía gobernar. Las reformas oficiales podían ayudar ahí, pero ésa no era ni con mucho toda la historia.

En todos estos procesos era de suma importancia la función del ejército; así como había dependido de él para establecer su régimen, Carranza lo necesitaba para conservarlo. De ahí la desproporción del presupuesto militar y el complemento fantástico (en 1917) de 150 000 hombres —alrededor de 1% del total de la población, o 10 veces el efectivo militar porfirista—.[965] Esas cifras probablemente son engañosas: exageran la capacidad de lucha de las tropas carrancistas y subestiman el peso que tenían en la economía. Como en la época de Huerta, las nóminas abultadas redundaban en beneficio de jefes corruptos, como los Arrieta, a quienes se acusó de malversar 100 000 pesos del salario de sus tropas; como el general Carlos Vidal, quien decía tener 400 hombres cuando en realidad tenía 208; o Mariscal, a quien se acusaba de "no hacer otra cosa que beber y comerciar con los suministros de sus soldados".[966] El éxito sostenido de rebeldes-bandidos como Villa, Chávez García, Zapata y los Cedillo, se debía en parte a que las tropas con que se enfrentaban no eran tan grandes como se alardeaba. Las tropas carrancistas eran también débiles

[965] Cumberland, *Constitutionalist Years*, p. 212 (basado en un informe presidencial); Richmond, *First Chief*, p. 186, menciona cálculos hechos por estadunidenses de 184 000 (1918). Wilkie, *Federal Expenditure*, pp. 102-103, dice que entre 1917-1920, el gasto militar (oficial) correspondía a la mitad o dos tercios del gasto total del gobierno; J. J. MacLachlan, agregado militar, Washington, 17 de diciembre de 1918, FO 371/3826, 472, lo eleva a 85 por ciento.

[966] Coen, Durango, 11 de febrero de 1916, SD 812.00/17294; de Alvarado a Carranza, 1° de marzo de 1916, Fabela, DHRM, RRC, V, p. 67; memo. anónimo, Guerrero, sin fecha, fines de 1915, AJD. Richmond (*First Chief*, pp. 186-187) opina que para hablar de nóminas abultadas, la nómina oficial debería disminuirse en 35-40 por ciento.

intrínsecamente a causa de la metamorfosis del carrancismo, que de coalición flexible formada por grupos rebeldes se convirtió en ejército federal, cuyo compromiso no era derrotar un gobierno sino conservarlo, adquiriendo las características del antiguo ejército federal, sustentado en la paga, el reclutamiento forzoso y la coacción, no en el compromiso voluntario de pueblo y caudillo unidos por una causa política. Esa transformación relajó la lealtad de la tropa que ponía ya en tela de juicio el objeto de seguir luchando. El Dr. Atl refirió las lamentaciones de un soldado después de una batalla: "¿Y para qué todo esto? Tanto correr, tanto miedo, tanta hambre, ¿para qué? Para que el coronel dé sus vueltas en automóvil con una mujer a la que llama su esposa".[967] Sobrevivieron reductos del antiguo voluntariado: en los campesinos que Rojas reclutó en Tlaxcala, en las fuerzas de Zapata o Cedillo, que luego se incorporarían al régimen, o en las defensas sociales. Pero el "centro" coahuilense-sonorense, que había iniciado una especie de ejército revolucionario mercenario, empezó a imponer su norma.[968]

La movilidad era para ellos factor esencial. El ejército no estaba anclado en la comunidad, era autónomo. Como el régimen porfiriano, el carrancista "puso en práctica la política de estacionar destacamentos en zonas alejadas al lugar de reclutamiento o puntos de origen".[969] Así como los norteños fueron al sur para gobernar, los sureños fueron enviados al norte como soldados rasos o carne de cañón. Muchas de las tropas de Murguía que en 1916 componían las guarniciones de Durango y Chihuahua eran hombres —o muchachos— del sur, incómodos en su nuevo ambiente, desacostumbrados al frío y temerosos de Pancho Villa; los villistas despreciaban a esos "changos" de baja estatura, malos jinetes, debilitados por el clima. Un observador comentó que esos hombres y adolescentes hambrientos, "mal desarrollados... [eran] poca cosa para enfrentarse a Villa y a los hombres de las sierras norteñas" (aunque por entonces Villa también reclutaba adolescentes).[970] La vida en el ejército carrancista tenía casi todos los inconvenientes que había tenido el federal, servicio que por tradición detestaban los "pelados"; sólo a causa de la pobreza extrema y el desempleo podían los generales de Carranza atraer hombres a sus filas.[971] Pero los que llegaban eran demasiado jóvenes, oportunistas e indecisos como para ser buenos soldados; los destacamentos se con-

[967] Rutherford, *Mexican Society*, p. 218.
[968] Aguilar, "Relevant Tradition", pp. 115-117.
[969] O'Hea, Gómez Palacio, 12 de noviembre de 1917, FO 371/2964, 144149.
[970] Cobb, El Paso, 24 de octubre; Coen, Durango, 17 de noviembre de 1916; SD 812.00/19630; 19901; Taracena, *Verdadera revolución*, IV. p. 220; O'Hea, Gómez Palacio, 11 de enero de 1917, FO 371/2959, 1521. Coen (Durango, 22 de julio de 1915, SD 812.00/15586), dice que tres cuartos de las tropas villistas enviadas a detener el avance carrancista en Pedriceña no eran más que adolescentes.
[971] Para vigilar Guanajuato (informó el gobernador Siurob a Carranza, 16 de septiembre de 1915, AJD), "sólo nos faltan armas; soldados hay suficientes". Dice Stephen Bonsal en su informe, p. 21 (*cf. supra*, n. 380), que los "indios" se incorporaban al ejército en Veracruz, donde se les pagaba dos pesos por día; por qué lo hacían, contestaron: "pa' comer tenemos".

servaban sólo con el señuelo de la paga —festín muy incierto—. En las tropas de Murguía había muchos adolescentes que tenían menos de 16 años; en el Istmo, el reclutamiento empezaba a los 12; en las tropas de Baja California abundaban "meros niños", pescadores de perlas cuyo medio de sustento se había venido abajo.[972] Al rememorar orgulloso sus contiendas con Villa, Obregón se demoraba en la descripción de jóvenes (y mujeres) valerosos: un trompeta de 10 años; uno de 12, a quien encontró en la batalla de Trinidad sepultando a su padre junto con el villista que le había dado muerte, y al que el "pequeño luchador" había matado.[973]

Además de los jóvenes, estaba el obrero desempleado, persuadido de ingresar a los batallones rojos o reclutado por Calles para combatir a los yaquis.[974] Abundaban también los ex villistas, quienes, al parecer con la bendición del propio Villa, aprovecharon la amnistía y el "buen dinero" de los carrancistas.[975] Ésos no se convirtieron, como es natural, en carrancistas fervientes: muchos desertaban y algunos regresaron con Villa durante la expedición de Pershing.[976] Como sus predecesores federales, los jefes carrancistas dudaban constantemente de la fidelidad de sus tropas (en especial de las unidades que habían pasado completas de un bando a otro); por esa razón disminuyeron las operaciones antiguerrilleras —las tropas no querían internarse en las montañas y los oficiales tampoco—.[977] Como en el pasado, el traslado constante, esencial en la estrategia carrancista, desgastaba el ánimo, incluso la salud. Los sureños que participaron con poco entusiasmo en las campañas contra Villa son sólo un ejemplo. En poco tiempo sucumbían los hombres de tierra templada que debían combatir en el trópico (como en los tiempos de Santa Anna); dos tercios de las tropas de Manuel Lárraga que estaban en Morelos enfermaron de paludismo. El general pidió más médicos y 6000 hombres de tierra caliente que pudieran tolerar el calor y la humedad.[978] Al revés, los costeños languidecían al internarse en la zona montañosa de Guerrero (lo que afectaba a los hombres afectaba también a los caballos).[979] Ese constante movimiento de tropas numerosas extendía fácilmente las epidemias —no sólo las que ya mencioné, sino también las enfermedades venéreas, que al final de la Revolución eran endémicas en el país, particularmente en el ejército—.[980] Aun

---

[972] Coen, Durango, 17 de noviembre de 1916; informe de la armada de los Estados Unidos, Salina Cruz y La Paz, 9 de noviembre de 1915; SD 812.00/19907; 16843.

[973] Obregón, *Ocho mil kilómetros*, pp. 338 y 348.

[974] Lawton, Nogales, 15 de noviembre de 1918, SD 812.00/21490.

[975] Trinidad Vega y Rivera Marrufo (entrevistas), PHO, 1/126, pp. 47-53, /63, p. 19.

[976] Informe de la frontera, Laredo, 25 de marzo de 1916; Blocker, Piedras Negras, 11 de octubre de 1916; SD 812.00/17754; 19544; diario de Patton, 15 de marzo de 1916, Documentos Patton, caja 1.

[977] Edwards, Juárez, 14 de enero; Letcher, Chihuahua, 9 de febrero de 1916; SD 812.00/17095; 17268.

[978] De Lárraga al secretario de Guerra, 19 de octubre de 1916, AJD; Lewis, *Pedro Martínez*, p. 155.

[979] Memo. anónimo citado en n. 966.

[980] En una guarnición de Saltillo, 324 de los 400 hombres que la componían padecían de sífi-

con salud, las tropas no querían hacer campaña lejos de su tierra (en protesta, algunas se habían amotinado); el gobernador de Guanajuato se quejaba porque "no se podía contar con los destacamentos que llegaban de fuera para que hicieran campaña con entusiasmo, y estaban siempre en conflicto con las autoridades civiles". Por esa razón se preferían las fuerzas de autodefensa reclutadas en el estado, más eficientes en campaña, a pesar de las sospechas que despertaran en un gobierno central receloso.[981]

En último término, toda la campaña carrancista dependía de dinero en efectivo (e indirectamente de petróleo, henequén, garbanzo, minerales, etc.). Sin paga, el ejército se desintegraría. A pesar de previsiones villistas hechas con optimismo, la escala de salarios era baja y, como toda paga en efectivo, estaba sujeta a las tremendas fluctuaciones de la moneda. Enfrentados a esos problemas, los obreros sindicalizados se declaraban en huelga, los soldados desertaban o robaban. Para los oficiales, el robo era un mal menor, y en general se aceptaba que la paga miserable, constantemente depreciada, del soldado (en 1916, 1.75 pesos más 75 centavos por caballo) lo forzaba a tomar lo que pudiera; Pershing informó que las tropas carrancistas se veían "obligadas, y se esperaba que lo hicieran, a tomar lo que quisieran en el territorio donde operaban, incluso la ropa de los peones".[982] Los carrancistas mismos coincidían en eso: las tropas estacionadas en Texmelucan (Pue.) robaban por falta de paga; el jefe del general Andrés Bautista estuvo de acuerdo en que éste tenía que consignar los fondos municipales de Chicontepec (Ver.), porque estaba rodeado y no tenía con qué pagar a sus hombres.[983] Esos robos y confiscaciones hacían ver a los carrancistas, "en cierto sentido, como amenaza peor que los rebeldes mismos". La población civil se negaba a cooperar; la de Ures (Son.) prefería arriesgarse con los yaquis antes que conservar una guarnición rapaz.[984]

lis, tasa más alta que la de los clérigos de la capital (*cf.* DDCC, II, p. 652; Obregón, *Ocho mil kilómetros*, p. 290). Se puede tratar con escepticismo la afirmación de que estaba muy extendida la sífilis hereditaria (por ejemplo, Bulnes, *El verdadero Díaz*, p. 423; el senador Fall en González Navarro, *Población y sociedad*, I, pp. 375-376), pero vale la pena señalar que a pesar de ser pequeño su número en términos absolutos, entre 1903 y 1922 se duplicó el registro de muertes por sífilis (no podemos saber si ésa es manifestación de un aumento *pro rata* en la enfermedad o de mejores diagnósticos); véase González Navarro, p. 371.

[981] Más de 100 denominados carrancistas de Salta Barranca, al sur de Veracruz, se amotinaron y volvieron "villistas" cuando se les ordenó salir de la región para luchar en el Bajío; había entre ellos un destacamento de peones y empleados del ingenio, quienes se habían incorporado al ejército a condición de que, "bajo ninguna circunstancia se les obligaría, ni se les pediría, dejar el pueblo, porque la guarnición se había formado únicamente con el propósito de defender la localidad" (Spillard, Ingenio San Francisco, 24 de mayo de 1915, SD 812.00/15352); de Siurob a Carranza, 16 de septiembre de 1915, AJD.

[982] De Pershing a Roosevelt, 24 de mayo de 1916, Documentos Pershing, caja 177; de J. B. Potter a Lansing, 11 de abril de 1916, contiene el informe de Tlahualilo, SD 812.00/17822; sobre problemas de paga, ebriedad y deserción, véase Gavira, *Actuación*, pp. 194-196.

[983] Del gobernador Machorro a Carranza, 16 de agosto de 1916, AJD; del general Francisco Mariel a Aguilar, 4 de enero de 1916, AVC.

[984] O'Hea, Gómez Palacio, 10 de enero de 1917, FO 371/2959, 41521; DDCC, II, p. 100; informe de la frontera, Nogales, 23 de agosto de 1916, SD 812.00/19112.

En protesta, algunos civiles amenazaron rebelarse, y algunos lo hicieron uniéndose a revueltas "defensivas", convirtiéndose en bandidos o reaccionando contra los soldados en acciones militares independientes.[985]

Como secretario de Guerra, Obregón trató de poner orden a ese conglomerado informe que era el ejército, reorganizando la comandancia, estableciendo hospitales y programas de adiestramiento y desarrollando la aviación.[986] Pero esas reformas militares equivalían al radicalismo que los civiles mostraban en el papel: eran importantes para el futuro, pero secundarias e ineficaces en el presente. La escuela de aviación era un lujo para el ejército que estaba al borde del colapso. A fines de 1916 la situación era crítica. Durante más de un año crisis frecuentes (como la de Chicontepec) habían obligado a los jefes militares a obtener por la fuerza provisiones y dinero. Por falta de alimentos, 300 soldados amenazaron amotinarse y saquear Guaymas en mayo de 1915 (en circunstancias como ésas, podían ser temibles los efectos del alcohol en un estómago vacío); las autoridades tuvieron que distribuir maíz y frijoles.[987] En febrero de 1916, un jefe en bancarrota pidió "prestados" 40 000 pesos a los comerciantes de Mazatlán, para pagar a sus hombres; al otro lado de las montañas, en Durango, la paga se había atrasado seis meses.[988] A fines de año, cuando se reunía el Congreso Constituyente, el papel moneda se había derrumbado; la campaña contra Villa andaba mal, por el aumento de deserciones; las tropas de La Laguna estaban "hambrientas y sin soldada".[989] Se tomaron medidas drásticas. Se confiscaron las reservas en metálico de los bancos, los sueldos de las tropas se pagaron en metal; Obregón organizó una nueva escala de salarios "para solucionar la terrible situación con la que había estado luchando el abnegado Ejército Constitucionalista". El jefe militar de Veracruz advirtió que las tropas que recibían paga en metálico no necesitaban ya confiscar provisiones.[990] De manera providencial llegaron 100 000 pesos en plata para pagar a la guarnición de Aguascalientes; Murguía recibió un millón con el cual se pensaba contener la ola de deserciones.[991] A fines de 1916, ese suministro de moneda fuerte a las tropas fue esencial para la sobrevivencia del régimen, como lo había sido la inyección anual de minerales para la España de los Habsburgo. Aunque se evitó una crisis de grandes proporciones, los eternos problemas locales continuaron. Murguía tuvo que imponer contribuciones a los comerciantes de Chihuahua a principios de 1917; los

[985] Cobb, El Paso, 3 de octubre de 1916, SD 812.00/19403; he mencionado otros casos.

[986] Hall, *Obregón*, pp. 156-159.

[987] Informe de la armada de los Estados Unidos, Guaymas, 30 de junio de 1915, SD 812.00/15653; *cf.* Gavira, *Actuación*, p. 196.

[988] Alger, Mazatlán, 21 de febrero; Coen, Durango, 22 de enero de 1916; SD 812.00/17454; 17205.

[989] Blocker, Piedras Negras, 11 de octubre de 1916, SD 812.00/19544; O'Hea, Gómez Palacio, 11 de enero de 1917, FO 371/2959, 41521.

[990] Richmond, *First Chief*, pp. 31-33; *El Demócrata*, 2 de noviembre de 1916.

[991] Berly, Aguascalientes, 25 de noviembre; informe consular británico, Torreón, en Hanna, Monterrey, 4 de diciembre de 1916, SD 812.00/20023, 20013.

jefes carrancistas de la Huasteca dependían, para pagar a sus hombres y evitar la deserción, de préstamos *ad hoc* que les daban las compañías petroleras; en 1918 la Tlahualilo Co. era sostén de la guarnición de La Laguna.[992]

El desembolso de efectivo y provisiones fue también esencial en lo que se refiere a los oficiales; dicho con crudeza, debía permitírseles robar, como a sus hombres, si se quería conservar su lealtad, aunque ellos no robaran tanto para sobrevivir cuanto para medrar. La lealtad estaba a discusión, no tanto porque se temieran deserciones que fueran a aumentar las filas de Villa o Díaz (aunque sí las había), sino por los conflictos dentro del carrancismo, que se acrecentaban y amenazaban la permanencia del régimen. Bajo el "patrimonialismo descentralizado" dominante, el peculado era un medio barato y conveniente con el que el gobierno podía comprar generales; entonces el peculado no era rasgo innato de la naturaleza humana o del mexicano (aunque estaba arraigado en los usos de la sociedad mexicana), sino parte vital del sistema político. Ese "egoísmo predatorio" (como alguien lo llamó) tampoco era un tipo de desviación, sino la manera normal de hacer las cosas; "sin este rasgo, peculiarmente suyo, el carrancismo resultaría un hecho político inexplicable".[993] Aquí, como en otras sociedades, la corrupción se acrecentó con el simple aumento descontrolado de cargos gubernamentales,[994] y se fundió al empresarialismo vigoroso que estimuló la Revolución.[995]

Los testimonios de la corrupción carrancista no muestran una falta menor, sino grandes hechos objetivos no menos importantes que leyes y decretos. El peculado merece tanta atención como, podríamos decir, el artículo 123. El común de la gente acuñó el verbo *"carrancear"* como sinónimo de robar, como expresión de la proverbial rapacidad carrancista, y convirtió el término *"constitucionalistas"* en *"con tus uñas listas"*. Manifiestos zapatistas y felicistas denunciaron una y otra vez la voracidad y corrupción carrancistas.[996] Amigos del movimiento, como Lincoln Steffens, y también muchos de sus miembros admitían la magnitud del problema.[997] Los civiles criticaban abiertamente a los militares en la Cámara y en el Congreso Constituyente: Roberto Pesqueira denunció a los especuladores en *La Vanguardia;* Cabrera en *El Universal;* Vasconcelos en el *ABC*.[998] Un secretario de Estado explicó: "nadie

[992] Cobb, El Paso, 23 de marzo de 1917, SD 812.00/20699; Hewett, Tuxpan, 5 de julio de 1917; O'Hea, Gómez Palacio, 27 de mayo de 1918; FO 371/2962, 1720; 3244, 112184. Una vez más los chinos sufrieron exacciones específicas (USS Annapolis, Topolobampo, 20 de noviembre de 1916, SD 812.00/20051).

[993] Guzmán, *El águila y la serpiente*, p. 280.

[994] "Cuando los gobiernos intentan hacer, sin la organización adecuada, más de lo que nunca han hecho... la corrupción aumenta" (Joel Hurstfiel, *Freedom and Corruption in Elizabethan England*, Londres, 1973, pp. 148-149).

[995] Véanse pp. 762 y 775.

[996] Blasco Ibáñez, *Mexico in Revolution*, pp. 84-85; Ruiz, *Great Rebellion*, pp. 377-781; Fabela, DHRM, EZ, pp. 305-308; Liceaga, *Félix Díaz*, pp. 491-492.

[997] Lincoln Steffens, *The Autobiography*, Nueva York, 1931, p. 732.

[998] Taracena, *Verdadera revolución*, V, p. 28; Canada, Veracruz, 28 de mayo de 1915, SD 812.00/15341 (cita *La Vanguardia*); DDCC, II, pp. 1083-1084.

lamenta más que el Sr. Carranza la gran deshonestidad e inmoralidad que priva entre los militares, pero eso podrá remediarse sólo con el tiempo".[999] También los generales, enfrentados a una población civil reacia, se dieron cuenta de la magnitud del problema. Murguía, que no estaba libre de sospechas, lamentaba que en Durango "hay mucha gente humilde que trabaja en la agricultura y que ha sido despojada de los pocos elementos con que contaba para su subsistencia por los... jefes militares"; Obregón, que adquirió experiencia en años de comprar generales, fue quien acuñó la sarcástica frase "ningún general resiste un cañonazo de 50000 pesos".[1000]

Esa conciencia fue de utilidad para el régimen. El peculado no sólo le consiguió lealtad en momentos de crisis; también proporcionó a generales de éxito —que se apaciguaban, engordaban y, como Obregón, dejaban el campo de batalla para ingresar al mercado— un lugar en el régimen que no querían hacer peligrar. Aunque no consiguió la gubernatura de Chihuahua en 1917, la inercia de la riqueza contuvo a Luis Gutiérrez: "se le recordaron al general Gutiérrez las enormes propiedades que tenía en todo el estado, adquiridas recientemente con los productos de la revolución [y] que una sobreactuación *[sic]* podría llevarlo a entregar esas propiedades al gobierno federal mediante decreto" (aunque Gutiérrez lo pensó un poco, al final se rebeló).[1001] El resultado fue diferente en otros casos. Pablo González rentó a sus generales haciendas de Morelos ligándolos al *statu quo;* en 1918, otro rebelde en potencia, Murguía una vez más, supuestamente "controló su rebeldía por las cuantiosas inversiones que había hecho en años recientes".[1002]

El peculado podía servir a los intereses del gobierno, pero su función principal era enriquecer a la élite revolucionaria (formada en especial, aunque no sólo, por carrancistas); algunas acusaciones pueden ser error, pero son tan comunes e implican a tantos jefes revolucionarios, que el problema debe haber sido endémico. Mariscal traficaba en Guerrero, lo mismo que Millán y Portas en Veracruz; Aguilar "vivía como príncipe" gracias a sus tratos secretos; Acosta traficaba con ganado en la Huasteca; Treviño y su tío, con alimentos en Chihuahua y se decía que depositaba grandes sumas en un banco de El Paso; Murguía llenó su rancho de La Laguna con ganado robado, comerció con guayule y se dedicó a la exportación ilícita de plata.[1003]

---

[999] De J. B. Body a M. de Bunsen, 7 de diciembre de 1917, SD 371/2964, 236721, cita a Nieto. Afirmó el nuevo embajador estadunidense, "los establecimientos militares están saturados de peculado" (de Fletcher a Lansing, 28 de agosto de 1917, Documentos Fletcher, caja 4). Dice Bonsal (*cf. supra*, n. 380) que cuatro jefes militares sucesivos de Orizaba habían quedado muy ricos al dejar el puesto.

[1000] De Murguía a Carranza, 19 de marzo de 1916, AVC (véase, sin embargo, de Treviño a Murguía, AVC, donde lo acusa de peculados); daré más ejemplos: Guillermo Boils, *Los militares y la política en México, 1915-1974*, México, 1975, p. 60.

[1001] Blocker, Piedras Negras, 14 de septiembre de 1917, SD 812.00/21821.

[1002] Womack, *Zapata*, p. 313; King, Ciudad de México, 25 de noviembre de 1918, FO 371/3247, 205361.

[1003] Memo. anónimo, citado en n. 966, acusa a Mariscal, quien a su vez (a González, 12 de

Obregón, completamente dedicado a los negocios en 1917, ganó más de 50 000 dólares con la venta en el noroeste de toda la cosecha de garbanzo de 1918 (en este caso es difícil distinguir entre peculado y gran comercio con carácter político).[1004] Ignacio Pesqueira, a pesar de las denuncias que hacía su hermano contra la corrupción, estuvo implicado en un turbio negocio de tierras; la invasión de Alvarado a Chiapas sirvió "para llenar los bolsillos de los generales del gobierno y sus oficiales".[1005] La invasión y reconcentración ayudó a los intereses de Pablo González, el mayor traficante de la Revolución, para quien "la campaña de Morelos fue una oportunidad para obtener ganancias ilícitas aplicando un soborno patriótico".[1006] González ya tenía la concesión de las corridas de toros en la capital y se encargaba del transporte de azúcar de Oaxaca a la Ciudad de México.[1007] Él y sus oficiales se resarcían de las fatigas de la guerra sacando de Morelos carbón, dinamita, azufre, cobre, cuero, prensas, ganado, azúcar, alcohol y alimentos para venderlos en la Ciudad de México. En la capital se comerciaron incluso las tinas de baño arrancadas de un hotel de Cuernavaca; los oficiales que querían comprarlas pidieron descaradamente a su antigua dueña que las identificara, para garantizar su calidad.[1008]

Ése era acaparamiento gubernamental organizado, al por mayor, pero la corrupción cubría una gama de actividades y facciones. Buelna, uno de los principales revolucionarios villistas, encontró consuelo en San Francisco, donde se daba buena vida a fines de 1915, "después de llevar agua a su molino cuando le correspondió el control"; se decía que Iturbe, otrora su rival y vencedor, traficaba con cueros, garbanzo, maíz, frijoles y tequila.[1009] Más al sur, en Michoacán, sumido en el caos revolucionario, todas las facciones traficaban. Ya vimos al carrancista Freyría que controlaba la hacienda Chaparro, el ferrocarril a Irimbo; comerciaba con trigo y otras cosechas, y desafiaba a

mayo de 1916, AVC) cuenta que tropas amotinadas mataron al general Cipriano Lozano porque se había apropiado de su paga y raciones; Gavira, *Actuación*, pp. 96, 98 y 108; Canada, Veracruz, 11 de septiembre; Cobb, El Paso, 20 de agosto; Edwards, Juárez, 23 de septiembre de 1916; Cobb, El Paso, 4 de junio, 23 de agosto de 1917 y 13 de febrero de 1918; SD 812.00/19256; 19003; 19275; 20981; 21341, 21736; Hohler, Ciudad de México, 18 de julio de 1917; King, Ciudad de México, 25 de noviembre, Hewett, Tuxpan, 13 de mayo y 14 de junio de 1918; FO 371/2962, 166713; 3247/205361; 3244/108160, 3245/128549.

[1004] Davison, Guaymas, 12 de septiembre de 1918, FO 371/3246, 174353; Cobb, El Paso, 10 de julio de 1917; Lawton, Nogales, 15 de enero de 1918; SD 812.00/21172; 21668; interpretan la operación de Obregón con menos condescendencia que Hall (*Obregón*, pp. 188 y 200-202); de Obregón a Fletcher, 15 de diciembre de 1917, Documentos Fletcher, caja 5, menciona el apoyo estadunidense que tuvo en el trato.

[1005] DDCC, II, p. 1081; Benjamin, "Passages", p. 159. Alvarado no estuvo implicado; procuró honestamente detener la corrupción en Yucatán (Joseph, *Revolution from Without*, p. 113).

[1006] Womack, *Zapata*, p. 260.

[1007] Parker, Ciudad de México, 23 de julio y 12 de octubre de 1916, SD 812.00/17614, 19530.

[1008] Womack, *Zapata*, pp. 260 y 268.

[1009] Brown, Mazatlán, 16 de enero; informe de la armada de los Estados Unidos, Salina Cruz, 9 de noviembre; Davis, Guadalajara, 4 de diciembre de 1915; SD 812.00/14339; 16843; 17258.

terratenientes que intentaban recuperar sus propiedades.[1010] Un estadunidense que andaba por Chapala en busca de negocios (y quizá en procura de deshacerse de un montón de papel moneda villista depreciado) encontró en Los Reyes (que luego quedó en las faldas del Paricutín) al general Luis Gutiérrez —villista entonces, chavista después—; según dijo el estadunidense, Gutiérrez podía venderles "todo lo que quisieran" y dijo además que era dueño "de todo lo que pudiera verse con un telescopio desde la cima de la montaña más alta del estado". Así pues, con 7 500 pesos villistas, el estadunidense compró tres toneladas de azúcar y un salvoconducto;[1011] pero como ocurría en ese tiempo y espacio, el negocio fracasó. Otro villista de Los Reyes, Jesús Cíntora, requisó las mulas del estadunidense y tiró el azúcar (Cíntora se especializaba en organizar grandes caravanas de hasta 600 mulas, en las que transportaba arroz y otras mercancías a la costa, para comprar armas),[1012] pero en ese momento las fuerzas de Amaro atacaron y dispersaron a los villistas, de modo que las mulas de Cíntora y el azúcar del estadunidense cayeron en manos de otro traficante; y para no faltar a la costumbre, Amaro secuestró a los comerciantes españoles de Los Reyes.[1013]

En todas esas historias —buena parte de ellas distorsionadas, sin duda— se repiten ciertos patrones. El peculado se presentó en todas las facciones —mencioné ya algunos casos villistas y me referiré a otros—; incluso entre los zapatistas estaban "los cobardes o los egoístas que... se han retirado a vivir en las poblaciones o en los campamentos, para extorsionando [sic] a los pueblos o disfrutando de los caudales de que se han apoderado a la sombra de la Revolución".[1014] Pero los carrancistas —los vencedores, a menudo intrusos en territorio ajeno y sin duda empresarios activos en el ámbito nacional— eran los traficantes más constantes e insaciables. Se dedicaron a cuatro tipos de negocios, que en conjunto representaban una buena tajada de la economía: alimento, transporte, vicio urbano y bienes raíces. El tráfico de alimentos era un renglón importante, porque en tiempos de carestía e inflación garantizaba cierta utilidad —casi 300% en la costa oeste—.[1015] Eran muchos los señalados: los Arrieta en Durango; Martín Triana (gobernador de Aguascalientes); Diéguez en Jalisco; el segundo jefe de Piedras Negras; Murguía, Treviño y los Herrera, implicados en el comercio de alimentos en Chihuahua.[1016]

[1010] De Parry a Carranza, 20 de diciembre de 1916, AVC.

[1011] Lowery, 7 de diciembre de 1915, en Davis, Guadalajara, 9 de diciembre de 1915, SD 812.00/17008.

[1012] Cusi, *Memorias*, p. 224.

[1013] Véase n. 1011. Se sabía que Amaro era corrupto (Garciadiego, *Movimientos reaccionarios*, p. 78).

[1014] Womack, *Zapata*, p. 261. [Tomó la cita de la versión en español, p. 257 (T.).]

[1015] Informe de la armada de los Estados Unidos, Salina Cruz, 9 de noviembre de 1915, SD 812.00/16843.

[1016] O'Hea, Gómez Palacio, 12 de noviembre de 1917, FO 371/1964, 244149; J. G. Nava a Carranza, 9 de diciembre de 1915, AVC; W. Mitchell, en Fall Report, p. 697; Blocker, Piedras Negras, 6 de marzo de 1916; Edwards, Juárez, 23 de septiembre de 1916; Cobb, El Paso, 23 de agosto de

También las Juntas Proveedoras, que debían racionar y distribuir los alimentos, se aliaban a especuladores y sus socios militares.[1017]

Algunos informes dicen explícitamente que en esa corrupción estaban comprometidos los ferrocarriles, que los militares controlaban casi en su totalidad. Algunos tramos —el de Freyría en Irimbo, por ejemplo— se habían convertido en derechos patrimoniales; el teniente coronel Castillo Tapia controlaba las líneas al este de la Ciudad de México y usaba los trenes para su beneficio.[1018] Las compañías extranjeras que dependían del transporte ferroviario se quejaban abiertamente: el ferrocarril del Pacífico Sur tenía que vérselas con el arbitrario y corrupto jefe de estación de Calles; la ASARCO y otras empresas se quejaban de que era necesario dar prebendas para transportar la carga por el norte; un hacendado, que trataba de enviar café desde Jalapa a la costa, comentó que "la corrupción menuda dominaba en toda rama del servicio de ferrocarriles".[1019] Los comerciantes, desesperados por conseguir vagones, pagaban el costo del flete y las inevitables "gratificaciones".[1020] Las escoltas militares —necesarias en buena parte del país— también sacaban su parte de las mercancías que debían proteger. En menor grado, al peculado de los militares se sumaba el de los ferroviarios.[1021]

La tercera área de utilidades, muy importante aunque muy difícil de penetrar, era la del vicio y la recreación urbanos. No era novedad que políticos y policías administraran cantinas, casinos y prostíbulos, pero la práctica se volvió más evidente (quizá también más extendida) y mostró una contradicción fundamental entre teoría y práctica constitucionalistas, pocas veces analizada, aunque de suma importancia. El constitucionalismo tenía un marcado carácter puritano, manifiesto en numerosas denuncias contra los males de la bebida, el vicio, la falta de higiene, que proliferaban en la prensa, los debates políticos y los textos de personajes destacados. También en la práctica se intentó varias veces prohibir el alcohol, cerrar prostíbulos, eliminar el juego y los deportes donde había derramamiento de sangre, inculcar hábitos de salud e higiene y, en general, conseguir la "regeneración social" de México.[1022] En la realidad, sin embargo, esas campañas moralizadoras chocaban con el imperativo urgente de conseguir ganancias —e imponer gravámenes—. Antes de referirme brevemente a esa contradicción, vale la pena señalar que la

---

1916, 4 de junio de 1917 y 13 de febrero de 1918; SD 812.00/17380; 19275; 19003; 19027, 20981, 21736.

[1017] Del gobernador Siurob a Carranza, 16 de septiembre de 1915, AJD.

[1018] De J. G. Nava a Carranza, 2 de enero de 1916, AVC.

[1019] Informe de la frontera, Nogales, 23 de agosto; Cobb, El Paso, 8 de febrero de 1916; SD 812.00/19112; 17325; entrevista con G. Bergman, Arbuckle Bros., Jalapa, 16 de julio de 1918, FO 371/3245, 135921, y también Mitchel, en Fall Report, p. 697.

[1020] Parker, Ciudad de México, 18 de noviembre de 1915, SD 812.00/16818.

[1021] Canada, Veracruz, 4 de mayo de 1917, SD 812.00/20917; del general Antonio Medina a Carranza, 1º de marzo de 1916, AVC.

[1022] *El Pueblo*, 10 de septiembre de 1917, en Fabela, DHRM, RRC, V, p. 247; véanse pp. 602 y 972-973.

tensión entre puritanismo y peculado era menos evidente entre los rivales del carrancismo. Aunque Villa era abstemio, no trató de convencer a otros; no bebía por razones personales y de moderación que nada tenían que ver con un compromiso ideológico. Los vicios de Zapata —procrear hijos, asistir a corridas de toros, tomar cerveza y licores— eran más los del pueblo. Uno de los intelectuales desilusionados atribuyó el fracaso político de Zapata a su afición por "los buenos caballos, los gallos de pelea, las mujeres galantes, el juego de cartas y las bebidas embriagantes".[1023] Pero en Morelos eran limitados tanto la oportunidad como el deseo de conseguir utilidades con esos vicios. La Chihuahua villista era otra cuestión. Los oficiales llenaban las casas intervenidas con "mujeres de mala reputación" (no está claro si por placer o para conseguir utilidades); Hipólito Villa controlaba el juego de dados en Ciudad Juárez; los chinos, propietarios de casas de juego o fumaderos de opio —entre otros— daban dinero a los militares.[1024]

Después del triunfo, los carrancistas empezaron a limpiar Ciudad Juárez; la campaña de moralidad municipal en Piedras Negras comprendió prohibición de alcohol, cierre de palenques, plaza de toros, cantinas, lugares para tomar cerveza y arresto de estadunidenses que venían de Eagle Pass "para disfrutar una noche de placer carnal".[1025] Casos como ésos se repetían en todo el país. Ese arranque de reformismo limpio, puritano, no duró más que la meticulosa limpieza hecha por los estadunidenses en Veracruz. En el mejor de los casos, la proscripción (de alcohol en Quintana Roo, de prostíbulos en Baja California) dio lugar a reglamentaciones e impuestos.[1026] Por ejemplo, en los pueblos de la frontera, donde había buenas ganancias, el vicio no tardó en reaparecer. En Piedras Negras se formó un "partido de cantineros" que protestó violentamente por el aumento de impuestos (destinados a la educación) e hizo campaña para que se permitieran las peleas de gallos y las corridas.[1027] Francisco Serrano —conocido jugador y comerciante en licores— asumió el mando en Sonora y revocó inmediatamente las medidas sistemáticas de prohibición dictadas por Calles, e incluso despidió a Ramonet, tesorero de prohibición del estado.[1028] En las elecciones para gobernador de

---

[1023] Womack, *Zapata*, p. 342.

[1024] Terrazas, "Asuntos para tratar con Gral. Villa", sin fecha, finales de 1914, STA, caja 84; Guzmán, *El águila y la serpiente*, p. 196; ms. de Terrazas (s. d.), 1915, STA, caja 84.

[1025] Richmond, *First Chief*, p. 132; Blocker, Piedras Negras, 7 de febrero de 1916, 8 de enero y 4 de junio de 1917, SD 812.00/20511, 20621, 20992.

[1026] Del general Carlos Vidal a Carranza, 28 de febrero de 1917, AJD; del jefe político de Ensenada a Gobernación, 1º de julio de 1912 [sic], AG 65/11. Aunque este documento se remonta al periodo maderista, es muy buen ejemplo de la oficialidad puritana que enfrentaba —según opinaba— una ola de prostitución, alcoholismo y degeneración; es muestra, también, de la constancia de esos temas en el "discurso" revolucionario maderista y carrancista. Problemas similares enfrentaba Vidal, vecino de Alvarado en la península; véase Joseph, *Revolution from Without*, pp. 105-106.

[1027] Blocker, Piedras Negras, 14 de junio de 1917, SD 812.00/20992.

[1028] Informe de la frontera, Douglas, 22 de enero de 1917, SD 812.00/20512; *La Montaña*, Cananea, 20 de abril de 1917, AVC, doc. 12890, sobre el fracaso de la prohibición en Sonora.

1917, Calles se mantuvo fiel a su programa de templanza (y ganó, aunque no por ese motivo); su opositor, el hermano de Obregón, José, hizo campaña para que se reabrieran las cantinas.[1029] La prohibición se había moderado ya en Mazatlán (pocos días después de que se ejecutó a un desdichado por vender licor).[1030] En San Luis Potosí hubo un cambio súbito del Gavira puritano al Dávila disoluto, quien se relacionó con los ricos (terratenientes, comerciantes españoles y huertistas), traficó con bienes confiscados y ayudó a sus amigos a monopolizar el mercado de granos (a diario se le veía con ellos "bebiendo en los bares de la ciudad"). También sus oficiales andaban en malas compañías; uno fue visto en un teatro de San Luis Potosí "en estado inconveniente", destapando botellas de champaña que compartía con "una artista que en esos momentos bailaba de manera sugestiva".[1031] (Dejaré por un momento a Dávila y sus compinches corruptos.) Fue característica la decadencia de San Luis Potosí que continuó durante la gubernatura de Barragán. A pesar de las prohibiciones, abundaba el juego en la Ciudad de México, sobre todo en el centro tradicional de la Villa de Guadalupe; en 1918, las casas de juego "brotaron en abundancia" y el régimen, necesitado de ingresos, fingía ignorancia; ¿acaso la policía no había organizado carreras de caballos para conseguir dinero con que amortizar la deuda nacional?[1032] Las prohibiciones de las corridas de toros y del pulque también fueron revocadas, después de un largo debate sobre los principios del comercio libre y las necesidades de ingresos para el Estado.[1033] Gerzayn Ugarte, secretario privado de Carranza, afirmó que el comercio de pulque era esencial para la economía del centro de México; un constituyente estuvo de acuerdo en que las urgencias fiscales desaconsejaban prohibir el pulque y otras bebidas (pero, ya que era propietario de la plaza de toros de Saltillo, hablaba como abogado del diablo).[1034] Así pues, al finalizar el decenio, aunque lejos de estar derrotado, el puritanismo revolucionario estaba en retirada, víctima sobre todo de la corrupción de los revolucionarios.[1035]

El triunfo del acaparamiento sobre los principios fue más claro y evidente en la cuestión de la reforma agraria. Me referiré en un momento a la reforma agraria oficial —decretos, legislación y escasa repartición de tierra—;

[1029] Informe de la frontera, Douglas, 3 de febrero de 1917, SD 812.00/20536.

[1030] Alger, Mazatlán, 21 de febrero de 1916, SD 812.00/17454.

[1031] J. G. Nava a Carranza, 1º y 2 de diciembre de 1915, AVC.

[1032] Informe semanal del Departamento de Estado, 27 de enero de 1918, Documentos Fletcher, caja 6; Thurstan, Ciudad de México, 27 de septiembre de 1918, FO 371/3247, 183019; *El Demócrata*, 10 de septiembre de 1916; en esa época aparecieron en los periódicos anuncios sobre carreras, rifas y conciertos "con el loable propósito de colectar fondos para la amortización de la deuda pública nacional"; véase por ejemplo *El Demócrata*, 3 de septiembre de 1916.

[1033] *El Demócrata*, 10 de mayo de 1916; King, Ciudad de México, 4 de diciembre de 1918, FO 371/3247, 213868.

[1034] DDCC, I, pp. 939-940 y 954-957.

[1035] No acabó todo ahí; la contienda entre puritanismo y corrupción prosiguió en los años veinte y treinta, especialmente en Tabasco durante la gubernatura de Garrido Canabal (acerca

antes es necesario presentar el telón de fondo (que a veces queda, como en las puestas en escena de vanguardia de Shakespeare, insulso y vacío; los intérpretes deben entonces actuar *in vacuo,* y el público debe concentrarse en los parlamentos). Esa exaltación de la palabra, justificable en el caso del poeta, es dañina cuando se estudia la Revolución, porque la oratoria queda por encima de los hechos y da la impresión de que legisladores diestros transformaron la realidad, cuando ocurría que la realidad se negaba a ser transformada o que, de hecho, transformaba a los legisladores.

La Revolución dio lugar a la transferencia de la propiedad y del poder político (aunque en el último caso fue más evidente y completa). En 1915, las propiedades confiscadas al "enemigo" incluían no sólo las de porfiristas y huertistas, sino también las de villistas y convencionistas; a los dos últimos grupos se les persiguió con más rapidez.[1036] La apropiación de casas citadinas y automóviles por parte de los rebeldes fue la manifestación simbólica más evidente de la llegada de una nueva élite, pero la transferencia de propiedad en el campo —ámbito de la revolución popular— fue más importante. Es difícil evaluar esa transferencia: aún no es posible medir hasta dónde llegó la decadencia de los terratenientes porfirianos y en cuánto los sustituyeron los advenedizos revolucionarios (o incluso las comunidades campesinas);[1037] pero en algunos casos es posible mostrar que la confiscación de tierra transformó o afectó el carácter de la nueva élite política posrevolucionaria.

Después de la guerra contra Huerta hubo numerosas confiscaciones; algunas de esas tierras, en Sonora y La Laguna, se trabajaron en "beneficio de la revolución" (con el peculado añadido), otras quedaron en manos de individuos.[1038] Urbina disfrutó Nieves —y el botín que venía con ella— como si fuera su patrimonio, hasta que Villa se cansó del retiro egoísta de su antiguo socio; también en San Luis Potosí, Urbina, que supuestamente dirigía la campaña en El Ébano, se interesó en negocios mineros y permitió que sus parientes se alzaran con el mineral.[1039] Urbina no se destacaba tanto por la ansiedad de enriquecerse cuanto porque se dedicaba a hacerla de manera desvergonzada, suicida —¿bandoleril?—. Otros, en particular los sonorenses, se comportaban más como arquetípicos capitalistas weberianos. De hecho, en Sonora más que en ningún lado, fue más cabal la confiscación de tierras que pertenecían a porfirianos y el surgimiento de una élite revolucionaria de terratenientes.[1040] Obregón, quien se dedicó a los negocios después de 1917 y

de su campaña contra el alcohol y otros vicios, véase Carlos Martínez Assad, *El laboratorio de la revolución: El Tabasco garridista,* México, 1979, pp. 44, 54, 75 y 143-146.

[1036] De Múgica a Alvarado, 29 de agosto de 1916, María y Campos, *Múgica,* p. 102; Katz, *Secret War,* p. 291.

[1037] Richmond, "El nacionalismo", p. 120; Hans-Werner Tobler, "Las paradojas del ejército revolucionario: su papel en la reforma agraria mexicana, 1920-1935", *Historia Mexicana,* XXI, núm. 1 (julio-septiembre 1971), p. 73, n. 55.

[1038] Aguilar, "Relevant Tradition", pp. 112-114; Palavicini, DDCC, II, p. 538.

[1039] J. Williams, Cerro de San Pedro, SLP, 19 de junio de 1915, SD 812.00/15563.

[1040] Aguilar, "Relevant Tradition", pp. 119-120.

manejó en 1918 toda la cosecha de garbanzo del noroeste, comenzó a levantar un imperio económico que por el decenio de 1920 contaba con 3 500 hectáreas (empezó con 150), 1 500 peones, un molino, fábricas de conservas y jabón, y un banco.[1041] Otros sonorenses, como Hill, compraron tierras y negocios para beneficio propio —y, alegaban, también de la nación—.[1042] Varios carrancistas hicieron lo mismo. Murguía, traficando con ahínco, compró una hacienda en Zacatecas, desde donde exportaba ganado y guayule. Coahuilenses como él, Coss, también de origen humilde, administraba un rancho a fines de 1916, y Cesáreo Castro —animoso jefe de caballería de Obregón— rentó una hacienda algodonera que trabajó a base de ganancias compartidas (aunque al parecer no pagaba su parte). Un jefe de menos importancia, el general Santiago, de Tepic, se estableció con 400 partidarios que trabajaban sus tierras y lo protegían (un antecedente de las colonias militares de Cedillo, establecidas en el decenio siguiente).[1043]

A menudo se ha visto a esos generales revolucionarios que compraban tierras como una "nueva burguesía"; Córdova, con más cautela, dice que el ejército constitucionalista fue, en buena parte, "el semillero [...] en gran medida de la nueva clase capitalista".[1044] Enfrentados a otra nueva burguesía en ascenso, los escépticos pueden sacar sus revólveres. Está fuera de duda que la tierra cambió de manos y que los líderes revolucionarios se beneficiaron, pero, como dije ya, eso no puede ponerse en números y son dudosas las pruebas de que surgiera una "nueva burguesía". En realidad, un análisis de las relaciones de producción (de eso se trata cuando se habla de "nueva burguesía") dice que los cambios más importantes no se hallan en la configuración de la propiedad, sino en el cambio de los patrones de producción, empleo y relaciones sociopolíticas (a los que me referiré más adelante). En lo que a propiedad se refiere, es evidente que muchos terratenientes sobrevivieron y se recuperaron y que, así como la nueva élite usurpó sus propiedades, también se confundió con ellos. No se puede contar mejor a los terratenientes que recobraron sus bienes que a los desposeídos, pero sin duda fueron numerosos —Katz habla de su "tremenda" recuperación— y pueden mencionarse muchos casos.[1045] Los terratenientes de Sinaloa rescataron tierras (pagando por ellas) a fines de 1915; dos años después, un observador comentó sobre "el inexplicable regreso de familias de científicos" a las haciendas de Sinaloa.[1046] "Las haciendas y otros bienes de propiedad *[sic]* con-

---

[1041] Hall, "Alvarado, Obregon, and the Agrarian Movement", pp. 134-136; Tobler, "Las paradojas", p. 72, n. 53, y véase n. 1004.

[1042] Aguilar, "Relevant Tradition", p. 121; de Hill a Carranza, 1º de agosto de 1916, AVC.

[1043] Cobb, El Paso, 14 de junio de 1917 y 12 de febrero de 1918, SD 812.00/20981, 21736.

[1044] Katz, *Secret War*, p. 253; Córdova, *Ideología*, p. 263.

[1045] Katz, *Secret War*, pp. 287-288; Richmond, *First Chief*, p. 57, encontró 36 casos en el archivo Carranza; véase, por ejemplo, de Manuel Martínez a Carranza, 1º de enero de 1917, AVC; *El Demócrata*, 3, 6 y 11 de marzo de 1916, informa también de devoluciones en Veracruz, Chihuahua y Sonora.

[1046] Informe de la armada de los Estados Unidos, Mazatlán, 9 de noviembre de 1915, SD 812.00/16843; informe de la frontera, Nogales, 3 de febrero de 1917, SD 812.00/20536.

fiscados se devolvían a sus propietarios legítimos [de Aguascalientes]" a fines de 1915, y es evidente que no hubo en el estado grandes revueltas por la tenencia de la tierra.[1047] En las tierras altas de San Luis Potosí —no en Valle del Maíz o en la Huasteca— "la mayor parte de los latifundios y propiedades urbanas se devolvieron a sus dueños", entre ellos, oligarcas porfiristas.[1048] Tanto la cuñada como la viuda de Díaz recuperaron sus posesiones (irónicamente, no así la viuda de Madero), y lo mismo María Luján de Terrazas, relacionada con dos de las familias más ricas de Chihuahua y La Laguna, cuyas tierras, confiscadas por Villa en 1914, les fueron devueltas en 1916.[1049]

Así como era celoso en la cosa política, el régimen de Carranza se mostró muy clemente en lo que se refiere a derechos de propiedad. Mientras no se entrometieran en política, los viejos porfiristas podían volver a sus tierras. Naturalmente, se criticó esa medida instigada desde el "centro". Negociantes sagaces, que habían medrado con tierras confiscadas, vieron amenazado su medio de vida; la devolución de la hacienda El Salado y "algunas otras" a la familia potosina Arguizoniz perjudicó a un especulador que traficaba con guayule; aumentaron su problema los inservibles 100000 pesos de los infalsificables que tenía.[1050] Más grave fue que los líderes revolucionarios se opusieran a la medida. Para disgusto de Múgica, se le ordenó devolver a una compañía de Tabasco (que formaban "gachupines y yanquis") tierras confiscadas que había repartido en ejidos; Múgica concluyó que la política agraria del régimen era un fiasco total.[1051] Él y los ejidatarios se dieron maña para ganar tiempo y resistirse a la devolución; en La Laguna se informó también que "Carranza había ordenado por lo menos cuatro veces al gobernador entregar ciertas propiedades a sus dueños legítimos, españoles, y en cada una se le respondió negativamente".[1052] Flores, gobernador de Hidalgo y revolucionario no agrarista, se quejó de que devolver a los "reaccionarios" tierras ("amasadas con lágrimas de innumerables familias") "había causado tan mala impresión entre los pobladores del estado, que algunos lo veían como trato entre revolucionarios y científicos"; dijo además "que en el futuro se juzgaría muy mal esa devolución y se pensaría que la Revolución había defraudado los intereses del pueblo".[1053] La posteridad ya puede juzgar. En la vecina Tlaxcala, los

[1047] Schmutz, Aguascalientes, diciembre de 1915, SD 812.00/17034; Rojas Nieto, *La destrucción de la hacienda de Aguascalientes*, pp. 119 y 134.

[1048] Bonney, San Luis, 7 de marzo de 1916, SD 812.00/17477.

[1049] De J. Baranda a Carranza, 17 y 29 de julio de 1916, y de G. Calzada a Carranza, 1917 (s. d.), AJD; Richmond, *First Chief*, p. 60; sobre Guillermo Muñoz, véase Katz, *Secret War*, p. 290.

[1050] Katz, *Secret War*, p. 261; subraya, acertadamente, la iniciativa del centro. Sobre el caso de El Salado, véase de Urbano Flores a Carranza, 9 de diciembre de 1916, AVC.

[1051] De Múgica a Alvarado, 29 de agosto de 1916, y vecinos de Jonuta a Múgica, 28 de octubre de 1917, María y Campos, *Múgica*, pp. 101 y 104.

[1052] O'Hea, Gómez Palacio, 19 de abril de 1916, SD 812.00/18011.

[1053] De Flores a Carranza, 29 de diciembre de 1916, AVC; *cf.* Schryer, *Rancheros of Pisaflores*, pp. 69 y 75.

terratenientes acosados también aprovecharon esas medidas e intentaron regresar; algunos pueblos perdieron las tierras que hacía poco habían conseguido, mientras otros encontraron difícil legalizar las tierras conseguidas *de facto;* el conflicto se prolongó hasta el decenio de 1920.[1054] El caso más claro fue Morelos: la decadencia del zapatismo alentó la resurrección de los hacendados, lo que agravió tanto a los pobladores cuanto a los generales gonzalistas que tenían intereses ahí.[1055] Los conflictos dentro de la élite carrancista, más el interés del gobierno en la agricultura de mercado, permitieron a muchos hacendados recuperar sus propiedades y reiniciar los cultivos. Cuando el gobierno estableció el requisito de solicitar y registrar títulos, "el resultado no fue la protección de los pueblos, sino su despojo, y el resurgimiento de los hacendados".[1056] Ése no fue el final de la historia, pero a principios de 1920 parecía que la hacendocracia estaba en camino de recobrar sus posesiones y predominio.

Sin duda, ésa fue una medida de gran importancia. Cualesquiera fuesen las dimensiones de la legislación agraria carrancista, en la práctica el régimen se mostró conservador, "contrarrevolucionario" inclusive. Poca tierra se repartió, mucha se devolvió a los hacendados, invirtiendo así la reforma *de facto* revolucionaria y poniendo más barreras a la redistribución futura. Había en ello una contradicción básica, e incluso cinismo: grandes gestos de igualdad (el artículo 27, por ejemplo) se contradecían con medidas específicas, como la que acabo de mencionar, que significaban retroceso. ¿Por qué los carrancistas quitaban con una mano lo que parecían dar con la otra? Para empezar, podemos deducir —aunque no es fácil probarlo— que las promesas agrarias se habían arrancado a un régimen mal dispuesto o a un régimen que aspiraba a serlo. Carranza que, se puede pensar, representaba dentro del constitucionalismo el elemento fuerte y también el liderazgo, se mostraba, en el mejor de los casos, ambiguo a propósito de la cuestión agraria; era capaz de mostrar cierto radicalismo político —al proscribir a sus opositores o al violar derechos constitucionales—, pero seguía siendo conservador en lo social. Era un líder que "atraía a esa clase de gente que tenía propiedad que cuidar", por lo menos en 1916.[1057] De ahí su actitud hostil hacia los obreros y sus escasos antecedentes en reforma agraria. Carranza alentó decidido la devolución de tierras a los terratenientes desposeídos; contuvo a reformadores como Múgica en Tabasco y Alvarado en Yucatán. Prefería un proyecto de constitución en el que las propuestas de reforma agraria fueran modestas y limitadas,[1058] como

---

[1054] Raymond Buve, "State Governors and Peasant Mobilisation in Tlaxcala", en Brading, *Caudillo and Peasant,* pp. 230-233.

[1055] Womack, *Zapata,* p. 353.

[1056] *Ibid.,* p. 352.

[1057] F. Thompson, administrador de una colonia estadunidense, Sinaloa, 20 de abril de 1916, SD 812.00/18063.

[1058] Joseph, *Revolution from Without,* pp. 130-131; María y Campos, *Múgica,* pp. 99-101; y pp. 471, 475 y 489.

lo fueron las concesiones de tierra que se hicieron durante su presidencia (alrededor de 200 000 hectáreas).[1059]

Las necesidades políticas de la guerra civil aunadas a las presiones de reformadores carrancistas sinceros, lo indujeron a adoptar actitudes que con el tiempo se volvieron incómodas; ya en el mando, pudo relajar sus deformados representantes ideológicos. A mediados de 1917 un extranjero informó: "Ahora que el gobierno está bien establecido y no depende tanto del elemento militar radical, se observa una tendencia conservadora. Es indudable que Carranza está haciendo todo lo posible para librarse de los extremistas".[1060] Los líderes campesinos de Durango protestaron porque con Carranza se había traicionado la reforma agraria; un crítico opinó que las comisiones agrarias creadas para ponerla en práctica "no habían sido más que entidades establecidas para defraudar a los pueblos".[1061] Reforzaba esa actitud conservadora la preocupación del gobierno por la recuperación económica (sin la cual, él mismo peligraba). Puesto que no se pensaba en un comunismo de guerra, para la reconstrucción se necesitaba ortodoxia en la economía y descartar experimentos agrarios radicales —conclusión totalmente opuesta a la que se llegó en los años treinta, cuando el colectivismo y *dirigisme* estuvieron de moda—. Pero estando el país agobiado por la falta de alimentos, y casi en la hambruna, gastando divisas valiosas para comprar granos en los Estados Unidos, debía estimularse la agricultura, que significa hacienda, producción; era necesario conjurar el "efecto Dumont".[1062] Los beneficiarios de la Nueva Política Económica fueron los terratenientes, no los campesinos, y ahí estaban incluidos los propietarios de tierras que enfrentaban la amenaza agrarista. Las modestas reformas agrarias de Alvarado en Yucatán fracasaron; las plantaciones henequeneras continuaron siendo intocables.[1063] Las haciendas michoacanas que producían alimentos básicos (Cantabria) o madera para el ferrocarril (la de Santiago Slade's) podían contar con protección oficial.[1064] Además, los estados que trataban de equilibrar sus escasos presupuestos, necesitaban los ingresos que obtenían de los impuestos que gravaban las tierras y la producción agrícola; los terratenientes que pagaban impuestos podían pre-

---

[1059] Simpson, *The Ejido*, p. 609, dice que 180 000 hectáreas se distribuyeron entre 48 000 beneficiados; McBride, *Land Systems*, p. 165, presenta distribución regional (no incluye Morelos), en la que es evidente el predominio de los estados del centro: de los 243 pueblos que recibieron tierras, 140 se encontraban en Puebla, Tlaxcala, Hidalgo, Veracruz y el Estado de México.

[1060] Katz, *Secret War*, p. 293, cita a uno de los representantes de Cowdray.

[1061] Hans-Werner Tobler, "Alvaro Obregón und die Anfänge der mexikanischen Agrarreform: Agrarpolitik und Agrarkonflikt, 1921-1924", *Jahrbuch für Geschichte von Staat, Wirtschaft und Gesellschaft Lateinamerikas*, VIII (1971), pp. 325 y 327.

[1062] Es decir que con la amenaza de repartir la tierra, o con el reparto concreto, tendía a disminuir la producción agrícola.

[1063] Joseph, *Revolution from Without*, pp. 126-233.

[1064] Cantabria, trabada en áspera lucha con los pueblerinos, proveía de maíz al gobierno (de C. Rochín a Carranza, 9 de mayo de 1916, AVC); sobre Slade, véase María y Campos, *Múgica*, p. 102.

sionar al gobierno, como los de Tlaxcala (hasta el punto de convocar a una huelga de impuestos).[1065] Así como a los obreros, las circunstancias podían obligar a los campesinos a abandonar la militancia, volver al trabajo en las haciendas e incluso refugiarse bajo el paternalismo del hacendado.[1066]

Pero también puede entenderse la recuperación de los terratenientes y el malogro de la reforma como parte de la reconciliación entre hacendado y revolucionario, que fue rasgo esencial de la reconstrucción. No se puede decir que en la élite carrancista predominaran los agraristas, pero se había visto arrastrada a la reforma, y en su conquista del poder había atropellado sin miramientos los intereses de los terratenientes. La transferencia de propiedad más completa se dio en Sonora, donde el agrarismo era débil. Ya en el poder, muchos revolucionarios sucumbieron al halago de los hacendados, muchos se convirtieron en terratenientes, otros toleraron, para beneficio mutuo, la recuperación de los propietarios. Se ha dicho que esa tolerancia (los ejemplos presentados aquí tienden a confirmarlo) fue más evidente en el centro del país; ahí la amenaza agrarista era mayor, y los carrancistas —forasteros a menudo— preferían colaborar a usurpar.[1067] La novelística muestra casos ficticios (Azuela o *La muerte de Artemio Cruz*, de Fuentes), pero hubo muchos otros reales. Villa de los Reyes (S. L. P.) había sostenido una larga guerra —que dio lugar a mucho litigio y algo de violencia— con la hacienda Gogorrón. Durante el gobierno de Madero, se confirmó a la hacienda la posesión de la que había sido tierra ejidal de la comunidad; Gavira cambió esa decisión en 1915 durante su breve gobierno.[1068] Pero Gavira fue enviado al norte, y su lugar lo ocupó Vicente Dávila, ingeniero coahuilense y carrancista devoto ("su papel en la política de México no ha venido a ser sino el complemento armónico de la conducta pública observada por el C. Venustiano Carranza").[1069] En poco tiempo Dávila logró conexiones en la alta sociedad potosina y se volvió jovial compañero de Enrique Zavala, dueño de Gogorrón. Mediante un funcionario corrupto de la Oficina de Propiedades Confiscadas, Dávila consiguió que

---

[1065] La revaluación de impuestos prediales era medida progresista así como necesidad presupuestal y tenía antecedentes maderistas, pero era todavía más una alternativa que un complemento de la expropiación. Véanse Lawton, Nogales, 16 de julio; Coen, Durango, 4 de agosto de 1917; SD 812.00/21141; 21178; también de A. Baird, Cía. Explotadora de Terrenos y Maderas de Sonora a Carranza, 4 de agosto de 1916, AJD; de Machorro a Carranza, 26 de agosto de 1916, AJD, sobre la huelga contra impuestos.

[1066] En Aguascalientes, donde nunca había prosperado el agrarismo, pareció aumentar el acatamiento (como el que era evidente en los enclaves extranjeros): Katz, *Secret War*, p. 287. En otros lados, el "paternalismo" selectivo (con los acasillados por lo general) se combinaba con resistencia a los pueblerinos o su represión (véase por ejemplo Margolies, *Princes*, pp. 35 y 39; Ronfeldt, *Atencingo*, pp. 12-15; Friedrich, *Agrarian Revolt*, p. 90, donde se lee que en Naranja "los hacendados se negaban sistemáticamente a emplear a cualquiera que estuviera relacionado con la reforma agraria".

[1067] Katz, *Secret War*, p. 296; tiende a confirmarlo Tobler (*supra*, notas 1037 y 1061).

[1068] J. G. Nava a Carranza, 1°, 2 y 15 de diciembre de 1915, AVC; Gavira, *Actuación*, pp. 136 y 143.

[1069] Grimaldo, *Apuntes*, pp. 34-35.

se dejara sin efecto la concesión ejidal hecha por Gavira, y la tierra volvió a ser parte de la hacienda. Como en muchos otros casos, ése no fue el fin de la historia.[1070] Dávila, no Gavira, impuso en el estado el tono de la posterior política carrancista. Barragán, gobernador constitucional, también adicto al presidente, era terrateniente y enemigo jurado de los Cedillo; gobernó de manera arbitraria y egoísta, encumbrando amigos, eliminando enemigos, conservando un "sorprendente" estado de corrupción y dando la espalda a la reforma agraria.[1071]

Tratos parecidos se incubaron en Puebla, donde se decía que los "reaccionarios" consiguieron defender sus intereses, en parte sobornando al jefe militar carrancista, Cesáreo Castro.[1072] Cuando los vecinos del valle de Tehuacán pidieron que se les devolvieran las tierras, aguas y montes que habían perdido años antes, la Comisión Agraria del estado dispuso que los títulos que tenía el pueblo no eran buenos y que no podían quitarse las tierras a quien entonces las poseía. Los habitantes se quejaron de que Comisión, propietarios y militares actuaban en contubernio; que los hacendados no les daban trabajo y, si se los daban, pagaban salarios como los de la época porfiriana, es decir, insuficientes; el "jefe de las armas" los calumniaba, les decía zapatistas, cuando en realidad muchos habían luchado por Carranza.[1073] La alianza entre propietarios y militares era estrecha; las tropas servían para mantener a los campesinos fuera de los bosques, les habían quitado estufas, madera y carbón, y se les prohibía entrar al bosque bajo pena de muerte. El coronel de la localidad rechazó los cargos y justificó la defensa de las haciendas con elementos clásicos de la teoría constitucionalista: no estaba abiertamente en contra de la reforma agraria, pero rechazaba el asalto a la propiedad *de facto*, ilegal, populista y concebía la Revolución de manera muy diferente. Los pueblerinos explicaron que el coronel los despreciaba; "diciéndonos que somos unos sinvergüenzas que validos a la Revolución le queremos quitar a los Hacendados sus tierras que tanto les han costado, y que entiéndamos [sic] que la Revolución se está haciendo para establecer un gobierno, no para dar tierra a bandidos, y que para esas reclamaciones no tenemos ningún derecho, ni mucho menos leyes o decretos que nos amparen". Ésa fue la voz de Añorve que en cinco años más estaría bajo una filiación diferente.[1074]

Ése no era un caso aislado. Otros pueblos del mismo valle se quejaban por lo mismo: pobreza, falta de trabajo, hambre, usurpación de tierras, contubernio de terratenientes y militares.[1075] También en Puebla, Rosalie Evans consiguió el apoyo de los militares en su testarudo intento por recuperar sus

---

[1070] Nava (n. 1068); Gavira, *Actuación*, p. 154; Gruening, *Mexico and its Heritage*, pp. 149 y 150.
[1071] Falcón, *Cedillo*, pp. 133-135.
[1072] DDCC, II, p. 918.
[1073] Solicitud de San Lorenzo Teotipilco a Carranza, 10 de enero de 1916, AVC.
[1074] *Ibid.*, y véase p. 316.
[1075] Solicitud de Santa María Magdalena Cuayucatepec a Carranza, 12 de enero de 1916, AVC.

tierras y sacar a los campesinos que las habían invadido.[1076] Asimismo, ese contubernio era evidente en Michoacán; viéndose amenazado, un hacendado consiguió el apoyo de un juez, ex porfirista, que tenía alto rango en el ejército constitucionalista. Esas relaciones se volvieron comunes en el estado por los años veinte, mientras terratenientes, oficiales y agraristas movilizaban sus fuerzas, contendían y politiqueaban.[1077] Hans Werner Tobler ha demostrado que esos conflictos fueron endémicos en el decenio de 1920; por esos años, el ejército se había convertido en recurso para estabilizar la cuestión agraria; sus generales adquirían propiedades y colaboraban con los terratenientes en contra de las demandas campesinas (en ese sentido, fue notable Guadalupe Sánchez).[1078] En Veracruz, Zacatecas, Michoacán, Puebla, Guerrero, Hidalgo, Tamaulipas (enumero solamente los estados mencionados por Tobler), las unidades militares cuidaban haciendas, reprimían a los agraristas, acababan con sus líderes y se oponían al reparto de tierras. No es de sorprender que los terratenientes sobrevivieran y prosperaran en Chiapas, por decir algo (ahí formaron el gobierno "mapache" posrevolucionario —1920-1924— terratenientes "preocupados solamente por el bienestar de los propietarios"), pero lo mismo ocurrió, más tarde, en Morelos, aunque en menor grado. Un sobrino de Zapata, aliado a "una camarilla de generales", trató de arrebatar las mejores tierras a ejidatarios de Anenecuilco; su hijo (un niño que dormitaba cuando su padre se reunió con Villa en Xochimilco) compró tierras, llegó a ser alcalde de Cuautla y "aprendió rudimentos de política que corrompieron su sentido del deber"; acabó como cliente de los hacendados.[1079] *Corruptio optimi pessima.*

La máquina carrancista en movimiento

La contradicción evidente entre el discurso radical carrancista y su práctica conservadora deberá aclararse al dejar el funcionamiento interno de la máquina y observar su aspecto exterior y su movimiento (los más conocidos). Muchas veces se piensa que en la Constitución de 1917 se consumaron las aspiraciones revolucionarias (a menudo de manera tautológica, ya que la Constitución da pruebas de cuáles eran esas aspiraciones) y que fue un proyecto para el desarrollo de México en el periodo posrevolucionario. El juicio se posterga en lo que se refiere a la segunda afirmación; hay grandes objeciones en cuanto a la primera. La nueva Constitución representó sólo a medias las aspiraciones revolucionarias populares: se concibió sin participación popu-

[1076] Evans, *Letters*, pp. 42-44, 127-128 y 249-251.
[1077] Friedrich, *Agrarian Revolt*, p. 99; Apolinar Martínez Múgica, *Primo Tapia: semblanza de un revolucionario michoacano*, México, 1946, pp. 41-42.
[1078] Tobler, "Las paradojas", pp. 56-79; Gruening, *Mexico and its Heritage*, p. 145; Fowler, *Agrarian Radicalism*, pp. 37-39.
[1079] Benjamin, "Passages", p. 170; Womack, *Zapata*, pp. 378-381 y 384.

lar directa y se elaboró con prisa y en un caos, más que con la calma y reflexión necesarias. Sus diáfanos postulados contrastaron con la realidad sombría vivida puertas afuera del Teatro Iturbide de Querétaro, hoy Teatro de la República.

Ya en 1913 Carranza habló de una nueva Constitución; durante la junta en la Ciudad de México (octubre de 1914) Cabrera mencionó que se necesitaba una; la prensa se refirió ampliamente a la idea en 1915, cuando se extendía la guerra contra Villa y brotaba la conciencia social carrancista.[1080] En la primavera de ese año Carranza se comprometió a convocar un congreso que "daría carácter constitucional a reformas establecidas durante la contienda", lo que se concretó oficialmente en septiembre del año siguiente. El programa era ambicioso: elecciones en octubre, debates en noviembre-diciembre, promulgación el 1º de febrero de 1917, después de lo cual, bajo el nuevo orden constitucional, se elegirían presidente y miembros de la Cámara.[1081] Los constituyentes de 1916 no tenían el tiempo que sus predecesores de 1824 y 1857 dedicaron a las deliberaciones; entonces había tomado casi un año preparar la Constitución. Pero se confiaba en que la vuelta rápida a la constitucionalidad mejoraría la situación política y económica en el ámbito nacional e internacional.[1082] La Constitución sirvió a intereses pragmáticos e inmediatos y también ideológicos y de largo plazo.

La tarea se llevó a cabo y surgió una de las constituciones más radicales de su tiempo. Conservó muchos elementos políticos de su antecesora, la de 1857 (sistema federal, separación de poderes, no reelección, estipulaciones sobre derechos individuales, restricciones a la Iglesia), pero añadió reformas socioeconómicas, que otorgaban al Estado mayores poderes en materia de ordenación de la sociedad. Dos de sus innovaciones más notables fueron los artículos 27 y 123; en el primero se confirmaban los derechos de propiedad de la nación, que justificarían la expropiación (de latifundios, por ejemplo) en bien del interés público; también pertenecían a la nación las riquezas del subsuelo, de modo que la explotación de minerales e hidrocarburos podría hacerse sólo mediante concesión del gobierno y si el concesionario extranjero adoptaba la nacionalidad mexicana. Las comunidades recibieron así derechos constitucionales para recuperar tierras o su dotación, las cuales podían expropiar a los latifundistas, quienes recibirían bonos por indemnización; las compañías mineras y petroleras perderían así el dominio absoluto sobre sus propiedades, que tendrían en arriendo; ningún extranjero podía comprar tierras en zonas limítrofes o costas.[1083] El artículo 123 "constituyó la más lúcida enunciación de los principios de protección al trabajo del mundo en esa época"; obligaba al gobierno federal y estatal a presentar una legislación

---

[1080] Amaya, *Soberana convención*, pp. 99-100; E. V. Niemeyer, *Revolution at Queretaro: The Mexican Constitutional Convention of 1916-1917*, Austin, 1974, pp. 26-27.

[1081] Niemeyer, *Revolution at Queretaro*, pp. 32 y 36.

[1082] Cravioto, en DDCC, II, p. 223.

[1083] Niemeyer, *Revolution at Queretaro*, cap. 5; Cumberland, *Constitutionalist Years*, pp. 341-360.

laboral, incluía leyes sobre salario mínimo, establecía jornadas máximas de ocho horas, regulaba el trabajo de niños y mujeres, estipulaba una serie de medidas para asegurar condiciones de trabajo higiénicas y seguras, abolía la deuda de los peones y reconocía el derecho de huelga (salvo para los trabajadores de base del gobierno o cuando los trabajadores recurrieran a la violencia).[1084] Con juntas que incluirían trabajadores, administradores y funcionarios, el gobierno arbitraría las diferencias entre obreros y patrones —una manera de asegurar el "equilibrio social", esencia del pensamiento constitucionalista, aun el de tipo "radical"—. Llegamos aquí a la sustancia filosófica de la Constitución (toco de paso temas que desarrollaré en el próximo apartado). Aunque calificada de "bolchevique", la Constitución no era socialista siquiera. Para su época fue radical, sin duda, pero otorgó al Estado poderes no con el propósito de lograr una economía planeada —menos todavía una sociedad sin clases—, sino para controlar abusos y servir de árbitro a las partes en conflicto.[1085] Resonaron en Querétaro temas como el equilibrio social y el esfuerzo productivo compartido, atractivos para los gobiernos en periodos de reconstrucción.[1086]

No obstante, esas medidas se pusieron en práctica lentamente y de manera incompleta. Cuando se formuló, el procedimiento tenía cierto aire de irrealidad. Para rescatar algo de la importancia real (distinta a la mítica, retrospectiva) que la Constitución tuvo en su época, es necesario tener en cuenta las circunstancias en que nació, la naturaleza de sus progenitores y cómo fue el alumbramiento. Lo primero es más difícil de entender. Mientras se reunía el Congreso, Villa caía sobre Torreón, Zapata aún tenía preponderancia en Morelos, los felicistas estaban en la cúspide de su vigor. Pocos periódicos y pocos constituyentes trataron esos temas.[1087] Un apóstata comentó que, mientras ellos discutían, en Guanajuato la gente moría de hambre.[1088] La representación no fue completa a causa de la revuelta: en Chihuahua se "eligió" sólo uno de los seis constituyentes a que tenía derecho; Guerrero envió sólo tres de ocho; curiosamente, Morelos mandó los tres que le correspondían. Los capitalinos se mostraron escépticos; pensaban que el Congreso aprobaría automáticamente el borrador que le presentara Carranza, en lo que estuvieron de acuerdo algunos carrancistas de alto rango, quienes preveían una farsa servil.[1089] El Congreso no fue tanto prueba concluyente de victoria, paz y estabilidad, cuanto un medio para llegar a esos fines no logrados aún, un medio para dar legitimidad a un régimen tambaleante. Algunos participantes abriga-

---

[1084] Cumberland, *Constitutionalist Years*, pp. 347-348; Ruiz, *Labor*, p. 69. Opinó el ministro francés que el artículo 123 era, "probablemente, la legislación laboral más avanzada de nuestro tiempo" (Couget, Ciudad de México, 8 de febrero de 1917, AAE, Pol. Ont., I, N. S., XIV, n. 22).

[1085] Córdova, *Ideología*, pp. 228-229.

[1086] *Ibid.*, p. 230; DDCC, II, pp. 990-991 y 1146.

[1087] *Cf.* Palavicini, DDCC, II, pp. 39 y 101.

[1088] Cano, DDCC, II, p. 850.

[1089] Martínez de Escobar, DDCC, II, pp. 879-880; de Maldonado a Alvarado, 1º de octubre de 1916, AJD.

ban ideas radicales, sinceras —e incluso algunos las pusieron en práctica—, pero la flexibilidad del gobierno para aceptar varias de ellas dice que Carranza y los suyos querían más que nada *una* Constitución cuyo contenido hipotético se podría revisar, rescribir y luego ignorar (todo eso sucedió). Mientras el Congreso revisaba en profundidad y complementaba el borrador de Carranza que tenía mucho en común con la Constitución de 1857, sus partidarios se inclinaron hacia donde soplaba el viento y a veces corrieron con él. En realidad, mucho antes habían mostrado su intención; un año atrás, cuando Macías y Rojas empezaron a preparar el borrador del gobierno, advirtieron que serviría "como base o punto inicial para las discusiones de los constituyentes", que podría aprobarse o modificarse, y, a pesar de que tenía por base la Constitución de 1857, no debía olvidarse "el cambio tan profundo que se realiza en varias de nuestras instituciones fundamentales".[1090] La misma táctica se había usado antes para responder a las demandas agrarias populares; después de todo, era fácil compilar promesas y resoluciones. El artículo 123, comentó un constituyente, con su magnífica serie de medidas en pro del trabajador, se había elaborado en un país donde los estándares de vida estaban muy deteriorados, donde se ponía en la picota a los huelguistas, donde la debilidad del movimiento obrero señalaba la naturaleza utópica de esas medidas. No era tan "increíble" que una legislación laboral avanzada saliera a la luz en un país pobre, agrícola, como México; justamente esos ejercicios de legislación utópica —o a veces de lenguaje ambiguo y contradictorio imaginado por Orwell en *1984*— fueron más factibles porque la industria y el sindicalismo eran insignificantes; ante un movimiento laboral débil se podía hacer ostentación de promesas con la seguridad de que se pondrían en práctica por iniciativa del gobierno, no de los sindicatos.[1091]

Esto nos lleva a la cuestión esencial, pero difícil, de la conciencia que tenía el pueblo del Congreso y su obra. Las elecciones se llevaron a cabo en siete octavos del total de los distritos electorales de la nación; fueron tranquilas, sometidas a bastante control oficial y, en general, no provocaron mucho entusiasmo. Niemeyer afirma que el "interés y participación de los votantes fue sustancial", pero sus datos no lo prueban; más aproximado parece el "letargo generalizado" de Cumberland.[1092] Hubo testimonio de que la supervisión y el control de la policía garantizó solamente la elección de candidatos carrancistas aprobados; hubo muchas denuncias de fraude (Palavicini

---

[1090] *El Demócrata*, 3 y 5 de febrero de 1916.

[1091] Sobre la flexibilidad de los "moderados", véase Peter H. Smith, "La política dentro de la revolución: el Congreso Constituyente de 1916-1917", *Historia Mexicana*, XXII, núm. 3 (enero-marzo de 1973), pp. 272-273. El constituyente era Cano, DDCC, II, p. 826; Niemeyer, *Revolution at Queretaro*, p. 101, define el artículo 123 como "increíble". Al revisar Pani las "trascendentales" reformas laborales y anticlericales, comenta que se consiguieron "con la sangre de un pueblo analfabeto, ignorante, *incapaz de entender la importancia de tales reformas*" (las cursivas son mías); de Pani a Carranza, 12 de marzo de 1919, en su libro *Cuestiones diversas*, México, 1922, pp. 65-67. La "revolución en Querétaro fue" en muchos sentidos, "revolución desde arriba".

[1092] Niemeyer, *Revolution at Queretaro*, pp. 33-35; *cf.* Cumberland, *Constitutionalist Years*, p. 331.

afirmó que la guarnición del Distrito Federal votó en bloque); algunos resultados fueron decididamente extraños.[1093] En un distrito de Chihuahua, por ejemplo, un candidato obtuvo 94% de los votos.[1094] Dice Cumberland que el promedio de participación fue de 30%, pero los datos entregados al Consejo Electoral, que corresponden a 76 de los 215 delegados, señalan 20 a 25%, que además indican los votos contados, no los realmente emitidos.[1095] Muestran también grandes variaciones: el voto promedio (ahí donde la población votante fue de 60 000), apenas fue superior a los 2 000; en San Francisco del Rincón (Gto.), Manuel Aranda obtuvo 8 227 votos, pero sólo 145 fueron suficientes para elegir a Antonio Gutiérrez en Ciudad Lerdo (Dgo.). De los 17 distritos de Guanajuato, 10 obtuvieron un promedio de 3 500, pero cinco de los 12 que correspondían al Distrito Federal sólo tuvieron un promedio de 1 000, confirmación de que en la capital "la votación fue escasa por falta de cohesión política".[1096] Tanto mexicanos como extranjeros coincidieron en que las elecciones se llevaron a cabo "sin entusiasmo y sin interés"; que (en Aguascalientes, uno de los pocos lugares sobre los que los cónsules pensaron que valía la pena comentar) las elecciones fueron tranquilas y "muy poca gente fue a votar".[1097] El proceso fue tan rápido que faltó organización (de ahí que no hubiera "cohesión" en la Ciudad de México) y la policía vigiló incluso a los grupos oficiales.[1098] No hubo, pues, oportunidad para la movilización independiente. Por ejemplo, los obreros que recibirían de las alturas el regalo del artículo 123, no participaron en la presentación o selección de candidatos.[1099]

El Congreso despertó más interés cuando empezaron las deliberaciones. Pero no se le vio tanto como una asamblea democrática soberana, cuanto como un poder ante el cual presentar demandas. Esto fue otra manifestación del "centro", cuya influencia podía aplicarse a un problema en especial. La gran mayoría de las solicitudes hechas al Congreso no tenían que ver con cuestiones de alta política, sino con otras menores: abusos, corrupción y, sobre todo, la geografía política. Pedían que se liberaran presos, que se investigara a políticos, se crearan nuevas unidades administrativas —convertir a Zempoala en estado, en la sierra de Puebla, o la solicitud que hicieron muchos concejos

---

[1093] Acerca de irregularidades: DDCC, I, pp. 127, 197-199 y 217; de Jesús Navarro Rodríguez, del Club "Belisario Domínguez", La Piedad (Mich.) a Gobernación, 15 de noviembre de 1916, informa que los resultados electorales de cinco distritos estaban alterados por diversos fraudes cometidos a instancias del presidente municipal de la localidad (AG 69/20).

[1094] Niemeyer, *Revolution at Queretaro*, p. 34.

[1095] Cumberland, *Constitutionalist Years*, p. 331; resultados en DDCC, I, pp. 126-373.

[1096] DDCC, I, p. 127. La fórmula oficial obtuvo en Veracruz (ciudad de 50 000 habitantes) 714 de 1 100 votos; durante las elecciones hubo calma e indiferencia; sólo mostró interés una "pequeña sección del partido obrero" (A. Brouzet, Veracruz, 23 de octubre de 1916, AAE, Méx., Pol. Int., N. S., XIV, n. 64).

[1097] Berly, Aguascalientes, 28 de octubre de 1916, SD 812.00/19767; Niemeyer, *Revolution at Queretaro*, p. 35.

[1098] Parker, Ciudad de México, 10 de octubre de 1916, SD 812.00/19487.

[1099] Carr, *Movimiento obrero*, I, p. 126; Ruiz, *Labor*, p. 68; *cf.* Córdova, *Ideología*, p. 231.

municipales, de formar el estado de Tehuantepec en el Istmo (un adulador proponía dar a Tepic la categoría de estado con el nombre de "Carranza")—.[1100] Esos ejemplos, a más de indicar descuido de la cuestión ideológica, que se suponía importante en 1916-1917, son testimonio de la fuerza del sentir provinciano —a pesar de que se le había decepcionado—. Única excepción fueron los sindicatos, los cuales, avanzado ya el Congreso, mostraron estar conscientes de la política nacional, por lo menos en la Ciudad de México y en el norte (Tampico, Saltillo, San Luis Potosí y también Orizaba), desde donde llegaban peticiones a favor de algún sindicato y, en especial, algún agradecido reconocimiento por el artículo 123.[1101]

El Congreso Constituyente no dio lugar a la participación popular ni provocó entusiasmo —tampoco inspiró corridos—.[1102] El escrutinio de los delegados confirma que estaba distanciado de claras realidades nacionales. No abundaban, como a veces se piensa, los caudillos populares o agraristas radicales.[1103] Al contrario, todos los constituyentes eran carrancistas (veremos que eso no garantizaba la unidad, ni siquiera la fraternidad); la mayoría, 85%, según estimaciones de Peter H. Smith, pertenecían a la clase media, 11% a la baja, y 4% a la alta.[1104] Predominaban los profesionistas de la clase media, como ocurría en la mayor parte de las reuniones políticas de este tipo: más de la mitad de los delegados (53%) cubrían el requisito profesional —más de un cuarto eran licenciados; acaso la mitad tenía educación universitaria—. Había también el indigesto montón de expertos en cuestiones legales: de los 220 delegados, no menos de 62 (28%) eran abogados —compárese ese número con 18 maestros, 16 ingenieros, 16 médicos (a cuya importancia me referiré) y 14 periodistas—. La naturaleza clasemediera del Congreso se reflejaba tal vez en los generosos viáticos que recibían los delegados (60 pesos diarios), y en el comentario del representante Lizardi, según el cual, "era cosa sabida que los jóvenes tenían su primera experiencia sexual con la cocinera o la mucama".[1105] Eran escasos los delegados "populares": había cinco clasificados como "líderes obreros", tres eran trabajadores del riel (mucho se ha discutido al respecto; convendría recordar que en el Congreso estuvo también el coronel Aguirre Escobar, quien presidió la corte marcial contra los

---

[1100] DDCC, II, pp. 282, 323, 412, 473, 663-664, 678, 751, 772, 824, 825, 926 y 998-999.

[1101] *Ibid.*, pp. 44, 282, 519, 520, 687, 772, 824, 925, 972 y 1006. La prensa obrera no parece haber seguido con verdadero interés los acontecimientos de Querétaro. *Trabajo y Producción*, órgano de la Unión Minera Mexicana, comentó acerca del trabajo del Congreso Constituyente el 25 de marzo de 1917, mucho después de terminadas las deliberaciones.

[1102] William P. Glade y Charles W. Anderson, *The Political Economy of Mexico*, Madison, 1968, pp. 208-209, cita a Merle Simmons. [Puede leerse por lo menos un "Corrido del constituyente", atribuido a A. Cravioto, en la antología de María y Campos (cit. n. 854), p. 392 (T.).]

[1103] Quirk, "Liberales y radicales", p. 525, en quien se basa Córdova, *Ideología*, p. 219.

[1104] Smith, "La política", p. 383; Niemeyer (*Revolution at Queretaro*, p. 42) y Cumberland (*Constitutionalist Years*, pp. 358-359) sugieren una muestra representativa más amplia de lo que en realidad corresponde.

[1105] Smith (n. 1104); Niemeyer, *Revolution at Queretaro*, pp. 32-33 y 205.

huelguistas de la industria de pertrechos); 19 delegados se calificaron como "granjeros".[1106] Así pues, los delegados estaban alejados del mundo industrial, comercial y agrícola, tenían formación humanística y predominaba en ellos el elemento urbano (parece engañosa la afirmación de Niemeyer de que eran de "extracción rural" y tenían "puntos de vista provincianos"). Como en otras asambleas revolucionarias, el Congreso no reflejó las realidades militares del país. En ese entonces los generales revolucionarios eran los que realmente tenían el poder, mas en el Congreso abundaban los civiles. De los delegados, 30% tenían rango militar (10% eran generales, 12% coroneles), pero de segundo orden (los generales abundaban en 1916); sólo Aguilar, Jara, Múgica y Nafarrate podrían ubicarse entre los generales importantes, y de ellos, sólo Nafarrate ("peón ignorante") pertenecía realmente al pueblo y había conseguido su distinción con proezas militares; Jara y Múgica eran más bien políticos vestidos de caqui, y Aguilar, cuyos orígenes sociales están a discusión, casi no se presentaba.[1107]

Jara y Múgica desempeñaron papeles importantes, pero como generales politizados, algo atípicos, no como caudillos locales con apoyo popular. Incluso la influencia tras bambalinas de Obregón —que, se pensó alguna vez, fue el impulso que movió a los "radicales" del Congreso— quizá no haya sido tan decisiva.[1108] Mientras en la provincia los generales luchaban, gobernaban y se dedicaban al peculado, los civiles, como había ocurrido en Aguascalientes, dominaban el escenario queretano. También en ese sentido el Congreso tenía algo de irreal, porque, ¿de qué servían leyes beatas sobre reforma agraria y laboral cuando debían ponerlas en práctica manos insensibles, ensangrentadas? Aconsejar a generales revolucionarios la lectura de Tolstoi, era consejo de perfección.[1109] Los generales podían adoptar reformas sociales (Obregón fue un precursor), pero lo hacían por cuestiones de *Realpolitik* o tal vez por su relación populista con los soldados, no por consideración hacia los verbosos civiles de Querétaro. Ahí había caras ya conocidas. Destacaban entre los "moderados" los civiles maderistas y renovadores como Palavicini, Nieto, Rojo, Macías, Cravioto —profesionales que apoyaban medidas liberales estereotipadas, usualmente alejadas del ostentoso radicalismo "jacobino"—.[1110] Políticos de otro tiempo se hicieron notar: Rafael Cañete, gobernador de Puebla en 1912, aportó su anticlericalismo juarista; Antonio Hidalgo y Rafael Cepeda, ex gobernadores de Tlaxcala y San Luis Potosí, respectivamente; Martínez, editor de *El Demócrata*, y Ceballos, periodista mercenario del carran-

---

[1106] Niemeyer, *Revolution at Queretaro*, p. 39; DDCC, II, p. 847.

[1107] Smith (n. 1104), p. 383; Niemeyer, *Revolution at Queretaro*, pp. 263-267; en Fall Report, p. 833 e informe de la frontera, Brownsville, 25 de noviembre de 1916, SD 812.00/20041, se dice que, a instancias de Carranza, Nafarrate fue elegido para alejarlo de la frontera.

[1108] Niemeyer, *Revolution at Queretaro*, p. 223; *cf.* Hall, *Obregón*, p. 168.

[1109] De Maldonado a Alvarado, 14 de febrero de 1916, Fabela, DHRM, RRC, V, p. 31.

[1110] Niemeyer, *Revolution at Queretaro*, pp. 45-46; Pastor Rouaix, *Génesis de los artículos 27 y 123 de la Constitución Política de 1917*, México, 1959, p. 63.

cismo; Dorador, artesano de Durango y concejal en 1912; Nicéforo Zambrano, incansable teórico del agrarismo, y el viejo polemista Molina Enríquez.[1111] Más importante que ellos era Pastor Rouaix, cuya influencia en Querétaro contrastaba con su vergonzosamente ineficaz desempeño como gobernador de Durango, dominado por Urbina y los Arrieta. Estos civiles volvieron a destacar regodeándose con su oratoria y pericia legal, acusando a otros de ignorantes, ostentando su conocimiento de la constitución estadunidense, la Revolución francesa, Rousseau y Spencer, Hugo y Zola, es decir, todo el bagaje intelectual del licenciado (debe destacarse a Hilario Medina, quien en una intervención citó, entre otros, a Marx, Taine, Dante, Shakespeare, Beethoven, Miguel Ángel, Maeterlinck, Emerson y D'Anunzio).[1112]

Visto en retrospectiva, lo que hicieron en Querétaro adquiere justificada fama, pero a menudo fue producto de hechos fortuitos, en los cuales esos protagonistas no estuvieron muy seguros del papel que desempeñaron. Podría decirse que, como Gran Bretaña y su imperio, México logró su Carta Magna en un momento de distracción. Es necesario rectificar el mito que presenta a 200 legisladores sabios deliberando serenamente acerca de las necesidades del país, pero también necesita enmienda la imagen común que presenta a moderados y jacobinos en violento choque ideológico, del que los jacobinos surgieron triunfantes y decidieron la orientación radical futura de México.[1113] Es probable que esa imagen tenga origen en la interpretación contemporánea, vaga, discutible y muy influida por la inmanencia de la Constitución de 1857.[1114] Es verdad que se empezó con el borrador de Carranza, presentado al comenzar diciembre, que se moldeó, aderezó y transformó, con lo cual el modesto refrendo de 1857 se convirtió en el documento prolijo, más radical, de 1917.[1115] Pero el proceso no fue tan nítido y maniqueo como se supone a veces. Los "moderados" responsables del primer borrador preveían cambios y no pusieron obstáculos cuando se los propusieron.[1116] Los artículos más importantes —27 y 123— (así se les consideró después) fueron obra de una pequeña comisión que desempeñó un papel importante elaborando borradores de los artículos, a causa de las presiones que el tiempo ejercía en el Congreso. Esa comisión, encabezada por Rouaix, preparó el artículo 123 con base en la investigación sobre cuestiones laborales hecha por Macías ("moderado", supuestamente), con la ayuda de José Inocente Lugo, que había sido gobernador maderista de Guerrero y en ese momento era jefe en el Departamento del

---

[1111] Niemeyer, *Revolution at Queretaro*, p. 151; Rouaix, *Génesis*, p. 61; aunque ex gobernador, Hidalgo era revolucionario popular genuino.

[1112] Niemeyer, *Revolution at Queretaro*, pp. 42-43; DDCC, II, pp. 306-308.

[1113] Quirk, "Liberales y radicales", parece haber tenido influencia; Rouaix, *Génesis*, p. 63, está más calificado.

[1114] Martínez Escobar, DDCC, II, p. 880.

[1115] Niemeyer, *Revolution at Queretaro*, pp. 55-59; pero su discurso ante el Congreso dice que Carranza no aceptaba el documento de 1857 sin críticas (Fabela, DHRM, RRC, V, pp. 199-220).

[1116] *El Demócrata*, 3 y 5 de febrero de 1916.

Trabajo; otros "moderados" —Cravioto, por ejemplo— apoyaron el artículo.[1117] Después de pasar por dos comisiones, el borrador del artículo fue presentado al Congreso la tarde del 23 de enero de 1917; a pesar del breve receso, a las 10:15 de la noche el Congreso estaba listo para aprobarlo. Sólo un inciso provocó verdadera discusión; el resto se leyó de prisa a los gritos de "adelante". El voto fue unánime.[1118]

Más de prisa fue aprobado el artículo 27, que redefinía las relaciones de propiedad; se presentó tarde y, como el 123, requirió de trabajo previo. Molina Enríquez elaboró el primer borrador, pero su teorizar árido (era sociólogo) abrumó a los oyentes. Rouaix encabezó otra vez una comisión *ad hoc* de unos 20 delegados (la mitad había participado en la redacción del artículo 123); discutieron por 10 días, y la Primera Comisión del Congreso durante cuatro. El nuevo artículo se llevó a la asamblea, que a la luz de las velas (había fallado el sistema eléctrico) dejó pasar sin objeciones los primeros seis incisos; hubo un confuso debate a propósito del séptimo; apenas provocaron murmullos los cuatro (ocho a 12) que contenían las cláusulas sustantivas de la reforma agraria.[1119] En total, el análisis del que se suponía artículo más importante de la Constitución se extendió de la tarde del 29 de enero al amanecer del 30; se aprobó luego de un debate desarticulado; quienes participaron en él no habían leído o entendido —como se admitió— el texto completo, y el secretario del Congreso tuvo que pedirles que no dormitaran durante la sesión.[1120] "¿Entendieron cabalmente los delegados —pregunta Niemeyer— la importancia de su obra?"; "probablemente, muchos no".[1121] Cumberland observa que el debate sobre el artículo 27 "da la impresión de que la mayoría de los delegados estaban listos para dar su voto aprobatorio sin explicación o sermón".[1122] Aunque algunos sí reconocieron su importancia, los demás se concentraron en otros temas (el militarismo, por ejemplo), y no faltaron "radicales" como Hilario Medina, quien en su largo discurso de despedida elogió los artículos 3º, 5º, 24 y 129 (que trataban de las relaciones entre Estado e Iglesia), y pasó por alto el 27 y el 123.[1123] De hecho, esos postulados anticlericales —sin mencionar otros de menor importancia— dieron lugar a discusiones más prolongadas y ásperas que los artículos "revolucionarios".[1124]

[1117] Niemeyer, *Revolution at Queretaro*, pp. 119-121; Córdova, *Ideología*, p. 232; Cumberland, *Constitutionalist Years*, p. 357.

[1118] Niemeyer, *Revolution at Queretaro*, pp. 122-126; Palavicini, DDCC, II, p. 1056.

[1119] Niemeyer, *Revolution at Queretaro*, pp. 138 y 141-158; antecedentes y fundamentos en Córdova, *Ideología*, pp. 224-229.

[1120] Niemeyer, *Revolution at Queretaro*, p. 164; Cumberland, *Constitutionalist Years*, p. 352.

[1121] Niemeyer, *Revolution at Queretaro*, p. 164.

[1122] Cumberland, *Constitutionalist Years*, p. 352.

[1123] Niemeyer, *Revolution at Queretaro*, p. 214; DDCC, II, p. 1140; Cumberland, *Constitutionalist Years*, p. 358.

[1124] *Cf.* Ruiz, *Great Rebellion*, p. 143, quien impone su criterio arbitrario y opina que el anticlericalismo sirvió para disfrazar el fracaso de la reforma social, y que, por lo tanto, "en esencia, no es relevante para el análisis de la Revolución".

La rapidez y confusión del procedimiento, la naturaleza de los debates, la influencia que ejerció un puñado de constituyentes —tanto moderados como jacobinos—, no permiten aceptar fácilmente la imagen del Congreso ya como una representación general de expectativas sociales, ya como una asamblea de diferencias ideológicas, donde la izquierda arrebató la victoria a la derecha.[1125] También el cómputo confirma la relativa flexibilidad de los grupos calificados como "moderado" y "radical", y hace dudar de la correlación exacta que, se supuso, existía entre "moderados", hombres de mediana edad y civiles por un lado, y "radicales", jóvenes y militares por el otro.[1126] La única correlación ideológica asocia "radicalismo" con ciertas delegaciones: las de Chihuahua, Sonora, Sinaloa, Nayarit, Zacatecas, Hidalgo, Veracruz y Yucatán, las cuales, según parece, mostraron orientación jacobina más consistente, que Peter Smith explica por las características sociopolíticas de esos estados (distancia del centro, existencia de movimientos obreros más poderosos). Pero ésas son explicaciones *ex post facto*, sustentadas en muestras pequeñas (un delegado en el caso de Chihuahua) y en el supuesto de que estados y delegaciones se identificaban, algo que a menudo no ocurría. Unos pocos delegados no eran nativos del estado que representaban, pero a muchos los había impuesto la autoridad local según sus deseos, no los del estado. El radicalismo de la delegación yucateca no era tanto de la península cuanto de Alvarado, su procónsul; Castro envió desde Oaxaca los escogidos por él (no según preferencias locales); formaron la delegación de Chiapas —estado no menos distante— sólo terratenientes, en armonía con la administración casera del gobierno de Villanueva.[1127]

Es posible que la correspondencia entre ideología y región haya sido en ciertos casos —como el de Sonora— verdaderamente causal.[1128] Pero en éste, como en otros episodios de la Revolución, quizá sea infructuoso buscar consistencia ideológica (que fue alimentada por las explicaciones *a posteriori* de quienes participaron en ellos). Sin embargo, pueden sernos útiles explicaciones namieristas. De los debates se desprende que los conflictos personales fueron causa de muchas discusiones acervas, en las cuales predominó —si tuvieron algún patrón— la antigua división entre civiles y militares (que adoptó a veces una forma ideológica, pero sin poder reducirse a una base ideológica previa).[1129] Una vez más se puso en la picota a los renovadores (a Palavicini en especial) porque habían coqueteado con Huerta, pero como no había ex-

[1125] Podríamos preguntarnos hasta qué punto son confiables las fuentes importantes. Algunas se apoyan mucho en los recuerdos y explicaciones (bastante tardíos) de participantes como Rouaix, Portes Gil, Bojórquez; Hall (*Obregón*, p. 171) sugiere incluso, basándose en Bojórquez, que el relato oficial fue manipulado por los "moderados".

[1126] Smith, "La política", pp. 375-381.

[1127] Joseph, *Revolution from Without*, pp. 110 y 112; y véase de Alvarado a Carranza, 26 de septiembre de 1916, Fabela, DHRM, RRC, V, p. 133; DDCC, I, p. 922; Benjamin, "Passages", p. 156.

[1128] Hall, *Obregón*, p. 172, sobre la formación e influencia del PLC, cuyo liderazgo tenía importante presencia de sonorenses.

[1129] Parker, Querétaro, 6 de diciembre de 1916 y 11 de enero de 1917, SD 812.00/20033, 20258);

traños que denostar, se conformaron "con ataques acervos a los militares en general, y a Obregón en particular".[1130] Esa antigua diferencia se acentuó con la división entre norte y sur. Los delegados sureños alegaban que solamente los "hijos del país", es decir, los nacidos en el estado, deberían asumir la gubernatura; de esa manera se evitaría la imposición de los militares —como la que "machete en mano" habían perpetrado en Puebla y el Estado de México— y se frustrarían sus ambiciones perversas.[1131] También se sumaban al ambiente de altercados ásperos e indecentes, disputas que por lo general se debían a problemas locales.[1132] En defensa de Veracruz, Jara acusó a Oaxaca por sus supuestas ambiciones territoriales.[1133] Samuel de los Santos —que llevó al Congreso las viejas contiendas de familia en la Huasteca y aspiraba, se decía, a la gubernatura de San Luis Potosí— acusó a Rafael Cepeda y Enrique Medina (implicado en la muerte del famoso hermano de Samuel) de ser colaboradores huertistas.[1134] Medina fue expulsado del Congreso. Al principio, el gobierno pidió a los constituyentes mostrar "un solo interés y un solo ideal: Alcanzar la tranquilidad nacional", algo que poco se atendió; más energía y mordacidad se gastaron en disputas personales y facciosas —o, en segunda instancia, en cuestiones ideológicas de antigua data, como las relaciones entre Iglesia y Estado— que en problemas "sociales", por los cuales es famosa la Constitución.[1135]

Cobraron más importancia después de 1916-1917 esas disputas nacionales y locales. La nueva Constitución se firmó el 31 de enero de 1917 (mal augurio, la pluma de Carranza se rompió cuando firmaba); después de utilizar 150 000 horas-hombre y gastar dos millones de pesos, los congresistas se dispersaron, pero corrieron a comprar recuerdos antes de marcharse.[1136] Con la Constitución ya en vigor, Carranza pudo actuar de acuerdo con su título constitucional y restaurar el gobierno legal. Fue ése un proceso rápido, confuso, pero importante, en el que empezaron a surgir ciertos rasgos esenciales del

Couget, Ciudad de México, 30 de octubre y 2 y 6 de diciembre de 1916, AAE, Méx., Pol. Int., N. S., XIV, n. 92, 113 y 117, sobre la división entre civiles y militares.

[1130] Hall, *Obregón*, p. 176.

[1131] DDCC, II, pp. 922-923.

[1132] Thurstan, Ciudad de México, 30 de noviembre de 1916, SD 812.00/19990, da esa impresión, pero, como dice el ministro francés, "en la Ciudad de México estamos muy mal informados de lo que sucede, y sobre todo de lo que se piensa, en Querétaro" (Couget, 6 de diciembre de 1916, AAE, Méx., Pol. Int., N. S., XIV, n. 118).

[1133] DDCC, II, p. 923.

[1134] *Ibid.*, I, pp. 480-487 y 569-574.

[1135] *El Demócrata*, 25 de noviembre de 1916. No podemos deducir de eso que el entusiasmo por las cláusulas "sociales" fuera unánime; antes bien, una minoría vehemente se enfrentó a una mayoría "fluctuante" que no tenía interés en oponerse (o que se le viera oponiéndose) a esas aspiraciones que sonaban tan bien, pero al mismo tiempo quedaban para el futuro; la cuestión clerical, en cambio, despertaba fuertes sentimientos en ambos bandos y estaba sujeta a acción inmediata, lo que confirma no sólo la historia del Congreso, sino también la reforma posrevolucionaria.

[1136] Niemeyer, *Revolution at Queretaro*, p. 213; Cumberland, *Constitutionalist years*, p. 341.

régimen posrevolucionario. En realidad, la vuelta a la legalidad precedió al Congreso, porque en el otoño de 1916 se llevaron a cabo elecciones municipales en muchos estados; les siguieron las nacionales para presidente y la Cámara en marzo de 1917, y una serie de elecciones gubernamentales en 1917-1918. El resultado más claro y menos discutible fue la elección de Carranza como presidente constitucional para el periodo 1917-1920, después de una jornada electoral en la que no tuvo opositor de importancia (prudente, Obregón decidió esperar su turno) y en la que decía haber conseguido 800000 votos contra 15000 (algunos dijeron que había obtenido sólo un cuarto de esa cantidad).[1137] En todo caso, Carranza tomó posesión de su cargo pacíficamente; en privado, comentó irónico que "la tarea que le esperaba era tan difícil como la que tuvo el día que inició la revolución".[1138] De hecho, el Congreso que se eligió al mismo tiempo, aunque ampliamente carrancista, era —como el constituyente— dado a disputas facciosas e independientes; a pesar de todos sus esfuerzos, Carranza se encontró con un socio de gobierno indócil, muy crítico del ejecutivo y muy distinto al aprobador de la época porfiriana.[1139] Tampoco en las elecciones para gobernadores, que pueden considerarse más importantes, las cosas fueron como quería el "centro".[1140] Esto nos lleva al asunto de las elecciones y la movilización política durante la fase posconstitucional, que merece análisis.

Muchas elecciones se hacían todavía según el uso porfirista, con poca participación y mucha dirección desde el centro. No es de sorprender que así fuera en el caso de las elecciones presidenciales; Carranza estaba decidido a ganar, esperaba ganar, no tenía opositores de importancia y el Partido Liberal Constitucionalista (partido oficial flexible, creado en 1916 con el objeto de apoyarlo) unió, por lo menos mientras se realizaron las elecciones para presidente y diputados, a los generales y políticos constitucionalistas más importantes.[1141] No era aún tiempo de disputar el liderazgo nacional (que se pospuso tres años) y, por el momento, las pendencias carrancistas se concentraron en el ámbito local. Como en épocas de Díaz y Madero, los candidatos de provincia buscaron relacionarse con el "centro" y con un candidato nacional ganador, usando la fórmula "Carranza y X", la cual, con la esperanza de lograr el perdón, adoptaron incluso los convencionistas que habían recibido amnistía.[1142] Como en tiempos de Díaz, las divisiones dentro de la élite fomentaban la participación popular y verdadero conflicto político; ambos se evitaron

[1137] Chester Lloyd Jones, *Mexico in its Reconstruction*, Nueva York, 1921, p. 52; *cf.* Taracena, *Verdadera revolución*, V, p. 61.

[1138] Cummins, Ciudad de México, 22 de junio de 1917, FO 371/2962, 148197.

[1139] De Adams a Body, 1º de junio de 1917, Documentos Cowdray, caja A/4; Cumberland, *Constitutionalist Years*, p. 363.

[1140] Cumberland, *Constitutionalist Years*, pp. 370-371; daré ejemplos.

[1141] Richmond, *First Chief*, p. 260; Taracena, *Verdadera revolución*, V, p. 61.

[1142] De J. Padilla González a Carranza, 18 de enero de 1917, AVC, en representación de oficiales que habían participado en la Convención, y estaban agrupados en el Partido Nacional Regenerador; muchos otros casos se encuentran en el archivo Carranza.

con el consenso oficial en lo referido a la presidencia, y las elecciones se llevaron a cabo con tranquilidad y apatía. No hubo en la Ciudad de México "elecciones en el verdadero sentido de la palabra"; el ministro británico informó que "mi chofer no pudo ocultar su risa cuando le dije que quería ver las elecciones"; informes del mismo tipo se enviaron desde Chihuahua, Sinaloa, Colima.[1143]

La misma indiferencia había sido evidente durante las elecciones municipales —aunque no en todas partes—, a pesar de que oficialmente se habló de entusiasmo electoral.[1144] Sólo los carrancistas pudieron postularse (no se permitió al general Lauro Villar, héroe de la Decena Trágica, competir por la alcaldía de Veracruz); las autoridades, militares casi siempre, ejercían control estricto.[1145] Ya que esto se esperaba, la participación fue escasa.[1146] Sólo 5% del electorado votó en Veracruz, mientras 10% lo hizo en Frontera (Tab.), donde "la mayoría de los mexicanos parecía tomar a broma las elecciones"; la votación fue tan escasa en Manzanillo, que los votos de los funcionarios salientes sirvieron para elegir a los nuevos.[1147] Esos informes no pueden desecharse como invenciones de extranjeros arrogantes, ya que se ajustan a la historia de las elecciones en México (las locales habían sido siempre anodinas), y, además, esos mismos extranjeros informaron en ciertos casos sobre fuertes conflictos electorales.[1148] En Aguascalientes (septiembre de 1916) las casillas estuvieron casi vacías, se contaron pocos votos en cada una de ellas (sin duda, el tifo mantuvo a la gente en casa); pero hubo más participación en las elecciones de octubre y, como correspondía a su temperamento, la actividad electoral subsecuente en la ciudad fue enérgica y memorable.[1149] Después de las elecciones municipales vino, de fuentes mexicanas y extranjeras, la serie ya conocida de reclamos y protestas. Se impusieron funcionarios que a nadie agradaban en Lampazos (N. L.); en Atzalán (Ver.), el jefe político impuso sus candidatos; se impusieron en Durango candidatos ajenos a los dis-

[1143] Thurstan, Ciudad de México, 19 de marzo de 1917, FO 371/2960, 79896; Fletcher, Ciudad de México, 13 de marzo de 1917, SD 812.00/20696; Edwards, Juárez, 12 de marzo; USS Albany, Mazatlán, 7 de marzo; USS Pittsburgh, Manzanillo, 15 de febrero de 1917; SD 812.00/20633; 20705; 20652.

[1144] El ministro francés informó que la "indiferencia era general" (Couget, Ciudad de México, 17 de septiembre de 1916, AAE, Méx., Pol. Int., N. S., XIV, n. 64); cf. *El Demócrata*, 2 y 4 de septiembre de 1916.

[1145] De ahí que fuera común la "elección" segura de un "candidato" oficial carrancista (por ejemplo, informe de la frontera, Nogales, 25 de agosto de 1916, SD 812.00/19112); sobre el boicot a Villar, Canada, Veracruz, 4 de septiembre de 1916, SD 812.00/19221.

[1146] Blocker, Piedras Negras, 5 de septiembre; USS Raleigh, Guaymas, 19 de septiembre de 1916; SD 812.00/19130; 19348.

[1147] Coinciden Canada (n. 1145) y Couget (n. 1144); Bowman, Frontera, 12 de mayo de 1916, SD 812.00/18246; USS Pittsburgh, Manzanillo, 15 de febrero de 1917, SD 812.00/20652.

[1148] Sobre todo los conflictos por las gubernaturas, a los que me referiré más adelante.

[1149] Berley, 9 de septiembre, Donald, 13 de noviembre de 1916, ambos desde Aguascalientes; SD 812.00/19201, 21483; sobre las elecciones posteriores, Berley, 19 de mayo y 23 de junio; Donald, 2 de octubre de 1917; SD 812.00/20938, 21081, 21352.

tritos y que no contaban con apoyo popular.[1150] Las protestas fueron sólo verbales, ya que poco era lo que la gente podía hacer respecto a esas imposiciones, aun suponiendo que después de varios años de Revolución, y con el ambiente económico que en esos momentos prevalecía, quisiera comprometerse en política.

Aun en los municipios hubo excepciones. El control que Carranza tenía en el país era poco homogéneo como para garantizar que las elecciones se controlarían sin problemas. Margarito Ríos ganó la alcaldía de Cananea, a pesar de que se le había declarado "inelegible", y tuvo que refugiarse por algún tiempo en las montañas para evitar la venganza oficial.[1151] También en Veracruz se derrotó al candidato oficial, en lo que fue una contienda justa aunque poco significativa numéricamente.[1152] Contratiempos como ésos no dependieron sólo del nivel "objetivo" de descontento y oposición, sino de la disensión entre los carrancistas. Si mantenían un frente común y una fórmula unida en las elecciones municipales y nacionales, serían escasas las oportunidades para que hubiera conflicto electoral o participación popular. Pero las diferencias entre los carrancistas permitieron la "apertura democrática". Eso ocurrió a veces en elecciones municipales, sobre todo en localidades más grandes, porque ahí el control era más difícil, más grande el botín y había más politización, sobre todo en la clase obrera; se presentó con más frecuencia en las elecciones de gobernadores. La razón es evidente: el municipio estaba por regla general bajo la bota de un jefe militar y sus compinches, que no toleraban la competencia, pero el estado era demasiado grande como para permitir el control personal —de hecho, podía contener la lucha de dos, tres o más generales y su clientela—. Los miembros de la nueva élite no se atrevían a poner los ojos en la presidencia y por eso eligieron a Carranza, pero ansiaban transformar sus cacicazgos militares en gubernaturas constitucionales. Fue por eso que en unas cuantas ciudades de importancia y en muchos estados las enemistades políticas se convirtieron en conflictos electorales violentos con mucha participación activa.

Como en 1911-1913, en Veracruz y Tamaulipas hubo efervescencia política. Ya dije que en las elecciones municipales de 1916 en la ciudad de Veracruz perdió el candidato oficial (y aunque en Tuxpan hubo poco interés por las elecciones, los candidatos invirtieron dinero y proporcionaron entretenimiento a los posibles votantes).[1153] En 1916-1917 el interés político fue mantenido por una campaña contra los funcionarios veracruzanos en funciones (se hicieron cargos legales y el caso llegó a la Suprema Corte) y luchas por conseguir curules, en la que participaron carrancistas importantes —entre otros,

---

[1150] De F. Zuazua a Carranza, 19 de diciembre de 1916, AVC; de L. Herrera a Aguilar, 10 de junio de 1917, AVC; Coen, San Antonio, 4 de agosto de 1917, SD 812.00/21178.

[1151] Doherty, Nogales, 1º y 23 de octubre; entrevista del Departamento de Guerra con F. Elías, 17 de octubre de 1916; SD 812.00/19372, 19625; 19612.

[1152] Canada, n. 1145.

[1153] Hewett, Tuxpan, 11 de marzo de 1917, FO 371/2960, 96559.

Gavira y Aguilar—. Las campañas para elecciones municipales en Veracruz (1917) fueron intensas: el profesor Alarcón fue incluido en la fórmula gavirista, Aguilar apoyó al capitán Izaguirre, jefe del arsenal en San Juan de Ulúa —y se dijo que lo apoyaron también los empresarios alemanes (nótese una vez más, la división civil-militar con revestimiento extranjero)—. El puerto se llenó de carteles, e Izaguirre adornó la Alameda con dos anuncios eléctricos. Alarcón, que representaba al "partido popular" tuvo 1 220 votos contra los 840 de Izaguirre; hubo un total de 4 000 votos —en una comunidad de 60 000—, resultado que representaba un aumento, respecto al año anterior, de seis veces[1154] (puede comparársele con los resultados de Mazatlán, donde hubo también una activa campaña política; en las elecciones que se definieron como "buena manifestación de los deseos del pueblo", un comerciante obtuvo la alcaldía con 25% de los votos).[1155] En Tampico, fiel a su imagen, hubo también mucha actividad política, y denuncias de corrupción contra altos funcionarios; pero Luis Caballero, uno de los aspirantes a la gubernatura, impuso tal control, que las elecciones municipales fueron muy deslucidas (la lluvia torrencial ayudó a su propósito).[1156] En Orizaba hubo mucha actividad, sobre todo entre los obreros; la gente "se interesó bastante en [las elecciones]; por lo menos, muchos se amontonaron en las casillas de votación durante el día", y, para disgusto de los comerciantes, fue elegido alcalde Salvador Gonzalo García, "que apoya decididamente a los obreros".[1157]

En esas localidades veracruzanas, la política municipal animó la contienda entre Gavira y Aguilar por la gubernatura. A principios de 1917, diversos clubes políticos comunicaron su apoyo a Carranza, uniendo su candidatura presidencial (conclusión inevitable) al candidato a gobernador de su preferencia.[1158] Ambos postulantes tenían contacto con los obreros: Gavira era político veterano de Orizaba; durante su gubernatura, Aguilar había legislado en favor de los obreros y ahora, en sus discursos, hablaba muy bien de la clase trabajadora.[1159] Puede no ser coincidencia que ese verano los trabajadores de Orizaba consiguieran un acuerdo salarial favorable —conflicto y compromiso político movían la cuestión económica—.[1160] Fue también de-

[1154] Canada, Veracruz, 13 y 18 de diciembre de 1917, SD 812.00/21682, 21590.

[1155] USS Buffalo, Mazatlán, 16 de septiembre y 20 de diciembre de 1916, SD 812.00/19393, 20268.

[1156] Dawson, Tampico, 15 de septiembre de 1916, SD 812.00/19346.

[1157] Stacpoole, Orizaba, 31 de diciembre de 1917 y 31 de enero de 1918, FO 371/3242, 30954, 41502.

[1158] Véase en AVC, "Unión Fraternal", San Miguel del Soldado, a Carranza. 2 de enero, "Cuauhtémoc", Tlacolula, 5 de enero, "Allende", Coacoazintla, 7 de enero, "Nicolás Bravo", Tonoyán, 10 de enero, "Club Progresista Veracruzano 1910", Veracruz, 14 de enero de 1917.

[1159] Canada, Veracruz, 16 de abril y 4 de mayo de 1917, SD 812.00/20842, 20917, dice que Gavira tenía más apoyo en las zonas urbanas y Aguilar en el campo. Si eso es cierto, habría sido reflejo de los antecedentes de los candidatos (Gavira, artesano de la ciudad; Aguilar, administrador de hacienda) o, lo que es más probable, propensión de los electores de las ciudades a votar en contra del candidato oficial.

[1160] Stacpoole, Orizaba, 31 de mayo de 1917, FO 3371/2962, 138798.

cisivo para el resultado, el apoyo que Aguilar tuvo en su suegro Carranza (de quien, afirmó Gavira, recibió como dote el estado de Veracruz), porque el cómputo favoreció a Gavira, pero Aguilar fue declarado electo.[1161]

Una vez más se hizo común buscar el apoyo de la clase obrera como había ocurrido en 1911-1913. Las elecciones se decidían en los pueblos (se pensó que un aspirante a la gubernatura de Tabasco permitió que los rebeldes felicistas rondaran por el campo sin obstáculos, porque de esa manera se reducía el territorio donde debía hacer campaña), y en las localidades más grandes los sindicatos proporcionaban más votos (los clubes políticos obreros superaban con mucho a los campesinos; los partidos nacionales estaban aún en embrión).[1162] Al mismo tiempo, la posición de los sindicatos era débil y, por lo tanto, estaban ansiosos de conseguir un benefactor político que les prometiera ayuda. El organizador del Partido Obrero Veracruzano (veremos por qué el nombre era grandilocuente) escribió a Aguilar, a quien apoyaba para la gubernatura, quejándose de que el partido era un desastre y las asambleas eran esporádicas y casi nunca tenían quórum; no se hacían actas y un dirigente había defraudado a sus compañeros; había acrecentado las dificultades económicas la huelga general contra la compañía veracruzana de tranvías, huelga que se había roto fácilmente, arruinando a varios sindicatos que participaron en ellas (el de electricistas, por ejemplo).[1163] El ánimo estaba tan decaído como los fondos; languidecía el interés de los trabajadores por la política (los gastos en las elecciones para el Congreso también habían disminuido los recursos). Hasta ese momento, los planes para enviar propagandistas al campo estaban sólo en el papel. Esa debilidad, manifiesta también en sectores industriales más "avanzados", instó a los líderes sindicales a buscar aliados políticos que pudieran compensar los apuros económicos de los sindicatos. La ola de "militancia", al estilo de la Casa, disminuyó después de 1916; los sindicatos escogieron la participación política (incluso la de tipo dependiente, respetuosa) en vez de la sindicalista. Tuvieron que sustituir las huelgas, que se rompían fácilmente con el regateo político.

Esa situación y otros elementos que surgían en la vida política, fueron evidentes en las elecciones para gobernadores en 1917-1918. Muchas procedieron con calma, controladas desde el centro, aunque no por eso faltó interés genuino y participación. Carranza aseguró en varios estados la elección de "adictos": Ricaut, gobernador interino de Nuevo León, aseguró la sucesión de Nicéforo Zambrano; Emilio Salinas, sobrino del presidente, logró que Perrusquía fuera elegido en Querétaro; Breceda preparó en San Luis Potosí el terreno para Barragán.[1164] Naturalmente, esos manejos provocaron críticas:

[1161] Gavira, *Actuación*, pp. 184-187; Hutchison, Veracruz, 5 de junio de 1917, FO 371/2962, 143987.
[1162] Bowman, Frontera, 3 de mayo de 1917, SD 812.00/20971; Richmond, *First Chief*, pp. 261-262.
[1163] D. A. Jiménez a Aguilar, 27 de enero de 1917, AVC.
[1164] Cumberland, *Constitutionalist Years*, pp. 365 y 369; Robertson, Monterrey, 28 de mayo de 1917, SD 812.00/20944.

Samuel de los Santos (desde luego), se quejó por la imposición de Barragán y sus torpes medidas posteriores; también fue evidente, aunque breve y sin consecuencias, la indignación del pueblo por la "elección" (hubo "casi una revuelta" cuando abuchearon a Barragán en la plaza de San Luis Potosí).[1165] En Jalisco hubo "poco interés" —pero sin duda mucho refunfuñar secreto— por la elección del anticlerical Diéguez; el abuso electoral permitió a Alfonso Cabrera, hermano de Luis, conseguir la gubernatura de Puebla; en Michoacán, se afirmaba que se había robado el cargo a Múgica para favorecer a Ortiz Rubio.[1166] Así pues, aunque a costa de cierto resentimiento popular, Carranza logró que en casi más de la mitad de los estados de la Federación sus partidarios leales quedaran en el palacio de gobierno.[1167] Vale la pena señalar que aproximadamente la mitad de los gobernadores y una proporción mayor de "adictos" carrancistas eran civiles o civiles militarizados —generales con rangos honoríficos que, como Ortiz Rubio, no tenían preponderancia revolucionaria ni antecedentes de haberse allegado el favor popular—.[1168]

Pero en algunos casos el "centro" fracasó y enfrentó oposición seria. Como en 1912, Aguascalientes estaba dispuesto a oponerse a la tendencia nacional y elegir un católico conservador (en elecciones tranquilas).[1169] En otro enfrentamiento civil-militar (Zacatecas), el general Enrique Estrada (que no era carrancista adicto) derrotó al doctor Moreno.[1170] Domingo Arrieta superó en Durango a Jesús Agustín Castro y Miguel Laveaga (todos eran del estado; Laveaga, que resultó candidato oficial, era terrateniente de la sierra, como dije antes); pero Arrieta, quien "era una suerte de jefe tribal... para los habitantes de la Sierra Madre", logró una victoria decisiva (7 020 votos contra los 2 454 de Laveaga). Se informó que el nuevo gobernador era "muy popular entre la gente común que lo eligió y con la cual aún encuentra sus distracciones preferidas".[1171] También en Sonora, con su política facciosa pero elaborada, pudo presenciarse una contienda genuina en la que Carranza no quiso o no pudo intervenir. Ahí, Calles, sonorense que había conseguido una base

---

[1165] Cumberland, *Constitutionalist Years*, p. 365; Falcón, *Cedillo*, p. 134; Cobb, El Paso, 20 de abril de 1917, SD 812.00/20834.

[1166] Silliman, Guadalajara, 2 de junio de 1917, SD 812.00/20974; Richmond, *First Chief*, p. 263; María y Campos, *Múgica*, pp. 124-129.

[1167] Cumberland, *Constitutionalist Years*, p. 370, enumera 19 estados, 14 de los cuales tuvieron gobernadores leales (puede cuestionarse la "adicción" carrancista de González en Aguascalientes, y, *a fortiori*, la independencia de Ortiz Rubio).

[1168] Entre los militares genuinamente revolucionarios que enlista Cumberland se encuentran Arrieta, Mariscal, Flores, Diéguez, Barragán, Iturbe, Calles, Aguilar y Estrada; si lo que digo acerca de Ortiz Rubio en mi nota 1167 es acertado, entonces pueden juntarse en este grupo todos los gobernadores "independientes" que cita Cumberland. Así pues, la "adicción" carrancista se correlaciona con el estatus civil.

[1169] Donald, Aguascalientes, 2 de octubre de 1917, SD 812.00/21352.

[1170] Caldwell, Zacatecas, 15 de junio de 1917, FO 371/2962, 143984.

[1171] Cobb, El Paso, 12 de junio; Coen, San Antonio, 28 de julio de 1917; SD 812.00/21039; 21161; Norton, Durango, 19 de octubre de 1916; O'Hea, Gómez Palacio, 11 de marzo de 1918; FO 371/2966, 17240; 3243, 60324.

fuerte permaneciendo en su estado, enfrentó a José Obregón, hermano de Álvaro (éste no dio demasiada importancia a esa candidatura: el poder de Calles debía respetarse).[1172] Como siempre, se difuminaron los distingos ideológicos convencionales y el clientelismo geográfico y personal desempeñó papel importante. Para Sonora, Calles era un norteño y Obregón tenía el apoyo del sur; la misma división que se remontaba a los tiempos del Porfiriato y se había conservado durante la Revolución.[1173] He mencionado ya las diferencias ideológicas principales: Calles abogaba por la prohibición de alcohol, el anticlericalismo y un régimen más estricto en lo "moral"; Obregón procuraba el voto de los clérigos y la cantina. Además, por sus antecedentes y sus declaraciones durante la campaña, Calles se presentaba como el candidato de un gobierno fuerte y eficiente —alguien en quien podían confiar los propietarios de las minas y a quien podían llegar a temer los mineros, a pesar de sus reformas laborales—.[1174] Es posible que Obregón tuviera un programa más atractivo (el comentario de Richmond acerca de "los gobernadores que permitían fabricar cerveza... con frecuencia no eran populares", es un extraordinario arranque de fantasía puritana), pero Calles controlaba los mecanismos locales y ganó.[1175] Ya elegido, inició un programa de ajuste financiero (durante su gubernatura transitoria, De la Huerta se había mostrado pródigo); elevó impuestos, prometió al sector minero trato justo y modificaciones favorables de las leyes laborales ya sancionadas. Un estadunidense comentó que con el nuevo gobernador "había confianza en la prosperidad futura del estado"; pero algunos mineros, los del sindicato de Cananea, por ejemplo, no quedaron conformes con los resultados de la elección y protestaron ante el gobierno.[1176] Tampoco Carranza quedó muy satisfecho con la victoria de Calles, pero era imposible que el centro controlara a Sonora —lejano, independiente y altamente politizado—. La campaña de Calles se desarrolló en el "más puro estilo norteamericano", con mucha propaganda (¿y comisiones?), y en las elecciones hubo "mucha votación".[1177] El "centro" no podía imponer su voluntad en Sonora; no tardaría mucho Sonora en imponer su voluntad al "centro".

Al centro le fue posible, y aun sencillo, imponerse en algunos estados (menos en Sonora), pero en otros lo consiguió sólo a costa de tremendos conflictos, violencia y politización. Una vez más, en estos casos se presentan rasgos del Estado posrevolucionario; tres de ellos merecen citarse: Sinaloa, Tamaulipas y Coahuila. En el primero, de los seis candidatos postulados para la gubernatura destacaban tres, los principales políticos militares: Ángel Flo-

---

[1172] Hall, *Obregón*, p. 185.
[1173] Hostetter, Los Ángeles, 26 de diciembre de 1916, SD 812.00/20191.
[1174] Informe de la frontera, Nogales, 3 de febrero de 1917, SD 812.00/20536.
[1175] Richmond, *First Chief*, p. 241.
[1176] Informe de la frontera, Nogales, 28 de junio; Lawton, Nogales, 16 de julio de 1917; SD 812.00/21120; 21141.
[1177] Cumberland, *Constitutionalist Years*, pp. 370-371; Doherty, Nogales, 14 de mayo, informe de la frontera, Nogales, 27 de enero de 1917; SD 812.00/20911; 20512.

res, Ramón Iturbe y Manuel Salazar.[1178] Flores, que no estaba en buenos términos con Carranza, envió un testaferro al frente antes de entrar en la contienda; aparte de no ser candidato oficial, era popular en Culiacán y en el norte, y se creía que contaba con el apoyo de "los comerciantes y la gente decente", a pesar de su origen humilde (había sido estibador) y quizá porque no le simpatizaban Carranza y la capital.[1179] Su principal rival fue Iturbe, veterano de 1911, que había despedido a Buelna en 1915; contaba con el apoyo del sur, por la zona de Mazatlán, de las clases bajas, con la preferencia de Carranza (que no tenía línea muy estricta respecto a las clases) y con gran cantidad de dinero.[1180] La escaramuza electoral fue tremenda; los rivales contendían desde sus periódicos y hacían campañas vigorosas.[1181] La situación se había vuelto tensa en el verano de 1917; Obregón —quien, se creía, simpatizaba con Flores— llegó a desempeñar su papel, ya familiar, de mediador. Se reunió con Flores e Iturbe en un banquete oficial, pero la fiesta de conciliación se convirtió en trifulca e Iturbe amenazó a su oponente con un revólver.[1182] Iturbe fue elegido al mes siguiente. Hubo protestas y manifestaciones, en Culiacán, sobre todo; de los 15 municipios, seis rechazaron el resultado; Iturbe y su familia tuvieron que refugiarse en Mazatlán.[1183] Pero ésos eran gestos, más que revueltas graves, en los que era difícil persistir dadas las circunstancias de 1917. Obregón regresó para calmar los ánimos, Iturbe comenzó un gobierno inestable y Flores se retiró malhumorado a su campamento, hasta que en 1920 otra vez hubo un llamado a las armas; entonces resultó que, en Sinaloa y otras partes, los vencedores de las pasadas elecciones salieron rápidamente, y sus víctimas se consolaron con un poder que les llegaba tarde, pero que fue más duradero.

Como en Sinaloa, el conflicto político en Tamaulipas y Coahuila se basaba en la división clara de intereses —pero no, como se supone a menudo, en las líneas tradicionales (de clase)—. No fueron contiendas entre izquierda y derecha (definidas de manera convencional); los programas y principios de las facciones no diferían mucho, y la relación con la clase, aunque era evidente a veces, no seguía patrones claros. El obrero —participante valioso— apoyó ambos bandos; el "centro" apoyó en Sinaloa, al que se suponía candidato "popular", y en Tamaulipas a su opositor. En realidad, la alineación más reveladora (clara en Tamaulipas, Coahuila y Durango, pero no en Sinaloa) se creó por el envolvimiento del "centro", que reveló un rasgo esencial

[1178] Cumberland, *Constitutionalist Years*, p. 366.
[1179] Informe de la frontera, Nogales, 5 de mayo de 1917, SD 812.00/20931.
[1180] Informe de la frontera, Nogales, 5 de mayo; Chapman, Mazatlán, 10 de julio y 1º de agosto de 1917; SD 812.00/20931; 21103, 21201.
[1181] Informe de la frontera, Nogales, 23 de diciembre de 1916; USS Buffalo, Mazatlán, 20 de diciembre de 1916 y 23 de abril de 1917; Keys, Rosario, 3 de agosto de 1917; SD 812.00/20235; 20268; 20905; 21220.
[1182] Chapman, Mazatlán, 7 de junio de 1917, SD 812.00/21030.
[1183] *Ibid.*, 10 de julio (dos veces), 13 de julio y 1º de agosto de 1917, SD 812.00/21103, 21125, 21111, 21201.

del constitucionalismo, evidente ya en el conflicto con Villa y en las expediciones de los procónsules al sur. En ambos estados, los candidatos carrancistas que apoyó el "centro" eran jóvenes, educados, leales, dotados más de capacidad política que militar y con conexiones nacionales más que locales; sus oponentes —la dicotomía es clara en el caso de Coahuila— representaban fuerzas locales, populares y sustentaban prestigio e influencia en su pasado revolucionario.

César López de Lara, quien poco tiempo atrás había sido gobernador del Distrito Federal, enfrentó en Tamaulipas a Luis Caballero, "que había prestado grandes servicios durante la Revolución... pasando la mayor parte del tiempo en su estado natal o sus alrededores. Era sumamente popular; contaba con el apoyo total de la mayoría de los funcionarios municipales y la mayor parte de los militares".[1184] La contienda fue áspera; ambos bandos tenían gran apoyo.[1185] Sin duda, Caballero era el más popular, sobre todo en las zonas rurales, "entre las clases bajas" y al sur del estado (era oriundo de Ciudad Victoria), más rebelde por tradición. López de Lara, original de Matamoros, situada en la frontera, necesitaba el apoyo de tropas extrañas al estado y de gobernadores provisionales (Osuna, Ricaut, ambos agentes de Carranza), pero como la sola fuerza no bastaría, buscó el apoyo de los sindicatos, los aliados más asequibles y manipulables.[1186] La tensión creció. Se decía que Caballero, quien andaba en campaña contra Peláez, trataba al rebelde huasteco como posible aliado; en vano intentaron las autoridades reducir reuniones y manifestaciones; se pospusieron las elecciones procurando conseguir calma. Pero comenzaron las riñas violentas: un limpiabotas murió en Doña Cecilia, barrio obrero de Tampico, durante una disputa política; en la misma ciudad, la policía cobró una víctima más ilustre, el general Emiliano Nafarrate, gran partidario de Caballero.[1187] También hubo problemas en Ciudad Victoria y Villagrán; después de las elecciones, cuyos resultados mantuvieron las pasiones encendidas durante meses, hubo dos muertos en un choque de partidarios rivales en la Ciudad de México.[1188] En Tamaulipas, la opinión general fue que, como se esperaba, Caballero era el ganador; según dice un informe, triunfó en 32 de los 38 distritos del estado.[1189] Pero su oponente disentía; los partidarios de Caballero, desafiando al gobernador y al gobierno central, declararon elegido a su candidato y ocuparon la legislatura del estado.[1190] En abril de 1918 el régimen, al que desafió hasta 1920, lo declaró en rebeldía.

[1184] Cumberland, *Constitutionalist Years*, p. 368; Casasola, *Historia gráfica*, II, p. 1254.
[1185] Hanna, Monterrey, 20 de julio de 1917, SD 812.00/21128.
[1186] Ogston, Galveston, 20 de abril de 1918, FO 371/3243, 81765; Cumberland, *Constitutionalist Years*, p. 369; Cobb, El Paso, 19 de abril; Dawson Tampico, 17 de agosto de 1917; Scholes, Nuevo Laredo, 19 de enero de 1918; SD 812.00/10895; 21230; 21677.
[1187] Hewett, Tampico, 11 de enero de 1918, FO 371/3242, 41474; Cumberland, *Constitutionalist Years*, p. 370.
[1188] Cummins, Ciudad de México, 25 de marzo de 1918, FO 371/3243, 55054.
[1189] Scholes, Nuevo Laredo, 19 de enero de 1918, SD 812.00/21677.
[1190] Cumberland, *Constitutionalist Years*, pp. 363-370.

Por último, en Coahuila, una imposición del mismo tipo alimentó la revuelta, y representó aún más claramente las formas de conflicto en la época. Luis Gutiérrez, ex minero, veterano de 1911 y hermano del presidente de la Convención en 1914, fue contrincante de otro coahuilense como él, Gustavo Espinosa Mireles, hombre joven, que había sido secretario de Carranza ("todavía uno de sus partidarios más devotos") y recientemente gobernador provisional. Un perspicaz observador extranjero hizo una semblanza, severa pero ilustrativa, de Espinosa Mireles; en sus comentarios mostraba las diferencias entre esos hombres de la nueva progenie carrancista con líderes más vulgares, rudos, sin educación —como Domingo Arrieta— a los que debían enfrentarse (aunque establece la diferencia con Arrieta, menciona a Gutiérrez como "otro ídolo popular del tipo de Arrieta").[1191] Espinosa era joven, pulcro, de buen aspecto, "bastante parecido a un ayudante de peluquero"; trabajaba duro y "no tenía los vicios vulgares" de hombres como Arrieta y los de su clase (vicios, que no obstante, "hacían a éstos más humanos"); estaba "muy orgulloso de sus conocimientos en leyes, que había adquirido casi en su totalidad por iniciativa propia". Orgulloso de su experiencia y de sus conexiones en altas esferas, se mezclaban en él arrogancia, supuesto compromiso con ideales "socialistas" y habilidad para medrar. La semblanza está hecha a trazos amplios, sentimentales; confiesa su autor que Arrieta era "muy buen amigo" suyo. Los extranjeros se mostraban condescendientes con los rebeldes toscos, populares (por lo menos cuando no eran violentos; recuérdense los encomios al zapatismo) y despectivos con los advenedizos, letrados, nacionalistas y sus programas —los *babus* de la Revolución—. Por cierto, Espinosa no era socialista (Cumberland lo describe como "carrancista devoto de orientación algo conservadora"), ni sus pares los "demagogos, socialistas, trabajadores industriales del mundo, bolcheviques", según definición de O'Hea. La comparación, aunque mala, tiene su valor, destaca tipos diferentes y dice cómo se desempeñaban en ese medio político nuevo: uno, contaba en su ambiente con popularidad sustentada en antecedentes revolucionarios (militares), simpatía y cierta capacidad para relacionarse con la gente (la del campo sobre todo); el otro mostraba dominio más perspicaz de la realidad política nueva, nacional, de las posibilidades que tenían las reformas sociales (pensadas con perspectiva universal, no localista) y del poder del Estado que surgía. La misma diferencia sería evidente en San Luis Potosí, entre Cedillo y Manrique; o en Guerrero, entre las viejas y nuevas generaciones de los Figueroa.[1192] Para ambos había un sitio en la heterogénea coalición constitucionalista, cuya fuerza tenía por sustento una mezcla de políticos populistas locales y políticos nacionalistas. Con el tiempo comenzaron a prevalecer los segundos. El go-

---

[1191] O'Hea, Gómez Palacio, 11 de marzo de 1918, FO 371/3243, 60324; Gruening, *Mexico and its Heritage*, p. 417.

[1192] Sobre Espinosa Mireles, véanse Cumberland, *Constitutionalist Years*, p. 388, y Carr, *Movimiento obrero*, I, pp. 130 y 162, nota 19, Falcón, *Cedillo*, pp. 139, 166, 177-178 y 181; Jacobs, "Rancheros", pp. 89-91.

bierno central toleraría las pretensiones de los caudillos locales mientras le conviniera, pero a medida que la Revolución y las formas de proceder revolucionarias quedaron atrás, las bases de los caudillos empezaron a atrofiarse, mientras los recursos del Estado crecían y, con éstos, los de los políticos nacionalistas. Ese proceso, determinado por la victoria del carrancismo en 1915, culminó en las estructuras corporativistas del cardenismo.[1193]

Los bandos estaban parejos en Coahuila para las elecciones de 1917; su contienda trascendió los límites regionales. Espinosa fue catalogado en seguida como candidato "oficial": un ex gobernador —a quien sucedió un aliado en el palacio de gobierno—, que tenía control de la maquinaria del estado. Se dijo que las tropas intimidaron a partidarios de Gutiérrez y controlaron la votación en algunas zonas.[1194] El estatus de oficial tenía sus desventajas, sin embargo. Se juzgó a Espinosa según sus antecedentes como gobernador; lo benefició la recuperación del comercio fronterizo, pero los salarios bajos provocaron resquemores, sobre todo entre los ferroviarios, que eran convencidos partidarios de Gutiérrez.[1195] Y, más generalmente, se pensó que Gutiérrez "controlaba el elemento más bajo"; "las clases más bajas (los peones) fueron sus partidarios más fuertes".[1196] La campaña fue, pues, activa, violenta a veces. Espinosa hizo una campaña amplia, con muchos discursos y estableció centros políticos. En ambos lados, la propaganda se orientó al personalismo y la polémica; tenían "pocas propuestas [y] en buena parte su contenido se refería a hechos del pasado o se dedicaba a criticar lo que decía el oponente".[1197] A falta de apoyo más amplio, Espinosa buscó a los sindicatos, a los mineros en especial, a quienes convocó a participar en política (de su lado), y quienes se plegaron a él.[1198] Esa viva campaña hizo contraste con la apatía que dominó en las que se llevaron a cabo para elegir representantes al Congreso, que se llevaron a cabo en la misma fecha y en las que "prácticamente toda la fórmula carrancista fue elegida sin oposición".[1199]

Cuando llegaron las elecciones, se enviaron tropas al estado; el engaño estuvo en todos lados: el colegio electoral declaró gobernador a Espinosa, aunque se sabía que Gutiérrez había tenido más votos. Carranza recordó al perdedor las propiedades que había adquirido no hacía mucho y le ofreció la oportunidad de ascender en otra parte, lejos de Coahuila; pero si en realidad se puso esa carnada, no se mordió. Como descubrió Madero con los Figueroa, y como descubriría Cárdenas con Cedillo, los caudillos locales desecha-

---

[1193] Sobre la alternativa de un posible México villista; véanse pp. 814-815.

[1194] Cumberland, *Constitutionalist Years*, pp. 366-367.

[1195] Blocker, Piedras Negras, 23 de febrero y 21 de abril (dos veces) de 1917, SD 812.00/20576, 10817, 20843.

[1196] *Ibid.*, 6 y 14 de septiembre de 1917, SD 812.00/21245, 21281.

[1197] *Ibid.*, 17 de febrero y 21 de abril de 1917, SD 812.00/20533, 20817.

[1198] *Trabajo y Producción*, 18 de febrero de 1917, apoya a Espinosa y exhorta a los trabajadores a unirse en la contienda política; Carr, *Movimiento obrero*, I, p. 130.

[1199] Blocker, Piedras Negras, 15 de marzo de 1917, SD 812.00/20685.

ban ascensos que los alejaran de sus bases.[1200] En pocas palabras, la elección tenía reminiscencias de "los métodos usados por el presidente Díaz".[1201] Pero ésos no eran ya los tiempos de Díaz; había más participación popular, el "centro" estaba menos seguro, el candidato perdedor tenía aliados poderosos. Cuando Espinosa tomó posesión, aumentaron los rumores de rebelión. El alcalde de Torreón no aceptó los resultados y amenazó resistir en La Laguna, donde nunca se había tenido afecto a Carranza.[1202] A fines de 1917, Gutiérrez y Pancho Coss —aliado compatible, estimado— se rebelaron; tomaron brevemente Múzquiz y Monclova, y se temió que hubiera una gran rebelión en el noreste,[1203] pero no ocurrió así. A pesar de que era innegable el resentimiento, la gente no quería o no podía levantarse en armas contra el régimen. Hubo rumores de una alianza entre Gutiérrez y Cedillo —algo verosímil desde el punto de vista social— pero no fueron sino eso; la gran debilidad de esos jefes, siempre había sido su renuencia a las alianzas suprarregionales.[1204] Una vez más, el "centro" pudo, con cierta dificultad, aislar y eliminar focos de resistencia. A principios de 1918, Gutiérrez y Coss se refugiaron en las montañas, pero no terminó ahí su participación en la política coahuilense.[1205]

Tampoco fue ése el final de la historia; falta la mejor parte, la más importante. Joven, civil, impopular, con tropas indiferentes y su dependencia del "centro", Espinosa recibió una herencia política precaria, muy necesitada de refuerzo. También aumentó la inseguridad de Carranza, su protector, cuando los pretendientes a la sucesión empezaron a buscar un lugar en la carrera presidencial. En marzo de 1918 colaboraron en un proyecto que sería de beneficio para ambos: una convención de sindicatos, cuyos gastos serían pagados por el gobierno federal y cuyas reuniones se llevarían a cabo en la capital de Coahuila. Ése era un cambio de imagen para Carranza, no sólo porque desde 1916 había usado el rigor con huelguistas y "subversivos", sino también porque nunca había sido partidario de que se formara un movimiento laboral nacional, activo en política.[1206] La iniciativa se avenía más con el gobernador Espinosa, que había buscado el apoyo de los obreros durante la campaña electoral y a quien se relacionaba con el nuevo Partido Cooperatista. Aunque se dijo que Carranza introdujo la idea confiando en que su protegido fuera el anfitrión de esta convención, es evidente que Espinosa podía obtener mucho del experimento (sus enemigos lo acusaron de "prostituir" el mo-

---

[1200] Silliman (Saltillo, 3 de mayo de 1916, SD 812.00/18113) observa que se habían construido casas nuevas en la ciudad: "probablemente la más ostentosa de todas... pertenece al general Luis Gutiérrez"; Blocker, Piedras Negras, 14 de septiembre de 1917, SD 812.00/21281, sobre el ofrecimiento de Carranza; véase p. 996.

[1201] Blocker, nota anterior.

[1202] Blocker, Piedras Negras, 13 de noviembre y 13 de diciembre de 1917, SD 812.00/21478, 21570.

[1203] *Ibid.*, 11 y 12 de diciembre de 1917 y 10 de enero de 1918, SD 812.00/21535, 21539, 21652.

[1204] *Ibid.*, 10 de enero de 1918, SD 812.00/21652.

[1205] *Cf.* Gruening, *Mexico and its Heritage*, pp. 413-417.

[1206] De Carranza a Aguilar, 27 de enero, a López de Lara, 22 de marzo de 1916, AJD.

vimiento obrero, pero, como es natural, los sindicatos que participaban insistían en que no se les manipulaba).[1207]

Los tiempos difíciles y las derrotas industriales habían infundido a los obreros un ánimo de exhausto realismo; pronto aceptaron el ofrecimiento y 120 delegados, que representaban 18 estados (aunque predominaban los del noreste), amplia gama de industrias e ideologías en conflicto, se reunieron en Saltillo durante dos semanas de discusiones e intrigas turbulentas.[1208] Además de demandas concretas —mejores salarios y condiciones de trabajo, protección a los sindicatos—, la vieja filosofía anarcosindicalista matizaba aún acuerdos y oratoria: la lucha de clases dividía la sociedad; era preferible actuar directamente que participar en política, la clase obrera no debía lealtad al Estado-nación burgués.[1209] No era de sorprender que predominara esa filosofía, ya que ahí estaban antiguos líderes de la Casa —Huitrón, por ejemplo—, pero subyacía una realidad muy diferente; rivales más apegados a la realidad sustituían rápidamente tanto esa filosofía como a sus adeptos: el anarcosindicalista Huitrón y el rebelde popular Gutiérrez cedían paso a una nueva camada de líderes y a un nuevo estilo de liderazgo. En la prensa radical seguía la vieja contienda entre pragmatismo político (participación obrera en la política burguesa para lograr concesiones) y anarquismo doctrinario (rechazar la participación, denunciar la corrupción del gobierno, favorecer la organización autónoma y la acción directa), el segundo, aunque orgulloso aún, parecía *passé*. La Unión de Mineros Mexicanos, que había tenido la iniciativa de aliarse con Espinosa, mostraba interés en colaborar y, como otras uniones mineras, desconfiaba de la estrategia anarquista; un vocero afirmó que el socialismo "reconocía a los miembros honorables del gobierno, a quienes se sentía obligado a ayudar de manera positiva".[1210] Otros se aferraban aún al viejo anarquismo, según el cual, "cada región, cada ciudad, cada pueblo o aldea, se gobernará según su propia voluntad sin desconocer la solidaridad universal". En el contexto del Estado revolucionario centralizado que surgía, esa perspectiva se veía cada vez más anacrónica y utópica.[1211]

Coincidía más con la realidad la nueva Confederación Regional Obrera Mexicana, que se formó en Saltillo bajo el liderazgo de Luis Morones, quien se había destacado en el sindicato de impresores de la Ciudad de México; no luchó en la Revolución, pero su nombre apareció al pie de artículos vehementes y poemas líricos en la prensa radical de esa época. A pesar de su vena literaria, no estaba desprendido de la realidad y tenía instinto para aprovechar

---

[1207] *Cf.* Cumberland, *Constitutionalist Years*, p. 388, y Carr, *Movimiento obrero*, I, p. 130; Ruiz, *Labor*, p. 71; *Lucha Social*, Saltillo, 11 de abril de 1918.

[1208] Carr, *Movimiento obrero*, I, pp. 132-135. *Lucha Social*, 1º de mayo de 1918, enumera 108 delegados, de los cuales 69 representaban al noreste: 39 de Coahuila, estado anfitrión, 16 de Nuevo León y 15 de Tamaulipas.

[1209] Carr, *Movimiento obrero*, I, p. 133; Cumberland, *Constitutionalist Years*, p. 389.

[1210] M. Jasso, en *Trabajo y Producción*, 4 de febrero de 1917; Huitrón manifiesta su disgusto (*Orígenes*, pp. 299-300).

[1211] *El pequeño grande*, doña Cecilia, 26 de enero y 8 de febrero de 1919 y 10 de julio de 1921.

las oportunidades; tomó muy en serio los ejemplos de Samuel Gompers y la American Federation of Labor (con la que colaboró), y procuró, a base de tácticas parecidas, promover el movimiento obrero mexicano y su propia carrera.[1212] Su objetivo era "perseguir menos ideales y más organización", adaptación al uso del dirigente sindical de lo que era la quintaesencia de la filosofía política constitucionalista: hechos, no palabras; habilidad para conseguir el éxito más que fracaso glorioso.[1213] Condescendería con la oratoria anarquista (también él se había declarado alguna vez contra todo gobierno), mientras cultivaba a miembros importantes de la élite política y acumulaba poder (por ejemplo, mediante el Grupo Acción, semisecreto).[1214]

No fue evidente en seguida qué orientación tomaría la CROM con el liderazgo de Morones. Fue lento el reclutamiento de miembros —agrupaciones grandes, como las de petroleros y ferrocarrileros, no mostraron interés—; en 1920 afirmaba tener —era nada más una afirmación—, 50 000 afiliados.[1215] Dificultó el acercamiento entre la CROM y el régimen la represión continua de la agitación obrera. Como la Casa, su antecesora más radical, la CROM compitió y tuvo conflictos con el Departamento del Trabajo; en 1919 sus líderes fueron arrestados por intervenir en huelgas. Pero el fracaso de Carranza en consolidar la alianza iniciada en Saltillo en 1918, paradójicamente favoreció a la CROM —y más aún a Morones—. Mientras el régimen se acercaba a su crepúsculo y la sucesión presidencial empezó a absorber la atención, Morones se entretuvo participando en un juego clandestino. Tras bambalinas hizo contacto con Obregón, quien buscaba apoyo de los sindicatos para su postulación presidencial (quizá Calles, conocido por sus reformas laborales, actuó como intermediario).[1216] En agosto de 1919 se hizo un pacto —versión pacífica, electoral, del que había creado los batallones rojos cuatro años antes—, que puso a la CROM en el campo de Obregón, a cambio de concesiones ventajosas.[1217] De ese pacto salió el Partido Laborista, brazo político de la CROM, que ayudaría a Obregón para llegar a la presidencia, a Morones para acrecentar poder y riqueza, y al movimiento laboral mexicano para internarse en los recovecos del Estado revolucionario.

[1212] Harvey A. Levenstain, *Labor Organization in the United States and Mexico*, Nueva York, 1971, p. 65.
[1213] Carr, *Movimiento obrero*, I, p. 134.
[1214] La declaración de Morones contra todo gobierno apareció en *Mexican Herald*, 27 de junio de 1915.
[1215] Sobre el crecimiento de la CROM y la oposición de los ferrocarrileros, véase Carr, *Movimiento obrero*, I, pp. 134, 178 y 192-194; sobre los petroleros, Leif Adleson, "Coyuntura y conciencia: factores convergentes en la fundación de los sindicatos petroleros de Tampico durante la década de 1920", en Elsa Cecilia Frost *et al.* (eds.), *El trabajo y los trabajadores en la historia de México*, pp. 632-661.
[1216] Carr, *Movimiento obrero*, pp. 134-135 y 142-143; Aguilar, "Relevant Tradition", pp. 104-105.
[1217] Se reconoció a la CROM como representante único, fundamental del sindicalismo y se le dio un lugar en las secretarías de Trabajo (puesto nuevo) y Agricultura. Véase Carr, *Movimiento obrero*, I, pp. 143-144, y Hall, *Obregón*, p. 217.

Por lo tanto, el avance de la máquina carrancista en 1916-1920 fue incierto y equívoco más que recto y deliberado. Al estilo de Díaz, el gobierno central procuró controlar las elecciones y lo consiguió en los municipios o en estados donde la élite revolucionaria —tal vez porque era una minoría carente de popularidad— se mantuvo unida y evitó las diferencias. Pero en estados donde la Revolución dejó herencia de caudillismo competitivo, el éxito fue escurridizo y tuvo un precio. Ahí, demasiados oportunistas se atropellaban por el bocado y hasta que se les seleccionó, o el gobierno logró más control, los conflictos y las rebeliones continuaron. En el transcurso, nuevos partidos y sindicatos politizados reflejaron el aumento de la participación política que el régimen no recibía muy bien. Perdedores como Flores, de Sinaloa, constituían una reserva de disidencia que podían aprovechar los opositores de Carranza. Éstos eran sólo fragmento de un mosaico de oposición que estaba casi terminado en 1919, y en el que figuraban rebeldes populares (Villa, Cedillo, los zapatistas), felicistas del sur —desde Peláez en la Huasteca hasta los mapaches de Chiapas—, sindicatos descontentos con la ambivalencia carrancista, individuos, familias, comunidades, hartos de la lenta recuperación económica, falta de reformas sociales que se habían prometido, peculado y corrupción de los líderes revolucionarios. Y en 1920, ese abigarrado conjunto de disidencias cobró forma.

Carranza no era, como es natural, el único culpable de esa disidencia. Muchos problemas estaban fuera de los límites de su poder; se convirtió en chivo expiatorio de muchos males, económicos sobre todo, que ni él ni rival alguno podían subsanar.[1218] No obstante, la responsabilidad estaba en Palacio Nacional, y se justificó ampliamente el criterio de aquellos aspirantes a la presidencia que dejaron pasar 1917 y escogieron 1920. Pero Carranza también cometió errores. Es cosa sabida que las reformas prometidas en los primeros decretos o en la Constitución se aplicaron lentamente. Se informó en el verano de 1917 que "los revolucionarios de todas partes criticaban a Carranza, y se le acusaba abiertamente de haberse convertido en reaccionario incluso en la Cámara".[1219] A pesar del artículo 27, se usaron métodos de mano dura contra los huelguistas, y la base de la CROM sugirió sólo un reconocimiento parcial, mezquino y oportunista de los derechos del trabajador para organizarse nacionalmente.[1220] Apenas asomó la reforma agraria prevista en el artículo 27. Algunos gobernadores y funcionarios hicieron progresos modestos, pero el gobierno nacional avanzó a rastras: a mediados de 1918 no había leyes oficiales; sólo a 100 pueblos se les había dotado de tierras. En el otoño de 1918, Rouaix presentó un proyecto de ley formulado en el estilo liberal de siempre;

[1218] Obregón inició su campaña presidencial con una declaración esencialmente política, en la que "se refirió sólo brevemente a los problemas económicos del país" (Hall, *Obregón*, p. 212).

[1219] De Adams a Body, junio de 1917, Documentos Cowdray, caja A/4; un año después se informó que los radicales "estaban muy defraudados y desilusionados" (Thurstan, Ciudad de México, 7 de agosto de 1918, FO 371/3246, 153090).

[1220] Ruiz, *Labor*, pp. 70-72; Cumberland, *Constitutionalist Years*, pp. 385-386.

no tenía en cuenta la propiedad comunal y contenía estipulaciones "absolutamente imprácticas" para el pago de esas dotaciones. En todo caso, jamás se convirtió en ley.[1221] Aunque los principios vacilantes de la reforma agraria fueron importantes (se invirtió la tendencia porfirista hacia la concentración y el monopolio, y se reconoció explícitamente el ejido), poco mérito pudo atribuirse el régimen federal; la historia demostró que sólo el gobierno central podía dar impulso al gran reparto.[1222] Los planes para corregir fragmentos agresivos de la Constitución mostraron el acrecentamiento del conservadurismo de Carranza. Mostró sus intenciones —aunque alegó incompetencia— en pláticas con intereses extranjeros en 1917.[1223] Suavizó las estipulaciones anticlericales de la Constitución.[1224] En procura de lo que se ha considerado "una política de reconciliación no sólo con la masa de los hacendados, sino también con los miembros más destacados de la oligarquía 'científica'", ordenó que se restituyera a Luis Terrazas sus latifundios del norte.[1225]

Suponer que el conservadurismo de Carranza marcó su destino, sería simpleza —y radicalismo sentimental—. En ciertos casos (por ejemplo, en los asuntos relacionados con la Iglesia, o en el control nacional de las riquezas del subsuelo) ofreció paz y tranquilidad, pasando por alto la Constitución, sin que le cayera encima el rechazo de grupos de opinión poderosos. Asunto diferente eran las reformas agrarias y laborales (en este caso, devolver sus bienes aun a gente como los Terrazas puede haber sido tan insultante como la falta de reformas); el conservadurismo social innato de Carranza, antes oculto, dejó de lado lo que le era conveniente. Pero un régimen más fuerte podía —algunos regímenes más poderosos así lo hicieron— ignorar impunemente la Constitución. El resentimiento del pueblo (incluso suponiendo que el conservadurismo sea la causa, aunque no siempre es así), no se manifiesta automáticamente en resistencia activa, menos aún en circunstancias como las que prevalecían en 1920. Aunque problemas como ésos merecen tomarse en cuenta, el hecho es que Carranza cometió sus errores más graves —que pudo evitar— en la arena política, malquistándose menos con las masas cuanto con ciertos grupos organizados. La historia de 1920 tiene un extraño parecido con la de 1910: un presidente entrado en años, alejado de la reali-

[1221] Cumberland, *Constitutionalist Years*, pp. 382-383; avances de disensión en de Múgica a Alvarado, 29 de agosto de 1916, María y Campos, *Múgica*, pp. 101-103; DDCC, II, p. 1085. Véase también n. 1059.

[1222] Ronfeldt, *Atencingo*, pp. 17-18; Senior, *Land Reform*, pp. 65-66; Joseph, *Revolution from Without*, p. 292, presenta ejemplos locales.

[1223] Cummins, Ciudad de México, 12 de julio de 1917, FO 371/2962, 138581; Inman, Fall Report, p. 9; de Adams a Body, 1º de junio de 1917, Documentos Cowdray, caja A/4, donde se dice que el presidente buscaba mejor entendimiento con el capital extranjero, "pero... ya no puede controlar la política gubernamental y no puede revocar las cláusulas confiscatorias de la nueva Constitución".

[1224] Quirk, *Mexican Revolution and the Catholic Church*, pp. 103 y 111; Meyer, *Cristero Rebellion*, p. 15.

[1225] Katz, *Secret War*, pp. 534-536.

dad política mudable, buscó perpetuar su gobierno desafiando a la opinión pública y a quienes competían con ahínco por el poder. Hacia 1919, Carranza estaba a la defensiva, receloso de sus rivales, atacado por la prensa y el Congreso.[1226] A un año de las elecciones presidenciales, Obregón anunció su propósito de entrar en la contienda, incluso sin recibir el apoyo presidencial que esperaba. En un larguísimo manifiesto (junio de 1919), acusó al gobierno, proclamó su adhesión al liberalismo, mencionó antecedentes históricos y evitó compromisos precisos.[1227]

Quizá no importaba mucho el contenido. Así como Carranza había sido la elección natural en 1917, Obregón se presentó como el favorito en 1920 (al parecer, esperando conseguir el apoyo reticente de Carranza). Al estilo de la política mexicana de entonces y ahora, la gente se amontonó para subir al carro, para atar sus destinos al heredero, al tapado. Hubo entonces un poderoso "interés de reversión".[1228] Buscando sobrevivir, los políticos en funciones se unieron a Obregón y lo mismo hicieron quienes estaban en la oscuridad buscando un medio para regresar. Los diputados prometieron lealtad, lo que debilitó aún más el control del ejecutivo sobre la Cámara; el pacto con Morones aseguró la adhesión de la CROM; comenzaron tratos con los zapatistas. También se desvaneció la esperanza de Carranza de eliminar a Obregón con González cuando éste llegó a un acuerdo con el heredero.[1229] La razón y la *Realpolitik* aconsejaban que también el presidente aprobara la candidatura de Obregón para asegurar paz y continuidad; pero como a Díaz, enfrentado 10 años antes a Reyes, a Carranza le repugnaba la perspectiva de que le sucediera en la presidencia una figura militar reconocida, y buscó un candidato civil más dócil y compatible. Encontró a Ignacio Bonillas, carrancista leal, que entonces era embajador en Washington; un político civil, "de buena reputación, pero nada extraordinaria... muy poco conocido por los mexicanos".[1230]

¿Por qué? Probablemente tuvieron que ver afinidades ideológicas. Cuenta más que Carranza estuviera interesado en que le sucediera un civil (y no puede decirse que civil equivaliera a conservador, ni militar a radical); estaba bien consciente de los abusos y obstáculos endémicos que significaba una administración militarizada que, esperaba, podría contrarrestar un presidente civil. En su propaganda destacó las virtudes civiles y las amenazas del pretorianismo, tema que también Cabrera expuso en la larga polémica que

---

[1226] Cummins, Ciudad de México, 13 de marzo de 1919, FO 371/3827, 40943, informa de "violentos" ataques de la prensa, que, al parecer, "Carranza temía controlar"; de Fletcher a Long, 28 de mayo de 1919, Documentos Fletcher, caja 6, sobre la posibilidad de revueltas políticas; véase también Hall, *Obregón*, pp. 192-193. A fines de 1919 aumentó la tensión con los Estados Unidos después del secuestro de un cónsul (sobre el caso, Charles C. Cumberland, "The Jenkins Case and Mexican-American Relations", *Hispanic American Historical Review*, XXXI (noviembre de 1951), pp. 596-607).

[1227] Obregón, *Ocho mil kilómetros*, pp. 550-564.

[1228] Córdova, *Ideología*, p. 218.

[1229] Hall, *Obregón*, pp. 209, 227 y 240-241; Womack, *Zapata*, pp. 340 y 357-358.

[1230] Cumberland, *Constitutionalist Years*, p. 404; Dulles, *Yesterday in Mexico*, p. 22.

tuvo con Obregón en 1919.[1231] Tal vez Carranza conservaba aún ideas acerca de quién —y quién no— podía ser presidenciable, y el general autodidacta, autosuficiente, no se acomodaba a esos viejos —también moribundos— estereotipos, pero sí, y totalmente, "*Mister* Bonillas", civil, graduado en el Instituto Tecnológico de Massachusetts.[1232] Por último, como casi todo presidente que va de salida, Carranza esperaba quizá no sólo elegir, sino controlar, en parte por lo menos, a su sucesor. Sólo eso despertó la oposición: ¿acaso la Revolución no había empezado con el lema de "no reelección"? La opinión podía resistirse a esa imposición de un cliente político, pero la élite revolucionaria se mostró muy sensible ante ese compromiso civil de Carranza —sobre todo los generales y sus cuadros políticos—. Una vez más apareció la vieja dicotomía: Madero había desmovilizado el Ejército Libertador y había consolado a sus jefes con unos cuantos cargos entre los rurales, lo que provocó amplia rebeldía en 1911; en 1914, militares más seguros, poderosos, más hechos a la política, desplazaron a los civiles que querían estar representados en Aguascalientes. Mientras la guerra civil fue asunto de primera importancia, Carranza había tolerado la desaparición del gobierno civil, pero cinco años más tarde no tenía tantas inhibiciones para oponerse al pretorianismo, oposición que estaba afianzada en sus antecedentes ideológicos e historia personal.

Como en 1911, la decisión fue prematura. Apenas se había desplazado del centro de la escena la *ultima ratio* de las fuerzas armadas y podía volver fácilmente; además, si las finanzas, la persuasión y la movilización pacífica habían sustituido a la fuerza, se debía a que los generales habían llenado el vacío de su poder militar con logros económicos decorosos y clientela política. Con el tiempo, esa diversificación daría lugar a un tipo de política civil-burocrática, en la que muchos de los protagonistas serían aún generales, pero gobernarían sin depender directamente del poder o las hazañas militares (la *ultima ratio* se amoldaría entonces a una velada aceptación que acechaba en los flancos); en ese tránsito, justamente los generales más expertos y versados en política (Obregón, Calles, Amaro) fueron quienes, en beneficio propio, redujeron el ejército desmesurado e impusieron disciplina a sus jefes inoportunos.[1233] Solamente los militares, y con el tiempo, podrían desmilitarizar la política. Poco éxito podía tener un civil, Carranza, tratando de promover a otro civil, y menos aún con ese intento prematuro, insensato, fatal, de presionar para que el sucesor de 1920 fuera un civil.

Además, si se comparaba con los tiempos de Díaz, había disminuido mucho la habilidad del centro para "hacer" elecciones: había aumentado la participación popular, y la élite revolucionaria estaba formada por un grupo de políticos bastante independientes, realistas, ambiciosos, que no tenían iguales

---

[1231] Hall, *Obregón*, p. 216.

[1232] Córdova, *Ideología*, p. 265, n. 4, cita a Mena Brito; Dulles, *Yesterday in Mexico*, p. 22.

[1233] A ese respecto, se justifica la insistencia de Obregón a propósito de su calidad civil y declarado "antimilitarismo" (Hall, *Obregón*, pp. 214-215).

en el último Porfiriato. Carranza recurrió a los viejos métodos en circunstancias nuevas. Ya en enero de 1919 Obregón fue advertido públicamente; mientras progresaba la campaña, la prensa oficial apoyó a Bonillas y hostigó a sus oponentes; sistemáticamente se intimidó a los obregonistas.[1234] El "centro" presionó intensamente a Sonora, columna del apoyo regional a Obregón. El presidente trató de atraer a Calles, decretó propiedad federal el río Sonora, se negó a ratificar el pacto que el gobernador De la Huerta había negociado con los yaquis, cambió comandantes federales y envió tropas para imponer el control central.[1235] Pero los viejos métodos no dieron resultado. Cuando se llamó a los gobernadores a la Ciudad de México para impartirles instrucciones, 10 de ellos no acudieron. Sonora no aceptaría en 1920 la imposición de Carranza, como no había aceptado la de Huerta en 1913. De la Huerta, que contaba con amplio apoyo en la región (incluido el de Calles), resistió las presiones de Carranza hasta que se produjo la ruptura entre el estado y la Federación; el 23 de abril los sonorenses proclamaron el Plan de Agua Prieta y exhortaron al país a derrocar a Carranza.

Los intentos vacilantes de Carranza con sus imposiciones neoporfiristas, contrastaban con la habilidad de Obregón para usar nuevas técnicas políticas. La mala salud y el buen juicio lo habían obligado a posponer su postulación hasta 1920, cuando logró reunir una coalición de ganadores.[1236] El PLC —maleable agrupación obregonista formada en 1916— se había establecido firmemente en el Congreso; en poco tiempo se le unieron partidos de menor importancia (dúctiles también), que se uncieron al carro de Obregón por razones prácticas e ideológicas (el Partido Nacional Cooperativista, el Laborista de Morones y otros); el candidato, fiel a su discurso "liberal" y a su estrategia de consenso, acogió a todos como miembros de un Partido Liberal grande y amorfo.[1237] De igual manera, siguieron el camino de la CROM otras asociaciones laborales más pequeñas. A diferencia de Carranza, Obregón mostró gran estilo ante su numeroso público. Disfrutaba ya el sabor del triunfo: cultivó un tono fanfarrón, bromista, populista; recorrió el país incansablemente, se reunió con trabajadores y campesinos, políticos y veteranos, arriesgándose a la intimidación e incluso a que lo asesinaran.[1238] México no había visto algo como eso desde la campaña de Madero, 10 años atrás.

Entre tanto, consiguió —algo valioso— el apoyo de grupos e individuos importantes: intelectuales discrepantes, como Vasconcelos (incluso Palavicini vio de qué lado soplaba el viento e hizo la paz), políticos derrotados, rebeldes

---

[1234] Hall, *Obregón*, pp. 205, 209, 223 y 228.

[1235] *Ibid.*, pp. 233 y 242; Dulles, *Yesterday in Mexico*, pp. 23 y 27.

[1236] En cuanto a su decisión de no postularse en 1917, Hall, *Obregón*, pp. 184-186; comentó entonces a Gavira que no era tiempo de desatar las ambiciones, porque era mejor que se dejaran ver los perros que peleaban por un hueso (Gavira, *Actuación*, p. 183). Tuvo razón, porque muchos de los que "vencieron" en las elecciones de 1917-1918 las perdieron en 1920; el periodo presidencial de 1920-1924, tuvo más atractivos que el incompleto y conflictivo predecesor.

[1237] Hall, *Obregón*, pp. 209-210 y 220-222.

[1238] *Ibid.*, pp. 214, 221-222 y 225-226; Dulles, *Yesterday in Mexico*, pp. 20 y 23-24.

que aún estaban en la lucha y, sobre todo, el ejército constitucionalista —en muchos sentidos creación suya— que se dividió entonces en jefes obregonistas y carrancistas, amenazados éstos por una contracorriente popular como en 1915.[1239] Cuando los sonorenses hicieron público su desafío, el régimen carrancista se derrumbó. Obregón, llamado a presentar testimonio ante una corte en la Ciudad de México, escapó disfrazado, se dirigió a Guerrero y apoyó la rebelión. La mayoría de los generales carrancistas hicieron lo mismo, y también muchos rebeldes: Peláez en la Huasteca, Fernández Ruiz y los mapaches de Chiapas, Almazán y la mayoría de los felicistas veracruzanos.[1240] Cuando Pablo González "se unió a la estampida", Carranza se enfrentó a la derrota segura.[1241] Pero, reaccionando según su naturaleza, no se rindió; como en 1915, se dirigió a Veracruz, alentado por las protestas de lealtad de Guadalupe Sánchez.[1242] Éste se rebeló poco después; el tren gubernamental, atacado varias veces, tuvo al fin que detenerse. Carranza y unos cuantos fieles se internaron a caballo en la sierra de Puebla. Mientras el grupo dormía en Tlaxcalantongo, la noche del 20 de mayo de 1920, rebeldes felicistas atacaron y Carranza fue asesinado.[1243]

La década revolucionaria se cierra convencional y también correctamente, con el triunfo de la rebelión de Agua Prieta y la victoria arrolladora de Obregón en las elecciones presidenciales de septiembre de 1920. Aunque ésa no fue la última rebelión (hubo otras en 1923, 1927 y 1929), al menos fue la última que tuvo éxito: las revueltas esporádicas y la violencia local endémica continuaron, pero la reconstrucción económica y política tuvo prioridad absoluta. Agua Prieta fue, pues, un hito en la transición de la revolución violenta a la "institucional". Así fue en parte, porque a la larga, la dinastía sonorense estaba más predispuesta a la reforma social que Carranza y más capacitada para desmilitarizar el gobierno; pero también —esto fue inmediato e importante— porque dio la oportunidad para que hubiera al por mayor tratos, rendiciones y sometimientos, con los cuales en pocos meses se consiguió un ambiente de paz que el país no había tenido en años.

A la extensa lista de revolucionarios muertos y exiliados, se añadió un puñado de carrancistas intransigentes, pero buen número de rebeldes aprovecharon ese giro en la lógica de la Revolución para llegar a acuerdos. Casi todos los felicistas depusieron las armas: Félix Díaz partió al exilio, Peláez se convirtió, aunque por poco tiempo, en jefe militar de Tampico; los mapaches de Fernández Ruiz tomaron el control político de Chiapas.[1244] Villa hizo tratos

[1239] Hall, *Obregón*, pp. 199-200, 228 y 243.
[1240] Dulles, *Yesterday in Mexico*, pp. 29-34; Garciadiego, *Movimientos reaccionarios*, pp. 132-134, 194-199 y 257-260; Benjamin, "Passages", pp. 165-167.
[1241] Cumberland, *Constitutionalist Years*, p. 412.
[1242] Gruening, *Mexico and its Heritage*, p. 314.
[1243] Dulles, *Yesterday in Mexico*, pp. 38-46.
[1244] *Ibid.*, p. 64; Garciadiego, *Movimientos reaccionarios*, p. 134; Benjamin, "Passages", pp. 166, 170 y ss.

inmediatamente, se rindió y por tres años disfrutó de un retiro opulento en Canutillo.[1245] Magaña condujo a los zapatistas de vuelta al aprisco nacional, lo que les permitió conseguir un lugar y poder en Morelos; ahí, algunos patrocinaron una reforma agraria de envergadura, otros llevaron agua a su molino.[1246] Como los zapatistas, los cedillistas de San Luis Potosí se calmaron, recibieron tierras y ayudaron a pacificar su estado.[1247] Al cerrar la revolución armada y conseguir la paz, Agua Prieta dejó así —bajo la amplia cubierta de la norma sonorense— una variada mezcla política: pauta terrateniente en Chiapas; movilización "socialista" diversa —herencia del gobierno proconsular— en los estados del Golfo, Yucatán, Tabasco y Veracruz; agrarismo populista en Morelos y San Luis Potosí; en la mayor parte del centro, conflictos de terratenientes, militares y agraristas; agitación de la CROM en las ciudades y, no mucho después, antagonismo entre Iglesia y Estado en el campo. En el decenio de 1920, al igual que en aquel de 1900, habían "muchos Méxicos". Pero los "muchos Méxicos" de la dinastía sonorense eran diferentes a los del Porfiriato. Tema del último parágrafo, son los cambios genéricos por los que atravesó la sociedad.

El fantasma en la máquina

Hemos pasado del funcionamiento interno del carrancismo a su movimiento patente; antes de terminar, veremos su *ethos*: el fantasma en la máquina. Hasta ahora, el análisis se ha concentrado en factores silentes, *ad hoc*, inmediatos, a costa de principios ideológicos explícitos: peculado más que nacionalismo, desacuerdo civil-militar más que conflicto liberal-jacobino, explicaciones namieristas antes que marxistas (o hegelianas). Pero también la ideología desempeñó papel importante, legitimando a veces acciones que en el fondo tenían su origen en otros motivos, disponiendo en ocasiones otras de manera "relativamente autónoma". En el primer caso, la fuerza de la ideología se sustentaba en la aplicación práctica —o en la oportunidad funcional (el agrarismo oficial sería el mejor ejemplo)—. En el segundo, la ideología determinaba políticas "disfuncionales", es decir que iban en contra de lo que dictaban la realidad y la conveniencia, y era alto el costo de oportunidad. A veces (volveré al ejemplo del puritanismo revolucionario), las políticas eran un fracaso; otras (como el anticlericalismo), el logro fue modesto y el precio excesivo. Pero cualquiera que fuese el éxito o la funcionalidad, todas esas políticas tenían una matriz ideológica común que formaba el *ethos* del carrancismo, el cual, a pesar de su progenie diversa, mostró cierta unidad y coherencia. Además, había en esa matriz elementos ideológicos importantes, que se descuidaron hasta ahora para atender otros que en su época tuvieron menos valor.

[1245] Dulles, *Yesterday in Mexico*, pp. 66-70; Meyer *et al.*, *La vida con Villa*.
[1246] Womack, *Zapata*, pp. 359 y ss.
[1247] Ankerson, *Saturnino Cedillo*, pp. 145-146.

En su ascenso al poder, los carrancistas formularon una serie de políticas reformistas que tenían el propósito de reducir el poder de la Iglesia, ampliar la educación laica, promover la reforma agraria, proteger al trabajador y extender el control del gobierno sobre los recursos económicos, especialmente los que estaban en posesión de extranjeros. En lo que toca a su naturaleza general, estas reformas se apartaron claramente del precedente maderista. Aunque continuó en teoría el viejo compromiso de "sufragio efectivo, no reelección", y aunque los cimientos políticos de la nueva Constitución (fundados en los escombros de 1857) fueron impecablemente liberales, más se les quebrantó que se les honró. Aunque hubo pendencias y participación en las elecciones, no fueron muy libres; las estipulaciones específicamente "políticas" de la Constitución no fueron ya el centro de la atención como en otro tiempo. Nunca se repitió el experimento liberal maderista; resucitaron la teoría y práctica porfirianas. El compromiso estricto de Carranza con un gobierno fuerte y su escepticismo en cuanto a la aptitud democrática de México —que compartía la mayoría de sus partidarios— repetía el positivismo porfiriano.[1248] El optimismo maderista basado en la idea de que una democracia libre podría solucionar los problemas sociales en forma gradual y mediante consenso fue superado por la creencia más pragmática, cínica inclusive, de la dependencia del control y la dirección del gobierno que la experiencia de la Revolución favorecía. Así como la generación positivista del decenio de 1880 —anhelante de "orden y progreso", consternada ante la inestabilidad crónica del país— rechazó el liberalismo juarista, así la generación de la revolución (constitucionalista), que fue testigo de una conmoción nacional mayor, desechó el *laissez faire* maderista y favoreció el *étatisme*. En el campo político por lo menos, el compromiso fue por un Estado activo, que gobernaría, controlaría, reprimiría, eliminaría, guiaría, educaría y elevaría —a menudo de manera incuantificable—. Por eso el exclusivismo político estrecho del que ya hablé; por eso también el recurrir de manera selectiva a políticas sociales que —a más de estimular la justicia natural— formaban clientelas dóciles. No se podía eliminar la "política" en el despertar de la Revolución, pero había muchos carrancistas que, como Obregón, con su preferencia por la "administración", repetían modos de pensar porfiristas.[1249]

A veces se exalta eso como nuevo radicalismo, un adelanto respecto del estrecho liberalismo de Madero. No queda claro, sin embargo, que esa consoladora teleología sea válida o que haya sido un adelanto la vuelta a un gobierno más autoritario —mezclado con tímidas reformas sociales—. Es de dudar que la democracia liberal genuina (incluso una aproximación razonable), al devolver el poder a las masas, amenazara con provocar cambios y conmociones mayores que el reformismo paternalista orientador de los carrancistas;

[1248] Córdova, *Ideología*, pp. 238-241. La política electoral de 1917-1920, a la que me referí brevemente, fue patrón del decenio de 1920; véase el valioso resumen de Gruening (*Mexico and its Heritage*, pp. 399-492), en especial sus comentarios de la p. 481.

[1249] Córdova, *Ideología*, p. 288.

ese reformismo, dicen Córdova y otros, no tenía el propósito de liberar a las masas, sino de controlarlas y concentrar el poder en el Estado.[1250] No es ésa una explicación *post hoc;* los de esa época (ganadores como Obregón y Alvarado, perdedores como González Garza) fueron testigos del poder de las masas que movilizó la Revolución y se dieron cuenta de que era necesario el control directivo.[1251] Quizá procurar la democracia liberal fuera una ilusión (sin duda la oposición era tenaz —entre los grupos conservadores— y es probable que un resultado "exitoso" habría sido muy diferente al modelo europeo occidental que Madero y otros defendieron); pero las políticas ilusorias (o "utópicas") no son por fuerza conservadoras —de hecho, rara vez lo son—. La búsqueda firme de la democracia liberal no fue un ejercicio de conservadurismo tibio. A la inversa, no pueden considerarse típicamente "radicales" la degradación o el descuido absoluto en que los carrancistas tuvieron las prácticas liberales y su adopción de reformas sociales modestas, sobre todo por el registro mezquino de las mismas una vez que se le dio curso. Bismarck y otros han demostrado de qué manera las reformas sociales (de tipo *étatiste* limitado) pueden sostener regímenes autoritarios. ¿Ha de verse un bismarckianismo intervencionista en lo social, antidemocrático, más "radical" que el liberalismo socialmente pasivo de Peel o Gambetta? Las reformas sociales pueden desviar las demandas populares e incluso pueden incorporar al Estado organizaciones masivas echando así los cimientos de regímenes autoritarios más duraderos. En realidad, aunque son comunes, pueden interpretarse mal las discusiones sobre "radicalismo" y "adelantos" relativos. En su tiempo y lugar, el "camino" liberal-democrático hacia el "mundo moderno" puede ser tan radical como la "revolución desde arriba". El hecho más importante e indiscutible es que son diferentes; que a pesar de su origen común norteño y quizá "burgués", y de que ambos reclamaban para sí la protección de Juárez, el liberalismo maderista y el *étatisme* carrancista tenían políticas diferentes.

Los carrancistas no se entregaron al liberalismo optimista de 1911. Eliminaron opositores, controlaron la prensa, arreglaron elecciones. Sostuvieron su régimen nuevas bases de poder que Madero jamás tuvo: ejército revolucionario profesional, nuevo cuadro administrativo, sindicatos que fueron sus clientes, agrarismo oficial. Madero no desafió a los Estados Unidos o al capital extranjero, bajó el tono anticlerical del liberalismo mexicano hasta el punto de elogiar la movilización política católica, pero los carrancistas estaban preparados para amenazar a los Estados Unidos, presionar a las compañías extranjeras e intimidar a la Iglesia. Si se comparan carrancismo y maderismo,

---

[1250] *Ibid.*, pp. 198-204, 218, 264, 314 y 318; Obregón, *Ocho mil kilómetros*, p. 579.
[1251] De Alvarado a Carranza, 25 de enero de 1916, Fabela, DHRM, RRC, V, pp. 21-23, sobre la necesidad de "organizar" a los 200 000 indígenas de Yucatán —"muy inteligentes... y aptos para la organización"— con el propósito de "nacionalizar" el estado; Katz, *Secret War*, pp. 286-287, cita a Federico González Garza, a propósito del fracaso de la Convención para emprender la reforma agraria, que —según dictados de la Revolución francesa— "habría creado nuevos intereses que hubieran sostenido al nuevo régimen".

había ahí, en la intención y el carácter, cierto radicalismo, pero esas políticas no significaban un cambio fundamental en la organización social de México; antes bien —lo diré brevemente— eran producto de la ideología liberal tradicional, refractada por el prisma de la Revolución. La inspiración ideológica era vieja, pero las circunstancias y las respuestas pragmáticas eran nuevas.

Una de esas respuestas fue el agrarismo oficial. Ese "adelanto" evidente de la práctica carrancista sobre la maderista, manifestaba el vigor de las demandas populares que por fuerza debieron reconocerse. De la misma manera, el gobierno se vio forzado a incorporar en su coalición elementos populares (los Herrera y Arrieta; Cedillo y los zapatistas después de 1920), corrigiendo así criterios elitistas anteriores acerca de quién debería gobernar.[1252] El discurso del nuevo régimen se adornó con referencias al "pueblo" emancipado, supuestamente, por la Revolución.[1253] Pero esas concesiones populistas, que eran importantes para sostener el régimen, no cumplieron las demandas populares. Las reformas agrarias produjeron beneficios, pero no del tipo restaurador que se había prometido; tampoco fueron beneficiados siempre los revolucionarios, y fueron aplicadas, con reticencia a veces, con desfachatez a menudo, por políticos para quienes el agrarismo fue más una publicidad y un instrumento que una causa.[1254] El nuevo Estado revolucionario, sediento de poder, satisfizo menos aún las demandas de autonomía local que eran sustento de la rebelión serrana; por otra parte (ejemplo es la contienda por la gubernatura entre Espinosa Mireles y Gutiérrez), con el tiempo derrotaría a los cabecillas populares una nueva generación de políticos más educada, citadina. Dicho de otro modo, la presión del movimiento popular dejó marca, sobre todo en lo que al campo agrario se refiere. En el futuro, ningún régimen se atrevería a descuidar el sentimiento popular tan descaradamente como Díaz; aunque obstaculizadas, faltas de recursos y vulnerables, las masas entraron al campo político gracias a la Revolución. Pero la corriente del "consenso revolucionario" es demasiado optimista (propone que todos los grupos contribuyeron en la Revolución y se beneficiaron con ella): los sacrificios del movimiento popular superan en mucho las recompensas fragmentarias, material de oratoria con frecuencia, que recibieron sus miembros (incluso sus hijos) en años posteriores.

Pero si el carrancismo heredó relativamente poco del liberalismo maderista o del movimiento popular, ¿dónde adquirió esos genes políticos que marcarían la fisonomía del régimen, su naturaleza vigorosa, su longevidad?

[1252] Véanse pp. 370, 394-395 y 419.

[1253] Obregón, *Ocho mil kilómetros*, p. 567; Benjamin, "Passages", p. 139; Schryer, *Rancheros of Pisaflores*, pp. 15 y 69; Warman, *Y venimos a contradecir*, p. 158; en todos hay manifestaciones de oratoria populista.

[1254] Muchos estudios actuales muestran ese carácter *étatiste*, instrumental, del agrarismo oficial: Womack, *Zapata*, pp. 374-379; Schryer, *Rancheros of Pisaflores*, pp. 93-94; Friedrich, *Agrarian Revolt*, pp. 91-92 y 141; Ankerson, *Saturnino Cedillo*, pp. 163-164; Meyer, *Cristero Rebellion*, pp. 107-110; y el no muy actual *Mexican Maze*, de Beals, p. 211.

Del porfirismo (aunque no se acepte la paternidad) y de la Revolución, de la que fue vástago por excelencia. Esto no significa que los carrancistas imitaran a Díaz conscientemente; antes bien —el señalamiento no es secreto—, a pesar de la hostilidad mutua y las diferencias que alegaron, los regímenes sucesivos mostraron notable continuidad, por lo menos en lo que se refiere a tendencias políticas amplias. Naturalmente, desde 1917, bajo el impacto de una ideología rigurosa, ejemplo y a menudo guía, el cambio revolucionario ha sido (en todo el mundo) más traumático y profundo: la Revolución cubana —pleito callejero comparada con la mexicana— llegó a cambios "estructurales" mayores y más rápidos. Pero la Revolución mexicana llegó casi a su fin antes de que ocurriera esta internacionalización de la revolución: fue la última de las "grandes" revoluciones que, acomodándose más a un modelo tocquevilliano que leninista, permaneció esencialmente nacional, no produjo un programa ideológico, no tuvo partido de vanguardia y sirvió sobre todo para reforzar, más que destruir, muchos de los rasgos del régimen que había derrocado. Podemos citar a Tocqueville con más precisión: "la revolución tuvo… dos etapas claras: una en la que el único propósito… parecía ser terminar con el pasado; otra en la que se hicieron intentos por salvar restos de las ruinas del antiguo orden"; el resultado fue, por eso, "un gobierno más fuerte y mucho más autocrático que el derrotado por la revolución".[1255]

Aunque el régimen carrancista-sonorense se veía por lo común —no siempre— muy diferente al de Díaz, y aunque abrió caminos en el importante ámbito de la movilización e institucionalización políticas, sus objetivos amplios fueron neoporfiristas —desarrollo económico capitalista y construcción del Estado—. Por eso alentó el crecimiento de la agricultura comercial, la industria, las exportaciones y las obras de infraestructura (con Díaz, los ferrocarriles; las carreteras con Calles); concentró el poder político con avidez; quebrantó el particularismo local —"forjando patria", dice la seductora frase de Gamio—. Dicho de otro modo, el principal objetivo de ambos regímenes fue crear un Estado-nación fuerte y una economía capitalista dinámica; en su búsqueda estuvieron listos para pedir grandes sacrificios (del tipo que son muy comunes en esas campañas hacia la "modernización"), que excluyeron la democracia liberal y la igualdad. De manera más específica, diré que los dos regímenes buscaban una "revolución desde arriba", como la llamó Barrington Moore. La diferencia esencial fue que la "revolución desde arriba" posterior a 1915 se levantó sobre las ruinas de una "revolución desde abajo" anterior (1910-1915), a la que los carrancistas pudieron al fin contener y cooptar; en cierto sentido, fueron equivalentes populistas, exitosos, del kuomingtang chino. Ese éxito es aún más notable porque sus políticas, con resabios porfiristas, chocaron con las del liberalismo maderista (que tenían los mismos propósitos, pero gestionados con métodos diferentes, parlamentarios, dudosamente prácticos) y, de manera más violenta aún, con los objetivos del movimiento

---

[1255] Tocqueville, *L'Ancien Régime*, pp. 4-5.

popular, cuyo compromiso con la Revolución se originó en la hostilidad hacia el centralismo político y el "desarrollo" capitalista veloz, sin trabas. El talento especial de los carrancistas fue aprovechar la Revolución —Revolución cansada, forzada es cierto— para lograr fines antitéticos, neoporfirianos.

En ese sentido, fueron vástagos por excelencia de la Revolución y, a diferencia de gran parte de los maderistas y rebeldes populares, fueron producto del proceso revolucionario, no sus iniciadores. La Revolución inspiró sus actos a medida que se desarrollaba; de ahí su célebre oportunismo, pragmatismo y cinismo, cualidades para las que Obregón, quien aprendió a dominar técnicas militares y políticas nuevas, fue el mejor ejemplo. La Revolución pudo ser gloriosa, pero la rebelión política era costosa, sangrienta e indeseable. Se trataba de reconstruir (término utilizado constantemente). Obregón llegaba al lirismo cuando exaltaba el trabajo duro y el esfuerzo; recordaba a sus oyentes que las revoluciones "no son manantiales de dicha: son sacudimientos que a los pueblos causan grandes daños, y sus frutos no pueden recogerlos sino las generaciones siguientes".[1256] Habían visto la Revolución; les tocaba ahora ponerla a funcionar. Por eso evitaron los textos sagrados (el Plan de Ayala) y las panaceas (elecciones libres). En vez de eso armaron un programa amplio, ecléctico, incongruente, que aparentó estar de acuerdo con el liberalismo, incluso con el "socialismo", que se apropió de la clase media como parte del proletariado mientras atacaba a la burguesía, que sermoneó sobre el interés mutuo y la armonía entre capital y trabajo, que dio la bienvenida al capital extranjero mientras denunciaba el capitalismo,[1257] y que, naturalmente, era capaz de poner en práctica cualquier plan. La experiencia orientó su evolución política, pero, ¿qué experiencia?, ¿con qué resultados?

En términos muy generales, la experiencia de gobernar México —y gobernar, como Díaz, después de una guerra civil endémica— alentaba el centralismo político y cierto grado de *dirigisme* económico (el cual, dado el compromiso convencional carrancista con el desarrollo capitalista, tuvo una orientación convencional). Pero en la perspectiva histórica, los problemas y soluciones específicas que se desprendieron de la Revolución dieron carácter particular al carrancismo y lo distinguieron no sólo de maderismo y zapatismo, sino también del porfirismo, cuyos objetivos generales podía compartir, pero, por fuerza, eran diferentes los métodos para lograrlos. La primera rebelión constitucionalista de 1913 había sido improvisada, defensiva, imprecisa en su ideología. Las políticas relacionadas desde entonces con el constitucionalismo e incluidas en la Constitución, se acumularon caóticamente al paso del tiempo para satisfacer presiones inmediatas e influyeron en un *ethos* constitucionalista general, compartido. El historiador que busca sus orígenes en los primeros manifiestos revolucionarios o en las publicaciones del Movimiento Precursor, puede encontrar a veces paralelos impresionantes, pero

[1256] Obregón, *Ocho mil kilómetros*, p. 569.
[1257] *Ibid.*, pp. 578-580 y 586-587; Alvarado, *Reconstrucción*, I, pp. 61-67, 80-84, 160-163 y 340; Córdova, *Ideología*, pp. 311-322; Joseph, *Revolution from Without*, pp. 101-102.

se engaña si cree que esas manifestaciones tempranas (que se encuentran entre muchas ya olvidadas) influyeron profundamente en la práctica revolucionaria posterior.

Se conoce bien la conversión tardía, oportunista, al agrarismo. Pero otras políticas —que, acertadamente, se ven como parte importante del gobierno después de 1915— también evolucionaron de manera tortuosa, no representaron un compromiso revolucionario claro y debían mucho al antiguo régimen. Dos casos clásicos son el anticlericalismo (que debe entenderse como parte de una filosofía "desarrollista" más amplia) y el nacionalismo económico. Me he referido ya al anticlericalismo, frecuente después de 1913 (no antes).[1258] Se encarceló, secuestró, exilió y ejecutó a los curas; se confiscó propiedad de la Iglesia al por mayor; diversidad de decretos anticlericales locales anunciaron las cláusulas constitucionales de 1917 que separaron Iglesia y Estado, legalizaron el divorcio, prohibieron los partidos clericales, la participación de los curas en política y confirieron al Estado amplios poderes para regular número, nacionalidad y actividades del clero. Algunos carrancistas quisieron dar un paso más y prohibir del todo la educación católica.[1259] Además, la cuestión eclesiástica absorbió en Querétaro más tiempo y atención que la "social"; radicales, como Múgica, pensaban que estaba a la misma altura que la reforma agraria y laboral.[1260] Como en la mayor parte de lo que se trató en el Congreso, hubo en eso algo de paradoja. Aunque los constituyentes decían representar al pueblo y se les ha tratado como portadores de aspiraciones populares, revolucionarias, no coincidían con el sentir de la mayoría; el anticlericalismo (admitió uno de ellos) no era causa popular.[1261] A pesar de que la Revolución estuvo salpicada de reacciones populares anticlericales, el jacobinismo popular no fue constante —como el que se vio en Querétaro, o después, en el Tabasco de Garrido Canabal—. Menos aún quería el pueblo —cuya opinión sobre la jerarquía eclesiástica o sobre el cura de la localidad podía variar de un sitio a otro— abandonar sus antiguas creencias por una abstracción nueva, ya fuera ésta cristiandad galicanizada, protestantismo o religión de la humanidad.[1262] Así como el nacionalismo económico, el anticlericalismo se filtró desde la cúspide, no ascendió desde abajo.

En este caso, la "cúspide" no era élite reducida. El anticlericalismo (de tono menor) era, de tiempo atrás, parte —sobre todo en el norte— de la clase media, urbana, profesional, que había desempeñado su papel en la formación del PLM. Fue rasgo del maderismo civil de 1909-1913, pero menor, recatado; los maderistas podían a título individual denostar a la Iglesia, pero la política oficial fue discreta, y en varios estados surgió una incipiente polaridad

---

[1258] Véanse pp. 357 y 429-430
[1259] Meyer, *La cristiada*, I, pp. 71-83; Rius Facius, *La juventud católica*, pp. 72-87; Quirk, *Mexican Revolution and the Catholic Church*, pp. 52-112.
[1260] DDCC, I, p. 693; y también Meyer, *La cristiada*, I, p. 84.
[1261] DDCC, II, p. 1058 (Múgica, una vez más).
[1262] Friedrich, *Agrarian Revolt*, p. 121; Múgica en DDCC, II, p. 665.

política —pacífica y de consenso— entre liberales y democratacristianos.[1263] Todo eso cambió con el golpe de Huerta. La Iglesia se quejó después porque se le perseguía sistemáticamente (algo que muchos revolucionarios fomentaban con entusiasmo). Cabrera, que en 1911 omitió a la Iglesia en su lista de abusos porfiristas, escribió en 1915 "una acusación razonada pero agria" contra esa institución.[1264] Como dije antes, sí tenían fundamento las acusaciones que los revolucionarios hacían a la Iglesia respecto a la ayuda que había dado a Huerta;[1265] por lo demás, la Iglesia fue, de la trilogía reaccionaria abominable, el blanco institucional (provisto de bienes) más obvio que quedó después de que se derrotó y dispersó al ejército, y los porfiristas huyeron, se ocultaron o colonizaron la Revolución. Pero no se trataba sólo de la pretendida —y exagerada— política "reaccionaria" de la Iglesia. Al fin y al cabo, distaba mucho de ser monolítica: había muchos católicos "sociales", demócratas católicos, y curas que eran populares; el anticlericalismo revolucionario, que condenaba a la Iglesia como institución, y a menudo al catolicismo en cuanto credo, no tenía en cuenta esas distinciones.

Dos factores deben sumarse a modo de explicación. Primero, muchos carrancistas aborrecían sincera y profundamente a la Iglesia, sentimiento que era parte de un complejo de ideas afines relacionadas con problemas de la sociedad mexicana y con las soluciones que necesitaban; ese complejo, que no era nuevo, recibió estímulos poderosos de la Revolución, la que pareció brindar la oportunidad para poner en práctica esas ideas. No es fácil dar un nombre a tal complejo. Otros estudiosos, que ven de manera parcial esa totalidad, le han puesto diversas etiquetas: "nacionalismo", "populismo", "jacobinismo".[1266] Las dos primeras, que se aplican de manera convencional, no son adecuadas; la tercera, aunque más aproximada y dictada por el uso de la época, es demasiado eurocéntrica.[1267] En virtud de que procuramos, *au fond*, describir una ideología de desarrollo, político y económico, puede servir el término "desarrollismo", feo pero apropiado; lo que importa es su contenido. Los "desarrollistas" revolucionarios procuraron hacer de la sociedad mexicana una sociedad progresista, moderna, capitalista, parecida a la europea occidental o a la norteamericana; favorecieron una dinámica economía ex-

---

[1263] Rutherford (*Mexican Society*) tiene razón cuando señala que la novelística escrita durante el periodo maderista (no sobre el periodo mismo) no tiene en cuenta el problema clerical; pero se equivoca cuando por eso califica de "gentil" la naturaleza de la Revolución de 1910 (pp. 194, 280 y 288). Véase también p. 710.

[1264] Rutherford, *Mexican Society*, p. 288.

[1265] Friedrich, *Agrarian Revolt*, pp. 54 y 120, acerca del apoyo dado por los clérigos a los terratenientes amenazados; de M. Palomar y Vizcarra a Orozco y Jiménez, 23 de febrero de 1915, Conflicto Religioso, r. 9, donde lamenta la disolución del ejército federal; también véanse pp. 35 y 357.

[1266] Richmond, "Carranza: The Authoritarian Populist as Nationalist President", llega a combinar dos; véase también Quirk, "Liberales y radicales"; Meyer, *Cristero Rebellion*, pp. 14-15, 24 y ss.

[1267] Niemeyer (*Revolution at Queretaro*, p. 221) presenta una definición útil de jacobinismo, pero nos preguntamos, ¿por qué "jacobino", después de todo?

portadora (también aquí, antecedentes extranjeros justificarían cierta intervención del Estado para lograrla); procuraron crear un Estado eficiente, provisto de una burocracia competente y un ejército profesional; creyeron que una educación laica patrocinada por el Estado daría una población numerosa educada, leal al Estado revolucionario, que contribuiría y se beneficiaría con el capitalismo progresista que prevalecería. Era esa visión antigua que explícitamente se remontaba a la Reforma e implícitamente a teóricos más conservadores que iban de Alamán a Limantour.[1268] Pero el fracaso de los regímenes porfirista y maderista (ambos estuvieron imbuidos de ideas parecidas) obligó a cambiar las perspectivas de esa visión. Quedaron atrás los beneficios de elecciones libres y federalismo; avanzaron al primer lugar los de gobierno centralizado, política de masas, burocratismo y *dirigisme*. Diría que, sobre todo, las condiciones en que se encontraba México, agobiado, en bancarrota, asolado por necesidades, aguzaron el punto de vista "desarrollista", que coincidió con ese vivo anhelo de trabajo, reconstrucción, recuperación. Nunca se vio más apropiada la ética del trabajo. Fue una época, dice un revolucionario de ficción, "en que tuvimos que decidir empezar a edificar y reconstruir, aun si eso significaba manchar nuestras conciencias".[1269] De ahí los llamados a la reconstrucción, al trabajo duro, al equilibrio social y al esfuerzo compartido, los encomios de Obregón al sudor honesto, y la "exhortación vehemente"[1270] de la prensa para que todos los ciudadanos trabajaran "por la reconstrucción nacional". Luego veremos que esta, como otras sociedades de posguerra, no desoyó esos llamados.[1271]

Iglesia y catolicismo obstaculizaban el progreso en dos sentidos. Concretamente, chocaban con los propósitos del Estado revolucionario al atribuirse derechos sobre ciertos individuos. Como veremos, el régimen se enfrentaba con la Iglesia, ya fuera reaccionaria o progresista, en sus intentos por superar la diversidad nacional ("somos diversas agrupaciones que todavía no pueden colaborar de un modo completo a un fin común; aún no nos hemos fundido en el tipo nacional").[1272] En sentido más general, catolicismo y desarrollismo se enfrentaban porque se acusaba al primero de otros males: atraso económico,

---

[1268] Córdova, *Ideología*, p. 216; José C. Valadés, *Alamán. Estadista e historiador*, México, 1977, pp. 383-387.

[1269] W. P. Glade y C. W. Anderson, *The Political Economy of Mexico*, Madison, 1963, pp. 40-41, citan estas líneas de Carlos Fuentes.

[1270] Obregón, *Ocho mil kilómetros*, p. 568; Fabela, DHRM, RRC, V, p. 304; DDCC, II, pp. 989 y 1074; Gómez Morin defendía un gobierno "práctico", y Lombardo Toledano alababa la "santidad del trabajo individual" (Krauze, *Caudillos culturales*, pp. 140 y 175).

[1271] Véase p. 602. Ejemplos claros de compromiso colectivo, posbélico, con el trabajo y la reconstrucción, son Alemania, Japón y quizá la Unión Soviética. Que yo sepa, no hay estudios de la sociedad posrevolucionaria mexicana expresados en esos términos, ni hay a la mano teorías sociológicas comparativas. William H. Form y Charles P. Loomis ("The Persistence and Emergence of Social and Cultural Systems in Disasters", en *American Sociological Review*, XXI (1956), pp. 180-185, se refieren al asunto, pero parecían hacer una parodia del método parsoniano).

[1272] DDCC, II, p. 184.

indolencia, analfabetismo, ignorancia, superstición y, paradójicamente, con vicios sociales —ebriedad, prostitución, juego, suciedad—. El constituyente Salvador Guzmán, joven médico poblano, opinó que "la república se salvaría cuando el pueblo mexicano aprendiera a leer antes que a rezar, se acostumbrara al camino del taller antes que el de la cantina y a usar el arado antes que el incensario".[1273] Se juntan ahí, explícitamente, los estigmas del atraso; con frecuencia es necesario deducir esa conexión, porque los revolucionarios atacaban sus blancos por separado (separación llevada al análisis histórico). La Iglesia era freno para el desarrollo económico, no sólo en el viejo sentido liberal de monopolizar recursos en sus "manos muertas", sino también por el control oscurantista que ejercía en las mentes por medio de la escuela, el púlpito y el confesionario, impartiendo así ideas "anticuadas y retrógradas" en detrimento de la ciencia y la prosperidad. En vez de eso, las escuelas deberían impartir educación racional, "basada científicamente en la verdad".[1274] Debía acrecentarse no sólo la economía, sino también el vigor nacional e incluso racial: "difundir la educación, laica sobre todo, moldeará el fuerte espíritu de la raza, y al mejorar la economía se fortalecerá la devoción de los mexicanos hacia el país".[1275]

Coincidía, pues, con la persecución de la Iglesia la insistencia renovada en el papel de la educación, que tenía antecedentes porfiristas y maderistas, aunque ahora sus rasgos fueran más militantes. Incluso civiles "moderados" como Palavicini, veían en el maestro —como lo vio la Francia republicana— un misionero político y cultural; cerrar las escuelas era un "crimen de lesa civilización"; decía Obregón: "es, pues, necesario que el primer esfuerzo, el primer impulso se encamine a la ilustración, a la educación de nuestras grandes masas".[1276] La educación serviría para politizar, nacionalizar, elevar y contrarrestar la influencia nociva de la Iglesia. Y si la educación laica salvaba a la juventud de las trabas de la Iglesia, podrían acrecentarse el patriotismo y los derechos del Estado rechazando la autoridad de Roma y favoreciendo una Iglesia —en caso de que fuera necesaria alguna— galicana y regalista. Nació así la idea de una Iglesia mexicana cismática, que se intentó imponer en el decenio de 1920.[1277] Poco de eso era nuevo; pueden encontrarse antecedentes en la preocupación de los maderistas por la educación, en las críticas de los porfiristas al oscurantismo clerical, o en los intentos de incul-

---

[1273] Niemeyer, *Revolution at Queretaro*, p. 61.

[1274] *Ibid.*, pp. 67 y 74-75; DDCC, II, pp. 1028-1029 y 1948; Quirk, *Mexican Revolution and the Catholic Church*, p. 71, muestra que los intelectuales liberales de la Convención tenían ideas parecidas.

[1275] Niemeyer, *Revolution at Queretaro*, p. 75; Alvarado también se preocupaba por el vigor de la raza (*Reconstrucción*, I, pp. 148, 339 y 377-383).

[1276] DDCC, II, p. 630, Fabela, DHRM, RRC, V, p. 381; Obregón, *Ocho mil kilómetros*, pp. 567 y 576; casos del periodo posrevolucionario en Martínez Assad, *El laboratorio de la revolución*, pp. 61-81 y Joseph, *Revolution from Without*, pp. 107-108, 196 y 214-216.

[1277] DDCC, II, p. 1047; Niemeyer, *Revolution at Queretaro*, p. 91; Rius Facius, *La juventud católica*, pp. 274-275.

car por medio de la educación la "religión de la patria", e incluso en el regalismo borbónico.[1278] Más aún, es fácil encontrar paralelos con ideologías desarrollistas de otras partes. El más obvio corresponde al protestantismo europeo que rechazó también la supremacía papal, el Estado católico dentro del Estado y relacionó el pensamiento anticatólico y anticlerical con ideas de progreso económico, eficiencia, moral y ética del trabajo. Jean Meyer dice que los revolucionarios del norte "hicieron de su jacobinismo medio para ilustrar de manera pragmática y efectiva las teorías de Max Weber".[1279] Apoyan esa deducción pruebas de influencia protestante en las filas rebeldes, que a su vez se usaron para crear mitos acerca de conjuras estadunidenses —protestantes— francmasonas con el propósito de acabar con la cultura católica tradicional de México.[1280]

Eso es confundir síntoma con causa. El protestantismo tuvo (escasa) influencia en los círculos revolucionarios por las mismas razones que influyó en otras sociedades que estaban desarrollándose: armonizó y fortaleció (es decir, según la formulación clásica, mostró "afinidad selectiva") con modos de pensamiento y conducta que ya habían surgido.[1281] El protestantismo y los valores "protestantes" dieron explicación racional a prácticas emergentes diferentes, "revolucionarias" por lo tanto, en el México del siglo XX, así como en la Inglaterra del siglo XVII.[1282] No era, en realidad, necesario un compromiso formal protestante. Diversos casos confirman que otras ideologías (laicas) podían inculcar y explicar valores "protestantes" como dedicación al trabajo, sobriedad, iniciativa individual y frugalidad. Señala Apter que se repite "cierta forma de puritanismo contemporáneo [el cual]... pone énfasis en la frugalidad, el trabajo duro, la dignidad del trabajo y en la abnegación", sobre todo en "nuevas etapas", dedicadas a "operaciones económicas realizadas por esfuerzo propio".[1283] El México revolucionario no estaba en una etapa poscolonial, pero se enfrentaba a tareas de esa índole, como la integración política y el

---

[1278] González Navarro, *Vida social*, pp. 536, 562, 571-576, 579-581 y 598; Meyer, *Cristero Rebellion*, pp. 2-3.

[1279] Meyer, *Cristero Rebellion*, p. 24; del mismo autor, *La cristiada*, I, p. 84, sobre la ideología de los constituyentes.

[1280] Fall Report, testimonio de Inman a Lill, pp. 5-7, 27 y 666; Rius Facius, *La juventud católica*, p. 95; Francis McCullagh, *Red Mexico*, Londres, 1928, pp. 332-333; incluso Palavicini vituperaba contra la influencia protestante en México, en especial la YMCA (Niemeyer, *Revolution at Querétaro*, pp. 71-72).

[1281] *From Max Weber: Essays in Sociology*, ed. de H. H. Gerth y C. Wright Mills, Londres, 1974, pp. 62-63 y 284.

[1282] C. Hill, "Protestantism and the Rise of Capitalism", en *Society and Puritanism in Pre-Revolutionary England*, Londres, 1966, pp. 97-100. Véanse también casos del México posrevolucionario: Lewis, *Pedro Martínez*, pp. 25-26 y 233-269; Schryer, *Rancheros of Pisaflores*, pp. 82, 96, 120 y 122. Hay muchos casos parecidos en el mundo, desde la revolución boliviana al protonacionalismo africano.

[1283] David E. Apter, "Political Organization and Ideology", en Wilbert E. Moore y Arnold S. Faldman, *Labor Commitment and Social Change in Developing Areas*, Nueva York, 1960, pp. 326, 328, 331 y 347.

desarrollo económico, favoreciendo recursos ideológicos parecidos que obtenía en el acervo del liberalismo tradicional.

Se hablaba constantemente de los males que provocaba la bebida (otro tema maderista). La bebida, dijo un constituyente, deterioraba el cuerpo, era un peso para la economía y causante de violencia, homicidio, enfermedades mentales; "degeneraba la raza": "engendrando hijos degenerados y de inteligencia obtusa, ineptos para las cuestiones sociales y políticas". Cuando los trabajadores se alejaban del alcohol, como en Sonora, ahorraban en vez de emborracharse.[1284] Se suponía, además, que un ataque simultáneo a la bebida y a las fiestas de la Iglesia, terminaría con la práctica antigua e ineficiente del "san lunes".[1285] Práctica y sermón acompañaban esas reformas: Calles hizo campaña infatigable contra el alcohol en Sonora; en el Distrito Federal se prohibió el pulque; "magníficos resultados" se obtuvieron en Piedras Negras en lo que se refiere a templanza y sobriedad.[1286] Campañas del mismo tono se emprendieron en Tepic, Tlaxcala y, sobre todo, en los estados del Golfo, donde el gobierno proconsular se topó con los vicios comunes en los puertos tropicales.[1287] En esa condena al alcohol había también antecedentes porfiristas (lo mismo que numerosos casos semejantes en el extranjero).[1288] Es importante señalar, sin embargo, que esa abstinencia "revolucionaria" a menudo se relacionaba con otras preocupaciones "puritanas". Bebida, juego, prostitución, corridas de toros y peleas de gallos florecían (se decía) al mismo tiempo y debía eliminárseles a todos juntos. "Vicios, entretenimientos brutales y fanatismo [religioso]" tenían al pueblo mexicano en "estado de barbarie"; no

[1284] Niemeyer, *Revolution at Queretaro*, pp. 182, 187 y 192-193; DDCC, II, pp. 620, 646-647, 825 y 948-950.

[1285] E. P. Thompson, "Time Work-Discipline and Industrial Capitalism", *Past and Present*, XXXVIII (1907), pp. 50-51. Al agente carrancista Nava le disgustaba la interrupción del trabajo y el constante repicar de las campanas, las procesiones religiosas en la fiesta de San Juan de los Lagos; debían eliminarse esas "costumbres rancias", comentó a Carranza (9 de diciembre de 1915, AVC). Bonsal comenta que en Veracruz doblaban las campanas por las victorias o "días onomásticos" de los generales: "no se menciona el día del santo en Carranzalandia" (n. 380). En Hidalgo y otras partes se sustituían los nombres de santos, curas, animales y otros nombres "frívolos" que tenían pueblos, haciendas, calles, plazas, parques y edificios, por algunos más abstractos como Libertad, Concordia, Independencia, Constitución, etc. (*El Demócrata*, 9 de marzo de 1916). En Yucatán, San Lunes se convirtió "en lunes rojo", día de ilustración socialista; y en Tabasco, las festividades de santos se volvieron las del Trabajo, Progreso, de la Naranja (Joseph, *Revolution From Without*, p. 222; Martínez Assad, *El laboratorio de la revolución*, p. 125).

[1286] USS Raleigh, Guaymas, 19 de septiembre de 1916, SD 812.00/19348; de Ryan a Scott, 22 de julio de 1915, Documentos Scott caja 19, elogia a Calles por limpiar ese "miserable antro que era Naco"; *El Demócrata*, 4 y 5 de marzo de 1916 —ahí dice que los católicos sacaban ganancias con la venta de pulque; Blocker, Eagle Pass, 8 de enero de 1917, SD 812.00/20261.

[1287] *El Demócrata*, 29 de noviembre de 1915 y 2 de enero de 1916; jefe político de Tepic, 27 de octubre de 1916, AG 21/81; Joseph, *Revolution from Without*, pp. 105-106, María y Campos, *Música*, p. 93.

[1288] González Navarro, *Vida social*, pp. 416-420; R. J. MacHugh, *Modern Mexico*, Londres, 1914, p. 133, afirma que "mientras siguieran bebiendo pulque, sería de dudar que los mexicanos consiguieran alcanzar cualquier etapa de desarrollo" (MacHugh era reportero de *Daily Telegraph*).

surgiría "una ciudadanía grande y fuerte" hasta que se eliminaran.[1289] Para la "regeneración social" se necesitaban medidas como las que se habían tomado en Jalisco y en muchos otros estados para terminar con las corridas de toros y el juego; la depuración que Calles había hecho en Sonora manifestaba la preocupación oficial por elevar "el nivel moral del pueblo por medio de supresión de vicios que degradan al hombre y del fomento de la instrucción pública".[1290] Las enfermedades se atribuían menos a la desnutrición que al exceso de bebida y falta de higiene; un delegado dijo que la nueva Constitución debería inscribirse en barras de jabón.[1291]

Podríamos multiplicar ejemplos casi indefinidamente y podríamos obtenerlos también de los decenios 1920 y 1930, años en que se perpetuó el complejo ideológico de progreso y puritanismo, anticlericalismo, abstinencia de bebidas alcohólicas, educación laica, *étatiste*, que culminó en el Tabasco de Garrido Canabal, "el laboratorio de la revolución".[1292] Entonces, como en épocas anteriores, no coincidieron oratoria y realidad. Dije antes, no hubo éxito constante que ayudara a imponer la abstinencia de bebidas alcohólicas: el peculado oficial, las obligaciones fiscales y la terquedad del pueblo frustraron la campaña contra la bebida. Lo mismo ocurrió con el juego, los toros, la prostitución; en el mejor de los casos, todo lo que podía hacerse era proporcionarles sanidad y reglamentación, porque eliminarlos era imposible. A fines de 1916, la policía de la Ciudad de México organizó (legalmente) carreras de caballos con apuestas, que en teoría, servirían para reunir fondos que contribuirían a amortizar la deuda nacional.[1293] Demostraron ser vanos los alardes de Alvarado, porque no pudo limpiar Yucatán de prostíbulos, casinos y cantinas.[1294] Pero el fracaso relativo de esas medidas no debe oscurecer su importancia, porque fueron elementos sustantivos del *ethos* constitucionalista, a los que se destinó mucho tiempo y atención —mucho más que a la reforma agraria, digamos—. Por otra parte, aunque fracasó (en gran parte) la campaña en favor de la abstinencia alcohólica, se hicieron realidad, como veremos, otros aspectos de ese complejo ideológico más apegados a la realidad.

Hasta fines del decenio de 1930, el anticlericalismo se conservó como característica importante de la Revolución, y prosperó —no obstante la enconada oposición que suscitaba— porque se juzgaba a la Iglesia no sólo como freno para el progreso social, sino también como rival del Estado revolucio-

---

[1289] Niemeyer, *Revolution at Queretaro*, p. 182; DDCC, II, p. 825.

[1290] *El Demócrata*, 2 y 8 de febrero, 24 de marzo, 15 de mayo y 16 de noviembre de 1916; *Orientación*, Hermosillo, 7 de septiembre de 1917, Fabela, DHRM, RRC, V, p. 361.

[1291] DDCC, II, p. 651.

[1292] Martínez Assad, *El laboratorio de la revolución, passim*, y también Krauze, *Caudillos culturales*, pp. 180-181, acerca de la campaña poco feliz de Lombardo Toledano contra las corridas de toros y el alcoholismo cuando fue gobernador de Puebla.

[1293] *El Demócrata*, 10 de septiembre hacia 1918, las casas de juego de Villa de Guadalupe prosperaban a pesar de la contraindicación gubernamental (información semanal del Departamento de Estado, 27 de enero de 1918, Documentos Fletcher, caja 6).

[1294] Alvarado, *Actuación*, p. 66.

nario; esa rivalidad era más grave por cuanto (a pesar del mito revolucionario) la Iglesia contenía elementos reformistas, así como reaccionarios y ambos eran capaces de movilizar a las masas. El conflicto entre Iglesia y Estado, enmudecido por Díaz y orientado por Madero de manera pacífica y consensual, brotó con ferocidad nunca vista. La amenaza de un catolicismo político hipnotizó a los constituyentes. "La intención manifiesta del clero de dominar la educación —dijo alguien— era nada más un paso para usurpar los poderes del Estado"; la tarea del maestro laico era controlar esa influencia y trabajar en la "formación del alma nacional".[1295] La Iglesia, en contubernio con los intereses de los terratenientes, era, sobre todo en el campo, fuerza de la reacción (por ese motivo, opinó un constituyente, el voto debía estar restringido a quienes tuvieran educación).[1296] Era más grave que la Iglesia compitiera con el Estado revolucionario para conseguir el apoyo de grupos con inquietudes políticas, urbanos sobre todo —clase media, trabajadores, jóvenes—, y pudiera hacerlo por influencia del catolicismo social, que los revolucionarios podían ignorar en público, pero debían tener en cuenta en sus reuniones privadas. La Asociación Católica de la Juventud Mexicana (ACJM), fundada en la época del entendimiento Madero-Iglesia, creció después de 1915; incorporó a jóvenes católicos del medio urbano, estableció sucursales en el centro-oeste y norte del país, y recibió la bendición papal en 1917.[1297] Con un compromiso militante, la ACJM protestó contra las medidas anticlericales, atacó al gobierno en sus publicaciones, hizo manifestaciones callejeras e intentó oponer resistencia a la confiscación de propiedades eclesiásticas; en los dos últimos casos hubo choques con partidarios del gobierno. La ACJM tenía por núcleo uno de los grupos más propensos a la movilización, la joven clase media urbana, pero no pasó mucho tiempo para que los trabajadores católicos recomenzaran donde habían quedado en 1913. Los obispos condenaban a la CROM, pero se formaron sindicatos católicos, que en 1919 tuvieron una convención nacional en Guadalajara. En 1922, la Confederación Nacional Católica de Trabajadores decía tener 353 sindicatos afiliados y 80 000 miembros (la CROM afirmaba contar con 400 000 miembros, pero quizá tenía sólo un cuarto de esa cifra); pronto se hicieron planes para formar una liga campesina católica.[1298]

Los católicos también intentaron volver a la lucha política. Aunque, como era de prever, el candidato católico a la presidencia fracasó en las elecciones de 1920, el grupo tuvo éxito en Aguascalientes, por ejemplo, lo que fue suficiente para que órganos oficiales denunciaran la resurrección del "fatídico PCN" y advirtieran que "un católico político es, y será siempre, enemigo de la Revolución".[1299] Por entonces la mayor parte de los obispos exiliados había

---

[1295] E. V. Niemeyer, "Anti-clericalism in the Mexican Constitutional Convention of 1916-1917", *Americas*, XI (1954), p. 33; DDCC, II, pp. 875-876, 888-889, 1028-1029, 1031 y 1045-1046.
[1296] DDCC, II, pp. 992, 995 y 1049-1050.
[1297] Rius Facius, *La juventud católica*, pp. 42 y ss.; Baley, *¡Viva Cristo Rey!*, pp. 27-36.
[1298] Meyer, *Cristero Rebellion*, pp. 22-23.
[1299] Quirk, *Mexican Revolution and the Catholic Church*, p. 1111; Rius Facius, *La juventud*

regresado a su función pastoral; aunque no siempre aprobaron la militancia (y el reformismo) de la ACJM, se declararon en contra de las medidas anticlericales, especialmente las contenidas en la nueva Constitución.[1300] En Jalisco hubo por eso enfrentamiento directo, preludio del conflicto entre Iglesia y Estado del decenio de 1920. Cuando el combativo arzobispo de Guadalajara regresó de los Estados Unidos, y —desde su escondite— denunció las ofensivas cláusulas constitucionales, el gobernador del estado tomó medidas drásticas.[1301] Cerraron las iglesias donde se había leído la protesta arzobispal; todos los sacerdotes debían registrarse en la Secretaría de Gobernación; el número de curas jaliscienses quedó reducido en el estado a uno por cada 5000 feligreses. El arzobispo fue arrestado y enviado al exilio otra vez; algunos de sus partidarios huyeron a las montañas; hubo manifestaciones multitudinarias (que la policía dispersó), boicot a tranvías, autobuses, periódicos, y finalmente se suspendieron todos los servicios litúrgicos. Continuaron las protestas de los católicos. Enfrentado a otros problemas, Carranza no había tenido ánimo de luchar con la Iglesia. El gobernador de Jalisco se vio forzado a ceder, se retiraron los decretos ofensivos, el arzobispo regresó. Fue un triunfo sonado, pero también un antecedente peligroso, y ciertamente no terminó ahí la guerra. Nueve años después, cuando surgió otra vez el anticlericalismo radical, los católicos recurrieron a medidas parecidas, pero el resultado no fue esta vez la rendición del gobierno, sino una larga y sangrienta guerra civil. Como en esas escaramuzas preliminares, los católicos resistieron el anticlericalismo revolucionario, no ya como un grupo "reaccionario" inerte, sino utilizando formas nuevas de movilización masiva de tipo "revolucionario"; el gobierno no toleró paciente esa intrusión en su monopolio. El anticlericalismo ubicado a la vanguardia de la política y el debate carrancista después de 1915, no fue simplemente resurrección cíclica de la antigua conciencia liberal; menos aún fue consumación de aspiraciones populares; señaló, sobre todo, el comienzo de otra historia: la lucha del nuevo Estado por supuestos derechos de primogenitura.

Como el anticlericalismo, el nacionalismo económico fue emblema revolucionario nuevo: no figuró en el maderismo, no provocó entusiasmo popular, pero se convirtió en tema de suma importancia en los años veinte y treinta. Madero y los maderistas estuvieron conformes con el patrón de inversión extranjera formado durante el Porfiriato;[1302] tampoco los constitucionalistas

---

católica, pp. 147-148; *El Republicano*, Guadalajara, 19 de septiembre de 1917, Fabela, DHRM, RRC, V, p. 398.

[1300] Rius Facius, *La juventud católica*, pp. 145-146.

[1301] Meyer, *Cristero Rebellion*, pp. 14-15; Quirk, *Mexican Revolution and the Catholic Church*, pp. 107-111.

[1302] El profesor R. E. Brinsmade, observador de México, comunicó a Dearing, del Departamento de Estado, que "Madero tenía buena idea [de la economía], y que nada debía temerse de él en cuanto a socialismo o radicalismo descabellado", lo que resultó ser verdad (véase mi tesis, *Nationalism, Xenophobia and Revolution*, pp. 120-141; de Brinsmade a Dearing, 12 de agosto de 1911, SD 812.50/1).

parecían amenazarlo. En 1913-1914, los rebeldes (los "nacionalistas" sonorenses, sobre todo) recibieron el tributo entusiasta de los empresarios estadunidenses que vieron poca hostilidad, y confiaron en el orden, administración responsable y relaciones cordiales que fomentaban los líderes norteños.[1303] Un par de años después se vituperaría a esos mismos líderes de radicales, xenófobos y bolcheviques, que se inspiraban en la "Rusia de Trotski".[1304] En realidad, aunque tiempos y perspectivas habían cambiado, esos líderes mostraron —en este, como en otros terrenos de la política— consistencia asombrosa. El tiempo dio lugar a cambios cuando los caudillos locales tomaron el poder nacional y procuraron aplicar políticas en épocas de colapso económico. Ya que necesitaban ingresos, se vieron forzados a tomar soluciones drásticas; ojos extranjeros los vieron como radicales, bolcheviques sedientos de poder, no como los caudillos serviciales y responsables, de otrora. El inversionista extranjero, que en 1913-1914 anhelaba paz y orden, y se mostró agradecido cuando los consiguió, podía darse el lujo de ser más crítico cuatro años después, establecido ya un gobierno nacional, confiado en que reapareciera la docilidad porfirista (en especial las compañías petroleras, fuentes de las quejas más estridentes), pero se desilusionó.

Como sugieren esos hechos, los líderes revolucionarios cambiaron por fuerza con el tiempo y progreso; una cosa era tratar, como jefe sonorense, con el ferrocarril del Pacífico Sur; otra, como ejecutivo nacional, enfrentar a las compañías petroleras. A pesar de todo, el *ethos* subyacente fue constante. Aunque muchos constitucionalistas la admiraban profundamente, no tenían gran afecto por la empresa extranjera (estadunidense en especial); pensaban, no obstante, que era indispensable para las necesidades inmediatas de la Revolución (de ahí la comedida atención de los villistas y comisionistas sonorenses de la frontera) y, a la larga, para las necesidades del país. Como Díaz, buscaron capital para el desarrollo, capital europeo, sobre todo, para terminar con el predominio del estadunidense; radicales y moderados por igual, creían, como habían creído los científicos, que era benéfica la participación de capital extranjero y nacional.[1305] Salvador Alvarado —"radical" cuyas políticas resultaron onerosas para la International Harvester Company— dijo explícitamente que México no debía levantar "murallas chinas contra fuerzas económicas y sociales externas que nos ayuden a conseguir progreso y bienestar"; antes bien, debería aceptárseles, ayudarlas, orientarlas; debía fomentarse la inmigración (con preferencia la de vascos y lombardos eficaces; nada de chinos que no ayudarían "ni para mejorar nuestra raza, ni para incrementar y mo-

[1303] Elogios para Obregón, Alvarado, Calles, Villa, Aguilar, Caballero, González Rouaix, los Arrieta y otros (Knight, *Nationalism, Xenophobia and Revolution*, pp. 275-298).

[1304] Fall y Buckley, en Fall Report, pp. 827 y 874; Smith, *United States and Revolutionary Nationalism*, p. 88; transcripción de una entrevista con "Mr. X" (comprador de henequén), para quien "el movimiento socialista en Yucatán era la primera estación experimental del movimiento bolchevique mundial" (31 de octubre de 1919, Documentos Buckley, carpeta 114).

[1305] De Pani a Carranza y viceversa, 26 de febrero y 8 de abril de 1919, sobre el valor del capital europeo (francés), en su libro, *Cuestiones diversas*; Ruiz, *Great Rebellion*, pp. 383-388.

ver nuestras riquezas"); convendría a la producción "el conjunto del Estado, ciudadanos mexicanos y extranjeros".[1306] Obregón coincidía en eso: la reconstrucción de México necesitaba una economía capitalista, progresista, con un gran sector extranjero, aunque controlado. Bienvenidas la inversión extranjera y la inmigración, siempre que se acomodaran a los términos propuestos por el Estado.[1307] Entre tanto, ideología y circunstancias se confabularon para dar a la inversión extranjera un recibimiento caluroso, incluso cuando las medidas nacionalistas empezaron a reglamentarse. Murguía y Treviño procuraron dar vida otra vez al trabajo de los estadunidenses en las minas de Chihuahua; el gobernador de Aguascalientes mostró mucho interés en reiniciar el trabajo de las fundidoras; a pesar de grandes altercados, los pozos de Tampico siguieron extrayendo petróleo.[1308]

Es evidente, pues, que los constitucionalistas dieron gran importancia a la inversión extranjera (y a las exportaciones mexicanas); la cuestión era con qué bases operaría. En este caso, la práctica se desarrolló no con el sustento de un proyecto revolucionario claro, menos aún para satisfacer demandas populares, sino de manera práctica, *ad hoc*, obedeciendo circunstancias imprevisibles de la Revolución y mostrando parecidos interesantes con otros regímenes (incluido el porfirista). El nacionalismo económico revolucionario fue, pues, respuesta de la nueva élite a circunstancias especiales, concebido según un marco de ideas general (histórico y continental). No fue tan radical ni innovador como se le piensa a menudo, entonces o ahora. La Revolución obligó a que se extendiera mucho la intervención gubernamental en la economía. La guerra exigió aumentar los impuestos sobre petróleo, minas, tierras, ganado, etc.; esa corriente impositiva, evidente con Madero y Huerta, continuó pasado ya el momento álgido de la contienda.[1309] Las compañías sufrieron además exacciones arbitrarias, embargos e incluso confiscaciones; bienes raíces, servicios públicos y ferrocarriles quedaron bajo control militar, más por necesidades estratégicas inmediatas que ideológicas con miras al futuro. Los intereses extranjeros padecieron todo eso en menor escala que los nacionales (y los españoles); más acosadas se vieron las empresas extranjeras peque-

---

[1306] Alvarado, *Reconstrucción*, I, pp. 7-8, 44, 63, 71, 83 y 146-151. También en la práctica, la política alcista de Alvarado tuvo éxito solamente durante el auge provocado por la guerra; en 1919 cayó el mercado y con él la Comisión Reguladora de Alvarado. Ni la estructura de la producción henequenera ni las relaciones económicas esenciales de Yucatán con la International Harvester se alteraron mucho con el breve auge de 1915-1918; véase el excelente análisis de Joseph, *Revolution from Without*, pp. 133-182.

[1307] Obregón, *Ocho mil kilómetros*, pp. 560 y 580; DDCC, II, pp. 665-666; véase también Lill en Fall Report, pp. 666. Todos coinciden respecto a prohibir la inmigración de chinos.

[1308] Coen, Durango, 11 de febrero; Cobb, El Paso, 20 de agosto; Berly, Aguascalientes, 5 de agosto de 1916; SD 812.00/17294; 19003; 18994; Chester Lloyd Jones y George Wythe, "Economic Conditions in Mexico" (enviado a Morrow, 1928), SD 812.50/161.

[1309] Abundan los ejemplos en el archivo general —812.00— y en el correspondiente a petróleo —812.6363—. Por ejemplo, 812.00/16818, 16896, 17343, 17347, 17729, 17802, 18025, 18253, 18991, 19140, 19152, 19164, 20536, 21141, 21178 (abarcan el periodo 1915-1917).

ñas que sus grandes rivales. Mientras operadores pequeños iban a la bancarrota (más por las condiciones económicas generales que por persecución "xenofóbica" concreta), los gigantes —Standard Oil, Guggenheim— sobrevivieron, compraron a sus competidores y resurgieron en 1920 más poderosas.[1310]

Los revolucionarios aprendieron, entre tanto, de la experiencia. Descubrieron los beneficios (personales y colectivos) que traía la colaboración con los intereses extranjeros, pero se dieron cuenta también de los recursos que tenían las compañías, de su capacidad para aislarse de los sacrificios que imponía la Revolución y de su instinto para resistir gravámenes "confiscatorios", impuestos durante periodos tácticos, antes de acatarlos. En especial las compañías petroleras gritaban ¡ahí viene el lobo! y anunciaban de tanto en tanto bancarrota, pero seguían produciendo y obteniendo ganancias.[1311] De hecho, la industria petrolera proporciona un buen ejemplo de lo que fue la política revolucionaria. No es ejemplo típico, naturalmente; había muchas compañías extranjeras que perdían dinero, pero el gobierno no tenía interés en protegerlas; más aún, buscó deshacerse de ellas después de que la guerra le dejó su herencia de control estatal.[1312] Pero el decenio de la guerra civil coincidió con el aumento de la producción petrolera; las grandes inversiones de principios de siglo empezaron a dar rendimientos (el impuesto a las ganancias era aún discreto), al mismo tiempo que los gobiernos clamaban por ingresos. Por eso Madero, Huerta y después los carrancistas, aumentaron el peso de los impuestos —tendencia que indica no tanto la naturaleza radical del régimen de Huerta cuanto el pragmatismo bipartidario de esa política fiscal—. Además, la fijación de impuestos podía implicar cambios en los términos de la concesión original. Pronto se dio cuenta *lord* Cowdray que el control y regulación que perseguía el gobierno obedecía a cuestiones fiscales, y que en absoluto amenazaba terminar con la inversión extranjera. El embajador de los Estados Unidos informó en 1917, que el gobierno de Carranza quería otorgar de nuevo las concesiones "ilegales", libres de impuestos, otorgadas por Díaz; no había tanto la "intención de cancelar esas concesiones ilegales, cuanto de obligar en el futuro a los arrendatarios a cumplir la ley, especialmente en lo que se refiere a impuestos".[1313] Puesto que era sabido de todos que las compañías

---

[1310] De Jones a Wythe (n. 1308) comenta que "la situación alterada... aceleró la tendencia a concentrar las propiedades en pocas manos"; véase también Ronfeldt, *Atencingo*, p. 9 (la compra del emporio Jenkins en Puebla); Bernstein, *Mexican Mining Industry*, pp. 100-111 y 118-120; George Sweet Gibb y Eveleyn H. Knowlton, *History of Standard Oil Company (NJ). The Resurgent Years, 1911-1927*, Nueva York, 1956, pp. 88 y 360.

[1311] Meyer, *México y los Estados Unidos*, pp. 47-50 y 68; Smith, *United States and Revolutionary Nationalism*, p. 101: Miller, Tampico, 2 de julio de 1914, SD 812.6363/124, detallado informe sobre impuestos y respuesta de la compañía hasta ese momento.

[1312] Por ejemplo, las minas de carbón y algunos servicios públicos; véanse pp. 766-767.

[1313] De Cowdray a Body, 9 de abril de 1912 y 5 de febrero de 1913, Documentos Cowdray, caja A/4; de Fletcher a Departamento de Estado, 13 de marzo de 1917, Documentos Fletcher, caja 4. Meyer, *México y los Estados Unidos*, p. 32, señala que el nuevo programa de impuestos sirvió también para que se fomentara la refinación del petróleo en México.

obtenían muy buenas ganancias, el monto del gravamen podía aumentarse: de menos de medio millón de pesos en 1912 a más de 12 millones en 1918, año en el cual los impuestos al petróleo representaron 11% del ingreso gubernamental.[1314] La Revolución facilitó esa nueva política fiscal porque llegaron al poder hombres nuevos, sin ataduras legales o personales con el *statu quo;* aunque ellos también podían componer una élite colaboradora, los principios de esa colaboración deberían estudiarse de nuevo, y el peso de la ventaja podría cambiar tomando en cuenta las ganancias de la industria. La orientación de la política porfiriana y el caso de otras industrias petroleras nacionales indican que, con el tiempo, esos cambios, *mutatis mutandi,* habrían ocurrido aun cuando no hubiera habido Revolución. Ésta favoreció el nacionalismo económico, pero bajo ningún punto de vista lo creó *de novo* (como sí lo hizo con el agrarismo oficial, por ejemplo).[1315]

El nacionalismo económico constitucionalista no se redujo por supuesto a un simple recurso fiscal. Comprendió la redefinición de principios bajo los cuales podían operar las compañías extranjeras: el subsuelo era propiedad de la nación; las concesiones mineras y petroleras se convirtieron, por lo tanto, de propiedades absolutas en arrendadas; y los extranjeros que quisieran esas concesiones debían ser tenidos por ciudadanos mexicanos (se reconoció formalmente la doctrina Calvo, según la cual, los extranjeros que tuvieran concesiones o propiedades debían renunciar a la protección diplomática).[1316] Esos cambios dieron lugar a largas disputas durante el decenio de 1920, sobre todo con las compañías petroleras. Pero me interesan más los orígenes de esa política. No fue la culminación de los objetivos revolucionarios (porque son muy escasos los antecedentes previos a 1914, sobre todo) ni de demandas populares (porque "el pueblo" no apoyó ningún nacionalismo económico abstracto, y en general favorecía la presencia de compañías extranjeras que fomentaban el trabajo y el comercio).[1317] Antes bien, el nacionalismo económico revolucionario, tal como lo presenta el artículo 27, fue obra de un pequeño grupo de intelectuales y políticos —minoría dentro de la minoría que fue el Congreso Constituyente— encabezados por Rouaix, quien había estudiado la industria petrolera y estaba bien consciente de la ventaja que implicaba tener más control, impuesto y conservación.[1318] Esa corriente de pensamiento, más "elitista" que "popular", tenía sus semejantes. Los delegados a la fenecida Convención habían jugado con ideas parecidas,[1319] y también otros

[1314] DDCC, II, 1089; Meyer, *México y los Estados Unidos,* p. 31.
[1315] Knight, "The Political Economy of Revolutionary Mexico", en C. Lewis y C. Abel (eds.), *Economic Imperialism in Latin America.*
[1316] Smith, *United States and Revolutionary Nationalism,* pp. 73-74 y 117.
[1317] Knight, *Nationalism, Xenophobia and Revolution,* pp. 82-92, 183, 187-188, 192-194, 275-277, 289 y 325-326.
[1318] Smith, *United States and Revolutionary Nationalism,* pp. 77-78; Rouaix, *Génesis,* pp. 39-43 y 57.
[1319] *Mexican Herald,* 12 de mayo de 1915; Amaya, *Soberana convención,* pp. 215, 240-241 y 459-460; Fabela, DHRM, *La Convención,* II, pp. 339, 350 y 357-359.

como ellos en otras partes de América Latina, donde la tradición de la intervención estatal superó la etapa del *laissez faire* y empezó a resurgir a finales del siglo XIX.[1320] Los voceros proponían restricciones y controles para las compañías extranjeras, que instituyeron gobiernos de distinta denominación. Hacia 1914, el gobierno chileno controlaba las dos terceras partes de los ferrocarriles nacionales; en el decenio de 1920, se revisó a fondo el código minero liberal de 1888, y el Estado se reservó la explotación de los depósitos petroleros. En Argentina se crearon los Yacimientos Petrolíferos Fiscales para desarrollar recursos energéticos, y también en Bolivia una "ley muy rigurosa" de 1921 reservó para el Estado los recursos petrolíferos (el petróleo, evocador de "cierta mística de soberanía nacional", fue caso extremo, pero también parte de una corriente general nacionalista, intervencionista, que precedió al desarrollo hacia adentro, más riguroso, del decenio de 1930).[1321] Un proceso de integración y desarrollo económico natural también concibió y creó los bancos centrales, que no necesitaron una revolución social para ver la luz.[1322]

En todos esos casos, es probable que la Revolución acelerara y a veces diera un sabor radical a procesos básicamente comunes en todo el continente —la reforma agraria o la movilización política masiva no fueron comunes—. Además había antecedentes porfiristas que favorecen una explicación con base en la "continuidad", más que la "discontinuidad" del nacionalismo económico revolucionario. Así como Justo Sierra pensó en una política educativa que inculcara sentimientos nacionalistas integradores, un científico como Molina procuró un Código Minero más estricto (que casi se logró en 1909); se habló de nacionalizar el petróleo; Limantour tomó medidas para nacionalizar los ferrocarriles y terminar con el monopolio de las empaquetadoras de carne estadunidenses en el norte del país.[1323] Pablo Macedo opinó que en un

---

[1320] William P. Glade, *The Latin American Economies: A Study of their Institutional Evolution*, Nueva York, 1969, pp. 227, 233-235, 242, 244, 245, 326-330 y 350.

[1321] *Ibid.*, pp. 317, 327-330 y 350; Herbert S. Klein, *Parties and Political Change in Bolivia, 1880-1952*, Cambridge, 1969, pp. 78-79. Como dije ya (en lo referido a trabajo) al mismo tiempo "se extendía el área de intervención del Estado… superando los límites estrechos del liberalismo ortodoxo", como respuesta a la "cuestión social" (James O. Morris, *Elites, Intellectuals and Consensus: A Study of the Social Question and the Industrial Relations System in Chile*, Ithaca, 1966, pp. 150-152).

[1322] Glade, *Latin American Economies*, p. 380. Con "natural", quiero significar que tienen "un patrón común". Ya se hablaba de una banca central en 1918 (por entonces, el ministro británico, que revisaba el estado financiero del país, lo desechó como "sueño revolucionario"); la reforma, defendida sobre todo por Gómez Morin, debía esperar a que los bancos expropiados en 1915-1916, volvieran a ser privados (1921) y se arreglaran las demandas extranjeras contra México (1923). El Banco de México se estableció por fin en 1925, con la dirección financiera de Pani (véase Thurstan, Ciudad de México, 24 de agosto de 1918, FO 371/3245, 146522; Krauze, *Caudillos culturales*, pp. 114-118; Dulles, *Yesterday in Mexico*, pp. 283-285; José Iturriaga de la Fuente, *La revolución hacendaria*, México, 1976, pp. 44, 141 y 154).

[1323] González Navarro, *Vida social*, p. 605; Smith, *United States and Revolutionary Nationalism*, pp. 8-12; véase la comparación entre nacionalismo económico porfiriano y revolucionario en Fernando González Roa, *El aspecto agrario*, reproducido en *Problemas agrícolas e industriales de México*, V, 1953, pp. 111-112.

principio se justificaban las grandes inversiones extranjeras porque las necesitaban los "países nuevos", pero la empresa mexicana, impulsada por la iniciativa individual, la educación y la legislación adecuada, desempeñaría un papel cada vez más importante, como ocurría ya en algunos sectores.[1324] Ésas podrían haber sido palabras de Obregón: bajo la oratoria discrepante, la política económica de científicos y sonorenses no era del todo opuesta; la historia económica del decenio de 1920 (que se caracterizó por el crecimiento constante sustentado en la exportación y la inversión extranjera) no fue otra traición, sino un producto lógico del *ethos* constitucionalista-sonorense.[1325]

No es suficiente señalar la ubicuidad de la política económica nacionalista —y por lo tanto su "neutralidad"—. También pueden presentarse dos explicaciones causales. En primer lugar, los revolucionarios se oponían a los enclaves industriales clásicos justamente porque eran enclaves; es decir, no sólo carecían de eslabones económicos sino también políticos, eran parcialmente autónomos y mancillaban la soberanía del Estado mexicano (entidad a la que los líderes constitucionalistas tenían en alta estima, sobre todo porque ellos la encabezaban). La Revolución puso de relieve esa autonomía: compañías como la Cananea habían logrado aislarse del conflicto, conservar su fuerza de trabajo (aun desafiando el reclutamiento de los rebeldes), pagar salarios en dólares o moneda (degradando así el billete mexicano), fiarse de que sus recursos económicos les alcanzarían hasta que llegaran tiempos mejores. En muchos casos creció así la sujeción clientelista de la fuerza de trabajo en detrimento de su lealtad al Estado y a la Revolución; las compañías petroleras financiaron la prolongada rebelión pelaecista. Esos enclaves irritaban a los constitucionalistas tanto como la secesión oaxaqueña de 1915: ambos comprometían la autoridad política del régimen al crear un Estado dentro del Estado que debía reintegrarse, ya que no con recursos militares, al menos por medios constitucionales. En 1906-1907 lo ocurrido en Cananea había provocado indignación, sobre todo porque la intervención estadunidense aceptada por Díaz había escarnecido la soberanía mexicana y puesto de relieve la condición "desnacionalizada" de la compañía.[1326] Durante la revolución, los sonorenses que fomentaron con ahínco la producción en esos enclaves, también procuraron controlar su autonomía: De la Huerta estaba a favor de convertir Cananea de pueblo perteneciente a la compañía, en un municipio; Calles no estaba de acuerdo en que Empalme fuera una "localidad privada", feudo del Ferrocarril del Pacífico Sur[1327] (por la misma razón, los revolucionarios "radicales" consentían en la inmigración de extranjeros siempre y cuando éstos se convirtieran en ciudadanos mexicanos y no formaran colo-

---

[1324] González Navarro, *Vida social*, p. 157.
[1325] Knight, "Political Economy of Revolutionary Mexico".
[1326] Anderson, *Outcasts*, pp. 112-114.
[1327] Informe de la frontera, Nogales, 23 de agosto y 18 de noviembre de 1916, SD 812.00/19912, 20008; y González Roa (n. 1323), p. 110, acerca de la antipatía de los revolucionarios por los terratenientes extranjeros, que parecían constituir un Estado dentro del Estado.

nias semiindependientes).¹³²⁸ El artículo 27 —y en ciertos aspectos también el 123— proporcionaba los medios para forzar la apertura de los enclaves sin disminuir por ello la inversión extranjera y la producción.¹³²⁹

Pero además de esos objetivos políticos, la estrategia económica requería cambiar el papel de la inversión extranjera en el proceso de desarrollo. Con el nuevo orden, "la inversión extranjera tendría un sitio en la economía mexicana, pero, según la definieran los mexicanos, como elemento necesario de verdadera independencia nacional".¹³³⁰ Como dije ya, sobre todo en lo que concernía al petróleo, ése no fue tanto un cambio radical cuanto cristalización de ideas anteriores a 1910 catalizadas por la Revolución. Tal como los políticos del Porfiriato empezaron a creer, aun cuando no fueran tan audaces como para concretar sus creencias, las concesiones al viejo estilo, que entregaban los recursos a manos extranjeras con prodigalidad, no eran tan adecuadas ahora que México había conseguido una base industrial, un sector exportador diversificado y la infraestructura de un país semidesarrollado. Podrían controlarse ahora enclaves y monopolios privilegiados, para conseguir un patrón de desarrollo más equilibrado y autónomo, en el que el Estado (combinando progreso con equilibrio social) eliminaría sensatamente los abusos y fomentaría un ambiente de competencia e iniciativa. Como es lógico, la afirmación de los valores empresariales internos acompañaban ese nacionalismo económico, pragmático y limitado. "La revolución no tiende —dijo Pani ante el Primer Congreso Nacional de Comerciantes Mexicanos— a una utópica igualdad socialista: su ideal social es permitir que cada hombre obtenga, de la suma total de bienestar adquirido por la comunidad, una parte proporcional a su contribución personal en trabajo, inteligencia y economía."¹³³¹ Con lenguaje más llano, Obregón coincidía en eso: los que usaban huaraches y sombrero de paja no se beneficiarían si despojaban al rico de sus zapatos y sombrero de fieltro, ni beneficiaría a los pueblos que se alumbraban con velas, quitar a las ciudades su luz eléctrica; el propósito era igualar hacia arriba, no hacia abajo.¹³³² Al parecer, la Revolución ya producía sus adeptos a la teoría del "goteo" en el progreso social.¹³³³

Ante la urgencia de progreso y competencia, la iniciativa empresarial se convirtió en una virtud nacional. Alvarado, quien había leído a Samuel Smiles, anhelaba borrar la imagen de México como tierra de chozas sacudidas por el viento, corridas de toros, pulquerías, charros pintorescos y hombres con animales de carga; denunció el conservadurismo del capital interno y su

---

¹³²⁸ Múgica, en DDCC, II, pp. 665-666; una vez más, el antecedente porfiriano en González Navarro, *Vida social*, pp. 157-158.

¹³²⁹ Tannenbaum, *Peace by Revolution*, pp. 234-235 y 261 —opina que la legislación laboral revolucionaria funciona de esa manera—.

¹³³⁰ Smith, *United States and Revolutionary Nationalism*, p. 76.

¹³³¹ *Ibid.*, p. 77.

¹³³² Obregón, *Ocho mil kilómetros*, pp. 571 y 578.

¹³³³ Wilkie, *Federal Expenditure and Social Change*, pp. 259-261; Harsen, *Politics of Mexican Development*, pp. 87-88.

"horror casi fisiológico a los negocios nuevos", y el privilegio y la corrupción que alejaban capitales extranjeros benéficos. El capital extranjero era vital, pero más vital aún era que los mexicanos fueran "una raza fuerte, digna, inteligente, sana y emprendedora" para explotar los recursos del país, porque de lo contrario, la ley natural de la competencia y la selección haría de ellos y sus hijos "LOS LIMPIABOTAS DE LOS NUEVOS SEÑORES".[1334] La liberación nacional, según presenta Hermila Galindo la "doctrina Carranza", necesitaba que los países en desarrollo "afirmaran su control sobre sus recursos e industrias"; con ese fin, Galindo —y otros voceros de la Revolución— convocaban a un amplio frente nacional, consenso en los intereses de clase y a eliminar la agitación radical a favor de la solidaridad patriótica (Galindo reprochaba a socialistas, sindicalistas y anarquistas por corroer las lealtades nacionales).[1335] Pero los constitucionalistas fueron más allá de la exhortación. Fue ése un terreno de la política en el que, cosa inusual, la práctica casi llegó a coincidir con la oratoria. Como dijo un constituyente, querer riqueza era aspiración natural. Haciendo suyo el lema de Guizot, la nueva élite se dio a la tarea de practicar los valores empresariales que propugnaba y puso el ejemplo con innovaciones exitosas y provechosas.[1336]

Mucho de eso correspondía a la parte oscura del comercio que ya mencioné: tráfico ilícito de transporte, alimentos, vicio urbano y propiedades. Pero ese dinamismo y avidez estimuló también iniciativas más ortodoxas, pensadas a veces con nobleza, patriotismo, más que de manera egoísta y personal. Ejemplo clásico fueron los sonorenses, que combinaron celo empresarial con oportunidad. Obregón, ranchero innovador en el primer decenio del siglo, mostró "gran energía, espíritu empresarial e ideas progresistas" al fomentar y organizar el cultivo del garbanzo en el noroeste; con la participación de capital estadunidense, acumuló allí vasta fortuna.[1337] De la Huerta —más dado a la ostentación (había sido tenor de ópera antes de 1910)— elaboró con sus ideas de grandeza una serie de proyectos para el desarrollo incluso en los problemáticos días de 1916: ferrocarriles, teléfonos, escuelas técnicas, becas para el extranjero, recuperación de tierras, centros turísticos.[1338] Alvarado, por su parte, juntó en Yucatán teoría y práctica del desarrollismo; con el dinero obtenido por la Comisión Reguladora Henequenera, planeó nuevos puertos, ferrocarriles, líneas de vapores y explotación del petróleo;[1339] especialmente en ese estado, planes como ésos necesitaban la colaboración de gobierno y capital privado. Pero, con o sin la participación del gobierno, los empresarios

[1334] Alvarado, *Reconstrucción*, I, pp. 7, 62-63, 338 y 369.

[1335] Hermila Galindo, citado por Smith en *United States and Revolutionary Nationalism*, pp. 82-83.

[1336] DDCC, I, p. 270.

[1337] Aguilar, "Relevant Tradition", p. 121.

[1338] Hostetter, Hermosillo, 2 y 7 de junio; informe de la frontera, Nogales, 23 de agosto de 1916; SD 812.00/18409, 18420; 19112.

[1339] Guyant, Progreso, 15 de mayo de 1916, SD 812.00/18239; Joseph, *Revolution from Without*, pp. 146-147.

revolucionarios pensaban que su esfuerzo individual era también de provecho para la nación, y se acomodaba a la ética revolucionaria colectiva. El sonorense Benjamín Hill comentó al jefe militar de Sinaloa, Enrique Estrada —a quien proponía participar en un proyecto de irrigación para el estado que costaba 15 millones de pesos— que, a pesar de ser uno de los principales accionistas en el negocio, lo que le impulsaba a participar en esa empresa era que serviría de ejemplo para que empresas mexicanas concretaran grandes proyectos de irrigación, no sólo con el propósito de hacer dinero, sino para cumplir con una tarea patriótica que merecía reconocimiento general. En lo que a él concernía, recibía satisfacción no sólo de participar en cuestiones políticas y militares, sino al "colaborar con mi pequeño grano de arena a ese desarrollo [del país]".[1340] Como se advierte en el tono, esos negocios se emprendían no con cautela y sigilo, sino con temeraria y jactanciosa autocomplacencia. La prensa señalaba los ejemplos de "algunos jefes militares", exhortaba al pueblo a seguirlos, dejar las armas, "canalizar la energía individual en tareas legítimas" y dedicarse al "logro, en términos prácticos, del progreso de la Nación [y] la reconstrucción sobre bases firmes y estables".[1341] Los generales corruptos, los generales convertidos en terratenientes, los nuevos empresarios de la Revolución, actuaban en un ambiente que a menudo recordaba la necesidad de desarrollar la economía nacional, cubriendo empresas y conciencias con olor a rectitud. La aguda frase de Womack, "el negocio de la revolución mexicana es el negocio", aunque data de 1970, podría haberse acuñado en 1917.[1342]

En esas declaraciones y actividades, ¿podemos distinguir la marcha de esa famosa colectividad, la "burguesía nacional" —equivalente latinoamericano de la "clase media en ascenso" de la historiografía liberal—? Muchos coincidirían con la opinión del Partido Comunista Mexicano, que veía en los sonorenses "elementos que aspiraban a la reconstrucción nacional sustentada en la industrialización del país y en la formación de una burguesía nacional fuerte, independiente de influencias extranjeras".[1343] Esto puede ser verdad en general (aunque es necesario aclarar lo de "independiente de influencia extranjera"), pero no por eso se puede alegar que la Revolución contribuyó a llevar esa clase al poder o, dicho abruptamente, que fue una revolución de la burguesía nacional. Para que eso fuera verdad, la Revolución debería haber desmantelado a una clase gobernante previa y de naturaleza contraria: una aristocracia feudal, una burguesía "compradora" o una combinación de

[1340] De Hill a Estrada, 3 de agosto de 1920, en Aguilar, "Relevant Tradition", p. 121; véase también Hill a Carranza, 1º de agosto de 1916, AVC, donde pide en los mismos términos una serie de concesiones impositivas para una empresa agrícola: la responsabilidad del gobierno de "estimular a los hombres de empresa" y el deseo de Hill de "colaborar en mi pequeña esfera de acción para el desarrollo del país".
[1341] *El Reformista*, Monterrey, 8 de mayo de 1917, resumen de prensa, AVC.
[1342] Womack, "Spoils", p. 677.
[1343] *El machete*, 13 de agosto de 1927, citado por Aguilar, "Relevant Tradition", p. 122; al parecer, Aguilar está de acuerdo con esa formulación.

ambas. De hecho, se ha descrito así a la clase gobernante porfirista. Pero el argumento es flojo; las diferencias esenciales entre la clase gobernante (preferiría llamarla "élite") previa y posterior a la Revolución, son de otra naturaleza. En lo que se refiere a las estrategias de desarrollo y al papel que en ellas desempeñaron los intereses extranjeros, son más las similitudes que las diferencias. Científicos y constitucionalistas compartieron la preocupación —la obsesión a menudo— por la iniciativa individual, mejora material y desarrollo económico, que resumieron en el término clave y ubicuo de "progreso".[1344] De ahí la insistencia en un gobierno fuerte y en el cambio material, desarrollo de la industria, exportación e infraestructura, y también interés por la educación (en las ciudades por lo menos), sanidad y medicina preventiva.[1345]

Si al principio el "proyecto" porfirista concedió papel destacado a la inversión extranjera, eso no convirtió a los porfiristas en "compradores" parásitos; tampoco el papel inicial era por fuerza inmutable. Como ya dije, los porfiristas buscaban mexicanizar progresivamente la empresa productiva y, al comenzar el siglo, habían tomado medidas a ese respecto. Por otra parte, el desarrollo económico distaba mucho de ser monopolio extranjero: estaban ahí el emporio Creel-Terrazas, las empresas de Madero, los hacendados de Morelos y Yucatán, los rancheros "pequeñoburgueses" de Guerrero, Hidalgo, el Bajío, las industrias de Monterrey y Orizaba, las localidades sonorenses activas en comercio. Si se ha de juzgar "nacional" la burguesía de los años veinte, ¿por qué no la del decenio de 1900? Si se define como burgués a, digamos, Obregón, ¿por qué no definir así a Terrazas? Aunque con la Revolución llegaron cambios, no fueron tan profundos ni tajantes en lo que se refiere a las relaciones económicas de México con el "núcleo", como para que representaran la transición de la burguesía "compradora" a la hegemonía de la burguesía nacional. En todo caso, la Revolución apresuró la transición secular que estaba ocurriendo y habría ocurrido sin tener en cuenta la Revolución. Además, ésta no parece haberse originado en preocupaciones económicas nacionalistas ni que la hayan alimentado los problemas de la burguesía nacional en ascenso. Madero —quintaesencia de esa clase, si es que ella existió— sustentó su oposición a Díaz en el terreno político, no económico; habló favorablemente de la historia económica porfirista,[1346] y, al hacerlo, habló por la mayoría de los civiles maderistas, cuyas declaraciones formales señalan prioridades de la misma naturaleza. En el léxico de esa discusión, el conflicto entre maderistas y porfiristas representó la división dentro de la burguesía (y pequeña burguesía) mexicana, así como entre los que estaban "dentro" y "fuera" de la política; si ha de distinguirse una burguesía nacional, ella

[1344] Véanse pp. 48-50, 60 y 66.
[1345] González Navarro, *Vida social*, pp. 112, 157 y 416; Córdova, *Ideología*, pp. 39-86 (buena exposición de la ideología porfirista que —por ejemplo, pp. 69-70— es menos convincente como análisis de la realidad porfirista; véase el interesante argumento de Gerald Theisen, "La mexicanización de la industria en la época de Porfirio Díaz", *Foro internacional*, XII (1972), pp. 497-506.
[1346] Madero, *La sucesión presidencial*, pp. 143, 220-221 y 237.

también estaba dividida de esa manera —Madero y Maytorena contra Terrazas y Torres—.

Pero la Revolución no tomó el camino que avizoraban los maderistas —o cualquier otro grupo—. Desempeñó funciones que no se le asignaron ni se planearon. Una de esas funciones, que Madero no previó (y menos aún los revolucionarios populares) fue estimular el incipiente nacionalismo económico del Porfiriato tardío, favoreciendo así de manera patente el "proyecto de la burguesía nacional". La consecuencia práctica nada tiene de notable: la inversión extranjera, en cuanto proporción de la riqueza nacional, fue en 1929 el doble que en 1906.[1347] Mucho más importantes fueron los cambios sociales y políticos internos, que contribuyeron al adelanto de ese "proyecto". Veremos en el último parágrafo, que la Revolución quebrantó el caparazón de la sociedad porfirista, eliminando obstáculos en el desarrollo económico y abriendo una corriente de dinamismo empresarial; aunque a la corta la Revolución devastó la economía, a la larga puso las bases para el desarrollo sostenido. La crisis de 1907 demostró que, en vísperas de la Revolución, el patrón de desarrollo porfirista enfrentaba graves problemas. No quiere eso decir que los problemas fueran insuperables; muy a menudo, las "contradicciones fundamentales" que se perciben en sociedades a punto de entrar en una revolución —que, se supone, son causa de la *débâcle* inminente y se ven sólo *a posteriori*— pueden encontrarse, *mutatis mutandi*, en otras sociedades que no atraviesan por una revolución; son, por eso, explicaciones *ex post facto* que no resisten una prueba empírica.[1348] Naturalmente, no es más comprobable el supuesto contrario (pero más razonable en mi opinión), según el cual la estrategia de desarrollo porfirista, aun con todas sus contradicciones, habría seguido adelante, si no se hubiera interpuesto la crisis política de 1909-1910, que pudo evitarse. Decir que la economía porfiriana (comparable a otras saturadas de "contradicciones", que no pasaron por el colapso revolucionario) pudo haber sobrevivido, no significa ignorar las restricciones al desarrollo que encerraba. Las sociedades pueden ser, y permanecer, estables a pesar de restricciones y contradicciones.

Vimos ya que la estrategia porfiriana tiene parecidos con la que ensayaron regímenes "modernistas conservadores", como los que analiza Barrington Moore,[1349] que procuraron los beneficios del desarrollo económico (industrial sobre todo), y se aventuraron en programas de centralización política, pero trataron de evitar los costos políticos y sociales que los acompañan. Díaz y los científicos se afanaron en conservar la jerarquía social, para beneficio de los terratenientes sobre todo, y alentaron un desarrollo económico, rápido,

---

[1347] Leopoldo Solís, *La realidad económica mexicana: retrovisión y perspectivas*, México, 1971, pp. 96 y 108.

[1348] "Una explicación sustentada sólo en casos en los que ocurre algo, seguramente atribuirá importancia a situaciones que son, en realidad, muy comunes en casos en los que nada sucede" (Tillys, *Rebellious Century*, p. 12).

[1349] Véanse pp. 159 y 247.

traumatizante. Eso les ganó el resentimiento popular, campesino, y la protesta política, más articulada, de la clase media urbana manifiesta en el maderismo —protesta contra los defectos políticos del porfirismo más que contra la opresión económica, propia, quizá, de las "autocracias modernizadoras"—.[1350] Díaz mantuvo, en el aspecto político, la dictadura personal, y las oligarquías locales rígidas se aferraron al poder, aunque un sistema como ése era cada vez menos adecuado en época de desarrollo y urbanización. Incluso los científicos se dieron cuenta en su programa de 1892 de que una estructura política más flexible, institucional, "moderna", convendría más a su estrategia económica; pero Díaz nada quiso saber del asunto y continuó la política del caciquismo. A más de provocar oposición, y al fin la Revolución, un sistema como ése alimentó la incompetencia, la corrupción, el estancamiento. Los caciques no reaccionaron ante las necesidades de las localidades urbanas que crecían; descuidaron el orden público, la higiene, la educación; llevaron agua a su molino y al de sus clientes en detrimento de otros grupos, incluso de profesionales y comerciantes.[1351] En el ámbito del Estado, la oligarquía se comportó de igual manera: monopolizó el poder, eliminó competidores, con lo que aseguró la distribución lucrativa pero ineficaz de recursos. La petrificación de la política entorpeció el desarrollo provocando la disconformidad y generalizando la ineficacia por medio del sistema económico, aunque fuera dinámico y en expansión. Oligarcas como Terrazas, progresistas en el aspecto económico, administraban aún a través de un círculo de caciques cerrado y carente de representatividad.

Uno de los logros más importantes de la Revolución fue terminar con esos monopolios políticos y sustituirlos con una élite más joven, dinámica y cambiante, que buscó cierto apoyo en las "masas", y aunque creó su propia oligarquía revolucionaria, no reprodujo los estrechos y mutuamente reforzantes monopolios económicos y políticos, que fueron característicos del Porfiriato. El "sufragio efectivo" se convirtió así en una forma de representación imperfecta y no liberal; pero, de manera más clara, la "no reelección" dio al gobierno posrevolucionario mayor flexibilidad y capacidad para cambiar y cooptar. Aun transminaban la política, los favores, el peculado y el compadrazgo; pero hubo distribución de recompensas más amplia, sistema de reclutamiento más "meritocrático", y circulación más rápida de las élites.[1352]

Esto se acomodaba al *laissez-faire* de la filosofía económica gubernamental, y probablemente contribuyó a la eficacia e innovación de la economía; sin duda acrecentó la estabilidad del régimen, condición *sine qua non* del desarrollo económico. Pero el colapso del sistema porfiriano significó más que la aparición de nuevas élites en negocios y política. La estrategia de desarrollo porfirista —su "revolución desde arriba"— estaba llena de "contra-

---

[1350] David Apter, *Politics of Modernization*, Chicago, 1967, pp. 25, 37 y 402-405.
[1351] Véanse pp. 96, 143, 147 y 154.
[1352] Gruening, *Mexico and its Heritage*, pp. 481-482; Peter H. Smith, *Labyrinths of Power: Political Recruitment in Twentieth-Century Mexico*, Princeton, 1979, es muy buena fuente.

dicciones" socioeconómicas que los porfiristas se mostraban reacios a corregir: la sobrevivencia —en algunas regiones con renovado vigor— de la hacienda tradicional y los terratenientes, del peonaje casi servil y de lo que Moore llama sistema agrícola de "represión del trabajo", que limitaba el mercado interno y, por lo tanto, la expansión de la industria.[1353]

Conscientes los porfirianos de los problemas agrícolas, plantearon las soluciones desde el punto de vista técnico, estrecho, y evitaron la cirugía mayor que requería el problema, porque habrían hecho un corte profundo en los privilegios de la oligarquía. Los revolucionarios tuvieron menos inhibiciones, pero sería un error pensar que su acometida contra la posesión tradicional de la tierra se basó en un programa coherente. Como tantas cosas de la Revolución, su evolución fue gradual, y los responsables no advirtieron los cambios que provocarían a la larga. La hacienda "tradicional", sobre todo la del centro del país, que abastecía al mercado nacional, mal acostumbrada a impuestos bajos, tarifas altas, salarios magros y, en consecuencia, al lucro fácil, enfrentó una doble amenaza: de los caudillos norteños con espíritu empresarial, que apoyaban y practicaban una forma de agricultura capitalista dinámica, y de los campesinos agraristas que buscaban recuperar o comprar la tierra y acabar con el monopolio sobre su posesión y sobre el trabajo.[1354] Difícilmente podían ser aliados: Alvarado vituperaba la inercia del terrateniente tradicional, pero tampoco podía dedicar tiempo para la clase de propiedad comunal que los campesinos deseaban con frecuencia.[1355] Pero el agrarismo popular fue lo bastante fuerte como para dejar asentado el principio en la agenda nacional; en los decenios siguientes se le discutiría, defendería, resistiría. El dualismo posterior de la agricultura mexicana —su división en una parte capitalista, lucrativa, y otra ejidal, de subsistencia— se remonta, pues, a ese arreglo histórico. La hacienda "tradicional" quedó irremediablemente debilitada, aunque luchó largo tiempo a la retaguardia: los terratenientes perdieron prestigio, acceso al poder político y control sobre el campesinado; enfrentaron demandas agraristas, sindicalismo incipiente y demagogia de políticos "revolucionarios" oportunistas.[1356] Ante amenazas como ésas, prudencia y cambio preventivo fueron a menudo la mejor defensa: reforma unilateral de la propiedad de la tierra (que pudo hacerse a veces sin perjudicar las ganancias) y cambio de métodos "tradicionales" (es decir, poca inversión de capital, trabajo intensivo, producción ineficiente) a cultivos más productivos, con más aprovechamiento de tierra y capital.[1357]

También se atacaron formas extremas de peonaje, características en

---

[1353] Véanse pp. 246 y 280.
[1354] Brading, *Haciendas and Ranchos*, pp. 206-207.
[1355] Alvarado, *Reconstrucción*, I, pp. 62, 115-116, 127-128 y 155.
[1356] Buve, "Peasant Movements", pp. 148-149; Benjamin, "Passages", p. 179; Margolies, *Princes*, pp. 35 y 39; Evans, *Letters*, pp. 40, 62-63, 149-150, 154, 194 y 198.
[1357] Brading, *Haciendas and Ranchos*, p. 210; Ronfeldt, *Atencingo*, pp. 18-32, analiza caso posterior.

general de las plantaciones sureñas, pero la iniciativa se presentó con más fuerza por los reformadores norteños que por los movimientos populares regionales. Se justificaban en parte los alardes de Alvarado, quien se jactaba de haber liberado a los peones de Yucatán. Los focos del "México bárbaro" que sobrevivieron a su proconsulado, como Catmis, fueron controlados después por Carrillo Puerto, su sucesor radical, a principios del decenio de 1920.[1358] Por ese entonces, se atacaba violentamente en Chiapas, en las zonas cafetaleras especialmente, el sistema de enganche y el de peonaje endeudado.[1359] Poco a poco, el sur, hundido en la ignorancia, fue acomodándose al modelo norteño de trabajo asalariado libre. A partir de los procónsules, esas políticas "liberales" tuvieron fines políticos, sociales y económicos; fueron medios para debilitar a la celosa élite terrateniente provinciana, disminuir su control "paternalista" de las masas campesinas y unir éstas al Estado revolucionario. Alvarado comentó a Carranza "que para nacionalizar este estado [Yucatán], el único remedio es organizar a estos indios creándoles intereses efectivos que se los deban a la Revolución".[1360]

Motivos diversos y presiones opuestas decidieron, pues, el desarrollo agrario después de la Revolución. No hubo un solo programa o "proyecto"; sobre todo, el agrarismo popular empujó y presionó a la élite política hacia reformas más radicales, estructurales. Pero como bien se sabe, lo que ocurrió fue que, con el tiempo, se llegó a la estabilidad política y a un rápido crecimiento económico capitalista. Los terratenientes se vieron obligados a invertir y modernizar (algunos dejaron del todo la agricultura y se unieron a las filas del nuevo empresariado industrial).[1361] El doble sistema agrario cubrió con el tiempo las necesidades internas y se convirtió en gran exportador, invirtiendo así la escasez crónica de los últimos años del Porfiriato. Al disminuir el precio de los alimentos (a diferencia de la grave inflación de principios de siglo), disminuyeron los costos del trabajo en la industria; al aumentar el consumo entre los campesinos, se amplió el mercado interno. Éstos fueron cambios que tardaron casi una generación en concretarse. Mucho se discute sobre cuál fue exactamente su naturaleza y el léxico teórico que debería usarse para describirlos.[1362] Pero no cabe duda de que la singular transformación agraria que tuvo México hizo posible tanto que la Revolución se institucionalizara con éxito, cuanto que, de la misma manera, se procurara el vigoroso desarrollo capitalista. Los revolucionarios pudieron superar los obstáculos —agrarios sobre todo— que restringieron el crecimiento en el periodo porfirista; así lograron completar una "revolución desde arriba" que no degeneró —como en el escenario que presenta Barrington Moore— en chauvinismo y fascismo.[1363]

[1358] Joseph, *Revolution from above*, pp. 103-104 y 214.
[1359] Benjamin, "Passages", pp. 171-178 y 189-190.
[1360] De Alvarado a Carranza, 25 de enero de 1916, Fabela, DHRM, RRC, V, pp. 22-23.
[1361] Glade y Anderson, *Political Economy*, pp. 68-69; volveré a este punto en la conclusión.
[1362] Goodman y Redclift, *From Peasant*, pp. 185 y ss.
[1363] Moore, *Social Origins*, p. 442.

En ese sentido pueden verse como parientes, más exitosos, del kuomingtang, que también evolucionó de un liberalismo civil temprano, consiguió una ideología nacionalista militante y una base amplia, derrotó (en parte porque la absorbió) la tiranía militar y estableció un régimen poderoso, centralizador y parcialmente corrupto. La diferencia esencial, como puede verse en esa comparación, fue la movilización popular constante y exitosa, que inició la Revolución y que se renovó periódicamente, sobre todo en tiempos de Cárdenas. A pesar del peculado, la represión y la falta de igualdad, el régimen tuvo que dar cabida, hasta cierto punto, a demandas populares; no llegó a los extremos corruptos y fascistas del "comprador", no dejó a la izquierda un espacio muy amplio por donde el comunismo pudiera entrar. El "proyecto de burguesía nacional" floreció, paradójicamente, por la fuerza del movimiento popular, porque la élite revolucionaria, mientras buscaba afanosa algunos elementos de ese "proyecto", se vio arrastrada a buscar otros en virtud de factores que se hallaban fuera de su control —la "lógica de la Revolución"—. Sin duda, la Revolución benefició a la naciente burguesía nacional, pero otorgó muchos de sus dones de manera caprichosa y contradictoria a grupos cuya contribución magra a la Revolución no los hacía merecedores de ellos.

¿Qué cambió?

Una pausa final para la reflexión —desde la perspectiva ventajosa de mediados de los años veinte— confirma algo que señalé antes: el cambio social informal sin plan ni legislación fue más importante que el formal —discutido, reglamentado y puesto en práctica a veces—. Naturalmente, la política y la oratoria oficial se daban prisa para alcanzar la práctica no oficial: caso clásico, el agrarismo. Pero como en el pasado, una gran fisura separaba la teoría de la práctica constitucional; la democracia artificial del Porfiriato cedió el lugar a la democracia social artificial de los sonorenses. El gobierno liberal, establecido formalmente en 1917, se caracterizó por elecciones manipuladas o violentas, caciquismo, pistolerismo, revuelta militar esporádica y asesinato político; esos males se controlaron a costa de burocratismo y corporatismo. Las políticas "sociales" de 1917 se concretaron sólo gradualmente, de manera vacilante, a veces con reticencia, a menudo con cinismo. Durante 11 años, en los cuales la CROM dominó el sindicalismo y disfrutó de buenas relaciones con el régimen, no hubo reglamentación que convirtiera el artículo 123 de piadoso propósito en beneficio concreto para los trabajadores. Se hicieron favores específicos —en el arbitraje de conflictos con la industria, por ejemplo—, pero a cambio de la docilidad y el apoyo político de los obreros; en el decenio de 1920, la militancia de la clase obrera decayó y aumentó el conservadurismo del liderazgo representado por Morones.[1364] Ocurrió lo mismo

[1364] Carr, *Movimiento obrero*, II, pp. 25-29 y 41-44.

con la reforma agraria. La distribución de tierra, insignificante con Carranza, se aceleró con Obregón y Calles, pero sirvió a los intereses del Estado (sobre todo en su conflicto con la Iglesia); al terminar el decenio —derrotada la rebelión cristera— predominó el conservadurismo callista, se declaró terminado el programa y la concesión de tierra quedó atrás.[1365] Sus consecuencias fueron, sin embargo, muy importantes; en algunos estados —Morelos, San Luis Potosí— la distribución afectó realmente las relaciones sociales en el campo; en otras partes, aunque la reforma fue irregular, significó amenaza para los terratenientes e incentivo para los agraristas, ya que obligó a los primeros a resistir (o intentar la reforma preventiva), y alentó a los segundos a movilizarse y hacer campaña. También los antecedentes fueron muy importantes. Se invirtió la tendencia porfirista hacia la concentración de tierra (era un área de la política donde predominaban las interrupciones; 1910 marcó un cambio real); en las circunstancias diferentes de los años treinta, cuando fracasó el modelo porfirista-sonorense de "desarrollo hacia afuera" (regido por la exportación), la reforma agraria se convirtió en rasgo esencial del nuevo modelo cardenista de desarrollo, en cierto sentido único en México.

Además, los postulados nacionalistas económicos de la Constitución no se cultivaron. Las prolongadas disputas con las compañías petroleras no afectaron la naturaleza básica de las relaciones de México con el capital extranjero; con los sonorenses, el país continuó siendo exportador de materia prima y receptor de inversión extranjera, resultado nada sorprendente si se tiene en cuenta la progenie y el *ethos* del régimen. Una vez más, los cambios radicales debían esperar a que transcurriera la década de la depresión.[1366] Entre tanto, las iniciativas más audaces y los esfuerzos más grandes del régimen se manifestaron en el conflicto con la Iglesia (en el que logró una victoria pírrica) y, aunque en menor medida, también en el terreno de la educación. Su triunfo mayor fue que, superando numerosas revueltas militares, sobrevivió y gradualmente consiguió institucionalizar y desmilitarizar la política revolucionaria. Transcurrió más de un decenio de política formal cautelosa, conservadora incluso, insistente en lo que se refiere a reconstrucción y estabilidad. Los sonorenses procuraron establecer un gobierno fuerte, estable; promover el desarrollo económico, de acuerdo con criterios capitalistas convencionales, y conseguir cierto equilibrio social con base en la participación política guiada, con límites, y de reformas sociales prácticas, oportunistas inclusive, que no significaron gran reestructuración de la sociedad. Dentro de esos puntos

---

[1365] Gruening, *Mexico and its Heritage,* pp. 49-50, 144 y 167; Womack, *Zapata,* pp. 377-378; Lewis, *Tepoztlan,* p. 116; Friedrich, *Agrarian Revolt,* pp. 94 y 101; Meyer, *Cristero Rebellion,* pp. 108-109; Tzvi Medin, *Ideología y praxis política de Lázaro Cárdenas,* México, 1980, pp. 25-26.

[1366] Miguel Wionczek, *El nacionalismo mexicano y la inversión extranjera,* México, 1967, pp. 6 y 185-194; Solís, *Realidad económica,* pp. 94-99. Podríamos decir que en México —como en otras economías "periféricas"— los síntomas de depresión aparecieron por lo menos tres años antes de 1929, pero el fracaso del "desarrollo hacia afuera", no puede remontarse hasta la Revolución.

de referencia, tuvieron éxito asombroso y se mantuvieron fieles a su filosofía básica. Hablar de "traición" es un absurdo común.

Pero, echando una mirada a lo ocurrido en 1910-1930, es normal que se reaccione con algo de sorpresa ante el hecho de que la gigantesca montaña revolucionaria del decenio de 1910 procreara, con esfuerzo, al ratoncito político de 1920. Ésa es, en parte, la reacción "moderna" ante la última revolución tocquevilleana, que, como su antecesora francesa, mostró gran continuidad con el antiguo régimen; pero es, más aún, reacción exagerada, deformada por cierta perspectiva con una sola dimensión. Tienen razón los historiadores que señalan la escasez de reformas en el decenio de 1920 y el conservadurismo del régimen. Pero ese viejo revisionismo vuelto ortodoxia cae fácilmente en el "Estado todopoderoso"; el autor de un estudio reciente llega a la conclusión de que, "al final, toda la complejidad de la Revolución mexicana puede reducirse a una dimensión: el Estado".[1367] Eso es oportuno, porque, dentro del proceso político, el Estado es el personaje sobre el que más se informa; pero es engañoso, porque deja de lado vastas áreas del océano que el leviatán no recorrió. Las políticas formales —lo que hacían el Estado y la élite política— no eran confinantes con la realidad social; las cosas cambiaron (o se negaron a cambiar) a despecho de los deseos del gobierno. El régimen se vio aceptando cambios *faut de mieux,* luchando en vano contra otros inexorables o, si actuaba con inteligencia, legitimando algunos en nombre de la Revolución y llevándose el mérito. Muchas veces esos cambios fueron más importantes para el desarrollo futuro de México que las reformas vacilantes y ambiguas del gobierno.

Las grandes guerras han sido comadronas del cambio en el siglo XX.[1368] En México, la guerra no fue internacional, sino civil, pero, en virtud de su "totalidad", tuvo parecidas consecuencias de gran trascendencia, aunque no planeadas. En primer lugar, sustituyó a la élite política porfirista una nueva, revolucionaria, más joven y menos aristócrata. "El gobierno —comentó Anita Brenner— es mucho más oscuro que hace veinte años"; "en el torbellino de la revolución —dijeron algunos—, la escoria salió a la superficie".[1369] Pero con el tiempo cambiaron necesariamente los criterios de progreso que en un principio fueron proeza militar, popularidad, juventud, machismo, a medida que la guerra daba paso a la estabilidad política y la reconstrucción económica. Los viejos criterios ya no eran funcionales para la sociedad más civil, urbana, burocrática del México posrevolucionario; surgieron (o revivieron) otros más apropiados: riqueza, educación y destreza técnica o administrativa. Los rebeldes populares rara vez tuvieron esas virtudes. En 1915 se necesitó un juez para la corte federal de Durango, que fue necesario traer de Jalisco, por-

---

[1367] Jacobs, *Ranchero Revolt*, p. 167.

[1368] Arthur Marwick, *War and Social Changes in the Twentieth Century,* Londres, 1974; Gordon Wright, *The Ordeal of Total War, 1939-1945,* Nueva York, 1968, pp. 234-262.

[1369] Brenner, *Idols,* p. 29; Norman S. Hayner, "Differential Social Change in a Mexican Town", *Social Forces,* XXVI (1948), p. 386.

que no había en el estado un abogado "adicto a la revolución".[1370] En su batalla electoral con Espinosa Mireles, Gutiérrez descubrió que probablemente los héroes domésticos no se tomarían en cuenta.[1371] La élite política fue allegándose miembros con formación universitaria, cosmopolitas, profesionales; buena parte de ellos sin lazos individuales o familiares con el estatus revolucionario; algunos formaban parte de las familias de la élite prerrevolucionaria —los Guillén, Añorve y Neri de Guerrero—.[1372] Esa transición, clara en Morelos después de 1940, ocurrió en otras partes y, a menudo, con anterioridad: "sólo en algunos lugares permanecía activo algún veterano de la gran lucha, trabajaba un poquito en la semana y luego el domingo se iba en camión a visitar a los viejos camaradas a recoger firmas para una petición local. Los nuevos funcionarios eran jóvenes, a menudo graduados en la Universidad Nacional de México. Serios, perspicaces, enérgicos, desearon a la vez mantener el funcionamiento sin fricciones del sistema".[1373] Los empresarios de la posrevolución, que desempeñarían un papel importante en el desarrollo del país, surgieron *a fortiori* de familias acomodadas —apolíticas con frecuencia, porfiristas en ocasiones, pero pocas veces revolucionarias—, y fue así porque tenían habilidad y disposición (capital a veces), que sobrevivieron la Revolución y les fueron de provecho después. Caso clásico es el de los Creel-Terrazas: a pesar de que se les despojó de casi todas sus tierras y se les excluyó de la política, recibieron buena compensación financiera del gobierno de Obregón, lo que les permitió desarrollar su industria (cerveza y molinos) y criar ganado después. Muchos porfiristas chihuahuenses de menor cuantía regresaron también a la política y los negocios.[1374]

Hubo cambios en la élite política, sin duda, pero eso no justifica decir que una nueva burguesía revolucionaria sustituyó a la antigua, en lo que se refiere a individuos, por lo menos. En el mejor de los casos fue sincretismo de lo viejo y lo nuevo —por medio del matrimonio, en especial—. Pero cambios más profundos aseguraron que esa híbrida élite-burguesía no actuaría

[1370] Coen, Durango, 8 de julio de 1915, SD 812.00/15462.

[1371] Véanse pp. 935 y 936; generaliza O'Hea, testigo del conflicto por las gubernaturas: "pocos de éstos (jefes militares populares, básicamente) perduraron... en la época inmediatamente posterior a la insurrección...; otros hombres pasaron sobre las tumbas de esos patriotas turbulentos, rústicos pero sinceros, para asir el poder administrativo que debería haber sido su recompensa" (*Reminiscences*, p. 16).

[1372] Jacobs, *Ranchero Revolt*, pp. 167-168 (se refiere a una élite regional); *cf.* Warman, *Y venimos a contradecir*, pp. 158-159 para casos locales parecidos; y Roderic Ai Camp, *Mexican Political Biographies, 1935-1975*, Tucson, 1976; presenta abundantes muestras de esa tendencia en el ámbito nacional.

[1373] Womack, *Zapata*, pp. 384-385.

[1374] Mark Wasserman, "Persistent Oligarchs: Vestiges of the Porfirian Elite in Revolutionary Chihuahua, Mexico, 1920-1935", Sixt Conference of Mexican and US Historians, Chicago, septiembre de 1981. Ejemplos de sobrevivencia y recuperación de la élite se encuentran en Flavia Derossi, *The Mexican Entrepreneur*, París, 1971, pp. 22-23, 157 y 259; Larissa Adler Lomnitz y Marisol Pérez, "The History of a Mexican Urban Family", *Journal of Family History* (1978), pp. 392-409.

como su predecesora porfirista. El país había cambiado; sus gobernantes tenían que cambiar con él. Esta modificación de actitud y conducta —intangible y no legislada— tuvo mayores consecuencias que cualquier cambio de personas. Había numerosas pruebas ("impresionistas") de que los viejos hábitos de respeto y pasividad populares estaban en decadencia. En cierto sentido, eso era muy obvio: el sinnúmero de movimientos populares que poblaron la Revolución, fueron ejemplo, por su naturaleza y comportamiento, de rechazo a la autoridad porfirista. En muchas regiones, terratenientes, caciques y funcionarios se habían visto forzados a huir, habían muerto o se les había humillado. En su lugar, cabecillas de origen humilde tomaron el poder —hombres respetados mientras vivieron, rodeados de cierta mística después de muertos (y su mortandad fue muy elevada)—. Se suponía que Zapata vivía aún (20 años después se decía que luchaba al lado de Hitler); jefes de menor importancia, como Primo Tapia, de Michoacán, tuvieron carisma parecido.[1375] Aunque a finales del decenio de 1910 la marea se volvió contra el movimiento popular y se levantaron diques para contener su menguante poder, a pesar de que políticos letrados de la revolución institucionalizada suplantaron a líderes populares, los observadores advirtieron que había ocurrido un cambio cualitativo, que la disposición de la gente —la *mentalité* mexicana, podríamos decir— se había alterado, y justamente por esa alteración se demandaban nuevas estructuras de poder.

En San José de Gracia, por ejemplo (comunidad sólida, conservadora, alterada sólo de manera parcial y tardía por la violencia de la Revolución) cambiaron viejas costumbres. La "generación del volcán" que llegó a la mayoría de edad durante la Revolución, se volvió arisca, desobligada, violenta, propensa a un machismo fanfarrón acompañado de borracheras y pendencias.[1376] Aumentó la tasa de delincuencia; empezó a "derrumbarse el muro de respeto que separaba a patrones de trabajadores". Lo mismo en Tepoztlán, en el corazón del Morelos zapatista, con la Revolución llegó un nuevo igualitarismo y se desmoronaron las diferencias de clase y condición. La gente no sabía ya "cuál era su lugar" con exactitud respetuosa; incluso empezaron a desaparecer los viejos estilos de vestir (huaraches y calzones blancos para el peón, zapatos y sombrero para gente de razón); en términos generales, la Revolución tuvo influencia igualadora en lo económico, social y cultural,[1377] lo que fue muy importante en zonas de movilización agraristas, como Morelos. La hacienda pudo sobrevivir como unidad territorial, tratada cautelosamente por la reforma agraria oficial, pero el hacendado no podía ya atenerse a su viejo poder patronal o a sus contactos políticos. En lugares de Tlaxcala, "el sistema de hacienda... ha perdido prestigio irrevocablemente, y parte de su control en grandes grupos de campesinos"; también en San Luis Potosí, a pesar de que las haciendas perduraron, el *modus operandi* tuvo que

[1375] Lewis, *Tepoztlan*, p. 46; Friedrich, *Agrarian Revolt*, p. 131.
[1376] González y González, *Pueblo en vilo*, pp. 133 y 137-138.
[1377] Lewis, *Tepoztlan*, pp. XXVI, 51, 206, 429-430 y 443.

cambiar.[1378] Pudieron contenerse las protestas agrarias del periodo revolucionario (en Naranja, por ejemplo), pero eso no significó volver a la *Pax Porfiriana*. La protesta entró en la clandestinidad y reapareció a lo largo del decenio de 1920 bajo organización con nueva apariencia. Eso ocurrió en Naranja y también en Providencia (hacienda del Estado de México); ahí, después del levantamiento zapatista de 1912, la comunidad "volvió a una tranquilidad desasosegada, pero la inquietud agraria había empezado a extenderse insidiosamente. Ése fue el principio de la extinción gradual de la hacienda".[1379]

La Revolución dejó en el campo un legado de violencia y enfrentamiento. La violencia, a la que se acostumbró la gente entre 1910 y 1920, era, como la corrupción, parte del sistema. Los terratenientes armaron mercenarios y los agraristas resistieron en Michoacán, Hidalgo, el Istmo, La Laguna.[1380] Incluso en Yucatán (relativamente tranquilo), en 1920 la gente hablaba preocupada de otra posible guerra de castas; exageraba, pero en algo tenía razón, porque la "violencia facciosa caciquil menor" fue rasgo distintivo de la política rural en los siguientes 20 años.[1381] En Chiapas, también relativamente tranquila, la Revolución introdujo una política "muy diferente", sustentada en las clases, caracterizada por la movilización de masas, la descomposición de los antiguos controles sociales y el "enfrentamiento de indios contra ladinos, no propietarios contra propietarios, trabajadores contra capitalistas".[1382] Se aceleró, junto con mucha violencia, el tránsito de una sociedad "estamental", sustentada en la casta, a una de clase. A menudo, los terratenientes puestos a la defensiva, eran los responsables de la violencia (para lo cual reclutaban a veces *condottieri* "revolucionarios" que se encargaban del trabajo sucio); pero a sus enemigos agraristas no les era ajena la violencia. La impasividad del pueblo había empezado a decaer desde los tiempos de Díaz; habían muchas armas almacenadas, listas para salir del escondite cuando fuera necesario.[1383] Los extranjeros (algunos víctimas directas, como Rosalie Evans) estaban consternados ante la situación. Se lamentaba el ministro británico, porque el asesinato de dos compatriotas suyos cerca de Puerto México (al parecer el asunto no tuvo que ver con política) mostraba "hasta qué estado deplorable se había permitido descender el prestigio del blanco en los últimos años"; ahora (1917) "el hombre blanco" era objeto de "escarnio y burla de numerosos indios"; "actos como ése hubieran sido inconcebibles en México cinco años atrás".[1384]

[1378] Buve, "Peasant Movements", pp. 148-149; Bazant, *Cinco haciendas*, pp. 183-184; *cf*. Hayner, "Diferenctial Social Change", pp. 384-385; Evans, *Letters*, pp. 71, 78 y 154.

[1379] Friedrich, *Agrarian Revolt*, pp. 51-57 y 78 y ss.; Margolies, *Princes*, pp. 35 y 37-40.

[1380] Friedrich, *Agrarian Revolt*, p. 139; Schryer, *Rancheros of Pisaflores*, pp. 78-84 y 90-92; Senior, *Land Reform*, p. 186; Tobler, "Álvaro Obregón", p. 351. El agrarismo, se lamentaban los hacendados, había sustituido a la religión; Brenner, *Idols*, pp. 225-226.

[1381] Joseph, *Revolution from Without*, p. 207.

[1382] Benjamin, "Passages", pp. 162, 167, 169-170, 177-179 y ss.

[1383] Por ejemplo, Schryer, *Rancheros of Pisaflores*, p. 79.

[1384] Thurstan, Ciudad de México, 20 de marzo de 1917, FO 371/2966, 88967; se quejaba Rosa-

Bajo la violencia superficial, evidente, de los frecuentes intentos de rebelión (1923, 1927 y 1929) y a lo largo de las campañas durante la guerra cristera (1926-1929), hubo una profunda corriente subterránea de violencia agraria local, de la cual, temieron algunos, se alzaría otra ola de proporciones revolucionarias.[1385] Nada de eso ocurrió —cansancio, cooptación, reformas, represión, todo estaba en su contra—, pero el régimen toleró, y aun alimentó, cierto grado de violencia organizada. Armó a los agraristas contra cristeros y generales rebeldes; incluso estuvo preparado para tolerar cierta violencia en favor de derechos agrarios. Así pues, aun cuando la movilización campesina se atuviera a recursos "ortodoxos" (partido, sindicato y grupos de presión), el de la violencia nunca estuvo alejado y, a veces, hasta fue eficaz.[1386] El indignado ministro británico, ateniéndose a su experiencia africana, ansiaba lanzar una expedición punitiva contra los asesinos de los dos súbditos británicos, pero los líderes revolucionarios, ateniéndose a su experiencia, adoptaron una actitud más tranquila ante la violencia, mientras ésta no significara amenaza para el gobierno. Estaban tan conscientes como los demás del "espíritu rebelde" del pueblo mexicano —evidente en disturbios y protestas urbanas, y enfrentamientos en el campo—, pero intentaron controlarlo con recursos más sutiles que las expediciones punitivas (reservadas para testarudos, como los yaquis).[1387] La nueva política —aunque alarmante para "mentalidades legalistas sumergidas en los reglamentos de la norma parlamentaria"— reclamaba estilo popular: los políticos no podían ya darse los lujos de sus antecesores porfiristas y maderistas; en las nuevas circunstancias, era práctico codearse con la gente común, vestir de manera informal y ostentar algo de sencilla camadería.[1388] Obregón, quien decía que su tema favorito de conversación eran las enfermedades de los caballos, fue experto en ese estilo populista. Era descuidado en el vestir, insistía en la humildad de su cuna, salpicaba sus abundantes discursos con bromas y generosas alabanzas al hombre común. Eso le daba buenos resultados: la gente le hablaba y lo saludaba en la calle; en la tribuna mostraba la misma afinidad con "la mujer humilde, el trabajador, el campesino".[1389] Eso no era necesariamente falso, pero sí sensato; Obregón esperaba que "el esfuerzo constante y sereno" orientaría a las masas y evitaría más rebeliones,[1390] lo

lie Evans: "los indios... no son ya apáticos; son insolentes y agresivos"; "los hombres hacen ahora lo que pocos años atrás eran incapaces de hacer" (*Letters*, pp. 40 y 63).

[1385] Tobler, "Álvaro Obregón", pp. 327-330 y 341.

[1386] Ronfeldt, *Atencingo*, pp. 233-234, se refiere a años posteriores, pero no es menos válido para los decenios 1920 y 1930. En realidad, la gran cantidad de rebeliones "oficiales" (1923, 1927 y 1929) y las represalias del gobierno otorgaron a la violencia popular, agraria, un grado de legitimidad y oportunidad de las que carecería en épocas posteriores más pacíficas (buen ejemplo en Fowler, *Agrarian Radicalism*, pp. 42-45).

[1387] DDCC, II, p. 830.

[1388] Beals, *Cherán*, p. 110; *cf.* Schryer, *Rancheros of Pisaflores*, p. 15.

[1389] Blasco Ibáñez, *Mexico in Revolution*, pp. 55, 59 y 65; Hall, *Obregón*, pp. 214, 222-223 y 225-227.

[1390] Obregón, *Ocho mil kilómetros*, p. 579.

que implicaba no sólo atender al individuo, sino también instruirlo de manera sistemática utilizando la educación (sobre todo en las escuelas rurales creadas por Vasconcelos), las organizaciones de partidos y sindicatos, la manipulación de símbolos populares (por ejemplo, la cruz que Carrillo Puerto tomó para las ligas yucatecas) y la boyante industria del indigenismo.[1391] Ésos son temas importantes que no puedo desarrollar aquí; el que destacaran durante el periodo posrevolucionario es indicio de que el gobierno estaba consciente de la efervescencia popular, a la cual valía más orientar que reprimir.

Pero el cambio social forjado por la Revolución fue más allá. Haciendas e iglesias en ruinas salpicaban el paisaje, muchas de ellas —Tepoztlán es buen ejemplo— nunca se reconstruyeron.[1392] Ahí, como en Naranja, la asistencia a la iglesia y las fiestas religiosas parecía haber disminuido con la Revolución, algo que sin duda complacía a los nuevos gobernantes y les hizo pensar quizá que la Iglesia católica estaba a punto para ser desmantelada (se equivocaron al confundir la decadencia institucional, algo que posiblemente ocurrió, con la decadencia de la fe, lo que no sucedió).[1393] Como habitualmente ocurre en tiempos de guerra, cambiaron también las costumbres sexuales: se deshicieron familias; fugas, raptos y unión libre se volvieron más comunes.[1394] Al ser más elevada la mortalidad entre los hombres, la proporción de los sexos varió de manera significativa; que yo sepa, aún no se han investigado las consecuencias.[1395] Y aunque no deben tomarse a la letra las fantasías extravagantes de los magnánimos, no cabe duda de que las enfermedades venéreas, más otras, brotaron cuando los ejércitos recorrieron el país, así como la prostitución se volvió más evidente e incontrolable, a pesar de los esfuerzos puritanos.[1396] Tampoco fue pasajera la ola de delincuencia sobre la que informaron los observadores en 1915-1918. Además de la "alarmante tasa de homicidios

---

[1391] Knight, "Intellectuals".

[1392] A. F. Tschiffely, *Tschiffely's Ride*, Londres, 1952, pp. 232, 259 y 263, menciona las haciendas en ruinas; acerca de los efectos físicos e institucionales de la Revolución sobre la Iglesia véase Beals, *Mexican Maze*, pp. 125-126; Lewis, *Tepoztlan*, pp. 260-261; Huxley, *Beyond the Mexique Bay*, Londres, 1959, pp. 208-209; González y González, *Pueblo en vilo*, p. 126; cf. DDCC, II, pp. 1507-1508, donde Múgica presenta la iconoclasia como refutación del clericalismo popular.

[1393] Friedrich, *Agrarian Revolt*, p. 121; Meyer, *Cristero Rebellion*, p. 44, sobre la estrategia de Calles.

[1394] Friedrich, *Agrarian Revolt*, p. 49; Beals, *Cherán*, p. 178; Brondo Whitt, *División del Norte*, p. 127; González Navarro, *Población y sociedad*, I, pp. 90-91; González y González, *Pueblo en vilo*, p. 126.

[1395] Hayner, "Differential Social Change", p. 385, dice que la proporción entre hombres y mujeres cambió de 0.84 a 0.76 entre 1910 y 1921.

[1396] *Ibid.*, p. 389, *supra*, n. 980. Probablemente, el aumento de la prostitución fue más marcado en la frontera; en Mexicali (1912) creció "de un modo escandaloso"; Tijuana se convirtió (1920) en "meca de prostitutas, vendedores de licor, jugadores y otros tipos de sabandijas estadunidenses" (del jefe político de Ensenada a Gobernación, 1º de julio de 1912, AG 65/11; Martínez, *Border Boom Town*, p. 58, cita una fuente metodista estadunidense. Durante la Revolución, el número oficial de prostíbulos de la capital disminuyó a la mitad (de 91 a 47); probablemente eso se debió más a falta de supervisión oficial que a disminución real.

políticos" en algunas partes, aumentaron aparentemente los asesinatos, ataques personales y robos, con los que los viajeros se enfrentaban *seriatim*.[1397] No es fácil medir tales cambios —como el supuesto aumento en el peculado y la corrupción—,[1398] pero otra consecuencia de la Revolución, la movilidad geográfica, es más clara. La guerra, la enfermedad, el desastre económico desarraigó a la población en todo el país. Es obvio el movimiento de los ejércitos: hemos visto a norteños en el sur, a sureños en el norte, hemos seguido la carrera ambulante de líderes que casi recorrieron los mismos "ocho mil kilómetros de campaña" de Obregón. Pero también se trasladaron multitud de civiles. La revuelta en Morelos empujó a los habitantes de los pueblos hacia las montañas (a la inversa, en Michoacán, el bandolerismo envió a la gente desde las sierras hasta comunidades lacustres como Huecorio), y cuando la situación empeoró, los morelenses emigraron a Guerrero o a la Ciudad de México.[1399] Las estadísticas nacionales, incluido el mal censo de 1921, no muestran un drástico aumento en la movilidad espacial, pero no porque no sean confiables tienen por qué contradecir las pruebas abundantes de cambios demográficos locales.[1400] La Revolución despobló comunidades que ya estaban perdiendo habitantes, como Guanajuato y Zacatecas; localidades más pequeñas, como Ocosingo (Chis.), cuartel de Pineda, quedaron medio destruidas; Paracho (Mich.) "fue arrasado hasta los cimientos; sus habitantes, desparramados a los cuatro vientos".[1401] Hubo migración sin precedentes de los ranchos vecinos a San José (en Michoacán también), y de ahí a la ciudad; alrededor de 10% de la población masculina de Naranja murió o emigró.[1402] Otras localidades experimentaron los aumentos correspondientes. Se supone que la población del país disminuyó 7% entre 1910 y 1921, pero la del Distrito Federal aumentó 25%. En el noroeste la población creció algo menos y lo mismo los puestos fronterizos: el municipio de Ciudad Juárez aumentó de 10 000 a más de 24 000 habitantes debido, en parte, a la "inmigración de otros lugares que la conmoción revolucionaria ha dispersado por distintos rumbos del país".[1403]

[1397] Schryer, *Rancheros of Pisaflores*, pp. 76-95; Friedrich, *Agrarian Revolt*, pp. 75-76, 108-110 y 115; González y González, *Pueblo en vilo*, pp. 125-126, 133 y 136. Sobre la constante violencia política véase Gruening, *Mexico and its Heritage*, pp. 435-436, 474-475 y 488-489; de manera más general en Huxley, *Beyond the Mexique Bay*, pp. 173-174; Tschiffely, *Ride*, pp. 225, 233, 235 y 262; y Manuel Gómez Morin, *1915*, México, 1927, pp. 18-20.

[1398] Hayner, "Differential Social Change", p. 386.

[1399] Lewis, *Tepoztlan*, p. 446, y *Pedro Martínez*, pp. 150 y 156; Horcasitas, *De Porfirio Díaz*, pp. 165-169; Michael Belshaw, *A Village Economy: Land and People of Huecorio*, Nueva York/Londres, 1967, p. 290.

[1400] En 1910, 84.66% de los mexicanos eran nativos del estado o territorio donde vivían; la proporción bajó en 1921 a sólo 83.65% (González Navarro, *Población y sociedad*, cuadro 3). El único cambio demográfico espectacular en estas cifras se presenta en Tamaulipas donde el porcentaje de "nativos" bajó de 87.86 a 68.86%, no a causa de la Revolución, sino del petróleo.

[1401] Véanse pp. 516 y 560; Benjamin, "Passages", p. 171; Beals, *Mexican Maze*, p. 206.

[1402] González y González, *Pueblo en vilo*, p. 132; Friedrich, *Agrarian Revolt*, pp. 76 y 139.

[1403] Del secretario de Gobierno, Chihuahua a Trabajo, 1º de julio de 1916, *Trabajo*, 31/3/5.

Naturalmente, Ciudad Juárez fue el lugar más transitado rumbo a los Estados Unidos cuando los factores que "compelían" la emigración —guerra, desempleo, hambre— se juntaron con los de "atracción" a ese país entre 1914 y 1917, a causa del auge provocado por la Guerra Mundial.[1404] Ya a comienzos de 1911, alrededor de 2 000 emigrantes cruzaban mensualmente la frontera por El Paso; a fines de 1916, aunque las cifras oficiales son más o menos constantes, se calculaba que la emigración no oficial era dos veces mayor; alrededor de la mitad pasaban por Nogales.[1405] En total, entre 1910 y 1919 entraron legalmente a los Estados Unidos más de 170 000 mexicanos, pero un cálculo prudente de los emigrantes ilegales aumentaría ese número a más de un cuarto de millón.[1406] Unos cuantos, víctimas de la persecución revolucionaria, llegaron con capital y experiencia de comercio, pero la mayoría era pobre o incluso estaba en la miseria; "cinco años de guerra destructora y desmoralizante [había] arrasado y borrado sus historias personales". "Muchos —comenta el mismo observador de El Paso— han ido de aquí allá, o han sido empujados de pueblo en pueblo, lejos de sus casas a menudo."[1407] Por cierto, muchos emigrantes eran norteños, pero otros llegaban de más al sur, sobre todo del Bajío, cuya emigración tradicional previa a la Revolución acrecentaron los acontecimientos posteriores a 1910.[1408] Incluso comunidades campesinas pequeñas como San José de Gracia, Naranja y Cherán proveyeron buena cantidad de braceros.[1409]

Más sujetas a conjetura, pero más interesantes, son las consecuencias de esa emigración. Es muy conocido el supuesto de que los viajes amplían perspectivas y fomentan el sentir nacional; deja de lado el hecho de que, como recuerda el pueblo, fueron épocas de tribulaciones, faltó alimento, se desmembraron familias y la enfermedad estaba por doquier.[1410] Sin duda, en círculos escogidos, cultos, la experiencia de la Revolución acrecentó el nacionalismo que ya existía. La definición que da Renan de lo que es el sentimiento

---

[1404] Martínez, *Border Boom Town*, pp. 44-45; Manuel Gamio, *Mexican Immigration to the United States*, Nueva York, 1971 (1ª ed. 1930), pp. 23-27, habla de la migración a nuevos centros del medio oeste y del este, que aumentó con la industria de guerra.

[1405] Martínez, *Border Boom Town*, p. 41; informe de la frontera, Nogales, 21 de octubre de 1916, SD 812.00/19706.

[1406] Martínez, *Border Boom Town*, p. 41; González Navarro, *Población y sociedad*, I, p. 35, menciona cifras de censos estadunidenses en las que se muestra un aumento de 266 000 residentes mexicanos; según la misma fuente, una estimación hecha en México, calcula en medio millón la emigración total mexicana durante la Revolución.

[1407] Martínez, *Border Boom Town*, p. 44 (cita a uno de los dedicados a la caridad en El Paso).

[1408] Hohler, Washington, 26 de junio de 1918, FO 371/3245, 120679; Gamio, *Mexican Immigration*, pp. 13 y 21, demuestra que 54% de los giros enviados desde los Estados Unidos a México (1926) tenían por destino Michoacán, Guanajuato y Jalisco.

[1409] Friedrich, *Agrarian Revolt*, pp. 67-68; González y González, *Pueblo en vilo*, pp. 135 y 137; Beals, *Cherán*, p. 12.

[1410] González y González, *Pueblo en vilo*, p. 127; Lola Ramanucci-Ross, *Conflict, Violence and Morality in a Mexican Village*, Palo Alto, 1973, pp. 15-18; *cf.* Turner, *Dynamic of Mexican Nationalism*, pp. 121-124.

nacional, "haber hecho grandes cosas juntos, querer aún hacerlas", se acomodaba bien al orgullo de intelectuales como Pani, cuando las reformas de México se convirtieron en modelo para el mundo desarrollado o cuando México hizo frente a las presiones de los Estados Unidos;[1411] pero las masas, reconoció Pani, pensaban de otra manera. El nacionalismo de masas, del tipo que se vio en 1938 (con la expropiación petrolera) o en 1970 (durante el campeonato mundial de futbol), necesita un largo proceso de educación y propaganda, que tuvo lugar después, no durante la Revolución (armada). Pero si la movilidad espacial no engendró necesariamente nacionalismo, sí reforzó los contactos entre campo y ciudad (como se vio en Tepoztlán), sacó del aislamiento a comunidades rurales (la Revolución atrapó a los indígenas popolocas de Veracruz, que se vieron forzados a emigrar y establecerse en otro lado, entraron en el ejército y aprendieron español) y, de manera más amplia, cambió la actitud hacia el trabajo, la religión y el sexo.[1412] Los habitantes de Paracho que emigraron a los Estados Unidos regresaron imbuidos de un "espíritu de orden y empresa", y empezaron a comparar lo que habían visto al otro lado de la frontera con la mala cañería y falta de electricidad de su pueblo.[1413] Los braceros de Cherán fueron base de la facción anticlerical de su localidad.[1414] La experiencia de la emigración desarrolló —más que creó *de novo*— esas actitudes, pero fue uno de los tantos factores que —complementando exactamente la ideología oficial— fomentó la innovación, el cambio económico, y también la movilidad espacial y social.

La gente tuvo que buscar nuevos medios de vida. La de Tepoztlán se dedicó a fabricar carbón vegetal o a comerciar con ganado, si era más emprendedora;[1415] la de Milpa Alta dejó sus parcelas y bajó a la capital para vender leña, tortillas, emplearse como sirviente o dedicarse al comercio en pequeño.[1416] La Revolución dio lugar a una amplia gama de "actividades comerciales secundarias" —tales como vender joyas y otras reliquias familiares— cuya existencia era prueba de que la movilidad tenía sentido tanto ascendente como descendente.[1417] En 1915 podía verse a profesionales empobrecidos ofreciendo mercancía en los mercados de la Ciudad de México; había en 1916 muchísimos sirvientes, que habían sido despedidos de las casas en otro tiempo ricas, las cuales no podían conservar ya las apariencias.[1418] Durante la Revolución, las exigencias de la vida dieron lugar a una gama de actividades nuevas, que contribuyeron tanto a diversificar la economía —ahí donde la

---

[1411] De Pani a Carranza, 12 de marzo de 1919, en su libro *Cuestiones diversas*, pp. 65-67; Córdova, *Ideología*, pp. 254-258; Manero, *Por el honor*, pp. 157-160 y 164.

[1412] Lewis, *Tepoztlan*, p. 443; Foster, *A Primitive Mexican Economy*, pp. 14-15.

[1413] Beals, *Mexican Maze*, p. 208.

[1414] Beals, *Cherán*, pp. 119-120.

[1415] Lewis, *Tepoztlan*, pp. 177-178, y *Pedro Martínez*, pp. 174-175.

[1416] Horcasitas, *De Porfirio Díaz*, pp. 165-169.

[1417] Rutherford, *Mexican Society*, p. 306.

[1418] *Ibid.*, p. 307; de Rodgers a Fletcher, 31 de mayo de 1916, Documentos Fletcher, caja 4; Krauze, *Caudillos culturales*, p. 58.

subsistencia dio paso a la producción para el mercado—, como a especializar.[1419] Pero la conmoción recompensó también la energía e iniciativa al mismo tiempo que debilitó las barreras de la tradición, el respeto, la adscripción. Ni el terrateniente ni la comunidad pudieron coartar la iniciativa de los que se aventuraban en el medio económico; la Revolución, dijo Gamio, "predispuso al individuo a movilizarse y experimentar".[1420] Una vez más, los ejércitos revolucionarios pusieron el ejemplo; empleados de farmacia, rancheros, ferrocarrileros llegaron a ser generales y gobernadores que combinaron su progreso político con el económico. En la nueva élite, comenta Blasco Ibáñez, no había idealistas quijotescos, sino muchos "hombres tenaces y prácticos, que nunca perdieron de vista el provecho personal".[1421] Por debajo de los generales —aunque pronto estarían a su lado— se encontraban los civiles y burócratas revolucionarios (algunos con rango militar) a quienes pertenecía el futuro: líderes obreros como Morones, intelectuales como Vasconcelos y Lombardo Toledano (para quienes la educación fue medio de ascenso al poder), tecnócratas neocientíficos como Pani y Gómez Morin, administradores hasta entonces sin brillo como los futuros presidentes Ruiz Cortines y Ávila Camacho.[1422] También a ellos la Revolución los sacó de carreras acostumbradas: la crisis monetaria y bancaria dejó maltrechos los negocios de la familia Lombardo Toledano; cuando Villa atacó Parral, la mayor parte de la fortuna de los Gómez Morin se convirtió en humo.[1423] Esos intelectuales de clase media entraron en contacto —incómodo, como pudieron descubrir Vasconcelos y Guzmán— con "los otros mexicanos"; descubrieron al indígena y el problema agrario, y empezaron a reflexionar de qué manera se podía elevar al primero y resolver el segundo.[1424]

Sin embargo, cambio, descubrimiento e innovación no se redujeron a la élite revolucionaria. Fuerzas parecidas actuaron, a veces de manera más persuasiva, en familias porfiristas. En muchos casos despojados de sus fortunas, en muchos más excluidos de la política, se vieron obligados a explorar nuevos caminos para progresar ahí donde su educación y experiencia aún podían tenerse en cuenta. Algunos, se quejaban los revolucionarios, encontraron un refugio en los ministerios —Hacienda, por ejemplo—; en el decenio de 1920 se les vio desempeñar papel importante en la burocracia estatal emergente.[1425]

[1419] Es, pues, legítimo considerar la Revolución como agente de "modernización", pensando en términos parsonianos, incluso antes de que empezara la Revolución "institucional" (véase Glade y Anderson, *Political Economy*, pp. 50-51). No significa esto que la "modernización" sea la mejor —menos aún la única— manera de conceptualizar el proceso revolucionario.

[1420] Gamio, *The Mexican Immigrant*, p. 1, y *Mexican Immigration*, p. 128, donde dice que la migración internacional alimenta el nacionalismo.

[1421] Blasco Ibáñez, *Mexico in Revolution*, p. 8.

[1422] Krauze, *Caudillos culturales*, pp. 98, 104-106, 137-140 y 161.

[1423] *Ibid.*, pp. 37 y 44.

[1424] *Ibid.*, pp. 50, 66, 104, 163 y 189; Gómez Morin, *1915*, pp. 7-8 y 9-10.

[1425] De Múgica a Alvarado, 29 de agosto de 1916, en María y Campos, *Múgica*, p. 102; Glade y Anderson, *Political Economy*, p. 114.

Otros se dedicaron a los negocios —la recuperación de los Terrazas en Chihuahua es ejemplo clásico—, pero no siempre con el mismo éxito. Antes bien, cambiaron de ramo, por lo común de la tierra al comercio y la industria; es posible compararlos así —como ejemplos de diversificación e innovación económica forzosa— con los samurais de la época Meiji, o incluso con los desarraigados medievales de Pirenne.[1426] No se reducía a las familias oligarcas esa reafirmación de antiguos privilegios; los hijos de los viejos caciques de Tepoztlán mostraron ser más insensibles al explotar las reservas forestales de la comunidad.[1427]

Aún más abajo, la Revolución despertó nuevos talentos y aconsejó nuevas iniciativas. Frente a la costa de Guerrero los pescadores usaron dinamita; en Morelos, dije antes, los pueblerinos se dedicaron a hacer carbón vegetal y a comerciar con ganado (lo primero, en un principio, como medio de sustento, lo segundo como fuente de ingresos); en la Sierra Alta hidalguense, coincidió la Revolución con el cambio de renglón en la agricultura de mercado, de azúcar a café, con el que se hicieron pequeñas fortunas.[1428] La gente entendió que la sociedad cambiaba, que para sobrevivir era necesario luchar, pero que con trabajo duro, suerte y sabiendo aprovechar la oportunidad se obtendrían frutos rápidamente. Quizá no era ya tan cierto que "lo bueno era limitado".[1429] En ese sentido, la realidad hizo eco a la ética laboral que predicaban los ideólogos constitucionalistas, y el pueblo no desperdició el ejemplo de sus patronos eficaces, corruptos, acaparadores. La riqueza se amasó en Tepoztlán "con mucho trabajo, frugalidad y sacrificio", especialmente en el comercio de ganado, en el que participaron "sólo aquellos que tenían valor, iniciativa y algo de capital".[1430] También en Paracho decayó la artesanía, llegó gente nueva y se iniciaron nuevos negocios; los braceros que regresaron, entre ellos el cacique del pueblo, mostraron "espíritu de orden y empresa".[1431] Con el tiempo, algunos mexicanos hicieron suya la filosofía de sus patronos: la iniciativa y el medro redundaban en beneficio colectivo nacional; "si un individuo progresa, México progresa".[1432] Naturalmente, no sólo la Revolución era responsable de esos cambios de actitud inconscientes, pero sí aceleró

[1426] *Ibid.*, p. 45; Derossi, *The Mexican Entrepreneur*, p. 157.

[1427] Lewis, *Tepoztlan*, pp. 117-118, y *Pedro Martínez*, p. 176.

[1428] Informe de la armada de los Estados Unidos, Acapulco, 9 de noviembre de 1915, SD 812.00/16843; Schryer, *Rancheros of Pisaflores*, p. 37. Digo "coincidió", más que "causó", porque Schryer subraya el hecho de que fue la demanda internacional, más que "la revuelta política" lo que produjo el cambio; no obstante, es verosímil que la habilidad de los peones para convertirse en arrendatarios cultivadores de café (que dio a la zona reputación de ser una en "donde campesinos sin tierra podían mejorar su situación") tenía relación con la movilización política —y "revuelta"— de los periodos revolucionario y posrevolucionario.

[1429] Foster, "Peasant Society", pp. 293-315.

[1430] Lewis, *Tepoztlan*, p. 178; Brenner (*Idols*, pp. 185-186) comenta de qué manera la Revolución inculcó "gran respeto por el trabajo".

[1431] Beals, *Mexican Maze*, pp. 207-208.

[1432] Belshaw, *A Village Economy*, p. 340.

de manera decisiva cambios que se habían iniciado antes; quitó obstáculos que restringieron el desarrollo durante el periodo de Díaz e instaló un gobierno que puso en práctica esos valores competitivos, mercantiles. Por último, la misma devastación proporcionó incentivos al trabajo, la innovación, el "progreso". La psicología de la "reconstrucción" penetró hasta los estratos más bajos. Cuando, en 1920, el coronel Jesús Montoya se hizo cargo de la presidencia municipal de Azteca (Mor.), dio garantías a los zapatistas, quienes confiaron en él y "trabajaron para que las cosas mejoraran"; se limpió el pueblo, Montoya entregó el monte a los pueblerinos para que lo explotaran: "El monte es de ustedes. Hagan carbón... trabajen. Ya basta. Olviden la revolución. Lo que se hizo, hecho está. El que está muerto está muerto. Los que quedaron quedaron. Ándenle pues, trabajen. Hagan carbón y véndanlo".[1433] Ésa fue síntesis del *ethos* predominante: realismo y reconstrucción. El pueblo respondió: "nos pusimos a trabajar en serio...; todos hicimos carbón. Casi acabamos con el monte..." Como en otras sociedades devastadas de posguerra, brotó de las cenizas de la destrucción la voluntad colectiva de reconstruir y la oportunidad para que el individuo siguiera adelante y prosperara. Todo ello puede contarse entre las consecuencias sociales de la Revolución.[1434]

He ahí otro ejemplo de la lógica caprichosa de la Revolución. De buen o mal grado, llegó el cambio sin que los protagonistas principales lo planearan o previeran. Madero (menciono en este caso a los individuos como representantes de movimientos sociales) quería reformas políticas, no rebelión popular incontrolable; Huerta y Félix Díaz no buscaron acrecentar ferozmente los problemas de la Revolución, sino terminar rápido con ellos. Los líderes populares —Villa, Zapata y muchos otros— encabezaron movimientos localistas —agrarista y serrano— que se vieron, en compañía de viajeros extraños, cargando equipaje ideológico mucho más pesado de lo que podían, o querían, soportar. Carranza y los sonorenses, que entraron a la lucha para conservar su integridad local, se encontraron no mucho después gobernando el sur, firmando pactos con los sindicatos, negociando con el gobierno estadunidense y las compañías petroleras. Ningún líder planeó —aunque muchos contribuyeron indirectamente— el colapso de la moneda, la catástrofe económica ni el desgaste de viejos patrones de autoridad y comportamiento. Al triunfar en la guerra de los vencedores, los constitucionalistas estuvieron más cerca de imponer su punto de vista en el país (un México villista habría sido muy diferente), pero aun cuando el movimiento popular decayó y el poder quedó en manos de los generales norteños, astutos, oportunistas, corruptos, de sus fuerzas semimercenarias y de sus ayudantes civiles, cada vez más destacados, esta nueva élite siguió enfrentando graves problemas y tuvo pocas alternativas. En lo económico, se ocuparon de reinstalar el capitalismo, de renovar el modelo porfirista; y aunque probablemente no se dieron cuenta, y sin duda

---

[1433] Lewis, *Pedro Martínez*, p. 174.
[1434] *Ibid.*, p. 175; *cf.* Wright, *Ordeal of Total War*, p. 235.

no lo planearon, las circunstancias se conjuntaron para hacer de ése un modelo más viable que en tiempos de Díaz y los científicos. En lo político, tuvieron que equilibrar un atractivo populista "democrático" con la tradición de un gobierno autoritario, centralista, además del temor por movimientos autónomos, populares —que compartían con los regímenes que lo precedieron—, a los cuales la Revolución alimentó más que sofocó. No era posible ignorar a las masas, pero sí integrarlas a un Estado más dinámico, más firme que el de Díaz; para conseguirlo, el régimen tomó las demandas, mitos y símbolos del movimiento popular y los entretejió con su *étatisme* desarrollista. He ahí el genio del liderazgo revolucionario: su capacidad para uncir la energía y problemas del movimiento popular a objetivos antitéticos: la construcción del Estado y el desarrollo capitalista. Ése fue el recurso que faltó al kuomingtang en China, que perpetuó, con otros medios, la "revolución desde arriba". En cuanto al movimiento popular, que hizo a la Revolución verdaderamente "grande", "social", recibió en el mejor de los casos una reforma oficial unida a la corrupción oficial. Los serranos, que no pudieron deshacer el Estado, lo reforzaron indirectamente. Los agraristas consiguieron tierra que una burocracia en desarrollo les entregó de manera lenta y condicionada. Y quienes primero engendraron todo esto —los civiles maderistas de 1909-1910, que parecen los hijos inocentes de una época olvidada desde la perspectiva ventajosa de los años veinte—, tuvieron que conformarse con una imitación de liberalismo a cambio de la estabilidad social y el desarrollo económico: rendición histórica exigida por una "revolución desde arriba".[1435] A modo de conclusión, recordemos el comentario de Sorel acerca de la primera revolución cristiana: "Es necesario reconocer que el desarrollo verdadero de la revolución en nada se pareció a las imágenes encantadoras que entusiasmaron a sus primeros adeptos; pero, ¿habría triunfado la Revolución sin esas imágenes?"[1436]

[1435] Moore, *Social Origins*, p. 437.
[1436] George Sorel, *Reflections on Violence*, Nueva York, p. 125.

GLOSARIO

acasillado: peón residente.
acomodado: peón residente con privilegios.
bronco: salvaje, indómito; se refiere a los yaquis independientes.
canario: nativo de la islas Canarias.
capacitación: impuesto por cabeza.
cargadilla: incremento hecho a la deuda (de un peón).
Científico: partidario y apologista del positivismo y del Porfiriato; esbirro del viejo régimen.
cofradía: confraternidad; asociación religiosa local, formada por civiles.
Coloso del norte: los Estados Unidos de América.
Convencionista: partidario de la Convención de Aguascalientes, 1914-1915.
  Cristiada: revuelta católica en contra del Estado, 1926-1929.
curro: elegante, catrín.
chegomista: partidario del cacique juchiteco *Che* Gómez.
chilapeño: sombrero de paja.
chilero: nativo de la sierra, especialmente de Sinaloa y Durango.
fundo legal: asiento de un pueblo o una villa.
guayule (guayulero): árbol de caucho (recolector de caucho).
ladino: blanco o mestizo (como oposición al indio).
lechuguilla: planta fibrosa cultivada principalmente en San Luis Potosí.
leva: patrulla de reclutamiento.
manso: "domado", dócil; los yaquis integrados a la economía y al estado mestizo (véase *Bronco*).
mapache: un rebelde de Chiapas.
máquina loca: locomotora sin conductor, cargada con explosivos y utilizada como arma ofensiva.
realeño: peón privilegiado (Morelos).
suriano: partidario del zapatismo.
tinterillo: intelectual provinciano (escribano/abogado).
yori: término yaqui aplicado a blancos mestizos.

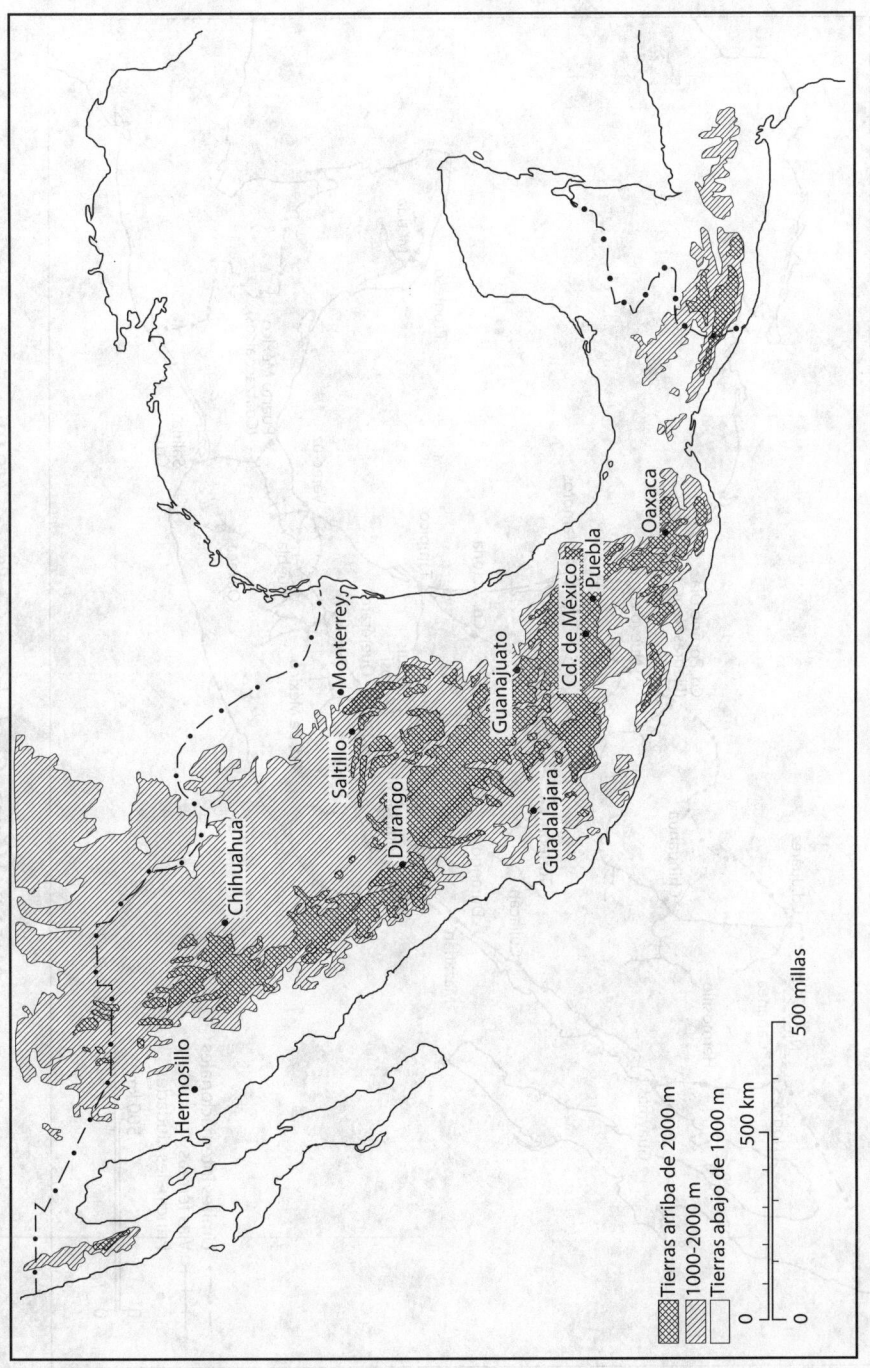

MAPA I. *México. Relieve.*

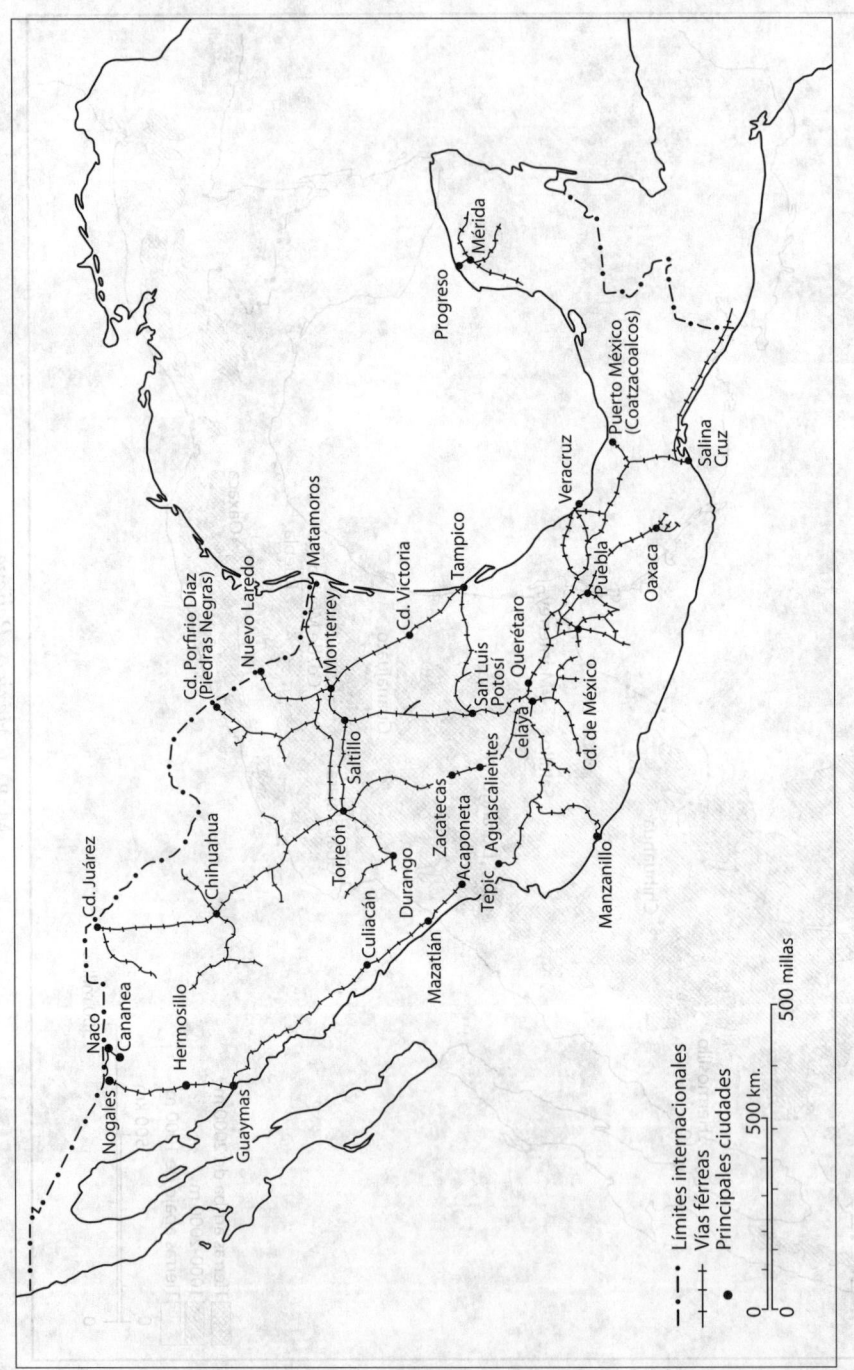

MAPA II. *México. Ciudades y vías férreas (1910).*

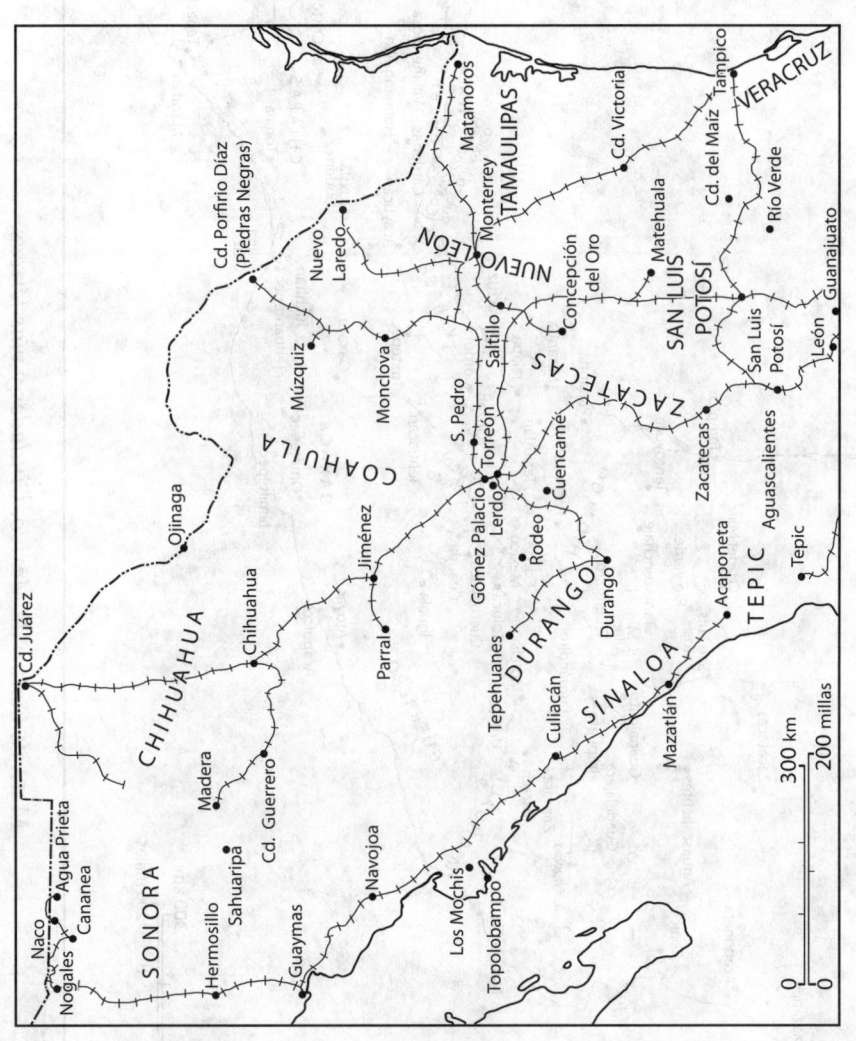

MAPA III. *Norte de México. Ciudades y vías férreas.*

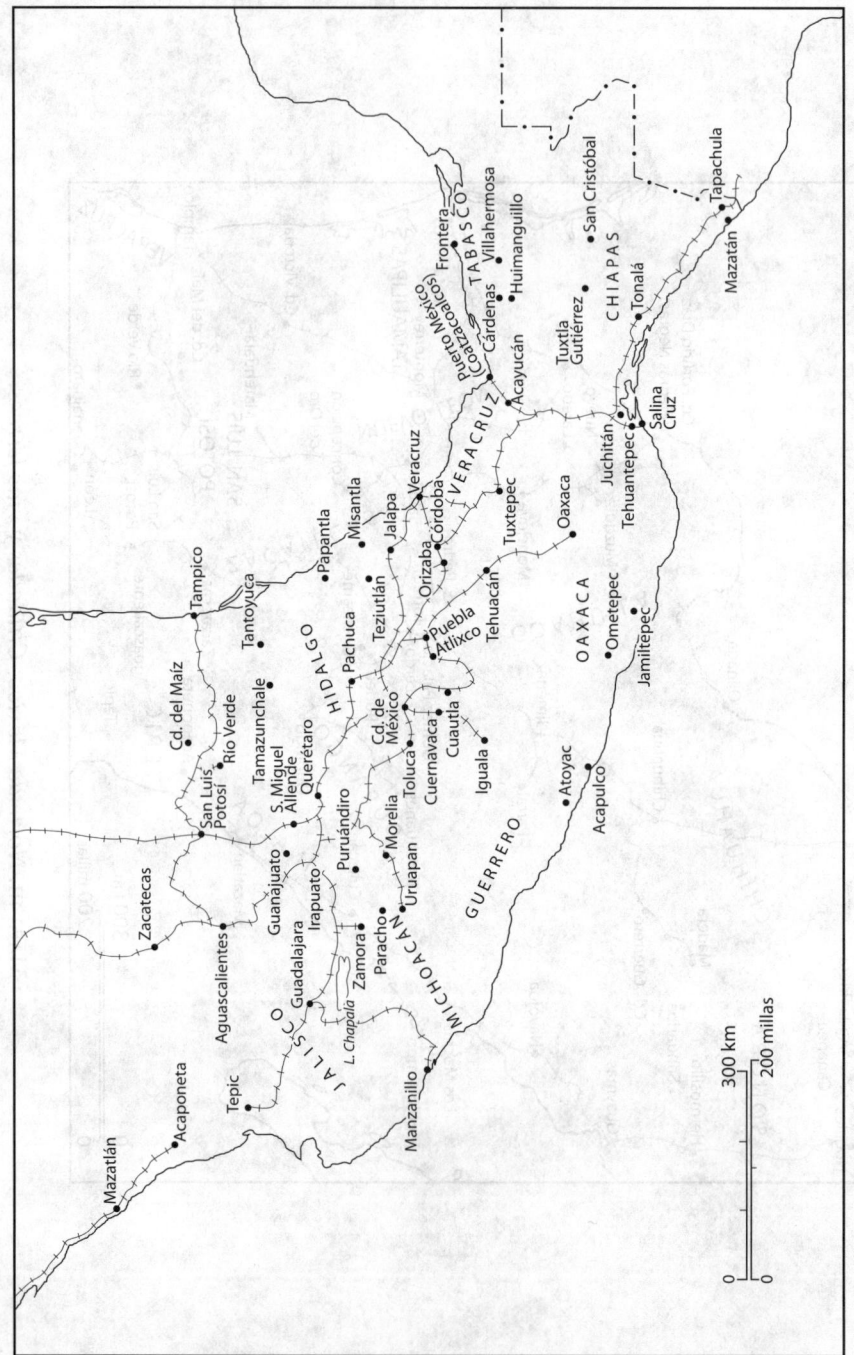

MAPA IV. *Centro de México. Ciudades y vías férreas.*

BIBLIOGRAFÍA

Archivos

México

Archivo General de la Nación: Archivo Gobernación (varios legajos, más documentos sin clasificación: Convención Revolucionaria y Correspondencia con Francisco I. Madero; Relaciones con los Estados; Archivo del General Emiliano Zapata).

Departamento del Trabajo.
Museo de Antropología e Historia:
Conflicto Religioso
Archivo Jorge Denegri
Archivo Francisco I. Madero
Serie Sonora
San Antonio Tochatlaco
Archivo Zongolica
Condumex:
Archivo Venustiano Carranza
Archivo Ramón Corral
Archivo Francisco León de la Barra
Archivo Genaro Estrada de la Secretaría de Relaciones Exteriores
Biblioteca de México: Archivo Alfredo Robles Domínguez

Estados Unidos

Biblioteca del Congreso: Documentos de Stephen Bonsal; William Jennings Bryan; Josephus Daniels; Henry P. Fletcher; Benjamin Foulois; Edward House; Samuel Guy Inman; Robert Lansing; George Patton; John J. Pershing; Hugh L. Scott; Woodrow Wilson; Leonard Wood.
Departamento de Estado: Registros relacionados con sucesos internos de México, 1910-1929.
Biblioteca Bancroft, Berkeley; Archivo Silvestre Terrazas.
Universidad de Texas, Austin: Documentos de William F. Buckley; Emilio Rabasa.
Trinity University, San Antonio: Archivos municipales mexicanos (Lampazos).

Europa

Public Record Office, Londres: Documentos de la Foreign Office; Documentos Grey.
Museo Científico, Londres; Documentos Cowdray.
Archivo Kleinwort Benson; Speen, Newbury: Documentos de la Mexican Cotton Estates of Tlahualilo.
Quai d'Orsay, París: Archivos del Ministerio de Asuntos Extranjeros.
Instituut voor Sociale Geschiednis, Amsterdam: Colección de periódicos mexicanos.

Periódicos

Le Courrier du Mexique (Ciudad de México); *El Demócrata* (Ciudad de México); *El Dictamen* (Veracruz); *El Correo de Chihuahua* (Chihuahua); *El Diario del Hogar* (Ciudad de México); *El Imparcial* (Ciudad de México); *La Nueva Era* (Parral); *The Mexican Herald* (Ciudad de México y Veracruz); *El País* (Ciudad de México); *The Times* (Londres); *The New York Times* (Nueva York).

Libros y revistas

Aguilar Camín, Héctor, "The Relevant Tradition: Sonoran Leaders in the Revolution", en D. A. Brading (ed.), *Caudillo and Peasant in the Mexican Revolution*, Cambridge, 1980.
———, *La Revolución Sonorense, 1910-1914*, México, INAH, 1975.
Aguirre, Manuel J., *Cananea*, México, 1958.
Aguirre Benavides, Luis, *De Francisco I. Madero a Francisco Villa*, México, 1966.
Alavi, Hamza, "Peasant Classes and Primordial Loyalties", *Journal of Peasant Studies*, I (octubre de 1973), pp. 23-62.
———, "Peasants and Revolution", *Socialist Register*, 1965, pp. 241-277.
Alba Pastor, María, *Aspectos del movimiento agrario sureño*, México, 1975.
Alessio Robles, Vito, *Desfile sangriento. Mis andanzas con nuestro Ulises*, México, 1979.
Almada, Francisco R., *Diccionario de historia, geografía y biografía sonorenses*, Chihuahua, 1952.
———, *La rebelión de Tomochi*, México, 1938.
———, *La revolución en el estado de Chihuahua*, 2 vols., México, 1964.
Alperovich, M. S., y B. T. Rudenko, *La Revolución mexicana de 1910-1917 y la política de los Estados Unidos*, México, 1960.
Alvarado, Salvador, *Actuación revolucionaria del general Salvador Alvarado en Yucatán*, México, 1955.

Alvarado, Salvador, *La reconstrucción de México: Un mensaje a los pueblos de América*, 2 vols., México, 1919.
Amaya, Luis Fernando, *La soberana convención revolucionaria, 1914-1916*, México, 1975.
Anderson, Rodney D., "Díaz y la crisis laboral de 1906", *Historia Mexicana*, XIX, núm. 4 (abril-junio de 1970), pp. 513-535.
———, "Mexican Workers and the Politics of Revolution", *Hispanic American Historical Review*, LIV (febrero de 1974), pp. 94-113.
———, *Outcasts in Their Own Land. Mexican Industrial Workers 1906-1911*, Dekalb, 1976.
Ankerson, Dudley, *The Cedillos and the Revolution in the State of San Luis Potosí, 1890-1938*, tesis doctoral, Cambridge, 1981.
———, "Saturnino Cedillo: a Traditional Caudillo in San Luis Potosí", en D. A. Brading (ed.), *Caudillo and Peasant in the Mexican Revolution*, Cambridge, 1980.
Atristaín, Darío, *Notas de un ranchero*, México, 1917.
Azuela, Mariano, *Obras completas*, 3 vols., México, 1958-1960.
———, *Two Novels of Mexico: The Flies; The Bosses*, trad. de L. B. Simpson, Berkeley, 1956.
———, *Two Novels of the Mexican Revolution: The Trials of a Respectable Family and The Underdogs by Mariano Azuela*, trad. de F. K. Hendricks y B. Berler, San Antonio, 1963.
Baecker, Thomas, "The Arms of the Ypiranga: the German side", *Americas*, XXX (1973), pp. 1-17.
———, "Los intereses militares del imperio alemán en México: 1913-1914", *Historia Mexicana*, XXII, núm. 3 (enero-marzo de 1973), pp. 347-362.
Baerlein, Henry, *Mexico, The Land of Unrest*, Londres, 1914.
Bailey, David C., *Viva Cristo Rey! The Cristero Rebellion and Church-State Conflict in Mexico*, Austin, 1974.
Bamfield, Edward C., *The Moral Basis of a Backward Society*, Nueva York, 1967.
Barragán Rodríguez, Juan, *Historia del ejército y de la revolución constitucionalista*, 2 vols., México, 1966.
Barrera Fuentes, Florencio, *Crónicas y debates de las sesiones de la soberana convención revolucionaria*, México, 1964.
Bartra, Armando, *Regeneración, 1900-1918. La corriente más radical de la Revolución mexicana de 1910*, México, 1977.
Bartra, Roger, "Peasants and Political Power in Mexico: a Theoretical Approach", *Latin American Perspectives*, V (1975), pp. 125-145.
Bassols, Narciso, *El pensamiento político de Álvaro Obregón*, México, 1976.
Bauer, Arnold, *Chilean Rural Society*, Cambridge, 1975.
———, "Rural Workers in Spanish America: Problems of Peonage and Oppression", *Hispanic American Historical Review*, LIX (febrero de 1979), pp. 34-63.
Bazant, Jan, *Cinco haciendas mexicanas: tres siglos de vida rural en San Luis Potosí*, México, 1975.

Bazant, Jan, "Peones, arrendatarios y aparceros: 1868-1904", *Historia Mexicana*, XXIV, núm. 1 (julio-septiembre de 1974), pp. 94-121.

———, *Historia de la deuda exterior de México (1823-1946)*, México, 1968.

Beals, Carleton, *Mexican Maze*, Filadelfia, 1931.

———, *Porfirio Díaz, Dictator of Mexico*, Filadelfia, 1932.

Beals, Ralph L., *Cherán: A Sierra Tarascan Village*, Nueva York, 1972.

Beezley, William H., *Insurgent Governor: Abraham González and the Mexican Revolution in Chihuahua*, Lincoln, 1973.

Bell, Edward I., *The Political Shame of Mexico*, Nueva York, 1914.

Bellingeri, Marco, "L'economia del latifondo in Messico. L'hacienda San Antonio Tochatlaco dal 1880 al 1920", *Annali della Fondazione Luigi Einaudi*, X (1976), pp. 287-428.

Bernaldo de Quirós, C., *El bandolerismo en España y México*, México, 1959.

Bernstein, Marvin D., *The Mexican Mining Industry, 1890-1950: A Study of the Interaction of Politics, Economics, and Technology*, Albany, 1965.

Blaisdell, Lowell L., *The Desert Revolution, Baja California 1911*, Madison, 1962.

Blasco Ibáñez, Vicente, *Mexico in Revolution*, Nueva York, 1920.

Blok, Anton, "The Peasant and the Brigand: Social Banditry Reconsidered", *Comparative Studies in Society and History*, XIV (1972), pp. 494-503.

Boils, Guillermo, *Los militares y la política en México, 1915-1974*, México, 1975.

Bonilla, Manuel, *El Régimen Maderista*, México, 1922.

Boorstein Couturier, Edith, "Modernización y tradición en una hacienda (San Juan Hueyapan, 1902-1911)", *Historia Mexicana*, XVIII, núm. 1 (julio-septiembre de 1968), pp. 35-55.

Brading, D. A. (ed.), *Caudillo and Peasant in the Mexican Revolution*, Cambridge, 1980.

———, *Haciendas and Ranchos in the Mexican Bajío: León 1700-1860*, Cambridge, 1978.

Brenner, Anita, *Idols Behind Altars*, Nueva York, 1929.

Brenner, Robert, "The Origins of Capitalist Development: a Critique of Neo-Smithian Marxism", *New Left Review*, CIV (1977), pp. 25-92.

Brondo Whitt, E., *La división del norte (1914) por un testigo presencial*, México, 1940.

Buick, Harry Arthur, *The Gringos of Tepehuanes*, Londres, 1967.

Bulnes, Francisco, *El verdadero Díaz y la Revolución*, México, 1967.

Bustamante, Luis F., *De El Ébano a Torreón*, Monterrey, 1915.

Buve, Raymond Th. J., "Peasant Movements, Caudillos and Land Reform during the Revolution (1910-1917) in Tlaxcala, México", *Boletín de Estudios Latinoamericanos y del Caribe*, XVIII (1975), pp. 112-152.

Cabrera Ipiña, O., *San Luis Potosí*, San Luis Potosí, s. f.

Calero, Manuel, *Un decenio de política mexicana*, Nueva York, 1920.

Calvert, P. A. R., *The Mexican Revolution 1910-1914: The Diplomacy of Anglo-American Conflict*, Cambridge, 1968.

Calzadíaz Barrera, Alberto, *Hechos reales de la revolución mexicana*, vol. I, México, 1961.

———, *El fin de la División del Norte*, México, 1965.

———, *Por qué Villa atacó a Columbus*, México, 1972.

Carr, Barry, *El movimiento obrero y la política en México*, 2 vols., México, 1976.

———, "Las peculiaridades del norte mexicano, 1880-1927: ensayo de interpretación", *Historia Mexicana*, XXII, núm. 3 (enero-marzo de 1973), pp. 320-346.

———, "The Casa del Obrero Mundial, Constitutionalism and the Pact of February 1915", en Elsa Cecilia Frost *et al.* (eds.), *El trabajo y los trabajadores en la historia de México*, México/Arizona, 1979.

Casasola, Gustavo, *Historia gráfica de la revolución mexicana*, 5 vols., México, 1967.

Cervantes, Federico, *Francisco Villa y la Revolución*, México, 1960.

Clark, Marjorie Ruth, *Organised Labor in Mexico*, Chapel Hill, 1934.

Clendenen, Clarence C., *The United States and Pancho Villa: A Study in Unconventional Diplomacy*, Nueva York, 1961.

Cline, Howard F., "The Henequen Episode in Yucatán", *Inter-American Economic Affairs*, II (1948), pp. 30-51.

Coatsworth, John H., *El impacto económico de los ferrocarriles en el Porfiriato*, 2 vols., México, 1976.

———, "Railroads, Landholding and Agrarian Protest in the Early Porfiriato", *Hispanic American Historical Review*, LIV (febrero de 1974), pp. 48-71.

Cockcroft, James D., *Intellectual Precursors of the Mexican Revolution, 1900-1913*, Austin/Londres, 1976.

———, "El maestro de primaria en la revolución mexicana", *Historia Mexicana*, XVI, núm. 4 (abril-junio de 1967), pp. 565-587.

Córdova, Arnaldo, *La ideología de la revolución mexicana: La formación del nuevo régimen*, México, 1973.

Corrigan, Philip, "On the Politics of Production: a Comment on 'Peasant and Politics' by Eric Hobsbawm", *Journal of Peasant Studies*, II (abril de 1975), pp. 341-349.

Cosío Villegas, Daniel, *Historia Moderna de México. La República Restaurada. Vida Política*, México, 1955.

———, *Historia Moderna de México. El Porfiriato. La Vida Económica*, 2 vols., México, 1965.

———, *Historia Moderna de México. El Porfiriato. La Vida Política Interior*, vol. II, México, 1972.

———, *Porfirio Díaz y la revuelta de la Noria*, México, 1953.

Covarrubias, Miguel, *Mexico South. The Isthmus of Tehuantepec*, México, 1946.

Coy, Peter, "A Watershed in Mexican Rural History: Some Thoughts on the

Reconciliation of Conflicting Interpretations", *Journal of Latin American Studies,* III (1971), pp. 39-57.

Creelman, James, *Díaz Master of Mexico,* Nueva York, 1911.

Cross, Harry E., "Living Standards in Rural Nineteenth-Century Mexico: Zacatecas, 1820-1880", *Journal of Latin American Studies,* X (1978), pp. 1-19.

Cumberland, Charles C., *Mexican Revolution. Genesis Under Madero,* Austin, 1952.

——, *Mexican Revolution: the Constitutionalist Years,* Austin, 1972.

——, *Mexico: The Struggle for Modernity,* Londres, 1968.

——, "Huerta y Carranza ante la ocupación de Veracruz", *Historia Mexicana,* VI, núm. 4 (abril-junio de 1957), pp. 534-547.

——, "The Sonora Chinese and the Mexican Revolution", *Hispanic American Historical Review,* XL (1960), pp. 191-211.

Cusi, Ezio, *Memorias de un colono,* México, 1969.

Chase, Stuart, *Mexico: A Study of Two Americas,* Nueva York, 1931.

Chávez Calderón, Plácido, *La defensa de Tomochi,* México, 1964.

Chevalier, François, "Conservatures et libéraux au Méxique: essai de sociologie et géographie politiques, de l'independance à l'intervention française", *Cahiers d'Histoire Mondiale,* VIII (1964), pp. 457-474.

Chirot, Daniel, "The Growth of the Market and Service Labor Systems in Agriculture", *Journal of Social History,* VIII (1974-1975), pp. 67-80.

Davies, Keith A., "Tendencias demográficas urbanas durante el siglo XIX en México", *Historia Mexicana,* XXI, núm. 3 (enero-marzo de 1972), pp. 481-524.

——, *Diario de los debates del congreso constituyente, 1916-1917,* 2 vols., México, 1960.

Dillon, E. J., *President Obregón. A World Reformer,* Londres, 1922.

Disch, Arne, "Peasants and Revolts", *Theory and Society,* VII (1979), pp. 243-252.

Dollero, Alfonso, *México al día,* México, 1911.

Dorador, Silvestre, *Mi prisión, la defensa social y la verdad del caso,* México, 1916.

Dulles, John W. F., *Yesterday in Mexico. A Chronicle of the Revolution 1919-1936,* Austin, 1961.

Duncan, Kenneth, y Ian Rutledge, *Land and Labour In Latin America. Essays on the development of agrarian capitalism in the nineteenth and twentieth centuries,* Cambridge, 1977.

Dunn, F. S., *The Diplomatic Protection of Americans in Mexico,* Nueva York, 1933.

——, *La economía mexicana en cifras,* México, Nacional Financiera, 1978.

Enock, C. Reginald, *Mexico,* Londres, 1909.

Espinosa, Luis, *Rastros de sangre. Historia de la revolución en Chiapas,* México, 1912.

Esquivel Obregón, Toribio, *México y Estados Unidos ante el derecho internacional,* México, 1926.

Estadísticas económicas del Porfiriato, México, El Colegio de México, 1956.

Evans, Rosalie, *The Rosalie Evans Letters from Mexico,* Daisy Caden Pettus (ed.), Indianápolis, 1926.

Fabela, Isidro (ed.), *Documentos Históricos de la Revolución Mexicana. Revolución y Régimen Maderista,* 5 vols., México, 1964-1965.

——, *Documentos Históricos de la Revolución Mexicana. Emiliano Zapata, El Plan de Ayala y su política agraria,* México, 1970.

——, *Historia diplomática de la revolución constitucionalista,* 2 vols., México, 1959.

Fabila, Alfonso, *Las tribus Yaquis de Sonora: su cultura y anhelada autodeterminación,* México, 1940.

Falcón, Romana, *El agrarismo en Veracruz. La etapa radical (1928-1935),* México, 1977.

——, "¿Los orígenes populares de la Revolución de 1910? El caso de San Luis Potosí", *Historia Mexicana,* XXIX, núm. 2 (octubre-diciembre de 1979), pp. 197-240.

——, *The Rise and Fall of Military Caciquismo in Revolutionary Mexico: the Case of San Luis Potosí,* tesis doctoral, Oxford, 1983.

Fall Report: *véase* Senado de los Estados Unidos.

Fernández Rojas, José, *De Porfirio Díaz a Victoriano Huerta 1910-1913,* México, 1913.

Figueroa Domenech, J., *Guía general descriptiva de la República mexicana,* 2 vols., Barcelona, 1899.

Flandrau, Charles Macomb, *Viva Mexico!,* Nueva York, 1921.

Flores D., Jorge, "La vida rural en Yucatán en 1914", *Historia Mexicana,* X, núm. 3 (enero-marzo de 1961), pp. 470-483.

Foster, George M., *A Primitive Mexican Economy,* Seattle/Londres, 1942.

——, "Peasant Society and the Image of the Limited Good", *American Anthropologist,* LXVII (1965), pp. 293-315.

Foster, Harry L., *A Gringo in Mañana-Land,* Londres, 1924.

Fowler Salamini, Heather, *Agrarian Radicalism in Veracruz 1920-1938,* Lincoln, 1978.

——, "Caciquismo and the Mexican Revolution: the Case of Manuel Peláez", trabajo presentado en la Sixth Conference of Mexican and US Historians, Chicago, septiembre de 1981.

Frank, A. G., *Capitalism and Underdevelopment in Latin America,* Nueva York, 1967.

Fraser, Donald J., "La política de desamortización en las comunidades indígenas, 1856-1872", *Historia Mexicana,* XXI, núm. 4 (abril-junio de 1972), pp. 615-652.

Frías, Heriberto, *Tomóchic. Episodios de la campaña de Chihuahua,* México, 1964 [1894].

Friedlander, Judith, "The Socialisation of the Cargo System: an Example from Postrevolutionary Mexico", *Latin American Research Review,* XVI (1981), pp. 132-144.

Friedrich, Paul, *Agrarian Revolt in a Mexican Village,* Englewood Cliffs, 1970.

Frost, Elsa Cecilia *et al.* (eds.), *El trabajo y los trabajadores en la historia de México,* México/Arizona, 1979.
Fuentes Mares, José, *Y México se refugió en el desierto,* México, 1954.
Fyfe, Hamilton, *The Real Mexico,* Londres, 1914.
Gadow, Hans, *Through Southern Mexico: Being an Account of the Travels a Naturalist,* Londres/Nueva York, 1908.
Gámez, Atenedoro, *Monografía histórica sobre la génesis de la revolución en el estado de Puebla,* México, 1960.
Gamio, Manuel, *Mexican Immigration to the United States,* Nueva York, 1971 [1930].
——, *La población del valle de Teotihuacán,* México, 1922.
——, *The Life Story of the Mexican Immigrant,* Chicago, 1931.
Gamiz Olivas, Manuel, *Historia de la revolución en el estado de Durango,* México, 1963.
Garibaldi, Giuseppe, *Toast to Rebellion,* Nueva York, 1935.
García, Mario T., *Desert Immigrants. The Mexicans of El Paso 1880-1920,* Yale, 1981.
García Cantú, Gabriel, *Utopías Mexicanas,* México, 1963.
García Cubas, Antonio, *Mexico, its Trade, Industry and Resources,* México, 1893.
García Naranjo, Nemesio, *Memorias,* vol. VII, Monterrey, s. f.
Garciadiego Dantan, Javier, *Revolución constitucionalista y contrarrevolución (Movimientos reaccionarios en México 1914-1920),* tesis doctoral, El Colegio de México, 1981.
Garza Treviño, Carlos, *La revolución mexicana en el estado de Tamaulipas (Cronología), 1885-1913,* México, 1973.
Gavira, Gabriel, *General de Brigada Gabriel Gavira. Su actuación político-militar revolucionaria,* México, 1933.
Gill, Mario, "Los Escudero de Acapulco", *Historia Mexicana,* III, núm. 2 (octubre-diciembre de 1953), pp. 295-308.
——, "Mochis, fruto de un sueño imperialista", *Historia Mexicana,* V, núm. 2 (octubre-diciembre de 1955), pp. 303-320.
Gilly, Adolfo *et al., Interpretaciones de la Revolución mexicana,* México, 1980.
——, *La revolución interrumpida, México 1910-1920. Una guerra campesina por la tierra y el poder,* México, 1971.
Girón, Nicole, *Heraclio Bernal: ¿bandolero, cacique o precursor de la revolución?,* México, 1976.
Glade, William P., *The Latin American Economies, a Study of their Institutional Evolution,* Nueva York, 1963.
Glade, William P. y Charles W. Anderson, *The Political Economy of Mexico,* Madison, 1968.
Goldfrank, Walter L., "Inequality and Revolution in Rural Mexico", *Social and Economic Studies,* XXV (1976), pp. 397-410.
——, "Theories of Revolution and Revolution without Theory", *Theory and Society,* VII (1979), pp. 135-165.

Gómez, Marte R., *La reforma agraria en las filas villistas*, México, 1966.
González Calzada, Manuel, *Historia de la revolución mexicana en Tabasco*, México, 1972.
González y González, Luis, *Pueblo en vilo. Microhistoria de San José de Gracia*, México, 1972.
González Navarro, Moisés, *Historia moderna de México. El Porfiriato. La vida social*, México, 1970.
———, "El trabajo forzoso en México, 1821-1917", *Historia Mexicana*, XXVII, núm. 4 (abril-junio de 1978), pp. 588-615.
———, *Población y sociedad en México (1900-1970)*, 2 vols., México, 1974.
González Ramírez, Manuel, *Fuentes para la historia de la Revolución mexicana*, II, *La caricatura política*, México, 1955.
———, *Manifiestos políticos, 1892-1912*, México, 1957.
———, *La revolución social de México: las ideas, la violencia*, México, 1960.
González Roa, F., *El aspecto agrario de la Revolución mexicana*, México, 1919.
———, *El problema ferrocarrilero*, México, 1919.
Goodman, David, y Michael Redclift, *From Peasant to Proletarian: Capitalist Development and Agrarian Transition*, Oxford, 1981.
Grajales, Francisco J., *véase* Obregón.
Greene, Graham, *The Lawless Roads*, Harmondsworth, 1971 [1939].
Grieb, Kenneth J., "The Causes of the Carranza Rebellion: a Reinterpretation", *Americas*, XXV (1968), pp. 25-32.
———, *The United States and Huerta*, Lincoln, 1969.
Grimaldo, I., *Apuntes para la historia*, San Luis, 1916.
Gruening, Ernest, *Mexico and its Heritage*, Nueva York, 1928.
Guerra, F. X., "La révolution mexicaine: d'abord une révolution minière?", *Annales Economies, Sociétés, Civilisations Paris*, XXXVI (1981), pp. 785-814.
Gurr, Ted Robert, *Why Men Rebel*, Princeton, 1970.
Guzmán, Martín Luis, *The Eagle and the Serpent*, Nueva York, 1965.
———, *Memorias de Pancho Villa*, México, 1964.
Haley, J. Edward, *Revolution and Intervention. The Diplomacy of Taft and Wilson with Mexico 1910-1917*, MIT, 1970.
Hall, Linda B., *Álvaro Obregón. Power and Revolution in Mexico, 1911-1920*. Texas A&M University Press, 1981.
———, "Álvaro Obregón and the Agrarian Movement, 1912-1920", en D. A. Brading, (ed.), *Caudillo and Peasant in the Mexican Revolulion*, Cambridge, 1980.
Hamilton, Charles W., *Early Days. Oil Tales of Mexico*, Houston, 1966.
Hammond, John Hays, *Autobiography of John Hays Hammond*, 2 vols., Nueva York, 1935.
Harper, Henry A., *A Journey in South-eastern Mexico*, Nueva York, 1910.
Harrison, Charles H., *A Mexican Family Empire. The Latifundo of the Sánchez Navarros, 1765-1867*, Austin, 1975.
Hart, John M., *Anarchism and the Mexican Working Class, 1869-1931*, Austin, 1978.

Hart, John M., "Nineteenth-century Urban Labor Precursors of the Mexican Revolution: the Development of an Ideology", *Americas*, XXX (1974), pp. 297-318.

———, "The Urban Working Class and the Mexican Revolution: the Case of the Casa del Obrero Mundial", *Hispanic American Historical Review*, LVIII (febrero de 1978), pp. 1-20.

Henderson, Peter V. N., *Félix Díaz, the Porfirians, and the Mexican Revolution*, Lincoln, 1981.

———, "Un gobernador maderista: Benito Juárez Maza y la Revolución en Oaxaca", *Historia Mexicana*, XXIV, núm. 3 (enero-marzo de 1975), pp. 372-389.

Hendrick, Burton J., *The Life and Letters of Walter Hines Page*, Londres, 1924.

Hernández Chávez, Alicia, "La defensa de los finqueros en Chiapas, 1914-1920", *Historia Mexicana*, XXVIII, núm. 3 (enero-marzo de 1979), pp. 335-369.

Hill, Larry D., *Emissaries to a Revolution: Woodrow Wilson's Executive Agents in Mexico*, Baton Rouge, 1973.

Hilton, Rodney et al., *The Transition From Feudalism to Capitalism*, Londres, 1978.

———, *Historia de la Brigada Mixta "Hidalgo" que es a las órdenes del General Vicente Segura*, México, 1917.

Hobsbawm, E. J., *Bandits*, Londres, 1972.

———, "Peasants and Politics", *Journal of Peasant Studies*, I (octubre de 1973), pp. 1-22.

———, "Peasants and Rural Migrants in Politics", en Claudio Veliz (ed.), *The Politics of Conformity in Latin America*, Oxford, 1967.

Hohler, Thomas Beaumont, *Diplomatic Petrel*, Londres, 1942.

Horcasitas, Fernando, *De Porfirio Díaz a Zapata: Memoria Náhuatl de Milpa Alta*, México, 1974.

Hu-Dehart, Evelyn, "Development and Rural Rebellion: Pacification of the Yaquis in the late Porfiriato", *Hispanic American Historical Review*, LIV (febrero de 1974), pp. 72-93.

Huitrón, Jacinto, *Orígenes e historia del movimiento obrero en México*, México, 1978.

Huntington, Samuel P., *Political Order in Changing Societies*, New Haven/Londres, 1971.

Huxley, Aldous, *Beyond the Mexique Bay*, Londres, 1955.

Iturriaga, José E., *La estructura social y cultural de México*, México, 1951.

Jacobs, Ian, *Aspects of the History of the Mexican Revolution in the State of Guerrero up to 1940*, tesis doctoral, Cambridge, 1977.

———, *Ranchero Revolt: The Mexican Revolution in Guerrero*, Austin, 1982.

———, "Rancheros of Guerrero: the Figueroa Brothers and the Revolution", en D. A. Brading (ed.), *Caudillo and Peasant in the Mexican Revolution*, Cambridge, 1980.

Jones, Chester Lloyd, *Mexico and its Reconstruction*, Nueva York, 1921.

Joseph, Gilbert M., *Revolution from Without: the Mexican Revolution in Yucatán*, tesis doctoral, Yale, 1978.

Joseph, Gilbert M., *Revolution from Without: Yucatán, Mexico and the United States, 1880-1924*, Cambridge, 1982.
Junco, Alfonso, *Carranza y los orígenes de su rebelión*, México, 1955.
Katz, Friedrich, "Agrarian Changes in Northern Mexico in the Period of Villista rule, 1913-1915", en James W. Wilkie, Michael C. Meyer y Edna Monzón de Wilkie (eds.), *Contemporary Mexico Papers of its Fourth International Congress of Mexican History*, Berkeley, 1976.
——, *Deutschland, Díaz und die mexikanische Revolution*, Berlín, 1964.
——, "Labor Conditions on Haciendas in Porfirian Mexico: Some Trends and Tendencies", *Hispanic American Historical Review*, LIV (febrero de 1974), pp. 1-47.
——, *The Secret War in Mexico. Europe, The United States and the Mexican Revolution*, Chicago, 1981.
——, *La Servidumbre Agraria en México en la Época Porfiriana*, México, 1980.
——, "Pancho Villa and the attack on Columbus, New Mexico", *The American Historical Review*, LXXXIII (febrero de 1978), pp. 101-130.
Kearney, Michael, *The Winds of Ixtepeji: World View and Society in a Zapotec Town*, Nueva York, 1972.
Keesing, Donald B., "Structural Change Early in Development: Mexico's Changing Industrial and Occupational Structure from 1895-1950", *Journal of Economics History*, XXIX (1969), pp. 716-737.
Kemmerer, E. J., *Inflation and Revolution: Mexico's Experience of 1912-1917*, Princeton, 1940.
King, Rosa, *Tempest Over Mexico*, Boston, 1935.
Kingdom, M., *From Out the Dark Shadows*, San Diego, 1925.
Knight, Alan, *Nationalism, Xenophobia and Revolution: The Place of Foreigners and Foreign Interest in Mexico, 1910-1915*, tesis doctoral, Oxford, 1974.
——, "Intellectuals in the Mexican Revolution", ponencia presentada en la Sixth Conference of Mexican and US Historians, Chicago, septiembre de 1981.
——, "La révolution mexicaine: révolution minière ou révolution serrano?", *Annales Economies, Sociétés, Civilisations Paris*, XXXVIII, 2 (1983), pp. 449-459.
——, "The Political Economy of Revolutionary Mexico 1900-1940", en C. Abel y C. Lewis (eds.), *Latin America, Economic Imperialism and the State. The Political Economy of an External Connection during the Nineteenth and Twentieth Century*, Londres, 1985, pp. 288-317.
——, "The Working Class and the Mexican Revolution, C. 1900-1920", *Journal of Latin American Studies*, XVI (1984), pp. 51-79.
Krauze, Enrique, *Caudillos culturales en la Revolución mexicana*, México, 1976.
Landsberger, Henry A. (ed.), *Latin American Peasant Movements*, Cornell, 1969.
——, *Rural Protest: Peasant Movements and Social Change*, Londres, 1974.
Langle Ramírez, Arturo, *El ejército villista*, México, 1961.
——, *El militarismo de Victoriano Huerta*, México, 1976.

Leal, Juan Felipe, "El Estado y el bloqueo en el poder en México, 1867-1914", *Historia Mexicana*, XXIII, núm. 4 (abril-junio de 1974), pp. 700-721.

Lejeune, Louis, *Terres Mexicaines*, México/París, 1912.

Lewis, Oscar, *Life in a Mexican Village: Tepoztlan Restudied*, Urbana, 1963.

———, *Pedro Martínez: A Mexican Peasant and his Family*, Londres, 1969.

Liceaga, Luis, *Félix Díaz*, México, 1958.

Lieuwen, Edwin, *Mexican Militarism: the Political Rise and Fall of the Revolutionary Army, 1910-1940*, Albuquerque, 1968.

Limantour, José Yves, *Apuntes sobre mi vida pública*, México, 1965.

Link, Arthur S., *Wilson: The New Freedom*, Princeton, 1956.

Lister, Florence C., y H. Robert, *Chihuahua, Storehouse of Storms*, Albuquerque, 1966.

Lozoya, Jorge Alberto, *El ejército mexicano, 1911-1965*, México, 1970.

Lumholtz, Carl, *Unknown Mexico*, 2 vols., Londres, 1903.

Luna, Jesús, *La carrera pública de Don Ramón Corral*, México, 1975.

Macías, Anna, "Women in the Mexican Revolution, 1910-1920", *Americas*, XXXVII (1980), pp. 53-82.

Madero, Francisco I., *La sucesión presidencial en 1910*, San Pedro, 1908.

Mancisidor, José, *Historia de la Revolución mexicana*, México, 1971.

Manero, Antonio, *Por el honor y por la gloria: 50 editoriales escritos durante la lucha revolucionaria constitucionalista en Veracruz*, México, 1916.

Margolies, Barbara Luise, *Princes of the Earth. Subcultural Diversity in a Mexican Municipality*, Washington, D. C., 1975.

María y Campos, Armando, *Múgica, crónica biográfica*, México, 1939.

Márquez Sterling, Manuel, *Los últimos días del presidente Madero*, La Habana, 1917.

Martin, Percy F., *Mexico of the Twentieth Century*, 2 vols., Londres, 1907.

Martínez, Óscar J., *Border Boom Town: Ciudad Juárez since 1848*, Austin, 1978.

Martínez Alier, Juan, *Haciendas, Plantations and Collective Farms. Agrarian Class Societies—Cuba and Peru*, Londres, 1977.

Martínez Jiménez, Alejandro, "La educación elemental en el Porfiriato", *Historia Mexicana*, XXII, núm. 4 (abril-junio de 1973), pp. 514-552.

Martínez Núñez, Eugenio, *La revolución en el estado de San Luis Potosí*, México, 1964.

McBride, George M., *The Land Systems of Mexico*, Nueva York, 1923.

Meade, Joaquín, *Historia de Valles*, México, 1970.

Mendieta y Núñez, Lucio, *Efectos sociales de la reforma agraria en tres comunidades ejidales de la República mexicana*, México, 1960.

———, *El problema agrario de México*, México, 1966.

Mendoza, Vicente T., *El corrido de la Revolución mexicana*, México, 1956.

———, *Lírica narrativa de México: el corrido*, México, 1964.

———, *Mexican Year Book*, Londres, 1914.

———, *Mexican Year Book*, Los Ángeles, 1922.

Meyer, Eugenia *et al.*, *La vida con Villa en la Hacienda de Canutillo*, México, 1974.

Meyer, Jean, *The Cristero Rebellion. The Mexican People Between Church and State, 1926-1929,* Cambridge, 1976.

———, *La Cristiada,* 3 vols., México, 1974.

———, *Problemas campesinos y revueltas agrarias (1821-1910),* México, 1973.

———, *La révolution mexicaine: 1910-1940,* París, 1973.

———, "Les ouvriers dans la révolution mexicaine: les bataillons rouges 170", *Annales Economies, Sociétés, Civilisations Paris,* XXV/I (1970), pp. 30-55.

Meyer, Lorenzo, *México y Estados Unidos en el conflicto petrolero,* México, 1968.

Meyer, Michael C., *Huerta. A Political Portrait,* Lincoln, 1972.

———, *Mexican Rebel: Pascual Orozco and the Mexican Revolution,* Lincoln, 1967.

———, "The militarisation of Mexico, 1913-1914", *Americas,* XXVII (1970-1971), pp. 293-306.

Migdal, Joel S., *Peasants, Politics and Revolution,* Princeton, 1974.

Millon, Robert P., *Zapata. The Ideology of a Peasant Revolutionary,* Nueva York, 1969.

Moats, Leone, *Thunder in their Veins,* Londres, 1933.

Moheno, Querido, *Mi actuación después de la decena trágica,* México, 1939.

Molina Enríquez, Andrés, *Los grandes problemas nacionales,* México, 1909.

———, *Los grandes problemas nacionales,* introd. de A. Córdova, México, 1978.

Montemayor Hernández, Andrés, *Historia de Monterrey,* Monterrey, 1971.

Moore, Barrington Jr., *Injustice. The Social Bases of Obedience and Revolt,* Londres, 1978.

———, *Social Origins of Dictatorship and Democracy. Lord and Peasant in the Making of the Modern World,* Londres, 1969.

Moore, Wilbert E., *Industrialization and Labor: Social Aspects of Economic Development,* Cornell, 1951.

Morales Jiménez, Alberto, *Hombres de la Revolución mexicana,* México, 1960.

Moreno Toscano, Alejandra, "Cambios en los patrones de urbanización en México, 1810-1910", *Historia Mexicana,* XXII, núm. 2 (octubre-diciembre de 1972), pp. 160-187.

———, "El paisaje rural y las ciudades: dos perspectivas de la geografía histórica", *Historia Mexicana,* XXI, núm. 2 (octubre-diciembre de 1971), pp. 242-268.

Morgan, A. L., *Industry and Society in the Mexico City Area, 1875-1920,* tesis doctoral, CNAA, 1984.

Mörner, Magnus, "La hacienda hispanoamericana: examen de las investigaciones y debates recientes", en Enrique Florescano (ed.), *Haciendas, latifundios y plantaciones en América Latina,* México, 1979.

Nahmad, Salomon, *Los mixes,* México, 1965.

Nash, Manning (ed.), *Handbook of Middle American Indians,* vol. VI, Austin, 1967.

Niemeyer, E. V., *El general Bernardo Reyes,* Monterrey, 1966.

———, *Revolution at Querétaro: The Mexican Constitutional Convention of 1916-1917,* Austin, 1974.

Obregón, Álvaro, *Ocho mil kilómetros en campaña*, introd. Francisco Grajales, México, 1966.

O'Brien, Dennis J., "Petróleo e intervención. Relaciones entre los Estados Unidos y México, 1917-1918", *Historia Mexicana*, XXVII, núm. 1 (julio-septiembre de 1977), pp. 103-141.

Ochoa Campos, Moisés, *La Revolución mexicana, sus causas políticas*, 2 vols., México, 1968.

——, *La Revolución mexicana, sus causas sociales*, México, 1967.

——, *Historia del estado de Guerrero*, México, 1968.

O'Hea, Patrick, *Reminiscences of the Mexican Revolution*, México, 1966.

Olea, Héctor R., *Breve historia de la revolución en Sinaloa*, México, 1964.

Olivera Sedano, Alicia, *Aspectos del conflicto religioso de 1926 a 1929. Sus antecedentes y consecuencias*, México, 1966.

Ortiz Ortiz, Alfonso, *Episodios de la revolución en Moroleón*, México, 1976.

O'Shaughnessy, Edith, *A Diplomat's Wife in Mexico*, Nueva York, 1916.

Oviedo Mota, Alberto, *El trágico fin del General Gertrudis G. Sánchez*, Morelia, 1939.

Paige, Jeffery M., *Agrarian Revolution: Social Movements and Export Agriculture in the Underdeveloped World*, Nueva York, 1978.

Palavicini, Félix F., *Mi vida revolucionaria*, México, 1937.

Pani, Alberto J., *Apuntes autobiográficos*, México, 1951.

Pazuengo, Matías, *Historia de la revolución en Durango*, Cuernavaca, 1915.

——, *Historia de la revolución en Durango por el General Matías Pazuengo*, Cuernavaca, 1915.

Peña, Moisés T. de la, *El pueblo y su tierra. Mito y realidad de la reforma agraria en México*, México, 1964.

Pletcher, David M., *Rails, Mines and Progress. Seven American Pioneers in Mexico, 1867-1911*, Ithaca, 1958.

Pollard, H. B. C., *A Busy Time in Mexico*, Londres, 1913.

Popkin, Samuel L., *The Rational Peasant. The Political Economy of Rural Society in Vietnam*, Berkeley, 1979.

Powell, T. G., "Mexican Intellectuals and the Indian Question, 1876-1911", *Hispanic American Historical Review*, XLVIII (febrero de 1968), pp. 19-36.

Puente, Ramón, *Pascual Orozco y la revuelta de Chihuahua*, México, 1912.

Quijano Obregón, Aníbal, "Contemporary Peasant Movements", en Seymour Martin Lipset y Aldo Solari (eds.), *Elites in Latin America*, Oxford, 1970.

Quirk, Robert E., *An Affair of Honor: Woodrow Wilson and the Occupation of Veracruz*, Nueva York, 1967.

——, "Liberales y radicales en la Revolución mexicana", *Historia Mexicana*, II, núm. 4 (abril-junio de 1953), pp. 503-528.

——, *The Mexican Revolution, 1914-1915. The Convention of Aguascalientes*, Nueva York, 1960.

——, *The Mexican Revolution and the Catholic Church, 1910-1929*, Bloomington, 1973.

Raat, William D., "Los intelectuales, el positivismo y la cuestión indígena", *Historia Mexicana*, XX, núm. 3 (enero-marzo de 1971), pp. 412-427.

———, *El positivismo durante el Porfiriato 1876-1910*, México, 1975.

Ramírez, Alfonso Francisco, *Historia de la revolución en Oaxaca*, México, 1970.

Ramírez Plancarte, Francisco, *La Ciudad de México durante la revolución constitucionalista*, México, 1941.

Redfield, Robert, *A Village That Chose Progress: Chan Kom Revisited*, Chicago/Londres, 1970.

Reed, John, *Insurgent Mexico*, Nueva York, 1969.

Reed, Nelson, *The Caste War of Yucatán*, Stanford, 1964.

Reina, Leticia, *Las rebeliones campesinas en México (1819-1906)*, México, 1980.

Reynolds, Clark W., *The Mexican Economy, Twentieth-Century Structure and Growth*, Yale, 1970.

Richmond, Douglas W., *The First Chief and Revolutionary Mexico: the Presidency of Venustiano Carranza, 1915-1920*, tesis doctoral, University of Washington, 1976.

———, "El nacionalismo de Carranza y los cambios socioeconómicos, 1915-1920", *Historia Mexicana*, XXVI, núm. 1 (julio-septiembre de 1976), pp. 107-131.

———, *Venustiano Carranza's Nationalist Struggle, 1893-1920*, Lincoln, 1983.

Rius Facius, Antonio, *La juventud católica y la Revolución mexicana*, México, 1963.

Rojas Nieto, Luisa Beatriz, *La destrucción de la hacienda en Aguascalientes, 1910-1931*, México, 1976.

Romero Flores, Jesús, *Historia de la revolución en Michoacán*, México, 1964.

Ronfeldt, David, *Atencingo: The Politics of Agrarian Struggle in a Mexican Ejido*, Stanford, 1973.

Rosenzweig, Fernando, "El desarrollo económico de México de 1877 a 1911", *El Trimestre Económico*, XXXII (1965), pp. 405-454.

Ross, Stanley R., "Victoriano Huerta visto por su compadre", *Historia Mexicana*, XII, núm. 2 (octubre-diciembre de 1962), pp. 296-321.

Ross, Stanley R., *Francisco I. Madero Apostle of Mexican Democracy*, Nueva York, 1955.

Rouaix, Pastor, *Génesis de los artículos 27 y 123 de la constitución política de 1917*, México, 1959.

———, *Diccionario geográfico, histórico y biográfico del Estado de Durango*, México, 1946.

Rudenko, B. T., N. M. Lavrov y M. S. Alperovich, *La Revolución mexicana: cuatro estudios soviéticos*, México, 1978.

Ruiz, Ramón Eduardo, *The Great Rebellion, Mexico 1905-1924*, Nueva York, 1980.

———, *Labor and the Ambivalent Revolutionaries Mexico 1911-1923*, Baltimore, 1976.

Rutherford, John, *Mexican Society During the Revolution: A Literary Approach*, Oxford, 1971.

Salazar, Rosendo, y José Escobedo, *Las pugnas de la gleba*, México, 1923.
Sánchez Azcona, Juan, *Apuntes para la historia de la revolución mexicana*, México, 1961.
Sandels, Robert L., "Antecedentes de la Revolución en Chihuahua", *Historia Mexicana*, XXIV, núm. 3 (enero-marzo de 1975), pp. 390-402.
———, "Silvestre Terrazas and the Old Regime in Chihuahua", *Americas*, XXVIII (1971), pp. 191-205.
Schiff, W., "German Military Penetration into Mexico During the Late Díaz Period", *Hispanic American Historical Review*, XXXIX (noviembre de 1959), pp. 568-579.
Schmieder, Oscar, *The Settlements of the Tzapotec and Mije Indians*, Berkeley, 1930.
Schmitt, Karl M., "The Díaz Conciliation Policy on State and Local Levels, 1876-1911", *Hispanic American Historical Review*, XL (noviembre de 1960), pp. 182-204.
———, *Mexico and the United States, 1821-1973: Conflict and Co-existence*, Nueva York, 1974.
Schryer, Frans J., *The Rancheros of Pisaflores. The History of a Peasant Bourgeoisie in Twentieth-Century Mexico*, Toronto, 1980.
Sepúlveda Otaiza, Ximena, *La revolución en Bachíniva*, México, 1975.
Sherman, William L., y Richard E. Greenleaf, *Victoriano Huerta: A Reappraisal*, México, 1960.
Silva Herzog, Jesús, *Breve historia de la Revolución mexicana*, 2 vols., México, 1969.
———, *La cuestión de la tierra*, 4 vols., México, 1961.
Simpson, Eyler N., *The Ejido, Mexico's Way Out*, Chapel Hill, 1937.
Sims, Harold D., "Espejo de caciques: los Terrazas de Chihuahua", *Historia Mexicana*, XVIII, núm. 3 (enero-marzo de 1969), pp. 377-399.
Skocpol, Theda, *States and Social Revolutions: A Comparative Analysis of France, Russia and China*, Cambridge, 1980.
Smith, Peter H., *Labyrinths of Power: Political Recruitment in Twentieth Century Mexico*, Princeton, 1979.
———, "The Mexican Revolution and the transformation of political elites", *Boletín de Estudios Latinoamericanos y del Caribe*, XXV (1978), pp. 3-20.
Smith, Robert F., *The United States and Revolutionary Nationalism in Mexico, 1916-1932*, Chicago, 1972.
Sotelo Inclán, Jesús, *Raíz y razón de Zapata*, México, 1943.
Starr, Frederick, *In Indian Mexico: A Narrative of Travel and Labor*, Chicago, 1908.
Stinchcombe, Arthur L., "Agricultural Enterprise and Rural Class Relations", *American Journal of Sociology*, LXVII (1961-1962), pp. 165-176.
Stresser-Péan, Guy, "Problèmes agraires de la Huasteca ou région de Tampico", en *Problèmes Agraires des Amériques Latines*, París, 1967.
Szyszlo, Vitold de, *Dix milles kilomètres à travers le Méxique*, París, 1913.

Tannenbaum, Frank, *Peace by Revolution: Mexico After 1910*, Nueva York, 1966.
——, "La revolución agraria mexicana", *Problemas Agrícolas e Industriales de México*, IV (1952).
Tapia, Rafael, *Mi participación revolucionaria*, Veracruz, 1967.
Taracena, Alfonso, *Venustiano Carranza*, México, 1963.
——, *La verdadera Revolución mexicana*, vols. I-V, México, 1960.
Teitelbaum, Louis M., *Woodrow Wilson and the Mexican Revolution, 1913-1916*, Nueva York, 1967.
Thompson, E. P., "Time, Work-Discipline and Industrial Capitalism", *Past and Present*, XXXVIII (1967), pp. 56-97.
Thord-Grey, I., *Gringo Rebel*, Coral Gables, 1960.
Tilly, Charles, Louise Tilly y Richard Tilly, *The Rebellious Century 1830-1930*, Cambridge, 1975.
Tischendorf, Alfred, *Great Britain and Mexico in the Era of Porfirio Díaz*, Durham, Carolina del Norte, 1961.
Tobler, Hans-Werner, "Álvaro Obregón und die Anfänge der mexikanischen Agrarreform: Agrarpolitik und Agrarkonflikt, 1921-1924", *Jahrbuch für Geschichte von Staat, Wirtschaft und Gesellschaft Lateinamerikas*, VIII (1971), pp. 310-356.
——, "Las paradojas del ejército revolucionario: su papel en la reforma agraria mexicana, 1920-1935", *Historia Mexicana*, XXI, núm. 1 (julio-septiembre de 1971), pp. 38-79.
Tocqueville, Alexis de, *L'Ancien Régime*, Oxford, 1962.
Turner, Frederick C., *The Dynamic of Mexican Nationalism*, Chapel Hill, 1968.
Turner, John K., *Barbarous Mexico*, Chicago, 1912.
Tutino, John M., "Hacienda Social Relations in Mexico: The Chalco Region in the Era of Independence", *Hispanic American Historical Review*, LV (agosto de 1975), pp. 496-528.
Ulloa, Berta, "Carranza y el armamento norteamericano", *Historia Mexicana*, XVII, núm. 2 (octubre-diciembre de 1967), pp. 253-261.
——, *Historia de la Revolución mexicana, Periodo 1914-1917*, IV, *La revolución escindida*, México, 1979.
——, *La Revolución intervenida: relaciones diplomáticas entre México y Estados Unidos (1910-1914)*, México, 1971.
——, "Las relaciones mexicano-norteamericanas, 1910-1911", *Historia Mexicana*, XV, núm. 1 (julio-septiembre de 1965), pp. 25-46.
——, *United States Senate, Investigation of Mexican Affairs: Report of a Hearing before a Sub-Committee on Foreign Relations*, 2 vols., Washington, 1919-1920 (referido como "Fall Report").
Urquizo, Francisco, *Páginas de la revolución*, México, 1956.
Valadés, José C., *Imaginación y realidad de Francisco I. Madero*, 2 vols., México, 1960.
——, *Historia general de la Revolución mexicana*, 5 vols., México, 1963-1965.

Vanderwood, Paul J., *Disorder and Progress. Bandits, Police and Mexican Development*, Lincoln/Londres, 1981.

——, "Los rurales: producto de una necesidad social", *Historia Mexicana*, XXII, núm. 1 (julio-septiembre de 1972), pp. 34-51.

Vasconcelos, José, *A Mexican Ulysses: An Autobiography*, trad. de W. R. Crawford, Bloomington, 1963.

Vázquez de Knauth, Josefina, *Nacionalismo y educación en México*, México, 1970.

Vera Estañol, Jorge, *La Revolución mexicana. Orígenes y resultados*, México, 1957.

Warman, Arturo, *Y venimos a contradecir: los campesinos de Morelos y el Estado nacional*, México, 1976.

Wasserman, Mark, *Capitalists, Caciques and Revolution. The Native Elite and Foreign Enterprise in Chihuahua, Mexico, 1854-1911*, Chapel Hill, 1984.

——, "Oligarquía e intereses extranjeros en Chihuahua durante el Porfiriato", *Historia Mexicana*, XXII, núm. 3 (enero-marzo de 1973), pp. 270-319.

Waterbury, Ronald, "Non-revolutionary Peasants: Oaxaca Compared to Morelos in the Mexican Revolution", *Comparative Studies in Society and History*, XVII (1975), pp. 410-442.

Whetten, Nathan, *Rural Mexico*, Chicago, 1948.

White, Robert A., "Mexico: the Zapata movement and the Revolution", en Henry A. Landsberger (ed.), *Latin American Peasant Movements*, Cornell, 1969.

Wilkie, James W., *The Mexican Revolution: Federal Expenditure and Social Change since 1910*, Berkeley, 1970.

Wilkie, James W., y Edna Monzón de Wilkie, *México visto en el siglo xx: entrevistas de historia oral*, México, 1969.

Wilkie, James W., Michael C. Meyer y Edna Monzón de Wilkie (eds.), *Contemporary Mexico, Papers of the Sixth International Congress of Mexican History*, Berkeley, 1976.

Wilson, Henry Lance, *Diplomatic Episodes in Mexico, Belgium and Chile*, Nueva York, 1927.

Winter, Nevin O., *Mexico and her People of Today*, Londres, 1913.

Wolf, Eric R., "On Peasant Rebellions", en T. Shanin (ed.), *Peasants and Peasant Societies*, Londres, 1971.

——, *Peasant Wars of the Twentieth Century*, Londres, 1973.

——, *Sons of the Shaking Earth*, Chicago, 1972.

Wolf, Eric R., y Edward C. Hansen, "Caudillo Politics: a Structural Analysis", *Comparative Studies in Society and History*, IX (1966-1967), pp. 168-179.

Womack, John, *Zapata and the Mexican Revolution*, Nueva York, 1970.

Zuno, José G., *Historia de la revolución en el estado de Jalisco*, México, 1964.

ÍNDICE ANALÍTICO

Abala: 825
Abasolo: 490, 1167
Acámbaro: 342, 1166, 1167, 1177
Acaponeta: 387, 853, 1172
Acapulco: 34, 58, 60, 290, 291, 295, 305, 316, 355, 479, 480, 525, 526, 530, 558, 565, 578, 588, 609, 628, 674, 741, 764, 835, 836, 838, 855, 868, 891, 898, 917, 918, 949, 950, 1021, 1123
Acatlán: 668
Acayucan: 33, 164, 165, 174, 331, 342, 495, 496, 498, 499, 731, 915, 1150
Aceves, Alejandro: 989
ACJM (*véase también* Asociación Católica de la Juventud Mexicana): 1305, 1306
acomodados (*véase también* peones): 136, 145, 159
Acosta, Emilio: 468
Acosta, José María: 696, 1014
Acosta, Julio: 1089, 1091, 1092
Acosta, Miguel: 682, 1154, 1192, 1238, 1248
Actopan: 539
Acuitzeramo: 165
aculturación: 26, 27, 29, 30, 160, 245, 466, 467
Acultzingo: 729
Acuña, Jesús: 720, 823, 1101
África
  occidental: 129, 134
  oriental: 245
  Sudáfrica: 244
agentes confidenciales: 652
Agua Prieta: 272, 281, 292, 454, 605, 620, 682, 694, 696, 942, 943, 1054, 1081, 1082, 1094, 1099
  rebelión de: 1290, 1291, 1292
Aguascalientes
  batalla de: 880, 1069, 1072, 1074, 1075, 1084
  ciudad capital: 75, 355, 417, 549, 575, 578, 582, 588, 605, 868, 984, 985, 995, 1023, 1165, 1175, 1183, 1205, 1223, 1233, 1246
  Convención de (*véase* Convención revolucionaria)
  estado: 120, 155, 492, 548, 549, 564, 575, 578, 580, 582, 605, 634, 639, 650, 687, 722, 763, 779, 834, 897, 927, 934, 961, 986, 1011, 1060, 1093, 1094, 1185, 1187, 1188, 1192, 1196, 1204, 1217, 1250, 1256, 1267, 1273, 1277, 1289, 1305, 1308
Águila: 733
Aguilar, Cándido: 296, 372, 457, 517, 800, 881, 948, 961, 1002, 1104, 1149, 1157, 1233
Aguilar, Higinio: 55, 60, 63, 737, 928, 934, 968, 1141, 1145
Aguilar, Lorenzo (capitán): 451
Aguirre Benavides (familia): 114, 392, 398, 1021, 1030
  Adrián: 390
  Eugenio: 451, 844, 847, 1004, 1010, 1030
  Luis: 804, 806, 807, 811, 1017, 1024, 1046, 1049, 1086
Aguirre, Enrique: 287, 305
Aguirre Escobar (coronel): 1266
Aguirre (familia, Tepic): 153, 170, 946, 947
Ahualco: 334
Ahualulco: 1163
Ahumada, Miguel (gobernador): 89, 184, 266, 291
Aire Libre: 735

Ajuchitlán: 295
Alamán, Lucas: 1300
Álamos: 282, 290, 334, 454, 455, 543, 696
Alarcón, Manuel: 26, 116, 163, 175, 246, 539, 1035, 1275
Alardín, Miguel (diputado): 747
Alatriste: 734
Alcabala: 229
alcoholismo: 33, 119, 347, 569, 571
    campañas contra: 52, 73, 119, 347, 569, 603, 604
Aldama: 181
aldeas (*véase también* ejidos): 128, 172, 177, 192, 258, 264, 430, 439, 484, 495, 516, 518, 618, 721, 735, 738, 1131, 1198
aldeanos: 142, 145, 279, 315, 413, 429, 523, 1127
Alegre, Manuel: 468, 540
alemanes: 40, 138, 225, 311, 1198, 1099, 1100, 1138, 1139, 1150, 1151, 1152, 1275
Alemania: 248, 659, 839, 1165, 1180, 1231
algodón: 81, 94, 95, 128, 142, 159, 196, 279, 318, 714, 716, 767, 809, 816, 818, 831, 832, 834, 836, 849, 918, 946, 1045, 1078, 1111
alimentos
    exportación: 1192
    precios: 595, 1121, 1186
Almazán, Juan Andreu: 613, 640, 670, 873, 928, 835, 935, 836, 937, 968, 1141, 1145, 1149, 1291
Almanza, Mateo: 1049
Almeida, Carlos: 1111
Almeida, Jesús: 1220
Alonso y Patiño (doctor): 345, 389, 390, 394
Altamirano, José: 1165, 1166, 1171
Altar: 281, 455, 772
Altos de la Malinche (Tlax.): 733
Altotonga: 338, 383, 495
Alvarado, Salvador: 63, 72, 114, 222, 280, 281, 682, 695, 696, 697, 699, 700, 852, 870, 910, 941, 942, 956, 963, 964, 965, 966, 967, 979, 980, 981, 1000, 1001, 1002, 1012, 1013, 1035, 1036, 1036, 1054, 1062, 1063, 1133, 1147, 1148, 1157, 1159, 1200, 1201, 1207, 1210, 1211, 1213, 1224, 1225, 1231, 1232, 1236, 1241, 1249, 1257, 1258, 1270, 1294, 1304, 1307, 1313, 1314, 1319, 1320
Álvarez (familia, Gro.): 42, 68, 426, 506
Álvarez, Elías 474
Álvarez, Francisco: 67, 1158
Álvarez, Juan: 1234
Amaro, Joaquín: 372, 949, 1002, 1020, 1070, 1071, 1114, 1250, 1289
Amatlán: 1155
Amaya, Luis Fernando: 985
Amealco: 161
Ameca: 153, 1127
Amecameca: 328, 330, 488
American United Sugar Co.: 160, 1183
amnistías: 388, 497, 498, 518, 533, 671
Amor, Manuel: 760
anarquismo: 430, 431, 432, 991, 1284
anarcosindicalismo: 206, 223, 240, 589, 992, 1061, 1063, 1065, 1210, 1284, 1284
Andalucía: 484
Anderson, Rodney: 104, 206, 219, 248, 251
Anenecuilco: 276, 900, 1261
Angangueo: 216, 306
Ángeles, Felipe: 618, 635, 655, 716, 804, 805, 806, 807, 808, 809, 845, 847, 848, 881, 933, 936, 937, 989, 990, 993, 994, 1005, 1025, 1026, 1027, 1031, 1032, 1033, 1038, 1040, 1042, 1046, 1047, 1052, 1053, 1054, 1068, 1072, 1073, 1086, 1088, 1115, 1116
Angulo, Urbano: 940
anticlericalismo: 37, 359, 431, 432, 553, 744, 899, 922, 923, 924, 925, 926, 928, 957, 958, 1007, 1026, 1027, 1033, 1063,

1064, 1163, 1168, 1200, , 1278, 1292, 1298, 1299, 1304, 1306
antiimperialismo: 125, 216, 431, 1015
antinorteamericanismo: 251-253, 267-268, 299, 300, 311, 446, 467-470, 556, 583-584, 719, 749-751, 764-767, 862-874, 1092-1110
antirreeleccionistas (*véase también* Partido Antirreeleccionista): 64, 99, 100, 101, 102, 115, 116, 118, 120, 122, 207, 222, 262, 340, 350, 579, 759, 838
Antuña, Conrado: 258, 389, 396, 836
Añorve, Enrique: 316, 318, 482, 728, 1260, 1324
apaches: 36, 162, 171, 179, 180, 183, 191, 445, 508, 773, 970, 1156, 1241, 1286, 1291
Apan: 38, 127, 313, 917, 1053
aparcería: 130, 134, 136, 143, 818, 902, 948, 1187
Apaseo: 1071
Apaxtla: 295
Apizaco: 908
Apresa, Eucaria: 148, 628, 629, 907, 918
Apter, David E.: 1302
árabes: 827, 1096
Aragón, Alberto: 555, 557
Aranda (gobernador, Gto.): 365, 1265
Arandas: 31
Arango, Doroteo (*véase también* Villa, Francisco): 186
Arcelia: 295
Arcotepel: 295
Arenas, Domingo: 908, 948, 1007, 1020, 1131
Argentina: 32, 44, 114, 129, 224, 231, 395, 563, 875, 876, 1311
Arguizoniz, familia: 1256
Argumedo, Benjamín: 312, 394, 397, 398, 399, 401, 453, 561, 636, 670, 671, 672, 707, 847, 880, 898, 928, 934, 968, 1053, 1091, 1111, 1119, 1120
Arizona: 218, 280, 281, 282, 452, 454, 620, 699, 702, 703, 704, 1012, 1054

Arizpe: 697, 1035, 1054
armamento: 123, 191, 286, 287, 293, 298, 319, 401, 443, 444, 452, 471, 478, 523, 633, 720, 754, 915, 1124
Armendáriz, Jesús: 366
Armenta, Eloy: 588, 1212, 1011
Armenta, Manuel: 920, 948, 1137, 1147, 1156
arrendatarios: 134
Arriaga, Camilo: 80, 81
Arriaga, Miguel (coronel): 335, 376, 626
arrieros: 59, 127, 151, 181, 190, 259, 274, 439, 950, 1083
Arrieta, Domingo: 397, 943, 944, 1241, 1277, 1281
Arrieta (familia, Dgo.): 1240, 1241, 1242, 1250, 1268
Arrieta, Mariano: 258, 1240
Arrioja, Miguel (coronel): 336
articulación de modos de producción: 130, 131
Arroyo Largo: 1157
Arteaga: 297, 723
artesanos: 62, 66, 70, 77, 89, 103, 104, 126, 192, 193, 194, 197, 198, 199, 200, 206, 214, 216, 218, 223, 237, 250, 252, 278, , 307, 313, 346, 347, 348, 494, 559, 579, 586, 589, 604, 728, 913, 1063, 1065, 1160, 1217
artillería: 68, 267, 272, 289, 290, 437, 450, 452, 453, 516, 523, 530, 531, 654, 655, 657, 704, 705, 710, 715, 720, 738, 808, 810, , 812, 837, 845, 847, 848, 849, 851, 880, 933, 973, 980, 994, 1043, 1045, 1067, 1069, 1070, 1071, 1073, 1082, 1083
arzobispo de México: 47, 359, 875
ASARCO: 814, 944, 1096, 1183, 1251
asesinatos políticos (*véase también* ley fuga): 663, 664, 678, 688, 747, 748
Asociación Católica de la Juventud Mexicana (ACJM): 1305, 1306
Atencingo: 305, 313, 582
Aticpac: 911

Atl, Dr. (Gerardo Murillo): 1051, 1062, 1064, 1065, 1232, 1243
Atlacomulco: 333, 341, 510
Atlautla: 364
Atlixco: 51, 99, 200, 209, 330, 377, 1061, 1202, 1203
Atotonilco: 67, 68
Atoyac (Ver.): 39, 165, 278, 338, 447, 448, 479, 691, 729, 908
Atristaín, Darío: 914
Atzalán: 1273
Aubert, Trucy (general): 445, 447, 449, 452, 631, 682, 684
autoridad carismática: 419, 707, 826
Ávila Camacho, Manuel: 1332
Ávila Camacho, Maximino: 373
Ávila, Eleuterio: 974, 976
Ávila, Fidel: 901, 1004, 1085
Ávila, Justo: 717 1111
Aviño: 216, 259, 353
aviones: 704, 1136
Axochiapam: 277
Ayahualulco: 338
Ayaquica, Fortunato: 277, 1130
Ayutla (Gro.): 228, 277, 316, 380, 428, 673, 938
Azcapotzalco: 342, 767
Azteca: 25, 26, 32, 37, 61, 1131, 1194, 1334
azúcar: 905, 907
Azuela, Mariano: 420, 552, 652, 566, 667, 668, 688, 774, 775, 891, 924, 945, 1048, 1228, 1259

Babicora: 180, 1219
Baca Calderón, Esteban: 218, 219, 701
Baca (coronel): 1003
Baca (familia): 442
Bachimba: 453, 457, 458, 708
Bachíniva: 182, 185, 235, 259, 292, 327, 328, 1092, 1219
Bachomo, Felipe: 160, 283, 1016, 1083, 1134
Bacum: 171, 463
Badiraguato: 284
Baja California: 55, 168, 326, 523, 642, 686, 689, 763, 767, 873, 931, 932, 941, 1011, 1244, 1252
Bajío: 38, 66, 142, 143, 144, 145, 158, 185, 198, 199, 216, 237, 288, 302, 303, 307, 308, 313, 317, 345, 384, 485, 489, 491, 493, 494, 495, 500, 525, 530, 574, 627, 634, 637, 718, 775, 874, 915, 919, 1005, 1026, 1043, 1044, 1054, 1056, 1067, 1075, 1078, 1079, 1082, 1083, 1138, 1162, 1163, 1164, 1165, 1167, 1168, 1170, 1185, 1188, 1204, 1217, 1316
baldíos (*véase también* terrenos baldíos): 149, 162, 171, 173, 466, 570, 571, 572
Balsas, río: 210, 295, 481, 525, 609, 691, 740, 881
Balliol College: 695
Bamfield, E.: 234
banco minero: 415, 417, 826
bancos: 42, 51, 76, 77, 147, 162, 309, 311, 374, 442, 446, 494, 510, 525, 781, 832, 833, 834, 835, 915, 1079, 1144, 1180, 1246
banda del automóvil gris: 1174, 1175, 1238
Bandala, Abraham: 68, 320
Banderas, Juan: 284, 288, 331, 384, 385, 386, 387, 388, 461, 528, 624, 707, 946, 961, 1037, 1047, 1081, 1083, 1238
bandidaje: 154, 186, 189, 191, 255, 277, 288, 313, 319, 324, 369, 425, 461, 467, 468, 484, 485, 487, 488, 489, 490, 491, 492, 493, 1027, 495, 496, 497, 498, 500, 501, 502, 504, 520, 524, 527, 532, 577, 587, 627, 634, 771, 915, 1165
bandidaje social: 189, 461, 467, 487, 489, 493, 495, 497
Baños, Juan José: 912, 913, 414, 917, 970, 1002, 1021, 1240,1267
Bañuelos, Santos: 717, 944, 945, 1084, 1111
Baray, Pablo: 182
Barcelona: 1137, 1214

Barona, Antonio: 1047
Barragán Rodríguez, Juan: 727
Barrenechea, Pedro: 106, 773
Barrera, Pablo: 481
Barrientos, F.: 677
Barrios, Ángel: 379, 437, 476, 477, 671, 961
Barrón, Heriberto: 87, 1182, 1213, 1232
Baruch (familia, Ver.): 340, 341
batallas: 115, 170, 179, 260, 266, 271, 282, 289, 379, 392, 401, 402, 414, 454, 520, 530, 629, 630, 691, 809, 827, 847, 850, 1009, 1058, 1066, 1067, 1069, 1075, 1076, 1077, 1082, 1083, 1138, 1154, 1159, 1163, 1166, 1177, 1195, 1204, 1217
batallas de Rellano: 445, 446, 447, 449, 452, 459, 535, 812 445, 446, 447, 449, 452, 459, 535, 812
batallones rojos: 1066, 1067, 1070, 1201, 1202, 1212, 1244, 1285 1066, 1067, 1070, 1201, 1202, 1212, 1244, 1285
Batopilas: 56, 180, 210, 214, 215, 831, 56, 180, 210, 214, 215, 831
Bauche Alcalde, Manuel: 1031
Bauer, Arnold: 138, 231
Bautista, Andrés: 1245
Bavispe: 454, 1082
Bazant, Jean: 473
Beals, Carleton: 34
Becerra, Daniel: 380, 469, 472
Belén, cárcel de: 73, 374, 622, 623, 656, 1059
Beltrán, Joaquín (general): 645, 646
Beltrán, Simón: 673
Benavides, Catarino: 267
Benton, William: 181, 182, 191, 802, 803, 817, 999
Berkeley: 95, 114, 863
Berlanga, David: 986, 990, 993, 1047, 1220
Bermejillo: 447, 847
Bernal, Heraclio: 186, 1074
Bertrani, Francisco: 296, 383, 495, 496
bien limitado: 234

bienes intervenidos (*véase* expropiaciones)
Bismarck, Otto von: 86, 207, 1294
Blanca Flor, batalla de: 980
Blanco, Julián: 740, 854, 855, 914, 949, 950, 959, 964, 1021
Blanco, Lucio: 690, 725, 796, 799, 804, 894, 1044, 1049, 1226
Blanquet, Aureliano (general): 397, 446, 456, 457, 618, 631, 635, 655, 657, 660, 661, 663, 664, 745, 757, 759, 760, 882, 1144, 1145, 1158
Blasco Ibáñez, Vicente: 1221, 1332
Bocoyna: 180, 182, 184, 246
Bóers, Guerra de los: 260, 851, 869, 1118
Bolaños Cacho, Miguel: 645, 678, 967, 968
Bolivia: 233, 235, 1042, 1311
Bolsón de Mapimí: 445, 846, 813
Bonilla, Manuel: 329, 384, 385, 576, 804, 807, 1027
Bonillas, Ignacio: 697, 700, 804, 1012, 1288, 1289, 1290
Bonsal, Stephen: 1189
Bordes Mangel, Enrique: 374, 571, 1226
Borrego, Ignacio: 71, 91, 1051
boxers (*véase también* Guerra de los Bóers): 715
Bracamonte, Pedro: 696, 807, 964
Braniff, Óscar: 292, 756, 877
Braniff, Tomás: 540, 541, 562, 587, 894
Brasil: 44, 124, 139, 322, 875, 876
Breceda, Alfredo: 796, 977, 1000, 1276
Brenner, Anita: 1323
británicos: 749, 802, 841, 843, 860, 873-874, 876, 1154, 1326-1327
  intereses en México: 1023-1024
  relaciones exteriores: 782, 1015
Bryan, William Jennings: 735, 751, 752, 753, 754, 839, 841, 842, 857, 858, 878, 1100
Buelna, Rafael: 677, 801, 852, 894, 926, 934, 945, 946, 985, 989, 1016, 1040, 1086, 1249, 1279
Buenavista de Cuéllar: 1128, 1218

Buick, familia: 214, 215
Buli, Luis: 171, 283, 696, 697
burguesía nacional: 37, 51, 110, 1015, 1315, 1316, 1317, 1321
Buve, Raymond: 161, 228, 1020

Caballero, Luis: 720, 850, 898, 996, 1019, 1155, 1211, 1275, 1280
Cabanillas, José María: 284, 705, 896, 945, 946, 1036
Cabral, Juan: 114, 222, 272, 280, 281, 287, 307, 596, 694, 695, 696, 697, 704, 909, 965, 983, 1010, 1014, 1054, 1086, 1189
Cabrera, Alfonso: 1277
Cabrera, Daniel: 73, 109
Cabrera, Luis: 108, 575, 576, 602, 616, 679, 804, 805, 840, 841, 909, 922, 986, 987, 1001, 1104, 1109
Cabrera, Miguel: 43, 64, 253
Cacahuamilpa: 173
caciques: 17, 28, 32, 33, 42, 43, 49, 61, 98, 145, 149, 156, 165, 168, 169, 170, 172, 173, 174, 175, 177, 178, 179, 180, 181, 182, 185, 190, 227, 236, 237, 246, 248, 275, 284, 285, 295, 313, 320, 334, 342, 343, 364, 377, 383, 384, 397, 423, 425, 426, 427, 430, 480, 484, 505, 506, 507, 515, 519, 520, 521, 539, 547, 552, 562, 566, 571
café: 38, 127, 129, 147, 166, 495, 503, 504, 512, 518
Cahuantzi, Próspero: 26, 43, 68, 336, 363, 638, 766, 780, 948
caja de préstamos: 147
Cajeme (José María Leyva): 170, 1136
Calero, Manuel: 87, 108, 639, 779, 999, 1144
Calles, Plutarco Elías: 1014, 1015, 1041, 1054, 1063, 1076, 1081, 1082, 1134, 1135, 1136, 1188, 1204, 1211, 1234, 1244, 1251, 1252, 1253, 1277, 1278, 1285, 1289, 1290, 1296, 1303, 1304, 1312, 1322

Calpulalpan: 562
Calvert, P.: 271, 461
Calvo, doctrina: 1310
Calzada, Gabriel: 807, 841
Calzadíaz Barrera: 816
Camargo: 62, 358, 844, 846, 964
Camotlán: 169, 316
Campa, Emilio: 408, 409, 410, 412, 417, 445, 446, 447, 453, 454, 455, 670, 671, 709, 764, 934
Campeche: 39, 99, 138, 152, 320, 356, 499, 503, 504, 573, 607, 645, 677, 690, 829
campesinos: 29, 31, 125, 126, 134, 138, 141, 150, 159, 160, 161, 163, 167, 173, 181, 182, 184, 190, 191, 194, 200, 201, 209, 214, 223, 226, 228, 230, 232, 233, 234, 237, 238, 241, 244, 247, 248, 566, 567, 569, 595
ideología de: 233-234, 236, 540
Campos, Aniceto: 694
Campos, Cheché: 399, 400, 486, 534, 636, 674
campos de concentración: 438
Canales, Miguel: 960, 1084
Cananea: 75, 90, 97, 195, 212, 214, 216, 217, 218, 219, 220, 221, 222, 223, 249, 269, 287, 307, 421, 558, 559, 578, 579, 580, 581, 583, 584, 586, 587, 589, 596, 597, 598, 599, 600, 618, 626, 682, 696, 909, 941, 965, 1001, 1006, 1014, 1015, 1025, 1188, 1206, 1211, 1274, 1278
compañía minera: 307, 751, 1184, 1312
canarios: 140
Canatlán: 151, 186, 334
Canova, León: 752, 939, 944, 947, 1023, 1094, 1152
Canseco, Francisco: 968
Cantabria, hacienda: 315, 483, 1258
cantinas: 43, 67, 437, 605
Cantón (familia, Yuc.): 91, 116
Cantú, Esteban: 931, 932, 941, 1011, 1217
Cantú, Francisco: 339

ÍNDICE ANALÍTICO   1367

Canutillo, hacienda: 424, 712, 713, 818, 827, 1005, 1292
Cañedo, Juan: 386, 387, 388
Cañete, Rafael (gobernador, Pue.): 1267
capacitación: 589, 604
capitalismo: 131, 133, 952-956, 1297, 1300, 1334
Caporetto: 1168
Caraveo, Marcelo: 454, 709, 870, 1091, 1127, 1145
Carbajal, Francisco: 882, 883, 971, 1024
Carbajal, Pedro: 331, 339, 496, 498
Carden, Lionel: 659, 758
Cárdenas, Francisco: 66, 663-664
Cárdenas, Julio: 1102
Cárdenas, Lázaro: 1171, 1282, 1321
Cárdenas, Miguel: 93, 96, 101, 446, 685, 837
Cárdenas (Tab.): 165, 294, 319, 499, 500, 730, 975
Cardoso, José: 281
Carichic (Chih.): 62
Carnegi, Andrew: 861
Caro, Luis: 399, 401, 636
Carothers, George C.: 716, 752, 1032, 1072, 1089
Carpizo (familia, Camp.): 320, 474
Carr, Barry: 19, 956, 966
Carr, Edward Hallet: 434, 732
Carranza, doctrina: 784, 1314
Carranza, Jesús: 682, 726, 881, 897, 931, 963, 970, 971, 995
Carranza, Venustiano: 115, 309, 325, 363, 403, 452, 648-652, 680-688, 691-694, 699-701, 714, 717-718, 720, 723, 724-726, 728-729, 737, 742, 746, 756, 784, 796-808, 837, 841, 850, 854, 866, 870-872, 878, 883-887, 891, 894-901, 910-912, 917-919, 928-935, 939, 942, 944, 949-952, 958-959, 963-965, 967-970, 974-979, 981-1004, 1007-1067, 1076-1158
  ideología (*véase* ethos)
Carranza-Villa

escisión entre: 800-802, 843, 853, 872, 876-878, 983-985, 995-996
  explicación: 916, 935-936, 942-944, 982, 996, 1048-1050
Carrasco, Juan: 284, 288, 386, 620, 705, 805, 945, 946, 959, 989
Carrasco Núñez, Salustio: 619
Carreón, Juan: 368, 468, 639
Carrera Torres, Alberto: 279, 380, 471, 728, 729, 947, 956, 1088, 1121, 1122
Carrera Torres, Francisco: 904, 908
Carrillo, José: 1017
Carrillo Puerto, Felipe: 905, 1320, 1328
Carrizal: 179, 728, 1106, 1107
Cartón, Luis (general): 854
Caruso, Enrico: 1171
Casa del Obrero Mundial (COM): 589, 784, 788, 896, 927, 992, 1060, 1061, 1200, 1215
Casas Grandes: 179, 272, 273, 286, 372, 407, 408, 409, 442, 454, 613, 709, 710
Casarín, Pascual: 949, 1007, 1021, 1145, 1146, 1150
Casasola, Gustavo: 66, 805, 1184
Casasús, Joaquín: 894
Castañón, Tirso: 236, 970
castas, guerra de: 33, 34, 159, 177, 245, 322, 369, 462, 511, 512, 528, 1127, 1326
Castillo, Brito, Manuel: 607, 677
Castillo Calderón, Rafael del: 448
Castillo, Máximo: 415
Castillo Tapia, Guillermo: 725, 726, 251
Castrejón, Martín: 482
Castro, Cesáreo: 457, 682, 725, 796, 999, 1071, 1224, 1255, 1260
Castro, Jesús Agustín: 298, 393, 394, 690, 721, 725, 964, 969, 1277
Catmis, hacienda: 248, 322, 323, 1320
catolicismo social: 73, 74, 358, 1305
caudillos, caudillismo (*véase también* "mano de hierro"): 83, 416, 439, 447, 448, 528, 529, 547, 641, 667, 676, 698, 714, 752, 782, 835, 839, 840, 1025, 1039

Ceballos, Ciro B.: 963, 1267
Ceballos, José María: 61
Cedillo, Cleofas: 1122
Cedillo (familia, S. L. P.): 167, 236, 372, 381, 470, 471, 473, 492, 505, 671, 674, 727, 728, 729, 900, 904, 917, 947, 954, 959, 965, 1007, 1035, 1042, 1088, 1091, 1121, 1122, 1131, 1153, 1242, 1260
Cedillo, Homobono: 1122
Cedillo, Magdaleno: 989, 1122
Cedillo, Saturnino: 424, 471, 472, 637, 1122, 1241
Cedral: 718, 722
Cejudo, Roberto: 1156, 1158, 1159
Celaya: 38, 198, 301, 302, 303, 490
  batalla de: 1066, 1067, 1068, 1069, 1070, 1071, 1072, 1073, 1074, 1075, 1077, 1078, 1089
Ceniceros, Severino: 169, 262, 959, 965, 1011, 1017, 1111, 1119
censos: 79, 197, 1195, 1227, 1329
Centeño, Benigno: 278, 296
Cepeda, Enrique: 661, 677, 745, 747
Cepeda, Rafael: 341, 371, 380, 381, 417, 470, 472, 605, 607, 609, 614, 615, 619, 639, 650, 682, 687, 688, 689, 1267, 1271
Cerralvo: 721, 722, 892
Cervantes, Federico: 808, 1039, 1050, 1051
Cervantes, Julio (general): 83
Cervantes, Trinidad: 263
Cicerol (familia, Yuc.): 248, 322
Ciénaga de Ortiz: 709
Ciénaga del Toro: 650
científicos: 32, 43, 50, 51, 52, 53, 54, 56, 63, 69, 70, 73, 76, 78, 83, 86, 87, 89, 91, 108, 150, 164, 241, 242, 268, 291, 294, 324, 349, 351, 364, 383, 384, 416, 429, 448, 452, 454, 464, 468, 486, 511, 512, 538, 614, 642, 674, 756, 791, 894, 895, 905, 906, 928, 966, 998, 1079, 1139, 1144, 1224, 1255, 1256, 1287, 1307, 1311, 1312, 1316, 1317, 1318, 1335

Cíntora, Jesús: 1055, 1145, 1165, 1166, 1167, 1171, 1250
circulación de élites: 546
Ciudad del Maíz: 164, 167, 279, 468, 470, 471, 637, 727, 728, 904, 1121
Ciudad Guerrero: 185, 259, 260, 263, 1090, 1091
Ciudad Juárez: 89-90, 256, 260, 264, 266, 267, 271, 273, 290, 291, 292, 293, 296, 303, 310, 312, 324, 326, 328, 355, 405, 407, 408, 410, 413, 414, 441, 453, 526, 530, 605, 649, 676, 710, 756, 759, 773, 778, 792, 809, 810, 812, 816, 826, 839, 843, 844, 854, 876, 878, 1003, 1032, 1068, 1081, 1083, 1100, 1106, 1115, 1198, 1241, 1252, 1329, 1330
  tratado de: 294, 298, 325, 332, 355, 362, 369, 382, 384, 533, 570
Ciudad Lerdo: 75, 965, 1265
Ciudad Manuel Doblado: 302, 337, 1167
Ciudad Porfirio Díaz: 123, 267, 343
Ciudad Victoria: 467, 556, 689, 727, 1026, 1280
ciudades (*véase* urbanización)
civil-militar, escisión: 986, 987, 1275, 1277, 1292
clase media: 46, 62, 78, 79, 80, 111-116, 253, 257, 378, 379, 459
clases, análisis de: 79, 579-584
  políticas: 991, 1000
clases sociales porfirianas (*véase también* clase media, clase trabajadora): 78-79
clase trabajadora: 78, 92, 107, 112, 125-126, 191-223, 531, 554-559, 580-585
Clendenen, C.: 1110
Clérigos (*véase* sacerdotes)
clientelismo económico: 184, 233, 250, 775, 916, 1184
clientelismo político: 25, 48, 374, 1171
Coahuila, estado: 70, 76, 93-102, 111, 115, 120, 135, 169, 204, 210, 216, 256, 267, 286, 297, 352, 353, 362, 371, 393, 394, 403, 446, 450, 451, 454, 456, 457, 541, 578, 581, 586, 587, 589, 608, 610, 615,

623, 624, 633, 636, 648, 649, 651, 679-683, 690, 692-694, 698, 710, 718, 720, 721, 726, 737, 740, 773, 780, 798, 799, 801, 803, 804, 806, 827, 830-832, 837, 838, 917, 947, 960, 961, 964, 965, 999-1001, 1023, 1028, 1036, 1040, 1054, 1055, 1091, 1122, 1184, 1187, 1188, 1204, 1208, 1215, 1239, 1278-1283
   fuerzas del estado: 453, 608, 611, 615-616, 632
Coatepec: 338, 495, 496, 525
Coatsworth, J.: 164, 195, 227
Coatzacoalcos, río: 1159
Coatzacoalcos (*véase* Puerto México)
Coazintla: 735
cobre: 127, 210, 216, 217, 218, 221, 609, 831, 1207, 1214, 1249
Cochabamba: 233
Cockcroft, J.: 326, 327, 411, 412
Cocorit: 171, 463, 694
Cocula: 153
código de minas: 52
campamentos y pueblos mineros: 57, 82, 250, 259, 493, 578, 580, 722
   producción: 609
coerción extraeconómica: 230, 231, 499
Colima: 118, 628, 836, 885, 909, 1166, 1223, 1273
Colmenares Ríos, E.: 254, 255, 495
Colonia Dublán: 1101
Colorado, Pedro: 974
Colotlán: 447
Columbus, Nuevo México: 1089, 1095, 1097, 1098, 1099, 1100, 1103, 1111, 1113, 1138
Comadurán, Luis J.: 182
Comalcalco: 730
Comanguillo: 365
Comitán: 511, 970
compadrazgo: 48, 55, 538, 944, 960, 1000, 1318
concentración de política: 741, 1154
Concepción del Oro: 216, 305, 450, 579, 714, 718

Concordia: 386, 705, 1139, 1303
conducta electoral: 542, 552-558
Confederación Regional Obrera Mexicana (CROM): 1042, 1284, 1285, 1286, 1288, 1290, 1292, 1305, 1321
Congreso: 49, 291, 319, 357, 381, 443, 456, 533, 535, 541, 542, 545, 548, 560, 570, 607, 608, 615, 621, 662, 676, 687, 742
Congreso Constituyente de: 988, 1108, 1113, 1172, 1233, 1235, 1242, 1246, 1247, 1266, 1310
Congreso en el régimen de Carranza: 883, 885, 988, 1272, 1276, 1282, 1288, 1290, 1298
Congreso en el régimen de Huerta: 744, 745, 746, 748, 755, 757, 758, 760, 777, 784, 785-787, 789, 858
Constitución de 1857: 50, 96, 112, 206, 358, 426, 428, 432, 472, 1057, 1142, 1146, 1262, 1264, 1268, 1293
Constitución de 1917: 82, 412, 1261, 886, 887, 1142, 1208, 1261, 1239
constitucionalismo villista: 1028, 1029
constitucionalistas: 431, 702, 705-713, 726-729, 746, 752, 796-806, 854-855, 858, 866, 912-915
contrainsurgencia (*véase también* concentración de política): 737, 1125, 1155
contrarrevolución (*véase también* Huerta, Victoriano): 772, 783, 914, 1238
Contreras, Calixto: 46, 168, 261, 391, 394, 505, 716, 718, 769, 845, 847, 849, 944, 960, 1006, 1083, 1087, 1111, 1120, 1240
Contreras, Felipe: 256
Contreras, Lucio: 1120
Convención revolucionaria: 879, 961, 968, 982, 983, 993, 1008, 1031, 1038, 1039, 1048, 1049, 1057, 1060, 1061, 1203, 1305
coras (indígenas): 28
Cordero, José: 471
Córdoba (Ver.): 338, 382, 495, 496, 667, 669, 731, 920, 995, 1201

Córdova, Arnaldo: 99, 112, 433, 434, 681, 795, 887, 956, 1255, 1294
Córdova, José: 414, 453
Corral, Ramón: 50, 83, 84, 85, 88, 89, 92, 93, 99, 118, 120, 121, 122, 209, 282, 291, 292, 310, 354, 497, 550, 1033
Correa, Eduardo: 548
corridas de toros: 575, 605, 825, 907, 945, 1041, 1249, 1252, 1253, 1303, 1304, 1313
corridos: 345, 735, 825, 848, 946, 1036, 1222, 1266
Corrigan, P.: 226
corrupción (*véase* negocios ilícitos)
Cortázar, Antonio: 414
Cortés, Prisciliano (coronel): 631, 779
Cosamaloapan: 497
cosechas: 144, 145, 146, 152, 155, 158, 173, 195, 196, 212, 243, 315, 344, 387
 importancia militar: 702, 903, 907, 1116, 1148
 relación con la Revolución: 326, 436, 519
Coss, Francisco: 649, 718, 720, 962, 996, 999
Costa Chica: 34, 317, 318, 478, 482, 740, 854, 855, 1234
Costa Grande: 479, 480, 736, 740, 741, 950, 959, 1021, 1023
Cotija: 1167
Cowdray, lord: 40, 47, 356, 443, 606, 607, 608, 610, 667, 773, 780, 787, 830, 834, 835, 895, 1023, 1024, 1153, 1309
Coyoacán: 748
Coyuca: 740
Coyuca de Catalán: 539
Cravioto, Alfonso: 1267-1269
Cravioto, familia: 42, 948
crecimiento económico: 50
Creel, Enrique: 42, 183, 417, 648, 770, 774, 817-818, 893, 1139, 1316, 1324
Creel, Juan: 415
Creelman-Díaz (entrevista): 84, 85, 86, 97, 107, 121
crímenes (*véase también* bandidaje): 284, 794, 928, 945, 968, 1174

cristeros, rebelión de los: 922, 1042, 1168, 1322, 1327
CROM (*véase* Confederación Regional Obrera Mexicana)
Cruz Sánchez, José de la: 260, 328, 411, 441
Cuarón, doctor: 991
Cuatro Ciénegas: 452, 1023, 1221
Cuautitlán: 24, 25
Cuautla: 56, 59, 60, 117, 163, 276, 277, 296, 367, 530, 737, 1045, 1123, 1124, 1129, 1130, 198, 1261
Cuba: 140, 261, 322, 438, 804, 807, 814, 860, 961, 1144, 1158
cubana, revolución: 1296
cubanos: 140
Cubillas, A.: 454
Cuchillo Parado: 185, 257, 259, 453, 709
Cuencamé: 168, 169, 227, 261, 328, 394, 395, 398, 400, 422, 425, 636, 690, 711, 817, 847, 944, 959, 1083, 1111, 1119
Cuernavaca: 32, 55, 60, 62, 63, 117, 275, 368, 379, 382, 437, 438, 449, 525, 655, 737, 872, 881, 989, 1051, 1123, 1124, 1126, 1249
Cuesta Gallardo (gobernador, Jal.): 310
cuestión social: 220
Cuevas, Fernando: 1228
Cuevas, Tiburcio: 1084, 1120
Cuetzalán: 335, 376
Cuicatlán: 27, 165, 379, 437, 476, 520, 670
Culiacán: 77, 201, 258, 284, 384, 386, 387, 389, 851, 891, 1279
Cumpas: 694
Curiel (gobernador, Yuc.): 323
Cusi, Dante: 128
Cusihuaráchic: 62, 1097
Chaides, Pedro: 258
Chalco: 161, 238, 329, 340, 341, 350, 364, 907
Chalchihuites: 401, 636, 892, 1219
Chamal: 469, 719
Champotón: 320
chamulas: 28, 510, 511, 512

Chao, Manuel: 709, 801, 802, 809, 816, 817, 818, 984, 999, 1004, 1018, 1039, 1060, 1062, 1088
Chapala, lago de: 147, 314, 1250
Chaparro, Pedro: 188
Chapulhuacán: 340
Chávez, Cruz: 185
Chávez, Fermín: 1014
Chávez García, José Inés: 1020, 1165, 1166, 1167, 1169, 1196, 1198, 1200, 1242
Chávez, Joaquín: 257
Chayanov: 144
Cherán: 483, 1330
Chevalier, F.: 15
Chiapas: 28, 39, 40, 43, 91, 127, 138, 140, 152, 154, 176, 178, 179, 229, 232, 294, 320, 323, 346, 353, 499, 501, 503, 504, 505, 508, 510, 511, 518, 525, 527, 528, 537, 572, 573, 593, 601, 607, 627, 637, 638, 678, 690, 731, 747, 767, 776, 779, 862, 863, 876, 963, 964, 965, 966, 969, 970, 972, 973, 975, 1007, 1040, 1054, 1137, 1141, 1144, 1145, 1147, 1148, 1156, 1157, 1158, 1159, 1160, 1172, 1187, 1194, 1197, 1241, 1249, 1261, 1270, 1286, 1291, 1292, 1320, 1326
Chiautempan: 908
Chiautla: 436, 1125
Chichiquila: 338
Chicontepec: 279, 468, 1148, 1245, 1246
Chignahuapan: 376
Chihuahua
  ciudad capital: 37, 59, 60, 75, 77, 101, 180, 260, 264, 273, 292, 405, 410, 415, 421, 423, 427, 453, 579, 586, 710, 759, 770, 809, 815, 816, 965, 1113, 1115, 1219
  estado: 23, 28, 31, 33, 35, 36, 42, 55, 56, 58, 60, 62, 65, 76, 99, 100, 102, 105, 114, 149, 154, 168, 179, 180, 183, 184, 185, 188, 190, 191, 196, 210, 211, 215, 229, 246, 257-266, 271-273, 275, 280, 281, 286, 288, 289, 291, 292, 294, 323, 326, 327, 339, 349, 350, 355, 359, 363, 371, 374, 384, 393, 396, 397, 403-418, 437, 440, 441, 446, 450, 453, 455, 500-502, 525-530, 572, 574, 584, 599, 631, 650, 679, 699, 706, 710, 722, 737, 772, 776, 801, 813, 816, 818, 820, 827, 905, 925, 1018, 1023, 1034, 1092, 1094, 1102, 1110, 1112, 1194, 1197, 1205, 1263, 1265, 1333
Chilapa: 228, 740, 907, 918
Chile: 220, 231, 345, 657, 875, 876
Chimalhuacán: 342
Chilpancingo: 60, 741, 854, 855
China: 277, 1161, 1335
Chinameca: 497, 1130
chinos: 32, 216, 236, 299, 300, 311, 465, 717, 719, 727, 853, 1015, 1079, 1096, 1113, 1190, 1252, 1307
Chipilo: 218
Chirot, D.: 132
Chontalpa: 499
Chucándiro: 1166

Dabbadie, Enrique: 56, 59, 60
Damy Ernesto: 946
darwinismo social: 32, 966
Dávalos, Gerónimo: 1145, 1148, 1149
Dávila, José Inés: 969, 973, 969, 1158
Dávila Sánchez, Jesús: 719
Dávila, Vicente: 1003, 1011, 1036, 1144
Decena Trágica: 653, 656, 658, 661, 668, 690, 707, 736, 745, 747, 751, 753, 793, 884, 923, 965, 1273
defensa social: 721, 768, 769, 770, 771, 775, 776, 823, 917, 1218, 1219, 1227
deferencia social: 87, 140, 297, 301, 391, 526, 581, 617, 613, 877
degradación, estado de: 107, 109
Dehesa, Teodoro: 89, 119, 121, 208, 343, 363, 364, 382, 540, 554, 642, 643, 794, 893, 896, 920, 949
Delgado, José (general): 389, 626
democracia artificial: 47, 95, 993, 1321
denuncias (*véase también* purgas): 1215, 1227, 1228, 1229

Departamento del Trabajo: 583, 589, 590, 592, 593, 600, 601, 784, 788, 789, 1060, 1202, 1203, 1214, 1285
desamortización: 134, 148, 149, 161, 172, 173, 571
desarrollismo: 54, 62, 69, 97, 113, 133, 242, 604, 958, 1200, 1298, 1299, 1300, 1302, 1314
desempleo: 198, 265, 302, 493
Díaz, "Chon": 854
Díaz, Félix: 167, 254, 379, 461, 485, 528, 533, 616, 642, 643, 644, 647, 648, 652, 660, 667, 670, 726, 734, 744, 745, 751, 753, 755, 757, 760, 773, 789, 796, 893, 913, 920, 921, 968, 970, 971, 973, 1137, 1138, 1139, 1140, 1144, 1156, 1159, 1225, 1291, 1334
Díaz, Félix, "Chato": 513, 514, 642, 971
Díaz Lombardo, Miguel: 372, 1027, 1031, 1042, 1048, 1088
Díaz Mirón, Salvador: 778
Díaz Ordaz (coronel): 643, 646
Díaz Quintas, Heliodoro: 515, 521
Díaz, Porfirio: 23, 24, 26, 39, 43, 54, 88, 123, 258, 259, 267, 294, 343, 349, 428, 514, 565, 637, 642, 667, 688, 704, 764, 894, 968, 1077, 1196
Díaz, Porfirito: 642
Díaz, Reynaldo (coronel): 633
Díaz, Reynaldo (general): 670
Díaz Soto y Gama, Antonio: 81, 110, 430, 984, 990, 991
Diéguez, Manuel: 212, 214, 218, 219, 221, 222, 421, 929, 932, 941, 996, 1001, 1005, 1006, 1007, 1026, 1036, 1047, 1048, 1055, 1056, 1060, 1062, 1074, 1082, 1192, 1204, 1211, 1219, 1224, 1230, 1234, 1235, 1250, 1277
Díez Gutiérrez, familia (S. L. P.): 43, 70, 336
dirigisme: 1193, 1258, 1297, 1300
Dolores: 281, 454
Dolores Hidalgo: 1073
Domínguez, Belisario: 747, 757, 895

Domínguez, Cruz: 1089
Domínguez, Luis Felipe: 730, 915, 973
Domínguez, Tomás: 717, 944
Doña Cecilia: 310, 311, 553, 555, 1280
Dorador, Silvestre: 104, 126
dorados: 378, 810, 825, 844, 1003
Dos Estrellas, minas: 1205
Douglas: 620, 703, 813, 1010
Dumont, René: 1258
Durango
  ciudad capital: 298, 355, 387, 389, 390, 712, 713, 766, 814, 827, 943
  estado: 23, 36, 49, 59, 75, 144, 150, 186, 210, 261, 263, 265, 297, 299, 308, 334, 362, 389, 391, 393, 397, 398, 403, 446, 485, 525, 561, 579, 609, 628, 636, 644, 646, 669, 711, 768, 769, 777, 819, 827, 831, 869, 889, 890, 903, 943, 1093, 1107
Durkheim, Emile: 776, 958

Eagle Pass: 103, 693, 836, 1252
Ecatzingo: 227
economía
  caída de la: 608, 814, 832, 1007, 1015, 1148, 1176, 1178
economía moral: 234, 240, 243, 423, 435
económico, carácter: 213, 222, 790
educación: 76, 77, 82, 87, 104, 109, 113, 117, 183, 247, 347, 371, 417, 459, 569, 572, 589, 603, 604, 606, 672, 746, 783, 784, 785, 790
Egipto: 863
Eguía Liz, Rafael (general): 931
Ejército federal: 68, 90, 265, 267, 370, 388, 389, 402, 403, 405, 416, 428, 445, 446, 459, 465, 479, 527, 533, 615, 616, 619, 621, 623, 629, 630, 632, 633, 635, 639, 641, 642, 646, 652, 657, 669, 670, 675, 691, 693, 693, 697, 723, 739, 742, 761, 765, 777, 778, 770, 772, 773, 776, 794, 797, 835, 849, 850, 873, 881, 883, 930, 931, 938, 996, 1069, 1142, 1155, 1243

emigrantes: 1138
    desbandada: 457, 873
    desmoralización: 849, 873, 1047, 1054, 1155
    organización (*véase* militarización)
    reclutamiento de revolucionarios: 936, 967, 983, 1001, 1006, 1008, 1027, 1061, 1113
    suministro de armas: 1016, 1066
    ejército revolucionario (*véase también* artillería, batallas)
    condiciones: 704, 712, 715, 720-722, 726, 843, 847-851, 870, 943
    organización: 801-802, 804, 805, 813, 814
    villista: 818, 827, 846, 1071, 1074, 1079, 1116
ejidos (*véase también* Reforma Agraria, desamortización, aldeas): 572, 576, 591, 904, 1256
Ejutla: 165, 173, 478, 1155
El Águila (compañía petrolera): 771, 1030, 1150
El Anti-Reeleccionista: 118
El Buen Tono (firma cigarrera): 51, 656
El Correo de Chihuahua: 114, 212
El Debate: 92, 93, 542
El Demócrata: 96, 761, 1181, 1182, 1225, 1228, 1230
El Día: 778
El Diario: 73, 87, 536
El Diario del Hogar: 73, 351, 439
El Ébano: 1005, 1055, 1066, 1085, 1254
El Eco Fronterizo: 778
El Favor, mina: 868
El Fuerte: 284, 694, 1082
El Heraldo Mexicano: 535
El Imparcial: 251, 536, 537, 778
El Independiente: 777, 778
El Mañana: 534, 536, 777
El Multicolor: 536
El Oro (Dgo.): 258, 397, 711
El Oro (Méx.): 341, 510, 581, 832, 891
El País: 35, 74, 78, 172, 251, 277, 534, 537, 545, 760, 777, 867, 876, 893, 923, 992

El Paso: 267, 272, 290, 292, 453, 708, 810, 813, 836, 844, 1010, 1079, 1085, 1105, 1107, 1138, 1140, 1248, 1330
El Pueblo: 1213, 1231, 1232
El Salvador: 931
El Universal: 1232, 1237, 1247
elecciones gubernamentales: 96, 98, 102, 389, 397, 1272
    del Congreso Constituyente: 1262-1264
    municipales: 1241, 1280-1281, 1283, 1285, 1286
    presidenciales: 360-362, 745, 757, 1100, 1272, 1288, 1291
elecciones en el régimen de Francisco I. Madero: 538, 540, 568
elecciones en el régimen de Porfirio Díaz: 49, 55, 56, 59, 64, 66, 71, 81, 83, 84, 96, 97, 98, 99, 102, 107, 108, 115, 118, 119, 120, 121, 122, 153, 157, 206
Elguero, Luis: 876
Elías, Francisco: 697
élite colaboracionista: 56
élites
    éxodo de: 305, 428, 454, 721, 891, 892, 893, 1052
    persecución: 714, 715, 888, 1059, 1060
Elkins, S.: 140
Ellsworth, Luther T.: 704
embajador español en México: 897
emigrados: 533, 772, 838, 893, 1023, 1088, 1138-1140, 1145, 1152, 1225
Empalme: 465, 525, 698, 1312
empresarismo revolucionario: 1172, 1174, 1177, 1217, 1313-1315
enfermedades: 39, 40, 928, 1059, 1060, 1194, 1196, 1199, 1244, 1303, 1304, 1327, 1328
enganche (*véase* peones)
endeudamiento de,
Enrile, Gonzalo: 414, 442, 453, 1033, 1039
Enríquez, Ignacio: 1103
Encarnación de Díaz: 336
Ensenada (B. C.): 62, 620, 837
Epazoyucán: 314

equilibrio social, filosofía de: 1203, 1204, 1213, 1214, 1263, 1300, 1313, 1322
Escabosa, Isidro: 597
Escalante, Salvador: 329, 339, 393
Escandón, Pablo: 32, 34, 117, 163, 175, 246, 774
escasez: 1061, 1068, 1077, 1107, 1117, 1135, 1165, 1170, 1177, 1183-1203, 1206, 1216
esclavitud: 111, 139, 140, 224, 225, 346, 1147
Escontría, gobernador (S. L. P.): 83
Escudero, Antonio (general): 843
Escudero, Francisco: 744, 804, 806, 1027, 1031, 1078, 1088
Escuinapa: 170, 227
España: 68, 345, 659, 947, 1246
españoles: 25, 37, 39, 54, 81, 137, 140, 151, 162, 201, 207, 216, 247, 277, 299, 300, 305, 319, 346, 378, 467, 481, 483, 490, 491, 496, 504, 526, 531, 556, 584, 588, 668, 717, 719, 721, 727, 729, 741, 774, 813-816, 823, 835, 891, 893, 896, 898, 899, 918, 925, 926, 947, 949, 974, 1021, 1039, 1060, 1175, 1190, 1250, 1253, 1256, 1308
especulación de alimentos: 1130, 1148, 1181, 1190, 1193
   monetaria: 1181, 1182, 1183
Esperanza: 39
Espinosa de los Monteros, S.: 90
Espinosa, Luis: 464
Espinosa, Martín: 705, 945
Espinosa Mireles, Gustavo: 803, 956, 1000, 1281, 1295, 1324
Espinosa Torres, Juan: 511
Espinosa y Cuevas, familia (S. L. P.): 149, 470, 727, 896, 897, 917
Espinosa y López Portillo (familia, Nay.): 169, 316
Esquivel Obregón, Toribio: 292, 678, 679, 743, 785, 786
Estados Unidos, Los
   cabildeo de conservadores: 835, 838, 839, 840, 841, 843, 845
   cabildeo de revolucionarios: 797, 798, 815, 836, 837
   compañías en México: 721, 814, 833, 864, 943, 1184, 1208, 1311, 1308, 1307, 1334
   educación de revolucionarios en: 115
   intervención en México: 267, 268, 269, 854, 855-895, 1101-1110, 1302, 1312
   marina de: 853
   migraciones a: 143, 168, 194, 563, 877, 1330
   modelos económicos de: 37, 113
   opinión católica en: 1027, 1033, 1042
   políticas hacia México: 220, 224, 702, 703, 750, 751, 828, 858, 859, 860, 864, 868, 872, 943, 1098, 1104, 1107, 1110, 1184, 1208, 1220, 1252, 1307
   reconocimiento de Carranza: 1095, 1096, 1097, 1099
   suministro de armamento: 293, 391, 392, 443, 444, 471, 702, 754, 840, 855, 1016, 1066
estalinismo: 1212, 1228
estibadores: 139, 501, 556, 557, 558, 578, 583, 600-602, 610, 646, 788, 939, 1060, 1204
Estrada, Agustín: 1089
Estrada, Enrique: 1267, 1315
Estrada, Roque: 564, 614
estructuración del Estado: 227, 228, 229, 230, 230, 231, 234
   pasiva: 569-570, 604-605
   actitudes revolucionarias hacia: 433
estudiantes: 64, 70, 80, 89, 92, 100, 103, 115, 252, 274, 402, 550, 602, 605, 629, 765, 781, 867, 1064
ethos carrancista (*véase también* desarrollismo): 432, 967, 1077, 1143, 1200, 1292, 1297, 1307, 1312, 1322, 1334
ética laboral: 133, 1300, 1333
Etla: 165, 477, 522, 523, 968
Etzatlán: 587
Evans, Rosalie: 1260, 1326
Excélsior: 1237

expedición punitiva: 858, 1092, 1099, 1100, 1103, 1104, 1105, 1106, 1108, 1109, 1110, 1327
exportaciones: 53, 106, 127, 128, 157, 158, 169, 504, 609, 610, 697, 724, 829, 1296, 1308
expropiación revolucionaria (*véase también* recuperación de propiedades): 667, 684, 729, 791, 819, 889, 890, 895, 903, 911, 969, 990, 1057, 1064, 1078, 1079, 1093, 1143, 1151, 1262

Fabela, Isidro: 746, 805, 977, 985
Fábregas, Virginia: 1181
Falcón, Romana: 19, 731
familismo, amoral: 234, 235
Fanshen: 234
Farías, Andrés: 543
Favre, Henri: 142
Felguero, José: 893
felicismo: 745, 760, 920, 921, 968, 1137, 1142, 1226
felicistas: 678, 743, 744, 745, 746, 777
    actores políticos: 748, 753, 756, 759
    rebeldes: 920, 1118, 1131, 1132, 1137, 1141-1149, 1156, 1158, 1159, 1163, 1167, 1247, 1263, 1276, 1286, 1291
Félix, Carlos: 699
Fernández del Valle, familia (Nay.): 170
Fernández, Luis: 455
Fernández, Nicolás: 1003, 1004
Fernández Ruiz, Tiburcio: 508, 970, 1291
Ferrel, José: 115, 679
ferrocarril del Pacífico: 283, 697
ferrocarrileros: 199, 214, 217, 252, 410, 548, 578, 581, 582, 583, 586, 588, 708, 711, 789, 867, 907, 976, 1017, 1065, 1174, 1177, 1193, 1204, 1205, 1285, 1332
ferrocarriles: 408, 410, 411, 558, 578, 583, 584, 601, 602, 606, 608, 611, 612, 781, 786, 787, 788, 790, 855, 863, 896, 1025, 1050, 1112, 1143, 1156, 1176, 1177, 1178, 1193, 1205, 1208, 1209, 1251, 1296, 1308, 1311, 1314
    en la revolución: 492, 604
    impacto social: 27, 36, 128, 164, 180, 198, 199, 214, 217, 223, 227, 252
    nacionalización de: 52, 207, 409, 584
    tarifas: 126, 145
feudalismo: 955
fiebre amarilla: 40, 1196, 1197
Fierro, Rodolfo: 262, 466, 811, 822, 845, 851, 1004, 1005, 1007, 1031, 1033, 1037, 1038, 1046, 1047, 1048, 1056, 1063, 1080, 1085, 1089, 1065, 1075
fiestas: 1303
Figueroa, Ambrosio: 157, 367, 368, 369, 414, 425, 428, 438, 479, 482, 488, 619, 620, 621, 633
Figueroa, familia (Gro.): 276, 295, 296, 426, 427, 470, 506, 515, 674, 800, 949, 1240, 1281, 1282
Figueroa, Francisco: 295, 426, 427
Figueroa, Rómulo: 740, 1240
finanzas gubernamentales
    en el régimen de Carranza: 1178
    en el régimen de Huerta: 772-773, 785, 827-840
Fiske, Bradley Allen (almirante): 858
Fletcher, Frank (almirante): 857, 859
Flores, Ángel: 587, 705, 946
Flores, Damián:
Flores, Jesús: 299
Flores Magón, hermanos: 80, 81, 327
Flores Magón, Jesús: 679, 743, 1114
Flores Magón, Ricardo: 80, 408
Flores, Nicolás: 571, 800, 915, 948, 956, 1020
Flores, Ramona: 805
Fogel, R.: 611, 612
Forlón: 468, 469
Fort, Bliss: 813, 824, 1139
Fowler, Heather: 732
Francia (*véase también* Revolución francesa): 32, 93, 103, 113, 114, 227, 235, 311, 508, 622, 689, 833, 839, 1092, 1161, 1301
Franco, Antonio: 386, 389

Franco, Fernando: 302
Frank, Andre Gunder: 131, 954
Franklin, Benjamín: 1178, 1224
Fresnillo: 704, 717
Freyría, Luis: 1192, 1193, 1249, 1251
Frías, Heriberto: 45, 1226
Friedrich, Paul: 161
frijol: 25, 152, 195, 1183
Frontera: 321, 501, 502, 505, 578, 583, 606, 731, 942, 974
fronteras: 489, 947
Fuente, David de la: 458
Fuentes, Carlos: 1300
Fuentes, D., Alberto: 417, 575, 639, 650, 725, 988, 1060
Fuller, Paul: 752, 1028, 1031, 1032
fundidoras: 830, 834, 1205, 1308
Funston, Frederick (general): 893, 1099
Furber, Charles: 1163, 1164

Gabay, Pedro: 1146, 1147, 1149, 1156, 1158, 1159
Gabay, Salvador: 920, 931, 1137, 1145
gabinete presidencial (P. Díaz): 43, 54, 68
gabinete presidencial (V. Huerta): 663, 678, 679, 701, 737, 742, 743, 744, 745, 777, 781
gabinete presidencial (F. I. Madero): 350
gachupines (*véase también* españoles): 562, 1256
Gadow, Hans: 30, 161,
Galeana (Chih.): 179, 179, 180, 416
Galeana (N. L.): 93
galicanismo: 1298, 1301
Galindo, Agustín: 989
Galindo, Hermila: 1314
Gallardo, coronel: 480
Galveston: 1140
Gambetta, León: 612, 1294
Gamboa, Federico: 755, 1139, 1140
Gamio, Manuel: 1296, 1332
ganado: 166
Gandarilla, Alejandro: 281

Gaona, Rodolfo: 349
Garay, Rafael: 1047
garbanzo: 127, 171, 695, 1055, 1192, 1245, 1249, 1314
García, Abraham: 478
García, Alberto: 372, 670, 894, 1090, 1290
García, Alfredo: 337
García Aragón, Guillermo: 1047
García, Carlos: 779
García, Francisco: 278, 377
García Granados, Alberto: 369, 372, 670, 673, 679, 745, 894, 1226
García, Ismael: 103
García, Juan (Dgo.): 397, 561
García, Juan (Gto.): 770, 1163
García, Luis: 327
García Medrano: 555, 556
García Naranjo, Nemesio: 542, 745, 785, 787, 1144
García Peña, Ángel, general: 336, 448, 449, 458, 654, 655
García Pimentel (familia, Mor.): 143, 151, 153, 628, 629, 767
García, Rosario: 188, 1019
García, Vicente: 911
García Vigil, S.: 989
Garibaldi, Giuseppe: 326, 413
Garrido Canabal, Tomás: 976, 1298, 1304
Garza Aldape, Manuel: 357, 769, 770, 777
Garza Galán (gobernador, Coah.): 70, 71, 780, 804
Garza, Juan de la: 1229
Garza, Lázaro de la: 1030, 1038, 1086
Garza, Pablo de la: 1204, 1227
Gavira, Gabriel: 104, 199, 206, 274, 296, 329, 338, 382, 495, 533, 540, 807, 823, 893, 927, 931, 961, 1066, 1100, 1233
Gaxiola, Macario: 691, 705
Gayou, Eugenio: 90, 114, 363, 454, 563
generaciones políticas: 807
generaciones revolucionarias: 371, 377-378, 386
George, Henry: 146, 966

Gil Morales, José: 974, 975, 979, 1007, 1021
Gilly, Adolfo: 988
Girón, Anacleto: 272, 807, 1013
Glenn Springs: 1105
gobierno local, cambios en: 64, 329, 344, 477
Gogogito: 186
Gogorrón, hacienda: 151, 167, 259
Goldfrank, W.: 224
golpe militar, temor de: 1237
Gómez, José *Che:* 236, 476, 514, 515, 519, 618, 619, 919, 959, 971
Gómez, Lázaro: 473
Gómez Morín, Manuel: 1332
Gómez, Marte: 817
Gómez Palacio (Dgo.): 1111, 1119, 1188
Gómez, Salvador: 314
Gómez, Tomás: 479, 480
Gompers, Samuel: 822, 1285
González, Abraham: 257, 350, 363, 372, 404, 405, 406, 407, 409, 417, 441, 453, 533, 534, 572, 708, 807
González, Alejo: 962
González, Arnulfo: 1240
González, Aurelio: 406, 407
González, Fernando: 839
González, Fidel: 1166, 1167
González, Fidencio: 948
González Garza, Federico: 600, 725, 1027, 1089, 1294
González Garza, Roque: 813, 990, 1027, 1030, 1031, 1037, 1038, 1039, 1050, 1051, 1052, 1060, 1062, 1069, 1095
González, Jesús: 59
González, Manuel: 49, 839
González, Pablo: 452, 649, 682, 716, 723, 726, 800, 809, 827, 848, 854, 881, 894, 911, 932, 995, 996, 999, 1000, 1020, 1055, 1123, 1124, 1130, 1175, 1213, 1232, 1233, 1248, 1249, 1291
González Roa, Fernando: 150, 786
González Salas, José: 445, 446, 447, 450, 846

Goodman, David: 955
Gramsci, Antonio: 132, 236, 237, 820
Gran Círculo de Obreros Libres (GCOL): 203
Greene, Carlos: 730, 973, 974
Greene, William C.: 180, 214, 217, 218, 219, 221
Grieb, Kenneth J.: 876
Grijalva, río: 40, 499, 677
Gruening, Ernest: 376
Guachóchic: 55, 182, 189
Guadalajara: 38, 75, 78, 79, 88, 92, 99, 100, 119, 127, 251, 252, 310, 346, 351, 353, 355, 359, 537, 550, 559, 645, 773, 867, 868, 875, 881, 885, 890, 898, 926, 929, 930, 1026, 1039, 1047, 1055, 1056, 1081, 1087, 1220, 1222, 1305, 1306
Guadalupe González, J.: 371, 539
Guadalupe Hidalgo: 1174, 1199
Guajardo, Alberto: 451
Guajardo, Jesús: 1129
Guanaceví: 258, 262, 263, 628
Guanajuato
  ciudad capital: 37, 59, 552, 1195, 1263
  estado: 37, 38, 77, 99, 144, 156, 198, 288, 297, 303, 337, 338, 347, 357, 364, 365, 367, 368, 370, 417, 490, 491, 492, 495, 551, 574, 604, 607, 637, 641, 772, 776, 779, 836, 897, 908, 1163, 1189, 1192, 1195, 1204, 1245, 1263
Guantánamo: 1019
guardias blancas: 627, 727, 770, 771, 917
Guatemala: 39, 357, 664, 686, 1141
Guatimape: 400
Guaymas (Son.): 23, 75, 90, 92, 102, 118, 280, 281, 283, 465, 525, 689, 697, 698, 699, 701, 704, 706, 762, 764, 851, 852, 870, 931, 932, 965, 1025, 1135, 1190, 1211, 1246
guayule: 94, 724, 831
Guerra, Donato: 447
guerra, fatiga de: 675, 1010, 1083, 1117, 1118, 1128, 1167
Guerra, Matías: 468, 556

Guerrero, distrito de (Chih.): 180, 183, 191, 257, 506, 709
Guerrero, estado: 38, 72, 78, 129, 144, 149, 165, 255, 917, 157, 173, 174, 180, 255, 257, 273, 295, 318, 426, 427, 437, 442, 530, 602, 619, 670, 740, 774, 913, 917, 949, 1130, 1131, 1218, 1234, 1291, 1329
Guerrero, Julio: 78
Guevara, Ernesto *Che*: 495, 900
Guggenheim, empresas: 210, 1309
Guichícovi: 165
Guillén, Flavio (gobernador): 572, 573, 607, 970, 1027, 1324
Guizot, François: 1314
Gurdiel Hernández, José: 619
Gutiérrez de Lara: 218
Gutiérrez, Eulalio: 450, 714, 720, 721, 723, 803, 896, 925, 947, 950, 988, 992, 994
Gutiérrez, Félix: 415
Gutiérrez, Luis *(el Chivo Encantado, el Tejón)*: 305, 1000, 1004, 1166, 1234, 1248, 1250, 1281
Gutiérrez, Tomás: 1047
Guzmán, Martín Luis: 804, 805, 806, 826, 1028, 1034
Guzmán, Salvador: 1301

hacendados: 40, 126, 128, 130, 134, 135, 139-141, 147, 148, 152-157, 161, 171, 172, 225, 336, 337, 400-403, 470, 481, 563, 629
   autodefensa: 191, 199, 489, 527, 527, 628, 629, 651, 727, 776, 920, 1108, 1217, 1218
hacendocracia: 731, 976, 978, 1040, 1257
Hacienda, Ministerio de: 896, 1332
Halacho, batalla de: 980
"halcones", maderistas: 537, 681, 793, 1232
Hale, William Bayard: 752, 754, 841
Haley, J. Edward: 1106, 1108
hambre (*véase* escasez)

Hart, J.: 240
Hay, Eduardo: 372, 986, 1011
Hearst, Phobe: 180
Hearst, William Randolph: 862
Heller, Krum: 1212
henequén: 40, 42, 116, 127, 128, 147, 321, 322, 774, 829, 834, 976, 979, 980, 981, 1055, 1078, 1123, 1207, 1209, 1245
Hepburn, J.: 215
Hermosillo: 28, 90, 102, 103, 281, 355, 363, 455, 543, 563, 598, 682, 686, 698, 707, 725, 772, 805, 887, 942, 943, 1015, 1082, 1135
Hernández, Braulio: 114, 257, 408, 409, 413, 416
Hernández, Domingo: 347, 383
Hernández, Gabriel: 278, 289, 305, 329, 351, 376, 405, 624, 626, 637, 691, 707, 747, 760
Hernández, Miguel: 1092, 1111
Hernández, Rafael: 542, 571
Hernández, Rosalío: 709, 844, 934, 1004, 1087
Hernández, Tomás: 497
Herrera, Ascención: 1115
Herrera, Carlos: 56
Herrera, Cástulo: 258
Herrera, Daniel: 729
Herrera (familia, Chih.): 1115, 1240, 1241, 1250
Herrera, José de la Luz: 1241
Herrera, Luis: 844, 1115, 1241
Herrera, Maclovio: 405, 441, 442, 709, 711, 844, 933, 1053
Herrera, Melchor: 1241
Herrera, Miguel: 304, 345
Hexter, J. H.: 15, 955
Hidalgo, Antonio: 468, 527, 560, 572, 604, 1267
Hidalgo, estado: 38, 80, 129, 155, 161, 164, 191, 210, 228, 285, 289, 313, 335, 375, 376, 539, 639, 799, 800, 834, 905, 915, 923, 948, 956, 961, 989, 1020, 1021, 1031, 1073, 1123, 1170, 1256

Hidalgo, Rafael: 364
Hidalgo y Costilla, Miguel: 111, 112, 240, 241, 333, 436
higiene: 33, 62, 133, 754, 1194, 1199, 1200, 1251, 1304, 1318
Hill, Benjamín: 280, 290, 597, 682, 695, 696, 941, 942, 1000, 1054, 1074, 1075, 1126, 1255, 1315
historias de atrocidades: 172, 205, 525, 545, 671, 714, 715, 814, 824, 862, 1092, 1126
Hitler, Adolfo: 785, 1325
Hobsbawn, Eric J.: 189, 486, 487, 730, 1129, 1206
Hohler, Thomas Beaumont (ministro británico): 1024, 1025, 1032
Hostetter, Louis: 686, 1036
Hostotipaquillo: 216
House, Eduard (coronel): 750, 753, 859, 1100
Howard, T. B. (almirante): 853
Huauchinango: 776
Huamantla: 120
Huancito: 33, 34
Huasteca: 33, 129, 156, 157, 166, 167, 174, 175, 225, 227, 253, 278, 279, 280, 284, 287, 297, 381, 467, 469, 471, 473, 476, 488, 539, 634, 637, 650, 726, 727, 763, 800, 920, 921, 948, 1007, 1020, 1026, 1040, 1053, 1054, 1055, 1096, 1031, 1133, 1144-1155, 1218, 1238, 1247, 1248, 1256, 1271, 1286, 1291
Huasteca Pretroleum Company: 1152
Huatabampo: 455, 563, 694, 695, 696
Huatusco: 26, 338, 920, 931, 1145, 1149, 1158
Huautla: 738
huave: 30
Huayapán: 522, 524
Huecorio: 1329
Huehuetán: 174, 316, 317, 318, 508, 509, 912
Huejanapam: 254

Huejotitlán: 845, 1003
Huejotzingo: 314, 767
Huejutla: 1155
huelgas: 82, 193, 197, 203, 205, 208, 210, 220, 221, 275, 554, 555, 558, 559, 578, 579, 580, 581, 583, 584, 587, 589, 590, 591, 592, 594, 600, 601, 602, 603, 618, 640, 784, 788, 1014, 1053, 1077, 1203, 1205, 1206, 1207, 1210, 1212, 1213, 1214, 1215, 1276, 1285
Huerta, Adolfo de la: 280, 278, 1290, 1312, 1314
Huerta, Dolores: 331
Huerta, Gabriel: 760
Huerta, Victoriano: 45, 356, 369, 426, 447, 448, 456, 459, 485, 530, 619, 631, 642, 654, 655, 661, 667, 703, 708, 737, 744, 745, 749, 753, 785, 790, 833, 834, 872
  carácter: 783
  carácter contrarrevolucionario: 687, 690
  exilio: 1138-1139
  familia: 747
Huetamo: 881
Hugo, Victor: 966
Huichapan (Hgo.): 533, 569
huicholes: 232
Huilotepec: 30
Huimanguillo (Tab.): 165, 294, 319, 331, 499, 500, 502, 730, 975
huites: 321
Huitrón, Jacinto: 1284
Huitzilac: 440
Huitzuco: 44, 295, 425, 427, 479, 571, 740
hule: 127, 128, 169, 319, 503, 579, 525, 724, 834
Hume, David: 245
Huntington, S.: 433, 434, 435
Hurtado, Jesús: 1019, 1090

Iglesia católica: 46, 74, 359, 754, 829, 927, 1042, 1328
Iglesias Calderón, Fernando: 97
Iguala: 295, 479, 481, 620, 855, 1236

Igualapa: 174, 316, 317, 318, 508, 509, 924
igualitarismo: 1088, 1325
impuestos: 105, 145, 161, 177, 183, 229, 323, 338, 376, 417, 459, 476, 596
impuestos aduanales: 826, 1184
Inde: 258, 263, 397, 401, 628, 711
Independencia, Centenario de: 23, 24, 121, 193
India: 955, 1197
indígenas (*véase también* mayas, yaquis, zapotecos): 26, 138, 146, 154-155, 156, 161, 162, 176, 177, 188, 228, 232, 258, 279, 286, 317-320, 360, 734, 735, 763, 935, 973, 1007, 1133, 1134, 1331
indigenismo: 31, 430, 783, 1136, 1328
indignación moral: 240, 244, 247, 283, 302, 426, 429
Indio Mariano: 396, 399, 400
Industrial Workers of the World (IWW) (*véase también* Casa del Obrero Mundial [COM]): 1205, 1210
industrialización: 76, 126, 129, 158, 193, 198, 200, 958, 1315
infalsificables, billetes: 1178-1180, 1182
inflación: 832, 1059, 1121
influenza española: 1120
inglesa, revolución: 238
intelectuales pueblerinos: 262
intereses extranjeros (*véase también* los Estados Unidos): 784
International Harverster, Co.: 42, 1161, 307, 1308
inversión extranjera: 127, 227, 609, 680, 957, 1031, 1184, 1306
Irapuato: 360, 490, 493, 525, 1068, 1069, 1070, 1080
Irimbo: 1192, 1249, 1251
irlandeses: 68, 1153
Islas Marías: 66, 1126, 1176, 1182
Istmo de Tehuantepec: 27, 40, 1007
Italia: 345, 563, 585
italianos: 166, 417, 979, 1218
Iturbe, Ramón: 258, 284, 290, 388, 908, 932, 1279

Iturbide, Eduardo: 883, 1144, 1262
Ixteco: 1161
Ixtepeji: 509, 521, 523, 524
Ixtlán: 352, 520, 523, 973
Izábal (gobernador, Son.): 172, 219, 220
Iztapalapa: 774
Izúcar de Matamoros: 34

Jacala: 325
jacobinismo: 304, 888, 926, 967, 969, 1298, 1299, 1302
  revuelta campesina: 302
Jalacingo: 340, 734
Jalapa: 38, 103, 331, 338, 731, 881, 927, 1158, 1187, 1251
Jalisco: 31, 75, 85, 86, 89, 92, 156, 297, 314, 346, 488, 490, 492, 549, 550, 551, 552, 553, 562, 578, 615, 915, 924, 932, 1006, 1007, 1036, 1053, 1055, 1086, 1162, 1166, 1167, 1196, 1204, 1224, 1277, 1304, 1323
Jalpa: 500, 501
Jaltipán: 331, 496
Jamiltepec: 509, 912, 913, 915, 1021
Janos: 182
Japón: 613, 663, 745, 754, 757, 840, 1032, 1300
japoneses: 32, 777
Jara, Heriberto: 296, 1125, 1233
Jarapitio: 493
Jaumave: 468
Jaúregui, Carlos: 707, 709, 826
Jaurés, Jean: 725
Jayacatlán: 477
jefes políticos: 54, 58, 59, 64, 65, 70, 85, 91, 115, 183, 208, 237, 277, 376, 377, 390, 437, 540, 614, 668, 759, 859, 889, 938, 962, 1149
Jerez: 152
Jilotepec: 342, 364, 365, 1124
Jiménez: 57, 445
Jiménez, Crescencio: 255
Jiménez Figueroa, Luis: 968
Jiquilpan: 329, 339, 1168

Jockey Club: 738, 777, 768, 896
Johnson, B. F.: 160
Jojutla: 368, 437, 467, 764, 872, 873, 1123
Jonacatepec: 151, 153, 163, 164, 377, 1124, 1130
Jonuta: 139, 503
Juárez, Aquileo (gobernador, Tab.): 974, 977
Juárez, Benito: 26, 41, 52, 62, 88, 92, 95, 96, 206, 363, 379, 514, 562, 642, 709, 844, 972, 1002
Juárez Maza, Benito: 92, 363, 679, 514, 517, 562, 642
Juárez (*véase* Ciudad Juárez)
juchitecos: 191, 513, 514-520, 632, 634, 642, 763, 961, 1066
Juchitán: 178, 227, 273, 512-519, 525, 644, 747
juego: 603-604, 826, 977, 980, 1252
Junapan: 376

Katz, Friedrich: 19, 820
Kelley., Francis: 1033
Kelly, Samuel: 556
Kennedy (familia, Tlax.): 918
kikapúes: 451
King, Rosa: 1126
Kipling, Rudyard: 863, 988
Kornilov, Lavr G. (general): 783, 792
Kosterlisky, Emilio: 626
kuomingtang: 1296, 1321, 1335

La Colorada: 272, 1014, 1134, 1135
La Habana: 355, 689, 726, 800, 1137, 1140
La Luz, mina: 288, 289, 365, 493
La Nación: 534, 760
La Nueva Era: 536, 589
La Paz (B. C): 305, 777, 844, 940, 1084, 1173, 1217
La Paz, cárcel: 689
La Paz, minas: 578, 619
La Piedad: 329

la porra: 357, 536, 544, 556, 615, 616, 656
La Tejería: 255, 645, 859, 867
lacandones: 28, 511
Lachatao: 520, 521
Lagarda, Ángel: 697
Lagos Cházaro, Francisco: 104, 382, 383, 1051
Lagos de Moreno: 346, 493
Laguna, La: 36, 100, 108, 142, 168, 169, 179, 196, 225, 256, 261, 263, 273, 297, 298, 299, 302, 313, 345, 372, 389, 391, 394, 395, 397, 403, 454, 525, 581, 682, 715, 721, 815, 816, 828, 831, 838, 944, 1177
Lama, Adolfo de la: 832
Lampazos: 100, 1000, 1172
Landa y Escandón, G.: 349, 554, 1023
Landero, hermanos: 1166
Lansing, Robert: 1098
Laredo: 122, 486, 721, 764, 813
Lárraga (familia, La Huasteca): 167, 175, 948, 1020
Lárraga, Manuel: 727, 1244
Lascuráin, Pedro: 660, 662
Laveaga, Miguel: 1241, 1277
Lavín, Pablo: 298
Lavrov, M. N.: 816, 817, 955
Lawrence, D. H.: 1127
Le Bon, Gustave: 301, 990
Lechín, Juan: 221
lechuguilla: 128, 145, 728
Legislación Agraria Porfirista: 145, 257
legitimidad: 220, 233, 236, 244, 245, 246, 273, 274, 502
Legorreta, Francisco: 555, 556
Legorreta, José (general): 688, 780
Leguía, A.: 232
Lejeune, L.: 37
Lenin, Vladimir I.: 159, 205, 588, 821
León: 144, 198, 301, 303, 331, 342, 365, 492, 575
    batalla de: 365, 523, 1069, 1072, 1073, 1083, 1093

León de la Barra, Francisco: 294, 311, 326, 343, 344, 349, 350, 351, 352, 358, 369, 385, 428, 460, 528, 546, 630, 743, 744, 839, 1024
León (familia,Tehuantepec): 515
León, Pedro: 521, 523, 670
Lerdo de Tejada, S.: 41, 49
Lerdo (*véase* Ciudad Lerdo)
Leva: 733, 734, 738, 762, 829, 890, 961, 1092, 1116, 1216
levantamientos: 192, 255, 279, 294, 295, 337, 344, 441, 478, 480, 482, 616, 628, 732, 763, 819, 976
Ley fuga: 67, 120, 170, 517, 618, 619, 620, 663, 678, 852
Leyes de Reforma: 73, 80, 82, 87, 1057
Leyva, Francisco: 117, 441
Leyva, Gabriel: 116, 120
Leyva, Patricio: 677, 679, 736
leyvistas: 117, 278, 375, 459, 678
liberales (*véase* Partido Liberal Mexicano [PLM])
liberalismo: 37, 73, 112, 347, 430, 460, 466, 528, 534, 550
   tradicional: 95, 97, 111, 112, 1303
   y guerra: 240, 241, 318, 625
Libres (Pue.): 296
licor (*véase también* alcoholismo, pulque): 33, 60, 138, 1171, 1253
Limantour, José Y.: 43, 49, 51-53, 86, 91, 147, 150, 180, 268, 277, 292, 349, 448, 586, 642, 676, 787, 832, 878, 894, 1300, 1311
Linares: 335
Lind, John: 752, 753, 840, 843, 855, 963
literatura: 75, 188, 189
Lizardi, Fernando: 1266
Llano Grande: 1120
Llave, Gaudencio de la: 675, 729, 1140, 1145, 1159
Llianes, Luis: 336
Lobato, E.: 955
lógica de la Revolución: 671, 984, 1012, 1091, 1117, 1291, 1321

Lojero, Emilio, general: 299, 723
Lombardo Toledano, Vicente: 1332
Lomelín, José P.: 281
López Figueroa, E.: 543
López de Lara, César: 1280
López Jiménez, M.: 333, 510
López, Luciano: 1163
López, Manuel: 329, 338, 495
López, Martín: 1089, 1116
López, Pablo: 1089, 1092, 1097, 1111, 1116
López Portillo y Rojas, José: 88, 92, 550, 639, 745
Los Ángeles: 1026, 1086, 1138, 1145
Los Borregos (hacienda): 725, 726, 901, 909, 964, 1226
Los Mochis: 283, 388, 1183
Los Reyes: 1250
Los Reyes Ecuandereo: 165
Los Reyes (Jal.): 306, 346
Los Ríos: 731
Los Tuxtlas: 495, 499, 513, 1150, 1157
Loveman, B.: 231
Loyola (gobernador, Qro.): 574, 599
Lozada, Manuel: 186, 239
Lozano, Jose María: 745
Lucas, Juan Francisco: 28, 178, 543, 733
ludismo: 308, 898
Lugo, José Inocencio: 255
Luján de Terrazas, María: 1256
Luján (familia): 818
Luxemburgo, Rosa: 231
Luz Blanco, José de la: 258, 267, 272, 281, 288, 457, 605

Maass, Joaquín (general): 693, 780, 835, 849, 859
Macedo, Pablo: 51, 52, 1311
MacFarlane, A.: 234
machismo: 61, 66, 188, 534, 825, 1034, 1160, 1325
Macías Adame, José Enrique: 262, 297, 351, 364, 372, 393
Macías, José Natividad: 1001, 1065, 1264, 1267, 1268

Maciel, José: 402, 620
Madera (Chih.): 180, 260, 289, 710
madera (recurso forestal): 151, 164, 315, 399, 1032, 1258, 1260
maderistas (*véase también* halcones): 74, 106, 118, 121, 122, 283, 299, 305, 310, 320
   en los Estados Unidos: 269
   ideología de: 110-114
   programas de: 102-104, 106, 109, 351, 564-566, 569-570
   purga de: 676-677, 679, 681, 685-691, 741, 794
   rebeldes, cap. IV y ss.
   relaciones con constitucionalistas: 1027, 1028
Madero, Alfonso: 171
Madero, Carlos: 621
Madero, Emilio: 390, 393, 449, 619, 631, 706, 708, 709, 1017
Madero, Ernesto: 621, 632, 639, 1030
Madero, Evaristo: 378, 524
Madero, familia: 292, 409, 534, 625, 688, 807, 937, 1008, 1027, 1029
Madero, Francisco: 83, 94, 95, 96, 100, 101, 108, 122, 266, 271, 272, 314, 315, 320, 321, 324, 325, 343-426, 429, 436-445, 449, 457-461, 463-479, 507-508, 517, 521, 532, 543, 565, 594, 605, 626, 657, 660, 752, 761, 788, 807, 837, 924, 976, 999, 1024, 1027
Madero, Gustavo: 563, 537, 540, 640, 650, 656, 660, 661, 662, 708
Madero, Julio: 561, 806
Madero, Manuel: 122, 123
Madero, Raúl: 449
Madero, Sara P., de: 535
maestros: 1181
Magaña, Domingo: 319, 328, 331, 371
Magaña, Gildardo: 901, 1132
Magdalena: 492, 627, 694, 1064, 1094, 1135
magonistas (*véase* Partido Liberal Mexicano [PLM])

maguey: 38, 146
Maine, Henry Sumner: 958
maíz: 128, 145
Makhnovschina: 432
Maltrata: 733
Manero, Antonio: 1231
"mano de hierro", mito de la: 439, 447, 448, 528, 529, 547, 641, 667, 676, 714, 752, 782, 835, 839, 840, 1025, 1039
mano de obra libre (*véase también* proletarización): 141, 191, 554
mano de obra temporal (*véase también* los Estados Unidos, migración a): 130, 141
Manrique, Aureliano: 1281
Manzanillo: 388, 578, 581, 588, 602, 610, 628, 707, 162, 775, 931, 1273
Mao TseTung: 257, 714
mapaches rebeldes (Chis.): 508, 970, 1156, 1241, 1286, 1291
Mapimí: 57, 120, 297, 398, 400, 445, 594, 636, 846, 1113
máquina loca: 445, 447, 812
Maravatío: 329
Marfa: 836
Mariel, F., de P.: 800
Mariscal (Chis.): 61
Mariscal, Silvestre: 479, 670, 740, 741, 835, 918, 949, 1021, 1240
Márquez, Esteban: 296, 734
Márquez, hermanos: 335, 729, 735, 881, 917, 1007, 1021
Márquez, Hilario: 331, 335
Márquez Sterling, Manuel: 662
Marruecos: 1135
Martínez, Abraham: 707
Martínez Alier, Juan: 138, 261
Martínez, Ignacio: 73
Martínez, Mucio: 43, 71, 291, 377, 1144, 1227
Martínez, Panuncio: 497, 498, 1150, 1158
Martínez, Patricio: 717
Martínez, Paulino: 97, 102, 990, 991, 1047
Martínez, Pedro: 25

Marx, Carlos: 107, 234, 952, 953, 992, 952, 1268
marxismo: 952
   interpretaciones del: 950-951, 960
Mascareñas (familia, Son.): 185, 455
Mascareñas, Manuel: 686
Mascareñas, Miguel: 454
masonería, véase masones
masones: 90, 356, 538, 663, 926
Mastache, Alejo: 949
Mata, Filomeno: 73, 102, 180
Matamoros: 100, 307, 721, 725, 770, 800, 836, 850, 1054, 1125, 1280
Matamoros, valle de: 161, 907
Matehuala: 305, 308, 578, 718, 719, 720, 721
Matrecitos, Miguel: 281
matrimonios: 1272
mayas: 29, 30, 42, 160, 228, 321, 448, 763, 978
Maycotte, Fortunato: 1069
Mayo, Henry T. (contraalmirante): 856, 857, 858, 859
mayordomos: 201, 399, 901
mayos: 160, 171, 283, 564, 623, 704, 851, 1007, 1016, 1133, 1134
Maytorena, José María: 72, 280, 363, 371, 463, 466, 543, 563, 608, 614, 620, 624, 639, 650, 651, 652, 682, 685, 686, 687, 797, 806, 902, 934, 942, 943, 945, 1012, 1013, 1014, 1015, 1016, 1040, 1054, 1063, 1081, 1090, 1133
Mazapil: 216, 305, 340, 578, 579, 619, 721, 947
Mazatán: 510, 525
Mazatlán: 525, 558, 579, 587, 620, 688, 691, 705, 707, 763, 851-853, 868-870, 892, 893, 896, 897, 898, 931, 1246, 1253, 1275, 1279
McBride, G. M.: 152
McCormick, Cyrus: 979
Meade, Fierro: 446
Medina Barrón, Luis: 626, 698, 1144, 1145, 1158

Medina, Darío: 387, 388
Medina, Hilario: 1268, 1269
Medina, Juan: 809, 826, 845, 1006, 1038, 1086
Medina, Julián: 915, 1040, 1048, 1055
Medina, Ponciano: 62, 103
Medina Veitia, Manuel: 1084, 1087
Meixueiro (familia, Oax.): 178, 185, 508, 520
Meixueiro, Guillermo: 520, 912, 914, 959, 968, 969, 970, 971, 972, 1021, 1040, 1042, 1144
Méndez (familia, Hgo.): 917
Méndez (familia, Pue.): 42
Méndez, Francisco: 278
Méndez, Luis: 661, 917, 1007, 1021, 1060
Méndez, Marcos: 315, 329, 917, 1007, 1021
Mendoza, Camerino: 104, 296, 329, 729
Mendoza, Francisco: 277
Mendoza, Prudencio: 1170
mercado de tierras: 130, 575
mercado de trabajo: 194, 206, 588
mercado doméstico: 158, 202, 573
Mercado (gobernador, Mich.): 55, 68, 111, 164
mercado negro: 704, 800, 1175
Mercado, Salvador (general): 709, 710, 788, 809, 810, 812
mercados mundiales: 128, 129, 224
Mercenario, A.: 44
Mérida: 75, 287, 731, 763, 829, 927, 976-977
Merigo, Juan: 1238
Merodio, Telésforo: 515-516
mestizaje: 29
Metepec: 200, 201, 207, 305, 1064
Mexicali: 326
Mexican Herald, The: 16, 252, 658, 778, 875
mexicanos en los Estados Unidos: 269, 270
México, Ciudad de: 23, 37, 39, 60, 75, 88, 116, 126, 147, 207, 255, 265, 270, 290,

304, 308, 311, 328, 357, 362, 384, 410, 446, 516, 523, 525, 534, 535, 540, 560, 579, 588, 620, 622, 629, 631, 634, 638, 641, 644, 647, 678, 713, 722, 730, 756, 758, 762, 769, 780, 782, 784, 788, 804, 809, 850, 854, 855, 866, 868, 872, 874, 879, 881, 882, 926, 927, 928, 929, 933, 935, 947, 959, 962, 964, 971, 983, 984, 985, 986, 989, 992, 994, 1002, 1006, 1013, 1024, 1039, 1043, 1044, 1046, 1049, 1051, 1052, 1060, 1124, 1173, 1174, 1190, 1191, 1196
México, Estado de: 142, 145, 156, 161, 164, 228, 329, 333, 350, 364, 370, 438, 440, 690, 639, 690, 736, 739, 741, 764, 834, 890, 905, 907, 936, 1000, 1001, 1123, 1125, 1128, 1188, 1218, 1271, 1326
México Nuevo: 87, 88, 100
Meyer, Michael C.: 411, 671, 783
Mezcala: 448
Michoacán, estado de: 68, 100, 102, 111, 152, 157, 161, 164, 315, 339, 352, 479, 482, 483, 484, 488, 678, 691, 718, 740, 799, 895, 908, 920, 949, 961, 964, 966, 1001, 1007, 1010, 1011, 1056, 1145, 1162, 1163, 1165, 1167, 1169, 1170, 1171, 1192, 1201, 1220, 1249, 1261, 1325, 1326, 1329
Mier, José María (general): 873
Migdal, Joel: 177
migración: 1131, 1329
militares (*véase* ejército)
militarización: 389, 456, 623, 625, 627, 632, 633, 676, 742, 761, 767
Milpa Alta: 928, 1331
Millán, Agustín: 1002, 1148, 1149, 1233, 1248
Millon, R.: 431
Minaca: 1092, 1113
minas: 711, 718, 720, 786, 828, 830, 831, 832, 847, 880, 915, 947, 1015, 1032, 1055, 1117, 1208, 1278, 1308
Minas del Bote: 1032

Minatitlán: 177, 339, 1145, 1146, 1147, 1149, 1156, 1158
mineros: 102, 104, 126, 157, 180, 194, 196, 197, 199, 211, 214, 215, 216, 221, 260, 305, 493, 578, 711, 720, 722, 1025, 1065, 1078, 1208, 1211, 1254
Miranda, Joaquín: 673
Misantla: 496, 502, 503, 540, 729, 920, 948, 1146, 1147
mitos: 1222, 1228, 1302
Mixcoac: 1174
mixes (indígenas): 28
mixtecas: 26, 968
Moats, Leonie: 67
Mochitlán: 448
Mocorito: 386, 387
Moctezuma (Chih.): 281
Moctezuma (familia, S. L. P.): 167
Moctezuma (Son.): 694, 696, 1115
modernización, teoría de la: 958
modos de producción (*véase también* articulación de modos de producción): 130, 131, 132, 230
Moheno, Querido: 745, 777, 786, 787
Molina Font, Julio: 979
Molina, Olegario: 42, 55, 790
Molina y Morales, Pascual: 963
Moncaleano, Juan F.: 589
Monclova: 120, 297, 335, 451, 452, 682, 693, 700, 796, 797, 801, 1023, 1078, 1283
Mondragón, Manuel: 652, 653, 689, 743, 745, 746, 810, 1144
Monroe, doctrina: 750
Monroy, Néstor: 747
Montaño, Otilio: 428, 671, 1129
Monterrey: 36, 37, 51, 75, 77, 86, 89, 93, 101, 120, 196, 252, 307, 311, 335, 343, 448, 451, 549, 578, 583, 586, 645, 722, 726, 830, 834, 850, 870, 872, 896, 928, 1047, 1054, 1080, 1106, 1141, 1211, 1316
Montes, Avelino: 42
Montes de Oca, obispo: 929
Montoya, Jesús: 1334

Moore, Barrington: 242, 245, 750, 821, 1296, 1317, 1319, 1320
Morales, Jesús: 277, 368, 436, 563, 670
Morales, Nicolás: 1219
Morales, Pedro: 948, 1020
Morelia: 37, 255, 372, 926, 1071, 1167, 1177
Morelos: 23, 26, 27, 30, 38, 115, 116, 117, 127, 136, 145, 156, 162, 163, 173, 225, 232, 235, 246, 247, 275, 276, 277, 278, 284, 312, 313, 330, 364, 367, 368, 370, 414, 426, 428, 429, 456, 488, 542, 618, 628, 629, 673, 678, 679, 738, 739, 741, 817, 854, 872, 881, 907, 913, 934, 936, 937, 959, 989, 990, 991, 992, 1045, 1046, 1064, 1118, 1123, 1125-1132, 1148, 1155, 1162, 1194, 1196, 1198, 1217, 1224, 1248, 1252, 1261, 1263, 1292, 1322, 1324, 1329, 1333
Morelos Zaragoza, Ignacio (general): 856, 857, 873
mormones: 454, 469, 1101
Moroleón: 494, 775, 776, 777, 1170, 1218
Morones, Luis: 1063, 1065, 1284, 1285, 1288, 1290, 1321, 1332
mortalidad: 1195, 1198, 1328
Motzorongo: 1150
Mousnier, Roland: 227
movilidad espacial (*véase* migración)
movilidad social: 1330, 1331
movimiento obrero: 587, 588, 787, 980, 1060, 1209, 1264, 1285
  católico: 957
  represión de: 1210-1216, 1287-1288
movimiento progresista: 114-115
Moya, Luis: 175, 261, 263, 718
mujeres (*véase también* soldaderas): 47, 61, 319, 405, 431, 514, 535, 918, 1223
Múgica, Francisco J.: 100, 111, 504, 581, 726, 739, 796, 908, 964, 973, 975, 996, 999, 1000, 1020, 1114, 1234
Muleros (Dgo.): 287, 960
Munguía, Eutiquio (general): 715, 843, 1047
Munguía, Santoyo: 364
Muñoz, Arístegui (gobernador, Yuc.): 91, 116, 321, 323
Muñoz, Lino: 61, 731
Murguía, Francisco: 726, 929, 967, 990, 996, 999, 1000, 1001, 1006, 1010, 1020, 1026, 1074, 1075, 1114, 1115, 1119, 1192, 1224, 1234, 1240, 1241, 1243, 1244, 1246, 1248, 1250, 1255, 1308
Muriedas, Felipe: 167
Murillo, Gerardo (*véase* Dr. Atl)
Mussolini, Benito: 417, 785
mutualismo: 209, 223, 382, 587, 1201
Múzquiz: 89, 100, 103, 454, 559, 636, 693, 1007, 1283

nacionalismo (*véase también* antiamericanismo): 783, 786, 790, 871, 913, 917, 957, 1005, 1015, 1018
nacionalismo económico: 52, 110, 111, 119, 212, 553, 575, 584, 786, 790, 913, 1151, 1184, 1208, 1295, 1306, 1306, 1311, 1313, 1317
Naco: 696, 698, 702, 1014, 1015, 1032, 1054
Nacozari: 281, 307, 454, 584, 597, 694, 1184, 1211
Nafarrete, Emilio: 727
namieristas, asociaciones: 1009, 1037, 1270, 1292
Namiquipa: 185, 709, 1102, 1219
Naranja: 33, 142, 161, 162, 164, 172, 227, 483, 629, 915
Naranjo (general): 43
Natera, Pánfilo: 717, 718, 813, 870, 879, 880, 903, 944, 988, 1010, 1047, 1070, 1084, 1221
Natividad (familia, Nay.): 920
Nautla: 502
Navarro, Cándido: 280, 288, 297, 303, 308, 309, 331, 337, 342, 351, 375, 376, 490, 493, 908, 1162, 1167
Navarro, Juan: 260, 264
Navarro, Ponciano: 472

Navojoa: 272, 280, 290, 696, 1133
Nayarit: 66, 1056, 1223, 1270
Nazas, río: 36, 95, 169, 261, 397, 769
Necaxa: 68, 771
Neftalí, Amador Juan: 986
negocios ilícitos: 286, 563, 675, 761, 781, 826-827, 966, 1142-1145, 1176, 1195, 1200, 1302, 1314
Negrete, W.: 374
nepotismo: 47, 55, 67, 184, 534
Neri, Canuto: 72, 448, 949, 950, 1324
Neri, Eduardo: 72
Neri, Felipe: 199, 277
Niágara, conferencia de: 876, 877, 878, 881, 882
Nicaragua: 1093
Niemeyer, E. V.: 1267, 1269
Nieto, José: 1050
Nieto, Rafael: 1267
Nieves: 424, 944, 1085, 1254
Nochistlán (Zac.): 1219
Nochixtlán: 476
Nochixtlán, Oaxaca: 973
Nogales: 465, 707, 705, 1081, 1330
Nogales, Arizona: 702
Nogueda, Santiago: 918, 1021
Nombre de Dios: 287
Noriega (familia): 162
Noriega, Iñigo: 467, 629, 907, 1144
Norte-Sur, conflicto: 1136, 1143, 1260
nueva burguesía revolucionaria: 1255, 1324
Nueva Orleans: 267, 296, 800, 893, 1137, 1138, 1140, 1141, 1145
Nueva York: 1138-1139
Nuevo Laredo: 486, 764, 850, 874, 1023, 1054, 1205, 1211
Nuevo León: 44, 71, 86, 93, 94, 98, 99, 100, 155, 154, 207, 282, 297, 353, 448, 693, 726, 831, 1054, 1145, 1189, 1227, 1229, 1276
Nuevo Londres, conferencia: 1108
Núñez, Antonio: 342

Oaxaca
 ciudad capital: 34, 39, 477, 514, 516, 517, 519, 521, 522, 523, 1021, 1141
 estado: 26, 27, 30, 37, 53, 68, 92, 103, 130, 152, 154, 165, 317, 318, 355, 359, 363, 379, 437, 441, 459, 476, 514, 516, 530, 562, 607, 618, 634, 643, 775, 831, 897, 914, 915, 931, 967, 968, 1158, 1240, 1270
Obregón, Álvaro: 175, 455, 457, 563, 564, 624, 627, 672, 678, 681, 682, 690, 694, 695, 696, 697, 698, 699, 700, 701, 704, 705, 706, 718, 726, 801, 805, 806, 809, 851, 852, 854, 8881, 882, 883, 884, 885, 8891, 895, 896, 926, 928, 929, 930, 932, 933, 939, 940, 941, 942, 945, 946, 950, 951, 956, 958, 961, 963, 965, 967, 983, 984, 986, 987, 989, 990, 995, 996, 1000, 1001, 1002, 1005, 1016, 1024, 1029, 1031, 1037, 1039, 1041, 1043, 1043, 1044, 1051, 1053, 1054-1064, 1067, 1068, 1069, 1070, 1071, 1072, 1073, 1094, 1101, 1130, 1132, 1140, 1165, 1222, 1232, 1237, 1290, 1329
Obregón González (gobernador, Gto.): 337
Obregón, José: 1278
obreros: 637, 722, 762, 763, 1015, 1019, 1021, 1061, 1065, 1204, 1215
Ocón, Cecilio: 652, 653, 663, 664
Ocosingo: 294, 303
Ocotlán: 77, 662
Ocuila: 169, 175, 261, 262, 391, 394, 960
Ochoa, Guadalupe: 496
Ochoa, José María: 284
O, Genovevo de la: 275, 618, 634, 636, 656, 673, 870
O'Heia, Patrick: 36, 1116
Ojeda, Pedro (general): 696, 632, 634, 696, 698, 699, 1047
Ojinaga: 258, 441, 442, 623, 709, 813, 880, 814, 1124, 1229
Olaguíbel, Francisco: 894, 1226
Olea, Héctor R.: 946

Oluta: 339, 496, 498
Ometepec: 34, 174, 227, 248, 295, 316, 317, 346, 478, 508, 728, 912, 914
Ometusco: 1067
Orendáin: 881
Orizaba: 39, 56, 104, 112, 127, 200, 202, 203, 207, 209, 210, 253, 254, 296, 308, 338, 495, 540, 578, 579, 581, 643, 645, 730, 731, 1067, 1156, 1157, 1158, 1201, 1202, 1206
Ornelas, Porfirio: 818
Ornelas, Tomás: 1084, 1085
oro: 127, 609
  patrón: 53, 194, 833
Orozco y Jiménez, arzobispo: 1163
Orozco, Pascual: 211, 214, 257, 258, 281, 293, 393, 404, 406, 410, 416, 421, 429, 440, 441, 445, 708, 710, 1082, 1137
Orozco, Pascual (padre): 673, 738, 739
Orozco, Wistano, Luis: 73, 152
orozquistas: 156, 281, 412, 415, 416, 419, 420, 440, 441, 443, 445, 447, 451, 486, 530, 585, 610, 627, 628, 634, 638, 649, 671, 672, 682, 690, 691, 710, 810, 812, 934, 1090, 1093
Ortega, Melitón: 891, 944, 1055
Ortega, Toribio: 257, 458, 709, 844, 880, 1114, 1195
Ortiz Argumedo, Abel: 670, 978, 979, 980
Ortiz, Isidro: 278, 331, 336
Ortiz, Pedro: 670
Ortiz, Sebastián: 296, 689
Ortiz Rubio, Pascual: 1277
Oseguera, Manuel: 437, 520, 670, 672
O'Shaughnessy, Edith: 774
O'Shaughnessy, Nelson: 858
Osuna (general): 873, 874
Osuna, Gregorio: 1280
Otates: 1165
Otumba: 103, 146
Oviedo, Manuel: 389
Ozuluama: 469, 495, 528, 643
Ozuyú: 316

Pacheco, Francisco: 1123, 1126
Pachuca: 51, 60, 80, 103, 166, 195, 212, 216, 227, 253, 301, 305, 308, 376, 644, 747, 1099, 1205
pacto de la embajada: 661, 667, 743, 745
Padilla, Pedro: 501
Page, Walter Hines, embajador de los Estados Unidos: 860
Paige, J.: 226, 230, 234
Palafox, Manuel: 739, 741, 779, 905, 982, 992, 1008, 1033, 1047, 1050, 1052, 1063, 1129
Palavicini, Félix: 102, 108, 109, 111, 121, 372, 966, 1065, 1075, 1232, 1236, 1237, 1238, 1239, 1265, 1267, 1270, 1290, 1301
Palma Sola: 385, 387
Palmerston, lord: 269
Palomas: 167, 235, 236, 424, 470, 492, 1084
panamericano, tren: 634
Pani, Alberto: 545, 548, 616, 631, 791, 804, 896, 1001, 1038, 1062, 1065, 1066, 1077, 1313, 1331, 1332
Paniagua, Enrique: 989
Pantoja: 491, 494
Pantoja, Anastasio: 949, 989, 1020, 1166
Pantoja (familia, Mich.): 775, 949
Pánuco de Corondoa: 401, 705
Pánuco, río: 278, 467, 468, 858, 1078, 1153
Pánuco, Sin.: 705
Pánuco, Ver.: 468, 468, 1154
papado: 47
Papaloapan, río: 40, 503, 948
Papantla: 165, 239, 467, 469, 495, 734, 735, 736, 834, 893, 894, 898, 927, 1153, 1192
papel moneda: 447, 595, 797, 833, 1079, 1078, 1182, 1210, 1211, 1246, 1250
Paracho: 486, 1161, 1333
Paraíso: 499, 500, 501, 730
Pardo, Rodolfo: 60, 62, 689, 968
Paredes, Manuel: 331, 339

Parra, Ignacio: 186
Parra, Leocadio: 1086, 1117
Parral: 57, 101, 212, 256, 266, 405, 441, 442, 1080, 1085, 1104, 1105, 1115, 1332
Parras: 95, 123, 290, 297, 299, 308, 312, 390, 1081, 1119
Partida, Apolinar: 1170
Partido Antirreeleccionista (*véase también* maderistas): 74, 97, 98, 99, 102, 352, 389, 559, 569
Partido Católico Nacional (*véase también* católicos en política): 359
Partido Constitucional Progresista: 352
Partido Democrático (*véase también* reyistas): 74, 87, 88, 98, 117
Partido Laborista: 1285
Partido Liberal Constitucionalista: 1272
Partido Liberal Mexicano (*véase también* magonistas): 74, 80, 81
Partido Nacional Cooperativista: 1290
Paso del Macho: 255, 562
paternalismo: 135, 142, 200, 284, 582, 583, 602, 916, 1133, 1202, 1259
Patoni, Carlos: 389, 397, 561
Patoni, familia (Dgo.): 334
patrimonialismo: 1247
patriotismo: 242
Patton, George: 1102
Pátzcuaro: 128, 227, 315, 336
Pazuengo, Matías: 819, 821, 822
Pearson: 180, 260
Pedriceña: 403, 451, 944, 1111, 1119
Peel, Robert: 87, 1294
Pekín, sitio de: 24, 659, 715, 882
Peláez, Manuel: 920, 921, 922, 1007, 1021, 1040, 1055, 1088, 1031, 1137, 1144, 1145, 1146, 1147, 1150, 1151, 1152, 1167, 1280, 1291
peleacismo: 166, 167
Pénjamo: 303, 1165, 1167
Peña (general y gobernador, Coah.): 655
Peñoles: 57, 594, 595
Peñón Blanco: 261, 263, 334, 400, 636

peones: 722, 727, 816, 902, 973, 1189, 1255, 1282, 1320
  endeudados: 41, 67, 237, 246, 250, 348, 729, 819, 948, 977
  residentes: 134, 136, 137, 141, 143, 250, 313
  salarios de: 32, 137, 474, 475, 503, 1319
pequeña burguesía: 78, 432, 948, 951, 952, 955, 956, 1062, 1316
Pereyra, Orestes: 199, 262, 389, 393, 395, 690, 711, 713, 961, 1017, 1081, 1083
Pérez, Ángel: 970
Pérez Castro, José: 380, 493
Pérez, Cástulo: 920, 1137, 1145, 1146, 1147, 1150, 1159
Pérez, Evaristo: 1145
Pérez Rivera, Antonio (gobernador, Ver.): 383, 393, 541, 542, 677
Pérez Rul, hermanos: 1086
Pérez Taylor, Rafael: 1060, 1062, 1063
Pérez y Pérez, José: 719
Peribán: 1166
Perón, Eva: 942
Perote: 343
Perú: 224, 225, 231, 232, 817
Perrusquía, Ernesto: 1276
Pershing, general (*véase también* expedición punitiva): 1018, 1023, 1031, 1090, 1092, 1102, 1231, 1244, 1245
peso, devaluación del: 1186, 1208, 1211
Pesqueira (familia): 72, 334, 941, 1013
Pesqueira, Ignacio (gobernador): 682, 686, 694, 697, 698, 699, 700, 1249
Pesqueira, Pedro: 493
Pesqueira, Roberto: 697, 1247, 1016, 1247
Peto: 321, 322
petróleo: 40, 127
  compañías: 166, 727, 787, 835, 836, 921, 1042, 1150, 1208, 1209, 1307, 1309, 1310, 1312, 1322, 1334
  exportaciones: 1207, 1208
  impuestos al: 1150, 1207, 1308
  producción: 830, 1207

petroleros: 310, 553, 830, 921, 1154, 1204, 1207, 1208, 1285
Phelps, Dodge, compañía minera: 751
Pichátaro: 482, 483
Pichucalco: 294, 319, 499, 500, 501, 502, 511
Piedra Gorda: 1165
Piedras Negras (*véase también* ciudad Porfirio Díaz): 693, 794, 807, 835, 897, 1101, 1025, 1054, 1173, 1239, 1252, 1303
Pijijiapan: 1160
pimas (indígenas): 30, 623
Pimentel y Faguaga, Fernando: 51, 1144
Pineda, Alberto: 970
Pino Suárez, José María: 116, 352, 353, 354, 358, 359, 360, 361, 386, 406, 411, 534, 540, 544, 550, 571, 614, 616, 662, 663, 664, 678, 1175, 1236
Pino Suárez, Néstor: 386
Pinos: 402, 717
Pinos Altos: 1215
Pinotepa Nacional: 317, 912, 913
Pirenne, Henri: 1333
Pisaflores: 72, 571
pistolerismo: 1171, 1220, 1321
Pita, Joaquín: 56, 59, 64, 745, 780, 1226
Plan de Ayala: 386, 387, 404, 428, 429, 459, 464, 471, 479, 485, 466, 673, 739, 796, 900, 936, 982, 990
Plan de Guadalupe: 685, 796, 797, 799, 879, 887, 912, 917, 964
  adiciones al: 886, 1057-1058
Plan de la Sierra: 968
Plan de San Diego: 1095
Plan de San Luis Potosí: 122, 254, 276, 309, 312, 318, 319, 351, 368, 374, 379, 387, 407, 409, 411, 416, 428, 429, 565, 570, 576, 644, 796
Plan de Tacubaya: 412
Plan de Texcoco: 911
Plan de Tierra Colorada: 1142
Plan Orozquista: 411, 412, 413
plata: 127, 210, 609, 831
Playa Vicente, cárcel: 497, 675, 931

plomo: 127, 128
Pochutla: 60
Poder Judicial: 49, 50, 68, 90, 103, 533, 539, 614
policía: 56, 58, 302, 311, 655
política del buen vecino: 750
política de masas: 92, 940, 1300
política laboral: 207, 590, 601, 790, 1065
Popkin: 236
populares, movimientos: 236, 279, 337, 419, 422, 436, 567, 1136, 1137, 1146, 1161, 1162, 1320
populismo: 176, 378, 385, 987, 1013, 1039, 1079, 1089, 1214, 1299
Portas, Agustín: 691, 1002, 1148, 1248
Posada, José Guadalupe: 104
positivismo: 790, 1293
Potam: 63, 64, 331, 941, 965, 967
Potrero del Llano: 1156
Pous, Guillermo: 542, 643
Poza Verde: 174, 509, 912, 914
Pozo, Agustín del: 329, 543, 637
precios: 832, 1059
prensa bajo los revolucionarios: 895, 928, 935, 945, 985, 993, 1053, 1070, 1071, 1085, 1095, 1111, 1101, 1103, 1109, 1130, 1141, 1147
prensa católica: 74, 747, 777, 923, 1065
prensa en el régimen de Francisco I. Madero: 369, 380, 401, 415, 419, 438, 439, 445, 463, 425, 432, 534, 535, 536, 550, 556, 565, 570, 587, 589, 602, 604, 614, 616, 617, 621, 625, 631, 638
prensa en el régimen de Porfirio Díaz: 93, 604
prensa de oposición: 81, 85, 86, 88, 89, 90, 91, 92, 93, 112, 117, 122, 219, 251
prensa en el régimen de Victoriano Huerta: 720, 723, 730, 753, 756, 760, 766, 768, 771, 772, 773, 775, 777, 778, 779, 785, 787, 793, 794, 835, 843, 847, 849, 866, 867, 872, 895
prensa radical: 1228, 1284
presidio: 813

préstamos: 829, 833
Prida, Ramón: 545
primera Guerra Mundial: 159, 224, 877, 981
prisioneros de guerra, federal: 696, 714
procónsules: 981, 1002, 1006, 1008, 1146, 1280, 1320
Progreso (puerto): 61, 103, 104, 248, 504, 558, 788, 976, 978
proletarización: 78, 954
prostitución: 569, 569, 604, 697, 980, 1110, 1301, 1303, 1304, 1328
protesta agraria: 161, 209, 225, 421, 460, 461, 692, 899, 915, 1162, 1326
protestantismo: 113, 133, 754, 1298, 1302
Proudhomme, P. J. [Proudhonne]: 182
provincialismo: 734, 972, 974, 978, 980, 1137, 1147

Puebla
　ciudad de: 62, 119, 120, 253, 377, 963, 1107
　estado: 28, 34, 37, 39, 42, 43, 44, 56, 59, 64, 65, 67, 71, 90, 92, 99, 100, 104, 118, 130, 142, 154, 161, 177, 178, 179, 187, 195, 198, 200, 203, 207, 227, 236, 253, 254, 256, 277, 289, 291, 296, 308, 311, 313, 314, 329, 330, 331, 335, 339, 340, 346, 353, 359, 369, 370, 377, 378, 379, 380, 382, 436, 437, 438, 484, 485, 495, 496, 510, 539, 543, 551, 578, 581, 582, 592, 617, 626, 637, 643, 677, 689, 733, 734, 738, 739, 741, 745, 762, 763, 765, 766, 780, 831, 836, 850, 883, 895, 898, 905, 907, 908, 917, 937, 939, 948, 959, 962, 995, 1020, 1044, 1052, 1053, 1064, 1091, 1123, 1124, 1125, 1128, 1137, 1144, 1145, 1189, 1202, 1203, 1206, 1218, 1224, 1226, 1227, 1229, 1238, 1260, 1261, 1267, 1271
　sierra de: 689, 733, 734, 763, 959, 1265, 1291

pueblos empresariales (*véase* mineros, explotación de)
pueblos perdidos: 1130, 1131, 1132, 1193-1197
Puertas, Francisco: 911
Puerto México: 578, 583, 606, 865, 882, 896, 897, 1326
pulque: 35, 40, 127, 146, 147, 247, 562, 604, 781, 1047, 1200, 1253, 1303
pulquerías: 781, 1313
puntos de vista europeos sobre la revolución mexicana: 837-841
purgas de maderistas (*véase también* purgas de conservadores): 893, 894, 896, 897, 916, 918, 920, 922, 935, 1007, 1050, 1212, 1224
puritanismo: 1252, 1253, 1292, 1302, 1304
Puruándiro: 490, 492, 949, 1020, 1166, 1169

Querétaro
　ciudad de: 198, 1067, 1113, 1114, 1172, 1176, 1188, 1215, 1225, 1162, 1163, 1268, 1276
　estado: 37, 161, 574, 766, 989, 1051, 1069, 1108, 1198, 1235, 1237, 1267, 1298
Quesada, Encarnación: 182, 190
Quevedo, Silvestre: 1091
Quintana Roo: 90, 163, 463, 618, 737, 978, 1126, 1252
Quirk, Robert, E.: 997, 1001
Quiroga: 1166
Quiroz, Eleuterio: 239

Rábago, Antonio, general: 267, 449, 678, 682
Rábago, Jesús: 760, 777, 779
Rabasa, Emilio: 150, 839, 876, 877, 1144
Rabasa (familia, Chis.): 43, 54, 510
Rabel, Sam: 1099
racismo: 32, 247, 840, 861, 963, 1126
Radilla, Julián: 479, 480, 670, 674, 741
Raigosa, Genaro: 157

Ramírez, Santiago: 1007
Ramos Arizpe: 1035, 1054
Ramos, Ignacio: 1112
Ramos Pedrueza, Antonio: 590, 591, 600
rancheros: 38, 77, 129, 134, 154, 155, 156, 161, 174, 175, 230, 236, 285, 295, 427, 429, 442, 470, 479, 771, 913, 920, 949, 1163, 1165, 1166, 1217, 1219, 1316
Randall, C.: 90, 280
Rascón, Eugenio: 1144
Rasgado, Alberto: 893
Rauschbaum, Lyman, B.: 1098
Rayón: 211
reacción: 935, 936, 974, 987, 997, 1010, 1029, 1040, 1182, 1225, 1232
realeños: 136, 225
recesión económica: 53, 107, 142, 147, 191, 195, 197, 212, 213, 221, 243
 durante la revolución: 306-307, 556, 594
reconstrucción: 1217, 1225, 1258, 1259, 1263, 1291, 1300, 1308, 1315, 1334
recuperación de propiedades: 466, 1255, 1259, 1313, 1314
Redclift, Michael: 955
Redo, Diego: 115
Reed, John: 246, 262, 328, 400, 556, 671, 711, 712, 716, 805, 822, 826, 847, 848, 861, 924, 925, 1021, 1027
Reed, Nelson: 160, 245
reeleccionistas: 89, 90, 91, 92
reforma: 1114
Reforma Agraria: 82, 87, 138, 330, 336, 367, 398, 410, 422, 428, 432, 465, 500, 566, 567, 569, 575, 576, 603, 639, 697, 726, 791, 817, 819, 820, 887, 889, 900, 902, 903, 906, 909, 910, 919, 922, 925, 938, 948, 954, 969, 1050, 1121, 1126, 1136, 1267
Reforma (Tab.): 499, 500, 503
reformas laborales: 789, 880, 1060, 1210, 1278, 1285
Regeneración: 65, 81, 83, 84, 327, 1225, 1251, 1304

Reina, Francisco: 1090
relaciones de producción: 131, 133, 241, 820, 901, 954, 956, 1233, 1255
religión, decline de: 135
Rendón, Serapio: 679, 747, 895
renovadores: 614, 615, 616, 687, 744, 746, 748, 794, 804, 885, 1028, 1267, 1270
rentas: 57, 131, 142, 828, 907
Rentería, José María: 385, 386
reparto: 138, 160, 262, 473
revisionismo historiográfico: 125, 742, 789, 791, 922, 1323
Revolución china: 24
revolución, estudio de la (*véase también* Revolución china, Revolución rusa, Revolución francesa): 433, 434
 definiciones: 124-125, 236-237
 explicaciones: 81, 107, 111, 197, 212, 243, 245
revolución "desde arriba": 93, 1581294, 1296, 1318, 1320, 1335
Revolución inglesa, relación con la: 238
revolucionarios de última hora: 332, 335, 916, 917, 988
Revolución francesa: 1051, 1089, 1228, 1268
Revolución rusa: 1214
revuelta campesina: 313
revueltas anteriores a la revolución: 82, 140, 165, 170, 177, 178, 179, 184, 190, 204, 220, 222, 227, 228, 229, 232, 237, 239, 240, 242, 244, 247, 248, 249, 273, 278, 280
Reyes, Bernardo: 43, 86, 222, 354, 613, 626, 649, 685, 707, 837, 1144
Reyes, Canuto: 934, 1111, 1120, 1145
Reyes, Rodolfo: 685, 743, 745
Reyes, Valentín: 1129
reyismo: 743, 744
reyistas: 87, 88, 89, 90, 91, 92, 94, 100, 115, 208, 355, 356, 364, 414, 511, 544, 586
Reyna, Liborio: 316, 478, 956
Ricaut, Alfredo: 1276, 1280
Richardson Construction, Co.: 171

ÍNDICE ANALÍTICO 1393

Richmond, Douglas: 1066
Ricketts, L. D.: 220
Rincón, Antonio: 517
Rincón de Ramos: 151, 717
Rincón Gallardo, Carlos: 748
Rincón Gallardo, Manuel: 336
Rintelen, Franz von: 1138
Río Blanco: 97, 200, 203, 204, 205, 217, 219, 220, 222, 223, 249, 259, 1202, 1206
Río Verde: 380, 467, 468, 469, 471, 472, 619, 914
Ríos, Elías de los: 647
Ríos, Juan José: 212, 1066
Ríos, Margarito: 1274
Robelo Argüello, Manuel: 970
Robles Domínguez, Alfredo: 102, 103, 254, 255, 329, 331, 351, 614
Robles Gil, Alberto: 550
Robles, José Isabel: 990, 995, 1004, 1017, 1031, 1038, 1144
Robles, Juvencio (general): 438, 439, 440, 459, 485, 529, 618, 619, 625, 632, 736, 737, 738, 779, 844, 893
robo y rapto: 478, 481, 674, 913, 1172, 1248
de ganado: 463, 481
Rocha, Herculano de la: 185, 234, 236, 239, 284, 285, 508, 954
Rodeo: 262, 396, 597, 633, 636, 673, 722, 757, 895, 991, 1111, 1119, 1120
Rodríguez, Agustín: 876
Rodríguez, Antonio: 251
Rodríguez, Hilario: 540, 1087
Rodríguez, José: 1003, 1038, 1047, 1111, 1219
Rodríguez Malpica, Hilario: 540, 541
Rodríguez, Trinidad: 711, 844
Rojas, Antonio: 281, 407, 443
Rojas, Luis Manuel: 1264
Rojas, Máximo: 898, 908, 948, 996, 1020
Rojas, Trinidad: 328, 340, 350, 364, 448
Romero Flores, Jesús: 1198
Romero, Juana, C.: 514

Romero Rubio, M.: 49, 51
Roosevelt, Corolario: 750
Rosales, Ramón: 375, 539
Rosario: 623, 705, 852
Ross Stanley, R.: 549, 606
Rothschild: 525, 609
Rouaix, Pastor: 909, 943, 1268, 1269, 1310
Rubio, Jerónimo: 1170
Rueda, Policarpo: 638
Ruiz Cortines, Adolfo: 1332
Ruiz, Eduardo (general): 543, 885, 909
Ruiz, Francisco: 476
Ruiz, Gregorio: 652-653
Ruiz, José Trinidad: 277, 436, 438, 673
Ruiz, Pedro: 353
Ruiz Ramón, Eduardo: 106, 885, 909
Ruiz, Raúl: 948, 1007, 1145, 1146, 1159
rurales: 64, 66, 68, 116, 126, 176, 181, 188, 211, 257, 275, 282, 295, 319, 331, 367, 386, 393, 432, 484, 603, 927, 954, 1162, 1193, 1328, 1331
Rusia: 159, 201, 208, 227, 231, 591, 773, 1161, 1228, 1307

Sabinas: 100, 335, 1000
sacerdotes: 29, 33, 552, 1306
Sáenz, Moisés: 114
Sahuaripa: 265, 280, 281, 282, 1019, 1090
Sahuayo: 924
Salamanca: 1079, 1175
salarios: 136-138, 158, 194, 198, 201, 202, 211, 215, 217, 474, 555, 573, 592-597, 602, 981, 1205, 1209, 1284
reales: 193, 194, 247, 411
Salas, Hilario: 340
Salazar, José Inés: 446, 450, 452, 454, 455, 810, 811, 1091
Salazar, Manuel: 1279
Salazar, Vicente: 727
Salgado, Jesús: 295, 426, 437, 740, 741
Salina Cruz: 40, 46, 514, 578, 583, 606, 610, 644, 931, 972

Salinas: 305
Salinas, Alberto: 804, 979
Salinas, Emilio: 1276
Salinas, Gustavo: 852, 1000
Salisbury, lord: 357
Salmerón, Rafael: 924
Saltillo: 95, 120, 297, 209, 309, 361, 446, 450, 451, 536, 586, 610, 626, 634, 644, 648, 652, 684, 686, 693, 719, 720, 721, 723, 724, 773, 796, 815, 523, 834, 836, 848, 850, 854, 874, 882, 892, 925, 1011, 1078, 1081, 1105, 1107, 1177, 1185, 1187, 1189, 1190, 1196, 1284, 1285
San Andrés: 184, 191, 258, 260, 709, 1004, 1020, 1089
San Antonio: 150
San Antonio Chinampa: 1155
San Antonio (Texas): 114, 123, 267, 357, 649, 893
San Blas: 886, 908
San Carlos: 181, 182
San Cristóbal: 43, 178, 510, 511, 512, 970
San Dieguito: 279, 469, 470, 675
San Dimas: 334, 1241
San Felipe de Agua (Oax.): 522, 523, 968
San Felipe (Gto.): 59, 288
San Francisco (California): 772, 1249
San Francisco del Rincón: 302, 337, 1265
San Gabriel Chilac: 498, 539
San Ignacio: 387
San Isidro: 257, 281, 1113
San Jerónimo, Ixtepec: 514, 516, 881
San José de Gracia: 23, 77, 129, 151, 765, 777, 915, 924, 961, 1167, 1168, 1170, 1198, 1325, 1330
San Juan Bautista: 502, 974, 975
San Juan del Río (Dgo.): 636, 1111, 1114, 1119, 1120
San Juan del Río (Qro.): 333, 1067, 1073
San Juan de Ulúa, cárcel: 219, 383, 540, 1275
San Juan Evangelista: 342, 497, 497

San Juan Guadalupe: 59, 169, 1173, 339, 341, 390, 718, 1087
San Juan Guelavía: 174
San Juan Xiutetelco: 340
San Lucas: 400, 636
San Luis Misuri: 82
San Luis Potosí
  ciudad capital: 279, 309, 353, 358, 471, 472, 628, 688, 762, 769, 773, 869, 925, 1039, 1266
  estado: 43, 49, 75, 80, 81, 83, 99, 105, 122, 128, 145, 151, 159, 165, 166, 167, 168, 197, 198, 236, 252, 263, 276, 279, 280, 296, 297, 309, 230, 336, 341, 355, 356, 363, 365, 371, 380, 381, 417, 467, 468, 473, 475, 476, 484, 525, 542, 561, 565, 602, 605, 607, 609, 615, 619, 623, 634, 637, 650, 671, 677, 682, 687, 693, 718, 720, 721, 724, 726, 727, 728, 729, 732, 851, 867, 881, 892, 893, 897, 915, 916, 927, 928, 1038, 1040, 1047, 1048, 1049, 1055, 1078, 1079, 1091, 1121, 1125, 1172, 1178, 1186, 1196, 1220, 1222, 1253, 1254, 1256, 1267, 1271, 1276, 1277, 1281, 1292, 1322, 1325
San Lunes: 211, 605, 1303
San Marcos: 295, 681
San Miguel de Allende: 59, 62, 301, 303, 337, 347, 924, 1073, 1162
San Miguel Canoa: 187
San Miguel Mezquital: 401
San Pablo: 439
San Pedro: 95, 96, 101, 299, 375, 439, 730, 849, 850, 872, 874, 908, 930, 1081, 1119, 1197
Sánchez, Alfonso: 921
Sánchez Azcona, Juan: 73, 87, 97, 100, 804
Sánchez Gavito, Manuel: 562
Sánchez, Gertrudis: 169, 280, 286, 297, 305, 340, 393, 394, 450, 691, 718, 719, 720, 740, 881, 908, 926, 947, 949, 961, 1011, 1055

ÍNDICE ANALÍTICO 1395

Sánchez, Gregorio: 396, 400, 401, 636
Sánchez, Guadalupe: 1148, 1157, 1291
Sánchez Magallanes, Pedro: 501
Santa Bárbara: 965
Santa Clara: 143, 151, 336, 729, 1113
Santa Cruz (Mor.): 438, 627
Santa Cruz (Magdalena, Son.): 627
Santa Eulalia: 409, 578, 1115
Santa Fe: 481
Santa Fe, Alberto: 238
Santa Isabel: 1092, 1096
Santa María de las Barbizas (Chih.): 181
Santa María de las Cuevas (Chih.): 181
Santa María, indígenas de: 166, 1133
Santa María (Mor.): 438
Santa Rosa: 698
Santa Rosalía (B. C.): 1206
Santa Rosalía (Chih.): 709, 1087, 1113
Santañón: 66, 253
Santiago Papasquiaro: 263, 297
Santibáñez, Alfonso: 515, 970, 971, 1145, 1146
Santibáñez, D.: 57, 59
Santo Domingo: 140
Santos Coy, Ernesto: 719
Santos, de los (familia, S. L. P.): 167, 279, 1020
Santos, Pablo: 335
Santos, Pedro Antonio de los: 274, 279, 380, 409, 469, 533, 613, 727
Santos, Samuel de los: 1271, 1277
Santos, Toribio de los: 977
Sao Paulo (Brasil): 224
Sarabia, Emiliano: 389, 394, 395, 947, 1031, 1038
Sarabia, Juan: 383
Sarabia, Manuel: 81
Satevo: 1089
Saucedo, Andrés: 682, 725, 999, 1000
Sayula (Jal.): 163, 339, 387
Sayula (Ver.): 496
Scott, Hugh L. (general): 813, 960, 1033, 1068, 1078, 1105, 1106
Scott, James C.: 232, 233

secesionismo: 516, 686, 753, 976, 977, 1158, 1312
secuestros: 890, 1080, 1167, 1173
Sedano, familia (Mor.): 117
segunda reserva: 86, 90
Segura, Vicente: 800
Sentíes, Francisco: 87, 97
Serdán, Aquiles: 104, 253, 582, 602, 646, 1206
Serrano, Francisco: 1252
serranos: 674, 733, 734, 792, 902, 967, 1020, 1031, 1089
  revuelta de los: 30, 39, 154, 168, 177, 179, 183, 185, 188, 189, 236, 260, 344, 389, 417, 419, 422, 424, 442, 506, 515, 635, 637, 734, 902, 919, 968, 969, 1005
Serratos, Abel: 254, 340, 374, 1031
Serratos, Alfredo: 989
servidumbre (*véase también* peones): 131
Sevilla, Francisco de: 897
sexo: 1328, 1331
Shepherd, Alexander: 180, 214, 215
Sherman, William Tecumseh, general: 1148
Shils, Edward: 107
Sierra Alta (Hgo.): 77, 129, 156, 915, 948, 1333
Sierra de Ajusco: 116, 127, 438, 488
Sierra de Bacatete: 171
Sierra de Ixtlán: 352
Sierra de Puebla: 617, 626, 689
Sierra de Soteapan: 165, 496
Sierra Gorda: 167, 239
Sierra Juárez: 28, 178, 476, 520, 754
Sierra, Justo: 52, 534, 790, 1311
Sierra Madre: 154, 179, 709, 846, 943
Sierra Mojada: 1096
Silao (Gto.): 288, 289, 337, 366, 492, 493, 494, 525, 620, 628, 1072, 1073, 1074, 1079
Silliman, John: 685, 752, 1101
Silva Herzog, Jesús: 990
Silva, Jesús: 375, 376

Silva, Miguel: 378, 551, 804, 1027, 1031, 1037, 1226
Simpson, L. B.: 24
Sinaloa: 77, 90, 99, 101, 115, 116, 120, 147, 160, 170, 171, 185, 225, 236, 258, 280, 283, 288, 329, 355, 384, 386, 387-406, 431, 455, 460, 488, 528, 5619, 587, 615, 624, 632, 652, 671, 688, 694, 701, 704, 705, 707, 772, 796, 801, 851, 886, 908, 932, 945, 946, 959, 961, 963, 989, 1011, 1040, 1064, 1081, 1111, 1133, 1190, 1192, 1223, 1234, 1255, 1270, 1273, 1278, 1279, 1286, 1315
sindicatos (*véase también* movimiento obrero): 199, 208, 216, 525, 550, 555, 588, 589, 600, 943, 1042, 1062, 1066, 1203, 1276, 1284, 1305, 1328, 1334
Singer (máquinas de coser): 78
Siqueiros (pueblo): 386
sistema mundial: 129, 132
Skocpol, Theda: 244, 324, 435, 629, 670
Smiles, Samuel: 966, 1313
Smith, Peter H.: 1270
sobornos (*véase* corrupción)
sobriedad (*véase* alcoholismo)
sociedades serranas (*véase también* serranos, revuelta de los): 176, 179, 180, 185, 189, 191, 281
Soconusco: 28, 43, 59, 225, 232, 340, 341, 511, 512, 970
Solache, Arturo: 931
soldaderas: 456, 810, 824, 846, 871, 1080
Soledad: 668, 1158
Solís, Gabriel: 476
Sombrerete: 718
Somellera, Gabriel: 760
Sommerfeld, Félix: 1033, 1098
Sonora: 28, 33, 58, 59, 71, 72, 76, 90, 99, 102, 114, 127, 129, 156, 157, 170, 171, 172, 175, 179, 183, 185, 188, 210, 216, 218, 220, 221, 222, 225, 233, 252, 280-288, 307, 326, 334, 356, 363, 371, 418, 452, 454, 462, 464, 465, 466, 516, 543, 549, 459, 562, 563, 608, 615, 618, 619, 620, 623, 624, 626, 627, 634, 650, 679, 680, 681, 682, 685, 686, 690, 691, 692, 693, 694, 698, 700, 701, 702, 704, 705, 710, 718, 725, 726, 730, 765, 772, 791, 796, 797, 798, 801, 803, 804, 805, 806, 807, 825, 828, 830, 852, 869, 870, 871, 902, 903, 917, 932, 934, 940, 941, 942, 943, 963, 965, 982, 1001, 1012, 1014, 1015, 1023, 1025, 1036, 1040, 1054, 1064, 1077, 1081, 1086, 1088, 1090, 1133, 1134, 1135, 1144, 1184, 1187, 1190, 1203, 1235, 1252, 1270, 1277, 1303, 1304
sonorense, régimen: 697, 1291, 1292, 12961304, 1307
Sorel, Georges: 1215, 1335
Sosa, Inés: 390
Soto, Bonifacio: 302, 304, 308, 337, 338
Spencer, Herbert: 966, 1051, 1268
Standard Oil Co.: 127, 268, 271, 750, 1098, 1309
Steffens, Lincoln: 1247
Steward, J.: 226
Stinchcombe, A.: 226
Stolypin, P.: 159
Stone, Lawrence: 238, 435
Suaqui: 1083
sucesión presidencial (de 1920): 97, 1135-1136, 1283, 1285
Suiza: 347, 348, 383
suspensión de garantías (ley marcial): 632
sustitución de importaciones (*véase también* industrialización): 127

tabaco: 128, 129, 139, 319, 495
Tabasco: 26, 39, 68, 84, 111, 1410, 165, 185, 263, 287, 295, 320, 371, 459, 499, 504, 619, 638, 730, 779, 799, 829, 836, 850, 915, 970, 974, 975, 976, 979, 1007, 1137, 1145, 1158, 1217, 1256, 1276, 1304
Tacámbaro: 1167
Taft, William Howard, presidente: 114,

268-269, 270, 443, 444, 556, 659, 749, 751
Tajonar, Benito: 736
Talamantes, Severiano, coronel: 334
Tamariz, Eduardo: 784, 785
Tamaulipas: 99, 148, 165, 279, 297, 467, 468, 527, 553, 555, 690, 726, 727, 796, 870, 961, 963, 1019, 1141, 1211, 1261, 1274, 1280
Tamazula: 263, 389
Tamazunchale: 164, 166, 278, 279, 727
Tammany, Hall: 563
Tamasopo: 719
Tampico: 59, 64, 75, 166, 251, 291, 310, 311, 342, 343, 355, 358, 361, 467, 468, 469, 471, 472, 548, 549, 553, 554, 556, 557, 558, 559, 579, 595, 644, 668, 669, 689, 727, 831, 832, 843, 857, 858, 859, 873, 874, 882, 896, 921, 1055, 1060, 1078, 1153, 1154, 1184, 1199, 1204, 1209, 1210, 1266, 1308, 1309
Tancanhuitz: 278, 469, 472
Tancítaro: 329
Tannenbaum, F.: 17, 41, 125, 175, 420, 461, 484
Tantima: 166, 279
Tantoyuca: 33, 165, 278, 279, 310, 468, 469, 495
Tapachula: 16, 43, 356, 505, 627
Tapia, Primo: 1169, 1325
Tapia, Rafael: 104, 296, 308, 382, 393, 691
Taracena, Alfonso: 1197
tarahumaras: 28, 180, 182, 258, 288
tarascos: 162
Tarejero: 483
tarifas: 52, 126, 145, 344, 574
Tatahuicapa: 497
Tavera, Feliciano: 1030
Tawney, R. H.: 434
Taxco: 165, 481, 539
Teapa: 165, 496, 500
Tecoripa: 1135
Tecpan: 479

Tecuitlán: 1171
Tehuacán: 92, 99, 351, 437, 525, 539, 898, 1212, 1260
Tehuantepec: 57, 59, 179, 339, 513, 514, 515, 519, 578, 970, 971, 1095, 1174, 1266
  ferrocarril de: 40, 606, 607, 610
Tehuizingo: 510
Tejamen: 402, 628
Tejería, la: 255, 645, 859, 867
Téllez, Joaquín (general): 445, 449, 764, 870, 931
Temascalcingo: 333
Temax: 321
Temósachic: 180, 182, 185, 190, 258, 259, 1113
tenencia de la tierra: 124, 150, 157, 158, 650, 902, 1256
Teocelo: 338, 340, 1158
Teoloyucan, tratado de: 883
Teotihuacán, valle: 151, 995
tepames: 61
tepehuanes: 334
tepehuanos: 258
Tepeji del Río: 582
Tepepa, Gabriel: 275
Tepezintla: 287
Tepic: 28, 90, 146, 153, 169, 186, 189, 196, 239, 260, 285, 316, 319, 386, 387, 431, 448, 488, 527, 620, 704, 705, 773, 853, 872, 891, 919, 920, 926, 945, 964, 947, 1166, 1186, 1194, 1255, 1266, 1303
Tepoztlán: 27, 738, 914, 1328, 1331, 1333
tercera fuerza: 993, 994, 1012, 1044, 1049, 1054
terratenientes
  enfrentamiento de la Revolución: 771-774, 1258-1259
  efectos de: 914-917
  recuperación: 1255
  resistencia: 717, 721-723, 727, 728, 761-763, 874, 914-920, 962, 963, 969, 970, 1021, 1217, 1261
Terrazas, Alberto: 291, 363

Terrazas, familia: 710, 812, 899
Terrazas, Joaquín: 1085
Terrazas, Luis: 42, 260, 265, 284, 349, 415, 416, 773, 1287, 1287
Terrazas, Luis (hijo): 822, 826, 1025
Terrazas, Silvestre: 374, 821, 1006, 1031
terrenos baldíos: 149, 162, 173, 466, 570, 571
Tetabiate: 171, 1136
Tetecala: 739
Tetela: 295, 543
Texas: 91, 357, 421, 686, 764, 866, 1096, 1105, 1149
Texmelucan: 238, 296, 1245
textil, industria: 159, 194, 195, 197, 199, 200, 202, 208, 581, 582, 583, 589, 590, 1202, 1208
    fábricas: 51, 67, 82, 94, 198, 307, 590, 1064, 1205
    trabajadores: 159, 195, 199, 203, 208, 277, 591
Teziutlán: 296, 346, 373, 496, 502, 734, 735
Tezonapa: 497, 498
The Mexican Herald: 16, 252, 658, 773, 778, 1024
The New York Times: 641, 843
Thiers, Adolphe: 886
Thord, Grey, I.: 803, 854
Ticul: 980
tiendas de raya: 137, 152, 201, 203-205, 411, 475, 593, 948
Tierra Blanca: 497, 498
    batalla de: 387, 810, 854, 871, 1006, 1017, 1091, 1223
tifo: 880, 1059, 1168, 1194, 1195-1200, 1273
Tilantongo: 961
Tilly, C.: 450, 502
Tilly, C. L. R.: 223, 227, 235, 242
tinterillos: 26, 239, 1182
Tirado, Justo: 284, 385
Tiríndaro: 483, 629
Tlacolula: 56, 174, 968

Tlacotalpan: 643
Tlacotepec: 338, 622
Tlacuiltepec: 34
Tlahualilo: 137, 262, 269, 399, 847
Tlahualilo Co.: 108, 1247
Tlalixtlac de Cabrera: 521-524
Tlalnepantla: 764
Tlalpan: 654
Tlaltelolco: 707
Tlaltizapán: 275, 423, 1123
Tlapa: 539
Tlaxcala
    ciudad capital: 201, 203, 331, 881, 995, 1303
    estado: 26, 68, 120, 136, 142, 161, 208, 253, 278, 296, 331, 336, 363, 404, 438, 468, 484, 496, 527, 560, 572, 592, 604, 637, 638, 639, 688, 73, 736, 766, 767, 779, 780, 794, 801, 901, 908, 915, 916, 918, 931, 948, 958, 962, 989, 999, 1007, 1020, 1021, 1044, 1064, 1124, 1125, 1128, 1131, 1182, 1201, 1204, 1206, 1218, 1234, 1240, 1243, 1259, 1267, 1325
Tlaxcalantongo: 1291
Tlaxiaco: 1141
Tobler, Hans-Werner: 1261
Tocqueville, Alexis de: 1296
Tonnies, Ferdinand: 958
Toluca: 37, 38, 142, 146, 364, 437, 551, 655, 707, 1051, 1052, 1196, 1199
Tominil: 386
Tomóchic: 31, 97, 177, 182, 185, 188, 189, 211, 235, 919
Tonalá: 346, 537
Topia: 263, 294, 290, 334, 355, 389
Topila: 830
Topolobampo: 852
Toranzo, Luis: 474
Toro, Luis del: 92, 777
Torre, Ignacio de la: 894
Torreón: 36, 37, 75, 77, 89, 90, 100, 101, 169, 195, 298, 299, 300, 301, 302, 306, 308, 311, 334, 345, 355, 389, 390, 391,

403, 445, 446, 449, 450, 452, 486, 542, 543, 559, 578, 579, 581, 584, 589, 594, 595, 599, 600, 631, 644, 708, 711, 712, 713, 715, 716, 717, 757, 758, 761, 769, 770, 778, 779, 798, 802, 809, 810, 815, 827, 830, 843, 844, 879, 880, 881, 882, 891, 960, 965, 962, 984, 986, 1003, 1016, 1030, 1038, 1053, 1054, 1068, 1078, 1092, 1111, 1012, 1113, 1114, 1115, 1119, 1120, 1184, 1283
  acuerdo de: 879, 882
  batalla de: 844, 847, 848, 849, 850, 856, 870, 871, 872, 873, 874
Torres, Juana: 716
Torres, Luis, general: 43, 58, 71, 171, 205, 218, , 281, 282
trabajo rural (*véase también* peones): 134, 135, 231, 232, 474, 502, 503
tranvías: 1205
Traven, B.: 211, 504, 538
Tres Marías, Islas: 666, 1126, 1176, 1182
Treviño, Gerónimo: 44, 93, 631, 685, 688
Treviño, Jacinto: 682, 796, 804, 996, 999, 1005, 1055, 1106, 1113, 1211, 1233
Triana, Martín: 328, 849, 927, 984, 1021, 1192, 1204, 1250
Trinidad, batalla de (*véase* León, batalla de)
Trotsky: 1307
Trujillo, Jesús: 1014, 1133
Tula (Tamps.): 310, 471, 726, 728, 1067
Tulancingo: 48, 349
turba, temor de (*véase también* levantamientos): 294, 297, 416, 475, 494, 515, 524, 656, 719, 890
Turner, John Kenneth: 139
Tuxpan: 166, 170, 342, 835, 881, 921, 922, 1153, 1274
Tuxtepec: 60, 103, 296, 689, 968, 973
Tuxtla Gutiérrez: 43, 178, 510, 525
Tuzantlán: 510
Tweedie, Mrs. Alec: 67, 193
tzotziles: 228, 229

Ugalde, Sixto: 262, 328, 393, 394
Ugarte, Gerzayn: 1253
Unión Liberal Humanidad: 50, 87, 218
Urbalejo, Francisco: 696, 699, 1014, 1015, 1054, 1077, 1082, 1033
urbanización: 155, 1318
Urbina, Tomás: 188, 189, 258, 263, 288, 424, 425, 707-716, 769, 815, 818, 824, 827, 845, 847, 851, 944, 947, 1003-1005, 1016, 1017, 1018, 1026, 1031, 1033, 1037, 1038, 1040, 1048, 1055, 1063, 1070, 1078, 1079, 1085, 1089, 1254, 1268
Ures: 75, 272, 454, 455, 1134, 1135, 1245
Uribe, Baudelio: 111, 1112, 1116, 1167, 1219
Urique: 55
Urquidi, Manuel: 102, 725
Urquizo, Francisco L.: 804, 917, 1000, 1021, 1022, 1044
Urrutia, Aureliano: 448, 667, 745, 756, 760, 779, 781, 875, 893, 895
Uruapan: 55, 57, 128, 306, 315, 404, 1177
Urueta, Jesús: 112, 372, 379, 977
Uruguay: 224, 231
Uruñuela (familia, Gro.): 918
Usumacinta, río: 40, 499
utilidades públicas: 51

vagancia: 148, 177, 178, 419, 603, 604, 605, 1191
vainilla: 127, 165, 735, 834
Valenzuela, Policarpo: 26, 320, 363, 501, 502, 638
Valladolid: 120, 287, 321, 980
Valle de Santiago: 491, 494, 1161
Valle del Maíz: 727, 892, 947, 959, 1121, 1153, 1256
Valle, Jesús del: 115, 309
Valle Nacional: 41, 60, 139, 140, 320, 730, 763
Valle, Reginald del: 752
Valles, ciudad (S. L. P.): 166, 279, 469, 539, 719, 727, 729

valor de la tierra: 147
Valparaíso: 717
Vanderwood, Paul: 67, 68, 492
Vargas, Juan: 44, 1111
Vascogil: 258
Vasconcelos, José: 99, 102, 110, 808, 1028, 1030, 1034, 1038, 1046, 1048, 1049, 1237, 1238, 1247, 1290, 1328, 1332
Vázquez Gómez, Emilio: 88, 100, 102, 118, 119, 121, 292, 338, 340, 350, 351, 352, 353, 354, 358, 360, 361, 364, 369, 406, 407, 408, 452, 586, 630, 728, 759, 909
Vázquez Gómez, Francisco: 88, 100, 102, 118, 119, 121, 292, 338, 340, 350, 351, 352, 353, 354, 358, 360, 361, 364, 369, 406, 407, 408, 452, 586, 630, 728, 759, 909
Vázquez, Lorenzo: 1129
Vázquez, Ponciano: 1150
vazquismo: 383, 407, 414, 468
Vega, Alejandro: 735
Vega, Carlos : 944
Vega, Celso: 55, 62, 523
Vega, Manuel: 386, 387
Velardeña: 59, 395, 585, 830, 944
Velasco, José R., general: 356
Velasco, Refugio, general: 295, 843, 846, 848, 849, 849, 873
Velázquez, Fidel: 905
Velázquez, Gregorio: 1231
Vélez, Carmen: 336
Vera Estañol, Jorge: 108, 351, 625, 743, 784, 785
Veracruz
  ciudad: 126, 291, 331, 561, 589, 622, 645, 647, 648, 652, 759, 760, 762, 832, 856, 859, 872, 875, 885, 892, 893, 983, 996, 1052, 1072, 1194
  estado: 39, 57, 71, 75, 89, 102, 138, 140, 141, 152, 165, 177, 198, 200, 204, 208, 233, 253, 254, 273, 286, 287, 296, 307, 321, 325, 329, 336, 338, 339, 350, 355, 363, 364, 377,
382, 383, 393, 449, 467, 468, 495, 496, 499, 502, 503, 527, 538, 540, 541, 542, 562, 592, 629, 634, 639, 643, 644, 663, 675, 677, 729, 731, 733, 763, 778, 788, 794, 799, 829, 920, 931, 961, 974, 1137, 1140, 1157, 1205, 1233, 1273, 1274, 1331
  invasión de los Estados Unidos a: 732, 735, 754, 840, 843, 855, 856, 858, 859, 865, 866, 868, 870, 871, 875, 1018, 1019, 1094, 1106, 1136
  puerto: 26, 39, 99, 139, 296, 311, 312, 349, 496, 558, 578, 600, 601, 602, 643, 644, 646, 1044, 1156, 1158
vicepresidencia: 50, 85-87, 118, 360
vicio: 1314
Viesca (Tamps.): 100, 169, 610, 1119, 1120
Vietnam: 229, 245
Viljoen, Benjamín: 374
Villa Ahumada, minas: 1117
Villa Aldama: 63, 100
Villa de Ayala: 276, 428, 439
Villa de Guadalupe: 1253
Villa de Reyes: 151, 167
Villa, Francisco (Pancho Villa; *véase también* villistas): 61, 63, 100, 151, 186, 188, 189, 211, 212, 214, 258, 259, 260, 267, 276, 326, 408, 410, 411, 421, 422, 423, 424, 425, 428, 439, 441, 447, 449, 456, 457, 458, 624, 680, 706-710, 714-718, 728, 759, 769, 788, 801, 802, 803, 806, 807, 808, 809, 810, 811, 812, 813, 814, 815, 816, 817, 818, 819, 821, 822, 825, 850, 871, 942, 943, 946, 960, 997, 1004, 1019, 1029, 1030, 1036, 1082, 111, 1122, 1243, 1334
Villa Hipólito: 826, 1038, 1252
Villa Jiménez: 1166
Villa Madero: 819
Villahermosa: 975
Villanueva (Zac.): 152, 1147
Villanueva, Pablo: 1147, 1270
Villar, Francisco: 57, 339

Villar, Lauro, general: 654, 655, 878, 1273
Villarreal, Antonio, I.: 290, 626, 726, 909, 927, 993, 1000, 1053
Villarreal, Felicitas: 1048, 1049, 1178
Villarreal, Marcelino: 452
Villaseñor, Manuel: 571, 604
Villavicencio, Antonio: 626
Villegas, Felipe: 948
Villegas, Manuel: 949
villismo: 237, 453, 809, 816, 821, 822, 826, 827, 835, 844, 925
villistas: 809-827, 843-846, 872, 877-878, 920, 997, 1037, 1168
  rebeldes contra Carranza: 1077-1109, 1168, 1219, 1240, 1245
  régimen hipotético: 1039-1042
Virgen de Guadalupe: 127, 242, 431, 923, 924, 1026, 1045

Wadley: 473, 578, 584
Wallerstein, Immanuel: 131, 132
Warman, Arturo: 162, 147
Weber, Max: 132, 133, 244, 952, 1193, 1302
Western Federation of Miners: 217, 219
Weyler, Valeriano: 438
Wilkie, J. W.: 606, 632, 783, 828
Wilson, Henry Lane (embajador de los Estados Unidos en México): 657, 658, 659, 660, 662, 663, 752, 753, 754, 756, 841, 842, 856, 862, 909, 1110
Wilson Woodrow: 444, 703, 748, 840, 855, 979, 1093, 1097, 1102
Wolf, Eric: 135, 177, 226, 230
Womack, John: 115, 117, 332, 368, 460, 566, 672, 767
Wood, Leonard, general: 750, 858

Xalmililco: 314
Xalostoc: 908
xenofobia: 137, 264, 269, 299, 300, 311, 409, 444, 584, 585, 686, 869, 1096, 1103

Xicohtzingo: 959
Xicoténcatl: 468, 689, 727, 1026, 1228
Xochiapulco: 637
Xochimilco: 372, 1045, 1124, 1261

yaquis: 28, 30, 35, 36, 90, 105, 160, 166, 170, 171, 172, 175, 233, 260, 282, 283, 418, 438, 448, 455, 463, 464, 465, 466, 467, 518, 519, 525, 529, 534, 613, 623, 627, 632, 634, 680, 682, 696, 697, 698, 699, 701, 704, 737, 764, 851, 853, 871, 884, 901, 902, 903, 916, 929, 942, 943, 967, 977, 1007, 1013, 1014, 1015, 1025, 104, 1071, 1074, 1126, 1133, 1134, 1135, 1136, 1137, 1144, 1148, 1244, 1245, 1290, 1327
Yautepec: 25, 163, 737, 907
Yavesía: 521
Yerbanis: 334, 1111, 1119
Yermo: 445, 846
Yoquivo: 33
yoris: 28, 160, 171, 172, 1134, 1136
Ypiranga: 865
Yucatán: 30, 34, 39, 42, 65, 102, 116, 122, 129, 138, 148, 152, 158, 159, 170, 172, 177, 227, 255, 283, 287, 321, 322-353, 361, 369, 448, 449, 499, 504, 505, 513, 578, 583, 645, 690, 731, 737, 764, 910, 917, 963, 964, 972, 977, 981, 1013, 1040, 1063, 1292, 1297, 1304, 1314, 1316, 1320, 1326
Yurécuaro: 329
Yuriria: 1165

Zaachila: 27, 165, 478, 1148
Zacapoaxtla: 227, 335, 376
Zacapu, lago: 162
Zacatecas, batalla de: 873-874, 877-878, 925, 930, 934, 939, 983, 988
Zacatecas, ciudad capital: 874, 877, 881, 925, 934, 983, 984, 988, 1032, 1195
  estado: 75, 92, 99, 118, 151, 152, 179, 263, 286, 371, 393, 397, 453, 485, 539, 542, 551, 636, 671, 674,

679, 690, 717, 718, 720, 755, 769, 809, 827, 834, 873, 880, 891, 903, 904, 944, 1032, 1196, 1329
Zacatelco: 331, 959
Zacatlán: 528, 734
zacatón: 145, 147, 1204
Zambrano, Nicéforo: 1268, 1276
Zamora: 304, 315, 329, 1132, 1167, 1168
Zamora, Miguel: 304, 308, 365
Zapata, Emiliano: 17, 23, 34, 233, 276, 277, 284, 288, 289, 296, 312, 313, 325, 330, 367, 368, 369, 370, 371, 375, 380, 387, 398, 404, 407, 409, 413, 422-436, 439, 466, 478, 482, 485, 488, 493, 505, 507, 517, 518, 529, 530, 534, 566, 597, 613, 625, 626, 632, 634, 635, 641, 651, 669, 670, 673, 677, 714, 735-739, 764, 788, 796, 854, 855, 870, 871, 881, 904, 905, 910, 917, 933-937, 941, 946, 952, 954, 956, 959, 961, 965, 967, 982, 984, 989, 991, 992, 995, 997, 1005, 1020, 1033, 1038, 1040, 1045, 1050, 1051, 1052, 1053, 1060-1064, 1066, 1118, 1123, 1124, 1126-1131, 1159, 1160, 1167, 1179, 1203, 1221, 1242, 1261, 1325, 1334
Zapata, Eufemio: 1129
Zapata, Nicolás: 1261
zapatistas: 30, 34, 156, 248, 296, 311, 331, 366, 368, 369, 370, 387, 423, 426, 429, 430, 431, 432, 434, 436, 437, 439, 440, 443, 460, 467, 479, 485, 488, 519, 525, 530, 566, 620, 628, 636, 648, 656, 670, 674, 701, 702, 731, 732, 736, 737, 740, 741, 748, 769, 771, 788, 794, 799, 827, 854, 872, 881, 883, 884, 898, 905, 906, 907, 913, 914, 918, 920, 933, 935, 936, 948, 959, 961, 982, 984, 988, 989, 990, 992, 997, 1021, 1031, 1039, 1044, 1045, 1046, 1047, 1048, 1050, 1053, 1062, 1117, 1122-1177, 1178, 1196, 1203, 1216, 1218, 1226, 1241, 1250, 1260, 1286, 1292, 1334
zapotecas: 27
Zaragoza: 262, 335, 538, 539, 547, 689, 844, 845, 896
Zautla: 335
Zavala, Enrique: 1259
Zea, Urbano: 263
Zimmermann, telegrama: 1231, 1232
Zinacantepec: 142
Zinapécuaro: 329, 1168
zinc: 127, 1207, 1207
Zongolica: 141, 643, 729, 731, 733
Zoquiapam: 467, 477
Zuazua, Carlos: 1113
Zuazua, Fortunato: 1000, 1010
Zubarán Catmany, Rafael: 804, 805, 1237
Zubatov, Sergei: 208
Zumpahuacán: 437
Zumpango: 342, 364

ÍNDICE GENERAL

Sumario	9
Abreviaturas	13
Prefacio	15
Agradecimientos	19

Primera parte
PORFIRISTAS, LIBERALES Y CAMPESINOS

I. *México porfirista*	23
La gente	25
Los lugares	35
El régimen	41
II. *La oposición*	70
Forasteros e intransigentes	70
La nueva oposición	75
Desafío y respuesta	115
III. *Protesta popular*	124
El campo: haciendas y pueblos	124
La sierra	176
Talleres, fábricas y minas	191
Reflexiones sobre las causas del descontento campesino	223
IV. *La revolución maderista*	251
Fracaso	253
El primer foco	256
El retorno de Madero	267
Modelos de la revuelta	274
Victoria	291
Disturbios	300
La revuelta campesina	312
El estado de la nación (1911)	324
V. *El régimen de Madero. Continúa la Revolución*	349
El acuerdo nacional	349

Política local... 362
La lógica de la Revolución: serranos y agraristas............... 419
Zapatismo y Revolución...................................... 428
La respuesta del régimen..................................... 441
Protesta agraria... 460
Bandidaje: el Bajío y el sur................................... 484
Pro patria chica mori 505
Las implicaciones de la protesta 524

VI. *El régimen de Madero. El experimento liberal* 532
    El gobierno central.. 532
    Electores, partidos y jefes..................................... 544
    Reforma: tierra y trabajo 568
    Moral y dinero.. 603
    La apostasía liberal.. 611
    El ocaso del maderismo 633

Segunda parte
CONTRARREVOLUCIÓN Y RECONSTRUCCIÓN

VII. *El régimen de Huerta* 667
    La mano de hierro 667
    La resistencia oficial... 679
    El reto popular.. 706
    El huertismo.. 742
    ¿Revolución?, ¿contrarrevolución?, ¿qué revolución? 783
    La coalición constitucionalista................................ 795
    El villismo 809
    Las fatigas de Huerta.. 827
    Torreón y otros lugares 844
    Tampico y después 855
    La *débâcle*.. 872

VIII. *La Revolución en el poder. El gran cisma* 884
    Fin del antiguo régimen 888
    Terratenientes, curas y oficiales 914
    El nuevo régimen 938
    La batalla por la paz... 981
    La guerra de los vencedores.................................. 996
    Las batallas del Bajío.. 1067

IX. *La Revolución en el poder. La reconstrucción*.................... 1076
    El problema del orden 1077
    Economía y sociedad 1176
    Trabajo.. 1200
    El fantasma en la máquina.................................... 1292
    ¿Qué cambió? 1321

Glosario 1337
Mapas 1339
Bibliografía 1343
Índice analítico... 1361

La Revolución mexicana, de Alan Knight,
se terminó de imprimir y encuadernar en noviembre de 2010
en Impresora y Encuadernadora Progreso S. A. de C. V. (IEPSA),
Calzada San Lorenzo, 244; 09830 México, D. F.
En su composición, elaborada en el Departamento
de Integración Digital del FCE, se usaron
tipos New Aster LT Std.
La edición consta de 3 000 ejemplares.